O GUIA OXFORD DA CERVEJA

O GUIA OXFORD DA CERVEJA

Editado por
GARRETT OLIVER

Editor da edição brasileira
IRON MENDES

Organizador da tradução
WALDEMAR GASTONI VENTURINI FILHO

Blucher

O guia Oxford da cerveja
Título original: *The Oxford Companion to Beer*,
Garrett Oliver (ed.)

Copyright © 2012 by Oxford University Press
The Oxford Companion to Beer was originally published in English in 2012. This translation is published by arrangement with Oxford University Press. Editora Edgard Blücher Ltda. is solely responsible for this translation from the original work and Oxford University Press shall have no liability for any errors, omissions or inaccuracies or ambiguities in such translation or for any losses caused by reliance thereon.

The Oxford Companion to Beer foi publicado originalmente em inglês em 2012. Esta tradução é publicada a partir de um acordo com a Oxford University Press. A Editora Edgard Blücher Ltda. é a única responsável por esta tradução do texto original, e a Oxford University Press não se responsabilizará por quaisquer erros, omissões ou imprecisões ou ambiguidades em tal tradução ou por quaisquer perdas causadas por eles.

© 2020 Editora Edgard Blücher Ltda.

Editor da edição brasileira Iron Mendes
Organizador da tradução Waldemar Gastoni Venturini Filho
Tradutores Beth Honorato, Cauré Barbosa Portugal, Giovanni Casagrande Silvello, Giuliano Marcelo Dragone Melnikov, Joaquim Guanaes Gomes, Marcelo Henrique Breda, Marney Pascoli Cereda, Maurício Bonatto Machado de Castilhos, Ricardo Figueira, Solange Inês Mussatto Dragone e Vitor Massami Imaizumi
Colaboradores da revisão técnica Rafael David, Gabriel Mussiat, Arthur Ballan Mendes, André Junqueira, Marcos Odebrecht Junior, Marcelo Barga, Paulo Schiaveto, Agenor Maccari Junior, Kathia Zanatta e Alfredo Ferreira

Editora Blucher
Publisher Edgard Blücher
Editor Eduardo Blücher
Coordenação editorial Bonie Santos
Produção editorial Isabel Silva e Luana Negraes
Preparação de texto Ana Maria Fiorini
Diagramação Negrito Produção Editorial
Revisão de texto Maurício Katayama e Bárbara Waida
Capa Leandro Cunha

Imagem da capa: iStockphoto

Blucher

Rua Pedroso Alvarenga, 1245, 4º andar
04531-934 – São Paulo – SP – Brasil
Tel.: 55 11 3078-5366
contato@blucher.com.br
www.blucher.com.br

Segundo o Novo Acordo Ortográfico, conforme 5. ed. do *Vocabulário Ortográfico da Língua Portuguesa*, Academia Brasileira de Letras, março de 2009.

É proibida a reprodução total ou parcial por quaisquer meios sem autorização escrita da editora.

Todos os direitos reservados pela Editora Edgard Blücher Ltda.

Dados Internacionais de Catalogação na Publicação (CIP)
Angélica Ilacqua CRB-8/7057

O guia Oxford da cerveja/ Garrett Oliver (editor); Iron Mendes (editor da edição brasileira); Waldemar Gastoni Venturini Filho (organizador da tradução). – São Paulo : Blucher, 2020.

1056 p. : il.

Bibliografia
ISBN 978-65-5506-000-3 (impresso)
ISBN 978-65-5506-001-0 (e-book)

1. Cerveja – Guia. I. Título. II. Oliver, Garrett. III. Mendes, Iron. IV. Venturini Filho, Waldemar Gastoni.

20-0313   CDD 641.23

Índice para catálogo sistemático: 1. Cerveja 641.87.663.4

CONTEÚDO

Apresentação 7

Prefácio 9

Prefácio à edição brasileira 13

Lista de verbetes por assunto 15

O guia Oxford da cerveja 27

Abreviaturas 989

Fatores de conversão 990

APÊNDICES

    Organizações cervejeiras e clubes de cerveja 992

    Festivais de cerveja 995

    Websites, revistas e jornais 1003

    Museus da cerveja 1007

    Lista de colaboradores 1011

Índice remissivo 1019

APRESENTAÇÃO

Existe alguma receita mais antiga que a da cerveja? Acredita-se que o homem começou a fazer cerveja mesmo antes de aprender a fazer pão, e que a cerveja estava entre as provisões que Noé levou para a arca. Na Antiguidade, os egípcios eram enterrados com uma porção de cerveja; na Idade Média, a cerveja tinha uma importância tão central na cultura que podia ser usada como moeda com a qual pagar tributos, saldar dívidas e doar para a igreja. A rainha Elizabeth I era conhecida por tomar uma *ale* no café da manhã. Tudo isso para dizer que, ao que tudo indica, *O guia Oxford da cerveja* já deveria ter sido publicado há muito tempo.

Mas publicá-lo no momento atual não deixa de ter lógica. À parte toda essa rica história, durante a maior parte da minha vida como consumidor de bebidas fermentadas nós vivemos na idade das trevas da cerveja. De produto essencial feito nas casas, e depois nos mosteiros e em pequenas cervejarias durante *milênios* – não somente séculos –, a cerveja se tornou, após a Lei Seca, o domínio quase exclusivo de companhias multinacionais. Essas organizações eram eficientes em produzir cervejas sem graça desprovidas de qualquer caráter individual ou profundidade de sabor. Quando penso em minha adolescência e juventude, lembro-me de ver a cerveja como não muito mais do que uma forma de me embebedar – uma bebida cujo nome geralmente era precedido pela palavra "light" –, e os grandes produtores me davam o que eu queria.

Em algum ponto da minha vida adulta, a maré virou, em parte porque, conforme fui envelhecendo, comecei a ver a cerveja como uma bebida digna de apreciação, e não só como algo gelado que você abre depois de um jogo de *softball*. Estamos também no meio de uma grande renascença da fabricação artesanal de cerveja. Microcervejarias surgiram em toda a América do Norte e Europa, onde produtores em pequena escala oferecem produtos maravilhosamente complexos que demonstram a ampla variedade de perfis de sabor da cerveja. Entretanto, consumidores se tornam *connoisseurs* criteriosos. No início de 2010, quando abri o Colicchio & Sons, um restaurante de cozinha americana contemporânea no bairro de Chelsea, em Nova York, estava consciente desde o início de que queria me concentrar na cerveja. Comecei a trabalhar com meu diretor de bebidas a fim de selecionar quais chopes iria servir, focando tanto nos produtores locais como nos melhores cervejeiros artesanais estrangeiros. Eram simplesmente numerosas demais as boas cervejas entre as quais escolher, e acabei instalando 28 torneiras.

O guia Oxford da cerveja oferece um relato completo não apenas da história da cerveja, mas também de sua ciência e de sua arte, em um momento em que, mais do que nunca, as pessoas estão dispostas a levar a cerveja a sério. E se eu tivesse que escolher uma pessoa para ser meu guia e professor no assunto, essa pessoa seria Garrett Oliver, cuja paixão pela cerveja só é superada por seu monumental conhecimento sobre o tema. Neste volume, Oliver e numerosos especialistas reuniram o que se sabe sobre a bebida em todo o mundo, criando quase um simpósio sobre a cerveja, em um escopo nunca antes visto. E nós, como leitores, podemos nos sentar na primeira fileira.

Tom Colicchio, cidade de Nova York, fevereiro de 2011

PREFÁCIO

Atrás da água e do chá, a cerveja é a terceira bebida mais popular do mundo. Isso não deveria surpreender, já que a cerveja é também a mais variada e complexa das bebidas. Ela pode ter gosto de limão ou fumaça, café ou coco, banana ou pão, pimenta ou gengibre. A cerveja pode ser pungentemente ácida ou terrosa, ou pode ser revigorantemente amarga ou espetacularmente aromática. Ela pode exibir um mero agulhar de carbonatação ou desenvolver-se no palato em uma requintada espuma. Ela pode ser degustada dias depois de ser feita ou emergir de uma garrafa mais de um século depois e produzir um extasiante deleite.

O vinho, principal rival da cerveja e companheiro de mesa, apesar de suas muitas qualidades, não consegue chegar perto da variedade de sabores, aromas e texturas da cerveja. Como a cerveja pode ganhar o sabor de quase qualquer coisa, ela leva para a mesa de jantar capacidades superiores. A cerveja se parece mais com a música do que com o vinho. A cerveja é anterior à civilização humana e pode muito bem ter tido um papel na sua criação. A cerveja tinha um papel preponderante na mente dos povos antigos, que a esculpiram em pedras, pintaram imagens dela nos muros dos templos, construíram cidades alimentadas pela manufatura dela e a levaram consigo para a vida após a morte. A cerveja construiu castelos na Baviera, grandes embarcações no mar Báltico, o poder da Liga Hanseática e a indústria moderna de Londres. Muitos dos pais fundadores dos Estados Unidos produziam cerveja, e ela tem agraciado as mesas da Casa Branca há mais de duzentos anos. Por toda a longa história do mundo, na vanguarda da tecnologia, nas mesas dos ricos e dos pobres, em quase todas as situações humanas dignas de nota, você encontrará a cerveja.

Por que, então, devemos nos perguntar, se escreve tão pouco sobre cerveja hoje em dia? Talvez devamos culpar sua onipresença, sua rápida industrialização e a padronização de que foi alvo, e sua uniformidade social. A cerveja é algo que acreditamos conhecer, ainda que logo abaixo da superfície haja um mundo fascinante de sabor, aroma, arte e ciência. É um mundo que muitos de nós estão agora redescobrindo, no momento em que buscamos nos reconectar com nossos alimentos e bebidas. Estamos fazendo cerveja nas nossas casas, conversando sobre cerveja com nossos amigos e trazendo a cerveja de volta à mesa de jantar, que sempre foi seu lugar e onde ela sempre esteve. Essa renascença é eletrizante, mas quando os editores da Oxford University Press me procuraram e me convidaram para ser o editor em chefe de uma primeira edição do *O guia Oxford da cerveja*, meu primeiro instinto foi recusar educadamente. Eu sou um cervejeiro profissional, e a cervejaria é em si uma profissão que se apropria da vida de quem a segue, agradavelmente, mas insistentemente. Como qualquer cervejeiro encontraria tempo para uma tarefa tão monumental, e, mais importante, fazendo justiça a ela?

E, no entanto, ao olhar para as informações sobre cerveja disponíveis nas prateleiras, comecei a notar que faltava muita coisa. Não havia uma fonte que fosse que um cervejeiro – doméstico ou não –, um entusiasta, um diretor de bebidas de um restaurante, um distribuidor de cervejas ou um novato no assunto pudesse consultar na sua busca por respostas para as muitas questões que ele ou ela talvez tivesse sobre o assunto. Além disso, boa parte do mundo moderno da cerveja parecia estar totalmente ausente das prateleiras – fossem estas prateleiras físicas ou virtuais. Muitos dos aspectos mais fascinantes sobre a cerveja estão espalhados por periódicos ou livros-texto profissionais, ou são passados nas famílias de geração a geração, ou estão escondidos atrás dos muros das cervejarias, ou, especialmente no que concerne a cervejaria artesanal, nem chegaram a ser registrados.

Estimulado por familiares, amigos e colegas, eu assumi essa tarefa, e agora, alguns anos depois, ela se concretizou. Quero deixar claro que este livro não é a obra de uma única pessoa; aliás, bem ao contrário. Como não poderia deixar de ser com um livro sobre uma bebida social, *O guia Oxford da cerveja* cresceu e se tornou um grande projeto colaborativo. Eu realmente acredito que se pode dizer, sem nenhum medo de uma efetiva contestação, que *O guia Oxford da cerveja* é o livro mais abrangente já publicado sobre o assunto cerveja. Nossos 166 colaboradores representam uma fortuna de mentes, um compêndio de notáveis e experientes talentos cervejeiros de mais de uma dúzia de países. São estudiosos, mestres adegueiros, agrônomos e cervejeiros de *pubs*, mestres cervejeiros de grandes cervejarias estrangeiras e cervejeiros domésticos. Eu certamente espero que este não seja o último livro de seu tipo, mas ele é seguramente o primeiro.

Algumas palavras sobre a organização e o propósito deste livro: nós procuramos apresentar a cerveja em todos os seus aspectos – históricos, culturais, estilísticos, biográficos, técnicos, agronômicos, organolépticos e artísticos. Este livro não é uma lista ou diretório de cervejarias ou cervejas individuais – há muitos livros excelentes que cobrem esses territórios, muitos deles escritos por nossos colaboradores. Nós incluímos entradas sobre cervejarias que são amplamente vistas como culturalmente significativas, mas, considerando os muitos milhares de excelentes cervejarias existentes em todo o mundo, não fizemos a tentativa de cobrir todas elas.

O guia Oxford da cerveja conta com mais de 1.100 artigos ou entradas, apresentados em ordem alfabética. Nisso, ele se assemelha a uma enciclopédia. Ele possui numerosas referências cruzadas, a fim de que o leitor possa explorar o melhor possível temas que muitas vezes se desdobram em múltiplas direções. As entradas variam de algumas poucas dúzias de palavras a alguns milhares, e inevitavelmente abarcam alguns assuntos que poderiam eles mesmos ocupar livros inteiros. Buscamos aqui oferecer ao leitor a informação essencial necessária para uma boa compreensão do assunto tratado. Além de seu nível mais básico, a produção de cervejas se torna uma ocupação altamente técnica, e nós não nos furtamos a apresentar esse aspecto do ofício, ainda que, assim espero, tenhamos evitado detalhes áridos ou herméticos demais para ser do interesse de qualquer um que não seja um cientista. Não incluímos, por exemplo, diagramas de moléculas, embora algumas vezes façamos menção a suas estruturas e ações. Acreditamos que esses diagramas estão, hoje em dia, a alguns cliques de distância na internet e que é melhor consultá-los por esses meios.

A cerveja tem sua própria forma de *terroir*, mas os ingredientes necessários para fazer uma cerveja têm corrido o mundo há centenas de anos. Nesse aspecto, fazer cerveja é muito parecido com cozinhar – os ingredientes e as influências culturais podem vir de muitas fontes. Faz-se cerveja em todos os cantos do mundo, mas fizemos entradas exclusivas focadas nas grandes nações cervejeiras, nos países que claramente desenvolveram novas culturas cervejeiras e na história da cerveja nessas sociedades. Nos casos em que uma cidade ou região específica contribuiu notavelmente para a história da cerveja, ela também recebeu uma entrada exclusiva.

Nós oferecemos informações sobre muitas das variedades de cevada mais influentes, suas qualidades e linhagens específicas. Há mais de cem entradas sobre lúpulos. Há entradas exclusivas sobre onze países produtores de lúpulo, e nos casos em que esses países têm mais de uma região produtora importante, criamos uma entrada específica também para tal região. Todas as variedades modernas significativas de lúpulo (e algumas variedades históricas) têm entradas específicas contendo detalhes significativos de suas linhagens, propriedades técnicas e aplicação na cervejaria. Além dessas, há entradas técnicas sobre outros aspectos do lúpulo, de compostos aromáticos e de amargor a técnicas específicas utilizadas no *dry hopping*.

Estilos de cerveja, evidentemente, têm entradas exclusivas, embora também sejam mencionados em outros lugares por todo o livro. Os estilos de cerveja são um fenômeno cultural e, portanto, de certa forma subjetivos ou discutíveis, e é assim que os tratamos. Assim, o leitor verá que essas entradas são animadas pelas impressões individuais dos colaboradores, como acreditamos que devem realmente ser; todos nós vamos encontrar aqui nossas próprias e bem informadas subjetividades sobre esses temas fascinantes e em rápida evolução.

A maioria das medidas no livro são mencionadas em unidades do Sistema Internacional. A gravidade da cerveja e do mosto é dada em graus Plato. O leitor encontrará diversos fatores de conversão no final do livro. Conquanto seja claramente impossível listar cada organização, revista, festival e fonte on-line sobre cerveja, os apêndices darão aos leitores um bom ponto de partida na busca pelas informações que eles queiram encontrar. Um panorama sinóptico organiza os temas por agrupamentos gerais, como "Biografias" e "Festivais e Competições", e espera-se que ele auxilie o leitor a navegar pelo livro com mais facilidade de maneiras diversas. Em uma obra com esse escopo, apesar de nossos melhores esforços, haverá inevitavelmente omissões e erros involuntários. Comentários de leitores bem informados certamente nos ajudarão a atualizar e aprimorar futuras edições.

Muitos dos melhores momentos da vida acontecem à mesa, sejam elas das nossas casas, de restaurantes ou de bares. O mundo da cerveja, essa notável cultura, é merecedor de muito mais respeito do que jamais gozou, e é capaz de produzir muito mais alegria do que a maioria das pessoas se dá conta. Esperamos que este volume os ajude a descobrir mais dessa alegria para si mesmos e que a transmitam também aos outros.

Há muita gente a agradecer, mais do que eu poderia listar aqui. Nossos colaboradores são todos pessoas muito ocupadas, e generosamente abriram mão de seu tempo e nos ofereceram sua *expertise*. Não deixe de examinar suas pequenas biografias no final deste livro: só então você vai perceber quão diversificado e eminente é o grupo de pessoas que trouxe esta obra à vida. Este volume é parcialmente o resultado de muitos dias quentes e ensolarados passados dentro de casa, com muitos livros e computadores em vez de árvores e ar fresco. Sou profundamente grato pelo trabalho duro de todos. Quero agradecer, antes de mais nada, ao editor Benjamin Keene por ter me procurado com essa ideia; este livro não existiria se não fosse pela visão dele. Quero agradecer também a meus tenazes editores na Oxford, Grace Labatt e Max Sinsheimer, por sua enorme perseverança e firme crença de que conseguiríamos cumprir essa tarefa. Quero transmitir toda nossa gratidão ao nosso distinto Conselho Consultivo – dr. Charles W. Bamforth, dr. Patrick Hayes, dr. George Philliskirk, dr. Wolfgang Stempfl e dr. Keith Villa –, cada um dos quais leu centenas de entradas e ofereceu suas opiniões. O artista gráfico Charles Finkel, um amigo de muitos de nós do mundo cervejeiro, fez a curadoria de nossas fotografias e ilustrações, acrescentando muitas outras de sua coleção pessoal. Quando o procuramos, o eminente cientista especializado em lúpulos dr. Val Peacock largou o que estava fazendo para se tornar nosso consultor técnico para lúpulos, dedicando semanas de trabalho para assegurar que nossas entradas relativas ao lúpulo estavam tão claras e precisas quanto possível. Agradecimentos especiais também a Steve Parkes, Dick Cantwell e Pete Brown por terem colaborado com tanta alegria e por estarem sempre disponíveis na outra ponta da linha. Ainda que indiretamente, sinto que devo agradecer Jancis Robinson, editora em chefe do *The Oxford Companion to Wine*. Embora nunca tenhamos conversado, seu *OCW*, uma obra de brilhante clareza e erudição, esteve ao lado de minha escrivaninha durante anos, oferecendo tanto um ótimo exemplo como uma esporada no flanco.

Acima de tudo, quero agradecer a Horst Dornbusch. Embora já fosse um prolífico colaborador ao *OCB*, no final do projeto Horst pôs de lado sua vida normal para se unir ao corpo editorial como editor associado. Ele trabalhou incansavelmente todos os dias a partir de então, e sua combinação de conhecimento histórico, energia, clareza de pensamento e humor deram uma monumental contribuição para esta obra. Ele é um homem modesto dotado de talentos imodestos, e eu o considero um parceiro neste empreendimento e um amigo feito a jato.

Também desejo agradecer à minha família e amigos, que me incentivaram a ir em frente e depois me ouviram falar sobre este projeto constantemente durante anos, e mesmo assim continuavam dispostos a compartilhar uma cerveja comigo. Um grande obrigado aos meus sócios na The Brooklyn Brewery, especialmente Stephen Hindy e Eric e Robin Ottaway, que toleraram com alegria meus horários estranhos e reduzidos na cervejaria, onde eu às vezes parecia mais um espectro com opiniões do que uma presença sólida. Durante esse tempo, mais do que o que já era de costume, me apoiei sobre os ombros de minha equipe cervejeira, Andrew Ety, Tom Villa, Thomas Price, Christopher Basso e Daniel Moss. Fico emocionado também ao pensar em meu amigo e escritor cervejeiro seminal Michael Jackson, que deveria ter se sentado nesta cadeira. Acredito que carregamos bem a bandeira, e só posso esperar que ele estaria orgulhoso de nós.

Este livro é dedicado a todos que já ficaram de pé diante da tina de mostura, na esperança de invocar delícia, alegria, convivialidade e uma pequena dose de magia.

Garrett Oliver, cidade de Nova York, março de 2011

PREFÁCIO À EDIÇÃO BRASILEIRA

O guia Oxford da cerveja começou há milhares de anos, quando nossos criativos ancestrais misturaram grãos com água, usando uma tigela rústica feita de palha e barro. Essa mistura talvez também tenha sido acidental, com a água da chuva fazendo seu trabalho em um pote de grãos esquecido ao tempo. Após alguns dias, mesmo ao notarem o líquido diferente, foram ousados e beberam a mistura. Naquele momento, a humanidade mudou.

A cerveja, desde então, é a mais democrática e inclusiva bebida alcoólica do mundo e ocupa papel fundamental na evolução da civilização, direcionando assentamentos, movendo o homem da pré-história para locais com campos férteis, servindo de moeda de pagamento nos tempos da construção das pirâmides, alimentando a população como opção segura na Idade Média, impulsionando pesquisas e evoluções tecnológicas – como a refrigeração mecânica e a pasteurização –, gerando milhões de empregos, ativando a economia e – com sua imbatível versatilidade à mesa – ofertando combinações gastronômicas sensacionais ao redor do globo.

Foi uma grande honra ter sido escolhido para revisar esta obra em português por Garrett Oliver, que, em nosso trabalho conjunto trazendo a Brooklyn Brewery para o Brasil, tem nos brindado com sua competência e seu talento nato. Esse desafio de três anos de trabalho no *Guia*, em meio aos primeiros anos de vida da Maniacs Brewing, foi enorme, trouxe um aprendizado gigante e, como bônus, tive o prazer de conhecer o Eduardo Blücher e a equipe da editora Blucher.

Teria sido impossível revisar sozinho a tradução do maior e mais abrangente livro cervejeiro do mundo, e para isso contei com a ajuda de excelentes colegas da indústria, aos quais deixo aqui minha admiração e meus agradecimentos: Rafael David, Gabriel Mussiat e Arthur Ballan Mendes, da Maniacs Brewing, André Junqueira, da Morada Cia. Etílica, Marcos Odebrecht Junior, da Maltes Catarinense, Marcelo Barga, da Bio4 Soluções Biotecnológicas, Paulo Schiaveto, da NKA Schiaveto, Agenor Maccari Junior, da 277 Craft Beer, e Kathia Zanatta e Alfredo Ferreira, do Instituto da Cerveja Brasil, trouxeram conhecimento e padronização para a tradução dos verbetes. Em especial, meu muito obrigado à minha esposa Fernanda e meus filhos Arthur e Alberto, que, com amor e paciência, acompanharam as madrugadas e os finais de semana quando estive ausente, debruçado sobre este livro, e aos meus pais Ivo e Dine, que sabiamente cultivaram em mim o hábito da leitura.

Decorridos dez anos entre o lançamento da versão original em inglês e a tradução para o português, várias informações mudaram sobre composição acionária de cervejarias e tamanho do mercado cervejeiro global. Em alguns casos, incluímos notas editoriais com informações atualizadas, mas muitas vezes optamos por deixar os dados originais da primeira edição. Esta edição em português é a primeira fora da língua inglesa e conta com um novo verbete, "cerveja".

O momento do lançamento de *O guia Oxford da cerveja* em português não poderia ser mais oportuno. O Brasil vive um grande momento cervejeiro ao ultrapassar a marca das 1.200 cervejarias registradas – um crescimento de mais de 100% nos últimos 3 anos. Escolas cervejeiras e cursos de *beer sommeliers* estão disponíveis em diversas cidades. Termos como "IPA", "*sour*" e "IBU" já são conhecidos por boa parte dos consumidores e a diversidade da cerveja artesanal alegra o cardápio dos brasileiros, em um movimento de evolução contínua.

Cervejeiros profissionais e amadores buscam diariamente a inovação e a excelência na qualidade. Novos maltes, lúpulos, leveduras e técnicas preenchem nossas conversas. A adrenalina da descoberta de novos sabores e aromas nos alimenta. Ver nossas cervejas servidas em lojas, bares e restaurantes nos dá satisfação e orgulho do trabalho bem-feito. Nesses momentos, voltamos a ter a mesma sensação de surpresa e encanto dos nossos ancestrais ao provarem sua primeira cerveja, e, assim como eles, no dia seguinte voltamos aos testes, aos experimentos, ao erro e ao acerto, porém agora com base e conhecimento. *O guia Oxford da cerveja* estará ao nosso lado como grande parceiro nessa caminhada.

Iron Mendes, Maniacs Brewing Co.

LISTA DE VERBETES POR ASSUNTO

Esta seção apresenta uma visão geral de *O guia Oxford da cerveja* com as entradas organizadas pelos seguintes assuntos:

Cervejarias
Outras companhias
Abadia e trapista
Cervejas e estilos de cerveja
Outros tipos de cerveja
Outras bebidas
Regiões
Indústria de cerveja
Histórico
Cultura e costumes
Festivais e concursos
Organizações

Educação e instituições
Biografias
Alimentos e ingredientes
Embalagens, tanques e equipamentos cervejeiros
Características
Mostura e mosturação
Fermentação
Produção de cerveja
Pós-fermentação
Química
Medição

Levedura
Trigo
Lúpulo, generalidades
Lúpulos
Regiões produtoras de lúpulo
Cevada, generalidades
Cevadas
Maltes e malteação
Bactérias
Vírus e doenças

Cervejarias

Achel, Cervejaria
Adnams Brewery
Affligem, Cervejaria
Alaskan Brewing Company
Amstel, Cervejaria
Anchor Brewing Company
Anheuser-Busch
Anheuser-Busch InBev
Arthur Guinness & Sons
Asahi Breweries
Asia Pacific Breweries Limited
Augustiner Bräu
Ayinger, Cervejaria
Ballantine IPA
Baltika Breweries
Barclay, Perkins & Co.
Bass & Company

Beamish & Crawford
Belhaven Brewery
Blue Moon Brewing Company
Boddington's Brewery
Boon, Cervejaria
Boon Rawd, Cervejaria
Bosteels, Cervejaria
Boston Beer Company
Boulevard Brewing Company
Brooklyn Brewery
Budweiser Budvar
Caledonian Brewery
Cantillon, Cervejaria
Carling O'Keefe Limited
Carlsberg Group
Christoffel, Cervejaria
Coors Brewing Company

Courage Brewery
De Koninck, Cervejaria
Desnoes and Geddes Limited
Dogfish Head Craft Brewery
Dortmunder Actien Brauerei
Dubuisson, Cervejaria
Dupont, Brasserie
Duvel Moortgat
Duyck, Brasserie
Eggenberg, Cervejaria
Einbecker Brauhaus AG
Erdinger Weissbräu
Foster's
Fuller, Smith & Turner
George Gale & Co. Ltd.
Goose Island Beer Company
Greene King

Grolsch, Cervejaria
Hacker-Pschorr, Cervejaria
Harvey & Son Ltd.
Heineken
Hofbräuhaus München
Hook Norton Brewery
Hürlimann, Cervejaria
Huyghe, Cervejaria
InBev
Ind Coope & Sons
J. W. Lees Brewery
Kaltenberg, Cervejaria
Kirin Brewery Company
Köstritzer Schwarzbierbrauerei
Kronenbourg, Cervejaria
Labatt Brewing Company Ltd.
La Chouffe
La Choulette, Cervejaria
Leffe, Cervejaria
Liefmans, Cervejaria
Lion Nathan
Löwenbräu
Magic Hat Brewing Company
Marston's Brewery
Meux Reid & Co.
Miller Brewing Company
Moctezuma, Cervejaria
Molson Coors Brewing Company
Moretti, Cervejaria
Murphy's Brewery
New Albion Brewing Company
New Belgium Brewing Company
New Glarus Brewing Company
Pabst Brewing Company
Palm, Cervejarias
Paulaner Brauerei GmbH & Co. KG
Peroni, Cervejaria
Pilsner Urquell
Pinkus Müller
Porterhouse Brewing Company
Pyramid Breweries, Inc.
Radeberger Group
Redhook Ale Brewery
Ringwood Brewery
Rodenbach
Rogue Ales
Russian River Brewing Company
SABMiller
Samuel Allsopp & Sons
Samuel Smith's Old Brewery
Sapporo, Cervejaria
Schneider Weisse, Cervejaria
Scottish & Newcastle Brewery
Shepherd Neame Brewery
Sierra Nevada Brewing Company
Sinebrychoff, Cervejaria
South African Breweries Ltd.
Spaten, Cervejaria
Staropramen, Cervejaria
Stroh Brewery Company
Suntory Group
Theakstons
Thomas Salt and Co.
Timothy Taylor Brewery
Traquair House Brewery
Trommer's Evergreen Brewery
Truman, Hanbury Buxton & Co.
Tuborg, Cervejaria
U Fleků
Uerige, Cervejaria
Vapeur, Cervejaria
Wadworth Brewery
Whitbread Brewery
Worthington Brewery
Young's Brewery

Outras companhias

Briess Malt & Ingredients Company
Cargill
Durst Malz
Hopunion LLC
Krones
Lallemand
Perlick
Schulz Brew Systems
Weyermann® Malting

Abadia e trapista

Andechs
cervejas de abadia
cervejarias trapistas
Chimay
De Kluis, Cervejaria
Koningshoeven, Cervejaria
Ordem Cisterciense
Orval, Cervejaria
Rochefort, Cervejaria
Weltenburger
Westmalle, Cervejaria
Westvleteren, Cervejaria

Cervejas e estilos de cerveja

ale
altbier
American amber ale
American brown ale
American pale ale
American wheat beer
Baltic porter
barley wine
Belgian red ale
Berliner weisse
bière de garde
bière de mars
bitter
Black and Tan
blonde ale
bock
Bohemian pilsner
braggot

brown ale
Budweiser
Burton ale
California common
cerveja *light*
chope
Christmas ales
Corona Extra
cream ale
dark ale
dark lager
doppelbock
double IPA
dubbel
dunkel
einfachbier
eisbock
English pale ale
estilo de cerveja
extra special bitter (ESB)
faro
Farsons Lacto Milk Stout
Flag Porter
framboise
fruit beers
German pilsner
ginger beer
grand cru
gueuze
helles

Hoegaarden
ice beer
imperial stout
India pale ale
international pilsner
Irish red ale
Jenlain Original French Ale
kellerbier
kölsch
kriek
kristallweizen
Küppers Kölsch
kvass
lager
lambic
leichtes weissbier
Mackeson Stout
maibock
märzenbier
mild
milk stout
Newcastle Brown Ale
oatmeal stout
old ales
oud bruin
pale ale
pilsner
porter
pumpkin ale
Radlermass

rauchbier
roggenbier
sahti
saison
schankbier
Schlenkerla
schwarzbier
Scotch ale
singel
smoked beers
snakebite
sour beer
starkbier
steam beer
steinbier
Stella Artois
sticke bier
stock ale
stouts
Thomas Hardy's Ale
tripel
Vienna lager
vollbier
wassail
wee heavy
weissbier
wheat wine
white beer
winter ale

Outros tipos de cerveja

cerveja *Kosher*
cerveja nitrogenada
"cerveja" sem álcool
cerveja sem glúten

imperial
porridge beers
real ale
running beers

small beer
table beer

Outras bebidas

bebida de malte flavorizada
chicha

coquetéis
pulque

Regiões

África
Alemanha
Argentina
Ásia Central
Austrália

Áustria
Bamberg, Alemanha
Baviera
Bélgica
Boêmia

Brasil
Brooklyn, Nova York
Burton-on-Trent
Califórnia
Canadá

České Budějovice
Chicago
China
Coreia do Sul
Dinamarca
Distrito Pajottenland (Bélgica)
Edimburgo
Egito
Escócia
Espanha
Estados Unidos
Filadélfia
Finlândia
Flandres
França
Grã-Bretanha
Holanda
Índia
Irlanda
Itália
Japão
Kent, Inglaterra
Kulmbacher, Alemanha
Manhattan, Nova York
México
Milwaukee
Morávia
Munique
Nord-Pas-de-Calais
Noruega
Nova Zelândia
País de Gales
Países Baixos
Pilsen
Polônia
República Tcheca
Rússia
Sri Lanka
Sudeste Asiático
Suécia
Suíça
Ucrânia
Valônia

Indústria de cerveja

adegueiro, arte do
adulteração
aprendizagem
aquecimento global
armazenamento de cerveja
distribuição
imigração (efeitos na produção de cerveja)
impostos
informações de rotulagem
legislação
marketing
mulheres na produção de cerveja
propaganda
questões ambientais
rótulos
saúde
transporte a granel

Histórico

ale-conner
ale pole
ale-wives
Baco
bride-ale
cakes and ale
coaching inns
Companhia das Índias Orientais
deuses da cerveja
Free Mash-Tun Act (1880)
goed sakken
gruit
hekt
história da cerveja
Hofbräu
Império Austro-Húngaro
Lei da Pureza da Cerveja
Lei Seca
London and Country Brewer, The
near beer
Ninkasi
produção de cerveja nos Estados Unidos colonial
Revolução Industrial
St. Gallen
stuykmanden
Suméria
temperança
three-threads
zymurgical heraldry

Cultura e costumes

ale houses
arte, cerveja na
beer gardens
Beer Orders (Regulamentos Associados à Cerveja)
Beer Street (de William Hogarth)
beer weeks
beer writing
breweriana
brotzeit
BYOB
canções cervejeiras
colecionar garrafas
costumes associados à cerveja
jogos de *pub*
mídias sociais
public houses (*pubs*)
scooping
serviço de cerveja
tabernas
ticking
tied house system
última rodada

Festivais e concursos

Beer Judge Certification Program (BJCP)
Great American Beer Festival (GABF)
Great British Beer Festival (GBBF)
avaliação de cerveja
Oktoberfest
Oregon Brewers Festival
World Beer Cup

Organizações

American Homebrewers Association (AHA)
American Malting Barley Association, Inc.
American Society of Brewing Chemists (ASBC)
Brewers Association (BA)
Brewers' Company
Campaign for Real Ale (CAMRA)
Cask Marque
Durden Park Beer Circle
European Brewery Convention (EBC)
União Europeia

Educação e instituições

Beer Academy
Brewing and Malting Barley Research Institute (BMBRI)
Cicerone
Doemens Academy
escolas cervejeiras
Heriot-Watt University
Institute of Brewing & Distilling (IBD)
Katholieke Universiteit van Leuven
Master Brewers Association of the Americas (MBAA)
Siebel Institute of Technology
University of California, Davis
VLB Berlin
Wahl-Henius Institute of Fermentology
Weihenstephan
White Labs
Wyeast Laboratories
Wye College

Biografias

Anheuser, Eberhard
Ballantine, Peter
Bamforth, Charles W.
Bruce, David
Busch, August IV
Carter, James Earl, Jr.
Catarina, a Grande
Celis, Pierre
De Clerck, Jean
Deleye, Abade Dom Gerardus
Dorber, Mark
Dreher, Anton
Eckhardt, Fred
Família Wittelsbach
Franklin, Benjamin
Gambrinus, Jan
Geary, David
Grant, Bert
Groll, Josef
Grossman, Ken
Guinness, Arthur
Hansen, Emil Christian
Harwood, Ralph
Herrera, Don Alonso de
Hildegard von Bingen
Hodgson, George
Jackson, Michael
Jefferson, Thomas
Judong, Padre Anselmus
Koch, Jim
Lewis, Michael J.
Linde, Carl von
Luitpold, Príncipe da Baviera
Maytag, Fritz
Narziss, Ludwig
Papazian, Charles
Pasteur, Louis
Ramsés II
Ruppert, Jacob
Sedlmayr, Gabriel der Ältere
Sedlmayr, Gabriel der Jüngere
Stewart, Graham
Washington, George
Wheeler, Daniel
Yuengling, David, G.
Zastrow, Klaus

Alimentos e ingredientes

açúcar
açúcar de milho
açúcar marrom
açúcar *priming*
arroz
aspérula

aveia
baunilha
borragem
camomila
candi sugar
cânhamo
carragenas
casca de arroz
cavacos de faia
centeio
cereais
chocolate
coentro
cozinhar com cerveja

ervas
especiarias
flocos cervejeiros
gelatina
goma arábica
grãos micronizados
harmonização com alimentos
ingredientes orgânicos
isinglass
laranja Curaçao
mandioca
mel
melaço
menta

milheto
milho
milho (*maize*)
murta-do-brejo
noz-moscada
pinheiro, abeto e pontas de
  espruce
queijo (harmonização)
sálvia
sorgo
trigo-sarraceno
urze
xaropes
zimbro

Embalagens, tanques e equipamentos cervejeiros

analisador de cerveja
barril de aço inoxidável
barril de alumínio
barril de madeira
barris Golden Gate
barris Hoff-Stevens
barris Sankey
batoque
Bier-Drive *tanks*
bomba manual
caixa de mosto
calândria
carboy
carvalho
cask
cleaning in place (CIP)
cobre
coolship
copo
cozedor de cereal
densímetro
difusor

fermentadores
filtro de vela
filtro prensa
garrafas
grant
growler
gyle
hogshead
keystone
manômetro
moinho de martelo
moinho de rolo
pedra de carbonatação
pescoço de cisne
recipientes de germinação e
  secagem (GKV)
recipientes de serviço
resfriador Baudelot
rolha metálica
Saladin box
shive
sifão

solera
spile
Steel's Masher
stein
Strainmaster
tamanhos de garrafas
tampa *flip-top*
tanque de flotação
tanque de pressão
tanque Grundy
tina de fervura
tina de filtração do mosto
tina de mostura
torneira de chope
torrador de tambor
torrador esférico
trocador de calor
válvula de respiro
whirlpool
widget

Características

acidez
aderência da espuma
adstringência
amargor
antiespumantes
aroma
avaliação sensorial
azedo

beer clean
bloom
Burton snatch
carbonatação
cerveja límpida
condicionamento da cerveja
contaminantes da cerveja
cor

corante caramelo
corantes
defeitos na cerveja
espuma
ésteres
fenólico
friabilidade
frutado

infecção
lightstruck
limpidez
off-flavors
retrogosto
roda de sabores

sabor
sensação na boca
solvente
teste triangular
turbidez
turbidez a frio

turbidez coloidal
umami
viabilidade
vida útil

Mostura e mosturação

açúcar invertido
adjuntos
congress mash
decocção
descanso proteico
filtro de mosto

garfo de mostura
grits
lupulagem da mostura
moagem seca
mostura
mosturação

mosturação com temperatura programada
mosturação por infusão
retirada de bagaço de malte
sacarificação
stuck mash

Fermentação

agentes clarificantes
agentes clarificantes usados na tina de fervura
alta fermentação
atenuação
baixa fermentação
brandhefe
carbonatação em linha
cerveja verde
concreto (fermentação em)
condicionamento

fermentabilidade
fermentação
fermentação aberta
fermentação contínua
fermentação descontínua acelerada
fermentação secundária
high kräusen
inoculação
kräusening
maturação

musgo irlandês
processo em lote
recirculação do mosto em fermentação (*rousing*)
refrigeração
sistema Burton Union
skimming
Yorkshire square
zymurgy

Produção de cerveja

aditivos
adsorventes
aeração
aeração do mosto quente
afofamento
água
água desaerada
água quente cervejeira
análise
aquecimento por fogo direto
aspersão do mosto
automação
bagaço de malte
bentonita
bioluminescência
blending houses
brewpub

centrifugação
chillproofing
clarificação
cold break
condicionamento em *cask*
controle e garantia da qualidade
densidade final
drauflassen
drip back
escoamento do mosto
evaporação a vácuo
extratos
fervura
filtração
filtração do mosto
filtração estéril
hot break

lei de Dalton
lei de Darcy
lei de Stokes
maturação a frio
mestre cervejeiro
micróbios
microcervejaria
mosto
mosto primário
mosturação de alta densidade
parti-gyle
perlita
processo de produção
produção artesanal de cerveja
produção caseira de cerveja
produção de cervejas extremas (*extreme brewing*)

produção de cerveja sob contrato
rendimento
sala de brassagem

sílica gel
taninos
terra diatomácea

transferência (*pumping over*)
trub
vorlauf

Pós-fermentação

açúcares residuais
condicionamento em barril de madeira
condicionamento em garrafa
contrapressão
efluente
engarrafamento

envase em lata
envelhecimento (*staling*)
extração com gás misto
extração por gravidade
fobbing
gushing
jetting

papaína
pasteurização
scuffing
trasfega
ullage

Química

(E)-2-nonenal
4-vinil-guaiacol
4-vinil-siringol
acetaldeído
acetato de etila
acetato de isoamila
acetil-CoA
acidificação
ácido
ácido acético
ácido butírico
ácido caprílico
ácido capróico
ácido cítrico
ácido ferúlico
ácido isovalérico
ácido lático
ácido peracético (PAA)
ácidos graxos
ácidos nucleicos
ácidos orgânicos
adenosina trifosfato (ATP)
alcalinidade
álcoois fúseis
álcool
aldeídos
alfa-amilase
amido
amilases
amilopectina
amilose

aminoácidos
antioxidantes
antocianogêneos
aspérula
carboidratos
carbonato de cálcio
cloreto de cálcio
cloreto de sódio
cromatografia
dextrinas
dextrose
diacetil
diastase
dicetonas vicinais (VDK)
dimetil sulfeto (DMS)
dióxido de carbono
enzimas
etanol
ferro
floculação
frutose
gesso
giberelinas
glicogênio
glicose
glucanos
iodo
iso-alfa-ácidos
lei de Henry
linalol
lipídios

maltotriose
melibiose
metabissulfito de potássio
mirceno
nitrogênio
nitrogênio na forma de aminas livres (FAN)
oxalato de cálcio
oxalatos
oxidação
oxigênio
pentanodiona
pentose
pH
piruvato
polifenóis
proteínas
proteólise
PVPP
reação de Maillard
reação em cadeia da polimerase (PCR)
redução
sacarose
sulfato de cálcio
sulfeto de hidrogênio
terpenos
xantohumol
xilose
zinco

Medição

calorias	graus litro por quilograma	*shilling system*
densidade específica	hectolitro	Standard Reference Method (SRM)
escala Balling	*homebrew bittering units*	*strike temperature*
escala Plato	índice Kolbach	taxa de evaporação
extrato aparente	*kilderkin*	teor alcoólico
extrato em água quente	Lintner	unidade de aroma
extrato original	Lovibond	unidades de amargor
extrato real	oxigênio dissolvido (DO)	unidades de cor EBC
firkin	*pin*	Unidades Internacionais de Amargor (IBU)
grau real da fermentação	*pint*	*Zentner*
graus belgas	*quarter*	

Levedura

autólise	esteróis	levedura selvagem
banco de levedura	lavagem ácida	mutantes deficientes respiratórios
Brettanomyces	levedura	
cepas de leveduras tolerantes ao etanol	levedura *ale*	nutrientes de levedura
	levedura de vinho	reator com levedura imobilizada
cepas *killer*	levedura *lager*	
estágio couve-flor	levedura seca	

Trigo

espelta	trigo Einkorn
trigo	trigo Emmer

Lúpulo, generalidades

adhumulona	*hedge hops*	*oast house*
adlupulona	*hop back*	óleos do lúpulo
afídios	huluponas	potencial de amargor
alfa-ácidos	humuleno	primeira lupulagem do mosto
cariofileno	humulona	resinas
cohumulona	isomerização do lúpulo	seleção e melhoramento de lúpulo
colupulona	lupulagem tardia	
desabastecimento de lúpulo aromático	lupulina	selo do lúpulo
	lúpulo em péletes	sulfitagem (de lúpulos)
dry hopping	lupulona	taxa de aproveitamento do lúpulo
extratos de lúpulo	lúpulos	
farneseno	lúpulos nobres	*wet hopping*
geraniol	Museu do Lúpulo Americano	

Lúpulos

Admiral	American Tettnanger	Brewer's Gold
Ahtanum	Bačka	Bullion
Amarillo	Bramling Cross	Cascade

Challenger
Chinook
Citra
Cluster
Comet
Crystal
CTZ
East Kent Golding
Eastwell Golding
Eroica
Farnham
First Gold
Fuggle
Galena
Glacier
Golding
Green Bullet
Hallertauer Magnum
Hallertauer Mittelfrueh
Hallertauer Taurus
Hallertauer Tradition

Herkules
Hersbrucker Spät
Kent Golding
Liberty
Lublin
Mount Hood
Nelson Sauvin
Northdown
Northern Brewer
Nugget
Opal
Pacific Gem
Palisade
Perle
Pilgrim
Pioneer
Premiant
Pride of Ringwood
Progress
Saaz
Santiam

Saphir
Serebrianka
Simcoe
Sládek
Smaragd
Sorachi Ace
Southern Cross
Spalter Select
Spalt
Sterling
Strisselspalt
Styrian Golding
Target
Tettnanger
Ultra
Vanguard
Warrior
Whitbread Golding Variety
Willamette

Regiões produtoras de lúpulo

Elbe-Saale, região
Hallertau, região
história dos lúpulos americanos
Idaho, região norte
Idaho, região sul
lúpulos alemães
lúpulos americanos

lúpulos australianos
lúpulos chineses
lúpulos eslovenos
lúpulos franceses
lúpulos ingleses
lúpulos neozelandeses
lúpulos poloneses

lúpulos ucranianos
Spalt, região
Tettnang, região
Willamette Valley, região
Yakima Valley, região
Žatec, região

Cevada, generalidades

acrospira
beta-glucanase
beta-glucanos
camada de aleurona
casca
cevada
cevada em flocos

cevada para malteação
colheita da cevada
doenças da cevada
dormência
endosperma
esporão
hordeína

maltose
modificação
modificação do endosperma
pericarpo
resistência ao acamamento
respiração
rizoma

Cevadas

Alexis
B1202
Barke
Bere
CDC Copeland
CDC Kendall

Chariot
Chevalier
Flagship
Golden Promise
Halcyon
Haná

Harrington
Klages
Kneifl
Krona
Legacy
Maris Otter

Morex
Optic
Pipkin

Robust
Sissi
Stander

Steffi
Tradition
Triumph

Maltes e malteação

caramelização
chitting
conjunto de grãos
couching
extrato de malte líquido
extrato de malte seco
extrato em água fria
floor malting
germinação
gorgulhos
maceração
malte
malteação
malte acidulado

malte âmbar
malte base
malte biscoito
malte Caramunich
malte Carapils
malte Caravienne
malte Crystal
malte de duas fileiras
malte defumado
malte de seis fileiras
malte de trigo
malte Munique
malte *pilsner*
malte preto

maltes aromáticos
maltes caramelo
maltes torrados
maltodextrinas
melanoidinas
moagem
moagem úmida
poder diastático
Rahr Malting Company
secagem
slack malt
snap malt
xarope de malte

Bactérias

bactérias
bactérias do ácido acético
coloração gram

fase *lag*
lactobacilos
Obesumbacterium proteus

Pectinatus
Pediococcus
Zymomonas

Vírus e doenças

Aspergillus niger
carvão
Fusarium

mal-do-pé
míldio
murcha do *Verticillium*

vírus do mosaico do lúpulo
vírus do nanismo amarelo da cevada

cerveja é uma bebida alcoólica derivada de uma fermentação direta de açúcares liberados pelo amido dos grãos. É a terceira bebida mais popular do mundo, depois da água e do chá. Embora os açúcares fermentáveis da cerveja possam ser derivados de muitas outras fontes, em geral é ponto pacífico que grãos devem ser a principal fonte de açúcar para que uma bebida seja chamada de "cerveja". Os açúcares em questão usualmente são convertidos do amido por meio de reações enzimáticas que ocorrem em uma mistura de grãos e água semelhante a um mingau, a qual recebe o nome de "mostura". Na produção tradicional da cerveja, ao menos uma parte dos grãos presentes na mostura deve ser malteada. Por meio da malteação, um processo de germinação e secagem, o grão desenvolve enzimas, ao mesmo tempo que o amido se torna acessível para a conversão. O líquido açucarado que se extrai da mosturação acabada recebe o nome de mosto, e é este mosto que será fermentado e se tornará cerveja.

O malte de cevada é o principal grão usado na maioria das cervejas ao redor do mundo. Porém, muitos cervejeiros, tanto industriais como tradicionais, usam grãos comuns como milho e arroz para compor parte da mostura. Outros grãos usados ocasionalmente são trigo, sorgo e painço (ambos amplamente usados nas cervejas tradicionais da África subsaariana), fonio, centeio e aveia.

Vale mencionar que o *nihonshu* japonês, ou saquê, que costuma ser popularmente chamado de "vinho de arroz", pode ser descrito com muito mais precisão como um tipo de cerveja. Entretanto, embora a base do saquê seja o arroz, os açúcares que são fermentados para se tornar saquê são liberados do amido do arroz por meio do uso de fungos *Aspergillis* de nome *koji*. Portanto, o saquê é geralmente visto como uma categoria distinta de bebida, e não como um tipo de cerveja. O mesmo se pode dizer a respeito de bebidas semelhantes, como a bebida coreana à base de arroz *makgeolli*.

Após a coleta do mosto, ele é, em geral, aquecido até levantar fervura, e então acrescenta-se o lúpulo. O lúpulo é o condimento mais comumente usado na produção moderna de cerveja. A fervura, por meio tanto da agitação como da temperatura, extrai do lúpulo os compostos de amargor e sabor desejados. Com duração usual mínima de uma hora, a fervura torna o mosto estéril, oferecendo uma base limpa na qual a levedura cervejeira pode agir. Outras especiarias e flavorizantes às vezes são adicionados durante a fervura.

Ao final da fervura, o mosto é resfriado e a levedura é acrescentada (a menos que se pretenda submeter o mosto à fermentação espontânea). Em poucos dias, a maioria dos açúcares do mosto é consumida, álcool e compostos de sabor são produzidos, e o mosto é transformado em cerveja. Vários períodos e temperaturas de condicionamento e/ou transformações adicionais podem agora ser aplicados, mas o líquido já se tornou "cerveja".

(E)-2-nonenal. Anteriormente conhecido como "trans-2-nonenal", acredita-se que este é um composto determinante para o envelhecimento (*staling*) da cerveja, proporcionando uma nota de papel molhado/papelão à cerveja. Também está associado com um aroma de pepino, sendo geralmente considerado uma nota oxidativa de *off-flavor*. O (E)-2-nonenal tem a fórmula $C_9H_{16}O$ e é um produto de degradação a partir da oxidação de ácidos graxos insaturados. No entanto, ele pode ser produzido em outras reações, particularmente a condensação aldol de acetaldeído e heptanal.

Não há consenso de que esta seja sempre uma molécula envolvida no envelhecimento (*staling*) da cerveja. Alega-se que algumas cervejas que mostram um caráter distinto de envelhecimento não apresentam níveis particularmente elevados de (E)-2-nonenal, e vice-versa. Ele é particularmente predominante em cervejas que foram envelhecidas em altas temperaturas, incluindo aquelas que são envelhecidas de forma forçada em laboratórios.

Um teste às vezes aplicado é o de "potencial nonenal": amostras de mosto ou cerveja são aquecidas e o nível de nonenal produzido é tomado como um índice de propensão para o envelhecimento (*staling*).

Ver também ENVELHECIMENTO (*STALING*).

Bamforth, C. W.; Lentini, A. The flavor instability of beer. In: Bamforth, C. W. (Ed.). **Beer: A quality perspective**. Burlington: Academic Press, 2009, p. 85-109.

Charles W. Bamforth

4-vinil-guaiacol (4VG) é um membro do grupo de fenóis monoméricos aromáticos que inclui a vanilina e é amplamente usado como agente flavorizante na indústria alimentar. O 4VG pode ser encontrado naturalmente na maioria das cervejas (especialmente *ales*), mas geralmente bem abaixo do limiar de percepção. No entanto, o 4VG está presente em *weissbiers* (cervejas de trigo), *rauchbiers* (cervejas defumadas) e algumas cervejas belgas especiais em concentrações significativas, geralmente transmitindo desejáveis notas condimentadas, pungentes e análogas às de cravo. Em concentrações mais elevadas e sob certas condições, no entanto, pode apresentar *off-flavor* como nota medicinal.

O 4VG é produzido pela decomposição enzimática ou térmica do ácido ferúlico (um ácido hidroxicinâmico), encontrado na casca do malte de cevada. De uma forma mais limitada, ele pode ser obtido a partir da liberação do precursor de ácido ferúlico encontrado em maltes de trigo. Com um baixo limiar de detecção de sabor, cerca de 200 partes por bilhão, o 4VG pode exercer uma grande influência sobre o sabor da cerveja. A principal produção do composto é específica da cepa de levedura (exigindo um gene específico chamado originalmente de POF, *phenolic off-flavor*, e agora renomeado como PAD1+), mas também depende de outros fatores de processo envolvidos na malteação e na sala de brassagem. Detalhes completos sobre a geração de 4VG apenas foram investigados muito recentemente por pesquisadores belgas da área de ciência cervejeira e de malteação, que chegaram à conclusão de que o cervejeiro pode ter mais controle do que se pensava sobre a sua produção. Variando as condições de mosturação para liberar mais ou menos de seu precursor, o ácido ferúlico, a quantidade desejada de sabores condimentados de cravo na cerveja pode ser de certa forma controlada.

O 4VG também pode ser produzido por leveduras selvagens e algumas bactérias (que contêm os genes POF ou PAD com graus variáveis de expressão). Assim, a menos que uma cepa específica de levedura de cerveja de trigo ou uma cepa belga tenha sido usada, a análise de 4VG na cerveja pode muitas vezes ser considerada como um indicador de contaminação causada por leveduras selvagem e bactérias na cervejaria. Finalmente, devido à quebra do 4VG estar relacionada com a produção do sabor de baunilha, atualmente tem sido sugerido que o aroma análogo ao de cravo em cervejas especiais frescas, como as cervejas de trigo e as *ales* de estilo belga de alta fermentação, pode mudar para impressões de sabor mais doces e mais análogas às de baunilha à medida que essas cervejas envelhecem.

Ver também 4-VINIL-SIRINGOL.

Gary Spedding

4-vinil-siringol (4VS) é um membro de um grupo de fenóis aromáticos que inclui vanilina e 4-vinil-guaiacol, mas possui propriedades sensoriais mínimas em comparação a este último composto.

O 4VS é obtido através da descarboxilação – a remoção de uma molécula de dióxido de carbono – do precursor ácido sinápico (um ácido hidroxicinâmico), sendo encontrado na cerveja. Ele é produzido de forma semelhante ao 4-vinil-guaiacol. Ver 4-VINIL-GUAIACOL. Apesar de não existir informação atual que mostre a ocorrência desse composto no malte ou nos lúpulos (a fonte habitual dos fenóis da cerveja), o 4VS transmite uma nota defumada ou queimada à cerveja em um limiar de cerca de 0,5 ppm. Trata-se de um composto identificado em cervejas frescas e em *lagers* envelhecidas e pode ser associado com o sabor da cerveja envelhecida. Os degustadores especialistas descrevem seu sabor como o de "cerveja velha defumada" ou análogo ao de tabaco. A fumaça utilizada para a produção de malte para *rauchbier* também tem sido sugerida como uma fonte de 4VS. Intrigante é o fato de algumas pesquisas terem sugerido que a levedura "selvagem" *Brettanomyces* pode também ser capaz de produzir esse sabor, que é geralmente considerado indesejável. Se isso estiver correto, então o sabor pode estar aparente em algumas cervejas *lambic* e outras cervejas fermentadas por leveduras *Brettanomyces*. O 4VS também é encontrado em algumas *weissbiers* de estilo bávaro, sendo responsável por uma nota de fundo defumada.

Ver também BRETTANOMYCES, LAMBIC e WEISSBIER.

Gary Spedding

abeto

Ver PINHEIRO, ABETO e PONTAS DE ESPRUCE.

acetaldeído é um composto orgânico encontrado em quase todos os materiais vegetais e o mais comum dos compostos químicos aromáticos chamados aldeídos. Ver ALDEÍDOS.

O acetaldeído está estreitamente associado ao álcool etílico (etanol), através das reações de redução (adição de elétrons) e oxidação (remoção de elétrons). O acetaldeído é produzido nas etapas iniciais da fermentação alcoólica e é reduzido a etanol na sua etapa final. O acetaldeído é o produto imediato do metabolismo do álcool no corpo humano.

O corpo oxida o etanol de volta a acetaldeído como o primeiro passo no seu processamento do álcool. Uma cerveja que contenha níveis excessivos de acetaldeído é caracterizada pelo aroma e sabor de maçãs verdes. As pessoas diferem na sua sensibilidade ao acetaldeído, mas além da sua presença como uma nota de fundo, ele é geralmente considerado um *off-flavor* na cerveja.

Se a levedura não estiver suficientemente ativa, quer por não estar saudável ou devido a uma temperatura de fermentação muito baixa, pode sobrar muito acetaldeído na cerveja. Infeções bacterianas também podem interferir com a fermentação da levedura, deixando níveis elevados de acetaldeído na cerveja.

O acetaldeído é posteriormente metabolizado no corpo pela enzima acetaldeído desidrogenase a acetato. Em algumas pessoas, as enzimas acetaldeído desidrogenases são ineficientes na metabolização do acetaldeído. Isso pode causar a conhecida resposta de "rubor", observada quando algumas pessoas ingerem bebidas alcoólicas. Esse efeito é determinado geneticamente e é mais predominante em pessoas de ascendência asiática. Trata-se de um avermelhamento da pele associado a uma dilatação de seus capilares.

Bev Robertson

acetato de etila é um composto produzido por leveduras que é quantitativamente o principal éster encontrado na cerveja e no vinho. Os ésteres são compostos de aroma formados pela reação entre ácidos orgânicos e álcoois. Eles são largamente encontrados na natureza e contribuem para o aroma de muitas variedades de frutas. Mais de noventa ésteres podem ocorrer na cerveja, sendo que os ésteres de etila predominam na bebida.

Esses ésteres contribuem para o sabor e aroma global da cerveja, proporcionando uma nota "frutada" a uma bebida que raramente contém qualquer fruta. À medida que o acetato de etila se intensifica, no entanto, a percepção aromática pode mudar de agradável e "frutada" à "de solvente" e "de perfume"; considera-se, portanto, que níveis anormalmente elevados conferem *off-flavors* à cerveja. Além de ser produzido por cepas de leveduras cervejeiras (*Saccharomyces cerevisiae* e *Saccharomyces pastorianus*), o acetato de etila também é produzido em grandes quantidades pelas leveduras selvagens *Brettanomyces*, *Hansenula* e *Pichia* por meio da fermentação aeróbica.

Devido ao acetato de etila ser uma parte influente dos compostos de aroma da cerveja – para o bem ou para o mal –, os cervejeiros procuram controlar seus níveis em suas cervejas. Muitos fatores, além da cepa de levedura utilizada, influenciam a concentração de acetato de etila formado durante a fermentação. Esses incluem a temperatura de fermentação, em que um aumento de 10 °C para 25 °C aumenta a concentração de acetato de etila de 12,5 mg/L a 21,5 mg/L. A fermentação contínua resulta em níveis mais elevados de ésteres em comparação à fermentação em batelada convencional. Ver FERMENTAÇÃO CONTÍNUA. Cargas elevadas de inoculação de levedura resultam em níveis mais baixos de acetato de etila. Mostos com maiores densidades podem resultar em níveis elevados de ésteres. A redução dos níveis de oxigênio fornecido à levedura irá aumentar a formação de ésteres no geral.

O acetato de etila surge como um resultado da reação entre o etanol e o acetil-CoA. Medidas práticas podem ser tomadas para baixar os níveis de ésteres (particularmente nos mostos de alta densidade), incluindo a produção de mosto com uma relação entre carbono e nitrogênio devidamente baixa e o fornecimento adequado de oxigênio no início da fermentação, ambos promovendo o crescimento de levedura.

A aplicação de pressão durante a fermentação reduz tanto o crescimento da levedura e a síntese de ésteres.

Ver também ÉSTERES e FRUTADO.

Graham G. Stewart

acetato de isoamila, um éster-chave (combinação de um ácido e um álcool) presente em todas as cervejas. Ver ÉSTERES. No seu limite de detecção (em torno de 0,6 ppm a 1,2 ppm) ele proporciona acentuados aromas análogos aos de frutas frescas, banana ou pera. Ele é amplamente utilizado para reproduzir aromas análogos aos de banana em flavorizantes artificiais. Tal como acontece com outros ésteres, ele é produzido pela levedura durante a fermentação e tem um importante impacto no sabor de certos estilos de cerveja, particularmente cervejas de trigo de estilo bávaro. Em geral, ele contribui para as qualidades frutadas da cerveja. Ver FRUTADO. O aroma de acetato de isoamila, que é criado por cepas tradicionais de levedura *weissbier*, combina-se com as notas fenólicos análogas às de cravo do 4-vinil-guaiacol para formar a base do aroma típico da *weissbier* de estilo bávaro. Assim, a concentração de acetato de isoamila é um dos principais divisores entre os sabores da *weissbier* de estilo bávaro e do chamado *American hefeweizen* (*American wheat beer*), que em geral mostra poucos ou nenhum aroma análogo ao de banana. Uma pesquisa alemã mostrou que altas concentrações de acetato de isoamila na *weissbier* dependem em parte de um alto teor de glicose no mosto original, que, se desejado, pode ser conseguido através de um regime específico de decocção na mosturação.

Ver também AMERICAN WHEAT BEER e WEISSBIER.

Eder, M. J. Brewing a wheat beer with intensive banana aroma: A European perspective. **The New Brewer**, Nov./Dec. 2009.

Gary Spedding

acetil-CoA é uma forma ativada de ácido acético em que o acetato é acoplado com a coenzima A. É uma molécula criticamente importante que participa do metabolismo de todos os organismos vivos. Acetil-CoA pode "doar" acetato em uma ampla gama de reações, incluindo:

(a) a formação de ésteres e tioésteres. Exemplos de ésteres produzidos pela levedura cervejeira são acetato de isoamila (sabor análogo ao de banana, proeminente em cervejas de trigo da Baviera) e acetato de etila (sabor análogo ao de pera, encontrado comumente em cervejas fermentadas em altas temperaturas), enquanto um proeminente tioéster é o tioacetato de metila (sabor de repolho cozido);
(b) a síntese de ácidos graxos e esteróis, que são importantes constituintes da membrana da levedura;
(c) a síntese de ácidos orgânicos: a reação de acetil-CoA com oxaloacetato para formar citrato é o primeiro passo no ciclo do ácido tricarboxílico, que desempenha uma função-chave em muitos organismos vivos para o fornecimento de energia e componentes essenciais para novo material celular.

Ver também ÁCIDO ACÉTICO e ÁCIDOS ORGÂNICOS.

Berg, J. M.; Tymoczko, J. L.; Stryer, L. **Biochemistry**. 5. ed. New York: WH Freeman, 2002.

Charles W. Bamforth

Achel, Cervejaria, é a mais nova[1] e menor das sete cervejarias reconhecidas de mosteiros trapistas. Mais formalmente conhecida como Brouwerij der Sint-Benedictusabdij de Achelse Kluis, ela está localizada na abadia de Saint Benedict, no nordeste da Bélgica, na cidade fronteiriça de Achel, embora parte da abadia esteja na verdade situada na Holanda.

A cervejaria foi inaugurada em 1998, após a venda de parte das terras ao redor da abadia a fim de arrecadar dinheiro para o projeto. A abadia abrigara uma cervejaria antes da Primeira Guerra Mundial, mas suas tinas de cobre foram furtadas durante a invasão do exército alemão. Depois da guerra, o mosteiro se sustentou com a criação de gado, cultivo e venda de frutas e legumes. No final dos anos de 1990, no entanto, um irmão da comunidade disse: "A cerveja é o produto mais adequado para uma abadia".

A abadia recrutou o venerado irmão Thomas, que tinha produzido cerveja na abadia trapista de Westmalle, para ajudar a fundar a nova cervejaria. O irmão Thomas também trouxe a levedura de Westmalle, a qual ainda é usada para fermentar as cervejas produzidas em Achel. Achel construiu a cervejaria no local de um antigo laticínio e, por um tempo, serviam suas cervejas somente na abadia. Uma linha de engarrafamento foi adicionada mais tarde e a abadia, atualmente, produz cerca de 3 mil hectolitros (300 mil litros) por ano. As ciclovias espalhadas pelo mosteiro são muito populares entre os visitantes.

As cervejas Achel Blonde 5° e Achel Bruin 5° só estão disponíveis no *pub* da abadia. Garrafas comercializadas nos Estados Unidos, Bélgica e em um mercado internacional em expansão incluem a Achel Blonde 8° e Bruin, servidas em garrafas de 330 mililitros e distinguíveis pela cor das tampas das garrafas. A Blonde tem tampa branca, e a Bruin, tampa dourada. Há também uma Achel Trappist Extra refermentada na garrafa, uma *strong dark ale* complexa, com 9,5% de álcool em volume, em garrafas de 750 mililitros.

Ver também CERVEJARIAS TRAPISTAS.

John Holl

---

[1] Entre a publicação da edição deste livro em inglês, em 2011, e a publicação desta versão em português, em 2020, diversas outras cervejarias foram reconhecidas como trapistas. [N.E.]

acidez é um termo que se refere aos sabores azedos, picantes ou acres derivados dos ácidos orgânicos. Tecnicamente, acidez é o estado de ser ácido – ter as propriedades de um ácido ou a que ponto uma solução é ácida. Ver ÁCIDO. A acidez refere-se ao grau de acentuação do paladar da cerveja. Muitos ácidos orgânicos e o ácido carbônico (gás dióxido de carbono), quando dissolvidos na cerveja, determinam o seu nível de acidez. Relevante para o consumidor, a acidez é detectada via paladar, e também pode ser determinada por titulação através do emprego de uma base padrão. Quando uma cerveja é analisada em um laboratório, a acidez (acidez percentual em uma amostra) é expressa como se toda a acidez estivesse presente como ácido lático, mas isso é realizado por conveniência; o índice de acidez na verdade inclui qualquer ácido presente após o procedimento de desgaseificação, ou seja, a eliminação do dióxido de carbono. Ver ÁCIDO LÁTICO.

Quase todas as bebidas que são consideradas refrescantes e "palatáveis" contêm alguma acidez notável como parte de um equilíbrio em relação a elementos provedores do gosto doce. A concentração total de acidez é tipicamente descrita na literatura como 220 a 500 partes por milhão (ppm), adicionando características agradáveis de azedo à cerveja. No entanto, esses valores parecem baixos, pois medidas de 0,1% a 0,3% de acidez (expressas em ácido lático) são típicas na cerveja, o que resultaria em concentrações de 1.000 a 3.000 ppm. Mostos puro malte produzem teores mais elevados de acidez na cerveja quando comparados aos mostos com adjuntos e malte. É uma regra geralmente assumida que a maioria das cervejas produzidas por adjuntos e malte terão cerca de 0,1% de acidez, e cervejas produzidas por puro malte, perto de 0,2%. Cervejas *light* podem apresentar índices tão baixos quanto 0,07% de acidez (ou 700 ppm).

Assim, a cerveja é levemente ácida, sendo que as cervejas do tipo *lager* produzidas com 100% de malte de cevada apresentam pH na faixa de 4,00 a 5,00. As cervejas do tipo *ale* variam um pouco mais, apresentando pH na faixa de 3,00 a 6,00. Estilos de cervejas *sour*, como a *lambic* belga, a *Berliner weisse* e a nova geração de cervejas artesanais *sour ales* podem apresentar pH tão baixo quanto 3,30. Embora o nível de acidez seja largamente determinado pelos ácidos orgânicos, o nível de carbonatação também influencia diretamente o conteúdo de acidez desses estilos de cervejas. Ver CARBONATAÇÃO.

Uma acidez muito elevada pode ser um indicativo de infecção bacteriana do mosto e/ou da cerveja. Problemas de contaminação microbiana (cepas de *Lactobacillus*, por exemplo) que resultam em uma acidez anormal costumam ser percebidos pelo cervejeiro ou pelo consumidor antes de qualquer teste mostrar tal defeito. Ver LACTOBACILOS. A acidez na cerveja realmente ajuda a protegê-la, já que muitos microrganismos patogênicos e que promovem a deterioração de alimentos e bebidas são incapazes de se multiplicarem em ambientes de elevada acidez (baixo pH). Até certo ponto, a natureza ácida da cerveja, aliada com o dióxido de carbono (acidez promovida pelo ácido carbônico), falta de oxigênio e a presença de concentrações significativas de álcool, tem ajudado a fazer da cerveja uma bebida segura e potável ao longo da história.

Ver também BERLINER WEISSE, LAMBIC e SOUR BEER.

Gary Spedding

acidificação é o processo de redução do pH de uma solução até que ele caia abaixo do pH 7,00. Os cervejeiros, algumas vezes, acidificam o mosto e/ou mostura para efetuar determinadas alterações, através do pH, na eficiência da produção de cerveja ou no perfil de sabor da cerveja final. Em geral, o processo envolve a utilização de ácidos, sais ácidos ou fermentações microbianas (gerando ácidos orgânicos) para mudar o pH da mostura, mosto e, finalmente, da cerveja resultante para os níveis finais desejados. Os cervejeiros necessitam de uma compreensão clara da química da água, das reações que ocorrem na mostura e no mosto a fim de usar a acidificação em todo seu potencial. A qualidade geral da água para a produção de cerveja e a emulação de águas cervejeiras mundialmente famosas podem também ser alcançadas através do ajuste por ácidos e sais ácidos de qualidade alimentar.

Várias enzimas participam da produção de cerveja. Por exemplo, no processo de mosturação, ocorre a conversão do amido em açúcar e as proteínas estão sujeitas à quebra em peptídeos e aminoácidos para proporcionar nutrientes à levedura. Todas essas enzimas trabalham em seus próprios valores de pH ótimos. O cervejeiro, no final das contas, tem substancial margem de manobra no ajuste das condições para promover da melhor forma as reações enzimáticas que ocorrem. A acidificação oferece um meio poderoso de influenciar seletivamente o processo e a estabilidade final da cerveja.

A maioria dos maltes quando mosturados resultarão em um pH de cerca de 5,65 a 5,75 em média. Este pH encontra-se normalmente acima do ótimo para muitas das enzimas importantes envolvidas na produção de cerveja. As técnicas de acidificação podem reduzir o pH a 5,40 e promover a atividade da maior parte das enzimas envolvidas na conversão dos componentes do malte em constituintes desejáveis do mosto. A fermentação será, então, mais eficiente, e o sabor final da cerveja, melhorado. Uma melhor estabilidade coloidal – potencial reduzido para a aparição de turbidez na cerveja – pode também ser obtida, caso em que a bebida costuma ter uma coloração mais clara, algo que boa parte dos consumidores prefere. O sabor será mais harmonioso, mais completo e mais suave, e o amargor do lúpulo mais agradável e não "persistente".

Devido à Lei da Pureza da Cerveja de 1516, os cervejeiros alemães devem recorrer à acidificação biológica da mostura porque não podem adicionar ácidos ou sais exógenos à água cervejeira, mostura, mosto ou cerveja. Ver LEI DA PUREZA DA CERVEJA. A acidificação envolve a maceração do malte, o qual naturalmente contém bactérias ácido-láticas (lactobacilos acidificantes de cerveja, sendo *Lactobacillus delbrueckii* a cepa preferida), sob condições definidas (às vezes seguindo a inoculação de estirpes específicas de lactobacilos), resultando na produção de ácido lático. Através do uso do "mosto" ácido coletado ou do uso do "malte azedo ou ácido" (2% a 10%, adicionado à mostura), é possível alcançar uma diminuição do pH na mostura, mosto e cerveja. A propagação não difere muito de uma cultura para massa azeda.

Os cervejeiros podem também injetar uma cepa de bactérias láticas em uma porção do mosto. Após a fermentação, uma porção do mosto acidificado é pasteurizado para matar as bactérias e, em seguida, devolvido ao processo de produção da cerveja. Afirma-se que essa acidificação biológica oferece resultados superiores à simples adição de ácido lático disponível comercialmente. Se não precisarem seguir as leis de pureza alemãs, os cervejeiros podem também adicionar ácido clorídrico ou ácido sulfúrico à mostura e/ou mosto em quantidades específicas para ajustar o pH de um modo semelhante.

Embora a química da água seja altamente complexa, alguns simples ajustes de pH da água podem ser obtidos. Os ácidos sulfúrico e fosfórico, assim como o ácido lático e os sais ácidos, tais como cloreto de cálcio, sulfato de cálcio (gesso) e sulfato de magnésio (sais de Epsom), podem ser utilizados para baixar o pH da água e tornar a sua qualidade mais adequada para a produção de cerveja. De um modo geral, o cervejeiro baixa a alcalinidade da água pelo ajuste ácido, mas os íons adicionados, tais como cálcio, magnésio, cloreto e sulfato, também ajudam na promoção da química das enzimas durante a mosturação e na estabilidade final da cerveja, assim como na promoção do desenvolvimento de sabor e na qualidade do sabor do lúpulo.

Ver também MALTE ACIDULADO e PH.

Gary Spedding

ácido. A definição geral de um ácido é qualquer composto que produz H+ (íons ou prótons de hidrogênio) em solução ou um produto químico que reage com álcalis (bases) para formar sais. Soluções com valores de pH abaixo de 7,0 são ácidas (ver PH). Na cerveja, muitas vezes o termo refere-se a aroma e/ou sabor azedo, ácido e pungente. Na maioria dos estilos de cerveja, um notável caráter ácido é considerado indesejável.

A maioria dos ácidos na cerveja são ácidos orgânicos e incluem, mais frequentemente, ácido acético (sabor de vinagre), pirúvico, lático (sabor análogo ao de leite azedo), málico e cítrico (forte acidez). Eles são provenientes das matérias-primas, fervura do mosto e, principalmente, do metabolismo das leveduras. Os ácidos lático e acético também podem derivar de contaminação microbiana indesejada ou não controlada. Ver ÁCIDO ACÉTICO e ÁCIDO LÁTICO. A queda no pH durante a fermentação (tipicamente de cerca de uma unidade, por exemplo, de 5,20 para 4,20) depende em parte da excreção de ácido orgânico.

Estes e outros ácidos na cerveja influenciam o sabor diretamente, quando presentes acima de seus níveis de limiar, e por sua influência no pH da cerveja. O ácido lático, que é relativamente fraco, às vezes é utilizado na cervejaria com a finalidade de ajustar a composição da água e o pH (uma vez que os ânions podem auxiliar o processo de produção de cerveja ou promover a melhoria de sabor a partir das matérias-primas). Os ácidos minerais mais fortes, tais como ácido sulfúrico e ácido fosfórico, são usados para passivação do aço inoxidável e para a limpeza de recipientes e tanques. O ácido fosfórico também pode ser usado na lavagem para reduzir ou eliminar infeções bacterianas em levedura de cerveja. O ácido peracético, que dispensa enxágue, é um eficaz desinfetante usado em cervejaria. O ácido ascórbico (vitamina C) é às vezes utilizado na cerveja como antioxidante.

Gary Spedding

ácido acético, o ácido contido no vinagre (3% a 6%), é também o principal ácido graxo volátil nas bebidas alcoólicas. Como principal ácido gerado a partir do metabolismo de ácidos graxos em leveduras, ele é um componente-chave (juntamente com o etanol) na geração de acetato de etila, que é o éster de sabor mais comum em cerveja. Ver ACETATO DE ETILA. O ácido acético (CH_3COOH) é um ácido graxo volátil monocarboxílico fraco, produzido pela levedura como um subproduto natural do metabolismo, mas também pode ser produzido por Acetobacteria (organismos de deterioração). Acetobacter (bactérias do ácido acético ou vinagre), um gênero de bactérias aeróbias, pode transformar o etanol em ácido acético durante a fermentação se houver um aeramento excessivo. Esse ácido também pode ser gerado a partir da oxidação do acetaldeído e está, desse modo, envolvido em reações complexas de geração de sabor durante a maturação da cerveja em madeira.

Se estiver presente em quantidades superiores ao limiar de percepção, o ácido acético transmite um sabor e aroma de vinagre à cerveja. No entanto, este não é geralmente um problema na produção de cerveja, uma vez que a maioria das cervejas são produzidas sob rigorosos controles de qualidade para minimizar a contaminação e oxidação. O ácido acético também não é um problema na cerveja embalada adequadamente, situação em que o oxigênio está geralmente ausente. Em cervejas *lambic* e alguns outros estilos de cervejas *sours*, o ácido acético pode ser um componente desejável que aprofunda a complexidade do perfil de sabor e aroma.

Gary Spedding

ácido butírico, também conhecido sob o nome sistêmico "ácido butanoico", é um ácido carboxílico com a fórmula estrutural $CH_3CH_2CH_2COOH$. É um importante composto de sabor em vários alimentos além da cerveja. No entanto, em concentrações acima de seu limiar de sabor na cerveja (2 mg/L), ele provoca *off-flavors* de queijo, ranço, vômito de bebê, ou podre. Concentrações anormais na cerveja podem surgir a partir de infecções por bactérias anaeróbias formadoras de esporos do gênero Clostridium.

As investigações sobre as fontes de ácido butírico e as bactérias envolvidas têm mostrado que a glicose e os xaropes de açúcar de cana utilizados como adjuntos na tina de fervura podem estar envolvidos. As áreas vulneráveis durante a produção de xarope têm sido encontradas como sendo a origem do problema: o manuseio da pasta de amido durante a produção do xarope de glicose e o sistema de água doce na fabricação do xarope de açúcar de cana. A produção de mosto também foi identificada como uma fonte potencial de ácido butírico tanto antes como depois da ebulição na tina de fervura.

A higiene na planta de alimentos é essencial na prevenção de surtos de bactérias em plantas de produção de xarope e de cerveja, especialmente durante períodos de alta temperatura ambiente e após paradas temporárias da planta de processamento. O controle de qualidade baseado na análise de ácido butírico em adjuntos, mosto e cerveja e a detecção microbiológica das bactérias anaeróbias formadoras de esporos podem evitar *off-flavors* de ácido butírico na cerveja.

Ver também OFF-FLAVORS.

Graham G. Stewart

ácido caprílico é o nome comum para o ácido octanoico, um ácido graxo saturado de cadeia média. O ácido caprílico tem um aroma desagradável, gorduroso, oleoso, rançoso; como o ácido caproico, ele é excretado pela levedura sob condições adversas.

O éster de etila correspondente, caprilato de etila (também conhecido como octanoato de etila), contribui para o aroma e o sabor da cerveja e pode ser descrito como frutado, floral, análogo ao de banana e ao de abacaxi, ou mesmo análogo ao de *brandy*, no seu estado puro. Ele tende a acompanhar o desenvolvimento de um sabor de levedura que pode ou não ser desejável, dependendo das concentrações e do estilo de cerveja.

Ver também ÁCIDO CAPROICO.

Back, W. **Ausgewählte Kapitel der Brauereitechnologie (Selected chapters in brewery technology)**. Nürnberg: Fachverlag Hans Carl GmbH, 2005.

Narzisß, L. **Abriss der Bierbrauerei (Summary of the beer brewery)**. 7. ed. Weinheim: Wiley-VCH Verlag GmbH & Co KGaA, 2005.

Wolfgang David Lindell

ácido caproico é o nome comum do ácido hexanoico, um ácido graxo saturado de cadeia curta que pode ser produzido pela atividade metabólica das leveduras. É um dos três ácidos graxos nomeados em relação a Capra, o gênero das cabras; os outros são os ácidos caprílico e cáprico. Os nomes são derivados das quantidades elevadas desses ácidos graxos encontradas no leite de cabra, que dão a ele seu odor e sabor característicos.

O ácido caproico produz um sabor normal no leite de cabra, mas geralmente não é desejável na cerveja. Na cerveja tem um aroma pungente, de suor, de queijo. Ele é excretado pela levedura durante uma maturação prolongada a temperaturas altas e contagens elevadas de células de levedura. A condição da levedura também influencia a excreção de ácidos graxos, sendo que cervejas fermentadas em altas temperaturas sob pressão mostram um aumento das concentrações desses ácidos graxos (e ésteres correspondentes) durante a maturação a frio. As quantidades normais de ácido hexanoico encontram-se na faixa de 1 ppm a 2 ppm, enquanto maiores quantidades podem ter efeitos negativos tanto na espuma como no sabor. Para evitar esses efeitos, os cervejeiros muitas vezes removem as leveduras logo que possível após a fermentação. Se o tempo é um problema, uma centrífuga é às vezes utilizada entre os tanques de fermentação e maturação, embora nesse caso o processo seja geralmente calibrado para deixar um pouco de levedura para ajudar na maturação.

Cepas "selvagens" da levedura *Brettanomyces* tendem a produzir ácido caproico em grandes quantidades, e, embora isso crie sabores inadequados na maioria dos estilos de cerveja, alguns cervejeiros podem desejá-lo como um agente de complexidade. O ácido caproico é uma importante característica do perfil aromático das *lambics*. Cervejas intencionalmente inoculadas com culturas *Brettanomyces* muitas vezes mostrarão características distintamente "*funky*".

Ver também ÁCIDO CAPRÍLICO, BRETTANOMYCES e LAMBIC.

Back, W. **Ausgewählte Kapitel der Brauereitechnologie (Selected chapters in brewery technology)**. Nürnberg: Fachverlag Hans Carl GmbH, 2005.

Narziß, L. **Abriss der Bierbrauerei (Summary of the beer brewery)**. 7. ed. Weinheim: Wiley-VCH Verlag GmbH & Co KGaA, 2005.

Wolfgang David Lindell

ácido cítrico é um ácido orgânico encontrado na cerveja normalmente dentro da faixa de 50 ppm a 250 ppm. Ele é produzido como resultado do metabolismo da levedura e é um componente-chave do ciclo do ácido tricarboxílico, que é também referido como ciclo de Krebs ou do ácido cítrico. Embora contribua para a acidez global da cerveja, o ácido cítrico tem pouco impacto no sabor global. Às vezes é adicionado para aumentar a acidez de algumas cervejas sem álcool ou de baixo teor alcoólico, nas quais a fermentação incompleta não consegue aumentar a acidez até um nível adequado. Os cervejeiros artesanais e cervejeiros caseiros têm usado ocasionalmente adições de ácido cítrico para proporcionar um pouco de acidez à *witbier* belga; embora um pouco de acidez seja tradicional, ela tem sido historicamente o resultado da atividade de bactérias láticas. O ácido cítrico também tem sido utilizado como um agente de limpeza, particularmente na remoção da "pedra cervejeira" de recipientes de fermentação.

George Philliskirk

ácido ferúlico é um ácido fenólico encontrado em paredes celulares celulósicas e nas paredes celulares dos endospermas amiláceos de cereais, incluindo trigo e cevada.

Ele está ligado de forma covalente a polissacarídeos nessas paredes e é liberado pela ação de uma enzima chamada feruloil esterase. O ácido ferúlico é um antioxidante e tem atraído muita atenção por seu potencial de benefícios para a saúde, incluindo um possível papel na luta contra o câncer. Ele é um substrato para a enzima ácido ferúlico descarboxilase, que converte o ferulato em 4-vinil-guaiacol, com o seu distinto aroma análogo ao de cravo. Ver 4-VINIL-GUAIACOL. Essa enzima está presente nas leveduras *ale* que são usadas na produção de *weizenbiers*, e essa nota análoga à de cravo é um índice de autenticidade. No entanto, a enzima também é produzida por leveduras selvagens, por exemplo, *Saccharomyces diastaticus*, o que significa que uma nota condimentada ou de cravo em outras cervejas que não sejam *weizenbiers* costuma ser um indicador de contaminação por leveduras selvagens. O ácido ferúlico também é usado extensivamente na indústria, por exemplo como precursor de um substituto de baunilha.

Ou, S.; Kwok, K.-C. Ferulic acid: Pharmaceutical functions, preparation and applications in foods. **Journal of the Science of Food and Agriculture**, n. 84, p. 1261-1269, 2004.

Charles W. Bamforth

ácido hexanoico

Ver ÁCIDO CAPROICO.

ácido isovalérico, também conhecido como ácido 3-metil-butanoico, ácido 1-pentanoico ou ácido delfínico, é um ácido graxo natural encontrado em muitas plantas, óleos essenciais, lúpulos velhos, no suor do pé e em alguns queijos. Ele se caracteriza por um aroma pungente, muitas vezes descrito como de queijo (especialmente em referência a queijos duros envelhecidos) ou de "meias de ginástica". Na cerveja, o limiar de sabor do ácido isovalérico encontra-se na ampla faixa de 0,1 mg/L a 1,5 mg/L, variando com a sensibilidade do degustador. O ácido isovalérico é um produto de oxidação das resinas do lúpulo e muitas vezes é bastante pronunciado em lúpulos que tenham sido expostos ao oxigênio durante um longo período de tempo. Ele é também um subproduto da contaminação por – ou da fermentação com – leveduras *Brettanomyces*. Ver BRETTANOMYCES. A presença do ácido isovalérico na cerveja é geralmente vista como um defeito, mas é considerada adequada como nota de fundo em algumas cervejas *ales* de estilo inglês, podendo ser mais acentuada em cervejas fermentadas intencionalmente com *Brettanomyces*. A melhor forma de evitar teores excessivos de ácido isovalérico na cerveja é através de um adequado armazenamento do lúpulo e de práticas limpas de produção de cerveja para prevenir contaminações por leveduras selvagens. Como o oxigênio é o catalisador que forma o ácido isovalérico no lúpulo, todos os lúpulos devem ser armazenados a frio e embalados hermeticamente para limitar a exposição deles ao ar. Ver LÚPULOS.

Brewers Publications. **Evaluating beer**. Boulder: Brewers Publications, 1993.
Fix, G. **Principles of brewing science**. Boulder: Brewers Publications, 1989.

Alana R. Jones

ácido lático (ácido 2-hidroxi-propanoico), também conhecido como ácido do leite, é um composto químico que participa de vários processos bioquímicos. Ele foi isolado pela primeira vez em 1780 pelo químico sueco Carl Wilhelm Scheele, sendo um ácido carboxílico com a fórmula química $C_3H_6O_3$. Ele tem um grupo hidroxila adjacente ao grupo carboxila, o que faz dele um ácido alfa--hidróxi. Ver ALFA-ÁCIDOS. Em solução, ele pode perder um próton do grupo ácido, produzindo o íon lactato. Industrialmente, a fermentação do ácido lático é realizada por bactérias de *Lactobacillus*, entre outras. O ácido lático é encontrado principalmente em produtos lácteos ácidos, como *koumiss*, *leban*, iogurte, quefir e alguns queijos *cottage*. A caseína no leite fermentado é coagulada pelo ácido lático. Na maioria dos tipos de cerveja, um caráter lático (acidez) perceptível é considerado um *off-flavor*. Na Alemanha, algumas cervejarias mantêm fermentações láticas e usam o líquido resultante para fazer ajustes de pH durante o processo de produção de cerveja sem infringir a Lei da Pureza da Cerveja. Ver LEI DA PUREZA DA CERVEJA. Em outros países, o ácido lático pode ser adicionado diretamente à água cervejeira, à mostura ou à tina de fervura para realizar ajustes de pH.

O *Pediococcus* é, juntamente com outras bactérias láticas como lactobacilos e *Leuconostoc*, responsável pela fermentação do repolho, transformando-o em chucrute. Ver LACTOBACILOS e PEDIOCOCCUS. Nesse processo, os açúcares no repolho fresco são transformados em ácido lático, que lhe proporciona um sabor azedo. As bactérias *Pediococcus* e lactobacilos são geralmente consideradas contaminantes da cerveja, embora a presença delas às vezes seja desejada em estilos de cerveja como *lambic* (*gueuze*, *kriek*), *Berliner weisse* ou *Leipziger gose*. Certos isolados de *Pediococcus* também produzem diacetil, que proporciona, para além do sabor azedo, um aroma amanteigado ou de caramelo de manteiga à cerveja.

Wolfgang Stempfl

ácido peracético (PAA). As propriedades antimicrobianas do ácido peroxiacético foram descritas pela primeira vez em 1902. No entanto, passaram--se mais de cinquenta anos antes que o PAA fosse "redescoberto" e introduzido comercialmente. O longo intervalo de tempo foi provavelmente causado por uma falta de compreensão de como estabilizar as soluções de PAA, assim como por relatórios de decomposição espontânea de soluções altamente concentradas. Hoje, o PAA constitui uma escolha frequente de antisséptico/desinfetante para cervejarias por causa de sua ampla atividade antimicrobiana e sua "compatibilidade" com a cerveja.

O PAA é um líquido límpido colocado em recipientes especialmente ventilados similares aos utilizados para a água sanitária e o peróxido de hidrogênio. Em soluções concentradas e de uso intenso, ele apresenta um odor forte e característico, que lembra o do ácido acético ou vinagre, especialmente quando manuseado ou agitado. As soluções de PAA são produzidas através da mistura de ácido acético e peróxido de hidrogênio numa solução aquosa, muitas vezes assistida por meio de um catalisador de ácido sulfúrico. O PAA tem um potencial de oxidação muito elevado e é, portanto, um agente antimicrobiano ideal. Ele tem um espectro de extermínio extremamente amplo, sendo eficaz contra bacteriófagos e esporos. O PAA é um antisséptico a frio muito eficaz e pode ser utilizado num amplo intervalo de temperaturas (0 °C a 40 °C), assim como num amplo intervalo de pH (1 a 7,5). Ele não forma espuma e é, portanto, uma excelente escolha para uso em aplicações de CIP.

O PAA é relativamente instável e se decompõe prontamente em ácido acético (acetato), água e oxigênio atômico. Essa forma de oxigênio não apresenta nenhum risco de oxidação para as cervejas que entram em contato com ele. Esses produtos de degradação não são prejudiciais ao meio ambiente, estando o PAA certificado para uso na produção de cervejas orgânicas. Os cervejeiros reconhecem a eficácia do PAA; no entanto, ele deve ser manuseado com cuidado, pois em alta concentração pode causar queimaduras.

Dirk Loeffler

ácidos graxos, uma subcategoria de lípidos, compreende uma gama de produtos químicos orgânicos relacionados que inclui gorduras, óleos e ceras. Suas propriedades físicas são em grande parte determinadas pelo comprimento e grau de insaturação da cadeia de hidrocarbonetos das suas estruturas moleculares. A cadeia de hidrocarboneto não polar é responsável pela fraca solubilidade dos ácidos graxos em água, enquanto o grupo de ácido carboxílico é polar, sendo responsável pela solubilidade mais elevada dos ácidos graxos de cadeia curta em água. O ácido butírico, por exemplo, com apenas quatro átomos de carbono, é facilmente solúvel em água. Os lipídios mais simples construídos a partir de ácidos graxos são os triglicerídeos, mais conhecidos como gorduras.

Os ácidos graxos são importantes na produção de cerveja porque afetam negativamente a estabilidade organoléptica da cerveja durante o envelhecimento. A quebra de ácidos graxos insaturados tais como os ácidos linoleico e linolênico em compostos que causam envelhecimento (*staling*) como (E)-2-nonenal, conhecido por seu típico "sabor de papelão", está bem documentado. Ver (E)-2-NONENAL. Por outro lado, os ácidos graxos são elementos essenciais no metabolismo da levedura. Os ácidos graxos insaturados de cadeia longa são usados para criar outros lípidos, tais como esteróis, em membranas celulares. Em vez de fornecer ácidos graxos para o próprio mosto, os cervejeiros promovem a síntese desses ácidos graxos através de uma abundante aeração do mosto, sendo o oxigênio necessário para a insaturação das moléculas. No entanto, um trabalho interessante realizado recentemente pela New Belgium Brewing Company, do Colorado, sugere que uma adição de azeite de oliva à levedura durante o armazenamento pode fornecer-lhe os ácidos graxos necessários para a construção da parede celular e boa capacidade fermentativa. O ácido oleico, um ácido graxo contido no azeite, pode ser capaz de sustentar a saúde da levedura sem os efeitos oxidativos desestabilizadores da aeração do mosto.

Wolfgang David Lindell

ácidos nucleicos são moléculas que estão presentes nas células e transportam informação genética. Existem dois tipos de ácidos nucleicos, o ácido desoxirribonucleico (DNA) e o ácido ribonucleico (RNA), ambos os quais são polímeros de pequenas moléculas de nucleotídeos, chamadas bases e dispostas em sequências variáveis. A adenosina, citosina, guanina e timina são as bases do DNA, enquanto a uracila substitui a timina no RNA. A sequência dessas bases é única para cada gene no DNA. Os códigos para o arranjo de aminoácidos na proteína são especificados pelo gene.

Na célula de levedura, o DNA é uma parte fundamental dos cromossomos do núcleo, enquanto nas bactérias ele é um círculo simples e retorcido no citoplasma. Isso tem consequências no crescimento e organização desses dois microrganismos, e geralmente resulta no crescimento mais rápido das bactérias em relação às leveduras.

A genética de uma célula depende dos genes especificados no seu DNA. Os genes determinam quais proteínas podem ser sintetizadas e, portanto, ditam a estrutura e as atividades da célula. As mutações no DNA alteram a célula e, assim, levam à evolução de novas cepas e novas espécies. Nas leveduras cervejeiras, as mutações ocorrem facilmente e podem conduzir a alterações no sabor, fermentabilidade e limpidez da cerveja. Tais mutações tendem a ser indesejáveis, mas ocasionalmente elas formam a base para cervejas inovadoras. Dito isto, a estabilidade genética relativa é uma das qualidades mais desejadas na levedura cervejeira, especialmente leveduras que podem estar sujeitas a reinoculações repetidas. A estabilidade genética guarda a promessa de resultados reprodutíveis nas fermentações saudáveis da cervejaria.

Keith Thomas

ácidos orgânicos contêm a função química carboxila -COOH. Eles são produzidos por organismos vivos, daí o nome "orgânico". Os ácidos à base de minerais são chamados inorgânicos. Os ácidos orgânicos em alimentos e bebidas tendem a ser altamente saborosos, além de serem predominantemente azedos. Ver AZEDO. Na cerveja, pequenas quantidades de determinados ácidos promovem uma sensação de frescor, enquanto uma quantidade excessiva, a menos que seja uma característica de um estilo de cerveja em particular, tende a ser um indicador de que a cerveja está estragada, muitas vezes em resultado de uma infecção por microrganismos de deterioração que produzem ácido acético. Ver BACTÉRIAS DO ÁCIDO ACÉTICO. As bactérias do ácido lático, por outro lado, que estão naturalmente presentes no malte, acidificam a mostura, de modo que a cerveja resultante pode conter até 1,2% de ácido lático em solução. Algumas cervejas de estilo belga são intencionalmente preparadas para serem azedas. Estas apresentam sabores surpreendentemente agradáveis precisamente devido à sua acidez. As cervejas *lambics*, por exemplo, são particularmente valorizadas por sua acidez. Elas são fermentadas com levedura e com bactérias produtoras de ácidos. Algumas cervejas *lambics*, tais como as *kriek*, adquirem parte da sua acidez através da adição de frutas ácidas, que contêm ácidos orgânicos tais como os ácidos tartárico, málico e cítrico. Ver KRIEK. Um ácido orgânico derivado do malte, o ácido oxálico, é motivo de particular preocupação não por causa do seu sabor, mas por causa do seu precipitado, o oxalato, que pode servir como um ponto de captação de bolhas de dióxido de carbono na cerveja pronta e causar *gushing* quando a cerveja é aberta. Ver GUSHING.

Ver também ACIDIFICAÇÃO, ÁCIDO CÍTRICO, ÁCIDO LÁTICO, OXALATOS e SOUR BEER.

Kunze, W. **Technology brewing and malting**. 2. ed. Berlin: VLB Berlin, 2003.

Rick Vega

acondicionamento

Ver ENGARRAFAMENTO e ENVASE EM LATAS.

acrospira é o broto de uma semente, o começo de uma nova planta. No campo, depois de a neve derreter e o solo úmido começar a ser aquecido pelo sol da primavera, a acrospira cresce em espiral a partir de uma extremidade da semente – por isso seu nome acro"spira" – enquanto a radícula desenvolve-se na outra extremidade. Conforme a acrospira cresce, as enzimas também se tornam ativas no grão, sendo responsáveis por liberar os nutrientes para que estes possam ser rapidamente absorvidos pela nova planta. Este processo é chamado de "modificação" e envolve a alteração das estruturas moleculares do material do grão, que é constituído por proteínas complexas, carboidratos (amido), glucanos (celulose) e lipídios (gorduras). Ver MODIFICAÇÃO. Na maltaria, esse processo é reproduzido através da maceração do grão no começo do processo de malteação e sua subsequente germinação em ambiente com temperatura, ventilação e umidade controladas. O tamanho da acrospira, portanto, é um bom indicador visual do progresso da modificação.

Se a germinação continuasse, todos os nutrientes que o cervejeiro busca preservar para a produção de cerveja seriam consumidos pela nova planta em seu desenvolvimento. O malteador, portanto, interrompe a germinação quando a acrospira tem por volta de 75% a 100% do comprimento do grão. Nesse momento, há o equilíbrio exato entre os recursos convertidos pelas enzimas e os recursos consumidos pela acrospira. O grão é então secado, e tanto a acrospira morta quanto a radícula são retiradas por agitação mecânica.

Thomas Kraus-Weyermann

açúcar é um membro da família dos carboidratos (literalmente moléculas de carbono hidratadas). Em geral, um açúcar é qualquer monossacarídeo ou dissacarídeo doce e solúvel. O exemplo mais comum é a sacarose (açúcar de mesa). Os monossacarídeos de interesse imediato para a produção de cerveja incluem glicose e frutose. A glicose (também conhecida como dextrose) é principalmente utilizada pelas leveduras em seus metabolismos, seguida pela maltose, o principal açúcar no mosto cervejeiro. A frutose (também conhecida como açúcar da fruta) é o mais doce de todos os açúcares e pode entrar no processo de produção da cerveja através do xarope de alta frutose de milho, como adjunto ou na cerveja flavorizada com mel. Os dissacarídeos pertencem a um grupo de açúcares que são formados a partir da condensação de dois monossacarídeos. A maltose (açúcar de malte), ironicamente, é o dissacarídeo menos comum presente na natureza, mas é o mais importante açúcar para a produção da cerveja. Trata-se de um dissacarídeo composto por duas unidades de glicose ligadas pelo átomo de carbono número 1 e o átomo número 4 na sua conformação alfa. A maltose é obtida durante a malteação e mosturação a partir da quebra do amido.

Ver também AÇÚCAR DE MILHO, AÇÚCAR INVERTIDO, AÇÚCAR MARROM, AÇÚCAR *PRIMING*, AÇÚCARES RESIDUAIS, *CANDI SUGAR*, FERMENTAÇÃO, MOSTURAÇÃO e SACAROSE.

Collins, P.; Ferrier, R. *Monosaccharides*: their chemistry and their roles in natural products. New York: Wiley, 1995.

Gary Spedding

açúcar de milho é um nome comercial para a dextrose (glicose dextrogira), um monossacarídeo, derivado do milho. É também conhecida como glicose. O açúcar de milho é um açúcar branco altamente refinado que não apresenta características de milho. A glicose é um açúcar do tipo hexose com um grupo de seis átomos de carbono. A glicose é um dos açúcares mais comuns na natureza, sendo o açúcar transportado na corrente sanguínea humana.

O açúcar de milho disponível comercialmente é obtido pela hidrólise do amido de milho por ácidos ou enzimas exógenas. Como um açúcar simples, ele é facilmente fermentado pelas leveduras e pode ser usado como adjunto na produção de cerveja, sendo usualmente adicionado na tina de fervura. Geralmente, a glicose de milho é fermentada completamente e não deixa dulçor. Por isso, é amplamente usada para fazer cervejas com perfis de sabor seco ou evitar o enjoativo açúcar residual em cervejas mais fortes. É também usado como um açúcar *priming* confiável para a refermentação da cerveja em barril ou garrafa.

John Palmer

açúcar invertido é um adjunto cervejeiro (fonte não malteada de extrato fermentável). Ver ADJUNTOS. Ele é produzido pela conversão da sacarose (extraída da cana ou beterraba) com ácidos ou enzimas para produzir uma mistura de glicose e frutose. É chamado açúcar invertido pois a solução de açúcar antes da conversão (chamada inversão ou hidrólise) gira o plano da luz polarizada em uma direção e após a inversão, a solução gira em sentido contrário. A frutose e glicose são monossacarídeos rapidamente metabolizados pelas leveduras durante a fermentação da cerveja. O açúcar invertido líquido pode ser armazenado com teor de sólidos solúveis mais elevado do que a sacarose líquida, facilitando seu manuseio pelos cervejeiros. No Reino Unido, onde é amplamente utilizado, ele é geralmente comercializado como um xarope ou no formato de torrões de açúcar. O açúcar invertido pode ser fornecido em diferentes níveis de coloração para o uso em diferentes cervejas. Por exemplo, o "açúcar invertido preto", com a cor expressa em 500 unidades European Brewery Convention (EBC), pode ser usado para a produção de cervejas *stout*. Açúcares invertidos mais escuros podem dar às cervejas o sabor único de caramelo, que é característico de muitas *British bitters* e outras cervejas inglesas. Alguns cervejeiros afirmam que a inversão da sacarose antes de sua adição na fervura do mosto resulta em uma fermentação mais rápida e produz cervejas com melhor formação de espuma.

Graham G. Stewart

açúcar marrom é qualquer açúcar que tem coloração marrom devido à presença do melaço, seja ele adicionado ou naturalmente presente. A maioria dos açúcares marrons disponíveis nos Estados Unidos é feita pela adição de melaço ao açúcar branco processado. Em muitos outros países, o açúcar marrom costuma ser pouco processado e tem uma coloração marrom natural.

A produção de cerveja com açúcar marrom natural, feito a partir da cana-de-açúcar, remonta ao início dos tempos coloniais, quando a cana-de-açúcar foi transplantada com sucesso da Índia para as Américas e para as ilhas do Caribe por comerciantes espanhóis e portugueses.

Já em 1558, o escritor alemão de cerveja e estudioso Jacob Theodor Von Bergzabern (também conhecido como Tabernaemontanus), em sua *Enciclopédia Botânica*, descreve como o povo inglês, frequentemente, acondicionava uma mistura de açúcar, canela, cravo e outras especiarias em um saco, dentro da cerveja. Tabernaemontanus também menciona que na Flandres, quando se produzia ou se servia cerveja, o uso de açúcar marrom era comum.

Em seu livro de 1889 *The Curiosities of Ale and Beer*, Charles Henry Cook (escrevendo sob o pseudônimo de John Bickerdyke) aponta um preconceito popular contra o açúcar, oriundo do amor dos ingleses pela histórica bebida feita de malte. Mas ele também afirma que não há defeito na cerveja feita com a adição de açúcar, embora essa prática promova diferentes sabores na bebida. Vale a pena notar que o açúcar marrom, como outras formas de sacarose, raramente acrescenta dulçor à cerveja, porque é altamente fermentável. O que ocorre é o aumento da densidade do mosto, resultando em uma cerveja com maior teor alcoólico.

Os açúcares naturalmente marrons incluem o açúcar mascavo e a rapadura, que são feitos do caldo de cana, que é fervido e simplesmente cristalizado. O açúcar mascavo é normalmente encontrado sob a forma de grandes cristais úmidos, enquanto a rapadura, popular na América do Sul, é geralmente seca em formato de tijolo. Estes açúcares são muito saborosos e podem conferir notas terrosas notáveis às cervejas escuras. Os açúcares demerara e turbinado são marrons-claros e, geralmente, são feitos a partir do caldo de cana que é evaporado, cristalizado e lavado numa centrífuga para remover algumas das "impurezas" do melaço. Os açúcares turbinados tendem a ter sabor relativamente leve de cana-de-açúcar, mas o demerara pode variar amplamente dependendo da origem. Eles podem ser bastante leves ou muito complexos, adicionando sabores terrosos que fazem lembrar rum, frutas e tabaco.

Os açúcares marrons processados adicionam um sabor muito mais simples e mais previsível à cerveja, permitindo que sejam usados regularmente e sem receio de variabilidade, embora falte à cerveja resultante a profundidade e o charme dos açúcares naturalmente marrons. Geralmente, a cana-de-açúcar é preferida para a produção do açúcar marrom, mas ele também pode ser feito a partir da beterraba.

Muitos cervejeiros artesanais usam açúcares marrons naturais para adicionar notas interessantes de sabor às cervejas, desde as cervejas douradas com inspiração belga às *stouts* muito escuras. Os cervejeiros artesanais da América do Sul têm tido um interesse particular nas formas regionais do açúcar marrom. Apresentado em cones, placas e cristais de formatos estranhos, os açúcares especiais podem dar um toque de *terroir* tropical para uma bebida cujos demais ingredientes são cultivados apenas em climas temperados.

Ver também AÇÚCAR e MELAÇO.

Bickerdyke, J. **Curiosities about ale and beer.** London: Swan Sonnenschein & Co, 1889.
Herz. Tabernaemontanus on sixteenth century beer. **Wallerstein Laboratories Communication**, v. 27, p. 111-113, 1964.
Mosher, R. **Radical brewing**. Denver: Brewers Publications, 2004. p. 196-200.
Unger, R. W. **Beer in the Middle Ages and the Renaissance.** Philadelphia: University of Pennsylvania Press, 2004.

Marcelo Carneiro

açúcar *priming* é qualquer açúcar adicionado a uma cerveja fermentada com a finalidade de iniciar uma refermentação secundária em um tanque, *cask*, garrafa ou, mais raramente, em um barril. O resultado final é a carbonatação natural e o desenvolvimento de aromas adicionais. O açúcar pode ser adicionado na forma sólida, mas é mais frequentemente acrescentado na forma líquida, imediatamente antes da trasfega da cerveja para um tanque ou para a sua embalagem final.

A levedura, que pode ser adicionada ao mesmo tempo que o açúcar *priming*, consome esse açúcar, produzindo dióxido de carbono e carbonatando a cerveja dentro do tanque ou da embalagem. Geralmente, os açúcares *priming* são altamente fermentáveis, sendo mais usados aqueles que apresentam sabores neutros como a sacarose, glicose e dextrose. Sob as condições corretas, esses açúcares irão fermentar completamente e não deixarão qualquer dulçor residual na cerveja acabada. Outros açúcares, tais como o açúcar invertido e o melaço, embora raramente utilizados, podem contribuir com suas próprias cores e sabores para a cerveja acabada.

Nas cervejas britânicas refermentadas em barril, que apresentam baixa, mas refrescante carbonatação natural, a adição do açúcar *priming*, normalmente, ocorre na concentração de 1,5 a 3,0 gramas/litro. Quanto mais açúcar for adicionado, maior será a carbonatação, com algumas cervejas belgas especiais, que são vigorosamente carbonatadas, utilizando até 14 gramas de açúcar por litro.

Briggs, D. E. et al. *Brewing: science and practice*. Cambridge: Woodhead Publishing, 2004.
Hind, H. L. *Brewing science and practice*. London: Chapman & Hall, 1943. v. 2.

Chris J. Marchbanks

açúcares residuais são os açúcares que ainda estão presentes na cerveja após a finalização do processo de fermentação. A cerveja com alta concentração de açúcar residual terá mais corpo e, frequentemente, sabor mais doce, enquanto a cerveja com menos açúcar residual será mais seca e com um paladar mais leve. Os açúcares presentes na cerveja são geralmente derivados do malte de cevada. Algumas vezes, os cervejeiros utilizam adjuntos, diferentes grãos malteados, milho, arroz, xarope, mel, melaço ou outras formas de açúcar, em quantidades variadas, para complementar os açúcares extraídos da cevada. A maioria desses açúcares é consumida pela levedura durante o processo de fermentação.

Ao contrário dos vinicultores, os cervejeiros raramente interrompem as fermentações a fim de produzir uma cerveja com maior concentração de açúcar residual. No entanto, os cervejeiros têm muito mais controle sobre o perfil real dos açúcares e podem controlar a quantidade de açúcar residual de diferentes maneiras. Eles podem, por exemplo, utilizar açúcares que as leveduras não são capazes de consumir. Lactose, por exemplo, é um açúcar não fermentável que é utilizado no mosto das *milk stouts*, também conhecidas como *sweet stouts*. Os cervejeiros podem também gerir a quantidade de açúcar que permanecerá na cerveja em várias fases da sua produção. No mosto, quando os amidos da cevada estão sendo convertidos em açúcar, o cervejeiro pode ajustar as condições para influenciar quanto dos açúcares resultantes será fermentável. Altas temperaturas de sacarificação, por exemplo, resultarão na produção de dextrinas de maior peso molecular, que não serão fermentadas pelas leveduras. Essas dextrinas permanecerão na cerveja finalizada e irão contribuir com o corpo e, possivelmente, dulçor. Os cervejeiros também podem influenciar a quantidade de açúcar que é consumida durante a fermentação por meio da seleção de cepas de leveduras que consumirão mais ou menos de certos açúcares. As leveduras que consomem uma grande quantidade de açúcar são conhecidas como leveduras de alta atenuação. A faixa de concentração de açúcar residual, em vários estilos de cerveja, é bastante ampla: as mais secas têm percentual bem abaixo de 1% em massa (*lambics*, algumas *saisons* e outros estilos de especialidades belgas) e algumas robustas *barley wines* aproximam-se de um xarope, com 10% de açúcar residual. É importante notar, porém, que nem todos os açúcares realmente têm sabor doce e a percepção de dulçor baseia-se em um número de fatores, incluindo temperatura, carbonatação e amargor. Cervejas com alta concentração de açúcares residuais raramente são tão doces quanto os vinhos mais doces. Dito isto, na mesa de jantar são muitas as cervejas que possuem concentração de açúcar residual suficiente para fazê-las boas (ou excelentes) acompanhantes a uma vasta gama de sobremesas, assim como para serem digestivos muito agradáveis.

Fix, G. *Principles of brewing science*. 2. ed. Boulder: Brewer's Publications, 1999.
Palmer, J. *How to brew*. Boulder: Brewer's Publications, 2006.

Mirella G. Amato

adegueiro, arte do, em sentido amplo, abrange a gama de bebidas vendidas no varejo e que requer um manual técnico detalhado. O propósito, aqui, entretanto, é apresentar os princípios gerais para administração bem-sucedida das cervejas *ale* refermentadas em *casks*.

Um cervejeiro avarento pode definir a atividade do adegueiro como a arte de servir um suprimento contínuo de cerveja com a menor perda financeira. Aqui, aceita-se algum comprometimento da qualidade com o objetivo de cumprir com a principal exigência de maximização do lucro.

A arte do adegueiro é a mistura bem-sucedida da estética e da prática, a busca pela cerveja perfeitamente maturada e carbonatada, servida com o máximo de estilo. O *site* Anchor at Walberswick menciona que o objetivo é:

> promover a maior beleza em cada *cask* de cerveja pelo desenvolvimento das mais interessantes gamas de aromas e sabores; promovendo, sempre que possível, altos níveis de consistente carbonatação natural em cada estilo de cerveja e, adicionalmente, servindo cada cerveja de um modo e a uma temperatura que otimizem o seu perfil aromático e gustativo e criem uma sensação apropriada na boca.

O mencionado acima deve seguir a disciplina da boa economia, continuidade de fornecimento e rápida rotatividade para manter a cerveja o mais fresca possível em cada *cask*.

As técnicas do adegueiro

Definindo um calço (*stillage*)

A primeira ordem de trabalho do adegueiro é proteger o *cask*. Um "calço" ("*stillage*") é o nome dado para qualquer objeto sólido que permite que o *cask* de cerveja seja colocado na posição horizontal (dei-

A adega da cervejaria Pinkus Müller em Münster, Alemanha, 1935. CORTESIA DA PINKUS MÜLLER.

tado) e o impeça de mover-se. Isso frequentemente envolve a inserção de cunhas de madeira (também conhecidas como escoras) debaixo do *cask*. É importante que o *cask* seja colocado horizontalmente com o batoque apontando para o teto. Se o *cask* for calçado com uma inclinação para a frente, o sedimento irá se acumular na frente do *cask* e ficará concentrado na torneira, levando à incrustação e à necessidade de se descartar três ou quatro *pints* de cerveja antes de a claridade e a qualidade do conteúdo do *cask* serem julgadas adequadas. Se o *cask* ficar inclinado para trás, problemas com leveduras em suspensão e deslocamento de sedimentos de clarificantes para a frente do *cask* podem surgir quando este for reacomodado para decantar os poucos volumes finais. Para prevenir esses problemas, calços individuais de metal com molas estão se tornando norma nas adegas britânicas.

Condicionamento
A finalidade do condicionamento é reduzir o nível de dióxido de carbono no barril, permitir a ocorrência de uma clarificação eficaz e então conseguir o nível apropriado de carbonatação para o estilo de cerveja.

A eliminação do excesso de CO_2 é obtida pela inserção/martelamento de um pequeno batoque poroso (feito de madeira leve, usualmente de bambu) na tampa selada, causando um súbito escape de gás e a imediata emergência da cerveja com excesso de gás. Esse procedimento deve ser realizado de uma forma controlada – isto é, os conteúdos de cada *cask* devem ser resfriados entre 11,1 °C e 12,7 °C, de modo que uma purga relativamente calma e não explosiva do excesso de CO_2 possa ser realizada. Ver SHIVE e BATOQUE.

É também importante que, após um leve derramamento, o *cask* tenha uma distribuição uniforme de clarificantes e leveduras. É sensato rolar cada *cask* vigorosamente antes de calçá-lo, protegê-lo e esgotá-lo do excesso de CO_2. O tempo necessário para cada cerveja "trabalhar" através do batoque poroso varia de acordo com cada cepa de levedura, a concentração de células de levedura por mililitro e a vitalidade da levedura, juntamente com a quantidade de açúcar residual/*primings* e a temperatura/estado de agitação do *cask*. No caso de cervejas excepcionalmente vigorosas, o batoque poroso deverá ser substituído a cada hora durante um dia ou mais. Os batoques às vezes ficam bloqueados por leveduras e ocasionalmente uma camada de lúpulo pode se formar debaixo delas, prevenindo a saída do gás.

A regra acerca da quantidade de tempo para se retirar o batoque da cerveja é que não há regra. Ela depende totalmente do regime de fermentação adotado. O objetivo do batoque poroso é reduzir a quantidade de CO_2 ao ponto em que os agentes de clarificação se tornem efetivos.

Mas é importante que o adegueiro não exagere no escape de CO_2 do barril. Ele está preparando a levedura para uma maratona, não para uma corrida curta, por isso a necessidade de eliminar o CO_2 a baixas temperaturas e evitar o esgotamento dos açúcares. Esforços devem ser feitos para se produzir cerveja adequadamente clarificada estimulando níveis adequados a altos de CO_2 em solução.

Infelizmente, cervejas relativamente sem carbonatação e clarificadas têm se tornado regra na Grã-Bretanha. Adegueiros preguiçosos bebem com os olhos e então "animam" a cerveja fazendo-a passar por difusores estreitos. Esse não é o modo correto de servir uma cerveja maturada em *casks*.

A forte eliminação de CO_2 deve ocorrer quando o *cask* "trabalhou" até o ponto em que leva de três a dez segundos para o gás voltar à parte de cima do batoque após ser limpo, novamente dependendo do estilo e da força da cerveja, dos clarificantes/leveduras e quando se deseja que a cerveja seja servida. O batoque poroso deve ser substituído por outro de material não poroso e mais resistente para evitar o escape de mais CO_2 e diminuir a atividade da levedura.

O "*dropping bright*" (decantação total das leveduras) agora ocorrerá e será altamente facilitado pelo aumento da temperatura. Novamente, essa é uma questão de tentativa e erro com a cepa de levedura utilizada, mas pesquisas têm mostrado que uma temperatura ambiente na adega de 11,1 °C a 12,2 °C até 14,4 °C a 15,5 °C por cerca de oito a doze horas produz bons resultados com toda a gama de leveduras *ale* utilizadas na Grã-Bretanha atualmente. O tempo necessário para um *cask* decantar as leveduras pode variar de quatro horas a quatro a cinco dias.

A carbonatação deve então ocorrer após um breve período de condicionamento em temperatura elevada, de 14,4 °C até 15,5 °C. É importante resfriar novamente para 11,1 °C a 12,7 °C, dependendo da temperatura que mais agrada à levedura. Quanto menor a temperatura tolerada pela levedura, maior será o nível possível de carbonatação.

A levedura da Bass continua sendo uma das mais ativas e tolerantes da Grã-Bretanha, fermentando bem a 10 °C. Após um período de maturação de quatro semanas na adega entre 10 °C a 11,1 °C, a cerveja apresentará a mais gloriosa e prazerosa efervescência que qualquer pessoa poderia desejar.

Maturação

Infelizmente, essa parte do processamento das cervejas em adegas, na prática, recebe pouca atenção. Entretanto, a maturação das cervejas no *cask* não somente permite obter o nível apropriado de carbonatação, mas também que a cerveja elimine os efeitos do *krausen* (espuma formada no pico da fermentação primária) ou da adição de açúcares/*primings*, possibilitando a retirada de qualquer qualidade insípida do paladar da cerveja. A nota sensorial de levedura, a marca registrada da *ale* condicionada em *casks* ou da *lager* não filtrada, desenvolve seu impacto e complexidade durante o processo de maturação, seja em um tanque de maturação ou em um *cask*. A maturação também permite que os efeitos do *dry hopping* atinjam o impacto máximo após duas semanas ou mais no *cask*, desenvolvendo sua graça e delicadeza de aroma particulares.

Para cervejas como as *dark milds* com baixo teor de extrato original, recomenda-se colocar a cerveja para serviço no menor tempo possível, talvez somente quatro ou cinco dias após a trasfega para os *casks*, a fim de promover a característica levemente doce e de malte fresco desse estilo extremamente prazeroso. Ver MILD. Cervejas britânicas do estilo *ordinary bitters* com densidade de 1.040 (extrato original de 10 °P) são idealmente mantidas nas adegas por no mínimo duas semanas para que se extraiam as características suculentas do malte e aromas terrosos do lúpulo, mas antes das notas de levedura tornarem-se dominantes. Um período de duas semanas também estimula a formação de bons níveis de carbonatação, que oferecem a sensação complementar na boca tão almejada.

Tradicionalmente, uma Bass era mantida de três a quatro semanas e *old ales* eram mantidas com sucesso em adegas por dois meses, como a Highgate Old (1.055; 13,7 °P) ou a Theakstons Old Peculier (1.057, 13,8 °P) e por um ano ou mais para a Traquair House Ale e a Tally-Ho, da Adnams

(1.075, 18,75 °P). Ver BASS & COMPANY, THEAKSTONS e TRAQUAIR HOUSE BREWERY.

Pontos essenciais para o serviço perfeito
A temperatura de serviço ideal é de 10 °C a 12,7 °C, dependendo do estilo da cerveja e da temperatura ambiente. Um bom adegueiro não irá resfriar excessivamente uma *Scotch ale* rica, maltada, com notas de biscoito ou uma *barley wine* vinosa e carregada de ésteres. Logo, ele prestará atenção às linhas de cerveja (e bombas manuais) que transportam a bebida da adega aos copos dos consumidores. Ver BOMBA MANUAL.

O serviço apropriado das cervejas em *casks* envolve tanto a torneira que funciona por gravidade ou as bombas manuais (*beer engines* ou *cask pumps*). Quando o adegueiro usa as bombas manuais, ele decidirá quais cervejas se beneficiarão do uso de acessórios como o difusor para produzir um colarinho consistente e cremoso. As cervejas *stouts* e *dark milds* podem ser aprimoradas pelo uso do difusor, mas o adegueiro pensará cuidadosamente e fará experimentos antes de conectar uma *India pale ale* produzida artesanalmente a um difusor que poderá dispersar todos os óleos de resina do lúpulo do copo do consumidor.

Cada *cask* perfurado e colocado em serviço deve ser esgotado o mais rápido possível, idealmente dentro de 24 a 48 horas, a menos que um respirador de barril seja usado. É uma questão não somente de oxidação e possível acetificação, mas também de perda de CO_2. Apenas nos *casks* preparados com o máximo de cuidado tal perda não resultará em uma notável perda de frescor e vitalidade, características importantíssimas para a qualidade da cerveja.

Àqueles que preparam *pale ales* para refermentação e extração em *casks*, a seguinte fala do mestre cervejeiro da Marston's, de 1899, oferece um raro entendimento acerca da sua percepção de qualidade e indica quanto avançaram as técnicas cervejeiras desde o século XVI, como discutido no site *The Anchor at Walberswick*:

> Um copo ideal de *ale* deve evidenciar estabilidade, brilho de "estrela", ausência de depósito ou partículas suspensas, um colarinho espumante, tenaz, cremoso, com bolhas de gás carbônico aderidas às paredes do copo; a *ale* quando servida pela primeira vez é nebulosa como o leite, depois clareando lentamente à medida que o gás na solução se desloca para a superfície do líquido, formando o denso colarinho já mencionado, o sabor também sendo adequado para o local onde ela será consumida.

Ver também MARSTON'S BREWERY.

Anchor at Walberswick. **Cellarmanship & Real Ale**. Disponível em: http://www.anchoratwalberswick.com/. Acesso em: 12 abr. 2011.

Mark Dorber

adenosina trifosfato (ATP) é uma molécula que armazena energia química. Ela compreende um açúcar xilose, a base adenina e três fosfatos. Um dos fosfatos está ligado através de uma ligação de alta energia, a qual, quando quebrada, alimenta reações tais como biossíntese, transporte etc.

O ATP é gerado em processos catabólicos, tais como a glicólise ("quebra de açúcar"). Por sua vez, o ATP é consumido nas reações que requerem suprimento de energia, como a biossíntese de materiais celulares em reações anabólicas.

A detecção de ATP pode ser usada como um teste rápido para o grau de higiene de equipamento e produtos.

Onde quer que haja ou tenha havido crescimento de microrganismos, em locais que não foram eficazmente limpos (por exemplo, nos sistemas de limpeza CIP – amplamente utilizados em cervejarias modernas para limpar recipientes e tubulações), a sujeira irá conter ATP. Isso pode ser detectado através de bioluminescência de ATP. Uma zaragatoa esfregada através de uma superfície é partida em uma mistura de reação que inclui um substrato luciferina e uma enzima chamada luciferase. (Esta é a enzima cuja ação conduz à geração de luz na cauda do vagalume.) Se o ATP está presente, então a reação pode prosseguir, com a produção de luz. A intensidade da produção de luz é proporcional à quantidade de ATP presente e, por sua vez, à quantidade de contaminação presente. O teste de ATP é considerado uma poderosa ferramenta para a garantia da qualidade em cervejarias modernas.

Berg, J. M.; Tymoczko, J. L.; Stryer, L. **Biochemistry**. 5. ed. New York: WH Freeman, 2002.

Charles W. Bamforth

aderência da espuma refere-se ao efeito de adesão da espuma à parede do copo durante o consumo da cerveja. É frequentemente conhecida como "anel de renda" ("*lacing*"). Enquanto muitos consumidores percebem a aderência como um atributo desejável da cerveja, indicativo de alta qualidade, há alguns que não desejam tal fenômeno, já que sentem que é uma característica vinculada à sujeira. Sua ocorrência depende da reação cruzada dos polipeptídeos hidrofóbicos com ácidos amargos, com o envolvimento de íons metálicos que agem como pontes. É uma interação dependente do tempo, e a "solidificação" que resulta no estado de aderência da espuma leva entre trinta segundos e dois minutos para ocorrer. A aderência aumenta proporcionalmente com o amargor e é especialmente forte quando são usados compostos amargos reduzidos ("extrato de lúpulo estável à luz"), que alguns cervejeiros adicionam para evitar as notas de gambá (*skunking*). O padrão de formação de anéis na parede do copo também depende da forma como a lupulagem é realizada, com os iso-alfa-ácidos convencionais oferecendo uma aparência mais fina e menos grosseira. Ver ISO-ALFA-ÁCIDOS. O efeito de aderência é inibido por ácidos graxos de cadeia curta.

A aderência depende da situação da superfície do copo, que deve estar limpa e livre de lipídios ou detergentes e pode ser avaliada por instrumentos óticos que examinam a superfície do copo após a remoção da cerveja e avaliam a proporção da superfície do copo coberta pela espuma. Alternativamente, o procedimento do *Lacing Index* avalia a quantidade total de aderência por meio da recuperação da espuma aderida ao copo em água e da medição da absorbância de luz ultravioleta pela solução resultante. Enquanto ambos os métodos se correlacionam com a quantidade total de espuma aderida, eles não quantificam o apelo estético do padrão de formação de anéis, que permanece ao olho do observador.

Evans, D. E.; Bamforth, C. W. Beer foam: achieving a suitable head. In: C. W. Bamforth (Ed.). **Beer: a Quality Perspective**. Burlington: Academic Press, 2009. p. 1-60.

Charles W. Bamforth

adhumulona é um dos cinco alfa-ácidos análogos na resina do lúpulo, sendo os outros: cohumulona, humulona, pré-humulona e pós-humulona. Em conjunto, esses alfa-ácidos análogos servem como precursores para os isso-alfa-ácidos, os contribuintes predominantes para o amargor na cerveja. Os níveis de adhumulona nos lúpulos são cerca de 15% do conteúdo total de alfa-ácidos em todas as variedades, enquanto os níveis de cohumulona e humulona variam (de 20% a 50%) dependendo da variedade. Pré- e pós-humulona são componentes minoritários. Pequenas diferenças na estrutura molecular diferenciam os alfa-ácidos análogos. No caso da adhumulona, o grupo lateral da molécula é o 2-metilbutiril. A oxidação do lúpulo leva à quebra desse grupo lateral, produzindo o ácido 2-metilbutírico, que tem um odor pungente e característico, semelhante ao do queijo Roquefort. Por esse o motivo que o aroma dos lúpulos oxidados é frequentemente descrito como de queijo.

Ver também ADLUPULONA, COHUMULONA e HUMULONA.

Thomas Shellhammer e Val Peacock

aditivos. A produção de cerveja é um processo muito tradicional e natural que geralmente não requer a utilização dos aditivos encontrados em muitos outros alimentos modernos. A maioria das cervejas da maioria das cervejarias é essencialmente livre de aditivos; as matérias-primas naturais e os processos biológicos envolvidos na produção de cerveja são perfeitamente capazes de produzir cervejas excelentes, saborosas, saudáveis e estáveis inteiramente sem a ajuda das indústrias de aditivos.

No entanto, a química moderna às vezes encontra maneiras de entrar na cervejaria. Os aditivos utilizados na produção de cerveja são classificados de acordo com sua finalidade de uso. Não abordaremos aqui o grande grupo dos chamados coadjuvantes técnicos, como os sais e os ácidos para ajustes da água, as enzimas, os agentes clarificantes e os estabilizadores químicos (substâncias químicas insolúveis que não são encontradas na cerveja pronta) utilizados para garantir transparência duradoura das cervejas filtradas etc. Também não tratamos das "matérias-primas alternativas", como os adjuntos, os extratos de lúpulo não modificados, as frutas naturais ou as ervas e especiarias. Estes são abordados em outros verbetes.

Em todos os mercados, o uso de aditivos é regulamentado pelas autoridades nacionais e locais de segurança alimentar. As regulamentações muitas vezes tomam a forma de uma "lista positiva" detalhando todos aditivos permitidos na produção de cerveja naquele mercado e como eles devem ser declarados nas embalagens. Por exemplo, a lista da União Europeia especifica os códigos que deverão ser utilizados nos rótulos para descrever os ingredientes. As regulamentações também podem assumir a forma de legislação específica proibindo alguns – ou todos – aditivos na cerveja.

Aditivos à base de lúpulos quimicamente modificados

Esse grupo de aditivos abrange uma vasta gama de diferentes produtos comerciais (por exemplo, extrato rho, tetra e extrato hexa-iso-alfa-ácido), sendo todos produzidos por várias modificações químicas (processos de redução) dos extratos de lúpulo. Quando usados, especialmente nas cervejas industriais tipo *lager*, são adicionados na cerveja pronta pouco antes do seu envase e oferecem ao cervejeiro várias vantagens: evita notas a gambá (*lightstruck*) que podem se formar nas garrafas sem proteção, transparentes ou de vidro cor verde-esmeralda (ver LIGHTSTRUCK), um sabor amargo suave e de fácil controle, alta solubilidade em cerveja e melhoria na estabilidade da espuma.

Melhoradores da estabilidade química

De longe, os agentes mais utilizados para a melhoria da estabilidade química são os coadjuvantes técnicos pertencentes ao grupo da sílica e ao grupo PVPP/*nylon*, abordados em outra parte deste livro. Ver ADSORVENTES e PVPP. Esses coadjuvantes afetam a capacidade de uma cerveja filtrada de manter a sua transparência durante longos períodos de tempo e a temperaturas muito baixas. Mas algumas cervejarias, principalmente as produtoras de cerveja *lager* de massa em mercados menos desenvolvidos, ainda usam tecnologias mais antigas para essa finalidade.

Um desses produtos é a PVP (polivinilpirrolidona), uma substância solúvel em cerveja que é um tipo de "precursor do plástico", inerte a quase tudo menos aos polifenóis, aos quais tem uma afinidade elevada. Quando adicionado a uma cerveja, a PVP reagirá imediatamente com os polifenóis da cerveja formando precipitados insolúveis de PVP-polifenol que podem então ser separados da cerveja por filtração. Se não precipitados e removidos, sob a ação do tempo e/ou da temperatura os polifenóis acabarão reagindo com algumas das proteínas solúveis na cerveja e formarão complexos coloidais por fim insolúveis, provocando turbidez na cerveja.

Um outro estabilizador químico, hoje em dia raramente utilizado na produção de cerveja, é a enzima papaína (o nome deriva do mamão em que essa enzima é abundante e a partir do qual ela pode ser isolada), mas vendida sob o nome comercial Collupulin. Quando adicionada à cerveja filtrada, essa enzima proteolítica irá degradar as proteínas na cerveja, incluindo aquelas que reagiriam com os polifenóis para formar turbidez. A adição de enzimas que ainda estão ativas quando a cerveja é consumida é proibida em muitos países, e, independentemente das implicações jurídicas, a Collupulin, embora muito eficaz como um produto químico estabilizador, também degrada proteínas de espuma ativas na cerveja, reduzindo assim a retenção do colarinho da cerveja. Como resultado dessas duas deficiências, caiu em desuso em países desenvolvidos.

Melhoradores da estabilidade de sabor

Os agentes químicos utilizados para a melhoria da estabilidade do sabor são, provavelmente, os aditivos mais amplamente utilizados na produção de cerveja. Especialmente para as cervejas *lager* típicas do mercado de massa, eles podem ser muito eficazes no que diz respeito ao aumento da vida útil dessas cervejas. Ver VIDA ÚTIL. De longe, o principal culpado por estragar o sabor da cerveja é o oxigênio. Através de uma série de processos químicos bastante complexos, o oxigênio reage com muitos compostos ativos de aroma e sabor da cerveja, substituindo gradualmente os sabores frescos e desejáveis por sabores parecidos com papelão, papel, e sabores de velho. Embora existam formas positivas de oxidação (ver CONDICIONAMENTO DA CERVEJA), quando usado pelos cervejeiros o termo é quase sempre associado a esses efeitos negativos ao sabor. Assim, as substâncias utilizadas para reduzir ou adiar essa idesejável deterioração do sabor são chamados de "antioxidantes".

Os tipos de antioxidantes mais comumente usados em cerveja são os sulfitos. Trata-se de compostos muito eficazes com sulfitos livres, que não só reagem com o oxigênio livre, mas também com um grande número dos "precursores de oxidação" (principalmente aldeídos) que acabariam sendo oxidados em compostos característicos de envelhecimento (*stale*). Sulfitos também ocorrem naturalmente na cerveja, produzidos como metabólitos da levedura, e o seu nível varia significativamente tanto segundo a cepa de levedura quanto segundo o processo de produção de cerveja. Isso faz com que o controle dos níveis de sulfito seja difícil para os cervejeiros que o acrescentam à cerveja, especialmente no que diz respeito aos mercados em que existem limites legais para o nível total de sulfitos em bebidas. A maioria dos países regula o nível de sulfitos em cerveja, uma vez que eles são alérgenos bem conhecidos. A maioria dos vinhos disponíveis no mercado também têm sulfitos adicionados.

Outro antioxidante importante utilizado em cerveja é o ácido ascórbico (vitamina C). A maneira segundo a qual o ácido ascórbico funciona para prevenir ou retardar o envelhecimento e a oxidação é semelhante à dos sulfitos, mas não é tão eficaz. Além disso, o ácido ascórbico pode sob certas (mas não bem compreendidas) circunstâncias agir no sentido oposto, ou seja, como oxidante. O ácido ascórbico é permitido na cerveja na maioria dos mercados.

Agentes reguladores de cor

Como é comum no vinho e em outras bebidas alcoólicas, a cor da cerveja pode ser ajustada para cima (na direção de cores mais fortes) pela utilização de vários compostos. O mais importante é o corante caramelo. Ver CORANTE CARAMELO. Um produto semelhante é o FarbeBier ("colorindo cerveja" em alemão), um produto desenvolvido na Alemanha como agente corante permitido pela Lei da Pureza da Cerveja. Ver LEI DA PUREZA DA CERVEJA. Embora totalmente intragável, o FarbeBier é tecnicamente uma cerveja extremamente escura produzida exclusivamente com malte preto e, portanto, pode ser utilizado sem ser informado no rótulo na maioria dos países.

Há duas razões para um cervejeiro usar corantes na cerveja. A primeira é para correção de cor, situação em que são usados em pequenas quantidades como uma correção final da cor de uma vasta gama de cervejas. Mas pode também ser usado como parte da construção efetiva de uma cerveja. Como os agentes corantes – nas concentrações utilizadas normalmente – praticamente não têm sabor ou aroma, podem ser usados para a produção de cervejas escuras com muito menos aroma, sabor e gosto de torrado do que seria possível com a utilização de maltes escuros para se atingir a mesma cor. Um cervejeiro industrial pode, assim, utilizar um corante alimentar para dar à cerveja a aparência de sabores ricos, quando estes podem, de fato, não existir.

Reguladores de sabor e aroma

Uma vasta gama de compostos diferentes pode ser utilizada em todas as fases de produção (inclusive imediatamente antes do envase, permitindo que cervejeiros produzam um número de diferentes "produtos" a partir da mesma "cerveja base"); portanto, as descrições aqui não podem ser completas. Ácidos – o mais comum é o ácido lático – podem ser adicionados para conferir a acidez desejada; açúcares são adicionados para aumentar corpo e sensação na boca; e vários extratos naturais ou artificiais ou essências de frutas e ervas são adicionados para conferir aroma, paladar e sabor não relacionados à cerveja. Um bom exemplo destes é a recente moda da adição de flavorizantes de limão em *lagers* do mercado de massa.

Estabilizadores de espuma

O uso de estabilizadores de espuma na produção de cerveja está obviamente associado a situações em que a formação e a retenção (quão bem o colarinho se forma e quanto tempo demora a entrar em colapso e desaparecer) da espuma (ver ESPUMA) de uma determinada cerveja são consideradas insuficientes para a aceitação do consumidor. Na maioria dos casos a deficiência "natural" das propriedades da espuma de uma determinada cerveja deve-se ou à utilização de proporções muito grandes de adjuntos (fontes de carboidratos sem potencial para a formação de espuma), baixíssima qualidade do malte, ou problemas no processamento (adição de supressores de espuma durante a fermentação, formação excessiva de espuma durante a fermentação, lavagem excessiva da cerveja com CO_2 para remover o oxigênio, adição incidental de agentes de limpeza surfactantes etc.), fazendo com que a cerveja perca suas habilidades inerentes de formação de espuma.

O único estabilizador de espuma amplamente utilizado é chamado de PGA (alginato de propilenoglicol), que é vendido sob diversos nomes comerciais. Esse composto é um extrato obtido a partir de certos tipos de algas e depois modificado quimicamente. O PGA, comprado em pó ou na forma pré-dissolvida, é misturado em água desaerada, obtendo-se uma solução muito viscosa, que é então misturada com a cerveja. O PGA atua conferindo uma tensão superficial extremamente elevada à cerveja, criando, assim, bolhas de espuma muito mais duráveis quando a bebida é servida. Esse sucedâneo de espuma tende a apresentar qualidades estéticas muito diferentes em relação à espuma natural, um fato que o consumidor pode ou não notar.

Kunze, W. **Technology brewing and malting**. 3. ed. Berlin: VLB Berlim, 2004.

Anders Brinch Kissmeyer

adjuntos são fontes alternativas de extrato utilizadas para substituir uma proporção do malte. Embora possam ser utilizados como fontes mais baratas de extrato, também é provável que sejam utilizados para influenciar algum elemento de qualidade da cerveja, tais como cor (para escurecer ou clarear), sabor e espuma. Seu uso também faz sentido se houver considerações fiscais que tornem vantajoso o uso de menor quantidade de malte; por exemplo, a legislação no Japão que alavancou o desenvolvimento das bebidas *happoshu* e *third category*. Ver JAPÃO.

Adjuntos líquidos (açúcares/xaropes) são normalmente adicionados na etapa de fervura do mosto. Podem ser açúcares extraídos de plantas ricas em açúcares fermentáveis, principalmente a sacarose da cana-de-açúcar ou da beterraba. A sacarose pode ser hidrolisada pela enzima invertase para gerar seus monossacarídeos, glicose e frutose, no açúcar "invertido" mais doce. Alternativamente, os adjuntos podem ser açúcares produzidos industrialmente com ácido ou (mais provável atualmente) com hidrolise enzimática do amido, especialmente do milho. Com a seleção da enzima e das condições de processamento, uma gama de produtos pode ser diferenciada em suas composições, especialmente em seu grau de fermentação (ver tabela). Adjuntos líquidos são chamados frequentemente de "aumentadores de mosto" já que permitem o aumento no rendimento da cervejaria, sem necessidade extra de uma moagem, mosturação e filtração do mosto.

Adjuntos sólidos devem ser adicionados na mosturação, pois exigem enzimas do malte ou enzimas exógenas, para digerir suas macromoléculas. Adjuntos sólidos são baseados em diversos cereais não malteados, especialmente cevada, trigo, milho, arroz, aveia, centeio e sorgo. Também há interesse em pseudo cereais, como o trigo-sarraceno e o painço, principalmente no contexto de cervejas para pessoas que sofrem de intolerância ao glúten.

Por sua vez, adjuntos sólidos podem se apresentar em diferentes formas: cereal integral, grão, farinha, flocos, torrados ou malteados (no contexto de malte, que não é o mesmo que o malte padrão usado para produzir o estilo de cerveja em questão). Existe ainda alguma atenção para o cozimento de cereais por extrusão, mas os produtos resultantes apresentam uma densidade muito baixa e, portanto, tendem a apresentar uma economia de transporte desfavorável. A alta temperatura de gomificação do amido de milho, arroz e sorgo, exige que esses cerais sejam tratados em temperaturas mais elevadas do que a cevada, aveia, centeio e trigo. Se tal cereal está na forma de sêmola (*grits*) (produzidos pela moagem seca do cereal, a fim de remover as camadas exteriores e o germe rico em óleo), então ele deve ser "cozido" na sala de brassagem.

AÇÚCARES E XAROPES

	% glicose	% maltose	% maltotriose	% dextrina	Outros
Dextrose	100	—	—	—	—
Xarope de milho	45	38	3	14	—
Alta maltose	10	60	—	30	—
Maltodextrina	~0	1,5	3,5	95	—
Sacarose	0	0	0	0	100% sacarose
Açúcar invertido	50	0	0	0	50% frutose

Fonte: Bamforth, 2006.

De forma alternativa, o cereal pode ser pré-processado por meio de calor intenso em uma operação de micronização. O grão inteiro é transportado sob uma fonte de calor intenso (260 °C), resultando na "expansão" dos grãos (ex. cereais matinais volumosos) para produzir o chamado cereal torrado. Em cereais flocados, os grãos são gomificados por vapor, e em seguida, laminados entre rolos aquecidos por vapor. Os flocos (como sêmolas e farinhas) não precisam ser moídos na sala de brassagem, mas os cereais micronizados (torrados) sim.

Os cozedores de cereais são fabricados em aço inoxidável (ou, às vezes, cobre), apresentando agitador e camisas de vapor. Ver COZEDOR DE CEREAL. O adjunto é adicionado a partir de uma moega e misturado com água na proporção de, aproximadamente, 15 kg/hectolitro de água. O adjunto será misturado com 10% a 20% de malte, como fonte de enzimas. Após o cozimento, a mostura de adjunto é levada à ebulição, e em seguida, misturada com a mostura principal de malte (que está em uma temperatura de mosturação relativamente baixa, 45 °C); o efeito resultante é um aumento na temperatura para permitir a conversão do amido oriundo do malte e do adjunto. Esse processo é chamado "mosturação com decocção de adjuntos".

Enquanto os adjuntos são amplamente ridicularizados por entusiastas de cerveja por seu amplo uso em muitas cervejas (para suavizar a coloração e sabor), muitos usos dos adjuntos são bastante tradicionais. De fato, a utilização contínua de certos adjuntos em algumas cervejas convencionais de grande volume torna a sua utilização tradicional para esses estilos de cerveja. Os colonos americanos frequentemente suplementavam a mosturação com qualquer tipo de amido disponível; a abóbora era um adjunto particularmente popular. Muitas cervejas e estilos de cervejas belgas usam uma forma de sacarose chamada "*candi sugar*", que é muitas vezes caramelizado para adicionar cor e sabor as cervejas. Ver CANDI SUGAR. Especificamente, o *candi sugar* escuro, geralmente sob a forma de um xarope espesso, proporciona um aroma acentuado de uvas passas e caramelo a muitos estilos de cervejas escuras belgas. Esses açúcares, frequentemente utilizados até 20% do extrato do mosto, são altamente fermentáveis e podem ajudar as cervejas a atingirem perfis de açúcares residuais muitos baixos. Cervejeiros artesanais usam vários tipos de açúcares para obter alta densidade em estilos de cervejas, como a *barley wine*, "*double* IPA" e outras cervejas fortes de alta fermentação. O mel é outro adjunto popular, que pode ser adicionado na tina de fervura. O mel também é muitas vezes adicionado em pós-fermentação, onde ele acrescenta dulçor e aroma de mel.

Bamforth, C. W. **Scientific principles of malting and brewing**. St. Paul: American Society of Brewing Chemists, 2006.
Goode, D. L.; Arendt, E. K. Developments in the supply of adjunct materials for brewing. In: Bamforth, C. W. (ed.). **Brewing: New technologies**. Cambridge: Woodhead, 2006, p. 30-67.
Stewart, G. G. Adjuncts. In: Priest, F. G.; Stewart, G. G. (eds.). **Handbook of Brewing**. Boca Raton: CRC Press, 2006, p. 161-175.

Charles W. Bamforth

adlupulona é um dos quatro beta-ácidos análogos identificados na resina do lúpulo, sendo os outros: colupulona, lupulona e pré-lupulona. Os níveis de adlupulona no lúpulo são baixos (10% a 15% do total de beta-ácidos), mas presentes em diferentes variedades. Os níveis de colupulona variam de 20% a 55% do total de beta-ácidos, dependendo da variedade, assim como os níveis de lupulona (30% a 55%). Estruturalmente, esses análogos são muito similares aos seus alfa-ácidos homólogos, exceto pelo fato dos beta-ácidos apresentarem um terceiro grupo prenil ligado ao anel central. Como resultado dessa diferença estrutural, esses ácidos não isomerizam, e, portanto, iso-beta-ácidos não são criados. Além disso, beta-ácidos são praticamente insolúveis no mosto; assim, apenas traços são detectados na cerveja. Os produtos da oxidação dos beta-ácidos (huluponas), entretanto, estão presentes em lúpulos envelhecidos e podem ser encontrados na cerveja, lhe conferindo amargor. Conforme o lúpulo oxida, o amargor proveniente do iso-alfa-ácido diminui devido à oxidação dos alfa-ácidos, mas de certa forma isso é compensado pela presença do amargor oriundo das huluponas. A razão entre alfa-ácidos e beta-ácidos determina em última instância quanto diminuirá o amargor à medida que o lúpulo oxidar. Índices mais elevados de beta-ácidos no lúpulo bruto resultarão em um declínio mais lento do poder de amargor, conforme o lúpulo se degrada por oxidação. Qualitativamente, entretanto, o amargor conferido pelas huluponas é considerado rude.

Ver também COLUPULONA, HULUPONAS e LUPULONA.

Thomas Shellhammer

Admiral, um lúpulo inglês com alto potencial de amargor e que apresenta aroma tipicamente inglês, foi desenvolvido por Peter Darby, no Wye College, por meio do cruzamento das variedades Challenger e Northdown. O Admiral tem alto teor de alfa-ácidos (13% a 16% m/m) e teor de óleos moderado (1,0 a 1,7 mL/100 g), com aroma descrito como "agradável" ou "inglês". Apresenta capacidade de armazenamento moderada e é pouco resistente à murcha de *Verticillium*. Foi desenvolvido para substituir a Wye Target como uma variedade com alto teor de alfa-ácidos, mas não teve sucesso comercial porque não tinha tolerância suficiente à murcha de *Verticillium*. Foi registrado como moderadamente resistente em seus primeiros testes, mas durante a fase de testes de campo tornou-se óbvia a falta de resistência necessária para superar as infecções na maioria das áreas de lúpulos onde a doença era endêmica. Esse lúpulo foi lançado como uma variedade reputada por apresentar baixa resistência, entretanto, tinha que ser classificado como "resistente" para distinção em relação às variedades muito suscetíveis, como Fuggle ou Goldings. A variedade Pilgrim (disponibilizada aos agricultores do Reino Unido em 2001 e registrada no Plant Variety Rights, PVR, em 2006) substituiu a variedade Wye Target bem mais amplamente que a Admiral. Na safra de 2009, havia 46 hectares de Admiral cultivados, com teor de alfa-ácidos médio de 16,4%. Dessa área, 42 hectares ficavam no Reino Unido e os outros 4 na Bélgica.

Thomas Shellhammer, Alfred Haunold e Peter Darby

Adnams Brewery (Adnams Sole Bay Brewery) está situada na cidade litorânea de Southwold, em Suffolk, na Inglaterra. Uma cervejaria foi fundada nesse local, atrás do Swan Inn, em 1396 por Johanna de Corby. No século XIX, a cervejaria era propriedade de uma maltaria local que a vendeu a George e Ernest Adnams em 1857. Sua cervejaria tornou-se uma empresa de capital aberto em 1891, e os Adnams fizeram uma parceria com membros da família Loftus, em 1901. Ambas as famílias continuam a administrar a cervejaria até os dias atuais: Jonathan Adnams é o atual presidente, após a aposentadoria de Simon Loftus, que transformou a empresa de uma pequena cervejaria regional em uma cervejaria de presença nacional.

A Adnams é especialista em cerveja refermentada em barril, e usa a cevada malteada East Anglian Maris Otter e cones de lúpulos inteiros tradicionais como Fuggles e Goldings. Ver FUGGLE e GOLDING. As suas cervejas são amplamente admiradas. Um investimento substancial na primeira década do século XXI resultou na instalação de uma nova sala de brassagem que utiliza o sistema continental de tinas de mosturação e tanques de filtração. As principais cervejas da marca, Bitter e Broadside, e uma cerveja forte de inverno, Tally Ho, têm sido comercializadas em conjunto com uma *golden ale*, Explorer, em um programa contínuo de cervejas sazonais, incluindo estilos europeus como *kölsch*, *German wheat beer* e *Belgian abbey ale*.

Um novo armazém, construído fora de Southwold, no vilarejo de Reydon, é ecologicamente correto, com um telhado gramado que capta a água da chuva para lavar barris e caminhões de entrega. A Adnams possui 74 *pubs*, principalmente em Norfolk e Suffolk, mas um deles fica em Londres. Bitter e Broadside são vendidas por toda a Inglaterra.

Roger Protz

adsorventes são materiais sólidos que são adicionados à cerveja, geralmente após a filtração primária, para se ligarem (adsorverem) a compostos que produzem turbidez. Uma gama de substâncias na cerveja pode se combinar, enquanto a cerveja envelhece, produzindo partículas grandes o suficiente para refletir a luz e causar turbidez. As principais são os polifenóis e as proteínas.

Os adsorventes comerciais mais comuns são a sílica gel, que se liga seletivamente às proteínas promotoras da turbidez, e a polivinilpolipirrolidona (PVPP), que se liga aos polifenóis. A PVPP pode ser utilizada na forma de pó ou folhas de filtração secundárias impregnadas. Em ambos os casos a PVPP, que é muito cara, pode ser regenerada e reutilizada. A sílica gel e a PVPP são combinadas em vários produtos comerciais, facilitando a utilização. Adsorventes não são considerados aditivos por serem completamente separados da cerveja por filtração, juntamente com as proteínas e polifenóis adsorvidos após o tratamento.

Ver também SÍLICA GEL.

Priest, F. G.; Stewart, G. G. ed. **Handbook of brewing**. 2. ed. Boca Raton, FL: CRC Press, 2006.
Siebert, K. J.; Lynn, P. Y. Mechanisms of adsorbent action on beverage stabilization. **Journal of Agricultural Food Chemistry**, n. 45, p. 4275-4280, 1997.

Ritchie S. King

adstringência é frequentemente listada como um "sabor", mas é tanto uma sensação física proporcionada pela cerveja quanto um sabor. Embora não seja difícil defini-la, é frequentemente confundida com amargor e facilmente diagnosticada erroneamente em testes de perfis sensoriais. Enquanto uma certa adstringência equilibrada pode ser prazerosa em certos estilos de cerveja, a adstringência acentuada é geralmente considerada um defeito de sabor na cerveja.

Uma analogia simples da adstringência sem a presença do amargor é a secura produzida por uma xícara de chá em uma infusão forte. O chá libera compostos fenólicos similares à cerveja e causa respostas físicas similares, como secura na boca, uma leve sensação granulosa e, após um tempo, ocasiona sede – em parte para limpar o palato.

A adstringência resulta de compostos fenólicos, particularmente polifenólicos, presentes na cerveja. Os compostos fenólicos são advindos das cascas do malte e das hastes do lúpulo e são polimerizados a compostos polifenólicos durante a produção e maturação da cerveja. Esses polifenóis incluem taninos que promovem a sensação de secura e enrugamento da mucosa bucal. Os polifenóis são atraídos por moléculas de proteínas, causando uma coprecipitação durante a fervura do mosto e, mais tarde, na maturação da cerveja. No entanto, alguns polifenóis permanecem na bebida e promovem a sensação de adstringência quando a cerveja é degustada.

Na boca, os polifenóis também são atraídos por proteínas – particularmente aquelas do epitélio bucal. Uma consequência disso é que eles contraem a superfície bucal, promovendo a impressão de secura.

Como ocorre com a maioria dos sabores, uma concentração ótima é aceitável, mas o excesso não. Cervejas bem elaboradas somente apresentarão a adstringência necessária para balancear o amargor e o dulçor. Cervejas mal elaboradas causam uma secura desconfortável no paladar e um desejo de mudar para uma bebida diferente. Níveis excessivos de adstringência podem surgir devido ao uso de ingredientes específicos, mas é mais comum que se devam a uma aspersão do mosto malfeita, particularmente em bebidas com pH elevado. Ver ASPERSÃO DO MOSTO. Nessas condições, a aspersão excessiva extrai os compostos fenólicos das cascas dos grãos, levando a uma cerveja agressivamente seca com um retrogosto áspero. O uso imprudente de especiarias e ervas pode também promover adstringência e sensações medicinais ao palato.

Keith Thomas

adulteração é qualquer situação na qual uma pessoa vende algo de valor comercial que está sujeito a algum tipo de fraude, e a cerveja não é exceção. Nós podemos esperar com justa certeza que a adulteração em cerveja advém da Antiguidade. Por muitos séculos, entretanto, a maioria dos europeus não tinha muitas expectativas sobre o que a cerveja deveria ser. Embora o consumidor moderno comum possa enxergar a cerveja como uma bebida à base de grãos e flavorizada somente pelo lúpulo, muitos flavorizantes e ingredientes além desses já foram utilizados. Antes do lúpulo se tornar padrão na Europa e, posteriormente, no Reino Unido, uma mistura de temperos e ervas chamada de *gruit* era utilizada para amargar a cerveja. Ver GRUIT. Outros grãos, particularmente centeio, aveia, trigo Einkorn e espelta, eram rotineiramente utilizados em substituição à cevada e ao malte de trigo. Mel ou hidromel fermentado podiam ser misturados para criar o *braggot*. Ver BRAGGOT e TRIGO EINKORN.

A ideia de adulteração é, portanto, de certa forma relacionada à fraude intencional. Na Inglaterra medieval, um oficial com o título de *"ale-conner"* era encarregado pelas cidades e pelos grandes senhores para prevenir e punir a adulteração da cerveja. Ver ALE-CONNER. O *ale-conner* era essencialmente um degustador de cerveja sancionado que poderia conduzir um cervejeiro ou um taberneiro à corte local se a cerveja fosse intragável ou objeto de alguma suspeita de fraude. Em 1516, a Lei da Pureza da Cerveja foi estabelecida na Baviera, proibindo os cervejeiros de produzir cerveja de qualquer matéria-prima a não ser cevada, malte, lúpulo e água. Embora os historiadores discutam acerca das razões por detrás da lei, a Lei da Pureza da Cerveja é amplamente considerada a primeira lei de proteção ao consumidor na Europa.

Inicialmente, muitas adulterações eram relativamente pouco danosas, embora fraudulentas. Qualquer ingrediente contendo especiaria apimentada, como rábano-silvestre, por exemplo, poderia ser utilizado para simular o efeito de aquecimento promovido pelo álcool. Quando outras especiarias se tornaram disponíveis, os cervejeiros passaram a utilizá-las – pimenta-malagueta, pimenta-preta e gengibre eram utilizados para criar uma ilusão de potência. O consumidor, convencido de que estava consumindo uma cerveja forte, poderia ser induzido a pagar mais por ela. Cervejas envelhecidas também eram consideradas valiosas, e uma pitada de vinagre em uma cerveja jovem poderia ser suficiente para proporcionar a leve característica acética que muitos consumidores apreciavam em cervejas que tinham sido "envelhecidas em barricas". A era europeia da exploração e a comercialização da indústria cervejeira trouxe fraudes mais perigosas para a cerveja.

Em meados dos anos 1800, *Cocculus indicus*, uma baga proveniente da Índia contendo um veneno alcalino chamado de picrotoxina foi amplamente utilizado na *porter* britânica, promovendo um efeito narcótico poderoso. A ata de uma reunião de um comitê da House of Commons indica algumas das substâncias apreendidas nos estoques das cervejarias inglesas: "Extrato de *cocculus*, corante, mel, aparas de chifre de veado, suco espanhol, pó de laranja, gengibre, pimenta-da-guiné, quina, alcaçuz, cominho, sulfato ferroso (usado para criar espuma), pimentão e 'drogas misturadas'". Em 1849, William Black, autor do *Tratado Prático sobre Cervejaria*, foi forçado a concluir que:

> [...] por muito que possam surpreender, por mais perniciosas ou desagradáveis que possam parecer, ele sempre as considerou indispensáveis na produção da *porter*, e acha que elas devem invariavelmente ser utilizadas por aqueles que desejam desenvolver o sabor, o aroma e a aparência da cerveja. E embora muitos Atos do Parlamento tenham sido decretados para impedir que os cervejeiros de *porter* utilizem muitas delas, ainda assim o autor pode afirmar, pela sua experiência, que nunca pôde produzir o sabor característico da *porter* sem elas.

As características intoxicantes da *porter* devem ser atribuídas às muitas drogas misturadas a ela. É evidente que algumas *porters* são mais estimulantes que outras, e tal característica resulta da maior ou menor quantidade de ingredientes sedativos. O malte, para produzir intoxicação, deve ser utilizado em quantidades tão grandes que muito reduziriam, senão totalmente excluiriam, o lucro do cervejeiro.

As coisas transcorreram um pouco melhor na Alemanha, mas até mesmo as cervejas alemãs não escaparam dos truques. O jornal alemão *Archiv der Pharmazie* dividiu "a adulteração da cerveja em duas classes: o uso de corretivos para restaurar uma cerveja contaminada e o uso de substitutos de malte e lúpulo. Provavelmente, a maioria dos males emergiu do uso em quantidades pequenas demais dos materiais adequados para fornecer uma cerveja forte e, portanto, uma cerveja durável. A cerveja, fraca em álcool e extrato, torna-se azeda, e o ácido é neutralizado com álcalis e giz".

Cervejeiros alemães também foram flagrados por utilizar absinto, babosa e *Heracleum spondyllium* (pastinaca) como substitutos do lúpulo e glicerina para promover sabor e corpo. Embora a Alemanha tenha sido amplamente associada com cervejas puro malte, os cervejeiros alemães constantemente experimentaram produzir cerveja com outros grãos, publicando resultados em periódicos científicos. Em 1870, o *Chemical News* divulgou um artigo sobre o uso do arroz na cerveja, afirmando que uma cerveja produzida em Weisenau, contendo um sexto de arroz e cinco sextos de malte de cevada, tinha sido considerada bastante agradável.

Nos últimos cem anos, muitos compostos químicos foram empregados como preservativos em cervejas. Estes variaram de sulfitos em níveis inofensivos, ainda às vezes utilizados na Europa, até formaldeído, embora o uso deste último nunca tenha sido tão difundido como indicaram os rumores. Hoje, a União Europeia regula firmemente os ingredientes da cerveja, assim como a Food and Drug Administration (FDA) nos Estados Unidos, e a ideia de adulteração torna-se cada vez mais difícil de conceber. As cervejas mais populares do mercado de massa mundial utilizam milho e arroz para substituir uma fração do malte na mostura. Os colonos americanos utilizaram de tudo, desde abóbora até vagem de ervilha, na cerveja, e hoje as cervejas artesanais americanas podem ser flavorizadas com capim-santo, pimenta malagueta inteira, grão de cacau ou *gruit* reencarnado. Os açúcares, considerados um anátema para o cervejeiro da Baviera, são ingredientes importantes para a cerveja belga mais refinada. Antes evitados pelo cervejeiro artesanal, os extratos e óleos de lúpulo estão se tornando mais comuns em cervejas do tipo *India pale ales*, nas quais a adição de gesso há muito tempo é esperada. As bebidas de malte flavorizadas são comuns (ver BEBIDA DE MALTE FLAVORIZADA), mas em 2010 a FDA chegou a conclusão que muitas versões com cafeína eram adulteradas, deixando muitos cervejeiros artesanais a se perguntar se suas *coffee stouts* poderiam ser banidas. O consumidor de cerveja atual tem esperança e expectativa de uma salubridade geral na cerveja que lhe é servida, e essa expectativa é amplamente justificada. Além disso, entretanto, podemos considerar que a ideia de adulteração em grande parte se mudou para o reino da filosofia.

Bickerdyke, J. **The curiosities of ale & beer**. London: Ayer, 1889.
Cornwall, H. B. Adulteration of beer. **Public Health Papers and Reports**, n. 10, p. 106-115, 1884. Disponível em: www.ncbi.nlm.nih.gov. Acesso em: 1º dez. 2010.

Garrett Oliver

aeração. A levedura prestes a começar uma fermentação de cerveja requer uma certa quantidade de oxigênio, a fim de sustentar algumas das suas vias bioquímicas, notadamente a produção de ácidos graxos insaturados e ésteres. É prática normal adicionar oxigênio ao mosto antes da fermentação; a ausência de oxigênio suficiente dificultará a reprodução da levedura e pode levar a fermentações fracas. Historicamente, a aeração resumia-se ao resfriamento do mosto na presença de ar ou no derramamento do mosto em um tanque de fermentação a partir de um local elevado. A prática cervejeira moderna recomenda que o oxigênio seja adicionado diretamente ao mosto após este ter sido resfriado. Usa-se ar comprimido filtrado ou oxigênio de um cilindro. O gás é introduzido no fluxo do mosto através de um dispositivo de metal sinterizado, pedra-pome, ou dispositivo de Venturi. A solubilidade do oxigênio no mosto é menor do que em água por causa dos sólidos já dissolvidos naquele meio. Quanto mais concentrado for o mosto, menor a solubilidade do oxigênio. Para um mosto a 12 °Plato e utilizando ar como fonte de oxigênio, a quantidade máxima de oxigênio que pode se dissolver no mosto a temperaturas normais de coleta está entre 7 a 8 ppm. Usando oxigênio puro, pode-se alcançar valores da ordem de 35 a 40 ppm, dependendo da temperatura do mosto. É possível calcular a quantidade de oxigênio dissolvido no mosto, mas esse cálculo depende da temperatura do mosto e do oxigênio, bem como das suas taxas de fluxo relativas. Cervejeiros geralmente colocam um dispositivo de medição de oxigênio dissolvido a jusante para alcançar níveis consistentes de oxigênio dissolvido. Alguns cervejeiros têm experimentado a oxigenação direta do fermento, sob o argumento de que isso reduz a extensão da oxidação indesejável dos componentes do mosto.

Ver também OXIDAÇÃO e OXIGÊNIO.

Steve Parkes

aeração do mosto quente é a introdução de oxigênio, na forma de ar, no mosto quente, em qualquer ponto do processo de produção de cerveja antes da fermentação. O oxigênio não é desejado no mosto quente porque pode se combinar com lipídios, melanoidinas, taninos e outros elementos, produzindo compostos indesejáveis que podem permanecer no mosto durante a fermentação e promover o envelhecimento (*staling*) da cerveja pronta. Ver ENVELHECIMENTO (*STALING*), LIPÍDIOS, MELANOIDINAS e TANINOS. Enquanto os lipídios oxidados podem tornar o sabor da cerveja ligeiramente rançoso e promover um acentuado sabor de papelão molhado, as melanoidinas oxidadas podem causar na cerveja pronta sabores semelhantes aos do vinho Xerez (estes podem ser desejáveis em cervejas deliberadamente condicionadas, mas não em cervejas recém-produzidas). Outros produtos da oxidação podem lentamente se decompor na cerveja, liberando oxigênio e convertendo álcool a aldeídos adocicados, conferindo sabores de *toffee* e amêndoa. Mostos dourados tenderão a escurecer. Paradoxalmente, embora o oxigênio no mosto quente seja prejudicial à qualidade da cerveja, o oxigênio no mosto frio, no início da fermentação, é essencial para a fase de crescimento aeróbio da levedura. Ver AERAÇÃO. Felizmente, não existe "aeração do mosto frio" por causa de duas correlações opostas: a taxa de oxidação aumenta com a temperatura, mas a capacidade de uma solução de dissolver oxigênio diminui com a temperatura. Isso significa que um mosto muito quente não contém oxigênio suficiente para a oxidação, enquanto o mosto rico em oxigênio no início da fermentação é muito frio para permitir a oxidação. Assim, a aeração do mosto quente é um problema apenas em uma faixa de temperatura situada abaixo da fervura, que ocorre na tina, e acima da temperatura obtida no trocador de calor. No entanto, o intervalo de temperatura exato em que a aeração do mosto quente se torna um problema em potencial é tema de muito debate entre os cervejeiros. Mas a maioria dos especialistas concorda que a temperatura da mostura está na zona de perigo. Portanto, a agitação excessiva durante a mosturação e recirculação e a captação de ar durante a transferência do mosto da tina de mosturação para a tina de filtração são os vetores mais propensos, juntamente com longos períodos de descanso do mosto quente, antes de ser enviado para a fermentação. Toda essa preocupação sobre a aeração do mosto quente levou a algumas medidas bastante extremas, tais como mosturar em recipientes fechados purgados de ar. Contudo, algumas cervejarias tradicionais, da Inglaterra à República Tcheca, não consideram a aeração a quente como um problema de qualidade. Alguns aldeídos podem ser agradáveis em certas *ales* britânicas, e vários proeminentes cervejeiros tchecos que usam tanques *grants* abertos para recolher o mosto da tina de filtração veem o desenvolvimento de sabor e de cor escurecida como atributos positivos em suas cervejas.

Ver também GRANT.

Apex Publishers. **The brewer's handbook: Glossary**. Disponível em: http://www.beer-brewing.com/beer-brewing/about_this_title/glossary/beer_brewing_a.htm/. Acesso em: 1º fev. 2011.

Bible, C. When Good Beer Goes Bad. **Brews News**. Disponível em: http://www.brewsnews.com.au/2010/02/when-good-beer-goesbad/. Acesso em: 26 abr. 2011.

Miller, D. The Troubleshooter. **Brewing Techniques**. Disponível em: http://www.brewingtechniques.com/library/backissues/issue1.4/miller.html/. Disponível em: 26 abr. 2011.

Horst Dornbusch

Affligem, Cervejaria. Desde 1790, produz-se cerveja comercialmente no local da Cervejaria Affligem ou em seus arredores, em Opwijk, noroeste de Bruxelas, tendo a família De Smedt sido a única proprietária de 1832 até 1984. Sua primeira grande marca foi a Op-Ale, em 1935, uma versão mais lupulada das *speciale pale ales* que se enraizaram na Bélgica por volta de 1900. O negócio sobreviveu a duas guerras mundiais e, em 1970, assumiu a produção de cerveja da abadia beneditina de Affligem, que produziu cerveja ocasionalmente até o século XX. No entanto, a família estava relutante em fazer os investimentos necessários para competir em um mercado sedento por *blond lagers* e cada vez mais dominado por grandes produtores. Em 1984, a família vendeu metade da empresa para o então gerente, Theo Vervloet, e passou para ele a administração. Vervloet direcionou suas consideráveis habilidades para tornar a planta da fábrica mais produtiva e o negócio mais eficiente, sem comprometer os padrões de produção. As marcas da Affligem cresceram o suficiente para que ela ganhasse o contrato de produção de cervejas para a abadia de Postel, entre outras.

Em 1999, a Brouwerij De Smedt (ou BDS) estava forte o bastante para toda a família se retirar da empresa, vendendo suas ações à cervejaria holandesa Heineken, que se tornaria a primeira cervejaria verdadeiramente global, mas que, até aquele momento, era lembrada por sua ausência na Bélgica. O acordo criou a Affligem BDS e assegurou a venda global das cervejas, com a garantia que elas continuariam a ser produzidas apenas na Bélgica até 2031. A Heineken também comprou boa parte das ações de Vervloet, com direito a comprar o restante após a sua aposentadoria, o que ela fez em 2010.

Tim Webb

afídios são pequenos insetos, *Phorodon humuli* (Schrank), também conhecidos como pulgões-do-lúpulo, que podem ter um efeito devastador na planta do lúpulo, resultando em um significativo declínio de produtividade e uma redução da qualidade do cone. Essa é uma das pragas do lúpulo dominantes no hemisfério norte, e seu impacto em uma plantação de lúpulo pode resultar na perda significativa de produtividade ou até mesmo na completa devastação da plantação. Os afídios superam o inverno na forma de ovos depositados em várias espécies de *Prunus* (ameixas), e no começo de abril fêmeas sem asas eclodem e originam em média mais quatro gerações de fêmeas sem asas. Após diversas gerações surge uma fêmea alada que migra para a planta do lúpulo, quando a temperatura se eleva acima da temperatura limite de voo (quando a temperatura mínima diurna é maior que 13 °C). Elas se reproduzem nas folhas do lúpulo e se alimentam da seiva dos vasos dos floemas foliares, causando enfraquecimento da planta e em alguns casos desfolhação. No final do mês de agosto, elas migram de volta o hospedeiro de inverno (*Prunus*), se acasalam e depositam seus ovos sobre ou ao lado dos brotos da planta hospedeira, e estes eclodirão na primavera seguinte. Os afídios causam perda de produtividade quando um grande número de espécimes se alimentam da seiva da planta em seu período de crescimento. Boa parte dos danos econômicos, entretanto, ocorre tardiamente no verão, quando os pulgões entram no cone do lúpulo para se alimentar, já que lá estão protegidos dos inseticidas e podem causar grande dano ao cone. Cones gravemente infestados têm aparência amarronzada e são propensos à quebra durante a colheita e secagem. O melado excretado pela infestação de afídios pode servir como meio de crescimento do fungo fumagina nas folhas e cones do lúpulo, sendo que em alguns casos de alta infecção fúngica os cones não são comercializáveis. Além disso, diversos vírus podem ser transmitidos por esses insetos, incluindo o vírus do mosaico do lúpulo e o vírus latente do lúpulo americano, que também podem impactar negativamente a saúde da planta. Os afídios são frequentemente controlados com a pulverização de organofosforados, carbamatos, endossulfan e/ou piretroides. Contudo, por causa do uso exclusivo de alguns desses agroquímicos por longos períodos, o pulgão-do-lúpulo desenvolveu resistência a muitos desses compostos. Os inimigos naturais, como joaninhas (*Coccinellidae*), antócoris, crisopídeos e larvas de sirfídeos têm sido usados com sucesso por produtores de lúpulo, desde que as condições ambientais sejam mais favoráveis aos predadores do que aos afídios.

Thomas Shellhammer e Shaun Townsend

afofamento é uma técnica utilizada pelos cervejeiros durante a filtração do mosto para desobstruir o leito de filtração que entrou em colapso, se tornando "compactado" ou "entupido". A filtração do mosto envolve forçá-lo através de um leito filtrante formado pelos próprios grãos. O escoamento rápido do mosto pode resultar na compressão do leito de grãos, impedindo que o líquido percole através dele. Nesse caso, pode ser possível desbloquear o leito de filtração por meio de bombeamento de água cervejeira quente através da mostura pela parte inferior da tina. Isso pode descolmatar o leito da mostura, mas também tem a desvantagem de adicionar água ao mosto pelo fundo falso da tina e, possivelmente, diluir o mosto antes de ser drenado. O afofamento fará com que o mosto se torne turvo, e o cervejeiro geralmente deve circulá-lo até que ocorra a sua clarificação. Ver VORLAUF. Em geral, esse pode ser o "último recurso" usado pelo cervejeiro quando o mosto para completamente de fluir através do leito de filtração. Muitas vezes, os cervejeiros simplesmente preferem esperar o mosto escorrer em fluxo lento em vez de diluí-lo com a técnica do afofamento. Em casos raros, o afofamento pode ser parte do processo de produção da cerveja, especialmente em mosturas muito fortes ou espessas.

Ver também FILTRAÇÃO DO MOSTO e *STUCK MASH*.

Steve Parkes

África. A produção tradicional de cerveja nesse continente possui uma longa história. Os egípcios antigos já produziam cerveja e tribos em todo o continente africano também a produziam muito antes que qualquer colono europeu trouxesse suas técnicas cervejeiras para a África. A cerveja na África, atualmente, possui duas influências principais: as tradições tribais passadas de geração a geração durante séculos e a colonização europeia. Os europeus, especialmente holandeses e ingleses, trouxeram diferentes técnicas e conhecimentos de produção de cerveja a partir dos séculos XV e XVI. Os tradicionais métodos tribais de produção de cerveja são ainda, no entanto, uma parte forte da cultura cervejeira africana.

Os métodos cervejeiros tradicionais são ainda uma importante atividade em toda a África, apesar das cervejarias comerciais produzirem variações das cervejas tradicionais africanas. Esse ainda é um aspecto fundamental da economia rural, onde a cerveja tradicional é produzida para os mercados locais. Também é produzida para todas as variedades de ocasiões cerimoniais, culturais e reuniões.

As produções tradicionais recebem muitos nomes diferentes, dependendo da localização. A África do Sul possui *chibuku, umqombothi, utshwala, joala* e *doro*, dependendo da sub-região, e o oeste da África, *shakparo*. O Quênia possui *chang'aa*, Botsuana *khadi*, a República Centro-Africana *hydromel* e a Etiópia *araque, katila* e *talla*. Botsuana, Zâmbia e Malaui possuem todos o *chibuku shake-shake* (uma variedade comercial feita a partir de sorgo e milho). No Zimbábue, a *shake-shake* é chamada de *scud*. Uganda possui *tonto, mwenge, murumba, marwa, kweete* e *musooli*. Gana possui *pito, burukutu* e *akpeteshie*.

Nomeada de diferentes maneiras, a cerveja de sorgo é a cerveja tradicional da África. Também é chamada de cerveja opaca devido à sua turbidez. É produzida em todo o continente, tanto artesanalmente nas zonas rurais como comercialmente. As tribos continuam a produzir suas próprias variedades, utilizando ingredientes locais para conferir sabor específico. As cervejarias comerciais também produzem variedades diferentes, dependendo da sub-região.

Historicamente, as tribos de língua Bantu levaram consigo a arte da produção de cerveja de sorgo quando migraram para o sul. As mulheres eram tradicionalmente as cervejeiras africanas e os homens, os tradicionais consumidores. Ainda hoje, as mulheres preparam as cervejas tradicionais para o mercado, casamentos, cerimônias e outras celebrações.

As tribos africanas vêm produzindo diferentes formas de cerveja de sorgo há mais tempo do que está registrado nos livros de história. O malte e os grãos de sorgo têm sido os principais ingredientes há séculos. Com o crescimento da disponibilidade de diferentes fontes de grãos e amido, o milho, o painço e a mandioca foram utilizados como adjuntos na cerveja de sorgo para produzir diferentes sabores.

Sorgo

Sorghum, um gênero de diversas espécies de gramíneas, é amplamente cultivado em toda a África, tanto como planta forrageira quanto para a obtenção de grãos. É também utilizado para pastagem em regiões tropicais da África. O sorgo é nativo do continente africano, e a maioria das espécies consegue sobreviver a altas temperaturas e à seca.

A cadeia produtiva da cerveja de sorgo é um dos maiores consumidores do grão na África. Os grãos vêm sendo selecionados ao longo dos séculos com base em suas qualidades de malteação. Grãos com alto teor de tanino, endosperma macio, de coloração vermelha e marrom, eram e são os favoritos para a produção de cerveja na África.

A cerveja de sorgo é muitas vezes turva e com alto teor de leveduras, apresentando um prolongado retrogosto azedo. Sua coloração é rosa-amarronzado. Níveis de pH mais elevados produzem uma coloração rósea mais pronunciada. O teor alcoólico das cervejas tradicionais varia de 1% a 8% de álcool em volume (ABV), dependendo do tempo de fermentação. A maioria das cervejas tradicionais de sorgo, no entanto, possui teores alcoólicos mais baixos, 3% a 4% de ABV. Muitas cervejas de sorgo produzidas tradicionalmente ainda contêm maltotriose, o último açúcar fermentado pelas leveduras durante a fermentação. Alguns aminoácidos e peptídeos também estão geralmente presentes.

A cerveja tradicional de sorgo é consumida num estado ativo de fermentação, geralmente dentro de um ou dois dias da produção. Atualmente, é comercializada em variados recipientes de plástico ou potes de barro, ainda com formação da espuma da fermentação. Quanto mais espuma em torno do recipiente, mais fresca e melhor para o consumo ela é considerada.

O método tradicional

O primeiro passo na produção da cerveja tradicional de sorgo é a produção de malte. As malteações domésticas tradicionais ocorrem em quintais abertos, onde o grão de sorgo é adicionado à água ou misturado a uma pasta de cinzas de madeira, macerado durante a noite inteira e depois drenado. O grão é então espalhado em esteiras de palha, mantido úmido, e permite-se que ele germine. O malte resultante é então secado, geralmente entre esteiras de palha. O malte é moído à mão, produzindo um pó grosseiro. O malte de sorgo é frequentemente utilizado em mingaus e outras receitas, além da produção de cerveja. Hoje, está também disponível comercialmente em pó.

O malte de sorgo é então utilizado integralmente ou em combinação com outros maltes e grãos. Os maltes e grãos de milho e de painço são os mais comumente utilizados além do sorgo. A raiz da mandioca também é utilizada em toda a África como um adjunto amiláceo alternativo aos grãos, adicionada na brassagem com o malte de sorgo.

A mistura de malte e grão fica embebida em água morna durante a noite inteira. Essa fermentação noturna produz ácido láctico e a acidez característica da tradicional cerveja africana. A mistura é então cozida, resfriada, mexida vigorosamente e colocada em um recipiente maior. É coberta com um cobertor e mantida em um lugar quente para promover a fermentação durante vários dias.

Tradicionalmente, nenhuma levedura é adicionada à fermentação. As leveduras nativas presentes nos grãos, no malte e nos recipientes de fermentação são as responsáveis pela produção de álcool. As principais leveduras encontradas na cerveja tradicional africana são cepas de *Saccharomyces cerevisiae*. Atualmente, as leveduras provindas da batelada anterior, ou mesmo compradas, podem ser adicionadas a uma nova batelada.

Um tipo de cerveja de sorgo mais doce e não azeda é mais popular na região oeste da África do que nas regiões leste e sul. É conhecida por diferentes nomes, dependendo da sub-região: *dolo*, *chapalo*, *pito*, *burukutu*, *bilibili* ou *amgba*. A acidificação inicial ou fermentação láctica é evitada. A cerveja *pito*, comum em Gana, Nigéria e Togo, é feita a partir de sorgo e varia de ligeiramente doce a ligeiramente azeda, variando de amarelo-claro a marrom-escuro dependendo dos maltes, grãos e outros adjuntos utilizados.

Milho (*maize*)

Apesar do sorgo ser o ingrediente mais antigo da produção da cerveja africana, o milho (introduzido a partir do Novo Mundo) é frequentemente utilizado como uma alternativa de malte ou de adjunto para a cerveja de sorgo tradicional. O malte e os grãos de milho são utilizados para produzir uma cerveja de cor mais clara com um sabor mais suave do que a típica cerveja de sorgo. A maioria das cervejas de milho tradicionais também utilizam algum malte de sorgo para produzir uma cerveja acabada ligeiramente azeda e mais escura.

A *umqombothi* é uma cerveja tradicional feita a partir de milho, malte de milho, malte de sorgo e água (com leveduras selvagens nativas para produzir o álcool). Possui um distinto aroma azedo oriundo do malte de sorgo e normalmente possui baixo teor alcoólico (3% a 4% ABV). A cerveja possui uma coloração marrom-clara opaca e uma consistência espessa e arenosa proveniente do milho.

A *umqombothi* é tradicionalmente preparada com quantidades iguais de milho, malte de milho e malte de sorgo no total de grãos moídos, aos quais adiciona-se água quente. Essa cerveja é mosturada e resfriada do lado de fora da casa, e não no interior. Deixa-se a mistura descansar a noite inteira para iniciar a fermentação e o borbulhamento, produzindo o característico odor azedo da cerveja de sorgo. A mistura é então cozida, resfriada e vertida em um recipiente maior. É agitada vigorosamente, coberta e deixada em um lugar quente para promover a fermentação. Um fósforo aceso perto do mosto em fermentação é utilizado para determinar se o fermentado está pronto: se o fósforo se apagar rapidamente (por causa da liberação de gás carbônico da fermentação), a cerveja está pronta; se o fósforo não se apagar, ela permanecerá fermentando. Uma vez que o mosto tenha fermentado, ele é filtrado através de grandes filtros, para recolher qualquer excesso de milho, e vertido em um grande tambor, conhecido como *gogogo*. A cerveja local é comercializada em mercados, servida para os visitantes e utilizada em celebrações e cerimônias especiais.

Outros ingredientes

Além do milho, os cervejeiros tradicionais em toda a África também utilizam ervas e frutas locais para flavorizar suas cervejas. Algumas dessas plantas são utilizadas para prover amargor e notas florais à cerveja de sorgo. Culturas amiláceas (raiz de mandioca e banana), que crescem natural e facilmente em algumas áreas, também são utilizadas, além de malte e grãos de sorgo, para criar uma cerveja regional mais doce.

A *tella* é uma cerveja tradicional produzida na Etiópia e em países ao redor. Ela é feita tradicionalmente com *teff*, milho e *gesho*. O *teff* é uma espécie de gramínea nativa do nordeste da África. Ele é utilizado como uma alternativa ao trigo em muitas partes da região e como uma alternativa para o sorgo nessa cerveja tradicional. O *gesho* (*Rhamnus prinoides*) é um agente de amargor, cujas hastes são utilizadas como o lúpulo durante o processo de mosturação. A *tella* é feita utilizando o mesmo método da cerveja de sorgo tradicional africana.

A *oshikundu* (na Namíbia), ou *oyokpo* (na Nigéria), é uma cerveja tradicional feita de painço fermentado, cereais, às vezes com a adição de sorgo para um efeito de acidificação. O método de produção é o mesmo para outras cervejas africanas tradicionais. O painço é uma cultura popular nessa região da África por causa de sua capacidade de sobreviver ao calor e em um solo pobre. O painço produz um sabor de noz e um gosto mais doce na cerveja.

A raiz de mandioca, rica em amido, também é utilizada tradicionalmente na produção da cerveja africana, em especial nas regiões tropicais e subsaariana da África. A mandioca é amplamente cultivada e utilizada em toda a África. Os tubérculos são cortados, cozidos, triturados e adicionados ao malte de sorgo ou a outros maltes e grãos. O mosto é então preparado e fermentado segundo o método tradicional, sem a adição de levedura. A raiz de mandioca produz uma cerveja mais doce e de coloração mais clara. O sabor, aroma e cor da cerveja variam de região para região de acordo com o malte e os grãos utilizados na produção.

Em algumas partes do sul e do centro da África, flores de hibisco também são adicionadas ao processo tradicional de produção de cerveja. Assim como a maioria das cervejas tradicionais, o hibisco possui muitos nomes diferentes, tais como *karkanj* na República do Chade. A cerveja possui um sabor tropical e aroma de rosas. É uma versão mais doce da tradicional cerveja de sorgo e não é produzida com uma produção excessiva de ácido láctico na fermentação inicial.

Bananas e plátanos são muitas vezes utilizados no leste da África para produzir a cerveja tradicional da região. As bananas são trituradas e misturadas com malte e grãos (frequentemente sorgo) e utilizadas na produção de cerveja pelo método tradicional, produzindo uma cerveja doce, de cor laranja. As bananas utilizadas nessas cervejas não são as variedades doces comercializadas em supermercados, mas sim uma variedade amilácea semelhante à batata ou ao plátano.

Produção comercial das tradicionais cervejas africanas

As cervejas tradicionais africanas são uma parte importante da economia rural, comercializadas nos mercados locais e feitas em casa para todas as ocasiões. A maioria das cervejarias comerciais africanas focam em estilos de cervejas inglesas ou *lagers*. Há, no entanto, algumas cervejarias que produzem cervejas de sorgo para atrair os mercados tradicionais.

A mais popular nos países do sul da África é a *chibuku*, feita por uma subsidiária da SABMiller. Essa versão comercial espessa e marrom de uma bebida tradicionalmente cerimonial é ligeiramente ácida e possui 4% de ABV. Na África do Sul, a *chibuku* é produzida a partir de sorgo. Em outras partes, o milho também é utilizado, sendo muitas vezes o principal ingrediente. Os consumidores em Botsuana, Zâmbia e Malaui a conhecem como *chibuku shake-shake*, pois os consumidores têm de agitá-la (*shake*, em inglês) antes de beber para misturar o sedimento de milho acumulado na parte inferior da embalagem.

A United National Breweries também produz uma cerveja de sorgo utilizando o milho como adjunto, comercializada em toda a África do Sul. A cerveja tradicional da United National Breweries é produzida nas tradições Zulu da área, sendo consumida em um estado ativo de fermentação. É de coloração rósea, azeda e ligeiramente doce.

Nos Estados Unidos, a Sprecher Brewing Company, de Wisconsin, produz uma *shakparo* comercial, um estilo de cerveja de sorgo do oeste africano. Ela é produzida exclusivamente com malte de sorgo e painço, obedecendo às tradições do oeste africano. A empresa comercializa a *ale* Shakparo como uma cerveja sem glúten.

Em 2009, a SABMiller também começou a produzir uma versão *light lager* da tradicional cerveja de sorgo africana utilizando raiz de mandioca. A raiz de mandioca está amplamente disponível em toda a África e é uma alternativa mais barata do que o milho e o painço. A empresa substituiu o milho em sua cerveja por raiz de mandioca, produzindo uma cerveja com preço reduzido e atraindo os consumidores das cervejas tradicionais. A cerveja produzida é clara e de tipo *lager*, ao contrário das versões opacas de cervejas tradicionais.

Ver também PORRIDGE BEERS.

Africa Insight. Kenya: In the African beer brewing pot ferments an occasional crisis. Abr. 2010. Disponível em: http://www.allafrica.com/. Acesso em: 1º fev. 2011.
Frederiksen, R. A.; Smith, C. W. **Sorghum: origin, history, technology, and production.** New York: Wiley, 2000.
Hardwick, W. A. **Handbook of brewing.** Boca Raton: CRC Press, 1995.
Haw, G. Getting to grips with the gogogo. **Daily Dispatch**, jul. 1999.
Mosher, R. **Radical brewing: recipes, tales & world-altering meditations in a glass.** Boulder: Brewers Publications, 2004.

Okambawa, R. **Shakparo: A Traditional West African Sorghum Beer.** Disponível em: http://www.brewery.org/ brewery/library/Shakparo.html/. Acesso em: 11 mar. 2011.

Sefa-Dedeh, S. et al. Yeasts in the traditional brewing of pito in Ghana. **World Journal of Microbiology and Biotechnology**, v. 15, p. 593-597, 1999.

Anda Lincoln

agentes clarificantes são auxiliares de processamento adicionados à cerveja não filtrada para remover a turbidez proveniente de leveduras e proteínas. Durante a fermentação, células de levedura e proteínas derivadas do malte formam uma suspensão coloidal que se assemelha a uma névoa. Uma suspensão coloidal se forma quando partículas muito pequenas e carregadas permanecem suspensas no líquido. Uma carga eletrostática, conhecida como potencial zeta, repele as partículas umas das outras e serve para impedir a sedimentação das partículas sólidas dispersas na fase líquida.

Em cervejas originárias das Ilhas Britânicas, essa turbidez era tradicionalmente removida pela adição de uma solução de polímero eletricamente carregado. Exemplos incluem soluções de *isinglass*, gelatina e goma arábica. Na cerveja não clarificada, as paredes celulares das leveduras possuem carga elétrica negativa. Soluções de *isinglass* e gelatina são proteínas que possuem carga elétrica positiva. Quando adicionadas à cerveja recém-fermentada, os agentes clarificantes carregados interagem com a levedura e neutralizam o potencial zeta presente na parede celular. Isso elimina as forças repulsivas e une as células de levedura formando uma partícula maior chamada de floco. Essas partículas maiores sedimentam consideravelmente mais rápido do que ocorreria de outra forma, tal como determina a lei de Stokes.

A neutralização ocorre rapidamente, e a utilização dos agentes clarificantes pode ser extremamente eficiente. Ela permitiu que os cervejeiros britânicos produzissem cervejas frescas, não filtradas e condicionadas em *cask*, com uma agradável transparência, sem a necessidade de filtração ou extensos períodos de sedimentação. Alguns cervejeiros utilizam os agentes clarificantes para reduzir a suspensão de levedura antes de preparar uma cerveja para a filtração.

Preparações destinadas para precipitar proteínas em vez de levedura são referidas como agentes de clarificação auxiliares. Frequentemente derivadas da carragena ou de alginatos, essas preparações possuem fortes cargas negativas que atraem e floculam proteínas carregadas positivamente. Embora os agentes de clarificação usados para flocular levedura, tais como *isinglass*, possam ser usados em conjunto com agentes clarificantes auxiliares, não podem ser adicionados ao mesmo tempo porque poderiam se neutralizar mutuamente, tornando ambos ineficazes.

Ver também GELATINA, ISINGLASS e LEI DE STOKES.

Ian L. Ward

agentes clarificantes usados na tina de fervura promovem a clarificação do mosto por meio do encorajamento da aglomeração e sedimentação de proteínas e partículas formadoras da turbidez durante o processo de fervura e resfriamento do mosto (exemplo: *hot break*, formado no final da fervura, consiste em grandes flocos no mosto clarificado; e *cold break*, formado no resfriamento do mosto, é visto como um sedimento pesado e fino no mosto clarificado). Todos os agentes de clarificação usados na tina de fervura têm como base a carragena, um polissacarídeo de cadeia longa composto principalmente de galactose. O mecanismo geralmente aceito para a clarificação do mosto com carragena é que as moléculas da carragena, carregadas negativamente, são eletrostaticamente atraídas pelas moléculas de proteínas solúveis carregadas mais positivamente, formando complexos solúveis. Estes acabam por formar complexos maiores que interagem com partículas muito pequenas, tornando-se insolúveis e floculando. A carragena é desnaturada pelo calor e o pH baixo e, por isso, é adicionada no final da fervura pouco antes de se realizar o *whirlpool*. A quantidade do clarificante precisa ser determinada empiricamente para cada receita e condição de produção, a fim de se produzir a melhor clarificação com a menor quantidade de sedimento. Frequentemente a otimização dos agentes clarificadores é determinada anualmente ao iniciar uma nova safra de malte ou sempre que houver uma alteração no tipo ou fornecedor de malte. A adição incorreta dos agentes de clarificação na tina de fervura (concentrações acima ou abaixo do necessário) pode resultar em uma clarificação ineficiente no mosto resfriado ou causar dificuldades de clarificação em cervejas condicionadas em *cask*. As atuais preparações comerciais de carragena podem incluir polivinilpolipirrolidona, um polímero insolúvel que forma complexos com polifenóis de turbidez ativa através da ligação com o hidrogênio. A sinergia entre essas duas substâncias produz uma melhor clarificação do que a obtida por meio da aplicação isolada de cada uma delas.

John Palmer

água pode ser facilmente apontada como a matéria-prima mais importante na produção de cerveja, uma vez que representa 85% a 95% da maioria das cervejas. As cervejarias usam grandes quantidades de água durante todo o processo de produção, para a mosturação, aspersão, limpeza, sanitização, resfriamento do mosto, geração de vapor e muito mais. Mesmo as mais eficientes cervejarias usarão de quatro a cinco litros de água para cada litro de cerveja produzida, com o "recorde mundial" tendo sido registrado em 2011, de um pouco mais de 2 para 1. Embora todos os usos de água sejam importantes na cervejaria, a água que fará parte da cerveja, naturalmente, é a mais importante.

Fontes de água

Historicamente, muitas cervejarias foram construídas perto de suprimentos de água de boa qualidade. A composição da água local impactou os estilos de cerveja e as tradições que surgiram em muitos dos clássicos países europeus ou regiões, como Plzn (Pilsen), na República Tcheca; Burton-on-Trent e Londres, na Inglaterra; Baviera/Munique, na Alemanha; Dublin, na Irlanda; Viena, na Áustria etc. Fundamentalmente, as diferenças mais significativas na composição da água são determinadas a partir de sua origem: se ela provém de uma fonte de água superficial (reservatórios, rios, córregos ou lagos) ou de uma fonte de água subterrânea, como aquíferos, poços, ou pelo sistema de abastecimento de água municipal derivado de águas subterrâneas. A diferença básica é que a água de superfície é praticamente livre de minerais porque é formada pelas precipitações recentes, enquanto a água subterrânea pode variar de muito mole (baixa concentração de minerais), como as encontradas na Boêmia tcheca (Pilsen), a muito rica em minerais, como em Burton-on-Trent. Ver BURTON-ON-TRENT.

Essas diferenças dependem da geologia local, que determina tanto o tempo necessário para que a chuva possa ser drenada na direção dos aquíferos (água conduzida pelas camadas geológicas) de onde é tirada quanto a composição química das camadas geológicas que ficam entre a superfície e o aquífero. Esses dois fatores combinados determinam os tipos de minerais e suas concentrações na água.

Tratamento da água

Atualmente, a maioria das dificuldades com o abastecimento de água local pode ser superada por meios tecnológicos. Com a introdução, no início do século XX, dos sistemas de tratamento industrial de água, os laços tradicionais entre a composição da água local e a qualidade da cerveja foram eliminados a ponto de hoje qualquer cervejaria em qualquer parte do mundo poder, dado um sistema de tratamento de água adequado, criar qualquer composição desejada para a água utilizada na produção de cerveja, algumas vezes chamada de "água cervejeira".

Diversas técnicas estão disponíveis para o tratamento da água cervejeira. Elas variam não só em relação à qualidade final desejada da água, mas também em relação à sua composição, assim como em relação à idade e sofisticação tecnológica dos sistemas de tratamento. Tais sistemas variam desde simples filtros de profundidade, que utilizam areia para remover apenas o material particulado, à osmose reversa, que remove praticamente todas as moléculas e íons "estranhos", deixando-a quase tão pura como a água destilada. Qual sistema – ou a combinação de sistemas – será utilizado em uma cervejaria dependerá de vários fatores, sendo o mais importante deles, naturalmente, a exigência para a produção de uma água cervejeira ideal para a qualidade dos estilos de cerveja que a cervejaria escolhe fazer. Esse é claramente o caso das grandes e modernas cervejarias, enquanto as cervejarias menores e mais velhas frequentemente têm que viver com sistemas arcaicos ou demasiadamente simplistas, ou até mesmo sem nenhum tratamento de água.

Dureza da água

A química da água tem impacto significativo no sabor da cerveja, e um dos mais importantes elementos é a sua dureza. Este é um antigo descritor dos conteúdos combinados dos ânions sulfato e bicarbonato e dos cátions cálcio e magnésio. A água que contém concentrações elevadas desses minerais é chamada de água dura, e, inversamente, a água com baixa concentração mineral é chamada de água mole. A dureza pode ser dividida em dureza permanente (sulfato de cálcio e sulfato de magnésio) e dureza temporária (bicarbonato de cálcio e bicarbonato de magnésio). Como o nome indica, a dureza temporária pode ser removida por ebulição, provocando a precipitação do carbonato de cálcio e deixando a água mais mole quando esfria. Essa água é então separada do precipitado decantado. A ebulição não remove a dureza permanente, um termo que geralmente indica sulfatos e cloretos de cálcio e de magnésio. Apesar do nome, a água que contém alta dureza permanente pode ser suavizada pela utilização de aditivos químicos que reagem e precipitam os minerais de endurecimento. A suavização pode também ser alcançada através da utilização de dispositivos que substituem os íons cálcio e magnésio por íons sódio ou potássio. Esses dispositivos são comuns em muitos sistemas domésticos de água.

O cálcio, e em menor extensão o magnésio, reduz o pH da água pela reação com o fosfato e outros íons. O bicarbonato eleva o pH. O pH geral, que resulta do nível de cálcio, magnésio e bicarbonato, impacta, entre outras coisas, a extração de vários componentes do malte e lúpulo no mosto e a qualidade de amargor percebida.

No entanto, o cálcio e o magnésio que compõem a dureza permanente são altamente desejáveis em concentrações moderadas.

Química da água e qualidade da cerveja

Os íons presentes na água (e em outras matérias-primas da cerveja) determinam algumas características na cerveja:

- Cálcio (Ca^{2+}): diminui o pH (acidifica) e estabiliza a alfa-amilase durante a mosturação. O cálcio melhora a sedimentação do *trub* e da levedura depois da fermentação e precipita o oxalato de cálcio que pode causar o *gushing* na cerveja. Ver GUSHING.
- Magnésio (Mg^{2+}): Cofator enzimático. Contudo, o magnésio em demasia pode resultar em um amargor adstringente.
- Sódio (Na^+): Proporciona salinidade. Em concentrações moderadas, confere plenitude, arredondamento e suavidade de sabor.
- Potássio (K^+): Pode promover efeitos de sabor semelhantes ao sódio. Embora pequenas quantidades sejam necessárias para a manutenção da saúde das leveduras, em grandes concentrações podem interferir na atividade enzimática no mosto. Tem efeito laxativo.
- Ferro (Fe^{2+}): um agente oxidante; pode causar turbidez em mostos e conferir um *off-flavor* metálico indesejado à cerveja.
- Zinco (Zn^{2+}): Estimula a levedura pela ativação da enzima álcool desidrogenase. Intensificador da espuma.
- Bicarbonato (HCO_3^-): Aumenta o pH. Promove a redução do perfil de açúcares fermentáveis nas mosturas e pode dificultar a separação de proteínas e complexos de polifenóis durante o *cold break* e *hot break*. Posteriormente, isso pode causar dificuldades na filtração. Provoca a formação de crostas em tanques e tubulação da cervejaria.
- Sulfato (SO_4^{2+}): Promove gosto e sabor agradavelmente amargo e mais seco quando em concentrações moderada a alta. Dá origem a um aroma e sabor de enxofre quando reduzido pelas leveduras.
- Cloreto (Cl^-): Amadurece e confere plenitude ao paladar da cerveja.

Os efeitos positivos, especialmente na produção de alguns estilos tradicionais ingleses, dos íons cálcio, sulfato e cloreto deram nome a um ajuste muito específico da água utilizada na produção de tais cervejas. Trata-se de "*burtonization*" – em homenagem à água de poço de Burton-on-Trent – e envolve a adição de sulfato de cálcio (gipsita) e cloreto de cálcio na água. Ver BURTONIZATION.

Em muitas regiões do mundo, a água pública fornecida é clorada, sendo essencial a remoção do cloro antes de usá-la para a produção de cerveja. Caso não seja, o cloro reage quimicamente com diversos compostos orgânicos do malte, resultando na formação de compostos organoclorados que apresentam fortes, penetrantes e desagradáveis *off-flavors* fenólicos que lembram medicamentos. A descloração é comumente realizada com filtros de carvão ativado que também removem quaisquer compostos organo-halogenados formados pela cloração.

Hough, J. S. et al. **Malting and brewing science**. 2. ed. Cambridge: University Press, 1982.

Kunze, W. **Technology brewing and malting**. 3. ed. internacional. Berlin: VLB Berlin, 2004.

Anders Brinch Kissmeyer

água desaerada. A água contém naturalmente uma elevada concentração de oxigênio (de até 10 a 12 ppm de oxigênio dissolvido), e como o oxigênio é prejudicial para a estabilidade do sabor da cerveja, qualquer água que entra em contato com a cerveja fermentada deve ser "desaerada" ou, mais precisamente, desoxigenada.

No processo de produção da cerveja, a água desaerada é preferida, se não exigida, para os seguintes usos:

- filtração com terra diatomácea (*kieselguhr*): para suspender a terra diatomácea para o processo de filtração e para preceder e seguir a cerveja através do filtro. Ver TERRA DIATOMÁCEA;
- diluição da cerveja de alta densidade, a água desaerada e carbonatada utilizada para diluir a cerveja de alta densidade. Ver MOSTURAÇÃO DE ALTA DENSIDADE;
- para empurrar a cerveja de tanque para tanque, para os filtros e para as envasadoras;
- suspensão de todos os aditivos adicionados para a cerveja pronta;
- rinsagem final em processos de limpeza de tanques e outros equipamentos utilizados para a cerveja fermentada.

Os métodos utilizados para desaerar a água variam de muito simples até métodos complicados e caros. O método mais simples é ferver a água, pois o oxigênio tem baixa solubilidade em água quente. "Lavar" a água com gás carbônico ou nitrogênio livre de oxigênio é outro método e, finalmente, também é possível aplicar um vácuo à água gotejando sobre uma grande superfície (frequentemente em uma coluna oca preenchida com pequenos tubos). Esses processos podem ser repetidos ou combinados para atingir a concentração de oxigênio necessária, normalmente 0,01 ppm ou menos.

Ver também ÁGUA.

Kunze, W. **Technology brewing and malting**. 3. ed. internacional. Berlin: VLB Berlin, 2004.

Anders Brinch Kissmeyer

água quente cervejeira é a água cervejeira aquecida usada na produção de cerveja. Todas as outras águas usadas na cervejaria, tal como a água usada na limpeza, são simplesmente chamadas de "água". O termo "*hot liquor*" é amplamente utilizado no Reino Unido e nos Estados Unidos para designar a água quente cervejeira. Geralmente, o *hot liquor* é empregado como "*foundation liquor*" quando é usado para preparar o tanque de mostura para o malte, "*strike liquor*" quando usado para ser misturado com o malte, e "*sparge liquor*" quando é usado para ser aspergido sobre a mostura ou leito de filtração. As cervejarias que usam milho ou arroz misturam a água quente cervejeira com esses grãos no cozedor de cereal. A água quente é aquecida entre 43 °C e 77 °C para ser misturada com o malte e formar a mostura, e até 82 °C, para fazer a aspersão. A água quente cervejeira é mantida no tanque de água quente até que seja necessário usá-la na tina de mostura, tina de filtração do mosto ou no cozedor de cereal.

A filtração da água quente cervejeira na sua entrada é um procedimento comum para remover os contaminantes e o cloro. Menos comuns são procedimentos para a remoção de contaminantes indesejados, como silte ou ferro. Algumas vezes, minerais são adicionados, especialmente gesso, para elevar a dureza da água quente cervejeira. Ver BURTONIZATION. Os constituintes minerais da água quente cervejeira influenciam muito a qualidade da cerveja resultante. O teor mineral afetará o sabor da cerveja e, algumas vezes, a água dura precisa ser abrandada para produzir uma cerveja com sabores aceitáveis. Além do sabor desejável, há a necessidade de a água fornecer minerais suficientes para a química da produção da cerveja e nutrição da levedura.

Ver também ÁGUA.

Kunze, W. **Technology brewing and malting**. 7. ed. Berlin: VLB Berlin, 1996.

Brian Hunt

Ahtanum é um cultivar de lúpulo produzido originalmente pelo Yakima Chief Ranches. Ahtanum é declarado como um cruzamento de polinização cruzada entre lúpulos aromáticos Brewer's Gold, Fuggle, East Kent Golding e Bavarian. O nome dessa variedade vem do início da história dos lúpulos de Yakima Valley, quando Charles Carpenter levou rizomas da planta para a região e os cultivou em sua propriedade em Ahtanum, hoje uma pequena comunidade a oeste de Yakima. O cultivar nunca foi popular entre as grandes cervejarias. Assim, a área cultivada é pequena. Entretanto, ela tem sido bem estimada por diversas cervejarias artesanais. Tal variedade é tolerante ao míldio (*Pseudoperonospora humuli*). Ver MÍLDIO. Tem maturidade média a tardia e tipicamente rende de 1.970 a 2.470 kg por hectare. O Ahtanum apresenta uma faixa de alfa-ácidos entre 5,7% e 6,3%, teor de beta-ácidos de 5% a 6,5% e cohumulona de 30% a 35%. Seu perfil aromático é floral, cítrico, a pinho, com notas herbáceas. O conteúdo de óleos essenciais é composto de 50% a 55% de mirceno, 16% a 20% de humuleno, 9% a 12% de cariofileno e menos de 1% de farneseno, o que o torna semelhante aromaticamente ao Cascade, ao Centennial e, em menor medida, ao Amarillo. Ele é tipicamente utilizado em lupulagem tardia ou *dry hopping*, particularmente em cervejas americanas artesanais dos tipos *pale ale*, *India pale ale* (IPA) e *"double IPA"*.

Matthew Brynildson

Alaskan Brewing Company é uma cervejaria regional localizada em Juneau, Alasca, e foi a primeira cervejaria na capital do estado desde a Lei Seca. Ver LEI SECA. Em 2009, a Alaskan Brewing Co era a 11ª maior[2] cervejaria artesanal dos Estados Unidos, vendendo 14,8 milhões de litros de cerveja.

A cervejaria foi fundada em dezembro de 1986 por Geoff e Marcy Larson. Geoff Larson era formado em engenharia química e se tornara um cervejeiro caseiro antes de abrir a cervejaria comercial. Sua esposa, Marcy, era contadora e desejava ser piloto de avião. Fazendo pesquisas sobre a produção de cerveja no Alasca, Marcy Larson descobriu uma nota de jornal sobre uma cerveja produzida pela vizinha Douglas City Brewing Co, que estivera em atividade de 1899 a 1906. Geoff Larson recriou essa cerveja como *Alaskan amber ale*, a primeira cerveja comercial da cervejaria, cujas primeiras 250 caixas foram engarrafadas, rotuladas e encaixotadas manualmente.

Hoje, a Alaskan Brewery está na vanguarda de práticas sustentáveis inovadoras. Em 1998, ela foi primeira cervejaria artesanal americana a instalar um sistema de recuperação de dióxido de carbono e, desde então, acrescentou um secador de grãos e um filtro prensa de mostura. A cervejaria produz cinco estilos durante todo o ano e duas cervejas sazonais, juntamente com uma série limitada lançada recentemente utilizando uma cervejaria piloto de 11,7 hectolitros recém-construída.

No inverno, eles também lançam sua famosa (e muito imitada) Alaskan Smoked Porter, introduzida em 1988 usando maltes defumados com madeira de amieiro local. Geoff Larson é coautor do livro *Smoked Beers*, publicado pela Brewers Publications, em 2001.

Larson, G.; Daniels, R. **Smoked beers**: history, brewing techniques, recipes. Denver: Brewers Publications, 2001.

Jay R. Brooks

alcalinidade é uma propriedade dos líquidos. Tecnicamente é a capacidade de uma solução de resistir (ou tamponar) uma alteração no seu valor de pH quando se adicionam ácidos. Ver pH. Os três íons principais que contribuem para a alcalinidade são o hidróxido (OH^-), o carbonato (CO_3^{2-}) e o bicarbonato (HCO_3^-). Em água, eles reagem com substâncias ácidas para formar sais. Assim, os íons de alcalinidade são redutores de ácidos; eles aumentam o valor pH da água. Dependendo da adequação de uma dada água cervejeira para um estilo de cerveja particular, um cervejeiro pode usar aditivos na água para mudar o seu pH na direção de mais acidez ou mais alcalinidade.

A alcalinidade é frequentemente classificada tanto em miligramas de íons de bicarbonato (HCO_3^-) por litro ou como a quantidade equivalente de carbonato de cálcio ($CaCO_3$) em miligramas por litro; a relação de concentração é $CaCO_3 = 0,82 \times HCO_3^-$. Para as águas cervejeiras recomenda-se que a alcalinidade não ultrapasse 100 mg bicarbonato/L, com um valor de 50 mg/L sendo considerado muito melhor.

A utilização, em quantidades especificadas, de ácido fosfórico de grau alimentar, ácido sulfúrico, ou ácido láctico ou os seus sais ácidos, tais como cloretos ou sulfatos de cálcio e magnésio (processo de *"burtonization"* do laboratório Wallerstein, por exemplo) ajuda a ajustar o pH das águas cervejei-

---

[2] Em 2018, a Alaskan era a 19ª no *ranking* das cervejarias artesanais nos Estados Unidos. [N.E.]

ras alcalinas (começando pela quebra da capacidade tampão). O intervalo recomendado para o pH da água cervejeira está entre 6,0 e 7,5. Os sais adicionados ajudam na redução da alcalinidade, ao mesmo tempo que fornecem íons importantes para beneficiar ainda mais o processo de produção de cerveja. Para a Lei da Pureza da Cerveja, também pode ser utilizada a neutralização por meio da fermentação de ácido láctico ou de malte acidulado. Ver ACIDIFICAÇÃO.

Durante a produção de cerveja, o pH é reduzido ainda mais com a adição de maltes e adjuntos, e por fim um baixo pH do mosto resulta em uma série de benefícios para o cervejeiro (aumento do rendimento do extrato, aumento da fermentabilidade e uma diminuição na extração de taninos adstringentes e compostos de amargor do lúpulo). Para uma ótima atividade das enzimas na mosturação é desejável um pH de 5,2 a 5,4.

Ver também MOSTURAÇÃO.

European Brewery Convention. **Water in brewing, European brewery convention manual of good practice**. Nürnberg: EBC and Fachverlag Hans Carl, 2001.

Hardwick, W. A. (Ed.). **Handbook of brewing**. New York: Marcel Dekker, 1995.

Gary Spedding

álcoois fúseis são subprodutos da fermentação alcoólica. Ver ETANOL. Mais especificamente, até 45 álcoois superiores, aqueles com mais de dois átomos de carbono na molécula e com pontos de ebulição mais elevados do que o do etanol, representam grande parte dos compostos voláteis e não voláteis na cerveja. Eles são considerados indesejáveis nas *lagers* mas podem contribuir positivamente para as *ales*. A mistura desses álcoois contribui para o usual sabor "alcoólico" e sensação de aquecimento na boca e estômago e para o aroma da cerveja; alguns deles podem também conferir um toque de aroma frutado. Os álcoois fúsel são também importantes na formação de ésteres voláteis. Curiosamente, os álcoois superiores também podem ser uma das causas das dores de cabeça associadas com o desconforto geral das ressacas que se seguem ao consumo excessivo de cerveja.

Os álcoois individuais que desempenham um papel importante no sabor da cerveja incluem os propanóis e os butanóis, que transmitem notas alcoólicas, vinosas e de frutas maduras. O metilbutanol apresenta a característica de fúsel ou de nota pungente de embriaguez. O feniletanol produz uma agradável nota de rosa ou adocicada, enquanto o triptofol e o tirosol exibem caraterísticas amargas, com notas de amêndoa ou de solvente. A cepa de levedura, as condições de fermentação e a composição do mosto têm efeitos significativos sobre a combinação e níveis dos álcoois superiores formados. Os álcoois fúsel estarão presentes em concentrações mais elevadas em cervejas mais fortes e alcoólicas, como as *barley wines* e as *imperial stouts*, em parte por causa do estresse infligido sobre a levedura pelas altas concentrações de etanol e fermentações mais extenuantes. Por outro lado, na maioria dos estilos de cerveja os álcoois fúsel não deveriam ser perceptíveis, ou notados apenas ligeiramente. Como grupo, os álcoois fúsel são uma parte importante da percepção "alcoólica" da cerveja e do núcleo de sabor geral dessa bebida.

Gary Spedding

álcool é um composto orgânico no qual o grupo hidroxila (-OH) está ligado a um grupo alquila ou alquila substituída. O álcool mais notável em um contexto de produção de cerveja é o etanol (álcool etílico) e, evidentemente, as palavras "etanol" e "álcool" são frequentemente usadas como sinônimos nesse contexto. Ver ETANOL. No entanto, a cerveja contém uma diversidade de álcoois, incluindo traços de metanol, propanol, isobutanol, 2-metil-propan-1-ol, álcool isoamílico, tirosol e feniletanol.

Os álcoois superiores (que contêm mais átomos de carbono do que o etanol) são às vezes conhecidos como álcoois fúsel. Ver ÁLCOOIS FÚSEIS. Esses álcoois superiores são importantes contribuintes de sabor e os seus níveis são influenciados pela cepa de levedura e pelas condições de fermentação, particularmente a temperatura. Cervejas contendo níveis notáveis de álcoois superiores são frequentemente descritas como de gosto "quente". As *ales* tendem a conter níveis mais elevados desses álcoois do que as *lagers*. Por exemplo, os níveis de propanol são normalmente cerca de quatro vezes maiores em *ales* do que em *lagers*, e os níveis de isobutanol são três vezes maiores. Tem sido sugerido que concentrações mais elevadas de álcoois fúsel na cerveja podem ser associadas com ressacas. Se isso é verdade, o mais provável é que os aldeídos produzidos a partir desses álcoois no corpo humano sejam os culpados.

Os álcoois servem como precursores de ésteres de sabor ainda mais potente, produzidos por reações catalisadas por enzimas nas leveduras através do acoplamento dos álcoois com ácidos. A oxidação dos álcoois leva a aldeídos e cetonas e posteriormente a ácidos.

Quantitativamente o álcool mais importante na cerveja é o etanol. Além do seu papel fundamental nas bebidas alcoólicas, proporcionando a cálida nota alcoólica e também impactando a distribuição de outras moléculas ativas de aroma no *headspace* da bebida, ele é usado como solvente, como um substituto da gasolina em automóveis e como um reagente em diversas reações químicas industriais. Além da via fermentativa, o álcool pode ser feito pela hidratação do etileno derivado do craqueamento de petróleo bruto destilado, mas tal álcool "industrial" não é potável.

Ver também TEOR ALCOÓLICO.

Briggs, D. E. et al. **Brewing: Science and practice**. Cambridge: Woodhead, 2004.

Charles W. Bamforth

aldeídos são compostos orgânicos produzidos pela remoção de hidrogênio a partir de (isto é, oxidação de) álcoois. Por outro lado, a redução de aldeídos leva à produção de álcoois. Num contexto de produção de cerveja, a mais conhecida dessas reações de redução é a síntese de etanol a partir de acetaldeído.

Os aldeídos tendem a ser altamente ativos em sabor, são detectáveis em concentrações mais baixas do que os seus álcoois equivalentes e podem contribuir com uma gama de características para a cerveja, especialmente na cerveja maturada. Muitos aldeídos são utilizados na produção de perfumes, dando-lhes as suas fragrâncias distintivas. Na cerveja, especial atenção tem sido dada ao E-(2)-nonenal, que possui um caráter de papelão pronunciado. No entanto, quantitativamente, o aldeído mais importante na cerveja é muitas vezes o acetaldeído, com o seu aroma característico de maçãs verdes. Ver ACETALDEÍDO.

Os aldeídos reagirão com o dióxido de enxofre (metabissulfito) para formar moléculas que exibem muito menos potência de sabor do que os aldeídos propriamente ditos. Acredita-se que este seja um dos mecanismos através dos quais o dióxido de enxofre protege a cerveja de envelhecer (*staling*).

Acredita-se também que os aldeídos produzidos pela oxidação do álcool no corpo humano são os mediadores primários de ressacas e dores de cabeça, através da sua reatividade com diversos componentes das células.

Ver também ACETALDEÍDO, FERMENTAÇÃO e MATURAÇÃO.

Briggs, D. E. et al. **Brewing: Science and practice**. Cambridge: Woodhead, 2004.

Charles W. Bamforth

ale compreende uma ampla classe de cervejas produzidas com leveduras de alta fermentação *Saccharomyces cerevisiae*. Ver LEVEDURA.

A recente revolução das cervejarias artesanais nos Estados Unidos tomou o termo inglês "*ale*" e passou a dar-lhe um significado totalmente novo. Em dado momento, *ale* fazia referência a apenas umas poucas cervejas inglesas. Atualmente, *ale* passou a incluir um crescente número de cervejas, algumas muito recentes e outras mais antigas que a própria Inglaterra.

Um consenso no mundo da cerveja é que há uma divisão em duas categorias, *ales* e *lagers*. Toda cerveja fermentada por leveduras de "alta fermentação", ou seja, leveduras que tendem a executar seu trabalho na parte superior dos tanques, é denominada *ale*. Toda cerveja fermentada por leveduras de "baixa fermentação" é denominada *lager*. Leveduras de alta fermentação (*S. cerevisiae*) têm preferência por fermentar rapidamente (dois a sete dias) e a temperaturas mais elevadas, de 15 °C a 24 °C, enquanto leveduras de baixa fermentação (*S. pastorianus*) fermentam mais lentamente (cinco a dez dias) e a temperaturas mais baixas, 7 °C a 13 °C. A alta temperatura de fermentação das *ales* com *S. cerevisiae* dá origem a cervejas com perfis aromáticos mais frutados e complexos, enquanto a reduzida temperatura de fermentação das *lagers* com *S. pastorianus*, produz cervejas com perfis de aroma mais limpos e mais diretamente ligados a seus ingredientes. Ver LAGER e MATURAÇÃO A FRIO.

A ideia de que as cervejas podem ser separadas habitualmente nesses dois grupos, *ale* e *lager*, talvez seja emotivamente satisfatória. Na prática, contudo, a variedade de linhagens de leveduras utilizadas por cervejeiros na verdade não se ajusta de forma tão conveniente a essas duas categorias. De fato, o comportamento de muitas linhagens de leveduras situa-se entre aquelas consideradas verdadeiramente de alta ou baixa fermentação, e o aspecto genético delas é muito mais complexo que uma simples classificação entre duas espécies. O amplo uso de unitanques para fermentar *ales* demonstra isso claramente, e qualquer cervejeiro experiente de *ale* sabe que muitas leveduras podem ser "adestradas", por meio da seleção ao longo das culturas, para se deslocarem para a superfície ou depositarem-se no fundo dos tanques. Outro problema é que até mesmo o termo "cerveja", quando usado em seu sentido mais geral, refere-se a qualquer bebida fermentada a partir de grãos. Isso inclui exemplares atípicos como a chicha sul-americana, à base de milho, ao saquê japonês, feito a partir de arroz, nenhum dos quais é considerado *ale*, apesar de ambos serem fermentados com leveduras de alta fermentação. Essa confusão a respeito da definição precisa de *ale* não é novidade.

Os primeiros registros da palavra "*ale*" (*ealu*) do inglês arcaico não trazem a identificação precisa de uma receita exata para a bebida. Às vezes se faz referência a ela como sendo amarga, às vezes como adocicada, às vezes feita com mel e outras com a utilização de especiarias. Seja qual for o caso, a palavra "*ale*" passou a fazer parte da língua inglesa pelas mãos dos dinamarqueses, que conheciam a bebida por *öl*.

Foi a partir século XVI que o lúpulo começou a ganhar popularidade entre os cervejeiros ingleses como agente de amargor a ser adicionado às suas *ales*. A planta do lúpulo era bem conhecida na Inglaterra antes disso, e os ingleses já estavam familiarizados com bebidas feitas por estrangeiros usando o lúpulo. Essas bebidas eram conhecidas entre os ingleses como "*beers*" e diferiam da *ale* inglesa, que era produzida naquele tempo utilizando somente água, malte e levedura. Antes do século XVI, os ingleses levavam suas *ales* tão a sério que os cervejeiros que adulterassem suas bebidas com lúpulos ou outros condimentos estavam sujeitos a penalidades. Por outro lado, o emprego do lúpulo e de condimentos na brassagem da "cerveja" (*beer*) era aceito.

Chegou o momento em que nem mesmo as penalidades foram suficientes para impedir os produtores ingleses de *ales* de experimentarem o uso de lúpulo em suas *ales*. Eles concluíram que a adição do lúpulo aumentava tanto a qualidade quanto a longevidade de suas *ales*, e, gradualmente, seu uso passou a ser aceito pelos apreciadores ingleses de *ales* e igualmente pelas autoridades governamentais.

Mesmo com essa aceitação do emprego de lúpulos na brassagem de *ales* no final do século XVI, o termo "*ale*" designou somente umas poucas cervejas inglesas (mais notavelmente *pale ale* e *brown ale*) até o século XX. Até recentemente, por exemplo, a *porter* era considerada uma bebida diferente da cerveja e da *ale*. É por esse motivo que diversas regulamentações em língua inglesa, muitas ainda em vigor, referem-se coletivamente às bebidas à base de malte como "*ale, beer* e *porter*"; as *ales* diferiam das cervejas (*beers*) pelo fato de usarem menos lúpulo e das *porters* por apresentarem coloração clara. Qualquer passeio casual por Londres revelará cartazes de *pubs* que orgulhosamente anunciam a disponibilidade das três bebidas.

De fato, o termo "*ale*" apenas passou a ser sinônimo de cervejas de alta fermentação já por volta dos anos 1980. Referências a "*German ale*" anteriores a essa data são escassas e remotas, e alusões a "*Belgian ale*" praticamente inexistentes. Não foi até o ressurgimento do interesse por estilos internacionais de cerveja nos anos 1980, marcado pelo advento das microcervejarias nos Estados Unidos, que o termo "*ale*" passou a ser empregado, de modo um pouco confuso, para se referir à maioria das cervejas de alta fermentação.

Vale notar que existem também algumas definições legais de *ale* que são tanto confusas quanto incorretas. Por exemplo, no estado do Texas, *ale* é legalmente definida como qualquer bebida à base de malte com um conteúdo alcoólico superior a 4% álcool por peso (ABW), e é reciprocamente excludente da cerveja (*beer*), definida como qualquer bebida à base de malte de gradação alcoólica com ABW inferior a 4%. Tal definição desconsidera qualquer outro aspecto da bebida à base de malte, como ela ser uma *lager* com alto teor alcoólico ou uma *ale* com baixa gradação. Muitos cervejeiros ficam surpresos (ou irritados) ao se depararem com o fato de que suas potentes *lagers* de repente devem ser denominadas *ales* ao cruzarem a fronteira do Texas.

Desse modo, o conceito moderno de *ale* é extremamente recente e está em estado de transição. Hoje, o termo "*ale*" refere-se a cervejas que podem variar das fortes, frutadas e condimentadas *ales* da Bélgica, até as vigorosas, frescas e lupuladas *pale ales* dos

Estados Unidos. Embora existam umas poucas exceções, as *ales* podem ser comumente reconhecidas por seu distinto caráter frutado, oriundo da fermentação em alta temperatura com leveduras S. cerevisiae.

Bennett, J. **Ale, beer, and brewsters in England: Women's work in a changing world, 1300 – 1600**. New York: Oxford University Press, 1996.
Bickerdyke, J. **The curiosities of ale & beer**. 2. ed. London: Spring Books, 1965.
Hornsey, I. **History of beer and brewing**. Cornwall: The Royal Society of Chemistry, 2003.

Nick R. Jones

ale-conner, um oficial nomeado por um senhorio, vila ou cidade para analisar a qualidade das cervejas servidas dentro de uma determinada jurisdição. Na Inglaterra, pelo menos desde 1300, os *ale-conners* eram nomeados anualmente em cortes senhoriais, tribunais senhoriais especiais que alguns lordes possuíam o direito de convocar. Eram tribunais de ações minoritárias e pequenos delitos. O *ale-conner*, também conhecido como o "*ale founder*" ou mais grandiosamente como o "*Gustator Cervisiae*", tinha que ir de uma cervejaria a outra experimentando as cervejas e certificando-as de serem de qualidade boa suficiente para serem bebidas. Se a qualidade das cervejas fosse considerada insuficiente, o *ale-conner* tinha o poder de levar o cervejeiro ofensor a um tribunal senhorial para fazer a indenização. Dependendo das regras de um senhorio específico, o *ale-conner* também estava, algumas vezes, autorizado a definir o preço pelo qual um lote de cerveja poderia ser vendido, ou impor um preço fixo para as cervejas.

Levando em conta a importância das cervejas na vida dos ingleses medievais, o papel do *ale-conner* era levado muito a sério. O trecho a seguir é parte do juramento feito por um *ale-conner* durante o reinado de Henrique V.

> E que você, assim que for chamado para experimentar uma cerveja de qualquer cervejeiro ou cervejeira, estará pronto a fazê-lo; e no caso de ela estar menos boa que costumava estar antes desse chamado, você, pelo consentimento do seu senhor, deverá estabelecer um preço razoável para ela [...] e nem quando for chamado para experimentar uma *ale*, poderá [você] estar ausente sem uma causa justa e verdadeira [...] e que Deus e os santos o ajudem.

Existe uma lenda comum de que os *ale-conners* vagavam pela região usando calças curtas feitas de couro feitas especialmente para eles. Dizem que o *ale-conner* testava a cerveja não a bebendo, mas derramando-a em um banco de madeira e sentando-se na poça. Meia hora depois ele se levantava do banco, e se a cerveja grudasse sua calça ao banco, esse era um sinal de que a cerveja havia sido produzida incorretamente. No entanto, algumas versões dessa história sustentam que as calças grudadas ao banco eram um sinal de alta qualidade. De qualquer forma, parece que não existe nenhuma evidência sólida de que se sentar na poça de cerveja realmente fazia parte do processo de análise. Dito isto, os *ale-conners* continuam sendo nomeados até hoje em toda a Inglaterra. A função hoje é totalmente cerimonial, e algumas vezes envolvem vestes solenes e calças de couro resistente, sempre usadas com considerável humor. Londres continua nomeando quatro *ale-conners* todo ano, e a nomeação permanece altamente valorizada.

Ver também ALE HOUSES.

Bickerdyke, J. **The curiosity of ale & beer**. London, 1889.
Snell, M. Artigo de enciclopédia (1991). Disponível em: historymedren.about.com/od/encyclopedias/a/1911_encyc.htm. Acesso em: 30 nov. 2010.

Garrett Oliver

ale houses. O termo "*ale*" vem das palavras dinamarquesa e saxônica *öl* e *ealu*, incorporadas ao inglês por invasores da Europa continental e da Escandinávia. Na época anglo-saxônica, no século V da era cristã, a produção de cerveja era uma atividade doméstica. Mas a demanda por cerveja era enorme – ela era consumida em todas as refeições, celebrações e funerais – e com frequência superava a oferta. Algumas famílias ganharam reputação pela qualidade da cerveja que faziam e começaram a se especializar na sua produção. Assim que uma nova brassagem ficava pronta, um membro da família costumava amarrar um galho ou um ramo preso a uma vara na porta ou na janela da casa. Ver ALE POLE. Os vizinhos eram convidados para entrar e beber: assim surgiram as *ale houses*, bem como os letreiros rudimentares.

A propagação das *ale houses* foi lenta no princípio em virtude da dominação da Igreja. O cristianismo refreou algumas das maiores extravagâncias da época anglo-saxônica. Entretanto, paradoxalmente, a Igreja tentou não apenas regulamentar o consumo de bebidas, mas também monopolizar a produção de cerveja. Os mosteiros ofereciam acomodação para viajantes e criavam sua própria sala de brassagem para lhes fornecer a bebida. O clero encarava com desprezo as *ale houses* comuns, como pode ser visto na instrução emitida aos bispos e sacerdotes no século VIII por Ecbright, arcebispo de York, para que fornecessem albergues para peregrinos e viajantes, bem como cervejas e comida feitas em casa. Como os mosteiros serviam aos peregrinos pobres cervejas extremamente fracas, eles frequentavam as *ale houses* que se encontravam em seu itinerário para tomar bebidas mais fortes. (Havia uma *ale house* em St. Albans, em Hertfordshire, chamada Mile House, que ficava exatamente a uma milha de distância da grande abadia fundada em homenagem ao primeiro mártir cristão na Inglaterra. No século XXI, ela foi transformada em um prédio de apartamentos. Os peregrinos costumavam tomar *ales* mais fortes antes de completar o percurso de mais ou menos 1,5 quilômetro até a abadia, onde os monges serviam cervejas mais fracas.)

A produção e a venda de cerveja no varejo durante séculos atraíram a atenção dos coletores de impostos. No século XIII, na Inglaterra, um imposto denominado "*scot*" era cobrado sobre a cerveja vendida nas *ale houses*, com base no conhecido argumento de que esse imposto era necessário para combater o consumo exagerado de bebidas e a embriaguez. Esse imposto era aplicado apenas a *ale houses* situadas em áreas urbanas ou àquelas que ficavam em terras descampadas e cultivadas. Como naquela época a maior parte da Inglaterra era coberta por densas florestas, não foi difícil estabelecer *ale houses* rudimentares fora do alcance dos coletores de impostos. Sarcasticamente, a cerveja vendida nessas *ale houses* ilícitas era conhecida como "*scot ale*", cujos fregueses, como se costumava dizer, tomavam cerveja "*scot free*" [isenta de impostos]. (A palavra "*scot*" tem origem germânica e não tem nenhuma relação com a Escócia.)

Em 1267, Henrique III institui os padrões Assize of Bread and Ale para proteger a qualidade dos alimentos básicos consumidos pelo povo. Os ingredientes usados na produção de pão e cerveja passaram a ser rigorosamente controlados e os preços das cervejas fortes e "*small*" (de baixo teor alcoólico) vendidas nas *ale houses* foram fixados. Para evitar

Gravura do início do século XIX ilustrando a cantata "The Jolly Beggars", do poeta escocês Robert Burns. Burns a compôs depois de passar uma noite em uma *ale house* com um animado grupo de mendigos que, tal como ele observou, pareciam infelizes durante o dia.
PIKE MICROBREWERY MUSEUM, SEATTLE, WA.

que fosse servida uma dose menor aos consumidores, a cerveja somente podia ser vendida nas canecas em que havia um selo oficial. Esses padrões foram respaldados por um estatuto rigorosamente fiscalizado, o Tumbril and Pillory Statute, por meio do qual se multavam os cervejeiros das *ale houses* que violavam a lei. Os infratores reincidentes recebiam punições mais graves: "Se a transgressão for grave e frequente, e não for corrigida, o transgressor deverá sofrer castigo corporal – isto é, o padeiro levado ao pelourinho, o cervejeiro [*brewster*] à carroça de condenados ou à flagelação". O emprego do termo "*brewster*" indica que a cerveja ainda era fabricada principalmente por mulheres. Ver ALE-WIVES.

Para reforçar a imposição da lei, foi criado o posto de *ale-conner*. Esse cargo foi uma das primeiras versões do cobrador de impostos, cuja missão era visitar toda *ale house* que tivesse uma cervejaria anexa, com a finalidade de avaliar a qualidade do produto. Diz a lenda que o *ale-conner* costumava pedir ao cervejeiro (que podia ser homem ou mulher) para despejar um pouco da bebida fresca sobre um banco fora da *ale house*. Em seguida, o *conner* sentava-se sobre a poça e, depois de determinado tempo, levantava-se. Se sua calça ficasse presa ao banco, a cerveja era considerada de qualidade apropriada para beber. É mais provável que o *conner* preferisse saborear a *ale* em vez de se sentar sobre ela, tal como deixa implícito um verso de 1608, no livro *The Cobbler of Canterbury*: "A nose he had that gan show,/What liquor he loved I trow;/For he had before long seven yeare/Been of the towne the ale conner". Ver ALE-CONNER.

O primeiro alvará de funcionamento das *ale houses* data do reinado de Eduardo VI, que decretou duas leis, em 1552 e 1553. A legislação delineava qual era exatamente o papel de três lugares públicos para beber: as *ale houses* podiam vender apenas cerveja; as tabernas tinham de oferecer comida, vinho e outras bebidas destiladas, bem como cerveja; já as hospedarias tinham de fornecer comida, bebidas e acomodação. A Lei de 1552 deu aos juízes de paz o poder de conceder licença ou fechar as *ale houses*. Os licenciados eram obrigados a oferecer garantia de bom comportamento e prevenção contra embriaguez em seu estabelecimento. Em 1577, um recenseamento sobre estabelecimentos com água potável mostrou que havia em torno de 14 mil *ale houses*, 1.631 hospedarias e 329 tabernas na Inglaterra. A população do país foi estimada em 3,7 milhões de habitantes, o que significava que havia uma licença para cada 187 pessoas, em comparação com uma licença para cada 657 pessoas, atualmente. Os condados da Inglaterra com o maior número de *ale houses* no século XVI eram Yorkshire (3.679) e Nottinghamshire (1.023). Em todo o país, havia nove *ale houses* para cada hospedaria e quarenta para cada taberna, uma indicação de que os ingleses preferiam os prazeres simples de beber cerveja e dispensavam os adornos.

A Reforma anglicana do século XVI rompeu o poder da Igreja sobre a produção de cerveja e foi responsável pelo rápido crescimento de cervejeiros comerciais ou "comuns". Os cervejeiros comerciais estabeleciam-se predominantemente em áreas urbanas e durante muitos séculos a produção de cerveja prevaleceu nas *ale houses*. Parecia que tanto o consumo de cerveja quanto sua produção seriam inibidos em decorrência da ascensão do puritanismo no final do século XVI, com frequentes e sonoras críticas às *ale houses*, considerando-as um antro de perdição. Philip Stubbes, em *Anatomie of Abuses* (1583), assim registrou:

> Todo condado, cidade e vilarejo, bem como outros lugares, têm tantas *ale houses*, tabernas e hospedarias lotadas de beberrões de noite e de dia que chega até a ser curioso. Eles ficam ali sentados o dia todo, bebendo vinho e uma boa *ale*, sim, à noite inteira também, possivelmente uma semana inteira, por tanto tempo que não sobra dinheiro algum; embriagando-se, enganando-se e farreando entre si, até que ninguém mais consegue falar uma palavra sensata. E quando um homem fica embriagado com vinho ou com uma bebida forte parece mais um selvagem que um homem cristão, por que seus olhos não começam a ficar arregalados, vermelhos, flamejantes e turvos, e a borbulhar mares de lágrimas? Porventura sua boca não começa a salivar e a espumar como se ele fosse um urso? Porventura sua língua não fica vacilante e balbuciante? Porventura sua sagacidade e vivacidade não ficam como se tivessem sido sugadas?

Apesar dessa temível diatribe, o período de interregno no século XVII, quando Oliver Cromwell dirigiu uma república (República Puritana) entre os reinados de Carlos I e Carlos II, não resultou em nenhuma grande repressão contra as *ale houses*, embora os impostos sobre a produção de cerveja tenham sido aumentados. O fato de Cromwell ter sido agricultor no leste da Inglaterra, a maior área de cultivo de cevada do país, o fez perceber a importância da produção de cerveja para a economia e o bem-estar da população. Ele sempre ficava em *ale houses* e hospedarias em suas campanhas militares. Não surpreendentemente, as *ale houses* que portavam o nome de algum monarca foram incentivadas a mudar seus letreiros. Além disso, qualquer insinuação a comportamentos indecentes ou "papismo" era desaprovada. Por esse motivo, o nome de *ale house* "Bacchanales", em celebração a um festival de bebida turbulento, tornou-se "Bag o' Nails", ao passo que "God Encompasses Us" foi completamente reformulado, transformando-se em "Goat and Compasses". "Catherina Fidelis" (uma referência a Catarina de Aragão) foi transformado em "Cat and Fiddle". Os letreiros que faziam referência à Virgem Maria, cujo símbolo era um jarro de lírios, transformou-se no prosaico "Flower Pot", enquanto o "Salutation", um antigo símbolo religioso que se referia ao momento da Anunciação da Virgem Maria, tornou-se "Soldier and Citizen", um influente símbolo cromwelliano do Novo Exército Modelo.

As *ale houses* entraram em declínio nos séculos XVIII e XIX por motivos políticos e econômicos. Uma epidemia de consumo de gim na Inglaterra, no final do século XVII, provocou a morte de milhares de pessoas e levou muitas outras à miséria e pobreza. A cerveja era considerada uma alternativa mais saudável, como representado nas gravuras críticas e realistas *Gin Lane e Beer Street* de William Hogarth, um era o retrato chocante do comportamento dissoluto, o outro, de bonomia jovial. Ver BEER STREET (DE WILLIAM HOGARTH). O consumo de cerveja foi incentivado e recintos mais esmerados foram projetados para os consumidores. Assim nasceu a *public house* vitoriana – abreviadamente, *pub*.

A sociedade inglesa estava mudando em um ritmo acelerado. A Revolução Industrial gerou fábricas e uma classe de trabalhadores urbanos com uma sede insaciável. No início do século XVIII, o surgimento de um novo estilo de cerveja denominado *"porter"* gerou tamanha demanda que cervejeiros comerciais como Samuel Whitbread, de Londres, construíram um grande número de cervejarias para produzir somente *porter* e sua versão mais forte, a *stout*. Ver PORTER, STOUTS e WHITBREAD BREWERY. Os proprietários de *ale house*, que também produziam em suas propriedades, foram sobrepujados pela demanda e forçados a comprar suprimentos de *porter* da Whitbread e de outros produtores comerciais.

A pressão sobre as *ale houses* intensificou-se no século XIX com a aparecimento da *pale ale*. A primeira cerveja de cor clara, possibilitada pelas novas tecnologias que permitiam a produção de um malte mais claro, era mais cara que cervejas mais escuras como a *porter*. A *pale ale* atraía a classe média emergente e mais afluente que evitava as *ale houses* rústicas e preferia frequentar os elegantes *"saloon bars"*, que eram *pubs* mais opulentos e respeitáveis.

O *pub* moderno enraizou-se profundamente na sociedade britânica na virada do século XX, época em que os cervejeiros influentes se tornaram donos de grandes redes de *pubs*. Esses *"tied houses"* (estabelecimentos vinculados) vendiam apenas as cervejas feitas pelos proprietários de terras. Ver TIED HOUSE SYSTEM. Os *pubs* funcionavam como propaganda e pontos de venda para os cervejeiros. Eles ofereciam confortos como comida e vinho, bem como cerveja, e cravaram outro prego no caixão das *ale house* mais simples.

Ver também PUBLIC HOUSES (PUBS).

Roger Protz

ale pole ou *"ale stake"* era uma sinalização rudimentar utilizada na Inglaterra do período medieval para indicar que uma cervejaria havia produzido um lote fresco de *ale*. Em ilustrações do período, o *ale pole* é geralmente retratado saindo de uma janela ou suspenso na fachada de uma casa como um mastro. Naquela época, toda a produção de cerveja era doméstica, mas as casas bem reputadas pela qualidade de suas cervejas podiam convidar as pessoas do povoado para entrar e beber, se tornando então uma *"alehouse"*. Ver ALE HOUSES. Se a casa também fornecesse vinho, um ramo de sempre-viva era amarrado ao mastro.

Essa prática começou nos tempos medievais e durou até o Renascimento. Acredita-se que o *ale pole* seguiu o legado romano das tabuletas de lojas que denotavam o comércio praticado por elas. Uma sinalização popular para pousadas e que ainda continua em uso na Grã-Bretanha é o jogo de damas, que deriva do sinal romano de um tabuleiro de xadrez, indicando que vinho era vendido e que dinheiro poderia ser trocado.

A legislação dos séculos XIV e XV para controlar a qualidade da comida e bebida vendidas aos consumidores tiveram um impacto sobre as *alehouses*. Um oficial conhecido como *"ale-conner"* tinha que verificar a qualidade da cerveja produzida nesses locais. Ver ALE-CONNER. O *ale-conner* visitava as *alehouses* quando os donos exibiam os *ale poles* com galhos ou arbustos anexados.

O uso do *ale pole* entrou em declínio quando as hospedarias e tabernas começaram a exibir tabuletas mais elaboradas. Algumas possuíam ligações religiosas, como as chaves em cruz e o cordeiro, enquanto outras refletiam guildas comerciais medievais ou associações, como se pode ver no Elephant and Castle, o sinal da Cutlers' Company. Mas o *ale pole* e o arbusto não despareceram completamente. Existem diversos *pubs* hoje chamados "The Bush". O Bull & Bush, no norte de Londres, conseguiu fama durante a época dos *music halls* vitorianos com a famosa canção "Down at the old Bull & Bush".

Corran, H. S. **A history of brewing**. Newton Abbot: David & Charles, 1975.
Protz, R. **Great British beer book**. London: Impact Books, 1997.

Roger Protz

ale-wives. Uma "*ale-wife*" ou "cervejeira" é uma designação do período anglo-saxão na Inglaterra, entre o século V e a Conquista Normanda, quando era responsabilidade da mulher da casa se certificar de que os homens estavam bem servidos de cerveja. A produção de cerveja caseira cresceu em ritmo acelerado após a invasão da Inglaterra pelos normandos. Nas casas da nobreza, as *ale-wives* eram empregadas para fornecer cerveja à família. Em 1512, o *Northumberland Household Book* mostra

No poema obsceno "The Tunning of Eleanor Rumming", de John Skelton, Elinour Rumming é uma personagem fictícia que dirige um *pub* do século XVI em Hogsdon, Inglaterra. PIKE MICROBREWERY MUSEUM, SEATTLE, WA.

que o "senhor e a senhora" da família aristocrática Percy consumiam no café da manhã um quarto de cerveja [dois *pints*], uma quantidade semelhante à destinada às "damas de companhia da senhora". Os senhores da capela e as crianças recebiam 2,5 galões.

Com o desenvolvimento da produção comercial, o termo "*ale-wife*" passou a ser aplicado às mulheres que produziam cervejas nas *ale houses*. Elas eram muitas vezes tratadas com pouca consideração. Em um dos *Chester Miracle Plays* do século XIV, Cristo redime todos os personagens do fogo do inferno exceto a *ale-wife*, que admite:

> Durante algum tempo fui taberneira/ Uma fofoqueira gentil que controlava a torneira de chope/ De vinho e *ale* uma fiel produtora/ Que a infelicidade forjou./ As latas [recipientes de cerveja] eu não media de verdade,/ Meus copos eu vendia como queria,/ Enganando muitas criaturas/ Mas minha cerveja não era nada.

A infeliz mulher é levada por demônios e arremessada de volta à boca do inferno, ainda segurando sua pequena jarra. Uma escultura do século XV de uma *ale-wife* sendo jogada no inferno pode ser vista na igreja de St. Laurence em Ludlow, Inglaterra.

Algumas *ale-wives*, no entanto, tinham boa reputação. Na Inglaterra do século XVI, uma cervejeira chamada Elynoure Rummynge era conhecida por ter uma "horrível aparência", mas sua "*noppy ale*" era conhecida por ser excelente.

O crescente movimento da produção artesanal de cerveja permite que as mulheres se divertam com a tradição das *ale-wives* ou cervejeiras. Em Lincoln, na Inglaterra, Sara Barton nomeou sua cervejaria de Brewster's, e suas cervejas incluem a Wicked Woman (Garota Má) e a Belly Dancer (Dançarina do Ventre).

Ver também MULHERES NA PRODUÇÃO DE CERVEJA.

Corran, H. S. **A history of brewing**. London: David & Charles PLC, 1975.
Protz, R. **Great British beer book**. London: Impact Books, 1997.

Roger Protz

A **Alemanha** detém, possivelmente, a cultura de produção de cerveja mais antiga do mundo. As origens cervejeiras alemãs estão envoltas em mistério, principalmente porque os antigos habitantes do que hoje é o território da Alemanha eram membros de tribos iletradas e não deixaram registros escritos. Sabe-se a partir de achados arqueológicos que a produção de cerveja deve ter sido praticada, pelo menos desde por volta do final da Idade do Bronze, que na Europa Central ocorreu aproximadamente do ano 2000 a.C. ao ano 700 a.C. Em comparação com sua antecessora, a Idade da Pedra, os implementos agrícolas e equipamentos de cozinha, ambos essenciais para o cultivo de grãos e produção de cerveja, foram aperfeiçoados durante esse período. A evidência mais conclusiva que temos da produção de cerveja nesse período é uma ânfora de barro aproximadamente do ano de 800 a.C. Ela foi encontrada em 1935 em um túmulo da então chamada cultura celta Hallstatt, perto de uma pequena vila no norte da Baviera chamada Kasendorf, cerca de 11 quilômetros a oeste de Kulmbach. Ver BAVIERA. Uma análise dos vestígios internos da ânfora identificou o conteúdo como sendo uma *ale* de trigo preto flavorizada com folhas de carvalho. A ânfora atualmente se encontra no Museu Bávaro da Cerveja em Kulmbach.

A primeira evidência escrita da produção de cerveja germânica é na verdade romana. Ao se aventurarem através dos Alpes para dominar os bárbaros do norte, os romanos, por volta do início da época atual, enviaram não somente legionários para a batalha, mas também sofisticados escritores com a função de registrar os eventos para a posteridade. O próprio César fez o primeiro movimento para invadir a Gália, que atualmente é principalmente a França, durante as Guerras Gálicas (58-51 a.C.), que ele descreve em seu famoso *Commentarii*. Mas talvez as descrições mais concisas de costumes germânicos, incluindo a produção de cerveja, venham de Publius Cornelius Tacitus (56-117). Em seu *De origine et situ Germanorum* (Sobre a localização e a origem dos germanos), ele escreveu que os germanos não se interessavam muito por trabalho duro (diferente da imagem que possuem atualmente) e que eram capazes de suportar a fome e o frio muito bem. No entanto, disse Tacitus, eles não conseguiam, de jeito nenhum, aguentar o calor e a sede. E para essa sede irritante, os alemães tinham um remédio: "*Potui humor ex hordeo aut frumento, in quandam similitudinem vini corruptus*" (Bebiam um licor de cevada ou de outro grão fermentado em uma deturpada semelhança ao vinho). Esse licor, é claro, era a cerveja. Os romanos normalmente desprezavam o "deturpado" vinho de grãos alemão, cujo aroma o imperador romano Juliano, o Apóstata (331-363), comparara ao de um bode. No entanto, como era simplesmente impossível, mesmo para os romanos, transportar da Itália até a Alemanha através dos Alpes uma quantidade de vinho suficiente para manter as tropas felizes, os romanos acabaram por não somente adotar a produção alemã de cerveja como a aperfeiçoar. Prova disso é a descoberta de uma cervejaria romana completa perto de Regensburg, Baviera, em 1978. Ela continha todas as instalações necessárias para a malteação, mosturação e fervura do mosto. Esse local é agora considerado a evidência mais antiga da produção "moderna" de cerveja, em que os antigos pães foram substituídos por grãos malteados como matéria-prima principal para os açúcares do mosto. Dado que o início da produção de cerveja na Europa Central a partir da brassagem de grãos era atribuído, até recentemente, aos primeiros monges medievais, esse achado arqueológico romano situa a descoberta do processo de mosturação pelo menos meio milênio antes do que se pensava. Parece que os romanos bebedores de vinho foram os inventores da moderna mostura cervejeira, uma divertida reviravolta na história das bebidas alcoólicas.

Quando o Império Romano desmoronou e seus legionários marcharam para casa, no século V, o próximo exército a atacar os alemães não era militar, e sim de natureza religiosa, em grande parte graças à influência de um britânico chamado Patrício, posteriormente mais conhecido como São Patrício. Ele nasceu por volta de 385 não muito longe da atual Glasgow, na Escócia. Tinha 31 anos quando alegou ter sido instruído por uma voz divina a ir à Irlanda e torná-la cristã. Obteve tamanho sucesso nesse feito que, em meados do século VI, a Irlanda estava completamente cristianizada e repleta de monges em excesso. Então, esses monges vestiram suas sandálias e se dirigiram às florestas pagãs da Europa Central, ávidos por salvar da condenação eterna as almas do continente. Ao chegarem em seu destino, montaram uma série de pequenos mosteiros beneditinos como centros a partir dos quais difundiam o Evangelho. Ver ST. GALLEN. Não se sabe se esses missionários produziam cerveja na Irlanda, mas eles claramente deram início a essa atividade no continente. Logo seus mosteiros eram centros não apenas de pregação e aprendizagem, mas também de produção cervejeira. Como eram alfabetizados, os monges registraram os processos cervejeiros. Eles experimentaram novos ingredientes e descobriram os benefícios do lúpulo; tentaram novas técnicas e desenvolveram a decocção; e desenvolveram novos equipamentos cervejeiros que atualmente são lugar comum, como o *coolship* e a tina de filtração. Ver COOLSHIP, DECOCÇÃO, FILTRAÇÃO e LÚPULOS. Por fim, os monges passaram a produzir cervejas não somente para seu próprio consumo, mas também para venda e lucro. Uma dessas abadias beneditinas produtoras de cerveja é a Weihenstephan, fundada em 724. Ela obteve a sua licença de produção de cerveja em 1040 e agora é considerada a mais antiga cervejaria em funcionamento contínuo do mundo. Ver WEIHENSTEPHAN. Embora o período entre cerca de 500 e 1000 seja geralmente chamado de Idade das Trevas, a produção de cerveja foi claramente uma de suas luzes mais brilhantes, porque foi nos mosteiros que a produção de cerveja, uma antiga tarefa doméstica tribal, tornou-se institucionalizada. De fato, pela primeira vez na Europa, a produção de cerveja realmente se tornou uma profissão.

As cervejarias de mosteiro foram espetacularmente bem-sucedidas; conforme enriqueciam e se tornavam mais poderosas, em grande parte graças à lucratividade da cerveja, os senhores feudais donos de terras, os burgueses mercantis das cidades e até mesmo os bispos mais mundanos e os duques mais poderosos ficavam com inveja. Como a imitação é a forma mais sincera de adulação, outros integrantes da ordem feudal logo quiseram lucrar com a cerveja e construíram suas próprias cervejarias. Foi então que as cervejarias começaram a ser identificadas por sua propriedade, e uma viagem pela Alemanha de hoje ainda oferece uma noção das origens de muitas cervejarias locais, como: Fürstliches Brauhaus (cervejaria do duque), Klosterbrauerei (cervejaria do mosteiro), Bürgerbräu (cervejaria burguesa), Bischofsbrauerei (cervejaria do bispo), Stadtbrauerei (cervejaria da cidade), Gildebrauerei (cervejaria da guilda), Hofbrauhaus (cervejaria da corte). No início do segundo milênio, portanto, a produção institucional de cerveja na Alemanha, agora em várias mãos concorrentes, decolou, partindo para diferentes direções e com grandes variações regionais.

Muitos dos novatos, leigos na economia cervejeira, não possuíam a experiência dos seus concorrentes religiosos, e em muitos lugares a qualidade da cerveja piorou. Parecia que os novos cervejeiros gradualmente desaprendiam, ou ignoravam, o conhecimento que os monges haviam acumulado tão cuidadosamente ao longo de tantos séculos. Com o declínio da qualidade da cerveja, muitos cervejeiros sem escrúpulos oriundos da velha aristocracia e da burguesia emergente começaram a diminuir seus padrões para aumentar seus lucros. Todo tipo de ingredientes estranhos, muitas vezes nocivos, começaram a ser adicionados às mosturas e tinas de fervura. Ver ADULTERAÇÃO. Alguns eram substitutos de amido baratos, outros apenas disfarces para sabores ruins. Os cervejeiros utilizavam legumes e tubérculos em suas mosturas, bem como fuligem, bile bovina, casca de árvore, cogumelos venenosos, ervas fortes e especiarias poderosas em suas tinas de fervura e fermentadores. Enquanto as cervejas dos mosteiros eram saudáveis e nutritivas, as novas cervejas dos leigos apresentavam probabilidades iguais de deixar as pessoas doentes ou não. Houve tentativas administrativas prematuras, geralmente por parte de conselhos municipais locais, em sua maioria falhas, no intuito de evitar tais práticas danosas de produção de cerveja, mas no final das contas foram necessárias duas forças bastante diferentes para restaurar a qualidade da bebida. Uma delas foi um poderoso incentivo comercial, principalmente no norte da Alemanha; a outra foi um conjunto de rigorosos decretos políticos, principalmente no sul.

Durante a maior parte da Idade Média, o centro do poder político no Império Germânico, que na época incluía a Áustria, estava localizado no sul, onde cidades como Nuremberg, Augsburg, Munique, Regensburg e Viena funcionavam como centros de comércio e influência. A orientação do sul da Alemanha foi claramente dirigida para a Itália, com a importante Santa Sé em Roma, a cultura renascentista em Florença e uma grande quantidade de riqueza oriunda do comércio em Veneza. O norte da Alemanha, por outro lado, era muito distante do centro do poder imperial, e os habitantes visavam mais aos negócios, ao comércio e ao mar. Os centros do norte eram cidades ricas como Colônia, Hamburgo, Bremen, Brunswick, Hannover e Lübeck. No século XIII, os mercadores cosmopolitas dessas cidades entendiam que a velha ordem feudal, com suas licenças, taxas, impostos especiais de consumo e inibitórias tarifas aduaneiras de comércio, já não representava adequadamente seus interesses. Assim, uniram-se para formar uma

Fotografia do *brewpub* Pinkus Müller em Münster, Alemanha, tirada em 1928 durante um evento em celebração da redecoração do *brewpub* no estilo da Westfália. CORTESIA DA PINKUS MÜLLER.

associação de proteção comercial, logo conhecida como Liga Hanseática. A Liga iniciou suas atividades, em 1241, como um pequeno acordo entre as cidades de Hamburgo e Lübeck, mas logo havia mais de duzentas cidades membros. Em conjunto, essas cidades inauguraram o comércio do mar Báltico, e logo possuíam armazéns e agências permanentes em portos de diversos lugares, como Rússia, Estônia, Suécia, Inglaterra, Holanda e Flandres. Eles negociavam peles, metais, tecidos, sal, peixe seco... e cerveja. Ao cortar os senhores feudais, a Liga efetivamente havia criado o que pode ser considerado como a primeira união econômica europeia, livre de tarifas e barreiras comerciais nacionais. De fato, a demanda da Liga por cerveja como uma mercadoria de comércio tornou-se tão grande que as cervejarias se transformaram nos principais empregadores de muitas cidades portuárias. Em 1376, por exemplo, os registros indicam que Hamburgo possuía 457 cervejarias de propriedade burguesa; por volta de 1526, 531 cervejarias, e metade da população assalariada estava envolvida na produção de cerveja. A principal cerveja produzida em Hamburgo chamava-se *keutebier*. Era uma *ale* produzida a partir de uma mistura de cevada e trigo.

Isso não quer dizer que todas as cervejas alemãs do norte eram perfeitas. No entanto, a fama de algumas delas extrapolou muito seus locais de origem. As cervejas da cidade de Einbeck, na Baixa Saxônia, por exemplo, chegaram à corte dos duques bávaros de Wittelsbach em Munique, onde seu nome foi pronunciado erroneamente *"ein bock bier"*, e foram posteriormente copiadas na cervejaria dos duques, e foi dessa maneira que a *bockbier* chegou à Baviera. Ver FAMÍLIA WITTELSBACH. A cerveja Zerbster Bitterbier, produzida na pequena cidade de Zerbst, localizada na metade do caminho entre Hannover e Berlim e detentora de cerca de seiscentas cervejarias no final da Idade Média, era uma cerveja bem lupulada, "amarga", picante, produzida com cevada e um pouco de trigo. Foi mencionada pela primeira vez em um documento de uma guilda em 1375 e foi produzida pela última vez em 1949. A cerveja Duckstein, da cidade de Königslutter, na Baixa Saxônia, foi outra bebida famosa. Era uma cerveja de trigo de alta fermentação produzida com água dura local.

Denominada em seu auge, nos séculos XVI e XVII, "*der duckstein*", no gênero gramatical masculino, era produzida por 73 cervejarias licenciadas, principalmente para exportação. A Duckstein foi produzida pela última vez em 1898, mas a marca, desde então, foi revivida pela cervejaria Holsten, de Hamburgo, dessa vez como uma cerveja tipo *altbier*, gramaticalmente sem gênero, chamada "*das duckstein*". A cidade de Brunswick também se tornou famosa pela produção da cerveja *mumme*. Trata-se de uma cerveja à base de cevada, com alto teor de extrato original, baixa atenuação e parecendo xarope, apresentando lendárias qualidades de conservação e sendo assim a favorita da Liga Hanseática para transportar aos seus mercados mais distantes. Em Hannover, a cerveja comercial mais famosa foi criada por Cord Broyhan, cujo nome recebeu, um experiente mestre cervejeiro de Hamburgo. Sua cerveja era supostamente uma *ale* bem lupulada, levemente azeda, à base de trigo e cevada, que se tornou um dos estilos de cerveja mais amplamente distribuídos no norte da Alemanha na sua época. De fato, ela se tornou tão lucrativa que em 1609 o conselho da cidade de Hannover decidiu formar um cartel de produção, limitando o número de burgueses que podiam produzir a cerveja Broyhan a um total de 317. O conselho então reuniu os burgueses em uma guilda e a transformou em uma companhia de investidores. A cervejaria resultante ainda está em operação atualmente como Gilde Brauerei, agora propriedade da Anheuser-Busch InBev.

Enquanto a motivação lucrativa dos comerciantes do norte forneceu o ímpeto para muitas de suas cervejas comerciais serem produzidas com boa *drinkability* e qualidade, não houve esse incentivo no sul, onde a ordem feudal manteve-se mais eficaz na supressão do espírito empreendedor. Nessa região foi necessário um decreto draconiano para melhorar a bebida do povo, promulgado em 1516, pelo menos na região da Baviera. No dia 23 de abril, em uma reunião da Assembleia dos Estados em Ingolstadt, norte de Munique, o duque Wilhelm IV ordenou que, daquela data em diante, em seu reino, a cerveja deveria ser produzida a partir de somente três ingredientes: água, cevada e lúpulo. Atualmente, esse decreto de quase quinhentos anos de idade é considerado a origem da moderna Lei da Pureza da Cerveja. Ver LEI DA PUREZA DA CERVEJA. O decreto foi efetivo em manter os ingredientes ruins e prejudiciais fora das salas de brassagem, mas ainda não bastou para garantir a *drinkability* da cerveja bávara durante os meses quentes de verão. No período anterior à refrigeração, os microrganismos que pairavam no ar costumavam infectar os fermentadores abertos durante o verão. Sem compreender a verdadeira causa das cervejas ruins de verão, o sucessor de Wilhelm, o duque Albrecht V, deu um passo adiante e proibiu totalmente a produção de cerveja no período entre 23 de abril e 21 de setembro. O efeito dessa proibição estival foi essencial para transformar a produção de cerveja bávara inteiramente em uma cultura *lager*, pois no inverno somente as leveduras *lager* de baixa fermentação ainda eram capazes de fazer cerveja, ao passo que nos climas mais moderados do norte as cervejas eram geralmente *ales* de alta fermentação. Ver ALE e LAGER.

Embora o lucro, no norte, e os decretos, no sul, tenham aparentemente salvado a cerveja alemã no século XVI, o século XVII poria fim a essa bonança. A eclosão da Guerra dos Trinta Anos, em 1618, deu início a um período de mais de um século de batalhas quase ininterruptas, que duraram até o fim da Grande Guerra do Norte em 1721. Todas as grandes potências europeias participaram do massacre, geralmente agrupadas segundo diretrizes religiosas, com a Áustria, sob a monarquia dos Habsburgo, como líder da aliança católica e a Suécia como líder da aliança protestante. A atividade econômica foi praticamente paralisada, e, depois de um século, a Europa tinha perdido cerca de metade da sua população ou para a guerra, ou para a fome. A produção comercial de cerveja, que depende de um fornecimento amplo e estável de grãos, também estava quase paralisada. Até mesmo a outrora poderosa Liga Hanseática não conseguiu sobreviver ao conflito e foi dissolvida em 1669.

Foi necessário quase um século inteiro para que a Europa, e a produção cervejeira, se recuperasse, e quando isso ocorreu um novo conflito abrangeu todo o continente, dessa vez motivado pelas ambições territoriais da França. Após as guerras napoleônicas, no entanto, que duraram de 1799 a 1815, o Congresso de Viena reorganizou o mapa europeu e, finalmente, quase cem anos de relativa paz e prosperidade se seguiram. O século XIX se transformou em um momento de incrível progresso na ciência, tecnologia e indústria, interrompido apenas por duas guerras curtas: a Guerra Austro-Prussiana de 1866, que durou sete semanas, e a Guerra Franco-

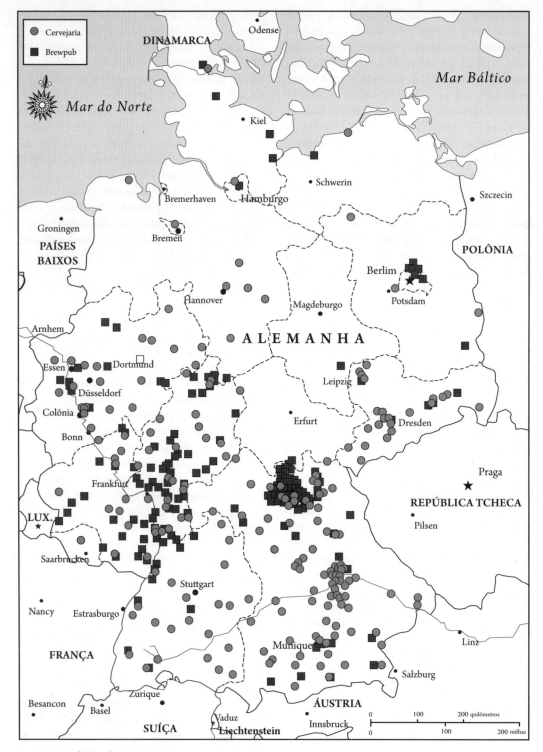

Cervejarias e *brewpubs* alemães. GEORGE CHAKVETADZE, ALLIANCE PUBLISHING.

Prussiana de 1870/1871. Os métodos de produção com máquinas a vapor, combinados com os avanços metalúrgicos e descobertas científicas, como as causas microbiológicas das doenças – e da fermentação –, levaram a uma elevação sem precedentes na riqueza e na saúde da humanidade, tanto na Alemanha como em outros lugares. Na produção de cerveja, o desenvolvimento e a ampla utilização de novas técnicas, ferramentas e equipamentos, como termômetro, manômetro, densímetro, secador de fogo indireto para secagem do malte, tinas de fervura feitas em cobre, refrigeração, pasteurização, filtração da cerveja e o isolamento de cepas puras de levedura, deram origem ao desenvolvimento de muitos dos atuais estilos clássicos de cerveja. Além disso, as recém-inauguradas redes ferroviárias realizavam o transporte dessas novas cervejas para mercados antes considerados inalcançáveis. Na Alemanha, portanto – mas também nas ilhas britânicas e em parte da Áustria e da Boêmia –, o século XIX tornou-se a *belle époque* dos novos estilos de cerveja. Os marcos da evolução das novas cervejas alemãs e outras cervejas inspiradas nas alemãs, são a Salvator Doppelbock de 1835, produzida pela Paulaner; a *altbier*, que começou a assumir suas feições modernas em Düsseldorf, com a Schumacher Alt, em 1838; a *Vienna lager* da Cervejaria Dreher, de 1841; a *marzenbier* da Cervejaria Spaten, de 1841; a *Bohemian pilsner* da Cervejaria Pilsner Burgher de 1842, que foi criada em Pilsner pelo mestre cervejeiro bávaro Josef Groll; a *Oktoberfestbier* da Spaten de 1871; a Dortmund Export da Cervejaria Kronen de 1871; a primeira *pilsner* alemã fabricada pela Aktienbrauerei Zum Bierkeller de Radeberg em 1872, que desde então se tornou o Radeberger Group; a *Munich helles* da Spaten de 1894; e a evolução da *pale weiss* (branca) de estilo *ale* em Colônia na década de 1890, a precursora da *kölsch* moderna, que foi modificada na década de 1920. Ver ALTBIER, DOPPELBOCK, GERMAN PILSNER, HELLES, KÖLSCH, MÄRZENBIER, PILSNER e VIENNA LAGER.

Com uma história recente tão rica na qual se apoiar, o século XX foi uma era de prosperidade para as cervejarias alemãs, com exceção às duas guerras mundiais e o período seguinte a elas. Por volta da década de 1970, o consumo anual *per capita* de cerveja era de cerca de 150 litros de produção quase inteiramente local. Isso fez da Alemanha a segunda maior produtora mundial de cerveja, superada apenas pelo enorme mercado dos Estados Unidos.

Havia cerca de 2.500 cervejarias na Alemanha, muitas datando do final da Idade Média ou do início da Revolução Industrial. A maioria era de pequenos cervejeiros que abasteciam principalmente os mercados locais. Tradicionalmente, a Alemanha sempre teve um dos setores cervejeiros mais descentralizados do mundo, e mesmo hoje o Radeberger Group, com mais de uma dúzia de locais de produção, muitas marcas comerciais de cerveja e líder do mercado alemão, possui aproximadamente 15% do mercado nacional. Ver RADEBERGER GROUP.

A sorte da indústria cervejeira alemã, entretanto, tem sofrido um revés nos últimos anos. Durante as últimas três décadas, o consumo de cerveja *per capita* na Alemanha caiu cerca de um terço, fazendo com que o país, que atualmente produz um pouco menos de 100 milhões de hectolitros de cerveja por ano, caísse de segundo para quinto lugar entre os maiores produtores de cerveja do mundo. Essa lista é agora encabeçada pela China, com cerca de 425 milhões de hectolitros, seguida pelos Estados Unidos, com cerca de 230 milhões de hectolitros e depois Rússia e Brasil[3] empatados, com quase 110 milhões de hectolitros cada um. Durante o mesmo período, o número de cervejarias alemãs caiu pela metade, tanto como resultado de fusões e aquisições quanto do simples fechamento de estabelecimentos. Na atual Alemanha reunificada, restam apenas cerca de 1.300 cervejarias. Há muitas teorias de por que os alemães, especialmente os mais jovens, parecem estar se afastando da bebida universal de seus antepassados. Alguns culpam a falta de inovação das cervejarias alemãs, que têm focado apenas no desenvolvimento de *pilsners*. Estas tendem a ser produzidas com um nível de qualidade bastante elevado, porém são também muito semelhantes entre si e difíceis de distinguir pelo consumidor comum. As estatísticas apoiam esse argumento: as marcas *pilsner* agora respondem por mais da metade do mercado de cerveja alemão. Juntas, as *weissbiers*, que são particularmente populares na Baviera, as *helles* e as *pale export lagers* são responsáveis por quase um quarto do mercado. Bebidas que contêm cerveja, cervejas *light* e cervejas sem álcool juntas compõem cerca de 10% do mercado; e os cerca de 10% restantes são divididos entre todos os outros estilos, como o venerável *altbier, bock bier, dunkel,*

---

3 O Brasil atualmente produz cerca de 140 milhões de hectolitros e ocupa a terceira posição no *ranking*.

kellerbier, kölsch, märzenbier, rauchbier e *schwarzbier*. A grande participação de mercado das *pilsners* de sabor e qualidade similares conduziu a uma concorrência feroz entre as cervejarias, não mediante uma diferenciação das cervejas em si, mas principalmente mediante uma competição baseada em preços, com margens de lucro minúsculas. Isso significa que poucas cervejarias podem se dar ao luxo de acumular reservas financeiras que lhes permitam sobreviver mesmo a pequenos contratempos. Outro fator para o declínio do consumo de cerveja na Alemanha é a tolerância praticamente zero do país com motoristas embriagados, combinada com sanções muito duras para aqueles que forem pegos.

O único vislumbre de esperança no horizonte da cerveja alemã, ao que parece, é uma onda recente de inaugurações de *brewpubs*. Essas novas cervejarias artesanais atendem a uma pequena, mas crescente, clientela de conhecedores de cervejas alemãs, que estão interessados em inovações de variedades e estilos – um segmento de consumidores propensos a experimentar cervejas não alemãs, como as tradicionais britânicas e estilos de ponta norte-americanos. Para muitos observadores, a cultura da cerveja alemã está agora numa encruzilhada, assim como a cultura da cerveja norte-americana cerca de três décadas atrás. Ou essa cultura gerará seu próprio movimento de produção de cervejas artesanais, capaz de dar nova vida ao vasto portfólio de estilos tradicionais da cerveja alemã e de embarcar em inovações que tornem a cerveja interessante novamente... ou ela se moverá gradualmente mais e mais na direção de uma monocultura *pilsner*, com os pequenos cervejeiros sendo absorvidos ou eliminados por conglomerados internacionais, armados com economias de escala e astúcia publicitária. Seria um destino bastante triste para uma das maiores nações cervejeiras do mundo.

Blankenburg, C. V. **Die Hanse und ihr Bier—Brauwesen und Bierhandel im hansischen Verkehrsgebiet**. Cologne: Bohlau Verlag, 2001.

Boos, A. Eine Brauerei aus der Romischen Kaiserzeit in Regensburg-Grossprufening. **Jahrbuch 2010 der Gesellschaft fur Geschichte des Brauwesens e.V.** Berlin: VLB Berlin, 2010.

Der Wohlerfahrene Brau-Meister. [S.l.]: [s. ed.], 1759.

Dornbusch, H. **Prost! The story of German beer.** Boulder: Brewers Publications, 1998.

Ehrenfels-Mehringen, E. V. **Gambrinus**. Duisburg: Carl Lange, 1953.

Friedrich, E. **Bier**. Kunzelsau: Sigloch, 1993.

Gerlach, W. et al. **Das deutsche Bier.** Hamburg: HB Verlagsund Vertriebsgesellschaft, 1984.

Knaust, H. **Funff Bucher, Von der Gott lichen vnd Edlen Gabe/der Philosophischen/hochtheweren vnd wunderbaren Kunst Bier zu brawen. Auch von Namen der vornempsten Biere/in gantz Teudtschlanden/vund von derer Naturen/Temperamenten, Qualiteten, Art vnd Eigenschafft/Gesundheit vnd vungesundheit/Sie sein Weitzen/oder Gersten/Weisse/oder Rott e Biere/Gewurtzet oder ungewurtzet. Auffs new ybersehen/vnd in viel wege/vber vorige edition/gemehret vnd gebessert.** Erfurt: Georg Bawman, 1575.

Lohberg, R. **Das grose Lexikon vom Bier.** Ostfildern: Scripta, [s.d.].

Schumann, U. **Deutschland Deine Biere.** Munich: Zaber Sandmann, 1993.

Unger, R. W. **Beer in the Middle Ages and the Renaissance.** Philadelphia: University of Pennsylvania Press, 2004.

Horst Dornbusch

Alexis é uma cevada cervejeira de primavera de duas fileiras cultivada pela empresa Saatzucht Josef Breun GmbH & Co. KG de Herzogenaurach, perto de Nuremberg, Baviera. Foi registrada pela primeira vez no Bundessortenamt (a agência de licenciamento de culturas do governo alemão) em 1986 e, posteriormente, plantada em praticamente todas as principais áreas de cultivo de cevada cervejeira do mundo. Ela permaneceu em uso comercial quase o dobro do tempo médio das variedades de cevada e foi retirada da lista alemã de recomendação apenas no final de 2008. Embora não fosse uma unanimidade agrícola, a longevidade da Alexis foi bem merecida, porque sua qualidade na produção de cerveja era excelente. No campo, sua maturação, homogeneidade e resistência ao míldio eram medianas ou acima da média, e sua produtividade, firmeza de caule e resistência à ferrugem eram de moderada a abaixo da média. Na sala de brassagem, no entanto, seus valores muito baixos de proteína e viscosidade, seu excelente poder diastático e friabilidade e seus altos valores de extrato mais do que compensavam suas deficiências agronômicas. Ver EXTRATOS, FRIABILIDADE, PODER DIASTÁTICO e PROTEÍNAS. A Alexis tem uma genealogia impressionante, que remete à variedade tcheca Old Haná de meados do século XVIII, talvez a mais importante variedade de cevada cervejeira da história. Ver HANÁ. A Alexis é um cruzamento entre a outrora popular variedade BR1622 e a variedade icônica Trumpf, a qual foi desenvolvida em 1973 no que era então a Alemanha Oriental. A Trumpf, por sua vez, possuía os genes da venerável variedade tcheca Diamant, uma descendente da linhagem Haná. Fiel à tradição, a Alexis, embora não mais amplamente cultivada, passou adiante seus genes favoráveis para diversas variedades sucessoras, incluindo a variedade de cevada cervejeira Barke, altamente respeitada, desenvolvida em 1996 a partir da Libelle e da Alexis.

Horst Dornbusch

alfa-ácidos são os componentes principais da lupulina, a resina do cone do lúpulo. São de grande interesse aos cervejeiros, pois são os principais agentes de amargor do lúpulo. Quimicamente, os alfa-ácidos localizam-se na fração da resina mole da lupulina, a qual é solúvel em hexano. São expressos como porcentagem do peso total do lúpulo e possuem estrutura molecular hexagonal complexa. Os alfa-ácidos análogos são: humulona, cohumulona e adhumulona, os quais, quando isomerizados para isohumulonas (iso-alfa-ácidos) pelo processo de fervura, conferem amargor à cerveja. Os alfa-ácidos em sua forma não isomerizada são teimosamente insolúveis em soluções aquosas, como a cerveja. São considerados apenas como os precursores dos compostos isomerizados que são mensuráveis na cerveja finalizada. Ver AMARGOR. Há debates entre especialistas sobre qual humulona confere o amargor mais puro. Parece haver concordância entre eles, porém, quanto ao fato de que altos níveis de cohumulona são indicadores de um amargor potencialmente desagradável. Os níveis de cohumulona geralmente são listados, nas análises de lúpulo, juntamente com a porcentagem total de alfa-ácido. Muitas variedades clássicas, como Saaz e Hallertauer Mittelfrueh, possuem níveis de cohumulona muito baixos.

O nível de alfa-ácido do lúpulo é mensurado em laboratório. Quando dissolvido na cerveja como iso-alfa-ácidos, a unidade de medida para o amargor é a Unidade Internacional de Amargor. Ver UNIDADES INTERNACIONAIS DE AMARGOR (IBU). O valor de alfa-ácido do lúpulo é então utilizado pelo cervejeiro na formulação de uma receita visando ao amargor final da cerveja. O cervejeiro adequa a lupulagem baseado principalmente no conteúdo de alfa-ácidos do lúpulo selecionado, expresso em porcentagem do peso do lúpulo (normalmente em torno de 2% a 18%) e na esperada "taxa de aproveitamento" desse lúpulo em um dado sistema de brassagem, durante um dado processo de brassagem. Ver TAXA DE APROVEITAMENTO DO LÚPULO. Considerando que o processo de fervura é menos eficiente na extração de alfa-ácidos isomerizados do lúpulo do que um processo laboratorial, a taxa de aproveitamento desses compostos em uma brassagem raramente ultrapassa 30%. Isso significa que para lúpulos com 9% de alfa-ácidos por peso, no máximo 3% do peso do lúpulo terminarão na cerveja lhe conferindo amargor. Quando os lúpulos são adicionados em tempos diferentes durante a fervura, sua taxa de conversão também varia. Isso se deve à isomerização não acontecer totalmente de uma vez, mas em função do período de tempo em que o lúpulo fica exposto a altas temperaturas em uma solução aquosa. Dependendo do momento em que o lúpulo foi adicionado, portanto, a taxa de conversão pode variar de menos de 5% para adições tardias a até 30% para adições precoces. Lúpulos adicionados depois da fervura no processo de *whirlpool* ou em um *hop back* não isomerizam de forma eficiente, e aqueles adicionados durante o *dry hopping* não isomerizam. Ver DRY HOPPING. Quando mais de uma variedade de lúpulo é utilizada, a contribuição de cada variedade para o amargor final da cerveja é calculada separadamente e então todas são somadas.

As variedades de lúpulo costumam ser agrupadas em quatro categorias, com base em seu teor de alfa-ácidos. Existem as variedades alfa-aroma baixo, com níveis de alfa-ácido em torno de 2,5% a 6%; as variedades de duplo propósito, com níveis de alfa-ácido em torno de 6% a 10%; e as variedades alfa-aroma alto, com níveis de alfa-ácido em torno de 10% a 15%. Há também variedades superalfa amargas, com níveis de alfa-ácido em torno de 14% a 18%. Plantações experimentais recentes de lúpulo alcançaram 22%. Muitas variedades alfa-aroma alto e superalfa amargas ganharam importância na produção de extrato de lúpulo e acabam sendo vendidas exclusivamente por seu conteúdo de alfa-ácidos. Cervejeiros artesanais, entretanto, têm adotado algumas variedades superalfa amargas graças a suas características únicas de sabor.

Os níveis de alfa-ácidos do lúpulo estão em seu ponto mais alto no momento da colheita e diminuem gradativa e continuamente durante o armazenamento devido à oxidação. Isso é especialmente verdadeiro para o lúpulo inteiro enfardado. Refrigerar ou mesmo congelar o lúpulo após colheita e secagem em estufa ajuda a retardar a oxidação e preservar seus alfa-ácidos por mais tempo. Lúpulos que foram processados em forma de péletes ou como extrato concentrado de lúpulo, por outro lado, tendem a conservar melhor seu conteúdo de alfa-ácido. A produção mundial de lúpulo é frequentemente medida pelo volume total de alfa-ácidos produzido em um dado ano de colheita. A demanda mundial anual de alfa-ácidos está atualmente entre 7 mil e 7,5 mil toneladas.

Ver também AMARGOR e LÚPULOS.

Matthew Brynildson

alfa-amilase é uma importante enzima, de interesse crítico para cervejeiros, durante a produção de mosto fermentável. Ela digere amido, um grande polímero de glicose, em unidades menores, expondo-o a uma posterior digestão pela enzima beta-amilase. Juntas, essas duas amilases produzem o espectro de açúcares do mosto essencial na produção de uma cerveja. A alfa-amilase é uma endoenzima que digere principalmente as ligações alfa 1-4 do amido em pontos no interior da cadeia, não nas extremidades.

Para focar no uso da alfa-amilase na produção de cerveja, é necessário olhar para as necessidades de uma mosturação bem-sucedida, em particular o espectro de açúcares necessários no mosto final. Idealmente, este deve ser um equilíbrio adequado de açúcares fermentáveis simples – glicose, maltose e maltotriose – e dextrinas não fermentáveis maiores, numa proporção de aproximadamente 3:1. Ao contrário do vinho, no qual praticamente todos os açúcares são fermentados, é uma característica específica da cerveja possuir açúcares residuais para proporcionar dulçor, corpo e sensação na boca. As dextrinas contribuem fortemente para isso e proporcionam à cerveja uma importante parte de seu caráter. Ver DEXTRINAS.

Uma molécula de amido é, em essência, um grupo de moléculas de glicose ligadas entre si. As enzimas quebram esses enlaces. A alfa-amilase contribui para a digestão do amido quebrando as ligações internas entre as moléculas de glicose. Como resultado, ela abre a molécula de amido, quebrando-o em uma gama de moléculas de tamanhos intermediários. A beta-amilase digere ainda mais essas moléculas intermediárias para produzir maltose principalmente – um açúcar com duas unidades de glicose – e também glicose e maltotriose, uma molécula com três glicoses. A principal limitação dessa digestão são as ligações laterais de amilopectina do amido, que não são digeridas tanto por alfa- ou beta-amilase. As partes da molécula de amido que contêm essas ligações laterais constituem a base das importantes dextrinas não fermentáveis produzidas pela mosturação.

A alfa-amilase utilizada na mosturação vem do malte, onde é produzida totalmente na camada de aleurona durante a malteação. Ver CAMADA DE ALEURONA. Na semente de cevada, a sua produção é induzida para digerir as reservas de amido do endosperma e para fornecer nutrientes para o desenvolvimento de uma nova planta. O malteador interrompe isto no momento em que os níveis das enzimas são máximos e são preservados no grão seco pronto para uso na mosturação.

Os níveis de alfa-amilase são normalmente elevados em malte claro, mas são praticamente zero em malte torrado devido à degradação térmica. Os níveis variam de acordo com a variedade de malte e com as condições de malteação. Geralmente, as cevadas de seis fileiras têm níveis mais elevados do que as cevadas de duas fileiras devido aos grãos serem menores, com menos endosperma em proporção à aleurona.

A alfa-amilase não está restrita à cevada, ocorrendo na maioria dos organismos desde bactérias a humanos. A amilase salivar, ptialina, é uma amilase bem conhecida que inicia a digestão do amido na boca de mamíferos.

As enzimas tendem a ter faixas específicas de temperatura e de pH nas quais estarão ativas – essa faixa é referida como "ótima". A alfa-amilase tem temperatura e pH ótimos significativamente diferentes do que a beta-amilase. Para a alfa-amilase a temperatura ótima é maior, ao redor de 70 °C, em comparação aos 60 °C a 65 °C para a beta-amilase, quando a enzima pode ser estabilizada por íons cálcio. O pH ótimo para a alfa-amilase é também maior, 5,3 a 5,7, em comparação com os 5,1 a 5,3 para a beta-amilase. Essas diferenças podem resultar em diferentes perfis de açúcares no mosto a partir de mosturações realizadas em diferentes temperaturas, e são um dos meios para variar o caráter da cerveja por meio do controle das condições de mosturação.

Em cervejarias tradicionais, todas as enzimas necessárias para a produção de cerveja estão contidas nos ingredientes naturais a partir dos quais a cerveja é feita. No entanto, alfa-amilase exógena é oferecida na forma purificada por fornecedores de enzimas e pode ter propriedades diferentes de acordo com a sua origem. Essas são amplamente utilizadas na produção de "cervejas *light*". Ver CERVEJA LIGHT. As diferenças mais relevantes para os cervejeiros são as tolerâncias térmicas e de pH. As alfa-amilases lábeis ao calor podem ser utilizadas para complementar as enzimas do malte ou para digerir o amido dos adjuntos. Devido à sua sensibilidade ao calor, elas serão desnaturadas pela pasteurização. Alfa-amilases tolerantes ao calor, no entanto, sobreviverão na cerveja final, a qual pode tornar-se mais doce ao longo do tempo se dextrinas residuais estiverem disponíveis para a digestão em açúcares ativos em sabor.

Alfa-amilases comerciais também podem causar problemas se forem impuras e contiverem beta-amilase e proteases ou se contiverem toxinas do crescimento bacteriano ou fúngico. No entanto, o uso delas está crescendo em muitas indústrias de alimentos e elas continuarão tendo aplicação na produção de cerveja, especialmente se ingredientes inovadores forem utilizados na produção futura de cervejas.

Ver também AMILASES.

Briggs, D. E. et al. **Malting and brewing sciences**. New York: Springer, 1995.
Lewis, M. J.; Young, T. W. **Brewing**. New York: Springer, 2002.

Keith Thomas

Allsopp

Ver SAMUEL ALLSOPP & SONS.

alta fermentação,

geralmente associada às cervejas *ales*, é um modo de fermentação em que a levedura em flocos sobe à superfície do mosto em fermentação, tornando possível "retirar" a cultura de levedura presente na superfície do tanque. Essa levedura estará pronta para ser transferida para a próxima batelada de mosto. A levedura em questão, *ale* ou *Saccharomyces cerevisiae*, é relativamente hidrofóbica, de modo que quando flocula tende a flotar na superfície do líquido para escapar do meio aquoso do fermentador. (Por outro lado, na "baixa fermentação" a levedura, frequentemente descrita como "levedura de *lager*" ou *Saccharomyces pastorianus*, sedimenta-se no fundo do fermentador.) Ver BAIXA FERMENTAÇÃO. Tradicionalmente, a alta fermentação é realizada em fermentadores abertos, que na era moderna são fabricados em aço inoxidável. Geralmente, são quadrados ou redondos na transversal e costumam ter de 2 a 4 metros de profundidade. Um exemplo clássico é o tanque de fermentação "*Yorkshire square*". Ver YORKSHIRE SQUARE. Uma abordagem alternativa é o sistema Burton Union, em que a levedura passa por uma série de barris de carvalho em que a fermentação se dá em uma "calha superior". Ver SISTEMA BURTON UNION. As altas fermentações costumam ser realizadas a temperaturas mais elevadas (16 °C ou mais) que a baixa fermentação, embora alguns estilos de cerveja produzidas em alta fermentação também fermentem a temperaturas mais baixas que essa (cervejas *kölsch*, por exemplo). Ver também FERMENTAÇÃO, FERMENTAÇÃO ABERTA, KÖLSCH e LEVEDURA ALE.

Briggs, D. E. C. A; Brookes, B. P. A.; Stevens, R. **Brewing: Science and practice**. Cambridge: Woodhead, 2004. 863 p.

Charles W. Bamforth

altbier

altbier é um dos poucos estilos nativos de *German ales*, junto com a cerveja clara *kölsch* de Colônia e as *hefeweizens* da Baviera. É uma cerveja com frescor, de paladar limpo, encorpada, normalmente com teor alcoólico entre 4,7% e 4,9% álcool por volume, coloração marrom acobreada, colarinho firme de espuma clara e espessa, com um final agridoce com notas maltadas e a nozes. A *altbier* evoluiu através dos séculos na metrópole do Reno, Düsseldorf. Enquanto o sul da Alemanha é conhecido por suas *lagers*, a Renânia, assim como a vizinha Bélgica, é conhecida fundamentalmente por suas *ales*. "*Alt*" significa "velho" – uma alusão ao antigo estilo de brassagem, anterior ao advento das cervejas *lagers* fermentadas a baixas temperaturas. A *altbier* contemporânea incorporou a denominação apenas nos anos 1800, quando a autêntica cerveja de

Caminhão de entrega da *altbier* Pinkus Müller, nos anos 1930, em Münster, na Alemanha. PIKE MICROBREWERY MUSEUM, SEATTLE, WA.

Düsseldorf tornou-se ameaçada pelas "novas" *lagers* da Baviera e da Boêmia, que lá chegaram através de uma crescente malha ferroviária.

Altbier é um estilo de cerveja único porque requer uma fermentação "a frio" não ortodoxa, com uma levedura peculiar que trabalha mais eficientemente em uma faixa de temperatura de 13 °C a 19 °C. Enquanto a fermentação da maior parte das *ales* é relativamente rápida e ocorre a temperaturas mais altas, entre 15 °C e 25 °C, e a fermentação de muitas *lagers* seja lenta e a baixas temperaturas, entre 8 °C e 13 °C, a fermentação de uma *altbier* representa um meio-termo entre ambas. Devido a esse processo fermentativo "a frio", as leveduras usadas para a *altbier* geram poucos subprodutos como ésteres e álcoois superiores. Além disso, uma *altbier* passa por maturação a frio após a fermentação – não como as clássicas *British ales*, mas semelhante às clássicas *Bavarian lagers* – de quatro a oito semanas, a uma temperatura de aproximadamente -2 °C a 5 °C. Essa maturação lenta e similar ao processo das *lagers* possibilita que a levedura reabsorva muitos dos ésteres e aldeídos produzidos durante a fermentação primária. Quando executado adequadamente, essa complexa técnica cervejeira resulta em uma *ale* suave de sabor limpo, sazonado e de excepcional *drinkability*. A *altbier* é tradicionalmente servida a 7 °C em copos cilíndricos de 0,2 a 0,4 L.

A típica *altbier* apresenta coloração intensa de cobre a mogno claro, resultado da abundante adição de maltes cuidadosamente secos e de caráter maltado intenso, como Munich e Vienna. Algumas *altbiers* são elaboradas também com uma pequena porcentagem de malte de trigo claro, que confere à cerveja uma cremosidade adicional e espuma consistente. Na maioria das *altbiers*, tais maltes são misturados a uma mostura base com malte *pilsner* claro. Algumas *altbiers*, no entanto, são produzidas unicamente a partir de um conjunto de grãos de malte 100% Munich. Maltes tostados são raramente utilizados para conferir coloração e sabor à *altbier*, porque a pungência e acridez conferidas por esses grãos são consideradas defeitos para esse estilo. A composição da mostura para as *altbiers* é responsável pelo final rico, aromático, maltado e adocicado da bebida, em equilíbrio com o amargor e aroma das denominadas variedades nobres de lúpulos, especialmente Spalt, mas também Halltertauer ou Tettnanger. Ver LÚPULOS NOBRES. Essas variedades de lúpulo conferem um amargor delicado e geralmente picante à cerveja, bem como um delicado e persistente reflexo floral ao paladar.

Historicamente, as *altbiers* contemporâneas evoluíram das *ales* do norte da Alemanha, que eram típicas da região na Idade Média. Estas eram bebidas potentes, marcantemente lupuladas, com nomes como Broyhan e Keutebier, e que habitualmente possuíam grande proporção de malte de trigo, possivelmente até 40%. Essas cervejas medievais foram de grande importância econômica naquele tempo, pois serviam como uma mercadoria de negociação crucial para a Liga Hanseática, o conglomerado comercial de cidades livres que floresceu entre os séculos XIII e XVII. Um registro fundiário preservado de 1540-1541 de Düsseldorf listava 35 cervejeiros, produzindo principalmente *Keutebier*. Como esses comerciantes tinham familiaridade com o fermento, geralmente produziam tanto pão como cerveja, sendo que a primeira associação de classe de cervejeiros e padeiros se formou em Düsseldorf em 1622 para proteger a integridade da cerveja local.

Quatro *brewpubs* em particular preservam a tradição da *altbier* até hoje. Todos encontram-se na velha cidade de Düsseldorf e seus arredores. Em 1838, Matthias Schumacher abriu o *brewpub* de *altbier* mais antigo do mundo ainda em operação. Ele partiu da *ale* local como a encontrou, produziu-a um pouco mais forte, adicionou um pouco mais de lúpulos do que se costumava adicionar na época e maturou-a em barris de madeira. Nessas alterações estão as raízes da *altbier* moderna como uma *ale* agridoce maturada a frio. Uma década depois, o *brewpub* de *altbier* Im Füchschen foi inaugurado também na cidade velha de Düsseldorf. Em 1850, Jakob Schwenger fundou uma cervejaria e padaria, que é atualmente o *brewpub* Zum Schlüssel, e em 1855 Hubert Wilhelm Cürten, também um padeiro com credenciais cervejeiras, abriu o seu hoje reverenciado *pub* de *altbier* Zum Uerige, considerado por muitos a Meca mundial das *altbiers*. Nos anos 1860 existiam cerca de cem cervejarias de *altbier* em Düsseldorf. Ao final da Primeira Guerra Mundial, restavam menos da metade; ao final da Segunda Guerra Mundial, eram apenas dezoito, todas tendo sido compradas desde então por grandes companhias cervejeiras. Apenas as quatro casas, Schumacher, Im Füchschen, Zum Schlüssel e Zum Uerige, permanecem independentes.

Ver também ALE e ALEMANHA.

Dornbush, H. **Altbier**. Boulder: Brewers Publications, 1998.

Dornbush, H. **Prost! The story of German beer**. Boulder: Brewers Publications, 1997.

Fonk, G. **Altbier im Alltag**. Duisburg: Merkator-Verlag, 1999.

Langensiepen, F. **Bierkultur an Rhein und Maas**. Bonn: Bouvier Verlag, 1998.

Horst Dornbusch

amargor é um dos quatro gostos básicos detectados por diferentes áreas da língua humana. Os outros são o doce, o ácido e o salgado, que não exigem explicações adicionais, mas o amargor é frequentemente confundido com sensações físicas bucais de queimação, adstringência ou secura. Assim como os viticultores devem equilibrar a relação ácido/açúcar para produzir um vinho com qualidade para ser bebido, os cervejeiros devem equilibrar o dulçor derivado do malte com o amargor derivado do lúpulo e, às vezes, de outras fontes. Se o dulçor não for contrabalanceado com o amargor, a cerveja apresentará características doces e sabor sem atrativos ao paladar, e o degustador se cansará dela rapidamente. Seja muito forte ou de difícil percepção, o amargor é uma característica de crítica importância para o sabor da cerveja.

Alfa-ácidos

Os alfa-ácidos são a principal fonte de amargor advinda do lúpulo. Os iso-alfa-ácidos, produzidos durante a fervura do mosto a partir dos alfa-ácidos, são os principais responsáveis pelo amargor da cerveja. Ver ISO-ALFA-ÁCIDOS e ISOMERIZAÇÃO DO LÚPULO. Os alfa-ácidos não são muito solúveis em água e são encontrados nas cervejas em níveis traço. O lúpulo é dosado na tina de fervura principalmente com base no seu teor de alfa-ácidos, e o cervejeiro almeja atingir um nível alvo de amargor. Na cerveja, o amargor é medido pela Unidade Internacional de Amargor (IBU – International Bitterness Unit). Ver UNIDADES INTERNACIONAIS DE AMARGOR (IBU). A medida de amargor (IBU) detecta não somente os iso-alfa-ácidos na cerveja, mas também outros compostos que podem ou não ser derivados do lúpulo e podem ou não contribuir para o amargor da cerveja. Compostos derivados do malte escuro e produtos de oxidação de resinas de lúpulo podem contribuir para a medida de amargor (IBU). Alguns desses compostos contribuem para a sensação percebida de amargor, outros não.

Não se usam métodos simples que determinam o conteúdo de iso-alfa-ácidos para medir o nível de amargor da cerveja devido à contribuição desses outros compostos para essa característica sensorial. O dogma da indústria cervejeira reza que o teste IBU é o melhor método analítico para se medir o amargor percebido na cerveja. Ver ALFA-ÁCIDOS.

Homólogos dos alfa-ácidos

Observe que o termo "alfa-ácidos" está no plural: isso se deve ao fato de existirem três principais alfa-ácidos e outros considerados minoritários. Os alfa-ácidos principais são humulona, cohumulona e adhumulona. Ver ADHUMULONA e COHUMULONA. Esses homólogos dos alfa-ácidos apresentam diferentes taxas de aproveitamento na tina de fervura, e os iso-alfa-ácidos correspondentes a eles apresentam diferentes perfis de amargor e diferentes propriedades de formação de espuma. Ver TAXA DE APROVEITAMENTO DO LÚPULO. Mas, por simplificação, todos eles são considerados da mesma classe e são conhecidos conjuntamente como "alfa-ácidos". No entanto, essas diferenças são importantes. O conteúdo relativo desses alfa-ácidos homólogos é função da variedade do lúpulo. A tradição mostra que os lúpulos ditos aromáticos apresentam concentrações inferiores de cohumulona que os lúpulos menos desejáveis, e que o ácido iso-cohumulona, na cerveja, apresenta amargor áspero e mais persistente que os outros homólogos do tipo iso. Isso não é universalmente aceito, mas é um fato com o qual a maioria dos cervejeiros compactua. A agradabilidade do amargor depende de um julgamento individual, e cerca de dois terços dos degustadores parecem preferir cervejas que contêm baixos níveis de iso-cohumulona, enquanto o restante prefere cervejas com elevados teores desse composto. A iso-cohumulona se perde facilmente com o envelhecimento da cerveja quando comparada aos demais ácidos iso-homólogos, resultando em um envelhecimento mais rápido da cerveja. Ver ENVELHECIMENTO (STALING). Por saberem que o ácido cohumulona não é valorizado pelas cervejarias, os produtores de lúpulo tendem a selecionar novas cultivares com teores mais baixos de cohumulona, de modo que essa diferença tem se atenuado com o tempo.

Beta-ácidos

Os beta-ácidos têm importância secundária quando comparados aos alfa-ácidos. Os beta-ácidos são completamente insolúveis em água e cerveja geladas e, contrariamente aos alfa-ácidos, não isomerizam em compostos solúveis em água quando submetidos à fervura. Os beta-ácidos em si não promovem nenhuma mudança significativa durante o processo de elaboração da cerveja, mas os compostos resultantes da oxidação desses beta-ácidos, formados durante o envelhecimento do lúpulo inteiro enfardado, são possivelmente mais amargos que os iso-alfa-ácidos, além de serem bastante solúveis em água e estarem presentes na cerveja pronta com altas taxas de aproveitamento. Ver HULUPONAS. Os alfa-ácidos também podem sofrer oxidação com o envelhecimento dos lúpulos enfardados, mas seus produtos oxidativos, embora solúveis em água, geralmente não são tão amargos. Assim, conforme o lúpulo envelhece, ele perde seu potencial de amargor pela perda de alfa-ácidos, mas ganha potencial de amargor pelo aumento de produtos resultantes da beta-oxidação. Se a concentração de alfa- e beta-ácidos for semelhante, o potencial de amargor permanecerá relativamente constante e inalterado ao longo do envelhecimento do lúpulo. Os tradicionais lúpulos aromáticos, exceto os ingleses, tendem a apresentar a mesma quantidade de beta-ácidos que de alfa-ácidos ou mais, mas os lúpulos de amargor, mais ricos em alfa-ácidos, geralmente apresentam menores concentrações de beta-ácidos do que de alfa-ácidos.

Isso não significa que o perfil de amargor do lúpulo aromático não varia à medida que o lúpulo enfardado oxida. A medida de IBU e a intensidade de amargor de cervejas elaboradas com lúpulos aromáticos envelhecidos serão semelhantes às das cervejas elaboradas com a mesma quantidade de lúpulo fresco, mas o amargor das primeiras será mais áspero e persistente. Assim como há diferenças qualitativas no dulçor de diferentes fontes (aspartame, açúcar e sacarina) e diferentes tipos de calor picante de várias pimentas, há, também, diferenças qualitativas no amargor de diferentes lúpulos. O amargor promovido por iso-alfa-ácidos provenientes de lúpulos frescos é significativamente diferente do amargor de lúpulos deteriorados ou de produtos que apresentam teores reduzidos de iso-alfa-ácidos. Essas diferenças não são triviais.

Produtos com reduzido teor de iso-alfa-ácidos

Caso a cerveja contenha iso-alfa-ácidos, ao ser exposta à luz ela desenvolverá um aroma que lembra gambá. Ver LIGHTSTRUCK. Isso pode ser inibido pela redução tanto de duplas ligações carbono-carbono nas cadeias laterais dos iso-alfa-ácidos com hidrogênio (o mesmo processo de hidrogenação do óleo de milho para a formação de margarina), quanto da cetona no lado inferior da cadeia com borohidreto de sódio. O primeiro processo mencionado produz os conhecidos "tetra" produtos (sob diferentes nomes comerciais), e o segundo processo produz compostos conhecidos com "rho". O uso desses produtos pode inibir a formação de aromas provenientes da exposição à luz, mas o perfil de amargor das cervejas elaboradas com esses produtos é bastante diferente do perfil de amargor de cervejas elaboradas com lúpulos naturais. A cerveja envasada em vidro verde ou transparente tende a produzir esse aroma defeituoso de gambá (*skunky*) mais rapidamente que as cervejas envasadas em vidro âmbar. Isso incentiva as cervejarias a utilizar esses produtos redutores do lúpulo quando o envase é feito em garrafas transparentes. Essa é uma das razões pelas quais as cervejas envasadas em garrafas transparentes frequentemente apresentam sabor bastante diferente daquelas envasadas em outros tipos de garrafas.

A correspondência entre a medida de amargor (IBU) e o amargor percebido (sensorial) deixa de existir em cervejas elaboradas com esses produtos. Cervejas elaboradas com produtos do tipo rho tendem a apresentar amargor sensorial inferior do que o indicado por sua medida IBU; cervejas elaboradas com produtos do tipo tetra apresentam amargor sensorial superior ao esperado.

Envelhecimento da cerveja

Alterações na cerveja ocorrem não somente devido ao envelhecimento do lúpulo, mas também durante o envelhecimento (*staling*) da cerveja. Os iso-alfa-ácidos na cerveja são sensíveis ao oxigênio e são removidos enquanto a cerveja envelhece. A taxa de deterioração é uma função do tempo, temperatura, conteúdo inicial de oxigênio na embalagem e quão rapidamente esse oxigênio entra na embalagem selada. Geralmente, a cerveja perderá cerca de 20% dos iso-alfa-ácidos (e cerca de 15% da medida de IBU) após oito meses à temperatura ambiente. Os produtos de oxidação resultantes não são detectados pela análise de amargor (IBU) e não são considerados amargos. Por isso, enquanto a cerveja envelhece, o amargor decresce.

Polifenóis

Tanto o lúpulo quanto o malte são fontes de polifenóis na cerveja. Essa é uma ampla classe de compostos com características químicas importantes. Alguns polifenóis podem se complexar com proteínas na cerveja e provocar turbidez. Outros apresentam propriedades antioxidantes que podem retardar os mecanismos de oxidação promovidos pelo envelhecimento (*staling*) da cerveja. Polifenóis ainda agregam adstringência, ou qualidade de secura à cerveja. Esta última propriedade é muitas vezes confundida com amargor. Acredita-se que alguns polifenóis modificam a impressão de amargor proporcionada pelos ácidos advindos do lúpulo, suavizando a cerveja e ao mesmo tempo dando-lhe complexidade e corpo. Ver POLIFENÓIS.

Óleo de lúpulo

Quando o lúpulo é adicionado à tina de fervura, a maior parte de seu óleo é destilado e arrastado rapidamente com o vapor que deixa a caldeira. Pode restar óleo o bastante para contribuir com o aroma da cerveja, mas não o suficiente para contribuir com o amargor. Mas quando o lúpulo é adicionado durante ou após a fermentação, o óleo de lúpulo é dissolvido diretamente na cerveja, resultando em um forte aroma de lúpulo e frequentemente em uma sensação de "queimação". Ver DRY HOPPING. Se essa "queimação" é um amargor verdadeiro ou é confundido com a sensação de amargor ainda é uma questão a ser elucidada, mas sua presença definitivamente aumenta o amargor percebido sensorialmente. O óleo propriamente dito não é detectado pela análise de amargor (IBU); no entanto, concentrações reduzidas de alfa-ácidos não isomerizados ou xantohumol dissolvidos diretamente na cerveja durante o *dry hopping* aumentarão a medida de IBU. Ver XANTOHUMOL. De uma maneira prática, é pouco provável que esse aumento seja de mais do que 1 IBU. Ver ÓLEOS DO LÚPULO.

pH e amargor

Os iso-alfa-ácidos são classificados como ácidos fracos. Isso significa que eles existem em duas formas nas soluções: a forma iônica dissociada e a forma não dissociada. A forma iônica é mais abundante em pH elevado e é mais amarga que a forma não iônica. Como resultado disso, a percepção do amargor na cerveja é mais baixa em pH reduzido. Ver pH.

Álcool e amargor

Muitos consideram amargo o sabor do álcool. Concentrações elevadas de álcool no vinho são responsáveis por aumentar o amargor percebido sensorialmente, mas somente em concentrações acima de 10%. Faltam estudos como esse nas cervejas, talvez pelo efeito ser mínimo, abaixo de 10%. O álcool tenderia a suprimir a dissociação dos iso-alfa-ácidos fracos mencionados no parágrafo anterior, o que, na teoria, reduziria o amargor. Isso poderia compensar qualquer aumento proporcionado pelo álcool propriamente dito.

Torrefação do malte

Os compostos coloridos formados na torrefação do malte contribuirão para o sabor amargo da cerveja, assim como a torrefação dos grãos de café confere amargor ao café expresso. Em cervejas elaboradas com maltes muito escuros, esse efeito pode ser responsável por uma significativa porção do amargor percebido sensorialmente. Os compostos de cor advindos dos maltes escuros são, geralmente, mais solúveis em água do que os iso-alfa-ácidos, mas não contribuem significativamente para a medida analítica de amargor (IBU). É raro esses compostos aumentarem as medidas de IBU em mais de 2 a 3 unidades. A contribuição deles para o amargor percebido sensorialmente pode ser bastante superior a isso. O caráter amargo de algumas *stouts* pode ser derivado de maltes torrados e dos lúpulos na mesma proporção. Ver MALTES TORRADOS.

Conteúdo mineral

A água não destilada contém em sua composição uma quantidade significativa de minerais dissolvidos. Muitos desses podem ter profundos efeitos no sabor da água e também no sabor da cerveja produzida com ela. Há muito os cervejeiros sabem que as cervejas elaboradas com água contendo elevados níveis de sulfato de cálcio exibirão uma prazerosa sensação de amargor fresco advindo do lúpulo. Em contrapartida, as cervejas elaboradas com água alcalina contendo elevados níveis de carbonato de cálcio mostrarão um amargor mais amplo e grosseiro. Essa é uma das razões pelas quais muitos cervejeiros de *pale ales* e *India pale ales* frequentemente adicionam sulfato de cálcio à água utilizada para a elaboração da cerveja ou diretamente na tina de fervura; esse processo chama-se *"burtonization"*, devido à famosa água rica em sulfato de Burton-on-Trent, no interior da Inglaterra. Água muito mole fornece delicadeza ao amargor, tornando-a apropriada para a elaboração da clássica *pilsner*. Ver CARBONATO DE CÁLCIO e SULFATO DE CÁLCIO.

Temperatura

Temperaturas mais baixas suprimem o amargor percebido de todas as bebidas, e a cerveja não é exceção. Por essa razão, diferentes estilos de cerveja devem ser servidos em diferentes temperaturas para o máximo proveito do degustador. O amargor de uma cerveja pode aumentar se ela esquentar antes de ser totalmente ingerida.

Carbonatação

A carbonatação afeta o sabor da cerveja de inúmeras formas. Quando o dióxido de carbono é dissolvido na água, ele forma ácido carbônico. Isso promove o aumento da acidez titulável da cerveja, aumentando a sensação de azedo. Adicionalmente, como há formação de bolhas de dióxido de carbono na língua, uma sensação característica de "picante" é detectada, mesmo na água com gás. Quanto maior o nível de carbonatação, maior a sensação de picante. Essa sensação e o gosto azedo gerados pela carbonatação elevada podem aumentar o amargor percebido.

Ver também CARBONATAÇÃO.

De Keukeleire, D. et al. Beer lightstruck flavor-the full story. In: Shellhammer, T. (Ed.). **Hop flavor and aroma, Proceedings of the First International Brewers Symposium**. St. Paul: Master Brewers Association of the Americas, 2009. p. 1-16.

Peacock, V. The international bitterness unit, its creation and what it measures. In: Shellhammer, T. (Ed.). **Hop flavor and aroma, Proceedings of the First International Brewers Symposium**. St. Paul: Master

Brewers Association of the Americas, 2009. p. 157-166.

Shellhammer, T. Hop components and their impact on the bitterness quality of beer. In: Shellhammer, T. (Ed.). **Hop flavor and aroma, Proceedings of the First International Brewers Symposium**. St Paul: Master Brewers Association of the Americas, 2009. p. 167-182.

Val Peacock

Amarillo é um lúpulo de aroma patenteado e registrado, também conhecido como VGXP01 c.v. Ele foi introduzido e registrado pela Virgil Gamache Farms, Inc., do estado de Washington, em 2000. As origens genéticas da variedade não foram publicamente reveladas e a área cultivada é bem limitada. Ele só é produzido na área de Toppenish, ao sul de Yakima. Sua maturidade é média e a produtividade varia de 1.360 a 1.790 kg por hectare. A variedade tem demonstrado boa resistência ao míldio e oídio, e é moderadamente resistente à murcha de *Verticillium*. O Amarillo é bem estimado, senão amado, pelos cervejeiros artesanais, porém as grandes cervejarias têm mostrado pouco interesse. Os cervejeiros caseiros também se tornaram adeptos do Amarillo. Seu teor de alfa-ácidos varia de 8% a 11%, o de beta-ácidos de 6% a 7%, e a cohumulona de 21% a 24%. Seu perfil aromático é floral e cítrico, com notas de tangerina e damasco. A composição dos óleos essenciais é 68% a 70% de mirceno, 9% a 11% de humuleno, 2% a 4% de cariofileno e 2% a 4% de farneseno, o que o torna similar ao Cascade e, até certo ponto, aos cultivares de alto teor de alfa-ácidos Simcoe e Summit. Muitos cervejeiros artesanais acreditam que o Amarillo seja o "lúpulo dos lúpulos", com um aroma surpreendentemente agradável que pode intensificar os aromas de lúpulo em uma ampla variedade de estilos de cervejas. Talvez apenas a área cultivada tenha restringido essa variedade, que tem mostrado o potencial de se tornar o "próximo Cascade". O Amarillo ganhou espaço em um bom número de cervejas artesanais americanas nos estilos *pale ale*, *India pale ale* (IPA) e *"double IPA"*, nos quais é utilizado no *dry hopping*. Ele também tem sido visto no Velho Mundo, onde compõe os aromas de várias cervejas belgas influenciadas pela escola americana. Poucas pequenas cervejarias britânicas também se atentaram a ele.

Matt Brynildson

American amber ale é uma expressão que foi utilizada pela primeira vez por microcervejarias americanas iniciantes nos anos 1980 como uma simples descrição de uma cerveja para os seus consumidores, mas que logo foi aceita como a denominação formal de um estilo. Essas cervejas situam-se entre os estilos *American pale ale* e *American brown ale*, mas frequentemente se sobrepõem de maneiras significativas às categorias vizinhas. Ver AMERICAN BROWN ALE e AMERICAN PALE ALE. Devido à sua semelhança, as *red ales* feitas nos Estados Unidos são usualmente incluídas nesse estilo. Alguns exemplos são Bell's Amber Ale, Alaskan Autumn Ale, Anderson Valley Boont Amber, St. Rogue Red Ale e Mendocino Red Tail Ale.

A cultura cervejeira europeia e a sensibilidade do consumidor americano estavam frequentemente em desacordo nos primórdios do movimento das microcervejarias nos Estados Unidos. A tradição pedia por *"pale ales"* com uma coloração dourado-escuro a âmbar-vivo, mas os consumidores, interpretando literalmente o nome do estilo, esperavam cervejas *"pale"* amarelo-palha ou "dourada clara" – semelhantes às conhecidas *pilsners*. Em resposta, os cervejeiros buscaram designações que comunicassem mais claramente a identidade da cerveja, e muitos deles passaram a adotar o termo *"amber ale"*.

Enquanto *"pale ale"* era uma denominação reconhecida para um estilo com uma série de atributos específicos, naqueles tempos *"amber ale"* fazia referência originalmente a uma descrição da cor. Muitas cervejas rotuladas como *"amber ale"* ajustavam-se ao estilo *pale ale*, mas essa designação incluía outros estilos com atributos diversos, incluindo as *Scottish ales*, *Irish red ales*, *extra special bitters* (ESB) e até mesmo as *German alts*. Ao longo do tempo, uma descrição formal de estilo desenvolveu-se para as *amber ales*, reconhecendo-as como um estilo americano, distinto dos seus ancestrais europeus mas intimamente relacionado ao estilo americano para a *pale ale*.

Uma *American amber ale* característica requer aroma e sabor de lúpulos americanos, mas o conjunto de maltes a distingue de suas compatriotas *pales* e *browns*. Tal como nas *American pale ales*, maltes de duas fileiras formam sua base. Mas nas *ambers*, maltes caramelo de coloração média a escura ou maltes Crystal representam pelo menos 10% do conjunto de grãos, de modo que a cerveja pronta apresenta notas a caramelo e *toffee*. Essa abordagem confere também uma sensação na boca ou corpo de médio a intenso à cerveja, assim como uma percepção do dulçor do malte ao paladar. Os cervejeiros evitam utilizar maltes escuros, torrados ou mesmo maltes chocolate nesse estilo, para que as cervejas prontas não apresentem aromas a tostado, queimado, café, chocolate ou até mesmo a torre do intenso.

O "toque americano" desse estilo advém em grande parte dos lúpulos americanos, que conferem à cerveja certos aromas e sabores a cítrico e pinho. A expressão do caráter do lúpulo pode variar de baixo a intenso no aroma – acentuando mais a expressão aromática do malte em alguns casos. Ao paladar, o sabor do lúpulo deve ser de moderado a intenso, com toques cítricos ou resinosos, sem deixar dúvidas quanto à origem dos lúpulos.

Quando bem brassada, o estilo ainda permite um amargor de lúpulo marcante sem comprometer o equilíbrio com o malte. Uma percepção de amargor de médio a médio-intenso (30 a 40 IBU) confere equilíbrio e não rouba do malte o caráter de protagonista.

Assim como a maioria dos estilos americanos de *ales*, a *amber ale* apresenta certos ésteres frutados da fermentação, mas esses são secundários ao caráter maltado e de lúpulo. As notas a manteiga e caramelo amanteigado oriundas do diacetil – distintas dos sabores de caramelo e *toffee* do malte – são consideradas indesejáveis. Ver DIACETIL. Muitos exemplos desse estilo não passam por filtração e podem apresentar leve turbidez; alguns exemplares engarrafados geralmente contêm leveduras utilizadas na refermentação nas garrafas, mas essas leveduras residuais não devem agregar notas de enxofre ou de pão.

As *American amber ales* devem ser moderadamente mais robustas que as *American pale ales*, por vezes até 6,2% ABV, mas também podem chegar a 4,5% ABV.

Ver também ESTADOS UNIDOS, MICROCERVEJARIA e PALE ALE.

Ray Daniels

American brown ale, uma *ale* escura e abundantemente maltada, geralmente bem temperada com sabores e aromas de lúpulo, evoluiu mais recentemente do clássico estilo *English brown ale*. Exemplos notáveis incluem a Pelican Pub & Brewery's Doryman's Dark Ale, Brooklyn Brown Ale, Bell's Best Brown e North Coast Acme Brown.

A *American brown ale* tem conexões com a *English brown ale*, a *mild ale*, a *brown porter* do século XVIII e até com as cervejas sem estilo definido da Inglaterra do século XVII. Este estilo também apresenta influências similares a outros estilos americanizados, como a *American pale ale* e a *American amber ale*. Ver AMERICAN AMBER ALE e AMERICAN PALE ALE. No entanto, apesar da rica herança e da íntima relação, as modernas *brown ales* americanas proporcionam sabor e formulação únicos.

Robustas expressões de malte, sensação de boca e teor alcoólico definem o estilo. Esses três aspectos provêm dos tipos e proporções dos maltes selecionados e sua aplicação durante a brassagem. Pautada com base nos maltes de duas fileiras norte-americanos, como outras cervejas americanizadas, esse estilo encontra suas características distintas nos maltes especiais utilizados. Praticamente todas as receitas incluem maltes Crystal de médio a escuros ou maltes caramelo, que conferem sabores de caramelo e *toffee* à cerveja. Para incrementar, grãos mais escuros, como malte chocolate, preto ou cevada tostada, são frequentemente adicionados em pequenas proporções para conferir cor e contribuir com os aromas tostados suaves e a chocolate. Diversos outros maltes tostados e caramelo podem ainda ser agregados para incrementar esses aromas e prolongar a riqueza e complexidade do malte ao paladar.

O uso extensivo de maltes especiais, combinado às elevadas temperaturas na brassagem, produzem uma cerveja com sensação de boca de média a média-intensa. Apesar disso, utiliza-se uma quantidade de malte suficiente para alcançar teores alcoólicos que variam de 4,3% a 6,2% ABV.

A coloração final da cerveja é principalmente o resultado do conjunto de grãos. Exemplares de cores mais claras obtêm-se de tipos mais claros de maltes especiais e em menores quantidades, resultando em cervejas de coloração âmbar (possivelmente até 15 SRM – Standard Reference Method); formulações mais escuras conferem tonalidade marrom escura (até 35 SRM).

Embora ricamente maltado, esse estilo – assim como as *American pale* e *amber ales* – geralmente exibe também um caráter substancial de lúpulo. Os guias de estilo e exemplos comerciais vigentes indicam a ocorrência de alto grau de aroma e sabor de lúpulos. Mas, ao contrário de alguns outros estilos americanizados, essa expressão do lúpulo pode ser atenuada. Ademais, o aspecto herbal, floral ou picante de lúpulos nobres ingleses pode ser substituído pelos aromas cítricos e a pinho das variedades americanas. Portanto, as *American brown ales* variam mais amplamente na expressão do lúpulo do que as *pale ales* e *amber ales* próximas.

Os teores de amargor também variam, mas de modo geral proporcionam um bom equilíbrio para o malte, mantendo o dulçor sob controle sem dispensar os ricos aromas oferecidos por ele. Os níveis variam de 20 a 40 IBU.

Ver também BROWN ALE.

Daniels, R.; Parker, J. **Brown ale**. Boulder: Brewers Publications, 1998.
Daniels, R. Mild and Brown Ales. In: **Designing great beers**. Boulder: Brewers Publications, 2000. p. 215-228.

Ray Daniels

American Homebrewers Association (AHA).

Fundada em 1978, em Boulder, Colorado, por Charlie Matzen e Charles Papazian (autor de *The Complete Joy of Homebrewing* e presidente da Brewers Association por 37 anos, organização de origem da AHA e principal entidade comercial para cervejeiros artesanais nos Estados Unidos). Ver PAPAZIAN, CHARLES. Ela começou com a publicação da primeira edição da revista de produção caseira de cerveja, a *Zymurgy*, e em 1979 promoveu o primeiro concurso e a primeira conferência nesse segmento – National Homebrew Competition e National Homebrewers Conference, respectivamente. Em 1983, a AHA criou o Great American Beer Festival, que inicialmente foi realizado em formato de concurso para cervejeiros profissionais e amadores de cerveja e hoje é administrado pela Brewers Association. Ver GREAT AMERICAN BEER FESTIVAL (GABF). Atualmente, a organização AHA reúne mais de 19 mil membros dedicados à promoção da comunidade de cervejeiros caseiros. Por meio de sua publicação *Zymurgy* e da supervisão da conferência anual National Homebrew Conference, bem como de diversos eventos e *sites* de informações online que promovem concursos e a formação de seus membros, a AHA visa capacitar a comunidade de cervejeiros caseiros e melhorar a qualidade das cervejas. A produção caseira de cerveja é um *hobby* muito difundido nos Estados Unidos. Segundo estimativas da AHA, de 500 mil a 750 mil americanos preparam pelo menos um lote de cerveja em casa no mínimo uma vez por ano.

Apesar de suas origens e inclinações para o âmbito amador, a AHA mantém laços estreitos com cervejeiros profissionais, tanto diretamente quanto por intermédio da Brewers Association. Com a legalização da produção caseira de cerveja nos Estados Unidos em 1976, muitos dos atuais cervejeiros artesanais começaram a vida como membros e participantes dos programas da AHA, cujas publicações estavam entre os primeiros documentos educativos direcionados a uma geração de profissionais aspirantes a cervejeiros do Novo Mundo. A fundação e o crescimento da AHA revelaram-se fundamentais para a revitalização da produção de cerveja nos Estados Unidos, e hoje essa associação tem influência no mundo inteiro.

Ver também BREWERS ASSOCIATION (BA) e PRODUÇÃO CASEIRA DE CERVEJA.

American Brewers Association. Disponível em: http://www.homebrewersassociation.org/. Acesso em: 19 ago. 2016.

Dick Cantwell

American Malting Barley Association, Inc. (AMBA).

A American Malting Barley Association é uma associação de classe sem fins lucrativos de empresas de produção de malte e cerveja em Milwaukee, Wisconsin. Sua missão é estimular e apoiar um suprimento adequado de cevada de alta qualidade para malteação, destinada ao setor de malte e produção de cerveja, e ampliar o conhecimento sobre cevada. Para cumprir essa missão, a AMBA contribui para o desenvolvimento de novas variedades de cevada para malteação e estimula uma rede de segurança apropriada de política agrícola para os produtores de cevada.

O desenvolvimento de novas variedades de cevada para malteação requer o aperfeiçoamento das características agronômicas e de qualidade, a fim de manter a competitividade da cevada para malteação em relação a outros grãos e estimular os produtores a continuar plantando e produzindo um suprimento adequado e de qualidade apropriada para o setor. Uma infraestrutura nacional de pesquisadores, instalações e fundos operacionais é essencial para conduzir pesquisas apropriadas sobre cevada e desenvolver variedades de cevada para malteação que correspondam às necessidades dos membros – desde produção de cerveja com adjuntos ou puro malte. A AMBA oferece apoio direto à infraestrutura nacional de pesquisa de cevada por meio de seu Programa de Bolsa Universitária (aproximadamente US$ 400 mil por ano) para o melhoramento genético de cevada e programas de apoio análogos, como pesquisa básica de qualidade da malteação. Além disso, a AMBA gerencia o National Barley Improvement Committee, um comitê de melhoria da cevada que prioriza as necessidades e os *lobbies* nacionais do governo federal para o financiamento da pesquisa de cevada.

Para abordar políticas agrícolas, a AMBA conta com a colaboração da National Barley Growers Association, de produtores de cevada, e de organizações estaduais individuais relacionadas à cevada. O que orienta essas políticas agrícolas são iniciativas para assegurar a equidade em relação a grãos concorrentes e o oferecimento do melhor retorno possível para os produtores de cevada.

American Malting Barley Association, Inc. Disponível em: http://www.ambainc.org/. Acesso em: 1 set. 2010.

Scott E. Heisel

American pale ale. Um dos primeiros estilos americanizados no advento das microcervejarias nos anos 1980, a *American pale ale* apareceu quando os ingredientes americanos passaram a ser usados para imitar a *British pale ale*. A cerveja resultante apresentava os aromas cítricos e a pinho dos lúpulos americanos, e assim ela começou a cativar uma ampla popularidade entre os apreciadores americanos de cerveja e a estabelecer os fundamentos de uma "corrida aos lúpulos" para as *India pale ales* e além. Alguns exemplos comercializados do estilo incluem Deschutes Mirror Pond Ale, Great Lakes Burning River Pale Ale e Sierra Nevada Pale Ale, que muitos consideram ser a origem e o protótipo do estilo.

Os cervejeiros caseiros amadores que encorajaram o movimento microcervejeiro americano nos anos 1980 tinham aprendido sobre o assunto em grande parte a partir da literatura britânica. Sendo assim, muitas cervejas dessa época refletiam os tradicionais estilos da Inglaterra, Irlanda e Escócia. Enquanto muitos cervejeiros rompiam com a interpretação tradicional, outros rapidamente adaptaram os estilos básicos para os ingredientes e a percepção norte-americanos.

Uma das primeiras inovadoras foi a Sierra Nevada Brewing Company, fundada por Ken Grossman e Paul Camusi em Chico, Califórnia. Ver SIERRA NEVADA BREWING COMPANY. Eles produziram seu primeiro lote de Sierra Nevada Pale Ale em 15 de novembro de 1980. A cerveja partilhava muitos aspectos com uma *English bitter* ou *pale ale*, incluindo maltes claros caramelo, lúpulos de finalização e amargor pronunciado. Apesar dessas semelhanças, a cerveja era distintivamente americana, já que era flavorizada com lúpulos Cascade dos Estados Unidos e, com 5,6% ABV, era mais robusta que as *English ales* comumente consumidas.

O lúpulo define o sabor singular da *American pale ale*. A adição tardia na tina de fervura e adições de *dry hopping* com variedades americanas como Cascade, Centennial, Columbus, Sincoe e Amarillo, imprimem as típicas marcas cítricas e a pinho ao sabor e aroma. Características gramíneas, em alguns casos, podem ser resultado do *dry hopping*.

Adições de lúpulo na tina de fervura proporciona amargor médio a intenso (30 a 40 IBU). Os cervejeiros utilizam água com baixo teor de carbonato de cálcio (< 75 ppm) e frequentemente adicionam sulfato de cálcio para conseguir um amargor mais limpo e bem definido.

O malte desempenha um papel coadjuvante, provendo uma base sólida para a expressão do lúpulo, mas permanecendo em segundo plano ao paladar. O conjunto de grãos consiste primariamente de maltes americanos de duas fileiras suplementados com uma pequena porção (< 10% por peso) de malte Crystal de claro a médio ou malte caramelo, sugerindo aromas a caramelo e *toffee*. Alguns cervejeiros incluem pequenas quantidades de maltes especiais (por exemplo, biscoito, Vienna) para conferir notas tostadas mais pronunciadas. A maioria das formulações dá origem a cervejas com coloração de dourada a âmbar (5 a 14 SRM).

A maior parte das *American pale ales* apresenta aromas de ésteres frutados evidentes mas moderados, obtidos através da utilização de cepas de leveduras *ale* relativamente neutras. Muitos exemplares não são filtrados e apresentam uma leve turbidez; as cervejas engarrafadas geralmente trazem leveduras utilizadas na refermentação em garrafa. As cervejas desse estilo não devem apresentar caráter de diacetil e as leveduras residuais não podem contribuir com notas sulfurosas ou de pão.

Como centenas de novas cervejarias iniciaram suas produções nos anos 1980 e começo da década de 1990, muitas fizeram cervejas no espectro do estilo *American pale ale*. Com o tempo, os cervejeiros passaram a reconhecer duas variantes distintas, conhecidas como *American amber ale* e *English pale ale*. A *American amber ale* segue o mesmo método de lupulagem mas opta por maltes caramelo escuros para adquirir uma coloração âmbar mais profunda e sabores de caramelo mais assertivos. A *English pale ale* segue uma formulação quase idêntica à da *American pale ale*, mas usa variedades inglesas de lúpulo que geralmente resultam em um caráter de lúpulo mais terroso e herbal.

O teor alcoólico de exemplos comerciais varia de 4,5% a 6,2%, embora esse limite superior se sobreponha ao das *India pale ale* – outro estilo intimamente relacionado. De fato, muitas vencedoras do Great American Beer Festival nessa categoria têm sido rotuladas ou consideradas *India pale ales*, como a Anchor Liberty Ale, New Holland Mad Hatter e Bridgeport IPA. Historicamente, a popularidade das *pale ales* altamente lupuladas favoreceu a demanda por *India pale ales* ainda mais intensamente lupuladas e, no final das contas, pelos níveis extremos de lúpulo dos recentes estilos cunhados *"imperial"* ou *"double" India pale ale*.

Ver também ENGLISH PALE ALE, ESTADOS UNIDOS, INDIA PALE ALE e PALE ALE.

Daniels, R. Bitters and Pale Ale. In: **Designing great beers**. Boulder: Brewers Publications, 2000. p. 152-174.

Foster, T. **Pale ale**. Boulder: Brewers Publications, 2000.

Ray Daniels

A **American Society of Brewing Chemists (ASBC)** é uma sociedade que se desenvolveu com o Comitê de Análise da United States Brewers Association (USBA), que estava buscando métodos padronizados para o setor cervejeiro antes da Lei Seca. Ver LEI SECA. Após a sua revogação no outono de 1934, os encontros entre a Master Brewers Association of the Americas (MBAA) e a USBA resultaram em um acordo cujo enfoque inicial deveria recair sobre a análise de malte. A isso se seguiu uma avaliação sobre métodos além do malte e em 11 de outubro de 1935 foi adotado o nome "American Society of Brewing Chemists", com sede no Wahl-Henius Institute, em Chicago, e 24 empresas associadas. Em seguida, a filiação foi aberta a pessoas físicas por meio de uma convocação para a apresentação de artigo acadêmico-científicos para encontros anuais. No encontro de 17 de junho de 1938, em Cleveland, foram aprovados os estatutos que estabelecem a estrutura da ASBC de acordo com sua essência hoje. Foi também formado um comitê técnico para dar continuidade ao trabalho sobre métodos de análise e foram marcados encontros anuais nos quais os artigos foram apresentados. Os trabalhos do *Proceedings of the American Society of Brewing Chemists* foram publicados pela primeira vez em 1940, tornando-se, em 1976, o *Journal of the American Society of Brewing Chemists*.

Em 1977, um comitê conjunto de planejamento da ASBC e da MBAA começou a organizar um encontro científico para englobar ambas as organizações, o que resultou no primeiro congresso mundial (World Brewing Congress) em Saint Louis, Missouri, em setembro de 1984.

Uma rede de grupos locais surgiu dentro da ASBC em decorrências dos encontros iniciais em Cincinnati e Filadélfia em 1952. As seções locais foram formalmente reconhecidas em 1966, e Nova York sediou o primeiro encontro. Atualmente, o escritório central da ASBC encontra-se na Scientific Societies, em Saint Paul, Minnesota. Os "métodos da ASBC" para análise laboratorial de diversos parâmetros de qualidade de cerveja são considerados padrão em todo o setor cervejeiro dos Estados Unidos.

Charles W. Bamforth

American Tettnanger, como os produtores alemães de lúpulos rapidamente destacam, é um lúpulo muito diferente do Tettnanger alemão da região de Tettnang. Ver TETTNANGER. O que é também observado na listagem de cultivares de lúpulos do Departamento de Agricultura dos Estados Unidos (USDA), na qual o American Tettnanger é registrado com número USDA 21197, enquanto o Tettnanger-Tettnanger corresponde aos números 21496 e 21497. O American Tettnanger é um clone tratado termicamente e cultivado a partir do Tettnanger suíço (USDA 61021), um lúpulo cultivado apenas na margem suíça do lago Constance. Alguns especialistas acreditam que o Tettnanger suíço é descendente do Tettnanger-Tettnanger, outros acreditam que ele é um impostor inglês. A genealogia exata do American Tettnanger está em debate, mas o material genético original da planta deve ter sido misturado, provavelmente de forma não intencional, com outro lúpulo, possivelmente o Fuggle. Outra teoria sugere que o tratamento térmico alterou o lúpulo de alguma forma. Em todo caso, as características do lúpulo obtido se assemelham mais às do Fuggle que às do Tettnanger-Tettnanger. Este último apresenta haste com faixas avermelhadas, aproximadamente a mesma proporção entre beta- e alfa-ácidos e conteúdo de óleos essenciais mais próximo do Saaz que do Fuggle. Já o American Tettnanger, em contrapartida, apresenta haste verde sem faixas avermelhadas, conteúdo de beta-ácidos equivalente à metade do teor de alfa-ácidos e perfil de óleos mais parecido com o do Fuggle que com o do Saaz. O aroma e as características de emprego do American Tettnanger também se assemelham mais aos dos Fuggle que aos do Tettnanger-Tettnanger.

A variedade americana foi amplamente cultivada em Washington e Oregon durante as décadas de 1980 e 1990, principalmente para a Anheuser-Busch. Porém, após a redução nas compras pela cervejaria em 1997, a área foi drasticamente reduzida e o cultivo atual é pequeno. O American Tettnanger apresenta de 3,5% a 8,8% de alfa-ácidos, 2,1% a 4,4% de beta-ácidos e 24% a 31% de cohumulona. Sua capacidade de ser armazenado é boa, com 70% do teor de alfa-ácidos mantidos após seis meses à temperatura ambiente. A produtividade varia de regular a baixa, entre 1.130 e 1.475 kg por hectare.

USDA. **Hop Cultivar Descriptions**. Disponível em: http://www.ars.usda.gov/pandp/docs/htm?docid=14772.

Val Peacock

American wheat beer é um estilo de cerveja popularizado pelas cervejarias artesanais americanas, geralmente utilizando 30% ou mais de malte de trigo no conjunto de grãos e utilizando tanto leveduras *lager* como *ale* na fermentação. O caráter de lúpulo e o grau de amargor variam de baixo a médio, e todos os exemplares apresentam um aroma moderado de malte semelhante a farinha. As cervejas produzidas dentro desse estilo não exibem aromas de cravo, canela ou noz-moscada e nem os altos teores de ésteres com aroma de banana que são a marca oficial dos estilos de cerveja de trigo da Baviera. Exemplos de *American wheat beer* incluem a Widmer Hefeweizen, a Piramid Hefeweizen e a Shiner Hefeweizen.

O trigo, malteado ou não, tem sido amplamente utilizado na produção de cerveja, como já evidenciado em diversos estilos clássicos europeus que empregam esse grão: *wit, lambic, Berliner weiss* e *Bavarian hefeweizen*. Historicamente, esses estilos têm respondido por uma parte significativa das vendas de cerveja em suas respectivas regiões.

Antes dos anos 1980, cervejas com trigo eram raramente produzidas nos Estados Unidos. A *American wheat beer* surgiu nessa década, quando as primeiras microcervejarias americanas tentavam reproduzir os estilos europeus, especialmente o estilo *Bavarian hefeweizen*. As cervejas produzidas assemelhavam-se às originais, mas ofereciam uma nova experiência de sabor.

A chave para o aroma das *American wheat beers* está na seleção da levedura e nos métodos de fermentação. Os primeiros cervejeiros empregavam suas cepas de levedura *ale* ou *lager* comuns em vez da levedura de *Bavarian weizen*, uma prática que continua até hoje. Essa abordagem confere um frutado discreto à *American wheat beer*, eliminando as impressões fenólicas e as notas a cravo relacionadas às cepas de levedura *German weizen*.

Embora os cervejeiros americanos usem trigo malteado, como os alemães, empregam-no em quantidades menores – de 30% dos grãos a raramente mais que 50%. O restante do conjunto de grãos provém do malte claro de duas fileiras. Sendo formado por grãos sem casca, o malte de trigo não confere os mesmos aromas levemente tostados encontrados no malte de cevada. As receitas geralmente são formuladas para se obter uma cerveja com 4% a 5,5% ABV e os sabores suaves de farinha do malte de trigo proporcionam um sabor relativamente fresco e boa *drinkability*. Uma acidez levemente picante é comum.

As cervejas obtidas apresentam coloração que varia do amarelo-palha ao dourado, e o alto teor proteico do malte de trigo contribui para um aspecto turvo ou enevoado comum a esse estilo. Assim como seus homólogos alemães, os cervejeiros americanos frequentemente comercializam a cerveja sem filtrar, de modo que pode haver leveduras em suspensão – certas vezes em quantidade suficiente para contribuir para o aspecto turvo da cerveja. Não obstante, aromas a leveduras de panificação não são vistos como um aspecto aceitável do estilo.

Ainda que possa haver variação quanto ao emprego de lúpulos, a base de malte relativamente leve requer certa vigilância na lupulagem para evitar que ela sobrecarregue a cerveja. O amargor pode variar de 10 a 35 IBU, mas normalmente está mais próximo desse limite inferior e é geralmente percebido como sendo baixo ou moderado. Muitos exemplares fazem a lupulagem com variedades americanas de aroma e sabor a fim de obter atributos cítricos e a pinho de intensidade baixa a moderada. Lúpulos aromáticos europeus são eventualmente usados para se obter um grau similar de impressões florais e picantes.

Embora existam diferenças aromáticas significativas entre as cervejas de trigo americanas e alemãs, muitos cervejeiros nos Estados Unidos empregam as palavras alemãs "*weizen*", "*weiss*" ou "*hefeweizen*" para nomear suas cervejas de trigo produzidas à maneira americana. Como resultado dessa mistura de nomenclaturas, os consumidores raramente sabem quando esperar um perfil aromático tradicionalmente alemão ou americano ao comprar cervejas feitas de trigo nos Estados Unidos.

A *American wheat beer* tem sido uma base popular para a produção de cervejas de frutas. Ver FRUIT BEERS. As framboesas costumavam ser utilizadas nos anos 1990, mas atualmente se usam com mais frequência frutas menos agressivas. A coloração clara e o sabor fresco de uma *American wheat beer* possibilita a boa expressão das características das frutas.

Ver também MALTE DE TRIGO e TRIGO.

Hieronymus, S. **Brewing with wheat: The "wit" and "weizen" of world wheat beer styles.** Boulder: Brewers Publications, 2010.

Ray Daniels

amido, um carboidrato de molécula grande utilizado na produção da cerveja. Para produzir qualquer bebida alcoólica, deve haver açúcar presente para ser fermentado pelas leveduras. As plantas produzem glicose, um açúcar, durante a fotossíntese, mas precisam armazená-la até que ela seja necessária. Dado que a glicose é uma molécula altamente solúvel e relativamente pequena, ela atrai uma grande quantidade de água para o interior das células da planta. Ao ligar várias moléculas de glicose num número menor de moléculas maiores, o volume de água atraído para dentro da célula diminui muito, o que torna o seu armazenamento muito menos exigente. A molécula maior em questão é chamada de amido. O amido dos grãos será degradado em açúcares para produzir o mosto, que irá então ser fermentado para a produção da cerveja.

O amido é um carboidrato, o que significa que é construído a partir de carbono, oxigênio e hidrogênio, literalmente, de carbono e água. Dado que o amido contém muitas moléculas de açúcar, ele é chamado de polissacarídeo. O amido existe em duas formas ligeiramente diferentes, uma molécula linear e outra ramificada. A forma de cadeia linear é chamada de amilose e contém geralmente cerca de 10% a 30% do amido presente. A cadeia ramificada, chamado de amilopectina, constitui 70% a 90%. O amido de milho, por exemplo, contém 25% de amilose e 75% de amilopectina.

O amido é acondicionado como grânulos no interior de células de armazenamento especiais até o momento em que é necessário. Os grânulos de amido devem ser gelatinizados antes que o amido possa ser atacado enzimaticamente e convertido em açúcares na sala de brassagem. A gomificação ocorre a cerca de 65 °C para o amido de cevada, o que dita as temperaturas de conversão típicas usadas pelos cervejeiros. No entanto, a gomificação ocorre em temperaturas mais altas para o arroz e o milho, exigindo que eles sejam cozidos separadamente e adicionados mais tarde à mostura principal do malte de cevada.

O teste de iodo/amido

Para verificar a conversão do amido em açúcares, os cervejeiros muitas vezes realizam um simples teste de amido no qual o iodo (como iodeto de potássio) é adicionado ao amido, produzindo uma cor azul-escuro característica. A estrutura diferente da amilopectina produz uma cor vermelho-violeta com o iodo. Com os amidos hidrolisados em moléculas menores, essa reação química deixa de acontecer.

O amido é o principal material a partir do qual são obtidos os açúcares fermentáveis usados na produção de cerveja. A levedura é incapaz de usar moléculas de amido grandes e complicadas, de modo que o amido deve ser primeiro hidrolisado em carboidratos menores. Durante a malteação, torrefação e, posteriormente, a mosturação da cevada, muitas das enzimas normalmente presentes no grão são destruídas. No entanto, duas enzimas persistem até a mostura estar bem encaminhada. Essas são a alfa- e beta-amilase, capazes de hidrolisar a maior parte do amido presente em açúcares de, no máximo, três unidades de glicose. A hidrólise significa literalmente "adicionar água", resultando na quebra do amido e na sua reconversão a açúcares.

A alfa-amilase ataca as ligações entre as unidades de glicose do amido em qualquer ponto da cadeia, produzindo carboidratos de comprimentos aleatórios. Se deixada por tempo suficiente, a alfa-amilase reduz a amilose a uma sopa de glicose, maltose (um dissacarídeo, com dois unidades de glicose) e maltotriose (um trissacarídeo, com três unidades de glicose).

A beta-amilase começa a agir em uma extremidade da molécula de amido e quebra-a em pares de moléculas de glicose, chamadas de maltose. A beta-amilase só pode iniciar o seu trabalho a partir de uma extremidade da molécula de amido, o que retarda o processo.

As duas enzimas funcionam em conjunto na tina de mostura, com a alfa-amilase produzindo mais extremidades para a beta-amilase. As duas juntas produzem cerca de 80% dos açúcares fermentáveis, 10% a 15% sob a forma de glicose, 50% a 60% de maltose e 10% a 15% de maltotriose, a partir do amido inicial. Os 20% restantes são compostos por fragmentos não fermentáveis de amilopectina que contêm os pontos de ramificação, pois nenhuma das duas enzimas é capaz de quebrá-la. Esses fragmentos das moléculas de amilopectina são chamados de dextrinas limite. As enzimas industriais endógenas, tais como a glucoamilase, são capazes de hidrolisar até mesmo pontos de ramificação, e assim podem produzir 100% de açúcares fermentáveis a partir de amilopectina.

Ver também AMILOPECTINA, AMILOSE, ENDOSPERMA e MOSTURAÇÃO.

Garret, R. H.; Grisham C. M. **Biochemistry**. Ed. internacional. Fort Worth: Saunders College Publishing, 1995.

Scientific Psychic. Disponível em: www.scientificpsychic.com/fitness/carbohydrates1.html/. Acesso em: 4 jan. 2011.

Chris Holliland

amilases estão amplamente distribuídas na natureza, sendo encontradas em animais e plantas, e são produzidas por muitos micróbios. Quando as paredes celulares do endosperma são quebradas e os grânulos de amido rompidos (ambos os eventos em resultado da atividade da enzima), o amido fica disponível para degradação. Nos cereais, a mistura de enzimas responsáveis por degradar parcialmente ou totalmente o amido é chamada de *diastase*. Ver DIASTASE. Essa mistura complexa não tem uma composição precisa, e a diastase de um grão cru será diferente daquela após o grão ter sido malteado. A maior parte da atividade da diastase pode ser atribuída às atividades de duas enzimas, alfa- e beta-amilase, e, em menor grau, gama amilase (em conjunto, as amilases), embora muitas outras enzimas estejam também presentes.

Na tina de mostura da cervejaria, a maior parte da degradação do amido é resultado da atividade da amilase, mas, *in vivo*, por exemplo, numa planta de cevada, outras enzimas estarão também envolvidas. A ação conjunta das amilases produz principalmente maltose, mas deixa quantidades detectáveis de dextrinas não degradadas. Um pH que promove a atividade da amilase em geral está em torno de 5,3. Ver DEXTRINAS.

Diastase foi a primeira enzima a ser isolada, embora num estado impuro, por Persoz e Payen em 1832. Ela foi obtida pela precipitação da enzima a partir de um extrato de malte com etanol. Ela surgiu como um pó sem gosto, amorfo e amarelado, e verificou-se que ela era capaz de degradar o amido, primeiro em dextrinas e depois no dissacarídeo maltose. Na sala de brassagem, a atividade da diastase do malte é medida como poder diastático e as unidades de medida são expressas em °Lintner (°L). Ver PODER DIASTÁTICO.

A cevada contém níveis apreciáveis de beta-amilase latente (1,4-alfa-glucano maltohidrolase), que está localizada no endosperma. Durante a malteação a enzima torna-se ativa e começa a degradar o amido lentamente, um processo que continua na tina de mostura. Na ausência de outras enzimas, a beta-amilase é incapaz de degradar grânulos de amido. É, no entanto, capaz de realizar um ataque gradual na amilose, dextrinas e cadeias solúveis de amido em solução.

Na cevada, a beta-amilase ocorre nas formas "livre" (solúvel) e "ligada" (latente, ou insolúvel). Esta última está ligada a proteínas insolúveis através de ligações dissulfeto. Na malteação, durante a maceração dos grãos, o nível de beta-amilase livre pode cair, mas durante a germinação subsequente quase toda a beta-amilase torna-se livre e a forma ligada desaparece.

A cevada não contém alfa-amilase (1,4-glucano glucanohidrolase), mas essa enzima se desenvolve no grão durante a malteação e então faz a maior parte de seu trabalho na tina de mostura. Enormes quantidades de alfa-amilase são sintetizadas na camada de aleurona que rodeia o endosperma.

A síntese é uma resposta aos ácidos giberélicos secretados pelo embrião, e muito da alfa-amilase é então secretada no endosperma. A alfa-amilase é uma enzima de ação endo (endoglucanase) no malte e catalisa a hidrólise das ligações glicosídicas internas alfa-1,4 aleatoriamente dentro da molécula de amido. Tal ataque é mais lento em dextrinas de cadeia curta, é mais lento perto das extremidades da cadeia e não ocorre nas proximidades dos pontos de ramificação alfa (1 → 6). Isoenzimas da alfa-amilase são conhecidas e têm sido muito estudadas. Em paralelo com a formação de alfa-amilase durante a malteação ocorre a formação de dextrinase limite, que pode hidrolisar as ligações alfa-1,6 em dextrinas.

Assim, ao contrário da beta-amilase, a alfa-amilase atuando por si só pode atacar grânulos de amido e os degradará continuamente a um complexo de açúcares (incluindo dextrose), maltose, oligossacarídeos e dextrinas durante a mosturação. A alfa-amilase requer íons de cálcio (Ca^{2+}) para a atividade, e, se necessário, o cervejeiro pode adicionar gesso (sulfato de cálcio, $CaSO_4$) na tina de mostura para assegurar uma presença suficiente desse cátion. Tanto a alfa- quanto a beta-amilase oriundas do malte são ativas durante a mosturação, embora a última seja mais lábil ao calor e não sobreviva muito tempo a temperaturas elevadas.

A alfa-amilase (conhecida por zoólogos como ptialina) é, evidentemente, encontrada na saliva humana, onde quebrará amidos ingeridos em dextrinas e, por fim, em maltose. A ptialina é inativada pelo pH baixo dos sucos gástricos no estômago. A enzima tem desempenhado um papel importante na evolução da cerveja, pois, para iniciar a fermentação, muitos povos indígenas antigos mastigavam a sua matéria-prima contendo amido e logo cuspiam o bolo num recipiente destinado à fermentação. Através desse método simples, material fermentável poderia ser obtido para fins de produção de cerveja.

A prática de pré-mastigar grãos para posterior alimentação de bebês, doentes ou idosos, desenvolvida muitas luas atrás, e o uso de saliva para hidrolisar o amido foi provavelmente a forma original de iniciar a fermentação. Talvez o exemplo clássico disso seja a chicha, uma bebida de muitas tribos nativas da América do Sul. Ver CHICHA. De fato, acredita-se que o próprio nome dessa bebida emana de "*chichal*", uma palavra que se traduz como "com saliva" ou "cuspir". No mais das vezes a chicha era feita a partir das culturas indígenas da mandioca e/ou milho (este último principalmente nas regiões conquistadas pelos Incas). A mastigação era o único meio de transmissão de enzimas amiolíticas para a raíz de mandioca.

Ver também ALFA-AMILASE, MALTEAÇÃO, MOSTO e MOSTURAÇÃO.

Briggs, D. E. **Malts and malting**. London: Blackie, 1998.
Briggs, D. E. et al. **Malting and brewing science, vol. 1, Malt and sweet wort**. 2. ed. London: Chapman & Hall, 1981.
Hornsey, I. S. **Brewing**. Cambridge: Royal Society of Chemistry, 1999.
Pollock, J. R. A. (Ed.). **Brewing science, vol. 1**. London: Academic Press, 1979.

Ian Hornsey

amilopectina. Este polissacárido compreende entre 65% e 85% da molécula de amido e é um polímero glucano ramificado produzido pela formação de ligações ramificadas α-(1 → 6) entre cadeias lineares de glucanos adjacentes – isto é, ligadas α-(1→4). O outro componente do amido é amilose. É a quebra desses dois componentes de amido que produz os diversos açúcares encontrados no mosto.

A distribuição de comprimentos de cadeias de glucano e o agrupamento dos pontos de ramificação na amilopectina permite às cadeias de tamanho curto a intermediário de glucano formar hélices duplas que podem acondicionar-se juntas em matrizes organizadas, e isso constitui a base da natureza semicristalina de grande parte da matriz dos grânulos de amido. A formação de grânulos de amido é regida por ambas as propriedades semicristalinas da amilopectina, tal como determinado pelo comprimento das cadeias lineares de amilopectina, e o agrupamento e a frequência de ligações ramificadas α-(1 → 6).

Quimicamente, a amilopectina tem semelhanças com o glicogênio, composto de armazenamento nos animais, e ambas as estruturas são produzidas pela mesma classe geral de enzimas (sintases de glucanos). A maioria das ligações α-(1 → 6) em amilopectina sobreviverá a um processo "normal" de produção de cerveja.

A amilopectina, que é preferencialmente quebrada durante a malteação da cevada (ou, pelo menos, o comprimento da cadeia da molécula é reduzido), tem um ponto de redução na extremidade da cadeia e vários resíduos de glicose não redutores nas extremidades das ramificações (moléculas de amilose têm resíduos de glicose redutores simples e não redutores nas suas extremidades da cadeia). Portanto, quando a solução de iodo é utilizada para um teste de conversão do amido, a amilopectina confere uma tonalidade avermelhada, enquanto a amilose dá a cor azul.

Barsby, T. L.; Donald, A. M.; Frazier, P. J. **Starch: Advances in structure and function. Special Publication 271**. Cambridge: Royal Society of Chemistry, 2001.
Briggs, D. E. **Malts and malting**. London: Blackie, 1998.
Briggs, D. E. et al. **Malting and brewing science, vol. 1, Malt and sweet wort**. 2. ed. London: Chapman and Hall, 1981.
Hornsey, I. S. **Brewing**. Cambridge: Royal Society of Chemistry, 1999.

Ian Hornsey

amilose. Os açúcares no mosto provêm da quebra de amidos contidos no malte e de quaisquer adjuntos que possam ser utilizados na mosturação. O amido pode ser separado em duas partes, amilose e amilopectina, e esses dois tipos diferentes de polímero de glicose são sintetizados simultaneamente e depois incorporados no grânulo de amido de maneiras muito diferentes. A amilose, um hidrocoloide, compreende em grande parte cadeias de glucano com ligações α-(1 → 4) não ramificadas e não parece participar da formação da parte ordenada da matriz de amido. Cerca de 30% do amido da cevada é composto por esse polímero, e, dentro do grânulo de amido, moléculas de amilose parecem estar intercaladas, numa forma helicoidal simples ou de espiral aleatória, entre moléculas de amilopectina.

As evidências sugerem que a síntese de amilose é dependente da síntese de amilopectina, e até mesmo controlada por ela.

A adequação dos amidos de cereais para os seus usos pretendidos é dependente de suas relações amilose/amilopectina. Historicamente, a amilose tem sido determinada pela medição de sua capacidade de ligação ao iodo (por exemplo, colorimetricamente). Infelizmente, o ensaio pode ser enganoso – complexos iodo-amilopectina também são formados e estes podem levar à superestimação da amilose. Existem agora métodos por meio dos quais a amilopectina pode ser sequestrada (por exemplo, ligando-a com a lectina concanavalina A), que a torna indisponível para reação com iodo. As moléculas de amilose consistem em 200 a 20 mil unidades de glicose, dependendo da fonte de amido.

Barsby, T. L.; Donald, A. M.; Frazier, P. J. **Starch: Advances in structure and function. Special Publication 271**. Cambridge: Royal Society of Chemistry, 2001.
Briggs, D. E. **Malts and malting**. London: Blackie, 1998.
Briggs, D. E. et al. **Malting and brewing science, vol. 1, Malt and sweet wort**. 2. ed. London: Chapman and Hall, 1981.
Hornsey, I. S. **Brewing**. Cambridge: Royal Society of Chemistry, 1999.

Ian Hornsey

aminoácidos. Proteínas, especialmente enzimas, ocupam uma posição única e importante no metabolismo celular, e a sua biossíntese a partir de aminoácidos é um dos aspectos menos secretos da biologia. As proteínas são construídas principalmente de cadeias lineares de aminoácidos ligados covalentemente.

Do ponto de vista da produção de cerveja, os aminoácidos livres são da maior importância durante a fermentação, na qual são a fonte de nitrogênio mais prontamente disponível para a levedura. Ver NITROGÊNIO NA FORMA DE AMINAS LIVRE (FAN). Eles derivam do malte e do mosto e são críticos para o desempenho da fermentação e a qualidade da cerveja. A assimilação de aminoácidos do mosto envolve uma série de enzimas permeases: uma permease geral de largo espectro (PAG) e várias específicas para aminoácidos individuais. Dezesseis sistemas de transporte de aminoácidos diferentes foram identificados em levedura (doze sendo constitutivos e quatro, incluindo a PAG de alta afinidade, sendo regulados por fontes de nitrogênio já presentes no mosto – chamado repressão catabólica de nitrogênio).

Um mosto típico puro malte contém cerca de dezenove aminoácidos e estes são assimilados pela levedura em taxas diferentes. Para alcançar uma fermentação boa e rápida, o conteúdo de α-aminoácidos do mosto não deve ser menor do que 100 mg L^{-1}, preferencialmente na região dos 150 a 200 mg L^{-1}. Também deve haver um equilíbrio de aminoácidos para a utilização pela levedura. Nutrientes comerciais para levedura muitas vezes fornecem traços de zinco e uma gama de aminoácidos.

Boulton, C. A.; Quain, D. E. **Brewing yeast and fermentation**. Oxford: Blackwell, 2001.

Hornsey, I. S. **Brewing**. Cambridge: Royal Society of Chemistry, 1999.

Ian Hornsey

A **Amstel, Cervejaria**, foi a hoje extinta concorrente da Heineken, localizada perto do centro de Amsterdã, na Holanda. Ela abriu as suas portas na Mauritskade, Amesterdã, em 11 de junho de 1870, como De Pesters, Kooy & Co. Dois anos mais tarde sua produção anual de *pilsner* tinha subido para 10 mil hectolitros e, em 1890, ela foi renomeada "Beijersch Bierbrouwerij De Amstel" (A Cervejaria Bávara Amstel), em homenagem ao rio localizado nas proximidades. O resfriamento para a maturação da sua *pilsner* era possibilitado pela coleta de gelo de canais próximos durante o inverno e seu armazenamento em adegas especiais feitas com paredes duplas para proporcionar resfriamento suficiente durante os meses mais quentes. A Amstel foi adquirida pela rival Heineken em 1968, e sua cervejaria localizada em Mauritskade foi demolida em 1982. Apenas permanecem a sede (agora usada como faculdade) em Mauritskade, que data de 1930, e uma linha de produtos de cervejas usando o nome Amstel. Sua *pilsner* frutada agora é produzida utilizando a sua própria cepa de levedura na fábrica da Heineken, em Zoeterwoude, enquanto as suas cervejas especiais (por exemplo, a *bock*) são produzidas em Den Bosch. As cervejas Amstel, embora direcionadas aos bebedores de cerveja habituais, são tipicamente mais pronunciadas em caráter que as suas análogas da Heineken. As cervejas experimentais são frequentemente lançadas sob o nome Amstel para evitar manchar a imagem da Heineken caso não obtenham sucesso. A Amstel Bock foi a primeira cerveja *bock* produzida na Holanda, quando foi lançada como uma cerveja de "Inverno" em 1872, e é amplamente considerada a "referência" para a variação holandesa desse estilo. O mercado americano só está familiarizado com a Amstel Light (teor alcoólico de 3,5% ABV), uma *lager* de baixas calorias introduzida pela Heineken em 1980. Ela continua a ser uma marca estrangeira líder no segmento de cervejas *light* nos Estados Unidos.

Ver também HEINEKEN.

Derek Walsh

analisador de cerveja é o nome dado a um grupo de equipamentos comercializados com a finalidade de analisar vários parâmetros da cerveja (e do mosto). Desse grupo, o mais conhecido é o Scaba, um sistema lançado pela primeira vez em 1979 que mede densidade, teor alcoólico, pH e cor. O instrumento fornece, portanto, informações já calculadas quanto ao extrato real, extrato aparente, teor alcoólico, fermentação aparente e fermentação real.

Charles W. Bamforth

análise refere-se às medições feitas em matérias-primas, fluxos de processamento e produtos acabados. A análise é fundamental para se produzir uma cerveja de forma consistente e dentro das especificações. Na verdade, essas especificações são desenvolvidas com base em métodos analíticos adequados e confiáveis.

Na indústria cervejeira, existem dois grandes conjuntos de métodos analíticos padronizados. Estes são os métodos da European Brewery Convention e da American Society of Brewing Chemists (ASBC). Os métodos dentro desses compêndios abordam os atributos químicos, microbiológicos, físicos e sensoriais das matérias-primas, fluxos de processamento e cerveja. Eles são rigorosamente avaliados pela sua confiabilidade, de modo que, se o mesmo método for utilizado em laboratórios diferentes com a mesma origem da amostra, seria de esperar que esses laboratórios chegassem ao mesmo valor. Se um determinado laboratório não gerar um valor de acordo com os dos outros laboratórios, isso significaria que ele tem um problema a resolver. Esses tipos de "análise em círculos" são amplamente utilizados nas empresas de maior porte para garantir que todos os laboratórios estejam gerando números confiáveis. A análise em círculos também pode ser realizada entre grupos de diferentes empresas, e, de fato, a ASBC opera um serviço desse tipo.

A análise pode ser realizada por equipes treinadas da área de controle de qualidade, embora os procedimentos mais simples possam ser realizados "nas linhas de processo" pelos operadores que estão executando os processos da cervejaria. Além disso, a análise também pode ser realizada *"in-line"* (inserida no processo) por sensores específicos que transmitem valores analíticos, quer para uma tela de computador para serem interpretados, quer para um sistema de controle de *feedback* que irá corrigir qualquer desvio dos valores desejados e recolocar o processo "dentro das especificações" em tempo real.

American Society of Brewing Chemists. **Methods of Analysis**. CD-Rom, 2009.
Bamforth, C. W. **Standards of Brewing**. Boulder: Brewers Publications, 2002.

Charles W. Bamforth

Anchor Brewing Company é uma cervejaria artesanal de São Francisco, Califórnia, que produz *sSteam beer*, um dos poucos estilos de cerveja americanos (ver STEAM BEER). A Anchor tem sido tanto uma inspiração quanto uma influência para a indústria de cerveja artesanal, especialmente em seus primeiros dias.

A Anchor Brewery é a única cervejaria de São Francisco remanescente da época da corrida do ouro, tendo sido originalmente fundada por George Breckle, por volta de 1874, com o nome de Golden City Brewery, na Pacific Street. Em 1896, ela foi comprada pelo cervejeiro alemão Ernst F. Baruth, junto com o seu genro Otto Schinkel Jr., e renomeada Anchor Brewery. Depois de ser destruída pelo terremoto de 1906, ocorrido em San Francisco, a cervejaria foi reconstruída na 18th e Hampshire Street.

Logo após a reabertura, depois da revogação da Lei Seca em 1933, o fogo consumiu a cervejaria e ela foi novamente reconstruída nas 17th e Kansas Street e em 1961 mudou-se novamente para a 8th Street. A cervejaria passou por dificuldades sob vários proprietários até 1965, quando foi quase fechada. Nessa mesma época, Fritz Maytag acabara de graduar-se em Stanford e era fã da *steam beer*, que ele apreciava em seu restaurante favorito de North Beach, o The Old Spaghetti Factory. Ver MAYTAG, FRITZ. Quando Fred Kuh, o proprietário do restaurante, comentou com o jovem herdeiro do império das máquinas de lavar Maytag sobre a condição da cervejaria, Maytag fez uma visita à cervejaria e acabou comprando uma participação majoritária na mesma.

Quando comprou a Anchor Brewery, em 1965, ela era uma das dezenas de cervejarias regionais que lutava para competir contra as grandes marcas nacionais. Maytag passou os anos seguintes aprendendo tudo o que podia sobre a produção de cerveja. Ele visitou cervejarias na Inglaterra, estudou textos antigos e investigou a *steam beer*, um dos poucos estilos de cerveja originais dos Estados Unidos. A Anchor começou a engarrafar a sua versão atual da *steam beer* em 1971, esforçando-se para reproduzir a cerveja da forma como era produzida antes da Lei Seca, pois a receita e as instruções se perderam em 1933. Esse acontecimento marcou o início de uma produtiva e inovadora década.

Em 1974, a Anchor engarrafou sua primeira *porter* e embora a *porter* seja originalmente uma cerveja de estilo inglês, nenhum cervejeiro na Inglaterra estava produzindo esse estilo. Então, eles lançaram a lupulada Liberty Ale, uma cerveja sem precedentes, em 18 de abril de 1975, para comemorar o 200º aniversário da Cavalgada de Paul Revere. Ela foi uma das primeiras cervejas a usar lúpulo Cascade, hoje a variedade de lúpulo mais popular entre os cervejeiros artesanais.

A primeira Anchor Christmas Ale, uma *brown ale*, veio no mesmo ano. Pouco tempo depois, eles começaram a criar uma nova receita, normalmente condimentada, e um novo rótulo com uma árvore desenhada à mão a cada ano. A Old Foghorn, a primeira cerveja estilo *barley wine* a ser produzida nos Estados Unidos em tempos modernos, estreou no ano seguinte.

Em 1979, quando ficou grande demais para a cervejaria da 8th Street, ela foi transferida para a sua localização atual, em Mariposa Street, em uma antiga torrefadora de café construída em 1937 na vizinha Potrero Hill. Em 1984, para comemorar seu quinto aniversário no novo local, eles produziram uma cerveja de trigo que, possivelmente, foi a primeira cerveja de trigo americana desde a Lei Seca. Eles também desenvolveram uma série de projetos de cervejas especiais, incluindo o Sumerian Beer Project para fazer a cerveja Ninkasi, baseada em uma receita suméria de 4 mil anos, e uma cerveja de abeto, baseada em receitas coloniais. Em 1993, a Anchor ganhou uma destilaria, onde produz uísque de centeio e gim.

No final de abril de 2010, Maytag anunciou a venda da cervejaria, juntamente com a destilaria, para o Griffin Group de Novato, Califórnia. O Griffin Group[4] é uma empresa de investimentos de propriedade de Keith Greggor e Tony Foglio, que têm uma vasta experiência no mercado de bebidas alcoólicas, principalmente com destilados como Skyy Vodka.

Jay R. Brooks

Andechs é um mosteiro beneditino (*Kloster*, em alemão) localizado no topo de uma montanha apropriadamente conhecida como Holy Mountain ("montanha sagrada"), com vistas para o lago Ammersee, vizinho à cidade de Munique, na Alemanha. Kloster Andechs ostenta uma majestosa basílica barroca cuja fama compete com a da cervejaria monástica. A Klosterbrauerei produz diversos tipos de cerveja bávara, todas bem reputadas, dentre elas uma *weissbier* com 5,5% ABV e uma *helles* com 4,8% ABV. Entretanto, a cerveja mais famosa de Andech é provavelmente sua *doppelbock* com 7,1% ABV, uma interpretação moderna do "pão líquido" medieval dos monges. Na Baviera, a *doppelbock* é um estilo sazonal fabricado somente no final do inverno para o período da Quaresma, mas em Andechs ela é produzida durante todo o ano. Andechs é uma cervejaria que engarrafa seus produtos, mas há também no mosteiro um *beer hall* e um *beer garden* com uma vista espetacular, de onde é possível avistar a distância até mesmo os picos nevados dos Alpes em um dia claro de verão. Há evidências da produção de cerveja por monges em Andechs que datam do século XII, quando o local se tornou um mosteiro. Em 1455, tornou-se uma abadia beneditina, mesmo ano em que adquiriu oficialmente o direito de produzir cerveja. Por volta dessa mesma época, a igreja, cuja construção foi iniciada em 1430, tornou-se destino de peregrinação, e o local passou então a ser chamado de Holy Mountain. A basílica foi danificada por tropas suecas durante a Guerra dos Trinta Anos (1618-1648) e, em 1669, um raio causou mais estragos. Ela conserva sua forma atual desde 1675, ano de sua reconstrução. Hoje as cervejas de Andechs são produzidas em uma cervejaria moderna de alta tecnologia que opera desde 1984, localizada abaixo do antigo mosteiro e do *beer garden*.

Ver também MUNIQUE.

Andechs. Disponível em: http://www.andechs.de/. Acesso em: 29 jan. 2011.
Kloster-Andechs. Disponível em: http://www.destination-munich.com/kloster-andechs.html/. Acesso em: 29 jan. 2011.

Horst Dornbusch

Anheuser, Eberhard (1805-1880) foi o cofundador do que viria a ser a Anheuser-Busch Brewing Company (ver ANHEUSER-BUSCH e INBEV) em St. Louis, Missouri, fabricantes da cerveja americana *Budweiser*.

Anheuser nasceu em Bad Kreuznach, uma cidade no oeste da Alemanha ao longo do rio Nahe, um afluente do rio Reno. Com seus dois irmãos, ele imigrou para os Estados Unidos e se estabeleceu em St. Louis, Missouri, em 1842. Sendo por profissão um fabricante de sabão e vela, fundou uma fábrica de sabão bem-sucedida e enriqueceu.

Por volta de 1859, Anheuser se tornou um dos principais credores da falida Bavarian Brewing Company fundada por George Schneider menos de dez anos antes. Schneider não pôde pagar Anheuser, que adquiriu a cervejaria para liquidar a dívida e começou a administrar a empresa, renomeando-a E. Anheuser & Co. Embora não fosse mestre cervejeiro, Anheuser era um astuto homem de negócios e tinha os meios e os recursos necessários para manter a cervejaria em funcionamento.

Em março de 1861, Lilly, a filha de 17 anos de Anheuser, se casou com Adolphus Busch, dono de uma bem-sucedida companhia de suprimentos para cervejarias. No mesmo dia, seu irmão mais velho Ulrich se casou com Anna, outra filha de Eberhard Anheuser.

Poucos anos depois, Adolphus Busch juntou-se ao sogro na cervejaria, comprando uma participação na empresa em 1865. Quando Eberhard Anheuser faleceu, em 1880, Busch se tornou presidente, e a cervejaria tornou-se conhecida como Anheuser-Busch Brewing Association.

Jay R. Brooks

---

4 Em 2017, o grupo japonês Sapporo adquiriu a Anchor Brewing. [N.E.]

Anheuser-Busch, a lendária cervejaria americana cujas raízes remontam a 1852, deixou de existir como uma entidade independente quando foi adquirida em uma aquisição hostil, em 2008, pela gigante cervejeira belga InBev. Ver INBEV. A nova empresa se chama Anheuser-Busch InBev, com sede em Leuven, Bélgica. Ela é atualmente o maior grupo cervejeiro do mundo, com vendas anuais, no momento da fusão, de 36,4 bilhões de dólares, aproximadamente 25% do mercado mundial de cerveja. A antiga A-B agora opera como Anheuser-Busch Companies, Inc, com sede em St. Louis, Missouri.

História

Adolphus Busch era um carismático, poliglota e muito ambicioso imigrante alemão que chegou em St. Louis, em 1857, com 18 anos de idade. Após dois anos como vendedor de uma empresa de suprimentos para cervejaria, ele começou a sua própria empresa em 1859. Isso o aproximou da indústria cervejeira de St Louis.

Nessa época, Eberhard Anheuser, um bem-sucedido fabricante de sabão local, tinha adquirido o controle da falida Bavarian Brewery. No decorrer das suas visitas comerciais, Busch se tornou amigo de Anheuser e também da sua jovem e bela filha, Lilly. Ao casar-se com ela, em 1861, Busch se juntou à família e depois comprou uma participação no negócio, que foi rebatizado como Anheuser-Busch Brewing Association, em 1879. Quando Anheuser morreu, em 1880, Adolphus Busch tornou-se presidente. Na época, a cervejaria produzia cerca de 4.680 hectolitros por ano. Nos 41 anos que se seguiram, Busch conseguiu transformá-la em uma das maiores cervejarias do mundo, e tornou-se o maior barão da cerveja da época.

Busch foi um dos primeiros empreendedores a vislumbrar e criar uma marca nacional nos Estados Unidos, uma tarefa duplamente difícil devido à natureza extremamente perecível do produto. Como todos os empresários de visão, Busch foi rápido em adotar as tecnologias emergentes da época e apoiar o desenvolvimento daqueles que ele julgava úteis para o seu plano.

Busch foi um dos muitos alemães ligados à produção de cerveja a chegar aos Estados Unidos em meados do século XIX. Antes disso, pouca cerveja era consumida no país (cerca de 4 litros *per capita* em 1800) e uma vasta área da nação – especialmente o Sul – estava quase desprovida de cerveja. No início da história dos Estados Unidos, devido ao clima, solo e dificuldade de transporte, as bebidas destiladas eram mais baratas e mais práticas do que a cerveja. Tudo isso mudou com o impulso da área mais fértil da nação e com a chegada de imigrantes alemães amantes da cerveja, como Adolphus Busch, a partir da década de 1830.

Armado com uma personalidade formidável e uma ética de trabalho feroz, Busch foi capaz de construir uma sofisticada operação para a produção de cerveja, juntamente com uma rede de vendas e distribuição que cobria boa parte do país.

Adolphus Busch foi fundamental para o desenvolvimento de vagões ferroviários refrigerados, por volta de 1874, mesmo antes da sua adoção pela emergente indústria frigorífica de Chicago. Ele criou uma extensa rede de depósitos de gelo no Sul e Oeste a partir da qual os vagões eram reabasteciam. Com o engarrafamento mecanizado e o processo de pasteurização desenvolvido por Louis Pasteur, em 1860, a cerveja de Busch podia chegar, em boas condições, a qualquer grande mercado. Ver PASTEUR, LOUIS. Adolphus Busch fez um grande estardalhaço quando enviou uma cerveja Budweiser para a Europa e a trouxe de volta, desafiando qualquer um a distinguir uma cerveja fresca de outra que viajara pelo mundo. Em 1901, A-B alcançara 1,17 milhão de hectolitros em vendas, e estava exportando cerveja ao redor do globo.

A tempestade que se aproximava com a Lei Seca estava rodando ferozmente no final do século XIX, e acelerou com a chegada do século XX, conforme crescia o sentimento antialemão às vésperas da Primeira Guerra Mundial. Ver LEI SECA. Como muitas cervejarias, a Anheuser-Busch pouco fez em relação aos crimes e padrões morais inapropriados que assolavam os bares de que era proprietária, e isso alimentou o movimento contrário aos bares. Em 1919, o Ato Volstead tornou-se lei, apesar do estridente *lobby* de Busch nos mais altos níveis do governo, e a Lei Seca começou.

A Lei Seca fechou muitas cervejarias e foi enormemente prejudicial para todo o resto, mas a A-B tinha recursos extensos e muitos negócios além da cerveja para ajudá-la a sobreviver: motores diesel, xarope de milho, sorvete e até mesmo uma estrada de ferro. Tal como aconteceu com a maioria dos cervejeiros, a A-B comercializava uma *near beer* (Bevo) e vendia grandes quantidades de xarope de malte

Gravura da casa de malte Anheuser-Busch em St. Louis, c. 1850. PIKE MICROBREWERY MUSEUM, SEATTLE, WA.

e levedura, boa parte dos quais acabava nos copos dos cervejeiros caseiros americanos. Ver NEAR BEER. Assumindo o controle da cervejaria após a morte de Adolphus, em 1913, August Busch Sr. dirigiu a empresa nos difíceis tempos da Lei Seca e manteve a cervejaria relativamente forte em comparação com os seus concorrentes. Em 1934, desgastado e gravemente doente, August Sr. tirou a própria vida. Adolphus Busch III assumiu o controle.

A década que se seguiu foi um período de reconstrução. O público consumidor foi profundamente alterado pela Lei Seca. Coquetéis à base de bebidas destiladas ganharam uma elegância moderna; a cerveja era cada vez mais vista como antiquada, ou pior, como algo que engordava. O antigo sistema dos bares tinha sido rompido, mas nada legítimo ocupara o seu lugar. A Segunda Guerra Mundial foi outra interrupção e trouxe mais mudanças para o público consumidor. O consumo de cerveja não alcançaria os níveis anteriores à Lei Seca até os anos de 1970. Em 1946, Adolphus Busch III morreu e o impetuoso August II, conhecido como "Gussie", assumiu os negócios.

As décadas de 1950 e 1960 foram um período de lento crescimento e enorme concorrência de preços. Em 1957, a Budweiser vendeu mais que a sua rival Schlitz, tornando-se a marca de cerveja número um dos Estados Unidos. A maioria das cervejarias regionais dos Estados Unidos abandonou o negócio até o início da década de 1970, deixando menos de cem cervejarias em operação nos Estados Unidos. A impressionante implosão da grandiosa marca Schlitz, no final da década de 1970, decorrente da tecnologia inferior e de relações públicas ruins, permitiu à A-B conquistar uma boa parte da participação de mercado da Schlitz, mas, apesar disso, a A-B não estava no melhor da sua saúde.

Os lucros estavam em queda, e com August II, a Anheuser-Busch estava sob o comando de um líder cada vez mais inflexível e sem foco. Embora Busch tivesse nomeado Richard Meyer como presidente em 1971, manteve-se como CEO e não largava as rédeas. A empresa precisava desesperadamente de técnicas modernas de gestão e marketing. Em 1974, August III foi nomeado presidente e começou a tramar um golpe, depondo seu pai e assumindo a empresa no ano seguinte. Seu pai nunca perdoaria a traição. August III montou uma equipe de executivos com MBAs e especialistas em marketing e, estimulado pelas táticas de marketing agressivo dos concorrentes, especialmente a Miller, o jovem Busch investiu em publicidade de mídia e patrocinios esportivos em níveis nunca vistos no negócio de cerveja. No seu auge, em 2007, a A-B gastou 1,36 bilhão de dólares em marketing, cerca de um terço desse valor em publicidade de mídia.

A Miller Brewing Company surgiu como arquirrival da A-B, e a competição ficou muito pessoal. Ver SABMILLER. Dizia-se que o presidente da Miller, John Murphy, mantinha um boneco de vodu com o nome "August" em seu escritório. Batalhas foram travadas nos tribunais, nos meios de comunicação e na Comissão de Comércio Federal sobre ingredientes, lascas de madeira de faia, *light beer* encorpada demais e a alegação de publicidade enganosa da marca alemã Löwenbräu, produzida por contrato pela Miller para o mercado norte-americano.

Infelizmente para a A-B, a Miller Lite, lançada em 1975, fez um enorme sucesso no mundo da cerveja. A A-B não estava preparada e relutou em levar sua marca principal, a Budweiser, para esse mercado, sentindo que a moda da cerveja *light* rapidamente passaria. Somente em 1982 ela lançou a Budweiser Light, mais tarde abreviada para Bud Light. Recebendo total atenção da empresa e grandes quantias de dinheiro, a Bud Light finalmente superou a Miller Lite em 1997. O aspecto negativo foi que grande parte do crescimento da Bud Light veio à custa da sua principal cerveja, a Budweiser, e em 2004 as vendas da Bud Light ultrapassaram as da Budweiser.

Em 2006, August Busch IV foi nomeado presidente e CEO, sucedendo Patrick Stokes, o primeiro CEO que não era da família e que dirigira a empresa desde 2002. Busch IV continuou até 2008, pouco antes da aquisição pela InBev, e ainda mantém um assento no conselho de diretores. Dave Peacock é o atual presidente e CEO da Anheuser-Busch Companies, Inc, respondendo a Luiz Fernando Edmond, presidente do setor norte-americano da Anheuser-Busch InBev's.

Controvérsias

Adolphus Busch parecia um homem suficientemente honesto para os padrões dos barões industriais do século XIX, mas há registros documentados de suas tentativas de fixar preços em um acordo de cavalheiros com a Pabst e talvez outros, e seu prazer em esmagar a concorrência era lendário.

Já na década de 1930, a empresa foi acusada de práticas comerciais desleais, na sua maioria relacionadas ao oferecimento gratuito de produtos aos varejistas, uma prática regulamentada ou proibida na maioria dos estados. Acusações, condenações e acordos judiciais ocorreram ao longo das décadas. Em 1977, a empresa admitiu o "questionável pagamento" de 2,6 milhões de dólares, pagando ao governo 750 mil dólares após um acordo judicial e prometendo acabar com a prática.

No final da década de 1980, a A-B foi criticada por publicidade que parecia promover a cerveja para menores de idade, mais notoriamente usando o personagem de "Party Animal" Spuds McKenzie, um cachorro pequeno, mas briguento. O filhote foi aposentado, mas as preocupações com o consumo de bebidas por jovens voltam à tona de tempos em tempos, especialmente sobre bebidas de malte flavorizadas, cujos sabores similares aos de refrigerantes parecem feitos especialmente para os jovens. A empresa lançou uma campanha pelo consumo responsável "Know When to Say When" ("Saiba Quando Dizer Quando"), em 1985.

Em 1996, incomodada pelo sucesso da marca Sam Adams, da Boston Beer Company, a A-B lançou uma série de ataques publicitários, questionando as raízes de Boston da Sam Adams, e tentou em vão incitar os reguladores de rótulos em linhas similares. A Boston Beer revidou e acabou ganhando, mas as brigas prejudicaram as vendas da Sam Adams por vários anos.

Em 1998, a A-B emitiu um mandato para os seus distribuidores chamado de "100% Share of Mind", que pressionava pela exclusão – muitas vezes a preços de queima de estoque – de marcas que não eram da A-B do portfólio dos vendedores. A ideia por trás disso era que sem essas distrações os distribuidores poderiam dar total atenção às marcas A-B. Os cervejeiros vêm aplicando pressões semelhantes aos distribuidores há décadas, mas este provou ser um programa muito controverso, além de impopular. Com o estreitamento das margens de lucro e o declínio das marcas populares de cerveja, o controle da A-B sobre os atacadistas não é mais o que costumava ser, e a política não está mais em vigor.

Como acontece com qualquer dinastia familiar, os Busch tiveram o seu quinhão de escândalos e segredos profundos e obscuros ao longo dos anos. Em 1991, a Avon Books publicou *Under the Influence*, um livro não autorizado de Peter Hernon e Terry Ganey sobre a família e seu papel na empresa, com cinco décadas de íntimos assuntos de família relatados para o mundo ler. Ele rapidamente se tornou um *best-seller*.

Marcas

Antes da Lei Seca, a A-B fazia uma gama de cervejas de diferentes cores, teores alcoólicos e preços, incluindo a Anheuser-Busch Standard, Original Budweiser, Pale Lager, Exquisite, Old Burgundy e Faust. Muitas já foram esquecidas, apesar da tentativa ocasional de reanimar marcas como a Faust.

O produto mais vendido é a Budweiser, nome oriundo de uma cidade cervejeira da Boêmia tcheca chamada České Budějovice. A Budweiser foi uma das primeiras cervejas claras e secas, produzida com uma proporção de adjuntos – nesse caso, o arroz – que afinam o corpo e domam o elevado teor de proteínas inerentes das cevadas norte-americanas.

A Bud Light é uma importante extensão de marca, tendo ultrapassado as vendas da Budweiser em 2004. Ela foi desdobrada em uma constelação de outras marcas, como Chelada (feita com Clamato, uma bebida à base de suco de tomate e flavorizada com amêijoa), Bud Light Lime e Bud Light Golden Wheat. A Budweiser American Ale foi lançada em 2008, na tentativa de capturar algumas credenciais de cerveja artesanal para a marca principal.

Michelob (nome também oriundo de um centro tcheco de produção de cerveja) é definida como uma marca "*ultrapremium*", produzida pela primeira vez em 1901 apenas em chope direcionada aos melhores restaurantes e clubes. Em 1961 ela foi engarrafada pela primeira vez em uma distinta garrafa cônica. Embora a Michelob tenha gerado boas vendas para a A-B, ela nunca foi uma grande vendedora, fracassando ao competir contra marcas importadas, como a Heineken, no mercado norte-americano.

A Michelob também serve de plataforma para as cervejas mais "experimentais" da empresa – a Michelob Light precedeu a Bud Light em quatro anos. Hoje em dia, Michelob é o nome de uma linha de cervejas com apelo artesanal que inclui Amber Bock, Pumpkin Spice e outras cervejas sazonais, além da mais cara das *light beers*, a Michelob Ultra. Uma *witbier* de estilo belga chamada Shock Top faz parte do grupo, mas sem o nome Michelob ligado a ela. Embora bem-sucedidos em alguns mercados, esses produtos parecem não ter atingido os consumidores interessados nas cervejas artesanais genuínas e com mais caráter dos cervejeiros independentes.

A Bud Select foi introduzida em 2005 em um domingo de Superbowl. A posição de marketing original era pouco clara, embora esforços posteriores tenham indicado que o produto tinha menor teor de carboidratos e calorias que a Bud original. Agora ela é a porta-estandarte de leveza, com a Budweiser Select 55.

A A-B também produz cervejas de baixo preço, sendo as mais importantes as cervejas de "preço popular" Busch e Busch Light. Lançada em 1955 como Busch Bavarian, o nome foi reduzido para Busch em 1979. Outro produto de baixo preço, Natural Light, foi introduzido em 1977.

Ao longo dos anos, a A-B tem introduzido produtos *dry*, *ice*, de baixo teor de carboidratos e outros mais especializados, alguns deles fabricados e embalados com o objetivo de se parecerem com os produtos da Miller, supostamente na esperança de roubar alguma participação do seu rival. Na última década, a A-B tem flertado com bebidas que possuem sabor de malte, também conhecidas como "*alco-pops*", com resultados de vendas que talvez não valessem a controvérsia. A A-B produz um licor de malte, King Cobra, mas nunca teve grande participação na categoria. Ver BEBIDA DE MALTE FLAVORIZADA.

Um grande negócio

Nos Estados Unidos, a A-B possui doze fábricas de cerveja: St. Louis; Newark, Nova Jersey; Los Angeles; Houston; Columbus, Ohio; Jacksonville, Flórida; Merrimack, New Hampshire; Williamsburg, Virgínia; Fairfield, Califórnia; Baldwinsville, Nova York; Fort Collins, Colorado; e Cartersville, Geórgia. As marcas da A-B detêm 48,5% do mercado norte-americano (2008), pouco menos de 120 milhões de hectolitros.

A A-B tem grandes interesses fora dos Estados Unidos. Budweiser/Bud é uma marca forte e em crescimento nas Ilhas Britânicas, China, Brasil e em outros lugares. Além disso, a A-B funciona como um parceiro de distribuição para uma série de marcas importadas para o mercado norte-americano.

A A-B também detém algumas participações no mercado de cerveja artesanal. Em abril de 2010, a A-B adquiriu 100% do direito de propriedade da Goose Island Brewing, de Chicago. A A-B também possui 25% da Red Hook Ale Brewery, bem como 40% da Craft Brewers Alliance (anteriormente Widmer Brothers Brewing), que detém 100% da

Kona Brewing Co. e 49% da Coastal Brewing (marcas Old Dominion e Fordham). A maioria das cervejarias artesanais proeminentes foram abordadas com propostas de participação acionária pela A-B, e o envolvimento da A-B InBev no setor artesanal provavelmente crescerá ao longo do tempo.

A A-B também tem parcerias nacionais e internacionais com outros fabricantes de cerveja. É proprietária de 50% do mexicano Grupo Modelo (famoso pela marca Corona) e, até recentemente, 7% da cervejaria chinesa Tsingtao, que já foi vendida.

Além das fábricas de cerveja, a A-B investiu em significativa integração vertical e, no momento da fusão, possuía oito silos de cevada, cinco fábricas de latas de alumínio, três maltarias, três empresas de sementes, duas fazendas de lúpulo, dois moinhos de arroz, duas fábricas de garrafa, uma empresa de vagões e uma estrada de ferro, além de vários outros negócios afins, como empreendimentos de reciclagem.

Em 1959, a A-B formou a Busch Entertainment Corporation para administrar várias atrações dos Busch Gardens, que tinham crescido além do gosto familiar por jardins vistosos e fazendas de fantasia. Em 1989, a A-B adquiriu os parques Sea World, eventualmente, tornando-se o quinto maior operador de parques de diversões do mundo. Após a fusão com a InBev, essa divisão foi vendida para o The Blackstone Group.

Após a fusão

Na época da fusão, em 2008, a empresa esperava 1,5 bilhão de dólares em "sinergias" pós-fusão. Para chegar a esses ganhos de eficiência, a nova administração cortou cerca de 1.600 postos em St. Louis até o início de 2010. Como é típico em aquisições desse tipo, os custos estão sendo cortados. Tamanho dos escritórios, pensões e seguros dos funcionários, jatos corporativos, *smartphones*, contas a pagar, despesas de publicidade e muitas outras áreas foram alvos de aperfeiçoamento a fim de aproveitar as eficiências pós-fusão e liquidar a enorme dívida contraída com a aquisição.

Ver também ANHEUSER, EBERHARD, BUDWEISER e BUSCH, AUGUST IV.

Hernon, P.; Ganey, T. **Under the influence**: the unauthorized story of the Anheuser-Busch dynasty. New York: Simon & Schuster, 1991.

Ogle, M. **Ambitious brew**. Orlando: Harcourt, 2006.

Plavchan, R. **A history of Anheuser-Busch, 1852–1933**. New York: Ayer, 1975.

Randy Mosher

Anheuser-Busch InBev é a maior empresa cervejeira do mundo, sendo resultado de uma aquisição hostil da gigante cervejeira americana Anheuser-Busch pela cervejaria belga InBev, em 2008. Ver ANHEUSER-BUSCH e INBEV.

No final de junho de 2008, a InBev fez uma oferta de 65 dólares por ação para adquirir a Anheuser-Busch. Essa oferta foi rapidamente rejeitada pela A-B. Depois de controversas negociações e manobras nas duas semanas seguintes, a InBev aumentou sua oferta para 70 dólares por ação, que foi aceita pelos acionistas da Anheuser-Busch em meados de julho de 2008. O preço total que a InBev pagou pela A-B foi de aproximadamente 52 bilhões de dólares.

A Anheuser-Busch InBev (ABI) teve uma receita total de 36,8 bilhões de dólares em 2009 e emprega 120 mil pessoas em todo o mundo. A empresa mantém sua sede em Leuven, Bélgica. As ações da ABI são negociadas na Euronext Stock Exchange (*ticker*: ABI), em Bruxelas, e têm uma listagem secundária na New York Stock Exchange (*ticker*: BUD).

No início de 2011, o CEO era o brasileiro Carlos Brito, que se juntou à AmBev em 1989 e tornou-se seu presidente em 2004. Após a fusão AmBev/Interbrew, em agosto de 2004, ele chefiou a divisão da América do Norte antes de se tornar CEO da InBev, em dezembro de 2005, posição que ele manteve após a reestruturação da ABI.

A empresa divide seus negócios internacionais em seis "zonas operacionais", que consistem na América do Norte, norte da América Latina, sul da América Latina, Europa Ocidental, Europa Central e Oriental e Ásia. A empresa possui e opera 152 fábricas de bebidas em todo o mundo, incluindo 138 cervejarias em 15 países. Dessas, 19 estão na América do Norte, 55 na América do Sul, 39 na Europa e 35 na Ásia.

A ABI possui mais de duzentas marcas de cerveja, as quais comercializam em trinta países. Ela é líder de mercado em pelo menos dez países, está em segundo lugar em outros dez e em terceiro em mais cinco.

Ela considera que três de suas marcas mais populares são globais: Beck's, Budweiser e Stella Artois. Caracterizam as marcas belgas Hoegaarden e Leffe como marcas multinacionais e referem-se à Brahma (popular cerveja brasileira, disponível em vinte países), à Bud Light (responsável por metade das vendas de cervejas *light* nos Estados Unidos), à Chernigivske (a cerveja mais popular na Ucrânia), à Harbin (uma marca chinesa), à Jupiler (cerveja mais popular da Bélgica), à Klinskoye (a segunda cerveja mais vendida na Rússia), à Michelob (a quarta cerveja *premium* mais vendida nos Estados Unidos), à Quilmes (cerveja mais vendida da Argentina), à Sedrin (outra marca chinesa), à Siberian Crown (uma popular marca russa) e à Skol (a cerveja mais vendida do Brasil e a quarta do mundo) como "joias locais".

Outras marcas conhecidas que a ABI detém incluem Alexander Keith, Antarctica, Bass, Belle Vue, Boddingtons, Bohemia, Diebels, Franziskaner, Labatt, Kokanee, Löwenbräu, Oranjeboom, Spaten, Staropramen e St. Pauli Girl.

No Reino Unido, a ABI também tem licença ou exclusividade sobre acordos de engarrafamento para a Castlemaine XXXX, Estrella-Damm e Tennent's.

Além de suas próprias fábricas de cerveja, a ABI também tem uma participação de 50% na subsidiária operacional da maior cervejaria do México, o Grupo Modelo, fabricante da popular cerveja Corona.

Macintosh, J. **Dethroning the king**: the hostile takeover of Anheuser-Busch, an American icon. New York: John Wiley & Sons, 2.011.

Jay R. Brooks

antiespumantes são, muitas vezes, agentes adicionados pelos cervejeiros no mosto sob fervura, ou na cerveja em fermentação, a fim de reduzir a espessura da camada de espuma formada no topo do mosto. O agente antiespumante tem a forma de um material líquido siliconado que funciona reduzindo a tensão superficial do mosto. A redução da tensão superficial também previne a liberação de componentes positivos da espuma no mosto, melhorando a formação de espuma na cerveja pronta. Na tina de fervura, os agentes antiespumantes ajudam a prevenir transbordamentos perigosos. Quando usado no fermentador, a redução da camada de espuma oferece a vantagem de aumentar a capacidade do recipiente. Tanques típicos de fermentação exigem até 30% de espaço livre acima do nível do líquido, especialmente quando fermentações vigorosas de *ales* são empregadas. Outras vantagens podem incluir a melhor utilização do lúpulo devido à redução na perda de amargor associada à espuma e facilidade de limpeza dos recipientes. Agentes antiespumantes à base de silicone são removidos durante a etapa de filtração e/ou centrifugação e não devem existir na cerveja pronta.

Ver também espuma.

Steve Parkes

antioxidantes são naturalmente encontrados na cerveja e podem ter um efeito positivo na saúde. Um antioxidante é uma substância que protege contra a oxidação de outras moléculas. A oxidação é definida como a perda de elétrons. Os antioxidantes funcionam interferindo na retirada de elétrons das moléculas. Eles podem fazer isso por eles mesmos sendo preferencialmente oxidados, impedindo, assim, que outros materiais sejam oxidados; bloqueando a ação dos sistemas de oxidação; ou doando elétrons. Os antioxidantes podem ser endógenos (isto é, nativos das matérias-primas da produção de cerveja), exógenos (isto é, adicionados), ou ambos.

Exemplos de antioxidantes endógenos são os polifenóis (tais como a catequina), ácidos fenólicos (por exemplo, ácido ferúlico), e os produtos da reação de Maillard e enzimas (particularmente superóxido dismutase, catalase e peroxidases). Ver fenólico, polifenóis e reação de maillard. Os antioxidantes exógenos incluem o ácido ascórbico, que, embora esteja presente (como vitamina C) em muitos sistemas vivos, não está presente em quantidades substanciais nos organismos envolvidos na produção de cerveja. O dióxido de enxofre (metabissulfito) é tanto endógeno (ele é um produto do metabolismo da levedura) quanto exógeno.

Os antioxidantes em um contexto de produção de cerveja têm dois papéis importantes. Em primeiro lugar, eles protegem contra a oxidação do mosto, levedura e cerveja, aumentando assim o prazo de validade da cerveja e a viabilidade da levedura. Em segundo lugar, a sua presença na cerveja é relevante para o impacto da cerveja na saúde do consumidor. Na cerveja, os antioxidantes são derivados tanto do malte quanto do lúpulo, mas os níveis encontrados dependerão do tipo de cerveja e das matérias-primas e processos de produção utilizados. A cerveja contém mais do que o dobro de antioxidantes que o vinho branco (de teor de álcool equivalente), mas apenas a metade da quantidade do vinho tinto, embora os antioxidantes na cerveja tendam a ser moléculas menores do que aquelas encontradas no vinho, podendo, assim, ser mais facilmente absorvidos pelo organismo.

Os pesquisadores que trabalham com animais têm sugerido um efeito direto dos antioxidantes da cerveja na redução do risco de doença cardiovascular.

Halliwell, B.; Gutteridge, J. M. C. **Free radicals in biology and medicine**. New York: Oxford University Press, 2007.

Charles W. Bamforth

antocianogêneos (flavana-3,4-dióis), também conhecidos como proantocianidinas ou leucoantocianidinas, são um grupo de compostos polifenólicos que fornecem a maior parte dos taninos que são importantes em termos de estabilidade da cerveja. Ambos malte e lúpulo são fontes desses compostos (também denominados "pró-taninos"), em quantidades semelhantes, com variedades de lúpulo de "aroma" contendo níveis mais elevados do que os de "amargor". Quando se trata de taninos da cevada, variedades de seis fileiras tendem a conter níveis mais elevados do que as variedades de duas fileiras, e as culturas cultivadas em condições marítimas geralmente têm níveis mais baixos do que aquelas cultivadas longe da costa.

Os antocianogêneos são prontamente capazes de polimerizar (com eles mesmos e com outros polifenóis, especialmente as catequinas – que não são antocianogêneos *per se*), embora formas livres estejam também invariavelmente presentes. Essa polimerização é um primeiro passo no caminho para a formação de turbidez. Sabe-se há mais de cinquenta anos que a estabilidade coloidal da cerveja está inversamente relacionada com a concentração de antocianogêneos no mosto. Os antocianogêneos podem passar pelo processo de produção de cerveja e acabar na cerveja pronta, onde eles podem ser convertidos em taninos e depois interagir com proteínas para formar a turbidez indesejada. A importância de polifenóis do mosto para a estabilidade coloidal da cerveja tem levado à existência de diversos métodos analíticos disponíveis para a sua detecção. No passado, alguns cervejeiros adicionavam formaldeído na tina de mostura; isso reduzia o antocianogêneo no mosto resultante (e aumentava a vida útil da cerveja), mas também reduzia a fermentabilidade do mosto. Isso já não é mais praticado. Oxigenar a mostura também permite um resultado semelhante.

Diversos tratamentos pós-fermentação estão disponíveis para melhorar a estabilidade coloidal da cerveja, incluindo carvão ativado, bentonita, géis de sílica e resinas de poliamida. Graças principalmente a um trabalho intenso dos melhoristas de plantas do grupo Carlsberg, existem agora diversas cevadas para malteação livres de proantocianidinas (PA-livre) capazes de produzir cervejas livres de turbidez.

Briggs, D. E. et al. **Malting and brewing science, vol. 1, Malt and sweet wort**, 2. ed. London: Chapman and Hall, 1981.

Pollock, J. R. A. (Ed.). **Brewing science, vol. 1**. London: Academic Press, 1979.

Ian Hornsey

aprendizagem é um conceito de treinamento profissional que teve origem com o advento das guildas de comerciantes na Europa durante a Idade Média. É baseada no que se chamaria hoje de uma abordagem politécnica para a educação. O seu princípio baseia-se na aprendizagem pela ação, que era a única forma de a maioria das pessoas, na Idade Média, aprender algo substancial; já que a vasta maioria das pessoas era analfabeta, exceto por alguns poucos monges. Os aprendizes começavam a trabalhar com um mestre, usualmente entre 10 e 15 anos de idade, que por cerca de três a sete anos ensinava a eles o seu ofício. O mestre também provia alimento e alojamento e era algumas vezes pago pelo treinamento dispensado ao aprendiz. Em troca do privilégio de serem treinados, os aprendizes tinham que concordar em continuar trabalhando para seu mestre por um período fixo após terem sido treinados. Aprendizes de cervejeiros aprendiam os aspectos práticos da profissão, mas também faziam o trabalho pesado, como recolher com a pá os grãos germinados de malte do chão, alimentar as chamas do secador de malte e da tina de fervura de mosto, moer o grão seco, carregar a água utilizada para a produção da cerveja do poço até a tina de mostura, transferir a mostura quente para dentro e para fora da tina de decocção, retirar as leveduras da cerveja fermentada, encher e vedar barris de cerveja finalizada e carregar barris pesados em carroças puxadas por cavalos para a entrega da cerveja. Finalmente, eles aprendiam a distinguir matérias-primas boas e ruins, gerenciar a fermentação em diferentes temperaturas e até mesmo formular receitas. Uma vez que o mestre certificava as habilidades do seu aprendiz, o novo cervejeiro finalmente saía para se tornar um assalariado itinerante, trabalhando para diferentes mestres cervejeiros para aprimorar ainda mais o seu ofício. Finalmente, ele poderia se estabelecer, tornar-se um mestre, gerenciar sua própria cervejaria e treinar os seus próprios aprendizes... e o ciclo de treinamento se repetiria.

O sistema inteiro era estritamente regulado por guildas que, para os cervejeiros da Idade Média, eram frequentemente associações combinadas entre cervejeiros e padeiros. Em virtude de o interior europeu naquela época ser povoado principalmente por servos que eram essencialmente propriedade de seus senhores feudais, as guildas surgiram primeiro somente nas cidades licenciadas com seus burgueses autônomos. Lá, as guildas formaram oligarquias de competência em sociedades estáticas. Como um membro da guilda, a posição social da pessoa podia ser baseada no que ele era capaz de fazer, mais do que em suas afiliações familiares. As guildas tiveram sua origem nas irmandades da Alemanha primitiva, frequentemente religiosas e fraternas. A primeira menção documentada às guildas remonta os decretos do imperador Carlos Magno (742-814). As guildas medievais promoviam o bem-estar econômico de seus membros pela regulamentação da filiação assim como do avanço na profissão, fixando remunerações trabalhistas, desencorajando a competição, suprimindo o trabalho não afiliado e fixando padrões de qualidade. Os membros das guildas, por sua vez, tinham que se submeter às regras da associação, que incluíam, de modo importante, o sistema de treinamento de aprendizes certificados pela guilda, assalariados e mestres. Sendo entidades fechadas, as guildas acabavam conseguindo o monopólio local sobre a fabricação dos produtos de seus negócios, tornando-se centros de poder social, econômico e, frequentemente, político. Eventualmente, as guildas evoluíam para os modernos sindicatos.

Ecos do sistema antigo de aprendizagem baseada em guildas persistem na Alemanha. No sistema alemão moderno, empregadores privados em combinação com escolas públicas vocacionais agora promovem programas estritamente formalizados de aprendizagem de três anos, que não são mais supervisionados pelas guildas, mas pelos afiliados locais da câmara de comércio alemã. Os aprendizes recebem treinamento prático e uma remuneração modesta, financiada por empregadores autorizados. Aprendizes cervejeiros alternadamente trabalham em cervejarias e estudam em escolas vocacionais cervejeiras. Há alguma flexibilidade acerca da duração dos blocos alternados de trabalho e estudo, de uma a duas semanas a muitos meses. Durante a sua aprendizagem, os aprendizes não podem ser dispensados pelas cervejarias nas quais estão realizando seu treinamento. O período de aprendizagem termina com um exame; os aprovados podem se chamar de cervejeiros e procurar trabalho integral ou podem aprofundar seus estudos em escolas para se tornarem mestres cervejeiros certificados. Somente as companhias com mestres cervejeiros ou mestres malteadores na equipe e detentoras de licenças educacionais certificadas pelo governo podem participar dos programas de treinamento de aprendizes. Esse regime de treinamento politécnico funciona em paralelo com a educação cervejeira acadêmica oferecida por universidades. Ver ESCOLAS CERVEJEIRAS.

Pelos padrões internacionais, o sistema de aprendizagem alemão talvez seja o caminho mais regulamentado para ingressar na carreira de cervejeiro, enquanto as práticas na América do Norte estão entre as mais tolerantes. Não é incomum que uma cervejaria artesanal do Novo Mundo, por exemplo, empregue cervejeiros que aprenderam suas habilidades artesanais estritamente por tentativa e erro, frequentemente como cervejeiros caseiros ou aprendizes de cervejeiros sem treinamento formal. Considerando que a cultura cervejeira alemã não desenvolveu um único novo estilo de cerveja em quase cem anos e que as cervejarias artesanais norte-americanas são as líderes indiscutíveis no desenvolvimento de estilos globais de cervejas, seria interessante especular que o aprendizado alemão é mais adequado para formar cervejeiros mais interessados na produção de estilos tradicionais com perfeição, enquanto o sistema norte-americano é considerado menos exigente e propenso a formar cervejeiros mais ansiosos por inovar e experimentar novos processos e novos ingredientes. Cada sistema e cultura parecem reter certas vantagens, um fato refletido por uma recente ênfase na criatividade na educação cervejeira germânica, e um novo foco na importância dos estágios práticos em cervejarias nos Estados Unidos.

Ver também ESTILO DE CERVEJA.

Bishop, M. **The Middle Ages**. Boston: Houghton Mifflin Company, 1968.
Bloch, M. **La Société féodale (Feudal Society)**. Paris: Les Éditions Albin Michel, Paris, 1982.
Brauer & Mälzer – Der Körper. Disponível em: http://www.brauer-und-maelzer.de/html/koerper.htm/. Acesso em: 21 jan. 2011.

Horst Dornbusch

aquecimento global refere-se ao aumento gradual da temperatura da Terra causado pela atividade humana. O planeta mantém a sua temperatura em função do efeito estufa, um processo que ocorre naturalmente no qual gases capturam calor no nível mais baixo da atmosfera da Terra. A elevação e queda da concentração de gases do efeito estufa na atmosfera é um fenômeno natural, fonte da longa história de sucessivas glaciações seguidas de aquecimentos no planeta.

Nos anos 1880, os cientistas começaram a observar uma tendência de aquecimento gradual na atmosfera da Terra. Somente na década de 1950 eles perceberam que esse efeito provavelmente era resultado das atividades humanas, como o desmatamento e a queima de combustíveis fósseis que se tornaram comuns durante a Era Industrial.

De acordo com Painel Intergovernamental de Mudanças Climáticas, o aquecimento global é "inequívoco", tendo por base o aumento da temperatura do ar e dos oceanos ao redor do mundo, taxas de derretimento de neve e gelo, e o aumento nos níveis médios dos oceanos. Se o aquecimento global continuar às taxas atuais, é esperado que as temperaturas aumentem de 1,5 °C a 4 °C até 2100, a maior taxa de aumento na temperatura da Terra nos últimos 10 mil anos.

A indústria cervejeira já está sentindo os efeitos do aquecimento global de muitas formas. Os custos de energia estão aumentando em todo o mundo, em função da pesada dependência da economia industrial de combustíveis fósseis, afetada pela escalada dos custos do petróleo. Esse aumento nos custos é transferido para a cadeia de manufatura, afetando os custos de produção das cervejarias.

Os preços dos ingredientes-chave para a produção de cerveja também começam a aumentar, já que a agricultura é afetada pelos padrões de mudanças climáticas. Ondas de calor na Europa, Austrália e Nova Zelândia nos anos recentes têm danificado consideravelmente o cultivo de cevada, reduzindo a sua qualidade. As cervejarias devem pagar um preço mais elevado pela cevada de alta qualidade, disponível atualmente em quantidades reduzidas, ou substituí-la por uma de qualidade inferior, o que pode contribuir para uma menor extração do malte, redução do desempenho do processo e qualidade inferior dos sabores. O lúpulo também é afetado. Em 2009, o Instituto Hidrometeorológico Tcheco descobriu que a concentração de alfa-ácidos de amargor no premiado lúpulo tcheco Saaz declinara 0,06% por ano desde 1954. O estudo culpava as mudanças climáticas pelo declínio da qualidade geral do Saaz. Muitos cientistas que estudam o clima esperam que o aquecimento global imponha uma pressão adicional de doenças a muitas lavouras de alimentos, incluindo cevada e lúpulo.

À luz desses eventos, muitas cervejarias começam a optar por melhores práticas ambientais, especialmente através da conservação de energia e de uma redução geral na emissão de carbono.

Associated Press. Climate change on msnbc.com. **Beer lovers told to beware of global warming.** Disponível em: http://www.msnbc.msn.com/id/24011745/ns/us_news-environment. Acesso em: 29 nov. 2010.
Dalton, R. Climate troubles brewing for beer makers. **Naturenews**. Disponível em: http://www.nature.com/news/2008/080502/full/news.2008.799.html. Acesso em: 29 nov. 2010.
Environmental Protection Agency. Disponível em: http://www.epa.gov/climatechange. Acesso em: 29 nov. 2010.
Global Warming threatens brewery. Disponível em: http://www.czech-netz.com/174/2009-0157/global-warmingthreatens-brewery.html. Acesso em: 29 nov. 2010.
National Oceanic and Atmospheric Administration. Disponível em: http://www.ncdc.noaa.gov/oa/climate/globalwarming.html. Acesso em: 29 nov. 2010.
The New York Times. "Times Topic" on global warming. Disponível em: http://topics.nytimes.com/top/news/science/topics/globalwarming/index.html?scp=1-spot&sq=global%20warming&st=cse#. Acesso em: 29 nov. 2010.
O'Brien, C. **The audacity of hops.** Disponível em: http://beeractivist.com/2009/01/14/the-audacityofhops-2/. Acesso em: 29 nov. 2010.
O'Brien, C. **Beer and climate change.** Disponível em: http://beeractivist.com/2008/07/18/beer-and-climatechange/. Acesso em: 29 nov. 2010.

April Darcy

Rótulo de cerveja, *c.* anos 1930, ilustrando a técnica de aquecimento por fogo direto, que envolve o uso de uma chama para aquecer a tina e ferver o mosto. PIKE MICROBREWERY MUSEUM, SEATTLE, WA.

aquecimento por fogo direto refere-se a uma das técnicas usadas para aquecer e ferver o mosto na tina de fervura em uma cervejaria. Como o próprio nome indica, o aquecimento por fogo direto envolve o uso de uma chama localizada diretamente sob a tina de fervura para aquecê-la. Antigamente, isso era feito a partir da queima do carvão, mas, atualmente, são utilizados queimadores a óleo ou gás natural. Esses queimadores são geralmente alojados em uma câmara de combustão, feita de ferro fundido, sob a tina, que distribui o calor através por todo o fundo da tina. Às vezes, várias chamas menores são distribuídas no fundo da tina para uniformizar o aquecimento. Embora o aquecimento por fogo direto também possa ser usado para aquecer tinas de mostura, isso é extremamente raro, porque a mostura costuma grudar facilmente à tina e queimar nos pontos mais quentes.

As tinas de fervura aquecidas por fogo direto são encontradas em cervejarias menores. Nesses casos, a capacidade máxima das tinas é de 330 hectolitros, porque elas são ineficientes para aquecer uma quantidade muito grande de líquido. Existem, no entanto, algumas vantagens associadas ao aquecimento por fogo direto. Trata-se de um método rápido de aquecimento capaz de produzir uma fervura vigorosa. Os cervejeiros também podem ajustar a intensidade da chama ao longo da fervura, a fim de alcançar rápidas mudanças na temperatura.

Atualmente, a maioria das tinas de fervura das cervejarias utiliza camisas de vapor ou calândrias de vapor internas ou externas. Isso permite uma distribuição mais uniforme do calor. Por outro lado, o aquecimento por fogo direto concentra o calor no fundo da tina. Isso resulta na caramelização dos açúcares do mosto dentro da tina, que pode ser difícil de limpar. Essa caramelização também confere notas de sabor e cor de caramelo à cerveja. Embora desejável em determinados estilos, isso pode dificultar a produção de estilos mais delicados de cerveja, como as *pilsners*. Quando cervejas muito claras são feitas em tinas de fervura aquecidas por fogo direto, os cervejeiros aquecem o mosto com muito cuidado, mantendo-o em constante movimento para evitar o caráter caramelizado. As tinas de fervura aquecidas por fogo direto costumavam ser usadas na Escócia, e os estilos tradicionais de cervejas escocesas, como a *Scotch ale*, são caracterizados pelos sabores e cores conferidos por essa técnica. A única grande cervejaria escocesa que ainda usa tinas de fervura aquecidas por fogo direto é a Caledonian.

Ver também TINA DE FERVURA.

Goldammer, T. **The brewer's handbook**. 2. ed. Essex: Apex, 2008. Disponível em: http://www.beer-brewing.com/. Acesso em: 18 abr. 2011.

Hough, J. S. et al. **Malting and brewing science**. v. 2. London: Chapman & Hall, 1982.

Priest, F. G.; Graham G. S. (Ed.). **The handbook of brewing**. 2. ed. Boca Raton: Taylor & Francis, 2006.

Mirella G. Amato

A **Argentina** é o segundo maior país em território da América do Sul e o oitavo maior do mundo. Foi explorado pela primeira vez por europeus em 1516 e seu nome deriva da palavra em latim para "prata". A Argentina tornou-se uma república independente em 1860, tendo Buenos Aires como capital. Estilisticamente é talvez o mais europeu dos países latino-americanos, especialmente quando se trata de culinária. Uma onda de investimentos e de imigração da Alemanha, Espanha e Itália, em meados do século XIX, aprofundou suas ligações europeias. Os europeus do sul ajudaram a transformá-la na quinta maior produtora de vinho do mundo. Fundada em 1860 por colonos da Alsácia, a primeira cervejaria da Argentina ficou conhecida como *el egido de la Ciudad Autonoma de Buenos Aires*. As principais cervejas foram baseadas em estilos *lager* e de cervejas de trigo da Europa central.

Com base na capital de Quilmes, Partido (na província de Buenos Aires), a cervejaria Quilmes foi fundada em 1888 pelo imigrante alemão Otto Bemberg e em 1920 já era a maior cervejaria do país. Continua sendo até hoje. A cerveja mais popular da Quilmes é a *light lager* "Cristal", mas também produzem uma *bock* e uma *stout*. Em 2010, a Quilmes produzia 17 milhões de hectolitros por ano, dominava 75% do mercado doméstico e era uma exportadora global. Em 2002, a cervejaria brasileira AmBev comprou 37,5% da Quilmes e em 2006 a InBev (agora ABInBev) elevou essa participação a 91%. Ver ANHEUSER-BUSCH INBEV. A cervejaria patrocina as equipes nacionais de futebol e rúgbi.

Em 1912, outro imigrante alemão, Otto Schneider, fundou uma cervejaria com seu nome em Santa Fé. A cervejaria foi adquirida em 1995 pela Compañía Cervecerías Unidas Argentina (CCUA), uma divisão da multinacional chilena CCU, que por sua vez contava com investimentos da Anheuser-Busch. A CCUA é a importadora da Heineken, Budweiser, Corona e Guinness e, em 2009, era a segunda maior cervejaria da Argentina, dominando 16% do mercado.

A terceira maior cervejaria da Argentina é a Isenbeck, fundada em 1893 e de propriedade da cervejaria alemã Warsteiner até 1990, quando foi fechada. Reabriu em 1994 por um proprietário local e foi adquirida pela SABMiller em novembro de 2010.

A influência da cerveja europeia na Argentina ainda é grande, e isso é especialmente visível nos festivais. A Fiesta de la Cerveza (Oktoberfest) tem sido celebrada pela população alemã em San Carlos e Esperanza desde 1863. A cidade Villa General Belgrano, na província de Cordoba, foi fundada em 1930 por europeus que escolheram a área por suas qualidades alpinas, e desde então celebra a Oktoberfest todos os anos. A linhagem celta é celebrada como o Día de San Patricio (St. Patrick's Day).

Apesar de alguns choques financeiros graves para a economia, a produção de cerveja tem crescido a uma média de 13% ao ano desde 1980, promovendo o consumo de 15,7 milhões de hectolitros ou 40 l *per capita* em 2007. A crise financeira do início dos anos 2000 impôs severas restrições sobre todas as mercadorias importadas, incluindo a cerveja, e isso acelerou o surgimento e o rápido crescimento das cervejarias artesanais argentinas. Em 2010, havia 70 microcervejarias e 800 marcas distintas com uma ampla gama de estilos. Buenos Aires é o lar da Buller Brewing, Barba Roja e Otro Mundo, que exporta para os membros do Tratado Norte-Americano de Livre Comércio (Nafta), Espanha e Itália. Além disso, El Bolson e Kunster estão prosperando na Patagônia, enquanto a Antares possui vários *brewpubs* em todo o país. A cerveja artesanal é responsável por apenas 0,2% do mercado argentino, mas dobrou sua produção para 36.000 hl desde 2006, e espera-se que mantenha o elevado crescimento ao longo da próxima década.

Glenn A. Payne

armazenamento de cerveja, um assunto que não deve ser confundido com o condicionamento da cerveja, abordado aqui separadamente. Ver CONDICIONAMENTO DA CERVEJA. Enquanto o condicionamento é uma prática que visa conferir benefícios específicos à cerveja aplicando condições que produzirão mudanças positivas ao longo do tempo, o armazenamento relaciona-se em grande parte com a prevenção de mudanças negativas ao longo de curtos períodos. O armazenamento adequado preservará a vida útil da cerveja e a ajudará a alcançar o consumidor na sua melhor condição. Ver ENVELHECIMENTO (STALING).

Uma vez que a cerveja foi produzida e está tecnicamente pronta para a venda, ela precisa ser armazenada. O primeiro armazenamento, geralmente muito curto, será na cervejaria. Os *brewpubs* normalmente ainda armazenam a cerveja em seus recipientes originais de fermentação até que esteja pronta para ser transferida para um recipiente de serviço. Nas cervejarias, o armazenamento é uma questão de horas entre a filtração da cerveja e a sua transferência para o barril, garrafa ou lata. O engarrafamento e o envase em barris são realizados a baixas temperaturas, e a cervejaria manterá os barris em ambiente refrigerado, a aproximadamente 3 °C, até que estejam prontos para a distribuição. Nessa fase, é melhor manter as garrafas sob condição de refrigeração, aproximadamente 11 °C, minimizando os efeitos do calor e também evitando a condensação excessiva que pode arruinar os rótulos das garrafas.

Uma vez que a cerveja chegou a um centro de distribuição, as condições apropriadas de armazenamento são, mais uma vez, críticas. Garrafas e barris devem ser mantidos nas faixas de temperatura mencionadas anteriormente. Barris submetidos à pasteurização *flash*, que são raros nos Estados Unidos, mas comuns na Europa, podem ser armazenados em temperatura mais elevada (abaixo de 15 °C) sem medo de efeitos nocivos. As áreas de armazenamento de cerveja devem ser mantidas livres de fortes aromas, porque é possível que alguns compostos aromáticos transitem para o interior da garrafa, causando *off-flavors*.

No ponto de venda, sempre que possível, devem ser mantidas condições semelhantes. No entanto, a maioria das cervejas engarrafadas é destinada para prateleiras à temperatura ambiente, e períodos curtos nesse tipo de situação não farão nenhum mal à qualidade da bebida. É nesse momento que a cerveja se torna vulnerável à luz, tendo sido em geral removida da caixa. Luz e calor são os inimigos mais potentes da cerveja, o primeiro causando sabor e aroma de gambá (*skunky*) e o último acelerando as reações de envelhecimento (*staling*). Ver LIGHTSTRUCK. A luz forte, especialmente a luz solar direta, deve ser evitada, e qualquer tempo de exposição deve ser de curta duração; a luz solar direta pode danificar a cerveja em alguns segundos. O chope mantido em bares e restaurantes, a menos que tenha sido submetido à pasteurização *flash*, é vulnerável à contaminação microbiológica, resultando em *off-flavors*, a menos que seja mantido frio. É, portanto, muito importante para bares e restaurantes gerenciar seus estoques de modo a prevenir o armazenamento em ambiente quente da cerveja em barril, até mesmo por períodos curtos. O armazenamento impróprio no ponto de venda está entre as principais causas de *off-flavors* no chope, especialmente durante períodos de clima quente.

Em casa, as melhores condições de armazenamento são encontradas na geladeira. O propósito da geladeira é retardar as alterações microbiológicas e físicas em alimentos, e ela executa essa função admiravelmente para a cerveja também. Quando não é possível armazenar cerveja na geladeira, ela deve ser colocada na área mais fria e escura da casa, preferencialmente longe da umidade. Muito se tem discutido sobre a ideia de que mudanças bruscas de temperatura arruínam a cerveja, mas isso em geral não é motivo de real preocupação. A cerveja deve ser armazenada na posição vertical quando possível, embora períodos curtos em outras posições não causarão dano algum. Independentemente das condições de armazenamento, a maioria das cervejas se destina a ser consumida dentro de um curto período de meses após sair da cervejaria. A menos que a característica de cerveja envelhecida seja desejada intencionalmente, costuma ser melhor para o consumidor comprar cerveja com mais frequência e mantê-la o mais fresca possível, do que comprar grandes quantidades e armazená-las em casa.

Ver também DEFEITOS NA CERVEJA, OFF-FLAVORS e OXIDAÇÃO.

Garrett Oliver

aroma. Alguns neurocientistas pensam que, entre os nossos cinco sentidos, talvez o olfato seja o mais poderoso. O sentido do olfato atinge diretamente as partes mais primitivas do cérebro, evocando prazer, repulsa, reconhecimento e memória. Um forte aroma pode transportar a mente humana diretamente para o passado, através de anos e mesmo décadas, para um momento ou local particular. Muito do que pensamos ser nosso sentido de "paladar" é, na verdade, baseado no aroma.

A língua percebe o doce, azedo, salgado e talvez umami, mas o nariz percebe tudo mais. Depois do apelo visual, o aroma costuma estar na vanguarda da experiência degustativa da cerveja, mas pode ser também responsável pela finalização persistente da degustação, porque alguns compostos voláteis residuais retornam ao nariz e estimulam o sistema olfativo. Na cerveja, especialmente as com sabor intenso, o aroma é extremamente importante.

Estamos todos cientes de que o olfato é sentido fundamental, embora nós nem sempre estejamos conscientes disso em todos os momentos. De fato, muitos dos efeitos do olfato são sutis e subliminares. É, evidentemente, um reconhecido sentido animal, promovendo informações essenciais sobre o ambiente, os alimentos e a presença de outros animais. Em humanos, é particularmente importante avaliar e apreciar características de alimentos e bebidas e, claro, de cervejas.

A detecção do aroma envolve o estímulo de receptores sensoriais específicos, localizados no nariz, por compostos químicos voláteis presentes no ar que respiramos. A apreciação do aroma envolve não somente os receptores, mas também interligações neurológicas, mecanismos cerebrais e psicologia, particularmente experiências aprendidas de atração e aversão. Como resultado, é muito mais do que um efeito de "sentir um aroma e gostar", e envolve inúmeros dados que modificarão nossas respostas.

Considerando cada um desses fatores, no entanto, nós devemos olhar primeiramente a fisiologia da cavidade nasal e os órgãos sensoriais que detectam o aroma.

Dois desses órgãos sensoriais podem ser identificados na cavidade nasal: os receptores sensoriais propriamente ditos e o nervo trigêmeo. Eles ocorrem em diferentes partes do nariz, com os receptores do trigêmeo localizados na entrada e os receptores sensoriais no topo da cavidade nasal.

Esses dois grupos de receptores também respondem a diferentes estímulos: o trigêmeo a estímulos físicos como o ar frio e altas concentrações de dióxido de carbono, os receptores sensoriais a moléculas específicas de aroma. A cerveja contém elementos de ambos os grupos, e é importante avaliar o equilíbrio entre eles para julgar as características de uma determinada cerveja. A baixa temperatura e a carbonatação da cerveja estimularão os receptores do trigêmeo, enquanto o aroma de lúpulo, frutas e álcool, entre outros, estimularão os receptores sensoriais.

Análises das características aromáticas das cervejas identificaram grupos majoritários e minoritários de aromas. Os aromas majoritários são aqueles presentes em níveis maiores que duas vezes o seu limiar de detecção, ou seja, o nível no qual a maioria dos seres humanos consegue detectá-lo. Esse grupo inclui os aromas frutados, elementos florais, compostos de base sulfurosa, aromas voláteis advindos do lúpulo e álcoois superiores. Outros aromas serão menos distintos, mas baixas concentrações de dois ou mais aromas podem agir sinergicamente a fim de criar um aroma combinado. Esse feito é particularmente evidenciado nos aromas frutados produzidos por um número de ésteres ou o aroma de envelhecido produzido por uma gama de compostos oxidados. Ver FRUTADO.

A detecção do aroma exige mais do que respirar enquanto você bebe. Para acentuar o aroma, é importante revestir a superfície do copo com cerveja – para isso, é preciso fazer movimentos circulares com o copo antes de cheirar. Revestir a superfície do copo com cerveja permite que uma fina camada de cerveja evapore, tornando as moléculas aromáticas disponíveis para os receptores olfativos. Respire profundamente e traga o ar até o topo do nariz; algumas breves inalações promovem uma melhor avaliação do que uma longa aspiração. Além disso, observe o aroma gerado enquanto engole. Esse aroma surge de modo retronasal, advindo da parte de trás do nariz, e pode promover uma detecção mais sensitiva, na qual aromas menos concentrados se tornam mais evidentes no aerossol gerado pela ingestão.

É possível simplesmente apreciar o aroma pelo ato de cheirar, sem uma análise específica – uma boa cerveja seria bem menos prazerosa se fôssemos forçados a analisá-la a cada gole. De forma inconsciente, no entanto, nós respondemos com prazer ou desprazer e julgamos a cerveja de forma apropriada. De forma mais consciente, nós podemos utilizar nossa habilidade de reconhecimento para identificar aromas específicos e avaliar sua adequação e equilíbrio no contexto de uma cerveja.

O conhecimento dos aromas das cervejas requer prática e um diretório mental de sabores. Aromas específicos surgem de compostos químicos orgânicos específicos, e a exposição a eles fornece a referência necessária para a sua identificação. Para o cervejeiro ou degustador profissional, é preciso treinamento para conseguir associar determinado aroma a seu respectivo composto químico. Também é necessário padronizar a linguagem. Isso é fácil com certos aromas específicos como o diacetil, que cheira manteiga ou caramelo amanteigado, ou o éster acetato de isoamila, que cheira banana. Ver ACETATO DE ISOAMILA e DIACETIL. No entanto, aromas menos distintos podem levar a impressões pessoais que talvez não se correlacionem com compostos específicos. Dizer que uma cerveja apresenta aroma de sótão é muito impreciso, já que para diferentes pessoas os sótãos apresentam uma grande variedade de aromas.

Individualmente, nós respondemos diferentemente aos aromas, tanto por nosso aporte genético como pela nossa experiência. O treinamento degustativo permite-nos identificar aromas e traçar o perfil de uma cerveja, mas nossas habilidades inerentes de detecção de aromas podem variar de forma significativa. Tipicamente, nós somos mais sensíveis a alguns aromas do que a outros, e as sensibilidades específicas de uma pessoa podem variar consideravelmente em relação às outras. Essa é uma das razões que nos levam a ter diferentes preferências de cervejas. É interessante, por exemplo, o fato recentemente descoberto de que muitas pessoas são geneticamente incapazes de sentir um dos principais componentes aromáticos do lúpulo, o linalol, que apresenta aroma floral. Isso tem certas implicações para o cervejeiro, já que algumas variedades de lúpulo (o Saaz, por exemplo) são ricas em linalol, que pode representar a maior parte do aroma de tal lúpulo. Portanto, é possível adicionar à cerveja um elemento aromático que muitas pessoas não conseguem sentir. É interessante observar, também, que estudos recentes mostram que alguns aromas podem intensificar a percepção de um sabor trigêmeo. Assim, um aroma intensificado de lúpulo pode fazer uma cerveja parecer mais amarga tanto na língua quanto no cérebro, ainda que os compostos amargos em si não tenham sido intensificados. Nossos sentidos são complexos, e nem sempre é fácil diferenciá-los ou explicá-los.

A detecção de aromas é também afetada pelos hormônios e pela emoção. Nós respondemos diferentemente a uma cerveja se estamos acompanhados ou de acordo com a impressão provocada pelo ambiente. Nós ingerimos alimentos mais rapidamente em ambientes muito iluminados, e hoje reconhece-se que muitos aromas são capazes de aumentar o potencial de vendas das lojas. Estudos ainda não identificaram os efeitos específicos dos aromas da cerveja no consumo, mas há evidências de que a maioria das pessoas considera o aroma fresco do lúpulo desejável em uma cerveja, ainda que não consigam identificar tal aroma. Não restam dúvidas de que uma significativa gama de componentes aromáticos se associa e influencia nossas escolhas individuais inconscientes.

Keith Thomas

arroz, *Oryza sativa*, assim como todos os cereais, é uma gramínea. No caso do arroz, parece haver evidências arqueológicas para as origens da sua domesticação no Vale do Yangtze, na China atual. Há também cepas de arroz nativas da África. Para o sucesso do plantio, o arroz necessita de condições quentes e úmidas, podendo crescer em água parada. Hoje, o arroz é a segunda maior produção agrícola, ficando atrás apenas do milho. No entanto, é o cereal mais consumido como alimento, com cerca de três bilhões de pessoas, principalmente no Oriente Médio e Extremo, dependendo dele como seu alimento básico. O arroz tornou-se mais popular como alimento no oeste, com o consumo nos Estados Unidos aumentando fortemente, possivelmente porque também é muito usado para fazer cerveja. A grande maioria do arroz consumido é arroz branco, no qual o revestimento de farelo foi removido. A cervejaria Anheuser-Busch é o maior comprador individual de arroz nos Estados Unidos. A cerveja Budweiser é produzida com arroz, que compõe uma grande parte do total de grãos moídos.

Tradicionalmente, a cultura do arroz necessita de pouco capital, mas um gasto intensivo com mão de obra. Na Ásia, a construção de campos de arroz demandou imensa quantidade de mão de obra, e a inundação dos campos trouxe nutrientes, impediu o crescimento de ervas daninhas que competiam com a cultura e manteve o arroz longe das pragas. Os arrozais também geram grandes volumes de metano a partir da decomposição da matéria orgânica, contribuindo, portanto, com o aquecimento global.

Os preços do arroz subiram rapidamente desde 2008, em parte por causa das más colheitas em algumas áreas, mas também por causa da atividade do mercado especulativo e dos subsídios governamentais para outros cereais, particularmente para o uso em biocombustíveis. A produtividade tem caído em até 20% em algumas áreas, e muitos analistas pensam que os preços continuarão a subir.

Arroz na produção de cerveja

No Extremo Oriente, a falta de cevada e a abundância de arroz, combinadas com o desejo humano universal de produzir álcool, levou à invenção do saquê, também conhecido como vinho de arroz. Embora frequentemente tenha teor alcoólico semelhante ao do vinho, o saquê não é um vinho, mas uma forma de cerveja. Em vez de maltear o arroz, o conhecimento de técnicas de fermentação fúngica levou à utilização do *Aspergillus oryzae* para hidrolisar o amido do arroz polido. A técnica envolve a remoção de 50% do grão de arroz por moagem, para deixar o endosperma puro (o material de armazenamento do amido). O arroz polido é lavado e cozido no vapor antes do inóculo de *A. oryzae* ser adicionado à massa de arroz cozido. O fungo produz as enzimas para hidrolisar o amido, produzindo açúcares fermentáveis, que poderão ser metabolizados pelas leveduras.

Arroz na cerveja

É comumente afirmado, pelo menos entre os cervejeiros artesanais, que a utilização de arroz na cerveja é abominável. Para citar Maureen Ogle, em um artigo no *LA Times*: "O arroz é considerado por muitos cervejeiros como aquilo que os desagradáveis produtores industriais usam para diluir suas cervejas" e "os cervejeiros artesanais tratam o arroz quase como se fosse veneno de rato". O artigo prossegue afirmando que o arroz reduz o corpo, sabor e cor das cervejas produzidas com elevadas quantidades de arroz na qualidade de adjunto, o que parece reforçar bastante essa ideia.

De fato, os cervejeiros alemães chegaram aos Estados Unidos e descobriram que era difícil fazer uma boa cerveja usando a cevada de seis fileiras com alta concentração de proteína disponível nos Estados Unidos daquela época. Procurando maneiras de diluir o malte, eles começaram a usar o arroz e o milho. O resultado final contém pouca semelhança com as boas *lagers* alemãs ou checas, mas seus clientes apreciaram essa forma de cerveja e milhões de pessoas ainda a apreciam. Embora o arroz possa ter sido uma alternativa barata para o malte de cevada, agora ele não é mais. O aumento dos preços tem resultado em custos mais elevados para os cervejeiros que empregam arroz em seus mostos.

Curiosamente, apesar das afirmações de muitos cervejeiros artesanais norte-americanos e entusiastas da cerveja de que o arroz é uma maldição, alguns cervejeiros artesanais estão experimentando a produção de uma *lager* "pré-Lei Seca" que imita as cervejas feitas nos Estados Unidos no final do século XIX. Essas cervejas são altamente lupuladas, mas leves de corpo, em resultado do uso de até 20% de arroz adicionado à mostura. Outros cervejeiros artesanais têm experimentado usar alguns tipos especiais de arroz que realmente acrescentam sabores interessantes à cerveja.

Tal como acontece com todos os adjuntos amiláceos, o arroz deve ser cozido para gelatinizar o amido antes de ser adicionado à mostura. Geralmente, isto é feito antes de o grão ser mosturado, possivelmente junto com a adição de enzimas para pré-hidrolisar o amido. A adição de mais de 30% de arroz na mostura pode levar a uma baixa atividade enzimática e alta densidade no meio filtrante da mostura. Mosturas com elevada quantidade de adjuntos podem também ser um tanto viscosas, causando problemas na filtração do mosto. Níveis elevados de adjuntos amiláceos também podem levar a problemas com a nutrição da levedura, porque faltam aos adjuntos as proteínas e as vitaminas necessárias para sustentar o seu crescimento.

Ogle, M. **Ambitious brew.** Orlando: Houghton Mifflin Harcourt, 2006.
The Sake Brewing Process. Disponível em: www.sake-world.com/html/brewing-process.html.

Chris Holliland

arte, cerveja na. Existe um valioso patrimônio no mundo das artes, como obras de arte que retratam a cerveja, a produção de cerveja e pessoas apreciando a bebida. Embora muitas pessoas associem mais estreitamente a arte com o vinho, uma pesquisa de história da arte evidencia que a cerveja vem sendo bem representada ao longo do tempo em pinturas e esculturas, desde as pinturas em caverna às pinturas expostas nos museus modernos.

A proeminente posição da cerveja na vida cotidiana, em todos os continentes e em toda cultura, é retratada em naturezas-mortas de garrafas, copos e canecas de cerveja, em cenários mostrando o cultivo e a colheita de cevada, trigo e lúpulo e em uma infinidade de pinturas de celebrações que mostram pessoas apreciando sua cerveja.

Um exemplo notável é a obra *Um bar em Folies-Bergère*, do artista francês Edouard Manet. Pintada em 1882, essa tela retrata uma garçonete atrás de um balcão com garrafas da Bass ale e seu icônico triângulo vermelho. Outro exemplo mais moderno é a aquarela *Ale Cans*, do artista americano Jasper Johns, que retrata duas latas da cerveja Ballantines que foram bronzeadas e montadas sobre uma base, mas os rótulos foram mantidos intactos. Civilizações antigas como os sumérios e egípcios deixaram para trás esculturas de pessoas produzindo cerveja, bem como pinturas no barro que também sobreviveram. A arte evoluiu, mas as obras continuaram retratando o familiar, como monges do século XIV produzindo cerveja e camponeses bebendo nos festejos de colheita. Posteriormente, isso se tornou particularmente autêntico entre os artistas holandeses e flamengos, que evidenciaram uma paixão por pintar cenas do cotidiano que incluíam canecas de cerveja e cenas em tabernas.

Apesar de muitos artistas, se não a maioria, em um momento ou outro terem incluído a cerveja em seu trabalho, alguns pintores famosos que o fizeram foram Edgar Degas, Juan Gris, Pablo Picasso, Rembrandt, August Renoir, Rubens e Vincent Van Gogh. A arte com tema de cerveja por vezes foi até política, especialmente em forma de charges. Em 1751, o artista britânico William Hogarth foi um pouco mais além, ao publicar suas famosas gravuras *Beer Street* e *Gin Lane*. Concebidas para serem exibidas lado a lado, *Beer Street* retrata pessoas saudáveis e felizes tomando cerveja e dançando juntas nas ruas, enquanto *Gin Lane* mostra uma desagradável rua de pobreza, negligência e abandono. Não é de surpreender que o propósito de Hogarth tenha sido sugerir que a cerveja era muito melhor para a sociedade que o gim. A sociedade britânica tinha a mesma opinião, e em pouco tempo a lei Gin Act fechou pequenos estabelecimentos de gim e pôs um freio no consumo excessivo que assolou a nação.

Beautiful Color (pintura a óleo sobre madeira), cerca de 1900, do artista alemão Hugo Kauffmann. PIKE POPULAR MUSEU, SEATTLE, WA.

Ale Cans (aquarela sobre papel), 1964, do artista americano Jasper Johns (n. 1930). © BOLTIN PICTURE LIBRARY/THE BRIDGEMAN ART LIBRARY NATIONALITY.

Ver também BEER STREET (DE WILLIAM HOGARTH).

Lemoine, S.; Marchand, B. **Painters and Beer.** Paris: Éditions d'art Somogy, 1999.

Jay R. Brooks

Arthur Guinness & Sons são os produtores da mundialmente famosa família de cervejas Guinness Stout. Arthur Guinness começou a produzir cerveja em Dublin, em 1759. Inicialmente ele produzia outras cervejas, mas vendo o sucesso da *porter* importada da Inglaterra, ele mudou completamente e passou a produzir esse popular estilo de cerveja em 1799. Ele até inverteu o fluxo do comércio de cerveja em um dado momento, exportando da Irlanda para a Inglaterra. Em 1815, a cerveja Guinness era tão popular que soldados feridos na batalha de Waterloo gritavam o seu nome.

O segundo Arthur Guinness (1768-1855) produziu uma *"extra stout porter"* na década de 1820, a qual se tornou conhecida como Guinness Stout. Ele fez da Guinness a maior cervejaria da Irlanda. Seu filho Benjamin (1798-1868) transformou a cervejaria Guinness, em St. James's Gate, na maior cervejaria do mundo, com a sua *stout* sendo vendida em todo o globo. Uma franquia foi concedida à McMullen, de New York, em 1858; e a Speakman Brothers, de Melbourne, começou a distribui-la na Austrália em 1869. O familiar rótulo com a harpa, sua marca registrada, apareceu pela primeira vez em 1862, e em 1878 uma nova cervejaria foi construída sob o comando de Edward Guinness (1847-1927).

Em 1910, a fábrica em perpétua expansão produzia 491 milhões de litros de *stout* por ano. Era uma grande empresa, com capacidade de fermentação suficiente para manter 35 mil hectolitros a qualquer momento. Em Dublin, a cervejaria tornou-se uma cidade dentro da cidade, empregando um exército de homens e dispondo de sua própria estação de energia e sistema ferroviário interno. Um quarto de milhão de barris de madeira eram empilhados em vastas montanhas no terreno de 26 hectares.

As vendas eram tão fortes que a Guinness só sentiu a necessidade de começar uma grande campanha publicitária em 1929, com o primeiro cartaz oficial contendo o famoso *slogan "Guinness is good for you"*. Em pouco tempo a sua publicidade ganhou *status* de ícone, especialmente com os marcantes cartazes do artista John Gilroy, da década de 1930, com o de um homem carregando uma viga sob o lema "Guinness for strength". Em 1936, uma segunda cervejaria foi aberta em Park Royal, em Londres, para atender à demanda inglesa. A E & J Burke, da cidade de Nova York, passou a dominar as exportações da Guinness para os Estados Unidos, e em 1934 construiu a Long Island Brewery, no bairro do Queens, em Nova York, para produzir suas próprias cervejas após a revogação da Lei Seca. Quando a Burke se viu em dificuldades financeiras durante a Segunda Guerra Mundial, a Guinness comprou a empresa e começou a produzir a cerveja Guinness na fábrica do Queens em 1948, tornando-a a primeira cervejaria Guinness fora da Irlanda e do Reino Unido. Mas o empreendimento não foi bem-sucedido e fechou em 1954.

Após a Segunda Guerra Mundial, a empresa familiar começou a olhar para além da *stout* no centro de seus negócios. A Guinness entrou novamente no comércio de *ales* depois de assumir a Cherry's de Co Wexford em 1952 e, em seguida, em parceria com a gigante inglesa Ind Coope através da Irish Ale Breweries, especialmente com uma cerveja chamada Phoenix. O bicentenário da empresa foi celebrado em 1959 com o planejamento da sua própria *Harp lager*, produzida em Dundalk. A Smithwick's de Kilkenny foi a próxima, em 1965.

Mas a cerveja preta manteve-se como o principal produto, e não apenas em casa. Desde 1962, a Guinness construiu cervejarias ao redor do mundo, na Nigéria, Malásia, Camarões e Gana. Além disso, a *stout* é produzida sob licença no Canadá, África e Austrália, ao passo que a fábrica de Dublin continua a exportá-la. Quando 180 milhões de libras esterlinas foram investidas em uma nova cervejaria em Dublin, na década de 1980, 40% da produção era para exportação. Hoje, a Guinness é produzida em 48 países e é vendida em mais 100, sendo a Nigéria o maior mercado depois do Reino Unido, ultrapassando a Irlanda em 2007. Em todo o mundo, as pessoas consomem 10 milhões de *pints* de Guinness todos os dias. A Guinness é discreta em revelar os números exatos de mercado, mas as vendas têm diminuído nos mercados tradicionais como a Irlanda e o Reino Unido, enquanto aumentam na África. Agora, a empresa está focada na Ásia.

Embora pareça familiar, não há uma única Guinness *stout*, mas várias. A *stout* varia em força e caráter dependendo do mercado. A maioria usa cevada torrada não malteada e é fortemente lupulada para dar à cerveja uma cor rubi-negra e sabor seco, torrado e amargo, que ainda são encontrados especialmente em garrafas de Guinness Extra Stout ou Original (4,2%). A versão em barris (4,1%), lançada em 1954, é muito mais suave e cremosa, devido ao sistema de extração com nitrogênio. Os últimos barris de madeira de Guinness refermentada em barril foram enchidos em 1963, e o último *pint* de *"plain porter"* foi servido em 1973. As cervejas em garrafa e em chope são tão diferentes que, em 1988, um chope Guinness foi lançado em latas, usando um *"widget"* para liberar o nitrogênio da cerveja e recriar a bebida suave servida nos bares. Em 1999, ele foi seguido por uma versão engarrafada. Ver WIDGET.

Stouts mais fortes são produzidas para exportação, especialmente a Foreign Extra Stout (chamada de FES; 7,5%), que hoje é a versão mais antiga da Guinness, tendo sido produzida pela primeira vez em 1801. Ela é responsável por 40% de todas as Guinness vendidas ao redor do mundo. Há também a suave Special Export (8%), direcionada ao mercado belga. Essas cervejas são parcialmente misturadas usando *stouts* especialmente maturadas. St. James's Gate também exporta versões concentradas de *stouts* maturadas para serem misturadas a outras cervejas base no exterior, com a finalidade de fornecer a cor e sabor característicos. Por ser maturada durante longos períodos de tempo com alta taxa de lúpulo, a FES desenvolve um sabor vinoso envelhecido devido aos altos níveis de ácido lático, oferecendo ao consumidor uma sensação de saciamento de sede popular em países de clima tropical. As Guinness mais fortes são especialmente populares na África e no Caribe. A Guinness faz o possível para usar materiais locais, produzindo suas cervejas com sorgo no Benin e Nigéria.

A Guinness assumiu a United Distillers em 1986. Outra fusão com a Grand Metropolitan, em 1997, formou a Diageo, a maior empresa do mundo em bebidas alcoólicas e maior produtora de uísque, com trinta destilarias.

Nos últimos anos, a empresa tem tentado ampliar a marca Guinness, mas com sucesso limitado. Os lançamentos incluíram Guinness Light, Brite, Bitter, Red, Gold e Breo, uma cerveja de trigo. A maioria foi logo retirada do mercado. A última delas, a Guinness Black Lager, foi lançada em 2010. A queda nas vendas causou o fechamento da Park Royal Brewery, em Londres, em 2005. As vendas têm diminuído na Irlanda e na maioria dos mercados europeus nos últimos anos, mas aumentaram na África. Agora, a empresa contempla também a Ásia em busca de crescimento futuro.

Byrne, A. **Guinness times, my days in the world's most famous brewery**. Dublin: Town House, 1999.
Hughes, D. **A bottle of Guinness please**. Wokingham: Phimboy, 2006.
Sibley, Brian. **The book of Guinness advertising**. London: Guinness Books, 1985.

Brian Glover

Asahi Breweries tem suas origens no estabelecimento da Osaka Beer Brewing Company, em 1889. A marca Asahi Beer foi lançada em 1892 e, no ano seguinte, ganhou um prêmio Grand Prix na Chicago World's Fair. A empresa abriu seu primeiro *beer hall* em 1897, e em 1900 lançou a primeira cerveja engarrafada do Japão. A empresa se uniu em 1906 com a Japan Beer Brewery Ltd. e a Sapporo, formando a Cervejaria Dai Nippon.

Em 1949, a Dai Nippon foi dividida em Asahi Breweries Ltd. e Nippon Breweries Ltd. como parte da Lei de Descentralização Econômica do governo. Em 1958, a Asahi lançou a primeira cerveja em lata do Japão, sob o rótulo Asahi.

Em 1982, a Asahi assinou um acordo com a alemã Löwenbräu e deu início à produção e a vendas licenciadas dessa cerveja em 1983. Em 1988, a Asahi assinou um acordo com a Bass Exports, do Reino Unido, e passou a importar e vender a Bass Pale Ale.

Em 1987, a cervejaria lançou a Asahi Super Dry, causando uma sensação na indústria cervejeira japonesa. A Super Dry desfrutou de vendas explosivas que impulsionaram a Asahi à frente no mercado. Hoje, ela está posicionada no topo do mercado em vendas no Japão, juntamente com a Kirin.

A Asahi solidificou ainda mais a sua posição no mercado japonês em 2009, com a importação da popular Hoegaarden Belgian White Ale em barril e em garrafa.

Atualmente, a Asahi produz uma vasta gama de cervejas, principalmente estilos *lager* para o mercado de massa. Muitas são variedades populares com baixa concentração de malte chamadas *happoshu*, que são menos tributadas que a cerveja normal. A *stout* da Asahi, lançada em 1935, continua sendo feita até hoje e possui 8% de álcool em volume (ABV), e em termos gerais se encaixa no estilo *fo-*

reign extra stout. A Asahi Kuronama Black, uma *dark lager* com 5% ABV, surgiu em 1995 e às vezes é encontrada fora do Japão. O Asahi Beer Hall, projetado pelo arquiteto francês Philippe Starck em 1990, é um dos mais modernos e atraentes edifícios de Tóquio.

Bryan Harrell

Ásia

Ver ÁSIA CENTRAL e SUDESTE ASIÁTICO.

Ásia Central.

Suas fronteiras estão mal definidas, mas os seus cinco principais países são Cazaquistão, Quirguistão, Turcomenistão, Tajiquistão e Uzbequistão. As fronteiras da região são com a China, a leste; a Rússia, ao norte; o mar Cáspio, a oeste; e o Afeganistão, ao sul. Todas as cinco nações são ex-membros da União Soviética e recuperaram a independência durante o seu colapso em 1991. Desde então, todos os cinco países têm lutado para encontrar prosperidade e estabilidade, obtendo resultados variados.

Embora os habitantes das cinco nações da Ásia Central pratiquem principalmente o islamismo, que obedece à proibição do Alcorão ao consumo de bebidas alcoólicas, muitos deles consomem bebidas alcoólicas regularmente. Embora a vodca, introduzida pelos russos, seja a bebida mais escolhida, a cerveja está ganhando popularidade. As cervejas preferidas são geralmente importadas da Rússia e da Europa. A mais popular é a Baltika, de São Petersburgo, e os chopes favoritos são o Tian-Shansky e o Shimkent, do Cazaquistão, e a Siberia Crown, da Rússia.

O Quirguistão está passando por um significativo renascimento cervejeiro. O Comitê Nacional de Estatísticas do país informou, no início de 2010, que um sexto dos adultos do país bebe cerveja regularmente. A primeira cervejaria do Quirguistão foi inaugurada em Kara-Kol no século XIX. Por volta do início do século XX, cinco cervejarias produziam a bebida. Durante a era soviética, as cidades de Osh, Kara-Balta, Talas e Kochkor possuíam cervejarias. Contudo, durante uma campanha antiálcool na década de 1980, a produção de cerveja foi suspensa e as pessoas passaram a consumir bebidas alcoólicas de outras maneiras.

Atualmente, duas grandes cervejarias produzem cerveja no Quirguistão: a Abdysh-Ata e a Arpa, que juntas produzem mais de 90% da cerveja do país. A maior parte é consumida localmente, com pequenas percentagens exportadas para a Rússia e o Cazaquistão.

A cerveja é comercializada principalmente em cafés e quiosques, embora na cidade de Bishkek haja seis *pubs* e duas cervejarias, Steinbrau e Blonder Pub.

Central Asia Online. **Beer drinking undergoes resurgence in Kyrgyzstan.** Disponível em: http://www.centralasiaonline.com/cocoon/caii/xhtml/en_GB/features/caii/features/entertainment/2010/04/02/feature-02/. Acesso em: 28 nov. 2010.

Lonely Planet Central Asia guide. Victoria: Lonely Planet, 2007.

National Geographic. **National Geographic Online Guide to Asia.** Disponível em: http://travel.nationalgeographic.com/travel/continents/asia/. Acesso em: 28 nov. 2010.

Radio Free Europe Radio Liberty. **Central Asia: Culture Shift Sends Beer's Popularity Soaring.** Disponível em: http://www.rferl.org/content/article/1067941.html/. Acesso em: 28 nov. 2010.

April Darcy

Asia Pacific Breweries Limited (APB)

é uma parceria entre a Fraser & Neave Holdings Bhd., uma empresa de bebidas com sede em Kuala Lumpur, Malásia, e a Heineken, produtora holandesa de cerveja. A Heineken tem mantido uma forte presença em todo o Pacífico asiático, seguindo os históricos laços coloniais holandeses na região. Listada na bolsa de valores de Singapura, a APB foi fundada em 1931 sob o nome Malaysian Breweries Limited (MLB). A empresa abriu sua primeira cervejaria em Singapura um ano depois e lançou sua icônica cerveja Tiger. Sua propaganda tinha como *slogan "Time for a Tiger"*, fácil de memorizar e que se tornaria o título do primeiro romance do autor Anthony Burgess em sua trilogia *The Long Day Wanes*. A fim de refletir seu crescimento na região, a MBL foi renomeada Asia Pacific Breweries Limited em 1990. Agora a APB administra uma rede de 36 cervejarias em 13 países – Singapura, Camboja, China, Indonésia, Laos, Malásia, Mongólia, Nova Caledônia, Nova Zelândia, Papua Nova Guiné, Sri Lanka, Tailândia e Vietnã –, com vendas em cerca de 60 países. Além da Tiger, a APB produz mais de 40 cervejas em seus mercados regionais, incluindo Heineken, Anchor, Baron's Strong Brew e ABC Extra Stout. Ela também produz a Gold Crown no

Camboja, a SP Lager em Papua Nova Guiné, a Tui na Nova Zelândia e a Larue no Vietnã. Em 2006, APB abriu a Archipelago Brewing Company, uma microcervejaria com um *pub*, produzindo clássicas cervejas de estilo europeu juntamente com especialidades inovadoras.

Asia Pacific Brewers Limited. Disponível em: http://www.apb.com.sg/. Acesso em: 16 fev. 2016.

Tim Hampson

Aspergillus niger, também chamado de "bolor negro", é um fungo comum em cervejarias e maltarias. O nome *Aspergillus niger* é derivado dos esporos escuros, quase pretos, do fungo. O *A. niger* cresce no solo em todo o mundo e é um frequente degradador de alimentos, sendo que seus metabólitos também podem danificar diversos materiais (pode até estragar vidro e lentes ópticas). O *A. niger* é útil na indústria alimentar para a produção de ácido cítrico. O fungo metaboliza ácido sob condições de pH baixo e quando há ausência de ferro no substrato. As condições ótimas de crescimento estão no intervalo de temperatura de 35 °C a 37 °C, embora o *A. niger* seja capaz de crescer a temperaturas entre 6 °C e 47 °C e um valor de pH entre 1,5 e 9,8. Essa natureza robusta faz com que o bolor seja difícil de ser erradicado no ambiente da cervejaria, e uma frequente limpeza pode ser necessária para mantê-lo afastado.

Nas cervejarias, o *A. niger* é normalmente encontrado nas áreas de fermentação e maturação a frio, especialmente nos lugares onde ocorre condensação nos equipamentos de refrigeração. Ele também pode ser encontrado em áreas de engarrafamento, onde pode causar graves problemas devido à alta mobilidade dos esporos. Embora esses esporos normalmente não danifiquem cerveja, detectá-los na cerveja embalada pode ser um indicador de má assepsia na cervejaria. Portanto, em alguns países, uma contagem elevada de esporos de *A. niger* na cerveja leva à proibição da venda.

Ver também CONTAMINANTES DA CERVEJA.

Gerrit Blüemelhuber

aspersão do mosto é a pulverização da água quente cervejeira sobre a mostura para lavar os açúcares residuais. É essencial para se alcançar a eficiência desejada na extração dos açúcares.

Uma vez que as enzimas do malte digeriram o amido para formar açúcares, o mosto deve ser drenado e separado dos resíduos sólidos, particularmente das cascas do malte. O mosto açucarado produzido na mosturação será filtrado por esses sólidos, que são retidos no fundo falso da tina de filtração ou da tina de mostura; muitos açúcares permanecerão na superfície e nas fendas das cascas. Ver FILTRAÇÃO DO MOSTO. A remoção desses açúcares exige uma aspersão com água quente cervejeira.

Antes da aspersão ser mecanizada, os grãos eram lavados enchendo a tina de mostura com água quente cervejeira, mexendo, e então drenado novamente. Isso deveria ser repetido várias vezes até que não fosse mais possível remover açúcares. Historicamente, cervejas com diferentes teores de extrato original eram produzidas a partir de uma única mostura, por meio de um sistema conhecido como "*parti-gyle*". Ver PARTI-GYLE.

A aspersão mecanizada se tornou um sistema mais eficiente, no qual a água quente cervejeira era pulverizada no topo da mostura e continuamente drenada pelo fundo falso da tina. O mosto era drenado continuamente para a tina de fervura, e uma única cerveja, com o teor de extrato original desejado, era produzida.

A aspersão bem-sucedida requer uma cuidadosa combinação entre o fluxo de entrada e saída, pois a aspersão muito rápida ou muito lenta resultará em um excesso de água ou em uma mostura seca. Em ambas as circunstâncias, a filtração pode ser ineficiente ou cessar completamente. É também importante assegurar que a água quente cervejeira aspergida seja, se necessário, adequadamente tratada para manter o pH do mosto baixo. O pH muito alto pode resultar na extração excessiva de taninos e silicatos a partir das cascas dos grãos, o que pode resultar em adstringência indesejável na cerveja pronta.

Keith Thomas

aspérula. Também conhecida em inglês como "*sweet woodruff*" e em alemão como "*Waldmeister*", a aspérula é uma planta herbácea perene mais bem conhecida na elaboração de cerveja como um dos flavorizantes açucarados comumente usados na produção de *Berliner weiss* (o outro é a framboesa).

Embora o verde brilhante conferido pelo "*schuss*" no copo deva-se principalmente ao aumento da coloração, o xarope de aspérula confere tanto um dulçor atenuante como uma nota de ervas à cerveja ácida de trigo. É importante notar que o flavorizante é adicionado no momento de servir a bebida; adicioná-lo antes seria uma violação à Lei da Pureza da Cerveja. Ver LEI DA PUREZA DA CERVEJA.

As cervejarias artesanais americanas têm, às vezes, produzido cerveja com aspérula; nessas bebidas, as folhas secas são adicionadas ou na fervura, ou na cerveja fria durante a maturação. A San Andreas Brewing, de Hollister, Califórnia, tem produzido sua Woodruff Ale desde o início dos anos 1990, e a Elysian Brewing, de Seattle, Washington, produz uma versão acentuada com aspérula de sua Ambrosia Spring Bock. A aspérula também tem sido tradicionalmente usada na Alemanha e Áustria como um flavorizante e enfeite para o vinho jovem de maio.

A aspérula é de crescimento baixo e apresenta folhas em espirais lanceoladas de seis a nove, com pequenas flores brancas. Geralmente é plantada como uma cobertura de solo decorativa. As folhas verdes são perfumadas, com notas semelhantes a noz-moscada ou canela. A sua contribuição de aroma e sabor se intensifica após a secagem das folhas.

Cram, A. B. The abc of herbs: **The scent of sweet woodruff**. Disponível em: homepages.sover.net/garden/Woodruff.html/. Acesso em: 20 out. 2010.

Graeve, M. **A modern herbal.** New York: Harcourt, Brace, 1931.

Dick Cantwell

atenuação envolve a remoção de açúcares e a produção de álcool pelas leveduras durante a fermentação, de modo a tornar o mosto menos denso e viscoso, ou seja, mais ralo ou atenuado. O uso do densímetro ou sacarímetro para medir a atenuação durante a redução da densidade do mosto em fermentação foi introduzido na produção de cerveja no final do século XVIII, na Inglaterra. Ver DENSÍMETRO. A determinação da temperatura, introduzida alguns anos antes, e a medição da densidade foram as primeiras medidas quantitativas de controle do processo disponibilizadas para o cervejeiro.

O grau de atenuação obtido na fermentação do mosto para a cerveja é frequentemente dado pela diferença entre a densidade inicial do mosto não fermentado e a densidade da cerveja finalizada, expressa como um percentual da densidade inicial. Assim, se o mosto tem uma densidade inicial de 15 °Plato e a cerveja pronta, densidade de 3 °Plato, então a porcentagem de atenuação seria $(15 - 3) / 15 \times 100 = 80\%$.

Como o álcool produzido durante a fermentação tem uma densidade menor que a densidade da água, a mensuração da densidade da cerveja superestima a remoção de açúcar do mosto, de modo que o cálculo acima mensura o que é denominado "atenuação aparente". Para determinar a "atenuação real" é necessário remover o álcool por destilação antes de medir a densidade da cerveja e utilizar esse valor na determinação do percentual de atenuação do mosto. Em circunstâncias normais, a atenuação real é de aproximadamente 80% da atenuação aparente medida.

Briggs, D. E.; Boulton, C. A.; Brookes, P. A.; Stevens, R. **Brewing science and practice.** Cambridge: Woodhead Publishing Limited, 2004. 881 p.

Sumner, J.; John, R. Saccharometry and the pounds-per-barrel extract: the construction of a quantity. **The British Journal for the History of Science,** Cambridge, v. 34, p. 255-273, 2001.

Ray Anderson

Augustiner Bräu é a mais antiga cervejaria de Munique. Fundada como um mosteiro agostiniano em 1294, lá funciona uma fábrica de cerveja pelo menos desde 1328. A licença original para a produção de cerveja permitia que os monges fizessem cerveja para consumo próprio e também para venda sem a incidência de impostos sobre o lucro. A cervejaria permaneceu em mãos monásticas até 1803, quando Napoleão Bonaparte obrigou que todas as terras da Igreja na Baviera fossem passadas para as mãos das autoridades seculares locais, e o mosteiro agostiniano tornou-se propriedade do Estado da Baviera. Em março de 1829, Anton e Therese Wagner compraram a inativa licença de produção agostiniana de cerveja e transformaram a cervejaria em uma empresa comercial privada. Hoje, quatro das seis principais marcas de cerveja de Munique (Spaten, Löwenbräu, Paulaner e Hacker-Pschorr) são totalmente ou parcialmente propriedade de empresas cervejeiras internacionais, e a Hofbräuhaus é propriedade do Estado da Baviera. Apenas a Augustiner ainda é independente. É uma empresa de capital fechado, majoritaria-

Augustiner=Brauerei, München

Cartão-postal, *c.* 1920, retratando o complexo cervejeiro da Augustiner Bräu. As operações de produção de cerveja no local remontam pelo menos a 1328. PIKE MICROBREWERY MUSEUM, SEATTLE, WA.

mente pertencente à Fundação Edith-Haberland--Wagner, um fundo beneficente criado em 1996 pela última herdeira Wagner, uma bisneta do fundador. A Augustiner também é única em outros aspectos: a cervejaria não faz propaganda e, ao contrário da maioria das outras cervejarias alemãs, não produz cervejas *light*, cervejas de baixo teor alcoólico ou quaisquer tipos de bebidas mistas com cerveja. No depósito de sua cervejaria, ela ainda mantém uma rara operação de malteação no piso, do século XIX, que fornece malte claro para várias das suas oito cervejas clássicas bávaras. Finalmente, grande parte da sua cerveja em chope ainda é extraída de tradicionais barris de madeira, mesmo na Oktoberfest anual de Munique. Essas práticas heterodoxas de negócio fizeram da Augustiner-Bräu um modelo moderno da tradicional e vibrante cultura cervejeira de Munique.

Ver também BAVIERA e MUNIQUE.

Comunicação Pessoal com Werner Mayer (CEO). Augustiner-Brau Wagner KG, Munich.

Horst Dornbusch

Austrália teve uma associação com a cerveja, começando pelos ingleses, antes mesmo de colocarem o primeiro pé em terra firme. Em 26 de agosto de 1768, o capitão James Cook partiu da Inglaterra para navegar através do Oceano Pacífico em uma missão da Sociedade Real para observar e controlar a passagem de Vênus pelo Sol. Cook havia desenvolvido um forte interesse pelo tratamento do escorbuto, pois naqueles tempos o seu efeito devastador sobre marinheiros era o principal fator limitante para a segurança das longas viagens marítimas. Cook foi razoavelmente bem-sucedido com suas tentativas antiescorbuto utilizando uma série de produtos alimentícios e tinha desenvolvido uma forte crença, embora incorreta, no valor da cerveja como um produto que evitava ou combatia essa doença.

Quando Cook se lançou ao mar em 1768, havia 4 toneladas de cerveja a bordo do navio *Endeavour*. O relato do capitão Cook de sua descoberta da costa leste da Austrália durante essa viagem despertou grande interesse da Inglaterra. Contudo, somente alguns anos mais tarde, após as colônias americanas alcançarem a independência, que a Inglaterra decidiu enviar uma frota para estabelecer uma colônia nessas terras. Em 1788, dezoito anos após Cook ter navegado até a costa leste da Austrália, foi o capitão Arthur Phillip quem escolheu e nomeou Sydney Cove (atual Circular Quay, ao lado da Ópera de Sydney) como o local para estabelecer a nova colônia.

O governador Phillip e seus oficiais beberam quatro copos de *porter* para brindar o sucesso da colônia. Ao brinde se seguiu uma salva de tiros de mosquete dos fuzileiros navais e três vivas de todos os presentes, incluindo os condenados. A cerveja havia chegado à Austrália.

Os tempos eram difíceis na nova colônia, e manter um suprimento de comida e de cerveja era apenas uma das muitas dificuldades. Ninguém sabia como cultivar com sucesso o solo desconhecido e arenoso, com diferentes influências sazonais e padrões de chuva. Os alimentos muitas vezes eram trazidos da vizinha ilha Norfolk. Ao longo dos anos seguintes, a segunda e a terceira frotas chegaram à colônia, que ficou à beira da inanição. A primeira e única cervejaria de propriedade do governo foi construída na Austrália em 1804, em parte para enfraquecer o comércio ilegal de rum. O governo esperava que a disponibilidade regular de cerveja barata, com teor alcoólico moderado, reduziria a preferência ao rum e a embriaguez que havia se tornado predominante. A falta de bons ingredientes e de conhecimento, problemas com empregados e a contínua preferência pelo rum arruinaram a viabilidade desse empreendimento governamental. Depois de um ano a cervejaria fechou.

A afeição da Austrália pelo "desordeiro" (*hooligan*) e o menosprezo pelo "puritano" (o "inimigo" do desordeiro) provavelmente tem ligação com as décadas de transporte de condenados que deram origem à nova nação. A imposição de leis severas e punições exageradas, a corrupção generalizada e a distinção de classes em uma colônia que mal era capaz de sobreviver provavelmente moldou a mente de uma nação. Muitos dos condenados mostraram que eram mais simpáticos, trabalhadores e respeitáveis do que aqueles que os tinham colocado lá ou que os vigiavam como condenados.

Um dos que se encaixa na descrição é James Squire, da primeira frota de condenados. Squire é creditado pelo primeiro cultivo bem-sucedido de lúpulo na colônia, no que se compreende agora como um local bastante marginal. Ele também é considerado o primeiro cervejeiro da colônia, dado que utilizou lúpulo e cevada na produção da bebida. Certa vez, Squire foi pego roubando marroio-branco (*horehound*), uma erva de amargor, da loja do governo, sendo punido a chicotadas. No entanto, Squire foi posteriormente premiado, pelo governador, com uma vaca do rebanho do governo, em reconhecimento a suas realizações com o cultivo de lúpulo. Squire, por fim, tornou-se um líder respeitado na comunidade, conduzindo uma fazenda, uma cervejaria de sucesso, uma taberna popular (a Malting Shovel Tavern), uma padaria e um açougue. Casou-se várias vezes, teve mais de uma amante, e, por fim, teve um grande número de filhos. Quando esse empresário desordeiro morreu em 1822, seu funeral foi o maior já visto na colônia até então.

A colônia cresceu lentamente, mas, em 1828, havia dez cervejarias em Sydney e cervejarias regionais estavam sendo fundadas território adentro. A tecnologia pobre, a falta de compreensão microbiológica e o clima quente dificultavam qualquer aumento de escala das cervejarias. A qualidade da cerveja era geralmente ruim e assim permaneceu durante muitos anos. Particularmente, a qualidade da cerveja era inconsistente, e havia muitas mudanças de propriedade e fechamentos devido aos vários desafios enfrentados pela indústria.

Houve uma grande mudança na metade final do século XIX. A população havia crescido. Com a libertação dos detentos e a chegada de colonos livres, o país experimentava um novo entusiasmo. Cervejarias começaram a funcionar em todos os lugares; qualquer cidade de tamanho razoável possuía várias. As cervejas eram influenciadas pelos estilos ingleses, mas os ingredientes e o ambiente locais não resultavam em *ales* ideais em termos de qualidade ou estilo para as pessoas que trabalhavam duro e buscavam uma grande bebida para saciar a sede em um país quente. Experimentos levaram à utilização de açúcar como um adjunto para reduzir o nível de nitrogênio nos mostos feitos a partir de cevada de alto teor proteico. Um estilo mais leve e mais seco de *ale* colonial surgiu e encontrou apreciadores, e cervejas mais adequadas ao clima tiveram sucesso.

Em muitos casos, os taberneiros produziam a sua própria cerveja, e durante várias corridas do ouro vilarejos surgiam e a demanda por cerveja ou outras bebidas alcoólicas rapidamente crescia. A manutenção de registros era ruim, e muitos empreendimentos eram apenas esforços empresariais, semelhantes à produção caseira de cerveja, postos para funcionar a toque de caixa a fim de tirar proveito da oportunidade comercial. Havia pouca regulamentação e ainda menos interesse. Muitas cervejas eram adulteradas com substâncias estranhas para disfarçar maus sabores ou odores – os cervejeiros não queriam jogar fora cerveja ruim diante da alta demanda. Algumas cervejas eram realmente perigosas, e a bebida ganhou uma má reputação de modo geral.

O governo, no entanto, apoiava a indústria, a qual lhe valia receitas e uma quantidade significativa de empregos diretos e indiretos para a população. No entanto, a embriaguez continuava amplamente disseminada. A segunda metade do século XIX, em muitos aspectos, foi caótica, mas havia sinais de mudança no horizonte.

Diante de um contexto de crescente demanda e cerveja local de qualidade variável, algumas cervejas importadas da Europa mostraram-se populares entre aqueles capazes de pagar por elas. O novo estilo de cerveja *lager* da Alemanha encontrou adeptos na Austrália. Os benefícios do controle microbiológico desse processo a frio eram especialmente adequados à Austrália, e alguns cervejeiros empreendedores viram a oportunidade de avançar para essa tecnologia. As primeiras fábricas de cerveja *lager*, da década de 1880, não sobreviveram por muito tempo. No entanto, duas notáveis cervejarias lançaram *lagers* no mercado em 1889. A Foster's Brewery em Melbourne e, em seguida, a Castlemaine Brewery em Brisbane produziam, com sucesso, *lagers* e ajudaram a popularizar o novo estilo. Ver FOSTER'S. No início do século XX, novos entendimentos científicos estavam sendo aplicados por alguns cervejeiros coloniais progressistas. Seus conhecimentos traduziram-se em novas oportunidades para melhor controlar o processo cervejeiro e melhorar a sua qualidade. Esse foi um momento crucial, quando os velhos métodos coloniais e a cerveja ruim ficaram sob pressão. Aqueles que não se adaptaram aos métodos mais recentes e a técnicas cervejeiras melhores, garantindo uma melhor qualidade, desapareceram gradualmente. O futuro da indústria no século XX exigiria cervejarias com melhores equipamentos, economias de escala e cervejeiros com conhecimento da nova ciência cervejeira.

Atualmente, as grandes cervejarias australianas possuem uma herança que remonta ao século XIX. Foram as cervejarias que sobreviveram às dramáticas mudanças na tecnologia, aos desafios comerciais e à agitação de duas guerras mundiais. A grande dimensão do país em relação à sua população apresentou dificuldades para um mercado moderno. Até a década de 1960, a maioria das principais cervejarias era independente e baseada em uma capital ou cidade principal em cada um dos estados. Os consumidores eram muito aferrados às suas marcas de cerveja locais e raramente atravessavam as fronteiras estaduais. Economias de escala na produção, comercialização e distribuição deram prosseguimento à consolidação das cervejarias. A maioria das grandes cervejarias individuais é agora parte de uma empresa maior. A Carlton & United Breweries faz parte do Foster's Group. United Breweries refere-se a um número significativo de cervejarias do século XIX, como a Foster's, a Victoria, a Abbots e outras cervejarias de Victoria ou de Melbourne que fizeram parte de uma fusão empresarial. Em 2009, a Kirin do Japão adquiriu a Lion Nathan Breweries, provinda da fusão entre a Lion Nathan da Nova Zelândia, a Bond Brewing, a South Australian Brewing Company e a J Boag & Son, da Austrália. Ver LION NATHAN e NOVA ZELÂNDIA. A Coopers Brewery em Adelaide ainda é propriedade privada. As marcas individuais, tais como a VB, refletem a herança da Victoria Brewery, embora a cervejaria não exista mais. Outra cervejaria de propriedade da Foster's, a Cascade, de Hobart, é a mais antiga cervejaria em operação na Austrália, em funcionamento desde 1832. A Coopers data de 1862, mas opera em um novo local. A Castlemaine Perkins opera no mesmo local desde 1878, ao passo que a Boag's da Tasmânia vem produzindo no mesmo local desde 1882. As cervejarias históricas ainda em funcionamento e as marcas históricas disponíveis no mercado relembram os australianos da produção da bebida durante seu passado colonial.

A indústria de cervejas artesanais na Austrália está bem estabelecida e em crescimento. A maioria das pessoas considera a Sail and Anchor Pub Brewery como a primeira cervejaria artesanal de sucesso na Austrália. Ela começou suas atividades em 1984, na Austrália Ocidental, e seu sucesso inspirou muitos outros empreendedores. Pouco depois, a Matilda Bay Brewery foi fundada também em Fremantle pelo cervejeiro Phil Sexton como uma cervejaria artesanal especializada e direcionada às redes de *pub*, e não como uma cervejaria localizada dentro de um. Na costa leste, em Picton, perto de

Sydney, Geoffrey Scharer começou a produzir cerveja em seu *pub* em 1987, e em 1988 Chuck Hahn fundou a Hahn Brewery em Sydney, que atualmente opera como a Malt Shovel Brewery. A revista australiana *Beer and Brewer* totaliza 130 cervejarias na Austrália. Mais da metade das cervejarias artesanais da Austrália se encontra em dois estados. O estado de Victoria possui o maior número delas, 38, seguido da Austrália Ocidental, com 32. As principais cervejeiras nacionais estão envolvidas com a produção de cervejas artesanais. A Lion Nathan é proprietária da Malt Shovel Brewery, a qual produz a James Squire e outras marcas de cervejas artesanais, bem como da cervejaria Knappstein Brewery. A Carlton & United Breweries produz as marcas Matilda Bay. A grande rede varejista Woolworths desenvolveu uma parceria estratégica com a cervejaria artesanal Gage Roads da Austrália Ocidental para o abastecimento exclusivo da cadeia de varejo com cervejas de rótulos especiais. Contratos para a produção de cervejas artesanais sob demanda também são firmados. Em Sydney, a Australian Independent Brewers construiu uma nova cervejaria na periferia de Sydney especificamente para produzir cervejas sob contrato; também havia um pequeno número de outros cervejeiros artesanais que fabricavam sob contrato.

A Austrália possui atualmente uma população de 20 milhões de pessoas. O consumo *per capita* de cerveja atingiu o pico de 135 litros por ano em 1979, mas, desde então, declinou para pouco menos de 90 litros. Durante esse período, uma categoria separada de cervejas com teor alcoólico mediano, em torno de 3,5% de álcool em volume, nasceu e continua a crescer, com a marca XXXX Gold sendo a líder dessa categoria e atualmente a segunda cerveja mais vendida em todo o país.

Há uma série de competições de cerveja na Austrália, algumas realizadas em associação com festivais e algumas realizadas por *pubs* ou associações de cervejeiros locais. A mais antiga e estabelecida delas é a Australian International Beer Awards. Realizada em conjunto com a University of Ballarat e o Royal Agricultural Society of Victoria, essa competição é a segunda maior do mundo em número de inscrições.

A Austrália possui uma indústria de lúpulo nos estados do Sul – Tasmânia e Victoria. O lúpulo de amargor mais amplamente utilizado nas *lagers* australianas tradicionais é o Pride of Ringwood ou o mais recente Super Pride. Ver PRIDE OF RINGWOOD.

Uma série de outras variedades também é cultivada para os mercados local e de exportação, incluindo variedades de aroma.

A cevada também é cultivada de forma abundante em vários estados. A safra total de cevada australiana é da ordem de 7 a 8 milhões de toneladas, com cerca de 2 a 3 milhões classificadas como cevada para malteação. Cerca de 1 milhão de toneladas são malteadas para atender tanto aos cervejeiros domésticos como o mercado de exportação.

Embora o consumo *per capita* de cerveja tenha caído, o declínio quase estabilizou. Nunca houve tamanha gama de marcas no mercado australiano, e a cerveja está ganhando o devido reconhecimento como um parceiro legítimo para as refeições nas mesas dos restaurantes. Novos cervejeiros artesanais continuam a entrar nesse mercado, e os tradicionais grandes cervejeiros estão inovando e trazendo novos sabores ao mercado.

Ver também FOSTER'S e LION NATHAN.

Beer and Brewer Australia. Disponível em: http://www.beerandbrewer.com/. Acesso em: 10 mar. 2011.

Deutscher, K. M. **The breweries of Australia – A history.** Melbourne: Thomas C. Lothian Pty Ltd, 1999.

Bill Taylor

Áustria foi outrora uma superpotência mundial. Isso ocorreu no final da Idade Média quando, a partir da sua capital Viena, a dinastia austríaca da casa de Habsburgo governou não somente o que conhecemos como a Áustria, mas também praticamente toda a Europa, com exceção da França, Grã-Bretanha, Rússia e Escandinávia. Como resultado, a história da cerveja alemã e da cerveja austríaca está inextricavelmente interligada.

Politicamente, as histórias da Áustria e da Alemanha começaram a divergir apenas em 1806, quando, após o fiasco na batalha de Austerlitz contra Napoleão, o último *sacro imperador romano-germânico*, Francisco II (1768-1835), renunciou à coroa. Isto encerrou os 844 anos do Primeiro Reich alemão. Também significou o início de um império austríaco, com o então ex-Francisco II da Alemanha se transformando no imperador Francisco I da Áustria. O novo império imediatamente entrou em um período de expansão, principalmente na direção leste, logo acrescentando ao seu reino a maioria dos Balcãs, bem como a Boêmia, a Morávia, a Eslováquia, a Hungria e até mesmo partes das atuais Ucrânia, Romênia, Polônia e norte da Itália. Em 1867, a nova entidade se tornou o Império Austro-Húngaro, que durou até o fim da Primeira Guerra Mundial, em 1918. Embora a Áustria tenha rapidamente estabelecido a sua própria identidade após sua separação do antigo império alemão, foram necessários 65 anos para que a Alemanha formasse novamente o seu novo império, o Segundo Reich, em 1871, dessa vez sob a orientação do chanceler Otto von Bismarck, com a casa de Hohenzollern da Prússia no trono e a cidade de Berlim como a nova capital.

Embora a Áustria tenha trilhado um caminho politicamente diferente após as guerras napoleônicas, não foi capaz de libertar-se da cultura cervejeira alemã. Na verdade, pode-se argumentar que a Áustria continuou a contribuir com a cultura cervejeira alemã na mesma medida em que tomou emprestado dela. Em 1841, por exemplo, a Schwechat Brewery, nos arredores de Viena, criou a *Vienna lager* – junto com a *märzen*, criada ao mesmo tempo pela Cervejaria Spaten de Munique – a primeira tentativa sistemática de produzir uma cerveja *amber lager*. A Schwechat Brewery pertencia a Anton Dreher, que também possuía grandes instalações na capital húngara, Budapeste, e na cidade portuária italiana de Trieste, no Mar Adriático. Ver DREHER, ANTON, MÄRZENBIER, SPATEN, CERVEJARIA e VIENNA LAGER. O primeiro estilo de cerveja *pilsner*, feito pelo mestre cervejeiro bávaro Josef Groll na Burgher Brewery de Pilsen, na Boêmia, em 1842, também possui um componente definitivamente austríaco, isto é, a sua marca alemã. A Boêmia era então parte do Império Austríaco; assim, o que quer que acontecesse na terra dos tchecos também tinha que ter um nome na língua oficial da Áustria, o alemão. É por isso que a cerveja que estava destinada a se tornar a modelo para cerca de nove entre dez cervejas produzidas atualmente no mundo foi, e ainda é, conhecida mundialmente como Pilsner Urquell, e não pela sua designação nativa de Plzeňský Prazdroj. A cervejaria de Dreher foi uma das primeiras a instalar a revolucionária refrigeração inventada por Carl von Linde para os tanques de maturação a frio. Ver LINDE, CARL VON. Embora a Cervejaria Spaten de Munique tenha sido a primeira a receber, em 1874, a original "máquina de frio" de von Linde, a cervejaria Dreher de Trieste foi a primeira a receber a segunda geração da "máquina de refrigeração e gelo melhorada" de von Linde, em 1877. Essa máquina operou em Trieste durante os 31 anos seguintes.

Hoje, existem cerca de setenta cervejarias industriais na Áustria, bem como mais de cem pequenas cervejarias e *brewpubs*. A maioria delas está concentrada na Alta Áustria. O consumo de cerveja *per capita* dos austríacos é semelhante ao dos seus vizinhos alemães – aproximadamente 100 litros por ano. Os austríacos e alemães são superados apenas pelos líderes tchecos no consumo *per capita* de cerveja. O estilo de cerveja mais popular na Áustria é o "*märzen* austríaco", uma *lager* filtrada que domina cerca de 60% do mercado. No entanto, *märzen* austríaco não deve ser confundido com o estilo *märzen* bávaro. Enquanto este último tende a apresentar sabor e aroma de malte acentuados, coloração de âmbar a cobre, teor alcoólico (ABV) entre 5,5% e 5,9%, o primeiro é mais parecido com o *Munich helles*, com uma coloração amarelo-dourado, um equilíbrio entre malte e lúpulo, um amargor de suave a moderado e um ABV que tende a ficar abaixo de 5%. *Märzen* é o estilo de cerveja mais importante para quase todas as cervejarias na Áustria, assim como o *pils* é o estilo de cerveja mais importante para praticamente todas as cervejarias na Alemanha. A Stiegl de Salzburgo, a maior cervejaria de propriedade privada da Áustria, produz uma *märzen* chamada Stiegl Goldbräu, que é a cerveja engarrafada mais popular da Áustria. A Stiegl foi fundada em 1492 e hoje produz mais de 1 milhão de hectolitros de cerveja por ano. Além da *märzen*, a Stiegl produz um grande portfólio de estilos de cerveja, incluindo uma *pils* popular e também cervejas especiais, como *brown beer*, *altbier*, *red ale*, *Christmas honey beer* e *stout*. A Brauunion (BU), de propriedade do grupo Heineken e detentora de mais de 50% do mercado de cerveja austríaca, também produz uma *märzen* popular, sob a sua marca Gösser. Outra marca da BU, a Zipfer, considera sua Urtyp, um estilo de *pilsner*, como sua cerveja mais importante. Outra cervejaria da BU, a Hofbräu Kaltenhausen perto de Salzburgo, produz a Edelweiss, que é a *weissbier* líder da Áustria.

A estrutura da indústria cervejeira austríaca é muito descentralizada e metade dela consiste em pequenas cervejarias regionais. Nesse aspecto, a Áustria se assemelha à Alemanha, e essa estrutura as diferencia da América do Norte, onde apenas alguns gigantes cervejeiros tendem a dominar uma parcela esmagadora do mercado. No Canadá, cerca de nove entre dez cervejas consumidas são produzidas por Molson ou Labatt; no México, são produzidas por Modelo ou Femsa; e nos Estados Unidos, cerca de oito entre dez cervejas são produzidas pela Anheuser-Busch, Miller ou Coors. A presença de muitas cervejarias de médio e pequeno porte resulta em uma grande diversidade de cervejas na Áustria, provavelmente mais do que na Alemanha, porque os cervejeiros austríacos não são tão estritos no uso de ingredientes quanto os alemães, em virtude da Lei da Pureza da Cerveja. Ver LEI DA PUREZA DA CERVEJA. Entre as menores cervejarias da Áustria, talvez a mais conhecida internacionalmente seja a Schloss Eggenberg, produtora da lendária *lager* de alto teor alcoólico Samichlaus. Ver EGGENBERG, CERVEJARIA. Outra cervejaria conhecida é a Trumer, que produz cerveja *pils* em Salzburgo e possui uma filial em Berkeley, Califórnia, a qual produz uma *pils* idêntica à da matriz. Entre as cervejas especiais produzidas por pequenas cervejarias da Áustria, uma raridade notável é a *kübelbier* (literalmente, "cerveja de balde") feita pela Hofstettner Brewery na região de Mühlviertel, na Alta Áustria. Essa cerveja é fermentada em tinas abertas feitas do granito extraído nas proximidades. Uma nova onda criativa de cerveja austríaca é tipificada pelo *brewpub* vienense "1516", assim nomeado devido ao ano em que a Lei da Pureza da Cerveja foi promulgada. O nome parece mais uma provocação do que um juramento de lealdade austríaco à cultura cervejeira alemã, especialmente porque o *brewpub* produz de tudo, desde *India pale ales* de estilo norte-americano até cervejas feitas com quinoa.

Sepp Wejwar

autólise. Leveduras cervejeiras são organismos notavelmente robustos, armados com paredes celulares fortes e habilidades de proteção para sobreviver em condições ácidas e soluções alcoólicas. No entanto, elas não são imortais, e acabarão perecendo devido a diferentes estresses durante a fermentação, o envase e o armazenamento prolongado. A autólise é o resultado final desses estresses, em que as membranas vacuolares de dentro da levedura se desintegram e liberam enzimas hidrolíticas, causando ruptura celular e lançamento de seu conteúdo na cerveja. A palavra "autólise" significa essencialmente "autodestruição".

Essa autólise possui uma série de consequências, sendo que as duas mais importantes são mudanças de sabor e digestão enzimática da cerveja.

Alterações de sabor são prontamente percebidas como a característica geral muitas vezes denominada "picada da levedura" ("*yeast bite*"). Trata-se geralmente de um gosto amargo acentuado, com aspereza cárnea e sulfúrica causada por alguns dos aminoácidos e nucleotídeos presentes na levedura. Se há leveduras em concentrações elevadas, esses compostos podem aumentar o pH da cerveja e alterar a sua acidez, o que também altera o sabor. Por fim, a liberação de lipídios pode aumentar a chance de rancificação. O aroma de carne da levedura autolisada é tão poderoso que é utilizado como um importante aditivo de sabor pela indústria de alimentos, conferindo sabor de "carne" a tudo, desde sopas a batatas fritas "sabor churrasco".

A digestão enzimática está particularmente relacionada às proteases que vazam da célula e, em seguida, digerem as proteínas da cerveja. Uma importante consequência disso é a redução na retenção de espuma, o que resulta, por sua vez, em um rápido colapso da espuma e a impressão de uma cerveja sem carbonatação. A turbidez pode ser intensificada. Em cervejas refermentadas na garrafa, a digestão enzimática de açúcares complexos em açúcares mais simples pode realmente reiniciar a fermentação por leveduras ainda vivas na garrafa, causando excesso de carbonatação e outros problemas.

Muitas causas podem ser citadas para a autólise, sempre a mais importante o simples envelhecimento da célula. No entanto, a manipulação inadequada das leveduras e da cerveja aceleraram a autólise. Exemplos comuns são altas temperaturas, particularmente acima de 25 °C, ou mudanças súbitas de temperatura na inoculação ou na refrigeração, e estresse osmótico, quando a levedura é inoculada em mostos de alta densidade. Algumas cepas de levedura podem ser inerentemente sensíveis a condições como elevados teor alcoólico, carbonatação e acidez, chegando à autólise mais rapidamente do que outras cepas. Em outras condições, sucessivas reinoculações de levedura, de batelada para batelada, podem gerar estresse, assim como a presença de contaminantes tais como bactérias de ácido láctico e outras espécies de levedura.

Embora os sabores provindos da autólise sejam geralmente considerados negativos na cerveja, eles são muitas vezes considerados positivos no vinho, especialmente em *champagnes vintage*, nas quais respondem por grande parte do famoso sabor e aroma de "*sur lie*" ("sobre sedimentos", em francês). Esse aroma é frequentemente descrito como "tostado" ou "de avelãs" no contexto do vinho, e os sabores são considerados compatíveis com as características do gosto umami. Da mesma forma, quando cervejas refermentadas em garrafa são envelhecidas com as leveduras, sabores semelhantes podem acabar surgindo da autólise e, em equilíbrio com outros sabores e aromas, podem ser muito agradáveis.

Ver também CONDICIONAMENTO DA CERVEJA, SABOR e UMAMI.

George Philliskirk

automação é o uso de *software* e *hardware* para realizar processos que de outra forma seriam realizados por seres humanos. A produção de cerveja é, na maioria dos casos, um processo em bateladas, e durante milhares de anos cada batelada foi realizada à mão. Desde os primeiros dias da Revolução Industrial, os cervejeiros têm procurado reduzir o trabalho manual e concentrar sua atenção na qualidade da cerveja. Hoje, mesmo cervejarias e *brewpubs* relativamente pequenos (e o ocasional cervejeiro caseiro zeloso) podem empregar processos automatizados. O principal benefício da automação é tornar a maioria das operações da cervejaria livre da intervenção do operador, tornando, portanto, o operador capaz de se ater a outras tarefas. Ela pode também, é claro, permitir operacionalização reduzida. Outros benefícios incluem a consistência, porque a automação exclui erros típicos dos seres humanos, tais como esquecimento, falta de supervisão ou a variação entre diferentes operadores. A automação simples pode ser tão básica quanto um *chip* de computador com uma entrada (por exemplo, sonda de temperatura) até uma válvula de resfriamento. A essência de uma automação mais complexa é um controlador lógico programável (PLC), com muitas entradas e saídas, um computador pessoal (PC) com uma interface homem-máquina (HMI), cabos de comunicação que ligam o PLC ao PC, e vários componentes de *hardware* instalados em todo o processo cervejeiro. O operador seleciona e executa um programa armazenado no PC, que carrega o programa no PLC. Uma vez carregado para o PLC, o programa é executado independentemente do PC. O programa tem dentro de si uma série de etapas, escritas por um programador de computador a pedido da autoridade da cervejaria, e cada passo pode também incluir uma série de parâmetros, os quais devem ser satisfeitos antes que um passo possa avançar para o seguinte. Numa sala de brassagem automatizada, muitos programas são executados simultaneamente e muitas vezes sincronizados uns com os outros. O programa é escrito para simular o que o cervejeiro antes realizava manualmente. Por exemplo, para que uma válvula se abra, é enviado um sinal do PLC como *output* para uma válvula borboleta acionada pneumaticamente. Se um interruptor não registra que a válvula foi aberta com sucesso na extensão de tempo prescrito, então um alarme de falha de monitorização é geralmente apresentado na HMI. O processo será suspenso indefinidamente à espera de investigação por um operador.

Para que a automação seja possível, muitos tipos de sensores são necessários para executar com êxito o que pode ser realizado manualmente por uma pessoa. Tais sensores incluem a detecção de tubo vazio para que se saiba quando uma bomba esvaziou um tanque, sensores de pressão para monitorar pressões diferenciais na camada de mosto dentro da tina de filtração, transdutores de pressão para a conversão de uma pressão em um nível de um tanque, e sensores de temperatura (existem muitos tipos diferentes de sensores para cada processo). Muito crítico para a automação é um controlador proporcional, integral, derivativo (controlador PID). Um controlador PID irá tipicamente ser instalado em qualquer lugar onde é necessário um controle preciso do processo e, assim, não apenas em simples casos de ligado ou desligado ou aberto e fechado. Ao mesmo tempo que o PLC envia um comando para um componente de *hardware*, o controlador PID olha para o resultado e, então, prontamente faz pequenos ajustes caso a meta tenha sido excedida ou ficado aquém. Ele faz isso constantemente desde que o controlador esteja conectado. Os processos típicos de uma cervejaria que utilizam controladores PID são as válvulas de vapor para produzir água quente e ferver mosto, o controle de velocidade na tina de filtração de mosto e controle de pressão diferencial na velocidade de clarificação do mosto e na sua eficiência, e as válvula de arrefecimento do mosto, que controlam o fluxo de água gelada através de um trocador de calor para resfriar o mosto quente que seguirá para o fermentador. Dependendo do orçamento e aplicações dentro de uma cervejaria, pode haver muitos outros usos para os controladores PID, como inoculação de levedura, medidor de turbidez ou outra instrumentação.

Para muitos cervejeiros experientes, a transição para os sistemas automatizados é difícil, mas necessária. As pequenas cervejarias crescem, ultrapassando sua capacidade de realizar todas as operações manualmente. Quando ela alcança uma produção de oito a dez bateladas de mosto de cerveja por dia, a automação se torna, praticamente, a única maneira de a cervejaria continuar a crescer. Uma vez otimizados os programas automatizados e todas as funções trabalhando de forma satisfatória, as operações serão executadas da mesma forma todas as vezes; os programas não se reescrevem e os cervejeiros novos para a automatização aprendem a confiar e valorizar as suas vantagens. Os sistemas bem projetados são altamente flexíveis e permitem que os cervejeiros façam mudanças quando necessário e programem novas receitas com facilidade.

Jeremy Marshall

A **avaliação de cerveja**, mesmo que informal, é algo que os cervejeiros profissionais, os cervejeiros caseiros e os apaixonados por cerveja fazer praticamente todos os dias. Entretanto, em um concurso, a avaliação de cerveja transcende o ato de degustar e adquire diferentes atributos de forma, aparência e sonoridade.

Nos Estados Unidos, a maioria das competições são avaliadas de acordo com o Beer Judge Certification Program (BJCP). Fundado em 1985, o BJCP é uma organização sem fins lucrativos que nasceu da American Homebrewers Association, mas desde então se tornou independente. Ver BEER JUDGE CERTIFICATION PROGRAM (BJCP). Os juízes de cerveja do BJCP, assim que passam em um exame lançado pela organização, são considerados qualificados para avaliar competições de produção de cervejas caseiras aprovadas pelo BJCP em toda a América do Norte. O BJCP foi precursor de um estilo de avaliação que se baseia não somente na qualidade das cervejas, mas também em sua adesão a diretrizes de estilo razoavelmente rigorosas. Por isso, para ganhar uma medalha em uma competição do BJCP, uma *pilsner* deve não somente ser uma cerveja extremamente boa, mas também ser um excelente exemplo de estilo de cerveja *pilsner*. Ver ESTILO DE CERVEJA.

Esse estilo de avaliação geral passou a conformar os concursos realizados pela Brewers Association; esses concursos são aqueles realizados no Great American Beer Festival (GABF) e na World Beer Cup (WBC). Entre os concursos de cerveja, eles são os maiores e possivelmente os mais rigorosos do mundo. O GABF avalia cervejas comerciais americanas e a WBC avalia cervejas comerciais de mais de quarenta países. A WBC de 2010 compreendeu 179 juízes, predominantemente cervejeiros profissionais, de 26 países, e avaliação de 3,3 mil cervejas, em 90 diferentes categorias de estilo. Todas são avaliações cegas e os juízes precisam ter habilidade para avaliar dezenas de cervejas por sessão e ao mesmo fornecer comentários para os cervejeiros que estão concorrendo e evitar fadiga gustativa. A avaliação baseia-se no estilo e é altamente técnica. Essas duas competições concedem premiações em ouro, prata e bronze em cada categoria de estilo, bem como alguns prêmios cumulativos com base nas pontuações da competição.

A Campaign for Real Ale, da Grã-Bretanha, realiza a competição Champion Beer of Britain no Great British Beer Festival, promovido anualmente em Londres. Essa competição avalia uma lista de cervejas refermentadas em barris que ficaram entre as finalistas de competições e seleções anteriores. Existem seis categorias baseadas em estilo, e a vencedora de cada categoria prossegue para a competição do título Champion Beer of Britain. Os juízes, que vão desde cervejeiros profissionais a escritores de cerveja e entusiastas altamente respeitados, são solicitados a avaliar mais hedonicamente do que tecnicamente. Em uma modalidade de avaliação completamente distinta do estilo americano, essa competição britânica concentra-se no quanto os juízes de fato apreciam a cerveja, chegando a ponto de perguntar: "Você faria tudo o que estivesse a seu alcance para encontrar esta cerveja?". Ganhar o Champion Beer of Britain representa um imenso impulso comercial no Reino Unido, e alguns pequenos cervejeiros sentiram a emoção de ganhar, mas foram tragados pela demanda de mercado resultante.

O Brewing Industry International Awards (BIIA), que remonta à Exposição de Cervejeiros de 1879 em Londres, toma uma direção intermediária.

Juízes avaliam cervejas no Brewing Industry International Awards de 2004, Burton-on-Trent, Reino Unido.
FOTOGRAFIA DE DENTON TILLMAN.

Sua avaliação é feita por uma comissão de cervejeiros profissionais em 9 categorias amplas que depois são decompostas em 32 categorias menores. A avaliação é rigorosa, mas menos fundamentada em estilo, e atribui um valor distinto à viabilidade comercial. Diferentemente de outras competições comerciais, o BIIA analisa o teor alcoólico de todas as cervejas vencedoras, garantindo que as cervejas mais fortes não vençam injustamente ao entrar em categorias abaixo daquela onde deveria concorrer.

Novos concorrentes continuam surgindo no mundo inteiro, da Itália à Austrália, cada um com um enfoque e estilo. Os cervejeiros e entusiastas debatem os méritos de cada estilo de avaliação. Não obstante o número de categorias, alguns acham o estilo americano extremamente restrito, ao passo que outros apreciam o fato de essa avaliação ter metas bem definidas. Um juiz americano pode achar o estilo de avaliação britânico muito flexível, ao passo que um juiz britânico pode considerar os americanos peculiarmente tensos. E ambos podem olhar para concursos realizados na Europa, onde *lagers* e *ales* ficam lado a lado nas mesmas categorias, e perguntar onde o mundo foi parar.

Ver também BREWERS ASSOCIATION (BA), GREAT AMERICAN BEER FESTIVAL (GABF) e GREAT BRITISH BEER FESTIVAL (GBBF).

Great American Beer Festival. Disponível em: http://www.gabf.org.
Great British Beer Festival. Disponível em: http://www.gbbf.camra.org.uk.
World Beer Cup. Disponível em: http://www.worldbeercup.org.

Garrett Oliver

avaliação sensorial é um método comum de avaliar a cerveja. Ao contrário de outros testes que fazem uso de inúmeros instrumentos e equipamentos, a avaliação sensorial é conduzida por indivíduos e é baseada na percepção sensorial de cada um deles. Essa abordagem pode ser utilizada para avaliar alguns aspectos sutis da cerveja, como frescor, qualidade, características artesanais, equilíbrio, conformidade com o estilo e com a marca e *drinkability*.

Durante a avaliação sensorial, há quatro diferentes aspectos da cerveja que são avaliados: aparência, aroma, sabor e sensação na boca. A avaliação da aparência da cerveja inclui notas de cor, que varia de palha-claro a preto; sua limpidez, que pode ser transparente, falsamente turva, turva ou opaca; e sua espuma. Inúmeros aspectos da espuma são observados, incluindo espessura, cor, textura e retenção (quão rapidamente ela colapsa), assim como os anéis (*lacing*) que se formam na parede interior do copo conforme a cerveja é consumida.

Quando o aroma é avaliado, há uma ampla gama de características apresentadas para a avaliação. Como a cerveja é feita de no mínimo quatro ingredientes, e cada um desses ingredientes contribui com uma gama de aromas, isso frequentemente resulta em um aroma complexo. Descritores comuns empregados para descrever o aroma das cervejas incluem aroma de grão, crosta de pão, caramelo, *toffee*, melaço, chocolate, café, cravo, coentro, pimenta, grama, banana, uva-passa, ameixa, pomelo, pinho, herbal, terroso, resinoso, até mesmo "manta suada de cavalo" para algumas cervejas especiais como a *gueuze*. Há também defeitos no processo de elaboração da cerveja que podem ser detectados pelo aroma. Alguns exemplos incluem notas de milho, *butterscotch* (bala de manteiga e caramelo), gambá (*skunk*), sulfúrico, vinagre, químico ou plástico.

O sabor da cerveja combina seu paladar e seus aromas e é igualmente complexo. É também durante essa etapa da avaliação que o amargor é percebido pela primeira vez. Como o amargor é mais prontamente percebido na parte de trás da língua e o retrogosto é um atributo importante da cerveja, é comum a prática de engoli-la durante as análises sensoriais com o objetivo de melhor avaliar esses elementos. Outras sensações de sabor são frequentemente descritas como malteadas, doces, azedas, cítricas ou ácidas. Os defeitos costumam revelar-se como sabores que lembram papelão molhado, urina de gato, mofo, couro, vegetais, rancidez, metal e adstringência.

Aspecto final da análise sensorial, a sensação na boca está relacionada com a textura da cerveja. As notas são descritas pelo seu peso e corpo, assim como por outras sensações possíveis, como aquecimento, adstringência ou maciez. Os níveis de carbonatação e a textura que ela promove exercem um importante papel nas sensações da cerveja na boca.

Embora a avaliação sensorial não seja tão objetiva e precisa quanto alguns testes laboratoriais, que podem resultar em valores numéricos, é ainda frequentemente utilizada em cervejarias, ou como um método independente de análise, ou como complemento para esses outros métodos, porque reflete melhor a experiência do consumidor da cerveja. Muitos cervejeiros provarão suas cervejas regularmente, em vários estágios do processo de produção. Além disso, muitas cervejarias têm um departamento de controle de qualidade que conduzirá sessões de avaliação sensorial com o objetivo de obter uma gama mais ampla de retorno dos provadores. Ver CONTROLE E GARANTIA DA QUALIDADE. Essas sessões podem ser empregadas para testar novos produtos, para avaliar o impacto de um novo ingrediente ou método em uma cerveja já existente ou para aprender mais sobre a vida útil da cerveja e como o seu sabor evolui com o tempo, e para ter uma ideia de comparação entre as cervejas produzidas por uma cervejaria e outras cervejas similares no mercado.

Há um número de ferramentas que pode ser utilizado para ajudar na avaliação sensorial da cerveja. A mais comum dessas ferramentas é a folha de avaliação sensorial. Há muitos estilos de folhas de avaliação sensorial de cerveja, mas a maioria delas fornecerá instruções de características que o degustador deve olhar e comentar enquanto avalia a cerveja. Outra ferramenta comum é a roda de sabores de cerveja. Desenvolvida por Morton Meilgaard nos anos 1970, a roda de sabores de cerveja proporciona um amplo espectro de descritores sensoriais da cerveja. Eles são divididos primeiramente naqueles que são percebidos pela sensação do sabor e aqueles percebidos pelo aroma. Os descritores são então organizados em catorze categorias, cada uma delas contendo entre um e seis descritores. O objetivo de Meilgaard ao criar essa ferramenta foi estabelecer um vocabulário padrão para a avaliação sensorial da cerveja e, desde então, muitas organizações usam a roda de sabores de cerveja como uma ferramenta de referência. Ver RODA DE SABORES.

Não importa quantas ferramentas e instruções sejam utilizadas, a avaliação sensorial nunca poderá ser inteiramente objetiva. Fatores como a dieta do degustador, humor, experiência e preferência pessoal, o ambiente de degustação e o momento do dia em que a degustação está sendo realizada, assim como a sequência na qual as cervejas são servidas, podem afetar como uma cerveja é percebida.

Brewers Publications (Ed.). **Evaluating beer**. Boulder: Brewers Publications, 1993.
Ivory, K. **Making sense of smells**. Philadelphia: The Monell Connection, 2001.

Meilgaard, M.; Civille, G. V.; Carr, B. T. **Sensory evaluation techniques**. 2. ed. Boca Raton: CRC Press, 1991.

Mosher, R. **Tasting beer**. North Adams: Storey Publishing, 2009.

Stone, H.; Sidel, J. L. **Sensory evaluation practices**. 2. ed. San Diego: Academic Press Inc, 1993.

Mirella G. Amato

aveia (*Avena sativa* L.) é um cereal cultivado. A aveia é difundida nas zonas temperadas do mundo, onde tipicamente é cultivada em áreas mais úmidas e solos mais ácidos. Ela tem sido uma importante cultura na Escócia e nos países escandinavos. A aveia tem sido tradicionalmente usada para alimentar cavalos e outros animais e para consumo humano em mingaus, massas ou bolachas. Depois da aveia ser descascada, ela passa por um processo de vaporização que gelatiniza o amido. Ela pode então ser moída para fazer farinha de aveia ou laminada para fazer os tradicionais flocos de aveia. Na produção de cerveja, especialmente para *stouts*, a aveia tem sido usada na forma de flocos ou na forma malteada. Ver OATMEAL STOUT. Flocos de aveia torrados "dourados" também estão disponíveis aos cervejeiros. A aveia confere sua própria característica de sabor e uma sensação de boca particularmente oleosa e redonda. Enquanto a casca da aveia pode ser usada da mesma forma que a casca de arroz para filtrar certas cervejas, a aveia em si contém beta-glucanos e outras substâncias gomosas que tendem a impedir o escoamento do mosto. A aveia também pode causar turbidez no mosto e provocar forte formação de espuma durante a fermentação. Por isso, a maioria dos cervejeiros prefere manter a fração de aveia em menos de 10% do total de grãos moídos, embora alguns poucos aventureiros aumentem essa proporção para atingir as qualidades que consideram desejáveis.

Briggs, D. E. et al. **Brewing: science and practice**. Cambridge: Woodhead Publishing, 2004.

Per Kølster

A **Ayinger, Cervejaria** (Privatbrauerei Franz Inselkammer), produz cervejas clássicas bávaras na pequena aldeia de Aying, ao sul de Munique, Alemanha, desde 1878. Embora a Ayinger utilize técnicas de produção e de seleção de ingredientes estritamente tradicionais, o equipamento de produção é completamente moderno e totalmente automatizado. A Ayinger preocupa-se em operar sua cervejaria com o mínimo impacto ambiental, adotando práticas ecologicamente adequadas e sustentáveis. Ver QUESTÕES AMBIENTAIS. Ela compra a maioria de sua cevada e trigo de fazendas vizinhas, cujos campos são fertilizados, em parte, com o lixo orgânico produzido pela própria fábrica. O lúpulo das cervejas Ayinger vem exclusivamente da região de Hallertau, a uma curta distância, a nordeste de Munique. A água usada na cervejaria Ayinger é bombeada diretamente de um aquífero que fica a uma profundidade de 176 metros. Essa fonte de água é rica em carbonatos, o que a torna particularmente adequada para a produção de cervejas escuras e com um acentuado caráter de malte. A cervejaria produz cerca de 150 mil hectolitros de cerveja por ano. Entre as dúzias de autênticos estilos bávaros que produz, talvez a mais conhecida seja a Alt-Bayerisch Dunkel, uma cerveja levemente lupulada, com uma profunda coloração de mogno, encorpada e com um final rico. Talvez a sua mais famosa cerveja em todo o mundo seja a Celebrator Doppelbock, uma *lager* potente de inverno com teor alcoólico de 6,7%, notas dominantes de malte, mas, surpreendentemente, um final com pouco dulçor residual. A cerveja dourada *jahrhundert-bier* (cerveja do centenário), produzida pela primeira vez por ocasião do centésimo aniversário da cervejaria, tem cerca de 5,5% de álcool, um amargor condimentado e franco e um aroma semelhante a mel. Outras cervejas Ayinger populares incluem a Ur-weisse, uma tradicional *dark wheat ale* bávara; a Bräu-weisse, com a típica fragrância de cravo e banana das *hefeweizen* bávaras; e a Liebhard's Kellerbier, uma *lager* não filtrada, com turbidez derivada da levedura. A Ayinger é uma cervejaria de propriedade familiar, e a população local trata o proprietário, Franz Inselkammer, como se ele fosse o prefeito ou até mesmo um príncipe benevolente.

Ver também BAVIERA.

Ayinger Brewery. Disponível em: http://en.ayinger-bier.de/?pid=263/. Acesso em: 24 dez. 2009.

Comunicação Pessoal com Franz Inselkammer (proprietário) e Gertrud Hein-Eickhoff (gerente de exportação).

Horst Dornbusch

azedo descreve o sabor relacionado à acidez. Ver ACIDEZ. O mecanismo para a detecção do sabor azedo é similar ao mecanismo de detecção do sabor salgado. Canais iônicos de hidrogênio detectam a concentração de íons de hidrônio que são formados por ácidos e água. O sabor azedo é principalmente reconhecido nos lados direito e esquerdo da língua.

Por uma combinação de ingestão direta de íons hidrogênio (que, por sua vez, despolarizam a célula) e a inibição do canal hiperpolarizado, o sabor azedo faz com que a célula de sabor seja ativada dessa maneira específica. Também já foi sugerido que os ácidos fracos – como o dióxido de carbono, que é convertido em íon de bicarbonato pela enzima anidrase carbônica – mediam o seu transporte. O grupo alimentício no qual mais frequentemente se encontram alimentos naturalmente azedos é o das frutas, sendo o limão e a uva exemplos desses alimentos.

Normalmente o azedo não é uma das principais impressões de sabor na cerveja e costuma ser considerado um *off-flavor*. O azedo na cerveja, geralmente, é um indicativo de infecção, e a acidez tende a se chocar com o amargor proveniente do lúpulo. No entanto, cervejas belgas do estilo *lambic* (*gueuze*, *kriek*), que são produzidas por fermentação espontânea, tradicionalmente apresentam um significante sabor azedo. Ver LAMBIC. O mesmo ocorre com as Flandres *brown ales* e *red ales*. As variedades de bactérias e leveduras selvagens como a *Brettanomyces bruxellensis*, *Brettanomyces lambicus* e *Pediococcus* são responsáveis pela ocorrência do sabor azedo. Outros microrganismos, incluindo as bactérias *Lactobacillus*, produzem ácidos que podem causar um sabor azedo na cerveja. *Sour ales* como a *Berliner weisse* e a *Leipziger gose* são inoculadas com bactérias do gênero *Lactobacillus*. Ver LACTOBACILOS.

Os estilos antigos de *sour beers* belgas e alemãs inspiraram interesse considerável na produção de *sour ales* entre os cervejeiros artesanais, particularmente nos Estados Unidos.

Ver também SOUR BEER.

Wolfgang Stempfl

B1202 é uma cevada cervejeira de primavera de duas fileiras criada pelo Programa de Melhoramento Genético de Cevada da Anheuser-Busch em 1998, a partir de um cruzamento de RPB70-268/2B75-1223/Klages com a finalidade específica de produção de cerveja. Adaptada no Canadá, mas produzida principalmente em Montana, Idaho e Wyoming, é comparada a outras variedades populares, como a Klages, por causa de sua maior porcentagem de sementes arredondadas e caule mais forte. Desde a sua criação, tem sido uma das principais variedades de cevada. Ela é protegida sob a Lei de Proteção de Cultivares de 1970, que concede aos melhoristas norte-americanos 25 anos de controle sobre novas variedades vegetais.

Jai Kharbanda

Bačka é um lúpulo desenvolvido a partir de uma linhagem pura da região de Bačka (pronuncia-se "Batchka"), na Sérvia. Essa variedade foi adicionada à coleção de cultivares de lúpulo do Departamento de Agricultura dos Estados Unidos (USDA), na Oregon State University, em 1956. Sabe-se pouco sobre sua formação genética. Em seu ambiente nativo apresenta produtividade de moderada a alta (cerca de 2.017 kg/ha), porém apresentou baixo desempenho em campos de teste no Oregon, onde sua maturidade foi média/tardia e ele apresentou suscetibilidade ao míldio. O teor de alfa-ácidos geralmente varia entre 3% e 5%, mas ultimamente tem sido extremamente baixo, por vezes não alcançando nem 3%. O conteúdo de óleos essenciais é composto de 50% de mirceno, 24% de humuleno, 12% de cariofileno e traços de farneseno. O Bačka tem sido comercializado no mundo todo como um lúpulo aromático de tipo europeu com características "nobres".

Kisgeci, J. et al. **Hmeljarstvo**. Novi Sad: Poljoprivedni Facultet, University of Novi Sad, 1984.
Wagner, T. **Gene pools of hop countries**, 68. Zalec: International Hop Production Bureau/Institute for Hop Research, 1978.

Alfred Haunold

Baco, o deus romano do vinho, é conhecido também como Dionísio pelos gregos. Ele é tradicionalmente mais associado com o vinho, com as vinhas e as uvas, assim como o indutor da loucura e do êxtase; esse frenesi é conhecido pelos romanos como *bakkheia*. Apesar de Baco ser um dos doze deuses olímpicos, costuma-se entender que ele é um intruso, e não possui origem grega clássica. Ele é um dos filhos de Zeus e é considerado por Sileno, o deus grego da cerveja e da bebida, o seu mentor. De fato, como Sileno não faz parte do panteão romano de deuses, Baco assume alguns dos atributos de seu companheiro de bebida. Baco, juntamente com o rei Gambrinus e outras figuras históricas ou mitológicas associadas às bebidas, é retratado com frequência em artes e propagandas cervejeiras clássicas.

Ver também DEUSES DA CERVEJA.

Jai Kharbanda

bactérias são organismos microscópicos, normalmente com tamanho de alguns micrômetros (a milésima parte do milímetro), unicelulares e de estrutura simples. Elas apresentam fisiologias diversificadas e estão amplamente distribuídas no ambiente terrestre, da alta atmosfera às profundezas oceânicas, dos desertos às geleiras. Muitas estão associadas intimamente com animais e plantas. Análises evolucionárias genéticas revelaram três principais divisões (ou domínios) de toda a vida no planeta, das quais duas são de natureza bacteriana: Archaea (consideradas as primeiras formas de vida) e Bacteria (as "verdadeiras bactérias"). O terceiro domínio, Eukarya, compreende plantas (incluindo os fungos e as leveduras) e os animais. A cerveja é um ambiente inóspito para as bactérias por causa de seu baixo pH (alta acidez), falta de nutrientes (as leveduras consumiram os açúcares e aminoácidos de fácil assimilação), concentração relativamente alta de etanol, falta de oxigênio e presença de compostos inibitórios do lúpulo, tais como os iso-alfa-ácidos. Consequentemente, das muitas milhares de espécies de bactérias, poucas podem crescer ou mesmo sobreviver na cerveja. Notavelmente, nenhuma bactéria patogênica ao ser humano jamais foi associada às cervejas. Algumas bactérias geram sua energia pela respiração, usando oxigênio assim como nós, ou eventualmente nitrato, que é reduzido para nitrito nesse processo. Alternativamente, elas podem fermentar açúcares na ausência de oxigênio, produzindo, por exemplo, ácido lático ou etanol. Algumas bactérias estão restritas à respiração ou à fermentação, enquanto outras são mais versáteis e podem alternar entre essas duas fisiologias. Nas cervejarias, as bactérias são amplamente vistas como organismos deterioradores. As bactérias associadas à cerveja e às cervejarias incluem as bactérias do ácido acético, bactérias do ácido lático e espécies de *Obesumbacterium*, *Pediococcus*, *Pectinatus* e *Zymomonas*. Alguns estilos de cerveja, entretanto, envolvem bactérias em sua produção normal, como as cervejas *lambic*, *Berliner weisse* e os modernos estilos *sours*, produzidas por ousados cervejeiros artesanais.

Ver também ÁCIDO LÁTICO, BACTÉRIAS DO ÁCIDO ACÉTICO, DEFEITOS NA CERVEJA, LAMBIC, OBESUMBACTERIUM PROTEUS, PECTINATUS, PEDIOCOCCUS, SOUR BEER e ZYMOMONAS.

Priest, F. G.; Campbell, I. **Brewing microbiology**. 3. ed. New York: Kluwer Academic/Plenum Publisher, 2003.

Fergus G. Priest

bactérias do ácido acético tipicamente oxidam etanol para formar ácido acético (vinagre), sendo usadas na produção comercial de vinagre. Essa família de bactérias Gram-negativas (Acetobacteriaceae) encerra dez gêneros, dos quais os mais comuns são Acetobacter, Gluconobacter e Gluconacetobacter. Ver COLORAÇÃO GRAM. Essas bactérias geram energia pela oxidação incompleta de açúcares, álcoois e outros composto de carbono, produzindo ácidos orgânicos como produtos finais. Com o etanol como fonte de carbono, elas acumulam ácido acético. Numa incubação prolongada, a maioria delas pode "sobreoxidar" o acetato, produzindo água e gás carbônico (as cepas de bactérias Gluconobacter são incapazes de metabolizar o acetato). As bactérias do ácido acético necessitam de um suprimento generoso de oxigênio e não crescem na sua ausência. Colônias dessas bactérias podem ser detectadas em meios de cultura contendo carbonato de cálcio insolúvel e etanol como fonte de carbono. O ácido produzido dissolve o carbonato de cálcio, deixando um halo claro ao redor da colônia.

As bactérias do ácido acético estão vastamente distribuídas no ambiente, particularmente em plantas, frutas e no ar, e provocarão sérios danos à cerveja se tiverem acesso à bebida na presença de oxigênio. Por serem tolerantes ao ácido e ao etanol e não serem inibidas pelos compostos do lúpulo, elas crescem rapidamente na cerveja, produzindo *off-flavors* ácidos e turbidez. Entretanto, se a cerveja for armazenada de forma adequada e os níveis de oxigênio forem baixos, essas bactérias não constituem um problema. Por essa razão, é mais comum que causem problemas em cervejas maturadas em *casks* durante o serviço.

Ver também ÁCIDO ACÉTICO e BACTÉRIAS.

Yamada, Y.; Yukphan, P. Genera and species in acetic acid bactéria. **International Journal of Food Microbiology**, n. 125, p. 15-24, 2008.

Fergus G. Priest

bagaço de malte é o resíduo de malte e/ou grãos compactados que sobra após a mosturação e filtração do mosto, na sala de brassagem. Quando úmidos, eles pesam cerca de 100 a 130 quilos para cada 100 quilos de grãos secos moídos que entram na mostura original. O bagaço consiste, principalmente, de cascas de malte (aleurona e as camadas do pericarpo), restos embrionários, proteína e minerais.

Quando seco, normalmente contém cerca de 28% de proteína, 8,2% de gordura, 41% de carboidratos, 17,5% de celulose e 5,3% de minerais. Quando úmido, a concentração de água compreende 75% a 80% da massa. O que é resíduo para o cervejeiro é valioso para o fazendeiro: como o bagaço contém muitos nutrientes, ele é um excelente alimento para animais, e é altamente palatável quando fresco. Uma vez que o bagaço de malte esfria, ele deve ser processado rapidamente ou estragará. Tradicionalmente, as cervejarias o descartam enquanto ainda está úmido, recolhendo-o em um silo ou contêiner para os agricultores locais ou distribuidores. O bagaço tem um valor especial para os ruminantes (mamíferos, tais como vacas, que parcialmente digerem o alimento por ruminação), pois melhora a resistência à degradação da proteína no rúmen (uma câmara onde ocorre a fermentação microbiana dos alimentos ingeridos) quando comparado a outros alimentos. O bagaço também é adequado para fazer silagem (um método de fermentação e armazenamento de forragem para o gado). Nenhum aditivo é necessário para produzir uma silagem de alta qualidade, com valor de pH ótimo e mínima degradação de proteínas. O bagaço pode também ser seco e, em seguida, armazenado ou queimado como uma fonte de energia alternativa, ou pode ser fermentado para produzir biogás (o termo genérico para o gás produzido pela decomposição biológica da matéria orgânica na ausência de oxigênio). É também um bom aditivo para composto orgânico, sendo amplamente usado como um meio de cultivo de cogumelos. Amostras de bagaços de malte são muitas vezes analisadas em laboratório para fornecer resultados quantitativos sobre o desempenho da cervejaria. Em várias pequenas cervejarias e *brewpubs*, "cavar a tina de mostura" com uma pá é um ritual diário vigoroso, um agradável presságio que indica o término de um dia de trabalho.

Kunze, W. **Technologie brauer & malzer** (Technology brewers and maltsters). 9. ed. Berlin: VLB Berlin, 2007.
Mebak. **Brautechnische analysenmethoden, Band II**. 4 ed. Freising-Weihenstephan: Mebak, 2002.
Sud-Treber GMBH. Disponível em: http://www.suedtreber.de/. Acesso em: 26 mai. 2010.

Wolfgang David Lindell

baixa fermentação é um processo que utiliza cepas de leveduras que fermentam efetivamente a temperaturas mais baixas, de 5 °C a 10 °C, fazendo com que a levedura trabalhe menos vigorosamente e produza dióxido de carbono mais lentamente. Isto resulta em menos turbulência na cerveja e a levedura precipita mais cedo. A baixa fermentação é geralmente associada com leveduras tipo *lager*. Ver LAGER.

O termo "baixa fermentação" foi usado pela primeira vez na Baviera em 1420. As cervejas tradicionais da época eram as *ales*, cuja fermentação alta, quente – a temperaturas entre 17 °C e 25 °C – e turbulenta carregava a levedura para a espuma na superfície da cerveja, onde ela frequentemente formava uma camada espessa. A levedura era então recolhida e utilizada para iniciar a próxima batelada. Os cervejeiros da Baviera, contudo, acharam vantajoso tentar a fermentação e o armazenamento em cavernas frias no sopé dos Alpes, onde era possível fermentar a cerveja mesmo no verão. Até esse desenvolvimento, altas temperaturas significavam a interrupção da produção de cerveja, já que bactérias se desenvolviam mais rapidamente que as leveduras a altas temperaturas. Nas cavernas, uma levedura diferente começou a surgir, uma levedura capaz de fermentar a baixas temperaturas, ou seja, temperaturas que dificultavam a reprodução das bactérias. Esse novo tipo de levedura fermentava mais lentamente e menos vigorosamente do que as leveduras *ales*, nunca formavam muita espuma na superfície e, quando terminavam a fermentação, afundavam rapidamente. Eram então recolhidas do fundo do fermentador e utilizadas na próxima batelada de cerveja. Ao longo do tempo, a coleta das leveduras decantadas no fundo dos fermentadores naturalmente favoreceu os tipos de leveduras que precipitavam bem, e estas se tornaram conhecidas como "leveduras de baixa fermentação". Esse tipo de levedura foi finalmente isolado numa cultura pura pelo dr. Emil Christian Hansen em 1883 e nomeado *Saccharomyces carlsbergensis*. Ver HANSEN, EMIL CHRISTIAN.

Enquanto as fermentações mais quentes, desenvolvidas por linhagens de levedura *ale*, podem ser muito rápidas (poucos dias), as temperaturas frias das baixas fermentações demandam tempos de fermentação maiores, geralmente de dez a catorze dias. As menores temperaturas da baixa fermentação desaceleram a taxa de consumo dos açúcares da cerveja por parte das leveduras. Além disso, apenas a camada superior da levedura sedimentada entra em contato com a cerveja e é capaz de continuar a fermentá-la. Após a fermentação ativa ser concluída, as cervejas tendem a apresentar sabores imaturos e precisam de um período de armazenamento a frio conhecido como "maturação a frio". Cervejarias especializadas em baixa fermentação geralmente usam fermentadores baixos e largos e, às vezes, instalam plataformas nos tanques para capturar a levedura precipitada, aumentando assim o contato entre a cerveja e o fermento. Esse é o verdadeiro propósito dos "cavacos de faia" celebrizados pelas propagandas da cerveja Budweiser, da AB-InBev.

Ao longo das últimas décadas, muitas cervejarias e laboratórios desenvolveram cepas de levedura *ale* que fermentam rapidamente a temperaturas mais elevadas, criam um típico perfil de sabor e aroma *ale* e então, ao final da fermentação, sedimentam-se no fundo dos fermentadores, facilitando sua retirada dos tanques cilindrocônicos. Isso tem dificultado a distinção entre "alta fermentação" e "baixa fermentação". Além disso, leveduras que conduzem a baixa fermentação a frio costumavam ser consideradas de espécies diferentes daquelas que conduzem a alta fermentação. O nome da espécie de levedura de baixa fermentação, *carlsbergensis*, deu lugar ao nome *uvarum*. Taxonomistas decretaram recentemente que todas as leveduras "*lager*" são *Saccharomyces pastorianus*, um organismo que, aparentemente, surgiu da junção da *S. cerevisiae* à *S. bayanus*.

Ver também ALTA FERMENTAÇÃO.

De Clerck, J. **A textbook of brewing**. London: Chapman & Hall Ltd, 1957. v. 1. 587 p.
White, C. 7 fascinating facts about yeast. **Brew Your Own**, Manchester Center, fev. 1998.
Young, T. W. *History of Brewing*. Disponível em: http://www.britannica.com/ Acesso em: 1 maio 2010.

Curtis Dale

Ballantine IPA foi uma *India pale ale* lendária entre os aficionados, produzida de 1890 até 1990 pela Ballantine Brewing Co., de Newark, Nova Jersey (mais tarde adquirida pela Falstaff Brewing e Pabst Brewing). A Ballantine IPA viveu as duas eras de glória da IPA, a do final do século XIX, na Grã-Bretanha, e o ressurgimento do estilo várias décadas mais tarde pelos cervejeiros artesanais americanos. Mantendo métodos cervejeiros tradicionais, como *dry hopping* e envelhecimento em carvalho por até um ano, bem como destilação de extrato de lúpulos Bullion inteiros para uso no condicionamento, essa IPA apresentou muitos consumidores às *ales* de caráter substancial e inspirou muitos cervejeiros a imitá-la. Ver BULLION.

Descrita por Michael Jackson como "maravilhosamente distinta [...] uma *American ale* excepcional e única em sua fidelidade à tradição das *ales* coloniais da Costa Leste", a Ballantine IPA em seu auge ostentava um amargor de 60 IBU, um forte aroma de lúpulo e 7,5% de teor alcoólico (ABV); ela também possuía um elevado preço entre as cervejas nacionais (cerca de 5 dólares americanos o pacote de seis unidades no final da década de 1970). Ao longo dos anos, e com a mudança da fábrica de Newark para Cranston, Rhode Island (1971) e, em seguida, para Fort Wayne, Indiana (1979), os tempos de envelhecimento foram reduzidos e o amargor de lúpulo diminuiu. Os tanques de carvalho onde era envelhecida deram lugar a tanques revestidos com cipreste e, em seguida, aço inoxidável e, por fim, o teor alcoólico foi reduzido para 6,7%.

Embora há muito tempo fora de produção, a Ballantine IPA continua a ser referência para os cervejeiros e consumidores que se lembram dela. Ela apresentou muitos americanos ao estilo IPA e inspirou muitos cervejeiros a tentar recriá-la.

Ver também INDIA PALE ALE.

Falstaff Brewing Company Fansite. **History of Falstaff beer and the Falstaff Brewing Corp**. Disponível em: http://www.falstaffbrewing.com. Acesso em: 10 mar. 2011.
Glaser, G. **The late great Ballantine**. Disponível em: http://professorgoodales.net/archives/6566. Acesso em: 27 mar. 2000.
Jackson, M. **The new world guide to beer**. Philadelphia: Running Press, 1988.
Tomlinson, T. India pale ale. **Brewing Techniques**, mar.-abr. e maio-jun. 1994.

Dick Cantwell

Ballantine, Peter (1791-1883) foi um imigrante escocês nos Estados Unidos que fundou a Ballantine Brewing Company.

Ballantine nasceu em Dundee, Escócia. Ele imigrou para os Estados Unidos em 1820, estabelecendo-se em Albany, Nova York. Lá aprendeu a fazer cerveja, e por volta de 1830 abriu sua própria cervejaria. Uma década depois, ele se mudou para Newark, Nova Jersey, para ficar mais próximo do lucrativo mercado da cidade de Nova York. Em parceria com Erastus Patterson, arrendou a velha High Street Brewery do general John R. Cumming, construída em 1805. A dupla operou o estabelecimento como Patterson & Ballantine Brewing Co.

Cinco anos depois, em 1845, Ballantine abandonou a parceria e construiu uma nova cervejaria ao longo do rio Passaic, que se tornou uma cervejaria bem-sucedida de *ales*. Em 1857, Ballantine trouxe seus três filhos – Peter H., John e Robert – para o trabalharem com ele. Vinte anos depois, a P. Ballantine & Sons era a quarta maior cervejaria do país e a única cervejaria de *ales* entre as vinte melhores.

Nesse mesmo período, a cervejaria começou a usar o icônico logotipo com três anéis, simbolizando pureza, corpo e sabor. Os anéis são tecnicamente conhecidos como anéis de Borromeo e são também um dos primeiros símbolos da trindade cristã. Diz a lenda que Peter Ballantine apareceu com o *design* depois de ver os anéis deixados em uma mesa pela condensação em copos de cerveja.

Quando Peter Ballantine faleceu em 1883, seus filhos continuaram administrando a cervejaria até a morte do último deles, Robert, em 1905. A cervejaria então passou para George Frelinghuysen, que era casado com Sara Ballantine, sua neta.

Jay R. Brooks

Baltic porter é uma variação do estilo *porter* do século XVIII, influenciada pela história da *imperial stout*. Ao final do século XVIII, a Anchor Brewery, de Henry Thrale, em Londres, famosa por suas *porters* escuras, enviou uma versão potente para os países do Báltico. A maior parte da cerveja era destinada à Rússia, cuja imperatriz, Catarina, a Grande, desenvolvera um gosto particular pela bebida. Devido a essas ligações imperiais, às vezes verídicas e muitas outras vezes fantasiadas, esse estilo de cerveja ficou conhecido como *imperial stout* ou *Russian imperial stout*. Em 1795, Matthew Concanen, autor de *The History and Antiquities of the Parish of St. Saviour, Southwark*, disse sobre a cerveja da casa Thrale naquela época:

> A reputação e o gozo da *porter* não estão de nenhuma maneira confinadas à Inglaterra. Como prova da veracidade dessa afirmação, essa casa exporta anualmente grandes quantidades; suas conexões comerciais são de tal modo extensas que a Thrale's Entire é muito conhecida, como uma bebida deliciosa, desde as regiões gélidas da Rússia até as abrasadoras areias de Bengala e Sumatra. A imperatriz de toda a Rússia é, de fato, tão afeiçoada à *porter* que inúmeras vezes encomendou grandes quantidades para seu consumo próprio e de sua corte.

A designação "*entire*" faz referência ao nome original da *porter*. Mais de uma dúzia de cervejarias londrinas produziam vigorosas *porters* para exportação naquele tempo, e, por intermédio de agentes, embarcavam a bebida para os portos bálticos da Suécia, Finlândia, Rússia, Letônia, Lituânia, Livônia (hoje dividida em Letônia e Estônia) e Polônia. Em 1819, o imigrante russo Nikolai Sinebrychoff passou a produzir sua própria versão nas redondezas de Helsinki, na Finlândia. A Suécia passou a fazer *porters* robustas ao final dos anos 1700, quando William Knox veio da Inglaterra para Gothenburg e ali construiu uma cervejaria. Em 1836, o imigrante escocês David Carnegie instalou-se nas proximidades e passou a produzir sua Carnegie Porter. Conforme a produção de *lagers* chegava aos países do Báltico, em meados dos anos 1800, muitas das cervejarias locais não viram necessidade de manter suas leveduras *ale* para fermentações em mais altas temperaturas. Discretamente, essas cervejas foram se tornando *lagers* fermentadas a temperaturas mais baixas, perdendo algo de seu caráter frutado que as leveduras *ale* proporcionavam. Os maltes também passaram por mudanças, com os primeiros maltes marrons dando lugar a misturas de maltes claros com os "pretos patenteados".

Hoje, diversas cervejarias na região do Báltico produzem *porters* vigorosas. Poucas ainda mantêm sua potência original, superior a 10% ABV, mas costumam apresentar um forte caráter tostado similar a alcaçuz, assim como o amargor intenso que teria sido comum às cervejas formuladas para viajar longas distâncias. A maioria situa-se entre 6% e 8% ABV. Tanto a Sinebrychoff quanto a Carnegie foram finalmente compradas pela Carlsberg, e ambas ainda produzem *porters* encorpadas de baixa fermentação em suas respectivas instalações em Falkinberg, na Suécia, e Kevala, na Finlândia. Trata-se de cervejas marrom-escuras, e não pretas, bem secas e quase vinosas, com notas a chocolate e uvas-passa. Nos últimos anos, os cervejeiros artesanais americanos se apropriaram do estilo, buscando produzir *lagers* tostadas macias, potentes e com notável potencial de envelhecimento.

Concanen, M., Morgan, A. **The history and antiquities of the Parish of St. Saviour, Southwark**. Kent: J. Delahoy, 1795.

Jackson, M. **Michael Jackson's beer companion**. 2. ed. Philadelphia: Running Press, 1997.

Thrale, D. **Russian Imperial Stout**. Disponível em: http://www.thrale.com. Acesso em: 15 mar. 2011.

Garrett Oliver

Baltika Breweries é a maior cervejaria da Rússia, produtora de uma das cervejas europeias mais vendidas. O sucesso da Baltika Breweries não foi obra do acaso; ela foi um empreendimento muito bem planejado e executado da Associação da Indústria de Produtores de Cerveja e Bebidas não Alcoólicas de Leningrado, na era da Rússia soviética. Em 1978, começou a construção do que se tornaria a fábrica da Baltika em São Petersburgo, a partir de um projeto preparado pelo Gipropishcheprom-2 Institute. Quando a construção terminou, em 1990, a nova empresa foi nomeada Baltika Brewery, mas esse nome ainda não era uma marca. Somente em 1992, quando a cervejaria passou por uma reorganização, a marca Baltika foi criada, com a exclusiva intenção de produzir a cerveja europeia de melhor qualidade usando tecnologia clássica.

A marca Baltika foi rapidamente aclamada como a cerveja mais popular do mercado, derrotando o mercado interno soviético que era dominado por *light beers* de baixa qualidade. Em 1997, a Baltika comprou o direito de controle da fábrica Donskoye Pivo em Rostov-on-Don, e em outubro de 2000 incorporou a Tula Brewery. Em 2006, a Baltika Brewery se fundiu com outras três cervejarias russas, Vena, Pikra e Yarpivo, e o novo grupo assumiu o nome Baltika Breweries, que reflete melhor o que a entidade se tornou. Em 2008, o grupo Carlsberg comprou cerca de 89% da Baltika. Em 2010, a Baltika Breweries teve uma participação no mercado interno de 40% e foi responsável por 70% de toda a cerveja exportada pela Rússia. Em 2009, 270 milhões de litros da cerveja Baltika foram vendidos no exterior, e as instalações russas da empresa são capazes de produzir 5,1 milhões de hectolitros por mês. A Baltika produz cerca de trinta tipos diferentes de cerveja, incluindo Tuborg, Carlsberg e Kronenbourg. A maioria da cerveja vendida para o mercado externo é do estilo *international pilsner*, embora existam várias trocas possíveis.

Baltika Brewery. **History of Baltika Brewery**. Disponível em: http://eng.baltika.ru/m/41/the_history_of_baltika_breweries.html. Acesso em: 15 mar. 2011.

Baltika US. **History**. Disponível em: http://www.baltikabeer.com/. Acesso em: 15 mar. 2011.

Carlsberg Group. **Baltika Breweries**. Disponível em: http://www.carlsberggroup.com/. Acesso em: 15 mar. 2011.

Jonathan Horowitz

Bamberg, Alemanha, uma cidade de tamanho modesto na região da Francônia (norte da Baviera), aparece em mapas culturais devido à sua arquitetura medieval bem preservada e também nos mapas de cerveja devido à produção de cervejas defumadas com técnicas preservadas do mesmo período. Com uma população de 70 mil pessoas, Bamberg possui oito cervejarias (uma nona, Maisel, fechou em 2008); duas são notáveis produtoras de cerveja "rauch", ou defumada. Ver RAUCHBIER.

A marca Schlenkerla produzida pela Heller Bräu Trum (produção anual de cerca de 15 mil hectolitros) ilustra a gama de estilos que podem ser oferecidos na forma defumada, partindo de uma cerveja *märzen* fortemente defumada (o estilo mais comumente oferecido com sabor defumado) ou uma *ur-bock* até cervejas com coloração mais clara, como *weissbier* e *helles*. A pequena cervejaria Spezial Brewery oferece uma gama mais tradicional, que se atém às *lagers* escuras, como *dunkel* e *märzen*, e a ofertas sazonais, como a *bock*. Embora a Schlenkerla tenha sido amplamente exportada, a Spezial raramente é vista fora de sua região de origem.

O sabor defumado dessas cervejas vem do malte torrado diretamente sobre o fogo aberto provindo da queima da madeira. O malte verde entra no secador de malte no final da germinação e é aquecido pela fumaça da madeira em um ciclo completo de 24 horas. A madeira de faia é queimada nos fornos, mas somente após ser secada sob uma cobertura durante um a dois anos para atingir o ponto ideal.

A única exceção a essa técnica é a *helles* ligeiramente defumada da Schlenkerla, que é produzida com malte não defumado, mas obtém o sabor da levedura utilizada anteriormente nas cervejas mais fortemente defumadas. Tanto a Schlenkerla quanto a Spezial produzem seu próprio malte defumado com equipamentos para micromalteação com capacidade de cerca de 4 mil quilos por batelada em suas próprias instalações. Do outro lado da cidade, a Weyermann Malting produz malte defumado em lotes maiores para outras cervejarias na Alemanha e no exterior.

Ver também WEYERMANN® MALTING.

Larson, G.; Daniels, R. **Smoked beers.** Boulder: Brewers Publications, 2001.

Ray Daniels

Bamforth, Charles W. "Charlie" (1952-) é o professor de ciência cervejeira subvencionado pela cervejaria Anheuser-Bush e o chefe do departamento de Tecnologia e Ciência dos Alimentos da University of California, em Davis, posição que ele mantém desde 1999. Ver ESCOLAS CERVEJEIRAS.

Bamforth nasceu na Grã-Bretanha e cresceu na região de Lancashire, no noroeste da Inglaterra. Ele fez seu bacharelado em Bioquímica, em 1973, pela University of Hull, em Yorkshire. Ele também obteve um PhD em 1977 e um doutorado em 1993, ambos pela University of Hull.

Antes de entrar para o corpo docente da University of Califórnia em Davis, Bamforth foi diretor de pesquisa da Brewing Research International (hoje conhecida como Campden BRI Brewing Division) a partir de 1991 e manteve diversos cargos na Bass Plc, incluindo gerente de controle de qualidade, gerente de pesquisa e gerente de projetos sênior, de 1983 até 1991. Antes disso, Bamforth conduziu pesquisas em ciência da cerveja na Brewing Research Foundation e na University of Sheffield.

Suas afiliações acadêmicas também incluem bolsas de estudo no Institute of Brewing, no Institute of Biology e na International Academy of Food Science and Technology. Bamforth é um membro do conselho editorial do *Journal of the Institute of Brewing* e o editor chefe do *Journal of the American Society of Brewing Chemists*, além de fazer parte do conselho editorial da *Technical Quarterly of the Master Brewers Association of the Americas*.

Bamforth é um autor prolífico sobre cerveja e produção de cerveja. Ele publicou mais de 260 trabalhos acadêmicos sobre as especificidades da espuma de cerveja, beta-glucanos, dimetilsulfeto e estabilidade do sabor, geralmente para publicações especializadas, revistas e jornais. Ele também escreveu alguns livros, incluindo os livros didáticos *Scientific Principles of Malting and Brewing* e *Standards of Brewing*, além de livros de interesse geral como *Beer: Tap into the Art and Science, Grape vs. Grain* e *Beer Is Proof God Loves Us*, o mais recente deles.

Jay R. Brooks

banco de levedura, um termo que se refere tanto a uma coleção de culturas de levedura como a uma entidade que detém uma coleção de culturas. Um banco de levedura pode ser mantido por uma universidade, por uma empresa privada ou por pessoas físicas. Existem bancos de levedura em todo o mundo. A levedura pode ser armazenada para fins científicos, aplicações comerciais, alimentares ou agrícolas.

As culturas armazenadas em um banco de levedura são geralmente culturas purificadas. Leveduras foram purificadas pela primeira vez por Emil Christian Hansen em 1883. Ver HANSEN, EMIL CHRISTIAN. Uma vez purificada a levedura, laboratórios começaram a manter um banco de cepas e fornecê-las para cervejarias. Em 1885, a Estação Científica Cervejeira em Munique reportou a distribuição de 107 culturas para cervejarias. Atualmente, é possível para os cervejeiros, tanto amadores como profissionais, adquirir cepas em bancos de leveduras e recebê-las em qualquer parte do mundo, em várias formas.

A levedura pode ser armazenada em um banco de leveduras de diversas formas. Um dos primeiros métodos, ainda em uso atualmente, é o armazenamento das leveduras em placas ou tubos com ágar (inclinados); estas são então subcultivadas a cada três a seis meses para manter a viabilidade. Este método não é o melhor para o armazenamento de longo prazo, pois a levedura sofrerá mutação ao longo do tempo. Alguns bancos de levedura armazenam suas leveduras em forma liofilizada congelada, mas isso é menos comum pois há relatos de baixa viabilidade, alterações de floculação e mutação. A forma mais comum de armazenamento de leveduras em um banco de leveduras é congelar as culturas a -80 °C (em *ultrafreezers*) ou -196 °C (em nitrogênio líquido).

Boulton, C.; Quain, D. **Brewing yeast and fermentation.** Oxford: Blackwell Science Ltd, 2001.
Laufer, S.; Schwarz, R. **Yeast fermentation and pure culture systems.** New York: Schwarz Laboratories, 1936.

Chris White

Barclay, Perkins & Co. foi uma das maiores cervejarias de Londres por mais de 150 anos. Ela foi criada em 1781, quando o chefe de escritório John Perkins e Robert Barclay, um membro da família de banqueiros Barclay, compraram a Anchor Brewery, de propriedade de Henry Thrale, da viúva de Henry, Hester. O famoso lexicógrafo dr. Samuel Johnson, um amigo dos Thrale, comentou: "Senhor, nós não estamos aqui para vender caldeiras e cubas, mas o potencial de enriquecer além dos sonhos da avareza".

A cervejaria foi bem sob a gerência dos seus novos proprietários. Em 1809, com uma produção anual de mais de 325 mil hectolitros, ela não era apenas a maior cervejaria de Londres, mas a maior do mundo.

Tal como com outros cervejeiros de Londres, suas fortunas baseavam-se nas cervejas *porter*, a primeira cerveja produzida em escala industrial. Nas primeiras décadas do século XIX, a Barclay Perkins produziu somente *porter* e *stout*. Quando a popularidade das *porters* começou a diminuir, depois de 1840, a cervejaria expandiu seu portfólio, incluindo os estilos *mild ale* e *pale ale*.

O legado da empresa à produção de cerveja foi sua lendária *Russian stout*, produzida pela primeira vez para a corte real da Rússia no século XVIII e produzida de forma contínua por mais de duzentos anos. A última produção foi feita em 1993.

A Barclay Perkins foi uma das primeiras cervejarias de Londres a produzir *lager*. Os experimentos iniciais foram realizados durante a Primeira Guerra Mundial. Nos anos 1920, uma cervejaria própria para a produção de *lager* foi construída, e um cervejeiro dinamarquês foi contratado para comandá-la.

A Barclay Perkins fundiu-se com a vizinha próxima Courage, em 1955, mas continuou produzindo cerveja até o início da década de 1970.

Ver também COURAGE BREWERY.

The London Metropolitan Archives. Disponível em: http://www.cityoflondon.gov.uk/Corporation/LGNL_Services/Leisure_and_culture/Records_and_archives/. Acesso em: 10 mar. 2011.

Pudney, J. **A draught of contentment: the story of the Courage group**. London: New English Library, 1971.

Ron Pattinson

bares

Ver PUBLIC HOUSES (PUBS).

Barke é uma cevada cervejeira alemã de primavera de duas fileiras desenvolvida pela empresa Josef Braun GmbH & Co. KG de Herzogenaurach, Baviera, e introduzida no mercado em 1996. Ela rapidamente ganhou reputação devido ao seu excepcional desempenho agronômico, de malteação e de brassagem, rapidamente se tornando uma das mais populares variedades de cevada cervejeira do mundo. Seus progenitores genéticos são duas bem-sucedidas variedades de cevada mais velhas: Libelle, uma variedade altamente resistente à ferrugem foliar, introduzida em 1974, e a Alexis, introduzida em 1986. Ver ALEXIS. A Alexis, por sua vez, é um híbrido do cruzamento da Trumpf, introduzida em 1973, com uma variedade de cevada selvagem selecionada por sua resistência a doenças. Essa herança genética confere à Barke hastes relativamente curtas e fortes, bem como uma maior resistência a muitas doenças comuns, incluindo ferrugem foliar, escaldadura das folhas, mancha-reticular e míldio. A produtividade da Barke por hectare, portanto, é bastante elevada na maioria dos ambientes de cultivo. Fora da Alemanha, a Barke foi plantada no Reino Unido, França, América do Sul e em toda a Escandinávia.

Na maltaria e na cervejaria, a Barke é favorecida devido às características de seu grão: diâmetro relativamente grande, boa homogeneidade, bom potencial de germinação, poder diastático superior, excelente rendimento de extrato, alta atenuação aparente, níveis moderados de nitrogênio solúvel e baixos valores de beta-glucano. Seu grau de friabilidade é mediano. Ver FRIABILIDADE. Além disso, mostos provenientes de maltes base Barke tendem a manter sua cor durante a fervura, razão pela qual maltes Barke são particularmente populares para produzir *ales* e *lagers* claras, especialmente Pilsners. Na cerveja finalizada, a Barke é capaz de conferir um rico aroma de malte e contribuir com uma espuma cremosa e de boa estabilidade.

Thomas Kraus-Weyermann

barley wine é a mais forte das cervejas e, embora nem sempre alcance literalmente a gradação alcoólica de um vinho, normalmente supera a potência das *ales* ditas "*strong*" e "*old*", às quais está relacionada. Ver OLD ALES. As primeiras cervejas que hoje chamamos de *barley wine* têm origem na antiga tradição das fazendas britânicas, geralmente como

Barley wines americanas. CHARLES FINKEL.

bebidas produzidas a partir das primeiras extrações (mostos fortes) de mostos que passavam por múltiplas brassagens, os quais passavam por diversas infusões para se obter mostos de menor potência. Esse sistema é conhecido como *parti-gyle* ("divisão de mosto") e é ainda utilizado por algumas cervejarias britânicas. Ver PARTI-GYLE. As *barley wines* são geralmente elaboradas com um potencial alcoólico de 10% ABV, e às vezes até mais.

O estilo de cerveja *barley wine* tem origem em meados do século XVIII, em cervejarias ligadas a grandes casas aristocráticas da Inglaterra. No início, tais bebidas eram muito custosas para uma produção comercial. Utilizando novas técnicas para a obtenção de maltes claros, passaram a elaborar *ales* muito potentes exclusivamente para o consumo dessas casas mais abastadas. Em 1736, o importante livro *The London and Country Brewer* faz menção a certas *ales* muito fortes feitas "para serem de natureza vinosa". Tais cervejas muitas vezes eram maturadas em madeira por um ano ou mais antes de serem consumidas, sendo elaboradas para "responder aos mesmos propósitos do vinho" à mesa. Esse fator era de suma importância nos dias em que as desavenças entre a Inglaterra e os países produtores de vinho ao sul chegavam a interromper o abastecimento da bebida por longos períodos.

Em 1854, Bass, Ratcliff e Gretton, cervejeiros da cidade de Burton-upon-Trent, na Inglaterra, iniciaram a produção de uma *barley wine* de brassagem única que denominaram simplesmente Nº 1, cujo rótulo era adornado com um diamante vermelho. O diamante foi registrado como a segunda marca comercial da Grã-Bretanha, tomando como modelo o ainda conhecido triângulo vermelho da Bass Ale. As cervejas escuras da Bass exibiam um diamante marrom. A Nº 1 era uma cerveja poderosamente forte, que iniciava sua fermentação com uma densidade específica de 1,100 (cerca de 25 °P). A Nº 2, outra *barley wine*, partia de um valor um pouco mais baixo, em torno de 1,097. A Bass Nº 1, como ainda é conhecida, foi elaborada quase continuamente (com uma interrupção de dez anos, de 1944 a 1954) até encerrar sua produção em 1995. Ela ainda é considerada o padrão de comparação (ainda que hoje só na memória) para outras *barley wines* britânicas.

A Bass Nº 1 era inconfundível não apenas por seu singular método de elaboração, mas também por sua cor clara, que, em parte, devia-se à maior compreensão da viabilidade econômica dos maltes claros. Antes dessa evolução, as *barley wines* costumavam apresentar colorações que variavam de âmbar-escuro a marrom, uma vez que se empregavam os maltes escuros, que eram mais baratos. Outros cervejeiros seguiram o exemplo com versões claras, como a Tennent's Gold Label e a Fuller's Golden Pride. Uma *barley wine* escura e notável, a Thomas Hardy's Ale foi produzida por uma série de cervejarias, começando com a Eldridge Pope, em 1968, e finalizando em 2009[1] com a O'Hanlon's Brewing Co. Ver THOMAS HARDY'S ALE. Dizia-se que a Hardy Ale tinha potencial para envelhecer 25 anos ou mais. Os efeitos da maturação e a grandiosidade da cerveja são temas intensamente debatidos pelos aficionados. Hoje, diversas cervejarias do Reino Unido dão continuidade à clássica tradição da *barley wine*, e a mais notável delas possivelmente é a J. W. Lees, de Manchester, que produz a J. W. Lees Harvest Ale.

Com raízes nas tradições britânicas, a *barley wine*, enquanto estilo, gozou de um segundo florescimento substancial entre as cervejarias artesanais americanas, a começar com a produção da Old Foghorn pela Anchor Brewing Co., em 1975, logo seguida pela Bigfoot, da Sierra Nevada Brewing. Em alguns anos a *barley wine* tornou-se algo parecido a uma atração de temporada entre os cervejeiros americanos, que liberavam pequenos lotes dela para a época do Natal como agradecimento a seus fiéis clientes ao longo do ano. Pode-se dizer que, à me-

1 Os direitos da marca Thomas Hardy's Ale foram adquiridos pela empresa italiana Interbrau em 2012 e atualmente sua produção é feita pela Meantime Brewing Company em Londres. [N.E.]

dida que a produção de *barley wine* no Reino Unido diminuiu, após a interrupção da Bass Nº 1 e outras, o cenário americano das cervejarias artesanais foi fundamental para a manutenção da vitalidade do estilo. Ver PRODUÇÃO ARTESANAL DE CERVEJA.

Para o cervejeiro, a *barley wine* é uma cerveja difícil e cara de se produzir, requer grandes quantidades de insumos, vigilância sobre o processo e tempo, que, diga-se de passagem, constitui o quinto elemento vital de sua elaboração (junto com o malte, o lúpulo, a água e a levedura). Assim como suas primas *old* e *strong ales*, a *barley wine* deve repousar, pois a força de seus aromas às vezes requer um ano ou mais para tornar-se suave o bastante para ser agradável. Seu potencial alcoólico também prescreve sua venda em copos pequenos e garrafinhas de seis onças (177,4 mL).

Existem muitas interpretações sobre a geografia das *barley wines*, não apenas entre as versões britânica e americana, mas também de um lado a outro do continente norte-americano. Geralmente e historicamente, e sem dúvida em parte devido à relativa proximidade da oferta, as *barley wines* da Costa Oeste são substancialmente mais lupuladas que suas homólogas orientais. Enquanto os exemplos britânicos são notáveis por suas pronunciadas notas alcoólicas e a vinho de Xerez, uma versão puro-sangue do noroeste dos Estados Unidos mostra-se acirrada em amargor e aromas de lúpulo, mesmo após o tempo habitual para a diminuição do caráter lupulado. Já a do nordeste americano, talvez por seus laços mais fortes com as tradições e paladar britânicos, geralmente produz *barley wines* em um tipo de fusão médio-atlântica, com tendências adocicadas e potentes e sabores amenizados pelo envelhecimento.

Em uma espécie de ressonância histórica com o advento das *barley wines* de tonalidades mais claras que suas ancestrais em meados do século XIX, as *barley wines* americanas dos anos 1990 também apresentaram essa tendência a uma coloração mais clara. Aliadas a essa tendência, as qualidades pronunciadas de lúpulo, evidentes nos exemplos mais ousados, deram o primeiro passo para o desenvolvimento de um novo estilo, cujo outro progenitor foi a *India pale ale*. As *double* ou "*imperial*" IPAs apresentavam a potência alcoólica das *barley wines* em combinação com componentes de amargor, sabor e aroma de lúpulos amplamente relacionados às IPAs, outra linha comumente produzida pelas cervejarias artesanais americanas e possivelmente resgatada da sucata da tradição cervejeira britânica. Ver DOU-

BLE IPA. A "*double* IPA", atualmente, é uma *strong ale* mais popular que a *barley wine*, mas esta permanece no topo da escala como sendo a maior das cervejas.

Allen, F.; Cantwell, D. **Barley wine**. Boulder: Brewers Publications, 1997.
Jackson, M. **The beer companion**. Philadelphia: Running Press, 1993.
Jackson, M. **The New World guide to beer**. Philadelphia: Running Press, 1988.
The London and country brewer. 2. ed. 1736. Disponível em: http://www.pbm.com/~lindahl/london/. Cópia também disponível em PDF em: http://www.pbm.com/~lindahl/london/all.pdf/.

Dick Cantwell

barril de aço inoxidável é um recipiente pressurizado para acondicionar, armazenar e servir chope por pressão. Embora os barris tenham sido feitos de diferentes materiais ao longo do tempo, incluindo madeira, plástico, e alumínio, a grande maioria agora é feita de aço inoxidável. O barril padrão de cerveja, que já contou com paredes curvadas que imitavam aduelas de barris de madeira, é agora um recipiente cilíndrico de lados retos. Acima da parede há uma borda arredondada com alças para as mãos, às vezes revestidas de borrachas. Na parte superior do recipiente há uma válvula de mola conectada a um tubo sifão. O sifão atinge internamente 1 cm do fundo do barril, permitindo que praticamente todo o conteúdo do barril seja servido.

A maioria dos tipos de barril usam uma única válvula extratora, permitindo que a pressão do gás que entra no barril force a cerveja a sair via sifão. O desenho mais comum de válvula extratora para o barril moderno é conhecido como Sankey, embora haja uma variação americana e uma europeia; à primeira vista, estas parecem ser intercambiáveis, mas não são. Além dessas, existem algumas outras válvulas extratoras[2] em uso, incluindo a válvula Bass Grundy "G", ainda usado no Reino Unido, e as válvulas alemãs "A" e "M". Todos eles deslizam sobre o gargalo do barril em vez de torcer, como fazem os tipos Sankey.

Dois sistemas antigos ainda são ocasionalmente vistos: Hoff-Stevens e Golden Gate. Ambos são de difícil manejo, pois os batoques são de madeira, o que requer a troca após cada uso, e o barril Golden Gate tinha um encaixe de gás separado do encaixe da cerveja.

2 No Brasil, é utilizada a válvula extratora tipo "S". [N.E.]

Mestre cervejeiro da Full Sail Brewing Company, em Oregon, com um barril de aço inoxidável da Full Sail.
BLAKE EMMERSON.

Os barris são geralmente limpos e enchidos em posição invertida na máquina de lavar e encher barris. A máquina inicialmente expulsa qualquer cerveja remanescente no barril, depois o enxagua, limpando com soda cáustica aquecida e às vezes ácido, depois novamente um enxague e esterilização química ou por vapor. Por fim o barril é pressurizado e enchido com cerveja.

O volume padrão de um barril americano é de 0,5 *american beer barrel*, isto é 58,6 litros ou 15,5 galões americanos. A maioria dos barris europeus é consideravelmente menor, de 50 litros, e muitos dos disponíveis são de 30 e 20 litros, tamanhos que cumprem melhor as leis de trabalho europeias quanto à ergonomia no local de trabalho. Os barris americanos também apresentam uma variedade de tamanhos. O segundo tamanho mais comum é de 5 galões (18,97 litros).

Garrett Oliver

barril de alumínio é um recipiente que já foi amplamente utilizado para transportar, armazenar, e servir cerveja. O uso do alumínio como matéria-prima para a produção de barris teve início após o término da Lei Seca nos Estados Unidos da América, ocorrido em 1933. Anteriormente, os barris eram construídos manualmente utilizando-se ripas de madeira e aros de metal e, após montados, eram revestidos com breu. Os tanoeiros, os profissionais que produziam os barris, eram empregados pelas cervejarias, porém quando a Lei Seca fechou as fábricas de cerveja, ela também acabou por eliminar a profissão de tanoeiro. Quando as cervejarias reiniciaram suas atividades legalmente, não havia tanoarias suficientes para produzir os barris na quantidade necessária para receber o volume de cerveja fresca que precisava ser envasada às pressas. A única alternativa foi substituir os barris artesanais por recipientes feitos industrialmente. Barris feitos de ferro fundido, aço inoxidável e alumínio foram testados. Comparados aos barris de madeira, os produzidos em metal eram mais fáceis de serem esterilizados e apresentavam menor necessidade de manutenção, além de tornar a cerveja menos suscetível a deterioração. Eles também suportavam maior pressão de dióxido de carbono, nitrogênio ou uma combinação desses dois gases, o que os tornava adequados para armazenar praticamente qualquer tipo de cerveja. O alumínio ainda possuía algumas vantagens que não eram oferecidas pelos outros metais: uma boa relação custo-resistência e mais leveza. Infelizmente, o alumínio também é mais facilmente reciclável do que aço, o que tornou os barris de alumínio um alvo favorito para ladrões de barris e negociantes de sucata inescrupulosos. O alumínio é também mais suscetível à corrosão tanto pela cerveja quanto pela soda cáustica, o principal agente de limpeza utilizado em cervejarias; portanto, os barris de alumínio necessitam de revestimento interno em epóxi. Como resultado dessas deficiências, hoje os barris de alumínio são raramente encontrados, tendo sido substituídos pelos de aço inoxidável.

Holland, R. T. The last wooden beer barrels. **Wisconsin Tales and Trails**, v. 7, p. 12-16, 1966.
Hornsey, I. S. **Brewing.** Cambridge: Royal Society of Chemistry, 1999.

Tim Hampson e Stephen Hindy

barril de madeira, um recipiente feito de ripas de madeira. A construção pode ser não vedada ou vedada. Barris de madeira não vedados têm sido construídos desde os tempos romanos para

barril de madeira

Cervejaria Pinkus Müller em Münster, na Alemanha (por volta de 1935). O barril decorativo mostra Jan Gambrinus, o lendário rei flamengo da cerveja. CORTESIA DA PINKUS MÜLLER.

armazenar produtos secos – como os barris de biscoito –, enquanto barris de madeira vedados usados para armazenar produtos molhados como cerveja e vinho, óleo, azeitonas, gordura, vinagre, chucrutes e picles somente começaram a ser utilizados na Idade Média. Barris de madeira frequentemente são chamados por diferentes nomes de acordo com seu tamanho e/ou função. Há os *firkins* e as *hogsheads* para a cerveja, as pipas para o vinho do Porto e Madeira. A maioria dos barris é feita com ripas de madeira de lei, geralmente carvalho, unidas por aros de metal formando um cilindro abaulado. O arqueamento, que torna mais fácil rolar e girar o barril, é chamado de bojo. O topo e o fundo do barril são planos e ambos são presos às ripas por meio de um sulco chamado javre ou entalhe. Isso permite que as ripas sobressaiam à tampa e ao fundo do barril, formando um aro que facilita prender e rolar o barril.

A qualidade do barril depende sobremaneira da escolha hábil da madeira a ser utilizada. Árvores que crescem retas são as preferidas. As ripas são retiradas da árvore derrubada, aparelhadas, empilhadas e deixadas em local aberto, onde sofrerão, por vários anos, a ação do clima e do tempo, enquanto o ar e a água reduzem os sabores "verdes" da madeira, desagradáveis e tânico. Durante a construção do barril de madeira, o tanoeiro umedece as ripas e então acende uma pequena fogueira dentro do barril em construção a fim de aquecer a madeira e torná-la mais flexível, para que possa ser curvada e obtenha a forma típica de um barril. O fogo queima ou "tosta" a parte interna do barril. O nível de tosta pode ser leve, médio ou pesado, o que por sua vez terá um impacto nos sabores do conteúdo do barril, seja ele vinho ou uísque. Barris de madeira usados, tostados ou queimados, são muito procurados por cervejeiros artesanais para condicionar a cerveja. Ver CONDICIONAMENTO EM BARRIL DE MADEIRA.

Porém, barris de madeira destinados a simples recipientes para armazenamento, e não ao condicionamento, não passam antes pelas vinícolas ou destilarias. Em vez disso, têm seu interior revestido para evitar que a cerveja tenha contato com a madeira. No passado, o material utilizado para revestir os barris era o breu. Atualmente, a camada de proteção entre a cerveja e o barril de madeira tende a ser feita de vários materiais inertes, elásticos, resistentes e emborrachados.

Barris de madeira ainda são utilizados para cerveja – comumente para extração por gravidade – por muitas cervejarias tradicionais, como a Altbier Brewpub Zum Uerige, em Düsseldorf, e a Rauchbier Brewery Schlerkenla, em Bamberg, ambas na Alemanha. Ver ALTBIER, EXTRAÇÃO POR GRAVIDADE, RAUCHBIER e UERIGE BREWERY. Poucas cervejarias britânicas ainda utilizam *casks* de madeira. Em 2011 a Wadworth Brewery de Wiltshire contratou o último mestre tanoeiro da Inglaterra para cuidar da manutenção dos *casks* de madeira da cervejaria. A Theakstons e a Samuel Smith's ainda comercializam um volume limitado de cerveja em *casks* de madeira, e a Marston's Pedigree tem o diferencial de realmente fazer sua fermentação completamente barris de madeira no sistema Burton Union. Ver MARSTON'S BREWERY, SAMUEL SMITH'S OLD BREWERY, SISTEMA BURTON UNION e THEAKSTONS. Em 1963, britânicos entusiastas dos barris de madeira fundaram a Sociedade para a Preservação das Cervejas em Madeira, cujos objetivos visam exatamente o que o nome descreve.

Barris de madeira são normalmente produzidos com várias aberturas para envase, limpeza e extração, assim como para a entrada de ar enquanto o líquido é extraído. A abertura para limpeza, higienização e envase é chamada em inglês de *belly bung*. A abertura para extração via torneira ou bomba manual é chamada *keystone*, e é mantida fechada com uma rolha. Ver BOMBA MANUAL e CASK. Durante a inserção da torneira, a rolha da *keystone* é empurrada para dentro da cerveja. Para a ventilação, um *cask* britânico clássico possui um dispositivo com um orifício central para a rolha (chamada de *tut*) e uma cavilha de madeira de lei chamada *spile*. A *spile* deve ser martelada na rolha e pode ser removida e reinserida durante a extração para permitir a entrada de ar no *cask*.

Society for Preservation of Beers from the Wood. Disponível em: http://www.spbw.com/wood.html/. Acesso em: 30 jan. 2011.

Horst Dornbusch

barris Golden Gate são um estilo de barril de cerveja desenvolvido no início da década de 1950. O que diferenciava os barris Golden Gate é que, além do orifício do batoque, tinham duas aberturas separadas para extração. No topo do barril havia uma válvula embutida, em que a entrada de gás era conectada com um quarto de volta. Na parede lateral, um pouco acima do fundo, havia uma segunda válvula embutida em que a linha de cerveja era conectada, novamente com um encaixe de quarto de volta. Todas as válvulas podiam ser removidas e reparadas rosqueando um anel de travamento, de preferência, com uma chave especial.

Os estilos anteriores que o Golden Gate substituiu eram conectados somente no topo do barril com um quarto de volta. Em seguida, a torneira longa era colocada com ajuda de um martelo no topo do barril, forçando o pequeno tampão de madeira para dentro do barril, e, em seguida, a torneira descia para o fundo da cerveja. Esguichos de cerveja eram inevitáveis nesse processo. O desenho Golden Gate não requeria nenhum martelo para colocar a torneira, e as torneiras eram muito menores, sua colocação era muito menos complicada. Cada conector tinha uma rolha grossa de borracha adequada para vedar o barril. Quando esta envelhecia ou se danificava, ocorriam vazamentos. O encaixe, sendo baixo em relação ao fundo do barril, podia facilmente cair em decorrência de alguma batida e vazar, muitas vezes fora da visão. Era difícil também esvaziar os barris completamente, e não era incomum, mesmo para um operador qualificado, deixar um copo de cerveja em cada barril. Barris Golden Gate e Hoff-Stevens competiram por participação no mercado ao mesmo tempo. Ver BARRIS HOFF-STEVENS. A Anheuser-Busch foi a última grande cervejaria a usar barris Golden Gate, antes que o mercado fosse tomado pelo sistema fechado Sankey, superior. Ver BARRIS SANKEY. Muitas das primeiras microcervejarias preferiam esses barris porque eram baratos e o desenho aberto tornava o *dry hopping* no barril muito mais fácil. Embora sejam difíceis de se encontrar hoje em dia, alguns têm sido empregados como *casks*.

Ver também BARRIL DE AÇO INOXIDÁVEL e CASK.

Broderick, H. **Beer packaging.** Madison: MBAA Publications, 1982.

Brian Hunt

barris Hoff-Stevens são um estilo americano de *design* de barris. Os barris Hoff-Stevens foram considerados o auge da tecnologia nos anos de 1950 e 1960. Esses barris eram lavados e preenchidos pelas laterais através de um orifício que era fechado por um batoque de madeira. Este barril é reconhecido por dois orifícios de tamanhos diferentes no topo, fechados por um dispositivo do tipo macho e fêmea. Era necessário ter habilidade para encaixar o engate rápido o suficiente para evitar o esguicho de cerveja para fora do barril.

Nos modelos anteriores de barris, conectava-se o engate ao seu topo com um quarto de volta. Depois, uma longa torneira era forçada com um martelo no encaixe do topo do barril, forçando um pequeno batoque de madeira para dentro dele, e então deslizada para o fundo da cerveja. A cerveja invariavelmente esguichava para fora nesse processo. A maioria desses barris foram mais tarde convertidos para o modelo Hoff-Stevens.

Um barril similar é o de estilo Peerless, também fechado pelo topo com um dispositivo de duas sondas; contudo, nesses recipientes as linhas de gás e de cerveja eram do mesmo diâmetro, e o engate era fixado ao barril por um par de ganchos. A Olympia Brewing Company foi uma das únicas cervejarias a utilizar o Peerless.

As cervejarias Pabst, Schlitz e Miller utilizavam barris Hoff-Stevens. Em 2008, a Straub Brewery, da Pensilvânia, foi a última cervejaria nos Estados Unidos a abandonar o seu uso. A produção dos barris Hoff-Stevens finalizou-se por volta de 1980, pois tornou-se um fato universalmente aceito que o revolucionário modelo Sankey tinha uma tecnologia muito superior. Microcervejarias novatas, incapazes de arcar com os barris Sankey e os equipamentos de envase, ressuscitaram os barris Hoff-Stevens e Golden Gate, que a essa altura eram baratos. Algumas cervejarias pequenas continuam utilizando o barril Hoff-Stevens nos dias de hoje, mas elas estão se tornando cada vez mais raras.

Broderick, H. **Beer packaging.** St. Paul: MBAA Publications, 1982.

Brian Hunt

barris Sankey, ou Sanke, são um estilo de barril desenvolvido na Europa nos anos de 1960, alcançando uma superioridade imediata em relação aos estilos existentes. O maior avanço foi a possibilidade de limpar e encher os barris com assepsia e automatização. O engate do Sankey permite limpar, encher e aplicar o gás de extração, tudo pelo mesmo pequeno engate. Anteriormente, os barris Hoff-Stevens e Golden Gate usavam os orifícios dos batoques para limpeza e enchimento, demandando trabalho manual para pôr e tirar o batoque e alinhar o barril ao equipamento de enchimento e limpeza. A nova tecnologia Sankey permitiu combinar a limpeza e o enchimento automáticos dos barris em cerca de dois minutos, sem expor o seu interior aos contaminantes da atmosfera ou ao contato humano.

A limpeza e o enchimento são feitos através da abertura de extração de conexão única, eliminando o tradicional e insalubre orifício do batoque. A limpeza é realizada de ponta-cabeça, e o enchimento pode ser feito com o barril de pé ou invertido. Fazem parte do projeto do barril extremidades abauladas e paredes laterais retas. Durante o ciclo de limpeza, as soluções de limpeza são bombeadas através da válvula do barril, sobem pelo tubo interno (*spear*) e espalham-se homogeneamente pela abóboda, escorrendo para baixo pelas paredes laterais e por todo o fundo abaulado. Os modelos anteriores de barris tinham formatos complexos, o que tornava a limpeza e a extração menos eficientes. Os benefícios adicionais desse modelo incluem a possibilidade de armazenar os barris com melhor aproveitamento do espaço, maior estabilidade ao empilhar e a adição de alças ergonômicas no topo dos barris.

Os barris Sankey foram primeiramente utilizados nos Estados Unidos pela cervejaria Hamm's, em 1973, e pela Anheuser-Busch, em 1978.

Da perspectiva da extração, o benefício principal foi a menor necessidade de habilidade para acoplar e desacoplar a válvula extratora e, portanto, menos vazamento. Tal como na cervejaria, a eficiência de espaço e segurança foram melhoradas. O barril Sankey e a válvula extratora são agora o padrão americano, mas existem dois tipos, e eles não são intercambiáveis. O engate menor do Sankey americano é torcido e encaixa na abertura; o engate de extração Sankey europeu, levemente maior, tem uma haste mais curta e não encaixa nos barris Sankey americanos. Muitos bares americanos serão equipados com ambos os tipos de engates, permitindo servir cerveja dos dois tipos de barris.

Ver também BARRIL DE AÇO INOXIDÁVEL.

Broderick, H. **Beer packaging**. Madison: MBAA Publications, 1982.

Brian Hunt

Bass & Company foi uma cervejaria britânica, com sede em Burton-on-Trent, que se tornou uma das mais reconhecidas marcas de cerveja do mundo. O logotipo da Bass, um triângulo vermelho, e sua cerveja principal, a Bass Pale Ale, outrora viajaram o mundo, levadas pelos navios de um império em expansão.

Fundada por William Bass em 1777, a cervejaria registrou um crescimento notável em seus primeiros anos, com *ales* enviadas para a Rússia, em 1784, e para a América do Norte, em 1799. Durante grande parte da história da marca principal, ela era conhecida como uma *India pale ale* devido ao seu envio às forças britânicas no exterior. Mais de um século depois, a cervejaria silenciosamente abandonou a palavra "India" de sua embalagem oficial.

Em 1850, estava produzindo mais de 16 milhões litros por ano. Em 1888, o complexo da cervejaria Bass ocupava 59 hectares de terra e empregava mais de 2.500 trabalhadores, com produção aproximada na marca de 117 milhões de litros.

Em 1926, a Bass e Co adquiriu a cervejaria vizinha Worthington e continuou a produzir a popular White Shield desta última, uma *pale ale* refermentada na garrafa. Isso se manteve até 1977, quando a cervejaria tirou a marca de circulação e licenciou a receita para uma cervejaria menor. Em 1960, a Bass continuou a crescer e se fundiu com a Mitchells & Butler, e, no final da década, se tornou a maior cervejaria do Reino Unido, adquirindo a Charrington United Breweries, de Carling. A nova empresa foi chamada Bass Charrington Ltd., e mais tarde se tornaria conhecida como Bass PLC.

Celebrada não apenas pelo seu principal produto, a Bass Pale Ale, a cervejaria produz um número de cervejas responsáveis por apresentar novos estilos ao mundo e várias que continuariam a atrair novas gerações de consumidores de cerveja. A Bass foi a primeira cervejaria a usar o termo *"barley wine"* para uma cerveja engarrafada de nome No. 1 em 1903. Apesar de ter sido amplamente distribuída por décadas, hoje ela é produzida esporadicamente.

Em 1902, a Bass' King's Ale foi lançada em comemoração à visita de Edward VII à cervejaria. As garrafas fechadas com rolha de cortiça que ocasionalmente aparecem são procuradas pelos colecionadores. Igualmente desejáveis são as garrafas de Ratcliffe Ale, produzida para celebrar o nascimento do filho de um diretor da cervejaria, em 1869. Essa *ale* também foi fechada com rolha de cortiça e guardada em adega, e a intenção era consumi-la no aniversário de 21 anos do menino.

Essas cervejas, a emblemática *ale* da Bass, e a distribuição para o público global colaboraram para o caráter lendário e o fascínio provocado pela cervejaria, fazendo dela um nome familiar não só no Reino Unido, mas também ao redor do mundo.

A empresa diversificou os negócios, comprando e gerenciando *pubs* em todo o Reino Unido, adquirindo a cadeia de hotéis Holiday Inn e expandindo essa marca para várias outras propriedades, incluindo o Holiday Inn Express e Staybridge Suites. Ela também comprou várias empresas de refrigerantes. A essa altura, na década de 1990, a empresa tinha crescido tanto que dispunha de uma divisão separada dedicada aos seus empreendimentos cervejeiros, chamada Bass Brewers.

Em 2000, no entanto, a empresa decidiu concentrar os seus esforços na indústria de hospedagem e hospitalidade, se desfez de seu produto homônimo e vendeu suas cervejarias para a empresa belga Interbrew S.A. por 3,5 bilhões de dólares. A legislação contra monopólios exigiu que a Interbrew colocasse à venda uma grande parte de suas cervejarias e marcas, especialmente a Carling Black Label. A compradora foi a Coors.

A Interbrew mais tarde se uniria à empresa brasileira AmBev, dando origem à InBev e posteriormente à gigantesca Anheuser-Busch InBev, a maior empresa cervejeira do mundo. A Bass Pale Ale foi adicionada ao portfólio global da empresa. A Bass Pale Ale é feita pela Samlesbury Brewery, da Anheuser-Busch InBev, na Inglaterra, e está disponível em todo o mundo. Durante a maior parte da sua existência, a cerveja mais vendida era conhecida como Bass India Pale Ale, embora tenha sido rebatizada apenas como Bass Pale Ale, na década de 1990.

A Bass tem uma série de distinções históricas tanto na produção de cerveja quanto na área da história geral. Devido à sua popularidade e exportações impressionantes ao longo do século XIX, seu logotipo, um triângulo vermelho, se tornou a primeira marca registrada no Reino Unido em 1876. Esse triângulo é claramente visível nas garrafas de cerveja representadas na pintura de Edouard Manet, *Um bar em Folies-Bergère*, de 1882, e em dezenas de pinturas de Picasso.

Ao longo dos anos, os vários proprietários da marca Bass alardearam a sua importância histórica com uma série de afirmações e anúncios vagos, incluindo que Napoleão Bonaparte gostava tanto da cerveja que procurou construir uma cervejaria Bass na França, ou que *pints* de Bass inspiraram Edgar Allan Poe e relaxaram Buffalo Bill Cody. Alega-se até mesmo que o famoso explorador *sir* Earnest Shackleton bebeu a *ale* da Bass em sua expedição rumo ao Polo Sul em 1921-1922. Essas afirmações são obscuras, na melhor das hipóteses.

Uma verdade histórica que não pode ser refutada é que o RMS Titanic transportava quinhentas caixas (12 mil garrafas) de Bass Ale quando afundou no Oceano Atlântico em 1912. No final de 1990, durante a expedição de recuperação do navio, nove garrafas foram encontradas nos escombros e conduzidas à superfície.

Hoje, a cerveja é apreciada em *pubs* ao redor do mundo, onde os proprietários da empresa dizem que ela ainda é feita seguindo a receita original. O resultado é uma cerveja de coloração âmbar, com um aroma leve a queimado e torrado. Ela é feita com maltes e lúpulos ingleses, sendo fermentada com duas cepas de leveduras que lhe dão um sabor maltado, com notas sutis de noz. Nos Estados Unidos é servida com 5,1% de álcool em volume.

A Bass *ale* costuma ser usada como o ingrediente no fundo do drinque *Black and Tan*, no qual um copo é preenchido pela metade com *pale ale* e, utilizando uma colher especial, uma *stout* é vertida no espaço restante do copo, criando uma bebida com duas camadas em que a *stout* flutua sobre a *pale ale*. Ver BLACK AND TAN. Isso pode ser feito com a maioria das *pale ale* e *stouts*, mas, nos últimos anos, os publicitários da Bass têm propagandeado a marca como ingrediente-chave, até mesmo lançando uma colher especial, em formato triangular, em homenagem à sua famosa marca registrada.

A Bass Pale Ale é comercializada em barril e em vários tamanhos de garrafas e latas em mais de cinquenta países ao redor do mundo.

Ver também BARLEY WINE, BURTON-ON-TRENT e INDIA PALE ALE.

Bass. **Bass: The story of the world's most famous ale.** Burton-on-Trent: Bass, 1927.

Pederson, J. P. **International directory of company histories**, v. 38. Farmington Hills: St. James Press, 2001.

John Holl

batoque, o furo na parte superior de um *cask*, barril de madeira ou barril de aço. Também pode se referir ao furo na barriga ou no fundo do *cask*, ou ainda ao dispositivo que sela esses furos. O tamanho médio do *bung* de um *cask* ou barril de madeira é 1 15/16 polegadas, embora algumas cervejarias tenham usados tamanhos menores na América do Norte para barris Hoff-Stevens e Golden Gate.

Ao fazer referência ao *bung* como vedante, trata-se de um nylon duro, borracha ou rolha de madeira usados para tapar o buraco na parte superior ou na barriga do *cask* ou barril. A forma é na maioria das vezes a de um cilindro ligeiramente truncado, e geralmente é martelado para ficar alinhado com o recipiente. Em tradicionais adegas inglesas o *bung* refere-se somente ao buraco no qual a rolha é inserida na parte superior do *cask*, e a rolha mestre fica na barriga do *cask*.

Ver também BARRIL DE AÇO INOXIDÁVEL, BARRIL DE MADEIRA, BARRIS GOLDEN GATE, BARRIS HOFF-STEVENS e CASK.

Jonathan Downing

baunilha é um flavorizante derivado da fruta da orquídea *Vanilla planifolia*, nativa do México, mas agora cultivada em regiões tropicais ao redor do mundo. Ela é a segunda especiaria mais cara do mundo, depois do açafrão. Os frutos da baunilha são comumente chamados de "fava", porque se assemelham à vagem do feijão, cada uma com 15 a 30 centímetros de comprimento. Cada fruto é colhido quando maduro e, em seguida, passa por um longo processo de cura, que pode demorar até dois anos, embora um período de seis meses seja mais comum.

Baunilha está mais comumente disponível como um extrato líquido à base de álcool; o sabor e aroma da baunilha são extraídos das vagens trituradas através da maceração em etanol. O extrato natural de baunilha é uma combinação de centenas de compostos químicos que apresentam aromas e sabores complexos, mas o componente químico dominante é a vanilina. Como a baunilha natural é muito cara, a grande maioria dos extratos de baunilha usados hoje em dia são na verdade vanilina artificial, derivada a um custo baixo da lignina, um subproduto de madeira da indústria do papel.

Quando usada como um flavorizante em cerveja, é mais frequentemente encontrada em cervejas sazonais de inverno, nas quais o aroma doce combina muito bem com outras especiarias festivas, como a canela, a pimenta-da-jamaica e o cravo. A baunilha pode ser adicionada em vários momentos no processo de produção de cerveja. Mais comumente, a vagem ou o extrato líquido da baunilha é adicionada no final da fervura, durante o processo de *whirlpool* (centrifugação), antes do mosto ser transferido para a fermentação, ou na pós-fermentação, antes do envase. As vagens inteiras podem ser utilizadas para "condimentar a frio" a cerveja no fermentador em uma técnica semelhante ao *dry hopping*. As vagens inteiras da baunilha também podem ser adicionadas a um barril para condimentar a cerveja durante a refermentação no barril.

Rain, P. **Vanilla: the cultural history of the world's favorite flavor and fragrance.** Los Angeles: Tarcher, 2004.

Brian Thompson

Baviera, o mais meridional dos dezesseis estados da República Federal da Alemanha, é indiscutivelmente o berço mundial da cultura da cerveja *lager*. Nessa região, no sopé setentrional dos Alpes, onde os verões são quentes e os invernos frios, surgiram muitos dos principais estilos de cerveja do mundo, alguns por acaso, alguns planejados. São eles: *helles, dunkel, märzen, oktoberfest, kellerbier, rauchbier, schwarzbier* e *bockbier* em todas as suas variações (*doppelbock, maibock, weizenbock* e *eisbock* entre eles). Além disso, a Baviera criou uma *ale, hefeweizen* (também conhecida como *weissbier* ou *weizenbier*), a cerveja de trigo mais popular do mundo, bem como sua semelhante escura, a *dunkelweizen*, e sua versão filtrada, a *kristallweizen*. Outros estilos da Baviera menos comuns são: *zoiglbier, zwickelbier, landbier, dampfbier, erntebier, dinkelbier* e *roggenbier*. Até mesmo a cerveja mais importante da República Tcheca, a *pilsner*, possui raízes bávaras: um mestre cervejeiro bávaro, Josef Groll, foi contratado pela Měšťanský Pivovar (Cervejaria dos Cidadãos) em 1842 para melhorar a produção de cerveja na cidade boêmia de Plzeň (Pilsen). Ver GROLL, JOSEF. No processo, Groll criou a Plzeňský Prazdroj (Pilsner Urquell), a primeira *lager* clara do mundo, em grande parte aplicando suas técnicas cervejeiras bávaras e utilizando a cevada, o lúpulo e as águas locais.

A Baviera é também a fonte de lúpulos mais importante do mundo, fornecendo cerca de um terço da demanda global desse ingrediente, especialmente das chamadas variedades aromáticas nobres. Além disso, seus campos produzem algumas das melhores cevadas e trigos cervejeiros do mundo, e os maltes especiais feitos pelos malteadores bávaros são procurados por cervejarias de todos os continentes. As cervejas bávaras, invariavelmente produzidas a partir de matérias-primas cultivadas na região, tendem a ser ricas e maltadas, com um amargor inicial delicado e aromático, e um acentuado final maltado.

Em poucos lugares do mundo a cerveja é tão firmemente ligada com a cultura diária de seus habitantes como na Baviera. Os bávaros se referem ao seu modo de vida como *Gemütlichkeit* – uma forma inimitavelmente bávara de convívio –, e a cerveja é uma parte integrante do *Gemütlichkeit*, um alimento básico, o "pão líquido" diário do povo. No verão, os bávaros preferem as suas cervejas claras, a *helles*, palha-clara e fácil de beber, e a efervescente e refrescante *hefeweizen*, com seus leves aromas de cravo, banana e goma de mascar. No outono, eles optam pela cerveja *oktoberfest*, âmbar e mais forte. Na época do natal, é a vez das cervejas *bock* serem apreciadas. No profundo inverno, por volta da quaresma, é a vez da *doppelbock*, forte e nutritiva, enquanto na primavera, quando os dias ficam mais longos novamente, a cerveja da vez é a *maibock* (*bock* de maio), de coloração âmbar para dourada e corpo médio-forte. Ver DOPPELBOCK, HELLES e MAIBOCK. Em reconhecimento da singularidade da cultura cervejeira bávara, a União Europeia, em 2001, concedeu à designação "cerveja bávara" o *status* de Indicação Geográfica Protegida, a qual é semelhante a uma denominação de origem controlada.

Não importa a estação, quando bávaros sentam para tomar uma cerveja, eles gostam de aproveitar o momento. No verão, os *beer gardens*, sob a sombra do dossel de castanheiras e tílias, oferecem um oásis de descanso das lutas e tensões da rotina diária, mesmo nas cidades grandes e movimentadas. Só em Munique há cerca de oitenta *beer gardens*. No inverno, os acolhedores *beer halls* (salões da cerveja), com alguns séculos de idade, oferecem calor e con-

Três bávaros em uma competição de bebida em uma adega de cerveja de Munique, 1952. O homem ao centro esvaziou a caneca de três litros (*stein*) de cerveja mais rapidamente, enquanto a garçonete (à esquerda) e o encanador (à direita) foram vice-campeões.
PIKE MICROBREWERY MUSEUM, SEATTLE, WA.

forto. A cerveja nesses lugares é normalmente servida em canecas de 1 litro ou meio litro (aproximadamente copos do tamanho de um *quart* ou um *pint*, com alças resistentes). E os bávaros sabem como comemorar com cerveja: a primavera é oficialmente a *starkbierzeit* (forte temporada de cerveja), festejada em ambientes internos com *doppelbocks*, enquanto o outono é sempre o tempo da Oktoberfest, a última grande festa em espaços abertos do ano. A Oktoberfest de Munique, com duas semanas de duração, tornou-se a maior festa do mundo, atraindo cerca de 6 a 7 milhões de visitantes a cada ano. Ver OKTOBERFEST.

A produção de cerveja na Baviera remonta ao final da Idade do Bronze, talvez até antes. Uma ânfora de barro, descoberta em 1935 no túmulo de um chefe celta em Kasendorf, perto da cidade bávara de Kulmbach, foi datada de cerca de 800 a.C. É considerada a mais antiga evidência da produção de cerveja na Europa continental. Seu conteúdo seco foi identificado como os resíduos de uma *ale* de trigo preto flavorizada com folhas de carvalho.

Os cervejeiros que fizeram essa cerveja pertenciam à chamada cultura Hallstatt, um povo celta que ocupava uma área localizada aproximadamente entre a atual fronteira da França e da Alemanha, e na bacia do Danúbio perto de Viena, na Áustria. No entanto, no início da era moderna, na época da conquista romana da Europa Central, tribos germânicas invasoras vindas do leste já tinham empurrado os celtas até a borda oeste do continente e para as atuais Ilhas Britânicas, do outro lado do atual canal da Mancha. Os primeiros assentamentos celtas começaram a aparecer na Grã-Bretanha por volta da segunda metade do século 5 a.C. Obviamente, os celtas levaram consigo suas habilidades cervejeiras, o que pode torná-los os antepassados não somente da cultura cervejeira alemã, mas também das culturas cervejeiras britânicas e irlandesas.

Enquanto isso, na Europa Central, as tribos germânicas também continuaram a produzir cerveja, pois, como todos os bons conquistadores, eles usurparam os feitos dos derrotados. A prova mais importante da continuidade do processo cervejeiro na Baviera é uma escavação arqueológica na periferia de Regensburg, nas margens do rio Danúbio. Esse local contém uma cervejaria completa, com instalações para malteação, um poço profundo e uma fogueira para aquecer as tinas de mostura e fervura. Esse lugar data de 179, quando Castra Regina (Regensburg) era um acampamento, protegido por muralhas, da Terceira Legião Italiana do imperador Marco Aurélio, composta por 6 mil soldados de elite e seus respectivos criados germânicos, prostitutas e artesãos, incluindo cervejeiros. A fortificação foi construída como um baluarte contra os marcomanos, uma confederação de tribos de saqueadores que estava ameaçando o flanco nordeste do Império Romano. Os romanos geralmente zombavam das cervejas primitivas dos alemães, mas no posto avançado em Regensburg, era preciso se contentar com a cerveja local, pois era quase impossível saciar a sede de várias almas com o vinho trazido do outro lado dos Alpes. Estranhamente, portanto, a mais antiga evidência de uma cervejaria completa na Baviera é uma estrutura romana.

Produzir cerveja na Europa Central, até o final do período romano, foi um trabalho sobretudo feminino. Enquanto o homem da casa lavrava os campos de cevada, trigo e aveia, a dona da casa se preocupava tanto com o preparo das refeições quanto com a produção de cerveja no lar. Suas cervejas eram geralmente flavorizadas com ervas, conhecidas como "*gruit*", tais como murta-do-brejo, mírica, zimbro, artemísia, aspérula e milefólio. Ver GRUIT. Mas essa divisão de trabalho entre os sexos começou a mudar quando o cristianismo chegou na Baviera, no século VI, por meio de missionários irlandeses, que haviam partido da ilha Esmeralda para erradicar o paganismo na Europa Central. Esses monges fundaram postos missionários e pequenos mosteiros ao longo das antigas estradas romanas, que gradualmente tornaram-se centros não somente de pregação e contemplação, mas também de produção de cerveja. Conforme os mosteiros cresciam, as cervejarias cresciam também. Com o tempo, o conhecimento acumulado sobre a cerveja entre os frades enclausurados, estudados e alfabetizados, contribuiu para a melhora das técnicas de produção e a qualidade da cerveja. As freiras, que poderiam ter sido cervejeiras domésticas caso não tivessem optado pelo hábito, acabaram por se tornar cervejeiras nos conventos. Com a especialização de alguns dos monges e freiras, essa prática evoluiu gradualmente de uma simples atividade doméstica para uma profissão reconhecida. No processo, os monges descobriram a amarga flor da planta de lúpulo como um perfeito flavorizante e conservante para a cerveja. A referência ao lúpulo mais antiga é um documento de 768 encontrado na abadia beneditina de Weihenstephan, no norte de Munique. Dentro de apenas alguns séculos, o lúpulo substituiria o *gruit* como flavorizante da cerveja em praticamente toda a Europa, com exceção das Ilhas Britânicas. Em 1040, Weihenstephan obteve sua licença comercial para a produção de cerveja. Em 1803, como parte da secularização napoleônica da ocupação francesa da Europa, incluindo a Baviera, Weihenstephan passou a ser propriedade do Estado da Baviera. Atualmente, ela oferece um dos programas universitários mais importantes do mundo em estudos sobre cerveja e ainda é uma cervejaria comercial, o que a torna a cervejaria mais antiga em funcionamento contínuo do mundo. Ver WEIHENSTEPHAN.

Com o desenvolvimento da produção de cerveja nos mosteiros e conventos na Alta Idade Média, a cerveja se tornou uma fonte de riqueza para as ordens religiosas que, não surpreendentemente, atraiu a atenção dos senhores feudais seculares do campo e dos comerciantes aristocratas das cidades. Logo surgiram as cervejarias concorrentes, porém a qualidade da cerveja nas mãos de cervejeiros menos treinados era baixa. Especialmente no verão, a cerveja na Baviera, muitas vezes, possuía gosto azedo ou pior – gosto proveniente de de infecções microbianas, como compreendemos atualmente. Contudo, os primeiros microrganismos foram observados somente em 1673 por Antonie van Leeuwenhoek, o inventor holandês do microscópio, e a prova definitiva de que os microrganismos são responsáveis tanto pela fermentação quanto pela putrefação foi dada pelo inovador trabalho de Louis Pasteur em 1876, *Études sur la bière, ses maladies, causes qui les provoquent, procédé pour la rendre inaltérable, avec une théorie nouvelle de la fermentation* (Estudos em cerveja: as doenças da cerveja, as suas causas e os meios de preveni-las, com uma nova teoria da fermentação). Ver PASTEUR, LOUIS. Para os bávaros medievais ignorantes em microbiologia, no entanto, as causas dos defeitos das suas cervejas de verão eram um completo mistério. Sua fermentação ocorria em tanques de fermentação abertos, geralmente de madeira e invariavelmente anti-higiênicos. Não há dúvida de que, além da benéfica levedura cervejeira, também residiam nesses tanques bactérias trazidas pelo ar. Para encobrir os *off-flavors* de suas cervejas de verão, os cervejeiros recorriam a todos os tipos de aditivos, como fuligem, bile bovina, sangue de galinha, sal, medula óssea, giz, legumes, junco, casca de árvore, até mesmo cogumelos venenosos. Nos invernos rigorosos da Baviera, por outro lado, as bactérias raramente eram capazes de sobreviver e, portanto, as cervejas de inverno tendiam a ser muito mais palatáveis.

Dada a ordem feudal naquela época, havia apenas um remédio para a cerveja de má qualidade na Baviera: a regulamentação. Assim, foi decretado na cidade de Augsburg, em 1156, que a cerveja de má qualidade de qualquer cervejeiro "deve ser destruída ou distribuída entre os pobres sem nenhum custo". Em 1363, os doze membros do conselho da cidade de Munique assumiram o papel de inspetores cervejeiros. Em 1420, eles decretaram que toda cerveja deveria ser maturada por pelo menos oito dias antes de ser servida, e em 1447 eles ordenaram que os cervejeiros usassem apenas cevada, lúpulo e água para produzir suas cervejas. Em 1487, o duque Albrecht IV, da casa de Wittelsbach, a dinastia reinante na Baviera desde 1180, obrigou os cervejeiros de Munique a jurarem publicamente adesão ao decreto de 1447. Por fim, no dia 23 de abril de 1516, o duque Wilhelm IV da Baviera decretou a hoje famosa Lei da Pureza da Cerveja em todo o seu reino. Ver LEI DA PUREZA DA CERVEJA. Ela também estipulava que apenas cevada, lúpulo e água deveriam ser utilizados nas cervejas bávaras. Esse decreto mantém-se em vigor desde então e, em 1906, transformou-se em uma lei para toda a Alemanha, o que faz dela a mais antiga regulamentação de segurança alimentar do mundo. No século XVI, no entanto, ela não conquistou o fim desejado, pois a cerveja de verão continuou a ser de má qualidade na Baviera. Em 1553, portanto, o duque Albrecht V, sucessor de Wilhelm, deu um passo além: ele simplesmente proibiu por completo a produção de cerveja entre as festas de São Jorge (23 de abril) e São Miguel (29 de setembro).

Esse decreto de 1553 teve consequências enormes, a maioria não intencionais, para todo o mundo da cerveja. Ele não só "limpou" a cerveja bávara, mas também fez com que todas as cervejas bávaras, dali em diante, passassem a ser *lagers*, pois todas as leveduras *ale* ficam dormentes em temperaturas inferiores a 7 °C. Somente leveduras *lager* são capazes de fermentar a cerveja sob as baixas temperaturas do inverno. Além disso, por causa do decreto de Albrecht, os cervejeiros tinham que trabalhar horas extras no final da primavera para produzir cerveja suficiente para os meses quentes do verão, a qual era relativamente forte, cerca de 6% de álcool por volume (ABV), para boa conservação. Essas produções de primavera tornaram-se rapidamente conhecidas como cervejas de março (*märzenbier* em alemão) – precursoras do moderno estilo *märzen*. Ver MÄRZENBIER. Essas cervejas de março eram armazenadas em adegas, túneis ou cavernas frias, dentro de barris. Essa prática originou o termo "*lager*", pois a palavra *lagern* em alemão significa "armazenar". A proibição da produção de cerveja de verão do duque Albrecht foi revogada apenas em 1850, na época em que os cervejeiros haviam aprendido a encher suas adegas *lager* com o gelo retirado dos lagos congelados no inverno. Onde não havia lago, os cervejeiros erguiam estruturas de madeira chamadas de "*ice gallows*". Em dias gelados, eles pulverizavam essas estruturas com água até formar pingentes de gelo, os quais eram retirados e levados para as adegas. Em 1872, um engenheiro da Baviera, Carl von Linde, inventou um sistema de refrigeração para os tanques de maturação a frio, permitindo assim, pela primeira vez, que as *lagers* fossem produzidas durante todo o ano, em qualquer lugar. Analisando o contexto histórico, os dois decretos do século XVI, a Lei da Pureza da Cerveja e a proibição da produção de cerveja no verão – emitidas dentro de um período de quatro décadas – mudaram para sempre as técnicas de produção de cerveja no mundo todo, não apenas na Baviera. Na Baviera, elas conduziram a uma evolução gradual na produção diária de cerveja, partindo de uma mistura escura, muitas vezes rústica, e chegando nas modernas *lagers*, claras, com base em cevada, exibindo todo o seu esplendor e variedades. Em todo o mundo, talvez nove entre dez cervejas são *lagers*.

A *lager* original bávara de inverno era uma cerveja que atualmente conhecemos como *dunkel*, que significa "escura". Ver DUNKEL. Nos dias anteriores à invenção do secador de malte com queima indireta por Daniel Wheeler na Inglaterra em 1817, praticamente todas as cervejas possuíam diferentes tonalidades escuras, porque o malte era secado em fornos de queima direta, os quais sempre deixavam alguns grãos de pouco a severamente queimados. Dependendo da fonte de calor, o malte apresentava um sabor mais ou menos defumado. As versões mais escuras da *dunkel* ficaram conhecidas como *schwarzbier* (cerveja preta), enquanto as versões defumadas ganharam o nome de *rauchbier* (cerveja defumada). Ver RAUCHBIER e SCHWARZBIER. Atualmente, a cidade de Bamberg, na região central da Baviera, ainda é o centro produtor de cerveja *rauchbier*. Ver BAMBERG, ALEMANHA. A antiga *rauchbier* de Bamberg é produzida com malte defumado, secado sobre o fogo de madeira de faia envelhecida. A cerveja *dunkel* permaneceu como o estilo mais popular da Baviera na década de 1890, quando foi substituída em popularidade por um estilo *lager* de coloração amarelo-palha, a *helles* (que significa "de cor clara"), produzida pela primeira vez na Cervejaria Spaten, de Munique, em 1894.

Mas nem todas as cervejas bávaras tradicionais são *lagers*. Uma curiosa exceção é a *weissbier* ("cerveja branca") ou *hefeweizen* ("trigo com levedura"). Essa bebida é uma *pale ale* refrescante, efervescente, normalmente não filtrada e, portanto, turva (por causa das leveduras), com pelo menos 50% de malte de trigo. O resto é malte de cevada. A *weissbier* se tornou uma bebida popular no sudeste da Baviera no século XV, quando a nobre casa de Degenberg da aldeia de Schwarzach obteve o monopólio feudal para produzi-la. No século XVI, a *weissbier* encontrou-se em violação técnica de dois decretos, a Lei da Pureza da Cerveja e a proibição de produção de cerveja de verão, os quais exigiam o uso exclusivo de cevada na produção de cerveja, despertando, assim, um conflito de décadas entre os Degenbergs e a reinante casa de Wittelsbach. Em 1556, o duque Albrecht V declarou que a cerveja de trigo era "uma bebida inútil que nem nutre, nem fornece força e poder, só incentiva a embriaguez", declarando ser explicitamente ilegal sua produção por cervejeiros comuns, exceto para os Degenbergs, que foram surpreendidos com um imposto especial sobre a vendas de suas cervejas. Contudo, em 1602, o barão Hans Sigmund de Degenberg, o último do clã Degenberg, morreu sem deixar nenhum herdeiro e, pelas regras feudais da época, a patente da cerveja de trigo foi revertida para os Wittelsbach. Isso levou a uma repentina reviravolta na política oficial da cerveja bávara: o duque Maximilian I, neto de Albrecht, trouxe o mestre cervejeiro de Schwarzach para Munique, construiu uma nova sala de brassagem "branca" (perto da atual Hofbräuhaus, no centro comercial de Munique, na praça Am Platzl) e, por fim, forçou todos os estalajadeiros de seu reino a comprar cerveja de trigo das muitas cervejarias de propriedade dos Wittelsbach. Em 1872, durante uma queda na popularidade da *weissbier*, os Wittelsbach venderam a concessão da produção de *weissbier* para uma empresa privada, a Georg Schneider Brewery, que ainda hoje é um produtor líder de *weissbier*. No final do século XX, a *weissbier* surpreendeu ao voltar ao gosto popular, e, no início do século XXI, ultrapassou a *helles* como o estilo de cerveja mais popular na Baviera, com uma participação de mais de um terço do mercado. Ver WEISSBIER.

A glória do passado da cerveja bávara, no entanto, não é garantia de seu futuro. Nos tempos modernos, a cerveja bávara encontra-se estranhamente em apuros, talvez vítima do seu próprio sucesso, porque quando algo bom está presente em todos os lugares, sua qualidade excepcional muitas vezes deixa de ser reconhecida, exceto por aqueles olhando de fora. Conforme a economia globalizada passa a oferecer aos alemães, incluindo os bávaros, novas experiências "divertidas", como um vinho Shiraz da Austrália ou um uísque *bourbon* de Kentucky, e considerando que essas bebidas são apreciadas principalmente pelos jovens, a cerveja – a bebida das gerações passadas –, começa a se parecer cada vez mais com um "chapéu velho".

As estatísticas da cerveja alemã contam a história: o consumo geral de cerveja pelos alemães diminuiu de aproximadamente 114 milhões de hectolitros em 1991 – o primeiro ano de contagem das estatísticas alemãs desde a queda do Muro de Berlim – para menos de 100 milhões de hectolitros por ano em 2010. Na Baviera, o número de cervejarias caiu de 726 para menos de 630 durante o mesmo período. O vinho, em comparação, obteve um aumento no consumo *per capita* de cerca de 10% apenas durante a primeira década do novo milênio.

Essas tendências negativas deixaram a indústria cervejeira alemã com um excesso de capacidade, e como aproximadamente metade das cerca de 1.300 cervejarias alemãs (em 2010) estão localizadas na Baviera, o estado naturalmente sofreu o impacto dessa crise. Além disso, como a indústria cervejeira bávara está fragmentada em muitas cervejarias pequenas – a exemplo da indústria cervejeira artesanal norte-americana –, poucas tiveram recursos para enfrentar uma recessão de longo prazo. Muitas cervejarias que não faliram foram assumidas por empresas maiores. A fim de manter a capacidade instalada em operação, embora com uma margem apertada por unidade, muitas das grandes cervejarias ainda em operação, como a Oettinger, vêm oferecendo aos consumidores caixas com 10 litros de cerveja a um preço de cerca de 4 euros desde o início do milênio. Isso equivale a 4 a 6 dólares, dependendo da taxa de câmbio, ou cerca de 1,25 dólar por fardo de seis latas ou garrafas! Há um sinal emergente, entretanto, que oferece esperança para o futuro da cerveja bávara: os pequenos *brewpubs* estão retornando. São modernos estabelecimentos de estilo americano, mas com um portfólio de estilos de cerveja tradicionais e locais.

No curto prazo, portanto, a Baviera provavelmente experimentará os mesmos ajustes estruturais verificados em muitas outras culturas cervejeiras maduras ao redor do mundo. Enquanto as cervejarias de médio porte enfrentam dificuldades para sobreviver no mercado atual, provavelmente persistirá a bifurcação crescente entre as grandes cervejarias, que se tornam cada vez maiores em decorrência de fusões, aquisições e economias de escala, de um lado e, de outro, os pequenos cervejeiros artesanais que aliam tradição e inovação na tentativa de manter a cerveja interessante. Ainda não sabemos se a cerveja bávara – artesanal e/ou industrial – será capaz de manter a sua condição até então incontestada de "pão líquido" diário do povo. Provavelmente ainda levaremos algumas décadas para obter essa resposta.

Ver também ALEMANHA, LAGER e MUNIQUE.

Bayerischer Brauerbund. Disponível em: http://www.bayerisches-bier.de/. Acesso em: 10 ago. 2010.

Deutscher Brauer-Bund e. V. Disponível em: http://www.brauer-bund.de/. Acesso em: 10 ago. 2010.

Dornbusch, H. **Bavarian helles**. Boulder: Brewers Publications, 2000.

Dornbusch, H. **Prost! The story of German beer.** Boulder: Brewers Publications, 1997.

Pohl, W. **Bier aus Bayern**. Grafenau: Morsak-Verlag, 1988.

Horst Dornbusch

Beamish & Crawford

Beamish & Crawford é uma cervejaria que operou na cidade de Cork, Irlanda, entre 1792 e 2009, mais conhecida por sua Beamish Stout. Em 1792, os comerciantes de manteiga protestantes William Beamish e William Crawford compraram a fábrica de cerveja localizada na Cramer's Lane, em Cork, em operação desde 1641. O novo empreendimento, chamado de Cork Porter Brewery, voltou-se para a produção de *porter*. As *porters*, predominantemente importadas de cervejarias de Londres, representavam 25% do mercado irlandês de cerveja naquela época. A Beamish & Crawford produziu 1,9 milhão de litros de cerveja em seu primeiro ano. Em 1795, Henry Grattan, membro do Parlamento por Dublin, rescindiu o imposto de consumo sobre a cerveja na Irlanda, dando início a um novo período de crescimento para os cervejeiros irlandeses. Em 1807, a produção na Cork Porter Brewery ultrapassara 16,4 milhões de litros. A Beamish & Crawford permaneceu como a maior cervejaria da Irlanda até que foi superada pela Guinness em 1833.

A Counting House, construção em enxaimel emblemática da Beamish & Crawford, foi construída na década de 1920 e se tornou um marco de Cork. A empresa foi vendida para a canadense Carling O'Keefe em 1961. Em 1987, a australiana Fosters adquiriu o grupo Carling O'Keefe e, em 1995, a Beamish foi vendida para a Scottish & Newcastle. A Scottish & Newcastle foi adquirida pela Heineken em 2008, e a empresa fechou a Beamish Brewery em maio de 2009. A Beamish Stout agora é produzida pela Heineken na Irlanda, antiga Murphy's Brewery, localizada no setor norte da cidade de Cork. Atualmente, a produção anual da Beamish Stout totaliza por volta de 150 mil hectolitros. A Beamish Stout é um clássico exemplo de *stout* ao estilo de Cork, com sabor de malte chocolate mais dominante que o sabor da cevada torrada preferido pelos cervejeiros de Dublin. Ela também é notável pelo seu aroma floral de lúpulo.

Abram Goldman-Armstrong

bebida de malte flavorizada

bebida de malte flavorizada (*flavored malt beverage*, FMB) é uma bebida alcoólica feita a partir de uma formulação original contendo malte, mas então privada das características do malte e flavorizada. Essas bebidas são também conhecidas como *bebidas alcoólicas flavorizadas* e coloquialmente chamadas de "*alcopops*" ou "*malternatives*", entre numerosas outras denominações. Nos Estados Unidos, sua produção é regulamentada pelo governo federal e deve se dar a partir de uma base de malte que por sua vez deve ser produzida com pelo menos 25% de malte e conter no mínimo 7,5 libras (3,4 kg) de lúpulo por 100 *barrels* (11.735 litros) de produto final. O mais importante, do teor alcoólico final do produto, pelo menos 51% devem provir da base de malte. Outros países produzem essa bebida, mas apenas os Estados Unidos têm essa regulamentação estrita sobre a origem do álcool e sobre o uso do lúpulo. Em outros países, os cervejeiros são livres para adicionar álcool de cereal a suas bebidas, sem qualquer penalidade, dependendo da localização.

As bebidas de malte flavorizadas originaram-se nos anos 1990, quando os produtores perceberam que esse tipo de bebida era tributada como cerveja, enquanto as bebidas à base de destilados e de vinho estavam sujeitas a impostos significativamente maiores. Ver IMPOSTOS. Além disso, os produtores exploraram uma falha na lei fiscal: não havia limite superior para a adição de flavorizantes às bebidas alcoólicas à base de malte. Dessa forma, um ácido, usualmente ácido cítrico, era diluído em etanol até o ponto em que o etanol deixava de ser potável, usualmente 10%. Essa solução não era mais considerada como etanol, mas como "flavorizante de ácido cítrico", e era adicionado ao produto para aumentar o teor alcoólico e atenuar o sabor de malte ou de cerveja. Depois de vários anos, a Agência Fiscal e de

Comércio de Álcool e Tabaco retificou essa falha na legislação por meio da implementação de um limite segundo o qual não mais que 49% do teor alcoólico do produto final poderia vir do flavorizante.

A produção da bebida de malte flavorizada começa de modo semelhante à da cerveja, e então passa por tratamentos (filtração em carvão ativo, osmose reversa, etc.) para a máxima remoção do sabor e da cor de malte e cerveja. A base de malte límpida, sem coloração, é então adocicada, usualmente com xarope de frutose de milho, e então flavorizada. O teor alcoólico da bebida costuma ficar entre 4% e 7%. As marcas comerciais líderes no mercado americano incluem a Smirnoff Ice e a Mike's Hard Lemonade. Na Europa e no Canadá, esses e outros produtos similares costumam ser fabricados com bases de destilados, porque outros países não oferecem vantagens fiscais suficientes para que as bebidas de malte flavorizadas sejam viáveis.

Keith Villa

A **Beer Academy** é uma organização educacional sem fins lucrativos, sediada no Reino Unido, que se dedica a ajudar as pessoas a conhecer, apreciar e saborear cervejas de uma maneira sensata. Foi fundada em 2003 por um pequeno grupo de entusiastas de cerveja no famoso *pub* Parson's Green, em Londres, e atraiu rapidamente apoio e financiamento inicial, de pequenos e grandes cervejeiros, lojas de cerveja, associações comerciais e grupos de consumidores. O financiamento permitiu que a Beer Academy criasse cursos ministrados por ex-cervejeiros experientes e publicasse conteúdo de cursos e treinamentos. O primeiro curso teve início em 2004. Os cursos variam de sessões introdutórias de 90 minutos a sessões de meio período, cursos de certificação de um, dois e três dias, com frequência adaptados às necessidades específicas dos clientes, bem como sessões abertas ao público realizadas em diversos espaços do Reino Unido. Os alunos são em sua maioria funcionários do setor de cerveja e de produção de cerveja, bem como consumidores e jornalistas. A Beer Academy funciona também como um avaliador informado e uma autoridade em assuntos como definição de estilos de cerveja, harmonização de comida e cerveja e questões de saúde. Em 2007, a Beer Academy passou a fazer parte do Institute of Brewing and Distilling.

Ver também INSTITUTE OF BREWING & DISTILLING (IBD).

Beer Academy. Disponível em: http://www.beeracademy.co.uk/. Acesso em: 16 fev. 2011.

George Philliskirk

beer clean (limpo para cerveja) é um termo que se refere ao grau de limpeza de um recipiente usado para se beber cerveja, geralmente feito de vidro. Recipiente de vidro "limpo para cerveja" é um fator crítico para a adequada apresentação e consumo da cerveja. Todas as bebidas devem ser servidas em recipientes de vidro limpos, mas a cerveja é mais sensível a contaminantes que outras bebidas como vinhos e destilados. Qualquer resíduo de sujeira, óleo ou sabão afetará o sabor, aroma e as propriedades de espuma da cerveja. Até mesmo um resíduo que não pode ser visto, sentido ou provado, pode ser responsável por arruinar uma cerveja quase que instantaneamente através do colapso da espuma. Ver ESPUMA. Também pode prevenir o efeito *"lacing"*, termo que significa a formação de anéis de renda de espuma na parede do copo conforme a cerveja é consumida. Ver ADERÊNCIA DA ESPUMA.

Uma rápida avaliação sensorial do copo pode revelar se ele está limpo ou não. Primeiro, o aroma deve ser avaliado para assegurar que não há aromas anormais presentes. Então, o copo deve ser erguido e contra uma luz brilhante, a fim de se observar se qualquer resíduo está presente na forma de manchas de óleo, digitais, batom e assim por diante. Em alguns casos, é difícil determinar se o recipiente está devidamente limpo, já que muitos tipos de resíduos são quase invisíveis. Portanto, muitas observações simples podem ser realizadas a fim de decidir se o copo está limpo o suficiente para receber uma cerveja.

A observação mais simples consiste em servir a cerveja em um copo e inspecionar as bolhas e a formação de espuma. Se as bolhas subirem à superfície do líquido e eclodirem rapidamente, pode haver um problema com a limpeza. (Vale ressaltar que algumas cervejas não exibem espumas fartas e densas – é o caso das cervejas *light* e das cervejas de elevado teor alcoólico.) Adicionalmente, caso observem-se bolhas formando-se na superfície interna do copo e subindo para a parte superior, então é provável que um resíduo de sujeira ou poeira esteja presente.

Outra importante observação pode ser feita enquanto se enxagua o interior do copo. A água deve ser repelida da superfície do copo na forma de lâminas, e não na forma de gotas. Se houver a formação de gotas, então o copo pode ser considerado sujo. Se a água escoar em lâminas pela superfície do copo, ele está provavelmente "limpo para cerveja".

Um teste rápido para saber se o recipiente está devidamente limpo é enxaguar o copo e então salpicar açúcar cristal ou sal no seu interior. Se os cristais se fixarem na superfície do vidro, então pode ser considerado limpo. Se os cristais não se fixarem, então um resíduo está presente na superfície do copo. Se o copo se encontrar sujo, ele deve ser lavado novamente com detergente e água quente e seco ao ar livre em um escorredor. Não devem aparecer manchas quando o copo estiver seco.

Algumas empresas produzem detergentes especiais formulados especificamente para limpar os recipientes de serviço de cerveja. Esses detergentes geralmente apresentam elevado pH e contêm um agente sequestrante ou quelante, e são muito eficientes na remoção da maioria dos resíduos existentes na superfície do recipiente de vidro. Em casa, copos lavados vigorosamente com esponjas e detergentes comuns, e então enxaguados com água limpa, devem ficar "limpos para cerveja" com pouca dificuldade. Ver COPO.

Keith Villa

beer gardens são espaços abertos nos quais a cerveja é servida em mesas rústicas, muitas vezes debaixo de árvores. Os *beer gardens* são considerados um componente central da cultura da cerveja no sul da Alemanha, mas o conceito foi copiado e modificado para se adequar a qualquer ambiente gastronômico voltado para a cerveja. Embora grandes *beer gardens* como os de Munique só tenham se desenvolvido no século XIX, as raízes da cultura dos *beer gardens* são bem mais antigas. O documento legal mais antigo de regulamentação de tabernas, o "Lex Bavariae", datado de 1244, regulamentou a profissão de estalajadeiro (proprietário de uma "taberna legítima"). Segundo esse documento, ninguém deveria tomar vinho ou cerveja se não fosse em uma taberna legalizada. O texto não menciona se essas tabernas tinham autorização para ter *beer gardens*, mas pinturas antigas mostram pessoas dançando e bebendo ao ar livre. Portanto, provavelmente era um costume beber no jardim. Antes da instituição dessas regulamentações nas cidades medievais, os nobres e funcionários públicos costumavam ser convidados para comer e beber em uma casa burguesa (que precedeu as tabernas mais profissionais de épocas posteriores), mas para as pessoas de classe mais baixa, que eram incentivadas a levar sua própria comida, eram servidas canecas de cerveja do lado de fora. Até hoje, em muitos *beer gardens* da Baviera é costume levar comida e até mesmo uma caneca de cerveja personalizada.

Muitas cidades medievais conquistaram o direito de produzir cerveja, o que na verdade significava que elas podiam vender a cerveja produzida pelos aristocratas citadinos (burgueses que possuíam casa de pedra e tinham algum direito de voto na cidade). Isso impulsionou o aparecimento de um setor de produção de cerveja que, embora em pequena escala, desenvolveu os estilos de cerveja que se tornaram comuns na cidade. Esses cervejeiros (alguns dos quais estalajadeiros autorizados, porém nem todos) logo começaram a construir adegas nos arredores das cidades para armazenar e maturar as cervejas. Essas adegas foram fundamentais para o desenvolvimento da cerveja *lager* – quando suficientemente frias, promoviam o crescimento de leveduras de baixa fermentação. Ao longo dos séculos XVII e XVIII, algumas dessas adegas ganharam certa popularidade, especialmente entre os estudantes, porque sempre havia cerveja fresca e fria à mão. Para manter as adegas frias, os cervejeiros costumavam plantar variedades de árvore que produziam grande quantidade de folhas (de preferência o castanheiro-d'água) capazes de reduzir consideravelmente a temperatura circundante mediante a evaporação da água de suas folhas. Além disso, essas árvores ofereciam sombra para as pessoas que se sentavam "*auf dem Keller*" ("na parte superior da adega"), onde o cervejeiro tinha autorização para vender a cerveja que ele produzia (porém, neste caso, sem refeição completa). Posteriormente, os cervejeiros foram também autorizados a acomodar os hóspedes em instalações internas; alguns *beer gardens* têm salões de cerveja adjacentes com mobília rústica semelhante e as mesmas e limitadas opções de bebida (cerveja e quase nada mais) e comida que podem ser encontradas ao longo do ano. Alguns exemplos notáveis são o Löwenkeller e o Augustiner Keller, em Munique.

Beer garden da Cervejaria Ayinger, na Baviera, Alemanha. BRAUEREI AYING FRANZ INSELKAMMER.

Os *beer gardens* de Munique tornaram-se extremamente populares no século XIX. As cervejarias cresceram em tamanho e do mesmo modo seus *beer gardens*. Atualmente, o maior *beer garden* do mundo é o Hirschgarten, em Munique, para 8 mil clientes (1,2 mil em uma área com atendimento que serve refeições completas; o restante é *self-service*), que oferece uma variedade de cervejas fabricadas pela Augustiner, Herzogliches Brauhaus Tegernsee e Schloßbrauerei Kaltenberg. No entanto, sua fama é contestada por um *beer garden* ao redor da Torre Chinesa no Englischer Garten (Jardim Inglês), que serve cervejas Hofbräuhaus. Ambos os jardins anteriormente pertenciam à família real da Baviera e foram abertos ao público nos últimos anos do século XVIII.

Durante o século XIX, o conceito de *beer garden* foi exportado para outras regiões da Europa e na verdade para o mundo inteiro – com frequência junto com cervejas da Baviera. O estilo bávaro *dark lager* era o que costumava ser encontrado por lá naquela época. Em grandes capitais como Berlim e Viena, os *beer gardens* normalmente abrigavam *shows* de bandas militares. Algumas obras-primas da música clássica (inclusive várias valsas de Johann Strauss) foram apresentadas pela primeira vez para uma plateia de apreciadores de cerveja nesses populares jardins.

Em meados do século XIX, os *beer gardens* chegaram aos Estados Unidos. Stanley Baron escreve em seu livro *Brewed in America* que os *beer gardens* ao estilo alemão eram populares em San Antonio, Texas, onde, em 1856, um terço da população (que incluía imigrantes da Áustria e da Boêmia) era alemã. Com relação à cidade de Nova York, Baron registra: "Na cidade de Nova York, a rua Bowery tornou-se particularmente famosa pelos inúmeros *beer gardens* que foram abertos na década de 1860 [...]. Esses *beer gardens* geralmente são citados favoravelmente porque ofereciam entretenimento para famílias simples e esforçadas e um saudável antídoto para os botecos e salões de dança pervertidos e libertinos que também prevaleciam em Nova York e em outras cidades. Nos *beer gardens*, a entrada era gratuita". Baron cita Edvard Winslow Martin (pseudônimo de James Dabney McCable), que escreveu em seu livro *The Secrets of the Great City* (1868): "Cervejas e outras bebidas são servidas a preço baixo [...]. A música é uma grande atração para os alemães. É requintada em alguns lugares, especialmente no Atlantic Garden, que fica na Bowery, perto da Canal Street". O Atlantic Garden ficava no lado leste da Bowery, no quarteirão ao sul da Canal Street, mais perto da Bayard Street, no mesmo quarteirão em que ficavam os cinemas Thalia e Windsor. Hoje é o local em que a Manhattan Bridge termina. Até a década de 1870, a área leste da Bowery e norte da Division era conhecida como "Kleindeutschland" ("Pequena Alemanha"). Em 1871, a *Harper's Monthly* publicou um artigo sobre o Atlantic Garden: "Em todos os lados há grupos de familiares, pai, mãe e filhos, todos alegres, todos sociáveis, todos bem-comportados e tranquilos. Não existe o menor risco de ofensa ou confusão nem a necessidade de polícia".

Assim que a Lei Seca chegou ao fim, o *beer garden* tornou-se uma instituição típica americana, tornando-se novamente popular com a famosa canção "Roll Out the Barrel" (canção do compositor tcheco Jaromir Vejvoda originalmente intitulada "Modřanská polka" e depois "Škoda lásky", que significa "amor desperdiçado"), interpretada pelo grupo Andrews Sisters. Essa mesma canção é tocada em *beer gardens* da Alemanha com uma letra diferente e o título "Rosamunde". Atualmente, o *beer garden* está ressurgindo em várias regiões dos Estados Unidos. Na cidade de Nova York, o Bohemian Hall, no Astoria Queens, o único *beer garden* antigo da cidade que conseguiu sobreviver, voltou a ficar movimentado. Ele foi construído em 1910 e em dias quentes ainda abriga milhares de pessoas sob enormes árvores antigas.

Baron, S. **Brewed in America.** Boston: Little, Brown, and Company, 1962.
Homberger, E. **The Historical Atlas of New York City.** New York: Holt, 1998.
Rauers, F. **Kulturgeschichte der Gaststätte.** Berlin: Alfred Metzler Verlag, 1941.

Conrad Seidl

O **Beer Judge Certification Program (BJCP)**

é uma organização estabelecida nos Estados Unidos que certifica juízes de cerveja e sanciona concursos, fundada em 1985 pela American Homebrewers Association, em colaboração com a Home Wine and Beer Trade Association. Embora a BJCP seja uma organização independente desde abril de 1995, seus funcionários ainda colaboram para a American Homebrewers Association em vários projetos.

É provável que o BJCP seja mais conhecido por sua publicação BJCP Style Guidelines (Diretrizes de Estilo), que classifica a cerveja em aproximadamente 120 estilos e subestilos distintos. Essas diretrizes foram escritas originalmente pelo comitê da BJCP, que as atualizou inúmeras vezes. O BJCP Style Guidelines oferece uma descrição detalhada de cada subestilo de cerveja, bem como de diversos tipos de hidromel e sidra. Essa publicação contém uma explicação sobre aroma, aparência, sabor, sensação na boca e impressão geral adequados para cada subestilo, e apresenta inúmeros parâmetros mensuráveis, incluindo amargor, cor e teor alcoólico. Além disso, nessas diretrizes são citados exemplos comerciais de cervejas que exemplificam cada estilo. O BJCP Style Guidelines é usado como instrumento de referência por cervejeiros e juízes de cerveja. A publicação está disponível no site da BJCP, bem como grande número de outros recursos sobre avaliações e concursos.

Esse site contém também informações para quem se interessa em realizar um exame para ser tornar um Juiz BJCP. O exame do BJCP é escrito e combina perguntas de múltpla escolha, perguntas dissertativas e um componente de degustação. O BJCP Study Guide é disponibilizado online para ajudar os candidatos a se prepararem para esse exame. Além disso, o site oferece uma lista de exames futuros, que podem ser realizados em qualquer lugar em que existam membros qualificados do BJCP para administrá-los e fiscalizá-los.

Diferentes níveis de certificação podem ser obtidos no BJCP. Os níveis básicos são Reconhecido (Recognized), Certificado (Certified), Nacional (National), Mestre (Master) e Grão-Mestre (Grand Master). Para avançar de um nível para outro é necessária uma nota mínima no exame do BJCP, bem como determinado número de pontos de experiência, que são obtidos como juiz de concursos e em trabalhos voluntários para ajudar a administração do BJCP. Atualmente, existem mais de seis mil juízes de cerveja registrados no BJCP. Menos de quarenta pessoas acumularam os vários anos de experiência e dedicação exigidos para chegar à posição de grão-mestre.

Centenas de concursos de cerveja são aprovadas anualmente pelo BJCP e esse número está crescendo gradativamente. Essas competições são realizadas de acordo com as rigorosas diretrizes delineadas no BJCP Sanctioned Competition Handbook. As cervejas enviadas precisam ser avaliadas com base no Style Guidelines e devem ser submetidas a uma avaliação cega. Embora o BJCP tenha sido criado originalmente para oferecer juízes para competições de cervejas caseiras, desde 2001 a organização tem aprovado e disponibilizado juízes para uma quantidade crescente de concursos comerciais. Entre eles estão o Great American Beer Festival e a World Beer Cup, em que milhares de cervejas produzidas profissionalmente se inscrevem e são avaliadas.

Beer Judge Certification Program. Disponível em: http://www.bjcp.org/.

Mirella G. Amato

Beer Street (de William Hogarth) é uma gravura à água-forte impressa em papel que foi publicada em fevereiro de 1751. Essa gravura contrasta de forma idealista a salubridade do consumo de cerveja com a degradação resultante do consumo desenfreado de gim, tal como retratado na obra concomitante do artista, *Gin Lane*. A desregulamentação da produção e da venda de bebidas destiladas foi responsável pelo consumo exagerado de gim em Londres entre a década de 1720 à década de 1750. *Beer Street* e *Gin Lane*, juntas, representam uma narrativa de moralidade destinada às classes mais baixas, então consideradas os principais infratores. A fome, o infanticídio, a miséria, a esqualidez, a desesperança e a loucura acometeram a *Gin Lane* com uma chocante imagem central de uma mulher com os seios à mostra, embriagada de gim, que involuntariamente deixa uma criança escorregar de seus braços em direção ao chão. Essas imagens são contrastadas com o comércio florescente, uma população saudável e esforçada e a bonomia geral da *Beer Street*. Essas duas gravuras mostram o consumo de bebida, mas *Gin Lane* retrata o contrário do trabalho, enquanto *Beer Street* exibe o relaxamento merecido dos trabalhadores com suas ferramentas de ofício ao redor, saboreando canecas de cerveja espumante. Apenas o penhorista sofre na *Beer Street*. Como essas gravuras eram vendidas por um xelim (cinco *pennies*) cada, estavam muito além do bolso dos mais pobres, mas eram amplamente exibidas e rapidamente compradas pelas classes votantes. Poucos meses depois que as gravuras surgiram, a lei Gin Act foi aprovada, elevando o preço do gim e restringindo a sua disponibilidade. A "febre do gim", que já estava cedendo, baixou – um caso raro de influência da arte sobre a opinião pública e a legislação.

Ver também ARTE, CERVEJA NA.

Lander, D. A. Art as temperance activism. In: Blocker Jr, J. S.; Fahey, D. M.; Tyrrell, I. R. (ed.). **Alcohol and Temperance in Modern History: An International Encyclopaedia.** Santa Barbara, California: ABC Clio, 2003, p. 64-72.

Ray Anderson

beer weeks são um fenômeno recente principalmente nos Estados Unidos, onde restaurantes, bares e outras instituições de uma cidade ou região promovem ao longo de vários dias uma ampla variedade de eventos inspirados na cerveja. Como seria de esperar para uma "*beer week*", geralmente as festividades duram mais de sete dias, mas ao que parece dez dias têm sido a norma. O objetivo declarado da maior parte das *beer weeks* é mostrar o cenário da cerveja local, promover o turismo e apresentar a cerveja de uma maneira nova e diferente a todas as pessoas apaixonadas por cerveja, sejam elas principiantes ou experientes. Normalmente, isso inclui não apenas festivais de cerveja tradicionais, mas também jantares harmonizados com cerveja, eventos específicos de harmonização de comida e cerveja (como queijo, chocolate, frios e embutidos etc.) e muitos outros eventos inovadores que exibem a cerveja de novas formas. A New York City Beer Week de 2010 promoveu dezenas de jantares em vários dos melhores restaurantes da cidade, bem como uma degustação de *India pale ale* a bordo de um veleiro clipper 165 pés.

A primeira versão moderna de uma *beer week* típica é a Philly Beer Week, estreada em março de 2008. Originalmente inspirada nos eventos promovidos pelo escritor de cerveja Michael Jackson, de uma versão inicial da "semana da culinária" denominada "The Book and the Cook", a Philly Beer Week envolveu em torno de 375 eventos ao longo de dez dias. Agora transferida permanentemente para o início de junho, a primeira versão das *beer weeks* compreendeu mais de 900 eventos em 2010.

Além da Filadélfia, são realizadas *beer weeks* já consagradas na Área da Baía de San Francisco (fevereiro), Seattle (maio), Ohio (julho), Nova York (setembro), Baltimore (outubro) e San Diego (novembro). Hoje existem aproximadamente quarenta *beer weeks*, promovidas em comunidades como Alasca, Boston, Charlotte, Denver, Los Angeles, Milwaukee, Sacramento e Washington, D.C.

Jay R. Brooks

beer writing é uma profissão em que a principal área de conhecimento do jornalista ou autor é escrever sobre cerveja, produção de cerveja e temas relacionados. Embora o número de escritores de cerveja em tempo integral esteja aumentando conforme aumenta o interesse por cerveja, ele continua relativamente pequeno em comparação com o de várias outras áreas semelhantes, como publicações sobre vinho ou culinária. Muitos escritores de cerveja cobrem também temas relacionados ou outras bebidas alcoólicas, como vinho, bebidas destiladas ou coquetéis. Outros escrevem em tempo parcial e trabalham em uma atividade inteiramente diferente, embora algumas vezes na própria indústria cervejeira.

O jornalista britânico Michael Jackson geralmente é considerado o precursor da profissão de escritor de cerveja. Ele começou a escrever exclusivamente sobre cerveja e uísque em meados da década de 1970. Ver JACKSON, MICHAEL. A British Guild of Beer Writers, fundada em 1988 no Reino Unido como uma associação comercial "para melhorar os padrões das publicações sobre cerveja e ampliar o conhecimento público a respeito de cerveja" inclui, além de escritores, fotógrafos, ilustradores, locutores/apresentadores e pessoas que trabalham em relações públicas. Atualmente, a British Guild of Beer Writers tem mais de 150 membros.

Nos Estados Unidos, a North American Guild of Beer Writers manteve-se ativa até a década de 1990, mas encerrou suas atividades antes de 2000 em virtude da queda no número de publicações sobre cerveja, paralelamente a uma queda no setor de cerveja artesanal durante esse mesmo período. Ao final de 2010, vários escritores de cerveja norte-americanos começaram a fazer planos para criar uma nova guilda de escritores de cerveja. Entretanto, do mesmo modo que as publicações de outras áreas, as publicações online sobre cerveja proliferaram.

Assim como o setor de cerveja artesanal começou a se recuperar a partir do final da década de 1990, o número de revistas dedicadas a temas sobre cerveja também aumentou. Jamais houve tantas revistas sobre cerveja, sejam elas especializadas ou voltadas para o consumidor, o que oferece mais oportunidades para os escritores cuja especialidade inclua a cerveja. Nos Estados Unidos, algumas das revistas mais conhecidas sobre cerveja são: *All About Beer, BeerAdvocate, Beer Connoisseur, Beer Magazine, Beer West* (abrange a Costa Oeste do país), *Celebrator Beer News* e *DRAFT*. A Brewing News produz sete publicações regionais impressas sobre cerveja e a Ale Street News tem uma publicação nacional com encartes adicionais em determinadas regiões. Além disso, existem revistas voltadas para todas as bebidas alcoólicas, incluindo a cerveja, como *Imbibe* e *Mutineer*. Entre os periódicos sobre produção caseira de cerveja encontram-se o *Brew Your Own* e *Zymurgy*, ambos publicados pela Brewers Association.

Do mesmo modo, esse interesse renovado pela cerveja também ampliou a demanda por livros sobre o assunto, na década passada o número de livros de cerveja cresceu exponencialmente, e hoje talvez haja mais publicações impressas que em qualquer outro momento da história.

Os livros sobre cerveja examinam o tema sob vários ângulos, incluindo assuntos tradicionais e consagrados, como livros didáticos de produção de cerveja e publicações técnicas correlatas, guias, histórias e itens colecionáveis como garrafas, latas, copos, etc. Ver BREWERIANA. Mas muitos subgêneros novos ganharam popularidade, como livros sobre apreciação de cerveja, memórias de cervejeiros, livros de receitas culinárias e livros sobre harmonizações de comida e cerveja.

The World Guide to Beer (1977; atualizado em 1991), de Michael Jackson, e seu livro posterior *Beer Companion* (1993; atualizado em 1997) foram os dois primeiros livros mais influentes sobre cerveja e estabeleceram um padrão para os posteriores.

Os livros sobre produção caseira de cerveja são os mais populares. O livro *The Complete Joy of Homebrewing*, de Charlie Papazian, teve três ampliações, 25 reimpressões e cerca de um milhão de cópias vendidas.

Embora haja informações extremamente atualizadas na internet, os guias para microcervejarias e viagens de degustação de cerveja continuam populares. Várias editoras até ampliaram sua série de guias para as cervejarias pertencentes a determinado estado.

Nos últimos anos, os livros destinados a instruir os leitores a respeito de cerveja estão instigando o apetite do público para o conhecimento sobre as complexidades envolvidas na apreciação de cerveja. Alguns exemplos notáveis incluem *Tasting Beer* (2009), de Randy Mosher, *The Naked Pint* (2009), de Christina Perozzi e Hallie Beaune, e dois outros, de Charlie Bamforth, professor de estudos sobre fermentação da Universidade da Califórnia-Davis – *Beer Is Proof That God Loves Us* (2010) e *Grape vs. Grain* (2008).

O livro de Garrett Oliver, de 2003, *A mesa do mestre cervejeiro*, embora não seja o primeiro livro a respeito de comida e cerveja, foi responsável pelo ressurgimento do assunto e gerou um interesse renovado por cerveja e comida, tanto em relação à harmonização de ambas quanto em relação ao uso de cerveja para cozinhar.

Mais recentemente, as publicações sobre cerveja chegaram ao ambiente online. O número de *blogs* de cerveja redigidos por escritores profissionais que estão criando sua presença online e por blogueiros de cerveja amadores que estão iniciando sua carreira por meio de um trabalho online aumentou vertiginosamente. Estima-se que existam mais de setecentos *blogs* dedicados à cerveja, e muitos deles atraem um amplo séquito. No outono de 2010, foi realizada a primeira Beer Bloggers Conference, em Boulder, Colorado, com a participação de mais de cem blogueiros de cerveja. E existem conferências programadas para os Estados Unidos e o Reino Unido nos anos subsequentes.

Jay R. Brooks

Belgian red ale é uma especialidade da província ao noroeste da Bélgica, Flandres Ocidental. A cerveja caracteriza-se por matizes avermelhados a marrons e uma acidez balanceada, mas assertiva. O processo fermentativo é tipicamente realizado por uma mescla de leveduras e lactobacilos, seguido de um prolongado envelhecimento em barris de carvalho. Esse processo de brassagem e fermentação está intimamente relacionado àquele das *Belgian sour brown ales*, e embora haja atualmente uma diferenciação entre os dois estilos nos países anglófonos, entre os belgas ela não existe, e eles empregam o termo "*sour brown beer*" para ambos os casos.

As *Belgian red ales* são *session beers* regionais, com teores alcoólicos em torno de 5% ABV e com uma acidez suave e refrescante. A cervejaria Rodenbach, de Roeselare, tem sido o ícone nessa categoria. Ver RODENBACH. No início dos anos 1870, Eugene Rodenbach fez um estágio em uma cervejaria da Inglaterra e voltou com um processo muito semelhante ao que Obadiah Poundage descreveu como a origem da cerveja *porter*. A cerveja fresca era misturada nos próprios *pubs* – e mais tarde na cervejaria – com uma cerveja que tivesse sido envelhecida durante dois anos em barris de carvalho, adquirindo uma distintiva e complexa acidez. Ver PORTER.

A cervejaria Rodenbach realiza duas brassagens distintas. Ambas são feitas à base de malte Munique de cerca de 9 European Brewery Convention (4,5 Standard Reference Method), alguns maltes caramelo, *grits* de milho e especiarias. São levemente lupuladas para alcançar um amargor de 12 a 20 IBU ao início da fervura. A cerveja mais forte, com uma densidade original de aproximadamente 13 °P, passa por incubação com uma mescla de lactobacilos e leveduras por um período de uma semana. A levedura que decantou é removida e a cerveja passa por uma maturação inicial em tanques horizontais, a cerca de 15 °C por seis a oito semanas, para favorecer a decantação das leveduras remanescentes e o desenvolvimento anaeróbico de ácido lático. A maturação secundária ocorre durante 18 a 24 meses em tinas verticais de carvalho, cada qual com aproximadamente 100 e 660 hL. Do ponto de vista microbiológico, a cerveja tem um incremento de ácido lático, ácido acético, assim como dos ésteres de etanol desses ácidos, lactato de etila e acetato de etila. A madeira é porosa e não pode ser esterilizada, e, portanto, o perfil microbiológico é diferente de um barril para outro, podendo conter leveduras *Saccharomyces* e *Brettanomyces*, além de bactérias ácido-láticas e ácido-acéticas. Uma película firme (crosta) forma-se na superfície da cerveja, interligada por leveduras filamentosas. Após a maturação secundária em carvalho, a cerveja costumava ser imediatamente engarrafada como Rodenbach Grand Cru. Hoje, a acidez assertiva da Grand Cru tem sido suavizada por meio da diluição com uma cerveja mais leve utilizada para a mistura. Essa cerveja mais suave é produzida a 11,5 °P, com a mesma fermentação mista de uma semana, seguida de maturação por quatro a seis semanas em tanques de aço inoxidável para adquirir uma acidez lática. Essa cerveja mais leve misturada em grande proporção à cerveja envelhecida em madeira proporciona uma *red-brown ale* fácil de beber e que sacia a sede, chamada simplesmente de Rodenbach.

Houve um tempo em que a cervejaria Rodenbach costumava vender sua levedura a cervejarias num raio de 50 quilômetros de Roeselare, e esses cervejeiros a utilizavam para fazer suas próprias *Belgian reds* e *sour browns*, dentre outras. O compartilhamento de levedura tem sido muito comum entre as cervejarias europeias. Essa lama de fermento foi utilizada para fermentações mistas da Ichtegems pela cervejaria Strubbe, Liefmans Goudenband pela cervejaria Liefmans, Oerbier da Dolle Brouwers, Vichtenaar e Duchesse the Bourgogne da cervejaria Verhaeghe, Felix das cervejarias Brouwerij Clarysse e Damy, em Olsene. Algumas cervejarias empregaram essas leveduras também para refermentação em garrafa ou mesmo para fermentar uma *tripel*, como no caso da cervejaria Guldenbergs. Políticas regionais e familiares levaram certas cervejarias a manter seus próprios processos, como aconteceu com a Bockor, Bavik e Van Honsenbrouck, que se concentraram em fermentações primárias convencionais seguidas de longa maturação em madeira, originando cervejas como a Bellegems Bruin, a Petrus e a Bacchus.

A Rodenbach parou de distribuir suas leveduras em 1999, ocasionando algum ressentimento e induzindo novas estratégias de fermentação nas cervejarias vizinhas. Os cervejeiros baseavam-se em processos bem estabelecidos em suas instalações a partir da simbiose com a Rodenbach, mas então se viram diante de um desafio, já que não podiam contar com seu suprimento de leveduras. Cervejarias como a Liefmans começaram a manter suas próprias fermentações mistas. A cervejaria Strubbe passou a adotar o envelhecimento em madeira para fazer a Ichtegemse Grand Cru. A Dolle Brouwers passou a submeter parte de sua produção a uma fermentação ácida em um tanque separado.

Quando feito nos moldes tradicionais, o estilo de cerveja *sour red* é complexo, equilibrando um caráter de acidez lática com um frutado que lembra os vinhos de Xerez. As melhores delas podem ser muito elegantes e harmonizam magnificamente com alguns pratos. Tanto a Rodenbach como outras cervejarias que produzem *sours*, têm se empenhado em passar de fortes marcas locais a competidores em grande escala. O segmento sempre representou uma parte minoritária, mas relevante do cenário cervejeiro belga. Ver BÉLGICA. As *red ales* são exportadas para todo o mundo como iguarias, mas ganharam um ponto de apoio nos Estados Unidos com o crescimento da indústria de cervejas artesanais.

Parece que agora as *Belgian red ales* conseguirão desenvolver nichos de mercado em que os cervejeiros mais criativos estão em ação. As *sour beers* chegam atrasadas ao desenrolar do mercado de cerveja artesanal, como vemos nos Estados Unidos, Itália e, em menor proporção, na França, Canadá, Japão e em alguns outros países. Particularmente nos Estados Unidos, juntamente com as *lambics*, elas ajudaram a despertar toda uma nova categoria de *sour beers*. O esforço por trabalhar com outros microrganismos, que não só as leveduras, sempre representa um passo arriscado para uma cervejaria; ele envolve o cultivo intencional de micróbios que a maioria das cervejarias quer erradicar. Contudo, a produção de tais cervejas é uma saída criativa para cervejeiros que têm explorado os clássicos estilos *sour* e desejam empreender novas e interessantes tentativas nesse gênero.

De Bruyne, M. **De Rodenbachs van Roeselare**.
    Roeselare: Edicon BVBA, 1986, p. 218-225.
Poundage, O. Letter. **London Chronicle**. 4 nov. 1760.

Peter Bouckaert

A **Bélgica** está para a cerveja assim como Cuba está para o charuto e a França para o vinho. Os belgas, um povo com personalidade forte e um senso histórico proveniente da posição geográfica do país, engastado há séculos entre ex-rivais – França, Alemanha e Países Baixos –, foram capazes de conservar mais aspectos de suas antigas tradições cervejeiras do que qualquer outro país do mundo. Como guardiãs de uma certa "chama cultural", as cervejas belgas têm inspirado milhares de cervejeiros em todo o mundo nas últimas décadas. Os cervejeiros belgas, orgulhosos de suas cervejas e pouco preocupados com a apreciação externa, continuam peculiares e independentes, inclusive em relação a seus próprios colegas de profissão.

Em 1579, Hainaut, Artois e Douai, três províncias católicas do sul dos Países Baixos, quiseram independência do norte protestante e passaram a buscar um protetor. O rei espanhol Filipe II apresentou-se para a tarefa, oferecendo-lhes a liberdade administrativa e uma defesa rigorosa da fé. Agora conhecida como Países Baixos Espanhóis, a província de-

Fotografia em placa de estanho da equipe da cervejaria De Koninck, com sede na Antuérpia, Bélgica, c. 1900.
PIKE MICROBREWERY MUSEUM, SEATTLE, WA.

marcou uma difícil relação entre seus vizinhos, com constantes guerras contra a França ao longo de sua fronteira sul. Os Países Baixos Espanhóis, cujo território foi palco de batalhas da Guerra de Sucessão Espanhola, foi entregue à dinastia austríaca dos Habsburgo em 1714. Essa paz não durou muito tempo, pois, em 1745, durante a Guerra de Sucessão Austríaca, a França invadiu a província, devolvendo-a somente em 1748. Instigada pela Revolução Francesa, uma revolta expulsou os austríacos em 1789 e levou a uma guerra de cinco anos, durante os quais a posse da província alternava-se constantemente. Em 1795, a recém-criada Bélgica tornou-se parte da França, e em 1815 foi anexada ao reino dos Países Baixos. Esse arranjo também não durou muito. A tensão era constante entre o Norte de língua holandesa e o Sul de língua francesa, e os católicos do Sul, em particular, abominavam o domínio do rei holandês protestante William I. Em 1830 a Bélgica se revoltou, e em 1831 ganhou a independência sob o domínio do rei Leopoldo, da casa de Saxe-Coburgo.

Nos anos seguintes, os mosteiros que haviam sido saqueados e incendiados durante a Revolução Francesa reabriram e construíram suas cervejarias, embora somente tenham se tornado famosos muitos anos depois. Muitas cervejarias produziam estilos de cerveja à base de aveia e trigo, bem como malte de cevada. Algumas cervejas eram muito doces, outras secas, algumas intencionalmente azedas e outras acidentalmente azedas. Quase todas de alta fermentação. As *pale ales* inglesas e as *pilsners* tchecas e alemãs influenciaram a criação de novas cervejas no início do século XX, quando as cervejas estrangeiras baratas invadiram o mercado belga.

A Primeira Guerra Mundial trouxe o exército alemão, o qual se apoderou de todos os equipamentos de produção de cerveja que conseguiu encontrar, em busca de seu valioso cobre, e muitas cervejarias nunca mais reabriram. Contudo, após a guerra, a cerveja belga começou a se recuperar. Em 1919, uma nova lei proibiu a venda de bebidas alcoólicas destiladas em bares e cafés, sendo revogada somente em 1984. Os cervejeiros deixaram suas cervejas mais fortes para atender à demanda por bebidas mais robustas. Os monges trapistas mantinham as cervejas mais leves para si e produziam cervejas mais fortes e mais complexas para comercialização. Como obtiveram sucesso, foram amplamente copiados, e a cerveja belga, tal como a conhecemos, começou a emergir. Durante a Segunda Guerra Mundial, muitas cervejarias fecharam e os cervejeiros enterraram suas tinas de fervura nos arredores, a fim de mantê-las longe do alcance do exército alemão. Assim que a guerra terminou, os cervejeiros as desenterraram.

Não é de surpreender que as perspectivas belgas sobre o mundo apresentem um caráter único. A Bélgica continua dividida em linhas religiosas, linguísticas e políticas. A cerveja belga combina o talento francês, a precisão alemã e a força holandesa em uma gama única de cervejas, as quais muitas vezes desafiam a ideia de estilo de cerveja. É importante ressaltar que a maioria das cervejas vendidas na Bélgica, como em quase todo o mundo, é uma variante da *pilsner*. Quando falamos, portanto, de "cerveja belga", estamos nos referindo a cervejas belgas de alta fermentação que apresentam um caráter singularmente belga.

Se você perguntar a três cervejeiros belgas o que define as cervejas do país, provavelmente ouvirá três respostas diferentes. Certamente, no entanto, uma resposta é a levedura. Em toda a Europa, por muitos séculos, os cervejeiros compartilharam leveduras de uma cervejaria para outra, até que certas áreas começaram a expressar um *terroir* de fermentação, uma característica regional que as liga. Vemos isso nas *weissbiers* da Baviera e é igualmente evidente na Bélgica, onde leveduras de alta fermentação tendem a produzir sabores frutados, picantes e complexos, muitas vezes devido a mostos fortes e temperaturas de fermentação muito elevadas. Muitas cervejas belgas, mesmo quando parecem apresentar certo dulçor, estão bem atenuadas e possuem muito pouco açúcar residual. Como resultado, a percepção do amargor do lúpulo é geralmente baixa, pois há um equilíbrio entre os gostos doce e amargo.

Enquanto a maioria das cervejas belgas são produzidas com base em maltes *pilsner*, outras utilizam maltes *pale ale* ou *Vienna*. O trigo é utilizado na produção de *witbiers*, em cervejas fermentadas espontaneamente (*lambics*) de Pajottenland e também na produção de outros estilos de cerveja, juntamente com aveia, espelta e outros grãos. O lúpulo, às vezes, divide a tina de fervura com diversos ingredientes. Casca de laranja, coentro, anis-estrelado, pimenta-da-guiné, pimenta-preta e outras especiarias, muitas vezes não anunciadas pela cervejaria, podem prover sabores de fundo. Apesar dos cervejeiros belgas se irritarem ao ouvir que os estrangeiros pensam que suas cervejas são "temperadas", o fato é que o uso de especiarias é amplo, ainda que sutil. Outro fato peculiar na cerveja belga é o uso de açúcares caramelizados muito escuros. O açúcar invertido, também utilizado na Inglaterra, muitas vezes substitui os maltes escuros nas cervejas belgas mais escuras, proporcionando a maior parte ou toda a coloração. Ao fazê-lo, o *candi sugar* escuro substitui os sabores do malte café e chocolate por sabores de *crème brûlée* e passas. Em outras cervejas, utiliza-se o *candi sugar* claro para deixar mais leve o caráter das cervejas com alto teor alcoólico e deixá-las secas, muito palatáveis e às vezes quase parecendo um destilado. Em geral, essas cervejas podem ser excelentes companhias para harmonizações com alimentos.

O método *champenoise*, que confere efervescência aos vinhos, primeiramente promoveu o surgimento de bolhas na cerveja, e a refermentação na garrafa é mais comum na Bélgica do que em qualquer outro lugar do mundo. Algumas cervejas são parcialmente carbonatadas nos tanques antes de receberem leveduras e açúcar no intuito de se obter uma refermentação menor, mas as melhores cervejas são engarrafadas sem carbonatação e ganham toda a sua carbonatação durante a refermentação em garrafa. Essas cervejas normalmente desenvolvem maravilhosos e complexos aromas, carbonatação muito elevada, espuma volumosa e persistente e uma brilhante sensação de mousse no paladar. Na Bélgica, tais cervejas são servidas cuidadosamente para evitar revolver o sedimento de levedura no fundo da garrafa.

Talvez o que define a cerveja belga mais do que qualquer outra coisa é um obstinado senso de individualidade. A produção belga de cerveja é um reino de não conformistas e *garagistes* – pessoas que trabalham por conta própria –, muitos dos quais parecem satisfeitos em lutar contra os ventos da mudança, às vezes por décadas. Se isso significa trabalhar em outro lugar todos os dias úteis e produzir cerveja nos fins de semana, que assim seja – o cervejeiro belga define a si mesmo e não será cerceado. Muitos cervejeiros parecem ser ao mesmo tempo radicais e conservadores, não disposto a tentar nada novo, mas ainda assim criando cervejas com sabores inéditos.

Mesmo sem intenção, os cervejeiros belgas têm exercido uma grande influência sobre a produção moderna de cerveja artesanal, particularmente nos Estados Unidos. Nas décadas de 1980 e 1990, a maioria das cervejas artesanais americanas surgiu diretamente das tradições cervejeiras britânicas. Contudo, uma vez essas tradições totalmente exploradas, as atenções se voltaram para a Bélgica, grandiosamente auxiliadas pelas obras do falecido escritor de cerveja Michael Jackson. Se antes os cervejeiros belgas viam a imitação como uma ameaça, agora a veem como elogio, e os Estados Unidos por sua vez, tornaram-se um importante mercado para as melhores cervejas da Bélgica. Na verdade, é mais fácil encontrar muitas delas nas lojas, bares e restaurantes do Brooklyn, em Nova York, do que em Bruxelas. Os cervejeiros artesanais americanos agora produzem dezenas de *tripels*, *dubbels*, *abbey ales*, *saisons* e *witbiers*. Alguns cervejeiros, fascinados pela estimulante acidez das *lambics* e *sour brown* e *red ales* belgas, inventaram toda uma nova geração de cervejas azedas e "selvagens". A refermentação na garrafa está em ascensão. As cervejas com influência belga são agora facilmente encontradas no Canadá, Itália, Escandinávia, Suíça, Brasil e outros países. A Alemanha está atrelada à Lei da Pureza da Cerveja, mas isso está mudando aos poucos.

Lentamente, as influências externas também têm chegado às cervejas belgas. Os cervejeiros do país têm explorado um caráter vigoroso de lúpulo, uma assinatura do movimento dos cervejeiros artesanais norte-americanos. Muitas dessas cervejas ainda não são maravilhosas, mas têm potencial, e sem dúvida será interessante presenciar as criações belgas resultantes de seu envolvimento na comunidade mundial da produção artesanal de cerveja.

Ver também ACHEL, CERVEJARIA, BELGIAN RED ALE, CERVEJARIAS TRAPISTAS, CERVEJAS DE ABADIA, CHIMAY, DUBBEL, FLANDRES, GUEUZE, JACKSON, MICHAEL, KONINGSHOEVEN, CERVEJARIA, KRIEK, LAMBIC, ORVAL, CERVEJARIA, ROCHEFORT, CERVEJARIA, TRIPEL, VALÔNIA, WESTMALLE, CERVEJARIA e WESTVLETEREN, CERVEJARIA.

Garrett Oliver

Belhaven Brewery é, segundo se diz, a cervejaria mais antiga da Escócia, fundada em 1719 por John Johnstone em Dunbar, Lothian, Escócia. Seus dois poços originais e algumas abóbadas da cervejaria datam do século XVI.

Em 1815, ela mudou seu nome para Dudgeon & Co. Naquele tempo, a terminologia "*shilling*" era amplamente usada para categorizar as cervejas na Escócia. Originalmente, o termo *shilling* denotava o preço de faturamento, mas acabou se tornando útil como indicador dos teores alcoólicos ascendentes das cervejas. Em 1846, com a chegada de ferrovias, Dudgeons se concentrou em produzir malte para venda, enquanto ainda produzia pequena quantidade de cerveja, em particular para o comércio local e militar. A maltaria da empresa fechou em 1970, e em 1972 a empresa mudou o seu nome para Belhaven Brewery, com uma cervejaria e sete *pubs* exclusivos. Ver TIED HOUSE SYSTEM. Essa empresa foi, então, vendida para a Clydesdale Commonwealth Hotels Ltd. Houve novos proprietários; em 2005, com 275 *pubs*, foi vendida para a Greene King, com sede em Bury St. Edmunds, na Inglaterra. Ver GREENE KING.

Em 2010, a empresa ainda produzia as tradicionais *cask ales* e cervejas engarrafadas em Dunbar, no Greene King Group, incluindo a 80/- (Eighty Shilling Ale), que é uma das marcas mais antigas e tradicionais. As cervejas acondicionadas em garrafa agora são embaladas na fábrica de Bury St. Edmunds.

Ver também ESCÓCIA.

Belhaven Brewery. Disponível em: http://www.belhaven.co.uk. Acesso em: 4 mai. 2016.
Donnachie, I. **A history of the brewing industry in Scotland**. Edinburgh: Jon Donald Publishers Ltd., 1979.
Richmond, L.; Turton, A. **The brewing industry: a guide to historical records**. Manchester: Manchester University Press, 1990.

Chris J. Marchbanks

bentonita é um material natural, de origem vulcânica e semelhante a argila, geologicamente uma forma de montmorilonita, uma argila esmectita. É um silicato complexo de sódio, cálcio e alumínio, e quando hidratado torna-se um adsorvente potente que pode ser usado para clarificar cerveja.

A montmorilonita, um termo usado pela primeira vez em 1847, foi nomeada em homenagem à cidade francesa de Montmorillon, perto de Poitiers, de onde foi extraída pela primeira vez. Sua origem está em erupções vulcânicas antigas nas quais finas partículas de cinzas vulcânicas foram levadas pelos ventos e depositadas em camadas discretas que se metamorfosearam ao longo do tempo a partir de um estado "vitrificado" para rocha argilosa. O termo "bentonita" foi aplicado pela primeira vez em 1898 a uma argila especial altamente coloidal encontrada nas formações do período Cretáceo perto de Fort Benton, Montana, e o produto ainda é extraído naquela região. Alguns dos maiores depósitos de bentonita da mais alta qualidade ocorrem no estado vizinho de Wyoming, nome a partir do qual o produto assume a denominação alternativa de "argila do Wyoming".

As bentonitas são geralmente compostas por cerca de 90% de montmorilonita, sendo o restante constituído por feldspato, gesso, carbonato de cálcio, quartzo e traços de metais pesados, e são essas impurezas metálicas que dão cor ao mineral. A montmorilonita no estado puro é quase branca.

Na cervejaria, a bentonita é usada como um agente estabilizante (*chillproofing*) e para se ligar e remover as proteínas capazes de formar turbidez. As cargas negativas da bentonita se ligam com as proteínas carregadas positivamente, formando um precipitado. A reação produz quantidades copiosas de sedimentos, o que é um inconveniente para os cervejeiros, já que o sedimento tem de ser removido por meio de filtração. Por essa razão, a bentonita tem sido largamente substituída por outros produtos, tais como hidrogéis de sílica. A bentonita ainda é muito utilizada na indústria do vinho, na qual é usada para se ligar com fenóis e taninos, clarificando o vinho.

Ver também ADSORVENTES.

Hornsey, I. S. **The chemistry and biology of winemaking**. Cambridge: Royal Society of Chemistry, 2007.
Hough, J. S. et al. **Malting and brewing science**. Vol. 2: Hopped wort and beer. 2. ed. London: Chapman & Hall, 1982.

Ian Hornsey

Bere é uma antiga variedade de cevada, provavelmente o cereal cultivado mais antigo da Grã-Bretanha. Foi amplamente cultivada na Grã-Bretanha, até as variedades mais modernas, de alto rendimento, serem desenvolvidas. Uma cevada de seis fileiras adaptada às estações curtas de crescimento das regiões setentrionais, a Bere é atualmente cultivada em áreas limitadas nas ilhas escocesas. O desenvolvimento moderno do grão foi realizado pelo dr. Geoff Sellars, do Instituto Orkney de Agronomia, e sua comercialização tem sido semelhante à expansão do uso de grãos de espelta como um produto *premium*.

O termo "*Bere*" possui origens na antiga palavra inglesa para cevada, "*Boer*". As palavras "*Bygg*" ou "*Bigg*" são sinônimos de cevada, termos provavelmente derivados da antiga palavra nórdica "*Bygg*", que significa cevada e se origina do árabe. Todos os idiomas escandinavos usavam *bygg* para se referir à cevada. Uma vez no Reino Unido, a palavra *bygg* veio a ser escrita como "*bigg*".

Numerosas fontes afirmam que não só o nome, mas também o próprio grão foi trazido por colonizadores *vikings* para Orkney. No entanto, a análise da composição genética de espécimes de cevada Bere de várias ilhas escocesas e da Escandinávia são todas muito diferentes, e as cevadas devem ter evoluído, portanto, cada um em sua própria ilha. Sem dúvida, os *vikings* encontraram cevada em Orkney e a chamaram pelo seu nome nórdico habitual.

Problemas agronômicos com o antigo grão incluem suscetibilidade ao acamamento e oídio, tamanho de grão variável e altos níveis de proteína. A Bere pode produzir depósitos de proteínas bastante significativos na tina de fervura após a ebulição do mosto. Além disso, o grão da Bere possui quantidade relativamente elevada de nitrogênio, o que reduz a produção de álcool. Épocas precoces de plantio e a adição de reguladores de crescimento têm melhorado alguns dos problemas, e o grão é atualmente utilizado principalmente para uísques especiais, cerveja e panificação local.

A cerveja produzida com cevada Bere possui um agradável e característico sabor defumado, com um leve retrogosto amargo.

Loudon, J. C. **An encyclopedia of agriculture: comprising theory and practice**. London: Longman, Hurst, Rees, Orme, Brown, and Green, 1831.
Rickards, G. K. **The statutes of the United Kingdom of Great Britain and Ireland**. London: His Majesty's Statute and Law Printers, 1822.

Chris Holliland e Shaun Townsend

Berliner weisse é um estilo de cerveja que surgiu nos arredores de Berlim, e que evoluiu gradualmente entre os séculos XVII e XX. Caracteriza-se principalmente por uma adstringência moderada e uma acidez de caráter suave e frutado, o que deu origem ao apelido "Champanhe do Norte".

As origens da *Berliner weisse* são no mínimo obscuras. Existem diversas teorias divergentes a respeito da evolução desse estilo. Uma teoria sustenta que os huguenotes, imigrantes franceses na Berlim de princípios do século XVIII, desenvolveram a cerveja após migrarem através de Flandres, aprendendo as técnicas dos produtores de *Flanders brown* e *red ales*. Ver FLANDRES. Outra teoria aponta para uma cerveja popular conhecida como Halberstädter Broihan, supostamente popular na Berlim dos anos 1640; comenta-se que até mesmo esta era uma imitação de uma cerveja desconhecida produzida em Hamburgo. Outros ainda argumentam que há menções históricas da *Berliner weisse* que remontam aos anos 1570.

O que de fato sabemos é que as cervejas de trigo produzidas nos arredores de Berlim não eram propriamente *sours*, pelo contrário, eram leves e fáceis de beber em comparação com as fortes cervejas *brown*. A maioria delas apresentava cerca de 3% ABV e era produzida a partir de brassagens com aproximadamente 50% de cevada e 50% de trigo. Curiosamente, o mosto não era fervido e utilizava-se muito pouco lúpulo. Uma vez que não havia fervura do mosto, o lúpulo não era normalmente adicionado à tina de fervura. Em vez disso, fervia-se o lúpulo com água (simultaneamente ao processo de brassagem) e misturava-se essa infusão ainda quente à tina de mostura para aumentar a temperatura durante a mosturação. Era uma versão da brassagem por infusão, algo que possibilitou a esses primeiros cervejeiros a possibilidade de estabelecer diferentes temperaturas de mosturação evitando a decocção. Ver DECOCÇÃO e MOSTURAÇÃO POR INFUSÃO. Os lúpulos também eram adicionados à mosturação, possibilitando um escoamento mais fluido na drenagem do mosto, sendo que uma camada de palha era usada como um fundo falso.

Sem ferver o mosto não se consegue esterilização, então podemos imaginar a vasta diversidade de microrganismos que sobrevivia no mosto já resfriado. Era necessário iniciar rapidamente a fermentação para suprimir a maioria dos microrganismos contaminantes. Ainda assim, bactérias ácido-láticas tolerantes ao calor sobreviviam e atuavam sinergicamente sobre os mostos, dando origem a cervejas com um caráter seco e levemente ácido. Não se tratava em verdade de uma fermentação espontânea como aquelas de cervejas *lambic* – inoculava-se levedura, mas nele persistiam as leveduras e bactérias das fermentações anteriores. Outros organismos ainda sobreviviam à produção do mosto; o malte carrega uma abundância de suas próprias bactérias láticas. A fermentação acontecia em recipientes de madeira (e a madeira, por ser porosa, é difícil de esterilizar).

Podemos discriminar três etapas ao longo da produção em que a acidificação poderia ocorrer:

1. Durante a mosturação (se o processo se torna muito longo, especialmente a baixas temperaturas).
2. Durante a fermentação (especialmente em função de contaminação cruzada por leveduras).
3. Durante o armazenamento (microflora presente nos tanques de armazenamento).

O resultado era uma variedade de cervejas com diferentes níveis de acidez, e ainda que a acidez não fosse incomum nas cervejas dos séculos XVII e XVIII, a variabilidade das cervejas significava que ela muitas vezes fracassava em atingir as expectativas do consumidor.

A *Berliner weisse* atual se desenvolveu relativamente tarde, durante o século XIX, e numerosas cervejarias de Berlim especializaram-se em sua produção, até que o estilo entrou em declínio nos anos 1950. A tecnologia aplicada nessas cervejarias era muito semelhante ao processo cervejeiro utilizado antigamente, sendo que a principal diferença era o maior controle sobre a fermentação, especialmente no que diz respeito à proporção de leveduras e bactérias láticas durante a fermentação e maturação (a concentração média de bactérias era aproximadamente 20% da concentração de leveduras).

A *Berliner weisse* nem sempre foi uma cerveja de baixa densidade. Algumas eram produzidas com densidade usuais, e depois consumidas puras ou diluídas na hora de servir, tanto pela cervejaria quanto pelo cliente. Para abrandar os variados níveis de acidez, a adição de vários xaropes tornou-se popular ao longo dos anos, sendo os mais comuns o verde-brilhante de aspérula ou o vermelho-brilhante de framboesa.

No auge de sua popularidade no século XIX, a *Berliner weisse* era a bebida alcoólica mais popular de Berlim, sendo produzida em cerca de setecentas cervejarias. Mas os anos que se seguiram não foram afáveis com a *Berliner weisse*. Na Europa, ela goza de proteção como um tipo de *appellation contrôlée*; a *Berliner weisse* pode ser produzida unicamente nos limites da cidade de Berlim. Tal honra, contudo, não a salvou, e ela passou a ser uma espécie de iguaria, produzida por apenas duas grandes cervejarias, a Berliner Kindl e a Schultheiss. Essas cervejarias já não usam uma mistura de leveduras/bactérias para fermentar a bebida; a fermentação bacteriana é realizada separadamente e a cerveja é misturada para se alcançar uma acidez definida. As cervejas são bem claras, ligeiramente turvas e efervescentes, com uma suave sensação de boca. São excentricidades refrescantes, mas de baixa complexidade.

Nos últimos anos, contudo, a *Berliner weisse* vem renascendo entre os cervejeiros artesanais. Pequenas produções experimentais têm sido realizadas na Alemanha, é a cerveja obtida apresenta um caráter fino e complexo, sem necessidade de adição de qualquer xarope. Cervejeiros artesanais americanos também se aventuraram a produzir a *Berliner weisse*, fato que ocorre em meio à cultura que tem florescido em torno do estilo *sour*. Ainda que os Estados Unidos estejam longe de Berlim e de sua denominação controlada, são o lugar onde a produção e apreciação desse atraente estilo antigo de cerveja provavelmente prosperará no futuro.

Ver também ALEMANHA e SOUR BEER.

Fritz Briem

beta-glucanase é uma enzima que faz a hidrólise dos beta-glucanos. As beta-glucanases mais importantes para a produção de cerveja são aquelas que hidrolisam os beta-glucanos localizados na parede celular do endosperma da semente de cevada. Ver BETA-GLUCANOS. Altos níveis de beta-glucanos nas matérias-primas cervejeiras devem ser evitados, pois podem causar problemas, principalmente na produção do mosto e na filtração da cerveja. As beta-glucanases são importantes, porque são necessárias para a hidrólise dos complexos de beta-glucanos em unidades menores. Há uma ampla variedade dessas enzimas, as quais diferem pela especificidade das ligações que hidrolisam.

Dessas enzimas, a mais importante na cevada é a endo-$\beta \to 3$, $1 \to 4$-glucanase (às vezes chamada de endo beta-glucanase da cevada), a qual potencializa a hidrólise de uma ligação $\beta 1 \to 4$ adjacente a uma ligação $\beta 1 \to 3$, levando, assim, a uma rápida diminuição da viscosidade das soluções de beta-glucanos. A enzima está ausente na cevada crua, mas é sintetizada durante a germinação e age durante a modificação do malte removendo os problemáticos beta-glucanos. A enzima é extremamente sensível ao calor, e se for necessária no grão moído durante a mosturação, para, por exemplo, hidrolisar o beta-glucano residual dos grãos pouco modificados ou dos adjuntos ricos em beta-glucano como a cevada e a aveia cruas, secadas, torradas ou em flocos, então o malte verde deve ser seco a temperaturas iniciais baixas, com um aumento progressivo até uma temperatura final, não excessiva, de cura. Além disso, a mosturação precisa começar a uma temperatura reduzida (isto é, 40 °C a 50 °C) se a ação da beta-glucanase neste estágio for desejada. Como alternativa, as beta-glucanases microbianas, mais tolerantes ao calor, podem ser adicionadas na mostura. Estas incluem as enzimas do *Bacillus subtilis*, as quais possuem especificidades muito similares às do malte, ou as glucanases derivadas de fungos como Aspergillus, Trichoderma, ou Penicillium, que compreendem uma mistura de enzimas com diferentes especificidades, incluindo a endo e a exo-$\beta 1$-3- e $\beta 1$-4-glucanases. Como consequência, elas removem o glucano de forma mais completa.

As células de levedura podem ser "abertas" pela ação de enzimas líticas, caso da $\beta 1$-3 glucanase, derivada de caramujos, que degrada esse glucano específico, um componente estrutural-chave da parede celular da levedura.

Hrmova, M.; Fincher, G. B. Structure-function relationships of β-D-glucan endo- and exohydrolases from higher plants. **Plant Molecular Biology**, n. 47, p. 73-91, 2001.

Charles W. Bamforth

beta-glucanos são polímeros nos quais os resíduos de glicose são ligados através de ligações glicosídicas em configuração β. Estas ligações podem ser entre diferentes átomos de carbono na molécula de glicose. No contexto da produção de cerveja existem dois beta-glucanos importantes, encontrados na cevada e na levedura respectivamente.

Na parede celular do endosperma amiláceo da cevada há um beta-glucano no qual as ligações beta estão ou entre o carbono um e o carbono quatro das sucessivas glicoses, ou entre o carbono um e o três. Na maioria das moléculas há uma ligação β1→3 ocorrendo depois de cada terceira ou quarta ligação β1→4. A ocorrência de ligações β1→3 tende a romper a ordem que faz com que as glicoses unicamente ligadas em β1→4 (ou seja, celulose) sejam altamente cristalinas e resistentes a ataques.

Os beta-glucanos da cevada são altamente viscosos e podem causar uma série de problemas na produção de cerveja, especialmente uma redução das taxas de filtração do mosto e da cerveja e também a formação de turbidez, géis e precipitados. Por outro lado, eles representam fibras solúveis, e por esta razão são conhecidos por suas propriedades benéficas à saúde.

Um beta-glucano diferente é encontrado na parede celular das leveduras, onde corresponde a 30% a 60% de todo o material e confere rigidez. Aqui, as ligações são β1→3 e β1→6. Enquanto o beta-glucano da cevada é linear, aquele da levedura é formado por um espiral de β1→3 glicosil, com ramificações ligadas ao espiral por ligações β1→6.

Ver também BETA-GLUCANASE e GLICOSE.

Jin, Y-L. et al. Barley beta-glucans and their degradation during malting and brewing. **Technical Quarterly, Master Brewers Association of the Americas**, n. 41, p. 231-240, 2004.

Charles W. Bamforth

Bier-Drive *tanks* são tanques horizontais de servir cerveja, feitos de aço inoxidável, desenhados para ser abstecidos por mangueiras móveis, usualmente montados em caminhão, para a entrega de cerveja. O sistema Bier-Drive foi desenvolvido e patenteado pela companhia alemã EDS Schwiekowski de Schöningen, na Baixa Saxônia, na década de 1970. Ele é projetado para facilitar a entrega de grandes quantidades de cerveja da cervejaria para grandes empresas consumidoras, de maneira similar aos caminhões-tanque que entregam óleo para aquecimento em casas e empresas. O sistema é muito econômico e prático, pois elimina a necessidade de barris, que são sempre caros, difíceis de limpar e encher, pesados para carregar e ocasionalmente roubados devido ao valor do metal como sucata. Os tanques Bier-Drive existem em tamanhos de 500 e 1000 litros e, assim como tanques de cerveja em adegas cervejeiras, eles são fabricados para várias classificações de pressão (até 3 bar), bem como com e sem camisas de refrigeração tanto para resfriamento ambiente quanto individual. Ao contrário dos tanques das cervejarias, no entanto, os Bier-Drive têm um revestimento interno de plástico descartável, o que impede a cerveja de fazer contato com a parede interna do tanque. O forro é substituído cada vez que o tanque é enchido. Assim, um tanque Bier-Drive não precisa de ser limpo e sanitizado. Além disso, a cerveja fica menos suscetível de ser infectada por microrganismos e protegida contra a absorção indesejada do gás – seja ar, dióxido de carbono ou nitrogênio – utilizado para pressurizar o tanque. A cerveja é empurrada para fora do tanque, saindo pela torneira de distribuição, por meio de ar ou de gás aplicado entre o tanque e o revestimento de plástico. Como os tanques Bier-Drive também podem ser usados como tanques de servir ou tanques de pressão sem o forro, este é um equipamento muito procurado por *brewpubs*.

Bier-Drive. Disponível em: http://www.bierdrive.de/. Acesso em: 16 fev. 2011.

Anders Brinch Kissmeyer

bière de garde. Considerada a única contribuição francesa amplamente reconhecida entre as cervejas especiais, a *bière de garde* remonta às cervejarias das fazendas disseminadas por toda a Flandres francesa, uma área que atualmente compreende os departamentos de Nord e Pas-de-Calais, na França, assim como a província belga de Hainaut.

O nome "*bière de garde*" pode ser grosseiramente traduzido como "cerveja de guarda", uma referência à antiga prática de produção de uma cerveja forte a ser armazenada como provisão para os meses mais quentes do ano, quando as condições não eram favoráveis à prática cervejeira. Antes da refrigeração mecânica, os cervejeiros faziam suas bebidas durante os meses mais frios para que fossem servidas no prazo de umas poucas semanas. Essas brassagens feitas no início da estação eram destinadas ao consumo imediato e tendiam a apresentar menor gradação alcoólica, geralmente entre 3% e 4% ABV. Já ao final da temporada de brassagens, não era raro que as últimas cervejas da estação fossem elaboradas com mais corpo para possibilitar seu armazenamento durante o restante do ano. O maior teor alcoólico ajudaria a retardar a contaminação durante os meses de armazenamento. Uma prática similar era aplicada à *saison*, uma *ale* especial belga que também se originou nas fazendas da região de Flandres, na França. A *bière de garde* francesa e a *Belgian saison* compõem a família de estilos conhecida como *farmhouse ales*. Ver SAISON.

A herança provinciana da *bière de garde* encontra-se bem estabelecida, mas os registros históricos são escassos. Em uma obra de 1880, intitulada *L'industrie de la Brasserie*, de L. Figuier, o autor descreve a "Bière de Garde de Lille" como "uma cerveja muito especial que era envelhecida em grandes barris de madeira por seis a oito meses antes de ser servida". Ela é descrita como tendo um "sabor bastante vinoso, muito apreciado pelos consumidores". Uma publicação de 1905, com o título *The Beers and Brewing Systems of Northern France*, do cientista britânico R. E. Evans, descreve a *bière de garde* como sendo popular em Lille e outras grandes cidades, uma cerveja "à qual intencionalmente se permitia que se tornasse ácida, e que, ao mesmo tempo, adquiria um aroma vinoso".

Fossem quais fossem as características aromáticas que a *bière de garde* exibia no passado, ela seguramente evoluiu para um perfil diferente nas interpretações atuais. As melhorias no controle do processo, a qualidade dos ingredientes, assim como uma compreensão bem mais profunda da ciência por trás das práticas cervejeiras, culminaram na adaptação da *bière de garde* aos tempos modernos. Uma influência não menos importante é a quase universal preferência do consumidor pelo sabor fresco e limpo da cerveja *lager*. Todos esses fatores influenciaram a evolução não apenas da *bière de garde*, mas também de praticamente todos os estilos de cerveja reconhecidos (talvez com a notável exceção das *lambics*). Hoje, o intenso crescimento do interesse por cervejas artesanais e o lento declínio de popularidade das *lagers* industrializadas têm proporcionado um ambiente de propício crescimento para o estilo.

A Jenlain Bière de Garde, da Brasserie Duyck – uma marca obscura –, tem o crédito pelo pioneirismo do estilo como o conhecemos hoje. Engarrafado pela primeira vez nos anos 1940, cresceu notoriamente como uma bebida de vanguarda no final da década de 1970 entre os estudantes universitários franceses. Ver DUYCK, BRASSERIE e JENLAIN ORIGINAL FRENCH ALE. Muitos cervejeiros contemporâneos de *bière de garde* reconhecem a Jenlain como o exemplo arquetípico do estilo. Anteriormente à redefinição do estilo pela Brasserie Duyck, a *bière de garde* era servida à pressão e, como mandavam suas origens provincianas, era feita com baixa gradação alcoólica (na faixa de 3% a 4% ABV, em comparação com 6% a 8% ABV nas versões modernas) no intuito de sustentar, mas não embriagar, os trabalhadores rurais. A Brasserie Duyck reinventou o estilo simplesmente dobrando a graduação alcoólica e estabeleceu um novo padrão ao servir a *bière de garde* em garrafa de "Champagne" com rolha, possibilitando o consumo ao longo de todo o ano. Tornou-se, assim, a referência francesa em cervejas especiais; outros cervejeiros seguiram o exemplo.

Estimulado pelo sucesso da Jenlain Bière de Garde e pelo crescente interesse doméstico e estrangeiro pelas cervejas especiais francesas, outros pequenos cervejeiros passaram a fazer suas próprias interpretações da *bière de garde*. Dos que sobrevivem atualmente (seguramente mais cervejarias regionais fecharam do que sobreviveram), a La Choulette, a Thellier, a Castelain e a St. Sylvestre foram produtores regionais que participaram do renascimento da cerveja especial francesa nos anos 1970 e 1980. Cada uma dessas cervejarias tinha um extenso histórico na produção de cervejas "de mesa" com baixa graduação alcoólica ou nas predominantes cervejas *lager* industriais antes de se reinventarem como produtores de cervejas especiais nos anos 1980. Ao explorarem o nicho das cervejas especiais, essas cervejarias tiveram a chance de sobreviver – uma alternativa melhor se comparada ao vão esforço de tentarem competir diretamente com as grandes companhias nacionais.

A *bière de garde* moderna pode apresentar variações consideráveis entre as diversas interpretações disponíveis no mercado. Em parte, isso é resultado da tendência da França em distinguir os produtos por localização, em vez de aderirem aos parâmetros predeterminados de um estilo. Contudo, o uso disseminado da denominação de um estilo consagrado, como *bière de garde*, foi adotado por muitos numa tentativa de garantir seu sucesso. Isso levou a muita confusão e até mesmo consternação, tanto entre aficionados como entre consumidores casuais.

Genericamente falando, a "clássica" *bière de garde* apresenta coloração âmbar e exibe um sabor maltado dominante, mas que não chega a saturar o paladar. O caráter de lúpulo geralmente permanece em segundo plano, mas certas variedades podem conferir notas sutis e picantes. A presença de caráter fermentativo geralmente é muito pequena, já que alguns cervejeiros continuaram a empregar as mesmas leveduras e técnicas de produção de cervejas *lager* empregadas em suas encarnações passadas como produtores regionais de cervejas convencionais. Outros cervejeiros de fato utilizam leveduras "*ales*" geneticamente genuínas, mas habitualmente a temperaturas mais baixas no intuito de minimizar a formação de ésteres e outros subprodutos da fermentação. Alguns exemplares apresentam notas "a rolha" (que não devem ser confundidas com o desagradável caráter de vinho "arrolhado") que adicionam um incontestável matiz rústico. Uma *bière de garde* bem elaborada apresenta uma delicada complexidade e pede que a "revisitemos" uma e outra vez para revelar completamente seus encantos.

Ver também FRANÇA.

Brasserie La Choulette. Disponível em: http://www.lachoulette.com/. Acesso em: 14 mar. 2011.
Evans, R. E. **The beers and brewing systems of northern France**. Birmingham: Institute of Technical Brewing, 1905, p. 223-238.
Jackson, M. **Beer companion**. Philadelphia: Running Press, 1993.
Jenlain – La Brasserie. Disponível em: http://www.jenlain.fr/. Acesso em: 14 mar. 2011.
Markowski, P. **Farmhouse ales**. Denver: Brewers Publications, 2004.
Woods, J., Rigley, K. **The beers of France**. Wiscombe: The Artisan Press, 1998.

Phil Markowski

bière de mars é um termo francês que literalmente se traduz em "cerveja de março". Faz referência a um tipo de cerveja *lambic* de baixa graduação alcoólica que era produzida na Bélgica e muito popular até o início do século XX, quando sua produção declinou e finalmente cessou. Está intimamente relacionada ao estilo de cerveja *faro*, mas com densidade e álcool bem inferiores, além de não ser adoçada. Ver FARO.

A *bière de mars* era tradicionalmente elaborada de mostos de segunda e/ou terceira filtração durante a produção de cervejas *lambic*. O resultado final e o objetivo do cervejeiro era o de fazer uma bebida refrescante durante os meses mais quentes do ano. O sabor da *bière de mars* muito provavelmente não era tão bom quanto o de uma *lambic*, *gueuze* ou outras *ales* porque o mosto de segunda e terceira filtração devia apresentar muito tanino, conferindo uma adstringência quase secante na boca. Curiosamente, enquanto muitos cervejeiros europeus produziam cervejas mais encorpadas para serem distribuídas no mês de março, como as cervejas *bock*, os cervejeiros belgas tentavam fazer *faro* e *bière de mars* como alternativas refrescantes e de baixa graduação alcoólica. Esse modo um tanto do contra ou insubordinado de produzir cerveja tem sido uma marca dos cervejeiros belgas nos últimos dois séculos. Durante os anos 1990, a cervejaria Frank Boon, na Bélgica, voltou a introduzir um tipo de *bière de mars* rotulada como Lembeek's 2%. Ver BOON, CERVEJARIA. Tratava-se de um estilo de cerveja *lambic* levemente picante com 2% ABV. Embora refrescante, essa cerveja não obteve sucesso no mercado e sua produção chegou ao fim.

O método tradicional de produção da *bière de mars* inclui um conjunto de grãos típico do estilo *lambic*, com 30% a 40% de trigo cru e 60% a 70% de cevada malteada. Os lúpulos utilizados eram normalmente belgas e incluíam variedades da região sul da Bélgica, ao redor da cidade de Poperinge, como o Northern Brewer e o Brewer's Gold. Todo o lúpulo usado na produção das *lambics* era previamente envelhecido para redução dos teores de óleos e alfa-ácidos e, portanto, para diminuição dos componentes potenciais de sabor e amargor. Os lúpulos envelhecidos intencionalmente eram empregados principalmente por seu efeito antimicrobiano. A mosturação era realizada para estimular o crescimento dos microrganismos associados às fermentações espontâneas e favoreciam a formação de altos teores de nitrogênio na forma de aminas livres (FAN) e açúcares não fermentáveis. Para se obter esse tipo de mosto, o cervejeiro fazia a infusão dos grãos a uma temperatura de aproximadamente 30 °C e empregava uma decocção gradual para aumentar a temperatura até um patamar de 80 °C. Ver DECOCÇÃO. Múltiplas bateladas a diferentes temperaturas eram processadas, o que resultava em um dia muito longo para o cervejeiro.

As primeiras drenagens da tina de filtração eram utilizadas para a produção de *lambic*, enquanto a segunda e a terceira eram separadas para a elaboração de *faro* e *bière de mars*. Na tina de fervura, enquanto as cervejas convencionais eram fervidas por sessenta a noventa minutos, as do estilo *lambic* eram fervidas por até cinco horas, sempre utilizando lúpulos envelhecidos. Após a fervura, transferia-se o mosto para um tanque de resfriamento (*coolship*), um tanque amplo, raso e aberto, onde era resfriado e podia ser contaminado por microrganismos carregados pelo ar que davam início a uma fermentação espontânea. Ver COOLSHIP. Realizava-se a produção apenas nos meses mais frios do ano, de modo que o mosto resfriasse rapidamente – um a dois dias – apenas pela influência da temperatura ambiente. Normalmente, esse tanque localizava-se no telhado das cervejarias, bem protegido das intempéries, exceto por entradas de ar e respiradouros posicionados estrategicamente para possibilitar a circulação do ar interior para fora e vice-versa. Uma vez que o mosto apresentasse indícios de fermentação, era transferido para barris de carvalho onde a *bière de mars* terminava de fermentar e podia ser envelhecida por vários meses antes de ser consumida nos meses mais quentes.

Nos Estados Unidos e na França, diversas cervejarias artesanais elaboraram interpretações da *bière de mars* que diferiam da versão original encontrada na Bélgica. As francesas são geralmente denominadas "*bières de printemps*" ("cervejas de primavera") e são versões mais potentes da *bière de garde*, normalmente com 6% ou 7% ABV. Ver BIÈRE DE GARDE. Em geral elas também são elaboradas com os melhores maltes e lúpulos disponíveis, de modo que apresentam um sabor pleno de malte ao paladar e um caráter lupulado bem pronunciado. As versões norte-americanas da *bière de mars* também são elaboradas de acordo com a nova tradição francesa e apresentam teores alcoólicos mais elevados (6% a 7% ABV), com sabores plenos de malte e lúpulo. Cervejarias artesanais como New Belgium, Jolly Pumpkin e Southhampton Publick House já ofereceram versões modernas da *bière de mars*.

Ver também BÉLGICA e LAMBIC.

Keith Villa

bioluminescência é uma técnica analítica utilizada para detectar a contaminação microbiana durante o processo de produção de cerveja através da medição da presença de adenosina trifosfato (ATP) em amostras colhidas na cervejaria. Ver ADENOSINA TRIFOSFATO (ATP). A detecção e medição do ATP indica a presença de células vivas porque o ATP é quebrado quando as células morrem. O método analítico envolve o uso do sistema enzimático luciferina-luciferase, que os vaga-lumes utilizam para emitir luz. Na presença de oxigênio e ATP, a enzima luciferase produz luz que pode ser medida. A quantidade de luz emitida está relacionada com a quantidade de ATP presente e, por conseguinte, com a quantidade de células vivas presentes no momento da coleta da amostra. Até mil micróbios por amostra podem ser detectados em alguns minutos, embora o método não seja capaz de discriminar os tipos específicos de microrganismos. A técnica é utilizada em cervejarias para monitorar a limpeza dos equipamentos de processo, sendo preferida à análise microbiológica tradicional devido à sua velocidade e sua relativa simplicidade. Ela pode ser usada rotineiramente pelos operadores da fábrica para avaliar a eficácia dos regimes de limpeza. As rotinas de amostragem microbiológica mais tradicionais podem levar vários dias para produzir um resultado. A técnica é usada predominantemente em cervejarias maiores por causa do seu alto custo. No entanto, como esse método não requer as habilidades de um microbiologista treinado para monitorar a contaminação microbiológica, é provável que acabe encontrando aplicação em cervejarias menores.

George Philliskirk

bitter é a bebida nacional da Inglaterra, apesar da onipresença das *lagers* leves e douradas pelos bares do país. A palavra "*bitter*" descreve um tipo particular de *ale* refermentada em barril, e em muitos *pubs* a expressão "*a pint of bitter*" continua sendo uma forma habitual de se pedir cerveja.

Os britânicos têm usado a palavra *bitter* para descrever *pale ales* desde o início do século XIX, embora o termo não tenha se estabelecido totalmente até cerca de um século depois. O estilo em si é amplo, abrangendo uma gama de colorações, sabores e intensidades. A despeito do mito popular, as *bitters* não são única e tradicionalmente de coloração castanha. Em 1899, um dos primeiros grandes escritores especializados em cervejas, Alfred Barnard, redigiu a seguinte descrição para uma popular *West Country bitter*: "Uma bebida brilhante e vivaz, de rica coloração dourada e que goza de um delicado e agradável aroma de lúpulo". Outro contemporâneo seu descreveu uma *bitter* como sendo "de cor palha".

O termo *"bitter"* tornou-se comum antes do uso de brasões nas torneiras de chope para identificar diferentes cervejas ou marcas. Os próprios cervejeiros denominavam as cervejas de *"pale ales"*, mas os clientes comuns passaram a identificá-las como *bitters*. Não havia nada no bar que dissesse aos consumidores que deveriam pedir por uma *pale ale*, e eles então pediam uma *bitter* para deixar claro que não desejavam a cerveja adocicada, suave e menos lupulada. Até recentemente, a maioria da cerveja consumida no Reino Unido era refermentada em barril servida nos *pubs*. Como os clientes passaram a chamar a cerveja de *bitter*, o termo permaneceu e os próprios cervejeiros passaram a empregá-lo.

A maioria das cervejarias britânicas produz ao menos uma *bitter*. São tradicionalmente refermentadas em barris e servidas à pressão ou dispensadas por gravidade (embora hoje as *bitters* sejam muitas vezes filtradas, pasteurizadas e até engarrafadas, processos que tendem a eliminar as melhores características da bebida). As cervejas são exclusivamente fermentadas a temperaturas mais altas com leveduras *ale*. A coloração pode variar de uma tonalidade dourada quase similar à de uma *pilsner* até um mogno intenso, com teor alcoólico desde 3,0% até 5,5% ABV. Geralmente, um cervejeiro produzirá pelo menos duas *bitters* – uma menos potente e outra mais forte; nesse caso, a mais fraca é denominada simplesmente *bitter* ou *"ordinary"* e a outra *"best"* ou *"best bitter"*. As *best bitters* apresentam uma média de 4% ABV, e quando mais fortes são designadas por outro nome, algumas vezes *"special bitter"*. O teor de lúpulo da *bitter* pode variar desde um amargor suave e moderado até algo mais substancial e com sensação de formigamento, mas em geral apresentam um amargor típico em torno de 30 IBU. Não é incomum que se faça *"dry-hop"*, adicionando-se um punhado de lúpulos inteiros a cada barril, o que permite a difusão na cerveja de mais frescor aromático de lúpulos. Ver DRY HOPPING e UNIDADES INTERNACIONAIS DE AMARGOR (IBU).

A mosturação normalmente é feita com um malte claro levemente tostado, sendo a variedade de cevada Maris Otter ainda particularmente preferida pela maioria dos cervejeiros tradicionais. Ver MARIS OTTER. Uma pequena porção de malte Crystal caramelizado pode ser adicionada para conferir cor e mais sabor. Alguns cervejeiros adicionam também açúcar invertido, que confere um leve sabor a *toffee*. De fato, o açúcar é caro em comparação com o preço do malte, sendo utilizado principalmente para dar sabor do que servir como material fermentável barato.

As *bitters* são tradicionalmente lupuladas com as grandes variedades inglesas Fuggles e Goldings, que crescem nos campos de Kent, Herefordshire, Worcestershire e Oxfordshire. São lúpulos célebres por seu amargor e aromas frutados e a pinho, que permanecem proeminentemente no perfil de sabor de muitas *bitters*. Hoje, no entanto, os conservadores cervejeiros britânicos também buscam em outras partes do mundo lúpulos aromáticos que possam ser adicionados a suas cervejas.

As *bitters* britânicas estão mais para componentes de uma família de estilos de cervejas relacionadas do que para um estilo distinto de cerveja. As *bitters* são difíceis de sistematizar, e o estilo é bastante amplo. As leveduras *ales* de cada cervejaria são determinantes para seu sabor, conferindo notas a laranja em alguns casos e a banana em outros. Tradicionalmente, elas também têm variado bastante de região para região. *Bitters* lupuladas como a Canterbury Jack, da Shepherd Neame, uma cerveja clara com pronunciado aroma cítrico, podem ser encontradas em Kent, Londres e no vale do Tâmisa.

As Midlands eram famosas por suas *bitters* mais adocicadas; a Burton da Marston é um exemplo. As *bitters* do West Country são tipicamente frutadas, enquanto South Wales era a casa das *bitters* especialmente maltadas. *Bitters* mais macias e cremosas podem ser encontradas em Yorkshire, enquanto Manchester era reconhecida por suas cervejas frutadas e secas. Outras *bitters* são denominadas "IPA", mesmo quando nem o amargor, nem a robustez merecem propriamente essa designação (ainda que verdadeiras *India pale ales* estejam reemergindo na Inglaterra). A Escócia era conhecida por suas *"lights"* e *"heavies"* mais encorpadas. Outros estilos ainda se encontram em evolução, como as *"summer bitters"*, vivamente lupuladas e com matizes dourados, ótimas para aqueles verões que parecem ser mais quentes do que já foram um dia.

A *bitter* é a assinatura dos cervejeiros britânicos, cuja destreza e habilidade permitem que produzam cervejas com apenas 3,5% ABV, mas com muito aroma e caráter.

A *bitter* e os *pubs* britânicos são companheiros praticamente inseparáveis. As *bitters* são *"running beers"*, um velho termo que designa cervejas que devem ser consumidas frescas e que não devem envelhecer por muito tempo. Elas não são feitas para bebericar, mas sim para beber em grandes goles, de preferência aos *pints* e acompanhando uma boa conversa. Embora os estrangeiros algumas vezes descrevam as *bitters* como "mornas e sem gás", elas são na verdade mais bem apreciadas à temperatura de adega, de 11 °C a 14 °C. Ninguém quer uma "cerveja morna e sem gás", muito menos um veterano entusiasta de *bitters*.

Atualmente, muitas cervejarias norte-americanas produzem *bitters*. A Hale's Ales e a Redhook (antiga Independent Ale Brewery) lançaram suas versões em 1984, assim como outros cervejeiros canadenses. Servidas à pressão, elas são frequentemente mais fortes e mais carbonatadas que as *bitters* britânicas, o que altera sua essência. Muitos cervejeiros artesanais, particularmente nos Estados Unidos, mas também em outras partes do mundo, têm se arriscado a produzir *bitters* refermentadas em barris. Ainda que bons adegueiros ainda sejam raros fora do Reino Unido, muitas dessas cervejarias têm produzido deliciosas versões de *bitter*.

Ver também ADEGUEIRO, ARTE DO, CONDICIONAMENTO EM CASK, FUGGLE, GOLDING, GRÃ-BRETANHA, MARSTON'S BREWERY e SHEPHERD NEAME BREWERY.

Bernard, A. **The noted breweries of Britain and Northern Ireland**. London: Sir Joseph Causton & Sons, 1889.

Hornsey, I. **Brewing**. Cambridge: RSC Paperbacks, 1999.

Jackson, M. **Beer companion**. London: Mitchell Beazley, 1993.

Tim Hampson

Black and Tan é um coquetel de cerveja composto de uma parte de *bitter*, *amber ale*, *pale ale* ou *pale lager* e uma parte de *stout* ou *porter*. É tradicionalmente preparado no bar, de modo que se formem duas camadas de cerveja, com a cerveja escura em geral na metade superior do copo. "*Black and Tan*" também é um termo usado por mais de uma dúzia de cervejarias dos Estados Unidos para produtos engarrafados que levam misturas similares. Alguns dos exemplos são Yuengling Original Black and Tan, Saranac Black & Tan, Mississippi Mud Black and Tan e Michelob Black and Tan.

O fato de as cervejas apresentarem densidades diferentes permite que se formem duas camadas no copo, como mostra o preparo tradicional do *Black and Tan*. A Draught Guinness Stout é frequentemente utilizada como a cerveja escura, já que sua baixa densidade permite que ela permaneça na porção superior quando em contato com muitas outras cervejas. Uma colher (muitas vezes confeccionada especificamente para esse propósito) facilita a criação das camadas quando posicionada com a parte convexa voltada para cima, fazendo com que a cerveja que vai ficar na camada superior se desvie e possa se espalhar. Isso evita a agitação e a mistura das duas cervejas ao servi-las.

O termo "*Black and Tan*" sem dúvida se originou na Inglaterra; o *Oxford English Dictionary* menciona seu primeiro uso para descrever a bebida em um dicionário de gírias e expressões de 1889. Essa bebida raramente é encontrada na Irlanda, onde certas pessoas podem interpretar o termo "*Black and Tan*" como uma referência aos uniformes das forças paramilitares britânicas que se opunham à independência irlandesa nos anos 1920, as quais eram popularmente conhecidas como "*black and tans*". Devido ao fato de que os consumidores ingleses têm pedido por mesclas de *ales* nos *pubs* e tabernas desde os primórdios do século XVIII, misturas similares com os mais diversos nomes sem dúvida têm sido comuns há centenas de anos. O *Black and Tan* é um dos poucos que sobreviveram até os dias de hoje, mesmo que em grande parte por ser um número de exibição vagamente divertido dos *bartenders*.

Ver também COQUETÉIS.

Ray Daniels

blending houses são estabelecimentos especializados no acabamento, condicionamento, mistura, embalagem e venda de cervejas produzidas fora das suas instalações próprias. A prática de misturar vinhos é comum; muitas casas de champanhe misturam e dão o acabamento a vinhos comprados de outros produtores; *blending houses* de uísque escocês são bem respeitadas, e "uísques recém-produzidos" fluem como água entre destilarias, mas poucos são familiares com tradições similares em cerveja. As cervejarias sempre misturaram cervejas dentro de suas próprias instalações, e já foi comum grandes cervejarias produzirem cervejas que eram transportadas por longas distâncias em barris, para mais tarde serem refermentadas na garrafa e vendidas por terceiros. Diz-se que o estilo de cerveja inglês *porter* originou-se a partir de misturas de várias cervejas feitas em *pubs*, a mais famosa delas sendo uma mistura chamada "*three-threads*". Muitas vezes, tais misturas continham um pouco de cerveja fresca, um pouco de cerveja "envelhecida" (no sentido de maturada, e não um termo pejorativo), e talvez uma pitada de algo mais.

Na região de Payottenland na Bélgica, as *lambics* costumavam ser misturadas por empresas que na verdade não produziam o mosto. Os caprichos da fermentação espontânea sempre significaram que um barril de *lambic* era frequentemente bastante diferente de outro, mesmo se tivessem sido enchidos com o mesmo mosto. Cada barril de carvalho de *lambic* representa seu próprio ecossistema individual de microflora. A cerveja de alguns barris pode tornar-se frutada, a de outros azeda, e a de outros ainda ter um toque acético. Uma *blending house* de *lambic* comprava barris, muitas vezes de diferentes cervejeiros, e misturava as *lambics* em grandes tonéis de madeira chamados *foeders* (ou *foudres* em francês), produzindo uma nova cerveja de acordo com o estilo que a casa queria e que seus clientes desejavam. Algumas dessas empresas se especializaram em *gueuze*, que é sempre uma mistura de cerveja envelhecida e cerveja fresca jovem, ganhando complexidade da primeira e vitalidade e um eventual frescor da última. Outros levavam as coisas um passo adiante, comprando barris com mostos que mal tinham começado suas fermentações e então conduzindo-os cuidadosamente através da fermentação, anos de condicionamento e, finalmente, misturando-os e possivelmente engarrafando-os.

Nesse aspecto, uma *blending house* de *lambics* assemelhava-se a um *affineur* de queijo, que pode comprar o queijo poucos dias depois de ser feito, mas, em seguida, envelhece-o até sua completa maturação e o marca com o carimbo da casa. Raramente o misturador de *lambic* era, portanto, um mero comerciante ou negociador. O tempo verbal passado usado aqui é intencional: os misturadores de *lambic* independentes que um dia coalharam os arredores de Bruxelas são raros nos dias de hoje. A Hanssens de Dworp era, até recentemente, a única *blending house* pura que restou na Bélgica, oferecendo cervejas boas, acentuadamente frescas em estilos tradicionais e experimentais. Desde 2011, no entanto, as coisas estão se modificando, e parece certo que, com o aumento do interesse por estilos de *sour beers* em todo o mundo, mais artesãos ouvirão "o chamado do *foeder* de mistura".

Ver também GUEUZE, LAMBIC e PORTER.

De Wolf, A. Disponível em: http://www.Lambicandwildale.com/. Acesso em: 12 dez. 2010.
Oliver, G. **The brewmaster's table**. New York: Ecco Books, 2003.

Garrett Oliver

Blenheim

Ver CHARIOT.

blonde ale, também denominada "*golden ale*", é um termo um tanto genérico, embora normalmente faça referência a cervejas da mesma família que a *cream ale* e a *kölsch*. Essas *blonde ales* caracterizam-se por uma densidade original de baixa a moderada, fermentadas até que essa densidade fique bem baixa, conferindo um caráter fresco e seco, com um dulçor de malte evidente e matizes que tendem mais para descritores como pão ou torrada do que ao caramelo. Em geral, a coloração é um dourado-brilhante, e o conjunto de grãos leva apenas malte *pilsner*. As *blonde ales* em geral são muito cremosas, com aromas de ésteres mantidos ao mínimo. Um amargor de lúpulo de intensidade baixa a moderada (15 a 25 IBU) é obtido sem a utilização de variedades de lúpulo americano com alto teor de alfa-ácidos, devido à delicada estrutura de sabor. A maioria dos bons exemplares apresenta algum aroma de lúpulo, mas que normalmente provêm das variedades aromáticas alemãs, e não das americanas, mais extravagantes. Teores típicos variam de 4,5% a 5,5% ABV. Supõe-se que as *blonde ales* sejam muito amigáveis e fáceis de beber, e embora isso pareça simples, não é. Produzi-las requer habilidade porque qualquer defeito pode ser facilmente detectado. Embora o amargor de lúpulo apareça mais ressaltado do que no velho estilo *cream ale*, os cervejeiros procuram utilizar água mole, já que águas duras e alcalinas podem tornar o amargor áspero. As *blonde ales* harmonizam bem com pratos mais delicados de peixes brancos e aves que não sejam carregados com molhos pesados. As *blonde ales* são mais bem saboreadas quando frescas, sem envelhecimento, mas é preciso mencionar um novo estilo emergente que tem envelhecido a *blonde ale* em barris de vinho neutros em combinação com *Brettanomyces* e/ou bactérias ácido-láticas, e a cerveja resultante desse processo envelhece bem. Claro que isso desvia essas cervejas do significado tradicional de *"blonde ale"*, mas mesmo assim alguns cervejeiros adotam essa designação, talvez como uma oportunidade divertida de "lançar uma bola com efeito" para os apreciadores de cerveja.

Ver também BRETTANOMYCES, CREAM ALE e KÖLSCH.

Jeremy Marshall

bloom é uma condição de "embaçamento" existente na superfície das garrafas de vidro que pode aparecer após um período de tempo, especialmente em garrafas reutilizáveis que foram higienizadas inúmeras vezes por máquinas de lavagem e envase. *Bloom* é uma reação química e é parte do envelhecimento do vidro da garrafa. Tecnicamente, íons móveis residuais, como os íons de sódio, são lixiviados para fora da sílica e reagem com a umidade do ambiente ($SiONa + H_2O$ $SiOH + NaOH$). O hidróxido de sódio formado pela reação, ou soda cáustica ($NaOH$), gradualmente dissolve a camada lustrosa exterior do vidro e torna-a turva. Isso pode levar meses, mas não ocorrerá em ambientes secos e com temperaturas relativamente baixas. Há vários métodos de remoção do *bloom*. O simples ato de lavar a garrafa com água pode remover um efeito leve de *bloom*, mas o efeito *bloom* severo requer que a garrafa seja colocada em contato com HCl por cerca de cinco minutos (pH ao redor de 4) e depois enxaguada. Para retardar o efeito *bloom*, muitas empresas produtoras de vidros aplicam uma camada protetora de enxofre, fluoreto ou freon em suas garrafas.

Ver também SCUFFING.

Glass on Web. Disponível em: www.glassonweb.com/. Acesso em: 14 maio 2010.

Csilla Kato

Blue Moon Brewing Company foi criada em 1995 por Keith Villa, PhD, mestre cervejeiro, e Jim Sabia, comerciante, como unidade operacional artesanal da Coors Brewing Company (agora chamada MillerCoors), com sede na Sandlot Brewery, em Coors Field, Denver, Colorado (mais tarde renomeada Blue Moon Brewing Company at The Sandlot). Ver COORS BREWING COMPANY. O termo deriva da ideia de que cervejas excepcionais são criadas *"once in a blue moon"*, ou seja, muito raramente. Todos os produtos foram desenvolvidos e testados na Sandlot Brewery.

Originalmente, quatro produtos foram oferecidos, incluindo Belgian White, Nut Brown, Honey Blonde, e uma *ale* sazonal de outono chamada Pumpkin Ale. Com o passar dos anos, as múltiplas ofertas foram interrompidas a fim de concentrar esforços na cerveja mais vendida, a Blue Moon Belgian White, também conhecida somente como "Blue Moon". Trata-se de uma versão do estilo belga *witbier*, embalada, não filtrada e flavorizada com casca de laranja e coentro. Ver WHITE BEER. Através da distribuição nacional, um discreto esforço de marketing e a autodescoberta por parte dos consumidores, em 2009 a Blue Moon Belgian White crescera e se tornara a maior marca artesanal ou pseudoartesanal dos Estados Unidos. A Blue Moon também ajudou a popularizar o estilo *Belgian white ale* e a apresentar os consumidores americanos aos estilos belgas de cerveja.

A Blue Moon foi produzida em Utica, Nova York, de 1995 a 1997. A produção mudou-se para Cincinnati, Ohio, de 1997 a 1999, em seguida, para Memphis, no Tennessee, de 1999 a 2001 e, a partir 2003 até 2008, foi produzida tanto em Montreal, no Canadá, quanto em Golden, Colorado. Em 2008, a produção foi transferida para Eden, na Carolina do Norte, e Golden, Colorado.

Além da Blue Moon Belgian White, a empresa também vende cervejas sazonais e cervejas de edição limitada, tal como Grand Cru. A Blue Moon continua a ser uma subsidiária da MillerCoors.

Ver também PRODUÇÃO ARTESANAL DE CERVEJA.

Keith Villa

bock, uma cerveja potente com densidade original acima de 16 °P e um teor alcoólico típico de mais de 6,5% ABV. O estilo surgiu na cidade de Einbeck, na Baixa Saxônia, Alemanha, e pode apresentar muitas variações regionais e comerciais. Algumas dessas versões alegam possuir raízes históricas, outras apenas fazem experimentações com certos ingredientes e/ou cepas de leveduras em mostos de alta densidade. Enquanto a maioria das cervejas *bock* sejam *lagers* de baixa fermentação, há uma grande variedade de cervejas de alta fermentação que também se encaixa nessa categoria, sendo a *weizenbock* a mais notável delas. Muitas *strong ales* de origem inglesa, belga ou americana são "*bock beers*" de acordo com os parâmetros legais estabelecidos em muitos países europeus para fins de tributação, mesmo que em seus países de origem elas não se encaixem nessa classificação.

Em geral, assume-se que a primeira *bock* comercial foi produzida na cidade alemã de Einbeck, a meio caminho entre Hannover e Kassel. Einbeck havia ganhado fama por produzir e exportar uma cerveja muito forte e saborosa na Idade Média. Em 1368, Einbeck associou-se à Liga Hanseática, o que facilitou a busca por consumidores para sua cerveja na Escandinávia, Rússia, Grã-Bretanha e Flandres. Estes eram mercados já familiarizados com cervejas encorpadas de outras cidades-membros da Liga Hanseática, como Rostock, que tinha entrado para a Liga cerca de um século antes. O registro escrito mais antigo a mencionar a cerveja de Einbeck é um recibo de dois barris de "*Einbecker*" vendidos para a cidade de Celle no dia 28 de abril de 1378. Um fator preponderante para o sucesso do produto de Einbeck era o sistema notável de controle de qualidade que havia sido estabelecido pelo conselho da cidade. Dezenas de burgueses tinham o direito de maltear seus próprios grãos (cevada e trigo, que correspondiam à terça parte do conjunto de grãos) e produzir cerveja em suas próprias adegas, mas nenhum deles tinha permissão para possuir seu próprio equipamento de brassagem. O equipamento para a brassagem pertencia à cidade, e o próprio conselho municipal contratava cervejeiros profissionais que deveriam levá-lo às casas dos burgueses que quisessem produzir cerveja. O mestre cervejeiro, na condição de funcionário público da cidade, era responsável por vistoriar o malte, inspecionar os processos de elaboração e, finalmente, certificar o produto final antes de ser vendido ou exportado.

As ruas do centro histórico de Einbeck ainda hoje são contornadas por construções com molduras de madeira coloridas dos séculos XV e XVI, as quais exibem extraordinárias e imensas portas de entrada. Essas portas deviam ser grandes o bastante para permitir a passagem da tina quando fosse transferida de uma casa a outra. Esse procedimento assegurava que toda a cerveja produzida em Einbeck

Cartaz em formato de selo (*poster stamp*), c. 1875, anunciando a Thomasbräu Bock, produzida pela Paulaner, uma das seis grandes cervejarias de Munique.
PIKE MICROBREWERY MUSEUM, SEATTLE.

seguia a mesma receita e apresentava os mesmos padrões de qualidade, independentemente de qual casa a tivesse elaborado.

Essa forma preliminar de padronização de um produto veio acompanhada de uma série de ideias de marketing que parecem saídas diretamente de um compêndio moderno, embora tenham sido empregadas quase meio milênio atrás. A cerveja de Einbeck era analisada em um dos principais laboratórios daquele tempo, na escola médica da Universidade de Salerno, onde era descrita como "*vinum bonum*" ("vinho bom"). Em 1521, quando Martinho Lutero, o reformador da Igreja e um dos homens mais proeminentes de seu tempo, teve de defender seu programa na Dieta (Assembleia Geral), em Worms, trouxe consigo um jarro cheio da cerveja de Einbeck, bebeu-a em público e glorificou-a como sendo "a melhor bebida já vista". Acima de tudo, Einbeck fez um bom trabalho em promover seu produto como "*Ainpöckisch Pier*", um termo que foi logo encurtado para "*Oanpock*" pelos consumidores bávaros e, posteriormente, para "*a bock bier*", daí o nome.

As remessas da potente *bock* cresciam cada vez mais. Em 1578, a cidade de Munique gastou 562 florins em cervejas *bock* importadas de Einbeck. Era o momento de copiar seu sucesso. Em 1617, Elias Pichler, um mestre cervejeiro de Einbeck, foi contratado pela Hofbräuhaus, em Munique, para produzir uma versão bávara da *"oanpock"*. A cerveja tornou-se extremamente popular, especialmente durante a quaresma, quando bebidas robustas ("pão líquido") tinham que substituir ao menos parte da comida na dieta dos católicos devotos. É por esse motivo que até hoje muitas *bocks* são rotuladas "Weihnachtsbock" ou "Osterbock", respectivamente para o Natal e para a Páscoa. Ao contrário do que se acredita, essas cervejas não são feitas para a celebração dessas datas festivas, mas para serem consumidas nas semanas que as precedem. Para a quaresma, na primavera, uma versão ainda mais forte de *bock*, a *"doppelbock"*, é elaborada a cada ano em muitas cervejarias bávaras, sendo que algumas delas ainda fazem a *"maibock"* para ser consumida no mês de maio.

A maioria das cervejas *bock* apresenta coloração dourada a âmbar, mas algumas podem ser avermelhadas ou mesmo pretas. Um exemplo comercial relevante desse estilo é a Zipfer Stefanibock, a *bock* mais vendida na Áustria e, é claro, a Ur-Bock da Einbecker Brauhaus, a única cervejaria sobrevivente na cidade de Einbeck. Plank, uma pequena cervejaria na região da Francônia, produz uma premiada *weizenbock*, e a Masuren-Dunkel, da Browar Kormoran, na Polônia, é um exemplo de uma típica *bock* escura. Muitas *bocks* – mas não todas – costumam ser encorpadas e levemente adocicadas e maltadas, com notas florais ou frutadas. Geralmente não são muito carregadas de lúpulo e caracterizam-se por um amargor de intensidade moderada. Deve-se salientar que as cervejas *bock* apresentam bom potencial de envelhecimento, algumas com aptidão para permanecer na adega por muitas décadas.

Conrad Seidl

Boddington's Brewery. Em 1832, Henry Boddington uniu-se à Strangeways Brewery, em Manchester, Reino Unido, que fora fundada por Thomas Caister e Thomas Fray em 1778. Henry logo chegou ao posto de sócio em 1847, agora chamada John Harrison & Co. Ele se tornou o único proprietário da empresa em 1853. Sob sua gestão e de seus sucessores da família Boddington, a empresa tornou-se uma importante cervejaria regional, produzindo cerca de 650 mil hectolitros em 1985. A empresa cresceu organicamente, tendo comprado somente três cervejarias menores (Bridge Brewery em Burton, 1869; Hull's Brewery, em Preston, 1900; Isle of Man Brewery, c. 1907), até adquirir a Richard Clarke & Co. de Stockport em 1962.

A participação da família Boddington na cervejaria caíra a 40% na década de 1930, tornando a empresa alvo para outros cervejeiros, e a Allied Breweries fez uma proposta em 1969. Esta não foi bem-sucedida, rejeitada com a ajuda da Whitbread Investment Company, que colocou a Boddington's sob a sua proteção. Ver WHITBREAD BREWERY. A Boddington's permaneceu independente, comprando a Oldham Brewery, em 1982, e a Higson's de Liverpool, em 1985. Seus 280 *pubs* eram um prêmio valioso, e a Whitbread adquiriu a empresa em 1989. A Whitbread pegou a distinta *pale gold ale* da Boddington's, amarga e refermentada em barril, famosa pelo forte amargor de lúpulo, e a nitrogenou, transformando-a em uma cerveja suave voltada para o mercado de massa. Em 2001, a Whitbread vendeu suas cervejarias para a empresa belga Interbrew (que viria a se tornar InBev, agora Anheuser-Busch InBev). Ver INBEV. A cervejaria da Boddington's foi fechada em 2005; somente a marca ainda permanece, como parte do portfólio do maior fabricante de cerveja do mundo.

Jacobsen, M. **200 years of beer**. Manchester: Boddington's Breweries Ltd, 1978.

Terry Foster

Boêmia é a parte noroeste da República Tcheca que compreende cerca de dois terços do país. Historicamente, a Boêmia foi um reino (de 1158 até 1918), sob a casa de Habsburgo e mais tarde sob o Império Austro-Húngaro. Muitas das famosas cidades cervejeiras tchecas estão situadas na Boêmia, como Budweis (České Budějovice), Krusovice, Pilsen, Praga, Saaz (Žatec) e Velké Popovice. A produção de cerveja na Boêmia tornou-se famosa nos séculos XIII e XIV, quando algumas das cidades mencionadas acima obtiveram privilégios de produção de cerveja e direitos *banlieu* (o que significava que até uma certa distância da cidade, apenas as cervejas produzidas pelos cidadãos dessa cidade poderiam ser legalmente comercializadas). Parte dessa fama pode ser creditada aos lúpulos de Saaz (Žatec). Os lúpulos dessa origem eram considerados tão valiosos que seus fardos eram marcados com o selo oficial da cidade e era proibida por lei a exportação de brotos de lúpulos da Boêmia. A indústria cervejeira sofreu muito durante a Guerra dos Trinta Anos (1618--1648), que eliminou dois terços da população e da qual a nobreza local e o conselho da cidade, protestantes, saíram derrotados. Os privilégios da produção de cerveja foram revogados e muitas cervejarias foram assumidas pela nobreza católica, leal ao imperador Habsburgo. Foi só com a invenção do estilo de cerveja *pilsner* por Josef Groll em 1842 que a Boêmia voltou ao mapa como um país líder na produção de cerveja. Nas três décadas após a invenção da cerveja *pilsner*, toda a indústria mudou drasticamente, pois os cervejeiros abandonaram suas tradicionais técnicas de alta fermentação e aderiram à nova tecnologia da baixa fermentação *lager*. A tecnologia *pilsen* foi amplamente copiada em toda a região e permaneceu mais ou menos inalterada durante mais de um século, especialmente porque a obsessão ocidental com a produção de cervejas de "sabor limpo" não foi compartilhada pelos governantes comunistas da Boêmia na segunda metade do século XX. As cervejas *pilsner* tradicionais, com sua coloração um pouco mais escura e às vezes com um notável teor amanteigado de diacetil, viria a definir algo que foi estabelecido como "estilo *Bohemian pilsner*".

Ver também DIACETIL, PILSNER, REPÚBLICA TCHECA e SAAZ.

Conrad Seidl

Bohemian pilsner, um estilo de cerveja que está mais relacionado com as origens da "família *pilsner*" de estilos *lager* do que qualquer outro tipo. A cidade de Pilsen (Plzeň, em tcheco) é a capital da Boêmia Tcheca, e foi lá que, em 1842, o cervejeiro bávaro Josef Groll produziu a cerveja *pilsner* original. Atualmente, essa cervejaria chama-se Plzeňský Prazdroj, mais conhecida como Pilsner Urquell, que significa "fonte original". Na República Tcheca, no entanto, apenas a cerveja originária de Pilsen é denominada *pilsner*, mesmo que a cerveja de outros locais seja produzida de acordo com as características do estilo. Para os tchecos, *pilsner* é essencialmente uma *appellation contrôlée*, e os cervejeiros alemães respeitam isso e chamam suas cervejas homólogas pela redução "*pils*". Para o restante do mundo, as cervejas tchecas como a Staropramen, Gambrinus, Krusovice e Budweiser Budvar, representam um estilo denominado *Bohemian pilsner* ou *Czech pilsner*.

Os cervejeiros alemães de *pilsner* acabaram aprimorando suas *pils* em um estilo que se distinguiu dos originais boêmios. São cervejas *lager* em sua essência, fermentadas a baixas temperaturas e maturadas por até noventa dias. Enquanto as *German pilsners* acabaram adquirindo uma coloração mais clara, alcançando certa tonalidade amarelo-brilhante, as cervejas tchecas apresentam um dourado mais intenso, por vezes até com matizes avermelhados, muito embora seja elaborada com 100% de malte *pilsner*. Parte disso deve-se ao uso de diferentes maltes e à própria água, mas também à oxidação e consequente escurecimento do mosto em recipientes de coleta abertos (*grants*) à medida que este vai sendo escoado na tina-filtro. Ver AERAÇÃO DO MOSTO QUENTE e GRANT, BERT. A mostura por decocção permanece comum nas cervejarias tchecas, e isso também pode causar o escurecimento das cervejas, trazendo, talvez, um aprofundamento dos sabores de malte. Os lúpulos tendem a ser da variedade floral Saaz e são usados mais assertivamente. Enquanto atualmente a *German pilsner* média tem um amargor de 28 IBU, as *Czech pilsners* costumam aproximar-se dos 35 IBU, o que as torna consideravelmente mais penetrantes. Elas equilibram esse amargor com um pouco mais de dulçor do malte, um sabor de malte um tanto mais torrado e até mesmo, algumas vezes, com um ligeiro perfume de diacetil, composto de sabor amanteigado criado pela levedura e duramente combatido pela maioria dos cervejeiros de *lagers*. Juntas, essas qualidades fazem da *Bohemian pilsner* uma versão mais encorpada do estilo que a alemã, e em alguns festivais cervejeiros as duas são separadas em categorias distintas.

Garrett Oliver

Bohemian Red

Ver SAAZ.

bomba manual é um dispositivo de servir, exclusivamente britânico, especificamente apropriado para as tradicionais *ales* refermentadas em *casks*. A bomba manual é uma bomba de pistão que permite que os *casks* fiquem armazenados em um porão mais frio, abaixo do bar, e a cerveja seja bombeada para o bar. Cervejas refermentadas em *casks* tem menor carbonatação que as cervejas normais, pois são usualmente servidas por volta de 11 °C a 14 °C. Se uma *ale* refermentada em *cask* for servida em um sistema normal, a pressão do gás e a temperatura mais fria aumentariam a carbonatação da cerveja, o que faria com que ela perdesse o equilíbrio ideal de sabor e aroma. Ver CONDICIONAMENTO EM CASK. Por outro lado, servir uma cerveja totalmente carbonatada com a bomba manual resultaria em uma espuma excessiva. Uma simples torneira de gravidade é adequada para a *ale* refermentada em *cask* se a temperatura adequada do barril puder ser mantida, porém a bomba manual é imprescindível se o *cask* estiver em um local remoto. Ver EXTRAÇÃO POR GRAVIDADE.

Uma versão da bomba manual foi patenteada pelo produtivo inventor britânico, serralheiro e engenheiro hidráulico Joseph Bramah em 1797. A bomba manual moderna mudou pouco desde o começo do século XIX; esta consiste em um pistão simples acoplado a uma longa alça resistente. Válvulas de retenção asseguram que o fluxo de cerveja aconteça somente em uma direção, do barril para o copo. Tradicionalmente, todas as partes da bomba manual eram feitas de bronze, porém uma lei britânica por volta de 1990 determinou que todas as partes que entram em contato com a cerveja devem ser feitas de plástico ou aço inoxidável. Bombas manuais são projetadas para extrair metade ou um quarto de *pint* imperial (568 mililitros) por tração. Instalações adequadas de uma bomba manual têm algum mecanismo de resfriamento ao longo de todo o caminho da cerveja, e a câmara do pistão deve ser isolada. Operar uma bomba manual em um *pub* cheio é uma tarefa fisicamente difícil, que requer paciência, habilidade e força. *Barmen* experientes alternam entre o braço direito e o esquerdo na extração do chope – caso contrário, sofrerão do chamado bíceps de *barman*, em que um braço fica visivelmente mais forte do que o outro.

Ver PESCOÇO DE CISNE.

Camra. Campaign for Real Ale. Disponível em: http://www.camra.org.uk/. Acesso em: 20 nov. 2010.

Brian Hunt

A **Boon, Cervejaria**, do vilarejo belga de Lembeek, nas margens do rio Senne, tem origens que remontam ao ano de 1680, quando um certo J. B. Claes comprou uma fazenda e a transformou em uma cervejaria e destilaria. Lembeek é considerada por muitos a casa do estilo belga de cervejas *sour* de nome *lambic* e seus derivados. De fato, de acordo com uma teoria, o nome "*lambic*" é simplesmente Lembeek mal pronunciado. De acordo com outra teoria, no entanto, *lambic* é uma forma reduzida de "*alembic*", a palavra em francês para destilador de bebidas. Em algum momento dos anos 1800, havia mais de quarenta cervejarias operando em Lembeek, e muitas delas também eram destilarias. A Claes Brewery mudou de dono em 1860 e foi renomeada Brasserie de Saint Roch, a qual, quinze anos depois, engarrafou a sua primeira *gueuze*, um estilo que mistura *lambics*. Uma maltaria foi construída junto à cervejaria em 1890. Nas décadas seguintes, as instalações foram subdivididas e vendidas várias vezes, até que, em 1977, Frank Boon, um misturador e vendedor de *gueuze*, comprou o local e o rebatizou de Brouwerij Boon. Em 1986, Boon mudou sua empresa para um novo local, no centro de Lembeek, onde ele instalou uma moderna sala de brassagem e uma adega. Em 1990, ele se tornou sócio, com 50% de participação, das Cervejarias Palm, e em outubro daquele ano ele finalmente produziu a sua primeira batelada da sua própria *lambic*. Nas duas décadas seguintes, a produção anual da Boon aumentou de meros 450 hectolitros no primeiro ano para mais de 11 mil hectolitros. Como as *lambics* e seus estilos derivados são cervejas bem envelhecidas, a quantidade de *lambic* armazenada em barris de carvalho na Cervejaria Boon excede 1 milhão de litros, o que é considerado o maior estoque de *lambic* do mundo. Hoje, o portfólio da Boon inclui todas as variedades de *lambic*. Entre elas estão a Oude Geuze Boon (a Boon grafa a palavra "Gueuze" de modo particular), semelhante ao *champagne* e com dois anos de idade, a restrita Geuze Mariage Parfait, a Faro Perte Totale, feita com 50% de uma *lambic* jovem e 50% de uma *lambic* envelhecida, com adição de *candi sugar* e especiarias, as Kriek Boon e a Oude (tradicional) Kriek Boon, *lambics* com cerejas maturadas em grandes tonéis de carvalho, a *lambic* com framboesa Framboise Boon, e a Duivels Bier ("cerveja do diabo"), escura, com aroma de lúpulo e suave aroma de café, produzida com malte escuro e *candi sugar*. As cervejas Boon são, em sua maior parte, tradicionais, se não tão secas quanto os entusiastas das *lambics* preferem que elas sejam; as cervejas que exibem o prefixo "Oude" são mais concentradas e evitam o dulçor moderno.

Ver também FRAMBOISE, KRIEK, LAMBIC e PALM, CERVEJARIAS.

Brouwerij Boon. Disponível em: http://www.boon.be/. Acesso em: 24 jan. 2011.
Palm Breweries. Disponível em: http://www.palm.be/. Acesso em: 24 jan. 2011.

Lorenzo Dabove

A **Boon Rawd, Cervejaria**, é mais conhecida pela sua *German lager* Singha e pelo mítico leão estampado na embalagem. O renomado escritor de cerveja Michael Jackson certa vez a descreveu como "uma *pale lager* excepcional que atrairia a atenção em qualquer lugar do mundo". A Singha é produzida com 100% malte de cevada, dando à cerveja dourada caráter e sabor encorpados. Impressas no rótulo colado no gargalo de cada garrafa de Singha estão as palavras "*by royal permission*" ("com a permissão real"), que se referem ao fato de que a empresa recebeu um selo de aprovação de Sua Majestade o Rei Rama VII, uma distinção que ela ganhou em 25 de outubro de 1939. Fundada por Phraya Bhirom Bhakdi, a Boon Rawd tornara-se a primeira cervejaria da Tailândia seis anos antes. Nascido como Boonrawd Sreshthaputra, Bhakdi viajou para a Alemanha e Dinamarca em 1930 para observar as práticas cervejeiras na Europa antes de lançar seu empreendimento. Seu filho, Prachuab Bhirom Bhakdi, foi o primeiro mestre cervejeiro da Tailândia.

Na década de 1970, a Boon Rawd começou a vender a Singha internacionalmente. A Boon Rawd afirma ter introduzido o conceito de *beer garden* na Tailândia durante a década de 1980. A empresa ainda é uma propriedade familiar e opera três cervejarias na Tailândia. Além da Singha e da Singha Light, seu negócio de bebidas agora inclui água engarrafada, água com gás, chá-verde e uma bebida energética chamada B-ing, além de outras duas marcas de cerveja, Leo e Thai Beer. Com uma capacidade de produção que excede 1,5 bilhão de litros anualmente, ela continua a ser a maior cervejaria da Tailândia e distribui Singha para mais de quarenta países.

Boon Rawd Trading International Co., Ltd. Disponível em: http://www.boonrawd.co.th/. Acesso em: 14 jun. 2010.
Hamson, T. **The beer book**. New York: Dorling Kindersley, 2008.
Jackson, M. **The new world guide to beer**. Philadelphia: Running Press, 1988.
Singha Corporation Co., Ltd. Disponível em: http://www.leobeer.com/. Acesso em: 14 jun. 2010.

Ben Keene

borragem (*Borago officinalis* L.), uma planta anual, também chamada de "murugem", já foi conhecida como uma das quatro "flores estimulantes mais recomendadas para animar os espíritos". Provavelmente, é nativa da Síria e de outras regiões do Mediterrâneo, mas agora está presente em muitas partes da Europa.

A erva fresca tem flores azuis com uma fragrância de pepino e tem sido regularmente utilizada na medicina fitoterápica desde os gregos antigos. Foi dito pelo médico grego e botânico Dioscorides (*c.* 40-90; autor de *A matéria médica*) que a planta era o "*Nepenthe*" descrito por Homero no quarto livro de sua Odisseia. *Nepenthe*, literalmente, significa "medicina da tristeza" ou "aquela que afasta a tristeza", pois, quando tomada com álcool, o consumidor entra em um estado de esquecimento absoluto. Em uma linha semelhante, Plínio, o Velho, nomeou a planta *Euphrosinum* porque acreditava que ela trouxesse felicidade e alegria para o usuário.

A borragem é amplamente usada em sopas e saladas tradicionais em toda a Europa, e é particularmente popular na região de Ligúria, na Itália, onde é usada para rechear *ravioli* e *pansotti*. Há várias sugestões para a origem do nome da planta; segundo uma delas, ele deriva de "*barrach*", uma palavra de origem Celta que significa "homem de coragem". Outros afirmam que "*borago*" é uma modificação de "*corago*" (que literalmente significa "eu conduzo o coração"). Como erva medicinal, ela tem propriedades diuréticas e emolientes.

No norte da Europa, a borragem tem sido utilizada como um flavorizante de cerveja desde os tempos medievais, e é quase certo que compunha o *gruit* às vezes, embora o sigilo em torno desse componente da cerveja impeça a identificação absoluta. Uma bebida antiga conhecida como "*cool tankard*" era feita com vinho (ou cerveja forte), água, limão, açúcar e as folhas e flores de borragem. A versão tradicional do clássico coquetel *"Pimm's Cup"* inclui uma guarnição de folhas de borragem, mas, nos dias atuais, a maioria dos *bartenders* substitui esse ingrediente por uma fatia de pepino, mais prontamente disponível.

Ver também GRUIT.

Buhner, S. H. **Sacred and herbal healing beers.** Boulder: Siris Books, 1998.
Grieve, M. **A modern herbal.** New York: Dover, 1971.
Gunther, R. T. **The Greek herbal of Dioscorides.** Oxford, England: Oxford University Press, 1933.
Hornsey, I. S. **A History of beer and brewing.** Cambridge: Royal Society of Chemistry, 2003.
Unger, R. W. **A History of brewing in Holland 900–1900.** Leiden/England: Brill, 2001.

Ian Hornsey

A **Bosteels, Cervejaria**, é uma clássica cervejaria familiar de porte médio, localizada no vilarejo de Buggenhout, na Flandres Oriental, no centro da Bélgica. Fundada em 1791, a cervejaria tem sido comandada pela família Bosteels há sete gerações.[3] Embora as cervejarias familiares, em todos os lugares, estejam sob pressão para acompanhar as multinacionais, de um lado, e as versáteis microcervejarias, de outro, a Bosteels parece ter encontrado seu nicho de mercado. Entre 2002 e 2010, as vendas da Bosteels passaram de 25 mil para 65 mil hectolitros.

Depois de grandes investimentos em modernos equipamentos de produção de cerveja em 1953, os Bosteels incorporaram um empório com um salão de música, onde a cerveja de baixa fermentação Salamander era vendida em grandes quantidades. Essa atração perdeu popularidade na década de 1970, mas um renovado interesse dos consumidores de cerveja pelas *ales* especiais mais do que compensou o declínio nas receitas de entretenimento. Uma das peculiares cervejas Bosteels é a Pauwel Kwak, uma *ale* mundialmente famosa pelo copo de cocheiro sem haste em que é servida. O nome da cerveja significa "Paul tagarela", uma referência a um lendário cocheiro local que simplesmente não conseguia manter a boca fechada. O formato do copo permite pendurá-lo na carruagem, mantendo as mãos do cocheiro livre para controlar os cavalos. Depois, há a Tripel Karmeliet, uma cerveja multigrãos produzida com trigo, aveia e cevada, servida em uma atraente taça tulipa jateada.

Uma das *ales* da Bosteels é a chamada *"The Same Again"* ["A mesma de novo"], que faz você se perguntar o que eles estavam pensando quando deram a ela esse nome irônico. Uma cerveja bastante incomum é a DeuS Brut des Flandres. Essa cerveja, cujo nome lembra o latim "Deus", é feita na Bosteels, mas então enviada para a região de Champagne, na França, onde é finalizada pelo método *champenoise*, como uma verdadeira *champagne*. O resultado é uma cerveja finamente perolada, verdadeiramente carbonatada (*pétillant*), de suprema elegância e delicadeza, que é mais bem servida em uma taça *flute* de champanhe. A cervejaria é tão ansiosa para introduzir cervejas inovadoras quanto para descontinuar cervejas que não vendem. Assim, o abandono foi o destino que se abateu sobre cervejas tradicionais da Bosteels, como a Cupido (uma *ale*), a Buggs (uma cerveja de baixo teor alcoólico) e a Prosit Pils (uma *lager* e a cerveja mais antiga da cervejaria). Além dos sofisticados copos de vidro e dos nomes idiossincráticos que chamam a atenção e garantem notoriedade às cervejas Bosteels, certamente não as prejudica o fato de a cervejaria ser uma vencedora consistente em muitas competições internacionais de cerveja.

Joris Pattyn

Boston Beer Company é uma das maiores cervejarias privadas norte-americanas, mais conhecida por sua linha de cervejas puro malte sob a marca Samuel Adams. A Boston Beer Company foi fundada por Jim Koch, Harry Rubin e Lorenzo Lamadrid em 1984, juntamente com Rhonda Kallman, uma colega de Koch do Boston Consulting Group que foi nomeada sócia-fundadora e vice-presidente de vendas em 1985. Ver KOCH, JIM. Em 2011, a empresa era negociada na bolsa de valores de Nova York (*ticker*: "SAM"), empregava mais de 750 pessoas e produzia cerca de 2,3 milhões de hectolitros por ano. A receita líquida para o ano fiscal de 2009 ultrapassou os 415 milhões de dólares.

A primeira cerveja produzida pela empresa, a Samuel Adams Boston Lager, foi baseada em uma receita criada pelo tataravô de Koch, Louis Koch, e foi comercializada pela primeira vez no Dia dos Patriotas de 1985.

---

[3] Em 2016, a Bosteels foi adquirida pela AB InBev. [N.E.]

O nome da marca Samuel Adams foi escolhido em homenagem ao líder da Revolução Americana, que também se acredita ter sido um produtor de malte, embora alguns relatos sugiram que ele era também um cervejeiro. Por exemplo, na biografia *Samuel Adams: A Life*, o autor, Ira Stoll, relata que uma vez ofereceram a Jim Koch "para venda uma receita de lúpulo assinada pelo patriota Samuel Adams".

No começo, a cerveja era vendida de mão em mão e, no final do seu primeiro ano, a produção era de 58.000 litros. Mais tarde no mesmo ano, ela foi escolhida "a melhor cerveja dos Estados Unidos" na pesquisa de preferência do consumidor do The Great American Beer Festival (e também nos três anos seguintes), o que foi bastante explorado na publicidade inicial da marca. A segunda cerveja Samuel Adams que a empresa lançou foi a *double bock*, colocada à venda em 1988.

Em 1992, a marca era distribuída nacionalmente em todos os estados, e em 1994 foi a cerveja especial mais vendida no país. No início da década de 1990, as vendas giravam em torno de 50 milhões de dólares por ano, mas em meados dessa mesma década tinham subido para mais de 200 milhões de dólares, com 1,4 milhão de hectolitros produzidos.

Toda a produção inicial de cerveja da Boston foi feita por contrato e produzida pela Pittsburgh Brewing Co., na Pensilvânia e, posteriormente, em outras cervejarias, tais como Stroh's, Blitz-Weinhard e cervejarias da Miller. Em 1988, a empresa reformou a antiga Haffenreffer Brewery, em Jamaica Plain, Boston, a qual hoje é um destino turístico. Uma cervejaria piloto também localizada lá realiza pesquisas e desenvolve cervejas especiais com edição limitada. O escritório corporativo da empresa é separado e fica no centro de Boston.

Em meados da década de 1990, a Boston Beer comprou a Hudepohl-Schoenling Brewery em Cincinnati, e em 2005 concluiu uma grande reforma e expansão. Em 2008, uma terceira cervejaria foi adquirida em Breinigsville, na Pensilvânia. Hoje, todas as cervejas Samuel Adams são produzidas em cervejarias de sua propriedade.

A Boston Beer Company tornou-se pública em 1995, vendendo ações ordinárias de classe A (que têm direito de voto bastante limitado) na bolsa de valores de Nova York, enquanto o fundador Jim Koch detém 100% das ações ordinárias de classe B, que é a única classe com plenos direitos de voto.

Mais de trinta tipos diferentes de cervejas são produzidos sob o rótulo Samuel Adams, e a Boston Lager ainda representa a maior parte das vendas da empresa. Em 2002, a Sam Adams Light foi lançada, tornando-se uma das primeiras cervejas de baixas calorias produzida por uma cervejaria artesanal. Além da Boston Lager e da Sam Adams Light, aproximadamente uma dúzia de cervejas sazonais são lançadas a cada ano, juntamente com várias séries de cervejas. Estas incluem, até hoje,[4] a Brewmaster's Collection (composta por doze cervejas diferentes), a Imperial Series (com quatro cervejas) e a Barrel Room Collection (com três cervejas).

Além das cervejas principais e das outras séries, a Boston Beer também produziu uma série de cervejas especiais. A Triple Bock, lançada em 1994, foi um dos primeiros lançamentos especiais da empresa e uma das primeiras "cervejas extremas" produzidas nos Estados Unidos. A Triple Bock tinha 18% de álcool em volume (ABV), não era carbonatada e era vendida em uma pequena garrafa azul-escura de 0,25 litro. Ela foi seguida pela Millennium Ale em 2000 (20% ABV) e a Utopias, feita a cada dois anos desde 2002 (a atual versão tem 27% ABV). Utopias é atualmente a cerveja mais forte feita nos Estados Unidos. Cada uma dessas cervejas foi produzida em quantidades limitadas.

Em 2006, a empresa começou a trabalhar com o TIAX Laboratories of Cambridge, Massachusetts, para desenvolver seu próprio copo. Comparando os desenhos de dezenas de copos e testando diferentes configurações por quase um ano, o novo copo foi desenvolvido para maximizar propriedades como a nucleação, razão volume para superfície e a retenção de espuma. O copo foi lançado em 2007, e diz-se que intensifica os sabores da Samuel Adams Boston Lager.

Além da marca Samuel Adams, a empresa é proprietária de outras marcas comerciais como Hardcore Cider Company e Twisted Tea Brewing Company, sob as quais produzem bebidas alcoólicas como a *hard cider* e o *hard iced tea*. Ambas as linhas são propositadamente mantidas separadas da marca Samuel Adams.

A empresa também trabalha em estreita colaboração com a comunidade de cervejeiros caseiros e patrocina um concurso chamado Longshot American Homebrew Contest, no qual os cervejeiros caseiros

---

[4] Entre a publicação desta obra em inglês e em português, a Boston Beer Company lançou dezenas de novas cervejas. [N.E.]

são convidados a participar com suas cervejas em competições regionais. Os vencedores regionais são julgados em uma final, onde os três melhores são selecionados como vencedores. Os vencedores têm suas cervejas produzidas pela Samuel Adams sob o rótulo Longshot, com as suas imagens estampadas nos rótulos e vendidas em embalagens de seis unidades misturadas.

Baron, S. **Brewed in America, the history of beer and ale in the United States**. Boston: Little, Brown and Company, 1962.

Kahn, J. P. **With new design, foam follows function**. Disponível em: http://www.boston.com/ae/food/articles/2007/06/20/with_new_design_foam_follows_function/. Acesso em: 8 fev. 2011.

Stoll, I. **Samuel Adams**: a life. New York: Free Press, 2008.

Jay R. Brooks

Boulevard Brewing Company iniciou em 1988, quando o seu fundador John McDonald começou a construção da cervejaria em um prédio de tijolos da virada do século, no histórico Southwest Boulevard, em Kansas City, Missouri. O nome da cervejaria vem da sua localização na avenida. Uma clássica sala de brassagem bávara foi instalada, e as primeiras bateladas de cerveja foram produzidas no outono de 1989. O primeiro barril de Boulevard Pale Ale foi entregue em novembro daquele ano, na caçamba da caminhonete de McDonald, a um restaurante localizado a poucos quarteirões de distância. Desde a sua abertura, a cervejaria foi submetida a três expansões: em 1999, 2003 e 2005. A mais recente delas aumentou a capacidade de produção de cerveja para 70 milhões de litros por ano. Em 2009, a cervejaria produziu 16,4 milhões de litros, tornando a Boulevard uma das dez maiores cervejarias artesanais dos Estados Unidos.

Em 2010, a Boulevard vendia cerveja em dezenove estados, principalmente no meio-oeste. A Boulevard, como muitas outras cervejarias artesanais modernas, considera-se uma participante da revitalização da tradição regional cervejeira dos Estados Unidos. A Boulevard produz cinco variedades sazonais e oito cervejas que estão disponíveis durante todo o ano. A maioria das vendas é composta por duas marcas: Pale Ale e Unfiltered Wheat. A Boulevard também produz a Smokestack Series, que é uma linha premiada de cervejas artesanais lançada em 2007 e envasada em garrafas de 750 mililitros. Essa série inclui seleções permanentes e cervejas de edição limitada.

Keith Villa

braggot. A prática cervejeira nem sempre produz cerveja, e em alguns casos cria produtos mistos. A *braggot* é um desses casos: trata-se de uma bebida produzida a partir de malte e mel, sendo essencialmente uma bebida mista, parte cerveja, parte hidromel. As referências históricas indicam que a *braggot* é uma bebida celta que data do século XII, mencionada em *The Canterbury Tales*. Naqueles tempos o mel era a principal fonte de açúcar, e a *braggot* teria sido uma bebida muito comum na Europa medieval.

Diversas combinações são possíveis, dependendo da proporção de malte e mel utilizada, mas a rigor deve levar mais mel que malte para que seja distinta de uma *honey beer*. Ver MEL. As *braggots* podem ser produzidas combinando-se cerveja e hidromel produzidos separadamente, ou a mistura pode ser feita no início da preparação da cerveja, adicionando-se mel à tina de fervura. Lúpulos e condimentos podem ser também adicionados para conferir distintas características de sabor e aroma à bebida. De preferência, o caráter de lúpulo e o amargor devem compensar o dulçor residual do mel. A fonte do mel também contribui para seu caráter específico, podendo variar de acordo com os distintos tipos de flores frequentadas pelas abelhas e também segundo a época do ano, em função da sazonalidade do néctar disponível.

Historicamente, as distintas versões de *braggot* difeririam também de acordo com os tipos de lúpulos, ervas e condimentos adicionados, sendo que alguns poderiam até ser escolhidos pelo cliente no próprio bar. Hoje, isso só é possível se a *braggot* for produzida em casa. Atualmente, *braggots* comerciais raramente são vistas em bares, mas podem-se encontrar algumas delas elaboradas por cervejeiros artesanais afeitos a aventuras, a maioria deles nos Estados Unidos.

Para sua produção, deve-se obedecer a um cuidadoso equilíbrio e seleção dos maltes e do mel, já que cada qual pode levar aromas e sabores conflitantes que nem sempre se harmonizam bem. Maltes mais claros são geralmente utilizados e o produto deve apresentar boa gradação alcoólica, normalmente com um mínimo de 6% ABV e, ocasionalmente, com até 12% ABV.

Keith Thomas

Bramling Cross é uma variedade tradicional inglesa de lúpulo desenvolvida em 1927 pelo professor Ernest S. Salmon, no Wye College, em Kent, Inglaterra, e lançada comercialmente em 1951. Trata-se de um cruzamento entre o Bramling (um clone de Golding que se popularizou nos anos de 1860) e uma muda macho do lúpulo selvagem canadense Manitoban, daí o nome da variedade. O objetivo do cruzamento na época era a preservação das características de resistência do Manitoban em um lúpulo inglês clássico, principalmente em relação à resistência contra murcha e míldio. Salmon também buscava melhorar a produtividade e adiantar a maturidade. O resultado foi um lúpulo com aroma frutado, notas de groselha-preta e limão, além de bom teor de alfa-ácidos. Até os anos de 1980, este era um lúpulo raro no repertório dos cervejeiros britânicos. Entre as poucas cervejarias que informavam utilizá-lo estavam a Harvey & Son, de Lewes, no Sussex, e a Ruddles Brewery, de East Midlands. Ver HARVEY & SON LTD. O Bramling Cross apresenta teor de alfa-ácidos entre 6% e 8%, o que o torna um lúpulo de ampla finalidade adicionado durante a fervura, embora os cervejeiros artesanais britânicos também apreciem as notas de groselha-preta e limão. Ele tem sido utilizado em *imperial stouts* como lúpulo de aroma e de amargor. É cultivado principalmente na Grã-Bretanha, em Kent e Sussex. Muitos produtores e cervejeiros ainda o conhecem pelo seu número de triagem, OT 48. Ele brota relativamente cedo na temporada da safra e atinge a maturidade no final do mês de agosto – embora em anos de primavera quente e seca ele possa apresentar certa dormência, resultando em produtividade reduzida. A haste é forte e as flores têm tamanho médio, bem formadas para colheita manual.

Darby, P. The history of hop breeding and development. **Brewery History**, n. 121, p. 94-112, winter 2005.

Adrian Tierney-Jones

brandhefe significa literalmente "levedura queimada". É o nome alemão para os resíduos acastanhados encontrados nas laterais de um tanque de fermentação vazio. Geralmente no formato de anel perto do topo do tanque, o *brandhefe* é composto por levedura seca, albume e resinas do lúpulo, devendo ser cuidadosamente removido após cada utilização do tanque de fermentação. É um material resistente, viscoso e nem sempre fácil de remover. Ao contrário do que sugere o seu nome, não é composto principalmente de levedura –, na verdade contém proteínas e resinas de lúpulo que o tornam escuro e pegajoso. O *brandhefe* é em grande parte o resíduo seco da espuma surgida durante as fases iniciais da baixa fermentação; o assim chamado *kräusen*. Essa espuma, que é desenvolvida pela produção de dióxido de carbono, "remove" da cerveja jovem sabores indesejáveis, incluindo alguns componentes do lúpulo de sabor mais grosseiro. O *Kräusen* fica escuro e finalmente marrom ou preto quando as resinas do lúpulo secam. Na última fase da fermentação primária, a espuma colapsa e se não for retirada adere às paredes do tanque, devendo ser removida após o esvaziamento do tanque. As receitas tradicionais para a produção de cerveja *lager* demandam a remoção total das partes escuras do *Kräusen* antes da trasfega da cerveja para o tanque de maturação. Essa operação pode ser realizada apenas quando fermentadores abertos são usados nas cervejarias tradicionais que produzem *lager*. Nos fermentadores modernos cilindrocônicos, a maior parte do *brandhefe* irá grudar no interior das paredes ou no teto do tanque de fermentação, mas vários cervejeiros afirmam que o amargor áspero de algumas *pilsners* modernas pode ser o resultado da remoção incompleta do *brandhefe*.

Wahl, R.; Henius, M. **American handy-book of the brewing, malting and auxiliary trades.** Chicago: Wahl & Henius, 1901. 1266 p.

Conrad Seidl

Brasil. Embora o Brasil tenha sido uma colônia de Portugal de 1500 até sua independência, em 1822, a história da cerveja só teve início no país em 1634, quando os colonizadores holandeses invadiram o território brasileiro, trazendo suprimentos da bebida. Essa ocupação durou apenas até 1654, deixando o país sem cerveja (ou pelo menos sem os tipos europeus de cerveja) pelos 150 anos seguintes. Em 1807, a Inglaterra enviou seu exército para defender Portugal contra Napoleão, estreitando os laços entre os dois países. Parcialmente como resultado, comerciantes ingleses fundaram empresas no Brasil e disponibilizaram cervejas *porter* e *pale ale* nas grandes cidades em todo o país. Demorou mais de cinquenta anos para que surgissem as primeiras cervejas artesanais locais, agora produzidas pelas grandes ondas de imigrantes alemães. Os alemães colonizaram a região Sul do país, e as primeiras cervejarias estavam localizadas nos estados do Rio de Janeiro, São Paulo, Santa Catarina e Rio Grande do Sul. No entanto, a maioria delas encontrou dificuldades para sobreviver. Como é um país tropical, o Brasil não possui um clima ideal para o cultivo de boa cevada e bom lúpulo. Ambos os ingredientes tinham que ser importados de países produtores, o que era particularmente difícil e caro na época. Além disso, a refrigeração ainda não estava disponível, tornando a vida dos cervejeiros muito difícil em um país onde a temperatura ambiente atinge facilmente 40 °C. Nessas temperaturas, a contaminação por leveduras selvagens e bactérias era difícil de ser eliminada, e bateladas de cerveja estragavam antes de serem comercializadas.

Somente em 1888 as duas principais cervejarias brasileiras, a Cia. Cervejaria Brahma do Rio de Janeiro e a Cia. Cervejaria Antarctica de São Paulo, foram fundadas. Depois de muitos anos de concorrência, a Brahma adquiriu a Antarctica em 1999, tornando-se uma das mais importantes empresas do mercado cervejeiro mundial. A nova companhia recebeu o nome de Ambev, a qual mais tarde se fundiu com a gigante belga Interbrew, resultando na segunda maior cervejaria do mundo, denominada InBev. Em 2009, a cervejaria belgo-brasileira conseguiu adquirir a maior empresa cervejeira do mundo, a Anheuser-Busch, criando uma nova empresa, a Anheuser-Busch Inbev. Em 2010, a InBev respondia por mais de 68% do mercado brasileiro de cerveja, principalmente de cervejas *light lagers* como Skol, Brahma, Antarctica e outras. Outros grandes fabricantes de cerveja no Brasil são o Grupo Brasil Kirin, que responde por 12,3% do mercado; a Cervejaria Petrópolis, com sua marca Itaipava e 9,7% do mercado; e a Femsa – que recentemente vendeu sua operação cervejeira para a Heineken –, principalmente com sua marca Kaiser, respondendo por 7,5%.

Desde o início da década de 1990, com o ressurgimento de diversas cervejarias artesanais inspiradas em estilos clássicos criados na Europa, uma pequena revolução cervejeira aconteceu no Brasil, atraindo os consumidores entusiastas ao mundo das cervejas especiais.

Os *brewpubs* Dado Bier, a Cervejaria Borck, a Cervejaria Colorado, a Krug Bier e a Alles Bier iniciaram suas operações nesse período, e o renascimento estava a caminho. Começaram produzindo versões leves da *pilsner*, assim como as cervejarias maiores, mas logo perceberam que esse não era seu nicho. Em 1999 a Cervejaria Baden Baden foi fundada e novos estilos de cerveja foram introduzidos no mercado: uma *barley wine* chamada Baden Baden Red Ale, uma premiada *stout*, uma *pilsner* de estilo alemão e uma *bock*. Três anos mais tarde, a Cervejaria Eisenbahn foi fundada em Blumenau, Santa Catarina, com um excelente portfólio inspirado nas cervejas alemãs *schwarzbier*, *weizenbier*, *kölsch*, uma ótima *dunkel* e até mesmo uma cerveja inspirada nas cervejas belgas, refermentada como champanhe. Blumenau, um lugar que mais parece uma pequena cidade alemã, é palco todos os anos de uma grande e muito frequentada Oktoberfest no estilo da de Munique, surpreendendo os visitantes que esperam encontrar caipirinhas em vez de *weissbier*. A Cervejaria Colorado foi particularmente criativa no uso de ingredientes regionais brasileiros, como raízes de mandioca, açúcar mascavo e mel regional em suas cervejas. Cervejeiros alemães premiaram a Cervejaria Bamberg por sua excelente cerveja defumada, como fizeram anteriormente com algumas cervejas da Eisenbahn, da Baden Baden e da Colorado.

As grandes cervejarias, obviamente, não deixaram de notar o cenário de expansão da cerveja artesanal brasileira, e o Grupo Brasil Kirin, conhecido principalmente por sua popular marca de mercado de massa Schin, adquiriu as três maiores cervejarias artesanais do Brasil: a Devassa, a Baden Baden e a Eisenbahn.

No entanto, em 2010,[5] praticamente todos os meses testemunharam a abertura de uma nova cer-

---

5 O cenário cervejeiro no Brasil mudou significativamente desde 2010. Algumas cervejarias artesanais pioneiras, como Colorado e Wals, foram adquiridas pela Ambev. Outras cervejarias artesanais independentes, como a Maniacs Brewing, de Curitiba, e a Tupiniquim, de Porto Alegre, lançaram excelentes cervejas com posicionamento de preço intermediário, iniciando assim um processo de democratização da cerveja artesanal no Brasil. No início de 2020, já existem mais de mil cervejarias em atividade no Brasil, a maioria delas cervejarias artesanais que já respondem por

vejaria no Brasil, e consumidores, jornalistas e donos de restaurantes, estão começando a entender que o Brasil agora produz outra grande bebida além da nativa cachaça. Cerca de cem cervejarias artesanais estão agora em operação no país, e não será uma surpresa se o Brasil acabar ganhando a reputação de nação cervejeira criativa e diversificada.

Juliano Borges Mendes

Brettanomyces é um gênero de leveduras tradicionalmente associado com *old stock ales* do século XIX na Grã-Bretanha e reconhecido como responsável pela fermentação terciária em cervejas *lambic* e nas *Flandres red ales*. Considerada parte integrante do *terroir* em alguns vinhos tintos seletos envelhecidos em barril, historicamente a *Brettanomyces* tem sido considerada uma "levedura selvagem" devido à sua capacidade de deterioração e aos característicos sabores e aromas desagradáveis que pode produzir. As descrições variam de "floral" a "terroso", chegando em "manta de cavalo", e se o vinicultor foge dela, o cervejeiro artesanal se apressa em abraçá-la. Atualmente, a *Brettanomyces* na cervejaria é cada vez menos selvagem; muitos cervejeiros artesanais têm cultivado esse microrganismo inconstante e utilizando-o propositadamente para conferir características complexas às suas cervejas, como uma nova tinta numa tela ainda mais ampla. Os cervejeiros artesanais se referem coloquialmente a ela como "Brett", um nome que soa apropriado para um novo amigo.

Desde que a primeira literatura sobre essa levedura foi publicada no início do século XX, a nomenclatura do gênero mudou várias vezes, levando a confusões entre os termos "*Brettanomyces*" e "*Dekkera*". *Brettanomyces* é a forma de reprodução assexuada conhecida como anamorfa, e *Dekkera* a forma de reprodução sexuada conhecida como teleomorfa. Trata-se do mesmo microrganismo em diferentes formas, as quais não foram observadas simultaneamente. O gênero *Brettanomyces* possui cinco espécies, das quais duas são atualmente utilizadas na produção de cerveja, *Brettanomyces bruxellensis* e *Brettanomyces anomalus*. Uma terceira cepa, *Brettanomyces custersianus*, possivelmente possui aplicação na produção de cerveja, mas ainda não foi utilizada em cervejas comerciais. Os cervejeiros demonstram pouca consideração pela nomenclatura científica e costumam referir-se a uma espécie pelo nome da cepa, o qual, para complicar ainda mais, é normalmente a antiga nomenclatura que os cientistas de levedura não utilizam mais. Cepas como *Brettanomyces lambicus* e *Brettanomyces claussenii* são na verdade *Brettanomyces bruxellensis* e *Brettanomyces anomalus*, respectivamente.

Enquanto poucas pesquisas concentraram-se em *Brettanomyces* durante o século XX, o seu uso natural continuou inalterado. A cerveja trapista Orval apresenta o uso icônico da *Brettanomyces* como uma levedura de fermentação secundária, e até mesmo os produtores de cervejas *lambic*, de fermentação espontânea, um dos mais antigos estilos de cerveja, tiram seu chapéu para esta levedura complexa. Ver LAMBIC e ORVAL, CERVEJARIA. Embora frequentemente considerada uma levedura belga devido à falta de uso prévio em cervejas de outras origens, seria incorreto fazer essa suposição, dado que a *Brettanomyces* pode ser encontrada em todo o mundo. De fato, o nome "*Brettanomyces*" significa literalmente "levedura britânica". Cada vez mais, no entanto, ela tem se tornado a levedura norte-americana.

Os cervejeiros artesanais, particularmente nos Estados Unidos, adotaram o uso de *Brettanomyces*, especialmente em conjunto com barris de carvalho. Cervejeiros que desejam conferir complexidade às suas cervejas têm se voltado para antigas tradições e começaram a acondicionar cerveja em barris de carvalho para o envelhecimento. Os cervejeiros modernos têm inoculado cervejas embarriladas com diferentes cepas e observado as mudanças nos perfis de éster, levando à adição de sabores e aromas únicos. Não há muitas pesquisas sobre os efeitos benéficos de *Brettanomyces* na produção de cerveja, de modo que os cervejeiros que têm inoculado em barris começam a aprender quão versátil essa levedura pode ser. Um dos usos versáteis de *Brettanomyces* se dá em conjunto com a refermentação na garrafa. Ver CONDICIONAMENTO EM GARRAFA. Estilos de cerveja que tradicionalmente possuem *Brettanomyces* de forma natural estão agora sendo recriados no Novo Mundo, e a adição de *Brettanomyces* no engarrafamento tem sido realizada com sucesso notável. Ao contrário das leveduras mais tradicionais dos cerve-

---

aproximadamente 2% do volume total de cervejas no país. Houve mudanças também nos grandes grupos, sendo a principal delas a aquisição da Brasil Kirin pela Heineken em 2017. [N.E.]

jeiros, a *Brettanomyces* é difícil de controlar, e mais difícil ainda de prever. Os cervejeiros aventureiros tomam isso como um desafio, que pode recompensar o sacrifício de um controle rigoroso com resultados emocionantes.

Uma característica da *Brettanomyces* é a sua capacidade de produzir certos ácidos. Na presença de grandes quantidades de oxigênio, a produção de ácido acético pode ser elevada, pois a *Brettanomyces* oxida etanol e açúcares residuais em ácido acético. Ver ÁCIDO ACÉTICO. Durante o envelhecimento em barril, pequenas quantidades de oxigênio se difundem através do carvalho, sendo rapidamente consumidas pelas células da *Brettanomyces* e produzindo uma acidez nítida. Ao utilizar a *Brettanomyces* para a refermentação em garrafa, a quantidade de oxigênio é mínima, portanto, menos acidez é produzida, promovendo assim sabores limpos de *Brettanomyces*.

Um equívoco comum é afirmar que as cervejas produzidas com *Brettanomyces* são azedas. A *Brettanomyces* não é um organismo de acidificação; bactérias do ácido láctico são necessárias para criar as verdadeiras cervejas "azedas". A *Brettanomyces* não irá conferir mais do que uma pequena acidez quando utilizada como única levedura de fermentação secundária ou primária. Os efeitos mais importantes incluem a produção de novos ésteres e a assimilação de outros ésteres. O acetato de isoamila, um composto responsável pelo aroma de banana, é muito reduzido durante as fermentações secundárias da *Brettanomyces*, enquanto o acetato de etila e o lactato de etila aparecem em maiores quantidades. Recentemente descobriu-se que quando a *Brettanomyces* é utilizada como levedura de fermentação primária, dois ésteres ativos de aroma são produzidos em níveis detectáveis: o caproato de etila, que produz aromas frutados e de abacaxi, e o caprilato de etila, que produz aroma floral, de damasco e de frutas tropicais. Dependendo da cepa e da técnica utilizada, esses dois ésteres podem ser produzidos em níveis de três a cinco vezes maiores que os limiares de detecção olfativa dos provadores treinados, e por isso parecem ser características importantes de uma fermentação realizada estritamente por *Brettanomyces*. Os fenóis voláteis são outro grupo de compostos característicos de fermentações por *Brettanomyces*. As quantidades produzidas variam de acordo com a cepa e podem prover aromas nítidos de cravo ou aromas medicinais, de cavalo. Em equilíbrio com outros compostos de aroma, esses fenóis podem se tornar parte de um único e até mesmo sedutor aroma.

As modernas leveduras *Saccharomyces* permitem aos atuais cervejeiros diversas variações, mas, inevitavelmente, alguns cervejeiros querem mais, e muitos veem a *Brettanomyces* como uma maneira de livrar-se das amarras da aceitação comercial óbvia. As fermentações primárias utilizando 100% de levedura *Brettanomyces* são verdadeiros exemplos de arte e criatividade vistos na produção de cervejas artesanais em todo o mundo. Apenas um punhado de cervejeiros têm produzido cervejas com fermentação primária realizada por *Brettanomyces* e, como não existe um estilo tradicional, cada uma das cervejas assim produzida é única, deixando a interpretação aberta para o consumidor.

Bouckaert, P. Brewery Rodenbach: Brewing Sour Ales. **Lambic Digest**, n. 846, abr. 1996. Disponível em: http://hbd.org/brewery/library/Rodnbch.html/. Acesso em: set. 2008.

Scheffers, W.A. On the inhibition of alcoholic fermentation in *Brettanomyces* yeasts under anaerobic conditions. **Cellular and Molecular Life Sciences**, n. 17, p. 40-42, 1961.

Van Oevelen, D.; De L'escaille, F.; Verachtert, H. Synthesis of aroma compounds during the spontaneous fermentation of lambic and gueuze. **Journal of the Institute of Brewing**, n. 82, p. 322-326, 1976.

Yakobson, C. **Primary fermentation characteristics of *Brettanomyces* yeast species and their use in the brewing industry**. 2010. Tese MSc–Heriot-Watt University, Edinburgh, 2010.

Chad Michael Yakobson

Brewer's Gold é o mais antigo dos lúpulos ingleses de alto teor de alfa-ácidos, sendo uma variedade irmã da Bullion. Ver BULLION. Foi selecionado pelo professor Ernest S. Salmon, do Wye College, em 1919, a partir de sementes do genótipo BB1 de lúpulo selvagem americano que vieram da polinização de um lúpulo macho inglês. O genótipo BB1 foi descoberto próximo a Morden, em Manitoba, no Canadá, e foram coletadas mudas em 1916 pelo professor W. T. Macoun, horticultor do Domínio do Canadá, e enviadas para a Inglaterra. Lá o lúpulo selvagem foi estabelecido no Wye Hop Nursery em 1917, mas morreu durante o inverno de 1918-1919. Depois de extensivos testes, o Brewer's Gold foi lançado em 1934. Um grande número de cultivares de lúpulos modernos e germoplasmas desenvolvidos, particularmente em lúpulos de amargor, é descendente do Brewer's Gold. Embora ainda seja cultivado comercialmente, esse lúpulo foi amplamente substituído por cultivares modernos de alto teor de alfa-ácidos, com maior resistência a doenças e propriedades agronômicas mais desejáveis. A produtividade do Brewer's Gold varia entre 2.000 e 2.700 kg/ha, e as flores contêm entre 9% e 10% de alfa-ácidos e 5% de beta-ácidos. O conteúdo de óleos essenciais é relativamente alto, aproximadamente 2,0 mL/100 g de flores secas, sendo o mirceno (67%) o composto majoritário. Ele é vastamente considerado um lúpulo de amargor, e poucos cervejeiros parecem empregá-lo como lúpulo aromático em suas cervejas. Um dos problemas associados ao Brewer's Gold é o seu baixo potencial de estocagem; assim, os fardos de lúpulo devem ser rapidamente refrigerados.

Salmon, E. S. Two new hops: Brewer's Favourite and Brewer's Gold. **Journal of the South East Agricultural College**, v. 34, p. 93-115, 1934.

Shaun Townsend

breweriana refere-se a qualquer artigo relacionado à cerveja ou às cervejarias que é considerado colecionável. O termo *"breweriana"* abrange tudo, de guardanapos de papel com marca até garrafas, canecas de cerâmica e espelhos. Se o objeto estiver relacionado com cerveja, alguém, em algum lugar, o colecionará com devoção.

A tendência predominante de coleção em um país específico depende da cultura local de consumo de cerveja. Na Grã-Bretanha ou na Alemanha, os porta-copos/bolachas (também chamados de descanso de copo) são comuns. Poucos entusiastas conseguem resistir à tentação de colecionar ao menos alguns. Nos Estados Unidos, a cultura de *pub* não é tão intensa quanto na Alemanha ou no Reino Unido e as pessoas tendem a tomar mais cerveja em casa. Não surpreendentemente, o desejo de colecionar latas predomina. Por isso, normalmente a garagem dos entusiastas é transformada em um templo de latas.

Embora praticamente tudo possa ser considerado colecionável, a *breweriana* tende a se decompor em várias categorias, que podemos detalhar da seguinte maneira:

Porta-copos/bolachas ou descansos de copo: descansos simples de polpa de celulose foram patenteadas em Dresden, Alemanha, em 1892, por Robert Sputh, antes de se propagarem pelo mundo inteiro após a Primeira Guerra Mundial. Os modelos mais antigos tendem a ser espessos e a ter orifícios, genuinamente fabricados para absorver a cerveja derramada. As versões modernas são bem mais delgadas e mais coloridas, e funcionam principalmente como cartões promocionais. Na década de 1930 já havia um grupo de colecionadores na Áustria. Os *tegestologists* (nome atribuído aos entusiastas, no Reino Unido) criaram a British Beermat Collectors Society em 1960. Os descansos podem se avolumar rapidamente. Por volta de 1982, Leo Pisker, de Viena, tinha uma coleção de 63 mil, provenientes de cem países.

Rótulos de garrafa: assim como os descansos, os rótulos são uma forma divertida de recordação e trazem à memória várias cervejarias que já não existem mais. Porém, uma diferença com relação aos rótulos é sua existência histórica; os rótulos começaram a ser afixados às garrafas na primeira metade do século XIX. Desse modo, assim que as máquinas aceleraram o árduo trabalho de engarrafamento manual, após 1880 os primeiros rótulos de papel, então simples e circulares, foram substituídos por designs ovais atraentes. Os rótulos alongados passaram a prevalecer na década de 1950. A primeira organização de colecionadores, a Labologists Society, ganhou existência em 1958 com a ajuda da Guinness, que promoveu esse passatempo em seu escritório de exportação em Liverpool. Em pouco tempo surgiram organizações semelhantes ao redor do mundo.

Tampinhas de garrafa: assim como o rótulo principal, os colecionadores procuravam também as tiras finas de papel que eram colocadas sobre a tampa, normalmente com a frase "Observe que este selo está intacto". Mas essas tiras desapareceram graças a um inventor americano, William Painter, que em 1892 patenteou a primeira rolha metálica. Essa tampa simples de metal, que podia ser facilmente colocada por máquina, passou a substituir gradativamente as rolhas com gaiolas de arame, as tampas de rosca e as *flip-top*. Portanto o logotipo da cervejaria, essas tampas ofereciam

Porcelana inglesa Spode de meados do século XVIII representando querubins e lúpulos.
PIKE MICROBREWERY MUSEUM, SEATTLE, WA.

aos apreciadores algo novo para guardar. Muitas cervejarias ofereciam também abridores com o nome da marca impresso.

Garrafas: algumas pessoas gostam de guardar a garrafa completa, embora isso seja reservado sobretudo para edições especiais. Na Grã-Bretanha, as várias garrafas lançadas para jubileus e casamentos reais normalmente eram preservadas para exposição. Algumas pessoas também gostam de colecionar garrafas de vidro espesso com relevo ou de louça, bem como aquelas com rótulos serigrafados.

Latas: as cervejas só começaram a ser acondicionadas em lata na década de 1930, e a precursora foi a Krueger Brewing, de Nova Jersey, Estados Unidos, em 1935. No País de Gales, Felinfoel of Llanelli acondicionou cerveja em lata no mesmo ano com latas em forma de cone na parte superior, que agora são muito apreciadas. Leve e prática para as novas geladeiras domésticas, a latinha revelou-se um grande sucesso, particularmente nos Estados Unidos, onde a coleção de latas de cerveja tornou-se a categoria predominante de *breweriana*, com o apoio da associação Beer Can Collectors of America desde 1969.

Pôsteres e cartazes: a maioria dos colecionadores de *breweriana* gosta de guardar itens desse tipo, visto que, por terem um *design* atraente, são ideais para pendurar na parede. Eles datam da década de 1830, e alguns artistas famosos, como Alfons Maria Mucha, da França, criaram alguns exemplares formidáveis.

Espelhos: para os colecionadores, os espelhos são a opção suprema de objetos para pendurar na parede. Os mais antigos podem vir primorosamente estampados, enquanto os posteriores exibem impressão por transferência.

Cinzeiros: até o recente banimento do fumo, muitas cervejarias produziam cinzeiros da marca, que variavam desde porcelanas chinesas e latão de qualidade a lata e plástico baratos. Já os antigos e pesados riscadores de fósforo são mais difíceis de encontrar.

Bandejas: as bandejas são outro item de *breweriana* comum, porém atraente, que normalmente retratam cervejarias que desapareceram tempos atrás.

Jarros de água: muitas cervejarias oferecem jarros de cerâmica elegantes para os apreciadores de uísque.

Copos: os copos com logotipo e formatos especiais são populares em países como a Bélgica, onde os apreciadores esperam que a cerveja seja servida em copos correspondentes. Na Alemanha, as canecas de louça mais resistentes são avidamente colecionadas, e os melhores modelos podem ser vendidos em leilão por vários milhares de euros.

Outras formas de *breweriana* incluem insígnias das bombas manuais e torneiras de chope, estatuetas e carroças da cervejaria em miniatura, gravatas e camisetas, cartas de baralho e jogos de bar, relógios e livros. Ver BOMBA MANUAL. Existem impressos mais simples e efêmeros, desde folhetos, certificados de ações e listas de preços, até faturas, cartões-postais e caixas de fósforos. Certamente sempre existe alguma coisa para todos.

Cornell, M. **Beer Memorabilia.** London: Apple, 2000.
Wilson, K. **An Introduction to Breweriana.** Northampton: Brewtique, 1981.

Brian Glover

A **Brewers Association (BA)** é a associação comercial de cervejeiros artesanais nos Estados Unidos. Ela foi formada em 2005 por meio da fusão entre a Association of Brewers (AOB), que teve origem em 1983 em Boulder, Colorado (onde a BA ainda mantém sua sede), e a Brewers Association of America, um grupo de cervejeiros regionais iniciado durante a Segunda Guerra Mundial para garantir que os pequenos cervejeiros recebessem uma cota justa de matérias-primas racionadas na guerra, como grãos e latas. A BA reuniu os cervejeiros que integraram a revolução da produção de cerveja artesanal nos Estados Unidos e os cervejeiros tradicionais que haviam resistido à consolidação do setor cervejeiro nos Estados Unidos após a Lei Seca. Ver LEI SECA. Desde sua criação até o final de 2015, a BA foi presidida por Charlie Papazian, fundador da AOB e autor do livro *The Complete Joy of Homebrewing*. Ver PAPAZIAN, CHARLES. A BA é uma organização sem fins lucrativos dirigida por um conselho de 15 membros que em 2010 era formado por nove cervejeiros do segmento de cerveja industrial, quatro cervejeiros artesanais (de *pub*) e dois cervejeiros caseiros. Os membros do conselho são eleitos pelos respectivos afiliados. Em janeiro de 2017, os membros da BA estavam representados por 3.723 cervejarias norte-americanas, 1.921 cervejarias de outros países, 1.553 fornecedores, 565 atacadistas, 115 varejistas, 46.000 cervejeiros caseiros e 1.090 membros individuais; a filiação é internacional. Os cervejeiros caseiros são membros da American Homebrewers Association, uma divisão da BA. Além de sua divisão profissional e de sua divisão de cervejeiros caseiros, a BA representa os cervejeiros artesanais na arena política nacional e realiza o Great American Beer Festival em Denver, a convenção anual Craft Brewers Convention e o concurso World Beer Cup. Ver GREAT AMERICAN BEER FESTIVAL (GABF). A BA promove também outros eventos especiais e publica estatísticas, revistas e livros, atuando como fonte central de temas relacionados à cerveja na imprensa nacional. A declaração da missão da BA é "promover e proteger pequenos e independentes cervejeiros americanos, as cervejas artesanais e a comunidade de entusiastas da produção de cerveja".

Brewers Association. Disponível em: http://www.brewersassociation.org/. Acesso em: 9 mar. 2011.

Stephen Hindy

Brewers' Company. Também conhecida como Worshipful Company of Brewers, a Brewers' Company é uma das mais antigas guildas na cidade de Londres. As guildas eram compostas de empresários que se juntavam para proteger ostensivamente seus negócios e a si mesmos. A evidência escrita mais antiga que temos de uma guilda de cervejeiros pode ser encontrada em uma passagem do livro *City of London Letter Book*, de 1292. Endereçada de "Edward etc. para o Administrador e Regedor da cidade de Londres etc.", o texto assim se inicia: "Embora determinados cervejeiros, cidadãos de Londres, nos tenham demonstrado que eles foram prejudicados com relação ao seu privilégio comercial pelos xerifes de Londres e por aqueles por nós designados para ouvir queixas em Londres, e já contemos com os senhores para investigar a questão...".

Ao longo dos séculos subsequentes, essa organização viria a receber o título de "Wardens and Commonalty of the Mystery of Brewersquaf of the City of London" e a assumir a décima quarta posição em ordem de precedência entre as 84 associações de comércio de Londres. Não há nenhum registro do momento exato em que a Brewers Association formalizou sua associação, mas é provável que, dada a importância da cerveja na dieta medieval, ela tenha sido uma das primeiras guildas.

Quando essa guilda de cervejeiros recebeu sua primeira carta de autorização, era conhecida como "Guild of St. Mary and St. Thomas the Martyr" (Thomas Becket). O motivo pelo qual Becket foi escolhido não é claro, mas diz a lenda que depois de seu martírio, em 1170, os inúmeros peregrinos que conseguiram chegar a Canterbury sorveram enormes quantidades de cerveja ao longo do caminho, o que deixou os cervejeiros muito contentes.

A importância da cerveja na Idade Média pode ser percebida pelo fato de uma pesquisa de impostos feita em Londres em 1380 ter registrado mais de mil cervejarias na cidade, o equivalente a uma cervejaria para cada doze habitantes. O Brewers' Hall original foi documentado pela primeira vez em 1403, mas o grande e antigo edifício em Addle Street foi destruído pelo grande incêndio de Londres de 1666. Seu substituto ficou em pé até a Segunda Guerra Mundial, quando então foi destruído por bombardeios. A Brewers' Company ainda existe para apoiar o setor em Londres e no sul da Inglaterra e o novo Brewers' Hall agora fica na Aldermanbury Square, em Londres.

Ball, M. **The worshipful company of brewers: a short history.** London: Benham Hutchinson, 1977.

Hornsey, I. S. **A history of beer and brewing.**
  Cambridge: Royal Society of Chemistry, 2003.

Ian Hornsey

Brewers of Europe

Ver EUROPEAN BREWERY CONVENTION (EBC).

O **Brewing and Malting Barley Research Institute (BMBRI)**, em Winnipeg, Manitoba, Canadá, oferece bolsas de pesquisa para projetos relacionados com melhoramento, produção, processamento e desempenho de variedades de cevada para malteação.

Mais especificamente, o BMBRI trabalha com os produtores canadenses de grãos para produzir variedades que satisfaçam as necessidades dos cervejeiros da América do Norte e ao redor do mundo. Além disso, ele fornece informações e recursos para os membros do setor de produção de cerveja que apoiam a produção e comercialização de cevada para malteação, malte e cervejas canadenses.

Em 2010, os membros do BMBRI eram nove importantes empresas de produção de malte e cerveja da América do Norte, como AnheuserBusch InBev, Sierra Nevada Brewing Company e MolsonCoors Canada. Os membros têm acesso a trabalhos e instalações de pesquisa e o BMBRI representa seus interesses junto a produtores de cevada, órgãos governamentais e formuladores de políticas agrícolas.

Fundado em 1948, o BMBRI reconhece a importância do apoio contínuo à comunidade científica para trabalhos adicionais em pesquisas tanto básicas quanto aplicadas que resultem em novos avanços no cultivo da cevada para malteação.

Brewing and Malting Barley Research Institute.
  Disponível em: http://www.bmbri.ca/. Acesso em: 28 fev.2011.

John Holl

brewpub é um modelo de negócio moderno para um antigo conceito prático: servir e vender cerveja no local onde é produzida. É de se perguntar qual seria a reação de um viajante do tempo vindo do passado ao entrar em um *brewpub* moderno, se de um deslumbramento desconfiado ou de familiaridade. Das *brewsheds* de fazenda às *"gasthaus"* bávaras, passando pelas cadeias de *brewpubs* altamente planejadas, os mesmos processos podem ser encontrados.

A produção de cerveja, juntamente com a panificação e a produção de queijo, foram no passado os exemplos máximos de indústria artesanal. Somente com a industrialização a produção de cerveja se tornou desconectada do consumidor. Os clientes que outrora conheciam o cervejeiro pessoalmente e se orgulhavam do sucesso das cervejarias locais podem ter se mantido leais à cervejaria agora expandida e localizada nos arredores da cidade, mas não deixam de lamentar a perda de intimidade com o processo. Conforme as grandes empresas cervejeiras, muitas vezes multinacionais, engoliam – e com frequência fechavam – essas cervejarias locais e regionais, a ligação do consumidor com a sua cerveja foi abstraída pelas marcas e as conspirações do mercado. Em alguns países, grandes cervejarias compraram as menores principalmente para adquirir os *pubs* que elas possuíam. Em seguida, elas limitavam as escolhas para o consumidor de cerveja.

Na Grã-Bretanha, um vestígio do passado era a cerveja condicionada em *casks*, ou *"real ale"*. Com as grandes cervejarias assumindo, e disputando, fatias cada vez maiores do mercado, a facilidade de produção e conservação da cerveja superou a tradição e o sabor. As bombas manuais e a etérea suavidade do condicionamento em *casks* foram substituídas pela cerveja embarrilada, excessivamente fria e altamente carbonatada, mal concebida para essa forma de extração. Essa "última gota" for entendida pela Campaign for Real Ale (CAMRA), fundada em 1971, como um grito de guerra pela preservação da cultura da cerveja britânica, mas a sua mensagem repercutiu mundialmente. A CAMRA também fomentou a cultura dos *pubs*, e foi essa sensibilidade, juntamente com uma cultura já ativa de produção caseira de cerveja, que plantou as sementes para o surgimento do *brewpub* moderno. Ver CAMPAIGN FOR REAL ALE (CAMRA) E CONDICIONAMENTO EM CASK.

David Bruce foi um entusiasta da cerveja que viu oportunidades de negócio em dar vida a alguns dos *pubs* londrinos que estavam sendo rejeitados pelas grandes cervejarias como não lucrativos. Bruce pegou esses *pubs* e os transformou na primeira cadeia de *brewpub* moderna. Conhecida como a rede Firkin de *pubs* (cada *pub* tinha o nome de um animal junto com a palavra "Firkin", que se refere a

O Standing Stone Brewing Company, em Ashland, Oregon, é um *brewpub* que serve *ales* e *lagers* produzidas no local em bateladas de 10 galões (aproximadamente 40 litros). GEORGE RUBALOFF.

um tipo de barril, por exemplo, "Frog & Firkin"), ela combinava pequenos e primitivos sistemas de produção de cerveja com antigos cervejeiros amadores que faziam cervejas particularmente saborosas. Os clientes podiam ver, cheirar e ouvir a cerveja sendo feita, e os tanques da cervejaria ficavam visíveis a todos. De repente, a cerveja era uma indústria artesanal novamente. Bruce acrescentou bons pratos de *pub*, decoração confortável e antigos entretenimentos, como cantorias acompanhadas pelo piano, e as pessoas lotaram seus *pubs*. O primeiro Firkin, o Goose & Firkin, foi inaugurado em 1979, e Bruce, o clássico empreendedor, abriu dezenas mais, antes de vender a cadeia em 1988. Ver BRUCE, DAVID.

A produção caseira de cerveja foi legalizada nos Estados Unidos em 1976; dois anos depois a American Homebrewers Association foi fundada e, mais tarde, seus membros povoariam o movimento de cerveja artesanal americano. Em 1982, Bert Grant, um cervejeiro escocês-canadense com uma longa experiência profissional e pouco ligado às tradições, fundou a Yakima Brewing and Malting Company, no estado de Washington, que tinha um *pub* como parte de sua operação. No ano seguinte, a Mendocino Brewing Co. abriu o primeiro *brewpub* da Califórnia, em Hopland, e foi logo seguida pelo Buffalo Bill's Brewpub, em Hayward. A costa leste americana respondeu em 1984 com a Manhattan Brewing Company em Nova York, a qual, além de operar um grande *pub* repleto de cascas de amendoim no chão e *ales* de estilo britânico produzidas artesanalmente, também entregava cerveja embalada em outros locais de Manhattan com uma carroça puxada a cavalo.

Outras partes do mundo anglófono também foram influenciadas pelo crescente entusiasmo dos *brewpubs*. Logo após a Grã-Bretanha e os Estados Unidos, foram a Spinnakers, em Victoria, British Columbia (Canadá); The Sail and Anchor, em Fremantle, no oeste da Austrália; e a Shakespeare's Tavern, em Auckland, Nova Zelândia, que tiveram *brewpubs* inaugurados. Outros países da Europa não estavam tão necessitados do renascimento da cerveja por não terem um clima opressivo no mercado cervejeiro. Os *gasthäuser* e *taprooms* das cervejarias da Alemanha e da Bélgica, por exemplo, tinham funcionado inabaláveis durante séculos. Eles não precisavam da ideia supostamente "nova" de se colocar cervejarias em *pubs*, mas, em pouco tempo, esses países também veriam a reinvenção do *brewpub* nas formas mais modernas.

No início, um típico *brewpub* combinava um bar que servia alimentos e um pequeno sistema de produção de cerveja, com capacidade de produção de 10 a 12 hectolitros. Geralmente, os dois eram separados por uma grande janela. O equipamento de produção era, muitas vezes, improvisado, adaptado de equipamentos de laticínios agora usados como fermentadores. Muitos usavam velhos tanques ingleses de serviço conhecidos como Grundies. Ver TANQUE GRUNDY. Fabricados por algumas empresas nas décadas seguintes à Segunda Guerra Mundial, esses tanques normalmente tinham capacidade para 10 hectolitros de cerveja, e esse volume definia o tamanho das bateladas de muitos *brewpubs*; muitos produziam 10 ou 20 hectolitros de cada vez. Enxergando uma oportunidade na tendência em crescimento, novos fabricantes de equipamentos cervejeiros surgiram. Um fabricante americano, a JV Northwest, de Wilsonville, Oregon, passou a empregar seu aço inoxidável na produção de tanques próprios para cervejarias quando a demanda por serras caiu em função da minguante indústria madeireira do noroeste. Uma típica sala de brassagem era formada por dois tanques: um tanque combinado para a mostura e filtração do mosto, no qual era aplicada uma única temperatura de infusão, e uma tina de fervura, geralmente aquecida por fogo direto usando um queimador a gás. Frequentemente, um único cervejeiro trabalhava em tempo integral em todas as operações da cervejaria e adega fria. Ver AQUECIMENTO POR FOGO DIRETO e MOSTURAÇÃO POR INFUSÃO.

Aqueles que tinham iniciado os primeiros *brewpubs* logo abriram outros. A cadeia Firkin pode ter sido a mais rapidamente prolífica, mas ela não estava sozinha na abertura de novos estabelecimentos para um público receptivo. Em poucos anos, a Buffalo Bill's abriu um segundo *brewpub* em Berkeley (Bison Brewing, 1988). Richard Wrigley, fundador da Manhattan Brewing, não tardou em levar sua franquia a Boston (Commonwealth Brewing Company, 1986) e, mais tarde, a Seattle e ao Japão. Os fundadores da Sail and Anchor, em Fremantle, posteriormente promoveram as cadeias de cervejarias Little Creatures e White Rabbit, lá e em outras partes da Austrália.

Em Portland, no Oregon, os irmãos Mike e Brian McMenamin transformaram as suas tabernas em *brewpubs* com a inauguração, em 1985, do primeiro *brewpub* do Oregon, o Hillsdale Brewery and Public House, no sudoeste de Portland. Os McMenamins tinham se empenhado na mudança das leis estaduais a fim de garantir a legalidade das suas empresas, as quais, no final de 2010, chegavam a sessenta, incluindo bares, restaurantes, cinemas, hotéis e uma variedade de outros edifícios históricos ressuscitados no noroeste dos Estados Unidos. Atualmente, o consórcio McMenamin constitui não só uma das mais numerosas cadeias de *brewpubs* dos Estados Unidos, mas também um dos maiores grupos de restaurantes. Em grande parte, McMenamin usa uma estética comum para decorar seus *pubs*, uma mistura do estilo *hippie* com um certo vitorianismo, empregando detalhes como papéis de parede psicodélicos, móveis excessivamente estofados e trabalhos de pintura ornamentais, os quais se estendem para os tanques da cervejaria. As cadeias Rock Bottom e Gordon Biersch são muito mais conservadoras, e hoje cada uma tem dezenas de *brewpubs*.

Na década de 1980, os *brewpubs* começaram a franquear não apenas a si mesmos, mas também às informações relacionadas com sua implantação. Programas acadêmicos, tal como o programa da University of California em Davis, já conhecida pelo seu curso de viticultura, foram ampliados para acomodar a legião de interessados em obter os conhecimentos básicos necessários para se iniciar uma nova cervejaria e, especialmente, *brewpubs*. O célebre instrutor-chefe do *campus* de Davis, dr. Michael Lewis, tutelou dezenas de futuros cervejeiros americanos de *pubs* e cervejarias. Em 1978, Peter Austin, um experiente veterano de grandes cervejarias do Reino Unido, fundou uma das primeiras pequenas e modernas cervejarias da Grã-Bretanha, a Ringwood Brewery, em Hampshire. Em poucos anos, ele conduzia um tipo de colônia para aspirantes a cervejeiros, muitos dos quais, mais tarde, montaram *brewpubs*. Em 1982, ele ganhou a companhia do cientista cervejeiro Alan Pugsley, que viria a se tornar um Johnny Appleseed dos *brewpubs*, estendendo a franquia educacional de Peter Austin para Kennebunkport, no Maine, e levando os serviços de consultoria de Peter Austin para novas cervejarias e *pubs* de regiões distantes como China, Nigéria, Rússia e todo o nordeste dos Estados Unidos. Ambos os sistemas de instrução de Davis e Austin ofereciam a opção de consultoria profissional, estendendo os serviços para o desenvolvimento de receitas, aquisição e instalação de equipamentos, aulas sobre conformidade regulatória e seleção de local, e serviços analíticos e laboratoriais contínuos.

Sem dúvida, a franquia mais divertida dos *brewpubs* foi iniciada por "Buffalo" Bill Owens, fundador dos *brewpubs* Buffalo Bill's, em Hayward, Califórnia, e Bison Brewing, em Berkeley, Califórnia. Embora ele tenha se tornado famoso entre os entusiastas da cerveja, ele talvez seja mais conhecido no resto do mundo como um importante fotógrafo da realidade suburbana. Por uma taxa aproximada de 1.500 dólares americanos, os assinantes receberiam um manual impresso com todas as informações necessárias para se iniciar um *brewpub*. Owens também ousou tornar a palavra "*brewpub*" uma marca registrada, mas não obteve sucesso – o uso da palavra já estava bem disseminado.

No início, o clima legal para os *brewpubs* variava da aceitação ao desencorajamento, dependendo do país, província ou estado que promulgava as leis aplicáveis. Em muitos casos, as leis protegiam as grandes cervejarias contra incursões estrangeiras ou interestaduais; essas leis dificultavam o desenvolvimento de competidores menores. No Japão, por exemplo, pequenas cervejarias (abaixo de um limiar bastante alto de produção) eram proibidas de sequer existir. Nos Estados Unidos, muitas leis estaduais datadas dos anos imediatamente pós-Lei Seca rigorosamente separavam os locais de produção das localidades onde a cerveja poderia ser servida. Não era incomum que marido e esposa fossem proprietários de um ou de outro separadamente, e então negociassem cerveja entre si. Em países como Alemanha, Bélgica e Filipinas, onde a posse ou a parceria contratual entre as cervejarias e os estabelecimentos que servem a cerveja tendia a favorecer as grandes cervejarias, foram as próprias grandes cervejarias, tal como Paulaner e San Miguel, que começaram a abrir *brewpubs*. Mas como os McMenamins haviam feito no Oregon, as pessoas se mobilizavam pedindo mudanças nas leis. Assim que a lei mudou, alguns lugares explodiram com a atividade, como ocorreu no Japão, em meados da década de 1990. Na Dinamarca, foi uma grande cervejaria, a Carlsberg, que desempenhou um proeminente papel no favorecimento dos *brewpubs* e elevação geral da consciência em relação à cerveja.

Onde quer que eles surgissem, "novidade" era a palavra de ordem para os primeiros *brewpubs*. As cervejas eram produzidas à vista de todos, por seres humanos reais, retiradas de barris, *casks* e tanques de serviço que eram enchidos lá mesmo no local, e oferecidas em estilos havia muito negligenciados (ou talvez nunca antes tentados). Em muitos lugares, as pessoas não viam algo assim havia gerações. As cervejas variavam de tonalidade – normalmente uma matriz cromática que incluía "algo claro", "algo âmbar", e "algo escuro". Elas também variavam em qualidade. Apesar dos autoproclamados mestres cervejeiros que surgiam às centenas, o domínio verdadeiro da produção de cerveja não era universal. No início dos *brewpubs*, a oportunidade certamente superou a experiência, mas o entusiasmo e a lealdade estavam em alta, e a paciência foi recompensada. Conforme mais materiais educativos e oportunidades tornavam-se disponíveis (e os cervejeiros ganhavam mais experiência), e conforme o acesso às matérias-primas para o pequeno cervejeiro aumentava em qualidade e variedade, o *brewpub* provou ser a vanguarda para o desenvolvimento de novos estilos de cerveja. Os estilos tradicionais, às vezes negligenciados em seus países de origem, ganharam vida nova no *brewpub*. *Porter*, *barley wine* e *India pale ale*, para citar alguns estilos ingleses em declínio, ganharam uma nova vitalidade nas mãos ansiosas e ávidas dos cervejeiros. Mais tarde viria a *witbier* e outros estilos belgas, *sour ales* envelhecidas em barril e outros tipos de cervejas de nicho do mundo. Isso se tornaria especialmente verdadeiro conforme o movimento de cerveja artesanal amadurecia e os consumidores passavam a exigir, em todos os momentos, não só que suas antigas cervejas favoritas estivessem sempre disponíveis, mas também novas opções. Os *brewpubs*, em particular, já não podiam enganar com apenas três opções diárias e uma cerveja sazonal rotativa; eram pressionados a oferecer uma dezena delas. Hoje não é inédito um *brewpub* ofertar de quinze a vinte diferentes estilos de cervejas da casa. Ao contrário das cervejarias, o *brewpub* não precisa gastar tempo, energia e dinheiro em projetos, garrafas, e *tap handles* para cada cerveja. Isso dá ao *brewpub* nítidas vantagens, incluindo o fato de que um bom cervejeiro pode ter pleno controle sobre as linhas de cervejas disponíveis, e as preocupações comerciais são mínimas caso uma ou outra não encontre clientes.

Pode ter havido uma certa uniformidade quando os primeiros *brewpubs* da Grã-Bretanha e dos

Estados Unidos foram inaugurados, mas as décadas seguintes viram variações do tema *"brewpub"* proporcionais às inovações dos cervejeiros que neles trabalhavam. A rusticidade da tina de um Peter Austin, revestida de tijolos, deu lugar às reluzentes tinas de cobre feitas para serem exibidas, como na Sandlot Brewery, em Coors Field, Denver, deixando espaço para as dezenas de cervejas antigamente oferecidas pelo Tugboat, em Portland, Oregon, fermentadas em barris de plástico para picles de 115 litros e mosturadas em cochos de plástico. E nem todos os *brewpubs* eram pequenos. O extinto Bardo Rodeo, em Arlington, Virgínia, acomodava cerca de oitocentos clientes dentro da casa entre os vários bares, tanques de fermentação e peças automotivas. A Tawandang Microbrewery serve cervejas de estilo alemão em um grande espaço em forma de barril para uma clientela esmagadoramente local, que ocupa seus 2 mil assentos antes de um show de variedades bizarramente eclético, e é o maior e o mais bem-sucedido restaurante de Bangkok. O Brasil, há muito tempo um dos maiores produtores e consumidores de cerveja do mundo, voltou sua atenção às variedades e possibilidades da produção de cerveja em microcervejarias e *brewpubs*. O *brewpub* talvez ainda sejam uma novidade, mas certamente uma novidade presente em cada cidade. Possivelmente, a tina de fervura na janela seja o equivalente moderno do antigo *ale pole* britânico, um símbolo que anuncia: "Entre – fizemos cervejas deliciosas para você".

Kissmeyer, A. The Danish craft beer revolution. **The New Brewer**, mar.-abr. 2008.

Dick Cantwell

bride-ale foi uma de uma série de cervejas produzidas para celebrar ocasiões especiais, muitas vezes feriados ou celebrações religiosas; no caso da *bride-ale*, a ocasião especial era um casamento. Não é irrelevante que a festa de casamento em épocas anglo-saxônicas fosse conhecida como *"bredale"*, e que no início da Idade Média a palavra *"ale"* algumas vezes designava tanto um banquete quanto a cerveja. A primeira referência que temos de uma celebração de *bride-ale* vem de um registro em Worcester, Inglaterra, a *Old English Chronicle*. Datada de 1075, o registro se refere a uma festa barulhenta na cidade de Norwich; "havia aquela *bride-ale*, a fonte do fardo de um homem". E então, no texto do século XVI, *The Christen State of Matrimony*, do protestante Heinrich Bullinger, lemos:

> Quando eles chegaram em casa da igreja então começaram a comer e beber excessivamente – e o que foi desperdiçado em um dia seria suficiente para os dois recém-casados viverem por meio ano.

Da mesma época, a *"bride-ale"* é mencionada em um comentário em uma das comemorações excessivas de Elizabeth I, no castelo de Kenilworth.

Em algumas partes da Inglaterra, normas foram criadas como tentativa de restringir o comportamento ultrajante associado com o consumo da *bride-ale*. Essas normas, muitas vezes, tinham o intuito de impedir os cervejeiros de produzir cerveja muito forte para os casamentos. Na antiga cidade de Halesowen, no condado de Worcestershire, por exemplo, o Tribunal Feudal de Rolls tem o seguinte registro:

> Uma multa deve ser aplicada para que ninguém produza qualquer tipo de cerveja de casamento a ser vendida acima de doze medidas de malte no máximo, e que tal noivo não mantenha ou tenha mais que um grupo de oito pessoas em seu jantar, no salão, e que antes do dia de seu casamento ele não mantenha jogos ilícitos em sua casa, e nem fora dela, uma multa de 20 xelins.

Ben Jonson, o dramaturgo, poeta e ator britânico renascentista, usa o termo *"bride-ale"* frequentemente com o sentido de "festa de casamento", e etimologistas parecem concordar que a palavra moderna *"bridal"* ("nupcial", em português) emana desse uso.

Bickerdyke, J. (pseudônimo de Charles Henry Cook). **The curiosities of ale and beer.** London: Leadenhall Press, 1886. Cleveland: Beer Books, 2008.

Hackwood, F. W. **Inns, ales and drinking customs of old England.** London: T. Fisher Unwin, 1910. London: Bracken Books, 1987.

Hornsey, I. S. **A history of beer and brewing.** Cambridge: Royal Society of Chemistry, 2003.

Ian Hornsey

Briess Malt & Ingredients Company é a maior produtora de maltes especiais para cervejarias, destilarias e para a indústria de alimentos nos Estados Unidos. A empresa familiar, uma divisão da Briess Industries, Inc., também é proprietária de toda uma linha de adjuntos, extratos de malte e produtos orgânicos que podem ser usados no processo cervejeiro.

Em 1876, um comerciante de grãos chamado Ignatius Briess abriu sua primeira maltaria na região da Morávia, na Tchecoslováquia. Vinte anos depois, a empresa exportava maltes para a Alemanha, Estados Unidos e Bélgica. Distúrbios na Tchecoslováquia fizeram com que a família se mudasse para os Estados Unidos, onde a sua empresa de maltes cresceu e estabeleceu uma parceria com a Chilton Malting Company, sediada em Wisconsin, a qual mais tarde se tornaria parte e sede da Briess.

Durante décadas, a Briess utilizou máquinas de secagem especiais chamadas *K-Ball Roasters* para torrar os maltes. Essas máquinas, fabricadas na Alemanha, foram substituídas ao longo dos anos pelos mais modernos tambores de torra, e foram utilizadas pela última vez na década de 1990. Ver TORRADOR DE TAMBOR.

O afável Roger Briess dirigiu a empresa de 1971 até sua morte em 2001. Ele foi uma figura notável no desenvolvimento da indústria de cervejas artesanais. A Briess, uma das principais fornecedoras das grandes cervejarias e das cervejarias regionais, viu potencial no movimento das microcervejarias americanas no início dos anos 1980. No momento em que mais e mais cervejarias artesanais abriam suas portas, a Briess foi a primeira empresa a começar a oferecer maltes bases e especiais em sacas pequenas de 22,68 kg (50 lb). A empresa também anexou instalações de moagem nessa época, com o propósito de fornecer grãos já moídos às cervejarias menores que não dispunham dos equipamentos necessários para moê-los. A Briess também desenvolveu diversas receitas e as compartilhou com as cervejarias menores, uma tradição que continua até hoje.

John Holl

Brooklyn Brewery é uma importante cervejaria artesanal e um símbolo da revitalização do mais populoso bairro de Nova York. Fundada em 1987 pelo jornalista Steve Hindy e pelo banqueiro Tom Potter, em 2010 tinha crescido acima de 12,5 milhões de litros e se tornado uma das vinte principais cervejarias artesanais dos Estados Unidos (de um total de 1.600). A Brooklyn Brewery também "desempenhou um papel fundamental na revitalização de Williamsburg [seção do bairro] e na promoção do renascimento do Brooklyn", de acordo com o prefeito da cidade de Nova York Michael Bloomberg. Esse elogio do prefeito aparece na introdução do livro de Steve Hindy e Tom Potter, de 2005, sobre sua origem, chamado *Beer School*. Antes de fundar a Brooklyn, Steve aperfeiçoou sua escrita como correspondente da Associated Press no Oriente Médio (onde testemunhou o assassinato de Anuar Sadat, entre outros eventos seminais). Enquanto estava no Oriente Médio, Steve também desenvolveu um grande interesse pela produção caseira de cerveja, interesse este aproveitado por ele em seu retorno aos Estados Unidos.

O logotipo original da Brooklyn foi criado pelo designer Milton Glaser, mais conhecido pela icônica campanha "I Love New York". Logo no início, a Brooklyn Brewery desenvolveu uma estreita ligação com a sua comunidade local através de patrocínios, eventos e cobertura da mídia, em cujo cultivo Steve provou-se especialista. O mestre cervejeiro Garrett Oliver juntou-se a eles em 1994 e fortaleceu esses laços na condição de pioneiro da harmonização entre cervejas e alimentos, sendo um autor independente e presença frequente na mídia. A cervejaria lança mais de quinze tipos de cervejas diferentes por ano, muitas delas disponíveis em chope apenas por um curto período. As cervejas já ganharam muitos prêmios nacionais e internacionais. A Brooklyn Brewery também se tornou líder na produção de cervejas refermentadas em garrafa, a maioria delas com influência belga.

A Brooklyn Brewery mantém fortes ligações locais, mas também abriu caminho para a exportação dos seus produtos, bem como para o movimento da cerveja artesanal ao redor do globo. Em 2010, cerca de 12% do volume produzido pela Brooklyn foi destinado à exportação. A Brooklyn é provavelmente a maior exportadora artesanal, respondendo por cerca de 20% do total do volume de cerveja artesanal exportada para fora dos Estados Unidos. Ela também foi a primeira cervejaria dos Estados Unidos a buscar colaborações com cervejarias internacionais, e em 2010 iniciou a produção regular de cervejas oriundas da colaboração com a italiana Amarcord.

Durante mais de uma década, a Brooklyn também foi proprietária de sua distribuidora, a Craft Brewers Guild. A distribuição pioneira ajudou a difundir o "evangelho" da cerveja artesanal na cidade de Nova York. Ela distribuía as cervejas da própria Brooklyn e também a de outras marcas artesanais e importadas. A distribuidora foi vendida em 2003 e a injeção de capital permitiu a Tom Potter vender sua participação para a família Ottaway. A amizade entre David Ottaway e Steve Hindy remonta ao início dos anos 1980, quando David era correspondente no Oriente Médio do Washington Post. Os dois filhos de David, Eric e Robin, são os principais administradores da cervejaria. A Brooklyn Brewery produz cerveja no bairro do Brooklyn e também sob licença no interior do estado de Nova York.[6] Em 2010, a Brooklyn deu início a uma grande expansão de sua cervejaria, que permitirá que ela produza até 14 milhões de litros em seu bairro natal.

Brooklyn Brewery. Disponível em: http://www.brooklynbrewery.com/. Acesso em: 16 mar. 2011.

Benjamin Steinman

Brooklyn, Nova York, hoje mais conhecido como um dos berços da cultura urbana moderna, foi outrora uma das grandes capitais cervejeiras do país. Em 1898, quando o Brooklyn foi anexado à cidade de Nova York, havia 48 cervejarias em operação na cidade. Ao final da década de 1960, o Brooklyn produzia 10% de toda a cerveja consumida nos Estados Unidos. No entanto, até recentemente, nenhuma das cervejas produzidas no Brooklyn homenageava sua cidade natal. Em vez disso, as cervejarias da cidade, em sua maioria, tinham sido batizadas com os nomes das famílias alemãs que as fundaram.

As duas últimas cervejarias do Brooklyn remanescentes daquela época eram F. & M. Schaefer Co., conhecida por sua cerveja Schaefer Beer, e S. Liebmann & Sons, a qual era famosa por sua cerveja Rheingold Beer (e que, por fim, adotou o nome de sua bebida mais popular). Ambas fecharam suas instalações no Brooklyn em 1976, pondo fim a uma tradição cervejeira em Nova York que começara com a fundação de uma cervejaria holandesa em Manhattan em 1612. A Schaefer estava localizada no rio East, de frente para Manhattan, não muito longe do Brooklyn Navy Yard, um lugar de intensa atividade produtiva no século XIX e início do XX. A Rheingold era produzida em um terreno de 7 hectares em Bushwick, Brooklyn. Ambas vendiam cerca de 2,3 milhões de hectolitros de cerveja por ano em seu auge.

A primeira cerveja comercial de baixa caloria (*"light"*) foi brassada em 1967 na cervejaria Rheingold pelo famoso químico e mestre cervejeiro Joseph Owades. A cerveja, com o infeliz nome de "Gablinger's", foi um fracasso. Ambas as empresas patrocinavam o Brooklyn Dodgers, a famosa equipe de beisebol do Brooklyn e, anos mais tarde, o New York Mets.

O fim da produção de cerveja no Brooklyn foi anunciado pela abertura, em 1972, da Schaefer, uma fábrica equipada com a mais alta tecnologia da época em Allentown, Pensilvânia. O aumento do custo da terra, da mão de obra e praticamente de todos os outros gastos na cidade de Nova York tornaram impossível para a Schaefer e a Rheingold continuar produzindo cerveja na cidade. A Schaefer ainda é produzida pela Pabst Brewing Co. Ver PABST BREWING COMPANY. Houve várias tentativas de reviver a marca Rheingold, mais conhecida pelo concurso de beleza "Miss Rheingold", conhecido por ser a segunda maior eleição dos Estados Unidos, atrás somente da eleição presidencial.

A maioria das cervejarias do Brooklyn estava agrupada no Distrito Leste de Long Island, o qual foi anexado pela então cidade de Brooklyn em 1855. O Distrito Leste abrangia as áreas agora conhecidas como Williamsburg e Bushwick. Dos imigrantes alemães que fugiram dos tempos difíceis na Europa e se refugiaram nos Estados Unidos no início do século XIX, muitos se estabeleceram no Distrito Leste. Os cervejeiros alemães de *lagers* foram atraídos pelas águas cristalinas das nascentes naturais alimentadas pelo aquífero Brooklyn-Queens. Ao final do século, os mananciais subterrâneos haviam sido poluídos pela industrialização pesada no Brooklyn. Parte dos motivos que levaram os eleitores a aprovarem a sua anexação à cidade de Nova York foi o desejo de se conectar ao extraordinário sistema de água da cidade, uma rede de túneis subterrâneos que trazia água fresca do rio Delaware e das montanhas Catskill.

Havia muitas cervejarias menos conhecidas com sede no Brooklyn. A J. F. Trommer's Evergreen Brewery era famosa pela sua cerveja Trommer's White Label, uma *lager* puro malte. Ver TROMMER'S EVERGREEN BREWERY. Também era conhecida pelo Maple Garden, um fabuloso *beer garden* ao ar livre

---

[6] A Brooklyn Brewery produz seus principais rótulos em mais de dez países ao redor do globo para disponibilizar cervejas mais frescas nos principais mercados em que atua. Em 2018, formou uma *joint venture* com a Maniacs Brewing, de Curitiba/PR, que produz no Brasil a Brooklyn Lager e a Brooklyn East IPA desde então.

A F. & M. Schaefer Co. era uma das 48 cervejarias do Brooklyn na virada do século XX.
No alto: Gravura da cervejaria e maltaria Schaefer, 1880.
PIKE MICROBREWERY MUSEUM, SEATTLE, WA.
No meio: Fotografia da cervejaria Schaefer tirada no nível da rua a partir da Kent Avenue, 1948.
LIBRARY OF CONGRESS.
Embaixo: Descanso de copo para cerveja, 1942.
PIKE MICROBREWERY MUSEUM, SEATTLE, WA.

que ficava lotado de famílias nos fins de semana. Assim como muitas cervejarias, a Trommer's foi gravemente atingida pela greve de 81 dias dos trabalhadores cervejeiros em 1949. Durante a greve, muitos nova-iorquinos experimentaram cervejas como Budweiser e Blatz oriundas do Centro-Oeste americano.

Havia uma área em Bushwick conhecida como "Brewer's Row" (fileira de cervejarias), onde onze cervejarias ocupavam uma área de doze quarteirões.

Muitas possuíam grandes caves subterrâneas que eram ideais para a fermentação de *lagers* por manterem uma baixa temperatura durante todo o ano. Antes da Lei Seca, muitas cervejarias de Nova York possuíam pontos de venda na cidade.

Algumas das cervejarias mais conhecidas do Brooklyn foram a Consumers Brewing Co., Excelsior Brewing Co., Federal Brewing Co., India Wharf Brewing Co., Old Dutch Brewing Co., Piel Brothers Brewing Co., Schlitz Brewing Co. e Welz & Zerwick Brewing Co. A Peter Doelger Brewery possuía um bar e restaurante em Williamsburg que ainda opera sob o nome de "Teddy's". Ele ainda possui um vitral que apresenta a "Peter Doelger's Extra Beer". Muitos dos antigos edifícios das cervejarias do Brooklyn ainda sobrevivem. Uma empresa chamada "Urban Oyster" oferece passeios que começam na Brooklyn Brewery. Muitos dos antigos cervejeiros do Brooklyn estão enterrados no cemitério de Evergreen, na parte leste de Nova York, do outro lado da rua onde se localiza a Trommer's Brewery.

Atualmente, existem três cervejarias no Brooklyn. A Brooklyn Brewery foi fundada em 1987 e vendeu sua primeira cerveja, a Brooklyn Lager, em 1988. Ver BROOKLYN BREWERY. A Brooklyn Brewery produz cervejas em Williamsburg, Brooklyn, e sob contrato em Utica, Nova York. Uma segunda cervejaria, a Six Point Brewery, está localizada no bairro de Red Hook. O Brooklyn é também o lar da Greenpoint Beer Works, Inc., que fornece para a cadeia de restaurantes Heartland Brewery e para a Kelso do Brooklyn.

Ver também MANHATTAN, NOVA YORK.

Anderson, W. **The breweries of Brooklyn.** Croton Falls: Anderson, 1976.

Stephen Hindy

brotzeit é uma palavra alemã que tecnicamente se traduz como "hora do pão", mas passou a significar "hora do lanche", em referência a um saudável lanche consumido entre as principais refeições do dia. A Baviera é o centro da cultura do *brotzeit* e, nesse contexto, frequentemente se refere a um lanche consumido no meio da manhã, uma espécie de segundo café da manhã. Às dez da manhã, muitas tabernas bávaras ficam cheias – o *brotzeit* geralmente inclui uma cerveja, na maioria das vezes uma *weissbier*. Ver WEISSBIER.

Antigamente, *brotzeit* referia-se a um lanche consumido entre as refeições por agricultores e criadores de gado da Baviera, mas hoje em dia esse costume é apreciado não apenas por agricultores, mas também por empresários engravatados e até mesmo muitos austríacos vizinhos. O *brotzeit* quase sempre inclui pão ou um *pretzel* macio e pode ter também salsichas, queijos, presuntos e algumas vezes chucrute e alguns legumes e hortaliças. A *Weisswurst*, uma salsicha branca de carne de vitela servida com mostarda doce, é considerada um prato particularmente clássico para o *brotzeit*.

Obviamente, o *brotzeit* é um horário popular nos *biergartens* da Baviera e as pessoas às vezes levam sua própria comida de casa. O Bavarian Biergarten Decree, de 20 de abril de 1999, sistematiza a antiga tradição dos *biergartens*, declarando especificamente que uma das características definidoras de um *biergarten* é o direito do cliente de levar sua própria comida.

Ver também BAVIERA.

Gerrit Blüemelhuber e Garrett Oliver

brown ale é um termo que engloba uma grande variedade de estilos com colorações similares e a prática de fermentação a temperaturas mais elevadas com leveduras tipo *ale*. Embora a *altbier* alemã se encaixe nesse perfil, assim como as belgas *dubbel* e *oud bruin*, raramente são descritas como "*brown ales*", e o termo costuma reservar-se aos estilos de cerveja com raízes britânicas. Ver ALTBIER, DUBBEL e OUD BRUIN.

O termo "*brown ale*" pode ser bastante confuso, ou ao menos não muito mais útil que o termo "vinho tinto". Da mesma forma, antes do início da produção de maltes claros no século XVIII, a maioria das cervejas comerciais poderia ser descrita como *brown ale*. Observam-se as primeiras referências do termo em livros ingleses de meados do século XVIII. A princípio, essas cervejas eram produzidas exclusivamente a partir de maltes marrons, mas com o aperfeiçoamento das técnicas de secagem, os maltes claros – que também apresentavam melhor rendimento – tornaram-se uma alternativa mais barata e confiável. Os perfis de coloração e sabor passaram a ser determinados mais pelos maltes escuros e Crystal de estilo moderno, assim como pelo açúcar caramelizado. Ver MALTE CRYSTAL.

Na Inglaterra, existem muitas variantes do estilo *brown ale*. Ao norte da Inglaterra, o exemplo clássico é a Newcastle Brown Ale (4,7% ABV), cuja produção se iniciou em 1927 não apenas como resposta à competitividade e crescente popularidade das *pale ales* de Burton-on-Trent, mas também para maximizar o desenvolvimento de novas técnicas de envase. Ver NEWCASTLE BROWN ALE. O tom "marrom" obviamente é relativo, e tomou-se muito cuidado para assegurar que a coloração da Newcastle Brown Ale apresentasse uma tonalidade avermelhada luminosa e atrativa – de fato, o desenvolvimento do processo durou três anos. O resultado é uma cerveja de caráter caramelado moderado e com notas a frutas secas, além dos sabores típicos a *toffee* e nozes de uma *brown ale*. Outros exemplos mais robustos do norte da Inglaterra incluem a Samuel Smith's Old Brewery Brown Ale (conhecida nos Estados Unidos como Nut Brown Ale) e a saborosíssima Double Maxim, da Maxim Brewing Company, de Sunderland. Ver SAMUEL SMITH'S OLD BREWERY. Esta última cerveja foi originalmente produzida pela Vaux em 1901 para celebrar o retorno do tenente-coronel Ernest Vaux da Guerra dos Bôeres, na qual ele comandara o mortífero destacamento Northumberland Hussars.

Todas essas *brown ales* do norte da Inglaterra flutuam em torno de 5% ABV, considerado razoavelmente forte no Reino Unido. São também relativamente secas. Ao sul, suas homólogas costumam ser mais adocicadas e raramente ultrapassam 4,2% ABV. Uma variante denominada *mild* um dia foi predominante em algumas regiões do sul, oeste e nas Midlands. Até a década de 1950, a *mild* refermentada em barris chegou a ultrapassar as vendas de *bitter*, a bebida hoje mais intimamente associada à cerveja tradicional inglesa. As *milds* também costumam apresentar um tom acastanhado, mas são menos lupuladas, levemente adocicadas e com baixo teor alcoólico, exibindo toques a chocolate, caramelo e frutas. São cervejas para longas noites no bar, sendo raramente encontradas em garrafas. Por outro lado, as cervejas inglesas denominadas *brown ales* normalmente são disponibilizadas em garrafas. Ver MILD.

Tempos atrás toda cervejaria inglesa já teve uma *brown ale* em seu portfólio, mas a popularidade dessas cervejas caiu com a perda da indústria pesada e a consequente recolocação dos operários que recompensavam seus esforços com copos de cerveja escura e espuma abundante. Já pela segunda metade do século XX, a *brown ale* passou a ser sinônimo de classe operária, de modo que as pessoas que pretendiam trabalhar em escritório passaram a pôr a *brown ale* de lado e dar preferência às cervejas mais claras.

As cervejarias artesanais nos Estados Unidos, desimpedidas pelas questões de classe que cercam as *brown ales*, incorporaram esse estilo com muito entusiasmo e o transformaram durante o processo. Embora a *mild* tenha ganhado um pé de apoio nos *brewpubs* americanos, e aparentemente os cervejeiros de Utah tenham abraçado a causa com força total, hoje existe uma variante especificamente americana da *brown ale*. As *American brown ales* são mais fortes, de coloração castanha mais intensa e mais lupuladas que suas ancestrais inglesas. A maioria é bem encorpada e seca ao paladar, com teores alcoólicos variando entre 5% e 6% ABV, com um amargor geralmente moderado, mas que pode chegar a ser mais marcante. Maltes torrados e caramelizados são usados em abundância, o bastante para não se sobrepor ao estilo *porter*, mas as melhores procuram manter notas mais discretas a torrefato, deixando o caráter a caramelo mais evidente. Muitas dessas cervejas apresentam aromas característicos de lúpulo, em alguns casos proporcionados pelo *dry hopping*. Ver DRY HOPPING. Fora dos Estados Unidos, os cervejeiros não têm dado muita atenção à família de estilos *brown ale*, mas alguns poucos exemplares têm surgido recentemente da Escandinávia ao Brasil, levando-nos a supor que a evolução das *brown ales* deverá continuar em ritmo acelerado nos anos vindouros.

Jackson, M. **Beer companion**. London: Mitchell Beazley, 1993.

Webb, T. **Good beer guide Belgium**. St. Albans: CAMRA Books, 2009.

Alastair Gilmour

Bruce, David (1948-) desempenhou um papel catalisador no renascimento da produção artesanal de cerveja na Grã-Bretanha e em outros países. Ele gerenciou um grupo de *brewpubs* na região de Londres sob o slogan genérico de Firkin – o nome de um *cask* (barril de madeira) de cerveja de 41 litros – e provou que beber cerveja podia ser tão divertido quanto agradável. As cervejarias do grupo eram coletivamente conhecidas como "Bruce's Brewery". Ver BREWPUB.

Bruce aprendeu suas habilidades na produção de cerveja em duas companhias britânicas, a Courage e a Theakston, mas estava interessado em administrar seu próprio negócio. Em 1979, ele obteve os fundos necessários para comprar um *pub* fechado em uma área desvalorizada ao sul de Londres e o reabriu como seu primeiro *brewpub*, o Goose & Firkin. O Goose definiu o tom de seus *pubs* seguintes: cervejas condicionadas em *casks* produzidas no próprio local, pisos rústicos de madeira, comida simples, mas boa, e sem *juke boxes* ou "*fruit machines*" (máquinas de aposta até então frequentes em *pubs* britânicos). Nomes de cervejas tais como *Earthstopper* e *Dogbolter* salientavam o elemento "diversão", ressaltado por trocadilhos escandalosos em camisetas como "If he nicks my beer, I'll Firkin punch him".[7] Nas primeiras duas semanas de funcionamento, o Goose & Firkin vendeu muito mais cerveja que os antigos donos em três meses.

O tema provou-se um grande sucesso. Bruce acabou administrando onze pubs, nove deles com cervejarias anexas. Os *pubs* tinham nomes como Flounder & Firkin, Phantom & Firkin e Pheasant & Firkin. A venda de cervejas quintuplicava nos *pubs* que ele comprava e operava. A popularidade dos *pubs* Firkin não passou despercebida nos Estados Unidos, onde a produção artesanal de cerveja, no início da década de 1980, estava apenas começando. Muitos operadores americanos de *brewpubs*, mais tarde, deram a Bruce os créditos como sua inspiração original, e mais tarde ele investiu em diversas cervejarias artesanais americanas.

Em 1990, Bruce decidiu seguir em frente. Ele se tornou um multimilionário de um dia para outro ao vender os Firkins para o grupo Stakis Hotel. Em um ano, o Stakis vendeu os *pubs* para a Allied Breweries, que por sua vez os vendeu uma década depois para um grupo de *pubs* nacionais, o Punch Taverns. O grupo Punch fechou todos os *pubs* Firkin em 2001. Na década de 1990, Bruce dividiu seu tempo entre o trabalho de caridade para crianças carentes e a diretoria do grupo de *pubs* Slug & Lettuce. Agora ele administra a Capital Pub Company, um grupo de *pubs* não temáticos bastante diferentes em estilo da fórmula Firkin.

---

[7] "*Nick*" é gíria inglesa para "roubar". O trocadilho, contudo, está no uso do nome do *pub*, "Firkin", no lugar do termo de baixo calão "*fucking*", que na frase em questão tem a função de enfatizar a ameaça: "Se ele roubar minha cerveja, eu vou socá-lo". [N.T.]

Glover, B. **New Beer Guide**. Newton Abbot: David & Charles, 1989.

Roger Protz

Budweiser, muito maior e mais famosa que sua homônima europeia. As cervejas americanas denominadas "Budweiser" são produzidas pela Anheuser-Busch Companies (A-B), uma divisão da maior empresa cervejeira do mundo, a Anheuser-Busch InBev. Apesar de hoje ser vista como tão americana quanto o McDonald's, seu nome foi tirado de um famoso centro cervejeiro da Boêmia Tcheca, České Budějovice, ou Budweis no dialeto alemão que um dia foi falado lá. Qualquer coisa que viesse de Budweis, fosse cerveja ou pessoa, deveria ser chamada de *Budweiser*. Esse tipo de empréstimo não autorizado de nomes de lugares era comum no século XIX, quando os europeus não se preocupavam se os produtos americanos abalariam seus mercados ou suas reputações. Mais tarde, da mesma forma que os viticultores franceses passaram a se incomodar com as imitações baratas de vinhos americanos rotulados como "Champagne", os tchecos ficariam mais do que levemente perturbados com a *Budweiser* americana.

A maioria das primeiras *lagers* nos Estados Unidos tentava imitar o estilo castanho de Munique: puro malte, ricas e encorpadas. Como tinham um clima mais quente e dietas mais pesadas, os cervejeiros intuíram que os americanos poderiam se interessar por um estilo de cerveja mais leve e refrescante. A inspiração veio na forma de uma *Bohemian lager*, que rapidamente se difundiu pela Europa após sua introdução em 1842.

Produzir esse estilo de cerveja com matéria-prima americana não era uma tarefa tão simples. O estilo americano predominante na época, com cevada de seis fileiras, apresentava alta carga proteica e dava origem a cervejas com propensão à formação de turbidez, principalmente quando resfriadas, tornando o produto instável nas prateleiras. O químico cervejeiro Anton Schwarz, tomando por base estudos que já vinham se desenvolvendo na Europa na época, publicou em 1869 um artigo na revista *American Brewer* que se intitulava "*Brewing with raw cereals, especially rice*" ("Produzindo cerveja com cereais crus, especialmente arroz").

Em meados dos anos 1870, Adolphus Busch e seu mestre-cervejeiro Irwin Sprule formularam sua primeira receita de *Bohemian pilsner*, batizando-a de St. Louis Lager. Pouco tempo depois, uma segunda receita foi criada por um amigo de Busch, Carl Conrad, um comerciante de bebidas e dono de restaurante em St. Louis. Espelhando-se na "Budweis" de České Budějovice, que era um pouco mais clara e efervescente, essa nova cerveja foi comercializada sob o nome de Conrad Budweiser. Além de malte, a receita levava 23,5% de arroz e uma combinação de lúpulos americanos e europeus. Achava-se que o arroz, no lugar do milho, conferia um toque mais vivo e refrescante à bebida.

A Budweiser era um produto comercializado exclusivamente em garrafas, o que permitia que o rótulo servisse como garantia de origem. Contudo, já ao final dos anos 1870, tanto o nome quanto o rótulo já eram tão rotineiramente copiados que Busch se viu impelido a mover processos judiciais, o que acabaria por se repetir inúmeras vezes nas décadas seguintes. A Budweiser foi a primeira cerveja a ser engarrafada e pasteurizada em larga escala. Isso possibilitou que Busch comercializasse sua cerveja longe de casa. Graças a uma enorme rede de vagões de trem refrigerados e depósitos de gelo, a *Budweiser* obteve muito sucesso nos mercados em expansão ao sul e oeste de St. Louis e, finalmente, em todo o território americano.

Conrad foi à falência em 1882. Em vez de pagar uma dívida de 94 mil dólares, a marca foi transferida para a Anheuser-Busch, mas Busch e Conrad disputaram o controle da Budweiser até 1891, quando Conrad deu a Busch direitos vitalícios sobre o nome. Foram vendidas 14 milhões de garrafas (5 milhões de litros) naquele ano. Em 1901, a Budweiser representava 65% do volume total produzido pela A-B, e 761 mil hectolitros foram vendidos nos Estados Unidos e em mercados do exterior, incluindo a Ásia e América do Sul. Após essa data, no período que antecedeu a Primeira Guerra Mundial e a Lei Seca nacional, as vendas de todas as bebidas alcoólicas declinaram nos Estados Unidos.

Quando a empresa retomou a produção de cerveja após a Lei Seca, a Budweiser era a sua principal marca e o único foco publicitário. O marketing assíduo e a constante qualidade técnica foram os fatores que impulsionaram a Budweiser e, após trocar a liderança de mercado diversas vezes com a Schlitz nas décadas que sucederam a Lei Seca, tornou-se a marca de cerveja número um nos Estados Unidos em 1957. Em 2004, a Budweiser acabou ofuscada por sua marca-irmã, a Bud Light, lançada em 1982, que continua a ser a maior marca de cerveja do mundo.

As disputas pela propriedade do nome Budweiser com os europeus começaram em 1907, quando os conflitos com as cervejarias alemãs e boêmias foram resolvidos com o pagamento de pesadas indenizações. O assunto permaneceu dormente até meados dos anos 1980, quando a A-B tentou expandir seus domínios para a Europa. Em 1984, as cortes britânicas concederam os direitos de uso do nome Budeweiser tanto à empresa americana quanto à tcheca. Após a queda do comunismo, a A-B tentou comprar sua homônima em Budweis, e em dado momento os próprios trabalhadores entraram em greve para forçar sua venda. O presidente tcheco Vaclav Havel esteve diretamente envolvido na tentativa de impedir a transação. Hoje, uma trégua foi alcançada. Na Europa continental, a Budweiser da A-B InBev é geralmente conhecida como "Bud", enquanto a marca tcheca Budweiser Budvar é conhecida como "Czechvar" nos Estados Unidos. A A-B InBev perdeu outra batalha significativa em julho de 2010, quando a mais alta corte europeia negou seu pedido para registrar a marca Budweiser na União Europeia.

Uma série de extensões de linha das marcas Budweiser (Select, American Ale) e Bud Light (Chelada, Bud Light Lime) foram lançadas com variados graus de sucesso.

O carro-chefe da empresa, denominada simplesmente Budweiser, é uma *lager* extremamente clara, com notas suaves a panificação, um certo toque frutado a maçã, com sabor limpo, seco e um frescor ao final. A receita leva uma mistura de aproximadamente 30% de maltes de cevada de quatro fileiras, de produção própria da A-B, e 40% de maltes de seis fileiras; grãos de arroz compõem os 30% restantes. A receita pode variar um pouco para conferir certos aromas específicos em função dos grãos disponíveis. Partindo de uma densidade original de 11 °P, a Budweiser apresenta uma graduação padrão de 5% ABV.

O processo de produção é uma modificação do procedimento americano tradicional de adicionar adjuntos à mosturação. Deixa-se descansar o mosto a 48 °C para que haja um repouso proteico, enquanto os grãos de arroz são brevemente fervidos. Então, as duas mosturas são misturadas para que ocorra o repouso de sacarificação. Por muitas décadas, a A-B utilizou um único tanque para a separação do mosto – denominado *Strainmaster* – que consistia em uma espécie de tina de fundo cônico e um coletor perfurado através do qual o mosto clarificado era drenado. Esse sistema agilizava o processo, mas foi posteriormente substituído por ser menos eficiente que as tradicionais tinas de filtração.

O amargor é reduzido, mas perceptível ao paladar, situando-se em torno de 10 a 12 IBU. Os lúpulos utilizados são basicamente de variedades alemãs cultivadas nos Estados Unidos, tais como Hallertau, Saaz e Tettnanger, misturados com alguns lúpulos europeus além de outros tipos não alemães ricos em alfa-ácidos, como Willamette. Essa carga complexa de lúpulos permite que os cervejeiros mantenham aromas e sabores consistentes mesmo que haja variações nas características dos lúpulos disponíveis no mercado.

Antes do resfriamento, o mosto passa por um sistema de arraste (*stripping*) para a remoção de compostos sulfurosos, especialmente o dimetil sulfeto. O mosto quente é vertido sobre uma camada viscosa na superfície interna de finos tubos verticais, através dos quais é soprado ar quente e estéril. Esse método confere uma evaporação adicional que promove uma breve fervura do mosto, simulando em parte os efeitos dos resfriadores Baudelot utilizados pela empresa até os anos 1960.

O processo de fermentação e maturação normalmente dura 21 dias. De acordo com os padrões tradicionais, a maturação é feita a temperaturas mais amenas, entre 7,2 °C e 8,9 °C. Nessa faixa de temperatura, as leveduras desempenham bem seu papel na redução do diacetil e do acetaldeído (que, ao contrário do que se diz, encontram-se em concentrações muito baixas na Budweiser), mas ela também possibilita o desenvolvimento de certos ésteres que conferem o toque frutado a maçãs. A cerveja engarrafada é pasteurizada, ao contrário da cerveja que é envasada em barris.

A empresa aplica exaustivos controles de qualidade, tanto mecânicos quanto sensoriais, algo necessário para qualquer cervejaria que embala seus produtos, especialmente quando se pretende produzir a mesma cerveja em distintas partes do mundo. Como medida extrema, algumas latas de Budweiser são congeladas em nitrogênio líquido e degustadas anos depois, uma forma de verificar a lenta perda de seu famoso perfil de sabor.

Em 2008, o volume de Budweiser produzido foi de 43,4 milhões de hectolitros, enquanto o volume de Bud Light foi superior a 55,6 milhões de hectolitros.

Ver também ANHEUSER-BUSCH e BUDWEISER BUDVAR.

Baron, S. **Brewed in America: The history of beer in the United States**. Boston: Little & Co., 1962.
Hernon, P., Ganey, T. **Under the influence: The unauthorized story of the Anheuser-Busch dynasty**. New York: Simon & Schuster, 1991.
Ogle, M. **Ambitious brew**. Orlando: Harcourt, 2006.

Randy Mosher

A Anheuser-Busch e a Budvar Brewery da cidade tcheca de České Budějovice, também conhecida como Budweis, têm travado uma longa batalha judicial pelos direitos à marca Budweiser. PIKE MICROBREWERY MUSEUM, SEATTLE, WA.

Budweiser Budvar é uma cerveja tcheca produzida na cidade de České Budějovice, região sul da Boêmia, uma cidade mais conhecida fora da República Tcheca pelo seu antigo nome alemão, Budweis. É o nome da cidade que fornece uma pista para a razão da amarga batalha judicial de mais de um século entre dois produtores de cervejas batizadas de "Budweiser".

A Anheuser-Busch InBev, a cervejaria americana da Budweiser, alega que a sua cerveja é a original. Ver ANHEUSER-BUSCH. É verdade que a cervejaria de St. Louis, Missouri, começou a produzir sua versão da Budweiser cerca de trinta anos antes da Budvar, mas essa perspectiva ignora a longa história de produção de cerveja em Budweis. A cidade no sul da Boêmia tem sido um grande centro cervejeiro há séculos, e suas cervejas recebiam o nome genérico de cervejas Budweiser, assim como a cerveja *pilsner* tem sua origem na cidade tcheca de Pilsen. As cervejas de Budweis eram tão populares na corte real da Boêmia que eram conhecidas como a "Cerveja dos Reis". No século XIX, uma cervejaria de propriedade de boêmios de origem alemã, a Budweiser Burgerbrau ou Cervejaria do Cidadão de Budweis, foi formada pela fusão de duas empresas de menor porte. Ela exportou amplamente suas cervejas sob a marca comercial Budweiser.

A cervejaria Anheuser-Busch em St. Louis abriu em 1875, propriedade de dois imigrantes alemães, Eberhard Anheuser e Adolphus Busch. Uma das cervejas de seu portfólio foi rotulada de "Budweiser", e em casos judiciais subsequentes a empresa admitiu que sua cerveja foi baseada nas cervejas da Boêmia. Quando as vendas da Budweiser americana cresceram, ela foi comercializada, com a clássica bravata americana, como o "Rei das Cervejas" – não muito diferente de "Cerveja dos Reis". Em 1895, boêmios de origem tcheca em Budweis se uniram para construir na cidade uma rival para a cervejaria alemã, a Burgerbrau. A nova empresa foi chamada de "Budějovický Pivovar", que significa "Budweis Brewery", mas o nome foi reduzido para "Budvar" por conveniência.

Quando a empresa tcheca tentou exportar sua cerveja para os Estados Unidos, uma série de processos judiciais se seguiu. De início, a Budvar foi proibida de exportar para os Estados Unidos utilizando a marca registrada Budweiser, mas não houve restrições à utilização da marca na Europa. No entanto, desde o final da Segunda Guerra Mundial, as duas empresas têm lutado longas batalhas para estabelecer suas respectivas marcas em todo o mundo. A empresa que consegue registrar sua marca primeiro pode usar a marca Budweiser no rótulo. Em alguns países, a cerveja americana só pode ser vendida como "Bud", enquanto a versão checa é conhecida em alguns mercados como Budějovický Budvar, devido à derrota jurídica para a Anheuser-Busch. A cervejaria tcheca ainda é de propriedade estatal, mais duas décadas após a queda do comunismo. Sucessivos governos tchecos disseram que somente privatizariam a cervejaria se encontrassem um "parceiro adequado", uma frase amplamente entendida de modo a excluir a Anheuser-Busch, sua inimiga. Mas medidas estão sendo tomadas para transformar a cervejaria em uma sociedade anônima, os primeiros passos para a privatização.

A Budvar tem pouca semelhança com a cerveja americana de mesmo nome. Tem 5% de álcool por volume (ABV) e 20 unidades de amargor, sendo uma das poucas grandes marcas que ainda fazem cerveja *lager* pelo método tradicional de maturação a frio, que envolve uma lenta fermentação secundária. A cerveja adota a Lei da Pureza da Cerveja, que determina que somente cevada malteada, lúpulo, levedura e água podem ser utilizados no processo de produção de cerveja. A Budvar é produzida em uma sala de brassagem tradicional particularmente bela, com tanques de mosturação e de fervura feitos de cobre colocados sobre um piso revestido de azulejos. Uma dupla decocção da mostura é realizada. Ver DECOCÇÃO. A primeira fermentação é realizada em pequenos tanques cilindrocônicos, com a maturação a frio sendo realizada em clássicos tanques horizontais, em adegas sob a cervejaria onde a temperatura é mantida um pouco acima do ponto de congelamento. A maturação a frio tem duração total de noventa dias, um dos períodos mais longos de condicionamento a frio do mundo.

Apenas o malte claro da Morávia e lúpulos inteiros Žatec (Saaz) são usados. A água mole usada na produção da cerveja é obtida em um profundo lago natural localizado abaixo da cervejaria, por meio de um poço que remonta a milhares de anos. A cerveja pronta é refrescante, apresenta rico aroma de malte e baunilha e excelente caráter floral de lúpulo. O acabamento tem um bom equilíbrio entre o suculento malte, resinas de lúpulo e um delicado toque de maçã. A cerveja mantém a profunda cor dourada característica do estilo *Bohemian pilsner*.

Budvar também produz uma versão de cerveja com 4% ABV para o mercado interno. Nos últimos anos, foi lançada uma *amber lager* chamada Pardal (Panther), que visa aos trabalhadores braçais e entusiastas do esporte. Depois de um grande debate dentro da cervejaria, a Budvar também lançou a Dark, uma *black lager* produzida na Europa Central antes do advento das técnicas modernas de malteação. Ela tem feito sucesso na República Tcheca e é exportada para a Grã-Bretanha, onde alguns *pubs* têm um sistema de extração especial que mistura a Budvar dourada à Dark, uma mistura conhecida como "*half and half*" ("meio a meio").

Houve um ligeiro abrandamento na disputa entre a Anheuser-Busch e a Budvar, com a A-B Inbev distribuindo a cerveja tcheca nos Estados Unidos sob o nome Czechvar. Na República Tcheca, tanto a Budvar quanto a antiga Burgerbrau Brewery – conhecida durante alguns anos como Samson, mas agora chamada de Town Brewery – receberam da União Europeia uma garantia de origem que as autoriza a usar a marca comercial Budweiser.

Protz, R. **Complete guide to world beer/world beer guide**. London: Carlton Books, 1995/2009.

Roger Protz

Bullion é um antigo lúpulo inglês de amargor selecionado por Ernest S. Salmon em 1919 a partir de sementes de polinização cruzada coletadas do lúpulo selvagem americano BB1. A variedade Bullion é irmã da Brewer's Gold e foi lançada pelo professor Salmon em 1938 depois de extensivos testes. Ver BREWER'S GOLD. A planta parental feminina BB1 foi descoberta na região de Morden, em Manitoba no Canadá, e suas mudas foram enviadas para a Inglaterra em 1916 pelo professor W. T. Macoun, horticultor do Domínio do Canadá. Em 1917, o lúpulo BB1 foi estabelecido em campo no Wye College e polinizado por uma planta macho inglesa. O Bullion foi selecionado da progênie então resultante. Ele é semelhante ao Brewer's Gold em alfa-ácidos (10%) e beta-ácidos (5,4%), e também quanto à baixa capacidade de estocagem. O Bullion foi considerado um bom lúpulo de ampla utilização e, a partir dos anos de 1940, ele tornou-se um dos principais lúpulos de amargor nos Estados Unidos. Em meados de 1980 ele foi substituído por cultivares mais ricos em alfa-ácidos, com melhor potencial de estocagem e melhor desempenho agronômico.

Salmon, E. S. Bullion hop, a new variety. **Journal of the South East Agricultural College**, v. 42, p. 47-52, 1938.

Shaun Townsend

Burton ale foi uma *amber ale* escura, saborosa e robusta, que provavelmente alcançava 11%

ABV. Precedeu e posteriormente coexistiu com as *pale ales* e *India pale ales* que fizeram a fama de Burton-on-Trent (também conhecida apenas como Burton), no Reino Unido. Ver BURTON-ON--TRENT. Encaixava-se exatamente na categoria das *brown beers*, que eram as cervejas mais comuns na Inglaterra até o século XVIII. Assim como a maioria das cervejas britânicas daquele tempo, ela não era produzida dentro de um estilo definido e nunca chegou a alcançar uma identidade específica como a *porter*, a *stout*, a *pale ale* e outras que apareceram como entidades à parte.

Há indícios de que os abades do mosteiro de Burton produziam cerveja no século XIII. Tais atividades já não existiam mais no momento da Dissolução dos Mosteiros, decretada por Henrique VIII no século XVI, mas a essa altura pequenas cervejarias comerciais já produziam *ales* na cidade. Naquele tempo, as *ales* eram produzidas do modo original, ou seja, sem o emprego de lúpulos, que provavelmente só chegaram a Burton no século XVI. A *Burton ale* era feita a partir das coletas dos primeiros e mais substanciosos mostos, fermentados separadamente para a produção de *strong ales*. Os grãos deveriam passar novamente por duas ou mais infusões com água quente, e os mostos mais diluídos eram usados para a elaboração de cervejas de mesa e de *small beers*. Ver SMALL BEER.

A *Burton ale* provavelmente era produzida a partir de maltes mais claros do que os maltes marrons de secagem intensa destinados às *porters*, mas certamente eram mais escuros que os maltes *pale ale* modernos. Durante o século XVIII, era produzida apenas em pequena escala se comparada à *London porter*. Mas Burton provavelmente já conquistara uma grande fama por suas cervejas a essa altura, pois houve um pequeno comércio de exportação para Londres e Hull, após a abertura do rio para navegação pelo Ato de Navegação de Trent, de 1699. Já ao final do século XVIII, com a abertura de diversos canais, a *Burton ale* também pôde chegar por barcaças a Manchester e Liverpool. Um dos resultados do fácil acesso aos portos para mar aberto foi que a *Burton ale* passou a ser exportada com frequência para os países bálticos, inclusive para a Rússia. A esse ponto, ela era capaz de se defender das robustas *imperial stouts* que estavam sendo exportadas de Londres para a corte russa.

Esse comércio teve seu fim com o avanço das Guerras Napoleônicas e seus consequentes bloqueios e embargos. Os cervejeiros de Burton passaram, então, a enxergar a Índia como um destino de exportação alternativo, desenvolveram um método de produção de maltes mais claros e passaram a produzir a *India pale ale*. A partir de então, as cervejarias de Burton experimentaram um formidável crescimento, chegando a superar inclusive os cervejeiros londrinos. A Bass, em particular, tornou-se a maior companhia produtora de cerveja do mundo em 1876. Ver BASS & COMPANY.

Os métodos de produção também mudaram. A prática de coletar distintas frações durante as mosturações para a elaboração de vários tipos de cerveja já havia desaparecido. Essa metodologia tinha sido suplantada pela técnica de coleta contínua (de mosto), em conjunto com a aspersão de água quente sobre a camada de grãos. Todo o mosto coletado deveria então ser destinado à produção de uma única cerveja, em vez de duas ou três de diferentes qualidades.

A popularidade da *Burton ale* começou a decair por volta de 1830, mas ela não foi extinta; em 1839, pouco menos da metade da produção da Bass era de *porters* e *Burton ales*. Em 1865 essa proporção já havia caído para apenas 7% do total, sendo que algumas cervejas eram rotuladas como "*export ale*" – presumivelmente *Burton ales*, já que em 1876 um rótulo desses foi registrado pela Bass. Encontrava-se disponível nos Estados Unidos ao final do século XIX, vindo daí nossa melhor referência sobre a robustez dessa cerveja. Os cervejeiros não tinham como determinar a densidade até quase o final do século XVIII, quando o sacarímetro veio a se tornar uma ferramenta de trabalho; mas mesmo depois dessa data, encontra-se pouca informação sobre os parâmetros analíticos da *Burton ale*.

Em 1908, alguns resultados analíticos de diversas cervejas foram publicados em Chicago, incluindo duas amostras de *Burton ales* testadas, respectivamente, em 1879 e 1890 e apresentando 8% e 10% ABV. Os autores desse trabalho também citam um resultado de 1890 de uma amostra "de noventa anos de idade" proveniente de Worthington Burton, com 11% ABV. Curiosamente, "*Burton ale*" era feita na América do Norte em meados do século XX pela Ballantine Company, em Newark, Nova Jersey. Essa cerveja apresentava coloração vermelho-âmbar, era muito lupulada e envelhecida em tanques de madeira revestidos. Isso talvez sugira que sua forma de produção tenha sido influenciada mais pela perícia de Burton na produção das *pale ales* do que pela sua história de produção de *strong ales*.

Houve ainda uma versão marrom-escura de *Burton ale* produzida no início dos anos 1960, quando a Ind Coope & Allsopp a disponibilizou como uma edição especial de inverno. Logo desapareceu de vista, embora a Ind Coope tenha lançado uma *pale bitter* na década de 1970 (com cerca de 4,7% ABV) a qual chamou de *Burton ale*, mais um exemplo de uma cervejaria britânica que distorce a história da cerveja em prol de proveitos comerciais.

Ver também GRÃ-BRETANHA.

Hornsey, I. **A history of beer and brewing**. Cambridge: The Royal Society of Chemistry, 2003.

Terry Foster

Burton snatch é um termo, atualmente um tanto antiquado, empregado para designar o odor de enxofre de uma cerveja recém-servida. Tal aroma é particularmente associado a cervejas originalmente produzidas em Burton-on-Trent, na Inglaterra. Ver BURTON-ON-TRENT. O odor sulfuroso advém da presença natural de íons de sulfato na água da região de Burton. Lá, a água nasce de um aquífero de arenito, que apresenta elevado conteúdo de sulfato de cálcio, mais comumente conhecido como gesso. Ver SULFATO DE CÁLCIO. Os elevados teores de sulfato na água de Burton (até 800 ppm) promovem uma acentuada sensação de secura ao amargor das cervejas elaboradas com essa água, fazendo com que ela seja ideal para a produção de cervejas do tipo *pale ale*.

Tal característica da água de Burton é um feliz acaso, mas um abastecimento adequado de água costumava ser uma das principais considerações no momento de situar uma cervejaria, um claro exemplo do conceito de "*terroir*" na cerveja. No século XIX, auge da produção cervejeira em Burton, a dureza promovida pela presença de sulfato de cálcio tornava a água perfeita para a produção de cervejas do tipo *pale ale*. Burton acabou por se especializar em cervejas claras, enquanto Londres, onde a água era naturalmente endurecida pela presença de carbonato de cálcio, especializou-se nas cervejas escuras do tipo *porter*. Ver PORTER. Com os primórdios das investigações científicas no final do século XVIII, a presença dos sais de Burton foi reconhecida, mas somente no final do século XIX os cervejeiros londrinos aprenderam a tratar a água via "*burtonization*", ou seja, aumentando a dureza promovida pelo sulfato de cálcio a fim de tornar a água adequada para a produção de *pale ales*.

A prática de "*burtonization*" da água tornou-se comum nas Ilhas Britânicas e, atualmente, espalhou-se pelo mundo. Apesar disso, os cervejeiros raramente acrescentam sais suficientes para emular os aromas sulfúricos do efeito "*Burton snatch*", que continua a fazer parte do perfil aromático da cerveja Marston's Pedigree, produzida em Burton, embora alguns aficionados defendam que não é mais tão pungente quanto um dia foi.

Mathias, P. **The Brewing Industry in England 1700-1830**. Cambridge: Cambridge University Press, 1959.

Tim Hampson

Burton-on-Trent. No final do século XIX, Burton-on-Trent (45 km a nordeste de Birmingham) tornou-se "a capital cervejeira da Grã-Bretanha", e suas cervejas foram muito valorizadas e copiadas. As origens da produção de cerveja nessa cidade de Staffordshire podem ser encontradas na abadia beneditina fundada por um nobre da Mércia chamado Wulfric Spot, em 1004. Naquela época, os negócios de Burton eram controlados principalmente pelos abades e seus funcionários. Há certa controvérsia quanto à data real da fundação do mosteiro, já que o documento existente não foi assinado ou datado. Como resultado, a cidade de Burton-on-Trent celebrou mil anos de história cervejeira em 2002. De acordo com o romance *Ivanhoé*, de *sir* Walter Scott, a abadia de Burton, na época de Ricardo Coração de Leão (que reinou de 1189 a 1199), já tinha adquirido uma reputação elevada por sua *ale*. A mais antiga referência histórica para a tal superioridade da *ale* de Burton vem de uma cantiga de 1295:

> O abade de Burton produzia uma boa *ale*,
> Às sextas-feiras, quando eles jejuavam,
> Mas o abade de Burton nunca tomava sua própria cerveja
> Enquanto a do vizinho não acabasse.

Também são de 1295 algumas das primeiras referências à cervejaria da abadia, embora não haja nenhuma documentação dos volumes produzidos ou das pessoas empregadas. Parece que a atividade cervejeira deve ter sido muito bem restrita às famílias e aos estabelecimentos eclesiásticos, pois em um documento de 1319, que descrimina o aluguel de propriedades em Burton, a população foi dada como sendo de 1.800 almas, nenhuma delas envolvida com o comércio de cerveja! Mesmo naquela época, os inúmeros poços dentro e em torno de Burton foram reconhecidos como sendo "especiais" para fins cervejeiros. A qualificação da água de Burton para a produção de cerveja resulta de sua extrema dureza, especialmente em termos de sulfatos de cálcio e magnésio. Essas águas, chamadas de gípseas, promovem a coagulação da proteína durante a fervura, permitem uma boa taxa de aproveitamento do lúpulo e promovem o crescimento de levedura; o resultado é a cerveja clara e espumante pela qual Burton tornou-se famosa.

Na dissolução da abadia, em 1540, fez-se um inventário dos equipamentos da cervejaria, e há menção de uma grande maltaria no mercado. Como era o padrão naquela época, a produção de cerveja migrou para os *brewpubs*, e, em 1604, havia 46 deles servindo uma população de cerca de 1.500 pessoas. Ao final do século XVI, a cerveja produzida pelas cervejarias de Burton era muito aclamada e parece que quantidades consideráveis era levada para Londres, onde, por volta da década de 1620, era comercializada como "Darbie [Derby] Ale", altamente estimada. Mesmo assim, durante a maior parte do século XVII, a produção de cerveja se manteve inferior às tecelagens e comércios afins.

Em meados do século XVIII, a indústria cervejeira de Burton tinha se expandido, mas sofria as restrições de mercados limitados e falta de conexões de transporte. Nessa época, cada uma das principais cervejarias de Londres produzia mais cerveja do que todas as cervejarias de Burton somadas!

Daniel Defoe, em seu *Tour through the whole of Great Britain*, de 1724-1726, observou: "Em Lichfield, a *ale* é incomparável, assim como qualquer uma nesse condado de Stafford. Burton é a cidade mais famosa pela cerveja... a melhor característica que você pode dar a uma *ale* em Londres é chamá-la de Burton Ale, e eles produzem em Londres algumas que são assim chamadas".

Um ponto de mutação crucial na indústria cervejeira de Burton foi o Ato Parlamentar inspirado em lorde Paget em 1699, o "Ato de Navegação de Trent", que permitiu a abertura do rio. Isso colocou a cidade no topo de um dos maiores sistemas de navegação da Grã-Bretanha e em contato direto com os principais portos, como o Hull e o Gainsborough (naquela época), de onde se podia chegar aos portos bálticos. As comunicações ficaram ainda melhores após a seção do canal de Trent e Mersey em Burton ser inaugurada em 1770, trazendo maior prosperidade para a cidade, que, no final do século, era uma movimentada cidade com cerca de 6 mil habitantes.

A taxa de crescimento diminuiu durante os primeiros quarenta anos do século XIX (principalmente devido ao declínio do comércio com os países bálticos). A população em 1831 ainda era composta por 7 mil pessoas, mas, durante o meio século seguinte, houve um massivo crescimento industrial e urbano (com uma população de 46 mil pessoas em 1891). Isso ocorreu quase inteiramente em decorrência da expansão da indústria cervejeira, e durante a última metade do século XIX havia cerca de vinte a trinta cervejarias na cidade, sendo a Bass & Co. e a Allsopp responsáveis por mais de 50% da produção total.

Assim como ocorreu com a maior parte da indústria cervejeira britânica, houve uma forte contração da indústria em Burton, com o desaparecimento de muitos nomes notáveis.

No passado, a cidade gerou interesse literário, como é demonstrado por estas linhas de *A Shropshire Lad*, de A. E. Housman:

> Diga, para que servem os jardins de lúpulo,
> Ou por que Burton foi construída em Trent?

A cidade também é mencionada em importantes documentos históricos, como os relativos à prisão de Mary, rainha da Escócia, no castelo de Tutbury em 1584, onde dizem que a ela recebia "cerveja de Burton, que ficava a três milhas de distância".

Molyneux, W. **Burton-on-Trent: its history, its waters and its breweries.** London: Trubner & Co., 1869.
Owen, C. C. **Burton-on-Trent: the industrial history.** Derby, England: Breedon, 1994.
Owen, C. C. **The development of industry in Burton-upon-Trent.** Chichester: Phillimore, 1978.

Ian Hornsey

burtonization

Ver BURTON-ON-TRENT e SULFATO DE CÁLCIO.

Busch, August IV (1964-) é ex-presidente e ex-CEO da Anheuser-Busch Brewing Company, sediada em St. Louis, Missouri. Ver ANHEUSER--BUSCH. É também tataraneto de Adolphus Busch, fundador da Anheuser-Busch, e filho de August Busch III, que também foi diretor, presidente e CEO da companhia.

Busch nasceu em St. Louis, Missouri, in 1964, o filho mais velho de August Busch III. Seus pais se divorciaram quando ele tinha 5 anos de idade, e Busch viveu com sua mãe durante o restante de sua infância. Quando estava crescendo, Busch IV via o pai principalmente na cervejaria da família e em ambientes de negócio. Busch IV falou uma vez sobre sua relação com seu pai, Busch III: "Eu nunca tive uma relação pai-filho". A relação era "puramente negócios".

Busch possui bacharelado em finanças, juntamente com um mestrado em administração de empresas pela University of Saint Louis. Busch também participou do curso de Mestre Cervejeiro Certificado, com seis meses de duração, na instituição alemã VLB Berlin. Ver VLB BERLIN.

Busch começou a trabalhar na Anheuser-Busch como cervejeiro aprendiz em 1985. Desde então, ocupou várias posições nas áreas de administração, produção de cerveja, operações e marketing. Em 1994, ele foi nomeado vice-presidente de gestão de marca, e dois anos depois, em 1996, tornou-se vice-presidente de marketing. Em 2000, Busch foi promovido à vice-presidência de marketing e operações de atacado do grupo.

Busch IV passou a maior parte da sua carreira no marketing, onde lançou a Bud Dry, um produto que acabou se mostrando decepcionante para a Anheuser-Busch. Mais recentemente, ele apresentou a Budweiser Select, a Bud Extra (também conhecida como *B-to-the-E*) e inovações de embalagem, como as garrafas de alumínio. Ele obteve maior sucesso ao conduzir a publicidade da empresa para campanhas de publicidade mais bem-humoradas, como os "sapos da Budweiser" e os populares comerciais "Whassup?".

Apelidado de "O Quarto", Busch finalmente se tornou presidente e CEO da Anheuser-Bush em dezembro de 2006, sucedendo Patrick Stokes, o único não membro da família Busch a comandar a companhia. Quando Busch se tornou CEO, ele foi a quinta geração e o sexto membro da família a ocupar tal posição.

Em 2008, Busch IV presidia a empresa quando a companhia global de cerveja InBev adquiriu a Anheuser-Busch por cerca de 52 bilhões de dólares, aproximadamente setenta dólares por ação. Ver INBEV. Inicialmente contrário à aquisição, Busch IV quis impedir o acordo, tentando comprar o restante da cervejaria gigante mexicana Grupo Modelo e empregando outras estratégias para aumentar o valor de sua companhia. Finalmente, no entanto, a InBev aumentou sua oferta e a maioria de seus acionistas votaram a favor da venda. A história da fusão foi detalhada por Julie Macintosh em seu livro *best--seller Dethroning the King*.

Após a fusão, August Busch IV continuou fazendo parte do conselho administrativo da recém--formada empresa combinada, Anheuser-Bush InBev. Sua nova função era aconselhar a AB InBev sobre novos produtos, avaliar programas de marketing, reunir-se com varejistas, atacadistas, anunciantes e meios de comunicação; examinar a qualidade das cervejas Anheuser-Busch e dar conselho sobre a relação da AB com organizações de caridade e comunidades locais.

August Busch IV ainda é membro ativo do Partido Democrata, além de faixa preta em três artes marciais.

Arndorfer, J. B. "Is he Busch league?". **Advertising Age**, 25 jun. 2005. Disponível em: http://adage.com/article?article_id=103802/. Acesso em: 2 jan. 2011.

Kesmodel, D. "Anheuser CEO fights for his legacy". **Wall Street Journal**, 27 maio 2008.

Jay R. Brooks

butanodiol

Ver DIACETIL.

BYOB é um acrônimo que tem diversas origens possíveis e até mesmo várias alternativas possíveis de palavras com simbologia. Mas todas têm o mesmo significado básico: você é convidado para um evento, mas se quiser algo para beber terá de levar sua bebida (*bring your own* – BYO).

Bring your own bottle (leve sua própria garrafa), *bring your own booze* (leve sua própria bebida alcoólica), *bring your own beverage* (leve sua própria bebida), *bring your own beer* (leve sua própria cerveja)... o detalhe é irrelevante. As iniciais significam a mesma coisa em convites de festa e em restaurantes sem licença no mundo de língua inglesa.

É provável que esse termo remonte à década de 1950, embora não se saiba ao certo em qual lado do Atlântico ele foi originalmente cunhado. O fato de haver tantas variações diferentes é uma forte indicação de que ele surgiu espontaneamente em locais distintos.

O acrônimo "BYOB" tornou-se conhecido na Inglaterra na década de 1970 após o surgimento de supermercados que vendiam bebidas por preços mais baixos que os *pubs*, o que incitou uma mudança permanente no consumo de bebidas dos *pubs* tradicionais para o ambiente doméstico. Ao mesmo tempo, os britânicos passaram também a comer em restaurantes com maior frequência. Principalmente os restaurantes indianos costumavam atrair o público pós-*pub*. Contudo, pelo fato de não serem licenciados, convidavam as pessoas a levar algumas latinhas ou garrafas de alguma loja de bebidas alcoólicas ou supermercado, às vezes em troca de uma pequena taxa de rolha.

Para alguns etimologistas, as raízes desse termo são mais profundas. Dizem que no início do século XIX o termo BYOB era uma gíria social para "*bring your own basket*" (leve sua própria cesta), nos piqueniques. Até mesmo nesse caso, "*basket*" (cesta) pode muito bem ter sido um educado eufemismo para "*booze*" (bebida alcoólica), mas não há evidências de que esse teria sido o sentido principal.

Nos Estados Unidos, "BYOB" são quatro letras que acalentam o coração dos apaixonados por cerveja de modo geral. Embora possa ser considerado grosseiro insinuar que você leve sua própria bebida a uma festa, muitos acreditam que BYOB signifique "*have yourself a royal banquet*" (tenha um banquete real) – quando é permitido em um restaurante. Um frequentador de restaurante americano tende a ficar pasmo com a falta de opção, mas não com uma despesa indevida. Até recentemente, pouquíssimos restaurantes tinham um cardápio apropriado de cervejas. Portanto, a não ser que você levasse comida para casa, a única maneira de experimentar a comida do restaurante com uma cerveja interessante talvez fosse levar a própria bebida. Embora o advento dos cardápios variados de cerveja nos restaurantes, tanto para entusiastas quanto neófitos, seja maravilhoso, levar sua própria cerveja ainda causa uma emoção especial. Em muitas cidades, essa atração geralmente é temporária (e muitas vezes tecnicamente ilegal, dependendo das leis locais). Assim que o estabelecimento obtém uma licença, a ênfase para que você faça o que deseja tende a desaparecer muito rapidamente. Na cidade de Nova York, um lugar que há muito tempo abriga uma ampla população sul-asiática, as "filas dos restaurantes indianos" foram um dos primeiros motivos para as lojas oferecerem uma variedade desconcertante de cervejas. Já no início da década de 1980, bem antes de a cerveja artesanal americana tornar-se predominante, as lojas em ambos os extremos de um quarteirão do East Village, na cidade de Nova York, exibiam placas com os dizeres: "Mais de cem variedades de cerveja!". O que a maior parte dos clientes não sabia era que a maioria dos restaurantes do quarteirão em questão era de muçulmanos paquistaneses, motivo pelo qual não ofereciam bebidas alcoólicas. A então rara disponibilidade de *India pale ale* para acompanhar a saborosa comida "indiana" revelou-se uma feliz coincidência.

Pete Brown

caixa de mosto é tradicionalmente um recipiente entre o equipamento de filtração da mostura (por exemplo, tina de mostura, tina de filtração, ou filtro de mosto) e a tina de fervura. Esse tanque é essencial para manter o escoamento do mosto e economizar tempo na sala de brassagem quando mais de uma tina de fervura cheia é necessária para uma única mostura. Quando o volume de mosto exigido é alcançado na tina de fervura, este é trazido à fervura; o mosto que continua fluindo do dispositivo de separação entra, então, na caixa de mosto. Esse mosto, mantido entre 70 °C e 80 °C, é enviado para a tina de fervura quando o conteúdo anterior for fervido e enviado para o *whirlpool* ou para o tanque de fermentação. No sistema *parti-gyle* britânico de produção de mosto (no qual o mosto de uma única mostura é escoado para tanques diferentes em etapas), o primeiro mosto a escoar para dentro da caixa de mosto é frequentemente chamado de "mosto primário" e os próximos são chamados de "mostos secundários". Ver PARTI-GYLE. O tamanho da caixa de mosto pode variar; se o tamanho da tina de fervura for metade do volume que pode ser extraído de uma brassagem *parti-gyle* completa, a caixa de mosto será grande o suficiente para acomodar o resto do mosto dessa brassagem. Nas cervejarias modernas, as caixas de mosto são geralmente chamadas de "tanques de retenção do mosto" e podem comportar quaisquer volumes até o volume total da brassagem. Na maioria das cervejarias fora do Reino Unido, a caixa de mosto recebe o mosto de uma segunda mostura, enquanto o mosto da mostura anterior ocupa a tina de fervura. Isso economiza um tempo considerável, porque a cervejaria pode coletar um mosto enquanto ferve outro. É necessário tomar o cuidado de sempre verificar as condições de limpeza dos tanques de retenção de mosto, pois o mosto quente pode estimular bactérias termofílicas a produzir compostos nitrogenados indesejáveis chamados de ATNC (Compostos Nitrosos Aparentes Totais), que podem ser carregados até a cerveja pronta.

Paul KA Buttrick

cakes and ale. Atualmente, a expressão "*cakes and ale*", literalmente "bolos e cervejas" em português, é sinônimo de "vida boa" e é uma metáfora comumente utilizada para os prazeres terrenos. A palavra "*cake*" também tem a conotação de alguma coisa boa. A origem é comumente atribuída a *sir* Toby Belch, personagem de *Noite de Reis*, de Shakespeare, que pergunta a Malvolio: "Fora de ritmo, *sir*? Você mente. Você é mais do que um regente? Você acha, porque *você* é virtuoso, que não haverá mais bolos e cervejas?".[1]

Evidências, no entanto, sugerem que a ideia de "*cakes and ale*" é muito mais antiga, já que aparece diversas vezes em uma versão do antigo *Book of the Dead*, um texto fúnebre contendo instruções e recomendações para ajudar na passagem do falecido a uma vida após a morte. A passagem a seguir vem da versão conhecida como *O papiro de Ani*, escrita em 1240 a.C. e traduzida por E. A. Wallis Budge para o inglês em 1913:

---

1 No original: "Out o' tune, sir: ye lie. Art any more than a steward? Dost though think, because *thou* art virtuous, there shall be no more cakes and ale?".

[...] fala o falecido ao deus Tot: "Mas permita que o estado dos espíritos me seja dado em vez de água, e ar, e dos desejos reconfortantes do amor, e deixe que a tranquilidade de coração me seja dada em vez de *cakes and ales* ["bolos e cervejas" numa tradução literal; figurativamente, "as coisas boas da vida"].[2]

Cakes and ale é o título de três livros de anotações, escritos, em ordem cronológica, por Douglas W. Jerrold (1842), Edward Spencer (1897) e W. Somerset Maugham (1930).

Bickerdyke, J. (pseudônimo de Charles Henry Cook). **The curiosities of ale and beer.** London: Leadenhall Press, 1886. Cleveland: Beer Books, 2008.
Budge, E. A. W. **The papyrus of Ani – The Egyptian Book of the Dead.** New York: Dover Publications Inc, 1985.

Ian Hornsey

Calagione, Sam

Ver DOGFISH HEAD CRAFT BREWERY.

calândria é um trocador de calor tubular que aquece o mosto de forma rápida e eficiente, permitindo que seja fervido vigorosamente na tina de fervura.

O mosto requer uma fervura longa e vigorosa, geralmente de 60 a 120 minutos. A fervura do mosto libera o amargor do lúpulo, reduz os precursores de *off-flavors* como o dimetil sulfeto, coagula as proteínas e torna o mosto estéril. É um processo caro, pois os custos de energia aumentam a cada minuto de ebulição.

A calândria pode ser colocada verticalmente dentro da tina de fervura ou pode ser externa ao recipiente, ligada por meio de uma bomba e canos. Em uma calândria interna, a convecção força o mosto a passar através dos feixes de tubos, onde ele é superaquecido pelo vapor. Quando a calândria é externa, o mosto é bombeado para fora da tina de fervura, passa pela calândria, e então volta à tina de mosturação. A maioria dos projetos de tina de mosturação inclui um dispositivo espalhador de mosto em forma de prato[3] que suprime a formação excessiva de espuma, mistura o mosto e expulsa os compostos voláteis indesejáveis. A calândria fornece uma maior área de aquecimento do mosto do que as tinas de mosturação de aquecimento direto, ou ainda, aquelas com aquecimento por camisa de vapor.

A temperatura mais elevada alcançada usando uma calândria é tipicamente 104,4 °C, capaz de reduzir o tempo de fervura em até 30%, ao mesmo tempo aumentando a taxa de conversão do lúpulo nos processos cervejeiros que utilizam lúpulo em péletes.

Hornsey, I. S. **Brewing.** London: Royal Society of Chemistry, 1999.
Kunze, W. **Technology, brewing & malting.** Berlin: VLB Berlin, 1996.

Tim Hampson

calcário

Ver CARBONATO DE CÁLCIO.

Caledonian Brewery era uma das mais de quarenta cervejarias de Edimburgo, na Escócia, quando foi inaugurada em 1869. Conhecida então como Lorimer and Clark's Caledonian Brewer, como outras cervejarias na cidade ela podia captar sua famosa água para a produção de cerveja por meio de uma série de poços subterrâneos, conhecidos como Charmed Circle. Hoje, "The Caley" é a única sobrevivente daquelas cervejarias.

Cervejaria vitoriana em forma de torre, a Caledonian é a última cervejaria da Grã-Bretanha a ter tinas de fervura abertas aquecidas com fogo direto, dotadas de uma cúpula interna feita à mão que concentra o calor e desenvolve uma constante agitação e circulação do mosto em ebulição. Os conhecedores dizem que o calor direto e a fervura vigorosa conferem às cervejas sabores peculiares de malte semelhantes a caramelo. As chamas agora são alimentadas por jatos de gás, mas o carvão foi usado até o final da década de 1980.

A cervejaria sobreviveu a dois incêndios desastrosos nos anos de 1994 e 1998 e foi reconstruída. Em 1919, ela foi vendida para a cervejaria inglesa Vaux, de Sunderland. Em 1987, o mestre cerve-

---

2 No original: "... says the deceased to the god Thoth: 'But let the state of the spirits be given unto me instead of water, and air, and the satisfying of the longings of love, and let quietness of heart be given unto me instead of cakes and ale'".

3 No Brasil, também é chamado de "chapéu chinês". [N.E.]

jeiro Russell Sharp conduziu um processo de aquisição das ações da empresa pela gerência, em conjunto com Dan Kane, diretor da antiga Lorimer & Clark. Quando a Vaux parou completamente a produção de cerveja, em 1999, a Caledonian comprou de volta os direitos sobre o nome Lorimer & Clark.

As instalações da cervejaria e parte do capital foram comprados pela Scottish & Newcastle (S&N) em 2004, após esta dizer que fecharia a Fountain Brewery, localizada nas proximidades, e que estava à procura de um lugar para produzir sua cerveja com a marca McEwan.

Em 2002, Deuchars IPA da companhia ganhou o prêmio de Champion Beer of Britain da Campaign for Real Ale. Em 2006, a Caledonian comprou a Harviestoun Brewery por ocasião da aposentadoria de seu fundador, Ken Brooker. Em 2008, a empresa acabou adquirida pela Heineken como parte da aquisição conjunta das operações mundiais da S&N pela cervejaria holandesa e pela Carlsberg; a Harviestoun acabou se livrando e voltou a ser independente. A Deuchar's IPA, uma cerveja agradável, não é realmente uma IPA, mas a Caledonian 80/- (80 *shilling*) é considerada um bom exemplo de *Scottish ale*.

Ver também EDIMBURGO e SCOTTISH & NEWCASTLE BREWERY.

Tim Hampson

Califórnia. A influência do estado da Califórnia na cultura cervejeira norte-americana não pode ser subestimada. A Califórnia pode até ter começado a produzir cerveja muito mais tarde do que os outros estados, porém, dada a sua influência no contexto atual da produção de cerveja artesanal, o estado tem mais do que compensado o tempo perdido, possuindo, atualmente, algumas das mais inovadoras cervejarias e cervejas do país.

A Califórnia começou a produzir cerveja cerca de 250 anos após a primeira cervejaria do país ser construída em Manhattan, no ano de 1612. Foi só em 1849, um ano antes da Califórnia ser oficialmente um estado americano, que os californianos iniciaram seus primeiros esforços para a produção de cervejas, com a abertura da Adam Schuppert Brewery na esquina das ruas Stockton e Jackson, em São Francisco.

O ano de 1849 foi um bom momento para abrir uma cervejaria. Era o auge da corrida do ouro, e mais de 300 mil empreendedores haviam chegado na Califórnia em busca dos brilhantes flocos de fortuna. São Francisco rapidamente cresceu de um pequeno povoado para uma movimentada cidade em constante desenvolvimento, e a mineração de ouro era um trabalho que deixava as pessoas sedentas.

A cerveja era o "energético" dos mineradores, e, por volta de 1852, São Francisco se orgulhava em possuir mais de 350 bares e *pubs*, servindo a uma população de pouco mais de 36 mil pessoas. Por volta de 1860, esse número de estabelecimentos havia aumentado para mais de 800 tabernas abastecidas por mais de duas dúzias de cervejarias, enquanto San Diego, Sacramento e Los Angeles, sustentados pela construção de uma ferrovia na década de 1870, também se tornaram locais de surgimento de algumas cervejas.

A primeira cervejaria de Sacramento foi criada em 1859 por Hilbert & Borchers, enquanto a primeira cervejaria de San Jose foi a Eagle Brewery. As cervejarias californianas inauguradas na década de 1850 são: Bavarian Brewery, Albany Brewery, American Railroad Brewery, Union Brewing Company, John Weiland Brewery e a Pacific Brewing Company, hoje conhecida como Anchor Brewery Company. Entre 1890 e a Lei Seca, a Buffalo Brewing Company de Sacramento foi a maior cervejaria a oeste do Mississippi.

As cervejarias californianas podiam contar com uma riqueza de ingredientes cervejeiros locais. O lúpulo foi introduzido pela primeira vez na Califórnia em 1854, e, até a Lei Seca, o condado de Sonoma foi um dos principais fornecedores de lúpulo para a Califórnia e outros lugares. No final da década de 1880, havia receitas de cervejas produzidas com "lúpulos da Califórnia" até na Inglaterra. Em Sacramento e arredores, Emil Clemens Horst possuía a maior área plantada de lúpulo do mundo e em 1909 foi o inventor do separador de lúpulo, um instrumento mecânico que facilitou o processo de colheita.

A grande maioria das cervejarias californianas foi criada por imigrantes de língua alemã e, no final do século XIX, abraçaram o novo tipo de cerveja *lager* que, tendo sido primeiramente produzido na cidade europeia de Pilsen, em 1842, rapidamente subia no conceito dos consumidores americanos. Em 1875, a cervejaria Boca Brewery, perto de Truckee, produziu a primeira *lager* da Califórnia.

Entretanto, a *lager* era um tipo de cerveja produzida com leveduras de baixa fermentação, que apresentavam melhor desempenho em baixas temperaturas. A refrigeração mecânica, utilizada pela primeira vez na cervejaria Spaten, em Munique, durante a década de 1870, ainda não estava ao alcance da Califórnia. Além disso, ao contrário de seus irmãos bávaros e boêmios, os cervejeiros californianos não tinham como armazenar suas cervejas em adegas frias escavadas nas profundezas de montanhas, como na Baviera.

Ainda que o clima temperado da Califórnia não fosse propício para a produção de *lager*, a comunidade cervejeira germânica se manteve fiel às leveduras *lager* e produziu uma cerveja conhecida como *"steam beer"*, também chamada de *"California common"*. Ver STEAM BEER.

Cerveja característica da Califórnia central, e de São Francisco em particular, a *"California common"* ficava em cima da linha divisória entre as *lagers* e as *ales*. Ela era produzida com leveduras de baixa fermentação em grandes tanques rasos, no entanto, devido ao clima da Califórnia e à escassez de refrigeração, era fermentada a uma temperatura mais intimamente associada com as leveduras do tipo *ale*. Era uma fermentação híbrida nascida da necessidade e do *"terroir"* ao seu arredor.

Produzida com lúpulos e cevada locais, a *"steam beer"* não desfrutou da mesma reverência que recebe atualmente. Na verdade, era considerada uma cerveja de operários, bastante rudimentar, mais barata que as outras cervejas e associada aos trabalhadores beberrões.

Após o *boom* da *"steam beer"*, o cenário da cerveja californiana estava para mudar consideravelmente. Primeiro, houve uma consolidação. O surgimento da refrigeração mecânica e da pasteurização, os avanços no engarrafamento e uma melhoria considerável das ferrovias permitiram que um punhado de companhias cervejeiras bem estabelecidas, em sua maioria com pendores alemães, adquirissem pequenos negócios e iniciassem uma distribuição nacional.

Entre 1873 e 1910, o número de cervejarias americanas encolheu de mais de 4 mil para cerca de 1,5 mil. No entanto, no mesmo período, a produção cresceu 600%, superando 5,8 bilhões de litros e, no início do século XX, o número de tabernas tinha dobrado de 150 mil para 300 mil, havendo um rápido crescimento no número de empórios de bebidas em toda a Califórnia.

No entanto, as visões sonhadoras e quixotescas dessas tabernas estavam bem distantes da realidade. Frequentados, e muitas vezes administrados, pelo tipo de gente que você preferiria não apresentar a seus pais, as tabernas logo se tornaram sinônimo de antro de pessoas inúteis e comportamento desordeiro. Essas pessoas logo criaram desprezo dentro de um crescente movimento em prol da abstinência, e a cerveja começou a ser culpada pelos males crescentes da sociedade. A Lei Seca, anunciada pelo Ato Volstead, estava por vir.

Algumas cervejarias californianas tentaram sobreviver aos treze anos do "nobre" experimento com a venda de *"near beer"*, vendendo *root beers* (tipo de refrigerante, não alcoólico), extratos de malte, bebidas não alcoólicas e tônicos, enquanto algumas continuavam a produzir cerveja sob a proteção de mafiosos. No entanto, a Lei Seca levou a grande maioria das cervejarias à falência e muito poucas sobreviveram ao duplo golpe – a guerra e o Ato Volstead.

Depois da Lei Seca, foi mais com um lamento do que com uma comemoração que a cerveja voltou. As tentativas iniciais de ressuscitar pequenas cervejarias foram prejudicadas pela Depressão, pela burocracia legislativa que impedia as cervejarias de possuírem tabernas e pela mudança para o consumo da bebida em casa. Apenas as grandes cervejarias prosperaram. Elas desfrutaram do grande crescimento pós-guerra, e a batalha pelo domínio da produção de cerveja mudou para a costa oeste, ou, mais precisamente, para o ascendente estado da Califórnia.

Em 1967, as quatro maiores cervejarias comandavam um terço de todas as vendas de cerveja, mas enquanto as grandes cervejarias se ocupavam promovendo fusões, aquisições e criando uma hegemonia orientada pelos preços, as sementes de uma revolução cervejeira estavam sendo silenciosamente semeadas na Califórnia.

Um dos desenvolvimentos mais significativos, que mais tarde lubrificaria as engrenagens da produção de cerveja artesanal americana, foi a criação, em 1958, de um curso de produção de cerveja e de uma cervejaria-piloto na University of California, em Davis. Ver UNIVERSITY OF CALIFORNIA, DAVIS.

Então, em 1965, um homem de 27 anos de idade sem conhecimento nem experiência cervejeiros, e sem muito interesse na bebida, comprou uma suja e arruinada cervejaria no centro de São Francisco, conhecida por produzir uma cerveja azeda absolutamente horrível. Pabst, Schlitz e Anheuser-Busch

Folheto da Albion Ale and Porter Brewery, em São Francisco, Califórnia, que funcionou de 1875 a 1919. A New Albion Brewery, que em 1976 se tornou a primeira cervejaria a ser inaugurada na Califórnia após a Lei Seca e a primeira microcervejaria norte-americana, recebeu esse nome em homenagem à Albion Ale and Porter Brewery.
PIKE MICROBREWERY MUSEUM, SEATTLE, WA.

nem deram bola, mas Frederick "Fritz" Maytag III, o novo proprietário da Anchor Steam Brewery e herdeiro do eminente império Maytag de máquinas de lavar, atirou a primeira pedra na direção das grandes cervejarias.

Maytag começou a produzir a *steam beer* novamente. Em pequenas bateladas, a cerveja era produzida com os melhores e mais frescos ingredientes. Ele desprezou a moda em favor da história (que remonta a 1896), valorizando a autenticidade em vez da publicidade. Sem vontade e incapaz de competir em preços ou na distribuição nacional com as gigantes, valeu-se de sua reputação como um herói local e fiel da costa oeste.

O momento e a localização de Maytag foram impecáveis. No início da década de 1970, estava começando uma revolução, nos Estados Unidos, contra a monotonia das modernas bebidas e alimentos congelados, e o estado da Califórnia estava na vanguarda desse movimento. A Califórnia, mais do que qualquer outro estado, orgulhosamente hasteou a bandeira do esclarecimento gastronômico epicúreo e arrebentou as portas da mediocridade da produção em massa.

Vinícolas-butique foram surgindo na costa do Pacífico e na região do vale do Napa, e a cerveja não ficou tão para trás. Em 1976, na região *hippie* e atrasada de Sonoma, no norte da Califórnia, a primeira microcervejaria desde a Lei Seca foi criada por Jack McAuliffe, um engenheiro da Marinha que se apaixonara pelas *ales* britânicas durante o período que passara servindo na Escócia, em 1960. A New Albion Brewery não durou muito tempo (fechou as portas em 1983), mas, em toda a comunidade cervejeira artesanal, McAuliffe é corretamente reverenciado por sua visionária bravura. Ver NEW ALBION BREWING COMPANY.

McAuliffe e Maytag foram bem-sucedidos na criação das primeiras fagulhas que perturbariam o tranquilo mercado de massa norte-americano, mas foi a legalização da produção caseira de cerveja em 1978 que realmente propagou essa chama, e o estado da Califórnia rapidamente emergiu como o epicentro de um pequeno, porém apaixonado, cenário de produção de cerveja artesanal.

Em 1983, Don Barkley, o antigo mestre cervejeiro da cervejaria New Albion, abriu o primeiro *brewpub* da Califórnia em Hopland. Dois anos mais cedo, Ken Grossman havia adaptado uma cervejaria utilizando equipamentos de laticínio, chamando-a de Sierra Nevada Brewing Company e produzindo a cerveja Sierra Nevada Pale Ale. Com distintas características de lúpulo, era bem diferente das grandes marcas de cerveja e tornou-se a gigante dourada em cujos ombros outras cervejas da costa oeste agora se apoiam.

Em 1994, a Califórnia possuía 84 microcervejarias e *brewpubs* (um a mais do que os existentes em todo o território dos Estados Unidos uma década antes), e esse número continua a crescer. Duas décadas depois, de San Diego, no sul do estado, até Eureka, no norte, a Califórnia continua a ser a joia da coroa da produção da cerveja artesanal norte-americana.

Quando se trata de cerveja de ponta, poucas cidades conseguem rivalizar com San Diego. No entanto, há vinte anos, as coisas eram muito diferentes. Enquanto São Francisco, Seattle e Portland promoviam uma revolução nas cervejas artesanais nas décadas de 1980 e início da de 1990, San Diego permaneceu um deserto para as cervejas cheias de sabor. Seus habitantes eram forçados a adquirir cervejas produzidas no "norte" em vez da sua própria. Depois de anos vivendo na sombra da produção de cerveja de seus semelhantes da costa oeste, San Diego desenvolveu seu próprio cenário cervejeiro em meados da década de 1990.

Não satisfeita com uma dúzia de cervejarias artesanais dissidentes, uma fascinante gama de choperias e um punhado de *brewpubs*, a cidade de San Diego desenvolveu seu próprio estilo de cerveja. Uma *pale ale* forte e muito lupulada, chamada de "*double* IPA", talvez seja a assinatura cervejeira de San Diego. Com um teor alcoólico muitas vezes superior a 10% e amargor extremamente elevado, não é um estilo de cerveja para os fracos. As fortes cervejas "*hop monster*" ("lúpulo monstro") são muito comercializadas em San Diego, superando outros estilos de cerveja nos bares líderes como O'Brien's, Liar's Club e Hamilton's Tavern.

Apesar de toda a adulação recebida em diversos lugares, a cerveja de butique nunca foi particularmente bem recebida em Los Angeles. O porquê ninguém sabe realmente. Alguns culpam o clima; talvez o tempo quente de Los Angeles sufoque a cultura do *pub*, e as grandes cervejas perdem força sempre que a temperatura se eleva. No entanto, se fosse esse realmente o caso, a vizinha San Diego não seria um viveiro de criatividade para a produção artesanal de cerveja.

Outros afirmam que Los Angeles é simplesmente muito turística e transitória. Nenhuma cervejaria conseguiu unir o que é essencialmente um gama de bairros espalhados com um centro não discernível.

Mantendo-se de alguma maneira alheios ao caso de amor da costa oeste com a cerveja artesanal, os angelinos estão finalmente pegando gosto por ela. Só é preciso procurar os sinais disso com mais afinco em Los Angeles do que em outras cidades.

E então, é claro, há São Francisco. São Francisco é o centro do cenário cervejeiro da Califórnia. A cidade desempenhou um papel fundamental no nascimento do movimento da cerveja artesanal norte-americana e continua sendo crucial para o grande ressurgimento das atuais comidas e bebidas artesanais. Quanto às grandes cervejarias, sua presença na Califórnia é maior do que em qualquer outro estado, e a Anheuser-Busch InBev possui fábricas em Los Angeles e Fairfield, enquanto as cervejas MillerCoors são oriundas de Irwindale. Independentemente do tipo de cerveja, a Califórnia está bem abastecida. Em 2010, havia mais de 250 cervejarias, mais do que em qualquer outro estado dos Estados Unidos.

Ben McFarland

California common, uma designação um pouco antiquada e genérica para um estilo mais propriamente conhecido como *steam beer*. O estilo *California common* foi formalizado em vários julgamentos e por entidades de catalogação, em conformidade com os desejos da Anchor Brewing Company, de São Francisco, que retém os direitos de uso do termo *"steam"* quando ligado a cerveja produzida nos Estados Unidos. O estilo *steam beer* remonta às limitações da produção de *lagers* na fronteira ocidental americana, onde não havia refrigeração e usavam-se leveduras de baixa fermentação em processos com temperaturas elevadas. O resultado era uma cerveja fresca e notas a enxofre, ainda que exibisse certos ésteres frutados de uma fermentação menos controlada. A cerveja geralmente é de uma tonalidade âmbar-escura a marrom e de teor alcoólico moderado. Tipicamente, empregam-se variedades alemãs de lúpulo.

California common é a designação de estilo controversa e reconhecida pelo Beer Judge Certification Program, que supervisiona os julgamentos de competições de cervejarias artesanais nos Estados Unidos. É também usado pela Brewers Association ao supervisionar as competições no Great American Beer Festival e na World Beer Cup, destinadas a cervejeiros profissionais.

Ainda que certos cervejeiros reconheçam os direitos da Anchor sobre o termo *"steam"*, há outros cujas *California commons* fazem referências irônicas à definição de marca registrada, como é o caso da *"dampf" beer* (*dampf* significa *steam*, em alemão), da Victory Brewing, de Downingtown, Pensilvânia. A Sly Fox Brewing, localizada em Phoenixville e Royersford, na Pensilvânia, talvez seja a mais astuta, já que sua *lager* Gold Rush passa a ideia sem correr o risco de desobedecer a lei.

Ver ANCHOR BREWING COMPANY, AVALIAÇÃO DE CERVEJA e STEAM BEER.

Jackson, M. **The New World guide to beer**.
   Philadelphia: Running Press, 1988.
Mosher, R. **Radical brewing: Recipes, tales and world-altering meditations in a glass**. Boulder: Brewers Publications, 2004.

Dick Cantwell

calorias são uma medida do valor energético do alimento. A cerveja é um item da alimentação e contém componentes que fornecem valor energético ou calorias para o consumidor. Os métodos usados para calcular o valor energético variam dependendo das fontes de informação calórica, mas essas são, em geral, próximas o suficiente para adotarmos os valores especificados pela American Society of Brewing Chemists. A cerveja, especificamente, contém proteína (que fornece 4 calorias de energia/g), açúcares e carboidratos mais complexos (com 4,0 calorias de energia/g) e etanol (7 calorias de energia/g). Os ácidos orgânicos podem fornecer energia, mas não são considerados significativos na cerveja no que se refere ao aporte calórico, e as gorduras (lipídios) não estão contidas em quantidades detectáveis e mensuráveis na cerveja, de modo que também podem ser ignoradas.

Para determinar as calorias na cerveja, o álcool por peso e o extrato real (o extrato remanescente na cerveja após a fermentação e que contém carboidrato, proteína e o teor mineral da cerveja) devem ser conhecidos. O conteúdo mineral pode ser obtido secando-se uma quantidade conhecida de cerveja e, então, submetendo-a à calcinação dos constituintes orgânicos. As cinzas resultantes são o teor mineral da cerveja.

Nos Estados Unidos, as calorias expressas em 100 g de cerveja são determinadas por calorias em 100 g de cerveja = 6,9 × % de álcool em peso + 4 (RE – cinzas), com RE significando o extrato real (Plato) e as cinzas expressas como percentual em peso. O número 4 representa o valor energético calórico da proteína e do carboidrato, como discutido acima. Se o valor obtido desse cálculo for multiplicado pela densidade da cerveja, então são obtidas as calorias por 100 mL de cerveja. Finalmente, multiplicando esse número por 3,55 obtém-se o conteúdo calórico de 12 onças fluidas (norte-americanas) (355 mL).

Adicionalmente, caso seja necessário determinar o valor da equação acima no sistema internacional de unidades (SI), como kJ/100 mL de cerveja, como atualmente expresso na Europa, então a conversão 1 caloria = 4,184 kJ pode ser aplicada. (Uma caloria nos Estados Unidos é igual a 1 kcal na Europa.)

Dependendo da composição da cerveja, o conteúdo calórico pode variar amplamente, de 15 calorias/100 mL para uma cerveja com teor alcoólico baixo a mais de 110 calorias/100 mL para cervejas de elevado teor alcoólico e elevado extrato residual (contendo quantidades elevadas de carboidratos não fermentáveis), como as *barley wines*. Aparte das informações técnicas para o cervejeiro industrial e das informações nutricionais para o consumidor, muitos cervejeiros artesanais consideram o teor calórico de suas cervejas irrelevante. Assim como a informação calórica não é listada nas garrafas de vinho, muitos cervejeiros artesanais não listam tal informação em seus rótulos. Conforme os cervejeiros artesanais afastam suas cervejas de décadas de comoditização, as calorias podem mais uma vez ser relegadas aos laboratórios das cervejarias.

Gary Spedding

camada de aleurona é uma camada de células vivas de endosperma que envolve a superfície externa do endosperma amiláceo dos grãos de cereais. Ela é a maior fonte de enzima da cevada malteada. Na cevada, essa camada tem a espessura aproximada de três células e pode ser incolor ou azulada. No trigo, arroz, milho, centeio, painço e sorgo, a camada de aleurona tem a espessura de uma célula. As células da camada de aleurona da cevada armazenam lipídios, fitatos, proteínas e sacarose. A camada de aleurona é coberta pela testa, pericarpo e casca. Juntos, a camada de aleurona, o pericarpo e a testa são os principais tecidos do farelo de cereais. A principal função da camada de aleurona viável durante a malteação é produzir uma ampla gama de enzimas hidrolíticas que contribuem para a degradação (modificação) do endosperma amiláceo. Durante a malteação, o embrião germinado produz e secreta ácido giberélico para dentro da camada de aleurona adjacente. O ácido giberélico desloca-se ao longo da camada de aleurona, induzindo-a a produzir enzimas que degradam o endosperma, as quais não somente modificam o endosperma durante a malteação, mas também atuam durante a mosturação, otimizando a produção de açúcares. A produção de enzimas inclui a síntese de enzimas como a alfa-amilase, endo-beta-glucanases, dextrinase limite e endoproteases, e a ativação de enzimas como a beta-amilase e a carboxipeptidase, as quais estão localizadas no endosperma amiláceo. O fitato da camada de aleurona ajuda no controle do pH do mosto. As proteínas que agem na estabilização da espuma, como as proteínas transportadoras de lipídios, são derivadas da camada de aleurona.

Ver também GERMINAÇÃO e MALTEAÇÃO.

Palmer, G. H. Cereals in malting and brewing. In: Palmer, G. H. (Ed.). **Cereal science and technology**. Aberdeen: Aberdeen University Press, 1989, p. 61-242.

Palmer, G. H. Achieving homogeneity in malting. In: **Proceedings of the European Brewery Convention Congress**. Cannes: Oxford, 1999, 232-263.

Geoff H. Palmer

camomila (*Matricaria chamomilla*) é uma erva selvagem anual, originária da Ásia ocidental e que se espalhou para a Europa, América do Norte e Austrália. Faz parte da família das margaridas. Nos campos agrícolas, ela pode surgir como uma erva daninha e pode ser bastante invasiva. A camomila tem um aroma robusto e agradável, e as flores têm sido amplamente utilizadas para fazer chá na medicina fitoterápica desde os tempos do antigo Egito. Ela tem compostos ativos que atuam como antisséptico e é usada para tratar dor de cabeça, problemas gástricos, feridas, malária, inflamações e várias outras doenças. Historicamente, decocções à base de cerveja eram muito usadas na medicina popular.

A camomila (a planta inteira) tem sido usada diretamente na cerveja em conjunto com o santônico para alcançar uma melhor qualidade de conservação durante o verão. Supostamente, a camomila aumenta, ainda que ligeiramente, as qualidades intoxicantes da fermentação e acrescenta as suas qualidades medicinais à cerveja. Em relação ao sabor, ela transmite notas florais de laranja, mas pode se tornar adstringente se usada em demasia. Seu caráter floral cítrico tornou-a uma popular nota de fundo entre os cervejeiros artesanais.

Ver também ERVAS.

Per Kølster

A **Campaign for Real Ale (CAMRA)** é uma organização de consumidores do Reino Unido que defende e promove a *"real ale"* refermentada em barril e o tradicional *pub* britânico. Ver REAL ALE. A CAMRA foi fundada em 1971, no extremo ocidente da Europa – no Kruge's Bar, em Dunquin, condado de Kerry, na Irlanda – por quatro homens do noroeste da Inglaterra em resposta à percepção da qualidade ruim e desagradável da cerveja britânica naquela época. A cerveja refermentada em barril estava então perdendo importância, visto que os cervejeiros britânicos começaram a suspendê-la gradativamente por considerá-la arcaica, cara e difícil de manter e servir. Foram oferecidas em seu lugar cervejas filtradas e com carbonatação forçada em barril metálico, mas a CAMRA as recusou e opôs resistência por meio de boicotes organizados. Originalmente chamada de Campaign for the Revitalisation of Ale (Campanha para Revitalização da Ale), em 1973 a organização adotou o nome de Campaign for Real Ale. Os objetivos declarados pela CAMRA são: proteger e aperfeiçoar os direitos do consumidor (de cerveja); promover a qualidade, variedade de escolha e a relação de custo-benefício; apoiar os pubs como um ponto convergente de vida comunitária; e realizar campanhas para promover uma maior apreciação de cervejas tradicionais, sidras e fermentados de pera. Nos últimos anos, as sidras e os fermentados de pera tradicionais também conquistaram seu lugar.

Embora a filiação à CAMRA seja aberta a todos os indivíduos, a filiação de entidades comerciais não é permitida; o número de associados é superior a 185 mil. A CAMRA é constituída por um grupo eclético – cerca de mil membros residem fora do Reino Unido (principalmente nos Estados Unidos), e um sólido grupo de interesse composto de médicos e clérigos, bem como profissionais do ramo e membros do Parlamento do Reino Unido. Os membros têm sido descritos tradicionalmente como "homens de meia-idade de mentalidade alternativa", mas a organização tem dado passos largos para ampliar seu apelo, em particular para um perfil mais jovem, mais especificamente para as mulheres.

A organização é dirigida por um executivo voluntário natural do país, não remunerado e eleito pelos afiliados. São mais de duzentas filiais locais às quais geralmente os membros se afiliam. As filiais organizam festivais de cerveja locais, publicam boletins e mantêm sites, além de promoverem uma ampla variedade de eventos sociais (que normalmente envolvem visitas a pubs e cervejarias), bem como campanhas em prol de pubs e cervejarias locais que estão prestes a fechar as portas.

Os festivais de cerveja são um componente importante do calendário de eventos da CAMRA e exibem cervejas, sidras e fermentados de pera regionais. Os festivais são organizados pelas filiais locais, que oferecem membros voluntários e não remunerados para realizá-los. As cervejas fornecidas para esses festivais devem atender aos rigorosos critérios estabelecidos pela CAMRA. As cervejas que são extraídas por meio de dióxido de carbono ou uma mistura de dióxido de carbono/nitrogênio não podem ser inscritas, para grande inquietação dos cervejeiros que produzem cervejas não pasteurizadas que não são servidas diretamente do barril ou com o emprego de uma bomba manual. Todos os festivais normalmente usam um sistema de premiação em que as cervejas são avaliadas por uma comissão formada por membros da CAMRA. Existem prêmios em inúmeras categorias, geralmente correspondentes ao teor alcoólico ou ao estilo. Esses prêmios são muito cobiçados pelos cervejeiros locais e costumam ser explorados comercialmente por atividades promocionais no mercado local. Além disso, em decorrência do sucesso dos festivais das filiais locais, as cervejas vencedoras acabam participando de concursos de avaliação regionais e posteriormente de prêmios nacionais no Great British

Beer Festival, realizado todos os anos, no mês de agosto, em Londres. Ver GREAT BRITISH BEER FESTIVAL (GBBF). Neste festival, dez classes diferentes de cerveja (*bitter, best bitter, premium bitter, special bitter, strong bitter/ale, golden ale, mild, speciality beer*, nova cervejaria e cerveja refermentada na garrafa) entre as vencedoras regionais são degustadas por um painel de especialistas. São concedidos prêmios em cada categoria, e o título "Champion Beer of Britain" é dado à cerveja que mais se destaca. Esse prêmio é muito estimado pelo cervejeiro vencedor, embora isso possa ser constrangedor, visto que muitas cervejarias menores não conseguem atender à demanda gerada pela publicidade concomitante.

As publicações da CAMRA incluem o jornal mensal *What's Brewing*, a revista periódica *Beer* e o altamente conceituado *Good Beer Guide*. Vários livros especialmente encomendados sobre cerveja, pubs e produção de cerveja também são publicados pela CAMRA, incluindo uma série de guias, como o *Good Bottled Beer Guide* e o *Good Beer Guide Belgium*. O jornal *What's Brewing* divulga questões atuais que afetam as cervejas, as sidras e os *pubs* no Reino Unido, com especial ênfase sobre questões específicas que dependem do zelo das campanhas da CAMRA. Essas campanhas vão desde apoio a cervejarias e *pubs* que estão prestes a fechar as portas a assuntos complexos, como fornecimento de cerveja a *pubs*, leis de licenciamento, imposto sobre a cerveja e muitos outros. Como a CAMRA é o maior grupo de consumidores no âmbito de representação de cervejas e bares, sua opinião tem um peso considerável tanto nas atividades de produção de cerveja e de *pubs* no Reino Unido quanto em nível governamental, no qual sua voz é ouvida e respeitada.

A promoção de excelentes cervejas em bons *pubs* é exatamente a essência do *Good Beer Guide*, uma compilação dos 4,5 mil *pubs* mais importantes do Reino Unido, bem como uma listagem completa de todas as cervejarias, grandes e pequenas, e de suas principais marcas de cerveja. A lista de *pubs* aprovados é compilada pela CAMRA e os membros cujo principal critério de avaliação é a qualidade da cerveja refermentada em barril, com base no pressuposto "de que, se um senhorio mantém a boa qualidade de sua cerveja e tira *pints* perfeitos, todas as outras coisas em seu pub – a acolhida, a comida, a acomodação e as instalações para família – tendem a ter padrão igualmente elevado". Os *pubs* de boa qualidade são listados nesse guia de acordo com a região e a localização, com informações sobre horários de funcionamento, comidas servidas, acomodação e a variedade de cervejas disponíveis. Os *pubs* que são incluídos nesse guia exibem com orgulho a indicação "Good Pub Guide" logo à entrada, que constitui um símbolo de qualidade. Esse guia é um companheiro inseparável para quem está viajando pelo Reino Unido e deseja saborear a deliciosa cerveja tradicional britânica.

O impacto geral da CAMRA sobre a qualidade da cerveja britânica é amplamente enaltecido, mas a organização tem lá seus detratores. Alguns defendem que a CAMRA pode ter salvado a *"real ale"*, mas retardou um maior desenvolvimento da cerveja britânica ao difamar as cervejas de qualidade e os excelentes *pubs* que não se enquadram em suas rigorosas designações. Um bom exemplo dessa controvérsia gira em torno de um mecanismo denominado "válvula de respiro", que supostamente permite que as cervejas extraídas dos barris sejam repostas com uma camada de dióxido de carbono não pressurizado de sabor neutro, e não com ar. Embora os defensores enalteçam esse mecanismo e afirmem que isso poderia permitir que mais cervejas de melhor qualidade refermentadas em barril sejam vendidas em *pubs* modernos, a CAMRA refere-se à válvula de respiro em tom jocoso, considerando-a desnecessária e uma intromissão indesejada na adega tradicional. Os *pubs* que usam esse mecanismo são obrigados a ficar fora da listagem do *The Good Beer Guide*, um destino que normalmente tem efeitos nocivos sobre seus negócios. Essa controvérsia ainda em curso evidencia o lugar exclusivo que a CAMRA ocupa na cultura da cerveja britânica. É improvável que qualquer outra organização de defesa do consumidor possa ter tamanha influência sobre a cerveja produzida e servida em seu país de origem.

Campaign for Real Ale. Disponível em: www.camra.org.uk/. Acesso em: 17 mar. 2011.

Cornell, M. **Beer: the story of the pint.** Headline Book Publishing, 2003.

George Philliskirk

Canadá é uma nação de consumidores de cerveja. Apesar das vendas de vinho terem aumentado nas últimas décadas, a cerveja continua a representar mais da metade do consumo de todas as bebidas alcoólicas no país (51,1% do consumo de bebidas alcoólicas por pessoas com idade legal em 2008, contra 20,2% do vinho, de acordo com a Brewers Association of Canada). Os canadenses consomem quase 70 litros de cerveja *per capita* por ano, incluindo cada homem, mulher e criança no país. Se o cálculo for realizado utilizando apenas as pessoas com idade legal para o consumo de álcool, em média o canadense consome um pouco menos de 90 litros de cerveja *per capita* por ano. Em algumas províncias e territórios, o consumo *per capita* anual chega aos 160 litros.

O mercado de cerveja canadense é dominado por um par de empresas pertencentes ou fundidas aos grandes conglomerados internacionais. A Labatt Brewing Company Ltd., de propriedade da Anheuser-Busch-InBev, controla 42,9% do mercado canadense de cerveja. Ver LABATT BREWING COMPANY LTD. A Molson Coors Brewing Co. controla 41,9% do mercado. Ver MOLSON COORS BREWING COMPANY. A Sleeman Breweries Ltd., que começou em 1988 como uma pequena cervejaria artesanal e agora possui cerca de 5% do mercado canadense, é de propriedade da gigante japonesa Sapporo. A Molson Coors é o resultado da fusão, ocorrida em 2005, entre a Molson Inc., com sede em Montreal e a Coors Brewing Company, a gigante do Colorado. A maior companhia cervejeira ainda exclusivamente de propriedade canadense é a empresa privada Moosehead, em Saint John, New Brunswick, que possui algo entre 2% e 3% do mercado nacional.

Da mesma forma como os telespectadores canadenses migraram para a TV, a música e os filmes norte-americanos, os consumidores de cerveja do país também migraram para as marcas de cerveja norte-americanas, as quais são fortemente anunciadas na mídia canadense, nas redes de transmissão e em publicações dos Estados Unidos disponíveis no Canadá. Em 2008, as duas principais cervejas comercializadas no Canadá foram Budweiser e Coors Light, com cerca de 13% e 12% do mercado, respectivamente. Ambas são produzidas no Canadá (a Budweiser pela Labatt e a Coors Light pela Molson-Coors), um arranjo que antecede a atual estrutura de propriedade de suas cervejarias. As vendas dessas marcas americanas, embora produzidas no Canadá, estão inclusas na participação de mercado da Labatt e da Molson. Isso também ocorre com as cervejas que essas companhias distribuem no Canadá, mas que não são produzidas

Rótulo da cerveja Maudite ("Maldita"), da cervejaria Unibroue, uma representação de uma lenda urbana de Quebec dos tempos da extinta Nova França (*Nouvelle France*), quando viajantes (comerciantes de peles), a bordo de canoas, passavam seus invernos nas florestas do norte. Certa vez, quando uma equipe deles tentava voltar para casa, em Montreal, para as festas de fim de ano, os rios congelaram e o diabo apareceu, oferecendo-lhes a possibilidade de fazer a canoa voar até suas casas, desde que não invocassem o nome de Deus. Contudo, um viajante assustado não conseguiu se conter e gritou: "Oh, meu Deus". A canoa então caiu, e deles nunca mais se ouviu falar. CORTESIA DA UNIBROUE.

no país, como Heineken e Corona (Molson-Coors) e Stella Artois (Labatt). A Molson Canadian e a Labatt Blue, que foram por mais de duas décadas as duas marcas mais vendidas no país, agora ocupam o terceiro e quarto lugar, respectivamente. A Budweiser tem sido a marca mais vendida no país desde que tirou esse posto da Molson Canadian, antiga número 1 em vendas, em 2004. A grande maioria das marcas mais vendidas no país é de *lagers* claras desenvolvidas para o mercado de massa.

Cervejarias artesanais

Desde meados da década de 1980, um número cada vez maior de cervejarias artesanais tem tomado uma pequena, mas crescente, parte do mercado de cerveja canadense, impulsionado pela demanda dos consumidores por cervejas mais saborosas do que as ofertadas pelos grandes fabricantes. Em 2008, elas controlavam cerca de 4% do mercado nacional, mas possuíam uma parcela significativamente maior em algumas províncias. Em Quebec, as cervejarias artesanais possuem uma parcela de 5% do mercado da província, de acordo com as estimativas de algumas fontes da indústria.

A primeira cervejaria artesanal moderna do Canadá era minúscula, a extinta Horseshoe Bay Brewing, fundada em 1982 em Vancouver. Logo em seguida surgiu a Vancouver Granville Island Brewing (1984), a Brick Brewing e Wellington Brewery em Guelph, Ontário (1984 e 1985, respectivamente) e a McAuslan Brewing Company em Montreal (1989). Vale também mencionar a abertura, durante a década de 1980, de vários *brewpubs*, incluindo um considerável número deles em Victoria, capital da Colúmbia Britânica (sendo os principais o Spinnaker's e o Swan's) e um em Halifax, Nova Escócia. Grande parte da cerveja produzida pelas primeiras microcervejarias era *ale* do estilo inglês. Desde então, as microcervejarias em todo o país, principalmente em Quebec, passaram a produzir uma ampla variedade de estilos de cerveja, desde "*double* IPAs" até *Belgian ales* e *barley wines*. Ver DOUBLE IPA.

Na Colúmbia Britânica, as mais notáveis microcervejarias são a Phillips e a Granville Island. Com sede em Alberta, a Big Rock é uma das maiores cervejarias artesanais do país. Em Ontário, existem cerca de 35 cervejarias artesanais, muitas concentradas próximo a Toronto, das quais a maioria é especializada em estilos ingleses e alemães. Na costa leste do Canadá, as cervejarias Propeller Brewing Company e Garrison Brewing Company, da Nova Escócia, e a Pumphouse Brewery, de Moncton, New Brunswick, são cervejarias artesanais. A cervejaria artesanal mais ao norte do país é a Yukon Brewing Company, com sede em Whitehorse.

As grandes cervejarias têm lidado de diferentes maneiras com o pequeno, mas crescente movimento de microcervejarias, por exemplo, criando pequenas filiais que produzem uma gama de produtos diferentes do produto padrão fabricado em larga escala, distribuindo mais cerveja importada e comprando as cervejarias artesanais existentes. A Molson ampliou sua linha Rickards de "estilo *pub*".

Em 2005, a Molson comprou a Creemore Springs Brewery Ltd., uma microcervejaria fundada em 1987 em Creemore, Ontário. Os aficionados por cerveja se preocuparam na época que a grande cervejaria alterasse a formulação da tão elogiada *lager* de Creemore, bem ao estilo *pilsner*, mas a Molson cumpriu a sua palavra de não alterar nada na produção. Na primavera de 2010, a Molson adquiriu a Granville Island Brewing, de Vancouver.

História

A cerveja foi provavelmente introduzida no Canadá por colonos franceses no século XVII, onde atualmente é Quebec. Embora várias teorias especulem quem foi o primeiro cervejeiro em Quebec (então conhecido como Nova França), é provável que o nome correto tenha se perdido na história, dado que naqueles tempos a produção de cerveja era uma atividade sobretudo doméstica. Ainda assim, três dos usuais candidatos a primeiro cervejeiro não doméstico são: *frère* Ambroise, Louis Prud'homme e Jean Talon. Frère Ambroise, um monge, foi o cervejeiro da primeira cervejaria "institucional" (ou seja, não doméstica) da Nova França, nos arredores da atual cidade de Quebec. Foi fundada em 1646 para refrescar os padres jesuítas. Em 1650, foi concedido a Prud'homme um decreto real para operar uma cervejaria em Montreal. Em 1670, Talon, o intendente (administrador-chefe civil da região), fundou uma cervejaria na cidade de Quebec. A La Brasserie du Roy produzia 880 mil litros por ano antes de ser fechada, logo após Talon retornar à França em 1672. Uma pessoa que geralmente não recebe o crédito de ter sido a primeira cervejeira de Quebec é Marie Rollet. Ela era esposa de um farmacêutico parisiense chamado Louis Hébert, que se estabeleceu em Quebec em 1617. Conforme mencionado no *Le Guide de la Bonne Bière du Quebec*, de Mario d'Eer, Rollet agia como uma cervejeira pública para a então pequena colônia, que possuía cerca de sessenta colonos.

Após os franceses serem derrotados pelos ingleses em 1759, a produção de cerveja em Quebec e na crescente colônia do Alto Canadá (atualmente Ontário) novamente se tornou uma atividade doméstica, assim perdurando por mais algumas décadas. Em 1786, no entanto, um jovem inglês chamado John Molson ganhou o controle de uma pequena e precária cervejaria em Montreal. A popularidade de suas cervejas aumentou, e a Molson logo se tornou a maior cervejaria de Quebec; atualmente, a sétima geração da sua família ainda está envolvida com a empresa que leva seu nome. Ver MOLSON COORS BREWING COMPANY. Em 1847, um irlandês chamado John Kinder Labatt assumiu uma pequena cervejaria em London, Ontário. Assim como a cervejaria de Molson se tornou uma potência regional em Quebec, a cervejaria de Labatt também obteve sucesso, conquistando todo o sul de Ontário.

As cervejas produzidas por Molson, Labatt e outros cervejeiros da época eram principalmente *ales* de estilo inglês. As *lagers* chegaram ao Canadá posteriormente, com o assentamento dos imigrantes da Europa Central nas pradarias canadenses.

Quando a Lei Seca foi promulgada, antes da Primeira Guerra Mundial, havia 118 cervejarias em todo o Canadá. Após o término da Lei Seca, por volta de 1930, em todas as províncias, menos uma, havia apenas 69 cervejarias. Ver LEI SECA. Muitas daquelas que permaneceram sobreviveram produzindo cerveja para o mercado americano; o consumo de bebidas alcoólicas era ilegal, mas em algumas províncias produzi-las não era. As autoridades canadenses faziam vista grossa aos carregamentos de cerveja que supostamente eram destinados a Cuba ou outros lugares, quando na verdade todos sabiam que ela estava sendo enviada a Detroit através do rio St. Clair em um barco a remos.

Após o término da Lei Seca, as cervejarias sobreviventes ficaram sujeitas a uma onda de restrições sobre como e onde a cerveja poderia ser comercializada. Sucessivas ondas de fusão no setor industrial, da década de 1930 até a década de 1960, impulsionadas pelo magnata da indústria e das corridas de cavalos E.P. Taylor, fez com que, no final da década de 1970, três empresas (Molson, Labatt e a empresa que Taylor havia transformado na Carling O'Keefe) controlassem bem mais de 90% do mercado canadense de cerveja. Em 1989 a Molson comprou a Carling O'Keefe, tornando-se na época a maior cervejaria do Canadá e a quinta maior do mundo. Ver CARLING O'KEEFE LIMITED.

Distribuição e regulação

As cervejarias canadenses devem percorrer um complexo labirinto de regulamentos fiscal, de distribuição e de produção. Como a regulamentação do consumo de bebidas alcoólicas e a sua produção é em grande parte de responsabilidade das províncias, os desafios variam amplamente em todo o país. Várias províncias concedem um incentivo fiscal favorável aos cervejeiros que operam localmente.

Em Ontário, a província mais populosa, o sistema de distribuição de cerveja é essencialmente um negócio de "duas camadas". Cerca de 80% do mercado de cerveja de Ontário é controlado pela Brewers Retail, que começou em 1927 como um sistema atacadista de uma cooperativa de cervejeiros, após a província sair da Lei Seca. Graças à consolidação da indústria, a Brewers Retail é agora propriedade da Labatt, Molson (49% cada) e da Sleeman (2%). Enquanto outros cervejeiros podem distribuir seus produtos nos locais pertencentes a essa cadeia de comercialização de cerveja, chamados The Beer Store, as cervejarias artesanais se queixam de que não podem arcar com os impostos. O outro principal canal de distribuição de cerveja em Ontário é o Liquor Control Board of Ontario (LCBO), que controla cerca de 20% do mercado. O LCBO também estabelece preços mínimos para toda a cerveja vendida na província. Todos os produtos estocados nas lojas da LCBO devem passar por um longo e rigoroso processo de aprovação. Assim como em outras províncias, os cervejeiros podem comercializar suas cervejas fora de suas cervejarias, mas não há vendas em lojas de rua ou mercados.

Em Terra Nova e Labrador, a cerveja é comercializada nas lojas Newfoundland Labrador Liquor Corporation (NLC), do governo, e em lojas de rua. Para ter acesso à distribuição muito mais ampla dessas pequenas lojas, no entanto, uma cervejaria deve operar localmente. Tanto a Labatt como a Molson operam uma pequena cervejaria em St. John, capital da província.

Em Quebec, as cervejarias localizadas fora da província devem possuir seu próprio armazém e obter uma licença de distribuição se quiserem ter acesso a supermercados e lojas de rua, que proporcionam uma distribuição muito melhor do que a rede de lojas da Société des Alcools du Quebec, operada pelo governo.

Em todas as treze províncias e territórios, exceto Alberta, uma agência oficial do governo atua como importadora de cerveja (e de todas as outras bebidas alcoólicas) de fora da província; a maioria das cervejarias utiliza uma agência local para ajudar no entendimento da regulamentação de cada província. Em alguns casos, uma companhia cervejeira pode enviar a bebida diretamente aos varejistas se eles também possuírem uma cervejaria na província, mesmo se o produto que está sendo enviado tiver sido produzido em outro lugar. Isso levou à fundação ou aquisição, pelas grandes empresas, de pequenas cervejarias, a fim de evitar lidar com as agências provinciais.

Em Alberta, o governo privatizou a venda a varejo, a importação e as empresas de armazenagem; a Alberta Gaming and Liquor Comission (AGLC) regula o setor e recolhe os tributos oriundos das vendas de bebidas alcoólicas.

Ver também DISTRIBUIÇÃO e IMPOSTOS.

Quebec

Além de ter sido a primeira região do Canadá a produzir cerveja, Quebec também é importante para o cenário da cerveja canadense por outra razão: é o lar de algumas das cervejarias mais criativas e talentosas do país.

Há cerca de 75 cervejarias em Quebec, incluindo inúmeros *brewpubs*, servindo uma população de aproximadamente 7,8 milhões de pessoas. Em contraste, a vizinha Ontário, com uma população de pouco menos de 13 milhões de pessoas, possui entre 40 e 50 cervejarias, incluindo não mais que 12 *brewpubs*.

Existem cervejarias, literalmente, de uma ponta a outra da província, que produzem uma gama muito mais ampla de estilos de cerveja do que em qualquer outro lugar no Canadá. Perto da fronteira oeste com Ontário, a Ferme Brasserie Schoune produz várias *ales*, incluindo uma louvável tentativa de produzir uma *gueuze*. Nas ilhas Magdalen, varridas pelo vento no golfo de St. Lawrence, no leste, a À l'Abri de la Tempête produz várias cervejas excelentes, algumas com cevada cultivada localmente e malteada na cervejaria.

Somente na área de Montreal há trinta cervejarias e cerca de vinte *brewpubs*. A McAuslan Brewing Company produz uma gama muito boa de cervejas, em sua maioria de estilo inglês, incluindo a St. Ambroise Pale Ale e a luxuosa St. Ambroise Oatmeal Stout. A Dieu du Ciel, que começou como um *brewpub*, produz excelentes cervejas, que variam em estilo desde *Belgian strong ales* com *dry hopping* até uma *imperial stout* com sabor de café e uma cerveja de trigo belga com flores de hibisco.

Talvez a cervejaria artesanal mais influente de Quebec seja a Unibroue, localizada em Chambly, subúrbio de Montreal. Inaugurada em 1991 pelos empresários André Dion e Serge Racine, a Unibroue é discutivelmente uma das melhores produtoras de *Belgian ales* encontrada fora da Bélgica. Em 1992, a cervejaria recebeu um enorme impulso publicitário quando o cantor Robert Charlebois, de Quebec, comprou algumas ações.

A cervejaria belga Riva inicialmente prestou consultoria para a Unibroue, mas a cervejaria, desde então, passou a criar uma ampla variedade de cervejas por conta própria. Sua cerveja principal é a Blanche de Chambly, frisante e cítrica, mas a Unibroue é especializada em *ales* de abadia, mais fortes, como a Trois Pistoles, de riqueza gratificante e alto teor alcoólico (9% ABV). A maioria das cervejas da Unibroue são refermentadas na garrafa. A cervejaria também apresenta obras de arte atraentes em todos os seus rótulos, muitas delas baseadas em lendas e histórias tradicionais de Quebec. Outras cervejarias artesanais mais recentes de Quebec têm seguido os passos da Unibroue, tanto com produtos também munidos de uma considerável influência dos estilos belgas quanto no uso de rótulos com obras de arte. Em 2004 a Unibroue foi adquirida pela Sleeman, com sede em Ontário, que por sua vez foi comprada pela japonesa Sapporo em 2006.

Quebec é também o lar do melhor festival de cerveja do Canadá, o anual Mondial de la Bière em Montreal. Esse festival (em português, Festival da Cerveja de Montreal) contabilizou 80 mil visitantes em 2009. Eles foram atraídos pelas 450 cervejas produzidas por 98 cervejarias, com cerca de um quarto das cervejarias oriundas de Quebec. Há também uma boa seleção de sidra dos cervejeiros de Quebec, como a *ice cider*, especialidade local.

Há várias explicações para o vibrante cenário de cerveja em Quebec, mas a verdade provavelmente pode ser encontrada em uma combinação de fatores. Uma explicação é que os quebequenses são mais abertos à exploração de boa comida e bebida do que outros canadenses, em parte graças à influência cultural francesa na província. Outra explicação mais trivial é que, graças à possibilidade de comercializar cerveja em mercados e pequenas lojas, os cervejeiros de Quebec são capazes de explorar mais facilmente uma maior variedade de estilos. Em vez de ter que fornecer uma nova cerveja para toda a cadeia de lojas administradas pelo governo, os cervejeiros podem produzir uma pequena batelada piloto e enviá-la para algumas pequenas lojas independentes. Se essa batelada for vendida com sucesso, eles podem produzir mais; caso contrário, não há muito prejuízo. Outro fator que favorece as cervejarias de Quebec é que nessa província não há o conjunto de obstáculos enfrentados pelos cervejeiros com sede em outras províncias.

Coutts, I. **Brew north: How Canadians made beer and beer made Canada.** Vancouver: Greystone Books, 2010.
D'Eer, M. **Le guide de la bonne bière du Quebec** (Guia da boa cerveja de Quebec). Montreal: Trecarre, 2009.
Pashley, N. **Cheers: A history of beer in Canada.** Toronto: HarperCollins, 2009.
Sneath, A. W. **Brewed in Canada.** Toronto: Dundurn Press, 2001.

Josh Rubin

Pacote de lúpulos desidratados que retrata um coral masculino, cerca de 1920. PIKE POPULAR MUSEU, SEATTLE, WA.

canções cervejeiras são músicas que parecem ser inspiradas com maior frequência pela cerveja que pelo vinho ou por bebidas destiladas. Essas canções são cantadas em tabernas e *pubs* do mundo inteiro e normalmente o tema ou assunto principal é algo relacionado ao álcool.

A maior parte originou-se de músicas folclóricas, e praticamente toda cultura cervejeira desenvolveu uma tradição de canções desse tipo que se compara à sua história de produção de cerveja, especialmente em culturas em que floresceram lugares públicos para beber.

É mais provável que as canções cervejeiras remontem ao século primeiro, mas o primeiro registro dessas canções é *Carmina Burana*, uma coletânea de poemas, sonetos de amor e canções que contém pelo menos quarenta canções e jogos associados à cerveja.

A maioria dos países tem canções próprias, mas a Inglaterra, a Irlanda, a Alemanha e a Rússia de longe têm a coletânea de exemplos mais extensa. Essas canções são tão populares na Alemanha que são incluídas em categoria musical específica: o "*Trinklieder*". De igual modo, na Suécia, as canções cervejeiras são conhecidas como "*Dryckesvisor*". Os apreciadores de cerveja japoneses são também particularmente aficionados por canções cervejeiras, e provavelmente não é nenhuma surpresa que a cerveja tenha ajudado a promover os bares de *karaoke*.

O hino nacional dos Estados Unidos, conhecido como "The Star-Spangled Banner" ("A Bandeira Estrelada"), usa versos extraídos do poema "Defence of Fort McHenry" ("A Defesa do Fort McHenry"), de Francis Scott Key, mas a melodia é da canção cervejeira inglesa "Anacreon in Heaven", de John Stafford Smith.

Nos tempos modernos, alguns poemas ingleses como "John Barleycorn" foram adaptados e gravados por bandas de *rock*, como a Traffic. O hábito de beber é também um tema comum em várias canções americanas *country e western*, e a cerveja também aparece igualmente e com frequência no *blues*, *bluegrass* e *rock'n'roll*.

Jay R. Brooks

candi sugar é um dos muitos adjuntos possíveis, ou matérias-primas fermentáveis sem origem no malte, que um cervejeiro pode adicionar a uma cerveja na busca por sabores únicos. Ver ADJUNTOS. O *candi sugar* é mais amplamente utilizado na Bélgica para a produção de cervejas especiais e trapistas. Há vários tipos de *candi sugar*, variando de claro a escuro, sendo que praticamente todos os cervejeiros o utilizam na forma líquida. O sabor do *candi sugar* pode ser muito limpo e doce quando o açúcar é mais claro, e muito semelhante a caramelo e *toffee* quando o açúcar é mais escuro. O método de produção do *candi sugar* pelos produtores de açúcar na Bélgica é patenteado, mas geralmente envolve o aquecimento do açúcar de beterraba com água na presença de vários sais para criar os produtos da reação de Maillard, assim caramelizando o açúcar em diferentes graus. Ver REAÇÃO DE MAILLARD. Quando adicionado ao mosto, o *candi sugar* é totalmente fermentado e resulta em uma cerveja de corpo leve e com mais álcool, porque ele é mais fermentável que os açúcares do malte. Esta é uma das razões pelas quais muitos estilos de cerveja belgas são notavelmente mais secos que a maioria dos tipos de outros países. Normalmente, as taxas de uso são de 10% a 30% do extrato original.

Os cervejeiros usam, frequentemente, o *candi sugar* de cor mais clara para cervejas com colocação menos intensa, tais como *tripels* e *golden ales* especiais. Os açúcares de cor mais escura são utilizados em cervejas escuras, como as *dubbels*. Nesse caso, o *candi sugar* escuro fornece sabores de caramelo de alta temperatura, uva-passa e até mesmo açúcar queimado. Apesar de a cor do *candi sugar* escuro ser semelhante à dos derivados de muitos maltes torrados, os sabores são completamente diferentes; por exemplo, o *candi sugar* geralmente não fornece notas semelhantes a café. Muitas vezes, as cervejas que incluem *candi sugar* são bebidas com teor alcoólico elevado e uma *drinkability* enganosamente suave.

Muitos cervejeiros caseiros usam o *candi sugar* na forma de cristais. Esses cristais podem ser escuros ou claros e são adicionados na tina de fervura. Eles são usados para recriar alguns dos famosos estilos belgas de cervejas.

Ver também BÉLGICA.

Keith Villa

cânhamo (*Cannabis sativa* L.) está botanicamente muito próximo do lúpulo. Ver LÚPULOS. Ao contrário do lúpulo, é uma planta anual que cresce a partir de sementes. O cânhamo é uma planta extremamente vigorosa, de rápido crescimento e com uma haste ereta que pode crescer vários metros de altura. Seu principal uso tem sido como produtora de fibras e de cordas que eram comumente usadas em navios. No entanto, por causa da sua resina, que pode ter um alto teor do composto químico psicoativo Δ9-tetra-hidrocanabinol (THC), é igualmente utilizado como droga. A concentração de THC é maior em linhagens específicas ("maconha") e/ou quando o cânhamo é cultivado em áreas ensolaradas e quentes. Hoje, o cânhamo é muito difundido em todo o mundo, com parcial ou completa restrição de colheita na maioria dos países ocidentais, devido ao seu potencial narcótico.

O cânhamo pode ter sido usado, nos tempos antigos, na produção de cerveja, mas pouca evidência sugere que ele tenha chegado a ser amplamente utilizado para esse propósito. Nos últimos anos, folhas de cânhamo têm sido usadas em países ocidentais como um substituto para o lúpulo aromático em um número limitado de cervejas especiais. Outras cervejas já usaram as sementes, geralmente levemente tostadas, na tina de fervura. Alguns alegam que as sementes de cânhamo adicionam um sabor de castanha à cerveja, mas muitas pessoas acharam o sabor pouco atraente. Devido a restrições legais, somente as plantas de cultivares com baixo teor de THC são permitidas. O uso do cânhamo em cervejas, portanto, só acrescenta sabor e aroma, e não efeitos narcóticos. Se legal, o cânhamo pode facilmente ser plantado em casa para ser usado na produção de cerveja. Dito isto, parece justo dizer que o uso do cânhamo em cervejas comerciais é mais uma questão de excitação juvenil do que de sabor e aroma. Depois de uma breve tentativa, na década de 1990, o uso de cânhamo na cerveja praticamente sumiu de vista.

Ver também ERVAS.

Behre, K. E. The history of beer additives in Europe – A review. **Vegetation History and Archaeobotany**, v. 8, p. 35-48, 1999.
Both, F. **Gerstensaft und hirsebier: 5000 jahre biergenuss.** Oldenburg: Verlag Isensee, 1998.
Brondegaard, V. J. Folk og Flora. **Dansk etnobotanik**, v. 2, p. 117, 1999.
Buhner, H. B. **Sacred and herbal healing beers: the secrets of ancient fermentation.** Boulder: Siris, 1998.
Purseglove, J. W. **Tropical crops: dicotyledons.** Harlow: Longman Group, 1976.
Von Hofsten, N. **Pors och andra humleersatt ninger och Olkryddor i aldre tider.** Stockholm: Akademiska Forlaget, 1960.

Per Kølster

Cantillon, Cervejaria, é uma tradicional e autêntica cervejaria de *lambics* localizada em Bruxelas, Bélgica. Ela produz todo o espectro de cervejas do estilo *lambic*, que engloba cervejas *sours*, muito secas e altamente efervescentes, incluindo a *gueuze*, a *faro* e a *kriek*. Ver FARO, GUEUZE, KRIEK e LAMBIC. Em 1900, a Brasserie Cantillon Brouwerij foi fundada por Paul Cantillon, filho de cervejeiro, e sua esposa, Marie Troch. Hoje a cervejaria é gerida pelo mal-humorado e tradicionalista das *lambics* Jean-Pierre Van Roy, e suas cervejas são amplamente reverenciadas entre os entusiastas do estilo *lambic*. A Cantillon ainda é de propriedade familiar, e nem os equipamentos, nem os métodos de produção de cerveja mudaram muito em mais de um século. Talvez a maior mudança tenha ocorrido em 1999, quando a cervejaria optou por usar somente ingredientes orgânicos certificados, com exceção das suas cervejas frutadas, para as quais simplesmente não há cerejas e framboesas orgânicas disponíveis em quantidades suficientes. Todas as *lambics* da Cantillon e cervejas derivadas das *lambics* são fermentadas espontaneamente, envelhecidas em barris de carvalho, e depois misturadas com cervejas de diferentes bateladas e safras. Elas são envasadas em garrafas espessas, com rolhas de cortiça presas por gaiolas de arame, e refermentadas na garrafa por um ano antes de serem liberadas para a venda. Devido a esse processo de produção artesanal e antiquado, não há duas bateladas envazadas iguais, e cada uma tem seu próprio caráter. Se conservadas em um ambiente fresco e escuro, as cervejas da *Cantillon* podem ser guardadas por até vinte anos. Metade da produção da cervejaria é de *gueuzes*. Talvez a segunda cerveja mais popular da Cantillon seja a *kriek*, que é feita somente uma vez por ano a partir de uma carga de cerejas azedas recém-colhidas. As cerejas são colocadas em barris de carvalho ou de castanheira e imersas em *lambics* com cerca de dezoito meses de idade para que ocorra uma fermentação secundária, iniciada pelos microrganismos presentes tanto na cerveja *lambic* quanto na pele das frutas. Quando as cores e os sabores das frutas foram suficientemente extraídos, a cerveja – agora transformada em *kriek* – é separada das frutas, que então são imersas, pela segunda vez, em outra *lambic* para uma segunda rodada de fermentação e extração mais fraca de cores e sabores. As duas variedades de *kriek* são misturadas, meio a meio, antes do engarrafamento. Outras cervejas da Cantillon incluem a Rosé de Gambrinus, uma *framboise lambic* (framboesa), e a Fou' Founé, uma *lambic* de damasco. A Grand Cru Bruocsella Cantillon é uma *lambic* selecionada envelhecida em barris de carvalho por três anos, enquanto a Gueuze Lou Pepe vem de uma mistura de *lambics* de mesma idade (e não de *lambics* de diferentes idades, como nas *gueuzes* normais), mas de diferentes barris, refermentada com "*liqueur d'expédition*" (licor de expedição), como os produtores de *champagne* fazem.

As Lou Pepe Kriek e Framboise são feitas usando duas vezes mais frutas que as versões tradicionais. A Vigneronne é uma *fruit lambic* da Cantillon feita com uvas brancas, enquanto a Saint-Lamvinus é feita com uvas *merlot* e *cabernet-franc*. Iris é a única cerveja que não é do estilo *lambic*. É produzida a partir de uma mosturação feita com malte de cevada *pale ale*, fermentada espontaneamente como uma *lambic* tradicional, e em seguida, depois de dois anos no barril, ela recebe uma segunda lupulagem, duas semanas antes do engarrafamento. Ver DRY HOPPING.

Ver também BÉLGICA e LAMBIC.

Brasserie Cantillon Brouwerij. Disponível em: http://www.cantillon.be/. Acesso em: 24 jan. 2011.

Lorenzo Dabove

caramelização é uma série complexa e pouco compreendida de reações de pirólise (decomposição causada por temperaturas elevadas) que ocorrem em carboidratos, quando submetidos a um aquecimento intenso sob condições relativamente secas. Há uma desidratação dos açúcares, seguido por sua condensação. Ocorrem reações de isomerização, fragmentação e polimerização, levando ao desenvolvimento de uma variedade de sabores e cores.

Em uma matriz tal como o malte, há, é claro, diversos carboidratos, mas em sistemas de açúcar puros, as temperaturas de caramelização são 110 °C para a frutose, 160 °C para a glicose e 180 °C para a maltose.

Os caramelos são misturas complexas de componentes diversos, incluindo substâncias coloridas de elevado peso molecular. Em operações industriais, caramelos são produzidos pelo aquecimento de açúcar (mais frequentemente glicose), às vezes na presença de agentes como amônia ou sulfito. Os processos podem durar pelo menos uma semana em temperatura ambiente, seguida de uma permanência a 90 °C durante uma noite, e então cerca de três horas a 120 °C. Nos estágios iniciais de caramelização, o diacetil é produzido; vem daí o sabor de bala de manteiga (*butterscotch*) que têm os caramelos. Ver DIACETIL. Outras substâncias de sabor produzidas incluem hidroximetilfurfural, hidroxiacetilfurano, hidroxidimetilfuranona, dihidroxidimetilfuranona, maltol e hidroximaltol.

Os componentes de cor de alto peso molecular do caramelo são carregados positivamente e, portanto, relativamente estáveis na cerveja. Quando usado na produção de cerveja, o caramelo pode ser adicionado tanto na fase de fervura do mosto, como para ajustar a coloração no decorrer do processo. Na produção de cervejas belgas, xarope de *candi sugar* escuro caramelizado é usado para prover cor e sabor aos estilos escuros, como *dubbel*. Ver CANDI SUGAR.

Em vez de usar caramelos como corantes e/ou flavorizantes na cerveja, muitos cervejeiros optam por utilizar maltes caramelizados. Estes são produzidos pelo aquecimento intenso de maltes macerados a quente e vão desde os comparativamente leves Carapils (especificação de cor de cerca de 15 a 30 EBC) até o Crystal (especificação de cor de cerca de 75 a 300 EBC). Ver MALTE CARAPILS e MALTE CRYSTAL.

Na produção do Carapils, a umidade superficial do malte verde é eliminada por secagem a 50 °C antes da maceração a quente por quarenta minutos. Nessa fase, há uma degradação de carboidratos e proteínas para fornecer os níveis adequados de açúcares e aminoácidos. Às vezes, um malte de alto teor proteico é utilizado. A temperatura é aumentada para cerca de 100 °C, seguida de processo de cura a 100 °C a 120 °C por menos de uma hora. A preparação do malte Crystal é como a do Carapils, mas a primeira cura é a 135 °C durante menos de duas horas. Além das reações de caramelização entre açúcares, também há reação de Maillard em tais processos. Ver REAÇÃO DE MAILLARD. Esses maltes possuem marcantes características adocicadas de *toffee* e caramelo, mas não possuem a rusticidade de queimado dos maltes mais intensamente torrados, em que a torrefação é aplicada a maltes iniciais claros e secos.

Os sabores caramelizados são componentes de sabor muito importantes em diversos estilos de cerveja, fundamentais na sua capacidade de harmonizar-se bem com vários alimentos. A harmonização dos sabores caramelizados de uma cerveja com sabores semelhantes em alimentos salteados, assados, fritos ou grelhados pode proporcionar harmonizações substancialmente diferentes das alcançadas pelo vinho. Ver HARMONIZAÇÃO COM ALIMENTOS.

Charles W. Bamforth

carboidratos são quantitativamente os principais materiais orgânicos na natureza. Na forma polimérica compreendem as principais reservas de alimentos em sistemas vivos, por exemplo, amido em endospermas de cereais e glicogênio em leveduras. Eles também têm importantes funções estruturais, por exemplo, compreendem as β-glucanas e pentosanas nas paredes celulares amiláceas do endosperma do grão, a celulose na casca e as glucanas e mananas na parede celular da levedura. Os carboidratos também formam uma parte da estrutura de algumas proteínas (*glicoproteínas*).

Os carboidratos têm a fórmula geral $C_x(H_2O)_n$; isto é, eles são essencialmente "hidratos de carbono". Todos os açúcares são carboidratos, incluindo os vários açúcares que são fermentados pelas leveduras de cerveja. A glicose, um dos carboidratos mais simples, tem a fórmula $C_6H_{12}O_6$. Ver GLICOSE. Como tem seis átomos de carbono, é uma hexose, do prefixo em latim *hex*, que significa seis, como por exemplo em "hexagonal". Açúcares com cinco átomos de carbono são chamados de pentoses, do prefixo em latim *pent* para cinco – por exemplo, "pentágono" –, cujos exemplos são a xilose e arabinose. Polímeros de unidades de açúcares contendo cinco carbonos são conhecidos como *pentosanas*. Polímeros de hexoses são chamados de *hexosanas*. Polímeros de glicose são conhecidos como glucosanos, ou, mais comumente, *glucanos*. Exemplos incluem amido, mas também os β-glucanos da cevada, que podem apresentar problemas importantes para os cervejeiros. Ver BETA-GLUCANOS.

Carboidratos podem interagir com aminoácidos para formar materiais saborosos e de baixo peso molecular, assim como coloridos e de alto peso molecular (melanoidinas) através da reação de Maillard, que ocorre sob as condições de alta temperatura da torrefação do malte e (até certo ponto) na fervura do mosto.

Ver também AMIDO e GLICOGÊNIO.

Davis, B. G.; Fairbanks, A. J. **Carbohydrate chemistry**. New York: Oxford University Press, 2002.

Charles W. Bamforth

carbonatação. Embora seus níveis difiram amplamente, a carbonatação é uma das características que definem a cerveja. Os efeitos da carbonatação influenciam fortemente a sensação na boca, o sabor, o aroma e a aparência de uma cerveja. Cerveja sem carbonatação é chamada de "sem gás", e essa é uma descrição adequada, já que a cerveja se apresenta monótona e sem vida. Os dois principais produtos da fermentação dos açúcares existentes no mosto são o etanol e o gás carbônico. O gás carbônico é prontamente dissolvido na cerveja. De acordo com a lei de Henry, "a uma temperatura constante, a quantidade de um dado gás dissolvido em um dado tipo e volume de líquido é diretamente proporcional à pressão parcial desse gás em equilíbrio com esse líquido". Ver LEI DE HENRY. Então, em um recipiente fechado como uma garrafa, barril ou tanque na cervejaria, a quantidade de gás carbônico dissolvida na cerveja irá variar de acordo com a temperatura da cerveja e a pressão do gás carbônico no espaço livre do recipiente.

A carbonatação é medida de duas formas. Um desses métodos compara o volume de gás dissolvido com o volume de líquido (v/v), enquanto o outro método mede a massa de gás em solução comparada com o volume de líquido (g/L). O equipamento utilizado para medir a concentração de gás carbônico na solução utiliza os princípios da lei de Henry. Uma amostra da cerveja é colocada em um recipiente especialmente desenhado e fechado com uma quantidade conhecida de espaço livre. A amostra é agitada, por simples agitação ou pela passagem de uma pequena corrente elétrica, para obter um equilíbrio entre o gás em solução e sua pressão parcial no espaço livre. Medindo a temperatura da amostra e a pressão parcial no espaço livre é possível calcular o gás carbônico em solução. Tradicionalmente, esse cálculo era feito por meio de um gráfico comparando a pressão parcial e a temperatura, mas hoje as máquinas modernas possuem calculadoras acopladas a elas.

Após a fermentação primária, uma cerveja não finalizada e produzida em tanques abertos irá conter cerca de 1,0 a 1,2 v/v (2 a 2,4 g/L) de gás carbônico dissolvido, enquanto uma cerveja maturada em tanques cilindrocônicos fechados e pressurizados poderá conter até 2,5 v/v (5,0 g/L) de gás carbônico dissolvido. Tradicionalmente, o nível adequado de carbonatação era atingido na cervejaria pela transferência da cerveja, com alguns açúcares residuais fermentáveis, para um recipiente fechado, permitindo a sua fermentação final. A prática do condicionamento em garrafa envolve a adição de açúcar *priming* à cerveja pronta, em alguns casos com levedura fresca. Uma vez a cerveja engarrafada, a levedura consome o açúcar, produz gás carbônico no interior da garrafa e promove a carbonatação natural da cerveja. Métodos modernos de produção permitem que o gás carbônico seja adicionado diretamente à cerveja usando uma pedra porosa ou uma haste de aço sinterizado. Ver CONDICIONAMENTO EM GARRAFA, LEI DE HENRY e PEDRA DE CARBONATAÇÃO.

Ver também DIÓXIDO DE CARBONO.

Steve Parkes

carbonatação em linha é o processo de dissolução do dióxido de carbono (CO_2) na cerveja no momento em que ela é bombeada de um tanque para outro. Após o término da fermentação, ela conterá naturalmente certa quantidade de CO_2 dissolvido. Quando essa quantidade não é suficiente para dar à cerveja o nível adequado de carbonatação, a carbonatação em linha costuma ser usada para aumentar o teor de CO_2 da cerveja até o nível desejado. Isso pode ser feito sempre que ela é bombeada de um lugar para outro, mas se dá frequentemente entre a filtração e o tanque de pressão.

Os fatores que afetam a eficiência desse processo incluem o tempo, temperatura, pressão e o tamanho das bolhas de CO_2 que estão sendo dissolvidas na cerveja. Alta pressão e baixa temperatura facilitam a dissolução do CO_2 na cerveja, de modo que a carbonatação em linha é normalmente realizada em torno de 1 bar (15 psi) de pressão e temperaturas próximas à de congelamento. Além disso, bolhas pequenas de CO_2 e longo tempo de contato são fundamentais para uma eficiente dissolução. Pedras de difusão ou jatos *venturi* são muito utilizados para produzir as pequenas bolhas necessárias e costumam ser sucedidos por um longo tubo que permite ao CO_2 um tempo adequado para a sua completa dissolução na cerveja.

Ver também CARBONATAÇÃO e TANQUE DE PRESSÃO.

Nick R. Jones

carbonato de cálcio ($CaCO_3$) é um precipitado de bicarbonato. O bicarbonato é o componente crítico na medição da dureza temporária da água (dureza de carbonatos). Essa parte da dureza da água é definida através da titulação de todos os carbonatos, bicarbonatos e hidróxidos, e é expressa em quantidades equivalentes de carbonato de cálcio. Essa medição pode às vezes ser referida como a alcalinidade da água. Um nível elevado de carbonato na água cervejeira é geralmente considerado negativo, pois pode transmitir um amargor áspero à cerveja, especialmente quando combinado com taxas elevadas de lupulagem. Portanto, a remoção ou a redução é normalmente desejada e pode ser realizada através de aquecimento ou através da adição de ácido à água. Através desses tratamentos o bicarbonato pode ser convertido em carbonato de cálcio, uma substância não solúvel que precipitará, reduzindo os níveis totais de carbonato. No entanto, embora o carbonato de cálcio seja geralmente considerado indesejável, ao se produzir cervejas escuras a presença de carbonatos pode compensar a acidez de maltes escuros. Nessas situações, um nível de carbonato maior é considerado um atributo positivo da água cervejeira. O carbonato de cálcio é formado pela ação solvente do dióxido de carbono presente na chuva ou superfície da água, que então reage com os minerais presentes na terra, tais como calcita ou dolomita. Munique, Dublin e Londres são exemplos de fontes clássicas de água que exibem níveis de carbonato de cálcio elevado. Os estilos *porter* e *stout* de cerveja tendem a beneficiar-se dos níveis de carbonato de cálcio mais elevados na água cervejeira.

Bernstein, L.; Willox, I. C. Water. In: Broderick, H. M. (Ed.). **The Practical Brewer**. Madison: Master Brewers Association of the Americas, 1977, p. 13.

Fix, G. Compounds Relevant to Brewing. In: Raizman, M. (Ed.). **Principles of brewing science**. Denver: Brewers Publications/Association of Brewers, 1989, p. 13-21.

John Haggerty

carboy. Muitos cervejeiros artesanais hoje atuantes em microcervejarias conduziram suas primeiras fermentações amadoras dentro de um *carboy*. *Carboy* é um galão grande feito a partir de diferentes tipos de vidro e plástico, dependendo da aplicação, usado para armazenar e servir líquidos, incluindo cerveja e lama de leveduras. *Carboys* de vidro de 5 galões (20 litros) eram comumente usados para armazenar água purificada e água mineral para serem servidas em refrigeradores de água; esses recipientes agora foram substituídos por outros de plástico de mesmo formato.

Na produção de cerveja, eles são usados principalmente por cervejeiros caseiros como tanques de fermentação e maturação, com uma válvula *airlock* ou um batoque hidráulico no topo para prevenir a contaminação por microrganismos do ar. Ao contrário de baldes plásticos, muitas vezes usados para fermentações caseiras, os *carboys* são mais fáceis de manter hermeticamente fechados. Em laboratórios, são usados para armazenar quantidades de material, água estéril e produtos químicos, de forma limpa e segura. Algumas cervejarias usam também os *carboys* para propagar leveduras especiais e cepas bacterianas.

O volume dos *carboys* varia entre 1 e 15 galões americanos (3,78 a 56,78 litros), sendo o tamanho mais comum o de 5 galões (18,9 litros). Os de tamanho menor às vezes são chamados simplesmente de jarros (*jugs*), enquanto os de tamanho maior são "garrafões" ("*demijohns*"; exceto na Inglaterra, onde 1 *demijohn* é 1 galão britânico). A sua forma pode variar, mas geralmente, fundo plano, lados retos e ombros elevados, afinando em um gargalo estreito (2,5 a 7,6 centímetros). Alguns *demijohns* têm fundo redondo ou em forma de cone e são apoiados por cintos de vime ou plástico.

Jonathan Downing

Cargill é uma empresa global de produção e comércio de alimentos, bebidas e produtos agrícolas, bem como de serviços e produtos financeiros e industriais. Ela fornece uma ampla variedade de maltes especiais, adjuntos líquidos e flavorizantes para a indústria cervejeira. Em 2010, a Cargill era a maior empresa privada dos Estados Unidos.

A Cargill foi fundada por W. W. Cargill em 1865 como uma instalação para armazenamento de grãos em Conover, Iowa. A partir desse humilde início, a Cargill cresceu e tornou-se uma das maiores empresas privadas a fornecer produtos e serviços agrícolas para a indústria cervejeira em todo o mundo, operando em 67 países e empregando 138 mil pessoas mundialmente. Atualmente, a sede da empresa fica em Wayzata, Minnesota.

A Cargill é um dos maiores fabricantes de malte do mundo, com instalações de malteação em nove países: Estados Unidos, Canadá, Bélgica, França, Espanha, Holanda, Alemanha, Rússia e Argentina. A Cargill trabalhou durante anos no desenvolvimento de uma rede de contatos que a permite fornecer maltes a granel e maltes especiais tanto em âmbito nacional quanto para exportação. Além disso, a Cargill conta com dois centros técnicos, um na Bélgica e outro nos Estados Unidos, que incluem uma cervejaria piloto e uma micromaltaria de última geração.

A Cargill Malt, Specialty Products Group, fornece não apenas os maltes da marca Cargill, mas também maltes especiais importados da Dingemans, Gambrinus, Muessdoerffer, Pauls e Warminster, e adjuntos cervejeiros em flocos da Gilbertson & Page. A Cargill também desenvolve e fornece diversos adjuntos para cervejarias ao redor do mundo, o que torna possível para as cervejarias produzirem uma variedade mais ampla de estilos e sabores de cervejas, independentemente de sua localização.

Cargill Incorporated. **Cargill**. Disponível em: http://www.cargill.com/. Acesso em: 11 maio 2010.

Jeff Mendel

cariofileno é um hidrocarboneto sesquiterpenoide bicíclico constituinte dos óleos essenciais de várias plantas. Óleos essenciais são os principais componentes aromáticos do lúpulo, cerca de 0,5% a 3,0% (v/m) do cone, havendo abundância de terpenoides nessa fração. A composição dos óleos essenciais é característica do genótipo do lúpulo, e, juntamente com ácidos de amargor e flavonoides, tem sido usada para distinguir diferentes variedades de lúpulo. Os principais componentes terpenoides dos óleos essenciais do lúpulo são o monoterpeno mirceno e os sesquiterpenos α-humuleno (antigo α-cariofileno) e β-cariofileno (frequentemente com iso-cariofileno). Esses hidrocarbonetos são muito voláteis e não resistem ao processo de fervura. Assim, sua detecção na cerveja finalizada apenas seria possível por meio da lupulagem tardia na tina de fervura, *dry hopping* ou adição tardia de um extrato de lúpulo. Óleos essenciais também são perdidos durante o processo de armazenamento dos cones do lúpulo.

Sesquiterpenos são sintetizados a partir de uma molécula chamada farnesil difosfato (FDP), a qual, após a eliminação do fosfato, sintetiza β-farneseno. Esse composto, por meio de uma variedade de reações complexas, produz cariofileno e outras estruturas relacionadas. No lúpulo, a enzima sesquiterpeno sintetase1 (H1STS1) é responsável pela formação do cariofileno a partir do β-farneseno. Como precursor, o β-farneseno não é encontrado em todas as variedades de lúpulo. Frações de óleos essenciais nos lúpulos podem ser isoladas por destilação a vapor, podendo ser analisadas por vários métodos, como cromatografia a gás. A síntese *in vitro* do β-cariofileno foi conseguida na década de 1960.

O β-cariofileno é também um importante constituinte de sabor da pimenta-do-reino, a qual era antigamente utilizada como adulterante da cerveja. Ela conferia um "calor" ao paladar que o consumidor deveria confundir com potência alcoólica.

Cane, D. E. **Comprehensive natural products chemistry isoprenoid biosynthesis**. Oxford: Pergamon Press, 1998.
Conolly, J. D.; HILL, R. A. **Dictionary of the terpenoids**. London: Chapman & Hall, 1991.
Hough, J.s.; Briggs, D.e.; Stevens, R.; Young, T.W. **Malting and brewing Science: Hopped wort and beer**. 2. ed. London: Chapman & Hall, 1982. vol. 2.
Neve, R.A. **Hops**. London: Chapman & Hall, 1991.

Ian Hornsey

Carling O'Keefe Limited é uma *holding* canadense que adquiriu um grande número de cervejarias no Canadá através de uma série de aquisições e fusões entre 1930 e 1967. Anteriormente conhecida como Canadian Breweries Ltd., a empresa foi renomeada em 1973, logo após o seu proprietário original, E. P. Taylor, vendê-la para o fabricante de cigarros Rothman's, do Pall Mall. No seu auge, a Carling O'Keefe era conhecida como uma das "três grandes" cervejarias, juntamente com a Molson e a Labatt. Ver LABATT BREWING COMPANY LTD. e MOLSON COORS BREWING COMPANY. Juntas, essas três cervejarias eram responsáveis pela maioria das cervejas vendidas no Canadá nas décadas de 1950 a 1980.

O nome Carling O'Keefe vem de duas históricas cervejarias canadenses que se fundiram com a Canadian Breweries, na década de 1930. Elas eram a Carling Breweries Ltd., de London, Ontário, e a O'Keefe Brewery Company, de Toronto, Ontário. Dessas duas marcas, a mais conhecida é a Carling. A Carling foi fundada em 1840 pelo britânico Thomas

Carling. Quando E. P. Taylor adquiriu a cervejaria em 1930, ele expandiu a marca para os Estados Unidos (através de uma parceria com a Brewing Corp of America, mais tarde renomeada Carling Brewing Company Inc.), e para a Inglaterra, onde a Carling continua a ser uma marca muito popular até hoje. Quando a O'Keefe Brewery foi adquirida por E. P. Taylor, em 1934, ela era uma das fábricas mais avançadas do Canadá, tendo sido a primeira empresa do país a instalar um depósito mecanicamente refrigerado.

Em 1989, a Carling O'Keefe se fundiu com a Molson Breweries Canada Ltd., tornando-se a Molson Companies Ltd., hoje Molson Coors Brewing Company. Três marcas da Carling O'Keefe estão atualmente disponíveis no Canadá como parte do portfólio da Molson Coors: Carling Lager, Carling Black Label e O'Keefe's.

Ver também CANADÁ.

Bowering, I. **The art and mystery of brewing in Ontario.** Burnstown: General Store Publishing House Inc, 1988.
Heron, C. **Booze: a distilled history**. Toronto: Between the Lines, 2003.
Sneath, A. W. **Brewed in Canada: the untold story of Canada's 350-year-old brewing industry**. Toronto: Dundurn Press, 2001.

Mirella G. Amato

Carlsberg Group, em 2010, uma das cinco maiores empresas cervejeiras do mundo, com sede em Copenhague, Dinamarca. A Carlsberg foi fundada em 1847 por Jacob Christian (JC) Jacobsen (1811-1887) em uma colina fora da cidade de Copenhague, onde Jacobsen administrava a tradicional e pequena cervejaria da cidade, cujo controle foi passado a ele por seu pai. A nova cervejaria recebeu o nome do filho de JC, Carl, nascido em 1842, e uma versão adaptada da palavra dinamarquesa para montanha, "*bjerg*". JC era muito interessado em ciência, tendo sido fortemente inspirado pelo seu pai, que, sem qualquer formação acadêmica, assistira a palestras na Universidade de Copenhagen proferidas pelos principais cientistas da época. JC acreditava que a arte da produção de cerveja poderia ser vastamente melhorada através da aplicação de uma abordagem científica, e estava muito aberto a novos desenvolvimentos na produção de cerveja.

Em 1875 ele fundou o primeiro centro de pesquisa de propriedade de uma cervejaria, e administrado por ela, o Laboratório Carlsberg, onde alguns dos mais proeminentes cientistas do mundo desenvolveram tanto a ciência básica quanto a ciência aplicada que dão apoio à indústria cervejeira. Os cientistas que trabalharam no Laboratório Carlsberg incluem S. P. L. Sørensen, que desenvolveu o conceito de pH, Johan Kjeldahl, que formulou o princípio analítico, usado durante séculos, para determinar proteínas, e Emil Christian Hansen, que inventou e introduziu na Carlsberg o uso de culturas puras de leveduras na produção de cerveja. Ver HANSEN, EMIL CHRISTIAN. Na declaração da missão do laboratório, JC Jacobsen escreveu que nenhum achado ou invenção feitos nele poderiam ser mantidos em segredo, mas deveriam ser compartilhados com todo o mundo.

JC já tinha começado a experimentar, em sua cervejaria na cidade velha, o método fundamentalmente novo da baixa fermentação, mas a falta de armazenamento refrigerado, essencial para a produção desse estilo de cerveja, fez esse experimento trabalhoso ser apenas parcialmente bem-sucedido. Ver BAIXA FERMENTAÇÃO. Ele conseguiu, no entanto, ganhar dinheiro suficiente para construir uma nova cervejaria, projetada especificamente para baixa fermentação, usando toda a tecnologia mais recente, incluindo a refrigeração mecânica.

A esfera de interesses de JC Jacobsen expandia-se muito além do seu papel na produção de cerveja. Ele pertencia a um grupo de proeminentes membros da sociedade que se sentiam na obrigação de usar sua posição para criar progresso social. O sucesso de JC como cervejeiro rapidamente fez dele um homem muito rico, e em vez de gastar o seu dinheiro em um estilo de vida luxuoso, ele criou a Fundação Carlsberg. Até hoje, a Fundação Carlsberg continua a devolver os lucros da cervejaria à sociedade dinamarquesa, apoiando, principalmente, as ciências, fins culturais e, depois da fusão da Fundação Carlsberg com a Fundação Nova Carlsberg, as artes.

As cervejarias Carlsberg, no vilarejo de Valby, agora parte da grande Copenhague, foram por muitos anos, na verdade, duas cervejarias que competiam intensamente uma com a outra: uma de propriedade de JC e a outra de seu próprio filho. Quando o filho de JC, Carl, atingiu a maioridade, ele estava destinado a suceder seu pai, quisesse ele ou não. JC era tão duro, determinado e patriarcal como pai quanto era como cervejeiro e empregador. Assim, Carl foi enviado ao exterior para estudar a produção de cerveja – seus apelos ao seu pai para deixá-lo voltar foram ignorados. No entanto, JC deve ter percebido que as tensões entre os dois eram tão profundas que seria imprudente permitir que Carl assumisse algum cargo na cervejaria. A solução para esse problema foi construir uma cervejaria totalmente nova, a Annexe Brewery, adjacente à sua cervejaria. Em 1871, JC colocou seu filho Carl no comando dessa nova cervejaria. Apesar disso, a rivalidade entre pai e filho aumentava ano a ano. Questões fundamentalmente profissionais relacionadas com os processos de produção de cerveja, vendas e comercialização separaram os dois, e Carl decidiu construir a sua própria cervejaria ao lado, a New Carlsberg (Nova Carlsberg), inaugurada em 1882. As duas cervejarias somente se fundiram após a morte de JC em 1887.

Carl compartilhava o interesse e respeito de seu pai pela ciência, mas Carl interessava-se ainda pelas artes. A New Carlsberg Foundation, à qual Carl legou sua cervejaria e fortuna, foi criada com a missão de doar obras de arte para a sociedade dinamarquesa, cujo mais brilhante exemplo foi a criação do belo museu no centro de Copenhague, The New Carlsberg Glyptotek. Da mesma forma, a New Carlsberg Brewery era muito mais ricamente decorada que as cervejarias mais antigas de JC Jacobsen, e hoje seu prédio é uma das principais atrações turísticas de Copenhague.

As exportações de cerveja Carlsberg começaram em 1868, com remessas para a Escócia, seguidas logo depois por exportações para os países do Extremo Oriente e da América do Sul. Ao longo do século XX, as exportações continuaram a aumentar em números reais, bem como em relação às vendas no mercado interno, de modo que, na década de 1960, os primeiros passos foram tomados para transferir a produção para o exterior. Essa expansão internacional foi inicialmente concluída por meio de acordos com cervejeiros do Reino Unido para embalar sob licença, pois, naquela época, o mercado do Reino Unido era muito grande para a Carlsberg. Seguiram-se acordos de licença para a produção de cerveja em diversos mercados e, na década de 1970, cervejarias exclusivas Carlsberg em mercados ainda não explorados foram construídas em países longínquos como Malawi, Hong Kong e no Reino Unido, e, depois, em muitos outros países

A Carlsberg nasceu como uma cervejaria de cervejas *lager* e manteve-se fiel à tradição *lager*. Ainda assim, poucos grandes produtores de cerveja dessa magnitude mantiveram um portfólio de cervejas de baixa fermentação tão variado como o da Carlsberg. Este inclui o "carro-chefe" "Carlsberg Beer", apelidada em casa de HOF, a Elephant Beer, cervejas escuras e fortes no estilo *bock*, como a Easter Brew ("Påskebryg"), e a sazonal cerveja de Natal "47", bem como as tradicionais cervejas escuras que anteriormente ostentavam o nome da "Old Carlsberg", incluindo a "Gamle Carlsberg", uma cerveja *dunkel* ao estilo de Munique e a primeira cerveja lançada pela Carlsberg por JC em 1847, e a "*imperial stout*", apelidada de "*porter*" e, na verdade, uma das primeiras *Baltic porters* do mundo. Ver BALTIC PORTER. Entre as mais convencionais, a Carlberg's Tuborg Green é vendida em setenta países.

Hoje, a Dinamarca é o lar de uma vibrante revolução da cerveja artesanal. Ver PRODUÇÃO ARTESANAL DE CERVEJA. A Carlsberg remou nessas águas bem cedo, experimentando novos estilos de cerveja e harmonizações com alimentos no início da década de 2000. Em 2005, a Carlsberg deu seguimento a essa iniciativa estabelecendo uma pequena "house brewery" chamada Jacobsen em conexão com seu centro de visitação, localizado no edifício mais antigo existente na propriedade original da Carlsberg, em Valby.

A produção de cerveja na principal cervejaria em Valby foi interrompida no final de 2008, e a produção foi transferida para outras cervejarias Carlsberg no norte da Europa, sendo a mais importante a Fredericia Brewery no oeste da Dinamarca, agora fornecendo para o mercado interno as cervejas Carlsberg e Tuborg. O grupo Carlsberg emprega mais de 43 mil pessoas em todo o mundo.

Ver também DINAMARCA e TUBORG, CERVEJARIA.

Anders Brinch Kissmeyer

carragenas são extratos de algas marinhas utilizados na produção de algumas cervejas para remover materiais que poderiam causar turbidez nas cervejas acabadas. As carragenas consistem na família dos polímeros polissacarídeos, encontrados nas concentrações de 2% a 7% em algas marinhas vermelhas. As três principais algas produtoras de carragena são *Chondrus crispus* (vulgarmente conhecida como musgo-irlandês), *Eucheuma spp.* e *Gigartina spp*. Furcelarana (ou ágar-dinamarquês) é um composto relacionado com a carragena extraída da alga vermelha, *Furcellaria fastigiata*. As carragenas são utilizadas na produção de cerveja para remover as proteínas do mosto no *hot break* e *cold break* que poderiam acabar causando turbidez na cerveja gelada. As cargas elétricas opostas da carragena (negativas) e das proteínas do mosto (positivas) levam a interações que formam géis instáveis, resultando na formação de sedimentos que são separados do corpo principal do mosto. As carragenas são produtos naturais e sujeitos, portanto, à variabilidade biológica. Consequentemente, são frequentemente misturadas para produzir um produto mais consistente. A carragena para a produção de cerveja é classificada como um agente clarificante usado na tina de fervura e auxilia os cervejeiros por reduzir o tempo de fervura do mosto (economia de energia), o tempo de coleta do *trub*, as perdas do *trub*, além de melhorar a estabilidade da cerveja e o desempenho da filtração. Ver AGENTES CLARIFICANTES USADOS NA TINA DE FERVURA e *TRUB*.

O musgo-irlandês e formulações de carragena são, algumas vezes, utilizados para melhorar a eficácia do agente clarificante da cerveja com *isinglass*. Nessa situação, a carragena é conhecida como "agente clarificante auxiliar". Como a carragena tem carga elétrica semelhante à das células de levedura, ela ajuda a criar uma matriz "levedura-*isinglass*" que permite um processo de sedimentação mais eficaz. Ver ISINGLASS.

Ryder, D. S.; Power, J. Miscellaneous ingredients in aid of process. In: Priest, F. G.; Stewart, G. G. (Ed.). **Handbook of brewing.** New York: Taylor and Francis, 2006. p. 354-355.

George Philliskirk

Carter, James Earl, Jr. (1924-) foi o 39º presidente dos Estados Unidos, atuando de 1977 a 1981. Graduado pela Academia Naval dos Estados Unidos, ele também recebeu o Prêmio Nobel da Paz. Amantes de cerveja continuam gratos a ele por ter legalizado a produção caseira de cerveja nos Estados Unidos, um acontecimento que estimulou o movimento americano moderno de produção artesanal de cerveja. Em 14 de outubro de 1978, o presidente Carter sancionou o projeto de lei federal de transportes H.R. 1337. O projeto incluía a Emenda n. 3534, proposta pelo senador da Califórnia Alan Cranston, autorizando a produção caseira de vinho e cerveja. A prática crescera em popularidade no começo dos anos 1970, mas um projeto de legalização da produção caseira de cerveja não conseguiu passar pela Câmara no ano anterior. No que diz respeito à cerveja, a linguagem direta diz o seguinte:

> (c) CERVEJA PARA USO PESSOAL OU FAMILIAR. – Sujeito ao regulamento prescrito pelo Secretário, qualquer adulto pode, sem pagamento ou imposto, produzir cerveja para uso pessoal ou familiar e não para venda. A quantidade total de cerveja isenta de imposto sob esta subseção, com respeito a qualquer domicílio, não deve exceder:
> 1. 200 galões (757 litros) por ano se houver dois ou mais adultos em tal domicílio, ou
> 2. 100 galões (378,5 litros) por ano se houver apenas um adulto em tal domicílio.
> Para os fins desta subseção, o termo "adulto" designa um indivíduo que tenha atingido os 18 anos de idade.

Ao noticiar o fato em seu jornal *Zymurgy*, a American Homebrewers Association notou que a lei H.R. 1337 esclarecia a definição do termo "cervejeiro" como excluindo indivíduos que produziam pequenas quantidades de cerveja para uso pessoal. A parte referente à produção caseira de cerveja do projeto de lei assinado pelo presidente Carter entrou em vigor em 1º de fevereiro de 1979.

The American Presidency Project. **Jimmy Carter: Acts approved by the President**. Disponível em: http://www.presidency.ucsb.edu/ws/index.php?pid=30022&st=H.R.+1337&st1=/. Acesso em: 14 jun. 2010.

The Carter Center. **Jimmy Carter – 39th President of the United States and Founder of the Carter Center**. Disponível em: http://www.cartercenter.org/news/experts/jimmy_carter.html/. Acesso em: 14 jun. 2010.

Congress Passes Homebrew. **Zymurgy**, v. 1, n. 1, dez. 1978.

Ogle, M. **Ambitious brew: The story of American beer**. New York: Houghton Mifflin Harcourt, 2006.

Ben Keene

carvalho é uma madeira dura, forte, durável e estanque que vem de uma árvore do gênero *Quercus*. Existem centenas de espécies de carvalho, que podem ser classificadas em duas amplas categorias: carvalho-vermelho ou carvalho-branco. O carvalho-vermelho é bastante poroso, sendo raramente utilizado para fazer barris. Quase todos os barris utilizados para vinho, cerveja e bebidas destiladas são feitos a partir do carvalho-branco.

Antes do aço inoxidável, barris de carvalho eram o recipiente típico no qual a cerveja era armazenada e transportada. Há muito tempo o carvalho é preferido a outras madeiras por causa de sua estrutura, que o torna estanque à água e também flexível, esta última qualidade sendo crucial para a produção das aduelas do barril. Enquanto todas as espécies de carvalho podem transmitir seus próprios sabores e aromas à cerveja, até recentemente esse aspecto do carvalho foi raramente desejado. Em algumas cervejarias europeias e inglesas, barris de carvalho ingleses, alemães e poloneses eram frequentemente utilizados, mas não transmitiam muitas características da madeira. Em alguns casos, os barris eram revestidos com uma resina escura extraída de árvores coníferas (breu) que protegia a cerveja de contaminação. Na Bélgica, as cervejarias de *lambics* compram da França barris de carvalho usados em vinho para envelhecer suas cervejas. Grandes tonéis de carvalho já foram o padrão para fermentação e armazenamento de cerveja na Inglaterra, um fato que se fez notório quando um desses tonéis se rompeu em Londres, em 1814, matando oito pessoas. Ver MEUX REID & CO. Nos Estados Unidos, a histórica Ballantine Brewery também envelhecia suas cervejas em barris de carvalho por até um ano. Ver BALLANTINE IPA. O envelhecimento de cerveja em barris de carvalho acabou perdendo lugar para os tanques de aço inoxidável, até surgir, recentemente, um renovado interesse pelas cervejas condicionadas em barris.

Quando as cervejarias artesanais tornaram-se mais populares, especialmente nos Estados Unidos, muitos cervejeiros procuraram formas únicas e novas de realçar o sabor e o aroma de suas cervejas. Eles logo descobriram que o uso de barris de carvalho usados antes para armazenar *bourbon*, uísque, vinho, ou, até certo ponto, conhaque, xerez, ou vinho do porto, poderiam produzir os aromas e sabores pronunciados que eles buscavam. Barris de *bourbon* e uísque são mais frequentemente utilizados para estilos mais fortes de cerveja, como *stout* e *barley wine*. O carvalho francês é conhecido por seu caráter bastante suave, sendo preferido por muitos produtores de vinho. Como resultado, tende a ser mais caro que o carvalho americano. O carvalho americano branco queimado é mais utilizado na

Antes do aço inoxidável, os recipientes tipicamente usados para armazenar e transportar cerveja eram os barris de carvalho. FOTOGRAFIA DE DENTON TILLMAN.

produção de barris para *bourbon*, e pela lei um barril de *bourbon* pode ser usado apenas uma vez para produzir essa bebida. Assim, os destiladores americanos de *bourbon* produzem todo ano milhares de barris de carvalho como subproduto. Enquanto a maioria desses barris vão para seu segundo uso envelhecendo de tudo – desde uísque escocês a tequila de alta qualidade e até molho Tabasco –, uma quantidade crescente deles tem terminado nas mãos dos cervejeiros artesanais americanos. Barris de *bourbon* são de longe os barris de carvalho mais comumente utilizados pelos cervejeiros nos Estados Unidos. O custo deles aumentou drasticamente ao longo dos últimos anos graças ao maior interesse dos cervejeiros, mas também dos produtores de uísque de países em rápido desenvolvimento econômico, particularmente China e Índia.

O carvalho em si contém uma quantidade de sabores e aromas, e estes diferem amplamente dependendo da sua espécie, da área de cultivo e de como a madeira foi tratada. Uma variedade de compostos conhecidos como lactonas são responsáveis por muitos aromas e sabores que nós associamos ao carvalho. Estas são derivadas dos lipídios dentro da madeira e tendem a transmitir um sabor e aroma parecidos com os de coco, especialmente no carvalho americano. Barris de *bourbon*, portanto, tendem a ter muitas características das lactonas, e cada produtor de *bourbon* escolherá a madeira dependendo amplamente de seu perfil de aroma e sabor. Uma característica secundária prevalente é o aroma semelhante a baunilha do composto vanilina, um aldeído que pode ser agradável em baixos níveis, mas que facilmente pode se sobrepor a outros aromas e sabores. Além desses, há os aromas dos fenóis voláteis como o eugenol (semelhante a cravo) e o 4-vinil-guaiacol (semelhante a canela), e terpenos florais e frutados. O carvalho também contém taninos adstringentes, os quais podem penetrar na cerveja ao longo do tempo e possivelmente se chocar com o amargor do lúpulo.

Ao utilizar barris usados por uísque ou *bourbon* recentemente adquiridos, os cervejeiros podem escolher entre enxaguá-los ou despejar a cerveja diretamente sobre qualquer líquido que tenha restado. Enxaguar ou limpar o barril primeiro resultará em aromas e sabores mais delicados e sutis. Contudo, é mais comum que os cervejeiros despejem a cerveja direto no barril, e se houver ainda um litro ou dois da bebida anterior no barril, melhor ainda se for um uísque, já que ele contribuirá para a sanitização do sistema. Se a última técnica for escolhida, o cervejeiro pode optar em misturar uma cerveja não envelhecida em barril com outra cerveja envelhecida em barril a fim de diminuir seu teor alcoólico e abrandar seus atributos.

Cervejeiros que usam barris de vinho frequentemente o fazem em combinação com a levedura "selvagem" *Brettanomyces* e bactérias como lactobacilos e *Pediococcus*. Ver BACTÉRIAS e BRETTANOMYCES. Em alguns casos, os cervejeiros podem desejar extrair uma pequena quantidade do sabor e aroma remanescentes de carvalho e taninos da madeira. Podem também tentar extrair quaisquer características residuais derivadas de vinho que possam ter sobrado na madeira. Finalmente, os cervejeiros podem utilizar barris de carvalho como um local para abrigar microfloras, como *Brettanomyces*, *Lactobacillus* e *Pediococcus*. Enquanto essas microfloras são consideradas a desgraça da maioria dos cervejeiros e vinicultores, elas são essenciais na criação de muitos estilos de *sour beer* inspiradas na tradição belga das *sour ales*. Ver SOUR BEER.

A levedura *Brettanomyces* tem várias características únicas, como a criação de uma manta flutuante, chamada de película, na superfície da cerveja. Outra característica é a sua habilidade de consumir praticamente qualquer tipo de açúcar, incluindo a celubiose, que é criada durante a torra do carvalho. Uma fermentação quase contínua pela *Brettanomyces* pode criar uma produção constante de dióxido de carbono, ajudando assim a proteger a cerveja da oxidação.

A micro-oxigenação, a entrada lenta e constante de oxigênio através de poros da madeira para dentro da cerveja envelhecida em barril, tem muitas implicações para essa bebida. Os cervejeiros, assim como os vinicultores, podem escolher utilizar barris de carvalho francês ou americano. O carvalho francês é mais poroso do que o americano, permitindo uma maior difusão de oxigênio através da madeira. A micro-oxigenação da cerveja tem um efeito direto no desenvolvimento de bactérias acéticas (*Acetobacter*) em *sour beers*. As bactérias acéticas requerem oxigênio para crescer, e mais oxigênio significa mais carácter acético (semelhante a vinagre) na cerveja, o que pode ou não ser desejado. Barris que não são tampados ou completamente cheios, deixando um espaço entre a bebida e o topo do barril, podem também desenvolver um carácter acético.

Como os vinicultores, os cervejeiros devem também levar em consideração o tamanho do barril. Muitos cervejeiros considerariam um barril de 219 a 227 litros como tamanho padrão. Barris menores do que 219 a 227 litros podem fornecer à cerveja uma maior área de contato com o carvalho; embora isso confira mais sabor e aroma, pode também levar a uma difusão excessiva de oxigênio. Grandes tanques de carvalho, chamados de *foeders*, fornecem menos área de contato e podem potencialmente proteger a cerveja da oxigenação excessiva. Contudo, a maioria dos cervejeiros escolhe utilizar os barris de tamanho padrão para fornecer mais uma oportunidade para a mistura. Esses barris de tamanho padrão são também mais facilmente obtidos.

Os cervejeiros que escolhem envelhecer suas cervejas em barris sem o uso de *Brettanomyces* podem conferir à bebida algum carácter residual de carvalho e sabor e aroma de vinho. Contudo, a cerveja corre mais risco de oxidação, já que não há uma fermentação secundária para fornecer uma barreira protetora de dióxido de carbono no barril ou uma película sobre a bebida.

A limpeza do barril requer muita atenção, já que afetará diretamente o resultado da cerveja. Os métodos mais comuns de limpeza são água, vapor, lavagem pressurizada, raspagem ou, menos frequentemente, agentes químicos. Independentemente da escolha do cervejeiro, a forma como um barril é limpo afetará a cerveja que envelhecerá nele.

Barris novos de carvalho podem também ser usados para o envelhecimento de cerveja, mas não são comuns devido aos altos custos. Produtos de carvalho como lascas, cubos, pó, aparas, ou aduelas imersíveis são úteis em casos em que se deseja uma alternativa que também ofereça sabores e aromas de carvalho novo. Esses produtos tornaram-se populares na indústria de vinho graças à sua capacidade de poderem ser utilizados não apenas nos tanques de aço inoxidável, mas também em barris que possuem pouco ou nenhum caráter de carvalho restante depois do uso frequente. Alguns aromas e sabores que o carvalho novo fornece são de madeira, baunilha, endro, condimentado e torrado. Produtos alternativos de carvalho podem ter boa relação custo/benefício e ser facilmente acessíveis à maioria dos cervejeiros.

Ver também BARRIL DE MADEIRA e CONDICIONAMENTO EM BARRIL DE MADEIRA.

Robinson, J. (Ed.). Oak. In: **The Oxford Companion to Wine.** Oxford: Oxford University Press, 1994, p. 684.

Vincent Cilurzo

carvão está entre as doenças mais comuns da cevada e pode ser encontrado em qualquer lugar onde a planta é cultivada. As inflorescências de plantas afetadas são cobertas por estruturas de esporos do fungo *Ustilago nuda* (carvão-nu) ou *Ustilago hordei* (carvão-coberto). Estes fungos se apresentam com massas de esporos de cor marrom-oliva ou marrom-escuro, respectivamente, e são facilmente disseminados, espalhando a doença pela plantação. Alguns esporos de carvão são cobertos, ou seja, contidos dentro de uma membrana.

Esses esporos são menos propensos a se disseminarem antes da época da colheita. Contudo, com a agitação mecânica da colheitadeira, os esporos podem facilmente ser liberados no ar. Os esporos disseminados podem infectar as sementes de plantas

Carvão é uma doença fúngica que pode ter um efeito catastrófico na produtividade da cevada.
DAMIAN HERDE/SHUTTERSTOCK.

adjacentes, penetrando em seus embriões durante o seu desenvolvimento. O carvão é uma doença muito nociva, e infecções precoces tendem a se espalhar sistemicamente através de toda a planta, penetrando na maioria das suas partes durante o ciclo de crescimento. As plantas infectadas podem parecer normais até que a espiga apareça. Na espiga, o carvão destrói o embrião e deixa apenas uma pequena quantidade de tecido vegetal intacto. O resultado é um efeito catastrófico na produtividade. Diversos fungicidas são eficazes contra a doença, mas uma rotação de culturas adequada e a semeadura de sementes não infectadas podem quebrar o ciclo do fungo de uma colheita para a seguinte.

Ver também DOENÇAS DA CEVADA.

Keith Thomas

casca é o envoltório externo de proteção dos grãos de cereal. Ela compreende cerca de 10% da massa da semente. A casca é composta por algumas camadas de células mortas com altos níveis de celulose, lignina, arabinoxilano e outros polímeros de carboidrato inertes. A casca promove uma forte barreira contra a penetração de água e atua como um impedimento para insetos capazes de causar danos à semente. Sílica e fenóis antioxidantes estão também presentes na casca e promovem uma proteção contra os ataques microbianos.

Na cevada, a casca é composta por três camadas e é fortemente aderida à camada do pericarpo ceroso, que também é inerte e impermeável à transferência de gás. Sob o pericarpo encontra-se a testa, com altos níveis de material lipídico. Essas camadas atuam juntas para manter o grão de cevada inerte até a germinação. O desgaste da casca permite a penetração de água e de hormônios exógenos de crescimento e acelera a germinação.

A casca é importante na produção de cerveja por formar o elemento filtrante para a separação das partículas sólidas durante a filtração do mosto. A quebra do grão de cevada durante a moagem deve produzir cascas íntegras que efetuem com a eficiência a função de filtro. Esmagamentos e quebras excessivas da casca reduzem o seu tamanho e produzem um mosto turvo. A casca fornece sabor e aroma ao malte, respondendo pela "adstringência" tânica de muitos maltes de seis fileiras. Em geral, as cevadas de seis fileiras têm uma relação maior entre casca e semente, especialmente quando há uma diferença notável de tamanho entre os grãos centrais e laterais. Os cervejeiros geralmente desejam evitar a extração dos taninos adstringentes e dos polifenóis causadores de turbidez da casca do grão. Como resultado, eles mantêm em geral as temperaturas de aspersão abaixo de 77,8 °C e param a filtração do mosto quando a densidade da mostura cai muito abaixo de 2 °P. Ver ASPERSÃO DO MOSTO.

As cascas da cevada são facilmente colonizadas por microrganismos, em especial fungos como o *Fusarium*, que podem produzir micotoxinas e compostos capazes de induzir o *gushing* na cerveja. Os grãos de cevada protegem-se produzindo compostos antimicrobianos que agem contra tais fungos. Um dos objetivos do moderno melhoramento da cevada é o desenvolvimento de variedades mais resistentes, que minimizam o possível crescimento microbiano enquanto melhoram a qualidade do malte.

As variedades de cevadas "peladas" (sem casca) têm uma casca que se separa na debulha, semelhante à do trigo, a qual, se usada como único malte na mostura, formará uma camada filtrante de grãos muito compacta que dificultará a filtração. Entretanto, avanços em desenvolvimento na tecnologia da filtração do mosto, farão com que uma maior utilização da cevada sem casca malteada seja possível na produção de cerveja.

Keith Thomas

casca de arroz é a camada exterior dura do grão de arroz. Durante a colheita normal do arroz, os resíduos da casca são um subproduto que mais tarde terá outras utilizações. Após uma extensa fervura e secagem para remover sabor e cor, as cascas do arroz são, frequentemente, utilizadas no processamento de sucos de frutas industriais como um auxiliar nas operações de filtração e prensagem. Na produção da cerveja, muitos cervejeiros artesanais misturam a casca na mostura para garantir um bom fluxo de mosto durante a filtração.

As cascas de arroz são mais frequentemente utilizadas durante a produção de cervejas com elevada percentagem de adjuntos de cereais diferentes da cevada, como trigo ou centeio. Esses grãos têm níveis mais elevados de proteína e beta-glucano em comparação com a cevada e não possuem as cascas que criam a porosidade necessária no meio de filtração do mosto. Uma elevada concentração de proteína e beta-glucano aumenta a viscosidade do mosto, às vezes obrigando o cervejeiro a aumentar a porosidade do meio de filtração artificialmente. As cascas de arroz são preferidas pelos cervejeiros porque elas não contribuem com sabor ou cor e não promovem alterações na mostura; elas permanecem rígidas e agem para "abrir" o meio de filtração. As cascas de aveia são outra opção para aumentar a porosidade do meio filtrante ou reduzir a viscosidade do mosto. Como os cervejeiros artesanais produzem cervejas cada vez mais fortes, eles usam mais malte em suas mosturas, e a espessura dos meios filtrantes aumenta proporcionalmente. Maior espessura do meio filtrante também diminui o escoamento do mosto, e mais uma vez a casca de arroz é usada com frequência para contornar esse problema. Alguns cervejeiros, visando ampliar os limites de estilo e de seus sistemas de produção, têm procurado usar cascas de arroz para produzir cervejas de trigo 100% sem casca.

As taxas de utilização podem variar com a percentagem de grãos usados como adjunto, mas, em geral, adicionar entre 1% e 5% do peso total de grãos em cascas de arroz diretamente à mostura ajuda a garantir melhores taxas de escoamento e maior clarificação do mosto.

Lewis, M. **Brewing**. 2. ed. New York: Kluwer Academic/Plenum Publishers, 2002.

Brian Thompson

Cascade é um lúpulo americano de aroma que é particularmente popular na indústria cervejeira artesanal nos Estados Unidos. Embora continue sendo popular, já foi tão predominante que praticamente chegou a definir o aroma e sabor das cervejas produzidas em microcervejarias americanas. O Cascade foi desenvolvido pelo programa de melhoramento de lúpulos do Departamento de Agricultura dos Estados Unidos (USDA) em Corvallis, Oregon, e lançado em 1971. Foi o primeiro lúpulo americano de aroma desenvolvido por esse programa. O Cascade apresenta teor de alfa-ácidos de baixo a moderado (4,5% a 7,0% m/m) e teor médio de óleos essenciais (0,7 a 1,4 mL/100 g). Ele surgiu em 1956 a partir de uma coleção de sementes vindas de polinização cruzada e possui parentesco com o Fuggle inglês, o russo Serebrianka e um macho desconhecido. Originalmente se pensava que ele seria semelhante ao lúpulo alemão importado Hallertauer Mittelfrueh. Sua razão entre os teores de alfa- e beta-ácidos é semelhante àquela do lúpulo alemão, porém outros fatores qualitativos (principalmente composição de humulona e óleos essenciais) são bastante diferentes. O Cascade é resistente a míldio e oídio, principalmente no colo da planta, e moderadamente suscetível nas flores e folhas. Tem maturidade de média-precoce a média-tardia e está adaptado às regiões de Washington e Oregon, porém a maior parte da produção ocorre em Washington (produção total de Cascade americano em 2009: 880 hectares, 2.060 toneladas, representando 4,8% da produção total de lúpulos nos Estados Unidos). Essa variedade possui excelente produtividade potencial, porém má estabilidade de armazenagem. Consequentemente, os lúpulos embalados devem ser resfriados após o enfardamento, antes de serem levados ao local de armazenamento refrigerado. Como planta comum nos jardins de entusiastas da cerveja, é uma variedade vigorosa de crescimento particularmente rápido. Os aromas de Cascade podem ser descritos como floral e cítrico, com notas de pomelo e folhas de pinheiro.

Thomas Shellhammer e Alfred Haunold

cask é um recipiente em formato de barril de madeira usado para produzir, armazenar e servir cerveja refermentada em *cask*, amplamente chamada de "*real ale*" (ou "*ale* verdadeira") no Reino Unido. A forma do *cask*, mais comprida do que larga e abaulada ao longo de seu comprimento, desenvolveu-se mais de 2 mil anos atrás com o objetivo de facilitar a sua fabricação a partir da madeira. É também um recipiente relativamente fácil de manusear, porque mesmo os *casks* grandes e pesados podem ser rolados.

Tradicionalmente, os *casks* eram feitos de madeira, e estes se mantiveram comuns até meados do século XX. Hoje, a maioria dos *casks* são feitos de aço inoxidável, mas eles também podem ser feitos de alumínio ou de plástico. Os *casks* de madeira eram fortes, mas também pesados, difíceis de limpar, e quase impossíveis de esterilizar. Ao contrário dos barris de aço inoxidável modernos, o *cask* não tem válvulas dosadoras ou tubos internos. Em vez disso, o *cask* tem uma abertura redonda de 5 centímetros ao longo da barriga, por meio da qual é enchido. Ao longo da borda de uma das faces circulares há uma abertura redonda menor, por meio da qual a cerveja é servida. Após o enchimento, uma rolha de plástico ou de madeira chamada de *shive* é colocada no orifício maior localizado na barriga do *cask*, e uma rolha menor, chamada de *keystone*, é colocada no orifício da torneira.

O centro do *keystone* é deliberadamente enfraquecido, permitindo a passagem de uma torneira por ele, com o auxílio de uma marreta. O centro do *shive* também tem um furo, que é selado por um batoque de madeira dura (*spile*) colocado através dele. Durante a extração de cerveja, ar ou dióxido de carbono não pressurizados entrarão por meio desse furo, que também é usado para regular o condicionamento da cerveja (nível de CO_2). Ver ADEGUEIRO, ARTE DO. Quando configurado para o serviço, o *cask* é calçado (colocado em lugar firme), e a levedura cervejeira, geralmente com o auxílio de clarificantes, sedimenta na barriga inferior do *cask*, deixando a cerveja servida completamente límpida.

O grau do aço inoxidável usado nos *casks* é importante para evitar corrosão. *Casks* de plástico são geralmente feitos de um laminado de materiais, deve ser impermeável ao ar e não deve conferir sabor e aroma a cerveja. O alumínio, que não pode ser limpo por soluções alcalinas, não é mais usado para fazer *casks*, embora alguns *casks* de alumínio permaneçam em serviço no Reino Unido.

No mercado cervejeiro, há uma gama de tamanhos de *casks*, cada um com um nome diferente e volumes que são múltiplos um do outro. O tamanho mais comum é o *firkin*, que contém um volume de 9 galões imperiais (UK), o que equivale a 72 *pints* imperiais, um quarto de um barril (*barrel*) cervejeiro do Reino Unido, ou 40,9 litros. Outros tamanhos, hoje raramente vistos, são o *kilderkin*, duas vezes o tamanho do *firkin*, o *barrel*, quatro vezes o *firkin*, e o *hogshead*, seis vezes o *firkin*.

Hankerson, F. **The cooperage handbook.** New York: Chemical Publishing Co, 1947.
Lindsay, W. **Cooperage.** Edinburgh: W. M. Lindsay & Son, 1938.
Lloyd, J. ed. **Brewing room book.** 83. ed. Ipswich: Pauls Malt Ltd, 1992.

Chris J. Marchbanks

A **Cask Marque** é uma organização de controle de qualidade e certificação que atua no Reino Unido por meio de um órgão independente e sem fins lucrativos chamado Cask Marque Trust (CMT). A missão do CMT é a manter o padrão das cervejas refermentadas em barril que são servidas nos pubs e recompensar os licenciados credenciados com uma plaqueta e outros tipos de material promocional. O logotipo do CMT exibe uma bomba manual de chope e o *slogan* "A sign of a great pint" ("Símbolo de um *pint* perfeito"). O CMT foi fundado no final da década de 1990, em um período em que a qualidade da cerveja refermentada em barril estava em queda na Grã-Bretanha. Nessa época, o CMT avaliou que um em cada cinco *pints* era servido em uma temperatura inadequada. Uma equipe de pesquisa de quatro importantes cervejarias britânicas – Adnams, Marston's, Morland e Greene King – determinou que a qualidade decrescente da cerveja em *pubs* britânicos era predominantemente uma consequência da nova onda de cervejas nitrogenadas então em voga. Posteriormente, uma equipe do CMT integrada por 45 profissionais do setor cervejeiro e de controle de qualidade realizou inspeções inesperadas nos *pubs* que serviam cervejas refermentadas em barris e que estavam inscritos no programa do CMT. No início de 2017, em torno de 9.922 pubs haviam sido certificados em nível nacional. Para iniciar o processo de certificação, o proprietário do pub deve primeiro se inscrever e pagar uma taxa nominal. As instalações do requerente são inspecionadas uma vez a cada dois meses consecutivos. Uma vez certificado, o *pub* é então inspecionado duas vezes por ano – uma vez no verão e outra no inverno – para averiguação de conformidade com os padrões do CMT de temperatura, aparência, sabor e frescor. O CMT requer que as cervejas em barril sejam servidas à temperatura de 10 °C a 14 °C no copo, e tenham a limpidez, o aroma e o sabor característicos da marca que está sendo servida. Elas podem ser servidas a uma temperatura inferior somente se a cervejaria tiver concebido a cerveja para ser servida abaixo das especificações de temperatura do CMT. As listas de *pubs* certificados pelo CMT podem ser encontradas na web. A organização evoluiu em relação aos seus objetivos originais e algumas vezes realiza auditorias de qualidade em chopes não refermentados em barril.

Cask Marque Trust. **Cask Marque.** Disponível em: http://www.cask-marque.co.uk/. Acesso em: 12 de out. 2010.

Cask Marque Trust. **The Cask Report.** Disponível em: http://www.caskreport.co.uk/. Acesso em: 12 de out. 2010.

Alex Hall

Catarina, a Grande (Catarina II), reinou como imperatriz da Rússia de julho de 1762 até sua morte em novembro de 1796, e é geralmente reconhecido que ela foi responsável por um período de revitalização e modernização do país. Ela comandou a expansão do Império Russo (acrescentando cerca de 518 mil quilômetros quadrados), e durante seu reinado a Rússia tornou-se uma das maiores potências da Europa. Ela assumiu o poder após uma conspiração que destituiu seu marido, Pedro III. Talvez o maior feito de Catarina tenha sido promulgar medidas que possibilitaram que o país fosse governado de forma mais eficiente, e que resultaram na divisão do país em províncias e distritos.

Catarina concordou com um acordo comercial com a Grã-Bretanha em 1766, embora temesse o poderio militar britânico. Um resultado bastante incomum do seu contato com a Grã-Bretanha era sua predileção pela *London stout*. A Anchor Brewery, de Henry Thrale, em Southwark, produzia essa cerveja, que foi exportada para a corte russa a partir dos anos 1780, chegando via Danzig e Estados Bálticos. Essa era uma "*export stout*" muito forte, com uma densidade original de aproximadamente 25 graus Plato e provavelmente com ABV (álcool por volume) de quase 12%. Em 1781, Thrale havia vendido a cervejaria para seu supervisor cervejeiro, John Perkins, e um membro da família de banqueiros Barclay. A bebida adquiriu o apelido de "Barclay Perkins Imperial Brown Stout". Quando a Barclays se fundiu com John Courage em 1955, a cerveja foi renomeada "Courage Imperial Russian Stout", e foi produzida em Londres (onde era envelhecida em barris de carvalho por um ano antes do engarrafamento) até o fechamento do local em 1981. Ver COURAGE BREWERY. A cerveja continuou sendo produzida em outras localidades até 1993. Embora esse tipo de *strong stout* seja conhecido hoje, em geral, simplesmente por "*imperial*" stout, a aprovação começou com Catarina, a Grande, e até décadas recentes o estilo era largamente conhecido por "*Russian imperial stout*". Atualmente, muitos cervejeiros artesanais acrescentam a palavra "*imperial*" a qualquer cerveja que demonstre teor alcoólico fora do comum, independentemente de a cerveja ter tido ou não conexão com qualquer coroa.

Alexander, J. T. **Catherine the Great: Life and legend.** Oxford: Oxford University Press, 1988.
Dixon, S. **Catherine the Great.** Harlow: Longman, 2001.
Matthias, P. **The brewing industry in England, 1700-1830.** Cambridge: Cambridge University Press, 1959.
Rouding, V. **Catherine the Great: Love, sex, and power.** New York: St. Martin's Press, 2007.

Ian Hornsey

cavacos de faia, citados principalmente na embalagem da Budweiser. Cerca de 1.400 toneladas por ano de cavacos de faia são usadas pela Anheuser-Busch InBev como um auxiliar de maturação em suas cervejas. Os cavacos são, na verdade, tiras ou aparas de 3 milímetros de espessura e 450 milímetros de comprimento e apresentam uma forma espiral. A forma tridimensional do cavaco evita a sua acomodação no fundo do tanque de maturação e permite que a cerveja circule entre eles. Embora o consumidor possa imaginar o contrário, os cavacos não se destinam a transmitir sabor para a cerveja. As aparas são submetidas a um longo período em ebulição com bicarbonato de sódio, antes da sua utilização, aparentemente para remover quaisquer vestígios de sabor que poderiam conferir ao produto. Portanto, a sua única função parece ser adicionar um substrato para o transporte da levedura, permitindo que uma maior área superficial de levedura permaneça exposta à cerveja circulante do que aconteceria se a levedura ficasse depositada como um sedimento compacto na parte inferior do tanque. Isto pode ajudar o processo de maturação, pois o contato da cerveja com a levedura é crítico para a redução de diacetil e outros *off-flavors* que sobrevivem ao final da fermentação ativa. Os cavacos são adicionados ao tanque horizontal de maturação antes do enchimento; a cerveja recebe mosto em fermentação (*kräusening*) no tanque e é envelhecida por aproximadamente três semanas. Ver KRÄUSENING. Os cavacos são reutilizados várias vezes nos "tanques de cavacos" até ficarem degradados demais para continuarem no processo.

Esses cavacos foram, por um longo período, produzidos pela Millington's, no Tennessee, a partir da faia americana. O aparecimento de uma concorrência mais agressiva resultou na perda de contratos e no fechamento da empresa, embora os cavacos ainda sejam produzidos nos Estados Unidos.

Antes de 2002, a maioria dos cavacos era enviada para aterros, mas cerca de um terço (aproximadamente 400 toneladas) foi transformada em composto orgânico naquele ano. De acordo com o site da Anheuser-Busch InBev, os cavacos são transformados em composto orgânico após o uso.

Owens, M. Former supplier of beechwood to A-B says he was kicked to the curb. **ksdk.com**. Disponível em: http://www.ksdk.com/news/local/story.aspx?storyid=173201. Acesso em: 11 mar. 2011.

Chris Holliland

CDC Copeland é uma cevada para malteação de duas fileiras desenvolvida na University of Saskatchewan pelos doutores Bryan Harvey e Brian Rossnagel. Foi registrada para comercialização no Canadá em 1999. A variedade foi nomeada em reconhecimento ao apoio de William Copeland, um agricultor da área de Elrose, em Saskatchewan, ao programa de cevada. A variedade é particularmente adaptada a essa área da província de Saskatchewan. A CDC Copeland foi derivada do cruzamento WM861-5/TR118. Na época de seu registro a CDC Copeland superou a produtividade da Harrington em 16% considerando todos os lugares cultivados, sendo que em algumas regiões do oeste do Canadá esse índice chegou a 26%. Em relação a variedade Harrington, a CDC Copeland apresenta maior tamanho, possui colmo mais forte, grãos maiores e mais redondos, melhor resistência à mancha-reticular e ferrugem do caule e é um pouco menos propensa à germinação pré-colheita. Em relação aos grãos da variedade Harrington, os grãos da CDC Copeland possuem maior teor de extrato e friabilidade, teor muito menor de beta-glucano e poder diastático ligeiramente inferior, mas ainda é adequada para brassagens com grande quantidade de adjuntos. Essa variedade tem um perfil de sabor suave e produz uma cerveja de cor clara, preferida pelo mercado chinês. A CDC Copeland é uma boa variedade para misturas e preferida por várias cervejarias de grande porte. É uma favorita dos agricultores, sendo amplamente cultivada no oeste do Canadá.

Bryan Harvey

CDC Kendall é uma cevada para malteação de duas fileiras desenvolvida na University of Saskatchewan. Foi derivada do cruzamento Manley/SM 85221. A CDC Kendall foi inicialmente registrada, em 1995, para comercialização no Canadá sob o nome de "CDC Lager". Houve preocupação, no entanto, com esse nome no mercado japonês, onde a palavra "Lager" está associada a um cervejeiro, havendo o receio de que essa variedade não seria comprada por outros cervejeiros japoneses. A fim de mudar o nome, a University of Saskatchewan levou, com sucesso, o comissário de Direitos dos Melhoristas ao Tribunal Federal e ganhou o caso. A CDC Kendall foi desenvolvida como uma substituta para a Harrington. Na época de seu lançamento, mostrou uma vantagem de rendimento de 6% em relação à Harrington, com uma casca mais forte, maturação semelhante, grãos mais densos e mais arredondados. Apresentou maior resistência à podridão da raiz, mancha-reticular e ferrugem do caule. A qualidade de malteação da CDC Kendall é superior à da Harrington em diversos parâmetros. Ela tem grãos consistentemente mais pesados e arredondados, maior teor de extrato, menor diferença entre moagem fina/grossa, maior poder diastático, maior atividade de alfa-amilase e teor de beta-glucano muito menor (inferior a 50%). Essa foi uma das variedades que deu início à tendência de queda no teor de beta-glucano da cevada canadense. A CDC Kendall é amplamente cultivada, mas em áreas limitadas, pois o cultivo se dá principalmente sob contrato.

Bryan Harvey

Celis, Pierre, nascido em 1925, é um cervejeiro belga mais conhecido por resgatar, sozinho, o estilo *white beer*, ou *witbier*, uma década depois do cessamento de sua produção.

White beer é uma *wheat ale*, não filtrada, flavorizada com coentro e casca de laranja. O crédito pelo desenvolvimento do estilo, séculos atrás, é dos monges de Hoegaarden, uma pequena cidade a leste de Bruxelas, no Brabante Flamengo. Por muitos anos, a *white beer* foi uma especialidade de Hoegaarden, mas sua popularidade diminuiu após a introdução das cervejas *lager*. Em 1957, a última cervejaria de *white beer* de Hoegaarden, a Brouwerij Tomsin, parou de produzir.

Nos anos 1960, Celis trabalhava como leiteiro em Hoegaarden. Ele havia morado próximo à cervejaria Tomsin, trabalhado nela por meio período, e estava familiarizado com os métodos utilizados para produzir essa cerveja única. Em 1966, ele montou uma cervejaria, a Brouwerij Celis (mais tarde renomeada como De Kluis), e começou a produzir sua *white beer*, batizada *Hoegaarden* em homenagem à sua cidade.

A cerveja foi bem recebida e a produção cresceu firmemente. Em 1985, no entanto, a cervejaria sofreu um incêndio devastador. Os fundos para a reconstrução vieram da cervejaria gigante Interbrew (agora Anheuser-Busch InBev), que comprou toda a empresa em 1990.

Celis, então, voltou sua atenção para os Estados Unidos, onde fundou a Celis Brewery em Austin, Texas, em 1992. Lá, ele produzia uma *white beer* chamada Celis White e vários outros estilos. Apesar da alta qualidade da cerveja, a companhia encontrou dificuldades financeiras. Em 1995, a Miller Brewing Company (agora MillerCoors) adquiriu a maioria das ações da companhia. A Miller fechou a cervejaria em 2001 e vendeu a marca Celis à empresa Michigan Brewing Company. Em 1999, Celis deu início à produção licenciada de cervejas da Pierre Celis Signature Series, apresentando cervejas sob o guarda-chuva da Grottenbier (Cave Beer); as edições mais antigas dessas cervejas eram envelhecidas em adegas de Riemst.

Em 2005, Celis publicou uma autobiografia com o escritor Raymond Billen, intitulada *Brouwers Verkopen Plezier – Peter Celis, My Life*. Até a sua morte, em 9 de abril de 2011, aos 86 anos, Peter Celis morou em Hoegaarden. Ele não atuava mais na indústria cervejeira, mas, ocasionalmente, frequentava conferências sobre produção de cerveja, onde era instantaneamente reconhecido e tratado como uma estrela do rock.

Ver também INBEV.

Jackson, M. **Europe's stylish summer whites**. Disponível em: http://www.beerhunter.com/documents/19133-000113.html/. Acesso em: 23 nov. 2011.

Protz, R. **Think global, close local**. Disponível em: http://www.beer-pages.com/protz/features/hoegaarden.htm/. Acesso em: 23 nov. 2011.

White, J. **Pierre Celis, from Hoegaarden The King of White Beer**. Disponível em: http://www.whitebeertravels.co.uk/celis.html/. Acesso em: 23 nov. 2011.

Dan Rabin

centeio (*Secale cereale* L.) é um tipo de cereal que está fortemente ligado ao hemisfério Norte, onde, historicamente, tem sido cultivado na Alemanha, sul da Escandinávia, Polônia, países bálticos e Rússia. É tolerante a solos pobres e secos. O centeio tem um grão nu que absorve água rapidamente durante a malteação; ele requer menos água e menor tempo de maceração que a cevada. Como o centeio não tem casca, a acrospira do grão é vulnerável a danos durante o processo de malteação. Ver ACROSPIRA. A cultura de centeio tem sido usada prioritariamente como alimento em alguns tipos de pães pretos. O centeio malteado e não malteado também é usado na produção de uísque (Estados Unidos), gim (Holanda) e cerveja (Rússia, Finlândia, Alemanha, Polônia). O centeio aumenta a complexidade do sabor da cerveja, conferindo a ela notas de especiarias e promovendo uma sensação na boca de suavidade e arredondamento. O centeio, por vezes, adiciona uma coloração avermelhada às cervejas. Normalmente, apenas pequenas quantidades de centeio malteado são utilizadas na produção moderna de cervejas especiais. A proporção habitual é de 10% a 20% do total de maltes moídos, como nas cervejas de centeio alemãs (*roggenbier*). Ver ROGGENBIER. Maiores quantidades podem ser usadas, mas o centeio contém níveis elevados de proteína e beta-glucanos, que podem tornar a mostura grumosa e dificultar o processo de filtração. Ainda assim, muitos cervejeiros artesanais americanos usam o centeio em proporções relativamente elevadas para concentrar, o máximo possível, seus sabores característicos. Na produção de cerveja, o centeio pode ser usado na forma de grãos integrais (que devem ser cozidos primeiro), malte de centeio ou flocos pré-gelatinizados.

Briggs, D. E. et al. **Brewing: science and practice**. Cambridge: Woodhead Publishing, 2004.

Purseglove, J. W. **Tropical crops: monocotyledons**. New York: Longman Group, 1976.

Per Kølster

centrifugação é a aplicação de forças radiais sobre um objeto movendo-o em círculo. O objeto pode ser gasoso, líquido ou sólido. As forças centrífugas aumentam com a densidade do objeto. Elas também aumentam com a velocidade com que o objeto se move em sua trajetória circular. A força radial empurra o objeto em direção à borda externa da trajetória percorrida, assim como nos sentimos empurrados para a porta de um carro quando ele realiza uma curva acentuada.

Em uma centrífuga de cervejaria, que também pode ser chamada de separador ou decantador, esses mesmos princípios são aplicados a um líquido – mosto ou cerveja. O líquido contém vários tipos de partículas em suspensão, incluindo levedura, *trub* e resíduos de lúpulo, cada um com uma densidade diferente. Quando a centrífuga gira o líquido dentro da câmara de rotação, a uma dada velocidade, os componentes mais pesados que o líquido, nomeadamente *trub* e levedura, acabam sendo empurrados pelas forças centrífugas em direção à parede externa da câmara. Enquanto isso, os componentes mais leves, incluindo água e álcool, ficam mais próximos do eixo central da câmara de rotação. Esse tipo de separação é auxiliado, adicionalmente, pelo fato de que a trajetória circular do líquido que fica mais próximo do centro é muito menor que a trajetória percorrida pelas partículas ao longo da parede exterior. Isso reforça ainda mais a separação das partículas e do meio líquido de acordo com as suas densidades. Em termos físicos, o poder das forças centrífugas é regido por uma equação chamada lei de Stokes, e as centrífugas usadas em cervejarias são construídas para gerar enormes forças de rotação que podem ser milhares de vezes superiores às forças gravitacionais da Terra. Ver LEI DE STOKES. Tais dispositivos também permitem a drenagem do líquido límpido a partir da câmara de rotação, enquanto as camadas de partículas permanecem retidas ao longo da parede da câmara. Esse é o princípio de funcionamento de uma centrífuga na prática. As centrífugas na cervejaria são empregadas de várias maneiras. Uma centrífuga de mosto pode separar o *trub* quente do mosto límpido de forma ainda mais eficiente que um *whirlpool*, que é na verdade um tipo de centrífuga tecnologicamente mais simples. Ver WHIRLPOOL. Uma centrífuga de cerveja, usada antes do envase, pode reduzir a turbidez da cerveja, separando muitas ou a maior parte das células de levedura da cerveja clarificada. Isso é particularmente útil se a cerveja não é filtrada antes ser envasada, mas a levedura não flocula o suficiente para sedimentar no fundo do fermentador. É possível ligar a centrífuga a um sensor óptico que mede a turbidez da cerveja; adequadamente utilizada, essa configuração pode ser empregada para ajustar a turbidez ou a contagem de células de levedura no produto final. Da mesma forma, a centrífuga pode remover uma parte das leveduras quando usada entre o final da fermentação primária e o início da fermentação secundária ou antes da maturação a frio. Se a cervejaria utiliza agentes clarificantes, eles também podem ser removidos através da centrifugação. Ver AGENTES CLARIFICANTES e AGENTES CLARIFICANTES USADOS NA TINA DE FERVURA. Outro local favorito para o uso de centrífugas é imediatamente antes de um filtro em linha. Ver FILTRAÇÃO. Como a centrífuga remove a maior parte das partículas, o meio filtrante pode funcionar durante intervalos mais longos antes de precisar de manutenção. Um propósito completamente diferente para a centrífuga é a recuperação de cerveja. Quando a borra de levedura é removida do fundo do fermentador, uma parte dessa borra é, naturalmente, cerveja perfeitamente potável. Algumas cervejarias consideraram que vale a pena centrifugar a borra de levedura e introduzir a cerveja recuperada de volta ao fluxo da cerveja. Finalmente, a cerveja pode ser centrifugada para remover qualquer *cold break* (*trub* frio) residual, imediatamente antes do envase. Isso elimina, entre outras substâncias, alguns tipos de proteínas que estão direta e indiretamente envolvidos na turvação, bem como na oxidação da cerveja. Ver OXIDAÇÃO e TURBIDEZ COLOIDAL.

A centrífuga é um equipamento útil na cervejaria, mas caro. Como resultado, é incomum ver uma centrífuga em uma cervejaria que produz menos de 118 mil hectolitros por ano.

Paul H. Chlup

As **cepas de leveduras tolerantes ao etanol** são importantes na produção de cerveja. Quando um cervejeiro escolhe a cepa de levedura que utilizará para fermentar a cerveja, há muitas qualidades que ele pode procurar, mas a capacidade da levedura de finalizar a fermentação está entre as mais importantes. Todas as leveduras cervejeiras sintetizam etanol como um subproduto da fermentação dos açúcares. Entretanto, uma vez que a concentração alcoólica na cerveja em fermentação atinge um determinado valor, a fermentação cessa. A capacidade da levedura de continuar a fermentação na presença de elevadas concentrações alcoólicas é conhecida como "tolerância ao etanol" e é altamente dependente da própria cepa da levedura. Grandes cervejarias frequentemente produzem cervejas de alta densidade para posterior diluição. Ver MOSTURAÇÃO DE ALTA DENSIDADE. Muitos cervejeiros artesanais produzem com regularidade cervejas especiais altamente alcoólicas. Em ambos os casos, um problema comum quando se fermenta mosto de alta densidade é que a fermentação muitas vezes fica aquém da meta de teor alcoólico e densidade final da cerveja definida pelo cervejeiro.

Durante séculos, a levedura cervejeira tem sido passada de fermentação para fermentação por coleta e reinoculação do fermento. Com 3% a 5% de álcool por volume (ABV), a levedura cervejeira é mais tolerante ao etanol do que a maioria dos microrganismos competidores. Na verdade, muitos microbiologistas acreditam que a produção de etanol evoluiu como um tipo de mecanismo de defesa para a levedura. Mas apenas algumas cepas suportam concentrações de etanol acima de 8%, e algumas cepas particularmente resistentes são capazes de suportar até 15% em fermentações normais. Nos últimos séculos, cervejeiros belgas, em particular, tenderam a produzir um grande número de cervejas fortes, e muitas cepas de leveduras belgas são bastante tolerantes ao álcool. Algumas leveduras conseguem fermentar com teores alcoólicos superiores a 8%, mas precisam ser preparadas para isso. Adição de nutrientes, inoculação com elevada concentração de levedura, ativação e temperaturas mais quentes tendem a resultar em maior tolerância ao álcool. Alguns cervejeiros artesanais têm produzido cervejas com ABV de cerca de 20% por meio da dosagem lenta de leveduras adicionais e de açúcares suplementares no mosto cervejeiro; entretanto, muitas dessas cervejas se tornam fortes, mas intragáveis. Quando os cervejeiros selecionam cepas de leveduras oferecidas para venda por laboratórios comerciais, a tolerância normal ao etanol de cada cepa costuma estar listada como parte do perfil da levedura.

Já foi sugerido que elevadas concentrações de etanol afetam a porosidade da membrana plasmática da levedura. A célula de levedura fica, então, incapacitada de transportar nitrogênio e açúcar para seu interior, apesar da presença desses componentes no mosto. Sem a absorção desses nutrientes, a célula de levedura "desliga" a fermentação. As cepas de leveduras tolerantes ao etanol podem possuir uma membrana plasmática com uma composição que lhes confere uma capacidade especial para sobreviver a altas concentrações de etanol.

Chris White

cepas *killer* são cepas de *Saccharomyces cerevisiae* que contêm um fator *killer* (às vezes também chamado *zymocin*), conferindo-lhes resistência à infecção por outras leveduras. O fator *killer* foi descoberto pela primeira vez por Makower e Bevan em 1963. As cepas fator *killer* liberam uma toxina do tipo glicoproteína que é letal para cepas de leveduras sensíveis. O fator *killer* também já foi encontrado em muitas outras espécies de leveduras. Das 964 cepas de levedura da National Collection of Yeast Cultures que foram testadas em 1975 por Philliskirk and Young, 59 eram cepas fator *killer*. Destas, apenas três foram classificadas como cepas de levedura ale, embora, mais provavelmente, essas cepas eram contaminantes de leveduras cervejeiras comuns. A levedura pode ser *killer* (imune), neutra ou sensível. Algumas cepas de leveduras de vinho são fator *killer* também. Até hoje, nenhum fator *killer* foi detectado em cepas comerciais de levedura cervejeira. No entanto, a maioria das cepas das cervejarias são sensíveis às glicoproteínas *killer*, que podem ser carregadas por leveduras selvagens. Portanto, se uma cepa fator *killer* selvagem contaminar uma fermentação, pode destruir a cepa cervejeira. O único caso relatado de tal ocorrência na indústria cervejeira se deu em um sistema de fermentação contínua, onde o contaminante matou a cepa da levedura cervejeira e, em seguida, dominou o fermentador. De acordo com Priest e Campbell, se a *killer* é uma cepa de *Saccharomyces spp.*, é particularmente difícil detectar a contaminação no início. Uma cepa cervejeira pode ser testada quanto à sua sensibilidade a cepas fator *killer* no laboratório, verificando se ela é capaz de se desenvolver na presença da toxina *killer*. Se ela conseguir, é considerada uma cepa neutra.

Makower, M.; Bevan, E. A. The physiological basis of the killer character in yeast. **Proceedings of the International Congress of Genetics**, v. XI, n. 1, p. 202, s.d.

Philliskirk, G.; Young, T. W. The occurrence of killer character in yeasts of various genera. Antonie van Leeuwenhoek. **J. Clin Serol**, n. 41, p. 147, 1975.

Priest, F. G.; Campbell, I. **Brewing microbiology**. 2. ed. London: Chapman & Hall, 1996, p. 203-204.

Chris White

cereais, grãos ou grãos de cereais são as sementes produzidas pelas gramíneas (membros das famílias monocotiledôneas *Poaceae* ou *Gramineae*) que são amplamente cultivadas em todo o mundo. A palavra "cereal" é derivada de Ceres, o nome da deusa romana da colheita e da agricultura. As principais culturas de cereais, em ordem de produção anual (média 2005-2007, FAO), são o milho (733 milhões de toneladas), arroz (642 milhões de toneladas), trigo (611 milhões de toneladas), cevada (138 milhões de toneladas), sorgo (61 milhões de toneladas), painço (32 milhões de toneladas), aveia (24 milhões de toneladas), centeio (14,6 milhões de toneladas), triticale (12,5 milhões de toneladas), e fonio (0,38 milhão de toneladas).

A morfologia geral de um grão de cereal consiste na casca (presente na cevada, ausente no trigo) que cobre a camada do pericarpo; abaixo do pericarpo fica a camada de aleurona, o embrião e o endosperma. Ver CAMADA DE ALEURONA, MODIFICAÇÃO DO ENDOSPERMA e PERICARPO. É a partir do embrião que as raízes e os cotilédones da planta de cevada surgem, caso a semente de cevada seja plantada no campo. A casca e o pericarpo (em menor escala) protegem o crescimento do embrião durante a malteação, de modo a permitir a fácil manipulação durante esse processo. A casca é utilizada durante a clarificação do mosto, para formar um leito filtrante que permite a eficiente separação do mosto. O papel do endosperma é proporcionar uma fonte de nutrientes e energia que são liberados por enzimas hidrolíticas. No grão de cevada maduro, as células do endosperma são, essencialmente, grandes sacos de grânulos de amido, e não estão vivas. Inicialmente, as enzimas hidrolíticas são secretadas pelo escutelo e, depois, mais substancialmente, pela camada de aleurona, a camada mais externa das células do endosperma que estão vivas. O escutelo é uma camada fina (do latim *scutellum*, que significa "pequeno escudo") cujas células também atuam na absorção de nutrientes para o embrião.

Os grãos de cereais integrais são fontes ricas de vitaminas, minerais, carboidratos, gorduras, óleos e proteína. Uma característica distintiva dos grãos de cereais é o seu componente de armazenamento de energia, o amido, o qual representa cerca de 60% do peso do grão da cevada. Ver AMIDO. Durante a produção da cerveja, o amido é degradado pelas enzimas diastases (α-amilase, β-amilase, dextrinase limite e α-glucosidase), produzindo açúcares que são convertidos em álcool pelas leveduras, fazendo a cerveja. A camada de aleurona e, inicialmente, o escutelo, são os tecidos que fornecem a maioria das enzimas hidrolíticas produzidas durante a germinação. Uma notável exceção é a β-amilase, que é sintetizada e acumulada no grão antes da colheita.

Os cereais podem ser usados para produzir cerveja após serem malteados, ou como adjuntos, caso não sejam malteados. Há uma série de razões pelas quais a cevada malteada é o cereal escolhido para a produção de cerveja. Em primeiro lugar, a cevada, após a malteação, tem um equilíbrio ótimo de enzimas para hidrolisar seus polímeros (ex., amido e proteína, polissacarídeos da parede celular) e aqueles dos adjuntos, resultando em substâncias de peso molecular mais baixo (ex., maltose, glicose, aminoácidos etc.) assimiláveis pela levedura. Assim como outros membros da tribo *Triticeae* (que inclui trigo e centeio), a cevada tem níveis muito elevados de β-amilase (até 2% do total de proteína) que assiste na mosturação com níveis muito elevados de maltose. O malte de cevada também produz enzimas que degradam a parede celular, como a β-glucanase e xilanases que hidrolisam eficientemente os polissacarídeos não amiláceos em moléculas menores que não prejudicam os processos de separação sólido-líquido na preparação da cerveja (por exemplo, filtração do mosto e da cerveja) e evitam a formação de turbidez indesejável na cerveja relacionada a esses componentes. O malte também contém proteases que hidrolisam proteínas em aminoácidos para a nutrição das leveduras, bem como liberam e modificam outras proteínas que podem executar funções enzimáticas ou participar da formação da espuma. Finalmente, os processos enzimáticos combinados acima, juntamente com o regime de tosta da cevada, produzem sabores desejáveis de malte e aromas tipicamente associados com cerveja.

Além da cevada, outros cereais são amplamente utilizados na produção da cerveja, mas eles são mais usados em combinação com o malte de cevada, quer na forma malteada ou como um adjunto não malteado fornecedor de amido. O trigo, malteado ou não malteado, é um adjunto frequentemente usado. O malte de trigo perfaz cerca de 50% do total de grãos moídos em estilos de cerveja como as *weizens* alemãs; as *wit* belgas e as *white beers* que usam trigo não malteado. Além de afetar o sabor dessas cervejas, o trigo também transmite uma típica turbidez leve e esbranquiçada, formada por proteínas, que é esperada em muitas dessas bebidas. A adição de trigo, seja como malte ou como adjunto não malteado, também tem a reputação de melhorar a estabilidade da espuma, mas essa conclusão é questionável e pode estar mais baseada no conteúdo geralmente mais elevado de proteína dos grãos de trigo do que em algum componente contido no trigo que promova a formação de espuma. Outros cereais amplamente utilizados para a produção de cerveja são o milho (maize) e o arroz, que são extensivamente empregados na Ásia e América. O uso do arroz como adjunto transmite, em particular, uma cor mais clara e sabor mais delicado para as cervejas produzidas com ele. Ver ARROZ e MILHO.

Na última década, tem-se reconhecido que a cevada, assim como o trigo, contém segmentos proteicos semelhantes ao glúten que agravam a doença celíaca. Estima-se que até 1% da população do mundo apresente essa condição. Para fornecer cerveja aos celíacos, os cervejeiros têm investigado combinações de grãos moídos que não contenham malte de cevada. A atenção dirigiu-se então para a malteação e produção de cerveja de cereais que não os da tribo *Triticeae*, tais como o sorgo, o milheto e pseudocereais como o trigo-sarraceno. Embora o processo de fermentação não seja tão eficiente como na presença de malte de cevada, cervejas comercialmente aceitáveis que podem ser consumidas por celíacos estão cada vez mais acessíveis. Ver CERVEJA SEM GLÚTEN.

Evan Evans

cerveja colonial

Ver PRODUÇÃO DE CERVEJA NOS ESTADOS UNIDOS COLONIAL.

cerveja de adega

Ver KELLERBIER.

cerveja *Kosher* foi aprovada de acordo com as regras dietéticas judaicas, conhecidas por *Kashrut*. A *Kashrut* é localmente interpretada por um conselho de rabinos, tendo cada um deles seus próprios limites.

Geralmente cervejas produzidas com cereais malteados, leveduras, água e lúpulo são aceitas como "padrão *Kosher*" na maior parte dos países. Em Israel, nos Estados Unidos e no Canadá, no entanto, algumas pessoas consomem apenas as cervejas *Kosher* certificadas, mesmo elas sendo, tecnicamente, *Kosher* sem certificação. Para uma cerveja receber a certificação *Kosher*, há a necessidade da mediação de um rabino.

Agentes de clarificação como gelatinas ou *isinglass* podem, potencialmente, ser considerados não *Kosher*. Apesar de existir uma decisão rabínica de longa data permitindo o consumo de bebidas clarificadas com tais floculantes ou com aparelhos de filtração, alguns rabinos podem não a aceitar.

Existem ainda certos aditivos, enzimas e flavorizantes – como frutas, xaropes de fruta ou condimentos – que exigiriam certificação. Além disso, algumas cervejas com alto teor alcoólico fermentadas com leveduras que não são normalmente utilizadas pelas cervejarias podem também exigir certificação. O uso crescente de péletes e extratos de lúpulo tem levantado dúvidas sobre o *status Kosher* dos equipamentos utilizados no processamento dos lúpulos; no entanto, isso ainda não chega a ser um grande problema.

Kashrut. **The premier Kosher information source on the internet**. Disponível em: http://www.kashrut.com/. Acesso em: 29 mar. 2011.

Tim Hampson e Stephen Hindy

cerveja *light*, um termo que pode apresentar diferentes significados em distintas partes do mundo. Em alguns lugares, *light beer* faz referência a uma cerveja com menos carboidrato residual, enquanto em outras partes refere-se a uma cerveja com teor alcoólico inferior às cervejas "comuns". Nos Estados Unidos, uma *light beer* é um estilo de cerveja consideravelmente menos calórico em comparação com a versão integral. Devido ao fato de que o álcool representa a maior parte das calorias em uma cerveja, as *light beers* quase sempre apresentam menor graduação alcoólica em com-

A Edelweiss foi uma marca popular da Schoenhofen Company em Chicago, fundada em 1860. Este rótulo de *light beer* é de 1933, ano em que se retomaram as produções de cerveja após a Lei Seca. PIKE MICROBREWERY MUSEUM, SEATTLE.

paração com variantes similares dentro do mesmo estilo. Para se ter uma ideia, o álcool contém sete calorias por grama e os carboidratos apresentam quatro calorias por grama. No caso de produtos tipo *light*, as leis americanas que regulamentam a produção de cerveja, do Alcohol and Tobacco Tax and Trade Bureau (TTB), não são idênticas às da Food and Drug Administration (FDA). No que diz respeito ao valor calórico, a FDA estabelece que um produto *light* é aquele que apresenta pelo menos 33% menos calorias do que as apresentadas por um produto de referência padrão. O TTB define uma *light beer* como uma cerveja que tenha significativamente menos calorias que uma versão integral de referência. A maioria das *light beers* encaixa-se na definição da FDA, mas muitas não se encaixam. O TTB estipula que as cervejas rotuladas como "*light*" devem apresentar uma análise média demonstrativa em sua embalagem fazendo referência à proporção de calorias, gorduras, carboidratos e proteínas. Nos Estados Unidos, as *light beers* representam o maior segmento de vendas do mercado cervejeiro.

Existem quatro métodos principais para se elaborar *light beers*. O primeiro deles é o mais simples e envolve a diluição de uma cerveja integral convencional até se obter os teores alcoólico e calórico desejados para uma *light beer*. O segundo método é a redução do volume, de modo que o tamanho da embalagem para o consumidor final seja pequeno o suficiente para conter menos calorias que uma porção convencional de cerveja comum. Por exemplo, uma dose de 355 mL pode conter 150 calorias, mas uma garrafa ou lata de 177 mL contabilizará 75 calorias. O terceiro método consiste em estender o processo de mosturação, de modo que as enzimas naturais da cevada possam quebrar a maioria dos carboidratos em açúcares simples. Esses açúcares serão posteriormente fermentados pelas leveduras em álcool e gás carbônico. Feito isto, dilui-se a cerveja com água, e o resultado é uma *light beer*. A quarta metodologia consiste na adição de enzimas cervejeiras exógenas na mostura ou na própria cerveja em processo de fermentação para decompor a maior parte dos carboidratos em açúcares simples. Os açúcares são então fermentados pelas leveduras em álcool e gás carbônico. Procede-se à diluição com água e também se obtém uma *light beer*.

Existem diversos estilos de *light beer*, mas a mais famosa é a *light American lager*. Os principais exemplos comerciais são a Bud Light, Coors Light e Miller Lite. A *light beer* teve suas origens nos anos 1940, quando a Coors Brewing Company lançou uma cerveja chamada Coors Light, que era mais suave e com menos calorias do que a *premium lager* da empresa. A marca deixou de ser produzida logo no início da Segunda Guerra Mundial, sendo relançada somente em 1978. Em 1967, a Rheingold Brewery produziu uma cerveja destinada a consumidores que faziam dieta e que se chamava Gablinger's Diet Beer, concebida pelo químico Joseph Owades. Logo depois, a cervejaria Meister Brau também lançou uma *light beer* sob o nome Meister Brau Lite. A Miller Brewery adquiriu a franquia da Meister Brau e reformulou a Meister Brau Lite sob uma nova marca em 1973, a Miller Lite. Através de uma exitosa campanha publicitária que exaltava seus supostos atributos, "*Tastes great, less filling*" (algo como "ótimo sabor, sem encher"), a Miller Lite veio a se tornar a primeira *light beer* disponível em todo o mercado nacional americano. A Coors Light foi lançada em 1978 como resposta à Miller Lite, e a Bud Light apareceu em 1982. Ao final da década de 1990, a Bud Light já era a principal marca de cerveja vendida nos Estados Unidos. Essas três grandes marcas de *light beers* podem parecer bastante similares, mas, de fato, apresentam suas particularidades. Embora todas sejam *light beers*, a Miller Lite é a mais leve no que diz respeito aos extratos residuais (carboidratos). A Bud Light é a mais encorpada delas e a Coors Light uma intermediária. As três são secas e apresentam um gosto bastante suave, mas cada uma exibe um perfil aromático particularmente associado à levedura e às técnicas de produção de cada cervejaria. Todas as *light beers* industriais são elaboradas com grandes proporções de cereais adjuntos que substituem o malte de cevada. O amargor de lúpulo nessas cervejas é apenas perceptível, mas muitos consumidores o caracterizam como refrescante.

Ao final da década de 1990 surgiu uma versão ainda mais suave de *light beer* com reduzido teor de carboidratos. A "*low-carb*" é elaborada com enzimas exógenas que são adicionadas à mostura, de modo que quase todo os carboidratos sejam quebrados em açúcares fermentáveis. Após diluição com água, obtém-se uma cerveja muito suave e com muito pouco carboidrato. A *light beer low-carb* passou por um crescimento meteórico, mas sua popularidade não teve vida muita longa e muitos consumidores voltaram às *light beers* convencionais. Hoje, as *light beers low-carb* representam uma fatia reduzida do mercado cervejeiro americano. Ao contrário do que se pensa, a diferença média de calorias entre as *light beers* e as cervejas convencionais similares é muito pequena, às vezes, menos de vinte calorias por dose.

Muitos especialistas concordam que o sucesso das *light beers* no mercado americano advém de uma combinação de fatores, incluindo um toque muito leve de sabor não típico de cerveja, amargor reduzido, baixo teor calórico e, obviamente, uma estratégia de marketing efetiva. As *light American lagers* são muito difíceis de produzir e distribuir, mas o recente lançamento global de marcas americanas, como a Coors Light, nos dirá se as *light American beers* terão sucesso ao redor do mundo.

Ver também CALORIAS, CARBOIDRATOS e NEAR BEER.

Keith Villa

cerveja límpida é o termo empregado por cervejeiros para descrever qualquer cerveja translúcida. Em termos gerais, uma cerveja pode ser considerada límpida se for possível ler letras grandes impressas em um papel colocado atrás de um copo com a referida bebida. Outra forma de se observar se a cerveja é límpida é segurar o copo contendo a bebida na frente de uma lâmpada com filamento fino de luz; se o filamento se apresentar distinto e claro e se a cerveja se apresentar com brilho pode ser considerada límpida. Há vários graus de limpidez que são bastante subjetivos, mas facilmente compreendidos com a experiência. Cervejas podem ser "brilhantes" (*brilliant*) quando não há partículas visíveis e a cerveja cintila na limpidez do copo; simplesmente "límpida" (*bright*) se a cerveja é muito limpa; "turva" (*hazy*) quando a cerveja apresenta uma leve turbidez mas ainda apresenta-se límpida (isso também pode ser chamado de "matiz"); "opaca" (*cloudy*) quando é difícil enxergar através da cerveja devido à presença de pequenas partículas no líquido, frequentemente leveduras ou proteínas. Cerveja límpida costuma ser o nome dado a uma cerveja que foi filtrada e da qual todas as leveduras e proteínas foram retiradas, resultando em uma bebida clarificada. Um tanque de pressão (*bright tank*) é o nome do recipiente que a cerveja ocupa antes de ser envasada em garrafas, latas ou grandes embalagens como os barris. Cerveja límpida não é um termo sempre utilizado para cervejas filtradas; algumas cervejas condicionadas em garrafa e as tradicionais cervejas em *casks* no Reino Unido, também podem ser chamadas de "límpidas" quando todas as leveduras e proteínas foram decantadas na parte inferior da embalagem. No Reino Unido, uma cerveja em *cask* que se tornou especialmente clarificada é as vezes referida como tendo brilho de estrela (*dropped star bright*), o nível máximo de limpidez.

Ver também LIMPIDEZ e TURBIDEZ.

Paul KA Buttrick

cerveja nitrogenada é aquela em que o gás nitrogênio (N_2) é dissolvido na cerveja, geralmente junto com o dióxido de carbono (CO_2). A proporção dos dois gases é, em geral, de 70% de N_2 e 30% de CO_2. Apesar de muitas cervejas serem atualmente servidas na forma nitrogenada, o processo de nitrogenação está mais associado com as cervejas *Irish stouts*.

Uma maneira de diferenciar uma cerveja nitrogenada de uma cerveja normalmente carbonatada é pela presença de uma espuma persistente e cremosa sobre a bebida. Além disso, as cervejas nitrogenadas são menos carbonatadas que a maioria das cervejas comuns, o que resulta em um sabor menos ácido.

Quando uma cerveja nitrogenada é vertida em um copo, ela apresenta uma textura espumante distinta e homogênea, resultado da insolubilidade relativa do nitrogênio na cerveja (o N_2 é aproximadamente cem vezes menos solúvel na cerveja que o CO_2), combinada com a tecnologia especial de extração. No caso de cervejas nitrogenadas servidas sob pressão, a tecnologia especial de extração é uma placa restritora localizada um pouco antes da torneira. Essa placa restritora contém pequenas perfurações que, em conjunto com a rápida queda da pressão de um lado ao outro da placa, induz a formação de pequenas bolhas de nitrogênio. Essas pequenas bolhas sobem até o topo do copo a uma velocidade bem menor que as bolhas de CO_2, e às vezes as bolhas de N_2 presentes próximas às paredes do copo se deslocam para baixo, até a metade do copo,

para depois subirem novamente. No caso de latas ou garrafas de cervejas nitrogenadas, o papel da placa restritora é realizado por um dispositivo conhecido como *widget*, que, da mesma forma que a placa restritora, verte a cerveja nitrogenada através de pequenas perfurações. Ver WIDGET.

Após esse estágio espumante inicial, uma cerveja nitrogenada irá gradualmente se estratificar em um atraente copo de cerveja, coberto por uma densa e cremosa espuma (processo que pode demorar alguns minutos). Os clientes geralmente acham fascinante as ondas que se formam no copo durante seu "assentamento", e a imagem do copo de cerveja durante esse assentamento é bastante eficaz na publicidade. As pequenas bolhas quase imperceptíveis de N_2 são muito mais persistentes que as bolhas maiores de CO_2, e a camada de espuma formada geralmente dura mais tempo que a própria cerveja no copo. As bolhas de nitrogênio são mais estáveis que as de CO_2, em parte resultado do fato de que a atmosfera terrestre é formada majoritariamente de nitrogênio. Devido à textura cremosa de sua cobertura e à baixa quantidade de CO_2, as cervejas nitrogenadas tendem a ser mais cremosas e de paladar mais suave, mesmo quando a cerveja é tecnicamente mais fraca e menos consistente.

As cervejas nitrogenadas foram comercializadas em grande em escala pela primeira vez em 1959, durante a celebração do aniversário de duzentos anos da Guinness, sendo originalmente chamada de "fácil de servir"; e apesar de ter sido desenvolvida durante três anos, foi lançada apenas na Inglaterra, por causa da preocupação de que sua tecnologia de produção ainda não estivesse completamente aperfeiçoada. Sendo assim, foram necessários mais cinco anos para que a cervejaria Guinness finalmente a considerasse pronta para ser lançada na Irlanda em 1964.

Para a Guinness, a chegada da cerveja nitrogenada coincidiu com a popularização do uso de barris de metal em vez do uso de barris de madeira, nos anos 1950. Tradicionalmente, as cervejas embarriladas entregues aos *pubs* em barris de madeira ainda continham leveduras viáveis e cerveja não fermentada. Após um período de condicionamento, o comerciante servia a cerveja por gravidade ou usando bombas manuais, com o ar deslocando a cerveja conforme era servida. Ver CONDICIONAMENTO EM CASK. Quando a cervejaria Guinness decidiu mudar para cervejas em barris metálicos, de manuseio mais simples e mais estáveis no mercado, surgiu a ideia de reproduzir a textura macia da cerveja original. A nitrogenação aproxima o produto dessa tradicional técnica de extração de cerveja muito mais rigorosamente que a extração de cerveja sob pressão de CO_2 puro, não exigindo que o comerciante dedique tanta atenção a seu estoque. Apesar das cervejas servidas tradicionalmente em barris (*cask ales*) ainda continuarem bastante populares na Inglaterra e das cervejas servidas sob pressão de CO_2 terem se tornado o padrão mundial, as cervejas nitrogenadas continuam sendo importantes devido principalmente a marcas como Guinness e Boddington's, que desenvolveram, refinaram e comercializaram essa tecnologia. Hoje em dia, até mesmo os cervejeiros artesanais têm feito experimentos com a nitrogenação, embora essa técnica exija pressões muito elevadas de nitrogênio nos tanques de maturação. Muitos cervejeiros percebem que servir cerveja com nitrogênio danifica algumas características notáveis da bebida, principalmente degradando o amargor do lúpulo. Outros argumentam que quando os cervejeiros produzem cervejas destinadas desde o início a serem servidas na forma nitrogenada, é possível compensar qualquer efeito negativo e ao mesmo tempo tirar vantagem da formação de uma espuma mais durável e cremosa no topo da cerveja.

Yenne, B. **Guinness: the 250-year quest for the perfect pint**. Hoboken: John Wiley & Sons, 2007.

Nick R. Jones

cerveja preta

Ver SCHWARZBIER.

"cerveja" sem álcool, conhecida também por NA, *low-alcohol*, *near beer*, *small beer*, e *small ale*, é uma bebida de malte com teor alcoólico muito baixo. Embora o nome dê a entender que essas cervejas não contêm absolutamente nada de álcool, isso não é verdade. Tecnicamente falando, não existem cervejas sem álcool, uma vez que, por definição, as cervejas apresentam álcool. Nos Estados Unidos, embora esses produtos sejam popularmente conhecidos como "cervejas sem álcool", na verdade seus rótulos apresentam a denominação "bebida de malte não alcoólica" ou então "bebida não alcoólica". Essas bebidas NA podem conter graduação alcoólica por volume de até 0,5%, embora haja diferenças entre países capazes de provocar confusão. Nos Estados Unidos, o termo "não embriagante" foi aplicado a todas as bebidas com menos de 0,5% de álcool por volume (ABV) durante a época da Lei Seca. Desde então, esse termo mudou para "não alcoólica". A agência americana Food and Drug Administration não considera como sinônimos os termos "não alcoólico" e "sem álcool". O termo "sem álcool" pode ser usado nos Estados Unidos apenas quando não é detectada a presença de álcool na bebida. No Reino Unido, as bebidas "sem álcool" ou "zero álcool" podem apresentar teor alcoólico de até 0,05% (ABV). As bebidas rotuladas como desalcoolizadas ou não alcoólicas não podem conter teor alcoólico superior a 0,5% (ABV), e aquelas rotuladas como de "baixo teor alcoólico" não podem exceder 1,2% (ABV). O padrão da União Europeia é mais amplo que o dos Estados Unidos ou do Reino Unido, já que o termo "sem álcool" se aplica a todas as bebidas contendo teor alcoólico menor que 0,5% (ABV). Apesar de não existir um acordo global em relação às cervejas e vinhos com teor de álcool reduzido, o padrão mundial para a presença de etanol em alguns sucos de fruta, refrigerantes e produtos de confeitaria é de no máximo 0,3% a 1% (ABV); assim, é interessante notar que esses produtos podem apresentar um teor alcoólico derivado do uso de extratos flavorizantes ou de fermentação natural igual ou superior a algumas categorias de vinhos e cervejas.

Existem centenas de cervejas não alcoólicas e sem álcool no mercado mundial, o que atualmente representa menos que 1% do total das vendas globais de cerveja. Muitos cervejeiros pensam na produção e venda de cervejas NA como um esforço de cidadania corporativa, uma vez que a lucratividade desses produtos possa ser menor devido ao alto custo em equipamentos e energia. Nos Estados Unidos, as cervejas NA são produzidas exclusivamente por grandes cervejarias. Recentemente, o recrudescimento das leis de trânsito quanto à restrição no consumo de bebidas e o aumento da percepção de que essas bebidas possuem um número reduzido de calorias (geralmente metade das calorias presentes em cervejas comuns) têm resultado em um maior volume de vendas em alguns mercados. Recentemente, a Espanha informou que as vendas de cervejas sem álcool representam 8% do total das vendas de cervejas. Diversas cervejas sem álcool vendidas mundialmente são até mesmo especificamente comercializadas para consumo canino.

O álcool pode ser reduzido e as cervejas NA produzidas pela modificação de uma ou mais etapas do processo de produção de cerveja, como visto a seguir: (1) limitando a proporção de malte/água durante a mosturação a fim de produzir uma menor quantidade de extrato original e, consequentemente, diminuir o teor alcoólico; (2) usando materiais menos fermentáveis para manter o extrato original, e ainda assim produzir mais dextrinas na cerveja pronta com menor quantidade de etanol; (3) controlando o conteúdo de dextrina através da brassagem por infusão com temperatura variando entre 70 °C e 80 °C, inativando assim algumas enzimas termossensíveis como a beta-amilase, o que também diminui a velocidade de conversão de amido-dextrina em maltose e a fermentabilidade do mosto; (4) fermentando a "segunda batelada" de uma cerveja mais forte (por exemplo, *imperial* ou *Scotch ale*); e (5) usando o método do "contato frio" de fermentação através da adição de leveduras cervejeiras no mosto a temperaturas próximas de zero, limitando então o processo de fermentação, mas permitindo ao mesmo tempo o desenvolvimento do sabor da cerveja. As cervejas assim produzidas são frequentemente descritas como tendo um sabor característico de mosto, provavelmente causado pela presença de aldeídos, como o 3-metiltiopropionaldeído. Outra modificação inclui (6) a interrupção da fermentação quando a densidade e o teor alcoólico desejados são alcançados, por meio de pasteurização, resfriamento ou remoção das leveduras da cerveja ou da remoção da cerveja das leveduras, como ocorre em fermentações com leveduras imobilizadas. (7) Seguindo uma fermentação comum, o etanol pode ser evaporado da cerveja pronta a temperaturas acima do ponto de ebulição do etanol (78,6 °C) e abaixo do ponto de ebulição da água por pelo menos trinta minutos. Alguns compostos voláteis do lúpulo serão perdidos no processo de fervura, juntamente com alguns álcoois superiores e aldeídos. Os sabores do malte e o amargor do lúpulo permanecerão praticamente os mesmos se não ocorrer o processo *"cook-on"* (cozimento), que leva à formação de *off-flavors* a partir de produtos derivados do furfural. (8) Um método mais elegante, porém mais complexo, envolve a passagem da cerveja acabada através de uma membrana semipermeável na própria pressão da bebida (uma forma de diálise) ou com pressão elevada (osmose reversa), em que pequenas moléculas, como a água e o etanol, são separadas das moléculas maiores, como açúcares, proteínas e compostos de sabor e cor. O etanol é então evaporado ou destilado pela aplicação de calor brando sob um sistema a vácuo. Finalmente, a água residual é recombinada com os açúcares e compostos de sabor e cor, fazendo assim uma cerveja sem álcool dissecada e depois reconstituída. (9) Diluir a cerveja pronta com água cervejeira isenta de oxigênio até o nível desejado de álcool, como uma extrapolação do método de mosturação de alta densidade, é o método mais simples para a produção de cervejas sem ou com baixo teor alcoólico; mas esse método dilui, simultaneamente, toda a coloração e sabor dos componentes da cerveja. (10) Reconhecendo que o próprio etanol é um contribuinte significativo para o sabor e paladar da cerveja, e que sua retirada total ou parcial através de qualquer método pode alterar drasticamente o sabor da cerveja, algumas empresas de flavorizantes oferecem misturas que alegam tornar o sabor da cerveja sem álcool mais parecido com o sabor das cervejas verdadeiras. Cada método descrito tem suas vantagens e desvantagens no que diz respeito à complexidade, custos de produção, operacionais e de energia.

Ver NEAR BEER.

Kunze, W. **Technology brewing and malting**. 4. ed. Berlin: VLB Berlin, 2010. p. 437-446, 577.

Rehberger, A. J. **The practical brewer**. Madison: Master Brewers Association of the Americas, 1999. p. 596-608.

David A. Thomas

cerveja sem glúten é isenta do material proteico derivado de certos cereais que pode causar reação imune no intestino delgado. Pessoas com doença celíaca não conseguem digerir completamente essas proteínas, e seu consumo pode ocasionar alterações gástricas severas. A palavra "glúten" é usada, de forma genérica, para designar proteínas de reserva em grãos de cereais, e especificamente, para as proteínas gliadina do trigo, hordeína da cevada e secalina do centeio. Elas contêm certas sequências de dez a vinte aminoácidos resistentes à ação das proteases no trato digestivo e que induzem a danos ao intestino delgado. A aveia é menos problemática.

Tem havido muitos debates sobre a magnitude do problema que as cervejas comuns apresentam, já que durante os processos de malteação e produção da cerveja essas proteínas sofrem extensas degradações e modificações. Apesar disso, a maioria dos cervejeiros erra na precaução e recomenda aos pacientes celíacos que não consumam cervejas "comuns", mesmo aquelas produzidas com quantidades consideráveis de adjuntos como milho e arroz. Ver ADJUNTOS. As chamadas "cervejas sem glúten" são produzidas a partir de matérias-primas amiláceas inteiramente sem glúten, como o sorgo malteado, o trigo-serraceno e o painço. As cervejas japonesas de terceira categoria, que não usam malte, também podem ser relevantes para esse mercado, assim como outros produtos substitutos produzidos a partir de bases de álcool suaves elaboradas pela fermentação do açúcar e flavorizadas com lúpulo e outros extratos. Quanto aos processos de produção mais tradicionais de cerveja, existe interesse na enzima prolil endopeptidase, que ataca seletivamente as proteínas causadoras da doença celíaca.

Arendt, E. K.; Dal Bello, F. (Ed.). **Gluten-free cereal products and beverages**. Burlington: Academic Press, 2008.

Charles W. Bamforth

cerveja verde é a cerveja que foi submetida à fermentação primária, mas ainda necessita de um período de maturação antes de ser envasada. É, talvez, "palatável", mas não está pronta para o consumo.

Antes de a cerveja ser comercializada, ela requer um período de maturação que, dependendo do tipo de cerveja, pode ser a parte mais longa do seu processo de produção. Esse tempo pode ser de alguns dias, caso das cervejas britânicas em *casks*, ou até de alguns meses, como nas tradicionais *pilsner* checas. Ver MATURAÇÃO. Na maturação, as leveduras ainda precisam remover alguns subprodutos indesejados da primeira fermentação, tais como acetaldeído e diacetil.

A cerveja verde costuma ser turva devido à presença das leveduras, e na maioria dos casos precisará ser filtrada ou clarificada de alguma forma, a menos que a turbidez seja uma característica intrínseca a seu tipo. De um modo geral, a cerveja não será mais considerada "verde" quando tiver atingido plena maturidade de sabor e aroma.

Evidentemente, em algumas partes do mundo, cervejas baratas industrializadas podem ser tingidas artificialmente de verde para o dia de St. Patrick. Esse costume, embora inofensivo, não é admirado pelos entusiastas da cerveja.

Tim Hampson

cervejarias trapistas são cervejarias instaladas dentro de abadias trapistas, onde o processo de produção da cerveja é executado, ou supervisionado, por monges trapistas. O nome "trapista" tem sua origem na abadia de La Trappe, localizada no vilarejo de Soligny, na Normandia, França, onde a reforma do movimento da Ordem Cisterciense da Estrita Observância foi fundada em 1664.

Nas últimas décadas, as cervejas trapistas se tornaram inspirações influentes para pequenos e grandes cervejeiros comerciais. Sete cervejarias trapistas – seis na Bélgica e uma nos Países Baixos – produzem cerveja para comercialização. São elas: Westmalle, Westvleteren, Chimay, Koningshoeven, Rochefort, Orval e Achel. A maioria das cervejarias é operada por empregados leigos que não vivem nas propriedades, mas trabalham sob supervisão de um monge da abadia. A cerveja trapista não é um estilo categórico, porém há algumas características comuns partilhadas por quase todas as trapistas. Todas são de alta fermentação, não pasteurizadas, não contêm aditivos químicos, têm seu mosto adicionado de açúcar durante a fervura e são refermentadas na garrafa. Desde 1997 as cervejas trapistas autênticas podem ser identificadas por um selo hexagonal em seus rótulos, garantindo que:

- elas são produzidas dentro da propriedade de um mosteiro;
- a comunidade monástica determina as diretrizes e oferece os meios de produção;
- os lucros são primordialmente destinados a atender às necessidades da comunidade ou para serviços sociais.

(Cervejas produzidas em estilos semelhantes e vinculadas, mesmo que apenas pelo nome, a uma ordem religiosa são denominadas "cervejas de abadia" em vez de "trapistas". Ver CERVEJAS DE ABADIA.)

Ao contrário do que muitos pensam, as cervejas trapistas, tal como produzidas atualmente, somente existem desde o início dos anos 1930, quando

Orval e Westmalle desenvolveram suas primeiras cervejas para comercialização. Semelhanças de sabor entre Westmalle, Westvleteren e Achel devem-se ao fato de todas as três utilizarem a mesma cultura de leveduras. A abadia e a Cervejaria Westmalle estão localizadas ao nordeste de Antuérpia, produzindo três cervejas: Extra (5% ABV), Dubbel (6,5% ABV) e Tripel (9,5% ABV). Westvleteren está localizada a noroeste de Ypre, a 10 quilômetros da fronteira francesa, e produz três cervejas: Blond (5,8% ABV), 8 (8% ABV) e 12 (10,2% ABV). Elas só estão disponíveis em garrafas vendidas em engradados de madeira no portão da abadia. Chimay, provavelmente a mais famosa dentre as sete cervejarias trapistas, está localizada ao sul de Charleroi, a 1 quilômetro da fronteira francesa, e produz quatro cervejas: Dorée (4,8% ABV; indisponível comercialmente, Rouge (7% ABV), Tripel (8% ABV) e Bleue (9% ABV). Suas cervejas são transportadas por caminhão-tanque até Baileux, a 8 quilômetros de distância, para o envase. A abadia e a Cervejaria Koningshoeven, localizadas próximo de Tilburg, Países Baixos, a 12 quilômetros da fronteira belga, produz pelo menos oito cervejas: Tilburg Dutch Brown Ale (5% ABV, para exportação), Witte Trappist (5,5% ABV), Blond (6,5% ABV), Dubbel (7% ABV), Bock (7% ABV, cerveja sazonal), Isid'Or (7,5% ABV), Tripel (8% ABV) e Quadrupel (10% ABV). Todas estão disponíveis em garrafas e barris. Rochefort está localizada ao sul de Liège, a 30 quilômetros da fronteira francesa, e produz três cervejas: a 6 (7,5% ABV), a 8 (9,2% ABV) e a 10 (11,3% ABV), apenas em garrafas. Orval localiza-se a menos de 1 quilômetro da fronteira francesa, ao sul de Florenville, e produz duas cervejas: Orval (6,2% ABV) e Petite Orval (3,5% ABV, indisponível comercialmente). É a única cervejaria trapista a utilizar uma cultura de leveduras *Brettanomyces* para a refermentação. Ver BRETTANOMYCES. Achel está localizada a menos de 50 metros da fronteira holandesa, a noroeste de Hamont, e produz cinco cervejas: Blond e Bruin, ambas com 5% ABV somente servidas à pressão (chope) na cervejaria, Blond e Bruin (8% ABV em garrafas) e Extra (9,5% ABV em garrafas de 750 mL).

A maioria das abadias produz cervejas menos alcoólicas para consumo dos monges chamadas "*refters*" ("refeitório"), "*enkel*" (*singel*) e, nas versões mais claras, "*blonde*". Estas raramente saem das abadias. A versão de Westmalle é chamada Extra (5% ABV), a de Chimay, Dorée (4,8% ABV), a de Orval, Petite (3,5% ABV) e as de Achel são a Blond e a Bruin (ambas a 5% ABV).

Dubbel, *tripel* e *quadrupel* são os estilos pelos quais as cervejas trapistas são famosas. Os termos *enkel*, *dubbel*, *tripel* e *quadrupel* estão relacionados à quantidade de malte com açúcares fermentáveis e à densidade original do mosto antes da fermentação. Rochefort e Achel são as únicas trapistas que ainda utilizam a escala de extrato em graus belgas em vez de *dubbel*, *tripel*, etc. para se referirem a suas cervejas. Ver GRAUS BELGAS. A Rochefort 6 corresponde à densidade original de 1,060 (15 °Plato e 7,5% ABV), a 8 corresponde a 1,080 (20 °Plato e 9,2% ABV), e a 10 corresponde a 1,100 (25 °Plato e 11,3% ABV). Quando essas cervejas começaram a ser fabricadas na década de 1950, esses números eram próximos ao teor alcoólico real. Hoje em dia, ingredientes melhorados, controle de temperatura e manipulação de leveduras resultaram em cervejas muito mais fortes utilizando a mesma quantidade de matéria-prima.

Ver também CHIMAY, KONINGSHOEVEN, CERVEJARIA, ORVAL, CERVEJARIA, ROCHEFORT, CERVEJARIA, WESTMALLE, CERVEJARIA e WESTVLETEREN, CERVEJARIA.

cervejas de abadia são cervejas produzidas segundo estilos popularizados por monges trapistas belgas, porém não necessariamente fabricadas dentro das propriedades de um mosteiro. Atualmente, os termos "trapista", "*trappist*", "*trappistes*" e "*trappisten*" ou quaisquer outras derivações similares correspondem a uma *denominação de origem controlada* (DOC), ou seja, um indicador de origem. Ver CERVEJARIAS TRAPISTAS. Em 2011, apenas sete cervejarias no mundo podiam utilizar a designação "Trapista", mas isso não foi sempre assim. Alguns se surpreendem quando descobrem que mosteiros sempre produziram bebidas alcoólicas. Autossuficiência é um ditame central para várias ordens monásticas e mosteiros, e no passado eles detinham vastas propriedades das quais tiravam seu sustento. Os monges cultivavam seus próprios alimentos e faziam suas próprias bebidas. Durante a Idade Média, na Europa, o vinho era considerado seguro, enquanto a água era tida como perigosa ou mesmo mortal por poder transmitir muitas doenças. À medida que ocorria a proliferação de mosteiros

cervejas de abadia • 257

No sentido horário a partir da imagem superior à esquerda: rótulo de cerveja americana, c. 1890; rótulo de cerveja brasileira, c. 1900; rótulo de cerveja escocesa, c. 1940; rótulo de cerveja americana, c. 1933; manuscrito suíço com iluminuras, século XVII; litografia alemã em cores, c. 1900. PIKE MICROBREWERY MUSEUM, SEATTLE, WA.

desde as terras do sul da Europa, onde se produziam uvas, em direção às terras do norte europeu, em áreas produtoras de grãos, muitos optaram por produzir cerveja em vez de vinho para seu consumo diário. A Ordem Cisterciense, fundada por volta dos anos 1100, levou ao surgimento, no século XVII, da "Ordem Cisterciense da Estrita Observância" na abadia de La Trappe, na Normandia. Esses monges da França setentrional, conhecidos como trapistas, produziam cerveja de ótima qualidade e a vendiam ou trocavam no comércio local.

A vida monástica no norte da França foi subitamente paralisada em 1796. Conforme a Revolução Francesa se disseminava, todos os mosteiros do país foram saqueados ou roubados, e os monges espalharam-se pela zona rural. Foi a partir de 1830 que os mosteiros trapistas começaram a se reestruturar lentamente na Bélgica. A produção de cerveja foi interrompida durante a Segunda Guerra Mundial, porém foi retomada ainda durante a década de 1940. Ao longo do tempo, as cervejas readquiriram reputação pela alta qualidade, e foi então que os problemas começaram. Em pouco tempo passou a haver cervejas trapistas sendo produzidas por cervejeiros que jamais haviam entrado em um mosteiro. Outros cervejeiros, mais honestos, estabeleciam parcerias com mosteiros reais, para os quais repassavam parte do lucro obtido com a venda de cervejas trapistas. Havia também os que simplesmente colocavam a imagem de um monge no rótulo, nomeavam a cerveja com nomes de santos ou de mosteiros em ruínas e ficavam com todo o lucro para si. Durante algum tempo, os monges essencialmente tentaram manter distância da controvérsia. No entanto, quando a cervejaria Velten, da cidade de Leuven, lançou uma cerveja chamada "Velten Trappist" em 1960, o Mosteiro de Notre-Dame d'Orval contratou advogados e entrou na justiça.

No dia 28 de fevereiro de 1962, o Tribunal Belga de Comércio em Gante promulgou seu parecer: "A palavra 'trapista' é utilizada para indicar as cervejas fabricadas e vendidas por monges pertencentes a uma ordem trapista, ou por pessoas que obtiveram uma autorização desse tipo [...] é, consequentemente, chamada 'trapista' a cerveja produzida por monges cistercienses e não a cerveja de estilo trapista, a qual passará a ser designada 'cerveja de abadia'". Atualmente, a International Trappist Association protege a designação e a concessão de autorização para utilização do selo "*Authentic Trappist Product*". Podem ser chamadas trapistas apenas as cervejas produzidas nos mosteiros belgas Abbaye Notre-Dame de Scourmont (Chimay), Abbaye Notre-Dame d'Orval (Orval), Abbaye Notre-Dame de St. Remy (Rochefort), Abdij der Trappisten Westmalle (Westmalle), St. Benedictus-Abdij (Achel) e St. Sixtus Abdij (Westvleteren), e no mosteiro holandês Abdij Onze Lieve Vrouwe van Koningshoeven (La Trappe).

Sem se importar, as cervejarias leigas continuaram a dar nomes de santos a suas cervejas e a usar imagens de monges nos rótulos, porém agora a procedência fica clara para os atentos. Cervejas de abadias são produzidas por todo mundo, dos pequenos *brewpubs* até a maior companhia cervejeira do mundo, a AB InBev. Ver LEFFE, CERVEJARIA. Embora as cervejas trapistas tenham exercido uma clara influência em cervejarias no mundo todo, nem o termo "trapista", nem o termo "abadia" descrevem um único estilo de cerveja. São termos específicos o bastante para serem vagamente úteis, mas suficientemente abrangentes para serem frustrantes. Algumas dessas cervejas são claras, outras escuras; algumas são adocicadas, porém a maioria é seca. Algumas são ao menos parcialmente refermentadas na garrafa, enquanto outras são filtradas. Contudo, cervejas de abadias de fato tendem a apresentar algumas características em comum. Todas são do tipo *ale* (de alta fermentação) e normalmente passam pelo processo de fermentação a temperaturas em torno de 30 °C. Altas temperaturas de fermentação combinadas com cepas de levedura de origem belga produzem uma variedade de aromas frutados e condimentados. Muitas das cervejas são fortes, e a maioria varia de 6% até 9,5% álcool por volume (ABV), embora haja exceções nas duas extremidades dessa faixa. Cervejas mais escuras tendem a alcançar sua coloração por meio do uso de *candi sugar* (açúcar caramelizado) em vez de maltes torrados, sendo que outros açúcares também são comumente empregados. Algumas são condimentadas, mas a maioria não o é.

Sob a denominação de "cerveja de abadia", podemos elencar alguns claros estilos de cervejas. *Tripel* (*triple*) é o estilo *strong golden ale* (*ale* forte dourada) introduzida pela Westmalle. Ver TRIPEL. Cervejas *tripel* apresentam coloração dourada intensa e brilhante e teor alcoólico entre 7% e 10% ABV, na maioria das vezes de 9% ABV. Os melhores exemplares apresentam baixo açúcar residual, mas no palato podem exibir um sabor frutado adocicado de malte. Os aromas de lúpulos são moderados e bem harmoniosos, e a maioria das cervejas possui um leve amargor e alta carbonatação. Apesar de serem cervejas potentes, as boas *tripels* são sutis e harmonizam com uma ampla gama de alimentos. Dezenas de *tripels* são produzidas na Bélgica, mas agora algumas microcervejarias nos Estados Unidos e no resto do mundo fabricam várias outras dezenas delas, algumas excelentes.

O estilo *dubbel* (ou *double*), embora um pouco menos popular em alguns países, como os Estados Unidos, é amplamente produzido na Bélgica. Essas cervejas são *ales* escuras, geralmente de coloração marrom-avermelhada, com teor alcoólico entre 6% e 7,5% ABV e normalmente secas, porém apresentando sabor adocicado que remete a caramelo. A utilização de xarope de *candi sugar* confere coloração mais escura, além de adicionar notas frutadas que evocam uvas-passas. O amargor é suave e são cervejas ótimas para acompanhar alimentos, pois seu caráter caramelizado harmoniza com pratos grelhados, assados ou fritos.

Daqui em diante, as designações tornam-se menos consolidadas. Um estilo referido simplesmente como *"belgian strong dark ale"* (*ale* belga forte escura) ou *"abbey ale"* (*ale* de abadia) intensifica o caráter da clássica *dubbel*, oferecendo maior teor alcoólico (de 8% até 9,5% ABV) e notas mais frutadas. Quando bem elaboradas, essas cervejas promovem ótimas harmonizações com carne de cordeiro e de caça. Acima dessa faixa não há mais consenso, e alguns cervejeiros artesanais faceiros, raramente belgas, produzem *quadrupels* que superam os 14% ABV. Embora os nomes *dubbel* e *tripel* tenham origens obscuras, entende-se que estes estejam relacionados ao teor alcoólico crescente das cervejas. Da mesma forma que produtores de vinho da Califórnia não resistem à tentação de fermentar seus Zinfandel com um teor alcoólico de 16% ABV, certos cervejeiros também ficam obcecados em conseguir grande quantidade de álcool em suas criações. E da mesma forma que os renomados vinhos da Califórnia, algumas cervejas do tipo *quadrupel* desenvolvem notas marcantes de figo e ameixa, mas muitas são meramente fortes. Os cervejeiros belgas costumam resmungar que essas cervejas são distintamente não belgas, mas os entusiastas americanos, brasileiros e dinamarqueses que apreciam as *quadrupels* não se importam.

Na extremidade mais leve, um estilo genuinamente belga, mas pouco visto no mercado é o da cerveja tipo *"abbey single"* ou *"cerveja de mesa"*. O nome faz alusão às cervejas originalmente produzidas pelos monges trapistas para consumo próprio e caracterizadas por serem pouco encorpadas e pouco alcoólicas, não ultrapassando os 5% ABV. Embora as verdadeiras versões trapistas não sejam comercializadas, alguns cervejeiros leigos que as provaram em visitas aos mosteiros ficam tentados a se arriscar no estilo mais delicado das cervejas de abadia.

Ver também SINGEL.

Oliver, G. **The brewmaster's table**. New York: Ecco, 2003.
Rajotte, P. **Belgian ale**. Boulder: Brewers Publications, 1992.
Trappist Beers and Monks. Disponível em: www.trappistbeer.net. Acesso em: 30 nov. 2010.

Garrett Oliver

České Budějovice, cidade localizada na região sul da Boêmia, na República Tcheca, possui uma longa associação com a produção de cerveja. Foi fundada em 1265 por Otakar II da Boêmia e tornou-se uma cidade real, utilizada por Otakar para contrapor-se ao poder das casas de Witigonen e Rosenberg. Como resultado da pureza da água local, České Budějovice começou a produzir cerveja no século XIII, e a cidade chegou a ter mais de quarenta cervejarias. Tornou-se a maior região cervejeira do Sacro Império Romano e seu produto era conhecido como a Cerveja dos Reis.

A cidade e seus arredores tornaram-se um enclave germanófono no século XVII e eram mais conhecidos pelo seu nome alemão de Budweis. A cerveja de Budweis era conhecida e rotulada como a cerveja Budweiser. Em 1795, empresários de língua alemã fundiram duas cervejarias na cidade e formaram a Cervejaria Burgher, ou Cervejaria dos Cidadãos, que utilizava a marca Budweiser para suas exportações.

Todavia, durante a Revolução Industrial, os falantes do tcheco tornaram-se maioria na área e, em 1895, um grupo de tchecos construiu uma cervejaria rival, a Budějovický Pivovar, cujo nome abreviado era Budvar. Ela também exportava cerveja utilizando a marca Budweiser, o que conduziu a uma série de disputais judiciais com a cervejaria americana Anheuser-Busch. Ver ANHEUSER-BUSCH e BUDWEISER.

Durante o período comunista que se seguiu ao término da Segunda Guerra Mundial, o regime governamental mudou o nome de Cervejaria Burgher (com as suas associações alemãs) para Samson, o nome da praça principal de České Budějovice. Desde o retorno do livre mercado, a Samson mudou seu nome para Cervejaria da Cidade e exporta cerveja utilizando o rótulo Budweiser. Nos Estados Unidos, a cerveja dessa cervejaria é vendida como "B.B. Burgerbrau" para evitar confronto com a Anheuser-Busch InBev, embora o rótulo observe que se trata de uma "Budweis City Beer", ou seja, uma cerveja da cidade de Budweis. A Budvar é uma empresa muito maior com um importante papel na exportação. Dentro da União Europeia, a sua cerveja é denominada Budweiser Budvar, mas nos Estados Unidos é comercializada como "Czechvar".

Ver também REPÚBLICA TCHECA.

Roger Protz

cetonas

Ver DICETONAS VICINAIS (VDK).

cevada

é o principal cereal utilizado como fonte de carboidratos para a produção da cerveja. É designada como *Hordeum vulgare*, uma espécie de gramínea monocotiledônea, da família *Gramineae*, originária do Crescente Fértil do Oriente Médio (a antiga Mesopotâmia e seus arredores, atualmente Síria, Iraque e países vizinhos). Ver SUMÉRIA. A cevada silvestre, *H. vulgare spontaneum*, ainda pode ser encontrada por lá. Utilizada como cereal na panificação vários milhares de anos atrás, não se sabe ao certo como as civilizações antigas descobriram o modo de converter o amido da planta em açúcares fermentáveis que pudessem então ser fermentados para produzir uma bebida palatável. É provável que a primeira produção de cerveja tenha sido feita com pão de cevada, e que a bebida resultante fosse muito distinta da que conhecemos hoje.

O cereal alastrou-se para o norte, adentrando e atravessando a Europa, tornando-se domesticado e adequando-se às condições agronômicas e o clima local conforme avançava. A cevada é uma cultura versátil, hoje cultivada em regiões desde o equador até o subártico, do nível do mar a grandes altitudes, em áreas chuvosas e desertos.

As técnicas modernas de melhoramento têm produzido excelentes variedades de cevada que oferecem benefícios aos agricultores em todas as partes do mundo, embora a seleção de um pequeno número de cepas em meados do século XX como origem das linhagens de elite tenha resultado em um conjunto relativamente limitado de genes para malteadores e cervejeiros. Há atualmente muitas variedades autóctones de cevada em diferentes regiões da Europa, felizmente mantidas em coleções acadêmicas, as quais retêm diferentes características das propriedades genéticas originais das cevadas antigas. Estas não são variedades puras, e sim misturas de cultivares que resultam em uma ampliação do conjunto genético. É certo que esses tipos mais antigos de cevada proporcionarão um maravilhoso recurso para o melhoramento de plantas, o qual é tão necessário na cevada quanto em outros grandes cultivos para que se supere o desafio de alimentar o mundo durante o século XXI.

As variedades foram primeiramente selecionadas a partir das melhores plantas observadas no campo pelos agricultores. Um antigo exemplo disso é a Chevalier, a qual foi selecionada em 1824 na Inglaterra. Ver CHEVALIER. Variedades antigas de cevada podiam crescer até 1,8 m (nos trabalhos do artista inglês John Constable, que trabalhou nos anos de 1820, a plantação podia ser vista na altura dos ombros do trabalhador do campo), mas a seleção de plantas menores e mais resistentes reduziu a altura das variedades modernas para 0,7 m a 0,9 m. Variedades mais altas podem ainda ser cultivadas com dois propósitos: como grão para a alimentação animal e como palha para a construção de telhados.

Os grãos de cevada variam tremendamente de tamanho. As unidades de medida incluem o peso de mil sementes (PMS), que pode variar de 5 g a 80 g, embora as variedades para malteação encontrem-se no meio dessa faixa de valores, de 30 g a 45 g. A espessura varia de 1,8 mm a 4,5 mm; como essa é uma medida crítica para que os cervejeiros sejam capazes de ajustar o moinho corretamente, é melhor que a variação das espessuras seja pequena. Embora o comprimento do grão de cevada possa variar de 6 mm a 12 mm, por muitos séculos o grão de cevada foi o padrão de medida de comprimento na

Cromolitografia alemã de "Getreide Arten" (variedades de grãos), do livro *Bilder zum Anschauungs-Unterricht für die Jugend* (Ilustrações para a instrução visual de jovens), impresso pela primeira vez em 1835. A ilustração mostra uma espiga não madura de cevada.
PIKE MICROBREWERY MUSEUM, SEATTLE, WA.

Inglaterra e País de Gales. A polegada (25,4 mm) foi definida como três grãos de cevada, de modo que se considerava que um grão médio tinha 8,5 mm de comprimento – mas havia muito espaço para discussão sobre um padrão tão natural!

A cevada, embora substituída pelo trigo como o principal cereal para a panificação em todo o mundo, ainda ocupa a quarta posição entre os cereais mais produzidos anualmente. É importante para a alimentação animal, pães de cevada e em outros produtos culinários como farinha, cereais matinais ou grãos integrais (geralmente descascados ou perolados), e para malteação, produzindo o ingrediente básico da produção de cerveja e uísque. Embora outros cereais possam ser malteados, a cevada realmente é o cereal preferido para esse processo. Sua casca oferece proteção contra os danos causados pelo manuseio do grão, particularmente as constantes rotações para separar os grãos durante a germinação. O alto teor de umidade dos grãos nessa etapa torna todos os cereais mais frágeis. A casca, então, age como meio de filtração na sala de brassagem, permitindo ao cervejeiro alcançar mostos límpidos e ter melhor controle das condições de fermentação e subsequentes sabores.

A cevada cultivada é classificada de várias maneiras. As distinções comuns são entre os grãos semeados no inverno e na primavera, e entre as cevadas de duas fileiras e de seis fileiras. Em resumo, isso leva a classificações gerais, como, por exemplo, 2FI (duas fileiras inverno), ou 6FP (seis fileiras primavera). Além disso, existe mais uma distinção feita entre variedades alimentícias e as usadas para malteação.

Duas fileiras ou seis fileiras?

A cevada tem seis espiguetas alinhadas em tripleto que se alternam ao longo da espigueta principal, que forma a espinha da espiga da cevada (a raque). Na cevada silvestre, apenas a espigueta central de cada três é fértil, enquanto as outras duas são estéreis. Essa condição é mantida nos cultivares conhecidos como cevadas de duas fileiras, os quais então aparentemente têm duas fileiras de grãos, uma ao longo de cada lado da espiga de cima para baixo. Uma simples mutação no gene da cevada pode resultar em espiguetas laterais férteis, produzindo cevadas de seis fileiras, com seis fileiras de grãos ao longo do comprimento da espiga. As cevadas de seis fileiras têm quatro dos grãos de qualquer conjunto de seis levemente mais finos do que os outros dois; os grãos menores são também torcidos à medida que crescem a partir da sua posição na raque. Essa diversidade nos tamanhos dos grãos faz as cevadas de seis fileiras serem menos atrativas para os cervejeiros por duas principais razões: os grãos pequenos têm menor conteúdo de amido e maior conteúdo de proteína (e consequentemente menor potencial alcoólico), e os moinhos nas salas de brassagem são mais facilmente regulados para a moagem quando os grãos de malte são de tamanhos uniformes. Contudo, é a totalidade econômica da cadeia de suprimentos, da fazenda até o copo de cerveja, que influencia exatamente qual tipo de cevada é cultivada para o malteador e o cervejeiro utilizarem – portanto, o rendimento agronômico do fazendeiro pode ser maior a partir de uma variedade seis fileiras, e isso pode prevalecer sobre a perda de carboidratos dos pequenos grãos. Na Europa, o resultado é na maioria das vezes favorável às variedades de duas fileiras, com o surgimento ocasional por alguns anos de variedades seis fileiras provenientes de programa de melhoramento, capazes de competir com sucesso antes de ser tornarem ultrapassadas. Por outro lado, as variedades de seis fileiras são cultivadas extensivamente e com sucesso nos Estados Unidos e em outros lugares do mundo para malteação e produção de cerveja.

Inverno ou primavera?

Certas variedades precisam ser semeadas no outono; estas são conhecidas como variedades de "inverno", porque estão na terra durante o inverno. Contudo, invernos continentais severos matam a maioria das variedades de cevadas – a cevada não é forte o suficiente para sobreviver ao frio extremo –, então em geral países continentais plantam e fazem a malteação de variedades de primavera. As variedades de inverno possuem vantagens agronômicas – em particular, elas têm rendimento maior e são colhidas mais cedo. Este último benefício traz consigo uma venda antecipada da safra e do pagamento por ela, o uso ampliado de colheitadeiras, a disponibilidade antecipada da terra para o cultivo da próxima safra, uma boa utilização de equipamentos e mão de obra e, ainda, a oportunidade de semear a próxima colheita – talvez trigos de inverno de alto rendimento – no momento ótimo. Ter uma terra arável coberta durante o inverno ajuda a evitar o escoamento de nitrogênio para os cursos d'água. Por outro lado, as culturas de inverno ficam mais tempo expostas a doenças e precisam de borrifadas adicionais de fungicida (a menos que tenham sido melhoradas para serem resistentes). A cevada de primavera oferece a oportunidade para um excelente controle de ervas daninhas. Por exemplo, a erva daninha capim-preto (*Alopecurus myosuroides*) tem parentesco com a cevada e não pode ser eliminada seletivamente, de modo que permitir que esta germine em solo em pousio durante inverno dá a oportunidade de usar um herbicida comum de ervas daninhas na primavera, antes de semear a cevada como cultivo comercial. As variedades de primavera têm um rendimento melhor quando semeadas o mais cedo possível, desde que terminado o frio intenso e então dependendo do momento em que a terra estiver seca o suficiente para que o fazendeiro possa passar com suas máquinas sobre ela.

Malteação ou alimentação?

As melhores variedades para malteação absorvem água rapidamente durante a maceração, começam a germinar rapidamente e uniformemente e fornecem alta atividade enzimática e alto potencial de extrato em grãos de malte friáveis. Ver FRIABILIDADE. O endosperma dessas variedades provavelmente será farinhento e aparentemente desigual aos olhos, quando o grão é dissecado. Por outro lado, grãos de "aço" ("*steely*" *grains*) são lisos e aparentemente duros – a estrutura do endosperma é mais compacta, e a água menos facilmente absorvida. A dureza tende a aumentar com a concentração de nitrogênio: a cevada para alimentação é cultivada em função do rendimento agronômico, enquanto a cevada para malteação é cultivada de acordo com especificações proteicas. A aplicação de fertilizantes nitrogenados é, portanto, controlada cuidadosamente no cultivo da cevada de malteação, a fim de evitar a obtenção de um grão com alto teor proteico na colheita, o qual não é aceitável para o malteador. Os níveis de nitrogênio tipicamente aceitos são 1,6% a 1,9% (10% a 12% de proteína) na matéria seca da variedade de duas fileiras, embora níveis mais altos possam ser encontrados nas variedades norte-americanas, particularmente quando o uso pretendido na brassagem se dará com altos níveis de adjuntos, que irão tanto diluir o nitrogênio do mosto quanto exigir maiores níveis de enzima para converter o teor adicional de amido proveniente desses adjuntos na tina de mostura. As variedades para alimentação recebem aplicações de fertilizantes para maximizar seus rendimentos; consequentemente, o teor de nitrogênio nos grãos é alto – da ordem de 1,8% a 2,4% (11% a 15% de proteína). O equilíbrio entre carboidrato e proteína na cevada para alimentação é, então, levado em conta pelos produtores de alimentos na elaboração e produção de rações animais.

No momento em que um fazendeiro escolhe se planta cevada para o mercado de alimentação animal ou para o mercado de malteação, ele espera cobrar um bônus ao optar pela última opção. Isso ocorre porque as variedades para malteação tendem a ter um rendimento menor do que as de alimentação e porque os fazendeiros podem aplicar menos nitrogênio durante o período de crescimento a fim de satisfazer as especificações dos malteadores – reduzindo o rendimento ainda mais –, de modo que há um efeito direto na produtividade que precisa ser compensado por um maior preço por tonelada. Há também um fator de risco ao se cultivar cevada para a malteação: o possível fracasso de satisfazer as especificações. Em relação às cevadas para alimentação, as especificações não são onerosas. Uma cevada para malteação que apresente pouca capacidade germinativa, ou já esteja pré-germinada, ou não seja aceita por outras razões de qualidade será rebaixada para o mercado de alimentação animal. O agricultor, consequentemente, necessita de um prêmio de risco para compensar as ocasiões em que isso ocorre em sua safra.

Estrutura do grão

A característica física-chave para o malteador é a distinção entre o embrião e o endosperma. O embrião é o bebê de uma planta potencial. O endosperma, que compõe cerca de 75% do peso do grão, é a reserva nutritiva que auxiliará o crescimento do embrião através dos seus primeiros dias até ele poder produzir folhas. Estas utilizam a energia solar para abastecer o crescimento contínuo até a maturidade como uma nova planta de cevada. Ver ENDOSPERMA.

O principal componente da fonte alimentar é o carboidrato, armazenado como amido em grânulos, mas há também proteínas armazenadas e funcionais que serão necessárias para que o grão em crescimento desenvolva material e novas células cresçam.

As outras características importantes são a casca (composta pela pálea e a lema, que envolvem os lados opostos da semente); o pericarpo, também circundando e protegendo integralmente a semente; a testa, que é uma barreira à difusão de fora para dentro de sais e da difusão de dentro para fora de açúcares, aminoácidos e outros compostos solúveis de dentro do grão; e a camada de aleurona, que recebe um sinal do embrião para começar a crescer e libera enzimas para dentro do endosperma, a fim de começar a mobilizar a reserva nutritiva para alimentar a planta embrionária. Ver CAMADA DE ALEURONA.

O embrião possui vários componentes importantes: o escutelo, que libera a molécula mensageira; o ácido giberélico, que estimula a camada de aleurona; a coleorriza e o coleóptilo, os quais se desenvolverão em raiz e broto, respectivamente; e a micrópila, um pequeno buraco na extremidade próxima do grão. A água entra prontamente pela micrópila durante a maceração, e ela é também a rota de saída para o embrião e o subsequente crescimento da radícula que se desenvolve nos primeiros dias da malteação. A hidratação do embrião é o sinal para que a nova planta comece a crescer.

O processo de malteação visa controlar a germinação do grão de cevada, permite o crescimento do embrião até certo ponto, e então o interrompe, produzindo um conjunto de compostos naturais que podem continuar a ser processados pelo cervejeiro a fim de produzir um mosto nutritivo para a fermentação pela levedura. O conceito-chave é o do conjunto de nutrientes: a planta de cevada precisa da energia do carboidrato e dos blocos de construção para as proteínas, mais as vitaminas necessárias para os seus processos bioquímicos, assim como a levedura. É função do malteador e do cervejeiro adaptar os processos e nutrientes naturais da cevada para alimentar as leveduras.

Assim, quando o embrião é hidratado e libera giberelina para produzir nutrientes a partir do endosperma, o malteador deseja que as enzimas comecem a hidrolisar as paredes das células dos grânulos de amido no endosperma e ofereça níveis maiores de atividade de amilase no grão, sem permitir que essas enzimas hidrolisem muito amido antes da entrega do malte à cervejaria. Ver MALTEAÇÃO. Os principais grupos enzimáticos são compostos pelas glucanases e proteases, que quebram as paredes celulares, e pelas amilases, que hidrolisam o amido das células. Ver AMILASES. A beta-amilase está naturalmente presente na cevada; a alfa-amilase é produzida praticamente em sua totalidade durante a malteação. Outras enzimas hidrolíticas que quebram carboidratos complexos também se desenvolvem durante a malteação. A hidrólise das paredes celulares é vital e deve estar quase completa até o fim da malteação, pois o material da parede celular é viscoso em solução e pode atrasar a filtração do mosto na sala de brassagem e causar dificuldades na filtração da cerveja, além de possível turbidez na bebida. Essa quebra deve ser alcançada com pouca digestão do amido, pois é o amido o composto valioso do grão – é a matéria da qual o álcool será originado depois da sua hidrólise durante a mosturação e a fermentação dos açúcares pela levedura. O amido no endosperma está compactado em grânulos, os quais estão incorporados em uma matriz proteica dentro da célula. Os grânulos de amido têm dois tamanhos distintos, de 1,7 μm a 2,5 μm e de 22 μm a 48 μm. Os grânulos menores são digeridos durante o processo normal de malteação, enquanto os grânulos maiores permanecem inteiros, exceto nos casos em que ocorre uma germinação excessiva e o malte torna-se excessivamente modificado. Ver MODIFICAÇÃO.

As características físicas das duas fontes de amido são diferentes em relação às suas temperaturas de gomificação. A gomificação é uma fase de mudança (similar à da água transformando-se de gelo em líquido) na qual o amido muda de uma fase semicristalina para uma fase amorfa. Os maiores grânulos de amido gomificam de 60 °C a 65 °C e são prontamente hidrolisados em sua fase amorfa pelas amilases durante a mosturação na sala de brassagem. O amido dos pequenos grânulos tem temperaturas de gomificação na faixa de 75 °C a 80 °C, e, portanto, não será hidrolisado pela atividade amilolítica, formando uma pasta que causará lentidão na filtração do mosto e turbidez na cerveja, a qual poderá ser problemática na fase posterior de filtração.

Cevada para malteação

Um armazenamento seguro depois da colheita de qualquer cereal é essencial para proteger a qualidade e evitar perdas comerciais. As ameaças à cevada para malteação incluem mofo, insetos, ácaros, roedores e pássaros. Os vertebrados podem ser excluídos dos armazéns de grãos fisicamente, e as infestações menores podem ser controladas rapidamente através de iscas apropriadas. Proteção contra os perigos remanescentes é mais bem alcançada por meio do controle de umidade e temperatura. Em climas quentes e secos, os grãos sairão da colheitadeira com um teor de umidade apropriado (cerca de 12%); em climas mais temperados esse teor será de 14% a 15%, e em climas úmidos, pode chegar a mais de 20% em épocas chuvosas da colheita. O nível de umidade comum considerado como seguro para o armazenamento é 12%, embora alguns malteadores estejam experimentando com 14%. Com 12% ou menos, insetos e ácaros não proliferarão. Com 14%, a temperatura torna-se importante, e idealmente deveria estar abaixo de 10 °C. Em países mais quentes, tal temperatura não é possível sem refrigeração, o que é normalmente muito caro, portanto, podem-se esperar perdas por infestação de insetos. Inseticidas químicos podem oferecer proteção, mas são cada vez menos numerosos devido a legislações mais restritivas e, novamente, eles podem ser caros. Como medida curativa, fumigações com fosfina são possíveis em silos fechados, mas muito mais difíceis em armazéns horizontais. Em ambos os casos, é preciso supervisão especializada.

Deixar de proteger as sementes contra essas ameaças pode levar a uma perda de matéria seca devido ao grão ser comido pelas espécies infestadoras, a questões de segurança alimentar pela contaminação direta, e a preocupações mais sérias com a segurança alimentar em função da presença de micotoxinas oriundas do crescimento de mofo. Condições locais de umidade em um lote de grãos podem desfazer o bom trabalho no cuidado de todo o estoque – o calor do crescimento do mofo e a infestação de insetos na área úmida pode levar à condensação em outros lugares do silo, e consequentemente a mais infecções e infestações.

Um armazenamento cuidadoso dará aos grãos uma validade de mais de doze meses, tempo necessário para que uma safra de cevada possa ser processada nas maltarias até que a próxima esteja disponível.

Dormência

No ciclo natural, as sementes de cereais estarão em desvantagem se germinarem imediatamente após amadurecerem, pois tentarão se tornar plantas no momento errado do ano, provavelmente sob condições climáticas adversas. Talvez o exemplo mais claro disso sejam as variedades de primavera, as quais não deveriam germinar até a semeadura na primavera. A proteção natural contra a germinação antecipada é a dormência, e esta pode ser implantada ou retirada das variedades durante o processo de melhoria. Uma dormência excessivamente prolongada gera problemas para os malteadores quando estes iniciam a malteação da nova safra de cevada num intervalo de tempo razoável após a colheita, isto é, de seis a dez semanas. Com muito pouca dormência, a cevada pode começar a brotar enquanto está ainda na espiga da planta no campo durante um período de colheita úmido. Em um estoque de grãos passível de exibir uma dormência inaceitável, o armazenamento pode ser feito a 40 °C por um período de semanas a fim de quebrar essa dormência. Essa temperatura não deve ser estendida a alguns meses, pois então haveria um aumento no risco de infestação por insetos. Ver DORMÊNCIA.

Especificação da cevada para malteação

Um malteador desejará juntar um estoque de cevada que seja consistente ao longo do processo de malteação e que apresente certos padrões de qualidade. Quando a cevada é entregue na maltaria sob contrato, o laboratório receptor checará a variedade, capacidade germinativa (CG), conteúdo de nitrogênio, umidade, perfil de tamanho do grão e observará se está livre de outros cereais, de semente de ervas e de fungos e insetos. Alguns desses parâmetros são comerciais. Por exemplo, não corresponder à especificação de umidade pode levar a um ajuste no preço a ser pago pela consignação. A habilidade de germinar, entretanto, é primordial para viabilizar o processamento do grão e é um grande obstáculo de qualidade para a aceitação em uma maltaria ou um armazém intermediário. O limiar é estabelecido com referência ao padrão alcançável pela cadeia de suprimentos desde a fazenda, passando pelo armazenamento, sendo normalmente um mínimo de 98%. Qualquer grão que não germine passará pela mosturação com as gomas, proteínas e carboidratos inalterados, o que levará a problemas na cervejaria. Pequenas quantidades podem ser processadas pelas enzimas naturais excedentes do malte, mas quantidades maiores causarão custo e tempo adicional ao processo.

A análise da CG na recepção pode prevenir que grãos mortos sejam entregues na maltaria. A análise também mostra quais grãos podem ter começado a germinar na espiga, o que é denominado de "pré-germinação", e podem continuar a germinação na maceração subsequente ou não, caso em que podem provocar problemas e custos adicionais subsequentes.

Uma vez no armazém, para determinar se a cevada está pronta para iniciar o processo de malteação, um teste de energia germinativa é realizado, o qual consiste em incubar cem sementes em um filtro de papel dentro de uma placa de Petri, umedecida com 4 mL de água, por três ou, menos comumente, quatro dias, removendo os grãos germinados a cada dia. (Os grãos de cevada que foram corretamente macerados e agora mostram evidências de crescimento radicular são chamados de "*chatted*".) Um teste de germinação com um mínimo de 98% é desejado, mostrando que os grãos foram armazenados sem perda de viabilidade e que a dormência foi interrompida. Uma indicação do vigor da amostra de sementes é dada pela contagem diária dos grãos com radícula; em geral, quanto mais cedo os grãos liberam a radícula, melhor. Em um teste paralelo, umedecendo o papel filtro com 8 mL de água, pode ser medida a sensibilidade do grão pela água (SA). A água adicional mantém um filme sobre a superfície dos grãos (limitando a quantidade de oxigênio disponível para o embrião começar a germinação) e fornece uma indicação ao malteador de como efetuar apropriadamente a maceração – duração dos períodos úmidos e períodos secos – para aquela cevada.

O sabor da cevada

Os cervejeiros há muito tempo se interessam em saber se a variedade de cevada pode influenciar o sabor do malte resultante e da cerveja feita com tal malte. No começo do século XX, Hugh Lancaster, em seu livro *Practical Floor Malting*, exaltou as "ótimas qualidades das cevadas Chevaliers de crescimento saudável" pelo sabor delicado que podiam fornecer às *pale ales*. A maioria dos cervejeiros se contenta em produzir cervejas com maltes que não apresentaram dificuldades de processamento e em obter variações no sabor de malte em suas cervejas através das diferentes especificações dos maltes. A variedade de cevada Pipkin, popular no Reino Unido no final dos anos de 1980 e 1990, era conhecida por produzir grandes níveis do precursor de formação do dimetil sulfeto (DMS) durante a produção de cerveja. Ver DIMETIL SULFETO (DMS). O DMS é um sabor e aroma característico em muitas cervejas *lager*. Aqueles cervejeiros de *lager* que não queriam as características do DMS, e alguns cervejeiros de *ales*, ou se posicionaram completamente contra o uso da Pipkin malteada, ou exigiram que seus malteadores utilizassem condições de processo (temperaturas mais altas durante a secagem) que garantissem a redução do precursor do DMS.

Mais recentemente, nos primeiros anos deste século, houve pesquisas sobre o sabor da cevada Maris Otter e seus efeitos na cerveja. Ver MARIS OTTER. Para evitar os efeitos da produção de cerveja e da lupulagem, foi demonstrado, por uma análise sensorial de biscoitos feitos com farinha de Maris Otter malteada, que a variedade tem um sabor distinto. Tal variação no sabor é pequena comparada com aquela induzida durante a malteação e a produção de cerveja, mas, mesmo assim, essa diferença de sabor tem aumentado seu apelo junto aos cervejeiros que buscam diferenciação e tradição em seus maltes. Cervejas consistentes podem ser produzidas com maltes de diferentes variedades de cevada, mas esta é uma área cervejeira que precisará de mais pesquisas para que se possa tentar entender e desenvolver os diferentes sabores das variedades de cevada como um ponto a mais de diferenciação entre as cervejas.

Os cervejeiros artesanais, em sua busca por sabores de malte mais intensos em suas cervejas, têm demonstrado um interesse particular pelas variedades de cevada mais tradicionais. Com o destaque dado à questão do sabor varietal da cevada, há esperanças de que os melhoristas de cevada possam ainda desenvolver cruzamentos eficientes, mas também saborosos, a partir de variedades mais antigas.

Meio ambiente

A emissão de carbono oriunda do cultivo da cevada é similar à de outros cereais, proveniente principalmente da utilização de fertilizantes de nitrogênio e emissão de óxido nitroso do solo durante a época de crescimento. Esses dois fatores sozinhos respondem por 80% das emissões de gases de efeito estufa em cultivos intensivos de cevada. As emissões restantes estão associadas com o uso do diesel utilizado pelos tratores e as colheitadeiras, aquelas associadas com a manufatura de outros insumos, qualquer secagem pós-colheita, e aquelas oriundas do armazenamento e transporte da colheita. A área mais promissora para a redução desses gases parece ser a substituição dos fertilizantes produzidos industrialmente por materiais orgânicos – adubo, digestão anaeróbia e lodo de esgoto – e o estabelecimento de um melhor entendimento e subsequente controle dos mecanismos de produção de óxido nitroso no solo.

Sendo a cevada uma cultura que exige pouco nitrogênio, o uso de fertilizantes é um pouco menor do que para outros cereais em relação à área plantada, mas não em relação ao peso de cereal produzido. Da mesma forma, o escoamento de nitrato novamente é um pouco menor para a cevada para malteação do que para outros cereais devido à menor utilização de nitrogênio por área.

A cultura é bastante tolerante a secas, o que é uma vantagem, pois há previsão de falta de água em muitas partes do mundo nas próximas décadas.

Não há dúvida de que a cevada é uma cultura com um passado robusto e um futuro brilhante.

Bamforth, C. W. **Beer: tap into the art and science of brewing**. New York: Oxford University Press, 2003.
Briggs, D. E. **Malts and malting**. New York: Blackie Academic & Professional, 1998.
Briggs, D. E. et al. **Malting and brewing science**. Norwell: Kluwer, 1999.
Hornsey, I. **Brewing**. Cambridge, England: Royal Society of Chemistry, 1999.
Lancaster, H. Practical floor malting. **The Brewing Trade Review**, 1908.
Palmer, G. H. (Ed). **Cereal science and technology**. Aberdeen: Aberdeen University Press, 1989.

Colin J. West

cevada em flocos é a cevada não malteada cozida e seca que foi laminada em flocos planos. Ela fornece um rico sabor e aroma de cereal para a cerveja e é utilizada em muitas *stouts*, especialmente nas *Irish stouts*, melhorando a formação e a estabilidade da espuma. A cevada em flocos, que é usada diretamente na tina de mostura junto com o malte, pertence ao grupo de adjuntos gelatinizados pré-cozidos que inclui grãos inteiros triturados e torrados e engloba a cevada em flocos, o trigo, *grits* de milho em flocos, *grits* de arroz em flocos e a cevada perolada em flocos. Ver ADJUNTOS. Essas matérias-primas são fáceis de manusear e aumentam o rendimento do extrato em comparação com matérias-primas não processadas. Por ter sido umedecida e pré-cozida, a cevada em flocos é relativamente macia e fácil de ser quebrada nos moinhos de malte. Para a produção da cevada em flocos, a cevada inteira (peneirada, para remover os grãos finos) é cozida em ar quente de 220 °C a 260 °C. Durante o cozimento a parte macia torna-se firme, com uma umidade de aproximadamente 4%. A cevada em flocos tem um valor de extrato de 72% em base seca.

A cevada em flocos e, de forma mais ampla, a cevada perolada em flocos (grãos cuja casca e camada externa foram removidas) podem apresentar problemas na produção de cerveja por conterem quantidades comparativamente maiores de beta-glucanos. Ver BETA-GLUCANOS. A fim de superar esse problema, a cevada em flocos costuma ser borrifada, durante a sua preparação, com uma solução de enzimas bacterianas contendo alfa-amilase, beta--glucanase e possivelmente proteinase. O produto resultante tem um extrato em água fria apreciável, produz um mosto menos viscoso e não gera nenhum outro problema associado aos beta-glucanos.

Graham G. Stewart

cevada para malteação é a cevada desenvolvida e cultivada especificamente para a produção de cerveja. A cevada foi originalmente domesticada de forma independente nas antigas Mesopotâmia e Etiópia; em ambas as áreas ela era utilizada para a produção de cerveja. As cevadas para malteação modernas podem ser de duas ou seis fileiras. A cevada de duas fileiras fornece um maior rendimento de extrato, enquanto o tipo de seis fileiras tem uma atividade enzimática um pouco maior. O sabor e o aroma das cervejas produzidas a partir de ambos os tipos também diferem um pouco, sendo as do tipo de seis fileiras levemente mais secas.

O grão de cevada malteado tem o potencial de prover o equilíbrio perfeito de carboidratos e proteínas para a nutrição da levedura – e finalmente para a produção de cerveja. "Potencial" é a palavra-chave. Um requisito é que a cevada tenha os genes certos para produzir os compostos necessários nas proporções adequadas para a produção de cerveja. Há 10 mil anos, a cevada tem sido melhorada para alcançar esse objetivo. De forma simples, as variedades com os genes certos para a produção de cerveja são consideradas "variedades para malteação" e aquelas com os genes errados tornam-se "variedades para alimentação". Existem sistemas rigorosos de testes e aprovação para assegurar que as variedades para malteação tenham as características necessárias para atender às necessidades e expectativas dos fazendeiros, malteadores e cervejeiros. Embora as necessidades de cada profissão sejam diferentes, há alguma concordância sobre quais são as características corretas da variedade para malteação. As variedades de cevada para malteação precisam ser de alto rendimento agrícola, seus grãos devem ter um tamanho específico, a porcentagem de extrato de malte deve ser alta e os níveis de beta-glucanos no mosto precisam ser baixos. Entretanto, especificações em relação ao teor proteico do grão e os níveis de atividade enzimática variam tremendamente entre os cervejeiros. De especial importância neste aspecto é a quantidade – e o tipo – de adjunto utilizado na produção da cerveja. Os cervejeiros aderentes à Lei da Pureza da Cerveja julgam que as variedades para malteação utilizadas para a produção de *lagers* "*low-carb*" são totalmente inaceitáveis. Cervejeiros que fazem cervejas "*light*" desesperam-se com a baixa atividade enzimática de um malte perfeito para uma cerveja puro malte artesanal. Portanto, diferenciar as variedades para malteação e para alimentação é possível para algumas características, mas não para outras.

Essas diferenças na definição da malteação de qualidade levam a alvos fugidios para os melhoristas de cevada e geneticistas que tentam determinar quais dos 30 mil a 40 mil genes da cevada são "certos" ou "errados" para a malteação. Acrescentando ainda mais uma variável a essa já complexa equação, o meio ambiente tem uma grande influência na qualidade da malteação. A melhor variedade para malteação disponível produzirá malte de péssima qualidade se cultivada sob extremas condições de temperatura e/ou umidade ou se for atingida por qualquer uma das muitas populações de bactérias, fungos, vírus e/ou pragas que podem atacar a cevada. Quando as coisas dão errado (como é cada vez mais possível devido às mudanças climáticas), a cevada para "malteação" cultivada sob condições insatisfatórias sobrecarregará pesadamente as habilidades do malteador e do cervejeiro, e parte dessa cevada poderá ter que ser vendida como "cevada para alimentação", de menor valor. O mercado de alimentação, portanto, oferece uma rede de segurança para as cevadas para malteação que foram rejeitadas, levando à máxima de que "uma boa cevada para malteação é uma boa cevada para alimentação". A recíproca nunca é verdadeira, pois uma variedade selecionada apenas pelo rendimento de grãos será malteada tão eficaz e eficientemente quanto cascalho. Os beta-glucanos são bons para a dieta humana, mas terríveis para a cerveja, tornando os mostos viscosos e resultando em cervejas turvas.

Atualmente, não há uma definição única e simples de "cevada para malteação", exceto dizer que é a cevada que produz um perfil específico de características quando sujeita à malteação – um processo de germinação controlada e o subsequente processamento para desenvolver sabor, cor e aroma. Apesar dos muitos avanços no melhoramento da cevada, alguns cultivares tradicionais ainda são utilizados na malteação por causa das suas boas características de sabor, aroma e desempenho na produção de cerveja, sendo a cevada britânica Maris Otter um dos principais exemplos disso.

Briggs, D. E. et al. **Brewing: science and practice**. Cambridge: Woodhead Publishing Limited, 2004.

Per Kølster e Patrick Hayes

Challenger, também conhecido como Wye Challenger, é um lúpulo inglês que foi desenvolvido pelo dr. Ray Neve no Wye College e foi lançado comercialmente em 1972. Ver WYE COLLEGE. Ele é resultado do cruzamento entre uma planta fêmea de lúpulo que apresentava alta resistência ao míldio e uma muda de planta macho de Northern Brewer. Ver NORTHERN BREWER. O desenvolvimento desse lúpulo foi financiado pelas instituições Hops Marketing Board (inglesa) e Brewers Society com o objetivo de criar um lúpulo resistente a doenças para os produtores associados e com teor relativamente alto de alfa-ácidos para os cervejeiros. As instituições consideraram que o Wye Challenger cumpriu ambos os desafios (*"challenges"*, em inglês), daí seu nome. Ele atinge a maturidade na parte final da temporada da safra e alcança teor de alfa-ácidos de 6,5% a 8,5%. Esse lúpulo tornou-se popular com a antiga cervejaria Bass, de Burton-on-Trent, bem como entre muitos cervejeiros artesanais da Inglaterra. Cervejaria regionais inglesas, como a Kent's Shepherd Neame, em Kent, e a Suffolk's Greene King, também a utilizam em suas cervejas. O Wye Challenger é considerado um excelente lúpulo de dupla aptidão, contribuindo com um amargor intenso e uma elegante picância com característica frutada e terrosa. Isto o torna apropriado para uma diversidade de estilos de cervejas, incluindo *English bitters, extra special bitters* e *stouts*. Ele é principalmente cultivado nos condados ingleses de Herefordshire e Worcestershire, Kent e Sussex. Pequenas quantidades de Challenger são também cultivadas na Bélgica.

Neve, R. A. **Hops**. London: Chapman & Hall, 1991.

Adrian Tierney-Jones

Chariot é uma variedade de cevada do Reino Unido que foi predominante nas décadas de 1990 e 2000. Foi uma variedade de primavera de enorme sucesso, desenvolvida pela Plant Breeding International (PBI), a sucessora da estação estatal britânica de melhoramento em Cambridge (agora parte da empresa de melhoramento e venda de sementes RAGT Seeds Ltd.). A Chariot foi criada pelo cruzamento entre a variedade Dera e uma cepa de cruzamento sem nome, esta, por sua vez, provinda do cruzamento entre Carnival e Atem. A Chariot, munida com resistência a míldio, ferrugem amarela, ferrugem marrom e escaldadura (*Rhynchosporium*), mostrou desempenho contra doenças muito melhor em comparação com as variedades disponíveis ao produtor em 1992, quando entrou na lista britânica de recomendação. Dessa forma, produziu um grande aumento na produtividade das parcelas não tratadas com fungicidas, em comparação com variedades já estabelecidas, como Blenheim, uma variedade filha da Triumph, que chegou a responder por quase um quarto da área cultivada de cevada na Europa.

Em parcelas tratadas, o rendimento manteve-se superior. Bons rendimentos de extrato e excelentes desempenhos de malteação, brassagem e de destilação levaram à sua recomendação pelo Institute of Brewing (agora Institute of Brewing and Distilling – IBD) em 1993. Ver INSTITUTE OF BREWING & DISTILLING (IBD). Tornou-se a principal variedade de primavera em todo o Reino Unido, a primeira escolha unânime desde a Triumph, e assim permaneceu por uma década até ser substituída pela variedade Optic. A Chariot possuía propriedades de malteação clássicas, como baixa viscosidade do mosto e baixo teor de beta-glucanos. Ver BETA-GLUCANOS. A modificação de proteínas era moderada, conferindo proteínas de baixa solubilidade aos mostos.

A PBI confiava tanto na qualidade dessa nova variedade que, em 1992, declarou em sua literatura de produtos que logo *pubs* seriam batizados em sua homenagem. Embora isso talvez tenha sido um exagero, a Chariot foi certamente um importante passo ao longo da rota de melhoria da qualidade e do rendimento da cevada para malteação no final do século XX. Reconhecendo que a Chariot tinha sido superada em produtividade agronômica por variedades mais recentes, os produtores reduziram sua área até cessar seu cultivo em 2003, quando foi removida da lista de variedades recomendadas pelo IBD.

Colin J. West

Chevalier. No Reino Unido, até o início do século XIX, a cevada consistia nas chamadas raças nativas, que eram misturas de diferentes tipos de cevada, cultivadas a partir de sementes guardadas e conhecidas por nomes exóticos como "Nottinghamshire Long Ear" e "Old Wiltshire Archer". Ao final do século XIX, por meio de seleção e resseleção graduais, uma série de tipos de cevada para malteação tinha sido desenvolvida, sendo as principais "Chevalier", "Archer", "Spratt" e "Goldthorpe".

A Chevalier dominou as safras inglesas por cerca de sessenta anos e só realmente começou a cair em desuso quando William Gladstone revogou o Imposto do Malte em 1880. O imposto sobre o malte foi substituído por um imposto sobre a própria cerveja, o que resultou na tentativa, por parte dos cervejeiros britânicos, de produzir cerveja mais economicamente. Volumes crescentes de maltes mais baratos passaram a ser importados do exterior. O arroz, milho e outros substitutos do malte foram tolerados. Apesar da área cultivada na época estar em declínio, a Chevalier ainda ganhou prêmios na Exposição dos Cervejeiros em 1914 (que seria a última). Após a Primeira Guerra Mundial, a Chevalier foi substituída pelos híbridos "Plumage-Archer" e "Spratt-Archer", que dominariam as safras britânicas durante os anos entre-guerras.

Existem várias versões de como a Chevalier veio à existência. A versão a seguir é de um manuscrito intitulado *History of Debenham* (Suffolk) de 1845:

> Por volta do ano de 1820, John Andrews, um trabalhador, debulhara cevada e ao voltar para casa naquela noite queixou-se de grande desconforto nos pés, e ao retirar seus sapatos descobriu, em um deles, parte de uma excelente espiga de cevada – a qual o surpreendeu por ser especialmente excelente –, assim, teve o cuidado de preservá-la. Mais tarde, plantou os poucos grãos dela em seu jardim e, no ano seguinte, o reverendo John Chevallier, vindo à morada de Andrews (da qual era proprietário) para inspecionar alguns reparos, viu três ou quatro espigas da cevada em crescimento. Ele solicitou que as espigas fossem guardadas para ele quando maduras. O cavalheiro reverendo semeou um pequeno punhado do produto assim obtido e sozinho o manteve até ter cultivado o suficiente para plantar um acre e a partir desse acre (o ano sendo 1825 ou 1826) a produção foi de 11½ *coombs*.

A Chevalier era uma variedade de duas fileiras e espiga estreita, originalmente classificada como *Hordeum distichum*, e diversos vendedores de sementes desenvolveram suas próprias subvariedades, de modo que a descrição veio a cobrir uma ampla gama de formas de espigas de cevada estreitas. Os herdeiros de John Chevallier (agora Chevallier-Guild) ainda estão envolvidos com bebidas fermentadas e moram em Aspall Hall, Debenham, onde operam sua bem-sucedida Aspall Cyder Company.

Beaven, E. S. **Barley: fifty years observation and experiment.** London: Duckworth, 1947.

Ian Hornsey

Chicago, Illinois, era pouco mais do que um pântano em 1833, mas estava destinada a grandes feitos. William Haas e Konrad Sulzer chegaram nesse ano com equipamentos e suprimentos para a primeira cervejaria comercial de Chicago. Uma sucessão de pessoas importantes se tornou sócia-proprietária da Haas & Sulzer Brewery, como William B. Ogden, o prefeito de Chicago. A cervejaria foi rebatizada como Lill & Diversey Brewery por volta de 1841, após William Lill e Michael Diversey tomarem posse dela. Por volta de 1866 essa cervejaria produtora de *ales* era a maior do Centro-Oeste.

John Huck inaugurou a primeira cervejaria de *lagers* de Chicago em 1847. A cerveja *lager* foi um marco para a crescente comunidade alemã de Chicago. Os sentimentos anti-imigracionistas eram fortes, e, em 1855, a tentativa de controlar as tabernas irlandesas e alemãs causou um sangrento confronto conhecido como Lager Beer Riot. Uma pessoa morreu e muitas outras ficaram feridas, mas o conflito rompeu a coalizão política nativista, que queria impedir que as tabernas irlandesas e alemãs abrissem aos domingos. Por fim, os imigrantes venceram.

O crescimento de Chicago superou a oferta local de cerveja, de modo que ambiciosos cervejeiros de Milwaukee começaram a enviar suas bebidas à cidade. Em 1871, houve um grande incêndio na cidade de Chicago, que a devastou completamente. Dezenove cervejarias foram destruídas, um prejuízo de 2 milhões de dólares. Obviamente, os cervejeiros de Milwaukee rapidamente passaram a enviar água, e em seguida cerveja, aos sobreviventes sedentos. Chicago recuperou-se a um ritmo ainda maior de crescimento, com abundância de clientes tanto para os cervejeiros locais quanto para os de fora.

Chicago se tornou um importante centro de pesquisa e educação cervejeira. Em 1872, John Ewald Siebel fundou o Instituto Zymotechnic, e seu Siebel Institute existe até hoje como uma escola cervejeira.

Ver SIEBEL INSTITUTE OF TECHNOLOGY. O jornal cervejeiro *The Western Brewer* (O Cervejeiro do Oeste) foi lançado em 1876, e outra escola cervejeira, a Wahl-Henius, foi inaugurada em 1886. Ver WAHL-HENIUS INSTITUTE OF FERMENTOLOGY.

Na década de 1890, grandes quantidades de capital inglês fluíram para as cervejarias norte-americanas. Por volta de 1900, metade da capacidade de produção de cerveja de Chicago estava em mãos britânicas. Com o capital vieram conceitos como o de *tied houses* (bares vinculados a cervejarias), e um grupo britânico investiu mais de 6 milhões de dólares em bares pertencentes a cervejarias. Atualmente, inúmeras tabernas da antiga e distinta Schlitz (também de propriedade britânica) rodeiam o centro da cidade, muitas ainda exibindo os icônicos globos de terracota da Schlitz.

A Lei Seca foi promulgada em 1920, e o cenário cervejeiro de Chicago, que era para ter sido abafado pela Lei Seca, resolveu o problema a seu próprio modo. Primeiramente, cervejas com 2,75% de álcool ainda eram legais em Wisconsin. A Pabst, a Schlitz e outras empresas inundaram o mercado ilegalmente. Mafiosos como Johnny Torrio se envolveram na produção de cerveja e começaram a consolidar as participações acionárias das gangues. Um dos gângsteres, Dion O'Banion, do norte de Chicago, vendeu sua parte na cervejaria Sieben a Torrio, mas antes alertou a polícia federal, que invadiu o local assim que Torrio tomou posse. Mais tarde Al Capone, um ex-protegido de Torrio, superou o seu antigo chefe. Em uma transação, a Anheuser-Busch vendeu a Capone mais de 250 mil torneiras de chope, um indício da dimensão desse empreendimento ilegal.

Do fim da Lei Seca até a década de 1980, a história cervejeira em Chicago é a mesma que na maioria das cidades dos Estados Unidos: concorrência de preços, fusões empresariais e fechamento de cervejarias. A última cervejaria dos velhos tempos de Chicago, a Siebens, fechou as portas, juntamente com o seu amado *beer garden*, em 1967.

A primeira microcervejaria moderna da cidade, um Siebens Brewpub reinventado, foi inaugurada em 1986. Outras a seguiram, como a Goose Island Beer Company em 1988, hoje uma cervejaria regional bem-sucedida, produtora de cervejas artesanais, com laços com a Anheuser-Busch. Em meados de junho de 2010, a área metropolitana de Chicago possuía mais de trinta pequenas cervejarias e um número crescente de bares fornecendo cerveja artesanal para entusiastas.

Ver também LEI SECA.

Skilnik, B. **The history of beer and brewing in Chicago, 1833-1978.** St. Paul: Pogo Press, 1999.

Randy Mosher

chicha é um termo usado na América Latina para uma bebida fermentada feita a partir do milho. É comumente conhecida como *chicha de jora*, mas também recebe o nome de *aqa* na língua quíchua e *kusa* na língua aymaran. O nome espanhol vem da palavra "saliva" ou "cuspir", em referência ao método tradicional de produção da bebida.

A produção de chicha tradicionalmente é tarefa das mulheres de cada casa, e as técnicas costumam ser passadas de geração a geração. A mulher que produzia a chicha mastigava o milho até formar pequenos bolos. As enzimas ptialinas da saliva quebravam as cadeias de amido em açúcares fermentáveis. Os bolos de milho eram deixados para secar no ambiente, depois eram usados no preparo de um mingau que era coado, fervido, resfriado e fermentado por 3 a 6 dias em grandes vasos de barro.

O milho malteado, chamado *jora*, substituiu em grande parte o milho salivado por demandar menos trabalho para ser produzido. A *jora* é feita com grãos de milho deixados de molho para germinar durante uma noite e depois secos. A partir desse ponto, o processo de produção da chicha com milho malteado é essencialmente igual ao do milho salivado. Dependendo da região da América Latina, a chicha é frequentemente produzida a partir da raiz da mandioca ou da quinoa, ou com a adição de várias frutas.

A cor da chicha varia de acordo com o tipo de milho usado na produção, variando do amarelo-claro ao vermelho-bordô. Quando feita com milho doce amarelo, a bebida apresenta cor palha clara e aparência leitosa. A bebida é levemente azeda e quase como a sidra. Ela é frequentemente consumida em um estado de fermentação ativa e tem baixo teor alcoólico, normalmente de 1% a 3% em volume.

A chicha tem origem pré-hispânica nas regiões andinas da América do Sul e era muito importante para a economia inca. Após a conquista espanhola no século XVI, entretanto, a bebida foi proscrita

Cartão-postal de um peruano vendendo chicha, c. 1920. PIKE MICROBREWERY MUSEUM, SEATTLE, WA.

pela Igreja Católica, forçando que sua produção fosse feita clandestinamente, o que converteu uma indústria de larga escala em algo menor e mais artesanal, como ainda ocorre hoje.

Atualmente, em toda a América Central e região andina da América do Sul, a chicha é consumida em *chicharias* (bares especializados na bebida). Ela é produzida em vários estilos, dependendo da região. É frequentemente misturada com morangos ou outras frutas para fazer a *frutillada*. A palavra "chicha" pode se referir também a uma bebida não alcoólica, a *chicha morada*, feita a partir da fervura do milho roxo com canela, abacaxi e cravo-da-índia (que é disponível comercialmente em toda a América do Sul).

A chicha continua tendo um importante papel social nas regiões mais rurais na América do Sul Andina, onde ela é parte da *minga* (uma palavra que denota o esforço comum de um grupo), sendo usada como um ritual de pagamento pela ajuda dada aos vizinhos em projetos especialmente grandes ou complicados, como a construção de uma nova casa.

Ver também MILHO.

Jennings, J. J.; Brenda, J. B. **Drink, power and society in the Andes**. Gainesville: University of Florida Press, 2009.

Llano Restrepo, M. C. **La chicha, una bebida a traves de la historia**. Bogotá: Instituto Colombiano de Antropologia, 1994.

Pardo, B. O.; Pizarro, J. L. **La chicha en el Chile precolombino**. Santiago: Editorial Mare Nostrum, 2005.

Jai Kharbanda e Anda Lincoln

chillproofing é um termo usado quando a cerveja passa por um processo para proteger a sua limpidez ou brilho quando resfriada a temperaturas muito baixas, que se aproximam de 0 °C. Para a maioria das cervejas, o *chillproofing* é uma etapa muito importante no moderno processo de produção. A primeira vez que uma forma de *chillproofing* foi usada ocorreu em meados do século XIX, com a produção de *lagers* mais leves. As cervejas *pilsners* originais eram armazenadas em cavernas cheias de gelo, o que ajudava o processo de *chillproof* da cerveja através da maturação a frio. Tradicionalmente, o *chillproofing* se dá armazenando-se a cerveja a 0 °C ou menos durante longos períodos de várias semanas ou meses. Durante esse tempo, proteínas e polifenóis derivados do malte coagulam, formando moléculas maiores, que podem então ser removidas por filtração. Antigamente, antes da aplicação do processo de filtração da cerveja, ela era maturada por tempo suficiente para que as partículas simplesmente sedimentassem. A maioria das cervejas filtradas é transparente e límpida quando engarrafada ou embarrilada, mas, sem o *chillproofing*, a coagulação de polifenóis e proteínas ocorre dentro da embalagem, e a cerveja se torna turva em algumas semanas. Na produção moderna de cerveja, aditivos são usados para encurtar o *chillproofing*, que levaria semanas ou meses, para apenas poucos dias. Os primeiros aditivos do *chillproofing* foram as enzimas proteolíticas, que quebram as moléculas de proteínas. Hoje em dia, materiais adsorventes de proteínas e polifenóis são frequentemente utilizados. A cerveja que é transparente (límpida) na temperatura ambiente, mas que se torna turva quando resfriada diz-se apresentar "turbidez a frio". A cerveja que apresenta turbidez a frio volta a ficar transparente ao retornar à temperatura ambiente.

Ver também ADSORVENTES, PVPP e TURBIDEZ A FRIO.

Paul K. A. Buttrick

Chimay é o nome da cervejaria trapista localizada próxima à cidade homônima ao sul da Bélgica, na província de Hainaut. O nome oficial do mosteiro é Notre-Dame de Scourmont (Nossa Senhora de Scourmont), mas muitas pessoas a conhecem como mosteiro de Chimay ou Bières de Chimay (cervejas de Chimay). A abadia foi fundada em 25 de julho de 1850 por um grupo de dezessete monges cistercienses do mosteiro de Westvleteren, em Scourmont, nas imediações da cidade de Chimay. Ver WESTVLETEREN, CERVEJARIA. Primeiro, foi nomeada Abadia Trapista de São José, até que o primeiro abade, padre Hyacinthe Bouteca, passou a chamá-la de Abadia Notre-Dame de Scourmont. O padre Hyacinthe também começou a projetar e construir uma cervejaria para arrecadar fundos para a abadia. Em 1862, a fábrica estava completa e operante. Seguindo o mote de São Bento, "*ora et labora*" (orar e trabalhar), a cervejaria oferecia condições para os monges desenvolverem um trabalho manual enquanto não estivessem orando. A abadia começou a vender cerveja ao público quase imediatamente após sua inauguração e logo se tornou um sucesso. O número de monges que ali habitavam aumentou rapidamente de dezesseis, em 1850, para oitenta no ano de 1858. Por volta de 1875, dois tipos de cerveja eram comercializados em garrafas, ambas *ales* fortes chamadas *Bière Forte* e *Bière Goudronnée*. Em 1944, próximo do fim da Segunda Guerra Mundial, os monges tiveram que reativar a cervejaria depois de perder as panelas de fervura feitas de cobre para o exército alemão. Para esse propósito, contaram com o auxílio do renomado especialista em cerveja e professor belga Jean De Clerck, da Katholiek Universiteit van Leuven. Ver DE CLERCK, JEAN e KATHOLIEKE UNIVERSITEIT VAN LEUVEN. De Clerck ajudou os monges a reconstruir a cervejaria e reformularem as cervejas a um padrão moderno. A primeira receita foi lançada ao público na Páscoa de 1948. O auxílio de De Clerck à cervejaria de Chimay tornou-a bem-sucedida e, como demonstração de gratidão, os monges permitiram que De Clerck e sua esposa fossem sepultados no cemitério privado da abadia. Até hoje o dinheiro arrecadado com a venda das cervejas Chimay destina-se à manutenção da abadia e às suas obras de caridade na comunidade local.

Atualmente os monges de Chimay produzem quatro tipos de cervejas únicas, que são refermentadas na garrafa, não pasteurizadas e estão comercialmente disponíveis em garrafas de 330 mL com rolha metálica, e de 750 mL, com rolha de cortiça e gaiola de arame. A primeira é a Chimay Rouge (7% ABV), também conhecida como *capsule rouge* ("tampa vermelha"). Na versão de 750 mL, essa cerveja é conhecida como Chimay Première. Ela apresenta coloração âmbar/cobre intensa, com espuma densa e muito estável. Apresenta aroma e sabor frutados e intensos, com notas que os monges comparam com damascos. A segunda cerveja é a Chimay Triple (8% ABV), nomeada Chimay Cinq Cents na versão em garrafas de 750 mL. É conhecida como *capsule blanche* ("tampa branca"). Essa é uma cerveja de coloração dourada intensa e a mais seca das Chimay. É também a que leva maior carga de lúpulo em sua formulação, o que lhe confere caráter lupulado do primeiro gole ao retrogosto. Apresenta um caráter esterificado vigoroso que os monges descrevem como a "moscatel e uva-passa". Há vários anos, essa cerveja se tornou disponível também em barris de chope, forma na qual tem obtido considerável sucesso. O terceiro rótulo é a Chimay Bleue (9% ABV), ou Chimay Grande Réserve na versão 750 mL e em garrafas Magnum de 1,5 L. Esta cerveja apresenta notas alcoólicas marcantes tanto no aroma quanto no sabor, sendo equilibrada pelo dulçor e pelo caráter dos maltes escuros, mesmo com baixo nível de açúcar residual. Dentre os três principais tipos de Chimay, a Grande Réserve é considerada a mais propícia ao envelhecimento, adquirindo bastante caráter ao longo dos anos. A última cerveja é a Chimay Dorée ("dourada", com 4,8% ABV). Produzida no estilo *singel*, essa cerveja não é comercializada e é feita para consumo dos próprios monges, que raramente chegam a provar as outras Chimay. Ver SINGEL. A Chimay Dorée pode ser encontrada no restaurante/pousada L'Auberge de Poteaupré, nas imediações da abadia, com a qual mantém estreitas relações.

A abadia fica separada das preocupações mundanas através de sua divisão comercial leiga, denominada Bières de Chimay. A produção anual da Chimay alcança 123.000 hL, 50% dos quais exportados para mais de quarenta países. Enquanto a brassagem e a fermentação acontecem dentro dos muros da abadia, a cerveja é envasada em instalações que ficam a cerca de 10 quilômetros de distância.

Em 1860, a abadia começou a operar um pequeno laticínio. Durante os primeiros quinze anos de funcionamento, a manteiga foi o principal produto, vendido apenas para compradores individuais ou para outras comunidades religiosas. Mas sua qualidade não era boa e, por volta dos anos 1880, o laticínio corria o risco de ser fechado. Foi quando um monge viajou para a abadia de Sept-Fon, na região de Auvergne, França, para aprender a produzir os diferentes tipos de queijos franceses. Chimay então produziu queijo durante alguns anos; até que a produção foi transferida para outros laticínios fora da região de Chimay. A qualidade do produto decaiu e, em 1980, o mosteiro estabeleceu uma parceria com os fazendeiros locais para retomar a fabricação de queijo na região de Chimay. As atividades começaram oficialmente em outubro de 1982, em instalações de última geração. O empreendimento tem sido muito bem-sucedido e hoje chama-se Chimay Fromages. Há cinco tipos de queijo fabricados atualmente: Vieux Chimay é um queijo duro produzido a partir de leite cru e maturado por pelo menos seis meses; Chimay à la Bière, um queijo duro cuja casca é embebida em cerveja Chimay; Chimay Grand Classic é um queijo semiduro maturado por pelo menos quatro semanas; Chimay Grand Cru, um queijo duro maturado por pelo menos seis semanas; e Le Poteaupré, um queijo semiduro maturado pelo menos por cinco semanas.

A abadia administrou uma pequena empresa de embutidos chamada Chimay Salaisons entre 1987 e 1995. Produzindo uma variedade de linguiças, carnes curadas e presuntos, a Chimay Salaisons tinha o objetivo de diversificar a produção de alimentos da abadia. A produção foi relativamente bem-sucedida, mas a abadia decidiu abandonar o empreendimento por completo em 1995.

Ver também BÉLGICA, CERVEJARIAS TRAPISTAS e ORDEM CISTERCIENSE.

Keith Villa

China. Os arqueólogos chineses relatam que a cerveja foi produzida pela primeira vez na China entre 7 mil e 9 mil anos atrás, por volta do mesmo período em que outros berços da civilização mostram evidências de alguma forma de produção dessa bebida. Por definição, a produção de cerveja requer o uso de grãos. Na China, o grão em questão era o arroz, às vezes complementado com trigo ou painço.

Até há relativamente pouco tempo, as bebidas alcoólicas, incluindo a cerveja, não eram tão amplamente consumidas na China como em outras partes do mundo. Por milênios a *huangjiu* (uma bebida muitas vezes referida como "vinho de arroz", embora seja tecnicamente uma cerveja à base de grãos) e a *lao li*, um outro tipo de cerveja chinesa primitiva, eram bebidas associadas a cerimônias e às classes mais altas. A produção moderna de cerveja, utilizando cevada malteada e lúpulo, começou na China em 1900, quando um empresário russo, Ulubulevskij, fundou uma cervejaria em Harbin, no nordeste da China. A área é adequada para a produção de outros grãos além do arroz, incluindo a cevada. Cervejarias alemãs e tchecas foram fundadas logo depois. A maior e mais conhecida cervejaria da China é a Tsingtao em Qingdao, na província de Shandong, no centro-leste do país. Foi fundada por colonos alemães em 1903.

Com uma produção anual de aproximadamente 400 milhões de hectolitros, a China atualmente produz mais cerveja do que qualquer outro país no mundo. É também um dos poucos países em que a produção total anual está aumentando, de 3% a 5% ao ano. O mercado é dominado por sete grandes grupos cervejeiros.

Houve uma consolidação considerável na indústria cervejeira chinesa nos últimos anos, com 251 companhias atualmente operando 550 cervejarias. O consumo *per capita* permanece baixo, cerca de 22 litros por ano, comparado com cerca de 80 litros *per capita* nos Estados Unidos e 160 litros *per capita* na República Tcheca, mas vem aumentando. A maioria das grandes cervejarias chinesas associou-se a grandes cervejarias estrangeiras (*joint ventures*), a fim de ter acesso a tecnologias cervejeiras e *expertise* modernas. As cervejarias estrangeiras, por sua vez, entraram nessas *joint ventures* com o objetivo de ganhar acesso aos mercados e sistemas de distribuição chineses.

A preferência dos chineses tende para as mais leves das já leves *pilsners* produzidas para os mercados de massa internacionais. Algumas grandes cervejarias ofertaram uma *lager* escura em ocasiões especiais, e algumas cervejarias de médio porte procuraram um nicho de mercado com uma *pilsner* mais encorpada e com certa característica de lúpulo detectável, mas nenhuma delas obteve sucesso.

O movimento das cervejarias artesanais tem conseguido marcar presença na China, mas em grande parte por razões não convencionais. Um dos líderes na introdução da cerveja artesanal na China é o grupo Paulaner, com 11 *brewpubs* (chamados *beer pubs* na China) em dez cidades chinesas. Muitos *brewpubs* independentes em outros lugares da China e do Sudeste Asiático copiaram o modelo da Paulaner, que inclui uma cervejaria revestida de cobre altamente visível e foco em apenas três estilos de cerveja: a *helles* (literalmente "brilhante", ou seja, uma *pale lager*), uma *dunkel* (uma *lager* escura) e uma cerveja de trigo. Ver DUNKEL e HELLES. Todas tendem a ser produzidas com uma característica altamente floral e com menor amargor do que as cervejas encontradas na Paulaner Bräuhaus original de Munique.

Os *brewpubs* surgiram massivamente na China em meados da década de 1990, contando com oito inaugurações em um ano só na cidade de Pequim. A motivação por trás desse acontecimento foi que o Estado ainda não possuía o mecanismo de cobrança de impostos sobre a cerveja dos *brewpubs*, de modo que eles rendiam lucros maiores. A clientela desses *brewpubs* era uma mistura de estrangeiros que trabalhavam na China e funcionários de empresas locais que tinham recursos para pagar mais pela cerveja como um símbolo de *status*. No entanto, os *brewpubs* que se aventuraram fora do modelo Paulaner, ofertando cervejas mais fortes e lupuladas, não duraram muito tempo, assim como os que ofereciam cervejas malfeitas. O mercado criou muitos desses *brewpubs* até o final da década, e somente aqueles que compreenderam o mercado local sobreviveram. Com o rápido crescimento econômico da China, ainda não se sabe se o público chinês desenvolverá um gosto para outras cervejas além das *light lagers* do mercado de massa.

China Daily. 24 ago. 2009. Disponível em: www.chinadaily.com.cn/china/2009-08/content_8608336/. Acesso em: 25 jul. 2010.

Slocum Jr, J. W. et al. Fermentation in the China beer industry. **Organizational Dynamics**, 35, p. 32-48, 2006.

Bev Robertson

Chinook é um lúpulo criado nos Estados Unidos com alto teor de alfa-ácidos e com aroma condimentado e de pinho. Essa variedade foi desenvolvida por Charles Zimmermann e lançada por Stephen Kenny, em 1985, como parte do programa de desenvolvimento de lúpulos do Departamento de Agricultura dos Estados Unidos (USDA), em Prosser, Washington. Ele possui alto teor de alfa-ácidos (12% a 14% m/m) e alto conteúdo de óleos essenciais (1,7 a 2,7 mL/100 g). Assim como outros lúpulos ricos em alfa-ácidos, o Chinook apresenta baixo teor de beta-ácidos (3% a 4%). Sua genealogia inclui os lúpulos ingleses Petham Golding e Brewer's Gold, e um lúpulo selvagem americano de Utah. A maturação do Chinook é tardia, ele é moderadamente resistente ao míldio e resistente à murcha do *Verticillium*, mas é um tanto quanto suscetível às infecções virais, especialmente ao mosaico do lúpulo. Essa variedade se desenvolve melhor no Yakima Valley, em Washington, mas não no Oregon, devido aos problemas com míldio. Sua capacidade de armazenagem é de baixa a boa. O Chinook é amplamente utilizado em *American pale ales* e *India pale ales*, nas quais é possível sentir um amargor evidenciado e aromas de folhas de pinheiro e pomelo, mas esses aromas também são considerados um pouco "*catty*" (a urina de gato) quando muito concentrados.

Thoma Shellhammer e Alfred Haunold

chitting é a fase inicial de crescimento das acrospiras e radículas logo após a ruptura da camada externa do grão durante o processo de malteação. A camada externa é composta das camadas da testa e do pericarpo. Essas estruturas protegem a camada de aleurona, que contém as enzimas do grão, a qual, por sua vez, envolve o endosperma. Ver ENDOSPERMA. Enquanto as camadas do pericarpo e testa, bem como a casca, estiverem intactas, elas restringem a troca gasosa e de umidade entre o endosperma e o ambiente. O *chitting*, portanto, é uma indicação do despertar da semente de sua dormência e é o primeiro passo para a transformação dos cereais em malte. O *chitting* é acelerado especialmente durante o repouso ventilado rico em oxigênio, ao qual o grão bruto é submetido durante o ciclo de maceração, e que continua na fase inicial do ciclo de germinação. Ver GERMINAÇÃO e MALTE. Durante o *chitting*, as sementes rapidamente absorvem água (hidratação) e oxigênio (respiração). Ver RESPIRAÇÃO. Com o progresso do rompimento das camadas da testa e do pericarpo, a respiração das sementes acelera e a temperatura no tanque de maceração aumenta. Um *chitting* adequado é essencial, pois é uma condição prévia para a germinação. Um *chitting* irregular reduziria a taxa de germinação e, portanto, resultaria em um malte não homogêneo.

O *chitting* é apenas um passo dos tradicionais e extensos processos de maceração e germinação. Em raras ocasiões, o grão pré-germinado será levado diretamente ao secador após apenas três ou quatro dias na câmara de germinação (em vez de sete). O resultado desse atalho é o chamado "*chit malt*". Esse malte é produzido principalmente na Alemanha, mas também em vários outros países, onde a legislação, a exemplo da Lei da Pureza da Cerveja, proíbe a utilização de cereais não malteados (adjuntos) na produção de cerveja. Ver LEI DA PUREZA DA CERVEJA. Como o *chit malt* é modificado o suficiente para ser chamado tecnicamente de "malte", ele pode servir, essencialmente, como um substituto funcional legal para a cevada não malteada ou cevada torrada, que são elementos importantes na composição do total de grãos de muitos estilos de cerveja belgas e britânicos. Os *chit malts* contêm principalmente proteínas de alto peso molecular e açúcares, retendo muitas das características herbáceas e verdes do grão cru. Uma de suas finalidades principais é melhorar o corpo e a estabilidade da espuma da cerveja pronta. O *chit malt* é apenas levemente seco no secador e, portanto, torna-se um malte claro; são raros os casos em que ele é torrado como maltes de cor.

Briggs, D. E. **Malts and malting**. London: Chapman & Hall, 1997.

Thomas Kraus-Weyermann

chocolate abrange uma vasta gama de produtos e sabores derivados das sementes torradas da árvore perene do cacau, nativa das Américas Central e Sul. Pesquisas recentes sugerem que o cacau foi consumido, inicialmente, pelos nativos da América Central na forma de uma bebida alcoólica fermentada. É seguro dizer que os sabores do chocolate estão entre os favoritos das pessoas em todo o mundo, e não surpreende que os cervejeiros procurem incorporá-lo em cervejas especiais. Os sabores semelhantes ao do chocolate podem ser derivados do malte torrado, incluindo uma variedade chamada malte chocolate, assim chamado por causa de sua cor e contribuição de um sabor semelhante ao do chocolate à cerveja. O sabor de chocolate real tende a ser um pouco diferente do sabor obtido com o malte torrado, de modo que os cervejeiros que desejam o verdadeiro sabor do chocolate introduzem chocolate ou cacau em vários pontos do processo de produção da cerveja.

Embora muitos cervejeiros caseiros utilizem o cacau em pó, barras de chocolate ou xaropes, que estão comercialmente disponíveis, os cervejeiros artesanais comerciais tendem a usar o próprio cacau picado (*nibs*). Os grãos de cacau contêm gordura, e quando ela é separada da porção sólida do cacau, recebe o nome de manteiga de cacau. Muitas preparações comerciais de chocolate contêm manteiga de cacau, que é de interesse para os cervejeiros porque as gorduras e óleos têm efeitos deletérios sobre a formação e retenção de espuma. A depender de muitos fatores, incluindo os meios de adição e o perfil de fermentação, as gorduras podem ou não estar presentes na cerveja acabada. Quase todos os chocolates comerciais contêm açúcar; outros ingredientes comuns são a baunilha, amendoim e leite em pó. Aqueles que desejam obter sabores puros irão utilizar o cacau puro ou o chocolate de confeiteiro. Ambos podem ser adicionados na fervura. Outro método popular é envelhecer a cerveja com cacau picado após a fermentação. Isso evita a extração de gordura e dá um verdadeiro sabor e aroma de cacau, incluindo elementos frutados que podem ser perdidos na produção comercial do chocolate. No entanto, grãos de cacau também contêm quantidades consideráveis de tanino amargo, e um longo tempo de contato com a cerveja pode lixiviar esses compostos adstringentes para fora do grão, junto como outros sabores. Tal como ocorre com outros aromas, extratos à base de álcool estão disponíveis, mas geralmente os melhores cervejeiros os evitam. Se bem utilizadas, várias formas de chocolate podem adicionar notas agradáveis a cervejas *porters* e *stouts*, mas os cervejeiros têm adicionado chocolate a muitos outros estilos de cerveja com variável sucesso. Algumas das mais interessantes dessas cervejas combinam o caráter do chocolate com sabores de especiarias doces e/ou pimentas que lembram tanto as antigas preparações mesoamericanas quanto as formas atualmente populares dos mexicanos beberem chocolate.

Fountain, H. Love of chocolate may have begun with cacao beer. **The New York Times**, 13 nov. 2007.

Spadaccini, J. The sweet lure of chocolate. **Exploratium Magazine Online**. Disponível em: http://www.exploratorium.edu/exploring/exploring_chocolate/index.html. Acesso em: 11 dez. 2010.

Garrett Oliver

chope. A cerveja armazenada em barris e servida à pressão em geral é considerada a melhor maneira de demonstrar a arte do cervejeiro. Nos Estados Unidos, a cerveja servida na forma de chope normalmente não é pasteurizada e deve ser mantida refrigerada desde a expedição da cervejaria até o copo (embora muitos cervejeiros prefiram submetê-las a uma *flash* pasteurização e dispensar a refrigeração). Atualmente, a cerveja pode ser assepticamente envasada, com mínima incorporação de oxigênio, em barris de aço inoxidável e, claro, em combinação com as boas práticas de produção. Os barris de aço inoxidável eliminam a degradação pela incidência luminosa, além de impedirem a entrada de oxigênio pela tampa da garrafa ou a influência aromática do revestimento das latas, problemas passíveis de acontecer com outros métodos de envase. A extração por meio de um sistema de pressão adequado e balanceado permite que a cerveja recém-saída da cervejaria seja degustada nos copos em seu estado ótimo. Embora um chope possa oferecer a melhor experiência gustativa, este poder ser facilmente arruinado se o armazenamento e o manuseio forem inadequados, assim como se o sistema de extração for mal confeccionado ou malconservado, ou mesmo pelo uso de copos não lavados adequadamente. O sistema de chope deve ser projetado e balanceado para servir a bebida homogeneamente do primeiro ao último copo.

Hoje, a grande variedade de estilos de cerveja e de configurações de instalação disponíveis pressupõe o envolvimento de uma pessoa especializada nos diferentes sistemas de extração e nos respectivos estilos de cerveja a serem servidos. A correta instalação e balanceamento devem garantir que a composição de gás, o nível de carbonatação e a temperatura de serviço sejam mantidos de acordo com as especificações da cervejaria. As tradicionais *ales* britânicas refermentadas em barris, algumas vezes mencionadas como chope (*draught beer*) no Reino Unido, embora possam ser excelentes, são na verdade um sistema completamente diferente, que não será abordado neste tópico. Ver CONDICIONAMENTO EM CASK e REAL ALE.

Fabricação de barris

Os barris de chope modernos são quase totalmente fabricados em aço inoxidável de repuxo profundo e encontram-se disponíveis em muitos tamanhos comuns nos Estados Unidos e na Europa: de 7 ¾ galões (¼ bbl) a 15,5 galões (½ bbl) e 20, 30 ou 50 litros (5, 8 ou 13 galões). As cervejarias fazem investimentos significativos em barris de aço inoxidável e estes podem durar muitos anos. Se a manutenção for feita adequadamente, eles podem ser reabastecidos centenas de vezes; mas devido a roubos e coletas inescrupulosas de metal para reciclagem, uma grande quantidade de barris nunca retorna à cervejaria. Algumas tentativas de pouco sucesso foram realizadas na fabricação de barris com menor custo utilizando aço-carbono revestido, plástico ou com a tecnologia *"bag-in-box"*, mas atualmente nenhum deles protege as qualidades da cerveja como o aço inoxidável. Ainda que existam muitas variações no mundo todo, o desenho moderno de barril inclui válvula dupla que supre tanto o gás de pressurização para a extração do chope quanto a conexão para a torneira. A válvula é conectada a uma tubulação descendente com prolongamento até 7 mm do fundo e permite o completo esvaziamento do barril. Durante a limpeza e o ciclo de enchimento na cervejaria, o barril é invertido e lavado diversas vezes com detergente, água e vapor bombeados em alta pressão através dos mesmos acessórios, antes do enchimento.

Distribuição e armazenamento de barris

Os barris com chope devem ser armazenados e entregues a baixas temperaturas – o mais próximo possível da temperatura de serviço. Dependendo da temperatura, pode levar horas – ou mesmo dias – para refrigerar um barril quente. Muitos dos problemas de extração e formação excessiva de espuma são provocados pelas tentativas de servir a bebida ainda quente. A pressão de gás, temperatura e o próprio desenho do sistema de extração são fatores que estão intimamente relacionados. Extrair a cerveja de um barril, mesmo a uns poucos graus acima da especificação de temperatura típica desejada, entre 1,1 °C a 3,3 °C para a maioria dos estilos de cerveja americanos, pode causar espuma excessiva e dificuldade em servir. Embora seja possível operar sistemas à pressão a temperaturas mais altas, no intuito de mostrar o melhor de algumas cervejas, esse procedimento requer um desenho cuidadoso e o correto balanceamento do sistema.

Gás de extração

Embora a maior parte das cervejas seja carbonatada e extraída do barril com dióxido de carbono puro, o uso de mistura de gases contendo dióxido de carbono (CO_2) e nitrogênio (N_2) está se tornando muito comum – permitindo sistemas de extração maiores e mais flexíveis. Câmaras frias remotas são frequentemente utilizadas para facilitar a entrega, carregamento e o armazenamento de mais barris do que pode estar disponível em bares e restaurantes lotados. A pressão mais alta necessária para entregar a cerveja embarrilada a maiores distâncias poderia resultar em carbonatação excessiva se o CO_2 fosse utilizado puro, mas a baixa solubilidade e a natureza inerte do N_2 fazem com que uma mistura de gases seja ideal para esses propósitos. Devido aos problemas de oxidação, jamais se deve empregar ar na hora de extrair a cerveja. Antigamente, alguns fornecedores de sistemas à pressão comercializavam compressores de ar como uma alternativa para economizar em CO_2 e gases mistos. O oxigênio presente no ar degrada a cerveja rapidamente; infelizmente, tais sistemas ainda são usados. (Bombas em linha também podem ser usadas para aumentar a pressão da cerveja no sistema de extração sem alterar os níveis de carbonatação.) Cervejas nitrogenadas (como alguns estilos de *stout*) necessitam de uma mistura maior de N_2 e CO_2 para que o equilíbrio adequado seja alcançado. Existem diversos cilindros prontos com gases pré-misturados disponíveis no mercado, mas um misturador de gases pode também ser empregado para realizar a mistura dos dois gases no próprio local. Devem-se tomar certas precauções na escolha das misturas de gases para que não haja uma carbonatação excessiva ou mesmo perda de carbonatação durante o serviço. A pressão do gás de extração pode ser reduzida com a utilização de um regulador que ajusta a pressão de equilíbrio da cerveja no barril. Os reguladores devem incluir uma válvula de segurança para minimizar o risco de aumento de pressão caso apresentem defeito.

Desenho do sistema de extração[4]

Um sistema de chope bem projetado deve ser capaz de manter os níveis de carbonatação e de balanceamento de gases especificados pelo cervejeiro, propiciar uma temperatura de serviço apropriada ao estilo de cerveja, permitir um fluxo de 60 mL por segundo e produzir a quantidade de espuma desejada. Para atender às diferentes restrições de instalação e disposição física do sistema, desenvolveram-se diversas tecnologias de sistema de extração à pressão; no entanto, muitos componentes são comuns a todos os desenhos. As boas práticas recomendam o uso de aço inoxidável em todos os componentes metálicos que entrarão em contato direto com a cerveja. Era comum o uso de latão cromado em função de seu reduzido custo e facilidade de confecção, mas a natureza ácida da cerveja, assim como os produtos químicos utilizados rotineiramente para a limpeza desses sistemas, ataca o metal, levam à pro-

---

[4] No Brasil, apenas recentemente iniciou-se a prática de construção de câmaras frias para armazenamento e serviço de chope nos pontos de venda, principalmente bares e restaurantes especializados em cervejas artesanais. Esse investimento dos proprietários melhora muito a qualidade do chope servido em seus estabelecimentos. Em pontos de venda menores, ou que servem chopes comerciais de massa, a prática mais comum é a instalação de chopeiras de expansão direta. Estas ficam sobre o balcão dos pontos de venda e refrigeram o chope na passagem pela chopeira, ao sair dos barris que normalmente estão à temperatura ambiente. [N.E.]

dução de *off-flavors* metálicos e dificuldade cada vez maior de limpeza e manutenção da boa higiene do sistema. As tubulações e outros componentes plásticos devem ter procedência e certificação de grau alimentício. Durante o projeto e instalação de qualquer sistema de extração, fatores como o estilo de cerveja, teor de CO_2, temperatura e elevação devem ser considerados no balanceamento do sistema para que o serviço seja perfeito. Os sistemas mais simples – e geralmente os que são mais bem projetados – são denominados *direct draw* ("coleta direta"). Nesse caso, o barril fica em uma câmara fria logo atrás ou abaixo da torneira. É importante que as linhas e acessórios estejam todos refrigerados à mesma temperatura de serviço para prevenir a formação de espuma. O barril é engatado com uma válvula extratora de saída dupla que se encaixa na sua parte superior; essa peça fornece tanto a conexão de distribuição de gás quanto a de saída do chope. Esse acessório também contém uma válvula secundária de segurança que possibilitará o escape de pressões potencialmente explosivas em caso de mal funcionamento do regulador. A conexão é feita por um tubo curto de vinil com uma "peça de arremate" de aço inoxidável que liga a válvula extratora e a haste que passa através da parede da câmara fria ou da "torre" do bar e conduz até a torneira de serviço. Quando a distância do barril à torneira aumenta – até aproximadamente 7,5 metros – força-se a passagem de ar refrigerado por dutos localizados ao redor da linha de cerveja para manter a temperatura da bebida e das torneiras igual ou inferior à da câmara fria, para prevenir a formação de espuma. Também é possível instalar sistemas mais longos, com os barris a dezenas de metros das torneiras, utilizando feixes refrigerados de glicol altamente isolados. Esses feixes podem conter muitas linhas de chope, envolvendo duas ou mais linhas de fornecimento e retorno de glicol refrigerado, através dos quais glicol de grau alimentício é continuamente circulado da câmara fria até a torneira, a fim de conservar a cerveja na temperatura de serviço adequada. Embora a utilização de sistemas refrigerados muito longos propicie mais flexibilidade na instalação da câmara fria e das torneiras, a distância adicional traz complicações de limpeza ao sistema e aumenta o desperdício de cerveja. Ainda que não sejam ideais, para eventos de curta duração ou uso em piqueniques, as bombas manuais, ou chopeiras a gelo, podem ser usadas tanto com placas frias como com serpentinas para refrigerar a cerveja no trajeto até a torneira; ou o barril pode ser refrigerado em um recipiente maior. Uma vez que as bombas manuais provocam a entrada de oxigênio, os barris não estarão em boas condições por mais do que um ou dois dias após a abertura.

Limpeza do sistema de extração

Um dos pontos-chave para a qualidade das cervejas servidas à pressão é a utilização de um sistema de extração bem higienizado e conservado. Mesmo que a cerveja não abrigue microrganismos, diversas cepas de bactérias comuns podem se desenvolver e alterar ou acidificar a bebida em um sistema mal higienizado. A limpeza deve ser feita a cada duas semanas, com aplicação de detergentes regulamentados e empregados na concentração e temperatura adequadas. Primeiramente, o sistema deve ser enxaguado com água fria para remover toda a cerveja residual; a seguir, deve-se proceder à circulação de detergente por pelo menos quinze minutos – caso não se disponha de uma bomba, o sistema deve permanecer embebido em detergente por ao menos vinte minutos. Torneiras e válvulas extratoras devem ser lavados manualmente e, finalmente, todo o sistema deve ser enxaguado com água potável fria antes do próximo uso.

Ver também LEI DE DALTON.

Draft Beer quality manual. Disponível em: http://draughtquality.org/. Acesso em: 12 abr. 2011.

Ken Grossman

Christmas ales é um termo descritivo amplo utilizado para cervejas produzidas para as celebrações do Natal e do Ano Novo. Em geral, apresentam elevado teor alcoólico, entre 5,5% e 14% ABV, e são caracterizadas pelo uso de maltes escuros flavorizados, condimentos, ervas e frutas em suas receitas.

Um exemplo de *Christmas ale* da época medieval era a *"lambswool"* – feita com maçãs assadas, noz-moscada, gengibre e açúcar (mel) –, assim denominada devido à espuma que se formava em sua superfície. As propostas atuais já se baseiam em receitas de *old ales, strong ales* e *barley wines,* fazendo uso de canela, cominho, laranja, limão, coentro, mel etc., para elaborar uma cerveja cálida, escura, atraente e

Rótulo de cerveja *Christmas ale* produzida pela Peoples Brewing Company, em Wisconsin, por volta de 1940. A Peoples foi a primeira cervejaria nos Estados Unidos com um proprietário afrodescendente, Theodore Mack.
PIKE MICROBREWERY MUSEUM, SEATTLE.

festiva. Ver BARLEY WINE e OLD ALES. Essa tradição está intimamente relacionada com a *"wassail"*, que é vinho, cerveja ou sidra condimentados, normalmente consumidos durante os cânticos ou reuniões da época de Natal.

Em muitos países produtores de cerveja elaboram-se *Christmas ales* ou *ales* sazonais, algumas com muita bagagem histórica – especialmente na Bélgica, Inglaterra, Escandinávia e nos Estados Unidos –, geralmente maturadas por muitos meses. Não há uma receita única para essas *ales* especiais, pois essa é uma ocasião para o cervejeiro expandir seus horizontes e explorar novos ingredientes e sabores, como o presente do cervejeiro para as celebrações natalinas. A categoria inclui algumas das cervejas mais fortes produzidas no mundo, incluindo Samiclaus, uma *doppelbock* rica e envelhecida, com 14% ABV, originalmente elaborada pela Hürlimann, na Suíça, mas agora também produzida pela cervejaria austríaca Eggenberg. Já nos Estados Unidos, a Christmas Ale, da Anchor Brewing, também conhecida como "Our Special Ale", leva uma mistura diferente de especiarias a cada ano, o que também ajudou a despertar certa expectativa sobre as *Christmas ales* nos primeiros dias do movimento artesanal cervejeiro.

Buhner, S. H. **Sacred and herbal healing beers**.
  Boulder: Siris Book, 1998.
Harrison, J. et al. **Old British beers and how to make them**. 3. ed. Middlesex: Durden Park Beer Circle, 2003 (inclui receitas de antigas *ales* comemorativas, tiradas de velhos livros sobre práticas cervejeiras).
Unger, R. W. **Beer in the Middle Ages and the Renaissance**. Philadelphia: University of Pennsylvania Press, 2004.

Chris J. Marchbanks

A **Christoffel, Cervejaria**, é uma microcervejaria localizada em Roermond, no sudeste da Holanda. Ela foi fundada por Leo Brand, membro da família proprietária da Brand Brewery, em 1986, e batizada em homenagem ao santo padroeiro de Roermond, St. Christoffel. Brand formara-se técnico cervejeiro pela Universidade Weihenstephan dez anos antes e havia trabalhado em várias cervejarias e maltarias alemãs antes de montar a cervejaria. Ver WEIHENSTEPHAN. Ele produziu sua primeira batelada em uma antiga fábrica de móveis, utilizando equipamentos cervejeiros de segunda mão, em 2 de agosto, e abriu oficialmente a cervejaria em 26 de setembro de 1986. Sua primeira cerveja foi uma *German pilsner* premium, fortemente lupulada, simplesmente chamada de St. Christoffel, envasada em garrafas de 330 mililitros e de dois litros *swing-top*. O sucesso nacional foi rapidamente seguido por exportações para a Alemanha, Bélgica, Estados Unidos e Dinamarca. A capacidade de produção atingiu o pico no início de 1990, e a cervejaria mudou-se para sua localização atual, em um distrito industrial. Os antigos equipamentos foram renovados, quase triplicando a sua produção. Sua segunda cerveja, Robertus, uma *dark lager* forte ao estilo de Munique, foi lançada em 2003 e seguida por uma *bock* em 2005 (substituída por uma *doublebock* em 2007), uma *imperial pilsner* com dry hopping em 2008 e uma *weizen* escura ao estilo bávaro em 2009. Todas as suas cervejas são livres de adjuntos e satisfazem o padrão da Lei da Pureza da Cerveja. Ver LEI DA PUREZA DA CERVEJA. As cervejas permanecem notáveis por seu caráter ousado.

Houve muitas mudanças de pessoal na Christoffel e uma mudança de proprietários desde a mudança de endereço. A mais recente mudança foi a compra da cervejaria pelo casal Steven van den Berg (engenheiro de produção de cerveja) e Joyce van den Elshout (gerente geral) no outono de 2009.

Ver também PAÍSES BAIXOS.

Derek Walsh

Cicerone é uma pessoa que concluiu os exames e os requisitos do programa de certificação Cicerone Certification Program, um curso sobre a cerveja criado por Ray Daniels em 2007. Daniels, que é escritor, avaliador e membro sênior do corpo docente do Siebel Institute of Technology, iniciou o programa para fornecer aos setores de produção de cerveja e hotelaria certificações claras com a indicação de níveis definidos de conhecimento na seleção e um serviço adequado de cerveja de boa qualidade. Daniels redefiniu a palavra "Cicerone", que significa "guia" ou uma pessoa que conduz outros através de museus ou passeios turísticos, para se referir a uma pessoa que conduz outras pessoas pelo mundo da cerveja de boa qualidade. A certificação primária, "Certified Beer Server", requer um conhecimento básico considerável sobre produção de cerveja, estilos de cerveja populares, armazenamento e serviço adequados. O nível secundário, "Certified Cicerone", é bem mais rigoroso e aprofunda-se mais em aspectos técnicos e históricos, estilos de cerveja e suas variações, defeitos comuns e *off-flavors* nas cervejas, habilidades de degustação e harmonização. A última certificação, denominada "Master Cicerone", requer conhecimento detalhado de diversos aspectos da produção de cerveja, bem como maior conhecimento sobre todas as facetas de qualidade da bebida em suas variadas formas. Todos os níveis exigem aprovação em exames escritos e os níveis mais avançados incluem provas e ensaios de degustação. Embora seja discutível se o setor de restaurantes e o setor de hotelaria necessitam ou não de "*sommeliers* de cerveja" específicos, a rápida ascensão da cultura da cerveja artesanal deixou um vácuo de conhecimento entre pessoas que estudam bebidas alcoólicas. Em teoria, um *sommelier* não é meramente um mordomo de vinho; um *sommelier* treinado de maneira adequada também deve estar totalmente familiarizado com todos os aspectos da cerveja, do saquê, dos coquetéis e de todas as outras bebidas alcoólicas agradáveis ao paladar. Entretanto, a realidade é um pouco diferente, e muitos *sommeliers* pouco ou nada sabem sobre cerveja, mesmo depois de terem passado por escolas de culinária ou programas respeitados de formação de *sommeliers*. Desse modo, as certificações de Cicerone criadas por Daniels, as quais ele sensatamente registrou, adquiriram popularidade crescente entre distribuidores de cerveja, vendedores e o pessoal do segmento de restaurantes. Os exames são administrados regularmente nos Estados Unidos, e desde o início de 2011 também estão sendo aplicados no Canadá.

Cicerone. Disponível em: http://www.cicerone.org/. Acesso em: 12 dez. 2010.
Noel, J. Beer's buddy. **Chicago Tribune**, 11 de julho de 2010.

Garrett Oliver

CIP

Ver CLEANING IN PLACE (CIP).

cirrose

Ver SAÚDE.

Citra é um lúpulo de aroma com marca registrada e patente depositada pela Hop Breeding Company LLC (HBC) em 2009. Originalmente chamado "HBC 394", o Citra é resultado de um cruzamento realizado em 1990, como parte do programa de melhoramento em Yakima Valley, em Washington. Uma única planta foi selecionada em 1992, e o primeiro canteiro comercial de 2,4 hectares foi plantado em 2008. O Citra tem um *pedigree* interessantemente cruzado que pode ser destrinchado em 50% Hallertauer Mittelfrueh, 25% American Tettnanger, 19% Brewer's Gold e 3% East Kent Golding. Embora seja classificado como "lúpulo de aroma", dado seu elevado teor de alfa-ácidos de 11% a 13%, o Citra também pode ser empregado como lúpulo de amargor, especialmente devido ao fato do teor de cohumulona ser relativamente baixo, correspondendo de 22% a 24% dos alfa-ácidos. Sua maturidade é média e ele é moderadamente resistente a míldio e oídio. A produtividade média varia de 1.569 kg/ha a 1.793 kg/ha, e sua potencial de estocagem é regular.

O que diferencia o Citra de outros lúpulos e lhe confere alto potencial são seu exótico e único aroma cítrico e seu alto conteúdo de óleos essenciais, que varia de 2,2% a 2,8%, aproximadamente duas vezes o teor de óleos essenciais do Cascade e entre os mais altos de todas variedades de lúpulos. Seus óleos são constituídos de 60% a 65% de mirceno, 11% a 13% de humuleno, 6% a 8% de cariofileno e, altamente notável, 1% a 2% de linalol. Muitos produtores de lúpulos e cervejeiros acreditam que o linalol está fortemente associado ao agradável aroma de lúpulo em cervejas. O Citra, cujo nome vem de seu aroma cítrico, também possui notas de groselha-selvagem, frutas tropicais e lichia, além de notas de groselha-preta e urina de gato ("*catty*") que podem surgir no *dry hopping*. A intensidade do lúpulo lhe confere um papel evidente em *pale ales* e *India pale ales*. Poucos lúpulos entraram em cena nos últimos anos com tamanho alarde quanto o Citra, e essa variedade parece destinada a uma firme expansão em seu cultivo durante algum tempo.

Probasco, G. et al. Citra: A new special aroma hop variety. **MBAA Technical Quarterly**, v. 47, 2010.

Garrett Oliver

clarificação é o nome dado a qualquer processo em que os sólidos insolúveis são removidos do mosto ou cerveja, resultando em um líquido clarificado. A clarificação do mosto é importante porque a cerveja produzida a partir de mostos transparentes ou "límpidos" tende a ter melhor qualidade. A clarificação ocorre na sala de brassagem após o mosto ser fervido na tina de fervura. Ela pode empregar um "*whirlpool*" se extratos ou péletes de lúpulo são utilizados, ou um "*hop back*" quando folhas inteiras de lúpulo são utilizadas. O mosto que não é clarificado pode fermentar lentamente, e a cerveja resultante pode ser difícil de filtrar, ou pode ser difícil de clarificar em *casks* usando agentes clarificantes.

A clarificação da cerveja envolve diferentes processos. A filtração é o processo mais comumente usado. A centrifugação é outro método de clarificação. Nesse processo, quantidades excedentes de proteínas e leveduras são removidas da cerveja antes da filtração. As cervejas são mais fáceis de filtrar se os sólidos em excesso forem removidos antes da filtração final. Na cerveja em *cask* tradicional, os agentes clarificantes, tais como *isinglass*, são utilizados para sedimentar levedura e proteína durante o processo de clarificação que ocorre no *cask*.

Ver também AGENTES CLARIFICANTES, CENTRIFUGAÇÃO, FILTRAÇÃO, HOP BACK e WHIRLPOOL.

Paul K. A. Buttrick

cleaning in place (CIP) refere-se a métodos usados para limpar as superfícies interiores de tubulações, recipientes e tanques sem desmontagem e, geralmente, sem trabalho manual. Antes dos métodos CIP se tornarem comuns, na década de 1950, os equipamentos cervejeiros muitas vezes eram desmontados e as peças limpadas individualmente à mão. O CIP não é exclusividade da indústria cervejeira; ele é aplicado em todas as indústrias que processam líquidos em sistemas fechados.

Tanques, tubulações, recipientes e equipamentos de embalagem em cervejarias modernas são todos sistemas fechados. A limpeza frequente desses equipamentos é necessária para manter a qualidade microbiológica e química requerida pela cerveja. Consequentemente, a limpeza e a sanitização dos equipamentos da cervejaria devem ser feitas de forma a permitir que o equipamento permaneça fechado e o pessoal em segurança, isolados das soluções químicas de limpeza, geralmente muito quentes. Em grandes e modernas cervejarias, os processos de limpeza são tão abrangentes e elaborados que costuma haver automação para controlar adequadamente os custos, a energia, a gestão do tempo e a consistência da operação. Assim, o conceito de CIP no mundo cervejeiro moderno não é apenas uma conveniência; é em muitos casos uma necessidade.

A limpeza CIP é realizada por meio de dispositivos de dispersão montados dentro dos tanques. Estes normalmente são *sprayballs* estáticos ou diferentes tipos de jatos rotativos. Esses dispositivos, usando a pressão do líquido, pulverizam diretamente soluções de limpeza em cada parte da superfície interna dos tanques. A solução de limpeza, geralmente um detergente alcalino ou uma solução ácida a elevadas temperaturas, é então repetidamente circulada dentro do tanque, de uma maneira não muito diferente à de uma máquina de lavar louça. O dispositivo de dispersão deve ser projetado para circular delicadamente a solução de limpeza por toda a superfície interior, ou pode ser um jato de alto impacto que utiliza energia mecânica e química para remover as sujidades. Tubulações, bombas, válvulas, envasadoras e outras peças de equipamentos de processamento que não têm dispositivos de limpeza internos são limpos pelo método CIP, recirculando a solução de limpeza dentro das partes que entram em contato com a cerveja ou mosto.

A unidade central em qualquer processo de limpeza CIP é a estação CIP ou unidade CIP. Ela é constituída de um certo número de tanques com soluções de limpeza, trocadores de calor de placas para alcançar a temperatura correta da solução, e bombas para circulação das soluções de limpeza nas pressões requeridas, e taxas de fluxo através da rota/equipamento a ser limpo. Essas unidades podem ser tão automatizadas quanto desejado. Em cervejarias pequenas e *brewpubs*, a mesma tarefa é geralmente realizada sem uma estação CIP, de modo que cada cervejaria desenvolve seu próprio método eficaz de limpeza, usando bombas, mangueiras e outros equipamentos. Um corolário para a CIP é a esterilização no lugar, que usa métodos similares, geralmente com uma solução química de esterilização para esterilizar as superfícies internas de tanques e equipamentos de processo.

Kunze, W. **Technology, brewing & malting**. 3. ed. Berlin: VLB Berlin, 2004.

Anders Brinch Kissmeyer

cloreto de cálcio é um dos componentes principais na medição da dureza permanente da água (também conhecida como dureza não carbonatada). A dureza permanente da água é definida pela soma de todos os íons de cálcio e magnésio associados a ânions tais como cloreto ou sulfato. Essa parte da dureza da água é referida como "permanente", devido ao fato de que não precipitará sob a influência do calor. Portanto, o cloreto de cálcio é também um dos principais sais utilizados para aumentar os níveis de cálcio na cerveja.

Níveis adequados de cálcio na cerveja podem abaixar o pH, preservar enzimas na mosturação, aumentar o rendimento de extrato, melhorar o crescimento e floculação da levedura, acelerar a remoção de oxalato e reduzir a cor. Acredita-se que o íon cloreto promova plenitude, dulçor ou suavidade no paladar, dentro do perfil de sabor da cerveja. A maioria das fontes de água contém um pouco de cloreto de cálcio; no entanto, raramente é encontrado sem outros componentes como carbonato ou sulfato presentes em quantidades significativas. Dortmund, na Alemanha, é um exemplo de fonte de água com um elevado teor de cloreto de cálcio e demonstra as propriedades tipicamente atribuídas ao cloreto de cálcio.

Bernstein, L.; Willox, I. C. Water. In: Broderick, H. M. (Ed.). **The Practical Brewer**. Madison: Master Brewers Association of the Americas, 1977, p. 13.

Kerwin, L. Water. In: Ockert, Karl. **MBAA practical handbook for the specialty brewer, vol. 1, Raw materials and brewhouse operations**. Madison: Master Brewers Association of the Americas, 2006, p. 7-12.

Kunze, W. Raw materials. In: **Technology brewing and malting**. 2. ed. Berlin: VLB Berlin, 1999, p. 69-73.

John Haggerty

cloreto de sódio vulgarmente conhecido como sal de cozinha ou sal marinho, tem a fórmula química de NaCl. Na água, encontra-se completamente dissociado em íons sódio e cloreto, cada um com as suas próprias características específicas. Águas de poço próximas aos oceanos são mais propensas a apresentar teores mais elevados de sal do que outras. Águas com elevados teores de sal não são adequadas para a produção de cerveja por causa de seu efeito sobre a química da célula de levedura, assim como pelos seus efeitos desagradáveis no sabor da cerveja. Ao contrário de muitos outros íons presentes na água cervejeira, nem os íons de sódio nem os de cloreto contribuem significativamente para a atividade das enzimas da mostura, coagulação na tina de fervura, ou metabolismo da levedura. Ambos os íons, no entanto, contribuem fortemente para o sabor e a percepção de gosto na cerveja pronta. Entre os dois, os íons de sódio são geralmente considerados os menos desejáveis. Eles fornecem as conhecidas notas "salgadas", assim como uma aspereza e dureza que a maioria dos cervejeiros tentam evitar. Geralmente, as concentrações de íons de sódio são consideradas ideais quando limitadas a um máximo de 25 mg/L, embora algumas cervejas *stouts* tenham um gosto agradável com teores de até 150 mg/L.

O cloreto, no entanto, pode fornecer uma suavidade e maciez, quase dulçor, ao sabor da cerveja, em contraponto direto com o íon sulfato, comumente encontrado, que contribui com um contraste seco e acentua o amargor. Comumente, os cervejeiros adicionam cloreto de cálcio, em vez de cloreto de sódio, como fonte de cloreto. A concentração de cloreto em certas cervejas é considerada adequada entre 50 mg/L e 250 mg/L.

Nos Estados Unidos, era relativamente comum que algumas pessoas adicionassem sal à sua cerveja para provocar a formação de espuma. Essa prática desapareceu quase completamente. No entanto, algumas cervejarias artesanais têm recriado recentemente o estilo de cerveja *Leipsiger gose*, previamente extinto, que continha quantidades notáveis de sal.

Ver também ÁGUA.

Pollock, J. R. A. **Brewing science**. New York: Academic Press, 1979.

Brian Hunt

Cluster é um dos lúpulos americanos mais antigos cultivados na América do Norte. Ele é considerado um lúpulo de amargor com teor moderado de alfa-ácidos (5% a 9% m/m) e baixo conteúdo de óleos essenciais (0,4 a 0,8 mL/100 g). A origem dos rizomas não é seguramente conhecida, entretanto, acredita-se que o Cluster foi originado por uma polinização cruzada ao acaso entre o English Black Cluster e uma planta macho de lúpulo americano, provavelmente na costa leste dos EUA em algum momento do século XVIII. Há quatro registros no USDA diferentes para essa variedade: Yakima Cluster (também designado como L-1), USDA 65102; Late Cluster L-16, USDA 21011; Late Cluster L-8, USDA 65104; e Early Cluster, USDA 65103. Todos são muito similares, com a diferença principal sendo o tempo para atingir a maturidade. Todos os Clusters são muito suscetíveis ao míldio e, consequentemente, não podem ser cultivados de forma bem-sucedida no Willamette Valley, no Oregon. Eles crescem bem no Yakima Valley, em Washington, e no Treasure Valley, em Idaho. Todos são muito vigorosos e possuem alto potencial produtivo. A estabilidade dos alfa-ácidos do Cluster durante armazenamento está entre as melhores de todos os lúpulos no mundo, e ele se mantém bem mesmo que não esteja armazenado sob refrigeração. A área plantada com Cluster reduziu significativamente, de quase 90% da área total de plantação de lúpulos nos Estados Unidos nos anos de 1970 para aproximadamente 1,25% em 2009. O Cluster é frequentemente descrito como de amargor brando e aroma que remete a groselha-preta. Houve um tempo em que a vasta maioria das cervejas americanas continha o Cluster, mas o Galena tomou seu lugar como a variedade de lúpulo americano mais amplamente cultivada.

Thomas Shellhammer e Alfred Haunold

coaching inns foram uma parte vital do sistema de transporte britânico e europeu por cerca de duzentos anos, de meados do século XVII até a chegada das estradas de ferro. As viagens de carruagem se tornaram possíveis graças à melhoria das estradas. Grupos de cavalos puxavam diligências e carruagens de correios, parando a cada 10 ou 15 quilômetros (7 ou 10 milhas) para trocar os cavalos cansados por descansados. As hospedarias ofereciam estábulo para os cavalos e comida, bebida e acomodação para os viajantes. Algumas cidades inglesas possuíam dezenas de *coaching inns*. Havia uma intensa rivalidade entre elas para extrair das companhias de deligências as maiores taxas possíveis pelo aluguel de cavalos e também para ganhar grandes quantidades de dinheiro dos viajantes mais ricos.

De início, as diligências eram apertadas e desconfortáveis, mas no final do século XVIII eixos com mola e carruagens mais leves deixaram as viagens mais agradáveis. No entanto, existia um rígido sistema de classe em operação, com quatro clientes dentro da diligência e até uma dúzia fora ou "em cima" dela, sentandos ao lado do cocheiro. Houve melhorias adicionais quando o Royal Mail, o correio britânico, introduziu serviços de diligência mais rápidos na década de 1780 para acelerar as cartas e encomendas em toda a Grã-Bretanha. Melhorias nesse serviço significavam mais negócios para as *coaching inns*, que se tornaram lugares de grande atividade: cavalariços cuidavam dos cavalos cansados enquanto os proprietários e grandes séquitos de criados forneciam alimento, cerveja e leito para os viajantes exaustos.

De acordo com uma lenda, foi o consumo de cerveja nas *coaching inns* que deu origem ao termo "*cock and bull story*". Na cidade de Stony Stratford, em Buckinghamshire, no centro da Inglaterra, existiam duas *coaching inns*, a Cock e a Bull. Encorajados por canecas de *ale*, os viajantes das hospedarias contavam histórias que ficavam cada vez mais exageradas, a tal ponto que qualquer exemplo de história absurda ficou conhecido em todo o sistema de diligência como "*a load of cock and bull*", "um monte de *cock* e *bull*".

Charles Dickens, cuja vida dividia-se entre as *coaching inns* e as estradas de ferro, deixou à posterioridade algumas imagens memoráveis das hospedarias que visitou em suas extensas viagens. Entre aquelas em que se hospedou estão a Great White Horse em Ipswich, mencionada em *The Pickwick*

Papers, e a Saracens Head em Snow Hill, Londres, de onde Nicholas Nickleby parte em sua jornada para Yorkshire. Enquanto em Yorkshire, Dickens também visitou a New Angel em Doncaster, a George em Bradford e a White Horse and Griffin em Whitby.

William e Dorothy Wordsworth também foram grandes usuários das *coaching inns* enquanto atravessavam o país. O diário de Dorothy é cheio de referências às hospedarias, e ela fala com lirismo da Black Swan em Helmsley, Yorkshire, que continua ativa até hoje: "Meu coração dançou com a visão de seus muros limpidamente amarelo-brilhantes, batentes das janelas sombreadas por jasmins, e sua fachada baixa com telhado de duas águas". O tamanho e o escopo das *coaching inns* podem ser vistos a partir da história da George em Catterick, Yorkshire, que foi administrada por cerca de quarenta anos por Daniel Ferguson. Suas iniciais estão inscritas nas pedras das janelas do salão. Seu negócio de diligência era importante e ele, muitas vezes, teve de utilizar cavalos que puxavam arados e carroças para puxar as diligências.

Uma hospedaria rival em Catterick, chamada Angel, que já foi demolida, possuía um estábulo para cem cavalos. Mas essas grandes estalagens, com seus estábulos, pátios pavimentados, salões, restaurantes e quartos, foram varridas pelas estradas de ferro no século XIX. Quando ficou possível viajar com grande velocidade de uma cidade a outra em uma fração do tempo gasto por uma diligência, as estalagens localizadas em vias com pedágio e no centro das cidades sucumbiram ao poder do motor a vapor. *Pubs* e hotéis, muitas vezes nomeados The Railway, foram construídos ao lado das estações. As *coaching inns* eram grandes demais para serem economicamente viáveis na nova era do vapor, e a maioria foi demolida.

A área ao sul de Londres conhecida como Borough já esteve lotada de hospedarias, pois era lá que os peregrinos começavam suas longas caminhadas até a catedral de Canterbury. A Tabard é o ponto de partida para o grupo de peregrinos nos *Contos de Canterbury*, de Chaucer. Hoje, a única *coaching inn* remanescente no distrito é a George, localizada na rua Borough High, número 77, Londres. Antes ela ficava lado a lado com algumas outras estalagens, incluindo a Tabard, a Golden Lion e a White Hart, mencionada por Shakespeare em *Henrique VI* e o lugar onde os heróis de *The Pickwick Papers* encontram Sam Weller pela primeira vez. A George, agora de propriedade do National Trust, que protege construções de interesse histórico, foi mencionada pela primeira vez em um estudo sobre Londres em 1598, mas pode ser ainda mais velha. A George costuma ser considerada uma hospedaria elisabetana, mas os prédios originais foram destruídos em um incêndio em 1676, apesar de terem sidos fielmente reconstruídos. Ela tem um labirinto de pequenos quartos, com painéis, bancos e poltronas de carvalho escuro. Uma galeria funciona ao longo de uma parte do exterior, e afirma-se que Shakespeare e outros atores atuaram na galeria e no pátio, antes do Globe Theatre ser construído ali perto. A atmosfera da George e suas rivais foi mais bem descrita por Dickens: "Eram lugares grandes, desconexos, velhos e estranhos, com galerias, passagens e escadarias largas e antiquadas o bastante para fornecer material para uma centena de histórias de terror".

A George, que podia acomodar até oitenta diligências por semana, havia sido ainda maior, mas duas alas foram derrubadas em 1889 pela Great Northern Railway Company para abrir espaço para galpões de máquinas da estação London Bridge. As ferrovias acabaram com a maioria das *coaching inns* e mutilaram severamente a George, uma das mais famosas de seu tipo.

As *coaching inns* e a cerveja

A popularidade das *coaching inns* criou uma grande demanda por *ales* e cervejas lupuladas, uma demanda que, muitas vezes, ultrapassava a capacidade dos seus proprietários de produzir quantidades suficientes. Estradas fora de Londres em direção aos portos do canal e ao norte da Inglaterra contavam com dezenas de grandes *coaching inns* para aqueles que estavam de saída ou que chegavam à capital. "Cervejeiros comuns" ou comerciais surgiram com o objetivo de fornecer cerveja para os proprietários completarem suas próprias produções. Visitantes de Londres vindos do continente europeu teriam estimulado a mudança das *ales* sem lúpulo para cervejas lupuladas, que haviam se tornado a norma na Europa continental. A demanda por lúpulo por parte dos cervejeiros de Londres se tornou tão forte que os comerciantes de lúpulo abriram negócios na região de Southwark, ao sul da Ponte de Londres: a estrada que levava para fora de Southwark era a Old Dover Road – que ficou famosa na obra *Um conto de duas cidades*, de Dickens –, que conduzia às fazendas de lúpulo em Kent. Em 1868, a Hop Exchange foi construída em Southwark, quase em frente à hospedaria George, onde se podia comprar lúpulos frescos vindos de Kent. A Hop Exchange continua de pé e, como resultado de sua importância histórica, é protegida como um "prédio histórico" pelo governo, apesar de não haver mais armazenamento e venda de lúpulo ali.

Duas cervejarias, ambas chamadas Anchor Brewery, cresceram em tamanho e fortuna no entorno da London Bridge e Southwark. A Thrale's Brewery, da qual o dr. Samuel Johnson era acionista, data do início do século XVIII. Ela fechou após a morte de seu dono, Henry Thrale, em 1781, e fundiu-se com a rival Anchor Brewery, fundada por John Courage em 1787. A cervejaria Courage foi assumida por membros da família Barclay, que também entraram no ramo dos bancos com algum sucesso. O nome Courage foi mantido, e a Anchor Brewery sobreviveu até 1981, quando suas marcas foram transferidas para uma cervejaria moderna na cidade de Reading. Outra cervejaria importante na região da Ponte de Londres foi a Jenners: a família Jenner continua ativa na área cervejeira, assim como os donos da Harvey's Brewery em Sussex, próximo a Brighton.

Na cidade de Chester, no noroeste da Inglaterra, a Golden Falcon foi uma *coaching inn* líder, com cerveja fornecida pela Northgate Brewery, que fechou em 1969. A hospedaria Liverpool Arms, em Chester, que continua de pé, foi construída próximo à cervejaria. Até a dissolução dos mosteiros por Henrique VIII, eram os monges da abadia de Chester que forneciam *ale* para as estalagens locais.

Corran, H. S. **A history of brewing.** Newton Abbot: David & Charles, 1975.
Dickens, C. **Nicholas Nickeleby**; cartas de Charles Dickens; cartas de Dorothy Wordsworth. Várias editoras.
Hackwood, F. W. **Inns, ales and drinking customs of Old England.** London: Bracken Books, 1985.
Pepper, B. **Bedside book of beer.** St. Albans: Alma Books, 1990.
Pudney, J. **A draught of contentment: The story of the Courage Group.** London: New English Library, 1971.

Roger Protz

cobre, um metal há muito tempo valioso na construção de cervejarias, mas hoje amplamente substituído pelo aço inoxidável. O cobre é maleável e pode ser transformado em folhas, o que permitiu o seu uso em grandes tanques na cervejaria. As folhas eram facilmente unidas, produzindo vedações à prova de vazamentos. O cobre é também um excelente condutor de calor, o que fez dele o metal preferido no tempo em que o aquecimento por fogo direto das tinas de fervura era comum. Ver AQUECIMENTO POR FOGO DIRETO. Na Grã-Bretanha, as tinas de fervura cervejeiras ainda são chamadas, às vezes, de "*coppers*" (cobre). O cobre é também, em quantidades traços, um nutriente necessário para a levedura. O mosto é ligeiramente ácido e dissolve as pequenas quantidades de cobre necessárias para uma boa saúde da levedura. Na fermentação da cerveja, o cobre atua na redução das concentrações de sulfeto de hidrogênio, um gás com aroma que lembra ovo podre.

Entretanto, o cobre tem algumas desvantagens. É difícil de limpar – muito mais difícil que o aço inoxidável. Embora seja maleável, é também relativamente macio e não tem a resistência estrutural do aço. Embora ainda existam salas de brassagem revestidas de cobre por razões estéticas, o interior dos tanques é quase sempre de aço inoxidável.

Os humanos, como as leveduras, necessitam de quantidades traços de cobre (1 a 2 miligramas por dia em uma dieta saudável) para o funcionamento normal das células. Nos últimos anos, muita atenção foi dada a uma eventual toxicidade do cobre e suas implicações para os cervejeiros. A validade dessa preocupação ainda é amplamente debatida. A Agência Norte-Americana de Proteção Ambiental limita o cobre na água potável a 1,3 mg/L. O cobre em altas concentrações é seguramente tóxico, tanto para humanos quanto para muitos microrganismos, incluindo a levedura. Embora o debate continue, pode-se notar que muitas das mais belas salas de brassagem, da tcheca Pilsner Urquell à belga Trappist Rochefort, são construídas em cobre, e isso parece não ter tido efeitos negativos nem sobre as pessoas, nem sobre as leveduras.

Campbell, K. **Brewer and Distiller International**, Edrington Group, v. 5, p. 35-37, 2009.
U. S. Environmental Protection Agency. **Drinking water contaminants.** Disponível em: http://water.epa.gov/drink/contaminants/index.cfm/. Acesso em: 28 fev. 2011.

Chris Holliland

coentro (*Coriandrum sativum*) é o nome de uma planta herbácea que também é conhecida como salsa-chinesa. As folhas e as sementes dessa planta são utilizadas como erva, em muitos estilos de cozinha, mas as folhas não são usadas na cerveja por causa dos aromas que algumas pessoas consideram com notas que remetem ao "suor" ou "sabão". Para a cerveja, o coentro restringe-se à semente da planta, a qual apresenta de 3 a 5 milímetros de diâmetro e coloração marrom-clara. Tecnicamente um fruto seco, as sementes de coentro são uma especiaria com agradável aroma frutado e cítrico quando moídas na hora. Esse aroma é muito semelhante ao aroma de lúpulo, uma consequência da presença de compostos de terpeno (por exemplo, linalol) tanto no coentro quanto no lúpulo. Ver LINALOL.

O coentro tem sido utilizado na cerveja europeia desde a Idade Média para proporcionar um equilíbrio picante com o dulçor do malte. É um ingrediente adicionado a vários tipos de cervejas. O principal estilo de cerveja que inclui coentro como um ingrediente tradicional é a *white beer* belga ou *witbier*, que se originou na Bélgica durante a Idade Média. Ver WHITE BEER. Normalmente, o coentro é adicionado numa dose de 59,8 a 235,3 gramas por *barrel* (117,35 litros) durante os últimos cinco a vinte minutos de fervura, na tina de fervura. Um tempo curto de fervura é necessário para assegurar que a maioria dos compostos aromáticos não será volatilizada. A *white beer* também pode receber casca de laranja, que, juntamente com o coentro, fornece refrescantes aromas frutados e cítricos para a cerveja. Os óleos essenciais do coentro também estão disponíveis na forma de um concentrado purificado que pode ser adicionado à cerveja depois da fase de ebulição para maximizar o efeito.

Ocasionalmente, o coentro é utilizado em outros tipos de cervejas, na maioria das vezes em cervejas belgas ou naquelas inspiradas nas cervejas belgas. Grande parte do coentro vendido nos Estados Unidos é cultivada no México, mas coentro nativo da Índia também está disponível. Muitos cervejeiros acreditam que ele possui um aroma mais vivo e frutado.

Ver também ERVAS.

Keith Villa

cohumulona, um dos cinco alfa-ácidos análogos da resina do lúpulo, sendo os outros: adhumulona, humulona, pré-humulona e pós-humulona. Esses análogos diferem levemente um do outro apenas por sua estrutura molecular, e juntos servem como precursores para os iso-alfa-ácidos, os principais contribuintes para o amargor na cerveja. Os níveis de cohumulona e humulona variam em aproximadamente 20% a 50% do total de alfa-ácidos, dependendo da variedade, ao passo que os níveis de adhumulona tendem a ser razoavelmente constantes entre as variedades (cerca de 10% a 15% dos alfa-ácidos). Pré- e pós-humulona, por outro lado, têm papéis menos importantes. Muitas análises de lúpulo apresentam especificamente uma percentagem de cohumulona. Isso ocorre porque os cervejeiros acreditam que a iso-cohumulona contribui para uma qualidade de amargor mais grosseira e desagradável do que outros iso-alfa-ácidos. Lúpulos aromáticos tradicionais tendem a ter um baixo teor de cohumulona, ao passo que algumas variedades de lúpulos de amargor possuem elevada concentração. Dado que cervejeiros tendem a associar um baixo nível de cohumulona com uma melhor qualidade de amargor, produtores de lúpulo estão desenvolvendo novos cultivares com baixos teores de cohumulona. Quando os lúpulos oxidam, os alfa-ácidos, incluindo a cohumulona, mudam sua composição molecular, produzindo ácido isobutírico, o qual possui um característico odor rançoso, azedo e de queijo.

Ver ADHUMULONA e HUMULONA

Thomas Shellhammer

cold break é uma mistura de proteínas, complexos de proteína-polifenol e carboidratos que precipitam no mosto durante o seu resfriamento e que pode contribuir para a turbidez a frio se deixada em solução. Ver TURBIDEZ A FRIO. O *cold break* é composto de, aproximadamente, 50% proteína, 25% polifenóis e 25% de carboidratos e lipídios. Aproximadamente 15% a 25% dessas proteínas se ligam a polifenóis, formando complexos de proteína-polifenol. O peso seco total do *cold break* geralmente varia de 17 a 35 gramas a cada 117 litros e depende de vários fatores, incluindo o grau de modificação do malte, a temperatura do mosto, o programa de mosturação aplicado, taxas de lupulagem e a presença ou ausência de adjuntos. O malte pouco modificado contém menos polifenol e beta-glucanos e, portanto, resulta em menos *cold break*, assim como regimes de mosturação intensiva tais como a decocção (ver DECOCÇÃO E MODIFICAÇÃO DO ENDOSPERMA). O malte finamente moído e suas cascas degradadas resultam em uma maior extração de polifenóis e consequente aumento do *cold break*. Da mesma forma, a adição de lúpulo, que contém polifenóis, contribui para o aumento do *cold break*. Mostos com alta densidade também resultam em aumento do *cold break*, enquanto o uso de adjuntos, geralmente pobres em polifenóis, implica a sua diminuição.

Há vários métodos de extração ou separação do *cold break* presente no mosto. Independentemente do método, o rápido resfriamento do mosto é essencial para a precipitação do *cold break* e a sua posterior remoção. Algumas cervejarias transferem o mosto para um tanque de decantação antes ou após a inoculação da levedura, para permitir que o *cold break* se sedimente no fundo do tanque, de onde posteriormente é removido do cone. Por outro lado, a flotação do *cold break* pela introdução de ar estéril, cujas bolhas ligam-se ao *cold break* e promovem a sua subida para a superfície do mosto, pode igualmente se revelar eficaz na sua remoção. Após duas a três horas, uma espuma marrom e compacta se forma na superfície do mosto. Em seguida, o mosto é removido pelo fundo do tanque, deixando o *cold break* para trás. No entanto, esses métodos são demorados e têm grande potencial de contaminação bacteriana. A centrifugação do mosto antes da inoculação está rapidamente se tornando um dos métodos mais populares de remoção do *cold break*, com taxas de remoção de 50% a 60%. A filtração com terra diatomácea oferece resultados ainda melhores. Ver TERRA DIATOMÁCEA. No entanto, é amplamente aceito que a remoção total do *cold break* é indesejável.

O *cold break* pode causar turbidez indesejada na cerveja, mas é também uma fonte de nutrientes para a levedura, especialmente esterol e ácidos graxos insaturados. Estudos têm mostrado que a eliminação total do *cold break* pode resultar em fermentações mais lentas, diminuição da viabilidade das leveduras, níveis mais elevados de éster acetato e aumento dos níveis de dióxido de carbono dissolvido durante a fermentação, resultando em fermentação incompleta.

Barchet, R. **Brewing Techniques**. Cold trub: Implications for finished beer, and methods of removal. Disponível em: http://www.brewingtechniques.com/library/backissues/issue2.2/barchet.html/. Acesso em: abr. 2010.

Carey, D.; Grossman, K. Fermentation and cellar operations. In: Ockert, K. (Ed.). **Fermentation, cellaring, and packaging operations**, v. 2. St. Paul: Master Brewers Association of the Americas, 2006.

Kunze, W. **Technologie brauer und malzer**. Translated by Trevor Wainwright. Berlin: VLB Berlin, 1996.

Geoff Deman

colecionar garrafas, o *hobby* de colecionar garrafas de cerveja de estilo antigo começou a ganhar popularidade nos Estados Unidos durante a década de 1970 com a publicação do livro de preços de garrafas antigas de Kovel. O livro de Kovel e a *National Association Breweriana Advertising*, em 1972, foram um ponto de partida para os vários interessados em se informar mais a respeito de coleção de garrafas de cerveja. Atualmente, os colecionadores normalmente se concentram em um tipo específico de garrafa ou em garrafas de determinada região geográfica. Alguns dos estilos de cerveja mais conhecidos incluem *porter* e *ale*, *brown stout* e várias *lagers*, e a Filadélfia, a cidade de Nova York e o Brooklyn são os que abrigam a maior variedade de cervejeiros nos Estados Unidos.

As garrafas que entram para uma coleção geralmente são obtidas de três maneiras distintas. As garrafas mais procuradas são aquelas que se encontram em "bom estado" ou têm aparência de nova. Nesses exemplos, as garrafas provêm de tabernas antigas ou das próprias cervejarias e apresentam pouca evidência de circulação real. Outras são encontradas por mergulhadores em cursos d'água por meio de busca ou ao acaso. Por fim, também se mostraram produtivos os aterros de lixo mais antigos. Nos últimos anos, muitas garrafas de cerveja do século XIX foram encontradas por escavadores de garrafa, que as desenterraram de aterros de lixo antigos há muito tempo abandonados.

Por volta de 1830, tendo em vista a Revolução Industrial, quantidades significativas de garrafas de cerveja de vidro com maior durabilidade foram levadas para os Estados Unidos. Até a década de 1860, normalmente as garrafas eram sopradas em um molde vazio ou ornado com relevo usando um tubo oco chamado de haste de sopro ou pontel. O insuflador de vidro trabalhava habilmente a extremidade do vidro fundido antes de separar a garrafa da haste, deixando uma marca de pontel circular "aberta" ou de "ferro" na base. Essas características são muito apreciadas por inúmeros colecionadores. Posteriormente, a mecanização desse processo simplificou as garrafas de cerveja aplainando sua base e expandindo sua boca, até que em 1904 a Owens Automatic Bottling Machine padronizou a maior parte das garrafas com bocas em forma de coroa, marcando a origem da garrafa de cerveja moderna.

Ver também ROLHA METÁLICA.

Guest, G. **Antique Beer Bottles of Old New York**. 4. ed. New York: Guest, 2004.

Kovel, R.; Terry K. **Kovels' Complete Bottle Price List**. 5. ed. New York: Crown, 1979.

Odell, J. **Digger Odell's Sodas, Mineral Waters, Porters & Ales**. Mason: Digger Odell, 2009.

Erik Fortmeyer

A **colheita da cevada** é composta por corte, debulho, separação e limpeza dos grãos individuais de cevada da planta madura. Dependendo da variedade e das condições climáticas, a cevada cresce de 30 cm a 122 cm de altura. As espigas podem levar de 40 a 55 dias para amadurecer completamente após o florescimento e inclinarem-se para baixo quando prontas para a colheita. Os agricultores monitoram e testam rigorosamente o tamanho, teor de proteína e umidade dos grãos. Nas cevadas para malteação, a umidade na colheita deve estar entre 12% e 17%, sendo 12,5% o ideal. No silo, a umidade deve ser mantida abaixo de 14%. O teor proteico ótimo da cevada para produção de cerveja fica entre 9,5% e 11,5%.

A colheita pelo corte direto no topo da planta envolve cortar fora a espigas maduras perto do caule, no alto da planta, para minimizar os resíduos. A colheita é então debulhada para separar os grãos individuais das outras partes da planta e limpa de matérias estranhas. A colheita feita por ceifadeira, em contrapartida, envolve o corte na parte de baixo da planta, deixando uma curta camada de restolho que mantém os longos caules entrelaçados e as espigas longe do solo, e a colheita pode secar no campo antes de ser coletada e debulhada. O manuseio excessivo, entretanto, pode quebrar, partir ou arranhar o grão de cevada, deixando-o inútil para a maltaria e cervejaria. O grão seco, se armazenado adequadamente, durará por meses ou até anos.

A cevada ainda é colhida manualmente em campos e lotes muito pequenos. São muito usados os equipamentos de colheita mecanizada – chamados de colheitadeiras – que combinam corte, debulha e limpeza em um único processo. Isso produz grãos de cevada prontos para uso imediato ou para estocagem. Nos Estados Unidos, o rendimento da cevada é normalmente medido em *bushels*. Trata-se de uma unidade de volume e não de peso, sendo que 1 *bushel* norte-americano equivale a 35,24 litros. Essa maneira de medir a produção torna o resultado independente do teor de umidade do grão. Por outro lado, nos lugares do mundo que utilizam o sistema métrico, a produção é geralmente medida em quilogramas ou toneladas métricas (mil quilos) por hectare, sendo que 1 hectare equivale a 2,47 acres. Como esta é uma unidade de medida de massa, dois "rendimentos" idênticos podem ser bem diferentes dependendo da umidade da cevada. Consequentemente, não há uma fórmula matemática simples para a conversão entre *bushel* por acre e tonelada métrica por hectare. Por razões óbvias de condições climáticas e de solo, predomínio de pestes e doenças, diferenças entre variedades de cevada e métodos agrícolas, as produções podem ser classificadas de forma muito ampla ao redor do mundo. Em termos de *bushels*, a produção de 100 a 150 *bushels* por acre de cevada para a produção de cerveja é considerada desejável. Em boa parte da Europa, os fazendeiros poderiam considerar satisfatórias produções de 6 a 9 toneladas métricas por hectare (6,6 a 9,9 toneladas norte-americanas por 2,47 acres) para a cevada de inverno ou 5 a 8 toneladas métricas por hectare (5,5 a 8,8 toneladas norte-americanas por 2,47 acres) para a cevada cervejeira de primavera.

Government of Western Australia Dept. of Agriculture and Food. **Barley Production in Western Australia**. 2007. Disponível em: http://www.agric.wa.gov.au/PC_92005.html?=1001. Acesso em: 11 abr. 2011.

Mcdonald, S. K; Hofsteen, L.; Downey, L. **Crop Profile for Barley in Colorado**. Ft. Collins: Colorado State University, 2002. Disponível em: http://www.ipmcenters.org/cropprofiles/docs/cobarley.pdf. Acesso em: 11 abr. 2011.

Mike Laur

College of St. Gregory and St. Martin at Wye

Ver WYE COLLEGE.

coloração gram se refere a um procedimento para a visualização de bactérias em microscópio ótico. O método foi desenvolvido pelo cientista dinamarquês Hans Christian Gram, em 1884, sendo ainda muito usado nos dias atuais. A técnica envolve o esfregaço de bactérias numa lâmina de microscópio com uma solução púrpura de corante cristal violeta. O esfregaço é então complexado com uma solução diluída de iodo, e as células, lavadas com um solvente (etanol ou acetona). Finalmente, as bactérias são tratadas com um corante rosa, como a safranina. As bactérias gram-positivas retêm o complexo cristal violeta/iodo e apresentam coloração púrpura quando examinadas ao microscópio, enquanto as bactérias gram-negativas perdem o complexo cristal violeta ao serem lavadas com solvente e são coradas de rosa pela safranina.

Hoje, sabemos que as bactérias gram-positivas e gram-negativas diferem marcadamente nas estruturas de suas paredes celulares. Bactérias gram-positivas apresentam paredes celulares compostas prioritariamente de um único polímero de açúcar e aminoácido chamado de "peptidoglicano". Esse polímero grande e semelhante a uma rede prové resistência física à parede celular, da mesma forma que a celulose sustenta a parede celular das células vegetais. As bactérias gram-negativas têm muito menos peptidoglicano que as gram-positivas, mas apresentam também uma cobertura de lipídeos conhecida como "membrana externa". Isso tem implicações importantes na microbiologia cervejeira porque a membrana externa impede a entrada dos iso-alfa-ácidos do lúpulo para o interior da célula, tornando as bactérias gram-negativas tolerantes a esses compostos inibidores. Ver ISO-ALFA-ÁCIDOS. A maior parte das bactérias gram-positivas são destruídas pelos iso-alfa-ácidos, mas algumas cepas de *Pediococcus* e *Lactobacillus* adquiriram resistência a esse composto, ou através de genes (por exemplo, o *horA*) que expelem o iso-alfa-ácido, ou por meio de modificações de sua fisiologia que possibilitam a tolerância. Ver LACTOBACILOS e *PEDIOCOCCUS*.

Priest, F. G.; Campbell, I. **Brewing microbiology**. 3. ed. New York: Kluwer Academic/Plenum Publisher, 2003.

Fergus G. Priest

Columbus

Ver CTZ.

colupulona é um dos quatro beta-ácidos análogos na resina do lúpulo, sendo os outros: adlupulona, lupulona e pré-lupulona. Os níveis de colupulona variam de 20% a 55% do total de beta-ácidos. Os níveis de lupulona variam de 30% a 55%. Os níveis de adlupulona variam em uma faixa menor, de 10% a 15%. Estruturalmente, os beta-ácidos análogos são muito similares, mas não idênticos, a seus alfa-ácidos homólogos. A leve diferença estrutural, entretanto, evita que os beta-ácidos isomerizem na tina de fervura. Ver ISOMERIZAÇÃO DO LÚPULO. Não há, portanto, iso-beta-ácidos no mosto ou na cerveja. Além disso, os beta-ácidos são praticamente insolúveis no mosto, sendo possível apenas encontrar traços na cerveja. Entretanto, com o envelhecimento do lúpulo, os beta-ácidos se oxidam em huluponas, tornando-se solúveis no mosto e conferindo amargor. Com a oxidação do lúpulo, o amargor provindo dos iso-alfa-ácidos diminui, mas de certa forma isso é compensado pelo amargor das huluponas. A razão entre alfa- e beta-ácidos, por fim, determina até que ponto o amargor irá diminuir com a oxidação do lúpulo.

Ver também ADLUPULONA e LUPULONA.

Thomas Shellhammer

Comet é um lúpulo com alto teor de alfa-ácidos desenvolvido originalmente para a produção comercial em Washington e Idaho. O Comet foi criado em 1961 a partir do cruzamento entre uma muda fêmea do cultivar Sunshine e uma planta macho de lúpulo selvagem americano de registro Utah 524-2 (USDA 58006M). O Comet foi desenvolvido e lançado em 1974 pelo programa de desenvolvimento de lúpulos do Departamento de Agricultura dos Estados Unidos, em Corvallis, Oregon. Seu teor de alfa-ácidos varia entre 9% e 12,5%, com valor médio de aproximadamente 11%, enquanto o teor de beta-ácidos médio é de aproximadamente 5%. O conteúdo de óleos essenciais em flores secas se aproxima de 2,0 mL/100 g. O vigor e a produtividade são bons, atingindo tipicamente entre 1.900 e 2.250 kg/ha. Nos anos de 1980, a produção do Comet diminuiu devido ao aparecimento de novos cultivares com maior teor de alfa-ácidos, e então esse lúpulo desapareceu da produção comercial, talvez também pelo fato de os cervejeiros terem achado que suas propriedades aromáticas de "lúpulo selvagem" não fossem muito atrativas. Uma característica agronômica única do Comet é sua folhagem amarela brilhante no início da safra, a qual vai escurecendo gradualmente ao longo da temporada de cultivo – provavelmente uma herança da avó materna Sunshine, que também produz folhas amareladas distintas.

Zimmermann, C. E. et al. Registration of Comet hop. **Crop Science**, v. 15, p. 98, 1975.

Shaun Townsend

Companhia das Índias Orientais. Também conhecida como Companhia Comercial das Índias Orientais, e posteriormente como Companhia Britânica das Índias Orientais, a Companhia das Índias Orientais foi originalmente criada na Grã-Bretanha para comercializar com as Índias Orientais no Sudeste Asiático. Na verdade, a Companhia acabou negociando principalmente com o subcontinente indiano e com a China, onde os principais itens de comércio eram algodão, seda, chá, ópio e salitre (nitrato de potássio). Com um início humilde em 1600, quando um grupo de comerciantes recebeu o privilégio de monopólio sobre todo o comércio com as Índias Orientais, a Companhia subiu a tal nível que chegou a ser a força política e econômica mais poderosa da Índia – a ponto de governar o país. O domínio da Companhia sobre a Índia se iniciou em 1757, após a Batalha de Plassey, e durou até 1858 quando, após a Rebelião Indiana do ano anterior, a Coroa britânica assumiu responsabilidade direta, dando origem ao "British Raj", como era chamado o domínio britânico da Índia. As docas da Companhia se situavam em Blackwall, na margem norte do rio Tâmisa, a leste da cidade de Londres. Ela foi fechada em 1874.

De um ponto de vista cervejeiro, a Companhia das Índias Orientais está irrevogavelmente associada a um dos maiores estilos de cerveja da Grã-Bretanha, a *India pale ale* (IPA). Havia aproximadamente setenta navios em serviço regular no comércio das Índias Orientais, e, além do comércio geral, a Companhia era responsável pelo fornecimento de bens a inúmeros postos militares britânicos no subcontinente. Os homens ficavam desesperados por seus "confortos de casa", e o abastecimento regular de queijo, vinho, presunto etc., era realizado. A demanda de cerveja era grande, e os cervejeiros competiam uns com os outros na tentativa de produzir uma cerveja robusta o suficiente para suportar os árduos meses de duração da viagem até a Índia. Assim nasceu o estilo *India pale ale*, sobre o qual foram construídas as fortunas de diversas cervejarias britânicas do século XIX.

Ver também GRÃ-BRETANHA e *INDIA PALE ALE*.

Cornell, M. **Beer: the story of the pint.** London: Headline, 2003.
Gardner, B. **The East India Company: a history.** New York: McCall Publishing Co., 1972.
Hornsey, I.S. **A history of beer and brewing.** Cambridge: Royal Society of Chemistry, 2003.
Matthias, P. **The brewing industry in England, 1700-1830.** Cambridge: Cambridge University Press, 1959.

Ian Hornsey

concreto (fermentação em). Fermentadores construídos em concreto armado foram usados por cervejarias na Europa e nos Estados Unidos, a partir do final século XIX até meados do século XX. Geralmente, eram tanques abertos com capacidade de até 2.300 hL (2.000 barris norte-americanos, 1.400 barris ingleses), dependendo do tamanho da cervejaria. A construção dos tanques de concreto era muito econômica, ao contrário da manutenção. Esses tanques podiam ser construídos no próprio local, usando qualquer espaço disponível em um ambiente livre de vibrações. As paredes de cimento eram sólidas. A preocupação principal com os tanques de concreto era garantir que o material de revestimento aderisse firmemente à superfície do tanque, pois quando preenchidos com mosto, tendem a inchar um pouco. Assim, o revestimento precisava ser um tanto flexível para não desgrudar da superfície de concreto.

Materiais de revestimento incluíram vários tipos de ceras, esmaltes e resinas. Para melhorar a adesão do revestimento, primeiramente as paredes eram revestidas com uma camada porosa constituída por uma mistura de cimento *Portland*, vidro moído e magnésia ou bauxita. Essa mistura formava uma base adequada para o revestimento final de piche e cera que protegia a cerveja de alterações de sabor e deterioração microbiológica. Os materiais de revestimento eram aplicados por artesãos aptos para esse tipo de tarefa. As camadas de piche e cera eram resistentes à maioria dos produtos de limpeza, mas podiam ser danificados por produtos alcalinos. Danos no interior eram rapidamente reparados com o mesmo material do revestimento inicial. Fermentadores de concreto eram normalmente resfriados por meio de serpentinas de cobre instaladas nas paredes laterais do tanque. Tanques de concreto deixaram de ser usados em cervejarias construídas após a Segunda Guerra Mundial, devido à popularidade dos tanques de aço revestidos com vidro e o advento dos tanques de aço inoxidável.

De Clerck, J. Fermentation technique. In: **A textbook of brewing.** London: Chapman Hall Ltd, 1957. v. 1. 587 p.

Ray Klimovitz

condicionamento é o alcance, pós-fermentação, do caráter correto de maturação e carbonatação de uma determinada cerveja. Como tal, é um termo genérico que pode incluir maturação a frio, maturação relativamente quente em um tanque, refermentação em garrafa ou refermentação em *cask*. A palavra *condition* é muitas vezes usada para descrever o nível e a textura de carbonatação, particularmente no Reino Unido.

Ver também CONDICIONAMENTO EM *CASK*, CONDICIONAMENTO EM GARRAFA, MATURAÇÃO e MATURAÇÃO A FRIO.

Garrett Oliver

condicionamento da cerveja, um aspecto da cultura cervejeira que está sendo rapidamente redescoberto pelas cervejarias modernas, entusiastas da cerveja, bares cervejeiros sérios e restaurantes. Aqui, é preciso distinguir condicionamento (*aging*) de dois outros termos: maturação (*maturation*) e envelhecimento (*staling*). O termo maturação refere-se ao período relativamente curto de envelhecimento controlado empregado pela cervejaria para transformar uma fresca "cerveja verde" (não maturada) em uma bebida adequada à venda. Tradicionalmente, a maturação se dá durante um período inferior a uma semana ou, no caso de algumas cervejas específicas, poucos meses. O envelhecimento (*staling*) refere-se ao surgimento de uma gama de sabores, aromas e aspectos visuais desagradáveis e não desejáveis, causada pelo envelhecimento impróprio e/ou exposição ao calor, luz, oxigênio e outros fatores nocivos.

O condicionamento (*aging*) da cerveja, em contrapartida, é deliberado ou, ao menos, desejado. Muitos entusiastas do vinho são da opinião de que o vinho é a única bebida beneficiada pelo condicionamento ou envelhecimento positivo, mas isso não é verdade. De fato, a grande maioria dos vinhos é incapaz de envelhecer bem e deve ser consumida assim que deixa a vinícola. Nesses casos, se o envelhecimento for realizado, os vinhos se tornarão velhos (*stale*), mas não condicionados ou envelhecidos positivamente (*aged*). Precisamente o mesmo ocorre com a cerveja: muitas cervejas encontram-se na sua melhor forma no dia em que deixam a cervejaria e, dependendo das condições, apresentam limitada vida útil, geralmente medida em meses, raramente excedendo um ano. Entretanto, certas cervejas, armazenadas de forma apropriada, melhorarão suas características e se aprofundarão com o tempo, tornando-se intensamente complexas e até mesmo profundas.

Enquanto a maioria das cervejas ao longo da história tem sido feita para consumo em dias, semanas ou poucos meses, algumas cervejas específicas foram elaboradas para o condicionamento. Entre elas, as cervejas belgas *lambic*, cervejas de trigo complexas e ácidas, inteiramente fermentadas por leveduras selvagens e bactérias encontradas na cervejaria e arredores. Ver LAMBIC e LEVEDURA SELVAGEM. As cervejas *lambic* e similares têm sido, provavelmente, elaboradas há mais de mil anos e são tradicionalmente condicionadas em barris de carvalho. Um ou dois anos em barris de carvalho é o período normal de condicionamento para *lambics*, e estilos engarrafados como a *gueuze* podem ser condicionadas por muitos anos mais. Devido às interações entre a sua complexa microflora, o condicionamento das *lambics* é único entre as cervejas. Em alguns aspectos, assemelha-se ao condicionamento e *affinage* do queijo, em que a ação contínua de bactérias e mofos ajudará a desenvolver o queijo à altura de seus aromas. Na *lambic*, a microflora representa a maior influência ao longo do período de condicionamento, mas outros fatores também influenciam no sabor final dessa cerveja.

A oxidação, embora considerada, geralmente, uma forma de dano à cerveja em todos os estágios de sua produção, é uma parte importante do condicionamento proposital tanto da cerveja quanto do vinho. A diferença entre os danos não desejados e a evolução desejável é tanto qualitativa quanto subjetiva. Cervejas que não apresentam potencial de condicionamento, como as *pilsners*, são admiradas pelo seu frescor e vivacidade, características de qualidade que se perderão após um período de tempo relativamente curto. Nessas cervejas, a oxidação tende a ser rápida e um tanto violenta, substituindo os aromas do malte por notas indesejáveis de groselha-preta ou tomate, seguido de uma sensação de papelão molhado. Essas características negativas tendem a ser aceleradas e agravadas pelo oxigênio dissolvido na cerveja original, oxigênio existente no espaço livre das garrafas, e temperaturas elevadas de envelhecimento (acima de 20 °C). Alguns ésteres sofrerão decréscimo em suas concentrações em cervejas condicionadas (como o aroma de banana promovido pelo acetato isoamílico), mas outros ésteres tendem a aumentar de concentração, levando à formação de aromas tipicamente encontrados em vinhos. O amargor proveniente do lúpulo decresce ao longo do tempo, assim como o aroma proveniente dele. O aroma do lúpulo tende a degradar-se, primeiramente, em aromas de frutas tropicais, que podem ser agradáveis, mas, depois, em aromas menos desejáveis similares ao chá.

Em cervejas que são dignas de condicionamento, como as *barley wines*, a lenta oxidação e quebra de inúmeros compostos criarão uma gama diversa de novos aromas, enquanto os velhos aromas retrocedem. *Barley wine* é um tipo de cerveja que foi originalmente formulado para o condicionamento e tradicionalmente nunca foi consumido jovem. Ver BARLEY WINE. Nessas cervejas, o desenvolvimento de aromas com características negativas, se ocorrer, pode ser mascarado por aromas com características positivas mais poderosos. Aromas de malte ricos em notas de pão podem evoluir para castanhas e em seguida caramelo (*toffee*), finalmente oxidando para notas de amêndoas que lembram o vinho xerez espanhol. A continuação do condicionamento pode trazer aromas de couro que podem ser harmoniosos com os demais aromas. O aroma de malte torrado pode se transformar de notas de café fresco para chocolate amargo e, finalmente, em notas semelhantes ao vinho licoroso envelhecido da ilha da Madeira, assumindo notas complexas de alcaçuz ao longo do processo.

Muitos fatores referentes ao condicionamento de cervejas são não oxidativos e ainda não totalmente compreendidos. Conforme os compostos se degradam, os componentes resultantes tornam-se disponíveis para novas reações, e novos aromas, em sua maioria ésteres e aldeídos, formam-se de maneira difícil de prever. Em cervejas condicionadas em garrafas, a complexidade é potencializada pela presença das leveduras. Enquanto a levedura se mantém viva, ela pode lentamente sintetizar novos sabores, e os sabores da cerveja podem se tornar mais profundos. A morte final da levedura pode resultar em sabores típicos de autólise como notas de carne e molho de soja, mas também pode resultar em sabores de avelãs tostadas que são altamente valorizados em champanhes. Ao longo do tempo, no entanto, as cervejas condicionadas em garrafas tendem a perder a sua estabilidade de espuma porque as enzimas liberadas pela autólise das leveduras degradam as proteínas responsáveis pela formação da espuma. Garrafas antigas de cervejas fortes como as *barley wines* e *imperial stouts* podem apresentar a formação de uma crosta de sedimento, mesmo se a cerveja tiver sido originalmente filtrada. Portanto, garrafas antigas devem ser mantidas na posição vertical por pelo menos 24 horas antes de serem consumidas e, então, cuidadosamente servidas para evitar a transferência do sedimento para o copo.

Embora o condicionamento de cervejas seja altamente complexo, sabe-se com certeza que alguns tipos de cervejas tendem a condicionar melhor que outros. Cervejas fortes tendem a apresentar maior potencial de condicionamento quando comparadas a cervejas com baixo teor alcoólico. Cervejas que condicionam bem tendem a apresentar amargor de lúpulo relativamente elevado, mas seus compostos aromáticos advêm mais do malte que do lúpulo. Teores de açúcar residual relativamente altos conferem uma vantagem (*barley wines, imperial stouts* e *old ales*), mas alguns estilos secos podem se sair bem. As cervejas fortes e escuras trapistas belgas e as cervejas de abadia, por exemplo, tendem a envelhecer bem, apesar da sua relativa falta de açúcares residuais. Embora não seja sempre verdadeiro que as cervejas escuras apresentam melhor potencial de condicionamento do que as cervejas claras, é isso que costuma acontecer, sendo exceções dignas de nota as *lambics* e algumas *tripels* belgas. Cervejas claras tendem a escurecer com o tempo, mas cervejas escuras podem se tornar levemente mais claras, já que seus compostos de cor se combinam com outros elementos e sedimentam.

A exemplo dos vinhos com potencial de envelhecimento, cervejas que são destinadas a apresentar características atraentes após dez anos ou mais de condicionamento em garrafa tendem a passar primeiro por uma juventude pesada, inexpressiva e desestruturada.

Embora a lenta oxidação possa ser positiva, a oxidação rápida é quase sempre negativa para o sabor da cerveja, e cervejeiros que desejam criar cervejas longevas evitarão a captação de oxigênio ao longo do processo de produção e envase.

As melhores condições de armazenamento para as cervejas condicionadas em garrafa são similares às condições aplicadas para o condicionamento de vinhos. A maioria das cervejas é condicionada melhor em "temperatura de adega" de aproximadamente 11 °C a 13 °C. Temperaturas mais frias retardarão o processo de condicionamento; temperaturas muito mais elevadas podem acelerar o condicionamento, mas os resultados finais tendem a ser menos agradáveis. Garrafas de cerveja devem ser armazenadas na posição vertical e no escuro. No caso dos vinhos, as garrafas são armazenadas na horizontal a fim de prevenir a secagem e o encolhimento das rolhas, mas isso não é um problema para as cervejas, já que a maioria delas é selada com uma rolha metálica ou uma rolha comprimida no estilo champanhe. Garrafas muito antigas às vezes são seladas com rolhas retas, mas estas costumam ser recobertas com cera para evitar o encolhimento e a entrada de ar. A maioria dos admiradores da cerveja não foi agraciada com as condições perfeitas para o condicionamento doméstico da cerveja. Em casa, muitas vezes o melhor que se pode fazer é manter a cerveja em um local escuro onde as temperaturas durante o verão sejam moderadas. O condicionamento intencional da cerveja em barris de aço inoxidável é menos usual do que o condicionamento em garrafas. No entanto, cervejas bem produzidas envasadas em barris de aço inoxidável podem ser armazenadas, normalmente em temperaturas baixas (em torno de 4 °C, ou seja, a temperatura média para o armazenamento normal de uma cerveja não pasteurizada envasada em barril), por dez anos ou mais.

Enquanto o interesse em cervejas "*vintage*" aumenta, muitos cervejeiros passaram a imprimir no rótulo de suas cervejas com potencial de condicionamento o ano de produção, uma prática antes limitada a um pequeno número de cervejarias.

Alguns restaurantes sofisticados e bares de aficionados apresentam coleções de cervejas antigas, mas o fornecimento é naturalmente limitado. Hoje, as cervejarias lutam para prover o mercado com cervejas condicionadas suficientes, com algumas cervejarias estabelecendo seu próprio regime de condicionamento, não tão diferente dos regimes aplicados pelas boas vinícolas.

Embora seja usual *barley wines* e *imperial stouts* condicionadas por cerca de dez a vinte anos, algumas cervejas apresentam longevidade consideravelmente maior. Em 2006, a cervejaria Worthington White Shield, localizada em Burton-on-Trent, encontrou cerca de duzentas garrafas da Bass Ratcliff Ale 1869, uma *barley wine* produzida em comemoração ao nascimento de um membro da família Ratcliff, que eram sócios na Bass. A cerveja de 137 anos foi encontrada em ótima condição e fez os degustadores se lembrarem de um bom Amontillado envelhecido.

Ver também BASS & COMPANY e *IMPERIAL STOUT*.

Garrett Oliver

condicionamento em barril de madeira.

Para a maioria de nós, a visão de barris de madeira remete mais facilmente ao vinho, mas isso nem sempre foi assim. Durante séculos, antes de a fabricação de recipientes de metal se popularizar, o barril de madeira estava entre os recipientes padrão para armazenar e transportar praticamente qualquer líquido. Água, cerveja, vinho, azeite, rum, molhos de pimenta, pasta de peixe fermentada – todos foram armazenados e transportados pelo mundo em madeira. Originalmente, não havia uma intenção particular de que a madeira transmitisse seu sabor para o líquido que acondicionava; o barril era simplesmente o recipiente à disposição. "Dulçor", ou pelo menos ausência de caráter azedo, era o máximo que as pessoas esperavam de um barril em termos de sabor.

Nas primeiras décadas do século XX, a maioria das cervejas era entregue em bares ao redor do mundo em pesados barris de carvalho, construídos para suportar a pressão da carbonatação. Geralmente, a torneira era colocada da mesma forma que nos *casks* britânicos atuais, guiando uma pesada torneira de madeira ou metal por uma abertura reforçada com um ponto menos espesso no

Um cervejeiro da Avery Brewing Company, no Colorado, prepara uma mistura de cervejas envelhecidas em barris.
JONATHAN CASTNER PHOTOGRAPHY.

centro. Ver CASK. Hoje em dia, algumas cervejarias britânicas ainda usam esses barris de madeira, embora nenhuma para a maioria de sua produção.

Muitos entusiastas da cerveja já ouviram histórias sobre a *India pale ale* (IPA) viajando pelos mares, durante meses, em grandes barris de madeira. Seria lógico supor que os sabores da madeira eram comuns nessas cervejas. Na verdade, pelo menos a partir do início do século XIX, os cervejeiros trabalharam com afinco para evitar que os sabores da madeira fossem transferidos para a cerveja. Anotações contemporâneas sugerem que eles foram bem-sucedidos nesse propósito. Barris novos, geralmente feitos de carvalho, eram frequentemente preenchidos sucessivamente com água fervente e ácido clorídrico para remover o sabor da madeira. Ver CARVALHO. Quando o barril se tornava neutro, estava adequado para armazenar a cerveja. Os cervejeiros alemães e, mais tarde, os americanos, revestiam seus barris com piche para minimizar o sabor de madeira e o vazamento.

Com o tempo, tanques de fermentação e barris de aço inoxidável se tornaram os preferidos pela indústria cervejeira, obcecada com a esterilidade e preocupada com os custos e a facilidade de uso. Hoje, cervejeiros artesanais, particularmente nos Estados Unidos, trouxeram de volta a madeira para a cervejaria, mas, dessa vez, os objetivos são totalmente diferentes. O barril já não é mais um mero recipiente. O cervejeiro moderno envelhece a cerveja em madeira para que esta influencie o sabor e o aroma daquela. Aqui falamos principalmente em algumas variedades de carvalho, embora outras madeiras também sejam usadas. Castanheira, freixo, choupo, cedro, acácia, cipreste, pau-brasil, pinho e até mesmo o eucalipto têm sido utilizados para produzir barris com graus variáveis de sucesso. Carvalho, no entanto, continua a ser a madeira preferida para a maioria dos barris. Quando aquecido e exposto ao vapor, o carvalho é facilmente curvado em aduelas e a estrutura da madeira torna-se impermeável. As mesmas qualidades um dia valorizadas para os navios também são valorizadas para os barris. Embora existam variações sobre esses temas, o cervejeiro moderno deseja obter, essencialmente, quatro qualidades diferentes com a maturação em barril.

Sabores da madeira

O carvalho, mesmo quando impermeável, é poroso e contém uma matriz de complexos sabores que podem ser transferidos para a cerveja. Nos Estados Unidos, onde recentemente a maturação em barril se tornou usual entre os cervejeiros, o mais comum é o barril de *bourbon*. Segundo a lei norte-americana, o uísque definido como *"straight bourbon"*, deve ser envelhecido durante, no mínimo, dois anos em barris novos de carvalho-branco americano. Isso significa que o barril só pode ser usado uma vez para a maturação do verdadeiro uísque *bourbon*, um fato que transforma o barril usado em item excedente para uma destilaria de *bourbon*. O carvalho americano tem intensos sabores, e esses são acentuados pela queima do interior do barril antes do topo ser fixado. Cada destilaria irá utilizar a sua própria combinação de carvalho e o seu próprio nível de queima, o que leva a distintas diferenças nos tipos de sabores que os cervejeiros conseguem obter a partir da madeira utilizada. Antigamente, o barril de *bourbon* era barato e prontamente disponível, mas esses dias acabaram. Em 2011, os preços chegavam facilmente a duzentos dólares por barril de 200 litros, e parece provável que o aumento da demanda de outros cervejeiros e produtores de uísque da Escócia, Índia e China fará os preços aumentarem ainda mais.

Geralmente, os barris de vinho são feitos a partir de carvalho francês ou americano, embora o carvalho de algumas partes da Europa Oriental também esteja sendo usado. O carvalho francês é mais denso, mais leve de sabor e muito mais caro que o carvalho americano, pois suas contribuições de sabor são consideradas mais sofisticadas e equilibradas. O carvalho americano é mais intenso de sabor e, portanto, tende a ser usado com moderação na produção de vinho, já que os sabores da madeira podem facilmente sobrepujar sabores do vinho. A seguir, os principais sabores da madeira serão abordados.

Lactonas, lipídios contidos no próprio carvalho, formam uma grande parte do aroma que nós associamos ao carvalho. Em baixas concentrações, elas são percebidas pelo nariz como simplesmente "de carvalho" e agradavelmente herbáceas. Em altas concentrações podem ser sentidas como rosa. Em concentração muito alta fornece a impressão de coco. A secagem das aduelas de carvalho ao ar livre tende a diminuir o teor de lactona, mas a queima do carvalho pode trazer esse caráter ao primeiro plano. Como resultado, tanto a secagem quanto a queima da madeira irão afetar o seu sabor. Equilibrado com outros sabores, o caráter de lactona pode ser altamente agradável, mas em excesso muitas pessoas o acham enjoativo.

Aldeídos fenólicos são derivados das ligninas, polímeros complexos que compõem parte da estrutura do carvalho. Os aldeídos fenólicos, dos quais o mais importante é a vanilina, são produtos da degradação da lignina, e são formados sob a influência de um calor moderado ou ácido suave. A vanilina, evidentemente, proporciona o sabor de baunilha, e é o principal ingrediente dos flavorizantes artificiais de baunilha usados em alimentos. O calor moderado aplicado à tosta de barris para vinho tende a promover a conversão de compostos de lignina em vanilina. No entanto, a queima, ao mesmo tempo que deixa algumas vanilinas intactas, pode quebrar a lignina em compostos mais simples de fenóis voláteis, e estes são responsáveis por sabores defumados e medicinais na madeira e nas cervejas envelhecidas nela. Outros compostos fenólicos incluem os guaiacois (pimenta suave, canela) e o eugenol (cravo).

As *hemiceluloses* fazem parte da estrutura da madeira e são polímeros formados por vários açúcares simples. Sob aquecimento, estes compostos degradam para a sua constituição de açúcares e caramelizam em furfurais, maltol, cicloteno e outros compostos que dão sabores que variam de amêndoa torrada amarga, doce de caramelo e açúcar queimado. O maltol, que possui sabores caramelizados que lembram pão recém-assado, é também um intensificador de sabor e pode aumentar a percepção de malte na cerveja. Os furfurais, quando em contato com leveduras ativas, podem se transformar de uma nota de amêndoa amarga em sabores com caráter defumado, de carne e couro que podem ser desejáveis em certas cervejas envelhecidas.

Os taninos do carvalho são substâncias hidrolisáveis que se decompõem em outros compostos de aroma quando na presença da cerveja. Embora os taninos possam transmitir adstringência, eles são decompostos, em grande medida, pela tosta dos barris de vinho e, em maior medida, pela queima do barril de *bourbon*. Qualquer residente anterior do barril é passível de ter extraído uma grande proporção dos taninos, e raramente a concentração remanescente é alta o bastante para incomodar os cervejeiros. Taninos também são poderosos antioxidantes e, portanto, fornecem algo semelhante a uma proteção contra a inevitável oxigenação que ocorre pelos poros da madeira.

Residentes anteriores

Concomitante com o sabor da própria madeira, pode haver o sabor de qualquer bebida acondicionada no barril anteriormente. Embora alguns cervejeiros comprem barris novos, isso é relativamente raro, pois não apenas são muito caros como os seus sabores podem encobrir o sabor da cerveja. Os destilados ou o vinho que o barril acondicionou anteriormente terão extraído muito do seu sabor, mas também terão deixado alguns sabores intactos e, eventualmente, transmitido seus próprios sabores. Antes do uísque ser envelhecido em barris, sua coloração é límpida e ele é conhecido por várias denominações, como *"high wine"*, *"white dog"*, *"new make spirit"* ou o termo um tanto pejorativo *"moonshine"*. Ele é muito forte, com até 80% de álcool, e pode estar repleto de caráter agrícola, com alguns dos sabores do milho, trigo, centeio ou cevada que entraram na composição do mosto. Alguns cervejeiros acreditam poder detectar a influência da técnica da mostura azeda usada para os *bourbons* e alguns uísques do Tennessee, embora os produtores de uísque insistam que a mostura azeda seja meramente uma técnica de ajuste de pH usada para ajudar a fermentação. Os álcoois, infiltrados até uma polegada na madeira, podem também ser extraídos para a cerveja, trazendo sabores de álcool superior e notas de *grappa*.

As cervejas também são envelhecidas em barris que anteriormente acondicionaram *calvados* ou *applejack*, transmitindo sabores frescos de maçã e sidra. Embora a maioria dos barris de uísque Scotch fosse anteriormente usada como barris de uísque *bourbon*, o segundo uso do *Scotch* pode trazer sabores próprios intensos, especialmente se o uísque foi produzido a partir de maltes fortemente turfados. Os cervejeiros britânicos têm feito experimentos com esses barris de *Scotch*, aos quais têm fácil acesso, e têm obtido uma maravilhosa gama de sabores de malte e turfa em suas cervejas.

No estado da Califórnia, prolífico produtor de vinhos, os barris anteriormente usados por vinho trazem uma gama bastante diferente de sabores, provenientes do próprio vinho e da microflora que o fermentou. Barris de vinho tinto podem transmitir uma coloração rosa e sabores notáveis de frutas vermelhas, enquanto os barris de vinho branco podem mostrar as características das variedades de uva, especialmente a *Riesling* e *Gewürztraminer*, e de outras uvas de sabor intenso. Os barris de *chardonnay* são mais comuns nos Estados Unidos, e tendem a ser mais variáveis quanto ao sabor que transmitem, provavelmente porque a uva se expressa diferentemente dependendo do *terroir* e da técnica de vinificação. Na melhor das hipóteses, o barril de *chardonnay* pode transmitir sabores de frutas tropicais, pêssego, rosas e outros sabores agradáveis que se transferem bem aos estilos de cerveja clara. Na Itália, um grande produtor de vinho que subitamente passou a ostentar mais de trezentas cervejarias artesanais, a maturação em barril está se tornando rapidamente uma parte natural da cultura da cerveja artesanal. Dentro de um curto período de tempo, podemos esperar ver mais cervejas italianas envelhecidas em barris de vinho, talvez emprestando sabores dos famosos Barolos do Piemonte e dos festejados *traminers* do Alto Adige.

Oxigênio

A *oxigenação*, desejada ou não, é um fato quando se envelhece uma bebida em barril. O carvalho é poroso e o oxigênio lentamente entra em contato com a cerveja através da madeira. No vinho, a oxigenação lenta e constante é uma parte importante da maturação em barril e produz, especialmente nos vinhos tintos, aromas mais agradáveis. De fato, ao longo dos últimos vinte anos os vinicultores desenvolveram uma técnica chamada de micro-oxigenação, que imita os efeitos da lenta transferência de oxigênio através do barril. Isso permitiu a maturação em tanques de vinhos baratos, para os quais os altos custos da maturação em barril não se justificam.

Desde os seus primeiros dias na indústria os cervejeiros aprendem que o oxigênio é um inimigo a ser evitado a todo custo. Ver OXIDAÇÃO e OXIGÊNIO. O oxigênio costuma ser indesejável nas tinas de mostura e fervura, depois é introduzido no mosto visando ao início da reprodução das leveduras, e daí em diante fica totalmente excomungado. Mas a oxidação lenta é uma parte da maturação da cerveja, seja em barris de madeira, garrafas ou barris de aço. Quando devidamente controlada, pode conferir sabores agradáveis à cerveja. O amargor do lúpulo suaviza consideravelmente ao longo de meses, os sabores do malte podem evoluir, e os sabores podem casar-se formando as complexas notas de *xerez* que aparentam mais do que a soma de suas partes. Cuidadosamente conduzidas, muitas cervejas irão desenvolver características positivas de sabor em vez dos sabores mofados e semelhantes a papel que associamos a uma oxidação descontrolada e mais violenta. No entanto, a oxigenação excessiva pode favorecer o desenvolvimento de sabores acéticos, já que as bactérias *Acetobacter* crescem em ambientes aeróbios. Tal como acontece com qualquer forma de maturação, a oxidação ocorrerá mais lentamente em temperaturas mais baixas.

Diversidade biológica

Outras microfloras, diferentes das leveduras normais de fermentação, são cada vez mais desejadas pelas cervejarias artesanais, interessadas na criação de uma gama mais ampla de sabores do que as leveduras *Saccharomyces* podem criar. A maturação em barril é tradicional para as cervejas *lambic* e quase sempre é praticado na criação da nova geração do estilo de *sour beer*. Ver LAMBIC e SOUR BEER. Sabe-se há muito tempo que, embora muitas leveduras e bactérias cheguem à cerveja *lambic* durante o processo de resfriamento, muitas outras aguardam o mosto em fermentação dentro dos barris. Os cervejeiros que produzem *lambic* às vezes limpam seus barris entre as bateladas, mas isso não elimina os microrganismos selvagens que estão sob a superfície das paredes do barril e entre as aduelas. A madeira não somente abriga leveduras selvagens e bactérias contaminantes, permitindo sua fácil transferência de uma batelada para outra, mas também proporciona uma lenta oxigenação que é crucial para o desenvolvimento de agentes como as leveduras *Brettanomyces*. Ver BRETTANOMYCES. Frequentemente, essa microflora é indesejável nas instalações da cervejaria ou nos tanques, onde poderiam causar estragos em cervejas mais "normais". Os barris de madeira fornecem um lugar onde elas podem viver, trabalhar e crescer sem ocupar espaço no tanque ou agir como contaminantes em outras fermentações. Curiosamente, as pesquisas indicam que a secagem e queima do carvalho podem quebrar a celulose da madeira em celobiose, fornecendo nutrientes adicionais para as leveduras *Brettanomyces*.

Trasfega e armazenamento

A maioria dos fabricantes de cerveja enxagua os barris antes de usá-los. No caso dos barris de *bourbon*, o enxague remove o carvão solto da madeira, que o cervejeiro não quer na cerveja finalizada. Alguns deixam os barris de molho em água muito quente, o que pode reduzir a contaminação biológica, mas também remove o notável sabor do barril. Outros confiam na qualidade bacteriostática do *bourbon* que o barril continha e preferem deixá-lo intacto. Em todos os casos, os cervejeiros preferem dispor dos barris o mais rapidamente possível tão logo sejam esvaziados. Isso reduz o risco de infecção bacteriana e o risco de vazamento resultante da secagem e encolhimento da madeira. Algumas vezes, os barris são rinçados com CO_2 antes de serem preenchidos e então colocados em suportes se necessário.

A temperatura é um dos principais determinantes da extensão e qualidade dos sabores do barril, especialmente em barris que serão usados pela primeira vez após acondicionarem bebidas destiladas e vinho. Em temperaturas mais elevadas, acima de 15,5 °C, os sabores da madeira e os da bebida anterior irão se desenvolver rapidamente na cerveja, mas esses sabores podem, muitas vezes, ser ásperos, grosseiros ou quentes. Se puderem envelhecer com o tempo, esses sabores serão atenuados e poderão ganhar refinamento. Temperaturas mais quentes também aceleram a evaporação de líquido através da madeira, portanto, pode ser preciso completar os barris com mais frequência. Finalmente, altas temperaturas estimulam a oxidação e o desenvolvimento de algumas leveduras ou bactérias que podem estar presentes no barril, sejam elas desejadas ou indesejadas. Alguns cervejeiros de *sour beers* permitem que os barris subam até a temperatura ambiente da adega, mesmo que ela ultrapasse os 32 °C.

Por outro lado, em temperaturas mais frias, o desenvolvimento do sabor será mais lento, permitindo maior suavidade. Cada cervejeiro irá decidir sobre a melhor temperatura de acordo com o seu objetivo: maturação para obter caráter de madeira ou para tentar cultivar a microflora. Para o primeiro objetivo, a maioria utiliza temperaturas na faixa de 10 °C a 15,5 °C quando possível.

Os barris de madeira são ainda locais adequados para a maceração e para a maturação de cerveja em frutas. Desde as tradicionais cerejas, usadas para fazer a *kriek*, até outras frutas, *nibs* de cacau, e várias especiarias podem ser introduzidas no barril para a maturação com a cerveja. A maturação em barril, uma técnica resgatada do passado, está realmente ressurgindo em novas formas todos os dias, trazendo novos sabores para as cervejas artesanais ao redor do mundo.

Ackland, T. **The composition of oak and an overview of its influence on maturation.** Disponível em: http://www.homedistiller.org/oak.pdf/. Acesso em: 7 dez. 2010.

Robinson, J. **The Oxford Companion to Wine.** 3. ed. Oxford: Oxford University Press, 2006.

Garrett Oliver

condicionamento em *cask* é o processo em que uma cerveja embarrilada retém a levedura para permitir que uma fermentação secundária seja desenvolvida no *cask*, na adega do *pub*. A cerveja condicionada em *cask* é a bebida tradicional do *pub* britânico, e se servida corretamente, é um dos mais sutis e sedutores tipos de cerveja. A cerveja que é condicionada em *cask* não é filtrada e nem pasteurizada e, muitas vezes, é chamada de *cask ale*, *real ale* ou, na Grã-Bretanha, *traditional ale*.

O condicionamento é um processo complexo, e o termo abrange mudanças químicas, biológicas e físicas que ocorrem do momento em que a cerveja deixa o tanque de fermentação na cervejaria e é trasfegada para um *cask*, até ser servida do *cask* para o copo do consumidor, o que pode ocorrer de várias maneiras. Atingir o correto "condicionamento" de uma cerveja condicionada em *cask* é um trabalho que exige habilidade, geralmente executado pelo taberneiro ou pelo adegueiro. Frequentemente, eles são a mesma pessoa. Ver ADEGUEIRO, ARTE DO.

A maior parte dessa atividade acontece na adega do *pub*, e enquanto muitas cervejarias transferem a cerveja dos tanques de fermentação para os tanques de envase e depois para os *casks*, algumas também usam tanques de maturação nos quais o suave processo de fermentação secundária começa. Independentemente do método usado, a maturação continua na adega. Algumas cervejas recebem uma pequena quantidade de solução de açúcar, chamada de *priming*, que é adicionada para produzir a carbonatação natural e ajudar a criar a espuma da cerveja. A levedura residual que permanece na cerveja após sua transferência para o *cask* continuará transformando os açúcares em álcool e produzindo dióxido de carbono. O processo geralmente reduz a densidade final, e isso promove um ligeiro aumento do teor alcoólico, próximo de 0,1% ABV. O *cask* deve "respirar" durante o condicionamento por meio de um *spile* poroso que permite que o excesso de gás escape. Contrariando muitas opiniões externas, a cerveja condicionada em *cask* não deve ser sem gás. Certa quantidade de dióxido de carbono deve ser retida na cerveja para dar vivacidade ao sabor; esta é a "condição" procurada pelo adegueiro, e sem isso a cerveja pode se tornar sem carbonatação e sem vida. O sabor da cerveja é sensivelmente afetado pela fermentação secundária.

O período de condicionamento vai variar de acordo com o estilo, teor alcoólico e marca da cerveja, e é comum que as cervejarias aconselhem os taberneiros sobre o período de condicionamento e a temperatura recomendada. Ele pode variar amplamente, entre 24 horas e 16 dias, e a temperatura usual deve ser de 13 °C a 14 °C. A cerveja passa por uma fase de clarificação, quando as leveduras e proteínas se sedimentam no fundo do *cask*, deixando a cerveja perfeitamente clarificada. Essa tarefa é realizada pela adição de agentes clarificantes que se ligam ao sedimento e os transportam para o fundo do cask. Parece improvável, mas os agentes clarificantes são feitos de *isinglass*, usando as bexigas natatórias do esturjão. O *isinglass* é processado de modo a fazer o seu trabalho sem adicionar sabores à cerveja.

Outras mudanças ocorrem durante o período de maturação no *cask*. A cerveja pode adquirir sabores oriundos do processo de *dry hopping*, que é realizado na fase de envasamento do *cask*, principalmente para conferir aroma à cerveja. Cervejas fortes requerem longos períodos de condicionamento, e os *casks* são frequentemente armazenados na cervejaria durante semanas ou meses antes de serem liberados para o mercado.

O método de serviço da cerveja do *cask* para o copo pode variar e, às vezes, reflete as preferências regionais. A maneira mais comum de se servir uma cerveja condicionada em *cask* é usando uma bomba hidráulica operada manualmente, que extrai a cerveja do *cask*, localizado na adega, até o bar. É comumente chamada de *hand-pull* ou *hand-pump*. A exigência de colarinho sobre a cerveja é certa, mas o tamanho e densidade da espuma desejada dependem do local. Em Yorkshire, exige-se um colarinho cremoso e denso; em Teeside e no nordeste ele deve ser volumoso e leve; e na maior parte do resto da Inglaterra e do País de Gales um colarinho estreito como um "colar de pérolas" satisfaz. Sistemas dosadores elétricos e de fluxo livre perderam popularidade e nunca produziram um colarinho Yorkshire.

Na Escócia, o sistema de extração com ar comprimido já foi o mais usado, mas está sendo gradualmente trocado pela bomba manual. Resta o antigo sistema de "extração por gravidade", em que a cerveja é extraída do *cask*, através de uma torneira, diretamente para um copo ou uma jarra. Ver EXTRAÇÃO POR GRAVIDADE. A inconveniência desse sistema é óbvia, mas alguns taberneiros preferem o seu aspecto tradicional; o *cask* pode ser literalmente colocado no balcão do bar, mantido refrigerado por uma manta térmica.

Clissold, I. **Cellarmanship**. St. Albans: CAMRA Books, 1997.

Barrie Pepper

condicionamento em garrafa, também conhecido como "refermentação na garrafa", é o método original pelo qual a cerveja se torna espumante. Hoje em dia, a maioria das cervejas obtém sua carbonatação por meio da injeção exógena de dióxido de carbono, sob pressão. A técnica de condicionamento na garrafa envolve o envase da cerveja com pouco ou nenhum dióxido de carbono e a adição de açúcares *priming* para que a levedura possa fermentar na garrafa. Essa refermentação (assim chamada porque é realizada após o término da fermentação original da cerveja) produz dióxido de carbono que se dissolve na cerveja, promovendo uma carbonatação natural. Nesse contexto, a palavra "condição" ("*condition*") se refere diretamente ao teor de dióxido de carbono (CO_2) da cerveja: os cervejeiros falam em "deixar uma cerveja em condição". O condicionamento na garrafa, quando feito corretamente, pode resultar em uma cerveja com uma textura mais refinada e sedosa de carbonatação, retenção superior de espuma, sabores mais complexos, prazo de validade mais longo e melhor capacidade de maturação que as cervejas de "carbonatação forçada". Como regra geral, a técnica de refermentação na garrafa é capaz de produzir algumas das cervejas mais sofisticadas do mundo. Na prática comercial, porém, o condicionamento em garrafa nunca foi um assunto simples.

História

Até a Idade Média, quase toda a cerveja era consumida choca, isto é, sem carbonatação apreciável. Com o advento da tanoaria moderna, o mundo conheceu o primeiro tanque fisicamente capaz de segurar um líquido carbonatado sob pressão. Naqueles dias, no entanto, os cervejeiros tinham pouca compreensão da fermentação e muito pouco conhecimento sobre as leveduras. Os barris eram feitos fortes o bastante para resistir à fermentação contínua ao longo do tempo, o que frequentemente ocorria independentemente da vontade do cervejeiro. Finalmente, entretanto, eles aprenderam que a carbonatação no barril selado podia ser induzida pela adição de mosto ou outros açúcares após o término da fermentação principal. Ver BARRIL DE MADEIRA.

Conforme surgia uma manufatura de pequena escala de garrafas no século XVII, cervejeiros e vinicultores demonstraram interesse no engarrafamento de suas bebidas. Embora a carbonatação já fosse considerada uma característica de refinamento na cerveja, no vinho era geralmente vista como defeito. O monge Pierre Pérignon, conhecido mais tarde como Dom Pérignon, tornou-se tesoureiro da Abadia de Hautvilliers, na região de Champagne, França, em 1668. Entre suas funções estava a gestão das adegas da abadia. Aqui, as fermentações frequentemente começavam no outono após a colheita, mas o tempo rapidamente esfriava e as fermentações cessavam e apenas, recomeçando espontaneamente apenas na primavera. Qualquer carbonatação resultante era considerada um problema para o vinho engarrafado porque as garrafas eram fracas e muitas vezes estouravam sob pressão. Ironicamente, longe de ser o "pai da Champagne", Dom Pérignon fez tudo o que podia para impedir a refermentação do vinho. Mesmo quando o vinho espumante passou a ser apreciado, ao longo do século XVIII, apenas alguns milhares de garrafas de Champagne eram produzidas anualmente, e metade delas estouravam.

No entanto, os cervejeiros se saíram melhor. No início do século XVIII eles estavam bem acostumados com a produção de bebidas espumantes, e usaram esse conhecimento mais cedo, melhor e mais rápido do que os produtores de vinho. Isso não surpreende, uma vez que as cervejarias podiam ter dezenas de oportunidades por ano de produzir cerveja, enquanto o vinicultor só tinha uma chance por temporada. Bélgica, Inglaterra e Alemanha assumiram a liderança.

Na Bélgica, o desenvolvimento da *gueuze* engarrafada, em que a jovem cerveja *lambic*, parcialmente

Malheur Dark Brut Ale submetida à refermentação na garrafa que irá carbonatar a cerveja naturalmente. A refermentação na garrafa envolve a adição de açúcar e levedura antes do engarrafamento, desencadeando uma fermentação que produz carbonatação natural, com uma delicada textura. CORTESIA DE MANU DE LANDTSHEER (MALHEUR BREWERY).

fermentada, é misturada com cervejas mais velhas, totalmente fermentadas, deu aos cervejeiros belgas uma compreensão cada vez maior da refermentação na garrafa. Na produção tradicional da *gueuze*, que muitas vezes era realizada por um misturador independente, a cerveja jovem, ainda contendo açúcares residuais, fornece o alimento para a fermentação secundária na garrafa. Ver BLENDING HOUSES e GUEUZE. Os cervejeiros monásticos trapistas, que sabiam muito mais do que a maioria dos outros cervejeiros, desenvolveram as técnicas também para outros tipos de cervejas. Os britânicos foram pioneiros na fabricação de garrafas mais fortes, projetadas especificamente para suportar altas pressões. No final do século XVIII, os jornais de Calcutá traziam propagandas de *India pale ale* engarrafada.

Técnica

Não importa como é realizada, a refermentação na garrafa requer limpeza absoluta, tanto na brassagem como no engarrafamento. A cerveja receberá o acréscimo de açúcar e, em seguida, passará por um período em temperaturas mais quentes; este é o ambiente perfeito para o desenvolvimento de microrganismos indesejados, capazes de deteriorar a cerveja. A forma mais simples e mais antiga de refermentação na garrafa envolve a adição de uma quantidade calculada de açúcar à cerveja recém-fermentada e seu engarrafamento imediato. Esta é a técnica utilizada pela maioria dos cervejeiros caseiros que engarrafam suas cervejas. Ela utiliza a levedura da fermentação original, ainda suspensa na cerveja, para consumir os açúcares adicionados e produzir a carbonatação, normalmente no prazo de algumas semanas.

Esse método, embora seja comum entre cervejeiros amadores e funcione perfeitamente bem nesse cenário, não é adequado para a produção comercial de cerveja. A levedura que acabou de realizar a fermentação primária não é a mais indicada para efetuar a refermentação. Nesse momento, a levedura está esgotada, em um ambiente de pH baixo, estressada pelo seu próprio etanol em solução, e será ainda mais estressada pelo aumento da pressão dentro da garrafa. Essa levedura pode ou não executar a tarefa adequadamente dentro de um período de tempo previsível, e é por isso que a maioria dos fabricantes de cerveja comerciais introduz uma nova levedura para a refermentação na garrafa. Às vezes essa levedura é da mesma cepa que fermentou a cerveja originalmente, às vezes é de uma outra cepa, e às vezes é uma levedura de vinho. A cepa agressiva Pris de Mousse, muitas vezes referida como "levedura Champagne", é uma escolha comum.

Os métodos mais eficazes envolvem a remoção da levedura usada na fermentação original antes da nova inoculação. Isso permite que o cervejeiro tenha certeza de que a garrafa contém apenas leveduras frescas, saudáveis e da cepa desejada. Nesse momento, deve ser calculada a quantidade de açúcar *priming* que irá alimentar a refermentação. A quantidade é dependente de três fatores: nível de carbonatação desejado na cerveja acabada, teor de CO_2 da cerveja no momento do engarrafamento e quantidade de açúcar fermentável ainda remanescente na cerveja base. A maioria dos cervejeiros busca um nível de carbonatação entre 2,5 e 4 volumes (5 a 8 gramas/litro). O primeiro valor é característico da maioria das cervejas engarrafadas do mercado, ao passo que o último tipifica a maior carbonatação à qual as cervejas especiais belgas são particularmente associadas.

Para determinar a quantidade de açúcares fermentáveis que a cerveja base contém, o cervejeiro realiza um teste chamado de "fermentação rápida", coloquialmente chamado de "*rapid*". Ao adicionar uma grande quantidade de levedura à cerveja morna num balão de agitação, preferencialmente agitando-a por um período de 24 a 48 horas, o cervejeiro poderá ver quanto mais a cerveja fermenta. Essa densidade final se torna parte do cálculo da refermentação porque a cerveja poderá atingir esse valor durante o processo de refermentação na garrafa. A não consideração desses açúcares residuais fermentáveis pode resultar em excesso de carbonatação, perda de cerveja no momento que a garrafa é aberta (*gushing*) ou, na pior das hipóteses, o estouro das garrafas.

Mesmo a cerveja que parece choca contém dióxido de carbono. Isso pode ser medido com sofisticados equipamentos, mas, na falta deles, os cervejeiros podem assumir que a maioria das cervejas fermentadas em temperaturas ao redor de 20 °C irá conter cerca de 0,75 volume (1,5 grama/litro) de CO_2 após a fermentação. Essa pequena quantidade de CO_2 deve fazer parte da equação. A quantidade de carbonatação na garrafa após a refermentação é função de três simples parâmetros: quanto CO_2 já está presente na cerveja, quantidade total de açúcar fermentável presente após a adição do açúcar *priming* e quanto desse açúcar fermentável será realmente consumido pela levedura durante a refermentação. Para a maioria das aplicações, o açúcar *priming* estará entre 8 e 12 gramas/litro. Ver AÇÚCAR *PRIMING*.

Geralmente, o *priming* é realizado com glicose, dextrose ou sacarose, os quais produzem sabores limpos e são altamente fermentáveis. Estes estão disponíveis na forma granulada ou em xaropes. Este último, normalmente, contém uma média de 66% de sólidos de açúcar. Em ambos os casos, o açúcar será adicionado como um xarope quente, para garantir sua esterilidade. Após o xarope ser homogeneamente misturado à cerveja, a levedura é adicionada.

A concentração da levedura irá variar dependendo de uma ampla gama de parâmetros, incluindo a expectativa de prazo de validade, a aparência esperada da cerveja e o tempo desejado pela cervejaria para o término da refermentação. Geralmente, as inoculações variam de 200 mil células/mililitro até o máximo de 2 milhões de células/mililitro. Para a maioria dos tipos de cerveja, 1 milhão de células/mililitro é considerada uma concentração adequada. Embora seja possível desenvolver culturas de leveduras especificamente para essa finalidade, hoje muitas cervejarias usam leveduras secas reconstituídas para a refermentação. Modernas técnicas de produção de levedura seca fornecem uma gama de excelentes cepas que podem ser utilizadas para a refermentação, e o uso da levedura seca permite que o cervejeiro faça a adição de levedura com grande precisão e repetibilidade. Ver LEVEDURA SECA.

Após a levedura ser misturada, a cerveja é engarrafada normalmente entre 15,5 °C e 21 °C, e as garrafas são colocadas em um local de armazenamento entre 21 °C e 25 °C. Embora seja possível engarrafar a cerveja fria e deixar que as garrafas aqueçam durante o armazenamento, essa técnica muitas vezes resulta em refermentações emperradas porque a levedura pode não sair da dormência. O início da refermentação deve ser rápido e, geralmente, estará completo em duas a três semanas. Muitos cervejeiros acreditam que um curto período de armazenamento a frio depois disso favorece o sabor e a aparência. Exceto para aqueles poucos cervejeiros que desejam fazer algum aceno em direção à Champagne, cervejas refermentadas na garrafa não passam pelos processos de *remuage* e *dégorgement* típicos do método *Champenoise*, nos quais a levedura é sedimentada no gargalo da garrafa e então removida após a refermentação. No caso da cerveja, a levedura se deposita no fundo da garrafa, onde ela pode continuar a ajudar a cerveja a evoluir ao longo do tempo.

Os cervejeiros alemães usam uma técnica diferente para a refermentação na garrafa, pois são limitados pela "Lei da Pureza da Cerveja". Ver LEI DA PUREZA DA CERVEJA. Em vez de adicionar açúcar *priming*, eles adicionam uma mistura precisamente mensurada de mosto e levedura chamada "*speise*", uma palavra que significa "alimento". O *speise* fornece tanto o açúcar fermentável (juntamente com os açúcares não fermentáveis do mosto) quanto a levedura necessária para realizar a refermentação. Isso geralmente é visto na produção da tradicional *hefeweizen* (*weissbier*) refermentada em garrafa. Contudo, a maioria das *hefeweizen* no mercado são engarrafadas com levedura, mas são cervejas pasteurizadas que não foram submetidas ao condicionamento na garrafa. Felizmente, alguns cervejeiros artesanais continuam a produzir a *hefeweizen* refermentada na garrafa.

Variantes modernas

Ao longo do século XX, a ascensão dos estilos de cerveja filtrada e as pressões da produção comercial moderna promoveram o declínio da refermentação na garrafa. Algumas cervejarias, em vez de abandonar por completo o condicionamento na garrafa, desenvolveram variações da técnica tradicional. A maioria dos rótulos de cervejas que alegam serem "refermentadas na garrafa" são, na verdade, apenas parcialmente condicionadas. A refermentação parcial na garrafa envolve, inicialmente, a carbonatação forçada da cerveja, geralmente com cerca de 2,2 a 2,5 volumes (de 4,4 a 5 gramas/litro) de CO_2. Essa cerveja carbonatada é então dosada com uma menor quantidade de levedura e açúcar *priming*; a cerveja sofre uma refermentação na garrafa que pouco se desenvolve. Mesmo algumas das famosas cervejas trapistas agora são feitas por esse método, o qual, obviamente, é capaz de produzir resultados muito agradáveis. A técnica moderna tem muitas vantagens, incluindo tempos de refermentação mais curtos, a possibilidade de adicionar menos levedura na garrafa, menor captação de oxigênio na linha de engarrafamento e uma espécie de rede de segurança caso a refermentação não se desenvolva corretamente. No entanto, a degustação e as análises mostram claramente que as cervejas totalmente refermentadas na garrafa oferecem sabores mais complexos à cerveja finalizada.

Com a ascensão da produção de cerveja artesanal em todo o mundo, a refermentação na garrafa está novamente em evidência, ainda que em uma escala relativamente pequena. Algumas cervejarias maiores têm retomado a refermentação parcial na garrafa devido à crença de que a levedura ativa irá remover o oxigênio da cerveja e estender o prazo de validade, mas isso é apenas parcialmente verdadeiro. A levedura pode remover quantidades pequenas de oxigênio dissolvido na cerveja, mas remove muito pouco do oxigênio que está presente no espaço da garrafa que não é preenchido pela bebida. Isso significa que esses benefícios só serão alcançados por cervejarias que utilizam métodos sofisticados de fermentação e bons equipamentos de envase. Um número crescente de pequenas cervejarias artesanais está usando o condicionamento na garrafa para redescobrir a complexidade de sabor, aroma e textura que esse processo pode trazer para a cerveja. Os produtores dos estilos modernos de *sour beer* estão usando o condicionamento na garrafa para adiantar os efeitos das cepas bacterianas adicionadas na garrafa. A adição de leveduras alternativas no engarrafamento, como *Brettanomyces*, pode produzir uma ampla gama de aromas potencialmente desejáveis. Assim como o *affinage* do queijo tradicional, a refermentação na garrafa é um ato tradicional e arriscado, mas que pode trazer resultados maravilhosos quando usado por artesãos qualificados e criteriosos.

Ver também BRETTANOMYCES e SOUR BEER.

Derdelinckx, G. et al. Refermentation in bottles and kegs: a rigorous approach. **Brauwelt International**, Nürnberg, v. 2, p. 156-164, 1992.

Robinson, J. **The Oxford Companion to Wine**. 3. ed. Oxford: Oxford University Press, 2006.

Garrett Oliver

Confédération des Brasseurs du Marché Commun

Ver EUROPEAN BREWERY CONVENTION (EBC).

congress mash[5] é um procedimento padronizado de mosturação em pequena escala utilizado para avaliar a qualidade do malte. O procedimento leva o nome do processo padronizado instituído pelo European Brewing Congress (EBC) em 1975. Amostras de 50 gramas de malte são moídas, com granulometria grossa e fina, e então extraídas com quatro vezes o volume de água, em um processo que envolve o aumento progressivo da temperatura de modo a imitar a mosturação com temperatura programada ou a mosturação por decocção. Após a filtração (cuja taxa vagamente se aproxima do desempenho da filtração pretendida), o mosto resultante (as vezes referido como "*congress wort*") pode ser testado de diversas maneiras. Sua densidade relativa permite o cálculo do extrato. Ver EXTRATOS. A diferença entre os extratos dos mostos das moagens grossa e fina é uma medida da modificação do malte, com maltes melhor modificados oferecendo extratos melhores com moagens mais grosseiras e, portanto, com menor "diferença entre as partículas mais finas e mais grossas". Outras análises feitas no mosto podem incluir seu odor, turbidez, "normalidade de iodo" (tempo necessário para que o mosto perca sua tendência de ficar azul com iodo), pH, cor (incluindo após a fervura), viscosidade, teor de nitrogênio solúvel, nitrogênio na forma de aminas livres e grau final de atenuação. Ver ANÁLISE.

Charles W. Bamforth

conjunto de grãos, em inglês "*grist*" ou "*ground grist*", refere-se ao malte e cereais moídos na sala de brassagem por um moinho de malte no início do processo de brassagem. Os moinhos podem ter vários desenhos e conter um, dois ou muitas vezes três pares de rolos, ou no caso de cervejarias que exigem uma moagem muito fina, moinhos de martelos. O malte tem sido tradicionalmente moído em um estado seco, mas as cervejarias modernas frequentemente usam "moagem úmida", a qual pode ser mais eficiente. Ver MOAGEM ÚMIDA. A distância entre os rolos determina quão fino o grão moído será, o que por sua vez determina a eficiência e a velocidade do processo de extração de açúcares a partir das matérias-primas.

O grão moído pode ser separado em seis categorias, sendo as três principais: casca, *grits* e farinha. O equipamento que a cervejaria utiliza para produzir o mosto a partir do malte determina a especificação do grão moído, sendo que as tinas de mostura/filtração britânicas exigem uma moagem grossa, as tinas de filtração europeias uma moagem média e os filtros de mosto uma moagem fina. As cervejarias monitoram e controlam o processo de moagem através da medição das diferentes proporções dos grãos moídos. Se os grãos moídos possuírem muita farinha (se forem muito finamente moídos), o escoamento do mosto (*run-off*) será muito lento. Se os grãos forem submetidos a uma moagem muito grossa (se não forem moídos finamente o bastante) a separação do mosto será rápida, mas o rendimento do extrato será baixo e o seu valor para a brassagem, perdido. O termo "*grist*" é também usado em referência ao "conjunto de grãos" (*grain bill*) da formulação de uma cerveja ou à parte dos cereais da receita. Portanto, um cervejeiro pode se referir a uma cerveja como "produzida a partir de um *grist* contendo 90% de malte claro e 10% de malte Crystal".

Ver também MOAGEM.

Paul KA Buttrick

contaminação

Ver CONTAMINANTES DA CERVEJA.

contaminantes da cerveja são microrganismos que podem modificar o sabor, aroma ou aparência da cerveja de uma maneira considerada indesejável pelo cervejeiro. Embora haja algumas controvérsias, os cervejeiros procuram dividir os microrganismos contaminantes nas categorias de "contaminantes da cerveja" e "contaminantes do mosto", sendo esta última largamente inibida pelo álcool, pH, e/ou ambiente anaeróbio criado pela fermentação realizada pela levedura. Microrganismos contaminantes limitam-se, em grande parte, a cerca de quarenta espécies de leveduras e cerca de cinquenta espécies de bactérias.

---

5 Também conhecido no Brasil por mosto congresso. [N.T.]

Um purista pode argumentar que qualquer organismo além de uma cultura pura de levedura seria um organismo contaminante. Numa outra perspectiva, possivelmente mais adaptada às cervejas *lambics*, é possível encontrar mais de uma dúzia de outras bactérias e leveduras que proporcionariam características desejáveis às cervejas. Muitos cervejeiros, especialmente os artesanais dos Estados Unidos, têm considerado como desejáveis uma gama mais ampla de microrganismos. Portanto, o conceito de "contaminação" baseia-se largamente nos desejos e expectativas dos cervejeiros e consumidores. Ver LAMBIC e SOUR BEER. Ao produzir um mosto adocicado, o cervejeiro está propositalmente criando a fonte ideal de alimento para a levedura. É, também, um excelente alimento para outros microrganismos. Embora cerca de 80% de todas as leveduras e bactérias sejam capazes de se alimentar dos açúcares contidos no mosto, os cervejeiros limitam os potenciais contaminantes de diversas maneiras, a começar com o pH, a temperatura e a composição nutritiva do mosto. A fervura do mosto, no processo de produção da cerveja, o esteriliza e permite que a cervejaria inocule a levedura desejada. Esse fato contrasta com o processo tradicional de vinificação, no qual qualquer microrganismo presente na película da uva permaneceria vivo e acabaria fermentando o mosto, com o produtor encorajando a reprodução de alguns desses microrganismos e desencorajando a de outros. Em ambas as bebidas, a fermentação diminui o pH e produz álcool, dois acontecimentos aos quais alguns microrganismos contaminantes não sobreviverão.

Os microrganismos que conseguem sobreviver podem causar estragos consideráveis na cerveja pronta. Os sintomas de contaminação microbiana mais simples são turbidez ou sabores atípicos. Além disso, *off-flavors* como amanteigado (diacetil), vegetais (dimetil sulfeto), sulfuroso, medicinal (fenóis) e até mesmo pútrido (ácido butírico) podem ser formados. As cervejas podem azedar devido à formação de ácido lático resultante do metabolismo de amido ou açúcares por bactérias láticas, ou devido à ação de bactérias acéticas que combinando oxigênio e álcool vão produzir ácido acético.

Ver também BACTÉRIAS, CONTROLE E GARANTIA DA QUALIDADE, DIACETIL, LEVEDURA SELVAGEM e OFF-FLAVORS.

Priest, F. G. **Brewing microbiology**. 3. ed. New York: Kluwer Academic/Plenum Press, 2003.

Brian Hunt

contrapressão é a pressão utilizada para superar a tendência da cerveja carbonatada de espumar, especialmente durante o envase. Normalmente, a cerveja é vista sem contrapressão; por exemplo, a cerveja que é despejada em um copo ou que está dentro de uma garrafa ou lata aberta. Nesse caso, o dióxido de carbono dissolvido na cerveja tende a formar bolhas e subir ao topo. Isso é precisamente o que a contrapressão impede. Ao encher uma garrafa, barril ou outro recipiente sob contrapressão, a pressão do CO_2 no espaço presente no topo da embalagem é maior que a pressão necessária para evitar a formação dessas bolhas. O objetivo é um "enchimento tranquilo", no qual o recipiente é preenchido de forma rápida e eficiente, com o mínimo de formação de espuma. Tipicamente, uma contrapressão de 0,5 a 1,0 bar (7 a 14 psi) acima da pressão de equilíbrio da cerveja é suficiente para prevenir a formação excessiva de espuma.

Ver também CARBONATAÇÃO, DIÓXIDO DE CARBONO e ESPUMA.

Nick R. Jones

controle e garantia da qualidade. O controle de qualidade é uma abordagem reativa, com respostas a mensurações de modo a evitar que o produto fique fora das especificações. Assim, a ênfase está na prevenção em vez da detecção; a abordagem pode ser chamada de "certo desde o princípio". Por exemplo, em vez de fazer uma mensuração de controle de qualidade na cerveja, tal como *gushing*, o foco estaria no início do processo, para garantir que o *gushing* não seja um problema (por exemplo, o uso de malte não infectado). A garantia da qualidade é uma atitude de esforço para garantir que o produto, em todas as fases da sua produção, esteja dentro das especificações. A garantia da qualidade naturalmente abrange o controle de qualidade, na medida em que ela dependente da análise das matérias-primas, dos processos e dos produtos, mas a ênfase está na ação proativa em detrimento da ação reativa.

As mensurações são feitas *in-line*, *on-line* ou, pelo menos, *at-line*, de modo a fornecer informações em

Um cervejeiro na Brooklyn Brewery prova sua mais nova criação. FOTOGRAFIA DE DENTON TILLMAN.

tempo real que assegurem a correta especificação do material ou permita a imediata resposta a fim de realizar a adequada correção de produtos fora da meta. O benefício é a redução de perdas em termos de produto e tempo.

A Gestão da Qualidade Total (GQT) é uma cultura pela qual todos em uma empresa estão empenhados na excelência e alta qualidade em todos os aspectos da organização, incluindo a fabricação. A empresa como um todo deve estar empenhada e motivada em fazer parte das melhores práticas de qualidade. A motivação é estimulada a partir do mais alto nível de gestão.

A GQT depende da adoção de um sistema de qualidade, que pode ser formalizado através de padrões como a série ISO 9000. (O ISO 9000 foi gerado a partir da Mil-Q-9858a, uma norma para aquisição de material militar estabelecida nos Estados Unidos em 1959.) O propósito é focar e atingir a conformidade com os sistemas documentados. Fundamentalmente, isso significa que há adesão inflexível a um manual de qualidade que delineia tudo, desde as especificações de entrada de matérias-primas até a saída dos produtos, procedimentos operacionais padrão, e assim por diante.

As especificações devem ser realistas e significativas. Elas devem relacionar o que é esperado de uma matéria-prima, fase do processo ou produto, mas não estabelecer um rigor inatingível.

A Análise de Perigos e Pontos Críticos de Controle (APPCC) também é fundamental para a garantia da qualidade. É um sistema de gestão projetado para garantir a segurança dos produtos alimentícios; no entanto, os princípios são amplamente aplicáveis a todos os aspectos, visando à entrega de um produto de qualidade.

Bamforth, C. W. **Standards of brewing**. Boulder: Brewers Publications, 2002.

Charles W. Bamforth

coolship é o nome dado aos tanques rasos e abertos tradicionalmente desenvolvidos para resfriar mosto quente antes da fermentação. O uso do termo "*ship*" (embarcação) é provavelmente uma referência à prática medieval de resfriamento do mosto fervido em um tronco de árvore oco – não muito diferente de um barco primitivo. Antes do advento da refrigeração e da água gelada, o mosto quente era transferido para esses recipientes rasos e abertos, no qual era deixado para resfriar lentamente. Esses resfriadores abertos, ou *coolships*, com elevada razão entre área superficial e volume, tem três funções: resfriamento e aeração do mosto e separação do *trub* frio.

No entanto, esses recipientes abertos são amplamente expostos ao ar e, consequentemente, sujeitos a contaminação microbiana. Inevitavelmente, com elevados volumes de mosto para resfriar, as dimensões necessárias do *coolship* para alcançar uma redução efetiva da temperatura tornaram o método inviável, e formas alternativas de refrigeração (usualmente refrigeradores verticais nos quais o mosto quente flui continuamente em uma camada fina sobre uma superfície metálica vertical resfriada com água gelada) foram introduzidas.

Coolships ainda são usados na produção das tradicionais cervejas *lambic* belgas, pois a grande superfície de resfriamento possibilita a fermentação espontânea (em que leveduras e bactérias presentes na atmosfera, e geralmente na própria cervejaria, fermentam o mosto para criar uma rica variedade de interessantes e desafiadores aromas e sabores). Esses *coolships* para cervejas *lambic* são localizados próximo aos telhados dos prédios da cervejaria, onde persianas são abertas para permitir a entrada da microflora (às vezes da microfauna!) atmosférica belga na sala de *coolship*. Ver LAMBIC.

Hornsey, I. S. **A history of beer and brewing.** London: Royal Society of Chemistry. 2003.

George Philliskirk

Coors Brewing Company começou com Adolph Kuhrs, que nasceu em 1847 em Rhine, província da Prússia. De 1862 até 1867 Kuhrs trabalhou em várias cervejarias diferentes na Alemanha e imigrou para os Estados Unidos em 1868. Um homem empreendedor, ele trabalhou em vários empregos em Illinois antes de chegar a Denver em 1872. Nessa época, Kuhrs tinha se tornado Coors. Ele desejava montar uma cervejaria, mas não tinha os recursos financeiros necessários, e assim entrou em uma parceria com Jacob Schueler. O nome da cervejaria de 1873 até 1880 foi Schueler & Coors Golden Brewery. Após Coors comprar a parte de Schueler em 1880, a cervejaria ficou conhecida como Adolph Coors Golden Brewery. Ao longo dos anos, o nome da empresa mudou para diferentes iterações de Adolph Coors Company e, em 1989, tornou-se Coors Brewing Company. Durante os anos de Lei Seca no Colorado (1916-1933; no Colorado ela começou cedo), a Coors se manteve no negócio produzindo *near beer* (cerveja não alcoólica) e leite maltado. Ver LEI SECA e NEAR BEER. A maioria do leite maltado da Coors era vendido para a Mars Candy Company. Coors também tinha rendimentos provenientes de uma fábrica de cerâmica e louças. Esses empreendimentos não relacionados à produção de cerveja forneciam no máximo um lucro marginal, e mais de uma vez a empresa esteve à beira da ruína financeira. Mas a empresa se manteve e, depois da Lei Seca, a Coors era uma das poucas cervejarias que ficaram praticamente intactas e estavam prontas para reabrir. De fato, a Coors reabriu os negócios à meia-noite do dia 7 de abril de 1933, o minuto exato em que o Ato Volstead foi revogado, pondo fim à Lei Seca. Com o mercado aberto, os negócios da Coors cresceram rapidamente, até o ponto de vender cada litro de cerveja que ela podia produzir. O crescimento não diminuiu substancialmente até a década de 1970, quando a intensa competição e um boicote por parte da American Federation of Labor and Congress of Industrial Organizations, uma central sindical, apoiada por outros grupos, conseguiu impedir o crescimento e a rentabilidade da cervejaria. A essa altura, a cerveja Coors era vendida, principalmente, no oeste dos Estados Unidos, razão pela qual a empresa deu início a um plano para aumentar a distribuição em todo o território americano, uma meta que foi atingida em 1991, com o estado de Indiana sendo o último a aprovar a venda da cerveja Coors. Em 1992, todos os ativos não relacionados com a cerveja foram desmembrados, incluindo a Coors Ceramics Company (anteriormente conhecida como Coors Porcelain Company), a Golden Aluminum Company e o Graphic Packaging Group, e mantidos sob a administração da ACX Technologies. Em 2000, a maioria das empresas não cervejeiras foram vendidas ou fundiram-se com outras empresas, exceto a Coors Ceramics, que se tornou a única empresa da Coors Tek após a ACX Technologies ser dissolvida. Além da Golden Brewery, uma segunda planta foi acrescentada em 1990, com a aquisição de uma cervejaria em Memphis da Stroh Brewing Company. A Coors Memphis Brewery operou por treze anos antes de fechar em 2003. Em 1987, uma unidade de envasamento de cerveja foi construída em Elkton, Virgínia, no Shenandoah Valley. Esse local foi convertido em cervejaria em 2007. Internacionalmente, a Coors comprou da InBev ativos de produção de malte e cerveja pertencentes à Bass Brewers Ltd., em 2002, e os rebatizou de Coors Brewers Limited. Em 2005, a Coors se fundiu com a Molson Brewing Company do Canadá, formando a Molson Coors Brewing Company, a quinta maior cervejaria do mundo, com duas sedes – em Montreal, Canadá, e Denver, Colorado. Em 2008, a Molson Coors Brewing Company fez uma parceria no mercado dos Estados Unidos com a SABMiller chamada MillerCoors com o objetivo de melhorar as economias de escala. A sede da MillerCoors está localizada em Chicago, Illinois. Em 2010, a Molson Coors operava cervejarias no Canadá (todas as antigas cervejarias Molson), nos Estados Unidos (todas as cervejarias MillerCoors) e no Reino Unido (todas as cervejarias Coors Brewers Limited). Ver INBEV e SABMILLER.

Ao longo da sua história, a Coors usou tecnologias inovadoras para melhorar a qualidade das suas cervejas. Em 1959, a cervejaria desenvolveu a primeira lata de alumínio de duas peças para bebidas. Também em 1959, a Coors abandonou a pasteurização e implementou o sistema de filtração estéril para estabilizar a sua cerveja. A cervejaria também criou um centro de pesquisa de malte de cevada, hoje localizado em Burley, Idaho, onde variedades novas e melhoradas de malte são desenvolvidas. Os produtos Coors comercializado ao longo dos anos são numerosos. No entanto, durante os primeiros cem anos de funcionamento, o principal produto era simplesmente a cerveja Coors Banquet, com uma *export* e uma *bock* feitas em menor quantidade até a década de 1940. A Coors Light foi lançada em 1978, e em 25 anos se tornou uma das três principais marcas de cerveja dos Estados Unidos. Em 1994 a Coors produziu a primeira bebida de malte flavorizado (amplamente conhecida como "*malternatives*") com o nome de Zima. Outras cervejas feitas pela Molson Coors, com significativa participação de mercado nos Estados Unidos, incluem a família de marcas Blue Moon, Killian's Red e a família de marcas Keystone; no mercado canadense, a família de marcas Molson, a família de marcas Rickard's, e a Coors Light; e, no mercado do Reino Unido, Carling, Coors Light e Grolsch. Outras marcas menores ao redor do mundo incluem Winterfest, Coors NA, Caffrey's, Cobra, Worthington e Creemore Springs.

A vasta maioria das cervejas da empresa são *American lagers* feitas com malte de cevada e adjunto de milho. A cervejaria em Golden, Colorado, que apresenta uma bela sala de brassagem de cobre, é a maior cervejaria em um único local do mundo, com capacidade de produzir cerca de 2,35 bilhões de litros de cerveja por ano.

Keith Villa

copo, recipiente adequado para servir a cerveja e vital para a nossa percepção sensorial das bebidas. O papel dos copos no momento de servir cerveja é complexo. Visualmente, cada copo em particular estabelece uma série de expectativas. A visão de largos copos robustos na mesa evocará um imediato período de apreciação calorosa de cervejas simples com a família ou amigos. Taça elegantes podem emitir um sinal diferente, talvez provocando a expectativa de cervejas mais complexas, mais para serem saboreadas do que bebidas, um sinal de que merecem uma atenção genuína. A maioria de nós sabe

Foto, *c.* 1933, ilustrando vários formatos clássicos de copos de cerveja, assim como uma espátula de cerveja, utilizada para nivelar a espuma. A Lei Seca causou uma falta de conhecimento público sobre como servir bebidas alcoólicas, uma questão abordada nesta foto que circulou por todo o país. PIKE MICROBREWERY MUSEUM, SEATTLE, WA.

disso quase instintivamente. Em um restaurante, quando taças de vinho especialmente grandes são trazidas à mesa ao lado, é difícil não imaginar qual vinho será servido; espera-se que seja algo especial.

Além do efeito visual/emocional dos copos para cerveja, existem também aspectos mecânicos e práticos. Dessa perspectiva, os melhores copos para cerveja possuem uma grande semelhança com as taças de vinho. A borda, preferencialmente fina e levemente alargada, expõe a cerveja diretamente ao paladar, sem a interferência sensorial de um grosso pedaço de vidro. O bojo do copo envolve, mantém, e concentra os aromas emergentes do líquido. Como a maior parte da nossa sensibilidade gustativa é na realidade uma sensibilidade olfativa, esse aspecto é crítico. Assim como o vinho, qualquer cerveja para ser degustada em vez de meramente bebida deve ser girada no copo. O formato do bojo facilita esse movimento, e conforme o líquido evapora da superfície do copo, a gama completa dos aromas da cerveja tornam-se aparente. O bojo também mantém a espuma, e uma borda expandida ajuda na sua estabilidade.

Abaixo, a haste que sustenta o bojo tem comprimento suficiente para acomodar o aperto de alguns dedos. A cerveja servida em taças conserva melhor sua temperatura; o líquido não é aquecido pelo calor da mão do degustador. A haste também facilita o movimento de girar a bebida, embora isso sempre funcione melhor quando a base da taça permanece firme sobre a mesa. A base, é claro, dá à taça sua estabilidade e um senso de presença.

Todos os aspectos acima estão presentes na taça de estilo belga "tulipa", e estilos similares de copos têm sido adotados por cervejeiros artesanais de todo o mundo. Se o copo apropriado estiver indisponível, não há por que hesitar em usar taças para vinho, as quais se adequam à apreciação da maioria das bebidas complexas. Taças para vinho branco tendem a ser mais versáteis, mas taças para vinho tinto podem ser apropriadas para cervejas muito fortes, complexas ou envelhecidas.

Ver RECIPIENTES DE SERVIÇO. Ver também SERVIÇO DE CERVEJA.

Garrett Oliver

coquetéis. A cerveja sempre teve um lugar um tanto ambíguo na arte americana de mixologia. As bebidas clássicas dos bares americanos – coquetéis, *slings*, *juleps*, ponches, *coolers* e similares – foram baseadas em destilados e vinhos fortificados, deixando pouco espaço para a cerveja. Das pouco mais de 230 receitas publicadas no livro de Jerry Thomas *How to mix drinks* (1862), pioneiro do gênero e documento fundamental para a arte da coquetelaria, apenas oito contêm cerveja. (Por outro lado, um manual britânico contemporâneo, com bem menos receitas no total, oferece 23 com cerveja.) Além disso, daquelas oito receitas, todas exceto duas eram obsoletas como bebidas de bares americanos, e mesmo essas duas – a *Ale Flip* (*ale* condimentada e adoçada, adicionada de rum e ovos) e a *Ale Sangaree* (basicamente a mesma bebida sem ovos ou rum) – eram remanescentes de tempos anteriores. Havia um lugar, no entanto, onde a cerveja estava sendo usada nos drinques dos *bartenders* na época: conforme relatado no livro *Barkeeper's Ready Reference* (1871), de A. V. Bevill, a cerveja *sour* ou *ale* era, às vezes, usada nos "territórios do oeste" como substituta do suco de limão.

Nas mãos dos mixologistas profissionais, o uso de cerveja nos coquetéis progrediu desde então, mas não tanto quanto seus proponentes gostariam. Alguns dos mais criativos e modernos *bartenders* usam a cerveja *gueuze* como um agente acidificante, tentam uma variação de *Flip* ou usam uma *ale* clara para completar um drinque servido em copo alto. No mercado americano de coquetéis artesanais, alguns dos principais bares chegam a apresentar menus contendo seções dedicadas especialmente aos coquetéis formulados com cerveja. Os coquetéis costumam exibir todas as características peculiares do movimento: ingredientes manufaturados (incluindo coisas como *ale* reduzida até se transformar em xarope), combinação incomum de sabores e uma boa dose de sofisticação técnica. Mas poucas dessas criações, apesar de seus méritos, têm ganhado a atenção dos consumidores. Os esforços periódicos da indústria cervejeira para a produção de coquetéis à base de cerveja ainda não foram bem-sucedidos na criação de uma bebida verdadeiramente popular.

Por outro lado, a cerveja está muito bem posicionada no que pode ser chamado de "mixologia popular": a coquetelaria que é feita nos lares, sem a mediação de *bartenders* profissionais. As bebidas resultantes quase sempre dispensam técnicas e equipamentos sofisticados e envolvem apenas um ou dois ingredientes adicionais.

Embora sua simplicidade em si dificulte o detalhamento de sua história e evolução, pode-se ao menos afirmar com segurança que os coquetéis populares americanos produzidos com cerveja apresentam análogos europeus antigos, senão ancestrais diretos. Por exemplo, consideremos o *Irish Car Bomb* dos anos 1980, um *pint* de *stout* com uma dose de uísque irlandês e licor cremoso irlandês. Embora ele lembre o drinque inglês *Pop-In* (*ale* com uma dose de destilado puro), do século XVII, também acena para o *English Dog's Nose* (*porter* e gim) do século XIX, e o *American Depth Charge* (uma dose de uísque mergulhada numa caneca de cerveja), sem ser necessariamente derivado de qualquer um deles. Outros coquetéis, tais como o *Black Velvet* (*stout* com champanhe) e o *Shandy Gaff* (*ale* e refrigerante de gengibre) são importados, respectivamente, da Inglaterra e da Alemanha respectivamente, ambos antecedendo a Guerra Civil Americana. Outros são ao menos criações norte-americanas: os Estados Unidos e o Canadá podem disputar o título de primeiro a misturar cerveja com suco de tomate. Seja com o nome de *Calgary Red Eye* ou simplesmente *Red Beer*, esse coquetel se tornou popular em ambos os países no início dos anos 1950. Por outro lado, a *Michelada*, a promissora bebida à base de cerveja dos anos 2000, é mais elaborada que a maioria dos coquetéis populares, combinando cerveja com suco de limão, molho apimentado, molho Worcestershire e "tempero oriental" líquido. Menos autenticamente mexicano é o coquetel *Beer Marguerita*, dos anos 1970, que mistura parte iguais de *lager* produzida em escala industrial, limonada congelada e tequila. De fato, o uso de ingredientes industriais (limonada congelada em vez de limões frescos e cerveja no lugar de Cointreau), bem como a sua absoluta simplicidade de preparo, fizeram dessa bebida o típico modelo de coquetel popular americano à base de cerveja.

Bevil, A. V. **Barkeepers' ready reference**. St. Louis: A. V. Bevill, 1871.

Thomas, J. P. **How to mix drinks, or the bon-vivants companion**. New York: Dick & Fitzgerald, 1862.

David Wondrich

cor é uma parte de fundamental importância na nossa experiência com alimentos e bebidas, e a cerveja não é exceção. Quando a cerveja é servida em um copo transparente, a cor é a primeira característica que o consumidor irá observar. A cor, invariavelmente, evoca expectativas, usualmente subliminares, do sabor que será sentido a seguir. Uma cerveja dourada e brilhante pode levar-nos a esperar uma cerveja refrescante e lembrar de dias ensolarados passados em *beer gardens*, enquanto uma cerveja de tonalidade preta-avermelhada com uma espessa espuma marrom pode evocar expectativas de sabores de maltes torrados e pensamentos de estar sentado diante de uma lareira. Pelo fato de a cor trabalhar fortemente na mente humana, chefes, vinicultores e cervejeiros prestarão muita atenção para atingir as tonalidades corretas em suas criações.

É irônico, portanto, que a cor possa ser um indicador duvidoso do sabor. Isso se deve ao fato de a cor existir mais fortemente na mente do que na realidade; tecnicamente, a cor é a mera reflexão ou refração da luz quando ela se choca com algum objeto sólido, líquido ou gasoso. Nossos olhos registram os comprimentos de onda da luz que recebem, e o cérebro traduz esses comprimentos de onda nas cores que enxergamos. Na cerveja, a cor é determinada de inúmeras formas. A mais significativa fonte de cor na cerveja são os pigmentos existentes no grão. Tanto os cereais malteados quanto os não malteados usados na cervejaria são secos em secador; quanto mais longo o processo de secagem e quanto maior a temperatura empregada, mais escuro será o conjunto de grãos para a mostura e mais opaca será a cerveja elaborada. Ver MALTE, MALTE CRYSTAL, MALTE PRETO, MALTES CARAMELO e MALTES TORRADOS. Maltes suavemente secos em secador podem produzir uma cerveja brilhantemente clara, transparente e cintilante, enquanto maltes torrados podem ser utilizados para produzir cervejas virtualmente impenetráveis pela luz. Por meio de uma cuidadosa formulação do conjunto de grãos, o cervejeiro pode elaborar cervejas de qualquer tom ou tonalidade, variando de palha a âmbar, vermelho, cobre, mogno, marrom-escuro, e finalmente preto. Além disso, adjuntos como arroz, milho ou açúcar branco podem ser acrescentados durante o processo de elaboração da cerveja para substituir o malte, resultando em uma coloração mais clara.

Cores semelhantes em cervejas diferentes podem ser derivadas de diferentes fontes. Por exemplo, estilos belgas de cervejas escuras como a *dubbel* geralmente obtêm sua coloração marrom não de maltes torrados, mas de um xarope que contém alta quantidade de açúcar invertido chamado de *candi sugar*.

Ver CANDI SUGAR. O *candi sugar* é altamente fermentável e raramente deixa dulçor residual relevante na cerveja. Os sabores resultantes do *candi sugar* escuro (caramelo, passas, açúcar queimado) são bastante diferentes dos sabores resultantes de maltes torrados (café, chocolate), até mesmo quando a coloração da cerveja é semelhante. Essa é uma das razões pelas quais uma *Belgian dubbel* não apresenta o mesmo sabor que uma *English brown ale*. Ver BROWN ALE e DUBBEL.

O *candi sugar* escuro, que é especificamente designado para fornecer cor e sabor à cerveja, é diferente de produtos formulados para serem puros corantes. Muitos corantes caramelo, do alemão *"Farbebier"* derivado do malte ao antigo *"Porterine"* americano, estão disponíveis aos cervejeiros há mais de cem anos. Ver CORANTES. Esses corantes podem ser empregados a fim de superar variações naturais e ajustar a cor da cerveja para atender a uma especificação particular, ou eles podem ser empregados como uma forma de mascarar ou mudar completamente a percepção do consumidor da cerveja. Uma cerveja dourada, ao assumir uma tonalidade castanho-avermelhada devido ao uso de corante caramelo, pode ser percebida pelo consumidor como tendo um sabor muito mais rico do que ela realmente tem. É interessante observar que as fotografias publicitárias costumam retratar as cervejas *lagers* comerciais de massa com uma coloração mais escura do que a coloração real da cerveja.

Reações químicas que ocorrem durante a malteação, mosturação e fervura do mosto também podem contribuir para a coloração da cerveja. Essas reações incluem as conhecidas reações de Maillard, frequentemente chamadas de reações de escurecimento não enzimático, as quais resultam na formação de melanoidinas. As melanoidinas são responsáveis pela coloração âmbar de várias cervejas. Ver MELANOIDINAS e REAÇÃO DE MAILLARD. Maltes tradicionais para *lagers*, que não são usualmente tão modificados como os maltes para *ales*, tendem a apresentam coloração mais clara. Modificações relevantes levam a maltes com maior conteúdo em açúcares e aminoácidos, e isso produz uma coloração mais profunda no secador ou no tambor de torrefação. A oxidação durante a produção da cerveja ou mais tarde, ao longo do processo natural de envelhecimento, pode afetar a coloração da cerveja, tipicamente trazendo à tona uma coloração marrom-amarelada.

Os cervejeiros usam métodos mais técnicos para distinguir entre as diferentes cores e suas intensidades. Um dos métodos mais antigos foi uma escala de cores elaborada por Joseph Lovibond, que é dividida em "graus Lovibond", usualmente abreviados como L. Ver LOVIBOND. Essa escala ainda é utilizada, especialmente nos Estados Unidos. Ela é baseada em uma gama padronizada de amostras de cores que é utilizada para uma comparação visual com uma amostra de cerveja ou de mosto. Uma cerveja muito clara costuma apresentar um valor Lovibond de 2 °L, enquanto uma cerveja bem escura pode apresentar valores de 30 °L. Em 1958, a American Society of Brewing Chemists adotou uma escala baseada na absorbância de uma luz de com comprimento de onda único de 430 nm na cerveja acondicionada em uma cubeta com meia polegada de diâmetro. Esse método foi chamado de Standard Reference Method (SRM). Convenientemente, quando os valores de SRM foram ajustados por um fator de correção de dez, os números virtualmente corresponderam àqueles da escala Lovibond para cervejas idênticas. As maltarias hoje classificam seus maltes em termos de valores Lovibond para um mosto derivado de um malte em uma mostura padrão. A coloração de cervejas, por outro lado, hoje é expressa em valores SRM. A European Brewery Convention (EBC), adepta do sistema métrico, tem sua própria escala EBC, sendo a conversão de SRM a EBC e vice-versa "aproximadamente" dada pelas seguintes expressões:

$$x\text{EBC} = [(x \times 0.375) + 0.46] \text{ SRM}$$
$$y\text{SRM} = [(y \times 2.65) - 1.2] \text{ EBC}$$

Por exemplo, uma *pilsner* dourada clara com um valor de cor de 4,5 SRM teria um valor EBC de 4,5 vezes 2,65 menos 1,2 = 10,725 EBC.

Como regra geral, cervejas de coloração amarela a amarelo-palha têm valores de cor de 4 a 8 EBC (2 a 4 SRM), *pale ales* teriam talvez 20 a 30 EBC (10 a 15 SRM), e *stouts* de 70 a 140 EBC (35 a 70 SRM). Corantes aditivos podem ter valores de cor de até 9.000 EBC (3.375 SRM). Um malte claro pode ter um valor de cor de 1,5 °L a 2,5 °L (aproximadamente 2,8 a 5,4 EBC), um malte caramelo, 60 °L (aproximadamente 160 EBC), e um malte chocolate, 350 °L (aproximadamente 925 SRM). Várias misturas de maltes de colorações diferenciadas permitem ao cervejeiro atingir uma vasta gama de cores.

Assim como muitos consumidores de vinhos erroneamente identificam as cores escuras com concentração e alta qualidade, consumidores de cerveja frequentemente confundem a coloração escura com o teor alcoólico. De fato, a cor da cerveja é completamente independente do seu teor alcoólico, e a maioria das pessoas se surpreende ao descobrir que a cerveja escura Guinness Draught apresenta somente cerca de 4,2% de álcool em volume (ABV), o que a torna notavelmente mais fraca em álcool do que a Budweiser americana, que apresenta cerca de 5%. Por outro lado, uma *tripel* belga dourada terá cerca de 9% ABV, e uma *maibock* alemã de coloração similar pode apresentar um sabor de malte profundo e 8% ABV ou mais.

Outras faixas de cores na cerveja podem ser derivadas de frutas, como no caso das cervejas belgas *kriek* (cerejas) e *framboise* (framboesas). Cores de frutas tendem a ser brilhantes, especialmente se a fruta tiver sido adicionada na forma de suco, ou opacas, especialmente se a cerveja for envelhecida em barris, situação em que a lenta oxidação trará tons finais amarronzados.

Bamforth, Charles W. (Ed.). Beer: a quality perspective. In: **The handbook of alcoholic beverage series**. Amsterdam: Elsevier, 2009.

Daniels, Ray. Beer color demystified – Part I: How to measure beer color in the home and microbrewery. **Brewing techniques**, n. 3, p. 56, 1995.

Daniels, Ray. Beer color demystified – Part II: The science of beer color. **Brewing Techniques**, n. 3, p. 60, 1995.

Horst Dornbusch

gama de cervejas e, às vezes, como parte da própria construção da receita da cerveja. Como agentes colorantes são, em concentrações normais de uso, virtualmente livres de aroma e sabor, podem ser empregados para produzir cervejas escuras com aroma e sabor de torrados mais leves do que ocorria se maltes escuros fossem usados para atingir a mesma coloração. Isso também possibilita que uma cervejaria crie mais do que um "produto" a partir de uma única cerveja. Especialmente em produções de cervejas de mercados de massa, o corante caramelo permite que uma cerveja com aroma suave tenha uma aparência mais ousada. Esses produtos incluem a americana "Porterine", assim denominada por sua suposta capacidade de transformar uma *lager* dourada normal em uma "*porter*", e o alemão Sinamar, formulado para atender aos requisitos da Lei da Pureza da Cerveja. Embora o *candi sugar* escuro belga também forneça cor, não é equivalente aos corantes mencionados anteriormente: o *candi sugar* escuro é também um importante componente de sabor e também pode ser uma fração considerável do açúcar fermentável.

Quando o corante caramelo é utilizado, ele é normalmente adicionado à cerveja finalizada e filtrada como parte de um ajuste final que antecede o envase.

Kunze, W. **Technology brewing and malting**. 3. ed. internacional. Berlin: VLB, 2004.

Anders Brinch Kissmeyer

corante caramelo é o mais comum dos corantes alimentares, respondendo por 90% de todas as substâncias adicionadas aos alimentos e bebidas a fim de modificar sua coloração. Embora a coloração escura na maioria das cervejas resulte de maltes torrados no mosto, a coloração da cerveja pode também ser ajustada pelo uso de diversos compostos. O corante caramelo (também chamado de "couleur" ou "açúcar corante", lista positiva da União Europeia, número E 150) é produzido pela fervura do açúcar na presença de amônia como catalisador, causando a formação de produtos que proporcionam forte coloração ao produto final (até mais de 50 mil unidades EBC).

A razão para a utilização de corante caramelo na cerveja é dupla: ele é usado em pequenas quantidades como uma correção final da cor de uma ampla

corantes são elaborados para imitar as cores que uma cerveja poderia apresentar a partir de um processo natural de produção, mas frequentemente sem os sabores associados a tais cores. O grupo mais importante de corantes utilizados na produção de cervejas é o grupo dos corantes caramelo e o correlato corante alimentar à base malte chamado *Farbebier*. As pessoas frequentemente "bebem com os olhos"; logo, assim como o corante *Mega Purple* é usado para conferir uma coloração mais escura e mais opulenta ao vinho, alguns cervejeiros buscam fazer o mesmo com a cerveja. Corantes para cervejas podem dar a elas as mesmas cores proporcionadas pelos maltes escuros, e as cores resultantes podem ser medidas e quantificadas pelos mesmos métodos analíticos que as cores derivadas do malte. Eles também podem ser utilizados com mais parcimônia para realizar ajustes menores à cor, corrigindo inconsistências nas matérias-primas ou no processo de produção da cerveja. O corante caramelo, que é amplamente empregado em alimentos, normalmente é produzido pelo aquecimento do xarope de glicose, às vezes com a presença de catalisadores químicos de grau alimentício que facilitam o processo de caramelização.

Na maioria dos países, se o cervejeiro desejar tingir a cerveja com cores que não se encontram na faixa normal de cores para cerveja, qualquer agente corante de produtos alimentícios em geral pode ser utilizado. É necessário observar que essa é uma prática altamente incomum nas cervejarias e, de forma geral, o uso de outros corantes somente é visto em conexão com *fruit beers*, algumas cervejas sazonais e estranhezas ocasionais.

Na Europa, a União Europeia lista todos os aditivos alimentícios que podem ser comercializados nos 27 países membros, e somente os corantes com base de caramelo são aprovados para a cerveja. Isso significa que qualquer tingimento de cerveja com cores atípicas para cerveja, como vermelho, verde ou azul, deverá resultar da adição de frutas naturais ou extratos de ervas. A agência norte-americana Food and Drug Administration não publica uma "lista positiva" de corantes permitidos para cervejas comercializadas nos Estados Unidos, mas exige que qualquer cervejeiro ou importador solicite o uso destes em cada caso.

Ver também CORANTE CARAMELO.

The Food and Drug Administration. **Food**. Disponível em: http://www.fda.gov/food. Acesso em: 17 fev. 2011.

Anders Brinch Kissmeyer

Coreia do Sul, localizada no Leste Asiático, ocupa a metade sul da península Coreana e muitas ilhas periféricas ao sul e a oeste do país. Um dos países com maior densidade demográfica da Ásia, a Coreia do Sul é o lar de 49 milhões de habitantes, em sua maioria cristãos ou budistas. Um país constantemente submetido a invasões brutais por seus vizinhos Japão, China e Rússia, a Coreia do Sul tem experimentado um crescimento econômico constante nos últimos anos e atualmente é o lar de um governo democrático multipartidário. A capital Seul possui uma população de 9,5 milhões de pessoas e, aparentemente, sua primeira cervejaria foi inaugurada em 1908.

A cerveja é a bebida preferida dos sul-coreanos, compondo cerca de 60% do mercado de bebidas do país. Os cidadãos preferem as cervejas *lager* de estilo ocidental, chamada *maekju*. A versão sul-coreana do *pub* é o *hof* (*hopeu*), que serve cerveja local barata em *pints*, bem como cerveja importada, mais cara e fortemente tributada. Estas últimas são, frequentemente, a bebida preferida dos jovens profissionais da cidade. Os sul-coreanos geralmente preferem cervejas produzidas com grandes quantidades de arroz, que lhes conferem sabores limpos e suaves.

As duas maiores cervejarias nacionais sul-coreanas, a Oriental Brewery Co. Ltd. (OB) e a Hite Brewery Co., mantêm um duopólio no mercado de cerveja do país. A líder no mercado é a Hite, fundada em 1933 como Chosun Beer Co. Ltd. A Hite comercializa cervejas sob as marcas Hite, Hite Pitcher, Max, Stout, S e STOUT. Ela também produz destilados coreanos tradicionais e importa cervejas da Foster's e da Kirin. A OB, segunda maior cervejaria do país, foi inaugurada em 1952 e comprada pela InBev em 1998. Em novembro de 2009, a Anheuser-Busch InBev vendeu a empresa para a Kohlberg Kravis Roberts & Co. por 1,8 milhão de dólares. O novo proprietário mantém um forte relacionamento com a OB, utilizando-a para distribuir marcas como Budweiser e Hoegaarden por todo o país. A OB teve o direito de comprar a empresa de volta em 2014 sob certas condições financeiras. As cervejas populares produzidas pela OB são OB, Cass e Cafri. A empresa está focada principalmente no desenvolvimento da marca Cass, que é atualmente a número um do mercado sul-coreano.

De la Merced, M. J. K.K.R. to Buy Anheuser's South Korean Brewer. Disponível em: http://dealbook.nytimes.com/2009/05/07/kkr-to-buy-anheuserssouth-korean-brewer/. Acesso em: 29 out. 2010.

Drinking in South Korea: Beer. Disponível em: http://iguide.travel/South_Korea/Drinking/Beer. Acesso em: 29 out. 2010.

Guide to South Korea. Disponível em: http://www.lonelyplanet.com/south-korea. Acesso em: 29 out. 2010.

Hite Brewery Companted Limited Company Snapshot. Disponível em: http://www.corporateinformation.com/Company-Snapshot.aspx?cusip=C41000010. Acesso em: 29 out. 2010.

Idzelis, C. KKR toasts Oriental Brewery. Disponível em: http://www.thedeal.com/newsweekly/deals-of-the-year-2009/kkr-toasts-oriental-brewery.php. Acesso em: 29 out. 2010.

National Geographic. Disponível em: http://travel.nationalgeographic.com/travel/countries/south-korea-guide/. Acesso em: 29 out. 2010.

April Darcy

Corona Extra é a cerveja mexicana mais vendida no mundo e a número um em importações nos Estados Unidos e Canadá. Comercializada em uma inconfundível garrafa transparente com um rótulo estampado, essa cerveja de estilo *"tropical pilsner"* apresenta um teor alcoólico de 4,6% ABV e é normalmente servida nos bares dos seus mercados de exportação com uma fatia de limão introduzida no gargalo da garrafa. Embora a fatia de limão tenha se tornado algo emblemático da Corona e agora seja parte da própria imagem da marca, pouquíssimos mexicanos a bebem desse modo, preferindo deixar o limão para os turistas e estrangeiros.

Produzida pela primeira vez em 1925 pelo Grupo Modelo para celebrar seu décimo aniversário, a cerveja apresenta cor amarelo-palha, é suave ao paladar e tem pouco amargor de lúpulo. Ainda que seja a líder de mercado em seu país de origem, não é considerada a melhor cerveja entre todas as variedades do Grupo Modelo; algumas têm custos mais elevados no México, e a Corona sempre foi considerada uma marca de cerveja barata nos Estados Unidos. Sem se abalar pelo fato de que cervejas comercializadas em garrafas de vidro claro podem ser danificadas pela incidência luminosa, pois a luz do sol reage com o lúpulo, a cervejaria argumenta que a cerveja sempre foi envasada em garrafas transparentes "porque quando você usa apenas os melhores ingredientes, você não tem nada a esconder". As vendas da Corona se beneficiaram de uma campanha publicitária extremamente eficaz que foca em uma imagem de descanso sob palmeiras nas areias brancas das praias mexicanas. A Corona é vendida em mais de 150 países.

O logotipo característico que dá nome à Corona foi inspirado na coroa que adorna a Catedral de Nossa Senhora de Guadalupe, na cidade de Puerto Vallarta.

Tim Hampson

costumes associados à cerveja, que vão desde os sagrados aos profanos, dos desproporcionados aos sérios, há muito tempo refletem nossos valores, nossas crenças e as tendências presentes em nossa sociedade. A cerveja é tão antiga quanto a civilização, e o prazer e a saúde que ela proporcionava aos seus apreciadores no Egito antigo e nos territórios circundantes fizeram com que tivesse uma importância fundamental para essas sociedades. Os trabalhadores que construíram as pirâmides foram pagos em parte com cerveja e cebolas, embora a bebida em si fosse tratada com grande reverência, como algo ofertado pelos deuses. Por volta de 3000 a.C., um poeta sumério afirmou: "Sinto-me maravilhosamente bem tomando cerveja/de bom humor/de coração alegre e fígado feliz". Alguns afrescos da Babilônia mostram os apreciadores erguendo um brinde às deusas da cerveja, ao passo que no Egito a cervejaria pertencente ao faraó Ramsés servia gratuitamente aos administradores do templo 10 mil hectolitros de cerveja ao longo de um ano. A classe dominante no Egito preferia cerveja maturada, que eles tomavam em canudos folheados para evitar beber a borra. A maior parte das pessoas tomava a cerveja assim que a fermentação terminava, assim como as *porridge beers*, que ainda são feitas em determinadas partes da África.

Não é de surpreender que a cerveja, uma bebida que essencialmente agregava a civilização humana, tenha dado origem a tantos costumes e rituais elaborados. Em pequenas aldeias africanas, o antigo ritual de beber em conjunto por meio de canudos continua, milhares de anos depois de ter sido retratado pela primeira vez na arte. Os homens se sentam ao redor de um pote de cerveja, usando canudos compridos, como fumantes em torno de um narguilé, para discutir os problemas do dia. Nos municípios da África do Sul, um copo de cerveja comum é passado de mão em mão, e todos sorriem depois de sorver um gole.

Do mesmo modo que a maior parte das cervejas, vários dos costumes associados ao consumo de cerveja têm raízes europeias. Os anglo-saxões e *vikings*, que invadiram a maior parte do norte da Europa após a retirada dos romanos, trouxeram com eles uma cultura de consumo de cerveja profundamente enraizada, bem como um costume que perdurou por vários séculos: brindar com copos feitos de chifre. O uso de copos de chifre também remonta à Grécia antiga, aos gauleses, aos trácios e aos citas. Xenofonte escreveu um relato sobre seu relacionamento com Seuthes, rei trácio, no qual os chifres são um componente fundamental no ato de beber. Diodoro fez um relato sobre um banquete preparado pelo rei geta Dromiquetes em que os copos de chifre eram feitos de chifre real, mas também de madeira. Júlio César, em *De Bello Gallico*, descreveu os gauleses usando copos feitos do chifre de auroque, um antepassado do boi: "Os chifres gauleses são, em tamanho, formato e espécie, bastante diferentes dos chifres do nosso gado. Eles são bem mais procurados, as bordas têm contorno de prata e eles são usados em grandes banquetes como recipientes para beber".

O registro histórico dos copos de chifre data do período *viking*, na Escandinávia. Dizem que o deus Thor bebia em um chifre que continha todos os mares do mundo, e acessórios para copos de chifre foram descobertos no sítio de sepultamento anglo-saxônico em Sutton Hoo, em Suffolk, leste da Inglaterra. O caráter elaborado dos copos de chifre evidencia que eles eram recipientes cerimoniais usados por pessoas de alto prestígio. Há referências aos copos de chifre na lenda arturiana de Caradoc, chefe tribal na Cornualha, Devon e Somerset na Inglaterra, no século III.

Algumas centenas de anos depois, pequenas tendas de venda de cerveja tornaram-se comuns em toda a área rural inglesa. As autoridades fizeram o possível para regulamentá-las, mas as "barracas de *ale*" continuaram se multiplicando ao longo das antigas estradas romanas da Grã-Bretanha. Os reis cristãos e seus piedosos códigos legais de forma alguma eram páreo para o vício e o prazer do consumo vigoroso de bebida. O poema épico em inglês arcaico *Beowulf*, do século VIII da era moderna, retrata uma sociedade em que o consumo sério de cerveja é descrito como parte fundamental dos banquetes, aliás quase como um ritual religioso. Por volta do final do primeiro milênio, a embriaguez havia se tornado tão desmedida na Inglaterra que o rei Edgar, que reinou de 959 para 975, decretou, seguindo os conselhos do arcebispo Dunstan de Cantuária, que qualquer aldeia ou cidade dali em diante podia ter apenas uma *ale house*. Além disso, ele ordenou que a cerveja fosse servida apenas em copos de chifre com pinos fixados no seu interior em intervalos prescritos, para que, de acordo com a lei, "quem quer que bebesse além dessas marcas de uma só vez deveria ser submetido a um penoso ou sério castigo". Ver ALE HOUSES.

Em 1066, a conquista normanda trouxe os franceses e seu vinho para a Inglaterra, instituindo ambos na alta sociedade inglesa. A cerveja era apreciada em todos os domicílios aristocráticos normandos, mas o vinho tornou-se a bebida preferida dos nobres, estabelecendo uma hierarquia social de bebidas que ainda hoje repercute. Porém, a cerveja continuou sendo bebida por pessoas comuns que trabalhavam arduamente, os então subjugados anglo-saxões. Em cerimônias grandes e pequenas, a cerveja sem lúpulo abastecia os copos de chifre. O Corpus Christi College em Cambridge ostenta um grande copo de chifre que pré-data a fundação dessa faculdade no século XIV. Ele ainda é usado nas comemorações da faculdade. Chifres profusamente ornamentados em estilo barroco, alguns com adornos em marfim com ouro, prata e esmalte, eram feitos no século XIX e início do século XX na Áustria e na Alemanha. Contudo, de modo geral o costume do copo de chifre acabou entrando em declínio, visto que passaram a prevalecer atitudes mais puritanas e os generosos banquetes e o consumo excessivo eram cada vez mais vistos com desagrado.

Existe uma ligação entre os copos de chifre e o costume mais moderno conhecido como *yard of ale* ("chope em metro"). Nos Estados Unidos, é costume haver copos *yard* nos bares das faculdades, embora muitos clientes talvez não saibam para que eles servem. Esse recipiente é usado com frequência na Grã-Bretanha e em suas ex-colônias como uma cerimônia de iniciação em que um jovem, ao atingir a idade de consumo legal de bebida alcoólica, tem de consumir o conteúdo do copo, normalmente três *pints* imperiais de cerveja. Esse copo tem 1 jarda (*yard*) ou 91,44 cm de comprimento e um bulbo em uma extremidade e uma abertura como a da trombeta na outra. Quando um bebedor principiante não consegue girar adequadamente o copo à medida que ele bebe, uma boa parte da cerveja acaba lambuzando todo o seu rosto, uma ocasião que gera boas gargalhadas.

Acredita-se que esse copo teve origem no século XVII, na Inglaterra, quando esse recipiente era também conhecido como copo longo ou *yard* de Cambridge. O diarista John Evelyn (1620-1706) menciona um *yard of ale* usado para brindar ao rei Jaime II, mas esse recipiente tinha origens mais plebeias. Ele foi projetado para atender às necessidades dos condutores de diligência que tinham pressa de chegar aos seus destinos finais. Nas paradas intermediárias, os condutores costumavam ser servidos de cerveja em um copo *yard* através de uma janela da taberna, e esse copo tinha um tamanho adequado para o condutor pegar sem precisar sair da diligência. Um *pub* chamado The Olde Gate Inne, em Brassington, Derbyshire, que outrora ficava no trajeto da diligência entre Londres e Manchester, tem uma pequena janela com tranca através da qual era passado um comprido copo de vidro aos condutores de diligência. Ver COACHING INNS.

Esse sistema foi também utilizado na Europa continental e é relembrado na Bélgica por meio do copo fabricado para a Kwak, uma *amber ale* de alto teor alcoólico. Essa cerveja é servida em uma versão menor do copo *yard of ale*, que é mantido em pé por um suporte de madeira, com a extremidade em forma de bulbo sobre a base. Diz a lenda (ou pelo menos a Cervejaria Bosteels, que fabrica a cerveja) que essa cerveja leva o nome do proprietário de um *coaching inn* na estrada de Gante para Mechelen. Ele se chamava Pauwel [Paul] Kwak. Ele produzia sua própria *strong ale* e a servia em copos especiais aos condutores de diligência, que podiam colocar a extremidade do bulbo sobre o estribo, nas argolas de metal com a base achatada em que eles repousavam os pés. Há ainda uma correlação entre *yard of ale* e *stirrup cup* ("copo de saideira"), um recipiente cheio de cerveja ou outra bebida alcoólica usado para brindar a partida de um cavaleiro ou convidado.

Segundo o *Guinness Book of Records*, certa vez um *yard of ale* foi consumido em 5 segundos. Esse copo e os rituais que o acompanham são usados não somente na Inglaterra, mas também na Austrália e na Nova Zelândia. O ex-primeiro-ministro australiano Bob Hawke certa vez bateu o recorde mundial por tomar um *yard*. Esse copo é ainda maior na Nova Zelândia e pode conter mais de 2 litros de cerveja. Embora não seja mais visto com tanta frequência fora das lojas para turistas, na Alemanha, o equivalente é um copo em forma de bota. Supostamente, ele se refere a uma antiga tradição militar entre os homens presos nas trincheiras de tomar cerveja em conjunto em uma bota de couro. É difícil imaginar que não houvesse nenhum outro recipiente disponível, mesmo durante os combates, e é bem possível que a autenticidade dessa história seja duvidosa. O que é certo é que, assim como o *yard* britânico, a bota é um recipiente manhoso que pode facilmente encharcar a camiseta do bebedor.

Alguns costumes relacionados ao consumo de cerveja são menos hilariantes e sem dúvida mais sociais. Um costume de consumo comum na Grã-Bretanha e na Austrália é comprar bebidas em "rodadas". Na maioria dos outros países, a cerveja é paga ao final – você toma algumas cervejas ao longo da noite e depois paga ao sair do bar. Porém, como nos *pubs* britânicos não há serviço de mesa, a bebida é paga à medida que é solicitada. Foi assim que teve origem o costume de comprar em rodadas: quando um grupo vai a um *pub*, um ou outro dirá "Essa rodada é minha" ou "Essa é por minha conta" e comprará cerveja para todo o grupo. Existe uma etiqueta social respeitável associada à compra em rodadas e quem não "banca sua rodada" é desprezado e considerado muquirana. Tendo em vista o preço ascendente da cerveja nos *pubs*, esse costume tem desaparecido. Os grupos agora tendem a se dividir em grupos menores para reduzir o número de cervejas compradas. Na Austrália, o costume de rodada é conhecido como "*shouting*", e todos os membros do grupo devem participar.

Na etiqueta chinesa de consumo de bebida, existe o *gan bei*, que poderia ser traduzido como "copo seco", e o significado é semelhante a "saúde". Quando reunidos à mesa para uma refeição, no momento em que o líder do grupo ou o anfitrião diz "*gan bei*", o restante tem de esvaziar os copos. Se as pessoas trocarem de bebida, isso será encarado como insulto: se a bebida escolhida for cerveja, essa deverá ser a bebida do brinde.

Embora o Japão seja mais conhecido pelo saquê de arroz, na verdade os japoneses tomam bem mais cerveja. Quando alguém chega em um bar ou em uma festa ou faz um churrasco em casa, costuma dizer em voz alta "*toriaezu biiru!*", cuja tradução aproximada seria "Vou começar com cerveja!". Essa frase quer dizer que a comida pode ficar para depois – isto é, "primeiro as coisas mais importantes".

É justo dizer que os povos de língua alemã exportaram mais costumes de consumo de cerveja para o mundo que qualquer outra cultura. No outono, é possível encontrar *oktoberfests*, e suas inúmeras bandas *oompah*, *Lederhosen* (calças de couro) e canecas de vidro gigantes, praticamente em qualquer lugar do mundo. Para os não alemães, a tendência é considerar a cultura de consumo de cerveja muito animada, mas nem sempre foi assim. Henry Mayhew, em seu livro de 1864, *German Life and Manners as Seen in Saxony at the Present Day*, escreve em um capítulo intitulado "On the beer-drinking customs at Jena" ("Sobre os costumes de consumo de cerveja em Jena"), referindo-se aos alunos da universidade de lá:

> O consumo de cerveja entre os estudantes de Jena dificilmente pode ser considerado uma indulgência arbitrária; porque existem muitas formalidades e cerimoniais correlacionados com isso – como direitos e deveres vinculados ao "brinde à saúde de algo ou alguém" e ao "brinde em resposta" – e essa é uma parte tão intrínseca da vida acadêmica de todas as universidades alemãs que as celebrações associadas com isso têm mais em comum com as orgias semirreligiosas das sacerdotisas de Baco dos tempos antigos que com meras festividades lascivas e sem sentido.

Mayhew prossegue, com riqueza de detalhes (e pouca pontuação), explicando as rebuscadas excentricidades em torno do consumo alemão de cerveja. Hoje, alguns desses costumes continuam em voga e são conhecidos por apreciadores de cerveja de todas as partes, como o brinde "*Prost!*" e o vigoroso tilintar dos copos que o acompanha, algo aconselhável somente com as pesadas canecas alemãs de cerveja. Até mesmo nos dias de hoje, os estudantes universitários alemães evitam os jogos conhecidos como "*keg stand*" e "*beer pong*" prevalecentes nos Estados Unidos e preferem músicas associadas à cerveja e jogos de pebolim.

Os costumes americanos relacionados ao consumo de cerveja, tal como grande parte da própria cultura americana, são uma mistura de costumes do mundo inteiro, sendo a Alemanha e a Inglaterra os principais progenitores. Nos brindes, muitos americanos tendem a usar "*Prost!*", "*Kampai!*" ou "*¡Salud!*" tanto quanto usam "*Cheers!*", e agora eles têm muito mais cervejas interessantes para brindar. Como o movimento de cerveja artesanal americana está se ampliando, não há dúvida de que veremos novos costumes surgir com o passar do tempo. Existe um costume particularmente gratificante para observar. Especialmente entre os cervejeiros artesanais, existe um costume crescente, que é oferecer hospitalidade a outros cervejeiros, mesmo que a visita seja completamente inesperada. O mestre cervejeiro interrompe o que está fazendo e oferece aos cervejeiros visitantes um *tour* e uma cerveja. Parece um costume à altura das melhores tradições relacionadas à produção de cerveja.

Ver também PUBLIC HOUSES (PUBS).

Corran, H. S. **A History of Brewing**. Newton Abbot: David & Charles, 1975.
Eames, A. D. **The Secret Life of Beer: Legends, Lore, and Littleknown Facts**. North Adams: Storey, 2004.
Hackwood, F. W. **Inns, Ales and Drinking Customs of Old England**. London: Bracken Books, 1985.
Mayhew, H. **German Life and Manners**. London: Wm H. Allen & Co, 1864.

Roger Protz

couching é um antigo termo inglês para designar o trabalho de enleivar, com uma pá, o grão macerado e drenado sobre o piso do germinador ("*couch*"). Ver FLOOR MALTING. Na tradicional malteação britânica, o *couching* é a primeira de três etapas de germinação. Os outros são "*flooring*" (a germinação propriamente dita) e "*withering*" (secagem com ar em uma camada fina). A leira mantém a temperatura do grão e, assim, acelera a absorção da água superficial após a transferência úmida da maceração. Isso promove a conclusão do *chitting* e o início da germinação. Ver CHITTING e GERMINAÇÃO. A leira possui de 20 a 90 cm de altura, sendo muitas vezes feita numa estrutura rígida, retangular, com um fundo plano chamado moldura de canteiro. No tempo frio, o *couching* pode durar 24 horas ou mais, e a leira é muitas vezes coberta com sacos ou com lonas para manter a temperatura adequada. Contudo, uma vez que o *chitting* está completo e a germinação inicia, o grão começa a produzir um calor considerável, tornando mais importante liberar o calor do que contê-lo. Nesse ponto, a leira precisa ser quebrada e espalhada no chão, em uma camada que varia em espessura de cerca de 7 a 40 cm. Quanto mais avançado o estágio de germinação na leira e quanto maior a temperatura ambiente, mais fina deve ser a camada para permitir que o excesso de calor escape.

Briggs, D. E. **Malts and malting**. London: Chapman & Hall, 1997.

Thomas Kraus-Weyermann

Courage Brewery. Ao longo de mais de dois séculos, a Courage esteve entre os nomes mais conhecidos da indústria cervejeira britânica. Em 1787, John Courage comprou uma pequena cervejaria em Horselydown, na margem sul do Rio Tamisa, um local agora adjacente à Tower Bridge, em Londres (concluída em 1892). A produção de cerveja nesse local pode ter sido iniciada no século XVI. O bairro de Southwark era o centro do comércio inglês de lúpulo, e outras cervejarias floresceram lá, nomeadamente Barclay, Perkins & Co., que ficava a oeste da Horselydown, do outro lado da London Bridge. Ver BARCLAY, PERKINS & CO. Curiosamente, a Courage batizou sua propriedade de "Anchor Brewery", um nome já em uso pela Barclay, uma das maiores cervejarias de *porter* de Londres, que tinha passado por várias mãos desde sua fundação em 1616.

Courage faleceu apenas seis anos mais tarde, em 1793; seu filho John somente o sucedeu quando se tornou sócio, em 1811. Ele se tornou o único proprietário da crescente empresa em 1851, tendo, entre outras coisas, comprado cais dos lados leste e oeste da cervejaria, assegurando um bom acesso para a chegada de matérias-primas e a partida dos produtos acabados. Outra vantagem do local era que ele possuía seus próprios poços artesianos, de excelente qualidade para a produção de cerveja, finalidade para a qual a água do rio Tâmisa não era adequada. Parte das terras pertencentes à Courage foram mais tarde vendidas para a Corporation of London quando a Tower Bridge foi construída.

Em 1888, embora ainda sob o controle da família Courage, a cervejaria se tornou uma companhia limitada, a Courage & Co. Alfred Barnard registrou sua visita à cervejaria, e relatou que ela tinha produzido mais de 475 mil hectolitros de cerveja em 1887. Porém, em 1891 um incêndio atingiu a cervejaria, presumivelmente causado por uma explosão de poeira de malte, e a cervejaria queimou durante vários dias. A produção de cerveja recomeçou em pouco tempo, mas como os edifícios da cervejaria estavam sendo reconstruídos, a Courage & Co. foi forçada a comprar cerveja da Barclay a fim de cumprir os seus compromissos com os clientes de Londres.

No final do século XIX, o estilo *pale ale*, especialmente a de Burton-on-Trent, tornou-se popular. Ver BURTON-ON-TRENT. Mas a concentração de carbonato na água dos poços da Horselydown não era adequada para a produção desse estilo de cerveja. A Courage superou essa dificuldade importando *pale ale* da Flower & Son de Stratford-on-Avon, em 1872, e mais tarde da Fremlins de Maidstone, em Kent. Em 1903 a empresa adquiriu a Hall's Brewery, em Alton, Hampshire, a primeira de muitas aquisições desse tipo. Na maioria dos casos, a Courage estava interessada em obter somente os *pubs* pertencentes às empresas adquiridas, razão pela qual fechava as cervejarias e passava a abastecer os *pubs* com a cerveja produzida em Horselydown ou Alton, conforme o caso.

A Courage continuou prosperando mesmo com as duas guerras mundiais, embora tenha havido uma lacuna durante a Segunda Guerra Mundial. Horselydown fica na área das docas de Londres, um dos principais alvos dos bombardeiros alemães durante os ataques a Londres, e a cervejaria foi devidamente atingida, a sala de brassagem foi destruída, e até mesmo a fortificação do rio foi rompida. Por uma segunda vez a reconstrução começou, embora a sala de brassagem tenha sido concluída somente em 1954.

Em 1955, a Courage and Co. fundiu-se com a sua vizinha de Southwark, a Barclay, Perkins & Co., dando origem à Courage and Barclay Ltd. Logo depois, houve um período conhecido como *"merger mania"* ("mania de fusão"), iniciado na indústria cervejeira pelo magnata canadense E. P. Taylor, o que resultou na formação de vários grandes grupos de cervejarias, entre eles o Scottish and Newcastle Breweries. A Courage and Barclay não ficou imune a essa histeria, e em 1960 a nova empresa fundiu-se com a Simonds de Reading, Berkshire, formando a Courage, Barclay & Simonds. Esse grupo realizou várias novas aquisições antes de se tornar vítima, sendo comprado pela Imperial Tobacco em 1972.

O que se viu então foi o caos, mais do que uma mania, pois a própria Imperial Tobacco foi comprada pela Hanson Trust em 1986. Esta última vendeu a Courage para a empresa australiana Elders IXL (proprietários da marca Fosters), e em 1991 um acordo foi feito com o grupo Watney (de propriedade do Grand Metropolitan) para a aquisição de todas as cervejarias da Watney, com os *pubs* de cada um formando um grupo separado, conhecido como Inntrepreneur. A Elders decidiu deixar o mercado cervejeiro britânico em 1995, vendendo a Courage para a Scottish & Newcastle. A nova empresa ficou conhecida como Scottish Courage e foi a maior cervejaria britânica até ser também engolida por uma empresa maior, a Heineken Brewing, em 2008.

A cervejaria da Barclay foi fechada e demolida em 1986. A Courage fechara sua cervejaria na Horselydown em 1981, transferindo a produção para a sua fábrica mais moderna em Worton Grange, perto de Reading. O terreno na Horselydown valorizou-se com a disparada do mercado imobiliário de Londres, e foi transformado em luxuosos apartamentos à margem do rio. O enorme edifício não foi destruído; a sua fachada para o rio ainda é magnífica e pode ser vista da Tower Bridge.

Cornell, M. The Local Brew. In: **Beer: the story of the pint**. London: Headline Book Publishing, 2003.

Pudney, J. **A Draught of Contentment**. London: New English Library, 1971.

Terry Foster

cozedor de cereal é uma tina da sala de brassagem que permite ao cervejeiro usar cereais não malteados, como milho ou arroz, como parte de sua receita, além de cevada malteada. A proporção de arroz ou milho pode variar dependendo da cerveja, sendo normalmente de 20% a 30% do conjunto de grãos. O cozedor de cereal é muito parecido com a tina de mosturação; ele contém pás e é aquecido, geralmente por meio de vapor indireto. O cereal cru é adicionado à água para formar um mingau que então é fervido. Essa fervura gomifica o material amiláceo, tornando-o suscetível à quebra pelas enzimas do malte na mostura principal. Depois da gomificação, a goma de cereal será adicionada à mostura principal de malte, onde as enzimas do malte vão quebrar o amido, tanto do malte quanto do adjunto, para a produção de açúcares. Cozedores de cereal são geralmente encontrados em grandes cervejarias que produzem regularmente cervejas de mostos com alta proporção de adjuntos.

Ver também ADJUNTOS, ARROZ e MILHO.

Paul KA Buttrick

cozinhar com cerveja, uma prática que certamente desfruta de uma tradição tão longa quanto cozinhar com vinho, mesmo que a cerveja seja menos notória no meio culinário. Quase todas as bebidas podem ser incorporadas à culinária, mas a cerveja tem um número de qualidades únicas para oferecer à cozinha. A maioria das culturas que bebe cerveja tem, pelo menos, algumas receitas com ela, do clássico *Irish beef* e ensopado de Guinness, ao *beer-battered fish* e ao *Belgian waterzooi*.

É inquestionável que foi na Bélgica que cozinhar com cerveja atingiu seu máximo esplendor, com uma gama completa de sedutores pratos apelidados de *cuisine à la bière* (cozinha com cerveja). Embora tenha sido baseada em tradições locais de longa data, a *cuisine à la bière* foi sistematizada pelo belga e mestre cozinheiro Raoul Moorleghem, na década de 1950, e seu trabalho foi muito influente. Hoje, muitos dos melhores restaurantes da Bélgica servem pratos que levam cerveja.

Tal como acontece com o vinho, o álcool da cerveja irá evaporar durante o cozimento. No entanto, a cerveja não é geralmente análoga ao vinho na cozinha. A maioria das cervejas tem, notavelmente, menos acidez que o vinho, mas possuem o amargor do lúpulo como um fator de dificuldade. Pode-se hesitar em cozinhar usando um vinho com muito tanino, e uma cerveja com muito lúpulo pode ser igualmente difícil para se cozinhar. O amargor do lúpulo pode ser suprimido pelo cozimento, mas isso geralmente requer, pelo menos, noventa minutos de fervura ou refogado. Cervejas com caráter fortemente torrado podem ser usadas na culinária, mas não devem ser concentradas em molhos porque estes podem se tornar muito amargos. Usada corretamente, a cerveja tem muito a acrescentar à cozinha através de uma vasta gama de aplicações. Cozinhar pode concentrar muitos dos sabores da cerveja, e por isso é sempre melhor, em primeiro lugar, usar cervejas que têm bons sabores. Cervejas que não são boas para se beber provavelmente devem ser evitadas na cozinha também.

Marinada

Muitas cervejas podem servir de base para finas marinadas a fim de conferir sabor a carnes e aves. *Brown ales* inglesas e *dubbels* belgas, quando combinadas com cebolas, ervas, sal, pimenta e alho, podem fazer marinadas muito boas para porco e cordeiro. Depois de a carne ser removida, a marinada pode ser utilizada para preparar molhos.

Molho deglaçado

Após algum alimento ser salteado ou assado numa frigideira ou panela, pedaços de alimentos caramelizados e concentrados ficam presos no fundo. Quando esses alimentos forem dissolvidos pela cerveja na panela quente, os sabores caramelizados se tornarão uma excelente base para molhos. Cervejas mais doces, como *doppelbocks*, podem ser usadas para se obter sabores mais ricos, mas as cervejas

GIVE HIM A PLEASANT SURPRISE WITH THESE TESTED BEER RECIPES

REAL WELSH RAREBIT

½ bottle of Ballantine's Export Beer
¾ teaspoon pepper
1 teaspoon dry mustard
1 tablespoon Worcestershire sauce
⅛ teaspoon cayenne pepper
½ teaspoon salt
1½ lbs. cut up soft yellow cheese

Heat everything except the cheese in a double boiler or in a chafing dish, or pan over hot water. When very hot, add the cheese stirring constantly until it becomes creamy. Serve at once on toast or crackers.

MACARONI EN CASSEROLE

In salted boiling water, place ½ lb. macaroni. Boil until tender, (about 20 minutes). Drain and add 2 tablespoons of butter and ½ cup milk. Stir well. Place in 3 individual casseroles or one baking dish. On top, place Welsh rarebit made with Ballantine's Beer. Reheat in oven and serve very hot. Chopped bacon or ham may be added to the macaroni if desired.

HAM PATTIES WITH BEER SAUCE

1 lb. smoked ham, ground
1 lb. fresh pork, ground
¾ cup diced green pepper
1 tablespoon diced onion
2 eggs
½ cup rolled corn flakes
Salt—pepper

SAUCE

4 tablespoons brown sugar
½ cup tomato juice
2 cups Ballantine's Export Beer

Combine all ingredients and shape into patties. Saute un evenly browned. Add sauce ingredients and cook slowly in covered pan until tender. The juice may be cooked down until thick and served on the meat as a sauce.

CREAMED DRIED BEEF

¼ lb. dried beef
4 tablespoons butter
4 tablespoons flour
1 pint milk
1 bottle Ballantine's Export Beer

Tear beef into small pieces. Place in cold water and bring to a boil—then drain. Melt butter in frying pan, add the beef and brown. Then add the flour and mix well. Add the milk and beer and stir constantly until mixture thickens. Cook over direct flame for at least 5 minutes. The mixture may then be placed in the top of a double boiler and kept warm until serving time. Serve on toast. Serves 6.

BEER AND ONION SOUP

3 tablespoons butter
1 medium sized onion, sliced thin
1½ cup beef stock
1 cup Ballantine's Export Beer
1 teaspoon salt
1 cup tomato juice
pepper—few grains
2 tablespoons Parmesan cheese

Cook butter and onion together in covered pan until tender, but not brown. Add stock, tomato juice, beer and seasonings; bring to boiling point and keep as hot as possible without boiling. Dry toast sprinkled lightly with Parmesan or grated cheese may be served on top of steaming soup. The toast should be cut in slender strips, lightly browned and very crisp. Serves 6.

BEER CABBAGE SALAD

1 medium-sized head of cabbage
1 green pepper, shaved
2 tablespoons celery seed
1 teaspoon minced onion
1 cup cooked salad dressing
Season with salt and pepper
½ bottle of Ballantine's Export Beer

Chop or shred the cabbage, add the green pepper and seasoning. Combine the salad dressing and the beer having both ice cold and beat until smooth. Pour the dressing over the cold cabbage mixture and serve in a salad bowl lined with the crisp green lettuce leaves.

HE'LL CHEER for BALLANTINE'S BEER

WHEN your husband comes home hot and tired— try this recipe! Hand him a cool, sparkling glass of beer. But—*be sure it's Ballantine's!* There's nothing like it on these warm, sultry days . . . its mellow refreshing flavor goes right to the right spot.

And for an extra cheer . . . serve him one of the real men's dishes described here . . . just the thing to satisfy his longing for something different!

But remember—to get the full deliciousness of these recipes you need the rich mellow flavor of Ballantine's Export Beer—made by the makers of America's Finest Ale.

THE BEER THAT MAKES A THIRST A PLEASURE

Folheto com receitas de pratos que levam Ballantine's Beer, c. 1933. A Ballantine's Brewery, fundada em 1840, em Newark, Nova Jersey, chegou a ser a quarta maior cervejaria dos Estados Unidos. PIKE MICROBREWERY MUSEUM, SEATTLE, WA.

ácidas, como a *gueuze*, também podem funcionar muito bem.

Massa de empanar

A carbonatação da cerveja acrescenta leveza à mistura para empanar peixes, anéis de cebola e outros alimentos, e o açúcar residual da cerveja empresta cor e sabor caramelizados.

Caldos

Caldos de carne e vegetais são os principais blocos de sustentação de algumas grandes cozinhas, e a cerveja pode substituir a água ou o vinho na confecção de caldos. As cervejas mais claras, como cervejas de trigo claras e as *golden ales*, produzem molhos para pratos com frutos do mar e frango, e cervejas mais escuras, como as *dubbels* belgas e as *dunkels* alemãs, produzem caldos para pratos com carne.

Ensopados e caçarolas

A cerveja pode brilhar especialmente nesse tema, e a *carbonnade flamande*, um ensopado à base de carne de vaca, cerveja e cebola, é amplamente considerado o prato nacional da Bélgica. O longo e lento cozimento quebra o amargor do lúpulo, mas deixa intactos os sabores do malte e de frutas. *Waterzooi*, feito com qualquer fruto do mar ou frango, é outro prato belga à base de cerveja.

Sobremesas

Imperial stouts podem ser usadas para fazer sorvetes com sabor *stout* ou combinadas com sorvete para fazer deliciosos *floats* (cobertura aerada sobre a cerveja). *Stouts* também podem ser usadas em uma ampla variedade de bolos. *Barley wines* adicionam excelentes sabores ao chantili. Cervejas ácidas, particularmente as *gueuzes*, são usadas para fazer sorvetes vigorosos e complexos de frutas.

Não surpreendentemente, pratos à base de cerveja são comuns nos cardápios de *brewpubs* ao redor do mundo. Os mestres cozinheiros de restaurantes de alta gastronomia, há muito acostumados a cozinhar com vinho, agora têm utilizado também a cerveja para trazer novos sabores e texturas para a mesa de jantar.

Garrett Oliver

cream ale, que já foi um estilo popular na América do Norte, pode ser resumido como uma encarnação mais "ampla" das *lagers* convencionais de massa americanas. Antes da Lei Seca, as *cream ales* eram muito produzidas nos estados do Nordeste e do Médio Atlântico, geralmente para competir diretamente com as *golden lagers*. Nesse sentido, o estilo guarda certa semelhança com a *kölsch* alemã. Ver KÖLSCH. Em comparação com as *lagers* de massa modernas, as *cream ales* apresentam um toque a mais de amargor, são mais alcoólicas em alguns casos e levemente frutadas. Devem apresentar aparência clara e brilhante, sem notas a manteiga de diacetil, mas o aroma a "creme de milho" proveniente do dimetil sulfeto (DMS) é comum. Ver DIMETIL SULFETO (DMS). Arroz e milho são tradicionalmente utilizados como adjuntos, embora algumas cervejarias artesanais prefiram trabalhar apenas com malte. Alguns registros históricos indicam que os cervejeiros empregavam leveduras de baixa fermentação; mas também há indícios de que trabalhavam com uma mistura de leveduras *ales* e *lagers* na fermentação primária ou, ainda, leveduras *ales* para a primeira fermentação e *lagers* para a refermentação em garrafa. Em outros casos, eram mesclas de produtos obtidos de fermentações individuais com *lagers* e *ales*. Aparentemente os cervejeiros faziam uso de qualquer técnica que se apresentasse viável para elaborar cervejas com potencial de desbancar as populares *lagers* no mercado. As variedades Cluster e Brewer's Gold, ou seus derivados, eram utilizadas como lúpulos de amargor, mas também se adicionavam variedades americanas de lúpulos aromáticos, como a Northern Brewer ou ainda certas variedades alemãs. As *cream ales* particularmente populares na região Centro-Oeste antes da Lei Seca eram normalmente descritas apresentando proeminentes aromas de lúpulo e amargor acima de 30 IBU. Após a Lei Seca, essas *cream ales* passaram a incorporar muitas variedades diferentes de lúpulo, embora a essa altura o aroma de lúpulo já fosse ínfimo. Em janeiro de 1935, a Krueger Cream Ale tornou-se a primeira cerveja americana em lata. Exemplos comerciais atuais são a Genesee e a Little Kings, apresentando entre 10 e 22 IBU, teor alcoólico entre 4,2% a 5,6% ABV e boa carbonatação. Embora muitas vezes esse estilo tenha dado sinais de que fosse desaparecer da história, um senso de nostalgia ligeiramente irônico parece tê-lo mantido vivo, de modo que sempre surge um pequeno cervejeiro que lança uma respeitável cerveja para ser bebida depois de um dia de trabalho sob o sol. É importante salientar que as *cream ales* não contêm nenhum produto lácteo ou lactose e também diferem da referência britânica de *"cream ale"*, que diz respeito à cremosidade originada pelo processo de nitrogenação e à consistente espuma que ele produz. Ver CERVEJA NITROGENADA.

Jeremy Marshall

cream stout

Ver MILK STOUT.

cromatografia é um método de separação e análise de misturas de componentes químicos. A cromatografia é usada por grandes laboratórios cervejeiros para identificar e quantificar os componentes voláteis e não voláteis da cerveja. A separação ocorre quando uma mistura passa através de uma matriz adsorvente de modo que cada composto fique isolado em zonas separadas com base em suas propriedades físicas ou químicas, tais como polaridade, ponto de ebulição ou tamanho. As formas mais simples de cromatografia incluem a separação em folhas de papel ou placas especialmente revestidas ou através de colunas enchidas com um meio inerte. Vários métodos são então utilizados para detectar e identificar as diferentes substâncias isoladas.

Dois métodos sofisticados de cromatografia são a cromatografia gasosa (*gas chromatography* – GC) e a cromatografia líquida de alta eficiência (*high performance liquid chromatography* – HPLC). Ambas fornecem técnicas de separação para a identificação qualitativa ou quantitativa de substâncias.

A cromatografia gasosa baseia-se na adsorção seletiva e liberação (dessorção) de componentes voláteis em uma fase estacionária. Os componentes em uma mistura são transportados através de uma coluna por um gás inerte até um tipo específico de detector no qual as substâncias químicas, através da calibração com compostos conhecidos, são identificadas com base no tempo de retenção (residência) na ou sobre a coluna.

Nos laboratórios das cervejarias, a GC é utilizada para separar os álcoois superiores (óleos fúseis) e ésteres na cerveja e fenóis (cervejas de trigo) e também dicetonas vicinais, como o composto diacetil, de sabor amanteigado. Os resultados estão relacionados com a composição química da cerveja e com suas propriedades sensoriais. Os resultados da GC podem ser usados como um alerta precoce de infecções (as quais podem produzir diacetil acima dos níveis normais) ou simplesmente para proporcionar um "mapa" das propriedades aromáticas de uma cerveja. Em algumas cervejarias, os resultados da GC são utilizados para determinar quando uma cerveja está pronta para deixar o seu fermentador e ser colocada em uma adega de guarda para maturação a frio; a decisão vai depender do diacetil ter caído para uma faixa aceitável de concentração.

A cromatografia líquida de alta eficiência utiliza uma fase móvel líquida para transportar e separar componentes de uma mistura. As misturas são injetadas sob alta pressão em uma coluna preenchida conhecida como fase estacionária. Na coluna, a mistura é separada, através de adsorção e liberação (dessorção), em seus constituintes. Quanto aos métodos de GC, diferentes tipos de detectores estão disponíveis para a identificação adequada. A quantificação também é possível através de uma calibração integrada com quantidades conhecidas de compostos específicos. A HPLC, ao contrário da GC, é mais apropriada para a separação de compostos menos voláteis. Como tal, é útil na análise de açúcares na cerveja e no mosto, ácidos orgânicos, e iso-alfa-ácidos do lúpulo. A cromatografia pode fornecer informações muito úteis, mas sua execução é muito cara e demorada, portanto, raramente é utilizada por cervejarias que produzem menos de 100 mil hectolitros por ano.

Gary Spedding

Crystal é um lúpulo americano criado em 1983 a partir do cruzamento entre um Hallertauer Mittelfrueh alemão tetraploide e um material vegetal diploide, macho, prole de Cascade e um lúpulo alemão de aroma. Dessa forma, ele pode ser considerado meio-irmão do Liberty. Ver CASCADE, HALLERTAUER MITTELFRUEH, LÚPULOS ALEMÃES e LIBERTY. Por ser triploide, o Crystal produz flores quase sem sementes mesmo na presença de machos diploides férteis. O Crystal é adaptado à maioria dos locais produtores de lúpulos dos Estados Unidos, Oregon e Washington. Sua maturidade é média a tardia, e sua produção, entre 1.300 e 2.300

kg/ há, é significativamente maior que a de sua mãe Hallertauer. Seu teor médio de alfa-ácidos está entre 3% e 4%, de beta-ácidos entre 2% e 3% e aproximadamente 21% de cohumulona. O perfil de óleos essenciais do Crystal é praticamente idêntico ao do Hallertauer Mittelfrueh, indicando excelente potencial aromático. Assim como sua mãe Hallertauer, o Crystal não possui teor mensurável de farneseno em sua fração de óleos essenciais. Várias cervejas especiais frequentemente empregam essa variedade como substituta dos lúpulos de aroma alemães.

Haunold, A. et al. Registration of Crystal hop. **Crop Science**, v. 35, p. 279-280, 1995.

Haunold, A. et al. Liberty and Crystal: Two new U.S.-developed aroma hops. **Journal of the American Society of Brewing Chemists**, v. 53, p. 9-13, 1995

Alfred Haunold

CTZ é um acrônimo para Columbus, Tomahawk e Zeus, três nomes comerciais pertencentes a várias corporações privadas para a mesma variedade de lúpulo, um cultivar com altíssimo teor de alfa-ácidos, de 14% a 18%, 4,5% a 5,5% de beta-ácidos e 30% a 35% de cohumulona. Alguns cervejeiros se referem a ele como "CTZ", outros o chamam de qualquer outro nome dado pela empresa da qual eles o compram. Além de ser um lúpulo com poderoso amargor, o CTZ tem ainda aromas sólidos e levemente pungentes derivados dos 1,5 a 2,5 mL de óleos essenciais por 100 g de lúpulo. Os óleos essenciais são compostos de 25% a 45% de mirceno, 12% a 25% de humuleno, 8% a 12% de cariofileno e uma pequena quantidade (< 1%) de farneseno. O CTZ está entre os lúpulos mais amplamente cultivados nos Estados Unidos e é plantado em todas as grandes regiões produtoras americanas. No campo, ele atinge maturidade tardiamente e apresenta-se um tanto suscetível ao míldio, afídeos e ácaros, mas em média a produtividade permanece entre respeitáveis 2.250 e 2.800 kg/ha. Quando armazenado, entretanto, ele apresenta baixa estabilidade e deve ser processado em péletes ou extrato quase imediatamente, e acondicionado em embalagens sem oxigênio. Apenas o congelamento não é suficiente para conservá-lo. A história do desenvolvimento do cultivar não é totalmente certa, mas, ao que tudo indica, a planta foi originada nos anos de 1980 quando Charles Zimmerman – que trabalhou para o Departamento de Agricultura dos Estados Unidos até 1979 e posteriormente ocupou cargos em várias empresas de processamento e vendas de lúpulos – fez experimentos com diversos materiais genéticos de lúpulos. Assume-se amplamente que a variedade inglesa de alto teor de alfa-ácidos Brewer's Gold, assim como diversas variedades americanas não divulgadas, desempenharam importante papel na origem do CTZ. Devido ao seu alto potencial de amargor, o CTZ tornou-se um lúpulo altamente procurado por cervejeiros artesanais interessados em distintas cervejas americanas, particularmente *pale ales*, "*double IPAs*", *imperial stouts* e *barley wines*. Na produção dessas cervejas, esse lúpulo é frequentemente acompanhado de outras variedades de lúpulos tipicamente americanos, inclusive Cascade e Chinook. O CTZ, um lúpulo favorito da costa oeste americana, é útil na produção de cervejas "extremas" com altíssimo teor de amargor (IBU), pois ele é capaz de fornecer uma grande explosão de amargor sem sobrecarregar as tinas de fervura e/ ou o *whirlpool* com excesso de material vegetal.

Ver também BREWER'S GOLD, CASCADE e CHINOOK.

Haunold, A. **Indie Hops**. The history of CTZ: The pursuit of hop parent profil. Disponível em: http://inhoppursuit.blogspot.com/2010/08/indie-hops-exclusive-history-of-ctz.html/.

Hopunion. **Hop variety characteristics**. Yakima: Hopunion USA, Inc., 1995.

Hopsteiner. **VDS 65/03**. New York: S. S. Steiner, Inc., 2003.

Lewis, G. K.; Zimmermann, C. E. **Hop variety named "Columbus"**. U.S. Patent Plant n. 10.956, 15 jun. 1999.

Townsend, S. M. **Genetic marker identification of Columbus, Tomahawk, and Zeus, three super-alpha hop cultivars**. Personal communication, Department of Crop Sciences, Oregon State University, Corvallis, OR.

Brian Yaeger e Alfred Haunold

Czech pilsner

Ver BOHEMIAN PILSNER.

DAB

Ver DORTMUNDER ACTIEN BRAUEREI.

dark ale é mais um simples descritor do que uma designação para um estilo particular de cerveja. No início do movimento das microcervejarias nos Estados Unidos nos anos 1980, descrever uma cerveja como *"dark ale"* era simplesmente uma maneira de deixar claro que a bebida que se tinha em mãos apresentava coloração escura e era, portanto, diferente da maioria das cervejas então disponíveis. Embora ainda visto ocasionalmente no Reino Unido, esse termo é pouco utilizado hoje porque tanto os cervejeiros quanto os entusiastas já se acostumaram e aceitaram as atuais designações de estilo.

Há, no entanto, algumas exceções. A designação *"Belgian strong dark ale"* é normalmente utilizada para descrever as cervejas escuras de abadia com teores acima de 8% ABV, o vago limite superior para o estilo *dubbel*. Embora os próprios belgas não usem o termo, há muitas cervejas belgas que se encaixam bem nessa definição. Ver CERVEJAS DE ABADIA.

Ainda que seja relativamente nova, a denominação *"Cascadian dark ale"* vem ganhando mais espaço como um estilo de cerveja emergente do Noroeste Pacífico. A *Cascadian dark ale*, algumas vezes denominada *"black India pale ale"*, é uma cerveja de alta fermentação feita com maltes torrados para conferir cor, com forte amargor e uma efusão de sabor e aroma de lúpulos. Talvez por considerarem que a designação *"black India pale ale"* era claramente tola, os cervejeiros do Oregon e de Washington cunharam um nome de estilo que faz alusão ao mítico estado independente de Cascádia, que uniria Seattle a Portland e Vancouver e tomaria um trecho do Alasca. Ainda que o nome seja irônico, muitos exemplares são comercialmente produzidos hoje em dia. Muitos deles usam maltes escuros sem casca para evitar o contraste entre o amargor de lúpulo e o sabor acre que os maltes torrados convencionais podem conferir à cerveja. Não é surpreendente que quase todas as *Cascadian dark ales* sejam flavorizadas com lúpulos cultivados no Noroeste Pacífico dos Estados Unidos.

Ver também INDIA PALE ALE.

Garrett Oliver

dark lager, uma família ampla de cervejas fermentadas a baixas temperaturas e que compartilham certa ascendência que remonta a séculos atrás nas regiões da Baviera e adjacências da Boêmia Tcheca. Antes do desenvolvimento dos maltes claros, todas as cervejas eram algo escuras, inclusive aquelas *lagers* produzidas na Baviera ao menos desde o século XVI. Com o tempo, essas cervejas deram origem ao que hoje conhecemos como *dunkel* e *schwarzbier* na Alemanha, *černé pivo* na República Tcheca, *oscura* no México e simplesmente *dark lager* nos Estados Unidos. As versões tradicionais teriam sido produzidas a partir de maltes Munique levemente caramelizados, mas hoje usa-se uma base de malte claro com adição de maltes caramelo e chocolate para conferir cor e sabor. Embora o perfil sensorial algumas vezes remeta a chocolate, ele tende a se aproximar mais a um maltado puro com notas a *toffee* e caramelo. O amargor de lúpulo costuma ser baixo a moderado. Na Francônia, região norte da Baviera, e na República Tcheca, muitas dessas cervejas são bem escuras, apresentando um toque a café e certa rusticidade bem elegante. São cervejas para o dia a dia e, portanto, raramente são adocicadas, em geral apresentando uma graduação de aproximadamente 5% ABV.

Remetendo-se às suas origens germânicas compartilhadas, muitas cervejarias americanas já produziram *dark lagers*. No entanto, elas começaram a desaparecer nos anos 1950, com o avanço da monocultura das *pale lagers*. As *dark lagers* ainda são produzidas por algumas cervejarias internacionais; parte delas são realmente autênticas, mas outras exibem aparência escura apenas como resultado da adição de caramelo. Atualmente, muitas cervejarias artesanais têm ressuscitado as *dark lagers*, sendo uma das favoritas nas cartas de *brewpubs* americanos, desde a Carolina do Norte até o Noroeste Pacífico. Essas cervejas também são muito populares entre os entusiastas da Escandinávia, México, Brasil, Argentina, Japão e outros países. Tudo indica que os próximos anos ainda irão nos brindar com o regresso das *dark lagers* em muitas partes do mundo.

Ver também BAVIERA, DUNKEL, LAGER e SCHWARZBIER.

Garrett Oliver

Davis

Ver UNIVERSITY OF CALIFORNIA, DAVIS.

De Clerck, Jean, é conhecido como um dos cientistas e acadêmicos mais influentes do mundo na área cervejeira. Nascido em Bruxelas no final de 1902, estudou ciência e tecnologia de cerveja na famosa Universidade Católica de Louvain, da qual se tornou professor em 1943, atividade que desempenharia pelos trinta anos seguintes.

Em 1947, De Clerck fundou a European Brewery Convention, e no ano seguinte publicou sua obra canônica em dois volumes, o *Textbook for brewing*. Sua carreira o levou a um grande número de cervejarias, mas foi com duas delas que De Clerck deixou seus marcos mais duradouros.

Entre a Primeira e a Segunda Guerra Mundial, a família cervejeira Moortgat encarregou De Clerck de desconstruir a popular McEwan's Scotch ale. Ele usou a levedura que encontrou na cerveja importada para fazer uma cerveja escura que recebeu o nome de Duvel, da palavra flamenga para "diabo". Décadas depois, quando as preferências haviam se voltado para cervejas de coloração mais leve, De Clerck voltou à Moortgat Brewery para reprojetar a Duvel, criando a *golden strong ale* que continua muito popular ainda hoje. Ver DUVEL MOORTGAT.

Quando De Clerck foi convocado à abadia Notre-Dame de Scourmont, no começo da década de 1950, para corrigir os problemas de produção que deixaram a cerveja da casa, a Chimay, quase intragável, ele descobriu que nenhum dos monges tinha treinamento formal para a produção de cerveja. De Clerck providenciou que um deles, o padre Théodore, participasse de seu curso em Louvain, e finalmente os dois trabalharam juntos na criação da Chimay Blue Label, uma *dark strong ale* que colocou a cervejaria trapista no caminho da fama mundial. De Clerck morreu em 1978 e foi sepultado na abadia de Scourmont, uma honra geralmente oferecida apenas aos monges residentes.

Jackson, M. **How Scot's yeast made a Belgian classic ale.** Disponível em: http://www.beerhunter.com/documents/19113-000020.html. Acesso em: 22 nov. 2010.

Jackson, M. **In the world of beer the Devil has all the best ales.** Disponível em: http://www.beerhunter.com/documents/19113-000816.html. Acesso em: 22 nov. 2010.

Jackson, M. **Michael Jackson's great beers of Belgium**. 6. ed. Boulder: Brewers Publications, 2008.

Nick Kaye

A **De Kluis, Cervejaria**, é uma cervejaria localizada na cidade de Hoegaarden, na Bélgica, a leste de Bruxelas. Foi fundada em 1966 por Pierre Celis, um leiteiro local, na esperança de relançar o estilo *witbier*. Ver CELIS, PIERRE. *Witbier*, uma *ale* de trigo não filtrada que contém coentro e cascas de laranja, tinha sido a especialidade de Hoegaarden até a interrupção da produção em 1957, quando a última cervejaria da cidade fechou. Celis batizaria sua *witbier* com o nome da própria cidade.

Celis instalou sua cervejaria com capacidade de 25 hL em um celeiro próximo de sua casa. Ele a nomeou Brouwerij Celis, mas em 1978 foi renomeada Brouwerij De Kluis, flamingo para "O Mosteiro".

Durante o primeiro ano de atividade foram produzidos 350 hL de cerveja. Como ganhou fama, foi necessário ampliar as instalações. Então, em 1979, Celis comprou uma antiga destilaria e uma fábrica de refrigerantes para montar uma cervejaria com panela de fervura de 100 hL.

Em 1985, a produção anual de Hoegaarden atingira o patamar de 300.000 hL. Naquele ano, um grande incêndio destruiu a cervejaria. Uma pequena fração dos custos da reconstrução foi coberta pelo seguro, mas o restante veio da gigante Interbrew (atual AB InBev), que adquiriu, portanto, parte da sociedade. As relações de Celis com a Interbrew eram tensas, o que o levou em 1990 a vender sua participação na companhia.

Em 2005, a corporação anunciou suas intenções de fechar a pequena cervejaria no ano seguinte e transferir a produção para uma fábrica maior, em Jupille, a 112 quilômetros. Tal notícia gerou muitos protestos na cidade de Hoegaarden e a mudança nunca foi completada. Atualmente os turistas podem visitar o centro de visitantes e o café Kouterhof.

Ver também WHITE BEER.

Anheuser-Busch Inbev. **Hoegaarden.** Disponível em: http://www.hoegaarden.com/nl-be/home.html/. Acesso em: 13 jan. 2011.
Protz, R. **Pierre Celis, maestro of white beer.** Disponível em: http://www.beer-pages.com/protz/features/hoegaarden.html/. Acesso em: 13 jan. 2011.
White, J. **Pierre Celis, from Hoegaarden. The king of white beer.** Disponível em: http://www.whitebeertravels.co.uk/celis.html/. Acesso em: 13 jan. 2011.

Dan Rabin

A **De Koninck, Cervejaria** (Brouwerij De Koninck), foi fundada em 1833 por Johannes Vervliet, na Antuérpia, Bélgica, e era originalmente chamada de Brouwerij De Hand ("A Cervejaria da Mão" em flamengo), em referência à escultura de uma mão nas proximidades. Em 1912 a cervejaria foi renomeada Brasserie Charles De Koninck e desde então tem sido gerida pelas famílias Van Bauwel e Van den Bogaert.

A Cervejaria De Koninck produz quatro tipos de cervejas. A De Koninck (5% ABV) é a mais vendida, e é feita com 100% malte e lupulada apenas com Saaz. Ver SAAZ. É a cerveja original da cervejaria. A distinta levedura *ale* da De Koninck fornece o perfil de sabor de biscoito, que é a assinatura da cerveja. A De Koninck Blond (originalmente chamada Anton Blond), lançada em 1999 em comemoração ao 400º aniversário de nascimento do pintor Anthony Van Dyke, é uma *ale* com 6% ABV, com coloração dourada-clara. A De Koninck Tripel (8% ABV), lançada em 1993, é uma *tripel* produzida com açúcar de cana orgânico além de malte e lúpulos Saaz; essa cerveja é filtrada. A Winter Koninck (6,5% ABV) é uma cerveja sazonal cor de cobre oferecida no inverno.

Por toda a Antuérpia, a De Koninck Ale é conhecida, simplesmente, como "De Koninck" e é geralmente servida em uma taça exclusiva chamada "*bolleke*". A *bolleke* salienta o colarinho cremoso, de cor âmbar, e os delicados aromas da De Koninck, e a palavra "*bolleke*" praticamente passou a ser sinônimo da própria cerveja. Muitos estabelecimentos que servem a *bolleke* também oferecem um copo de *shot* cheio de levedura fresca da cervejaria; a levedura pode ser adicionada à cerveja ou bebida separadamente.

A Cervejaria De Koninck experimentou considerável sucesso na década de 1990, atingindo volumes de produção de 130 mil hectolitros, mas tem passado por dificuldades nos últimos anos. Em agosto de 2010, a cervejaria foi vendida para a Duvel Moortgat, produtora da Duvel e de muitas outras marcas de cerveja belgas, que anunciou a sua intenção de revitalizar a marca.

Ver também BÉLGICA.

Keith Villa

De Smedt, Cervejaria

Ver AFFLIGEM, CERVEJARIA.

decocção é um método tradicional e intensivo de mosturação. Apesar do método já ter sido usado pela maioria das cervejarias, hoje a decocção é um tema controverso entre cervejeiros. Diversos cervejeiros alemães (entre outros) afirmam que esse método desenvolve o caráter do malte, intensidade e superioridade da espuma. Outros acham que é um desperdício de energia e tempo, e é desnecessário agora que maltes bem modificados modernos estão disponíveis para todos.

O princípio básico da decocção é remover uma parte da mostura, fervê-la e retorná-la à mostura principal, que é realizada a uma temperatura constante. Existem dois objetivos na fervura de uma parte da mostura:

1. Para possibilitar o descascamento físico, que impacta as paredes celulares do malte.
2. Para aumentar a temperatura da mostura principal a uma temperatura mais elevada, definida após a mistura das duas partes. (Antes da invenção dos termômetros, o método de decocção tornou a mosturação em multitemperaturas possível e reprodutível.)

O cozimento dos grãos ajuda a destruir as paredes celulares e torna os grânulos de amido mais acessíveis às enzimas do malte. Isto é particularmente importante para maltes sub modificados.

Existem diferentes métodos de mosturação por decocção. O arquétipo é a tripla decocção. Esse método, bastante intensivo, é, do ponto de vista atual, perda de tempo e já não é muito popular, mas é a base para entender os princípios por trás de todos os métodos de decocção.

A temperatura da mostura no início da brassagem é de 35 °C a 37 °C, com uma parte de malte e três partes de água.

A mosturação por tripla decocção utiliza três temperaturas principais de descanso:[1] o descanso ácido, o descanso proteico e o descanso de sacarificação. Em cada período de descanso a mostura é separada, interrompendo a agitação e esperando por alguns minutos até que haja uma parte de mostura "sólida" para três partes de mostura "líquida". A parte grossa da mostura, junto com a parcela principal dos grãos, é bombeada para a tina de fervura e aquecida para cozimento. O aquecimento deve ser lento (1 °C/min). Pode haver descansos a 62 °C a 65 °C ou 72 °C durante o aquecimento. O tempo de cozimento é de 30 a 45 minutos. Enquanto isso, a mostura líquida repousa a uma temperatura constante de 35 °C a 38 °C. Depois de misturar as duas partes da mostura, a temperatura da mostura principal subirá para a próxima temperatura de descanso (proteico) de 50 °C a 55 °C. Para atingir a temperatura certa, o cálculo correto das proporções dos volumes é necessário. A temperatura e tempo de descanso antes de iniciar a próxima decocção deve basear-se no malte utilizado.

O próximo passo é semelhante ao primeiro: separação, aquecimento e cozimento da mostura mais grossa, enquanto a mostura líquida é mantida a uma temperatura ótima para as enzimas. Após o segundo cozimento e recombinação da mostura, é atingida a temperatura de descanso 62 °C a 65 °C para favorecer a hidrólise enzimática do amido (conversão de amido em açúcares). A agitação é então interrompida por dez minutos e a separação se inicia novamente. Em contraste ao procedimento anterior, o terceiro passo da tripla decocção tradicional é o cozimento da mostura líquida. Esse procedimento não é lógico, sendo contra o conceito básico de decocção, já que a maior parte da amilase está na mostura líquida e se torna inativa com a fervura. Curiosamente, a ideia original por trás deste processo era conseguir uma cerveja "encorpada" e doce para o período da Quaresma, e manter o grau de fermentação em um nível baixo.

A temperatura da mostura combinada, após a terceira fervura, é de 75 °C para o descanso de sacarificação. Esse descanso leva em torno de 15 minutos. O tempo de descanso e a taxa de aquecimento podem ser modificados com ou sem descansos especiais. Portanto, a duração da tripla decocção pode variar amplamente. Ela dura cerca de 5,5 horas quando são utilizados maltes escuros e cerca de 3,5 a 4,0 horas com maltes claros. No entanto, o gasto de energia é alto.

Para maltes escuros e pobres em enzimas o método de tripla decocção poderia ser justificado, especialmente para o desenvolvimento do sabor do malte através das reações de Maillard. Ver REAÇÃO DE MAILLARD. Com o uso dos modernos maltes claros bem modificados, no entanto, essa mosturação intensiva associada à extensa degradação pode piorar e arruinar o sabor da cerveja e a estabilidade da sua espuma.

Para evitar o desperdício de energia e a possível perda da qualidade da cerveja, a decocção dupla encurtada é um método alternativo. A versão clássica da decocção dupla é uma tripla decocção encurtada. O primeiro descanso ácido é omitido e a mosturação começa com o descanso proteico a 45 °C a 50 °C. O procedimento seguinte é semelhante ao da tripla decocção descrita. Ambas as decocções usam a mostura mais grossa para o descascamento físico e para destruir os grânulos de amido a fim de melhorar a atividade enzimática. A parte líquida repousa a uma temperatura constante para a melhor explorar

---

[1] São amplamente referidas no Brasil por "paradas" de acidificação, proteicas e de sacarificação. [N.T.]

o poder enzimático. As variações da decocção dupla são baseadas em diferentes temperaturas de mosturação e de descanso durante o aquecimento. A duração está entre 175 a 215 minutos. Dependendo especificamente do método utilizado, a atenuação final, a cor e a viscosidade do mosto variam. Cervejas produzidas por decocção dupla, se o procedimento é combinado corretamente com os maltes utilizados, podem ser particularmente encorpadas e tendem a apresentar uma ótima estabilidade da espuma.

Por fim, a decocção simples é sempre uma combinação da infusão e da decocção para atingir todas as temperaturas necessárias de descanso. Existem inúmeros métodos. É possível realizá-la com uma mostura com temperatura padrão programada, atingindo os períodos regulares de descanso até o descanso da amilase a 65°C, antes da separação da mostura. A fração da decocção já pode ser separada na temperatura do início da mosturação e então, realizados todos os passos até seu cozimento. As cervejas obtidas de mosto de decocção simples são consideradas mais suaves e frescas, e com cores mais brilhantes.

Ver também MOSTURAÇÃO e MOSTURAÇÃO COM TEMPERATURA PROGRAMADA.

Michael Zepf

defeitos na cerveja, em termos abrangentes, referem-se a quaisquer atributos encontrados na cerveja que não foram almejados pelo cervejeiro. É imperativo entender que os defeitos não são necessariamente ditados por preferências sensoriais ou até mesmo normas de estilo, mas, em vez disso, são desvios de um padrão desenvolvido pelo cervejeiro. Quando os defeitos são discutidos, o contexto é fundamental; uma característica considerada normal e essencial para uma cerveja pode ser horrível em outra. Os sabores que lembram cavalo (*horsey*) e curral desenvolvidos pela ação de *Brettanomyces* podem ser atraentes como parte de uma *gueuze* belga, mas menos atraentes em uma *lager* destinada ao mercado de massa americano.

Os defeitos podem ser divididos em duas categorias gerais: aqueles derivados do processo de produção da cerveja e aqueles derivados do pós-envase. Esses grupos podem, então, ser categorizados em defeitos sensoriais ou físicos.

Para assegurar consistência, as especificações do produto são estabelecidas para cada cerveja através da identificação de pontos críticos de controle ao longo do processo de produção da cerveja. Quando um ponto de controle é identificado, um valor alvo é definido, juntamente com uma faixa de operação (normalmente três desvios-padrão). Análises detalhadas são realizadas nos pontos de controle utilizando uma miríade de análises instrumentais e métodos humanos. Defeitos comuns originados na cervejaria incluem contaminação bacteriana, variações de ingredientes, turbidez e níveis impróprios de carbonatação.

A contaminação bacteriana talvez seja o mais temido dos defeitos na cerveja, especialmente para cervejarias que produzem cervejas não pasteurizadas. Ironicamente, o sabor de cozido e oxidado que pode ser resultante da pasteurização é frequentemente considerado um defeito. Os cervejeiros limpam e sanitizam completamente todos os equipamentos que entram em contato com a cerveja, a fim de reduzir a possibilidade de contaminação. A sanitização é crucial durante todo o processo, mas é especialmente importante após o resfriamento do mosto, quando as temperaturas do mosto e da cerveja são ideais para o crescimento bacteriano. Sanitizantes químicos, se utilizados de forma imprópria, podem estragar a cerveja acabada, motivo pelo qual água muito quente é frequentemente empregada. Lactobacilos, *pediococcus* e *acetobacter* são microrganismos de contaminação comuns e que podem conferir à cerveja notas azedas, ácidas, de manteiga e de vinagre. Ver BACTÉRIA DO ÁCIDO ACÉTICO, LACTOBACILOS e *PEDIOCOCCUS*. Elas são aceitáveis ou desejáveis em cervejas *sour*, mas não em outros estilos.

A variação nos ingredientes é uma das maiores preocupações dos cervejeiros. A cerveja é composta de quatro ingredientes principais: malte de cevada (e/ou outros grãos), lúpulo, levedura e água. A variação ano a ano das condições de crescimento da cevada e do lúpulo, mudanças no abastecimento de água ou leveduras pouco saudáveis resultarão em matérias-primas inconsistentes para a produção de cerveja. Essas diferenças podem resultar em mudanças na coloração, sabor e amargor do lúpulo, aroma, sensação na boca e conteúdo alcoólico.

Alguns defeitos não são olfativos ou sensoriais, mas visuais. A máxima "você prova com os olhos" aplica-se à turbidez da cerveja. Turbidez é qualquer opacidade presente na cerveja na temperatura normal de consumo e pode ser causada por complexos de proteína-polifenol, leveduras, terra diatomácea residual ou infecção bacteriana. Filtração, agentes clarificantes e centrifugação são empregados para reduzir a turbidez, mas a cerveja deve ser devidamente maturada para atingir uma qualidade ótima. A ausência de turbidez também pode ser considerada um defeito em certos estilos de cervejas, nos quais o consumidor espera a turbidez (por exemplo, *hefeweizen*). Cor imprópria é outro defeito visual. Por exemplo, a cor de uma cerveja *pilsner* tradiicional pode ir do dourado-claro até o dourado-intenso, mas não pode apresentar tonalidades âmbar-avermelhadas.

A carbonatação desempenha um papel significativo na cerveja, não somente na aparência e estabilidade da espuma, mas também na apresentação do sabor. Cervejas carbonatadas naturalmente dependem das leveduras para a produção de níveis adequados de carbonatação, enquanto a carbonatação forçada usa CO_2 em alta pressão, mecanicamente dissolvido na solução. Cervejas com carbonatação insuficiente apresentam sabor fraco e dificuldade de formar e manter a espuma. Cervejas com carbonatação excessiva podem resultar em *gushing* (jorros) e apresentarão sabor áspero, e a sensação de "queimação" (*burn*) proveniente do alto teor de CO_2 afogará os sabores mais sutis da cerveja. Novamente, trata-se de um assunto que depende das expectativas do cervejeiro e do consumidor. Uma *saison* belga apresentará, usualmente, uma carbonatação muito elevada como a observada no *champagne*, e as cervejas inglesas condicionadas em *casks* deverão provocar apenas ligeiras cócegas no palato devido ao CO_2.

As cervejarias utilizam muitas práticas para assegurar a qualidade da cerveja, mas talvez nenhuma delas seja tão vital quanto a análise sensorial. Toda análise sensorial gira em torno do painel de degustação. Os degustadores são escolhidos por suas habilidades em identificar sabores e aromas. Devido ao fato de indivíduos apresentarem sensibilidades únicas e pontos cegos genéticos, os cientistas sensoriais devem desenvolver e treinar os degustadores cuidadosamente antes de os dados tornarem-se relevantes. Os painéis são realizados em salas com isolamento de ruídos e de aromas. Luzes vermelhas costumam ser empregadas para esconder as diferenças de cor. As avaliações sensoriais dividem-se em testes de diferenças ou testes descritivos. Testes de diferenças avaliam se uma amostra é diferente de outra e incluem o teste triangular, o teste de comparação pareada e o teste duo-trio. Metodologias descritivas requerem mais treinamento e frequentemente classificam os atributos utilizando uma escala. Testes de autenticidade ao estilo pedem aos degustadores que classifiquem os atributos de uma amostra em comparação com um padrão conhecido. Todos os dados sensoriais são analisados estatisticamente, muitas vezes utilizando *softwares* estatísticos complexos.

As cervejarias se esforçam para colocar a melhor cerveja possível na embalagem, mas acabam enfrentando o inevitável ataque do envelhecimento. As três maiores causas de defeitos nas cervejas envasadas são a luz incidente, o calor e o oxigênio. Luz com comprimento de onda abaixo de 550 nm causa a quebra das moléculas de iso-alfa-ácidos do lúpulo, resultando em cervejas *sunstruck* ou *lightstruck*. Ver LIGHTSTRUCK. Esse sabor e aroma a gambá (*skunky*) é detectável em concentrações tão baixas quanto 0,1 parte por bilhão (ppb). Calor e oxigênio promovem sabores oxidados, sendo esses, talvez, os principais defeitos das cervejas no mercado. Bons produtores indicam datas de validade, para que o consumidor possa evitar o consumo de cervejas que já passaram de seu melhor momento. Métodos de envase objetivam manter os níveis de oxigênio abaixo de 80 ppb no produto acabado, a fim de maximizar a vida útil do produto, mas níveis baixos de oxigênio somente retardam o processo de envelhecimento; o calor, por sua vez, acelera a reação. Características oxidadas são descritas como papel, papelão e vegetal. No entanto, alguns estilos de cerveja destinam-se ao condicionamento e, nesses, a lenta oxidação pode produzir sabores de xerez considerados altamente desejáveis, embora não sejam aceitos em cervejas jovens.

Ver também CARBONATAÇÃO, CONDICIONAMENTO DA CERVEJA, CONTAMINANTES DA CERVEJA, *LAMBIC*, *OFF-FLAVORS*, *SOUR BEER* e TURBIDEZ.

Kilcast, D. **Sensory analysis for food and beverage quality control: A practical guide**. Cambridge: Woodhead Publishing Ltd, 2010.

O'Rourke, T. Flavour quality. **Brewer's Guardian**, p. 29-31, dez. 2000.

Jeff S. Nickel

Deleye, Abade Dom Gerardus, foi um monge da abadia trapista Saint Sixtus de Westvleteren na Flandres Ocidental, Bélgica. Ele alcançou a posição de abade em 27 de novembro de 1941, aos 36 anos de idade. Com quatro anos em sua nova posição, ele mudou o foco da cervejaria da abadia, limitando sua produção a fim de que ela bastasse à necessidade de consumo local dos monges, às vendas ao público nos portões da abadia e a um pequeno número de tabernas afiliadas à abadia. Em 1946, a produção comercial das cervejas da abadia foi licenciada a uma nova cervejaria comissionada para esse objetivo nas dependências de uma produtora de queijo local em Watou. A Brouwerij St. Bernardus, como é conhecida hoje, tem sua própria história monástica. O local foi fundando por um grupo de monges produtores de queijo da abadia Mont-des-Cats, na Flandres Francesa, que havia fugido da Revolução Francesa. Pouco mais de cem anos antes, esses mesmos monges ajudaram a povoar a primeira comunidade monástica de Westvleteren.

Dom Gerardus renunciou ao cargo de abade três semanas antes de seu 63º aniversário em 1968, e morreu em 1997. Enquanto a produção plena de cerveja retornou à abadia Saint Sixtus em 1992, o efeito das decisões de Gerardus em 1945 ainda hoje pode ser observado. A disponibilidade das cervejas de Westvleteren ainda é limitada às necessidades dos monges, das vendas estritamente controladas ao público nos portões da abadia e do Café In De Vrede, uma taberna filiada à abadia.

Ver também WESTVLETEREN, CERVEJARIA.

Daniel Paquette

densidade específica, algumas vezes chamada de densidade atual, é a densidade da cerveja ou do mosto a uma temperatura e pressão padrão (20 °C, 760 mmHg) medida por um sacarímetro, densímetro ou refratômetro. Um método laboratorial mais acurado mede a densidade por peso utilizando um recipiente de densidade (picnômetro). As unidades de densidade seguem a prática do país para o extrato original, mais especificamente densidade excedente, graus Plato, graus Balling etc. No caso do mosto não fermentado, a densidade assume valor equivalente à do extrato original. Para mosto em fermentação ou cerveja, é mais correto utilizar a densidade específica aparente que é medida por um sacarímetro, porque sendo o álcool menos denso que a água, ocorre redução da leitura dada pelo bulbo flutuante.

Ver também ESCALA BALLING, ESCALA PLATO, EXTRATO ORIGINAL e GRAU REAL DA FERMENTAÇÃO.

Briggs, D. E. et al. **Brewing: science and practice**. Cambridge: Woodhead Publishing, 2004.
Hind, L. **Brewing science and practice**. New York: Wiley, 1943.

Chris J. Marchbanks

densidade final é uma medida da densidade específica (razão entre a densidade da cerveja e a densidade da água) ou extrato aparente de uma cerveja ao final da fermentação. Essa leitura costuma ser mensurada em um sacarímetro. Embora a densidade final mensure as substâncias não fermentadas deixadas na cerveja, ela não leva em conta que o álcool produzido durante a fermentação é mais leve que a água. Isso distorce a leitura, tornando-a uma medida do extrato "aparente" em oposição ao extrato "real". No entanto, mesmo sendo uma medida aproximada, a densidade final é uma avaliação útil ao final da fermentação e pode ser utilizada, em combinação com a densidade original, para calcular o teor alcoólico (ABV) aproximado da cerveja pronta.

Ver também DENSIDADE ESPECÍFICA, EXTRATO APARENTE e EXTRATO REAL.

Keith Villa

densímetro é um instrumento utilizado para medir a densidade ou a densidade específica de mostos e cervejas. Ver DENSIDADE ESPECÍFICA. Ele baseia-se na flutuação e é muito importante, pois permite que o cervejeiro meça a concentração dos mostos e, dessa forma, seu potencial para a produção de álcool. Densímetros utilizados na cervejaria são denominados "sacarímetros", a fim de refletir sua aplicação a soluções de açúcar.

Um sacarímetro é um tubo de vidro fechado e carregado com uma quantidade de chumbo adequada para permitir que ele flutue dentro da faixa de densidade do líquido de interesse. O tubo tem um pescoço estreito que emerge do líquido e possibilita a leitura de uma escala na superfície do líquido. Essa escala é calibrada para fornecer a densidade em termos de porcentagem de açúcar, graus Plato ou densidade específica.

Conjunto de densímetros de mercúrio soprados à mão com réguas de medição de marfim. Inglês, meados do século XIX. CHARLES FINKEL.

O sacarímetro foi adotado pela primeira vez em cervejaria no final do século XVIII e, apesar da resistência inicial, logo se tornou indispensável para determinar a potência e a consistência das cervejas. Antes de sua aplicação, a potência dos mostos e cervejas era determinada pelo seu gosto ou viscosidade. Parte de sua divulgação decorreu da necessidade que os fiscais tributários tinham de determinar de modo confiável a potência do mosto, com o propósito de cobrar impostos.

Quando o mosto fermenta, a densidade específica cai e a diferença entre o grau inicial e o final pode ser utilizada para calcular a porcentagem de álcool produzido usando uma simples equação. A medida da densidade específica depende criticamente da temperatura, e correções tornam-se necessárias quando as medidas são tomadas a temperaturas diferentes das especificadas. Sacarímetros mais avançados contêm uma escala de correção de temperatura dentro da estrutura de vidro, simplificando o cálculo para o cervejeiro.

Keith Thomas

derauflassen

Ver DRAUFLASSEN.

O **desabastecimento de lúpulo aromático** em 2007 e 2008 atingiu em cheio particularmente os cervejeiros artesanais, especialmente onde as variedades aromáticas eram de interesse. Muitas microcervejarias não só foram apanhadas sem contratos que garantissem o abastecimento, mas também os produtores mudaram sua área cultivada de lúpulos aromáticos para variedades de amargor, mais confiáveis e lucrativas, e, em alguns casos, mudaram completamente para outra cultura. O resultado foi uma elevação drástica nos preços para muitos cervejeiros artesanais e grande redução da disponibilidade das variedades mais populares e amplamente utilizadas. Por exemplo, em questão de semanas, os preços do lúpulo Cascade no mercado *spot* (sem contratos) aumentou até 500%. Suprimentos há muito tidos como certos, em alguns casos, foram rapidamente exauridos, fazendo com que os cervejeiros sem contrato literalmente implorassem pelo estoque sobressalente de lúpulo de seus colegas.

A crise criou heróis e vilões. Algumas cervejarias artesanais grandes, sem dúvida mais acostumadas com uma considerável aquisição de matérias-primas do que muitas de suas contrapartes menores, ofereceram seu estoque excessivo a preço de custo para aqueles que precisavam. Vendedores de lúpulo foram geralmente vistos com desconfiança quando os preços decolaram e pequenos cervejeiros em pânico foram pressionados a assinar contratos plurianuais. Os cervejeiros artesanais negociaram lúpulo furiosamente uns com os outros, tentando colocar as mãos nas variedades de lúpulo que tinham popularizado suas cervejas. Muitos foram forçados a alterar suas receitas com a queda no abastecimento. Os cervejeiros artesanais pesarosamente brincavam dizendo que o próximo grande estilo de cerveja artesanal seria suave, referindo-se à pequena quantidade de lúpulos necessária para prepará-la.

Nos anos seguintes, os produtores compensaram, até certo ponto, com o plantio de variedades da moda, como Amarillo, Centennial, Simcoe, Chinook e Citra. Uma quantidade excessiva de lúpulo logo se acumulou, aprofundando os ressentimentos dos cervejeiros obrigados a pagar os preços elevados que haviam contratado durante o pânico anterior; preços *spot* ou não contratados eram agora frequentemente menores. O cultivo de algumas variedades aumentou, mas acabou diminuindo novamente em 2010, uma vez que a alta produtividade, associada à cautela dos cervejeiros, resultou mais uma vez em queda de preços. Com o aumento da fatia de mercado das cervejas artesanais e com os cansados produtores de lúpulo se esforçando para reagir às realidades de seu mercado, prevê-se mais uma vez um aumento na diferença entre a oferta e a procura, apesar de uma percepção de abundância de produto. Os cervejeiros industriais, que continuam sendo os principais clientes dos produtores, procuram principalmente lúpulos de amargor. Os cervejeiros artesanais, presos entre produtores e grandes cervejarias, buscam por lúpulos de sabor e aroma, mas talvez fique cada vez mais difícil encontrá-los.

Outro fator que afeta o cultivo, a disponibilidade e os preços dos lúpulos, tanto de amargor como de aroma, é a fusão das maiores cervejarias do mundo, particularmente na América do Norte. A incorporação da Anheuser-Busch pela InBev e a fusão da Molson, Miller e Coors promoveram uma maior eficiência no uso do lúpulo e um enxugamento nos estoques, trazendo mudanças bruscas na demanda por variedades específicas, como Willamette. Tanto os cervejeiros como os produtores de lúpulo sofreram com as flutuações caóticas de preços e cultivo. Como os estoques estão exauridos, até mesmo variedades consideradas seguras pelos produtores podem ser subcultivadas no futuro.

Nos últimos vinte anos, um período mais longo que a carreira da maioria dos cervejeiros artesanais, os lúpulos aromáticos pareceram tão prontamente disponíveis para eles como a maioria dos temperos para um chefe de cozinha; um rápido telefonema e o lúpulo desejado estaria na cervejaria em questão de dias. Contratos pareciam supérfluos, e as crises de mercado nunca tinham abalado os cervejeiros artesanais. A partir de 2011, esses dias parecem ter acabado. Com o aumento da produção artesanal de cerveja e com os cervejeiros industriais procurando imitar os sabores das cervejas artesanais, as variedades aromáticas repentinamente se tornaram internacionalmente populares. Os cervejeiros artesanais terão que prestar muita atenção às realidades do mercado mundial de lúpulo, no qual eles permanecem pequenos, ainda que em crescimento.

Dick Cantwell e Val Peacock

descanso proteico é um período de atividade enzimática durante a mosturação, quando o excesso de proteína é removido e digerido. É, tipicamente, parte de uma série de estabilizações de temperaturas, dispostas em uma sequência, para assegurar a digestão progressiva de beta-glucanos, proteínas e amido.

Nem todas as mosturas exigem o descanso proteico, mas se maltes pouco modificados ou adjuntos com alto teor proteico forem usados, o excesso de proteína é suscetível de ser liberado no mosto, conduzindo a possíveis turvações na cerveja pronta.

A remoção da proteína do mosto envolve tanto a precipitação, quanto a digestão enzimática. A temperatura de 43 °C é ideal para isso, e seu resultado é a remoção de proteínas intactas e sua quebra em peptídeos e aminoácidos.

Essa digestão é mais efetivamente atingida usando as proteases naturais derivadas da cevada malteada. Enquanto as endoproteinases agem melhor em temperaturas baixas, em torno de 43 °C, as exopeptidases (principalmente as carboxipeptidases) são muito mais tolerantes a temperatura e são capazes de agir em temperaturas mais elevadas, usadas para sacarificação.

Nas endopeptidase, a resistência à desnaturação seria facilitada em temperaturas mais baixas, mas existe a ideia de que essas enzimas não conseguem agir, pois estariam bloqueadas por inibidores endógenos dos grãos. Dessa forma, tem sido sugerido que o termo "descanso proteico" seja um termo impróprio e que deveria ser chamado de "descanso de beta-glucano", pois a quebra dos beta-glucanos por beta-glucanases termossensíveis é muito mais relevante em temperaturas mais baixas. Muitos cervejeiros buscam um meio termo entre as temperaturas ideais para as atividades da peptidase e da protease, decidindo por uma temperatura de 50 °C, com a espera típica de dez a vinte minutos. Outros cervejeiros pensam que devido aos maltes de hoje serem bem modificados, o descanso proteico é um anacronismo desnecessário. Assim como em muitas outras áreas da produção de cerveja, práticas reais muitas vezes são agregadas a partir da mistura de teorias, observações e tradições, com cada cervejeiro individualmente decidindo sobre o que ele acha que melhor funciona para sua cerveja e seu sistema de produção.

Keith Thomas

Desnoes and Geddes Limited (D&G), uma cervejaria jamaicana mais conhecida por sua marca de cervejas Red Stripe. A empresa foi fundada em 1918 por Eugene Peter Desnoes e Thomas Hargreaves Geddes e originalmente produzia refrigerantes, mas também vendia bebidas alcoólicas que eram trazidas do exterior. Depois de cerca de nove anos, a dupla abriu a Surrey Brewery, no centro de Kingston. A primeira cerveja Red Stripe foi produzida lá em 1928. A marca hoje famosa originalmente deu nome a uma *ale*, mas a cerveja acabou se mostrando forte demais para agradar ao gosto local. A versão *lager* foi desenvolvida em 1938 por Paul H. Geddes, filho do fundador da empresa, e Bill Martindale. Peter S. Desnoes, filho do fundador, se tornou presidente em 1952. Ele começara na D&G em 1928 como vendedor. Uma nova planta foi construída para substituir a Surrey Brewery em 1958 em Spanish Town Road. A essa altura, os filhos dos fundadores estavam no comando do negócio. Em 1966, uma nova cervejaria foi construída em Montego Bay para satisfazer a crescente demanda por refrigerantes, que eram em sua maior parte distribuídos localmente.

A cerveja Red Stripe entrou no mercado do Reino Unido no final da década de 1970 e foi produzida sob licença pela Charles Wells. A capacidade da fábrica foi duplicada em 1990, uma das muitas expansões ocorridas ao longo dos anos. A D&G continuou a produzir cervejas de outras marcas, incluindo Dragon Stout, Guinness e Heineken.

A gigante do setor de bebidas Diageo[2] adquiriu uma participação de 51% da D&G em setembro de 1993, aumentando consideravelmente a capacidade de distribuição internacional da Red Stripe. Em 1999, a D&G vendeu seu negócio de vinhos e bebidas destiladas para a Wray & Nephew Ltd., fabricante jamaicana de rum, e sua fábrica de refrigerantes para a Pepsi Cola (Jamaica), permitindo que se concentrasse no negócio de cerveja. Uma nova cerveja, Red Stripe Light, foi lançada na Jamaica em 2000. No início de fevereiro de 2001, a empresa realizou uma cerimônia para mudar o seu nome de D&G para Red Stripe Limited. Esta se revelou uma jogada de marketing utilizada para lançar a D&G como "a companhia de cerveja mais legal do mundo" – o nome Desnoes & Geddes permaneceu em certificados de ações e relatórios anuais.

Paul H. Chlup

2 Em 2015, a Heineken adquiriu a Red Stripe. [N.E.]

deuses da cerveja. Benjamin Franklin supostamente disse uma vez: "A cerveja é nossa melhor prova de que Deus nos ama e que nos quer felizes". A citação é provavelmente apócrifa, mas o sentimento certamente não é novidade. Durante milhares de anos, a humanidade deu graças pelo milagre da cerveja a diversos deuses que julgavam responsáveis pela bebida. Essas divindades antigas estavam muitas vezes associadas com as bebidas, a agricultura e a colheita, bem como diversões e festividades. Um olhar cuidadoso na maioria das culturas antigas revelará os deuses e deusas da cerveja.

Talvez a primeira dessas divindades tenha sido Ninkasi, a antiga deusa suméria da cerveja que, além de ter proporcionado ao mundo a cerveja, era a cervejeira dos próprios deuses. Ela é de importância especial não apenas por ser uma mulher, mas também por ter aparecido por volta de 4000 a.C., o que faz dela a mais antiga divindade da cerveja. Também do sexo feminino e creditada pela invenção da cerveja está a deusa zulu Mbaba Mwana Waresa que, da mesma forma que outras divindades relacionadas à cerveja, também é a deusa da agricultura e da colheita. Sua lenda também inclui a busca de romance e amor verdadeiro na terra e em combinação com a cerveja, o que a tornava amada entre o povo zulu. Yasigi é outra importante deidade africana que cuida da cerveja, da dança e das máscaras, uma combinação que faz com que ela pareça muito festiva.

Diz-se que o deus egípcio Osíris afastou sua população do canibalismo e levou-a à agricultura, e apesar de isso fazer dele o deus da agricultura, ele também é visto demonstrando como produzir cerveja. Após a morte de Osíris pelas mãos de seu irmão – que o intoxica com cerveja antes de duelarem –, ele é ressuscitado e assume o papel duplo de deus do submundo. Ele é geralmente descrito com vestimentas verdes, representando o ciclo da vida, e com uma coroa; no entanto, ele é também representado como uma múmia e nutrido através de oferendas de cerveja. Antes de sua reaminação, os grãos de cevada e de espelta para a produção de cerveja supostamente brotaram de seu corpo como um presente para a humanidade.

Em séculos posteriores, os europeus creditaram também aos deuses o presente da cerveja. Raugaptais e Raugutiene, parte do panteão mitológico báltico e eslavo, foram um deus e uma deusa parceiros dedicados especificamente à fermentação e à cerveja, respectivamente. Não surpreendemente, ambos eram descritos como sendo muito atraentes. Da tradição tcheca vem Radegast, que além de ser o deus da hospitalidade, também é visto como o criador da cerveja, que presumivelmente o ajudava em suas funções. Aparentemente a hospitalidade é uma tarefa difícil, já que a famosa estátua de Radegast nas montanhas tchecas de Beskydy o retrata como uma figura forte, alta e poderosa. Aegir, um deus nórdico provavelmente mais conhecido por seu papel como rei dos mares, também é creditado como deus da cerveja e da produção de cerveja. Ele era conhecido por dar festas frequentes para outros deuses, onde seus convidados eram agraciados com uma enorme quantidade de cerveja forte.

Jay Kharbanda

dextrinas são polímeros de moléculas de glicose formadas durante a degradação do amido no processo de mosturação. O amido compreende a amilose, um polímero de cadeia linear de glicose com ligações alfa-1,4, e a amilopectina, um polímero de glicose ramificada com ligações alfa-1,4 na cadeia e ligações alfa-1,6 nos pontos de ramificação. O amido é derivado predominantemente de cevada malteada, embora outras fontes de cereais (adjuntos) possam também contribuir. Durante o processo de mosturação, uma série de enzimas do malte, particularmente alfa- e beta-amilases, quebram os polímeros de amido em unidades menores que compreendem várias moléculas de glicose, organizadas tanto em uma formação ramificada ou de cadeia linear. Esses polímeros de glicose podem continuar a ser degradados em unidades muito menores compreendendo glicose (uma única molécula de glicose), maltose (duas moléculas de glicose) e maltotriose (três moléculas de glicose), as quais podem ser utilizadas pela levedura cervejeira na fermentação. No entanto, dependendo da extensão da atividade das enzimas, alguns dos polímeros de glicose não se degradam completamente e são transferidos para o mosto. Esses polímeros, que podem ser responsáveis por uma notável percentagem do extrato total, são incapazes de ser fermentados pela levedura e permanecem na cerveja, no final da fermentação. Em algumas cervejas, particularmente cervejas *"low-carb"* ou *"light"*, as dextrinas não fermentáveis residuais no mosto são reduzidas para níveis mais baixos através da adição de enzimas externas ou de períodos de mosturação prolongados. Em níveis elevados, as dextrinas residuais podem impactar o "corpo" ou "sensação na boca" das cervejas, embora não tenham sabor próprio. Os cervejeiros que desejam um maior teor de dextrinas em suas cervejas podem alcançá-lo através do uso de temperaturas mais elevadas de sacarificação durante a mosturação ou usando maltes caramelo ou Crystal, ricos em dextrinas, como uma proporção do conjunto de grãos.

Lewis, M. J.; Young T. W. **Brewing**. 2. ed. New York: Kluwer Academic/Plenum Publishers, 2001.

George Philliskirk

dextrose é um outro nome para a glicose de ocorrência natural. Os compostos químicos podem ter duas formas ou imagens simétricas chamadas estereoisômeros. Na natureza, a forma dominante de glicose produzida é o isômero destro chamado D-glicose, com a forma à esquerda referida como L-glicose. A D-glicose é comumente referida como dextrose, a versão abreviada de "glicose dextrógira". A dextrose é um monossacarídeo, um açúcar simples, e pode ser usada como um elemento constitutivo de estruturas biológicas ou pode ser quebrada para alimentar reações bioquímicas sustentadoras da vida. Durante a produção de cerveja, a mosturação dos grãos quebra muitos compostos, sendo que o amido engloba muitos dos compostos alvos. Os amidos são quebrados por enzimas nas suas partes constituintes, e algumas destas são moléculas de dextrose. Durante a fervura certa quantidade de dextrose liga-se com substâncias que contêm nitrogênio (reação de Maillard), formando substâncias que conferem cor e sabor à cerveja. Ver REAÇÃO DE MAILLARD. A dextrose, juntamente com outros açúcares, é consumida pela levedura durante a fermentação, e esta por sua vez libera álcool, dióxido de carbono e, como subprodutos, compostos ativos de aroma e sabor. A dextrose é o açúcar utilizado em primeiro lugar pela levedura no início da fermentação, de modo que no final do processo raramente ela está presente na cerveja acima do limiar sensorial.

Nos Estados Unidos, a dextrose provém quase exclusivamente do amido de milho hidrolisado com enzimas exógenas. Pode, no entanto, ser produzida a partir de muitos amidos diferentes, incluindo arroz, mandioca e trigo. Como a dextrose é altamente fermentável, ela facilita a produção de cervejas muito secas de altas densidades. A dextrose também é comumente usada como açúcar *priming* para condicionamento na garrafa.

Ver também CONDICIONAMENTO EM GARRAFA e GLICOSE.

Kunze, W. **Technology brewing and malting**. 2. ed. Berlin: VLB Berlin, 1999.

Rick Vega

diacetil é um composto de sabor presente na maioria das cervejas (e em muitos vinhos), que confere características de aroma descritas como manteiga, caramelo de manteiga (*butterscotch*) ou soro de leite, quando detectado acima do seu limiar de sabor de 0,04 mg/L. Muitas vezes, é adicionado a produtos alimentares para evidenciar um sabor e aroma amanteigados. O diacetil (butano 2,3 diona) é gerado como um subproduto do metabolismo de aminoácidos na levedura durante a fermentação. Um composto relacionado, pentano 2,3 diona, também é produzido pelo mesmo mecanismo, mas não tem um impacto tão significativo sobre o sabor. As butano e pentano 2,3 dionas são conhecidas coletivamente como DICETONAS VICINAIS (VDK).

A levedura excreta um precursor na cerveja em fermentação, processo durante o qual ele se quebra quimicamente para produzir diacetil. No entanto, o diacetil é posteriormente reabsorvido pela célula de levedura e convertido num composto sem características significativas de sabor. A incapacidade de reabsorver o diacetil pode resultar numa cerveja que retém um nível inaceitavelmente elevado deste composto. É essencial que a cerveja verde seja deixada em contato com a levedura durante tempo suficiente para que o diacetil seja reassimilado. As leveduras que são separadas demasiadamente cedo no processo de fermentação, muitas vezes como resultado da aplicação precoce de resfriamento, podem deixar de completar a reabsorção do diacetil. Esse composto é particularmente indesejável em cervejas *lager*, as quais costumam ser mantidas em descanso por algum tempo antes que seja aplicado o resfriamento, um processo conhecido como "condicionamento a quente" ou "descanso do diacetil". Por essa razão, muitos cervejeiros produtores de *lagers* permitem um aumento por curto período de tempo da temperatura de fermentação até 15,5 °C, ou mais, no final da fermentação.

Em níveis baixos a moderados, o diacetil pode ser percebido como uma característica positiva de sabor em algumas *ales* e *stouts*. A quantidade produzida de diacetil é dependente da cepa de levedura, mas a composição do mosto e as condições da fermentação são também contribuintes significativos para os níveis globais de diacetil. O diacetil também pode ser formado por certas bactérias de deterioração da cerveja (dentro do grupo conhecido como bactérias do ácido lático), especialmente durante o armazenamento de pós-fermentação e, às vezes, em linhas de cerveja pouco higienizadas (isto é, tubos de plástico não limpos adequadamente) entre um barril de cerveja e a torneira de serviço.

Lewis, M. J.; Young, T. W. **Brewing**. 2. ed. New York: Kluwer Academic/Plenum Publishers, 2002.

George Philliskirk

diastase. Descoberta pelo cientista francês Anselme Payen em 1833, a diastase é um complexo de enzimas do malte que degradam o amido de uma forma limitada durante a malteação, mas extensivamente durante a mosturação. A extensa degradação do amido pela diastase durante a mosturação ocorre porque o amido é gelatinizado e solubilizado. As temperaturas de mosturação e cozimento causam gelatinização e solubilização dos amidos. Os produtos da degradação do amido pela diastase são açúcares fermentáveis e dextrinas. A malteação aumenta o complexo diastase dos grãos de cereais. As enzimas do complexo diastase são alfa-amilase, beta-amilase, dextrinase limite, alfa-glucosidase e fosforilase. Ver ALFA-AMILASE. Durante a malteação, a alfa-amilase e a dextrinase limite são produzidas na camada de aleurona e a beta-amilase é ativada no endosperma amiláceo.

Nas práticas correntes de produção de cerveja e de destilação, a alfa-amilase, a beta-amilase e a dextrinase limite são responsáveis principalmente pela produção dos açúcares fermentáveis encontrados nos mostos cervejeiros e macerados para destilação. A alfa-amilase vai atacar o amido não gelatinizado de forma limitada através de corrosão durante a malteação. Durante a mosturação, o complexo diastase de enzimas ataca o amido gelatinizado/solubilizado rapidamente para produzir a glicose, a maltose, a maltotriose, a maltotetraose e as dextrinas encontradas no mosto.

A alfa-amilase diminui rapidamente a viscosidade do amido, produzindo uma mistura de açúcares e dextrinas; a beta-amilase libera principalmente maltose e a dextrinase limite desramifica a fração de amilopectina do amido solubilizado. As ações da alfa-amilase e da dextrinase limite facilitam a ação de produção de maltose pela beta-amilase durante a mosturação. Isso resulta num aumento da fermentabilidade do mosto. A atividade da alfa-amilase é analisada como unidades de dextrinização (DU) e o potencial de beta-amilase é analisado como poder diastático (DP). Os níveis de DP não refletem os níveis de alfa-amilase.

Palmer, G. H. Cereals in malting and brewing. In: Palmer, G. H. (Ed.). **Cereal science and technology**. Aberdeen: Aberdeen University Press, 1989, p. 61-242.

Palmer, G. H. Distilled Beverages. In: Wrigley, C.; Corke, H.; Walker, C. E. (Eds.). **Encyclopedia of grain science, vol. 1**. New York: Elsevier, 2004, p. 96-107.

Geoff H. Palmer

dicetonas vicinais (VDK) são um grupo de componentes de sabor da cerveja, principalmente 2,3-butanodiona (geralmente denominada diacetil) e 2,3-pentanodiona. Sabores e aromas adocicados de manteiga, caramelo ou caramelo de manteiga na cerveja são característicos do diacetil, enquanto a pentanodiona contribui com notas análogas às de mel. Ver DIACETIL. Ambos os compostos apresentam dois grupos de cetonas em átomos de carbono adjacentes (vicinais). Elas são formadas durante a fermentação da cerveja em proporções significativas, sendo que grandes alterações nessa relação podem indicar uma possível contaminação bacteriana. Um teor excessivo ou inesperado de VDK pode ser um sinal de fermentação inadequada ou contaminação por bactérias ou leveduras selvagens. Em fermentações normais e sadias, os teores de VDK são dependentes da cepa de levedura. O monitoramento e o controle dos teores de VDK desempenham um papel importante na formação do sabor durante a maturação da cerveja porque esses compostos são detectáveis pelos seres humanos em níveis bastante baixos. Em cervejas lagers leves, o diacetil é perceptível na faixa de 20 ppb a 60 ppb. A detecção torna-se mais difícil em cervejas mais escuras e mais encorpadas, nas quais o diacetil pode ser detectado em torno de 60 ppb a 80 ppb. Pesquisas indicam que cerca de 25% de todos os seres humanos, no entanto, são geneticamente incapazes de detectar o diacetil, enquanto muitos outros consumidores de cerveja o detectam fortemente e consideram o seu sabor e aroma repulsivos. Os cervejeiros também se dividem em suas opiniões sobre as VDK. Embora muitos cervejeiros considerem qualquer vestígio evidente da presença de VDK na cerveja como um claro defeito, outros consideram que pequenas quantidades são desejáveis para arredondar o sabor de uma cerveja e aumentar a sua complexidade.

Embora as VDK sejam formadas durante a fermentação, elas não são produzidas diretamente pela levedura. Na verdade, resultam de uma reação de cadeira longa. Durante a síntese dos aminoácidos valina e isoleucina, as células de levedura excretam alfa-acetolactato e alfa-cetobutirato, respectivamente. Esses compostos são precursores das VDK, e seus teores atingem o nível máximo aproximadamente à metade da fermentação. Posteriormente, eles se quebram espontaneamente em VDK, cujos teores alcançam o valor máximo perto do final da fermentação. Durante a maturação da cerveja, no entanto, os teores de VDK diminuem novamente devido à sua assimilação pela levedura, que as metaboliza como fonte de energia. O resultado desse processo final é a conversão das VDK em moléculas de sabor menos ativas. Se a levedura for removida da cerveja antes que essa reabsorção se complete, as VDK podem aparecem mais tarde na cerveja pronta.

À medida que a fermentação avança, os cervejeiros monitoram os teores de VDK como uma indicação da maturação da cerveja. A redução das VDK é um dos principais objetivos da maturação a frio tradicional; o descanso da cerveja por muitas semanas após a fermentação permite à levedura a oportunidade de "absorver" as VDK.

Na prática, os cervejeiros têm várias ferramentas à sua disposição para manter o controle sobre os teores de diacetil durante a fermentação. A mais importante dessas ferramentas é a seleção da cepa de levedura. Algumas cepas produzem apenas quantidades mínimas de VDK, sendo capazes de metabolizar rapidamente quaisquer das quantidades que geram, enquanto outras não conseguem fazê-lo. O chamado descanso do diacetil é outra forma comum de controlar os teores de VDK. Trata-se de um aumento da temperatura aproximadamente na metade da fermentação, geralmente em cerca de 1 °C a 2 °C. Essa alteração de temperatura acelera tanto a taxa de conversão dos precursores em VDK quanto a taxa de metabolização e, portanto, remoção das VDK pela levedura.

O *kräusening* é outro método consagrado de redução de diacetil. Ver KRÄUSENING. Ele envolve a adição de cerveja em fermentação ativa à cerveja em maturação. A levedura fresca que é introduzida através do *kräusening* consome as VDK bastante rapidamente, além de contribuir com a carbonatação natural. Muitas cervejarias industriais têm encontrado outras maneiras de reduzir as VDK sem aumentar o tempo de maturação. Uma enzima isolada a partir de bactérias (*Acetobacter* spp.) e aprovada pela Food and Drug Administration pode ser adicionada ao mosto. Ela é capaz de contornar a formação de diacetil inteiramente através da conversão de alfa-acetolactato diretamente na insípida acetoína. Outra estratégia é a utilização de cepas de leveduras geneticamente modificadas que produzem essa enzima. Um terceiro método de redução de VDK é passar cerveja aquecida através de um biorreator com leveduras imobilizadas, um sistema que pode reduzir as VDK para níveis aceitáveis em apenas algumas horas.

Ver também REATOR COM LEVEDURA IMOBILIZADA.

Boulton, C.; Quain, D. **Brewing yeast and fermentation**. Oxford: Blackwell Science Ltd, 2001.
Hough, J. S. **The biotechnology of malting and brewing**. Cambridge: Cambridge University Press, 1991.
Kallmeyer, M. **The role of diacetyl in beer**. Pretoria: Silverton, 2004. Disponível em: http://www.draymans.com/articles/arts/03.html/.

Jeff S. Nickel

difusor é um pequeno dispositivo plástico que pode ser afixado no bico da bomba manual durante o serviço de *cask ales*. O tipo mais comum de difusor é essencialmente uma tampa perfurada com vários pequenos orifícios. Quando a cerveja é servida, ela é pulverizada com força pelos orifícios da tampa. Assim, aerada e agitada, a cerveja forma uma espessa camada de espuma. Na Inglaterra, o lar da cerveja refermentada em *casks*, alguns defendem que o difusor aumenta o caráter das *ales* servidas por meio dele e outros que ele diminui. Essa linha divisória, embora nebulosa, parece atravessar o país em algum lugar ao norte das Midlands e talvez um pouco ao sul de Yorkshire. No norte, a maioria dos consumidores de *cask ales* sentem que o difusor suaviza, arredonda e abre os sabores e os aromas, dando a ela um atrativo colarinho. No sul, o difusor é geralmente visto como uma abominação que destrói a leveza da carbonatação natural da cerveja e reduz o atraente amargor de seus lúpulos. Uma *ale* corretamente refermentada em *casks* não deve requerer o uso do difusor para chegar ao seu melhor, dizem eles. O debate sobre o difusor é tão acalorado que mesmo a usualmente bombástica Campaign for Real Ale (CAMRA) evita a questão, defendendo que os difusores devem ser usados apenas quando a cervejaria indica uma preferência pelo seu uso. Ver CAMPAIGN FOR REAL ALE (CAMRA). Os difusores são utilizados somente em associação com a bomba manual, usualmente equipadas com bicos pescoço de cisne, e nunca afixados em torneiras que servem por gravidade.

Garrett Oliver

dimetil sulfeto (DMS) é uma molécula orgânica que contém enxofre, de fórmula $(CH_3)_2S$. Tem um ponto de ebulição baixo (37 °C) e um odor geralmente descrito como de "milho doce cozido". O DMS contribui para o aroma de diversos produtos alimentares, incluindo vegetais cozidos (beterraba, repolho), *ketchup*, leite e frutos do mar, assim como cerveja, especialmente *lagers*. A maioria das pessoas é capaz de detectá-lo em concentrações muito baixas, normalmente acima de 30 partes por bilhão. O DMS desempenha um papel ambiental importante por ser o principal veículo para a reciclagem do enxofre na natureza, surgindo da quebra de substâncias químicas dentro de algas, incluindo macroalgas, e depois evaporando para a atmosfera. Aí, é oxidado a dimetil sulfóxido (DMSO), um material com ponto ebulição elevado, absorvente de umidade, que retorna à terra nas precipitações e é subsequentemente reduzido novamente a DMS por microrganismos.

Na cerveja, o DMS pode surgir a partir de dois precursores. O principal é a S-metilmetionina (SMM; também conhecida como precursor de DMS, ou DMSP), uma molécula que se desenvolve no embrião da cevada durante a germinação. Sensível ao calor, grande parte dela é perdida durante a secagem do malte. Portanto, tende a haver uma elevada sobrevivência da SMM em maltes *lager* secados mais suavemente, sendo a SMM quebrada a DMS durante a fervura do mosto e no repouso do mosto quente (o período pós-fervura, mas pré-resfriamento). É nesta última etapa que o DMS não é purgado e sobrevive no fermentador. Em parte por este motivo, a maioria dos cervejeiros procura minimizar o repouso do mosto quente, resfriando o mosto e colocando-o no fermentador o mais rapidamente possível. Existe uma perda adicional de DMS com o dióxido de carbono liberado durante a fermentação, mas o composto é reposto através da redução, pela levedura, do DMSO produzido durante a secagem do malte. As bactérias de deterioração do mosto tais como *Obesumbacterium proteus* são especialmente capazes de converter DMSO para DMS. Ver OBESUMBACTERIUM PROTEUS.

A maioria dos cervejeiros considera o DMS como um *off-flavor*, mas com moderação ele contribui significativamente para o aroma de muitas cervejas *lager*, e de fato tem sido identificado como uma característica fundamental de *lagers* de estilo alemão.

Anness, B. J.; Bamforth, C. W. Dimethyl sulphide – A review. **Journal of the Institute of Brewing**, n. 88, p. 244-252, 1982.

Charles W. Bamforth

Dinamarca é um país escandinavo no norte da Europa e lar de uma cultura cervejeira cada vez mais vibrante. Com cerca de 5,5 milhões de habitantes, é um país pequeno em comparação com os seus vizinhos mais próximos, Alemanha e Suécia. Isso não a impede de ser um dos dez países que mais consomem cerveja *per capita* no mundo. A cerveja sempre fez parte da cultura dinamarquesa como uma bebida importante, especialmente porque o território dinamarquês está localizado muito ao norte da Europa para produzir vinho. Assim como no resto da Europa, até muito recentemente a cerveja era um importante fornecedor de calorias, sendo considerada muito mais saudável do que a água, que raramente era confiável.

A conhecida tradição de produção de cerveja na Dinamarca data de cerca de 1370 a.C. Nessa época, muitas cervejas eram adoçadas com mel. A "cerveja" conhecida como "cerveja da menina Egtved" continha mirtilo-vermelhos ou *cranberries*, trigo, murta-do-brejo e grandes quantidades de pólen.

Plantas de lúpulo nativas são hoje encontradas na maior parte do território dinamarquês. A introdução do cultivo de lúpulo na Dinamarca está possivelmente ligada aos mosteiros medievais beneditinos, agostinianos e cistercienses que, assim como em outros países, produziam regularmente cerveja. Em 1473 o rei dinamarquês Cristiano I ordenou que lúpulos fossem cultivados na Dinamarca para reduzir as importações da Alemanha, e os reis que o sucederam fizeram o mesmo, ordenando que o povo cultivasse quantidades crescentes dessa planta ao longo dos dois séculos seguintes. Por volta de 1687, havia 140 cervejarias em Copenhague, capital do país, e todas produziam cervejas de alta fermentação (*ale*). Em 1845, J. C. Jacobsen se apossou de leveduras de baixa fermentação (*lager*) enquanto visitava a Cervejaria Spaten, em Munique. Ele cuidou do fermento durante todo o caminho de volta até Copenhague e naquele inverno começou a produzir cerveja *lager*. Por volta de 1847, sua nova cervejaria foi nomeada Carlsberg e viria a se tornar uma das maiores marcas de cerveja do mundo.

A cerveja *lager* se popularizou rapidamente por toda a Dinamarca, e logo todos os antigos estilos praticamente desapareceram. Do início do século XX até o ano de 2002, quase toda a cerveja consumida na Dinamarca era *pale lager*, com Carlsberg e Tuborg muito à frente na liderança e outras marcas como Faxe (agora Royal Pilsner), Hancock, Fuglsang e Thy Pilsner relativamente difundidas. O interesse pelas cervejas especiais começou em 2002, juntamente com uma recuperação na economia e um aumento no interesse dos habitantes pela "vida boa". Os dinamarqueses queriam artigos de luxo, comidas mais interessantes e, mais especificamente, queriam cervejas mais interessantes. O consumo total de cerveja no país diminuiu, tal como aconteceu em outros países europeus, mas, apesar disso, pequenas cervejarias começaram a se proliferar. Entre 2002 e 2008, a Dinamarca passou de uma nação com dezenove cervejarias para uma com mais de cem. A Carlsberg, que ainda domina o mercado de cerveja da Dinamarca, envolveu-se nesse movimento por meio de um projeto inovador chamado Jacobsen, focado na produção de cervejas especiais em uma pequena cervejaria no centro de visitação da Carlsberg, na região de Valby, em Copenhague.

Essa recente onda das cervejas artesanais trouxe a produção de cervejas *ale* de volta à Dinamarca, junto com um nível surpreendente de criatividade. Os novos cervejeiros dinamarqueses se inspiraram no movimento de produção artesanal de cerveja da Alemanha, Grã-Bretanha, Bélgica e Estados Unidos. Eles também se inspiraram na própria Dinamarca, apresentando um particular interesse por ervas locais, como murta-do-brejo, absinto e cardo e por bagas e frutas regionais. Mirtilos, mirtilo-vermelhos, zimbro, rosa-mosqueta, hortelã e maçãs voltaram a figurar na cerveja dinamarquesa, e o antigo estilo *Baltic porter* ressurgiu. No Natal e na Páscoa, a maioria das cervejarias disponibiliza cervejas especiais, muitas delas com base nas tradicionais e antigas cervejas dinamarquesas de inverno.

Na Dinamarca existe um interesse particular pelo ressurgimento de pratos típicos do país. Nos países nórdicos, as condições de tempo (horas de sol, chuva e vento) e o tipo de solo são muito diferentes em comparação com outros locais do mundo. Isso influencia o desenvolvimento de matérias-primas como cereais, ervas e frutos, e a cevada dinamarquesa é considerada de qualidade muito elevada. Experimentos estão em curso para trazer de volta antigas variedades de cevada e lúpulo. Para dar suporte ao enorme número de novos estilos de cerveja, a Danish Brewers Association lançou a Academia da Cerveja Dinamarquesa e a "Linguagem da Cerveja Dinamarquesa". Esta última foi desenvolvida para fornecer aos dinamarqueses algumas ferramentas simples de linguagem que permitam a eles obter uma melhor compreensão do que agora eles encontram nas gôndolas de cerveja. A "linguagem" é composta de 110 palavras que descrevem vários aspectos da aparência, aroma e corpo da cerveja. O Copenhagen Beer Festival, realizado em maio pela Danish Beer Enthusiasts Association, é um grande e animado acontecimento.

A harmonização da cerveja com os alimentos é levada a sério na Dinamarca, um país com treze estrelas do guia Michelin e somente 5,5 milhões de habitantes. Em 2010, o restaurante Noma, em Copenhague, foi coroado o melhor restaurante do mundo, tirando esse título do venerável e audacioso El Bulli, na Espanha. O Noma se interessa por tudo que é nórdico, e com certeza a cerveja que serve é nórdica. Quem for jantar no melhor restaurante do mundo encontrará muitas cervejas excelentes no menu.

Bjorn, G. K.; Buhl, B. **Scandinavian Brewers' Review**, v. 65, 2008.
Carlsberg visitors center, Copenhagen. Disponível em: http://www.visitcarlsberg.dk. Acesso em: 19 abr. 2011.
The Danish Brewers' Association. Disponível em: http://www.bryggeriforeningen.dk/. Acesso em: 19 abr. 2011.
Ibsen, M. Jacobsen original Danish ale. **Scandinavian Brewers' Review**, v. 66, n. 3, 2009.

Jens Eiken

dióxido de carbono é um gás produzido pela levedura durante a fermentação e provoca a característica de "efervescência" da cerveja. No processo de fermentação anaeróbia, a levedura converte os açúcares do mosto em álcool e gás carbônico, principalmente. O CO_2 excedente é frequentemente coletado e utilizado mais tarde para aumentar o nível de carbonatação na cerveja pronta (ver CARBONATAÇÃO). Na cerveja condicionada em *casks* o CO_2 é gerado principalmente na fermentação primária, mas uma pequena quantidade é produzida em uma fermentação secundária para proporcionar à cerveja um "formigamento" suave ("condicionamento"). O mesmo princípio aplica-se na produção de cervejas refermentadas em garrafa. Açúcares *priming* – pequenas adições de sacarose ou glicose – são muitas vezes adicionados durante o enchimento do *cask* ou garrafa para estimular a geração secundária de CO_2 pela levedura residual. Ver REAL ALE. Cervejas em barril inoxidável, engarrafadas e em lata muitas vezes têm um teor de CO_2 adicional acrescentado geralmente após a filtração. Cervejas com esse CO_2 pós-fermentação são às vezes chamadas de cervejas "condicionadas na cervejaria".

O CO_2 dissolve bastante facilmente na cerveja, com a solubilidade aumentando conforme diminui a temperatura. O teor de CO_2 na cerveja é muitas vezes expresso em termos de volume de gás sob condições padrão de temperatura e pressão por volume de cerveja ou em gramas de CO_2 por litro de cerveja. Aproximadamente, um volume de CO_2 é equivalente a dois gramas de CO_2 por litro de cerveja. Cervejas condicionadas em *casks* têm níveis de CO_2 ao redor de 1,2 vols, enquanto nas cervejas em barris de aço inoxidável esses níveis variam tipicamente de 2 a 2,6 vols, sendo ligeiramente superiores nas cervejas engarrafadas e nas enlatadas. O conhecimento do nível exato de CO_2 numa cerveja de barril é importante na medida em que a pressão de gás na linha de distribuição desde o barril até a torneira precisa ser ajustada para o nível da cerveja no recipiente para evitar a formação excessiva de espuma ("*fobbing*") quando a bebida é servida no copo. Ver FOBBING.

A alta solubilidade do CO_2 a baixas temperaturas é aproveitada em cervejas que são servidas muito frias (1 °C a 3 °C). À medida que a cerveja é levada à boca, a superfície áspera da língua quente forma um foco ("núcleo") para o CO_2 sair da solução. Isso causa um formigamento acentuado na língua, que pode ser percebido como refrescante, embora às vezes possa ser quase doloroso. Ele é conhecido pelos cervejeiros como a "picada do CO_2".

Essa "picada" é causada pelo ácido carbônico produzido quando o CO_2 é dissolvido em um líquido aquoso. Quanto mais baixa for a temperatura da cerveja, maior será o nível de CO_2 dissolvido e maior a picada. Essa sensação combina-se com o amargor do lúpulo para formar a espinha dorsal da sensação de paladar de uma cerveja e equilibra o dulçor do malte. Sem o dióxido de carbono, a maioria dos tipos de cerveja seria considerada intragável.

A evolução das correntes de bolhas de gás carbônico a partir da base de um copo de cerveja é vista como esteticamente agradável e pode auxiliar na retenção de espuma. A ascensão das bolhas de gás pode ser aumentada arranhando ou entalhando a base do copo a fim de criar núcleos para o desenvolvimento do gás. No Reino Unido, os copos de marca são muitas vezes gravados com logotipos de marcas distintivas para aumentar o apelo visual da cerveja no copo.

A camada de espuma num copo de cerveja é também em grande parte um resultado da evolução do CO_2 para fora do líquido, sendo a espuma da cerveja em grande parte composta pelo gás. Ver ESPUMA.

George Philliskirk

distribuição, o método pelo qual a cerveja produzida por uma cervejaria alcança o mercado consumidor. Produzir uma boa cerveja é o primeiro passo em direção ao sucesso para qualquer cervejeiro em qualquer parte do mundo. O segundo passo é promover a distribuição dessa cerveja – possibilitar que a cerveja chegue às mãos do consumidor. Pobre do cervejeiro que subestimar a dificuldade desse segundo passo. Desde os primórdios da produção da cerveja, o governo tem tido o interesse de regulamentar a produção e a distribuição da cerveja – para garantir a segurança do produto, limitar o seu consumo a pessoas que apresentam idade legal para tanto e coletar impostos. A estrutura de distribuição de cerveja varia de país para país e até mesmo de estado para estado, ou até mesmo de município para município dentro de um mesmo país.

No Reino Unido, um cervejeiro pode ser um distribuidor e proprietário de *pubs*. Há mais de 50 mil *pubs* no Reino Unido. O setor de *pubs* é dividido em três grupos – gerenciados, arrendados ou alugados e casas independentes.

Existem aproximadamente 9 mil *pubs* gerenciados no Reino Unido. Esses *pubs* são propriedade de uma cervejaria. Esses são os *pubs* de propriedade das cervejarias. As decisões acerca das cervejas servidas nesses *pubs* são tomadas pela cervejaria, e embora algumas cervejas de outras cervejarias sejam vendidas, as decisões de compra são tomadas pela cervejaria proprietária e não pelo taberneiro. Ver TIED HOUSE SYSTEM.

O maior grupo – cerca de 19 mil – é o de *pubs* arrendados e alugados. Um *pub* arrendado/alugado é propriedade de uma cervejaria ou de uma companhia proprietária de *pubs* e depois alugado por um curto ou longo prazo a um inquilino/arrendatário. Os arrendatários estão vinculados ao seu suprimento de cerveja a um preço preestabelecido, que é geralmente mais caro que a mesma cerveja comprada por qualquer outra pessoa diretamente da cervejaria. Os proprietários dos *pubs* argumentam que esse preço elevado deve ser visto no contexto do pacote total do aluguel oferecido ao inquilino; este, eles dizem, incorrerá em um custo relativamente baixo de capital para montar o negócio. Os arrendatários dos *pubs* de propriedade das cervejarias nacionais podem servir uma *cask ale* de sua preferência, de uma fonte de sua preferência – a chamada regra da cerveja convidada defendida pela Campaign for Real Ale, um grupo de defesa do consumidor. Ver CAMPAIGN FOR REAL ALE (CAMRA).

Adicionalmente, existem cerca de 17 mil "casas independentes". Essas são propriedades gerenciadas pelos arrendatários que decidem sobre quais cervejas serão servidas.

Na Europa continental, não é incomum uma cervejaria ser proprietária de *pubs*, bares ou até mesmo lojas de bebidas alcoólicas. As cervejarias também vinculam os varejistas aos seus produtos através de um sistema financeiro de empréstimos, por meio do qual o revendedor compromete-se servir um produto em troca do investimento no negócio. O investimento pode incluir marketing e suporte para propaganda, fornecimento de equipamento para chope ou até mesmo decoração e reforma das instalações.

No Reino Unido e na Europa, cadeias de grande varejo às vezes exigem que as cervejarias paguem taxas para servir a suas cervejas.

Na China e em muitos países ao redor do mundo, as cervejarias pagam taxas de *royalties* para os distribuidores e varejistas, que então concordam em vender as suas cervejas.

Na Suécia, o governo controla a venda de cervejas no varejo através do Systembolaget, monopólio varejista de álcool sueco, com o governo atuando tanto como atacadista quanto como varejista. A menos que o Systembolaget compre a cerveja de uma cervejaria, ela não pode ir à venda. O Systembolaget existe "para minimizar problemas relacionados ao álcool através da venda de álcool de uma forma responsável, sem fins lucrativos." Remontando a meados dos anos 1800, monopólios similares ainda existem atualmente na Noruega, Finlândia, Islândia, Canadá e em alguns estados dos Estados Unidos. Na Suécia, as cervejarias podem ser proprietárias e vender diretamente a bares, restaurantes e hotéis.

Todos os sistemas de distribuição de cerveja mencionados têm resultado na concentração da indústria da cerveja nas mãos de pequenos grupos de grandes cervejarias que puderam controlar a distribuição de cerveja e, em alguns casos, a venda da cerveja no varejo.

Os Estados Unidos têm um sistema de regulamentação de cerveja peculiar e complicado, instituído quando a Lei Seca foi abolida em 1933. A indústria da cerveja nos Estados Unidos, como na maioria dos países do mundo, tornou-se fortemente concentrada no século XX devido ao poder do mercado de massa e distribuição em larga escala. Mas o sistema norte-americano tinha algumas características únicas que permitiram que pequenas cervejarias desenvolvessem mais seus negócios do que em outros países. Ver LEI SECA.

A 21ª Emenda da Constituição Norte-Americana – que aboliu a Lei Seca – estabeleceu que os estados, e não o governo federal, teriam responsabilidade primária sobre a regulamentação da cerveja e de outras bebidas alcoólicas. (Além da coleta dos impostos, o único papel realizado pelo governo federal é assegurar que nenhum dos estados faça leis que discriminem as cervejarias de outros estados – a "cláusula comercial" da Constituição).

Com algumas exceções, a maioria dos estados adota um sistema de distribuição em três camadas. Nesse sistema, uma cervejaria não pode ser atacadista ou varejista. Atacadistas também não podem ter empresas varejistas. Somente um varejista – uma empresa de bebidas alcoólicas, supermercado, restaurante, bar ou hotel – pode vender para o consumidor. O sistema de "*tied house*" – um bar ou loja de propriedade de cervejaria, como no Reino Unido – foi banido em todos os estados. Adicionalmente, empresas de cadeias varejistas não podem cobrar taxas por incluírem cervejas entre seus produtos.

Portanto, o atacadista e o varejista são negócios independentes que podem fazer suas próprias escolhas acerca de quais cervejas eles irão negociar.

Os estados têm introduzido várias exceções ao sistema de três camadas, a mais comum sendo o *brewpub*, que acumula a função de produtor e varejista. Alguns estados permitem que um negócio tenha participação em duas das camadas, permitindo que cervejarias distribuam sua própria cerveja, assim como de outras cervejarias, e vendam cerveja no varejo em uma loja localizada na própria cervejaria.

A maioria das legislações estaduais estabelece que as cervejarias devem garantir aos distribuidores direitos exclusivos de distribuição para uma dada região geográfica. Muitos estados apresentam "leis de franquia" que asseguram que os distribuidores apresentem participações nas marcas de cerveja quando as vendem em suas áreas. Isso significa que uma cervejaria não pode cancelar um contrato de distribuição sem motivo. Essas leis usualmente estabelecem que a cervejaria deve compensar o distribuidor se ele terminar a relação profissional, frequentemente pelo "valor justo de mercado" dos direitos de distribuição.

Vários estados também estabeleceram regras que governam a relação entre a cervejaria e o varejista. Em alguns estados, uma cervejaria não pode oferecer itens promocionais ou serviços a um varejista. Em outros estados, uma cervejaria pode instalar e manter linhas de chope em um restaurante ou bar. Em outros estados, isso é proibido.

Os atacadistas independentes sustentados pelo sistema de três camadas têm sido um fator chave no renascimento da produção de cerveja artesanal nos Estados Unidos. Esforços similares pelo estabelecimento de cervejarias artesanais em muitos países têm sido sufocados pelo controle exercido pelas grandes cervejarias sobre os meios de distribuição.

Tim Hampson e Steve Hindy

Distrito Pajottenland (Bélgica), uma parte da província flamenga de Brabante situada a oeste de Bruxelas, entre os vales dos rios Senne e Dender. Essa zona rural calma é conhecida por sua microflora única de bactérias e leveduras selvagens, responsáveis pela fermentação espontânea de cervejas *lambic*. Ver LAMBIC. A verdadeira *lambic* é produzida exclusivamente nesse local e no vale do Senne, onde se localiza a cidade de Bruxelas. A área é conhecida há séculos por suas especialidades gastronômicas e também ficou famosa em todo o mundo devido às pinturas de Pieter Brueghel, o Velho, que frequentemente retratava o cotidiano dos habitantes de Pajottenland. Nas manhãs de domingo, os moradores ainda podem desfrutar de uma autêntica atmosfera de um café *lambic* no In de Verzekering tegen de Grote Dorst ("O seguro contra a grande sede"), que organiza eventos como o festival "A Noite da Grande Sede", durante o qual os cervejeiros produtores de *lambics* dão boas-vindas aos amantes de cerveja de todo o mundo.

Ver também BÉLGICA e FLANDRES.

In de Verzekering de Grote Dorst. Disponível em: http://www.dorst.be/. Acessso em: 4 abr. 2011.
Webb, T.; Pollard, C.; Pattyn, J. **Lambicland.** 2. ed. Cambridge: Cogan & Mater, 2009.

Lorenzo Dabove

A **Doemens Academy** foi fundada em Munique em 1895 pelo Dr. Albert Doemens como uma escola privada alemã para cervejeiros. Essa escola preencheu uma lacuna no tradicional sistema educacional regulamentado pelo governo alemão, que então foi rigidamente dividido em uma trajetória comercial, com certificados de aprendiz, artesão e mestre, por um lado, e uma trajetória acadêmica com graus universitários e outros. A Doemens, em contraposição, oferecia a modalidade de ensino secundário politécnico para artesãos certificados, o que lhes permitia obter a formação de mestre cervejeiro e mestre malteador –, ênfase essa que a Doemens mantém até hoje, como é possível ver no lema de sua bandeira: "Aus der Praxis für die Praxis" (Da prática pela prática). Em 1965, a Doemens transformou-se em Doemens e.V., instituição de ensino sem fins lucrativos, qualificada para receber financiamento público à educação. Posteriormente, a Doemens Akademie GmbH foi fundada como uma empresa 100% filial da Doemens e.V., corporação sem fins lucrativos que oferece, entre outros serviços, consultoria para os setores de alimentos e bebidas e formação e seminários especializados, como um programa de *sommelier* de cerveja e um curso de manutenção de sistema de chopeiras. Como parte de sua orientação prática, a Doemens opera uma cervejaria de teste de 5 hectolitros, bem como uma pequena linha de embalagens PET. Em 2000, a Doemens e o Siebel Institute of Chicago fundaram a World Brewing Academy, uma *joint venture* que ferece programas de graduação em tecnologia de produção de cerveja, para a qual a Doemens de Munique serve de *campus*. Ver SIEBEL INSTITUTE OF TECHNOLOGY. Todos os programas educacionais da Doemens levam de algumas semanas a dois anos para serem concluídos. Além disso, a Doemens oferece seminários técnicos que duram de um a catorze dias. Desde 1965, ao todo já se formaram na Doemens em torno de 2 mil alunos.

Ver também ALEMANHA e ESCOLAS CERVEJEIRAS.

Doemens. Disponível em: http://www.doemens.org/index. php?id=2&L=1. Acesso em: 22 mar. 2011.

Gerrit Blüemelhuber e Horst Dornbusch

doença da sarcina

Ver PEDIOCOCCUS.

doenças da cevada. A cevada é o quarto maior cultivo alimentar do mundo, e as doenças têm um importante impacto na sua contribuição como alimento humano. As principais doenças que afetam a cevada são fúngicas, especialmente míldio, giberela, carvão, *Rhynchosporium* e Ramularia. O nanismo amarelo da cevada e a ferrugem do colmo da cevada são as infecções mais comuns por vírus. Além disso, alguns insetos atacam a cevada, principalmente afídios, mas também larvas e besouros.

Muitas doenças da cevada são comuns ao trigo, o que torna seu combate crítico para a segurança dos recursos alimentares. A cevada é mais adaptável do que o trigo e outros cereais, podendo crescer em altas altitudes e em ambientes mais secos e mais salinos. Contudo, esse alcance ecológico maior significa também que uma quantidade maior de doenças é capaz de atacar a cevada.

O cultivo da cevada sempre foi uma batalha constante entre o manejo da plantação e a luta contra doenças. O crescimento da produtividade da cevada e o desenvolvimento de variedades específicas para malteação tem ocorrido há décadas, e tem sido um ciclo perpétuo no qual a melhora da resistência às doenças é superada pela evolução de novos fatores de virulência, aumentando a prevalência das doenças.

A incidência da maioria das doenças de plantas varia de acordo com o clima, geografia e práticas agrícolas, e diferencia-se consideravelmente de acordo com a resistência das variedades a doenças específicas. A cevada não é exceção, e níveis elevados de doenças costumam estar associados a condições de umidade e, geralmente, baixas temperaturas, que normalmente favorecem o crescimento de fungos. Os vírus são muitas vezes espalhados pelos afídios, cujas populações podem crescer rapidamente sob condições são favoráveis, resultando em um aumento subsequente de doenças na plantação. Ver AFÍDIOS.

As doenças da cevada também variam segundo a idade da planta, de modo que algumas doenças afetam as plantas jovens, outras são mais comuns nas folhas e brotos e outras são evidentes apenas na maturação das sementes. As diferentes partes da cevada que podem ser afetadas por doenças estão listados a seguir:

Folha e caule	Mancha reticular	*Pyrenophora teres*
	Mancha marrom	*Bipolaris sorokiniana*
	Manchas dispersas na folha	*Septoria passerinii*
	Queimadura	*Rhynchosporium secalis*
	Ferrugem do caule	*Puccinia graminis*
	Ferrugem da folha	*Puccinia hordei*
	Mildio	*Blumeria graminis f. sp. Hordei*
	Vírus do nanismo amarelo da cevada	
Espiga e semente	Giberela	Espécies de *Fusarium*
	Carvão	*Ustilago nuda*
	Carvão	*Ustilago hordei*
	Esporão	*Claviceps purpurea*
Raiz	Podridão comum da raiz	*Cochliobolus sativus*
	Mal do pé	*Gaeumannomyces graminis var tritici*
	Podridão da raiz por *Phythium*	Espécies de *Phythium*

Os sintomas das doenças da cevada nas folhas incluem um amarelamento muitas vezes acompanhado pelo desenvolvimento de manchas necróticas escuras, embora o míldio cresça externamente como massas de fungos pulverulentas brancas. Infecções nos caules causam escurecimento e fraqueza e levam ao colapso, enquanto infecções nas raízes resultam em apodrecimento local, fragilizando a sustentação da planta e atrofiando o crescimento. Na cabeça da semente, as infecções podem descolorir e murchar os grãos, conforme o fungo digere as estruturas internas. O esporão pode ser identificado pela saliência do fungo entre os grãos da espiga da cevada.

Algumas doenças são sistêmicas, mas requerem ativadores ambientais para causarem dano a planta, enquanto outras residem na semente e desenvolvem-se nas futuras gerações das plantas. A Ramularia, por exemplo, desenvolve-se progressivamente conforme a planta cresce, mas os sintomas podem não aparecer até que o nível de iluminação seja suficiente para ativar a síntese de fitotoxinas.

Enquanto a maioria das doenças reduz o crescimento da planta e o rendimento da safra, algumas provocam um impacto ainda mais duradouro e afetam a qualidade do grão. A infecção por *Fusarium* é especialmente relevante, já que muitas espécies produzem micotoxinas venenosas durante o crescimento. Essas toxinas fazem parte do ataque do fungo à planta, mas são também nocivas à saúde animal, produzindo efeitos neurológico em altas concentrações e efeitos carcinogênicos em baixos níveis. As micotoxinas podem sobreviver à malteação e chegar à cerveja, razão pela qual os cervejeiros exigem a checagem da pureza do malte antes do uso.

Outro efeito das cevadas infectadas com fungos é a produção de hidrofobinas. Estas agem reduzindo a tensão superficial a fim de ajudar o fungo na liberação dos esporos, e podem induzir uma floculação precoce da levedura durante a fermentação. Fatores similares podem estar envolvidos na indução do *gushing* na cerveja, por meio do aumento da liberação de gases ao servir a cerveja.

O combate às doenças da cevada depende de pesticidas, especialmente fungicidas, mas também de boas práticas agrícolas. Muitas doenças podem sobreviver ao inverno nos resíduos de colheitas deixados no campo, razão pela qual sua remoção é importante. Pesticidas são geralmente usados para prevenir e limitar as doenças da cevada, mas requerem aplicações tempestivas e muitas vezes são superados por mutações resistentes desenvolvidas nos organismos causadores das doenças.

O melhoramento das variedades de cevada para resistência a doenças específicas pode prover apenas um alívio de curto prazo, e abordagens mais integradas estão sendo agora adaptadas, incluindo uma mistura de resistência parcial, rotação de cultura e manejo higiênico. Além disso, é necessário lançar precocemente o alerta para surtos de doenças, a fim de possibilitar uma ação local e planejar a escolha e utilização das variedades nos anos futuros. Em muitos casos, quando há o aparecimento maciço de doenças da cevada pode ser tarde demais para tratá-las. O uso de testes moleculares para identificar a doença nas partes da cevada antes de seu aparecimento é desejado, assim como modelagens que permitam prever a evolução da doença e o tratamento direto. À luz das mudanças climáticas globais e do aumento da sensibilidade ao ambiente, as abordagens futuras para o manejo das doenças da cevada demandarão mais entendimento das doenças específicas e ações criativas.

Keith Thomas

Dogfish Head Craft Brewery é uma cervejaria americana regional, localizada em Milton, Delaware. Em 2009, a Dogfish Head produziu 113.362 hectolitros. A cervejaria é mais conhecida por suas interpretações peculiares e originais de estilos internacionais de cerveja, muitas vezes usando ingredientes exóticos e técnicas de produção incomuns.

A Dogfish Head Craft Brewery surgiu a partir da Dogfish Head Brewings & Eats, um *brewpub* localizado em Rehoboth Beach, Delaware, inaugurado por Sam Calagione em 1995. O Dogfish Head foi o primeiro *brewpub* de Delaware, assim como, durante algum tempo, a menor cervejaria comercial da América, produzindo todas as suas cervejas em um sistema de produção caseiro de 45 litros. Em 2002, a empresa mudou quase toda a sua produção de cerveja para a sua instalação atual, estabelecida em uma antiga fábrica envasadora adaptada de aproximadamente 10 mil metros quadrados em Milton, Delaware. No mesmo período, a empresa instalou uma microdestilaria na propriedade da Rehoboth Beach para fazer gim, vodka e rum em pequenas bateladas.

A maioria das cervejas da Dogfish Head que a tornaram famosa fazem parte da categoria "cerveja extrema", incluindo a sua 120-Minute India Pale Ale (IPA), com 18% de álcool por volume (ABV), uma IPA que é continuamente dosada com lúpulo em péletes durante as duas horas de fervura; Palo Santo Marron, uma *brown ale* com 12% ABV envelhecida em um tonel gigante feito da madeira *palo santo* da América do Sul; e Sah'tea, uma cerveja condimentada com zimbro no estilo *sahti* finlandês, feita com chá preto, cardamomo e gengibre. No início da década 2000, a World Wide Stout da Dogfish Head detinha o título não oficial de cerveja mais forte do mundo, com mais de 20% ABV.

Além de gerenciar a empresa, o fundador Sam Calagione é um famoso e entusiasta promotor tanto da Dogfish Head como das cervejarias artesanais em geral. Em 2010, Calagione tornou-se o assunto de seu próprio programa de televisão no Discovery Channel.

Bilger, B. A better brew: The rise of extreme beer. **The New Yorker**, 24 Nov. 2008.

Brian Thompson

doppelbock é uma cerveja forte com densidade original de no mínimo 18 °P e teor alcoólico típico acima de 7% ABV. O estilo teve origem na capital bávara de Munique, na Alemanha, e por muito tempo foi sinônimo da cerveja Salvator, produzida pela Paulaner. Ao final do século XIX, as cervejarias que fizeram uso do nome Salvator foram forçadas por ação judicial a introduzirem suas próprias marcas de cerveja *doppelbock*, mas Salvator continuou a ser a categoria de definição desse tipo de cerveja. A bebida surgiu em um convento na vila de Au, situada no que costumava ser a periferia leste de Munique, no século XVII, quando os monges de-

Monges beneditinos da ordem de São Francisco de Paula começaram a produzir cerveja em Munique em 1634, com a permissão do duque da Baviera, inicialmente apenas para consumo próprio. Mas, por volta de 1780, eles já estavam vendendo seu produto para o público como cervejas extrafortes chamadas Salvator ("salvador", em latim). Cervejas fortes chamadas *bock* já vinham sendo produzidas em Munique desde 1612, então os monges chamaram sua versão de *doppelbock*. PIKE MICROBREWERY MUSEUM, SEATTLE, WA.

votos de São Francisco de Paula ali se instalaram e começaram a produzir cerveja. A "Sanct Pater Bier" (posteriormente "Salvator"), elaborada para celebrar a comemoração do patrono no dia 2 de abril, foi produzida pela primeira vez em 1774 por Valentin Stephan Sill, conhecido como "Frater Barnabas". Era costume oferecer uma caneca dessa potente cerveja ao duque da Baviera, brindando em latim: "*Salve, pater patriae! Bibes, princeps optimae!*" ("Saudações, pai de nossa nação! Que beba o melhor dos nobres!"). Enquanto o duque apreciava sua potente cerveja (sabiamente sorvendo pequenas quantidades a cada vez), Frater Barnabas podia falar o que lhe viesse à mente. Essa cena é representada todo ano em Nockherberg, quando a abertura do primeiro barril de Salvator marca a metade do período da quaresma que antecede a Páscoa. Também conhecida como "pão líquido", essa cerveja já ajudou os monges nos longos dias de jejum da quaresma. Embora a Salvator seja a *doppelbock* mais conhecida, cerca de duzentas outras cervejarias fazem alusão ao estilo adicionando a partícula "-*ator*" ao nome da cerveja. Algumas *doppelbocks* famosas são a Animator (Hacker-Pschorr), Celebrator (Ayinger), Impulsator (Wieninger), Maximator (Augustiner), Palmator (Prösslbräu) e Triumphator (Löwenbräu). Há, porém, alguns exemplos notáveis que fogem a essa convenção de nomenclatura, incluindo a Andechser Doppelbock e uma forte *weissbier* de alta fermentação, a Aventinus, da cervejaria Schneider.

Ainda que possam ser produzidas por diferentes métodos e com qualquer coloração, as *doppelbocks* normalmente são *lagers* de baixa fermentação e cor marrom-avermelhada, com notas a caramelo e a panificação, além de apresentarem um rico sabor de malte com dulçor residual perceptível. Os lúpulos utilizados, em geral, são robustos o bastante para conferir equilíbrio, mas a cerveja raramente ultrapassa 25 IBU.

Ver também ANDECHS, AUGUSTINER BRÄU, AYINGER, CERVEJARIA, e SCHNEIDER WEISSE BREWERY.

Conrad Seidl

Dorber, Mark tem entusiasmado milhares de pessoas no mundo quanto às delícias e prazeres da cerveja há mais de vinte anos. Ele é amplamente reconhecido como o adegueiro mais completo da Inglaterra. Economista, Dorber trabalhou na cidade de Londres para uma grande empresa jurídica na década de 1980, mas quando não estava trabalhando sua paixão era a cerveja, especialmente a tradicional cerveja embarrilada em *casks*. Seu mentor foi o grande Michael Jackson, que educou e guiou Dorber sobre as cervejas do mundo. Dorber trabalhava à noite no *pub* White Horse, em Parson's Green, sul de Londres, adquirindo as habilidades necessárias para conservar e servir um ótimo *pint*, com Jackson, frequentador regular do *pub*, à disposição para provar e saborear seu trabalho. A atração do comércio acabou sendo forte demais e Dorber desistiu de seu trabalho diurno para se tornar gerente em tempo integral do White Horse. O White Horse se tornou a Meca dos aficionados e novatos da cerveja do mundo inteiro. Os funcionários do White Horse eram também recrutados internacionalmente, e sob o olhar atento de Dorber eram treinados e inspirados pelas delícias da cerveja. Muitos voltaram para casa e começaram suas próprias cervejarias e *pubs*. Além da grande variedade de chope, não apenas cervejas embarriladas em *casks*, mas também cervejas clássicas da Europa e América do Norte, o White Horse também estabeleceu um excelente portfólio de cervejas engarrafadas, especialmente da Bélgica, um país que Mark visitava com frequência. Dorber é um defensor apaixonado da combinação de cerveja com comida, e seus cardápios no *pub* sempre incluíram uma recomendação de cerveja para cada prato oferecido.

A reputação de Mark Dorber e do White Horse era tamanha que muitos cervejeiros usavam o *pub* como local de lançamento de novas cervejas, sabendo que um sinal de aprovação de Dorber equivalia no mundo da cerveja a um decreto real. Em 2006, Dorber e sua esposa, Sophie, assumiram o arrendamento de um charmoso hotel, o The Anchor, na cidade costeira de Walberswick, Suffolk, próximo ao lar da cervejaria Adnam's em Southwold. Mark e Sophie continuaram de onde pararam em Londres, oferecendo ótimas cervejas (e vinhos), comida excelente e um ambiente estimulante de aprendizado para os funcionários internacionais, clientes e amantes da cerveja. Dorber transformou um velho celeiro adjacente ao hotel em um moderno centro de treinamento, utilizado para cursos de treinamento, sobretudo pela Beer Academy, uma organização em cuja criação Dorber não só foi fundamental, mas que continua a desfrutar de seu apoio e encorajamento como diretor.

Ver também BEER ACADEMY.

George Philliskirk

dormência é a incapacidade da cevada madura e viável de germinar sob condições favoráveis. A dormência é um fenômeno natural nas plantas que protege as sementes da germinação durante o seu desenvolvimento, o que pode ser vantajoso para os malteiros depois de uma colheita úmida. Entretanto, isto pode ser uma desvantagem quando a cevada dormente não consegue germinar na maltaria. Para produzir um malte de qualidade e livre de problemas, a cevada deve germinar vigorosamente e rapidamente quando macerada durante a malteação. O malte contendo grão dormentes produz menos extrato e mais beta-glucanos no mosto, resultando em menos cerveja e em problemas como uma filtração ruim tanto do mosto como da cerveja. O grau de dormência da cevada varia segundo a variedade e as condições de armazenamento, mas o clima durante a colheita e o enchimento dos silos são fatores significativos. A cevada cultivada sob condições frias e úmidas é mais dormente do que a cevada cultivada sob condições quentes e secas. A base fisiológica da dormência é pouco conhecida, mas tem sido atribuída ao estado fisiológico do embrião, disponibilidade de oxigênio ao embrião e carga microbiana na cevada. A dormência será interrompida naturalmente se for estocada por tempo suficiente, mas pode ser acelerada por uma secagem cuidadosa da cevada depois da colheita até 11% a 12% de umidade, seguida por duas semanas de estocagem a 25 °C a 30 °C e então um resfriamento até uma temperatura de estocagem menor que 17 °C. A dormência é medida pela comparação dos resultados de um teste de germinação padrão (energia de germinação) com os resultados da germinação depois de um tratamento com peróxido de hidrogênio (capacidade germinativa). A dormência pode também ser determinada pelo tingimento de grãos divididos longitudinalmente com tetrazólio.

Ver também GERMINAÇÃO e MALTEAÇÃO.

Briggs, D. E. **Barley**. London: Chapman & Hall, 1978.

Michael J. Edney

Dortmunder Actien Brauerei, ou DAB, é a última grande cervejaria remanescente de Dortmund, Renânia do Norte-Vestfália, Alemanha, propriedade do Radeberger Gruppe, que é, por sua vez, parte do grupo Dr. Oetker. A cervejaria foi fundada em 1868 por três executivos (Laurenz Fischer, Heinrich e Friedrich Mauritz) e o mestre cervejeiro Heinrich Herberz como "Bierbrauerei Herberz & Co" e renomeada "Dortmunder Actien-Brauerei" apenas quatro anos mais tarde. Nesse tempo, as minas de carvão da região prosperavam, e muitas cervejarias competiam pela crescente clientela. A

Bavarian dunkel era a cerveja mais prestigiada, mas os mineiros de carvão pareciam preferir as *helles* douradas locais (depois mais especificamente definidas como *Dortmunder Export*), que tinham um caráter próprio devido ao elevado teor de enxofre da água de Dortmund. A principal rival da DAB era a cervejaria Dortmunder Union (DUB) – fundada em 31 de janeiro de 1873 –, a qual em pouco tempo se tornou a cervejaria alemã que mais crescia no final do século XIX, produzindo 75 mil hectolitros em 1887, 193.650 hectolitros em 1900, e 1 milhão de hectolitros em 1929. A DAB alcançara 100 mil hectolitros em 1887, mas cresceu a um ritmo muito mais lento, alcançando apenas 160 mil hectolitros na virada do século, 763.304 hectolitros em 1929, e 1 milhão de hectolitros somente após a Segunda Guerra Mundial, em 1959. A DUB era dirigida por Fritz Brinkhoff, considerado o mestre cervejeiro mais rico (e um dos maiores contribuintes privados) de seu tempo, porque ele tinha um contrato que garantia um enorme bônus pelo crescimento da cervejaria. Aposentou-se depois de 53 anos como mestre cervejeiro, e uma rua em Dortmund e a cerveja *premium* mais vendida da cidade, a "Brinkhoff's No.1", levam o seu nome. A DAB e a DUB adquiriram várias outras cervejarias na cidade e arredores, e ambas foram mais tarde compradas pela Dr. Oetker. A produção de todas as marcas restantes da Dortmunder foi transferida para a fábrica da DAB, em 2005.

Conrad Seidl

double IPA é um dos novos estilos mais populares entre os entusiastas de cervejas artesanais nos Estados Unidos. Baseada no estilo original *India pale ale* (IPA) que foi recuperado pelo movimento das cervejarias artesanais americanas nos anos 1980, a recentemente batizada "*double* IPA" (também conhecida como "*imperial* IPA") tem como proposta potencializar tanto o teor alcoólico quanto a intensidade de lúpulo. Ver INDIA PALE ALE. Os americanos tendem a achar que "quanto maior, melhor" em relação a muitas coisas, sejam carros ou filés de carne, e com a cerveja não foi diferente. A *double* IPA é uma proposta americana ousada em termos de caráter de lúpulo, e as melhores dessas cervejas são incrivelmente amargas, mas equilibram essa característica com a estrutura de malte seco e os vivos aromas de lúpulo. A maioria apresenta amargor entre 65 e 90 IBU e teor alcoólico varia de 8% a bem acima de 10% ABV. Quase todas passam por intenso *dry hopping*, e em alguns casos adicionam-se lúpulos durante toda a brassagem, a começar pela mosturação. Ver DRY HOPPING e LUPULAGEM DA MOSTURA. A maior parte delas tem coloração âmbar de mel. Para aqueles que apreciam aroma e amargor de lúpulos, essas são as cervejas indicadas, e os entusiastas da Costa Oeste chegam a falar em uma "conversão de lupulina", na qual o paladar se acostuma a níveis muito altos de amargor.

Vinnie Cilurzo, hoje proprietário e mestre cervejeiro da Russian River Brewing Company, costuma receber os créditos pela invenção da *double* IPA, em 1994, quando produzia cerveja na Blind Pig, em Temecula, Califórnia. Há quem aponte versões anteriores, mas a Pliny the Elder, da Russian River, ainda é reverenciada como uma das melhores já produzidas. Em 2011, mais de cem marcas de *double* IPA eram produzidas por cervejarias artesanais americanas, e essas cervejas estão começando a exercer certa influência na Europa e em outras regiões. O nome do estilo, "*double* IPA", causa certo desconforto entre os mais tradicionalistas, que acreditam que a designação é confusa tanto do ponto de vista histórico quanto para os consumidores modernos. A IPA foi um estilo bem definido em seu auge, e a *double* IPA é uma cerveja notoriamente diferente; talvez ela devesse ser batizada com alguma referência à sua terra natal, a Califórnia. No entanto, tal nomenclatura certamente já ganhou asas, e uma *Triple* IPA e *Quadruple* IPA não devem estar muito longe.

Garrett Oliver

drauflassen (*derauflassen*) é uma palavra alemã que significa "colocar em cima de", e quando é usada na produção de cerveja, refere-se a colocar uma batelada de mosto "em cima de" outro. A técnica por trás do termo refere-se à colocação de um novo mosto oxigenado sobre um mosto em fermentação enquanto a fermentação do mosto está no seu auge, 24 a 72 horas após ter início. O oxigênio presente no mosto fresco fará com que a levedura reverta brevemente o seu metabolismo de anaeróbio para aeróbio, que favorece a sua multiplicação. Assim que o oxigênio adicionado se esgota, a levedura volta para o modo anaeróbio de fermentação, convertendo os açúcares fermentáveis em álcool e dióxido de carbono.

Os cenários mais comuns em cervejarias para o uso da técnica *drauflassen* são os estágios finais de reprodução da levedura, quando um pequeno volume de uma nova levedura é transferido do laboratório ou das instalações de reprodução para os tanques de fermentação. O *drauflassen* garante então uma rápida multiplicação da levedura. A técnica pode também ser utilizada como um procedimento de emergência em caso de uma severa falta de leveduras vivas e limpas em quantidade suficiente, uma vez que permite a fermentação de grandes volumes de mosto com pequenas quantidades de levedura. O estágio *drauflassen* pode ser repetido se a quantidade inicial de levedura for muito baixa. Devido ao estresse metabólico da levedura causado pela alternância entre os metabolismos anaeróbio e aeróbio, o *drauflassen* pode provocar diferenças de sabor e aroma na cerveja em relação a uma fermentação normal de um estágio.

Para algumas cervejarias, no entanto, o *drauflassen* é um procedimento operacional padrão, usado na maioria das vezes quando o volume dos fermentadores da cervejaria excede bastante a capacidade da tina de fervura. Nesses casos, a cervejaria normalmente enche metade do fermentador no primeiro dia, seguido pela outra metade no segundo dia.

Anders Brinch Kissmeyer

Dreher, Anton (1810-1863) foi um cervejeiro austríaco chamado em alguns lugares de "O Rei da Cerveja", graças a seu trabalho no desenvolvimento da *pale lager* em meados do século XIX. Embora não tão clara quanto a *pilsner*, a criação de Dreher antecedeu esse estilo de cerveja e pode, portanto, reivindicar ser a primeira *pale lager* comercial do mundo, dependendo da definição de "clara". Ver PILSNER.

Catorze anos antes do nascimento de Dreher, seu pai assumira a cervejaria Klein-Schwechat, fundada em 1632, próximo à Viena. Quando jovem, ele embarcou em uma viagem de estudo da produção de cerveja, passando por Munique, Londres e Escócia. Ele visitou também Burton-on-Trent, Inglaterra, de onde mais tarde admitiu ter roubado amostras de levedura e mosto.

Dreher assumiu a cervejaria da família na Áustria em 1836. Impressionado com as técnicas de malteação das *pale ale* inglesas, ele casou a malteação inglesa com a técnica de baixa fermentação centro-europeia para criar uma *lager* de tons avermelhados, mais clara que qualquer cerveja comercial já vista na Europa. Ela se tornou popular em Viena e se espalhou rapidamente pelo Império Austro-Húngaro. A cerveja se tornou conhecida como estilo *Vienna lager*, ou apenas *märzen*, pois era produzida em março e armazenada durante o verão até setembro. Ver MÄRZENBIER. Por mais de um século, ela foi o estilo principal de cerveja na Oktoberfest de Munique, até ser substituída em anos recentes por uma *lager* mais clara e menos característica.

A cervejaria de Dreher se tornou uma das maiores do mundo, e ele, um homem rico e influente, obtendo um assento parlamentar em 1861. Sua morte prematura em 1863, o desmembramento do Império Austro-Húngaro e, mais tarde, a saída da família Dreher dos negócios, significa que ele é, hoje, menos famoso do que as poderosas cervejarias inglesas que ele quase ofuscou. Uma companhia chamada Dreher Breweries continua produzindo cerveja na Hungria sob a asa da empresa-mãe SAB Miller. A cervejaria Schwechat também ainda existe, e hoje é uma fábrica da *Heineken* que cria *lagers* claras padronizadas, comuns.

A influência e o nome de Dreher ainda não se esgotaram, e seu estilo original de cerveja ainda é admirado e recriado por cervejeiros artesanais ao redor do mundo.

Ver também LAGER.

Pete Brown

drip back systems, também conhecidos como *auto-bac*, *auto-vac*, ou *Economiser*, foram amplamente utilizados na Inglaterra e Escócia para reciclar a cerveja condicionada em *cask* que era derramada quando extraída por uma bomba manual ou uma fonte de ar comprimido escocesa. Esses métodos agora são raramente usados por razões de higiene, embora alguns consumidores de Yorkshire, norte da Inglaterra, que exigem um colarinho espesso na sua cerveja, defendam o sistema.

Para criar o colarinho sobre a cerveja, a qual tem, naturalmente, baixo nível de carbonatação, um difusor é inserido à torneira da bomba manual: o difusor tem uma malha de fios densamente trançados em seu interior, e a cerveja é agitada enquanto atravessa essa estrutura, forçando o dióxido de carbono a sair da solução, criando a espuma. Sempre que uma tradicional bomba manual inglesa é utilizada, servir um *pint* de cerveja através do difusor exige do operador algum esforço muscular, porque o fluxo é limitado e a cerveja é vigorosamente pulverizada no copo. Inevitavelmente, um pouco de cerveja derrama do copo; ela é recolhida em uma bandeja e retorna ao sistema por meio de uma válvula de injeção. Atualmente, os entusiastas da cerveja em *cask* consideram repugnante o próprio conceito do sistema *drip back*, mas eles foram bastante comuns. Já se disse muitas vezes que as cervejas velhas (*stale*) servidas por meio desses sistemas estiveram entre os fatores que originalmente fizeram declinar a popularidade da cerveja em *cask* nas décadas de 1960 e início de 1970.

Nos últimos anos esses métodos se tornaram amplamente obsoletos devido à introdução de bicos pescoço de cisne conectados a bombas manuais. Ver PESCOÇO DE CISNE. Esses longos bicos, ligados a um difusor, chegam até o fundo copo. Mais uma vez, o operador tem que puxar com força a bomba para forçar a cerveja através do difusor, mas como o bico alcança o fundo do copo, não há transbordamento ou desperdício de cerveja.

A cervejaria britânica Greene King desenvolveu uma bomba manual bidirecional: o operador pode acionar um comutador e servir cerveja com colarinho de qualquer espessura para atender à demanda dos clientes.

Ver BOMBA MANUAL e GREENE KING.

O'Neill, P. **Cellarmanship**. 5. ed. St. Albans: CAMRA Books, 2010.

Roger Protz

dry hopping é a adição de lúpulo na cerveja nos recipientes de fermentação, maturação ou serviço. Para muitos estilos de cerveja, os lúpulos são adicionados durante a produção do mosto. Lúpulos adicionados no começo da fervura do mosto contribuem principalmente com amargor, enquanto a adição de lúpulo no meio do processo de fervura confere tanto amargor como aroma. A "lupulagem tardia", na qual adiciona-se lúpulo ao final do processo de fervura, é amplamente usada para prover aroma e sabor (embora muitas vezes, na realidade, uma forte lupulagem tardia frequentemente responda por grande parte do amargor da cerveja). Durante a fervura, componentes altamente voláteis do óleo do lúpulo escapam rapidamente com o vapor, levando a maioria dos compostos aromáticos para fora do mosto pela chaminé da tina. Ver ÓLEOS DO LÚPULO. Embora o uso da lupulagem tardia, lupulagem no *whirlpool* e em *hop backs* possa recuperar os óleos essenciais para o mosto, alguns compostos aromáticos são posteriormente removidos ou quimicamente transformados durante a fermentação. O propósito do *dry hopping* é introduzir na cerveja aroma e sabor adicionais de lúpulo fresco. *Dry hopping* é uma técnica de maceração a frio, que não somente intensifica o aroma do lúpulo na cerveja, mas também confere aromas que são significativamente diferentes daqueles provindos da lupulagem tardia. Os alfa-ácidos, que são responsáveis pelo amargor do lúpulo, não são isomerizados e, assim, permanecem insolúveis durante o *dry hopping*. Porém, algumas análises sensoriais mostraram claramente que a percepção do amargor da cerveja pode ser incrementada pelo *dry hopping*, apesar de os valores das Unidades Internacionais de Amargor continuarem inalterados.

Embora haja poucas dúvidas quanto ao fato de que muitas culturas cervejeiras têm usado o *dry hopping* ao longo dos séculos, a prática está mais intimamente associada com as *English pale ales* e suas variantes. De meados do século XIX adiante, a técnica mais comum foi a adição de um grande punhado de lúpulos secos inteiros ao *cask* antes do seu enchimento. Com a maturação da cerveja no *cask* durante dias ou semanas, o aroma do lúpulo fresco se incorporava à cerveja. Em vez de simplesmente ser um tubo, o final da torneira do *cask* era cônico e perfurado, aprisionando as flores do lúpulo para que não fossem despejadas no copo do consumidor. Embora pareça contraintuitivo adicionar flores *in natura* à cerveja sem causar contaminação, os lúpulos raramente abrigam cepas bacterianas que consigam sobreviver em um meio anaeróbio, rico em etanol e com baixo pH.

No início do movimento de cervejeiros artesanais americanos, muitos futuros cervejeiros foram inspirados pelos radiantes sabores do lúpulo das *cask ales* que eles provaram nos *pubs* ingleses. Desejosos pelo sabor do lúpulo, os cervejeiros americanos dedicaram-se ao *dry hopping* com um particular fervor, e hoje pode-se dizer que a característica intensa de lúpulo fresco é amplamente considerada um atributo essencialmente americano quando o assunto é o sabor da cerveja.

Uma razão para isso é a concentração aromática que caracteriza as variedades modernas de lúpulo americano. Amplamente ridicularizado durante décadas pelos cervejeiros europeus e britânicos, os lúpulos americanos tendem a conter consideravelmente mais óleos essenciais do que seus homólogos além-mar. Um estudo de 2006 mostrou que variedades de lúpulo com aroma popular, como Czech Saaz, East Kent Golding e Styrian Golding, têm um teor de óleos aromáticos em torno de 0,4% a 1% da massa seca. Quando comparados com os lúpulos americanos Cascade (0,8% a 1,5%), Chinook (1,5% a 2,5%) e Simcoe (2% a 2,5%), a diferença se torna bem clara. De uma maneira bem real, os sabores e aromas proporcionados pelo *dry hopping* se tornaram parte natural do *terroir* da cerveja americana.

O aroma do lúpulo fresco, às vezes descrito como "aroma de saco de lúpulo", é muito associado com as frações de monoterpenoides dos seus óleos. Monoterpenoides são compostos aromáticos criados pela maioria das espécies de plantas, incluindo flores comuns, uvas viníferas e frutas cítricas. Nos lúpulos, os mais importantes são o mirceno (picante, herbáceo, também um dos principais compostos aromáticos das folhas do tomilho), gerianol (floral, parecido com rosas, usado em diversos perfumes), linalol (floral, cítrico, mentolado), limoneno (laranjas e limões) e beta-pineno (pinheiro e amadeirado, parte do aroma do alecrim e do manjericão). O aroma da lupulagem tardia possui foco mais aproximado nas formas oxidadas das frações sesquiterpenoides menos voláteis dos óleos do lúpulo, como humulona (floral, *cannabis*, parecido com feno), cariofileno (pimenta, alho, cânfora) e farneseno (maçã-verde, lima).

O *dry hopping*, originalmente feito em tonéis e barris, hoje em dia é realizado no tanque de fermentação ou maturação. Os métodos são diversos. A eficácia e qualidade de qualquer infusão é baseada no tempo de contato, área da superfície, temperatura e agitação (ou fluxo sobre a área da superfície). Após a fermentação, cervejeiros costumam esfriar a cerveja, permitindo que a maioria das leveduras decantem antes do *dry hopping*. Muito incomum é o *dry hopping* durante a fermentação, embora alguns cervejeiros considerem essa prática eficaz, pois sentem que a constante atividade da levedura pode remover o oxigênio inevitavelmente introduzido pelo *dry hopping*.

O *dry hopping* com flores inteiras é tradicional, mas relativamente difícil. Lúpulos secos flutuam vigorosamente, então mantê-los submersos na cerveja nem sempre é fácil. Os cervejeiros costumam amarrar saquinhos cheios de lúpulo ao fundo do interior do tanque, expurgam o ar do tanque e colocam a cerveja em seu interior, procurando suspender o saco de lúpulo em algum lugar do centro do tanque. Às vezes, o cervejeiro empurra o saco para baixo, com um pesado utensílio de aço inoxidável esterilizado, no intuito de afundá-lo. Sempre ficam desapontados (e um tanto impressionados) ao ver o saco flutuar de volta à superfície. Outros dependem de algum tipo de gaiola de rede de aço dentro do tanque, normalmente mantida no lugar por meio de uma haste. Não importa o método, a recuperação de sabor provinda dos lúpulos inteiros é relativamente lenta, devido às glândulas de lupulina das flores do lúpulo ainda estarem intactas. A oxidação dos óleos do lúpulo durante o armazenamento é também uma particular preocupação para lúpulos inteiros enfardados. Dito isso, alguns cervejeiros dizem preferir o sabor da cerveja produzida com *dry hopping* com flores inteiras.

Nos Estados Unidos é mais comum *dry hopping* com lúpulo em péletes. Na produção de lúpulo em péletes, a flor inteira do lúpulo é triturada a pó, extrusada na forma de pélete, lavada com gás inerte e embalada a vácuo. Ver LÚPULO EM PÉLETES. No processo de trituração, as glândulas de lupulina são rompidas, expondo seu conteúdo à cerveja durante o *dry hopping*. Os péletes rapidamente se desfazem em pequenas partículas quando em contato com o líquido, e a evolução das características do óleo do lúpulo na cerveja é relativamente rápida. Os cervejeiros normalmente sobem no topo dos tanques e simplesmente despejam os péletes dentro deles, frequentemente através de um pequeno cano apropriado, o qual possui uma válvula de alívio de pressão. Outros tanques possuem portas especiais para *dry hopping* localizadas no topo dos tanques. Mas os métodos variam do comum ao engenhoso. Muitas cervejarias carregam pequenos tanques de dosagem com lúpulos peletizados e então circulam sua cerveja através deles. O método mais divertido é possivelmente o "*hop cannon*", canhão de lúpulo, um aparato que utiliza CO_2 pressurizado para soprar uma carga de lúpulos peletizados vindos de uma câmara através de um longo tubo de aço, no tanque de espera. Um cervejeiro relata que o *dry hopping* por esse método é altamente efetivo, mas pode necessitar de até seis "tiros" do canhão de lúpulo para se completar. Aparentemente o tubo do canhão aquece depois de alguns tiros, e o cervejeiro deve esperar que esfrie antes de finalizar a tarefa.

Durante a fase de *dry hopping*, não é incomum os cervejeiros ressuspenderem os fragmentos do lúpulo, para aumentar o contato com a cerveja, mediante recirculação da cerveja ou borbulhando CO_2 pelo fundo do tanque. Em tanques cilindro-cônicos, os lúpulos podem ser removidos posteriormente na forma de uma borra verde. Embora esse material seja normalmente descartado ou compostado, ele retém seu potencial de amargor, sendo tecnicamente possível reutilizá-lo para conferir amargor a outro mosto.

Independentemente do método, a obtenção das características de lúpulo fresco é também dependente da temperatura. A transferência do aroma do lúpulo é mais rápida em temperaturas mais altas do que em temperaturas mais baixas. Um *dry hopping* realizado a 4,4 °C levará o dobro de tempo para alcançar uma intensidade similar à do mesmo procedimento realizado a 15,5 °C. O perfil do aroma também será diferente, talvez refletindo a diferença na volatilidade das frações do óleo do lúpulo. Sabores desagradáveis de vegetal, grama e clorofila podem ser resultado de um extenso tempo de contato com o *dry hopping*. Assim, a maioria dos cervejeiros que fazem um forte *dry hopping* tentam limitar o tempo de contato a uma semana ou menos.

Embora um leve *dry hopping* possa resultar em cervejas maravilhosamente balanceadas e aromáticas, o uso mais expressivo do *dry hopping* é certamente visto no estilo American India pale ale (IPA) e até mais intenso nos estilos "*double* IPA" ou "*imperial* IPA", que estão ficando cada vez mais populares. Infelizmente, essa esplêndida característica do lúpulo tem uma vida relativamente curta. Mesmo quando a captação de oxigênio é mínima, as características do *dry hopping* tendem a oxidar ou degradar-se de alguma outra forma notavelmente em questão de dois ou três meses, evocando primeiramente frutas tropicais e por fim uma qualidade de chá que raramente agrada. Os polifenóis do lúpulo, que lixiviam durante o *dry hopping*, podem também originar turbidez, embora muitos cervejeiros e consumidores não pareçam se importar. Entusiastas da cerveja são apaixonados pelo aroma e sabor que o *dry hopping* confere a ela, mas a técnica torna a cerveja inerentemente menos estável. Talvez seja verdade que a vela que queima com o dobro do brilho, queima também na metade do tempo.

Brynildson, M. Stretching your hop impact. **The New Brewer**, n. 25, 2008.
Brynildson, M. The eternal quest for the ultimate hop impact. **The New Brewer**, nov.-dez. 2006.

Garrett Oliver

dubbel, ou *double*, é um dos estilos de cerveja mais populares que já emergiu das cervejarias de mosteiros trapistas na Bélgica. Os próprios belgas não são muito afeitos a definir cervejas com base em limitações de estilo, mas a *dubbel* é uma das poucas cervejas belgas claramente identificáveis. Na Bélgica, tanto as cervejarias laicas quanto as trapistas vêm produzindo *brown beers* há séculos, e muito provavelmente essas bebidas foram denominadas *dubbel* ou *tripel* com base em uma alusão imaginária a seu potencial alcoólico relativo. A *dubbel* moderna foi essencialmente concebida pela cervejaria trapista Westmalle em 1926. Antes disso, a Westmalle havia elaborado uma *brown ale* além da cerveja de mesa dos monges, mas o mosteiro ainda se recuperava dos efeitos da Primeira Guerra Mundial e aparentemente a qualidade da bebida não era confiável. Em 1926, o cervejeiro Henrik Verlinden foi à Westmalle e trabalhou com o mosteiro no aperfeiçoamento dessa cerveja, surgindo assim uma cerveja mais forte de coloração marrom-avermelhada, a "Dubbel Bruin". Ela foi rapidamente copiada, e muitas versões de *dubbels* são hoje amplamente produzidas tanto na Bélgica quanto em outros lugares.

Ao contrário das *brown beers* inglesas e alemãs, a coloração da *dubbel* não provém de maltes torrados, mas de uma espécie de xarope de açúcar muito caramelizado denominado "*candi sugar*". Ver CANDI SUGAR. Enquanto os maltes torrados conferem aromas que lembram a café e chocolate, o *candi sugar* produz aromas que lembram açúcar queimado e uvas-passas. O xarope de açúcar, de aparência quase preta, normalmente é adicionado a um mosto dourado na tina de fervura. Todas as *dubbels* passam por fermentações a temperaturas mais elevadas, e as linhagens de leveduras belgas dão a elas notas herbais, frutadas e fenólicas. Em geral, essas cervejas são tecnicamente muito secas, mas às vezes podem apresentar um gosto levemente adocicado devido ao discreto amargor de lúpulo. As melhores delas são refermentadas em garrafa, mas outras versões não tão refinadas podem ser filtradas. Genericamente, as *dubbels* apresentam ao menos 6,5% ABV, mas podem chegar a 8%; acima disso, são consideradas de uma categoria diferente. À distinção de suas primas mais encorpadas, as *dubbels* não costumam denotar seu potencial alcoólico ao paladar. Uma boa *dubbel*, em vez de muito perfumada, é uma cerveja equilibrada e até mesmo delicada, que harmoniza surpreendentemente bem com vieiras seladas e certos queijos de casca lavada. Ainda que o estilo *tripel*, mais potente, seja mais popular entre os cervejeiros artesanais nos Estados Unidos, ultimamente a *dubbel* tem inspirado novos tipos de cerveja na Escandinávia, no Brasil, na Itália, na Suíça e em muitos outros países.

Ver também CERVEJAS DE ABADIA.

Deglas, C. **The classic beers of Belgium**. Ypsilanti: G.W. Kent, Inc, 1997.
Westmalle. Disponível em: http:/www.trapistbeer.net/westmalle/trapist_mainframeEN.htm.

Garrett Oliver

A **Dubuisson, Cervejaria**, é uma cervejaria de propriedade familiar localizada na cidade de Pipaix, no sul da Bélgica. É uma das mais antigas cervejarias da Bélgica e, certamente, a mais antiga da Valônia. Fundada em 1769 por Joseph Leroy como uma cervejaria rural, ela foi transmitida entre os familiares por oito gerações até o mestre cervejeiro atual, Hugues Dubuisson. Até 1931, a cervejaria manteve-se muito pequena e vendia cerveja apenas para os trabalhadores rurais e moradores de Pipaix. Então, os dois irmãos Dubuisson, Alfred e Amédée, compraram a cervejaria de seu pai e a renomearam Brasserie Dubuisson Frères, Ltd., dando início a um período de expansão. A cervejaria agora possui uma moderna sala de brassagem, adega e linha de envase em Pipaix. A Dubuisson dedica-se à produção de cervejas naturais artesanais e se manteve distante de marcas brancas e mudanças de marca aleatórias. Além disso, a família construiu uma microcervejaria chamada "Le Brasse Temps" em Louvain-la-Neuve e um *brewpub*, com o mesmo nome, em Mons, bem como um *pub* chamado "Troll & Bush" em Pipaix. Atualmente, a cervejaria produz e distribui dez marcas diferentes de cerveja. A Bush Ambrée (12% de álcool por volume ABV) é a marca mais antiga, lançada em 1933. Bush de Noël (12% ABV) e Bush de Noël Premium (13% ABV) foram ambas lançadas em 1991. A Bush Blonde (10,5% ABV) foi lançada em 1998, a Cuvée des Trolls (7% ABV) em 2000, a Bush Prestige (13% ABV) em 2003, a Bush Blonde Triple (10,5% ABV), a Bush Ambrée Triple (12%ABV) e a Bush de Nuits (13% ABV) em 2008, e o mais recente lançamento, Pêche Mel Bush (8,5% ABV), em 2009. Em 2010, o cervejeiro britânico Paul Arnott, um veterano da Chimay e da Unibroue, tornou-se diretor técnico da Dubuisson. Arnott revelou que a cervejaria deseja permanecer tradicional, mas também se tornar cada vez mais criativa.

Ver também BÉLGICA e VALÔNIA.

Keith Villa

dunkel é o estilo de *dark lager* que foi a cerveja do dia a dia na Baviera por muitos anos. Embora tenha sido destronada pela *helles*, a *dunkel* pôde desfrutar de um reinado que durou séculos. A palavra alemã "*dunkel*" significa simplesmente "escura", e muitas delas apresentam colorações que variam do mogno-avermelhado ao marrom intenso. O perfil aromático é dominado por notas maltadas, sem apresentar os matizes de café torrado, em geral apresentando notas a castanhas, *toffee*, pão recém-assado, chocolate e até alcaçuz, mas nunca entrando nos domínios das notas torradas a café. O amargor de lúpulo é moderado, com cerca de 20 IBU, e os aromas de lúpulo são sutis. Leveduras tipo *lager* conferem a essas cervejas um perfil de sabor bastante limpo; o sabor é arredondado e vivo, com certo toque maltado adocicado, mas desprovido de especiarias ou frutas. O teor alcoólico é mediano e raramente excede 5,5% ABV. As melhores delas são maravilhosamente diretas, muito prazerosas e ótimas harmonizações para os potentes pratos bávaros.

As *helles* douradas podem ter dominado a cena em Munique, mas a *dunkel* ainda é popular nos salões de cerveja da cidade. A *dark lager* ainda impera em Bamberg, Bayreuth, Kulmbach, Lichtenfels e em pequenas aldeias da Francônia. Ali, pequenas cervejarias continuam a elaborar *dunkels* exclusivamente

Cartão-postal de Nuremberg, na Alemanha, do início do século XX, retratando uma harmonização tradicional: *bratwurst*, *sauerkraut* e *dunkel*. PIKE MICROBREWERY MUSEUM, SEATTLE.

para consumo local. Produzem apenas para seus vizinhos e seus vizinhos parecem ter muito pouco interesse em outras cervejas. As versões da Francônia costumam ser mais secas que as de Munique e essas pequenas cervejarias frequentemente costumam conferir certas charmosas excentricidades ao sabor. A *dunkel* é elaborada tradicionalmente com malte Munich, que apresenta um caráter a tostado, levemente caramelizado. Esses sabores geralmente são salientados por um processo de mostura por decocção intenso, o que propicia o desenvolvimento de sabores a melanoidina similares a *toffee*.

Até certo ponto, a *dunkel* foi o primeiro estilo de cerveja no mundo a ser completamente codificado e regularizado. Quando a Lei da Pureza da Cerveja entrou em vigor em 1516, a maior parte da cerveja produzida na Baviera era essencialmente uma forma primitiva de *dunkel*. Esse estilo de cerveja não ficou restrito à Baviera. O estilo tcheco *černé pivo* é um parente muito próximo, talvez apenas um pouco mais adocicado. A *dunkel* desbravou muitos oceanos, e o estilo já foi bastante popular nos Estados Unidos e no México, assim como em algumas partes da América do Sul, onde muitos alemães se assentaram ao princípio do século XIX. Hoje, muitos cervejeiros artesanais americanos, inspirados em suas incursões pelo interior da Baviera, começam a elaborar suas próprias versões de um dos grandes estilos de cerveja da Europa.

Ver também MALTE MUNIQUE e DECOCÇÃO.

German Beer Institute. Disponível em: http://germanbeerinstitute.com. Acesso em: 31 jul. 2017.
Jackson, M. **Michael Jackson's beer companion**. 2. ed. Philadelphia: Running Press, 1997.

Garrett Oliver

Dupont, Brasserie é uma clássica cervejaria fazenda localizada na cidade agrícola de Tourpes, na província belga de Hainaut, na Valônia, a região francófona da Bélgica. Ver VALÔNIA. Situada a poucos quilômetros da fronteira francesa, a Dupont Brewery é uma das poucas cervejarias a sobreviver em uma área que já foi o lar de centenas de pequenas cervejarias rurais. Diz-se que a cervejaria Dupont fica em um local onde as pessoas têm produzido cerveja continuamente desde 1844. A cervejaria alega ser conhecida pela qualidade das suas cervejas desde os anos 1880. Em 1920, Alfred Dupont, buscando dissuadir o seu filho Louis de se mudar para o Canadá, onde pretendia montar uma fazenda, comprou a cervejaria rural então conhecida como Rimaux-Deridder. A cervejaria tem sido administrada pela família Rosier desde 1950.

Merecidos elogios do escritor de cerveja britânico Michael Jackson e de muitos outros ajudaram essa distinta cervejaria e suas excepcionais cervejas a prosperar nas últimas décadas. O carro-chefe é a Saison Vieille Provision, cujo nome deriva da prática das antigas cervejarias rurais de fazer uma cerveja especial de provisão, ou "estoque", para consumo durante todo o ano. Para muitos entusiastas de cerveja, a Saison Vieille Provision, coloquialmente conhecida como "Saison Dupont", é a quintessência do estilo *saison*. Ver SAISON.

A cervejaria produz um par de distintas *ales* mais fortes, nomeadamente Moinette e Avec Les Bon Voeux de la Brasserie Dupont (uma cerveja robusta para as festas de final de ano), bem como uma *dark saison*, a Saison Brune. A Dupont também é pioneira em muitas fermentações orgânicas (*bières biologiques*) e a atual gestão mostrou astúcia em marketing apresentando a cervejaria como uma atração turística. Uma padaria foi adicionada em 1994, e as instalações para a produção de queijos foi inaugurada em 1995, produzindo vários tipos de queijos de casca lavada usando várias cervejas da Dupont.

A produção anual é de cerca de 10 mil hectolitros, pequena sob qualquer ponto de vista. A Brasserie Dupont exporta para outros países da Europa e para os Estados Unidos e Japão.

Jackson, M. **The great beers of Belgium**. 3. ed. Philadelphia: Running Press, 1998.

Jackson, M. **Beer companion**. Philadelphia: Running Press, 1993.

Markowski, P. **Farmhouse ales**. Denver: Brewers Publications, 2004.

Phil Markowski

Durden Park Beer Circle, formado em 1972, é um grupo de cervejeiros caseiros dedicados à recriação de cervejas que remontam aos séculos XVIII e XIX. Liderados pelo falecido dr. John Harrison, os membros investigaram a fundo vários registros históricos de cervejarias antigas para descobrir detalhes das cervejas comerciais dos períodos correspondentes. Muitas vezes os cervejeiros usavam códigos para proteger o segredo de composição de seus produtos contra possíveis concorrentes. Depois de desvendar esses códigos para revelar as receitas originais, o círculo empenhou-se para reproduzir e degustar criticamente as próprias cervejas. Alguns membros chegaram até a desenvolver métodos próprios de produção de maltes de estilo antigo, como malte castanho e malte âmbar, que já não mais existiam em sua forma original.

O grupo permanece ativo e suas iniciativas de investigação são compiladas em um livro, que já passou por três revisões e é uma mina de informações sobre a produção de cerveja de séculos passados. Ele contém detalhes sobre a técnica de produção usada para reproduzir essas cervejas, bem como 131 receitas dessas cervejas, como *London porters*, *Irish porters*, *stouts* (tanto *imperial* quando *double*), *Scotch*, *amber*, *mild*, *march* e *october*. Há também uma seção em que se explica a origem de cada um desses estilos, com descrição das respectivas características definidoras.

Mais interessante ainda: existe uma seção que mostra como decifrar receitas de antigos textos de produção de cerveja e de livros de cervejeiros. Há também exemplos, como um código típico de cervejeiro e sua interpretação. Embora esse pequeno livro destine-se a cervejeiros caseiros, é uma obra que contém alguns conhecimentos significativos.

Harrison, J. e membros do Dirden Park Beer Circle. **Old British beers and how to make them**. 3. ed. rev. Middlesex: Durden Park Beer Circle, 2003. Disponível em: http://www.durdenparkbeer.org.uk.

Terry Foster

Durst Malz é uma maltaria alemã com sede em Bruchsal, próxima de Karlsruhe no estado de Baden-Württemberg. Fundada em 1824 como uma pequena cervejaria e maltaria familiar, a empresa passou a focar-se exclusivamente na produção de malte em 1885. Atualmente, a Durst opera em três instalações de malteação cuja capacidade combinada atinge mais de 200 mil toneladas por ano. Globalmente, isso torna a Durst a 17ª maior maltaria comercial (isto é, excetuando as maltarias dirigidas por cervejarias) em volume de produção anual. Suas três plantas eram antigas maltarias independentes adquiridas pela Durst entre os anos de 1959 e 2000. A Nierstein/Rhine Malting Company passou a ser propriedade da Durst em 1959; seguida pela Rheinische Malzfabriken Union, de Gernsheim/Rhine, em 1985. Em 1992, as três entidades, Durst, Nierstein e Rheinische Malzfabriken se tornaram uma entidade legal única, a qual posteriormente assumiu o comando de uma quarta empresa, a Westdeutsche Mälzerei GmbH, em Castrop-Rauxel, em 2000. Investimentos substanciais focados na modernização levaram à decisão de encerrar as atividades na planta de Nierstein em 2006. A Durst atualmente é especialista na produção a granel de maltes Pils, Munich, Vienna e malte de trigo, que são exportados para todo o mundo.

Durstmalz. Disponível em: http://www.durstmalz.com/home_en.html. Acesso em: 23 mar. 2011.

Gerrit Blüemelhuber

Duvel Moortgat, um grupo cervejeiro de propriedade familiar localizado em Breendonk, Bélgica, mais conhecido por sua cerveja principal, a Duvel. Originalmente Brouwerij Moortgat, a empresa foi fundada por Jan-Leonard Moortgat em 1871. Após a Primeira Guerra Mundial, Albert Moortgat viajou para a Escócia e obteve uma levedura escocesa que produzia um sabor excepcional, a qual introduziu na cervejaria. A primeira cerveja produzida com a nova levedura foi chamada de Victory Ale em comemoração ao fim da guerra. Diz a lenda que em 1923 um entusiasta da Victory Ale em Breendonk referiu-se à cerveja como um "verdadeiro demônio" ("*duvel*" em flamengo), talvez referindo-se ao seu alto teor alcoólico bem escondido. O nome pegou, e a cerveja logo foi oficialmente apelidada de Duvel. No início, essa cerveja era bastante escura, mas ao longo dos anos a Duvel passou por transformações e, na década de 1970, sua coloração alcançou o dourado bem claro e o sabor único observados na versão moderna. Muito imitada, a Duvel tornou-se a progenitora de um estilo de cerveja amplamente conhecido como *Belgian strong golden ale*. Ela apresenta uma espuma volumosa e tem um aroma herbal que alguns degustadores já compararam com balas de pera ou com a aguardente francesa Poire William. A Duvel obtém sua cor clara de um malte claro seco em estufa especialmente para ela e também pelo uso de xarope de açúcar altamente fermentável numa relação de 76% malte para 24% de adjunto. O paladar único é resultado do uso da levedura escocesa original durante a fermentação primária. A espuma densa e rica é também um aspecto único, sendo obtida principalmente pela refermentação parcial em garrafa, em que a cerveja é maturada a uma temperatura controlada por até dois meses. Ver CONDICIONAMENTO EM GARRAFA. A Duvel refermentada em garrafa tem 8,8% de álcool em volume (ABV). Na década de 1960, a cervejaria lançou uma versão filtrada da Duvel que não era submetida à fermentação secundária em garrafa, mantendo, assim, alguns sabores jovens ou "verdes", com teor alcoólico ligeiramente inferior. Versões engarrafadas dessa cerveja chamam-se Duvel Green (6,9% ABV) e têm letras verdes no rótulo. Em 2008, a Moortgat lançou uma versão em chope da Duvel Green em alguns mercados. A incomparável tulipa da Duvel tornou-se quase icônica desde sua introdução na década de 1960, e a cerveja é agora vendida em mais de quarenta países.

A Duvel Moortgat também produz a linha de cervejas de abadia Maredsous, a *golden lager* Vedett Extra Blonde e a *witbier* Vedett Extra White. A quinta geração da família Moortgat abriu o capital da cervejaria no início de 1999, conservando uma participação majoritária. Desde então, foram feitas aquisições adicionais: a Brasserie d'Achouffe foi adquirida em 2006, a Liefmans em 2008 e a Cervejaria De Koninck, de Antuérpia, em 2010. Na República Tcheca, a Duvel Moortgat tem participação acionária na Brewery Bernard e, na América do Norte, é proprietária da Brewery Ommegang, de Cooperstown, no norte do estado de Nova York.

Keith Villa e Ben Vinken

Duyck, Brasserie é uma cervejaria regional consagrada que traz o sobrenome flamengo do seu fundador, Leon Duyck. O principal produto da cervejaria, Jenlain Bière de Garde, carrega o nome da cidade rural do norte francês onde a cervejaria está localizada – Jenlain, perto da fronteira belga.

A Brasserie Duyck remonta a 1922, e é creditada por dar início ao renascimento das cervejas especiais francesas que começou no final da década de 1970, com o sucesso fortuito da Jenlain Bière de Garde. Historicamente, a cervejaria produzia cervejas *lager* padrão, até que o sucesso inesperado da Jenlain Bière de Garde a redefiniu como uma líder francesa produtora de cervejas especiais.

As *bières de garde* eram tradicionalmente extraídas de barris e servidas para consumo imediato. A Brasserie Duyck começou a engarrafar a sua Bière de Garde no final da década de 1940, tornando-a a primeira cerveja amplamente disponível e, dessa forma, definindo um padrão para o estilo. A Jenlain Bière de Garde era uma cerveja especial pouco conhecida até que, por acaso, ela se tornou a cerveja de vanguarda favorita da população jovem nas proximidades de Lille, a capital cosmopolita do norte da França.

A popularidade da Jenlain Bière de Garde transformou a pequena cervejaria em uma grande cervejaria regional, fabricando cerca de 100 mil hectolitros em 2009, a maioria dos quais eram Jenlain Bière de Garde. A cervejaria também produz cervejas sazonais como a Bière de Noël (Natal), Bière de Printemps (primavera), e muitas outras. A Duyck também produz vários rótulos sob contrato para outras cervejarias.

Por causa da proeminência de sua cerveja mais conhecida, a cervejaria é mais comumente conhecida como "Jenlain".

Ver também BIÈRE DE GARDE, FRANÇA e JENLAIN ORIGINAL FRENCH ALE.

Jackson, M. **Beer companion**. Philadelphia: Running Press, 1993.
Markowski, P. **Farmhouse ales**. Denver: Brewers Publications, 2004.
Woods, J.; Rigley, K. **The beers of France**. Winscombe: The Artisan Press, 1998.

Phil Markowski

dwarf hops

Ver HEDGE HOPS.

East Kent Golding é um lúpulo tradicional do condado de Kent, no sudeste da Inglaterra. Embora os primeiros lúpulos tenham sido plantados na região por imigrantes flamengos, por volta do século XV, o East Kent Golding foi lançado oficialmente e comercializado somente pouco mais de um século atrás. Ele é parte da ampla família de lúpulos "Golding", que recebeu o nome de seu criador. Entretanto, embora lúpulos rotulados como Golding ou Goldings possam ser cultivados praticamente em qualquer lugar, inclusive nos Estados Unidos, o East Kent Golding propriamente dito só pode vir da porção leste de Kent. Embora qualquer tipo de designação oficial tenha vindo mais tarde, o lúpulo Golding já era famoso no final dos anos de 1790, e livros britânicos sobre processos cervejeiros, em meados de 1800, faziam menção à qualidade única do Golding cultivado em Kent. Dito isso, em 1901, o *Journal of the Royal Agricultural Society of England* fez menção ao fato de produtores de lúpulos inferiores tentarem aproveitar a popularidade do Golding:

> Para um iniciante desejoso de obter conceitos exatos sobre a natureza dos lúpulos, nada é tão impreciso ou tão aborrecedor quanto o uso do termo "Golding". O pesquisador logo percebe que o termo é empregado algumas vezes para denotar uma variedade em particular, a qual todo produtor das melhores áreas diz, e provavelmente imagina, cultivar; e em outras ocasiões, em geral mais especificamente nos distritos adaptados apenas às variedades mais rústicas, o termo é estendido para contemplar algum tipo de mistura heterogênea de tipos de plantas com poucas características comuns a serem descobertas fora o fato de serem todos lúpulos.

O autor, entretanto, prossegue explicando que de fato existe um verdadeiro lúpulo Golding, "cuja história é suficientemente clara". "Assim, é claro que, embora derivado do Canterbury Whitebine, o lúpulo Golding é um tipo especialmente selecionado, quem tem características distintas e próprias."

Enganos e confusões deste tipo já foram comuns. O Styrian Golding, cultivado principalmente na Eslovênia, tem na verdade um nome incorreto, pois seus progenitores foram variedades de Fuggle. Ver FUGGLE e STYRIAN GOLDING. O East Kent Golding é prezado pelo seu aroma, que o torna adequado para o *dry hopping*, porém a maioria dos cervejeiros o utiliza também para atribuir amargor. Assim como a maioria das variedades de lúpulos ingleses, o East Kent Golding possui sabor bastante terroso, e esta característica é combinada com damasco e leves notas de especiarias. Essa variedade, junto com Fuggle, é o lúpulo clássico para o tradicional sabor das *English ales*. Ele foi o principal lúpulo nas *India pale ales* durante o auge do estilo, e ainda pode ser encontrado em diversas das melhores *British bitters*. Os resultados de análises de lúpulos East Kent Golding variam muito conforme a subvariedade, mas, na maioria dos casos, o teor de alfa-ácidos varia entre 4% e 5,5%, os beta-ácidos entre 2% e 3,5%, e o teor de cohumulona entre 20% e 25%. O teor de humuleno fica próximo de 45%. O East Kent é particularmente suscetível a infecções por míldio e oídio. Ele é também muito suscetível à murcha do *Verticillium* e ao vírus do mosaico do lúpulo. A maturidade do East Kent Golding é geralmente precoce a média até tardia, e a produtividade média varia entre 1.500 a 1.800 kg/ha. Ele tende a se manter estável quando armazenado. Embora os parâmetros técnicos do East Kent Golding não façam mais dele um lúpulo muito procurado por grandes cervejarias, seus incomparáveis aromas e sabores conferiram aquele inimitável *"je ne sais quoi"* à verdadeira *British pale ale*, que hoje tem sido mantida viva e até mesmo expandida por diversas cervejarias artesanais no mundo todo.

The Journal of the Royal Agricultural Society of England, v. LXII, 1901.

Jon Griffin

Eastwell Golding é um lúpulo inglês tradicional. Ele era originalmente cultivado em Eastwell Park, próximo de Ashford, Kent, na Inglaterra. Ele é muito semelhante aos outros tipos de lúpulos Golding e também carrega similaridades em relação ao Fuggle. Ver FUGGLE. Ele é parte da um tanto genérica família "Golding" e partilha muitos dos sabores e aromas característicos dela, bem como sua baixa resistência a doenças. Ver EAST KENT GOLDING. O Eastwell Golding apresenta teor de alfa-ácidos entre 5% e 5,5% e de beta-ácidos de 3%, níveis de cohumulona de 30% e de humuleno 25%. A maturidade desse lúpulo é média-tardia e ele retém 70% dos alfa-ácidos medidos no momento de colheita após seis meses de armazenamento à temperatura ambiente.

Jon Giffin

EBC (graus)

Ver UNIDADES DE COR EBC.

Eckhardt, Fred (1926-), cervejeiro caseiro, autor influente de cerveja e saquê, e uma das personalidades mais importantes e duradouras da produção americana de cerveja artesanal. Autor do livro *The Essentials of Beer Style*, de 1989, ele estabeleceu um roteiro de estilos clássicos de cerveja que foi avidamente seguido por muitos cervejeiros durante a revolução das microcervejarias americanas da década de 1990. Seu primeiro livro, *A Treatise on Lager Beers*, era um livro sobre a produção caseira de cerveja lançado em 1969, muitos anos antes do *hobby* ser legalizado nos Estados Unidos. Presença incansavelmente otimista no cenário da cerveja no noroeste americano, o fato de Eckhardt residir em Portland, Oregon, sem dúvida explica, em parte, por que a cerveja artesanal tem uma fatia de mercado superior a 35% nessa cidade.

Eckhardt ficou encantado com a cerveja europeia enquanto alocado no Japão, durante a Guerra da Coreia, como operador de rádio da Marinha. A cerveja à disposição no Japão era a Tuborg da Dinamarca. Quando voltou aos Estados Unidos, ele percebeu que o país também tinha uma grande história cervejeira que poderia ser revitalizada. Sua própria produção caseira inicial era uma mistura de técnicas de vinificação publicadas e de sua pesquisa original de textos profissionais sobre produção de cerveja. Ele passou a inspirar legiões de cervejeiros caseiros e também profissionais, escrevendo a primeira coluna regular sobre cerveja nos Estados Unidos e organizando centenas de eventos, ao longo de mais de duas décadas, como um dos mais conhecidos a aclamados educadores de cerveja do país. Eckhardt continua escrevendo para muitas publicações, incluindo a revista *All About Beer*, e seu sorriso travesso e seu autêntico bigode tornam-no instantaneamente reconhecido por milhares de amantes da cerveja. Embora a cerveja seja seu interesse primário, Eckhardt também publicou livros sobre saquê, ajudando a incentivar o interesse pela produção artesanal de saquê nos Estados Unidos.

Garrett Oliver

Ecostripper

Ver FERVURA.

Edimburgo é a capital da Escócia, lar de uma cultura cervejeira secular. Um rochedo ao lado de rochas vulcânicas (conhecido como "Trono de Artur") sustenta o castelo de Edimburgo, perto do qual foi fundada a Abadia Agostiniana de Holyrood em 1128. Protegida pelas colinas Pentlands, ricas em carvão, solo fértil para o cultivo de grãos e nascentes de água pura, a abadia era uma área privilegiada para a produção de cerveja *ale*. Com o aumento da população de Edimburgo, surgiram muitas cervejarias bem-sucedidas. Por volta de 1598, a Edinburgh Society of Brewers foi fundada.

A cervejaria William Younger & Co. foi fundada em Canongate, no centro de Edimburgo, em meados do século XVIII. Por meio de aquisições e fusões ela tornou-se a Holyrood Brewery, a maior cervejaria da Escócia, produzindo 469.000 hectolitros em 1891 e exportando para as Américas, Índia e Austrália. No final do século XIX, aumentou a demanda por cervejas de baixo teor de extrato original, claras e brilhantes. Um elevado teor de lúpulo na composição da cerveja permitia que ela viajasse longas distâncias sem se deteriorar, criando assim um produto de alta qualidade para exportação. A cerveja de exportação evoluiu para a *India pale ale* (IPA), uma cerveja com elevado teor alcoólico e fortemente lupulada que suportava bem as viagens, particularmente para o subcontinente indiano. A IPA foi criada em uma cervejaria de Londres e, embora produzida em Edimburgo do início ao meio do século XIX, sua produção logo se concentrou na cidade de Burton-on-Trent.

As operações cervejeiras de William McEwan também cresceram rapidamente por meio de fusões e um excelente comércio de exportação. As cervejarias de Younger (Abbey e Holyrood) e de McEwan (Fountainbridge) se fundiram em 1931, formando a Scottish Brewers, embora cada uma tenha mantido uma certa autonomia até a completa fusão em 1959. Eles tornaram-se muito famosos devido às cervejas Younger's Tartan Special, McEwans's 80/-, a *pale ale* da Younger e McEwan Export. Em 1960, a Scottish Brewers se fundiu com a Newcastle Brewers para formar a Scottish and Newcastle Breweries Ltd. Ver NEWCASTLE BROWN ALE e SCOTTISH & NEWCASTLE BREWERY.

Por volta de 1937, Edimburgo era o segundo centro de produção de cerveja mais importante da Grã--Bretanha, com 23 cervejarias em atividade.

A Scottish & Newcastle Brewery não possui mais uma unidade fabril em Edimburgo. Em 1998, o terreno da então Abbey Brewery e o terreno adjacente a ele foram escolhidos como o local do novo Parlamento escocês, levando à demolição das edificações da cervejaria em 1999. Atualmente, Edimburgo possui apenas duas cervejarias em produção de grande escala: a Caledonian Brewery, na região de Slateford, fundada em 1869, e a Stewart's Brewery, fundada em 1995.

Ver também CALEDONIAN BREWERY e ESCÓCIA.

Donnachie, I. **A history of the brewing industry in Scotland.** Edinburgh: John Donald Publishers Ltd, 1979.

Keir, D. The younger centuries. **The story of William Younger & Co. Ltd 1749 to 1949.** Edinburgh: William Younger & Co Ltd, 1951.
McMaster, C. Excerpts from Andrew Smith's "Book of notes on brewing" 1834-1860. **Scottish Brewing Archive Newsletter,** n. 12, Autumn 1988.
McMaster, C. Further excerpts from Andrew Smith's "Book of notes on brewing" 1834-1869. **Scottish Brewing Archive Newsletter,** n. 13, Winter 1988/1989.

Graham G. Stewart

educação

Ver ESCOLAS CERVEJEIRAS.

efluente é o resíduo líquido produzido por uma cervejaria. As cervejarias usam quantidades significativas de água para fazer cerveja. Até os anos de 1970, era comum que as cervejarias usassem de 8 a 10 litros de água para cada litro de cerveja vendida. Em 2010, esses números tinham caído para 5 a 6 litros, e algumas cervejarias, em áreas com escassez de água, produzem cerveja com 3 litros. Efluente é a água que não deixa a cervejaria na forma de cerveja.

Muitos resíduos são adicionados à corrente de efluentes. Na sala de brassagem, os resíduos mais óbvios são grãos e lúpulos, mas também fazem parte dos efluentes o *trub* da tina de fervura e o mosto diluído, pobre demais em açúcares para ser usado na produção da cerveja. Das adegas de fermentação e maturação vêm a levedura da cerveja e a água usada nas lavagens e limpeza de tanques. Todas as etapas na produção da cerveja usam uma variedade de produtos de limpeza, mais comumente soda cáustica (hidróxido de sódio), ácidos tais como o fosfórico e o nítrico, e detergentes e desinfetantes, muitas vezes contendo compostos clorados. Os efluentes são mais criticamente analisados com relação à demanda biológica de oxigênio e o total de sólidos suspensos.

Felizmente, a qualidade da água e o saneamento melhoraram desde os tempos em que os resíduos eram indiscriminadamente descartados. Hoje em dia, todas as cervejarias dos Estados Unidos são fiscalizadas quanto ao local onde esses efluentes são lançados, e a maioria paga impostos sobre o volume de água residual e a quantidade de material que não é água. Se os efluentes não forem controlados, esses custos podem ser proibitivos.

Conforme aumenta a preocupação com a contaminação a jusante de cursos, e considerando que as plantas de tratamento de efluentes do poder público estão cada vez mais sobrecarregadas, as cervejarias têm cada vez mais realizado o pré-tratamento dos efluentes antes de descarregá-los ralo abaixo.

Wolfgang, K. **Technology brewing and malting.** 7. ed. Berlin: VLB Berlin, 1996.

Brian Hunt

A **Eggenberg, Cervejaria**, é uma cervejaria de administração familiar conhecida por suas cervejas fortes, localizada na região de Salzkammergut, Áustria, entre Salzburg e Viena.

As origens da cervejaria Schloss Eggenberg datam do século XIV. O negócio foi adquirido por Johan George Forstinger em 1803 e continua nas mãos da família Fostinger-Stöhr até os dias atuais, sob a gestão da sexta e da sétima gerações. A histórica cervejaria, localizada em um castelo rural, ou *schloss*, foi quase destruída por um incêndio em 1877. O castelo continua a ser o lar da família, mas, para a produção, foi substituído por uma moderna e arejada cervejaria construída ao lado dele em 2000, a qual oferece uma vista espetacular das montanhas e paisagens lacustres da Áustria, através das grandes janelas panorâmicas.

Uma cervejaria relativamente pequena em termos nacionais, com cerca de 2% do mercado austríaco, a Eggenberg, no entanto, forjou uma reputação internacional graças às suas cervejas mais fortes. Urbock 23° (9,6%) foi criada especialmente para o mercado mundial na década de 1970, mas foi a aquisição da marca Samichlaus, da cervejaria suíça Feldschlössen, em 1999, que mais elevou a sua posição em todo o mundo. Essa cremosa cerveja de sabor maltado, com 14% de álcool em volume, é produzida todos os anos em 6 de dezembro (dia de São Nicolau) e maturada pelo menos durante dez meses antes de ser colocada à venda para o Natal seguinte. No outro extremo da escala, a Eggenberg é também conhecida dentro da Áustria pela sua pioneira produção de cervejas de baixo teor alcoólico. Outros produtos do extenso portfólio incluem a *pilsner* Hopfenkönig e a Nessie, uma cerveja feita com malte de uísque.

Schloss Eggenberg. **History**. Disponível em: http://www.schlosseggenberg.at/site/en_geschichte.asp?id=71/. Acesso em: 24 nov. 2009.

Jeff Evans

Egito. No Egito Antigo, todos os segmentos da sociedade consumiam cerveja, desde o glorioso faraó até o mais humilde camponês. A cerveja era um produto de vital importância no cotidiano egípcio, bem como uma característica das cerimônias e festas religiosas, quando cervejas "especiais" eram produzidas. Muitos egiptólogos opinam que a produção e distribuição de grãos, para fins de produção de cerveja e panificação, impulsionaram a antiga economia egípcia, a organização política da antiga sociedade e que um estudo sobre a produção de cerveja poderia fornecer uma visão sobre a antiga sociedade do Egito.

Evidências da produção e utilização da cerveja no Egito remontam à era pré-dinástica (5500-3100 a.C.). Durante o primeiro quarto do século XX, por exemplo, Flinders Petrie encontrou sedimentos de cerveja em jarros em Abadiyeh, um cemitério pré-dinástico na margem leste do Nilo, no Alto Egito, e em Naqada, um dos maiores sítios pré-dinásticos do Egito (situado 26 quilômetros ao norte de Luxor, na margem oeste do Nilo). Sabe-se a partir de registros escritos da Época Tinita (3100-2686 a.C.) que a cerveja era um produto muito importante e certamente uma característica bem estabelecida da cultura egípcia nesse período. Dessa forma, é muito provável que a cerveja egípcia atual tenha antecedentes nos tempos pré-dinásticos. Com efeito, a informação mais antiga disponível oriunda do Oriente Próximo e do Oriente Médio indica que os seres humanos sabem como fazer pão e cerveja desde 6000 a.C.

Os escritores clássicos gregos creditaram aos egípcios a invenção da cerveja (uma afirmação da qual os assiriólogos modernos discordariam, e com razão), e Estrabão (63 a.C.-21) comenta que "Cerveja de cevada é uma preparação peculiar dos egípcios, é comum a muitas tribos, mas o modo de preparação difere de uma para outra". A cerveja de cevada do Egito é chamada de *zythos* pelos escritores clássicos, um nome que faz referência à sua propensão a "espumar".

Até mesmo os romanos, amantes de vinho, elogiavam a cerveja egípcia, e Diodoro da Sicília

Mulher egípcia filtrando pão de cevada para fazer cerveja. Madeira pintada, quinta dinastia (589-618). SCALA/ART RESOURCE, NY.

(século I a.C.), em sua *Bibliotheca Historica* (I:3) disse: "Eles fazem uma bebida de cevada [...] em aroma e dulçor no paladar, não é muito inferior ao vinho". Ele também atribuía a invenção da cerveja a Dionísio, um deus que era, em termos brutos, o equivalente grego do deus egípcio Osíris. Os egípcios antigos acreditavam que a cerveja foi inventada por Osíris, uma das mais importantes divindades, cujas associações principais eram com a fertilidade, morte e ressurreição.

Por muitos anos, houve uma noção frequentemente repetida (e possivelmente errada) de como os antigos egípcios produziam cerveja. Pesquisas recentes e a entrada na era genômica permitiram que os arqueólogos reavaliassem a situação. Algo indiscutível é que, para os antigos egípcios, a cerveja era suficientemente importante para justificar a sua inclusão no rol de artefatos que acompanhavam os mortos nos túmulos; era aparentemente essencial para a existência da vida após a morte.

Agora, é evidente que no Novo Reino pelo menos dois tipos de cevada, a de duas fileiras (*Hordeum distichum* L.) e a de seis fileiras (*Hordeum vulgare* L.), e o trigo espelta (*Triticum dicoccum* S.) eram utilizados na produção de cerveja, embora a espelta fosse utilizada principalmente na panificação. Tem-se proposto que a utilização desses cereais e as proporções em que eram misturados pode ter sido uma das características por meio das quais os antigos egípcios distinguiam e nomeavam diferentes tipos de cerveja. Flavorizantes (não incluindo lúpulos) e outros aditivos, como tâmaras, também podem ter contribuído para a variação nos estilos de cerveja.

Como Henry Lutz observou, os primeiros textos egípcios, entre os quais os Textos das Pirâmides, enumeram um grande número de diferentes cervejas, o que exigiria que fossem produzidas com uma variedade de ingredientes ou por diferentes métodos. Algumas cervejas, como "cerveja escura", "cerveja de ferro", "cerveja decorada", "cerveja do amigo" e "cerveja do protetor", sem dúvida eram produzidas para ocasiões especiais. A "cerveja da verdade", por exemplo, era consumida por doze deuses que guardavam o santuário de Osíris. Grande parte da cerveja era consumida jovem, ou seja, imediatamente após o término da fermentação primária, embora não restem dúvidas de que os egípcios antigos sabiam produzir cervejas que possuíam vida útil prolongada. Ainda não se sabe como os egípcios realizavam essa proeza, mas certamente era necessário que as cervejas funerárias tivessem um extenso prazo de validade, e há algumas referências à "cerveja que não azeda" e à "cerveja da eternidade".

As informações sobre antigas técnicas egípcias de produção de cerveja são fortemente dependentes do registro artístico, que compreende principalmente relevos, pinturas de parede, estatuetas e modelos. Tais representações geralmente mostram homens e/ou mulheres moendo/socando grãos e posteriormente os transformando em pequenos pães, os quais eram então partidos em pequenos pedaços. Estes eram, em seguida, misturados com água e agitados em um jarro de boca larga (formando uma espécie de mostura). O mosto resultante era separado dos grãos por meio de um filtro grosso (como um tecido de trama mais aberta) e colocado em jarros grandes aquecidos, de onde era transferido (resfriando no processo) a outro conjunto de jarros para fermentação. A cerveja era, então, transferida para recipientes menores, dotados de gargalo, os quais eram vedados com rolhas de argila para armazenamento/transporte.

A fermentação ocorria provavelmente mediante "contaminação" por equipamentos já utilizados, inoculação pelo ar circundante ou uma adição da bebida anterior. É possível que ambientes cervejeiros especiais (tais como cervejarias *lambic*) tenham sido criados, onde as leveduras se mantinham protegidas. Ver LAMBIC.

Há, no entanto, relativamente poucas descobertas incontestáveis nos sítios egípcios de produção cervejeira. Em muitas escavações, cozinhas e padarias foram identificadas e assume-se que a produção de cerveja também fosse realizada nesses locais, principalmente por causa de sua relação com a panificação. Um enorme complexo cervejeiro, capaz de produzir grandes quantidades de cerveja, foi descoberto em Hierakonpolis, um assentamento e necrópole cerca de 80 quilômetros ao sul de Luxor que surgiu durante o final do período pré-dinástico e início da Época Tinita.

Ao longo dos últimos vinte anos, Delwen Samuel, atual pesquisadora do King's College, em Londres, vem transformando a maneira como os egiptólogos interpretam a tecnologia cervejeira do Novo Reino. Ela não encontrou nenhuma evidência da utilização de pão, mas pôde recuperar traços de cevada malteada. Os grãos utilizados nessa época, ao que parece, podem ter sido compostos de espelta, malte de cevada e grãos gelatinizados aquecidos enquanto ainda úmidos (como o malte Crystal atualmente). Como Samuel diz: "A característica distintiva do método cervejeiro do Novo Reino é que se utilizava um processo em duas partes, preparando simultaneamente duas diferentes bateladas de grãos e, em seguida, misturando-as". Hoje, é impossível ter 100% de certeza a respeito das técnicas cervejeiras utilizadas milhares de anos atrás, mas é certo que o Egito Antigo era o lar de uma cultura cervejeira relativamente sofisticada e fascinante.

Curtis, R. I. **Ancient food technology**. Leiden: Brill, 2001.
Geller, J. R. From prehistory to history: Beer in Egypt. In: Friedman, R.; Adams, B. (orgs.). **The followers of Horus**. Oxford: Oxbow Books, 1992. p. 19-26.
Hornsey, I. S. **A history of beer and brewing**. Cambridge: Royal Society of Chemistry, 2003.
Kemp, B. J. **Ancient Egypt: Anatomy of a civilization**. London: Routledge, 1989.
Lucas, A. **Ancient Egyptian materials and industries**. 4. ed. Revisão J. R. Harris. London: Edward Arnold, 1962.
Samuel, D. Brewing and baking. In: Nicholson, P. T.; Shaw, I. (orgs.). **Ancient Egyptian materials and technology**. Cambridge: Cambridge University Press, 2000. p. 537-576.

Ian Hornsey

Einbecker Brauhaus AG, uma cervejaria regional situada na cidade de Einbeck, na Baixa Saxônia, Alemanha, com uma produção anual de 800 mil hectolitros. A empresa afirma remontar a 1378 – o ano em que as exportações de cerveja Einbeck foram documentadas pela primeira vez, em um recibo emitido na cidade de Celle, a cerca de 130 quilômetros ao norte de Einbeck. O Conselho de Turismo de Einbeck afirma que os burgueses de Einbeck começaram a produzir cerveja muito antes disso, e que um cervejeiro profissional fora contratado pela cervejaria já em 1351. Os populares contos medievais que giram em torno da figura do malandro "Till Eulenspiegel" incluem um que se passa em Einbeck, onde o mestre cervejeiro é vítima de uma das suas brincadeiras não muito engraçadas. De acordo com esse conto, o mestre cervejeiro pede a Till para adicionar lúpulo ("*hop*" em inglês) à cerveja, mas Till joga o cachorro do mestre cervejeiro (que também era chamado "Hop") na tina. Essa história bastante improvável valeu a Till uma estátua na praça da cidade de Einbeck, em frente do local onde a cervejaria está instalada hoje. A Einbeck construiu sua reputação sobre a cerveja *bock*, e a Einbecker Brauhaus ainda produz três variedades dela: a *ur-bock hell* dourada, a *ur-bock dunkel* escura, a *mai-ur-bock* (uma *maibock*) e o mais recente lançamento, uma *bock* escura de inverno, com concentração de 18,2 °Plato, própria das *doppelbocks*. Embora essas cervejas fortes sustentem a velha tradição do estilo que tornou a cidade famosa, a cerveja mais vendida da cervejaria, como na maioria dos outros produtores no norte da Alemanha, é a *pilsner*, com a marca "Brauherrn Pils" em Einbeck. Nos últimos anos, a Einbecker Brauhaus adquiriu mais duas cervejarias regionais, a Göttinger Brauhaus AG (1988) e a Martini Brauerei em Kassel (1997).

Conrad Seidl

einfachbier, hoje uma antiquada categoria de tributação federal alemã sobre cervejas que foi abolida em 1º de janeiro de 1993. A tradução literal do termo seria "cerveja simples" e fazia referência a uma cerveja com densidade original – medida em graus Plato – de 2 °P a 5 °P. Ver ESCALA PLATO. Para uma explicação das antigas e recentes leis tributárias alemãs, ver VOLLBIER.

Horst Dornbusch

eisbock, uma cerveja extremamente forte, com um teor alcoólico típico bem além de 7% ABV. Essa cerveja passa por um processo de congelamento denominado *freezing distilling* (crioconcentração), que separa a água congelada dos demais compostos (álcool e açúcares), a fim de concentrar estes últimos. A água apresenta uma temperatura de congelamento mais baixo que o etanol, de modo que quando ela congela, o álcool ainda permanece no estado líquido. Quando a água na forma de gelo é retirada, a cerveja remanescente fica mais concentrada que a original. Esse estilo parece ter surgido na Frâncônia, mais concretamente em Kulmbach. A Reichelbräu, uma cervejaria local que hoje é parte da Kulmbacher AG, alega que, certa vez, um aprendiz recebeu a ordem de transferir um barril cheio de cerveja *bock* para um local mais quente da cervejaria em uma noite particularmente muito fria do inverno de 1890. Ele não cumpriu a tarefa, e na manhã seguinte grande parte da cerveja havia congelado. O congelamento chegou a provocar o rompimento das aduelas do barril de madeira. Quando o cervejeiro-chefe chegou ao trabalho, encontrou o barril quebrado e um bloco de gelo que havia aprisionado um pequeno volume de líquido escuro. Esse líquido mostrou-se muito mais saboroso do que se poderia supor: nascia a *eisbock* por pura casualidade. Ou pelo menos é assim que a história é contada em Kulmbach. Curiosamente, no entanto, ela não aparece em nenhuma publicação alemã sobre cervejas daquela época. A Reichelbräu passou a comercializar sua *eisbock*, e a "Kulmbacher Eisbock", também apelidada "Bayerisch G'frorns" (que significa "sorvete bávaro") continua a ser uma das poucas cervejas desse estilo ainda disponíveis no mercado. Outro excelente exemplo é a "Aventinus Eisbock", produzida pela Weisses Bräuhaus G. Schneider & Sohn, também conhecida como Schneider Weisse, cuja cerveja base é a Aventinus, uma *Weizendoppelbock*. Muitos cervejeiros artesanais já se aventuraram em produzir *eisbocks* e outras cervejas crioconcentradas, sendo que algumas delas chegaram a apresentar mais de 40% ABV.

Conrad Seidl

Elbe-Saale, região, é uma área alemã de produção de lúpulo que está dispersa por toda a parte sul da antiga Alemanha Oriental. Ver LÚPULOS ALEMÃES. Tem uma longa tradição de cultivo de lúpulo, remontando ao século XII. A produção na região declinou com a ascensão de Hallertau como um rolo compressor na produção alemã de lúpulo. Após a Segunda Guerra Mundial, a lavoura do lúpulo foi coletivizada pelo regime comunista, que criou fazendas muito maiores do que as encontradas no restante da Alemanha atualmente. A área média de uma fazenda de lúpulo em Elbe-Saale é de 50 hectares, quase quatro vezes maior que a média em Hallertau. Ao contrário de outras áreas de cultivo de lúpulo na Alemanha, a região de Elbe-Saale não tem um cultivar associado exclusivamente a ela. Hoje, menos de 10% dos lúpulos alemães são cultivados em Elbe-Saale, e quase nove décimos desses são usados mais para amargor do que aroma. As principais variedades da região são Hallertauer Magnum, Herkules e Perle. Ver HERKULES e PERLE.

Val Peacock

embarque

Ver DISTRIBUIÇÃO e TRANSPORTE A GRANEL.

endosperma. Maior tecido do grão de cevada, o endosperma é usualmente conhecido como "endosperma amiláceo". Diferentemente do embrião e da camada de aleurona, é um tecido sem vida e atua como um órgão de armazenamento de nutrientes para o embrião da semente. Cerca de 60% a 65% do peso do grão de cevada é amido que está no endosperma. Na produção de cerveja, o processo de mosturação transformará esse amido em açúcares do mosto. O amido é composto por grandes (25 μm) e pequenos (5 μm) grânulos. Os grandes grânulos representam 90% do peso total do amido. Aproximadamente 10% a 12% do grão é proteína, e a maior parte dessas proteínas está localizada no endosperma na forma de proteínas de armazenamento: hordeína (35%), glutelina (35%), albumina (10%) e globulina (20%). No endosperma amiláceo, os grânulos de amido estão incorporados nessas proteínas de armazenamento. Essa associação entre grânulos de amido e proteínas confere estrutura ao endosperma. Por exemplo, diferentes graus de compactação dos grânulos de amido e proteínas podem deixar o endosperma amiláceo farinhento (opaco) ou duro (vítreo). Os grânulos de amido e as proteínas de armazenamento do endosperma estão localizados em células em diferentes formatos. As paredes celulares das células do endosperma devem ser rompidas pelas enzimas durante a malteação a fim de expor o amido e a proteína à ação enzimática, para a produção dos açúcares do mosto. As paredes celulares do endosperma amiláceo da cevada contêm aproximadamente 70% de beta-glucano, 25% de pentosana e 5% de proteína. Portanto, as beta-glucanases possuem um papel significativo na modificação do endosperma e na liberação de extrato durante a malteação. O endosperma de outros cereais tem estruturas celulares diferentes, dependendo do tipo de planta. Quanto maior o conteúdo de proteína do endosperma amiláceo, menor é o conteúdo correspondente de amido e, consequentemente, o de açúcares para a produção de cerveja.

Ver também CEVADA e MALTEAÇÃO.

Palmer, G. H. Achieving homogeneity in malting. **European Brewery Congress Proceedings**, p. 323-363, 1999.

Palmer, G. H. Cereals in malting and brewing. In: Palmer, G. H. (Ed.). **Cereal science and technology**. Aberdeen: Aberdeen University Press, 1989, p. 61-242.

Geoff H. Palmer

engarrafamento. As cervejarias têm engarrafado suas cervejas desde a era pré-industrial, apesar do engarrafamento apenas ter decolado com o desenvolvimento da industrialização moderna, na segunda metade do século XIX. Isso porque as garrafas de vidro tornaram-se muito mais baratas e muito mais acessíveis com a introdução da produção industrial. Parcialmente como resultado, muitas cervejarias começaram a vender suas cervejas em mercados cada vez mais distantes.

É difícil generalizar a importância dos diferentes tipos de engarrafamento, pois existem significativas diferenças de mercado para mercado, dependendo do nível de tecnologia, tradição, cultura, legislação e geografia. Os diferentes tipos de tecnologia de engarrafamento usados em grandes e pequenas cervejarias hoje em dia podem ser divididos nas seguintes categorias.

Engarrafamento em garrafas retornáveis

As linhas modernas de engarrafamento para garrafas retornáveis podem ter capacidade de poucas centenas até 100 mil garrafas por hora. Normalmente, uma linha de engarrafamento trabalha da seguinte maneira: as garrafas vazias vindas do mercado são recebidas em engradados colocados em um transportador que as conduz ao desencaixotador, onde as garrafas são erguidas a um outro transportador separado. Os engradados vazios normalmente são lavados em um túnel antes de serem transportados para o empacotamento, no final da linha. As garrafas são colocadas de cabeça para baixo nos cestos da máquina de lavar garrafas, uma máquina grande na qual as garrafas sujas são transportadas por diferentes compartimentos onde são pulverizadas e mergulhadas em água cáustica e água limpa e cuidadosamente enxaguadas, tanto o interior quanto o exterior (incluindo a remoção de rótulos antigos). O transportador, em seguida, conduz as garrafas limpas para a inspeção visual (muito rara nos dias de hoje) ou automática por meio de um inspetor de garrafa vazia (*empty bottle inspector*, EBI) para a detecção de quaisquer vestígios de líquido ou sujeira. Vale a pena notar que, nos últimos anos, os consumidores de cerveja dos Estados Unidos têm rejeitado totalmente as garrafas retornáveis, supondo que elas sejam insalubres. Elas agora são extremamente raras, e o revelador vidro riscado da garrafa retornável praticamente desapareceu das prateleiras dos supermercados.

Sejam novas ou recicladas, as garrafas são posicionadas no enchedor, um grande dispositivo rotativo que conecta as garrafas ao tanque que contém a cerveja pronta para o envase. Mas antes da cerveja ser vertida nas garrafas, o ar é sugado para fora delas para remover o danoso oxigênio. Isso pode acontecer uma ou duas vezes (pré-evacuação simples ou dupla), e esse processo sempre é seguido pela pré-pressurização com CO_2 puro, que serve tanto para

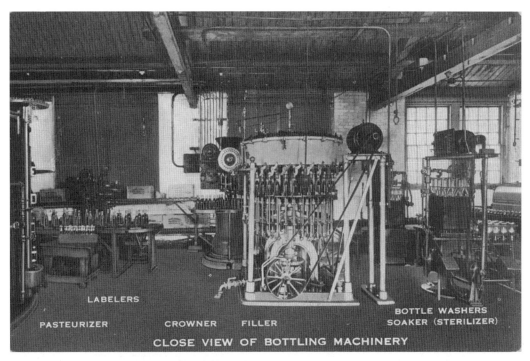

Cartão-postal retratando uma máquina engarrafadora, c. 1910. PIKE MICROBREWERY MUSEUM, SEATTLE, WA.

fornecer uma atmosfera amigável à cerveja nas garrafas como para alinhar a pressão da garrafa com a pressão do tanque, garantindo que o enchimento seja realizado sem a formação de espuma. Quando as garrafas estão cheias, elas entram na arrolhadora rotativa, onde as tampas/rolhas metálicas são colocadas na boca das garrafas e apertadas com força para finalizar o fechamento.

Normalmente, em uma grande cervejaria, o próximo passo será o túnel pasteurizador, outra máquina muito volumosa que é, essencialmente, um enorme chuveiro em que a temperatura da água aumenta na primeira metade do seu comprimento e diminui na segunda, controlado de tal maneira que cada garrafa recebe um tratamento térmico suficiente para destruir quaisquer microrganismos vivos durante a sua passagem pelo pasteurizador, deixando a garrafa de cerveja microbiologicamente estável. As garrafas pasteurizadas são posicionadas na rotuladora e, finalmente, um inspetor de garrafa cheia (*full bottle inspector*, FBI) verifica, automaticamente, a altura de enchimento, fechamento e rotulagem. A partir daqui as garrafas serão transportadas ao empacotador, onde serão automaticamente embaladas em *six--packs*, caixas e/ou engradados.

Engarrafamento asséptico

Em uma linha de engarrafamento asséptico não há túnel pasteurizador. Frequentemente, a tarefa de assegurar a estabilidade microbiológica da cerveja é cumprida pela *flash* pasteurização ou filtração estéril (ver FILTRAÇÃO ESTÉRIL) da cerveja antes do enchimento. Isso permite linhas fisicamente menores, que podem custar menos, mas ao mesmo tempo, como a cerveja não é pasteurizada depois do enchimento, esse método exige muito da tecnologia de envase, do nível geral de higiene e limpeza e do controle de qualidade microbiológica da cervejaria.

Engarrafamento em garrafas plásticas

Essa tecnologia foi introduzida na década de 1990 e se tornou possível devido aos avanços na qualidade das garrafas PET e PEN no que concerne às suas propriedades de barreira, proteção contra a fuga de CO_2 e a entrada de oxigênio nas garrafas. Esses fenômenos são prejudiciais à qualidade e prazo de validade da cerveja engarrafada. As linhas de engarrafamento para garrafas de plástico são muito semelhantes às linhas assépticas de engarrafamento em vidro, pois o material da garrafa não permite túnel de pasteurização. Nas linhas mais avançadas de engarrafamento, as garrafas são "sopradas" – com ar quente, a partir de pequenos cartuchos de plástico, em moldes – imediatamente antes de entrar na linha de enchimento.

A introdução de garrafas plásticas para bebidas, incluindo a cerveja, em escala industrial, ocorreu na década de 1970 por conta dos avanços na indústria do plástico, que permitiram a produção de embalagens a partir de materiais plásticos que proporcionassem uma barreira satisfatória ou que os produzissem a partir de compostos (várias camadas de diferentes tipos de plásticos) que, quando combinados, apresentavam qualidades de parede aceitáveis. Além de ser muito mais leve que as garrafas de vidro, as garrafas plásticas oferecem vantagens em termos de segurança, pois não quebram facilmente. Além disso, uma nova garrafa de plástico é significativamente mais barata que uma garrafa de vidro similar. O material mais utilizado é o PET (polietileno tereftalato), um composto da família do poliéster que produz garrafas de camada única para a cerveja, com prazo de validade quase tão longa quanto as garrafas vidro. Um tipo mais recente e mais caro de plástico para garrafas é PEN (polietileno naftalato). Essas garrafas apresentam propriedades de barreira superiores à PET e ainda podem ser lavadas com soda cáustica, assim como as garrafas de vidro, podendo ser usadas como garrafas retornáveis para cerveja ou outras bebidas carbonatadas. Embora os consumidores em muitas partes do mundo estejam acostumados a ver cerveja em garrafas de plástico, o consumidor norte-americano ainda rejeita essa embalagem, que continua a ser rara. No entanto, recentemente, alguns fabricantes de cerveja do mercado de massa introduziram garrafas de plástico com a mesma aparência geral que as garrafas de vidro, e estas são agora cada vez mais frequentes em locais públicos, tais como estádios.

Engarrafamento manual ou semimanual

Diferentes tipos de máquinas muito simples estão disponíveis para os cervejeiros, permitindo que o processo de engarrafamento seja bastante barato. Em comparação com as tecnologias descritas anteriormente, esses métodos mais simples obviamente sofrem desvantagens por terem baixa capacidade (às vezes somente algumas centenas de garrafas por hora) e serem muito trabalhosos. Em consequência, essa tecnologia é mais comum em pequenas cervejarias, muitas vezes associada à refermentação em garrafa e cervejas envelhecidas em barris.

Anders Brinch Kissmeyer

English pale ale é uma cerveja que apresenta coloração de dourada a acobreada e um teor alcoólico de 4,5% a 5,5% ABV, além de um marcante, mas não excessivo, amargor de lúpulo (30 a 45 IBU). O aroma e o caráter de lúpulo são discretos e com certo toque herbal, refletindo o uso de lúpulos aromáticos ingleses, embora outras variedades possam ser utilizadas. Trata-se essencialmente de uma cerveja envasada em garrafas, e atualmente costuma ser filtrada e pasteurizada. Contudo, alguns exemplares produzidos por cervejarias artesanais mais novas podem passar por refermentação em garrafa e, portanto, não são pasteurizados e apresentam sedimentos de leveduras.

A *English pale ale* é produzida com maltes claros de duas fileiras, incluindo a tradicional variedade Maris Otter, preferida por muitos cervejeiros. Ver MARIS OTTER. Essa cerveja exibe um sabor maltado moderado, mas pode apresentar notas a caramelo em função do uso de pequenas quantidades de malte Crystal conjuntamente com os maltes claros, uma prática comum entre os cervejeiros ingleses. A *English pale ale* é elaborada exclusivamente em alta fermentação, e as leveduras *ales* apropriadas costumam produzir muitos ésteres que conferem à cerveja um caráter frutado típico.

Tradicionalmente, a *English pale ale* passa pela etapa de lupulagem com as clássicas variedades inglesas Goldings e Fuggles. Ver FUGGLE e GOLDING. Os lúpulos da variedade Golding, provenientes da região de East Kent, têm a reputação de conferir sabor e aroma mais nobres quando adicionados já tardiamente à tina de fervura. No entanto, a utilização de outras variedades de lúpulo, como a Styrian Goldings, não é incomum. Outras variedades ainda podem ser incluídas ao início da fervura, mas apenas com o objetivo de incrementar o amargor da cerveja. Geralmente não se usam variedades americanas, posto que estas costumam conferir aromas muito intensos à cerveja, incluindo notas florais, cítricas e condimentadas bastante destacadas. Isso não impediu que muitos cervejeiros britânicos utilizassem as variedades americanas de lúpulo, mas nesse caso a cerveja obtida costuma ser considerada uma *American pale ale*. Ver AMERICAN PALE ALE.

A *English pale ale* é um estilo derivado das *India pale ales* (IPA) de Burton-on-Trent, do século XIX. Quando estas últimas se tornaram populares na Inglaterra, os cervejeiros de outras regiões tentaram reproduzi-las, algumas vezes sem muito sucesso. Conforme aumentou a compreensão da química da água e os cervejeiros aprenderam a produzir boas IPA, logo passaram a produzir também uma variedade de cervejas similares com diferentes intensidades. Essas cervejas passaram a ser alcunhadas por distintos termos, como "*sparkling ale*", "*dinner ale*", "*bitter ale*" e também "*pale ale*".

Em princípios do século XIX, com a queda de uma antiga tributação sobre o vidro na Inglaterra, os cervejeiros passaram a comercializar maior volume de suas cervejas em garrafas em vez de barris de chope. Tal tendência acentuou-se com os aperfeiçoamentos na tecnologia de envase em garrafas, como a substituição de rolhas por tampas metálicas e a chegada de novas técnicas americanas de resfriamento e filtração. Os grandes produtores foram os responsáveis por essa mudança, já que podiam contar com extensas redes de distribuição. No início do século XX, a Bass (que tinha em grande medida abandonado o termo "IPA" em favor de "*pale ale*" em 1879) vendia 75% de sua produção em garrafas. Não é de surpreender que os consumidores ingleses hoje associem o termo "*pale ale*" com cerveja engarrafada.

Mas, na Inglaterra, a cerveja em garrafa jamais poderia substituir a versão de cerveja refermentada em barris, chegando ao patamar máximo de 30% do consumo total em 1939 e aí permanecendo até os anos 1960, quando passou a perder popularidade. Como resultado de tributações e mudanças no paladar do consumidor, a cerveja inglesa também passou a apresentar menores intensidades, e as *bitters*, em suas várias formas, passaram a ser a cerveja clara mais popular servida na forma de chope (até as *lagers* começarem a invadir o mercado nos anos 1970 e após). Ver BITTER. A *English pale ale* envasada em garrafas tornou-se um produto especial, ainda que muitas cervejarias ainda produzam ao menos um tipo dessa cerveja. Atualmente existem poucas *pale ales* em garrafas remanescentes no mercado britânico. Paradoxalmente, estão disponíveis muitas cervejas envasadas em barris rotuladas como "*pale ales*", ainda que mais apropriadamente devessem ser denominadas "*bitters*".

A famosa Bass Ale, já comercializada em garrafas nos Estados Unidos como "IPA", ainda pode ser encontrada em chope, embora esteja em declínio em seu país natal. A própria Bass já não existe como cervejaria; a Interbrew UK, uma ramificação da Anheuser-Busch InBev, hoje é a detentora da marca. Em contrapartida, a Samuel Smith, de Tadcaster, Yorkshire, é uma empresa familiar que tem se mantido independente desde 1847, produzindo uma excelente *English pale ale* que encontrou um bom mercado nos Estados Unidos desde a década de 1980. Outro exemplo é a Worthington White Shield, cuja longa ascendência remonta aos primórdios das IPAs de Burton. Ver WORTHINGTON BREWERY. Essa cerveja manteve o processo de refermentação em garrafa e foi produzida em Burton até a década de 1980, quando a empresa foi transferida para outros locais do país pela Bass. Sua produção passou por uma breve interrupção em 1998 e hoje está sendo feita novamente em Burton pela White Shield Brewery, que é parte do National Brewery Centre. Ironicamente, no entanto, a marca pertence à Coors.

Ver também INDIA PALE ALE e PALE ALE.

Foster, T. **Pale ale**. 2. ed. Boulder: Brewers Publications, 1999.
Jackson, M. **Michael Jackson's beer companion**. Philadelphia: Running Press, 1993.

Terry Foster

envase em latas de cerveja foi um episódio difícil e revolucionário no setor de embalagens. A primeira cerveja vendida em lata foi a Krueger's Finest Beer, produzida pela Gottfried Krueger Brewing Company de Newark, Nova Jersey, fundada em 1899 por Gottfried Krueger, um imigrante alemão. Foi uma remessa de apenas 2 mil latas que deixaram a cervejaria em 1933, logo após a ratificação da 21ª Emenda da Constituição dos Estados Unidos, que revogou a 18ª Emenda, pondo fim à Lei Seca. A cerveja não foi colocada à venda em Newark, mas na distante Richmond, Virgínia. Essa primeira lata de cerveja era uma pesada lata de folha de flandres, de tampa reta e soldada nas emendas, com o interior revestido e produzida pela American Can Company (CanCo) de Pacific Grove, Califórnia, fundada em

1901. Para abrir a lata, o consumidor tinha que fazer um furo na parte superior com um implemento afiado tal como um abridor estilo "chave de igreja". O desenvolvimento dessa primeira lata, no entanto, foi uma façanha. A CanCo tinha começado a testar latas de cerveja em 1909, mas abandonou o projeto logo depois, porque a cerveja em lata é capaz de gerar uma pressão de 80 libras por polegada quadrada (psi), o que pode fazer as latas vazarem ou até mesmo estourarem. As latas fabricadas na época não suportavam nem 40 libras psi de pressão, muito menos 80 psi. Como agravante, as latas não tinham revestimento interno, e a cerveja, que é ácida, reagia com a folha de flandres, assumindo um terrível sabor metálico. Finalmente, as latas tinham que ser baratas o suficiente para serem atrativas em comparação com as bem estabelecidas garrafas de vidro, especialmente aquelas que poderiam ser re-envasadas por serem retornáveis. Apesar desses obstáculos, a CanCo fez outra tentativa em 1921, embora a Lei Seca ainda estivesse em vigor e o mercado potencial fosse limitado. A CanCo conseguiu em dois anos resolver tanto o problema da pressão quanto o do revestimento interno. Quando a Lei Seca foi finalmente revogada, a Krueger Brewery tornou-se a primeira cliente da CanCo, a título experimental.

Embora a CanCo tivesse resolvido alguns dos problemas técnicos da lata, restava a questão da aceitação do consumidor. A Krueger Brewing Company, assim, decidiu testar o mercado dessa revolucionária cerveja em lata em um local distante, uma precaução para o caso do novo recipiente fracassar. Gottfried Krueger não quis arriscar a reputação de sua cervejaria no seu mercado doméstico, ao longo da costa nordeste. No entanto, as pesquisas de mercado subsequentes revelaram que 91% dos consumidores que testaram as latas aprovaram a nova embalagem, e 85% até alegaram que a cerveja tinha um sabor mais parecido com o chope do que a cerveja engarrafada. Como resultado, em 24 de janeiro de 1935, a cervejaria acondicionou outra cerveja em lata, a Krueger's 3.2% ABV Cream Ale, e introduziu ambas as cervejas em toda a sua área de vendas. Ver CREAM ALE.

O primeiro lançamento de cerveja em lata foi tão bem-sucedido que logo depois foi copiado por outras cervejarias, primeiro nos Estados Unidos e depois em todo o mundo. Em julho de 1934, a produção da Krueger tinha quintuplicado em relação a seus dias pré-lata. Em setembro de 1934, a CanCo patenteou seu revestimento de vinil sob a marca comercial de "Keglined". Em agosto de 1935, a Pabst tornou-se a primeira grande cervejaria a oferecer suas cervejas em latas, seguida pela Schlitz um mês mais tarde. No fim de 1935, 37 cervejarias americanas envasavam suas cervejas em latas. Em 3 de dezembro de 1935, a primeira cerveja em lata fora dos Estados Unidos foi lançada pela pequena Felinfoel Brewery Company de Llanelli, no País de Gales, Reino Unido. Nos anos seguintes, as latas de cerveja, não só ganharam popularidade, mas também se tornaram melhores. Em 1937, a Crown Cork & Seal Company, a inventora da rolha metálica de garrafa, aperfeiçoou o processo eletrolítico de revestimento com estanho, que permitiu a ela introduzir duas peças projetadas para encaixar no flange das latas de aço, seladas com uma rolha metálica. Ver ROLHA METÁLICA. A nova lata recebeu a marca "The Crowntainer" e foi feita para acondicionar um quarto de galão americano de cerveja (um pouco menos de um litro). Em 1958, a Hawaii Brewing Company foi além da folha de flandres revestida com estanho, lançando sua marca Primo como a primeira cerveja acondicionada em lata de alumínio. Em 1965, as latas *ring-top* chegaram ao mercado: tinham uma aba de metal com uma argola de dedo – um puxão retirava a aba da tampa, abrindo a lata. Em 1969, nos Estados Unidos, pela primeira vez as cervejas em lata venderam mais que as cervejas em garrafa.

Os defensores da cerveja em lata salientam que elas apresentam muitas vantagens em relação às garrafas de vidro. Elas são mais baratas para transportar por serem mais leves e mais fáceis de empilhar do que as garrafas, o que é importante. Houve um tempo em que as cervejas enlatadas eram mais propensas à oxidação excessiva: em grande parte este é um problema do passado. Hoje, qualquer sabor metálico é provavelmente obra da imaginação do consumidor, embora ainda haja quem pense que a pessoa que bebe cerveja diretamente da lata merece aquilo que vier. As latas têm a vantagem de ser impenetráveis à luz e, portanto, podem dar à cerveja um prazo de validade mais longo, especialmente quando a cerveja é armazenada num ambiente bem iluminado. Ver LIGHTSTRUCK. Paradoxalmente, à medida que a qualidade das latas melhorava, sua respeitabilidade diminuía, pois, como as cervejas destinadas ao mercado de massa eram enlatadas, as latas se tornaram cada vez mais associadas com cervejas baratas, e não com cervejas *premium*. Com o início do movimento das cervejas artesanais, no início dos anos de 1980, as primeiras microcervejarias ignoraram as latas, pois as consideravam uma embalagem popular. Mesmo se quisessem usar as latas, muito provavelmente não teriam condições de custear os dispendiosos equipamentos. A lata continua popular; hoje, a Anheuser Busch acondiciona aproximadamente 10% do seu volume em barris, dividindo o restante quase igualmente entre latas e garrafas. Parece que finalmente a lata chegou ao mercado da cerveja artesanal. Agora, linhas de envase em latas menores e menos caras estão disponíveis, e pequenas cervejarias estão aderindo ao envase da cerveja em lata, algumas de todo coração. Um dos pioneiros desse desenvolvimento é a Oskar Blues Brewery de Lyons, Colorado, que enlatou a sua primeira *pale ale* em 2002, utilizando uma pequena linha de envase em latas recentemente desenvolvida. Contrariando a imagem de produto popular, a cerveja artesanal em latas parece desenvolver uma espécie de imagem *retro-chic*, especialmente porque os consumidores decidiram querer uma cerveja saborosa tanto no barco de pesca como na mesa de jantar. Em 2011, existiam nos Estados Unidos e Canadá quase cinquenta pequenas cervejarias envasando suas cervejas em latas, e esse número tem subido. As latas são altamente recicláveis. A Anheuser-Busch, por exemplo, afirma ter reciclado 460 bilhões de latas de alumínio desde o início da sua operação de reciclagem em 1978. Claramente, ainda há um futuro para a lata de cerveja.

Anheuser-Busch Packaging Group. Disponível em: http://www.anheuser-busch.com/ABPackaging.html/. Acesso em: 27 jan. 2011.
Anheuser-Busch Packaging Group Fact Sheet. Disponível em: http://qa.anheuser-busch.com/mediakits/CorpMediaKit/A-B%20Packaging%20Fact%20Sheet6-19-08.pdf. Acesso em: 27 jan. 2011.
Brewery Collectibles Club Of America. http://www.bcca.com/history/beer_can_history.asp. Acesso em: 27 jan. 2011.
Beer Can History. Disponível em: http://beercanhistory.com/. Acesso em: 27 jan. 2011.
Beer Can News. Disponível em: http://www.beercannews.com/BEER_CAN_HISTORY/beer_can_history.html/. Acesso em: 27 jan. 2011.
Felinfoel Brewery Company Ltd. Disponível em: http://www.felinfoel-brewery.com/. Acesso em: 27 jan. 2011.
January 24, 1935: First Canned Beer Sold. **Wired.** Disponível em: http://www.wired.com/thisdayintech/2011/01/0124first-uscanned-beer/. Acesso em: 27 jan. 2011.
Oskar Blues Brewery. Disponível em: http://www.oskarblues.com/. Acesso em: 27 jan. 2011.

Horst Dornbusch

envelhecimento (*staling*) é um complexo conjunto de mudanças químico-orgânicas que ocorrem na cerveja, ao longo do tempo, transformando o seu sabor e aparência, afastando-a do resultado desejado e esperado. *Staling*, deve-se notar, é um fenômeno diferente de *aging*, o qual descreve alterações desejáveis e intencionais de sabor ao longo do tempo. Ver CONDICIONAMENTO DA CERVEJA. Embora a palavra "*stale*" seja hoje usada sempre de forma pejorativa, nem sempre foi assim. Na Inglaterra do século XIX, a palavra "*stale*" era frequentemente sinônimo de "velho" ("*old*"), e o sabor da cerveja velha, algumas vezes incluindo a acidez, era amplamente considerado superior. Durante a maior parte de nossa história, os cervejeiros se preocuparam principalmente com a contaminação da cerveja por microrganismos deteriorantes. Agora que as preocupações microbiológicas foram superadas, em grande parte, pelas modernas tecnologias e sanitização, os cervejeiros têm se concentrado no prazo de validade, que pode ser definido como a estabilidade do sabor, aroma e aparência.

Muitos consumidores podem não reconhecer o sabor da cerveja velha. No entanto, a maioria reconhece o sabor normal das suas cervejas favoritas, e esses sabores são, geralmente, os sabores de cerveja fresca. Conforme as cervejas envelhecem, desenvolvem-se novos sabores e os sabores frescos diminuem. A maioria das mudanças que ocorrem conforme se desenvolve o *staling* envolvem o oxigênio, uma das razões pelas quais os cervejeiros tentam evitar a oxidação ao longo do processo de produção. Entre os mais importantes atributos da cerveja velha está o desenvolvimento dos sabores de papelão, cereja e/ou groselha-negra. Sabores de caramelo podem se desenvolver em cervejas claras, mesmo aquelas que não incluem qualquer malte caramelizado no processo de produção. Conforme a cerveja se torna velha, fica mais escura, uma alteração particularmente notável nas cervejas claras como as *pilsner*. Turbidez ou precipitados também acabarão por se desenvolver em cervejas filtradas. Ver TURBIDEZ.

Tem-se dado muita atenção ao desenvolvimento do composto (E)-2-nonenal, que tem um forte aroma de papelão úmido. No entanto, muitos outros compostos contribuem para o sabor da cerveja velha, particularmente uma grande variedade de aldeídos. Ver (E)-2-NONENAL e ALDEÍDOS. Os produtos da reação de Maillard resultam em sabores doces, a pão, bala de caramelo e vinho na cerveja velha. Controversamente, tem sido sugerido que um leve envelhecimento (*staling*) pode ser, em parte, responsável pela desejável profundidade do caráter de malte visto em certos estilos de cerveja, particularmente na alemã *doppelbock*. Muitos consumidores associam os sabores de gambá (*skunklike*) com o envelhecimento (*staling*) da cerveja, mas esses são tecnicamente uma forma de dano causado pela luz e não ocorrerão na cerveja armazenada sob condições de pouca luz. Ver LIGHTSTRUCK. Esta é uma concepção errônea, mas compreensível, especialmente porque a cerveja que se tornou velha pode também ter sido exposta à luz por um longo período. Em cervejas com fortes aromas de lúpulo, como as *India pale ales*, os aromas de lúpulo acabam se degradando de um radiante aroma floral fresco e cítrico para aromas de chá mais apagados.

O processo de envelhecimento (*staling*) da cerveja é retardado por temperaturas mais frias e acelerado por temperaturas mais quentes. A natureza do envelhecimento (*staling*) é em si dependente da temperatura: a cerveja que rapidamente fica velha a temperaturas quentes apresenta sabores diferentes da cerveja que fica velha lentamente, a baixas temperaturas. Isso significa que testes "forçados" de laboratório, em que a cerveja é armazenada a temperaturas elevadas para imitar os efeitos do envelhecimento, podem dar uma indicação do prazo de validade de uma cerveja, mas não necessariamente mostram qual será o gosto da cerveja quando ficar velha.

A melhor proteção do consumidor contra a compra de uma cerveja velha são as informações fornecida pela cervejaria na forma da data de engarrafamento, ou, ainda melhor, o prazo de validade. A primeira dará ao consumidor uma ideia sobre o frescor da cerveja, e a última a melhor determinação do cervejeiro quanto ao período durante o qual a cerveja terá o aspecto e gosto que deveria.

Ver também DEFEITOS NA CERVEJA, OFF-FLAVORS e OXIDAÇÃO.

Vanderhaegen, B. et al. The chemistry of beer aging – a critical review. **Food Chemistry**, Amsterdam, v. 95, p. 357-381, 2006.

Garrett Oliver

enzimas são proteínas que possuem capacidade catalítica, isto é, a capacidade de acelerar reações químicas sem ser elas mesmas alteradas no final da reação. A produção de cerveja é criticamente dependente de enzimas, seja de enzimas endógenas das matérias-primas como a cevada malteada e a levedura, ou enzimas exógenas (adicionadas) de origem comercial. Há uma grande variedade de enzimas, incluindo amilases que quebram amido, beta-glucanases que hidrolisam beta-glucanas, pentosanases que degradam pentosanas e proteinases que catalisam a hidrólise de proteínas. As moléculas que sofrem a ação das enzimas são chamadas de "substratos"; os materiais produzidos são "produtos". Tradicionalmente, são as enzimas naturalmente presentes na cevada malteada que vão quebrar o amido dos grãos em açúcares durante o processo de mosturação, e são esses açúcares que vão ser fermentados para se tornar cerveja.

A otimização da atividade enzimática é fundamental para o processo de produção de cerveja e dependente do estilo de cerveja produzida e dos materiais disponíveis. O cervejeiro vai manipular cuidadosamente a temperatura, tempo, composição iônica e a concentração do mosto a fim de assegurar que as enzimas funcionem em conjunto para criar a cerveja perfeita.

Quanto maior a quantidade de enzima disponível, mais rápida é a reação. A relação entre a velocidade de uma reação catalisada por enzima e a concentração de substrato não é tão simples. A uma determinada concentração de substrato, o sistema torna-se "saturado" de tal modo que a elevação da concentração de substrato para além desse ponto não leva a reação a prosseguir mais rapidamente. A isto se denomina "saturação" e ocorre porque a enzima liga-se à molécula de substrato para formar um "complexo enzima-substrato", que em seguida se quebra para reconstituir a enzima e liberar o(s) produto(s).

O local onde o substrato se liga à enzima e onde a reação ocorre é chamado de "sítio ativo". A forma das moléculas de proteína determina o sítio ativo, que pode compreender aminoácidos de partes

ENZIMAS COMERCIAIS UTILIZADAS NA PRODUÇÃO DE CERVEJA

Enzima	Etapa adicionada	Função
Beta-glucanase	Mosturação	Eliminação de beta-glucanas, especialmente quando se utilizam adjuntos de cevada e aveia
Xilanase	Mosturação	Eliminação de pentosanas, especialmente quando se utilizam adjuntos de trigo
Proteinase	Mosturação	Produção de nitrogênio na forma de aminas livres, especialmente em mosturas com alto conteúdo de adjuntos
Amilases	Mosturação	Produção de carboidratos fermentáveis em mosturas com alto conteúdo de adjuntos
Glucoamilase (amiloglucosidase)	Mosturação ou fermentação	Aumento de carboidratos fermentáveis, para a elaboração de cervejas *light* e de baixo teor de carboidratos
Acetolactato descarboxilase	Fermentação	Aceleração da maturação da cerveja por evitar a produção de diacetil
Papaína	Cerveja armazenada	Eliminação de polipeptídeos formadores de turbidez
Prolil endopeptidase	Cerveja armazenada	Eliminação de polipeptídeos formadores de turbidez; valor potencial para produzir cervejas para celíacos
Glicose oxidase/ catalase	Cerveja envasada	Eliminação de oxigênio

Fonte: Lewis; Bamforth, 2006.

muito distintas da molécula de enzima. Estresses tais como o calor ou mudanças de pH que alteram as interações na molécula de enzima perturbarão o seu sítio ativo, evitarão a ligação do substrato e destruirão a atividade da enzima. As enzimas diferem em sua tolerância ao calor e ao pH.

A temperatura e o pH também impactam diretamente na velocidade da reação catalisada pela enzima. Todas as reações químicas, incluindo aquelas catalisadas por enzimas, são aceleradas pelo calor, de acordo com a lei de Arrhenius. No entanto, o calor também perturba a organização tridimensional das proteínas, deformando o sítio ativo. Assim, a velocidade líquida de reação observada é um equilíbrio dependente de quão resistente é a enzima ao calor. As enzimas em mosturas tais como alfa-amilase e peroxidases são muito resistentes ao calor, enquanto outras como beta-glucanase, beta-amilase e lipoxigenase são muito mais sensíveis ao calor. A enzima alfa-amilase, essencial na quebra do amido durante a mosturação, é também estabilizada pela presença de íons de cálcio.

O pH também impacta o processo catalítico, assim como a estabilidade da enzima. Ver pH. É provável que os aminoácidos que funcionam dentro do sítio ativo só apresentam atividade sob certas condições de carga, e estas são diretamente determinadas pelo pH local. A maioria das enzimas de relevância na mosturação tendem a funcionar de forma ótima na faixa de pH das mosturas (entre cinco e seis).

As enzimas são suscetíveis à inativação por outros agentes ("inativadores"). Uma dessas substâncias é o íon de cobre que se liga aos grupos tióis. Outras moléculas ("inibidores") podem bloquear a atividade da enzima reversivelmente: isto é, se elas forem removidas, então a atividade da enzima é restaurada.

Ver também ALFA-AMILASE, AMILASES e BETA-GLUCANASE.

Bamforth, C. W. Current perspectives on the role of enzymes in brewing. **Journal of Cereal Science**, n. 50, p. 353-357, 2009.
Lewis, M. J.; Bamforth, C.W. **Essays in brewing science**. New York: Springer, 2006.

Charles W. Bamforth

Erdinger Weissbräu, uma grande cervejaria de propriedade familiar, na cidade de Erding, a norte de Munique, Baviera, especializada na produção de cerveja de trigo. A produção anual foi de 1,5 milhão de hectolitro em 2008. A Erdinger vende mais cerveja de trigo do que qualquer outro produtor alemão. A Erdinger Weissbräu remonta a 1886, quando a cervejaria foi fundada por Johann Kienle. Em 23 de outubro de 1935 a cervejaria foi adquirida por Franz Brombach e renomeada Erdinger Weissbräu em 1949. Entre 1935 e 1960, a produção aumentou de 3,5 mil hectolitros para 25 mil hectolitros por ano. Quando Werner Brombach, um jovem de 25 anos de idade graduado em economia e ciência cervejeira, assumiu em 1965, ele percebeu que o estilo bávaro da cerveja de trigo vinha lentamente perdendo terreno em um mercado que preferia a cerveja de estilo *pilsner*. A cerveja de trigo era popular entre os consumidores mais velhos – principalmente mulheres –, e Brombach temia que a demanda cairia a zero até 1990, quando seus clientes mais fiéis provavelmente não mais estariam por perto. Sua resposta foi orientada para o marketing: "Sempre que a Volkswagen quer aumentar as vendas de seus carros, eles começam uma campanha publicitária para um novo modelo. E assim eu fiz quando introduzi a '*Erdinger Weissbier mit feiner Hefe*' (Erdinger Weissbier com levedura pura), algo incomum na produção de cerveja nas décadas de 1960 e 1970". Naquele tempo, cerveja com levedura era considerada "retrógrada", mas a Erdinger descrevia a si mesma como atraentemente rústica. Brombach a reposicionou como um típico produto bávaro. O *slogan* "Des Erdinger Weißbier, des is hoid a Pracht..." (dialeto bávaro para "A Erdinger Weissbier é um esplendor de si mesma...") foi introduzido em 1971 e fez da *weissbier* um nome familiar. A marca agora tenta atrair um grupo bem mais jovem. A cerveja *weissbier* tornou-se um estilo de vida que foi intimamente associado à Baviera, ao turismo e aos *beer gardens*. Entretanto, muitos aficionados por cerveja sentem que as cervejas Erdinger são relativamente suaves, já que mostram pouco da banana, cravo e aromas frutados típicos das cervejas de trigo da Baviera.

Conrad Seidl

Eroica é um lúpulo americano com alto teor de alfa-ácidos lançado para produção comercial em 1982. Ele vem de uma muda de polinização cruzada que foi coletada pelo dr. Bob Romanko em uma parcela experimental de Brewer's Gold próximo de Parma, Idaho, em 1968. Ver BREWER'S GOLD. Depois de mais de 80 mil mudas terem sido testadas para resistência ao míldio, o Eroica foi caracterizado como acima da média. Ele possuía alto potencial produtivo e conteúdo de alfa-ácidos acima da média nos primeiros testes em campo em Idaho. Ele é meio-irmão do Galena, uma variedade que foi lançada para produção comercial três anos antes. O Eroica se parece fortemente com sua mãe Brewer's Gold, porém com maior teor potencial de alfa-ácidos. O teor de alfa-ácidos varia entre 12% e 14%, beta-ácidos entre 4% e 5% e cohumulona aproximadamente a 41%. Os componentes dos óleos essenciais são aproximadamente 56% de mirceno, 1% de humuleno, 12% de cariofileno e apenas traços de farneseno. Inicialmente planejado para ser um apoio ao Galena, o Eroica foi considerado de maturação muito tardia para produção comercial e, portanto, deixou de ser cultivado nos Estados Unidos.

Probasco, G. Hop varieties grown in USA. **Brauwelt International**, v. 1, p. 30-34, 1985.
Romanko, R. R. et al. Registration of Eroica hop (Registration Nr. 8). **Crop Science**, v. 22, p. 1261, 1982.
Romanko, R. R. In: **Steiner's guide to American hops**. 2. ed. New York: Steiner, 1986. v. 3, p. 64-66.

Alfred Haunold

ervas. Enquanto aqueles indivíduos com inclinações botânicas costumam usar a palavra "erva" para descrever plantas com caules não lenhosos, o uso mais amplo da palavra inclui flores e raízes, bem como as folhas. As ervas sempre foram parte integrante da cerveja, e desempenharam muitas funções diferentes na produção da bebida ao longo dos milênios. Hoje, poucos estilos de cerveja são significativamente influenciados pelo uso de alguma erva que não seja a flor do lúpulo, mas isso não foi sempre assim.

Historicamente, as ervas foram usadas para estabilizar a cerveja, retardar a deterioração, melhorar a palatabilidade, corrigir falhas na produção da cerveja, imbuir a cerveja de qualidades medicinais e, finalmente, para fazer cerveja "mais forte" ou mesmo alucinógena. Na aurora da produção de cerveja, os componentes herbais da cerveja podiam variar de batelada para batelada, sendo que nem os cervejeiros, nem os consumidores esperavam uma grande padronização. Os consumidores simplesmente exigiam que a cerveja satisfizesse as suas necessidades e hábitos, enquanto os cervejeiros faziam o melhor para produzir uma cerveja respeitável que as pessoas quisessem comprar. A produção e o consumo domésticos de cerveja faziam proveito de qualquer material que estivesse à disposição.

Na Europa, faz pouco mais de trezentos anos que o lúpulo praticamente eliminou as outras ervas da sala de brassagem. Antes, as ervas eram colhidas, secas, trituradas, e, muitas vezes, misturadas e comercializadas como uma mistura chamada *"gruit"*, que era normalmente adicionada na tina de fervura. Ver GRUIT. Antes da Reforma Protestante, em meados do século XVI, a Igreja Católica monopolizava a produção de *gruit* na Europa. Durante a epidemia da peste bubônica, na Idade Média, uma especialidade chamada de *"plague beer"* ("cerveja da praga") foi oferecida como um suposto medicamento, provavelmente sem qualquer efeito significativo. Nessa época, tornou-se abrangente e popular o uso de especiarias provenientes do "além-mar". Ao misturar o seu *gruit*, os cervejeiros não faziam distinção entre as ervas locais, cultivadas ou coletadas, e as exóticas especiarias importadas.

Nos países nórdicos, ramos e galhos de zimbro, pelo menos em parte devido às suas qualidades antissépticas, foram usados como filtro durante o processo de mosturação. O zimbro também pode ser adicionado quando é realizado a aspersão e durante a fermentação primária. Ver ASPERSÃO DO MOSTO e ZIMBRO. A cerveja resultante era fortemente influenciada pelos compostos de amargor e aroma do zimbro. A cerveja tradicional finlandesa chamada *sahti* ainda é fabricada usando zimbro de várias maneiras. Ver SAHTI.

Outros exemplos de ervas amargas e antissépticas historicamente usadas no noroeste da Europa são *sweet gale*, também conhecida como murta-do-brejo (*Myrica gale* L.), mil-folhas (*Achillea millefolium*), absinto (*Artemisia absinthium* L.), urze (*Calluna vulgaris*), marroio-branco (*Marrubium vulgare*), urtiga (*Urtica dioica*), trevo-de-água (*Menyanthes trifoliata*), as folhas do freixo europeu (*Fraxinus Excelsior* L.) e ramos de pinheiro e abeto. Fora da Europa a lista de ervas e outras plantas usadas para dar amargor à cerveja alonga-se ainda mais, incluindo espécies como o arbusto vassoura-vermelha (*Dodonaea viscosa*) da Austrália, a indiana *hera-rue* (*Zanthoxylum rhetsa*) utilizada em cervejas de arroz no Vietnã, *whiteroot* (*Gouania lupuloides*) utilizada na cerveja de gengibre na Jamaica, *hoptree* (*Ptelea trifoliate*) dos Estados Unidos, espinheiro cerval (*Rhamnus prinoides*), utilizado para preparar a tradicional *tella*, na Etiópia, e cássia (*Quassia amara*), exportada do Brasil e usada por séculos como um substituto do lúpulo. Os produtos dessas ervas e plantas adicionam amargor para balancear os sabores adocicados do malte, e algumas vezes dão à cerveja qualidades superiores de conservação. As ervas também têm sido utilizadas para flavorizar a cerveja para fins medicinais ou até mesmo religiosos.

A composição química orgânica de uma erva depende do próprio cultivar, como ela foi cultivada e como é tratada após a colheita. Geralmente, na produção da cerveja os valiosos compostos das ervas são mais bem expressados quando elas estão frescas. Outras características são mais bem expressadas quando os materiais são secos e, até mesmo, armazenados antes do uso (por exemplo, o aroma semelhante a feno da bétula).

O poder da flor do lúpulo na considerável melhora das qualidades de conservação da cerveja acabou por assinalar o fim do uso generalizado de outras ervas. Uma vez que a produção de cerveja se tornou de interesse genuinamente comercial, a planta do lúpulo solidificou seu lugar nas cervejas europeias, e de lá se espalhou para a Inglaterra e outras nações. No entanto, durante os últimos anos, a revolução cervejeira artesanal assistiu à criação de muitas novas cervejas inspiradas em receitas antigas que envolvem ervas. Exemplos de ervas são as flores do sabugueiro (*Sambucus nigra* L.) para flavorizar cervejas de primavera e verão (Dinamarca), hortelã (*Mentha spp.*) para flavorizar cerveja *stout* (Itália) e urze para recriar um tradicional estilo de *ale* (Escócia).

Embora as ervas possam trazer uma série de fascinantes sabores, elas devem ser utilizadas na cerveja com precaução. Algumas das plantas medicinais tradicionais têm efeitos negativos que podem promover reações alérgicas, efeitos cancerígenos e outros problemas imprevistos. A consulta a uma farmacopeia é, portanto, recomendada antes da adição de ervas a cervejas produzidas em casa. Hoje, os cervejeiros comerciais somente estão autorizados a incluir ervas após a aprovação por parte das autoridades governamentais.

Behre, K. E. The history of beer additives in Europe – A review. **Vegetation History and Archaeobotany**, v. 8, p. 35-48, 1999.

Both, F. **Gerstensaft und hirsebier: 5000 jahre biergenuss.** Oldenburg: Verlag Isensee, 1998.

Brondegaard, V. J. Folk og Flora. **Dansk etnobotanik**, v. 2, p. 117, 1999.

Buhner, H. B. **Sacred and herbal healing beers: the secrets of ancient fermentation**. Boulder: Siris, 1998.

Von Hofsten, N. **Pors och andra humleersatt ninger och Olkryddor i aldre tider**. Stockholm: Akademiska Forlaget, 1960.

Per Kølster

escala Balling é uma medida (expressa em °Balling) da concentração de sólidos solúveis (principalmente açúcares) no mosto cervejeiro. A concentração dos açúcares dissolvidos no mosto é um indicativo do potencial teor alcoólico da cerveja, já que esses açúcares serão fermentados a álcool pela levedura. A concentração de sólidos pode ser medida de forma mais simples pelo uso de um sacarímetro, um instrumento utilizado para medir a densidade de um líquido (ver DENSÍMETRO). Alternativamente, a concentração de sólidos no mosto pode ser medida utilizando um refratômetro, um instrumento para medir o índice de refração de um líquido.

Essa escala de medição foi desenvolvida pelo químico alemão Karl Balling, que em 1843 estabeleceu um conjunto de tabelas relacionando o percentual em peso de soluções de sacarose com a densidade da solução na temperatura de 17,5 °C. A escala Balling foi amplamente substituída pelas escalas Brix e Plato, embora as três escalas sejam essencialmente as mesmas. Ver ESCALA PLATO. As escalas de Balling e Brix são mais comumente utilizadas na indústria do vinho para medir a concentração de açúcar no mosto da uva e raramente são empregadas na produção comercial de cervejas, enquanto a escala Plato ou a medida de densidade é utilizada para medir a concentração de sólidos solúveis do mosto cervejeiro. Os cervejeiros britânicos usam o valor da densidade multiplicada por mil para expressar a "densidade" do mosto; uma densidade de 1,048 torna-se 1.048 ou 48 "graus de densidade". Como uma aproximação, ao dividir os graus de densidade por quatro pode-se derivar um valor em °Plato, °Balling ou °Brix; assim, 48 graus de densidade correspondem a 12 °Plato, Brix ou Balling. Isso, por sua vez, representa uma solução de açúcar de aproximadamente 12% em peso.

George Philliskirk

escala Brix

Ver ESCALA BALLING.

escala Plato é uma medida da concentração de sólidos solúveis no mosto da cerveja. Os graus Plato (°P) são utilizados para quantificar a concentração do extrato (principalmente açúcares derivados do malte, mas também outros materiais solúveis no mosto) como um percentual por peso. Um mosto com 10 °P conterá 10 g de extrato por 100 g de mosto. A medição da densidade do mosto é importante para os cervejeiros por ser um indicativo do teor alcoólico potencial da cerveja. Como um direcional estimado, cada 1 °P gera aproximadamente 0,4% de álcool em volume – um mosto com 12 °P produzirá um teor alcoólico médio de aproximadamente 5% em volume, dependendo da extensão em que os açúcares são fermentados.

A escala Plato difere ligeiramente da escala Balling porque a medição da densidade utilizada para determinar o teor de sólidos dissolvidos é realizada a 20 °C para a escala Plato e 17,5 °C para a escala Balling. Os cervejeiros medem os graus Plato usando um refratômetro calibrado ou um sacarímetro. Ver DENSÍMETRO. A escala Plato é utilizada pela maioria dos cervejeiros em todo o mundo, embora os cervejeiros do Reino Unido e os adeptos das tradições britânicas de produção de cerveja prefiram a escala de densidade específica. Esta é derivada medindo-se a densidade específica do mosto (sendo a água 1,000), multiplicando-se tal medida por mil e, então, subtraindo mil do valor obtido, resultando nos graus de densidade específica. Portanto, um mosto com densidade específica de 1,048 apresenta 48 graus de densidade. As escalas de Plato e de densidade específica podem ser aproximadas pela multiplicação dos °P por quatro, resultando nos graus de densidade. Um mosto com 12 °P apresenta, portanto, 48 graus de densidade.

Ver também DENSIDADE ESPECÍFICA e ESCALA BALLING.

George Philliskirk

escoamento do mosto é um termo usado pelos cervejeiros para descrever a extração ou aspersão do mosto a partir de uma tina de separação de mosto, como uma tina de filtração, tina de mostura ou filtro de mosto. Em uma tina de mostura ou tina de filtração, a mostura recebe uma aspersão de água quente que lava o material solúvel do leito de filtração, sendo o mosto separado através do fundo falso localizado no fundo da tina. O processo de lavagem é chamado de "aspersão" e envolve o uso de água quente cervejeira na temperatura aproximada de 75 °C. Ver ASPERSÃO DO MOSTO. Essa temperatura é importante pois desativa as enzimas do malte, remove o açúcar de forma eficaz e reduz a viscosidade do mosto, facilitando a sua passagem através do leito de grãos. Otimizar a taxa de escoamento do mosto é muito importante para garantir uma operação eficiente na sala de brassagem. O objetivo dos cervejeiros é realizar o escoamento do mosto o mais rápido possível para obter um extrato de melhor qualidade. A taxa de escoamento é determinada pelo tipo de tina utilizada, profundidade da mostura e composição do conjunto de grãos moídos. Em uma tina de mostura (com profundidade aproximada da mostura de 1,5 a 2 metros) o escoamento será mais lento do que em uma tina de filtração (com profundidade aproximada da mostura de 0,5 metro), sendo o escoamento de um filtro de mosto (profundidade aproximada da mostura de 5 centímetros) o mais rápido. Outra característica muito importante do escoamento é a clarificação do mosto. A maioria dos cervejeiros quer mostos clarificados, pois acreditam que este resulta em cerveja de melhor qualidade. Geralmente, quanto mais profunda a mostura, mais clarificado será o mosto e, por isso, as tinas de mostura geralmente produzem mostos mais clarificados que os filtros de mosto. No entanto, a engenharia moderna e o controle de processos permitem a obtenção de mostos clarificados a partir de tinas de filtração e filtros de mosto, sem retardar o processo.

Ver também FILTRAÇÃO DO MOSTO e FILTRO DE MOSTO.

Paul K. A. Buttrick

Escócia, que compreende a região mais setentrional do Reino Unido, é um país muito conhecido pelo seu uísque, seu tônico preferido, apesar de ter dado ao mundo alguns de seus estilos de cerveja mais duradouros. Nessa nação nunca faltaram empreendedores, inovadores e pensadores livres, e os sobrenomes escoceses McEwan, Younger, Drybrough e Tennent estarão para sempre associados com desenvoltura, criatividade e cerveja. As empresas McEwan e Younger, com sede em Edimburgo, se fundiram em 1931, formando a Scottish Brewers Ltd, a qual posteriormente uniu forças com a Newcastle Breweries Ltd., em 1960, surgindo a Scottish & Newcastle, uma poderosa companhia que se tornou uma das empresas mais bem-sucedidas da Europa. A cervejaria Tennent, que se originou na zona rural, produz cerveja *lager* para o mercado doméstico desde 1885 e continua a prosperar em Glasgow. Ver SCOTTISH & NEWCASTLE BREWERY.

Os agricultores que cultivavam cevada estavam intimamente ligados aos malteadores e produtores de uísque e foram fundamentais para a produção comercial de cerveja, a qual era, em tempos pré-industriais, uma indústria caseira. Ver ALE-WIVES. Documentos históricos indicam que o mercado comercial de cerveja foi desenvolvido por monges beneditinos no século XII em Edimburgo e na vizinha Dunbar, onde tiravam proveito das fontes de água fresca e da cevada cultivada localmente. Ao longo dos séculos, a Escócia ganhou a reputação de produzir *ales* de alta qualidade. A Belhaven, a cervejaria mais antiga da Escócia, ganhou tal reputação que, em 1827, o imperador austríaco Francisco I escolheu as cervejas da Belhaven para compor sua adega, descrevendo-as como "o Borgonha da Escócia".

O mercado pronto para receber a cerveja e as dificuldades do transporte a granel fizeram com que a produção dessa bebida se concentrasse nas cidades maiores; em Aberdeen, por exemplo, havia 144 cervejeiros no ano de 1693. Glasgow e Edimburgo (com o seu "círculo encantado" de poços de águas cristalinas localizados abaixo da cidade) desenvolveram a maior concentração de cervejarias, embora a pequena e agrícola Alloa, nas Terras Baixas Centrais, tenha sido considerada o segundo centro britânico de produção de cerveja, atrás apenas de Burton-on-Trent, graças à abundante oferta local de grãos e carvão e seu porto no rio Forth. Antes de Burton se sobressair mundialmente na produção da *India pale ale*, a Escócia disputou o mercado dessa cerveja com a Inglaterra.

A cerveja e o uísque compartilham das mesmas matérias-primas e processos antes de seguirem caminhos diferentes, somente retornando lado a lado em ocasiões sociais e de convívio. Assim como o conhaque é um destilado de vinho, o uísque é essencialmente um destilado de cerveja. As tradicionais *ales* escocesas são geralmente caracterizadas por sua cor escura, acentuados sabores de malte, mínima presença de lúpulo, um dulçor rico e percebido como nutritivo, e uma textura suave e harmoniosa. Ver SCOTCH ALE. Algumas terminologias cervejeiras são exclusivamente escocesas, tais como o sistema "*shilling*" derivado do custo de uma barrica de cerveja no século XIX. As *ales* "*light*", "*heavy*" e "*export*" foram respectivamente conhecidas como 60/- (ou seja, 60 *shillings*), 70/- e 80/-. Evidentemente, o estilo escocês que mais se destaca é o "*wee heavy*", semelhante ao *barley wine*, e muitos cervejeiros norte-americanos se apaixonaram por ele e começaram a reproduzi-lo de forma inovadora, utilizando malte turfado, apesar das objeções dos escoceses.

Há algumas evidências escritas – e muito folclore – que sustentam a ideia de que ingredientes de amargor, tais como urze, murta e giesta, eram utilizados na cerveja escocesa em vez de lúpulo, pois é inviável o seu cultivo em climas mais severos, além de ser oneroso o seu transporte do sul da Inglaterra e da Europa continental para a Escócia. Algumas cervejarias escocesas contemporâneas, como a Heather Ale Company, reutilizaram esses antigos ingredientes para produzir cerveja flavorizada com cones de pinus, groselhas e até mesmo algas, obtendo considerável sucesso.

Na década de 1950, uma "corrida de fusões" das companhias cervejeiras acarretou praticamente o total desaparecimento das cervejarias independentes da Escócia. A Bass Charrington, Allied, Scottish & Newcastle e Whitbread possuíam uma grande participação no mercado escocês, seguidas de empresas menores, como a Vaux de Sunderland, no norte da Inglaterra e a Allsopp de Burton-on-Trent, que já havia adquirido uma cervejaria em território escocês. A Escócia não ficou isenta do fenômeno *lager*, o qual se expandiu pelo país na década de 1960 devido à exigência da população por cervejas "mais jovens" e "mais fáceis de beber", tipificadas pelas duvidosas Irish Harp Lager e a Skol, uma síntese decididamente confusa entre a cerveja da Escócia e a da Escandinávia.

Entretanto, o espírito independente nunca foi derrotado, e os cervejeiros escoceses sempre se mantiveram na vanguarda da inovação, sendo os pioneiros do envase em garrafas, em latas e na exportação. Cervejarias empreendedoras, como Harviestoun, Fyne Ales, Orkney, Highland e Black Isle, desenvolveram uma distinta gama de estilos e cervejas. A Ola Dubh da Harviestoun, por exemplo, é produzida em diversas "expressões", pois é maturada em antigos barris de uísque por diferentes períodos de tempo. Em meio aos novos produtos, a cervejaria BrewDog, localizada em Aberdeenshire, desempenha um papel de "menino mau", pois eleva o teor alcoólico de suas cervejas a níveis recordes, provocando tanto prazer como aversão por seus produtos serem fora do comum. Essas são as cervejas que exemplificam a Escócia: espirituosas e fortemente influenciadas pelo tempo e local.

Ver também GRÃ-BRETANHA.

Donnachie, I. **A history of the brewing industry in Scotland.** Edinburgh: John Donald Publishers, 1979.
Murray, J. **The complete guide to whisky.** London: Carlton Books, 1997.
Smith, G. D. **The Scottish beer bible.** Edinburgh: Mercat Press, 2001.

Alastair Gilmour

escolas cervejeiras são instituições de ensino superior que oferecem programas concebidos especificamente para aspirantes a profissionais cervejeiros. Elas oferecem formação teórica e prática formal em áreas da ciência e engenharia que são relevantes para a produção de cerveja em escala comercial em uma cervejaria moderna. Embora a produção de cerveja exista há pelo menos oito mil anos, as escolas cervejeiras são um fenômeno dos últimos 150 anos. Antes dessa época, basicamente os cervejeiros aprendiam seu ofício na prática e com frequência eram ensinados por membros da família. No início da Idade Média, o conhecimento sobre produção de cerveja residia principalmente entre os monges cultos nos mosteiros, que, por serem alfabetizados, conseguiam anotar as receitas, aperfeiçoar suas técnicas e transmitir seus conhecimentos com o passar do tempo. Como a produção secular de cerveja surgiu na alta Idade Média, o treinamento de cervejeiros foi regularizado em forma de um processo de formação de comerciante em três níveis, no qual o cervejeiro aspirante começava no nível inferior como aprendiz, depois pegava a estrada como artesão itinerante e finalmente se estabelecia como mestre cervejeiro. O sistema como um todo foi regulamentado pelas guildas de comerciantes sindicalizados que emitiam certificados e controlavam tanto a entrada quanto o desenvolvimento dentro da profissão.

Entretanto, o início da Revolução Industrial e da revolução científica no século XIX transformou irrevogavelmente a produção de cerveja de um ofício intuitivo em um processo baseado em sofisticados conhecimentos científicos e de engenharia. Ficou claro que a antiga formação prática oferecida pelo sistema tradicional de formação profissional precisava ser complementada por educação acadêmica, pelo menos para os próprios mestres cervejeiros e talvez também para outros trabalhadores da cervejaria. Além de habilidade para realizar o trabalho necessário de malteação, brassagem, filtração do mosto, fermentação e envase da cerveja, os cervejeiros agora precisam ter habilidade para operar máquinas complexas, maximizar o uso de matérias-primas caras e manter a qualidade microbiológica do produto final. Como a produção de cerveja tornou-se uma união entre trabalho artesanal, ciência e engenharia, as escolas cervejeiras modernas intervieram como repositórios e promulgadoras do conhecimento que o sistema de formação medieval não era mais capaz de fornecer.

Além de ensinar os alunos as habilidades básicas de produção de cerveja, a educação cervejeira profissional moderna permite também que os alunos avancem para vários domínios de especializados – do processo mecânico de engenharia à química de fermentação, microbiologia, ecologia, matérias-primas, agronomia e tecnologia de automação. Diferentes países ao redor do mundo oferecem variados programas e oportunidades de estudo, bem como diferentes certificados e graus. Eles se baseiam basicamente em suas diferentes tradições sociais e culturais, mas todas as escolas cervejeiras parecem se enquadrar em duas categorias: instituições que oferecem essencialmente programas de estudo acadêmico com foco em teoria e prática científica e de engenharia e instituições que oferecem principalmente instrução profissional em produção de cerveja para aprendizes, com foco em métodos tradicionais antigos.

Particularmente na Alemanha, essas duas vias têm longa história. A formação universitária em produção de cerveja na Alemanha compreende estudos de graduação exclusivamente em ciência de produção de cerveja e tecnologia de bebidas ou em um campo análogo, como biotecnologia e ciência alimentar, que possibilitam uma especialização na área cervejeira. A pessoa graduada em um programa acadêmico geralmente pode assumir um cargo de gerência em produção de cerveja, operações de qualidade, envase, engenharia industrial ou outras funções tecnológicas, biológicas e bioquímicas em produção de cerveja. O perfil profissional dos graduados acadêmicos inclui também carreiras em laboratórios e institutos de pesquisa.

Talvez as duas escolas cervejeiras mais proeminentes na Alemanha, também pioneiras globais na formação científica em produção de cerveja, sejam a Versuchs- und Lehranstalt für Brauerei (VLB), em Berlim, na Universidade Técnica de Berlim (TUB), e o Centro Weihenstephan para Ciências da Vida e dos Alimentos, Uso do Solo e Meio Ambiente, na Universidade Técnica de Munique (TUM). Ver VLB BERLIN e WEIHENSTEPHAN. O VLB, cujo nome por extenso significa Instituição de Teste e de Ensino para Cervejarias de Berlim, foi fundado por cervejeiros e produtores de malte alemães em 1883 para a realização de pesquisas e o treinamento de profissionais em produção de cerveja de todos os níveis. O Weihenstephan, fundado em 725 como um pequeno mosteiro beneditino, adquiriu sua licença oficial para produção de cerveja em 1040. Por volta de 1803, quando Napoleão Bonaparte decretou a secularização de todas as posses da Igreja na Europa ocupada pelos franceses, a Weihenstephan tornou-se propriedade do Estado da Baviera, passando a abrigar uma pequena escola agrícola e de produção cervejeira. Essa escola foi fechada em 1807 e reaberta em 1822. Em 1868, o rei Ludwig II da Baviera elevou essa escola ao patamar de universidade. Atualmente, os programas de estudo de graduação em tecnologia cervejeira na TUB e na TUM, na Alemanha, oferecem o grau de bacharelado depois de três anos e o grau de mestrado após cinco anos, seguido de um programa de pós-graduação opcional que conduz ao grau de doutorado. Na Europa, os modelos de educação acadêmica agora estão sendo conciliados como parte do chamado Processo de Bolonha, segundo o qual todas as universidades europeias devem a seguir as mesmas diretrizes para a concessão de diplomas de graduação e mestrado. Na sequência dessas reformas, o tradicional grau alemão "Diploma Brew Engineer" será progressivamente eliminado no VLB e na TUM, mas o "Diploma Brewmaster" continuará a ser oferecido.

No âmbito prático encontra-se o exclusivo sistema alemão de "dupla formação profissional". Esse sistema oferece formação paralela no mundo real de empresas de produção de cerveja e malte paralelamente à formação profissional-vocacional em sala de aula. Os alunos basicamente se alternam entre o trabalho e a escola. Esses programas são estruturados para um período de três anos de aprendizagem para cervejeiros e malteadores. O único requisito de inscrição e qualificação para essa formação profissional é ter cursado uma escola de ensino fundamental alemã ou ter diploma do ensino médio. A Doemens Academy, de Gräfelfing, perto de Munique, foi fundada em 1895 como uma escola cervejeira privada alemã especializada em formação politécnica secundária e seminários para artesãos certificados. Esses programas duram de algumas semanas a dois anos. Algumas dessas trajetórias permitem que os alunos se formem como mestre cervejeiro e mestre malteador. Ver DOEMENS ACADEMY. O VLB, além dos programas estritamente acadêmicos, oferece também programas educacionais de curto período ou de período integral, bem como cursos de extensão, hoje ministrados inteiramente em inglês, em Berlim. Um exemplo é o curso de formação de cinco meses em tecnologia de produção cervejeira para quem deseja se tornar um profissional de cerveja.

No Reino Unido, o centro de estudos acadêmicos de produção cervejeira é o International Centre for Brewing and Distilling, na Heriot-Watt University, em Edimburgo, Escócia. Esse centro oferece um programa completo de bacharelado e mestrado em produção de bebidas fermentadas e destiladas. Ver HERIOT-WATT UNIVERSITY. O Institute of Brewing and Distilling, com sede em Londres, que tecnicamente não é uma escola, mas uma instituição beneficente, oferece uma variedade de cursos de extensão profissional, material de treinamento e provas de seleção para pessoas que estão seguindo carreira na área de produção de bebidas fermentadas e destiladas. Também no Reino Unido encontra-se a Escola de Biociências da Universidade de Nottingham. Essa escola oferece um curso de mestrado via internet em ciência de produção cervejeira usando a moderna tecnologia de *e-learning*. Em Valby, um bairro afastado de Copenhague, na Dinamarca, a Escola Escandinava de Produção de Cerveja e a Faculdade de Ciências da Vida na Universidade de Copenhague uniram forças em 2010 para lançar um curso comum, o Diploma Master Brewer, que oferece aos alunos o grau de bacharel em ciência e tecnologia alimentar ou um grau semelhante. Na Bélgica, a Katholieke Universiteit Leuven (Universidade Católica de Leuven), fundada em 1425, tem o Centro de Ciência de Malteação e Produção de Cerveja como parte de seu Departamento de Tecnologia Microbiana e de Alimentos. Apesar de não oferecer um programa de estudo sistemático de produção de cerveja como o VLB ou Weihenstephan, esse centro é uma importante instituição de pesquisa em ciência cervejeira que organiza cursos de certificação internacional para estudantes com alguma formação científica ou experiência no setor.

Nos Estados Unidos, o Departamento de Ciência e Tecnologia de Alimentos (Department of Food Science and Technology), da University of California, em Davis, há muito tempo vem ocupando o primeiro plano em matéria de formação acadêmica em produção cervejeira. Embora mais conhecido por seus cursos de vinicultura de nível internacional, esse departamento oferece especialização em ciência cervejeira como parte de seu programa de graduação. Os programas de produção de cerveja oferecidos variam desde cursos de curta duração a programas de dezoito semanas. Existe também um departamento de ciência e tecnologia de alimentos semelhante na Oregon State University, em Corvallis, Oregon. Concluindo, a American Brewers Guild oferece cursos a distância para cervejeiros atuantes ou aspirantes que não podem participar de cursos presenciais. Esse programa já consagrado inclui estágio em uma cervejaria. Entre outros programas relacionados a esse setor encontra-se o curso da World Brewing Academy, que é uma *joint venture* entre a Doemens Academy e o Siebel Institute of Technology, de Chicago, Illinois. Ver SIEBEL INSTITUTE OF TECHNOLOGY. Essa aliança oferece cursos e programas em instalações educacionais em Chicago, Montreal, Munique e Durango, no Colorado, que abrangem todo o espectro da tecnologia de produção cervejeira e são concluídos após três a doze semanas com certificado.

Atualmente, o número de universidades ao redor do mundo que estão oferecendo cursos e currículos voltados para a ciência e tecnologia de produção de cerveja é cada vez maior. Alguns exemplos são: Dalhousie University, em Halifax, Nova Escócia, no Canadá; Edith Cowan University, em Perth, Austrália Ocidental, e University of Ballarat, Ballarat, Vitória, Austrália; Massy University, em Palmerston North, Nova Zelândia; International Centre for Brewing and Brewing Engineering, na University of

Johannesburg, África do Sul; e Institute Français de Boisson de la Brasserie et de la Maltérie, em Vandoeuvie, França.

Obviamente, as escolas cervejeiras de forma alguma substituem a criatividade do cervejeiro para criar receitas de cerveja. Do mesmo modo que as academias de arte não podem infundir nem substituir o talento inato do artista, as escolas cervejeiras não podem "ensinar" imaginação. No entanto, elas podem fornecer formação em técnicas básicas de produção de cerveja e estilos de cerveja, bem como os princípios científicos dos processos bioquímicos e mecânicos que ocorrem em uma cervejaria. Podem ainda instituir um sistema de avaliações e testes padronizados, tanto práticos quanto teóricos, por meio do qual é possível avaliar o desenvolvimento e aproveitamento do aluno. Em última análise, elas podem atestar a competência de um aluno e desse modo criar um quadro de profissionais cervejeiros para o mundialmente florescente setor cervejeiro.

Roland Folz

Espanha. A evidência de produção de cerveja na península Ibérica data de milhares de anos antes da criação da Espanha. A presença da cerveja data do surgimento da civilização e tem andado de mãos dadas com o desenvolvimento da organização social na Europa desde o início. É impossível dizer exatamente quanto do conhecimento típico do Neolítico, período em que a arte da produção de cerveja estava bem consolidada, foi desenvolvido pelos povos nativos e quanto foi introduzido por outros povos, vindos direta ou indiretamente do Oriente Médio. Entretanto, já se demonstrou claramente que esse conjunto de conhecimento (contendo, entre outras coisas, as comunidades não nômades, a transição do extrativismo para um regime agropecuário e a cerâmica) incluía a produção de cerveja onde hoje é a Espanha.

Os primeiros vestígios arqueológicos de cerveja da Europa foram descobertos recentemente por uma equipe de arqueólogos da Universidade de Barcelona. Traços de malte e de cerveja foram encontrados aderidos a artefatos de pedra esculpida e a tigelas de cerâmica oriundos da fase pós-decoração de objetos de cerâmica, dentro de uma caverna em um contexto fúnebre chamada Cova de Can Sadurní (Begues, Barcelona). Esse local data de cerca de 5000 a.C. (início do período Neolítico Médio) e foi ocupado por caçadores-coletores pós-glaciais e seus sucessores até a era romana. Restos de cerveja que datam da Idade do Bronze (2000 a.C.) também foram encontrados no mesmo local.

Vestígios dessa bebida, de um período posterior, foram descobertos em objetos de cerâmica do período Neolítico Tardio (aproximadamente 3000 a.C.), chamado de "Fase Campaniforme" por causa do tipo de recipiente usado para se beber e encontrado em vários sítios no atual território espanhol. Outras evidências foram encontradas em locais que datam da Idade do Bronze (2000 a.C.). Resíduos de cerveja em escavações da Idade do Ferro (1000 a.C.) são ainda mais comuns.

Os cereais utilizados para malteação eram cevada e trigo, e em alguns casos a presença de mel e ervas aromáticas (*Filipendula, Arbutus, Epilobium angustifolium*, entre outros) foi detectada.

Emerge, então, um fio dourado de cerveja correndo desde os primórdios até a Era Romana, mas ele estava destinado a perder o seu brilho. Os gregos e os romanos menosprezavam a cerveja e a classificavam como uma bebida apropriada apenas para os plebeus e os bárbaros (respectivamente). Apesar de a produção de cerveja ter evidentemente continuado nas províncias romanas – como é claramente demonstrado por um decreto imperial de Diocleciano em 301 a.C., fixando os preços de três tipos de cerveja em todo o Império –, ela tendeu a ser ofuscada pela vinicultura durante muito tempo, especialmente no sul da Europa.

Da queda de Roma à Revolução Industrial, há pouca documentação sobre a produção de cerveja na Espanha, mas o que pode ser inferido a partir de fontes indiretas é que era uma atividade local de pequena escala, e que a bebida resultante não era de qualidade muito elevada – muitas vezes era necessário adicionar suco de limão para torná-la mais palatável. Haveria, no entanto, uma nova esperança para a Espanha. O sacro imperador romano Carlos V (Carlos I da Espanha) retirou-se para o mosteiro de Yuste, em Cáceres, e, em 1557, sentindo falta de sua bebida favorita, importou a "Mechelschen Bruynen" ou "Mechelen Brown" de sua nativa Flandres. Em seguida, imediatamente convocou o cervejeiro flamengo Enrique van der Trehen para operar uma cervejaria no mosteiro e ali praticar suas artes. O império de Carlos tem sido descrito como aquele em que o sol nunca se punha; também pode ser considerado como aquele em que a atividade cervejeira começou a fluir novamente na Espanha.

O próximo evento significativo relacionado à cerveja foi a chegada de Louis Moritz Trautmann de Pfaffenhoffen, Alsácia, a Barcelona no ano de 1851. O irmão de Moritz foi um cervejeiro em sua terra natal e, dois anos mais tarde, isso o ajudou a conseguir um emprego em uma pequena cervejaria operada pelo francês Ernest Ganivet, no centro antigo de Barcelona. Por volta de 1856, ele não somente aprendera o ofício como também comprara a empresa, adquirindo uma outra cervejaria ainda maior, pertencente ao alemão Juan Maurer, em 1859. As leis municipais proibiam a abertura de novas cervejarias na cidade velha, então a Louis Moritz y Compañia se mudou para Eixample, um local próximo que acabou se tornando um distrito de Barcelona. Levou dois anos para a nova cervejaria ficar pronta, mas, uma vez estabelecida e funcionando, provou ser um grande sucesso.

Em 1871, enquanto Moritz construía seu negócio, outro imigrante da Alsácia chegava a Barcelona. Ao chegar no país, August Kuentzmann Damm, um cervejeiro que fugia da Guerra Franco-Prussiana, pôs-se imediatamente a procurar um parceiro financeiro catalão, e no ano seguinte a nova cervejaria Camps y Kuentzmann estava de pé e operando. A primeira parceria durou pouco tempo, e em 1876 August tinha como sócios seu primo Joseph e um terceiro parceiro, Adolf Leinbacher. Com a morte de Leinbacher, a empresa foi renomeada Damm y Compañia, e em 1897 Joseph Damm tornou-se o único proprietário, deixando posteriormente a companhia de herança a seus filhos Joseph, Maria e Carles.

Nessa época havia duas outras notáveis cervejarias operando em Barcelona: a Cammany, fundada pelos catalães em 1899; e a La Bohemia, fundada por um cervejeiro tcheco e um comerciante de vinho catalão em 1902. Esta última, inicialmente conhecida pelos sobrenomes dos fundadores, Miklas & Musolas, mudou seu nome para La Bohemia durante a incorporação de mais nove associados. A nova empresa iniciou a construção de uma grande cervejaria em Carrer Rosselló naquele mesmo ano. No entanto, em 1905, Miklas deixou a cervejaria antes do início das operações, e o nome da empresa foi alterado novamente para Joan Musolas (embora a cervejaria tenha mantido seu nome original).

Em 1910, as quatro principais cervejarias de Barcelona quase se fundiram, mas a Moritz, a maior cervejaria da época, estava temporariamente sob a gestão de Ernesto Petri, um suíço que mudou o nome da empresa para Expert. Ele se recusou a cooperar, mantendo a empresa independente até 1920, quando a família Moritz recuperou o controle. As outras três cervejeiras se fundiram sob o nome Damm S.A. e decidiram produzir nas instalações da La Bohemia – apesar de ser a mais distante do centro da cidade, era a maior e mais moderna unidade fabril. A nova cervejaria foi muito bem-sucedida e em seus primeiros dez anos dobrou a produção de 30 mil hectolitros (um pouco menos do que a Moritz na época) para mais de 65 mil hectolitros. Com o aumento dos lucros veio a tentação de investir fora da Catalunha, a fim de abrir novos mercados. Em 1929, a Damm assumiu a La Alicantina e começou a planejar a construção de uma nova fábrica em Valência em 1935. A essa altura, havia uma infinidade de cervejarias de pequeno e médio porte espalhadas por todo o território espanhol, cada uma com o seu próprio mercado local; mais tarde elas atrairiam as grandes cervejarias, mas essa fase "predatória" foi adiada pela eclosão da Guerra Civil em 1936.

A maior parte do crescimento inicial da indústria cervejeira ocorrera na Catalunha, mas a boa oportunidade de negócio que a cerveja representava não passou despercebida no resto da Espanha. A virada do século se transformou em uma corrida do ouro líquido. A maioria das principais cervejarias que viriam a ser participantes duradouros do mercado já vinham, produzindo cervejas *lager* de estilo alemão (com exceção de uma *pale ale* chamada Ambar 1900, produzida pela cervejaria La Zaragozana de Saragoça). A maioria das marcas dessas cervejas ainda hoje sobrevivem, de um jeito ou de outro.

Se a Revolução Agrária na península Ibérica provavelmente começou na Catalunha, a Guerra Civil despertou outra revolução lá. Os trabalhadores coletivizaram muitas fábricas, e as cervejarias não foram exceção. A Damm e a Moritz foram operadas pelo sindicato anarquista Confederación Nacional del Trabajo (CNT) de junho de 1936 até o fim da guerra em 1939. Os salários foram nivelados (o que significou uma melhor remuneração para a maioria dos trabalhadores), todos tiveram direito a assistência médica e a idade mínima de aposentadoria foi reduzida para 60 anos. As matérias-primas eram fornecidas pelos coletivos agrícolas. Os lucros eram reinvestidos na fábrica e renderam aos trabalhadores uma biblioteca, uma cantina e instalações desportivas, bem como o financiamento da milícia da CNT. Dois dos melhores caminhões da empresa foram enviados à frente de batalha.

Somente cinco meses dividem o fim da Guerra Civil na Espanha e o início da Segunda Guerra Mundial. As matérias-primas tornaram-se cada vez mais escassas. A associação nacional da qual fazia parte a maioria dos cervejeiros desde 1922, foi assumida pelo novo regime, a fim de promover e regularizar tanto o cultivo de cevada e lúpulo como a produção de malte. Atualmente, após várias transformações, a indústria é composta por três organizações: a Cerveceros de España, que representa as seis grandes cervejarias restantes; a Malteros de España, que defende os interesses dos agricultores e das sete maltarias do país; e a S.A. Española de Fomento del Lúpulo, que auxilia os produtores rurais de lúpulo e processa essa matéria-prima. Graças aos esforços desta última (criada em 1945 pelas 33 principais cervejarias da época), hoje a Espanha é autossuficiente em lúpulo. A maioria dos lúpulos é composta por variedades com alto teor de alfa-ácidos, como a Nugget (que desde 1993 praticamente substituiu as tradicionais H-3 e H-8), a Magnum e, mais recentemente, a Columbus. A variedade Perle também está sendo cultivada comercialmente, e experimentos têm sido conduzidos com outras variedades aromáticas. A maioria dos lúpulos são processados em péletes Tipo 90 e o restante em extratos. Da mesma forma, esforços estão sendo realizados para eliminar progressivamente as inúmeras variedades tradicionais de cevada e introduzir variedades mais adequadas à produção de cerveja. A Malteros está promovendo o cultivo da Pewter, Scarlett e Quench para servirem como malte base, e das variedades Prestige, Henley e Shakira para uso como maltes especiais. As variedades Clarion e Braemar estão atualmente sendo avaliadas em testes de campo.

Dentre os recentes desenvolvimentos no mundo das grandes cervejarias está a reintrodução das cervejas Moritz. Embora essas cervejas sejam na verdade produzidas pela La Zaragozana, uma microcervejaria está sendo planejada em Ronda Sant Antoni, Barcelona, onde a Moritz anteriormente possuía a sua sede. A Moritz lançou recentemente a Alfa, uma *lager* não pasteurizada. Atualmente, a La Zaragozana e a Damm produzem cervejas de trigo refermentadas na garrafa, chamadas Ambar Caesaraugusta e Inedit, respectivamente.

As cervejas artesanais estão disponíveis há algum tempo na Espanha, mas não são fáceis de encontrar. O surgimento da cerveja artesanal, no entanto, não foi fácil. Os principais problemas foram causados por uma burocracia insensível e inflexível – ou *burrocracia* ("regida por burros"), como diriam os espanhóis. O primeiro a sofrer, em 1989, foi o Naturbier, um *brewpub* em Madri que produzia cervejas *lager* de estilo alemão. Funcionou ilegalmente por quatro anos até que seu proprietário, um parlamentar, conseguiu obter um alvará de funcionamento. O segundo foi o Barcelona Brewing Company, ou BBC, outro *brewpub*, fundado em abril de 1993. O BBC produzia três *real ales* de estilo inglês chamadas Three Graces: *bitter, special bitter* e *stout*. Apesar da grande aceitação do público, o *pub* não foi tão bem recebido pelas autoridades públicas. Fechado em 1995 por motivos fiscais, os heroicos esforços dos cervejeiros e clientes na tentativa de livrarem o estabelecimento do labirinto administrativo por fim foram em vão. Na virada da década, surgiram situações ridículas. Duas cadeias nacionais separadas de *brewpubs*, uma com sede em Sevilha e outra em La Coruña, foram forçadas a produzir mosto concentrado e lupulado em municípios mais compreensivos e enviá-lo a outros municípios para ser fermentado e refermentado. A Magister, localizada no centro de Madri, foi a única cervejaria que sobreviveu, apesar de Boris de Messones, seu antigo mestre cervejeiro, ter fugido para a Coreia do Sul, onde atualmente opera um *brewpub* e constrói outro. Outras cervejarias desse período fecharam por razões técnicas ou financeiras.

A Catalunha é o lugar onde a cerveja artesanal realmente decolou nos últimos anos. As sementes da produção artesanal de cerveja foram semeadas nos últimos dias de existência da Barcelona Brewing Company, durante um curso de produção de cerveja, do qual participaram Alex Padró e Paco Sánchez, e também na cervejaria Wolf Brewery na Inglaterra, onde Pablo Vijande trabalhou durante suas férias de verão da universidade. Duas associações cervejeiras foram criadas: a Humulus Lupulus na Cerveceria Jazz, com Padró como um dos fundadores; e a Catalunya Home Brewers, criada por Sánchez e Vijande. Essas duas associações têm educado e inspirado, direta ou indiretamente, a maioria das pessoas hoje envolvidas com a produção artesanal de cerveja na Catalunha. Se desconsiderarmos a reabertura da BBC sob o nome La Cervesera Artesana e a breve existência da cervejaria Sant Jordi, na Costa Brava, pode-se considerar a Padró's Glops como a primeira microcervejaria da região. Fundada em 2005, ela produz cervejas de estilo bávaro. A segunda microcervejaria criada foi a Companyia Cervesera del Montseny (CCM).

Atualmente, uma massa crítica está sendo alcançada. Carlos Rodríguez, proprietário da Agullons, uma cervejaria rural perto de Sant Joan de Mediona que produz três *ales* de alta qualidade, finalmente obteve seu alvará de funcionamento em 2008. Outros cervejeiros também estão produzindo: Guzmán Fernández, da Ca l'Arenys (que também fabrica equipamentos para microcervejarias e fornece matérias-primas), produz uma grande variedade de *ales* e *lagers* sob a marca Guineu, incluindo a audaciosa Riner, uma *pale ale* altamente lupulada com 2,5% ABV. Josep Borrell, da Moska, perto de Girona, também está produzindo *lagers* e *ales*, com cervejas especiais que possuem cereais nativos em sua composição, como o trigo-mouro, sob a marca Kecks. Essas bebidas são destinadas à harmonização com a comida local.

Algumas cervejarias na região têm realizado adições exóticas: a La Gardenia (La Rosita) está adicionando pétalas de rosas a uma cerveja e avelãs a outra; a Les Clandestines adiciona tomilho a uma de suas cervejas; e a Bleder está adicionando tâmaras. A Art Cervesers é a mais recente cervejaria rural do país. Fundada por Paco Sánchez, a cervejaria reproduz estilos clássicos como IPA, *märzen* e *stout*. Ver INDIA PALE ALE, MÄRZENBIER e STOUTS. Há também várias nanocervejarias, como a Almogàvers e a Zulogaarden. A cultura culinária catalã está correspondendo, e vários chefes de renomados restaurantes têm incorporado ao menu listas de cervejas artesanais que harmonizam com os pratos.

As sementes da produção artesanal de cerveja da Catalunha estão se espalhando por Valencia e ainda mais ao sul, e parecem se disseminar por todo o país. A Espanha tornou-se uma fonte de criatividade e inovação para os *chefs* em todo o mundo, e não será surpresa se logo nos depararmos com o surgimento de uma cultura cervejeira espanhola igualmente interessante.

Ver também HISTÓRIA DA CERVEJA

Blasco, A.; Edo, M.; Villalba, M. J. **Evidencias de procesado y consumo de cerveza en la cueva de Can Sadurni (Begues, Barcelona) durante la prehistoria.** Actas del IV Congreso del Neolitico Peninsular. Museo Arqueologico de Alicante, Diputacion de Alicante. Tomo I, pp. 428–31, 2008.

Guerra Doce, E.; Delibes de Castro, G. **The Toast to the Prince: Beer Residues at the Beaker Burial Pit of Fuente Olmedo (Valladolid, Spain) and the Role of Alcohol in the Mortuary Rites of Prehistoric Europe.** Proceedings of the Annual Meeting of the Association Archeologie et Gobelets (Torres Vedras, Portugal), Maio 2008.

Huxley, S. **La cerveza... poesia liquida, un manual para cervesiáfilos.** Gijon: Ediciones Trea, 2006.

Sanchez, F.; Tinto, A.; Vidal, J.m.; Vijande, P. **La cerveza artesanal, como hacer cerveza en casa.** Barcelona: Cerveart, 2006.

Steve Huxley

especiarias têm uma longa história de uso na cerveja. De fato, desde os primórdios da produção da cerveja, há 8 mil anos, até a introdução do lúpulo primitivo, na Idade Média, na Europa, as especiarias locais ou exóticas, juntamente com as ervas, foram determinantes no aroma da cerveja. Em muitos estilos de cervejas belgas, elas são populares até hoje, e estão, mais uma vez, sendo usadas por muitos cervejeiros artesanais modernos, frequentemente a fim de obter cervejas especiais sazonais, incluindo as de Natal, e outras cervejas comemorativas. Durante a era dos descobrimentos (ou das grandes navegações), as especiarias se tornaram cada vez mais disponíveis para os europeus, que as usavam em seus alimentos e nas suas cervejas. Os cervejeiros em tempos medievais costumavam utilizar especiarias não apenas pelo seu sabor, mas também para encobrir a acidez, o ranço ou os aromas medicinais desagradáveis da sua cerveja. Médicos medievais, muitas vezes, atribuíam qualidades saudáveis às especiarias – muitas das quais, é claro, não têm comprovação à luz da ciência moderna –, levando a prescrições de receitas fantasiosas, como beber uma caneca de cerveja condimentada quente, semelhante a um *toddy, mulled wine* ou *glögg*, como um antídoto para a praga.

As especiarias usadas principalmente para transmitir amargor à cerveja e para equilibrar o seu aroma de malte foram folha de louro, zimbro e certas sementes da família umbel (*Apiaceae*) como anis, cominho, coentro, endro e erva-doce. Cenoura e salsa pertencem a esse grupo também. Essas sementes não somente têm gosto amargo, mas também transmitem aromas expressivos e sabores de anis/coentro/alcaçuz. Outros condimentos adicionam fortes sabores semelhantes a pimenta para a bebida fermentada. Esses incluem pimenta-vermelha, pimentões preto e verde, gengibre, cássia e pimenta-da-guiné. Em seguida vem o grupo das "verdadeiras" especiarias, cada uma com seu sabor próprio e único. Ele é composto por pimenta-da-jamaica, cardamomo, canela, cravo, alcaçuz, arilo/noz-moscada e anis-estrelado, bem como as raspas de diferentes frutas cítricas. Muitas dessas especiarias foram e ainda são preferidas para pratos natalinos, para os assados e para a produção de cerveja. Finalmente, alguns flavorizantes de cerveja não tradicionais têm sido usados por muitos cervejeiros. A baunilha, por exemplo, tornou-se comum, ao passo que o açafrão talvez seja considerado mais experimental.

Há alguma controvérsia entre os cervejeiros sobre as técnicas apropriadas para o uso das especiarias. Alguns sustentam que elas devem ser adicionadas com moderação e não devem se sobrepor aos sabores da cerveja, obtidos pelo malte, lúpulo e levedura. Outros, no entanto, preferem uma abordagem menos sutil, desafiando as tradicionais noções de sabor da cerveja. Isso muitas vezes significa que um condimento que é tradicional para um determinado tipo de cerveja, tal como a casca da laranja Curaçao na *wit* belga, pode migrar para um estilo de cerveja no qual nunca havia sido usado até então. Nos Estados Unidos, as cervejas condimentadas predominantes são as sazonais *pumpkin ales*, populares nos meses de outono e inverno. Embora a maioria dessas cervejas contenha abóbora, os sabores são, frequentemente, conduzidos por combinações de canela, pimenta-da-jamaica, noz-moscada, gengibre, baunilha e outras especiarias. O objetivo é imitar o aroma e o sabor da tradicional torta de abóbora americana, que é consumida, quase exclusivamente, durante a temporada de férias de inverno. Além da Bélgica, onde os condimentos são utilizados em menor quantidade do que se imagina, a produção da cerveja com especiarias é atualmente realizada, com mais frequência, entre os cervejeiros artesanais nos Estados Unidos, Dinamarca e Reino Unido, com os italianos em seguida.

Especiarias e seus usos em cervejas

Nome vulgar	Nome científico	Parte usada	Comentário	Uso (exemplos)
Pimenta-da-Jamaica	*Pimenta dioica*	Semente	Amargor, expressivo aroma, saudável, conservante para a cerveja	Cervejas de Natal; cervejas medicinais medievais
Anis	*Pimpinella anisum*	Semente	Confere amargor picante semelhante a anis durante a fervura	Agente histórico de amargor na cerveja
Louro	*Laurus nobilis*	Folha	Amargor, expressivo aroma, saudável, conservante para a cerveja	Produção recente de cerveja experimental
Cominho	*Carum carvi*	Semente	Confere amargor picante semelhante a anis durante a fervura	Agente histórico de amargor na cerveja
Cardamomo	*Elettaria cardamomum*	Semente	Poderosamente aromático, família do gengibre	Cervejas de Natal; cervejas medicinais medievais
Pimenta	*Capsicum spp.*	Fruto	Sabor do vegetal e calor da pimenta	*Porter* original, produção de cerveja experimental
Canela	*Cinnamomum verum*	Casca	Popular, mas muitas vezes na verdade é casca de Cássia	*Pumpkin ales* e cervejas de Natal; cervejas medicinais medievais
Citrus	*Citrus spp.*	Casca	Cascas de limão; casca de laranja-doce em conserva; Curaçao	*Belgian ales*, particularmente *witbier*

Cravo-da-Índia	*Syzygium aromaticum*	Botão floral	Muito poderoso, melhor se usado com moderação	*Pumpkin ales* e cervejas de Natal; cervejas medicinais medievaisMedieval medicinal beers
Coentro	*Coriandrum sativum*	Semente	Amplamente usado	*Wit* belga
Endro	*Anethum graveolens*	Semente	Confere amargor picante semelhante a anis durante a fervura	Agente histórico de amargor na cerveja
Funcho	*Foeniculum vulgare*	Semente	Confere amargor picante semelhante a anis durante a fervura	Agente histórico de amargor na cerveja
Gengibre	*Zingiber officinale*	Raiz	Altamente aromático	*Porter* original, cervejas medicinais medievais
Pimenta-da-Guiné	*Aframomum melegueta*	Semente	Especiaria semelhante a pimenta com notas cítricas e pinus; acreditava-se ser um afrodisíaco	*Ales* inglesas antigas, abandonadas no século XVII por força da legislação, produção de cerveja artesanal
Zimbro	*Juniperus communis*	Baga	Usado na mosturação ou na fervura	Produção histórica de cerveja escandinava, como a finlandesa *sahti*, na qual também os ramos são usados na mostura
Alcaçuz	*Glycyrrhiza glabra*	Raiz	Amargo, medicinal	*Porter* e *stout* originais
Arilo da noz-moscada	*Myristica fragrans*	Fruto/Arilo	Uma sofisticada e deliciosa alternativa à noz-moscada	Cervejas de Natal
Noz-moscada	*Myristica fragrans*	Fruto/Noz		Cervejas de Natal, cervejas medicinais medievais, produção de cerveja experimental
Salsa	*Petroselinum crispum*	Semente	Confere amargor picante semelhante a anis durante a fervura	Agente histórico de amargor na cerveja
Pimenta-preta	*Piper nigrum*	Semente	Altamente perfumado, promove calor quando concentrado	Produção de cerveja experimental, cervejas medicinais medievais
Cássia	*Quassia amara*	Madeira	Semelhante a quinino	Agente histórico de amargor na cerveja
Açafrão	*Crocus sativus*	Estigma	Muito caro, forte sabor de segurelha	Produção de cerveja experimental
Anis-estrelado	*Illicium verum*	Semente	Confere amargor picante semelhante a anis durante a fervura	Produção de cerveja experimental, cervejas de Natal
Baunilha	*Vanilla planifolia*	Fruto	Amplamente usada	Cervejas de Natal, *porters*

Ver também COENTRO, LARANJA CURAÇAO, NOZ-MOSCADA e ZIMBRO.

Behre, K. E. The history of beer additives in Europe – A review. **Vegetation History and Archaeobotany**, v. 8, p. 35-48, 1999.

Both, F. **Gerstensaft und Hirsebier: 5000 Jahre Biergenuss.** Oldenburg: Verlag Isensee, 1998.

Buhner, H. B. **Sacred and herbal healing beers: the secrets of ancient fermentation.** Boulder: Siris Books, 1998.

Von Hofsten, N. **Pors och andra humleersatt ninger och Olkryddor i aldre tider.** Akademiska Forlaget (Gale and other substitutes and beer-spices in past times). Uppsala: AB Lundequistska Bokhandeln, 1960.

Per Kølster

espelta é um trigo de grão duro passado de geração a geração de agricultores, cujos genes remetem aos cultivares plantados no período Neolítico no Crescente Fértil do Oriente Médio. Seu nome científico é *Triticum spelta* e seu nome alemão mais comumente utilizado é *dinkel*. Os primeiros cervejeiros conhecidos pela humanidade,[1] os sumérios, quase certamente fizeram cerveja utilizando a espelta. A espelta é o resultado do cruzamento entre o trigo Emmer (*Triticum dicoccum*) e gramíneas selvagens na Mesopotâmia cerca de 10 mil anos atrás. Ver TRIGO EMMER. O trigo Emmer, por sua vez, é o cruzamento entre o trigo Einkorn (*Triticum monococcum*), o qual é uma variedade de trigo ainda mais antiga, e gramíneas selvagens. Ver TRIGO EINKORN. Na Europa, sabe-se que a espelta é cultivada pelo menos desde a Idade do Bronze, há cerca de 3 mil anos, sobretudo nas regiões habitadas pelos alamanos, uma tribo germânica, no que é hoje o estado alemão de Baden-Württemberg e na porção germanófona da Suíça. Na Idade Média, a espelta era também conhecida como Schwabenkorn (grão *Swabia*), porque a região de Swabia, no sudoeste da Alemanha (parte de Baden-Württemberg), era então o centro do cultivo de espelta. A espelta pouco demanda em qualidade do solo e clima, o que significa que pode ser cultivada onde o trigo moderno (*Triticum aestivum*) não pode. Atualmente, o interesse em antigos grãos vem crescendo, e cervejeiros artesanais na Europa e nos Estados Unidos estão começando a redescobrir a espelta. Usada em proporções de aproximadamente 50% da formulação de grãos, o malte de espelta oferece sabores suaves, de nozes, seguidos de notas ácidas e picantes.

Horst Dornbusch

esporão é uma doença que afeta os grãos dos cereais utilizados na produção de cerveja – especialmente o centeio, mas também o trigo e a cevada. Ela é causada pelo fungo *Claviceps purpurea*. O fungo produz alcaloides tóxicos no grão afetado que, quando consumidos, são venenosos para os humanos e outros animais. Os efeitos do envenenamento por esporão incluem convulsões e espasmos, vômitos, problemas gastrointestinais, gangrena, alucinações e muitas vezes a morte. Epidemias de envenenamento por esporão foram registradas ao longo da história, especialmente na Europa durante a Idade Média, e foram relatadas nos tempos modernos em países em desenvolvimento que sofrem com pouco controle da distribuição de alimentos. Entretanto, o melhoramento dos processos de limpeza e moagem dos grãos praticamente eliminou a contaminação em larga escala por esporão. O último relato de envenenamento por esporão de proporções epidêmicas ocorreu na Etiópia no final dos anos 1970.

As culturas de grãos são mais suscetíveis à infecção em anos marcados por primaveras frias e verões úmidos e chuvosos; o sinal característico que denuncia a infecção é a presença de estruturas de frutificação fúngicas de coloração preta arroxeada, chamadas de escleródios, que substituem os grãos nas espigas pouco antes da colheita. Um rendimento reduzido e uma significativa redução da qualidade do grão são as marcas clássicas de uma infecção por esporão, que, juntamente com a produção de alcaloides venenosos, podem pôr a perder toda a colheita. O centeio é o cereal mais suscetível a essa infecção, embora o trigo e a cevada também sejam afetados em uma extensão economicamente significante.

Variedades de centeio, trigo e cevada resistentes ao esporão não existem; entretanto, o cultivo de outras plantas não suscetíveis por vários anos nos campos conhecidos por terem os escleródios de esporão no solo pode reduzir muito as futuras infecções. Arar a terra profundamente pode também ajudar no controle da infecção, porque o escleródio do

---

[1] Descobertas divulgadas em 2018 indicam que as primeiras produções de cervejas ocorreram em Israel, em aproximadamente 13700 a.C. [N.E.]

esporão não germina quando enterrado sob grandes quantidades de solo.

Mcmullen, M.; Stoltenow, C. **Ergot, pp-551** (revisado), maio de 2002. North Dakota State University Agriculture. Disponível em: http://www.ag.ndsu.edu/pubs/plantsci/crops/pp551w.html. Acesso em: 7 ago. 2010.

Brian Thompson

espruce

Ver PINHEIRO, ABETO E PONTAS DE ESPRUCE.

espuma ou colarinho no topo do copo da cerveja costuma ser considerado um dos traços físicos mais sedutores da cerveja. É o atributo mais importante que separa a cerveja das demais bebidas espumantes, e também é muito importante para a sensação na boca proporcionada por muitas cervejas. Enquanto bebemos uma cerveja, a espuma também é consumida, proporcionando à cerveja uma textura mais espessa e mais suave. Os cervejeiros sabem disso, evidentemente, e, portanto, a formação e a estabilidade da espuma são partes essenciais da qualidade geral da cerveja. A espuma da cerveja tem sido estudada extensivamente, e os cervejeiros trabalham duro para ter certeza de que as suas cervejas apresentam boa "retenção de espuma".

A cerveja é, dentre outras coisas, uma solução supersaturada de dióxido de carbono (CO_2) e não irá formar espuma a menos que seja incentivada a isso pela agitação ou pela presença de sítios de nucleação como partículas na cerveja ou arranhões nos copos. Quanto maior a concentração de CO_2, maior será a produção de espuma. Ver DIÓXIDO DE CARBONO.

A espuma é um fenômeno inerentemente instável devido ao enorme aumento da área superficial dentro de um sistema aquoso que é contrária à força de tensão superficial. A espuma da cerveja é estável, diferentemente da espuma das bebidas altamente carbonatadas, como a champanhe e os refrigerantes, devido à presença de agentes tensoativos na cerveja.

O processo físico chave que leva ao colapso da espuma da cerveja é a desproporção. Nesse fenômeno, o gás passa de pequenas bolhas para bolhas maiores adjacentes, promovendo uma diminuição drástica no número de bolhas e um aumento significativo no tamanho das bolhas remanescentes, tornando-as não atrativas. Quanto menor a temperatura, mais estável é a espuma. Mais importante, é vantajoso ter uma distribuição uniforme dos tamanhos das bolhas, de preferência bolhas pequenas, porque, nesse caso, a cerveja líquida escoa mais lentamente a partir da espuma, o que facilita a sua estabilização. Isso coloca a atenção nos locais e mecanismos de formação de espuma; dispositivos nas torneiras para serviço da cerveja e arranhões propositais na parte inferior dos copos de cerveja devem ser elaborados de modo a permitir a formação de bolhas pequenas e uniformes.

Os principais agentes estabilizantes de espuma na cerveja são os polipeptídeos hidrofóbicos derivados dos grãos. Essas moléculas estabelecem ligações cruzadas com os iso-alfa-ácidos amargos provenientes do lúpulo, proporcionando uma espuma mais rígida e não somente mais estável, mas também capaz de aderir às paredes do copo enquanto a cerveja é consumida (aderência da espuma ou *lacing*). Ver ADERÊNCIA DA ESPUMA. As preparações com lúpulo reduzido utilizadas para oferecer proteção da luz para a cerveja são estabilizadoras de espuma especialmente boas; entretanto, as espumas podem parecer ásperas, grumosas e menos atrativas.

Outros materiais que podem promover a estabilização da espuma são os metais. O zinco é especialmente eficaz e apresenta uma vantagem em relação a outros metais que costumavam ser usados, como o ferro, por não promover processos de oxidação. As melanoidinas apresentam certa capacidade estabilizante de espuma, o que significa que cervejas mais escuras frequentemente apresentam propriedades superiores de espuma. Alguns cervejeiros adicionam estabilizadores de espuma como o alginato de polipropileno glicol à cerveja, e outros introduzem gás nitrogênio, o que promove espumas consideravelmente mais estáveis (embora coloque em risco o aroma dessas cervejas, que deve ter notas de lúpulo). Essa é a razão da cremosidade e alta retenção do colarinho da maioria das cervejas *Irish stouts* servidas em chope como a Guinness.

A causa mais frequente da falta de qualidade na espuma da cerveja é a presença de materiais que danificam a espuma, principalmente lipídios introduzidos no processo ou como parte de alimentos consumidos juntamente com a cerveja, e detergentes que não tenham sido adequadamente enxaguados do copo ou de linhas de serviço da cerveja.

O álcool também é um componente nocivo à espuma, de modo que cervejas muito fortes tendem a apresentar, proporcionalmente, menor estabilidade de espuma. As enzimas proteolíticas também danificam a espuma, como a papaína adicionada como agente preventivo de turbidez ou aquelas secretadas por leveduras velhas e sob estresse. Ver ENZIMAS. A espuma é mais durável nas cervejas pasteurizadas porque o tratamento térmico destrói tais proteases.

Colarinhos mais profundos tendem naturalmente a durar mais. A retenção do colarinho pode ser medida por vários métodos. Esses incluem procedimentos que avaliam a taxa de escoamento da cerveja pela espuma (por exemplo, os métodos de Ross & Clark e Rudin) e aqueles que avaliam a redução do volume da própria espuma (por exemplo, o método Nibem).

Embora a maioria dos consumidores deseje e espere ver pelo menos alguns centímetros de espuma no topo da cerveja, há grandes diferenças culturais que devem ser analisadas. Na Grã-Bretanha, por exemplo, os consumidores do sul, quando são servidos com *ales* condicionadas em *casks*, preferem que o nível do líquido se aproxime da borda do *pint*. Uma capa de espuma deve flutuar acima, mas não mais do que isso. No norte da Inglaterra, entretanto, o consumidor espera uma espuma mais abundante, que é frequentemente obtida por um dispositivo chamado de difusor anexado ao bico do conjunto de serviço da bomba manual. O difusor faz com que a cerveja seja pulverizada violentamente no interior do copo, o que promove a formação de espuma até mesmo em cervejas de baixa carbonatação condicionadas em *casks*. É usual utilizar copos acima do tamanho, nos quais a medida do *pint* é marcada por uma linha próxima do topo do copo, mas que deixa bastante espaço para a espuma destacar-se. A qualidade da espuma da cerveja ainda é um tópico de debate entre os consumidores de cerveja, mas esperamos que esse debate ocorra na presença de alguns *pints*.

Bamforth, C. W. The relative significance of physics and chemistry for beer foam excellence: Theory and practice. **Journal of the Institute of Brewing**, n. 110, p. 259-266, 2004.

Evans, D. E.; Bamforth, C. W. Beer foam: Achieving a suitable head. In: Bamforth, C. W. (Ed.). **Beer: A quality perspective**. Burlington: Academic Press, 2009. p. 1-60.

Charles W. Bamforth

Estados Unidos possuem uma história de produção de cerveja que começou com os esforços dos primeiros colonos ingleses para produzir essa bebida a partir do único grão disponível no território, o milho. Thomas Hariot, um dos fracassados colonos de Roanoke Island, publicou sua *Narrative of the First English Plantation of Virginia* (Narrativa da primeira plantação inglesa de Virgínia) em seu retorno a Londres, em 1588. Hariot escreveu a respeito das diversas colorações dos milhos locais, com os quais podia-se produzir pães muito bons, e declarou: "Produzimos desse mesmo milho malte no país, o qual é utilizado para fazer uma *ale* tão boa quanto se pode desejar. Assim, da mesma forma, com a ajuda do lúpulo, pode-se produzir uma boa cerveja". Mais tarde, quando uma colônia foi fundada em Virgínia, o capitão George Thorpe escreveu, em 29 de dezembro de 1620, sobre a dificuldade do cultivo de cevada no clima quente do sul.

> E o maior desejo que requerem de nós é uma boa bebida – o vinho sendo tão precioso e a cevada custosa, a qual embora devesse ser semeada, era difícil de ser cultivada no país, sendo ele tão quente, para produzir malte, ou, se possuíssem malte, para produzir uma boa cerveja [...] encontraram uma maneira de produzir uma boa bebida a partir do milho dos indígenas, a qual (eles) preferiam à boa cerveja inglesa.

Até mesmo o desembarque dos peregrinos puritanos em Plymouth Rock foi influenciado por sua sede de cerveja. A obra *Chronicles of the Pilgrim Fathers*, de Alexander Young, registra o dia de um dos passageiros a bordo do navio Mayflower em 1620: "Então, pela manhã, depois de termos clamado a Deus por orientação, chegamos a esta resolução – colocar os pés em terra firme novamente e obter uma vista melhor dos dois lugares que pensamos ser mais adequados para nós, pois não teremos tempo para novas buscas ou considerações; nossos mantimentos estão acabando, principalmente nossa cerveja, e hoje ainda é 19 de dezembro".

A primeira cervejaria na ilha de Manhattan foi fundada pelos holandeses Adrian Block e Hans Christiansen em 1612. O governo holandês cobrou os primeiros impostos sobre o consumo de cerveja no Novo Mundo. Apesar dos impostos, as cervejarias holandesas proliferaram na então Nova Amsterdã. A Filadélfia também prosperou como um centro de produção de cerveja. Cartas antigas escritas

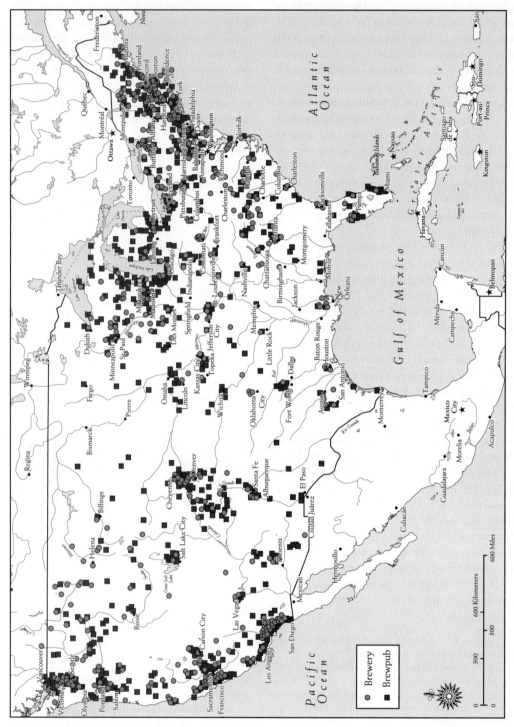

Cervejarias e *brewpubs* dos Estados Unidos. GEORGE CHAKVETADZE, ALLIANCE PUBLISHING.

pelo fundador William Penn indicam que a primeira cervejaria da Filadélfia foi construída por volta de 1685. Penn descreveu o proprietário da cervejaria, William Frampton, como "um homem capacitado, que construiu uma grande fábrica de cerveja, a fim de ofertar boa bebida às pessoas". Várias cervejarias também foram inauguradas em Baltimore durante o período colonial.

A indústria cervejeira definhou durante a Guerra da Independência, quando os portos norte-americanos foram bloqueados e o consumo de cerveja diminuiu. No entanto, os pais fundadores também eram simpatizantes da cerveja norte-americana. George Washington possuía uma predileção por tabernas; seu discurso de despedida em 1783, após a Guerra da Independência, foi realizado na Fraunces Tavern em Manhattan. James Madison e Thomas Jefferson enalteciam os benefícios da cerveja sobre os destilados, assim como Samuel Adams, um dos signatários da Declaração da Independência, membro do primeiro congresso nacional e malteador.

Após a guerra, cervejarias de *ales* e *porters* surgiram nas grandes cidades do leste, como Filadélfia, Baltimore e Nova York. Entre as notáveis cervejarias da Filadélfia estavam a Robert Smith India Pale Ale Brewing Co. e a Gaul Brewery. A atividade cervejeira comercial também teve sucesso no Lehigh Valley. Uma cervejaria em Pottsville foi fundada por D. G. Yuengling em 1829. Em Baltimore, havia a Globe Brewery e a James Sterret Brewery. Em Nova York, a Old Brewery ou Coulter's Brewery foi construída em uma interseção de ruas conhecida como Five Points. A região norte do estado de Nova York também aderiu ao negócio da cerveja. Matthew Vassar, fundador da faculdade que leva seu nome, operou uma cervejaria em Poughkeepsie, Nova York. A Evans Brewery iniciou suas atividades em Hudson, Nova York, e a Albany Brewing Co na capital do estado. No século XVIII, Boston se desenvolveu como um ponto de distribuição para as *ales* e as *porters* produzidas em Nova York, Pensilvânia e Maryland. A Bunker Hill Brewery foi fundada em Boston em 1821.

A produção de cerveja *lager* chegou aos Estados Unidos em 1840 e praticamente transformou a paisagem cervejeira norte-americana da noite para o dia. A chegada da cerveja *lager* iniciou uma era de ouro na produção de cerveja nos Estados Unidos. Anteriormente, todas as cervejas produzidas no país eram do tipo *ale*, de alta fermentação. John Wagner introduziu nos Estados Unidos as leveduras *lager*, de baixa fermentação, oriundas da Baviera e montou uma pequena cervejaria nos fundos de sua casa na Filadélfia. A cerveja era maturada e armazenada em sua adega. A *lager,* relativamente leve, logo se tornou popular e manteve seu crescente sucesso em várias cidades dos Estados Unidos devido ao grande fluxo imigratório de alemães no país. Na década de 1830, 600 mil imigrantes adentraram o território dos Estados Unidos; na década de 1840, 1,7 milhão; e na década de 1850, 2,6 milhões. De todos esses imigrantes, 75% eram irlandeses e alemães, amantes de cerveja. Os irlandeses estavam fugindo da fome, e os alemães, de uma cultura sufocante controlada pelos senhores feudais.

Ao longo dos oitenta anos seguintes, as cervejarias *lager* proliferaram em todo o país. Elas produziam cervejas *light lager* e realizavam testes com adjuntos como milho e arroz, a fim de deixar suas cervejas mais leves e se preparar contra uma possível escassez de cevada. Praticamente em todas as cidades do país havia uma cervejaria, sendo que nas grandes metrópoles havia dezenas delas. A cidade de Nova York, além de ser o maior centro urbano do país, era o maior centro de produção de cerveja graças às diversas cervejarias de *lagers* fundadas por Frederick e Maximilian Schaefer, coronel Jacob Ruppert e George Ehret. A família Liebmann fundou a cervejaria Rheingold no Brooklyn, até então uma cidade independente. Quando o Brooklyn se tornou parte da cidade de Nova York, em 1898, havia mais de quarenta cervejarias em seu território, sendo que na região metropolitana de Nova York elas eram mais de cem. A Filadélfia também foi um importante centro cervejeiro, com as cervejarias Schmidt's, Keystone State Brewery, de Jacob Conrad, e Ortleib's.

O que não podia se prever na época era que o futuro da produção de cerveja nos Estados Unidos não seria escrito pelos grandes cervejeiros urbanos do Leste, mas sim pelos alemães-americanos que se estabeleceram no Centro-Oeste. Phillip Best fundou a empresa "Best and Company, Beer Brewery, Whiskey Distillery & Vinegar Refinery", que posteriormente passou a ser de propriedade de Frederick Pabst, que se casara com Maria, a filha de Best. August Krug fundou uma cervejaria próximo de seu restaurante em Milwaukee e contratou um contador chamado Joseph Schlitz. Krug morreu em um estranho acidente e Schlitz se casou com sua viúva, mudando posteriormente o nome da empresa para

Joseph Schlitz Brewing Company. Carl, o irmão de Phillip Best, havia optado por conduzir os negócios de vinagre da família, mas acabou abrindo a Plank Road Brewery com um sócio. O sócio de Carl arruinou a cervejaria e fugiu, levando-o à falência. Frederick Miller, um imigrante alemão de 31 anos de idade, comprou essa cervejaria falida e fundou a Miller Brewing Co. Estes são os homens cujas cervejas tornaram Milwaukee famosa.

Em St. Louis, Adolphus Busch, um rapaz de 18 anos de idade, começou a trabalhar no mercado de fornecimento de cerveja e acabou conhecendo Eberhard Anheuser, o qual havia adquirido uma cervejaria falida em um acerto de dívidas com seus antigos proprietários. Busch, após se casar com Lilly, a filha de Anheuser, passou a trabalhar com o sogro. Ele produziu uma cerveja chamada Budweiser para um amigo, Carl Conrad, que trabalhava no ramo de importação de vinhos e outras bebidas alcoólicas. Conrad havia provado a cerveja Budweis, leve e semelhante à *pilsner*, na cidade tcheca de mesmo nome.

Os cervejeiros do Centro-Oeste acabaram ofuscando o brilho de seus irmãos das grandes cidades do Leste, talvez por causa das limitações de mercado em sua região ou devido ao bravo espírito pioneiro que os conduziu ao Oeste. Os cervejeiros do Centro-Oeste investiram muito em novas tecnologias para ajudá-los a alcançar novos mercados longe de sua região: refrigeração artificial, pasteurização, linhas de engarrafamento automatizadas e vagões de trem refrigerados. Construíram laboratórios equipados com a mais alta tecnologia da época e contrataram cientistas europeus bem treinados para operá-los. Resumindo, eram mais empreendedores do que os cervejeiros do Leste, os quais mal conseguiam atender à demanda por cerveja das cidades em expansão ao seu redor.

Em 1910, havia 1.498 cervejarias nos Estados Unidos. Nas décadas de 1880 e 1890, houve uma grande guerra de preços entre as cervejarias. A vantagem, é claro, ficou com as grandes cervejarias, que tinham fôlego para adquirir matérias-primas a um baixo custo e vendê-los a preços reduzidos. Contudo, as sementes de uma catástrofe que atingiu todos as cervejarias norte-americanas já haviam sido plantadas décadas antes.

O movimento da temperança nos Estados Unidos, liderado pela oposição religiosa às bebidas alcoólicas, comemorou sua primeira vitória quando o estado do Maine aprovou uma lei seca estadual em 1850. Nos cinco anos seguintes, dois territórios e onze dos 31 estados do país seguiram o exemplo do Maine. Maine e os outros estados que estipularam essa lei eram pequenos, agrícolas e não eram grandes consumidores de cerveja, havendo, portanto, pouca oposição organizada por parte da indústria cervejeira.

A maior ameaça veio em 1893, quando Howard Hyde Russell fundou a National Temperance Society, com o apoio de capitalistas como J. P. Morgan, John D. Rockefeller e Andrew Carnegie, o qual lamentava os efeitos do consumo excessivo de álcool entre seus trabalhadores. Um grupo ainda mais poderoso, a Women's Christian Temperance Union, fundada em 1873, realizou uma campanha contra as bebidas alcoólicas e persuadiu as pessoas a assinar pedidos de abstinência. Os opositores às bebidas alcoólicas, por fim, se uniram e formaram a Anti-Saloon League (ASL), liderada pelo eficaz advogado Wayne Wheeler. Em 1902, a ASL possuía duzentos funcionários e escritórios em 39 estados e territórios.

A indústria cervejeira permaneceu alheia às ameaças à sua subsistência. Muitas cervejarias possuíam tabernas e *beer gardens* que passaram a ficar na mira da ASL. Havia esforços esporádicos em oposição às leis locais no Texas e em outros estados, mas, em 1909, 46 milhões de norte-americanos viviam em territórios sem bebidas alcoólicas. Cerca de quinhentas cervejarias deixaram o ramo na década seguinte. Os cervejeiros pareciam incapazes de abandonar seus instintos competitivos e cooperar contra um inimigo comum. A ASL começou a atacar o luxuoso estilo de vida dos cervejeiros bem-sucedidos como os Uihleins, Ruppert, Ehret e Adolphus Busch.

A U.S. Brewers Association finalmente conseguiu se organizar em 1913, fundando a National Association of Commerce and Labor, composta por cervejeiros e comerciantes que abasteciam a indústria cervejeira: produtores de grãos e lúpulo, fabricantes de garrafas de vidro e tampas de garrafas, atacadistas, varejistas, donos de tabernas e de funcionários do ramo hoteleiro. A nova organização se aliou à National German-American Alliance, um grupo dedicado à preservação da cultura e do idioma alemão nos Estados Unidos, para ajudar na luta contra os "abstêmios".

Essa aliança deu resultados contrários aos esperados quando, em 1917, os Estados Unidos entraram em guerra contra a Alemanha. Depois de algum tempo, o Senado norte-americano começou a investigar as atividades da National German-American Alliance. Durante as audiências, a U.S. Brewers Association admitiu que vinha financiando os esforços antiabstinência da Aliança. Wayne Wheeler traçou uma ligação entre a indústria cervejeira dos Estados Unidos e a perfídia do inimigo alemão, arrasando a U.S. Brewers Association.

Os esforços dos cervejeiros e produtores de destilados para barrar a Lei Seca foram insuficientes e tardios. As décadas que Wayne Wheeler dedicou à defesa da abstinência e o elo que traçou entre os cervejeiros teuto-americanos e o esforço de guerra alemão provocaram uma mudança basilar no cenário político. A Décima Oitava Emenda à Constituição foi ratificada pelos necessários 36 estados em 16 de janeiro de 1919, e a Lei Seca viria um ano após essa data. Em maio de 1919, o Ato Volstead aparelhou o sistema para o cumprimento da Lei Seca.

Alguns cervejeiros produziram *"near beer"* para tentar sobreviver ao período de seca. Alguns produziram sorvete e outros se mantiveram em atividades paralelas: Jacob Ruppert em Nova York, por exemplo, era dono do time de beisebol New York Yankees. O crime organizado assumiu a produção e distribuição de bebidas alcoólicas durante a Lei Seca, e a violência entre mafiosos e autoridades cresceu em todo o país. Havia 1.179 cervejarias nos Estados Unidos quando a Lei Seca foi imposta. Muitas empresas foram fundadas quando a Lei Seca foi revogada em 1932, mas em 1935 havia apenas 703 cervejarias nos Estados Unidos.

Os 45 anos seguintes registraram uma ascensão no consumo de cerveja nos Estados Unidos, mas, paradoxalmente, o número de cervejarias no país diminuiu. As razões incluíam fusões empresariais e fechamentos. Em 1978, havia 89 cervejarias no país, todas de propriedade de menos de cinquenta companhias cervejeiras. Os avanços na refrigeração e a construção de um sistema de rodovias interestaduais permitiram que as grandes cervejarias do Centro-Oeste enviassem a bebida para todas as partes do país com menor custo. Economias de escala permitiram que comprassem matérias-primas com custo reduzido em relação a suas concorrentes dos grandes centros urbanos. As propagandas de massa, especialmente através da televisão nacional, lhes permitiram convencer os consumidores de que a sua cerveja era tão especial que poderiam enviá-la para qualquer mercado a um preço competitivo

com a cerveja local. Por que consumir a cerveja local se era possível beber uma que está sendo vendida e anunciada em todo o país pela televisão nacional? As gigantes do Centro-Oeste acabaram triunfando sobre as grandes cervejarias regionais da costa leste, que se contentavam em produzir e vender cerveja ao seu rico mercado urbano.

Mas nem todos nos Estados Unidos estavam satisfeitos com as *light lagers* sem graça fabricadas pelas gigantes nacionais. Fritz Maytag, um herdeiro da companhia de lavadoras de roupa de mesmo nome com sede em Iowa, comprou, em 1964, a falida Anchor Brewing Co. em São Francisco, depois de se formar pela Universidade de Stanford. Maytag ressuscitou a Anchor Steam Beer, uma cerveja *lager* rica e maltada que era fermentada em tinas abertas a temperaturas mais elevadas, como as *ales*. Alguns anos mais tarde, Jack McAuliffe, um técnico de submarino que serviu a Marinha dos Estados Unidos em Aberdeen, Escócia, se apaixonou pela *"real ale"* inglesa, refermentada em barril, um tipo de cerveja que estava sendo resgatado por um grupo britânico de defesa do consumidor chamado Campaign for Real Ale. Ele voltou para casa em Sonoma, Califórnia, em 1976 e fundou a New Albion Brewery, a primeira "microcervejaria" dos Estados Unidos. A microcervejaria era simplesmente uma cervejaria que produzia pequenas bateladas de saborosas cervejas e as vendia para o mercado local. A New Albion durou apenas quatro anos, mas os ex-empregados da empresa fundaram a Mendocino Brewing Co. em Hopland, Califórnia, em 1982. Ken Grossman, ex-proprietário de uma bicicletaria, adaptou antigos equipamentos de laticínio e fundou a Sierra Nevada Brewing Co. em Chico, Califórnia, em 1980, com seu amigo Paul Camusi. No Leste do país, William Newman, um ex-tesoureiro do Estado, fundou a Newman Brewing Co. em Albany, Nova York, em 1979, a qual produzia uma cerveja chamada Newman's Albany Amber. Em 1990, havia 284 cervejarias nos Estados Unidos. A nova geração de "microcervejeiros" começou a produzir saborosas *ales* e *lagers* com alto teor alcoólico – grandes cervejas com aroma, sabor e aparência muito diferentes das *light lagers* produzidas pelas grandes cervejarias nacionais.

Em 2010, havia mais de 1,7 mil cervejarias nos Estados Unidos,[2] mais do que antes da Lei Seca e

---

2 Em 2020, já existem mais de 9 mil cervejarias artesanais, que representam 13% em volume e 24% em valor do mercado total de cervejas nos Estados Unidos. O mercado total cervejeiro

mais do que em toda a Alemanha. Desse total, cerca de quinhentas eram grandes cervejarias de mercado de massa, sendo o resto composto por *brewpubs* e pequenas cervejarias que produzem a bebida para um único restaurante. A Brewers Association, a associação comercial das pequenas cervejarias, afirma que hoje praticamente todos os norte-americanos vivem a no máximo 16 quilômetros de distância de uma cervejaria. A Brewers Association define microcervejaria como um cervejeiro que produza menos de 16,5 mil hectolitros de cerveja por ano. As cervejarias que produzem mais de 16,5 mil hectolitros são chamadas de "cervejarias regionais". Com mais e mais cervejarias "micro" superando esse limiar, um novo termo surgiu – cervejarias "artesanais" –, um termo que engloba as cervejarias independentes que produzem cervejas saborosas por métodos tradicionais. As cervejarias artesanais produziram cerca de 5% do total das cervejas vendidas nos Estados Unidos em 2010, mas representavam o segmento que mais cresce na área na indústria de bebidas alcoólicas – muitos cervejeiros crescem a um ritmo de mais de 10% ao ano. A paixão pela produção artesanal de cerveja agora se espalhou para a Ásia, a Europa, a América do Sul e a Austrália.

As gigantes cervejeiras do Centro-Oeste continuam a produzir a maior parte da cerveja consumida nos Estados Unidos, embora não sejam mais controladas pelas famílias que lhes deram nome, e sim por companhias cervejeiras internacionais. A Anheuser-Busch produz metade da cerveja vendida nos Estados Unidos, mas a empresa foi comprada pela companhia belgo-brasileira InBev em 2008. A Anheuser-Busch InBev é dirigida por brasileiros. A Miller Brewing Co. foi comprada pela South African Breweries Ltd em 2002. A Coors Brewing Co. se fundiu com a Molson Breweries do Canadá em 2005, e, posteriormente, a MillerCoors formou um empreendimento conjunto (*joint venture*) em 2007. A MillerCoors é responsável por 30% das vendas de cerveja nos Estados Unidos. Assim como a cerveja artesanal se tornou uma grande força na indústria cervejeira norte-americana, as cervejas importadas ganharam importância, representando agora cerca de 13% do consumo total dessa bebida nos Estados Unidos. Os principais países exportadores de cerveja para os Estados Unidos são México, Holanda e Canadá.

Em 2010, os Estados Unidos, um país que trinta anos atrás possuía poucas variedades de cerveja além das *light lagers* do mercado de massa, foi o lar da cultura cervejeira mais diversa e dinâmica do mundo. Inspirando-se originalmente em várias nações cervejeiras como Inglaterra, Alemanha, Bélgica e outros países, os cervejeiros artesanais norte-americanos hoje são a vanguarda da criatividade e da exploração culinária no mundo cervejeiro. As cervejas saborosas e interessantes dos Estados Unidos, Europa e outras nações têm saído lentamente do domínio de bares especializados para entrar na cultura alimentar norte-americana.

Baron, S. **Brewed in America.** New York: Little, Brown & Co, 1962.
Ogle, M. **Ambitious brew, the story of American beer.** New York: Harcourt Books, 2006.
One Hundred years of brewing, a supplement to the Western brewer, 1903. New York: Arno Press, 1974.

Steve Hindy

O **estágio couve-flor** do crescimento da levedura ocorre quando a primeira espuma com levedura surge na superfície do mosto em fermentação, particularmente nas cervejas de alta fermentação.

"Espuma couve-flor" é assim denominada devido à aparência do vegetal, sendo caracterizada por um aspecto fino, solto. A espuma se forma na superfície do mosto e costuma ser encontrada após as primeiras doze horas de fermentação. Nesse ponto, a levedura está muito ativa e há produção de grandes quantidades de dióxido de carbono. Grandes bolhas se formam e, como a camada superficial de levedura está relativamente fina, essas bolhas permanecem flutuantes. Um *trub* escuro, feito principalmente de proteína, também estará presente nessa primeira espuma e proverá mais estabilidade às bolhas que se elevam ao espaço livre do fermentador, produzindo uma espuma rugosa.

A espuma couve-flor é um importante indicador de que a fermentação está em curso normal e deve estar presente em no máximo 24 horas após o início da fermentação. Em muitas cervejarias a espuma couve-flor é removida, pois é provável que contenha células de levedura mortas provindas da batelada anterior. É indesejável que essas células retornem ao mosto, pois podem liberar sabores indesejáveis.

---

norte-americano movimenta 22 bilhões de litros e 115 bilhões de dólares ao ano. [N.E.]

Uma retirada precoce dessas leveduras e do *trub* residual é recomendada, a fim de se obter uma cerveja de sabor mais limpo.

Keith Thomas

ésteres representam o maior grupo de componentes de sabor em bebidas alcoólicas, gerando os sabores "frutados" na cerveja (excluindo, evidentemente, a adição direta de frutas e sabores de frutas em certas cervejas). Os ésteres são formados pela reação de ácidos orgânicos e álcoois produzidos durante a fermentação. Os ésteres mais significativos encontrados nas cervejas são o acetato de isoamila (banana, *peardrop*), acetato de etila (levemente frutado, solvente), caprilato de etila (maçã), caproato de etila (maçã com nota de anis), e acetato de feniletila (rosas, mel).

Ésteres são produzidos principalmente pelas leveduras durante a fermentação alcoólica e são influenciados por três características inerentes ao processo fermentativo: características das leveduras, composição do mosto e condições de fermentação. Os cervejeiros procuram controlar esses três fatores a fim de produzir exatamente o sabor e o aroma que eles desejam criar para suas cervejas. A seleção de cepas de leveduras é muito importante para determinar o tipo e o nível de ésteres encontrados na cerveja. Algumas cepas são caracterizadas pela produção de altos níveis de acetato de isoamila, mais notavelmente na produção de cerveja de trigo tradicional da região da Baviera (*weizen*, ver KRISTALLWEIZEN), sendo a característica de banana (e cravo) dessas cervejas determinada pela cepa específica de levedura utilizada. Já foi sugerido que as cepas de leveduras para a produção de *ales* ("altos fermentadores"; ver ALTA FERMENTAÇÃO) são mais suscetíveis a produzir ésteres que as cepas para a produção de *lagers* ("baixos fermentadores"; ver BAIXA FERMENTAÇÃO), mas é provável que os altos níveis de ésteres normalmente encontrados em *ales* devam-se às altas temperaturas de fermentação utilizadas na produção desse tipo de cerveja. Além disso, o estado fisiológico da levedura também pode influenciar a produção de ésteres.

A composição do mosto também pode influenciar a formação de ésteres na cerveja. Altos níveis de oxigênio dissolvido no mosto tendem a inibir a formação de ésteres, enquanto altas concentrações de açúcar aumentam as concentrações desses compostos. Cervejas de elevado teor alcoólico tendem a ser caracterizadas por níveis também elevados de ésteres, e os níveis desproporcionalmente altos precisam ser considerados na aplicação da mosturação de alta densidade para a produção de cervejas de teor alcoólico mais baixo. Ver MOSTURAÇÃO DE ALTA DENSIDADE. Outros componentes do mosto, como o nitrogênio na forma de aminas livres (FAN), zinco e lipídios, também influenciam na formação de ésteres. Ver NITROGÊNIO NA FORMA DE AMINAS LIVRES (FAN). Elevados níveis de FAN e zinco no mosto tendem a aumentar a formação de ésteres, ao passo que o alto conteúdo lipídico (particularmente através do *trub*) tende a diminuir o nível desses compostos. Ver TRUB.

A forma dos recipientes de fermentação também pode impactar a produção de ésteres – fermentadores altos e estreitos tendem a produzir níveis baixos de ésteres quando comparados aos fermentadores rasos e de fermentação aberta. O efeito pode ser atribuído a uma combinação de alta pressão hidrostática e alta concentração de CO_2 em recipientes mais altos. A agitação nos fermentadores aumenta os níveis de ésteres, o que é um problema em sistemas contínuos de fermentação, nos quais concentrações excessivas de ésteres são produzidas. Ver FERMENTAÇÃO CONTÍNUA. Os cervejeiros devem levar em conta esses fatores na produção de estilos e marcas específicas de cerveja, em locais específicos, a fim de atingir o perfil de éster desejado.

Ver também SABOR.

Dufour, J.-P.; Malcorps, Ph.; Silcock, P. Control of ester synthesis during brewery fermentation. In: SMART, Katherine (Ed.). **Brewing yeast fermentation performance**. New York: Blackwell Publishing, 2003. p. 213-233.

George Philliskirk

esterilização

Ver PASTEURIZAÇÃO.

esteróis são nutrientes derivados de grãos, essenciais para as leveduras. São tipos de colesterol que fazem parte da membrana citoplasmática da levedura. Possuem duas funções principais: tornam a membrana citoplasmática permeável para a transferência metabólica dos açúcares para dentro da célula e do álcool para fora da célula, e tornam a levedura mais tolerante a níveis crescentes de álcool. Depois de completar a fermentação, os níveis de esteróis da levedura são baixos, e a levedura reinoculada necessita que os níveis de esteróis sejam restaurados para realizar a próxima fermentação de forma saudável. O nível de esteróis dentro das células da levedura depois da inoculação é um indicador de sua viabilidade durante a fermentação e de sua capacidade de continuar ativa no mosto fermentado durante toda a fermentação primária até as fases de refermentação, maturação ou maturação a frio. Os cientistas que estudam fermentações, portanto, muitas vezes referem-se ao nível dos esteróis na levedura pela descrição francesa *facteur de survie*, que significa "fator de sobrevivência".

As leveduras utilizam oxigênio para sintetizar esteróis e ácidos graxos insaturados (AGI), em grande parte durante a fase aeróbia do ciclo de fermentação; é por isso que uma ampla aeração do mosto no momento da inoculação é essencial para o sucesso da fermentação. Fermentações incompletas ou paralisadas, pelo contrário, são frequentemente o resultado da levedura não ter sintetizado esteróis suficientes devido à falta de oxigênio dissolvido no mosto no início do seu desenvolvimento. Uma recente e interessante pesquisa sugeriu a possibilidade de que a adição de oxigênio no momento do armazenamento da levedura, em conjunto com uma adição de azeite de oliva para fornecer AGI, pode ser utilizada para substituir a aeração do mosto, permitindo que a levedura reinoculada inicie a fermentação com amplos níveis de esteróis e AGI.

Ver também AERAÇÃO, FERMENTAÇÃO e LEVEDURA.

Hull, G. Olive oil addition to yeast as an alternative to wort aeration. In: CRAFT BREWERS CONFERENCE, 2005, Philadelphia.

Reed, G.; Nagodawithana, T. W. **Yeast technology**. 2 ed. New York: Van Nostrand Reinhold, 1991.

Horst Dornbusch

estilo de cerveja, um conceito muito debatido e de crucial importância tanto para o cervejeiro como para o consumidor, mas geralmente mal compreendido por aqueles que mais têm se beneficiado da influência que ele exerce. Estilo de cerveja é, essencialmente, a codificação de todos os parâmetros que agrupam certas cervejas, de modo que possam ser reconhecidas, reproduzidas, discutidas e compreendidas.

O ser humano, instintivamente, tende a estabelecer parâmetros e diferenciações. Desejamos saber se um animal em particular é um cervo ou um antílope, se Plutão é um planeta ou apenas uma grande rocha, se o saquê japonês deve ser chamado de "cerveja" ou "vinho" ou talvez se diferencie de cada um desses.

Durante milhares de anos, diversas culturas ao redor do mundo sempre diferenciaram os tipos de cerveja, assim como diferenciaram outros tipos de alimentos. O conceito moderno de estilo de cerveja é por vezes comparado à taxonomia, que agrupa todos os seres vivos do planeta em reinos, filos, classes, ordens, famílias, gêneros e, finalmente, em espécies. Esse padrão descreve o mundo natural, e tudo o que ele caracteriza pode ser considerado objetivamente verdadeiro, mesmo havendo quem discorde dessas classificações.

A cerveja, evidentemente, é algo feito pelo ser humano e, portanto, é algo subjetivo. Assim, falar em estilos de cerveja assemelha-se mais a falar de algum tipo de comida – um molho *hollandaise*, por exemplo. Como qualquer *chef* ou estudante de culinária sabe, o molho *hollandaise* é uma emulsão de gemas de ovo e manteiga, geralmente temperada com suco de limão e algum tipo de pimenta. É levemente picante, de coloração amarelo clara e completamente opaco, sem qualquer granulação ou resquício de óleo. Se lhe adicionam estragão, ou *curry*, ou menta, ou raspas de laranja ou purê de tomate, pode ser transformado em um molho *béarnaise*, molho café de Paris, molho Paloise, molho Choron ou molho Maltaise. De fato, pode-se argumentar com sucesso que o molho *hollandaise* nem sempre foi o que é atualmente, mas, como resultado dessa "taxonomia gastronômica", os *chefs*, cozinheiros e consumidores podem utilizar uma linguagem comum para descrever esse alimento.

Assim, portanto, é a base verdadeira de estilos de cerveja. O estilo de uma cerveja abrange sua coloração, seu grau de carbonatação, aroma, aspectos do seu sabor, técnica cervejeira utilizada para produzi-la e, a geralmente rica história que lhe deu origem. Quando alguém menciona uma "*German pilsner*", portanto, já sabemos que sua coloração é límpida e dourada, sua carbonatação é moderadamente alta,

Cartão comercial, de cerca de 1870, para a Feigenspan Brewery Company, em Newark, Nova Jersey, destacando seus inúmeros estilos de cerveja e o atrativo local: o logotipo "P.O.N.", que significa "Pride of Newark". PIKE POPULAR MUSEU, SEATTLE, WA.

o aroma é fresco e floral com notas de pão provenientes do malte e talvez um toque de enxofre, o amargor é pronunciado, o paladar é seco e a cerveja passou por uma fermentação a frio com leveduras *lager*, apresentando um teor de cerca de 5% (álcool por volume). Também sabemos que foi inventada na cidade de Pilsen, na Boêmia tcheca, por um mestre cervejeiro bávaro em 1842 e que formou a fundação para a maioria das cervejas consumidas no mundo atualmente.

Portanto, a partir de uma palavra – *pilsner* – o cervejeiro e o consumidor podem derivar uma grande quantidade de informações. O mundo do vinho, diversamente fracionado em classificações, regiões, uvas, tipos de vinho etc., permanece um mistério para muitas pessoas. Quando o rótulo de um vinho indica "Barolo", o que isso significa? Barolo é um tipo de vinho, mas, para compreender isso, é preciso saber que foi assim chamado por causa da comuna de Barolo, na Itália, e que é produzido em cinco municípios do Piemonte a partir de uvas Nebbiolo; não existem uvas Barolo. Quando o rótulo apresenta "Barbera", por outro lado, devemos saber que Barbera é uma variedade de uva, não um lugar, e que a Barbera pode crescer em qualquer região. "Champagne" é um lugar e também uma técnica de vinificação; todos os champanhes têm algo em comum, e

isso se aproxima da ideia de estilo. No caso dos Sauternes, isto é ainda mais evidente, já que são produzidos em determinado lugar, são sempre doces, de coloração dourada, feitos a partir de três variedades de uva, as uvas são afetadas por *Botrytis* etc.

Embora tendamos a imaginar que o conceito moderno de estilo de cerveja seja ele mesmo antigo, isto não é verdade. De fato, ele não é nem mesmo velho, tendo sido concebido essencialmente pelo falecido escritor sobre cervejas Michael Jackson, em seu livro referência de 1977, *The World Guide to Beer*. Ver JACKSON, MICHAEL. Ainda que Jackson tenha se baseado nos trabalhos de outros autores, como Jean De Clerck, para estabelecer seus conceitos, o termo "estilo de cerveja" parece ser uma criação unicamente sua, e diversos autores já procuraram em vão por usos anteriores do termo. Ver DE CLERCK, JEAN. Enquanto alguns estilos de cerveja, como *pilsner*, *porter*, *tripel*, *dubbel* e *weissbier*, claramente já existiam e eram bem compreendidos quando Jackson entrou em cena, outros eram como retalhos de um tecido que o próprio Jackson teve de costurar. Quando ele se deparou com inúmeras *sours* com cores castanho-avermelhadas muito parecidas na Flandres Ocidental, na Bélgica, compartilhando um conjunto comum de sabores, aroma, técnicas cervejeiras e cepas de levedura, agrupou-as em um único estilo que denominou "*Flemish red*" – algo de que os próprios flamengos nunca tinham ouvido falar.

A Alemanha, especialmente em função de suas complexas leis tributárias, até certo ponto já havia codificado muitos estilos de cerveja. Mas muitos outros países não tinham essa tradição, e Jackson aplicou extensamente sua nova proposta taxonômica, particularmente na insubordinada Bélgica, criando um sistema por meio do qual o sabor, a cultura e a história da cerveja poderiam ser compreendidos por pessoas comuns. A partir dos trabalhos de Jackson e outros de próprio punho, o escritor Fred Eckhardt publicou por conta própria o influente livro *The Essentials of Beer Style*, em 1989. Ver ECKHARDT, FRED. Juntamente com a obra de Jackson, o livro de Eckhardt teve grande influência sobre seus companheiros cervejeiros caseiros e sobre o florescente movimento das microcervejarias americanas, que já sobrepujavam sua cultura de produção caseira. Em 1985, a American Homebrewers Association anunciou o Beer Judge Certification Program (BJCP), que foi desenvolvido com o objetivo de formar jurados treinados para presidir as competições oficiais de cervejeiros caseiros. O BJCP pautou-se nas designações de estilo de Jackson, e posteriormente de Eckhardt, e construiu a partir deles uma taxonomia codificada de cervejas que agora informa o julgamento de cervejas comerciais no Great American Beer Festival (GABF), na World Beer Cup e em muitas outras competições ao redor do mundo. A partir de 2010, as diretrizes para as competições do GABF reconheceram 78 estilos individuais de cerveja, além de dúzias de subcategorias. Ver BEER JUDGE CERTIFICATION PROGRAM (BJCP), GREAT AMERICAN BEER FESTIVAL (GABF) e WORLD BEER CUP.

Pouco mais de três décadas depois, a ideia de "estilo de cerveja" já está bem enraizada na cultura popular. Todas as publicações sobre cerveja escritas em língua inglesa usam esse termo, assim como aquelas escritas em outros idiomas. Quando a mídia não especializada se refere à cerveja, particularmente de tradição europeia ou artesanal, o estilo da bebida é quase sempre mencionado. Escolas cervejeiras, escolas de culinária e programas de formação de *sommeliers*, baseiam grande parte de seus ensinamentos na ideia de estilo das cervejas.

Inevitavelmente, contudo, há certa resistência à própria ideia de estilo de cerveja. Alguns historiadores do assunto salientam, muito corretamente, que diversos estilos sofreram variações ao longo do tempo, e em alguns casos essas mudanças foram tantas que as cervejas de hoje não seriam reconhecidas por seus próprios progenitores. Os estilos contemporâneos, dizem eles, são apenas um retrato da evolução de uma cultura e, portanto, não são confiáveis e merecedores de codificação. Alguns tradicionalistas bastante obtusos resmungam que em sua juventude não existiam "todos esses estilos – apenas havia cerveja". Muitos jovens entusiastas e cervejeiros enxergam o conceito de estilo de cerveja como uma camisa de força, uma idealização que busca atenuar as bordas afiadas da criatividade domando algo que deveria viver livremente no mundo. Assim como muitos artistas, eles ressentem as tentativas de definição direcionadas a eles e às suas obras, preferindo deixar essas obras falarem por si mesmas, de preferência em alto e bom tom. A blogosfera está em chamas com conversas sobre os "nazistas do estilo", ultraconservadores cujas tramas buscam impedir os bravos cervejeiros de produzirem as cervejas que desejarem.

Como o debate continua, talvez seja melhor considerar o consumidor. Agora frente a uma vasta e magnífica gama de cervejas, o consumidor moderno enfrenta uma estonteante profusão de garrafas, torneiras de chope e rótulos, todos implorando por atenção. Alguém que estiver buscando uma *pale ale* vívida, amarga e bem lupulada deve optar por uma *India pale ale* (IPA). Alguém que procura uma cerveja mais leve, efervescente e frutada, própria para um *brunch*, deve escolher uma *Belgian witbier*. Um outro consumidor que esteja tentando encontrar uma cerveja para depois do jantar, para desfrutá-la em frente da lareira, deveria optar por uma *imperial stout*. Sem os estilos, não há nomenclatura, e sem nomenclatura o cervejeiro teria um trabalho árduo para comunicar ao consumidor toda a ideia do que de fato está contido na garrafa. E quando os cervejeiros usam equivocadamente os nomes existentes para os estilos de cerveja, o consumidor pode se confundir, ou, pior, pensar que a cerveja é uma bebida sem história ou quaisquer antecedentes. À medida que os cervejeiros criam novos estilos, portanto, espera-se que criem também novos nomes para acompanhá-los. Como explicar a cerveja a um novato, quando alguns cervejeiros falam em *Black* IPA? As pessoas sabem o que é *champagne* porque essa palavra *de fato significa algo*. Os enólogos podem fazer tantos vinhos quanto desejarem, mas *champagne jamais* será um vinho tinto. Isso não constitui uma restrição à vinificação criativa – trata-se de uma simples, mas importante, questão de nomenclatura. Assim como os produtores de outros espumantes alegam o mal emprego da palavra *"champagne"* como uma forma de "simplificação", alguns cervejeiros alegarão o mesmo quanto às suas *"hefeweizens"* desprovidas do caráter típico das leveduras *weizen* bávaras.

Ironicamente, aqueles que ralham contra os estilos de cerveja parecem não se dar conta de que a criatividade se baseia na memória. A taxonomia de Bloom, uma criação influente e aplicada aos mais diversos campos, desde temas empresariais até educativos, apresenta uma pirâmide com "Conhecimento e Recordação" na base, "Compreensão", "Descrição" e "Explicação" logo acima e, no topo, a meta final, "Criatividade". Quando se compreende esse conceito, não é de admirar que o país que adotou as diretrizes de estilo de Michael Jackson com tanto fervor seja o mesmo país que desenvolveu aquela que é possivelmente a cultura cervejeira mais dinâmica, criativa e cada vez mais influente do mundo: os Estados Unidos. Os grandes músicos não ficam ofendidos com as partituras, os grandes padeiros não se ofendem com uma baguete e os melhores enólogos não guardam rancor dos clássicos Bordeaux. Os estilos de cerveja são simples formalizações, estruturas e memória coletiva, em outras palavras, um ponto de partida. A arte não floresce por si só, desprovida de um passado. Para o cervejeiro, longe de ser uma camisa de força, o conceito de estilo de cerveja define o lugar no qual cervejeiros modernos irão estabelecer as telas em branco da criatividade. Para o consumidor, trata-se de uma luz sobre os sabores, histórias e culturas por trás de cada garrafa que acena tão sedutoramente da prateleira.

Garrett Oliver

etanol é também conhecido como álcool etílico, "aguardente", ou, ainda mais frequentemente, simplesmente álcool. No entanto, há um grande número de álcoois, que é um termo genérico para compostos orgânicos que se caracterizam pela presença do grupo hidroxila, -OH. O etanol é um líquido incolor com um ponto de ebulição de 78,4 °C. Devido à polaridade relativa do grupo -OH, o etanol é capaz de dissolver muitos íons inorgânicos assim como compostos orgânicos.

O etanol é um álcool de cadeia linear com a fórmula molecular C_2H_5OH e uma fórmula estrutural. Ele é o produto final principal de reações de fermentação anaeróbicas por certos microrganismos, particularmente as leveduras da espécie *Saccharomyces*. Ver SACCHAROMYCES. Na produção de cerveja, os menores carboidratos do mosto, em particular glicose e maltose, são convertidos pela levedura durante a fermentação a etanol e dióxido de carbono. O etanol destinado para uso industrial pode ser produzido como um subproduto da refinação de petróleo.

O etanol é amplamente utilizado para dissolver substâncias comercializadas para consumo ou contato humano, incluindo os flavorizantes, corantes, medicamentos e perfumes. Ele é amplamente utilizado como um solvente e um reagente em processos nas indústrias químicas. Ele é um combustível e é hoje extensamente utilizado como um substituto parcial ou total da gasolina de automóveis. Foi usado pela primeira vez para este último propósito em 1908, com o Ford T.

A fórmula estrutural para o etanol foi uma das primeiras a serem avaliadas, em meados do século XIX. Já em 1828, Michael Faraday sintetizou etanol por hidratação de etileno catalisada por ácido, uma rota muito semelhante à usada hoje para produzir etanol industrial na indústria petroquímica.

O etanol reduz substancialmente a tensão superficial da água. No vinho, isso é responsável pelo fenômeno das "lágrimas" ou "pernas": após a agitação do vinho em uma taça, o etanol se evapora da película na superfície do vidro, levando a um aumento da tensão superficial do líquido, que corre para baixo formando canais. O efeito da tensão superficial também sustenta a observação de que o álcool promove a formação de espuma na cerveja. No entanto, o álcool desestabiliza a espuma uma vez formada, uma vez que compete com moléculas estabilizadoras de espuma na parede da bolha.

A graduação alcoólica é uma medida de quanto etanol está presente numa mistura. Ela era antigamente determinada pela adição de álcool na forma de licor à pólvora. O nível de adição em que a pólvora simplesmente explodia era considerado "graduação de 100 graus".

O etanol reage com os ácidos carboxílicos para produzir ésteres, importantes contribuintes de sabor na cerveja. Ver ÉSTERES. Esta reação pode ser catalisada por ácidos ou por enzimas, particularmente a álcool acetiltransferase da levedura.

A oxidação do etanol conduz sequencialmente ao acetaldeído e ácido acético, sendo importante nos sistemas vivos, incluindo o corpo humano, no qual é catalisada pelas enzimas álcool desidrogenase e acetaldeído desidrogenase. O acetaldeído é mais tóxico do que o etanol e sua acumulação pode ser o motivo de muitos dos impactos adversos do etanol. A reação inversa por meio da qual o acetaldeído é reduzido a etanol é a etapa final fundamental da fermentação alcoólica na levedura, uma reação que garante a continuidade da glicólise.

O etanol tem um impacto direto sobre o sabor das bebidas alcoólicas (aquecimento), mas também influencia a volatilidade de outros compostos de aroma. Tem impactos psicoativos, com um efeito depressor no sistema nervoso central.

O etanol é metabolizado pelo organismo: ele é convertido em acetil-CoA, sendo portanto uma fonte de energia (calorias). Ver ACETIL-COA. Em quantidades excessivas, o etanol pode ser seriamente prejudicial para o organismo humano, podendo levar até à morte. No entanto, em quantidades moderadas parece ser o principal fator causal na capacidade de bebidas alcoólicas de reduzir o risco de aterosclerose (o acúmulo de matérias graxas nas paredes das artérias).

O teor de etanol de uma bebida é geralmente medido em termos da fração do volume de etanol na bebida, expresso tanto como uma percentagem (álcool em volume, ABV, ou álcool em peso, ABW) ou como graduação alcoólica, no caso das bebidas destiladas.

As bebidas fermentadas que contêm etanol são produzidas a partir de diversas matérias-primas, sendo as principais cereais (para produzir cerveja), uvas (vinho), mel (hidromel) e maçãs (sidra). Essa gama aumenta se o produto base da fermentação é destilado. Assim, temos uísques destilados a partir de grãos de cereais fermentados, aguardentes destiladas a partir de sucos de frutas fermentados, rum destilado a partir de melaços fermentados ou cana-de-açúcar e vodka destilada a partir de batatas a grãos. Pode haver outras infusões com frutas e especiarias, por exemplo, gin ou fortificação de produtos fermentados com álcool, por exemplo, Porto e xerez. O *Applejack* é tradicionalmente produzido pela crioconcentração da sidra e o *eisbier* alemão de um modo semelhante, a partir da cerveja.

A oxidação do álcool em diversos produtos fermentados leva à formação de ácido acético (vinagre). O etanol é tóxico para a levedura, e poucas leveduras vão tolerar concentrações mais elevadas do que 15% em volume. Ver CEPAS DE LEVEDURAS TOLERANTES AO ETANOL.

Ver também ÁLCOOL.

Jacques, K. A. et al. **The alcohol textbook**. Nottingham: Nottingham University Press, 2003.

Charles W. Bamforth

etiqueta

Ver COSTUMES ASSOCIADOS À CERVEJA.

A **European Brewery Convention (EBC)** é uma divisão tecnológica e científica autônoma da Brewers of Europe, uma organização sem fins lucrativos que representa o setor cervejeiro europeu. Com sede em Bruxelas, sua missão é beneficiar o setor cervejeiro europeu promovendo a colaboração e o compartilhamento de conhecimentos entre cervejarias, maltarias e organizações acadêmicas.

A EBC foi fundada em 1947 com o objetivo de articular o setor cervejeiro na Europa pós-guerra, atuando como um fórum para compartilhamento da ciência e tecnologia de produção de cerveja. Como os vencedores e vencidos construíram novamente seu setor de cervejeiro após a Segunda Guerra Mundial, a cooperação entre eles foi fundamental e a EBC tornou-se um vetor de informações. A EBC forneceu pesquisas científicas essenciais para cervejarias, governos e formuladores de políticas durante a instituição de normas agrícolas, políticas ambientais e regras de segurança alimentar na Europa, processo que levou várias décadas.

Embora o principal objetivo da EBC seja beneficiar os cervejeiros europeus, a organização é mais conhecida por seus congressos EBC, que são realizadas de dois em dois anos. Esses congressos estão entre os mais importantes encontros do mundo voltados inteiramente para a ciência e tecnologia de produção de cerveja.

No final da década de 1990, a EBC iniciou uma discussão sobre uma fusão com a Conféderation des Brasseurs du Marché Commun (CBMC). Fundada em 1958, e estreitamente relacionada com a Comunidade Europeia (e mais tarde com a União Europeia), em 2001 a CBMB mudou oficialmente seu nome para Brewers of Europe. Depois de uma década de debate, no final de 2007 a EBC e a Brewers of Europe fundiram-se, concedendo ao setor cervejeiro uma voz unificada.

A filiação à EBC é aberta a organizações nacionais na Europa que representam a maior parte do setor cervejeiro de seu país. Dezenove países europeus são membros da EBC.

O conselho da Brewers of Europe supervisiona um comitê executivo composto de representantes das organizações nacionais filiadas e de grandes cervejarias. O comitê executivo planeja e executa as atividades da organização e sua administração cotidiana é conduzida por um diretor executivo.

European Brewery Convention. Disponível em: www.europeanbrewery convention.org/. Acesso em: 15 abr. 2011.

Karl-Ullrich Heyse e Garrett Oliver

evaporação a vácuo é um método moderno de preparação do mosto "sem fervura". Ver FERVURA e MOSTO. Ele baseia-se na relação física entre a temperatura de ebulição de um líquido e a pressão do ambiente que o rodeia. O objetivo da evaporação a vácuo é a sustentabilidade ecológica, conseguida pela redução do uso de energia primária na sala de brassagem. Um objetivo secundário é a melhora da qualidade do mosto através da redução dos fatores de cisalhamento que atuam sobre o mosto durante uma fervura longa e convencional. Na evaporação a vácuo, a preparação do mosto é dividida em duas etapas distintas, a fase de fervura lenta e a fase de evaporação. Durante a fase de fervura lenta, a temperatura do mosto é mantida pouco abaixo do ponto de ebulição, a cerca de 98 °C, durante cinquenta a sessenta minutos. Isso garante que todos os processos bioquímicos de uma fervura convencional ocorram, incluindo a esterilização do mosto, isomerização dos alfa-ácidos do lúpulo, formação dos componentes de sabor e aroma e a coagulação das proteínas em excesso. Ver MELANOIDINAS, PROTEÍNAS e REAÇÃO DE MAILLARD. No final da fase de aquecimento sem fervura, o mosto é bombeado para o *whirlpool*, onde passa por uma fase convencional de sedimentação do *trub*. Contudo, nesse momento, em vez de ser enviado para o trocador de calor, o mosto é bombeado através de um evaporador a vácuo em linha com uma atmosfera constante de vácuo. Nesse equipamento, a evaporação de voláteis indesejáveis do mosto, especialmente dimetil sulfeto e seus precursores, que são geralmente extraídos durante uma vigorosa ebulição na tina de fervura, são essencialmente sugados para fora do mosto. Ver DIMETIL SULFETO (DMS). Não é preciso dispender a grande quantidade de energia de evaporação térmica que normalmente dá início à mudança do estado líquido para vapor. Além da economia substancial de energia, em comparação com o tratamento convencional do mosto na tina de fervura, a tecnologia de evaporação a vácuo tem a vantagem adicional de reduzir o impacto térmico sobre o mosto, reduzindo o seu potencial de oxidação. Isso, por sua vez, aumenta a estabilidade geral da cerveja, especialmente a estabilidade da espuma. A tecnologia de evaporação a vácuo pode ser adaptada para a maioria das salas de brassagem convencionais, e pode, portanto, servir como um caminho para as cervejarias ambientalmente conscientes modernizarem e atualizarem suas antigas e energeticamente ineficientes salas de brassagem sem substituir toda a instalação. Atualmente, existem dois principais fabricantes da tecnologia de evaporação a vácuo para salas de brassagem: a Ziemann, de Ludwigsburg, e a Schulz, de Bamberg, ambas na Alemanha. A tecnologia da Schulz, "GentleBoil", foi projetada para funcionar completamente sem a tina de fervura. Em condições ideais, esse método pode reduzir a energia primária consumida na sala de brassagem para menos de um litro de óleo combustível (ou equivalente) por hectolitro de mosto, que equivale a uma economia de energia de 70% em relação às técnicas convencionais de preparação do mosto. Na equação do impacto ambiental, a pegada de carbono por hectolitro de mosto é reduzida de 9 mil gramas de CO_2 no método tradicional para 3 mil gramas de CO_2 no método da evaporação a vácuo.

Dornbusch, H. Sustainability in the brewhouse. **The New Brewer**, p. 40–45, jul.-ago. 2009.

Oliver Jakob

extra special bitter (ESB) tem sido o carro-chefe de muitas cervejarias nos Estados Unidos e Austrália, embora muitas dessas cervejas encontrem suas origens na cervejaria britânica Fuller, Smith & Turner. Pioneira do estilo, a Fuller's ESB é produzida em Chiswick, no oeste de Londres; nenhuma cerveja britânica ganhou mais prêmios da Campaign for

Real Ale em seu campeonato anual Champion Beer of Britain. Ver CAMPAIGN FOR REAL ALE (CAMRA) e FULLER, SMITH & TURNER. Foi nomeada Champion Beer of Britain em 1978, 1981 e 1985 e Best Strong Ale em 1978, 1979, 1981, 1983, 1985, 1987 e 1991, recebendo medalha de prata na categoria *strong bitter* em 2002.

A Fuller's ESB (com 5,5% ABV na versão em barril, e 5,9% ABV na versão em garrafa) foi elaborada pela primeira vez em 1969 como uma *winter beer* e, dois anos depois, passou a fazer parte da produção regular da empresa com seu nome atual. É feita com 90% de malte claro Optic, 3% de malte Crystal e 7% de flocos de milho, apresentando coloração âmbar-acobreada. A formulação complexa de lúpulos inclui as variedades Challenger, Goldings, Northdown e Target. A cerveja é lupulada já tardiamente na tina de fervura com as variedades Challenger e Northdown, e posteriormente tem seu *dry hopping* com a variedade Goldings no tanque de fermentação. Goldings também é utilizado para realizar o *dry hopping* posteriormente nos barris. A Fuller's ESB é refrescante, com 34 IBU de amargor, e muitos críticos já enalteceram o rico caráter frutado a laranja dessa cerveja, inclusive comparando-a à tradicional geleia Frank Cooper, de Oxford.

A cerveja pronta exibe uma rica profusão de maltes, notas a laranja e aromas de lúpulos apimentados, com uma entrada encorpada de um malte suculento, casca de laranja e resinas de lúpulo de amargor ao paladar. O final é complexo e prolongado, perfeitamente equilibrado entre malte, lúpulos e o intenso frutado, finalmente se tornando mais seco e com notas resinosas de lúpulos de amargor.

Embora a Fuller's mantenha muito cuidadosamente a denominação ESB como uma marca no Reino Unido, a cerveja tornou-se inspiração para centenas de outras cervejas também chamadas de "ESB" no mundo todo, particularmente nos Estados Unidos, onde é o carro-chefe de muitos *brewpubs*. Embora a ESB seja hoje considerada um estilo distinto, os parâmetros já derivaram bastante em relação à cerveja original, de modo que hoje se incluem colorações entre o amarelo-palha e o cobre, assim como um caráter de lúpulo podendo variar de moderado a forte. Normalmente se aceita que esse estilo deva ser frutado e com caráter maltado, com um dulçor moderado ao paladar e um final lupulado seco e limpo. A maioria dessas cervejas apresenta entre 5,5% e 5,8% ABV, um patamar considerado forte no Reino Unido, mas não em outros países. A competição anual Great American Beer Festival hoje reconhece as versões inglesa e americana do estilo ESB, sendo que esta última apresenta lúpulos americanos cítricos em vez do caráter terroso das variedades inglesas.

Roger Protz

extração com gás misto é o uso de uma mistura de gases (geralmente nitrogênio, N_2, e dióxido de carbono, CO_2) para servir chope. Existem duas razões para utilizar gases misturados na extração da cerveja: ou porque a cerveja vem de fábrica com uma mistura de N_2 e de CO_2 já dissolvida na cerveja (como é o caso da Guinness e outras cervejas nitrogenadas) ou porque é necessária pressão adicional para conduzir a cerveja por uma linha muito longa de extração.

O princípio físico, em ambos os casos, é a chamada lei de Dalton, a qual estabelece que diferentes gases em um barril de cerveja devem se comportar de forma independente. No caso de uma cerveja nitrogenada, tal como a Guinness em chope, a extração com gás misto é necessária porque a extração de uma cerveja nitrogenada com CO_2 puro causaria a saída do N_2 dissolvido na cerveja para o espaço livre do barril, como se não existisse pressão nenhuma nessa parte do barril. O N_2 da cerveja essencialmente "ignoraria" o CO_2 do espaço livre e migraria para essa região, até que se alcançasse o equilíbrio entre a quantidade de N_2 dissolvida na cerveja e a pressão desse gás no espaço livre. Conforme o N_2 deixasse a cerveja, o CO_2 também se difundiria para a bebida por meio do mesmo princípio. Isso parece contrariar a intuição para muitas pessoas, mas o fato é que, embora a pressão de qualquer gás possa ser utilizada para empurrar fisicamente um líquido do barril até a torneira da chopeira, a pressão do CO_2 é incapaz de segurar o nitrogênio na solução e vice-versa.

O mesmo efeito pode ser observado quando se extrai cerveja carbonatada normalmente, com uma mistura 75/25 de N_2 e CO_2, amplamente conhecida como "gás de cerveja" ou "G-mix" (em que "G" significa "Guinness"). Nesse caso, a cerveja normalmente carbonatada perderia CO_2 para o espaço livre do barril e finalmente se tornaria pouco carbonatada, exceto sob pressões extremas. Se a cerveja é extraída no bar com 20 libras de pressão total, a proporção 75/25 significa que o gás exercerá 15 libras de pressão de N_2, mas apenas 5 libras de pressão de CO_2. A parte dessa pressão total pela qual um gás é responsável é conhecida como a pressão parcial desse gás. Ver LEI DE DALTON.

A maioria das cervejas normalmente gaseificadas necessita de 12 a 15 libras de pressão de CO_2 para manter a carbonatação adequada, mas conseguir isso com uma mistura gasosa contendo apenas 25% de CO_2 exigiria 48 a 60 libras de pressão total, que é uma pressão muito alta para a maioria dos sistemas. Em pressões de extração mais normais, as cervejas carbonatadas extraídas com G-mix acabam caindo ao mesmo nível de carbonatação reduzida da Guinness em chope. A incapacidade de compreender esse princípio básico faz com que muitos bares e restaurantes acabem servindo chope pouco carbonatado, porque têm a impressão equivocada de que podem extrair todos os tipos de chope com a mesma mistura de gás.

No entanto, um misturador de gás comercial pode ser usado para alcançar combinações personalizadas de N_2 e CO_2, o que é útil para extrair o chope em sistemas longos de extração com uma pressão total mais elevada e mantendo a carbonatação adequada. Para tanto, a pressão total no barril é elevada pelo aumento da pressão parcial de N_2, mantendo constante a pressão parcial de CO_2. Assim, um aumento na proporção de N_2 em relação ao CO_2 irá resultar em pressões maiores de extração sem causar maior pressão de CO_2, evitando assim o excesso de carbonatação do chope no barril. A mistura de gases reduz os gastos dos estabelecimentos porque o gás pré-misturado é mais caro que o gás comprado separadamente. Além disso, a capacidade de manter a carbonatação adequada resulta em clientes mais felizes, melhores vendas de cerveja e menos perda.

Ver também CARBONATAÇÃO, CERVEJA NITROGENADA e CHOPE.

Dalton, J. On the absorption of gasses by water and other liquids. **Memoirs of the Literary and Philosophical Society of Manchester**, Manchester, v. 1, p. 271-287, 1805.

Nick R. Jones

extração por gravidade é o método original para se tirar a cerveja de um barril, usado antes da invenção dos sistemas de extração de chope. Basicamente, uma vez que uma torneira estivesse instalada no barril, a bebida era simplesmente extraída diretamente em um copo sem passar por uma linha de cerveja. Atualmente, embora esse método seja raro na Europa, restrito a estabelecimentos especiais, na Inglaterra ele é ainda uma forma relativamente comum de extração da cerveja refermentada em barril. Inventada no início do século XIX, a bomba manual, permitiu a extração da cerveja no bar, armazenada na adega abaixo dele. Antes disso, os barris eram acomodados ou no bar, ou atrás dele, e o *barman* simplesmente abria a torneira para servir um *pint*. Mantas para o barril podiam ser usadas para manter a cerveja fria. Hoje, a extração por gravidade é vista principalmente em *pubs* na Inglaterra, em festivais de cerveja refermentadas em barril, e, nos Estados Unidos, ocasionalmente em *brewpubs* e em bares especializados em cerveja artesanal. Alguns entusiastas de cerveja gostam especialmente da extração de *ales* por gravidade, porque elas são servidas com agitação mínima, preservando, assim, a delicada carbonatação natural que é valorizada nessas cervejas.

Garrett Oliver

extrato aparente é a medida direta dos sólidos dissolvidos no mosto cervejeiro, determinado de acordo com a sua densidade. Ver DENSIDADE ESPECÍFICA. Uma porção substancial de sólidos dissolvidos será removida do mosto durante a fermentação pela ação da levedura, assim o progresso da fermentação pode ser monitorado pela medição do desaparecimento desses sólidos. Contudo, o método de medição compara a massa dos sólidos dissolvidos com a massa da água. Conforme a fermentação progride, o soluto deixa de ser água pura e passa a ser uma mistura de água e álcool.

O álcool apresenta densidade substancialmente inferior à da água. Isso significa que o extrato "verdadeiro" ou "real" é maior que o medido diretamente, por isso o termo "extrato aparente".

Ver também EXTRATOS.

Steve Parkes

extrato de malte de cevada

Ver EXTRATO DE MALTE LÍQUIDO.

extrato de malte líquido, é um mosto cervejeiro concentrado, não fermentado, na forma de xarope viscoso, utilizado na produção de cerveja – especialmente por cervejeiros caseiros – bem como na indústria alimentar. O extrato de malte líquido é um ingrediente comum em produtos de panificação, confeitaria, cereais matinais, bebidas de malte, produtos lácteos e condimentos. Ele é frequentemente utilizado como um substituto do caramelo. Assim como o mosto, o extrato de malte líquido pode ser produzido em muitas cores e sabores diferentes. Pode ser flavorizado com lúpulo ou não. A produção do extrato de malte líquido ocorre através de moagem, mosturação, filtração e fervura do mosto, assemelhando-se à produção convencional de mosto cervejeiro. Ver FERVURA, FILTRAÇÃO, MOAGEM e MOSTURAÇÃO. Dependendo da cor e sabor desejados, o perfil de maltes utilizados para produção do extrato de malte líquido é composto de apenas um tipo de malte ou é uma mistura variada de maltes claros e especiais. Ver MALTE CRYSTAL, MALTE PRETO e MALTES CARAMELO. A filtração é realizada idealmente com um filtro de mosto, em vez de uma tina de filtração tradicional, pois o mosto pode ser recuperado a uma densidade notavelmente mais elevada, reduzindo tempo, energia e custos durante a fase de concentração. Uma vez que o mosto foi fervido, ele costuma ser ainda mais concentrado por evaporação, até que se atinja 70% a 80% de sólidos solúveis. Ver XAROPE DE MALTE. Se for ainda mais concentrado, na forma de pó, chama-se extrato de malte seco ou malte pulverizado. Ver EXTRATO DE MALTE SECO. Por fim, o extrato de malte líquido é assepticamente embalado, geralmente em uma embalagem metálica ou plástica, para distribuição.

Como o extrato de malte líquido não passa de mosto pós-fervura, concentrado e não fermentado, seu conteúdo é proporcionalmente idêntico ao do mosto convencional (exceto, naturalmente, pelo teor de água) e possui todos os elementos traço normais, incluindo zinco, ferro, manganês, potássio, cálcio, cobre e magnésio, bem como vitaminas e lipídios. O extrato de malte líquido, portanto, pode proporcionar o crescimento da levedura e sustentar seu metabolismo tão bem como qualquer mosto normal. A maior parte do açúcar fermentável no extrato de malte líquido tem a forma de maltose (cerca de 60% a 70%). Para produção de cerveja, o extrato de malte líquido precisa de ser diluído com água quente até a densidade desejada, aquecido para esterilizar-se e, em seguida, resfriado e fermentado como mosto comum. O extrato de malte líquido está disponível em uma grande variedade de formulações, especialmente para cervejeiros caseiros, que podem escolher entre muitas variedades de estilos específicos de cerveja, incluindo trigo, Munique, *amber*, *pils*, *porter* e *stout*. Muitos cervejeiros caseiros também misturam vários extratos de malte líquido diferentes para uma variabilidade ainda maior. Alguns extratos de malte líquido contêm adições de enzimas diastáticas para permitir a utilização de adjuntos amiláceos não malteados, no processo de brassagem. Ver ADJUNTOS, AMILASES, ENZIMAS e PODER DIASTÁTICO. Tais extratos de malte líquido, no entanto, não devem ser aquecidos acima de 74 °C antes da conversão desejada do amido, pois o calor irá desnaturar as enzimas necessárias.

Os cervejeiros comerciais também encontraram muitos usos para o extrato de malte líquido. Pequenos *brewpubs* e microcervejarias recém-fundados, por exemplo, podem adiar a compra de uma tina de mostura e de filtração utilizando o extrato de malte líquido na produção de cerveja. Da mesma forma, as cervejarias podem considerar mais eficiente mosturar e filtrar apenas um mosto, normalmente claro, e misturar diferentes extratos de malte líquido na tina de fervura, produzindo vários estilos de cerveja diferentes. Uma aplicação especial é a adição de um extrato de malte líquido de maltodextrina, especialmente formulado e rico em açúcares não fermentáveis, a um mosto destinado a uma cerveja com baixo teor alcoólico. Os açúcares não fermentáveis (dextrinas) resultam em uma cerveja pronta mais encorpada e melhoram a sensação na boca.

Ver também DEXTRINAS.

Evan Evans

extrato de malte seco é o mosto em que quase toda a umidade foi removida. Ver MOSTO. O processo de produção do extrato de malte seco é muito semelhante ao do café instantâneo, em que o mosto quente é pulverizado por meio de um atomizador em uma câmara aquecida. Sopradores criam correntes de ar vigorosas no interior da câmara. Como resultado dessa turbulência, as gotículas de mosto permanecem suspensas, secam e assentam no fundo do secador. O extrato de malte seco, ao contrário do extrato de malte líquido, nunca é flavorizado com lúpulo, pois os compostos do lúpulo não sobreviveriam ao processo de secagem. Ver EXTRATO DE MALTE LÍQUIDO. Para fazer o mosto de cerveja a partir de extrato de malte seco, o extrato em pó simplesmente necessita ser misturado com água para ser reidratado. A razão entre extrato de malte seco e água depende da densidade desejada do mosto. Ver EXTRATO ORIGINAL. Uma vez reconstituída, a solução pode ser fervida, lupulada, resfriada e fermentada como um mosto comum.

Horst Dornbusch

extrato em água fria é a porção dos sólidos do malte que é solúvel em água fria, sendo expressa como uma porcentagem do peso do malte. O teste é realizado a 20 °C utilizando água com adição amônia para inibir qualquer ação enzimática. Ele serve como uma medida do grau de modificação do malte. Valores no intervalo de 15% a 22% são considerados aceitáveis. O extrato em água fria é constituído de açúcares simples, aminoácidos e outros componentes solúveis produzidos durante a ruptura do endosperma da cevada durante a malteação. Ver ENDOSPERMA. As maltarias que produzem maltes especiais em um torrador de tambor deliberadamente permitirão que a degradação enzimática do endosperma da cevada seja quase completa, criando um elevado extrato em água fria antes da torrefação. Isso proporciona uma grande quantidade de carboidratos simples e de aminoácidos para as desejáveis reações de Maillard que ocorrem durante a torrefação. Ver REAÇÃO DE MAILLARD. Os cervejeiros não chegam a se preocupar com o extrato em água fria como um parâmetro direto de seu malte, mas fazem uso desse valor (%) para inferir outras características do malte, tais como o grau de modificação. Eles também utilizam a variação desses valores como uma medida da consistência da malteação.

Ver também MALTEAÇÃO, MALTES TORRADOS e MODIFICAÇÃO.

Steve Parkes

extrato em água quente, comumente referido como HWE (*hot water extract*), é uma medida analítica obtida em balança de laboratório, da quantidade de sólidos dissolvidos provenientes do malte e outros materiais utilizados na sala de brassagem. A análise de extrato em água quente é utilizada para medir o potencial cervejeiro de diferentes maltes ou adjuntos e pode ser usada para comparar variedades de cereais e processos de malteação. Ver ADJUNTOS. É utilizado por cervejeiros para comparar maltes e malteadores e como uma medida para assegurar que o malte expedido a uma cervejaria obedece às especificações. A medição do extrato em água quente é obtida medindo-se a densidade do mosto derivado de uma massa fixa de malte (ou outro material) que foi moída de uma maneira específica, em temperatura e período específicos. Esse processo imita de forma geral o processo de mosturação em uma cervejaria. Ver MOSTURAÇÃO. O mosto é filtrado, a densidade é medida e o extrato em água quente da amostra é determinado.

Os métodos de medição do extrato em água quente são definidos especificamente pelas três principais instituições cervejeiras, o Institute of Brewing and Distilling no Reino Unido (IBD), a European Brewery Convention (EBC) e a American Society of Brewing Chemists (ASBC). Cada um reflete o método de produção de mosto predominantemente utilizado em suas áreas, por exemplo, a análise realizada pelo IBD envolve misturar e fixar o malte a 65,5 °C, refletindo a infusão da mosturação de cervejas do estilo *ale*. A mostura da EBC, algumas vezes chamada de mostura *"congress"*, envolve a mosturação a 45 °C com aumento de temperatura a 70 °C, refletindo o processo de produção de cervejas do tipo *lager*. Ver CONGRESS MASH. O sistema utilizado pela ASBC é similar ao método empregado pela EBC. O extrato em água quente é citado de inúmeras maneiras, por exemplo, graus litro por quilograma de malte (por exemplo, 304 L deg/kg); na Europa, é comum expressar o extrato como percentual do peso seco do malte (por exemplo, 82%).

Paul KA Buttrick

extrato original, algumas vezes também chamado de densidade inicial, é uma medida do teor de sólidos solúveis originalmente contidos no mosto, antes da fermentação alcoólica ter se iniciado para produzir a cerveja. O extrato original é uma das principais medições realizadas pelos cervejeiros para determinar o futuro teor alcoólico de uma cerveja fermentada a partir de um mosto específico.

É medido por um sacarímetro ou um refratômetro, como densidade do mosto a uma temperatura e pressão padrão (STP; usualmente 20 °C e 760 mm) no ponto final de coleta, antes de a levedura ser adicionada. O extrato original é expresso como o valor excedente à densidade da água destilada, e no Reino Unido é chamado de densidade excedente. Considera-se que a água tem uma densidade a STP de 1,000. Se a densidade do mosto for 1,048, ele terá 48° de densidade excedente e um OG de 48.

Internacionalmente, diferentes unidades são usadas para expressar o extrato original, próprias da indústria cervejeira, incluindo graus Plato, graus Balling ou o percentual de matéria seca do mosto, Brix% (somente para sacarose). Essas unidades levam em conta os fatores de solução de carboidratos e misturas complexas de carboidratos tipicamente encontrados no mosto elaborado a partir de diferentes cereais/receitas de malte (por exemplo, malte de cevada, milho, arroz, açúcar). O valor para essas unidades aproxima-se de um quarto da densidade excedente. No exemplo anterior, 48/4 = 12% de matéria seca em peso ou 12 °Balling ou 12 °Plato.

Procedimentos laboratoriais podem ser empregados para estabelecer o extrato original de uma cerveja medindo-se tanto a densidade presente ou aparente da cerveja como seu teor alcoólico, sendo esse último obtido por destilação da bebida. Tabelas de extrato original reconvertem o teor alcoólico para a quantidade de açúcares fermentados na sua produção. Então, pela adição desses dois valores, o extrato original do mosto pode ser estabelecido por tabelas. As tabelas de conversão do teor alcoólico para o valor de carboidratos fermentados foram primeiramente produzidas em 1850 por Graham, Hofman e Redwood, e então incorporadas como Tabelas Estatutárias no UK 1880 Inland Revenue Act para o cálculo do imposto de consumo. Descobriu-se que elas forneciam resultados imprecisos sob certas circunstâncias (Seção 15 do Act Export Drawback etc.), então em 1910, após uma investigação conjunta (*Joint Inquiry*) liderada por Sir T. E. Thorpe e pelo dr. H. T. Brown do Institute of Brewing, elas foram aprimoradas para acomodar "as operações de produção de cerveja conforme realizadas na prática cervejeira atual". O uso da tecnologia de produção de cerveja de alta densidade e a diluição pós-fermentação são ignoradas por essa análise, pois ela mede o extrato original como se não tivesse ocorrido diluição.

Os cervejeiros buscam atingir um extrato original consistente para seus mostos como parte da garantia da qualidade geral de suas cervejas.

Ver também DENSIDADE ESPECÍFICA, ESCALA BALLING e ESCALA PLATO.

Broderick, H. M. (Ed.). **The practical brewer.** St. Paul: Master Brewers Association of the Americas, 1993.

Graham, T.; Hofman, A. W.; Redwood, T. Report on original gravities. **Quarterly Journal of the Chemical Society**, n. 5, p. 229, 1852.

Hopkins, R. H.; Krause, B. **Biochemistry applied to malting & brewing.** 2. ed. London: Allen & Unwin, 1947.

Hough, J. S. et al. (Ed.). **Malting & brewing science.** 2. ed. London: Chapman & Hall, 1982.

Chris J. Marchbanks

extrato real é um cálculo preciso acerca da densidade da cerveja. Está relacionado à densidade de um mosto fervido, à atenuação de um mosto fermentado e ao teor alcoólico de uma cerveja pronta. A densidade específica do mosto, devido à presença de açúcares na solução, é superior à densidade da água, definida pelo valor de 1,000. A densidade é comumente medida em termos de densidade original ou graus Plato (°P). Ver ESCALA PLATO e EXTRATO ORIGINAL. Uma cerveja padrão pode ter um extrato original de 1,048 ou 12 °P. Conforme a cerveja é fermentada – ou atenuada – sua densidade decresce porque os açúcares são convertidos em gás carbônico, que em grande parte escapa da solução, e álcool, majoritariamente etanol, que em sua maioria permanece na cerveja.

Atenuação é, portanto, a extensão em que o açúcar contido no mosto foi convertido em álcool. Se uma cerveja tem muito açúcar residual após a fermentação, ela apresenta um valor pequeno de atenuação quando comparada a uma cerveja com a mesma densidade e pouca ou quantidade nula de açúcares residuais. Se a diferença na densidade entre o mosto inicial e a cerveja final for medida por um sacarímetro, esse valor de atenuação estará equivocado, porque a densidade do mosto é medida baseada no açúcar dissolvido em um líquido de referência composto somente por água. A densidade da cerveja é medida com base nos açúcares residuais dissolvidos em um líquido de referência que é composto tanto por água quanto por álcool. Isso é significativo, pelo fato de o álcool ter uma densidade menor que a da água. Portanto, a diferença entre a leitura da densidade do mosto e da cerveja final pelo sacarímetro resulta em um valor chamado de atenuação aparente – "aparente" ao invés de real, porque esse valor contém um pequeno erro. Ver ATENUAÇÃO e DENSÍMETRO.

Esse erro é baseado no fato de que o etanol tem somente 79% da densidade da água pura. O extrato real, portanto, é o valor corrigido para a quantidade de atenuação. É derivado matematicamente da densidade inicial do mosto e da densidade final da cerveja, ambas medidas em °P, com dois fatores de correção. O extrato real, portanto, considera o efeito da presença de álcool na cerveja pronta (e a ausência de álcool no mosto inicial). A fórmula para a determinação de extrato real é (com 0,1808 e 0,8192, respectivamente, como fatores de correção)

Extrato real = 0,1808 × °P (do mosto inicial) + 0,8192 × °P (da cerveja final)

Se o extrato original de um mosto for 1,048 (ou 12 °P), por exemplo, e a densidade final da cerveja for 1,012 (ou 3 °P) – esses são valores bem comuns encontrados na maioria das cervejas padrão – utilizando um valor arredondado de 4 pontos de densidade equivalentes a 1 °P, RE é

Extrato real = [(0,1808 × 12) + (0,8192 × 3)] °P
Extrato real = (2,1696 + 2,4576) °P
Extrato real = 4,6272 °P

Ver também EXTRATO APARENTE, GRAU REAL DA FERMENTAÇÃO e SENSAÇÃO NA BOCA.

Paul H. Chlup

extratos são soluções concentradas de mosto doce obtidos predominantemente da mosturação com cevada malteada ou com adjuntos e em alguns casos o mosto lupulado. O mosto é então evaporado sob vácuo ou sob pressão atmosférica reduzida usando o menor calor possível (abaixo de 50 °C) para minimizar qualquer efeito adverso sobre a cor e sabor. Os extratos podem ser produzidos em uma grande variedade de padrões quanto ao perfil de açúcar, teor de proteína e atividade enzimática e podem ser formulados para produzir estilos específicos de cerveja.

Começando com uma mostura de alta densidade, o mosto é concentrado entre 75% e 85% de sólidos solúveis com uma densidade específica entre 1.400 e 1.450 e, portanto, tem a vantagem de ser estável à temperatura ambiente e protegido do crescimento microbiano.

Opções de embalagens variam de pequenas latas a baldes de 20 litros, tambores e até caminhões tanques. Alguns extratos são secos e podem ser enviados como flocos ou pós em bolsas seladas de 25 quilos.

Os extratos são usados exclusivamente em algumas pequenas cervejarias, às vezes com a adição de pequenas quantidades de grãos. Eles também são amplamente utilizados pelos cervejeiros amadores. Operações maiores os empregam como suplemento ou auxiliar de produção para garantir a consistência e qualidade dos mostos produzidos por meio de práticas normais. Os extratos também são usados por cervejarias localizadas em lugares remotos, tais como aquelas localizadas em bases militares norte-americanas, devido à sua conveniência e facilidade de utilização na produção de cervejas consistentes e de alta qualidade.

Jonathan Downing

extratos de lúpulo representam um dos vários produtos processados do lúpulo que estão disponíveis aos cervejeiros modernos. Mais de 50% de todo o lúpulo utilizado pela indústria cervejeira mundial é processado como extrato. O CO_2 é o solvente primário utilizado no processo moderno de fabricação do extrato. Antes desse método, os extratos eram fabricados utilizando solventes como etanol, metanol e hexano. A extração com etanol ainda é praticada em escala limitada. Muitos cervejeiros acreditam que o método com CO_2 é mais efetivo na extração seletiva dos componentes mais importantes do lúpulo bruto, fornecendo um material cervejeiro mais puro. Resíduos de solvente não são problema com esse método, e o extrato resultante é também livre de nitratos e pesticidas residuais. Em sua forma não processada, o método com CO_2 fornece um material cervejeiro bruto com aroma fresco de lúpulo e características de sabor mais estáveis após longos períodos de armazenamento. Esse produto é tipicamente armazenado à temperatura ambiente até sua utilização, ao contrário de lúpulos enfardados, que precisam ser refrigerados. A extração com CO_2 retém os mais importantes componentes do lúpulo requeridos na produção de cerveja, tais como alfa-ácidos, beta-ácidos, óleos essenciais e outras resinas moles. Muitos cervejeiros acreditam que cervejas produzidas com esses extratos possuem um sabor e aroma característicos, similares às cervejas produzidas com lúpulos inteiros ou peletizados. Outros acreditam que a extração com etanol possui uma vantagem sobre o CO_2, devido à melhor retenção de polifenóis e xanthohumol, que alegam poder fornecer à cerveja uma melhor palatabilidade e estabilidade. Além disso, pesquisadores da Weihenstephan descobriram que os componentes dos óleos do lúpulo volatilizam da tina de fervura mais rapidamente quando se utiliza qualquer tipo de extrato do que quando se utilizam péletes ou cones inteiros.

Apesar desse debate, os extratos de lúpulo têm suas vantagens. Quando extratos são utilizados, a sala de mosturação pode produzir mais mosto, pois a celulose original da planta foi removida, tornando a separação do mosto menos dificultosa em relação a quando lúpulos inteiros ou péletes são utilizados. Extratos também são concentrados, e assim reduzem o custo de transporte do material bruto. Utilizar um extrato com uma quantidade de alfa-ácidos mensurada possibilita precisão no amargor conferido à cerveja finalizada. O extrato é acondicionado em latas de 0,5 a 10 kg, assim como tambores contendo cerca de 200 kg. As embalagens pequenas reduzem os custos de transporte em relação a lúpulos inteiros ou peletizados. Sofisticados sistemas automatizados de dosagem de lúpulo normalmente são utilizados para esses extratos; entretanto, em muitos casos, o cervejeiro simplesmente despeja o extrato diretamente na tina de fervura. A taxa de aproveitamento desses extratos em termos de unidades internacionais de amargor é tipicamente de 35% quando adicionado à tina de fervura. Ver UNIDADES INTERNACIONAIS DE AMARGOR (IBU). Extratos de CO_2 costumam servir de material de início para outros extratos de lúpulos purificados, pré-isomerizados e outros produtos modificados a jusante na cadeia produtiva, como o "Tetra". Esses extratos modificados de lúpulo possuem uma taxa de aproveitamento ainda maior e, portanto, maior eficiência quando dosados na cerveja após a fermentação, tendo obtido grande respaldo internacional entre cervejeiros produtores de *light lagers*. Alguns extratos modificados de lúpulo apresentam estabilidade à luz ultravioleta, evitando odores desagradáveis (*skunking reaction*) e permitindo que as cervejas sejam embaladas em garrafas claras, sem receio de danos. Ver LIGHTSTRUCK. Muitos cervejeiros artesanais, particularmente nos Estados Unidos, evitam totalmente os extratos de lúpulo, tanto por razões filosóficas como pela crença de que são inerentemente inferiores aos lúpulos inteiros ou peletizados. Partidários, incluindo alguns cervejeiros artesanais, afirmam que extratos de lúpulo permitem a eles introduzir muito mais amargor na cerveja do que seria viável de outra maneira. Extratos de lúpulo obtidos com CO_2 agora são amplamente utilizados na produção de estilos de cerveja altamente lupulados, como a "*double India pale ale*".

Matthew Brynildson

família Wittelsbach é uma dinastia que governou a Baviera por 738 anos, de 1180 até 1918, primeiramente como duques e depois de 1806 como reis. Os Wittelsbach foram, junto com os Habsburgo da Áustria, uma das mais importantes dinastias da história europeia, pois, ao longo dos séculos, suas políticas matrimoniais asseguraram que os membros de sua família se tornassem parte das linhagens de todas as casas reais de importância na Europa. Um ou outro Wittelsbach mantinha, em vários períodos, títulos como duque de Luxemburgo, duque da Palatina, rei da Boêmia, rei da Grécia, rei da Hungria, rei da Suécia e imperador da Alemanha. Talvez tenha sido a única Casa, entretanto, a ter desempenhado na história da cerveja um papel quase tão importante quanto o desempenhado na história da Europa. A seguir estão alguns dos marcos presentes nos anais da Casa de Wittelsbach e da cerveja: em 1269, o quarto duque Wittelsbach da Baviera em ordem cronológica, Ludwig "o Severo", começou a primeira cervejaria de Munique. Em 1516, o duque Wilhelm IV de Wittelsbach proclamou a "Lei da Pureza da Cerveja", que evoluiu, mais tarde, para uma lei federal alemã que restringe os ingredientes da cerveja a água, levedura, malte e lúpulo apenas. Ver LEI DA PUREZA DA CERVEJA. Em 1553, o duque Albrecht V promulgou a proibição da produção de cerveja no verão bávaro entre 23 de abril e 29 de setembro – que permaneceu em vigor até 1850 e lançou as bases da *lager* bávara, assim como do aparecimento do estilo de cerveja *märzen*. Ver BAVIERA e MÄRZENBIER. Em 1602, o duque Maximilian I instituiu o monopólio de produção da *weissbier* (cerveja de trigo), altamente rentável, para a família Wittelsbach, e forçou todos os hoteleiros de seu reino a servir a *wheat ale* produzida pela Coroa. Ver WEISSBIER. O monopólio durou até 1798, quando a *weissbier* havia caído em desuso. Nesse período, no entanto, a *weissbier* acumulou uma renda considerável para os cofres ducais. Em 1810, as celebrações do casamento do príncipe herdeiro Ludwig I e da princesa Therese de Saxe-Hildburghausen se transformou na primeira Oktoberfest de Munique, a precursora do que é hoje de longe o maior festival da cerveja do mundo, com 6 a 7 milhões de visitantes anualmente. Ver OKTOBERFEST. E em 1868, o rei Ludwig II, da Baviera, estabeleceu uma "Escola Politécnica de Munique" na antiga abadia beneditina de Weihenstephan, nos arredores de Munique, que havia recebido seu direito de produção de cerveja em 1040. Essa escola foi renomeada como "Academia Real Bávara para Agricultura e Cervejaria", em 1895. Desde então, a escola evoluiu e se tornou uma das primeiras instituições de ensino e pesquisa de cerveja do mundo, e é, agora, parte da Universidade Técnica de Munique. Mesmo hoje, um Wittelsbach, sua alteza real o príncipe Luitpold da Baviera, está na indústria cervejeira. Ele é o diretor executivo da Cervejaria Kaltenberg, de sua família, agora parte do grupo de cervejarias Warsteiner e uma das maiores produtoras de cerveja *dunkel* da Alemanha. Ver DUNKEL, KALTENBERG, CERVEJARIA e LUITPOLD, PRÍNCIPE DA BAVIERA.

Sepp Wejwar

farneseno é um componente da fração hidrocarboneto do óleo de lúpulo. A presença ou ausência do farneseno (algumas vezes chamado de beta-farneseno) é um aspecto peculiar de alguns lúpulos. No Hallertauer Mittelfrueh e em muitas outras variedades alemãs (mas não em todas), por exemplo, o farneseno está completamente ausente. Por outro lado, no Saaz tcheco, no Tettnanger alemão, em todas as variedades eslovenas e em diversas variedades americanas, especialmente Sterling, esse componente se mostra presente em altos níveis, aproximadamente 10% a 20% do total dos óleos. Ver HALLERTAUER MITTELFRUEH, SAAZ, STYRIAN GOLDING e TETTNANGER. O farneseno possui aroma amadeirado, herbáceo, cítrico, algumas vezes descrito como floral. Como o farneseno é hidrofóbico e volátil, o composto em si não é normalmente encontrado na cerveja, a menos que ela tenha sido produzida com emprego de *dry hopping* com uma variedade que contém farneseno (mesmo assim, estará presente em pequenas quantidades). Entretanto, altos níveis de farneseno nos lúpulos geralmente se correlacionam bem com um nobre e agradável tipo de aroma de lúpulo na cerveja. Ver LÚPULOS NOBRES.

Thomas Shellhammer

Farnham era um lúpulo inglês tradicional que não é mais cultivado hoje em dia. Originalmente conhecido como Farnham Whitebine, seu nome vem da cidade rural de Farnham no condado de Surrey, a 65 km de Londres. A cidade tornou-se conhecida como uma parada obrigatória na estrada para Winchester. Lúpulos foram primeiramente cultivados lá em 1597 e se tornaram a cultura mais importante da região, inclusive mais importante que o trigo, em meados de 1700, quando os lúpulos de Farnham foram reconhecidos como os de maior qualidade de toda a Inglaterra. Esse lúpulo é amplamente mencionado por estar ligado às primeiras *India pale ales* e foi quase certamente um parente próximo das variedades Canterbury Whitebine e Mathon Whitebine, assim nomeadas devido às suas folhas e hastes de coloração verde-clara. O auge do Farnham durou até o início dos anos 1880, momento em que o East Kent Golding e o Fuggle, cuja maior parte era vendida no Hop Exchange em Southwark, em Londres, começaram a substituí-lo. Porém, em seus dias de glória, os lúpulos Farnham chegaram até o Novo Mundo, onde há registros de seu cultivo em Filadélfia, em 1790. Este é um indício de que o Farnham era a mais provável fonte de aroma e sabor nas *porters* americanas que matavam a sede de notáveis bebedores, tais como George Washington, John Adams e Thomas Jefferson, os três primeiros presidentes norte-americanos.

The Journal of the Royal Agricultural Society of England, v. LXIII, 1901.

Glenn A. Payne

faro é um tipo de cerveja *lambic* adoçada, tradicionalmente produzida na Bélgica. Já esteve amplamente difundida por todo o vale do rio Senne (Bélgica) até princípios do século XX. A *faro* era feita habitualmente das extrações mais fracas da tina de filtração – segunda e terceira filtragens –, que resultavam em uma cerveja com menor teor alcoólico. Na tina de fervura, os cervejeiros às vezes adicionavam ervas e especiarias, incluindo casca de laranja ou um pouco de coentro. A fermentação era um processo natural e espontâneo, conduzido por microrganismos do próprio ar do vale do Senne. O resultado obtido era uma cerveja leve e suavemente ácida que podia apresentar certos matizes a especiarias. A *faro* era normalmente adoçada antes do envase ou no local em que era servida. O cervejeiro utilizava qualquer adoçante que estivesse à mão, incluindo *candi sugar* belga, sacarose e até mesmo sacarina. Em alguns casos, a *faro* era uma mistura de cerveja *lambic* envelhecida com outra *lambic* fresca e de menor graduação alcoólica, ou mesmo uma *ale* com pouco álcool e que não fosse *lambic*. Em geral, a *faro* moderna é mais forte, com teor alcoólico entre 4% e 5% ABV, quando comparada com os exemplos históricos que, em geral, deviam apresentar entre 2% e 3% ABV. As versões envasadas em barris, que são raras, são *flash* pasteurizadas para evitar a refermentação do açúcar adicionado. A produção atual de *faro* é muito pequena, mesmo em comparação com outras cervejas belgas especiais. Os exemplares atuais são feitos por produtores belgas de *lambic*, como Brouwerij Lindemans, Brouwerij DeTroch e Brasserie Cantillon. Elas são bem adoçadas, exibindo pouco o caráter típico de cervejas *lambic* e, em geral, não parecem ter muita aceitação.

Ver também BÉLGICA e LAMBIC.

Keith Villa

Farsons Lacto Milk Stout é uma cerveja escura e adoçada (3,8% ABV) proveniente da ilha mediterrânea de Malta.

"*Milk stout*" é um estilo tradicional inglês produzido com lactose (açúcar do leite – a cerveja não contém leite). As leveduras *ales* não são capazes de fermentar a lactose, de modo que esse açúcar permanece no produto final, conferindo um sabor adocicado e uma estrutura macia em uma cerveja relativamente leve em álcool. Historicamente, em tempos de escassez alimentar, ela era tida como fonte de energia entre famílias de classe operária, chegando a adquirir reputação como tônico em caso de enfermidades. Ver MILK STOUT.

Desse modo, parece estranho que um dos mais notáveis exemplos do estilo não fosse produzido nos recônditos chuvosos e cinzentos da Inglaterra, mas sim em uma ilha ensolarada do Mediterrâneo.

Napoleão invadiu Malta em 1798, sendo esta tomada pelos britânicos dois anos mais tarde. Malta tornou-se parte do Império Britânico, constituindo um importante ponto de parada para as jornadas que rumavam para a Índia. O cervejeiro britânico Simonds, de Reading, começou a exportar para a ilha ao final dos anos 1800, e em 1927 ajudou a cervejaria local, Farrugia and Sons, a constituir sua própria empresa. As duas empresas se fundiram em 1946, abreviaram seu nome para Farsons e lançaram a Lacto Milk Stout no mesmo ano.

A Farsons Lacto Milk Stout é uma cerveja escura com espuma marrom, aroma maltado, amargor reduzido e com notas a chocolate e groselha ao paladar. Atualmente, adicionam-se lactose e vitamina B após a fermentação, além de corante caramelo.

Além de sua fama como tônico, a cerveja é um ingrediente popular de *Christmas puddings* (pudins de Natal), gozando de um aumento nas vendas considerável no mês de novembro.

Simonds Farsons Cisk. Disponível em: www.farsons.com. Acesso em: 15 abr. 2011.

Pete Brown

fase *lag* (fase de latência) é o período entre a inoculação do mosto com levedura e o início da fermentação. Após chegarem ao mosto, as leveduras requerem um certo tempo para se adaptarem ao novo ambiente e passarem do estágio de dormência para a atividade metabólica, isto é, para a fermentação ativa. Durante a fase *lag*, a levedura ativa suas rotas metabólicas que permitem a assimilação de açúcares e outros materiais necessários para a multiplicação celular e para a absorção de nutrientes (fermentação). A fase *lag* pode durar de três a quinze horas, dependendo de fatores como o tipo de mosto, densidade, temperatura, cepa de levedura, viabilidade celular da levedura, taxa de inoculação e aeração.

Durante a fase *lag*, as células de levedura rapidamente absorvem o oxigênio disponível. O oxigênio é necessário para as leveduras produzirem compostos importantes, principalmente esteróis (álcoois esteroides insaturados), que são críticos para a permeabilidade da membrana celular da levedura. Embora altas temperaturas resultem em fases *lag* mais curtas, os cervejeiros costumam manter a temperatura durante a fase *lag* abaixo da temperatura em que as leveduras finalmente fermentarão. Isto porque elevadas temperaturas durante a fase *lag* promove a síntese de substâncias como o alfa-acetolactato, que é um precursor do diacetil. Ver DIACETIL. De modo geral, entretanto, as leveduras produzem menos compostos de sabor e aroma, etanol e outros álcoois durante a fase *lag* do que na fase da fermentação.

A taxa de inoculação também tem uma importante função na efetividade e extensão da fase *lag*. Uma elevada taxa de inoculação pode encurtar a fase *lag*, mas, como cada célula gera o mesmo número de novas células, o resultado pode ser muitas células velhas e exauridas ao final da fermentação. Isso pode levar à formação de *off-flavors* e baixa viabilidade celular se essa população de levedura for usada para reinoculação. Ver INOCULAÇÃO.

Também é importante que a fase *lag* não se estenda demais, pois um mosto frio e bem aerado é o *habitat* ideal para bactérias e leveduras selvagens. É essencial, portanto, que uma fermentação vigorosa com a levedura desejada comece antes que quaisquer outros organismos se apropriem do mosto. Embora a maioria dos mostos possam permanecer estáveis por pelo menos 24 horas, é melhor errar para o lado da cautela e ter como objetivo o início da fermentação ativa em até quinze horas.

Ver também FERMENTAÇÃO.

Chris White

Fat Tire Amber Ale

Ver NEW BELGIUM BREWING COMPANY.

fenólico. Sabores e aromas fenólicos são frequentemente descritos como semelhantes ao cravo, medicinais, defumados ou "*band-aid*" e são considerados *off-flavors* na maioria dos estilos de cerveja.

A cerveja sempre contém algum composto fenólico; polifenóis, como os taninos, são derivados diretamente do lúpulo e do malte. Níveis baixos de polifenóis podem contribuir para as sensações na boca, enquanto níveis altos podem provocar secura e uma amarração na boca causada pela adstringência.

Quando uma cerveja é descrita como fenólica, é usualmente com referência aos fenóis voláteis. Os fenóis voláteis apresentam baixo limiar de detecção de sabor e aroma, e a maior parte das pessoas sente o gosto e aroma esses compostos em baixas concentrações, às vezes abaixo de 10 partes por bilhão. Embora os fenóis voláteis sejam geralmente indesejáveis, alguns deles são buscados em estilos específicos de cervejas.

Há três principais fontes de fenóis voláteis: ingredientes, alterações químicas e bactérias e leveduras.

Ingredientes

Os dois ingredientes que fazem parte da produção da cerveja e que mais contribuem para a formação de fenóis voláteis são a água e os maltes defumados. Embora não devesse existir, a rede de abastecimento de água que entra na cervejaria já contém compostos fenólicos. (A maioria dos países especifica um nível máximo muito baixo de compostos fenólicos, incluindo clorofenóis advindos do cloro adicionado na rede de abastecimento de água.) As cervejarias que dependem do seu próprio suprimento de água apresentam tipicamente riscos maiores de introduzir compostos fenólicos no processo de produção da cerveja advindos dessa fonte. Uma vez adicionados, os compostos fenólicos não serão removidos pelo processo normal de produção da cerveja.

O malte defumado é um tipo de malte seco sobre fogo feito com toras de madeira de faia. É uma especialidade da região da Francônia (Baviera), na Alemanha. O malte defumado adiciona à cerveja os compostos fenólicos guaiacol e siringol. Eles proporcionam à cerveja um aroma e sabor defumados, muitas vezes descrito como "de fogueira" ou "*chips* de batata sabor churrasco". Esses compostos fenólicos são uma característica distinta da *rauchbier*, uma especialidade de Bamberg com sabores defumados poderosos. Cervejeiros artesanais dos Estados Unidos e de outros países têm experimentado o malte defumado e criado cervejas com uma característica defumada interessante que frequentemente harmoniza bem com a comida.

O malte turfado é produzido pela defumação do malte sobre turfa queimada. Embora seja utilizado principalmente na produção de uísque, alguns cervejeiros têm experimentado o malte turfado para obter compostos fenólicos que promoverão caráter defumado e de terra à cerveja.

Alterações químicas

Os principais compostos químicos que geram fenóis voláteis são o cloro e o bromo. Esses dois elementos combinam-se com os compostos fenólicos (incluindo os polifenólicos) previamente existentes na cerveja, criando clorofenóis e bromofenóis, respectivamente.

O cloro é normalmente adicionado às reservas de abastecimento de água e deve ser removido antes de a água ser utilizada para a produção da cerveja. Os sanitizantes e limpadores à base de cloro são muito populares nas cervejarias. Um enxágue ruim pode resultar na contaminação da cerveja por cloro. O bromo pode ser introduzido pelos materiais de embalagem.

Clorofenóis e bromofenóis são detectáveis em concentrações muito mais baixas que os demais compostos fenólicos. Clorofenóis lembram antissépticos ou enxaguantes bucais, enquanto os bromofenóis lembram televisões antigas, baquelite quente ou cheiro de curto circuito. Nenhuma dessas características é bem-vinda em cervejas.

Leveduras e bactérias

Mais frequentemente, os fenóis voláteis existentes na cerveja derivam de leveduras ou bactérias. O 4-vinil-guaiacol, conhecido como 4VG, é uma assinatura característica da cerveja de trigo bávara (*weizens*) e muitas cervejas belgas. Os cervejeiros administram seus processos de produção de cerveja e selecionam as leveduras conhecidas por produzir esse composto fenólico. O 4VG proporciona à cerveja aromas e sabores de cravo, de especiarias ou herbáceos, e é considerado desejável nessas cervejas em certos níveis.

As leveduras produzem 4VG através da descarboxilação do ácido ferúlico. Os cervejeiros podem aumentar a concentração de ácido ferúlico no mosto promovendo o descanso da mostura a 45 °C ou aumentando a temperatura da água de aspersão do mosto. O malte de trigo e algumas variedades de cevada produzem elevados níveis de ácido ferúlico. Temperaturas elevadas de fermentação também promovem a produção de 4VG. Entretanto, conforme tais cervejas envelhecem, o 4VG começa a quebrar, conferindo à cerveja uma característica de baunilha e perdendo as características típicas do 4VG.

Um subconjunto menor de cervejas belgas, incluindo as *lambics*, contém o composto fenólico 4-etilfenol (4-EP). Esse composto fenólico é produzido pela levedura selvagem do tipo *Brettanomyces* e promove sensações que lembram fazendas, remédios e rato. O ácido *p*-cumárico, advindo do malte, é o precursor do 4-vinilfenol, que, por sua vez, é o precursor do 4-EP. Ver BRETTANOMYCES.

Embora o 4VG, e em menor extensão o 4-EP, seja esperado em alguns tipos de cervejas, na maioria delas ele não é bem-vindo e é visto como defeito. *Brettanomyces* também produz 4-etilguaiacol, que confere à cerveja característica de carne defumada, cravo e especiaria. Esse composto fenólico é altamente indesejável na cerveja; no entanto, muitos cervejeiros artesanais têm feito experiências com a *Brettanomyces*, especialmente na produção de estilos de cerveja *sour* e *"wild"*. Assim como a característica promovida pela *Brettanomyces* no vinho é usualmente considerada um defeito, mas em alguns casos considerada um desejável "agente de complexidade", o mesmo se dá na cerveja. Ver SOUR BEER.

A contaminação do mosto por bactérias modifica o sabor e o aroma da cerveja no início da fermentação, antes de a levedura se estabelecer no ambiente fermentativo. Certas bactérias gram-negativas, indol-negativas, bacilos curtos e contaminantes do mosto têm sido reportados como agentes de produção de sabor fenólico medicinal na cerveja. Isso é sempre desagradável e uma vez estabelecido pode ser um problema de difícil erradicação pela cervejaria.

West, D. B.; Lautenbach, A. F.; Brumsted, D. D.
Phenolic characteristics in brewing. v. 1 e 2. Chicago: J. E. Siebel Sons' Company, Inc., 1965.

Anthony Hayes

fermentabilidade de um mosto é descrita como a razão entre a concentração de açúcares fermentáveis no mosto e a porção não fermentável dos sólidos dissolvidos do mosto. Os açúcares fermentáveis são a glicose, frutose, sacarose, maltose e maltotriose, e geralmente representam entre 60% e 70% do total de sólidos dissolvidos. O grau de fermentabilidade do mosto pode ser manipulado pelo cervejeiro usando diferentes combinações de técnicas de brassagem e ingredientes. As condições de brassagem que favorecem a ação das enzimas beta-amilase e limitam a dextrinase na formulação criam mostos mais fermentáveis. Açúcares simples podem ser adicionados ao mosto a fim de aumentar a sua fermentabilidade. Isso também pode ser conseguido através da adição de glucoamilases exógenas que geram açúcares fermentáveis a partir de dextrinas não fermentáveis. Essa técnica é frequentemente usada para a produção de cervejas de mercado de massa com baixa concentração de carboidratos. O consumo de todos os açúcares fermentáveis em qualquer mosto depende das condições da fermentação e das cepas de levedura presentes. Portanto, fermentabilidade refere-se apenas ao perfil de açúcares apresentado pelo mosto.

Steve Parkes

fermentação é o processo por meio do qual "açúcares" são convertidos pelas leveduras em álcool, dióxido de carbono e calor. Na produção da maioria das cervejas tradicionais, os açúcares são derivados, principalmente, da cevada malteada, embora outras fontes de cereais e outros açúcares de plantas também possam ser usados. Essas matérias-primas também contribuem com substâncias proteicas que, em conjunto com os açúcares e os agentes flavorizantes adicionados, especialmente o lúpulo, produzem o álcool, os sabores e os aromas que nós amamos e conhecemos como cerveja. O processo de fermentação tem sido praticado há muitos milhares de anos, sendo a predileção pelo consumo de álcool uma característica comum de praticamente todas as civilizações ao longo de toda a história humana. Nas sociedades antigas, beber cerveja teve óbvios benefícios fisiológicos e psicológicos (ao menos o consumo moderado) e também vantagens para a saúde pública; era seguro bebê-la, ao contrário de muitas fontes de água. Além disso, a aparentemente misteriosa natureza da fermentação foi exaltada em diversas religiões, cultos e rituais. Bebidas que podemos classificar em sentido amplo como cerveja têm sido produzidas há milhares de anos em todo o mundo. Apesar do importante lugar da cerveja em tantas culturas durante milhares de anos, a natureza do processo de fermentação permaneceu um mistério até a segunda metade do século XIX. O papel da levedura na transformação biológica dos açúcares em cerveja não foi totalmente reconhecido até que microscopistas fossem capazes de associar as suas observações com a produção de álcool por leveduras e a deterioração da cerveja por outros microrganismos. No entanto, durante séculos antes disso, reconhecia-se que algo chamado de "Deus é bom" ("*Godisgood*" em inglês primitivo) – na verdade, as leveduras – eram fundamentais na produção da cerveja. Mesmo assim, apesar dessas observações empíricas, a visão científica dominante afirmava que a fermentação era um processo inanimado e estritamente químico. De fato, a palavra "fermentação" é derivada do latim, *fevere*, que significa ferver, o que implica dizer que a vigorosa carbonatação resultante da fermentação, visualmente semelhante à ebulição, promovia a natureza inebriante e os sabores da cerveja. Na metade para o final do século XIX, Louis Pasteur foi decisivo para convencer os céticos da comunidade científica que a fermentação era o resultado da ação de leveduras sobre açúcares, embora àquela altura muitos cervejeiros e cientistas envolvidos em sua produção já estivessem cientes do papel das leveduras, ainda que não compreendessem totalmente o processo. Além disso, Pasteur pôde mostrar que outros microrganismos eram a causa de fermentações "doentes" e que condições de higiene eram essenciais na produção de cerveja (e vinho) de boa qualidade. Os trabalhos de Pasteur estimularam um aumento na investigação científica do processo de fermentação na Europa. Nos Laboratórios Carlsberg, em Copenhague, os estudos pioneiros de Emil Hansen sobre técnicas de produção de cerveja com culturas puras foram rapidamente adotados por cervejeiros em todo o mundo. Na Inglaterra, e mais notavelmente em Burton-on-Trent, proeminentes cientistas da época, incluindo Cornelius O'Sullivan, Johann Peter Griess e os meios-irmãos Adrian John e Horace Tabberer Brown, desenvolveram a compreensão da base científica da produção de cerveja e fermentação, sendo que boa parte de tal base sustentou a bioquímica, uma nova ciência. Ao longo do século XX, as pesquisas sobre as leveduras em nível bioquímico e genético continuaram aceleradas, com a caracterização da espécie *Saccharomyces cerevisiae*, sendo de grande importância econômica na produção de cerveja, panificação e vinificação. Embora seja um organismo unicelular, *S. cerevisiae* é uma forma simples de célula eucariótica, por apresentar um núcleo que encerra o material genético, como cromossomos, por meio de uma membrana. Células animais, incluindo as nossas, também são eucarióticas, embora de maior sofisticação. Entretanto, a relação eucariótica foi explorada porque a levedura *S. cerevisiae* foi a primeira célula eucariótica a ter os genes sequenciados, em 1996, abrindo caminho para o sequenciamento do genoma humano dez anos mais tarde. É notável que a partir de observações relacionadas com a fermentação da cerveja, a compreensão da nossa própria composição genética e funcionamento bioquímico em nível celular e molecular tenha atingido os padrões atuais, impactando diretamente nossa saúde e bem-estar. Nesse contexto, devemos notar também que o desenvolvimento da fermentação em escala industrial para a produção de cerveja foi usado e adaptado para a produção de antibióticos a partir da década de 1940. É justo afirmar que a fermentação, a da cerveja em particular, influenciou profundamente o nosso bem-estar físico mais do que qualquer outro desenvolvimento em nossa história social, talvez com a exceção da provisão de um abastecimento de água seguro e saneamento público.

A fermentação é o segundo dos três principais estágios para a produção da cerveja e, como tal, não pode ser considerado isoladamente. A primeira etapa envolve a preparação do mosto, um meio aquoso contendo, principalmente, açúcares fermentáveis derivados na maioria das vezes de cereais ricos em amido, mas também nitrogênio, oxigênio, fontes de enxofre, fosfato, biotina, cálcio e íons de magnésio assimiláveis, juntamente com elementos traço como cobre e zinco. A quantidade exata dessas substâncias varia dependendo da fonte e das proporções das matérias-primas utilizadas. Por exemplo, mostos obtidos a partir de grãos com alta proporção de amido não malteado podem precisar de suplementação com fontes de nitrogênio, biotina e alguns elementos traço para compensar a diluição do malte, que geralmente é rico nesses componentes. Esses suplementos são chamados de "comida de levedura" ou "nutrientes de levedura", em alusão à necessidade de manter o crescimento da levedura, pelo menos durante as fases iniciais da fermentação. Na maioria dos mostos seria esperada uma concentração de

70% a 75% de açúcares fermentáveis, glicose, sacarose e frutose, mas principalmente maltose e maltotriose. Os carboidratos restantes compreendem materiais não fermentáveis, principalmente de cadeia mais longa e polímeros de glicose ramificados. As necessidades de nitrogênio para o mosto costumam ser medidas em termos de nitrogênio na forma de aminas livres (*free amino nitrogen* – FAN). Para um mosto com densidade específica de 1,040 (10 °Plato), um valor comum de FAN seria de cerca de 150 mg/L. Além das variações das matérias-primas, o nível relativo de açúcares e materiais nitrogenados é profundamente influenciado pelas condições de brassagem e, em menor extensão, fervura do mosto. Baixas temperaturas durante a brassagem (45 °C a 50 °C) favorecem a degradação de proteínas (proteólise) e, portanto, aumentam a concentração de FAN. Por outro lado, temperaturas mais elevadas na brassagem (60 °C a 65 °C) reduzem a proteólise, mas aumentam a atividade das enzimas amilolíticas, levando a um aumento na concentração de açúcares fermentáveis. Assim, através da manipulação das matérias-primas e das condições de processamento, o cervejeiro pode ajustar a composição do mosto a fim de produzir um material padronizado, pronto para a adição de levedura e subsequente fermentação. No entanto, o teor de oxigênio dissolvido no mosto é um parâmetro crítico para a manutenção do crescimento da levedura nas fases iniciais da fermentação. Até certo ponto, diferentes cepas de leveduras têm exigências específicas de concentração de oxigênio, e mostos com diferentes concentrações também vão exigir diferentes níveis desse elemento. Oxigênio em excesso resulta em fermentações particularmente vigorosas, o que afeta não só o sabor da cerveja, mas também promove um crescimento excessivo da levedura à custa da produção de álcool. Pouco oxigênio pode limitar o crescimento das leveduras, o que resultará não apenas em uma fermentação incompleta, mas também em baixa viabilidade e vitalidade das leveduras, em detrimento da inoculação posterior de tal lote de levedura. Tradicionalmente, mostos com densidade de 1,040 devem ser aerados antes da inoculação da levedura, obtendo níveis de oxigênio dissolvido de 6 ppm a 20 °C. Os sistemas de fermentação mais modernos usam níveis de oxigênio de 8 a 12 ppm, gerados pela injeção direta de oxigênio, em vez de ar, no fluxo de mosto. O mosto, antes da inoculação, deve ser brilhante e transparente, embora se argumente que pequenas quantidades de proteína e polifenol precipitados, chamados *trub* ou *break*, podem ser benéficos no fornecimento de lipídios para o crescimento da levedura. Ver TRUB. Cervejeiros divergem quanto aos mostos brilhantes, alguns preferindo mostos extremamente claros, enquanto outros se contentam com uma leve turbidez. No final das contas, é o sucesso da fermentação e a estabilidade da cerveja que determinarão os requisitos mosto.

A gestão do processo de fermentação depende de uma série de fatores, incluindo a composição e a concentração de oxigênio do mosto, a qualidade e a quantidade de levedura utilizada na inoculação, controle da temperatura no fermentador, tempo e modelo do fermentador.

A saúde da levedura é o mais importante aspecto de uma boa fermentação. Ao contrário da vinificação tradicional e com exceção dos raros estilos de cerveja de "fermentação espontânea", a produção da cerveja depende da levedura inoculada pelo cervejeiro. Para se obter bons resultados na fermentação é fundamental a escolha da cepa de levedura adequada, não apenas quanto à capacidade de metabolizar os componentes do mosto para produzir álcool e características distintas de sabor, mas também de tolerar os produtos de seu próprio metabolismo, mais especificamente o álcool, e a característica específica de agregação (floculação) ou outras que a cepa de levedura pode exibir. Ver FLOCULAÇÃO. Os cervejeiros guardam zelosamente suas cepas, embora uma infinidade de linhagens de leveduras para a produção de cerveja esteja presente em várias coleções, em todo o mundo, e possa ser obtida comercialmente. Alguns cervejeiros, especialmente os cervejeiros tradicionais de *ale* do Reino Unido, têm usado a mesma cepa (ou cepas) por décadas, apoiando-se na reinoculação em série da levedura que foi recolhida no final da fermentação. No entanto, com a repetição da inoculação algumas cepas de leveduras exibem mudanças sutis nas características, particularmente na floculação, e um declínio na viabilidade e vitalidade. A maioria dos cervejeiros comerciais faz a reinoculação por até dez ciclos ou gerações antes de substituir a levedura por uma cultura fresca desenvolvida a partir de uma cultura inicial. As cepas cervejeiras podem utilizar uma ampla variedade de fontes de carboidrato, embora apresentem diferenças em suas preferências nutricionais. Cepas *ale* de *S. cerevisiae* são capazes de fermentar glicose, sacarose, frutose, galactose, rafinose, maltose, maltotriose e, ocasionalmente, trealose. Cepas *lager* de *S. cerevisiae* (às vezes também chamada de *Saccharomyces carlsbergensis*) também são capazes de fermentar o dissacarídeo melibiose, enquanto a *S. cerevisiae* variedade *diastaticus* também é capaz de utilizar grandes polímeros de glicose, chamados de dextrinas limite, que estão fora do alcance das outras cepas. Cepas *ale* são genericamente descritas como leveduras de "alta fermentação" devido à sua tendência de formar uma crosta na parte superior dos tradicionais fermentadores abertos no final da fermentação. Cepas *lager*, por outro lado, tendem a decantar-se na parte inferior do tanque de fermentação e, por isso, recebem a denominação de leveduras de "baixa fermentação". Como os modernos sistemas de fermentação empregam fermentadores cilindrocônicos tanto para *ales* quanto *lagers*, essa tradicional diferenciação é hoje em dia menos nítida. Ver LEVEDURA ALE e LEVEDURA LAGER.

Embora a função primária da fermentação seja converter açúcares em álcool, para que a levedura possa cumprir essa função ela deve estar presente em quantidade suficiente para efetivar a transformação. A levedura utilizada para fermentar, normalmente, apresenta idade de uma ou várias gerações. Como consequência da estocagem antes da inoculação e das condições fisiológicas ao final da fermentação anterior, a levedura normalmente fica esgotada de nutrientes para crescer e desenvolver suas atividades fermentativas. Diz-se que a levedura está numa fase estacionária de crescimento e requer como estímulo os nutrientes de um mosto fresco, especialmente o oxigênio, para recompor seu estoque de nutrientes e recomeçar o crescimento e multiplicação. Leveduras cervejeiras inoculadas levarão, normalmente, várias horas para se adaptar ao seu novo ambiente antes do crescimento começar. Esse período é conhecido como fase de latência (*lag*) e precede um período de crescimento e metabolismo muito ativos, conhecido como fase exponencial ou logarítmica. A levedura se multiplicará de quatro a cinco vezes por um processo de brotamento e formará seu estoque de nutrientes, ao mesmo tempo dando início à conversão dos açúcares no mosto. O oxigênio presente no início da inoculação é usado rapidamente pelas leveduras e não faz parte do processo de fermentação. Os açúcares presentes no mosto são transferidos para o interior das células de levedura e divididos em unidades menores, produzindo, por fim, álcool, dióxido de carbono, calor e uma vasta gama de outros compostos, muitos dos quais contribuem para os sabores e aromas peculiares da cerveja. Ao mesmo tempo, os compostos nitrogenados do mosto também são assimilados pela levedura e, além de utilizados para o seu crescimento, também são metabolizados e contribuem para o rico espectro de sabor. Quando todos os açúcares disponíveis tiverem sido utilizados, a levedura começará a consumir suas próprias reservas de carboidrato (glicogênio e trealose) e, efetivamente, encerrará seu metabolismo. Isso é conhecido como fase estacionária de crescimento.

A temperatura de fermentação é um ponto crítico para o controle da fermentação e tem impacto significativo sobre o desenvolvimento do sabor. *Ales* são geralmente fermentadas no intervalo de temperatura de 16 °C a 22 °C utilizando leveduras de alta fermentação, enquanto *lagers* são fermentadas a temperaturas mais baixas, de 9 °C a 14 °C, com leveduras de baixa fermentação. Algumas cervejas, particularmente os estilos belgas, podem ser fermentadas a temperaturas bem quentes, quase 32 °C para algumas *farmhouse ales*. Ver SAISON. A combinação de específicas cepas de leveduras e temperaturas gera perfis de sabor muito distintos nas cervejas, sendo que as *ales*, e particularmente as *stouts*, geralmente produzem notas de frutado/esterificado e as *lagers* apresentam níveis muito mais baixos de éster, o que permite que mais características delicadas provenientes do malte claro e aromas de lúpulo se manifestem. A fermentação é um processo exotérmico, ou seja, produz calor, e o controle desse calor gerado é essencial para o controle da fermentação. Os tanques usados na produção de cerveja são equipados com sistemas de resfriamento com variados níveis de sofisticação, projetados para promover o resfriamento nos momentos adequados durante a fermentação. A refrigeração é importante para moderar a floculação, pois tende a incentivar a floculação. Isso é necessário, no final da fermentação, para facilitar a separação das leveduras, mas se for aplicada cedo demais, pode causar uma fermentação incompleta e deixar níveis excessivos de diacetil na cerveja pronta. Ver DIACETIL.

O progresso da fermentação é normalmente acompanhado por meio do monitoramento da queda da densidade e/ou aumento do teor alcoólico. O crescimento da levedura e a produção de álcool esgota a concentração de açúcar, e o pH cai à medida que os materiais nitrogenados são consumidos e a levedura secreta ácidos orgânicos. Os compostos de sabor são gerados durante o crescimento da levedura, embora alguns componentes voláteis sejam perdidos com a liberação de dióxido de carbono. Outros compostos (principalmente diacetil) são absorvidos e metabolizados pela levedura. As fermentações tradicionais de *ales* entre 16 °C a 20 °C levarão normalmente cerca de quatro dias para se completar, enquanto as *lagers* a 12 °C precisarão de até dez dias.

Existem vários tipos de tanques de fermentação utilizados na produção de cerveja. Isso reflete a qualidade da cerveja que está sendo produzida, o volume exigido, a tradição, a idade relativa do equipamento e o tipo de levedura empregada, particularmente em relação ao uso de leveduras de alta ou baixa fermentação. Os fermentadores mais antigos eram pequenos e provavelmente refletiam a disponibilidade de materiais locais, fosse argila para tanques de cerâmica, barris de madeira ou os tanques de ardósia (pedra) usados na Grã-Bretanha. Como as operações das cervejarias aumentaram em tamanho, metais, particularmente cobre, foram utilizados, embora os tanques fossem ainda pouco profundos. No final da fermentação, a levedura era recolhida do topo do fermentador e usada para inocular as cervejas subsequentes.

A introdução de tanques mais altos e mais estreitos facilitou a seleção de leveduras de baixa fermentação, mas exigiam sistemas de refrigeração e métodos de limpeza mais eficientes. Além disso, os tanques mais altos geram diferentes pressões hidrostáticas, o que pode impactar o desempenho da levedura e reduzir a homogeneidade em todo o tanque. No entanto, a partir desse tipo de tanque se desenvolveu o fermentador cilindrocônico que agora é usado pela maioria dos grandes cervejeiros e também em muitas cervejarias menores em todo o mundo. Com instalações para a limpeza no local (CIP), coleta de dióxido de carbono, controle automático de temperatura através de camisas de resfriamento e coleta de levedura, esses tanques podem ser ainda adaptados para armazenar a cerveja a baixas temperaturas após a fermentação primária e a remoção de levedura, um processo conhecido como condicionamento ou maturação. Esses tanques são também conhecidos como tanques combinados de fermentação e maturação (unitanques), podendo ter capacidade de alguns milhares de hectolitros.

No entanto, apesar da utilização desses grandes tanques de fermentação, muitos cervejeiros ainda usam métodos de fermentação mais tradicionais. Tanques rasos retangulares ou circulares ainda são usados em diversas cervejarias pequenas e médias, especialmente para *ales* tradicionais, cervejas de trigo e *lagers* clássicas da Europa Central. Na Grã-Bretanha, dois sistemas muito distintos de fermentação ainda estão em operação, conhecidos como sistema Burton Union e *Yorkshire squares*. No sistema Burton Union, agora infelizmente operado no Reino Unido apenas pela cervejaria Marston's em Burton-on-Trent, uma série de doze tonéis de carvalho de 7 hL são conectados através de um "pescoço de cisne" a uma calha central. O mosto é enviado para um tanque quadrado aberto, localizado no andar superior, e então desce para os tonéis. Conforme a fermentação continua, levedura e dióxido de carbono são forçados através do pescoço de cisne para a calha superior. A maior parte das leveduras se separa do mosto parcialmente fermentado, que é devolvido aos tonéis para completar a fermentação. Ver SISTEMA BURTON UNION. *Yorkshire squares* são fermentadores retangulares, tradicionalmente feitos de ardósia, mas agora em sua maior parte de aço inoxidável, contendo um teto falso. As leveduras em fermentação sobem por um furo central (0,6 m de diâmetro com 5 cm de borda) e são coletadas na parte superior do teto, enquanto o mosto escoa de volta para o fermentador por meio de uma série de orifícios estreitos. No final da fermentação, a levedura é removida por sucção. Ver YORKSHIRE SQUARE.

Por mais de um século, os cervejeiros têm feito experimentos com o princípio da fermentação contínua, no qual um tanque de fermentação é alimentado continuamente com mosto e a cerveja é produzida num fluxo contínuo, à mesma taxa de adição do mosto. Embora esse tipo de sistema opere na Nova Zelândia há mais de quarenta anos, ele não é amplamente utilizado devido às dificuldades na prevenção de infecções e manutenção da cultura de levedura no estágio estacionário. No entanto, recentemente, a retenção das leveduras sobre uma cama de lascas de madeira tem provado ser eficaz. Esse processo é conhecido como sistema de "levedura imobilizada" e agora está sendo usado comercialmente. Ver FERMENTAÇÃO CONTÍNUA e REATOR COM LEVEDURA IMOBILIZADA.

A cerveja no final do processo de fermentação primária é às vezes chamada de "cerveja verde". Antes de ser embalada e servida, a cerveja é geralmente submetida a um processamento adicional, que pode incluir uma fermentação secundária, condicionamento e maturação. Na fermentação secundária, a cerveja verde é mantida em contato com a levedura após a fermentação primária ser encerrada. Esse processo é mais comumente praticado na produção de *cask ales* (também conhecidas como *"real ale"* ou *"tradicional draught"*). No final da fermentação primária, a maior parte da levedura é removida, mas uma pequena concentração, normalmente de 0,5 milhão a 2 milhões de células por mililitro, permanece. Uma pequena quantidade de açúcar, conhecido como "açúcar *priming*" ou "*priming*", é adicionado, sob a forma de sacarose ou glicose, o que estimula uma fermentação secundária. Pouco álcool é produzido (cerca de 0,1%), mas a principal razão para o *priming* é a geração de mais dióxido de carbono, que confere uma carbonatação extra à cerveja, ou *"condition"*, como ela é conhecida. Tradicionalmente, essas adições de *priming* ocorreriam no próprio barril, mas atualmente são feitas em um tanque conhecido como tanque de pressão, logo antes do embarrilamento. Ver ADEGUEIRO, ARTE DO e CONDICIONAMENTO EM CASK.

Um processo semelhante ocorre na produção de cervejas condicionadas em garrafas, situação em que a fermentação secundária ocorre na garrafa. Além de carbonatar a cerveja, a levedura residual também elimina quaisquer pequenas quantidades de oxigênio dissolvido incorporadas à cerveja no momento do engarrafamento. Esse efeito antioxidante pode ajudar a prolongar a validade da cerveja. Ver CONDICIONAMENTO EM GARRAFA.

Uma forma tradicional de fermentação secundária, praticada particularmente na Alemanha, é conhecida como *"kräusening"*. Uma parte do mosto em fermentação ativa é adicionada à cerveja que está maturando em tanques de *lager*, com o objetivo de estimular a fermentação secundária e remover o diacetil e aldeídos, bem como fornecer uma carbonatação adicional. Ver KRÄUSENING.

Ver também ALE, LAGER e LAMBIC.

Boulton, C.; Quain, D. **Brewing yeast and fermentation.** Boston: Blackwell Science, 2001. 656 p.

Forget, C. **Dictionary of beer and brewing.** Denver: Brewers Publications, 1988. 176 p.

Lewis, M. J.; Young, T. W. **Brewing.** 2. ed. New York: Kluwer Academic/Plenum Publishers, 2001. 398 p.

George Philliskirk

fermentação aberta é o nome dado às fermentações que ocorrem em recipientes que são abertos para o ambiente no qual estão situados. Fermentação aberta era o método tradicional de fermentação antes da introdução dos tanques de fermentação fechados ou com tampa. Tanques de fermentação aberta foram um dia usados em todas as cervejarias para produzir todos os tipos de cerveja, incluindo *lagers* e *ales*. Hoje, fermentações abertas ocorrem, geralmente, em ambientes especialmente construídos com superfícies lisas e de fácil limpeza (frequentemente revestidas com azulejos) para minimizar o risco de contaminação microbiológica. Além disso, o ambiente deve ter uma boa ventilação para remover o gás carbônico que é liberado durante o processo de fermentação. As primeiras salas de fermentação foram projetadas com boa extração de ar natural, posteriormente substituída por sistemas de extração e condicionamento de ar mais sofisticados, incluindo muitas vezes sistemas de refrigeração para fermentação de *lagers* em baixa temperatura, ou sistemas de aquecimento para cervejarias situadas em locais de clima frio.

Atualmente, quase todas as cervejarias modernas usam tanques de fermentação fechados, os quais possuem muitas vantagens. Tanques fechados são mais fáceis de limpar usando modernos equipamentos automatizados de limpeza. Além disso, o dióxido de carbono produzido na fermentação não se propaga por toda a sala de fermentação. O dióxido de carbono pode ser recolhido e utilizado mais tarde no processamento da própria cerveja. Tanques fechados podem ser posicionados fora dos prédios principais da cervejaria e também podem ser construídos com reforço para serem usados como tanques de pressão capazes de reter o dióxido de carbono natural proveniente do processo de fermentação. Embora o fluxo dióxido de carbono (CO_2) na superfície do líquido proteja a cerveja enquanto a fermentação está muito ativa, assim que essa atividade cessa a cerveja deve ser rapidamente transferida para tanques fechados a fim de evitar a oxidação e a contaminação bacteriana. Em seguida, os tanques devem ser limpos manualmente, apesar de algumas grandes cervejarias terem criado engenhosos sistemas para limpar automaticamente os tanques abertos.

Apesar das desvantagens citadas, muitos cervejeiros acreditam que a fermentação aberta também apresenta vantagens, e talvez seja por isso que esse

Mosto fermentando em um tanque de fermentação aberta na J. W. Lees Brewery em Manchester, Inglaterra.
FOTOGRAFIA DE DENTON TILLMAN.

método permaneça relativamente comum no Reino Unido, Alemanha e Bélgica. Uma vantagem óbvia é a capacidade do cervejeiro de realmente ver a fermentação e avaliar o seu progresso. Os tanques utilizados para fermentação aberta tendem a ser largos e rasos, formato que favorece a formação de ésteres muitas vezes avaliados como desejáveis, especialmente em estilos de cerveja que possuem características oriundas da levedura de fermentação, como a *weissbier*. Muitas vezes, as leveduras de alta fermentação de *ale* formam uma espessa camada flutuante na superfície do líquido, no final da fermentação. A fermentação aberta permite a fácil retirada dessa levedura, que tende a ser saudável e livre de células mortas e sedimentos de proteínas. A vitalidade da levedura na fermentação aberta há muito tempo tem sido observada, e constitui a base do famoso sistema Burton Union de fermentação. Ver SISTEMA BURTON UNION. Note-se, finalmente, que a fermentação aberta também possui seu charme. Muitos cervejeiros têm encontrado prazer na atividade zen de coletar ilhas de levedura da superfície do tanque de cerveja, usando com destreza escumadeiras especialmente desenhadas para erguer a espessa espuma. Para esses cervejeiros, tais práticas antigas tendem a oferecer momentos agradavelmente tranquilos em dias muitas vezes agitados.

Ver também FERMENTADORES.

Paul KA Buttrick e Garrett Oliver

fermentação contínua é um método de conversão do mosto em cerveja num processo contínuo, no qual o mosto é inserido em uma ponta do processo e a cerveja é retirada na outra ponta, sem o recurso de retê-la num tanque estático (fermentação em lote). As vantagens atribuídas aos métodos contínuos incluem eficiência na utilização da planta, melhor utilização do carboidrato, aumento do rendimento e uniformidade da bebida. Entretanto, as maiores desvantagens do processo contínuo são a contaminação microbiana, diferenças de sabor em relação às cervejas de fermentação em lote e a necessidade de processos contínuos nas etapas anteriores e posteriores à fermentação, especialmente na produção de mosto. Além disso, a fermentação contínua é um tanto inflexível na medida em que não permite que o cervejeiro responda às flutuações na demanda. Nas situações em que uma cerveja base padrão é necessária antes da efetivação de ajustes secundários a fim de obter forças, cores e sabores diferentes, o método tem se mostrado viável. Vários métodos de fermentação contínua têm sido experimentados ao longo dos últimos cem anos ou mais, mas com sucesso limitado. De longe, o mais bem-sucedido é o sistema Coutts, que opera na Nova Zelândia há mais de trinta anos. Cerveja e fermento reciclado são misturados com mosto aerado e, após ocorrer a multiplicação da levedura, a cerveja em fermentação é conduzida a tanques sucessivos em um sistema em cascata. O tempo total de permanência no sistema de fermentação é de aproximadamente trinta horas. Uma alternativa semelhante usando um único tanque teve como pioneira a cervejaria britânica Bass na década de 1970. Conhecida como "torre de fermentador contínuo", esse método gerava um gradiente de fermentação dentro de um único tanque, no qual uma população de levedura era retida dentro da torre, permitindo rápidas taxas de fermentação. No entanto, o sistema era propenso a infecções microbianas e "erupções" – perda da levedura que era efetivamente carregada para fora do fermentador. O princípio de retenção de uma população de levedura dentro de uma torre foi desenvolvido pela aplicação do processo de imobilização da levedura dentro do fermentador. Nesse método, a levedura é imobilizada em lascas de madeira em um reator de fase única, evitando assim uma possível erupção. Esse método tem sido utilizado para produzir tanto cervejas *stout* como *lager* na Finlândia, com tempos de produção de vinte a trinta horas e desenvolvimento de sabor consistente.

Ver também REATOR COM LEVEDURA IMOBILIZADA.

Boulton, C.; Quain, D. **Brewing yeast and fermentation.** Chichester: Blackwell Science Ltd, 2001. 656 p.

George Philliskirk

fermentação descontínua acelerada é uma tentativa de obter vantagem econômica através da produção de um volume maior de cerveja utilizando o mesmo equipamento, em menos tempo. Se mesmo poucos dias puderem ser suprimidos do período de fermentação tradicional, isso pode resultar em um aumento considerável na capacidade total da cervejaria. Sempre houve muitos métodos para acelerar as fermentações. No entanto, cuidados devem ser tomados, uma vez que ocorrem mudanças no sabor quando as fermentações são aceleradas por qualquer um desses métodos.

As taxas de fermentação podem ser aceleradas de várias maneiras. Tanto a fase de latência quanto a fase de fermentação ativa podem ser abreviadas por meio do aumento da taxa de inoculação de levedura. A temperatura inicial da fermentação pode ser aumentada, tal como a temperatura da fermentação ativa. As cervejarias também podem acelerar as fermentações pela mistura de uma cerveja em fermentação ativa com mosto fresco e aerado (uma forma de *kräusening*; ver KRÄUSENING). O aumento da temperatura de fermentação irá aumentar a taxa metabólica da levedura e a velocidade de fermentação, mas o perfil dos compostos aromáticos na cerveja acabada pode mudar de forma desfavorável. Os tempos de fermentação podem ser reduzidos usando cepas de levedura em pó (não floculantes) ou por agitação mecânica do mosto em fermentação. A levedura também pode ser ativada no final da fermentação através da injeção de dióxido de carbono ou pela utilização de um dispositivo de recirculação.

Alterações de sabor podem ocorrer devido a mudanças nos padrões de crescimento da levedura, com modificações na concentração de álcoois fúseis, ésteres e dicetonas vicinais (particularmente diacetil). Portanto, embora o mosto fermentado possa atingir o limite de atenuação mais rapidamente, uma maturação adequada ainda é necessária. Algumas cervejarias industriais têm procurado encurtar também o período de maturação com o uso de tecnologias tais como o reator com levedura imobilizada. Ver REATOR COM LEVEDURA IMOBILIZADA.

Ver também FERMENTAÇÃO.

Graham G. Stewart

fermentação secundária é um termo abrangente que se refere a qualquer fase da fermentação posterior ao período de grande atividade da fermentação "primária", mas antes da completa remoção da levedura. Em cervejas *lager*, a fermentação secundária pode se referir ao período de maturação e *lagering*, quando ocorrem importantes alterações de sabor, particularmente a reabsorção do diacetil pelas leveduras. No método tradicional alemão de produção de *lager*, o termo também pode se referir ao processo de *krausening*, em que mosto em fermentação ativa é adicionado à cerveja que concluiu a fermentação primária. Essa adição reinicia a fermentação da batelada combinada, reduzindo o diacetil e, se a fermentação reativada estiver em um tanque fechado, carbonatando naturalmente a cerveja.

Na Grã-Bretanha, a fermentação secundária refere-se a uma importante parte do processo tradicional de produção de *ale* em que o condicionamento (dióxido de carbono dissolvido) é formado lentamente à medida que o açúcar residual é consumido pela levedura. Isso promove efervescência e sensação de boca à cerveja pronta. A fermentação secundária pode também remover compostos aromáticos indesejados, tais como enxofre, conferindo à cerveja um paladar mais "limpo" e agradável. Na cervejaria, a fermentação secundária pode ser realizada em tanques de condicionamento (*conditioning*) ou, no caso da cerveja tradicional no Reino Unido, em *casks*. A fermentação secundária em tanques de condicionamento pode ser iniciada pela adição de mosto ou solução de açúcar.

Quando uma fermentação secundária ocorre na garrafa, a cerveja passa a ter uma carbonatação natural e, frequentemente, vigorosa. Esse processo é conhecido como "condicionamento na garrafa". Ver CONDICIONAMENTO EM GARRAFA. No caso da cerveja condicionada em garrafa, o mosto ou solução de açúcar é adicionado à cerveja, que ou ainda contém levedura da fermentação ou levedura que foi adicionada antes do engarrafamento, e a fermentação secundária se desenvolve na garrafa por um dado período de tempo. No caso da cerveja em *cask* tradicional do Reino Unido, ou a cerveja tem uma pequena quantidade de açúcar fermentável restante da fermentação primária, ou uma solução de açúcar (chamada de açúcar *priming*) é adicionada ao *cask* que contém a cerveja não filtrada e os agentes de clarificação. O açúcar é fermentado pela levedura no *cask*, que a condiciona ao longo de vários dias. O barril estará pronto para ser servido quando a fermentação secundária tiver acabado e a cerveja tiver sido clarificada pelos agentes de clarificação.

Os cervejeiros amadores costumam usar o termo "fermentação secundária" para se referir ao período de maturação após a fermentação primária, o que geralmente envolve a transferência da cerveja jovem para outro tanque de fermentação a fim de separá-la da levedura inativa.

Ver também AÇÚCAR PRIMING, CONDICIONAMENTO e CONDICIONAMENTO EM CASK.

Paul KA Buttrick

fermentador cilindrocônico

Ver FERMENTADORES.

fermentadores

fermentadores, também conhecidos como tanques de fermentação, são tanques, barris, ou outros recipientes nos quais o mosto é mantido enquanto fermenta para se tornar cerveja.

Fermentadores sempre foram uma parte essencial até mesmo da cervejaria caseira mais modesta. Eles variaram quase infinitamente ao longo do tempo; praticamente qualquer coisa capaz de manter o líquido dentro de si pode ser um potencial fermentador. Dito isto, a tecnologia utilizada para a construção de fermentadores progrediu consideravelmente durante os últimos cinquenta anos.

A história do desenvolvimento dos fermentadores

Historicamente, o desenvolvimento dos fermentadores acompanhou de perto o desenvolvimento dos processos e da tecnologia cervejeira. As primeiras cervejas foram provavelmente fermentadas em bolsas de pele animal e tigelas de madeira entalhada. A partir do início das civilizações suméria e egípcia (por volta de 4000 a.C.), data dos primeiros registros escritos sobre a produção de cerveja, os recipientes utilizados eram ânforas de cerâmicas com capacidade de até algumas centenas de litros. Essas jarras se mantiveram como fermentadores e recipientes de armazenamento para a maioria das cervejas (e também dos vinhos) por milhares de anos.

Foi no período entre 500 e 1000 que se viu a primeira evidência histórica de métodos de produção cervejeira no norte da Europa. Nessa época, os fermentadores preferidos eram feitos de madeira, geralmente de carvalho, que permaneceu como matéria-prima preferida até século XIX. Ver CARVALHO. A madeira sem tratamento e sem revestimento foi utilizada no princípio, mas nos anos de 1800 a maioria dos fermentadores de madeira foi revestida com algum tipo de piche ou resina. O revestimento agia como uma camada inerte que evitava que a

fermentadores

Tanques cilindrocônicos na cervejaria Paulaner, em Munique. Os tanques cilindrocônicos têm um fundo cônico que, entre outras vantagens, permite ao cervejeiro retirar facilmente a levedura para descarte ou reinoculação. ROGER PUTMAN.

cerveja entrasse em contato direto com a superfície mais macia, grosseira e porosa da madeira. Recipientes de madeira revestidos podiam ser limpos mais eficientemente, assim aumentando significativamente a estabilidade da cerveja contra infecções microbiológicas e *off-flavors* oriundos da própria madeira. Fermentadores de madeira foram construídos em várias dimensões – pequeno ou grande, aberto ou fechado, vertical ou horizontal. Até quase recentemente, os fermentadores da Pilsner Urquell eram ainda uma floresta de cubas de madeira abertas, cada uma em seu próprio pedestal. Ver PILSNER URQUELL. No tempo da Revolução Industrial, muitos fermentadores de madeira eram enormes. O mais famoso (ou infame) deles era uma cuba de fermentação da cervejaria Meux "Horse Shoe" em Londres. Ver MEUX REID & CO. Esse fermentador de madeira tinha 6,7 metros de altura e mantinha mais de meio milhão de litros de cerveja em fermentação. Às seis da tarde do dia 17 de outubro de 1814, um dos 29 aros de ferro gigantes que prendia o recipiente arrebentou. A cuba estourou, causando uma reação em cadeia com as cubas ao redor, rompendo a parede do edifício e inundando a rua. Duas casas foram destruídas e nove pessoas morreram na "inundação de cerveja de Londres".

Esse incidente, entre outros, estimulou os cervejeiros a procurar outros materiais que não a madeira para os fermentadores maiores. Mais tarde, no século XIX a maioria das novas e maiores cervejarias incluiriam fermentadores quadrados de concreto revestidos com resina, asfalto, ardósia ou esmalte. A descrição a seguir, de 1911, refere-se a uma cervejaria londrina do século XIX:

> O próximo processo é o da fermentação, que acontece numa esplêndida sala abaixo, cujo chão é construído inteiramente em ardósia. É conhecida como "Sala Havelock", tendo sido construída durante a Revolta Indiana, e tem o formato da letra L com dimensões de 210 pés por 132 pés. Aqui estão fermentadores de ardósia e madeira, cada um equipado com um paraquedas de cobre para a coleta da

levedura, conectado com o tanque de levedura logo abaixo. Cada recipiente armazena de 120 a 190 barris e contém um controlador para aumentar ou diminuir a temperatura do mosto à vontade. Essa invenção consiste em uma série de canos fixos dentro do tonel e tendo sua entrada e saída na parte de fora; dessa forma é possível passar água quente ou fria através dos canos a qualquer hora.

Fermentações ativas liberam bastante calor, e as temperaturas de fermentação podem aumentar rapidamente a um ponto em que sabores, aromas e a saúde da levedura são adversamente afetados. A habilidade de resfriar a cerveja durante a fermentação era, portanto, muito importante, especialmente durante os meses quentes de verão. A introdução de tanques de aço-carbono coincidiu com a ampliação do uso industrial da refrigeração artificial. Primeiramente introduzida na cervejaria alemã Spaten em 1871, a refrigeração artificial possibilitou que os fermentadores fossem resfriados por meios diferentes do que o resfriamento "natural" que era obtido em adegas de fermentação escavadas profundamente no solo. Essas adegas eram resfriadas com vastas quantidades de gelo cortadas dos rios e lagos durante o inverno, e então colocadas sobre o teto e abaixo do piso das adegas. Nos primeiros dias da refrigeração artificial, o resfriamento dos fermentadores era alcançado tanto pela circulação de ar refrigerado nas salas de fermentação como pela circulação de água ou salmoura refrigerada através de serpentinas dentro dos fermentadores. Normalmente as serpentinas eram feitas de cobre ou bronze, pois ambos os materiais conduzem temperatura eficientemente e não são muito corroídos pelo mosto ou pela cerveja. As serpentinas de resfriamento eram posicionadas ao longo das laterais ou do fundo dos fermentadores. Abrindo ou fechando manualmente as válvulas das serpentinas de resfriamento, era possível resfriar a cerveja rapidamente, até durante a fermentação ativa. Contudo, este método permaneceu primitivo, e a temperatura de um fermentador para o outro poderia variar muito, pois os tanques eram abertos e não insulados.

Por volta da virada do século XX, a rápida industrialização trouxe o amplo uso do aço-carbono em todos os tipos de construção. O aço-carbono tornou-se o material preferido para a fabricação de fermentadores. Como o aço-carbono ser muito suscetível à corrosão por líquidos ácidos como a cerveja, o contato direto com ela enferrujaria o recipiente, dando à bebida um sabor e aroma metálico notável. Portanto, os tanques de aço-carbono tinham que ser revestidos, e o material preferido para isso era esmalte, vidro e, posteriormente, materiais polímeros do tipo epóxi. Enquanto o revestimento de esmalte ou vidro permanecesse intacto, esta era uma superfície interna perfeitamente higiênica e fácil de limpar. Contudo, tanto o esmalte como o vidro são materiais muito frágeis que acabam lascando e quebrando, assim como o epóxi. Muitas operações cervejeiras permaneciam manuais, incluindo a limpeza do fermentador, e os funcionários tinham que entrar nesses tanques e esfregá-los manualmente após cada uso. Os revestimentos eram danificados facilmente, mas muito difíceis de consertar.

Uma coisa estava melhorando: embora a fermentação aberta fosse ainda praticada por algumas grandes cervejarias americanas nos anos 1970, a norma nos Estados Unidos transitou lentamente para a fermentação completamente fechada. Isso tornou a fermentação mais higiênica e facilitou a coleta e a reutilização do dióxido de carbono produzido pela levedura.

Por volta de 1920, o alumínio tornou-se acessível, e muitas cervejarias começaram a instalar tanques de fermentação feitos desse metal muito mais leve. O alumínio tinha a grande vantagem de ser resistente à corrosão pelo mosto e pela cerveja e podia, portanto, ser usado sem a aplicação de qualquer revestimento frágil. Uma desvantagem primordial do alumínio, entretanto, é que este é corroído por soda cáustica (hidróxido de sódio), que foi por muitas décadas o detergente preferido para a limpeza dos equipamentos das cervejarias.

Logo após a introdução do alumínio, o aço inoxidável foi introduzido como um material de construção em escala industrial. Esse material oferecia muitas vantagens quando usado em cervejarias em geral e até hoje é incontestavelmente a primeira escolha de material para a construção de fermentadores. Canos, bombas, válvulas, e quase todos os outros equipamentos cervejeiros que entram em contato direto com a cerveja também são feitos de aço inoxidável.

Até os anos de 1960, fossem eles construídos de aço-carbono, alumínio, ou aço inoxidável, a maioria dos fermentadores tinha formato cilíndrico e era posicionada horizontalmente. Geralmente eles eram empilhados em inúmeras camadas na sala de fermentação, e era incomum insular os tanques individualmente porque isso era relativamente caro. Por essa razão, todos os fermentadores eram utilizados para a fermentação primária apenas, então quando a fermentação ativa terminava, a cerveja era transferida por meio de bombas e mangueiras para outro tanque em uma sala separada para a maturação final. Cervejas de baixa fermentação (*lager*) eram colocadas por períodos mais extensos de tempo a temperaturas baixas na sala de maturação a frio, enquanto as *ales* eram geralmente transferidas para uma terceira sala cheia de tanques de armazenamento ou de pressão antes de serem envasadas.

Unitanques (tanques universais)

Melhorias continuaram durante o fim do século XIX, com tanques cilíndricos verticais, alguns com fundo inclinado ou cônico. Nos anos 1960, uma importante inovação tecnológica promoveu um novo princípio – a fermentação primária e a maturação poderiam ser executadas no mesmo recipiente. A inovação foi o moderno tanque "cilindrocônico", um tanque cilíndrico vertical com um fundo na forma de cone. Estes foram apelidados de "tanques universais", ou apenas unitanques. Os unitanques tornaram-se muito difundidos na década de 1970, e nos últimos quarenta anos ele substituiu – com poucas importantes exceções, relacionadas à produção de estilos de cerveja muito tradicionais na Bélgica e nas ilhas britânicas – todos os outros tipos de fermentadores. Tem sido comumente aceito na indústria cervejeira que tanques cilindrocônicos possuem numerosas vantagens sobre todos os antigos fermentadores:

1. Eles eliminam a necessidade de trasfegar a cerveja durante o processo, o que é uma enorme vantagem com respeito à qualidade da cerveja, tempo de processo, utilização de espaço e economia da produção.
2. A limpeza, sanitização e controle microbiológico são muitos superiores nos tanques cilindrocônicos em comparação com os designs dos tanques antigos.
3. Eles podem ser individualmente e economicamente insulados.
4. O grau de automação requerido nas grandes cervejarias modernas é muito mais fácil e menos caro do que para os designs dos tanques antigos.
5. A coleta de CO_2 durante a fermentação primária para a regeneração (e reutilização/venda) é fácil em tanques cilindrocônicos, ao contrário dos antigos fermentadores abertos.
6. A retirada da levedura é eficiente, mais seletiva e mais higiênica em tanques cilindrocônicos do que nos tipos antigos de tanque.

Interessantemente, o tanque cilindrocônico tem origem em antigas patentes datadas de 1908 e 1927, mas a revolução na fabricação do aço inoxidável era necessária para tornar prático produzir e usar esses tanques. A proliferação dos tanques cilindrocônicos começou na Irlanda no início dos anos 1960, onde estavam em utilização tanques de aço inoxidável verticais (isto é, tanques cilíndricos que ficam de pé) de até 11,5 mil hectolitros. Em 1965, a cervejaria japonesa Asahi patenteou um amplo tanque vertical com um fundo inclinado, permitindo que a levedura fosse coletada pela parte de baixo. Ver ASAHI BREWERIES. A primeira cervejaria de larga escala a instalar um grande número de tanques cilindrocônicos foi a Rainier, em Seattle, Washington, por volta de 1970. Esses tanques, apelidados de tanques Rainier, realmente tinham um fundo cônico, mas com um ângulo cônico muito raso, de apenas 25°. Logo depois, descobriu-se que um anglo cônico mais pronunciado (70° é o padrão moderno) possibilitava uma retirada mais fácil da levedura que se depositava no fundo cônico depois da fermentação. As evoluções e melhorias seguintes na tecnologia dos tanques cilindrocônicos focaram no número e posicionamento das camisas de resfriamento. As camisas de resfriamento são "cintos" ocos soldados na superfície externa (mas dentro da camada de insulamento e fora do revestimento) do tanque, através dos quais pode circular algum líquido refrigerante (glicol a temperaturas de subcongelamento ou amônia expandida), refrigerando, assim, o conteúdo do tanque. O posicionamento e o tamanho das camisas de resfriamento são críticos para assegurar o movimento ótimo e misturar a cerveja durante a fermentação, assegurando a homogeneidade, particularmente importante em grandes tanques. Durante a fermentação, a produção de CO_2 pode criar correntes poderosas na cerveja que está fermentando. Quando as camisas que estão no topo do tanque resfriam, o líquido resfriado desce em direção ao fundo do tanque. Ao mesmo tempo, a cerveja do fundo do tanque, aquecida pela própria fermentação, sobe em direção ao topo do tanque, para ser resfriada novamente. Esta ação ajuda a criar uma circulação e a misturar o líquido, promovendo fermentações mais rápidas, saudáveis e completas.

A geometria geral dos tanques foi também desenvolvida nos anos 1970 e 1980, resultando em tanques cilindrocônicos mais altos e finos, economizando espaço no chão. Entretanto, logo se descobriu que quando esses "tanques foguetes" (em referência à sua aparência) excedem uma relação entre altura e diâmetro de 5:1, uma boa mistura não pode ser alcançada, e a levedura sofre pela excessiva pressão hidrostática. Portanto, hoje os tanques cilindrocônicos são em geral fabricados com uma relação entre altura e diâmetro de 1:1 a 5:1.

Os tanques cilindrocônicos modernos têm mais do que uma camisa de resfriamento. Isso serve dois propósitos: primeiro, possibilitar o movimento térmico ótimo da cerveja durante a fermentação, como descrito anteriormente; e segundo, permitir ao cervejeiro operar o tanque com uma capacidade menor do que a completa. Um tanque cilindrocônico tem também um "dispositivo de limpeza" permanentemente instalado no seu topo, permitindo uma lavagem interna do tanque fácil e automatizada. Ver CLEANING IN PLACE (CIP). Além disso, pode haver mais de uma saída no fundo do tanque, permitindo a retirada de cerveja isenta de levedura, a qual sedimentou no fundo do cone.

Desde sua introdução, os tanques cilindrocônicos eram adequados para serem colocados ao ar livre, economizando espaço e custos de construção para as grandes cervejarias. Tanques ao ar livre são situados nas chamadas "fazendas de tanque", onde são colocados muito próximos uns dos outros. O que torna isso possível é o fato de que nenhuma operação manual ou serviços nos tanques são feitos na própria fazenda de tanque. Na verdade, toda a tubulação que entra e sai dos tanques vinda da fazenda de tanques atravessa uma parede adjacente e segue para a área de processamento dentro da cervejaria. Todas as bombas automáticas, válvulas, ou articulações que necessitem ser operadas durante a utilização dos tanques são colocadas aí, eliminando amplamente a necessidade de longas mangueiras.

Estado da arte em tanques de fermentação

A maioria das cervejarias modernas ainda utiliza tanques cilindrocônicos. A próxima etapa no processo de desenvolvimento poderia ser a introdução da fermentação contínua com levedura imobilizada. As melhorias mais recentes na tecnologia desses tanques envolvem o que se poderia chamar de "acessórios" do tanque relativos à mistura mecânica (recirculação por bombeamento do fundo até o topo) da cerveja que está fermentando, assim como sistemas de controle avançado que medem automaticamente e controlam o progresso da fermentação. Ver FERMENTAÇÃO CONTÍNUA e REATOR COM LEVEDURA IMOBILIZADA.

Tradições mantidas

Nem todos os tipos de fermentadores tradicionais desapareceram com a introdução do tanque cilindrocônico. Os requisitos dos processos de produção das tradicionais *ales* inglesas fizeram muitas grandes cervejarias aterem-se à geometria tradicional dos tanques quadrados com um "topo penetrável", através do qual as leveduras tradicionais de alta fermentação se acumulam no fim da fermentação primária e de onde a levedura pode ser coletada automaticamente por uma combinação de válvulas e tubos de saída. Esse tipo de tanque é chamado *Yorkshire square*, ou quadrado de Yorkshire, em referência ao seu formato e ao lugar onde foram inventados e difundiram-se durante o século XX. Os fermentadores *Yorkshire squares* modernos podem ser tão volumosos quanto os cilindrocônicos e são também fechados e equipados com CIP, o que os torna tão fáceis de automatizar quanto os cilindrocônicos. Mas por serem mais complexos, são também mais caros em termos de investimento, ocupam mais espaço e normalmente não podem ser colocados ao ar livre.

Muitas cervejarias britânicas mantêm a tradição de fermentadores abertos. Eles defendem veementemente que o método tem efeitos positivos na saúde da levedura e no sabor e aroma da cerveja. Na Baviera, a fermentação aberta é às vezes utilizada na produção de *weissbier* e ocasionalmente de *lager*. Muitos cervejeiros bávaros acreditam que a fermentação aberta tende a criar um perfil de aroma mais intenso na *weissbier* do que a fermentação fechada.

A cervejaria Marston's, de Burton-on-Trent, na Inglaterra, é conhecida por ter promovido o sistema Burton Union, onde a fermentação ocorre em cubas de carvalho e as leveduras expelidas viajam entre elas através de calhas abertas. O sistema continua sendo uma coisa interessante de se ver, e os cervejeiros da Marston's alegam que o sabor e o aroma da sua principal cerveja não seriam os mesmos sem ele. Ver também FERMENTAÇÃO, SISTEMA BURTON UNION e YORKSHIRE SQUARE.

Hough, J. S. et al. **Malting and brewing science**. 2. ed. Cambridge: Cambridge University Press, 1982.
Wolfgang, K. **Technology brewing and malting**. 3. ed. int. Berlin: VLB Berlin, 2004.
University of London, Institute of Historical Research. **A history of the county of Middlesex**, v. 2. Oxford: Oxford University Press, 1911.

Anders Brinch Kissmeyer e Garrett Oliver

ferro (símbolo químico Fe) está presente naturalmente na produção de cerveja e na água de limpeza, na forma de sais ou íons, incluindo os cátions Fe^{2+} e Fe^{3+}. O ferro, no entanto, é normalmente mantido em concentrações de não mais que 1 mg/L, porque em concentrações mais elevadas ele teria um efeito prejudicial no sabor e cor da cerveja. Para manter o teor de ferro sob controle, muitas vezes, os cervejeiros aeram e filtram a água antes de usá-la. Além da água cervejeira, preparações de terra diatomácea usadas na filtração da cerveja, assim como jatos de água quente entre a envasadora e a cravadora na linha de engarrafamento, são também fontes potenciais de ferro na bebida.

Na maior parte das cervejas prontas, o ferro não é mais do que um elemento traço de, talvez, 0,1 mg/L. Caso contrário, os taninos – derivados das cascas dos grãos e lúpulos – poderiam formar ligações químicas com os íons ferro, o que conferiria à cerveja *off-flavors* ligeiramente metálicos ou análogos aos de tinta e uma coloração castanha. Mesmo esses baixos teores de ferro podem ser prejudiciais para a estabilidade da cerveja, porque potencializam a produção de moléculas de oxigênio reativas que podem causar o envelhecimento (*staling*) da cerveja e a oxidação dos polifenóis, levando ao desenvolvimento de turbidez.

O ferro, no entanto, tem um efeito positivo. Ele promove a espuma da cerveja através do aumento da capacidade de construção de pontes, da elasticidade e da estabilidade das cadeias de polipeptídeos na superfície das bolhas de gás carbônico. Nos países onde os regulamentos de segurança alimentar o permitem, portanto, são às vezes adicionados sais ferrosos à cerveja como estabilizadores de espuma em uma dosagem de até 0,6 g/hL, mas sempre em conjunto com compostos redutores que evitam que a espuma se transforme numa ferrugem marrom muito pouco atrativa.

Quantidades excessivas de sais ferrosos na cerveja são extremamente indesejáveis porque os precipitados ferrosos podem servir como pontos de nucleação para grandes bolhas de dióxido de carbono no interior da garrafa, causando problemas de *gushing*.

Ver também GUSHING.

Oliver Jakob

fervura do mosto é um dos aspectos mais importantes e complexos do processo de produção de cerveja. Antes de o homem desenvolver a capacidade de moldar reservatórios metálicos, o mosto era muitas vezes colocado em recipientes de madeira ou pedra e aquecido ao ponto de ebulição pela adição de pedras incandescentes. Hoje em dia existem muito poucos tipos de cerveja em que o mosto não é fervido. Entre os tipos mais conhecidos, está a tradicional cerveja finlandesa chamada *sahti*, cujo mosto é meramente aquecido. Ver SAHTI. Embora não soubessem nada sobre micróbios, os cervejeiros antigos logo aprenderam que a cerveja feita a partir de mosto fervido durava mais tempo e era mais saudável para se beber.

A fervura do mosto tem as seguintes finalidades:

- inativação de enzimas residuais da mosturação;
- isomerização dos α-ácidos de amargor do lúpulo;
- esterilização do mosto;
- remoção dos compostos voláteis indesejados;
- precipitação de proteínas indesejadas como "*hot break*" (ver HOT BREAK);
- concentração do mosto.

Durante uma fervura eficaz, todos estes objetivos podem ser alcançados, geralmente em menos de noventa minutos. Mas conseguir uma fervura eficaz não é tão simples quanto parece. Com a exceção da conversão do precursor do dimetil sulfeto (DMS) (S-metil metionina) em DMS livre (um composto com um aroma muitas vezes indesejável reminiscente de milho cozido), uma reação fundamentalmente impactada pelo tempo e pela duração da fervura, os outros eventos químicos e físicos da ebulição são geralmente quantificados empiricamente medindo a taxa de evaporação. A água normalmente evapora pela fervura a uma taxa de cerca de 4% por hora. Ver DIMETIL SULFETO (DMS).

Uma agitação vigorosa é obrigatória para a coagulação de proteínas e formação de flocos, embora as forças de cisalhamento devam ser minimizadas para esses flocos não serem consequentemente desintegrados, tornando a proteína indesejada difícil de remover. Polipeptídeos precisam ser desnaturados durante a fervura para manifestarem ótimas propriedades de estabilização de espuma, embora isso ao mesmo tempo aumente sua taxa de perda, dada sua elevada hidrofobia.

Quando os lúpulos são fervidos no mosto, os alfa-ácidos, usados para desenvolver o amargor, são isomerizados; só então é que eles se tornam solúveis e podem ser agregados ao mosto. Ver ALFA-ÁCIDOS. A 100 °C, em um mosto de pH 5,2, cerca de 1% do total de alfa-ácido é isomerizado a cada minuto. A fervura do mosto, por conseguinte, leva tempo. O resultado final da ebulição é grandemente impactado pela configuração da tina e pelo regime de aquecimento, bem como pela composição do mosto doce e de quaisquer outros materiais introduzidos no recipiente (açúcares e xaropes; auxiliares de clarificação e, é claro, lúpulo e produtos de lúpulo).

A taxa de transferência de calor, a partir da condensação do vapor para o aquecimento do mosto, é bastante influenciada pela área da superfície de aquecimento e a diferença de temperatura entre o vapor e o mosto (ΔT). Para evitar reações indesejadas de cozimento, é melhor manter um ΔT baixo. O estabelecimento de uma área de superfície adequada é importante e influenciado por qualquer incrustação e pela renovação da camada limite através do fluxo de mosto. O bombeamento do mosto facilita a transferência de calor, mas coloca em risco a integridade do *hot break*.

A ebulição é realizada em tinas de fervura, muitas vezes chamadas de "*coppers*" por causa do metal – o cobre – a partir do qual foram originalmente fabricadas. Hoje em dia elas são geralmente feitas de aço inoxidável, mas às vezes contêm alguns "cobres de sacrifício" para ligar compostos de enxofre tais como sulfeto de hidrogênio. Mas os cervejeiros modernos devem ter cuidado: o sobreaquecimento pode "queimar" e caramelizar açúcares, e levar à formação de sabores indesejáveis de "cozido", escurecimento do mosto, e, possivelmente, radicais carbonila que contribuem para a nota de envelhecido (*stale*) na cerveja. Durante séculos, a maioria das fervuras de mosto eram feitas em grandes tinas de queima direta com madeira, carvão ou chamas de gás abaixo deles. Hoje, a queima direta é amplamente evitada pelas razões acima expostas.

Há muitos formatos de tinas de fervura. O critério essencial é a extensão em que a fervura pode ser conseguida. Somente quando a fervura é vigorosa é que haverá volatilização eficiente de vapor de compostos que conferem *off-flavors*, precipitação efetiva de proteínas e polifenóis etc.

Atualmente, as tinas de fervuras usadas pela maioria das cervejarias pequenas empregam camisas de vapor de baixa pressão nas paredes do recipiente. A maioria das grandes tinas modernas apresenta um conjunto interno (ou externo) de tubos de aquecimento (calândria) através do qual o mosto é jogado para cima, caindo, então, em uma placa espalhadora que devolve o mosto à superfície. Esse processo permite que os compostos voláteis escapem. Um exemplo desse sistema é o Stromboli, produzido pela alemã Krones.

Em sistemas dinâmicos de fervura de baixa pressão que permitem uma rápida evaporação de compostos voláteis, ao passo que reduzem a evaporação global de água, a pressão é elevada e baixada entre 1,0 bar e 1,2 bar (correspondendo a temperaturas de 100 °C a 102 °C e 104 a 105 °C); isso ocorre seis vezes por hora. Cada etapa de liberação de pressão leva a uma ebulição instantânea do conteúdo da tina de fervura, auxiliando na remoção dos compostos voláteis.

O sistema Merlin, também produzido pela Krones, é conhecido por produzir cervejas de qualidade a partir de mostos fervidos com taxas de evaporação tão baixas quanto 4%. Compreende um recipiente contendo um fundo de aquecimento cônico para ferver e evaporar o mosto. O *whirlpool*, abaixo do dispositivo de Merlin, serve como um recipiente de recolhimento do mosto. Uma bomba faz o mosto circular entre os vasos. O mosto é filtrado para o *whirlpool* e posteriormente bombeado como uma película fina sobre a superfície de aquecimento cônica do Merlin. A película fina, a elevada taxa de fluxo e o fluxo turbulento asseguram uma boa transferência de calor, com um diferencial de temperatura muito baixo entre vapor e mosto, bem como uma remoção muito boa de compostos voláteis. Ao longo de um período de quarenta a sessenta minutos o mosto passa de quatro a seis vezes ao longo da superfície de aquecimento, com taxas de evaporação de apenas 1,5% a 2,5% e baixos danos térmicos ao mosto. O *whirlpool* possui isolamento térmico, de modo que a quebra do precursor de DMS ocorre no seu interior. O mosto no *whirlpool* está em rotação ao longo de toda a fervura, com uma boa separação dos *hot breaks*, de modo que o "o descanso" pode ser tão curto quanto dez minutos. O mosto é bombeado mais uma vez sobre a superfície de aquecimento a caminho do resfriador, no qual o DMS livre formado no *whirlpool* é expulso completamente.

Existe uma limitação física para a área de superfície que pode ser atingida com dispositivos internos, o que desloca o foco para sistemas de aquecimento no exterior da tina de fervura. Um exemplo é o Symphony™, da empresa Briggs, cuja grande área de superfície de aquecimento é cerca de quatro a cinco vezes maior do que o normal. Essa grande área permite um ΔT muito menor, com os consequentes benefícios em termos de menor "cozimento" e também a possibilidade de mais bateladas entre as operações de limpezas. A grande área de superfície e o baixo ΔT significam a produção de enormes quantidades de pequenas bolhas de vapor, maximizando a área de interface líquido/vapor e promovendo a formação de *trub* e remoção de compostos voláteis. Ver TRUB. Taxas de evaporação mais baixas são possíveis, resultando em economia de energia.

Os sistemas externos de aquecimento podem ser usados em uma ampla gama de tempos de fervura; eles superam a desvantagem dos aquecedores internos na medida em que estes somente podem ser utilizados de forma submersa, abaixo do nível do mosto.

O PDX Wort Heater utiliza vapor direto a uma velocidade de 3.292 quilômetros por hora para quebrar o mosto em gotículas com uma enorme área de superfície, permitindo, assim, a remoção eficaz de compostos voláteis.

O Ecostripper compreende uma sequência de tina de fervura de mosto, *whirlpool*, coluna de separação e resfriador. Na coluna de separação, os compostos voláteis indesejados são removidos por injeção de vapor limpo. A coluna de separação é preenchida com um revestimento para garantir uma grande área de superfície, e o mosto flui para baixo contra o vapor. Alega-se que isso economiza energia em virtude de uma ebulição reduzida; recuperação de calor; menos desenvolvimento de cor; e menos desperdício de calor.

Ver também MOSTO.

Leiper, K. A.; Meidl, M. Brewhouse technology. In: Priest, F. G.; Stewart, G. G. (Eds.). **Handbook of brewing**. Boca Raton: CRC Press, 2006, p. 383-445.

Charles W. Bamforth

A **Filadélfia**, localizada próximo à costa leste dos Estados Unidos, aproximadamente 144 quilômetros a sudoeste da cidade de Nova York, é a quinta maior cidade do país e um marco na sua história. A Filadélfia desempenhou um papel crucial na Revolução Americana, pois foi o lugar onde a Declaração da Independência dos Estados Unidos foi assinada em 1776. Muitos dos primeiros líderes do jovem país se referiram a essa cidade como "lar" pelo menos uma vez, como George Washington e Benjamin Franklin, dois homens que produziam regularmente as suas próprias *ales*. George Washington demonstrava um gosto especial pela cerveja *porter* produzida na cidade por Robert Hare. Em 1790, o secretário de Washington escreveu: "Você poderia pedir ao sr. Hare, se ele continuar produzindo a melhor *porter* da Filadélfia, que envie 3 grosas de seu melhor produto para Mount Vernon? Pois o presidente planeja visitar esse lugar no recesso do Congresso, e é provável que haverá uma grande demanda pela *porter* nessa ocasião". Entretanto, as raízes cervejeiras da Filadélfia podem ser rastreadas até 1680, quando o fundador da cidade, William Penn, começou a construção de uma cervejaria.

A Filadélfia, lar de cerca de cem cervejarias comerciais na década de 1880, possuía a fama de ser a maior cidade cervejeira no hemisfério ocidental, com uma parte da cidade de fato apelidado de "Brewerytown", "Cidade-Cervejaria". Contudo, a Lei Seca fechou completamente as indústrias, e os problemas econômicos posteriores agravaram a situação. A Filadélfia não foi capaz de recuperar sua posição no ramo cervejeiro, e em 1987 a Schmidt's, última das cervejarias da cidade, fechou suas portas.

O movimento das microcervejarias chegou à Filadélfia na década de 1990 com um notável vigor, e por volta de 2010 havia cerca de vinte pequenas cervejarias em atividade na cidade. A Filadélfia também é conhecida por sua variedade de bons bares cervejeiros e continua a ser o mercado número um nos Estados Unidos em consumo de cervejas especiais importadas da Bélgica.

Em 2008 a Filadélfia lançou o festival anual Philly Beer Week, que logo se estabeleceu como um dos eventos cervejeiros mais célebres, bem frequentados e respeitados dos Estados Unidos. Com uma duração de dez dias e acolhendo centenas de eventos, o Philly Beer Week é realizado todo mês de junho.

Baron, S. **Brewed in America: a history of beer and ale in the United States**. Boston: Little Brown & Co., 1962.

Bryson, L. **Pennsylvania breweries**. 4. ed. Mechanicsburg: Stackpole Books, 2010.

New York Times Philadelphia Travel Guide, Philadelphia. Disponível em: http://travel.nytimes.com/travel/guides/northamerica/united-states/pennsylvania/philadelphia/overview.html/. Acesso em: 6 dez. 2010.

April Darcy

Filipinas

Ver SUDESTE ASIÁTICO.

filtração é o processo de remoção de sólidos de um líquido pela sua passagem através de um meio poroso. A eficácia da filtração depende do tamanho da partícula e da porosidade do meio filtrante. Os materiais suspensos no líquido serão retidos sobre ou no interior do meio filtrante se forem maiores que o tamanho dos poros. A filtração é muito utilizada na produção de cerveja, e a maioria das cervejas vendidas atualmente é filtrada de alguma forma. A amplitude de tamanho das partículas removidas é enorme, desde o nível coloidal (1,0 µm) na filtração de água à remoção do lúpulo inteiro (1,0 cm) após a fervura na tina.

Existem dois tipos básicos de filtração: profundidade e superfície. A filtração de profundidade utiliza um labirinto de canais entrelaçados no meio filtrante para capturar as partículas. O meio filtrante pode ser terra diatomácea, perlita ou outros meios porosos. A filtração de profundidade é frequentemente considerada uma filtração grosseira ou primária, embora em algumas pequenas cervejarias esta seja a única filtração realizada. Exemplos desse tipo de filtração são filtros de placa, tela e vela. A filtração de superfície utiliza como meio filtrante uma película fina com poros menores que as partículas a serem removidas. As partículas ficam retidas na superfície do meio filtrante, enquanto o líquido clarificado flui através da película. Se os poros são de um tamanho definido (por exemplo, até 5 µm), a filtração é considerada "absoluta" em relação ao tamanho dos poros. A filtração tangencial e em membrana são exemplos.

O meio filtrante, também chamado auxiliar de filtração, é fundamental para a clarificação final do líquido. A filtração do mosto usa um leito de cascas de malte como auxiliar de filtração. O mosto doce passa pelo leito de cascas, e as partículas em suspensão do mosto ficam retidas. O *hop back* usa o mesmo princípio. Atualmente, as duas formas mais populares de meios filtrantes são a terra diatomácea e a perlita. A terra diatomácea, também conhecida pelo nome alemão de *Kieselguhr*, é uma forma natural de sílica derivada do esqueleto calcificado de minúsculas algas planctônicas. A perlita tem natureza similar, mas deriva de rochas vulcânicas e composta de silicato de alumínio. A variedade e complexidade das formas desses materiais formam um labirinto de canais no leito filtrante. No entanto, há riscos pulmonares à saúde, tais como silicose, associada a esses materiais. Portanto, os manipuladores, devem usar proteção contra o pó. Além disso, os custos de descarte dos auxiliares de filtração são consideráveis, o que tem levado ao desenvolvimento de métodos de filtração alternativos. Ver PERLITA e TERRA DIATOMÁCEA.

Os filtros de placas e quadros consistem em placas verticais cobertas com tecido ou cartão filtrante. Adjacentes às placas, quadros vazios contêm o auxiliar de filtração. A cerveja é conduzida através das placas, onde os sólidos são retidos pelo meio filtrante. A cerveja clarificada flui para fora do filtro através de tubos coletores. Há também o filtro de placas que utiliza capa de celulose compactada impregnada com terra diatomácea, de desenho semelhante. Não há quadros abertos, mas dois conjuntos de capas dotadas de canais. A cerveja turva flui por um dos lados da capa, e a cerveja clarificada sai pelo outro. Esses filtros têm menor área de superfície do que outros filtros com pó, e são principalmente utilizados como filtros secundários ou de acabamento. Frequentemente são utilizados após a filtração mais grosseira, antes do envase, e com capas adequadas, com porosidade menor que 0,45 µm, produzem cerveja esterilizada.

Os filtros de telas usam telas (folhas) ocas montadas na horizontal ou na vertical, ao longo de um eixo central, alojadas dentro de um receptáculo cilíndrico. Em um processo chamado de pré-revestimento, uma mistura de cerveja (ou água) e terra diatomácea é bombeada para dentro do receptáculo e recirculada até que toda a terra diatomácea fique presa nas telas e o líquido esteja claro. Nesse momento a cerveja é introduzida. Como o alto teor de sólidos insolúveis da cerveja não filtrada rapidamente obstruiria o meio filtrante ou o filtro excederia a pressão do sistema além do nível de segurança, é necessário dosar continuamente a terra diatomácea na linha em conjunto com a cerveja. Isso mantém abertos os canais do leito de filtração e forma novos caminhos continuamente. Os poros desse tipo de filtro variam de 3 a 5 µm, e podem interceptar a maioria das grandes partículas, incluindo leveduras.

Filtros de vela são semelhantes aos filtros de telas verticais, mas em vez de telas, eles têm tubos ocos e redondos com aberturas estreitas. A operação é quase idêntica, mas a maior área de superfície das velas permite uma rápida filtração usando menos meios filtrantes auxiliares. Ver FILTRO DE VELA.

Os filtros de membrana são feitos de materiais poliméricos, e as partículas ficam retidas em virtude de seus poros de tamanho uniforme. Eles são capazes de produzir excelentes filtrados, mas entopem rapidamente.

A filtração tangencial aprimorou a filtração tradicional em membrana pelo rápido bombeamento do líquido através da superfície da membrana (usualmente alumina sinterizada). Sólidos depositados são retidos e eliminados, deixando a superfície da membrana livre de entupimento. Esses filtros são brilhantemente projetados, mas sua aquisição e operação são dispendiosas.

Vários processos e técnicas auxiliares podem reduzir a quantidade de sólidos em suspensão antes da filtração e, assim, aumentar o volume de líquido que passa pelo filtro. Esses incluem longos tempos de maturação sob baixa temperatura, bem como agentes clarificantes, capazes de alcançar níveis de clarificação aceitáveis por meio da sedimentação natural. Ocasionalmente, as grandes cervejarias utilizam a centrifugação como alternativa à filtração.

A filtração ajuda a estabilizar a cerveja e confere a ela uma aparência polida e clarificada. Ela também pode remover elementos, tal como levedura morta, que acabariam tornando a cerveja intragável. Dito isso, as cervejarias, especialmente as menores, e os *brewpubs* muitas vezes preferem servir cervejas não filtradas, pois não veem vantagem na aparência clarificada e notam que algo elementar pode ser perdido durante a filtração. De fato, em vários estilos clássicos de cerveja, incluindo *hefeweizen* e algumas cervejas belgas refermentadas na garrafa, a turbidez advinda da levedura é um elemento que define o estilo.

Broderick, H. **The practical brewer**. 2. ed. Madison: Master Brewers Association of America, 1993.
Kidger, P. Solid and liquid separation. **Brewer's Guardian**, p. 26–30, jul. 2001.
Lewis, M. J.; Young, T. **Brewing**. London: Chapman & Hall, 1996.

Jeff S. Nickel

filtração do mosto é um método de separação do mosto doce e do bagaço de malte. Historicamente, especialmente na produção das *ales* britânicas, a mosturação e a filtração do mosto frequentemente ocorreram em um único tanque, uma combinação de tina de mosturação e tina de filtração. Mas os cervejeiros logo perceberam que há otimização quando cada parte do processo de geração e recuperação do mosto ocorre em tanques separados, aumentando a eficiência e a qualidade da cerveja.

Uma tina de filtração é um recipiente circular, frequentemente mais largo que a tina de mosturação, para a qual a mostura acabada é transferida. A mostura é geralmente aquecida a uma temperatura além da necessária para a conversão enzimática. Isso reduz a viscosidade do mosto. Na tina de filtração, para facilitar o escoamento do mosto, o leito de grãos é frequentemente mais raso do que na tina de mostura. As tinas de filtração modernas são construídas de aço inoxidável e equipadas com fundos falsos de placas perfuradas ou telas. As telas apresentam aberturas maiores que as placas, mas ambas permitem o fluxo de mosto clarificado através delas. Há também uma saída para a água que é aspergida sobre o leito de grãos para reabastecer o mosto conforme ele é escoado.

A maioria das tinas de filtração é equipada com uma série de rastelos e facas que estão ligados a um conjunto rotativo que pode ser levantado e abaixado. Essas facas são anguladas de modo a levantar suavemente os grãos e fazer cortes no leito. Isso também ajuda a melhorar a porosidade do leito de grãos e reduz qualquer diferencial de pressão entre a parte superior e a parte inferior do leito, garantindo o nivelamento e um fácil escoamento do mosto. Geralmente, um raspador também faz parte do conjunto.

Ele pode ser abaixado perto do fundo falso para remover o bagaço do malte através de uma porta na base da tina de filtração. Na parte inferior, uma tina de filtração está equipada com vários tubos coletores, todos com características de fluxo semelhantes, para transportar o mosto drenado para a tina de fervura ou para um tanque de retenção.

As tinas de filtração modernas automatizadas incluem sensores que detectam a pressão e o fluxo, e esses dados alimentam o computador que controla o sistema de trasfega. Isso otimiza o fluxo através do leito de grãos.

Na sequência da filtração, o espaço sob as placas perfuradas do fundo falso deve ser preenchido, a uma profundidade de 2,54 a 5,08 centímetros, com água quente cervejeira para aquecer a tina e facilitar a dispersão da mostura quando esta é bombeada para dentro da tina. A mostura é transferida da tina de mostura para a tina de filtração usando uma bomba especialmente projetada. A tina de filtração é alimentada de baixo para cima. A mostura é deixada em repouso por poucos minutos antes de o mosto ser bombeado pelo fundo e devolvido na parte superior do leito de grãos, em um processo chamado de "recirculação" ou pelo seu nome alemão *vorlauf*. Ver VORLAUF. Durante a recirculação, o leito de grãos serve como um meio filtrante. O processo continua até que a turbidez do mosto diminua a um nível aceitável, para depois ser desviado para a tina de fervura.

Uma vez que o nível do mosto cai um pouco abaixo da superfície do leito de grãos, a água aspergida a partir do topo da tina de filtração reabastece o líquido e dissolve mais sólidos presentes nos grãos esgotados. É possível combinar a velocidade de aspersão com a taxa de recuperação do mosto, a fim de que os grãos permaneçam imersos a um nível constante. Ocasionalmente, os rastelos e facas podem ser usados para afofar gentilmente o leito de grãos compactado. A coleta de mosto continua até que o volume exigido na tina de fervura seja obtido, com o teor de extrato desejado. Ver EXTRATO ORIGINAL. O líquido restante é drenado da tina de filtração e o bagaço do malte é removido. Muitas vezes, ele se torna alimento para gado.

Steve Parkes

filtração estéril, uma forma de filtração fina o suficiente para remover organismos deterioradores. Para a cerveja, entende-se que a filtração estéril reduz para níveis extremamente baixos as leveduras e os organismos que promovem a deterioração da cerveja, de tal modo que o produto envasado permanecerá inalterado durante a sua vida útil, que pode variar segundo a marca, região ou mercado. A filtração estéril não garante a completa ausência de microrganismos e geralmente descreve a sua redução sem o tratamento térmico da cerveja, tal como utilizado em *flash* pasteurização ou em túnel. O método também pode ser referido como "esterilização a frio" ou "filtrado para chope". Um típico valor laboratorial para a cerveja estéril é inferior a uma célula para cada 100 mL de cerveja.

A filtração estéril pode ser realizada de diferentes maneiras, por meio de sucessivas filtrações utilizando filtros *Kieselguhr*, através de uma única passagem em um filtro de placa ou em um filtro de cartucho para obter a filtração absoluta. Normalmente, um filtro com porosidade nominal menor ou igual a 0,45 μm irá produzir cerveja estéril.

Os defensores da filtração estéril afirmam que ela evita quaisquer alterações negativas de sabor advindas da pasteurização, mas o processo terá custos maiores por causa do aumento de custos de equipamentos e custos operacionais. Outros cervejeiros, incluindo aqueles que produzem cervejas mais saborosas, acreditam que a filtração estéril pode remover o corpo, aroma e cor da cerveja e, portanto, defendem que tais tecnologias devem ser abordadas com cautela. Independentemente disso, essa filtração não pode ser vista como um substituto para práticas cervejeiras ruins e somente funciona como a última etapa de um processo de produção de cerveja bem executado, com cuidados adequados em relação à limpeza e manutenção.

European Brewery Convention. Cold sterilization. In: **Manual of good practice, beer filtration, stabilization, and sterilization**. Nurnberg: Fabi and Reichardt Druck, 1999, p. 117-144.

Andrew Fratianni

filtro de mosto, um dispositivo de separação de mosto que pode ser usado como uma alternativa à tina de filtração ou à tina de mosturação/filtração. O filtro de mosto é, essencialmente, um filtro prensa equipado com uma série de filtros finos para a separação do mosto em relação ao bagaço de malte.

Enquanto os modelos de filtros de mosto mais antigos têm sido frequentemente criticados por proporcionarem mostos escurecidos, com altos teores de polifenóis indesejados, os filtros de mosto mais modernos são altamente eficientes e podem produzir mostos claros com poucas partículas.

Em 1901, o belga Philippe Meura desenvolveu um filtro prensa para melhorar o processo de filtração da mostura. A companhia que carrega o nome de Meura continua produzindo filtros de mosto. O filtro de mosto, ao contrário da tina de filtração, é adequado para trabalhar com grãos finamente moídos em um moinho de martelo, e isso garante uma excelente recuperação de extrato. Um filtro de mosto moderno consta de uma série de filtros de polipropileno, que podem suportar até 100% de adjunto em grãos, pois as cascas dos maltes de cevada não precisam atuar como um leito filtrante, como ocorre com as tinas de filtração.

Uma vez que o primeiro mosto tenha sido escoado para uma tina de fervura, uma água quente de aspersão pode ser introduzida no filtro e um mosto mais fraco pode ser extraído. A aspersão do mosto continua até a que a quantidade de mosto necessária tenha sido coletada. Alguns sistemas permitem que a mostura seja fisicamente prensada e seca após a conclusão da aspersão. Ao final de cada ciclo, o filtro é aberto e o bagaço de malte, quase seco, é retirado. Um filtro de mosto moderno pode filtrar grandes volumes de mosto muito rapidamente, permitindo que algumas cervejarias processem mais que doze mosturações por dia. Existem algumas desvantagens. Comparado com a tina de filtração, o filtro de mosto pode ser difícil de usar quando uma cervejaria emprega mosturas de diferentes volumes, pois a faixa de carga ideal para a prensa é relativamente pequena. Alguns cervejeiros argumentam que a tina de filtração continua sendo um dispositivo de separação de mostura melhor, produzindo mostos de melhor qualidade. Os filtros de mosto ainda são raros nos Estados Unidos, mas são amplamente utilizados na Europa e em outras partes do mundo.

Kunze, W. **Technology, brewing & malting**. Berlin: VLB Berlin, 1996.

Meura. Disponível em: http://www.meura.com/. Acesso em: 4 abr. 2011.

Technical Feature. **The Brewer International**, n. 3, 2003, p. 57-59.

Tim Hampson e Stephen Hindy

filtro de vela é um tipo de filtro de pré-revestimento ou de pressão utilizado predominantemente para clarificação de cerveja que tenha sido fermentada e maturada a frio, embora outras aplicações, como na filtração estéril ou filtração do mosto, sejam possíveis. O nome vem da forma do elemento filtrante, um cilindro longo, fino que se assemelha a uma vela. O primeiro tipo de filtro de vela foi desenvolvido por Wilhelm Berkefeld na Alemanha, na década de 1890, para a purificação de água. Para a indústria cervejeira, os filtros de vela foram desenvolvidos nas décadas de 1950 e 1960. Eles permanecem populares até hoje. As velas são montadas no interior de um tanque de pressão cilíndrico que recebe cerveja não filtrada. A vela em si é o septo que recebe o elemento de filtração, que pode ser terra de diatomácea, perlita, celulose ou outros materiais, durante a separação sólido-líquido. As velas em si não realizam nenhuma filtração. É o elemento filtrante que reveste a vela que faz a filtração real. Mais comumente, as velas são fabricadas a partir de metal, hoje quase exclusivamente aço inoxidável, ou de cerâmica, embora seja possível a utilização de outros materiais. Inicialmente, as velas eram compostas de anilhas empilhadas com pequenas ondulações para criar um espaço entre elas, permitindo a passagem do líquido, mas não a passagem do elemento de filtração. Hoje, as velas são feitas a partir de cunha ou arame em v e são muito mais precisas do que as velas antigas. A cerveja não filtrada passa a partir do exterior da vela, através da massa de filtração, para o interior da vela. Essa cerveja, agora filtrada, passa através de uma placa de montagem ou tubo de distribuição que prende as velas e deixa a caixa de filtro. A maioria das velas são montadas no topo da caixa de filtro, mas alguns modelos têm uma vela montada na parte inferior. Para efeitos de filtração da cerveja, não há diferença na posição de montagem.

Kunze, W. Beer filtration. In: Kunze, W. **Technology brewing and malting.** 7. ed. Berlin: VLB Berlin, 1996, p. 401-416.

Murray, K. Liquid–solid separation. In: Stevens, R. **An Introduction to Brewing Science & Technology: Engineering (including distillation)**, series 2, v. 4. London: The Institute of Brewing, 1993, p. 77-84.

Andrew Fratianni

filtro prensa é um dispositivo para remover partículas em suspensão na cerveja. O desenho do filtro consiste em folhas de 4 a 5 milímetros prensadas entre placas com canais de entrada e saída. Existem filtros prensa modernos, de diferentes porosidades nominais, variando do grosso ao fino e estéril. As folhas podem ser feitas de um grande número de materiais, a mais tradicional deles sendo a celulose impregnada com terra diatomácea. As folhas podem entupir facilmente, dependendo da turbidez da cerveja a ser filtrada. Embora seja fácil utilizá-lo com outras cervejas, a filtração de cervejas turvas por filtro prensa pode ser lenta e complicada, requerendo retrolavagens frequentes. É por isso que os filtros prensa tendem a ser mais populares hoje em dia nas cervejarias com bateladas pequenas. Grandes cervejarias tendem a preferir o filtro de vela. Ver FILTRO DE VELA. Considerando que o processo de produção de cerveja tem em torno de 8 mil anos, a filtração da cerveja tem uma história surpreendentemente recente. O primeiro filtro de cerveja foi registrado no Escritório Imperial Alemão de Patentes somente em 4 de julho de 1878 por Lorenz Adalbert Enzinger, um bávaro de Wasserburg, que se mudou para Worms na Renânia. O dispositivo de Enzinger consistia em várias placas de ferro com folhas de papel como meio filtrante. Essas folhas precisavam ser substituídas após cada filtração. No mesmo ano, Enzinger formou uma empresa para fabricar e comercializar seu filtro, e dentro de apenas oito anos vendeu mil filtros. O primeiro filtro prensa capaz de filtração estéril, ou seja, de reter até minúsculos micróbios, foi desenvolvido em 1913 pelo químico alemão Friedrich Schmitthenner, que trabalhou para a Seitz, uma companhia fundada em 1887 em Bad Kreusnach. As empresas Enzinger e Seitz se fundiram em 1982 e, depois de várias outras fusões e aquisições, tornaram-se a KHS, uma moderna empresa alemã de tecnologia de engarrafamento e envase.

Ver também FILTRAÇÃO.

Horst Dornbusch

Finlândia é uma república do norte da Europa, com uma população de 5,3 milhões de pessoas. A produção anual de cerveja é de aproximadamente 416 milhões de litros, sendo que o consumo *per capita* da bebida, no ano de 2010, foi de cerca de 87 litros.

É muito provável que a cerveja tenha sido produzida na Finlândia desde que a agricultura primitiva atingiu a pouco povoada margem sul do país, por volta de 2000-1500 a.C. Alguns estudiosos afirmam que a agricultura na Finlândia começou porque as tribos migratórias tinham se acostumado com a cerveja e precisavam cultivar grãos para produzir a bebida.

Evidências concretas da existência da produção de cerveja datam dos primeiros séculos depois de Cristo. A arte de produzir a bebida foi, evidentemente, influenciada por tribos germânicas; cerveja em finlandês é *olut*, uma palavra de origem germânica assim como muitas outras relacionadas com a produção dessa bebida, apesar de a língua finlandesa não possuir raízes germânicas. Um exemplo frequentemente citado do *status* da cerveja na antiga Finlândia é o épico poema nacional *Kalevala*, uma coleção de poemas orais folclóricos, sendo os mais antigos anteriores à chegada do cristianismo à Finlândia. O *Kalevala* descreve o nascimento do mundo em duzentas linhas. O nascimento da cerveja, por outro lado, consome quatrocentas linhas. Na rústica Finlândia do *Kalevala*, a cerveja é uma bebida comunal, servida em ocasiões especiais. O Deus da cerveja era chamado de Pekko. Ver DEUSES DA CERVEJA.

Durante a Idade Média, os centros comerciais costeiros evoluíram para cidades, atraindo comerciantes residentes da parte sul do Báltico. Esses comerciantes trouxeram a sua própria arte de fazer cerveja, e a produção dessa bebida logo seguiu o método da Europa Central. No entanto, nenhuma classe profissional de cervejeiros se desenvolveu. Geralmente as pessoas produziam a bebida em suas próprias casas.

O novo método promoveu o uso de lúpulo em vez de murta-do-brejo, zimbro, cones de abeto e ervas naturais. O lúpulo existia naturalmente na Finlândia desde o fim da última Era Glacial. Alguns acadêmicos especulam que os finlandeses utilizavam lúpulos em suas cervejas antes da Idade Média, mas não há prova concreta disso. De qualquer modo, as leis de 1347 e 1442 eram estritas quanto ao cultivo de lúpulo: era obrigatório que todas as fazendas possuíssem uma lavoura de lúpulo, caso contrário pagariam uma multa pesada. A cerveja e o lúpulo também eram moeda legal para o pagamento de impostos.

A essa altura (séculos XIII ao XV) a arte da produção da cerveja de estilo finlandês *sahti* tomou forma. Ver SAHTI. Os cervejeiros rurais adaptaram os métodos e os equipamentos dos cervejeiros da cidade à sua própria antiga tradição cervejeira. É notável que a tradição da *sahti* tenha sobrevivido a todas as reviravoltas da história e ainda continue muito viva.

As primeiras tentativas de produzir cerveja em escala industrial aconteceram na década de 1750, mas falharam, porque as cidades da época ainda eram pequenas demais para sustentá-las. A empresa mais antiga ainda em atividade, Sinebrychoff, foi inaugurada em Helsinque, em 1819. Ver SINEBRYCHOFF, CERVEJARIA. Após o sucesso da produção por baixa fermentação na década de 1850, a produção de cerveja em escala industrial prosperou. Em 1907, a Finlândia possuía noventa grandes cervejarias em atividade.

O movimento pela abstinência do século XIX fez com que o governo finlandês controlasse primeiramente as bebidas destiladas, mas por volta do início do século XX esse controle se estendeu para a cerveja. A pressão política levou à Lei Seca, que entrou em vigor em junho de 1919. Algumas cervejarias tentaram sobreviver à Lei Seca fabricando refrigerantes e bebidas de malte suaves, mas a maioria se dissolveu ou faliu. A destilação ilícita e o contrabando prosperaram, elevando o consumo de álcool, durante a década de 1920, a um nível que só seria atingido novamente em 1961. A Lei Seca foi revogada depois de um referendo em 1931.

Apesar da revogação, não houve um retorno ao livre comércio da cerveja. O Estado impôs um rigoroso controle por meio do estabelecimento de um monopólio sobre todas as bebidas alcoólicas. O monopólio concedia licenças às empresas privadas para produzirem cerveja. Quarenta e quatro cervejarias obtiveram licença para produzir cerveja em 1932.

Quase toda as cervejas licenciadas eram do tipo *continental pale lager* de baixa fermentação. A única exceção notável ainda existente é a *porter* Sinebrychoff, uma *imperial stout* de padrão mundial lançada em 1957.

A entrada da Finlândia na União Europeia (UE) em 1995 forçou o fim do monopólio estatal. No entanto, o estado manteve o monopólio sobre as vendas de produtos a varejo com mais de 4,7% de álcool em volume (ABV). Além disso, o imposto sobre a cerveja na Finlândia é o mais elevado entre todos os países da UE. Em 2010, um litro de cerveja a 5% ABV teve uma tributação de 1,30 euro. Ver IMPOSTOS.

Durante os anos de rígido controle estatal, diversas fusões na indústria cervejeira resultaram em somente três grandes cervejarias. Apenas uma, a Olvi, permanece nas mãos dos finlandeses. As outras duas pertencem a grandes cervejarias globais: a Sinebrychoff pertence à Carlsberg e a Hartwall pertence à Heineken. Junto, o trio responde por mais de 90% do mercado finlandês.

As primeiras microcervejarias comerciais finlandesas produtoras de *sahti* obtiveram licença do governo em 1987. Durante a década de 1990 foram fundadas mais de quarenta microcervejarias, antes de o país ser afetado por uma recessão. No final de 2009 a Finlândia possuía trinta cervejarias em atividade.

As microcervejarias existentes são ambiciosas e produzem cervejas de alta qualidade. As melhores oportunidades de experimentar a sua gama de cervejas, além das próprias cervejarias, é o Festival da Cerveja de Helsinque, na primavera, e o festival Suuret Oluet – Pienet Panimot (Grandes cervejas – Pequenas cervejarias) realizado em Helsinque no último fim de semana de julho. Alguns *pubs* especializados também possuem chopes artesanais.

Como resultado do relaxamento das normas de importação, em 1995, a variedade e a qualidade das cervejas importadas expandiram-se. O volume das importações de produtos de qualidade é insignificante em comparação com o comércio de cerveja *pale lager*, mas os melhores *pubs* finlandeses possuem uma grande variedade de cervejas de todo o mundo.

Panimoliitto (Federation of the Brewing and Soft Drinks Industry). Disponível em: http://www.panimoliitto.fi/panimoliitto/en. Acesso em: 27 maio 2010.
Project Gutenberg. **Kalevala: The Epic Poem of Finland.** Disponível em: http://www.gutenberg.org/etext/5186. Acesso em: 27 maio 2010.
Räsänen, M. **Vom Halm zum Fass. Die volkstumlichen alkoholarmen Getreidegetränke in Finnland.** Helsinki: Kansatieteellinen Arkisto, 1975.
Suuronen, K. **Ohrainen olut.** Helsinki: Otava, 1969.
Tikkanen, U. **Suomalaisen olutkirja.** Helsinki: Tammi, 1999.
Turunen, M. **Jos täytätte mun lasini. The century of the Finnish brewing and soft drinks industry.** Helsinki: Federation of the Brewing and Soft Drinks Industry, 2002.

Jussi Rokka

firkin é um *cask* (barril) utilizado pelos cervejeiros britânicos para entregar cervejas refermentadas em *casks* aos *pubs*. Um *firkin* comporta um quarto do volume de um barril (9 galões imperiais; 10,8 galões norte-americanos; 41 L). Originalmente, o *firkin* era feito de aduelas de madeira fixadas com aros de ferro, mas atualmente é mais comum que seja feito de aço inoxidável ou alumínio. Assim como todos os *casks* apropriados, apresenta um orifício em um dos lados curvados, no qual uma rolha de madeira ou plástico ("*shive*") é ajustada quando o *cask* é envasado. Há um orifício menor em uma das extremidades planas, ou "cabeças", do *cask* que também é arrolhado. A rolha é derrubada pela torneira quando o *cask* é perfurado. Embora outros tamanhos de *casks* sejam também utilizados, o *firkin* é de longe o mais comum.

O nome "*firkin*" é um marco no desenvolvimento da produção de cerveja britânica. O termo tem sua origem na Holanda, assim como o "*kilderkin*" (18 galões imperiais; 21,6 galões norte-americanos; 82 L). Originalmente, a *ale* era a cerveja mais comum na Grã-Bretanha e era feita sem lúpulo. Ver ALE. A "cerveja" com lúpulo foi introduzida na Grã-Bretanha vinda da Holanda, provavelmente um pouco antes do século XV; muitos dos antigos cervejeiros da Inglaterra tinham origem holandesa e utilizavam seus próprios termos para designar os *casks* nos quais vendiam os seus produtos. Em 1420 estabeleceu-se que o barril de cerveja teria capacidade de 36 galões imperiais (43 galões norte-americanos; 164 L), enquanto o barril de *ale* tinha capacidade de 30 galões imperiais (36 galões norte-americanos; aproximadamente 137 L). Devido ao lúpulo nem sempre conferir sabor à cerveja, ele agia como um preservativo, a "cerveja" acabou substituindo a *ale* sem lúpulo, e o barril de 36 galões (164 L) se tornou o padrão na Grã-Bretanha.

Kilby, K. **The village cooper**. Haverfordwest: Shire Publications, 1998.

Terry Foster

First Gold é uma variedade inglesa anã lançada em 1995 pelo programa de desenvolvimento de lúpulos do Wye College. Ele vem do cruzamento entre a variedade Whitebread Golding e um macho anão. O aroma do First Gold é semelhante ao do Golding, mas ele possui maior teor de alfa-ácidos, o que o torna um lúpulo de dupla aptidão, usado para amargor e para aroma. Assim como a maioria das variedades inglesas, o First Gold apresenta característica terrosa. Como lúpulo de aroma, ele possui nota cítrica, condimentada que pode contribuir com uma característica que remete levemente a laranjas. Ele é perfeitamente apropriado para estilos de cervejas inglesas como a *extra special bitter*. O First Gold é amplamente utilizado para o *dry hopping*. Seu teor de alfa-ácidos varia de 6% a 10%, o de beta-ácidos de 3% a 4,1%, cohumulona de 32% a 35%, e a média de humuleno é de 19%. Ele é bem resistente a murchas e ao oídio, mas é suscetível ao míldio. Sua maturação ocorre na meia-estação, com flores de comprimento médio e produtividade de aproximadamente 1.750 kg/ha; sua estabilidade durante a armazenagem é moderada. A área de plantio do First Gold ainda é limitada, mas muitos cervejeiros gostam dele e parece provável que sua popularidade aumente. Alguns plantios foram completamente certificados como orgânicos em 2002.

Charles Faram & Co Ltd. **Hop varieties**. Disponível em: http://www.charlesfaram.co.uk/varietydetail. asp?VarietyID=UK-FG/. Acesso em: 17 nov. 2010.
Hopsteiner. **First Gold**. Disponível em: http://www.hopsteiner.com/pdf/uk/First%20Gold.pdf. Acesso em: 19 nov. 2010.

Jon Griffin

Flag Porter. Idealizada e desenvolvida pelo dr. Keith Thomas, do Brewer's Laboratory (Brewlab), em Londres, a Flag Porter é uma recriação histórica das *porters* do século XIX. Em 1988, mergulhadores de águas profundas da Escola Politécnica de Londres investigavam os destroços de um navio que havia naufragado no canal da Mancha em 1825. Os mergulhadores encontraram garrafas de *porter* a bordo, puderam resgatar várias delas e as confiaram ao dr. Thomas, que chegou à conclusão de que, embora a cerveja tivesse sido contaminada pela água do mar e não fosse palatável, algumas leveduras ainda permaneciam vivas nas garrafas. Ele conseguiu isolar algumas células de leveduras de uma das garrafas e as cultivou em seu laboratório até que tivesse quantidade suficiente para produzir um lote de cerveja. A primeira brassagem ocorreu em 1988 na Pitfield Brewery, em Hoxton, Londres, e desde então tem sido produzida regularmente, sendo a maior parte exportada para os Estados Unidos.

O dr. Thomas entrou em contato com o grupo cervejeiro Whitbread, que fizera parte da revolução das *porters* e *stouts* nos séculos XVIII e XIX. Ver WHITBREAD BREWERY. A Whitbread forneceu a ele uma receita de *porter* dos anos 1850, produzida em sua antiga cervejaria da Chriswell Street, na região histórica do Barbican Centre de Londres. A receita da Flag Porter idealizada pelo dr. Thomas teve por base a formulação da Whitbread, com maltes claros, marrons, Crystal e preto, sendo a lupulagem feita apenas com a variedade Fuggle. Ver FUGGLE. Um dos muitos fatos interessantes descobertos nos arquivos da Whitbread foi que em 1850 a cervejaria ainda usava malte marrom seco em secador a lenha, em uma época em que os cervejeiros produtores de *pale ales* já empregavam maltes secos com coque.

A cerveja criada por Thomas apresentava ainda uma segunda surpresa: ela não era completamente preta, mas apresentava uma coloração vermelho-rubi escura. Segundo suas suspeitas, a original era ainda mais clara.

Apesar dos esforços do dr. Thomas, não há como tais recriações serem completamente precisas do ponto de vista histórico. O malte âmbar, um tipo que já não é produzido (e hoje, portanto, é pouco compreendido), foi substituído pelo malte Crystal na receita da Flag Porter. Além disso, a variedade Fuggle de lúpulo ainda não tinha sido desenvolvida em 1825. Não havia como determinar analiticamente o amargor naquela época, de modo que os 35 IBU da Flag Porter é um valor estimado. Apesar disso, acredita-se que a bebida oferece uma janela para a história da cerveja. Os aromas são complexos e penetrantes, com notas ligeiramente defumadas e a nozes, sustentados por um sabor picante de lúpulo, típico da variedade Fuggle. É saborosa e frutada ao paladar, incorporando notas a chocolate amargo e apresentando um final seco e herbal.

A Flag Porter foi elaborada comercialmente pela primeira vez por uma cervejaria londrina, posteriormente transferida para a Elgood's, em Cambridgeshire, encontrando seu lar definitivo na Darwin Brewery, em Sunderland, na região nordeste da Inglaterra. A Darwin Brewery foi criada, inicialmente, como uma unidade de treinamento para servir de suporte para a escola cervejeira Brewlab, da universidade local.

Ver também PORTER.

Roger Protz

Flagship é uma variedade australiana de cevada cervejeira desenvolvida pelo programa de cevada da University of Adelaide e lançada em 2005 especificamente para adequar-se ao uso de adjuntos à base de arroz na brassagem. As variedades da University of Adelaide são facilmente reconhecidas pelos seus nomes náuticos, como Clipper, Schooner, Galleon, Flagship e Commander. A Flagship contém uma versão da enzima beta-amilase mais estável ao calor, em relação à que está presente na maioria das variedades, e fornece elevados níveis de alfa-amilase. Juntas, as duas enzimas possuem um ótimo poder de degradação do amido durante a mosturação. Ver PODER DIASTÁTICO. A Flagship também apresenta baixos níveis da enzima lipoxigenase, que são em grande parte responsáveis pela formação de sabores desagradáveis nas cervejas prontas, especialmente em estilos de cerveja *light* hoje muito populares em países asiáticos. Embora o consumo australiano de cerveja *per capita* seja significativo, ele é quase trivial em comparação com a escala da produção nacional de cevada. Isso permite que os australianos exportem cerca de 70% a 80% de sua safra de cevada como malte ou cevada para malteação para China, Japão e uma série de países do Sudeste Asiático, onde os cervejeiros normalmente usam até 40% de adjuntos à base de arroz. Tais adjuntos exigem um malte com poder diastático e fermentabilidade altos para degradar o amido do arroz em açúcares fermentáveis. A Flagship, portanto, tornou-se uma variedade importante na Austrália, principalmente devido ao seu potencial de exportação combinado com características agronômicas especialmente favoráveis, como boa resistência a doenças, excelente vigor de precocidade, boa competitividade com plantas daninhas e alta produtividade por hectare. Na Austrália, por outro lado, o perfil específico da qualidade de desempenho da Flagship a torna inadequada para a produção das típicas *lagers* australianas, porque as grandes cervejarias que utilizam adjuntos tendem a preferir o xarope de açúcar ao arroz. O xarope de açúcar, no entanto, requer malte com baixo poder diastático e baixa fermentabilidade, o que torna as tradicionais variedades de cevada australianas como a Schooner e a Stirling a escolha mais comum para essas cervejas.

Barley Variety Sowing Guide 2008. Disponível em: http://www.sfs.org.au/resources/BarleyVarietyGuide08SA.pdf. Acesso em: 19 abr. 2011.

Flagship Field Guide. Disponível em: http://www.planttech.com.au/pdfs/new_products/flagship_field_guide.pdf.

Flagship Malting Barley Variety Sets SAIL. Disponível em: http://www.grdc.com.au/director/events/groundcover?item_id=publication-issue57&article_id=482BAD4FC9934E11CB34542B4383E22D. Acesso em: 19 abr. 2011.

Jason Eglinton

Flandres é a metade norte da Bélgica, definida atualmente por cinco condados ou províncias: Flandres Oriental, Flandres Ocidental, Brabante Flamengo, Limburgo e Antuérpia. A língua oficial é o holandês, falado em uma variedade de dialetos flamengos locais.

As tradições cervejeiras da Bélgica moderna diferem das tradições da Valônia, região de língua francesa ao sul do país, apesar de manterem certa conexão com outras partes da antiga Flandres.

O feudo original do século IX estava localizado em torno da cidade de Bruges (atualmente Brugge), mas sua influência elevou-se de tal forma que, no século XVI, os duques de Flandres governavam uma área compreendida da Antuérpia, ao leste, através de Courtrai (Kortrijk) e Tournai no sul, até a costa do mar do Norte a oeste de Dunquerque, abrangendo uma faixa do que é hoje o nordeste da França.

De fato, a cultura da produção de *ales* é muito mais perceptível na parte da França conhecida como Flandres Francesa, que é o lar de mais de cinquenta cervejarias artesanais, do que no terço do território da atual Flandres que se encontra a leste do rio Dijle e possui somente uma dúzia.

Antes da aceitação do lúpulo como um ingrediente essencial da cerveja, os cervejeiros prolongavam a vida útil de suas cervejas adicionando misturas de ervas chamadas *gruut* (também *grut* ou *gruit*) para retardar a sua oxidação, conferir amargor à bebida e mascarar notas desagradáveis de deterioração. Ver GRUIT.

Os proprietários das melhores receitas de *gruit* possuíam um considerável poder, particularmente na cidade medieval de Bruges, e até hoje as cervejas flamengas frequentemente contêm uma mistura de ervas e especiarias, pelo menos em parte com o objetivo de dar continuidade à longa tradição da região.

Outra prática inteiramente diversa que tem sobrevivido, especialmente na parte sul da província de Flandres Ocidental, é a do envelhecimento de *ales* (normalmente escuras) em tonéis de carvalho durante longos períodos, às vezes até dois anos. O envelhecimento em carvalho permite a ocorrência de fermentação láctica e certa refermentação adicional por leveduras que agem lentamente, deixando a cerveja ligeiramente azeda como um vinho perfeitamente envelhecido, embora muitas variedades sejam posteriormente suavizadas com a adição de cerveja mais jovem.

Essa tradição compartilha uma história com a linhagem das *stock ales* inglesas. Os exemplos mais esplêndidos estão na Rodenbach, em Roeselare e na pequena cervejaria familiar de Verhaeghe em Vichte, a leste de Kortrijk. Outros estão começando a reviver a prática, embora, nos últimos anos, uma tradição semelhante tenha praticamente desaparecido na cidade mercantil de Oudenaarde, em Flandres Oriental.

A região também está no ponto mais ocidental daquilo que alguns historiadores da cerveja chamam de "cinturão da cerveja de trigo", cujas origens datam do Sacro Império Romano e que, provavelmente, englobava as tradições da cerveja de trigo da Baviera, Berlim, Bélgica e de outros lugares.

Estilos locais agora extintos, como *peeterman*, de Leuven, e vários outros estilos *sours* e doces, como o estilo *witbier* revivido por Pierre Celis em sua Cervejaria De Kluis em Hoegaarden em 1965, são parte dessa herança, embora nenhuma cervejaria tenha se aproximado mais da fronteira sensata da produção de cerveja do que as tradições *lambic* da região de Pajottenland em Brabante Flamengo. Ver CELIS, PIERRE, LAMBIC e WHITE BEER.

O final do século XIX e início do XX viram mais ligações entre a produção de cerveja flamenga e inglesa, em decorrência da influência de George Maw Johnson, o cervejeiro de Kent que se tornou o primeiro editor da revista de cervejeiros belgas, *Le Petit Journal du Brasseur*.

Johnson ajudou a criar uma forma suave de *pale ale* chamada Spéciale, a qual era adequada às novas cervejarias da era industrial que então se desenvolviam no norte de Brabant. Outro fato que contou com sua participação foi a popularização de *stouts* levemente adocicadas e de *Scotch ales* com alto teor alcoólico, estilos de cerveja que agora são raramente encontrados na Grã-Bretanha, mas ainda são produzidos por cervejarias em Flandres Ocidental e Oriental.

No coração da produção da cerveja flamenga, no entanto, há o desejo de se destacar da multidão fazendo as coisas de forma diferente. Se cervejeiros menos dignos obtêm sucesso com a produção de estilos de cerveja bem-sucedidos, já consolidados e conhecidos pelo público, os cervejeiros flamengos almejam a não conformidade, seja puxando os limites das práticas cervejeiras aceitáveis, ou simplesmente criando copos de vidro ultrajantes.

Como seria possível explicar, senão dessa maneira, a presença nos cafés flamengos de menus com *streekbieren* (cervejas regionais) tão magníficas e diversificadas quanto a Anker, a intensa Gouden Carolus Classic, a Oerbier da Dolle Brouwers, com pronunciado sabor de queimado, a adocicada Karmeliet Tripel da Bosteels, a pungente Oude Geuze da Boon, a dominante *imperial stout* Black Albert da Struise Brouwers, a picante e clara Witkap Special da Slaghmuylder, a floral Hommelbier da Van Eecke e a delicada, porém vigorosa, Bink Blond da Kerkom?

Uma explicação para essa diversidade e originalidade é que os flamengos estão excessivamente acostumados a terem suas terras invadidas e ocupadas por potências estrangeiras. Isso aconteceu duas vezes no último século e inúmeras vezes em tempos anteriores, cortesia dos espanhóis, holandeses, austríacos, franceses, alemães, entre outros. Os flamengos, ao que parece, preferem cervejas antiautoritárias.

Atualmente, pouco menos de 60% das cervejarias ativas na Bélgica estão em Flandres. O Norte, mais conservador em questões fiscais, não oferece os mesmos generosos "pacotes iniciais" ofertados às novas microcervejarias no Sul, mas essa diferença está diminuindo, em parte devido à criação de empresas no Norte pelos cervejeiros flamengos mais jovens.

Por outro lado, Flandres continua sendo o lar das cervejarias independentes de tamanho razoável, como Duvel Moortgat, Palm, Haacht, Martens, que produz cervejas para supermercados, e de três cervejarias de abadia trapistas, Westmalle, Westvleteren e Achel.

A falta de apoio do governo a novos cervejeiros faz com que estes procurem cervejarias já existentes e aluguem sua sala de brassagem por um dia ou um pouco mais para fazerem suas cervejas, em vez de se arriscarem em um novo empreendimento. Um desses "cervejeiros de aluguel", Proef de Lochristi, tem produzido mais de mil marcas diferentes.

Temores de que a negligência das autoridades com a indústria cervejeira possa levar à sua completa falência, no entanto, não levam em consideração a natureza do espírito da população.

Ver também ACHEL, CERVEJARIA, BÉLGICA, WESTMALLE, CERVEJARIA, e WESTVLETEREN, CERVEJARIA.

Tim Webb

flocos cervejeiros são grãos de cereais previamente cozidos ou pré-gelatinizados e, em seguida, laminados em flocos secos. O uso de grãos em flocos ajuda os cervejeiros a superar alguns obstáculos no processo de produção de cerveja. Os flocos de milho e de arroz são os mais comuns e compõem até 40% do total de grãos moídos para fazer as *American-style standard lagers* e *light lagers*. Os flocos são adicionados diretamente na mostura e não requerem uma etapa separada de liquefação ou cozimento. Isso os torna mais fáceis de utilizar que as quireras de milho ou de arroz que, primeiramente, devem ser gelatinizadas num tanque separado, chamado de "cozedor de cereais". Flocos de milho e arroz são adjuntos que abrandam o corpo e o sabor da cerveja, resultando em um sabor limpo e nítido. Como qualquer adjunto, os flocos de milho e arroz irão diminuir a quantidade de espuma na cerveja, e poderá ser necessária a utilização de nutrientes de levedura para garantir que a fermentação progrida até a sua conclusão. Os flocos cervejeiros também são feitos a partir da aveia pré-gelatinizada e às vezes são utilizados por cervejeiros que desejam aumentar a sensação na boca (*mouthfeel*) de uma cerveja. Os flocos de aveia são normalmente adicionados à mostura na proporção de 2% a 20% do total de grãos moídos para a produção de *oatmeal stouts* e, ocasionalmente, *white ales* belgas. Os glucanos presentes nos flocos de aveia adicionam corpo e textura, mas podem trazer dificuldades na filtração do mosto. Os flocos cervejeiros obtidos a partir do centeio pré-cozido são usados para fazer cervejas de centeio. Assim como os flocos de aveia, os flocos de centeio são utilizados em uma percentagem relativamente baixa. O centeio tem sabor forte, quase apimentado, e também contém níveis elevados de beta-glucanos e proteínas. Raramente os flocos de centeio compõem mais de 25% do total de grãos moídos. Embora não sejam tão comumente usados, os flocos cervejeiros também podem ser feitos a partir da cevada e trigo não malteados e pré-cozidos. Grãos moídos para *Irish stouts* algumas vezes contêm flocos de cevada, que parecem dar corpo a estilos de cerveja que poderiam ser um pouco ralos para o paladar.

Keith Villa

floculação é a tendência das células de levedura se agregarem, formando uma massa multicelular que sedimenta rapidamente no meio de suspensão ou ascende à sua superfície. A floculação é um fenômeno complexo que ocorre em leveduras cervejeiras sob várias condições perto do final do processo de fermentação. Esta é uma questão de fundamental importância para as fermentações na cervejaria.

A floculação envolve a interação de proteínas da parede celular de uma célula que aderem a um local receptor de outra célula. As cepas de levedura *lager* agregam-se em grandes grupos, sedimentando rapidamente para o fundo do fermentador, enquanto cepas *ale* podem ascender à superfície para formar uma camada superior espessa. A floculação é um processo reversível, no qual a levedura colhida, tanto da parte superior ou inferior de um fermentador, quando reinoculada numa solução rica em açúcar irá tornar-se dissociada e ressuspensa no mosto.

Os especialistas em leveduras e os cervejeiros costumam categorizar o comportamento de floculação da levedura em "alta", "média" ou "baixa". As cepas do tipo de floculação alta são as primeiras a começar a flocular, o que pode deixar para trás alguns açúcares não fermentados ou compostos de *off-flavors*, tais como diacetil. Ver DIACETIL. Algumas cepas altamente floculantes requerem recirculação da cerveja no final da fermentação para ressuspender a levedura, permitindo concluir a fermentação ao gosto do cervejeiro. Cepas fortemente floculantes têm vantagens, pois podem produzir uma cerveja mais clarificada com menos leveduras suspensas, tornando mais fácil a sua filtração. Os produtores de cervejas condicionadas em *casks* muitas vezes também desejam essa qualidade, visto que eles querem que a levedura desça rapidamente para o fundo do *cask* assim que a fermentação estiver concluída.

As cepas mediamente floculantes são frequentemente utilizadas e começam a flocular assim que os açúcares se tornam menos abundantes. Muitas vezes elas precisam de ajuda para flocular, e isso pode ser conseguido mediante o resfriamento do fermentador a temperaturas mais baixas.

Finalmente, as cepas fracamente floculantes são aquelas que ficam em suspensão após a fermentação ter terminado. Essas cepas são usadas na produção de cerveja de trigo, na qual a fraca floculação é desejável, uma vez que as cervejas prontas são propositalmente turvas com presença de leveduras.

Nas cervejarias, as leveduras utilizadas ao longo de várias gerações podem ser selecionadas de forma a aumentar ou diminuir as tendências de floculação de uma determinada cepa. Num fermentador com fundo cônico, a levedura recolhida no fundo do cone será a levedura que floculou primeiro, enquanto a levedura recolhida na camada superior de sedimento será a levedura que floculou por último. Selecionando continuamente de acordo estas tendências, muitas cepas cervejeiras podem ser "treinadas" para atuar da forma que melhor se encaixe nas necessidades da cervejaria.

Boulton, C.; Quain, D. **Brewing yeast and fermentation**. 2. ed. Oxford: Blackwell Science Publishing, 2006.

Verstrepen, K. J. et al. Yeast flocculation: What brewers should know. **Applied Microbiology and Biotechnology**, n. 61, p. 197-205, 2003.

Chad Michael Yakobson

floor malting era a forma tradicional de produção de malte cervejeiro antes da Revolução Industrial. Era em grande parte um processo manual, e hoje o *floor malting* é considerado uma prática de nicho artesanal. Algumas maltarias que produzem maltes especiais no Reino Unido, Alemanha e República Tcheca continuam a oferecer *floor malts* aos cervejeiros, que os apreciam devido aos profundos e ricos sabores. No processo de *floor malting*, assim como na malteação mecanizada moderna, o grão é primeiramente macerado em grandes tanques, em uma série alternada de ciclos "molhados" e "secos". Ver MALTE. Uma vez devidamente hidratado, o malte é então enviado não para uma câmara de germinação, mas para um "piso" (*floor*) onde é distribuído uniformemente à mão, formando uma camada de aproximadamente 15 cm de espessura. O material favorito do piso para *floor maltings* europeus sempre foi ladrilhos produzidos somente no vilarejo bávaro de Solnhofen. Essa pedra é dura e fina, com excelente dispersão térmica, retenção de umidade e resistência ao desgaste. Os *floor maltings* britânicos mantiveram os seus próprios tipos de pisos de pedra. Enquanto estiver no piso, o grão em germinação deve ser virado manualmente duas vezes por dia, sete dias por semana, para manter-se adequadamente oxigenado, dissipar o calor e evitar que as radículas se embaracem, formando um tapete de difícil manejo. As ferramentas tradicionais para esse trabalho árduo são uma pá de madeira e um rastelo especial de ferro forjado que costuma pesar até 30 kg. O rastelo, puxado arduamente através do malte, é simplesmente chamado de "rastelo de malte" ou "*puller*" no Reino Unido, mas na Alemanha é conhecido pelo estranho nome de "*wohlgemut*", que significa "agradável distribuição". No ponto ideal da germinação, quando as acrospiras já estiverem crescidas quase tanto quanto os grãos de cevada, o malte verde e úmido é enviado para um secador, onde é espalhado por pás, formando uma camada de meio metro de espessura. A partir de então, o processo de secagem prossegue como em um secador de malte moderno, porém muito lentamente, por cerca de 32 a 48 horas em vez das 24 horas hoje comuns na malteação industrial. A temperatura em um secador de estilo antigo com *floor malt* raramente ultrapassa os 85 °C.

O *floor malting* tradicional, ao contrário da malteação moderna, funciona sem qualquer ventilação artificial, razão pela qual as camadas de *floor malt* verdes tendem a conter mais CO_2 do que as camadas de malte nas maltarias modernas. Todo o processo de *floor malting*, portanto, deixa o malte ligeiramente "submodificado" segundo os padrões modernos, porém provê ao malte um sabor muito rico e aromático, muito mais intenso do que o geralmente conseguido nos dias de hoje pelos eficientes procedimentos industriais. Ver MODIFICAÇÃO. Enquanto modernas maltarias, com controles mecanizados, podem operar durante todo o ano, não se pode fazer o tradicional *floor malting* durante o verão, porque a cevada germina de forma irregular quando a temperatura ambiente ultrapassa os 14 °C. Uma germinação irregular poderia resultar na perda do sabor agradável do malte, bem como de suas qualidades desejadas de processamento na mostura.

Briggs, D. E. **Malts and malting**. London: Chapman & Hall, 1997.

Dornbusch, H. Brewing with the living past: Floor-malted heirloom barleys for ales and lagers. **The New Brewer**, n. 27, 2010.

Thomas Kraus-Weyermann

fobbing é a formação de espuma na cerveja durante o processamento ou extração do barril. Dependendo do momento em que ocorre, o *fobbing* pode ter consequências negativas ou positivas. O *fobbing* durante a mosturação pode contribuir para a oxidação, o que terá impacto negativo na estabilidade do produto em longo prazo. Quando o termo é utilizado em referência à extração da cerveja na chopeira, *fobbing* em geral diz respeito ao excesso de espuma durante a transferência da cerveja para o copo. Isso resulta em perda do produto e, consequentemente, perda para o *pub* ou dono do estabelecimento (o que o vincula à definição mais leiga do termo: "*fob*" quer dizer, em português, "enganar" ou "fraudar"). Múltiplos fatores contribuem para o excesso de espuma durante a extração. Entre eles, dimensionamento incorreto da linha, pressão incorreta da linha, absorção de dióxido de carbono no ponto de origem (isto é, no barril) antes do ou durante o serviço, linhas de cerveja sujas, copos mal limpos e mal enxaguados, temperatura incorreta da cerveja no ponto da extração (ou seja, cerveja quente), ou defeitos na linha de cerveja. Ver CHOPE.

O *fobbing* durante o envase, particularmente o engarrafamento, é importante, pois força o oxigênio para fora da garrafa antes de ela ser tampada. Quando a garrafa sai da engarrafadora, a espuma sobe até a boca da garrafa, devido à queda de pressão, deslocando o oxigênio, presente no espaço do gargalo da garrafa. Isto é conhecido como "tampa de espuma" ("*capping on foam*"). É comum as linhas de engarrafamento empregarem nitrogênio líquido ou pulverizadores de água estéril que rompem a superfície da cerveja na garrafa, causando *fobbing* e assegurando que a cerveja estará devidamente tampada com espuma. Um efeito semelhante pode também ser conseguido tocando ou batendo a garrafa a caminho da cravadora ou por meio de um ultrassom que faz com que a cerveja espume, conforme necessário.

Outro uso do termo "*fobbing*" refere-se à cerveja refermentada em *cask*. Antes de a cerveja estar pronta para servir, o nível adequado de carbonatação deve ser alcançado. Quando o *cask* é aberto pela primeira vez, a cerveja pode estar bastante ativa, fazendo com que ocorra *fobbing* pelo furo superior do barril. Alguns adegueiros limpam a espuma e então usam a frequência de seu reaparecimento para decidir quando é hora de selar novamente o *cask*. Ver ADEGUEIRO, ARTE DO.

Evans, D. E.; Sheehan, M. C. Don't be fobbed off: The substance of beer foam – a review. **Journal of the American Society of Brewing Chemists**, v. 60, p. 47-57, 2002.

Kunze, W. **Technology brewing and malting**. 7. ed. Berlin: VLB Berlin, 1996.

Kunze, W. **Beer foam**. Disponível em: http://oz.craftbrewer.org/Library/Methods/Other/KunzeFoam.shtml. Acesso em: 11 abr. 2010.

Lewis, M. J.; Bamforth, C. W. **Essays in brewing.** New York: Springer, 2007.

Geoff Deman

Foster's é uma marca conhecida internacionalmente como a quintessência da cerveja australiana. No entanto, ela é curiosamente menos popular em sua terra natal do que é ao redor do mundo.

Ironicamente, a Foster's foi criada por dois americanos que chegaram a Melbourne, Austrália, vindos de Nova York, em 1886. O estilo de cerveja mais popular naquele tempo era a *India pale ale*, a qual, como a maioria das cervejas, era importada. Mas a cerveja sofria com o extremo calor australiano, e foram feitas poucas tentativas para refrigerá-la. Isso levou o *Australian Brewers' Journal* a afirmar, com uma notável visão de longo prazo, que a cerveja *lager* "oferecida de forma adequada, em grande quantidade, gelada e totalmente carbonatada [...] será *a bebida da Austrália*".

W. M. e R. R. Foster não foram os primeiros a produzir *lager* na Austrália, mas eles a produziram em uma escala de compromisso não vista anteriormente. Eles chegaram à Austrália com um cervejeiro alemão-americano que tinha estudado em Colônia e um engenheiro de refrigeração profissional, e gastaram 48 mil libras esterlinas construindo uma cervejaria muito moderna que mantinha a cerveja gelada e a maturava durante seis semanas.

A Foster's Lager, lançada em novembro de 1888, foi amplamente elogiada. No mês mais quente do ano, ela era entregue a hotéis (bares) com um fornecimento gratuito de gelo. Mas os importadores de *lagers* estrangeiras simplesmente reduziram seus preços, a fim de pressionar os irmãos Foster a sair do ramo, e, depois de apenas um ano, eles venderam a cervejaria para um grupo de empresários por menos que o custo de sua construção e voltaram para Nova York.

A nova Foster Lager Brewing Company continuou em dificuldade, e logo se fundiu com as rivais locais Carlton, Victoria, Shamrock, Castlemaine e McCracken, formando o que finalmente se tornou a Carlton and United Breweries (CUB).

Dentro do portfólio da CUB, a Foster's – apenas disponível em garrafas – era vista como uma marca *premium*. Ela se tornou internacional pela primeira vez ao ser enviada para os australianos que serviram na Guerra dos Bôeres na África do Sul, e progressivamente começou a obter uma reputação generalizada como uma cerveja australiana de qualidade.

Na Austrália, novas aquisições pela CUB fizeram a Foster's competir contra outras marcas do portfólio. Quando a Foster's Brewery foi fechada, a marca quase desapareceu, mas ela já tinha começado a cruzar as fronteiras estaduais do mercado cervejeiro da Austrália, famoso por seu provincianismo, e pedidos de Queensland e do oeste do país asseguraram a sua sobrevivência.

Mas a Foster's foi ofuscada por marcas de chope tais como Victoria Bitter (VB) e Carlton Draught. Com o mercado interno estagnado, ela se lançou no Reino Unido em 1971 e nos Estados Unidos no ano seguinte. Como uma cerveja de exportação australiana, ela fez um notável sucesso.

Com a ajuda do comediante australiano Barry Humphries e de seu personagem Bazza McKenzie, a Foster's tornou-se uma marca importada *cult* no Reino Unido. Em 1972, o personagem Bazza apareceu em um filme que, embora muito criticado, fez dele um nome conhecido. Em 1975, a Foster's foi responsável por 80% da cerveja australiana importada pela Grã-Bretanha. Em 1981, um acordo foi assinado com a cervejaria britânica e dona de *pubs* Courage para produzir a marca no Reino Unido. Lançada por outro comediante australiano, Paul Hogan, a Foster's tornou-se incrivelmente popular e, promovendo a atitude australiana sempre despreocupada ("No worries"), ela continua a ser a segunda maior marca de cerveja do Reino Unido em geral. A *lager* em si é uma simples *international pilsner* leve com 4,1% de álcool por volume (ABV).

A Foster's foi lançada nos Estados Unidos em 1972, e logo adquiriu uma reputação *cult* graças à sua lata de 750 mililitros, que rapidamente foi apelidada de "lata de óleo". O apoio de estrelas como Paul Newman e Robert Redford valeu a ela a posição de terceira cerveja importada mais popular dos Estados Unidos durante algum tempo, e a sua contínua popularidade foi novamente assegurada pela publicidade bem-humorada, que alegava que

"Foster's é cerveja em australiano" ("Foster's is Australian for beer"). Hoje a marca está disponível em duas versões: uma *lager* com 5% ABV e uma *"premium ale"* com 5,5% ABV.

Os direitos europeus da cerveja são de propriedade da Heineken International, que a produz e vende na maioria dos países europeus. Nos Estados Unidos e Índia, os direitos são de propriedade da SABMiller, e a Foster's é produzida no Canadá pela Molson Coors. No total, ela agora está disponível em mais de 150 países.

Embora o filme de Bazza McKenzie tenha sido proibido na Austrália, ele se tornou um sucesso *cult* que ajudou a Foster's a ganhar popularidade. Uma fusão entre as rivais da CUB Castlemaine, Swan e Tooheys levou a CUB a reposicionar algumas das marcas de seu portfólio, e a Foster's foi lançada na versão chope como a quintessência da cerveja australiana, transcendendo fronteiras estaduais. Isso foi sustentado por enormes gastos em marketing, incluindo patrocínios a Grand Prix, Olimpíadas e jogos de futebol. Ao final dos anos 1980, a Foster's era a cerveja mais vendida da Austrália.

Mas com essa promoção agressiva, a Foster's perdeu sua imagem *premium*. Os consumidores austrálianos, ainda ferozmente territorialistas, ofendidos pela crítica simplista de si mesmos com que a cerveja os alimentava, migraram de volta para marcas provinciais fortes como Castlemaine (Queensland), Tooheys (New South Wales) e a marca da mesma casa da Foster's, a VB (Victoria). Embora as fronteiras estaduais estejam sendo superadas, particularmente pela VB, os australianos no estrangeiro são rápidos em apontar que, longe de ser "cerveja em australiano", a Foster's agora é cada vez mais anônima em sua casa.

Pete Brown

framboise é uma palavra francesa que significa "framboesa", assim como a palavra flamenga *"frambozen"*. Ambas as designações, no jargão cervejeiro, fazem referência a um estilo de *lambic* bastante antigo e elaborado com framboesas. A *framboise* era produzida tradicionalmente em cidadelas belgas a oeste de Bruxelas, em uma área conhecida como Pajottenland. Ver DISTRITO PAJOTTENLAND (BÉLGICA). A cerveja *lambic* que serve de base para a *framboise* é feita de acordo com o método tradicional, com 30% a 40% de trigo cru e 60% a 70% de malte de cevada. Utilizam-se lúpulos tipicamente belgas, incluindo as variedades Northern Brewer e a Brewer's Gold, provenientes da região sul produtora de lúpulos, nos arredores de Poperinge. Todo o lúpulo empregado na produção de *lambics* é propositalmente envelhecido para atenuar seu teor de óleos aromáticos e alfa-ácidos e, assim, reduzir seu potencial de sabor e amargor. Os lúpulos obtidos são, portanto, adicionados essencialmente por seu efeito antimicrobiano.

Realiza-se a mosturação com a finalidade de otimizar o crescimento de microrganismos associados à fermentação espontânea, além de disponibilizar mais nitrogênio na forma de aminas livres (FAN) e açúcares não fermentáveis. Após a fervura, o mosto é transferido para um grande tanque aberto e raso (*coolship*), normalmente situado próximo ao telhado da cervejaria. Nesse tanque o mosto é resfriado naturalmente e fica suscetível de ser povoado por microrganismos do ar, que dão início à fermentação espontânea. A produção é feita única e tradicionalmente nos meses mais frios do ano para que o mosto possa resfriar rapidamente – em um ou dois dias – apenas pela exposição ao ar ambiente. A produção nos meses mais quentes implica uma microflora indesejada, causando a "contaminação" da cerveja.

Uma vez iniciada a fermentação, o mosto é transferido para barris de carvalho, onde o processo termina. Após a *lambic* maturar durante uma estação (entre seis meses e um ano), adicionam-se as framboesas ao barril, onde uma segunda fermentação se inicia. Tradicionalmente adicionam-se frutas inteiras, mas hoje muitas cervejarias optam por colocar uma mistura de frutas com xarope ou apenas xarope de framboesa. Após a adição das framboesas inteiras, a *framboise* passa por novo período de maturação, que pode durar de um mês a um ano, variando muitas vezes em função do que pede o mercado. O sabor, aroma e cor das frutas difundem-se na cerveja durante a maturação no barril. A *framboise* é engarrafada e pode permanecer maturando ainda por vários meses antes de chegar ao mercado. Quando o cervejeiro adiciona xarope de framboesa, o processo é muito mais rápido, e a *framboise* pode ser quase imediatamente envasada.

Algumas versões de *framboises* são bastante aromáticas e ricas em notas varietais da fruta, enquanto outras apresentam um ligeiro aroma artificial mais parecido a geleia de framboesa. De qualquer forma, seu aroma remete indiscutivelmente a framboesas, acompanhado pelo peculiar e *funky* perfil de ésteres encontrado nas *lambics*. Ao paladar, toda *framboise* apresenta os sabores da própria fruta e, assim como outras *lambics*, pode apresentar uma acidez de média a intensa. O fator que distingue as *framboises* são os diferentes graus de secura que podem ser encontrados. Algumas *framboises* tradicionais, como a da Cantillon Brewery, de Bruxelas, são bastante secas, adstringentes e repletas do caráter varietal da framboesa. Outros exemplares mais contemporâneos, como os da Belle Vue e da Lindemans, apresentam certo dulçor agregado para equilibrar o sabor ácido. Ao longo dos anos, os cervejeiros têm utilizado vários tipos de adoçantes, da sacarina até o xarope de milho. As *framboises* adoçadas e envasadas em garrafas devem ser pasteurizadas. É costume também oferecer açúcar nos *cafés* para que os próprios clientes possam adoçar suas cervejas, porém, os mais tradicionalistas têm sérias objeções às *lambics* adoçadas no momento do envase.

Via de regra, as *framboises* são apresentadas em taças, como as taças *flute de champagne*. Esse estilo de taça enfatiza a coloração da cerveja, que pode variar de rosada a vermelho-vivo, e permite que o consumidor aprecie o aspecto visual da cerveja, além do rico aroma.

Os cervejeiros de todo o mundo, e particularmente os cervejeiros artesanais dos Estados Unidos, vêm se interessando cada vez mais pelo assunto e tentando reproduzir as *framboises* e outros estilos de cerveja *lambic*. Contudo, não têm tido muito êxito nessas tentativas, provavelmente porque os microrganismos sejam distintos dos encontrados no ar e nos barris de Pajottenland. Os puristas e aficionados do estilo *lambic* argumentam que a peculiar mistura de microrganismos é uma parte intrínseca do *terroir* do vale do Senne, na Bégica, e a União Europeia já reconheceu tal fato outorgando uma *appellation contrôlée* para as cervejas *lambic*.

Ver também BÉLGICA, FRUIT BEERS e LAMBIC.

Keith Villa

A **França** é tão famosa por seus vinhos e por sua gastronomia que poucos param para pensar se o país possuía uma cultura cervejeira própria com algum significado. De fato, a cerveja é consumida e apreciada em toda a França. As regiões ao norte que fazem fronteira com as principais nações cervejeiras do mundo, Bélgica e Alemanha, são, não surpreendentemente, as mais ricas em cultura cervejeira do país. Especificamente, essas são as províncias de Nord-Pas-de-Calais e Alsácia-Lorena.

A Alsácia-Lorena é o lar de algumas das maiores cervejarias da França e produz grande parte do volume total de cerveja do país. As cervejarias Kronenbourg, Fischer & Adelshoffen e Meteor estão localizadas na Alsácia-Lorena. Aparentemente, a região da Alsácia pode parecer tão alemã quanto francesa, uma consequência de sua posse ter sido repetidamente alternada entre os dois países ao longo dos últimos séculos. Previsivelmente, as cervejas produzidas aqui são principalmente derivadas da *German pilsner* e de estilos *Munich lager*. Existem alguns estilos franceses originais produzidos na região, versões notáveis de *bière de mars*, conhecida também como *"bière de printemps"* (cerveja de primavera) e, em alguns casos, *bière de Noël* (cerveja de Natal). Embora essas cervejas sazonais da Alsácia estejam

Cartão-postal da Lorena, França, *c.* 1910.
PIKE MICROBREWERY MUSEUM, SEATTLE, WA.

amplamente disponíveis, suas características não as diferem especificamente, e elas geralmente possuem um insípido perfil de sabor "industrial".

A região mais associada à tradição cervejeira francesa é Nord-Pas-de-Calais. Foi nessa região que começou o moderno ressurgimento da produção de cervejas especiais francesas nas décadas de 1970 e 1980. Embora a maioria dos cervejeiros sejam de pequeno porte para qualquer padrão, Nord-Pas-de-Calais é o lar da maioria de mais cervejarias e produz um conjunto mais diversificado de cervejas especiais do que qualquer outra província francesa. Talvez mais revelador seja o fato de que essa região pode reivindicar a posição de maior consumidora *per capita* de cerveja do país.

Historicamente, os franceses têm preferido cervejas de baixo teor alcoólico com notas de malte. As cervejas de baixo teor alcoólico eram a norma na época em que as pessoas não podiam confiar no abastecimento municipal de água como podem atualmente. A antiga popularidade da *bière de garde* e das "cervejas *bock*" de baixo teor alcoólico (a definição francesa é contrária à clássica cerveja *bock* alemã, de alto teor alcoólico) na França é historicamente evidente. Sua popularidade foi ofuscada pela industrialização da produção de cerveja e pelo extraordinário apelo em favor das cervejas *pale lager*. No recente ressurgimento das cervejas especiais, é lógico que a *bière de garde*, considerada como a principal contribuição da França para o mundo da cerveja, apresente como característica acentuadas notas de malte, embora reinventada com elevado teor alcoólico.

Na França pré-industrial, a cerveja era produzida para servir a uma população local, o que também ocorria em todo o "cinturão dos grãos" da Europa e da América do Norte. À medida que a economia francesa se tornava industrializada, as pequenas cervejarias rurais sucumbiam, enquanto as cervejarias urbanas cresciam com a mudança na população. Com essa mudança, a diversidade e os estilos regionais diminuíram. No norte da França, a mineração de carvão foi outrora a principal atividade industrial, e a grande força de trabalho associada a essa indústria sustentou muitas pequenas cervejarias. A mineração de carvão no norte da França diminuiu enormemente desde seu auge, porque grande parte do carvão hoje é importado. A diminuição da população rural significou o fim de muitas pequenas cervejarias no norte amante de cerveja. Embora essa mudança não tenha sido exclusiva da França, o que é notável é que o campo francês sofreu uma severa devastação nas duas guerras mundiais, especialmente na Primeira Guerra Mundial. Em ambos os conflitos, os exércitos de ocupação rotineiramente se apoderavam de equipamentos cervejeiros para utilizar seus materiais na produção de munições. Muitas pequenas cervejarias nunca se recuperaram de tal afronta. Essa sequência de eventos resultou no quase desaparecimento de estilos regionais e em um mercado cervejeiro francês dominado por *lagers* industriais de estilo alemão.

O renascimento da produção de cervejas especiais francesas começou no final da década de 1970 e continua até hoje. Nos últimos anos, pequenas cervejarias surgiram em toda a França, assim como em todo os Estados Unidos e Europa. A cadeia de *brewpubs* chamada *Les 3 Brasseurs* é amplamente difundida, com instalações em toda a França (e mais algumas no Canadá). Uma série de pequenas cervejarias rurais surgiram especialmente para servir à população local. Isso é um regresso ao "modo como as coisas eram", uma postura pela qual os franceses têm um carinho considerável. Embora a maioria dessas pequenas cervejarias não produzam cervejas muito diferentes, elas são importantes para apresentar ao povo francês as diversas possibilidades de cor e sabor das cervejas especiais em um mercado dominado por típicos estilos *lager* de massa.

A indústria cervejeira francesa continua a evoluir em conjunto com o segmento de cervejas especiais, apresentando um crescimento comprovado como resultado do aumento da aceitação e da percepção pelo mercado. As *lagers* típicas produzidas pela Kronenbourg e pela Fischer-Adelshoffen, sem mencionar a Heineken e a Stella Artois, todas com atividades na França, continuam a dominar o mercado francês de cerveja como fazem no resto da Europa. Talvez os consumidores franceses precisem de mais tempo para abraçar completamente as suas cervejas nativas especiais e desenvolver o mesmo nível de orgulho gaulês por essa bebida que possuem por outros famosos produtos franceses. Queijos e vinhos importados muitas vezes são desprezados na França, mas cervejas importadas da Bélgica e da Alemanha são facilmente encontradas em todo o país. Talvez um dia os termos "*bière de garde*" e "*bière de mars*" ocuparão um espaço semelhante aos termos "Camembert" e "Burgundy" nos corações e nas mentes dos franceses.

Ver também BIÈRE DE GARDE, BIÈRE DE MARS, KRO-NENBOURG, CERVEJARIA, e NORD-PAS-DE-CALAIS.

Jackson, M. **Beer companion**. Philadelphia: Running Press, 1993.
Les Amis de la Bière. Disponível em: http://www.amis-biere.org/. Acesso em: 22 mar. 2011.
Markowski, P. **Farmhouse ales**. Denver: Brewers Publications, 2004.
Woods, J.; Rigley, K. **The beers of France**. Wiscombe: The Artisan Press, 1998.

Phil Markowski

Franklin, Benjamin (1706-1790), foi um dos pais fundadores dos Estados Unidos, e foi, talvez, o primeiro gênio verdadeiro do país, desenvolvendo inúmeras invenções, como o para-raios, os óculos bifocais e a fornalha de Franklin. Quando ele iniciou seu negócio de impressão em 1725, o primeiro livro que ele publicou incluía descrições de três tipos de cevada produzidas nas colônias: cevada de duas fileiras, cevada de seis fileiras e a cevada de inverno, a qual o autor do livro, Francis Rawle, afirma ser boa apenas para a produção de cerveja.

Embora Franklin preferisse vinho, ele também bebia cerveja. Sua correspondência, enquanto embaixador na França, por exemplo, deixa claro que ele gostava tanto de cerveja quanto de vinho, e ele até mesmo trouxe de lá uma receita de cerveja de abeto. Ele provavelmente apreciou um *pint* de cerveja na taberna Philadelphia's City em 1774, quando os delegados recém-chegados ao Congresso Continental encontraram John e Samuel Adams para uma cerveja. Ver FILADÉLFIA. Ou mais tarde, em 1787, na taberna India Queen, onde um acordo para a Constituição Americana foi firmado.

Mas sua conexão contínua com a comunidade cervejeira se dá através de uma famosa citação atribuída a ele. A frase "A cerveja é a prova que Deus nos ama e quer que sejamos felizes" pode ser encontrada em inúmeros livros de cerveja e incontáveis camisetas. Infelizmente, é improvável que ele tenha dito isso. Em uma carta de 1779 a um amigo, o economista francês André Morellet, Franklin escreveu: "Eis que a chuva que desce do céu sobre nossas vinhas, entra nas raízes das videiras para ser transformada em vinho, uma prova constante de que Deus nos ama e gosta de nos ver felizes".

Jay R. Brooks

Free Mash-Tun Act (1880). Mais precisamente conhecida como "Inland Revenue Act, 1880 [43 & 44 Vict. Ch. 20]", essa lei mudou a ênfase da tributação cervejeira na Grã-Bretanha do malte para a cerveja. As mudanças que o primeiro-ministro britânico (e chanceler do Tesouro) William Gladstone fez influenciariam o comportamento dos cervejeiros britânicos por mais de cem anos. Em vez de um imposto sobre a cevada malteada (implantado em 1660), o cervejeiro passou a ter mais liberdade na escolha de suas matérias-primas. (Um imposto sobre o lúpulo havia sido removido dezoito anos antes). Em seu discurso sobre o orçamento, em 10 de junho de 1880, Gladstone anunciou que os objetivos da Lei eram:

> Dar ao cervejeiro o direito de produzir cerveja a partir do que ele quiser, podendo escolher totalmente tanto sua matéria-prima quanto seu método de produção. Eu sou da opinião de que é de enorme vantagem para a comunidade liberar um mercado tão grande quanto este no que diz respeito à escolha da matéria-prima. Nossa intenção é a de admitir todas as matérias-primas, em uma competição perfeitamente livre e aberta.

Substitutos de malte se tornariam comuns a partir daí, além de indispensáveis em anos de colheitas fracas de cevada. A questão fiscal agora girava em torno da quantidade e concentração do mosto produzido durante uma mosturação, e, como resultado de experimentações, ficou estabelecido que 2 *bushels* (cerca de 435 quilos) de malte deveriam render 36 galões (1 barril britânico, ou cerca de 164 litros) de mosto com extrato original (OG) de 1057° (aproximadamente 14,9 °Plato). Ver EXTRATO ORIGINAL. Isso foi adotado como um "barril padrão" pelo departamento fiscal e incorria na cobrança de uma taxa de 6 xelins e 3 pence (31 ¼ pence novos), que correspondiam a ¼ pence por *pint* (*pint* britânico, 568 mililitros) de cerveja!

A lei também especificava que os cervejeiros tinham que comprar uma "licença para produzir cerveja" anual (1 libra para cervejeiros comuns) e deveriam registrar seus estabelecimentos e cada item de equipamento usado na produção de cerveja (chamados de "entrada"). Um aviso com antecedência de 24 horas era necessário antes que se pudesse iniciar a produção de um lote de cerveja, e, depois de realizar os "procedimentos comuns de produção", como é evidente a partir da "entrada", os mostos tinham que ser coletados em recipientes aferidos dentro do período de doze horas da mosturação. A posse de um densímetro (usado para medir os níveis de açúcar; ver DENSÍMETRO) era agora indispensável para os cervejeiros, assim como outros equipamentos, e muitos cervejeiros e abastecedores pequenos simplesmente não tinham recursos para tais coisas e pararam de produzir.

O extrato original do "barril padrão" foi reduzido a 1055° em 1889, pois muitos cervejeiros menores tinham dificuldades de obter um barril de mosto com 1057° a partir de dois *bushels* de malte. Com poucos ajustes, as leis de 1880 dominaram até junho de 1993, quando o imposto passou a ser cobrado sobre o teor alcoólico da cerveja pronta (ABV).

Ver também GRÃ-BRETANHA, IMPOSTOS E LEGISLAÇÃO.

Gourvish, T. R.; Wilson, R. G. **The British brewing industry 1830-1980.** Cambridge: Cambridge University Press, 1994.

Hornsey, I. S. **A history of beer and brewing.** Cambridge: Cambridge Royal Society of Chemistry, 2003.

Ian Hornsey

friabilidade refere-se à habilidade de um material de se desintegrar facilmente. No processo de produção da cerveja, friabilidade é uma medida da dureza dos grãos de cevada malteada. É, com efeito, a resistência que o grão oferece à quebra. Um grão friável é aquele que quebra de forma regular em várias partes separadas. A friabilidade pode ser avaliada facilmente por meio da mastigação da amostra, mas isso requer experiência; e pode ser medida objetivamente com um medidor de friabilidade.

Grãos friáveis são desejáveis na produção de cerveja porque eles indicam que o malte está seco e foi bem estocado. Como resultado, suas enzimas são ativadas quando ele é hidratado na mosturação. Adicionalmente, a secagem e estocagem apropriadas limitam o desenvolvimento de mofo ou outros microrganismos contaminantes que podem resultar em problemas para o processo de elaboração da cerveja. Dito isso, é importante não secar demais o malte; malte com umidade muito baixa pode se despedaçar durante o manuseio e se transformar em pó durante a moagem, trazendo dificuldades à cervejaria e consequentes problemas de qualidade na cerveja.

Grãos friáveis também quebrarão em pedaços de tamanhos adequados para promover filtração apropriada do mosto, na etapa de mosturação. Grãos mais moles podem ser denominados *slack* e são mais suscetíveis a serem amassados do que quebrados na moagem. Ver SLACK MALT. Esses grãos oferecem menor exposição à água de mosturação e demoram mais tempo para que seus amidos sejam dissolvidos e digeridos. Grãos que foram secos de forma inadequada ou aqueles que absorveram umidade durante a estocagem são mais propensos a se tornarem *slack*. Grãos que são modificados incorretamente e, portanto, continuam duros são chamados de *glassy* (vítreos) ou *steely* (férreos).

O medidor de friabilidade testa os grãos prensando-os a uma pressão constante contra peneiras metálicas e medindo a quantidade de grãos moídos que passam pela sua malha.

Keith Thomas

fruit beers são cervejas flavorizadas com frutas, e não coquetéis alcoólicos feitos a partir de frutas. O livro *Fatu Hiva*, de Thor Heyerdahl, descreve pessoas embriagando-se com "cerveja de laranja", mas as bebidas fermentadas a partir de frutas são geralmente são denominadas "vinhos" (fermentados de frutas, no Brasil). As cervejas são elaboradas a partir de grãos e requerem uma etapa de conversão na qual os açúcares fermentáveis são produzidos a partir do amido. As frutas contêm apenas açúcares simples, essencialmente frutose, sacarose ou outros açúcares passíveis de serem fermentados, de modo que precisam apenas ser esmagadas para que liberem seu suco e as leveduras possam então ser adicionadas.

A adição de diferentes componentes não cereais à cerveja, incluindo as frutas, precedeu o uso do lúpulo, que confere sabor e age como preservativo. A inclusão de frutas na cerveja sempre apresentou uma série de benefícios. Tradicionalmente, as frutas incorporavam açúcares fermentáveis adicionais à cerveja, potencializando sua estrutura e também seu valor nutritivo. O gosto e o aroma da fruta podem mascarar ou aprimorar o sabor de cervejas que, do contrário, poderiam ficar abaixo das expectativas. Sempre que acrescentadas por um artesão cervejeiro experiente, a fruta pode conferir cor, sabor e aroma que não se obteriam somente com os grãos.

As melhores *fruit beers* vêm da Bélgica, e a maioria delas é feita a partir de cervejas *lambic*. As *lambics* são cervejas produzidas a partir de fermentação espontânea por diversos tipos de microrganismos do ambiente da cervejaria, caracterizando-se principalmente por serem secas e ácidas. Ver LAMBIC. A *kriek*, palavra flamenga que significa "cereja", é tradicionalmente elaborada com a adição de grandes quantidades de cereja-negra da variedade Schaerbeek a uma cerveja *lambic* com seis meses de maturação, ou ainda a uma *sour brown ale*. A cerveja com as frutas ainda continua a maturar em barris de carvalho por um ano ou mais, até que a polpa seja completamente consumida pela ação das leveduras e restem apenas caroços e cascas. A cerveja é, então, refermentada em garrafa. A cerveja resultante desse processo geralmente apresenta caráter ácido e complexo, coloração rosada e sabores atenuados de frutas. O amargor e sabor de lúpulo é baixo, devido ao uso de lúpulos envelhecidos que já perderam seus compostos aromáticos e de amargor; os lúpulos são acrescentados apenas por sua ação de preservação. Para o bem e para o mal, as *fruit beers* ganharam muita popularidade e deram origem a inúmeras imitações. O aumento dos volumes de produção, o paladar doce dos consumidores acostumados com refrigerantes e a escassez das cerejas tradicionais levaram a um uso massivo de extratos, concentrados e adoçantes. A *framboise*, ou *frambozen* em flamengo, é feita de modo similar à *kriek*, mas com framboesas em vez de cerejas, e também já foi alvo de muitas modificações. Muitas das *fruit beers* modernas, até mesmo na Bélgica, são extremamente doces, com forte aroma e sabor de frutas. Uma grande variedade de outras *fruit beers* vem sendo produzidas a partir de cervejas-base que muitas vezes são de qualidade inferior e com a adição de sucos ou extratos de frutas. Essa gama inclui com cerejas e framboesas, mas também pêssegos (*pêches*), groselhas (*cassis*) e maçãs (*pommes*). A maioria delas parece conter quantidade considerável de adoçantes.

No Reino Unido, durante os anos 1970, os jovens acostumados aos refrigerantes tinham o hábito de adicionar xarope de groselha às *lagers*, e parece que essa prática continua em vigor, só que hoje é feita na própria cervejaria. Basta uma breve pesquisa na internet ou nas prateleiras dos supermercados para comprovar que muitos cervejeiros no Reino Unido estão produzindo *fruit beers*. O alto custo das frutas frescas, como framboesa e cereja, leva a maioria a utilizar extratos, e os mais exigentes, concentrados congelados. Uma breve análise dessas *fruit beers* disponíveis no mercado revela excessivos aromas e sabores frutados dominando o olfato e o paladar. Algumas delas nem chegam a ser reconhecidas como cervejas.

Nos Estados Unidos, a produção de *fruit beers* vem ganhando popularidade, e os cervejeiros artesanais têm abordado as frutas tanto segundo o estilo moderno quanto segundo o estilo tradicional. Os melhores cervejeiros maturam as cervejas com frutas inteiras por vários meses, geralmente em barris de carvalho. A maioria dessas cervejas começa como *sour ale* e acaba ganhando um caráter bastante próximo das tradicionais *fruit beers* feitas com *lambics*. Outros optam por misturar extratos ou sucos de fruta antes ou após o processo fermentativo. Quando adicionada após a fermentação, a fruta contribui com maior dulçor, cor e sabor, mas pouca sutileza ou sabores tradicionais. Já os menos tradicionais, embora suas cervejas sejam bastante populares, adicionam extratos "naturais" à cerveja, dando a elas um incremento instantâneo de sabor a bala de fruta.

A produção de excelentes *fruit beers* requer, sem dúvida, bem mais esforço e tempo do que muitos cervejeiros desejam gastar, mas muitos dos profissionais mais gabaritados do mundo começam a desenvolver um interesse genuíno por elas. Assim, é muito provável que ainda tenhamos o privilégio de provar muitas criações fascinantes e sedutoras desse tipo de cerveja nos próximos anos.

Bodensatz Brewing. Disponível em: http://www.bodensatz.com. Acesso em: 11 jan. 2011.

Jackson, M. **Great beers of Belgium**. Philadelphia: Running Press, 1991.

Lindemans. **The birth of Lambic.** Disponível em: http://www.lindemans.br/start/lambik/en. Acesso em: 11 jan. 2011.

Chris Holliland

frutado tem o sabor, aroma ou caráter de fruta. Quando usado em associação com a cerveja, frutado é usualmente um sinônimo para a presença de ésteres. Ver ÉSTERES. Durante a fermentação, especialmente alta fermentação, as leveduras sintetizarão ésteres, compostos orgânicos aromáticos que frequentemente associamos com fruta. Esses incluem octanoato de etila (frutado/abacaxi), acetato de etila (doce de pera), acetato de isoamila (banana), hexanoato de etila (maçã) e 9-decenoato de etila (baga de sabugueiro), dentre muitos outros. A fermentação fria de cervejas *lager* raramente produz sabores proeminentes de frutas, e essa é uma das mais importantes diferenças entre a maioria das *ales* e *lagers*.

Alguns compostos aromáticos advindos do lúpulo podem ser percebidos como frutados e usualmente lembram frutas cítricas. A técnica de *dry hopping* é particularmente eficaz em transmitir esses compostos para a cerveja. Compostos aromáticos frutados advindos do lúpulo incluem o limoneno (casca de cítricos), linalol (floral, cítrico) e citral (limão e lima). O aroma da variedade de lúpulo da Nova Zelândia Nelson Sauvin lembra maracujá e groselhas. O caráter da fermentação e do lúpulo frequentemente se combinam para criar impressões frutadas complexas. Em alguns casos, elas sensibilizarão o paladar como uma forma de dulçor, até mesmo quando pouco açúcar residual estiver presente.

Finalmente, algumas cervejas contêm frutas reais, usualmente como uma infusão flavorizante, embora sucos de frutas também possam ser utilizados. Ver FRUIT BEERS. As formas tradicionais incluem as *krieks* (cereja) e as *frambozens* (framboesa) belgas, a maioria das quais baseadas nas *lambics*. Ver LAMBIC. Essas são mais azedas e complexas do que doces e muito frutadas, embora esta última, mais moderna, tenha se tornado altamente popular. *Fruit beers* artesanais tendem a ser ou muito tradicionais (longo condicionamento em barris de madeira com frutas inteiras ou maceradas) ou decepcionantemente artificiais (pela adição dos assim ditos flavorizantes naturais de frutas).

Quando os sabores frutados são produzidos pelo processo fermentativo, o melhor a se fazer é conter seu desenvolvimento. Uma cerveja que parece ser ousadamente frutada em um primeiro momento frequentemente se torna "perfumada" à medida que aquece, desequilibrando o palato e diminuindo a sua *drinkability*. Para cervejeiros de *ales*, o controle da fermentação para produzir o equilíbrio correto do caráter frutado na cerveja é uma parte importante da forma de arte do cervejeiro.

Garrett Oliver

frutose é um monossacarídeo comum encontrado em frutas e, em menor grau, na cevada malteada. A palavra "frutose" é derivada da palavra em latim "*fructus*", que significa fruta. A frutose é similar à glicose, da qual é considerada um isômero. Ver GLICOSE. Ambas, glicose e frutose, contêm seis átomos de carbono, doze átomos de hidrogênio, e seis átomos de oxigênio, mas em disposições diferentes. Dos sacarídeos encontrados no malte, a frutose pode contribuir com menos do que 3% do total. A frutose participa das reações de Maillard, ligando-se com moléculas que contêm nitrogênio para formar compostos de cor e sabor no mosto fervido. Ver REAÇÃO DE MAILLARD. A frutose é fermentável e convertida em álcool e dióxido de carbono pela levedura e bactérias. Ela tem ganhado uma reputação um pouco negativa devido aos xaropes de milho com alto teor de frutose (HFCS), produzidos sinteticamente, presente em muitos dos alimentos e bebidas que consumimos e aos possíveis efeitos prejudiciais sobre a saúde se consumidos com muita frequência. O HFCS não é apenas frutose, mas uma mistura de glicose e frutose. A frutose tem gosto mais doce do que a glicose, especialmente quando a frutose se encontra na sua forma de anel pentagonal. A frutose é um componente importante do mel, constituindo em média 38% dos seus açúcares.

Rick Vega

Fuggle é um antigo clássico lúpulo inglês de aroma que foi encontrado como muda em 1861 e introduzido por Richard Fuggle catorze anos mais tarde. O Fuggle teve uma extensa utilização no mundo todo como lúpulo de aroma, por ser agradável ao paladar dos consumidores e por sua tolerância ao míldio (*Pseudoperonospora humuli*) em campo. Embora o Fuggle tenha sido desejável para a produção de cerveja, algumas peculiaridades desfavoráveis causaram problemas de produção. Em várias áreas de cultivo na Europa, a murcha de *Verticillium* (*Verticillium* spp.) devastou lavouras comerciais de Fuggle, enquanto nos Estados Unidos o problema foi uma produtividade relativamente baixa. Embora o Fuggle ainda seja comercialmente cultivado, ele foi amplamente substituído por cultivares agronomicamente superiores com perfis de sabor e aroma similares aos dele. Suas características cervejeiras favoráveis, por sua vez, o tornaram um candidato ideal para material parietal em programas de melhoramento. Não surpreendente que ele tenha se tornado ancestral de diversos cultivares e linhas de melhoramento modernos, incluindo o Willamette nos EUA. Ver WILLAMETTE. O teor médio de alfa-ácidos do Fuggle fica próximo de 5%, enquanto o de beta-ácidos fica a 2,4%. A fração de cohumulona corresponde a 27%. Seu conteúdo de óleos essenciais se aproxima de 0,6 ml/100 g de flores secas e é composto predominantemente por mirceno (43,4%), humuleno (26,6%), cariofileno (9,1%) e farneseno (4,3%). Um clone de Fuggle foi introduzido na Eslovênia no início dos anos 1900 e, atualmente, é comercializado como Styrian ou Styrian Golding, embora definitivamente não seja um Golding, mas é idêntico ao Fuggle original, exceto por apresentar um potencial produtivo ligeiramente mais alto.

Burgess, A. H. **Hops: Botany, cultivation, and utilization.** New York Interscience Publishers Inc., 1964.

Shaun Townsend

Fuller, Smith & Turner é uma das cervejarias produtoras de *real ale* mais importantes da Inglaterra e a única a ter vencido a Champion Beer of Britain, da Campaign for Real Ale (CAMRA), cinco vezes com três cervejas diferentes. Ver CAMPAIGN FOR REAL ALE (CAMRA). Situada em um dos cruzamentos mais movimentados de Londres, a produção de cerveja tem ocorrido na propriedade da Griffin Brewery, em Chiswick, sudoeste de Londres, há mais de 350 anos. John Fuller se envolveu com a cervejaria em 1829, e em 1845 Henry Smith e John Turner uniram-se a ele, formando a Fuller, Smith & Turner, como é conhecida hoje.

Sua primeira cerveja vencedora da Champion Beer of Britain, da CAMRA, foi a Extra Special Bitter (ESB; 5,5% ABV), lançada em 1971, embora tenha sido inicialmente produzida em 1969 como uma cerveja sazonal conhecida como Winter Beer, substituindo uma cerveja chamada Old Burton Ale. Uma cerveja forte, altamente complexa, ela é feita a partir dos maltes Crystal e *pale ale* e uma mistura inebriante de lúpulos Target, Challenger, Northdown e Goldings.

A cerveja ESB seguiu a tradição de muitos cervejeiros britânicos de produzir cervejas mais fortes, mais ricas e mais quentes para consumo durante os meses de inverno. No entanto, ela rapidamente se estabeleceu como uma cerveja engarrafada disponível durante todo o ano. Os frequentadores do *pub* e os juízes aprovaram a ESB, e ela venceu a Champion Beer of Britain da CAMRA nos anos de 1978, 1981 e 1985. A Fuller's também ganhou o cobiçado título com duas outras cervejas, a Chiswick Bitter (uma "*ordinary bitter*" com 3,8% ABV) e a London Pride (uma "*best bitter*" com 4,1% ABV).

Nos Estados Unidos, a ESB acabou denotando uma classe de cervejas, que são ricas em álcool e cheias de aromas provenientes de lúpulo, mas sem o caráter assertivo do lúpulo de uma *India pale ale*. Diz-se que muitos dos cervejeiros artesanais americanos foram inspirados a montar cervejarias pela experiência de beber a ESB da Fuller's na Inglaterra. Ver EXTRA SPECIAL BITTER (ESB). Como um experimento, em 2010, o cervejeiro chefe da Fuller, John Keeling, tem armazenado ESB e outras cervejas em barris de carvalho usados para uísque, produzindo sabores opulentos, defumados e turfosos.

Desde 1997, a empresa tem produzido anualmente uma edição limitada de *barley wine* referermentada em garrafa de nome Vintage Ale, que é feita com maltes e lúpulos diferentes a cada ano. A Fuller recomenda envelhecer a Vintage Ale por vários anos antes prová-la. Também dignas de nota são a Fuller's 1845, uma *strong ale* referermentada em garrafa, e a honrosa London Porter.

Os aficionados creditam à Fuller a manutenção do forte interesse em cervejas referermentadas em *cask*, mesmo ao longo de anos nos quais as vendas da cerveja embarrilada e referermentada diminuíram. Nos últimos anos, a Fuller's tem demonstrado ambições consideráveis, e em 2005 comprou a cervejaria George Gale & Co. de Horndean, fechando-a e adquirindo a marca Gale, juntamente com os seus 111 *pubs*. Ver GEORGE GALE & CO. LTD.

Ver também CONDICIONAMENTO EM *CASK*.

Langley, A. **London Pride: 150 years of Fuller Smith & Turner.** London: Good Books, 1995.

Tim Hampson

Fusarium é um fungo patogênico que infecta cereais causando queima da espiga (giberela ou fusariose) e levando a perdas significativas colheita. A cerveja produzida com grãos infectados por *Fusarium* pode conter micotoxinas perigosas e pode ser propensa ao *gushing*. O *Fusarium* infecta principalmente a inflorescência da planta de cevada, digerindo os tecidos das sementes e resultando em grãos encolhidos e descoloridos.

O gênero é classificado no grupo Ascomycetes de fungos, e suas culturas produzem esporos no formato de banana. Os micélios são muitas vezes cor-de-rosa, ou de roxos, e os grãos de cevada infectados podem parecer escuros.

A gama de espécies de *Fusarium* que infectam cevada inclui principalmente *F. avenaceum, F. culmorum, F. graminearum* e *F. poae*, mas a sua predominância depende da localização e do clima, sendo que, desses, o *F. graminearum* é o mais comum em todo o mundo. A infecção ocorre normalmente por resíduos vegetais no campo ou por esporos espalhados pelo vento, vindos de plantas hospedeiras localizadas nas proximidades, afetando as plantas a partir da formação da inflorescência. No trigo, o fungo cresce rapidamente através da inflorescência, mas na cevada infecta os grãos separadamente, causando uma aparência irregular.

As micotoxinas, especialmente tricotecenos, são frequentemente produzidas por infecções de *Fusarium* como parte da virulência do fungo, e são altamente tóxicas mesmo em baixas concentrações (tóxicas a ponto de terem sido consideradas para possível uso como arma biológica). As espécies de *Fusarium* também podem produzir proteínas hidrofobinas que iniciam o *gushing* na cerveja.

A cevada comercial é testada quanto à infecção por *Fusarium*, tanto por observação visual quanto por anticorpo ou análise de DNA, para evitar a contaminação das reservas de cereais.

Ver também DOENÇAS DA CEVADA e GUSHING.

Keith Thomas

Galena é um cultivar americano superalfa que desfrutou de considerável sucesso comercial. Ele foi desenvolvido por R. R. Romanko em Idaho. O Galena foi originado a partir de sementes coletadas de uma planta Brewer's Gold de polinização cruzada em 1968. Ele foi lançado para produção comercial uma década mais tarde. Nesse intervalo, ele foi testado sob pesadas inoculações de míldio (*Pseudoperonospora humuli*), uma doença à qual ele demonstrou resistência moderada, embora seja suscetível ao oídio (*Podosphaera macularis*). Seu vigor e sua produtividade são muito bons, com produção de aproximadamente 1.800 a 2.250 kg/ha. Seu conteúdo de alfa-ácidos varia entre 8% e 15%, e o de beta-ácidos entre 6% e 9%. A fração de cohumulona corresponde a aproximadamente 39%. O teor de óleos essenciais é em média de 1,05 mL/100 g de matéria seca, dos quais 55,2% correspondem ao mirceno, 9,2% ao humuleno e 4,1% ao cariofileno; apresenta traços de farneseno. O Galena é menos floral e tem menos aroma de pomelo que o amplamente difundido Cascade americano, porém se sobressai pelo seu perfil de sabor mais refrescante e suave, o que, devido à época em que foi lançado, tornou o Galena um dos primeiros e mais populares lúpulos de amargor de diversas *pale ales* artesanais americanas.

Romanko, R. R. et al. Registration of Galena Hop. **Crop Science**, v. 19, p. 563, 1979.

Shaun Townsend

Gambrinus, Jan, é o lendário rei da cerveja e provavelmente a figura mais presente no panteão lotado, sonhado por séculos de bebedores de cerveja. Por toda a Europa e Américas, cervejas, cervejarias, estátuas e até mesmo maltes possuem seu nome e fisionomia. Também chamado de "Santo Padroeiro dos Cervejeiros" (uma distinção também reivindicada por Santo Arnaldo), na maioria das imagens o rei Gambrinus monta um barril gigante e é mostrado coberto por uma capa de arminho, uma coroa e uma caneca Falstaffian de cerveja. Assim como outros arquétipos heroicos, os contos associados a ele são muitos e fantasiosos. Talvez o mais exagerado deles seja aquele em que Gambrinus recebe o dom da cerveja diretamente da deusa egípcia da fertilidade, Ísis. Outro arquétipo fala de uma parceria medieval com o diabo na qual, em troca da concessão de aproximadamente trinta anos da alma de nosso herói, o trapaceiro ensina a ele o processo e a arte da produção de cerveja. Outros contos são militares, seja alardeando suas façanhas durante as Cruzadas, ou sua ajuda em quebrar o domínio eclesiástico de Colônia e seus cervejeiros tributados excessivamente. Outras histórias ainda envolvem nada mais do que a solução inteligente de uma competição de bebedeira, em que o método de levantamento de um barril incrivelmente grande de Gambrinus envolvia, em primeiro lugar, beber o seu conteúdo.

As histórias de Gambrinus, de fato, são uma colagem com aparência histórica de uma série de personagens reais e enfeites vindos da arte do contador de histórias. Duas figuras costumam ser mais mencionadas: Jan Primus (John I, 1251-1295) de Brabante, um duque da Borgonha que serviu como "rei" da guilda cervejeira de Bruxelas, e Jean sans Peur (João sem Medo, 1371-1419), que em algumas versões carrega a distinção de ter inventado a cerveja lupulada, mas cuja biografia menciona, principalmente,

Painel americano de bronze de 1937 mostrando Jan Grambinus em alto-relevo. A frase alemã é aproximadamente traduzida para "Deus salve o lúpulo e o malte". PIKE MICROBREWERY MUSEUM, SEATTLE, WA.

formato de grade aberta, era capaz de revolver facilmente uma mostura grossa sem o risco de quebrar. O garfo de mostura desempenhou um papel parecido com o dos agitadores nas tinas de filtração do mosto em cervejarias modernas maiores. Ver FILTRAÇÃO DO MOSTO.

Antes da introdução do que consideramos técnicas e equipamentos modernos de produção de cerveja, os cervejeiros tinham que se contentar com maltes submodificados e moídos irregularmente e baixo controle de temperatura, levando algumas vezes a uma mostura pegajosa que poderia não escoar corretamente. O uso hábil de um garfo de mostura bem feito poderia fazer a diferença entre uma sessão de mosturação bem-sucedida e uma massa inútil de bagaço de malte. Hoje, o garfo de mostura é, em geral, parte do passado, apesar de ocasionalmente o cervejeiro artesanal entusiasmado ainda possuir um. Eles também sobrevivem como um símbolo evocativo da produção de cerveja tradicional e fazem parte de muitos símbolos de estilo heráldico usados por corporações e associações cervejeiras, incluindo a Master Brewers Association of the Americas.

Brian Thompson

uma história de intrigas políticas e de corte. Existem outras possibilidades quanto ao antecedente histórico real, muitas dependentes da pronúncia não confiável de um nome verdadeiro, e todas, finalmente, dando lugar ao nome geralmente latinizado, Gambrinus.

Ver também DEUSES DA CERVEJA.

Dornbusch, H. Born to be (beer) king. **Beer Advocate**, 21 set. 2004.
Vogdes, W (compilado por); Gambrinus, King of Beer. Disponível em: http://www.steincollectors.org.

Dick Cantwell

garfo de mostura era uma ferramenta tradicional de produção de cerveja, usado para misturar manualmente a mostura a fim de garantir a distribuição de calor e uniformidade de viscosidade, além de quebrar bolas de massa formadas durante a mosturação. Geralmente feito de madeira de lei, como faia ou bordo, um garfo de mostura, com seu

garrafas são hoje a embalagem mais comum para a cerveja em todo o mundo. Embora as garrafas agora pareçam a embalagem natural para a cerveja, não foi sempre assim. Historicamente, a cerveja nem sempre foi servida como uma bebida gaseificada. Na antiguidade, a cerveja era uma bebida sem gás, simplesmente servida em ânforas, potes, baldes, sacos de couro, ou jarros, às vezes bebidas comunalmente por meio de um canudo de palha ou circulando o recipiente com a bebida entre os conviva. Os romanos inventaram a arte do vidro soprado e fizeram garrafas simples, nas quais talvez tenham às vezes armazenado vinho. Sabemos, no entanto, que naquele tempo as garrafas eram raras e não eram os principais recipientes de armazenamento para vinho ou qualquer outra bebida. No século XVII, a fabricação de vidro se tornou um grande empreendimento comercial e no final desse mesmo século as garrafas de vidro eram comuns nos lares europeus de alto nível. Enquanto isso, a cerveja migrou para barris de carvalho. Assim que a humanidade aprendeu a arte da tanoaria no início da Idade Média, a cerveja pôde ser armazenada em barris sobre pressões modestas servida por gravidade. Ver EXTRAÇÃO POR GRAVIDADE. No entanto, foi necessária a Revolução Industrial, com seus enormes avanços na ciência dos materiais e tecnologias de fabricação, para que um recipiente barato, portátil e pressurizado para armazenar cerveja surgisse. Mais especificamente, a cerveja precisou do surgimento da indústria do vidro, no final do século XIX, para se tornar o produto amplamente distribuído que é hoje, com cervejas feitas em grandes cervejarias centralizadas e distribuídas para todas as regiões e até países de todo o mundo. A primeira máquina de fabricar garrafas de vidro automatizada foi inventada apenas por volta de 1900 por um americano, Michael Joseph Owens (1859-1923), que primeiro a colocou em funcionamento em sua Owens Bottle Machine Company, formada em 1903, a precursora da atual gigante da produção de vidro Owens-Illinois Inc.

A dificuldade com a cerveja é que ela alcança seu ápice quando gaseificada, isto é, quando o recipiente está sob pressão. Isso representa um desafio tecnológico e econômico. O desafio técnico é que o material deve ser impermeável a líquidos e gases, deve ser forte e, de preferência, deve também ser leve e fácil de produzir. O desafio é econômico porque a cerveja, ao contrário do *champagne*, é a bebida de todo dia da pessoa comum. Isso significa que o investimento na embalagem deve ser amortizado pela venda a preços relativamente baixos em comparação com muitas outras bebidas alcoólicas. A maioria das cervejas, portanto, não pode ser colocada em garrafas muito caras.

O vidro oferecia muitas vantagens práticas sobre os antigos barris. As pessoas podiam agora comprar cerveja em pequenas quantidades e facilmente levá-la consigo. Mas a garrafa tinha uma desvantagem crucial: ela não bloqueava a luz solar. A luz solar é o grande inimigo do sabor e da vida útil de qualquer cerveja lupulada, pois fornece energia ultravioleta para uma reação fotoquímica altamente indesejável, durante a qual os iso-alfa-ácidos, agentes de amargor, reagem com oligoelementos sulfurosos da fermentação e oxigênio dissolvido, produzindo 3-metil-2-buteno-1-tiol, um composto que dá à cerveja um sabor desagradável de "gambá" ("*skunky*") em concentrações tão baixas como 0,4 parte por trilhão. Ver LIGHTSTRUCK. Degustadores treinados são capazes de detectar os resultados dessa reação depois de 30 segundos de exposição à luz solar. A reação é mais rápida em garrafas transparentes, que não impedem a passagem de luz. É um pouco mais lento em garrafas verdes, que não bloqueiam a principal frequência da luz responsável pelo processo de *skunking*. Garrafas verdes, apesar de sua onipresença, são consideradas embalagens ruins para a cerveja. Garrafas âmbares têm ótima (embora não perfeita) capacidade bloqueadora, porém mesmo elas somente atrasam, e não impedem, os inevitáveis efeitos da luz. A lata de cerveja, que nas mentes de muitos aficionados por cerveja é frequentemente associada a cervejas produzidas em massa e pouco inspiradoras, é ironicamente muitas vezes a melhor embalagem, porque o metal é totalmente impermeável à luz. Ver ENVASE EM LATA.

Como a cerveja se encontra sob pressão, a forma ótima natural para um recipiente de cerveja seria uma esfera. É uma simples lei da física que, em um recipiente redondo, todas as partes do recipiente recebem a mesma quantidade de pressão radial para fora, o que significa que não há nenhum ponto fraco para o recipiente estourar. Tirando esse fato, contudo, há quase infinitas possibilidades para o desenho de uma garrafa, principalmente por razões de marketing. As garrafas feitas à mão a partir de 1600 são quase unicamente em forma de cebola, mas hoje quase todas as garrafas de cerveja são mais altas do que largas. Elas têm um corpo reto que vai afunilando conicamente até formar um gargalo para servir. As garrafas do século XIX costumam ter formas atraentes, com ombros baixos e pescoços longos e elegantes, entretanto, quebravam-se mais facilmente do que as garrafas modernas. As garrafas de cerveja modernas tendem a ter lados retos, principalmente porque as rotuladoras automáticas trabalham melhor em superfícies planas em vez de salientes. Ao menos que sejam garrafas no "estilo *champagne*", com rolha de cortiça e gaiola de arame, elas também apresentam um lábio em torno do qual uma rolha metálica pode ser recravada. Ver ROLHA METÁLICA. Alternativamente, elas podem ser fechadas com um dispositivo de arame na parte superior, também conhecido como tampa *flip-top*. Embora muito mais caras que as tampas metálicas tipo coroa, as *flip-top* estão voltando ao uso, especialmente na Alemanha, onde leis recentemente promulgadas incentivam o uso de garrafas retornáveis muito resistentes, que são limpas e reenchidas aproximadamente cinquenta vezes.

Embora a Europa e grande parte do mundo usem e aceitem garrafas recicladas de vidro, esse não é o caso do consumidor norte-americano. Apesar das tentativas dos produtores de cerveja e de vidro, as garrafas recicladas apresentam riscos nos ombros, e o consumidor americano tende a rejeitá-las por não as considerar sanitárias. Curiosamente, garrafas de cervejas de mercado de massa vendidas em bares, em vez de lojas de varejo, parecem ser uma exceção a essa regra.

Embora a forma e o tamanho mais comuns de garrafa seja a *long-neck* contendo 355 mililitros, muitas formas e tamanhos são usados. As cervejarias belgas em particular preferem as suas próprias formas de garrafa. Algumas delas, com 750 mililitros, são comuns tanto na Bélgica quanto nos Estados Unidos, especialmente para as cervejas inspiradas nas belgas. Muitos cervejeiros artesanais americanos envasam a cerveja em garrafas de 650,5 mililitros que são coloquialmente chamadas de *bombers*. Por razões não muito claras, essa garrafa é bastante popular em alguns mercados dos Estados Unidos e praticamente excomungada em outros. No Reino Unido, o *pint* imperial (568 mililitros) continua a ser o tamanho popular e muitas formas são utilizadas, algumas delas evocando belamente as formas do final do século XIX e início do XX. E a entrada da Itália na paisagem da cerveja artesanal, com a típica sofisticação italiana, vem provocando outras evoluções estilísticas na garrafa de vidro.

Ver também CONDICIONAMENTO EM GARRAFA.

Horst Dornbusch e Garrett Oliver

Geary, David (1949-) fundou, junto com a esposa, Karen Geary, uma das primeiras microcervejarias modernas dos Estados Unidos, e a primeira do estado do Maine. A D. L. Geary Brewing Co., popularmente conhecida como Geary's, foi incorporada em outubro de 1983, o que a transformou, aproximadamente, na 14ª microcervejaria dos Estados Unidos naquela época.

Em Portland, Maine, na década de 1980, Geary teve a oportunidade de encontrar-se com o lorde da Casa Traquair da Escócia, Peter Maxwell Stuart. O encontro resultou em um estágio como cervejeiro na Traquair House Brewery. Ver TRAQUAIR HOUSE BREWERY. Geary trabalhava para uma companhia farmacêutica vendendo suprimentos médicos, mas a falência da empresa levou David e Karen a decidir abrir uma cervejaria. Geary viajou para a Grã-Bretanha para trabalhar na Traquair Brewery, fundada no século XVII e localizada abaixo da mansão Traquair House em Peeblesshire, Escócia, perto da fronteira Inglesa.

Depois de aprender a produzir cerveja na Escócia, Geary trabalhou para várias pequenas cervejarias na Inglaterra, incluindo a Ringwood Brewery em Hampshire, propriedade do lendário cervejeiro britânico Peter Austin. Lá ele conheceu Alan Pugsley, um protegido de Austin. Pugsley acompanhou Geary de volta ao Maine e passou dois anos na nova cervejaria de Geary, projetando e construindo a sala de brassagem, que finalmente abriu em 1986.

Nascido em Massachusetts em 1949, Geary cresceu em Portland, Maine, para onde sua família foi realocada devido ao trabalho de seu pai em uma transportadora quando David era jovem. Ele frequentou, mais tarde, a University Purdue na década de 1960, onde conheceu a esposa Karen.

Em 1989, depois de vinte anos de casamento, D. L. e Karen se divorciaram, mas continuaram a trabalhar juntos na cervejaria. A filha deles, Kelly Geary Lucas, agora também trabalha na cervejaria, assegurando, possivelmente, o controle familiar futuro de uma das cervejarias pioneiras do movimento americano de produção artesanal de cerveja.

Jay R. Brooks

gelatina é uma proteína derivada de fontes bovina, porcina, ou píscea, sendo usada como agente de gelificação culinário. É também usada como um agente clarificante na vinificação e na produção de cerveja. A gelatina é preparada fazendo uma solução diluída em água quente, resfriando e adicionando uma pequena quantidade na cerveja recém-fermentada. Ver AGENTES CLARIFICANTES.

A gelatina era o agente clarificante favorito dos cervejeiros artesanais dos Estados Unidos, sendo preferida à *isinglass* por causa da disponibilidade e custo. Com os avanços nas tecnologias de centrifugação e filtração, geralmente apenas alguns cervejeiros menores ainda usam a gelatina rotineiramente. A gelatina funciona da mesma forma que a *isinglass*, embora, por causa da sua estrutura amorfa, ela se ligue menos fortemente à levedura do que a estrutura helicoidal da *isinglass*, que é altamente ordenada. Ver ISINGLASS. Como resultado, a gelatina é, geralmente, menos efetiva como agente clarificante que a *isinglass* e usualmente é adequada apenas para cervejas servidas a partir de recipientes que não sofrem agitação (por exemplo, os tanques e barris de uma adega). Dessa maneira, os cervejeiros são capazes de servir uma agradável cerveja clarificada sem a necessidade de caros equipamentos de filtração; assim, a gelatina foi uma ferramenta útil no estabelecimento da aceitabilidade visual de cervejas artesanais nos Estados Unidos.

Ian L. Ward

George Gale & Co. Ltd. foi um dos mais significativos produtores de *ales* do condado de Hampshire, na costa sul da Inglaterra, fornecendo *ales* para gerações de trabalhadores dos estaleiros navais e marinheiros. Fundada em 1847 na London Road, em Horndean, uma importante rota de carruagem de Londres para Portsmouth, a cervejaria permaneceu por muitos anos no terreno do Ship & Bell Inn, que era o escoadouro da cervejaria.

A primeira cervejaria foi destruída pelo fogo em 1869, e uma nova cervejaria foi construída ao lado e ampliada em 1983. Mas apesar de muitos anos de crescimento, os administradores da Gale concluíram que o "aumento dos custos para manter os negócios e a burocracia, juntamente com o poder de compra de suas rivais maiores, tornou a venda inevitável". A empresa de propriedade familiar, com seus 111 *pubs*, foi vendida para a Fuller em 2005. Ver FULLER, SMITH & TURNER.

As cervejas mais populares da Gale eram a Butser Bitter (em homenagem a uma colina local) e a Horndean Special Bitter (HSB), mas foi a cerveja não filtrada e não pasteurizada Prize Old Ale que lhe rendeu renome internacional. Produzida pela primeira vez pelo mestre cervejeiro da planta de Yorkshire, Barton Mears, em meados da década 1920, ela era vendida em uma garrafa de formato único fechada com rolha. Era uma cerveja forte, com 9% ABV, maturada em tanques de madeira por dois anos antes de ser misturada com uma cerveja mais jovem. Durante o envelhecimento, muitas vezes ela adquiria um caráter entorpecido, ao mesmo tempo que desenvolvia muitos sabores de pudim de natal, frutas, *lambic* e *gueuze*. Seus fãs dizem que é melhor bebê-la quando ela tem vinte anos de idade, e ela é notável como um marco do estilo *old ale*. Ver OLD ALES.

Após a venda da empresa, muitos temiam que a icônica cerveja, com seu caráter evolutivo, seria perdida. Mas o cervejeiro chefe da Fuller, John Keeling, assumiu o desafio de manter a cerveja viva, lançando a versão da Fuller em 2007. A primeira safra da Fuller foi produzida em Horndean em 2005, mas maturada no oeste de Londres por dois anos. A rolha de cortiça foi abandonada e substituída por uma tampa de metal, permitindo que a cerveja mantenha a sua carbonatação. ("Finalmente ela tem alguma efervescência" disse Keeling.) Garrafas de Prize Old Ale da era pré-Fuller são raras, mas ainda podem ser obtidas, e muitas garrafas bem conservadas têm mostrado complexidade e caráter extraordinários.

Stapleton, B. **Gales of Horndean**. Horndean: George Gale & Co, 1997.

Tim Hampson

geraniol, um composto intimamente associado com os aromas de diversas variedades favoritas de lúpulos americanos. É um óleo essencial encontrado em alguns cultivares de lúpulo. O geraniol é classificado como monoterpenoide alcoólico, sendo um componente primário do óleo de rosas, de palmarosa e de citronela. Na química dos lúpulos e do sabor da cerveja, está relacionado com características de aroma e sabor de rosa, floral e cítrico. O geraniol também é encontrado em coentro, lavanda, limão, lima, noz-moscada, laranja, rosa, mirtilo e amora-preta. Quando oxidado, o geraniol se transforma em geranial ou citral. Esse composto está presente nos lúpulos Cascade, Citra, Centennial, Chinook, Pacific Hallertau, Southern Cross, Motueka, Aurora e Styrian Golding e ausente nos lúpulos Challenger (britânico e americano), Alsace Strisselspalt, Spalt Select, Sterling, Czech Saaz, Millenium ou German Magnum. Curiosamente, as pessoas têm diferentes habilidades de percepção do geraniol. Acredita-se que essa diferença tenha base genética. Um terço da população tem um limite de percepção de cerca de 18 µg/l, enquanto o restante da população, cerca de 350 µg/l. O geraniol é também um eficiente repelente de mosquitos e é usado na preparação de muitos repelentes livres de DEET. Nesse aspecto, contudo, essa pode ser uma vitória de Pirro, já que o geraniol também atrai abelhas melíferas.

Ver também ÓLEOS DO LÚPULO.

Matthew Brynildson

German pilsner, mais comumente chamada de "*pils*" na Alemanha, é uma cerveja *lager* de corpo leve e bastante atenuada, produzida exclusivamente com malte de cevada e geralmente definida como uma cerveja amarga de baixa fermentação, de cor dourada, com excelente formação e retenção de espuma e um aroma de lúpulo com caráter floral. Junto com sua homônima e precursora, a *pilsner* original da cidade de Plzeň (Pilsen), na Boêmia Tcheca, a *German pilsner* é a progenitora da maioria das cervejas produzidas no mundo atualmente. Da Heineken à Budweiser, da Peroni à Corona, a maioria das cervejas comerciais é uma *lager* dourada, mesmo que muitas delas não sejam elaboradas com os mesmos padrões originais.

Isso posto, o uso do nome "*pilsner*" tem sido um fator de controvérsias desde o surgimento do estilo nos anos 1840. Para a maioria dos cervejeiros alemães (e quase todos os consumidores de cerveja alemães) restam poucas dúvidas de que a *pils*, *pilsner* ou *pilsener* (os termos acabam sendo usados indistintamente) é um estilo de origem alemã. Em parte, a razão para isso está no fato de que o idealizador do estilo, Josef Groll (1813-1887), de Vilshofen, próximo a Passau, nasceu e foi treinado na Baviera. Ver GROLL, JOSEF. Ele foi o primeiro cervejeiro-chefe na Měšťanský Pivovar de Pilsen (Cervejaria dos Cidadãos ou, em alemão, Bürgerliches Brauhaus). Além disso, Pilsen era uma cidade com uma minoria germanófona muito influente, e o estilo de cerveja que acabou popularizando o nome da cidade vinha de uma cervejaria de propriedade alemã. As cervejarias alemãs começaram a produzir (e a comercializar) as *pilsners* no início dos anos 1870, cerca de trinta anos depois que Groll iniciou a produção daquela que conhecemos hoje por Pilsner Urquell (Plzeňský Prazdroj, em tcheco). Ver PILSNER URQUELL. Muitas das cervejarias que copiaram o estilo teriam insistido no fato de que sua cerveja não diferia da original em aparência, gosto e nem mesmo nos parâmetros analíticos.

Uma das cervejarias que ainda é famosa por suas *pilsners* na Alemanha, a Simonbräu (hoje comercializada como Bitburger), encontra-se em Bitburg. Theobald Simon apresentou sua primeira "*bier nach pilsner art*" ("cerveja do tipo *pilsner*") em 1883. A Bitburger foi processada por utilizar o termo "*pilsner*" ilegalmente na Landgericht Trier (Corte Estadual de Trier) em 1911 e, um ano depois, no Tribunal de Apelação de Colônia, perdendo os dois casos. No entanto, em 1913, a Reichsgericht de Leipizig (a Corte Suprema da Alemanha naquele momento) decidiu tanto a favor da Simonbräu como da Radeberger Exportbierbrauerei, argumentando que o termo *pilsner* havia se tornado genérico e que tanto a Bitburger como outras cervejarias poderiam fazer referência a ele livremente para cervejas produzidas em território alemão.

E assim o fizeram, em quantidades bastante modestas. O estilo bávaro *dunkel* tinha muito mais prestígio, e os estilos de cerveja locais continuaram mais populares. Em 1927 existiam apenas 329 cervejarias produzindo suas próprias versões de *pilsners*; em 1939 esse número subiu para 458. Apesar de todo o mundo hoje pensar na *pilsner* como a quintessência das cervejas alemãs, somente uma em cada dez cervejarias comerciais na Alemanha produzia esse estilo antes da Segunda Guerra Mundial.

As mudanças chegaram lentamente com a recuperação da indústria após a devastação da guerra. Nessa era de crescimento contínuo, muitas pequenas cervejarias descobriram as virtudes do estilo *pilsner*, e foram encorajadas a elaborá-lo por professores da Weihenstephan, em Munique, e da VLB, em Berlim. O prof. Ludwig Narziss teve um papel extremamente importante nesse contexto. Ex-cervejeiro-chefe da Löwenbräu (1958-1964), ele foi nomeado chefe do Departamento de Tecnologia em Produção de Cerveja (Lehrstuhl für Technologie der Brauerei I) em Weihenstephan, posto que manteve até 1992. Ver NARZISS, LUDWIG. Narziss formou duas gerações de mestres-cervejeiros alemães, ensinando-os a obter a coloração clara e o sabor limpo das cervejas *pilsner*, sempre se pautando em técnicas modernas de produção. Isso incluía a condução de um processo com baixos níveis de oxidação durante as fases de mosturação, clarificação e fervura, além da implementação de técnicas avançadas para a manipulação de leveduras. A cepa de levedura W-34/70 de Weihenstephan mostrou-se a mais apropriada para a produção de cervejas *pilsner* altamente atenuadas, limpas e com final bem definido. Assim, essa cepa tornou-se a levedura padrão utilizada na maioria das cervejarias alemãs. Por volta de 1970, o estilo *pilsner* alemão já diferia notavelmente do original boêmio. O aroma de diacetil, um composto liberado pelas leveduras durante a fermentação e que proporciona um sabor amanteigado, continuava a ser característico do estilo *pilsner* boêmio, mas já não era detectado nas *pilsners* alemãs. O emprego dos famosos lúpulos tchecos Saaz, considerados típicos do estilo até a Segunda Guerra Mundial, também foi deixado de lado. A *pilsner* alemã já havia enveredado por um caminho diferente e constituído uma variante distinta do estilo.

Pequenas cervejarias familiares de áreas rurais da Renânia do Norte-Vestfália, incluindo Krombacher, Veltins e Warsteiner, modernizaram seus equipamentos nos anos 1960 e construíram grandes cervejarias para saciar a sede dos consumidores de cerveja das regiões mais populosas dos vales do Reno e do Ruhr. As cervejas regionais (*altbier*, *kölsch* e *dortmunder export*) saíram de moda, juntamente com as empresas que haviam dominado os mercados dos grandes centros, quando as cervejarias do interior trouxeram suas *pilsners* de sabor suave (embora um pouco sem graça) para os bares cervejeiros das cidades. Já ao final da década de 1980, as *pilsners* respondiam por cerca de dois terços do mercado de cervejas alemão. A *pilsner* tornou-se tão popular que os consumidores de cerveja chegavam a realizar verdadeiros rituais em torno dela, discutindo energicamente sobre os métodos ideais de extração do chope, o que bizarramente, chegou a incluir um tempo de extração de sete minutos. Argumentavam que esse era o tempo necessário para se obter uma espuma perfeita, e demorou anos para que a maioria compreendesse que na verdade o sabor da cerveja melhorava quando ela era servida rapidamente. Os consumidores assíduos de cerveja também exigiam que as cervejarias locais apresentassem suas próprias marcas de *pilsners*. Muitas delas fizeram isso, inclusive as cervejarias da Baviera, onde se acreditava que a água relativamente dura do sul da Alemanha não servia para produzir as autênticas *pilsners*, já que a água da cidade de Pilsen é famosa por sua baixa dureza. Alguns dos exemplos mais característicos do estilo *pilsner* alemão hoje provêm do sul – as aromáticas *Waldhaus pils*, *Meckatzer pils* e *Ketterer pils*, para mencionar algumas. Essas cervejas enfatizam os aromas proeminentes de variedades de lúpulo cultivadas no sul da Alemanha, principalmente a Tettnanger. Ver TETTNANGER. As cervejas do norte da Alemanha talvez apresentem um pouco mais de amargor, mas exibem menos aroma de lúpulos, sendo a Jever Pils o exemplo de maior destaque.

Enquanto isso, o direito sobre o uso do termo "*pilsner*" foi contestado inúmeras vezes. Ainda em 1966 a PilsnerUrquell (nessa época uma empresa estatal da Companhia Nacional da Tchecoslováquia) foi obrigada a ceder os direitos sobre o uso exclusivo do termo "Ur-Pils" (uma marca também usada pela Karlsberg em Homburg, Saarland, e por mais algumas outras pequenas cervejarias).

Atualmente, a coloração dourado-palha é a marca registrada do estilo, e o amargor já foi reduzido substancialmente na maioria dos exemplares e agora está na média de 26 IBU. Ver UNIDADES INTERNACIONAIS DE AMARGOR (IBU). Uma série de análises realizadas pela VLB mostram que há uma tendência de diminuição do amargor entre as centenas de amostras que inspecionam a cada ano. Em 1973, as *German pilsners* apresentavam em média um amargor de 34 IBU, com máximos de 50 IBU e mínimos de 16 IBU. Verificou-se muito pouca alteração até o ano de 1985, mas em 1995 a média de amargor chegou a 30 IBU e, uma década mais tarde, já registravam-se 27 IBU. Os dados de 2008 indicavam uma média de 26,5 IBU entre as *German pilsners*, sendo que o valor mínimo registrado rondava somente 13 IBU e o máximo, 37 IBU.

No guia de estilos da prestigiosa competição World Beer Cup, a *German pilsner* permanece descrita com 30 IBU a 40 IBU, mas os próprios cervejeiros alemães permitiram que o impertinente caráter de lúpulo das *pilsners* desvanecesse.

Em 2010, estimava-se que as cervejas rotuladas como *pils*, *pilsners* e *pilseners* representavam dois terços de toda a cerveja vendida na Alemanha, sendo a maioria comercializada na região noroeste, onde ela possui até três quartos do mercado; e um mercado em retração no sul, onde a *pilsner* conta com apenas um quarto das vendas de cervejas.

Kisch, W. **Besitztand und verwirkung – Ein beitrag zum recht der bierbezeichnung**. Berlin: Carl Heymanns Verlag, 1941.
Harms, D. Durchschnittswerte bei bieranalysen. **Brauerei-Forum**, n. 7, p. 15, 2009.
Voss, H. Pils bedeutet vielfalt. **Getränkefachgroßhandel**, n. 6, p. 8, 2010.

Conrad Seidl

A **germinação** está envolvida na produção de malte a partir de grãos de cereais. Em cereais como a cevada, a emergência da radícula indica que ocorreu a germinação. No entanto, no processo de malteação, o termo "germinação" é usado para descrever a longa fase de crescimento/alteração entre a maceração e a secagem. O embrião é o órgão de germinação do grão. É composto do eixo e do escutelo. O escutelo é o único (mono) cotilédone do grão, sendo um órgão de reserva de nutrientes. Por exemplo, ele armazena lipídios, proteínas e vitamina B, como a camada de aleurona. O eixo contém o broto e as raízes. O broto é coberto pelo coleóptilo, e ambos os tecidos constituem a acrospira. As pequenas raízes são cobertas pela coleoriza, e ambos os tecidos constituem a radícula. A hidratação (umidificação/maceração) do embrião em temperaturas normais, na presença de ar, aumenta o seu metabolismo. O metabolismo elevado promove o alongamento da radícula e da acrospira. A acrospira cresce lentamente no sentido da parte superior do grão, sob a camada de cobertura do pericarpo, saindo por essa extremidade se o grão for excessivamente malteado. O comprimento da acrospira é usado como um teste de modificação. O rebento se alonga rapidamente e rompe as camadas de cobertura, antes que ocorra um extenso alongamento das acrospiras. Essa ruptura precoce da camada de cobertura pela radícula é chamada de germinação. Durante o processo de germinação, o eixo do embrião produz ácido giberélico (GA_3). Em geral, o surgimento de uma radícula indica que o ácido giberélico foi transportado do eixo para a camada de aleurona e que as enzimas que hidrolisam o endosperma estão sendo produzidas. Ver GIBERELINAS.

Grãos dormentes que não germinam não se transformarão em maltes aceitáveis. A dormência pode ser genética e pode ser induzida por condições climáticas desfavoráveis (frio). A dormência pode ser quebrada por armazenamento a quente da cevada seca (por exemplo, 11% de umidade). A germinação irregular irá produzir maltes desigualmente modificados. Durante a malteação, os grãos germinados irão absorver o ácido giberélico mais rapidamente do que os grãos não germinados (dormentes), causando uma modificação ainda mais desigual. A modificação desigual é um fator primordial no baixo desempenho na sala de brassagem. O ácido giberélico absorvido complementa os níveis naturais de ácido giberélico produzidos pelo embrião. Níveis ideais de ácido giberélico produzirão níveis ideais de enzimas que hidrolisam o endosperma. No entanto, algumas variedades de cevada não exigem níveis adicionais de ácido giberélico para que haja uma boa malteação.

A respiração (consumo de oxigênio e perda de dióxido de carbono) promove a germinação e a produção de enzimas nos grãos em malteação. A alta respiração e o excessivo crescimento da raiz e do broto causam grande perda na malteação. A perda na malteação reflete a perda potencial de amidos disponíveis para a mosturação. No passado, a perda na malteação era reduzida em alguns *quarters* (unidade antiga de medida de malte que equivalia a 203,21 kg) por meio da aplicação de bromato de potássio. Atualmente, a perda na malteação é controlada pela umidade, temperatura e tempo de crescimento apropriado durante o processo de malteação.

As cevadas que germinam na espiga no campo ou no armazenamento antes da maceração são descritas como pré-germinadas. O potencial para a pré-germinação pode ser genético e/ou climático. A pré-germinação de cereais como o trigo e a cevada pode destruir o potencial de processamento do grão, favorecer o crescimento microbiano e iniciar a produção prematura de enzimas, o que prejudica o potencial de malteação da cevada e o potencial de panificação do trigo.

A energia de germinação, capacidade de germinação, viabilidade do embrião, sensibilidade à água (vigor na maceração) e os níveis de pré-germinação dos cereais podem ser detectados por meio de testes específicos.

Ver também AMERICAN SOCIETY OF BREWING CHEMISTS (ASBC), DORMÊNCIA, EUROPEAN BREWERY CONVENTION (EBC) e MALTEAÇÃO.

Palmer, G. H. (Ed.). Cereals in malting and brewing. In: **Cereal science and technology**. Aberdeen: Aberdeen University Press, 1989. p. 61-242.

Black, M.; Bewley, J. D.; Halmer, P. (Eds.). **The encyclopedia of seeds, science, technology and uses**. Oxford: Cabi, 2006. p. 396-404.

Geoff H. Palmer

gesso é uma forma natural de sulfato de cálcio, $CaSO_4$, com diferentes graus de água de cristalização (normalmente 2 H_2O). Ele é relativamente insolúvel em água, sendo o principal constituinte da dureza permanente na água. Quando se encontra sob a forma de pó seco ou cristalino, ele também é conhecido como "alabastro" ou "gesso de Paris".

Na produção de cerveja, ele é talvez mais conhecido como o principal mineral na água de poço de Burton Upon Trent, na Inglaterra, e é amplamente considerado o componente essencial da água para produção de cerveja *pale ale* e *India pale ale*; como tal, ele é o principal ingrediente dos sais de *"burtonization"* para tratamento da água cervejeira. Ver BURTON-ON-TRENT. Ele é adicionado através da dissolução do gesso na água de mosturação e de aspersão ou diretamente como um pó conjunto de grãos para moagem ou na mostura durante a brassagem.

Os efeitos positivos do gesso são reduzir o pH do mosto, melhorar a eficiência de extração do malte através do aumento da atividade amilolítica, conferir capacidade tamponante ao mosto, equilibrar o sabor do lúpulo para cervejas altamente lupuladas, melhorar a limpidez do mosto e remover fosfatos e proteínas no *trub* do mosto. No entanto, esse último efeito de remoção de íons fosfato (como fosfato de cálcio insolúvel) pode ser exagerado e afetar negativamente a fermentação se houver escassez de íons fosfato no mosto. Da mesma forma, um elevado teor de sulfato na água cervejeira e no mosto pode afetar o sabor da cerveja, produzindo o famoso *"Burton stench"* ("mau cheiro de Burton", às vezes também conhecido como *"Burton snatch"* ou "picada do enxofre", um odor característico de sulfeto de hidrogênio que, quando concentrado, torna-se reminiscente de ovos podres). Ver BURTON SNATCH.

A quantidade de sulfato de cálcio necessária ou adicionada depende do teor de sulfato de cálcio na água de base. É comum que a água cervejeira tenha entre 150 mg/L e 1.200 mg/L de sulfato de cálcio, mas irá variar de acordo com a concentração do mosto e com o tipo de cerveja a ser produzida.

Ver também SULFATO DE CÁLCIO.

Priest, F. G.; Stewart G. G. **Handbook of brewing**. 2. ed. Boca Raton: CRC Press, Taylor & Francis Group, 2006.

Scholefield, A. J. B. **The treatment of brewing water**. Liverpool: s.ed., 1953.

Warren, C. A. **Brewing waters**. London: The Brewing Trade Review, 1923.

Chris J. Marchbanks

Gestão da Qualidade Total

Ver CONTROLE E GARANTIA DA QUALIDADE.

giberelinas são um grupo de compostos químicos complexos encontrados em plantas. Muitos desses compostos têm efeitos positivos sobre o crescimento e desenvolvimento das plantas e são considerados como hormônios naturais de plantas. Elas são geralmente descritas como GA (ácido giberélico). O ácido giberélico, que é utilizado na indústria de malteação para aumentar a produção de enzimas e acelerar a modificação do endosperma, é uma giberelina. O ácido giberélico também é utilizado para quebrar a dormência de algumas sementes e para produzir frutos sem sementes, tais como uvas. No entanto, a dormência na cevada não é quebrada pelo ácido giberélico durante a malteação. Até hoje, 126 giberelinas foram isoladas a partir de tecidos de plantas, tais como folhas, frutos e sementes, e a partir de organismos inferiores, tais como fungos e musgos. As giberelinas são categorizadas numericamente a partir de GA_1 a GA_{126}. O ácido giberélico é GA_3.

Um complexo de giberelina foi isolado a partir de plantas de arroz infectadas por fungos no Japão em 1926. Em 1935, o complexo foi isolado a partir do fungo *Gibberella fujikuroi*. Esse complexo bruto de hormônios naturais de plantas promoveu o crescimento e desenvolvimento da planta. Ele também aumentou a produção de alfa-amilase nos grãos de cereais. A primeira giberelina a ser isolada e identificada a partir do complexo de giberelina foi a GA_1 em 1957. O ácido giberélico foi isolado mais tarde na Imperial Chemical Industries (ICI) e foi aplicado à cevada na malteação a fim de aumentar a produção da enzima e acelerar a modificação do endosperma em 1959. Ao contrário de outras giberelinas, as quais são isoladas em pequenas quantidades, o ácido giberélico é isolado em grandes quantidades a partir do fungo *Gibberella fujikuroi* (*Gibberella moniliforme*) e é produzido comercialmente. Nem todas as giberelinas têm atividade biológica. Algumas não têm quaisquer ações óbvias sobre o crescimento e desenvolvimento da planta. Outras, como o ácido giberélico (GA_3), GA_1, GA_4 e GA_7 são muito ativas e têm ações diferentes em diferentes plantas. Durante a malteação, o ácido giberélico aumenta a produção de alfa-amilase na cevada e no trigo, mas não no sorgo.

Palmer, G. H. Cereals in malting and brewing. In: Palmer, G. H. (Ed.). **Cereal science and technology**. Aberdeen: Aberdeen University Press, 1989, p. 61-242.

Geoff H. Palmer

ginger beer tecnicamente não pode ser considerada uma cerveja, mas uma bebida alcoólica concebida pelos ingleses em meados do século XVIII e elaborada à base de raiz de gengibre e açúcar das Índias Ocidentais. Tornou-se muito popular em várias partes do que então era o Império Britânico e também nos Estados Unidos. Hoje em dia, muitas das *ginger beers* genuínas são feitas com gengibre fresco ralado, acidificadas com suco e raspas de limão e adoçadas com açúcar. Essa mistura era tradicionalmente fermentada a partir de uma substância gelatinosa denominada *"ginger beer plant"*, uma espécie de fermento produzido com limão, gengibre e açúcar. Essa mistura era exposta ao ar ambiente por cerca de uma semana para induzir a fermentação espontânea por leveduras selvagens e lactobacilos. Os organismos envolvidos no processo foram identificados pelo botânico inglês Harry Marshall Ward em 1887. Parte da *ginger beer plant* era acrescida ao fermento principal, assim como uma massa mãe serve de cultivo iniciador para formar o fermento de pão. A graduação alcoólica obtida obviamente dependia da quantidade de açúcar e do grau de atenuação obtido após a fermentação. Atualmente, o gengibre é um flavorizante bastante popular de cervejas artesanais nos Estados Unidos e no Reino Unido, assim como entre os cervejeiros caseiros. O gengibre descascado geralmente é adicionado ao mosto lupulado na tina de fervura, e em quantidades apropriadas confere não apenas sabor, mas certa sensação de calor picante ao mosto. Esse sabor marcante é o que caracteriza as *ginger beers*, ainda bastante presentes no Reino Unido e no Caribe, embora atualmente elas não passem de refrigerantes. A maioria dos americanos e canadenses está familiarizada com uma variação de refrigerante de sabor mais suave denominada *"dry ginger ale"*, que se tornou bastante popular nos anos 1930 e rapidamente sobrepujou essa versão mais antiga e robusta da bebida.

Chowhound. **Chow ginger beer recipe.** Disponível em: http://www.chow.com/recipes/10683-chow-ginger-beer. Acesso em: 29 mar. 2011

Instructables. **The real ginger beer recipe!** Disponível em: http://www.instructables.com/id/The-REAL-ginger-beer-recipe. Acesso em: 29 mar. 2011.

Chris Holliland

Glacier é uma variedade americana moderna que foi lançada comercialmente em 2000 pelo dr. Stephen Kenny, da Washington State University. Suas notáveis características são baixo teor de cohumulona, entre 11% e 13% e uma boa produtividade média, em torno de 2.425 kg/ha. Quanto ao seu desenvolvimento, o Glacier pode ser considerado genuinamente um mutante, derivado geneticamente de nove diferentes variedades de lúpulos, incluindo variedades robustas internacionais tais como Brewer's Gold, Northern Brewer, Bullion e East Kent Golding. Ver BREWER'S GOLD, BULLION, NORTHERN BREWER e EAST KENT GOLDING. Não surpreende que as características desse lúpulo sejam verdadeiramente intensas e revelem suas inclinações inglesas e alemãs. Seu aroma é uma mistura de notas cítricas, frutadas e florais, com algum fundo inglês terroso, embora seu amargor seja muito refinado. Cervejas com adições de Glacier, consequentemente, tendem a apresentar um amargor gentilmente perceptível que pode encobrir sua alta quantidade de unidades internacionais de amargor (IBU). Ver AMARGOR. Ele também pode ser empregado para um bom *dry hopping*, especialmente para acentuar *pale ales*. O Glacier tem flores cheias, médias e compactas, sendo de maturidade média. Ele é suscetível ao oídio e ao míldio, porém responde bem à pulverização preventiva. Ele permanece estável durante armazenagem, com 71% dos alfa-ácidos retidos após seis meses de armazenamento à temperatura ambiente.

Hopsteiner. **Glacier.** Disponível em: http://www.hopsteiner.com/pdf/us/Glacier.pdf/. Acesso em: 31 jan. 2011.

Jon Griffin

glicogênio é o principal carboidrato nas células de levedura. Ele é composto por moléculas de glicose com diversas ramificações, unidas por ligações alfa-1,4 nas cadeias e alfa-1,6 nos pontos de ramificação. Normalmente, ele representa cerca de 20% a 30% do peso seco das células de levedura. O glicogênio serve como reserva de energia bioquímica da levedura, que ela utiliza durante a fase *lag* da fermentação, quando o crescimento é limitado. Ver FASE LAG. Idealmente, o teor de glicogênio da levedura de inoculação deve ser elevado, pois o glicogênio armazenado se esgota rapidamente durante as primeiras horas após a inoculação quando a levedura converte o glicogênio em lipídios. Baixos níveis de glicogênio na levedura de inoculação são indicativos de manuseios insatisfatórios da levedura e estão associados com uma baixa viabilidade da levedura, tempos prolongados de fermentação e níveis elevados de diacetil, acetaldeído, e dióxido de enxofre no final da fermentação. O teor de glicogênio na levedura pode ser determinado por uma série de métodos, mas o mais simples é tingir a levedura com uma tintura de iodo (coloração de Lugol). Elevados níveis de glicogênio tingem-na de marrom-escuro, enquanto baixos níveis tingem-na de um amarelo-claro.

Russell, I. Yeast. In: Priest F. G.; Stewart G. G. (Ed.). **Handbook of brewing**. 2. ed. Boca Raton: Taylor & Francis, 2006, p. 281-332.

George Philliskirk

glicose é o componente de base do amido e como tal, é a principal fonte de material fermentável no mosto e, subsequentemente, de álcool na cerveja. Quimicamente, a glicose é um poli-hidroxi-aldeído, com a fórmula química de $C_6H_{12}O_6$.

No amido, a glicose está presente tanto como longas cadeias lineares (amilose) ou como cadeias ramificadas (amilopectina), nas quais as moléculas de glicose encontram-se unidas por ligações alfa-1,4 e alfa-1,6. As leveduras cervejeiras são incapazes de metabolizar amidos. Eles devem primeiro ser degradados enzimaticamente durante a malteação e mosturação principalmente em maltose, que é composta de duas moléculas de glicose unidas com ligações alfa-1,4, e maltotriose, que consiste em três unidades ligadas de glicose. Pequenas quantidades de glicose são também produzidas durante a mosturação, em particular no final do processo. Normalmente, os mostos puro malte contêm cerca de 7% de glicose, 45% de maltose e 20% de maltotriose. Os carboidratos restantes, cerca de 25%, são sacarose e frutose, assim como oligossacarídeos e dextrinas não fermentáveis. Durante a fervura do mosto, um pouco de glicose reage com compostos de amina (principalmente oriundos de aminoácidos) para criar compostos de cor, que acentuam a cor da cerveja e podem conferir sabores de caramelo ou *toffee*. Ver REAÇÃO DE MAILLARD. A glicose também pode ser adicionada no processo de fervura, sob a forma dos chamados xaropes de amido hidrolisado ou xaropes de glicose. Esses xaropes são obtidos principalmente a partir do milho e do trigo, cujos amidos são convertidos em uma gama de carboidratos, alguns com teores elevados de glicose. Esses xaropes são usados para suplementar os açúcares fermentáveis derivados do malte. Na fermentação, a maltose e a maltotriose são transportadas para dentro da célula de levedura e hidrolisadas (quebradas) em glicose. A própria glicose é transportada diretamente para o interior da célula de levedura. A glicose intracelular é convertida enzimaticamente ao composto intermediário piruvato, o qual, na ausência de oxigênio, é então convertido a dióxido de carbono e etanol. A glicose é, às vezes, adicionada às cervejas condicionadas em *casks* como açúcar *priming* para iniciar uma fermentação secundária no recipiente, gerando dióxido de carbono para carbonatar a cerveja e para estimular um pequeno aumento no teor de álcool. Ver AÇÚCAR PRIMING. Para o paladar humano, a glicose tem cerca de 70% do gosto doce da sacarose e, portanto, não é provável que contribua com um dulçor excessivo na cerveja quando permanece dissolvida em pequenas concentrações.

Lewis, M. J.; Young T. W. **Brewing**. 2. ed. New York: Kluwer Academic/Plenum Publishers, 2002.

George Philliskirk

glucanos são polímeros de glicose que estão presentes na cevada e no malte. Se não forem degradados durante a malteação e mosturação, eles são transferidos para o mosto e a cerveja. Estritamente falando, o termo glucanos refere-se a qualquer polímero de glicose, embora os polímeros de glicose com ligações alfa tendam a ser chamados de amido. Na produção de cerveja, o termo abreviado "glucano" é normalmente destinado a denotar polímeros de glicose com ligações beta (1,3 e 1,4). Os glucanos são predominantemente derivados das paredes celulares do endosperma da cevada. Durante o processo de malteação, as paredes celulares são parcialmente degradadas para liberar beta-glucanos. Ver MALTE. As enzimas que degradam os beta-glucanos são chamadas de beta-glucanases e são formadas e ativadas durante o processo de malteação. No entanto, essas enzimas são muito sensíveis à temperatura e são facilmente destruídas durante a secagem do malte e na mosturação. Regimes brandos de secagem e de mosturação são necessários para proteger essas enzimas. Quantidades excessivas de glucanos no mosto podem criar problemas na filtração da mostura, provocando uma filtração lenta e perdas da eficiência do extrato. Quando carregados para o fermentador, os glucanos podem tornar lenta a filtração da cerveja. Na cerveja final, eles podem causar turbidez. Ver TURBIDEZ A FRIO.

Lewis, M. J.; Young, T. W. **Brewing**. New York: Kluwer Academic/Plenum Publishers, 2001.

George Philliskirk

goed sakken (literalmente traduzido como "boas sacas") refere-se a uma das duas mosturas usadas na produção de cervejas de trigo por *parti-gyling* nos Países Baixos durante o final da Idade Média. Ver PARTI-GYLE. As cervejas de trigo eram originalmente produzidas utilizando até 75% de trigo não malteado, o que levava a problemas de filtração causados pelos altos níveis de goma (glucanos) nos grãos. No passado, antes do amplo uso de filtros adequados, uma *stuykmand* – uma cesta entrelaçada comprida que parecia uma colmeia alongada, esticada e invertida – era utilizada para separar o mosto do bagaço de grãos. A seguinte descrição do conjunto de grãos e do método de produção da Leuvens Wit data da virada do século XIX: a bebida era dividida em duas mosturas diferentes, e supondo que o cervejeiro estivesse usando o total de 45,5 quilos de grãos, a técnica era assim: a primeira saca (60% do conjunto de grãos) era chamada de *goed sakken* e seria composta de 20,9 quilos de cevada malteada, 3,6 quilos de aveia e 2,7 quilos de trigo não malteado. A segunda saca (os 40% restantes do conjunto de grãos) era chamada de "*vet sakken*" ("saca gorda") e seria composta de 1,8 quilo de cevada malteada e 16,4 quilos de trigo não malteado. Presumivelmente, a *vet sakken*, não possuindo as enzimas de malte necessárias para converter o amido do trigo em açúcares, era mais difícil de se trabalhar. Em holandês e flamengo modernos, a grafia mudou, e esses termos não se referem mais a nenhuma parte do processo cervejeiro moderno. Em vez disso, o termo *Goedzak* é atualmente utilizado para descrever uma pessoa afável, mas ingênua, e *Vetzak* é hoje um termo pejorativo usado para designar pessoas obesas.

Ver também WEISSBIER.

De Clerck, J. **A textbook of brewing**, vol. 1. London: Chapman & Hall, 1957.

Derek Walsh

golden ale

Ver BLONDE ALE.

Golden Promise é uma variedade clássica britânica de cevada de primavera, muitas vezes comparada com a Maris Otter graças ao seu rico sabor. Foi também a primeira variedade a ser protegida pela Lei de Cultivares e Sementes do Reino Unido, de 1964. Foi recomendada para cultivo pela primeira vez na Escócia, em 1968, e continuou a ser plantada até a década de 1990. A Golden Promise foi criada pela empresa de sementes Miln Marsters, de Cheshire, no Reino Unido, agora parte do francês Groupe Limagrain, e foi um produto direto da mutação por raios gama da variedade Maythorpe do Reino Unido. Foi selecionada por sua casca curta e rígida e por sua adequação às práticas agronômicas contemporâneas, características em grande parte resultantes de uma mutação que induziu o gene de nanismo *ari-e*.GP. Esse gene também está associado com grãos uniformes, mas relativamente pequenos, características que tornaram a Golden Promise particularmente adequada para a produção de malte para destilação. Consequentemente, foi a variedade de cevada dominante na Escócia na década de 1970 e início da década de 1980, antes de ser substituída pela Triumph, uma variedade desenvolvida na então Alemanha Oriental. A Golden Promise era, no entanto, suscetível aos patógenos foliares mais comuns da cevada do Reino Unido, mas o manejo integrado de fungicidas eficazes, a partir da década de 1970, permitiu aos cervejeiros controlar potenciais problemas, tais como o oídio. No seu auge, mais de 30 mil toneladas de sementes certificadas eram produzidas anualmente para os cervejeiros do Reino Unido. Isso resultou na comercialização de uma grande quantidade de sementes, especialmente na Escócia, onde a indústria de destilação transformava cerca de 400 mil toneladas de Golden Promise em uísque a cada ano. Apesar de possuir um forte desempenho no seu tempo, hoje a Golden Promise está tão atrás das variedades contemporâneas que seu uso está voltado somente para fins de pesquisas. Ainda é utilizada por alguns cervejeiros e está geralmente disponível em pequenas quantidades como um *floor malt*.[1] Os *floor malts* de Golden Promise

---

[1] *Floor malt* é uma técnica tradicional de malteação onde germinação, secagem e torra ocorrem no piso da malteria.

produzem mostos que apresentam características doces e suaves, apropriados para a produção de *ales* encorpadas refermentadas em barris.

The Golden Promise Story. Kings Lynn: Miln Marsters: The Miln Marsters Group Limited, 1978.

Bill Thomas e Stuart Swanston

Golding é um lúpulo inglês tradicional que foi primeiramente lançado à produção comercial há mais de um século, mas se tornou famoso entre os cervejeiros a partir dos anos de 1790. Recebeu o nome do produtor agrícola que o desenvolveu. Há inúmeras variedades que vieram desse lúpulo, como Cobbs, Amo's Early Bird, Eastwell, Bramling, Canterbury Whitebine e Mathon. O Golding é cultivado principalmente nos condados de Herefordshire, Worcestershire e East Kent. Ele é estimado principalmente pelo seu aroma, mas pode também ser empregado como lúpulo de amargor. Além disso, é uma excelente variedade para *dry hopping*. Assim como a maioria das variedades de lúpulos ingleses, o Golding exibe notas terrosas e algumas notas suaves de especiarias em seu aroma. O lúpulo Golding, junto ao seu derivado East Kent Golding e ao suntuoso Fuggle, quando casados com uma cevada britânica altamente aromática como a Maris Otter, estabelecem o padrão para o sabor inequívoco e clássico da *English ale*. O teor de alfa-ácidos do Golding varia entre 4% e 7%, o de beta-ácidos entre 2% e 2,8% e o de cohumulona fica próximo de 28%. O teor de humuleno é em média de 45%. Nos Estados Unidos, a variedade Golding tem sido cultivada a partir do estoque de Canterbury Golding, com algum sucesso, desde 1995, mas as características inglesas terrosas diminuíram e o caráter frutado do lúpulo aumentou. O Golding é suscetível a diversas infecções fúngicas, incluindo míldios e oídios, e também à murcha do *Verticillium*. Apesar desses empecilhos, a área plantada com Golding tem crescido para atender à demanda. Sua produtividade é moderada, atingindo cerca de 1.675 kg/ha. Dependendo das suas condições de crescimento, ele pode atingir a maturidade de precoce a tardiamente durante a safra, e é bem estável quando armazenado.

Charles Faram & Co Ltd. Disponível em: http://www.charlesfaram.co.uk/varietydetail.asp?VarietyID=UK-GO/. Acesso em: 29 out. 2010.

Hopsteiner. Disponível em: http://www.hopsteiner.com/pdf/uk/Goldings.PDF/. Acesso em: 29 out. 2010.

Jon Griffin

goma arábica é a seiva endurecida de algumas espécies de Acácia, uma árvore que cresce em vários países do norte da África subsaariana, mais especificamente no Sudão e Senegal. A seiva é colhida por meio de orifícios feitos na casca da árvore; depois de esperar cerca de seis semanas, seiva suficiente terá sido exsudada para a coleta. A goma arábica é muito utilizada na indústria alimentícia de bebidas como um estabilizante ou espessante, e faz parte da classe de substâncias conhecidas como hidrocoloides (outras incluem a gelatina e o ágar-ágar). As propriedades que a tornam útil no processamento de alimentos também a levaram para a produção de cerveja, principalmente como um agente que promove a estabilização e retenção da espuma, mas também como agente clarificante. Há pelo menos uma alegação de que a solução de goma arábica tem a capacidade de melhorar o sabor da cerveja por meio da estabilização dos compostos de aroma, adicionando dulçor e revestindo a boca do consumidor.

O uso da goma arábica como um agente de retenção espuma se dá de duas formas: como uma solução pulverizada sobre o malte verde, que é então usado em combinação com o malte não tratado, e em pó ou na forma de flocos de goma arábica que podem ser adicionados mais tarde no processo (goma arábica é solúvel em água fria, mas a sua solubilidade aumenta em temperaturas mais altas).

A goma arábica como um agente de retenção e estabilização de espuma tem sido amplamente substituída pelo alginato polipropileno glicol. Essa troca ocorre, pelo menos em parte, porque os níveis das substâncias ativas presentes na goma arábica podem variar amplamente de colheita para colheita, enquanto o alginato polipropileno glicol – sendo mais severamente processado – pode ser produzido com especificações mais precisas.

Ver também ADITIVOS.

Imeson, A. **Thickening and gelling agents for food.** New York: Chapman & Hall, 1997.

Josh Rubin

Goose Island Beer Company. Fundada como um *brewpub* em Chicago em 1988, a Goose Island Beer Company tornou-se uma das principais cervejarias regionais e figura entre as maiores cervejarias artesanais dos Estados Unidos.

As viagens apresentaram o empresário John Hall aos sabores das cervejas europeias regionais e o inspiraram a deixar o mundo corporativo para fundar aquela que é hoje a mais antiga organização para a produção de cerveja de Chicago. O negócio começou com um *brewpub* de 250 lugares escondido em um canto de um edifício industrial remodelado como um *shopping center*. No início, as cervejas de *pubs*, como a Golden Goose Pilsner, eram principalmente *lagers*, a fim de facilitar a familiarização do público consumidor com as formulações 100% malte das microcervejarias, mas eles logo mudaram para as *ales* que agora dominam o portfólio da cervejaria.

Em 1995, Hall – agora em companhia do seu filho Greg na posição de mestre cervejeiro – começou a embalar e distribuir sua cerveja a partir de uma segunda fábrica localizada em Fulton Street, Chicago. Construída em torno de uma sala de brassagem com capacidade para 59 hectolitros e com a área ampliada várias vezes para acomodar a expansão, essa fábrica produz agora mais de 117 mil hectolitros de cerveja por ano. Em 1999, os Hall arrendaram as instalações do *brewpub* Weeghman Park, o qual sobreviveu por pouco tempo, perto de Wrigley Field, montando a sua segunda Goose Island de varejo, o que fez dela uma poderosa ferramenta da marca.

Os principais produtos incluem a *English bitter* "Honkers Ale" e a *American wheat ale* "312", que recebeu como nome o código de área do centro de Chicago. Cervejas especiais incluem a pioneira "Bourbon County Stout", uma das primeiras cervejas americanas envelhecidas em barril, e "Matilda", uma cerveja no estilo belga feita com levedura selvagem *Brettanomyces*. Ver BRETTANOMYCES.

Em 2006, a Widmer Brothers Brewing Company comprou uma participação ninoritária, porém significativa, da Goose Island; a Anheuser-Busch InBev,[2] por sua vez, detém 40% de participação na Widmer Brothers.

Ver também CHICAGO e PRODUÇÃO ARTESANAL DE CERVEJAS.

Ray Daniels

---

2 Em 2011, a AB-Inbev adquiriu 100% da Goose Island. [N.E.]

gorgulhos, besouros pequenos que se distinguem por seus longos bicos e seu apetite voraz por malte e grãos.

O gorgulho (*Sitophylus granarius*) infesta silos de cevada, trigo, aveia, centeio, arroz e milho. No século XVI, na Inglaterra, eles eram conhecidos como "verme do malte", e há várias referências do dramaturgo William Shakespeare a eles e aos danos que podiam causar nos grãos.

Desprovido de asas, o gorgulho possui cerca de 2 a 4 mm de comprimento e tem sido a ruína dos produtores de malte por gerações. No século XIX, os "estragos" à cevada armazenada por apenas seis a oito meses podiam ser enormes. As fêmeas podem depositar várias centenas de ovos de uma só vez, um dentro de cada grão do cereal. Conforme a larva se desenvolve, ela é capaz de comer totalmente o interior do grão, deixando a casca com aparência intacta. Os pesquisadores estimam que um par de gorgulhos pode produzir até 6.000 descendentes por ano. As larvas vivem cinco semanas durante os meses de verão, mas podem viver até cinco meses em temperaturas mais baixas. Os adultos, que podem viver por até oito meses, alimentam-se da parte exterior dos grãos.

Uma vez estabelecidos em um silo de grãos, os gorgulhos são notoriamente difíceis de erradicar. Henry Stopes, autor de *Malt & Malting*, de 1895, e projetista de maltarias, desesperava-se com a eficácia limitada dos métodos de erradicação e aconselhava: "Salvo pela demolição da construção, poucos [métodos] são realmente bem-sucedidos".

Hoje, boa higiene e o uso criterioso de pesticidas aprovados podem evitar a infestação do gorgulho em silos de grãos.

Patton, J. **Additives, adulterants and contaminants in beer**. Oldham: Patton Publications, 1989.
Stopes, H. **Malt & malting**. London: F. W. Lyon, 1895.
Wahl, R.; Henius, M. **American handy book brewing and malting**. vol. 2. Chicago: Wahl-Henius, 1908.

Tim Hampson

gosto

Ver RETROGOSTO e SABOR.

Grã-Bretanha é considerada como uma das maiores nações produtoras e consumidoras de cerveja do mundo. Assim como suas homólogas Alemanha e Bélgica, manteve a sua tradição única e exclusiva frente à globalização e mercantilização da indústria cervejeira. O movimento dos cervejeiros artesanais norte-americanos incorporou grandes estilos britânicos e, em vários casos, até os aprimorou. Contudo, quando os cervejeiros britânicos fazem o que sabem fazer de melhor, eles permanecem insuperáveis em sua arte.

A Grã-Bretanha é mais conhecida no mundo cervejeiro por duas coisas: as *cask ales* e o famoso *pub* britânico. Os britânicos são, notavelmente, uma nação reservada, e o *pub* é uma casa longe do lar, um "terceiro local", onde as pessoas podem relaxar e se abrir em um ambiente informal, positivamente caótico, em que as regras são planejadas de forma aleatória e impostas coletivamente. É também um ambiente que gira inteiramente em torno da cerveja.

As *cask ales* possuem, na maioria dos casos, entre 3,6% e 4,5% de álcool por volume (ABV) e são servidas em um icônico copo *pint* inglês (20 onças imperiais ou 568 mL, sendo o *pint* americano 16 onças norte-americanas ou 473 mL). Enquanto uma IPA de estilo americano é famosa por seu acentuado sabor de lúpulo, ou uma *imperial stout* envelhecida em madeira é famosa por suas fortes notas de carvalho ou de álcool, para a *cask ale* é tudo uma questão de equilíbrio: a perfeita harmonia de aromas cítricos ou florais, paladar de caramelo e biscoito e um final seco. É uma bebida que convida e ajuda a criar uma atmosfera de convívio.

Essa atmosfera não pode ser engarrafada, padronizada ou facilmente replicada. Apesar de terem surgido no Reino Unido cadeias de *pubs*, elas não possuem a admiração dos consumidores, que preferem as centenas de Red Lions, White Harts e Kings Heads, os quais podem até compartilhar um nome e um propósito comuns, mas na maioria das vezes não têm ligação em termos de propriedade.

O *pub* britânico (junto com a cerveja britânica que o abastece) tornou-se famoso em todo o mundo por sua excentricidade, aleatoriedade e boa recepção, características essas que são, ao mesmo tempo, tipicamente britânicas e divergentes de outros aspectos do país. De acordo com alguns estudos, essa é a segunda principal atração que os turistas procuram quando em terras britânicas, perdendo apenas para a Família Real.

A Grã-Bretanha se notabilizou por ter resistido durante quase uma centena de anos à enorme força da produção comercial de cerveja *lager*, que surgiu em Pilsen e na Baviera e varreu o mundo no final do século XIX. Porém, na década de 1970, a Grã-Bretanha sucumbiu à *lager* e a *cask ale* foi declarada em declínio terminal. Hoje a Grã-Bretanha se assemelha mais ao resto do mundo consumidor de cerveja do que outrora.

Mas a revolução mundial de produção artesanal de cerveja também atingiu as terras britânicas. Houve um grande aumento na quantidade de cervejeiros produtores de *cask ales*, os quais agora estão unindo a veneração pela tradição cervejeira britânica (que, embora importante, estava se tornando um pouco sufocante) com um olhar mais voltado para o futuro e uma maior abertura à experimentação.

Essa é a etapa mais recente de uma longa e oscilante história de produção de cerveja, que forneceu ao mundo pelo menos dois dos seus estilos de cerveja mais importantes.

História antiga

Na época em que o Império Romano atingiu o norte da Europa, já havia cerveja nessas regiões, e descobertas recentes sugerem que a produção de cerveja estava bem estabelecida na Irlanda na Idade do Bronze. Contudo, o território britânico era repleto de florestas, sendo, portanto, inadequado para o cultivo de grãos. O hidromel e a cidra espontaneamente fermentada eram as bebidas alcoólicas predominantes. Os anglo-saxões colonizaram a Grã-Bretanha no século IV e trouxeram as técnicas de produção de cerveja com eles. A Grã-Bretanha tem sido uma nação de amantes de cerveja desde então.

A produção de cerveja, assim como a panificação, era uma atividade exercida em todas as casas. Mas algumas pessoas eram melhores como cervejeiros e outras melhores como padeiros, e gradualmente a produção de cerveja tornou-se uma atividade comercial. Uma respeitada *brewster* (produtora de cerveja do sexo feminino) erguia um "*ale stake*" sobre a porta de sua casa quando a cerveja estava pronta, e as pessoas apareciam para adquirir cerveja por compra ou escambo. É claro que havia algo nessa atividade que encorajava as pessoas a se descontraírem e permanecerem no recinto por mais tempo, transformando a casa de alguns cervejeiros em *ale houses*. Ver ALE HOUSES. Esses lugares se desenvolveram e se tornaram pontos centrais das comunidades, locais onde acordavam-se transações comerciais e

Uma junta de cavalos entrega cerveja da Samuel Smith's Old Brewery, fundada em 1758, aos cidadãos de Tadcaster, Inglaterra. Carroças tracionadas por cavalos são utilizadas até hoje em muitas entregas. MERCHANT DU VIN.

gastava-se tempo livre. Dado que as casas na época, em sua maioria, não eram mais do que uma cabana para dormir, a *ale house* era um importante centro de luz, calor e comunhão, literalmente uma "*public house*", uma "casa pública".

Os primeiros movimentos da produção de cerveja em grande escala vieram com a disseminação de mosteiros em todo o país. Esses lugares produziam cerveja tanto para a grande população de monges como para refrescar os peregrinos que estavam a caminho de lugares sagrados. O fornecimento de alojamento e alimentação, além de cerveja, promoveu o desenvolvimento de estalagens como uma alternativa mais sofisticada que a *ale house*, e a produção de cerveja tornou-se um pouco mais científica e padronizada.

Os cervejeiros medievais usavam ervas e condimentos para flavorizar suas *ales*, mas a partir do final do século XIV o uso de lúpulo tornou-se cada vez mais frequente, após ser introduzido em grande escala por imigrantes flamengos. Tradicionalmente, a "*ale*" era produzida sem lúpulo e "*beer*" referia-se especificamente à cerveja com lúpulo. Os dois termos permaneceram bastante separados por vários séculos. Os imigrantes do continente se tornaram famosos cervejeiros em Londres e no sudeste da Inglaterra, mas muitos consumidores preferiam a tradicional *ale* sem lúpulo. Por volta do século XVII, no entanto, a cerveja lupulada se tornava cada vez mais popular. Nos letreiros dos *pubs* atuais, é comum ver ofertas de "Ales, Beers and Lagers", como se as "*beers*" ainda permanecessem separadas dos outros dois.

Após a reforma religiosa durante o reinado de Henrique VIII, os mosteiros da Grã-Bretanha foram destruídos. Seu lugar foi tomado por "cervejeiros comuns". A maioria dos *pubs* produzia sua própria cerveja e talvez abastecesse alguns estabelecimentos locais menores. Para alguns, a produção de cerveja tornou-se mais economicamente interessante do que a atividade de hospedagem, porém se manteve como uma atividade muito localizada.

A cerveja era parte essencial da vida cotidiana. Era uma fonte de nutrientes e de água limpa, quando os poços e rios poluídos das cidades causavam doenças. A cerveja era usada para banhar recém-nascidos, e cerveja fraca era servida nas escolas e nas casas de correção para os pobres. Enquanto a Grã-Bretanha sempre teve uma reputação duvidosa com relação à embriaguez, a grande maioria via a cerveja como algo que tornava a população forte e saudável. Quando o príncipe regente (o futuro George IV) proclamou: "Cerveja e carne bovina nos tornaram o que somos", ele estava se orgulhando, não reclamando.

A *porter* e o nascimento da produção comercial de cerveja

Quando a Revolução Industrial e os cercamentos de terras rurais transformaram a Grã-Bretanha na primeira população urbana moderna do mundo (Roma, é claro, poderia reivindicar esse prêmio), a demanda por cerveja mudou de forma. Em vez de uma população de pessoas trabalhando em regime familiar, vivendo em pequenas comunidades nas terras que cultivavam, agora surgiam grandes populações concentradas nas cidades, com homens trabalhando juntos em fábricas, usinas e minas. As cervejarias que puderam captar a lealdade da mão de obra industrial tiraram proveito de economias de escala, crescendo rapidamente, melhorando seus processos e oferecendo preços mais baixos que seus concorrentes menores, crescendo, assim, ainda mais. Um ciclo de consolidação começou: quando para uma hospedaria, *ale house* ou taberna ficou mais barato comprar cerveja do que a produzir, surgiram as cervejarias industriais de grande escala que abasteciam dezenas ou mesmo centenas de pontos de venda.

A Revolução Industrial e a indústria cervejeira se desenvolveram lado a lado, uma impulsionando a outra. Os cervejeiros estavam entre os primeiros a fazer uso da máquina a vapor e fundição de coque, investindo intensamente em redes de transporte e foram pioneiros em estudos microbiológicos.

O estilo de cerveja da Revolução Industrial era o *porter*. Desenvolvido como uma alternativa para misturar *old ale* com cerveja mais jovem, há rumores de que o estilo *porter* foi aperfeiçoado pela cervejaria Harwood's, no bairro londrino de Shoreditch, no século XVIII. Seu nome deriva da classe de carregadores (*porters*) que transportavam mercadorias dentro e em torno dos mercados de Londres. Uma cerveja marrom-escura e encorpada, ela se beneficiou das economias de escala, ganhando consistência e qualidade para ser produzida em tanques maiores. Conforme se tornava mais popular, seus produtores cresceram, a qualidade da cerveja melhorou, tornando-a ainda mais popular, até ser considerada como "a bebida universal do povo" por um visitante estrangeiro de Londres no século XVIII.

Arthur Guinness era um cervejeiro de Dublin que adotou o estilo de cerveja *porter* após notar sua popularidade em Londres. Versões mais fortes dessa bebida ficaram conhecidas como *porters "extra stout"*, por fim abreviada como "*stout*". O filho de Arthur, também chamado Arthur, aperfeiçoou a cerveja *stout* de seu pai, que se tornou, discutivelmente, a marca de cerveja mais famosa e emblemática do mundo. Ver ARTHUR GUINNESS & SONS. De volta a Londres, outros nomes famosos, como Whitbread, Truman e Barclay Perkins fizeram suas fortunas como produtores de *porter*. Ver WHITBREAD BREWERY.

Burton, Império e IPA

A supremacia do estilo *porter* na Grã-Bretanha durou até a pouco provável e mistificada ascensão da *India pale ale*. Essa cerveja forte e altamente lupulada, que matou a sede dos ocidentais na Índia Britânica, constituiu uma pequena fração da cerveja britânica por muitos anos. A cervejaria de George Hodgson, no leste de Londres, foi a primeira a tornar-se famosa por produzir *East India pale ale*, mas depois de uma briga com a Companhia das Índias Orientais, esta última procurou cervejeiros em Burton-on-Trent para competir com a Hodgson's Brewery.

Foram procurar em Burton porque essa pequena cidade possuía uma reputação de produzir cervejas que suportavam os rigores da viagem marítima, após décadas de sucesso na exportação de uma *Burton ale* forte e adocicada à Corte Imperial Russa e outras cidades importantes em torno dos estados bálticos. Contudo, houve um declínio desse mercado, e Burton ficou com uma infraestrutura de cervejeira altamente desenvolvida e sem demanda. Então, em 1822, o presidente da Companhia das Índias Orientais procurou Samuel Allsopp, o maior dos cervejeiros de Burton com foco nos estados bálticos, e sugeriu que ele reproduzisse a *India ale* da Hodgson. O que nem a companhia, nem o cervejeiro poderiam adivinhar é que quando a *ale* clara e espumante fosse produzida com a água de Burton, no lugar da de Londres, ela alcançaria uma condição e qualidade que superariam em muito a original. Os cervejeiros de Burton, liderados por Allsopp e seu rival Bass, cresceram rapidamente e dominaram o mercado indiano. Todos os outros mercados de exportação dentro do emergente Império Britânico vieram logo em seguida. Ver INDIA PALE ALE.

Em meados do século XIX, a pequena cidade interiorana de Burton-on-Trent era um dos centros cervejeiros mais importantes do planeta. Quando o conhecimento científico cervejeiro evoluiu, descobriu-se que a água especial para a produção de cerveja de Burton possuía uma combinação de minerais e sais obtida após a sua filtração através de camadas de cascalho no solo que fazia dela um ingrediente-chave para a atratividade e longevidade de suas cervejas. Os cervejeiros de Londres eram forçados a abrir filiais em Burton se quisessem competir na produção dessa nova *ale* espumante e brilhante.

Há rumores de que a Grã-Bretanha desenvolveu o gosto pela IPA, pela primeira vez, depois de um naufrágio na costa de Liverpool em 1827, cuja carga com destino à Índia os moradores recuperaram. Tal naufrágio pode muito bem ter acontecido, sempre aconteciam, mas a *India pale ale* não foi introduzida na Grã-Bretanha dessa forma tão dramática. As *Burton pale ales* já estavam à venda, mas apenas em pequenas quantidades.

A popularidade doméstica da *India pale ale* explodiu na década de 1850. O fim do imposto sobre o vidro aumentou a produção e utilização de produtos feitos com essa matéria-prima. Ao contrário da caneca de estanho ou de barro, a caneca de vidro deixava visíveis as impurezas na cerveja, tornando a adulteração da bebida muito mais perceptível. Tal adulteração era muito mais fácil de detectar em uma *pale ale* do que em uma *porter*. Assim, a *pale ale* tornou-se a bebida da moda, um "champanhe de malte", segundo os admiradores da época. Tentativas realizadas por um químico francês de sugerir que o amargor característico das cervejas de Burton era oriundo da adição de estricnina foram amplamente refutadas pelos cervejeiros de Burton, ajudados pelos principais médicos da época. A publicidade e o subsequente endosso médico da *Burton pale ale* ajudaram-na a se tornar a cerveja da moda mais procurada na época.

Cask ale

A enorme demanda doméstica criou uma dor de cabeça para os cervejeiros produtores de IPA. Se a cerveja não fosse destinada a uma viagem marítima de seis meses, que milagrosamente a refermentava, ela teria que ser envelhecida em adegas por um ano ou mais, criando uma defasagem entre a demanda e a capacidade de fornecimento e exigindo uma grande quantidade de espaço para armazenamento. Mas a chegada de cervejeiros talentosos a Burton, juntamente com os enormes avanços científicos da indústria cervejeira no final do século XIX, tinham a resposta.

Tanto as IPA como as *porters* precisavam ser armazenadas por longos períodos para refermentação, sendo que a produção da bebida se restringia aos meses mais frios, quando as leveduras selvagens estavam menos ativas. Entretanto, os avanços na área da microbiologia e da refrigeração possibilitaram a produção de cerveja durante o ano todo. A cerveja já não precisava permanecer armazenada, de modo que podia ser feita o ano todo sem a necessidade de ser produzida com elevado teor alcoólico. Surgiram, então, as novas *"running beers"*, cervejas de menor teor alcoólico que rapidamente se popularizaram entre a crescente classe média, a qual tinha que manter a "cabeça limpa" para o trabalho. Reformas tributárias em 1880 passaram a taxar a cerveja de acordo com sua densidade original, que agora já podia ser mensurada com precisão. Isso incentivou os cervejeiros a produzirem cervejas menos potentes, e o teor alcoólico médio da cerveja despencou.

As *running beers* de baixo teor alcoólico tornaram-se a norma. Com o sucesso da *India pale ale*, muitas logo foram produzidas como *pale ales* mais fracas, e sua intensa característica de lúpulo fez com que cada vez mais elas fossem chamadas de "amargas" (*bitter*). Ao longo do século XX, os termos IPA, *pale ale*, *best bitter*, *ale* e simplesmente *bitter* tornaram-se cada vez mais intercambiáveis como nomes de cervejas na Grã-Bretanha.

O que elas tinham em comum era a levedura ativa no barril para uma fermentação secundária. Isso conferia à cerveja uma carbonatação natural, complexidade satisfatória e profundidade de sabor. Embora alguns fãs refiram-se a elas erroneamente como "cerveja do jeito que sempre foi produzida", a *cask ale* é inegavelmente a bebida nacional da Grã-Bretanha, como um estilo inigualável em qualquer outro local. Os consumidores britânicos continuaram a apreciá-la em grandes quantidades até os últimos anos do século XX.

A revolução *lager*

Ainda que seja incorreto afirmar que a Grã-Bretanha ignorou completamente a ascensão da cerveja *lager* (pois há cervejarias britânicas de *lagers* que datam do final do século XIX e esse estilo se popularizou na Escócia muito rapidamente), o fato é que a Grã-Bretanha permaneceu teimosamente atrelada a seus estilos *ale* enquanto o estilo *lager* dominava o resto do mundo.

Por quê? Em parte, porque o país possuía a sua própria cerveja clara, espumante e refrescante na forma de *pale ale*. Em parte, porque a refrigeração foi muito mais lenta em se estabelecer no Reino Unido do que no resto do mundo. Em parte por causa do sistema das *tied houses* britânicas, que fez com que os grandes produtores mundiais de *lagers* tivessem dificuldades para ganhar espaço num país que bebia muita cerveja, mas o fazia em *pubs* que pertenciam aos produtores ingleses de *ales*. E, finalmente, em parte devido ao orgulho nacional, a uma noção, hoje inexistente, de que qualquer coisa britânica, por definição, era melhor do que qualquer coisa estrangeira.

Essa noção de que "britânico é melhor" sobreviveu durante o Império que a criou, mas finalmente decaiu na década de 1970, anos caracterizados por uma economia à beira do colapso econômico e por conflitos industriais.

Coincidentemente, foi também a década em que as viagens aéreas se tornaram acessíveis à maioria da população. Um número elevado de britânicos começou a desfrutar férias no exterior, principalmente na Europa continental. Passaram a adquirir gosto pela comida italiana, pelo vinho francês e pela cerveja *lager* europeia.

Os publicitários das cervejas *lager* haviam tentado, sem sucesso, convencer os britânicos a consumir suas cervejas ao longo da década de 1960 e início da década de 1970. Mas uma campanha publicitária da Heineken que fez a cerveja *lager* parecer um produto mais fresco, mais elegante, coincidiu com um calor recorde no verão de 1976. Esse foi o momento da *lager*. Ao longo dos trinta anos seguintes, os britânicos mudaram da *ale* para a *lager*, ganhando uma reputação internacional por consumir imitações baratas de *pilsners* em fartos goles, aparentemente relegando sua tradição de *ales* a um nicho de excêntricos entusiastas.

O ressurgimento da *ale*

A rápida consolidação da produção de cerveja britânica nas décadas de 1950 e 1960 e a atitude modernista que a impulsionou mudaram a paisagem cervejeira na Grã-Bretanha. As "Big Six" surgiram, dominando mais de 70% de toda a capacidade de produção. Em busca de eficiência (para o que havia sido até então uma indústria muito ingênua e economicamente ineficiente), esforçaram-se para criar cervejas padronizadas e com marcas nacionais que pudessem ser produzidas em qualquer parte do país, sendo robustas o suficiente para percorrer longas distâncias e capazes de apresentar boa qualidade frente ao mau manuseio dos donos e funcionários mal treinados dos *pubs*.

Quando a *cask ale* é boa, ela pode ser fantástica, tão boa quanto qualquer outra cerveja em qualquer lugar do planeta. Quando ela é ruim, assemelha-se a vinagre, água suja ou coisa pior. No início da década de 1970, muitas eram ruins, e os cervejeiros foram substituindo paulatinamente os *casks* por *ales* envasadas em barris de inox. Filtrada, gaseificada e pasteurizada na cervejaria, a *keg ale* (cerveja de barril) era quase à prova de erros, nunca tão ruim quanto as piores *cask ales*, mas também nunca se aproximando dos patamares de um grandioso *pint* de *cask ale*. As *ales* e *lagers* de barril, que também eram filtradas e pasteurizadas, ameaçavam a *cask ale* de extinção.

O problema com a padronização é que ela elimina o que é excepcionalmente bom, assim como o que é excepcionalmente ruim. Os consumidores que tinham a sorte de ter acesso a uma ótima *cask ale* subitamente descobriram que, no lugar dela, estavam bebendo uma *keg ale* vastamente inferior. As pequenas cervejarias que produziam preciosas cervejas estavam sendo compradas pelas gigantes e sendo rapidamente fechadas, pois o interesse das grandes cervejarias era se apoderar de seus *pubs*.

Um grupo de consumidores decidiu fazer algo a respeito disso, formando a Campanha de Revitalização da Ale (CAMRA). Eles cunharam a expressão "*real ale*" para se referir à tradicional *cask ale* refermentada em barril e devidamente modificaram o significado da sigla CAMRA para "Campaing for Real Ale" (Campanha pela Verdadeira Ale).

A CAMRA foi surpreendentemente bem-sucedida na sensibilização para a *real ale* e no protesto contra o fechamento de cervejarias. Ela rapidamente foi considerada como um dos movimentos de consumidores de maior sucesso na época, mas também se beneficiou de uma onda cultural em que as pessoas começaram a rejeitar o modernismo, aproximando-se, com um interesse renovado, dos produtos tradicionais e artesanais.

Após seu sucesso inicial, a CAMRA estagnou. Sua atratividade aos amadores, a veneração à tradição em detrimento da inovação e uma militância que defendia que a *cask ale* era a única cerveja que valia a pena ser consumida conferiram a esse produto uma imagem negativa. Para ser um consumidor de *real ale* era necessário ser uma pessoa barriguda, excêntrica, com barba e calçando sandálias, enquanto a aparência dos consumidores de *lager* era considerada elegante. A imagem tornara-se crucialmente importante na comercialização de cerveja, e as principais marcas de cerveja *lager* gastavam milhões em campanhas publicitárias de televisão. Não somente as marcas de cerveja *ale* não possuíam os mesmos orçamentos, como os próprios consumidores desse estilo de cerveja rejeitavam a noção de que a imagem importava, e nada fizeram para combater a imagem negativa que estavam conferindo à sua amada bebida.

A estagnação terminou no novo milênio, quando a Progressive Beer Duty conferiu incentivos fiscais para as pequenas cervejarias, levando a uma revolução da cerveja artesanal no Reino Unido. Nesse período, os grandes produtores de cerveja que dominavam o mercado britânico se tornaram ou estavam se tornando parte de grandes corporações multinacionais interessadas em criar marcas *lager* globais, retirando o apoio às marcas de cerveja *ale* outrora famosas como John Smith's, Tetley's e Boddington's. Contudo, influenciados pelos incentivos fiscais, por um mercado crescente de cervejas "especiais" importadas e pelo burburinho do movimento cervejeiro artesanal nos Estados Unidos, muitos fãs da cerveja britânica começaram a se tornar cervejeiros. Ao contrário da geração anterior, esses novos cervejeiros combinavam uma saudável relação com a tradição a um apetite pela inovação, com a popularização dos lúpulos americanos e a assimilação de técnicas como o envelhecimento em madeira – a primeira verdadeira inovação do mundo cervejeiro britânico em décadas. Uma vez vista como uma categoria de cerveja em declínio terminal, a *ale* ressurgiu e começou a aumentar a sua participação em um mercado de cerveja decadente. Por volta do ano de 2010, havia quase 800 cervejeiros na Grã-Bretanha, mais do que em qualquer outro momento desde a década de 1940.

Enquanto a tendência atual é de que as gigantes globais continuem dominando o mercado de massa com suas *lagers* produzidas em larga escala, o futuro da cerveja artesanal na Grã-Bretanha está seguro. O mercado da cerveja permanece em declínio, e as dificuldades econômicas, a legislação governamental fracassada e as mudanças nos padrões de lazer levaram a uma redução acentuada no número de *pubs* na Grã-Bretanha. Mas a cerveja britânica tem sido servida nos *pubs* britânicos há mil anos. Seria arrogância sugerir que ela desaparecerá em um futuro próximo.

Estilos clássicos de cervejas britânicas

- *Pale ale* – faz o que diz, englobando uma ampla gama de *ales* que vão desde as leves *summer ales*, que são quase da mesma cor que as *golden lagers* padrão, mas com um pouco mais de personalidade, até as mais fortes e aromáticas, como *India pale ales*.
- *Bitter* – o cavalo de carga do mundo das *ales*; geralmente com coloração marrom-médio, teor alcoólico moderado, perfeito equilíbrio de aromas cítricos ou florais, paladar de caramelo e biscoito, com um final seco.
- *Porter e stout* – a torrefação mais intensa e escura do malte confere um amplo sabor de chocolate, café, às vezes até de vinho.
- *Mild* – escura, como *porter* e *stout*, mas geralmente com baixo teor alcoólico, apresenta sabores de café moca, enquanto permanece leve e refrescante.
- *Old ale* e *barley wine* – cervejas fortes (teor alcoólico acima de 7%) que foram envelhecidas para apresentar uma vasta gama de complexidade de sabores. Não se destinam ao consumo em grandes quantidades, mas podem competir com um vinho xerez ou vinho do porto como digestivo após o jantar.

Regionalidade, sabor local e grandes cidades cervejeiras

Em um mundo de crescente padronização e homogeneização, são bem-vindas as diferenças regionais e locais das cervejas e *pubs* britânicos. Os grandes produtores de cerveja *ale* permanecem regionais em termos de áreas de domínio, enquanto muitos cervejeiros menores se concentram em fornecer para uma área não superior a um raio de 30 milhas da cervejaria. Cada parte do país agora tem suas próprias especialidades.

Algumas vilas e cidades são dignas de nota. Londres é, naturalmente, inigualável pelos seus *pubs* históricos, e tem experimentado uma tardia explosão no número de cervejeiros artesanais fornecendo para esses estabelecimentos. Derby e Sheffield competem entre si pelo posto de cidade com o maior número de torneiras jorrando suas cervejas nos *pubs*, sendo que Sheffield é percebida como a vencedora por uma margem estreita. Edimburgo é uma histórica cidade cervejeira que agora desfruta de um aumento incrível na apreciação da cerveja artesanal. Mas todas as principais cidades – Manchester, Newcastle, Cardiff, Bristol, Leeds – agora possuem suas próprias cervejarias e excelentes *pubs*.

Brown, P. **Man walks into a pub: a sociable history of beer.** London: Macmillan, 2010.
The Cask Report: Celebrating Britain's National Drink. Disponível em: http://www.caskreport.co.uk/.
Cornell, M. **Beer: the story of the pint.** London: Headline, 2003.

Pete Brown

grand cru. Com a expansão das cervejarias artesanais nas últimas décadas, diversos termos próprios da enologia foram lentamente se infiltrando e se incorporando ao léxico cervejeiro. Alguns desses termos são muito claros – qualquer um entende o que quer dizer uma cerveja "*vintage*" –, mas outros, como "*grand cru*", não são tão compreensíveis. *Grand cru* é um termo francês que pode ser literalmente traduzido como "grande crescimento". A classificação de *grand cru* tem sido utilizada e regulada pelos franceses desde o século XIX para fazer referência a vinhedos que produzem consistentemente vinhos de caráter superior como resultado de sua localização privilegiada, ou *terroir*. Também é empregado por esses vinhedos para designar os vinhos que eles produzem, gerando grandes expectativas de qualidade nos consumidores. (O rótulo *grand cru* também é utilizado por alguns produtores de Cognac.) Como termo que acabou ganhando o significado de "nosso melhor produto" (assim como "*vintage*" pode ser aplicado a um carro), os cervejeiros recentemente se apropriaram dele. A designação *grand cru* tem aparecido nos rótulos de cerveja desde o final da década de 1980. A aplicação do termo às cervejas não é regulamentada.

Embora o termo *grand cru* seja ainda muito precariamente definido para ser compreendido como um estilo, certamente podemos detectar certos padrões entre as cervejas assim denominadas. De modo geral, uma cerveja *grand cru* tende a ser uma versão mais forte, embora equilibrada, da cerveja de teor alcoólico normal de uma dada cervejaria. Quase sempre tem produção limitada e algumas vezes é elaborada para festividades e ocasiões especiais. Muitas das cervejas "Grand Cru" são belgas ou inspiradas nos estilos belgas, possivelmente em função da pioneira Hoegaarden Grand Cru. Os exemplos comerciais que levam esse rótulo costumam apresentar entre 6% e 10% ABV, e os melhores deles exibem grande complexidade e equilíbrio, sem notas alcoólicas agressivas. Algumas dessas cervejas são suavemente condimentadas. Em consonância com a terminologia enológica, muitas dessas cervejas têm grande potencial de guarda, alcançando uma maturidade agradável em poucos anos quando acondicionadas corretamente.

Ver também FRANÇA.

Keith Villa

grant é um pequeno recipiente coletor de mosto, aberto ao ar, colocado entre a tina de filtração e a tina de fervura. O objetivo tradicional do *grant* era triplo: (a) evitar um potencial vácuo na tina de filtração durante o bombeamento do mosto para recirculação ou enchimento da tina de fervura, o que poderia compactar a mostura no fundo falso, causando mostos turvos ou mosturas com dificuldade de filtração; (b) permitir ao cervejeiro avaliar a turbidez e o fluxo de mosto; e (c) em sistemas maiores, com múltiplas saídas da tina de filtração, determinar se todas as partes do leito de grãos fluíam suficientemente bem ou requeriam afofamento ou outras medidas para melhorar o fluxo. O *grant*, então, também serve como um tampão de fluxo. Em cervejarias antigas de estilo torre, quando os tanques cervejeiros são empilhados um em cima do outro e o mosto flui somente por gravidade, não há, é claro, necessidade de um *grant* como removedor de vácuo, mas seus outros usos permanecem válidos.

O desenho do *grant* mais simples é, essencialmente, uma lata cilíndrica aberta com o mosto fluindo do fundo e a partir dele sendo bombeado para uma abertura lateral. Isso minimiza o espirrar de mosto e, consequentemente, sua oxigenação. Em cervejarias tradicionais, no entanto, especialmente na Alemanha e República Tcheca, o *grant* é tipicamente um longo e raso tubo de cobre, alimentado

Um *grant* tradicional de cobre na Orval, uma cervejaria trapista na região de Gaume, Bélgica.
FOTOGRAFIA DE DENTON TILMAN.

por fluxos de mosto através de uma dúzia ou mais tubos pescoços de cisne para escoamento do mosto filtrado. É um desenho incrivelmente bonito, uma parte da sala de brassagem de cobre que, sem nenhuma dúvida, acelera o coração de qualquer cervejeiro romântico. Infelizmente, é também motivo de preocupação, porque os *grants* tradicionais permitem muito contato entre o mosto e o ar, e o processo cervejeiro moderno tende a evitar a aeração do mosto quente, que pode iniciar reações de envelhecimento. Ver AERAÇÃO DO MOSTO QUENTE. Na República Tcheca, a oxidação do mosto pelo escoamento dentro dos *grants* tradicionais é parcialmente responsável pela coloração dourada mais intensa do que a normalmente vista em cervejas "*pils*" alemãs.

Geralmente, sistemas modernos de produção de cerveja não fazem uso do *grant*. Em vez disto, eles têm válvulas especiais, geralmente controladas por complexos sensores eletrônicos, que permitem o fluxo do mosto diretamente da tina de filtração para a tina de fervura, sem o risco de vácuo ou oxidação na tina de filtração. Um visor de vidro na linha é usado para checar a turbidez do mosto, e ele é geralmente chamado de "*grant*", embora essa designação não seja merecida nem por sua beleza, nem por sua função.

Garrett Oliver

Grant, Bert (1928-2001) foi um especialista em lúpulo e pioneiro da indústria de cerveja artesanal americana. Ele foi o fundador e presidente da Yakima (WA) Malting and Brewing Co., que produzia as Grant Real Ales. Grant abriu um dos primeiros *brewpubs* dos Estados Unidos em Yakima em 1982. A cervejaria, mais tarde, tornou-se uma cervejaria com capacidade de envase, produzindo cervejas que traziam o rótulo de Grant. Em 1995 ele vendeu a cervejaria, mas continuou sua parceria com a marca.

Nascido Herbert L. Grant em Dundee, Escócia, Grant mudou-se para Toronto aos 2 anos de idade e, mais tarde, obteve seu primeiro trabalho em cervejaria como provador de cervejas aos 16 anos de idade. Subsequentemente, ele trabalhou para as cervejarias Carling-O'Keefe e Stroh, e deu consultoria para muitas cervejarias ao redor do mundo, antes de ir para Yakima em 1967 e ajudar a construir duas fábricas que processavam lúpulo com uma técnica que ele patenteou.

Grant carregava consigo um frasco pequeno de óleo de lúpulo para reforçar o caráter do lúpulo das cervejas convencionais que ele era obrigado a beber durante viagens. "Todas as cervejas deveriam ter mais lúpulo", ele declarava. Modéstia não era uma das características de Grant. Com o autor Robert Spector, em 1988, ele escreveu *The Ale Master: How I Pioneered America's Craft Beer Industry, Opened the First Brewpub, Bucked Trends, and Enjoyed Every Minute of It.*

Na década de 1980, Grant complicou-se com a Agência de Álcool, Tabaco e Armas de Fogo norte-americana por alegar que cerveja era um tipo de alimento. Ele imprimia rótulos que listavam as vitaminas, minerais e outros nutrientes de suas cervejas. Apesar de toda a informação ser verdadeira, a Agência o obrigou a parar de usar esses rótulos.

Grant tinha um pendor para o espetáculo e frequentemente aparecia em eventos cervejeiros com saiote escocês e boné de lã. As placas de ostentação em seu Rolls-Royce branco declaravam: "REAL ALE".

Ver também YAKIMA VALLEY, REGIÃO.

Grant, B.; Robert, S. **The ale master**. Seattle: Sasquatch Books, 1998.

Stephen Hindy

grãos micronizados, principalmente trigo e cevada, são utilizados na produção de cerveja como um ingrediente de baixo custo; no caso do trigo, podem contribuir para aumentar a espuma da cerveja. Os grãos micronizados são mosturados com outros grãos moídos, e os seus amidos são convertidos no mosto por enzimas do malte. O termo "micronizado" é, muitas vezes, usado como sinônimo de "torrado", embora os processos de micronização e torrefação sejam diferentes. Na micronização, os grãos de cereal são submetidos à radiação infravermelha refletida em pastilhas cerâmicas quentes. Os grãos são transportados ao longo de uma cama vibratória sob as pastilhas de cerâmica, o que elimina a umidade dos grãos, fazendo seu endosperma amiláceo inchar e amolecer. Esses grãos amolecidos podem ser imediatamente laminados para criar flocos e, em seguida, resfriados, ou podem ser resfriados diretamente. Os grãos micronizados são quebradiços e friáveis e podem ser misturados com malte de cevada (que também é friável) e moídos juntos, sem a exigência de moagem separada ou equipamentos de trituração, o que se torna necessário com grãos não processados e duros. No processo de torrefação, o grão passa por uma corrente de ar quente a 260 °C e, em seguida, é laminado ou resfriado diretamente. O trigo micronizado é usado por muitos cervejeiros produtores das tradicionais *ales* britânicas, com cerca de 10% do total de extrato. As proteínas do trigo micronizado são particularmente úteis para melhorar a formação e retenção de espuma na cerveja.

Goode, D. L.; Arendt, E. K. Developments in the supply of adjuncts for brewing. In: Bamforth, C. W. (Ed.). **Brewing new technologies.** Philadelphia: Woodhead Publishing Ltd., 2006.

George Philliskirk

grau real da fermentação (*real degree of fermentation* – RDF) mede a que grau o açúcar existente no mosto foi fermentado a álcool na cerveja, definido como "atenuação". Uma cerveja mais doce apresenta maior quantidade de açúcares residuais e menor atenuação. O grau real da fermentação expressa o percentual do extrato que foi fermentado. O RDF nos anos 1950 revelava cervejas encorpadas com mais de 40% do seu extrato original não fermentado, enquanto o RDF nos anos 1980 mostrava cervejas altamente atenuadas com menos de 20% do seu extrato original não fermentado. A sensação na boca é amplamente determinada pelo percentual de RDF: quanto maior ele for, mais leve e seca será a cerveja. Contrariamente, uma cerveja com baixo percentual RDF pode promover uma sensação redonda na boca, até mesmo lembrando xarope. O termo "real" nesse contexto separa essa medição daquelas que são "aparentes". Como o álcool é menos denso que a água, uma amostra de cerveja pode "aparentar" ter, quando um sacarímetro é utilizado, um nível mais baixo de açúcar residual do que realmente apresenta.

Ver também DENSÍMETRO, EXTRATO APARENTE, EXTRATO REAL e SENSAÇÃO NA BOCA.

Paul H. Chlup

graus belgas é uma forma, já obsoleta, de calcular a densidade da cerveja estipulada pela legislação belga para o pagamento de impostos. Foram desenvolvidos como uma forma prática para analisar tanto as cervejas regulares quanto as ácidas (*lambic* e outros estilos *sour*), já que a presença de ácidos induzia a erros em outros métodos.

Os graus belgas eram calculados após a realização de três análises na cerveja. Primeiro, o extrato residual (n) da cerveja era medido destilando-se o álcool e analisando-se o peso do material residual remanescente no líquido. Utilizando a tabela de conversão padronizada de Doemens-Plato, isso era convertido a graus Plato. Ver ESCALA PLATO. Então, o percentual de álcool em peso (A) era medido através da análise da densidade do álcool destilado da amostra de cerveja. Utilizando uma tabela de conversão padronizada de álcool, era determinada a quantidade de álcool em uma amostra de 100 gramas. Terceiro, o conteúdo de acidez ou acidez volátil (c) da cerveja era medido utilizando técnicas padronizadas de titulação com base. Conhecendo n, A e c, a densidade original (p) da cerveja analisada era calculada como:

$$p = n + 2A + 1,5c$$

A densidade original obtida era convertida para densidade por meio de uma tabela de conversão Doemens-Plato. O fator 0,0013 era então subtraído. Finalmente, os graus belgas eram obtidos a partir da segunda casa decimal do valor resultante. Por exemplo, se o número final calculado era 1,0641, os graus belgas oficiais seriam 6,41. A classificação das cervejas e os impostos eram, então, baseados nesse número.

Até o início dos anos 1990, muitas cervejarias belgas ainda utilizavam a escala de densidade belga, mas ela caiu em amplo desuso com o aumento da prevalência da escala Plato. Algumas cervejas belgas, no entanto, ainda são nomeadas pelas suas densidades originais expressas em graus belgas, por exemplo, as Rochefort 6, 8 e 10.

Ver também IMPOSTOS.

Keith Villa

graus EBC
Ver UNIDADES DE COR EBC.

graus litro por quilograma (°L/kg) é uma unidade de medida utilizada por malteadores e cervejeiros para expressar a quantidade de extrato solúvel que um malte é capaz de produzir. Essa unidade é expressa pela determinação de quantos litros de mosto a uma dada concentração podem ser obtidos de um quilograma de malte. Esse número é importante porque permite ao cervejeiro calcular a quantidade de malte (e adjuntos) necessários para produzir uma dada quantidade de cerveja ao teor alcoólico exigido. A concentração do mosto é expressa em graus de densidade, em que o seu peso é comparado diretamente com o da água pura. Por exemplo, um mosto pode apresentar uma densidade de 1,032. Já que 1 L de água pura pesa 1 kg, 1 L desse mosto pesará 1,032 kg. Um malte típico pode apresentar um rendimento de 300 °L/kg. Nesse caso, 1 kg desse malte rende 10 L de mosto a uma densidade de 1,030 ou 5 L de mosto à densidade de 1,060. Essa relação também pode ser usada para medir rapidamente a eficiência da cervejaria. Se você produziu cerveja a partir de um lote de mosto utilizando 100 kg de malte e obteve 500 L de mosto a uma densidade de 1,056, o rendimento do malte será de 500 × 56 / 100 = 280 °L/kg. Esse número pode ser comparado com o número de *extrato em água quente*, cotado pelo malteador para determinar a eficiência da cervejaria. O potencial de extração de extratos fermentáveis de fontes não malteadas (adjuntos) também pode ser medido e expresso em graus litro por quilograma. Por exemplo, comparado com um malte a 300 °L/kg, *grits* de milho contribuem com 340 °L/kg e flocos de arroz com 360 °L/kg.

Lewis, M. J.; Young, T. W. **Brewing**. 2. ed. New York: Kluwer Academic/Plenum Publishers, 2002.

Steve Parkes

graus Plato

Ver ESCALA PLATO.

O **Great American Beer Festival (GABF)** é

o maior e mais antigo festival de cervejas artesanais e concursos de cervejas nos Estados Unidos, conduzido anualmente em Denver, Colorado. O primeiro GABF foi realizado em 1982 pela American Homebrewers Association, que posteriormente se tornou a Brewers Association. Esse evento atraiu a participação de 22 cervejeiros, que serviram quarenta cervejas diferentes para oitocentos participantes no Harvest House Hotel, em Boulder, e a partir daí passou a ser um modelo para todo festival de cervejas.

O GABF tornou-se o "Super Bowl da Cerveja", onde cervejeiros comerciais são julgados por comissões de degustação especializadas em 79 categorias de estilos diferentes. No GABF de 2009, foram avaliadas comparativamente 3.308 cervejas ao todo. Às melhores em cada categoria, são concedidas medalhas de ouro, prata e bronze, em reconhecimento à sua excelência em produção de cerveja. O julgamento de um estilo no GABF é extraordinariamente rigoroso e baseia-se na adesão da cerveja avaliada às diretrizes estabelecidas de estilo. Todas as cervejas são submetidas a uma degustação cega, è juízes do mundo inteiro, muitos deles cervejeiros profissionais, participam das comissões julgadoras. São também concedidos prêmios para cervejarias, *brewpubs* e cervejeiros do ano.

Sessões de degustação populares, abertas ao público por uma taxa, permitem que os apaixonados por cerveja experimentem centenas de cervejas diferentes, provenientes de várias partes dos Estados Unidos. Os cervejeiros são organizados aproximadamente por região no espaço do evento. No *Livro de Recordes Guinness*, o GABF detém o recorde de "maior número de cervejas em barris em um só lugar". Em 2009, mais de 49 mil participantes experimentaram 2.104 cervejas, de 457 cervejarias ao todo, durante os três dias do evento.

A "Pro-Am", uma competição do GABF realizada à parte, é aberta aos cervejeiros caseiros amadores, que competem entre si usando receitas que eles prepararam com a colaboração de um cervejeiro profissional. Outros destaques do GABF incluem demonstrações culinárias, harmonizações de comida e cerveja, avaliação de cervejas, uma livraria para entusiastas da cerveja e fornecedores de praticamente tudo quanto é coisa relacionada com cerveja.

Great American Beer Festival. Disponível em: http://www.greatamericanbeerfestival.com/.

Mike Laur

O **Great British Beer Festival (GBBF)** é

realizado anualmente no Reino Unido e organizado pela Campaign for Real Ale. Ver CAMPAIGN FOR REAL ALE (CAMRA). Proclamado como "o maior pub do mundo", o primeiro GBBF foi realizado em 1977 no Alexandra Palace, em Londres; desde então esse festival vem sendo promovido todos os anos, com exceção de 1984 (quando houve um incêndio no salão em que o festival seria realizado). Ao longo dos anos, o festival foi realizado em Leeds, Birmingham, e Brighton, mas Londres tem sido seu lugar permanente desde 1991, quando foi realizado na Docklands Arena. Em 2006, foi transferido para sua sede atual em Earls Court, depois de ter superado o Olympia, onde permaneceu desde 1992.

Atualmente, o festival apresenta mais de 600 cervejas do mundo inteiro, embora seu principal enfoque seja *"real ale"* refermentada em barris, das quais 450 são de cervejeiros britânicos. Entretanto, esse festival tornou-se também uma vitrine para cervejas artesanais de vários países, como Bélgica, República Tcheca, Alemanha e Estados Unidos. Há também sidra e *perry* (fermentado de pêra) britânicos tradicionais.

Normalmente, o festival é realizado ao longo da primeira semana completa de agosto, de terça-feira a sábado, com a participação de mais de 60 mil pessoas. E conta com uma equipe de mais de mil voluntários da Campaign for Real Ale (CAMRA). Além disso, esse festival abriga o prestigiado e influente prêmio Champion Beer of Britain (Cerveja Campeã da Grã-Bretanha).

O GBBF é complementado pelo Festival Nacional de Inverno de Ales da CAMRA, realizado em janeiro, que se concentra em *porter* e *stouts*.

O GBBF não foi o primeiro grande festival de cerveja da CAMRA; essa distinção vai para o Covent Garden Beer Festival, realizado em Londres em setembro de 1975.

Campaign for Real Ale. Disponível em: www.camra.org.uk/.

Tim Hampson

Green Bullet é uma variedade popular da Nova Zelândia com alto teor de alfa-ácidos, lançada em 1972 pela Zealand DSIR (atual Hort Research). Ele é descendente de uma variedade triploide neozelandesa *"smooth cone"*. Os lúpulos Green Bullet possuem aroma agradável, levemente floral e que remete a frutas escuras, o que é considerado incomum, pois lúpulos com alto teor de alfa-ácidos não tendem a apresentar aromas particularmente agradáveis. Há também notas de especiarias no sabor que lembram o Styrian Golding. Ver STYRIAN GOLDING. O teor médio de alfa-ácidos do Green Bullet varia de 11% a 15%, beta-ácidos entre 6,5% e 7%, aproximadamente 41% de cohumulona e uma pequena quantidade de farneseno, que contribui com notas florais. Esse lúpulo atinge a maturidade relativamente tarde na safra e sua produtividade é de moderada a boa, atingindo 2.350 kg/ha. Considerando que seu lar é o hemisfério sul, o Green Bullet é uma variedade ideal para os cervejeiros do hemisfério norte que precisam de lúpulos na entressafra. Pelo fato de a Nova Zelândia não conter os patógenos convencionais de lúpulos, resistência a doenças não é um critério de seleção para variedades de lá. Pelo mesmo motivo, a pulverização não é necessária na Nova Zelândia, e muitos lúpulos são certificados como produtos orgânicos. Como bônus, o Green Bullet é estável quando armazenado. Embora seja considerado um lúpulo que pode ser utilizado em qualquer aplicação, o Green Bullet é respeitado por fornecer um bom pano de fundo para os aromas de lúpulos clássicos, como o Fuggle.

Hopsteiner. Disponível em: http://www.hopsteiner.com/pdf/nz/greenbullet.pdf/. Acesso em: 8 nov. 2010.
New Zeland Hops Limited. Disponível em: http://www.nzhops.co.nz/varieties/green_bullet.html/. Acesso em: 8 nov. 2010.

Jon Griffin

Greene King é a maior cervejaria de propriedade britânica no Reino Unido. Fundada em 1799 por Benjamin Greene, bisavô do escritor Graham Greene, ela tem produzido cerveja na cidade de Bury St. Edmunds, em Suffolk, há mais de dois séculos. Em 1836, a cervejaria passou para as mãos do filho de Benjamin, Edward, sob o qual a produção expandiu para aproximadamente 47 mil hectolitros por ano e, em 1887, a cervejaria se fundiu com a St. Edmunds Brewery, iniciada doze anos antes por Frederick King.

Ela se tornou uma das maiores cervejarias da Grã-Bretanha, ostentando 148 *pubs* e reconhecida pela produção de *bitters* e da Suffolk Old Ale, uma cerveja feita com a combinação de cervejas jovens e envelhecidas. Durante as décadas de 1920 e 1930, a cervejaria se beneficiou do avanço das cervejas engarrafadas e construiu uma nova sala de brassagem em estilo *art déco* em 1938, a qual ajudou a matar a sede dos militares aliados durante a Segunda Guerra Mundial. Na década de 1960, o portfólio dos *pubs* Greene King tinha crescido para mais de novecentos estabelecimentos.

Conforme as *cask ales* perdiam interesse durante a década de 1990, a Greene King começou a adquirir uma série de cervejarias regionais menores e companhias de *pubs*, como a The Magic Pub Company, o grupo de *pubs* Marston's, do sul do país, o Morrells de Oxford, e a Morland Brewery, lar das cervejas Ruddles e Old Speckled Hen.

Em 2005, a Greene King ainda comprou a Belhaven Brewery, na Escócia, e a Ridley's Brewery, em Essex. Um ano depois, comprou a Hardys & Hansons.

As principais cervejas da Greene King incluem a Old Speckled Hen, produzida pela primeira vez para celebrar o quinquagésimo aniversário da fábrica de automóveis MG em Abingdon, e a Abbot Ale, enquanto a Strong Suffolk Ale e a Old Crafty Hen são *vintage ales* reverenciadas pelos conhecedores. Embora alguns entusiastas da cerveja britânica empalideçam perante o crescimento da Greene King e da sua propensão pela aquisição de cervejarias, a empresa comprometeu-se admirável e inabalavelmente com a produção de *cask ales*. Dito isso, sua cerveja mais vendida é a Greene King IPA. Embora designada como IPA, com 3,7% ABV e um nível muito modesto de amargor, ela não é uma IPA de modo algum, mas simplesmente uma "*ordinary*" *bitter*.

Greene King. Disponível em: http://www.greeneking.co.uk/. Acesso em: 28 abr. 2016.

McFarland, B. **World's best beers**. New York: Sterling Publishing, 2009.

Ben McFarland

grits. *Grits* cervejeiros são cereais na forma sólida usados pelas cervejarias como substitutos de malte para obtenção de álcool na cerveja. Ver ADJUNTOS. Os *grits* são cozidos para gomificar o amido e então adicionados à mostura. Um cervejeiro pode usar *grits* para produzir um estilo particular de cerveja, para suavizar o sabor de uma cerveja em particular ou para diminuir os custos de matéria-prima. Os *grits* são amplamente utilizados em cervejas comerciais de massa no mundo todo, e seu uso é em grande parte responsável pela leveza do sabor do malte em tais cervejas.

Os *grits* também têm sido utilizados por cervejeiros para diluir o teor de nitrogênio quando se usa malte com alto teor de proteína. Por esta razão, os cervejeiros alemães sob a Lei da Pureza da Cerveja têm historicamente sido autorizados a usar adjuntos, como *grits*, para minimizar a turvação proteica em cervejas de exportação, mas não para as cervejas vendidas na Alemanha. Ver LEI DA PUREZA DA CERVEJA.

Os *grits* são feitos de diferentes cereais, como sorgo e arroz, mas o mais comum é o milho. Ver MILHO. *Grits* de milho são feitos por moinhos que geralmente empregam um processo de maceração (condicionamento) e degerminação. Nesse processo, o milho limpo é em seguida macerado com vapor de água a aproximadamente 20% de umidade. Os grãos úmidos são então degerminados, separando o endosperma amiláceo do tegumento e do germe. Após o processo de degerminação, o endosperma amiláceo é seco e resfriado, e então enviado a uma série de moinhos e peneiras para obter frações de sêmola, fubá e farinhas.

Fubás e farinhas de milho são usados na produção de salgadinhos e misturas para panificação, enquanto que as frações maiores (*grits*) são usadas em cereais matinais e produção de cerveja. O uso de *grits* de milho pelas cervejarias diminuiu pelo fato de ele estar sendo substituído por xaropes de milho. Isso tem gerado uma mudança nos custos, já que é mais barato comprar xarope de milho altamente fermentável do que solubilizar ou cozinhar *grits* de milho em um cozedor de adjuntos e convertê-los em uma forma fermentável. Recentemente, alguns grandes produtores europeus de cervejas comerciais de massa deixaram de usar *grits* de milho (e xaropes) com a preocupação de que milho geneticamente modificado poderia acabar entrando nas salas de brassagem. Essa não é uma preocupação do consumidor americano, mas lavouras de OGM (organismos geneticamente modificados) são um anátema na Europa. O fato tem levado a tentativas irônicas de usar mosturas puro malte com enzimas para recriar o sabor leve anteriormente atingido com o uso de *grits* de milho.

Keith Villa

Groll, Josef (1813-1887) foi um talentoso cervejeiro bávaro comumente lembrado por ter criado a primeira *pilsner lager*. Groll nasceu em Vilshofen, uma pequena cidade a nordeste de Munique, na Baviera. Filho de um cervejeiro de sucesso, a cerveja estava em seu sangue, mas, aparentemente, ele não era de fácil convívio. Ele é descrito por historiadores como "um homem simples sem quaisquer maneiras" e "grosso, mesmo para os padrões bávaros". Seu próprio pai declarou Groll como "o homem mais rude da Baviera".

A despeito de suas falhas pessoais, a habilidade cervejeira de Groll era evidente. Ele foi recrutado por Martin Stelzer, fundador da cervejaria Burgher's de Pilsen, na vizinha Boêmia, para produzir cervejas de alta qualidade. Groll contrabandeou uma levedura bávara *lager* através da fronteira, combinou-a com os lúpulos Saaz locais, a água macia[3] da Boêmia e o malte claro que tinha sido aperfeiçoado por cervejeiros britânicos de *ale* para criar uma cerveja leve, dourada, a qual foi batizada de Pilsner Urquell, ou "Pilsner original". Ver PILSNER URQUELL.

A Urquell não foi a primeira *golden lager*, como é frequentemente afirmado. Mas a combinação dos ingredientes deu à luz um novo estilo de cerveja, que definiu o modelo de 95% das cervejas do mundo de hoje.

Apesar do sucesso fenomenal dessa cerveja, quando o contrato de Groll acabou em 1845, ele não foi renovado. (Talvez a insolência e a grosseria fossem excessivas, não importando quão boa fosse sua cerveja.) Groll voltou para casa em Vilshofen e acabou herdando a cervejaria de seu pai. Morreu com 74 anos de idade em uma mesa em seu *pub* favorito, o Wolferstetter Keller.

Ver também PILSEN e *PILSNER*.

Pete Brown

Grolsch, Cervejaria, nomeada em homenagem à cidade de Grol, onde foi fundada por Willem Neerfeldt em 1615. A Grolsch é a terceira maior produtora de cerveja da Holanda. Engarrafada em distintas garrafas verdes com tampas de porcelana do tipo *swing-top*, que foram introduzidas em 1897, a sua *pilsner* é facilmente reconhecida em, pelo menos, setenta mercados estrangeiros. A Grolsch foi uma empresa de capital aberto listada na bolsa de valores holandesa de 1984 até 2008, quando foi vendida para a SABMiller. Cerca de 50% da sua produção é vendida na Holanda, o que corresponde a 15% do mercado holandês de cerveja. A Grolsch transferiu toda a sua produção para novas instalações em Usselo, próximo de Enschede, em 2003, e fechou as suas cervejarias em Enschede e Groenlo em 2005. Uma cervejaria de *pilsner* bastante conservadora, a Grolsch só tinha três cervejas em seu portfólio até que, em 1995, começou a realizar experimentos com uma vasta gama de especiarias, essências de frutas e cepas de levedura. Nenhuma dessas cerca de quarenta exóticas cervejas permanece no mercado, exceto sua cerveja de fermentação mista com 11,6% de álcool por volume (ABV) "Het Kanon" (O Cânone), e eles ocasionalmente produzem cervejas para celebrações cívicas especiais. O lançamento de duas cervejas *weizen* no estilo bávaro, uma clara, com 5,5% ABV, em 2005 e outra escura, com 6% ABV, em 2007, surpreendeu agradavelmente muitos entusiastas holandeses da cerveja.

Ver também HOLANDA.

European Beer Guide. Disponível em: http://www.europeanbeerguide.net/. Acesso em: 21 fev. 2016.
Grolsch. Disponível em: http://nl.wikipedia.org/wiki/Grolsch/. Acesso em: 21 fev. 2016.
Jackson, M. **Beer.** New York: DK Publishing, 2007.

Derek Walsh

Grossman, Ken, fundador da Sierra Nevada Brewing Company, nasceu no sul da Califórnia em 1954 e desenvolveu precocemente o interesse por questões técnicas. Ele tinha apenas 11 anos de idade quando construiu uma casa de hóspedes anexa à casa de seus pais, e não era muito mais velho quando um vizinho despertou seu interesse pelos processos de fermentação. Ao mudar-se para Chico, em 1971, ele combinou o emprego em uma loja de bicicletas com os estudos no Butte College e na California State University, e abriu uma loja de varejo de insumos para produção de cervejas e vinhos caseiros. Durante a faculdade ele construiu, com o cofundador Paul Camusi, sua primeira cervejaria, incluindo a perfuração de todos os buracos no fundo falso de sua primeira tina de filtração. Ele nunca se formou. A cervejaria se tornou a Sierra Nevada Brewing Company, batizada em homenagem a seu território favorito de caminhada e escalada. Ela foi inaugurada em 1980, em Chico, sendo agora a sétima maior

---

3 Água com baixa concentração de minerais é chamada, no meio cervejeiro, de "macia". Caso tenha alta concentração de minerais é "dura". [N.E.]

cervejaria dos Estados Unidos. Grossman dedica-se à excelência em produção de cervejas, mas também a questões sociais e ambientais. Ele é o principal benfeitor de muitos grupos comunitários.

Ver também SIERRA NEVADA BREWING COMPANY.

Charles W. Bamforth

growler é um garrafão de chope usado para transportar a bebida da cervejaria, bar ou restaurante para a casa do consumidor. Nos Estados Unidos, no fim do século XIX e início do XX, a maior parte da cerveja era consumida como chope. Era comum que as famílias enviassem alguém, usualmente uma mulher ou criança, à taberna local para trazer cerveja para o jantar. O recipiente usado muitas vezes era literalmente um balde de aço galvanizado, algumas vezes com tampa para prevenir o derramamento de cerveja ao longo do caminho. O recipiente, que às vezes parecia grunhir com o escape da carbonação, foi apelidado de "*growler*" ("grunhidor") e a pessoa carregando-o era dita estar "apressando o *growler*". Antes da Lei Seca, os taberneiros supriam o comércio de *growler*, muitas vezes feito através de uma pequena janela de serviço chamada eufemisticamente de "entrada familiar". Por essa entrada, era possível para mulheres e crianças carregar o *growler* sem ter que caminhar através da taberna até o bar.

A popularidade do *growler* foi um ponto de discórdia considerável na sociedade americana. As crianças se alinhavam fora das fábricas para pegar baldes de homens trabalhando, levando-os de volta à fábrica cheios de cerveja em tempo para o almoço. As cruzadas antiálcool, na esperança de os manter homens longe das tabernas, lamentavam o fato de ser tão fácil levar cerveja para casa. Não era incomum que as crianças provassem a bebida antes de entregá-la ao adulto requisitante.

A tradição de carregar o *growler* praticamente desapareceu após a Lei Seca, mas o *growler* hoje renasceu como um garrafão de vidro usado para trazer cerveja artesanal para casa, de bares, microcervejarias e *brewpubs*. O tamanho usual é de 1,9 litro (meio galão americano). Hoje em dia, o garrafão, enchido diretamente das torneiras, não grunhe mais – ele tem uma tampa, geralmente de rosca. Muitas cervejarias artesanais e *brewpubs* produzem cervejas que estão disponíveis apenas em barril, e entusiastas da cerveja ficam muito felizes com a possibilidade de levá-las para casa. Os *growlers* se tornaram um grande negócio para muitas cervejarias pequenas, e alguns pontos de venda de cerveja fazem um comércio vigoroso com eles.

Os *growlers* permanecem controversos, porém por razões diferentes daquelas do passado. Se os donos de cervejarias e os entusiastas da cerveja estão felizes com os *growlers*, esse não é o caso dos próprios cervejeiros, que têm uma opinião mais conflituosa sobre eles. Embora alguns estabelecimentos anexem um tubo à torneira para encher os garrafões sem muita geração de espuma, os cervejeiros sabem que nesse processo a cerveja perde carbonatação e assimila oxigênio danoso. O *growler* é raramente lavado com CO_2 ou enchido sob contrapressão. E apesar de, com alguma sorte, passarem por uma limpeza (os consumidores geralmente são encorajados a reciclá-los), não são esterilizados. O estabelecimento que enche os *growlers* pode avisar o consumidor de que deve beber a cerveja em poucos dias, mas, geralmente, os consumidores não prestam muita atenção. Além disso, o *growler* é tão grande que a pessoa geralmente bebe uma parte do garrafão e então guarda o restante para consumir depois. Embora alguns vinhos possam ser consumidos dessa forma, esse raramente é o caso da cerveja. O cervejeiro desenvolve a cerveja para ser servida em barril ou de uma garrafa enchida meticulosamente, porém a configuração normal de um *growler* pode desfazer todo o trabalho do cervejeiro em segundos. Se consumida rapidamente, a cerveja estará praticamente tão boa quanto estava no bar. Na pior das hipóteses, a cerveja estará como uma refeição de um restaurante fino enfiada num saco, refrigerada por dias e depois aquecida em micro-ondas: em suma, o pior pesadelo do cervejeiro. Algumas empresas estão começando a vender "estações de enchimento de *growler*" que são essencialmente miniaturas de linhas de engarrafamento; estas retiram o ar, o substituem por CO_2, e depois enchem o *growler* sob pressão. Essas estações são capazes de trabalhar muito bem, mas tais sistemas são caros. Parece que o *growler* voltou para ficar, mas ainda não se sabe se os cervejeiros insistirão na qualidade adequada da cerveja ou farão vista grossa enquanto o dinheiro é contado do outro lado do balcão.

Benbow, M. **The growler.** Disponível em: http://www.rustycans.com. Acesso em: 18 dez. 2010.

Simonson, R. The new old way to tote your beer. **The New York Times,** 26 jan. 2010. Acesso em: http://

www.nytimes.com/2010/01/27/dining/27growl.html. Acesso em: 18 dez. 2010.

Garrett Oliver

gruit é um termo genérico que se refere às misturas de ervas utilizadas para flavorizar e conservar a cerveja antes do uso do lúpulo dominar a Europa nos séculos XV e XVI. O *gruit* era mais comumente composto por samouco-de-brabante (também conhecida como murta-do-brejo; ver MURTA-DO--BREJO), milefólio e alecrim-do-campo (ou alecrim-do-brejo), mas podia incluir também outras plantas, como urze, zimbro, gengibre, cominho e canela. Algumas vezes lúpulos também faziam parte da mistura. Na Grã-Bretanha foi estabelecida uma diferença entre a *ale*, flavorizada com *gruit*, e a *beer*, produzida com lúpulo.

Embora o gosto pelas cervejas lupuladas tenha crescido entre os cervejeiros e consumidores a partir do século XI, o desaparecimento do *gruit* teve menos a ver com a preferência pelo lúpulo do que com as lutas políticas, religiosas e morais nos países em que era utilizado. Com o amplo monopólio da Igreja Católica sobre os impostos e vendas de *gruit*, o uso de lúpulo na cerveja foi um ato realmente revolucionário, em um momento em que os príncipes alemães afirmavam sua independência, no início da Reforma. De fato, a Lei da Pureza da Cerveja, de 1516, mais ou menos coincide com os primeiros atos públicos de Martinho Lutero. Ver LEI DA PUREZA DA CERVEJA. Além disso, interdições puritanas ao uso de substâncias tidas como psicotrópicas ou afrodisíacas na cerveja, bem como a condenação das práticas das mulheres cervejeiras como algo equivalente à bruxaria, ajudou a acelerar o acelerar o abandono da produção e do uso de *gruit*.

Alguns exemplos modernos de *ales* de *gruit* existem, entre as quais as mais notáveis são a Fraoch e a Alba, da cervejaria escocesa Williams Brothers, e a The Wind Cries Mari, da Cambridge Brewing Co., de Cambridge, Massachusetts.

Buhner, S. H. **Sacred and herbal healing beers: the secrets of ancient fermentations.** Boulder: Siris Books/Brewers Publications, 1998.

Mosher, R. **Radical brewing: recipes, tales, & world-altering meditations in a glass.** Boulder: Brewers Publications, 2004.

Dick Cantwell

gueuze, um tipo de *lambic* fortemente carbonatada e não frutada, é a epítome da arte da produção de cervejas estilo *sour*. Ver LAMBIC. Às vezes denominada a "o champanhe da Bélgica", a *gueuze* é uma mistura de duas ou mais *lambics* em diferentes estágios de envelhecimento, sempre com a cerveja mais jovem aportando os açúcares necessários para a refermentação em garrafa. É quase certo que a *gueuze* tenha surgido antes do *champagne* e provavelmente era servida diretamente dos barris. Hoje em dia, salvo raras exceções, a *gueuze* é considerada, por definição, uma cerveja envasada em garrafa. A exemplo do que fazem alguns produtores de *champagne*, que compram tanto uvas como vinho para fazer os *blends* de suas bebidas, certos produtores de *gueuze* também compram *lambics* para elaborarem seus *blends*. Ver BLENDING HOUSES. Mais frequentemente, uma *gueuze* é composta de cervejas de diferentes barris de uma mesma cervejaria. O sabor tradicional da *gueuze* é seco, penetrante e terroso, muito similar ao de uma *lambic* pura, mas a refermentação em garrafa e a consequente carbonatação dão a ela maior complexidade e requinte. Ver CONDICIONAMENTO EM GARRAFA. Assim como os cortes de vinho ou de *whisky* escocês, a mistura de *lambics* para a produção de uma *gueuze* também é uma arte. Por terem passado por processos de fermentação espontânea, cada barril de *lambic* apresentará características particulares. A partir a degustação, o especialista deve decidir se usa a cerveja naquele momento ou ainda se a mantém sob maturação; se usa a cerveja para uma *lambic* ou se a destina à elaboração de uma *gueuze*; ou se utiliza a cerveja para elaborar uma *gueuze* tradicional de melhor qualidade ou a variedade mais comercial também produzida por muitas casas. As *gueuzes* com aromas intensos de envelhecimento são consideradas de grande valor e serão cuidadosamente analisadas na adega. São cervejas com aromas que remetem a estábulo e queijos de cascas lavadas; o que não é de surpreender, porque algumas cepas de leveduras selvagens e bactérias são encontradas tanto nos queijos quanto nas cervejas. As *lambics* jovens fornecem à mistura açúcares fermentáveis e sabores mais frescos e vibrantes. As *lambics* maturadas oferecem complexidade aromática e enzimas liberadas pelas dezenas de microrganismos ativos no barril; essas enzimas degradarão os açúcares complexos em moléculas simples que as leveduras e bactérias poderão metabolizar para criar a carbonatação natural. Assim, o profissional especializado na elaboração dos *blends* de *gueuze* não deve apenas controlar as características de sabor e acidez de cada *lambic* em particular, mas também se assegurar de que a cerveja alcançará a carbonatação desejada após a refermentação na garrafa.

As proporções de *lambics* jovens e maturadas de uma *gueuze* diferem de ano a ano e de uma cervejaria para outra. Alguns cervejeiros usam aproximadamente 50% de cerveja *lambic* maturada durante um ano, 25% durante dois anos e 25% durante três anos. Outros preferem utilizar dois terços de *lambic* com um ano de maturação e um terço com dois a três anos. *Blends* especiais podem incluir apenas 10% de cerveja jovem. Uma vez feita a mistura, a cerveja é engarrafada e guardada na adega por no mínimo quatro a seis meses em processo de refermentação. Algumas delas não são liberadas antes de vários anos. Ao serem finalmente servidas, as garrafas devem chegar à mesa na posição horizontal, o que permite que o depósito de leveduras permaneça estável enquanto a cerveja é servida sem sedimentos e com boa espuma.

Muitos nem imaginam que o *champagne* é essencialmente um *cocktail*; quase todos eles são adoçados para torná-los agradáveis a um público mais amplo. Embora isso não faça parte da tradição das *gueuzes*, é de fato algo bastante praticado. Com exceção de uns poucos cervejeiros mais tradicionais, a maioria das cervejarias de *lambics* elabora *gueuzes* adoçadas que são mais lucrativas, e essas cervejas muitas vezes confundem os apreciadores do estilo. No final da década de 1990, alguns cervejeiros produtores de *lambic*, já fartos do que consideravam serem adulterações, fundaram a associação Hoge Raad voor Ambachtelijke Lambikbieren (Horal – Alta Comissão das Cervejas Lambic Feitas Tradicionalmente), presidida por Armand Debelder, da cervejaria Drie Fonteinen, da cidade de Beersel, na Bélgica. Todos os produtores e *blenders* de *lambic* são membros dessa associação, com exceção da Belle-Vue (propriedade da companhia multinacional ABInBev) e da tradicionalíssima cervejaria Cantillon, que resiste à adesão porque nem todos os membros empregam métodos tradicionais. Ver CANTILLON, CERVEJARIA.

O principal objetivo da Horal é proteger a autenticidade das *lambics* com uma denominação adequada, adicionando a palavra *oude* (envelhecida) às palavras *gueuze* e *kriek*; atualmente, o termo *oude* em geral garante que a cerveja na garrafa não é adoçada.

A Horal também organiza periodicamente a Toer de Geuze, um passeio de ônibus organizado no qual praticamente todos os cervejeiros produtores de *gueuze* abrem suas portas aos apreciadores de cerveja de todo o mundo. Para os amantes de *lambic*, esse evento pode ser algo semelhante a uma peregrinação religiosa.

Há apenas quinze ou vinte anos, parecia que um verdadeiro maremoto de forças mercadológicas varreria as *gueuzes* verdadeiras de cena, mas hoje o futuro da autêntica *gueuze* parece bastante promissor. No início da década de 1990, as vendas das tradicionais *sour gueuzes* eram de cerca de 1.500 hL, mas em 2006 esse número chegou a 6.000 hL. Os *chefs* belgas costumam harmonizar a *gueuze* com seus pratos, ou mesmo prepará-los segundo a tradição da "*cuisine à la bière*". Ver COZINHAR COM CERVEJA. Com sua acidez purificante, a *gueuze* é um aperitivo ideal antes de uma refeição requintada. Muitos pratos belgas clássicos incluem-na como principal ingrediente. No livro *La Gueuze Gourmande*, publicado em 2006, a crítica belga de gastronomia Nicole Darchambeau, compilou alguns desses pratos: mexilhões com *gueuze*, fígado de cordeiro com *gueuze* e mostarda, coxas de ganso conservadas em *gueuze*, frango com geleia de *gueuze* e galinha-d'angola com *gueuze* e brócolis são exemplos da mesa tradicional de Bruxelas. Finalmente, a *gueuze* pode ser usada também como ingrediente em vinagretes, geleia de cebola ou no molho de cogumelos *pleurotes*, em pães especiais, ou, como sobremesa, na elaboração de sorvetes de frutas espetacularmente intensos, complexos e refrescantes.

Darchambeau, N. **La gueuze gourmande**. Bruxelles, Éditions Les Capucines, 2006.
Horal. **Hoge Raad voor Ambachtelijke Lambiekbieren.** Disponível em: http://www.horal.be. Acesso em: 28 mar. 2011.

Lorenzo Dabove e Garrett Oliver

Guinness, Arthur. O fundador do império cervejeiro Guinness nasceu em Celbridge, uma cidade localizada às margens do rio Liffey no condado de Kildare, Irlanda, em 24 de setembro de 1725. Ele tem sido descrito como empresário, visionário e filantropo. Seu pai, Richard Guinness, era administrador de terras de Arthur Price, padrinho do jovem Arthur e vigário de Celbridge. Em 1722, Price adquiriu a pequena e local Kildrought Brewery e colocou Richard como encarregado de produção. Arthur Price se tornou arcebispo de Cashel da Igreja da Irlanda, em 1744, posição que manteve até sua morte em 1752, e em seu testamento deixou a Arthur Guinness (então com 27 anos de idade) a quantia de cem libras. Foi especificado que esse dinheiro deveria ser utilizado para expandir a cervejaria.

Assim, em 1755 Arthur arrendou uma cervejaria em Leixlip, uma pequena cidade a sudoeste de Dublin, na confluência dos rios Liffey e Rye. Lá, ele produziu cervejas com sucesso durante cinco anos, antes de deixar seu irmão caçula no comando e partir para empreendimentos maiores em Dublin. Nessa cidade, em 31 de dezembro de 1759, Arthur arrendou por 9.000 anos (por 45 libras por ano) uma propriedade cervejeira de quatro acres em St. James's Gate. Em 1761 ele se casou com Olivia Whitmore na igreja St. Mary, em Dublin, e tiveram 21 filhos, dos quais dez atingiram a maioridade. A partir de 1764, eles viveram na magnífica Beaumont House, no norte da cidade, construída por Arthur.

Inicialmente, as cervejas eram produzidas em St. James's Gate, e a primeira remessa de exportação consistia em poucos barris enviados à Inglaterra em maio de 1769. Em 1767, Guinness era o mestre da Dublin Corporation of Brewers, e na época de sua morte, em 1803, a cervejaria produzia mais de 30 mil hectolitros de *porter* por ano.

Ver também ARTHUR GUINNESS & SONS.

Byrne, A. **Guinness times**. Dublin: Town House and County House, 1999.
Mansfield, S. **The Search for God and Guinness: a biography of the beer that changed the world.** Nashville: Thomas Nelson, Inc., 2009.
Yenne, W. **Guinness: the 250-year quest for a perfect pint.** Chichester: Wiley, 2007.

Ian Hornsey

gushing, também conhecido como *fobbing*, é a ocorrência do transbordamento, mais ou menos vigoroso, da cerveja no momento que a garrafa ou lata é aberta. Geralmente, qualquer coisa que promova a rápida liberação do gás provoca o *gushing*. Quaisquer partículas que formem locais para o dióxido de carbono se concentrar (chamados locais de nucleação) essencialmente fazem com que o gás seja liberado muito rapidamente.

O *gushing* tem sido atribuído a vários fatores. O "*gushing* primário" é atribuído a cervejas produzidas com malte defeituoso (derivado da cevada que foi colhida em condições de alta umidade) e é, aparentemente, a maior causa do problema que aparece periodicamente em cervejas comerciais. As substâncias responsáveis pelo *gushing* são os polipeptídeos hidrofóbicos derivados de várias cepas de bolores, mais comumente *Fusarium*. A esses componentes tem sido dado o nome de hidrofobinas.

Outras causas de *gushing* são designadas pelo termo "*gushing* secundário" e incluem, embora não se limitem, à presença de íons metálicos, tais como ferro, níquel e estanho; oxalato de cálcio; alguns extratos de lúpulo isomerizados; uma superfície áspera (formando os locais de nucleação) no interior da garrafa; e lavagem e enxágue inadequados das garrafas antes do enchimento. O oxalato de cálcio também pode ser um problema. Os ânions de oxalato, derivados das cascas dos grãos usados na produção de cerveja, podem precipitar com o cálcio e formar cristais distintos, dando origem aos locais de nucleação para a fuga de CO_2. Isso pode ser um problema particularmente difícil para os cervejeiros que produzem cervejas refermentadas na garrafa com altos níveis de carbonatação. Os cervejeiros que se deparam com o *gushing* causado por cristais de oxalato devem procurar garantir que o cálcio esteja presente em quantidade suficiente no início da brassagem para permitir a precipitação do oxalato em várias etapas que antecedem a sua filtração e o seu engarrafamento. Infelizmente, este é um sistema químico de equilíbrio delicado, e a adição de cálcio nem sempre é bem-sucedida. Se cálcio suficiente é usado para que se termine com 80 miligramas/litro no mosto acabado, o potencial *gushing* causado pelo oxalato vai ser minimizado. Em 2001, pesquisadores alemães relataram que 99% do *gushing* é causado pelo oxalato de cálcio na cerveja.

A prevenção do *gushing* primário causado pelo malte depende do controle de sua qualidade, enquanto a prevenção do *gushing* secundário requer a remoção de outros materiais com potencial de nucleação. O tratamento da cerveja com adsorventes e filtração pode ajudar. Os cervejeiros que estiverem experimentando problemas de *gushing* devem minimizar o teor de ferro na água cervejeira e/ou na terra diatomácea como meio filtrante (lixiviação causada por fluxo reverso) e analisar a relação polifenois/alfa-ácidos do lúpulo, que depende da variedade do lúpulo. Nesse último caso, os polifenóis têm sido citados como agentes causadores do *gushing*, pois naturalmente formam aglomerados coesos com as proteínas da cerveja.

Claro que, em um nível muito básico, qualquer fator que promova severamente um excesso de carbonatação na cerveja causará o *gushing*, seja a aplicação indevida de dióxido de carbono, seja o excesso de atenuação ou o excesso de açúcar *priming* nas cervejas refermentadas em garrafa. O problema de atenuação excessiva é comum em cervejas refermentadas em garrafa que utilizam cepas de leveduras selvagens, como a *Brettanomyces*, que podem continuar a fermentar os açúcares que as cepas *Saccharomyces* não fermentam.

Bamforth, C. W. Beer: a quality perspective. In: Inge, R.; Bamforth, C. W.; Stewart G. (Ed.). **Handbook of alcoholic beverages.** Amsterdam: Elsevier, 2009.

Gary Spedding

gyle é um termo antigo, muitas vezes utilizado (especialmente no Reino Unido) para descrever uma batelada de mosto ou de cerveja durante seu processo de produção. Bateladas de mosto deixando a tina de mosturação ou de filtração podem ser distribuídas para duas ou mais tinas de fervura, com os mostos geralmente diferindo em densidade. Após a fervura, os mostos podem ser misturados em várias proporções, dando origem, após a fermentação, a diferentes cervejas com teores alcoólicos variados. Esse sistema é conhecido como "*parti-gyle*". Ver PARTI-GYLE.

George Philliskirk

A **Hacker-Pschorr, Cervejaria**, de Munique, está entre as cervejarias mais antigas da Alemanha. Ela é mencionada pela primeira vez em um documento datado de 1417 – exatamente 75 anos antes da primeira viagem de Colombo à América. Em seguida, foi chamada de "Preustatt an der Hagkagasse" (um lugar de produção de cerveja na alameda Hagka), localizada nas terras do atual *beer hall* da Altes Hackerhaus, na Sendlingerstrasse número 14, a meio caminho entre a antiga prefeitura em Marienplatz e o portão da cidade Sendlinger Tor. Um cervejeiro de nome Simon Hacker comprou as instalações em 1738 e a rebatizou "Hacker Bräu". Em 1797, outro proprietário de cervejaria, Josef Pschorr, adquiriu o controle da Hacker Bräu ao se casar com Therese Hacker, mas as duas cervejarias permaneceram separadas até sua fusão em 1972, dando origem à Cervejaria Hacker-Pschorr. O nome hifenizado da cervejaria apareceu nos rótulos de cerveja, pela primeira vez, três anos depois. Hoje, a Hacker-Pschorr, junto com a Paulaner Brauerei GmbH & Co. KG é parte da Brau Holding International AG, sediada em Munique, a qual, por sua vez, tem 49,9% de suas ações controladas pela holandesa Heineken N.V. e 50,1% pelo Schörghuber Corporate Group, uma companhia diversificada com investimentos em hotéis, arrendamento de aeronaves, bebidas, imóveis e construção. A Hacker-Pschorr, no entanto, é agora uma marca sem cervejaria, porque sua cervejaria foi fechada em 1998, e todas as suas cervejas são produzidas pela Paulaner. Há mais de uma dúzia de estilos de cerveja com o rótulo Hacker-Pschorr no mercado, incluindo uma *helles*, uma *dunkel*, uma *pils*, quatro *weissbiers*, uma *oktoberfest märzen*, e uma *doppelbock* não filtrada, com pronunciado caráter de levedura.

Hackerhaus. Disponível em: http://www.hackerhaus. de/>. Acesso em: 28 jan. 2011.
Hacker-Pschorr. Disponível em: http://www.hacker-pschorr.de. Acesso em: 28 jan. 2011.

Horst Dornbusch

Halcyon é uma cevada de malteação para clássicas *English pale ale*. É uma variedade de cevada de inverno de duas fileiras com alta produtividade, que se tornou bastante popular na década de 1980, especialmente no Reino Unido. Ela possui uma genealogia impressionante, já que foi desenvolvida a partir da Maris Otter e Sargent. Ver MARIS OTTER. Em seu auge, a popularidade da Halcyon se baseou amplamente em suas excelentes qualidades agronômicas de boa resistência a doenças e alta produtividade, bem como em sua homogeneidade, o que garantiu excelente desempenho na maltaria. Era bastante pobre em proteínas (geralmente em torno de 9,5%), o que a tornou perfeitamente adequada para a tradicional *English ale*, com etapa única de mosturação. Os baixos valores de proteína também garantiam bons valores de extrato durante a filtração do mosto. Ver FILTRAÇÃO DO MOSTO. A Halcyon conferia às cervejas produzidas com seus grãos uma agradável nota de biscoito, o qual fornecia à cerveja pronta uma prazerosa sensação na boca, bem como certa profundidade e complexidade de sabor, embora não tão doce e redondo quanto os atributos providos pela Maris Otter. Muitos cervejeiros artesanais americanos tomaram conhecimento dos maltes britânicos no final da década de 1980, época em que a Halcyon era uma das principais variedades de cevada dos maltes *pale ale* importados. No entanto, a Halcyon possuía menor poder diastático do que algumas de suas concorrentes, uma desvantagem, provavelmente a razão principal de sua substituição, entre outras variedades, pela Pearl, de produtividade ainda maior. Embora raramente cultivada nos dias atuais, a Halcyon ainda está disponível, principalmente como um *floor malt* especial.

Ver também FLOOR MALTING.

Annual Report of the plant breeding institute. Cambridge, 1983.
Our Suppliers – Thomas Fawcett. **The Country Malt Group**. Disponível em: http://www.countrymaltgroup.com/fawcett malting.asp. Acesso em: 29 dez. 2010.

Keith Thomas

Hallertau, região, é apenas um pequeno triângulo de terras na Alemanha, cerca de 70 quilômetros ao norte de Munique, na Baviera, mas é a maior e talvez a região mais famosa de cultivo de lúpulo do mundo. Ver LÚPULOS ALEMÃES. Os lúpulos têm sido cultivados nessa região pelo menos desde 768, a data do documento preservado mais antigo que evidencia o cultivo de lúpulo na localidade. Mas o cultivo de lúpulo permaneceu razoavelmente modesto em Hallertau até o século XVI, quando o uso do lúpulo como o flavorizante exclusivo para cerveja foi determinado para toda a Baviera por meio de um decreto ducal. Ver LEI DA PUREZA DA CERVEJA. Um dos aspectos notáveis do cultivo do lúpulo em Hallertau sempre foi a pequena dimensão das terras individuais, a maioria delas de propriedade familiar há gerações. O número de propriedades produtoras de lúpulo na Alemanha vem declinando há várias décadas. Se no início da década de 1960 havia mais de 13 mil propriedades, hoje elas não chegam a 1,5 mil, e menos de 1,2 mil dessas estão na região de Hallertau. A área total de lúpulo, contudo, tem se mantido relativamente constante, porque a dimensão média das propriedades tem crescido. Ainda assim, o tamanho médio de uma fazenda de lúpulo em Hallertau, atualmente, é de aproximadamente 13 hectares (apenas 32 acres). Nos Estados Unidos, em comparação, uma propriedade produtora de lúpulo com centenas de acres é considerada pequena. Ainda assim, a região de Hallertau produz quase 90% de todo o lúpulo da Alemanha.

A região de Hallertau é tradicionalmente dividida em treze distritos certificados, cada um com o seu próprio selo oficial para certificar a autenticidade de qualquer carregamento de lúpulo da região. Ver SELO DO LÚPULO. Em 1992, uma área adicional, a área de Jura, na outra margem do rio Danúbio, foi acrescentada à região de Hallertau, assim como foi adicionada, em 2004, a área de Hersbrucker, centrada em torno da pequena cidade de Hersbruck, ao leste de Nuremberg. Hersbruck está, na verdade, a cerca de 150 quilômetros de distância de Hallertau, mas o objetivo dessa fusão foi, em grande parte, simplificar as estatísticas, dado o tamanho relativamente diminuto dos novos distritos. Por exemplo, enquanto Hallertau em si tem cerca de 15 mil hectares de lúpulo cultivado, os cultivares de Hersbruck não chegam a 1% disso.

Talvez o mais aclamado e tradicional lúpulo de Hallertau seja o Hallertauer Mittelfrueh, uma das quatro variedades europeias clássicas frequentemente chamadas de "nobres". Ver HALLERTAUER MITTELFRUEH e LÚPULOS NOBRES. O Hallertauer Mittelfrueh é uma variedade aromática cuja produção passou por dramáticos altos e baixos durante o século XX. Para lidar com os caprichos dessa variedade exigente, o Instituto de Pesquisa de Lúpulo, em Hüll, foi fundado em 1926. Desde então, o instituto tornou-se líder mundial em pesquisas e melhoramento do lúpulo. Alguns dos cruzamentos criados lá tornaram-se cultivares de sucesso não só em Hallertau, mas também em outros lugares. Ver HALLERTAUER TAURUS, HALLERTAUER TRADITION, HERKULES, HERSBRUCKER SPÄT, OPAL, PERLE, SAPHIR e SMARAGD. No entanto, devido a diferenças relacionadas com o *terroir*, como características de drenagem do solo, o lúpulo Hallertauer cultivado fora da região, inclusive nos Estados Unidos, pode ter um desempenho muito diferente em termos agronômicos. Mais importante, os seus perfis de aroma podem também ser muito diferentes. Em Hallertau, a variedade Hersbrucker Spät é considerada uma alternativa mais resistente às doenças do que o Hallertauer Mittelfrueh. O Hallertauer Tradition foi desenvolvido como um lúpulo aromático alemão projetado para a Anheuser-Busch. Hallertauer Magnum e Hallertauer Taurus são duas variedades de lúpulo de amargor com alta concentração de alfa-ácidos. As variedades inglesas Northern Brewer e Brewer's Gold foram trazidas para a região na década de 1950, por conta de um surto de murcha do *Verticillium*, uma doença causada por um fungo veiculado pelo solo, contra o qual essas variedades britânicas têm uma boa resistência. Ver BREWER'S GOLD e NORTHERN BREWER.

A região de Hallertau foi durante muito tempo uma área de cultivo de lúpulos aromáticos, mas, agora, lúpulos de amargor com alta concentração de alfa-ácidos têm crescido cada vez mais. Ver ALFA-ÁCIDOS. Atualmente, a área dedicada ao cultivo de lúpulos de amargor em Hallertau – principalmente Hallertauer Magnum, Hallertauer Taurus, Herkules, Northern Brewer, e Nugget – é quase igual à dedicada ao cultivo de lúpulos aromáticos – principalmente Perle, Hallertauer Tradition, Hallertauer Mittelfrueh e Hersbrucker Spät.

Ver também NUGGET.

Val Peacock

Hallertauer Magnum é um lúpulo desenvolvido pelo Instituto de Pesquisa do Lúpulo em Hüll, no centro de Hallertau, com herança genética do Hallertauer Mittelfrueh. Ver HALLERTAU, REGIÃO e HALLERTAUER MITTELFRUEH. Ele foi lançado para cultivo comercial em 1993. Esse lúpulo apresenta uma linhagem cosmopolita notável, e parte do seu material genético tem origem no lúpulo Galena, um cultivar americano superalfa. O Galena, por sua vez, é parcialmente derivado do Brewer's Gold, um lúpulo criado na Inglaterra que pode ter sua origem em um ancestral de lúpulo selvagem da província de Manitoba, nas planícies do Canadá. Ver BREWER'S GOLD e GALENA. Com um *pedigree* tão globalizado, esse lúpulo parece ter reunido um verdadeiro mosaico de qualidades agronômicas e cervejeiras desejáveis, o que provavelmente justifica o fato de campos de Magnum poderem ser vistos em todas as regiões alemãs produtoras de lúpulos, bem como na França, Polônia e nos Estados Unidos. De fato, o Magnum é a principal variedade rica em alfa-ácidos cultivada na Alemanha. Ele cresce rapidamente e de forma eficiente, apresenta maturidade média-tardia e uma respeitável produtividade média de 2.750 kg/ha, sendo relativamente resistente à murcha do *Verticillium* e ao míldio. No campo, seu único inconveniente notável é a suscetibilidade ao oídio (*Podosphaera macularis*), um defeito que levou, uma década mais tarde, à introdução da variedade Herkules pelo instituto da cidade de Hüll. Ver HERKULES. Com um teor de alfa-ácidos de 11% a 16%, beta-ácidos de 5% a 7% e cohumulona de 21% a 29%, seus valores de amargor são bastante altos, e sua estabilidade durante armazenamento pós-colheita e processamento é boa. Na cerveja, o Hallertauer Magnum é considerado muito versátil, conferindo um amargor agradável e harmônico, bem como um aroma delicado de lúpulo de média intensidade, com notas florais e frutadas.

Centrale Marketing-Gosellschaft (CMA). **The spirit of beer – Hops from Germany. Hop variety portfolio**. Wolnzach: Verband Deustcher Hopfenpflanzer, 2005.

Peredo, E. L. et al. Genetic and epigenetic stability of cryopreserved and cold-stored hops. **Criobiology**, v. 57, n. 3, p. 234-241, dez. 2008.

HVG. **Hallertauer Magnum**. Disponível em: http://www.hvg-germany.de/images/stories/pdf/hopfensorten/en/Magnum_engl.pdf. Acesso em: 29 mar. 2011.

Freshops. **USDA named hop variety descriptions**. Disponível em: http://www.freshops.com/hops/usda-named-hop-variety-descriptions#usda_id_21670/. Acesso em: 29 mar. 2011.

Daniel Paquette e Lydia Winkelmann

Hallertauer Mittelfrueh é considerado o rei das variedades de lúpulos alemães e possui uma reputação sólida como um dos mais finos lúpulos aromáticos do mundo. Seu nome deriva de Hallertau, na Alemanha, a maior região produtora de lúpulo do mundo, e do seu tempo ótimo de colheita precoce-médio na safra (*mittelfrueh* significa "médio-tardio"). Ver HALLERTAU, REGIÃO. Pelas suas qualidades aromáticas exemplares e delicadas, esse lúpulo é frequentemente designado pelos vendedores de lúpulo como a definição de lúpulo nobre. Ver LÚPULOS NOBRES. O Mittelfrueh é uma antiga linhagem pura de lúpulo. Essa designação significa que ele simplesmente surgiu da terra e que suas origens são tão antigas que não podem ser documentadas com nenhuma certeza. Também significa que variações clonais existem nos lúpulos devido aos longos períodos de evolução isolada de diversas plantas. Na verdade, a exemplo do que deve ter ocorrido com diversas linhagens puras, como o Saaz, provavelmente houve diversos cruzamentos naturais com plantas de lúpulos selvagens machos.

Ver SAAZ. O Hallertauer Mittelfrueh tem um aroma complexo de especiarias e ervas, além de conferir um amargor suave que se encaixa bem no perfil de sabores da maioria das cervejas do tipo *lager*, especialmente nas *pilsners*. Ver LAGER e PILSNER. Esse lúpulo pode desenvolver notas de cedro, couro e tabaco durante seu envelhecimento. Seu teor de alfa-ácidos varia de 3% a 5,5%, beta-ácidos de 3% a 5% e o de cohumulona, de 18% a 28%. Seu teor total de óleos essenciais é de 0,7% a 1,3%.

Embora seja um lúpulo nativo de Hallertau, o Mittelfrueh também é cultivado nas regiões de Tettnang e Spalt, na Alemanha, onde é chamado de Tettnanger Hallertau e Spalter Hallertau, em oposição a Hallertauer Hallertau. Ver SPALT, REGIÃO e TETTNANG, REGIÃO. Tecnicamente, a maioria do Mittelfrueh cultivado nas três regiões alemãs é a "seleção clonal 102", um clone selecionado e propagado pelo Instituto de Pesquisa do Lúpulo, de Hüll, em Hallertau. Sua seleção deveu-se ao seu vigor e conformidade com os padrões de perfil aromático da variedade. Ao longo de grande parte do século XX, o Mittelfrueh foi o lúpulo de cultivo predominante em Hallertau.

O Hallertauer Mittelfrueh, frequentemente chamado apenas de "Hallertau", é um lúpulo de baixa produtividade, em torno de 1.250 kg/ha, sendo suscetível ao míldio e especialmente à murcha do *Verticillium*. Ambos podem ser fatais para a planta, principalmente a murcha. Um surto de míldio em Hallertau nos anos de 1920 foi responsável pela fundação do Instituto de Pesquisa do Lúpulo em Hüll, em 1926. A missão exclusiva do recém-fundado instituto era pesquisar lúpulos que fossem menos suscetíveis a essas doenças e posteriormente encontrar meios de controlar as próprias doenças. Em meados dos anos 1950, uma cepa particularmente agressiva do *Verticillium* começou a se espalhar em Hallertau, chegando até mesmo a provocar a inviabilidade comercial das áreas contaminadas. Como os esforços em busca de um modo de controle efetivo da murcha falharam, a doença estava tão disseminada na década de 1970 que a maioria das áreas foi replantada com outras variedades de lúpulos mais resistentes à murcha. Ver BREWER'S GOLD, HERSBRUCKER SPÄT e NORTHERN BREWER. Novos cultivares aromáticos que podiam tolerar a murcha foram desenvolvidos pelo instituto de Hüll. Ver PERLE. Enquanto em 1970 58% das áreas de Hallertau estavam plantadas com Hallertauer Mittelfrueh, em 1990 esse número caíra para apenas 1,5%. Entretanto, a área cultivada voltou a aumentar na década de 1990, principalmente devido à grande demanda por parte de cervejeiros do mundo todo, mas também pela melhoria das práticas agronômicas. Atualmente, o Hallertauer Mittelfrueh representa pouco mais de 10% de todo o lúpulo cultivado na Alemanha.

Pela reputação do Hallertauer Mittelfrueh e sua contínua demanda por parte de cervejeiros especialistas, o instituto de Hüll continua focado em desenvolver lúpulos com características cervejeiras semelhantes àquelas que tornaram o Mittelfrueh famoso, porém com maior resistência a doenças e melhores índices de produtividade. Dentre eles, o Hallertauer Tradition tem sido a variedade mais bem-sucedida. As variedades mais recentes Saphir e Smaragd também se mostram promissoras. Ver HALLERTAUER TRADITION, SAPHIR e SMARAGD.

Muitos cervejeiros norte-americanos queriam, na década de 1970, uma fonte segura de Hallertau, principalmente devido aos problemas de produção na Alemanha relacionados à murcha. Assim, passaram a explorar outras opções, a mais óbvia delas foi produzir o lúpulo nos Estados Unidos, onde a murcha era menos problemática. Assim, material vegetal do Hallertau foi importado e propagado no Novo Mundo. Grande parte do material era claramente o genuíno Hallertauer Mittelfrueh, mas outra parte parece ter sido misturada com outras variedades desconhecidas, um problema que não é incomum na indústria do lúpulo. Na Alemanha, as plantas do Hallertauer Mittelfrueh apresentam hastes com faixas avermelhadas, assim como as plantas genuínas nos Estados Unidos, mas as plantas questionáveis do Hallertau produzem hastes verdes sem as habituais faixas vermelhas, e os lúpulos em si parecem mais com o Fuggle do que com o Hallertau. Como muitos cervejeiros se desapontaram com os lúpulos Hallertau produzidos nos Estados Unidos, os esforços de transplantar a variedade foram amplamente malsucedidos. Uma exceção é o Hallertauer Mittelfrueh cultivado ao norte de Idaho. Ver IDAHO, REGIÃO NORTE. O segundo plano para uma fonte segura de Hallertau do Novo Mundo foi então desenvolver híbridos de lúpulos Hallertauer com melhores índices de produtividade, mas com características aromáticas similares. Ver CRYSTAL, LIBERTY, MOUNT HOOD, ULTRA e VANGUARD.

Thomas Shellhammer e Val Peacock

Hallertauer Taurus é uma variedade de lúpulo de maturação tardia que foi lançada em 1995 pelo Instituto de Pesquisa do Lúpulo em Hüll, na Alemanha. Ele possui altíssimo teor de alfa-ácidos, variando entre 12% e 17%. A característica de seu amargor é refrescante, o que o torna bem apropriado para conferir amargor nas *lagers* alemãs. Dada sua característica de riqueza em alfa-ácidos, os cervejeiros não o utilizam como lúpulo de aroma, embora suas características aromáticas sejam delicadas e florais. Embora alguns cervejeiros não tenham notado, há uma coisa interessante nesse lúpulo: ele possui o maior teor de xantohumol dentre todos os lúpulos do mundo. Embora o xantohumol, um poderoso antioxidante, esteja presente na maioria dos lúpulos em quantidades traços no óleo essencial, no Taurus ele foi quantificado com valor médio de 0,91%. Estudos *in vitro* demonstraram que o xantohumol, em quantidades relativamente altas, é um agente preventivo eficaz contra o câncer. Isso pode indicar a abertura de um novo nicho de mercado para o lúpulo além do setor cervejeiro: nos setores de formulações medicinais e de alimentos saudáveis, nos quais o xantohumol tem sido amplamente pesquisado. Agronomicamente, o Taurus é relativamente resistente à murcha do *Verticillium* e ao míldio, mas possui baixa resistência ao oídio.

Hopsteiner. **Hallertauer Taurus**. Disponível em: http://www.hopsteiner.com/pdf/germany/HallertauerTaurus.pdf. Acesso em: 28 mar. 2011.
HVG. **Hallertauer Taurus**. Disponível em: http://www.hvg-germany.de/images/stories/pdf/hopfensorten/en/Taurus_engl.pdf. Acesso em: 28 mar. 2011.
Stevens, J. F.; Page, J. E. Xanthohumol and related prenylflavonoids from hops and beer: to your good health! **Phytochemistry**, v. 65, n. 10, p. 1317-1330, maio 2004.

Daniel Paquette e Lydia Winkelmann

Hallertauer Tradition é uma variedade de lúpulo aromático desenvolvida pelo Instituto de Pesquisa do Lúpulo em Hüll, na Alemanha, e lançado para cultivo comercial em 1992, primeiramente como uma variedade alternativa ao Hallertauer Mittelfrueh, com características de aroma semelhantes, mas com melhor resistência a doenças e pestes, além de maior produtividade. Ele é amplamente empregado por cervejeiros na produção de *lagers* alemãs na lupulagem ao final da fervura. O Tradition foi desenvolvido a partir do Hallertauer Gold e um lúpulo macho alemão desconhecido. Ele possui médio conteúdo de alfa-ácidos, entre 4% e 8%, e um bom perfil de óleos essenciais, produzindo belas notas florais.

HVG. **Hallertauer Tradition**. Disponível em: http://www.hvg-germany.de/images/stories/pdf/hopfensorten/en/Tradition_engl.pdf. Acesso em: 28 mar. 2011.
Freshops. **USDA named hop variety descriptions**. Disponível em: http://www.freshops.com/hops/usda-named-hop-variety-descriptions#usda_id_21670/. Acesso em: 29 mar. 2011.

Daniel Paquette and Lydia Winkelmann

Haná é sem dúvida a variedade nativa de cevadas cervejeiras de duas fileiras de verão mais importante do mundo. Também conhecida como "Old-Haná agroecotype" e às vezes por seu nome alemão "Hanna", essa cevada histórica é originária do vale do Haná, uma planície agrícola fértil na Morávia, que no século XIX fazia parte do Império Austro-Húngaro e agora faz parte da República Tcheca. Ver IMPÉRIO AUSTRO-HÚNGARO E REPÚBLICA TCHECA. O primeiro momento de fama do malte Haná foi quando compôs a mostura da primeira cerveja *pilsner* clara e dourada, que foi criada no outono de 1842 pelo mestre cervejeiro bávaro Josef Groll na Měšťanský Pivovar (uma Cervejaria dos Cidadãos) de Plzeň (Pilsen) na Boêmia. Ver PILSNER. O sucesso mundial subsequente do estilo de cerveja *pilsner* não somente aumentou o plantio de cevada Haná em muitos países ao redor do mundo, mas também criou o ímpeto para o estabelecimento de um programa sistemático de melhoramento de cevada na Áustria-Hungria. O objetivo do programa era incutir as propriedades agronômicas superiores de malteação e brassagem da Haná em outras variedades de cevada para diversos ambientes de cultivo. Um dos resultados mais significativos desse esforço pioneiro de melhoramento foi a chamada Proskowetz Hanna Pedigree, desenvolvida por Emanuel Proskowetz, dono de uma propriedade rural na Morávia, economista e agrônomo. A Proskowetz Hanna foi lançada em 1884 e plantada até 1958. Tornou-se a base para a próxima geração de cevadas cervejeiras de alto desempenho, sendo talvez a Opavský Kneifl a mais importante delas, desenvolvida pelo botânico tcheco F. Kneifl em 1926. Tanto a Proskowetz

Hanna quanto a Opavský Kneifl, portadoras dos genes da antiga Haná, passaram adiante suas características a uma longa sucessão de variedades de cevadas cervejeiras bem-sucedidas, e em meados do século XX, os cultivares de origem Haná foram consideradas os melhores do mundo. De particular importância genética na grande família de descendentes da Haná está o cultivar tcheco Valtice (ou Valtický), desenvolvido durante a década anterior à Segunda Guerra Mundial e cultivado posteriormente em diversos locais, bem como o resistente Diamant tcheco, desenvolvido entre 1956 e 1965, e o Trumpf da Alemanha Oriental (também escrito Triumpf, Triumph e Trumph), lançado em 1973. As cevadas Diamant e Trumpf aparecem nos *pedigrees* de cerca de 150 variedades de cevada que foram criadas em todo o mundo desde a década de 1970. Na sua terra natal, a República Tcheca, estudos realizados no início do século XXI pelo Instituto de Pesquisa Agrícola de Kromeriz descobriram que os genes da Haná e seus descendentes representam a maior contribuição genética para 137 variedades de cevadas tchecas de primavera, desenvolvidas entre 1900 e 1999. A Haná original do século XIX, portanto, embora não cultivada atualmente, é internacionalmente reconhecida como a progenitora genética clássica das modernas cevadas cervejeiras de qualidade superior.

Ver também KNEIFL e TRIUMPH.

Comunicação Pessoal com fontes tchecas, utilizando um tradutor em alemão.
Jalowetz, E. **Pilsner malz**. Wien: Verlag Institut für Gärungsindustrie, 1931. (Edição em inglês publicada em Pilsen, 2006).
Kosar, K.; Vratislav, P.; Mikyska, A. Barley varieties suitable for the production of the Czech-type beer. **Czech Journal of Genetics and Plant Breeding**, n. 40, 2004, p. 137-139.

Horst Dornbusch

Hansen, Emil Christian. O dr. Emil Christian Hansen (1842-1909) foi um dos primeiros diretores do Laboratório Carlsberg, centro de pesquisas estabelecido em 1875 pelo fundador da companhia cervejeira Carlsberg, J. C. Jacobsen. Ver CARLSBERG GROUP. Naquela época, a industrialização dos processos de produção de cerveja, em geral – e na Carlsberg, em particular – tinham avançado a um estágio em que as cervejarias tinham começado a engarrafar suas cervejas elas mesmas e a exportá-las para outros mercados. Isso impôs exigências totalmente novas sobre a estabilidade microbiológica da cerveja, e o trabalho focou-se na necessidade de prevenir que as cervejas azedassem antes de serem consumidas.

Hansen se baseou no trabalho de Louis Pasteur, que havia identificado "impurezas", como bactérias, leveduras selvagens e fungos, nas leveduras utilizadas para fermentar cervejas. Pasteur desenvolveu um processo simples de tratamento por calor, chamado "pasteurização", para eliminar essas contaminações na cerveja acabada. Ver PASTEUR, LOUIS e PASTEURIZAÇÃO. A teoria de Hansen era de que não apenas as leveduras de produção continham impurezas, mas elas também consistiam em numerosas populações de diferentes cepas de leveduras, das quais apenas algumas estavam contribuindo otimamente para as fermentações. Isso conduziu Hansen a seu trabalho experimental verdadeiramente revolucionário: ele diluía as suspensões de leveduras que recebia da produção cervejeira da Carlsberg e, então, cultivava porções das suspensões diluídas em tubos de ensaio com mosto estéril, continuando o processo de diluição até o crescimento ocorrer em um número limitado de tubos de ensaio. Hansen estava convencido, corretamente, que por esse método ele poderia isolar colônias de leveduras cultivadas a partir de uma única célula. Após uma longa séries de ensaios de fermentação com suas diferentes leveduras isoladas, Hansen foi capaz de identificar e cultivar as que conferiam uma ótima qualidade à cerveja e à performance do processo. Em 1883 o trabalho estava completo e, na Carlsberg, pela primeira vez na história, uma cerveja comercial foi produzida usando cultura pura da melhor levedura *lager* disponível, que foi devidamente nomeada *Saccharomyces carlsbergensis* (agora conhecida como *Saccharomyces uvarum*).

Anders Brinch Kissmeyer

harmonização com alimentos é um dos grandes talentos da cerveja tradicional e uma das razões do crescimento de sua popularidade. Antigamente, a cerveja era amplamente considerada como um grande acompanhamento de alimentos, mas abandonou a mesa de jantar durante décadas com o surgimento, em muitos países, de uma monocultura baseada na *pilsner*. O renascimento da produção tradicional de cerveja e a ascensão da cerveja artesanal atraíram, recentemente, a atenção para a versatilidade da cerveja como acompanhamento de alimentos.

À mesa, o maior concorrente da cerveja é o vinho, e muitas pessoas consideram exclusivamente o vinho ao decidir sobre a harmonização de um prato. Obviamente, o vinho é complexo e maravilhoso, e raro é o cervejeiro artesanal que não o aprecia. Mas qualquer reserva sobre a possibilidade de uma cerveja harmonizar com alimentos é lamentável, porque a cerveja, indiscutivelmente, tem uma gama muito maior de sabores com a qual trabalhar do que o vinho. As razões para isso são bastante simples: o vinho é feito a partir de um único ingrediente, enquanto uma cerveja pode facilmente conter uma dúzia. A cerveja pode ser preta e ter gosto semelhante a café ou chocolate, pode ser vivamente ácida com notas terrosas complexas, pode ter nuances de pão e ser suavemente floral, pode ser tão defumada como bacon, pode ser estimulantemente amarga e frutada, ou pode ser encorpada, doce e untuosa. A cerveja pode ser delicada a ponto de não sobrepujar o mais leve dos peixes, ou pode encorpar o paladar o bastante para combinar com o queijo mais vigoroso. A cerveja pode ter quase todos os gostos, incluindo vinho. Fazer cerveja é muito mais semelhante com o ato de cozinhar que a vinificação, e este fato fornece a base para a harmonização de alimentos.

Um livro inteiro poderia ser facilmente escrito sobre a harmonização de cerveja e alimentos, e muitos já foram. Aqui, nós somente poderemos fornecer alguns princípios e orientação na direção certa. Todas as harmonizações entre bebidas e comidas são – ou pelo menos deveriam ser – mais uma forma de arte do que um conjunto de regras. Certamente, podemos beber qualquer cerveja com qualquer alimento, e relativamente poucas harmonizações seriam verdadeiramente desagradáveis. Contudo, é possível criar combinações realmente extraordinárias. A experiência de sabor que estamos procurando criar é mais do que a soma de suas partes, assim como vozes em harmonia podem se tornar exponencialmente mais comoventes do que seriam sozinhas.

Como acontece com qualquer tipo de harmonização de bebidas, primeiro, deve-se considerar o impacto ou a intensidade dos parceiros em potencial. Nós não queremos que uma cerveja de sabor poderoso sobrepuje um prato delicado, nem queremos que uma cerveja delicada desapareça do palato quando confrontada com alimentos de sabor audacioso. O objetivo, portanto, é o equilíbrio. A intensidade da cerveja será baseada em um número de fatores que o provador irá experimentar em combinação, incluindo dulçor, maltosidade (qualidade semelhante a pão, derivados de grãos malteados), amargor, caráter torrado, teor alcoólico, nível de carbonatação, e, ocasionalmente, acidez. Embora isso pareça muita informação, nós processamos esses equilíbrios a todo tempo; se refletirmos um pouco, a compreensão da intensidade da cerveja vem tão naturalmente como ajustar o volume do som de modo a torná-lo adequado para o jantar. Se ele estiver muito alto, você saberá.

Na maioria dos estilos de cerveja, a carbonatação levanta a percepção dos sabores. Os níveis de carbonatação variam amplamente entre os estilos de cerveja, de um suave picante das *ales* refermentadas em barril até a efervescência assertiva das *saisons*. A carbonatação fornece à cerveja uma sensação física no palato, mas também acentua o amargor e a acidez e limpa o paladar. A carbonatação fornece à cerveja a capacidade de neutralizar as gorduras e outros elementos alimentares que revestem a boca. Ela é restauradora para o palato e pode fazer até pratos bastante pesados, tais como o *cassoulet*, parecerem muito mais leves do que seriam de outra forma. Cervejas de trigo altamente carbonatadas, em particular a *weissbier* bávara e a *witbier* belga, são frutadas, ligeiramente amargas e excelentes para acompanhar pratos com ovos em um *brunch*. Elas também são muito boas com peixes oleosos, tais como salmão, sardinha e cavala.

A gama de sabores nas cervejas tradicionais e artesanais oferece uma grande variedade de sabores e aromas para harmonizações. Entre os mais poderosos está o sabor de caramelo, ou, mais corretamente, a caramelização. Na maioria das cervejas cuja cor varia do âmbar ao cobre, até o marrom-escuro, essa cor é o resultado da utilização de maltes caramelizados. Às vezes, como em alguns estilos belgas, a cor virá do açúcar caramelizado adicionado na tina de fervura. Muitas vezes, os sabores de caramelo estão presentes no aroma, frequentemente acompanhados de algum dulçor residual no palato. Naturalmente, a caramelização está entre os sabores mais importantes dos alimentos. Quando nós fritamos, assamos, grelhamos ou selamos um alimento, desenvolvemos sabores de caramelo. Isso pode ser a

Cervo acompanhado de Ayinger Winterbock. BRAUEREI AYING FRANZ INSELKAMMER.

base para a harmonia e a razão pela qual uma *brown ale* vai tão bem com um hambúrguer, porco assado ou bife grelhado. Tais harmonizações podem apresentar-se como óbvias, enquanto outras podem exigir mais cuidado. Por exemplo, podemos pensar em uma vieira preparada em um molho de manteiga marrom como um leve prato de frutos do mar, mas na verdade a maior parte do sabor do prato deriva-se da caramelização da superfície da vieira e do molho de manteiga. Uma *brown ale* leve, uma *dunkel* bávara ou uma *dubbel* belga, todas com um acentuado caráter de caramelo, podem harmonizar melhor que uma cerveja mais clara. Outros exemplos incluem a preparação clássica de tamboril com lardo ou *pancetta* crocante e massa carbonara, preparada com um molho à base de gema de ovo e *pancetta*. Cervejas com sabores caramelizados também combinam muito bem com pratos feitos com cogumelos e pratos de frango e aves de caça.

Muitas variedades de lúpulo, especialmente as americanas, trazem aromas cítricos às cervejas. *Pale ales* e *India pale ales* (IPAs) com *dry hopping* muitas vezes apresentam gosto de limão, lima e laranja. Esses sabores podem harmonizar-se com pratos que contêm elementos semelhantes, como, por exemplo, carne de porco cozida com laranja azeda e colorau ou um simples frango ao molho de limão. Muitos pratos tailandeses contêm sucos cítricos, e isso os ajuda a serem bem acompanhados por cervejas que apresentam esses sabores.

Outras cervejas, como *tripels* belgas e *bières de garde* francesas, apresentam sabores com caráter herbais e florais. Pratos fortemente flavorizados com tomilho, alecrim, orégano, estragão e outras ervas tendem a combinar bem com elas.

Maltes torrados, utilizados assertivamente em *porters* e *stouts* e um pouco menos em *dunkels* e *brown ales*, trarão sabores de café e chocolate. Essas cervejas podem harmonizar muito bem com carnes ou legumes grelhados ou qualquer prato que desenvolva um ligeiro chamuscado no processo de cozimento. Essas cervejas às vezes são envelhecidas em barris de carvalho, que transmitem a elas aromas semelhantes à baunilha e uma particular afinidade com pratos de carnes assadas, tais como costelas.

O malte, mesmo quando claro, tem sabor de pão e noz e formará a base de qualquer dulçor residual que uma cerveja possa possuir. Embora raramente a cerveja seja genuinamente doce, muitas cervejas têm dulçor oriundo do malte suficiente para equilibrar o calor das pimentas ou combinar com pratos que contenham frutas ou outros elementos doces. O dulçor do malte também equilibra pratos mais salgados.

Quase sempre, a cerveja promove dois contrastes com os alimentos: carbonatação e amargor. Eles são a espinha dorsal da cerveja e a fonte do seu poder neutralizador. Eles também conferem intensidade, e isso é particularmente verdadeiro para o amargor. O amargor do lúpulo neutraliza pratos gordurosos e limpa o paladar. Com comidas muito condimentadas, o amargor pode intensificar os sabores de uma forma agradável sem chocar-se com eles. Pratos tailandeses condimentados, *szechuan* chineses, mexicanos e indianos, muitas vezes, são bem acompanhados por *pale ales* e IPAs.

As sobremesas, muitas vezes consideradas o território do vinho doce, na verdade costumam combinar melhor com cerveja. A máxima do vinho – que ele deve ser pelo menos tão doce quanto a sobremesa – não serve para a cerveja. De fato, o alívio do dulçor do paladar é a chave para o sucesso. Depois de algumas garfadas, o palato é dominado pelo açúcar na maioria das sobremesas. Essa é uma das razões pelas quais o café, muitas vezes, parece tão agradável com sobremesa; ele nem chega perto do dulçor da sobremesa. Muitas harmonizações podem funcionar, mas as cervejas com caráter de caramelo ou torrado tendem a ser as melhores. Uma torta de chocolate, por exemplo, pode ser acompanhada por uma *imperial stout* com notas de café e chocolate. Nessa harmonização, temos tanto contraste quanto harmonia: o malte torrado combina com o chocolate, ao passo que a cerveja limpa o dulçor do paladar, e a sobremesa volta a ter gosto fresco. Isso funciona de uma forma diferente com sorvete de baunilha, com o qual a harmonização se dá com base em contrastes agradáveis.

Queijos estão entre as melhores harmonizações com a cerveja, razão pela qual tratamos deles separadamente. Ver QUEIJO (HARMONIZAÇÃO).

Uma palavra final sobre a ordem de serviço: parece lógico servir pratos leves antes de pratos pesados e, portanto, cervejas leves antes das cervejas mais pesadas. A cerveja anterior tem um efeito sobre a próxima; um preconceito persiste e deve ser levado em conta. Uma cerveja delicada servida depois de uma pesada provavelmente não conseguirá mostrar o que tem de melhor. É importante notar que as cervejas mais doces farão as seguintes parecerem mais secas, às vezes mais secas do que gostaríamos.

Esse princípio pode ser usado a nosso favor quando estamos servindo tanto cerveja quanto vinho em um jantar. Um bom exemplo disso é uma entrada clássica – se um luxuoso jantar está sendo feito: o *foie gras* selado. Na maioria dos restaurantes, ele será servido com vinho doce, e a combinação é, sem dúvida, agradável. Mas muitas vezes essa sensação agradável vai embora quando um vinho tinto é servido com o prato seguinte; o vinho doce anterior fará o gosto do vinho tinto parecer ralo e áspero. Ao servir uma cerveja relativamente seca com o *foie gras* – digamos uma *dubbel* belga que irá harmonizar muito bem –, nós podemos evitar tais problemas. O vinho tinto pode seguir sem incidente. Assim, podemos observar que a mesa não é um lugar para ortodoxia, mas para o prazer. Um pouco de reflexão sobre as melhores cervejas para harmonizar com nossos alimentos pode transformar refeições comuns em refeições interessantes no dia a dia. Essa é uma transformação acessível a todos e que certamente merecemos.

Garrett Oliver

Harrington é uma cevada para malteação, de duas fileiras, desenvolvida na University of Saskatchewan. Foi nomeada pelo dr. J. B. Harrington, um melhorista de cevada e chefe de departamento na University of Saskatchewan. Foi derivada do cruzamento Klages///Gazelle/Betzes//Centennial. No momento de seu licenciamento em 1981, a cevada Harrington superou em quase todos os aspectos as variedades Betzes e Klages, cultivadas comercialmente. Tinha produtividade mais elevada e colmo mais forte do que qualquer outra variedade. Possuía uma resistência a doenças semelhante a outras variedades, porém com resistência superior à podridão da raiz e elevada suscetibilidade à mancha-reticular. A Harrington possuía maior arredondamento dos grãos e maior teor de extrato do que Klages e Betzes; além disso, o seu poder diastático e atividade de alfa-amilase eram maiores do que os da Klages e muito superior aos da Betzes. A modificação dos grãos da variedade Harrington se completava dois dias mais rápido do que a dos grãos de suas antecessoras e, portanto, aumentava em 20% a capacidade de produção das maltarias sem entrada adicional de capital. Não possui dormência pós-colheita, portanto, os grãos podem ser malteados logo ao chegarem do campo, eliminando a necessidade de armazenamento para quebra de dormência e tornando esse manejo mais fácil para a maltaria. Ver DORMÊNCIA. Após o seu lançamento, a Harrington dominou rapidamente as áreas de cultivo no Canadá e nos Estados Unidos e se manteve como a principal variedade de duas fileiras por mais de vinte anos, antes de ser substituída por seus descendentes. No seu auge, a Harrington foi semeada em mais de 60% da área cultivada com cevada no oeste do Canadá e em mais de 80% na província de Saskatchewan. Foi até mesmo cultivada em países claramente fora de sua área de adaptação, tais como África do Sul, China e Austrália. A Harrington possibilitou ao Canadá se tornar um grande produtor e exportador de malte de cevada de duas fileiras. A variedade é particularmente adequada para mostos *high-gravity* e brassagens com grande quantidade de adjuntos, que estavam crescendo em popularidade no momento de seu lançamento. Essa variedade de referência definiu o padrão internacional para a qualidade da malteação e brassagem em cevadas de duas fileiras com alto teor enzimático. Ela se mostrou muito generosa na maltaria e na cervejaria. Conferia boa cor, bom rendimento na sala de brassagem, bom sabor e ótima vida útil para a cerveja. A Harrington tem sido usada na mistura de malte para produzir bilhões de hectolitros de cerveja na América do Norte, Japão, China e muitos outros países. Também tem sido utilizada em vários cruzamentos para melhoramento e estudos genéticos em todo o mundo.

Ver também ADJUNTOS, ALFA-AMILASE e KLAGES.

Bryan Harvey

Harvey & Son Ltd., também conhecida como Harveys Brewery, é a mais antiga cervejaria do condado de Sussex, no sul da Inglaterra, com uma reputação que atravessa fronteiras.

John Harvey construiu sua cervejaria nas margens do rio Ouse, na cidade medieval de Lewes, em 1790. A cervejaria original foi parcialmente reconstruída em 1880 e permanece intacta nos dias de hoje, como um belo exemplo de uma cervejaria rural vitoriana, que ajuda a definir essa cidade popular e lhe confere caráter. (Alguns dos habitantes locais referem-se jocosamente à cervejaria como "Catedral de Lewes"). A Harveys tem se mantido uma cervejaria familiar há mais de dois séculos, e a sétima geração dos descendentes de John Harvey ainda estão ativos na condução dos negócios.

A Harveys Imperial Stout (9% ABV) é reverenciada em todo o mundo, refermentada na garrafa, a qual foi desenhada com um longo pescoço. A cervejaria sugere que essa cerveja é melhorada quando envelhecida por até um ano, mas os especialistas a têm envelhecido por períodos bem mais longos do que isso.

A Harveys é mais conhecida por sua Sussex Best Bitter (4% ABV), onipresente e amada em sua cidade natal, cultuada fanaticamente em todo o sudeste da Inglaterra. Em dezembro de 2006, sua comercialização foi suspensa no Lewes Arms pelos proprietários do *pub*, a cervejaria Greene King. Ver GREENE KING. Isso motivou um boicote ao *pub* por parte da população de Lewes que durou 133 dias e ganhou manchetes nacionais no Reino Unido, resultando em uma embaraçosa retratação por parte da maior cervejaria proprietária de *pubs* da Inglaterra.

Além de inspirar protestos assim dramáticos, essa *pale ale* com aroma de lúpulo venceu o Champion Best Bitter, da Campaign for Real Ale (Camra), na Grã-Bretanha por dois anos consecutivos, em 2005 e 2006 – apenas parte da razão pela qual essa encantadora cervejaria tem uma reputação internacional e seus seguidores são tão mais numerosos do que o seu mero tamanho (aproximadamente 7,7 milhões de litros anuais) poderia sugerir.

Pete Brown

Harwood, Ralph, cervejeiro no início do século XVIII em Londres, tem sido louvado como o inventor de uma cerveja chamada "Entire" ou "Entire Butt" (sendo "*butt*" um tipo de *cask*). Uma bebida popular na época era a "*three-threads*", uma mistura de cerveja preta retirada de três *casks* diferentes e misturada no copo do cliente no *pub*. Ver THREE-THREADS. Em 1722, Harwood produziu sua cerveja "Entire", que tinha o sabor dessa mistura e vinha em um único *cask*, poupando trabalho. A Entire rapidamente se tornou popular com os transportadores de bens e mercadorias, ou "*porters*" (carregadores), e logo a cerveja em si tornou-se conhecida como "*porter*". Ver PORTER.

Existem vários relatos conflitantes sobre a evolução da *porter* a partir da Entire e sobre o papel de Harwood, se é que ele teve um papel, nela. A primeira atribuição explícita a Harwood da invenção da *porter* parece estar em um artigo de 1802 sobre "The Porter Brewery", escrito por John Feltham e publicado em um guia chamado *The Picture of London*. Essa história – embora escrita muitos anos após a morte de Harwood e de veracidade não comprovada – parece ser a base de quase todas as histórias sobre o estilo *porter* na literatura cervejeira até meados do século XX.

Harwood produziu cervejas em Shoreditch, no East End de Londres, a partir de 1703 aproximadamente, e em parceria com seu irmão James a partir de 1736. Ao contrário dos grandes produtores de *porter*, como Whitbread e Thrale, ele não lucrou com sua invenção. Sua cervejaria parece ter permanecido pequena, e, de fato, a revista *Gentleman's Magazine* descreve a companhia dos Harwood como falida em 1747, dois anos antes da morte de Ralph. Acredita-se hoje que Ralph Harwood pode, na verdade, não ter inventado a *porter*, e já foi sugerido que se um Harwood a inventou, então este foi seu irmão James. A história de Ralph Harwood, portanto, assim como a história de "quem", "quando" e "como" a *porter* foi inventada, continua sendo um mistério cervejeiro.

Cornell, M. **Beer: The story of the pint**. London: Headline Book Publishing, 2003.
Corran, H. S. **A history of brewing**. Newton Abbot: David & Charles, 1975.

Terry Foster

hectolitro é uma unidade métrica de volume igual a 100 litros. É a maior unidade de volume utilizada na indústria cervejeira em todo o mundo. Até mesmo nos dois países que resistiram ao sistema métrico, os Estados Unidos e o Reino Unido, o hectolitro está substituindo lentamente o *US beer barrel* (117,35 litros) e o *UK beer barrel* (163,66 litros) como unidades de medição de cerveja. As medidas que se igualam a "um barril" diferem amplamente de país para país e entre diferentes indústrias. O hectolitro métrico evita tais diferenças e facilita o cálculo científico. A abreviatura para hectolitro é "hL".

Gerrit Blüemelhuber

hedge hops é o nome coletivo de um grupo de variedades de lúpulos ingleses originalmente conhecidos como *dwarf hops* e *hedgerow hops*. O nome foi mudado para *hedge hops* porque os produtores concluíram que o nome *hedgerow* remetia mais a lúpulos selvagens do que a lúpulos cultivados. As plantas de *hedge hops* quando adultas possuem menor estatura do que as variedades convencionais, normalmente não superior a 2,5 metros, o que permite serem cultivadas em um sistema de tutoramento mais baixo. Os lúpulos podem ser colhidos por máquinas móveis que removem as flores das plantas sem a necessidade de cortar as hastes. Isso reduz drasticamente a intensidade de trabalho no cultivo de lúpulo e, portanto, o custo geral da produção. O cultivo compacto também torna os *hedge hops* mais acessíveis a pulverizações, mais um fator que permite a redução de custos. São cultivados principalmente nas West Midlands inglesas, embora haja também programas de melhoramento para as variedades de *hedge* na Alemanha, República Tcheca e Estados Unidos. O programa original de melhoramento vegetal para os *hedge hops* começou com o dr. Ray Neve, em 1977, continuando posteriormente com o dr. Peter Darby em 1981. A primeira variedade comercial, First Gold, é um lúpulo tipo Golding, de duplo propósito, apropriado tanto para conferir amargor quanto aroma, lançado para cultivo comercial em 1995, seguido de cinco variedades suplementares. Herald foi lançado em 1996 e, desde então, seu cultivo foi abandonado. Pioneer é essencialmente um lúpulo de amargor, lançado em 1996. Pode ser utilizado também para *dry hopping*. Pilot, um lúpulo de amargor, foi lançado em 2001. Boadicea é um lúpulo de duplo propósito lançado em 2005. Por fim, Sovereign, um lúpulo tipo Fuggle, principalmente utilizado como aromático, foi lançado em 2006. Ver FIRST GOLD e PIONEER. Atualmente, cerca de um quarto de todo o lúpulo cultivado no Reino Unido é composto por *hedge hops*.

Darby, P. The history of hop breeding and development. **Brewery History**, n. 121, p. 94-112, 2005.

Adrian Tierney-Jones

hefeweizen

Ver LEICHTES WEISSBIER e WEISSBIER.

Heineken. A maior cervejaria multinacional da Europa foi fundada por Gerard Adriaan Heineken em Amsterdã, com uma grande fábrica para a produção de cerveja *lager* em Zoeterwoude, perto de Leiden, na Holanda. Em 1864, Gerard Heineken comprou a cervejaria "Den Hoybergh" ("O Monte de Feno"), que operava no centro de Amsterdã desde 1592, e a rebatizou de Heineken em 1873. Em 1874 ele abriu uma segunda cervejaria em Roterdã (que fechou em 1968). Em 1886, o aluno de Louis Pasteur dr. H. Elion conseguiu isolar a cepa de levedura A em um laboratório da Heineken ainda em atividade. Uma segunda cervejaria em Amsterdã, localizada na Stadhouderskade, foi construída para substituir a Den Hoybergh em 1886. A nova cervejaria foi adaptada para a produção de *lager* em 1887 e teve sua refrigeração instalada em 1888. A produção de cerveja nessa fábrica cessou em 1988, e depois de três anos de restauração o local foi reaberto como Heineken Reception and Information Center. Foi rebatizado, em 2001, como Heineken Experience, e depois de um ano de restauração e expansão foi reaberto para os visitantes em novembro de 2008.

Em 1929, a Heineken iniciou o engarrafamento de todas as suas cervejas, dando à empresa um melhor controle de higiene e qualidade. Uma hábil programação garantiu que, em 1933, o primeiro carregamento de Heineken *pilsner* chegasse ao porto de Nova York apenas três dias após a revogação da Lei Seca nos Estados Unidos. (Hoje ela é a segunda cerveja importada mais popular dos Estados Unidos, depois da Corona.) Nessa época, a Heineken decidiu mudar a sua estratégia, deixando de ser uma grande cervejaria nacional para se tornar uma multinacional, e quando Freddy Heineken iniciou sua carreira em 1942 o cenário era propício para grandes mudanças. Na década de 1950, a importância da qualidade técnica da cerveja tinha ficado em segundo plano, e a equipe de marketing começou a enfatizar a marca em vez da cerveja. Isso não quer dizer que os avanços técnicos foram ignorados – por exemplo, a substituição de todos os barris de madeira por aço inoxidável começou em 1951.

Em 1962, a Heineken's tornou-se "Heineken", substituindo "*pilsner*" como texto de destaque no rótulo. O logotipo também foi renovado, alterando a estrela vermelha para branca, realçando o texto e alterando-o para minúsculas, inclinando o segundo "e" para fazê-lo parecer um "sorriso", e colocando a palavra Heineken em um *banner* preto. Para gerações de americanos, a garrafa verde da Heineken se tornou um símbolo de "qualidade importada". Ironicamente a garrafa verde também tem outro efeito: ela pode permitir que a cerveja adquira um aroma "*lightstruck*" (ou, coloquialmente, "*skunked*", "a gambá") mais facilmente que uma cerveja envasada em garrafa marrom, que oferece melhor proteção contra os prejudiciais comprimentos de onda da luz ultravioleta. Ver LIGHTSTRUCK.

A Heineken inaugurou aquela que é hoje a sua cervejaria para a produção de cervejas especiais em Den Bosch em 1958 e a sua principal unidade de produção em Zoeterwoude em 1975. Ela interrompeu a produção em sua subsidiária Amstel em 1980, demolindo-a para a construção de habitações populares em 1982. Ver AMSTEL, CERVEJARIA. A Heineken também tem sido adepta da prática de aquisição e fechamento de cervejarias concorrentes para aumentar a sua participação no mercado nacional desde o final da Primeira Guerra Mundial. Exemplos incluem a Haantje em Amsterdã (1918), Griffioen em Silvolde (1919), De Zwarte Ruiter em Maasticht, Schaepman em Zwolle e Rutten's em Amsterdã (1920), De Kroon em Arnhem (1921), Marres em Maastricht (1923), Koninklijke Nederlandsche Beiersch em Amsterdã (1926), Ceres em Maastricht (1931) e Twentsche Stoom Beiersch em Almelo (1934). Após o fim da Segunda Guerra Mundial, pequenas cervejarias do sul da Holanda receberam ofertas lucrativas para serem distribuidoras da Heineken desde que cessassem as suas atividades de produção de cerveja. Confrontadas com a perspectiva de ter de investir pesadamente para modernizar as suas cervejarias em um mercado incerto, muitas aceitaram a oferta de uma renda estável, resultando em uma monocultura de *pilsner* na Holanda. Van Vollenhoven em Amsterdã (1949),

Sint Servatius em Maastricht e Vullinghs em Sevenum (1952) são exemplos típicos. A cervejaria Royal Brand em Wijlre é uma exceção à regra. Depois da aquisição de 1989, um grande volume de investimentos, marketing e distribuição através da rede da Heineken resultaram no crescimento da Brand, que se tornou a terceira marca nacional da Heineken. Aquisições internacionais incluíram as cervejarias Leopold em Bruxelas, Bélgica (1927), a Murphy's na Irlanda (1983), a Komarom na Hungria (1991), a Française de Brasserie na França (1993), a De Smedt na Bélgica (renomeada Cervejaria Affligem BDS) em 2001, e o grupo Brau Beteiligungs Aktiengesellschaft na Áustria, agora chamado Brau Union Ag., em 2003 (na maior aquisição da Heineken até hoje).

A produção ocorre em mais de 125 cervejarias em 70 países.[1] A Heineken NV está ativa em mais de 170 países. Com um volume total de cerveja de 125,8 milhões de hectolitros em 2008, a Heineken é uma das maiores cervejarias do mundo. Apenas a Anheuser-Busch InBev e a SABMiller produzem mais cerveja. Ver ANHEUSER-BUSCH INBEV e SABMILLER. A Heineken emprega quase 60 mil trabalhadores e vende, pelo menos, 50% de suas cervejas dentro da União Europeia. Algumas das mais de duzentas marcas incluem Cruz Campo, 33 Export, Zywiec, Birra Moretti, Murphy's e Star. A Heineken produz três produtos: Heineken Pilsener, Heineken Tarwebok (*bock* de trigo), chamada Special Dark nos Estados Unidos, e Oud Bruin, uma *lager* de baixo teor alcoólico, escura e doce, produzida apenas para o mercado holandês.

Ver também HOLANDA.

Sint Servatius Brouwerij. Disponível em: http://www.bierbrouwerijen.org/index.php?title=Sint_Servatius_Brouwerij/. Acesso em: 9 jul. 2010.

Derek Walsh

hekt, também grafada "*hqt*" ou "*heket*", além de inúmeras outras derivações (incluindo *haqu* ou *heqa*, de acordo com Arnold), representa a "cerveja de cevada" no Antigo Egito. Como Murray relata, um dos primeiros registros escritos sobre cerveja no Antigo Egito é uma referência a *hnqt-ndmt*, "cerveja doce", que está localizada sobre o altar de oferenda da tumba de Sekherkhabau, da Dinastia III, em Saqqara. Lutz menciona a "cerveja núbia" como sendo *hkt* e sugere que a palavra é derivada de uma origem que essencialmente significa "espremer" ou "pressionar". Hrozný sustenta que a palavra tinha ligação com a cerveja babilônica *hîqu*, derivando da palavra *hâqu*, "misturar", mas Lutz não concorda. O principal argumento de Lutz contra essa ideia é que "dificilmente se pode supor que uma palavra egípcia como *hkt*, que aparece inúmeras vezes em textos de todos os períodos, poderia ter sido emprestada da palavra babilônica *hîqu*, uma palavra que não é encontrada com frequência nos textos babilônicos". Alguns egiptólogos afirmam que o determinante da palavra *hqt* era uma jarra de cerveja.

Zósimo de Panópolis (250 a.C.) descreveu o processo de produção da *hekt* no Antigo Egito. Detalhes estão inclusos em seu tratado de artes químicas de 28 volumes e frequentemente citado, escrito em algum período entre o final do século III e início do século IV. Infelizmente, algumas das linhas são ilegíveis, mas os processos de malteação, mosturação e fermentação podem ser distinguidos. A receita começa assim: "Pegue cevada fina bem selecionada, macere-a com água durante um dia e então espalhe-a em um lugar onde estará bem exposta a uma corrente de ar durante um dia".

A *hekt* era provavelmente de baixo teor alcóolico, já que as crianças a bebiam. Como um médico do Antigo Egito registrou, "com *hekt*, o espírito é mantido em equilíbrio com o fígado e o sangue [...] a *hekt* é o líquido de um corpo e sangue felizes". Heket (Heqat) também era uma deusa egípcia com a forma de um sapo, cuja associação mais forte era com o parto.

Ver também EGITO e HISTÓRIA DA CERVEJA.

Arnold, J. P. **Origin and history of beer and brewing.** Chicago: Alumni Association of the Wahl Henius Institute of Fermentology, 1911.
Hornsey, I. S. **A history of beer and brewing.** Cambridge: Royal Society of Chemistry, 2003.
Hrozný, F. **Das Getreide im alten Babylonien: Ein Beitrag zur Kultur-und Wirtschaftgeschichte des alten Orients.** Viena: Akademie der Wissenschafter in Wein, 1913.
Lutz, H. L. F. **Viticulture and brewing in the ancient Orient.** Leipzig: J. C. Hinrichs, 1922 [produzido por Applewood Books, Bedford, 2008].

---

[1] Em 2017, a Heineken adquiriu a Brasil Kirin e tornou-se proprietária das marcas Schin, Glacial, Devassa, Baden Baden e Eisenbahn. [N.E.]

Murray, M. A. **Saqqara Mastabas, part I. Publications of the Egyptian Research Account 10, British School of Archaeology in Egypt.** London: Bernard Quaritch, 1905.

Ian Hornsey

helles é uma *lager* dourada clara consumida no dia a dia na Baviera, Alemanha. A palavra alemã *"hell"* ou *"helles"* significa simplesmente "clara". Na maioria das regiões germanófonas, o ato de pedir uma *"helles"* ou *"ein bier, bitte"* em um bar resultaria simplesmente em um chope padrão de cor clara, o qual é, na maioria das vezes, uma *pils* ou *pilsner*. Mas, na Baviera, as definições de estilo são mais diferenciadas. Por lá, o pedido de *"ein bier, bitte"* é geralmente seguido do questionamento: "E que cerveja você deseja?". Uma *helles* da Baviera apresenta amargor consideravelmente mais baixo que uma *German pils* e tem menos corpo e menos caráter que uma *märzen*. As *helles* apresentam corpo médio, normalmente coloração amarelo-palha, com ênfase em aromas francos de panificação e malte, além dos aromas florais de lúpulo, e amargor moderado. Na Baviera, muitos consideram a *helles* a pura essência dos *beer gardens* de verão. As melhores delas apresentam um caráter sulfuroso suave reminiscente das salas de fermentação da cervejaria. Apresenta tipicamente densidade original entre 11 °P e 12,5 °P e teor alcoólico de 4,7% a 5,3% ABV.

Nos Estados Unidos, alguns preferem denominar o estilo de *"Münchner style helles"* (*helles* ao estilo de Munique), em homenagem à cidade onde foi criada em 1894, embora a *helles* hoje seja um estilo produzido na maior parte da Baviera. Até a virada do século XX, as cervejas escuras eram consideradas as únicas "verdadeiras" *lagers* da Baviera, em parte porque a maioria dos consumidores de cerveja da região dificilmente teria percebido a cor das suas cervejas, considerando que eram normalmente servidas em *Keferlohers*, as versões locais, acinzentadas, das *beer steins* ("canecas de cerveja"). Ver STEIN. A *beer stein*, tipicamente com um litro, manteve-se a caneca preferida em Munique muito mais tempo do que no resto da Europa, onde copos de vidro baratos e produzidos em grande escala tornaram-se a norma. Foi essa nova onipresença dos copos de cerveja de vidro que abriu caminho para as *pilsners* e outras cervejas claras: elas pareciam mais puras e atraentes nos copos de vidro claro do que

Helles, que significa "clara" em alemão, é a cerveja do dia a dia dos *beer gardens* da Baviera. O sucesso do estilo *helles* na virada do século XX causou furor entre os tradicionalistas, os quais consideravam as cervejas escuras as únicas "verdadeiras" *lagers* bávaras.
FOTOGRAFIA DE DENTON TILLMAN.

nas canecas de cerâmica esmaltada. Ver COPO. As cervejarias de Munique começaram a introduzir discretamente *lagers* "mais claras que *dunkels*" em seu mercado doméstico a partir de 1841, com a primeira *märzenbier* da cervejaria Spaten. Ver MÄRZENBIER. Então, em 1872, a Franziskaner-Leist-Brauerei lançou a sua Helles Export Bier, que na verdade não era uma *helles*, mas serviu de receita base para o que viria a ser hoje a cerveja Spaten Oktoberfest. Logo após, em 1893, surgiu uma cerveja ainda mais clara, a Münchner Gold da Hacker-Bräu (hoje Hacker-Pschorr), que era uma imitação da *pilsner* de Pilsen. A cervejaria Spaten finalmente lançou a primeira "verdadeira" *helles* no dia 21 de março de 1894, enviando-a prontamente para um teste de mercado em Hamburgo, onde ela foi uma sensação. Assim, no dia 20 de junho de 1895, os moradores de Munique finalmente provaram pela primeira vez a nova cerveja, sob o rótulo de Helles Lagerbier, uma denominação que o Escritório de Patentes do Império Alemão premiou com uma marca registrada nesse mesmo ano. Também em 1895, a Tomasbräu anunciou a sua versão da *helles* como "Thomasbräu-Pilsner – *anerkannt vollwertigster Ersatz für böhmisches Pilsener*" ("reconhecida como a mais completa substituta da Pilsner da Boêmia"). O sucesso do estilo *helles* provocou uma reunião tempestuosa da Verein Münchener Brauerein (a Associação das Cervejarias de Munique) no dia 7 de novembro de 1895, na qual os proprietários de algumas das maiores cervejarias declararam que não tinham nenhuma intenção de produzir qualquer *lager* clara no futuro próximo. Eles chegaram a elaborar uma resolução cujo objetivo era reverter o cenário e formar um cartel contra a *lager* clara, o qual ajudaria a preservar um mercado local para a *dunkel*. O saldo da reunião foi a desunião. Os cervejeiros que desejavam fazer *helles* simplesmente seguiram adiante, e aqueles que não concordavam simplesmente não as produziram. Os barões da cerveja de Munique com mais visão de futuro, no entanto, reconheceram que as *lagers* claras eram as cervejas do futuro, e, assim, todos os cervejeiros acabaram repensando suas políticas. Ainda assim, não foi antes de 1928 que a Paulaner veio a lançar sua *helles*. Atualmente, tanto as *helles* quanto as *pilsners* são igualmente populares na Baviera, cada qual correspondendo a cerca de 25% do mercado. Nas demais regiões da Alemanha, contudo, a *helles* continua virtualmente inexistente.

Por acaso, a designação *Bavarian export* refere-se a uma versão mais potente da *helles*, geralmente com teor alcoólico em torno de 5,5% ABV, e essa cerveja tipo exportação não deve ser confundida com a *Dortmunder export*, de Westfália.

Dornbusch, H. **Bavarian Helles**. Boulder: Brewers Publications, 2000.

Conrad Seidl

A **Heriot-Watt University**, localizada em Edimburgo, na Escócia, é um importante centro de educação cervejeira. A Heriot-Watt College atua como instituição educacional desde a década de 1920. Em 1903, quando havia 36 cervejarias na cidade, a administração municipal decidiu oferecer cursos de produção de cerveja. Com o apoio financeiro da cidade de Edimburgo, foi montado um esquema para que o Departamento de Química conduzisse aulas sobre produção de cerveja ministradas por especialistas práticos. Em 1908 já havia um curso de produção cervejeira de dois anos, de meio período, e em 1923 foi oferecido um curso de período integral para estudantes universitários. Antes de 1966, quando a faculdade ganhou o *status* de universidade, a qualificação de nível de graduação era conhecida como Associateship of Heriot-Watt College, que foi precursora do grau atual de bacharel em produção de bebidas fermentadas e destiladas. Da mesma forma, o atual diploma de pós-graduação e mestrado em produção de bebidas fermentadas e destiladas, que agora atrai estudantes do mundo inteiro, remonta à Associateship in Technical Biochemistry, introduzida em 1948.

Em 1988, o International Centre for Brewing and Distilling (ICBD), uma entidade autônoma, foi estabelecida no Departamento de Ciências Biológicas, hoje School of Life Sciences (Escola de Ciências da Vida). O ICBD obteve grande apoio financeiro dos setores de produção de bebidas fermentadas e destiladas no Reino Unido e no exterior. Ao mesmo tempo, o Departamento de Ciências Biológicas (incluindo o ICBD) foi transferido do centro da cidade de Edimburgo para o novo *campus* da universidade, denominado Riccarton e situado na periferia da cidade.

Os programas de graduação e pós-graduação em produção de bebidas fermentadas e destiladas continuam a ser ministrados. O de mestrado tem um componente de ensino a distância. As atividades de pesquisa prosperaram e inúmeros diplomas de doutorado em estudos de bebidas fermentadas e destiladas foram conferidos.

Ver também EDIMBURGO e ESCOLAS CERVEJEIRAS.

Graham G. Stewart

Herkules é uma variedade que foi desenvolvida pelo Instituto de Pesquisa do Lúpulo em Hüll, na Alemanha. Foi lançada para cultivo comercial em 2005 e rapidamente ganhou aceitação, primeiramente devido à sua tolerância ao míldio, quando comparado à variedade mais antiga, o Magnum, lançado doze anos mais cedo. Seu teor de alfa-ácidos varia entre 11% e 17%, o teor de beta-ácidos entre 4% e 5,5% e o teor de cohumulona entre 32% e 38%. No campo, essa variedade apresenta boa resistência à principal doença do lúpulo, a murcha do *Verticillium*, bem como ao míldio e ao oídio. Sua produtividade média está em torno de respeitáveis 2.300 kg/

ha. Ele também é bem estável quando armazenado. O Herkules confere um amargor harmônico e de intensidade moderada. Seu aroma é floral, frutado e levemente ardido. Dada sua proeza de forte amargor e sua performance agronômica bastante sólida, os melhoristas acharam que tinham motivos para batizá-la de Hércules, figura heroica da mitologia grega.

Centrale Marketing-Gosellschaft (CMA). **The spirit of beer – Hops from Germany. CMA hop variety portfolio**. Bonn: CMA Centrale Marketing--Gosellschaft, 2005.

Lydia Winkelmann

Herrera, Don Alonso de, oriundo de Sevilha, Espanha, construiu a primeira cervejaria de estilo europeu no Novo Mundo. Ele é mencionado pela primeira vez em registros datados de 23 de agosto de 1541, quando seu pedido de autorização real para montar uma cervejaria comercial na Nova Espanha (hoje México) estava sendo discutido em Madri pelo Conselho das Índias. Aparentemente um aficionado da cerveja, Carlos V, rei da Espanha e sacro imperador romano, usava o Conselho das Índias para administrar seus territórios norte-americanos.

Na cidade de Nájara, em 6 de junho de 1542, Don Alonso de Herrera assinou um contrato com a Coroa que o licenciava a produzir cerveja nas "Índias" pelo período de vinte anos. Ele era obrigado a pagar um terço de seus lucros em impostos, supervisionado pelo vice-rei, Antonio de Mendoza. O preço da cerveja era estimado em 6 *reales* (20,1 g ou 0,7 onça de prata) por *arroba* (aproximadamente 11,5 L).

A Coroa, em troca, tornou-o *corregidor* (governador de distrito) de uma área no vale do México, hoje situada dentro da Cidade do México, onde ficava a *hacienda* (estado) "de El Portal", o local em que a cervejaria estava situada. Isso permitia a ele, entre outros privilégios, que importasse sem pagar impostos aduaneiros.

Após problemas iniciais, com seus cervejeiros flamengos voltando para casa ou indo trabalhar nas minas, a produção parece ter aumentado firmemente. Os últimos dados que temos, de 1552, relatam uma média mensal de 246,5 *arrobas* (aproximadamente 28 hL). A cervejaria parece não ter sobrevivido a seu fundador.

Luque Azcona, E. Producción y consumo de cerveza en la América colonial: primeras tentativas de Alonso de Herrera en el valle de México. **Estudios sobre América: siglos XVI-XX,** Sevilha, AEA, 2005. p. 921-928.

Steve Huxley

Hersbrucker Spät é uma variedade tradicional de lúpulo da Baviera. Antes da existência de programas de melhoramento de lúpulos para o desenvolvimento científico de variedades específicas de lúpulos com propriedades desejadas, os cervejeiros faziam cervejas com as chamadas linhagens autóctones. Estas eram variedades nativas que tinham sido cultivadas a partir de variedades locais, frequentemente selvagens. Os produtores de lúpulos selecionavam e propagavam essas variedades principalmente por seus atributos desejáveis, como alta produtividade por hectare e boa resistência a doenças. O Hersbrucker Spät é uma destas variedades. Ele não possui *pedigree* no sentido clássico.

Ele foi batizado em homenagem à cidade de Hersbruck, na região central da Francônia, próximo de Nuremberg, na Baviera, na extremidade norte da região de Hallertau, onde esse lúpulo ainda hoje é cultivado em pequena escala. Ver HALLERTAU, REGIÃO. O Hersbrucker Spät apresenta crescimento relativamente rápido e alta resistência à maioria das doenças, mas é suscetível ao míldio. Ver MÍLDIO. Em seu auge no século XIX, o Hersbrucker Spät foi uma das mais importantes variedades de lúpulo aromático alemão. Embora sua capacidade de amargor seja bem baixa, entre 2% e 4,5% de alfa-ácidos, seu perfil aromático é delicado e complexo, com notas florais e frutadas que o tornam um favorito para a produção de cervejas não filtradas tradicionais da Francônia, tal como as *kellerbiers*.

Ver também KELLERBIER.

Centrale Marketing-Gosellschaft (CMA). **The spirit of beer – Hops from Germany. Hop variety portfolio**. Wolnzach: Verband Deustcher Hopfenpflanzer, 2005.
HVG. **Hopfensorten**. Disponível em: http://www.hvg-germany.de/de/hopfenanbau/hopfensorten/hopfensorten/. Acesso em: 7 nov. 2010.

Lydia Winkelmann

high kräusen é um termo alemão, também amplamente usado na língua inglesa, que se refere à grande quantidade de espuma que se forma sobre

As leveduras de alta fermentação promovem a formação de uma camada de espuma na superfície do mosto, durante o estágio vigoroso, chamado de *high kräusen*, no início da fermentação primária, como mostra a figura de um fermentador aberto da Schneider Weisse em Kelheim, Alemanha. HORST DORNBUSCH.

a superfície do mosto no ápice da fermentação. Esse termo não se aplica apenas à própria espuma, mas também para indicar essa fase da fermentação. Quando o mosto atinge o auge da fermentação costuma-se dizer que ele está em *high kräusen*.

O termo vem do alemão *hochkräusen* ou *hohe kräusen*, que tem a mesma definição e, provavelmente, origina-se da palavra *kräus*, um adjetivo que significa "enrugado", "rugoso" ou "crespo". Essa palavra costuma ser usada em referência a cabelos encaracolados e desarrumados (seu infinitivo, *kräuseln*, significa amarrotar, preguear, encaracolar etc.).

Em uma adega tradicional de fermentação, o mosto fermenta em tanques abertos que permitem ao cervejeiro controlar visualmente as diferentes fases da fermentação. *Low kräusen*, o estágio anterior ao *high kräusen*, tem uma espuma densa, cremosa e relativamente uniforme. Embora branca no início da fermentação, grandes quantidades de bolhas de dióxido de carbono (CO_2) congregam partículas do mosto, fazendo com que a espuma desenvolva bordas de coloração amarelo-acastanhada. A metabolização da levedura reduz o pH e causa a precipitação de compostos de amargor e resinas provenientes do lúpulo não isomerizados, juntamente com taninos, proteínas desnaturadas, melanoidinas e outros agentes de coloração derivados do lúpulo e do malte. Essa camada de espuma continua a crescer;

perde densidade (devido à produção máxima de CO_2) e escurece, até atingir sua altura máxima durante o pico da fermentação, ou seja, o *high kräusen*.

Durante o *high kräusen*, a espuma presente na superfície do mosto é intensamente amarga e muito aderente. A sua aparência depende parcialmente da composição e concentração do mosto, da quantidade de lúpulo, tipo e quantidade de levedura, perfil de temperatura de fermentação e taxa de CO_2 produzido. Muitos desses compostos intensamente amargos, alguns deles responsáveis por sabores grosseiros, irão aderir à parede do fermentador durante uma fermentação vigorosa, sendo assim removidos da cerveja.

Wolfgang David Lindell

Hildegard von Bingen foi madre abadessa do convento beneditino de Rupertsberg no século XII, próximo a Bingen, na margem oeste do baixo Reno. Nascida em 1098 em Böckelheim no Nahe (não muito longe da atual Frankfurt, Alemanha), ela foi, provavelmente, a primeira pessoa a descrever os lúpulos de forma científica. Durante sua vida, ela foi mística, profeta, compositora, cervejeira, escritora prolífica do mundo natural e religioso e conselheira e médica do imperador alemão

Frederico Barbarossa. Em suas publicações sobre história natural e cura, ela descreveu a influência de várias plantas medicinais na saúde humana. Seu trabalho médico mais famoso foi, e continua sendo, o *Liber Subtilitatum Diversarum Naturarum Creaturarum* (Livro sobre as Sutilezas das Diversas Criaturas da Natureza), cuja parte I é "Causae et Curae" (Causas e Curas [de doenças]) e a parte II, "Physica". Em Physica, Hildegard descreve as qualidades conservantes dos lúpulos quando adicionados a uma bebida como a cerveja. No mesmo livro, ela também menciona que o lúpulo aumenta a melancolia ou "bílis negra", um dos "quatro humores" da fisiologia de Hipócrates; os outros são as disposições colérica, fleumática e sanguínea do homem. Hoje sabemos que os lúpulos podem relaxar o sistema nervoso e, assim, ter efeito calmante e sedativo, promovendo o sono. Esse conhecimento fez de Hildegard uma progressista em seu tempo, dado que seus contemporâneos recomendavam lúpulos justamente para o tratamento da aflição oposta, a depressão. Hildegard também escreveu extensivamente sobre a cevada, que ela considerava benéfica para o estômago e intestinos: ela recomendava uma bebida feita de cevada como fortificante após um resfriado ou gastroenterite. Muitos dos escritos de Hildegard resistiram ao tempo e ainda são considerados válidos por homeopatas e médicos. Ela morreu em sua amada Rupertsberg em 1179, com 81 anos – um incrível exemplo de longevidade em um tempo em que a expectativa de vida era de apenas 30 a 40 anos. Existem aqueles que especulam que sua provisão diária de cerveja bem lupulada pode ter lhe dado uma vida tão longa quanto agradável.

Ver também BEER WRITING.

Breindl, E. **Das Grosse Gesundhgeitsbuch der Hl. Hildegard von Bingen (The great book of health by St. Hildegard of Bingen)**. 2. ed. rev. Augsburg: Pattlock Verlag, 1992.
Catholic Encyclopedia. Disponível em: http://www.newadvent.org/cathen/07351a.htm/. Acesso em: 16 out. 2010.
Hildegard Von Bingen. Disponível em: http://www.hildgard.org/documents/flanagan_biblio.html/. Acesso em: 16 out. 2010.
Schuhmacher, W. **Hildegard von Bingen: Werke**. Disponível em: http://www.wolfgang-schuhmacher.de/lebenskunst/hildegard-von-bingen/hvb-werke/. Acesso em: 16 out. 2010.

Horst Dornbusch

A **história da cerveja**, literalmente, é a história da civilização humana. Alguns antropologistas acreditam que o homem trocou a existência de caçador-coletor por uma existência fixa, baseada na agricultura, em grande parte para produzir grãos suficientes para produzir grandes quantidades de cerveja. Isso não parece ter provas, mas a ideia de que a cerveja pode ter sido uma motivação poderosa para os seres humanos do Neolítico não seria uma surpresa. Praticamente todo o reino animal, de insetos a elefantes, de morcegos frugíforos a macacos, demonstra uma predileção clara pelo consumo de etanol. É plausível acreditar que nós e outros animais evoluímos de acordo com as vantagens que as bebidas alcóolicas podem conferir. As frutas, quando maduras, exalam um aroma atrativo que informa aos animais que elas estão cheias de açúcares e prontas para serem comidas. Frutas maduras podem se tornar bastante alcóolicas quando as leveduras naturalmente presentes começam a consumir os açúcares. Os animais recebem o benefício do valor nutritivo do fruto, mas, sem dúvida, também encontram um valor nos efeitos fisiológicos do consumo de álcool. As plantas frutíferas, por sua vez, obtêm o benefício das ações dos animais como dispersores de suas sementes. Um dos grandes pontos de inflexão para a humanidade antiga foi a descoberta de um método por meio do qual o açúcar poderia realmente ser criado e fermentado em álcool, na ausência de mel ou de frutas. Essa técnica foi o início do que chamamos hoje de produção de cerveja.

Pelo que podemos determinar, a produção de cerveja surgiu mais de 5 mil anos atrás, nos campos do sul da Babilônia, entre os rios Tigre e Eufrates. Os solos aluviais ricos suportavam plantas de cereais silvestres, e as pessoas de lá as colhiam como alimento... e para fazer cerveja. Como a descoberta ocorreu? É impossível ter certeza. Mas os grãos deixados sob a chuva brotam, essencialmente dando início ao processo de malteação e desenvolvendo enzimas dentro das sementes. Alguém, encontrando uma reserva de grãos em brotação, provavelmente se apressou para produzir pão com eles, antes que todo o amido nutritivo fosse perdido para as plantas em crescimento. Ao ser aquecido, o amido, agora cheio de enzimas, se liquefez em açúcar. E uma vez obtido o açúcar, as pessoas sabiam como utilizá-lo.

Logo os sumérios se estabeleceram nas planícies, criando uma civilização, a primeira do mundo, na

história da cerveja • 501

Gravura em água-forte do século XVIII mostrando o trabalho no interior de uma cervejaria.
PIKE MICROBREWERY MUSEUM, SEATTLE, WA.

Baixa Mesopotâmia. Ver SUMÉRIA. Eles começaram a cultivar cereais, transformando-os em uma espécie de pão chamado *bappir*. Na mais antiga receita conhecida pelos arqueólogos, eles louvavam a deusa Ninkasi, cujo nome significa "senhora que enche a boca". Cervejeira dos deuses, Ninkasi também ensinou a humanidade a produzir cerveja, que eles chamavam de *kas*. Em um hino para a deusa, os sumérios a descreviam como "aquela que rega o malte no solo... você é aquela que assa o malte *bappir* no grande forno... você é aquela que embebe o malte em um jarro... as ondas sobem, as ondas descem". Finalmente, Ninkasi é aquela que "derrama a fragrante cerveja no tonel, que é como o Tigre e o Eufrates juntos". O pão adoçado resultante era embebido em água, espontaneamente fermentado e então coado. E assim a cerveja se tornou parte da vida cotidiana da humanidade. A cerveja era saudável, alterava agradavelmente o humor e era cheia de nutrientes e calorias. Para obtê-la, a população criou uma agricultura estável. Em Godin Tepe, na cordilheira de Zagros, no atual Irã, as evidências permanecem. Fragmentos de cerâmica da era suméria estão repletos de oxalato de cálcio, um depósito mineral também conhecido como "pedra de cerveja". O símbolo escrito dos sumérios para a cerveja é um pictograma de um tipo de jarra, larga na base e se afunilando no gargalo. Qualquer cervejeiro caseiro de hoje a reconheceria.

Os babilônios finalmente conquistaram a Suméria, e um dos benefícios foi a adoção das habilidades superiores na produção de cerveja da população que eles haviam derrotado. O rei da Babilônia, Hamurabi, promulgou leis sobre tudo, incluindo sobre a cerveja, que ele categorizava em vinte tipos diferentes. Ver LEGISLAÇÃO.

A cultura cervejeira da Suméria também chegou ao Egito. De acordo com o dr. Delwen Samuel, que fez um trabalho pioneiro no Departamento de Arqueologia da Universidade de Cambridge, a produção de cerveja estava bem estabelecida no período pré-dinástico egípcio. Pelo início do período dinástico, 3100-2686 a.C., a cerveja havia se tornado uma parte importante da cultura egípcia. Por fim, a cerveja, muito mais saudável que a água, se tornou a bebida cotidiana da população egípcia, desde o faraó até o mais humilde camponês. Grandes celeiros foram construídos, e a economia egípcia era sustentada por pão e cerveja. O deus Osíris tinha nas mãos a própria essência da vida – fertilidade, morte, ressureição e produção de cerveja. Representações de pessoas bebendo cerveja em jarras

Cartão comercial ilustrando uma cervejaria do século XVII. A alemã Companhia de Extrato de Carne Liebig, fundada em 1840, distribuiu uma série de cartões comerciais ilustrando a história da cerveja. PIKE MICROBREWERY MUSEUM, SEATTLE, WA.

com canudos compridos cobrem o interior das tumbas egípcias. Nós ainda temos os canudos de beber cerveja dos potentados, belamente incrustados com ouro e lápis-lazuli.

Quando os gregos chegaram no Egito, não se impressionaram com a cerveja, que chamavam de *zythos*, em referência à formação de espuma. Preferindo vinho, eles pensavam no malte germinado como uma forma de cereal apodrecido e desdenhavam da bebida que os egípcios produziam a partir dele. Não que os egípcios não conhecessem o vinho, mas o cultivo de videiras, em muitas partes do Egito, não era nem de longe tão fácil como cultivar grãos, e o Egito era capaz de produzir cereal suficiente para o consumo interno e ainda exportar o excedente.

Os egípcios produziam cerveja a partir de diversos cereais, incluindo cevada e um antigo tipo de trigo, a espelta. Os textos mencionam diversos tipos de cerveja, algumas delas claramente destinadas a fins cerimoniais. Eles tinham "cerveja preta", "cerveja doce", "cerveja grossa", "cerveja dos amigos", "cerveja enfeitada" e a "cerveja do protetor". Os deuses que guardavam o santuário de Osíris compartilhavam da "cerveja da verdade". Para fins funerários, eles precisavam de uma cerveja que durasse até a vida após a morte, e abasteciam as tumbas com "cerveja que não azeda" e "cerveja da eternidade". Cervejarias enormes foram construídas, e tanto cereais quanto cerveja eram oferecidos em pagamento por mão de obra comum. Vale a pena notar que a produção de cerveja era em grande parte um trabalho feminino, uma tradição que durou através de várias civilizações até o fim da Idade Média.

Em 332 a.C., os gregos, liderados por Alexandre, o Grande, assumiram controle do Egito. A produção de cerveja continuou em ritmo acelerado, mas os gregos, vendo a cerveja como a bebida de seus rivais e dos conquistados, geralmente a desdenhavam. Até o período Helenístico, o Egito exportava cerveja a partir da cidade de Pelúsio, na foz do Nilo, para a Palestina e arredores. Os inspetores fiscais chegaram, portando títulos como "inspetor de cervejarias" e "inspetor-chefe real da cerveja". O reinado de Alexandre como faraó durou menos que uma década, mas o Egito foi governado pelos Ptolomeus até a Batalha Naval de Áccio, em 31 a.C., depois da qual Cleópatra e seu amado Marco Antônio se suicidaram. O Egito se tornou uma província romana.

A Grécia e a Roma antigas, com muitos suprimentos de vinho, realmente nunca olharam para a cerveja. Mas conforme Roma crescia além de seus territórios e procurava construir um império, os romanos abriram caminho através das montanhas e encontraram, do outro lado, pessoas ferozes, muitas vezes prontas para brigar e fortalecidas pela cerveja. Plínio, em sua *História Natural*, nota que: "a população da Europa Ocidental possui um líquido com o qual eles se embebedam, produzido a partir de grãos e água. A maneira de produzi-lo é diferente na Gália, Espanha e outros países, e ele é conhecido por nomes diferentes, mas sua natureza e propriedades são as mesmas em todos os locais. As pessoas na Espanha, principalmente, produzem esse líquido tão bem que ele permanece bom por um longo tempo. Tão requintada é a astúcia humana em satisfazer seus vícios e apetites que ela inventou um método para a própria água produzir embriaguez".

No sul da atual Alemanha, os romanos encontraram os celtas, e no norte eles encontraram os alemães, que haviam seguido os celtas da Ásia até a Europa Ocidental. Essas tribos, ao contrário dos romanos, eram praticamente analfabetas, mas eram bastante proficientes em produzir cerveja. Os alemães nômades finalmente afugentaram os celtas através do canal da Mancha até a Grã-Bretanha. Os alemães e os celtas assimilados se estabeleceram em uma rede de poderosas cidades-estados entre os séculos VI e VII. Tribos eslavas se estabeleceram a leste. Assim que o Império Romano finalmente se desintegrou, com a abdicação do último imperador romano em 476, os romanos, alemães e eslavos se assimilaram nas culturas uns dos outros, e a Europa Ocidental assumiu o catolicismo romano. Mosteiros foram criados e se tornaram lugares de aprendizagem. Para se sustentar e acolher viajantes cansados, os monges estabeleceram as cervejarias.

Durante os quinhentos anos da Idade das Trevas, de 500 a 1000, a produção de cerveja continuou, mas praticamente sem avanços. A luz da civilização brilhava mais fortemente nos mosteiros, mas os monges guardavam suas cervejas para si mesmos.

A fundição do cobre estava em uso desde a Idade do Bronze, mas até aquele momento as tinas de produção de cerveja na Europa haviam sido, na maior parte, pequenos recipientes, adequados para atividades caseiras. Agora estabelecidos em comunidades maiores, os europeus começaram a construir cervejarias em uma escala que não era vista desde os dias do Egito Antigo. As cervejarias saíram das cozinhas para instalações próprias, com locais para malteação, tinas de mosturação, áreas de fermentação e equipes de trabalhadores treinados. Tanoeiros fizeram barris para armazenamento. As cervejas eram geralmente flavorizadas com uma mistura de ervas chamada *gruit*, mas em algumas regiões o lúpulo também era utilizado. No início dos anos 800, os monges do mosteiro de St. Gallen, na Suíça, haviam construído a primeira cervejaria de larga escala na Europa, centenas de anos à frente de seu tempo em vários aspectos. A planta baixa da cervejaria, elaborada em 820, seria reconhecida na sua essência por qualquer cervejeiro moderno. Ver ST. GALLEN.

No início dos anos 1100, Hildegard von Bingen fundou o convento beneditino de Rupertsberg, próximo à cidade de Bingen, no rio Reno. Mais tarde conhecida como St. Hildegard, ela escreveu diversos livros, incluindo o texto de história natural *Physica Sacra*. Nele, ela descreve o lúpulo como uma planta particularmente útil, excelente para a saúde física e que conservava todos os tipos de bebidas. Ao longo dos anos 1100, grande parte da cerveja da Europa foi transformada pelo uso dos lúpulos. A Igreja Católica, para a qual a venda de *gruit* era um negócio lucrativo, resistiu poderosamente. Mas o lúpulo escapou ao alcance da Igreja e deitou raízes profundas. Logo a Europa Central se transformou em um potente centro cervejeiro. Ordenanças foram promulgadas para proteger os suprimentos de grãos e a pureza da cerveja, de Augsburg em 1158 a Paris em 1268 e Nuremberg em 1293. Esses foram os precursores da hoje famosa e muito alardeada Lei da Pureza da Cerveja de 1516. Em meados de 1300, Hamburgo se tornou o centro cervejeiro líder do mundo. Em 1376, 475 dos 1.075 manufatureiros de Hamburgo produziam cerveja. Suas técnicas a essa altura já eram muito mais avançadas do que as de qualquer rival, e em 1369 eles enviaram 133 mil hectolitros de cerveja para fora da cidade. Nas costas dos cervejeiros, a Liga Hanseática, fundada por ricos comerciantes de Lübeck e Bremen em 1241, ficava cada vez mais poderosa. A Guerra dos Trinta Anos, de 1618 a 1648, marcou o início de quase um século de miséria e morte na Europa. A guerra assolou todo o continente, e a população foi reduzida pela metade pela violência, doença e fome. A produção de cerveja europeia retornou para dentro das casas. As cervejarias comerciais retornaram apenas no século XVIII, com guildas de cervejeiros bem estabelecidas através da Europa Central, encarregadas de proteger os interesses do – novamente – poderoso clã de comerciantes.

O lúpulo ainda não chegara à Grã-Bretanha, mas as cervejas flavorizadas com *gruit* eram há muito tempo a bebida do povo. Ver GRUIT. Quando Júlio César chegou em Kent, em 55 a.C., observou com relação às pessoas que lá encontrou: "Eles possuem videiras, mas as usam apenas como espaldeiras em seus jardins. Eles bebem uma bebida alcoólica forte [...], feita de cevada e água". O vinho certamente chegara à Inglaterra cedo, primeiro com os conquistadores romanos e mais tarde com os normandos em 1066. Como os normandos se assimilaram na sociedade britânica, os escalões superiores produziam cerveja, mas mantinham o gosto normando pelo vinho, e então a sociedade britânica se separou em uma alta classe degustadora de vinho e uma massa bebedora de cerveja. A produção de cerveja permaneceu caseira durante a Idade Média e era, novamente, dominada pelas mulheres. Por volta dos anos de 1200, um Veredito de Pão e Cerveja (Assize of Bread and Ale) foi promulgado, regulamentando o preço e a qualidade de ambos. Multas pelo descumprimento das leis se tornaram, essencialmente, uma forma de sistema de licenciamento, e os registros das multas pagas pelas cervejarias caseiras nos permite acompanhar o desenvolvimento das famílias cervejeiras da Grã-Bretanha através de gerações. Ver GRÃ-BRETANHA.

Apesar de a produção de cerveja ser uma habilidade doméstica esperada em todas as mulheres medievais, algumas delas, conhecidas como *ale-wives*, começaram a estabelecer pequenas operações comerciais em um regime de meio período. Algumas vezes elas eram autorizadas a abrir *ale houses*, e seus lucros lhes proporcionavam uma rara medida de independência. Tratava-se, praticamente, do único trabalho independente e honesto ao qual as mulheres estavam autorizadas, então elas se aproveitavam disso em todas as oportunidades. Ver MULHERES NA PRODUÇÃO DE CERVEJA. Depois que a Peste Negra atingiu a Inglaterra, em 1348-1350, a demanda por cerveja aumentou, e as mulheres cervejeiras se tornaram mais estabelecidas. Logo, no entanto, os homens e as demandas do comércio conspirariam para arrancar as tinas cervejeiras das mãos das mulheres.

Conforme as cervejas lupuladas se disseminavam pela Europa, os efeitos conservantes dos lúpulos tornavam possível que a cerveja fosse guardada por mais tempo. Agora a cerveja podia ser feita em maiores quantidades e armazenada, ao contrário de ser bebida em poucos dias. Armazéns e instalações maiores exigiam dinheiro para serem construídas, e as mulheres possuíam menos para investir do que os homens. Lentamente, mas com firmeza, os homens começaram a construir operações cervejeiras maiores e a forçar as mulheres a sair de seus próprios negócios e buscar emprego nas novas cervejarias. Os lúpulos chegaram à Inglaterra no século XV, e apesar de muitas pessoas terem se apegado às *ales* não lupuladas por mais de um século, grande parte da cerveja britânica era lupulada em meados de 1500.

> Então, pela manhã, depois de termos clamado a Deus por orientação, chegamos a esta resolução – colocar os pés em terra firme novamente e obter uma vista melhor dos dois lugares que pensamos ser mais adequados para nós, pois não teremos tempo para novas buscas ou considerações; nossos mantimentos estão acabando, principalmente nossa cerveja, e hoje ainda é 20 de dezembro.

E foi assim, nas palavras de William Bradford, que desembarcaram os peregrinos em Cape Cod, Massachusetts, do pequeno navio cargueiro Mayflower, em 1620. O estilo europeu de produção de cerveja logo teve início no continente americano, mas, muitas vezes, com qualquer produto que pudesse ser encontrado ou cultivado. Em 1670, o *quaker* inglês John Fenwick chegou para fundar a cidade de Salém, Nova Jersey, e notou que seus companheiros colonos "imediatamente se ocuparam em erguer cervejarias para a produção de cerveja para o consumo comum".

Com o crescimento das cidades coloniais durante os anos de 1700, as cervejarias também cresceram. As cervejarias das cidades produziam o mesmo tipo de cerveja que eram encontradas na Inglaterra durante aquele período, muitas vezes suplementando o malte com outros açúcares, como os melaços. Cervejarias rurais produziam cerveja com cevada malteada, trigo, milho, abóbora, ervilhas e especiarias. Ver PRODUÇÃO DE CERVEJA NOS ESTADOS UNIDOS COLONIAL e PUMPKIN ALE.

Nesse meio-tempo, a Revolução Industrial na Inglaterra dava lugar a uma indústria cervejeira reconhecidamente moderna. Com o crescimento de Londres, a *porter* escura passou a mover a cidade, e a cidade movia as cervejarias. Produzida com malte marrom, altamente lupulada e envelhecida por meses, a *porter* durava o suficiente para ser distribuída nos milhares de *pubs* de Londres. A construção de enormes tonéis de *porter* conferiu aos cervejeiros a habilidade de misturar grandes quantidades de cerveja e atingir algum nível de confiabilidade. Os cervejeiros ingleses eram vorazes em suas buscas por novas tecnologias. Em 1784, apenas oito anos após a independência dos Estados Unidos, Henry Goodwin e Samuel Whitbread instalaram um motor a vapor movido a carvão em sua cervejaria de Londres. Vinte anos mais tarde, a secagem indireta de malte foi combinada com o uso de termômetros, resultando na produção de um suprimento regular de malte claro. Logo a produção de *porter* se afastou dos ineficientes maltes marrons, a produtividade aumentou e a *India pale ale* passou a ser enviada a Calcutá em grandes volumes. Ver REVOLUÇÃO INDUSTRIAL.

Cervejeiros bávaros, em uma hábil exibição de espionagem industrial, roubaram dos ingleses os segredos da tecnologia de malteação clara. Eles então usaram esse segredo para dominar o mundo cervejeiro. A produção bávara de cerveja havia sido diferente por séculos. O duque Albrecht V da Baviera, visando proteger a população da cerveja estragada, proibiu a produção de cerveja de verão em 1553. Os cervejeiros produziam as últimas cervejas da estação no fim da primavera, e ela precisava durar meses, até o outono. Visando produzir cervejas que sobrevivessem ao calor do verão, os cervejeiros fermentavam suas cervejas em cavernas subterrâneas escavadas profundamente nas encostas das colinas. Eles arrastavam gelo manualmente obtido de lagos congelados para dentro dos túneis durante o inverno, a fim de manter a cerveja fria durante o ano. Com o tempo, suas cervejas e as leveduras que as estavam fermentando, mudaram. Uma espécie de levedura era mais atuante sob as baixas temperaturas, enquanto outras deixavam de agir. A levedura do tipo *lager*, nomeada a partir da palavra alemã "*lagern*", significando "armazenar", era capaz de fermentar em baixas temperaturas, superar os organismos de deterioração, sedimentar no fundo da tina de fermentação e, depois de alguns meses de envelhecimento, produzir uma cerveja que poderia durar muito mais tempo do que as outras. Por volta de 1840, o bávaro John Wagner, utilizando leveduras trazidas de sua terra natal, produzia cervejas *lager* em uma cabana ao lado de sua casa, na Filadélfia.

De volta à Baviera, em 1841, as primeiras cervejas âmbar leves surgiram na Cervejaria Spaten, em Munique, e na cervejaria de Anton Dreher, em Viena. Apenas dois anos mais tarde o cervejeiro bávaro Josef Groll, trabalhando em uma cervejaria na cidade boêmia de Pilsen, produziu a primeira cerveja *lager* dourada, a *pilsner*. Ver DREHER, ANTON, SPATEN, CERVEJARIA, e VIENNA LAGER. Logo uma nova rede ferroviária levava a nova cerveja para cidades mais distantes da Boêmia. A fabricação industrial de vidro tornou os copos de vidro viáveis para pessoas que anteriormente usavam canecas de louça, e a cerveja *pilsner* dourada brilhante ficou muito mais atraente. A introdução da tecnologia de refrigeração mecânica a partir da amônia, criada por Carl von Linde, libertou a produção de cervejas *lager* da dependência do gelo natural. Ver LINDE, CARL VON. Em 1873, a cerveja já podia ser produzida em qualquer lugar que tivesse um abastecimento decente de água e em qualquer época do ano. Estilos de cerveja essencialmente bávaros logo passaram a ser produzidos do Brasil à Tanzânia, varrendo as *ales* da maior parte do mundo. A Inglaterra e a Irlanda mantiveram-se firmes contra a maré, assim como a Renânia com suas *kölsch* e *altbier* e, mais silenciosamente, a pequena Bélgica. Agarrada às suas tradições seculares de fermentação espontânea, a Bélgica manteve vivo um antigo estilo de cerveja, enquanto dentro de seus mosteiros trapistas, novas permutações elegantes da arte cervejeira eram conjuradas em silêncio por cervejeiros artesanais de túnicas. Ver ALTBIER, CERVEJARIAS TRAPISTAS e KÖLSCH.

Em toda a Europa e Estados Unidos, as cervejarias construíram grandes impérios comerciais no final do século XIX. A Grã-Bretanha construiu sua fortuna com as *ales*, enquanto a Europa Central, a Escandinávia e a América focaram nas *lagers*. Em 1900, três das quatro maiores companhias cervejeiras do Japão já estavam bem estabelecidas. Duas guerras mundiais trouxeram mudanças às cervejarias do mundo todo, mas logo uma grande nação cervejeira sairia do comércio de bebidas inteiramente. Embora a *lager* americana já tivesse divergido de suas raízes europeias, usando uma proporção de arroz e milho para substituir o malte, foram os treze anos do "nobre experimento" da Lei Seca, de 1920 a 1933, que mudaram a cerveja americana pelos sessenta anos seguintes. Ver LEI SECA. Quando a produção de cerveja ressurgiu da economia clandestina em 1933 e as cervejarias americanas voltaram à vida, a cerveja estava diferente. A cerveja tinha se ausentado durante um longo tempo, e o mundo havia mudado. Comércio, tecnologia e publicidade convergiram na produção da moderna cerveja norte-americana destinada ao mercado de massa, um produto tecnicamente impressionante com muito menos sabor que suas ancestrais. A nova cerveja ocupou seu lugar nas gôndolas, ao lado do pão de forma branco embalado em sacos plásticos e de fatias de "produto alimentício à base de queijo", alimentos aparentemente insensíveis ao próprio tempo. Os americanos estavam felizes o bastante com a nova cerveja, mas quando começaram a viajar, logo perceberam que algo lhes faltava.

As décadas de 1970 e 1980 testemunham uma renovação, primeiro nas novas microcervejarias da Inglaterra e depois no Oeste norte-americano. Os cervejeiros artesanais americanos, inspirados pelas grandes tradições da Europa, instruídos durante anos de experimentações em suas próprias cozinhas e acreditando que a produção de cerveja podia ser uma forma de arte parecida com o *jazz*, hoje espalham um evangelho de pleno sabor e criatividade na cerveja.

Dornbusch, H. **Prost! The story of German beer.** Denver: Brewers Publications, 1997.

Hardwick, W. A. **Handbook of brewing.** New York: Marcel Dekker, Inc., 1995.

Hornsey, I. S. **A history of beer and brewing.** London: RSC Publishing, 2003.

Meussdoerffer, F. G. "A comprehensive history of beer brewing". In: Esslinger, H. M. (Ed.). **Handbook of brewing: processes, technology, markets**. New York: Wiley & Sons, 2009.

Shourds, T. **History and genealogy of Fenwick's colony, New Jersey.** Bridgeton: G Nixon, 1876.

Garrett Oliver

história dos lúpulos americanos é, essencialmente, a evolução de uma coleção de genótipos nativos, algumas variedades europeias transplantadas cultivadas a partir de rizomas importados e o desenvolvimento dos cultivares dos Estados Unidos. O portfólio resultante de variedades é constituído por lúpulos de aroma e amargor. Um número de cultivares desenvolvidos de forma privada e pública têm sido liberados por programas de melhoramento dos Estados Unidos. Esses incluem Willamette, Nugget, Cascade e Galena. Os lúpulos americanos são geneticamente bastante variáveis, o que não é surpreendente considerando suas várias derivações a partir de lúpulos nativos dos Estados Unidos e fontes genéticas europeias. Conforme o cultivo de lúpulo se propagou a partir da sua origem na Europa Central, os produtores, sem dúvida, selecionaram aquelas plantas que pareciam mais bem adaptadas às condições de cultivo local e que eram mais desejadas pelas cervejarias locais. Esses primeiros lúpulos selecionados, provavelmente, foram escolhidos entre plantas selvagens locais que tinham algumas características favoráveis à produção de cerveja e, talvez, características agronômicas desejáveis. Com o tempo, as plantas mais adequadas prevaleceram e acabaram sendo transplantadas para outras áreas de cultivo. Os colonizadores tiveram um importante papel no transporte dos genótipos desejáveis do lúpulo para novas áreas de cultivo. O mesmo vale para a migração de lúpulos europeus do exterior para a América do Norte, bem como a migração de lúpulos da costa leste para a costa oeste do Novo Mundo.

A produção de cerveja na América do Norte começou com a chegada dos colonizadores europeus, que consideraram a cerveja um produto de primeira necessidade, quase tão importante como pão e água. Embora o lúpulo fosse ocasionalmente importado da Europa, os pioneiros avaliaram cuidadosamente o potencial das propriedades rurais locais e das terras ao redor, não só em termos de aptidão para o cultivo de grãos e criação de gado, mas também quanto à disponibilidade de lúpulo selvagem para a produção de cerveja. Eles provavelmente selecionaram as melhores plantas de lúpulo nativas, assim como seus antepassados europeus tinham feito. Os primeiros lúpulos cultivados nos Estados Unidos vieram da Europa, trazidos pela Massachusetts Company em 1629 para estabilizar a disponibilidade de lúpulo local. O cultivo do lúpulo se espalhou pela costa leste conforme novas cidades e comunidades ofereciam apoio para a produção de lúpulo. Os puritanos, por exemplo, foram tão bem-sucedidos na produção de lúpulo que chegaram ao ponto de poder enviar o excedente produzido aos *quakers*, na Filadélfia. Os puritanos também criaram um sistema de concessão de pequenos lotes de terra para o cultivo do lúpulo.

Em grande parte da Nova Inglaterra, o solo não era tão produtivo como em Ohio Valley, e foi por isso que os agricultores da Nova Inglaterra experimentaram o cultivo de culturas especiais, incluindo o lúpulo. Esse esforço coincidiu com o aumento na produção comercial de cerveja na costa leste e, assim, um mercado pronto para o lúpulo produzido na Nova Inglaterra. O estado de Massachusetts tornou-se uma importante região de cultivo de lúpulo, em parte por causa de uma lei de 1806 que requeria inspeção e classificação de todos os lúpulos produzidos para exportação. O lúpulo aprovado nessa inspeção era considerado da mais alta qualidade nos Estados Unidos, e os produtores podiam então obter preços superiores para eles. Assim, no final do século XVIII e início do XIX, os estados da Nova Inglaterra tornaram-se a região produtora de lúpulo dominante nos Estados Unidos. No seu auge, em 1836, a Nova Inglaterra produziu 654,1 toneladas de lúpulo, uma quantidade substancial considerando que o lúpulo, naquele tempo, era colhido à mão.

O lúpulo do estado de Nova York rapidamente ganhou a reputação de ter alta qualidade por várias razões. Em 1819, Nova York instituiu uma lei de inspeção para o lúpulo, semelhante àquela anteriormente definida em Massachusetts. Então, em 1825, o canal Erie foi inaugurado, promovendo o conveniente transporte de Albany para o meio-oeste dos Estados Unidos. Finalmente, uma série de quebras de safras na Inglaterra acabou com os lúpulos importados, forçando as cervejarias americanas a contar com o lúpulo nativo. Em 1839, o estado de Nova York produziu cerca de 32% do lúpulo cultivado nos Estados Unidos, mas, vinte anos mais tarde, esse montante subiu para 88%.

Como a população dos Estados Unidos continuava a crescer e expandir-se para o oeste, a demanda por cerveja, e pelas matérias-primas para a sua produção, também cresceu. Como a produção de lúpulo era muito rentável, os produtores de outros estados logo tentaram plantá-lo. Em 1850, o lúpulo estava sendo cultivado em regiões tão ao sul quanto Virgínia, Alabama, Arkansas, Geórgia e Mississippi, e tão a oeste quanto Ohio, Wisconsin, Michigan, Iowa e Wisconsin, cuja maior cidade, Milwaukee, estava prestes a se tornar a capital da cerveja dos Estados Unidos. Ver MILWAUKEE. Um grande surto de pulgão em plantações de lúpulo da região leste acabou ajudando os produtores de Wisconsin, dando a eles uma importante participação no mercado. Em 1867, Sauk County em Wisconsin produziu cerca de 1.814,4 toneladas de lúpulos. Para efeito de comparação, essa é, em médias anuais, a mesma quantidade produzida atualmente na região de Tettnang, na Alemanha. Ver TETTNANG, REGIÃO. Infestações recorrentes de pulgão e doenças como míldio acabaram provocando o declínio da produção de lúpulo no estado de Nova York, e, em 1899, os estados da costa do Pacífico já o tinham ultrapassado. Quando a Lei Seca foi imposta nos Estados Unidos, no final da Primeira Guerra Mundial, o cultivo de lúpulo em Nova York foi abandonado para sempre. Ver LEI SECA.

Na costa do Pacífico, a produção de lúpulo começou por volta de 1850, quando plantações nos estados de Oregon e Califórnia foram estabelecidas. A indústria do lúpulo cresceu rapidamente nas décadas de 1870 e 1880, em parte através das exportações, por causa das colheitas desastrosas na Europa naquele tempo. Além disso, os agricultores da Califórnia, em particular, tinham uma vantagem agronômica sobre os produtores americanos do leste porque os verões secos e invernos suaves permitiam uma significativa colheita um ano após o plantio, enquanto, normalmente, no leste levava-se três anos para produzir a primeira colheita. A despeito de alguns surtos de pulgões e ácaros vermelhos na Califórnia, os rendimentos eram, geralmente, muito bons. Os produtores da Califórnia foram também os primeiros nos Estados Unidos a adotar o sistema de treliças altas (*high trellis*) de produção de lúpulo em grande escala. Ele reduziu consideravelmente os custos de produção por eliminar a necessidade de substituir as estacas de lúpulo todos os anos. A produção de lúpulo no Oregon não era tão elevada como a produção na Califórnia ou Washington, mas a qualidade geralmente era muito boa. O lúpulo Fuggle cultivado no Oregon se tornou popular até na Inglaterra. Ver FUGGLE. Grande parte da área cultivada do Oregon foi dedicada ao cultivo do Late Cluster, um provável descendente do Cluster da Inglaterra, e no restante da área eram plantados o Early Cluster e o Fuggle. No início do século XX, o Oregon superou tanto a Califórnia como Nova York, tornando-se o estado com a maior produção de lúpulo, uma posição que o estado conservou até a década de 1940.

Um pouco mais de uma década após o cultivo de lúpulo ter tomado conta da Califórnia e do Oregon, os agricultores do Puyallup Valley, no oeste do estado de Washington, tentaram cultivar lúpulo. Como os solos eram férteis e com pouca infestação de insetos, os rendimentos foram excelentes. Os registros indicam colheitas de 1,8 toneladas por hectare. A produção de lúpulo se mudou para o Yakima Valley, em Washington, em meados da década de 1870.

A região de Yakima era ainda mais quente e seca que o Puyallup Valley, o que reduziu os problemas com pulgões. Ver YAKIMA VALLEY, REGIÃO. Em meados da década de 1890, o Yakima Valley já era a maior área de cultivo de lúpulo do estado de Washington; desde a década de 1940, ela é a principal região de cultivo de lúpulo dos Estados Unidos.

Enquanto os primeiros colonos do Novo Mundo tinham que depender de plantas nativas ou plantas geradas de rizomas importados, a partir do final do século XIX sistemáticos programas de melhoramento começaram a criar novos cultivares a partir de variedades europeias de sucesso ou da hibridização de cultivares europeus com lúpulos americanos nativos. O Late Cluster, um importante lúpulo americano, pode ser um híbrido do Cluster inglês e de uma planta masculina de lúpulo americano nativo. O Early Cluster parece ter surgido a partir de uma mutação encontrada numa plantação de Late Cluster, no Oregon, em torno do ano 1908. Embora as origens desses antigos cultivares de lúpulo não possam ser determinadas com certeza, muitos deles têm servido como base genética para cultivares modernos.

O lúpulo cultivado (*Humulus lupulus* L.) é composto de cinco variedades botânicas: Hl var lupuloides, Hl var neomexicanus, e Hl var pubescens, todas da América do Norte; Hl var lupulus, da Europa; e Hl var cordifolius, do leste da Ásia e Japão. De acordo com recentes análises genéticas, as três variedades botânicas do Humulus da América do Norte contêm a maior diversidade genética, enquanto o grupo europeu é o mais homogêneo. Recentes pesquisas, baseadas na genética molecular, em cultivares de lúpulo, linhagens de melhoramento e complemento de machos têm revelado que todos os cultivares de lúpulo derivam de apenas duas fontes genéticas: ancestrais puramente europeus e híbridos de ancestrais europeus e americanos.

Em 1904, o governo dos Estados Unidos procurou estabelecer um programa de melhoramento de lúpulo, mas abandonou os esforços quase imediatamente. Depois disso, só em 1931 o governo dos Estados Unidos lançou um programa de melhoramento de lúpulo bem-sucedido no Oregon. Esse programa ainda está em operação, como parte do Serviço de Pesquisa Agrícola do Departamento de Agricultura dos Estados Unidos (na sigla em inglês, USDA-ARS). Ele está localizado no campus da Universidade do Estado de Oregon, em Corvallis. Muitos cultivares de lúpulo bem-sucedidos foram lançados pelo programa, alguns em colaboração com outras instituições de pesquisas. Vários programas privados de melhoramento de lúpulo estão ativos atualmente, e muitos têm obtido sucesso comercial com cultivares de lúpulo geralmente patenteados.

Hoje, cultivares de lúpulo desenvolvidos para o mercado americano são criados ou como substitutos de cultivares anteriores de sucesso ou como novos cultivares com significativa diferença de perfil. Por exemplo, em 1976, o cultivar Willamette foi desenvolvido e lançado pelo programa USDA-ARS como substituto do Fuggle. Fuggle é um cultivar inglês lançado em 1875 com um agradável perfil de aroma. Ele é muito popular em todo o mundo, mas tem características agronômicas pobres e baixo rendimento. O popular Cascade é também um lúpulo americano original. Seu perfil único, semelhante a pomelo, se tornou a assinatura de aroma e sabor de muitas cervejas artesanais dos Estados Unidos. O Cascade foi desenvolvido e lançado pelo programa USDA-ARS em 1972. Como o Willamette, ele contém alguma herança do Fuggle e, provavelmente, alguma ascendência nativa americana também.

De uma perspectiva global, a indústria americana do lúpulo é relativamente jovem quando comparada com a bem estabelecida e tradicional indústria europeia. No entanto, o movimento dinâmico e crescente da cerveja artesanal, um grupo considerável e geneticamente diversificado de variedades nativas e seus híbridos e descendentes, e uma ativa comunidade de pesquisa do lúpulo são bons presságios para o futuro da agricultura americana do lúpulo, para a indústria americana do lúpulo e para a indústria cervejeira americana.

Brooks, S. N.; Horner, C. E.; Likens, S. T. **Hop production**. Washington: U.S. Government Printing Office, n. 240, 1960.

Brooks, S. N. et al. Registration of Cascade hop. **Crop Science**, n. 12, p. 394, 1972.

Haunold, A. et al. Registration of Willamette hop. **Crop Science**, 16, p. 739, 1976.

Neve, R. A. **Hops**. London: Chapman & Hall, 1991.

Schwartz, B. W. A history of Hops in America. In: **Steiner's guide to American hops**. New York: S. S. Steiner, Inc, 1973.

Small, E. S. A numerical and nomenclatural analysis of morpho-geographic taxa of *Humulus*. **Systematic Botany**, n. 3, p. 37-76, 1978.

Small, E. S. The relationship of hop cultivars and wild variants of *Humulus lupulus*. **Canadian Journal of Botany**, n. 58, p. 676-86, 1980.

Smith, D. C. Varietal improvement in hops. In: **Yearbook for 1937**. Washington: USDA, 1937.

Shaun Townsend

Hodgson, George foi um cervejeiro de Londres frequentemente creditado, equivocadamente, pela "invenção" da *India pale ale*. Ver INDIA PALE ALE.

Hodgson começou a produzir cerveja nas margens do rio Lea, no leste de Londres, em 1751. Sua cervejaria, simplesmente chamada Hodgson's Brewery, ficava perto da East India Dock, de onde embarcações partiam para a Índia governada pelos britânicos, e Hodgson certamente cultivou um lucrativo mercado indiano quando poucos cervejeiros londrinos se importavam com ele. As quantidades eram pequenas, a viagem arriscada e o sucesso incerto. Mas a posição de Hodgson junto ao cais, e suas boa relação com os capitães dos navios com destino à Índia, permitiram a ele desenvolver um comércio lucrativo.

Restam poucas evidências das façanhas cervejeiras de Hodgson, mas por volta de 1809, a cervejaria – então comandada pelo seu filho Mark – tinha ficado famosa. Ela dominou o mercado indiano e foi imortalizada em verso e prosa por escritores como Thackeray. Em 1833, a Hodgson's se tornou a primeira cervejaria a mencionar a "*East India pale ale*" em anúncios de jornal.

Mas Hodgson não inventou a IPA. *Pale ales* importadas já eram bebidas em Madras em 1717, e outros cervejeiros têm seus nomes mencionados em anúncios na imprensa de Calcutá bem antes de Hodgson. Hodgson exportava uma versão da "*October ale*", as fortes *ales* lupuladas que eram produzidas para casas de campo e envelheciam durante anos em suas adegas. O mais provável é que ele tenha adaptado a receita ao longo do tempo, ouvindo as opiniões de seus clientes, e sua *ale* evoluído até adequar-se ao mercado melhor do que qualquer outra.

A *pale ale* de Hodgson acabou sendo substituída na Índia pelas *pale ales* superiores de Burton-on-Trent, produzidas por cervejarias como Bass e Allsopp.

Ver também ÍNDIA.

Pete Brown

Hoegaarden é uma *Belgian witbier* batizada em homenagem a uma pequena cidade na região flamenga da Bélgica que é famosa pelo renascimento do estilo de cerveja *Belgian white* ("*wit*"). A Tomsin, última cervejaria produtora de *bière blanche* em Hoegaarden, encerrou suas atividades na década de 1950. O leiteiro local, Pierre Celis, havia trabalhado na Tomsin durante sua juventude e, em 1965, já com seus 40 anos, decidiu comprar alguns equipamentos cervejeiros e começou a fazer *white beer* novamente. Ele recriou a receita com base em sua experiência na cervejaria e com a ajuda de moradores locais que se lembravam da aparência e do gosto da cerveja que era ali produzida. Sua nova cervejaria foi batizada De Kluis, que significa "claustro", em homenagem aos monges cervejeiros da região durante a Idade Média. A cerveja recebeu o nome de Hoegaarden, devido à cidade natal de Celis.

Vendida em inúmeros países em todo o mundo, a Hoegaarden é unanimemente considerada o ícone do estilo de cerveja *Bière Blanche Belge*. É elaborada com cevada malteada, trigo não malteado, lúpulos, coentro e casca de laranja Curaçao. Apresenta coloração bastante clara, com alguma turbidez e boa formação de espuma. Exibe aromas e sabor cítricos, frutados, condimentados e refrescantes, com um leve amargor saliente. É uma cerveja de corpo leve e balanceada com um teor alcoólico enganosamente moderado (4,9% ABV).

Rapidamente a Hoegardeen tornou-se uma cerveja de sucesso na Bélgica e em várias partes do mundo. Em 1985, a cervejaria já produzia 75 mil hectolitros de cerveja por ano, quando um desastre se abateu sobre ela e um incêndio arrasou todas as instalações. Sem condições de reerguer a cervejaria com recursos próprios, Celis recorreu ao grupo belga Interbrew (atual AB-Inbev), que acabou se tornando proprietário da cervejaria e da marca.

Ver também BÉLGICA, CELIS, PIERRE, DE KLUIS, CERVEJARIA e WHITE BEER.

Keith Villa

Hofbräu literalmente significa "a cervejaria da corte". Hofbräu é o nome de várias cervejarias nos países de língua alemã que foram, em algum momento de suas histórias, as fornecedoras oficiais da corte. Apesar da Hofbräuhaus, em Munique, ser de longe a mais conhecida delas (e a única não privatizada), dezenas de cervejarias parecidas na Alemanha e na Áustria funcionaram sob esse nome. Ver

HOFBRÄUHAUS MÜNCHEN. A Hofbräu Kaltenhausen, por exemplo, agora parte da filial BrauUnion da Heineken, foi fundada em 1475 pelo cervejeiro Hans Elsenheimer e assumida pela corte do duque-arcebispo de Salzburgo em 1486, 103 anos antes da mais famosa Hofbräuhaus de Munique entrar em operação. Outras cervejarias Hofbräu que ainda continuam operando são a Würzburger Hofbräu, fundada pelo duque-arcebispo Johann Philipp von Schönborn em 1643, a Hofbräu Wolters (uma cervejaria familiar em Braunschweig que foi simbolicamente agraciada com o título "Herzogliches Hofbräuhaus" em 1882), e a Stuttgarter Hofbräu. A cervejaria em Stuttgart obteve seu nome apenas em 1935, muito tempo depois da corte competente (da qual a cervejaria, até então pertencente a monges, era fornecedora oficial desde 1591) desaparecer. A Hofbräu Traunstein foi fundada em 1612 pelo duque da Baviera Maximilian I, dono da Hofbräuhaus em Munique. O modelo de negócio dos soberanos bávaros era o de construir uma cervejaria Hofbräu em cada cidade importante do Ducado da Baviera, a começar por Kelheim (essa cervejaria é hoje a G. Schneider & Son) em 1607. Para a família Wittelsbach, que reivindicou o monopólio sobre a cerveja de trigo, toda cervejaria chamada Weisses Preyhaus ("cervejaria branca", já que produzia *weissbier*, "cerveja branca") gerava lucro para equilibrar o orçamento. A maior parte dessas cervejarias foi privatizada no início do século XIX, e outras em outra onda de privatização na década de 1920. Apenas a Staatliches Hofbräuhaus München e a Staatsbrauerei Weihenstephan (que oficialmente nunca foi chamada Hofbräuhaus, apesar de ter sido nacionalizada pela corte em 1803) continuam sendo de propriedade do estado da Baviera.

Letzing, H. **Die Geschichte des Bierbraunwesens der Wittelsbacher.** Augsburg: Wissner, 1995.

Conrad Seidl

Hofbräuhaus München, literalmente "cervejaria da corte", é o nome de uma grande cervejaria em Riem, nos arredores de Munique, de propriedade do Estado da Baviera. É também o nome da sua cervejaria na Platzl, no centro de Munique, supostamente a taberna mais famosa do mundo. Uma cadeia de tabernas Hofbräuhaus na Alemanha e no exterior (bem como uma cadeia de *brewpubs* que produz cervejas Hofbräuhaus sob licença nos Estados Unidos) foi lançada em 2000.

Vários fornecedores de cerveja para a corte bávara chamaram a si mesmos de "Hofbräu" desde o século XV. A documentação mais antiga menciona o cervejeiro Berchtold Pörtzl, em 1440, que administrava uma cervejaria na Sendlinger Strasse, em Munique. Hofkammer, o ministro do Tribunal Bávaro das Finanças, decidiu construir a sua própria cervejaria em 1589 – principalmente para fornecer à corte real cervejas *dunkel lager* e *weissbier*. Projetos posteriores, a começar por duas fábricas para produzir cervejas de trigo, a Weisses Hofbräuhaus, em Munique, e a Weissbierbrauhaus, em Kelheim (agora "Schneider Weisse") em 1607, foram construídas com a finalidade de obter lucro com a venda de cerveja para o público geral. A Weisses Hofbräuhaus localizava-se no hoje célebre endereço da Platzl, no centro de Munique – a produção de cerveja de trigo foi vendida e se mudou em 1802. A cervejaria ainda próspera do duque (e mais tarde rei), que produzia *lager*, mudou-se para esse local. A taberna foi aberta em 1828, tornando o lugar tão famoso e bem-sucedido que ela teve de ser realocada novamente em 1896 para dar lugar a um bar da cervejaria ainda maior. Parte da história de sucesso está na famosa canção "In München steht ein Hofbräuhaus, oans, zwoa, gsuffa" ("Em Munique existe uma Hofbräuhaus, um, dois, trago"), composta por Wiga Gabriel em 1936. Ela ainda é cantada em todo o mundo por todas as bandas de "*oompah*" e é inevitável durante a Oktoberfest de Munique e em todas as outras Oktoberfests.

Merk, G.; Hannes S. **Das Münchner Bier**. München: Frisingia Verlag, 1991.

Conrad Seidl

hogshead é um antigo termo inglês para os grandes *casks* utilizados para entregar cerveja em um *pub* ou para o embarque da bebida. Eles continham nada menos que 54 galões imperiais (245,5 litros) e eram de uso comum na Grã-Bretanha, especialmente nos séculos XVIII e XIX. Este era um recipiente feito de madeira, em formato de *cask*, construído por meio de aduelas presas por aros de ferro. Assim como todo *cask*, ele tinha um orifício grande no centro de uma das aduelas e outro orifício pequeno na extremidade da parte plana, no qual a torneira era martelada no momento da perfuração do *cask*. A capacidade do *hogshead* impunha dois problemas. Primeiro, ele poderia ser utilizado somente em estabelecimentos muito movimentados, onde essa quantidade de cerveja (432 *pints* imperiais, cada um com 20 onças ou 0,568 litro) pudesse ser bebida dentro de dois ou três dias. Caso contrário, o ar, que entra no *cask* conforme a cerveja é servida, podia oxidar a cerveja, trazer bactérias acidulantes, ou simplesmente permitir que a cerveja perdesse o gás. Segundo problema, um *cask* cheio pesava perto de meia tonelada. Como era frequentemente necessário transportar manualmente o *hogshead* da carroceria para dentro do *pub*, *casks* mais leves como os *firkins* se mostraram mais convenientes. Conforme o consumo *per capita* de cerveja caía ao longo do século XX, os taberneiros passaram a exigir *casks* menores, que fossem tanto mais fáceis de manusear quanto mais rápidos de esvaziar. Isso tornou o *hogshead* desnecessário, e agora ele raramente é visto.

Ver também FIRKIN.

Kilby, K. **The village cooper**. Aylesbury: Shire Publications, 1998.

Terry Foster

Rótulo de cerveja holandesa, *c.* 1933. A Holanda possuía mais de setecentas cervejarias em meados do século XV, antes da introdução do café e do chá causarem um declínio acentuado no consumo de cerveja.
PIKE MICROBREWERY MUSEUM, SEATTLE, WA.

Holanda é uma região marítima na parte oeste dos Países Baixos, a qual é dividida em duas províncias, Holanda do Norte e Holanda do Sul (Noord-Holland e Zuid-Holland, respectivamente).

As duas províncias possuem as três maiores cidades dos Países Baixos, Amsterdã, Haia e Roterdã, bem como as cidades de Gouda, Edam, Delft, Haarlem, Leiden e Alkmaar. A Holanda compõe cerca de 13% da área total dos Países Baixos e cerca de um terço de toda a sua população, contendo também 25 cervejarias. O número total de cervejarias na Holanda atingiu o seu pico máximo (mais de setecentas) em meados do século XV, com a cidade de Gouda possuindo a maior concentração, seguida de Delft, Harlem, Schiedam, Dordrecht e Roterdã. A cerveja não era um luxo, e sim uma necessidade diária, uma vez que, por ser fervida, era mais segura do que a água. Com a introdução do café e do chá em meados do século XVII, o consumo de cerveja despencou, e em 1890 apenas 57 cervejarias permaneciam em atividade. Com a introdução da cerveja *lager*, altos impostos sobre as cervejas de baixo teor alcoólico e duas guerras mundiais, restavam apenas duas cervejarias por volta de 1980.

O ressurgimento da cerveja começou em 1984, quando a Alkmaarse Brewery foi inaugurada na cidade de Alkmaar, na província da Holanda do Norte. Embora tenha sido fechada em 1988, inspirou muitos dos pequenos cervejeiros independentes que agora estão espalhados por toda a Holanda do Norte e do Sul. Continua a ser um mercado muito jovem, já que 93% dos cervejeiros independentes ou que operam por contrato iniciaram suas atividades após 1985, e metade desse total iniciou após o ano de 2003.

Ver também PAÍSES BAIXOS.

European Beer Guide. Disponível em: http://www.europeanbeerguide.net. Acesso em: 4 nov. 2010.

Unger, R. W. **A history of brewing in Holland 900–1900: Economy, technology, and the state**. Boston: Brill Academic Publishers, 2001.

Derek Walsh

***homebrew bittering units* (HBU)** são um meio simples de calcular a quantidade necessária de lúpulo para atingir um amargor específico na cerveja. O número de unidades de amargor em uma cerveja é simplesmente o número de onças utilizado multiplicado pelo valor de alfa-ácidos do lúpulo, sendo os alfa-ácidos o ingrediente ativo que fornecerá o amargor.

Se uma receita de cerveja requer um nível específico de HBU, então dividindo esse nível pela quantidade de alfa-ácidos existentes no lúpulo será possível estimar o número de onças necessárias de lúpulo. Por exemplo, uma receita de 5 galões (19 L) de cerveja com 10 HBU necessitará de 2,5 onças (70,87 g) de um lúpulo com um teor de alfa-ácido de 4%. Variedades de lúpulos têm níveis diferentes de alfa-ácidos e são necessárias diferentes adições para obter o mesmo nível de amargor na cerveja.

Unidades padrão de amargor (IBU) têm a definição química baseada em miligramas do real amargor químico, iso-alfa-ácidos, presentes por litro. HBU leva em consideração o amargor nos lúpulos e permite um cálculo simples da adição a ser feita.

Entretanto, o real amargor na cerveja depende de fatores adicionais, como a eficiência da fervura em converter alfa-ácidos em iso-alfa-ácidos e o momento da adição do lúpulo. Análises mais exatas do sistema de produção de mosto levarão em conta esses fatores e permitirão cálculos cervejeiros avançados e profissionais baseados em valores de IBU.

Ver também AMARGOR.

Keith Thomas

Hook Norton Brewery, no vilarejo de Hook Norton, em Oxfordshire, Inglaterra, foi fundada em 1849 pelo fazendeiro e produtor de malte John Harris. Uma cervejaria de propriedade familiar, ela é hoje administrada pelo seu tataraneto James Clarke. A cervejaria produz *ales* e *stouts* inglesas quintessenciais, incluindo Old Hooky, Hooky Gold e Double Stout, e tem muito orgulho do fato de que todas as suas cervejas são refermentadas em barril e nunca foram filtradas ou pasteurizadas. Ver CONDICIONAMENTO EM CASK.

A Hook Norton Brewery em Oxfordshire, Inglaterra, é uma das últimas cervejarias a usar uma torre de estilo vitoriano, em que as tinas de produção, que são usadas primeiro, são colocadas próximo do topo, e os últimos tanques são colocados perto do chão. Uma vez o líquido bombeado para o topo da torre de seis andares, a gravidade ajuda a movê-lo de um tanque para o próximo. CATH HARRIES.

Em sentido horário a partir do canto superior esquerdo: rótulo de cerveja australiana, c. 1900; cartão-postal norte-americano, 1913; rótulo de cerveja argentina, c. 1940; rótulo de cerveja norte-americana, c. anos 1930; rótulo de cerveja norte-americana, c. anos 1930; cartão-postal norte-americano, 1910; rótulo de cerveja guatemalteca, c. 1900.
PIKE MICROBREWERY MUSEUM, SEATTLE, WA.

Grãos de cevada em germinação dão origem a novos brotos da planta, chamados de acrospiras. Radículas emergem na outra extremidade da raiz. As enzimas produzidas durante essa fase serão mais tarde convertidas de amidos de malte em açúcares na mosturação. ADRIAN FODEN, POITOU-CHARENTES, FRANÇA.

Plantação de lúpulo perto da Alsácia, na França. As plantas sobem por uma série de arames sustentados por altos mourões. © YVES RUBIN. TODOS OS DIREITOS RESERVADOS.

O *pub* King's Head, em Londres, possui uma variedade de torneiras de *real ales*. A Campaign for Real Ale (CAMRA) cunhou o termo *real ale* para descrever as cervejas não filtradas condicionadas em *casks* e garrafas. CATH HARRIES.

Retrato de Jan Gambrinus, lendário rei da cerveja. Cartaz ilustrado (litografia em cores) de F. C. Wentzel, Weissenburg, Alemanha, 1870. COLEÇÃO PARTICULAR/SAMMLUNG HECHT/THE BRIDGEMAN ART LIBRARY INTERNATIONAL.

Pubs históricos de Londres. *Em sentido horário a partir do canto superior esquerdo*: The Windsor Castle; Ye Olde Cheshire Cheese; The Marble Arch; The Lamb Tavern; The Punch Tavern; The Blue Anchor; The Mayflower. FOTOGRAFIAS DE CATH HARRIES, MONTAGEM DE CHARLES FINKEL.

Lúpulo *cascade* e cevada cultivados em casa e colhidos à mão prontos para a fabricação caseira de cerveja em Connecticut.
ERIC S. MCKAY.

Um cervejeiro caseiro verte extrato de malte em água fervente para formar o mosto, ou cerveja não fermentada.
GETTY IMAGES.

Bamberg é famosa por suas cervejas com aroma e sabor de fumaça, chamadas *rauchbiers*. CATH HARRIES.

Vitral, c. século XIX, da catedral de Tournai, na Valônia, Bélgica, retratando os bispos de Tournai durante a cobrança de impostos sobre a cerveja e o vinho. BIBLIOTHÈQUE DES ARTS DECORATIFS, PARIS, FRANÇA/ARCHIVES CHARMET/THE BRIDGEMAN ART LIBRARY INTERNATIONAL.

A cidade de Beltring, na Inglaterra, é o lar do maior número de *oast houses* do mundo. BRITAIN ON VIEW.

Mulher serve cerveja *ale* condicionada em *cask* utilizando uma bomba manual no Great British Beer Festival, em Londres.
© CAMPAIGN FOR REAL ALE LTD. (CAMRA).

Primeira fileira de cima para baixo, da esquerda para a direita: rótulo de cerveja norte-americana, c. 1933; rótulo de cerveja neozelandesa, c. 1940; gravata de garrafa de cerveja norte-americana, c. 1933; rótulo de cerveja norte-americana, c. 1933. PIKE MICROBREWERY MUSEUM, SEATTLE, WA.

Segunda fileira de cima para baixo, da esquerda para a direita: rótulo de cerveja inglesa, c. 1940; rótulo de cerveja inglesa, c. 1950; rótulo de cerveja inglesa, c. 1920; rótulo de cerveja inglesa, c. 1940. PIKE MICROBREWERY MUSEUM, SEATTLE, WA.

Terceira fileira de cima para baixo, da esquerda para a direita: rótulo de cerveja canadense, c. 1950; rótulo de cerveja belga, 1946; rótulo de cerveja inglesa, c. 1946. PIKE MICROBREWERY MUSEUM, SEATTLE, WA.

Última fileira de cima para baixo, da esquerda para a direita: rótulo para barril de aço inoxidável norte-americano, c. 1933; rótulo de cerveja escocesa, c. 1930; rótulo de cerveja norte-americana, c. 1933. PIKE MICROBREWERY MUSEUM, SEATTLE, WA.

Canto superior esquerdo: caneca de grés esmaltada com sal, c. 1665, com frisos em relevo retratando os apóstolos. A "caneca dos apóstolos" de Creussen, na Alemanha, data quase do início da produção de grés em Creussen, no início do século XVII. CORTESIA DE RASTAL GMBH & CO. KG.

Canto superior direito: caneca em marfim esculpido exibindo uma genealogia de governantes. Provavelmente francesa, final do século XIX. CORTESIA DE RASTAL GMBH & CO. KG.

Canto inferior esquerdo: caneca de grés esmaltada com sal da região alemã de Westerwald, c. 1737. CORTESIA DE RASTAL GMBH & CO. KG.

Canto inferior direito: caneca de cerâmica esmaltada com sal em formato de pera da cidade de Annaberg, na Saxônia, Alemanha, final do século XVII. CORTESIA DE RASTAL GMBH & CO. KG.

Superior: rótulo de xarope de malte de cevada norte-americano, c. 1920. A Lei Seca levou muitas cervejarias a vender extrato de malte na tentativa de compensar a perda de seu negócio tradicional. PIKE MICROBREWERY MUSEUM, SEATTLE, WA.

Inferior: cartão-postal do início dos anos 1930. Enquanto a Lei Seca levou à falência milhares de cervejarias norte-americanas, no Japão a indústria da cerveja floresceu na década de 1930, pois os cervejeiros puderam adquirir a preços módicos equipamentos de cervejarias norte-americanas. O consumo de cerveja no Japão cresceu consideravelmente. PIKE MICROBREWERY MUSEUM, SEATTLE, WA.

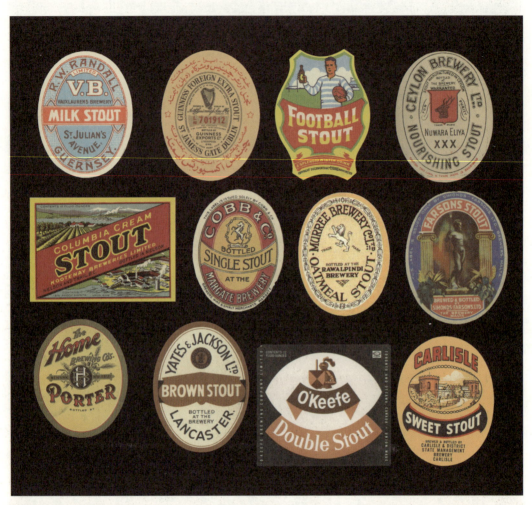

Fileira de cima, da esquerda para a direita: rótulo de cerveja de Guernsey, uma dependência da Coroa Britânica, c. 1920; rótulo de cerveja irlandesa engarrafada na Inglaterra, c. anos 1940; rótulo de cerveja britânica, c. 1920; rótulo de cerveja do Ceilão (hoje Sri Lanka), c. 1920. PIKE MICROBREWERY MUSEUM, SEATTLE, WA.

Fileira do meio, da esquerda para a direita: rótulo de cerveja canadense, c.1920; rótulo de cerveja inglesa, c. 1900; rótulo de cerveja paquistanesa, c. 1920; rótulo de cerveja maltesa, c. 1920. PIKE MICROBREWERY MUSEUM, SEATTLE, WA.

Fileira de baixo, da esquerda para a direita: rótulo de cerveja norte-americana, c. 1910; rótulo de cerveja inglesa, c. 1940; rótulo de cerveja canadense, c. 1950; rótulo de cerveja inglesa, c. 1930. PIKE MICROBREWERY MUSEUM, SEATTLE, WA.

A torre de seis andares da cervejaria foi construída no final da década de 1890 e foi projetada por William Bradford, que também elaborou os projetos de setenta outras cervejarias, incluindo a Harvey de Lewes, em Sussex, cada uma com a sua assinatura, os telhados ornamentados em estilo Queen Anne.

Hook Norton é amplamente considerada uma das mais belas cervejarias da Inglaterra. Cervejarias construídas na forma de torre foram um produto da engenhosidade vitoriana; o movimento de líquidos pela cervejaria poderia ser facilmente realizado se o malte e a água fossem içados e bombeados para o topo do edifício, deixando a gravidade fazer o trabalho de transferir o líquido para baixo, de um tanque para o outro.

A força motriz da cervejaria ainda é fornecida por um motor a vapor Buxton & Thornley de 25 hp instalado em 1899. Ele é o último motor a vapor de seu tempo ainda em uso regular para sua finalidade original no Reino Unido.

Não é difícil imaginar os trabalhadores suados da cervejaria, no século XX, usando essa tecnologia então moderníssima para transportar os pesados sacos de maltes até o último andar da cervejaria, onde eles seriam vertidos em um moinho de grãos, que é usado ainda hoje.

Mas embora a cervejaria tenha um passado, ela não vive nele, e ao longo do tempo a maioria dos tanques originais foi substituída. Pois, como diz James Clarke: "Se meu tataravô tivesse conhecido o aço inoxidável, ele o teria utilizado".

Eddershaw, D. **A country brewery: Hook Norton 1849-1999**. Oxford: Oxford University Press, 1999.

Tim Hampson

hop back é um recipiente de filtração usado em salas de mosturação tradicionais para separar as flores fervidas de lúpulo na tina de fervura antes do mosto ser resfriado e levado para fermentação. Os *hop backs* também podem ser usados para prover características adicionais de lupulagem tardia à cerveja, ao fluir mosto quente sobre lúpulos frescos a caminho do resfriador. Como esses lúpulos adicionados tardiamente não foram fervidos (a fervura elimina alguns compostos voláteis), mais compostos aromáticos tendem a ficar retidos na cerveja finalizada. Um *hop back* normalmente é um tanque fechado, de aço inoxidável (anteriormente cobre), projetado para receber todo o volume de mosto retirado da tina de fervura. O tanque é equipado com um fundo falso com fendas, o qual se situa a alguns centímetros acima do fundo do tanque. A área das fendas compreende de 20% a 30% da superfície do fundo do tanque.

O mosto fervido é introduzido no *hop back* e após um curto período de descanso, uma camada filtrante de lúpulo é formada (aproximadamente 30 cm a 50 cm de profundidade) no fundo falso. O mosto quente é então drenado através da camada filtrante de lúpulo antes do resfriamento. A camada de lúpulo também retém o *trub* (proteína coagulada) produzido durante a fervura. O mosto que sai do *hop back* deve ser claro, dado que a camada de lúpulo age como um bom material filtrante. Lúpulos aromáticos de alta qualidade são normalmente adicionados no *hop back* para prover à cerveja um aroma especial frutado. Os lúpulos são adicionados nesse ponto, pois os componentes aromáticos ficam retidos no mosto em vez de volatilizados na tina de fervura. Flores de lúpulo podem também ser removidas do mosto por filtros especiais em vez de um *hop back*.

Nas salas de mosturação modernas, os *hop backs* têm sido amplamente substituídos por "tanques de *whirlpool*", que separam fragmentos de péletes de lúpulo e proteína sedimentada. Ver WHIRLPOOL. Esse é um método de separação mais eficiente, pois a capacidade de filtração da camada de lúpulo de um *hop back* pode variar de uma batelada para outra. Em algumas cervejarias artesanais, um pequeno *hop back* pode estar acoplado após o tanque de *whirlpool*, provendo compostos aromáticos extras para o mosto pré-clarificado e para a cerveja acabada.

Paul KA Buttrick

Hopfensiegel

Ver SELO DO LÚPULO.

Hopunion LLC é uma produtora de lúpulos especiais que fornece lúpulos principalmente às cervejarias artesanais. A empresa é propriedade de seis famílias produtoras de lúpulo dos estados de Oregon e Washington. Ela possui um escritório em Yakima, Washington, seis armazéns refrigerados e uma planta de peletização. Ver LÚPULOS.

A Hopunion cultiva seus próprios lúpulos e também os processa e armazena. Além de seus próprios lúpulos – mais de trinta variedades de lúpulos americanos –, ela também oferece variedades de lúpulos da República Tcheca, Alemanha, Nova Zelândia, Reino Unido e de outras regiões. A maioria dos lúpulos da empresa são peletizados, mas ela também os disponibiliza na forma de flores de lúpulo, extratos de lúpulo e óleos de lúpulo. A Hopunion também publica, junto às empresas Cargill e White Labs, o *Craft Beer Quarterly*, um boletim de atividades da indústria.

As raízes da empresa remetem a cerca de 1789, quando um comércio de lúpulo foi fundado em Nuremberg, na Alemanha. A empresa internacional abriu escritórios ao redor do mundo, negociando lúpulo onde quer que ele fosse cultivado. Nos Estados Unidos, sua empresa Sunnyhops, Inc., adquiriu a empresa americana Western Hop Company em 1986. As duas companhias fundiram-se, formando a Hopunion USA.

A companhia International Hopunion foi adquirida pela Baarth Company (atualmente conhecida como Baarth-Haas Group) em 1999, porém dois anos mais tarde, no verão de 2001, o gerente geral Ralph Olson articulou seis produtores de lúpulo do Oregon e de Washington para comprar a empresa inteiramente, renomeando-a Hopunion CBS, LLC.

Cinco anos mais tarde, em agosto de 2006, a Hopunion começou uma parceria estratégica com a divisão de cervejarias artesanais da Yakima Chief e foi novamente renomeada, recebendo então o nome atual: Hopunion LLC. Mudanças na companhia começaram depois de um desabastecimento de lúpulos altamente contencioso no mercado à vista em 2007 e 2008.

As duas faces da Hopunion, frequentemente chamadas de Ralph e Ralph, são o diretor de vendas Ralph Woodall e o gerente geral/proprietário Ralph Olson. Em 2011 a posição de Woodall mantinha-se a mesma, mas Olson iniciou em 2008 um plano trienal de aposentadoria, período no qual suas ações seriam vendidas e suas responsabilidades pouco a pouco reduzidas até agosto de 2011, quando ele deixou de ser oficialmente afiliado à empresa. Durante essa transição, Don Bryant, um veterano da indústria de bebidas alcoólicas, foi contratado para substituir Olson em 2008.

Ver DESABASTECIMENTO DE LÚPULO AROMÁTICO.

Jay R. Brooks

hordeína é a proteína de reserva da cevada. As proteínas de cereais estão classificadas em quatro categorias principais segundo suas solubilidades em vários solventes. A fração solúvel em álcool é composta por proteínas de reserva chamadas de prolaminas. As prolaminas da cevada são chamadas de hordeínas. As hordeínas correspondem a aproximadamente 35% a 50% do total das proteínas presentes na semente. Elas são importantes na produção de cerveja por várias razões.

As hordeínas são ricas nos aminoácidos glutamato e prolina, ambos importantes para a nutrição da levedura. O glutamato (ácido glutâmico) é o aminoácido preferido pela levedura e a prolina não é absorvida. Como resultado, a cerveja pronta tem níveis mais altos de prolina do que de qualquer outro aminoácido.

Outro motivo é que as hordeínas como as prolaminas do trigo (gliadinas) são as principais responsáveis pelo acionamento da resposta autoimune que caracteriza a doença celíaca. As sequências de aminoácidos responsáveis pela doença celíaca estão também presentes nas hordeínas. As cervejas de trigo apresentam níveis significativamente mais altos de prolamina do que as cervejas feitas apenas com cevada ou aquelas produzidas com arroz ou milho.

Finalmente, acredita-se que as hordeínas também atuem na formação da espuma e da turbidez. Já foi mostrado que as proteínas podem se complexar com compostos fenólicos presentes na cevada e no lúpulo, precipitando e resultando em turvação. As hordeínas, junto com outras proteínas, têm se revelado benéficas na formação da espuma na cerveja.

As hordeínas atuam tanto positivamente quanto negativamente na produção de cerveja.

Ver também PROTEÍNAS.

Scott E. Heisel

hot break compreende proteínas e polifenóis que coagulam durante a fervura do mosto, e que acabam por se aglomerar em flocos suficientemente grandes que são separados da solução e sedimentam no fundo da tina de fervura. O *hot break* geralmente ocorre de cinco a trinta minutos após o início da fervura vigorosa. Nesse momento, alguns cervejeiros adicionam uma pequena quantidade de lúpulo (10% da quantidade total). Essa adição ajuda a precipitar o *hot break*, mas também ajuda a evitar a formação de espuma e o transbordamento na tina de fervura. Um método mais eficiente envolve a adição de alguma forma de carragena – uma alga marinha conhecida como musgo-irlandês – à fervura. A adição da carragena aumenta significativamente a aglomeração de proteínas e polifenóis, facilitando a sua remoção. Esses agentes clarificantes usados na tina de fervura são, na maioria das vezes, adicionados dez a vinte minutos antes do final da fervura. Uma vez que a fervura termina, os cervejeiros podem usar um tanque *whirlpool* para separar o *hot break* (agora, juntamente com os resíduos de lúpulo, conhecido como *trub*) do mosto antes da sua transferência para o tanque de fermentação. No *whirlpool* é importante realizar o procedimento delicadamente, pois o bombeamento do mosto de forma vigorosa pode romper os flocos do *hot break*, dificultando sua remoção. Ver WHIRLPOOL. Em sistemas tradicionais que usam as flores de lúpulo inteiras, o *hot break* é normalmente removido do mosto através de um leito de lúpulo, quer na parte inferior da tina de fervura ou em um tanque *hop back* separado. O leito de lúpulo aprisiona os flocos do *trub*, permitindo que o cervejeiro envie o mosto clarificado para o fermentador. Ver HOP BACK.

Um bom *hot break* é importante para a qualidade da cerveja pronta. O excesso de proteínas e polifenóis no mosto pode causar turbidez e outros problemas de estabilidade. Entre os polifenóis removidos durante o *hot break* estão os taninos, que, se mantidos no mosto, podem causar adstringência no sabor e turbidez indesejada.

Ver também AGENTES CLARIFICANTES USADOS NA TINA DE FERVURA e TRUB.

Palmer, J. J. **How to brew**. Boulder: Brewers Publications, 2006.
Rehberger, A. J.; Luther, G. E. Wort boiling. In: **The practical brewer**. 3. ed. St. Paul: Master Brewers Association of the Americas, 1999.

Damien Malfara

Huangjiu

Ver CHINA.

huluponas são produtos de oxidação dos beta-ácidos do lúpulo. Os beta-ácidos, lupulonas, fazem parte da resina mole do lúpulo. Eles possuem solubilidade muito baixa no mosto (~ uma parte por milhão); assim, apenas traços sobrevivem ao processo de mosturação e permanecem na cerveja acabada. Os beta-ácidos são bastante reativos com o oxigênio e se oxidam em um conjunto de compostos chamados huluponas, cada um derivando a partir de seu beta-ácido análogo; por exemplo, a cohulupulona vem da colupulona. Como não são amargos e são apenas marginalmente solúveis, os beta-ácidos não contribuem para o sabor da cerveja. No entanto, as huluponas são amargas e podem contribuir substancialmente para o sabor final da cerveja. Alegações anedóticas sugerem que as huluponas possuem uma desagradável qualidade de amargor. Uma vez formadas, as huluponas são relativamente estáveis e podem sobreviver a todas as fases do processo de produção da cerveja. Elas podem ser formadas através da degradação oxidativa dos lúpulos durante o armazenamento. Com a oxidação do lúpulo, o amargor proveniente dos iso-alfa-ácidos diminui porque seus precursores, os alfa-ácidos, são perdidos como resultado da oxidação, mas isso é um pouco compensado pela presença do amargor das huluponas. A proporção entre alfa- e beta-ácidos é o que fundamentalmente determina quanto diminuirá o potencial de amargor à medida que o lúpulo oxidar. Níveis mais altos de beta-ácidos no lúpulo bruto resultarão em um declínio mais lento do poder de amargor conforme ocorre a degradação oxidativa do lúpulo devido aos níveis resultantes mais elevados de huluponas. As huluponas também podem ser formadas durante a fervura do mosto, porque as temperaturas elevadas aceleram a reatividade dos beta-ácidos. Alternativamente, as huluponas podem se formar no *trub*, depois da separação dos restos de lúpulo do mosto fervido, onde o ambiente é quente e há uma abundante disponibilidade de oxigênio. As contribuições de amargor podem ser substanciais nesse último caso se o *trub* for adicionado a uma subsequente batelada de cerveja, como é o caso de algumas cervejarias.

Ver também COLUPULONA.

Thomas Shellhammer

humuleno é um componente da fração hidrocarboneto do óleo do lúpulo. É encontrado, juntamente com outros óleos essenciais, na glândula de lupulina, onde é formado nos estágios finais da maturação do cone do lúpulo. À medida que o cone do lúpulo amadurece, em primeiro lugar aparecem vestígios de compostos oxigenados do óleo essencial. Cariofileno e humuleno são sintetizados em seguida e, por fim, mirceno. A proporção de humuleno para cariofileno altera-se de uma variedade de lúpulo para outra, mas muitos cervejeiros consideram um bom aroma aquele que tem uma proporção superior a 3:1. Tais lúpulos tendem a possuir característica floral, herbácea e e condimentada. Algumas variedades, tais como o Hallertauer Mittelfrueh e o Kent Golding britânico, podem conter 30% ou mais de seus óleos essenciais em humuleno, mas, dado que o humuleno é altamente volátil e hidrofóbico, apenas pequenas quantidades podem realmente permanecer na cerveja acabada. Produtos da oxidação do humuleno, por outro lado, especialmente humuleno mono e diepóxidos, podem prover volumes significativos de aroma à cerveja. O humuleno epóxido III é um dos compostos de sabor mais potentes do Hallertauer Mittelfrueh, por exemplo, uma variedade rica em humuleno, mas relativamente pobre em óleos totais. O envelhecimento dos lúpulos ricos em humuleno em fardos durante várias semanas antes da peletização resultará em maiores quantidades de humuleno epóxidos, bem como outros produtos da oxidação do óleo do lúpulo, que alguns cervejeiros acreditam capazes de aumentar significativamente seu potencial aromático.

Thomas Shellhammer

humulona é um dos cinco alfa-ácidos análogos da resina do lúpulo, sendo os outros adhumulona, cohumulona, pré-humulona e pós-humulona. Esses análogos diferem-se uns dos outros ligeiramente em suas estruturas moleculares e juntos servem como precursores dos iso-alfa-ácidos, que são os principais contribuintes de amargor na cerveja. Os níveis de humulona e cohumulona variam entre as variedades, respondendo aproximadamente por 20% a 50% do total de alfa-ácidos. Os níveis de adhumulona tendem a ser bastante constantes entre as variedades, cerca de 10% a 15% dos alfa-ácidos. A pré- e a pós-humulona, por outro lado, desempenham papéis minoritários. Quando os lúpulos oxidam, os alfa-ácidos, incluindo a humulona, mudam sua composição molecular e produzem ácido isobutírico, o qual possui um característico odor azedo, rançoso e de queijo.

Ver também ADHUMULONA, COHUMULONA e LUPULONA.

Thomas Shellhammer

A **Hürlimann, Cervejaria**, foi uma cervejaria localizada em Zurique, Suíça, fundada em 1836. A cervejaria teve pouca importância, até o momento em que foi transferida para Albert Hürlimann, um cientista e especialista em levedura. Nascido em 1857, Albert trabalhara em várias outras cervejarias e adquirira um interesse particular pelas leveduras utilizadas para a produção de cerveja. Em 1914, ele expandira a Hürlimann por meio da compra de uma dúzia de cervejarias. O sucesso da cervejaria deveu-se principalmente à descoberta, feita por Albert, de uma cepa de levedura *lager* com resistência significativamente maior ao álcool que as outras leveduras de cerveja. Apelidada de levedura Hürlimann, essa levedura permitiu à cervejaria desenvolver cervejas mais potentes nos anos seguintes, incluindo a sua cerveja de assinatura, Samichlaus (Papai Noel), produzida pela primeira vez em 1979. A cerveja ostentava 14% de álcool por volume – chegando a ser a cerveja mais forte do mundo. Hürlimann passou mais vinte anos trabalhando no aperfeiçoamento dessa *doppelbock* poderosamente maltada, que era produzida uma vez ao ano, em 6 de dezembro, dia de São Nicolau. Além da sua cerveja, a cervejaria vendia comercialmente cepas de levedura para outras cervejarias.

Embora Albert tenha falecido em 1934, a produção continuou e a Cervejaria Hürlimann permaneceu na família Hürlimann por cinco gerações, até se fundir à companhia suíça Feldschlosschen, em 1996. A Hürlimann fechou suas portas definitivamente em 1997, ano em que produziram os seus últimos barris de Samichlaus. Em 2000, a Feldschlosschen foi comprada pelo grupo Carlsberg, a gigante cervejeira dinamarquesa. Também em 2000, os cervejeiros originais da Samichlaus da Hürlimann uniram-se à cervejaria Schloss Eggenberg para produzir um lote de Samichlaus, o que ainda ocorre todos os anos.

Carlsberg Group. Feldschlosschen Beverages Ltd. Disponível em: http://www.carlsberggroup.com/

Company/Markets/Pages/Switzerland_Feldschloesschen.aspx. Acesso em: 8 dez. 2010.

Nuclear bomb shelters and the world's strongest beers. Disponível em: http://www.beerhunter.com/documents/19133-001423.html. Acesso em: 8 dez. 2010.

Samiclaus: A beer to be savoured. Disponível em: http://www.ratebeer.com/Story.asp?StoryID=16. Acesso em: 8 dez. 2010.

To Do: Hürlimann Samichlaus beer dinner at Brasserie Beck. Disponível em: http://www.washingtonian.com/blogarticles/restaurants/bestbites/7929.html. Acesso em: 8 dez. 2010.

Jonathan Horowitz

A **Huyghe, Cervejaria**, foi fundada por Léon Huyghe, em 1906, em Melle, Bélgica. Ela continua sendo a cervejaria ativa mais antiga nas proximidades da cidade de Ghent. Durante a Primeira Guerra Mundial, as forças de ocupação em busca de fontes locais para munições fundiram as tinas de brassagem de cobre da Huyghe. Consequentemente, essas grandes e caras tinas tiveram de ser substituídas após a guerra. Em 1938, a Brouwerij-Mouterij den Appel tornou-se a SPRL Brasserie Léon Huyghe, e um ano depois a empresa expandiu-se e passou a ocupar uma cervejaria maior, onde permanece até hoje. Durante décadas, o principal produto da cervejaria foi uma *pilsner*, mas a cervejaria acabou substituindo-a por uma gama de cervejas que podiam ser consideradas mais tipicamente belgas. Hoje, a Huyghe é mais conhecida por sua linha de cervejas fortes, refermentadas em garrafa sob a marca Delirium, com o logotipo de um característico elefante rosa. Além disso, a Huyghe adquiriu e reavivou outras marcas. A maltada Artevelde Grand Cru foi introduzida em 1987, seguida pela Delirium Tremens em 1989. Uma variedade de *fruit beers* robustas, embora doces, sob o rótulo Floris entrou para o portfólio em 1993. O sucesso da Delirium Tremens levou ao lançamento da sua prima mais escura, a Delirium Nocturnum. Outras marcas da Cervejaria Huyghe incluem a Kira e a interessante Mogonzo, que apresenta cinco cervejas exóticas inspiradas no vinho de palma feito pelos Chokwe da África. A Mogonzo é feita somente com ingredientes oriundos do comércio justo (*fair trade*), incluindo banana, coco, quinoa, manga e castanhas de palma. As cervejas Huyghe são exportadas para cerca de 45 países.

Brouwerij Huyghe. **Delirium.be**. Disponível em: http://www.delirium.be/Anglais/Histoire/histoire.htm. Acesso em: 4 jun. 2010.

Jackson, M. **Great beer guide**. London: Dorling Kindersley, 2000.

Jackson, M. **Great beers of Belgium**. 3. ed. Philadelphia: Running Press, 1998.

Kenning, D. **Beers of the world**. Bath: Parragon, 2005.

Ben Keene

ice beer é uma cerveja resfriada até o ponto em que cristais de gelo começam a se formar. Foram uma moda breve nos Estados Unidos, Canadá, Reino Unido e no Japão, nos anos 1990.

Dizia-se que a baixa temperatura induzia a formação de turbidez a frio e outras precipitações, que então se sedimentariam ou seriam filtrados, supostamente dando origem a cervejas mais claras, brilhantes e de sabor limpo, ligeiramente mais forte do que o produto que havia sido fermentado. Esse processo corresponde a uma adaptação da técnica de concentração por congelamento, também conhecida como crioconcentração. A água congela a uma temperatura superior à do etanol, de modo que o gelo em uma cerveja ligeiramente congelada contém água, mas não álcool. Se o gelo for removido, o líquido resultante corresponderá a uma cerveja mais concentrada. Essa técnica pode ser utilizada para elaborar cervejas bastante fortes, algumas delas tradicionais – entre elas a *eisbock* alemã. Ver EISBOCK.

Os cervejeiros canadenses pesquisaram durante anos se a crioconcentração poderia ser aplicada para reduzir o volume de cerveja a granel transportada por longas distâncias. A cerveja concentrada seria, então, diluída em água e novamente recomposta a seus padrões originais antes de ser envasada.

Graham Stewart, então diretor técnico da Labatt, chegou à conclusão de que o processo não era eficiente, mas que talvez a palavra *"ice"* (gelo), pudesse ter certo apelo para os consumidores canadenses, especialmente os que já vinham concentrando suas cervejas deixando que elas congelassem do lado de fora da casa. Tanto Labbatt e Molson (1993) como Labatt (1994) empregaram variações dessa metodologia para comercializar cervejas *iced*, dando início ao que ficou conhecido como *"ice wars"* (guerras do gelo). Essas cervejas eram, de fato, um tanto concentradas, assim como as versões japonesas.

As cervejarias americanas Miller e Budweiser seguiram a tendência com suas próprias marcas, Icehouse e Bud Ice. Essas cervejas eram simplesmente refrigeradas até o ponto em que começavam a congelar, mas pouco gelo era removido e o teor alcoólico delas se elevava em menos de 1% ABV. Os cervejeiros argumentavam que essa "técnica de congelamento" proporcionava mais suavidade à cerveja. Na verdade, as palavras *"ice beer"* eram simplesmente muito atraentes do ponto de vista comercial, dando aos publicitários a oportunidade de encher as telas das televisões com encantadores fragmentos voadores de gelo brilhante. Durante alguns anos, as grandes cervejarias americanas produziram milhões de barris de *ice beer*, mas parece que os consumidores acabaram se dando conta de que a cerveja em si não era tão diferente, e a novidade não durou muito tempo.

Bamforth, C. W. **Beer is proof God loves us**. Upper Saddle River: FT Press, 2010.
Hornsey, I. S. **Brewing**. London: Royal Society of Chemistry, 1999.

Tim Hampson

Idaho, região norte, começou como um local substituto para o cultivo do Hallertauer Mittelfrueh. Nas décadas de 1960 e 1970, a murcha do *Verticillium* tornou-se um sério problema na região de Hallertau, na Alemanha, ameaçando a produção na área do famoso lúpulo aromático Hallertauer Mittelfrueh. Os grandes cervejeiros norte-americanos ficaram preocupados com os seus suprimentos de Mittelfrueh e decidiram tomar uma atitude. Ver HALLERTAU, REGIÃO e HALLERTAUER MITTELFRUEH. Então, um melhorista de lúpulo de Idaho, dr. Robert Romanko; Ben Studer, o agente do condado de Boundry; e o comerciante de lúpulo S. S. Steiner formaram um consórcio para buscar um local substituto nos Estados Unidos adequado ao cultivo dessa variedade. Eles selecionaram um local perto de Bonners Ferry, Idaho, que apresenta a mesma latitude que Hallertau e um clima razoavelmente semelhante. Brad Studer, filho de Ben Studer, assumiu a gerência da propriedade. Os primeiros rizomas de Hallertauer Mittelfrueh, importados da Alemanha, foram plantados lá em 1971, e a primeira colheita se deu no ano seguinte. A cervejaria Coors comprou todo o lúpulo que a propriedade conseguiu produzir até 1978, quando a Anheuser-Busch contratou a produção de 80 acres (aproximadamente 32,4 hectares). Em 1987, a Anheuser-Busch tinha assumido a propriedade e começou a expandi-la. Grande parte da nova área foi plantada com Hallertauer Mittelfrueh livre de vírus, obtido no Departamento de Agricultura dos Estados Unidos, enquanto o resto da propriedade recebeu a variedade American Tettnanger e vários clones de Saaz. Ver AMERICAN TETTNANGER e SAAZ. Em 1989, a fazenda tinha crescido para cerca de 688 hectares e, no início da década de 1990, toda a antiga coleção de Hallertauer tinha sido substituída. Então, em 1998, a variedade American Tettnanger foi substituída por Saaz e Hallertauer. Mas no início da década de 2000, August Busch III, pessoalmente interessado na propriedade, decidiu retornar à fonte do lúpulo alemão. O Hallertauer livre de vírus, que era notavelmente diferente do material original de Steiner, bem como do Hallertauer alemão, havia mudado demais. Ele decidiu substituí-lo pelo clone Hallertauer Mittelfrueh 102, obtido diretamente do Instituto de Pesquisa de Lúpulo, em Hüll, na Alemanha. Após alguns anos, a transição estava completa e a propriedade produzia apenas Saaz e Hallertauer, em quantidades aproximadamente iguais. Durante 2009 e 2010, no entanto, após a compra da Anheuser-Busch pela InBev, a área cultivada de lúpulo em Bonners Ferry foi drasticamente reduzida e, no início de 2011, seu futuro permanecia incerto.[1]

---

[1] Até o início de 2020, a propriedade ainda permanece sob controle da AB-Inbev. [N.E.]

Ver também HALLERTAU, REGIÃO e MURCHA DO VERTICILLIUM.

Val Peacock

Idaho, região sul, produz resultados notavelmente diferentes em relação ao lúpulo cultivado na parte norte do estado. Ver IDAHO, REGIÃO NORTE. No sul de Idaho, o cultivo de lúpulo está concentrado em Treasure Valley, na planície de alagamento do rio Boise, 65 quilômetros a oeste da capital Boise. Em contraste com o clima mais moderado do norte de Idaho, o Treasure Valley é quente e seco, semelhante a Yakima Valley no estado de Washington. Ver YAKIMA VALLEY, REGIÃO. O primeiro cultivo de lúpulo no sul de Idaho foi estabelecido em 1934, um ano após o fim da Lei Seca. A produção permaneceu modesta até o final da Segunda Guerra Mundial, quando a falta de lúpulo inspirou muitos agricultores a entrar no negócio. Até o final da década de 1970 e início da década de 1980, Cluster, Talisman e Cascade foram as variedades dominantes plantadas no sul de Idaho. Posteriormente, elas foram, em grande parte, substituídas por Galena. Ver GALENA. Quando variedades com produtividade e concentração de alfa-ácidos mais elevadas começaram a ser plantadas em Yakima Valley, em 1990, elas também apresentaram bom desempenho em Treasure Valley. Embora alguns lúpulos aromáticos, tais como Willamette e Cascade, também sejam cultivados na região sul de Idaho, variedades de amargor e de duplo propósito, como Chinook, são muito mais adequadas ao clima quente. No entanto, como os verões em Treasure Valley costumam ser ainda mais quentes que em Yakima Valley, variedades idênticas frequentemente apresentam no sul de Idaho menor concentração de alfa-ácidos e de compostos de aroma do que no estado de Washington.

Ver também CASCADE, CHINOOK, GALENA e WILLAMETTE.

Val Peacock

imigração (efeitos na produção de cerveja), o movimento de pessoas de um país para outro, tem sido o principal direcionador da cultura cervejeira em todo o mundo por séculos. Alimentos e bebidas, assim como música e linguagem, são poderosos componentes da cultura, e mesmo quando as pessoas esperam ter uma vida melhor em outro país, levam esses elementos consigo. Os antigos celtas levaram a produção de cerveja para as Ilhas Britânicas quando fugiram do continente europeu em função do avanço das tribos germânicas na segunda metade do século V. Na Inglaterra do século XV, a cerveja com lúpulo foi celebremente introduzida pelos imigrantes flamengos. Quanto maior a movimentação de pessoas, mais a cultura da cerveja se espalhava.

A colonização da América do Norte se iniciou em meados do século XVI e a produção de cerveja começou quase imediatamente. Já em 1550, um colono da Virgínia chamado Thomas Herriott escreveu para a Inglaterra sobre as maravilhas do Novo Mundo, incluindo um grão nativo – milho – que, ele se vangloriava, "com o qual era produzida tanta cerveja boa quanto se desejasse". O milho se destacaria de forma proeminente na história cervejeira americana nos trezentos anos seguintes.

Os peregrinos fizeram um desembarque de emergência em Massachusetts, e com tão pouca cerveja que a tripulação temia que o suprimento fosse insuficiente para a viagem de retorno depois de desembarcados os colonos. A cerveja era parte essencial da vida naqueles tempos, uma questão de sobrevivência na mente dos primeiros colonizadores. Ela era segura e saudável comparada ao abastecimento de água contaminada que haviam deixado para trás.

Os primeiros colonizadores fizeram o seu melhor para manter as tradições de sua cerveja, mas isso não foi fácil. Nem todo o Novo Mundo estava apto a cultivar cevada ou realizar fermentação, e carregamentos transatlânticos de malte eram muito caros e passíveis de contaminação, assim como os barris de cerveja importada. A cerveja era facilmente produzida nas colônias centrais, mas dificilmente produzida na Nova Inglaterra e no Sul.

Os colonizadores franceses e depois ingleses conseguiram produzir cerveja no Canadá. Em 1670, o governador da Nova França, Jean Talon, abriu uma cervejaria na cidade de Quebec, plantou lúpulo e estabeleceu para si mesmo um monopólio cervejeiro. Cerca de dois séculos depois, em 1847, um imigrante irlandês chamado John Labatt fundaria uma cervejaria em London, Ontário, e um imigrante inglês, John Molson, fundaria outra em Montreal, Quebec, em 1876. Atualmente, as cervejarias Molson e Labatt juntas são responsáveis por mais de 90% do mercado canadense de cerveja.

Nos Estados Unidos, os colonos encontraram um suprimento de água local surpreendentemente não tóxico, e rum, uísque e aguardente de maçã (*applejack*) tornaram-se baratos e abundantes. A cerveja era quase que um prazer esquecido. Em uma base percentual de álcool, o consumo de bebidas destiladas *per capita* nos Estados Unidos em 1800 era provavelmente mais de cem vezes superior ao consumo de cerveja. Apesar dos esforços de Thomas Jefferson e outros de fazer da cerveja a principal bebida branda, as bebidas destiladas prevaleceram nos Estados Unidos até meados do século XIX.

As mudanças começaram nos anos 1830. As revoltas antiaristocráticas estavam agitando a Alemanha, com um grande número de pessoas sendo desalojadas e optando por emigrar para o Novo Mundo. Para esses imigrantes, a cerveja era um sacramento estimado e um símbolo da sua liberdade duramente conquistada. A pequena cervejaria fundada em 1838 por Alexander Stausz e John Klein em Alexandria, Virgínia, foi provavelmente a primeira produção comercial de *lager* nos Estados Unidos. Muitas outras a seguiram.

Conforme os imigrantes alemães se espalhavam pelas cidades e fazendas no coração da América, levavam seu amor pela cerveja *lager* juntamente com eles. Entretanto, durante décadas ela foi popular principalmente entre a população alemã, e cada cidade americana de grande porte tinha uma área chamada "*Germantown*" (cidade alemã). Em 1860, a cerveja *lager* representava um quarto da produção de cerveja norte-americana (cerca de 1,1 milhão hL de 4,5 milhões de hL). A população alemã cresceu e o hábito de consumir cerveja em tabernas ou nos *biergartens* aos domingos jogou gasolina na chama da Lei Seca, que apresentava uma forte conotação anti-imigração. O conflito entre os "nativos" (descendentes de ingleses) americanos e os alemães e irlandeses recentemente chegados ao país eclodiu em combates em meados dos anos 1850, com motins sangrentos em Chicago, Louisville e Cincinnati.

Apesar da agitação, a cerveja *lager* provou seu poder de permanência, e nas décadas após a Guerra Civil ela se tornou inteiramente americanizada. Imigrantes alemães com nomes como Pabst, Busch e Schlitz foram rápidos em agarrar a moda da nova cerveja "*pilsner*" e, combinando a ética trabalhista do Velho Mundo com as tecnologias mais modernas, foram capazes de criar cervejarias e marcas em uma escala que o mundo nunca tinha visto, muitas das quais continuam como as maiores representantes do mundo atual da cerveja. E imigrantes alemães não foram exclusivamente para os Estados Unidos. A partir de 1824, ondas de imigrantes alemães começaram a chegar ao Brasil, e rapidamente fixaram cervejarias a fim de prover cerveja para as florescentes comunidades de língua alemã. Embora a imigração alemã tenha se espalhado por todas as partes da América do Sul, ela foi indiscutivelmente mais influente no Brasil, país que retém grandes bolsões de cultura alemã. Na cidade de Blumenau, localizada na região Sul, a Oktoberfest atrai mais de 1 milhão de visitantes por ano, e muitas das atuais cervejarias artesanais emergentes remontam a raízes alemãs.

Enquanto os britânicos tornaram-se um forte poder colonial no século XIX, eles também levaram o hábito de beber e produzir cerveja com eles. Um exemplo clássico, é claro, é a *India pale ale*, um estilo de cerveja que poderia não existir hoje se não fosse o raj britânico da Índia entre 1765 e 1857. Ver INDIA PALE ALE. Nos anos 1860, os produtores britânicos de chá fixaram cervejarias no então Ceilão, no sudeste da costa da Índia. Ver SRI LANKA. Os alemães, por outro lado, juntaram-se à missão colonial somente após a fundação do Segundo Império Alemão sob o comando de Bismarck em 1871, quando muitas partes do mundo já tinham sido colonizadas por britânicos e franceses. Mas onde quer que os alemães tenham sido capazes de ir, eles fundaram cervejarias. Na Namíbia, por exemplo, imigrantes alemães criaram quatro cervejarias no início dos anos 1900, que agora se fundiram na Namibia Breweries Limited. Na China, os alemães estabeleceram a cervejaria Tsing Tao em 1903, atualmente uma das maiores cervejarias do país. Os austríacos também deixaram a sua marca na cultura cervejeira de um país distante, o México. Quando uma série de intrigas internacionais complicadas levou à proclamação de Maximilian, arquiduque de Habsburgo, como imperador do México, em 1864, os cervejeiros austríacos seguiram o seu caminho. Eles trouxeram a *Vienna lager*, um estilo hoje provavelmente mais popular no México do que em qualquer outro lugar. Ver VIENNA LAGER.

Quando o século XIX deu lugar ao século XX, a indústria cervejeira americana tinha se tornado tão alemanizada que os encontros da Master Brewers Association of the Americas eram frequentemente conduzidos em alemão. A Primeira Guerra Mundial incitou emoções antialemãs em muitos países, especialmente nos Estados Unidos, onde incursões anti-imigracionistas, juntamente com uma vigilância negligente de bares e tabernas de propriedade de cervejarias e uma atitude desinteressada por parte dos cervejeiros, desembocaram na Lei Seca em 1919. Foram catorze longos anos com efeitos devastadores para a indústria cervejeira. Ver LEI SECA.

Atualmente, a cultura cervejeira mundial não necessita mais de imigrantes para se desenvolver. Com tecnologias modernas e comércio internacional irrestrito, os cervejeiros produzem cerveja de qualquer estilo em qualquer lugar e então as exportam e licenciam em qualquer lugar. Em 2010, por exemplo, o mosteiro cervejeiro mais antigo do mundo em contínua operação, Weltenburg, fundado em 1050 nas margens do rio Danúbio, na Baviera, celebrou um acordo de licenciamento com o terceiro maior grupo cervejeiro do Brasil, o Grupo Petrópolis, para a produção das cervejas de Weltenburg perto da cidade de São Paulo. Igualmente, cervejarias artesanais da Itália aos Estados Unidos, da Noruega à Mongólia, atualmente produzem cerveja ao redor do mundo, frequentemente com ingredientes advindos de vários lugares do mundo. Nesse caso, o cervejeiro moderno é muito mais parecido com um cozinheiro-chefe, combinando culturas de acordo com suas preferências.

Randy Mosher

imperial é um termo até recentemente reservado para cervejas produzidas especialmente para monarcas europeus, mas agora utilizado por cervejeiros artesanais americanos. Infelizmente, se tornou vago. Quando usada para descrever uma cerveja, a palavra "imperial" vem sendo amplamente empregada para significar "mais forte que o habitual". O uso desse termo é derivado da respeitável cerveja *Russian imperial stout*, fabricada no século XVIII pela cervejaria de Henry Thrale em Londres, e depois por seus sucessores e outros. Originalmente feita especialmente para a tsarina Catarina, a Grande, e para a corte imperial russa, essa cerveja com 10% de álcool por volume (ABV) acabou se tornando um estilo amplamente produzido.

Nos anos 1980, as cervejas *imperial stout* ressurgiram no início do movimento americano de produção de cervejas artesanais, possivelmente popularizadas nos Estados Unidos pela Samuel Smith, de Tadcaster, Inglaterra. Apesar de seu teor alcoólico de apenas 7% (ABV) certamente não representar o padrão "imperial", a Samuel Smith Imperial Stout apresentava um sabor rico e profundo, além de usar garrafa e rótulo bastante elegantes. Sendo assim, os americanos foram, compreensivelmente, atraídos por esse estilo.

Os cervejeiros artesanais americanos, em busca de sabores mais fortes para suas cervejas, começaram a acrescentar a palavra "Imperial" a qualquer cerveja que imitasse um estilo já existente, porém, aumentando seu teor alcoólico e o amargor do lúpulo. Primeiramente chegou a *imperial India pale ale* (IPA), seguida das cervejas *imperial brown ale*, *imperial pilsner*, *imperial witbier* e até *imperial mild*. A criatividade utilizada nas cervejas aparentemente abandonou os cervejeiros no momento de batizar os novos estilos. Qualquer cerveja que tenha sido dada uma dose de esteroides, atualmente, diz-se que foi "imperializada", termo que traz à mente a súbita aquisição de superpoderes por um herói de quadrinhos. O termo *"double"*, como em *double* IPA, é utilizado da mesma maneira. Se o cervejeiro achar que somente a "imperialização" é insuficiente, uma *brown ale* forte pode tornar-se uma *double imperial brown ale*, uma cerveja que certamente deve aniquilar toda a concorrência.

Apesar de muitas dessas cervejas serem bem-feitas e o prefixo "imperial" entreter alguns cervejeiros artesanais e aficionados por cervejas, o público em geral pode ser perdoado por se sentir um tanto confuso. Uma cerveja que teria sido chamada de *hellesbock* vinte anos atrás se tornou, repentinamente, uma *imperial pilsner*, ainda que a cerveja em questão não tenha qualquer relação com o estilo *imperial* e definitivamente não seja uma *pilsner*. Um *Gallo Hearty Burgundy* na jarra de meio galão vem à mente. De acordo com as regras de competição das cervejas comuns, o teor alcoólico de uma cerveja *imperial* IPA inicia-se em 7,5%, levemente mais forte que uma IPA tradicional. Embora alguns neguem a possível perda de uma denominação útil de estilo de cerveja, não há mais o que fazer para evitá-la. O consumidor, dessa forma, não deve esperar as melhores qualidades nos estilos originais de cervejas que foram "imperializados". Na melhor das hipóteses, pode-se esperar um eco de um estilo de cerveja consolidado, com algumas de suas características positivas amplificadas juntamente com o teor alcoólico.

Ver também CATARINA, A GRANDE, *IMPERIAL STOUT*, *INDIA PALE ALE* e SAMUEL SMITH'S OLD BREWERY.

Garrett Oliver

imperial stout, entre os estilos de cerveja mais encorpados e potentes, pode também ser considerado uma lição de história dentro de uma garrafa. A *imperial stout* foi originalmente elaborada pelos principais produtores de *porters* em Londres como uma *"extra stout" porter* para ser exportada para os países bálticos e para a Rússia a partir do final do século XVIII. Ganhou esse título por ser uma bebida fornecida à corte imperial russa da tsarina Catarina, a Grande. Em 1796, o artista Joseph Farington escreveu em seu diário: "Bebi uma *porter* da cervejaria Thrale's oferecida pelo sr. Lindoe. Ele comentou que se tratava de uma cerveja especialmente elaborada para a imperatriz da Rússia".

A Anchor Brewery de Thrale, em Southwark, havia sido comprada por Robert Barclay e John Perkins em 1781, e foi a *Russian imperial stout* da Barclay Perkins que se tornou o exemplo clássico desse estilo. Ver BARCLAY, PERKINS & CO. Uma receita do ano de 1856 mostra que ela possuía densidade original (OG) de 1.107 (quase seguramente com teor alcoólico superior a 10% ABV), com um toque nítido de amargor conferido pela adição de mais de 10 libras (4,53 kg) de lúpulos por barril britânico (163,66 litros).

Mas Barclay não foi o único cervejeiro de Londres a se tornar famoso por suas cervejas encorpadas. Reid, da Griffin Brewery, em Camden, não lançou nada além de *stouts* e *porters* até 1877, sendo a XX Imperial a cerveja mais encorpada (1.080 OG, ou cerca de 20 °P) produzida regularmente, vendida em barris em mariscarias como a The Whistling Oyster, perto da Drury Lane. Mas mesmo essa não foi a *imperial beer* mais impressionante de Reid. Em uma visita, em 1889, o cronista de cervejarias Alfred Barnard foi apresentado a uma *special export stout* que seria exportada para a Rússia com 1.100 OG (25 °P).

Fora de Londres, alguns pequenos cervejeiros britânicos também adotaram o estilo. A Brains Brewery, localizada no porto carvoeiro de Cardiff, no País de Gales, era conhecida antes da Primeira Guerra Mundial por sua maliciosa *imperial stout* "Little Imp".

No século XIX, a maioria das cervejarias não engarrafava suas próprias cervejas, preferindo despachá-las em barris para empresas especializadas que engarrafavam e vendiam a cerveja com o nome do produtor e o seu nos rótulos. Esse tipo de prática deixou o mercado aberto para intermediários empreendedores, como o comerciante londrino nascido na Bélgica Albert Le Coq. Em 1974, mergulhadores noruegueses resgataram garrafas de cerveja do navio Olivia, que naufragou no Báltico em 1869. Haviam sido rotuladas como "A Le Coq" e continham sua Extra Double Stout *imperial*. Le Coq estabeleceu uma vasta rede comercial com a Rússia. Seu êxito foi tamanho que os cervejeiros russos passaram a imitar o estilo, de modo que, em 1910, Le Coq assumiu uma cervejaria em Tartu, na Estônia, para poder competir à altura. O empreendimento mostrou-se problemático e acabou nacionalizado pela União Soviética em 1940.

A maioria dos cervejeiros britânicos abandonaram o mercado russo antes da Primeira Guerra Mundial, mas as cervejarias bálticas procuraram manter viva a tradição das *strong stouts*. A Sinebrychoff, na Finlândia, fundada por um russo em 1819, originalmente havia lançado a Porter Koff antes de optar por produzir *lagers* a partir de 1853. Mas ela recuperou essa cerveja intensamente amarga e torrada (7,2% ABV) em 1952. Cervejarias polonesas como a Okocim e a Zywiec também mantiveram em linha as potentes *porters*, embora passassem a ser produzidas com leveduras *lagers* e tenham acabado por perder aquele potente caráter torrado. Até mesmo a gigante dinamarquesa Carlsberg entrou no jogo, produzindo sua Gammel (velho) *porter imperial stout* (7,5% ABV).

Na Grã-Bretanha, apenas a Barclay Perkins manteve tremulando a bandeira das *imperials*, apesar do abalo sofrido pelas duas guerras mundiais e uma mudança de foco para o fornecimento, no comércio doméstico, de uma *stout* para aquecer os dias de inverno, maturada em garrafa por pelo menos um ano na cervejaria. Os períodos de maturação cresceram ainda mais. Em 1953, quando os rótulos *vintage* foram introduzidos, o primeiro foi para a batelada de 1949.

Após a fusão da Barclay Perkins com sua vizinha Courage em 1955, a produção foi transferida para as instalações da Courage, nas proximidades da Tower Bridge, em Londres. Quando essa planta foi fechada, em 1982, mudou-se de Londres para as instalações da John Smith em Tadcaster, Yorkshire. Essa *stout* diferenciada foi se perdendo pouco a pouco dentro de uma companhia cervejeira gigante que já não se interessava por tais bebidas excêntricas. Ao final da década de 1980 e início da de 1990, a *imperial stout* da Courage era comercializada a cada dois anos, sendo a última edição a de 1993.

Mas o império contra-atacou, ajudado por outro comerciante de bebidas, dessa vez na América. No início da década de 1980, a Merchant du Vin, de Seattle, intrigada pela rica história dessa cerveja escura, encorajou o rival da família John Smith em Tadcaster, Samuel Smith, a produzir uma *imperial stout* (7% ABV) para ser exportada para os Estados Unidos. Isso ajudou a despertar o interesse americano pelo estilo, com algumas das novas cervejarias artesanais produzindo exemplares arrojados. Hoje, a *imperial stout* está entre os estilos de cerveja forte mais populares entre as cervejarias artesanais americanas, sendo os Estados Unidos os principais produtores mundiais. Interpretações modernas desse estilo incluem eventuais passagens por barris de *bourbon*, conferindo interessantes notas a baunilha e coco. O nome de Albert Le Coq e sua cerveja ressurgiram em 1999, quando o importador americano Matthias Neidhart encomendou à Harveys Brewery, de Lewes, Inglaterra, a produção da Imperial Extra Double Stout (9% ABV) com seu nome, usando um fac-símile do rótulo original em uma garrafa com rolha. E a *imperial stout* retornou aos países bálticos, com inúmeras cervejarias artesanais produzindo uma dessas cervejas como edição especial de inverno. A maioria das *imperial stouts* modernas apresenta uma exuberante coloração escura, amargor pronunciado contrabalanceando o açúcar residual perceptível e reminiscências de frutas escuras fundidas com notas de chocolate, café torrado e até a alcaçuz. Costumam ser cervejas perfeitas para serem degustadas em frente a uma lareira, produzindo finas harmonizações com queijos e sobremesas. Os bons exemplares, se bem armazenados, podem envelhecer e melhorar por décadas nas garrafas.

Barclay, P. **150th year commemoration**. London: Marshalsea Press, 1931.

Protz, R. **Classic stout and porter**. London: Prion Books, 1997.

Brian Glover

Império Austro-Húngaro. Com o Compromisso de 1867, o império dos Habsburgo, baseado na Áustria, acordou com os magiares húngaros o estabelecimento de uma monarquia conjunta que abrangeu os vários povos habitantes do território entre a Alemanha unificada e os estados italianos, a Rússia ao norte e o Reino dos Balcãs ao sul. A nova aliança duraria até o final da Primeira Guerra Mundial e consistia num amontoado pouco coeso de inúmeras etnias, abarcando diversas ideologias religiosas e, mais de uma dúzia de línguas. Mesmo antes de sua dissolução em 1918, aproximadamente 10% da sua população de cerca de 50 milhões de habitantes havia imigrado para outras regiões, principalmente para a América do Norte. Juntamente com ondas de imigração simultâneas da Alemanha e da Itália no final do século XIX, o balanço populacional tanto da Europa quanto das terras recém-descobertas além dos mares mudaria para sempre.

No que diz respeito à história da produção de cerveja, foi esse deslocamento em massa da população, combinado com os avanços na tecnologia de fermentação e a industrialização da Europa a partir de meados do século XIX, que provocou a revolução *lager* em todo o mundo, redistribuindo os europeus centrais e ocidentais que se tornariam os cervejeiros dominantes do mundo pelos cem anos seguintes. Não podemos necessariamente atribuir os esforços de cada cervejeiro alemão em St. Louis, Milwaukee, Cincinnati, Buenos Aires ou Qingdao às alterações históricas da Áustria-Hungria de Franz-Josef, mas assim como certos eventos definiram o cenário para as turbulências da guerra, também prefiguraram as atividades que envolviam a indústria cervejeira do mundo durante esse período.

Um processo de migração pode se iniciar por diversos motivos, e o século XIX trouxe uma ampla gama de motivos para o deslocamento. A industrialização incentivou uma migração geral do campo para as cidades; agitações sociais, como as revoluções fracassadas de 1848, fizeram o descontentamento aumentar, disseminando o sentimento de que era preciso escapar; realinhamentos políticos e étnicos produziram tanto possibilidades quanto aversão; e com as notícias vindas dos participantes das primeiras ondas de migração para as Américas, um grande movimento migratório foi inevitável.

Diversas cervejarias de estilo alemão que permanecem como parte da nossa paisagem foram estabelecidas imediatamente antes e durante esse tempo. As grandes cervejarias de St. Louis e Milwaukee – Anheuser-Busch, Miller, Pabst, Schlitz, Lemp e outras – foram capazes de tirar vantagem das novas ondas de trabalhadores de língua alemã para se expandir. Imigrantes um pouco mais tardios puderam, talvez, trabalhar primeiro para aqueles que se estabeleceram anteriormente, e então, quando chegou a hora, se estabelecerem por conta própria. Adolph Coors foi um dos que chegaram depois. Menos especificamente e menos facilmente traçada, boa parte da cultura de produção de cerveja hoje encontrada na América do Sul, África, Austrália e Ásia é oriunda da tentativa dos imigrantes de criar oportunidades em seus novos países, usando a experiência que tinham na produção de cerveja ou, pelo menos, a consciência obtida a partir da cultura germânica de suas origens.

Pode parecer conveniente ligar a agitação social de meados do século XIX com a agitação das descobertas que então abalavam a produção de cerveja. Mas a simultaneidade não pode deixar de estabelecer pelo menos a possibilidade de uma relação. O isolamento de leveduras *lager* puras e a criação de novos estilos de cervejas dependentes de um maior avanço tecnológico obtido por Anton Dreher em Viena, Gabriel Sedlmayr em Munique, Emil Hansen em Copenhage, e cervejeiros da cidade tcheca de Pilsen (assim como por meio dos experimentos imunológicos de Louis Pasteur, que fez boa parte de suas pesquisas com leveduras de cerveja) capturaram a fascinação do mundo com a inovação cervejeira. Quando os tchecos, boêmios, morávios, alemães e austríacos se espalharam pelo mundo, puderam levar consigo seus entusiasmos. Eles não varreram toda a cultura cervejeira que veio antes deles, mas estabeleceram uma forma de fazer as coisas em qualquer lugar aonde fossem. Ao mesmo tempo, imigrantes de regiões vinícolas da Itália e da Hungria estavam ocupados difundindo a cultura mundial do vinho.

Nem todos os processos de migração realizados pelos povos da Europa Central foram tão dramáticos. Grande parte ocorreu dentro da Europa, com grupos nacionais e étnicos procurando seus enclaves ou se repatriando para suas terras tradicionais. Grande parte se deu dentro de fronteiras estabelecidas, o que dificulta ainda mais seu rastreamento. Mas movimentos de qualquer tipo difundem e fortalecem a cultura, independente do caos que acabem criando.

Uma nota irresistível às histórias estranhamente entrelaçadas dos Habsburgo e da cerveja é o fato de que o irmão mais novo do imperador Franz-Josef, Maximilian, foi imperador do México por três anos até sua execução por fuzilamento em 1867 (mesmo ano do Compromisso Austro-Húngaro). Alguns anos depois, em 1890, um consórcio entre cervejeiros de língua alemã e espanhola estabeleceria a Cervejaria Cuauhtémoc Moctezuma em Monterrey. Possivelmente, seu produto mais característico, *Dos Equis* (uma *amber*) provaria ser um dos exemplos mais duradouros de cerveja estilo *Vienna lager* no mundo. Ver MÉXICO.

Ver também ÁUSTRIA, MORÁVIA e *VIENNA LAGER*.

Encyclopedia Britannica. Austro-Hungarian Empire. 1991, s.v.

Eurodocs. Disponível em: http://eudocs.lib.byu.edu/. Acesso em: 15 abr. 2011.

Habsburg Source Text Archive. Disponível em: http://www.h-net.org/~habsweb/sourcetexts/. Acesso em: 15 abr. 2011.

Twain, M. Stirring Times in Austria. **Harper's New Monthly Magazine**, p. 530-540, mar. 1898.

Wien Viena. Disponível em: http://wien-vienna.com/. Acesso em: 15 abr. 2011.

Dick Cantwell

impostos são frequentemente fixados pelos governos, que mantêm um olho afiado sobre as coisas que os governados parecem mais apreciar; aquilo que não é completamente proibido por lei está geralmente destinado a ser tributado. A questão recorrente sobre os impostos de cerveja parece ser se o governo em questão considera a bebida como um alimento, um luxo ou um vício que é prejudicial à sociedade. Tradicionalmente, a cerveja tem sido considerada essencialmente um alimento básico e parte necessária de uma dieta saudável. Foi, portanto, tributada moderadamente, quando tributada. Foi ainda utilizada em conjunto com outros alimentos como forma de remuneração de mão de obra desde a construção das pirâmides do Egito até o serviço na corte real inglesa. Mas, assim como os governos inevitavelmente passam por tempos difíceis e são forçados a encontrar maneiras novas e inovadoras de encher os seus cofres, a cerveja inevitavelmente deixou de ser reconhecida como saudável e nutritiva para ser considerada como um luxo desnecessário. E logo o fisco passou a visar aos cervejeiros.

Nos Estados Unidos, a tributação federal da cerveja começou como uma medida temporária de guerra em 1863, durante a Guerra Civil (1861--1865). Até esse momento, a cerveja era tratada como "pão líquido", isto é, um alimento que não deveria ser tributado. Devido à guerra, entretanto, muitos cervejeiros patrióticos aliados do Norte ficavam mais do que felizes em fornecer um dólar ao governo federal para cada barril de cerveja vendida. Muitos desses cervejeiros tinham formado a United States Brewers Association em 1862, que foi fundamental na criação do primeiro sistema de tributação da cerveja americana.

Durante a Guerra Civil, os membros da associação eram muito diligentes no cumprimento de suas obrigações fiscais. Eles até mesmo ajudaram o governo na cobrança desses impostos. Com o fim da guerra, entretanto, rapidamente se tornou claro que o imposto especial sobre o consumo de cerveja seria mantido, e a Associação enviou uma delegação à Europa para investigar como os impostos sobre a cerveja eram recolhidos. Na Europa, os americanos encontraram um verdadeiro amontoado de métodos de cobrança de impostos. Um visitante exasperado disse: "Os austro-húngaros cobram de acordo com o extrato; Baviera, Grã-Bretanha e Noruega taxam o malte pela medida; Württemberg e a German Brewing-Tax Confederation impõem taxas sobre o malte por peso; Rússia, Bélgica e Holanda baseiam-se no imposto sobre a capacidade de tanques de fermentação, enquanto a França e Baden [Alemanha] cobram impostos de acordo com a capacidade da tina de fervura". No final, a Associação recomendou ao governo norte-americano um sistema de tributação com base na quantidade de produto acabado, em termos de barris, que as cervejarias lançavam no mercado consumidor. Isso excluía a cerveja consumida pelos funcionários da cervejaria, é claro. Esse sistema sobrevive até hoje nos Estados Unidos. Alguns países, incluindo os Estados Unidos, mantêm uma diminuição da carga fiscal sobre as pequenas cervejarias, e este provou-se um fator-chave para o desenvolvimento do segmento da cerveja artesanal.

Na Inglaterra, a tributação da cerveja era muito mais antiga. Começou em 1266, quando Henrique III assinou a lei do "Assize of Bread & Ale". O estatuto continha cláusulas para a forma de tributação da cerveja que nós reconheceríamos hoje como uma combinação de taxas de licenciamento, multas e impostos diretos. Os cervejeiros eram obrigados a realizar pagamentos regulares para o governo sobre a produção e venda de cerveja, e os transgressores eram simplesmente forçados a pagar mais. Mais tarde, durante o reinado de William III, o Parlamento promulgou os primeiros impostos sobre o malte e lúpulo, iniciando, assim, a complicada e longa cadeia de tributação da cerveja da Grã-Bretanha, com impostos incidentes sobre o malte, lúpulo e a cerveja acabada. Como a cerveja é elaborada quase exclusivamente de malte, e não lúpulo, por peso e ignorando a água, e como a quantidade de malte no mosto é uma medida aproximada da quantidade de álcool na cerveja, o imposto sobre o malte em vigor equivalia a um imposto sobre o álcool, ao passo que o imposto sobre o lúpulo era relativamente insignificante. Muitos cervejeiros britânicos, portanto, tentaram reduzir o seu pagamento de impostos sobre o malte recorrendo a compostos fermentáveis alternativos. Ver ADJUNTOS. Mas o governo não se deixava enganar tão facilmente. Ele respondeu ao fato estabelecendo um imposto, chamado de *duty*, sobre a potência do mosto, medida na forma de extrato original. Ver EXTRATO ORIGINAL. Esse método de cobrança de taxa foi alterado somente em 1993, quando o chamado "imposto no portão" o substituiu. Este era um imposto sobre a cerveja finalizada calculado tanto sobre o seu volume quanto sobre o volume relativo de álcool nela contido.

Também na Europa continental a tributação sobre a cerveja floresceu. Não há consenso sobre quem surgiu com a ideia, mas os documentos revelam que durante o governo de Carlos Magno o imposto mais comum sobre a cerveja era o imposto do *gruit*, cobrado sobre as ervas que os cervejeiros utilizavam para promover aromas e sabores diferenciados em suas cervejas, antes do lúpulo se tornar comum. Ver GRUIT e LÚPULOS. Em 1220, a cidade de Ulm, no sul da Alemanha, criou um imposto sobre a cerveja; em 1388, Margrave Friedrich VI, de Kulmbach, no nordeste da Baviera, impôs um "*tap penny*" de um *guilder* por barril sobre a produção de cada cervejaria e um "imposto por dose" sobre as cervejas servidas por seus taberneiros. O duque Wilhelm IV da Baviera, mais conhecido como o autor principal da Lei da Pureza da Cerveja de 1516, foi o executor de uma outra ação, dessa vez menos nobre. Ver LEI DA PUREZA DA CERVEJA. Em 1543, ele queria comprar três cidades na vizinha Swabia – Gundelfingen, Lauingen e Höchstädt –, uma transação para a qual precisava de dinheiro. Assim, de uma hora para outra, ele implementou um imposto geral, chamado de "centavo da cerveja", sobre toda a cerveja produzida na Baviera. No final, ele não comprou as cidades, mas o imposto continuou sendo cobrado, pois, como argumentou o duque, ele precisava criar um exército devido à ameaça constante dos turcos otomanos ao sul. O centavo da cerveja sobreviveu até mesmo à Guerra dos Trinta Anos (1618-1648), subindo continuamente ao longo dos anos.

Hoje, a cerveja é tributada no mundo inteiro, frequentemente de várias maneiras; sob a forma de taxas de licença sobre cervejeiros, importadores, distribuidores e varejistas; por meio de impostos sobre o seu extrato original, teor alcoólico e volume; e por meio de impostos sobre o consumo, como impostos sobre as vendas, impostos sobre valor agregado e impostos sobre bens e serviços. Em suma, os métodos de tributação da cerveja são tão variados quanto o número de governos à caça de maneiras de tributá-la.

Dornbusch, H. **Prost! The story of German beer**. Boulder: Brewers Publication, 1997.

Durst wird durch Bier erst schön. Disponível em: http://www.bier-lexikon.lauftext.de/biersteuer.htm/. Acesso em: 18 maio 2011.

Hornsey, I. **A history of beer and brewing**. Cornwall: The Royal Society of Chemistry, 2003.

Martin, M. R. **Taxation of the British Empire**. London: Effingham Wilson, Royal Exchange, 1833.

Rich, H. S. Co. **The Western brewer, one hundred years of brewing, a complete history of the progress made in the art, science and industry of brewing in the world, particularly during the nineteenth century**. 2. ed. New York: Arno Press, 1974.

Nick R. Jones

InBev foi a gigante cervejeira criada em 2004 pela fusão da companhia brasileira AmBev com a belga Interbrew. No momento da fusão, a Interbrew era a terceira maior empresa cervejeira do mundo em volume e a AmBev era a quinta. Os ativos combinados de ambas formaram a recém-formada InBev, a maior empresa de cerveja do mundo.

A Interbrew era a cervejaria mais antiga, de 1366, data da fundação da Brauerei Artois em Leuven. A cervejaria belga mais tarde criou a popular *international pilsner* Stella Artois. Na década de 1960, ela passou a comprar várias cervejarias belgas locais, e em 1968 e 1974 adquiriu outras duas na Holanda. Em 1987, a empresa se fundiu com a Piedboeuf, produtora da cerveja Jupiler. Na época, as empresas eram as duas maiores cervejarias da Bélgica, e a nova entidade foi renomeada Interbrew.

Em 1995, a Interbrew comprou a cervejaria canadense Labatt, e pouco depois comprou cervejarias na Hungria e na Rússia. Em 2000, ela comprou tanto a Whitbread quanto a Bass no Reino Unido, e na Alemanha comprou a Diebels em 2001. Durante esse mesmo período, a Interbrew adquiriu também a Beck's e a Spaten, entre outras empresas na Alemanha. No ano seguinte, 2002, duas cervejarias chinesas foram adicionadas ao seu portfólio.

Em 2000, a Interbrew, que anteriormente era uma empresa de propriedade familiar, abriu seu capital e suas ações começaram a ser negociadas na bolsa de valores Euronext, em Bruxelas.

A outra metade da InBev, a AmBev, derivou seu nome da abreviação de "American Beverage Company", uma tradução de Companhia de Bebidas das Américas. A AmBev, por sua vez, foi o produto da fusão entre duas cervejarias brasileiras, a Brahma e a Antarctica, em 1999. Ambas as cervejarias foram fundadas no século XIX, com a Antarctica tendo sido fundada em 1885 como Companhia Antarctica Paulista e a Brahma três anos mais tarde, em 1888, como Companhia Cervejaria Brahma.

Em 2008, a InBev envolveu-se na aquisição hostil da gigante americana Anheuser-Busch, produtora da famosa marca de cerveja Budweiser. O resultado da fusão é a maior empresa cervejeira do mundo, a Anheuser-Busch InBev,[2] sediada em Leuven, Bélgica, e administrada por Carlos Brito, ex-presidente da AmBev.

Ver também ANHEUSER-BUSCH, ANHEUSER-BUSCH INBEV e BUSCH, AUGUST IV.

Jay R. Brooks

Ind Coope & Sons surgiu em 1709, quando George Cardon abriu uma pequena cervejaria atrás da Star Inn, na cidade comercial de Romford, Essex, perto da fronteira londrina. Em 1799 o negócio foi comprado por Edward Ind, e uma cervejaria maior foi construída. Octavius Coope e George Coope ingressaram na empresa em 1845, a qual foi renomeada Ind Coope & Sons em 1886. A cervejaria produzia principalmente *mild ale*, o estilo de cerveja mais popular na área metropolitana de Londres, mas o desenvolvimento da *pale ale* em Burton-on-Trent encorajou a Ind Coope a abrir uma cervejaria lá em 1856. Ver BURTON-ON-TRENT. A Ind Coope foi a primeira cervejaria do sul a fazê-lo, e mais tarde Burton recebeu também outras grandes cervejarias de Londres, como a Charrington e a Truman.

Quando os cervejeiros aprenderam a "burtonizar" a sua água cervejeira adicionando os sulfatos presentes nas águas do vale do Trent, a maioria das cervejarias de Londres, Manchester e Liverpool recuou à suas plantas originais. A Ind Coope, no entanto, permaneceu em Burton, bem como em Romford. Em 1934, fundiu-se com a maior cervejaria de Burton, de propriedade de Samuel Allsopp, e ficou conhecida como Ind Coope & Allsopp. Ver SAMUEL ALLSOPP & SONS. A empresa foi uma das primeiras cervejarias do Reino Unido a produzir cerveja *lager*, no final da década de 1960, com uma marca chamada Long Life. Em 1961, a Ind Coope se uniu a um novo grupo nacional, a Allied Breweries, com a Ansells de Birmingham e a Tetley de Leeds. O grupo incluía uma cervejaria de *lager* em Alloa, na Escócia, a qual foi renomeada Ind Coope (Escócia), e a Wrexham Lager Brewery, no País de Gales. A Allied investiu pesadamente em uma nova *lager* chamada Skol, com a esperança de torná-la uma marca internacional. A Skol foi produzida pela Ind Coope em Burton, Alloa e Wrexham, mas nunca alcançou as vendas esperadas pelo grupo.

Uma cerveja mais bem-sucedida para o grupo foi chamada de Double Diamond. Esta foi produzida, pela primeira vez, em 1876 pela Allsopps em Burton, e o nome veio da marca no seu barril, que apresentava dois diamantes sobrepostos. A cervejaria também produziu cervejas Single Diamond e Triple Diamond. Nas décadas de 1960 e 1970, a cerveja foi transformada de uma *ale* refermentada em barril em uma cerveja filtrada, pasteurizada e embarrilada, intensivamente divulgada pela televisão e em cartazes com o *slogan* "Uma Double Diamond faz maravilhas, então beba uma hoje".

No final da década de 1970, a Allied respondeu ao renascimento das cervejas em *casks* com a Ind Coope Draught Burton Ale, um sucesso instantâneo. Conforme a Allied buscava "racionalizar" suas operações cervejeiras, a cervejaria Ind Coope de Burton assumiu tais *cask ales* como ABC Bitter,

---

2 Em 2015 a AB-Inbev adquiriu também a SABMiller. [N.E.]

Benskins Best Bitter e a Friary Meux Bitter, vindas de fábricas já fechadas em outros locais do país. A cervejaria de Burton teve grande sucesso com o estilo *lager* quando obteve as licenças para produzir as cervejas australianas Castlemaine XXXX e a Löwenbräu de Munique.

A cervejaria de Romford foi fechada em 1997, e a cerveja Ind Coope Best Bitter foi transferida para a cervejaria de Burton. Parte da fábrica de Romford foi vendida para cervejarias da China. Em 1978, a Allied Breweries tornou-se a divisão de produção de cerveja da Allied Lyons: a J. Lyons era uma grande empresa de alimentos e abastecimento da Grã-Bretanha. Em 1992, a divisão cervejeira foi comprada pela Carlsberg da Dinamarca, que a renomeou como Carlsberg Tetley. Hoje ela é chamada Carlsberg UK. Todas as antigas cervejarias Allied foram fechadas em 2010 ou 2011, com exceção da Tetley em Leeds. O único elo remanescente com a Ind Coope é a pequena quantidade de chope *Burton ale* hoje produzido em Leeds. Esse elo se romperá quando a cervejaria Tetley fechar e o venerado nome Ind Coope passar a existir somente na história.

Gourvish, T. R.; Wilson, R. G. **The British brewing industry, 1830–1980.** Cambridge: Cambridge University Press, 1994.

Roger Protz

Índia é o maior país do sul da Ásia, cujas tradições cervejeiras provêm quase inteiramente dos britânicos, os quais importavam cerveja para seus colonos no século XVIII. Essa cerveja importada ficou conhecida como "India Pale Ale", um tipo de cerveja com uma elevada quantidade de lúpulo para auxiliar na conservação da bebida durante a viagem marítima de cinco meses do Reino Unido até a Índia. Ver INDIA PALE ALE.

A primeira cervejaria na Índia foi construída no início do século XIX, no sopé do Himalaia, pelo general britânico Edward Dyer, que começou a produzir uma *India pale ale* chamada de "Lion" utilizando a água fresca abundante na região ao redor da cidade de Shimla. Essa cerveja foi produzida até a década de 1960, quando a maioria das outras cervejarias indianas começava a produzir *lagers*.

Atualmente, o mercado indiano é dominado por duas empresas: United Breweries e SABMiller, que também importam cervejas da Europa e dos Estados Unidos. Essas duas grandes empresas e outras cervejarias menores também começaram a exportar cerveja com as marcas Kingfisher e Cobra. Devido a esse aumento da diversificação, o mercado indiano possui agora uma grande variedade de cervejas nacionais, como *ales*, *stouts* e *lagers*, além das cervejas *premium* importadas. No leste e nordeste da Índia há também a tradição de se produzir uma bebida feita com arroz e chamada *Hadia*. A fermentação ocorre em grandes recipientes e o armazenamento é feito no subsolo.

Entre os indianos, o consumo anual de cerveja costuma ser baixo, entre 1 e 1,4 litros *per capita*, embora recentemente, como consequência da prosperidade e diminuição da idade média da população consumidora, esse consumo tenha aumentado drasticamente. Isso é particularmente verdadeiro desde 2002, graças à redução nos impostos sobre a bebida e a uma melhor distribuição. Ainda assim, a popularidade da cerveja continua escassa, particularmente em comparação com bebidas destiladas como uísque, rum e gim.

Datamonitor. **Beer in India Industry Profile**, set. 2009.

Jai Kharbanda

India pale ale (IPA) é um estilo de cerveja que se caracteriza por elevados teores de álcool e lúpulo. Foi assim denominada graças à grande popularidade na Índia britânica e outros postos avançados do Império Britânico ao longo do século XIX, pelo fato de suportar longas viagens marítimas e ainda manter seu caráter refrescante quando finalmente chegava ao destino.

Após gozar de grande popularidade ao redor do mundo ao final do século XIX, a IPA sofreu um declínio brusco e repentino, passando grande parte do século XX à sombra do passado. Contudo, já ao final do século, impulsionada pela explosão de interesse por estilos de cerveja tradicionais, principalmente por parte dos cervejeiros artesanais da América do Norte, a IPA tornou-se o estilo de cerveja artesanal mais popular do planeta.

De todos os estilos de cerveja existentes, o IPA é o mais mítico, romantizado e incompreendido. É o que inspira os debates mais acalorados, as maiores reverências e as mais selvagens conjecturas no mundo da cerveja.

Mas, afinal, por que os cervejeiros enviavam *pale ale* para a Índia?

O problema em se tentar identificar o surgimento ou a invenção da IPA é que ninguém jamais se referiu a ela como "*India pale ale*" até que ela já tivesse pelo menos cinquenta anos de idade. IPA é um estilo de cerveja que evoluiu ao longo do tempo e continua evoluindo até hoje. Para compreender seu desenvolvimento, é preciso entender o contexto que levou a ela.

Em 1600, a Companhia Britânica das Índias Orientais se formou com um único propósito: fazer dos ingleses os senhores do lucrativo comércio de especiarias. Ver COMPANHIA DAS ÍNDIAS ORIENTAIS. Não tiveram êxito, mas ao longo do caminho acabaram descobrindo um rentável mercado têxtil na Índia. Estabeleceram "feitorias" em várias regiões ao longo da costa, onde permaneciam alguns comerciantes ou "feitores" quando os navios partiam de volta para casa. Assim, esses agentes podiam comprar as mercadorias por preços mais baixos, ao contrário de quando os navios ingleses aportavam nas imediações.

Quando não estavam negociando, havia muito pouco o que fazer, e, portanto, os feitores bebiam. Os capitães dos navios, ou "East Indiamen", importavam vinho Madeira, outros tipos de vinho e cerveja da Europa, bebidas disponíveis apenas em pequenas quantidades e a preços elevados. Em contraposição, muitos buscavam alternativas locais. Em todos os aspectos, o *arak* era uma bebida alcoólica intensa. A versão local, não destilada, era elaborada pela fermentação de suco de palma cru exposto ao sol quente... e pronto. Essa bebida cobrou o preço de muitas vidas, e vários dos primeiros ingleses a prová-la morreram após seções onde beberam por doze horas, e isso continuou reclamando incontáveis vidas. À medida que as feitorias cresciam e formavam cidades, e aumentava o número de funcionários, advogados, contadores e – sobretudo – soldados europeus, as taxas de mortalidade cresciam vertiginosamente. A expectativa média de vida de um europeu na Índia era de apenas três anos. As doenças tinham um papel crucial, mas muitas vezes a culpa era da bebida. Quando as frotas de navios se tornaram mais regulares e confiáveis, os abastados comerciantes logo passaram a desfrutar das mais finas bebidas importadas em grandes quantidades, mas as tropas não podiam pagar muito mais do que o *arak* e morriam em pencas. Não demorou para que ficasse evidente a necessidade de uma bebida mais leve e saudável.

A *pale ale* chega à Índia

A *pale ale* era comum na Inglaterra desde meados do século XVII em diante, quando a inovação da fundição de coque possibilitou o controle consistente da temperatura da malteação da cevada para produzir malte claro. Tratava-se de uma bebida *premium*, comum em casas de campo e estabelecimentos de luxo, pois, devido ao fato de ser clara, era difícil adulterá-la com adjuntos desagradáveis e às vezes fatais, como se costumava fazer com as cervejas escuras mais comuns.

Há relatos de que a *pale ale* era consumida na Índia desde 1716, quando o presidente da colônia de Madras, Joseph Collett, foi repreendido pela Companhia das Índias Orientais por uma comanda mensal de bebidas fenomenalmente grande, incluindo "24 dúzias e meia de Burton Ale e de cerveja clara".

Obviamente, "*pale ale*" pode significar um grande leque de possibilidades. Nos séculos XVII e XVIII, uma *pale ale* era de fato qualquer coisa que fosse mais clara do que as suas ancestrais. O século XVIII testemunhou a *porter* se tornar a primeira cerveja de fato a ser produzida em escala industrial na Inglaterra, graças à sua incrível popularidade, de modo que qualquer cerveja com coloração vermelha a dourada clara poderia facilmente ser denominada *pale*.

Além disso, havia a questão da potência. Qualquer cervejeiro competente, por tentativa e erro, e pela simples acumulação de conhecimentos, sabia que uma alta graduação alcoólica e grandes quantidades de lúpulo favoreciam a preservação da cerveja por longos períodos. As "*stock ales*" e "*October ales*" eram produzidas em casas de campo para serem guardadas em adegas por até dez anos, tempo hábil para atingirem condição comparável à de um vinho. Um anúncio de jornal de Calcutá do século XIX sobre *October beer* sugere que essas eram as cervejas escolhidas para sobreviver às longas e árduas viagens marítimas da Inglaterra para a Índia. Eram as precursoras do que viriam a ser as IPA.

Na década de 1780, quando jornais foram publicados pela primeira vez em Calcutá, traziam inúmeras notificações de leilões para as cargas particulares dos capitães dos navios. Tais leilões quase sempre traziam referências a *pale ales, porters,* sidras e até mesmo *small beer,* demonstrando que muitos estilos de cerveja eram capazes de resistir aos rigores das jornadas marítimas.

O comércio de cervejas já estava bem estabelecido nessa época, mas as marcas ainda não existiam – a cerveja era vendida genericamente. A primeira *pale ale* a ser designada por uma marca foi a da Bell, uma cervejaria de Burton, em 1790. Logo outras cervejarias também passaram a ser mencionadas, mas em 1793 surgiu um nome que viria a mudar tudo: Hodgson.

A *pale ale* da Hodgson

Muitas histórias a respeito da IPA mencionam erroneamente a cervejaria de George Hodgson, na região leste de Londres, como sendo o local de "invenção" da IPA. Ele não a inventou – sua cervejaria sequer foi a primeira a ser mencionada pelo nome no mercado indiano –, mas ele foi responsável pela evolução de um estilo de cerveja que se tornou incrivelmente popular na Índia, chegando praticamente a extinguir as concorrentes.

A cervejaria de Hodgson foi inaugurada em 1752, próximo às docas das Índias Orientais no rio Tâmisa, em Londres. Era o auge de popularidade do estilo de cerveja *porter* em Londres, e Hodgson a produzia como todas as outras cervejarias.

Mas a proximidade às docas fez com que ele tivesse contato direto com os capitães das Índias Orientais. É provável que os tenha ouvido falar sobre as cervejas mais populares e que tenha oferecido bons acordos comerciais a eles. Quando o filho de George, Mark, assumiu a cervejaria, ele passou a intensificar ainda mais seus negócios na Índia. Era comum que os clientes escrevessem cartas de opinião para as cervejarias, e Mark Hodgson claramente levou-as em consideração, adaptando sua cerveja ao clima e gosto indianos. Em 1809, a cerveja de Hodgson era anunciada em letras maiúsculas na página principal do *Calcutta Gazette*. Em pouco tempo, nenhuma outra *pale ale* era mencionada pelo nome, e Hodgson foi imortalizado em verso e prosa.

Hodgson passou a vender sua *pale ale* no Reino Unido, principalmente para famílias que regressavam da Índia. Nos anos 1830 o termo "East India Pale Ale" apareceu em anúncios de jornal pela primeira vez. Ver HODGSON, GEORGE.

Condicionamento e maturação

Acredita-se que as cervejas que eventualmente tornaram-se conhecidas como IPA derivaram-se das *October beers*, produzidas para serem maturadas em adegas por pelo menos dezoito meses antes do consumo. No entanto, quando essas cervejas eram despachadas sem prévia maturação, geralmente chegavam à Índia completamente "maduras", totalmente refermentadas e prontas para serem consumidas. De algum modo, a jornada de seis meses exercia uma influência sobre a cerveja que, embora não idêntica à longa maturação em adega, seguramente era similar.

O trajeto até a Índia implicava navegar pelo Atlântico, passando pelas ilhas Canárias e por mar aberto. As correntes e os ventos alísios significavam que em geral os navios deveriam inicialmente rumar para oeste quando tentavam chegar ao leste. Após cruzarem a linha do Equador, muitas vezes esses navios acabavam no Brasil, devendo então navegar de volta pelo Atlântico Sul, contornar o notório e turbulento Cabo da Boa Esperança, atravessar o canal de Madagascar e o oceano Índico, regressar à linha do Equador e chegar a Mumbai ou Calcutá cerca de seis meses depois de haver deixado Londres ou Liverpool.

Tratava-se de uma viagem realmente árdua, com oscilações de temperatura de mais de 20 °C e movimentos constantes – geralmente bastante violentos. Desse modo, a cerveja devia ser avaliada antes de ser leiloada em sua chegada à Índia. A bebida rejeitada era vendida por preços muito baixos, mas geralmente a bebida encontrava-se em perfeito estado, e os anúncios da época descrevem novas remessas "totalmente maduras" e prontas para o consumo.

Allsopp e *Burton* IPA

A Allsopp foi a maior cervejaria de Burton-on-Trent, tendo construído uma formidável reputação por suas *Burton ales* potentes e adocicadas em toda a região do Báltico, especialmente em São Petersburgo. Quando uma combinação entre Napoleão Bonaparte e pesadas tributações russas quase sufocou seu negócio, Samuel Allsopp se viu desesperado para construir novos negócios.

Em uma visita a Londres, Allsopp foi recebido por Campbell Marjoribanks, presidente da Companhia das Índias Orientais. Este o informou que

Frederick Hodgson – neto de George e agora presidente da companhia – havia ofendido a Companhia das Índias Orientais e seus capitães dos navios por querer impor termos de negócio restritivos. A Companhia desejava outro cervejeiro que fizesse frente a ele, e presumiu que Allsopp pudesse ser o homem certo graças a seu êxito com *ales* capazes de suportar o rigor das jornadas para o Báltico.

Marjoribanks enviou amostras da *ale* de Hodgson para que Allsopp tentasse reproduzi-la. O resultado (supostamente feito em um bule de chá) foi capaz de reproduzir fielmente o alto teor alcoólico e o proeminente caráter de lúpulo da original, mas, por ser elaborada com água de Burton – rica em gipsita e sais –, foi imediatamente decretada uma cerveja muito superior. Ver BURTON-ON-TRENT. De acordo com anotações da época, a cerveja era mais leve e mais gaseificada, ideal para o clima quente. Quando chegou à Índia, rapidamente desbancou o produtor londrino que dominava o mercado. Ver SAMUEL ALLSOPP & SONS.

A Bass e o domínio global

Burton-on-Trent é uma cidade pequena, e os cervejeiros constituem uma comunidade bastante unida. Outras cervejarias logo se deram conta do que Allsopp estava fazendo e passaram a replicar. A Bass tinha melhores conexões com os setores de transporte e de vendas dos portos de Londres e Liverpool, e em pouco tempo passou a exportar mais cerveja para Índia do que Allsopp.

Bass tornou-se um nome familiar, e seu inconfundível triângulo vermelho passou a acompanhar o Império Britânico aonde quer que ele fosse, tornando-se a primeira marca mundialmente reconhecida. Na Inglaterra, a Grande Exibição de 1851 finalmente convenceu os britânicos de que possuíam um império do qual deveriam se orgulhar. Nem a Bass nem qualquer outra cervejaria esteve presente na Exibição, mas nos anos seguintes a IPA tornou-se a bebida da Londres chique, um "vinho de malte" receitado por médicos para enfermidades estomacais e também para o bem-estar geral.

O declínio da IPA

A IPA tornou-se a bebida do Império Britânico não apenas por ser a única cerveja capaz de suportar as rigorosas jornadas marítimas, como sempre se sugeriu (de fato, a *porter* também foi exportada em grandes quantidades para a Índia ao longo de todo o período de sucesso da IPA), e sim porque ela era leve, refrescante e, além disso, apresentava um sabor melhor que qualquer outra coisa quando era servida gelada no calor indiano de 30 °C. Ao final do século XIX, graças à refrigeração, à inovação e a uma melhor compreensão das propriedades das leveduras, as *lagers* tornaram-se lugar-comum, podiam ser produzidas na Índia e eram ainda mais refrescantes que as IPA.

Mas, mais do que isso, as pressões exercidas por um movimento abstencionista crescente fizeram com que o consumo abusivo fosse cada mais reprovado. Enquanto a *lager* sufocava a IPA no mercado cervejeiro, a própria cerveja passou a ser substituída, tanto na Índia como em outras colônias, pelo chá, gins diluídos, tônicas e outras misturas mais suaves de uísque e refrigerante.

O mercado de exportação se extinguiu para os cervejeiros britânicos de IPA. E embora a Inglaterra tenha permanecido um dos poucos países que não se deixaram seduzir pelas *lagers*, a sorte de suas *ales* também foi afetada em solo nacional. As alterações no cálculo tributário sobre a cerveja passaram a pesar fortemente contra a produção de tipos mais fortes, e havia uma demanda crescente por cervejas mais fracas, graças ao aumento no número de postos de trabalho em escritório, que requeriam cervejas com espumas mais claras. Embora as cervejas denominadas "*India pale ales*" ainda fossem produzidas nas primeiras décadas do século XX, elas eram apenas sombras do que haviam sido algum dia, apresentando menos de 4% ABV e quase nada do típico caráter de lúpulo que outrora as definiram.

Renascimento

Peter Ballantine era um cervejeiro escocês que emigrou para os Estados Unidos em 1830. Uma Ballantine IPA, bastante representativa do estilo por sua lupulagem agressiva, com teor alcoólico em torno de 7,5% ABV e – ressalte-se – envelhecida em barris durante um ano, foi uma das poucas cervejas de caráter a sobreviver à era pós-Lei Seca. Ao longo das décadas de 1970 e 1980, a Ballantines foi adquirida e vendida por vários grupos cervejeiros, e a IPA foi sendo gradativamente diluída pelas mãos dos sucessivos proprietários. Ela não é produzida regularmente desde meados dos anos 1990. Com o início da revolução das cervejarias artesanais nos Estados Unidos, os cervejeiros passaram a vasculhar os registros históricos de estilos de cerveja que poderiam recriar, e cervejas como a Ballantine IPA foram fontes de inspiração. Ver BALLANTINE IPA.

Os lúpulos americanos foram descobertos em ter sabor e aroma mais intensos que os europeus, e as IPA tradicionais mostraram ser vitrines perfeitas para eles. Bert Grant começou a produzir IPA em Yakima, Washington, no início da década de 1980 e apostou no uso de ingredientes locais. Ele descobriu que os lúpulos do noroeste americano, como o Chinook e Cascade, davam a cervejas lupuladas como as IPAs uma incrível gama de aromas frutados, resinosos e cítricos. Tratava-se da evolução do estilo de uma cerveja que, em teoria, ainda podia ser envelhecida como as suas ancestrais, mas que proporcionava uma explosão de sabor quando apreciada jovem e fresca. A produção de IPA se espalhou pela costa oeste dos Estados Unidos e logo por todo o país, e ela se tornou um padrão pelo qual os cervejeiros artesanais podiam ser comparados.

Cresceu o apetite por cervejas seriamente lupuladas, o que conduziu às *"double* IPA" ou *"imperial* IPA", expandindo as fronteiras da intensidade de amargor e aroma. Ver DOUBLE IPA.

Inspirados pela reinvenção americana da IPA, muitos cervejeiros ingleses passaram a redescobrir o estilo. Alguns utilizavam lúpulos americanos, o que lhes valeu críticas pela falta de autenticidade. Mas registros indicam que, ao final do século XIX, importava-se lúpulo dos Estados Unidos para ser usado na produção de IPA, uma vez que a demanda era tamanha que a Inglaterra já não era capaz de supri-la.

Hoje, a IPA é a assinatura dos cervejeiros artesanais no mundo todo. As cervejarias da Austrália à Escandinávia estão criando novas receitas – algo bastante apropriado para uma cerveja de exportação –, basicamente inspiradas na abordagem americana do estilo, mas frequentemente adicionando toques regionais próprios.

Um estilo em evolução

O debate sobre o que realmente constitui uma "autêntica" IPA continuará. Se fôssemos estritos quanto a isso, poderíamos argumentar que apenas uma cerveja que resistiu à jornada marítima da Europa, contornando o Cabo da Boa Esperança, até chegar à Índia é uma verdadeira IPA. Uma vez que já não é possível realizar essa viagem pela rota original, tal condição seria impensável (atualmente, todos os navios que vão da Europa para a Índia usam o canal de Suez). De qualquer modo, a IPA sempre esteve em evolução. As *October ales* evoluíram para a versão londrina de Hodgson, que depois se transformou ao ser produzida em Burton. Os registros de produção do século XX mostrariam que a IPA era uma *ale* leve e refrescante com cerca de 3,5% ABV. É possível argumentar, então, que nessa época ela era tão autêntica como uma *imperial* IPA moderna produzida com variedades de malte e lúpulo que não existiam quando a Bass estava em seu auge. As versões de IPA continuam a se multiplicar pelo mundo, e seguirão evoluindo para se ajustarem ao nosso paladar.

Ver também ÍNDIA.

Pete Brown

índice Kolbach é uma medida da extensão da modificação proteica na cerveja. Ela consiste na quantificação das proteínas totais solúveis no mosto como um percentual do total de proteína medida no malte. Essa medição é realizada da mesma forma que no *congress mash*. Ver CONGRESS MASH. Quando mosturas feitas por infusões simples em laboratório são usadas, o parâmetro equivalente é referido como Relação de Nitrogênio Solúvel ou valor S/T.

O valor típico para o índice Kolbach em maltes adequadamente modificados fica entre 38% e 42%. Várias alegações são feitas acerca da relação desse parâmetro com aspectos de qualidade da cerveja, como a estabilidade da espuma e turbidez. A realidade é que o índice nada mais é do que uma escala da extensão da proteólise ocorrida durante a malteação. Ver PROTEÓLISE. O índice nada revela sobre a natureza das proteínas solubilizadas e se elas são (ou não) problemáticas ou benéficas.

Charles W. Bamforth

infecção é a introdução ou presença de microrganismos indesejáveis na cerveja ou em suas matérias-primas. A magnitude das infecções pode ir de imperceptível a severa. Ao extremo, a infecção pode causar turbidez, acidez ou *off-flavors* e pode fazer com que a cerveja apresente má aparência ou não seja apta para consumo. Embora as infecções nas cervejas não sejam nocivas para a saúde humana, permitir que uma cerveja infeccionada chegue ao consumidor é danoso para o negócio e para a reputação de qualquer cervejeiro.

A vida essencialmente desenvolve-se em líquidos doces, e muitos microrganismos podem contaminar a cerveja. O termo "contaminantes do mosto" é, às vezes, aplicado a microrganismos contaminantes que toleram bem o oxigênio e crescem melhor antes que a fermentação tenha diminuído o pH do mosto e produzido etanol. Outros são referidos como "contaminantes da cerveja" – esses tendem a preferir condições anaeróbias e sobrevivem bem em ambientes de baixo pH e na presença de álcool. Os microrganismos mais comuns considerados contaminantes da cerveja pela maioria dos cervejeiros são os lactobacilos, *Pediococcus* e leveduras selvagens, incluindo a *Brettanomyces*. Cada um desses possui uma lista própria de nutrientes favoritos, faixa de temperatura, faixa de pH e taxa de crescimento. Ver BRETTANOMYCES, LACTOBACILOS, LEVEDURAS SELVAGENS e PEDIOCOCCUS. A infecção, evidentemente, está nos olhos do cervejeiro e do consumidor. Certos microrganismos além das leveduras cervejeiras, embora geralmente considerados agentes de infecção, podem ser perfeitamente desejáveis ou encorajados em certos estilos de cerveja, incluindo a *Berliner weisse*, *lambics*, *sour beers* belgas e até mesmo as autênticas *porters* britânicas do século XIX. A "infecção" para um cervejeiro pode ser vista como "complexidade" por outro, especialmente no domínio das *sour beers*. Na maioria das cervejas, entretanto, o cervejeiro deseja a característica produzida somente pela levedura inoculada e desejará manter afastados todos os outros atores microbiológicos.

A humanidade tem produzido cerveja há pelo menos 6 mil anos, provavelmente por muito mais tempo, mas somente no último século e meio tem sido praticado o gerenciamento consciente dos microrganismos nas cervejas. Antes disso, a cerveja era simplesmente consumida fresca no local de produção, antes da inevitável ocorrência da contaminação, e embora fossem conhecidos alguns procedimentos que minimizavam contaminação, os cervejeiros eram muito ignorantes no que se refere à microbiologia subjacente a esses procedimentos. A existência da levedura como um microrganismo foi somente descoberta em 1674 por Antonie van Leeuwenhoek, o inventor do microscópio moderno.

E foi somente em 1859 que Louis Pasteur pôs fim à teoria da "geração espontânea" ao demonstrar incontestavelmente e pela primeira vez que microrganismos vivos são a única causa de contaminação de alimentos e cervejas, além de serem também os agentes da fermentação. Ver PASTEUR, LOUIS e PASTEURIZAÇÃO. As descobertas inovadoras de Pasteur permitiram aos cervejeiros e aos produtores de alimentos e bebidas desenvolver procedimentos sanitários que foram eficazes em manter os microrganismos confiavelmente afastados. Atualmente, é claro, a pasteurização e outras técnicas de controle de microrganismos são mundialmente conhecidas.

Após passar pela tina de fervura, o mosto deverá estar perfeitamente esterilizado. Depois disso, a infecção pode ocorrer durante o resfriamento do mosto, a fermentação, as trasfegas a baixa temperatura e envase. As melhores armas dos cervejeiros contra os microrganismos indesejáveis na cerveja pronta são a sanitização apropriada da planta e da área de envase, além do uso de garrafas e barris esterilizados. Muitas cervejarias, especialmente as de escala industrial, também submetem a cerveja a uma filtração estéril ao longo do caminho para o engarrafamento e/ou pasteurizam a cerveja após o envase. Essas etapas prolongam a vida útil da cerveja pela remoção ou morte de microrganismos potencialmente infecciosos e, assim, aumentam a probabilidade de um produto com características ideais chegar à mesa do consumidor. Mas a pasteurização, se realizada de forma imprópria, pode induzir a produção de sabores e aromas envelhecidos (*stale*) ou "cozidos". A filtração estéril pode remover as bactérias, mas também pode retirar o sabor, aroma, corpo e até mesmo a cor da cerveja. Ver FILTRAÇÃO ESTÉRIL. Cervejas refermentadas em garrafas, no entanto, como muitos estilos belgas e *hefeweizens* alemãs, são às vezes submetidas a uma *flash* pasteurização antes da reintrodução de levedura viva. A refermentação clássica em garrafas, entretanto, não inclui essa etapa e, portanto, requer sanitização suficiente na cervejaria para garantir a qualidade e a estabilidade apropriada em prateleira.

Ver também ACIDEZ, BACTÉRIAS, CONTAMINANTES DA CERVEJA, OFF-FLAVORS, SOUR BEER e TURBIDEZ.

Priest, F. G.; Campbell, I. (Ed.). **Brewing microbiology**. Essex: Elsevier, 1987.

Brian Hunt

informações de rotulagem incluem especificações precisas dependendo das leis de cada país, mas certos detalhes devem constar no rótulo de uma garrafa de cerveja. Nos Estados Unidos, regulamentações federais especificam que as seguintes informações devem ser declaradas no rótulo: o nome da marca, a classe (tipo) de cerveja, o nome e o endereço do local de envase ou importador, o teor alcoólico por peso ou por volume (se requerido pela lei estadual) e o conteúdo líquido. Adicionalmente, o seguinte aviso em relação à saúde deve ser impresso com destaque:

> AVISO GOVERNAMENTAL: (1) De acordo com o ministro da Saúde, mulheres não devem ingerir bebidas alcoólicas durante a gravidez devido ao risco de defeitos congênitos.
> (2) O consumo de bebidas alcoólicas prejudica a sua habilidade de dirigir um carro ou operar um equipamento, e pode causar problemas de saúde.

No Reino Unido, o Food Labelling Regulations Act de 1996 decretou que é essencial declarar o teor alcoólico por volume e a data de vencimento. Outras legislações alimentares asseguram que o volume deve ser declarado e que a natureza dos alimentos deve ser descrita com precisão. Outros países apresentam regras similares. Na Austrália e Nova Zelândia, por exemplo, é necessário incluir uma afirmação sobre o número aproximado de "doses padrão" na embalagem; uma dose padrão é definida pela quantidade de bebida contendo 10 gramas de álcool a 20 °C.

Em adição às informações mínimas necessárias para atender à legislação, os cervejeiros ao redor do mundo cada vez mais optam por adicionar mais detalhes aos seus rótulos, uma vez que tem crescido o reconhecimento de que os consumidores estão interessados em aprender mais sobre o produto. Esses detalhes incluem ingredientes, avisos sobre alergias, a história da cervejaria, o histórico e o estilo da cerveja, ideias de harmonização de cerveja e alimentos, unidades de teor alcoólico e notas de sabor.

Ver também LEGISLAÇÃO.

Electronic Code of Federal Regulations. **Title 27– Alcohol, Tobacco Products, and Firearms: Labeling and Advertising of Malt Beverages**. Disponível em: http://ecfr.gpoaccess.gov/cgi/t/text/text-idx?c=ecfr&sid=05b2f6a27b1e95ede836dd6f494b281b&tpl=/ecfrbrowse/Title27/27cfr7_main_02.tpl/. Acesso em: 27 nov. 2010.

Labelling of Alcoholic Beverages and Food Containing Alcohol. Disponível em: http://www.foodstandards.gov.au/. Acesso em: 10 jun. 2010.

Office of Public Sector Information. **Statutory Instrument1996 No. 1499: The Food Labelling Regulations 1996**. Disponível em: http://www.opsi.gov.uk/si/si1996/Uksi_19961499_en_1.htm#end/>. Acesso em: 8 dez. 2009.

Jeff Evans

ingredientes orgânicos têm experimentado um grande aumento de popularidade nos últimos anos, principalmente em reação à forma como os alimentos são produzidos em todo o mundo. O uso extensivo de fertilizantes químicos e pesticidas e o advento de alimentos geneticamente modificados conduziram a um renovado interesse nos métodos agrícolas tradicionais. A cerveja é um produto "natural" e, mesmo nas maiores cervejarias do mundo, ainda é geralmente feita usando ingredientes e processos tradicionais que datam de séculos atrás. A cerveja é feita a partir de malte de cevada, malte de trigo e vários grãos de cereais, assim como água, lúpulo e levedura, além de alguns coadjuvantes de processo. A maior parte desses ingredientes podem ser produzidos de uma maneira que permita que sejam rotulados de "orgânicos". Os cervejeiros que produzem cervejas orgânicas tendem a se concentrar nas certificações orgânicas dos ingredientes agrícolas que usam em suas cervejas, tais como, cevada, trigo, grãos de cereais e lúpulo. Para que sejam rotulados como orgânicos, eles precisam ser cultivados sem o uso de fertilizantes químicos e pesticidas, a menos que esses agroquímicos apareçam em uma lista de produtos isentos e, portanto, de uso permitido. Preparo de solo, plantio, cultivo, colheita e processamento necessitam ser supervisionados por uma agência de certificação para assegurar o cumprimento das normas. Grandes esforços são realizados para assegurar a integridade orgânica dos ingredientes, incluindo medidas para garantir que não haverá possibilidade de mistura com ingredientes não orgânicos. Esse controle rigoroso estende-se também ao processo de produção na cervejaria e envolve a criação de uma ficha de rastreamento contínuo de todos os ingredientes da cerveja até o agricultor que os cultivou. O lúpulo e os cereais são suscetíveis a várias doenças, e o desenvolvimento de mercados orgânicos para os ingredientes da cerveja tem sido lento. A qualidade dos maltes e lúpulos orgânicos, antes considerados amplamente marginais, tem melhorado consideravelmente, e o interesse por esses ingredientes continua a aumentar.

Países diferentes têm diferentes sistemas de certificação com graus variáveis de rigor e escopo. Nos Estados Unidos, a certificação das maltarias, produtores de lúpulo e cervejarias foi originalmente tratada localmente por agências privadas de certificação. Cada uma tinha seu próprio conjunto de regras. Desde 2002, no entanto, o Departamento de Agricultura dos Estados Unidos (USDA) oferece uma certificação USDA para produtos orgânicos certificados pelas agências certificadoras locais, além de um conjunto padronizado de regras que garantam a integridade dos produtos rotulados como orgânicos. Isso levou à criação do Programa Nacional Orgânico (National Organic Program – NOP) e de uma lista de ingredientes que não são orgânicos, mas que podem ser incluídos nos produtos orgânicos certificados. Nessa lista estão os seguintes itens de interesse para cervejeiros: vários ácidos (desde que sejam produzidos naturalmente), ágar-ágar, bentonita, carbonato de cálcio, cloreto de cálcio, sulfato de cálcio, dióxido de carbono, carragena, terra diatomácea (apenas como auxiliar de filtração), enzimas, peróxido de hidrogênio, sulfato de magnésio, ácido málico, microrganismos (qualquer bactéria, fungo ou outro microrganismo com grau alimentício), nitrogênio, oxigênio, ácido peracético, perlita, cloreto de potássio, iodeto de potássio, bicarbonato de sódio, carbonato, hidróxido de sódio e levedura. A cerveja que inclui esses ingredientes em níveis inferiores a 5% do peso seco total dos seus ingredientes ou que os utiliza como auxiliares de processos está autorizada a ser rotulada como produto orgânico certificado. Os itens da lista NOP são frequentemente revistos e podem ser removidos se uma fonte confiável produtora de orgânicos ficar disponível. Antigamente, o lúpulo fazia parte da lista da NOP, mas em 28 de outubro de 2010 a National Organics Standards Board, por unanimidade, votou a favor da remoção do lúpulo da lista, a se efetivar em janeiro de 2013. Após essa data, qualquer cerveja certificada como orgânica nos Estados Unidos deve conter apenas lúpulo certificado como orgânico. Agências de certificação – muitas com regras diferentes quanto aos ingredientes não orgânicos permitidos – existem em vários países, incluindo Austrália, Canadá, Alemanha, Grã-Bretanha, Suécia, Noruega, Índia, Irlanda, Grécia, Bélgica, China, Japão e os escritórios centrais da União Europeia, na Bélgica.[3]

Ver também QUESTÕES AMBIENTAIS.

American Organic Hop Grower Association. Disponível em: http://www.usorganichops.com. Acesso em: 4 dez. 2010.

Steve Parkes

inoculação (*pitching*) é o processo de adição de leveduras ao mosto para iniciar a fermentação e produzir cerveja. Enquanto a vinificação tradicional ainda emprega as leveduras "selvagens", presentes na casca da uva e no ambiente da vinícola, para iniciar a fermentação, quase todos os tipos de cervejas são fermentados por leveduras inoculadas.

Embora o termo "*pitching*" possa ter conotações de um arremesso de beisebol, na verdade a inoculação deve ser feita com delicadeza a fim de minimizar o estresse sobre a levedura e assegurar um crescimento rápido.

O armazenamento das leveduras é normalmente realizado em um ambiente refrigerado para minimizar sua deterioração. Tirar a levedura desse estado de latência, em um ambiente refrigerado, e submetê-la ao aquecimento rápido pode comprometer as células e reduzir a velocidade de fermentação, com resultados indesejáveis. Um tratamento brando permitirá que a levedura inicie a fermentação no momento e velocidade corretos.

O número de células de levedura adicionadas por volume de mosto é conhecido como "taxa de inoculação". A taxa de inoculação pode ser expressa em termos de volume do sedimento de levedura por hectolitro de mosto ou como número de células por mililitro. Uma taxa de inoculação típica para a fermentação de cervejas *ale* é de 1 milhão de células/ml/grau Plato (correspondente à densidade inicial). Portanto, um mosto com 12 °Plato pode ser inoculado com 12 milhões de células/mililitro. Essa é apenas uma orientação e, em cervejas fortes, a taxa de inoculação será maior para superar a inibição causada pela elevada concentração de álcool. Leveduras *lager* tipicamente requerem taxas de inoculação mais elevadas em relação às taxas de inoculação das leveduras *ale*. Taxas de inoculação mais baixas estão associadas a um início de fermentação mais lento,

---

[3] No Brasil, existem agências de certificação também. [N.T.]

taxas de reprodução de leveduras mais altas e maior produção de ésteres. O inverso é verdadeiro para taxas de inoculação mais elevadas. Apoiando-se em uma série de fatores, os cervejeiros determinam qual a melhor taxa de inoculação para cada cerveja.

Algumas leveduras tradicionais, de bateladas anteriores, têm sido reinoculadas sucessivamente ao longo de décadas e consistentemente produzem as mesmas características na cerveja. Essas leveduras desenvolveram uma composição genética estável e são um tesouro para o cervejeiro. O mais comum, porém, é que as leveduras percam suas características fermentativas originais com as sucessivas reinoculações, o que exige a aquisição regular de novas culturas em laboratórios, no mais das vezes a cada cerca de doze gerações, embora alguns cervejeiros renovem suas leveduras com maior frequência.

A inoculação demanda um manuseio cuidadoso para evitar a contaminação do mosto. Depois que a levedura é recolhida de uma batelada anterior, ela pode ser inoculada em um novo mosto de várias maneiras. O processo pode ser tão simples quanto derramar a lama de levedura no fermentador com um balde, ou tão complexa quanto uma linha de dosagem de levedura controlada por computador – nesse caso, o programa controla o peso exato desejado de levedura. Pode-se adicionar oxigênio à inoculação da levedura para os esteróis melhorarem o crescimento das leveduras, embora o oxigênio seja mais frequentemente adicionado ao mosto.

Brewing Techniques. Disponível em: http://www.brewingtechniques.com/library/backissues/issue2.3/kingtable.html/. Acesso em: 11 maio 2011.

Edgerton, J. A primer on yeast propagation technique and procedures. **MBAA Technical Quarterly**, Saint Paul, v. 38, p. 167-175, 2001.

Keith Thomas

O Institute of Brewing & Distilling (IBD)

é um órgão internacional cuja declaração de visão incumbe a organização "de promover o desenvolvimento educacional e profissional no âmbito de ciência e tecnologia dos setores de produção de bebidas fermentadas, destiladas e afins". O IBD tem mais de quatro mil membros, dos quais aproximadamente 50% residem no Reino Unido. Os membros são agrupados em divisões regionais, quatro delas situadas no Reino Unido: Great Northern, Southern, Midlands e Scottish. Há também quatro divisões internacionais: África, Ásia-Pacífico, Irlanda e Internacional (firmada principalmente na América do Norte). As categorias de afiliação englobam os níveis Aluno, Padrão, Corporativo, Mestre Cervejeiro e Associação.

O IBD foi originalmente criado como "Laboratory Club" em Londres, em 1886, quando um grupo de pesquisadores científicos qualificados nos campos de biologia e química concordaram em se reunir e discutir questões científicas relacionadas a malteação e produção de cerveja. O *Transactions of the Laboratory Club* foi publicado nesse mesmo ano e subsequentemente renomeado *The Journal of the Institute of Brewing* em 1890 (no mesmo ano o Laboratory Club passou a se chamar Institute of Brewing), o qual continua a publicar artigos de pesquisa científica relacionados a temas como fermentação, qualidade da cerveja, destilação, malteação e ciência de cereais em quatro edições anuais. Em 2001, o Institute of Brewing fundiu-se com o International Brewers' Guild, um órgão consolidado que representa os principais cervejeiros profissionais do Reino Unido, para formar o Institute and Guild of Brewing (IGB). Esse órgão foi substituído em 2005 pelo IBD para refletir a importância crescente das indústrias de bebidas destiladas nas atividades do instituto.

O IBD oferece uma variedade de exames e qualificações em produção de cerveja, envase e destilação, abrangendo desde Fundamentos de Produção de Cerveja, Envase e Destilação para pessoal não técnico, bem como Certificados Gerais em Produção de Cerveja, Envase, ou Destilação, até Diplomas em Produção de Cerveja, Destilação, ou Envase de Bebidas. O título máximo é a qualificação de Mestre Cervejeiro que avalia os níveis de competência e de conhecimento em gestão técnica do processo de produção de cerveja. O IBD apoia seus membros por meio de uma série de palestras, visitas técnicas, seminários e conferências mundiais e da publicação da revista mensal *Brewer and Distiller International* para todos os seus membros.

Ver ESCOLAS CERVEJEIRAS.

George Philliskirk

International Brewers' Guild

Ver INSTITUTE OF BREWING & DISTILLING (IBD).

international pilsner, segundo alguns, não chega ao ponto de ser classificada formalmente como uma categoria de cerveja. No entanto, qualquer degustador experiente sabe exatamente a que se refere esse conceito. A palavra alemã *"pilsner"*, também soletrada como *"pilsener"* ou, abreviadamente, *"pils"*, foi definida originalmente como um tipo de cerveja produzida pela primeira vez em 1842, na cidade boêmia de Plzeň (Pilsen, em alemão), na atual República Tcheca. A *pilsner* original era elaborada apenas com cevada malteada levemente secada, idealmente da variedade Haná, da Morávia, e suavemente flavorizada com lúpulo Saaz. A cerveja era maturada por oito a doze semanas em adegas frias, dependendo de seu teor alcoólico. Ver HANÁ. Era servida clara e com uma espuma branca, alcançando bastante popularidade em meados do século XIX na Europa Central, também influenciada pela invenção das primeiras formas acessíveis de vidro claro. Logo foi amplamente imitada e se projetou da Europa Central para o resto do mundo, perdendo qualidade conforme se espalhava.

Em 1898, a cervejaria Burgher, de Pilsen, tentou estabelecer um precedente para a proteção de sua marca. O processo foi parar na corte de Munique, buscando uma liminar contra a cervejaria local Thomass, que havia lançado uma *lager* clara com o nome "Thomass-Pilsner-Bier". O veredito de referência da corte alemã foi proferido em abril de 1899, desfavorável ao requerente. A corte argumentava que *pilsner* já não era considerada uma denominação, mas havia se tornado a designação universal de um estilo.

Em pouco tempo, milhares de cervejas foram lançadas em todo o mundo ostentando em seus nomes as palavras *"pilsener"*, *"pilsner"* ou *"pils"*. Ainda que praticamente todas essas cervejas fossem *lagers* claras, muito límpidas e com espuma branca que conseguiam alcançar preços mais altos no mercado, poucas delas eram feitas de acordo com o estilo *pilsner* original, ou seja, com a mosturação apenas de malte, lúpulos Saaz, mosturada por decocção, baixa fermentação sob temperatura controlada e maturação prolongada quase à temperatura de congelamento. A *pilsner* foi sendo banalizada na forma de *lagers* claras que só tinham a aparência da original. Tornou-se o estilo de cerveja mais copiado do mundo, atraindo principalmente consumidores que buscavam cervejas com baixo teor alcoólico e sem muita complexidade ao paladar. Geralmente, *lagers* leves são as únicas cervejas disponíveis em países com pouca ou nenhuma tradição na produção de *ales*. As razões desse domínio podem variar de país para país, mas normalmente se devem à crescente concentração da indústria cervejeira e às tendências de produção industrial em grande escala para abastecer mercados de massa pouco exigentes.

Nos Estados Unidos, por exemplo, uma vez que a produção de cerveja foi reabilitada em 1933, após a Lei Seca (de 1920 a 1933) haver dizimado quase todas as cervejarias comerciais e suas tradições, as empresas sobreviventes produziam basicamente *lagers* douradas com pouco corpo.

Da mesma forma, na Europa continental a destruição causada pelas guerras mundiais entre 1914 e 1945 levaram a uma notável redução no número de cervejarias. Aquilo que os bombardeios não destruíram as forças de ocupação desmantelaram. As tinas das cervejarias, em especial, eram objetos de saque valorizados para serem transformados em munição.

Devido ao fato de que os consumidores no mundo todo cresceram acostumados a beber cerveja com pouco sabor, e porque as circunstâncias econômicas vieram a favorecer as grandes companhias, o incentivo para a produção de cervejas mais simples e cada vez mais baratas e abundantes tornou-se a tônica da indústria cervejeira no período pós-guerra. Um exemplo típico é a Heineken, cujas cervejas costumam ser elaboradas perto dos locais onde são vendidas. Algumas versões não apresentavam mais do que 3,2% de álcool em volume (ABV), diferentemente do teor alcoólico original de cerca de 5%, e ainda assim eram denominadas *"pilsners"*. Após o jovem Albert "Freddie" Heineken ter passado três anos nos Estados Unidos estudando o mercado de cerveja americano, ele concluiu que o que realmente vende cerveja é a propaganda. Quando retornou à Holanda em 1954 para se dedicar à cervejaria da qual sua família ainda era sócia, ele passou a implementar ardentemente suas firmes convicções em marcas e marketing. Era o princípio de uma política pioneira e realmente efetiva de marketing global para a cerveja. Com o tempo, diversas outras cervejarias também se deram conta de que uma palavra estrangeira, *"pilsner"*, facilmente pronunciável, era capaz de conferir um toque exótico de excelência até mesmo a uma cerveja comum.

Ao final da década de 1960, portanto, muitos grandes cervejeiros seguiram o modelo da Heineken e iniciaram a criação de marcas de cerveja que eram tão fáceis de apreciar quanto simples de fazer.

Arroz, milho, xarope de milho, glicose e outras fontes baratas de açúcar eram frequentemente utilizadas como substitutos ao malte de cevada nessas receitas. Geralmente, o amargor ficava na faixa de 20 IBU e a fase de maturação raramente ultrapassava uma semana, muitas vezes à temperatura ambiente ou a temperaturas ainda mais altas. O resultado disso foi uma onda de cervejas industrializadas e baratas que serviram apenas para diluir o valor e o impacto do termo "*pilsner*".

Nos últimos anos, diminuiu o número de marcas bem-sucedidas designadas como "*pilsners*" por seus produtores, talvez pelo fato de o termo ser hoje insignificante para os consumidores nos mercados-alvo dessas cervejas. Porém, é mais reconfortante pensar nisso como um aceno para a qualidade do passado, deixando margem para um eventual regresso às *lagers* puro malte, bem lupuladas e merecedoras do nome no futuro. Certos cervejeiros produtores de *international pilsners*, inclusive a Heineken e a Carlsberg, recentemente passaram a usar apenas malte de cevada em suas cervejas. Tal opção não se fundamentou em questões de sabor, mas sim em movimento estratégico para evitar o comprometimento de imagem que resultaria se o milho geneticamente modificado (OGM) abrisse caminho em suas salas de brassagem. Ainda que os americanos tenham aceitado amplamente os produtos agrícolas geneticamente modificados, estes são fortemente rejeitados pelos europeus. Ironicamente, nesse tipo de situação, os mestres-cervejeiros são incumbidos de elaborar cervejas puro malte que pareçam tão neutras como se tivessem milho em suas formulações. Independentemente da maquiagem, o estilo *international blond lager*, algumas vezes ainda rotulado de *pilsner*, produzido da Índia à Rússia e da Bélgica ao México, é uma *lager* dourada suave com corpo leve, baixo amargor (embora hoje notoriamente mais elevado que o das *lagers* americanas de massa), com pouquíssimo sabor de malte e de perfil limpo.

Cerca de 2 mil das estimadas 60 mil cervejas mundiais incluem atualmente alguma das palavras derivadas de *pilsner* em suas marcas comerciais. Devido ao fato de que muitas destas são cervejas para mercados de massa, os produtores que tentam se espelhar nas intenções dos mestres-cervejeiros originais do século XIX de Plzeň, deparam-se com a árdua tarefa de tentar diferenciar um estilo de *pilsner* verdadeiro na cabeça dos consumidores, já inundada pelas imagens das *lagers* leves invocadas pela categoria das *international pilsners*.

Ver também PILSNER.

Tim Webb

iodo é um membro da classe de elementos chamados halogênios; outros membros incluem cloro, bromo e flúor, que são mais reativos. Como solução de iodeto de potássio, o iodo é usado para identificar a presença de amilose, um dos componentes do amido. A estrutura helicoidal de amilose fornece uma matriz dentro da qual as moléculas de iodo podem agrupar-se, levando à formação de uma coloração azul-escura. Após as etapas de sacarificação da mostura, os cervejeiros realizam um "teste de iodo", no qual o iodeto de potássio é adicionado a uma pequena amostra de mostura. Se os amidos se converteram em açúcares, a coloração azul-escura não se formará; por outro lado, a presença da coloração indicará a permanência de amidos. Nesse caso, o cervejeiro pode decidir prolongar a sequência da mostura ou tomar outras medidas.

O segundo maior uso de iodo nas cervejarias é como agente de higienização. Iodóforo, um líquido concentrado que contém iodo complexado com surfactantes e, às vezes, ácidos é um higienizador altamente eficaz com toxicidade e efeitos corrosivos limitados. Quando diluído a 12 ppm a 15 ppm, ele é muitas vezes usado como um desinfetante "sem enxágue", especialmente para recipientes de fermentação e outros equipamentos de aço inoxidável.

http://www.jtbaker.com/msds/englishhtml/i3480.htm. Acesso em: 26 abr. 2011.
Iodine: The Essentials. **WebElements**. Disponível em: http://www.webelements.com/iodine/. Acesso em: 26 abr. 2011.

Chris Holliland

Irish red ale. Embora seja um termo raramente ouvido na Irlanda, é normalmente usado em outras partes do mundo para descrever um estilo de cerveja *ale* de coloração vermelho-âmbar ou marrom que tem suas raízes na Irlanda. A cor e o perfil de malte caracterizam esse estilo de cerveja, que apresenta um típico dulçor com notas de caramelo e *toffee*. Tradicionalmente, a *Irish red ale* inclui maltes torrados que conferem um final seco com apenas um leve toque de amargor. Embora esse estilo de cerveja seja produzido e apreciado na Irlanda por muitos anos, a cervejaria Coors foi a responsável por tornar o nome *Irish red ale* popular ao princípio da década de 1990. Naquela época, os consumidores americanos mostravam-se bastante interessados em cervejas especiais, e uma marca da Coors chamada Killian's Irish Red, produzida desde 1981, tornou-se uma das marcas de cerveja especial mais vendidas nos Estados Unidos. A Coors sustentou a popularidade da marca com uma campanha de marketing que salientava sua coloração distinta e a herança irlandesa. Produzida pela primeira vez pela Lett's Brewery, da família Killian, que ficava em County Wexford, Irlanda, a cerveja original foi chamada de "Enniscorthy Ruby Ale". A Lett's Brewery fechou na década de 1950, e os direitos de comercialização da marca George Killian foram vendidos para a cervejaria Pelforth, na França, e posteriormente adquiridos pela Coors, que imediatamente lançou a George Killian's Irish Red Ale. Na realidade, a cerveja é efetivamente uma *lager*. Na Irlanda, é possível encontrar a popular Smithwicks, produzida pela Diageo, embora ela não traga nenhuma referência às *red ales*. Muitas cervejarias artesanais americanas adotaram a essência do estilo e produzem cervejas fáceis de beber, levemente maltadas e com um toque avermelhado devido aos grãos torrados. Hoje em dia, o estilo é um dos pilares de muitos *brewpubs* americanos.

Cornell, M. **Beer: the history of the pint**. London: Headline Book Publishing, 2003.
Jackson, M. **Michael Jackson's beer companion**. London: Duncan Baird Publishers, 1993.

Mirella G. Amato

Irish stout

Ver ARTHUR GUINNESS & SONS, BEAMISH & CRAWFORD, MURPHY'S BREWERY e STOUTS.

A **Irlanda**, apesar de ser uma nação insular relativamente pequena, é uma potência cervejeira há séculos. As contribuições irlandesas para a cultura cervejeira em todo o mundo têm sido imensas, e em muitas partes do mundo a ideia do *pub* irlandês, seja ele genuíno ou falso, permanece surpreendentemente evocativa. A história da cerveja irlandesa, assim como a história do país, está entrelaçada com a da Inglaterra. Desde sua colonização no século XII até o Ato de União de 1801, incluindo o período da grande fome, os movimentos pela independência no século XIX e o Tratado Anglo-Irlandês de 1921, a Irlanda sofreu grande influência dos ingleses em muitos aspectos de sua existência, incluindo a sua cerveja.

Acredita-se que a mais antiga forma de *beoir* (gaélico para "cerveja") na Irlanda foi produzida na Idade do Bronze. A descoberta do possível local de uma cervejaria, um *fulacht fiadh* (monte coberto de grama), pelos arqueólogos Declan Moore e Billy Quinn em Cardarragh, no condado de Galway, os levou a realizar um teste de produção de cerveja com *gruit* (um preparado de ervas e plantas que não incluía lúpulo) em 2001. Os ingredientes utilizados foram cevada, murta-do-brejo, *meadowsweet*, água e levedura, resultando em uma cerveja "potável e digna dos esforços dos nossos antepassados".

A Irlanda, assim como sua prima celta Escócia, possui uma maior ligação com os destilados do que com a cerveja, partilhando do *uisce beathe* (uísque), mas possuindo exclusivamente o *poitin*, um destilado alcoólico irlandês que normalmente é produzido com cevada e, às vezes, com batatas. A destilação do *poitin* foi proibida em 1661 e apenas legalizada novamente em 1989. O incentivo do Parlamento inglês à promoção do consumo de cerveja na década de 1730, que visava evitar o "consumo desenfreado de bebidas alcoólicas destiladas" – mais bem exemplificado nas gravuras de Hogarth de 1750 intituladas *Gin Lane* –, não foi recebido com muito sucesso na Irlanda. Assim como a Escócia, a Irlanda não possui lúpulo nativo, e suas cervejas tinham que ser flavorizadas com lúpulos importados, principalmente da Bélgica, que eram os mais baratos disponíveis na época. Entretanto, uma proibição de tais importações, em 1733, forçou os cervejeiros irlandeses a comprarem lúpulos mais caros de Hereford e Worcester, na Inglaterra, fazendo com que, às vezes, as cervejas fossem produzidas completamente sem lúpulo ou com ervas nativas como nos tempos antigos.

Registros do século XVIII mostram que a produção de cerveja na Irlanda era bastante consistente. De 1720 a 1724, os irlandeses pagaram tributos sobre um total de 822 mil hectolitros (+480 hectolitros importados da Inglaterra); de 1770 a 1774, 762 mil hectolitros (77,1 mil hectolitros importados); e, de 1790 a 1794, 818 mil hectolitros (172 mil hectolitros importados). O aumento nas importações deveu-se em parte à independência dos Estados Unidos, que custou às cervejarias britânicas o mercado dessa antiga colônia. Houve também escassez de cevada, incluindo duas safras muito ruins em 1740 e 1741, provocando a primeira das grandes fomes irlandesas. No século XIX, a capacidade de produção de cerveja na Irlanda aumentara, e a Revolução Industrial dominou a Inglaterra. Como resultado, a cerveja se manteve dentro do território inglês para consumo próprio. Em 1808-1809, por exemplo, a produção de cerveja irlandesa foi de 1,277 milhão de hectolitros e as importações foram de apenas 3.680 hectolitros. Os impostos aduaneiros e a política protecionista inglesa, que mudaram significativamente durante o século XIX, também tiveram um efeito significativo sobre a produção de cerveja irlandesa em termos de abastecimento de matérias-primas e como elas eram utilizadas.

Além do imposto sobre a cerveja, a Inglaterra também vinha cobrando um imposto sobre o malte desde 1697, usando o dinheiro para financiar uma série de guerras. Para garantir que os cervejeiros pagassem o imposto do malte, eles foram proibidos de utilizar grãos não malteados; em 1816, uma lei que quase evocava a alemã foi introduzida, estipulando que somente cevada malteada e lúpulo podiam ser utilizados na produção de cerveja. O imposto do malte foi revogado em 1880, mas como costuma acontecer no mundo cervejeiro, os efeitos do imposto ainda continuaram a repercutir na produção de cerveja no país por décadas. Ver LEI DA PUREZA DA CERVEJA.

O estilo de cerveja *porter* se originou em Londres no início do século XVIII, mas rapidamente se tornou muito popular na Irlanda, onde foi produzido pela primeira vez em 1776, inicialmente apenas com malte marrom. As *porters* irlandesas posteriormente passaram a ser produzidas a partir de uma mistura de maltes claros e marrons, principalmente para reduzir os custos de produção. O sabor da *porter* mudou novamente depois de 1817, com a invenção do malte preto patenteado. Ver MALTE PRETO e WHEELER, DANIEL. Agora a *porter* podia ser produzida com menor custo, utilizando apenas 5% desse novo malte escuro, de sabor forte, quase de queimado, e 95% de malte claro. Por fim essa *porter* se transformou em uma "*leann dubh*" (*dry stout*), tornando-se a principal cerveja da Irlanda no início do século XX, enquanto na Inglaterra as *pale ales* e suas variantes já haviam substituído as *porters* nos corações dos consumidores de cervejas locais.

Durante a fome da batata de 1845-1849, 1 milhão de irlandeses morreram e mais de 1 milhão emigraram, principalmente para a América, mas também para a Inglaterra. Como resultado, a população irlandesa diminuiu de 20% a 25%. No entanto, a produção de cerveja irlandesa não diminuiu proporcionalmente. Foram produzidos 1,627 milhão de hectolitros em 1837, mas em 1857 ainda foram produzidos 1,482 milhão de hectolitros. O motivo era a crescente exportação de cerveja da Irlanda. A Guinness lançou sua "*superporter*" em 1806, transformando-a em uma *single stout* em 1840. Nesse mesmo ano, as exportações representaram 53% da produção da Guinness. A produção de cerveja irlandesa aumentou para 3,24 milhões de hectolitros em 1875 e atingiu o pico máximo de 5,459 milhões de hectolitros em 1915. O aumento do volume de produção veio acompanhado de uma maior quantidade de cervejarias e uma queda brusca no teor de extrato original da cerveja.

A mais famosa e renomada marca de cerveja da Irlanda, sem dúvida, é a icônica Guinness. Arthur Guinness (1725-1807) começou a produzir cerveja em 1756, e sua cervejaria passou a dominar o mercado irlandês, tornando-se uma potência mundial. Ele construiu a cervejaria St. James Gate, instalada próximo ao rio Liffey, em Dublin, em 1759. Suas primeiras exportações para a Inglaterra foram 762 litros de cerveja *bitter* em 1769. Guinness encerrou a produção de cerveja *bitter* em 1799 e passou a se concentrar na produção de sua *porter*, que foi introduzida em 1778. Essa *porter* permaneceu em produção por quase dois séculos, até 1974. Nesses primeiros anos, por causa de um canal de água, surgiu uma disputa que durou de 1775 até 1784. Ela terminou em um acordo peculiar que conferiu à Guinness um arrendamento de 9 mil anos a módicas 45 libras ao ano, fazendo com que sua cervejaria embarcasse em uma rápida expansão. Em 1801, Guinness desenvolveu uma cerveja para os trabalhadores irlandeses no Caribe. Essa bebida foi então chamada de *West Indian porter* (uma *triple*). Ela atualmente é comercializada como uma *foreign extra stout*. As primeiras exportações da Guinness para a Europa continental foram para Lisboa em 1811; sua primeira para a América foi em 1840. Em 1870, as exportações compreendiam 10% do total das vendas da Guinness. No início do século XX, a Guinness era a maior cervejaria do mundo, com um volume de produção anual de 4,8 milhões de hectolitros (dados de 1914). Após o Estado Livre Irlandês aprovar o "Ato de Controle das Manufaturas", em 1932, a sede da Guinness se mudou para Londres. Àquela altura, a família Guinness ainda detinha uma participação de 51% na empresa. Em 1997, a Guinness fundiu-se com a britânica Grand Metropolitan Holdings plc, formando a maior empresa de bebidas do mundo, a Diageo. Ver GUINNESS, ARTHUR.

Apenas outras duas cervejarias tiveram um impacto de âmbito nacional no cenário da cerveja irlandesa capaz de fazer frente à Guinness. Estas eram a Williams, Beamish & Crawford e a Murphy's, ambas do condado de Cork. A primeira, embora supostamente originada em 1650, foi fundada oficialmente como Cork Porter Brewery em 1792. Em 1805, tornou-se maior cervejaria da Irlanda, produzindo cerca de 160 mil hectolitros. A empresa tornou-se uma sociedade anônima em 1901. Foi adquirida pela empresa canadense Carling O'Keefe em 1962, pela australiana Elders IXL em 1987 e depois pela Scottish & Newcastle em 1995, a qual se tornou parte da Heineken em 2008. A Murphy's foi fundada como Lady's Well Brewery em 1854. Em 1861, alcançou um volume de produção de 68,6 mil hectolitros, atingindo um pico máximo de 229 mil hectolitros em 1901. Em 1967, o britânico Watney Mann assumiu o controle da cervejaria, mas a produção caiu para 18 mil hectolitros em 1971. A empresa entrou em concordata em 1982 e foi adquirida pela Heineken um ano depois. Em 1984, a Heineken lançou a Murphy's Red. Dona de duas cervejarias no condado de Cork, a Heineken decidiu fechar uma delas, decretando o fim da Williams, Beamish & Crawford Brewery em 2009. Ver BEAMISH & CRAWFORD e MURPHY'S BREWERY. O estilo de cerveja *Irish stout* continua sendo um dos produtos de maior importância da Irlanda, reconhecido, admirado e copiado em todo o mundo. Até mesmo a gigante belga-brasileira-americana Anheuser-Busch InBev produz uma *Irish stout*, uma boa indicação do alcance cultural do estilo.

A cervejaria Darty, de Dublin, produziu a primeira *lager* da Irlanda em 1891, mas fechou em 1896. A próxima cervejaria que tentou produzir uma *lager* foi a Regal, com sede em Kells. Funcionou de 1937 a 1954. Além da Harp, as únicas *lagers* que foram fabricadas com sucesso na Irlanda são marcas antigas, de propriedade da Heineken ou afiliadas a ela: Amstel, Heineken, Fosters e Carling. Por fim, a Tennents, uma marca escocesa popular no mercado irlandês, foi comprada pela empresa irlandesa C&C da Anheuser-Busch InBev em 2009.

Thomas Caffrey fundou uma cervejaria epônima em Belfast em 1897, que foi adquirida pela Charrington em 1967 e, por fim, pela Interbrew em 2000. A Coors adquiriu os direitos da marca em 2001.

A Letts Brewery Co. Wexford encerrou suas atividades de produção de cerveja em 1956, mas a sua *ruby red ale* Enniscorthy foi adquirida pela Coors em 1981 e é produzida sob licença como Killians.

No final do século XX, uma onda de microcervejarias foram inauguradas na Irlanda, mas algumas delas duraram pouco: Balbriggan, Biddy Early, Dublin Brewery, Emerald, Kinsale, McCardle Moore, Dwan-Tipperary e Waterford. Uma segunda onda incluiu: Arrain Mhor, Beoir Chorcha Dhibune e Galway Hooker, além da Hilden e Whitewater em Ulster. Além disso, o bem-sucedido grupo Porterhouse inaugurou *brewpubs* em vários locais da Irlanda e no Covent Garden em Londres. Ver PORTERHOUSE BREWING COMPANY.

No início do século XIX, havia duzentas cervejarias na Irlanda, 55 só em Dublin. Em 1960, restavam somente oito, mas em 2005, com o advento das microcervejarias, esse número aumentou para dezenove. Sem dúvida, essa pequena nação de 3,5 milhões de pessoas continuará a reconstruir uma das culturas cervejeiras mais influentes e duradouras do mundo.

Glenn A. Payne

isinglass é um tradicional agente de clarificação, uma substância que faz com que a levedura precipite da suspensão, deixando a cerveja clarificada. O *isinglass* é derivado da bexiga natatória de determinados peixes tropicais e subtropicais. Quando macerado e dissolvido por várias semanas em ácidos diluídos de grau alimentício, ele forma uma solução turva e incolor, altamente viscoso, em grande parte composto da proteína colágeno. Esse material é conhecido pelos cervejeiros como agente clarificante *isinglass*. Ver AGENTES CLARIFICANTES. O colágeno do *isinglass* é um polímero helicoidal altamente ordenado e carregado positivamente. Quando usado como agente clarificante, ele tem a habilidade de sedimentar, rapidamente, leveduras e proteínas da cerveja, e pode realizar isso de forma repetitiva. Essa última propriedade é essencial para *ales* condicionadas em *cask*, já que os barris podem ser movimentados várias vezes antes da extração. Ver CONDICIONAMENTO EM CASK.

Há muita especulação sobre como esse produto curioso foi usado, pela primeira vez, na produção de cerveja. A hipótese mais lógica é que, em algum momento da história, um engenhoso pescador usou a bexiga natatória de um grande peixe para armazenar a sua cerveja, algo semelhante a manter o vinho na pele de um animal. É provável que a cerveja do dia tenha ficado um pouco ácida, talvez por causa de lactobacilos ou por uma contaminação de *Acetobacter*. Certamente a acidez favoreceu que algum colágeno dissolvido clarificasse a cerveja. O indivíduo observador deve ter notado uma cerveja brilhante e clara quando a verteu em um recipiente para bebê-la.

Tradicionalmente, o *isinglass* usado na produção de cerveja era derivado do esturjão, embora o *isinglass* comercial seja mais tipicamente obtido a partir de espécies que habitam estuários tropicais, como a perca-do-nilo (*Lates niloticus*) do Lago Victoria, onde é considerada uma espécie invasora. Os melhores agentes clarificantes são originários do Mar do Sul da China e são identificados como clarificantes *Round Saigon* ou *Long Saigon*. A bexiga natatória é seca ao sol, no local de captura e, em seguida, embalada para exportação a mercados na China, onde é usada para fazer sopa de bucho de peixe, ou no Reino Unido, para fazer agentes clarificantes. Com os avanços da centrifugação e das tecnologias de filtração, a utilização do *isinglass* diminuiu, e hoje ele é restrito a *ales* refermentadas em *cask*, embora alguns cervejeiros artesanais americanos também a usem para clarificar a cerveja sem o uso da filtração.

Ian L. Ward

iso-alfa-ácidos são isômeros de alfa-ácidos induzidos termicamente e a principal fonte de amargor na cerveja. Eles são amargos, têm atividade de superfície e são reativos com o oxigênio e outros constituintes da cerveja. Como uma classe de compostos, eles estão constituídos de ácidos homólogos individuais, que são adhumulona, cohumulona, humulona, prehumulona e poshumulona. A isomerização de um alfa-ácido em um iso-alfa-ácido é um processo químico que mantém a composição material original do alfa-ácido, mas essencialmente reorganiza a estrutura molecular do composto, alterando as suas propriedades químicas e, consequentemente, as suas reações.

Em comparação com outros constituintes da cerveja, tais como os carboidratos do malte, etanol e dióxido de carbono, os iso-alfa-ácidos ocorrem em níveis relativamente baixos, normalmente entre 8 ppm e 25 ppm e, em casos raros, tão elevados como 100 ppm. Embora apenas presentes em quantidades ínfimas, mesmo pequenas mudanças na concentração dos iso-alfa-ácidos podem ter um impacto desproporcional sobre o sabor da cerveja, seu amargor e seu *drinkability* global. Os iso-alfa-ácidos são intensamente amargos e têm um limiar de detecção humana na cerveja de aproximadamente 6 ppm a 7 ppm. Como a percepção do amargor é um tanto subjetiva, alguns estudos indicam uma faixa mais ampla de 4 ppm a 11 ppm. Ver AMARGOR. Para colocar isso em perspectiva, muitas marcas de cervejas *lager* americanas têm níveis de iso-alfa-ácido iguais ou inferiores a 10 ppm, o que realmente significa que uma parcela significativa dos consumidores de cerveja pode mesmo não detectar qualquer amargor em algumas *lagers* de massa do mercado americano. Os diferentes estilos de cerveja geralmente têm níveis muito diferentes de amargor como parte de suas especificações. As *lagers* europeias, por exemplo, podem ter um teor médio de iso-alfa-ácidos de 20 ppm a 30 ppm, *ales* britânicas de 25 ppm a 40 ppm, e a variada gama de cervejas artesanais modernas de 10 ppm a 100 ppm.

Os iso-alfa-ácidos são formados normalmente durante a ebulição do mosto, quando os lúpulos são adicionados à tina de fervura, e os alfa-ácidos são extraídos a partir das glândulas de lupulina dos lúpulos (ou a partir da resina de lúpulo nos extratos de lúpulo). A isomerização é o resultado do efeito do calor sobre os alfa-ácidos. O processo depende tanto do tempo como da temperatura. Quanto maior for o tempo de exposição dos alfa-ácidos à fervura contínua do mosto, mais alfa-ácidos serão convertidos em iso-alfa-ácidos e maior será o amargor criado no mosto e na cerveja. Ver FERVURA. Os lúpulos adicionados no final da fervura, por outro lado, ainda liberam seus óleos de aroma – os quais não serão completamente evaporados e perdidos pela chaminé da tina de fervura –, mas uma proporção muito menor de seus alfa-ácidos irá se tornar iso-alfa-ácidos.

Os ácidos do lúpulo também podem ser isomerizados antes de serem adicionados à tina de fervura do mosto. Para isso existem várias abordagens. Existem péletes de lúpulos pré-isomerizados no mercado, produzidos a partir da mistura de lúpulos moídos finamente com uma pequena quantidade (cerca de 1,5% em massa) de óxido de magnésio. Essa mistura é, em seguida, peletizada, embalada a vácuo e armazenada quente, de 45 °C a 55 °C durante dez a catorze dias. Durante esse tempo, a pequena quantidade de magnésio serve como um catalisador para acelerar a formação de iso-alfa-ácidos. A adição de extratos isomerizados na tina de fervura é outro método. Esses são preparados de modo semelhante aos péletes de lúpulo pré-isomerizados através da mistura de óxido de magnésio ou de uma solução de carbonato/hidróxido de potássio com um extrato de resina de lúpulo e, em seguida, aquecendo a mistura para produzir iso-alfa-ácidos. Além disso, há extratos de iso-alfa-ácidos pré-isomerizados, que são produzidos pela separação dos alfa- e beta-ácidos após a extração com etanol ou CO_2 supercrítico e, em seguida, processados para converter os alfa-ácidos em iso-alfa-ácidos. Esses extratos são utilizados tanto durante a fermentação quanto, mais normalmente, após a fermentação para dar à cerveja o nível desejado de amargor. A unidade de medida de amargor da cerveja e do mosto é a unidade internacional de amargor. Ver EXTRATOS DE LÚPULO e UNIDADES INTERNACIONAIS DE AMARGOR (IBU).

Thomas Shellhammer e Val Peacock

isomerização do lúpulo é a conversão química, durante a fervura, dos alfa-ácidos insolúveis do lúpulo, ou humulonas, em iso-alfa-ácidos solúveis, ou isohumulonas, de gosto amargo. Humulonas fazem parte da resina espessa que reside nas glândulas de lupulina dos cones de plantas fêmeas de lúpulo. A isomerização envolve o rearranjo estrutural das moléculas de humulona, o que aumenta drasticamente a sua solubilidade em soluções aquosas, tais como cerveja e mosto. A isomerização, portanto, é a principal reação química responsável pelo gosto amargo da cerveja produzida com lúpulos.

A taxa de isomerização na tina de fervura, conhecida como taxa de aproveitamento do lúpulo, tende a estar por volta de 25% a 35% para a maioria das cervejarias, às vezes menos, raramente mais. Isso porque a isomerização depende de vários fatores limitantes. Um deles é a exigência de altas temperaturas, razão pela qual os cervejeiros fervem lúpulos de amargor na tina de fervura, normalmente por pelo menos sessenta minutos. A isomerização também é sensível ao pH, acontecendo mais rapidamente e de forma mais completa quanto maior for o valor do pH. O valor do pH da maioria dos mostos é de aproximadamente 5,4 a 5,8 no início da fervura, caindo para cerca de 5,2 a 5,4 durante a fervura, em grande parte como resultado da precipitação de fosfato de cálcio. Por fim, a taxa de aproveitamento diminui à medida que aumenta a densidade do mosto. Mesmo aquelas humulonas que se isomerizam podem não conseguir chegar à cerveja finalizada, provendo amargor. Quando as proteínas precipitam no *whirlpool*, por exemplo, elas tendem a adsorver isohumulonas e decantá-las com o *trub*. Perdas adicionais de isohumulonas ocorrem durante o esfriamento, a fermentação e a filtração do mosto.

Os níveis de alfa-ácidos nos lúpulos são medidos como uma percentagem do peso do lúpulo, e essa informação é fornecida ao cervejeiro pelo fabricante do lúpulo. Os valores típicos de alfa-ácidos no lúpulo variam entre 3% e 20%. Isso permite aos cervejeiros calcular o amargor esperado em suas cervejas, expresso em Unidades Internacionais de Amargor (IBU), com base nas taxas de aproveitamento estabelecidas que são específicas para os seus sistemas de fermentação, receitas e processo de produção de cerveja. Extratos de lúpulo pré-isomerizados estão disponíveis para cervejeiros que desejam introduzir amargor adicional pós-fermentativo; esses extratos são inteiramente solúveis na cerveja finalizada.

Ver também ALFA-ÁCIDOS, AMARGOR, HUMULONA, ISO-ALFA-ÁCIDOS, POTENCIAL DE AMARGOR, TAXA DE APROVEITAMENTO DO LÚPULO e UNIDADES INTERNACIONAIS DE AMARGOR (IBU).

Matthew Brynildson

Itália é geralmente considerada um centro da cultura do vinho e, portanto, é imaginada como um lugar onde a cerveja fica em segundo plano. Talvez de maneira surpreendente, no entanto, a

Itália contribuiu significativamente para o mundo da cerveja ao longo de sua extensa história, desde a Roma Antiga até os dias atuais. Atualmente possui prósperas cervejarias de mercado de massa e uma emocionante e criativa cultura de cerveja artesanal. Os antigos romanos provavelmente desenvolveram a produção de cerveja em larga escala, pela primeira vez, logo após Caio Otávio, mais conhecido na história como o imperador Augusto (63 a.C.-14), ter derrotado a Marinha egípcia sob o comando da rainha Cleópatra (69 a.C.-30 a.C.) e de seu amante romano Marco Antônio (83 a.C.-30 a.C.) na Batalha de Áccio em 31 a.C. Ver EGITO. Cleópatra, aliás, financiara sua Marinha, em grande parte, com um imposto especial que estipulou para a cerveja. Alguns afirmam que esse foi o primeiro imposto do mundo para a cerveja. Após perderem sua frota, Marco Antônio e Cleópatra cometeram suicídio juntos em 30 a.C., e o Egito tornou-se uma colônia romana. Naquela época, o Egito já possuía uma experiência de milhares de anos na produção de cerveja. Os romanos estavam menos interessados na cerveja egípcia do que nos grãos das margens férteis do Nilo, que foram usurpados para produzir pão em Roma. Entretanto, referências à cerveja começaram a aparecer nos escritos em latim após a conquista do Egito. A primeira menção é do historiador, geógrafo e filósofo romano nascido na Grécia Estrabão (63 ou 64 a.C.-*c.* 24), que relatou que os lígures do noroeste da Itália e sudeste da França viviam "principalmente do gado, do leite e de uma bebida oriunda da cevada". Alguns anos mais tarde, o historiador romano Plínio, o Velho, que nasceu em 23 ou 24 e morreu em Pompeia durante a erupção do Vesúvio, em 79, escreveu sobre a cerveja egípcia, a qual ele chamou de *zythum*; sobre a cerveja espanhola, a qual ele chamou de *caelia* e *cerea*; e sobre a cerveja gaulesa (francesa), a qual ele chamou de *cerevisia*. O escritor romano Publius Cornelius Tacitus (*c.* 55-117) visitou as recém-conquistadas regiões germânicas e fez extensos registros sobre os hábitos de consumo de cerveja das tribos locais. Em seu *De origine et situ Germanorum* (Sobre a localização e a origem dos germanos) ele escreveu a famosa frase "*Potui humor ex hordeo aut frumento, in quandam similitudinem vini corruptus*" (os germanos bebem um suco de grãos, porém fermentado, que de alguma forma se assemelha a um vinho adulterado). Mas o "vinho de grãos" estrangeiro não podia ser tão "adulterado", porque mesmo o próprio padrasto de Tacitus, o general que foi responsável pela conquista romana da Grã-Bretanha, Gnaeus Julius Agricola (40-93), possuía, não muito "romanamente", três cervejeiros de Glevum (atual Gloucester, na Inglaterra) a seu serviço. Em 179, durante o reinado do imperador Marco Aurélio (121-180), os romanos chegaram a construir uma cervejaria em larga escala para 6 mil legionários de elite em Castra Regina (atual Regensburg), nas margens do Danúbio. Essa cervejaria foi encontrada em uma escavação entre 1974 e 1980 e hoje é considerada a mais antiga e preservada cervejaria do mundo onde a bebida era produzida a partir da mosturação de grãos e não de pão assado, como era comum nas cervejas tribais da época. Ver BAVIERA. A propagação da produção de cerveja no Império Romano é documentada nos escritos de São Bento de Núrsia (480-547), o fundador da ordem dos monges beneditinos, que se tornariam os monges cervejeiros mais notáveis da Idade Média. Entre 529 e 543, na abadia de Monte Cassino, no Lácio, centro da Itália, ele compôs um conjunto de regras que serviam como um modelo para a conduta monástica diária. Nele, a cerveja assumia um papel crucial, pois Bento considerava o árduo trabalho manual, pelo menos cinco horas por dia, nos campos, na panificação e na cervejaria como o único caminho para a salvação. Para Bento, a comida tinha que ser simples, e a cerveja era principalmente uma fonte necessária de nutrição, não de prazer. Ele acreditava que a cerveja, se produzida com adequado teor alcoólico e com os melhores grãos, não só matava a sede como era também um autêntico "pão líquido". Assim, Bento concedia a todos os monges o consumo diário de uma quantidade substancial de cerveja, o que, em medidas modernas, resultava em até cerca de 1 barril de cerveja por monge a cada semana! Mas Bento também insistiu que a cerveja fosse respeitada. Ele proibia a embriaguez, e o monge que derramasse cerveja recebia como punição ter que ficar em pé e perfeitamente estático por uma noite inteira.

A importância da cerveja na cultura italiana, no entanto, diminuiu com o desaparecimento do Império Romano, em parte devido à maior dificuldade no cultivo de grãos no solo e clima italianos do que o cultivo da uva. Além disso, a cerveja era considerada uma bebida dos bárbaros do norte, que periodicamente atravessavam os Alpes para saquear e roubar a Itália, causando uma completa desordem. Um desses saqueadores era Flavius Odoacer (433-493), o chefe de uma tribo germânica que se rebelou contra o imperador romano Rômulo Augusto e conseguiu destituí-lo em 476. Rômulo Augusto seria, afinal, o último imperador romano. Nos séculos seguintes, o país conhecido mais tarde como Itália simplesmente se desfez e foi dividido em muitos ducados e cidades-estados diferentes, que se tornaram vulneráveis a invasões principalmente da França e do Império Alemão. Grande parte do norte da Itália, em torno do porto da cidade adriática de Trieste, por exemplo, tornou-se austríaca em 1382 e permaneceu dessa forma até 1920, quando foi fundida com a Itália depois da desintegração do Império Austro-Húngaro, após Segunda Guerra Mundial. Durante a Idade Média, não surpreendentemente, só no norte da Itália consumia-se um pouco de cerveja, e ela era importada. Entretanto, a situação mudou no final do século XVIII, quando, em 1789, Giovanni Baldassarre Ketter inaugurou a primeira cervejaria italiana dos tempos modernos em Nizza Monferrato, Piemonte. Dois anos mais tarde, Ketter vendeu sua cervejaria para Giovanni Debernardi, que conseguiu obter uma licença para vender cerveja em toda a região do Piemonte. Em 1890, quase três décadas após a unificação italiana em 1861, sob o comando de Giuseppe Garibaldi e Camillo di Cavour, conhecida como "Risorgimento", havia cerca de 140 cervejarias em atividade na Itália; até o final do século XIX, esse número quase duplicou. Uma das principais potências na área da produção de cerveja em larga escala era a Cervejaria Schwechat, perto de Viena, de propriedade de Anton Dreher. Era a sede do maior empreendimento fabril cervejeiro de todo o Império Austro-Húngaro, que, naquela época, compreendia não somente os territórios da Áustria e da Hungria, mas também a Boêmia e a Morávia (atualmente integrantes da República Tcheca), a Eslováquia, a maior parte dos Balcãs e grande parte do norte da Itália. Dreher possuía cervejarias não somente na Áustria, mas também em Budapeste, Hungria, e em Trieste, onde fundou a Birra Dreher em 1896. Essa cervejaria foi comprada pela Heineken em 1974. Desde 1996, a Heineken também adquiriu a Cervejaria Moretti, fundada em Udine, em 1859, por Luigi Moretti; a Ichnusa, na Sardenha; a Messina, na Sicília; e a Von Wünster, em Bergamo. A Peroni, outra cervejaria italiana conhecida internacionalmente, foi fundada por Giovanni Peroni em Vigevano, Lombardia, em 1846, mudando-se para Roma em 1864. Essa cervejaria agora é de propriedade da SABMiller, assim como a Wuhrer, em Brescia, e a Raffo, em Bari. Além disso, há a cervejaria Carlsberg Italia, proprietária da Poretti, em Varese, e da Splügen, em Chiavenna. A única das principais cervejarias italianas que não possui nenhum grande acordo comercial internacional é a Forst, em Merano, Tirol do Sul, que também é proprietária da Menabrea, em Biella.

Atualmente a Itália pode se gabar de uma das culturas de cervejas artesanais mais emocionantes e criativas do mundo. Cerca de uma década atrás, o país possuía apenas algumas dezenas de cervejarias artesanais, mas até 2011 esse número havia subido para mais de trezentas, sem mostrar sinais de enfraquecimento. A história do renascimento italiano da cerveja é familiar para qualquer pessoa que tenha acompanhado o movimento norte-americano da cerveja artesanal. Jovens apaixonados por cerveja, após elucidativas viagens a países com longas tradições nessa bebida, inauguraram as primeiras cervejarias artesanais em meados da década de 1990, principalmente no norte da Itália, vendendo novos estilos de cervejas para consumidores que estavam acostumados quase exclusivamente com as *lagers* sem graça do mercado de massa. Eles se inspiraram na Bélgica, Inglaterra, Alemanha e Estados Unidos, criando uma linguagem cervejeira, ainda em aprimoramento, que é exclusivamente italiana. Não surpreendentemente, a nova cultura cervejeira italiana é notavelmente direcionada à harmonização com os alimentos. Os cervejeiros estão utilizando variedades de folhas de tabaco, chá defumado, favas, nozes, flores, frutas, ervas, legumes, especiarias, açúcares, sais, pimentas, para conferir sabor e aroma às suas cervejas.

A castanha é um dos pilares da culinária de muitas regiões italianas, e mais de trinta cervejeiros italianos produzem cervejas com ela. A castanha, que confere à cerveja sabores terrosos profundos, é empregada na bebida de diversas maneiras – seca, defumada, tostada, na forma de farinha e no profundamente aromático mel de castanheira. As competições de cerveja muitas vezes contam com uma categoria denominada *"birra alle castagne"* ("cerveja com castanha"), um estilo único de cerveja italiana. Há também, nessas competições, interessantes cervejas com frutas, as quais são produzidas utilizando-se frutos locais raros, além de cervejas produzidas com espelta, o qual é cultivado em áreas como Toscana, Lácio e Abruzzo. As cervejas que possuem ligação com o mundo do vinho estão entre as tendências emergentes mais interessantes. Alguns cervejeiros, especialmente aqueles que são antigos vinicultores, maturam as cervejas em barris de carvalho que foram anteriormente utilizados para os vinhos locais, e alguns adicionam uvas ou mosto de uvas à tina de fervura, ou utilizam leveduras de vinho para fermentar suas cervejas. As cervejas artesanais italianas às vezes demonstram mais talento, estilo, criatividade e individualidade do que simplesmente habilidade técnica. Contudo, habilidade técnica pode ser aprendida, e as outras qualidades são um bom presságio para a produção da cerveja artesanal italiana.

Cozinhar utilizando cerveja, bem como a harmonização entre cerveja e comida, está se tornando cada vez mais popular na Itália. *Chefs* famosos cada vez mais adicionam cervejas às suas maravilhosas cartas de vinhos, e estão orgulhosos em servir cervejas artesanais italianas em suas mesas.

O desabrochar do cenário da produção artesanal de cerveja deu início a algumas competições relativamente grandes, a maior das quais é a "Birra dell'anno" (Cerveja do Ano), organizada pela Unionbirrai. O Movimento Birrario Italiano, conhecido como MoBI, promove a cultura e a qualidade da cerveja através da organização de seminários, conferências, competições, cursos de formação e degustações, entre outras atividades.

As cervejarias artesanais italianas produzem 200 mil hectolitros por ano, o que representa 1,5% da produção total de cerveja do país. A tendência atual é um aumento constante na produção artesanal de cerveja, ao passo que a produção e o consumo de cervejas multinacionais do mercado de massa praticamente estagnaram nos últimos anos. Em 2010, a cerveja ultrapassou o vinho como bebida fermentada predileta dos italianos, um acontecimento que dificilmente poderia ter sido imaginado há vinte anos.

Asso Birra. Disponível em: http://www.assobirra.it/tutto_sulla_birra/ birra_storia.htm/. Acesso em: 30 mar. 2011.

Dabove, L. Italy. In: Jackson, M. (Ed.). **Beer (eyewitness companions).** London: Dorling Kindersley, 2007. p. 201-206.

Dabove, L. Italy. In: Hampson, T. (Ed.). **The beer book.** London: Dorling Kindersley, 2008. p. 248-253.

Konen, H. Evidence of the beer trade in the Roman Empire. In: **Annual 2010 Annual Compendium of the Society for the History of Brewing.** Berlin: VLB Berlin, 2010.

Microbirrifici. Disponível em: http://www.microbirrifici.org. Acesso em: 26 abr. 2011.

MOBI (Movimento Birrario Italiano). **Beer consumers movement.** Disponível em: http://www.mo-bi.org/. Acesso em: 30 mar. 2011.

Wiss-Kotzan, S. References to beer in text books of antiquity. In: **Annual 2010 Annual Compendium of the Society for the History of Brewing.** Berlin: VLB Berlin, 2010.

Lorenzo Dabove

J. W. Lees Brewery. John Lees, um fabricante de algodão aposentado, comprou terras em Middleton Junction em 1828 e construiu sua Greengate Brewery no que era, até então, uma área rural de Lancashire. Agora ela faz parte da grande Manchester, e a cervejaria prosperou conforme fábricas com um exército de trabalhadores sedentos surgiram em torno dela. O neto de John, John William, assumiu a empresa, ampliou a cervejaria em 1876 e a renomeou J. W. Lees. Desde então, seus admiradores a chamam de "John Willie Lees". John William destacava-se tanto na produção de cerveja como na sociedade civil, e por duas vezes foi eleito prefeito de Middleton. Quando William, Simon, Christina e Michael Lees-Jones ingressaram na empresa na década de 1990, eles se tornaram a sexta geração da família a administrar a cervejaria.

A empresa, que possui 170 *pubs* na grande Manchester e no norte do País de Gales, é ferozmente tradicional e concentra-se em *ales* refermentadas em barril. A gama inclui Mild, Bitter, uma cerveja de verão chamada Scorcher e a Coronation Street, nomeada em homenagem a uma longa série de televisão encenada nas proximidades de Salford, onde grande parte da ação se passa no fictício *pub* Rovers' Return.

A J. W. Lees é mais conhecida por duas *strong ales*. O nome da Moonraker (7,5%, em garrafa e barril) provém de um conto do século XIX sobre um grupo de trabalhadores rurais que, depois de uma noite bebendo cerveja, voltavam para casa quando pensaram que o reflexo da lua em uma lagoa fosse um queijo Lancashire. Eles tentaram retirar a lua (*moon*) da lagoa com ancinhos (*rake*), mas só conseguiram cair nela.

A Harvest Ale (11,5% na garrafa) é uma *barley wine* produzida a cada outono com cevada Maris Otter colhida recentemente e lúpulo East Kent Golding. A cerveja é maturada na cervejaria e lançada na época do Natal. Ela é filtrada e pasteurizada, mas envelhece bem por muitos anos, e garrafas da década de 1980 estão alcançando agora o seu auge. Ela está entre os melhores exemplos do antigo estilo britânico *barley wine*. Nos últimos anos, a cervejaria lançou versões de Harvest Ale maturadas em barris anteriormente usados para acondicionar xerez, vinho do porto, uísque e Calvados.

Gourvish, T. R.; Wilson, R. G. **The British brewing industry, 1830–1980**. Cambridge: Cambridge University Press, 1994.

Roger Protz

Jackson, Michael (1942-2007) foi, provavelmente, a voz mais influente em assuntos de comida e bebida do século XX. Através de seus escritos, palestras e aparições na televisão, ele incansavelmente promulgou a ideia de que a cerveja, longe de ser a simples efervescência com a qual a maioria das pessoas está acostumada, é de fato uma bebida fascinante e complexa, digna de grande respeito e, talvez, até amor. Ao difundir essa mensagem, ele se tornou o pai espiritual dos primórdios do movimento microcervejeiro e o maior defensor dos cervejeiros artesanais. Ele chamou atenção para as velhas tradições cervejeiras da Europa, das *cask ales* refermentadas em barril da sua Inglaterra nativa até as cervejas fermentadas espontaneamente da Bélgica e as obscuras e antigas *sahtis* da Finlândia. Ao escrever

Michael Jackson, autor renomado e "caçador de cerveja", em Munique em torno de 1990. PIKE MICROBREWERY MUSEUM, SEATTLE, WA.

com paixão e poesia sobre as pessoas, as culturas e os sabores dessas cervejas, ele certamente salvou diversas tradições cervejeiras da extinção. Mais tarde, conforme a produção artesanal de cerveja progredia nos Estados Unidos e no mundo, sua voz estimulou a criação de milhares de cervejarias e ajudou a reconfigurar o mundo cervejeiro moderno.

As origens de Jackson não pressagiavam tal futuro. Nascido em Wetherby, Yorkshire, ele era descendente de judeus lituanos, uma herança rica da qual ele parece ter se tornado cada vez mais orgulhoso durante sua vida. Ele falava com frequência da robusta comida do Leste Europeu com a qual era alimentado, e uma vez se autodescreveu como uma "criança pálida, cujas melancólicas feições eslavas não eram totalmente suavizadas por meus avolumados cachos escuros". Seu avô, Chaim Jakowitz, havia fugido de Kaunas, na Lituânia, rumo a uma vida nova em Leeds, na Inglaterra. Seu pai, Isaac Jakowitz, casou-se com uma gentia de Yorkshire e anglicizou o nome da família para Jackson. O nome Michael Jackson, evidentemente, se tornaria um dos mais famosos do mundo, mas não no assunto cerveja. Jackson se divertia bastante com isso, vestindo ocasionalmente uma única luva branca de lantejoulas para provocar risos.

No pós-guerra, o norte da Inglaterra era uma região difícil, e Jackson cresceu como um orgulhoso homem da classe trabalhadora de Yorkshire, uma perspectiva que mais tarde influenciou tanto a sua escrita quanto a sua visão de vida. Aos 16 anos ele deixou a escola e foi trabalhar como repórter estagiário no *Huddersfield Examiner*. De lá, ele se mudou para Londres e trabalhou no *Daily Herald*, e mais tarde no *World Press News*, que ele ajudou a transformar na revista *Campaign*, da qual se tornou editor. Naquela época, o trabalho jornalístico girava em torno do *pub*, e foi nos *pubs* de Londres que Jackson realmente se apaixonou pela cerveja condicionada em barril. Em 1976, Jackson escreveu *The English Pub*, um hino sincero a uma cultura e a um modo de vida que ele temia estar desaparecendo. No ano seguinte, o livro *The World Guide to Beer* chegava às prateleiras, e foi esse trabalho inovador que fez sua reputação.

No livro *The World Guide to Beer*, Jackson defendia a ideia de que a cerveja poderia ser organizada, às vezes de forma clara, e outras vezes imprecisamente, em estilos, e era através desses estilos de cerveja que o sabor, a cultura e a história da cerveja poderiam ser entendidos. Ao apresentar esse conceito, Jackson formou toda a base do nosso entendimento moderno da cerveja tradicional. Embora hoje qualquer pessoa que discuta cerveja refira-se inevitavelmente a estilos de cerveja, muitos não sabem que Jackson, essencialmente, inventou o conceito inteiramente. O *The World Guide to Beer* deu a Jackson influência real no mundo da literatura das bebidas, e ele rapidamente exerceu sua influência, escrevendo dezenas de artigos de jornais e revistas que descreviam cervejas tradicionais, tanto britânicas como estrangeiras, em todas as suas nuances. Para muitos, eles soavam como literatura de vinho, mas para Jackson eram simplesmente boas reportagens. Cervejas realmente possuíam sabores de café, chocolate, madressilva, banana, cravo-da-índia e fumaça, e Jackson escrevia sobre elas em um estilo de prosa que era direto e profundamente articulado, mas que ainda brilhava com entusiasmo e humor. No momento em que a Campaign for Real Ale lançou seu movimento pela salvação da bebida nacional britânica, encontrou em Jackson um aliado bem-disposto, apesar de alguns acharem sua obsessão com as cervejas do resto do mundo um pouco exótica demais para ser aceitável.

Mas Jackson não ficou em casa. Uma reportagem em Amsterdã em 1969 o levara próximo à fronteira holandesa com a Bélgica, e lá ele descobrira um mundo inteiramente novo de cervejas belgas fascinantes e altamente complexas. Tendo aberto uma porta para o mundo da produção belga de cervejas no livro *The World Guide to Beers*, ele levou as pessoas até lá e além com sua série de seis episódios "The Beer Hunter", de 1990. Exibido pela primeira vez pelo Channel 4 no Reino Unido e pelo Discovery Channel nos Estados Unidos, essa foi a primeira séria de televisão sobre cerveja, levando os espectadores a um *tour* através das maiores nações cervejeiras do mundo. A séria foi vista em quinze países, e a alcunha "O Caçador de Cervejas" o perseguiu pelo resto de sua vida.

O ano de 1991 viu o lançamento de dois livros, o *The Great Beers of Belgium* e o ambicioso *Michael Jackson's Beer Companion*. Cada um era uma mistura detalhada, meticulosa e magistral de jornalismo perspicaz e polêmicas românticas. Juntos, os dois livros particularmente chamaram a atenção para a produção belga de cervejas, e até hoje cervejeiros e entusiastas da cerveja nesse país o consideram um herói nacional. Se o musicólogo pioneiro Alan Lomax levou a cultura do *blues* e do *jazz* do sul dos Estados Unidos para o cenário mundial, Jackson fez o mesmo com a cerveja tradicional. No final da década de 1990, é justo dizer que poucos cervejeiros no mundo não haviam ouvido falar de Jackson, e muitos foram lançados em suas carreiras pelos trabalhos dele.

Foi, talvez, nos Estados Unidos que Michael Jackson mais teve impacto. Seus livros, palestras e aparições televisivas impulsionaram tanto o movimento de produção caseira de cerveja quanto a revolução da produção artesanal de cerveja. Centenas de donos de cervejarias americanas apontam Jackson e seu trabalho como a inspiração primária para iniciar uma cervejaria. Seguido por um fluxo de fãs onde quer que fosse quando passeava pelo Great American Beer Festival de Denver todos os anos, Jackson era infinitamente paciente e feliz em conversar, experimentar cervejas caseiras e assinar livros por horas sem reclamar. Centenas de pessoas apareciam para suas degustações, passeios nos quais suas famosas "divagações" incluíam histórias de cervejarias e cervejeiros de todo o mundo. Nas cervejarias artesanais americanas, em especial, a notícia de que Michael Jackson estava chegando era muitas vezes tratada com o tipo de solenidade reservada geralmente para as visitas de Estado. Quando saía da cervejaria, ele já era muitas vezes visto como um amigo. Ele nunca aprendeu a dirigir, mas amigos e fãs de cerveja competiam pela honra de buscá-lo nos aeroportos. Quando ele viajava, às vezes se hospedava na casa de entusiastas da cerveja, incapaz de recusar a hospitalidade insistente deles.

No decorrer dessa história, Jackson manteve e promoveu outras paixões. Ele era um grande amante do *jazz* e estava profundamente familiarizado com a música, embora raramente escrevesse sobre o assunto. Mas ele escreveu extensivamente sobre uísque e, em 1989 produziu o *The Malt Whisky Companion*, que ainda é o livro mais vendido sobre o assunto. Depois publicou o *Scotland and Its Whiskies* (2001) e seu último livro, intitulado, simplesmente, *Whisky* (2005), o qual lhe rendeu o James Beard Foundation Book Award. Muitos fãs de seus livros sobre cerveja mal se deram conta de que ele também era considerado a principal autoridade do mundo em uísque escocês. No total, os livros de Jackson venderam mais de 3 milhões de cópias em dezoito idiomas.

Jackson ganhou pelo seu trabalho muitas honrarias, incluindo vários Glenfiddich Awards, o André Simon Award e o Mercurius Award, entregue a ele, pessoalmente, em 1994 pelo príncipe herdeiro Phillippe da Bélgica.

Em seus últimos anos, Jackson sofreu, silenciosamente, os efeitos da doença de Parkinson, um distúrbio neural, embora apenas em 2006 tenha divulgado a doença ao público. Aparentemente incansável, ele continuou a viajar e escrever. Dias antes da sua morte, ele escreveu na revista *All About Beer* sobre as indignidades da doença; foi sua última obra e uma das melhores, mostrando a determinação férrea típica de Yorkshire e o humor travesso que eram suas marcas registradas. Referindo-se aos efeitos do Parkinson, ele contou que planejava escrever um livro intitulado *I Am Not Drunk*.

No início da introdução do livro *The World Guide to Beer*, Jackson escreveu: "A cerveja pode ter sido a dieta básica do homem antes de o pão ser inventado, e esses dois esteios da vida são tão comparáveis quanto intimamente relacionados. Cada um pode oferecer uma experiência cotidiana ou um prazer raro. Em cada caso, o que buscamos é uma medida do que merecemos". Com essas palavras, Michael Jackson deu início a uma obra que pareceu criar um novo reino da cerveja, preenchendo-o com entusiastas e novos cervejeiros, e então expandindo-o a todos os cantos da Terra. Se qualquer outra figura do ramo da comida e bebida do século XX teve uma influência tão ampla e duradoura quanto ele, é de se duvidar que alguma tenha sido tão amada.

Garrett Oliver

O **Japão** é o lar do irmão mais velho da cerveja, o saquê, e um dos principais mercados cervejeiros do mundo. Embora o saquê seja uma bebida maravilhosa e complexa, no Japão ele se classifica em segundo lugar no *ranking* de consumo, perdendo significativamente para a cerveja. Embora haja evidências de que a cerveja foi introduzida no Japão por comerciantes holandeses no século XVII, certamente não se estabeleceu no país até o final do século XVIII. Após o comodoro Perry assinar o Tratado de Kanagawa, em 1854, as vendas de cervejas britânicas e alemãs rapidamente superaram as de cervejas americanas. Em 27 de agosto de 1869, o jornal *The Daily Japan Herald* publicou um artigo declarando que um homem chamado Rosenfeld havia inaugurado a cervejaria Japan Brewery em Yokohama. Essa cervejaria foi administrada pelo americano Emil Wiegand e aparentemente permaneceu em atividade até 1874, vendendo sua cerveja principalmente aos estrangeiros que faziam negócios no Japão. Wiegand disputara o mercado japonês com o norueguês-americano Johan Martinius Thoresen, que mudou seu nome para William Copeland depois de imigrar para os Estados Unidos. Copeland inaugurou a cervejaria Spring Valley Brewery em 1870, mas, após alguns anos de sucesso, faliu e fechou a cervejaria em 1884. Em 1888, essa mesma cervejaria foi reaberta por outro proprietário, que começou a comercializar uma nova cerveja chamada Kirin. Enquanto isso, Seibei Nakagawa, um japonês que havia estudado a produção de cerveja por dois anos na Alemanha, retornou ao Japão em 1876 e foi nomeado engenheiro-chefe da recém-construída cervejaria Kaitakushi, na região de Aoyama, em Tóquio, a primeira cervejaria de propriedade japonesa. Quando foi vendida, em 1886, a renomearam Sapporo, Cervejaria. A Osaka Beer Brewing Company, que posteriormente assumiu o nome da sua cerveja campeã de vendas, a Asahi (sol crescente), foi fundada em 1889. As três maiores cervejarias do Japão estavam se estabelecendo na década de 1890, e a cerveja padrão do Japão, que se espelhava nas cervejas alemãs e americanas da época, era uma variante da *lager* dourada tipo exportação. Durante a maior parte do século seguinte, a cerveja japonesa mudou muito pouco. Em 1987, a Asahi lançou a Super Dry, uma *lager* altamente atenuada que não possuía as características de malte das cervejas feitas por sua rival, a Kirin. Com um sabor fresco e um paladar seco, semelhante ao das cervejas do norte da Alemanha, a Super Dry logo conquistou uma grande fatia do mercado, fazendo com que muitas outras *lagers* populares se tornassem mais "secas" também.

No entanto, havia coisas mais interessantes acontecendo lentamente no cenário cervejeiro japonês. A partir do final da década de 1980, Tóquio e outras grandes cidades japonesas experimentaram uma pequena explosão de cervejas belgas, particularmente cervejas trapistas. Um pequeno bar especializado, chamado Brussels, foi inaugurado em Tóquio, sendo posteriormente seguido por alguns outros. O mais notável entre eles é o Bois Cereste, um favorito do falecido Michael Jackson durante suas visitas a Tóquio. Embora a popularidade da cerveja belga no Japão ser pequena, é duradouro o amor que os entusiastas japoneses possuem por ela, e o interesse por essa bebida tem crescido constantemente ao longo dos últimos vinte anos. Há atualmente cerca de quarenta bares de cerveja belga em Tóquio e talvez cerca de metade dessa quantidade espalhados por outras grandes cidades do Japão.

As cervejas artesanais dos Estados Unidos são exportadas para o Japão desde a década de 1990, assim como as cervejas da Alemanha, Países Baixos e Reino Unido.

Outra grande mudança no cenário cervejeiro japonês ocorreu em 1994 com a flexibilização dos regulamentos que licenciam a produção de cerveja. Anteriormente, para uma cervejaria obter a licença de funcionamento, era necessário produzir anualmente pelo menos 2 milhões de litros de cerveja. Contudo, esse limite caiu para 60 mil litros por ano, permitindo a abertura de cervejarias menores que podem produzir cerveja artesanal, ou *ji-biru*.

A Echigo Beer de Niigata, primeira microcervejaria do Japão, realizou sua festa de inauguração em dezembro de 1994 e iniciou suas atividades no mês seguinte. O novo *brewpub* possuía um desenho que remetia ao das modernas igrejas europeias, e sua cerveja era baseada em estilos artesanais americanos populares da época. Sua *pale ale*, *amber ale* e *stout* eram de uma qualidade surpreendentemente boa, e a produção de cerveja artesanal japonesa decolou.

Aos poucos, a indústria japonesa de cervejas artesanais cresceu, apesar do colapso da economia na mesma época. Apesar de os consumidores japoneses possuírem um particular apreço por alimentos e bebidas de alta qualidade, eles desconheciam completamente a cerveja artesanal, e muitos dos próprios cervejeiros artesanais japoneses pareciam não estar inteiramente familiarizados com elas.

Uma das razões para isso talvez seja o fato de a produção caseira de cerveja ainda ser ilegal no Japão. Sem uma cultura de cervejas caseiras – sem clubes, sem concursos e, por fim, sem instrução para os futuros mestres cervejeiros –, o Japão teve dificuldades para construir uma cultura de cerveja artesanal. Mestres cervejeiros vinham do exterior, normalmente da Alemanha ou Estados Unidos, mas a maioria permanecia apenas alguns meses, ensinando os cervejeiros japoneses a preparar cervejas mais ousadas e mais interessantes.

Cerca de 175 cervejarias foram inauguradas no Japão entre 1995 e 1999, seguidas por outras cem em 2005. Desde então, no entanto, houve uma considerável diminuição no número de novas inaugurações, e atualmente nenhuma grande explosão de novas cervejarias artesanais aparece no horizonte. Entretanto, a cerveja artesanal possui uma base sólida no Japão. Qualquer um que quiser encontrá-la no Japão deve visitar o Beer Club Popeye em Tóquio. Localizado em frente à estação Ryogoku, perto do famoso estádio de sumô, o Popeye foi fundado por Tatsuo Aoki, em 1985, como um *pub* de estilo ocidental. O *pub* foi um dos primeiros a adotar a cerveja artesanal japonesa. De apenas três torneiras de chope em 1995, pulou para vinte em 1998, quarenta em 2002 e setenta em 2008. O contingente de apaixonados por cerveja que frequenta o Popeye realizou nesse *pub* o primeiro Real Ale Festival do Japão, no início da primavera de 2003. Esse evento os estimulou a formar um clube para os consumidores de cerveja, primeiramente chamado de Real Ale Club e logo ampliado para Good Beer Club na reunião de fundação em janeiro de 2004. Alguns membros logo se decepcionaram com o fato de o grupo não promover movimentos em prol da diminuição dos impostos sobre a cerveja ou da legalização da produção caseira dessa bebida, mas o grupo ainda permanece ativo e realiza eventos de degustação regularmente. Nos últimos anos, uma série de *pubs* especializados em cerveja artesanal surgiram por toda a cidade de Tóquio e na maioria das outras grandes cidades japonesas.

Atualmente, o Japão possui uma cultura cervejeira muito diversificada, sendo que a maioria das cervejas artesanais são bem-feitas e equilibradas. Entretanto, o mercado de cerveja no Japão é ainda fortemente centrado nas *lagers* produzidas em massa e nas cervejas com baixo teor de malte na composição, produzidas pelas quatro principais cervejarias do país. Essas cervejas com baixo teor de malte, chamadas *happo-shu*, possuem geralmente 25% de malte de cevada ou até menos em sua composição, sendo o restante constituído por outros adjuntos, amiláceos ou bases de açúcares. A *happo-shu* só é reclassificada como cerveja se contiver mais de 65% de malte.

Esse é um fator importante, pois os impostos sobre a cerveja no Japão são elevados: cerca de 222 ienes (cerca de 2,50 dólares) por litro. Isso faz com que o custo de um fardo comum com seis cervejas *lager* puro malte seja cerca de 15 dólares. Os impostos sobre a *happo-shu* são muito menores, possibilitando às cervejarias ofertarem essa bebida com um menor custo, com um fardo com seis cervejas custando em torno de 8 dólares. Por outro lado, seis garrafas da cerveja artesanal mais barata do mercado terão um custo de cerca de 18 dólares, às vezes até o dobro desse valor. Os cervejeiros artesanais japoneses importam a maior parte de seus ingredientes e equipamentos de produção, fato que permitiu que as cervejas importadas artesanais e tradicionais entrassem no mercado com preços competitivos.

Em 2011 houve rumores de que o governo japonês iria efetuar uma reformulação significativa nos impostos sobre a cerveja, e é possível que qualquer alteração diminua a atratividade da *happo-shu* e confira alguma vantagem aos cervejeiros artesanais. Ainda assim, o Japão é um lugar onde mudança drásticas são raras, e os cervejeiros artesanais seguem seu caminho sabendo que ele provavelmente permanecerá árduo.

Bryan Harrell

Jefferson, Thomas (1743-1826), é mais famoso como o autor principal da Declaração da

Independência dos Estados Unidos e como político que, mais tarde, se tornou o terceiro presidente dos Estados Unidos, de 1801 a 1809. A exemplo de muitos senhores agricultores da sua época, sua propriedade próxima a Charlottesville, Virgínia, incluía uma cervejaria. No início, sua esposa Martha produzia lotes de 67,5 litros a cada quase duas semanas. Mas quando Jefferson projetou sua obra-prima arquitetônica, Monticello, os planos iniciais incluíam uma sala de brassagem e uma adega de cerveja. A execução desses planos, no entanto, teve que esperar até depois da aposentadoria de Jefferson da vida política. Já com seus 70 anos Jefferson finalmente solicitou a assistência do mestre cervejeiro inglês Joseph Miller, que então vivia na Virgínia central. Miller juntou-se a Jefferson em Monticello e a dupla, finalmente, construiu a cervejaria. Jefferson também começou a maltear seu próprio grão. Já que nenhum tipo de cevada era cultivado em Monticello, a mostura de Jefferson consistia na mistura de "trigo ou milho", como explica uma placa em Monticello, juntamente com o lúpulo cultivado em sua propriedade. Jefferson preferia engarrafar suas cervejas e usava rolhas para selá-las. Por fim, um dos escravos de Jefferson, Peter Hemings, um cozinheiro e alfaiate que Miller ensinara a fazer cerveja, assumiu as operações de produção de cerveja. Ao que tudo indica, as cervejas produzidas por Hemings desfrutaram de uma ótima reputação entre os vizinhos e os hóspedes de Jefferson. Jefferson escreveu em uma carta, em 1817, para Miller: "Estou com esperanças de que as cervejas de Peter da última temporada se provarão excelentes. Pelo menos o único barril dela que nós provamos atesta que sim". Hemings havia começado a produzir cervejas, disse Jefferson, "com todo o sucesso", usando "grande inteligência e dedicação". Em outra carta a seu sucessor como presidente, James Madison, em 1820, Jefferson exaltava Hemings como "nosso malteador e cervejeiro".

Jay R. Brooks

Jenlain Original French Ale, conhecida na França como Jenlain Ambrée e tradicionalmente como Jenlain Bière de Garde. Trata-se de uma *ale* especial da Brasserie Duyck, considerada por muitos o ícone do estilo francês *bière de garde*.

Desde sua fundação em 1922 a Brasserie Duyck produz uma versão de *bière de garde*, um estilo de cerveja tradicional que poderia ter caído no esquecimento e que se originou em cervejarias nas fazendas espalhadas pelas regiões francesas de Nord e Pas-de-Calais, próximos à fronteira com a Bélgica.

No começo da década de 1950, a Duyck rompeu com a tradição da *bière de garde* como uma cerveja de baixo teor alcoólico e servida exclusivamente na forma de chope, passando a disponibilizá-la em garrafas grandes (750 mL), com alto teor alcoólico (7,5% ABV) e um acabamento com rolha, típico da Champagne. Tais inovações permaneceram como marcas importantes no advento do movimento de cervejas especiais na França. A Jenlain é feita com três tipos de malte (Pilsner, Munique e malte para incorporar cor) e três variedades de lúpulo cultivadas na região da Alsácia.

A Jenlain Bière de Garde era uma *ale* especial obscura até ser descoberta por estudantes universitários nos arredores de Lille, a capital cosmopolita do norte da França. Os consumidores franceses escolheram a Jenlain Bière de Garde como a resposta da França à crescente presença de cervejas especiais belgas importadas. Esse sucesso inesperado transformou a Brasserie Duyck de uma pequena cervejaria regional em líder da indústria de cervejas especiais francesas.

Atualmente, a Jenlain Original French Ale ainda é o exemplo mais conhecido da *bière de garde* francesa. Embora o produto não apresente o caráter diferenciado que já exibiu um dia, ainda mantém certo ar de rusticidade e complexidade, apesar de ser elaborado em uma cervejaria moderna.

Ver também BIÈRE DE GARDE e DUYCK, BRASSERIE.

Jackson, M. **Beer companion**. Philadelphia: Running Press, 1993.
Markowski, P. **Farmhouse ales**. Denver: Brewers Publications, 2004.
Woods, J.; Rigley, K. **The beers of France**. Wiscombe: The Artisan Press, 1998.

Phil Markowski

jetting é um método utilizado para retirar o ar da parte superior de uma garrafa ou de outra embalagem de cerveja. Esse método envolve o uso de um fluxo fino de alta pressão e, frequentemente, é usada água esterilizada em alta temperatura para energizar a cerveja, causando um aumento controlado de bolhas e espuma, dentro da cerveja, seguindo do fundo para o topo do recipiente, no mesmo momento em que a tampa é colocada. Muitas vezes chamada de "*fobbing*", essa prática tem evoluído com o desenvolvimento de linhas de embalagem de alta velocidade. Sistemas anteriores incluíam batedores de garrafas e vibrações ultrassônicas. Sistemas mais recentes têm experimentado o uso de CO_2 ou nitrogênio líquido em vez de água. Ver DIÓXIDO DE CARBONO e NITROGÊNIO.

A prática mais comum de *jetting* envolve um sistema que trata a água potável para evitar que qualquer substância possa afetar a cerveja ou o sistema. O cloro, sedimentos e minerais devem ser removidos antes da água entrar no sistema para evitar os seus efeitos negativos sobre a cerveja e as máquinas. A água é então pressurizada entre 10 e 17 bar (145 a 246 psi), utilizando uma bomba de alta pressão que a envia através de uma linha de aquecimento, da origem até o bico de jateamento. Pressão, tamanho do bico (0,20 a 0,25 milímetro) e a distância do jateador até a cravadora são parâmetros ajustados com base no tamanho e velocidade da linha. Os ajustes devem ser avaliados com base na profundidade da penetração do jato, controle do aumento da espuma, quantidade de ar no topo do recipiente e oxigênio total resultante na embalagem. Bicos devem ser substituídos ou limpos regularmente para garantir um jato com pressão adequada. Jatos fora de controle podem resultar na introdução de ar, bem como numa inaceitável perda de líquido e nível inadequado de enchimento.

Donovan, P. et al. Liquid nitrogen jetting as a replacement for water jetting: Maintaining O_2 levels while reducing product losses and waste problems. **MBAA Technical Quarterly**, St. Paul, v. 36, p. 247-249, 1999.

Kronseder, H.; Schwarz R. New developments in high speed bottle filling technology. **MBAA Technical Quarterly**, Saint Paul, v. 23, p. 131-135, 1986.

Master Brewers Association of the Americas. **Beer packaging**. Madison: Author, 1982.

Weaver, R. L.; Murphy, G. A.; McInnis, T. R. A carbon dioxide fobber. **MBAA Technical Quarterly**, St. Paul, v. 10, p. 165-168, 1973.

Jim Kuhr

J. F. Trommer's Evergreen Brewery

Ver TROMMER'S EVERGREEN BREWERY.

jogos com bebida

Ver COSTUMES ASSOCIADOS À CERVEJA.

jogos de *pub* são um componente fundamental da vida tradicional britânica nos *pubs*, especialmente na zona rural inglesa. O dardo é de longe o *pub game* mais popular no mundo de língua inglesa. Na Grã-Bretanha, a maioria dos *pubs* tem um jogo de dardos e uma área reservada para os jogadores. Nos últimos vinte anos, esse jogo foi levado dos *pubs* para os campeonatos mundiais, que são disputados em grandes estádios e contam com inúmeros patrocinadores.

Dizem que esse jogo nasceu quando os arqueiros ingleses, que eram a espinha dorsal do exército antes da invenção das armas de fogo e da artilharia, praticavam essa arte nas hospedarias, nos períodos em que estavam de licença de seus deveres militares. Eles costumavam marcar uma superfície com giz na extremidade de um barril de madeira atrás do balcão e lançar versões menores das flechas que eles costumavam usar para ver quem conseguia atingir o alvo e o centro do alvo com a maior precisão possível. Em algumas partes da Inglaterra, principalmente no East End de Londres, os dardos modernos são conhecidos como setas, cuja palavra em inglês se pronuncia "*arrers*".

O jogo de dardos tem um tabuleiro padrão em que os dobros e os triplos são marcados em 20 segmentos, mas isso não é de forma alguma universal. Em algumas partes da Inglaterra, os tabuleiros têm apenas dobros e nenhum triplo, ao passo que o tabuleiro "*fives*" tem doze segmentos. Na França e na Bélgica, onde é conhecido como *fléchettes*, em francês, e *vogelpik*, em flamengo, a popularidade do jogo de dardos já é coisa antiga. Nesses países, os jogadores usam quatro dardos por rodada, em vez de três. No Bruges Folk Museum (Museu Folclórico de Bruges), há um tabuleiro *vogelpik* em exposição como parte de um programa de reconstrução de uma hospedaria flamenga do século XIX chamada De Zwarte Kat ou Black Cat.

O *skittles* (variação do boliche) é outro jogo britânico de *pub* que tem várias versões diferentes. O *skittles* de pista é amplamente jogado nos municípios do sudoeste da Inglaterra e centenas de ligas de sucesso participam. As regras do jogo variam, mas há sempre nove *skittles* ou pinos no jogo. Os jogadores lançam a bola de madeira em direção aos *skittles* ou lançam um disco conhecido como *cheese*. Variações do *skittles* de pista também são jogadas no noroeste e na região central da Inglaterra. Nos *pubs* em que há falta de espaço para *skittles* de pista, joga-se sobre uma mesa na principal área do *pub*. As duas principais versões são Devil among the Tailors, um jogo do século XVIII em que uma bola presa a um cordão é balançada para atingir os *skittles*, e o Hood Skittles, no qual um disco plano é ricocheteado nas paredes acolchoadas da mesa. Uma variação do *skittles* de mesa, jogada em regiões de Kent, no sudeste da Inglaterra, tem um nome gracioso, Daddlums, ao passo que em Oxfordshire o Aunt Sally é jogado com um único pino e seis bastões de arremesso.

Os bilhares de bar foram levados da França e Bélgica para a Grã-Bretanha na década de 1930, embora as origens do jogo talvez repousem na Rússia. Uma mesa coberta com pano verde tem nove buracos ou bolsas e cada orifício é protegido por um pino – uma sentinela de madeira geralmente em forma de cogumelo. Os jogadores têm de acertar sete bolas brancas nesses buracos usando uma bola vermelha e um taco. Quando a bola bate em um pino, os pontos são deduzidos de suas pontuações. Um jogo semelhante é a bagatela, jogado na França e também na Grã-Bretanha. Como uma versão da bagatela é conhecida como Mississippi, é provável que também já tenha sido jogado nos Estados Unidos em alguma ocasião. Do mesmo modo que o bilhar, o objetivo é acertar as bolas nos buracos. Nesse jogo, não há nenhum pino de proteção dos buracos. Tanto o bilhar de bar quanto a bagatela decaíram acentuadamente nas últimas duas décadas em virtude da popularidade de algo que foi importado dos Estados Unidos para os *pubs* britânicos; isto é, a sinuca.

Quoits é um jogo de *pub* ao ar livre em que se lançam ferraduras ou uma argola de ferro totalmente redonda sobre uma estaca ou pinos fincados na terra. Suas origens não são claras. Alguns acreditam que era um jogo romano; outros acham que veio da Grécia antiga – um descendente do lançamento de disco –, ao passo que outros defendem que veio do norte da Alemanha e dos Países Baixos. Certamente, os holandeses introduziram uma variação do *quoits* na América do Norte. É incontestavelmente um jogo antigo com dois reis ingleses, Eduardo III e Henrique V, tendo banido um jogo chamado *coits* ou *coytes*. Na Inglaterra e Escócia dos séculos XIX e XX, o jogo tornou-se popular, as equipes dos *pubs* disputavam a supremacia e apostavam alto nos resultados. Variações jogadas em recinto fechado, conhecidas como Caves ou Flat Board, em que são lançadas argolas de borracha em um tabuleiro numerado, ainda sobrevivem em alguns *pubs*. O Ringing the Bull está remotamente relacionado com o *Quoits*: uma argola de cobre suspensa em uma corda tem de ser lançada em um chifre ou gancho montado na parede.

Em outros jogos de *pub* ao ar livre, é necessário acertar uma bola com um bastão. Para isso, eles usam uma mola que lança a bola no ar e o jogador tem de acertá-la com um bastão em direção a um alvo ou a uma rede. Algumas variações desse jogo são Bat and Trap e *Knur and Spell*, que, segundo consta, teriam sido os precursores do beisebol, críquete e golfe.

Shove Halfpenny é um jogo de *pub* bastante conhecido em que *pennies* ou moedas semelhantes são impulsionadas ou empurradas com a mão pelo jogador ao longo de um tabuleiro com divisões numeradas. Em uma variação desse jogo, originada nos Países Baixos, os *pennies* têm de ser empurrados através de espaços estreitos para as divisões.

Os jogos de cartas são extremamente comuns nos *pubs*, mas depois do jogo de dardos, o jogo de *pub* mais popular em recinto fechado é o dominó ou, abreviadamente, "*dom*". Ele foi introduzido no século XIX e acredita-se que tenha origem na China. Era muito jogado tanto na França quanto na Grã-Bretanha. Embora tenha muitas variações, basicamente os jogadores usam dominós ou pedras de dominó com números ou pintas variadas em cada pedra. O objetivo quando um jogador coloca uma pedra é assegurar que as pintas externas, quando somadas, tenham um total múltiplo de três ou de cinco. Por exemplo, quando as pintas somam quinze, o jogador faz três pontos para três múltiplos de cinco, além de mais cinco pontos para cinco múltiplos de três – uma pontuação total de oito. O jogo de dominó despertou grande paixão entre os adeptos, sem dúvida em consequência da quantidade abundante de cerveja consumida durante o jogo.

Taylor, A. **Played at the pub.** Swindon: English Heritage, 2009.

Roger Protz

Judong, Padre Anselmus, uma figura importante no desenvolvimento da produção de cerveja trapista na Bélgica. Anselmus foi monge na abadia

Saint Benedictus de Achel, na província de Limburg, ao final do século XIX. Esse foi um período bastante curto, porém próspero para esse mosteiro trapista, que começou quando Achel recebeu o *status* de abadia, em 1871, e terminou com a propriedade sendo temporariamente abandonada, imediatamente antes da Primeira Guerra Mundial, em 1914.

Enquanto superior na nova abadia em Echt, uma casa filha da abadia de Achel, acredita-se que o padre Anselmus viajou para avaliar as ruínas de uma abadia trapista em Rochefort, na Bélgica, em 11 de outubro de 1887. Dois meses depois, a propriedade da abadia Nossa Senhora de Saint Remy (Rochefort) foi adquirida pela Achel e se tornaria uma das três casas filhas estabelecidas durante esse período (Rochefort, Diepenveen e Echt).

Rochefort foi originalmente povoada por monges em 1464, mas a abadia foi fechada e saqueada em meados da década de 1790, quando a região foi transferida da Holanda austríaca para a França pós-revolução. Nesse período, a propriedade de Rochefort foi vendida para um francês chamado Lucien-Joseph Poncelet, que demoliu a igreja e reaproveitou a propriedade como uma fazenda, logo após Napoleão ser coroado imperador em 1805.

Quando Anselmus e Achel adquiriram a fazenda em 1887, a França tinha um presidente em vez de um imperador, e a Bélgica tinha sobrevivido à sua própria revolução e conquistado independência. Achel restaurou a abadia original e ergueu uma nova igreja, entre outras construções. Anselmus foi Superior em 1899, quando Rochefort começou a produzir cerveja, estritamente para o consumo interno. É digna de nota sua presença na reunião do Capítulo "Strictoris Oberservantiae", que estabeleceu a Ordem Trapista (conhecida oficialmente como Ordem Cisterciense da Estrita Observância) em 1892.

Rochefort se tornou oficialmente uma "abadia" em 1912 e lançou seus dois primeiros produtos comerciais, "Middel" e "Merveille", em 1952.

Ver também ACHEL, CERVEJARIA, CERVEJARIAS TRAPISTAS e ROCHEFORT, CERVEJARIA.

Daniel Paquette

A **Kaltenberg, Cervejaria**, na Baviera, é conhecida oficialmente como König Ludwig GmbH & Co. KG Schlossbrauerei Kaltenberg. Seu principal executivo é o príncipe Luitpold da Baviera, um membro da Casa de Wittelsbach, que governou a Baviera de 1180 até 1918. O príncipe Luitpold é bisneto de Ludwig III, o último rei a governar a Baviera, e que deixou o trono vago após a abolição da monarquia na Alemanha em 1918. A sede da cervejaria fica no castelo de Kaltenberg, 40 quilômetros a oeste de Munique, que remonta à década de 1290 e serve como residência do príncipe Luitpold. Há uma pequena cervejaria no local. A cervejaria também tem outra fábrica em Fürstenfeldbruck, onde a maioria de suas cervejas é feita atualmente. Talvez a cerveja mais conhecida da Kaltenberg seja a König Ludwig Dunkel, uma tradicional *dunkel lager* bávara com um bom equilíbrio de suaves notas de torrado e aroma de lúpulos e um final seco. A cerveja de trigo da Kaltenberg, a König Ludwig Weissbier, é uma tradicional *hefeweizen* refermentada na garrafa, um estilo de cerveja que apareceu, pela primeira vez, na Baviera no século XVI. Ver WEISSBIER. É uma cerveja refrescante e efervescente com notas de maçã e bananas. Além disso, a Kaltenberg produz um completo espectro de estilos de cervejas bávaras, incluindo uma *pils*, uma *helles* e uma *dunkelweizen*.

Ver também BAVIERA.

Horst Dornbusch

Kaspar Schulz Brew Systems

Ver SCHULZ BREW SYSTEMS.

Katholieke Universiteit van Leuven ou Universidade Católica de Leuven, fundada em 1425, com a publicação do papa Martinho V, é a mais antiga universidade católica em funcionamento no mundo. O idioma original falado na universidade era o latim, mas com o tempo tanto o holandês quanto o francês passaram a ser empregados habitualmente. O lema da universidade é "O Local da Sabedoria" e é dedicado à Virgem Maria. A universidade passou por muitas mudanças ao longo dos anos, incluindo o fechamento temporário pelos franceses e a destruição durante ambas as guerras mundiais. No entanto, a mudança mais profunda foi a divisão ocorrida em 1968, cujo resultado foram duas universidades – uma delas de idioma flamengo, situada em Leuven, denominada Katholieke Universiteit van Leuven, e a outra de idioma francês situada em Louvain-La-Neuve, chamada Université Catholique de Louvain. Essa divisão foi consequência dos confrontos muitas vezes violentos na Bélgica entre os estudantes francófonos e os da ala flamenga. O tratamento dado pelo corpo docente aos falantes do francês foi considerado melhor, e os flamengos se organizaram para obter tratamento mais adequado.

Os dois *campi* têm departamentos dedicados à pesquisa na área de produção de cerveja e estão equipados com laboratórios avançados. Por esse motivo, têm surgido muitas publicações de ambas escolas cervejeiras em periódicos revisados por pares para promover o avanço do conhecimento da ciência cervejeira. O professor de produção cervejeira mais famoso à frente da escola de cerveja da universidade foi Jean De Clerck. Ver DE CLERCK, JEAN. Ele publicou muitos artigos e um livro sobre cerveja que foi utilizado por muitos anos. De Clerck era tão bem visto que após sua morte recebeu a autorização para ser sepultado na famosa abadia Chimay juntamente com os monges.

Ver ESCOLAS CERVEJEIRAS.

Keith Villa

kellerbier (literalmente "cerveja de adega") é uma *lager* não filtrada, não pasteurizada, bastante maltada e com muita levedura. É originária da Francônia, região central da Baviera, onde ainda hoje é uma das preferidas para o verão nos *beer gardens* locais. Costuma ser servida em canecas de barro em vez das de vidro. Uma autêntica *kellerbier* deve ser intensamente flavorizada com lúpulos aromáticos e produzida a um teor alcoólico de *märzen*, entre 5,0% e 5,3% ABV. Geralmente, uma *kellerbier* apresenta intensa coloração âmbar e possíveis matizes avermelhados, resultado de bons punhados de malte suavemente caramelizados entre o conjunto de grãos. Uma *kellerbier* apresenta pouca gaseificação quando elaborada fielmente ao estilo, já que, segundo a tradição, ela é maturada em barris de madeira "*ungespundet*" (literalmente "sem rolha") e com leveduras ainda ativas. Conforme as leveduras fermentam os açúcares residuais e os convertem em álcool adicional e dióxido de carbono, permite-se que os gases escapem pela abertura do barril. Uma *kellerbier* apresenta final bastante seco e notas equilibradas de lúpulo e malte. O tampão do barril ("*spund*", em alemão) era encaixado apenas para o transporte. Se fosse servida em condições de pressão atmosférica, portanto, uma *kellerbier* tradicional praticamente não apresentava espuma. Nesse aspecto ela compartilha alguma semelhança de textura com as *ales* britânicas refermentadas em barril. Hoje, as *kellerbiers* são invariavelmente fermentadas e maturadas em tanques de aço inoxidável fechados, especialmente quando são engarrafadas ou embarriladas para remessa a mercados distantes. Normalmente também têm menor teor alcoólico do que no passado e podem até ser parcialmente filtradas para remoção de parte da turbidez natural da cerveja. Os entusiastas, em especial aqueles da Francônia, afirmam que as *kellerbiers* são ótimos aperitivos quando servidas para abrir o apetite antes do jantar.

Ver também BAVIERA, CONDICIONAMENTO EM CASK e MÄRZENBIER.

German Beer Institute. **Kellerbier**. Disponível em: http://www.germanbeerinstitute.com/Kellerbier.html. Acesso em: 29 mar. 2011.
German Beer Institute. **Zoigl**. Disponível em: http://www.germanbeerinstitute.com/Zoigl.html. Acesso em: 29 mar. 2011.
German Beer Institute. **Zwickelbier**. Disponível em: http://www.germanbeerinstitute.com/Zwickelbier.html. Acesso em: 29 mar. 2011.

Horst Dornbusch

Kent Golding é um dos mais tradicionais e populares lúpulos ingleses. O Kent Golding é cultivado em Mid-Kent, enquanto o East Kent Golding vem de East Kent. Ambos fazem parte da família Golding, formada por variedades de lúpulos com parentesco próximo. Ver EAST KENT GOLDING e GOLDING. O Golding é batizado em homenagem a um fazendeiro de Canterbury chamado Golding, que foi o primeiro a propagar o lúpulo no final do século XVIII por considerar favoráveis as notas de aroma floral e terroso desse lúpulo, que vieram a simbolizar o sabor característico das *english ales*. As variedades de lúpulos Golding, tanto Kent quanto East Kent, associam-se perfeitamente ao Fuggle, um lúpulo batizado em homenagem a outro fazendeiro de Kent, o qual, cerca de um século mais tarde, lá cultivou esse outro clássico inglês. O Styrian Golding, cultivado principalmente na Eslovênia e na Áustria, é uma variedade correlata ao Fuggle, não ao Golding, apesar de seu nome.

Com teor de alfa-ácidos entre 4% e 6%, o Kent Golding é amplamente utilizado como lúpulo de aroma e de finalização, do meio para o final da fervura, bem como para *dry hopping*. Ver DRY HOPPING e LUPULAGEM TARDIA. Por ser uma variedade antiga de lúpulo, ela possui suas desvantagens, particularmente sua suscetibilidade ao míldio e ao vírus do mosaico do lúpulo. Suas flores delicadas, de tamanho mediano, devem ser colhidas cuidadosamente para não se despedaçarem após atingir a maturidade (de média a tardia). Depois da colheita, ele apresenta alta estabilidade durante armazenamento.

Burgess, A. H. *Hops:* **Botany, cultivation, and utilization**. London: World Crop Books/Interscience Publishers, 1964.
Haunold, A. et al. One-half century of hop research by the U.S. Department of Agriculture. **Journal of the Amrican Society of Brewing Chemists**, v. 43, p. 123-126, 1985.

Van Valkenburg, D. A question of pedigree – The role of genealogy in hop substitutions. **Brewing Techniques**, p. 54-59, out./nov. 1995.

Brian Yaeger

Kent, Inglaterra, é um condado no sudeste do país, renomado por seu cultivo de lúpulo.

Amplamente conhecido como o "Jardim da Inglaterra", Kent é uma área fértil, delimitada em dois lados pelo mar. O clima ameno é propício para o cultivo de lúpulo, que se acredita ter sido introduzido no século XVI por tecelões de Flandres que amavam a cerveja. Em seu auge na década de 1870, o cultivo de lúpulo ocupava mais de 31 mil hectares da área do condado. Esse número diminuiu drasticamente devido à importação de lúpulos e à redução das vendas de cerveja no Reino Unido.

A indústria, historicamente, possui uma jornada de trabalho intensiva, especialmente na época da colheita (setembro), quando milhares de londrinos faziam sua viagem anual ao sul para colher lúpulo. Essa prática caiu em desuso na década de 1950 com a introdução da colheita mecanizada. As tradicionais *oast houses*, utilizadas para a secagem do lúpulo, podem ser avistadas por todo o condado, apesar de muitas terem sido convertidas em residências particulares. Ver OAST HOUSE.

Foi em Kent que Richard Fuggle propagou o lúpulo Fuggle em 1875, mas o centro de pesquisa de lúpulo do Wye College, perto de Ashford, também foi responsável pelo melhoramento de diversos lúpulos de sucesso, como Challenger, Target, Northdown, Progress, Bramling Cross, Admiral, Phoenix, First Gold e Pioneer, até ao seu fechamento em 2007. Ver FUGGLE e WYE COLLEGE.

Além de várias microcervejarias, Kent também é o lar da mais antiga cervejaria em atividade do Reino Unido, a Shepherd Neame, em Faversham, fundada em 1698. Ver SHEPHERD NEAME BREWERY. A empresa obteve o *status* de PGI (Protected Geographical Indication) da União Europeia para as cervejas *Kentish ale* e *Kentish strong ale*, o que significa que apenas as bebidas produzidas em Kent podem ser rotuladas dessa maneira.

BBC. **Legacies**. Disponível em: http://www.bbc.co.uk/legacies/work/ england/kent/article_2.shtml. Acesso em: 9 dez. 2009.
Hughes, D. **Hops and Downs**. Disponível em: http://www.kent.gov.uk/NR/rdonlyres/1913EEC2-B192-4378-9D53-FAB0AFF870D5/0/FoodTrailsHopsandDowns.pdf. Acesso em: 9 dez. 2009.
The Hop Farm Family Park. Disponível em: http://www.thehopfarm.co.uk. Acesso em: 9 dez. 2009.
The Hop Guide. 1. ed. Warwick: HRI-HortiTech, 1999.
The Museum of Kent Life. **Hopping down in Kent**. Disponível em: http://www.hoppingdowninkent.org.uk/index.php. Acesso em: 9 dez. 2009.

Jeff Evans

keystone é o menor dos dois anéis circulares descartáveis em um *cask* tradicional, localizado na parte inferior do recipiente. O *keystone* padrão "Nº 2" mede 3,75 centímetros de diâmetro na frente, afinando até 3,5 centímetros na parte de trás. Um tamanho mais largo, o "Nº 1" tem sido amplamente eliminado, mas permanece em uso limitado por algumas cervejarias regionais britânicas.

O anel exterior, 0,75 centímetro de largura na conexão padrão, é mais fundo que o plugue central, com este último sendo mais raso para facilitar o ajuste manual da torneira e ser mantido mais firme pelo anel mais largo. Tradicionalmente, esse encaixe era feito de tília e perfurado levemente em diferentes lugares na parte da frente e de trás para assegurar uma boa vedação antes da abertura, ao mesmo tempo permitindo que a colocação da torneira fosse realizada sem esforço excessivo. Hoje, *keystones* plásticos têm se tornado bastante populares porque esse material é mais barato, além de possuir benefícios sanitários como facilidade de limpeza e ausência de crescimento de fungos, o que pode ser um problema com acessórios de madeira.

O *keystone* de tília pode ocasionalmente rachar durante a colocação da torneira se esta não for adequada. Se isso ocorrer, a cerveja vai vazar do *cask* e será necessário um novo *keystone*, que deverá ser inserido imediatamente. Um bom mestre adegueiro deve possuir habilidade para substituir o *keystone* rachado sem colocar o *cask* em pé e com mínima perda de cerveja.

Por motivos de higiene, é normal – e simpático – que uma vedação conhecida como *clip cork* seja inserida na abertura do *keystone* de um *cask* recentemente esvaziado logo que a torneira é removida. Isso previne a entrada e reprodução de insetos e impede um eventual derrame de borra de levedura cervejeira no caminho de volta para a cervejaria.

Alex Hall

kilderkin é um *cask* (barril) com a metade do tamanho de um barril inglês (UK *barrel*), comportando 18 galões ingleses (81,83 L) ou 22,5 galões americanos. A legislação de peso e de movimentação manual no Reino Unido fez desse *cask* a maior embalagem de cerveja em uso comercial geral entregue pelo *drayman* (a pessoa que entrega a cerveja em nome de uma cervejaria). No passado, este tipo de embalagem era comum nas adegas dos *pubs*, mas atualmente o *kilderkin* é relativamente raro.

Chris J. Marchbanks

Kildrought Brewery

Ver GUINNESS, ARTHUR.

Kirin Brewery Company é a maior cervejaria do Japão e um membro do grupo Mitsubishi de empresas (*keiretsu*). A precursora da Kirin foi a Spring Valley Brewery, fundada em Yokohama em 1870 por William Copeland, um americano nascido na Noruega. A cervejaria originalmente produzia cervejas concebidas para satisfazer a demanda dos residentes estrangeiros, mas mais tarde esforçou-se em produzir cervejas mais agradáveis ao gosto japonês.

Depois de várias mudanças na estrutura de gestão, Copeland acabou vendendo a cervejaria para um grupo de investidores, e em 1885 a Japan Brewery foi oficializada. Três anos mais tarde, em 1888, a empresa lançou uma *german lager* sob a marca Kirin, que recebeu o nome de um mítico animal asiático semelhante a um dragão. A popularidade desse produto cresceu tanto que, em 1907, a Japan Brewery foi rebatizada como Kirin Brewery. A empresa continuou sua expansão e lançou seu refrigerante Kirin Lemon em 1928.

As operações da cervejaria foram impactadas negativamente pela Segunda Guerra Mundial, mas ao longo das décadas de 1950 e 1960 a empresa expandiu-se e passou a incluir uma série de negócios no setor de alimentos e bebidas, tais como máquinas de venda de refrigerantes. Em 1972, a Kirin-Seagram Co. foi criada para produzir bebidas destiladas, e essa empresa se tornou, posteriormente, a Kirin Distillery.

Em 1990, a Kirin lançou a Kirin Ichiban Shibori, uma *lager* semelhante em sabor à Kirin Lager original, exceto por não ser pasteurizada, mas sim microfiltrada. Isso iniciou uma mudança de sabor em ambos os produtos, que se tornaram progressivamente mais leves e menos amargos. Os fãs da Kirin Lager original ficaram cada vez mais descontentes com o produto, de modo que cervejaria, em resposta, lançou a Kirin Lager Classic. No entanto, a Ichiban Shibori tornou-se o principal produto direcionado para o mercado de massa. Uma versão escura chamada Kirin Ichiban Shibori Stout (embora seja uma *lager*) foi lançada recentemente, tornando-se uma substituta para a respeitável Kirin Stout, uma *foreign export ale* com 8% de álcool em volume que foi produzida por aproximadamente um século.

Atualmente, a Kirin tem uma grande variedade de cervejas, incluindo várias cervejas "*happoshu*" feitas com pouco malte, e também distribui marcas como Budweiser, Heineken e Guinness no mercado japonês.

Ver também JAPÃO.

Bryan Harrell

Klages foi desenvolvida pelo dr. Karl Klages, do Departamento de Agronomia da University of Idaho, de 1936 a 1962, um pesquisador de cevada pioneiro com um forte interesse em ecologia. Ele é autor de muitos trabalhos influentes, entre eles *Ecological Crop Geography*, no qual discorre sobre as respostas de uma grande variedade de culturas aos seus ambientes. A cevada Klages é um cruzamento entre Betzes e Domen, possuindo maior poder diastático e provendo mais extrato na sala de brassagem do que qualquer um dos seus progenitores. O dr. Klages foi homenageado por sua contribuição para o melhoramento da cevada norte-americana tendo o seu nome colocado nessa importante inovação. Registrada em 1974, a Klages se tornou um sucesso imediato, e a partir de 1975 foi a cevada de duas fileiras com cultivo dominante no noroeste e nas planícies do norte dos Estados Unidos e do Canadá, mantendo a notoriedade por quase uma década. Ela foi sucedida em popularidade pela Harrington, em 1984, mas atualmente a Klages ainda mantém grande quantidade de seguidores entre alguns cervejeiros artesanais norte-americanos, que começaram a usá-la em um momento em que estava entre os maltes de duas fileiras de mais fácil obtenção para cervejeiros de pequena escala.

Harvey, B. L.; Rossnagel, B. G. Harrington barley. **Canadian Journal of Plant Science**, n. 64, p.193-194, 1984.

Wesenberg, D. M. et al. Registration of Klages barley. **Crop Science**, n. 14, p. 337-338, 1974.

Thomas Blake

Kloster

Ver ANDECHS.

Kneifl é uma das mais bem-sucedidas variedades de cevada cervejeira de primavera, desenvolvida entre a Primeira e a Segunda Guerra Mundial. É também conhecida pelo seu nome tcheco de Opavský Kneifl (às vezes grafada erroneamente como Kneifel). Essa variedade foi desenvolvida pelo botânico tcheco F. Kneifl em 1926, em Opava, na região da Silésia Tcheca da Morávia. A cevada Kneifl é uma notável descendente de uma velha variedade chamada "Old-Haná agroecotype", que é a variedade de cevada que ajudou a *pilsner* tcheca a ganhar sua fama durante a segunda metade do século XIX. Atualmente, a Kneifl talvez seja mais conhecida por sua enorme contribuição à composição genética de muitas cevadas modernas para malteação e brassagem do que pelas cervejas que foram feitas a partir dela. Uma vez introduzida, a Kneifl foi amplamente utilizada nos programas de melhoramento de cevada da Europa, frequentemente em conjunto com a Proskowetz Hanna, uma descendente mais antiga da Haná, desenvolvida em 1884. Da Europa, os genes da Kneifl foram espalhados ao redor do mundo. Talvez a prole mais importante da Kneifl e Hanna tenha sido a tcheca Valtice (ou Valtický), desenvolvida na década anterior à Segunda Guerra Mundial. Após a guerra, a Valtice, por sua vez, deu origem a muitos novos cultivares, incluindo a resistente Diamant tcheca, de caule curto, cujo programa de melhoramento foi iniciado em 1956. A Diamant foi um mutante positivo induzido por raio X. Foi lançada para cultivo em 1965, onde suas hastes cresciam cerca de 15 cm menos do que as das variedades convencionais. Além disso, possuía excelentes características de brotamento e boas qualidades de malteação. Como descendente da Kneifl, a Diamant também se tornou, rapidamente, uma doadora genética para dezenas de variedades internacionais de cevadas cervejeiras de primavera, incluindo a Trumpf (também grafada Triumpf, Triumph ou Trumph), que foi desenvolvida em 1973 na então Alemanha Oriental. Desde então, tanto a Diamant quanto a Trumpf se tornaram progenitoras excepcionalmente bem-sucedidas, e seus genes aparecem em conjunto nos *pedigrees* de cerca de 150 variedades de cevada criadas em todo o mundo desde a década de 1970.

Ver também HANÁ e TRIUMPH.

Comunicação Pessoal com fontes tchecas, utilizando um tradutor em alemão.

Jalowetz, E. **Pilsner malz**. Wien: Verlag Institut fur Garungsindustrie, 1931.

Kosar, K.; Psota, V.; Mikyska, A. Barley varieties suitable for the production of the Czech-type beer. **Czech Journal of Genetics and Plant Breeding**, n. 40, p. 137-139, 2004. Disponível em: http://www.cazv.cz/attachments/5-Kosar.pdf.

Petr, J.; Lipavsky, J.; Hradecka, D. Production process in old and modern spring barley varieties. **Die Bodenkultur**, 53(1), 2002. p. 19-26. Disponível em: http://www.boku.ac.at/diebodenkultur/volltexte/band-53/heft-1/Petr.pdf.

Vellvé, R. Saving the Seed – Genetic Diversity and European Agriculture (GRAIN, 1992). **World Environmental Library**. Disponível em: http://nzdl.sadl.uleth.ca/cgi-bin/library?e=d-00000-00---off-0envl--00-0----0-10-0---0---0direct-10---4------0-1l--11-en-50---20-about---00-0-1-00-0-0-11-1-0utfZz-8-00&cl=CL3.9&d=HASH017837f9ce5227a9aaa108de&gt=2/.

Horst Dornbusch

Koch, Jim

Koch, Jim (1949-), é cofundador e presidente atual da The Boston Beer Co., produtora das cervejas Samuel Adams. Ver BOSTON BEER COMPANY.

Nascido em uma família teuto-americana que se mudou para St. Louis para produzir cerveja, por cinco gerações os homens da família Koch foram cervejeiros. Jim Koch nasceu em Cincinnati em 1949; Charles Koch, pai de Jim, mudara-se com a família para Ohio para trabalhar em uma cervejaria em Cincinnati. Mas o pai de Jim aconselhou o filho a não perseguir uma carreira no ramo cervejeiro, que ele considerava ingrata em uma terra de cervejarias gigantes focadas no mercado de massa. Jim frequentou a Harvard University no final da década de 1960, recebendo um bacharelado em Artes em 1971.

Após a faculdade, Koch inicialmente se matriculou em um programa de diploma duplo em Harvard, o qual abandonou em 1973 para ser um instrutor na Outward Board, onde ele trabalhou ao ar livre por todo o oeste americano por quatro anos. Ele acabou retornando a Harvard e recebeu seu duplo MBA/JD[1] em 1978. Koch se juntou, então, ao Boston Consulting Group (BCG), uma firma global de consultoria administrativa, onde trabalhou até 1984.

O tempo que passou aconselhando líderes empresariais, enquanto trabalhava na BCG, inspirou Koch a pensar sobre iniciar seu próprio negócio, e ele estava convencido de que poderia criar um nicho de mercado dentro do mercado cervejeiro existente. Seu pai pensava que ele estava "louco", mas foi, também, um de seus primeiros investidores.

Adaptando a receita de seu tataravô da cerveja Louis Koch Lager, Koch criou a Samuel Adams Boston Lager, a primeira cerveja da sua empresa, a Boston Beer Company, e que continua seu carro-chefe. Koch lançou sua cerveja em abril de 1985. As primeiras vendas da Samuel Adams foram feitas em um *pub* por vez, e Koch visitou pessoalmente os *pubs* de Boston para persuadir os céticos *bartenders* a estocar sua cerveja. Hoje, a The Boston Beer Company é uma das maiores companhias cervejeiras de propriedade americana e a maior fabricante artesanal dos Estados Unidos, sendo a marca Samuel Adams sendo uma das mais reconhecíveis da nação. E apesar das mínimas chances, Koch tornou-se, com sucesso, a sexta geração de cervejeiros de sua família.

Jay R. Books

kölsch é um estilo de cerveja de alta fermentação típico de Colônia, na Alemanha. As *kölsch* caracterizam-se por um aroma e sabor de leveduras levemente frutados, além de apresentarem um agradável amargor de lúpulo. A história da *kölsch* data do ano de 874. A agência reguladora da indústria de cerveja de Colônia, que controlava rigorosamente a produção de *kölsch*, já havia sido mencionada em 1250. Em 1396, representantes da corporação dos cervejeiros fundaram a Kölner Brauer-Kooperation, que desde então segue operando. Com a importação de *lagers* claras da Boêmia chegando ao mercado local no final do século XIX, os cervejeiros de Colônia decidiram combater a concorrência com sua própria cerveja clara. Pretendiam, assim, fazer uma cerveja dourada e lupulada, mas ainda utilizando suas próprias leveduras de alta fermentação. Desse modo, impediu-se o crescimento da cerveja *pilsner* e nasceu a *kölsch* moderna. Em março de 1986, os cervejeiros de Colônia renovaram as convenções que definem a *kölsch* autêntica ("uma *vollbier* de coloração clara, brilhante, com fermentação vigorosa e fortemente lupulada"), a forma como deve ser servida (nos famosos copos "*stangen*" de *kölsch* altos e retos, com 0,2 litro, ou 6 onças) e, principalmente, quem está habilitado a produzi-la – somente os cervejeiros de Colônia. Sendo uma *vollbier* (cerveja com densidade original entre 11% e 12%) com coloração amarelo-brilhante, a *kölsch* ostenta uma lupulagem marcante e é predominantemente elaborada com malte de cevada. A fermentação ocorre a temperaturas entre 15 °C e 20 °C. Apresenta uma densidade original média de 11,3% e teor alcoólico de 4,8% (ABV).

Muitos bares em Colônia disponibilizam cervejas *kölsch*, e os copos *stangen* são levados às mesas em suportes que permitem carregar diversas unidades ao mesmo tempo. Como cada copo tem capacidade de apenas 0,2 litro, os clientes precisam ordenar constantemente para que sempre haja cerveja fresca à mesa.

Atualmente, a Kölner Brauerei-Verband (Associação dos Cervejeiros de Colônia) ainda é composta por vinte cervejarias, das quais apenas onze produzem a *kölsch*. A produção anual é de aproximadamente 2,6 milhões de hectolitros.

Desde 1998, a *kölsch* pode ser envasada com o logotipo da União Europeia, juntando-se, assim, ao arsenal das ilustres especialidades europeias como Bordeaux, Chianti e Champagne. Ver UNIÃO EUROPEIA.

Ainda assim, o estilo é também produzido por cervejeiros artesanais americanos, que costumam enxergá-lo como um agradável elo entre as fracas *lagers* industrializadas e as cervejas tradicionais mais saborosas.

Karl-Ullrich Heyse

A **Koningshoeven, Cervejaria**, é a única cervejaria trapista da Holanda e foi fundada em 1884, no interior da abadia Onze Lieve Vrouw van Koningshoeven, na cidade de Berkel-Enschot (perto

---

[1] Esse programa confere ao aluno dois títulos acadêmicos, um em Administração (MBA, Master in Business Administration) e o outro em Direito (JD, Juris Doctor). [N.T.]

de Tilburg e a 12 quilômetros da fronteira com a Bélgica). É a mais comercial dentre as sete cervejarias trapistas, e as operações de produção chegaram a ser licenciadas para a Artois (atual AB InBev) de 1969 a 1980, quando a maior parte da produção era de *pilsner*. O desenvolvimento da atual linha de cervejas começou em 1982 com a introdução da sua Dubbel, seguida pela Tripel em 1983, a Quadrupel em 1991 e uma Blond em 1992. A cervejaria foi totalmente remodelada em 1989 e novamente em 1999. Uma cerveja Enkel (*singel*) também era produzida, mas foi retirada de mercado em 2000 por ser muito similar à Blond. Pela dificuldade de encontrar monges jovens aptos ao trabalho na cervejaria, a Koningshoeven firmou um acordo com a cervejaria holandesa Bavaria em 1999, buscando assistência operacional. O nome da cervejaria então mudou de Trappistenbierbrouwerij De Schaapskooi para Browerij De Koningshoeven. Logo a Bavaria assumiu totalmente a produção, o que desencadeou uma disputa judicial muito divulgada com as outras cervejarias trapistas, levando a cervejaria à perda da designação *Trappist* até 2005, quando os monges aceitaram desempenhar um papel mais ativo na cervejaria. Hoje eles produzem a *ale* Moreeke da cervejaria Bavaria, a única *witbier* trapista do mundo, a Puur (estilo *kölsh*), a *bock* Tilburg's Dutch Brown Ale para exportação, além de alguns rótulos terceirizados como as cervejas Jopen e Urthel. O trabalho mais recente em desenvolvimento é uma série de cervejas maturadas em barris de madeira.

Darek Walsh

Köstritzer Schwarzbierbrauerei é uma cervejaria localizada em Bad Köstritz, Turíngia, na região central da Alemanha. A cervejaria é mais conhecida por sua *schwarzbier*, uma *dark lager* que fez a fama da pequena cidade. Ver SCHWARZBIER. Eles também produzem uma *pilsner* para o mercado regional. A cervejaria tem produzido *schwarzbier* há séculos, provavelmente desde o seu início em 1543, quando foi fundada como "Erbschenke" (Hospedaria Hereditária), uma taberna dotada de uma permissão para a produção de cerveja que poderia ser repassada entre as gerações da família detentora. Essa taberna foi adquirida em 1696 pelos condes da casa de Reuss como "Ritterschaftliche Gutbrauerei" ("A Cervejaria do Castelo do Cavaleiro"). O famoso geógrafo do século XVIII Anton Friedrich Büsching (1724-1793) observou que a cerveja era de fato avermelhada a preta em seus dias. Quando ele a viu pela primeira vez na mesa do duque, perguntou-se por que "um vinho tinto tão escuro" seria servido em copos de cerveja. Mais tarde, ele descobriu que a cerveja costumava ser produzida no outono e armazenada em adegas formadas por rochas sob a igreja para ser servida no verão seguinte. Um dos mais famosos consumidores de Köstritzer Schwarzbier foi o poeta Johann Wolfgang von Goethe, que, durante períodos de enfermidade, sustentava-se com a cerveja de Köstritz quando era incapaz de se alimentar. No início do século XX, anúncios impressos da Köstritzer mostravam um médico recomendando a Köstritzer Schwarzbier como benéfica para a saúde, de modo similar ao famoso *slogan* "Guinness faz bem para você". A abordagem profissional de marketing da Köstritzer, na década de 1920, atraiu a atenção da família Simon, proprietária da famosa cervejaria Pils em Bitburg. Mas a Köstritzer permaneceu independente, sobrevivendo à Segunda Guerra Mundial e a quarenta anos de regime comunista na Alemanha Oriental, antes de a Privatbrauerei Theobald Simon, mais conhecida como "Bitburger", finalmente adquirir a cervejaria em 1991. Nesse momento, apenas 7% da produção da Köstritzer era de *schwarzbier*, mas a Bitburger decidiu distribuir a cerveja nacionalmente, e sua produção tem crescido desde então. Com 4,8% ABV, a cor marrom-escura da cerveja esconde um caráter envolvente, com sabores de caramelo e um toque de café torrado e defumado, bem pouco picante.

Conrad Seidl

kräusening é um termo alemão que designa a adição de mosto em fermentação ativa como inoculante para induzir a fermentação de uma batelada diferente de mosto ou cerveja. Se esse método for utilizado para dar início a uma nova fermentação, uma pequena fração de mosto em vigorosa fermentação é removido e adicionado ao mosto fresco para iniciar a sua fermentação.

Esse costuma ser o meio preferido de inoculação porque o *kräusen* conterá células de levedura ativas que exigem uma limitada adaptação às condições do novo mosto. A fermentação começa mais rapidamente e pode se desenvolver melhor do que a de uma amostra de levedura armazenada, que pode conter muitas células mortas.

Outra aplicação é a utilização do mosto em fermentação ativa para realizar o *priming* da cerveja no momento do engarrafamento. Nesse caso, o *kräusen* adiciona açúcares, nutrientes e leveduras ativas à cerveja. Essa técnica é útil, pois a cerveja pode ter uma concentração limitada de açúcar após a fermentação. A adição de açúcar e as células de levedura ativas permitem que uma fermentação limitada ocorra no interior da garrafa, produzindo dióxido de carbono e um condicionamento secundário.

Cuidados são necessários ao se realizar o *kräusening* a fim de evitar a contaminação por meio do carregamento de microrganismos indesejáveis; e, para as cervejas condicionadas em garrafas, a fim de definir ao nível correto do *kräusen*. Um nível muito alto de *kräusening* irá resultar em excessiva carbonatação e possível *gushing* da cerveja no momento da abertura da garrafa.

Tradicionalmente, o *kräusening* também é utilizado como um método de condicionamento da cerveja pronta em um tanque fechado. Nesse método, uma porção de mosto em fermentação (*kräusen*) é adicionada à cerveja pronta, reiniciando a fermentação. O tanque é então lacrado, de modo que o dióxido de carbono produzido na fermentação seja impedido de escapar e dissolva-se na cerveja. Muitos cervejeiros notam que esse método pode reduzir os níveis de *off-flavors*, como o diacetil e o acetaldeído. Ver ACETALDEÍDO e DIACETIL.

Em alguns casos, o *kräusening* é utilizado para reiniciar uma fermentação dormente. Isso pode ser necessário na produção de uma cerveja muito forte, em que altos níveis de álcool provocam a morte da levedura inicial. Assim, o *kräusening* pode ajudar a completar a fermentação.

Ver também FERMENTAÇÃO.

Keith Thomas

kriek é um tipo de *sour beer* com frutas flavorizada com cerejas. Tanto o nome flamengo, que significa "cereja", quanto o estilo de cerveja são provenientes da Bélgica. Embora existam outras variações, a *kriek* tradicional é feita a partir de *lambic* fermentada espontaneamente. Ver LAMBIC. Trata-se de uma cerveja que é uma especialidade do vale do rio Senne, na região de Pajottenland, que é parte de Flandres, nos arredores de Bruxelas. Tradicionalmente, as cerejas utilizadas para esse tipo de cerveja eram de uma variedade exclusivamente local, extremamente azeda e acre, denominada Schaarbeek, que cresce apenas em uma área bastante limitada ao redor da pequena cidade de Schaarbeek, em Pajottenland. As cerejas da variedade Schaarbeek são frutas relativamente pequenas, compostas por uma polpa vermelha e um caroço volumoso que também contribui para seu sabor. Atualmente, as cerejas Schaarbeek são cultivadas em outras partes da Bélgica, principalmente em Sint Truiden e Gorsem, em Limburgo, e em Tienen, na região flamenga de Brabante. Uma variedade similar também é cultivada em outras partes da Europa, especialmente na Polônia. Para a produção tradicional de *kriek*, a cerveja *lambic* é envelhecida em barris de carvalho durante doze a dezoito meses, sendo posteriormente transferida para novos barris. É aí que as cerejas são introduzidas para serem maturadas junto com a cerveja, inteiras, maceradas ou esmagadas, e com os caroços intactos. As leveduras e bactérias inativas ainda presentes na *lambic* entram novamente em atividade e passam a fermentar os açúcares da fruta. A quantidade de fruta varia, mas normalmente adicionam-se de 20 a 30 quilos de cerejas frescas para cada hectolitro de cerveja pronta. Quanto maior o tempo de maturação da *kriek* com as frutas no barril – de alguns meses a um ano – mais seca será a cerveja e mais amargor proveniente dos caroços ela incorporará. Finalmente, a cerveja é separada da polpa remanescente, sendo trasfegada e misturada com uma *lambic* jovem para incorporar açúcares fermentáveis frescos. A cerveja é então engarrafada ou (raramente) embarrilada para refermentação e incorporação de efervescência à medida que as leveduras consomem os açúcares residuais da fração de *lambic* jovem. Uma *kriek* pronta é ligeiramente adstringente, refrescante e estimulante, com notas de cereja da própria fruta, notas de amêndoa conferidas pelo caroço e com aromas terrosos complexos provenientes da fermentação natural. É uma cerveja ideal para ser consumida em taças de Champagne tipo *flute* em dias quentes de verão.

Diversas *krieks* belgas tradicionais encontram-se à disposição dos consumidores, sendo que a Cantillon Kriek, a Cantillon Lou Pepe Kriek, a Drie Fonteinen Oude Kriek, a De Cam Kriekanlambik e a Boon Oude Kriek são as que gozam de maior respeito. Encontram-se disponíveis no mercado também muitas marcas de *kriek* que são menos autênticas.

Estas costumam ser mais doces que as versões tradicionais e geralmente são elaboradas não com as típicas cerejas azedas, mas sim com extrato de cereja adoçado, essência de cereja e xarope adicionados às cervejas já filtradas e pasteurizadas. Embora algumas dessas cervejas possam até ser agradáveis para acompanhar sobremesas, são consideradas ínfimas imitações por especialistas.

A *kriek* normalmente é feita com cerveja *lambic*, mas alguns cervejeiros também têm utilizado outras *sour beers* como plataforma para as cervejas azedas. Na Bélgica, têm surgido versões baseadas em *Flemish red ales* e o estilo *oud bruin* de *brown ale*. Ver BELGIAN RED ALE. Nos últimos anos, cervejeiros artesanais, principalmente nos Estados Unidos, têm produzido muitas versões de *kriek* empolgantemente azedas e interessantes. Ver SOUR BEER.

As cerejas não são as únicas frutas utilizadas no processo de refermentação de *lambics*. A outra fruta bastante tradicional é a framboesa, sendo empregada uma técnica similar. Os pêssegos compõem uma cerveja menos tradicional, a *pêche*, e a groselha-preta dá origem à *cassis*, de cor escura. Qualquer fruta pode ser adicionada ao barril, e os cervejeiros têm feito experimentos com *cranberries*, mirtilos e até mesmo uvas, com graus variáveis de êxito.

Ver também FRAMBOISE e FRUIT BEERS.

Lorenzo Dabove

kristallweizen é uma cerveja estilo *weissbier* filtrada. Embora não seja uma variante tão popular quanto a *hefeweizen* bávara, rica em leveduras, ela possui um perfil de sabor bastante similar. Ver TRIGO e WEISSBIER.

Horst Dornbusch

Krona foi uma das mais populares variedades de cevada cervejeira de primavera de duas fileiras na Europa durante a última década do século XX. Foi desenvolvida pela SW Seed Hadmersleben, de Hadmersleben, uma pequena cidade no estado alemão da Saxônia-Anhalt, sendo registrada primeiramente na Bundessortenamt (a agência de licenciamento de culturas agrícolas do governo alemão) em 1990. Embora o ciclo de utilização da maioria das variedades de cevadas cervejeiras tenda a ser de não mais do que uma década, a Krona reinou como uma das principais cevadas para malteação por vinte anos. O governo alemão apenas revogou definitivamente o *status* da Krona de "recomendado" a partir de 31 de dezembro de 2010. Os genes da Krona, no entanto, viverão em diversas variedades sucessoras de cevadas cervejeiras, incluindo a imensamente popular Pasadena, um cruzamento entre Marina e Krona que foi licenciada pela primeira vez para uso comercial em 1998; Annabell, um cruzamento entre 90014 DH e Krona que foi licenciada pela primeira vez em 1999; e Auriga, licenciada pela primeira vez em 2002, um cruzamento entre a Annabel e uma prole, sem nome, do cruzamento entre Viskosa e Krona. A Krona era particularmente apreciada por suas propriedades superiores de malteação e brassagem, incluindo um baixo teor de proteínas, um potencial favorável de modificação, poder diastático excepcional, um valor bastante elevado de friabilidade, um baixo valor de viscosidade e uma alta porcentagem de sementes arredondadas. Essas características, que a Krona, como progenitora, passou a seus descendentes Annabell, Auriga e Pasadena, faziam dela um excelente malte base, especialmente para *lagers* europeias delicadas.

Braugerstengemeinschaft. **Braugersten-Sortenmappe (German malting barley)**. Disponível em: http://www.braugerstengemeinschaft.de/index.php?StoryID=20. Acesso em: 25 set. 2010.
Bundessortenamt. Disponível em: http://www.bundessortenamt.de/internet30/fileadmin/Files/PDF/BlfS_Sonderheft.pdf. Acesso em: 25 set. 2010.
Topic Map. Disponível em: http://www.topicmapsforge.org/topicmaps/sorten/topics/gerstensorte. Acesso em: 25 set. 2010.

Thomas Kraus-Weyermann

A **Kronenbourg, Cervejaria** (Brasseries Kronenbourg), é a maior cervejaria da França e parte do grupo Carlsberg. Ver CARLSBERG GROUP. Sua principal marca, a Kronenbourg 1664, é a *premium lager* mais vendida da França e a segunda mais vendida do Reino Unido. Como o nome da marca sugere, a cervejaria foi originalmente fundada em 1664 por um cervejeiro de Estrasburgo, na França, de nome Jérôme Hatt. Em 1850, inundações frequentes forçaram a Hatt Brewery a se mudar para um lugar mais alto, no distrito de Kronenbourg, em Estrasburgo. Suas cervejas começaram a ganhar popularidade em toda a França, e em 1947 a cervejaria foi rebatizada como Kronenbourg. Dos anos 1950 em diante ela deu início à expansão internacional e a fusões, e em 1970 a cervejaria foi adquirida pelo grupo industrial BSN (agora Grupo Danone). A Danone vendeu a Kronenbourg para a cervejaria britânica Scottish & Newcastle, e em abril de 2008, quando essa empresa foi vendida para a Heineken e para a Carlsberg, a Kronenbourg se tornou parte desta última. Em 2010, a cervejaria dominava seu mercado doméstico, com uma participação de 33%, e também era vendida em mais de setenta países em todo o mundo.

A principal marca é a Kronenbourg 1664, uma *premium lager* com 5,5% de álcool, produzida com o lúpulo Strisselspalt, nativo da Alsácia. Ver STRISSELSPALT. (Ela é produzida sob licença no Reino Unido com 5%.) Embora leve e pouco desafiadora quando comparada às cervejas artesanais, ela apresenta algum aroma de lúpulo, sendo superior a muitas *lagers* produzidas em massa.

A cervejaria alega que a Kronenbourg 1664 remonta à fundação da cervejaria – algo pouco provável, pois o estilo *golden lager* foi criado quase duzentos anos mais tarde. A marca foi lançada em 1952 tanto na França como no Reino Unido.

A Kronenbourg também produz uma pequena gama de outras cervejas, sob o nome da marca, incluindo uma cerveja de trigo, a Kronenbourg Blanc.

Ver também FRANÇA.

Pete Brown

Krones AG é uma fabricante de maquinário sediada na Alemanha. Fundada pelo inovador Hermann Kronseder em 1951 próximo a Regensburg, na região cervejeira da Baviera, seu primeiro maquinário foi uma rotuladora totalmente automatizada para pequenas cervejarias bávaras. Em 2005, a empresa absorveu sua subsidiária autônoma, a Steinecker, e a posicionou sob a marca e a gerência da Krones. Após um crescimento contínuo e saudável, a companhia é atualmente a líder de mercado para o fornecimento de todo o maquinário necessário em uma cervejaria, desde rotuladoras, enchedoras e inspetoras até os equipamentos da sala de brassagem, além de sistemas de TI, logística e serviços.

A Krones é uma fonte única de fornecimento com central de engenharia e operações de produção na Alemanha. Máquinas avulsas, assim como projetos completos de cervejarias com diversas interfaces e processos complexos, são tratados pela diretoria de projetos e engenharia na sede da empresa. Enquanto as operações de produção são centralizadas, o serviço é internacional.

Além do grande conhecimento em produção de cerveja, a Krones também se encontra entre os líderes de mercado em sistemas de envase assépticos (estéreis). A qualificação e a habilidade da equipe cervejeira são fatores determinantes para a qualidade dos produtos. Os equipamentos da Krones são considerados caros, mas também são respeitados pela boa construção e, frequentemente, pela inovação.

O sucesso da Krones fundamenta-se em algumas estratégias cruciais: conhecimento especializado de engenharia mecânica e das necessidades específicas dos clientes; liderança técnica no seu setor de atuação, graças ao contínuo investimento em pesquisa e desenvolvimento; e uma operação de produção que emprega equipamentos de ponta seguindo um rigoroso padrão de excelência na qualidade. A Krones detém mais de 1.300 patentes, e cervejeiros do mundo inteiro conhecem as contínuas inovações da companhia pelo marketing baseado em nomes imaginativos para novas tecnologias.

Wolfgang Stempfl

Kulmbacher, Alemanha, uma cidade no norte da Francônia, Baviera, onde a cerveja vem desempenhando um papel importante na vida econômica e social da cidade desde o século XIX. Desde 1996, o cenário cervejeiro local vem sendo dominado por uma grande empresa, a "Kulmbacher Brauerei AG", mas a história de fusões de fábricas outrora independentes tem sido lenta. A Reichelbräu (1846) se focou em exportações e gradualmente adquiriu todas as empresas concorrentes. Atualmente a Kulmbacher Brauerei é de propriedade do Grupo Schörghuber com a Brau-Holding International (Heineken), produzindo 2,2 milhões de hectolitros de cerveja por ano.

No início de agosto, o anual Bierwoche (Semana da Cerveja) ocorre em uma grande tenda na cidade. Nesse evento, a tradicional divisão em quatro grandes cervejarias é evidente, embora a antiga *sandlerbräu* tenha sido substituída pela *kapuzinerbräu* (cerveja de trigo), ao passo que antes somente a *festbier* era oferecida. As outras três cervejarias mantêm os seus nomes antigos: EKU (Erste Kulmbacher Unionsbräu), Reichelbräu e Mönchshof. A

Selo de pôster alemão, c. 1920. PIKE MICROBREWERY MUSEUM, SEATTLE, WA.

produção de cerveja em escala industrial ainda é executada na EKU e na antiga Reichelbräu, enquanto a Mönchshof foi remodelada como um museu cervejeiro anexado a uma microcervejaria. Isso vem a calhar, já que essa cervejaria data de 1349.

A cerveja Kulmbacher é conhecida no mundo todo graças a duas cervejas especiais de alto teor alcoólico: a Kulminator 28, também conhecida como EKU 28 (em referência à densidade original de 28 °Plato), uma *doppelbock* com teor alcoólico de 11% de álcool por volume, que já foi um dia a *lager* mais alcoólica do mundo, e a Kulmbacher Bayrisch G'frorns, uma genuína *eisbock*.

Informação Histórica. Comunicação pessoal com Michaela Knoer do Gesellschaft fur Geschichte des Brauwesens e.V., Berlin.
Informação no EKU Kulminator. Comunicação pessoal com Jonathan Downing.

Joris Pattyn e Jonathan Downing

Küppers Kölsch foi apresentada pela primeira vez no mercado local de Colônia, na Alemanha, em 1965, pela Wicküler-Küpper Brauerei GmbH. A cerveja *kölsch* é um dos poucos estilos tradicionais de *ale* da Alemanha (assim como a *altbier* e a *weissbier*), e ainda detém entre 80% e 90% do mercado em Colônia, sua cidade de origem. Ver KÖLSCH. A empresa Wicküler-Küpper começou como um pequeno *brewpub*, fundada por Franz Ferdinand Joseph Wicküler, em 1845, em Wuppertal-Elberfeld, cerca de 37 quilômetros a nordeste de Colônia. Em 1896, a Wicküler se fundiu a uma outra cervejaria local, a Küpper-Brauerei, e mudou seu nome para Wicküler-Küpper. Já em 1913, a Wicküler-Küpper adquiriu uma propriedade de 4 mil metros quadrados em Bayenthal, um subúrbio ao sul de Colônia. O local encontrava-se convenientemente situado próximo a um terminal ferroviário e a um porto no rio Reno – ambos muito vantajosos para despachar cervejas Wicküler-Küpper a mercados mais distantes. A Küppers Kölsch rapidamente se tornou a líder de mercado em Colônia e, para desgosto das quase duas dúzias de concorrentes locais já estabelecidos, alcançou um volume anual de produção de 1 milhão de hectolitros. Ao longo das inúmeras fusões posteriores na indústria cervejeira alemã, a Wicküler-Küpper foi comprada e vendida várias vezes, até que se tornou parte da Brau und Brunnen AG, Berlim/Dortmund, em 1994. A Brau und Brunnen já possuía várias outras cervejarias de *kölsch*, incluindo marcas como Gilden, Hansa, Kurfürsten, Meister, Sester e Sion. Em 2002, a empresa condensou todas as suas produções de *kölsch* em uma única companhia, a Kölner Verbund-Brauereien GmbH & Co. KG. Com tamanha capacidade de produção, a unidade da Küppers em Colônia tornou-se dispensável e foi vendida em 2003, mas a Kölner Verbund ainda manteve a marca Küppers. Desde 2004, a cervejaria Brau und Brunnen e, consequentemente, as cervejarias Kölner Verbund, fazem parte do Radeberger Group, o maior conglomerado cervejeiro da Alemanha. Atualmente, todas as marcas da Kölner Verbund combinadas já foram superadas em produção pela Reissdorf, que hoje chega a produzir cerca de 0,64 milhão de hectolitros de *kölsch* por ano, ao passo que a produção da Kölner Verbund é de 0,55 milhão de hectolitros.

Karl-Ullrich Heyse e Horst Dornbusch

kvass é uma cerveja *sour* com teor alcoólico médio de origem eslava, usualmente elaborada a partir de pão ou farinha de centeio e condimentada com menta ou frutas. Hoje é possível encontrá-la pelas ruas e esquinas da Rússia, Ucrânia, Letônia, Uzbequistão e muitos outros países da Europa Oriental, sendo normalmente servida a partir de tanques móveis ou de garrafas de dois litros, como um refrigerante (ao qual ela é próxima, tão qual é próxima da cerveja). As origens de sua produção são tão remotas e vagas quanto a origem da maioria dos refrescos fermentados caseiros, mas acredita-se que tenha sido um componente básico da dieta nessas regiões por milhares de anos. A *kvass* é citada em vários clássicos da literatura russa, como *O jardim das cerejeiras*, de Tchékhov, *Os irmãos Karamázov*, de Dostoiévski, e *A morte de Ivan Ilitch*, de Tolstói.

Assim como as origens da própria cerveja, as primeiras versões de *kvass* foram sem dúvida o resultado de um acidente feliz, a partir de misturas de água e pão de centeio velho ou farinha de centeio que fermentaram espontaneamente e produziram bebidas levemente ácidas e com certo teor alcoólico. As versões comerciais eram provavelmente produzidas com leveduras cervejeiras, embora as elaborações caseiras normalmente empregassem leveduras de panificação, mais prontamente disponíveis. Diversas frutas têm sido empregadas para flavorizar as *kvass*, incluindo limão, uva-passa e morango, assim como para atenuar a acidez do fermento. Atualmente, versões sem álcool são comercializadas ao lado de refrigerantes como a Coca-Cola. Os grandes produtores têm se empenhado fortemente em imprimir um senso de orgulho nativo à *kvass*, uma bebida tradicional da região, contra outros produtos mais globalizados.

Ver também RÚSSIA.

Jackson, M. Porter and *kvass* in St. Petersburg. **Ale Street News**, 1º fev. 1998.

Kvass. Disponível em: http://www.cyberbride.org/kvass.html. Acesso em: 2 maio 2011.

Mosher, R. **Radical brewing: Recipes, tales, & world-altering meditations in a glass**. Boulder: Brewers Publications, 2004.

Dick Cantwell

La Chouffe, nome popular da Brasserie d'Achouffe, é uma cervejaria regional, localizada na região de Ardennes, Bélgica, no vilarejo de Achouffe. Foi fundada por Chris Bauweraerts e seu cunhado Pierre Gobron em 1982, quando os dois brassaram seus primeiros 49 litros de La Chouffe em um antigo chiqueiro usando duas antigas lava-roupas de cobre. Seu exemplo foi Pierre Celis, e a inspiração para a sua primeira cerveja veio da Hoegaarden Grand Cru. Ver CELIS, PIERRE e HOEGAARDEN. O sabor picante único e o gnomo barbudo de capuz vermelho no rótulo ("Chouffe", um mascote fantasioso local) provaram ser uma combinação bem-sucedida, e as vendas dispararam. A demanda os obrigou a substituir e expandir sua cervejaria seis vezes nos 25 anos seguintes. Em 1999, o engarrafamento foi transferido para uma instalação em Fontenaille, a quatro quilômetros de distância. A Duvel Moortgat comprou a cervejaria em 2006 e realizou várias alterações, incluindo a construção de uma nova instalação para o tratamento de águas residuais, duplicando a capacidade de produção de cerveja, e acondicionando suas cervejas em garrafas de 330 mililitros, bem como nas tradicionais garrafas de 750 mililitros. A La Chouffe produz cinco cervejas: La Chouffe (desde 1982; 8% de álcool por volume ABV e 25 EBU), Mc Chouffe (desde 1987; 8% ABV e 25 EBU), Chouffe Bok 6.666 (desde 1991; 6,6% ABV e 35 EBU), N'Ice Chouffe (desde 1993; 10% ABV, condimentada com tomilho e cascas de laranja Curaçao e 25 EBU) e a híbrida IPA-*tripel* Houblon Chouffe (lançada em 2006; 9% ABV e 50 EBU). A maioria é refermentada na garrafa. As cervejas da Brasserie d'Achouffe agora são exportadas para mais de vinte países, e a La Chouffe Blonde é produzida sob licença pela Brasseurs RJ, em Montreal, Canadá.

Derek Walsh

La Choulette, Cervejaria, originalmente conhecida como Brasserie Bourgeois-Lecerf, foi fundada no final da década de 1970 por Alain Dhaussy, da terceira geração de uma família de cervejeiros e um pioneiro do renascimento da produção de cervejas francesas especiais. Localizada na comunidade rural de Hordain, essa clássica cervejaria rural remonta à década de 1880.

La Choulette produz uma ampla gama de *ales*. O carro-chefe é La Choulette Amber, sua interpretação da clássica *bière de garde*, lançada em 1981. Antes de lançar uma *bière de garde* no início da década de 1980, a cervejaria produzia *lagers* de acordo com a tradição alemã. Ver BIÈRE DE GARDE. La Choulette produz diversas variações do estilo *bière de garde*, incluindo La Choulette Blonde e Les Sans Coulottes. Fiel ao seu *status* como produtora de cervejas especiais, La Choulette produz uma série de cervejas sazonais, *bière de mars* ("cerveja de março") para a primavera, e Choulette de Noël, algumas *ales* de frutas e várias outras marcas produzidas sob contrato para outras empresas.

Um fato incomum sobre La Choulette é que suas cervejas são engarrafadas *sur lees* ("com a levedura"), uma técnica do passado que já não é praticada pela maioria dos cervejeiros franceses que produzem cervejas especiais. Essa técnica tradicional permite à cerveja desenvolver uma complexidade de sabor adicional com a idade. Os produtos mostram a charmosa variabilidade que é de se esperar de uma pequena cervejaria rural.

Com uma produção anual de cerca de 4 mil hectolitros, La Choulette permanece uma pequena cervejaria-butique. Os produtos estão disponíveis na França, na Itália, na Grã-Bretanha e nos Estados Unidos. O sr. Dhaussy, um apaixonado pela rica história cervejeira de sua região, administra, no local, um museu sobre a produção de cerveja.

Jackson, M. **Beer companion**. Philadelphia: Running Press, 1993.
Markowski, P. **Farmhouse ales**. Denver: Brewers Publications, 2004.
Woods, J.; Rigley, K. **The beers of France**. Wiscombe: The Artisan Press, 1998.

Phil Markowski

Labatt Brewing Company Ltd. é a subsidiária canadense da AB-InBev e controla cerca de 40% do mercado canadense. Criada em 1847, quando o irlandês John Kinder Labatt assumiu uma pequena cervejaria em London, Ontário, a Labatt tem hoje seis cervejarias em todo o país, de Creston, British Columbia, no oeste, até St. John's, Newfoundland, no leste. A Labatt produz mais de sessenta marcas no Canadá, incluindo a Labatt Blue, que, por muitos anos, foi a principal marca da cervejaria. Originalmente lançada em 1951 como Labatt Pilsner, foi rebatizada Blue em 1968. Hoje, a cerveja mais vendida produzida pela Labatt é a Budweiser, que também é a marca mais vendida no Canadá.

Nos últimos anos, a Labatt tem ampliado sua gama de cervejas Alexander Keith's. Originalmente uma marca regional da costa leste, a Keith's cresceu e se tornou um nome reconhecido nacionalmente. Além do seu principal produto, uma *India pale ale* (que apesar do nome tem pouco caráter de lúpulo), a marca Keith's agora inclui uma *dark ale*, uma *wheat beer*, uma *red ale* e uma *light ale*. Embora um pouco mais saborosa que os principais produtos da Labatt, a linha Keith's tem, no entanto, recebido pouca aclamação dos consumidores de cerveja artesanais.

Em 2007, a Labatt assumiu a cervejaria de baixos preços Lakeport Brewing Company. Em 2010, a Labatt mudou a produção das marcas de baixos preços da fábrica original da Lakeport em Hamilton, Ontário, para a fábrica da Labatt em London, Ontário, e fechou a de Hamilton.

A Labatt começou a distribuir amplamente cervejas importadas da Bélgica, como Stella Artois, Leffe e Hoegaarden, depois de ter sido adquirida pela Interbrew em 1995. A Interbrew (incluindo a Labatt) foi adquirida pela brasileira AmBev em 2004, formando a InBev, empresa que comprou a Anheuser-Busch em 2008. Além dos produtos AB-InBev tais como Budweiser e Bud Light, a Labatt também produz outras cervejas sob licença, incluindo Guinness Stout Extra.

Ver também CANADÁ.

Josh Rubin

lacing

Ver ADERÊNCIA DA ESPUMA.

lactobacilos são um dos mais comuns e temidos microrganismos deterioradores da cerveja. Pertencem ao grupo das bactérias láticas, que também inclui os *Pediococcus*. Há muitas espécies de lactobacilos, entre as quais *Lactobacillus brevis*, *L. lindneri* e *L. delbrueckii*. Os lactobacilos são gram-positivos e apresentam a forma de bastonetes. Ver COLORAÇÃO GRAM. Eles crescem melhor em ambientes com pH de 4,0 a 5,0 e temperatura em torno de 30 °C. Algumas espécies de lactobacilos têm uma alta tolerância aos compostos de lúpulo e podem sobreviver sob condições anaeróbias.

Da mesma forma que as leveduras cervejeiras, os lactobacilos metabolizam açúcares como principal fonte de energia, mas, de forma diferente, eles produzem ácido lático em vez de etanol. Isso é uma qualidade desejável para um microrganismo usado na produção de alimentos como iogurte, mas a acidez lática perceptível é um *off-flavor* na maioria dos estilos de cerveja. Os lactobacilos também produzem outros *off-flavors*, incluindo o diacetil. Cervejas com uma séria infecção por lactobacilos se tornarão frequentemente turvas.

Embora indesejáveis na maioria das cervejas, em alguns estilos de cerveja os lactobacilos ajudam a criar parte do sabor característico. Essas incluem a maioria das *sours belgas* como as *lambics*, american *sours*, a *Berliner weisse* tradicional e mesmo a *witbier* belga que tradicionalmente apresenta ao menos um pouco de acidez lática.

O malte geralmente tem uma grande população de lactobacilos em sua casca. Algumas cervejarias alemãs usam pequenas quantidades de malte para inocular o mosto não lupulado com a finalidade de acidificá-lo. Esse mosto acidificado pode então ser usado na acidificação da mosturação ou do mosto na tina de fervura, sem violar a Lei da Pureza da Cerveja.

Existem vários métodos disponíveis para testar a presença de lactobacilos na cerveja. Eles variam do simples cultivo em placas de petri à rápida PCR (*polymerase chain reaction*). Ver REAÇÃO EM CADEIA DA POLIMERASE (PCR). Amostras para teste podem ser obtidas em qualquer lugar da cervejaria, dos tanques de fermentação à cerveja embalada. As técnicas de análise continuam avançando com dois objetivos: rápida detecção e baixo custo.

Ver também ÁCIDO LÁTICO, CONTAMINANTES DA CERVEJA, LAMBIC, PEDIOCOCCUS e SOUR BEER.

Priest, F.; Campbell, I. **Brewing microbiology**. 2 ed. London: Chapman & Hall, 1996.

Chris White

Rótulo de uma *lager* anterior à Lei Seca da The Christian Heurich Brewing Company, de Washington, DC. Durante a Lei Seca, a empresa conseguiu manter-se ativa graças à sua fábrica de gelo, que fornecia gelo para fins domésticos, refrigeradores comerciais e até mesmo, durante algum tempo, para o Congresso e para a Suprema Corte. PIKE BREWERY MUSEUM, SEATTLE.

lager é uma das duas abrangentes famílias de bebidas à base de grãos que compõem o que se denomina "cerveja". A outra família é a *ale*. Ver ALE. Embora as terminologias sejam discutíveis, geralmente se aceita que todos os estilos de cerveja no mundo se encaixam em uma dessas duas famílias. Abaixo dessa divisão principal há uma série de distinções que subdividem as cervejas em mais de cem estilos, alguns claramente distintos e outros com delimitações um tanto confusas. Ver ESTILO DE CERVEJA. As *lagers* são as jovens emergentes do mundo da cerveja, mas ao longo dos últimos 150 anos elas surgiram da Europa Central e se difundiram a uma velocidade incrível. Hoje, aproximadamente nove entre cada dez cervejas consumidas em todo o mundo são *lagers*. Tecnicamente, existe apenas uma diferença principal entre *ales* e *lagers*: o tipo de levedura utilizado para a fermentação do mosto em cerveja. Para colocar de forma simples, leveduras *ales* (*Saccharomyces cerevisiae*) produzem cervejas *ales* e leveduras *lagers* (*Saccharomyces pastorianus*) dão origem a cervejas do tipo *lager*. Ver também LEVEDURA, LEVEDURA ALE e LEVEDURA LAGER. Embora a maioria das leveduras *ales* fermentem o mosto a temperaturas relativamente mais elevadas, normalmente entre 15 °C e 24 °C, as leveduras *lagers* podem trabalhar a temperaturas significativamente mais baixas, normalmente entre 6 °C e 13 °C. As leveduras *lagers* também conduzem a fermentação muito mais lentamente quando comparadas às *ales*, produzem menos subprodutos de fermentação e são consideradas "mais limpas e frescas" ao paladar pela maioria dos consumidores. As leveduras *lagers* também não costumam formar uma camada espessa e densa na superfície do mosto durante a fermentação primária; ao invés disso, tendem a se depositar no fundo do tanque. É por esse motivo que as leveduras *lagers* também são denominadas "leveduras de baixa fermentação", ao contrário das *ales*, que são as de "alta fermentação". Ver ALTA FERMENTAÇÃO e BAIXA FERMENTAÇÃO. Se o mosto passa por uma fermentação primária rápida, a temperaturas mais elevadas e com uma levedura *ale*, ele se converte em uma cerveja *ale*. Se o mosto é fermentado em temperaturas mais baixas e mais lentamente por uma levedura *lager*, ele se torna uma cerveja *lager*. O cervejeiro certamente tem suas intenções, mas o mosto em si é agnóstico quanto a seu destino – é a levedura quem decide o futuro dele enquanto cerveja.

O nome *lager* vem do verbo *lagern*, que, em alemão, significa "armazenar". Isso porque normalmente as *lagers* são maturadas após a fermentação, com as leveduras, por semanas ou meses, em temperaturas próximas ou mesmo inferiores à de congelamento. Ver MATURAÇÃO. Esse período de maturação, portanto, também é denominado "maturação a frio". Ver MATURAÇÃO A FRIO. Durante esse processo, alguns compostos indesejáveis de aroma e sabor são reabsorvidos e transformados pelas leveduras, que se depositam no fundo do tanque, deixando a cerveja clarificada. Existe uma percepção comum de que as *lagers* são douradas, suaves ao paladar e com baixo teor alcoólico, enquanto as *ales* são mais escuras, encorpadas e fortes. De fato, tais premissas não são verdadeiras. A coloração de uma cerveja, nem o seu teor alcoólico, não está relacionado com o fato de ela ser *lager* ou *ale*. Existem *lagers* escuras e fortes assim como há *ales* mais claras e suaves, e qualquer outra combinação desses dois atributos também é possível. As *lagers* compreendem uma grande variedade de sabores. Existem *lagers* escuras, quase pretas e até mesmo achocolatadas; existem *lagers* defumadas; *lagers* espessas, pesadas e docemente maltadas; *lagers* de coloração âmbar; *lagers* douradas e rústicas; *lagers* douradas e aromáticas; *lagers* maltadas amarelo-palha; *lagers* douradas, bem lupuladas e efervescentes; e *lagers* para emborcar, muito fracas e leves, geralmente produzidas em massa e com uso de adjuntos. Ver ADJUNTOS, BOCK, CERVEJA LIGHT, DOPPELBOCK, HELLES, MÄRZENBIER, PILSNER, RAUCHBIER, SCHWARZBIER e VIENNA LAGER. Para o consumidor de cervejas, a diferença entre *ales* e *lagers* reside no sabor e no aroma. O sabor das *lagers* costuma ser regido mais pelos ingredientes do que pela levedura. Os protagonistas ao paladar e ao olfato são os grãos e os lúpulos. Ésteres frutados e sabores condimentados costumam ficar em segundo plano, e os sabores são diretos e com foco. O caráter de fermentação evidente geralmente fica limitado a ligeiras lufadas sulfurosas, e às vezes nem isso. As *ales* podem ser mais complexas, mas as *lagers* bem elaboradas podem ser admiráveis em sua relativa simplicidade. Durante praticamente toda a história da humanidade até meados dos anos 1800, e praticamente sem que cervejeiros ou apreciadores se dessem conta, as cervejas foram se tornando *ales* ou *lagers* quase que casualmente, dependendo da temperatura ambiente e das condições climáticas gerais. Em climas temperados, as leveduras do tipo *ale* costumam se tornar dominantes nas fermentações antes que as leveduras *lagers*, de crescimento mais lento, possam se estabelecer. Em climas mais frios, especialmente no inverno, as leveduras *ales* simplesmente permanecem em estado de dormência, deixando apenas aquelas do tipo *lager* ativas no mosto em fermentação. Devido à dormência das bactérias durante os meses de inverno, a cerveja produzida nessa estação também tendia a apresentar menor risco de contaminação – as leveduras *lagers*, que fer-

Salvo por uma breve interrupção durante a Lei Seca, a Quandt Brewing Company, situada em Troy, no estado de Nova York, funcionou de 1859 até 1942.
PIKE BREWERY MUSEUM, SEATTLE.

mentam a temperaturas mais baixas, eram capazes de superar as bactérias. Como resultado, as cervejas elaboradas no inverno duravam mais do que aquelas produzidas durante o verão, as quais costumavam azedar muito rapidamente. Esse fato não escapou à atenção dos cervejeiros da Europa Central durante a Idade Média. Por essa razão, o duque Albrecht V da Baviera decretou em 1553 que, daquele momento em diante, em seu reino, toda a produção de cerveja deveria parar entre 23 de abril e 29 de setembro. Foi em função desse decreto – talvez menosprezado até pelos historiadores da cerveja – que a Baviera, com seus invernos rigorosos ao pé dos Alpes, avançou firmemente no desenvolvimento de cervejas tipo *lager*. Daí em diante, necessariamente todo estilo de cerveja desenvolvido na Baviera era da família das *lagers*. É por esse motivo que praticamente todos os estilos de cerveja do tipo *lager* produzidos no mundo hoje em dia, sejam artesanais ou industriais, apresentam raízes bávaras. Depois de algum tempo, as leveduras *ales* sumiram de cena na cultura cervejeira de baixa fermentação da Baviera. As cervejas elaboradas às vésperas da data limite em abril, hoje conhecidas como *märzenbiers* (cervejas de março), tinham que resistir ao verão até a temporada cervejeira no outono, motivo pelo qual eram armazenadas a frio ("*lagered*") nas adegas e cavernas com blocos de gelo recortados dos lagos durante o inverno. Essa prática trabalhosa de armazenamento da cerveja a frio na Europa Central só foi abandonada no último quarto do século XIX, após Carl von Linde inventar, em 1873, a refrigeração mecânica para tanques de armazenamento de cerveja. Ver LINDE, CARL VON. O advento da refrigeração tornou possível a produção de cervejas *lager* em qualquer parte do mundo e em qualquer estação do ano. As *lagers*, apesar de serem mais custosas para produzir e maturar, eram mais bem armazenadas e transportadas que as *ales*. Ao final do século XIX, a nova malha ferroviária possibilitou a difusão das *lagers* por toda a Europa, e, a partir de então, esse estilo de cerveja antes obscuro passou a dominar o panorama cervejeiro mundial.

Horst Dornbusch, Michael Zepf e Garrett Oliver

Lallemand é uma companhia canadense que produz leveduras e bactérias para a produção de cervejas, pães, vinhos, etanol combustível, bebidas destiladas, nutrição animal e bioingredientes. Para os cervejeiros, a empresa oferece leveduras secas para a produção tanto de cervejas *ales* quanto de *lagers*. Fundada em Montreal no ano de 1915, a Lallemand iniciou a produção de leveduras em 1923. Na década de 1970, a companhia acrescentou ao portfólio leveduras específicas para destilarias e vinícolas, bem como leveduras para *kits* de cervejeiros caseiros. Uma década mais tarde, a empresa começou a abrir companhias subsidiárias na Europa, África, Austrália, Ásia e nos Estados Unidos. Em 2000, a Lallemand adquiriu uma participação majoritária do Siebel Institute of Technology, em Chicago, e, em 2001, comprou a empresa inglesa de aditivos cervejeiros AB Vickers Ltda., de Burton-on-Trent. A Lallemand atualmente conduz pesquisas sobre fermentação em laboratórios em Toulouse, na França, e em Montreal, no Canadá, e atua ativamente nas áreas de sabores de cerveja, refermentação em garrafa, clarificação da cerveja, fermentação, microbiologia e manipulação de leveduras. A maior parte de suas leveduras é comercializada sob a marca Danstar.

Ver também CANADÁ.

John Holl

lambic é um estilo de cerveja de trigo *sour* (ácida) produzida em Bruxelas e arredores. Para os padrões mundiais, a produção de *lambic* é escassa e o volume bastante pequeno. Em sua melhor expressão, a *lambic* está entre as bebidas mais interessantes e complexas já criadas. A técnica de fermentação remonta aos tempos medievais, muito anterior à compreensão dos novos conceitos microbiológicos desenvolvidos por Louis Pasteur e às técnicas de Emil Christian Hansen para produzir linhagens puras de levedura na segunda metade do século XIX. De modo geral, todas as cervejas sempre foram produzidas sem o conhecimento da existência de bactérias ou cultivos puros de levedura, e uma certa acidez ao paladar era percebida como algo normal em vez de incomum. No transcorrer do século XX, contudo, os equipamentos cervejeiros foram sendo aperfeiçoados e as técnicas tornaram-se mais sofisticadas, principalmente em função da revolução nas áreas da química e da microbiologia. A produção de cerveja tornou-se um processo com maior controle e as cervejas passaram a ser um produto mais consistente, que já não azedava ou se contaminava tão facilmente. Já podia ser produzida, transportada e armazenada de modo mais seguro, o que foi de grande relevância comercial para toda a cadeia comercial, desde o produtor até o revendedor. Ainda assim, a despeito dessa tendência geral em direção ao controle das práticas de produção, a elaboração de *lambic* continuou a ser uma especialidade longeva e cativante, típica de Bruxelas e de seus arredores, uns poucos vilarejos na região de Pajottenland.

A essência da *lambic* é uma fermentação complexa que tem por base bactérias e leveduras selvagens presentes naturalmente no ambiente. Nesse âmbito, assemelha-se muito aos vinhos de fermentação espontânea que se encontram em voga entre os amantes dessa bebida. Existem duas etapas principais de fermentação no processo de elaboração das *lambics*, ambas envolvendo microrganismos "selvagens" ou nativos. O primeiro estágio essencialmente produz etanol e dura de 3 a 6 meses. O segundo leva basicamente à produção de ácidos e dura entre 12 e 24 meses. A essência de qualquer fermentação de *lambic*, frequentemente descrita como sendo um processo espontâneo, é basicamente determinada pelos microrganismos locais presentes na própria cervejaria e em seu entorno. Aqueles organismos capazes de se alojar nos barris, nas estruturas e nas superfícies de madeira ao longo do tempo contribuem para certa estabilidade dessas populações mistas e conferem o caráter único de cada cervejaria produtora de *lambic*. Atualmente, o estilo *lambic* inclui cervejas azedas e secas, envelhecidas e complexas, ou até mesmo frutadas e ado-

Garrafas de champanhe vazias nas adegas da Cervejaria Boon, em Lembeek, Bruxelas, esperando para serem lavadas. As garrafas são enchidas com *lambic*, fechadas com rolha e travadas com gaiolas de arame para conter a pressão que aumenta durante o estágio final da fermentação em garrafa. Esse tipo de condicionamento em garrafa dá à cerveja finalizada uma efervescência refrescante, parecida com a de champanhe. FOTOGRAFIA DE DENTON TILLMAN.

çadas com açúcar ou xarope. De um modo irônico para a modernidade, algumas são até mesmo adoçadas com aspartame ou sacarina, uma prática bastante malvista pelos entusiastas.

A elaboração de uma *lambic* reflete certa sinergia com a natureza e com os antigos ensinamentos passados por diversas gerações de cervejeiros. As *lambics* são tradicionalmente produzidas apenas entre os meses de outubro e abril, quando a temperatura ambiente costuma estar abaixo de 15 °C. É importante ressaltar que o aumento das temperaturas nos sucessivos meses da primavera e do verão estimula a fermentação, exatamente quando a atividade de bactérias e leveduras decai devido ao esgotamento dos açúcares fermentáveis.

As *lambics* apresentam uma série de particularidades em comparação com outros estilos de cerveja mais corriqueiros. Enquanto a cevada malteada compõe apenas parte da mostura, sua formulação leva grande proporção de trigo não malteado, por vezes 30% a 40%. Essa composição da mostura requer certo controle das temperaturas para que ocorra a gomificação e conversão da maioria do amido dos grãos em açúcares fermentáveis. Ver MOSTURA. Ainda que se empreguem lúpulos nas *lambics*, curiosamente eles não são adicionados frescos, mas somente após serem envelhecidos durante vários anos. Ao longo desse envelhecimento intencional, os lúpulos ficam velhos e oxidados, incorporando aromas a queijo e feno. Tais propriedades são posteriormente melhoradas por um longo processo de fervura e, de alguma forma, mascaradas por outros aromas na cerveja pronta. Os cervejeiros produtores de *lambic* não buscam exatamente o amargor do lúpulo, mas sim suas propriedades como preservativo natural. Nas cervejas *lambic*, o sabor adocicado de malte não é balanceado pelo amargor de lúpulo, mas pela acidez láctica.

Na sala de brassagem, a mosturação das *lambics* pode ser feita por decocção ou infusão sob temperaturas controladas. Ver DECOCÇÃO e MOSTURAÇÃO POR INFUSÃO. A mosturação começa à temperaturas de aproximadamente 45 °C, com repousos sucessivos a 55 °C, 65 °C e 72 °C. Isso garante a quebra adequada do amido e de proteínas de alto peso molecular. Após a filtração, o mosto passa por uma fervura de várias horas com os lúpulos envelhecidos. Feito isso, o mosto lupulado é bombeado para grandes tanques rasos de cobre ou aço inoxidável denominados *coolships*. Ver COOLSHIP. Devido à grande área superficial, o mosto rapidamente se resfria. O *coolship* geralmente é construído logo abaixo do telhado da cervejaria, com aberturas laterais ou respiradouros na parede para que haja um bom fluxo de ar fresco e frio que carrega a microflora nativa. Em alguns casos, um ventilador de baixa rotação é usado para induzir a circulação de ar. À medida que o ar passa sobre a superfície do mosto durante a noite, induz seu resfriamento e acaba por inoculá-lo com microrganismos trazidos por ele. O mosto, que é um meio nutritivo, acaba sendo povoado por uma população mista de bactérias e leveduras selvagens, sendo então transferido para barris de madeira que, geralmente, permanecem abertos e em contato com o ar.

As fermentações de *lambic* têm sido objeto de intenso estudo científico, que resultou na identificação de muitos dos microrganismos envolvidos. Uma típica fermentação de *lambic* evolui com uma sucessão de organismos que competem entre si e que, por conseguinte, metabolizam os nutrientes e simultaneamente transformam o perfil químico do mosto ao incorporarem novos subprodutos metabólicos. Nesse processo, à medida que um grupo de microrganismos declina, outro começa a prosperar, crescer e modificar as características do fermento. Esse processo continua até que a última comunidade tenha consumido seus nutrientes específicos e dado sua particular contribuição para os aromas da cerveja. O resultado final é o típico perfil de sabor da *lambic* (*sour*, complexo), em harmonia com o particular perfil de sabor do ambiente da cervejaria em que foi criada.

Existem essencialmente dois tipos de fermentação que transformam um mosto em *lambic*: uma fermentação que produz álcool e uma fermentação que produz ácido. A fermentação pode ser dividia em quatro etapas cronologicamente distintas. A primeira ocorre a temperaturas entre 18 °C e 20 °C e é conduzida tanto por bactérias entéricas, como *Enterobacter cloacae, Enterobacter aerogenes* e *Klebsiella aerogenes*, como por cepas de leveduras selvagens, como *Kloeckera apiculata* e *Saccharomyces globosus*. No decorrer de aproximadamente um mês, esses microrganismos provocam uma fermentação mista que gera álcool e dióxido de carbono, mas também ácidos acético, lático, succínico e fórmico. Essa mistura de produtos metabólicos induz uma alteração química no fermento que acaba por reduzir a atividade desses organismos. À medida que a acidez aumenta, diversas espécies de *Saccharomyces* – como *Saccharomyces cerevisiae, Saccharomyces bayanus, Saccharomyces uvarum* e *Saccharomyces inusitatus* – começam a prosperar e transformam a maioria dos açúcares do mosto em etanol, além de alguns álcoois superiores, acetato de etila e lactato de etila. Ver pH. Essa segunda etapa da fermentação é bastante vigorosa e pode durar até seis meses, durante os quais a excessiva formação de espuma pode deixar uma crosta seca ao redor da abertura do barril de carvalho.

A etapa seguinte da fermentação envolve bactérias *Pediococcus damnosus*, que se desenvolvem bem a temperaturas acima de 20 °C e produzem ácido láctico e diacetil. Essa fase pode durar de três a quatro meses.

A etapa fermentativa final envolve duas espécies de levedura do gênero *Brettanomyces, Brettanomyces bruxellensis* e *Brettanomyces lambicus*. Esses organismos estão presentes no fermento em populações muito reduzidas e conferem a algumas *lambics* sua peculiar característica de sabor e aroma a "Brett", memoravelmente descrita como uma nota a "manta de cavalo". *Brettanomyces bruxellensis* foi identificada pela primeira vez em cervejas *lambic* e parece ser particularmente incidente nos arredores de Bruxelas, enquanto *Brettanomyces lambicus* prevalece nas regiões rurais adjacentes. Assim, a peculiar composição de organismos em diferentes localidades incorpora uma espécie de *terroir* e caráter individual a cada cerveja *lambic*. A levedura *Brettanomyces* pode fermentar açúcares residuais muito lentamente, incluindo maltotriose e maltotetraose, e transformá-los em pequenas quantidades de etanol e ácido acético. Também sintetizam acetato de etila, lactato de etila e tetra-hidropiridinas – associadas ao peculiar aroma "a rato" –, além de compostos fenólicos voláteis – associados com aromas medicinais e a estábulo – e ácidos caprílico e cáprico e seus ésteres – associados a sabores "de cabra". Geralmente, a *Brettanomyces* produz uma película ou filme sobre a superfície da cerveja no barril. Isso reduz o potencial de oxidação do líquido contido no barril e, por conseguinte, o risco de contaminação por *Acetomonas*, as bactérias do vinagre, que poderiam tornar a cerveja excessivamente acética e com sabor de vinagre.

Os sabores típicos da *lambic* podem ser desafiadores ao paladar e, se presentes em excesso ou em desarmonia, podem conferir sabores que seriam indesejáveis até mesmo para o mais aventureiro dos apreciadores. Desse modo, o cervejeiro produtor de *lambic* permanece sempre sobre uma linha muito tênue entre criar uma bebida sensorialmente deliciosa ou ofensiva. Embora um certo toque de acidez láctica, por exemplo, possa proporcionar um sabor picante, assim como no caso de um bom *champagne*, uma acidez intensa pode tornar a bebida impalatável. Do mesmo modo, esse toque "caprino" pode conferir uma complexidade intrigante à cerveja, mas em demasia faz com que se torne rançosa. Esse é um dos motivos que muitas *lambics* geralmente são uma mescla de diferentes lotes, algumas vezes de distintos anos. Apesar disso, ocasionalmente um lote de *lambic* pode sofrer contaminação e precisar ser descartado, devido ao fato de haver sido exposto ao ar após a fermentação, talvez em função de um barril danificado que propiciou o crescimento de *Acetomonas* e superprodução de ácido acético.

As cervejas *lambic* evoluíram ao longo do tempo e deram origem a distintas variedades a partir de uma base comum, e os cervejeiros modernos continuam adaptando suas *lambics* a diferentes localidades e para diferentes mercados de exportação. Ao lado das *lambics* tradicionais, universalmente bastante secas, existem atualmente algumas versões que são adoçadas para mascarar algumas características "selvagens" da cerveja. Tal desenvolvimento tem sido motivo de muitos debates na Bélgica e até levado à formação de um grupo específico de consumidores que se aferra exclusivamente ao estilo tradicional e artesanal.

Tipos de *lambic*

Lambic
A *lambic* não misturada não é carbonatada, desprovida de espuma, azeda e é servida apenas na forma de chope em algumas poucas localidades ao redor de Bruxelas e nas vilas onde é produzida. Frequentemente apresenta aroma e sabor parecidos aos de sidra e é servida em jarras de cerâmica e em copos baixos (*tumblers*). É uma bebida bastante complexa e não é exportada. Se buscarmos em antigas pinturas flamengas, como *A Dança Camponesa*, de Pieter Bruegel, as jarras sobre as mesas são tipicamente usadas para cerveja *lambic*.

Bière de mars
A *bière de mars* é uma cerveja produzida a partir da segunda extração do mosto (*parti-gyle*) das *lambics* regulares. Por isso, é uma *lambic* "fraca" de densidade indeterminada na tina de fervura. Ver BIÈRE DE MARS e PARTI-GYLE.

Faro
É uma versão de *lambic* com baixo teor alcoólico e adoçada com *candi sugar* caramelizado marrom. Normalmente é elaborada a partir de uma mistura de partes iguais de *lambic* e *bière de mars*. A *faro* era, ao princípio, uma cerveja barata, uma versão de *lambic* para a "classe operária", sendo hoje raramente encontrada. Ver FARO.

Gueuze
É o estilo mais comum de *lambic* tradicional sem frutas. A *gueuze* (também pronunciada "*guse*", porém mais frequentemente como "*gur-zá*") é uma mistura de *lambics* jovens e envelhecidas, refermentada em garrafa – em proporções de um terço a dois terços – e geralmente comercializada em garrafas com rolha e gaiola. Ver CONDICIONAMENTO EM GARRAFA. A *lambic* jovem ainda contém alguns açúcares residuais, possibilitando uma fermentação secundária e uma alta carbonatação natural na garrafa. A mistura pode conter *lambics* em diferentes estágios de maturação, de acordo com a percepção do cervejeiro. Quanto mais envelhecidas, mais ricas as *lambics* serão em *Brettanomyces*, e mais secas e complexas serão as *gueuzes*. Por outro lado, com *lambics* mais jovens, as *gueuzes* apresentarão sabor mais suave. Devido ao fato de essas misturas variarem conforme a preferência de cada cervejeiro em particular, não existe um perfil de sabor homogêneo para esse estilo de cerveja. Isto, no entanto, é parte do charme.

A maioria das *gueuzes* apresenta um estímulo carbônico inicial que evolui para um final seco, ácido e complexo. Existem também *gueuzes* no mercado que são adoçadas com açúcar ou adoçante artificial. O estilo original geralmente é rotulado como "*tradition*" ou "*oud*". Este último significa "*old*" (velho) em flamengo e deve ser evitado.

Fruit
Diversos estilos populares de *lambic* incorporam frutas inteiras, polpas ou sucos. Em geral, trata-se de *lambics* jovens em que os açúcares da fruta

propiciam uma fermentação secundária em barris. As *fruit lambics* podem apresentar um caráter ácido e complexo balanceado pelo aspecto frutado. Algumas dessas cervejas incluem uma mistura de pequenos volumes de *lambic* tradicional com xarope de frutas adoçado e pasteurizado. Essas *fruit lambics* apresentam um sabor frutado eminente e franco, podendo assemelhar-se mais a cervejas com frutas do que a *lambics* complexas.

A *kriek* é uma *lambic* com cerejas. É a autêntica *fruit lambic* e a mais popular do estilo. Apresenta coloração avermelhada com matizes âmbar e espuma rosada. As cerejas usadas tradicionalmente em sua elaboração são de uma variedade notoriamente ácida denominada *schaerbeek*, endógenas de uma área específica ao redor do vilarejo de Schaerbeek, próximo de Bruxelas. Hoje em dia, essas cerejas são cultivadas também em algumas outras regiões da Europa, especialmente na Polônia, assim como em outras partes da Bélgica, norte da França e Alemanha. Para a produção de *kriek* tradicional, usam-se as frutas frescas inteiras, recém-colhidas, quando as temperaturas de verão ainda são elevadas. Após a adição da fruta esmagada à cerveja no barril, em poucos dias inicia-se uma segunda fermentação, que pode ser bastante vigorosa e com frequentes derramamentos de espuma. Assim, o batoque do barril pode ser preenchido com gravetos soltos para evitar que os caroços de cereja venham à tona e obstruam a abertura. É curioso mencionar que esses galhos são frequentemente cobertos por teias de aranha, algo bem visto pelos cervejeiros, uma vez que as aranhas também garantem que nenhuma mosca ou qualquer outro inseto contamine a *lambic*. A *kriek* pode ser maturada em barril por diversos meses à medida que as leveduras consomem as cerejas. Feito isto, são tradicionalmente refermentadas em garrafa, de onde emergem bastante secas e fantasticamente complexas.

A framboesa – "*framboise*" em francês –, assim como a groselha-negra e o pêssego, também são frutas frequentemente utilizadas nas *lambics*. No entanto, outras frutas não tradicionais, como *cranberries* e morango, também têm sido usadas para *fruit lambics* por cervejeiros experimentais modernos. Tais inovações, apesar de serem consideradas algo controversas pelos mais tradicionalistas, têm indubitavelmente ajudado essa idiossincrática família de cervejas a manter certa popularidade e a conservar vivo o estilo *lambic*. As *fruit lambics* adoçadas costumam ser mais bem aceitas por um maior número de paladares e colaboram para que muitos consumidores venham a provar as versões tradicionais mais exigentes.

De Keersmaecker, J. The mystery of lambic beer. **The Scientific American**, ago. 1996.

Esslinger, H. M. **Handbook of brewing**. Weinheim: Wiley-VCH Verlag GmbH & CoKGaG, 2009.

Guinard, J. X. **Lambic**. Denver: Brewers Publications, 1990.

Shanta Kumara, H. M. C.; Verachtert, H. Identification of lambic superattenuating microorganisms by the use of selective antibiotics. **Journal of the Institute of Brewing**, n. 97, p. 181-185, 1991.

Sparrow, J. **Wild brews: beer beyond the influence of brewers's yeast**. Denver: Brewers Publications, 2005.

Bill Taylor

lambswool

Ver CHRISTMAS ALES.

Lao Li

Ver CHINA.

laranja Curaçao

laranja Curaçao é uma fruta cítrica cultivada em Curaçao, uma pequena ilha-nação que faz parte do Reino da Holanda e situa-se nas Antilhas, ao norte da costa da Venezuela. Os espanhóis se estabeleceram na ilha em 1527 e rapidamente plantaram pomares de laranja. Há uma discussão se a variedade plantada era Sevilha ou Valência, mas, o que se sabe é que as laranjas não cresceram bem no solo vulcânico e clima árido de Curaçao. Os frutos eram pequenos, amargos e intragáveis. Os colonos continuaram tentando, e ao adaptar-se às condições locais a planta ganhou novas características, a designação de espécie *Citrus aurantium currassiviencis* e um novo nome, a "*laraha*".

Enquanto o fruto *laraha* em si tem pouco valor, a casca contém muitos aromas agradáveis e é usada para produzir versões tradicionais do licor Curaçao e *triple sec*. Os holandeses tomaram Curaçao em 1815 e, assim como outras especiarias, a casca de laranja amarga acabou chegando na cerveja holandesa e belga. A casca pode ser usada para flavorizar muitos tipos de cervejas, mas é mais conhecida como um ingrediente tradicional da *witbier* belga à base de trigo. Ver WHITE BEER. A casca, que é verde antes da secagem, se torna cinza e de aparência quase embolorada com a dessecação, sendo geralmente adicionada na tina de fervura. Os cervejeiros têm vários métodos para utilizá-la, mas a maioria envolve embeber a casca no mosto por alguns minutos antes do final da fervura, tomando o cuidado de não a ferver em excesso para não expulsar os óleos aromáticos desejados. Depois de ser embebida, a casca deve ser removida do mosto. Os compostos aromáticos da casca da laranja amarga são bastante diferentes daqueles obtidos a partir da casca da laranja doce mais simples. Quando concentrado, o aroma da casca da laranja amarga pode afastar-se do aroma cítrico e assumir uma pungência semelhante ao aroma de carne, que faz lembrar cachorro-quente. Portanto, embora seja um sabor valioso para o arsenal do cervejeiro, ela é uma especiaria que deve ser usada com moderação.

Jackson, M. **Michael Jackson's beer companion.** 2. ed. Philadelphia: Courage Books, 2000.
Philbrick, H. Spirits of the Caribbean. **Wine report**, 2007.

Garrett Oliver

A **lavagem ácida** da levedura é um método eficaz para remover bactérias contaminantes da levedura cervejeira entre a coleta e a reinoculação. É normalmente utilizada em cervejarias que reutilizam suas leveduras por muitas gerações. A levedura pode ser lavada a cada geração ou sempre que houver suspeita de contaminação. O ácido fosfórico de uso alimentício é recomendado para acidificar a levedura até um pH de 2,2 a 2,5; a temperatura deve ser mantida entre 2 °C e 4 °C durante duas horas com agitação suave para proteger as células contra danos. Observou-se que uma lavagem ácida utilizando a combinação de persulfato de amônio com ácido fosfórico foi mais eficaz na remoção da maioria das bactérias. Algumas bactérias que sintetizam ácido láctico podem apresentar resistência ao tratamento; no entanto, resinas de lúpulo podem ser adicionadas como uma precaução adicional. O processo de lavagem não remove leveduras selvagens, as quais são resistentes ao baixo pH. Muitas pesquisas têm sido feitas com o objetivo de saber se o inóculo de levedura é afetado negativamente pelo processo de lavagem ácida, e muitos cervejeiros veem esse processo como um remédio capaz de salvar vidas, mas com fortes efeitos colaterais: como um último recurso. No entanto, algumas cervejarias empregam a lavagem da levedura como uma parte regular do manejo e manutenção da cultura. Em condições padronizadas de fermentação, com o procedimento realizado corretamente, a levedura deve permanecer saudável. Leveduras coletadas em fermentações com mosto de elevada densidade ou sob condições fisiológicas pobres podem resultar em perda de viabilidade celular em decorrência do tratamento com ácido. As leveduras lavadas com ácido devem ser inoculadas no mosto imediatamente após o tratamento. É importante ressaltar que a lavagem ácida não é necessária se os padrões de higiene forem mantidos elevados, se a levedura for armazenada durante um período mínimo entre as produções e não for reutilizada por mais de cinco a dez gerações.

Cunningham, S.; Stewart, G. G. Effects of high gravity brewing and acid washing on brewers' yeast. **Journal of the American Society of Brewing Chemists**, n. 56, p. 12-18, 1998.
Simpson, W. J.; Hammond, J. R. N. The response of brewing yeast to acid washing. **Journal of the Institute of Brewing**, n. 95, p. 347-354, 1989.

Sylvie Van Zandycke

Lee's Brewery

Ver J. W. LEES BREWERY.

A **Leffe, Cervejaria**, começou quando os monges de Leffe, da ordem premonstratensiana, começaram a cultivar lúpulo, moer grãos e produzir cerveja na abadia Notre-Dame de Leffe, província de Namur, Bélgica, durante o século XIII. Depois de sobreviver a uma inundação do rio Meuse em 1460 e depois a um grande incêndio, seis anos depois, a cervejaria começou a prosperar a partir do século XVII. A Leffe ficou conhecida pela qualidade da sua cerveja, e a cervejaria foi ampliada e renovada nesse momento. Em 1796 a abadia foi declarada propriedade do Estado, embora a produção de cerveja tenha continuado em quantidades limitadas até 1809. Em algum momento durante a Primeira Guerra Mundial, as tinas de fermentação originais foram derretidas para fazer munição.

Após a Segunda Guerra Mundial, o abade Nys decidiu reavivar a produção de cerveja no local. Com a assistência profissional do cervejeiro Albert Lootvoet, a Leffe *brown ale* foi relançada em 1952. Posteriormente, a Interbrew – agora AB-InBev – comprou a operação de Lootvoet em Overijse, Bélgica. Hoje, AB-InBev produz cinco cervejas de "abadia" de alta fermentação sob o rótulo Leffe: *blonde*, *brune* (ou Leffe Dark), Leffe 9 °, *triple* e *radieuse* (também conhecida como Vieille Cuvée). Agora, todas as cinco são feitas em uma grande fábrica da Stella Artois em Leuven, com a Abadia Notre-Dame de Leffe recebendo os *royalties* pela sua venda. As cervejas Leffe são filtradas e tendem a certo dulçor no palato. Apoiada pelo alcance de mercado da maior fabricante de cerveja do mundo, as cervejas Leffe hoje estão disponíveis em mais de sessenta países em todo o mundo. AB-InBev mantém um pequeno museu, em frente à abadia, que pode ser visitado entre os meses de abril e outubro. Muitos dos edifícios da abadia, incluindo a igreja, datam dos séculos XVII e XVIII.

Ver também BÉLGICA e CERVEJAS DE ABADIA.

Abbaye Notre-Dame de Leffe. Disponível em: http://www.abbaye-de-leffe.be/-The-History-/>. Acesso em: 7 jun. 2010.
Jackson, M. **Great beer guide**. London: Dorling Kindersley, 2000.
Jackson, M. **Great beers of Belgium**. 3. ed. Philadelphia: Running Press, 1998.
Leffe. Disponível em: http://www.leffe.com/en-us/het_erfgoed.html#video/. Acesso em: 5 jun. 2010.

Ben Keene

Legacy é uma variedade de cevada de seis fileiras para malteação cultivada no oeste do Canadá e dos Estados Unidos. Foi desenvolvida pela Busch Agricultural Resources Inc. através do cruzamento entre 6B86-3517 e Excel. É considerada bem adaptada ao Meio-Oeste setentrional e às áreas entre montanhas dos Estados Unidos e Canadá. A Legacy foi recomendada em 2001 como cevada para malteação pela American Malting Barley Association Inc. Ela amadurece um pouco mais tarde do que a Robust, mas possui produtividade de 5% a 9% superior. Apresenta suscetibilidade moderada à ferrugem foliar e do caule e resistência moderada à mancha reticular; além de resistência intermediária à giberela. A Legacy é uma variedade protegida pela Lei de Proteção de Cultivares, que fornece direitos semelhantes a patentes para os desenvolvedores de plantas exclusivas, incluindo cultivares de cevada e lúpulo.

American Malting Barley Association Inc. **Barley Variety Dictionary Supplement – Legacy**. Disponível em: http://www.ambainc.org/media/AMBA_PDFs/Pubs/Barley_Dictionary/Legacy.pdf. Acesso em: 29 mar. 2011.
Canadian Grain Commission. Disponível em: http://www.grainscanada.gc.ca/. Acesso em: 29 mar. 2011.

Martha Holley-Paquette

legislação regulamentando as bebidas alcoólicas, sua produção, distribuição e consumo, existe desde que elas têm feito parte da sociedade. Assim que as bebidas alcoólicas entraram na vida social de uma comunidade, desenvolveram-se políticas para o seu controle. Enquanto os sumérios da antiga Mesopotâmia foram a primeira civilização a transformar os campos de grãos em rios de cerveja, seus conquistadores, os babilônios, tornaram a produção da bebida um objetivo de governo, especialmente quando Hamurabi (1728 a 1686 a.C.) assumiu o trono. Hamurabi governou o seu reino com punho de ferro, e nenhum aspecto da vida, incluindo a produção de cerveja, pôde escapar do seu "código", que hoje é considerado o primeiro conjunto de leis da humanidade. O "Código de Hamurabi" permanece esculpido em uma coluna de 2,13 metros de altura de diorito ígneo verde-acinzentado, atualmente exposta no museu do Louvre, em Paris. Nessas leis, Hamurabi classificou a cerveja em vinte diferentes categorias, oito delas produzidas somente de cevada, e as demais por uma mistura de grãos. A cerveja mais valiosa e mais cara da Babilônia era a cerveja pura de espelta. Havia também cervejas puras de trigo, cervejas claras, cervejas vermelhas e cervejas escuras – assim como uma cerveja envelhecida para exportação, principalmente para o Egito, onde a sede por cerveja expandia-se rapidamente. Ele então impôs o controle de preços tanto aos cervejeiros como aos taberneiros, e as primeiras leis da cerveja foram firmadas.

Desde então, as comunidades têm experimentado vários métodos de controle das bebidas alcoólicas, desde elevados impostos até a completa proibição de todas elas. Talvez as duas leis mais famosas e significativas sejam a bávara Lei da Pureza da Cerveja de 1516 e a Lei Seca dos Estados Unidos (aprovada e anulada pelas 18ª e 21ª emendas, respectivamente). Ver LEI DA PUREZA DA CERVEJA e LEI SECA.

A Lei da Pureza da Cerveja (Reinheitsgebot) ordenava que somente cevada, água e lúpulo poderiam ser utilizados na produção de cerveja (o papel da levedura na fermentação era ainda um mistério naqueles tempos). Mas esse decreto também fixou preços estritos para as cervejas da Baviera, um objetivo-chave desse documento subestimado pelos modernos cervejeiros devotos das técnicas que ele propagava. De fato, a palavra *"Reinheit"* (pureza) sequer aparece no documento original, e somente 31 das 315 palavras, ou seja, 9,85% do decreto, trata dos ingredientes da cerveja. O resto fala de preços obrigatórios para as cervejas no verão e no inverno, assim como das penalidades para os violadores do controle de preço decretado. Ao longo dos séculos, o decreto foi modificado com emendas que incluíram a levedura como um ingrediente legítimo da cerveja, e o controle de preços foram removidos. Em seu lugar, foram adicionadas regras complicadas permitindo o uso de trigo malteado assim como de açúcar invertido como adjuntos, mas somente para cervejas de alta fermentação. Também foi especificado que qualquer cerveja que não seguisse as prescrições dos ingredientes da legislação não poderia ser chamada de "cerveja" e detalhava os impostos que os cervejeiros tinham que pagar sobre seu mosto. O decreto adquiriu seu nome atual de Lei da Pureza da Cerveja somente em 1918, após um deputado desconhecido do parlamento do estado da Baviera chamá-la dessa maneira durante um debate sobre os impostos de cerveja.

A Lei Seca americana, ao contrário, em vez de regulamentar a produção, venda e transporte de bebidas alcoólicas, simplesmente as proibiu inteiramente. A Lei Seca, estranhamente, não bania explicitamente a posse ou o consumo de bebida alcoólica, mas somente a sua produção e venda. O crime organizado e o contrabando rapidamente tornaram-se efetivos em suprir a demanda que as entidades legais não poderiam suprir. Mas a anulação da Lei Seca teve um custo: o sistema do "não" foi substituído por um sistema licenciado federal de três camadas que proibiu os cervejeiros de vender os seus produtos diretamente para um varejista ou diretamente para o consumidor. Em vez disso, a cerveja podia ser somente distribuída a varejistas e ao público indiretamente, através de um intermediário chamado de distribuidor ou atacadista. A intenção ostensiva desse sistema complexo e de distribuição e licenciamento era eliminar o elemento criminal das vendas de bebidas alcoólicas, assim como refutar os principais argumentos dos proibicionistas, ou seja, sua oposição a sistemas de distribuição integrados verticalmente, que permitiam às cervejarias possuir distribuidores assim como bares, no sistema conhecido como *"tied houses"*, e assim criar monopólios locais e regionais, ditando os preços. Separando as camadas, pensou-se que os cervejeiros teriam que competir pela conta dos distribuidores e os distribuidores teriam que competir pela conta dos varejistas. Embora esse modelo faça sentido na teoria, na prática nem sempre apresentou o efeito desejado. As grandes cervejarias nacionais ainda podem conceder ou reter favores, como créditos para atacadistas, e então coagi-los simplesmente em virtude da fatia de negócios do atacadista que uma determinada marca representa. As pequenas cervejarias podem ter dificuldade em vender as suas cervejas aos consumidores simplesmente em virtude da pequena parcela de negócios que elas representam para o distribuidor em seu mercado local. Para a cervejaria, então, a atenção do distribuidor torna-se quase tão importante quanto ganhar a aprovação e a atenção do consumidor. O modelo de distribuição integrado verticalmente, com seus distribuidores associados e *tied houses*, tem sido substituído por regulamentações federais e estaduais nos Estados Unidos, mas ainda é amplamente utilizado na Alemanha, Irlanda e muitos outros países.

Nos Estados Unidos, os estados foram autorizados, após a Lei Seca, a formular seus próprios regulamentos específicos sobre os detalhes operacionais do sistema de três camadas em seus limites territoriais. Como resultado, um incrível e complicado mosaico de diferentes e frequentemente conflitantes listas de legislações estaduais emergiram para regulamentar o comércio das bebidas alcoólicas. Alguns estados reservaram as vendas de bebidas alcoólicas exclusivamente para agências estaduais; outros criaram conselhos estaduais de controle de bebidas alcoólicas para supervisionar o licenciamento das empresas envolvidas na produção e venda de bebidas alcoólicas. Outros estados definiram regras sobre quais empresas podiam e quais não podiam vender bebidas alcoólicas. Em alguns estados, portanto, somente empresas especializadas na venda de bebidas alcoólicas foram autorizadas a vender bebidas destiladas, vinho e/ou cerveja; em outros estados, os supermercados foram autorizados a vender bebidas alcoólicas. Em alguns estados, houve até mesmo regulamentações acerca da quantidade de álcool que a cerveja deveria conter. Muitas dessas regulamentações, muitas delas espetacularmente estranhas, ainda permanecem.

Embora os americanos pensem que a Lei Seca foi unicamente americana, isso não é verdade – dos países nórdicos, somente a Dinamarca escapou de qualquer forma de controle severo durante os anos de 1910 e 1920. A proibição total de bebidas alcoólicas foi pequena na Islândia, durante somente de 1915 a 1922, mas a cerveja permaneceu banida até 1989. O sistema de racionamento da Suécia finalmente deu lugar ao monopólio atual do estado (Systembolaget), e sistemas similares permanecem na Noruega (Vinmonopolet), Islândia (Vínbúdin) e Finlândia (Alko). Até mesmo a Bélgica, bastião da cultura cervejeira, sofreu uma forma danosa de proibição de bebidas alcoólicas a partir dos anos de 1890.

Um dos maiores objetivos da legislação de controle de bebidas alcoólicas – frequentemente envolto no manto do dever moral, da preservação da ordem pública e da decência, da proteção da saúde pública e da limitação do crime – é a geração e o controle de receitas financeiras. Em outras palavras, as leis regulamentando as bebidas alcoólicas invariavelmente envolvem impostos, bem como taxas de licenciamento que incidem sobre as empresas que estão envolvidas na produção e venda. Ver IMPOSTOS. Os impostos incidentes sobre a cerveja podem ter diversos formatos. Há impostos federais, estaduais e municipais sobre venda, que incidem sobre cervejarias, atacadistas, varejistas e consumidores; impostos especiais sobre o consumo e impostos sobre o valor agregado, separadamente ou em combinação. Nos Estados Unidos, os impostos sobre o consumo são usualmente pagos pela empresa que produz a cerveja, importadora ou atacadista. Em muitos países escandinavos, todas as bebidas alcoólicas carregam pesados impostos sobre venda e as vendas realizadas por varejistas são frequentemente feitas somente através de empresas de monopólio do governo. Alguns países – Estados Unidos e Alemanha – apresentam impostos menores sobre a cerveja do que sobre bebidas destiladas e vinho.

Outro método de controle de bebidas alcoólicas – um que está ganhando crescente apelo ao redor do mundo – é a imposição de uma idade mínima para beber. Em 1984, os Estados Unidos exigiram que todos os estados aumentassem a idade mínima para ingestão de bebidas alcoólicas para 21 anos. Outros países, que tradicionalmente não apresentavam idades legais para a ingestão de bebidas alcoólicas, mais recentemente aprovaram legislação semelhante. A França, por exemplo, decretou uma idade mínima de 18 anos para a compra de bebidas alcoólicas. Na maioria dos países, a idade mínima para a compra de bebidas alcoólicas está entre 16 e 18 anos de idade. Muitos países não criminalizam o consumo de bebidas alcoólicas por menores de idade se eles estiverem acompanhados de seus pais.

A maioria dos países também apresenta leis restringindo a propaganda e o marketing das bebidas alcoólicas. Essas leis podem variar desde a completa proibição de publicidade nos meios de comunicação a regulamentos estritos quanto ao que pode ou não pode ser declarado pelo marketing de bebidas alcoólicas. Mas os cervejeiros têm usado a criatividade para se adequar às restrições do mercado. As campanhas de comercialização de cerveja sutilmente miram em grupos específicos e envolvem a imprensa escrita, a televisão e a mídia digital, bem como patrocínios e concursos.

Dada a miríade do envolvimento legislativo e administrativo na produção e na distribuição da cerveja e das bebidas alcoólicas em geral, a indústria do álcool é uma das mais regulamentadas em todo o mundo. Cada nação tem encontrado suas próprias formas peculiares de prescrever o que a indústria pode ou não pode fazer... e, certamente, de lucrar através das taxas e impostos resultantes desse envolvimento. Cervejarias, atacadistas e varejistas devem se adaptar às regras e regulamentações que governam os seus negócios e seus ambientes locais.

Ver também IMPOSTOS e MARKETING.

Lincoln, A.; Lincoln, B. **21 questions about opening a brewery in the United States**. Beaverton: Dark Train LLC, 2009.

Mcgowan, R. **Government regulation of the alcohol industry: The search for revenue and the common good**. Westport: Quorum Books, 1997.

Anda Linloln e Horst Dornbusch

A **Lei da Pureza da Cerveja** se refere a um decreto emitido originalmente pelo duque da

Baviera Wilhelm IV em 23 de abril de 1516, por ocasião de uma reunião da Assembleia dos Estados em Ingolstadt, norte de Munique. O texto original diz que: "Desejamos [...] imediatamente que [...] em todas as nossas cidades e mercados e na zona rural nenhum outro item além de cevada, lúpulo e água sejam usados". Desde então, esse decreto passou por inúmeras iterações, revisões e emendas, e hoje é parte da moderna lei de imposto alemã, onde reside sob o título rebuscado de "Seção 9 do Aviso Público relativo à Emenda da Lei Provisória da Cerveja datada de 29 de julho de 1993". A Lei da Pureza da Cerveja pode ter cinco séculos de idade, mas seu atual nome, Reinheitsgebot, é muito mais recente. Esse termo foi inventado em 4 de março de 1918 por um membro obscuro do Parlamento Estadual da Baviera, Hans Rauch, durante um debate fervoroso sobre a tributação da cerveja. Antes disso, a lei era simplesmente conhecida pelo nome prosaico de "Surrogatverbot" (proibição de adjuntos ou produtos substitutos). Ver ADJUNTOS. Graças à sua longevidade, a Lei da Pureza da Cerveja hoje é considerada a mais velha lei do mundo de segurança alimentar e proteção de consumidores ainda válida.

Talvez seja muito pouco apreciado o fato de que existem na realidade duas Leis da Pureza atualmente, a da Baviera e a da Alemanha. Enquanto a versão bávara ainda restringe o uso de qualquer coisa além do malte de cevada, lúpulo, água e levedura – um ingrediente que foi adicionado depois de sua descoberta no final do século XVII – para todas as cervejas de baixa fermentação, ela permite o uso adicional de malte de trigo e de centeio, por exemplo, apenas em cervejas de alta fermentação. A versão alemã, por outro lado, é um pouco mais branda ao tratar de cervejas de baixa fermentação. Elas também podem ser produzidas com a adição de "açúcar de cana, açúcar de beterraba, açúcar invertido e açúcar de amido modificado tecnicamente puros, assim como agentes de coloração produzidos a partir desses açúcares". Historicamente, portanto, é um anacronismo se referir à Lei da Pureza da Cerveja alemã de 1516. A versão "alemã" simplesmente não existia naquela época, apesar desse indicador ser encontrado em diversos rótulos de cervejas *ale* e *lager* alemãs atualmente. Na verdade, no norte da Alemanha, o uso de substitutos de malte como arroz, amido e fécula de batata era não apenas legalmente permitido, mas protegido pela Lei Imperial Alemã de 1873, que garantia que os cervejeiros que operavam dentro da "Comunidade Norte-Alemã de Tributação da Cerveja" pagassem impostos por matérias-primas de produção de cerveja também sobre esses ingredientes. Foi apenas em 3 de junho de 1906 que o Segundo Império Alemão adotou a atual compreensão da Lei da Pureza da Cerveja em toda a Alemanha. Quando a Baviera se tornou um estado membro da República de Weimar, em 1918, uma das condições para sua adesão era que a nova república continuasse adotando a Lei da Pureza da Cerveja, assim como fez o Império Alemão anteriormente. A Baviera insistiu na mesma coisa em 1949, quando se juntou à atual República Federal da Alemanha.

As cervejarias alemãs – inclusive na Baviera – que não aderem à Lei da Pureza da Cerveja podem vender suas bebidas, mas não podem chamá-las de "cerveja". Em 1987, no entanto, a Corte Europeia desferiu um sério golpe a essa compreensão da Lei da Pureza da Cerveja ao decidir que a lei equivalia a uma restrição inadmissível ao livre comércio contra as cervejas produzidas no restante da Europa. As cervejarias não alemãs, portanto, foram autorizadas, a partir daí, a vender bebidas fora do padrão da Lei da Pureza da Cerveja dentro da Alemanha e chamá-las de "cerveja", enquanto os cervejeiros alemães, com sua legislação interna, ainda eram obrigados a seguir a legislação quando produziam cervejas destinadas ao seu próprio mercado interno. Mas os cervejeiros alemães agora estavam autorizados – de acordo com a nova Seção 9 (7) Emenda da Lei Provisória da Cerveja – a se afastar das restrições da Lei da Pureza da Cerveja quando produziam cervejas para exportação... exceto na Baviera, onde os cervejeiros ainda tinham que aderir à versão bávara da lei.

Ver também BAVIERA.

Bavarian Brewers Federation, Munique. Disponível em: http://www.bavarianbeer.com.

Horst Dornbusch e Karl-Ullrich Heyse

lei de Dalton. John Dalton (1766-1844) foi um químico e físico inglês que estudou o comportamento dos gases. Sua lei de pressões parciais, estabelecida em 1801, descreve como os gases ideais se comportam em uma mistura. Ela afirma:

$$P_{total} = p_1 + p_2 + p_3 + \ldots + p_n$$

Em essência, a pressão total em um sistema fechado contendo uma mistura de gases é igual à soma das pressões parciais de cada um dos gases individuais.

As implicações para os cervejeiros são encontradas nas áreas de carbonatação, extração e oxidação da cerveja, onde sistemas de gases mistos são encontrados. Uma mistura de dióxido de carbono e ar está presente no *headspace* da garrafa de cerveja. Segundo a lei de Dalton, cada gás da mistura contribui para a pressão total no *headspace* da garrafa, alcançando a sua própria pressão parcial de equilíbrio com o gás em solução na cerveja. Assim, a concentração do oxigênio em solução na cerveja dependerá apenas da pressão parcial do oxigênio no *headspace*, e não da pressão total no interior da garrafa, cuja maior parte é dióxido de carbono. Isso também explica por que a maioria das cervejas, quando servida através de sistemas pressurizados que utilizam uma mistura de gases rica em nitrogênio, acabará por perder a sua carbonatação. Embora a pressão do nitrogênio possa empurrar a cerveja até a torneira da chopeira, apenas a pressão do dióxido de carbono pode manter o dióxido de carbono em solução. O não entendimento desse princípio por parte do operador de um estabelecimento costuma ser responsável pela cerveja servida com um nível de carbonatação abaixo do original.

Ver também CHOPE, DIÓXIDO DE CARBONO e OXIDAÇÃO.

Steve Parkes

lei de Darcy descreve o fluxo de um líquido através de um meio poroso. Ela foi formulada pelo engenheiro francês Henry Darcy, em 1856, baseada em experimentos sobre a passagem da água através da areia. No contexto cervejeiro é aplicável à filtração do mosto e da cerveja, em que o líquido passará mais rápido através de meios porosos com grande área de superfície, pequena profundidade e alta carga hidráulica (ou seja, pressão diferencial). No entanto, o meio filtrante é crítico – os fatores que influenciam a permeabilidade incluem o tamanho da partícula e a porosidade. As partículas maiores permitem um fluxo de líquido mais rápido (menos líquido "retido"). Os líquidos menos viscosos fluem mais rapidamente.

$$\frac{\text{Taxa de fluxo líquido}}{} = \frac{\text{Pressão} \times \text{Área de superfície} \times \text{Permeabilidade}}{\text{Profundidade} \times \text{Viscosidade}}$$

O desenho da tina de filtração e do filtro de mosto obedecem à lei de Darcy. As tinas de filtração são bastante largas, com pequena profundidade e dependem de cascas de malte pouco danificadas (grande porosidade) e de mostos que não sejam excessivamente viscosos. O filtro de mosto não depende das cascas do malte, cuja função é substituída pelas placas, mas esta última cumulativamente equivale a uma grande área de superfície, e a distância entre as placas (equivalente à profundidade da camada de malte) é muito pequena. Além disso, em um filtro de mosto há a possibilidade de comprimir a camada de malte através da aplicação de pressão e retirar o mosto.

Ver também FILTRAÇÃO, FILTRO DE MOSTO e TINA DE FILTRAÇÃO.

Briggs, D. E. et al. **Brewing: Science and practice**. Cambridge: Woodhead, 2004.

Charles W. Bamforth

lei de Henry é uma relação que regula a partição de uma substância em equilíbrio entre a atmosfera e a fase aquosa. Ela determina que a uma temperatura constante, a solubilidade de uma substância é diretamente proporcional à pressão parcial p dessa substância:

$$p = k_H c$$

em que c é a concentração em solução aquosa (por exemplo a cerveja) e k_H é sua constante da lei de Henry. Na cerveja, a lei de Henry regula a carbonatação e a evolução do dióxido de carbono (CO_2) para fora do líquido quando ela é servida. A lei leva o nome de William Henry, um químico inglês de Manchester, que em 1802 descreveu experimentos sobre a quantidade de gases absorvidos pela água sob diferentes temperaturas e pressões.

A lei de Henry é mais aplicável a gases que não tenham atingido os seus limites de saturação e que não reajam com o solvente. Existem diferentes unidades de k_H na literatura, e é preciso ter cuidado ao realizar cálculos relevantes. Através da comparação de k_H para diferentes solutos, é possível prever as solubilidades relativas num dado líquido. A constante k_H também pode ser utilizada para calcular a concentração de equilíbrio de uma substância tanto na atmosfera quanto na fase aquosa. Os valores de k_H são obtidos empiricamente e sua estimativa é confiável apenas para substâncias de baixa solubilidade.

Pode-se observar os efeitos da lei de Henry ao abrir uma garrafa de cerveja (ou outra bebida gaseificada). Os níveis de carbonatação em cervejas típicas são de cerca de 4 g/L a 5 g/L (2 a 2,5 volumes), enquanto a concentração de equilíbrio do CO_2 à temperatura de serviço é de cerca de 2,5 g/L. Ao abrir uma garrafa, portanto, o sistema tenderá ao equilíbrio e as bolhas se formarão conforme o CO_2 for liberado para a fase gasosa.

Ver também CARBONATAÇÃO.

Wolfgang David Lindell

lei de Stokes foi assim chamada em homenagem a George Gabriel Stokes, um matemático de origem irlandesa que estudou o comportamento dos fluidos. Ele desenvolveu uma equação que descreve a força necessária para mover uma esfera através de um fluido a uma determinada velocidade. Sua fórmula pode ser rearranjada para calcular a velocidade final de uma esfera caindo através de um fluido, o que a torna útil para determinar o tempo que os sólidos em suspensão levam para sedimentar em um tanque de cervejaria. Os cervejeiros podem também usá-la para entender como manipular as variáveis envolvidas e aumentar a taxa de sedimentação. A equação usada pelos cervejeiros é

$$V_s = \frac{2}{9}\frac{(\rho_p - \rho_f)}{\mu}gR^2$$

em que V_s é a velocidade da partícula em m/s, ρ_p é a densidade da partícula em kg/m³, ρ_f é a densidade do fluido em kg/m³, g é a aceleração da gravidade em m/s², R é o raio da partícula em metros, e μ é a viscosidade do fluido em kg/m/s.

Um olhar cuidadoso sobre a equação mostra que o maior impacto que um cervejeiro pode ter sobre a velocidade de sedimentação de uma partícula – sem afetar a qualidade da cerveja – é um aumento do raio das partículas. Por exemplo, ao dobrar o raio da partícula, o tempo de sedimentação diminui quatro vezes. Os cervejeiros usam esse princípio para acelerar a clarificação por meio da sedimentação, adicionando agentes inertes que promovem a união de leveduras e outras partículas, formando partículas de tamanhos maiores e acelerando a sedimentação. Ver AGENTES CLARIFICANTES. A equação é algumas vezes escrita com o termo 2/9 substituído por 1/18. A equação também pode ser adaptada para ser aplicada à centrifugação, onde a cerveja é centrifugada em alta velocidade, o que aumenta a aceleração das partículas pela gravidade. A centrifugação é usada principalmente na redução preliminar das partículas em suspensão, especialmente leveduras, após a fermentação e antes do armazenamento a frio e maturação.

Lewis, M. J.; Young, T. W. **Brewing**. 2. ed. New York: Kluwer Academic/Plenum Publishers, 2002.

Steve Parkes

Lei Seca, ou "o Nobre Experimento", refere-se ao período entre 1919 e 1933, quando a venda, a produção e a distribuição de bebidas alcoólicas eram ilegais nos Estados Unidos. Apesar de ter durado apenas catorze anos, a Lei Seca foi o apogeu de décadas de protestos e incitações, e teve resultados que ainda são sentidos hoje. Ela permanece o ponto focal do contínuo debate sobre os perigos e benefícios potenciais do álcool e sobre o direito da população de beber como preferir.

Motivações

É fácil para aqueles que gostam de bebidas alcoólicas julgar os proibicionistas como fundamentalistas radicais ou como desmancha-prazeres miseráveis, então é importante, se quisermos entender a Lei Seca adequadamente, verificar as condições sob as quais ela surgiu. Ao longo da história das bebidas alcoólicas, epidemias de consumo destrutivo sempre aconteceram em tempos de grandes turbulências sociais, quando populações enfrentaram o desmoronamento de seus estilos de vida e a incerteza de uma nova realidade econômica e social.

Um desses períodos foi a rápida industrialização dos Estados Unidos, na última metade do século XIX. Assim como a Grã-Bretanha experimentara sua própria epidemia de *gin* na primeira Revolução Industrial, um século antes, também os Estados Unidos foram transformados por forças que agiam quase fora de controle. As grandes empresas que construíram ferrovias, indústrias de manufatura e centros financeiros seguiram em frente por um tempo com poder ilimitado, com pouca consideração pelas consequências sociais de suas ações. Pobreza, violência, escravidão, prostituição e alcoolismo eram vistos como chagas no rosto da jovem nação, e as classes médias estavam ansiosas para definir uma moralidade e um senso de sociedade que elas achassem dignos de serem descritos como americanos.

O álcool foi um dos vários alvos – com alguma justificativa. Apesar de diversos *saloons* serem bem administrados, havia também aqueles que incentivavam as crianças a beber para induzi-las ao hábito, ou atraíam os homens com comida ou cerveja de graça para persuadi-los a continuar bebendo. Violência e desordem movidas a álcool, apesar de talvez não epidêmicas, eram certamente problemas importantes em áreas urbanas.

A lei do Maine

No estado do Maine, em 1851, uma lei foi aprovada para proibir a venda de todas as bebidas alcoólicas, com exceção daquelas com "fins produtivos, mecânicos ou medicinais". Foi uma tentativa de "validar os valores da família americana", como as leis contra o adultério, o duelo e os jogos de loteria que eram aprovadas pelos legislativos estaduais naquela época. O exemplo do Maine logo se disseminou, e até 1855 um total de doze estados haviam se juntado ao Maine em uma proibição total ao álcool.

A lei foi altamente impopular, e a oposição logo se mostrou violenta. Distúrbios como os "motins da cerveja *lager*" em Chicago, em 1855, levaram à revogação da lei em 1856. Mas essas leis, de qualquer modo, não estavam funcionando – os estados "secos" não podiam fazer nada para evitar o transporte de bebidas alcoólicas através de suas fronteiras, e alguns estados simplesmente optaram por não as aplicar. Embora o consumo de álcool estivesse na verdade diminuindo antes de a lei do Maine ser aprovada, o consumo de cerveja, vinho e uísque nos Estados Unidos aumentou entre 1850 e 1860.

O ano de 1861 viu a eclosão da Guerra Civil Americana. Dentro da nova moral emergente da sociedade, a campanha contra a escravidão temporariamente empurrou a questão da temperança para trás da fila. A bancada antibebida recuou para reconsiderar a causa e começou a se reorganizar de forma muito mais efetiva.

O Movimento Feminino Cristão de Temperança e a Anti-Saloon League

Em 1873, o Movimento Feminino Cristão de Temperança se formou, não para defender a temperança, mas para defender a proibição total das bebidas alcoólicas. Ele o fez pois acreditava que o *saloon* era o centro dos males da sociedade, e fez campanha para que os fechassem usando uma mistura de orações e ações de confronto direto.

O membro mais famigerado do Movimento, Carrie Nation, era uma senhora imponente, com 1,82 metro de altura, vestida de preto e segurando um machado. Em 1890, o Kansas era um estado "seco", mas a lei não estava sendo cumprida. Com um grupo de irmãs, Nation orava e lia a Bíblia do lado de fora de um *saloon* na cidade de Medicine Lodge, esperando que Deus forçasse seu fechamento. Ela acabou cansando de esperar, entrou no *saloon* com seu machado e o reduziu a pequenos pedaços de madeira, enquanto os clientes fugiam e os funcionários permaneciam boquiabertos. Entre 1900 e 1910 ela foi presa trinta vezes por conduta violenta e dano criminal. Ela pagava suas fianças com as taxas que recebia com suas palestras e com a venda de machados de *souvenir*. Em suas próprias palavras, ela era "um *bulldog* correndo aos pés de Jesus, latindo para aquilo de que Ele não gosta".

A Anti-Saloon League (ASL) preferia a política mais cuidadosa a manobras sensacionalistas e, em última análise, foi mais efetiva. A ASL, o primeiro grupo verdadeiro de pressão contra um único problema, foi fundado em 1893 em Oberlin, Ohio, por Howard Hyde Russell, que contornou a política e as lutas internas que perseguiam outros grupos organizando a ASL mais como uma corporação burocrática do que como um grupo de interesse especial democrático e liderado por uma comissão. A ASL focava mais no modo como os políticos votavam do que em se eles pessoalmente bebiam ou não. Ela apoiava candidatos políticos que não bebiam, pressionava os indecisos e foi capaz de ganhar votos para a Lei Seca.

Além da pressão direta sobre os políticos, a ASL realizou uma campanha de relações públicas muito efetiva demonizando as bebidas. Usando estudos "científicos" infundados e histórias de terror, sua propaganda simples efetiva retratava os consumidores como vítimas, atraídos e arruinados pelo *saloon*. Elas alegavam que o álcool matava 50 mil pessoas por ano e que depois do primeiro gole as

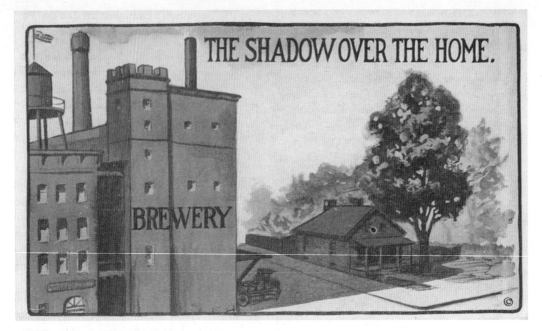

Cartão-postal, c. 1910, ilustrando a comum acusação proibicionista de que a indústria cervejeira prejudicava os lares americanos. PIKE MICROBREWERY MUSEUM, SEATTLE, WA.

pessoas se viciariam e desenvolveriam um hábito ruinoso. Ilustrações poderosas apareceram, como uma mostrando um homem algemado a uma garrafa gigante rotulada "hábito de beber" em um bar de um *saloon*, enquanto em casa sua filha pergunta: "Mamãe, por que o papai não vem para casa?". Uma outra, "Manhã de Natal na família Drunkard", simplesmente mostra crianças em roupas de dormir esfarrapadas, chorando à vista de suas meias vazias.

Ao longo de algumas décadas, a opinião popular se voltou contra o álcool. Até 1920, alguns americanos consideravam os consumidores de álcool com tal repulsa que, no XV Congresso Internacional Contra o Alcoolismo em Washington, dois médicos foram capazes de considerar com seriedade seu extermínio, antes de retirar essa proposta e sugerir o que chamavam de "método mais humano": simplesmente os colocar em campos de concentração e esterilizá-los.

Contra tudo isso, a indústria cervejeira fez pouco para se autoajudar. Práticas de promoção de vendas desagradáveis em *saloons* continuavam, e quando fabricantes de bebidas destiladas sugeriram uma campanha conjunta de pressão contra a Lei Seca, os cervejeiros se recusaram a reconhecer a causa comum. Já em 1916, uma publicação sobre a produção de cerveja declarava que "todos os homens odeiam os bêbados, e é o uísque que os deixa assim. Homens que bebem apenas cerveja podem ficar 'engraçadinhos', mas nunca bêbados".

Nesse mesmo ano, o Congresso aprovou a Décima Sexta Emenda, que concedeu ao governo federal o direito de criar um imposto de renda em todo o país. Um poderoso argumento contra a Lei Seca sempre fora o de que os impostos sobre a venda de bebidas alcoólicas rendiam ao governo 40% de sua receita. Agora, argumentavam os proibicionistas, esses fundos vitais poderiam ser levantados por outros meios.

O Ato Volstead

Em janeiro de 1917, reuniu-se o 65º Congresso, no qual os "secos" superavam o número de "molhados" por 140 a 64 no Partido Democrático e 138 a 62 entre os republicanos. Com a declaração de guerra dos Estados Unidos contra a Alemanha em abril, a poderosa bancada teuto-americana pró-cerveja foi silenciada, enquanto simultaneamente o debate sobre o melhor uso das matérias-primas durante o esforço de guerra adicionou outro argumento ao arsenal dos proibicionistas.

Em 18 de dezembro de 1917, o Senado propôs a Décima Oitava Emenda, estabelecendo uma definição legal para bebidas alcoólicas, proibindo a produção, venda e transporte de qualquer bebida com mais de 0,5% de álcool, e estabelecendo penalidades para quem a descumprisse. (Curiosamente, o consumo de álcool em si nunca foi proibido.) Naquele período, 33 dos então 48 estados já eram "secos": o Ato simplesmente ratificou aquilo em que muitos já acreditavam. O presidente Woodrow Wilson exerceu seu direito ao veto, dizendo enfurecido:

> Esses hipócritas miseráveis da Câmara e do Senado [...] muitos deles com suas adegas cheias de bebidas alcoólicas e não na proibição de modo algum – pulando dos chicotes dos lobistas [...] O país estaria melhor com vinhos e cervejas mais suaves.

O veto foi imediatamente anulado, e a Décima Oitava Emenda foi ratificada em 16 de janeiro de 1919 e colocada em prática um ano depois.

A era da Lei Seca

Rapidamente ficou claro que a Lei Seca era impraticável. O primeiro problema era o contrabando. Era ilegal transportar bebidas alcoólicas de um estado a outro; também era ilegal transportá-las através das fronteiras internacionais. Mas existia uma grande diferença entre afirmar isso e executar isso. Simplesmente não havia fiscais suficientes para impedir a entrada de bebidas alcoólicas nos Estados Unidos a partir do Canadá. Como um comentarista observou, "você não pode impedir uma bebida alcoólica de pingar por uma linha vermelha pontilhada". Não existem dados quantitativos de quanta bebida foi contrabandeada através da fronteira canadense, mas as receitas dos impostos sobre as bebidas alcoólicas do governo canadense aumentaram quatro vezes durante a Lei Seca, ao mesmo tempo que as estatísticas de consumo sugeriam que a quantidade de bebidas destiladas consumida pela população canadense praticamente caiu pela metade.

As bebidas destiladas também entravam nos Estados Unidos a partir das Índias Ocidentais. O contrabandeador Bill McCoy se tornou tão famoso pela qualidade de sua bebida que a expressão "*The Real McCoy*" ("O McCoy de verdade") entrou na língua para descrever um artigo genuíno.

Aqueles que não conseguiam obter o Real McCoy simplesmente produziam os seus próprios. É difícil tornar ilegal um processo que ocorre na natureza, e o álcool caseiro é fácil de ser produzido. Estima-se que 70 milhões de galões de destilados eram feitos de açúcar de milho todo ano. Estes eram misturados com glicerina e óleo de zimbro, criando o "gim de banheira" ("*bathtub gin*", assim chamado não por ser misturado em banheiras, mas porque era diluído com a água da torneira das banheiras).

A maior parte dessas bebidas alcoólicas importadas e feitas em casa era vendida em clubes de bebida encobertos ou clandestinos. Um fiscal da Lei Seca calculou que em 1926 existiam 100 mil deles apenas em Nova York, e apesar de serem algumas vezes invadidos, qualquer tentativa de erradicá-los era inútil quando diversos dignitários e oficiais municipais se encontravam entre seus clientes regulares.

Sugere-se muitas vezes que a Lei Seca foi um fracasso tal que o consumo de álcool na verdade aumentou durante sua vigência. Apesar de não existir medida exata do consumo clandestino de bebidas ilegalmente produzidas, isso provavelmente não é verdade. Mas o que não se pode negar é que a Lei Seca acabou por ter o efeito oposto ao que os defensores originais da temperança pretendiam. Antes da Lei Seca, havia ocorrido uma mudança consistente do consumo de bebidas destiladas para o consumo de cerveja. Uma vez ilegalizado o consumo de álcool, os clientes clandestinos tendiam a ser consumidores contumazes, preferindo o aporte de álcool mais direto oferecido pelos destilados. A cerveja era também muito mais difícil de ser produzida ilegalmente se comparada com o *bathtub gin*. Aqueles que desafiavam a Lei Seca, portanto, tendiam a se tornar consumidores mais assíduos do que eram antes. De uma posição em que a cerveja era de longe a bebida dominante, durante a Lei Seca os destilados aumentaram para cerca de 75% de toda a bebida alcoólica consumida nos Estados Unidos.

Se a hipocrisia permitia aos americanos continuar bebendo enquanto apoiavam a Lei Seca (um comediante disse que as pessoas "votariam seco enquanto fossem capazes de cambalear até as urnas"), a economia das vendas ilegais de bebidas alcoólicas finalmente virou a opinião pública para a ideia da revogação. As bebidas contrabandeadas alimentavam o crescimento do crime organizado em todo os Estados Unidos. No episódio mais famoso, Chicago se tornou um paraíso para contrabandistas, aproveitadores e consumidores. Gângsteres como Al Capone e seu rival Bugs Moran ganharam milhões

O Ato Volstead de 1919 proibiu a venda de bebidas alcoólicas que excedessem 0,5% de álcool por volume (ABV). Este cartão-postal é provavelmente do início da década de 1930, antes de o ato ser revogado em 1933.
PIKE MICROBREWERY MUSEUM, SEATTLE, WA.

de dólares com a venda ilegal de álcool. No final da década de 1920, Capone controlava todos os 10 mil bares clandestinos de Chicago e controlava o contrabando do Canadá até a Flórida. Quando mortes começaram a ocorrer como resultado da rivalidade entre gangues – mais notavelmente no Massacre do Dia de São Valentim (ou Massacre do Dia dos Namorados), em 1929 –, o público começou a sentir que o poder dos gângsteres estava fora de controle.

Outros eventos nesse mesmo ano colocaram um ponto final aos argumentos mais persuasivos da Lei Seca. Com o imposto de renda implantado, os proibicionistas tinham podido argumentar que, de um lado, o governo central não precisava mais do imposto sobre bebidas alcoólicas para manter o tesouro nacional. De outro, eles argumentavam que o dinheiro investido nos *saloons* seria liberado e gasto em outros bens e serviços, alimentando a indústria de manufatura em vez de forrar o bolso dos cervejeiros. Isso nunca aconteceu: aqueles que escolheram continuar a beber acabaram gastando mais com o aumento dos preços, e o alto custo de tentar cumprir a Lei Seca esvaziou os cofres dos estados. E após a quebra da Bolsa de Wall Street em 1929, a Grande Depressão deixou o país falido. Os argumentos econômicos em favor da Lei Seca – a qual todo mundo sabia que não estava funcionando – simplesmente se despedaçaram, e a receita perdida dos impostos sobre as bebidas alcoólicas começou a parecer boa demais para se abrir mão.

Em 1932, o industrialista John D. Rockefeller Junior escreveu:

> Quando a Lei Seca foi introduzida, eu esperava que ela seria amplamente apoiada pela opinião pública e que em breve chegaria o dia em que os terríveis efeitos do álcool seriam reconhecidos. Lenta e relutantemente tenho começado a acreditar que isso não aconteceu. Ao contrário, o consumo geral tem aumentado; os bares clandestinos substituíram os *saloons*; um vasto exército de infratores surgiu; muitos dos nossos melhores cidadãos ignoraram abertamente a Lei Seca; o respeito pela lei reduziu-se drasticamente; o crime aumentou a um nível nunca visto antes.

Nesse mesmo ano, Franklin Roosevelt se candidatou à presidência em uma chapa que defendia a revogação da Lei Seca. Ele recebeu uma das maiores votações da história eleitoral.

Revogação

Em 22 de março de 1933, Roosevelt transformou em lei uma emenda ao Ato Volstead conhecida como Ato de Cullen-Harrison, permitindo a produção, o transporte e a venda de algumas bebidas alcoólicas. A Lei Seca foi revogada à meia-noite do dia 7 de abril de 1933. Às 00h01, os cervejeiros de Milwaukee e St. Louis abriram seus portões e embarcaram 15 milhões de garrafas de cerveja. A primeira remessa da Anheuser-Busch foi para o aeroporto, de onde foi enviada à Casa Branca e aos lobistas pró-revogação em Nova York pelos novos cavalos Clydesdale da companhia. A produção de destilados ainda exigia vários acordos de licenciamento, e por um simples descuido administrativo, a produção caseira de cerveja permaneceria ilegal até 1979. Quando Jimmy Carter legalizou a produção caseira de cerveja, os entusiastas americanos de cerveja sentiram que precisavam disso. Ver CARTER, JAMES EARL, JR.

As consequências da Lei Seca

Sob qualquer ponto de vista, a Lei Seca só pode ser considerada um fracasso. Mas ela teve repercussões duradouras para os Estados Unidos. O sentimento antiálcool flui e reflui, mas ainda é bastante alto na sociedade americana: 35% da população não bebe, metade por motivos religiosos. Os neoproibicionistas da direita religiosa ainda fazem campanhas na tentativa de equiparar a cerveja com a heroína ou o crack.

Os Estados Unidos devem agradecer à Lei Seca pelo crescimento do crime organizado. Antes de 1920, os grupos mafiosos restringiam suas atividades a jogos de azar e roubos. Em 1933, com poderosas infraestruturas implantadas e policiais corruptos sob seu controle, as gangues e famílias mafiosas simplesmente mudaram para diferentes linhas de produtos quando o álcool deixou de ser lucrativo para elas.

E a Lei Seca teve um efeito permanente no paladar da cerveja dos Estados Unidos. Das 1.392 cervejarias em funcionamento antes da Lei Seca, apenas 164 restaram depois. A principiante indústria do vinho nos Estados Unidos foi destruída completamente e levaria décadas para se reerguer. Uma geração que não conhecia nada além de refrigerantes rejeitou o amargor das cervejas de estilo bávaro que haviam sido populares nos Estados Unidos antes da Lei Seca, exigindo algo mais doce. A cerveja americana moderna, com menos personalidade que os estilos tradicionais de cerveja, se tornou onipresente, e só depois da legalização da produção caseira de cerveja em 1979 e do crescimento da produção artesanal os Estados Unidos conheceriam novamente uma variedade interessante de estilos e sabores de cervejas.

Nem tudo foi ruim: a popularidade dos bares clandestinos de fato conduziu à disseminação do *jazz* em todo o país. Mas apesar de isso ser obviamente uma coisa boa, é improvável que aqueles que sofreram os efeitos duradouros do crime organizado ou das bebidas de baixa qualidade considerem isso um legado de valor.

Barr, A. **Drink: a social history.** New York: Carroll & Graf Publishers, 1999.
Ogle, M. **Ambitious brew: the story of American beer.** Orlando: Harcourt Books, 2006.
Peck, G. **The prohibition hangover: alcohol in America from demon rum to cult Cabernet.** New Brunswick: Rutgers University Press, 2009.

Pete Brown

leichtes weissbier é parte do crescente mercado alemão de estilos de cerveja leve (*light*), normalmente produzidas como *vollbiers*, ou cervejas com teor alcoólico moderado. "*Leicht*" significa "leve" em alemão, e a *leichtes weissbier* é uma versão mais leve da clássica *Bavarian weissbier* ou *hefeweizen*. Essas cervejas assemelham-se a seus pares mais fortes em muitos sentidos, sendo elaboradas a partir de um conjunto de grãos com mais de 50% de trigo malteado e mostos com densidades reduzidas, entre 7 °P e 10 °P. A densidade baixa resulta em uma cerveja com um teor de álcool por volume entre 2,5% e 3,5%. A produção de *leichtes weissbier* usa as mesmas linhagens de levedura que os processos normais de *weissbier*, apresentando, portanto, os clássicos sabores fenólicos e de ésteres – banana, cravo e até um toque a chiclete e defumado –, embora esses naturalmente em segundo plano. As cervejas são turvas e com leveduras, mas apresentam uma ampla gama de cores, podendo variar do dourado intenso ao âmbar-escuro. Seu amargor é bastante discreto, embora alguns cervejeiros compensem isso permitindo alguns lúpulos aromáticos. A cerveja é normalmente servida nos típicos copos altos e delgados de *weissbier*, mantendo certa respeitabilidade à mesa. Embora alguns consumidores alemães realmente se preocupem com as calorias da bebida, a maioria considera a *leichtes weissbier* a melhor forma de matar a sede nos dias quentes de verão, além de ser um agradável repositor após a prática de atividades físicas. Atualmente, cerca de uma a cada sete *weissbiers* produzidas na Alemanha é uma *leichtes*.

Ver também WEISSBIER.

Hans-Peter Drexler

A **levedura** transforma o mosto feito pelo cervejeiro em cerveja.

Introdução

Apesar de ser o cervejeiro quem faz o mosto, é a levedura que o transforma em cerveja. As leveduras são fungos unicelulares que incluem vários gêneros, como *Saccharomyces*, cujo nome em latim significa "fungo do açúcar". De fato, o nome é adequado – durante a fermentação, as leveduras *Saccharomyces* consomem os açúcares do mosto e liberam álcool, dióxido de carbono e uma variedade de sabores que associamos com a cerveja. O próprio gênero *Saccharomyces* compreende várias espécies, umas mais relevantes do que outras para a indústria de bebidas. A espécie mais comum utilizada na indústria do álcool é a *Saccharomyces cerevisiae*, em que "*cerevisiae*" significa "de cerveja". Em vinificação, cepas específicas selecionadas podem produzir muitos vinhos diferentes, com variadas características de sabor. A produção de bebidas alcoólicas destiladas e a produção industrial de etanol também utilizam cepas específicas de *S. cerevisiae*; esta espécie é uma candidata ideal devido à sua capacidade de produzir e tolerar concentrações elevadas de álcool. Ela também é utilizada na indústria de panificação por sua capacidade de fermentação e também, é claro, para fins de produção de cerveja. As leveduras *Saccharomyces* possuem formato arredondado ou ovalado e se reproduzem por brotamento multilateral. A identificação tradicional de gêneros gira em torno de reprodução e morfologia. Testes fisiológicos são a norma para diferenciar espécies de levedura, incluindo a fermentação e a assimilação de diferentes fontes de carbono e o crescimento em diferentes condições ambientais. No entanto, as tecnologias recentes envolvendo DNA são amplamente utilizadas nos dias de hoje para a determinação de gênero/espécie. Elas se baseiam na detecção de sequências de DNA específicas a um gênero/espécie particular de levedura. Esses métodos são utilizados principalmente para identificar leveduras selvagens contaminantes na produção de cerveja; grandes cervejarias podem empregar essa tecnologia em particular como parte de seu programa de garantia de qualidade.

Composição da levedura

As leveduras *Saccharomyces* são compostas principalmente de carboidratos, proteínas, lipídios, minerais e DNA/RNA; as várias proporções desses componentes variam dependendo das condições de crescimento. A levedura também contém vitaminas, e quando descartada é comumente utilizada para suplementação nutricional. Cada célula contém várias organelas indispensáveis para o metabolismo e a fisiologia da levedura.

O núcleo contém a informação genética sob a forma de cromossomos. Uma célula haploide contém dezesseis cromossomos (uma cópia única do genoma) e, em contraste, as leveduras cervejeiras são poliploides (várias cópias de cada cromossomo) ou aneuploides (múltiplos diferentes dos vários cromossomos). Dado que genes de importância estão presentes em múltiplas cópias nas verdadeiras linhagens da levedura cervejeira, eles são menos suscetíveis a mutações quando comparados com uma levedura haploide (também chamada de "levedura de laboratório" devido ao seu uso em pesquisa). Isso é relevante porque as culturas de levedura cervejeira são normalmente reutilizadas muitas vezes e, portanto, requerem proteção extra contra mutações e alterações fisiológicas. O genoma de uma cepa haploide da levedura *S. cerevisiae* foi publicado em 1996, sendo o primeiro eucarionte a ser sequenciado. Esse grande passo abriu novos caminhos para a compreensão do comportamento da levedura e sua resistência ao estresse, fundamentais para melhorar a eficiência da levedura cervejeira.

As mitocôndrias são os locais de respiração, onde a maior parte da energia é produzida quando os níveis de açúcar são baixos e o oxigênio está presente.

Sob anaerobiose, as pró-mitocôndrias estão presentes (uma forma não totalmente desenvolvida da organela) e desempenham um papel importante na fermentação e sabor resultante da cerveja. Os mutantes deficientes respiratórios ou "*petite*" têm apresentado elevada produção de 4-vinil-guaiacol (aroma semelhante a cravo) e exibem perfis de floculação e de fermentação aberrantes. Ver 4-VINIL-GUAIACOL e FLOCULAÇÃO. Tanto a mitocôndria quanto o núcleo contêm DNA, cuja composição é própria de cada cepa de levedura. Isso representa uma ferramenta útil quando se procura diferenciar cepas dentro de uma coleção de culturas ou para fins taxonômicos. Grandes cervejarias podem utilizar diferentes cepas de levedura na produção da bebida; conseguir identificar e diferenciar todas elas é um passo essencial para o controle do processo. Várias cervejarias artesanais menores também utilizam muitas cepas diferentes de leveduras, mas normalmente não possuem acesso aos perfis tecnológicos de DNA e, portanto, devem contar com as boas práticas de manuseio para evitar contaminações cruzadas.

Também contidos no interior do citoplasma, os vacúolos estão presentes em vários números, dependendo da fase de crescimento e da condição fisiológica da levedura. Eles servem para armazenar nutrientes e também fornecem um local para a quebra de macromoléculas, incluindo as proteínas.

A membrana plasmática da célula da levedura representa uma barreira entre o citoplasma e o ambiente, regulando a troca necessária para que a célula sobreviva. Ela é composta de lipídios e proteínas; o componente lipídico da membrana será importante para a proliferação celular. De fato, a concentração de esteróis e ácidos graxos insaturados é o que em última instância dita quantas vezes as células da levedura podem se dividir. Quando esgotada, será necessário oxigênio para repor as membranas e garantir divisões futuras. Ver AERAÇÃO. Esta é a razão pela qual o mosto resfriado é oxigenado, de modo que a levedura possa reproduzir três ou quatro vezes durante as primeiras horas de fermentação. Alterações na composição lipídica também regulam a fluidez da membrana e são causadas por alterações no ambiente, tais como na temperatura ou concentração alcoólica. Uma levedura que tem a capacidade de provocar alterações na fluidez da membrana provavelmente será mais resistente ao álcool. Por conseguinte, é importante selecionar a cepa correta, dependendo do tipo de cerveja a ser produzida.

Em contraste com a membrana plasmática, a parede celular é uma estrutura rígida composta principalmente de carboidratos (glucanos e mananos) e proteínas (10% a 20%), mas não é necessária para a sobrevivência da célula. O seu papel principal na produção da cerveja é a floculação, que é o resultado das interações entre as proteínas da parede celular de uma célula e os resíduos de carboidratos de outra célula. O cálcio é um elemento necessário para essas conexões. O processo de floculação é reversível, sendo um passo inestimável para a clarificação da cerveja e reinoculação da levedura. Entretanto, algumas cepas menos floculantes podem ser desejadas para a produção de cervejas de trigo, muitas das quais são tradicionalmente servidas com a turbidez da levedura. A floculação também pode ser encorajada pelo acréscimo de adjuntos de processos específicos para incentivar a sedimentação e alcançar a clarificação da cerveja. Ver AGENTES CLARIFICANTES e FLOCULAÇÃO.

Por fim, o periplasma é o espaço entre a membrana plasmática e a parede celular. É o local de enzimas específicas, incluindo a invertase, que hidrolisa a sacarose em unidades de glicose e frutose, que são então facilmente assimiladas pela levedura. Essa enzima é de pouco uso na maioria das fermentações de cerveja, pois o mosto cervejeiro é composto principalmente de maltose, a qual é hidrolisada no interior das células.

Leveduras *ale* e *lager*

Do ponto de vista cervejeiro, a *Saccharomyces cerevisiae* é mais familiarmente conhecida como levedura *ale* ou levedura de alta fermentação. Esses tipos de levedura são conhecidos há milhares de anos, embora a natureza dos microrganismos fosse um mistério para os antigos cervejeiros 3 mil anos atrás. Em contraste, a levedura *lager*, domesticada mais recentemente, é uma espécie diferente conhecida como *Saccharomyces pastorianus*. Ela foi reconhecida recentemente como um híbrido natural entre *S. cerevisiae* e *Saccharomyces bayanus* (uma espécie utilizada às vezes na produção de vinho). Anteriormente, os taxonomistas identificaram o organismo como sendo *Saccharomyces carsbengensis*, *Saccharomyces uvarum* e até mesmo *S. cerevisiae*. As leveduras *lager* foram utilizadas pela primeira vez pelos cervejeiros bávaros há duzentos anos e rapidamente ganharam importância nas cervejarias de todo o mundo, tornando-se, de longe, a levedura mais utilizada na indústria cervejeira. Ver LEVEDURA LAGER. Devido ao seu uso relativamente recente, as leveduras *lager* não são tão geneticamente diversificadas quanto as leveduras *ale*. Dessa forma, as cervejas *lager* tendem a possuir perfis de sabor bastante semelhantes entre si, quando comparados com a variedade de leveduras *ale* encontradas em cervejarias de todo o mundo. Outras espécies de levedura, além de *S. cerevisiae* e *S. pastorianus*, também foram identificadas na maioria dos processos de produção de álcool. Elas são desejadas, às vezes, pois contribuem para a qualidade e, particularmente, para o sabor e aroma do produto final. As espécies de *Brettanomyces*, particularmente, têm sido utilizadas para a produção de cervejas como *sour ales* e *lambics* belgas. Ver BRETTANOMYCES, LAMBIC e SOUR BEER. No entanto, na maioria dos casos, tais leveduras são consideradas "contaminantes", pois podem afetar o desempenho da fermentação e gerar *off-flavors*. A levedura contaminante ou levedura "selvagem" pode ou não ser do gênero *Saccharomyces*. Entre as leveduras *Saccharomyces* selvagens, a *Saccharomyces diastaticus* é particularmente indesejável, pois possui a capacidade de metabolizar alguns dos açúcares que a levedura cervejeira não foi capaz (dextrinas), os quais contribuem para encorpar a bebida. As leveduras selvagens que não pertencem ao gênero *Saccharomyces*, tais como Pichia, Rhodotorula, Kluyveromyces e Candida, podem afetar negativamente a qualidade da cerveja causando turbidez ou formando uma película sobre a superfície. Adicionalmente, elas podem produzir *off-flavors*, como compostos fenólicos ou diacetil. Ver DIACETIL, FENÓLICO e LEVEDURA SELVAGEM. Um exame microscópico, às vezes, pode fornecer pistas para a presença de leveduras contaminantes, pois são menores e/ou possuem formas diferentes em relação às leveduras cervejeiras típicas. Outras formas de detecção incluem meio de cultura específico ou técnicas genéticas.

As leveduras *ale* e *lager* são facilmente diferenciadas umas das outras, fisiologicamente, pela sua capacidade de metabolizar o dissacarídeo melibiose (a levedura *lager* metaboliza esse açúcar, ao contrário da levedura *ale*), o crescimento da levedura a uma temperatura acima de 37 °C (a *ale* cresce e a *lager* não tem essa capacidade) e a habilidade da levedura para subir (*ale*) ou descer (*lager*) no fermentador. Esta última característica, no entanto, hoje em dia não é mais estritamente verdadeira, pois o uso de fermentadores cilindrocônicos proporcionou a seleção de leveduras *ale* que floculam para o fundo do tanque, facilitando a sua reutilização. Além da diferenciação entre levedura *ale* e *lager*, é possível distinguir as cepas individualmente com base na sua sequência específica de DNA. Técnicas de genética molecular têm sido desenvolvidas para a obtenção de perfis de DNA para cada cepa; estes são únicos e facilmente diferenciados.

Propagação e fermentação

As leveduras *ale* e *lager* podem crescer de forma aeróbia e anaeróbia. Na presença de oxigênio, as células são estimuladas a se dividir e produzir biomassa em vez de álcool. No entanto, isto só é estritamente verdadeiro se a concentração de açúcar for mantida abaixo de um nível de 0,2 g/L. Se o nível de açúcar for maior do que 0,2 g/L, a levedura produzirá álcool independentemente da presença de oxigênio – isto foi definido como efeito Crabtree. Nas cervejarias, a propagação (produção de biomassa) é geralmente conduzida em mostos de baixa densidade, na presença de oxigênio. Em sistemas sofisticados de propagação de levedura, o oxigênio é introduzido e as leveduras são continuamente alimentadas com açúcares em concentrações muito baixas. A divisão celular ocorrerá com baixa produção de álcool, preparando as células para as condições de fermentação. Durante as primeiras horas de fermentação, quando as células de levedura estão sob condições aeróbicas, elas se dividem e simultaneamente produzem etanol. Uma vez que o oxigênio se esgota, a levedura entra num ambiente anaeróbico e mantém a produção de etanol a uma taxa mais lenta. Além do etanol, a levedura irá produzir outros subprodutos que terão impacto sobre o sabor e o aroma da cerveja. Álcoois superiores, ésteres, compostos de enxofre ou dicetonas vicinais são produzidos como resultado do metabolismo da levedura e a sua concentração pode ser modulada por parâmetros de influência tais como a temperatura, taxa de inoculação, aeração e pressão. Ver ÁLCOOIS FÚSEIS, DICETONAS VICINAIS (VDK) e ÉSTERES.

Crescimento da levedura

Quando as células crescem, elas passam por uma forma assimétrica de divisão celular chamada "brotamento" para gerar uma nova célula. Quando as condições são adequadas, uma célula mãe dá origem a uma célula filha (chamada de célula "virgem") e se torna ela mesma uma geração mais velha. Isto implica que uma cultura de leveduras sempre contém 50% de células virgens, 25% de células da geração 1, 12,5% de células da geração 2 etc. A idade média de uma cultura de levedura é, portanto, muito jovem. Isso significa que, teoricamente, uma cultura de levedura poderia ser utilizada indefinidamente. A realidade é bem diferente: apesar de manterem-se em um estado jovem de idade, as células de levedura acumulam estresse e são expostas a mutações. Para evitar alterações genéticas e comportamentais, novas leveduras costumam ser reintroduzidas regularmente. A forma de envelhecimento focada na divisão celular é conhecida como *replicação* e não deve ser confundida com o envelhecimento *cronológico*, que representa a idade relacionada com o tempo de uma cultura (dias, semanas etc.). A idade de uma cultura também se refere ao número de vezes que a levedura tem sido utilizada (reinoculada) para fermentação.

Divisão celular e armazenamento de leveduras

A divisão de uma célula de levedura, ou ciclo celular, é geneticamente programada e influenciada por fatores ambientais. Uma cultura contém células em diferentes fases do ciclo celular. A primeira fase do ciclo é uma fase de repouso chamado G_1, na qual não ocorre nenhum brotamento. Perto do fim do G_1 o ponto-chave "INÍCIO" sente que o ambiente e a própria célula estão adequados para a divisão, permitindo a entrada no ciclo reprodutivo e a síntese de DNA. O broto começa a emergir antes de chegar a uma outra fase de repouso, a G_2. Passada a fase G_2, inicia-se a mitose e, assim, ocorre a divisão nuclear. O último passo é a citocinese, em que as células mãe e filha se separam fisicamente. O processo de separação deixa uma cicatriz de brotamento na célula mãe e uma cicatriz de nascimento na célula filha. Ambas as cicatrizes são compostas de quitina e podem ser facilmente visualizadas utilizando-se corantes fluorescentes de calcoflúor ou aglutinina de gérmen de trigo em combinação com um microscópio fluorescente. Uma única célula é capaz de acumular muitas cicatrizes de brotamento em sua superfície, cada uma é resultado do nascimento de uma filha. Realisticamente, em condições de fermentação cervejeira, uma célula é mais propensa a morrer de estresse antes que atinja o seu potencial de divisão geneticamente determinado. Quando as células estão dormentes (estado quiescente ou fase estacionária), elas entram em uma fase G_0 até que as condições sejam novamente adequadas para o INÍCIO. As células podem sobreviver por longos períodos de tempo no estado G_0, mas irão se deteriorar com o tempo. Uma cultura de levedura armazenada entre as produções de cerveja conterá células na fase G_0. Quando inoculadas em um novo mosto para fermentação, as células voltam a entrar no ciclo celular até que um fator limitante do crescimento impeça novamente a divisão celular. Quando a levedura é reinoculada, as células constantemente entram e saem do ciclo celular; quando ocorrem danos como resultado de estresse acumulado, elas podem se tornar permanentemente desativadas e finalmente morrer, havendo, portanto, a necessidade de cultivar constantemente novas culturas de levedura.

Conservação da levedura

Depois de um determinado número de reinoculações, uma nova levedura deve ser utilizada, seja ela obtida numa forma seca ou propagada por um terceiro ou na própria cervejaria. Ver BANCO DE LEVEDURA. Propagações são tipicamente iniciadas a partir de uma cultura estoque. As culturas de levedura estoque devem ser mantidas a baixas temperaturas para manter a integridade do DNA ao longo do tempo; mutações espontâneas ocorrem e podem afetar as características e o desempenho da levedura. Para proteger as cepas contra mutações por um longo período de tempo, a criopreservação é recomendada, sendo o método mais seguro o armazenamento na fase gasosa do nitrogênio líquido em um recipiente específico. Os estoques de trabalho podem ser mantidos congelados a -80 °C para armazenamento de longo prazo. Os tubos que contêm ágar devem ser mantidos a 4 °C; no entanto, estes destinam-se apenas ao armazenamento de curta duração, pois existe um maior risco de contaminação e mutação. O número de vezes que uma cultura de levedura pode ser reutilizada depende de inúmeros fatores; entretanto, está bem documentado que as culturas devem ser substituídas regularmente para assegurar desempenho e consistência de fermentação. Embora esta seja a norma, há exceções, e algumas cervejarias relatam ter utilizado uma única cultura de levedura durante anos ou mesmo décadas sem notável mutação de perda de vitalidade. A estabilidade genética da cepa utilizada, processo de higiene, frequência de produção, programa de conservação e o tipo de cerveja produzida determinarão quantas vezes uma cultura de levedura específica pode ser reinoculada.

Boulton, C.; Quain, D. **Brewing yeast and fermentation**. Oxford: Blackwell Science Publications, 2001.

Gibson, B. R. et al. A. Yeast responses to stresses associated with industrial brewery handling. **FEMS Microbiology Reviews**, n. 31, p. 535-569, 2007.

Powell, C. D.; Diacetis, A. N. Long term serial repitching and the genetic and phenotypic stability of brewer's yeast. **Journal of the Institute of Brewing**, n. 113, p. 67-74, 2007.

Rose, A. H.; Harrison, J. S. **The yeasts**. 2 ed. London: Academic Press, 1993.

Verstrepen, K. J. et al. Yeast flocculation: What brewers should know. **Applied Microbiology and Biotechnology**, n. 61, p. 197-205, 2003.

White, C.; Zainasheff, J. **Yeast: the practical guide to yeast fermentation**. Boulder: Brewers Publications, 2010.

Sylvie Van Zandycke

levedura *ale* é qualquer cepa de uma série de cepas pertencentes à espécie *Saccharomyces cerevisiae*, usada para produzir *ales* claras, marrons e escuras, cervejas de trigo, *ales* belgas e muitos outros tipos de cerveja. Exceto pelas cervejas *lagers* e as produzidas por fermentação espontânea, praticamente todas as cervejas são produzidas com levedura *ale* como agente de fermentação. As leveduras *ale* são geneticamente diferentes das leveduras *lager*: estas últimas são organismos híbridos formados por meio de cruzamentos entre duas espécies de *Saccharomyces* intimamente aparentadas, enquanto as leveduras *ale* parecem ser puramente *S. cerevisiae*. Em contraste com as leveduras *lager*, as quais tendem a sedimentar no fundo do tanque de fermentação, as leveduras *ale* são caracterizadas como "fermentadoras de topo", pois muitas cepas (mas não todas) formam uma espessa camada de espuma na superfície do mosto durante a fermentação. Ver LEVEDURA LAGER. No entanto, a melhor característica de distinção entre esses dois tipos de levedura é a temperatura na qual atuam melhor: leveduras *ale* fermentam a temperaturas moderadas de 18 °C a 24 °C, enquanto as leveduras *lager* são capazes de fermentar a temperaturas mais frias, 5 °C a 14 °C.

Em comparação com as leveduras *lager*, as leveduras *ale* também tendem a produzir mais ésteres que promovem sabores e aromas complexos e/ou frutados; as temperaturas de fermentação mais elevadas das *ales* também podem acentuar essa tendência. As leveduras *ale* compreendem um grupo diverso de cepas com muitos atributos diferentes, como pode ser visto até mesmo em uma leitura casual dos catálogos de muitos produtores comerciais de leveduras *ale*. Pelo menos 180 a 200 diferentes cepas de leveduras *ale* encontram-se comercialmente disponíveis, cada uma com distintas características de fermentação e/ou perfis de sabor/aroma; entretanto, não se sabe se muitas das cepas são semelhantes ou mesmo idênticas umas às outras.

Ver também ALE e LEVEDURA.

Barbara Dunn

levedura de vinho, qualquer uma das diversas leveduras, principalmente da espécie *Saccharomyces cerevisiae*, utilizadas para fermentar suco de fruta (geralmente uva) e produzir vinho. Cerca de 150 diferentes cepas de leveduras de vinho estão disponíveis junto a produtores comerciais; a maioria foi isolada a partir de fermentações de vinho espontâneas (não inoculadas) por todo o mundo. Essas cepas são escolhidas por sua fermentação benéfica e/ou perfis de sabor, por sua capacidade de fermentar tipos específicos de uva ou por razões técnicas específicas, por exemplo, a capacidade de reiniciar fermentações "paralisadas". Ver FERMENTAÇÃO. Embora a maioria das leveduras de vinho comerciais sejam *S. cerevisiae*, algumas são híbridas entre *S. cerevisiae* e outras espécies de *Saccharomyces* estreitamente aparentadas, sendo semelhantes à levedura híbrida *Saccharomyces pastorianus*, utilizada para produção de cerveja *lager*. Apesar de as leveduras de vinho e de cervejas *ale* serem ambas pertencentes à espécie *S. cerevisiae*, análises de DNA mostraram que as cepas de vinho e *ale* formam grupos separados geneticamente distintos. Dado que vinhos geralmente possuem mais álcool do que as cervejas, a maioria das leveduras de vinho tolera teores alcoólicos mais elevados do que as leveduras de cerveja. As leveduras de vinho, no entanto, não são geralmente consideradas bons agentes de fermentação para cervejas de qualidade, pois produzem sabores e aromas que não são compatíveis com os típicos perfis sensoriais de cerveja. Além disso, o espectro de açúcares que melhor fermentam (principalmente glicose e frutose) não é geralmente aquele que a maioria dos mostos apresenta. No entanto, "leveduras de *champagne*" tolerantes a teores alcoólicos elevados são utilizadas ocasionalmente na produção de cerveja, principalmente por cervejeiros artesanais e amadores, ou quando uma fermentação está paralisada, ou para atenuar totalmente uma fermentação de alta densidade. Este é muitas vezes um método de último recurso e uma indicação de que a levedura original ou foi mal escolhida, ou não estava saudável no momento da inoculação. As cepas de leveduras conhecidas como leveduras de *champagne* incluem a popular Prise de Mousse, utilizada por muitos cervejeiros artesanais para a refermentação em garrafa. Essa levedura é altamente ativa e tolerará teores alcoólicos de até 18%, embora, como muitas leveduras de vinho, seja uma produtora de diacetil (amplamente tolerado ou mesmo desejado no vinho), o qual normalmente ela reabsorvirá se tiver o tempo e as condições adequadas.

Ver também LEVEDURA.

Barbara Dunn

levedura *lager*, Saccharomyces pastorianus, é uma levedura de baixa fermentação, utilizada para a produção de cervejas *lager*. É fisiologicamente distinta da levedura *ale* (*S. cerevisiae*), de alta fermentação (assim chamada pois forma-se uma espuma espessa no topo do mosto durante a fermentação), por sua capacidade de fermentar a temperaturas baixas e de fermentar o açúcar melibiose. A levedura *lager* também fermenta mais açúcares do que a levedura *ale*, provendo um sabor mais limpo.

Geneticamente, a levedura *lager* é um organismo híbrido entre duas espécies de leveduras intimamente relacionadas, *S. cerevisiae* e *S. bayanus*. Acredita-se ter surgido em resposta a pressões de seleção ocasionadas por fermentações a temperaturas baixas, e, notavelmente, a *S. bayanus* é muito mais tolerante ao frio do que a *S. cerevisiae*. Assim, a presença desses dois genomas na híbrida *S. pastorianus* pode ter promovido a sua capacidade de conduzir uma fermentação a temperaturas baixas melhor do que a *S. cerevisiae* sozinha. A seleção de uma levedura para fermentação mais fria pode ter ocorrido durante as sucessivas rodadas de fermentações com temperatura baixa resultantes de uma lei bávara do século XVI que proibia a produção de cerveja durante os meses de verão, devido à qualidade inferior dessas cervejas. Muitos isolados de *S. pastorianus* foram coletados em cervejarias desde que Hansen iniciou seu trabalho pioneiro de cultivo de leveduras puras no final do século XIX, e trabalhos recentes mostraram que todas as cepas *lager* atualmente utilizadas provavelmente descendem de um dos dois eventos de hibridação entre *S. cerevisiae* e *S. bayanus*. Em ambos os casos, é provável que o progenitor *S. cerevisiae* dessas duas cepas de *S. pastorianus* originais era uma cepa que já vinha sendo utilizada para a produção de *ales*.

Ver também BAIXA FERMENTAÇÃO e LEVEDURA.

Gavin Sherlock

levedura Ringwood

Ver BREWPUB.

levedura seca é uma alternativa prática à levedura líquida que oferece muitas vantagens para o cervejeiro. Muitos cervejeiros, particularmente os artesanais, mantêm um preconceito contra a levedura seca, pois sua qualidade era muito ruim na época em que ainda eram amadores. Atualmente, os produtos disponíveis são muito melhores. A levedura seca possui em média 95% de matéria seca, e em 1 g estão presentes de 0,5 a 2×10^9 células vivas, dependendo da cepa. As culturas de leveduras são cultivadas através de um processo por batelada simples (todos os açúcares são adicionados de uma só vez enquanto a levedura fermenta), e então por um sistema de batelada alimentada (os açúcares são adicionados lentamente, de modo que a levedura produza biomassa e não álcool). Posteriormente as leveduras são secadas suavemente por um secador de leito fluidizado (elas permanecem em suspensão no ar quente). O processo de produção é cuidadosamente otimizado para cada cepa, de modo que a levedura se recupere e realize de forma adequada a fermentação quando reidratada de acordo com as instruções do fabricante. Uma vez que a levedura seca é produzida na presença de grandes quantidades de ar, não há necessidade de aeração/oxigenação antes da inoculação. A qualidade da levedura seca tem avançado devido ao amplo controle de qualidade estabelecido pelos fabricantes; medições de viabilidade e vitalidade, níveis de contaminação e integridade genética estão entre os testes realizados rotineiramente.

A utilização da levedura seca apresenta inúmeras vantagens, sendo as mais importantes o seu longo período de vida útil (até dois anos), transporte não refrigerado e facilidade de dosagem. A levedura seca pode ser utilizada como um motor de partida para a propagação ou inoculada diretamente na fermentação e posteriormente reutilizada com sucesso por muitas gerações. O uso de levedura seca para a refermentação em garrafa está se tornando cada vez mais popular por causa do número de cepas disponíveis na forma seca (leveduras para cerveja, vinho e destilação) e pela consistência do produto, que por sua vez pode apresentar resultados confiáveis. A levedura seca também pode ser utilizada como estoque de emergência ou para reiniciar uma fermentação paralisada.

Ver também LEVEDURA.

Powell, C.; Fischborn, T. Serial repitching of dried lager yeast. **Journal of the American Society of Brewing Chemists**, 2011.
Quain, D. The yeast supply chain. **The Brewer & Distiller**, n. 2, p. 1-5, 2006.
Van Zandycke, S.; Fischborn, T.; Powell, C. Bottle conditioning using dry yeast. **New Brewer**, p. 65-70, mar.-abr. 2009.

Sylvie Van Zandycke

levedura selvagem é qualquer espécie de levedura diferente daquela que foi inoculada para a fermentação da cerveja, muitas vezes oriunda do ambiente interno ou externo da cervejaria. A introdução de levedura selvagem no mosto ou na cerveja pode ser intencional, como na produção da *lambic* de fermentação espontânea, ou não intencional, por meio de contaminação na cervejaria. Com exceção à *lambic* e outras cervejas de fermentação espontânea, as leveduras selvagens são consideradas organismos de deterioração na produção da cerveja e são evitadas a todo custo. Ver LAMBIC.

Embora a microbiologia da cerveja seja complexa, as leveduras selvagens mais frequentemente associadas com a produção de cerveja são cepas naturais de *Saccharomyces* e *Brettanomyces* (Dekkera) e, em muito menor grau, as leveduras Candida e Pichia, bem como outras leveduras oxidativas. As *Saccharomyces* selvagens podem incluir tanto as cepas naturais de *Saccharomyces cerevisiae*, utilizadas na produção de *ales*, vinho e pão, como as leveduras *Saccharomyces pastorianus*, utilizadas na produção de *lagers*. Embora a *S. cerevisiae* seja conhecida por existir independentemente da atividade humana e seja encontrada em uma variedade de substratos (entre os quais superfícies de plantas e frutos, solo e seiva de árvores), ela tem a tendência de prosperar em ambientes ricos em açúcares simples, tais como frutas maduras. A contaminação pelas leveduras *Saccharomyces* selvagens é somente incentivada em cervejas de fermentação espontânea. A *Brettanomyces*, que é a ruína dos produtores de vinho, também é encontrada na superfície dos frutos e é geralmente evitada, exceto em fermentações espontâneas ou quando intencionalmente inoculada como uma cultura pura. A presença de Candida, Pichia e outras leveduras oxidativas na cerveja se dá sempre de modo não intencional, pois essas leveduras podem contribuir com elevados níveis de ácido acético quando expostas ao oxigênio.

Durante a produção de *lambics*, que são espontaneamente fermentadas na região do vale do rio Senne na Bélgica, as cepas selvagens de *Saccharomyces* e *Brettanomyces* são grandes determinantes do perfil sensorial e do nível de atenuação da cerveja. Para a produção de *lambic*, o mosto quente é resfriado enquanto permanece exposto ao ambiente da cervejaria, o que convida à inoculação com leveduras selvagens do ar. Acredita-se que a flora local de leveduras e bactérias dê às cervejas de cada cervejaria seu sabor único, e muitas vezes se diz que os microrganismos que fermentam as *lambics* residem nas "teias de aranha" da cervejaria. O cenário mais provável é que os microrganismos que realizam a fermentação *lambic* vivam nas vigas porosas de madeira e nos tanques de fermentação dentro da cervejaria. Esses microrganismos são frequentemente locais, próprios da cervejaria que produz determinada *lambic*, de modo que certas *lambics* não podem ser reproduzidas em outra cervejaria pois esta não possuirá a mesma flora natural. Pode-se dizer que tais diferenças representam parte do *terroir* dessas cervejas únicas.

Apesar de não ser tecnicamente uma levedura "selvagem", muitos cervejeiros estão agora experimentando a inoculação controlada de culturas puras de *Brettanomyces*, muitas vezes em conjunto com bactérias produtoras de ácido, tais como lactobacilos e *Pediococcus*. Um exemplo clássico de uma cerveja que utiliza *Brettanomyces* em um ambiente controlado é a Orval. Várias cervejarias artesanais norte-americanas também utilizam este método e algumas produzem *sour beers* altamente renomadas utilizando *Brettanomyces*. Ver SOUR BEER.

Nessa nova geração de *sour beers*, a introdução de leveduras selvagens no mosto ou cerveja resfriados não é sempre incentivada como na produção de *lambic*. As leveduras selvagens também podem ser introduzidas de forma não intencional durante a fermentação ou refermentação: a isto se denomina contaminação por levedura selvagem. Essa contaminação é indesejável porque a maioria dos cervejeiros controla o processo de fermentação e/ou refermentação utilizando a(s) levedura(s) de sua escolha, o que lhes permite ter controle sobre a qualidade do produto final. As leveduras selvagens são agentes de fermentação frequentemente mais robustos do que as cepas cervejeiras, conseguindo sobreviver e prosperar em condições mais adversas, podendo assim superar as leveduras intencionalmente inoculadas em uma fermentação. Isso apresenta um problema se o cervejeiro reinocula a levedura no final da fermentação, pois a levedura selvagem contaminante será então a maioria no início da próxima fermentação. Devido a esse fenômeno, os cervejeiros muitas vezes empregam testes rigorosos para determinar a presença de leveduras selvagens antes da reinoculação da levedura.

A contaminação por levedura selvagem pode levar a resultados de fermentação imprevisíveis, pois as características da levedura selvagem são desconhecidas. Elas podem diferir da levedura inoculada no nível de atenuação do açúcar, produção de ésteres, álcoois fúsel, compostos de enxofre ou outros metabólitos secundários que são importantes no sabor e aroma da cerveja. O sinal característico de contaminação por *Saccharomyces* selvagem é a presença de notas medicinais/fenólicas ou semelhantes a cravo, as quais não são características de leveduras cervejeiras, exceto leveduras de cerveja de trigo alemã. A floculação é geralmente inferior na *Saccharomyces* selvagem, de modo que a cerveja contaminada e não filtrada tenderá a ser turva. As leveduras *Brettanomyces* são capazes de metabolizar dextrinas, por isso a contaminação com *Brettanomyces* pode resultar em uma cerveja altamente atenuada, tênue; se forem refermentadas em garrafa e tiverem sido envelhecidas, essas cervejas podem se tornar altamente carbonatadas devido à fermentação lenta da dextrina que a *Saccharomyces* foi incapaz de realizar. A *Brettanomyces* também é responsável pelos sabores e aromas muitas vezes descritos como "de rato", "de curral" ou "de manta de cavalo molhado". Tal como acontece com alguns vinhos, essas características são consideradas "agentes de complexidade" quando desejáveis, mas ruinosas quando não o são. A levedura selvagem pode infectar a produção de cerveja a qualquer momento em que o mosto resfriado ou a cerveja entram em contato com uma superfície não sanitizada ou com o ar atmosférico, como durante a transferência pós-fervura do mosto para o fermentador ou durante o envase/embalagem. Juntamente com as bactérias de deterioração, as leveduras selvagens constituem uma ameaça biológica à qualidade pretendida de cervejas convencionalmente produzidas.

Ver também BRETTANOMYCES.

Campbell, I. Wild yeasts in brewing and distilling. In: **Brewing microbiology.** 3 ed. New York: Kluwer Academic/Plenum Publishers, 2003, p. 247-266.

Lewis, M. J.; Bamforth, C. W. Microbiology. In: **Essays in brewing science.** New York: Springer, 2006, p. 58-68.

Sparrow, J. **Wild brews: culture and craftsmanship in the Belgian tradition.** Boulder: Brewers Publications, 2005.

Daniel J. Kvitek

Lewis, Michael J., apesar de nascido no País de Gales em 1936, é uma das figuras mais influentes na educação cervejeira norte-americana recente. Lewis formou-se na University of Birmingham, na Inglaterra, em 1957, onde também conquistou seu PhD, em 1960. Em 1962, ele foi contratado como pesquisador na University of California em Davis, e em 1964 criou o programa e o laboratório de produção de cerveja na UC Davis, onde permaneceu por mais de trinta anos. No final da década de 1970, ele iniciou aulas de extensão universitária às quais trouxe conhecimento técnico cervejeiro de difícil obtenção para estudantes que não precisavam de grau universitário. Durante seu período como professor universitário, ele ensinou ciência e tecnologia da malteação e produção de cerveja para aproximadamente 6 mil estudantes do mundo todo. Ao fazer isso, ele permitiu a proliferação de microcervejarias com inclinação tecnológica, avanços em todos as etapas da produção de cerveja e elevação generalizada da sua qualidade. Através de seus esforços, a UC Davis tornou-se um dos centros proeminentes de estudos cervejeiros na América do Norte. A universidade o homenageou com o Distinguished Teaching Award em 1989, e em 1995 o dr. Lewis aceitou o *status* de emérito, dando continuidade aos seus empreendimentos de extensão universitária e de consultoria. Ele é um autor, pesquisador e orador prolífico, autor de *Stout*, de 1995, *Brewing*, de 2001, *Essays in Brewing Science*, de 2006, e mais de cem artigos técnicos. É pesquisador do IBD e foi homenageado com o MBAA Award of Merit e com o IBS Recognition Award. O dr. Lewis sempre foi um embaixador consumado e um incansável defensor da cerveja bem-feita. Seu estilo dramático de fala, generosidade, senso de humor seco e, ocasionalmente, opiniões não conformistas têm educado, desafiado e divertido alunos e profissionais cervejeiros por mais de uma geração.

Brian Hunt

Liberty é uma variedade de lúpulo originada a partir do cruzamento entre Hallertauer Mittelfrueh e material genético de lúpulos machos alemães, a maioria lúpulos aromáticos. Ver HALLERTAUER MITTELFRUEH. O Liberty é um lúpulo triploide, o que significa que ele produz cones praticamente sem semente, mesmo próximo de plantas férteis de lúpulo macho. Ele foi lançado nos Estados Unidos em 1991. Sua maturidade é de média a precoce e ele é bem adaptado às condições das áreas de cultivo de lúpulo no Oregon e em Washington. Ver WILLAMETTE VALLEY, REGIÃO e YAKIMA VALLEY, REGIÃO. Essa variedade produz, em média, modestos 1.200 a 1.900 kg/ha, o que é, todavia, significativamente maior que a produtividade média do Hallertauer Mittelfrueh produzido na Alemanha, de aproximadamente 1.250 kg/ha. O Liberty possui conteúdo de resinas moles muito similar ao do Hallertauer Mittelfrueh, atingindo cerca de 4% de alfa-ácidos, 3% de beta-ácidos e entre 24% e 28% de cohumulona. O perfil de óleos essenciais do Liberty é também similar àquele do Hallertauer Mittelfrueh, e, também como o Mittelfrueh, ele praticamente não possui farneseno. Devido a suas características de sabor, o Liberty é um substituto aceitável para as chamadas variedades de lúpulos europeus nobres. Cervejeiros artesanais norte-americanos que pretendem criar versões autênticas de estilos de cervejas europeias tendem a gostar do Liberty, pois ele quase não apresenta características americanas identificáveis. Ele é especialmente bom para a produção de *pilsners* tradicionais elegantes e vívidas.

Ver também LÚPULOS NOBRES.

Haunold, A. et al. Registration of Liberty hop. **Crop Science**, v. 32, p. 1071, 1992.
Haunold, A. et al. Liberty and Crystal – Two new U.S.-developed aroma hops. **Journal of the American Society of Brewing Chemists**, v. 53, p. 9-13, 1995.

Alfred Haunold

Liefmans, Cervejaria, é uma cervejaria belga de especialidades em Oudenaarde, na província de Flandres Oriental. A cervejaria se concentra em fermentações mistas usando cepas de leveduras e bactérias lácticas, produzindo cervejas que apresentam notável acidez. Desde 2008, a Liefmans faz parte do grupo Duvel Moortgat. Ver DUVEL MOORTGAT. Os produtos mais conhecidos da cervejaria são uma *Flanders sour brown ale* chamada Oud Bruin, com 5% de álcool em volume (ABV); a Goudenband, com 8% ABV, que é semelhante à Oud Bruin, porém mais forte; e uma *ale* de cereja chamada Liefmans Cuvé-Brut (anteriormente conhecida como Liefmans Kriek), com 6% ABV. Todas as cervejas Liefmans são *blends*, levemente lupuladas e feitas com maltes de base claros e adição de maltes caramelo-escuro e torrado.

"*Oud bruin*", em flamengo, significa "*old brown*". Após a fermentação por uma semana em fermentadores abertos, a cerveja é maturada em temperatura relativamente quente, em torno de 15 °C, durante quatro a oito meses, para permitir que o ácido láctico se desenvolva. Antes do envase, as cervejas de diferentes tanques são misturadas com cervejas frescas para o *priming* e refermentação. Até 2007, a Liefmans também fazia uma *oud bruin* chamada Odnar, com apenas 4% ABV.

A *oud bruin* é também a base para a produção da cerveja *kriek* (a palavra em flamengo para "cereja"). Na Bélgica, a *kriek* pode ser feita a partir da *lambic* ou outra cerveja de base. Ver KRIEK e LAMBIC. Após o término da fermentação, cerejas maceradas são adicionadas à *oud bruin* (cerca de 13 quilos de cereja para cada 100 litros de cerveja), que é então envelhecida em tanques frios com temperatura controlada durante um ano. Ver AÇÚCAR PRIMING. Antes do envase, essa cerveja é misturada com cervejas *oud bruin* e *goudenband* de diferentes idades. As cerejas azedas aparecem contra um pano de fundo de sabor semelhante a xerez com sabores de passas e boa acidez.

A referência escrita mais antiga à cervejaria data de 1679, quando ela era propriedade de um cervejeiro chamado Vilet. A cervejaria adquiriu seu nome atual em 1780, após o casamento de Maria Anth Carola Vilet, herdeira da cervejaria, com Jacobus Joannus Liefmans. A cervejaria se mudou para fora da cidade, de um local em Krekelput para a sua localização atual, nas margens do rio Schelde, em 1933. A família proprietária original manteve a posse da cervejaria até 1974, data após a qual a cervejaria mudou de mãos várias vezes. A última brassagem foi feita na cervejaria em 1991, quando foi adquirida pela Riva Brewery de Dentergem, situada do outro lado do rio. Lá, o mosto da Liefmans continuou a ser produzido, mas era fermentado, maturado, e engarrafado na antiga fábrica da Liefmans. Em 2007 a Riva foi à falência, e um ano depois a Duvel Moortgat adquiriu a fábrica da Liefmans. Hoje, os mostos da Liefmans são produzidos na fábrica da Duvel Moortgat, em Breendonk, e depois transportados para Oudenaarde para fermentação, envelhecimento, mistura e acabamento.

Ver também BÉLGICA.

Jackson, M. **Great beers of Belgium**. Boulder: Brewers Publications, 2008.

Liefmans. Disponível em: http://www.liefmans.be/. Acesso em: 2 maio 2011.

Protz, R. **Belgium Part I-Liefmans**. Disponível em: http://www.beerpages.com/protz/features/belgium-1.htm/. Acesso em: 2 maio 2011.

Peter Bouckaert

lightstruck. Uma cerveja com aromas fora do padrão é coloquialmente denominada *"skunked"* (que lembra a gambá), mas aqueles que encontram um sabor a gambá em sua cerveja raramente sabem quão próximos estão da verdade. Certos compostos presentes no lúpulo são fotossensíveis, e quando expostos à luz forte sofrem uma reação de foto-oxidação, criando um composto ativo de sabor intenso conhecido como 3-metil-2-butene-1-tiol (MBT). O MBT é uma das substâncias flavorizantes mais poderosas conhecidas pelo homem. Comumente chamado de aroma à gambá (*"skunky"*), tal composto de odor pungente assemelha-se ao odor liberado pelos gambás como forma de defesa.

Em 1875, o químico alemão Carl Lintner reportou pela primeira vez a formação de um sabor ofensivo e um odor extremamente desagradável na cerveja exposta à luz. Nos anos 1960, Yoshiro Kuroiwa sugeriu que o componente principal do *off-flavor* era o MBT derivado da fotodecomposição de isohumulonas, os princípios responsáveis pelo amargor da cerveja, na presença de um fotossensibilizador chamado de riboflavina (vitamina B_2). Além disso, o grupo de Kuroiwa estabeleceu que a parte referente à coloração azul no espectro visível (350 nm a 550 nm) é especialmente eficiente em gerar o sabor *lightstruck*. Sob luz solar forte, a reação pode ser quase instantânea, com painéis de degustadores capazes de detectar os efeitos aromáticos resultantes da exposição com menos de dez segundos de exposição completa à luz solar. Sob condições menos prejudiciais, em uma vitrine com luz fluorescente, por exemplo, essas reações não deixam de ocorrer, mas podem levar dias ou semanas para serem notadas.

Essa reação hoje bem conhecida envolve a clivagem da cadeia lateral de isopentenil dos iso-alfa-ácidos existentes no lúpulo. Ver ISO-ALFA-ÁCIDOS. Essa fotoclivagem é catalisada pela luz e resulta na formação de um radical dimetil-alil. A reação desse radical com compostos sulfurosos (tióis) forma o MBT. Garrafas verdes ou transparentes oferecem pouca ou nenhuma proteção contra essa reação, mas garrafas âmbar são altamente eficazes, ao menos contra a exposição de baixa intensidade ou por pouco período de tempo. Latas de alumínio ou cervejas estocadas em barris de aço inoxidável oferecem a melhor proteção contra a exposição à luz. Apesar da falta de proteção oferecida pelas garrafas verdes ou transparentes, algumas cervejarias continuam a utilizá-las, já que a coloração da garrafa se tornou uma importante parte de sua estratégia de marketing.

Quando a garrafa não oferece proteção, a química moderna trouxe alternativas para prevenir a formação de MBT a partir do lúpulo. Lúpulos "tetra" e "hexa" são modificados por reduções das duplas ligações da cadeia lateral, o que previne a reação de fotodegradação. Esses produtos avançados são extraídos do lúpulo por meio de extrações líquidas ou supercríticas (fluido supercrítico), utilizando dióxido de carbono. Ver HUMULONA. As resinas existentes nesses extratos são isomerizadas por soluções alcalinas em isohumulonas que podem ser ainda mais reduzidas a fim de produzir compostos amargos que não são degradados em MBT. Essas formas avançadas provenientes dos lúpulos de amargor são conhecidas como produtos "estáveis à luz" ("*light stable*"). O seu uso na indústria cervejeira gera bebidas menos vulneráveis aos efeitos deletérios da luz, embora seja preciso lembrar que a luz pode induzir a outras mudanças de sabores na cerveja não relacionadas aos lúpulos.

Estudos revelaram recentemente dois compostos não identificados com aromas indistinguíveis do aroma de gambá ("*skunky*") utilizado para descrever o MBT. Acredita-se que esses dois novos compostos, que carecem de elucidações concretas, contribuam para o sabor *lightstruck* geral da cerveja. Talvez mais interessante seja o fato de que o MBT e um dos novos compostos descobertos também tenham se formado durante o envelhecimento térmico em cervejas envasadas em latas na ausência de luz.

Lusk, L. et al. Beer photooxidation creates two compounds with aromas indistinguishable from 3-methyl-2-butene-1-thiol. **Journal of American Society of Brewing Chemists**, n. 67, p. 183-188, 2009.

Christopher Bird

limpidez é o estado de "brilho" do mosto ou da cerveja. Duas formas fundamentais de materiais insolúveis podem resultar na falta de limpidez no mosto, que então recebe o nome de mosto sujo. Eles são o "*hot break*", produzido durante a fervura do mosto, e o "*cold break*", quando o mosto é refrigerado. Ver COLD BREAK e HOT BREAK. A turbidez na cerveja pode assumir diversas formas. Algumas cervejas desenvolvem precipitados que decantam na parte inferior da embalagem. *Bits* ("flutuadores") são grandes partículas individualizadas presentes por toda a cerveja e resultam frequentemente de interações entre estabilizadores adicionados, tais como estabilizantes de espuma, e certos estabilizantes coloidais.

"Turbidez" descreve um embaçamento que permeia todo o líquido e pode ser causada por diversos materiais, incluindo leveduras e outros microrganismos, proteínas, polifenóis, amido, β-glucana, pentosana e oxalato. A turbidez originada por microrganismos vivos remanescentes é chamada de "turbidez biológica". A turbidez gerada por entidades não vivas é chamada de "turbidez não biológica". Se a turbidez estiver presente sob todas as condições, é chamada de "turbidez permanente". Se a turbidez estiver presente somente quando a cerveja é refrigerada a 0 °C mas não quando é aquecida a 20 °C, ela é chamada de turbidez a frio. Ver TURBIDEZ A FRIO. As cervejas que aparentam ser límpidas, mas apresentam leitura elevada de turbidez (determinadas por instrumentos que medem a luz emitida a 90° em relação ao incidente) são chamadas de cervejas com "turbidez invisível" (ou "falsa turbidez").

A limpidez é um aspecto importante da aparência de diversas cervejas. Muitos consumidores correlacionam a turbidez com a falta de qualidade em cervejas nas quais a turbidez não é uma característica esperada, por exemplo, nas *pilsners*. Entretanto, é interessante notar que a ascensão das cervejas artesanais nos Estados Unidos tem resultado em uma diferença regional nesse aspecto. Muitos consumidores de cervejas artesanais no Oeste dos Estados Unidos não se incomodam com a turbidez nas cervejas; de fato, eles a vêem como um sinal positivo da produção artesanal. Esse fato tende a não ser verdadeiro no Leste dos Estados Unidos, onde a limpidez permanece como um fator esperado na maioria dos estilos de cerveja.

Ver também TURBIDEZ.

Bamforth, C. W. Beer haze. **Journal of the American Society of Brewing Chemists**, n. 57, p. 81-90, 1999.

Charles W. Bamforth

linalol é um álcool terciário de mirceno – uma classificação baseada no arranjo de carbono da molécula. Ele é um potente odorífero no lúpulo e na cerveja. Como um álcool, ele é considerado uma parte da fração oxigenada dos óleos do lúpulo e, consequentemente, é mais solúvel no mosto e na cerveja do que a sua contraparte, o mirceno. O linalol tem um aroma floral característico de rosas e também de lavanda e/ou de bergamota. Ele tem, ainda, notas cítricas e amadeiradas. O linalol é encontrado em baixos níveis em óleos de lúpulo, de 10 a 100 ppm, mas tem um limiar de odor extremamente baixo para o ser humano – até 2 ppb na maioria das cervejas *lager*, por exemplo. Isso significa que pode ser um componente muito perceptível no aroma de uma cerveja. Ele costuma estar presente nas cervejas normalmente lupuladas na faixa de 1 a 30 ppb, mas pode atingir até 100 ppb ou mais em cervejas com *dry hopping*. Agronomicamente, a concentração de linalol no óleo essencial do lúpulo pode variar significativamente dentro da mesma variedade e até na mesma plantação de lúpulo, mas de diferentes anos – às vezes por um fator que chega a dois. Alguns pesquisadores acreditam que o linalol serve como um indicador do aroma de lúpulo na cerveja, especialmente quando cervejas *lagers* alemãs são flavorizadas com lúpulos de aroma alemães, simplesmente porque níveis mais elevados de linalol na cerveja tendem a correlacionar-se com aromas de lúpulo em cervejas *lagers*. No entanto, o linalol é apenas um dos muitos componentes de aroma do lúpulo derivados dos seus muitos óleos essenciais diferentes.

Ver também MIRCENO e ÓLEOS DO LÚPULO.

Thomas Shellhammer e Val Peacock

Linde, Carl von, foi um engenheiro alemão do século XIX e um dos principais inventores do mundo na área da tecnologia de refrigeração. Ver REFRIGERAÇÃO. Desde meados do século XVIII, muitas pessoas antes de Linde fizeram experimentos com engenhocas de refrigeração artificial, mas Linde foi o primeiro a desenvolver um sistema de refrigeração prático, especialmente desenvolvido para manter refrigeradas a cerveja em fermentação e em maturação – no caso de Linde, *lagers* bávaras – durante os meses quentes do verão. Linde nasceu no vilarejo de Berndorf, na Francônia, em 1842, em uma época em que a produção de cerveja em clima quente era estritamente proibida em sua nativa Baviera; ninguém estava autorizado a produzir cerveja entre os dias de São Jorge (23 de abril) e de São Miguel (29 de setembro). O objetivo era evitar fermentações quentes, que proporcionavam ambientes ideais para a proliferação de bactérias nocivas trazidas pelo ar e faziam as leveduras produzirem sabores indesejáveis na cerveja. Ambas deixavam as cervejas de verão, muitas vezes, intragáveis. A proibição da produção de cerveja no verão estava em vigor desde 1553, e foi suspensa apenas em 1850, depois que os cervejeiros bávaros aprenderam a refrigerar seus fermentadores com o gelo arduamente recolhido durante o inverno nos açudes e lagos. Teria que haver uma maneira melhor de manter a cerveja fria… e este era o desafio ideal para um professor de engenharia mecânica iniciante como Linde, que havia se associado à Universidade Técnica de Munique em 1868. Ver WEIHENSTEPHAN. O princípio básico da refrigeração era entendido havia séculos. Já que o frio é apenas a ausência de calor, para tornar as coisas frias deve-se retirar o calor. A compressão de um meio gera calor; subsequentemente, sua descompressão ou evaporação acelerada absorve o calor de seu ambiente. Dispositivos baseados nesse princípio são hoje geralmente conhecidos como sistemas de refrigeração por compressão a vapor; aplique isso a um fermentador ou a um tanque de maturação e ele se tornará um sistema de resfriamento de cerveja. Para Linde, a próxima questão era a escolha do agente refrigerador. Inicialmente, ele experimentou o éter dimetil, mas acabou escolhendo a amônia devido à sua rápida propriedade de expansão (e também de resfriamento). Ele chamou sua invenção de "máquina de frio à base de amônia". Linde havia recebido a maior parte do financiamento para esse desenvolvimento da Cervejaria Spaten, de Munique, que também foi a primeira cliente a instalar o novo dispositivo – até então conduzido com éter dimetil – em 1873. Por volta de 1879, Linde abandonara a profissão de professor e montara sua própria "Ice Machine Company", que continua operando como Linde AG, com sede em Wiesbaden, Alemanha. Por volta de 1890, Linde havia vendido 747 unidades da máquina de refrigeração para diversas cervejarias e instalações de armazenamento a frio. Ele continuou a inovar e inventou novos dispositivos durante a maior parte da sua vida, incluindo equipamentos para a liquefação de ar e para a produção de oxigênio, nitrogênio e hidrogênio puros. Em 1897 ele foi condecorado, e a partir de então pôde adicionar o título honorífico "*von*" a seu sobrenome. Ele morreu como um industrial próspero em Munique, em 1934, aos 92 anos. Hoje a Linde AG é uma empresa líder em gases e engenharia com quase 48 mil funcionários empregados em mais de cem países em todo o mundo. De todas as suas muitas realizações, o trabalho pioneiro de Linde na tecnologia de resfriamento artificial de cervejas é, talvez, seu legado mais duradouro.

Horst Dornbusch

Lintner é um índice que mede o poder diastático (hidrólise do amido) do malte (DP). É escrito como "°Lintner" e indica quanto do amido do grão pode ser convertido pelas enzimas alfa-amilase e beta-amilase em açúcares fermentáveis e não fermentáveis durante os processos de malteação e mosturação. Ver ALFA-AMILASE. Maltes provenientes de cevadas de seis fileiras tendem a apresentar mais enzimas e, portanto, valores Lintner superiores aos dos maltes advindos de cevadas de duas fileiras que, por sua vez, apresentam valores Lintner superiores aos dos maltes de trigo. Maltes torrados não apresentam DP. Maltes provenientes de cevadas cultivadas em climas continentais tendem a apresentar valores Lintner superiores aos dos maltes provenientes da mesma variedade de cevada cultivada em climas marítimos. Um malte extremamente bem convertido, que é bem apropriado para a mosturação por infusão, deve apresentar uma classificação de DP tão baixa quanto 35 °Lintner. Para um malte base de alta qualidade de uma *pilsner* os cervejeiros procuram malte com um valor de DP ao redor de 100 °Lintner. O típico malte de duas fileiras norte-americano para *ale* pode ter um valor de °Lintner de 125 ou mais. Alguns maltes de seis fileiras podem apresentar valores de °Lintner que excedem 160. Há uma segunda medição de DP em uso na indústria cervejeira, chamada de índice Windisch-Kolbach, expresso como "°WK" e desenvolvido pela European Brewery Convention (EBC). Ver ÍNDICE KOLBACH. A conversão entre °Lintner e °WK é

$$DP\,°Lintner = (°WK + 16) / 3{,}5$$

Dornbusch, H. **The ultimate almanac of world beer recipes**. West Newbury: Cerevisia Communications, 2010.

Horst Dornbusch

Lion Nathan é uma empresa de bebidas alcoólicas com foco na produção de cerveja que opera na Austrália e Nova Zelândia. Desde 2009, é uma subsidiária integral da Kirin do Japão. Lion Nathan é o braço cervejeiro de uma empresa maior, a Lion Nathan National Foods, que também produz marcas líderes de sucos de frutas e produtos lácteos.

Em Auckland, Nova Zelândia, a boa qualidade do manancial de água na área de Khyber Pass Road atraiu um grande número de cervejeiros no século XIX. Em 1923, duas dessas cervejarias, Lion Brewery e Captain Cook Brewery, uniram-se à fusão das dez maiores cervejarias do país, que deu origem à New Zealand Breweries. Em 1977, o nome da empresa foi alterado para Lion Breweries; em 1986 ela se tornou Lion Corporation, e depois da fusão com a LD Nathan and Company o nome mudou novamente para Lion Nathan, em 1988.

A parte australiana da Lion Nathan também remonta aos tempos coloniais. Em 1981, as cervejarias regionais centenárias Castlemaine, de Brisbane, e Tooheys, de Sydney, se fundiram, formando a Castlemaine Tooheys. Alan Bond adquiriu a Swan Brewery, em Perth, em 1982, e comprou a Castlemaine Tooheys em 1987, originando a Bond Brewing, apenas para entrar em liquidação judicial dois anos depois.

Em 1990, a Lion Nathan comprou a Bond Brewing e fundiu as empresas de produção de cerveja australiana e neozelandesa, lançando as bases da moderna Lion Nathan. Em 1993, a South Australian Brewing Company, de Adelaide, foi incorporada aos negócios. Douglas Myers, presidente da parte LD Nathan da companhia, vendeu sua substancial participação acionária à Kirin em 1998, quando se aposentou. Em 2007, a histórica James Boag's Brewery, da Tasmânia, foi comprada. O mais recente capítulo da história começou em outubro de 2009, quando a Kirin elevou a sua participação de pouco menos de 50% a proprietária integral.

A Lion Nathan opera grandes cervejarias regionais em Brisbane, Perth, Sydney e Adelaide, na Austrália. As principais marcas incluem XXXX, Tooheys, Hahn, Swan, West End, e Boag's. As maiores cervejarias na Nova Zelândia estão em Auckland, onde uma nova cervejaria foi encomendada em 2009 para substituir as antigas instalações históricas de Khyber Pass Road, Christchurch e Dunedin. As principais marcas incluem Lion, Steinlager, Canterbury e Speight's. A Lion Nathan também administra um pequeno número de cervejarias artesanais. James Squire e Knappstein são as principais marcas artesanais da Lion Nathan na

Austrália, enquanto as cervejas da linha Mac's são as suas principais marcas artesanais na Nova Zelândia.

Bill Taylor

lipídios compreendem um grupo quimicamente diverso de compostos orgânicos, sendo sua caraterística comum e determinante a solubilidade em solventes orgânicos e a insolubilidade em água. Existem diferentes métodos de classificação dos lipídios segundo a polaridade, grupos funcionais e complexidade. Os lipídios incluem uma ampla variedade de moléculas, tais como "ácidos graxos": lipídios terpenoides (esteróis, carotenoides etc.), tocoferóis, glicerídeos, fosfolipídios, ceras, óleos e outros.

Os lipídios compreendem 2,2% a 2,5% da matéria seca da cevada, localizados predominantemente na camada de aleurona (60%) e no germe (30%). Desses, a maioria são triglicerídeos utilizados pelo embrião durante a germinação e o crescimento. Portanto, após a malteação, os lipídios totais são reduzidos em aproximadamente 25%.

Os lipídios estão presentes na levedura e compreendem 2% a 12% da sua matéria seca. Os lipídios das leveduras (principalmente fosfolipídios e esteróis) são encontrados juntamente com as proteínas nas membranas celulares, sendo a síntese de lipídios uma parte importante da reprodução das leveduras. No entanto, os lipídios não deveriam estar presentes na cerveja pronta, onde podem causar problemas de envelhecimento (*staling*) e afetar negativamente a estabilidade da espuma. Os cervejeiros geralmente evitam a produção de mostos turvos, que tendem a ter níveis elevados de lipídios.

Os lipídios afetam negativamente a estabilidade da espuma, assim como a estabilidade do condicionamento desejado.

Nelson, D. L.; COX, M. M. **Lehninger principles of biochemistry**. 4. ed. New York: Freeman W. H. and Company, 2005.

Wolfgang David Lindell

literatura

Ver BEER WRITING.

London and Country Brewer, The foi uma publicação inovadora na literatura técnica de produção de cerveja. Oito edições foram publicadas, a primeira em 1734 e a última em 1759. É um dos mais importantes livros de cerveja já escritos, uma vez que descreve pela primeira vez o uso de processos científicos para práticas que anteriormente eram puramente empíricas. O livro explica os diversos aspectos do processo cervejeiro, como a malteação e a mosturação, em detalhes técnicos, e nas últimas edições descreve como produzir cerveja clara. Pela primeira vez, a produção de maltes claro, âmbar e caramelo é descrita, incluindo o efeito de diferentes tipos de forno, combustível e temperatura. O livro também confirma que a maioria dos cervejeiros daquele tempo havia parado de usar trigo para o malte e estavam empregando quase exclusivamente a cevada.

O autor anônimo é descrito como uma "pessoa envolvida anteriormente em uma cervejaria de Londres, mas que há vinte anos mora no interior". Pouco se sabe sobre o autor, mas é provável que tenha construído seu conhecimento cervejeiro em Londres antes de 1720. O autor diz que o livro é escrito para os muitos habitantes das cidades e vilas, assim como para os viajantes que por muito tempo tenham sofrido "grandes prejuízos" causados por cervejas lupuladas e *ales* insalubres e desagradáveis. O autor põe a culpa nos maltes ruins, no pouco cozimento do mosto, no uso de "ingredientes prejudiciais", e na pouca habilidade de muitos cervejeiros. Ele também critica duramente os pesados impostos colocados sobre a "bebida de malte".

No prefácio do livro o autor diz que tem "se esforçado para esclarecer as muitas vantagens para o corpo e bolso que podem advir do conhecimento e da gestão apropriada da produção de cerveja, que são de grande importância, já que são, até um grau considerável, nossa nutrição e os diluidores comuns da nossa comida".

Ver também BEER WRITING.

Anônimo. **The London & Country Brewer.** Project Gutenburg, 2005. Disponível em: http://www.gutenbeg.org/etext/8900.

Tim Hampson

O Sistema "52" **Lovibond** para a medição de cor na cerveja foi inventado em 1893 por Joseph William Lovibond em Greenwich, Inglaterra. Envolve a comparação visual de cores padronizadas, na forma de discos de vidro coloridos, com amostras de cerveja. Esse sistema foi substituído em 1950, quando L. R. Bishop propôs o uso de uma nova série de lâminas. O sistema revisado de Bishop foi adotado como padrão pela EBC em 1951 e as lâminas padronizadas foram produzidas pela Tintometer Co, Reino Unido, como são até os dias de hoje.

Na escala Lovibond, uma *golden lager* clara deve ter uma coloração de 2° ou 3°, uma *pale ale* de 10° a 13°, uma *brown ale* ou *dark lager* de 17° a 20°, até a coloração quase negra típica das *imperial stout* a 70°.

Erros inerentes na comparação visual da cor devido à idade das lâminas padrões utilizadas, à luz empregada para iluminar as amostras, ao estado do observador, além de vários outros problemas, significavam que era difícil atingir uma consistência intra e interlaboratórios utilizando a escala Lovibond. Embora as amostras de vidro colorido ainda estejam disponíveis e sejam usadas, a espectrofotometria tem substituído amplamente o método Lovibond. O método espectrofotométrico da ASBC é chamado de Standard Reference Method (SRM). Embora os "graus Lovibond" e os "graus SRM" sejam muito similares, alguns sentem que o SRM oferece menos informações sobre a aparência real da coloração, quando contrastada com a sua intensidade. Na Europa, uma escala diferente (método EBC) é empregada, embora essa escala também seja produzida utilizando espectrofotometria. Estranhamente, nos Estados Unidos, o método SRM é utilizado para se referir à cor da cerveja, mas a coloração do malte é dada em graus Lovibond. Na extremidade inferior da escala, os números de coloração do malte e da cerveja estão relacionados, mas conforme o malte torna-se mais escuro, os números se afastam, alcançando mais de 500° para os maltes escuros. Isso reflete a influência não linear da coloração dos maltes muito escuros, os quais podem ser usados em pequenas percentagens do total de grãos para afetar a cor do mosto.

Ver também COR.

Lovibond. **Water analysis and colour measurement**. Disponível em: http://www.tintometer.com.
Smedley, S. M. Colour determination of beer using tristimulus values. **Journal of the Institute of Brewing**, n. 98, p. 497-504, 1992.

Chris Holliland

Löwenbräu é uma das mais antigas e icônicas marcas de cerveja do mundo. A cervejaria Löwenbräu está localizada em Munique e remonta a 1383. Löwenbräu significa "cerveja do leão" e o seu logotipo, facilmente identificável, figura um escudo com um leão em pé, com a língua de fora e uma cauda dupla torcida. O nome deriva do *brewpub* original conhecido como Löwengrube (Toca do Leão), no número 17 da rua de mesmo nome. A primeira menção documentada à produção de cerveja no Löwengrube está em nome de Jörg Schnaitter em um registro de impostos de Munique, em 1524, onde Jörg é identificado como "*pierprew*", que em alemão arcaico significa cervejeiro. Löwenbräu como nome da cervejaria da Toca do Leão aparece pela primeira vez em um registro cervejeiro de Munique de 1746. Em 1818, um cervejeiro chamado Georg Brey comprou a Löwenbräu e embarcou em uma estratégia de

Löwenbräu significa "cerveja do leão", um nome derivado da localização da cervejaria original, o *brewpub* Löwengrube (Toca do Leão) de Munique, datado do final do século XIV. O logotipo da cervejaria está pendurado no ombro de um querubim neste cartão-postal de 1920.
PIKE MICROBREWERY MUSEUM, SEATTLE, WA.

expansão, adquirindo outras cervejarias e adicionando uma *bockbier* a seu portfólio em 1848. Na temporada de produção de cerveja de 1863/1864, a Löwenbräu abastecia cerca de um quarto do mercado de cerveja de Munique, o que fazia dela a maior cervejaria da cidade.

Em 1872, a cervejaria tornou-se uma sociedade anônima e, um ano mais tarde, a ainda famosa Löwenbräukeller foi inaugurada. Em 1912, a produção anual da Löwenbräu chegou a quase 1 milhão de hectolitros, mas no fim da Primeira Guerra Mundial havia diminuído para apenas a metade desse volume. A fusão com a Unionsbrauerei Schülein & Cie., em 1921, no entanto, marcou o retorno do crescimento. A cervejaria acrescentou uma *weissbier* ao seu portfólio em 1927 e, um ano depois, chegou a superar o volume produzido antes da guerra. A Löwenbräu ultrapassou a marca de 1,5 milhão de hectolitros na temporada de produção de cerveja de 1970/1971.

As exportações também se tornaram um fator ainda mais importante na estratégia dos negócios da Löwenbräu. Em 1974, a Löwenbräu chegou aos Estados Unidos por meio de um arranjo contratual com a Miller Brewing Company. A cerveja comercializada sob o nome Löwenbräu, porém, era muito diferente da cerveja puro malte produzida seguindo as diretrizes da Lei da Pureza da Cerveja. Ver LEI DA PUREZA DA CERVEJA. O ajuste da receita na direção de uma *international pilsner*, no entanto, feriu a marca e comprometeu a sua reputação nos Estados Unidos. Como resultado do fiasco nos Estados Unidos, a Löwenbräu, desde então, tem insistido que toda a cerveja produzida sob contrato no exterior deve ser feita sob sua supervisão de acordo com a Lei da Pureza da Cerveja. Em 1997, a Löwenbräu se fundiu com a Spaten-Franziskaner-Bräu KGaA, de Munique, e se tornou parte da Brau Holding International GmbH & Co. A KGaA, por sua vez, é uma empresa da Schorghuber Corporate Group. A partir de 1º de outubro de 2004, a propriedade da Spaten-Franziskaner-Löwenbräu-Group foi transferida para a InBev, agora conhecida como Anheuser-Busch InBev, a maior cervejaria do mundo. Ver ANHEUSER-BUSCH INBEV. Dentro desse novo mercado mundial de produção de cerveja e redes de distribuição, cervejas comercializadas sob a marca Löwenbräu, atualmente, mantêm fortes vendas, seja com importações ou como cervejas produzidas sob contrato, em mais de cinquenta países.

Anheuser-Busch Inbev History. Disponível em: http://www.lowenbrau.com.au/. Acesso em: 12 jun. 2016.

Gaab, J. S. **Munich: Hofbrauhaus & history – Beer, culture, & politics**. New York: Peter Lang Publishing, Inc., 2006.

John Holl

Lublin é um lúpulo com passado relativamente obscuro. Ele foi batizado em homenagem à cidade de Lublin, o centro da maior região produtora de lúpulo da Polônia. Ver POLÔNIA. Comercialmente, ele também é chamado Lubliner, Lubelska ou Lubelski-Pulawy. Pulawy é a cidade onde está localizado o Instituto de Pesquisa do Lúpulo polonês. As características agronômicas e o perfil aromático do Lublin são muito similares àquelas do lúpulo tcheco Saazer. Ver SAAZ. Assim como o Saazer, a maturidade do Lublin é precoce; ele apresenta produtividade moderadamente baixa (em média 1.000 a 1.300 kg/ha), além de baixo teor de alfa-ácidos, porém um aroma muito agradável. A quantidade de alfa-ácidos varia de 3% a 5% e a quantidade de beta-ácidos de 4% a 5%, com teor médio de cohumulona em torno de 23%. Os óleos essenciais são compostos de 40% a 50% de mirceno, 20% a 25% de humuleno, 6% de cariofileno e 12% de farneseno.

Barth, H. J.; Klinke, C.; Schmidt, C. **The hop atlas, the history and geography of the cultivated plant**. Nürnberg: Joh. Barth & Sons, 1994. p. 251-259.

Strausz, D. A. **The hop industry of Eastern Europe and Soviet Union**. Pullman: Washington University Press, 1969. p. 122-151.

Alfred Haunold

Luitpold, Príncipe da Baviera, nasceu em 1951 como bisneto de Ludwig III, o último rei governante da Baviera. Ele é membro da família Wittelsbach, uma dinastia europeia de destaque que governou a Baviera, sem interrupção, de 1180 até 1918, quando, após a derrota do Império Alemão na Primeira Guerra Mundial, todas as monarquias alemãs foram abolidas. Quase desde o início, a Casa de Wittelsbach esteve envolvida na produção de cerveja, e com o passar dos séculos deixou uma marca permanente na história da cerveja: em 1269 o duque Ludwig (Luís) II deu início à primeira cervejaria de Munique; em 1516 o duque Wilhelm IV (1493-1550) proclamou a Lei da Pureza da

O príncipe Luitpold no castelo e cervejaria Kaltenberg, na Baviera. Depois de estudar ciência da cerveja na universidade cervejeira de Weihenstephan, o príncipe Luitpold tornou-se CEO da König Ludwig GmbH & Co. KG Schlossbrauerei Kaltenberg, a cervejaria ancestral da família real bávara. FOTOGRAFIA DE DENTON TILLMAN.

Cerveja; em 1810 as celebrações do casamento do príncipe herdeiro Ludwig I e da princesa Therese de Saxe-Hildburghausen se tornou a primeira Oktoberfest de Munique; e em 1868 o rei Ludwig II da Baviera estabeleceu aquele que ainda é uma das principais universidades cervejeiras do mundo, a Weihenstephan, nos arredores de Munique, onde o jovem príncipe Luitpold estudou ciência da cerveja. Ver FAMÍLIA WITTELSBACH.

Em 1976, Luitpold se tornou o CEO da König Ludwig GmbH & Co. KG Schlossbrauerei Kaltenberg, a cervejaria ancestral dos Wittelsbach, que foi aberta em 1870 no Castelo Kaltenberg. Em 2001 a Schlossbrauerei Kaltenberg firmou uma parceria financeira, de licenciamento e distribuição com o Haus Cramer KG, um dos maiores grupos cervejeiros da Alemanha, mais conhecido por sua marca Warsteiner. Com mais acesso aos mercados nacionais e internacionais, a produção anual da Kaltenberg cresceu para cerca de 350 mil hectolitros e sua principal marca, a König Ludwig Dunkel, tornou-se a cerveja *dunkel* mais vendida da Alemanha. Nas estatísticas alemãs, a *dunkel* representa cerca de um terço da categoria mais ampla das *lagers* escuras *"dunkel/schwarzbier"*, que abrange cerca de 1,7% dos cerca de 100 milhões de hL/ano do mercado alemão de cerveja. Outras marcas-chave da Kaltenberg são a König Ludwig Weissbier e a König Ludwig Hell.

Ver também BAVIERA.

Adalbert, Prinz von Bayern. **Die Wittelsbacher – Geschichte unserer Familie**. Munique: Prestel-Verlag, 1979.

Horst Dornbusch

lupulagem da mostura é a adição de lúpulo, geralmente flores inteiras, durante a fase de mosturação na produção de cerveja. É usada por um número pequeno de cervejeiros artesanais para adicionar complexidade a suas cervejas. Embora a utilização tradicional de lúpulo na mostura seja extremamente baixa, sabe-se que ela pode transmitir sabores únicos de lúpulo para a cerveja resultante. Com esse método, há um tempo de contato da mostura com os componentes solúveis e insolúveis de lúpulo a temperaturas de mostura que variam, dependendo do estilo e do processo de produção da cerveja, de 50 °C a 76,6 °C, com um pH pré-fervura do mosto de aproximadamente 5,4 a 5,8. Como o lúpulo fica para trás com o bagaço do malte após a filtração do mosto, ele não é exposto a temperaturas de fervura. Portanto, há pouca isomerização dos compostos de amargor do lúpulo (alfa-ácidos). Ver ISOMERIZAÇÃO DO LÚPULO. Os alfa-ácidos não isomerizados são bastante insolúveis no mosto, e os cervejeiros que usam esse método esperam pouco ou nenhum amargor adicional desses lúpulos. Ver TAXA DE APROVEITAMENTO DO LÚPULO. Se a lupulagem da mostura for feita com péletes em vez de folhas inteiras de lúpulo, poderá resultar algum amargor, mas isso seria atribuído à condução de partículas de lúpulo à tina de fervura durante a filtração do mosto ou, em menor grau, a qualquer isomerização que tenha ocorrido durante o processo de peletização. Além dos ácidos de amargor, serão carregados outros compostos ativos de sabor; no entanto, à semelhança de outras adições antecipadas de lúpulo na tina de fervura, será perdida grande parte dos óleos frutados mais leves oriundos da flor de lúpulo. Óleos mais pesados, compostos de lúpulo oxidado e outros compostos ativos de sabor, por outro lado, podem passar para a tina de fervura e, portanto, para a cerveja final. Existem algumas similaridades entre esse método e a primeira lupulagem do mosto no sentido de que os compostos ativos de sabor que sobrevivem à tina de fervura são expostos ao mosto por um período maior antes do cozimento. Ver PRIMEIRA LUPULAGEM DO MOSTO. As características esperadas de sabor relacionadas com o lúpulo, portanto, seriam bastante parecidas. O contato entre os componentes do lúpulo com o mosto e a água de aspersão da filtração do mosto durante o processo sem dúvida resulta em ganho de sabor.

Existem opiniões divergentes os entre cervejeiros sobre quais estilos de cerveja são mais adequados para a lupulagem da mostura. A ideia predominante é de que essa técnica é mais adequada para estilos mais leves, com sabores e texturas sutis de lúpulo. Mas a lupulagem da mostura também tem sido usada em cervejas altamente lupuladas, como as "*double India pale ales*" e outros estilos de "*extreme beers*" para adicionar mais notas de sabor de lúpulo. As notas sutis adquiridas desse modo, no entanto, podem ser abafadas se grandes cargas de lúpulo forem usadas posteriormente. Embora possa parecer um desperdício, a lupulagem da mostura com flores inteiras apresenta um efeito muito positivo na filtração do mosto, adicionando porosidade à camada de grãos, não muito diferentes da casca de arroz e outros auxiliares de filtração do mosto. Existe alguma referência a esse método de lupulagem na produção tradicional da cerveja *Berliner weisse*, em que as baixas taxas de lupulagem e a baixíssima intensidade de amargor, expressa em Unidade Internacional de Amargor (IBU), são importantes para reduzir o efeito antimicrobiano do lúpulo, o que por sua vez permite o crescimento de bactérias do gênero *Lactobacillus* nesse estilo de cerveja intencionalmente ácido. Ver BERLINER WEISSE.

Matthew Brynildson

lupulagem tardia é a adição de lúpulo durante a última parte da ebulição do mosto na tina de fervura. Durante a fervura, ácidos de amargor são isomerizados do lúpulo para o mosto, mas grande parte dos óleos voláteis responsáveis pelo sabor e aroma do lúpulo, exaurem-se com a fervura e, assim, se perdem. A lupulagem tardia é empregada para manter mais componentes aromáticos do lúpulo no mosto, para que possam mais tarde se tornar parte da cerveja acabada. Não há um momento exato durante a fervura em que os cervejeiros executam a lupulagem tardia, mas os lúpulos adicionados em qualquer tempo a menos de trinta minutos do fim da fervura são geralmente considerados "lúpulos tardios". Atualmente, muitos estilos de cerveja incorporam a adição de lúpulo tardio durante a fervura, e essas adições são muitas vezes misturas de diferentes variedades de lúpulo. Tais misturas podem se tornar parte da assinatura de aroma de uma determinada cerveja. Embora a lupulagem tardia possa ser uma técnica bem-aceita para adicionar sabor e aroma de lúpulo à cerveja, o real mecanismo e os compostos do lúpulo que criam esse efeito não são perfeitamente compreendidos. A variedade de lúpulo tardio escolhida por um cervejeiro é muitas vezes baseada nas suas qualidades aromáticas. Um cuidadoso melhoramento de lúpulo resultou em cultivares com excepcionais aromas, razão pela qual elas são frequentemente chamadas de lúpulos aromáticos. As substâncias responsáveis pelos aromas do lúpulo são os óleos essenciais. Eles compõem até cerca de 0,5% a 3,0% do peso do lúpulo. Os óleos essenciais são compostos por duas frações: hidrocarbonetos e uma fração oxigenada. Os hidrocarbonetos constituem 80% a 90% da massa de óleo essencial, porém não são necessariamente responsáveis pelo aroma de lúpulo na cerveja acabada, pois são extremamente voláteis e evaporam durante a fervura. As frações oxigenadas, constituídas por terpenos e sesquiterpenos, tendem a ser mais aromáticas e são menos voláteis. O aroma de lúpulo tardio na cerveja, portanto, pode ser amplamente derivado de alguns poucos compostos aromáticos intensos nas frações oxigenadas. Outra possibilidade é que haja um efeito sinérgico entre vários compostos que estão presentes em quantidades muito pequenas para o nariz humano detectar, mas que em combinação podem atingir o limiar sensorial. Alguns desses compostos possuem características cítricas e florais. Os seus graus de sobrevivência ao processo de fervura, no entanto, dependem muito do método de lupulagem tardia e variam entre as cervejarias. Além disso, há outros aromas associados com a lupulagem tardia, que não aparentam estar relacionados com o aroma característico que motivou o cervejeiro a selecionar uma variedade específica de lúpulo. Os cervejeiros artesanais americanos foram pioneiros no uso da lupulagem tardia, não somente adicionando lúpulos aromáticos nos minutos finais da fervura, mas também flavorizando o mosto com doses bem-sucedidas de lúpulo até o final da fervura. Alguns cervejeiros esperam até que a fervura termine e acrescentam os últimos péletes de lúpulo momentos antes do mosto ser enviado para o tanque de *whirlpool*. Até certo ponto, essa prática espelha o propósito do *hop back*, um recipiente no qual o mosto passa através de uma camada de flores inteiras de lúpulo antes de ser enviado para o trocador de calor e o fermentador. Ver HOP BACK e WHIRLPOOL. O mosto ainda está quente o bastante para extrair compostos aromáticos, mas não o suficiente para perdê-los por arraste no vapor. Adições no *whirlpool* podem ser combinadas com um *hop back* para se obter uma extração de aroma ainda mais intensa.

Em muitas cervejarias artesanais, a maioria dos lúpulos utilizados fazem parte da adição tardia. A cultura cervejeira tradicional afirma que o lúpulo precisa ser fervido para proporcionar amargor ao mosto, mas isso não é verdade. Mesmo quando adicionados bem tardiamente, já no *whirlpool*, as adições tardias de lúpulo conferem amargor e aroma. A isomerização e a extração dos compostos de amargor do lúpulo são uma questão de temperatura, tempo de contato e área de superfície; a fervura em si não é estritamente necessária, especialmente se o mosto permanece em movimento turbulento. A extração de amargor é ineficiente porque os lúpulos são mal fervidos ou não são fervidos, mas grandes adições tardias de lúpulos podem ser a principal fonte de amargor em estilos como *American pale ale* e *India pale ale*, contribuindo também com aroma e sabor. Os compostos aromáticos incorporados à cerveja pela adição tardia de lúpulos são visivelmente diferentes daqueles fornecidos pelo *dry hopping*, com este último provendo um aroma mais herbáceo de "saco de lúpulo" ("*hop sack*"). Lupulagem tardia e *dry hopping* são, portanto, frequentemente utilizados em combinação para a produção de cervejas destinadas a possuir aromas intensos de lúpulo.

Ver também DOUBLE IPA, DRY HOPPING e INDIA PALE ALE.

Lewis, M. J.; Young, T. W. Hop chemistry and wort boiling. In: **Brewing**. 2. ed. New York: Springer Science + Business Media LLC, 2004. p. 269-271.

Chad Michael Yakobson

lupulina, pequenas glândulas que contêm os ácidos e os óleos essenciais do lúpulo. Elas se apresentam como um fino pó amarelo encontrado no fundo do cone do lúpulo, um corpo de frutificação que é tecnicamente chamado de estróbilo. Ver LÚPULOS. Cones de pinheiros (que têm um formato semelhante) também são estróbilos. O cone é feito de brácteas e bractéolas que são ligadas a uma raque central (ou ráquis). As glândulas de lupulina, que são tecnicamente chamadas de tricomas glandulares (células epiteliais especializadas, as quais contêm óleos essenciais e outros metabólitos secundários), encontram-se ligadas à base das bractéolas e, em menor grau, às brácteas. São glândulas pequenas, ligeiramente em forma de pera e com cerca de 200 μm (0,2 mm) de diâmetro. Sua concentração no lúpulo difere de uma variedade para outra. Dado que a maior parte do valor do cone do lúpulo para o cervejeiro encontra-se no interior das glândulas de lupulina, houve um certo número de abordagens técnicas com o objetivo de concentrar ou preservar esse componente. Um processo para a lavagem de cones de lúpulo com água, para separação da lupulina, seguido por peneiramento, secagem e armazenamento em ambiente inerte, foi desenvolvido e patenteado. Lúpulos tipo 45 são um produto peletizado em que os lúpulos são moídos e depois peneirados, a fim de se concentrar a lupulina. É assim chamado, pois 100 kg de lúpulos inteiros produzem cerca de 45 kg de péletes de lúpulo concentrado. A extração com CO_2 supercrítico, CO_2 líquido e etanol são técnicas para a dissolução da lupulina, removendo-a dos cones do lúpulo e recuperando-a como um extrato livre de solvente (no caso de CO_2) ou extrato à base de etanol.

Thomas Shellhammer

lúpulo em péletes são uma forma de lúpulos inteiros processados em que os cones secos são finamente moídos usando um moinho de martelos e em seguida extrusados através de um molde para produzir um pélete densamente compactado. O cone do lúpulo possui uma estrutura semelhante a uma flor, volumosa e delicada; bonita, talvez, mas não muito prática para a configuração da cervejaria. Desenvolvido no fim da década de 1960, a tecnologia de produção de péletes oferece aos cervejeiros uma série de vantagens sobre o uso do lúpulo inteiro. Ver LÚPULOS. Enquanto lúpulos inteiros são embalados em grandes fardos, os péletes são compactos e, portanto, fáceis de armazenar. No entanto, dado que o processamento de péletes provavelmente quebra as glândulas de lupulina dos cones do lúpulo, os péletes são muito mais sensíveis ao oxigênio do que os lúpulos inteiros. Por essa razão, os péletes devem ser lavados com gás inerte e embalados a vácuo em sacos metalizados e resistentes a gases – de alto custo – para minimizar o contato com o oxigênio, tendo crucial importância a qualidade do selamento das embalagens. O transporte de lúpulos em péletes em embalagens sem oxigênio aumenta muito suas qualidades de armazenamento, especialmente se forem armazenados em temperatura recomendada, abaixo de 4 °C. Se mantidos muito frios, mesmo congelados, os péletes podem ser armazenados por mais de dois anos sem degradação significativa. Na fábrica de processamento, os lúpulos geralmente provêm de diversas áreas e lotes, sendo então misturados para equalizar variações de diferentes fontes. Material alheio, como folhas, caules e outros que não são da planta, também são muito reduzidos ou eliminados durante a peletização. Além disso, os cervejeiros podem obter misturas de péletes personalizadas a partir da combinação de diferentes variedades de lúpulo. Existem duas variedades de lúpulos peletizados, Tipo 90 (T-90) e Tipo 45 (T-45). Os péletes T-90 são feitos a partir da flor inteira do lúpulo, enquanto os péletes T-45 são feitos depois que muita matéria vegetal foi removida da flor, o que concentra o teor de lupulina nos péletes. Como os péletes T-90 contêm todo o material vegetal e de lupulina da flor inteira, eles funcionam como um substituto completo para cones de lúpulo na tina de fervura. Os péletes de lúpulo T-45 são feitos da mesma maneira que os T-90, com a diferença de que o martelo de moagem funciona a uma temperatura muito baixa, −35 °C, o que impede que a viscosidade da lupulina dificulte a continuação do processamento. O pó é então peneirado, produzindo uma fração rica em resina que contém apenas cerca da metade do material vegetal original. Então, esse pó de T-45 é enviado para o molde da extrusora e para a máquina de embalar. Os péletes T-45 pesam cerca de 45% do peso do material original (lúpulo). Uma importante vantagem do pélete com relação a lúpulos inteiros fardados, nos sistemas automatizados, é a sua adequação ao equipamento de dosagem de lúpulo. Isso porque os péletes fluem mais segura e consistentemente do que flores soltas. Mas a destruição física das glândulas de lupulina durante a moagem, com o resultante aumento da área de superfície da lupulina e a maior exposição ao oxigênio, é uma grande desvantagem dos lúpulos em péletes. Além disso, o processamento de péletes através de um molde gera calor, por vezes excedendo 55 °C se não for controlado. Isso pode acelerar a oxidação dos ácidos de lúpulo e/ou uma perda dos seus óleos. Controlar a temperatura de processamento na indústria de produção do pélete, portanto, é talvez a variável mais crítica para a qualidade inicial do produto. Por causa das vantagens gerais do lúpulo peletizado, eles são usados por todos os setores da indústria cervejeira, dos maiores produtores aos menores *pubs*. Nos Estados Unidos, os péletes são muito mais preferidos do que lúpulos inteiros e extratos de lúpulo.

Thomas Shellhammer e Val Peacock

lupulona é um dos quatro beta-ácidos análogos na resina de lúpulo, sendo os outros adlupulona, colupulona e pré-lupulona. Ver ADLUPULONA e COLUPULONA. Os níveis de lupulona variam entre as variedades de lúpulo, de cerca de 30% a 55% do total de beta-ácidos. A colupulona varia de cerca de 20% a 55%, mas a adlupulona permanece dentro de uma faixa mais estreita de 10% a 15%. Estruturalmente, esses análogos são muito semelhantes, mas não idênticos, aos seus alfa-ácidos correspondentes. A ligeira diferença estrutural, no entanto, impede que esses beta-ácidos isomerizem na tina de fervura. Ver ISOMERIZAÇÃO DO LÚPULO. Quando os beta-ácidos oxidam em huluponas, no entanto, o que acontece com o envelhecer do lúpulo, eles se tornam solúveis no mosto e conferem amargor. Ver HULUPONAS. Com a oxidação do lúpulo, o amargor provindo dos iso-alfa-ácidos diminui, mas isso é de certa forma compensado pela contribuição de amargor das huluponas. A proporção de alfa- para beta-ácidos, por fim, determina até que ponto o amargor irá diminuir à medida que o lúpulo oxida; níveis mais altos de al-

Dia de colheita em uma fazenda que cultiva lúpulos orgânicos, Ashland, Oregon. GEORGE RUBALOFF.

fa-ácidos em comparação com os de beta-ácidos em lúpulos brutos significam um declínio mais lento do poder de amargor com a degradação do lúpulo ao longo do tempo.

Thomas Shellhammer e Val Peacock

lúpulos são o ingrediente da cerveja que fornecem a estrutura do amargor, aumentam a sua estabilidade microbiológica, ajudam a estabilizar sua espuma e influenciam consideravelmente seu sabor e aroma.

> *For if your ale may endure a fortnight, your Beere through the benefit of the Hoppe, shall continue a moneth, and what grace it yieldeth to the teaste, all men may judge that have sense in their mouths...*
> Reginald Scot, *The Perfite Platform for a Hoppe Garden*, 1576.

Lúpulo são as flores ou "cones" do *Humulus lupulus*, diminutivo em latim que significa, *grosso modo*, "pequeno lobo esgueirante", assim chamado devido às qualidades táteis da planta, crescimento prodigioso e ampla distribuição. O gênero Humulus pertence à família Cannabaceae, que inclui a Cannabis (cânhamo, maconha) e Celtis (*hackberry*). O lúpulo é nativo do Hemisfério Norte, nas zonas temperadas da Europa, Ásia Ocidental e América do Norte. Acredita-se que possui origem na China. Eles são agora cultivados comercialmente em ambos os hemisférios, entre cerca de 30 e 52 graus de latitude. São plantas resistentes que podem sobreviver a invernos frios, com temperaturas de −30 °C. Há cinco variedades taxonômicas reconhecidas no gênero Humulus: os *lupulus*, que são os lúpulos europeus; os *cordifolius*, que são os lúpulos japoneses; e os *lupuloides*, *neomexicanus* e *pubescens*, que são nativos norte-americanos.

"Lúpulo nobre" é um termo histórico e comercial arbitrariamente atribuído a quatro cultivares de lúpulo distintos, isto é, plantas que foram domesticadas em suas respectivas áreas, onde se tornaram populações geneticamente isoladas e de polinização aberta. São eles: Hallertauer Mittelfrueh, da região de Hallertau, na Baviera; Tettnanger, de Tettnang, na Alemanha, perto do Lago Constança; Spalt, da Baviera, na Alemanha, ao sul de Nuremberg; e Saaz, da região de Žatec, na República Tcheca. Ver LÚPULOS NOBRES, HALLERTAU, REGIÃO, SPALT, REGIÃO, TETTNANG, REGIÃO e ŽATEC, REGIÃO. Muitas variedades de lúpulo lançadas no século passado têm em sua linhagem pelo menos um desses lúpulos nobres. Embora esses quatro lúpulos nobres tenham sido reverenciados por seu perfil de aroma agradável e amargor suave, com uma razão entre alfa- e beta-ácidos de 1:1, têm notoriamente um baixo rendimento e uma alta propensão a doenças.

No mercado, o lúpulo é comercializado em duas classes básicas: lúpulos de amargor e lúpulos de aroma. Relativamente poucas variedades são também comercializadas como de duplo propósito. Lúpulos de amargor, ou de fervura, são os lúpulos adicionados ao mosto perto do início da fervura; e lúpulos aromáticos, ou finais, são os lúpulos adicionados a qualquer momento entre trinta minutos antes do final da fervura e o desligamento.

Eles também podem ser adicionados no *whirlpool* ou até mais tarde. Ver FERVURA e WHIRLPOOL. A adição de lúpulo à cerveja fermentada é chamada de *dry hopping*. Ver DRY HOPPING. Essa prática adiciona óleos essenciais altamente voláteis à cerveja, óleos que, nos lúpulos de amargor, evaporam na tina durante a fervura e podem até ser eliminados do mosto durante a fermentação. A intensidade da lupulagem na cerveja é uma questão de especificações do estilo da cerveja e a personalidade do cervejeiro. Ver AMARGOR e ESTILO DE CERVEJA. Algumas cervejas *lager* comerciais americanas, por exemplo, apesar de serem consideradas refrescantes por muitos consumidores, podem passar ao consumidor a ideia de que o cervejeiro apenas sacudiu um único cone de lúpulo sobre a tina de fervura. Ao mesmo tempo, algumas cervejas artesanais claramente levam a lupulagem ao limite humano da tolerância ao amargor, e os cervejeiros deleitam-se com uma lupulagem que quase parece um castigo. Tais cervejas são bebidas especiais de crescente popularidade, especialmente em *brewpubs* do Novo Mundo, e estão lentamente se popularizando entre outras culturas cervejeiras do mundo, mas certamente não são para todos. Ver PRODUÇÃO DE CERVEJAS EXTREMAS (*EXTREME BREWING*).

Desde a descoberta do lúpulo como um flavorizante adequado para a cerveja, o que ocorreu provavelmente no século VIII, sua adição ao mosto tem ocorrido na forma de cones secos inteiros. Os lúpulos precisam perder sua umidade o mais rapidamente possível depois de colhidos, caso contrário, começam a se deteriorar em apenas algumas horas. Tradicionalmente, os secadores de lúpulo eram alo-

Ilustração botânica do *Humulus lupulus*, o nome científico do lúpulo comum. Alemanha, c. 1850.
PIKE MICROBREWERY MUSEUM, SEATTLE, WA.

cados em casas de secagem (*oast houses*), as quais, no século XIX, possuíam uma arquitetura circular característica, com telhados cônicos que até hoje pontilham a paisagem de muitas das antigas e das atuais regiões produtoras de lúpulo. Ver OAST HOUSE.

Os lúpulos são plantas herbáceas perenes que vivem de dez a vinte anos, mantendo uma raiz perene chamada rizoma, uma estrutura de armazenamento de carboidratos que é também encontrada no gengibre e na planta íris. A cada primavera, do rizoma brota uma massa de hastes que envolvem, no sentido horário, qualquer coisa que encontrarem. Os lúpulos crescem vigorosamente até 15 m de altura. Na maioria das plantações, no entanto, eles podem chegar a uma altura de 4 m a 9 m. Durante o pico da estação de crescimento, em meados do verão, as hastes do lúpulo podem crescer até 50 cm por semana. As hastes são herbáceas, embora tendam a ficar lenhosas com o crescimento secundário dos tecidos mais velhos no final da temporada.

Essas hastes secam no inverno. Ao contrário das videiras, que possuem gavinhas, a haste do lúpulo adere ao tutor com um grande número de pelos rígidos, em formato de gancho, chamados tricomas. Estes predem a haste a um suporte. Infelizmente para muitas pessoas que trabalham com o lúpulo, os óleos secretados pelos tricomas podem irritar a pele.

O lúpulo é dioico (termo grego para "duas casas"), ou seja, há plantas masculinas e femininas. Apenas os cones de lúpulo sem sementes das plantas fêmeas são utilizados na indústria cervejeira, razão pela qual os produtores cuidam do controle das plantas masculinas polinizadoras em regiões onde o lúpulo é nativo ou cultivado. As plantas de lúpulo masculinas são menos desejáveis, pois possuem cones muito pequenos que contêm apenas 1/150 da quantidade de resina dos cones femininos. Eles também não possuem alguns dos óleos aromáticos essenciais tão valorizados pelos cervejeiros e consumidores de cerveja. Plantas masculinas são toleradas em áreas de cultivo de lúpulo somente quando um projeto de melhoramento com polinização aberta está em andamento. Ocasionalmente uma planta de lúpulo pode vir a ser monoica, com ambas as flores masculinas e femininas na mesma planta. Porém, essas plantas produzem apenas sementes inférteis. Os esforços do melhoramento moderno produziram variedades de lúpulos triploides, como o popular Willamette. Ver WILLAMETTE. Esses lúpulos são naturalmente desprovidos de sementes (e portanto inférteis), o que, no entanto, não é um problema, pois atualmente a maioria das variedades de lúpulo comerciais é propagada por clones, cortando-se o rizoma ou algum tecido mais mole do caule; estes facilmente formam raízes se apenas mantidos úmidos durante algumas semanas. Ver SELEÇÃO E MELHORAMENTO DE LÚPULO.

A flor do lúpulo, ou cone, é botanicamente um racemo (cacho). É uma inflorescência que contém um suporte central chamado de raque. A raque detém de vinte a sessenta bractéolas (pétalas/sépalas) ao longo do seu eixo, cada uma com duas peças florais femininas em sua base, formando uma flor com formato de cone. O tamanho da flor varia entre as variedades de lúpulo. Em média uma flor possui de 2 cm a 3,5 cm, mas algumas podem chegar a mais de 5 cm. Suas formas variam de redonda a oblonga e um tanto quadrada. As glândulas de lupulina, também localizadas na base das bractéolas, produzem uma substância, de cor amarela a dourada, chamada lupulina. É na lupulina que as resinas – incluindo os alfa- e beta-ácidos – e os óleos essenciais ficam concentrados quando o lúpulo amadurece.

Os alfa-ácidos, também chamados humulonas, são as fontes da maior parte do amargor na cerveja, perfazendo de 3% a 4% do peso do cone nas variedades aromáticas. Nas variedades de amargor *superalpha*, que são os produtos mais recentes de muitos programas de melhoramento em todo o mundo, o teor desses ácidos pode chegar a mais de 20%. Durante a fervura do mosto, os alfa-ácidos são convertidos em iso-alfa-ácidos, ou isohumulonas, solúveis em água, os verdadeiros compostos de amargor da cerveja. Essa conversão, ou isomerização, é tradicionalmente um dos principais objetivos da fervura do mosto, e o tempo de fervura normalmente deve ser longo o bastante (pelo menos 45 minutos para a maioria das variedades de lúpulo) para que a isomerização ocorra. Dito isso, vale lembrar que pode haver isomerização na ausência de fervura, desde que a temperatura seja alta o suficiente. Ação mecânica, área de superfície do lúpulo e o tempo de contato também são fatores críticos. A unidade de medida para o potencial de amargor do lúpulo é a Unidade Internacional de Amargor (IBU). Ver UNIDADES INTERNACIONAIS DE AMARGOR (IBU).

Os alfa-ácidos são divididos em três análogos, compostos de estruturas moleculares muito semelhantes: as desejáveis humulona e adhumulona e a indesejável cohumulona.

A cohumulona pode compor cerca de 15% a 50% do teor total de alfa-ácidos de um lúpulo, dependendo da variedade. Também pode variar muito de um ano de cultivo para outro dentro da mesma variedade. Altos níveis de cohumulona nos lúpulos tendem a resultar em menor estabilidade da espuma e em um amargor mais agressivo, frequentemente desagradável. São também geralmente associados com um perfil pobre de aroma. Os lúpulos são muitas vezes comercializados, em parte, com base no seu conteúdo de cohumulona.

Descobriu-se que os alfa-ácidos são compostos de três moléculas relacionadas, sendo que o mesmo também foi descoberto para beta-ácidos, os quais também existem como três análogos: lupulona, colupulona e adlupulona. A característica de um lúpulo, em termos de amargor e potencial aromático, é amplamente determinada pela razão entre seu conteúdo de alfa- e beta-ácidos. As variedades aro-

Cartão postal, *c.* 1920, mostrando os trabalhadores ao lado de um grande saco de lúpulos em uma fazenda em Kent, Inglaterra. Uma prensa de lúpulos embalava mecanicamente os lúpulos nesses sacos, conhecidos como "pockets".
PIKE MICROBREWERY MUSEUM, SEATTLE, WA.

máticas mais procuradas tendem a ter essa relação próxima de 1:1. A maioria das variedades de lúpulo cultivada, no entanto, têm uma relação mais próxima a 2:1. Lúpulos com uma razão alfa:beta muito maior são, evidentemente, as modernas variedades *superalpha*. Antes da década de 1950, os alfa- e beta-ácidos também eram chamados de resinas moles em virtude da sua solubilidade em hexano, um solvente. Técnicas para separar os alfa-ácidos nos três análogos apenas foram desenvolvidas muito mais tarde. Nos primeiros relatos, portanto, todos os alfa-ácidos eram simplesmente referidos como "humulona" e todos os beta-ácidos como "lupulona". A lupulona oferece potentes propriedades antimicrobianas e é ativa contra as bactérias gram-negativas, tais como *Staphylococcus* e *Clostridium*.

Os óleos essenciais do lúpulo são responsáveis por seu aroma característico. Alguns lúpulos frescos possuem aroma muito cítrico, tais como o Cascade, que tem um aroma de pomelo e de pinheiro, ao passo que outros, como o Strisselspalt, possuem um aroma mais floral. Os principais óleos essenciais do lúpulo são o humuleno, que possui aroma amadeirado e balsâmico; o cariofileno, que possui aroma de pimenta-preta e especiarias; o mirceno, que possui aroma floral semelhante ao do gerânio; e o farneseno, que possui aroma floral semelhante ao da gardênia. Destes, o farneseno frequentemente está completamente ausente ou representado em minúsculas quantidades. Outros óleos essenciais, tais como o linalol, de aroma cítrico semelhante ao da bergamota, embora presentes em apenas pequenas quantidades, podem ter um alto impacto desproporcional sobre o aroma geral de certas variedades de lúpulo.

Pesquisadores de lúpulo identificaram cerca de trezentos compostos que provavelmente contribuem para os perfis aromáticos do lúpulo. Alguns destes são agradáveis para os seres humanos, conferindo notas florais, frutadas e de especiarias, enquanto outros contribuem com aromas estranhos que, quando presentes em excesso, podem ter um impacto aromático negativo na cerveja.

Até bem depois do início da Alta Idade Média, antes do lúpulo se tornar o principal flavorizante de cerveja em quase todos os lugares, os cervejeiros utilizavam uma grande variedade de ervas, conhecidas como *gruit* na Europa medieval, bem como alguns

Componentes dos óleos essenciais na lupulina

Descrição do aroma		Óleo essencial/odorizante
Frutado	Cítrico, bergamota	Linalol
	Cítrico, balsâmico	Limoneno
	Cítrico	Octanal
	Cítrico, saponáceo	Nonanal
	Abacaxi	Etil 2-metilpropanoato
	Abacaxi	(3E,5Z)-Undeca-1,3,5-trieno
	Abacaxi	(3E,5Z,9E)-Undeca-1,3,5,9-tetraeno
	Maçã	(+/-) Etil 2-metilbutanoato
	Framboesa	4-(4-Hidroxifenil)-2-butanona
	Groselha-preta	4-Metil-4-sulfanilpentano-2-ona
	Frutado	Metil 2-metilbutanoato
	Frutado	Etil 2-metilbutanoato
Floral	Gardênia	Farneseno
	Folha de gerânio	Mirceno
	Folha de gerânio	(5Z)-Octa-1,5-dieno-3-ona
	Rosa	Geraniol
	Mentolado	2-Feniletil 3-metilbutanoato
Condimentado	Pimenta-preta	Cariofileno
	Anis, doce	Anetola
	Tempero de sopa	3-Hidroxi-4,5-dimetil-2(5H)-furanona (sotolona)
Vegetal	Herbáceo	(3Z)-Hex-3-enal
	Uva moscatel verde	(Z)-3-hexeno-1-ol
	Pimentão	2-isopropil-3-metoxipirazina
	Pepino	(2E,6Z)-Nona-2,6-dienal
	Batata cozida	3-(Metilsulfanil)-propanal
De noz	Amêndoa tostada	3-Metil-2-buteno-1-tiol
Caramelizado	Mel	Fenilacetaldeído
	Mel	Ácido fenilacético
	Mel	Trans-cinamaldeído
	Doce	3-Hidroxi-2-metil-4-pirona
Amadeirado	Mel	α-Humuleno
	Baunilha	Vanilina
Terroso	Cogumelo	Octa-1-eno-3-ona
	Cogumelo, balsâmico	Germacreno
Químico	Repolho	Dimetiltrisulfano
	Urina de gato, tiólico	3-Mercaptohexano-1-ol
	Rançoso, de queijo	Ácido butanoico
	Rançoso, de suor	(Z)-3- ácido hexenoico
Microbiológico	De queijo	Ácido 3-Metilbutanoico
	De queijo	Ácido pentanoico
	Gorduroso	(2E,4E)-Nona-2,4-dienal

Fonte: Vários estudos conduzidos em Weihenstephan, na Alemanha, e na Universidade de Quioto, no Japão. Ver Weihenstephan.

itens estranhos, como bílis bovina, fuligem, casca de árvore e cogumelos para temperar as suas cervejas e, às vezes, para encobrir *off-flavors*. Ver GRUIT. A presença de lúpulo pode ser documentada em praticamente todos os lugares para onde os seres humanos migraram, mas foram precisos milhares de anos para o lúpulo sair de seu meio natural e ser utilizado em uma tina de fervura. A primeira descrição de um jardim de lúpulos vem de Hallertau, de 768. Ver HALLERTAU, REGIÃO. O primeiro registro do uso de lúpulo na produção de cerveja data de 822, quando Abbot Adalhard, do Mosteiro Beneditino de Corbie, na Picardia, no nordeste da França, fez um registro indicando que seus monges haviam acrescentado lúpulos a suas *ales*. Por volta do século XI, a cerveja lupulada era comum na França, e em 1268 o rei Luís IX emitiu um decreto estipulando que, no seu reino, apenas malte e lúpulo poderiam ser usados para fazer cerveja. A Grã-Bretanha, por outro lado, parece ter resistido aos prazeres do lúpulo por mais alguns séculos, embora alguns lúpulos pioneiros possam ter conseguido atravessar o Canal da Mancha, como é evidenciado pelos restos de um barco que levava uma carga de lúpulo e foi encontrado abandonado em Gravaney, Kent. A datação por carbono do madeiramento do casco coloca o barco nos anos 870. A maioria dos ingleses, no entanto, considerava a planta de lúpulo uma "erva daninha que promovia melancolia". Os reis Henrique VII e Henrique VIII proibiram o uso de lúpulo nas *ales* inglesas durante os seus reinados. Este último, na década de 1530, justificou sua postura antilúpulo declarando que o lúpulo era um afrodisíaco que conduziria seus súditos a um comportamento pecaminoso. Enquanto isso, os cervejeiros do continente rumaram exatamente na direção oposta, aperfeiçoando o uso de lúpulo em suas tinas de fervura. Em muitos lugares, as autoridades locais chegavam a obrigar os cervejeiros a jurar que iriam flavorizar suas cervejas apenas com lúpulo. No século XIV, um pujante mercado de lúpulo tinha se desenvolvido em Nuremberg, Baviera, onde o lúpulo ficou conhecido como "ouro verde", um bem precioso e uma fonte de grande riqueza para produtores e comerciantes. Por volta de 1516, o duque bávaro Wilhelm IV publicou a famosa Lei da Pureza da Cerveja, que estabelecia que cervejeiros no reino do duque deveriam usar apenas três ingredientes na produção de cerveja: cevada, água e lúpulo. Ver LEI DA PUREZA DA CERVEJA.

Como o lúpulo superou o *gruit* na maioria das regiões do continente, tornou-se mais e mais difícil mantê-lo fora das *ales* inglesas. De fato, um estatuto inglês de 1604 lamenta que

> nos últimos tempos grandes fraudes e enganos são geralmente praticados por comerciantes estrangeiros e outros em lugares estrangeiros além-mar, com uma falsa embalagem de lúpulos estrangeiros e [os lúpulos são] vendidos com folhas, talos, pó, areia, palha, lascas de madeira e outras impurezas, para o aumento do peso, para o enriquecimento de si mesmos por fraude.

Essas "grandes fraudes e enganos" aparentemente acarretaram à Inglaterra uma perda de receita anual da ordem de 20.000 libras, então uma imponente soma.

Na América do Norte, os primeiros colonos encontraram lúpulos selvagens nativos do Novo Mundo, mas preferiram produzir cerveja com variedades que já conheciam em casa, no Velho Mundo, que haviam importado ou eles mesmos cultivado a partir de rizomas importados. Ver HISTÓRIA DOS LÚPULOS AMERICANOS. Finalmente, com o estabelecimento de programas de melhoramento de lúpulos americanos no final do século XIX, cultivares europeus hibridizados com lúpulos americanos nativos começaram a surgir. Uma variedade é o Cluster, um lúpulo que se acredita ser um híbrido entre o Cluster inglês e uma planta masculina nativa da América. Ver CLUSTER.

O cultivo de lúpulo tira proveito da tendência das plantas de se enrolarem em torno de qualquer apoio e produzir uma grande quantidade de vegetação na estação de crescimento. As plantações de lúpulos pioneiras no norte do estado de Nova York, no século XIX, eram compostas por grupos circulares de plantas que cresciam em tutores que podem ter sido feitos de cordas de cânhamo ligados a um poste central. As modernas plantações de lúpulo, em contraste, são dispostas em um padrão de grade poste-cabo. Os postes são colocados no solo, nas intersecções da grade, com o cabo ligando o topo dos postes em todas as direções. No início de cada temporada de crescimento, suportes de hastes em forma de V são amarrados do chão até os suportes superiores, permitindo que as plantas de lúpulo cresçam para cima. Uma poda criteriosa de apenas algumas hastes por planta e um cuidadoso tutoramento dos brotos em torno do fio ajudam a maximizar os rendimentos e manter insetos e patógenos sob controle.

O lúpulo é suscetível a muitas doenças, tais como míldio (*Pseudoperonospora humuli*) e oídio (*Podosphaera macularis,* anteriormente chamado *Sphaerotheca humuli*). Sabe-se agora que a resistência ao oídio é determinada geneticamente, o que permite aos produtores selecionar os genes com essa característica. Pulgões e ácaros são também um problema constante em plantações de lúpulo. Esses são geralmente controlados com criteriosas aplicações de inseticidas, boas práticas agronômicas e controle biológico com insetos predadores. Por fim, existem vírus, tais como o vírus do mosaico do lúpulo, que podem causar graves perdas à cultura e retardo de crescimento em algumas variedades. Esse vírus é disseminado por pulgões e é quase impossível de erradicar. A Austrália e a Nova Zelândia, por causa de seu isolamento físico, têm evitado muitas pragas e doenças do lúpulo, sendo, portanto, paraísos de produção de lúpulo orgânico.

O futuro do lúpulo na cerveja parece estar assegurado, mas em uma trajetória bifurcada. Enquanto o consumo de cerveja, especialmente cervejas com lupulagem relativamente baixa (com valores de IBU logo acima do limiar mínimo de percepção do gosto amargo), vem aumentando espetacularmente em muitos mercados da Ásia, América Latina e África, o consumo de cerveja em mercados tradicionais tem ficado (e é esperado que continue) estagnado ou em declínio. Em muitos desses mercados consolidados, no entanto, estão em ascensão as preferências do consumidor por cervejas com aromas elaborados e complexos e por cervejas agressivamente amargas, algumas com valores de IBU no limite da solubilidade dos alfa-ácidos no mosto. Para melhoristas, produtores e comerciantes de lúpulo, essas duas tendências aparentemente conflitantes significam que a demanda do mercado por variedades *superalpha* cada vez mais superiores, assim como por variedades aromáticas cada vez mais interessantes, deve continuar. Os lúpulos *superalpha* irão satisfazer a demanda da indústria cervejeira por variedades genéricas de amargor cultivadas sob as condições mais econômicas para um crescente mercado de cervejas minimamente lupuladas. A diversificação de variedades aromáticas resistentes a doenças, mas muito menos produtivas, em contrapartida, vai atender ao mercado de alto valor para as sofisticadas cervejas especiais. À medida que o sabor e o aroma de lúpulo continuam a deslumbrar cervejeiros artesanais em todo o mundo, talvez estejamos observando hoje, depois de mais de 1.200 anos de mosturação com lúpulo, as cervejas mais lupuladas que o mundo já viu.

Hop Growers Convention. **Proceedings of the Scientific Commission**. 2005. Disponível em: http://www.lfltest.bayern.de/ipz/hopfen/10585/sc05-proceedings-internet.pdf/. Acesso em: 1º nov. 2010.

Irwin, A. J.; Murray, C. R.; Thompson, T. D. An investigation of the relationships between hopping rate, time of boil, and individual alpha-acid utilization. **American Society of Brewing Chemists**, n. 43, p. 145-152, 1985.

Kishimoto, T. **Hop-derived odorants contributing to the aroma characteristics of beer**. Tese de doutorado. Kyoto University, Kyoto, Japan, 2008.

Kneen, R. **Small scale and organic hop production**. Disponível em: http://www.crannogales.com/HopsManual.pdf/. Acesso em: 1º jun. 2008.

Nickerson, G. B.; Williams, P. A.; Haunold, A. Varietal differences in the proportions of cohumulone, adhumulone, and humulone in hops. **Journal of the Institute of Brewing**, n. 44, p. 91-94, 1986.

Peacock, V. A.; Deinzer; M. L.; Likens, S. T.; Nickerson, G. B.; McGill, L. A. Floral hop aroma in beer. **Journal of Agricultural and Food Chemistry**, n. 29, p. 1265-1269, 1981.

Steinhaus, M.; Wilhelm, W.; Schieberle, P. Comparison of the most odour-active volatiles in different hop varieties by application of a comparative aroma extract dilution analysis. **European Food Research and Technology**, n. 226, p. 45-55, 2007.

Tomlan, M. A. **Tinged with gold. Hop culture in the United States**. Athens: University of Georgia Press, 1992.

Verzele, M.; De Keukeleire, D. **Chemistry and analysis of hop and beer bitter acids**. Amsterdam: Elsevier Science Publishing Co, 1991.

Victoria Carollo Blake

lúpulos alemães abrangem a maior área cultivada do que qualquer outro país do mundo. Embora o segundo colocado, os Estados Unidos, cultivem uma área menor, a sua produção frequentemente supera a da Alemanha. A razão para isto é que a Alemanha apresenta maior concentração de lúpulo aromático, de baixo rendimento. A Alemanha tem quatro principais regiões de cultivo de lúpulo: Hallertau, cerca de 80 quilômetros ao norte de Munique; Elbe-Saale, na parte sul da antiga Alemanha Oriental; Tettnang, na costa norte do lago Constance, perto da fronteira com a Suíça; e Spalt, na Francônia, perto de Nuremberg. Na Idade Média, os lúpulos também eram cultivados em larga escala no norte da Alemanha, mas a maior parte desses campos foi destruída durante a Guerra dos Trinta Anos (1618-1648) e nunca se recuperou. Há também algum cultivo de lúpulo nas áreas de Baden, Bitburg, e Rheinpfalz, todas perto do rio Reno. A tradição do cultivo de lúpulo nessas áreas remonta a séculos, mas a sua produção é ofuscada por outras áreas alemãs.

A região de Hallertau, onde quase 90% de todos os lúpulos alemães são cultivados, é também um centro de pesquisa e melhoramento de lúpulo. O Instituto de Pesquisa do Lúpulo de Hüll, perto de Wolnzach, tem desenvolvido lúpulos desde 1926 e lançou muitas variedades. Ver HALLERTAUER TAURUS, HALLERTAUER TRADITION, HERKULES, OPAL, PERLE, SAPHIR, SMARAGD e SPALTER SELECT. Os lúpulos têm sido cultivados na região de Hallertau desde antes de 736. Ver BAVIERA. O exemplar de lúpulo alemão mais típico é o Hallertauer Mittelfrueh, indiscutivelmente um dos melhores lúpulos aromáticos do mundo. Ver HALLERTAUER MITTELFRUEH. Hoje, ele responde por apenas 10% da produção alemã. Hersbrucker Spät é outra variedade de lúpulo aromático que já foi amplamente cultivada em Hallertau. Ver HERSBRUCKER SPÄT. Essas duas variedades clássicas, porém, têm sido amplamente substituídas pelas variedades melhoradas de Hüll, mais recentes. Ver HALLERTAU, REGIÃO.

A região de Elbe-Saale tem alguns séculos de tradição no cultivo do lúpulo. Atualmente, a região costuma produzir cerca de 10% do volume de Hallertau. Muitos de seus atuais campos de cultivo foram estabelecidos durante o período comunista da Alemanha Oriental. As principais variedades são Hallertauer Magnum e outros lúpulos com alta concentração de alfa-ácidos, bem como algumas plantações de Perle e outros lúpulos aromáticos. Ver ELBE-SAALE, REGIÃO.

A área em torno da cidade de Tettnang produz apenas 5% do total de lúpulos produzidos na Alemanha. Ela também tem tradição no cultivo de árvores frutíferas e uvas viníferas. Lá, o cultivo de lúpulo começou apenas em meados do século XIX. Embora haja registros escritos sobre o cultivo de lúpulo na região datados de 1150, esses primeiros campos de cultivo nunca foram grandes produtores. O lúpulo Tettnanger, homônimo da cidade, é o que está mais estreitamente associado à região, mas o Hallertauer Mittelfrueh e o Perle também são cultivados. Ver TETTNANG, REGIÃO e TETTNANGER.

O cultivo de lúpulo perto da cidade de Spalt, na Francônia, tem sido documentado desde 1341, e durante os anos de ouro do cultivo do lúpulo em torno de Nuremberg, no século XVI, o lúpulo Spalter era especialmente apreciado. Além da variedade homônima da região, o Spalter, também são cultivados os lúpulos Spalter Select e Hallertauer Mittelfrueh. A região representa menos de 2% do total dos lúpulos alemães. Ver SPALT, SPALT, REGIÃO e SPALTER SELECT.

Val Peacock

lúpulos americanos foram plantados inicialmente nas colônias da Nova Inglaterra logo depois que os primeiros colonos ingleses chegaram ao continente americano em 1620. Nessa época foram cultivadas variedades de lúpulos de origem inglesa, mas elas foram rapidamente suplementadas pelos lúpulos selvagens do Novo Mundo, bem como pelos cruzamentos entre os lúpulos ingleses e as variedades nativas. Existe alguma especulação que a variedade de lúpulo genuinamente americana Cluster evoluiu dessa forma. Ver CLUSTER. Conforme a colonização moveu-se para o oeste, o mesmo ocorreu com o cultivo do lúpulo. No início do século XIX, a região noroeste do estado de Nova York tinha se tornado a maior região de cultivo de lúpulo, como também o Wisconsin e grande parte do norte do meio-oeste. No entanto, devido à alta umidade e clima frio da primavera nessas regiões, o lúpulo era propenso a doenças como míldio e infestação de pulgões, e seu cultivo mudou-se para as regiões mais secas, ainda mais a oeste. Ver MÍLDIO. No início do século XX, a indústria do lúpulo americano estava firmemente centrada no Noroeste Pacífico. O norte da Califórnia era uma importante área produtora de lúpulo no início do século XX, mas a produção comercial foi praticamente abandonada na década de 1980. Atualmente, os estados de Washington, Oregon e Idaho são responsáveis por quase toda a produção de lúpulo americano, e os Estados Unidos só perdem para a Alemanha em área plantada. Por causa do rendimento mais elevado, no entanto, os Estados Unidos muitas vezes ultrapassam a Alemanha em peso produzido. Atualmente, os Estados Unidos são responsáveis por 35% a 40%

lúpulos americanos

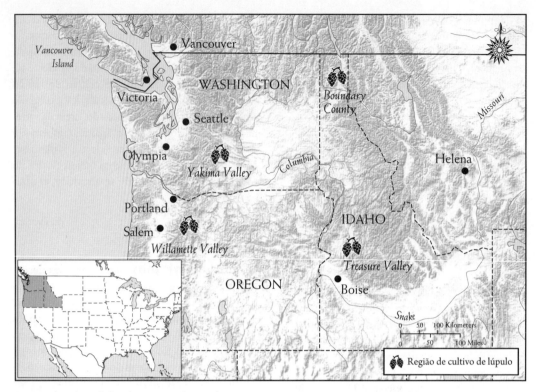

Regiões de cultivo de lúpulos nos Estados Unidos. GEORGE CHAKVETADZE, ALLIANCE PUBLISHING.

da produção mundial de lúpulo. Na segunda metade do século XX, vários programas de melhoramento do lúpulo foram instituídos nos Estados Unidos, o que levou ao desenvolvimento de novas variedades. Ver AHTANUM, AMARILLO, CASCADE, CHINOOK, COLUMBUS, CRYSTAL, EROICA, GALENA, GLACIER, LIBERTY, MOUNT HOOD, NUGGET, PALISADE, SANTIAM, SIMCOE, STERLING, ULTRA, VANGUARD, WARRIOR e WILLAMETTE. O Yakima Valley, no centro de Washington, está no lado oriental seco das montanhas Cascade. Ele geralmente responde por cerca de 75% de toda a produção de lúpulo americano. Ver YAKIMA VALLEY, REGIÃO. O primeiro cultivo de lúpulo no Yakima Valley de que se tem notícia foi realizado em 1872, e durante as décadas seguintes a área emergiu como uma importante fonte de lúpulo. De fato, todos os cultivares de lúpulo plantados nos Estados Unidos atualmente crescem no Yakima Valley. Mas os lúpulos mais importantes do vale Yakima Valley, do ponto de vista comercial, são as variedades com alta concentração de alfa-ácidos. O Willamette Valley, no Oregon, está na porção úmida, do lado oeste das montanhas Cascade. Ele é a segunda região produtora de lúpulo mais importante dos Estados Unidos. Ver WILLAMETTE VALLEY, REGIÃO. A primeira área de cultivo de lúpulo se estabeleceu perto de Eugene, em 1869. Atualmente, o centro de produção de lúpulo do Oregon é mais ao norte, entre as cidades de Portland e Salem. Hoje, o Willamette Valley responde, normalmente, por cerca de 10% da produção de lúpulo americana, mas em tempos anteriores o Oregon produzia mais que Washington. Embora o Yakima Valley produza prioritariamente lúpulos de amargor, com alta concentração de alfa-ácidos, o Willamette Valley se concentra nos lúpulos aromáticos. Variedades de lúpulo com alta concentração de alfa-ácidos tendem a ser particularmente sensíveis ao míldio e, portanto, não são bons para o clima úmido da primavera de Willamette; as exceções são Nugget e Newport, tolerantes ao míldio.

A atual produção de lúpulo em Idaho está centrada perto da cidade de Caldwell, um pouco a oeste de Boise. Quantidades relativamente pequenas são também cultivadas no norte de Idaho, perto da fronteira canadense. O cultivo de lúpulo em Caldwell não começou até meados da década de 1940. O clima é quente e seco, semelhante ao clima do Yakima Valley, e é por isso que essa área também é especializada em lúpulos com alta concentração de alfa-ácidos. Apenas 8% do total dos lúpulos cultivados nos Estados Unidos provêm de Idaho.

Ver também IDAHO, REGIÃO NORTE e IDAHO, REGIÃO SUL.

Val Peacock

lúpulos australianos representam um pouco menos de 1% da área cultivada de lúpulo no mundo e da produção mundial, e a Austrália é responsável por aproximadamente 1% da produção mundial de cerveja. A julgar pelos valores de face, é de se acreditar que a oferta e a demanda de lúpulo australiano estão em equilíbrio. No entanto, a maioria das cervejas produzidas e consumidas na Austrália são *international lagers* de baixo amargor e perfis de aroma apenas moderados, e são muitas vezes tornadas mais leves com a adição de açúcar de cana e flavorizadas com extratos e óleos de lúpulo. Ver INTERNATIONAL PILSNER. Somando a isso o fato de que três quartos da produção de lúpulo da Austrália são compostos por variedades com alta concentração de alfa-ácidos e menos de 1% por variedades aromáticas, fica claro que os produtores de lúpulo australianos regularmente produzem um excedente de lúpulo de amargor para exportação. Não surpreendentemente, o mercado-chave para as exportações australianas de lúpulo é o florescente mercado de cerveja na Ásia, especialmente na China – mercados dominados por algumas das cervejas menos lupuladas do mundo, com amargor frequentemente só um pouco acima do limiar de percepção. Colocando em perspectiva, a China agora produz quase um quarto do volume de cerveja do mundo, de cerca de 1,8 bilhão de hectolitros anuais, mas apenas 10% do lúpulo do mundo. Além de servir a seu mercado interno, é na direção desse mercado de exportação que os produtores de lúpulo australianos orientam a sua produção. As principais regiões de produção do lúpulo australiano estão nos estados da Tasmânia e Victoria; as principais variedades cultivadas são Millennium e Super Pride, com alta concentração de alfa-ácidos. Essas duas variedades juntas correspondem a quase um terço da produção de lúpulo australiano, seguidas pelas variedades Pride of Ringwood e Topaz, que juntas são responsáveis por um quarto. Outras variedades dignas de nota são Cluster e Victoria. Ver CLUSTER e PRIDE OF RINGWOOD. Pride of Ringwood é um lúpulo australiano com alta concentração de alfa-ácidos disponibilizado pela Carlton and United Breweries Ringwood Research Station, em Melbourne, Victoria. Ele foi lançado em 1953 e desde a década de 1960 tem sido a variedade de lúpulo dominante na Austrália. Tem um aroma agradável uma concentração média de alfa-ácidos de 9% a 10,5%. É considerado a fonte arquetípica do sabor da cerveja "australiana". Esse lúpulo é também um dos progenitores do Super Pride, criado pelo Hop Products Australia's Rostrevor Breeding Garden, em Victoria, e lançado em 1987. Trata-se de uma variedade sem semente, com alta concentração de alfa-ácidos, sabor suave, mas uma concentração de alfa-ácidos de 13,5% a 15%, vários pontos percentuais acima de seu ascendente materno, Pride of Ringwood. O lúpulo Victoria, também desenvolvido pelo Rostrevor, é uma variedade sem sementes, com alta concentração de alfa-ácidos que varia de 11,5% a 14,8%. Lançado em 1976, Victoria é amplamente usado como uma fonte varietal de lúpulo na forma de extrato. A variedade Topaz, outro produto do Rostrevor, foi lançado em 1985. É uma variedade agronomicamente robusta que foi selecionada quase exclusivamente pelo seu alto teor de alfa-ácidos, de 15,5% a 18%. Millennium é um cultivar triploide com alta concentração de alfa-ácidos que foi produzido nos Estados Unidos pelo grupo Barth-Haas e lançado para produção comercial em 2000. Ele tem um perfil semelhante ao do Nugget e CTZ. Ver CTZ e NUGGET. Na Austrália ele alcança valores de alfa-ácidos de 13,5% a 15%. Finalmente, a variedade Cluster cultivada na Austrália, que é uma variedade americana antiga, tende a ter uma classificação de alfa-ácidos ligeiramente inferior à obtida em seu país de origem, alcançando 3,8% a 5%, contra 4,5% a 5,5% do Cluster cultivado nos Estados Unidos.

Barth-Haas Group. **The Barth Report**. Disponível em: http://www.barthhaasgroup.com/images/pdfs/barthreport20092010_english.pdf/. Acesso em: 7 jan. 2011.

Hop Products Australia. **Australian varieties**. Disponível em: http://www.hops.com.au/products/australian_varieties.html/. Acesso em: 7 jan. 2011.

Michael Jackson's Beer Hunter. **But what about Australian beer?** Disponível em: http://www.beerhunter.com/documents/19133-001371.html/. Acesso em: 7 jan. 2011.

Horst Dornbusch

lúpulos chineses têm muitos nomes diferentes, mas a maioria está intimamente relacionada com a variedade Cluster, enquanto outros são muito semelhantes à variedade Columbus. Ver CLUSTER. Para os padrões mundiais, a China não é uma região tradicional na produção de lúpulo. Um cultivo substancial apenas começou no início do século XX, com cultivares trazidos da Europa e América do Norte. Hoje, os tipos americanos parecem predominar. A produção de lúpulo chinês nos últimos anos tem sido de aproximadamente 15% do total produzido no mundo. As cervejarias da China consomem toda a produção nacional e demandam importação. Essencialmente, os lúpulos chineses não são exportados. A produção de lúpulo chinês ocorre na porção isolada do noroeste do país.

Val Peacock

lúpulos eslovenos. Os esforços para o cultivo do lúpulo na Eslovênia remontam a 1844. Os lúpulos Saaz e os da Baviera foram trazidos para a região, mas não se desenvolveram bem. Um lúpulo britânico, erroneamente rotulado de "Golding", foi importado e floresceu. O lúpulo resultante, hoje conhecido como Styrian Golding, é, provavelmente, um derivado do Fuggle, e não do lúpulo inglês Golding. Ainda assim, ele se tornou o cultivar mais estreitamente associado à Eslovênia. Um pouco de Styrian Golding é também cultivado na vizinha Áustria, do outro lado da fronteira com a Eslovênia. Outro cultivar exclusivo da Eslovênia é o Bačka. Sua origem é incerta, mas, provavelmente, é centro-europeia. O Bačka foi um dos principais lúpulos da região durante boa parte do século XX. Hoje, a Eslovênia oferece uma grande variedade de lúpulos aromáticos e de amargor, a maioria dos quais resultantes de programas de melhoramento locais. Ver BAČKA, FUGGLE e STYRIAN GOLDING. A Eslovênia, que fazia parte da antiga Iugoslávia, é responsável por cerca de 2% da produção mundial de lúpulo.

Val Peacock

lúpulos franceses têm origem na principal região produtora de lúpulo da França, a região da Alsácia, na margem oeste do rio Reno. Politicamente, há centenas de anos a região tem pertencido alternadamente à França e Alemanha. Seu nome alemão é Elsass. A França, e especialmente a Alsácia, tem sido uma região produtora de lúpulo há muitos séculos. Sabe-se disso, em parte, por causa de uma lei aprovada pelo rei Luís IX da França em 1268, a qual estipulava que, em seu reino, apenas malte e lúpulo deveriam ser utilizados para produção de cerveja. Isso foi exatamente 248 anos antes da agora muito mais famosa Lei da Pureza da Cerveja, de 1516, que limitava os ingredientes da cerveja a apenas cevada, lúpulo e água. Ver LEI DA PUREZA DA CERVEJA. Comercialmente, no entanto, o cultivo do lúpulo na Alsácia não vingou até o início do século XIX. A Strisselspalt é a principal variedade de lúpulo da região, mas as suas origens são bastante obscuras. Ver STRISSELSPALT. Algum lúpulo Hallertauer Tradition também é cultivado lá. A região agora tem o seu próprio programa de melhoramento, e algumas novas variedades deverão ser lançadas em um futuro próximo. A região da Alsácia responde por apenas 1% da produção de lúpulo do mundo. Nas cidades em que se dá o cultivo do lúpulo, no entanto, a cultura do lúpulo continua forte. Logo que o sol da primavera se torna quente, os tenros brotos de lúpulos aparecem nos menus de jantar, geralmente envoltos em molho holandês.

Val Peacock

lúpulos ingleses foram introduzidos por agricultores flamengos fugidos da sua terra natal – uma importante área produtora de lúpulo na Alta Idade Média – durante a Guerra dos Cem Anos (1336-1453) entre franceses e ingleses, mas não há consenso quanto à data de início do cultivo de lúpulo na Inglaterra. Os flamengos se instalaram em Kent, no sudeste da Inglaterra, onde, em meados do século XVI, o cultivo de lúpulo estava definitivamente estabelecido. O lúpulo teve dificuldades em se estabelecer na Inglaterra. Em meados de 1400, as *ales* que eram lupuladas ficaram conhecidas como "cerveja", enquanto apenas bebidas não lupuladas continuaram a ser chamadas de *ales*. De fato, enquanto no continente europeu as leis definiam a necessidade de uso do lúpulo na cerveja, aparentemente nas ilhas britânicas elas seguiam o caminho contrário, proibindo o uso de lúpulo na cerveja. Na década de 1530, por exemplo, o rei Henrique VIII – obviamente num momento de folga entre seus muitos flertes

– proibiu totalmente o uso do lúpulo em sua corte. Ele considerava o lúpulo um afrodisíaco que conduziria a população a um comportamento pecador (tal era a piedosa ambiguidade de um governante que conseguiu ter inúmeras amantes – para não falar de seis esposas, duas das quais perderam suas cabeças na Torre). Mesmo Samuel Johnson, autor do primeiro *Dictionary of the English Language*, escreveu em sua obra seminal, em 1775, que "cerveja" é uma "bebida alcoólica feita de malte e lúpulos", enquanto "*ale*" é uma "bebida alcoólica feita através da infusão de malte em água quente e fermentando-se a bebida". Por volta de 1775, no entanto, praticamente todas as *ales* britânicas eram feitas com lúpulo. Era de se esperar que Johnson soubesse mais sobre o assunto do que demonstrou saber, considerando que ele escreveu grande parte de seu dicionário bebendo *ales* lupuladas em uma *alehouse* às margens do rio Tâmisa, chamada The Anchor Inn, no distrito de Southwark, em Londres, a poucos passos da Bolsa de Valores de Lúpulo.

Durante a estação de crescimento do lúpulo na Inglaterra, aproximadamente entre abril e setembro, o clima inglês é mais úmido e mais frio que na Europa continental, e é por isso que, ao longo dos séculos, cultivares muito diferentes sobreviveram ao processo de seleção natural na Inglaterra e se tornaram variedades comerciais. Ver LÚPULOS ALEMÃES e LÚPULOS FRANCESES. Vários tipos "Golding" podem ser rastreados até a década de 1790, e a variedade Fuggle foi propagada por Richard Fuggle em 1875. Ver FUGGLE e GOLDING. Durante a maior parte do século XX, o Wye College, em Kent, possuiu um ativo programa de melhoramento de lúpulo, que levou a muitas variedades inglesas recentes. Ver ADMIRAL, BRAMLING CROSS, BREWER'S GOLD, BULLION, NORTHERN BREWER, PILGRIM e PROGRESS. Uma curiosidade que surgiu a partir desse programa foi o lúpulo anão (*dwarf hop*), que pode ser cultivado em treliças baixas. Isso reduz muito os custos de mão de obra e diminui as perdas causadas pelo vento, pois as plantas ficam mais protegidas. Ver FIRST GOLD, HEDGE HOPS e PIONEER. No total, a Grã-Bretanha não produz muito mais que 1% do total de lúpulos produzidos no mundo, mas as suas variedades são muito distintas e preferidas para o tradicional estilo das *ales* britânicas. Elas tendem a ter baixa concentração de alfa-ácidos em comparação com a média mundial. Os lúpulos ingleses são cultivados próximo a Kent, uma tradicional região produtora, e também em Herefordshire, perto da fronteira com o País de Gales.

Embora os modernos cervejeiros britânicos estejam aumentando o uso do lúpulo de regiões distantes (particularmente dos Estados Unidos e Nova Zelândia), o lúpulo britânico permanece singular. De forma geral, o lúpulo inglês mostra aromas terrosos de frutas de caroço (ameixa, pêssego, cereja), muito distintos das notas cítricas apresentadas pelas variedades do Novo Mundo. De fato, os cervejeiros artesanais americanos usam amplamente o lúpulo inglês para ajudar a trazer tais aromas para *pale ales* e *bitters* de inspiração britânica. Muitos entusiastas da cerveja britânica, embora apreciem os lúpulos do Novo Mundo, são incapazes de imaginar uma *British bitter* clássica sem os distintos aromas do lúpulo inglês.

Val Peacock

lúpulos neozelandeses foram cultivados no extremo norte da ilha sul da Nova Zelândia logo após a chegada dos colonizadores ingleses em meados do século XIX. O país é particularmente adequado ao cultivo de lúpulo orgânico porque muitas das pragas e doenças que são um problema para o lúpulo no hemisfério norte não estão presentes na remota Nova Zelândia. Isso reduz muito ou mesmo elimina a necessidade de pulverização de proteção. A maioria dos cultivares plantados na Nova Zelândia é uma combinação de material genético europeu e norte-americano. Eles existem apenas na ilha e foram desenvolvidos lá. Ver GREEN BULLET, NELSON SAUVIN, PACIFIC GEM e SOUTHERN CROSS. A Nova Zelândia produz apenas 1% do lúpulo do mundo. Entre os cervejeiros artesanais, especialmente nos Estados Unidos e Reino Unido, a fama do lúpulo da Nova Zelândia deve-se, em grande parte, ao distinto aroma de maracujá do Nelson Sauvin, com o Southern Cross ganhando crescente fama também.

Val Peacock

lúpulos nobres, um termo que tem uma inegável aura de antiguidade e distinção, é, no entanto, apenas uma identificação de marketing e, aliás, de origem recente. O termo foi criado nos Estados Unidos apenas na década de 1980 e não possui nenhum significado técnico. Era utilizado para separar um grupo seleto de lúpulos das centenas de outras variedades do mundo, os veneráveis lúpulos europeus continentais com baixo teor de alfa-ácidos e teores bastante elevados de óleo essencial. Inicialmente, estes eram os alemães Hallertauer Mittelfrueh, Spalter e Tettnanger e o tcheco Saaz, da região de Žatec, na Boêmia. Ver HALLERTAUER MITTELFRUEH, SAAZ e TETTNANGER. O termo "lúpulos nobres", desde então, migrou para outras línguas, incluindo francês (*houblons nobles*), espanhol (*lúpulos nobles*) e até mesmo alemão (*edelhopfen*). O que une essas quatro variedades, além dos seus delicados e elegantes aromas herbáceos e florais, é o seu poderoso *terroir*, com sua história secular de cultivo e adaptação a seus territórios de origem. Antes do surgimento da sua designação "nobre", estes lúpulos eram muitas vezes referidos apenas como "lúpulos finos" ("*fine hops*"). Atualmente, não há qualquer acordo sobre quais lúpulos pertencem ou não às elevadas fileiras da nobreza do *Humulus lupulus*. No entanto, dado que não há nenhuma base científica ou legal para julgar tais designações, é melhor deixar essa batalha para os comerciantes resolverem.

Adrian Tierney-Jones

lúpulos poloneses são cultivados na Silésia, região oeste da atual Polônia, uma área que já foi austríaca e alemã em alguns momentos. Lá, o cultivo de lúpulo remonta ao século IX. Hoje, a Silésia é apenas uma pequena área de cultivo de lúpulo; a maior parte da produção polonesa mudou-se para a região sudeste da Polônia, perto da cidade de Lublin. Há outras pequenas áreas de cultivo de lúpulo no oeste do país, algumas das quais têm cultivado lúpulo desde o século XV. A Polônia produz vários cultivares de lúpulo, mas a variedade Lublin é a mais tradicional. Ver LUBLIN. Cerca de 3% do lúpulo do mundo são poloneses.

Val Peacock

lúpulos ucranianos respondiam pela maior parte da produção da antiga União Soviética, na região da Ucrânia, agora um país independente. O tradicional lúpulo da região é o Clone-18, que se acredita ser originário da Europa Central. Ele é semelhante ao Saaz e Lublin. Ver LUBLIN e SAAZ. Boa parte da atual área de cultivo de lúpulo na Ucrânia está em uma região que fazia parte da Polônia antes da Segunda Guerra Mundial, o que explica, em parte, a semelhança entre o Clone-18 e o Lublin. Cerca de 75% da produção de lúpulos ucranianos é de variedades aromáticas; o restante é de variedades de amargor. A Zagrava é uma variedade de lúpulo aromático recentemente desenvolvida na Ucrânia, enquanto Promin e Magnat são novas variedades de amargor. A produção de lúpulo ucraniano compreende apenas um pouco mais do que 1% do total mundial.

Val Peacock

macaxeira

Ver MANDIOCA.

maceração

maceração, a primeira das três fases do processo de malteação. Ver MALTEAÇÃO. O objetivo da maceração é aumentar a umidade do grão de cevada que saiu da dormência de 11% a 14% (umidade de armazenamento) para cerca de 43% a 47%, por meio de sucessivas imersões em água ao longo de um período de aproximadamente dois dias. Ver DORMÊNCIA.

O processo de malteação moderno usa a maceração interrompida, alternando períodos de imersão em água e períodos secos, conhecidos como descanso de ar. Durante cada um dos dois ou três (ocasionalmente quatro) períodos úmidos, a mistura de grãos/água é arejada para manter condições aeróbias para o grão. Nos períodos secos, o ar é soprado através dos grãos úmidos para remover o dióxido de carbono produzido pela respiração das sementes de cevada. Isto ajuda a aproximar as sementes das suas condições naturais de crescimento e, portanto, estimula que germinem.

A maceração é feita normalmente no intervalo de temperatura de 15 °C a 20 °C. É conduzida em um tanque cilindrocônico ou de fundo chato, desenvolvido para esse propósito. Este último é construído com um piso de placas com fendas que permite tanto a ventilação como a aeração dos grãos.

A água penetra no grão principalmente através da micrópila, na extremidade embrionária do grão. Da mesma forma, a hidratação do grão ocorre da parte proximal em direção à extremidade distal. Assim, o teor de umidade do embrião será maior do que o do endosperma durante as fases úmidas, até que ambos se equilibrem durante as fases secas subsequentes. O aumento da umidade do grão tem duas funções principais: estimula o embrião a começar a crescer e a água penetra na matriz do endosperma, permitindo que a atividade enzimática ocorra durante a fase de germinação.

Uma hidratação rápida, homogênea e completa permite que uma germinação bem-sucedida ocorra. A maceração é a fase-chave no processo de malteação que permite uma satisfatória modificação do grão durante o restante do processo.

Ver também GERMINAÇÃO e MODIFICAÇÃO.

Colin J. West

Mackeson *Stout* é uma cerveja escura, com teor alcoólico de apenas 3% ABV, mas com sabor adocicado intenso e apenas um toque de malte torrado. A Mackeson pertence à pouco numerosa categoria das *sweet stouts*. Esse estilo era inicialmente conhecido como *"milk stout"*, já que ao princípio do século XX os cervejeiros desejavam promover os atributos saudáveis de seus produtos. Hoje, essa é uma designação de rótulo ilegal no Reino Unido. As *milk stouts* eram assim denominadas por conterem lactose, o próprio açúcar do leite, um carboidrato que não é fermentado pelas leveduras cervejeiras. A lactose não é tão doce quanto a sacarose ou a dextrose, podendo contribuir para a estrutura e corpo da cerveja sem incorporar um dulçor enjoativo. Ver MILK STOUT.

A cerveja foi originalmente produzida em 1907 pela Mackeson & Co. Ltd. na cidade de

Hythe (Kent, Inglaterra), uma cervejaria fundada em 1669. Ver KENT, INGLATERRA. A cervejaria Mackeson foi comprada pela concorrente H. & G. Simonds (de Reading, Berkshire) em 1920, a qual posteriormente a vendeu para outra cervejaria, a Jude, Hanbury & Co. Ltd. (de Wateringbury, Kent). Esta última empresa, juntamente com a cervejaria Mackeson, tornou-se parte do império Whitbread em 1925. A Whitbread logo se desfez da Mackeson em barris de chope, mas na forma engarrafada ela se tornou uma marca nacional durante a década de 1960. Uma versão mais robusta, com 4,9% ABV, conhecida como "Mackeson Triple X", foi produzida para o mercado americano. Foi elaborada durante algum tempo pela Hudepohl-Schoenling Brewing Company em Cincinnati, Ohio. Uma versão similar é produzida pela Carib Brewing, em Trinidad. A própria Whitbread foi adquirida pela Interbrew, atual Anheuser-Busch InBev, e a Mackeson Stout é hoje uma das marcas da empresa Interbrew UK.

Jackson, M. **The new world guide to beer**. Philadelphia: Running Press Book Publishers, 1988.

Terry Foster

Magic Hat Brewing Company é uma cervejaria americana com sede em South Burlington, Vermont, fundada em 1993 por Alan Newman e Bob Johnson. A cervejaria fez sua primeira venda no início de 1994 em Burlington, Vermont, no Winter Blues Festival, e logo as suas cervejas em barris espalharam-se por toda a cidade. A Magic Hat emprega a pouco usual fermentação aberta e produz mais cerveja por esse método do que qualquer outra cervejaria norte-americana. Todas as cervejas são fermentadas pela cepa de leveduras *ale* Ringwood, que pode conferir notas de sabores frutados, mas é notoriamente difícil de se trabalhar. Estimulada pelas vendas da sua principal cerveja, uma *ale* com sabor de damasco chamada "# 9", a Magic Hat rapidamente expandiu a distribuição, e em 1999 estava disponível por toda a Nova Inglaterra, bem como na cidade de Nova York. Reconhecida nas prateleiras pelos rótulos coloridos e peculiares e pelas caprichosas descrições da cerveja nas garrafas e embalagens, a Magic Hat criou um público fiel. Em 2002, a cervejaria produziu perto de 120 mil hectolitros de cerveja. Em 2008 ela foi a 12º maior cervejaria artesanal dos Estados Unidos e foi capaz de adquirir a West Coast Pyramid Breweries Inc., incluindo suas marcas MacTarnahan, por aproximadamente 35 milhões de dólares. Essa aquisição deu à cervejaria distribuição em ambas as costas do país, bem como nos estados do norte, do Maine a Illinois. Em 2010, a Magic Hat foi comprada pela North American Breweries de Rochester, Nova York, que é uma das empresas da KPS Capital Partners, LP, da cidade de Nova York. Juntamente com as antigas marcas da família Magic Hat, a North American Breweries também controla a Genesee Brewing Company e sua marca Dundee Brewing, e gerencia a Labatt USA, que comercializa a cerveja Labatt produzida no Canadá.

Comunicação Pessoal com Michael Hayes (porta-voz). 11 fev. 2010.
Official history from the Magic Hat Brewing Company (Mary Beth Popp, North American Breweries, 11/15/2010).

John Holl

maibock é uma *Bavarian lager* tradicional, forte e com sabor de malte. Assim como o mês que a batiza (*mai* significa "maio" em alemão), trata-se de uma cerveja de transição, a bebida ideal para a curta primavera bávara. Nos Alpes da Baviera, o mês de maio é o curto período estacional entre o último degelo e as primeiras florações, quando ainda faz frio demais para se estar nos *beer gardens*, mas também há luminosidade demais para se permanecer encerrado nos bares. Embora a *maibock* seja elaborada com um teor de álcool por volume similar à Bock, entre 6% e 7% e encorpada, apresenta uma coloração que varia do âmbar-claro ao dourado. Essa característica a diferencia das *winter bocks* mais escuras, daí derivando seu outro nome, *heller bock* (*bock* clara). A *maibock* costuma ser elaborada a partir de uma base de malte *pilsner* claro com porções generosas de maltes Viena, Munique e/ou outros maltes levemente caramelizados. Ver MALTE PILSNER. Em comparação com as *winter bocks*, as *maibocks* também costumam apresentar um pouco mais de amargor e sabor de lúpulo, especialmente das variedades nobres bávaras. A maioria das *maibocks* ainda é feita pelo método que honra o tempo e intensivo em mão-de-obra de decocção, no qual porções da mostura são postas em um recipiente separado e fervidas antes de serem reintroduzidas na tina principal. A decocção garante uma conversão ótima do amido dos cereais em açúcares fermentáveis, resultando no elevado teor alcoólico desejado. Após a fermentação, a *maibock* é maturada a temperaturas próximas do congelamento por quatro a oito semanas, o que lhe confere um acabamento mais refinado.

Ver também DECOCÇÃO.

Dornbusch, H. Maibock – A beer for the lusty month of May. **Brew Your Own**, n. 12, 2006.

Horst Dornbusch

mal-do-pé é o nome comum de uma doença que causa podridão radicular e atinge muitas plantas de cereais, incluindo cevada, trigo e centeio. Ela tende a atacar em condições de solo úmido e frio, especialmente nos campos encharcados e mal drenados. Apenas a aveia parece ter alguma resistência à doença, e o nome de "mal-do-pé" é essencialmente uma lamentável descrição dos seus efeitos. O mal-do-pé é causado pelo fungo *Gaeumannomyces graminis*, e seu sintoma mais óbvio é um escurecimento marrom ou preto das raízes. Essa descoloração pode se estender até os colmos (caules) da planta. Ela provoca necrose da raiz e, finalmente, a planta se atrofia e as espigas apresentam branqueamento. Algumas espigas podem amadurecer prematuramente e produzir apenas pequenos grãos, enquanto outras podem não produzir nenhum. O fungo se propaga pela germinação dos esporos e crescimento micelial, que ocorrem normalmente no final da primavera quando as temperaturas começam a subir, mas também podem afetar a cevada de inverno durante o clima ameno do outono. As infecções podem saltar de um conjunto de raízes para outro e, considerando que o fungo pode sobreviver em restos de culturas e outros resíduos vegetais após a época de colheita, ele pode infectar as culturas temporada após temporada. Rizomas de ervas daninhas também podem abrigar o fungo. Os fungicidas podem combater a doença e são geralmente aplicados sobre as sementes. Contudo, um manejo de campo apropriado por meio de rotação de culturas e controle biológico com microrganismos antagonistas, como bactérias Pseudomonas, são mais eficazes.

Keith Thomas

malte é um grão processado, qualquer grão, que tenha sido modificado a partir do seu estado natural por um processo de várias etapas denominado malteação. Juntamente com água, lúpulo e levedura, o malte é um dos quatro ingredientes essenciais de praticamente todas as cervejas. Os passos básicos da malteação são: maceração, germinação e secagem. Para muitos maltes especiais, há outras duas etapas: maceração a quente e/ou torrefação, de preferência ambos em um torrador de tambor. A duração e a temperatura dessas etapas de malteação afetam as características técnicas dos diferentes maltes, bem como o seu sabor e cor. Os tipos de malte variam de muito claro e doce, ao âmbar e semelhante a biscoito, ao quase preto e semelhante a café. O cervejeiro normalmente seleciona uma combinação de maltes para formular uma cerveja específica. Assim como as uvas viníferas, a cevada para malteação é varietal e seu sabor muda dependendo de sua linhagem e onde é cultivada.

A maior parte dos maltes cervejeiros é feita a partir de cevada e trigo. Taxonomicamente, esses grãos pertencem à família *Gramineae*, um grupo de cereais que também inclui bambu, milho, milheto, painço, aveia, arroz, centeio, espelta e sorgo. Uma das poucas plantas não gramíneas cujos grãos podem ser transformados em malte é trigo-sarraceno, que, apesar do nome, é na verdade o fruto comestível de uma família chamada *Fagopyrum*. Ver TRIGO-SARRACENO. Os grãos contêm todos os nutrientes, principalmente carboidratos, proteínas e gorduras, assim como muitos elementos traço, de que as gramíneas necessitam para a sua reprodução. O processo de malteação torna esses nutrientes utilizáveis na sala de brassagem.

As sementes são invólucros duros e compactos. Na cevada, elas possuem uma cápsula composta de duas cascas sobrepostas. Se não forem colhidas pelo homem ou consumidas por animais selvagens, as sementes caem no chão no outono e permanecem dormentes durante o inverno. Para tornar a semente compacta, os nutrientes no seu interior têm estruturas moleculares complexas; e as cascas contêm taninos, polifenóis adstringentes que atuam como conservantes para proteger os nutrientes de adversidades como mofo, podridão e pragas. Com o retorno dos raios do sol na primavera, a neve derrete e o solo aquece, trazendo as sementes de volta à vida devido à rápida absorção da umidade do ambiente. Durante essa hidratação, alterações bioquímicas ocorrem dentro da semente, dando início ao crescimento da radícula e da plúmula, os primórdios de uma nova planta. O processo de malteação procura emular exatamente os mesmos passos que ocorrem naturalmente no campo, não para o crescimento de novas plantas, mas sim para a produção de cerveja. Evidentemente, houve muitas mudanças tecnológicas nos milênios ao longo dos quais o ser humano tem malteado grãos, mas os princípios básicos do processo permanecem os mesmos.

Após a colheita, a maltaria armazena os grãos em silos e cuidadosamente regula a temperatura, umidade e aeração internas para evitar a deterioração do grão. No caso da cevada, o teor de umidade do grão no momento da colheita fica entre 12% e 17% em peso. No silo, ele deve ser mantido abaixo de 14%. Embora os grãos estejam dormentes quando armazenados, como estariam no campo, eles estão vivos e terão de absorver pequenas quantidades de oxigênio, liberando pequenas quantidades de CO_2: esta é a razão para o arejamento. Naturalmente, roedores e outros organismos nocivos devem ser mantidos fora dos silos.

Existem rigorosos critérios de seleção que separam os grãos para a produção de cerveja dos grãos para alimentação. No caso da cevada, os grãos devem possuir pelo menos 90% de homogeneidade por amostragem, de preferência com nenhum dos grãos com menos de 2,2 mm de diâmetro. Uma batelada é considerada excelente quando 95% ou mais dos grãos possuem um diâmetro de pelo menos 2,5 mm. O teor médio de proteína desses grãos deve ser superior a 10% e inferior a 12%. No caso do trigo para malteação, seu teor de proteína não deve exceder 13%.

Quando o grão está pronto para ser malteado, ele é limpo de elementos estranhos, tais como poeira e detritos. Em seguida, é hidratado. Isso ocorre em tanques gigantes que são alternadamente cheios de água e drenados. A fase "úmida" pode durar oito horas, e a fase "seca", doze horas. Cada maltaria usa ciclos úmidos/secos ligeiramente diferentes. A temperatura de maceração fica normalmente entre 12 °C e 15 °C. Durante a imersão do grão na fase úmida, o ar é soprado para dentro do tanque pelo fundo, a fim de fornecer aos grãos oxigênio em abundância para a respiração e para agitar o conteúdo; esta ação também limpa o grão. Permite-se que o tanque transborde para que partículas desalojadas e de poeira flutuem e sejam retiradas. Durante a fase seca, o ar é sugado para fora do tanque pela parte inferior, a fim de retirar o CO_2 exalado pelos grãos durante sua respiração e substituí-lo por oxigênio. Após 20 a 48 horas no tanque de maceração, os grãos possuem um teor de umidade de 38% a 46% e pequenas radículas apareceram na base de cada um. O grão é agora considerado totalmente hidratado, sendo então transferido para uma câmara de germinação com umidade e temperatura controladas.

Lá, assim como no campo, o desenvolvimento das radículas acelera e as plúmulas aparecem. Ambas surgem da base do grão. O broto, chamado de acrospira, cresce para cima entre as cascas e o corpo do grão, que é chamado de endosperma. A germinação também envolve a ativação de enzimas sob as cascas do grão. As enzimas estão presentes numa camada fina, designada de camada de aleurona, que envolve o endosperma. Elas são catalisadoras orgânicas especializadas que iniciam (mas não fazem parte de) determinadas reações bioquímicas que ocorrem apenas sob condições de temperatura, umidade e pH minuciosamente determinadas. As enzimas quebram os nutrientes complexos do endosperma em outros mais simples, para que estes possam ser facilmente absorvidos como blocos de construção e fontes de energia pelo embrião da nova planta. Na sala de brassagem, obviamente, o objetivo não é o cultivo de novas plantas: na verdade, busca-se a extração desses nutrientes para a produção da cerveja. Essa degradação enzimática é chamada de "conversão" ou "modificação". Ela amacia o endosperma duro e amiláceo, o que facilita a moagem na sala de brassagem. Ver FRIABILIDADE e MOAGEM.

Existem três principais categorias de enzimas dos grãos: citolítica (conversão de celulose), proteolítica (conversão de proteína) e diastática (conversão de amido). As enzimas citolíticas, tais como a beta-glucanase, hidrolisam as paredes de celulose do grão que escondem e protegem seus nutrientes proteicos e amiláceos. Uma vez que essas paredes são hidrolizadas, enzimas proteolíticas, tais como endopeptidase e carboxipeptidase, quebram proteínas moleculares grandes em menores. Quanto maiores as moléculas de proteína, mais propensas elas são a precipitar no *trub* durante a fervura do mosto; quanto menores as moléculas de proteína, mais provável é que estejam presentes na cerveja pronta, para a qual podem contribuir com corpo, sensação na boca e espuma. Depois da citólise, os amidos também se tornam acessíveis. Esses amidos são moléculas complexas de carboidratos que se constituem em longas cadeias ou como estruturas ramificadas. Eles são convertidos por enzimas diastáticas, tais como alfa- e beta-amilases, em moléculas de carboidrato menores, isto é, em frações de amido chamadas açúcares. A alfa-amilase hidrolisa amidos em açúcares não fermentáveis como dextrinas, ao passo que a beta-amilase hidrolisa tanto amidos como dextrinas em açúcares fermentáveis, como a maltose. Essa conversão de amido para açúcar também é chamada de "sacarificação".

Outras enzimas significativas, porém menos importantes, do grão são a fitase e a lipase. A fitase quebra o ácido fítico e libera fósforo, enquanto a lipase quebra lipídios (gorduras, óleos e ceras). Todos os grãos possuem sacos germinativos que contêm óleo, uns mais, outros menos, e a cevada, felizmente, tem níveis lipídicos incomumente baixos. Esses óleos são eliminados no processo de malteação e não chegam à sala de brassagem, onde causariam problemas consideráveis para os cervejeiros.

Existem vários tipos de câmaras de germinação. Até o início do século XX, a maioria das câmaras de germinação era grande, de piso ladrilhado, com persianas ajustáveis em todos os lados para aeração. O grão úmido era espalhado no chão em uma camada de cerca de 15 cm e assim permanecia, normalmente por quatro a seis dias, até começar a germinar. Dado que a germinação é um processo biológico exotérmico, o grão precisava ser revolvido constantemente, com uma pá (antes da era da mecanização) e agora mecanicamente, para liberar o calor produzido pelo grão. O revolvimento dos grãos também dissipa o CO_2, mantém os grãos devidamente oxigenados e evita que as radículas se entrelacem. Para que a malteação ocorresse corretamente em um piso, essa camada de grãos tinha que ser mantida a uma temperatura exterior menor que 13 °C a 17 °C. Na maioria dos climas, portanto, a malteação só era possível no inverno. Esse método de malteação intensivo em mão de obra ainda é utilizado por algumas empresas de malte mais refinadas, sendo que o malte produzido dessa maneira ainda é conhecido como "*floor malt*". Muitos cervejeiros relatam que esse antigo método produz malte com características superiores de brassagem e sabor.

Nas maltarias modernas, o piso da câmara de germinação foi substituído por instalações sofisticadas, mecanizadas e geralmente automatizadas de vários modelos, que permitem que a malteação seja realizada durante todo o ano. Os germinadores modernos estão equipados com sistemas de transferência de grãos, com entrada e saída, controles ambientais, revolvedores mecânicos de malte (geralmente trados e/ou rastelos), fundos falsos perfurados para a entrada de ar e ventiladores para a evacuação de ar e umidade. Enquanto está germinando, o grão é mantido em condição estável pelo ar frio umidificado, soprado através do fundo falso das câmaras. Em câmaras de germinação retangulares, a exemplo da *Saladin box*, uma invenção francesa do século XIX, a camada de grãos pode ter uma espessura de cerca de 1,20 m, e os revolvedores de malte movem-se lentamente para trás e para a frente através da camada. Ver SALADIN BOX. Em modelos mais recentes com design circular, o revolvedor de malte gira lentamente em torno de um eixo vertical no centro da câmara, ou permanece fixo e todo o piso em que o grão está depositado gira. Fora da Alemanha, as maltarias podem pulverizar enzimas produzidas em meios biológicos nos grãos em germinação. Isso acelera o processo em dois a três dias, o que reduz os custos de produção. Também permite a malteação de grãos de qualidade inferior, pobres em enzimas, que de outra forma teriam ido para a alimentação. Na Alemanha, no entanto, tais tratamentos de malte são proibidos pela Lei da Pureza da Cerveja. Ver LEI DA PUREZA DA CERVEJA.

A temperatura da câmara de germinação é mantida a cerca de 13 °C a 18 °C. O grão permanece na unidade de germinação até que as acrospiras tenham crescido a cerca de dois terços do comprimento dos endospermas, o que leva de quatro dias a uma semana. Nesse ponto, o grão está bem encaminhado para se tornar malte, mas ainda não é malte. Nessa fase, é chamado de "malte verde". Esse malte verde é então transferido para um dispositivo de secagem, o qual, dependendo do tipo de malte desejado, ou é um secador de malte ou um torrador de tambor. No secador, o ar quente é aplicado à carga úmida de grãos, principalmente para secá-la. Isso mata as acrospiras em desenvolvimento, mas não destrói as enzimas. O crescimento das acrospiras, que geralmente cessa em temperaturas acima de 40 °C, deve ser interrompido, pois o malteador e o cervejeiro querem preservar os nutrientes do malte modificado para fazer cerveja, e não novas plantas. O malte verde ainda possui sabores um tanto rudes e crus, exigindo mais alterações bioquímicas para obter a agradável qualidade aromática maltada que se espera sentir na cerveja. Essas mudanças acontecem apenas sob a influência do calor. Além disso, como o malte verde úmido é um meio nutritivo para organismos de deterioração, é altamente perecível e deve ser desidratado rapidamente. O malte, ao final da germinação, possui um teor de água de 40% a 50%, sendo necessária sua redução para, pelo menos, 4% a 6% em peso.

No secador, o malte é finalizado em duas fases: secagem e cura. A duração total do processo de secagem varia de acordo com a construção do secador e pode demorar de vinte horas a dois dias. Ambas as etapas envolvem a circulação de ar quente através do malte e a retirada da umidade resultante por meio de grandes ventiladores e tubos de exaustão. O malte deve estar completamente seco antes do processo de cura, porque só enzimas secas conseguem sobreviver às elevadas temperaturas de cura sem danos. As enzimas do malte necessitam permanecer intactas para que o cervejeiro possa reativá-las mais tarde na mosturação. Quando o conteúdo de umidade do malte tiver caído para 10% a 20%, aumenta-se gradualmente a temperatura, partindo-se de um mínimo de 13 °C até uma temperatura final inferior a 85 °C para maltes claros, como malte Pilsner, e cerca de 120 °C para maltes mais escuros. Durante as elevações de temperatura, que podem levar cerca de 8 horas, o malte atravessa as várias zonas de temperatura de ativação das enzimas citolíticas, proteolíticas e diastáticas, de modo semelhante ao que mais tarde ocorre novamente na tina de mostura durante a etapa de rampas de temperatura na mosturação. O processo de secagem, portanto, determina o grau de modificação enzimática do malte. Na fase final de cura, na qual o malte seca completamente, o dimetil sulfeto e seus precursores também são expelidos. Ver DIMETIL SULFETO (DMS). Atualmente, algumas maltarias usam instalações que permitem realizar a germinação e a secagem na mesma unidade. Ver RECIPIENTES DE GERMINAÇÃO E SECAGEM (GKV). As antigas *floor maltings*, que tendem a ser menos eficientes do que a moderna malteação mecanizada, geralmente resultam no que agora são considerados maltes levemente "submodificados". Depois da secagem, o malte pronto é normalmente refrigerado com ar não aquecido para expulsar os vapores residuais e prepará-lo para o armazenamento a granel. Em seu caminho para o silo de malte, as radículas secas, chamadas de *culms*, bem como quaisquer cascas soltas e fragmentos de grãos, são removidas agitando-se o malte sobre telas e, em seguida, passando-o por uma máquina de polimento de malte.

Outro processo fundamental que é realizado no secador de malte é a reação de Maillard, na qual os açúcares e os aminoácidos (os produtos das modificações diastáticas e proteolíticas) se combinam a altas temperaturas para formar melanoidinas. Ver REAÇÃO DE MAILLARD. As melanoidinas são polímeros marrons que conferem ao malte seu típico sabor e aroma maltado. É por isso que a reação de Maillard é muitas vezes chamada de escurecimento não enzimático. As temperaturas de cura mais elevadas para maltes escuros, como Vienna e Munique, promovem uma maior formação de melanoidina e são, portanto, responsáveis pelas distintas notas maltadas, semelhantes a caramelo, em estilos de cerveja como *Vienna lager*, *märzen-oktoberfestbier* e *bock*.

Maltes que foram secos muito rapidamente são geralmente considerados de qualidade inferior, pois durante a perda excessivamente rápida de umidade na fase de secagem, os poros do malte podem encolher e fechar. Isso faz com que o grão endureça, se torne menos triturável e mais difícil de ser moído na sala de brassagem. Os malteadores e os cervejeiros distinguem várias categorias de malte, cada uma com diferentes características cervejeiras e culinárias: maltes base, maltes caramelo/dextrina, maltes Crystal, maltes chocolate/torrados e grãos crus torrados. Os maltes base são suavemente secos, como explicado anteriormente, e são geralmente claros e altamente enzimáticos. Eles respondem por pelo menos metade do conjunto de grãos da maioria das mosturas. Todos os outros maltes que não são maltes base são considerados "maltes especiais". Estes conferem graus variados de cor, sabor, aroma e textura para a cerveja pronta.

Maltes que são curados no secador, após a maceração, germinação e secagem, a uma temperatura elevada de cerca de 140 °C, são rotulados de maltes Crystal.

Os maltes caramelo exigem uma quarta etapa, a maceração a quente, como parte do processo de malteação. Para isso, o malte verde é colocado, após a germinação, em um torrador rotativo do tipo tambor em vez de no secador. O malte é então aquecido imediatamente a cerca de 64 °C a 72 °C, que é a faixa de temperatura para alta atividade das alfa- e beta-amilases e é mantido a essa temperatura durante cerca de uma hora. Essa maceração a quente e úmida garante que a sacarificação enzimática ocorra dentro de cada grão. O malte que passou pelo processo de maceração a quente é então finalizado no secador ou permanece no torrador para acabamento. Se for finalizado no secador, será submetido a um ciclo de secagem a cerca de 90 °C, o que faz com que os açúcares caramelizem em dextrinas rígidas, vítreas e não fermentáveis. Se o malte que passou pelo processo de maceração a quente é finalizado no torrador, por outro lado, ele é submetido a um ciclo de secagem a 200 °C, o que faz com que não apenas os açúcares caramelizem em dextrinas não fermentáveis, mas também todo o grão fique torrado. Os tempos e temperaturas de torrefação variam de acordo com os graus desejados de cor e torra, mas os resultados são sempre maltes de cor e sabor fortes e intensos. Dado que a caramelização desnatura (destrói) as enzimas do malte completa e irrecuperavelmente, os maltes caramelo raramente constituem mais de metade do total do conjunto de grãos de uma cerveja. Historicamente, o primeiro malte caramelo claro foi produzido pela Weyermann e patenteado na Alemanha sob a marca de Carapils em 1903. Ver WEYERMANN MALTING. Os maltes caramelo conferem um sabor adocicado de malte às cervejas produzidas com eles.

Os maltes chocolate são ligeiramente mais fortes em cor e aroma do que o caramelo e o Crystal. Eles são produzidos movendo-se para o torrador os maltes normalmente macerados, germinados e secos (ou seja, não macerados a quente), depois de um longo descanso de um mês. No torrador, esses maltes quase acabados são aquecidos a cerca de 250 °C. Os produtos resultantes vão do muito escuro ao preto, e quando concentrados podem possuir um sabor fortemente acre e amargo. Algumas maltarias fazem maltes torrados diretamente no secador, sem movê-los para um tambor rotativo. Esse método, no entanto, resulta em produtos menos homogêneos, por causa da distribuição de calor desigual do fundo para o topo da camada de malte.

Certos maltes torrados são comercializados em duas formas: comum e sem casca. Quando os maltes são descascados, as cascas contendo os taninos da cevada são removidas antes do início do processo de malteação. Os maltes chocolate sem casca possuem sabor muito leve, com características de amargor e torra bastante reduzidas, mas possuem os mesmos efeitos corantes dos maltes chocolate comuns. Os maltes chocolate torrados, no entanto, não devem ser confundidos com cevada, trigo ou centeio torrados, que são produzidos como maltes chocolate, em um torrador, a partir de grãos crus ou malteados. Esses produtos possuem sabores ligeiramente ásperos e conferem à cerveja pronta não apenas aromas de queimado, mas também fortes notas de biscoito. Os maltes chocolate e outros grãos torrados, como os maltes caramelo e Crystal, não possuem qualquer enzima restante, e por causa de sua cor e intensidade de sabor raramente representam mais de 5% de uma mostura.

Por fim, existem vários maltes defumados, que são macerados, germinados e, em seguida, secos em secadores com fumaça e de queima direta. Esses secadores são construídos para permitir que a fumaça seja filtrada pela camada dos grãos em secagem. A fumaça de turfa é uma das favoritas para mosturas de uísque, enquanto a fumaça de toras da madeira faia envelhecidas permite criar o malte defumado estilo Bamberg (também conhecido como *rauchmalz*) e a cerveja *rauchbier* no estilo Bamberg, cujo sabor característico vem da fumaça da madeira. Antes da invenção das modernas técnicas de secagem, a maioria dos maltes eram secos sobre fogo, e muitas cervejas pioneiras, sem dúvida, tinham fortes sabores defumados. Até hoje, os maltes são importantíssimos na atribuição de sabor à cerveja e na diferenciação dos diversos estilos da bebida. As diferenças de malteação estão entre os motivos pelos quais a cerveja possui uma gama muito maior de sabores do que o vinho. A cerveja pode possuir sabor de chocolate amargo, café expresso, caramelo, *toffee*, biscoitos ou pão, e os maltes são a base para toda essa miríade de sabores.

Narziss, L. **Die technologie der Malzbereitung (The technology of malt-making)**. 6. ed. Stuttgart: Enke Verlag, 1976.

Thomas Kraus-Weyermann

malte acidulado é um malte claro (cor: cerca de 3 a 6 EBC; 1,7 a 2,8 SRM) que após a tosta foi submetido a uma fermentação lática e então um segundo ciclo de secagem para acabamento. As bactérias láticas estão presentes naturalmente no malte. O objetivo do malte acidulado é reduzir o valor de pH da mostura. O pH adequado da mostura (5,4 a 5,6) ajuda a garantir o desempenho enzimático, do qual o cervejeiro depende para quebrar gomas, proteínas e amidos. Isso também conduz a um pH adequado do mosto, o que afeta o desempenho da levedura durante a fermentação e o perfil de sabor final da cerveja. Cada 1% de malte acidulado (em massa) do total de grãos reduz o pH da mostura em 0,1 ponto. Em mosturas altamente alcalinas, o malte acidulado pode compor até cerca de 10% do total de grãos.

O pH ideal do mosto da maioria das cervejas à base de cevada é de 5,2 e da maioria das cervejas à base de trigo é de 5,0. A medição dos valores de pH, da mostura até a cerveja acabada, informa ao cervejeiro se uma correção de pH é necessária e a quantidade de malte acidulado, se for o caso, que deve ser utilizada na mostura.

O malte acidulado é amplamente utilizado na Alemanha, onde a Lei da Pureza da Cerveja proíbe o uso direto de ácidos na mostura, no mosto ou na cerveja acabada. Ver LEI DA PUREZA DA CERVEJA.

Ver também MALTE e PH.

Thomas Kraus-Weyermann

malte âmbar é um malte britânico tradicional feito de cevada de inverno ou primavera. Sua função principal é conferir cor e sabor às cervejas escuras, especialmente *porters* e *stouts*, bem como para *old ales*, *mild ales*, *brown ales* e *bitters*, e fornecer a elas alguma viscosidade e uma espuma amarronzada. O malte âmbar era um tipo comum de malte no século XIX e amplamente utilizado em *porters*, compondo às vezes a maior parte do seu malte base. Durante muitos anos o malte âmbar esteve indisponível, mas as maltarias especializadas começaram a produzi-lo novamente, devido à demanda dos cervejeiros artesanais. O malte âmbar é feito de modo similar ao típico malte claro inglês, mas após a maceração, germinação e secagem, adquire a sua coloração passando por uma etapa de aquecimento adicional rápido e severo. Nos velhos tempos de secagem com queima direta, essa etapa final era realizada sob fogo, o que também conferia ao malte uma ligeira defumação. Atualmente, o calor final é aplicado ou em um secador com ar aquecido ou, para um produto mais homogêneo, em um tambor rotativo, a aproximadamente 150 °C. Ver ENGLISH PALE ALE, MALTE e TORRADOR DE TAMBOR. Quando finalizado, o malte âmbar tende a possuir um teor muito baixo de umidade, cerca de 2% a 3%, e sua cor varia do couro natural claro ao cobre, na faixa de 40 a 65 EBC (cerca de 15 °L a 25 °L). Ver EUROPEAN BREWERY CONVENTION (EBC) e LOVIBOND. Ao contrário dos antigos maltes âmbar, os modernos possuem pouco ou nenhum poder enzimático. Por causa de seu sabor intenso, o qual é seco, com notas de biscoito e pão, ligeiramente tostado e sem qualquer dulçor residual, o malte âmbar geralmente compõe não mais do que 1% a 2% do total de grãos de uma cerveja. Apenas em casos raros excede 5%. Ele é frequentemente utilizado em conjunto com outros maltes de cor, como *brown*, Crystal, *chocolate*, *black*, ou com cevada torrada.

Briggs, D. E. **Malts and malting**. London: Chapman & Hall, 1997.

Stopes, H. **Malt and malting: an historical, scientific, and practical treatise, showing, as clearly as existing knowledge permits, what malt is, and how to make it**. London: Lyon, 1885.

Thomas Kraus-Weyermann

malte base é o malte que possui suficiente atividade enzimática, notável poder diastático, para garantir que a conversão do amido ocorra durante a mosturação. Ele geralmente responde pela maior porcentagem de malte em uma receita de cerveja (de 60% a 100%). A porcentagem restante pode ser composta de maltes especiais, cereais não malteados ou adjuntos, os quais podem não ter enzimas suficientes para converter seus próprios amidos em açúcares durante a mosturação. Basicamente, o malte base proporciona a produção de açúcares fermentáveis e nitrogênio na forma de aminas livres para a levedura consumir durante a fermentação. O total de grãos utilizados na receita fornece substrato, mas o malte base fornece tanto substrato quanto enzimas.

Ao selecionar um malte base para uma determinada receita, os cervejeiros estão interessados em vários fatores, alguns dos quais estão incluídos em uma folha de análise padrão de malte: teor de umidade, potencial de extrato, cor, teor de proteína e poder diastático. Os cervejeiros também querem saber a variedade da cevada (ou outro grão), local de origem e tipo.

Na maioria das vezes, mas nem sempre, o malte base é um malte *pilsner* ou *pale ale* de duas ou seis fileiras. Por exemplo, uma receita de *pale ale* pode compreender 85% de malte base (*pilsner* ou *pale*

ale) e 15% de malte especial. No entanto, na *weissbier* alemã, o trigo é o malte base, às vezes até 60%, com malte *pilsner* compondo o saldo remanescente. Outras cervejas especiais podem utilizar diferentes maltes base. A tradicional *german märzenbier* pode ser feita a partir de 100% de malte Munique, que concentra sabores de *toffee* do malte.

Noonan, G. J. Malted barley. In: **New brewing lager beer**. Boulder: Brewers Publications, 1996.

Palmer, J. J. Understanding malted barley and adjuncts. In: **How to brew**. Boulder: Brewers Publications, 2006.

Damien Malfara

malte biscoito é um estilo de malte especial com sabor intenso produzido em um torrador de tambor. O malte biscoito é produzido quando a cevada germinada e seca é torrada a uma elevada temperatura, mas por um tempo relativamente curto, resultando em uma cor de cerca de 30 °Lovibond/SRM. A elevada temperatura aplicada ao malte com baixo teor de umidade, também conhecida como torrefação a seco, desenvolve o peculiar aroma de torrado, pão quente, biscoitos e especialmente sabores e aromas de nozes, característicos desse tipo de malte e das cervejas em que é utilizado. Os maltes biscoito não possuem poder diastático (ação enzimática), devido às altas temperaturas aplicadas durante a torrefação.

O malte biscoito é um tipo relativamente recente de malte, viabilizado graças à invenção do primeiro torrador de tambor no início do século XVIII, na Inglaterra, durante a Revolução Industrial. Os sabores de nozes dos maltes biscoito os tornam populares quando se produz *brown ales*, podendo compor cerca de 10% a 15% do total de grãos.

Os sabores de nozes e de torrado do malte biscoito também o tornam popular para uso em baixas porcentagens, conferindo sabores e aromas sutis para estilos de cerveja como *pale ale*, *amber* e *red ales* e *lagers bock* e *oktoberfest/märzen*.

Em estilos de cerveja mais escuros, como *stouts* e *porters*, baixas percentagens de malte biscoito podem ajudar no desenvolvimento de uma maior complexidade e aumentar o aroma de malte.

David Kuske

malte Caramunich é uma versão do malte Crystal que fornece característica de caramelo para a cerveja, em particular a *continental lager* ou a *pilsner*.

Da mesma forma como acontece com todos os maltes Crystal, o Caramunich é germinado, mas não secado antes de ser torrado entre 110 °C e 130 °C. Assim, os grãos são torrados com seu interior umedecido, o que permite o desenvolvimento de uma maior variedade de reações químicas do que com grãos secos. As mais peculiares dessas reações são a caramelização dos açúcares e a reação de Maillard entre os açúcares e aminoácidos. Ver REAÇÃO DE MAILLARD.

Os produtos dessas reações proporcionam características de caramelo e *toffee*, bem como um leve sabor torrado. Devido às altas temperaturas e alto teor de água durante a torrefação, o malte Caramunich contém pouca ou nenhuma atividade enzimática, tornando-o adequado apenas como um malte flavorizante em vez de um malte diastático.

O malte Caramunich se diferencia do malte Crystal padrão por ser produzido a partir de malte *lager*. Sua modificação pode ser incompleta e, consequentemente, ter níveis elevados de proteína, que irão melhorar o desenvolvimento do sabor durante a torrefação, fornecendo um elevado nível de produtos de Maillard. Por isso, o Caramunich é muitas vezes usado para prover profundidade de sabor às cervejas *dark lagers*, bem como contribuir para a cor.

Além disso, muitos dos compostos dos maltes Crystal são capazes de absorver oxigênio e assim proteger a cerveja de reações de oxidação. Pequenas proporções de maltes Crystal são, assim, frequentemente adicionadas para melhorar a estabilidade e o prazo de validade da cerveja.

Ver também MALTE CRYSTAL.

Keith Thomas

malte Carapils é um malte claro altamente modificado, cujo nome provém das palavras "caramelo", que é açúcar derretido e cristalizado, e "*pilsner*", que é um estilo de cerveja *lager* dourada, desenvolvido originalmente na cidade tcheca de Pilsen, em 1842. Ver PILSNER. Enquanto o malte claro comum é suavemente seco em secador a temperaturas compreendidas entre 50 °C e 84 °C, o Carapils é mais uniformemente seco em um tambor de torra, o que permite um controle preciso do fluxo de ar, umidade e temperatura. Para a produção do Carapils, o tambor é aquecido a pelo menos 110 °C e raramente acima de 160 °C. A essa temperatura os açúcares do malte caramelizam, o que significa que mudam a sua estrutura molecular, tornando-se vítreos e não fermentáveis. A caramelização também confere ao malte um leve sabor de nozes. Quanto mais elevada for a temperatura no tambor, mais escura será a cor do Carapils e mais forte será o seu sabor. A maioria dos Carapils, no entanto, possui aproximadamente a mesma cor do malte *pilsner* seco em secador (cerca de 2,5 a 5 EBC ou 1,5 a 2,4 Lovibond). Ver MALTE PILSNER. Em cervejas claras, o Carapils raramente excede 5% a 10% do total de grãos, enquanto em estilos de cerveja mais fortes, como a cerveja *bock*, ele pode constituir até 40% da mostura. A adição de Carapils pode produzir mais espuma e melhorar sua retenção, levando a um corpo e uma sensação na boca mais plenos na cerveja pronta. Embora muitos cervejeiros usem o termo Carapils genericamente, na verdade é um nome de marca registrada. Os maltes do tipo caramelo, secos ou torrados em tambor, foram primeiramente desenvolvidos pela maltaria Weyermann Malting de Bamberg, Alemanha. Essa empresa mantém o registro da marca para o nome Carapils, sob o Acordo Internacional de Madri de propriedade intelectual desde 1908, em todos os países, exceto nos Estados Unidos, onde Carapils é uma marca registrada da Briess Malt & Ingredients Company of Chilton, Wisconsin. Ver BRIESS MALT & INGREDIENTS COMPANY e WEYERMANN MALTING. Na América do Norte, a Weyermann comercializa seu malte caramelo claro sob o nome comercial de Carafoam.

Thomas Kraus-Weyermann

malte Caravienne é um malte especial caramelo ou Crystal, batizado em homenagem ao estilo de cerveja *Vienna lager*, de cuja formulação de grãos é parte indispensável. Ver VIENNA LAGER. Produzido a partir de cevada de primavera de duas fileiras e seco em secador de malte até atingir coloração de cerca de 40 a 60 unidades de cor EBC (aproximadamente 15 a 23 °Lovibond), o Caravienne confere à cerveja intensos tons avermelhados. Para produzir o Caravienne na maltaria, o malte verde germinado é levemente seco em tambor com uma ventilação moderada para conter a umidade. Esse processo de maceração desnatura todas as enzimas. Na cervejaria, o Caravienne, como todos os maltes caramelo, deve ser utilizado em conjunto com maltes base ricos em enzimas. A secagem úmida, produz acrospiras vítreas e cristalinas, compostas de dextrinas (açúcares não fermentáveis pela levedura). Esses açúcares proporcionam uma cerveja com corpo extra, contribuindo com um delicado e suave aroma adocicado e maltado, fazendo com que o sabor da cerveja pronta fique mais completo. Apesar de seu nome soar como austríaco, o Caravienne também é popular em outros países cervejeiros, especialmente na Bélgica. Pode reponder por 5% a 20% do total de grãos em cervejas como *altbier*, cervejas belgas de abadia, *Belgian red ales*, *bockbiers*, *cream stouts*, *English bitters*, *ales* escocesas e até mesmo algumas *American India pale ales*. Nessas cervejas, o Caravienne pode desempenhar um papel análogo ao do malte Munique ou Carapils.

Ver também MALTE CARAPILS.

Thomas Kraus-Weyermann

malte Crystal é um dos tradicionais maltes de cor britânicos, ao lado dos maltes marrom, âmbar, chocolate e preto. Durante o processo de malteação, os grãos são macerados e germinados como o malte claro, clássico e totalmente modificado, mantendo-se úmido (cerca de 50% de umidade), pulando a etapa de secagem em secador e indo diretamente para um torrador de tambor. Nessa etapa, é então aquecido sem ventilação a cerca de 64 °C a 72 °C, de modo que o conteúdo do endosperma se liquefaz e o amido é sacarificado pela forte ação das enzimas alfa- e beta-amilases. Ver SACARIFICAÇÃO. Essa etapa também é chamada de "maceração a quente". O malte é então secado a uma temperatura elevada de aproximadamente 140 °C a 200 °C. Essa etapa é a chamada "estágio de cura". Ela escurece os grãos e faz com que os açúcares do malte, criados através de sacarificação, cristalizem-se, com o subsequente resfriamento, em dextrinas rígidas e não fermentáveis. Na cerveja pronta, esses açúcares são responsáveis por um dulçor residual, semelhante a caramelo e nozes. Todo o processo no torrador de tambor pode demorar cerca de três horas, e o malte Crystal pronto pode possuir um teor de umidade de 5% a 7%. Atualmente, algumas maltarias fazem seus maltes Crystal não em um torrador, mas em um secador. Este é considerado um método de produção mais eficiente, mas tais maltes Crystal tendem a ser menos homogêneos e possuir um teor de umidade muito inferior aos maltes Crystal torrados em tambor. Os tempos e as temperaturas exatas de torrefação para os maltes Crystal variam de acordo com a cor desejada, que pode variar de clara a média a escura, numa faixa de cor de cerca de 25 a 320 EBC (cerca de 10 °L a 120 °L). Ver EUROPEAN BREWERY CONVENTION (EBC) e LOVIBOND. Alguns maltes Crystal muito escuros podem apresentar valores de cor de até 400 EBC (cerca de 150 °L). As cores adicionadas à cerveja pelo malte Crystal variam de mel-claro a cobre-escuro. Os maltes Crystal não possuem enzimas e são usados principalmente para melhorar a cor, sabor, corpo, aroma e retenção de espuma de uma cerveja. No entanto, alguns cervejeiros utilizam maltes Crystal mais leves em proporções de até 20% do total de grãos de algumas cervejas.

Briggs, D. E. **Malts and malting**. London: Chapman & Hall, 1997.

Stopes, H. **Malt and malting: An historical, scientific, and practical treatise, showing, as clearly as existing knowledge permits, what malt is, and how to make it.** London: Lyon, 1885.

Thomas Kraus-Weyermann

malte de duas fileiras é feito a partir de cevada de duas fileiras, que se distingue por ter duas fileiras de sementes ao longo da inflorescência. A cevada de duas fileiras claramente difere da cevada de seis fileiras, pois essa última possui seis fileiras de sementes. Uma série de generalizações se aplicam aos maltes de seis e duas fileiras: este último geralmente possui grãos de tamanhos maiores, níveis mais baixos de proteína, menor atividade enzimática e menor aspereza (adstringência tânica). Os maltes de duas fileiras também possuem uma razão mais elevada de amido-proteína devido à sua camada de aleurona ser menor em relação ao endosperma. Apenas dois dos cerca de 30 mil genes da cevada determinam se a planta se tornará um indivíduo de duas ou seis fileiras. Portanto, é possível criar um perfil de malte específico independentemente do tipo de fileira.

A diferença entre esses dois maltes decorre dos diferentes padrões de crescimento das sementes. As variedades de cevada de duas fileiras produzem apenas uma única semente fertilizada em cada ponto, ou nó, de sua inflorescência. A posição dos grãos se alterna em cada nó, razão pela qual a cevada de duas fileiras possui duas fileiras de sementes ao longo do seu comprimento. As variedades de cevada de seis fileiras, por outro lado, possuem três grãos fertilizados se desenvolvendo em cada nó e, assim, produzem seis fileiras ao longo do comprimento da inflorescência.

As diferenças típicas nos níveis de proteína entre maltes de duas e seis fileiras resultam em diferentes aplicações. Isso tem relação com as proteínas do malte que contêm enzimas hidrolíticas utilizadas para a modificação de amidos e proteínas. Ver MODIFICAÇÃO.

O nível de proteína geralmente mais elevado no malte de seis fileiras o torna mais adequado para cervejas que são feitas com maiores proporções de adjuntos ou com maltes não muito modificados. Isso porque o seu elevado poder enzimático auxilia na conversão do material adicionado. Alternativamente, malte de duas fileiras bem modificado tende a ser mais adequado para cervejas puro malte. Como regra geral, os maltes de seis fileiras são os preferidos pelas grandes cervejarias comerciais dos Estados Unidos e do México, enquanto maltes de duas fileiras são os preferidos em quase todo os outros lugares.

Ver também MALTE DE SEIS FILEIRAS.

Keith Thomas

O **malte de seis fileiras** é derivado dos grãos das variedades de cevada de seis fileiras, em vez de duas fileiras. O termo "seis fileiras" refere-se à morfologia da espiga da cevada. As espiguetas estão dispostas em um padrão alternado em cada nó ao longo da raque (pedúnculo) da espiga. Em variedades de seis fileiras, as duas espiguetas laterais juntamente com a espigueta central são férteis e produzem um total de três grãos. A contagem de grãos em cada nó da raque, portanto, totaliza seis. Esse arranjo de grãos confere à espiga uma aparência redonda em comparação com a aparência plana da espiga de duas fileiras. Apenas um único gene distingue as variedades de cevada de duas e de seis fileiras, mas cada um dos tipos possui o seu próprio programa de melhoramento, constituindo, portanto, classes de grãos comerciais inteiramente diferentes. Em geral, a cevada de seis fileiras é menos arredondada, possui uma casca mais espessa e, após a malteação, terá rendimentos de extrato mais baixos, um maior teor de proteína e maior atividade enzimática em comparação com variedades de duas fileiras. Como essas características são determinadas geneticamente, os melhoristas podem manipulá-las. Em teoria, portanto, as diferenças entre as cevadas de duas e seis fileiras podem até ser diminuídas. Por exemplo, os melhoristas agora trabalham para aumentar o potencial de extrato do malte da cevada de seis fileiras. A variedade Morex é um exemplo desse direcionamento dos programas de melhoramento. Ver MOREX. A única característica que não poderá ser mesclada em nenhuma variedade de cevada futura é o formato do grão, porque ele é fortemente influenciado pelo arranjo dos grãos na espiga. Em espigas de seis fileiras os grãos laterais tendem a ser mais finos, enquanto em espigas de duas fileiras todos os grãos são, em geral, mais uniformemente arredondados. O conteúdo da casca está relacionado com o arredondamento, pois em grãos mais finos esse conteúdo é geralmente maior em relação aos grãos arredondados. O resultado dessa diferença é uma quantidade proporcionalmente maior de compostos fenólicos derivados da casca, que influenciam o sabor na cerveja pronta. Ver FENÓLICO.

O malte de seis fileiras é usado principalmente em cervejarias da América do Norte, enquanto o malte de duas fileiras é mais usado no resto do mundo. As regiões ideais para o cultivo de cevada de seis fileiras são o México, o meio-oeste dos Estados Unidos e, em menor extensão, as pradarias canadenses. Nos Estados Unidos, várias grandes cervejarias utilizam uma mistura de maltes de duas e seis fileiras em suas mosturas. Uma série de fatores pode ter contribuído para a preferência do malte de seis fileiras na América do Norte. Historicamente, as variedades de cevada de seis fileiras tornaram-se mais notáveis por estarem mais bem adaptadas às condições de cultivo do meio-oeste, onde as variedades de duas fileiras tendem a ser mais suscetíveis às doenças foliares. Variedades de duas fileiras recentemente melhoradas, no entanto, têm demonstrado maior resistência às doenças foliares. Muitas cervejarias nos Estados Unidos, especialmente as grandes, também utilizam adjuntos livres de enzimas em suas mosturas, tais como arroz ou milho e, portanto, precisam da força das enzimas da cevada de seis fileiras para obter o poder diastático suficiente para uma sacarificação adequada. Ver ADJUNTOS e PODER DIASTÁTICO. Em cervejarias artesanais, onde as mosturas de puro malte são mais frequentemente utilizadas, os maltes de duas fileiras costumam ser utilizados como maltes base, enquanto os maltes caramelo e maltes torrados são muitas vezes variedades de seis fileiras. O futuro da oferta da cevada de seis fileiras, no entanto, não é certo, porque muitos agricultores do meio-oeste americano têm adotado outras culturas, muitas vezes induzidos pela crescente demanda por biocombustíveis.

Ver também MALTE DE DUAS FILEIRAS.

Kevin Smith

malte de trigo é o segundo grão malteado mais comum usado na produção de cerveja, depois de malte de cevada. As típicas cervejas de trigo são a *weissbier* alemã (também conhecida como *hefeweizen* ou *weizenbier*), que deve conter pelo menos 50% de malte de trigo por lei; a *Berliner weisse* alemã, uma *ale* azeda e espumante, cuja proporção de malte de trigo raramente ultrapassa 30%; e a mais moderna "*American wheat*", que normalmente contém de 10% a 35% de trigo malteado. Alguns cervejeiros artesanais americanos recentemente apaixonaram-se por uma variante da *barley wine* apelidada de "*wheat wine*", substituindo uma grande proporção de malte de cevada no conjunto de grãos por malte de trigo. Dado que o trigo moderno (*Triticum aestivum*) possui um teor relativamente elevado de proteínas e glucanos em relação à cevada e não possui cascas, propriedades que podem criar problemas na sala de brassagem, as mosturas raramente contêm mais do que 70% de malte de trigo. Alguns cervejeiros aventureiros fizeram cervejas com 100% de malte de trigo, mas essa façanha invariavelmente requer uma série de truques na sala de brassagem, já que os grãos sem cascas são incapazes de criar a sua própria camada filtrante através da qual se escoa o mosto.

Quando utilizado na cerveja, o malte de trigo confere um corpo mais leve do que o malte de cevada, muitas vezes associado a um toque de acidez suave e refrescante. Essas qualidades tendem a fazer com que muitos estilos de cerveja à base de trigo se tornem adequados para harmonização com pratos leves e frutos do mar, e o consumo da cerveja de trigo tende a subir quando faz calor. Contrariamente à crença popular, os sabores de banana e cravo das cervejas de trigo alemãs devem-se à levedura especial utilizada, e não ao uso de maltes de trigo. Os maltes de trigo, no entanto, realmente conferem a essas cervejas a sua delicadeza de textura. A maioria dos maltes de trigo tende a criar um mosto de cor mel-alaranjado, mas diferentes maltarias possuem suas próprias especificações, e os maltes de trigo escuros agora também estão disponíveis. Na Baviera da era moderna, a *weissbier* à base em trigo era um domínio particular da família real, que conferiu a si mesma o direito de preparar cervejas de trigo e apenas abdicou dele em 1872. Até então, o trigo, valorizado para a produção de pães e outros alimentos, foi considerado um ingrediente demasiadamente sublime para ser utilizado na produção de cerveja para plebeus.

Ver também TRIGO, WEISSBIER e WHEAT WINE.

Dornbusch, H. **The ultimate almanac of world beer recipes**. West Newbury: Cerevisia Communications, 2010.

Horst Dornbusch

malte defumado é o malte base para *lagers* ou *ales* defumadas. O uso mais comum do malte defumado, no entanto, não é para cerveja, mas para o uísque, especialmente o Scotch. Muitas destilarias escocesas tradicionais – muitas das quais ainda possuem produção própria de malte – dependem de malte defumado com turfa para as suas mosturas. O malte para uísque é geralmente seco e curado diretamente ao fogo, em secadores de malte alimentados com a queima de turfa. Como o malte turfado tende a ser um pouco acre, raramente é utilizado na produção de cerveja. Contudo, quando é utilizado, ele nunca é o malte base, sendo acrescentado ao conjunto de grãos somente em quantidades muito pequenas, apenas para conferir complexidade de sabor.

O malte defumado para a produção de cerveja, muitas vezes referido pelo seu nome alemão de *rauchmalz*, baseia-se normalmente na cevada de primavera de duas fileiras e é invariavelmente defumado com madeira dura. As madeiras mais moles, como o pinus, são resinosas demais para produzir uma fumaça de sabor agradável. O combustível preferido para defumação de malte cervejeiro é madeira de faia, que confere ao malte, e, portanto, à cerveja pronta, um suave sabor de *bacon*. Outras variedades de madeira dura também são adequadas. Uma cervejaria norte-americana, a Alaskan Brewing Company de Juneau, Alasca, produz uma premiada *smoked porter* com base em malte claro defumado com madeira de amieiro. O estilo clássico de cerveja a utilizar malte defumado, no entanto, é o *rauchbier*, uma *lager* medieval que pode ser produzida variando a intensidade do sabor defumado com graus variados de teor alcoólico. A *rauchbier* ainda é feita por várias cervejarias, dentro e no entorno da cidade de Bamberg, na Francônia, na região da Baviera. Ver RAUCHBIER e SMOKED BEERS. Vários produtores tradicionais de *rauchbier*, incluindo Schlenkerla e Spezial, em Bamberg, continuam a fazer o seu próprio malte defumado, a partir de lascas de madeira de faia, exclusivamente para as suas próprias cervejas. Bamberg é o centro do universo das cervejas defumadas, e as fábricas de malte locais Weyermann vendem malte defumado com faia a cervejarias artesanais em todo o mundo.

Durante as fases de maceração e germinação, o malte defumado é tratado como qualquer outro malte. Ver MALTE. O secador de malte, no entanto, é um equipamento específico utilizado apenas para o malte defumado. Pode ser de fogo direto com toras de madeira de faia como o único elemento de aquecimento, bem como fonte de fumaça. Alternativamente, o secador pode ser de fogo indireto, com queima auxiliar de madeira de faia usada principalmente como fonte de fumaça. Em ambos os casos, a fumaça deve passar através da camada de grãos. Antes das toras de madeira de faia poderem ser utilizadas para a defumação, devem ser curadas ao ar livre durante vários anos. Isso reduz, embora não elimine, a sua umidade. Se a madeira estiver muito úmida, ela não queimará; se estiver muito seca, ela não liberará fumaça. Apenas se estiver corretamente curada produzirá uma fumaça suave e agradável. Para assegurar uma defumação homogênea dos grãos secos no secador, a camada de grãos não deve ter mais de 60 cm. O processo de secagem leva cerca de 36 a 48 horas. Durante as primeiras 30 a 40 horas, o grão é suavemente seco para permitir que a fumaça penetre além das cascas, atingindo o endosperma. Durante as últimas 6 a 8 horas, o malte é curado com fumaça a uma temperatura de no máximo cerca de 85 °C. O controle da temperatura é essencial para garantir que as enzimas dos grãos não desnaturem. Como consequência, o malte defumado é tão capaz de realizar a conversão da mostura quanto um malte claro. Pode ser utilizado em qualquer proporção desejada, desde apenas pequenas porcentagens a até 100% do conjunto de grãos, e pode ser adicionado a qualquer estilo de cerveja. Ver MALTE BASE. A cerveja produzida com 100% de malte defumado terá a cor de uma *pilsner* ou de uma *pale ale*, enquanto cervejas mais escuras normalmente adquirem a sua cor através de adições variáveis de maltes caramelo e torrados.

Thomas Kraus-Weyermann

malte Munique foi desenvolvido pela primeira vez como um malte de cor e aroma pela cervejaria Spaten de Munique, Alemanha, no final da década de 1830. Foi secado utilizando um então revolucionário secador de fogo indireto, uma mudança em relação aos secadores de queima direta da época. Ver WHEELER, DANIEL. Isto permitiu à Spaten produzir um malte homogêneo com características de brassagem previsíveis. O primeiro estilo de cerveja feito com o novo malte Munique, em 1841, é agora conhecido como *märzen*, que também é a precursora da *oktoberfestbier*. Sua coloração é de cerca de 20 EBC (aproximadamente 10 SRM, marrom-claro), apenas metade da coloração da *dunkel* padrão de então, cuja típica classificação de cor era de cerca de 40 EBC (aproximadamente 17 a 20 SRM, marrom-escuro). Coincidentemente, foi desenvolvido nos arredores de Viena um malte semelhante pela Dreher Brewery. Esse malte Vienna levou ao surgimento da *Vienna lager*, com uma classificação de cor em torno de 30 EBC (cerca de 13 °L). Os maltes Munique estão disponíveis em uma ampla gama de cores, desde um mínimo de 12 EBC (cerca de 5 °L) até mais de 30 EBC (aproximadamente 12 °L). Ao contrário de outros maltes aromáticos, tais como caramelo, chocolate e torrado, os maltes Munique e Vienna são suavemente secados a cerca de 50 °C a 70 °C até o teor de umidade diminuir para 10% a 20%, preservando muito das suas enzimas diastáticas redutoras de amido. Qualquer umidade restante é então rapidamente expulsa durante uma rápida cura final a cerca de 110 °C. Isso inicia a reação de Maillard produtora de melanoidina. As melanoidinas conferem à cerveja aromas maltados-doces e cor intensa. A conservação do poder enzimático é importante, porque isto permite que o malte Munique seja usado como malte base, podendo prover sabores intensos de malte para estilos de cervejas como a *märzen*.

Ver também DUNKEL, EUROPEAN BREWERY CONVENTION (EBC), MALTE BASE, MÄRZENBIER, STANDARD REFERENCE METHOD (SRM) e VIENNA LAGER.

Thomas Kraus-Weyermann

malte *pilsner* é um tipo de malte *lager* claro, feito a partir de cevada de primavera de duas fileiras, sempre altamente modificado (isto é, boa degradação da proteína) durante a malteação, sendo secado a um valor de cor excepcionalmente claro de não mais do que 2,5 a 4 European Brewery Convention (EBC; aproximadamente 1,5 a 2,1 °Lovibond). Os maltes *pale ale*, em comparação, tendem a ter uma classificação de cor de cerca de 5 a 7 EBC (cerca de 2 a 3 °Lovibond). O malte *pilsner* leva o nome da primeira *blonde lager* do mundo, a *pilsner*, desenvolvida na cidade boêmia de Pilsen em 1842. Ver PILSEN. O malte base dessa *pilsner* originalmente foi feito de Haná (também escrito Hanna ou Hannah), uma variedade comum de cevada cultivada na Boêmia e na Morávia (hoje parte da República Tcheca). Muitas das melhores variedades de cevadas modernas cultivadas em todo o mundo, incluindo aquelas para o malte *pilsner*, são descendentes genéticas da velha variedade Haná. Ver HANÁ. Na sala de brassagem, um bom malte *pilsner* deve ter características de processamento excelentes, incluindo níveis favoráveis de proteína total e glucana, excelente poder diastático para hidrólise do amido em açúcares fermentáveis, excelentes propriedades de filtração e altos rendimentos de extrato. Ver FILTRAÇÃO DO MOSTO. Dado que o malte *pilsner* confere à cerveja pronta um delicado sabor maltado, corpo e sensação na boca substanciais e um bom desenvolvimento e retenção de espuma, é também um malte base versátil, popular não somente em cervejas *pilsner* tradicionais e em suas variações modernas, mas também em cervejas de baixo teor alcoólico, cervejas *light* e em muitas cervejas belgas claras, tanto *ales* como *lagers*. Ver MALTE BASE e SENSAÇÃO NA BOCA. Na cerveja pronta, o sabor do malte *pilsner* tende a ser suave, redondo, direto e docemente maltado, ao passo que maltes *pale ale* conferem mais cor, juntamente com notas de tostado e de biscoito.

Thomas Kraus-Weyermann

malte preto, ou "malte preto patenteado", como costumava ser conhecido, é um componente do total de grãos de uma receita, utilizado exclusivamente para conferir cor, sabor e aroma. Não possui quase nenhum extrato em termos de fermentabilidade e é desprovido de qualquer atividade enzimática. Os maltes coloridos são geralmente aquecidos a temperaturas elevadas enquanto o grão ainda está úmido, mas para maltes altamente coloridos, como o malte preto e o malte chocolate, a temperatura nos torradores de tambor chega aos 230 °C, alta o suficiente para desnaturar todas as enzimas. Com um teor de umidade de 3,5% e uma cor de mais de 1.300 °EBC (500 a 600 °ASBC), o malte preto seria normalmente utilizado em taxas de cerca de 3% a 5% do total de grãos em uma receita.

Historicamente o malte preto era um ingrediente-chave de cervejas *porters* do início do século XIX, às quais ele provavelmente provia certa adstringência e, talvez, um aroma defumado. A criação do processo de produção do malte preto é creditada a Daniel Wheeler, que o produziu usando seu novo torrador de tambor em 1817. No início do século XIX, os cervejeiros de Londres que produziam *porters* estavam restritos ao uso de maltes marrons para colorir suas cervejas, e usavam (muitas vezes ilegalmente) vários corantes para aumentar a intensidade da coloração da cerveja. Usando um torrador de café modificado, Wheeler inventou um método (que ele patenteou, por isso "malte patenteado") para torrar malte a uma temperatura elevada, sem carbonização. O resultado foi uma "matéria extrativa com profunda coloração marrom, facilmente solúvel em água quente ou fria [...] Uma pequena quantidade será suficiente para o propósito de colorir cerveja ou *porter*". A enorme cervejaria Whitbread em Londres foi a primeira a utilizar o novo produto em 1817, seguida de outras grandes cervejarias. Esse desenvolvimento foi uma grande e duradoura mudança no sabor das modernas cervejas escuras.

Ver também TORRADOR DE TAMBOR, PORTER e WHEELER, DANIEL.

Briggs, D. E. **Malts and malting**. London: Blackie, 1998.
Cornell, M. **Beer: the story of the pint**. London: Headline, 2003.

Ian Hornsey

malte pulverizado

Ver EXTRATO DE MALTE SECO.

malteação é o processo no qual a cevada ou outro grão é preparado para se tornar o principal ingrediente no processo de produção de cerveja. O grão é macerado em água, depois mantido sob condições adequadas para incentivar a sua germinação, sendo por fim secado em um secador e/ou um torrador. Ver MALTE. Profissionalmente, a pessoa responsável por esse processo é conhecida como um malteador. A malteação é essencialmente o primeiro passo na produção de cerveja; o segundo é a mosturação, filtração e fervura, na sala de brassagem; o terceiro passo é a fermentação; e o passo final é o envase da cerveja em garrafas, barris ou latas.

Uma das principais funções da malteação é degradar as proteínas dos grãos e criar as enzimas que irão modificar os amidos necessários para o processo de brassagem. Ver MODIFICAÇÃO. O tempo e as temperaturas para cada passo da malteação variam conforme a maltaria e o tipo de malte. O primeiro passo da malteação é macerar os grãos em um tanque com água limpa e fresca. Durante a maceração, que pode demorar até dois dias, o grão é alternadamente encharcado e depois drenado em intervalos de cerca de oito horas. Durante esse tempo, o grão de cevada absorve água, que por sua vez ativa as enzimas presentes naturalmente no grão, capazes de quebrar moléculas complexas presentes na semente, particularmente proteínas e carboidratos. A água também ativa hormônios responsáveis por iniciar o crescimento de uma nova planta. Enquanto o teor de umidade do grão cru, em silos, raramente ultrapassa 15% em peso, após a maceração esse teor é de cerca de 45%.

Nesse ponto, raízes minúsculas conhecidas como "radículas" tornam-se visíveis, e o grão úmido é transferido para uma sala de germinação, que é normalmente mantida entre 16 °C e 19 °C. Nessa sala, a cevada em processo de germinação é bem arejada durante quatro a seis dias e revolvida com frequência. O revolvimento da cevada previne que as raízes, que crescem rapidamente, se entrelacem; a umidade, o calor e o dióxido de carbono, produzidos durante a respiração do grão, também são dissipados. Ver RESPIRAÇÃO. Nos dias de hoje, geralmente se revolvem os grãos mecanicamente, porém, essa é uma

malteação

Cartão-postal de um secador de cevada, c. 1933. Após a germinação, os grãos úmidos são transferidos para o secador, onde são secos com ar quente. Isso mata as acrospiras em desenvolvimento, ou os brotos de novas plantas, sem destruir as enzimas que foram liberadas durante a germinação. PIKE MICROBREWERY MUSEUM, SEATTLE, WA.

tarefa que foi realizada manualmente por milhares de anos. Ver FLOOR MALTING e SALADIN BOX.

Durante a germinação, as enzimas dos grãos entram em intensa atividade, produzindo açúcares do malte, amido solúvel e nutrientes utilizáveis pelas leveduras, tais como aminoácidos. Ver AÇÚCAR, AMIDO e NUTRIENTES DE LEVEDURA.

Agora o grão está pronto para ser totalmente secado. Para isso, ele é transferido para um secador de malte. Ver SECAGEM. O calor do secador de malte, que é normalmente de 80 °C a 90 °C e dura cerca de duas a quatro horas, mata o embrião do grão germinado e preserva seus nutrientes para a produção de cerveja, em vez de produzir uma nova planta. As modificações enzimáticas que começaram no tanque de maceração e que continuaram durante a germinação também continuam durante o aquecimento inicial do grão. Conforme o grão seca e se transforma em malte, as enzimas se tornam dormentes e a modificação é paralisada. Mais tarde, na sala de brassagem, essas enzimas serão reativadas pelo calor e umidade na tina de mostura. No final do processo, o malte pronto tem 3% a 6% de umidade e pode ser armazenado durante meses.

Para maltes especiais, como o caramelo ou o Crystal, o processo é semelhante ao do malte base, com algumas alterações que dão aos maltes especiais suas variações de cor e sabor. Os maltes caramelo ou Crystal são macerados a quente até que seus amidos se liquefaçam em açúcares, sendo posteriormente torrados para caramelizar esses açúcares. A torrefação realizada com pouca umidade não resulta em caramelização, mas desenvolve cores e sabores de torrado. Ver MELANOIDINAS e REAÇÃO DE MAILLARD. As temperaturas de secagem mais elevadas resultarão em maltes mais escuros e saborosos, porém suas enzimas podem se tornar permanentemente desnaturadas. Tais maltes não possuem poder enzimático e não podem ser usados como malte base. Ver MALTE BASE. Os sabores dos maltes especiais podem ir de *toffee*, nozes e café a um sabor acentuado de quase queimado. As cores do malte podem variar de amarelo-dourado a preto-breu. Ver MALTES CARAMELO e MALTES TORRADOS.

As características dos maltes irão diferir dependendo, em parte, se o grão utilizado para malteação foi cevada de duas fileiras ou cevada de seis fileiras. Os maltes de cevadas de seis fileiras tendem a pos-

Câmara de germinação na Weyermann Malting Company®. A tina longa e rasa, chamada de *Saladin box*, contém os grãos em germinação. CORTESIA DA WEYERMANN® SPECIALTY MALTS.

suir mais polifenóis e mais enzimas do que os maltes de cevadas de duas fileiras. Isso ocorre principalmente porque os grãos de cevada de seis fileiras são normalmente menores do que os de cevada de duas fileiras, o que lhes confere uma maior proporção de casca/endosperma. Ver CASCA e ENDOSPERMA. O malte de seis fileiras, no entanto, tende a apresentar um bom desempenho com grãos adjuntos, pois seu poder enzimático maior é capaz de converter os amidos exógenos. Ver ADJUNTOS e PODER DIASTÁTICO.

Briess Malt and Ingredients Co. **Malting 101**.
  Disponível em: http://www.brewingwithbriess.com/Malting101/Default. Acesso em: 4 abr. 2011.
Briggs, D. E. et al. Malt and sweet wort. In: **Malting and Brewing Science**. 2. ed. London: Chapman & Hall, 1981. v. 1.

John Holl e Wolfgang David Lindell

maltes aromáticos, um tipo especial de malte que contribui com sabores e aromas pronunciados de malte e possui uma cor de cerca de 20 °SRM/ Lovibond. Os maltes aromáticos são produzidos quando a cevada germinada é seca no secador de malte a elevadas temperaturas, normalmente 104 °C ou mais, com maior teor de umidade residual durante um período mais longo em relação à maioria dos maltes base. As altas temperaturas do secador de malte, a duração da secagem e a umidade criam sabores e aromas de malte mais marcantes, por meio de reações de Maillard intensificadas. Ver REAÇÃO DE MAILLARD. As cevadas de duas e seis fileiras podem ser usadas para produzir maltes aromáticos, embora o uso da cevada de duas fileiras seja mais comum. Os maltes aromáticos têm relação com a gama mais escura do estilo de maltes Munique, que são mais intensamente secos no secador de malte, porém a temperaturas ligeiramente mais baixas e por períodos mais curtos do que os utilizados para a produção de maltes aromáticos. Ver MALTE MUNIQUE.

Os maltes aromáticos são geralmente utilizados em quantidade de até 10% do total de grãos das mosturas de cervejas que se beneficiam de um sabor e aroma intensos de malte, como *bocks, brown ales* e *Munich dunkels*. Dependendo do malteador, os maltes aromáticos podem ter algum poder diastático (enzimas) para a conversão do amido em açúcar no processo de mosturação.

Embora o uso de maltes altamente secos ocorra há séculos, os maltes aromáticos modernos devem seus sabores maltados puros aos modernos secadores, que são capazes de alcançar, manter e aplicar uniformemente altas temperaturas e taxas de secagem controladas, para um desenvolvimento consistente de sabor e cor.

David Kuske

maltes caramelo, como o nome indica, conferem um forte sabor de caramelo à cerveja, resultado de um processo extra de maceração a quente que ocorre durante a malteação, geralmente em um torrador de tambor, entre germinação e secagem. Ver MALTE. Em uma maltaria moderna, o malte verde é mantido a uma temperatura de aproximadamente 64 °C e 72 °C durante a maceração a quente. Isso garante que os endospermas, de fato, sejam "mosturados", e os amidos transformados em um líquido açucarado que fica preso sob a casca. Subsequentemente, o grão que sofreu a maceração a quente necessita ser secado, ou em um secador a cerca de 90 °C para um malte claro, ou em um torrador de tambor, por volta de 200 °C, para um malte mais escuro. A maceração a quente e a secagem fazem com que os açúcares liquefeitos caramelizem, formando dextrinas sólidas, semicristalinas, vítreas, de cadeia longa e não fermentáveis. Também são formadas melanoidinas durante este processo. Ver MELANOIDINAS. Como os açúcares caramelizados não são degradados durante a mosturação nas salas de brassagem, eles contribuem diretamente para a densidade do mosto. Eles também são responsáveis por uma cerveja pronta mais encorpada e de sensação na boca mais plena, com sabores doces de malte, uma cor profunda, aroma complexo e melhor retenção de espuma.

Historicamente os maltes caramelo foram produzidos a partir do malte verde em um secador coberto com uma lona impermeabilizada. Conforme o secador era aquecido e mantido por volta de 60 °C a 75 °C por até duas horas, a lona reduzia a evaporação. Para secar e caramelizar os grãos, a lona era então removida e a temperatura aumentada, enquanto os grãos eram ventilados.

Muitas maltarias rotulam os seus maltes caramelo de acordo com seus valores de cor, tais como Caramelo 10, Caramelo 40 ou Caramelo 120. Esses são números referem-se à escala Lovibond (L). Ver LOVIBOND. Quanto maior o número, mais escuro é o malte. Para uma conversão aproximada de Lovibond em valores EBC (European Brewery Convention), basta multiplicá-los por 1,97. Na extremidade inferior da escala de cores estão os maltes caramelo com cerca de 2 °L (aproximadamente 4 EBC), que são muitas vezes comercializados como Carapils˚ ou Carafoam˚. Os maltes caramelo são tipicamente usados, em até 5% do total de grãos, nas mosturas de *blond lagers* da Europa Central. No outro extremo da escala de cor estão os maltes caramelo torrados e quase pretos, com mais de 500 °L (quase 1.500 EBC). Estes também são usados com muita parcimônia, na maioria das vezes em *porters* e *stouts*, nas quais raramente ultrapassam 5% do total de grãos. Os maltes caramelo entre esses extremos são particularmente recomendados para estilos de cerveja como *amber ales* e *lagers*, *red ales* e *lagers*, *märzenbiers* e *bock*, nas quais as versões mais claras de maltes caramelo podem corresponder a até 40% do total de grãos. No entanto, quando usados em proporções mais altas, os maltes caramelo mais escuros podem trazer uma adstringência acre.

Briggs, D. E. **Malts and malting**. London: Blackie, 1998.
Briggs, D. E. et al. **Brewing: science and practice**. Cambridge: Woodhead Publishing, 2004.
Hornsey, I. S. **Brewing**. Cambridge: Royal Society of Chemistry, 1999.

Ian Hornsey

maltes torrados, uma categoria geral de maltes especiais que foram torrados sob altas temperaturas em um torrador de malte, tradicionalmente inclui os maltes biscoito, caramelo (ou Crystal), marrom, chocolate e preto (também chamado de malte preto patenteado). Os torradores de malte também são utilizados para produzir cevada torrada, um produto não malteado. Os maltes torrados contribuem com uma vasta gama de sabores e aromas de caramelo, *toffee*, açúcar queimado, noz, biscoito, chocolate e café, com tonalidades variando de dourado a preto, passando pelo vermelho, dependendo do processo e do grau de torrefação, conforme determinado pela maltaria e pelo estilo. Podem conferir considerável amargor quando utilizados em proporções relativamente elevadas, particularmente em vários tipos de cerveja *stout*. Os maltes caramelo torrados também podem melhorar a produção e estabilidade da espuma e aumentar a viscosidade da cerveja (acrescentando corpo ou sensação na boca). Os maltes torrados escuros podem ser usados para adicionar sabor, mas também podem ser usados para proporcionar ajuste da cor sem adição significativa de sabor.

O principal objetivo da torrefação é criar cores, sabores e aromas únicos por meio de intensas reações de Maillard, a reação química dos aminoácidos e dos açúcares redutores e/ou de caramelização dos açúcares a temperaturas elevadas, seguidas pela polimerização dessas estruturas moleculares recém-formadas a fim de formar pigmentos marrons. As altas temperaturas aplicadas durante a torrefação desnaturam completamente todas as enzimas sintetizadas durante a malteação. Essas intensas reações produtoras de cor e sabor são mais bem iniciadas usando torradores de malte, que são especialmente projetados para produzir temperaturas extremamente altas e consistentes, aplicar o calor uniformemente a todos os grãos de malte e permitir o controle preciso do fluxo de ar.

Existem duas categorias distintas de maltes torrados: maltes "verdes" torrados (maltes caramelo) e maltes secos torrados (marrom, chocolate e preto).

Os maltes caramelo são caracterizados por um endosperma vítreo com diferentes graus de gosto doce que variam de caramelo-claro a *toffee*, até açúcar queimado. A típica gama de cores de maltes caramelo vai de 10 a 120 °Lovibond (13 a 160 Standard Reference Method [SRM]; 25 a 320 European Brewery Convention [EBC]). Ver COR.

O malte caramelo é produzido dispensando-se a etapa de secagem no secador e introduzindo-se a cevada germinada (malte verde) diretamente em um torrador com teor de umidade relativamente alto. O malte verde é rapidamente aquecido e mantido na temperatura de 60 °C a 75 °C, ideal para as enzimas de hidrólise do amido que foram sintetizadas durante a germinação. A umidade é mantida dentro do torrador durante esse estágio. Esse processo costuma ser chamado de "conversão" ou "maceração a quente". Durante a conversão, o endosperma amiláceo do malte é rapidamente hidrolisado pelas enzimas em açúcares liquefeitos; essencialmente, a casca do grão agora contém mosto concentrado. Após a conversão, permite-se que a umidade escape do torrador. Ela é também expulsa dos grãos em função das altas temperaturas aplicadas. A temperatura dos grãos aumenta para mais de 200 °C, de modo que os açúcares liquefeitos são caramelizados ou cristalizados, desenvolvendo o gosto doce de caramelo e o endosperma vítreo característicos desse estilo de malte. Malteadores habilidosos controlam a quantidade de caramelização ou grau de torrefação utilizando atributos sensoriais (visão, olfato e paladar) e amostras de controle de comparação de corantes.

A cevada torrada confere à cerveja amargor e um sabor de café, muitas vezes associado às cervejas *stouts*.
PIKE MICROBREWERY MUSEUM, SEATTLE, WA.

Os maltes caramelo são produzidos por maltarias em todo o mundo e são utilizados em diversos estilos de cerveja. Nos Estados Unidos, a presença do malte caramelo é uma assinatura em estilos de cerveja como *amber* e *red ales,* sendo amplamente utilizado em *brown ales, Scotch ales, stouts* e *porters*. Usados em pequenas porcentagens, eles contribuem com dulçor e desenvolvem sabores ricos em *pale ales, India pale ales* e *mild ales*. Uma característica peculiar dos maltes caramelo é a sua capacidade de melhorar o desenvolvimento e estabilidade da espuma e de aumentar a viscosidade da cerveja, em resultado das moléculas não fermentáveis que eles fornecem à bebida.

Os maltes secos torrados (biscoito, marrom, chocolate e preto) são produzidos pela torrefação do malte seco em secador, com baixa umidade e a temperaturas muito altas, produzindo diferentes graus de cor e sabor. Os maltes secos torrados não sofrem a conversão ou a etapa de maceração a quente a que os maltes caramelo são submetidos, de modo que as cores e sabores produzidos durante esse processo de torrefação resultam de intensas reações de Maillard e são produtos finais, razão pela qual conferem pouco ou nenhum dulçor residual a uma cerveja. Existem vários graus de torrefação que podem ser comparados com os do café, torra leve, total ou queimada, como é o caso das torrefações para café expresso. O malte marrom, um tipo arcaico que tem passado por um modesto ressurgimento, pode ser utilizado em *ales* de estilo *British mild* e *British brown*, *Scotch ales*, *stouts* e *porters* e possui uma gama de cores de 55 a 170 °Lovibond (75 a 230 SRM; 150 a 450 EBC). O malte marrom foi usado para criar as cervejas *porter* originais que se tornaram populares em Londres no século XVIII. Originalmente era muitas vezes o malte base das *porters*, mas foi amplamente substituído por uma mistura de maltes claros e outros maltes torrados quando a tecnologia de torrefação foi aperfeiçoada no século XIX. Por muitos anos, os cervejeiros amadores preocupados com critérios históricos tiveram que, por conta própria, torrar maltes o mais próximo possível do malte marrom, caso quisessem reproduzir com precisão as primeiras *porters*, porém hoje alguns malteadores o produzem em pequenas quantidades. O malte chocolate é mais profundamente torrado em relação ao malte marrom e recebe esse nome mais devido à sua cor do que ao seu sabor. Os maltes chocolate geralmente conferem um rico sabor de café torrado a *porters*, *stouts*, *brown ales*, *Scotch ales*, *dunkels* e outras cervejas escuras. Dependendo do malteador, os típicos graus de cor são 200 a 500 °Lovibond (270 a 680 SRM; 550 a 1.350 EBC) para maltes chocolate-claro a chocolate-escuro.

O malte preto, também conhecido como "malte preto patenteado" ou simplesmente "malte patenteado", é tão altamente torrado que muitos compostos de sabor e aroma são volatilizados, deixando apenas sabores levemente adstringentes de torra-

do e café. Com uma gama de cores de 500 a 650 °Lovibond (680 a 880 SRM; 1.350 a 1.750 EBC), é muitas vezes usado em pequenas quantidades, com mínima contribuição de sabor à cerveja pronta. No entanto, quando usado em quantidades mais elevadas, ele pode adicionar uma forma de amargor e um pouco do sabor torrado do café expresso, especialmente para *stouts*.

David Kuske

maltodextrinas são polímeros de glicose presentes no mosto após a mosturação. Elas não costumam der utilizadas por leveduras cervejeiras. Ver GLICOSE. A glicose, a maltose (duas moléculas de glicose ligadas) e a maltotriose (três moléculas de glicose ligadas) são os principais açúcares produzidos durante a mosturação e são prontamente utilizados pelas cepas de leveduras cervejeiras. Os polímeros de glicose maiores, produzidos em resultado da degradação do amido durante a mosturação, mas não utilizados pela levedura, permanecem sem fermentar e geralmente seguem adiante até a cerveja pronta. Essas maltodextrinas contribuem para a "densidade final" da cerveja, gerando corpo, certo dulçor e calorias para a cerveja pronta. A mosturação pode ser realizada de modo a promover a produção de maltodextrinas quando uma bebida encorpada é desejada. Em cervejas *light* essas maltodextrinas estão praticamente ausentes, como resultado de uma maior atividade enzimática durante a mosturação (algumas vezes utilizando enzimas industriais exógenas) que efetua a quebra quase total do amido em açúcares simples. Dietas pobres em carboidratos (por exemplo, a dieta de Atkins) incentivam o uso dessas cervejas *light* por causa de seu baixo teor de carboidratos. No entanto, a maioria dos tipos de cerveja já tem um teor de carboidratos relativamente baixo, e as cervejas "*low-carb*" muitas vezes são ralas no palato em função da deficiência em maltodextrinas, responsáveis por realçar o corpo da bebida.

Ver também CERVEJA LIGHT.

George Philliskirk

maltose é o principal açúcar no mosto e é derivada da hidrólise do amido durante o processo de mosturação. A maltose é classificada como um dissacarídeo e consiste em duas moléculas de glicose ligadas. Durante o processo de malteação, as enzimas naturais presentes no malte, e principalmente uma enzima chamada de beta-amilase, hidrolisam o amido presente para criar uma vasta quantidade de maltose, aproximadamente 40% do total de carboidratos do mosto. A otimização da produção de maltose durante a mosturação depende primeiramente da temperatura, sendo a faixa de 60 °C a 65 °C a mais adequada para a atividade da beta-amilase. A mosturação tradicional por infusão de temperatura única é geralmente realizada dentro dessa faixa de temperatura. Ver MOSTURAÇÃO POR INFUSÃO. Durante a fermentação, a maltose presente no mosto é transportada para dentro da célula de levedura e quebrada em moléculas de glicose antes de ser metabolizada em componentes celulares, álcool e CO_2.

A maltose pode também ser adicionada ao mosto a partir de fontes de amido diferentes da cevada malteada. Milho, trigo e outras fontes de amido podem ser convertidas utilizando-se principalmente enzimas microbianas para produzir xaropes contendo uma variedade de polímeros de glicose, sendo a maltose o principal componente dos xaropes utilizados na produção de cerveja. Xaropes especiais com altos (70%) níveis de maltose são conhecidos como "xaropes de alta maltose" e podem ser utilizados para expandir a capacidade de produção de cerveja quando as instalações para mosturação são limitadas.

Ver também XAROPES.

George Philliskirk

maltotriose é um carboidrato que compreende três moléculas de glicose ligadas (alfa-1,4), sendo um importante açúcar fermentável no mosto. A maltotriose é gerada durante a mosturação como resultado da degradação enzimática do amido. Nos mostos puro malte, a maltotriose costuma representar cerca de 15% a 20% do teor total de carboidratos. Os chamados xaropes de amido hidrolisado (também conhecidos como xaropes de glicose), geralmente produzidos a partir de milho ou de trigo, também contêm maltotriose produzida a partir de amidos que são convertidos por enzimas exógenas em uma mistura de diversos açúcares fermentáveis e não fermentáveis. A maioria das leveduras cervejeiras podem metabolizar maltotriose, mas fazem isso somente após ter consumido todos os açúcares mais facilmente assimiláveis, como glicose e maltose.

Lewis, M. J.; Young T. W. **Brewing**. 2 ed. New York: Kluwer Academic/Plenum Publishers, 2001.

George Philliskirk

mandioca, também conhecida como aipim ou macaxeira, é uma raiz cultivada na África subsaariana, Sudeste Asiático e por toda a América do Sul, principalmente para a alimentação, mas também para a produção de um tipo de cerveja. Quando crua, é levemente venenosa por conta do cianeto, mas, uma vez cozida, torna-se comestível. Indígenas da América do Sul, como os Jivaros, os Tupinambás e os Yudjas, produzem uma bebida semelhante à cerveja feita da raiz da mandioca cozida, que é mastigada e transformada em bolas antes de ser fermentada. A mastigação introduz a enzima digestiva ptialina, uma forma de alfa-amilase, que converte o carboidrato em açúcar fermentável – portanto, a mastigação torna-se uma forma de mosturação. Então essa massa é às vezes refervida e deixada em repouso durante longos períodos, resultando numa bebida mais forte e valorizada. Para a fermentação, o "mosto" é, geralmente, misturado com água, vertido em jarras (às vezes enterradas na terra e cobertas com folhas) e deixado para fermentar espontaneamente durante vários dias.

A cerveja de mandioca é chamada por vários nomes, entre eles, *masato*, *cauim*, e *nihamanchi*, dependendo da tribo e da região. A versão mais forte pode ser chamada *sangucha shiki*. Ela tem sido produzida por milhares de anos para ser apreciada diariamente ou em grandes solenidades. Embora essa bebida ainda seja produzida por grupos indígenas em várias partes do mundo (e, ocasionalmente, por aventurosos cervejeiros caseiros), a mandioca ainda não encontrou um lugar no mundo cervejeiro moderno.

Buhner, S. H. **Sacred and herbal healing beers: the secrets of ancient fermentations.** Boulder: Siris Books/Brewers Publications, 1998.
Capra, W. **How to brew manioc beer.** Disponível em: http://www.ehow.com/.

Dick Cantwell

Manhattan, Nova York. A primeira cervejaria de Manhattan foi criada em uma cabana de madeira. Era uma das estruturas de um forte que foi construído pelos colonos holandeses Adrian Block e Hans Christiansen, por volta de 1612, na ponta sul da ilha. Essas edificações foram também o local de nascimento de Jean Vigne, a primeira criança branca a nascer em Manhattan, que se tornou o primeiro cervejeiro nascido nos Estados Unidos e um cidadão renomado. O holandês Peter Minuit comprou a ilha dos nativos americanos em 1626 e a nomeou de Nova Amsterdã. Em 1629, havia apenas 350 pessoas nessa nova colônia. Stanley Baron relata em seu livro *Brewed in America*, contudo, que "cerca de três anos depois, entretanto, a Companhia das Índias Ocidentais achou por bem construir uma cervejaria não muito longe do forte, em uma rua que ficou conhecida posteriormente como Brouwers Straat (Rua dos Cervejeiros)". O cervejeiro era Vigne. A água que abastecia a cervejaria era oriunda do *Heere Gracht*, um riacho que fluía de fontes naturais através da passagem Beaver, agora conhecida como Beaver Street. Na década de 1640 e 1650, uma sucessão de governadores coloniais, como Peter Stuyvesant, começou a cobrar impostos sobre a produção e a venda de cerveja. Os primeiros impostos sobre o consumo de cerveja despertaram um descontentamento por parte dos cervejeiros e dos cidadãos, mas os governadores não cederam. Em 1644 a tributação sobre a bebida totalizava dois florins (0,80 dólar) para cada barril vendido no bar. Metade desse valor era pago pelo cervejeiro e a outra metade pelo dono do bar ou revendedor. Os impostos eram utilizados para reparar fortificações militares, pagar os soldados e financiar a guerra contra os índios americanos.

Stuyvesant também travou uma luta contra a embriaguez e a farra aos sábados. Aos domingos, os donos dos bares estavam proibidos de servir "quaisquer vinhos, cervejas ou bebidas destiladas" para qualquer pessoa que adentrasse o estabelecimento, exceto viajantes e pensionistas. Os infratores estavam sujeitos a multas e à suspensão do negócio. As tabernas eram forçadas a fechar às 21h00. Todos os vendedores de bebidas alcoólicas eram obrigados a possuir licenças. Era proibida a venda de bebidas alcoólicas aos nativos americanos.

Quando os ingleses assumiram a administração

Rótulo de cerveja, c. 1934 – logo após a revogação do Ato Volstead e o fim da Lei Seca –, da cervejaria Fidelio Brewery, em Manhattan. PIKE MICROBREWERY MUSEUM, SEATTLE, WA.

da Nova Amsterdã, em 1664, no lugar dos holandeses, o duque de York emitiu novos regulamentos, conhecidos como Leis do Duque, que estipulavam que "[...] nenhuma pessoa deverá, de hoje em diante, atender a vocação ou o trabalho na área da produção de cerveja para comercialização, a não ser que seja conhecido por possuir habilidade e conhecimento suficientes nas artes e mistérios de um cervejeiro".

Havia várias cervejarias importantes em Manhattan, sendo que duas delas eram as mais notáveis. A primeira era a Hell Gate Brewery, de George Ehret, construída no lado leste da cidade, onde as águas do rio East, do rio Harlem e do Long Island Sound mergem-se, criando o Hell Gate. A segunda era a Ruppert Brewery, de propriedade do coronel Jacob Ruppert. O coronel, além de possuir a cervejaria, também serviu no Congresso, comprou o time de beisebol New York Yankees, construiu o Yankee Stadium e trouxe o lendário astro do beisebol Babe Ruth para a equipe. Ver RUPPERT, JACOB. O alto custo das propriedades comerciais em Manhattan levou ao fechamento de todas as antigas cervejarias. Atualmente, a única cervejaria em Manhattan é a Chelsea Brewing Company, a qual opera uma cervejaria-restaurante no complexo de entretenimento Chelsea Piers no rio Hudson. A Chelsea também vende cerveja para alguns bares e restaurantes. O coração da moderna indústria cervejeira da cidade de Nova York possui raízes no Brooklyn, que foi anexado à cidade em 1898.

Ver também BROOKLYN, NOVA YORK.

100 Years of Brewing, a complete history of the progress made in the art, science and industry of brewing in the world, particularly during the nineteenth century; a supplement to The Western brewer. Chicago: H.S. Rich & Co., Publishers, 1903.
Baron, S. **Brewed in America.** Boston: Little, Brown & Co., 1962.

Stephen Hindy

manômetro é um dispositivo de medida de pressão. A unidade internacional de medida de pressão é o Pascal (Pa). Entretanto, em aplicações tecnológicas, as unidades "bar" e "libras por polegadas quadradas" (psi) são de uso mais comuns, sendo 100 kPa = 1 bar = 14,504 psi. Leituras de manômetro sempre indicam uma sobrepressão em relação à pressão ambiente, que geralmente é de 1 bar. Uma leitura de 0 bar, por conseguinte, significa 0 de sobrepressão, ou pressão absoluta de 1 bar.

A qualidade e confiabilidade das medidas de pressão são de extrema importância para o funcionamento seguro e isento de problemas de uma cervejaria. Manômetros são empregados, assim, em várias fases do processo de produção de cerveja. Eles medem a pressão do líquido em sistemas de tubulação; pressão de CO_2 em tanques de fermentação e maturação; pressão de ar nas válvulas pneumáticas; pressão diferencial durante a filtração; pressão de vapor, glicol, água e gás; pressão da cerveja em equipamentos de servir; e pressão absoluta e diferencial na linha de envase. Eles ainda podem determinar volumes indiretamente por meio de transdutores de pressão. Manômetros de alta qualidade são especialmente importantes durante o envase, a fim de evitar sobrepressões potencialmente danosas ou níveis imprecisos de CO_2 na cerveja pronta.

Manômetros de cervejarias modernas são usualmente dispositivos de mola envolvidos por uma carcaça de liga de cobre, de plástico ou de aço inoxidável. O elemento sensor de pressão pode ser um tubo de Bourdon, um diafragma, ou um elemento de cápsula. Sensores de pressão podem transmitir também sinais para dispositivos remotos. Eles adquirem esses sinais via variações de resistência pelo efeito piezoelétrico, ou por medidas de capacitância/indutância, como as dos capacitores de cerâmica. O tipo mais simples, usado na maioria das configurações de cervejarias artesanais, é um conjunto de dois tubos de vidro de observação na tina de filtração do mosto. Um tem uma entrada acima do fundo falso, e o outro abaixo. Observando os níveis de líquido em cada tubo, o cervejeiro pode ter uma noção da pressão diferencial através da camada de grãos e ajustar a filtração.

Ver também FILTRAÇÃO DO MOSTO.

Oliver Jakob

Maris Otter é uma tradicional variedade de cevada de inverno de duas fileiras, com baixo teor de proteína e profundas raízes na produção de cervejas na Inglaterra. Atualmente seu malte é considerado peça-chave para os autênticos sabores das *ales* britânicas. Foi desenvolvida em 1966 pelo dr. G. D. H. Bell, diretor do britânico Plant Breeding

Institute (PBI), o qual então se localizava em Maris Lane, Trumpington, Inglaterra. (Em 1990, o PBI se mudou para um local nas proximidades.) A Maris Otter foi um cruzamento entre duas variedades mais velhas do PBI, a Proctor e a Pioneer. Enquanto a Pioneer, desenvolvida em 1943, foi a primeira cevada comercial britânica resistente ao frio intenso, a Proctor, desenvolvida em 1952, era uma cevada de primavera, resultado do cruzamento entre Kenia, uma variedade dinamarquesa, e Plumage Archer, uma variedade de cevada de primavera nativa da Inglaterra, desenvolvida pela Warminster Maltings em 1905.

A Maris Otter é considerada um malte base claro com sabor maltado muito proeminente, o que tem feito dela a favorita entre os produtores de *cask ales* tradicionais há décadas. Usando a Maris Otter, os cervejeiros são capazes de criar cervejas com densidade e teor alcoólico relativamente baixos, como as *bitters* "comuns", ao mesmo tempo mantendo um perfil de sabor genuinamente maltado. Após sua introdução, a Maris Otter rapidamente se tornou popular entre os cervejeiros por causa do seu baixo teor de nitrogênio, excelente homogeneidade de malteação e bom poder diastático, o que a torna fácil de maltear e mosturar. Ver MALTE, MOSTURAÇÃO e PODER DIASTÁTICO. Embora a maioria das variedades de cevada possuam um ciclo de vida comercial em torno de uma década, partindo de sua introdução até desuso total, a Maris Otter continuou forte por quase três décadas.

No âmbito agronômico, a Maris Otter prospera particularmente bem no clima marítimo das ilhas britânicas, mas nem tanto em climas continentais, razão pela qual nunca se tornou uma variedade de cevada com cultivo significativo em países com grande produção como Austrália, Ucrânia, Rússia, Alemanha, França e as pradarias dos Estados Unidos e Canadá. Além disso, apesar do bom desempenho nas maltarias e salas de brassagem (embora com alto preço), os agricultores consideram sua resistência a doenças e produtividade apenas moderadas, até mesmo baixas. Por essas razões, já não é listada como recomendada por órgãos oficiais como o National Institute of Agricultural Botany, do Reino Unido. Para todos os efeitos práticos, tem sido amplamente substituída por variedades como a Halcyon. Ver HALCYON.

No início da década de 1990, o cultivo de Maris Otter tinha praticamente cessado. Foi quando uma associação de agricultores e malteadores fiéis à Maris Otter foi capaz de adquirir os direitos exclusivos das sementes de Maris Otter. Em 2002 duas empresas, H. Banham Ltd. de Norfolk e Robin Appel Ltd. de Wiltshire, compraram a Maris Otter como uma "marca" e continuaram a disponibilizá-la comercialmente para produtores de cervejas especiais. Desde então, a demanda internacional por Maris Otter se recuperou e se manteve suficientemente forte para viabilizar suas pequenas plantações. A Maris Otter tornou-se uma variedade histórica para malteação, valorizada por muitos cervejeiros artesanais no Reino Unido e nos Estados Unidos. Parte da produção ainda passa pelo processo de *floor malting*, o qual intensifica os sabores naturais de biscoito dessa cevada.

Appel, R. **The malt-stars of Warminster**. Warminster: Wiltshire Warminster Maltings, 2010.

Ian Hornsey

marketing, junto com seu representante mais direto, a publicidade, é tão importante para as cervejarias como é para qualquer outro tipo de empresa. O marketing da cerveja, entretanto, é altamente regulado. Os governos utilizam vários métodos para lidar com o impacto do marketing no aumento do consumo, desde o banimento extremo e completo do marketing da cerveja (Noruega) a complexos sistemas regulatórios. As regulamentações do marketing não englobam somente as propagandas, mas também patrocínios, rótulos e qualquer material promocional (porta-copos, camisetas, vidraria, sinalizações de neon etc.). Ver INFORMAÇÕES DE ROTULAGEM e RÓTULOS. Na França, por exemplo, o patrocínio de eventos esportivos por cervejarias está banido, mas em outros países europeus é frequentemente prevalente.

Em qualquer país, o marketing da cerveja pode estar sujeito a mais de um órgão regulador e lista de regras. A União Europeia apresenta certas regulamentações de marketing, assim como cada país membro. Nos Estados Unidos, o Alcohol and Tobacco Trade and Tax Bureau, a Federal Trade Commission e os estados regulamentam o marketing da cerveja.

De um modo geral, o marketing da cerveja não pode usar declarações enganosas, publicidade que vise a menores de idade e imagens ou declarações

Cartão-postal, c. 1915, emprestando o título da canção popular "Beer, Beer, Glorious Beer", composta por Harry Anderson, Steve Leggett, Will Godwin, A. E. Durandeau e E. W. Rogers em 1901. PIKE MICROBEWERY MUSEUM, SEATTLE, WA.

que associem o álcool com o sucesso atlético ou incentivem a embriaguez. As cervejarias também estão proibidas de fazer quaisquer alegações relativas à saúde (exigiu-se da Guinness que desistisse da campanha *"Guinness is good for you"* décadas atrás), mesmo se possível provar a inteira veracidade da informação. Desde 2011, as cervejarias dos Estados Unidos estão proibidas de imprimir informações nutricionais em rótulos ou usá-las em marketing ou publicidade.

Dada a grande lista de restrições, as cervejarias tornaram-se criativas com o seu marketing. Muitas focaram em estilos de vida e em desejos de subculturas (trabalhadores de escritório, fãs de esportes, mulheres) e criam mensagens sutis direcionadas a esses grupos. As campanhas de marketing para as cervejarias de grande porte geralmente incluem vários tipos de mídia (televisão, imprensa escrita, internet) e técnicas promocionais. A colocação de produtos nas telas de cinema e na televisão é um método alternativo comum de fazer o marketing de uma marca. Promoções nos pontos de venda também fazem parte do marketing cervejeiro, incluindo o oferecimento de brindes da marca para os consumidores.

Muitas cervejarias de grande porte atuam como patrocinadores de vários eventos para atingir os seus mercados, desde eventos esportivos até festivais de filmes e música. A Stella Artois, por exemplo, patrocina festivais de filmes em todo o mundo. O segmento de cervejas artesanais, que gasta muito pouco na publicidade convencional, usa vários métodos promocionais para construir a percepção da marca, incluindo promoções nos pontos de venda de mercadorias da marca. As cervejarias artesanais focam na cervejaria propriamente dita, na sua história e na sua equipe, conectando-se aos consumidores através dessas histórias. Não surpreende que os cervejeiros artesanais tendam a ser adeptos do uso da mídia social para difundir a percepção da marca; uma vez estabelecidos na consciência pública, Facebook e Twitter rapidamente tornaram-se ferramentas importantes para que os cervejeiros artesanais pudessem divulgar suas cervejas. Pequenas cervejarias participam de festivais, às vezes dezenas por ano, e muitas vezes construem a marca, em grande parte, pela conversação (boca a boca). Elas promovem jantares e degustações com cervejas para divulgar as suas marcas e familiarizar os consumidores com as cervejas artesanais como um todo. Conforme a cerveja artesanal torna-se mais prevalente, podemos esperar delas iconografias impactantes. Assim como os logos da Guinness, a harpa de Brian Boru, e da Bass, o triângulo vermelho, são reconhecidos imediatamente pelos consumidores, o mesmo ocorre com as marcas de muitos cervejeiros artesanais, como as bicicletas de passeio da New Belgium Brewing Co., que se tornam ícones para uma nova geração de consumidores de cerveja.

Ver também LEGISLAÇÃO e PROPAGANDA.

International Center for Alcohol Policies. Disponível em: http://www.icap.org/. Acesso em: 4 abr. 2011.

Pennock, P. **Advertising sin and sickness: The politics of alcohol and tobacco marketing**. DeKalb: Northern Illinois Press, 2007.

Anda Lincoln

Marston's Brewery foi fundada em 1834 pela Horningblow Brewery em Burton-on-Trent, Inglaterra, por ideia do cervejeiro John Marston. Em 1898, após uma fusão com John Thompson and Son Ltd., a produção de cerveja foi transferida para a Albion Brewery, do outro lado da cidade, onde se tornou famosa por usar o sistema Burton Union, um tradicional aparato fermentativo baseado na fermentação em barris de carvalho. A cervejaria alega que esse sistema confere à ale da Marstons's uma distinta nota seca frutada e acentua o renomado aroma sulfuroso denominado "*Burton snatch*".

Em 1905, a cervejaria juntou forças com a Sydney Evershed, tornando-se Marston, Thompson, and Evershed. Entre as décadas de 1920 e 1960, a empresa manteve-se relativamente imune à oscilante sorte do mercado britânico de *ales* por meio da aquisição de um número de empresas gestoras de *pub* e cervejarias em toda a Inglaterra.

Em 1952, a Marston's lançou uma nova *pale ale* chamada Pedigree. Produzida no tradicional sistema Burton Union, ela é a principal cerveja da empresa e hoje uma das cervejas britânicas mais vendidas, com mais de 40 milhões de *pints* consumidos todos os anos em barris, garrafas e latas.

Em 1999, a Marston's Brewery, suas cervejas, e um forte portfólio com 918 *pubs* foram comprados por 292 milhões de libras esterlinas pela Wolverhampton & Dudley Breweries, que, em 2007, mudou seu nome para Marston's PLC. Em 2010, ela era o maior grupo cervejeiro independente da Grã-Bretanha.

O braço cervejeiro da empresa, conhecido como Marston's Brewing Company, agora opera cinco cervejarias, incluindo a Wychwood em Oxfordshire, a Jennings em Cumbria, a Park Brewery em Wolverhampton, e a Ringwood Brewery em Hampshire. A Marston's agora também produz a Bass Ale e Tetley Cask sob licença.

Outras cervejas da Marston's incluem a Old Empire, Resolution e Oyster Stout, e o número de *pubs* pertencentes à Marston's já ultrapassa 2.100. A Marston's é uma de apenas três cervejarias da Grã-Bretanha a empregar seu próprio tanoeiro, e a única cervejaria do país que usa o sistema Burton Union.

Ver também BURTON SNATCH e SISTEMA BURTON UNION.

Ben McFarland

märzenbier, que significa "cerveja de março" em alemão, é um estilo de *lager* de cor dourada a âmbar intenso, muito encorpada e de amargor moderado, relacionada à *oktoberfestbier* e à *Vienna lager*. As raízes históricas da *märzenbier* remontam a um decreto emitido em 1553 pelo governante da Baviera, o duque Albrecht V, que proibia toda produção de cerveja entre 23 de abril e 29 de setembro. O decreto tinha por objetivo não permitir que se elaborasse cerveja durante a estação mais quente, quando as bactérias presentes no ambiente, desconhecidas pelos microbiologicamente ignorantes medievais, normalmente infectavam as cervejas bávaras e rapidamente as estragavam. Ver BAVIERA e INFECÇÃO. Portanto, no mês de março os cervejeiros trabalhavam mais intensamente a fim de elaborar cerveja suficiente para garantir o estoque até o outono. Habitualmente, essas cervejas de março eram feitas um pouco mais fortes que as comuns e eram armazenadas a frio, ou seja, eram maturadas, para sua melhor conservação. Ver LAGER e MATURAÇÃO A FRIO.

No entanto, a *märzenbier* veio a se consolidar como um estilo de cerveja somente quando a cervejaria Spaten, de Munique, lançou na Oktoberfest de 1841 a primeira *lager* oficialmente rotulada como *märzenbier*. Ver OKTOBERFEST. Nesse mesmo ano, a Dreher Brewery, de Schwechat, próximo a Viena, também lançou uma cerveja similar à *märzenbier*, que denominou *Vienna lager*. Ver VIENNA LAGER. Nas décadas seguintes, tanto a *märzenbier* como a *Vienna lager* se tornaram cervejas padrão nas cartas de muitas cervejarias; a Spaten utilizou o nome *Oktoberfestbier* pela primeira vez em uma cerveja do estilo *märzen* produzida especificamente para a Oktoberfest de 1872. Atualmente, a *Oktoberfestbier* da Spaten ainda tem por base a receita de 1872. No século XIX, esses três estilos de cerveja homólogos eram feitos por um método de decocção dupla, um procedimento bastante laborioso e dispendioso que acabou sendo abandonado pela maioria das cervejarias devido à disponibilidade moderna de malte altamente modificado. Ver DECOCÇÃO.

Tanto histórica quanto tecnicamente, há muita semelhança nas especificações das *märzenbiers*, *Vienna lagers* e *oktoberfestbiers*, e os cervejeiros ao redor do mundo não aplicam essas denominações consistentemente em seus rótulos. No entanto, as seguintes diretrizes podem ser aplicadas à maioria dos casos. A maior parte do malte base para a *märzenbier* e para *oktoberfestbier*, antigamente e agora, é denominado Munique, um malte bastante aromático e com uma especificação de cor entre 10 a 25 EBC (entre 3 e 10 graus Lovibond), ao passo que a maior parte do malte empregado na cerveja austríaca é da variedade Vienna, que apresenta coloração mais clara – entre 6 e 10 EBC (aproximadamente 3 a 4 graus Lovibond). Ver MALTE MUNIQUE. Como resultado, as cervejas *märzen* e *oktoberfest* têm coloração âmbar dourada, enquanto as *Vienna lagers* apresentam tons mais avermelhados. Antigamente, as *märzens* e *oktoberfests* eram cervejas mais escuras, quase marrons, mas houve uma tendência em produzi-las com coloração mais clara nas últimas décadas, uma aparente adequação ao paladar moderno. Esse é um fato estranho para os apreciadores de cerveja americanos, já que, ironicamente, as cervejarias artesanais da América do Norte quase sempre elaboram cervejas *märzen* e *oktoberfest* nos moldes tradicionais e dão preferência a tons mais intensos que os das versões alemãs contemporâneas. No que diz respeito ao amargor, as elaborações de *Vienna* normalmente costumam ser um pouco mais lupuladas e secas que as *märzens* e *oktoberfests*, sendo que essas últimas geralmente são mais doces, com notas maltadas e a *toffee* em combinação com sabores de biscoito ou pão, além de plena sensação na boca.

Na Alemanha, incidentalmente, o nome *oktoberfestbier* fica reservado a apenas seis cervejarias – Augustiner, Hacker-Pschorr, Hofbräuhaus, Löwenbräu, Paulaner e Spaten – que podem servir suas cervejas na Oktoberfest de Munique. Todos os outros cervejeiros só podem utilizar a designação *märzen* para as cervejas do tipo *oktoberfest*. Já em outros países, especialmente nos Estados Unidos, onde a legislação alemã não é válida, as *märzens* e *oktoberfests* são tratadas como qualquer outro estilo de cerveja e têm despertado grande interesse, particularmente entre os cervejeiros artesanais, embora muitos desviem das especificações e as produzam como *ales* em vez de *lagers*.

Conrad Seidl e Horst Dornbusch

A **Master Brewers Association of the Americas (MBAA)**, fundada em 1887 em Chicago, começou como uma associação nacional de mestres cervejeiros dos Estados Unidos. Isso foi em uma época em que a então florescente cidade de Chicago, no Centro-Oeste dos Estados Unidos, já podia se vangloriar de uma população de mais de um milhão. Até aquele momento havia somente associações locais de cervejeiros nos Estados Unidos, mas os mestres cervejeiros de visão sentiram que esses "locais" deveriam ser reunidos sob um mesmo teto, para assim permitir um intercâmbio de ideias mais eficaz e melhorar de modo geral a imagem da profissão de mestre cervejeiro.

Desse modo, foi enviada uma convocação para uma convenção de mestres cervejeiros e, em 21 de março de 1887, em torno de 90 mestres cervejeiros, a maioria deles de associações locais, foram reunidos em Chicago com o objetivo expresso de formar uma associação nacional. Foi promovida uma eleição para a escolha de diretores e a associação recém-criada solicitou um alvará de licença para atuar como uma corporação sem fins lucrativos no Estado de Illinois, com o nome de Master Brewers Association of the United States – frequentemente chamada, naqueles primeiros dias, de United States Brewmaster's Association. Curiosamente, como muitos dos mestres cervejeiros eram imigrantes alemães, a convenção votou por tornar o alemão a língua oficial da associação.

Por volta de 1910, o número de filiados havia subido para 771, e a associação já contava com 17 filiais "locais". Na época, elas eram chamadas de "associações", e não de "distritos". As divisões eram: Baltimore, Boston, Buffalo, Chicago, Cincinnati, Cleveland, Detroit, Indianápolis, Louisville, Milwaukee, Nova York, Norte do Estado de Nova York, Filadélfia, Pittsburgh, San Francisco, Saint Louis e Northwestern.

Depois que a Lei Seca foi promulgada nos Estados Unidos, em 16 de janeiro de 1920, o presidente da associação, Robert Weigel, conseguiu manter a organização em pé, mesmo contra todas as probabilidades, até sua morte em 1926. Em 1932, percebendo que a Lei Seca já estava praticamente no fim, a associação realizou sua 29ª convenção em Detroit e posteriormente revitalizou os distritos antigos e formou novos. A proposta da 21ª Emenda no Congresso, em 20 de fevereiro de 1933, assinalou o início oficial do fim da Lei Seca. Nesse mesmo ano, a Convenção e Exposição de 1933 da associação foi realizada na cidade em que foi fundada, Chicago, que, a propósito, foi também palco da Century of Progress International Exposition (a "Exposição Mundial") daquele ano. A Lei Seca finalmente chegou ao fim em 5 de dezembro de 1933, um dia depois que Utah, Ohio e Pensilvânia ratificaram a 21ª Emenda. Ver LEI SECA.

O nome da organização foi mudado para "Master Brewers Association of America" na Convenção de 1934 em Nova York. Com essa mudança de nome, a associação passou a ter escopo internacional. Diante disso, a associação começou a considerar seriamente qual era o principal objetivo de sua existência – "pesquisas científicas e técnicas relacionadas com o setor de produção de cerveja e a respectiva categoria profissional" – e na Convenção de 1935 apresentou três sessões técnicas sobre matérias-primas, prática e produção de cerveja. Em 1937, na convenção de seu quinquagésimo aniversário em Milwaukee, a associação apresentou sua primeira exposição de máquinas e equipamentos. Por ocasião da Convenção de 1941, em Baltimore, o trabalho da associação havia se ampliado a tal ponto que foi decidido que a organização precisava de um secretário executivo remunerado. De 1942 a 1945, os problemas de produção da época da guerra predominavam nas discussões. Em sua primeira reunião comercial pós-guerra em Saint Louis, em 1946, a associação apresentou a primeira edição do livro *The Practical Brewer*.

A associação continuou prosperando e sua primeira convenção fora dos Estados Unidos foi realizada em Montreal, em 1961. Outro grande salto foi a publicação da revista *Technical Quarterly*, em 1964. Em 1965, a MBAA criou o cargo de diretor técnico.

O nome da MBAA foi alterado para Master Brewers Association of the Americas em 1976 para melhor refletir a crescente filiação internacional à associação. Em 1977, foi publicada a segunda edição de *The Practical Brewer* e, em 1984, a primeira edição do livro *Beer Packaging*. A MBAA tem acordos de cooperação com a American Society of Brewing Chemists (ASBC), com o Institute of Brewing and Distilling (IBD), no Reino Unido, e com a Brewers Association. Ver AMERICAN SOCIETY OF BREWING CHEMISTS (ASBC) e INSTITUTE OF BREWING & DISTILLING (IBD). A MBAA, em conjunto com a ASBC, o IBD, a Brewery Convention of Japan e a European Brewery Convention, patrocina o World Brewing Congress, que é realizado a cada quatro anos.

Hoje, a MBAA tem mais de 2,2 mil membros e dedica-se ao fornecimento de conhecimentos técnicos e práticos a todos os segmentos do setor de produção de cerveja, para a melhoria contínua de produtos, procedimentos e processos – desde matérias-primas a embalagem e consumo. Para isso, a associação oferece formação e apoio em desenvolvimento profissional, identificando e transmitindo informações técnicas e inovação e ampliando a consciência sobre questões emergentes. Além de promover dois cursos anuais na University of Wisconsin – o curso Brewing & Malting na primavera e o curso Beer Packaging no outono –, a associação patrocina cursos anteriores e posteriores à sua convenção anual. Os membros da MBAA vêm de todas as partes da indústria cervejeira internacional, dos mais importantes cervejeiros industriais aos cervejeiros de *pubs*, e pessoas que trabalham em profissões correlatas, e existe uma cultura de voluntarismo e cooperação entre seus filiados.

Master Brewers Association of the Americas. Disponível em: http://www.mbaa.com/. Acesso em: 2 maio 2011.

Ray Klimovitz

maturação inclui todas as transformações que ocorrem na cerveja entre o final da fermentação primária e a remoção da levedura, durante a preparação da cerveja para ser envasada. Embora a maioria das fermentações já esteja tecnicamente completa dentro do prazo de três a dez dias, a vasta maioria das cervejas ainda não estará pronta para o consumo quando a levedura terminar o seu principal trabalho: metabolizar os açúcares. Isto porque as leveduras tendem a produzir sabores considerados indesejáveis e que não devem estar presentes na cerveja pronta. Para se tornarem palatáveis, as cervejas são submetidas a alguma forma de maturação. O termo maturação também é designado alternativamente de condicionamento e maturação a frio.

Nas práticas cervejeiras tradicionais, fermentação e maturação são consideradas etapas distintas, mas, na realidade, há uma significativa sobreposição entre elas. A maturação envolve muitos processos bioquímicos, químicos e reações físicas, muitos dos quais não são completamente entendidos e elucidados. Dicetonas vicinais (VDK, como o diacetil de sabor amanteigado e a pentanodiona com sabor de mel), sulfeto de hidrogênio (ovo podre), e acetaldeído (maçã-verde) são os principais responsáveis pelos sabores indesejáveis no final da fermentação primária. A cerveja imatura é referida muitas vezes como "cerveja verde", porque algumas vezes tem aroma de maçã-verde, por conta da elevada concentração de acetaldeído. Ver CERVEJA VERDE. Durante a maturação, todos esses compostos indesejáveis são reduzidos, ou por meio da ação contínua das leveduras, ou por outras vias químicas orgânicas.

Em um processo tradicional que utiliza dois tanques, as cervejas *lager* são transferidas após a fermentação primária e o resfriamento para um segundo tanque (para aproximadamente 0 °C a 4 °C), no qual os açúcares residuais (maltotriose e algumas vezes maltose) são fermentados lentamente. Ao mesmo tempo, os *off-flavors* são reduzidos, e a cerveja torna-se carbonatada, uma vez que as leveduras continuam produzindo dióxido de carbono. Às vezes ocorre a adição de uma pequena porção de cerveja em fermentação (*kräusening*) antes que a cerveja seja conduzida para a maturação a frio. Ver *KRÄUSENING*. A introdução de leveduras ativas durante esse processo pode agilizar a maturação da cerveja e produzir uma vigorosa carbonatação natural. Cervejas fermentadas em baixas temperaturas tendem a apresentar sabores mais "verdes" no final da fermentação primária em comparação às cervejas fermentadas em temperaturas mais altas – daí a necessidade de algumas semanas de maturação a frio.

As *ales* são tradicionalmente condicionadas por meio do armazenamento relativamente quente, normalmente mantendo-se a cerveja a 10 °C a 20 °C. Como a maioria das leveduras *ale* atua rapidamente a temperaturas quentes, esse período de armazenamento pode ser bastante curto, e muitas cervejas fermentadas a temperaturas mais altas estão prontas para serem envasadas catorze dias depois da produção. No Reino Unido, as *ales* condicionadas em *casks* são tradicionalmente maturadas (condicionadas) sem serem filtradas no *cask* no próprio ponto de venda (bar ou *pub*). A continuação da fermentação no *cask* confere à cerveja uma pequena carbonatação natural. *Isinglass* (colágeno) é usado para aglomerar o fermento e outros materiais sólidos (complexos de proteínas-polifenóis) e sedimentá-los no fundo do *cask*, clarificando a cerveja antes do consumo. As cervejas condicionadas em garrafas passam por uma fermentação secundária na própria garrafa. Isso produz alguma carbonatação, mas essas cervejas geralmente requerem períodos de maturação mais longos antes serem vendidas.

O uso de recipientes para realizar a fermentação secundária pode ser caro e complexo e muitas cervejarias fermentam e maturam a cerveja em tanques cilindrocônicos amplamente conhecidos como unitanques. Esses tanques usam seus próprios resfriadores de camisa, eliminando a necessidade de maturar a cerveja em um outro recipiente, numa adega com temperatura controlada. O fundo desses tanques, em forma de cone, permite fácil remoção da levedura sedimentada.

As grandes cervejarias têm realizado um grande número de tentativas para o desenvolvimento de sistemas contínuos de produção de cerveja, incluindo maturação contínua. Um processo contínuo de maturação tem sido desenvolvido usando células de levedura imobilizada para uma maturação acelerada da cerveja. As células de levedura são imobilizadas em partículas de dietilaminoetil celulose (DEAE-C) ou pérolas de vidro. Para alcançar uma rápida redução na concentração de diacetil na cerveja imatura, a levedura da fermentação original é removida por centrifugação. Essa cerveja imatura clarificada é tratada com o emprego do calor (90 °C durante sete a oito minutos) para converter todo o precursor do diacetil (alfa-acetolactato) para diacetil. Cuidados devem ser tomados para evitar a absorção de oxigênio. Depois de a cerveja ser tratada por calor, ela é resfriada e lentamente enviada para uma coluna de leito fixo contendo células de levedura imobilizadas. Ver REATOR COM LEVEDURA IMOBILIZADA. Essas células de levedura completam a conversão do diacetil, que apresenta sabor amanteigado, para os insípidos acetoína e butanodiol. Além dessa conversão, ocorrem outros processos de maturação do sabor, numa série reações que não são completamente compreendidas. Ainda que os cervejeiros discutam se essa prática promove o desenvolvimento das melhores características da cerveja, ela certamente promove a redução do tempo de maturação de algumas semanas para apenas duas horas. Algumas grandes cervejarias utilizam seus sistemas de levedura imobilizada somente durante os meses quentes do verão, quando a demanda é alta. Com esse método, é possível produzir uma cerveja "*lager*" comercialmente aceitável em menos de dez dias.

Ver também FERMENTAÇÃO.

Munroe, J. H. Aging and finishing. In: Priest, F. G.; Stewart, G. G. **Handbook of brewing**. New York: Taylor & Francis, 2006. p. 525–550.

Quain, D.; Smith, I. The long and short of maturation. **Brewer's Guardian**, Surrey, v. 138, p. 56-61, 2009.

Graham G. Stewart

maturação a frio (*lagering*) é uma forma de maturação da cerveja na presença de levedura que geralmente dura várias semanas, se não meses, em temperaturas próximas do congelamento, após a fermentação e antes da filtração e/ou envase da cerveja. A maturação a frio é utilizada quase exclusivamente para estilos de cerveja de baixa fermentação – daí o nome "*lager*" para essas cervejas – e só raramente para estilos de cerveja de alta fermentação, ou seja, *ales*. Ver ALE, FERMENTAÇÃO e LAGER. Talvez as *ales* mais conhecidas maturadas a frio sejam os estilos *altbier* e *kölsch*. A palavra "*lagern*" é um verbo alemão que significa "armazenar". Antes da refrigeração mecânica, os cervejeiros alemães armazenavam cervejas em cavernas frias e profundas, especialmente durante os meses quentes de verão. Finalmente, a levedura *lager*, capaz de fermentar a baixas temperaturas, foi compreendida e isolada. Hoje, a fase de maturação a frio das cervejas fermentadas a baixas temperaturas é realizada em tanques refrigerados, frequentemente orientados horizontalmente. Durante a maturação a frio, a cerveja passa por sutis, mas significativos, processos bioquímicos, os quais alteram seu sabor e são responsáveis pelo sabor fresco e limpo que normalmente associamos às cervejas *lagers*. A maturação a frio, por exemplo, reduz os ácidos acético e láctico a ésteres de sabor frutado, cujos efeitos sobre o sabor da cerveja tendem a ser marginais, pois seu limiar de sabor é muito mais elevado para os seres humanos do que o de seus precursores. Da mesma forma, qualquer acetaldeído residual, que pode contribuir com um sabor de maçã-verde crua, pode ser reduzido de 20% a 70%; a 2-3-pentanodiona e o diacetil, de sabor amanteigado, bem como os seus precursores, são reduzidos em até dois terços. O diacetil, que pode ser percebido em pequenas concentrações, é reduzido a acetoína de sabor frutado. Tradicionalmente, quando a cerveja chega aos tanques de maturação a frio ela costuma ainda conter uma pequena fração dos açúcares originalmente presentes no início da fermentação. Cerca de quatro quintos desse açúcar residual são constituídos por maltose facilmente fermentável; o restante é principalmente maltotriose. Durante a maturação a frio, o teor de açúcar residual total da cerveja normalmente cai 50%. Nos tanques fechados de maturação, a cerveja é lentamente carbonatada à medida que a levedura processa o açúcar fermentável restante. Se algum oxigênio foi introduzido durante a transferência da cerveja para os tanques de maturação a frio, é possível que a levedura o consuma durante a fase de maturação a frio, limitando os danos potenciais ao sabor e à aparência da cerveja.

A maturação a frio tradicional pode levar até três meses, mas as pressões comerciais modernas têm reduzido substancialmente esse tempo na maioria das cervejarias. Em uma cervejaria moderna de *lagers*, a fermentação secundária pode ou não ocorrer durante o armazenamento refrigerado. Se não há fermentação secundária, a maioria dos cervejeiros empregará uma fase de aquecimento de curta duração (até 16,5 °C) ao final da fermentação primária; isso permite que a levedura fermente o açúcar residual enquanto absorve o indesejado diacetil. Hoje em dia, a maturação a frio costuma durar 21 dias, e raramente mais de um mês.

A maturação a frio também apresenta alguns efeitos mecânicos além dos efeitos químicos orgânicos. Por exemplo, ela promove a precipitação de complexos coloidais residuais que são formados na tina de fervura, quando proteínas de elevado peso molecular se ligam com fenóis derivados do lúpulo e dos grãos, tais como taninos. A precipitação desses complexos tem um efeito positivo sobre a estabilidade da cerveja e reduz a turbidez causada pelas proteínas na cerveja pronta. Durante a maturação a frio, a dissipação do dióxido carbono lentamente retira da cerveja alguns compostos que promovem sabores desagradáveis, incluindo o dióxido de enxofre, que contribui para os sabores da cerveja verde; dimetil sulfeto, que dá notas vegetais à cerveja; e mercaptanos derivados do lúpulo, que são parcialmente responsáveis por odores à gambá, especialmente na cerveja exposta à luz.

Ver também ACETALDEÍDO, DIACETIL, DICETONAS VICINAIS (VDK), DIMETIL SULFETO (DMS), MALTOSE, MALTOTRIOSE, MATURAÇÃO e OXIDAÇÃO.

Fix, G. **Principles of brewing science**. Boulder: Brewers Publications, 1989.
Heyse, K. U. **Handbuch der Brauerei-Praxis (Handbook of brewery practice)**. Nuremberg, Germany: Getranke-Fachverlag Hans Carl, 1994.
Narziss, L. **Abris der Bierbrauerei**. Stuttgart: Enke Verlag, 1986. (Tradução de *Treatise on beer brewing*.)
Noonan, G. J. **New brewing lager beer**. Boulder: Brewers Publications, 1996.

Horst Dornbusch

Maytag, Fritz (1937-) esteve entre os pioneiros do moderno movimento americano de produção artesanal de cervejas. No verão de 1965, Maytag, então com 28 anos, um graduando de Artes Liberais da Stanford University, no estado de Iowa, e bisneto do fundador da famosa empresa de eletrodomésticos, almoçava muitas vezes no Old Spaghetti Factory em North Beach, São Francisco, onde descobriu que o produtor de sua cerveja favorita, a Anchor Steam, estava prestes a falir. Ver ANCHOR BREWING COMPANY. Ao se aventurar na cervejaria e encontrar uma instalação que era, nas próprias palavras de Maytag, "medieval", ele, mesmo assim, ficou encantado e comprou 51% da empresa em 24 de setembro de 1965. Em 1969 tornou-se o único proprietário e passou a revigorar a empresa e sua marca principal. Começou a engarrafar a cerveja e lançou uma série de novas marcas, notavelmente a Anchor Porter, a Liberty Ale e a Old Foghorn. Produziu, também, a primeira de suas celebradas *Christmas ales*, que mudam todos os anos e têm suas receitas cuidadosamente guardadas. Em 1977 a cervejaria foi transferida para uma antiga instalação de torrefação de café em Potrero Hill.

Em 1993 Maytag fundou a Anchor Distilling Company, cujos produtos incluem os uísques puro malte de centeio Old Potrero e Junipero Gin. Ele é dono das vinícolas York Creek, tendo desenvolvido interesse em vinhos durante o tempo que passou no Chile fazendo trabalho humanitário. A todos esses empreendimentos ele leva a mesma filosofia de qualidade e um espírito de ajudar os outros.

Em maio de 2010, Fritz Maytag vendeu a Anchor Brewing Company ao Griffin Group.

Charles W. Bamforth

mel pode ser fermentado por si só ou com numerosos outros ingredientes para criar uma variedade de bebidas alcoólicas. Por si só, diluído em água, o mel fermentado é chamado de hidromel ou vinho de mel e pode ter alto ou baixo teor de álcool, ser doce ou seco, carbonatado ou não carbonatado. Usado na cerveja, o mel acrescenta um dulçor distinto e arredondado, embora em excesso possa ser percebido como bastante enjoativo ao paladar. Como uma das substâncias mais doces encontradas na natureza, o mel tem sido colhido por humanos desde os primórdios da humanidade, e todos os tipos de animais o procuram como fonte de alimento. Ele é produzido pelas abelhas a partir do néctar das flores, como fonte de alimento, e armazenado em colmeias. Dependendo da localização das colmeias, o mel pode assumir o sabor das plantas a partir das quais ele foi produzido. Por exemplo, colmeias localizadas perto de laranjais produzem mel com um sutil sabor de laranja, chamado de mel de flor de laranjeira, e colmeias perto de campos de trevo produzem mel de trevo. Nutricionalmente, o mel é constituído principalmente de frutose e glicose, com quantidades insignificantes de vitaminas e minerais.

O Departamento de Agricultura dos Estados Unidos tem sistemas de classificação para avaliar a cor do mel e sua qualidade. A cor é medida em sete tonalidades conforme a seguinte escala: branco-água, extra-branco, branco, âmbar-extra-claro, âmbar-claro, âmbar e âmbar-escuro. A qualidade é composta de cinco fatores: teor de umidade, sabor, aroma, ausência de defeitos e limpidez. O mel Grau

A deve ter 90 pontos ou mais; Grau B, 80 ou mais; e Grau C, 70 ou mais. Mel com uma pontuação abaixo de 70 é classificado como abaixo do padrão.

O mel é normalmente adicionado à cerveja de duas maneiras diferentes. O primeiro método consiste em adicioná-lo na tina de fervura, geralmente mais para o final do processo, onde ele se torna parte da densidade original do mosto. Como resultado do seu perfil simples de açúcar, o mel tende a fermentar completamente, e qualquer percepção de dulçor é geralmente derivada do efeito aromático, e não da presença de açúcares residuais na cerveja. Quando usado na fervura, o mel pode contribuir com uma vasta gama de características de sabor, desde as florais (mel de flores silvestres) até as aparentemente torradas e rústicas (mel de trigo-sarraceno).

A outra forma de os cervejeiros usarem o mel é na pós-fermentação, quando o mel acrescenta um dulçor real à cerveja e um sabor de mel mais intenso. Muitos aromas voláteis podem ser perdidos durante a fermentação, por isso, a adição de mel na pós-fermentação permite que os cervejeiros tragam um sabor mais literal para várias cervejas. Ocasionalmente, os cervejeiros prepararam outras formas de cervejas de mel, incluindo a *braggot*, uma bebida popular em partes da Europa medieval. *Braggots* são cervejas que contêm grandes quantidades de mel no mosto, às vezes mais de 50% da densidade original. Como tal, tecnicamente ela não é necessariamente considerada cerveja, mas uma bebida que está na fronteira entre a cerveja e o hidromel.

Keith Villa

melaço é um subproduto denso e viscoso do processamento da cana-de-açúcar ou da beterraba sacarina para produzir açúcar refinado. O termo em inglês, *molasses*, provém da palavra portuguesa, melaço, que, por sua vez, é derivada da palavra latina *mel* (mel em português). No Reino Unido, o melaço é muitas vezes chamado de "*black treacle*" ("melaço negro"). O melaço contém concentrações notáveis de frutose e glicose, e geralmente contém a metade da sacarose do açúcar refinado.

Até a década de 1880, o melaço foi o adoçante mais popular dos Estados Unidos, em parte porque era muito mais barato que o açúcar refinado. Ele tem um poderoso e característico sabor e costuma ser usado na confeitaria, em receitas como pão de gengibre, torta de frutas, biscoitos, balas de leite, feijões cozidos, entre outras. Apesar de já ter sido barato, hoje o melaço encareceu, e pode chegar a custar o dobro do valor do açúcar refinado.

Originalmente, o melaço chegou nas colônias do continente americano importado das Índias Ocidentais para fazer rum. Altos impostos foram cobrados sobre o melaço pelos britânicos através da Lei do Melaço de 1733. No entanto, os impostos foram amplamente ignorados pelos colonos americanos, permitindo que ele se tornasse o adoçante ubíquo da época.

Devido à documentada escassez de matérias-primas para a produção de cerveja em meados da década de 1650, o melaço foi amplamente utilizado nas cervejas coloniais. Como resultado, autoridades inglesas promulgaram uma lei da pureza da cerveja, na tentativa de limitar o uso do melaço em sua produção. Mas, devido a brechas legais, o melaço ainda era largamente usado como um ingrediente cervejeiro nas colônias americanas durante a Guerra Revolucionária.

Talvez a mais famosa receita de cerveja de melaço é a que George Washington anotou em seu diário, em 1754. Ela agora está conservada no Departamento de Livros Preciosos da Biblioteca Pública de Nova York. Numa receita intitulada "Para fazer *small beer*", o homem que se tornaria o primeiro presidente dos Estados Unidos explicou (com a pontuação original intacta):

> Pegue um grande *siffer* cheio de farelo de lúpulo a seu gosto – ferver por 3 horas. Então coloque nossos 30 galões em um refrigerador junto com 3 galões de melaço enquanto a cerveja está escaldante ou preferencialmente coloque o melaço no refrigerador. Coe a cerveja enquanto está fervente, e a deixe no suporte até que fique um pouco mais quente que o sangue. Então coloque um quarto de levedura, se o tempo estiver muito frio cobrir com um cobertor e deixe-a trabalhar no barril – Deixe o tampão aberto até que o trabalho tenha sido feito – Engarrafe a cerveja no dia da semana em que foi fermentada.

O melaço é um ingrediente fundamental na moderna formulação da Poor Richard's Ale, uma receita de cerveja desenvolvida por Tony Simmons, fundador da Pagosa Brewing Company, para a Brewers Association (americana). Ver BREWERS ASSOCIATION (BA). Mais de cem cervejarias comerciais nos Estados Unidos e milhares de cervejeiros caseiros em todo o mundo produziram a Poor Richard's Ale em comemoração ao tricentenário de Benjamin Franklin, em 2006.

Smith, G. **Beer in America, the early years: 1587-
-1840.** Boulder: Siris Books, 1998.
Trowbridge Filippone, P. **Molasses history: why molasses was edged out by white sugar.** Disponível em: http://www.homecooking.about.com/od/foodhistory/a/molasseshistory.htm. Acesso em: 3 dez. 2010.

Tony Simmons

melanoidinas são saborosos pigmentos marrons encontrados em maltes e produtos de malte. A sua estrutura varia e, em geral, as melanoidinas dos maltes mais escuros possuem pesos moleculares mais elevados em relação às dos maltes claros (que são geralmente mais aromáticos). A estrutura desses pigmentos marrons é, em grande parte, desconhecida, mas não é a mesma que das melaninas formadas em alguns sistemas biológicos pela ação da polifenol oxidase sobre um substrato, como a tirosina. A formação de melanoidinas não é catalisada por enzimas, e a maioria das reações não requer a presença de oxigênio. Todas são formadas por uma série de processos complexos chamados de reações de Maillard (assim como o químico francês), a maioria das quais ainda não é totalmente compreendida.

O que se sabe, no entanto, é que os açúcares redutores interagem com compostos nitrogenados (como aminoácidos e peptídeos simples) para produzir inicialmente as bases de Schiff. Estas dão origem a aldosaminas e quetosaminas por rearranjos de Amadori. Estas últimas podem condensar-se com uma outra molécula de açúcar de modo a formar diquetosaminas, que são instáveis e se quebram, dando origem a uma variedade de produtos, incluindo hidroximetilfurfural e reductonas. Alguns desses produtos interagem e polimerizam, formando melanoidina. Os reductonas são úteis porque consomem oxigênio e estabilizam a cerveja.

As reações de produção de melanoidina (escurecimento) ocorrem primeiramente durante a secagem do malte e continuam durante a fervura do mosto. No malte, as condições que favorecem a formação de melanoidina incluem altas temperaturas, níveis elevados de umidade e altas concentrações de aminoácido e açúcar. As reações de escurecimento são, é claro, conduzidas ao extremo em maltes torrados, tais como o chocolate, e em caramelos. Por causa das reações de Maillard mencionadas, os níveis de açúcares redutores e nitrogênio na forma de aminas livres serão, naturalmente, reduzidos durante a secagem do malte e a fervura do mosto. As contribuições de sabor das melanoidinas do malte podem incluir amargor, sabores defumados, maltados, de pão, *toffee*, caramelo, café e torrado. Sendo este o caso, as melanoidinas formam uma base para os perfis de sabor de muitos estilos de cerveja e também estão entre as principais diferenças entre os sabores e aromas encontrados no vinho e os encontrados na cerveja.

Briggs, D. E. et al. Malt and sweet wort. In: **Malting and brewing Science**. 2. ed., vol. 1. London: Chapman & Hall, 1981.
Hornsey, I. S. **Brewing**. Cambridge: Royal Society of Chemistry, 1999.
Hough, J. S. et al. Hopped wort and beer. In: **Malting and brewing science**. 2. ed. London: Chapman & Hall, 1982.

Ian Hornsey

melibiose é um açúcar que aparece na cerveja em fermentação como resultado da degradação enzimática da rafinose, que é um trissacarídeo menor, composto por unidades de galactose, glicose e frutose. A melibiose é o dissacarídeo galactose-glicose remanescente após a ação da beta-frutosidase sobre a rafinose. Nas cervejas *lager*, no entanto, a melibiose acaba desaparecendo ao ser decomposta por leveduras, enquanto nas cervejas *ale* permanece intacta. Isso se deve ao fato de as leveduras *lager* produzirem a enzima alfa-galactosidase que catalisa a hidrólise de melibiose, enquanto as cepas tipo *ale* não produzem essa enzima. Isso faz da melibiose um bom açúcar marcador para determinar se uma cerveja foi fermentada por uma cepa de levedura de alta ou de baixa fermentação.

Boulton, C.; Quain D. **Brewing yeast and fermentation**. New York: Wiley-Blackwell, 2006.
Fix, G. **Principles of brewing science**. Boulder: Brewers Publications, 1989.
Reed, G.; Nagodawithana, T. W. **Yeast technology**. 2. ed. New York: Van Nostrand Reinhold, 1991.

Horst Dornbusch

menta, um grupo de ervas perenes, de floração altamente aromática, dentro do gênero *Mentha* e da família Lamiaceae. Ela se espalha através de sementes e rizomas carnosos, e cresce em solos úmidos, onde são invasivas. A menta é nativa da região do Mediterrâneo e do sudoeste da Ásia e, atualmente, é cultivada internacionalmente, principalmente para a culinária. Há mais de 25 variedades, cada uma com qualidades aromáticas distintas e distinguíveis. O óleo da erva tem um forte aroma e presença no palato, sendo usado em doces, pasta de dentes e outros produtos. A menta apresenta longa tradição na medicina fitoterápica e tem sido usada também em cervejas medicinais. Na produção cervejeira moderna, a menta tem encontrado pouca aplicação comercial, embora algumas cervejarias artesanais a utilizem para fazer algumas cervejas criativas e saborosas. A menta é mais amplamente empregada entre os cervejeiros caseiros, que, frequentemente, combinam seus sabores com os sabores do malte torrado (e, algumas vezes, chocolate) para criar "*mint stouts*" e "*mint porters*". Outras aplicações interessantes combinam a menta com suas harmonizações culinárias, como o capim-limão. Existem vários métodos de utilização e, apesar das folhas secas estarem sempre disponíveis, as folhas frescas são geralmente preferidas. Essas podem ser brevemente fervidas em água para fazer um extrato que será acrescentado ao mosto, serem fervidas diretamente no mosto ou adicionadas após a fermentação, assim como acontece com o *dry hopping*. O óleo de menta comercial está amplamente disponível, mas raramente é usado na produção de cerveja.

Ver também ERVAS.

Medalha de mestre cervejeiro francês, *c.* 1900.
PIKE MICROBREWERY MUSEUM, SEATTLE, WA.

Per Kølster e Garrett Oliver

Merlin

Ver FERVURA.

mestre cervejeiro é certamente um título que atrai a imaginação; muitas pessoas parecem colocá-lo em algum ponto entre "*quarterback*" e "astronauta" ao pensar no trabalho dos sonhos. Mas da mesma forma como ninguém pensa em ser derrubado por brutamontes de 130 quilos ou passar horas agradáveis em simuladores de força G, poucas pessoas conhecem as implicações reais do trabalho do mestre cervejeiro.

O mestre cervejeiro é, essencialmente, o *chef* da cervejaria. Um *chef* é responsável pelo equipamento da cozinha, administra a equipe da cozinha, compõe o menu, cuida da segurança alimentar, cria novos pratos, cozinha, emprata e suporta a irrevogável responsabilidade por cada pedaço de alimento que é servido na mesa do restaurante. Da mesma forma, o mestre cervejeiro, muitas vezes, projeta a cervejaria, treina a equipe, mantém os equipamentos limpos e funcionando corretamente, encomenda ingredientes e suprimentos para a cervejaria, mantém os custos de produção dentro do previsto, projeta cada cerveja até o último detalhe, supervisiona a embalagem da cerveja, supervisiona o controle de qualidade e, depois, acompanha a cerveja no mercado para se certificar de que ela sempre atende ou excede as expectativas dos clientes. Além de tudo isso, ele ou ela pode representar a cervejaria em público, treinar a equipe de vendas e manter linhas de serviço de chope em um *brewpub*. Às vezes, o mestre cervejeiro tem uma equipe, mas em *brewpubs* eles podem trabalhar sozinhos.

Trata-se de um trabalho complexo que requer partes de um conjunto de habilidades de um encanador, arquiteto, engenheiro, eletricista, cozinheiro, artista, soldador, vendedor, químico, contador e microbiologista. Muitos cervejeiros amadores fazem excelentes cervejas em casa, assim como muitos cozinheiros amadores têm habilidades para preparar excelentes pratos. Isso leva muitos a acreditar que a produção caseira de cerveja se assemelha à produção profissional de cerveja, mas isso não é verdade, assim como cozinhar em casa tem pouca semelhança com administrar uma cozinha profissional.

Da mesma forma como existem muitos caminhos para se alcançar o posto de *chef* de cozinha, existem muitos caminhos para a posição de mestre cervejeiro. Nos Estados Unidos, a descrição do cargo de mestre cervejeiro deslocou-se do foco na engenharia pesada que é exigida pelas grandes cervejarias para as funções mais variadas do mestre cervejeiro que trabalha em uma fábrica de cerveja artesanal. Alguns passam meses ou anos frequentando escolas de cerveja, enquanto outros avançam na carreira através da aprendizagem formal ou informal e, posteriormente, através de promoções de cargo nas cervejarias. Às vezes o mestre cervejeiro é o dono da cervejaria; frequentemente, ele ou ela não é. A maioria dos mestres cervejeiros dos Estados Unidos começou como cervejeiro amador, um fato que certamente levou à maravilhosa paixão e criatividade observadas na produção de cerveja artesanal americana. Também contribui para isso o fato de que a maioria dos mestres cervejeiros norte-americanos de hoje tem na produção de cerveja a sua segunda ou terceira profissão. Isso lhes permite trazer habilidades e experiências adquiridas em suas "vidas passadas".

Nos Estados Unidos, "mestre cervejeiro" é na verdade uma descrição de cargo, não um título formal. Na Alemanha, o título "*braumeister*" implica a conclusão bem-sucedida de alguma escola formal de educação cervejeira e a graduação conferida por ela. Embora não haja nenhum equivalente nos Estados Unidos, o título "*Diplom Braumeister*" é considerado semelhante a um bacharelado em produção de cerveja, enquanto o "*Diplom Ingenieur*" pode ser considerado um mestrado. Na Grã-Bretanha, o título do cargo é "*head brewer*", enquanto o título "*Master Brewer*" é reservado para aqueles que passaram no duro exame aplicado pelo Institute of Brewing and Distilling. Independentemente do título usado e apesar dos rigores do trabalho, um número crescente de pessoas, em todo o mundo, parece interessado em dominar o que um antigo livro cervejeiro britânico chamava de "toda a arte e mistério da produção de cerveja".

Ver também ESCOLAS CERVEJEIRAS.

Garrett Oliver

metabissulfito de potássio ($K_2S_2O_5$), comumente abreviado como KMS, é um produto químico em pó, branco, com cheiro fortemente sulfuroso (fósforo queimado) utilizado em muitas indústrias de alimentos e bebidas, bem como nas cervejarias, como antioxidante. Quando dissolvido em água ou cerveja, o KMS libera íons de sulfito livre que são responsáveis pelas propriedades antioxidantes do composto. O KMS é de longe o antioxidante mais popular usado na indústria cervejeira. A sua popularidade em algumas grandes cervejarias deve-se ao fato de ele ser altamente eficaz na prevenção da oxidação e porque os sulfitos adicionados reforçam aqueles de ocorrência natural produzidos pela levedura durante a fermentação. O KMS também atua limitando o crescimento das leveduras selvagens e bactérias na cerveja.

O sulfito livre reage muito prontamente eliminando o oxigênio livre em alimentos (incluindo a cerveja), mas também com muitos compostos químicos intermediários (sendo os aldeídos e as cetonas os mais importantes) que podem combinar-se com o oxigênio livre, resultando nos compostos com sabor de velho (*stale*) e de papel tão indesejáveis na cerveja.

O KMS é permitido pelas autoridades de segurança e saúde alimentar na maioria dos países ao redor do mundo (ele tem o número E 224 na lista afirmativa da União Europeia sobre aditivos alimentares), mas não é permitido pela Lei da Pureza da Cerveja (que não é, no entanto, apesar do seu nome, uma lei oficial). O KMS é raramente usado pelos cervejeiros artesanais, mas é comum em cervejas do mercado de massa em muitos países. Na maioria dos países, a utilização do KMS é regulada por limites específicos ou quanto à concentração total dos sulfitos na cerveja, ou quanto às taxas máximas de dosagem permitidas. A razão para essas limitações é o fato de que os sulfitos são conhecidos por provocar e piorar certas alergias nos seres humanos. Por exemplo, nos Estados Unidos, níveis acima de 10 ppm exigem que a expressão "contém sulfitos" seja impressa no rótulo.

O KMS é amplamente, quase universalmente, utilizado na indústria de vinhos para os mesmos fins que na produção de cerveja, mas no vinho o KMS é utilizado em concentrações dez a vinte vezes maiores do que na cerveja.

Ilett, D. R. Aspects of the analysis, role, and fate of sulphur dioxide in beer – a review. **Master Brewers**

Association of the Americas Technical Quarterly, n. 32, p. 213-221, 1995.

Anders Brinch Kissmeyer

Meux Reid & Co. iniciou suas atividades em 1775, quando Richard Meux, em parceria com Mungo Murray, comprou a Jackson's Brewery em Londres. Após um incêndio de grandes proporções em 1763, os parceiros construíram novas instalações na providencialmente chamada Liquorpond Street ("Lago de Bebida Alcoólica"), hoje Clerkenwell Road. Andrew Reid, um destilador e um comerciante de vinhos e destilados, juntou-se à empresa em 1793, que foi renomeada Meux Reid. Em 1816, Thomas Meux deixou a parceria, e ela se tornou Reid & Co. Ela assumiu várias cervejarias menores em Londres e nos condados vizinhos, mas em 1898 a Reid fundiu-se com o grande cervejeiro de Londres Watney, da Stag Brewery, em Pimlico, juntamente com a Combe and Co., de Long Acre. A fusão criou uma líder na produção de cerveja em Londres, a Watney, Combe, Reid. Como resultado, as instalações da Reid deixaram de produzir cerveja.

Um membro da família Meux, Henry, construiu uma nova cervejaria, a Horseshoe, no cruzamento da Oxford Street com a Tottenham Court Road. Ela se tornou muito forte na produção de *porter* em Londres e ganhou infeliz notoriedade em outubro de 1814, quando um tanque de fermentação de madeira de 6,7 metros de altura se rompeu. A cervejaria era cercada por ruas com pequenas casas, várias das quais foram arrastadas pela enxurrada de cerveja. Oito pessoas morreram afogadas na cerveja ou intoxicadas.

Meux também produziu cerveja em Nine Elms, no sul de Londres. Em 1961, a empresa foi vendida para a Friary, Holroyd and Healy's Brewery, de Guildford, em Surrey. A empresa foi renomeada Friary Meux, mas só existiu como cervejaria independente até 1964, quando se tornou parte do novo grupo nacional, Allied Breweries. A antiga Meux Horseshoe Brewery hoje abriga o teatro Dominion.

Roger Protz

México, que produz uma das marcas de cerveja mais reconhecidas e vendidas do mundo, possui uma história cervejeira que muitas vezes surpreende os estrangeiros.

Historicamente, a indústria cervejeira mexicana foi influenciada por imigrantes alemães e austríacos que fundaram cervejarias no México durante o reinado de curta duração (e quase esquecido por seu vizinho, os Estados Unidos) do austríaco Maximilian I, imperador do México entre 1864 e 1867. No final do século XIX, essa influência continuou e algumas cervejarias de raízes germânicas foram fundadas. Em particular, o estilo de cerveja *Vienna lager* se popularizou no México e se manteve assim por muito tempo, mesmo após ser esquecido em Viena, sua terra natal. No início do século XX, havia mais de 35 cervejarias independentes em atividade no México, mas, durante a segunda metade do século XX, a indústria passou por um período de fusões empresariais. Essas fusões resultaram em duas grandes companhias que agora dominam a indústria cervejeira mexicana, a Cervejaria Cuauhtémoc Moctezuma (Femsa Cerveza) e o Grupo Modelo. O mercado mexicano é dividido quase igualitariamente entre essas duas, sendo que o Grupo Modelo possui uma quota ligeiramente maior. Atualmente essas duas companhias cervejeiras mexicanas pertencem a grandes empresas internacionais; o Grupo Modelo é parcialmente propriedade da Anheuser-Busch InBev e a Femsa Cerveza foi comprada pela Heineken no início de 2010 e agora se chama Heineken Mexico.

A Cervejaria Cuauhtémoc Moctezuma, com sede em Monterrey, Nuevo Leon, possui seis unidades de produção. Suas marcas são Tecate, Carta Blanca, Sol, XX Lager, XX Amber, Bohemia, Superior, Indio, Casta e Noche Buena. A Bohemia é a marca *premium* da empresa, sendo comercializada em três estilos, a Bohemian Pilsner, a Vienna Lager e uma cerveja de trigo sazonal que é semelhante à *witbier* belga. A Noche Buena é uma cerveja especial sazonal no estilo *bock*, produzida apenas perto do Natal. A expressão "Noche Buena" possui dois significados em espanhol. Significa a "véspera do Natal", bem como a poinséttia, a flor típica dessa mesma data comemorativa. A Casta começou como uma cerveja artesanal feita pela Especialidades Cerveceras, uma microcervejaria mexicana que foi comprada pela Femsa Cerveza após alguns anos de mercado, mas agora não existe mais.

O Grupo Modelo, com sede na Cidade do México, possui sete unidades fabris. Suas marcas são: Modelo Especial, Modelo *light*, Victoria, Pacifico, Negra Modelo, Leon, Montejo, Estrella,

Rótulo de cerveja de 1947, ilustrando a Cervejaria Moctezuma em Orizaba, México. PIKE MICROBREWERY MUSEUM, SEATTLE, WA.

Barrilito, Tropical *light* e a mundialmente famosa Corona. Esta última é uma das cinco maiores marcas de cerveja do mundo em valor de mercado. É também a cerveja campeã em importação nos Estados Unidos. A Negra Modelo, muito encontrada nos Estados Unidos, é baseada no estilo *Vienna lager*. Ver VIENNA LAGER.

Embora o México possua uma grande variedade de marcas de cerveja, há uma diversidade muito limitada de estilos no país. A maioria das cervejas mexicanas são semelhantes às *pilsners* do mercado de massa americano, sendo que grande parte dos mexicanos pensam em cerveja em apenas dois "estilos" definidos pela cor: cervejas claras e cervejas escuras.

Dito isto, observa-se também o crescimento das cervejarias artesanais mexicanas, que por volta de 2010 se encontravam nos primeiros estágios de desenvolvimento. Há menos de trinta cervejarias artesanais no país, e a maioria delas possui sistemas de produção muito limitados, capazes de produzir apenas 1 hectolitro por batelada. Entre as principais cervejarias artesanais, a Cervecería Minerva, em Guadalajara, Jalisco, produz quatro estilos de cerveja, incluindo a premiada Minerva Pale Ale. A Cervecería de Baja Califórnia, em Mexicali, Baja California, produz a Cucapa, uma marca que possui sete estilos de cerveja. Entre estes estão a Chupacabras Pale Ale, uma *pale ale* de estilo norte-americano, e a primeira *barley wine* mexicana. A Cervecería Primus, na Cidade do México, produz uma marca chamada Tempus, uma "*imperial altbier*" comercializada como Tempus Doble Malta e uma cerveja de reserva especial comercializada como Tempus Reserva Especial. Na Cidade do México há também uma cervejaria chamada Microcervecería Gourmet La Calavera, que produz oito estilos de cerveja. Seguindo a longa tradição mexicano-germânica, a Cervecería BayernBrau, em Puebla, produz uma cerveja de trigo chamada Weissbier.

Há também alguns *brewpubs* no México. Os mais conhecidos são: Sierra Madre Brewing Co., em Monterrey, Nuevo León; Beer Factory, na Cidade do México; TJ Beer, em Tijuana, Baja California; e Baja Brewing em San Jose del Cabo, Baja California Sur.

O México também possui sua própria competição anual de cerveja chamada Copa Cerveza Mexico. Foi organizada pela primeira vez em 2009 pela Maltas e Insumos Cerveceros (um fornecedor de insumos cervejeiros), com a participação de juízes internacionais que julgaram mais de cinquenta inscritos do México e do exterior. A competição é sancionada pelo American Beer Judge Certification Program (BJCP) e parece pronta para continuar a se desenvolver conforme a cerveja artesanal se popularizar.

A cultura cervejeira mexicana enfatiza o valor da cerveja como uma bebida social. A cerveja é apreciada em reuniões de família e jogos de futebol ou em restaurantes e bares, mas normalmente não é considerada uma bebida para ser consumida todos os dias nas refeições. O consumo de cerveja *per ca-*

pita no México é de cerca de 52 litros por ano, que é muito baixo em relação ao de muitos países europeus, onde o consumo de 100 litros *per capita* ou mais não é incomum. O México é também o lar de uma gama de excelentes tradições culinárias, com pratos muito propícios para a harmonização com cervejas artesanais saborosas. É possível, portanto, que o futuro da cerveja mexicana englobe não somente praias ensolaradas e garrafas transparentes em baldes de gelo, mas também uma cultura cervejeira bem desenvolvida que espelha a evolução ocorrida ao norte.

Jose R. Ruiz

micróbios, um nome reduzido para "microrganismos", são organismos vivos muito pequenos para ser vistos sem um microscópio. Os micróbios unicelulares foram os primeiros organismos vivos no planeta. Eles existiram sozinhos por 3 bilhões de anos. Há mais massa em micróbios do que todas as outras formas de vida combinadas.

Os micróbios podem ser plantas, tais como as algas verdes; animais, tais como os ácaros; fungos, tais como as leveduras; protistas, tais como os protozoários; e as comparavelmente mais simples bactérias e Arqueas. Os únicos micróbios comumente associados à cerveja são as leveduras e bactérias, embora os fungos contaminem cereais e lúpulos.

Desde os tempos da Roma Antiga, alguns estudiosos pouco ortodoxos acreditavam na existência de seres vivos que eram menores do que podia ser visto. Como essa hipótese não podia ser comprovada, a existência desses organismos invisíveis raramente era levada a sério. Em 1675, Antonie van Leeuwenhoek construiu seu primeiro microscópio e foi capaz de ver algumas dessas criaturas pela primeira vez. Embora tenha sido capaz de provar a existência dos micróbios, somente séculos mais tarde foi provado que os micróbios auxiliavam na produção de cerveja e pão e poderiam causar doenças. Em 1860, Louis Pasteur provou definitivamente não só que os micróbios estragavam ou fermentavam alimentos, mas também que era possível livrar os alimentos desses organismos deteriorantes por meio do aquecimento. Esse processo é conhecido hoje como pasteurização. Ver PASTEUR, LOUIS e PASTEURIZAÇÃO. Depois de estudar a bactéria do antraz, em 1876, Robert Koch pôde provar que os micróbios eram a origem de certas doenças. Embora ainda houvesse céticos, os micróbios foram finalmente aceitos pela principal corrente de cientistas e também na profissão cervejeira.

Priest, F. G. **Brewing microbiology**. 3. ed. New York: Kluwer Academic/Plenum Press, 2003.

Brian Hunt

microcervejaria, uma pequena cervejaria que produz cerveja de forma artesanal, a maior parte da qual é consumida fora de suas dependências. Embora as pessoas e as organizações tenham diferentes ideias sobre onde traçar a fronteira quanto ao tamanho limite de uma microcervejaria, quase todos concordam que elas devem produzir menos de 12 mil hectolitros por ano. Se a cervejaria vende quase toda a sua produção no local onde a produz, ela é geralmente chamada de "*brewpub*" em vez de microcervejaria, embora muitas cervejarias vistam os dois chapéus. Como muitas dessas pequenas cervejarias cresceram ao longo dos últimos trinta anos, o termo "microcervejaria" lentamente tem dado lugar para o termo "cervejaria artesanal", particularmente nos Estados Unidos. As microcervejarias parecem ser um conceito moderno para os não europeus, mas o fato é que todas as cervejarias já foram cervejarias caseiras (as antigas *alehouses* britânicas), *brewpubs* (o bem estabelecido *Bräustüberl* alemão), ou o que atualmente chamaríamos de microcervejaria. Foi somente no século XVIII que a Revolução Industrial avançou tecnologicamente o bastante para fazer da produção de cerveja em larga escala um empreendimento prático e rentável. Em meados do século XIX, grandes e pequenas cervejarias tinham proliferado em toda a Europa e Estados Unidos.

O termo "microcervejaria" foi criado recentemente, embora o conceito o tenha precedido. Como pequenas cervejarias começaram a surgir no Reino Unido na década de 1970, a palavra "microcervejaria" primeiro descreveu o empresário determinado que corajosamente criava novas e saborosas cervejas em um pequeno edifício ou galpão. Naqueles dias, não havia pequenos equipamentos disponíveis para a produção de cerveja, de modo que os microcervejeiros construíam sistemas a partir de equipamentos de laticínios usados e compravam pequenos tanques que eram rejeitados pelas grandes curveja-

A equipe da Carolina Brewery, de Pittsboro, Carolina do Norte, em sua sala de brassagem, com capacidade de 17,6 hectolitros. JOSHUA WEINFELD.

rias. O tanque Grundy, um recipiente pequeno, projetado pelas grandes cervejarias para ser usado como tanque de serviço em *pubs* de grandes cidades, se tornou o principal tanque de muitas das pequenas cervejarias. Ver TANQUE GRUNDY. Com capacidade para 10 hectolitros, esses tanques eram usados como fermentadores, tanques de maturação, tanques de pressão, ou todos os três. Melhor ainda, esses tanques estavam sendo gradualmente desativados pelas grandes cervejarias, e, portanto, eram baratos. As pessoas construíam seus próprios tanques de mostura ou contratavam soldadores para fazê-los. Nos primeiros dias, a levedura era geralmente emprestada de outras cervejarias ou comprada na forma seca, mas bancos comerciais de levedura logo forneceram uma gama de diferentes leveduras para os cervejeiros trabalharem. Ver BANCO DE LEVEDURA. Muitas vezes, o cervejeiro era um produtor caseiro que se animara com a ideia de poder preparar algo verdadeiramente especial. Foi preciso uma vontade de aço para provar que isso era possível,

mas muitos encararam o desafio. Os cervejeiros britânicos produziam principalmente "*real ale*", um termo cunhado pela Campaign for Real Ale (CAMRA) para descrever as *ales* condicionadas em *casks*, sendo essa a bebida nacional da Grã-Bretanha. Quando as grandes cervejarias decidiram eliminar essa deliciosa, mas inconveniente forma de produzir cerveja, a CAMRA e os microcervejeiros lutaram para trazê-la de volta à vida. Ver CAMPAIGN FOR REAL ALE (CAMRA) e CONDICIONAMENTO EM CASK.

A ideia da microcervejaria teve um apelo particular nos Estados Unidos, que em meados da década de 1970 praticamente não produzia nada além das *lagers* douradas do mercado de massa. A Lei Seca, que forçara uma pausa na produção americana de cerveja entre 1920 e 1933, esmagou todas as pequenas cervejarias do país, e poucas delas conseguiram se recuperar. A monocultura da cerveja parecia tediosa para muita gente, especialmente para quem visitava o Reino Unido ou Europa, e alguns decidiram que os Estados Unidos mereciam mais do que um tipo de cerveja. Fritz Maytag, herdeiro do império Maytag de máquinas de lavar, foi o primeiro a entrar nessa briga, em 1965. Ele comprou a antiga Anchor Brewing Company, uma cervejaria fundada no século XIX que, de alguma forma, conseguiu se recuperar após a Lei Seca, mas que passava por dificuldade na segunda metade do século XX. A popularidade local da sua aromática Anchor Steam Beer, de coloração âmbar, mostrava aos outros que cervejas saborosas também podiam ser vendidas nos Estados Unidos. John "Jack" McAuliffe seguiu com a New Albion em Sonoma, Califórnia, em 1976, e em 1980, Ken Grossman e Paul Camusi inauguraram a Sierra Nevada Brewing Company. O presidente Jimmy Carter promulgou uma lei legalizando a produção caseira de cerveja em 1º de fevereiro de 1979, um ato que estimulou legiões de futuros microcervejeiros. Ver CARTER, JAMES EARL, JR. e PRODUÇÃO CASEIRA DE CERVEJA. A revolução estava feita. Finalmente, a costa oeste dos Estados Unidos e o Canadá foram tomados por pequenas empresas que fabricavam equipamentos especialmente para a florescente indústria microcervejeira americana.

A cerveja também era revolucionária. A maioria das microcervejarias procurou produzir exatamente o oposto do que as grandes cervejarias do mercado de massa estavam fazendo. Em vez de *lagers* fracas e claras, elas produziam corajosas *stouts* cor de chocolate, *India pale ales* amargas, e *amber ales* com acentuado sabor de caramelo. Poucas microcervejarias produziam *lagers*: como a fermentação a frio é difícil de se conseguir em casa, a maioria desses antigos cervejeiros caseiros que migrou para a produção comercial de cerveja tinha pouco conhecimento sobre o processo de produção das *lagers*. Nesse meio-tempo, um mundo de variedade de *ales* foi produzido, e o seminal livro *The World Guide to Beer*, de Michael Jackson, lançado em 1977, possuía as chaves para esse mundo, descrevendo amorosamente as grandes tradições da produção de cerveja de sua terra natal, a Inglaterra. Ver JACKSON, MICHAEL.

A revolução das microcervejarias gerou mais de 1.600 cervejarias nos Estados Unidos e cerca de 600 no Reino Unido, mas também inspirou movimentos de produção de cerveja artesanal em todo o mundo. Do Japão à Finlândia, do Brasil até mesmo à Itália rica em vinhos, o espírito de empreendedorismo e criatividade típico do microcervejeiro tem acelerado em um ritmo que deixa atônitos até os próprios cervejeiros. Muitas dessas "micro" cervejarias têm crescido, e algumas não são mais tão pequenas, mesmo sendo muito menores que as gigantes cervejarias internacionais. O termo "microcervejaria" acabou tornando-se desajeitado: como denominar uma cervejaria que antes produzia cerveja apenas para a comunidade local, mas agora envia a mesma cerveja para todo o país? É por isso que o termo "cervejaria artesanal" vem substituindo o termo "microcervejaria" – ele descreve uma cervejaria que ainda é pequena para os padrões internacionais, mas faz cervejas repletas de sabor a partir de ingredientes e métodos tradicionais. Embora o termo esteja caindo em desuso, a Brewers Association, nos Estados Unidos, continua definindo uma microcervejaria como uma cervejaria que produz menos de 17,6 mil hectolitros por ano.

No entanto, enquanto o termo microcervejaria desaparece, há um novo ator em cena – a "nanocervejaria". Ninguém tem uma definição clara para nanocervejaria, mas em sua maioria são operações comerciais realmente minúsculas de produção e venda de cerveja em bateladas, tão pequenas quanto 10 a 15 galões americanos (aproximadamente, 37,8 a 56,8 litros). Em 2011, havia, provavelmente, apenas cinquenta nanocervejarias nos Estados Unidos, mas muitas mais em fase de planejamento. Tão pequenas quanto as nanocervejarias podem ser, elas já têm chamado a atenção das autoridades fiscais americanas, que são rápidas em lembrá-las que elas não são pequenas o bastante para deixar de pagar os impostos federais.

Garrett Oliver

mídias sociais são plataformas de comunicação pela internet que usam redes modeladas nas interações sociais. As mídias sociais usam plataformas de publicação na Web para disseminar textos, vídeos, imagens e outras mídias digitais entre os usuários. O conteúdo das mídias sociais é gerado pelo usuário, e elas são descentralizadas e quase sempre gratuitas. Exemplos comuns de mídia social incluem *blogs*, Facebook, Twitter, Myspace, 4Square, Flickr, YouTube, Second Life e Digg, e certamente outros que ainda virão.

Nos Estados Unidos, as cervejarias artesanais estão entre os adeptos mais entusiásticos da mídia social no mundo cervejeiro. Em 2010, mais de metade das 1,5 mil cervejarias tinha página do Facebook, e um pouco menos da metade usava o Twitter. A mídia social prosperou entre as cervejarias artesanais principalmente em virtude do baixo custo e da conexão direta com seus clientes, atributos fundamentais em um setor preocupado com um marketing financeiramente viável e com a autenticidade de sua personalidade.

O Twitter tem desempenhado um papel cada vez mais proeminente nas cervejarias artesanais americanas. Muitas cervejarias pequenas estão usando o Twitter para difundir informações sobre lançamentos especiais e para promover a venda de ingressos de eventos para os fãs.

O Twitter e o Facebook também têm desempenhado um papel importante em campanhas de relações públicas direcionadas ao público em geral, como a bem-sucedida resposta da cervejaria Rock Art Brewery, situada em Vermont, a uma ordem de embargo de atividade do fabricante de refrigerantes Hansen.

As mídias sociais são também usadas pelas maiores cervejarias do mundo. As páginas no Facebook de marcas como Heineken, Bud Light, Guinness, Coors Light e Miller Lite têm centenas de milhares de conexões com os usuários. Entretanto, as grandes cervejarias não adotaram o Twitter tão entusiasticamente quanto as cervejarias artesanais.

As grandes cervejarias costumam usar a mídia social para promover concursos, eventos patrocinados e outras formas de marketing. O uso de mídia social como uma possibilidade para ampliar o marketing pago é diferente da estratégia usada por cervejeiros artesanais, que normalmente têm pouca ou nenhuma atividade de marketing pago para ampliar. É mais comum as cervejarias artesanais usarem as mídias sociais para conversar diretamente com seus clientes e fornecer imagens, informações e vídeos das respectivas cervejarias. Geralmente, o conteúdo é gerado pelos próprios cervejeiros. As grandes cervejarias raramente fornecem um conteúdo pessoal tão discreto, preferindo em vez disso redirecionar os clientes para *sites* concebidos especialmente para essa finalidade, para vídeos produzidos profissionalmente e para um conteúdo semelhante geralmente gerado por empresas de publicidade.

Os fóruns de discussão e os *blogs* mantidos pelos aficionados por cerveja artesanal têm desempenhado um papel influente no desenvolvimento da cultura da cerveja artesanal. Embora geralmente frequentados por um público especializado, esses fóruns e *blogs* formaram uma consciência internacional com relação às pequenas cervejarias artesanais e às cervejas que elas fornecem. *Sites* como BeerAdvocate.com e Ratebeer.com recebem milhões de visitas por mês e hospedam bancos de dados que contêm dezenas de milhares de cervejas. Os usuários atribuem então uma classificação e redigem avaliações a respeito dessas cervejas. Os *blogs* sobre cerveja também proliferaram e normalmente oferecem curtos comentários sobre cerveja, escritos por jornalistas da área (tanto pretensos quanto profissionais) e aficionados. Os cervejeiros também usam amplamente os *blogs* para se comunicar com os seus adeptos e gerar uma consciência sobre a sua cervejaria e respectiva personalidade.

Jacob McKean

mild é uma *ale* de baixo teor alcoólico e levemente lupulada, normalmente servida na forma de chope (maturada em barris ou nas próprias cervejarias) em algumas regiões da Inglaterra e do País de Gales. Apesar de seu baixo teor alcoólico (cerca de 3,0% a 3,5% álcool por volume ABV), costuma apresentar bom corpo e um persistente dulçor frutado, às vezes pela adição de açúcar. A maioria dessas cervejas costuma apresentar coloração rubi-escuro ou marrom, mas também podem ser mais claras. A *mild* tem a imagem de cerveja para operários, feita para ser consumida em grandes quantidades. É considerada uma bebida reconfortante, um *pint* refrescante após um dia de trabalho árduo, uma refeição de malte no copo.

Mas essa cerveja fraca e suave já dominou os bares da Grã-Bretanha. O *Brewer's Journal* estima que ao final da década de 1930 a *mild* representava mais de três quartos de toda a cerveja produzida na Grã-Bretanha. "The Pub and the People", um levantamento detalhado do Mass Observation registrando a vida social da classe operária de Bolton, Lancashire, registrava em 1938: "A *mild* é a cerveja mais bebida. Um *pint* custa cinco centavos de libra... Assim com a Mild, há também as Best Mild, que custam apenas um centavo a mais, são mais fortes que as *milds* comuns. Têm coloração clara, como as *bitters*, que são raramente consumidas aqui". A maioria das cervejarias locais produzia uma *ordinary mild* e uma *best mild* e, às vezes, até três variedades, que apenas diferiam na cor. Um proprietário questionado na época respondeu que cerca de 92% das vendas de seu estabelecimento eram de *milds*.

O termo "*mild*" era originalmente utilizado para designar cervejas frescas, produzidas e comercializadas no prazo de poucas semanas, ao contrário das "*old*" *stock ales* que eram armazenadas durante meses antes de serem vendidas. Todas as cervejas eram designadas *mild* até que estivessem maturadas. E como a *mild* não precisava ser armazenada, ela era consideravelmente mais barata. Alguns consumidores gostavam de misturá-la com uma cerveja maturada para melhorar o sabor. O estilo de cerveja *porter* derivou dessa prática. Ver PORTER.

Embora a *mild* já tenha sido uma cerveja "corriqueira" nos bares, ela não costumava ser fraca. No passado, ela era bem mais encorpada, com o dobro do teor alcoólico que costuma apresentar atualmente. O livro *Art of Brewing*, de James Herbert, de 1866, descrevia uma *mild ale* típica com uma densidade original de 1.070 (15,2 °P) e teor alcoólico resultante superior a 6% ABV. Em 1880, o *Chancellor of the Exchequer Gladstone* postulava uma densidade original média de 1.057.

Até mesmo em Londres, saturada pelas *porters*, a *mild ale* chegou a ser a bebida dominante durante o século XIX. A *mild* também se disseminou para as colônias britânicas, especialmente para a Nova Zelândia, onde as *ales* de estilo inglês combinavam mais com o clima similar ao do norte da Europa do que as *lagers*, e, assim, também se propagou a tradição de produzir cervejas "escuras" de coloração âmbar e maltadas. A cervejaria canadense Molson também chegou a produzir *mild* em suas instalações de Montreal em 1859, assim como alguns produtores da África do Sul e da Austrália.

O corpo robusto das *milds* foi enterrado com as restrições impostas pelas duas guerras mundiais. O governo britânico desejava cervejas mais fracas, a fim de manter a força de trabalho a todo vapor nas fábricas armamentistas. Embora tenha ressurgido do primeiro confronto com uma densidade original ao redor de 1.040 (4% ABV), ela nunca se recuperou dos impactos da Segunda Guerra Mundial e do longo período de racionamento que se seguiu. Desmoralizada em meio às queixas generalizadas de uma "cerveja de guerra" insossa, a *mild* nunca chegou a recuperar sua reputação.

A cervejaria Whitbread, que se orgulhava da qualidade de suas *pale ales*, chegou a menosprezar a *mild* no *The Brewer's Art*, publicado em 1948, como "isto ou aquilo do *public bar*" (o *public bar* sendo parte dos *pubs* separada do ambiente mais sofisticado, conhecido como "*saloon bar*"). O livro dos cervejeiros de Londres a descrevia como "uma cerveja escura e com muito sabor, produzida a partir de malte previamente torrado a temperaturas mais altas que as utilizadas para os maltes de *pale ales*, adquirindo assim um sabor mais queimado. Esta cerveja geralmente recebe um xarope de açúcar, conhecido como açúcar *priming*, que é adicionado ao barril [...] garantindo o sabor ligeiramente adocicado esperado pelo consumidor desse tipo de cerveja. A *mild ale* é uma cerveja servida na forma de chope para consumo rápido". Mencionava ainda que a *brown ale* engarrafada, em geral, era uma *mild ale* não filtrada e carbonatada.

À medida que a Inglaterra se recuperava, os consumidores inclinavam-se cada vez mais para o gosto mais pronunciado das *bitters* ou para as promessas convincentes e muito bem promovidas das cervejas engarrafadas e embarriladas. A imagem da *mild* relacionada com a classe operária também não ajudou muito. Ela era cada vez mais vista como uma cerveja barata e de pessoas velhas.

Com a queda nas vendas, a qualidade também diminuiu, porque a *mild* tinha menos lúpulo e menor teor alcoólico para protegê-la, uma vez que tinha menos saída no mercado. A maioria das *milds* mais escuras era adulterada em *pubs* inescrupulosos, e a cor escura disfarçava todo tipo de falcatrua. Gradualmente, as cervejarias foram abandonando suas *milds* – ou às vezes apenas descartavam o designativo já em descrédito. A McMullen, de Hertford, mudou o nome de sua AK Mild simplesmente para AK, a fim de melhorar as vendas.

No entanto, ainda existem alguns pontos de demanda, especialmente no noroeste da Inglaterra e nas West Midlands, onde a cervejaria Banks's, de Wolverhampton, produz a *mild* mais vendida na Grã-Bretanha, a Banks's Original. Com a ajuda da campanha *Make May a Mild Month* ("faça de maio o mês da *mild*"), da CAMRA (Campaign for Real Ale), algumas cervejarias artesanais tiveram surpreendente sucesso com suas *milds*, especialmente a Moorhause's Brewery, de Burnley, com sua Black Cat. Em South Wales, a Brain's Dark, de Cardiff, deixou de ser apenas um sucesso de vendas para se tornar uma vencedora no nicho das cervejas premiadas. A histórica Sarah Hughes Brewery, do hotel Beacon, em Tipton, próximo de Wolverhampton, resgatou um grande sucesso do passado, sua famosa Dark Ruby Mild, de 6% ABV.

Nos Estados Unidos, muitas cervejarias artesanais desenvolveram certo respeito pela *mild* como um estilo de *session beer*, uma cerveja com muito sabor, mas sem o teor alcoólico excessivo da maioria dos estilos populares. Embora seja raramente engarrafada, a *mild* tem se estabelecido cada vez mais entre as principais cervejas dos *brewpubs* americanos.

Brown, M. **The brewer's art**. London: Whitbread, 1948.
Cornell, M. **Amber, gold, and black**. Stroud: The History Press, 2010.

Brian Glover

míldio é uma doença vegetal comum, predominante em muitas variedades de cevada, causando perdas de produtividade de até 40%. É causada pelo fungo *Erysiphe graminis f. sp. hordei* e se apresenta como uma peculiar massa branca "fofa" nas folhas, começando como pontos isolados, mas progredindo posteriormente para uma cobertura completa que reduz a penetração da luz, acabando por resultar na morte das folhas. Um cleistotécio (estrutura de disseminação com esporos fechados) hibernante é finalmente produzido.

O fungo infecta novas plantas a partir de esporos trazidos pelo vento ou por respingos das chuvas, provenientes de plantas infectadas nas proximidades ou de resíduos de temporadas anteriores que permanecem no campo. O crescimento do fungo se dá predominantemente nas folhas e é menos extenso na inflorescência, mas a produtividade é reduzida pelo seu efeito de retardo no crescimento da planta, diminuição do número de brotos e de grãos em cada inflorescência.

Durante o seu crescimento, o fungo penetra na folha para obter nutrientes, roubando a energia da planta. No entanto, a maioria dos fungos permanece sobre a superfície superior da folha. Condições de calor e umidade favorecem o crescimento do míldio. As chuvas não são essenciais, mas um grande crescimento da folha advindo de altas doses de fertilizantes nitrogenados pode incentivar o desenvolvimento do fungo e favorecer sua disseminação.

A resistência ao míldio, conferida por vários mecanismos genéticos, está presente em algumas variedades de cevada. Por exemplo, o gene *mlo*, que controla o desenvolvimento da parede celular na folha de cevada, pode limitar a penetração do fungo. Tais genes de resistência são fatores importantes para limitar o impacto da doença na produção atual de cevada e estão sob investigação, com a esperança de que a sua eficácia possa ser melhorada.

Keith Thomas

milheto são espécies de cereais de sementes pequenas, amplamente cultivadas em todo o mundo para a alimentação, forragem e produção de cerveja. Os milhetos não formam um grupo taxonômico, mas sim um grupo funcional ou agronômico. Suas principais semelhanças são que eles são gramíneas de sementes pequenas cultivadas em ambientes agronômicos difíceis – principalmente aqueles sob risco de seca – em regiões como Índia, África Oriental e Ocidental e China. A Índia é o principal produtor de milheto (mais de 10 milhões de toneladas em 2007) e a Nigéria vem em segundo lugar (mais de 7 milhões de toneladas em 2007). O milheto inclui espécies de vários gêneros, principalmente da subfamília *Panicoideae* da família das gramíneas *Poaceae*.

Os milhetos são importantes fontes de alimento em regiões áridas e semiáridas do mundo, fazendo parte da gastronomia tradicional de muitos países. Por conter quantidades mínimas de glucano, pessoas com doença celíaca podem substituir os cereais que contêm glúten por milheto. Ver CERVEJA SEM GLÚTEN. Os milhetos também são usados como ração para aves e animais.

Os milhetos são grãos tradicionalmente importantes e são utilizados para a produção de cerveja de milheto em algumas culturas. A cerveja de milheto, também conhecida como *bantu*, é uma bebida alcoólica feita a partir de milheto malteado. Esse tipo de cerveja é comum em toda a África e é frequentemente servida enquanto ainda está em fermentação. A cerveja de milheto é também produzida pelo povo Tao da Ilha Orchid, Taiwan, juntamente com o sorgo. É o ingrediente base do licor destilado *rakshi* no Nepal e das bebidas alcoólicas indígenas dos povos Sherpa, Tamang e Limbu. Nos países dos Bálcãs, especialmente na Romênia e na Bulgária, o milheto também é usado para preparar a bebida fermentada *boza*.

Graham G. Stewart

milho. Conhecido cientificamente como *Zea mays* L., é um membro da família das gramíneas domesticadas nas Américas em tempos pré-históricos. É o grão mais cultivado nas Américas; o milho híbrido, com elevado rendimento, é especialmente prevalente. Os Estados Unidos produzem, aproximadamente, metade do milho do mundo, seguidos da China, Brasil, México e Argentina.

A espiga de milho compreende frutos individuais (grãos) que são, aproximadamente, do tamanho de ervilhas. Uma espiga contém entre duzentos e quatrocentos grãos. Em comparação com o trigo, os grãos contêm menos proteína, e ela não é do tipo glúten. Por isso, o milho não é um problema para os que sofrem de doença celíaca. "Milho doce" é uma variante na qual mais açúcar é acumulado em relação à proporção de amido.

O milho é a base da dieta em muitas partes do mundo, com usos incluindo a polenta (Itália), canjica e pão de milho (EUA) e tortilhas (México). A pipoca é feita a partir de variedades de milho que estouram quando aquecidas. Flocos de milho são amplamente consumidos, em todo o mundo, no café da manhã (embora grande parte do sabor venha, na verdade, da cevada malteada).

Na América do Norte, o cultivo de milho é, frequentemente, uma rotação de duas culturas, com plantas fixadoras de nitrogênio, tais como soja ou alfafa, semeadas em anos alternados. Há um uso crescente de variedades geneticamente modificadas, mais tolerantes a pragas. Nos Estados Unidos, mais de 80% do milho é geneticamente modificado, chamado de "*Bt corn*", que expressa uma toxina do *Bacillus thuringiensis* cujo alvo é uma praga chamada broca do milho. Cada vez mais, existe uma competição por milho entre o uso alimentar e o uso para a produção do combustível etanol.

O milho pode ser utilizado para a produção de cerveja de duas formas: como fonte de amido e como fonte de açúcar. Ele pode ser usado na forma de grãos quebrados (*grits*), farinha, torrado, flocos ou xaropes.

O milho é um adjunto comum em cervejas industriais produzidas na América do Norte e, normalmente, perfaz até 20% do total de grãos moídos. O milho produz cor e sabor mais brandos na cerveja do que o malte de cevada. Mais especificamente, os grãos de milho quebrados são a forma mais utilizada de adjunto nos Estados Unidos e Canadá. Eles são produzidos num processo de moagem a seco que remove as camadas externas e o germe, este último rico em óleo e, portanto, uma fonte potencial de ranço. Essencialmente, as partículas resultantes são puro endosperma. De custo bastante alto, o amido de milho refinado é um produto da moagem úmida do milho. Ele é composto por um pó muito fino com o qual é um tanto difícil lidar comercialmente. O tratamento do milho (e de outros cereais) a cerca de 260 °C em um processo conhecido como torrefação leva a uma rápida expansão ("estouro") do endosperma, e assim ocorre a gelatinização do amido. O grão é submetido subsequentemente a uma passagem em rolos para produzir os flocos.

O milho torrado e em flocos não precisa ser cozido à parte e pode ser utilizado diretamente na mostura, no caso do milho em flocos sem a necessidade de moagem prévia. No entanto, os grãos quebrados e a farinha de milho devem ser cozidos antes de serem adicionados à mostura principal, porque a temperatura de gelatinização do amido de milho ultrapassa substancialmente a temperatura de gelatinização do amido de cevada.

Uma abordagem alternativa é converter o amido de milho em uma solução açucarada por hidrólise catalisada por ácido ou enzimas (mais provável atualmente). O xarope resultante é adicionado na fase de fervura do mosto, mitigando a pressão de produzir um mosto adocicado. Esses xaropes são amplamente desprovidos de aminoácidos e, portanto, existe um limite para a sua utilização se a deficiência de nitrogênio na fermentação tiver que ser evitada.

Chicha é uma bebida alcoólica feita de milho, semelhante à cerveja. Ver CHICHA. O milho é também a base para a produção de *bourbon*, que por lei deve ser feito a partir de 51% desse material. O restante dos grãos pode ser trigo ou centeio e cevada malteada.

Watson, S. A.; Ramstad, P. E. **Corn: chemistry and technology.** St. Paul: American Association of Cereal Chemists, 1997.

Charles W. Bamforth

milho (*maize*) é usado como fonte primária de carboidratos para algumas bebidas tradicionais semelhantes à cerveja na América Latina e África e como um adjunto para a produção de cerveja, no mercado de massa, na maior parte do mundo. Enquanto a maioria dos consumidores de cerveja pode não reconhecer tais bebidas como "cerveja", elas são bebidas fermentadas feitas de grãos, e são, portanto, mais conhecidas como cervejas de milho. Os métodos para a produção da tradicional cerveja de milho podem variar amplamente, e muitos deles pouco mudaram ao longo de milhares de anos. Geralmente, essas bebidas apresentam alta concentração de sólidos e podem ser mais espessas e mais opacas que as cervejas comerciais. Elas são frequentemente consumidas em várias etapas durante o processo de fermentação e, consequentemente, não resistem bem ao armazenamento. As tradicionais cervejas de milho fornecem calorias, proteínas e vitaminas do complexo B. Dietas à base de milho são frequentemente pobres em niacina, mas os sintomas de sua deficiência são incomuns em sociedades que usam parte da colheita para a produção de cerveja de milho. Tipos específicos de milho são utilizados e, frequentemente, especiarias são adicionadas para se obter a cor, o sabor e a consistência desejados para satisfazer as preferências locais. As tradicionais cubas utilizadas na produção da cerveja muitas vezes servem como uma fonte natural de leveduras e bactérias que realizam a fermentação, mas os inóculos de bateladas anteriores ou outros catalisadores também podem ser utilizados. Para muitos produtos, a fermentação do ácido láctico é usada para azedar o malte ou a mostura antes da fermentação alcoólica. O teor de álcool da tradicional cerveja de milho geralmente varia de 2% a 3% ABV. "Chicha" é um nome comum para a cerveja de milho produzida por indígenas dos Andes e nas baixas altitudes de Equador, Brasil, Peru, Bolívia, Colômbia e Argentina, mas o termo também se refere à cerveja feita a partir de outras plantas e algumas bebidas não alcoólicas. A farinha de milho grossa era tradicionalmente mastigada pelas mulheres antes da fermentação, e a enzima ptialina (um tipo de amilase), presente na saliva, convertia o amido em maltose e dextrinas. Hoje, o milho é mais comumente germinado (malteado) para produzir amilase para a conversão do amido na produção de chicha. O malte de milho contém grande concentração de alfa-amilase, mas baixa concentração de beta-amilase, e possui quantidades limitadas de outras enzimas diastáticas presentes na cevada. A chicha desempenha um papel importante na vida familiar e social e em cerimônias religiosas e culturais. Embora inicialmente produzida de forma caseira, a chicha foi um dia feita em grandes cervejarias estatais e foi utilizada como moeda de troca durante o Império Inca. Outras formas de cerveja indígena de milho na América Latina incluem o *tesguino* no México e o cauim no Brasil. O milho também é usado para fazer bebidas tradicionais fermentadas em muitos países africanos. Essas cervejas são azedas e opacas, e geralmente são servidas quentes. A farinha e o malte de milho podem também ser misturados, em várias proporções, com sorgo e milheto, em função do custo, disponibilidade e tradições locais. Sorgo e milheto são culturas indígenas e são preferidos para a malteação, mas o milho é, cada vez mais, utilizado como um adjunto amiláceo tanto na cerveja tradicional quanto na produção de cerveja *lager* comercial em toda a África. Embora a maioria das cervejas de milho tradicionais seja produzida de forma caseira, a produção comercial está bem estabelecida em alguns países do leste e do sul da África.

Haggblade, S.; Holzapfel, W. H. Industrialization of Africa's indigenous beer brewing. In: Steinkraus, K. H. (Ed.). **Industrialization of indigenous fermented foods.** 2. ed. New York: Marcel Dekker, 1989. p. 271-361.

Steinkraus, K. H. Indigenous fermented foods in which ethanol is a major product: Type and nutritional significance of primitive wines and beers and related alcoholic foods. In: Steinkraus, K. H. (Ed.). **Handbook of indigenous fermented foods.** 2. ed. New York: Marcel Dekker, 1996. p. 363-508.

Jennifer Kling

milk stout (também conhecida como "*cream stout*" ou "*sweet stout*") é um tipo peculiar de *dark ale* (*stout*), produzida com adição de lactose, o açúcar do leite. O açúcar do leite não pode ser fermentado pelas leveduras cervejeiras e, como consequência, contribui para dar corpo e um toque de dulçor à cerveja. O açúcar do leite também contribui para a sensação de boca da cerveja, que é geralmente descrita como "cremosa". Os maltes torrados conferem sabores de chocolate e café, e a maioria dos exemplares recebe apenas uma lupulagem moderada.

A ampla família de estilos das *dark ales*, coletivamente conhecida como "*stouts*", evoluiu a partir do estilo *porter*, muito popular no Reino Unido durante os séculos XVIII e XIX. As *milk stouts*, mais adoçadas, apareceram no final do século XIX. Em 1907, a inglesa Mackeson Brewery, de propriedade da Whitbread (hoje pertencente à família de marcas da Anheuser-Busch InBev), lançou uma *milk stout* que exibia um latão de leite no rótulo. Ver MACKESON STOUT. Essa versão da Mackeson ainda é produzida e apresenta baixo teor alcoólico (3% ABV). A lactose é adicionada à tina na forma cristalizada, juntamente com o lúpulo, durante a fervura do mosto. Assim como a Mackeson, a maioria das *milk stouts* apresentava densidade de extrato original relativamente baixa, em torno de 10 °P. Após a introdução dessa cerveja com sucesso pela Mackeson, outras cervejarias empenharam-se em elaborar suas próprias *milk stouts*, mas jamais chegaram a ser importantes no mercado dessa cerveja especial.

Embora seja um estilo de cerveja que se originou no século XIX, a *milk stout* chegou ao auge da popularidade após o final da Segunda Guerra Mundial. A *cream stout* era aclamada com uma bebida saudável e chegou até a ser consumida por mães lactantes e atletas em treinamento. Durante o período de racionamento de alimentos que se sucedeu à Segunda Guerra Mundial, o governo britânico ordenou que as cervejarias eliminassem a palavra "*milk*", leite, de seus rótulos e anúncios e deixassem de fazer qualquer referência ao leite em suas imagens, já que a cerveja não continha leite propriamente dito.

O estilo perdeu popularidade no Reino Unido no final do século XX, mas em outros países, especialmente na África do Sul, a *milk stout* encontrou muitos seguidores. A South African Breweries, por exemplo, lançou a *castle milk stout*, com 6% ABV, em 2003 e continua a produzi-la em nove países africanos. As cervejarias artesanais americanas também resgataram o estilo nos últimos anos, às vezes adotando o "estilo Guinness" de extrair a cerveja embarrilada (com uma mistura de nitrogênio e dióxido de carbono) para realçar o dulçor e a textura cremosa da cerveja. Alguns cervejeiros modernos adicionam a lactose após a fermentação, adoçando a cerveja antes do envase.

Ver também CERVEJA NITROGENADA.

Brewers Association. **The Brewers Association guide to American craft beer**. Boulder: Brewers Association, 2009.

Lewis, M. **Stout**. Boulder: Brewers Publications, 1995.

Jeff Mendel e Keith Villa

Miller Brewing Company foi fundada por Frederick Miller em 1855. Miller nasceu Friedrich Eduard Johannes Müller, em Riedlingen, Alemanha, em 1824, e imigrou para os Estados Unidos em 1854. Ele comprou a Plank Road Brewery, perto de Milwaukee, em 1855; esta se tornou a Miller Brewing Company. Miller e seus herdeiros administraram a cervejaria até 1966, quando foi comprada por W. R. Grace, que foi seu proprietário durante três anos. Em 1969, a empresa de tabaco Philip Morris assumiu o controle da Miller e a administrou durante 32 anos, transformando-a na segunda maior cervejaria dos Estados Unidos, em grande parte através de campanhas de marketing bem-sucedidas. Em 2002, a South African Breweries (SAB) adquiriu a Miller e formou uma nova empresa, a SABMiller, com sede em Londres, Inglaterra. Ver SABMILLER. Em 2007, o mercado de cerveja americano tornara-se altamente competitivo e, para melhorar as sinergias, a SABMiller fundiu suas operações nos Estados Unidos com a Molson Coors, originando a MillerCoors. Ver MOLSON COORS BREWING COMPANY. Essa empresa, sediada em Chicago, tem como alvo apenas o mercado dos Estados Unidos e de Porto Rico, enquanto a SABMiller e a Molson Coors continuam competindo fora dessas regiões. Algumas das marcas de cerveja mais famosas da Miller incluem a Miller Lite, Miller High Life, Miller Genuine Draft, Milwaukee's Best e as cervejas da marca Hamm. A cervejaria da Miller em Milwaukee, Wisconsin, ainda é considerada a principal entre as seis antigas cervejarias Miller Brewing Company.

Ver também MILWAUKEE.

Keith Villa

Milwaukee é a cidade mais populosa do estado de Wisconsin, Estados Unidos, com cerca de 600 mil habitantes, localizada na costa sudoeste do lago Michigan. Madison pode até ser a capital do estado, mas os amantes de cerveja sabem que Milwaukee já deteve o título bem mais estimado de "Capital Mundial da Produção de Cerveja". Em seu auge, durante o período pós-Guerra Civil nos Estados Unidos, o nome Milwaukee se tornou sinônimo de cerveja, pois era o lar de quatro das maiores cervejarias dos Estados Unidos: Miller, Pabst, Schlitz e Blatz.

Naquela época, nenhuma outra cidade do mundo produzia mais cerveja do que Milwaukee. Atualmente, restam apenas a Miller – agora parte da MillerCoors – e a Pabst como heranças da rica história cervejeira da cidade. Há muitas razões pelas quais Milwaukee ganhou tal importância na produção de cerveja norte-americana. Uma delas é o grande número de imigrantes alemães que lá se estabeleceram, desde a década de 1850. Em sua busca por oportunidades econômicas e liberdade religiosa e política, também trouxeram consigo o seu apreço pela cerveja, em particular a *lager*. Assim que as comunidades de língua alemã se estabeleceram, as cervejarias começaram a surgir para atender à demanda. A localização de Milwaukee em frente ao lago, combinada com os invernos frios, ofereciam uma fonte praticamente inesgotável e barata de gelo para manter a cerveja fria durante a produção tradicional das *lagers*. O fato de que muitos desses imigrantes alemães eram cervejeiros experientes também ajudou. Milwaukee também era um importante centro de transporte de água do lago Michigan, com recentes conexões ferroviárias para o interior agrícola de Wisconsin e outras localidades. A localização de Milwaukee provou-se perfeita para as exportações de cerveja e de matérias-primas cervejeiras como cevada, trigo e lúpulo. O comércio de madeira – essencial para tanoaria – também prosperou. O grande incêndio de Chicago, em 1871, de-

Em seu auge, Milwaukee era a "Capital Mundial da Produção de Cerveja", e "cervejarias Milwaukee" estavam presentes em todo o território dos Estados Unidos e até na América Central. Do canto superior esquerdo em sentido horário: cartão-postal, c. 1933; rótulo de cerveja, c. 1933; rótulo de cerveja, c. 1933; decalque de janela, c. 1933; folheto, c. 1920 (Panamá); cartão-postal, 1910; rótulo de cerveja, c. 1933. PIKE MICROBREWERY MUSEUM, SEATTLE, WA.

sempenhou um papel importante na expansão das cervejarias de Milwaukee, pois foram elas que rapidamente supriram a demanda de cerveja que as cervejarias destruídas de Chicago já não podiam mais atender. Logo após o incêndio, havia carregamentos regulares de cerveja para a devastada Chicago, especialmente da Schlitz, dobrando rapidamente as vendas da cervejaria. Esse episódio também rendeu à Schlitz o *slogan* "A cerveja que fez Milwaukee famosa". Quando o gênio do transporte de cerveja em longa distância saiu de dentro da lâmpada, foi impossível deter os barões de Milwaukee, e conforme as cervejarias cresciam, cresciam também os boatos sobre fusões comerciais. Em 1873, a cervejaria Tennessee Bratton and Sons fez uma oferta pela Schlitz, que foi rejeitada. Em 1889, três cervejarias de Milwaukee – Franz Falk, Jung e Borchert – se fundiram e formaram a Falk, Jung & Borchert Brewing Co., que foi adquirida pela Pabst quatro anos depois. Nesse mesmo ano, um cartel britânico traçou um plano para fundir a Schlitz, Pabst e Blatz, porém a Schlitz e a Pabst, as duas cervejarias líderes de Milwaukee na época, recusaram a proposta. Em seguida, a Blatz se fundiu com a Milwaukee and Chicago Breweries. Em 1902, a Schlitz atingiu a marca de 1,17 milhão de hectolitros por ano, superando a Pabst como maior cervejaria dos Estados Unidos. Nessa época, as cervejarias de Milwaukee tinham se tornado um dos alicerces da economia de Wisconsin, pois geravam empregos, consumiam diversas matérias-primas agrícolas e madeira e vendiam os grãos usados para ração animal. No entanto, nem mesmo Wisconsin foi poupada do zelo e do fervor do crescente movimento nacional da temperança, que se tornou o símbolo de uma luta cultural subjacente entre os protestantes anglo-saxões, normalmente mais austeros, e os alemães muitas vezes católicos e mais gregários. Mas foi necessária uma elevação do sentimento antialemão durante a Primeira Guerra Mundial para que o movimento pela total abstinência virasse prioridade nacional. A Lei Seca, promulgada pelo Ato Volstead de 1919, foi devastadora para Milwaukee, e, não surpreendentemente, Wisconsin tornou-se um dos primeiros e principais estados a requisitar sua revogação. Já em 1926, os eleitores de Wisconsin aprovaram um referendo que barrava certas exigências da Lei Seca e legalizava a produção e venda de cervejas com teor alcoólico de 2,75%; três anos mais tarde, eles conseguiram revogar todas as disposições da Lei Seca.

Percebendo os ventos políticos em Wisconsin, um de seus senadores, John J. Blaine, elaborou uma emenda constitucional para a revogação nacional da Lei Seca, que, após algumas modificações, foi ratificada em 5 de dezembro de 1933 como a Vigésima Primeira Emenda. Com o fim da Lei Seca, muitas das cervejarias de Milwaukee retomaram suas atividades, e, após o término da Segunda Guerra Mundial, cervejas de companhias como Schlitz, Pabst, Miller e Stroh se estabeleceram firmemente como marcas nacionais. Entretanto, seus produtos também se tornaram muito semelhantes, o que significava que a concorrência entre as grandes cervejarias norte-americanas não tinha como critério diferenças no sabor da cerveja, mas sim o preço final do produto. Muitas cervejarias também procuraram salvação na produção das chamadas cervejas de alto valor agregado, como a Old Milwaukee da Schlitz, lançada em 1955. No início da década de 1970, a Miller Brewing Company tinha se tornado uma subsidiária integral da gigante do tabaco Philip Morris, ao passo que a Schlitz se tornou a primeira vítima do novo foco em preços baixos. Enquanto testava métodos de alta fermentação e fermentação contínua, buscando uma produção mais rápida e rentável, a Schlitz acabou modificando sua cerveja principal não intencionalmente. O sabor da cerveja estava diferente, sua estabilidade tornou-se suspeita e a cervejaria entrou em declínio. Ver FERMENTAÇÃO CONTÍNUA. Em 1976, a Schlitz tinha caído para o segundo lugar em volume produzido, superada pela Anheuser-Busch, e em 1982 foi adquirida pela Stroh Brewery Company de Detroit, Michigan. Como a política de preços baixos e promoções por parte das grandes cervejarias nacionais prosseguiu, o declínio do capital cervejeiro americano, outrora inabalável, não pôde ser detido. Em 2002, até mesmo a Miller, que mais tinha se beneficiado com as dificuldades enfrentadas pelas pequenas cervejarias, foi comprada pela South African Breweries. Então, em 2006, a antes poderosa Pabst Brewing Company fechou sua unidade de produção em Milwaukee e mudou sua sede para Woodridge, Illinois. Dois anos mais tarde, a Miller se fundiu com a Coors, formando a MillerCoors. Atualmente, várias das marcas de cerveja que um dia fizeram a fama de Milwaukee, como a Schlitz e a Pabst, são agora propriedade de uma corporação financeira e são produzidas sob contrato, por ironia, pela MillerCoors. Milwaukee agora desfruta do ressurgimento de uma cultura cervejeira artesanal liderada por diversas cervejarias, como a Sprecher e a Lakefront, enquanto os edifícios das antigas e gigantes cervejarias de Milwaukee são silenciosamente sendo convertidos em condomínios e *shopping centers*.

Miller, C. H. **Why Milwaukee?** Disponível em: http://www.beerhistory.com/library/holdings/milwaukee.shtml. Acesso em: 10 out. 2010.

Miller, C. H. **The rise of beer barons**. Disponível em: http://www.beerhistory.com/library/holdings/beerbarons.shtml. Acesso em: 10 out. 2010.

Miller Brewing Company. Disponível em: http://www.fundinguniverse.com/company-histories/Miller-Brewing-Company-Company-History.html. Acesso em: 10 out. 2010.

Proud History. Disponível em: http://www.millercoors.com/who-weare/miller-coors-history.aspx. Acesso em: 10 out. 2010.

Stephen J. Pittman e Horst Dornbusch

mirceno é um tipo de óleo essencial do lúpulo e o mais abundante hidrocarboneto dos óleos do lúpulo. Assim como outros óleos essenciais, ele se desenvolve na glândula de lupulina do cone de lúpulo, sendo formado durante toda a fase de maturação do cone. Conforme o cone do lúpulo amadurece, vestígios de compostos oxigenados do óleo essencial aparecem em primeiro lugar. Eles são seguidos pelo beta-cariofileno e humuleno, e, finalmente, pelo mirceno. A quantidade de mirceno continua aumentando com o amadurecimento, o que não ocorre com as quantidades de beta-cariofileno e humuleno. A percentagem de mirceno, consequentemente, pode servir como um indicador do estado de maturação do lúpulo. A relação entre humuleno e cariofileno, por outro lado, pode servir como um indicador varietal. Os níveis de mirceno são normalmente 50% ou mais dos óleos totais no momento da colheita. Em alguns casos, chegam a ultrapassar 70%, o que costuma ocorrer com variedades americanas como Cascade e Centennial. Ver CASCADE. O mirceno tem um aroma fresco e herbal característico de lúpulo. Ele tem o limiar de odor mais baixo – 13 ppb – dos principais hidrocarbonetos do óleo de lúpulo e é, portanto, o mais fortemente aromático. As cervejas altamente lupuladas durante o *dry hopping* com variedades de lúpulo americano podem ter um pronunciado aroma de mirceno. O mirceno, no entanto, é muito volátil, o que significa que uma fervura prolongada faz com que praticamente todo o mirceno escape através da chaminé da tina de fervura e muito pouco permaneça na cerveja. O precursor do mirceno é o composto químico pirofosfato de geranil. A sua oxidação, assim como os seus subsequentes rearranjos químicos durante a fase de crescimento do lúpulo podem conduzir a uma gama de compostos florais, frutados e cítricos. Estes incluem linalol (floral-cítrico), nerol (cítrico, floral-rosa fresca), geraniol (floral-rosa, gerânio), citral (cítrico-limão-tipo bala), e limoneno (cítrico-laranja-limão). Ver LINALOL. Estes últimos compostos são consideravelmente mais solúveis em água do que o mirceno, razão pela qual são mais facilmente extraídos para a cerveja pronta.

Ver também ÓLEOS DO LÚPULO.

Thomas Shellhammer

moagem é a trituração física dos grãos de malte em partículas menores na sua preparação para mosturação e filtração. Os vários processos de moagem devem ser realizados com cuidado, de modo a encontrar um equilíbrio entre uma moagem muito fina e uma muito grossa. Ver FILTRAÇÃO e MOSTURAÇÃO. Quanto mais fina a moagem, maior será a quantidade de mosto açucarado passível de ser extraído de uma determinada quantidade de grãos moídos. Ver MOSTO. Ao menos em teoria, a farinha de malte finamente moída resulta, de longe, na extração mais econômica na sala de brassagem. Na prática, contudo, o oposto é verdadeiro: quanto mais fina a moagem, mais a mostura vai se aglutinar e se tornar pegajosa, uma vez que as cascas de malte foram pulverizadas juntamente com o endosperma amiláceo. A casca pulverizada não serve para "afofar" a camada de bagaço de malte no leito de filtração para uma adequada aspersão dos açúcares na filtração do mosto. Ver ASPERSÃO DO MOSTO. No outro extremo, uma moagem muito grossa, embora possa formar uma camada de grãos com boa drenagem na tina de filtração, reduziria a área de superfície do total de grãos moídos que está exposta às enzimas. Dessa forma, a conversão dos beta-glucanos, proteínas e amido poderia ser deficiente. Ver AMIDO, BETA-GLUCANOS e PROTEÍNAS. Dado que ambas as moagens, excessivamente fina e excessivamente grossa, significam uma redução na obtenção de extrato na sala de brassagem, a moagem de fato utilizada pela maioria dos cervejeiros no mundo real

O moinho de grãos na Hook Norton Brewery, em Oxfordshire, Inglaterra, data de 1899 e é movido por um motor a vapor do mesmo ano. CATH HARRIES.

é um meio-termo entre teoria e prática. Para uma eficiência e uma produção ótimas na sala de brassagem, por conseguinte, o moinho deve ser ajustado para produzir uma textura granulada, em vez de farinácea ou pedaçuda, sendo que o ajuste da distância depende de vários fatores: o tipo, tamanho, dureza e friabilidade dos grãos; a forma como os grãos foram preparados para a moagem (secos ou molhados); e o tipo de equipamento que faz a moagem. Ver FRIABILIDADE, MOAGEM SECA, MOAGEM ÚMIDA e MOINHO DE MARTELO. Como regra geral, uma tina combinada de mosturação-filtração (tal como a utilizada para mosturas com infusão de temperatura única no Reino Unido e em algumas pequenas cervejarias em outros lugares) requer uma moagem muito grossa, de modo a evitar uma má filtração ou uma mostura pegajosa. Uma tina de filtração separada normalmente pode utilizar grãos com moagem mais fina, o que gera um melhor rendimento de extrato; um filtro de mosto pode utilizar grãos com moagem quase farinácea. Um filtro de mosto é, de longe, o dispositivo de extração de mosto mais eficiente, mas também é o mais caro, sendo, por isso, normalmente utilizado apenas em grandes cervejarias. Ver FILTRO DE MOSTO, TINA DE FILTRAÇÃO DO MOSTO e TINA DE MOSTURA.

As configurações do moinho, portanto, são sempre um equilíbrio entre duas exigências incompatíveis, a maximização do rendimento e o fluxo de trabalho prático na sala de brassagem. Ao mesmo tempo, elas têm uma grande influência sobre as transformações bioquímicas na tina de mostura, nos rendimentos da sala de brassagem, na composição e qualidade do mosto e, por fim, no sabor da cerveja. Uma moagem fina, semelhante a uma farinha, embora seja mais desejável para conversões enzimáticas rápidas e ideais de todos os componentes dos grãos, pode também carregar muitas substâncias indesejáveis para o mosto e para a cerveja, como silicatos, lipídios, taninos derivados da casca e proteínas moleculares grandes, que podem gerar sedimentação, turbidez e uma validade mais curta. Dada a variabilidade do conjunto de grãos de um ano de colheita para o outro, de um fornecedor para outro, e entre os conjuntos de grãos para diferentes receitas, a moagem é uma arte tanto quanto as outras partes dos processos da sala de brassagem.

European Brewery Convention (EBC). **Milling, manual of good practice**. Nürnberg: Hans Carl Verlag, 1999.

Hough, J. S. et al. **Malting and brewing science**. v. 1. London: Chapman & Hall, Ltd., 1982.

Kunze, W. **Technologie Brauer&Malzer (Technology for brewers and maltsters)**. 9. ed. Berlin: VLB Berlin, 2007.

Wackerbauer, K.; Zufall C.; Holsher, K. The influence of grist from a hammer-mill on wort and beer quality. **Brauwelt International**, n. 2, 1993.

Michael Zepf

moagem seca é o processo de moagem mais comum empregado em cervejarias modernas. Seu oposto é a moagem úmida, onde os grãos são umedecidos antes de chegarem ao moinho. Ver MOAGEM e MOAGEM ÚMIDA. A moagem seca baseia-se em um moinho de rolos de diferentes graus de complexidade com dois, quatro, cinco ou seis rolos e arranjos complexos de peneiras vibratórias, para a trituração dos grãos – malteados e/ou não malteados – em pequenas partículas e para a separação da sêmola, cascas com sêmola aderida e farinha, na preparação para a mosturação e filtração de mosto. Ver MOINHO DE ROLO. Em moinhos de rolos complexos, os grãos são passados sequencialmente e algumas vezes repetidamente por pares de rolos consecutivos com diferentes aberturas até a combinação desejada de moagem grossa e fina ser atingida. A vantagem da moagem seca, sobre a moagem úmida, é sua simplicidade. Sua desvantagem é que esse processo produz pó, com perigo de explosão em presença de faíscas.

Kunze, W. **Technology brewing and malting**. Berlin: VLB Berlin, 1996.

Horst Dornbusch

moagem úmida é uma técnica moderna utilizada para moer o malte em preparação para a mosturação. Acredita-se que traga benefícios significativos em comparação com a tradicional moagem a seco. É uma prática recomendada pelos principais cervejeiros alemães e utilizada em conjunto com uma tina de filtração. Ver TINA DE FILTRAÇÃO DO MOSTO. É muitas vezes chamada de "moagem com maceração contínua" e precisa ocorrer no tempo necessário para se mosturar os grãos moídos, normalmente cerca de vinte minutos. A tradicional moagem a seco ocorre independentemente do processo de mosturação e, geralmente, leva mais tempo como resultado. Na moagem úmida, o malte é macerado em um fluxo contínuo de água quente a fim de elevar a umidade da casca para 15%, antes de o malte ser moído em um par de rolos especialmente projetados. Na moagem úmida, a casca do grão permanece inteira em sua maior parte, enquanto na moagem a seco ela pode se fragmentar. Essa fragmentação pode retardar a filtração do mosto e causar problemas de qualidade na cerveja. Devido ao alto teor de umidade durante a moagem úmida, não há produção de pó, de modo que os riscos de explosão são eliminados e os equipamentos de remoção de pó são desnecessários. Uma vez que a casca permanece inteira, a moagem úmida permite também um menor tempo de filtração do mosto e um enchimento maior da tina de filtração (maior profundidade de grãos), bem como a redução da oxidação dos grãos e do mosto resultante. Os sistemas de moagem úmida são caros e raramente vistos em pequenas cervejarias. Ver OXIDAÇÃO.

Paul KA Buttrick

Moctezuma, Cervejaria. A Cuauhtémoc Moctezuma foi fundada em 1890 em Monterrey, Nuevo Leon, México. José Calderón e Don Isaac Garza lideravam um grupo de fundadores que também incluía José A. Muguerza, Francisco G. Sada e Joseph M. Schnaider. Inicialmente, eles investiram 150 mil pesos na criação da cervejaria, que teve início com o lançamento da marca Carta Blanca no mercado interno.

A cervejaria obteve sucesso e ao longo dos anos adquiriu mais fábricas, incluindo instalações adicionais para a produção de cerveja em Tecate (1954), Toluca (1969), Guadalajara (1970), Orizaba (1985) e Navojoa (1991), onde instalou os mais modernos equipamentos do mercado. No total, a Cuauhtémoc Moctezuma, com suas seis fábricas, produz 30,9 milhões de hectolitros por ano e emprega mais de 19 mil pessoas.

A empresa tem sido bem-sucedida recentemente em grande parte por causa do consumo de massa das suas principais exportações para os Estados Unidos, Tecate e Dos Equis, esta última amplamente conhecida pela campanha "Most Interesting Man in the World" ("O Homem Mais Interessante do Mundo"), que começou em 2006 e tornou-se nacional em 2009.

Além da produção de cerveja, Cuauhtémoc Moctezuma tem focado na criação de projetos com benefícios sociais e familiares para os seus trabalhadores e para o país. Alguns deles incluem a Sociedad Cuauhtémocy Famosa, de 1918, o Instituto Tecnologico de Estudios Superiores de Monterrey, de 1943, e o Hall of Fame for Mexican Professional Baseball, de 1973.

Em 11 de janeiro de 2010, a Heineken International anunciou a compra da Femsa, uma organização da qual Moctezuma é subsidiária.

BBC News. Disponível em: http://news.bbc.co.uk/2/hi/business/8451617.stm/. Acesso em: 4 abr. 2011.
Book Rags. Disponível em: http://www.bookrags.com/wiki/Cuauht%C3%A9moc_Moctezuma_Brewery/. Acesso em: 4 abr. 2011.
Cuauhtémoc Moctezuma Brewery. Disponível em: http://www.cuamoc.com/. Acesso em: 4 abr. 2011.
Know Your Meme. Disponível em: http://knowyourmeme.com/memes/the-most-interesting-man-in-the-world/. Acesso em: 4 abr. 2011.

Jonathan Horowitz

modificação denota a quebra química dos componentes encontrados naturalmente nos grãos. O processo é também conhecido como conversão enzimática, degradação ou solução. Ver ENZIMAS. Para os cervejeiros, as principais substâncias no grão são os amidos e as proteínas. Ver AMIDO e PROTEÍNAS. Em seus estados naturais, as moléculas de amido e de proteína são complexas demais para se adequarem à produção de cerveja. Os amidos são carboidratos que ocorrem na forma de grânulos compostos por moléculas em longas cadeias lineares ou em cadeias ramificadas. Os carboidratos podem variar amplamente em complexidade, desde estruturas altamente complexas como a celulose (madeira), até os próprios amidos, até estruturas menos complexas chamadas de açúcares. Proteínas são compostos de bases nitrogenadas. Elas também apresentam formas moleculares grandes e pequenas. O grau de modificação, portanto, é o grau no qual os amidos são convertidos em açúcares do malte; e as longas cadeias de proteína são quebradas em cadeias menores, incluindo os nutrientes das leveduras chamados de aminoácidos.

Um método comum para medir a modificação em malte base é o método Calcofluor-Carlsberg da Middle European Analyzing Commission for Brewing Technologies/European Brewery Convention (Mebak/EBC). Essa análise apoia-se na quebra progressiva das células do endosperma ricas em beta-glucano como um indicador correlacionado para a modificação. Ver ENDOSPERMA e GLUCANOS. Ele consiste em retirar amostras de grãos de uma batelada de malte base após a secagem. Os grãos da amostra são então cortados longitudinalmente ao meio e tingidos com uma solução de fluorocromo (calcofluor), que se conecta aos beta-glucanos, e com uma tintura verde (chamada de *Fast Green FCF*) para mascarar a fluorescência não específica. Quando os grãos corados são inspecionados sob luz ultravioleta, as células não modificadas apresentam uma fluorescência azul-clara, enquanto as células modificadas, um azul opaco. Cada grão da amostra é então avaliado quanto ao seu conteúdo em porcentagem de células modificadas. Em seguida, os grãos são separados em seis categorias crescentes de porcentagem de modificação (0% a < 5%; 5% a < 25%; 25% a < 50%; 50% a < 75% e 75% a 100%). Esses dados são então utilizados para computar um índice de modificação agregado, expresso em porcentagem, para toda a batelada da qual a amostra foi retirada. O cervejeiro buscará um nível de modificação que se adeque à cerveja pretendida e à tecnologia de produção empregada. Mosturações por infusão em temperatura única tendem a necessitar de maltes com altas porcentagens de modificação, mas os cervejeiros que empregam mosturações de temperaturas programadas podem utilizar maltes menos modificados. Já aqueles utilizando decocção podem usar maltes que outros cervejeiros achariam pouco modificados. Ver MOSTURAÇÃO. Note que a análise da Mebak/EBC não é adequada para maltes especiais como Munique, caramelo ou Crystal.

A friabilidade é uma outra indicação, embora indireta, da modificação do malte, sendo a capacidade do malte esmigalhar ou quebrar durante a moagem. Ver FRIABILIDADE. Assim como a modificação, a friabilidade é expressa em porcentagem e indica a extensão do aspecto farináceo dos grãos (em oposição ao rígido "aspecto vítreo"). Maltes não suficientemente modificados serão relativamente menos farináceos que os maltes devidamente modificados. Um malte base aceitável deveria ser pelo menos 75% friável; 80% é considerado bom, enquanto 88% é considerado excelente. Valores de friabilidade acima de 95%, por outro lado, poderiam ser um indicador de defeitos estruturais do endosperma, geralmente causados por infestações por pragas. Ver também AÇÚCAR, DEXTRINAS, DIASTASE, FRUTOSE, GLICOSE, MALTODEXTRINAS, MALTOSE, MALTOTRIOSE, MELIBIOSE, PROTEÓLISE e SACAROSE.

Briggs, D. E. **Malts and malting**. London: Chapman & Hall, 1997.
Narziss, L. **Die Technologie der Malzbereitung (Technology of malt preparation)**. 6. ed. Stuttgart: Ferdinand Enke Verlag, 1976.

Thomas Kraus-Weyermann

A **modificação do endosperma** é realizada pela ação das enzimas que resulta no desenvolvimento do extrato cervejeiro no endosperma dos grãos de cereal durante a malteação. A moagem e mosturação dos grãos malteados transformarão o extrato potencial em "extrato cervejeiro". O extrato potencial da cevada malteada desenvolve-se durante o processo de malteação. Durante a malteação, o embrião germinado secreta hormônios vegetais naturais denominados giberelinas (por exemplo, ácido giberélico) na camada de aleurona adjacente. Ver GIBERELINAS. Esses hormônios induzem as células de aleurona a produzir enzimas que degradam o endosperma, como as endo-beta-glucanases e as pentosanases (que degradam as paredes celulares); endoproteases (que degradam as proteínas de armazenamento); e alfa-amilase, beta-amilase e dextrinase limite (que degradam o amido). A liberação da enzima endoprotease no endosperma amiláceo durante a malteação ativa as enzimas beta-amilase (produtora de maltose) e carboxipeptidase (produtora de aminoácidos). As principais enzimas causadoras de modificação no endosperma amiláceo durante a malteação são as beta-glucanases e as endoproteases. Os fatores que influenciam a modificação do endosperma são a facilidade e a uniformidade da hidrólise enzimática do endosperma amiláceo durante a malteação, a umidade fora da maceração necessária para promover uma modificação efetiva do endosperma, a uniformidade da germinação e da produção de hormônios, a quantidade produzida de enzimas que hidrolisam o endosperma e os métodos utilizados no processo de malteação.

Alguns desses fatores são determinados pelas características de cada variedade; alguns estão relacionados com a prática da malteação, como um tempo suficiente de maceração para assegurar que a hidratação dos grãos seja a ideal e que os níveis microbianos da casca fiquem baixos. Durante a malteação, apenas 10% do amido do endosperma é quebrado. Entretanto, a hidrólise proteica, oriunda principalmente da hordeína, é de cerca de 40%, enquanto a hidrólise da parede celular, em termos de beta-glucano, é de aproximadamente 90% nos maltes bem modificados. Os graus de modificação do endosperma podem ser descritos como pouco modificados, bem modificados ou supermodificados. Nos maltes pouco modificados, a produção de extrato na sala de brassagem pode ficar abaixo do ideal e o extrato pode ocultar a hidrólise insuficiente da parede celular e dos materiais proteicos, o que poderia causar problemas como uma filtração lenta do mosto e/ou da cerveja e o surgimento de turbidez. Nos maltes supermodificados, a moagem pode produzir muita farinha, tornando a filtração do mosto mais lenta e diminuindo o rendimento do extrato. A hidrólise proteica pode ser excessiva, o que pode levar a um desenvolvimento demasiado de cor, um potencial de espuma reduzido e níveis muito altos de aminoácidos. A mistura equivocada de maltes de diferentes modificações pode esconder possíveis problemas na produção de cerveja, embora as especificações das modificações possam ter sido atendidas analiticamente. Todos os cereais podem ser malteados. Contudo, é improvável que os princípios da modificação sejam idênticos aos da cevada malteada. O trigo malteado tem um potencial de espuma alto, mas contém altos níveis de glúten. Em contrapartida, os maltes de sorgo são usados para fazer cerveja sem glúten.

Ver também EXTRATOS.

Palmer, G. H. Achieving homogeneity in malting. In: **Proceedings of the European Brewery Convention Congress**, Cannes, França. Oxford: IRL Press, 1999, p. 323-363.

Palmer, G. H. (Ed.). **Cereal science and technology**. Aberdeen: Aberdeen University Press, 1989, p. 61-242.

Geoff H. Palmer

moinho de martelo é um dos muitos tipos de moinhos empregados na cervejaria para triturar grãos – malteados e/ou não malteados, dependendo da receita da cerveja – na preparação para a mosturação e a filtração do mosto. Outros tipos são os moinhos de rolo secos e úmidos. Ver FILTRAÇÃO DO MOSTO, MOAGEM, MOAGEM SECA, MOAGEM ÚMIDA e MOSTURAÇÃO. Enquanto a maioria dos moinhos não tritura os grãos em um pó fino como farinha, os moinhos de martelo são projetados para alcançar uma granulometria perfeitamente fina na trituração. Em teoria, quanto mais fina a trituração, mais fácil para as enzimas do malte acessarem o amido dos grãos na mosturação, com o objetivo de convertê-los em açúcares no mosto. A moagem fina também melhora a proteólise, que pode ser importante no caso de maltes pouco modificados. Ver MODIFICAÇÃO e PROTEÓLISE. Na prática, entretanto, as partículas finas tendem a se aglomerar na mostura, tornando o mosto pastoso demais para que a sua parte líquida extraia os açúcares produzidos. Em vez disso, os açúcares ficam presos. Por essa razão, os moinhos de martelo podem ser utilizados apenas nas cervejarias que empregam um filtro de mosto, e não uma tina de filtração. Ver FILTRO DE MOSTO. O desenho de um moinho de martelo consiste em uma estrutura de metal redonda, geralmente horizontal. O topo da estrutura tem uma abertura para a entrada dos grãos, enquanto a metade do fundo da estrutura é perfurada e serve como uma peneira de triagem. Uma haste é montada centralmente dentro da estrutura. Nela ficam fixados um ou mais discos perpendiculares, e da extremidade de cada disco projetam-se para fora muitas palhetas, barras, pinos ou "martelos" montados fixos ou móveis. Dependendo do formato do martelo, o moinho pode também ser chamado de moinho de pino. Conforme a haste e os discos rotacionam, os martelos esmagam os grãos em pedaços até eles serem pulverizados e passarem através da peneira, de onde eles são mandados para a mostura. Existem também moinhos de martelo verticais, os quais operam segundo o mesmo princípio. Se utilizados em conjunto com um filtro de mosto, os moinhos de martelo possibilitam a extração mais econômica de mosto, mas também adicionam mais beta-glucanos ao mosto, o que mais tarde pode causar problemas na filtração da cerveja.

Ver também BETA-GLUCANOS e FILTRAÇÃO.

Kunze, W. **Technology brewing and malting.** Berlin: VLB Berlin, 1996.

Horst Dornbusch

moinho de rolo é o equipamento mais comum para a moagem do malte e dos grãos para o preparo da mostura. Moinhos de rolo diferem no número de rolos operados em série e pelo tratamento do malte ou do grão antes e durante o processo de moagem. Existem a moagem seca, a moagem seca condicionada e a moagem úmida. A moagem em si ocorre entre um par de rolos cilíndricos que giram em direções opostas. Os rolos são lisos, ou, em novos moinhos, serrilhados, e eles giram a velocidades diferentes ou idênticas. Eles são especialmente fabricados para terem a superfície dura necessária para a moagem. Rolos girando em velocidades diferentes pressionam os grãos e os cortam em pedaços menores, enquanto superfícies serrilhadas também fendem o grão. Deve-se tomar cuidado para que a superfície serrilhada dos rolos não perca o fio com objetos duros, como pedras ou metal. Para evitar que isso ocorra, um separador de pedras e um imã costumam ser instalados no caminho do malte ou dos grãos, logo antes do moinho. O imã é também uma precaução essencial contra explosões de poeira que podem ser desencadeadas pelo atrito de objetos metálicos com os rolos.

É a variação da distância entre os rolos que determina a granulometria do grão moído, assim como em quanto tempo a moagem se completará. Isso, por sua vez, tem um efeito sobre a eficiência e o rendimento da sala de brassagem como um todo. A moagem do malte para uma produção normal de cerveja não deve levar mais do que uma a duas horas. O tempo depende do comprimento dos rolos, do teor de umidade do malte, da velocidade do rolo e do tipo da superfície do rolo. Em alguns moinhos de rolo, os grãos moídos podem ser separados por tamanho, e algumas frações de grãos moídos podem ser passadas pelo moinho uma segunda ou até uma terceira vez.

O moinho mais simples, mais comum, mas menos eficiente é um moinho de dois rolos geralmente encontrado em pequenas cervejarias ou *brewpubs*. Ambos os rolos giram na mesma velocidade. O malte passa através dos rolos apenas uma vez. O uso de tais moinhos, portanto, requer maltes bem modificados e homogêneos.

Moinhos de quatro rolos são mais comuns em cervejarias de médio porte. Eles consistem em dois pares de rolos, um em cima do outro. O malte passa através do primeiro conjunto de rolos e é direcionado para uma peneira que deixa passar os grãos moídos mais finos. O restante, os grãos moídos mais grossos, é direcionado ao segundo par de rolos.

Os moinhos de seis rolos são os mais flexíveis. Eles podem ser adaptados a diferentes maltes secos para produzir grãos moídos para qualquer mostura. Depois do primeiro par de rolos, o grão moído é separado em três frações por um conjunto de duas peneiras. A fração mais fina, que é basicamente farinha, é direcionada para fora do moinho. Uma fração mais grossa contorna o segundo par de rolos e é enviada diretamente ao terceiro par para ser moída novamente, enquanto a fração mais grossa de todas, que consiste em casca com restos de endosperma, é direcionada ao segundo par, também para ser moída novamente. Essa fração é então peneirada e separada em casca, grão moído grosseiro e farinha. A fração grossa dessa etapa de moagem é então direcionada ao terceiro par de rolos para ser moída uma terceira vez.

O fracionamento que é possível com moinhos de quatro e seis rolos permite uma separação opcional da casca a partir do grão moído. As cascas podem então ser adicionadas mais tarde à mostura, reduzindo a lixiviação de polifenóis adstringentes. Ao adicionar cascas à mostura, contudo, é essencial que as cascas estejam livres de restos de endosperma, porque estes contêm amidos não convertidos que poderiam acabar no mosto e na cerveja, produzindo turbidez.

Alguns moinhos modernos condicionam o malte com água antes do processo de moagem. Esse processo, chamado "moagem seca condicionada", envolve o umedecimento do conjunto de grãos para aumentar o teor de umidade das cascas, mas não significativamente do endosperma. Os grãos úmidos são então moídos normalmente. A umidade torna as cascas menos quebradiças, o que resulta em frações maiores de casca. Isso apresenta numerosas vantagens, incluindo uma filtração mais eficiente e rápida do mosto, maior rendimento na sala de brassagem e cervejas mais suaves. Uma desvantagem é o risco mais elevado de contaminação microbiológica oriunda da umidade depositada dentro do próprio moinho. Esses moinhos, portanto, devem ser cuidadosamente limpos depois do uso.

No processo chamado de moagem úmida, o grão é efetivamente embebido em água até conter no máximo 30% de umidade. Se a embebição for adequadamente realizada, as cascas tornam-se elásticas e o endosperma é espremido para fora durante a moagem utilizando um moinho simples de dois rolos.

Ver também CONJUNTO DE GRÃOS, MOAGEM e MOAGEM ÚMIDA.

GEA Brewery Systems GmbH. **Millstar brochure.** Huppmann Tuchenhagen, 2009.

Kunze, W. **Technologie Brauer & Mälzer (Tecnologia para cervejeiros e malteiros)**. 9. ed. Berlin: VLB Berlin, 2007.

Narziss, L. **Abriss der Bierbrauerei (Resumo da produção de cerveja)**. 7. ed. Weinheim: Wiley-VCH Verlag GmbH & Co. KGaA, 2005.

Wolfgang David Lindell

Molson Coors Brewing Company

Molson Coors Brewing Company foi criada em 2005 com a fusão da Coors Brewing Company, do Colorado, e a gigante cervejaria canadense Molson. A fusão ocorreu a fim de criar uma empresa com força operacional e financeira para competir de forma eficaz entre as cinco maiores cervejarias do mundo. Antes da fusão, a Molson tinha uma lendária história, a começar por sua fundação em 1786, por John Molson. A cervejaria mostrou um crescimento consistente ao longo dos anos e se tornou muito rentável. Molson se fundiu com a cervejaria Carling-O'Keefe, em 1989, tornando-se uma das cinco maiores cervejarias da América do Norte. Em 2000, a Molson expandiu-se ainda mais com a aquisição da marca Bavária no Brasil. Em 2002, a Molson comprou a Cervejaria Kaiser, também no Brasil.

Em 1873 o imigrante alemão Adolph Coors fundou a Coors Brewing Company em Golden, Colorado. A cervejaria cresceu gradualmente até se tornar a maior cervejaria do mundo com somente uma fábrica, produzindo cerca de 23,5 milhões de hectolitros de cerveja por ano. A Coors adquiriu as instalações da Bass, no Reino Unido, em 2002, mas a marca Bass foi adquirida pela InBev. Após a fusão da Molson e da Coors, a maioria das unidades de produção de cerveja no Brasil foi vendida, deixando a empresa com um total de dezoito cervejarias: nove nos Estados Unidos, quatro no Canadá e três no Reino Unido, produzindo um total de 65 marcas. A empresa está estruturada como uma entidade composta por duas classes de propriedade, com ações das classes A e B. As ações classe A detêm a maioria dos direitos de voto e são em sua maioria de propriedade das famílias Molson e Coors. As ações classe B têm direito a voto minoritário e são mantidas por instituições e o público em geral.

Ver também BASS & COMPANY e COORS BREWING COMPANY.

Keith Villa

Moortgat

Ver DUVEL MOORTGAT.

Morávia

Morávia é uma região localizada na parte leste do território da República Tcheca, entre a Boêmia a noroeste e a Eslováquia a sudeste. Seu nome deve-se ao rio Morava, um afluente do Danúbio. A maior parte do território da Moravia é composta por uma planície fértil, que inclui a região de Haná, uma planície agrícola atravessada por sete rios. O solo rico da Morávia produz muitos cereais de alta qualidade, como milho e trigo, além de beterraba e lúpulo. Sua cultura mais valorizada, entretanto, é a cevada de primavera de duas fileiras, com baixo teor de proteína, sendo que metade de sua área plantada total, aproximadamente 100 mil hectares, atende aos altos padrões de qualidade dos malteadores e cervejeiros. Uma das mais famosas variedades de cevada da região é a chamada Old-Haná, que se tornou a progenitora genética das atuais variedades de cevada mais populares em todo o mundo. O malte Haná desempenhou um papel vital na história da produção de cerveja, pois foi utilizado como malte base para a *pilsner* original, produzida pela primeira vez em 1842 pelo mestre cervejeiro bávaro Josef Groll, na cervejaria Měšťanský Pivovar (Cervejaria dos Cidadãos) em Plzen (Pilsen), na vizinha Boêmia. A Morávia possui uma história política turbulenta. Foi fundada por tribos celtas, aproximadamente em 60 a.C., ocupada por tribos eslavas no século VI e, do século X em diante, fez parte da Hungria e depois da Áustria-Hungria. Ao final da Primeira Guerra Mundial, em 1918, passou a fazer parte da então Tchecoslováquia. Durante a Segunda Guerra Mundial, durante pouco tempo fez parte do protetorado alemão. Com a dissolução da Tchecoslováquia em 1993, a Eslováquia tornou-se um país separado e a Morávia se tornou parte da atual República Tcheca.

Ver também REPÚBLICA TCHECA.

Thomas Kraus-Weyermann

A **Moretti, Cervejaria**, fundada em 1859, é uma das mais antigas cervejarias em funcionamento na Itália. A marca leva o nome de Luigi Moretti, um comerciante de cereais, vinhos, destilados e produtos alimentícios, incluindo cerveja. Moretti comprava grande parte de suas cervejas de cervejarias localizadas dentro do Império Austro-Húngaro, um regime que a maioria os italianos odiavam por ele ter ocupado boa parte do nordeste da Itália. Assim, Moretti decidiu que seria mais rentável e patriótico fazer a sua própria cerveja, e deu início a uma "fábrica de cerveja e gelo" em Udine, no nordeste de Veneza. Como outras cervejarias que se desenvolveram na Itália na segunda metade do século XIX, a de Moretti foi influenciada pela revolução na produção de cerveja que estava em curso no sul da Alemanha, Áustria e Bohemia, a qual se baseava amplamente em malte claro e fermentação *lager*.

Ver LAGER e MALTE. Ele também teve um fator a seu favor: em Udine havia água mole profunda, que era ideal para o estilo *pilsner* que tinha sido lançado duas décadas antes na cidade de Pilsen. Ver PILSNER. Durante o seu primeiro ano de funcionamento, Moretti produziu apenas 2.500 hectolitros, principalmente para os mercados locais, e sua cervejaria cresceu lentamente, levando cerca de seis décadas para dobrar sua produção. Na movimentada década de 1920, no entanto, a Cervejaria Moretti repentinamente decolou, produzindo quase 32 mil hectolitros em 1921. A marca Moretti ganhou impulso suficiente para conduzi-la através da difícil década de 1930, da Segunda Guerra Mundial e do período de reconstrução pós-guerra. Passando de uma cervejaria regional para uma cervejaria nacional, a Moretti ultrapassou 1 milhão de hectolitros pela primeira vez em 1991, com a fábrica de Udine funcionando no limite da sua capacidade. Já era tempo de se mudar para uma fábrica maior, que foi inaugurada em 1992, em San Giorgio di Nogaro, a 32 quilômetros de Udine. Naquele ano, a Moretti também mudou seu nome corporativo para Castello di Udine. A cervejaria tinha se tornado uma empresa de tamanho considerável, que começou a atrair atenção internacional. Em 1994, a Moretti firmou uma parceria com a cervejaria canadense Labatt, que foi adquirida, um ano depois, pela cervejaria belga Interbrew, a qual, por sua vez, agora faz parte da Anheuser-Busch InBev, a maior cervejaria do mundo. Ver LABATT BREWING COMPANY LTD. O elo indireto da Moretti com a Interbrew, através do Canadá, no entanto, não parecia a solução correta, e a empresa foi adquirida, em 1996, pela gigante holandesa Heineken. Ver HEINEKEN. Hoje, a marca Moretti é exportada para mais de quarenta países, incluindo os Estados Unidos, Reino Unido, Canadá e Japão. O principal produto do portfólio da empresa é uma *lager* genérica no estilo *international pilsner*. Ver INTERNATIONAL PILSNER. Também em seu portfólio estão, entre outras cervejas, uma cerveja *bock* bastante autêntica, chamada Moretti La Rossa, e a maltada Moretti Baffo d'Oro.

Lorenzo Dabove

Morex é uma variedade de cevada de seis fileiras para malteação desenvolvida pelo dr. Donald Rasmusson, da University of Minnesota, e lançada em 1978. O nome Morex é derivado do principal atributo da cevada: "mais extrato" (*more extract*, em inglês). Foi assim chamada por produzir cerca de 2% a mais de extrato de malte em relação às variedades contemporâneas a ela. Isso representou um grande avanço no melhoramento vegetal da época. A Morex possui boa resistência à doença foliar helmintosporiose e carrega o gene *RPG1*, que lhe confere resistência às cepas de ferrugem do caule prevalentes atualmente nos Estados Unidos. Os progenitores da Morex são Cree e Bonanza. A Morex é cultivada principalmente nas planícies do norte (Minnesota, Dakota do Norte e Dakota do Sul), onde, entre 1979 e 1991, ocupava mais de 10% da área total de cultivo de cevada do país. Ela substituiu as variedades então dominantes Larker e Beacon. No início da década de 1980, começou a ser substituída por uma variedade mais recente, a Robust. Ao longo das décadas de 1980 e 1990, no entanto, continuou a ser o padrão de qualidade das cevadas de seis fileiras para malteação e brassagem nos Estados Unidos, então estabelecido pela American Malting Barley Association, Inc. (www.ambainc.org). Nesse papel, a Morex foi posteriormente substituída pela Robust e, finalmente, pela Lacey e pela Tradition. A Morex foi a variedade-chave utilizada em muitos estudos genéticos. Alguns deles voltaram-se à compreensão dos genes envolvidos nas características-chaves de qualidade de malteação, tais como extrato de malte, poder diastático e proteína no grão. A Morex também tem sido objeto de vários estudos sobre a regulação de genes durante o processo de malteação.

Kleinhofs, A. et al. A molecular, isozyme, and morphological map of the barley (*Hordeum vulgare*) genome. **Theoretical and Applied Genetics**, n. 86, p. 705-712, 1993.

Rasmusson, D. C.; Wilcoxson, R. W. Registration of Morex barley. **Crop Science**, n. 19, p. 293, 1979.

Kevin Smith

mosto é uma solução aquosa de extrato, feita a partir de grãos, que é fermentada por leveduras para a obtenção de cerveja. Para a maioria dos estilos de cerveja, o mosto acabado que chega ao tanque de fermentação é composto de 80% a 90% de água em peso. O mosto é produzido pelo processo de mosturação e, em seguida, é separado das cascas dos grãos pelo processo de filtração do mosto. Ver FILTRAÇÃO DO MOSTO e MOSTURAÇÃO. O mosto é então recolhido na tina de fervura, onde é fervido com lúpulos. Ver TINA DE FERVURA. Quando a levedura é adicionada ao mosto resfriado, a fermentação transforma o mosto lupulado em cerveja.

A composição do mosto depende da composição do conjunto de grãos, do processo de mosturação, da água cervejeira e dos lúpulos. Um mosto padrão produzido somente com malte contém, aproximadamente, 12% de monossacarídeos, 5% de sacarose, 47% de maltose, 15% de maltotriose e 25% de dextrina. A maioria desses açúcares presentes no mosto é produzida na tina de mostura, onde as enzimas presentes nos grãos convertem os amidos em açúcares. Ver AÇÚCAR, ENZIMAS e SACARIFICAÇÃO. A temperatura e a espessura da mostura terão grandes efeitos sobre o perfil de açúcar do mosto, e isso afetará sua capacidade de fermentação. Alguns estilos de cerveja exigem a adição de açúcares não derivados de grãos – fermentáveis e não fermentáveis – ao mosto para dar à cerveja pronta um sabor adicional e/ou desenvolver um teor alcoólico superior, sem perder a textura. Além de carboidratos, os componentes do mosto incluem compostos nitrogenados (principalmente proteínas), sais e minerais, ácidos, fenóis, substâncias de amargor, óleos essenciais derivados do lúpulo e lipídios.

Além da cevada, outros grãos, incluindo trigo, centeio ou aveia, podem fazer parte da mostura. Muitos estilos de cerveja são produzidos com a adição de adjuntos, como milho ou arroz, que exigem equipamentos especializados na sala de brassagem, incluindo moinhos e cozedores de cereais para gerar um mosto fermentável. Ver ADJUNTOS. Algumas matérias-primas da mostura, como o sorgo ou o trigo-sarraceno, podem produzir mostos sem glúten que darão origem à cerveja sem glúten. Ver CERVEJA SEM GLÚTEN, SORGO e TRIGO-SARRACENO.

O mosto é física e microbiologicamente instável. O processo de fervura torna o mosto estéril, preparando-o para a inoculação da levedura. A fervura do mosto também extrai amargor, sabores e aromas dos lúpulos, concentra o mosto por evaporação, libera compostos voláteis indesejados e precursores de *off-flavors*, desnatura as enzimas do malte e provoca a coagulação das proteínas e compostos fenólicos que podem ser removidos posteriormente.

A fervura na tina também promove o escurecimento do mosto e intensifica os sabores do malte, como resultado da reação de Maillard. Ver REAÇÃO DE MAILLARD. O pH do mosto também cai principalmente por causa da precipitação do fosfato de cálcio. Na maioria dos mostos, a queda é de 5,6 a 5,8 para 5,2 a 5,4, uma faixa de pH aceitável para a maioria das cepas de levedura para o início da fermentação. Ver FERMENTAÇÃO e LEVEDURA.

Os lúpulos são adicionados à tina de fervura na forma de cones, péletes ou extratos, geralmente em várias doses e em diferentes fases da fervura. O lúpulo contém dezenas de compostos de amargor, sabor e aroma que são extraídos durante a fervura. Ver ALFA-ÁCIDOS, ÓLEOS DO LÚPULO e UNIDADE DE AROMA. Se os cervejeiros usarem ervas e/ou especiarias em suas cervejas, elas geralmente também serão adicionadas à fervura. Ver ERVAS, ESPECIARIAS e GRUIT.

Outra importante função da fervura é coagular as proteínas do malte, que se reúnem em flocos visíveis chamados *hot break* ou *trub*. Ver HOT BREAK e TRUB. O *trub* também contém fenóis e taninos, bem como o bagaço de lúpulo. Grande parte do *trub* se sedimenta no fundo da tina de fervura. Tradicionalmente, o *trub* era removido pela recirculação do mosto através de um leito de flores de lúpulo inteiras, permitindo que o lúpulo atuasse como uma forma de filtro. Esse método de filtração ainda é praticado em muitas pequenas cervejarias. Atualmente, no entanto, o *trub* é geralmente removido do mosto usando uma tina especial chamada *whirlpool*, onde o mosto quente é bombeado tangencialmente em alta velocidade após a sua ebulição na tina de fervura. Ver WHIRLPOOL. As partículas do *trub* e fragmentos de lúpulo são forçados em direção às paredes laterais e finalmente para o centro do *whirlpool*, onde se depositam. O mosto clarificado é então retirado através de uma saída perto da borda no fundo do *whirlpool* e enviado a um trocador de calor para resfriamento. Ver TROCADOR DE CALOR. Uma vez resfriado até a temperatura de fermentação, o mosto é aerado ou oxigenado e, em seguida, normalmente bombeado para um tanque de fermentação, onde a levedura transforma mosto em cerveja. Ver FERMENTAÇÃO. Alguns mostos podem também ser encaminhados diretamente para a área de envase a fim de se tornar uma bebida de malte não alcoólica e não fermentada, tal como a Malta. O mosto também pode ser direcionado para um evaporador a vácuo onde será concentrado até a obtenção de um extrato de malte xaroposo, amplamente utilizado na indústria de alimentos e na produção caseira de cerveja.

Para a maioria dos estilos de cerveja, o mosto pronto que chega ao fermentador tem uma concentração de extrato entre 9 °Plato e 16 °Plato, mas alguns estilos de cerveja mais fortes necessitam de mostos muito mais concentrados, com algumas *barley wines* produzidas a partir de mostos com mais de 30 °Plato.

David Kapral

mosto primário é o mosto forte extraído da mostura no início da circulação do mosto, antes de qualquer aspersão começar. Ver ASPERSÃO DO MOSTO. Os cervejeiros normalmente verificam a densidade do mosto primário como um indicador aproximado do potencial do extrato dos grãos, na tina de mostura ou tina de filtração do mosto. A densidade do mosto primário varia muito, dependendo da razão água/grão da mostura original e da densidade do mosto que o cervejeiro pretende obter a partir dele. Não é incomum o mosto primário alcançar 20 °Plato (densidade específica 1.080) ou mais. À medida que a mostura é aspergida e os açúcares são lavados do bagaço de malte, a densidade das produções gradualmente cai e o mosto recolhido na tina de fervura torna-se diluído até a densidade pretendida.

Cervejas muito fortes são algumas vezes feitas a partir de mostos concentrados compostos de 90% a 100% pelo mosto primário e podem apresentar teor de extrato original acima de 25 °Plato (densidade específica 1.100). Aproveitar apenas o mosto primário evita a diluição indesejada do mosto, mas também deixa para trás uma elevada percentagem de açúcares não extraídos no bagaço de malte que não foi lavado. O sistema *parti-gyle* pode ser utilizado para extrair esses açúcares em um segundo mosto, dando a eles uma utilidade. Ver PARTI-GYLE. No sistema *parti-gyle*, o primeiro mosto pode seguir para uma tina de fervura na condição de mosto concentrado, talvez para fazer uma *barley wine* ou *imperial stout*. Quando a aspersão começa, o mosto filtrado é desviado para uma segunda tina de fervura a fim de produzir um mosto mais fraco, que será fervido e fermentado separadamente e dará origem a uma cerveja mais leve. Ver SMALL BEER.

Quando os cervejeiros desejam fazer cervejas muito fortes a partir do primeiro mosto, mas não têm interesse em usar o mosto mais fraco que seria obtido por meio da aspersão, os grãos podem ser descartados da tina de mostura ou da tina de filtração, que deve ser completamente drenada, mas nunca aspergida. Descartar tanto extrato de malte é dispendioso e até um desperdício, mas qualquer animal de fazenda alimentado com grãos tão carregados de açúcar estará recebendo um raro agrado.

Garrett Oliver

mostura, uma mistura semelhante a um mingau de grãos de cereais moídos (*grist*) e água cervejeira com temperatura controlada. A mosturação, o ato de produzir uma mostura, é o primeiro estágio da produção de cerveja de qualquer estilo em qualquer cervejaria. Seu objetivo é converter o amido e a proteína dos grãos em açúcares e aminoácidos de forma que sejam assimilados pelas leveduras. Ver MOSTURAÇÃO. Os cereais que compõem a mostura, a sua composição química e o volume e temperatura da água cervejeira, são componentes primordiais de uma formulação de cerveja, seu sabor final e seu caráter. A mostura é tradicionalmente feita em uma tina de mostura em cervejarias de alta fermentação no Reino Unido. Ela geralmente contém apenas cevada malteada – vários tipos de malte podem ser usados – mas, às vezes apresenta uma pequena porcentagem (15% no máximo) de outros cereais, como o trigo. A mostura em uma tina de mostura é bastante espessa se comparada com as mosturas usadas em produções de cervejas de baixa fermentação, as quais são mais ralas por serem produzidas em tinas de conversão ou de misturador de mostura. Ver MOSTURAÇÃO POR INFUSÃO. Uma mostura de baixa fermentação geralmente passa por uma série de aumentos de temperatura durante os quais as enzimas do malte com diferentes tolerâncias ao calor, agem sucessivamente para produzir o extrato líquido de açúcar conhecido como mosto. Ver MOSTO. Em mosturação de alta fermentação tradicional, o mosto é separado dos grãos na tina de mostura. Mosturas de baixa fermentação são transferidas para um dispositivo de separação de mosto, como uma tina de filtração ou um filtro de mosto, no qual o mosto pode ser retirado da mostura com a ajuda de aspersão com água cervejeira.

Ver também DECOCÇÃO, MOSTURAÇÃO e MOSTURAÇÃO COM TEMPERATURA PROGRAMADA.

Paul K. A. Buttrick

mosturação é o termo dado ao início do processo de produção de cerveja, onde os grãos moídos são misturados com água para formar uma mistura parecida com um mingau, chamada de "mostura". É na mostura que o malte e outros cereais amiláceos são transformados em açúcares e aminoácidos, e outros materiais se tornam solúveis, gerando um líquido doce fermentável chamado de mosto. Ver MOSTO. O malte chega da maltaria para a cervejaria na forma de grãos inteiros e são então moídos para formar uma mistura de grãos conhecida como "conjunto de grãos". O conjunto de grãos é misturado com quantidades cuidadosamente controladas de água morna ou quente para formar a mostura. Existem três tipos básicos de mosturação: mosturação por infusão, mosturação por decocção e mosturação por infusão com temperaturas programadas. Processos diferentes de mosturação são utilizados em diferentes partes do mundo dependendo das tradições locais, da qualidade do malte disponível, do equipamento usado e dos estilos de cerveja produzidos.

O malte é produzido a partir de variedades de cevada especialmente cultivadas para serem malteadas. Durante a malteação, as enzimas começam a atacar a porção principal do grão, que é chamada de "endosperma amiláceo". O endosperma amiláceo é constituído por células, cujas paredes celulares contêm hemicelulose, e são preenchidas por grânulos de amido, mantidos por uma matriz proteica. Os processos de malteação e de mosturação quebram as proteínas, as hemiceluloses e o amido em frações solúveis menores e que são lavados durante o processo de aspersão para produzir o mosto. Ver ASPERSÃO DO MOSTO. Dependendo de como a cevada é malteada, o processo de mosturação é dirigido para produzir a maior quantidade possível de material solúvel no mosto, evitando ao mesmo tempo características indesejáveis.

Os diferentes processos de mosturação são designados para produzir a maior quantidade possível de material solúvel a partir de diferentes tipos de malte. O processo de mosturação requer diferentes temperaturas da mostura o que é ideal para quebrar as diferentes componentes do endosperma amiláceo. Proteases com uma temperatura ideal de trabalho de 35 °C a 45 °C quebram a matriz proteica que retém os grânulos de amido. Glucanases apresentam temperatura ideal de 45 °C a 55 °C e quebram as gomas de hemicelulose, enquanto as amilases hidrolisam os grânulos de amido e trabalham melhor em temperaturas de 61 °C a 67 °C.

No Reino Unido, a maioria das cervejas de alta fermentação é tradicionalmente produzida usando o processo de mosturação por infusão, em que os maltes bem modificados e de boa qualidade são mosturados em uma "tina de mostura", onde são mantidos a uma temperatura aproximada de 65 °C por pelo menos 1 hora. Durante esse tempo, os açúcares e outros materiais são liberados do conjunto de grãos pela ação das enzimas do malte. A mostura é então aspergida com água quente (a uma temperatura aproximada de 75 °C) que lava os grãos e sai da tina de mostura por um fundo falso com fendas, levando consigo todo o material solúvel que forma o mosto, o líquido doce que as leveduras irão fermentar em cerveja. Esse processo de infusão é chamado algumas vezes de mosturação por infusão isotérmica pois apenas uma temperatura é utilizada. Isso é possível porque as condições de cultivo da cevada no Reino Unido são ideais para a produção de malte muito bem modificado. Quando maltes bem modificados são produzidos, a maioria dos processos enzimáticos de quebra de proteínas, hemiceluloses e gomas já ocorreram na maltaria. A mosturação por infusão sempre foi usada no Reino Unido para a produção de cervejas de alta fermentação, e continua sendo o processo de mosturação mais simples. Com a melhora da qualidade da cevada para malteação, a mosturação por infusão é usada por muitos cervejeiros artesanais para produzir cervejas de baixa fermentação, cervejas de trigo e outros tipos de cervejas. Uma vez que a mosturação por infusão exige apenas dois recipientes (uma tina de mosturação/filtração e uma tina de fervura) para produzir mosto lupulado, ela continua a ser amplamente utilizada entre pequenas cervejarias e *brewpubs*.

A maioria dos produtores de cervejas de baixa fermentação e dos maiores produtores de cervejas de alta fermentação fora do Reino Unido utilizam um processo chamado mosturação por infusão com temperatura programada. Esse processo envolve o aquecimento de uma mostura por infusão com uma série de acréscimos de temperaturas e então o descanso da mostura nessa temperatura por um período específico antes de aumentar para a próxima temperatura.

Esses descansos de temperatura são chamados algumas vezes de "paradas". O aquecimento da mostura é realizado pela passagem de vapor ou água quente através de camisas de aquecimento nas paredes da tina de mostura que também é equipada com um agitador para assegurar uma boa mistura. Esse processo normalmente se inicia com a mosturação do malte a uma temperatura aproximada de 45 °C a 50 °C em uma tina de mostura, chamada algumas vezes de tina de conversão. A mostura é frequentemente mantida nessa temperatura por cerca de 10 a 25 minutos, quando as enzimas atuam sobre as proteínas e gomas dos grãos para liberar o amido do qual os açúcares do malte são constituídos. As proteínas devem ser quebradas para formar aminoácidos; esses aminoácidos são nutrientes importantes para leveduras durante a fermentação. Materiais proteicos de maior peso também são quebrados, para que mais tarde eles não contribuam para uma turbidez indesejada na cerveja final. Outros materiais proteicos também contribuem para a espuma da cerveja, e uma "parada" muito longa a 45 °C, chamada de descanso ou "parada proteica", pode ser prejudicial para a formação de espuma de qualidade em uma cerveja. Após o descanso proteico, a mostura é aquecida a 62 °C a 67 °C para o descanso de sacarificação. As enzimas (amilases) que quebram o amido e dextrinas em açúcares fermentáveis, trabalham melhor nessas temperaturas. A quantidade de açúcar produzido na mostura é, em grande parte, uma função da quantidade de grãos utilizados. No entanto, diferentes temperaturas de sacarificação produzirão diferentes açúcares no mosto e, portanto, diferentes cervejas. Mosturas realizadas com temperaturas de sacarificação baixas produzem uma proporção maior de açúcares fermentáveis no mosto resultante e produzirão uma cerveja mais seca com teor alcoólico mais elevado. Em contrapartida, temperaturas de sacarificação mais acima da escala resultarão em mostos menos fermentáveis e cervejas encorpadas e mais doces, com menor teor alcoólico a partir da mesma quantidade de grãos. A etapa final é aquecer a mostura até aproximadamente 75 °C antes de transferi-la para um recipiente de separação, que é geralmente uma tina de filtração. Ver TINA DE FILTRAÇÃO DO MOSTO. Esse aumento final de temperatura desativa as enzimas e reduz a viscosidade do mosto, permitindo assim um escoamento mais rápido. Isso geralmente é conhecido como "inativação enzimática". Alguns estilos de cervejas são mais bem produzidos usando mosturação por infusão com temperatura programada especialmente desenhada que realizará diferentes funções. Por exemplo, muitas cervejas de trigo são mosturadas com descansos proteicos mais longos (trigo contém mais proteína que a cevada malteada) ou com outras paradas designadas para favorecer a produção de certos sabores na cerveja pronta. O cervejeiro pode, portanto, fazer um ajuste mais fino no mosto para criar exatamente o sabor e aroma desejados.

A mosturação por decocção é o nome mais antigo dado a um processo de mosturação com temperatura programada, usada por cervejeiros continentais tradicionais, geralmente para a produção de cervejas de baixa fermentação. Ver DECOCÇÃO. A mosturação por decocção era utilizada antes da tecnologia de mosturação por infusão com temperatura programada ter sido inventada e, naquele tempo, os maltes europeus eram muitas vezes submodificados. O processo de decocção envolve retirar uma parte da mostura da tina de mostura, aquecendo-a separadamente em um cozedor de mostura até a temperatura de 100 °C e fervido por um curto período. Depois de um tempo específico, a mostura fervida retorna para a tina de mostura original, que é aquecida durante o processo de mistura. Por exemplo, uma parte da mostura a 45 °C é retirada de uma tina de mostura e fervida antes de ser retornada à tina de mostura. Quando retorna à tina de mostura, as mosturas são agitadas, e a temperatura da mostura final subirá para a temperatura de sacarificação exigida a 65 °C. Esse processo pode ser realizado mais que uma vez, permitindo que a mostura alcance um número de paradas de temperatura. A mosturação por decocção pode incluir um processo "simples", "duplo", ou mesmo "triplo" de decocção, mas este último processo tornou-se bastante raro. Alguns cervejeiros acreditam que a mosturação por decocção, apesar de não ser estritamente necessária com maltes e equipamentos cervejeiros modernos, proporciona um sabor de malte mais intenso. Muitos outros cervejeiros são céticos e veem o método como desnecessariamente trabalhoso e com alto gasto de energia.

Variações nos processos de decocção também são muitas vezes utilizados quando cereais não malteados, geralmente *grits* de milho ou de arroz, são usados como adjuntos na mostura. Ver ADJUNTOS. O cereal não malteado é misturado com água quente (uma pequena porção de cevada malteada é também adicionada) em um recipiente separado (conhecido como "cozedor de arroz" ou "cozedor de *grits*") e essa mostura é aquecida até a temperatura de 100 °C. O amido presente no adjunto gomifica nessa temperatura, tornando-se macio e suscetível a quebra por enzimas. Quando essa "mostura de cereais" é adicionada à mostura principal de malte de cevada, as enzimas do malte converterão o amido do adjunto em açúcares. Quase todas as cervejas do mercado de massa americano são feitas usando uma versão dessa técnica, sendo também amplamente utilizada para produzir cervejas de baixa fermentação pouco encorpadas e suaves, pelo mundo afora.

Ver também DECOCÇÃO, MOSTURAÇÃO COM TEMPERATURA PROGRAMADA e MOSTURAÇÃO POR INFUSÃO.

Paul K. A. Buttrick

mosturação com temperatura programada é comumente usada em cervejarias modernas como um meio eficiente de coversão de amido, polissacarídeos e proteínas do malte e de adjuntos amiláceos em uma forma solúvel que pode ser recuperada pelo processo de aspersão do mosto na tina de filtração. Ver ASPERSÃO DO MOSTO. Ao contrário da antiga "mosturação por infusão com temperatura única" que combina a mosturação, conversão e filtração do mosto em um recipiente não aquecido, chamado "tina de mostura", uma mosturação com temperatura programada é realizada em um recipiente chamado misturador de mostura, muitas vezes chamado de tina de conversão. Essa tina apresenta um sistema de aquecimento que é usado para aquecer a mostura enquanto ela passa pelo processo de conversão enzimática; ela também possui um misturador especialmente desenvolvido para garantir a mistura completa e a distribuição uniforme de temperatura pela mostura. O programa de temperatura varia de acordo com a receita da cerveja e do tipo específico de malte. Se o malte utilizado é "submodificado" (ex., malte tradicional de *lager*), um programa pode incluir a mosturação na temperatura de 40 °C a 45 °C por 45 minutos, seguido pelo aumento da temperatura para 62 °C a 65 °C por 45 minutos para sacarificação, e um aumento final de temperatura para 75 °C. Nesse estágio, a mostura é transferida para uma tina de filtração ou para um filtro de mosto, a fim de realizar o processo de aspersão do mosto (lavagem dos compostos dissolvidos do malte) e, então, transferida para a tina de fervura. Os maltes "bem modificados", como os maltes *lager* americanos e os maltes *ale* britânicos, tenderão a ser submetidos a períodos de descansos mais curtos e a menos pontos de ajustes de temperatura. As diferentes temperaturas de descanso coincidem com a atividade enzimática de atuação sobre diferentes constituintes do malte (ex. as proteases quebram as proteínas e são mais ativas a 45 °C), enquanto as amilases que convertem amido em pequenas unidades de maltose são mais ativas entre 61 °C e 67 °C. Algumas cervejas são submetidas a três temperaturas de descanso e começa a mosturação a 35 °C. A mostura é finalmente aquecida a 75 °C, pois nessa temperatura as enzimas se tornam inativas e a viscosidade do mosto diminui, o que acelera a filtração do mosto. As mosturações com temperaturas programadas podem também ser usadas para ajustar a composição do mosto. Por exemplo, na produção de *weissbier* alguns cervejeiros bávaros usam períodos de descanso que favoreçam o desenvolvimento de compostos orgânicos que, mais tarde, as leveduras transformarão em substâncias aromáticas típicas desse estilo de cerveja.

Paul K. A. Buttrick

mosturação de alta densidade é um termo que se refere ao processo de preparação de um tipo de mosto concentrado com alto teor de extrato original, destinado a produzir cervejas com elevado teor alcoólico. A densidade normal do mosto está tipicamente na faixa de 10 °Plato a 13 °Plato e resultará em uma cerveja com 4% a 6% de álcool por volume (ABV). Ver ESCALA PLATO. Um mosto é normalmente considerado de alta densidade quando seu teor de extrato está entre 14 °Plato e 17 °Plato, resultando em uma cerveja de 6% a 8% de álcool por volume (ABV). Um mosto com densidade muito alta tem teor de sólidos superior a 17 °Plato e geralmente terá teor alcoólico superior a 8%.

A mosturação de alta densidade é realizada pelos cervejeiros por duas razões. Em primeiro lugar, é feita para produzir um estilo de cerveja que tem um elevado teor alcoólico, tais como *bock* alemã, a *tripel* belga ou a *barley wine* britânica. Esses tipos de cervejas são estilos especiais e geralmente não são produzidos em grandes volumes.

A segunda razão pela qual um cervejeiro realiza a mosturação de alta densidade é atender à alta demanda de produção quando a capacidade disponível de produção de cerveja é limitada. Nesse contexto, um cervejeiro pode fazer um mosto de alta densidade que se tornará uma cerveja base de alto teor alcoólico a ser utilizada como um tipo de concentrado. Nas etapas finais, o cervejeiro adiciona água cervejeira desoxigenada para diluir a cerveja de alto teor alcoólico até obter a concentração desejada. Usando esse método, é possível preparar um determinado volume de cerveja e, mais tarde, aumentar o volume em até 100% por diluição. Muitas das principais grandes cervejarias e algumas importantes cervejarias artesanais usam a mosturação de alta densidade para atender à demanda de produção. A técnica é exigente, pois, normalmente, as fermentações de alta densidade produzem uma gama de sabores e aromas que não são produzidos em fermentações de baixa densidade, os quais podem alterar o perfil de sabor desejado das cervejas produzidas por esse método.

Keith Villa

mosturação por infusão, também chamada de "mosturação por infusão simples" ou "mosturação por infusão britânica", é uma técnica de mosturação onde a água cervejeira quente é misturada com maltes moídos para criar uma mostura que tem apenas um período de descanso, na temperatura de sacarificação. Na maioria das cervejarias modernas, uma mosturação com temperatura programada é realizada no misturador de mostura (*mash mixer*) e o mosto separado em um outro recipiente, a tina de filtração. A mosturação por infusão, um caso mais simples, é realizada em uma tina de mosturação, que pode ser mais bem descrita como uma "tina de mosturação/filtração". Este recipiente possui um fundo falso de telas, e tanto a mosturação como a filtração do mosto são realizados nele. A tina de mostura/filtração faz parte de um sistema com dois recipientes, ao lado da tina de fervura de mosto. A tina de mosturação possui isolamento térmico, mas não é aquecida; por essa razão, não é possível executar diversas etapas de aumento de temperatura. Ao final do enchimento da tina de mosturação, a temperatura correta deverá ter sido atingida. Essa temperatura geralmente varia entre 63,3 °C e 68,8 °C.

Apesar da mosturação por infusão parecer ser uma das técnicas de mosturação mais simples, na prática profissional ela é um tipo de arte. Como os grãos moídos emergem na tina de mostura, eles geralmente passam por um equipamento de hidratação que vai misturar os grãos com a água cervejeira quente, antes que entrem em contato com a água cervejeira quente na tina de mostura que mal cobre as telas do fundo falso. A textura das mosturas por infusão é totalmente diferente das mosturas de estilo europeu. Enquanto as mosturas europeias são parecidas com uma sopa, muitas vezes com proporção de água/grãos em torno de três para um, a mostura por infusão é notavelmente mais espessa. A mostura europeia é agitada completamente e contém pouco ou nenhum ar, mas a mostura por infusão tradicional é fofa, com pequenos bolsões de ar, e assim que a mosturação continua, a mostura começa a flutuar sobre mosto concentrado que se forma sob ela. Já que não existe descanso proteico ou aumentos de temperatura, a sacarificação se inicia imediatamente e os amidos no malte começam a se converter rapidamente.

Se o cervejeiro desejar alcançar a temperatura final de mostura de 65 °C, ele ou ela precisará levar em consideração a temperatura do malte (que pode variar dependendo da época do ano) e a temperatura da tina de mostura e então, prestar muita atenção à textura da mostura. Se a mostura estiver muito úmida, será muito quente; reciprocamente, uma mostura que está muito seca será muito fria. Mosturações por infusão geralmente usam paradas de sacarificação de pelo menos uma hora, apesar do período de noventa minutos não ser tão incomum. Cervejeiros britânicos afirmam, algumas vezes, que a conversão correta do amido dura esse tempo, apesar dos cervejeiros europeus brincarem que esse longo período do descanso de conversão é usado apenas para permitir que o cervejeiro britânico tenha um agradável café da manhã.

A aspersão de uma mosturação por infusão é realizada suavemente, mantendo a superfície da mostura livre de água parada e mantendo-a flutuando no mosto até o fim do escoamento. Em cervejarias muito pequenas, o cervejeiro pode ocasionalmente mexer a cama de grãos com uma pá de madeira ou plástico, para desprender os grãos e permitir que o mosto flua mais facilmente. Apenas ao fim do escoamento é que se permite que a mostura desça e toque nas placas do fundo da tina enquanto as últimas lavagens escoam. Se a mostura assentar antes nas placas do fundo falso, pode facilmente acontecer uma obstrução (*stuck mash*).

Mosturações por infusão, utilizadas corretamente, podem produzir excelentes resultados, e são ainda amplamente utilizadas em cervejarias britânicas menores e diversos *brewpubs* nos Estados Unidos e no mundo. No entanto, devido as etapas de temperatura não serem utilizadas, alguns tipos de cerveja, principalmente cervejas de trigo (as quais normalmente precisam de período de descanso proteico em temperaturas mais baixas), podem ser mais difíceis de serem produzidas usando essa técnica.

Ver também DESCANSO PROTEICO, MOSTURAÇÃO COM TEMPERATURA PROGRAMADA, SACARIFICAÇÃO e STUCK MASH.

Garrett Oliver

Mount Hood é resultado de um cruzamento, feito em 1983, entre um tetraploide (2n = 40) de Hallertauer Mittelfrueh e um lúpulo macho aromático de ascendência desconhecida. Ver HALLERTAUER MITTELFRUEH. Ele foi lançado em 1989. O Mount Hood é um triploide, o que significa que ele não produz quase nenhuma semente mesmo quando cultivado próximo a machos férteis. Essa variedade é bem adaptada às condições de cultivo da região pacífica do noroeste dos Estados Unidos, onde a produtividade é de cerca de 1.345 a 2.240 kg/ha. O Mount Hood é semelhante ao seu progenitor aromático alemão Hallertauer Mittelfrueh. Ele dispõe de um perfil de óleos essenciais praticamente idêntico ao do Hallertauer Mittelfrueh e, assim como este, contém apenas traços de farneseno. Sua maturidade, entretanto, é tardia; ele possui maior produtividade que a variedade alemã e quase o dobro do conteúdo de alfa-ácidos (de 5% a 8%). O Mount Hood é um substituto adequado para os lúpulos ditos "europeus nobres" e pode ser usado como um eficiente lúpulo de amargor e de aroma. Contudo, sua estabilidade durante armazenamento é ruim, de forma que o Mount Hood necessita de armazenamento resfriado ou congelamento imediato após secagem.

Ver também LÚPULOS NOBRES.

Haunold, A.; Nickerson, G. B. Mt. Hood, a new American Noble-aroma hop. **Journal of the American Society of Brewing Chemists**, v. 48, p. 115-118, 1990.

Haunold, A.; Nickerson, G. B. Registration of Mt. Hood hop (Reg. Nr. 16). **Crop Science**, v. 30, p. 423, 1990.

Alfred Haunold

mulheres na produção de cerveja têm uma longa história. Durante a maior parte da história humana documentada, as mulheres foram responsáveis pelo fornecimento de cerveja no mundo. Desde as deusas cervejeiras do antigo Oriente Próximo e as cervejeiras marginalizadas da Inglaterra medieval até as senhoras que lutavam em ambos os lados do movimento americano da temperança (restrição ao consumo de bebidas alcoólicas nos séculos XIX e XX) e as mulheres afirmando-se em todos os aspectos da indústria cervejeira moderna, a história do papel das mulheres na produção de cerveja é tão longa e complexa quanto a própria história humana.

Em muitas sociedades antigas, a cerveja era vista como um presente de alegria, amor, felicidade e espiritualidade enviado dos céus. Nas sociedades antigas da Suméria e do Egito, o oferecimento do dom da fermentação à humanidade foi atribuído a uma deusa e, em ambas as sociedades, sua produção terrestre também foi confiada às fêmeas. Na Suméria, a sociedade com os primeiros registros de produção de cerveja, a deusa Ninkasi cuidava de todas as atividades cervejeiras. Ela era a única divindade feminina associada a uma profissão real. A tábua descrevendo uma das primeiras receitas de cerveja, datada de 1800 a.C., foi apelidada de *Hino a Ninkasi*. O hino é menos um texto prático do que uma celebração do dom do processo de produção de cerveja de Ninkasi. No Egito antigo, a deusa Hathor era chamada de "a inventora do processo cervejeiro" e a "amante da embriaguez". Tanto a deusa Hathor como a cerveja propriamente dita eram associadas a fertilidade, prazer, alegria e música. Ver DEUSES DA CERVEJA e NINKASI.

Na Suméria e no Egito antigos, o processo cervejeiro era similar ao processo de panificação, e até mesmo compartilhavam as mesmas instalações. A produção de pão e de cerveja, muitas vezes feitos com a mesma massa, foi considerada tarefa diária que naturalmente ficou a cargo das donas de casa. A maioria das representações do processo de produção da cerveja, a partir desse momento, mostram mulheres mexendo o mosto ou moendo grãos para a panificação e a produção de cerveja. Algumas mulheres também utilizavam suas habilidades de produção de cerveja para conseguir um pequeno lucro através da operação de tabernas ou bares onde a cerveja era tanto produzida como vendida no copo. Essas tabernas, muito parecidas com as europeias que se seguiriam, frequentemente serviam como bordéis, onde a taberneira e a cafetina eram a mesma pessoa. Essas tabernas gerenciadas por mulheres eram tão comuns que o Código de Hamurabi (1700 a.C.) tinha quatro leis (cláusulas 108 a 111) que lhes diziam respeito, em que a língua é exclusivamente direcionada a operadoras do sexo feminino.

Da mesma forma que a produção de cerveja na Suméria e no Egito antigos, na Europa, a produção de cerveja foi essencialmente tarefa das donas de casa até a virada do primeiro milênio depois de Cristo. No entanto, em torno do ano 1000, vários mosteiros ao redor do continente europeu assumiram a prática de produção e distribuição de cerveja. Essa prática começou a fixar a produção de cerveja como uma profissão mais rentável e estimada, que em pouco tempo seria praticada em uma escala não mais viável para as mulheres conduzirem em suas próprias casas.

A transição mais recente e mais bem documentada da produção de cerveja em pequena escala por "mão de obra feminina" para uma indústria lucrativa liderada exclusivamente por homens ocorreu na Inglaterra medieval e teve como causa vários fatores. Antes de 1348, a produção de cerveja estava restrita principalmente às casas, assim como em toda a Europa, e a cerveja preferida era a tradicional *ale* inglesa sem lúpulo. A produção de cerveja era frequentemente parte do trabalho da dona de casa, não implicava grandes investimentos iniciais e era uma fonte decente de renda em tempos de necessidade para mulheres solteiras e casadas. A produção de cerveja era, portanto, de pequena escala, e os suprimentos para a produção da *ale* eram inconsistentes.

Depois que a peste devastou a Inglaterra, o consumo das *ales* aumentou significativamente. Esse crescimento na demanda favoreceu os fornecedores capazes de financiar e operar instalações maiores que produziam uma oferta estável de *ale*, deixando em desvantagem a maioria dos negócios gerenciados pelas donas de casa, que requeriam pouco capital e produziam quantidades inconsistentes. As mulheres solteiras geralmente não tinham acesso ao tipo de riqueza ou influência política necessárias para as operações de produção de cerveja comerciais em grande escala, então o final do século XIV viu um aumento no número de cervejarias gerenciadas por casais, com as esposas oferecendo o *know-how* sobre a produção da cerveja e os maridos o capital e as ligações políticas necessárias. O estabelecimento das guildas de cervejeiros e a expansão da regulamentação da indústria cervejeira aumentaram ainda mais as vantagens das cervejarias coordenadas por figuras masculinas bem relacionadas. A participação das mulheres nas guildas era limitada e não existia no governo. Portanto, uma cervejaria tinha maiores chances de sucesso se gerenciada por um homem capaz de afetar as decisões políticas e econômicas cruciais para o negócio.

A introdução das *ales* lupuladas na Inglaterra solidificou o papel da mulher longe da cervejaria comercial. A indústria cervejeira já bem estabelecida e dominada por homens do continente europeu havia muito tempo abandonara as *ales* doces, *gruits*, e outras cervejas feitas sem lúpulo em favor da cerveja com o lúpulo de aroma e amargor. Imigrantes holandeses e alemães importavam suas cervejas bem lupuladas para a Inglaterra e por fim construíram cervejarias para abastecer a crescente população de consumidores de cerveja. Embora a cerveja com lúpulo tenha suplantado lentamente a *ale* sem lúpulo como a preferida dos ingleses, as maiores cervejarias inglesas logo reconheceram as vantagens em termos de qualidade e prazo de validade de se produzir cervejas de estilos europeus e *ales* com lúpulo. Com o crescimento da popularidade da cerveja lupulada, sua produção passou a necessitar de novas tecnologias e educação cervejeira, às quais as cervejeiras restantes tinham pouco ou nenhum acesso.

Outra força social que retirou das cervejeiras a produção de cerveja, levando-a para a indústria mais regulamentada e dominada por homens, foi que a Inglaterra começou a ver representações negativas das cervejeiras na forma de arte. Essas representações se originaram do antigo medo de ser enganado por medidas falsas e enganosas pelos proprietários das tabernas, mas se desenvolveram como descrições cruéis da aparência física, composição moral e práticas insalubres de produção de cerveja por parte das *ale-wives* e das cervejeiras. Ver ALE-WIVES. A mais famosa representação desse tipo é o poema escrito por John Skelton em 1517, chamado "The Tunning of Elynour Rummyng". Cativantes e bem-humorados até hoje, poemas como este, descrevendo as *ale-wives* como horrivelmente feias, possivelmente aliadas do demônio, prejudicando os clientes e operando nas condições mais repugnantes, eram uma expressão de sentimentos sociais da época, além de um possível impedimento para a realização de negócios com *ale-wives* e taberneiras. Por fim, a maioria das mulheres envolvidas com cerveja podia ser encontrada vendendo *pints* em tabernas ou nas ruas, em vez de produzindo cerveja em uma cervejaria.

E então o mundo viu as mulheres transmitindo as competências e conhecimentos necessários para a produção de cerveja para suas filhas durante milhares de anos. As tradições da produção de cerveja pelas mulheres persistiram na maioria das sociedades que tinham o hábito de consumir cerveja, até uma quantidade tal de dinheiro e prestígio associaram-se à produção de cerveja que ela se tornou uma profissão somente disponível para os homens. No entanto, o crescimento recente das cervejarias artesanais em todo os Estados Unidos tem sido marcado por um claro ressurgimento das mulheres desempenhando papéis cruciais na indústria cervejeira moderna. Além das inúmeras habilidades que as mulheres trazem às cervejarias, elas são reconhecidas por possuir uma sensibilidade superior de paladar e olfato, assim como mais habilidade para lembrar e narrar experiências sensoriais. Essas habilidades valeram lugares de destaque para as mulheres em painéis de análise sensorial de cerveja ao redor do mundo. Existem várias organizações criadas para apoiar as mulheres na indústria de cerveja, de cervejeiras a proprietárias de cervejarias, gerentes, vendedoras, advogadas e educadoras. Uma dessas organizações, a Pink Boots Society, atualmente conta com o registro de mais de quinhentos membros. Juntamente com o ressurgimento da cerveja em todas as suas variações, o papel das mulheres na produção da cerveja hoje continua a se expandir e evoluir.

Bennett, J. **Ale, beer, and brewsters in England: Women's work in a changing world, 1300-1600**. New York: Oxford University Press, 1996.
Bickerdyke, J. **The curiosities of ale & beer**. 2. ed. London: Spring Books, 1965.
Hornsey, I. **A history of beer and brewing**. Cornwall: The Royal Society of Chemistry, 2003.

Alana R. Jones

Munique é a capital e a cidade mais populosa da Baviera, o estado mais meridional da Alemanha. O nome alemão dessa cidade de 1,35 milhão de habitantes é München, que deriva do latim e da antiga designação alemã *apud Munichen*, que significa "perto dos monges", que se acredita terem fundado a cidade por volta de 1158. Um dos principais eventos que alçaram Munique à notoriedade foi uma ponte

Cartão-postal alemão, c. 1920, ilustrando a enorme gama das veneradas cervejarias de Munique. O cavalheiro indeciso está ao lado de uma frase que diz: "Quem tem a escolha, tem a agonia!". PIKE MICROBREWERY MUSEUM, SEATTLE, WA.

que o duque Henrique, o Leão, construiu no rio Isar, depois de destruir uma outra ponte perto da cidade de Freising, cerca de 40 quilômetros ao norte. Esse evento redirecionou o crucial comércio de sal, e a riqueza decorrente dele, para a cidade "perto dos monges". Nos séculos seguintes Munique progrediu constantemente, tornando-se uma cidade importante na política, na cultura e, logicamente, na cerveja.

A tradição cervejeira de Munique é tão antiga quanto a própria cidade. A primeira cervejaria de Munique foi fundada em 1269 pelo infame duque bávaro Ludwig (Luís) II, "o Severo". Atualmente, não resta mais nada dessa cervejaria, porém, a próxima a ser construída, fundada por monges agostinianos em 1294, se tornou a secular Augustiner-Bräu Wagner KG, que hoje pode reivindicar o título de cervejaria mais antiga ainda em funcionamento dentro dos limites da cidade de Munique. Ver AUGUSTINER BRÄU. A Hacker-Pschorr Bräu GmbH é outra cervejaria de Munique com uma linhagem antiga. Foi fundada em 1417 como Bräuhaus zum Hacker. Em 1972, a Hacker se fundiu com a Cervejaria Pschorr, originando a Hacker-Pschorr, que agora pertence ao Grupo Paulaner, cujo outro membro é a Paulaner-Salvator-Thomasbräu AG.

A própria Paulaner foi fundada em 1634 por monges paulinos, que chegaram a Munique em 1627 vindos da Itália. Logo após sua chegada, construíram e passaram a operar a cervejaria em seu claustro de Neudeck ob der Au. A Löwenbräu AG & Co. foi fundada em 1383. Ela agora pertence ao Grupo Spaten, que, por sua vez, foi adquirido pela InBev, agora AB InBev, em 2004. A Cervejaria Spaten possui uma longa tradição de inovação. Fundada em 1397, foi a primeira cervejaria a produzir a *märzenbier* (em 1841), a *oktoberfestbier* (em 1871) e a *helles* (em 1894). Em 1922, fundiu-se com a cervejaria de *weissbier* Franziskaner, assumindo legalmente o nome de Gabriel Sedlmayr Spaten Franziskaner Bräu KgaA.

Apesar das diversas fusões e aquisições da indústria cervejeira durante as últimas décadas, Munique manteve-se como uma das cidades cervejeiras mais importantes da Alemanha e do mundo. Talvez a sua cervejaria mais famosa internacionalmente seja a Hofbräuhaus. Fundada em 1589 como a cervejaria privada do duque bávaro Wilhelm V, a Hofbräuhaus é agora uma cervejaria comercial e possui um famoso salão de cerveja no centro de Munique. Atualmente é propriedade do estado da Baviera.

Para a sorte dos cervejeiros, Munique está localizada em meio a uma das melhores áreas de cultivo de cevada de primavera da Europa, além de ser vizinha da maior área contínua de plantação de lúpulo no mundo, o Hallertau, onde cerca de um terço do lúpulo mundial é cultivado. Ver HALLERTAU, REGIÃO. Fora de Munique, em Freising, localiza-se a Weihenstephan, a mais antiga cervejaria em funcionamento ininterrupto do mundo, a qual obteve sua licença de produção em 1040, quando era uma abadia beneditina. Atualmente, a Weihenstephan não é apenas uma cervejaria comercial, mas também uma universidade cervejeira, que faz parte Universidade Técnica de Munique. Ver WEIHENSTEPHAN.

Obviamente, a comemoração mais espetacular e barulhenta da cidade, enaltecendo a importância de Munique como um centro internacional de cerveja, é a anual Oktoberfest. Foi realizada pela primeira vez em 1810, para celebrar o casamento do príncipe bávaro Ludwig I da Baviera com a princesa Therese da casa de Saxe-Hildburg. Atualmente, a Oktoberfest é a maior festa cervejeira do mundo, atraindo cerca de 6 a 7 milhões de visitantes durante um período de cerca de quinze dias. Ver OKTOBERFEST.

Ver também ALEMANHA e BAVIERA.

Gerrit Bluemelhuber e Horst Dornbusch

murcha do *Verticillium* é uma doença vegetal que pode resultar em danos severos e perdas graves de produtividade em culturas de lúpulo. Ela é causada por dois fungos, *Verticillium albo-atrum* e *V. dahliae*, que inicialmente produzem manchas amarelas nas folhas do lúpulo, as quais enegrecem conforme os tecidos morrem. Por fim, as folhas ficam amarelas e pretas e enrolam para cima nas bordas, antes de secarem. Uma vez que um campo está infectado, a doença se espalha rapidamente e pode afetar áreas de cultivo inteiras.

Os fungos possuem alta capacidade de disseminação e podem ser transmitidos para plantas de lúpulo a partir de ervas daninhas, de outras culturas (como alfafa) e do solo, onde os esporos muitas vezes sobrevivem durante anos. Os insetos também podem espalhar a doença por longas distâncias, com os esporos sendo transportados de uma área para outra. As infecções normalmente começam nas raízes e passam, através da planta, para as folhas e flores. As condições secas favorecem o crescimento do patógeno, ao passo que deixam as plantas estressadas.

Variedades virulentas de murcha do *Verticillium* foram registradas na década de 1930 no Reino Unido e na Europa continental, onde causaram prejuízos graves. Na América do Norte, no entanto, surtos de *V. albo-atrum* têm sido mais limitados, e o *V. dahliae* é a ameaça mais comum, por causa da sua preferência por temperaturas mais quentes.

Variedades de lúpulo resistentes têm sido desenvolvidas nos últimos anos, mas as boas práticas agrícolas também têm reduzido o impacto da doença. Estas incluem a remoção de resíduos de plantas do campo após a colheita, a separação das fileiras de plantas de lúpulo por porções de grama e o uso de fungicidas. Restrições à movimentação das plantas e o plantio de novas mudas também têm sido eficazes.

Eppo data sheets on quarantine pests. **Verticillium spp. on hops.** Disponível em: http//:www.eppo.org/QUARANTINE/fungi/Verticillium/. Acesso em: 30 ago. 2010.

Keith Thomas

Murphy's Brewery começou suas atividades em 1854, quando James Jeremiah Murphy (1825-1897), auxiliado por seus quatro irmãos, vendeu a sua destilaria e realizou a compra dos edifícios do Cork Foundling Hospital, em Cork, Irlanda, por 1.300 libras esterlinas (2.472 dólares americanos). Batizado com o nome de um local de Holy Well, o lugar ficou conhecido como Lady's Well Brewery e começou a produzir cerveja em 1856 sob o nome oficial de James J. Murphy & Co. A cervejaria teve um rápido sucesso, e em 1861 produziu 64 mil hectolitros de cerveja, atingindo o máximo de 229 mil hectolitros em 1900. Em seu auge, a cervejaria foi uma das principais concorrentes da Guinness e produziu a Murphy's Porter, a XX Stout e uma mistura das duas chamada Single Stout. O robusto crescimento da cervejaria foi protegido pelo *tied house system*, no qual um duopólio na província de Munster era compartilhado com a Beamish & Crawford. Ver TIED HOUSE SYSTEM. Uma maltaria foi construída em 1889. Esta, mais tarde, se tornou o escritório da cervejaria e foi quase destruída pela explosão de um tanque em 1913. A Murphy's foi afetada pela Guerra Civil Irlandesa, pois quatro *pubs* vinculados à cervejaria em Cork foram destruídos pelo fogo, em 1920, pela ação do governo do Reino Unido. Em 1921, a Murphy's foi engarrafada pela primeira vez, e em 1924 teve início a sua primeira campanha publicitária. Em 1953, o tenente-coronel John Fitzjames, o último descendente direto do fundador, tornou-se presidente, aposentando-se em 1981. Em 1965, Watney Mann comprou uma participação de 30% na empresa (aumentando para 51% em 1967), mas a vendeu para a TST, a agência de salvamento do Estado, em 1971, quando a produção caiu para 18 mil hectolitros. A Murphy's declarou falência em 1982 e foi adquirida pela Heineken no ano seguinte, quando a cervejaria foi rebatizada de Heineken Brewery Ireland Ltd. Um ano mais tarde, a cerveja Murphy's Irish Red Ale foi desenvolvida para o mercado de exportação. As primeiras exportações foram para os Estados Unidos em 1979.

Ver também BEAMISH & CRAWFORD e IRLANDA.

Glenn A. Payne

murta-do-brejo. Também conhecida como mirica doce (*sweet gale*), e cientificamente como *Myrica gale*, a murta-do-brejo cresce, como o próprio nome sugere, em terrenos alagados em latitudes setentrionais. Tradicionalmente, ela foi um dos elementos primários do *gruit*, uma mistura de ervas usada para flavorizar e conservar a cerveja, usada na produção da cerveja antes que o uso do lúpulo se tornasse habitual, e continua a ser empregada como antisséptico, sedativo, expectorante e como um medicamento anticoceira, nos tratamentos herbais. Ver GRUIT.

A murta-do-brejo tem desempenhado um papel substancial na história da cerveja na Grã-Bretanha, Irlanda e Europa, e já quase na Idade Moderna, na Escandinávia, onde ela é conhecida como "*Pors*". É quase onipresente nas menções às misturas de *gruit* e continua a ser usada pelos cervejeiros caseiros e pequenas cervejarias artesanais tradicionais nas áreas em que ela é encontrada. Ela cresce em planícies alagadas nas bordas de lagos, lagoas e rios, nas regiões boreais da Inglaterra, Escócia e Irlanda, norte da Europa, em quase todo o Canadá e nos Estados Unidos nas áreas que se aproximam do quadragésimo oitavo paralelo, bem como no Alasca. Henry David Thoreau a menciona em seu manuscrito inacabado, *Wild Fruits*, da década de 1850.

Na cerveja, a murta-do-brejo transmite sabores e sensações de boca um tanto adstringentes e resinosos. Ela pode ser usada como um substituto parcial do lúpulo ou como um aditivo herbáceo, quer em ebulição ou no fermentador, onde a sua interação com o álcool faz o seu efeito global integrar-se melhor na cerveja.

Buhner, S. H. **Sacred and herbal healing beers: the secrets of ancient fermentations.** Boulder: Siris Books/Brewers Publications, 1998.

Graeve, M. **A modern herbal.** New York: Harcourt, Brace, 1931.

Thoreau, H. D. **Wild fruits: Thoreau's rediscovered lost manuscript.** New York: W. W. Norton & Co., 1999.

Dick Cantwell

O **Museu do Lúpulo Americano** é dedicado à preservação, proteção e exibição dos artefatos e da história da indústria do cultivo de lúpulo americano. O museu localiza-se em Toppenish, Washington, no coração do Yakima Valley. O Yakima Valley cultiva cerca de 75% de todo o lúpulo comercializado cultivado nos Estados Unidos.

O museu foi inaugurado em 1993, sendo o único museu desse tipo na América do Norte. Encontra-se no antigo prédio de abastecimento dos produtores de lúpulo, em Toppenish, o qual data de 1917 e abrigava originalmente a fábrica de manteiga Trimble Brothers. Toppenish também é conhecida como "cidade dos murais", e fora do museu há um excelente mural que retrata a história do lúpulo em Yakima Valley, preenchendo uma lateral inteira do prédio. Há também, em um lote cercado adjacente ao museu, máquinas agrícolas grandes e antigas que eram usadas pelos produtores de lúpulo.

Dentro do museu, as exibições incluem artefatos de todo o país, do período colonial aos tempos atuais, incluindo velhas fotografias, publicações, relíquias, equipamentos, antiguidades e um modelo de secador de secagem de lúpulo.

Jay R. Brooks

musgo irlandês (*Chondrus crispus*) é um tipo de alga marinha vermelha comestível usada como agente de clarificação na tina de fervura. Ver AGENTES CLARIFICANTES USADOS NA TINA DE

FERVURA. Cresce abundantemente ao longo das costas rochosas atlânticas da Europa e da América do Norte. Seu corpo macio é composto por 50% a 60% de carragena e tem sido extensivamente usado como agente clarificante durante os últimos duzentos anos ou mais. Seu uso atingiu o ápice por volta de 1970 e, em seguida, diminuiu drasticamente devido ao desenvolvimento de outras fontes de carragena. Essas outras fontes incluem *Euchema spp.* e *Gigartina spp.*, as quais produzem carragenas com ligeira diferença na estrutura química em relação ao *C. crispus*. A carragena obtida dessas diferentes fontes são por vezes combinadas para otimizar o desempenho. No entanto, o musgo irlandês e os formulados obtidos pela mistura de diferentes fontes de carragena também são utilizados como auxiliares de clarificação em cervejas condicionadas em *cask*, muitas vezes em conjunto com *isinglass*. A exemplo de outros tipos de agentes clarificantes, a carragena funciona através da capacidade de sua carga eletrostática de agrupar materiais com carga oposta em grandes aglomerados, permitindo, assim, que se sedimentem mais rapidamente no mosto ou cerveja.

John Palmer

mutantes deficientes respiratórios, também referidos como mutantes DR, são células de levedura defeituosas. Todas as leveduras utilizadas na produção de cerveja possuem a capacidade de fermentar ou respirar fontes específicas de carbono. O álcool é produzido apenas quando os açúcares são fermentados; no entanto, a habilidade respiratória também parece ser importante para a capacidade da levedura de produzir cervejas aceitáveis.

As leveduras mutantes DR também são chamadas de mutantes *petites* ("pequenas" na língua francesa) por causa do pequeno tamanho de sua colônia quando são propagadas em meio de ágar. Esses mutantes apresentam danos subletais em seu DNA mitocondrial. Eles ocorrem mais frequentemente do que os mutantes nucleares por causa de sua proximidade com a corrente de elétrons altamente oxidativa. Essencialmente, perdem a sua capacidade de respirar e utilizar fontes de carbono como o etanol ou o glicerol. Mas, embora lentamente, ainda conseguem fermentar.

Existem duas formas de mutantes DR, cada uma diferindo-se pela natureza do dano em seu DNA: mutantes rho⁻ contêm DNA mitocondrial incompleto, enquanto mutantes rho^0 não contêm DNA mitocondrial. Apenas mutantes rho⁻ são observados na produção de cerveja, ocorrendo espontaneamente em concentrações de até 4%, dependendo da cepa da levedura. Um aumento nas taxas de mutação pode ocorrer se a levedura cervejeira estiver estressada ou não for manuseada adequadamente durante a coleta e o armazenamento. As mutações também se acumulam durante as periódicas reinoculações. Uma cultura contendo altos níveis de mutantes DR, cerca de 10%, também pode afetar o desempenho da fermentação, bem como produzir *off-flavors* perceptíveis, particularmente o 4-vinil-guaiacol, semelhante a cravo. Os mutantes DR são facilmente detectados em testes no laboratório da cervejaria, e altas concentrações deles obrigarão a cervejaria a cultivar novamente a cepa de levedura para deter o desenvolvimento de mais problemas com a saúde da levedura.

Jenkins, C. et al. Incidence and formation of petite mutants in lager brewing yeast *Saccharomyces cerevisiae* (syn S. pastorianus) populations. **Journal of the American Society of Brewing Chemists**, n. 67, p. 72-80, 2009.

Sylvie Van Zandycke

Narziss, Ludwig é um dos cientistas/educadores mais renomados do mundo na área de tecnologia de cerveja do século XX. Ele nasceu em Munique em 1925 e durante a maior parte de sua vida profissional, por quase três décadas, foi a principal autoridade em sua área no Centro Weihenstephan de Ciências da Vida e da Alimentação, em Freising, nos arredores de Munique. Muitas vezes chamada de Harvard da cerveja, a escola, parte da Universidade Técnica de Munique, está intimamente ligada à cervejaria estatal bávara com a qual compartilha o nome. Após um estágio como aprendiz na cervejaria Tucher em Nuremberg, Narziss chegou a Weihenstephan como estudante em 1948. Lá, recebeu títulos acadêmicos em ciência e engenharia cervejeira e mais tarde completou seu doutorado, escrevendo uma tese sobre a influência de diferentes cepas de levedura sobre a qualidade da cerveja. Em 1958, tornou-se mestre cervejeiro da cervejaria Löwenbräu, de Munique. Mas a Weihenstephan não deixou Narziss se desviar da carreira acadêmica por muito tempo. Apenas seis anos depois ele se juntou à faculdade em Weihenstephan, assumindo a cadeira de Tecnologia Cervejeira I. Além de instruir estudantes na ciência cervejeira e conduzir pesquisas sobre métodos de avaliação na cervejaria da Weihenstephan, o professor Narziss atuou como reitor da escola de 1968 a 1970 e novamente em 1990. Também teve disponibilidade de tempo para ser membro do conselho da European Brewery Convention, além de presidente da organização de 1979 a 1983. Narziss é autor e coautor, literalmente, de centenas de artigos, assim como de três livros didáticos seminais: *Abriss der Bierbrauerei* (Um Perfil da Produção de Cerveja), de 1972, *Die Technologie der Malzbereitung* (Tecnologia de Preparação do Malte), de 1976, e *Die Technologie der Würzebereitung* (Tecnologia de Preparação do Mosto), de 1985. Esses livros passaram por muitas revisões e edições e ainda são usados como livros didáticos padrão. O professor Narziss se aposentou da Weihenstephan em 1992. Continua vivendo em Freising e atua como professor emérito em sua venerável universidade.

The Bavarian State Brewery Weihenstephan. **Weihenstephan Corporate site (vídeo)**. Disponível em: http://www.brauerei-weihenstephan.de/index2.html?lang=eng/. Acesso em: 16 nov. 2010.
Comunicação Pessoal. Entrevista telefônica, 22 nov. 2010.
Riedl, V. **Prof. Dr. Ludwig Narziss**. Disponível em: http://www.ludwig-narziss.de/. Acesso em: 16 nov. 2010.

Nick Kaye

near beer. Coloquialmente apelidada de "quase cerveja", essa bebida fermentada de malte com teor alcóolico muito baixo era o único tipo de "cerveja" que podia ser produzida e legalmente vendida durante os dias sombrios da Lei Seca nos Estados Unidos (1919-1933). Pela lei, a *near beer* não poderia conter mais que a 0,5% de álcool por volume (ABV). Legalmente, ela não poderia ser chamada cerveja. Guardava uma tênue semelhança com uma cerveja de verdade, mas ainda assim permitiu que muitas cervejarias suportassem os anos difíceis durante os quais a cerveja permaneceu banida nos Estados Unidos.

A Anheuseer-Busch criou uma marca de *near beer* chamada Bevo. A Miller Brewing Company comercializou a Vivo, uma bebida à base de cevada, e a Milo, uma *near beer* feita de trigo. Os anúncios dos produtos da Miller diziam que lhes faltava "apenas o álcool para levá-lo de volta aos bons e velhos tempos". Em 1920, o produto de cevada foi renomeado Miller High Life, mas não era difícil para os consumidores diferenciar uma *near beer* de uma cerveja verdadeira.

William Moeller, um mestre cervejeiro teuto-americano de quarta geração que trabalhou para a Ortlieb's e a Schmidt's, na Filadélfia, e mais tarde para a Brooklyn Brewery, em Nova York, costumava dizer: "A *near beer* é um produto difícil de se produzir sem um sabor pronunciado de farinha cozida". Durante a Lei Seca, a maioria das *near beers* era feita a partir de mosturas de cervejas de baixa densidade ou de baixo teor alcóolico, e então cozidas para perder o álcool até que tivessem atingido o teor permitido. Outra técnica era simplesmente diluir uma cerveja a um teor alcóolico muito baixo.

O padrão para cervejas não alcóolicas após a Lei Seca é o mesmo utilizado para as *near beers*. Elas não podem ter mais que 0,5% de álcool em volume, e não podem ser chamadas de cerveja. Na maioria das vezes, elas são rotuladas de "bebida de malte não alcóolica". Técnicas mais sofisticadas para a produção de cervejas não alcóolicas foram desenvolvidas. A Cervejaria Hürlimann, na Suíça, desenvolveu uma cerveja não alcóolica chamada Birell, empregando uma levedura especial que limita o rendimento de álcool. A cerveja era então lupulada para mascarar o sabor de cereal acentuado. Algumas cervejas não alcóolicas são feitas a partir da eliminação do álcool por um vácuo, diminuindo o ponto de ebulição e limitando o sabor "cozido" da cerveja.

Ver LEI SECA.

Baron, S. **Brewed in America.** Boston: Little, Brown & Co., 1962.
Okrent, D. **Last call: the rise and fall of Prohibition.** New York: Simons & Schuster, 2010.

Stephen Hindy

Nelson Sauvin é uma variedade recente de lúpulo da Nova Zelândia. Ela foi lançada comercialmente nos anos 2000 após um extensivo programa de melhoramento e seleção realizado pelo Horticultural and Food Research Institute (HFRI) da Nova Zelândia. A cervejaria Lion Nathan, com sedes na Austrália e na Nova Zelândia, trabalhou junto ao HFRI numa produção piloto com análises sensoriais. Ver LION NATHAN. A seleção sensorial foi direcionada visando obter características de aromas frutados e florais. O cultivar de lúpulo obtido mostrou um aroma frutado único e intenso que remete a groselha, maracujá e pomelo, com toques de melão, descritores frequentemente utilizados para o vinho Sauvignon Blanc produzido na região. Cultivado no Motueka Valley, perto da cidade de Nelson, esse lúpulo com aroma semelhante ao do vinho Sauvignon Blanc foi então batizado de Nelson Sauvin.

Seu primeiro uso comercial foi em uma cerveja de edição limitada da cervejaria Lion Nathan, a Mac's Aromac, em meados do ano 2000. O Nelson Sauvin é bastante apropriado para cervejas artesanais, sazonais ou especiais que exibam aromas peculiares. Esse lúpulo, cujo teor de alfa-ácidos chega a 13%, é principalmente utilizado como variedade aromática.

O aroma frutado e sua intensidade são impactantes, e geralmente seu uso se dá com moderação ou misturado com outras variedades de lúpulos. Em 2009, pesquisadores japoneses identificaram alguns compostos aromáticos específicos do Nelson Sauvin. Ésteres isobutíricos, incluindo o 2-metilbutil isobutirato, influenciam no aroma frutado de maçãs verdes e/ou de damasco. Novos tióis, como o 3-sulfanil-4-metilpentano-1-ol e o 3-sulfalil-4-metilpentil acetato, apresentam aromas que remetem a pomelo e/ou ruibarbo, semelhantes aos encontrados no Sauvignon Blanc.

Os brotos de Nelson Sauvin emergem relativamente tarde, e depois começam a crescer com vigor considerável, formando trepadeiras claviformes. Esse formato de clave torna sua colheita bastante difícil.

Beatson, R. A.; Ansell, K. A.; Graham, L. T. Breeding, development and characteristics of hop (Humulus lupulus) cultivar "Nelson Sauvin. **New Zealand Journal of Crop and Horticultural Science,** v. 31, p. 303-309, 2003.
Takoi, K. et al. Specific flavor compounds derived from Nelson Sauvin hop and synergy of these compounds. **Brewing Science,** v. 62, jul./ago. 2009.

Bill Taylor

New Albion Brewing Company. Em 1976, Jack McAuliffe, um ex-marinheiro cujo objetivo era reproduzir as saborosas cervejas que encontrava em suas viagens além das fronteiras do território americano, fundou a cervejaria New Albion Brewing Company, em Sonoma, Califórnia, com as sócias Suzy Stern e Jane Zimmerman. Começando em uma década que veria o número de cervejarias americanas encolher para somente 44, a New Albion, nome oriundo da apelação dada por *sir* Francis Drake para a Califórnia, é considerada a primeira "micro"cervejaria americana.

A New Albion produzia cervejas *ale*, *porter* e *stout* em uma concatenação de tambores de xarope de Coca-Cola de 208 litros, que serviam como tanques de mosturação, fermentadores, tanques de refermentação e tanques de pressão. O malte utilizado era obtido de outra pioneira cervejaria artesanal, a Anchor, na vizinha São Francisco; os lúpulos eram o Cluster e o Cascade; a levedura – de onde quer que tenha vindo originalmente – continua a ser usada na Mendocino Brewing em Hopland e agora em Ukiah, no final da mesma rua. A cerveja era engarrafada manualmente, as garrafas eram rotuladas por uma máquina operada com pedais, e as garrafas de 650 mililitros eram embaladas em caixas de madeira, que exigiam um depósito de 4 dólares.

Diz-se que a qualidade da cerveja da New Albion era um pouco inconsistente, maravilhosa em sua melhor forma, mas nem sempre em sua melhor forma. A cervejaria fechou em 1983 devido à descapitalização, já que mesmo o alto preço de varejo da cerveja naquele tempo fornecia um fluxo de caixa insuficiente para a empresa.

No início de 2009, em antecipação à San Francisco Beer Week, o antigo cervejeiro da New Albion, Don Barkley, recriou a New Albion Ale na sua cervejaria de Napa-Smith, em Napa, Califórnia. Ela foi servida nos eventos durante toda a semana em comemoração aos primeiros passos dados pela New Albion na história da produção de cerveja artesanal da Califórnia e dos Estados Unidos.

Charriere-Botts, E. New Albion Beer revived. **Sonoma News**, 9 fev. 2009.

Curtin, J. Different strokes, different coasts: How craft beer grew on either side of the country. **American Brewer**, Summer 2006.

Holl, J. **New Albion Brewing**. Disponível em: http://www.craftbeer.com. Acesso em: 1 maio 2017.

Dick Cantwell

New Belgium Brewing Company, uma cervejaria artesanal americana localizada em Fort Collins, Colorado, é reconhecida como uma líder da indústria cervejeira na promoção da consciência ambiental e sustentabilidade.

A New Belgium foi aberta em 1991 por Jeff Lebesch, um engenheiro elétrico e cervejeiro caseiro, e Kim Jordan, uma assistente social. Uma excursão de bicicleta pela Europa, que incluía paradas em bares e cervejarias belgas, inspirou o casal a transformar sua cervejaria caseira em uma operação comercial. De volta ao Colorado, o casal começou o seu negócio, com Lebesch projetando e construindo os equipamentos para produzir cervejas idealizadas com base naquelas que ele experimentara na Bélgica. Jordan assumiu o lado burocrático da cervejaria, administrando a comercialização, venda, projeto de embalagens e funções contábeis. Em 1996, a New Belgium recrutou o mestre cervejeiro Peter Bouckaert, da Rodenbach. A partir dessa origem humilde, a cervejaria cresceu, tornando-se a terceira maior cervejaria artesanal americana em dezoito anos, com um volume atual de mais de 586 mil hectolitros.

A linha de cervejas New Belgium está ancorada em sua principal cerveja *pale ale*, a Fat Tire, mas também apresenta várias cervejas de origem belga, bem como uma série de variedades de estilo inovador. Essas incluem cervejas como Sunshine Wheat, Abbey Ale, Trippel, Frambozen e La Folie, uma *Flemish sour red ale* refermentada em barris de madeira.

A New Belgium também ganhou reconhecimento merecido pela sua sensibilidade em relação ao impacto ambiental do seu processo de produção de cerveja. A cervejaria é uma líder reconhecida nos esforços de sustentabilidade da indústria cervejeira, incluindo a captação de 100% de sua eletricidade de fontes eólicas, utilizando refrigeradores evaporativos em vez de compressores para o controle da temperatura, reciclando pinheiros condenados pelo ataque de besouros em trabalhos de marcenaria, realizando o tratamento de águas residuais no local, e várias outras iniciativas de sustentabilidade.

Ver também QUESTÕES AMBIENTAIS.

New Belgium Brewing Company. **Follow Your Folly!** Disponível em: http://www.newbelgium.com. Acesso em: 19 maio 2010.

Jeff Mendel

New Glarus Brewing Company, uma cervejaria artesanal americana situada na pequena cidade de inspiração suíça New Glarus, Wisconsin, é conhecida por suas interpretações de uma ampla variedade de estilos de cerveja, especialmente as suas *fruit beers* artesanais.

A New Glarus Brewing Company foi fundada por Dan e Deb Carey em 1993. Dan, o mestre cervejeiro, graduado pela Universidade da Califórnia – Davis com diploma em Ciência dos Alimentos, passou nos exames do Institute of Brewing and Distilling e foi diplomado mestre cervejeiro, trabalhou em uma pequena cervejaria na Alemanha e foi supervisor de produção da Anheuser-Busch antes de iniciar a New Glarus. Deb Carey usa sua experiência empresarial para lidar com os negócios da cervejaria, incluindo vendas e marketing. Ela também obteve o capital inicial para o negócio.

A linha de produtos da New Glarus está ancorada em seis cervejas produzidas durante todo o ano, sendo as mais notáveis a Wisconsin Belgian Red e a Raspberry Tart. Ambas são *fruit beers* de inspiração belga, feitas por métodos cervejeiros tradicionais usando frutas frescas – cerejas Door County na Belgian Red e framboesas Oregon na Raspberry Tart. As outras cervejas New Glarus produzidas durante todo o ano são uma *abbey ale* de inspiração belga, uma *farmhouse ale* refermentada na garrafa, uma *nut brown ale* e uma *pale ale*. Várias cervejas sazonais e de edição limitada completam o portfólio da cervejaria.

A reputação da New Glarus como uma das melhores cervejarias artesanais americanas é reforçada por uma série de prêmios em concursos nacionais e internacionais. A cervejaria tem crescido rapidamente ao longo dos anos, apesar de uma distribuição geográfica limitada, abrangendo poucas centenas de milhas.

New Glarus Brewing Company. Disponível em: http://www.newglarusbrewing.com. Acesso em: 12 maio 2010.

Jeff Mendel

Newcastle Brown Ale é uma variação específica de um estilo tradicional inglês de cerveja que ganhou popularidade no mundo todo. A cerveja foi lançada em 1927, após ser desenvolvida durante três anos na cervejaria Newcastle Breweries Ltd, no norte da Inglaterra, pelo cervejeiro assistente tenente-coronel James Herbert Porter (militar condecorado) e pelo químico Archie Jones. Porter comandara o 6º Batalhão do Regimento de North Staffordshire durante a Primeira Guerra Mundial e estudara tecnologia de cerveja após deixar o exército. No ano de 1924, em Newcastle, recebeu a missão de criar uma *ale* nova e popular, envasada em garrafa, empregando técnicas avançadas de produção. A nova cerveja, anunciada pela primeira vez no *Newcastle Daily Journal* em 25 de abril de 1927, revelou-se uma boa aposta desde o princípio, sendo vendida ao preço de nove xelins a dúzia de garrafas *pint* (568 mL), mais alto do que a média. Seu desenvolvimento fora totalmente confidencial e, quando de seu lançamento, o coronel Porter revelou que haviam variado tanto a receita ao longo dos três anos que as cervejarias rivais foram despistadas.

A Newcastle Brown Ale também foi anunciada no jornal local no dia como: "Inteiramente nova. Você jamais provou algo similar antes [...] uma boa *brown ale* de sabor rico e suave que lembra as famosas '*audit*' *ales* de outrora. É forte, mas na medida certa [...] não muito pesada para se beber no verão, mas com 'corpo' suficiente para satisfazer o homem que aprecia uma boa *ale* e a reconhece quando a encontra". (*audit ale* era uma cerveja forte especial, servida nas universidades no dia de auditoria, "*Audit Day*", que marcava a inspeção oficial das contas ao final do ano em exercício.)

A Newcastle Brown Ale (4,7% ABV) é encorpada e suave, exibindo notas discretas de caramelo, a banana e frutas secas. Curiosamente, é raramente encontrada na forma de chope no Reino Unido, onde a tradição manda que seja servida em uma taça *schooner* de meio *pint* para que seja regularmente abastecida da própria garrafa.

Originalmente, tratava-se da mistura de dois estilos definidos, uma cerveja escura forte e uma *amber ale* de baixo teor alcoólico, pois, segundo o coronel Porter, sua característica frutada distinta não poderia ser concebida a partir de uma formulação única. Essa prática, no entanto, foi abandonada após pesquisas específicas sobre a aplicação de matérias-primas e sua influência mostrarem que uma cerveja de brassagem única com as mesmas características poderia ser perfeitamente produzida. O famoso logotipo da Newcastle Brown Ale com a estrela azul de cinco pontas e a silhueta sobreposta da cidade de Newcastle representa as cinco cervejarias – John Barras & Co, Carr Bros & Carr, JJ & WH Allison (duas empresas) e Swinburne & Co – que foram unificadas em 1890 para formar a Newcastle Breweries Ltd. As medalhas de ouro no rótulo vêm da International Brewer's Exhibition de 1928 em Londres, quando a cerveja venceu a Brewing Trade Review Cup como melhor cerveja engarrafada, além de conseguir o primeiro prêmio como melhor *brown ale* em garrafa.

James Porter foi promovido a cervejeiro chefe no ano seguinte e, após mais de três décadas, tornou-se presidente da empresa em 1962. Praticamente todas as cervejarias inglesas já produziram uma versão desse estilo, mas a tonalidade vermelho-acastanhada e translúcida da Newcastle Brown Ale foi planejada para o mercado principal, para competir com as *pale ales* de Burton upon Trent que vinham se tornando cada vez mais populares. Ver BURTON-ON-TRENT. Logo apelidada de "*Newkie Brown*", rapidamente se tornou símbolo da cultura da classe trabalhadora, particularmente associada à construção naval, à mineração de carvão e à indústria armamentista e de forjamento de aço, as quais dominavam o norte da Inglaterra naquela época. Tais indústrias quase já não existem nessa região, mas a imagem da cerveja da classe operária permanece, apesar de ela haver desfrutado de um breve período como bebida "*cult*" entre os estudantes universitários britânicos nas décadas de 1960 e 1970. Já os publicitários criaram uma imagem bastante distinta para a Newcastle Brown Ale na maioria dos quarenta países para os quais é exportada. A América do Norte é um dos principais mercados dessa cerveja, e sua promoção baseia-se em cultivar um clima urbano requintado bastante distante dos velhos estaleiros navais de Newcastle. Em 1996, essa cerveja foi condecorada com a Indicação Geográfica Protegida (IGP) pela União Europeia, o que significava que ela só podia ser produzida em Newcastle upon Tyne, seu lugar de origem. A Newcastle Brown Ale passou, então, a gozar do mesmo *status* do presunto Parma na Itália ou do Champagne na França. Porém, em 2005 a matriz Scottish & Newcastle fechou sua cervejaria em Newcastle, e a produção foi controversamente realocada em Gateshead, na margem oposta do rio Tyne. Ver SCOTTISH & NEWCASTLE BREWERY. Eram apenas duas milhas de distância, mas foram suficientes para perturbar os tradicionalistas e fazê-la perder sua condição de IGP.

Em 2010, dois anos após a operação conjunta entre Carlsberg e Heineken assumir a Scottish & Newcastle, as operações de produção e envase dos 900 mil hectolitros anuais foram transferidas para Tadcaster, em North Yorkshire.

Ver também BROWN ALE.

Newcastle Daily Journal. 25 abr. 1927.
Ritchie, B. **Good company: The story of Scottish & Newcastle**. London: James & James, 1999.

Alastair Gilmour

Ninkasi foi a principal deusa da antiga Suméria, uma cultura que floresceu entre 5000 e 3000 a.C., no que hoje é parte da Mesopotâmia, no sul do Iraque. Entre os sumérios, Ninkasi era considerada a mãe de toda a criação. Nascida de uma fonte espumante de água fresca – provável referência aos rios Tigre e Eufrates –, seu nome significava "a senhora que enche a boca". No mundo do além, ela estava encarregada da produção de toda a cerveja (e possivelmente de produzir todo o vinho também) para o grande deus En-lil e seu séquito divino. Na Terra, ela era venerada como a deusa da fertilidade, o que, estranhamente, a colocava no comando não só da colheita, da cerveja e da produção da cerveja, mas também da embriaguez e da sedução, da arte apaixonada do amor carnal e da arte cruel da guerra. Ela era mãe de nove crianças, todas nomeadas em homenagem às bebidas alcoólicas ou aos seus efeitos. Uma delas se chamava "o fanfarrão" e outra "o briguento". Ninkasi vivia no fictício monte Sâbu, que significa "o monte do taberneiro" ou "o monte do varejista". Era responsabilidade de Ninkasi – ou, mais especificamente, de suas sacerdotisas – fornecer bebidas fermentadas, especialmente cerveja, a todos os templos da Suméria, incluindo o grande centro religioso de Nippur, cujas ruinas se encontram 180 quilômetros ao sul da atual Bagdá. Seu emblema era uma espiga de espelta ou cevada, e na primavera ela provocava o crescimento do cereal. O cereal era o centro da cultura suméria, e Ninkasi, sua deusa, era o centro do ritual sumério. Um *Hino a Ninkasi* chegou a nós através de milênios. Ele consiste em duas canções sumérias de bebida datadas do século XVIII a.C. O hino é considerado uma das obras literárias mais antigas do mundo. A primeira canção descreve em detalhe como a cerveja mesopotâmica pode ter sido produzida, enquanto a segunda louva Ninkasi por fornecer aos consumidores de cerveja a oportunidade de alcançar um "estado feliz", com alegria interior e um "fígado feliz". Os sumérios são considerados a primeira civilização a abrir mão das atividades de caça e coleta, tornando-se sedentários. Sua ênfase era mais na produção de cerveja do que nas artes marciais. Eles apreciavam sua cerveja e seu pão, e a cerveja era sua bebida sagrada, um presente dos deuses a ser saboreado com alegria, adoração e paz.

Ver também DEUSES DA CERVEJA.

Bienkowski, P.; Millard, A. **Dictionary of the Ancient Near East.** London: British Museum Press, 2000.

Civil, M. A hymn to the beer goddess and a drinking song. In: **Studies presented to A. Leo Oppenheim, June 7th 1964.** Chicago: The Oriental Institute of the University of Chicago, 1964.

Hornsey, I. S. *A history of beer and brewing.* Cambridge: Royal Society of Chemistry, 2003.

Milano, L. **Drinking in ancient societies: history and culture of drinking in the Ancient Near East.** Padova: Sargon srl, 1994.

Ian Hornsey

nitrogênio é um elemento encontrado na cerveja, na maioria das vezes, na sua forma gasosa (N_2) ou como componente de moléculas maiores, tais como proteínas, aminoácidos e nucleotídeos.

No seu estado gasoso, o nitrogênio é importante para os cervejeiros por ser um gás inerte e abundante (o N_2 constitui 78% da atmosfera). O N_2 é muitas vezes usado para purgar o indesejado oxigênio de recipientes ou embalagens em aplicações que variam desde a purga da tina de fervura para evitar a aeração a quente do mosto até a purga de embalagens para armazenamento de lúpulo. Além disso, o N_2, é usado como um ingrediente em cervejas nitrogenadas, às quais não adiciona nenhum sabor, mas produz bolhas estáveis, muito finas (em comparação com o N_2, o dióxido de carbono produz bolhas relativamente grandes com um sabor ácido). Ver CERVEJA NITROGENADA. O N_2 costuma ser separado de outros gases atmosféricos por meio de um gerador de nitrogênio; o nitrogênio pode, então, ser usado imediatamente no seu estado gasoso ou pode ser liquefeito para uso posterior.

O N_2 em seu estado líquido (LN_2), que à pressão atmosférica está entre -195,8 °C e -210 °C, pode ser útil para os cervejeiros como um refrigerante para o armazenamento criogênico de células de levedura. Além disso, o LN_2 pode ser introduzido em garrafas ou latas antes de serem enchidas com cerveja. Nesta aplicação, o LN_2 evapora rapidamente após atingir o fundo da embalagem e, subsequentemente, purga o ar indesejado da embalagem.

Em bares e restaurantes, o nitrogênio muitas vezes faz parte de uma mistura de gases (com CO_2) usada para acionar os sistemas de chope. Nas pressões de operação normais desses sistemas, o nitrogênio é muito menos solúvel na cerveja do que o CO_2 e, portanto, pode ser usado para ajudar a empurrar a cerveja até a torneira sem que haja preocupação com a dissolução de nitrogênio na cerveja. A relação adequada de nitrogênio para gás carbônico dependerá da temperatura, pressão e nível desejado de carbonatação da cerveja. Vale notar que a pressão de nitrogênio não irá segurar o CO_2 na cerveja. Muitos sistemas de chope que funcionam com uma mistura de gases contendo 75% de nitrogênio, mistura destinada para a extração de *stout* irlandesa, acabarão por servir, como resultado, cervejas sem gaseificação.

Ver também NITROGÊNIO NA FORMA DE AMINAS LIVRES (FAN).

Kunze, W. **Technology brewing and malting**. 3 ed. Berlin: VLB Berlin, 2004.

Nick R. Jones

nitrogênio na forma de aminas livres (FAN) é definido como a soma dos aminoácidos individuais, íons de amônia e peptídeos pequenos (di e tripeptídeos) no mosto. O FAN é uma medida importante desses nutrientes, que constituem o nitrogênio que a levedura pode assimilar durante a fermentação da cerveja. O FAN é um produto de degradação das proteínas das matérias-primas, tais como o malte de cevada, trigo, cevada e sorgo. Ainda que a atenuação dos açúcares do mosto prossiga normalmente, a produção da mesma qualidade de cerveja não é sempre garantida, o que sugere que a remoção de açúcar do mosto por si só não é um bom indicador do desempenho da levedura. Alguns cientistas em produção de cerveja consideram o FAN como um índice melhor para a previsão do crescimento saudável, viabilidade, vitalidade e eficiência de fermentação da levedura, e, consequentemente, da qualidade da cerveja e sua estabilidade. Os níveis adequados de FAN serão determinados utilizando maltes apropriados e o processo de mosturação correto. O teor de FAN é determinado principalmente pela extensão na qual as enzimas proteolíticas são capazes de agir. O próprio FAN é produzido pela enzima carboxipeptidase, uma enzima muito resistente ao calor que está presente em quantidades abundantes na maioria dos maltes e, de forma análoga, é escassa em poucos deles. Os seus substratos são os peptídeos produzidos pelas proteinases que catalisam a hidrólise das proteínas de reserva dentro do grão. Essas enzimas atuam principalmente durante a malteação, razão pela qual a extensão da modificação da proteína no malte é que determina a quantidade de FAN que será desenvolvido na mosturação. O nitrogênio do mosto é usado pela levedura para realizar suas atividades metabólicas, particularmente a síntese de novos aminoácidos e, portanto, de proteínas. A maior parte do FAN é consumida durante o tempo inicial de 24 a 36 horas de fermentação, após o qual o crescimento da levedura geralmente cessa. No entanto, têm sido identificadas diferenças de consumo de FAN entre cepas de leveduras *lager* e *ale*. A concentração de FAN no mosto requerida pela levedura em condições normais de produção de cerveja é diretamente proporcional ao crescimento da levedura e afeta a maturação da cerveja. Existe também uma correlação entre os níveis iniciais de FAN e a quantidade de etanol produzido. Ver ETANOL. O FAN também é utilizado por células de levedura para produzir uma variedade de produtos metabólicos que afetam o sabor e a estabilidade da cerveja, incluindo os álcoois superiores. Os mostos produzidos a partir de certos adjuntos, tais como o sorgo, tendem a ter baixos níveis de FAN, e já foi mostrado que essa deficiência causa problemas na fermentação.

Graham G. Stewart

Nord-Pas-de-Calais, departamento francês,[1] situa-se na região mais ao norte do país, que margeia o canal da Mancha e faz fronteira com a Bélgica. Nord-Pas-de-Calais é considerado atualmente como centro extraoficial de produção de cervejas especiais da França. A região também possui o maior consumo de cerveja *per capita* do país.

1 A França se reorganizou em 2016, e agora Nord-Pas-de-Calais passou a fazer parte de uma região chamada Hauts-de-France. [N.T].

A área possui uma longa história de produção de cerveja. O território foi habitado por celtas, tribos germânicas e saxões, todos consumidores da bebida. Geograficamente, sua localização setentrional é propícia ao cultivo de grãos. Como resultado, bebidas semelhantes à cerveja se tornaram, e continuam sendo, parte da identidade regional.

Nord-Pas-de-Calais já esteve estava repleta de pequenas cervejarias rurais independentes que produziam cerveja para consumo próprio e da população local. Atualmente essa herança cervejeira é evidente na quantidade de cervejarias da região. A maioria delas é pequena, em conformidade com o histórico da região. A mais conhecida é a Brasserie Duyck, produtora da Jenlain Bière de Garde, com uma produção anual de 100 mil hectolitros.

Nord-Pas-de-Calais tornou-se sede do renascimento da cerveja especial na França no final das décadas de 1970 e 1980. Estimulados pelo sucesso da Jenlain Bière de Garde (e pela crescente popularidade das *ales* belgas especiais), outras pequenas cervejarias regionais foram de produtores convencionais de *lagers* para guardiões da tradição cervejeira francesa dotados de um nobre propósito, talvez garantindo a sua própria sobrevivência.

Ver também BIÈRE DE GARDE, DUYCK, BRASSERIE, FRANÇA e JENLAIN ORIGINAL FRENCH ALE.

Phil Markowski

Northdown, também conhecido como Wye Northdown, é um lúpulo que foi desenvolvido no Wye College, em Kent, Reino Unido, como a primeira geração selecionada do cruzamento entre o Northern Brewer e um pai macho alemão resistente ao míldio. Ver WYE COLLEGE. Ele foi lançado para cultivo comercial em 1971. O Wye Northdown é um lúpulo de dupla aptidão, com excelente aroma e boa qualidade de amargor, conferindo um aroma inglês moderado, limpo e neutro à cerveja. Na época de seu lançamento, seu teor de alfa-ácidos acima de 10% era considerado espantoso para um lúpulo inglês, mas desde então ele foi superado pelos 12,5% do Wye Target. O Wye Northdown é mais comumente empregado em *ales* inglesas, incluindo as *porters*, e pode ser substituído pelo Wye Challenger ou pelo Northern Brewer. O Wye Northdown tem maturação precoce-média e produtividade moderada, em torno de 1.500 a 1.900 kg/ha. Ele é relativamente estável durante armazenagem. Assim como seu genitor macho, ele é bastante resistente ao míldio, mas é suscetível ao oídio e à murcha do *Verticillium*. Seu teor de alfa-ácidos varia de 7,5% a 10%, dos quais 30% a 32% são de cohumulona. Seu teor de beta-ácidos varia de 4,4% a 6,2%. Ele é rico em óleos essenciais, dos quais o mirceno aparece na proporção de 23% a 29%, o humuleno de 40% a 45%, o cariofileno de 13% a 17% e o farneseno, de característica floral, menos de 1%. O Northdown não é muito utilizado fora do Reino Unido, onde segue muito respeitado.

Victoria Carollo Blake

Northern Brewer é uma variedade de lúpulo desenvolvida pelo professor E. S. Salmon, no Wye College, Inglaterra, em 1934. Ela veio do cruzamento entre a antiga variedade Cantenbury Golding e um genótipo macho que, por sua vez, foi originado a partir do Brewer's Gold e um lúpulo americano macho sem nome. Ver BREWER'S GOLD e GOLDING. O professor Salmon realizou extensivos testes com lúpulos nativos da América do Norte no início dos anos de 1900 e provavelmente obteve exemplares com alto teor de alfa-ácidos a partir desses cruzamentos. O Northern Brewer herdou características aromáticas agradáveis de sua ancestral fêmea e alto teor de alfa-ácidos de seu ancestral macho. Ele foi cultivado amplamente na Inglaterra e, nos anos de 1940, foi levado à Bélgica e mais tarde à Alemanha devido ao seu alto potencial de produção de alfa-ácidos e à sua resistência à murcha do *Verticillium*. Os alemães referiam-se a ele como "lúpulo belga" quando foi cultivado na região de Hallertau, depois que o famoso Hallertauer Mittelfrueh foi devastado pela murcha do *Verticillium* nos anos de 1960 até o início de 1970. Ver HALLERTAU, REGIÃO e HALLERTAUER MITTELFRUEH. O Northern Brewer apresenta maturação precoce a média-precoce, é moderadamente resistente ao míldio e resistente à murcha do *Verticillium*. Entretanto, é suscetível ao oídio. Ele possui produtividade relativamente alta na Europa, mas nos Estados Unidos sua produtividade é baixa. Seu teor de alfa-ácidos varia em média de 9% a 12%, seu teor de beta-ácidos de 4% a 5% e o conteúdo de cohumulona corresponde em média a 25%. Os óleos essenciais são compostos de 50% a 60% de mirceno, 25% de humuleno e 8% de cariofileno. Ele não contém farneseno. Sua estabilidade durante armazenamento é acima da média. Ele é um lúpulo de dupla aptidão, embora a maioria dos cervejeiros o utilizem como lúpulo de amargor. Atualmente, o Northern Brewer foi largamente substituído por cultivares de maior produtividade com maiores teores de alfa-ácidos.

Burgess, A. **Hops**, 46. New York: Interscience Publishers, 1964.
Neve, R. A. **Hops**, 203. London: Chapman & Hall, 1991.
Salmon, E. S. **Four seedlings of the Canterbury Golding**. Kent: Wye College, 1944.

Alfred Haunold

Noruega (oficialmente Reino da Noruega), lar de 4,8 milhões de pessoas, é um país localizado no norte da Europa, ocupando a parcela oeste da península escandinava, a qual compartilha com a Suécia e parte do norte da Finlândia. A produção de cerveja possui tradições arraigadas na Noruega, e desde 1200 a.C. essa bebida tem sido parte integrante da cultura nacional. Não somente a cerveja era uma bebida comum em todas as celebrações, funerais e festas como era também parte do cotidiano. Antropólogos especulam que a cerveja era consumida regularmente, em parte, porque as pessoas comiam muito peixe e carne salgados. A cerveja agia como um diurético, ajudando o corpo a se livrar de todo o excesso de sal.

Nos séculos XVII e XVIII a produção de cerveja era de fato obrigatória para todos os proprietários de terras. A não produção antes do Natal resultava em multas pesadas, e a não produção durante várias temporadas resultava na perda das terras e dos animais. Nessa época, a produção dessa bebida era uma atividade doméstica rural. A maioria das cervejas era produzida com malte de cevada e com a adição de um pouco de mel ou pequenos frutos como adjuntos fermentáveis. Muitas vezes os maltes apresentavam um perfil defumado devido ao seu processo de secagem, mas em algumas regiões era secado a partir da queima da madeira de amieiro, com o propósito de lhe conferir uma distinta característica defumada. Como os lúpulos não cresciam bem nos curtos e frescos verões da Noruega, outros aditivos eram utilizados para flavorizar a cerveja. Os galhos de zimbro eram utilizados como principal aditivo, servindo ainda de fundo falso na tina de filtração. Os cervejeiros também adicionavam à tina de fervura brotos de abeto e uma grande diversidade de ervas, que variavam muito de acordo com o local.

A produção comercial de cerveja tornou-se comum na Noruega somente após 1820. A indústria cervejeira passou por um rápido crescimento, em parte porque as autoridades preferiam que as pessoas consumissem cerveja do que bebidas destiladas. Em 1857, havia 353 cervejarias na Noruega (e uma população de 1,5 milhão). Cinquenta anos depois esse número caiu para cerca de quarenta, e em 1996 esse número atingiu seu ponto mais baixo: sete cervejarias. Nos anos posteriores à Segunda Guerra Mundial, o declínio no número de cervejarias deveu-se sobretudo à compra seguida de fechamento das pequenas cervejarias por parte das grandes, concentrando o mercado em um monopólio crescente.

A indústria cervejeira comercial foi influenciada principalmente pela cultura cervejeira alemã e posteriormente pela dinamarquesa. Assim, as ricas e diversas tradições de cervejarias rurais nunca alcançaram o mundo comercial. Por volta de 1840, as *lagers* escuras, como os estilos bávaros *dunkel* e *bock*, dominaram o cenário cervejeiro norueguês, mantendo seu domínio por mais de um século. Ver BOCK e DUNKEL. Após a Segunda Guerra Mundial, as cervejarias operavam em estreita cooperação, a fim de evitar uma concorrência acirrada, e concordaram que seria benéfico produzir cerveja com menor teor alcoólico (mais barata) e coloração mais clara (mais fácil de beber para matar a sede) para aumentar as vendas frente à dura situação econômica do país no pós-guerra. Esse movimento foi muito bem-sucedido. O poder legislativo, em 1993, tornou ilegal a venda de cerveja com teor alcoólico acima de 4,75% álcool por volume (ABV) em lojas de varejo (cervejas com teor alcoólico mais elevado só poderiam ser vendidas em centros comerciais do governo específicos para bebidas alcoólicas, conhecidos como Vinmonopolet). Esse ato dizimou a pouca diversidade que restara no cenário cervejeiro norueguês, e, na virada do século, a maioria das cervejarias não produzia nada além de cervejas *lager* leves de estilo continental, frequentemente referidas como "*pils*". A exceção a isso é a forte cultura das cervejas escuras de Natal. Essa tradição continua bem viva, mas desde que as vendas de cervejas com alto teor alcoólico foram transferidas para a Vinmonopolet, em 1993, as cervejas de Natal atualmente possuem cerca de 4,5%-4,75% ABV, em vez dos tradicionais 6,5% ABV.

Por muitos anos, o movimento em prol da abstinência teve força na Noruega. No século XIX várias organizações protestantes lutavam pela abstinência, enquanto no início do século XX foi a vez dos partidos políticos socialistas e dos sindicatos trabalhistas advogarem a abstinência. Isso resultou no banimento de bebidas alcoólicas destiladas e vinhos fortificados entre 1915 e 1920, a criação de centros comerciais do governo para bebidas alcoólicas fortes em 1922 (o Vinmonopolet) e significativos impostos sobre as bebidas alcoólicas. Os impostos sobre a cerveja são absolutamente os mais altos do mundo. Ver IMPOSTOS. Esses fatores tiveram impacto sobre o consumo de cerveja no país, que é quase a metade da quantidade consumida na Dinamarca, um país com uma cultura e uma população muito similares. Em 2008, o norueguês médio consumiu 54 litros de cerveja, enquanto um dinamarquês consumiu 86 litros.

Nos últimos anos, houve uma mudança no cenário cervejeiro norueguês. Foi inaugurado um pequeno número de microcervejarias e, ao contrário de suas antecessoras, elas têm se concentrando em estilos de cerveja e técnicas de produção nunca antes disponíveis no país. É preciso ter em mente que a Noruega é mais escandinava do que europeia, e que as tendências e mudanças chegam mais tardia e lentamente a essa extremidade da civilização. Ainda assim, há uma lenta revolução acontecendo. As pessoas estão cada vez mais conscientes sobre a cerveja, e agora a cerveja é mencionada com mais frequência nos meios de comunicação, muitas vezes sob uma forte ligação com os alimentos. Existem diversos importadores de cerveja, e o número de cervejas importadas aumentou de três para trezentas em cinco anos. Em 2010 a Noruega possuía oito *brewpubs*, nove cervejarias artesanais, três cervejarias produzindo sob contrato, sete cervejarias regionais e duas grandes cervejarias.

Danish Brewers Association. Disponível em: http://www.bryggeriforeningen.dk/. Acesso em: 2 maio 2011.
Statistics Norway. Disponível em: http://www.ssb.no/. Acesso em: 2 maio 2011.

Kjetil Jikiun

Nova York

Ver BROOKLYN, NOVA YORK e MANHATTAN, NOVA YORK.

Nova Zelândia, uma nação de 4,3 milhões de pessoas, compartilha a herança cultural dos descendentes de europeus, que chegaram depois do descobrimento da ilha pelo capitão Cook no século XVIII, e dos indígenas maori, cujos antepassados são da Polinésia e chegaram cerca de mil anos atrás.

Acredita-se que a primeira cerveja da Nova Zelândia tenha sido produzida em 1773. O capitão Cook atracou em Dusky Sound, na ilha do Sul, durante sua segunda viagem à região do Pacífico. Provavelmente por acreditar que a cerveja era útil na luta contra o escorbuto, ele utilizou algumas plantas locais, como a *manuka* (uma árvore que possui folhas com propriedades semelhantes às dos chás), juntamente com melaço, produzindo assim a primeira cerveja neozelandesa para a sua sedenta tripulação.

Atualmente, há duas grandes cervejarias na Nova Zelândia, a Lion Nathan (de propriedade da Kirin) e a DB (de propriedade da Asia Pacific Breweries). As principais marcas da Lion Nathan são: Steinlager, Lion, Speight's, Canterbury e Mac's. A DB (antiga Dominion Breweries) possui as marcas Heineken, Tui, DB e Monteith's. Essas duas cervejarias históricas abastecem cerca de 90% do mercado neozelandês com uma gama de *lagers* tradicionais, cervejas *premium* internacionais e cervejas locais de "estilo artesanal". A Nova Zelândia é um país importante na história da cerveja pelo desenvolvimento pioneiro do processo contínuo de fermentação por Morton Coutts, da Dominion Breweries. Apesar de ambas as cervejarias terem utilizado a fermentação contínua por algum tempo, apenas a DB ainda mantém seu uso para a produção de algumas marcas locais.

A Nova Zelândia possui uma vibrante indústria de cerveja artesanal, com cerca de cinquenta microcervejarias cobrindo quase todo o território do país. A Brew NZ, uma competição anual de cerveja, está se tornando cada vez mais importante, assim como o Beervana, um evento público associado. A Nova Zelândia também possui uma pequena, mas ativa, indústria de lúpulos, que se concentra na produção das variedades aromáticas demandadas para a produção de cervejas artesanais e *premiums* em todo o mundo. O lúpulo Nelson Sauvin é uma variedade especificamente neozelandesa, recentemente desenvolvida, com um intenso aroma frutado.

Ver também NELSON SAUVIN.

Bill Taylor

noz-moscada é uma especiaria derivada da semente do fruto da árvore perene *Myristica fragrans*. Há muito utilizada na culinária europeia, a noz-moscada é originária da "ilha das especiarias" de Banda, nas Molucas, parte da Indonésia. O comércio internacional trouxe a noz-moscada para a Europa logo no século I, onde a especiaria permaneceu rara e extremamente cara até o final do século XVIII. Os holandeses travaram uma luta sangrenta em Banda no ano de 1621, apoderando-se da ilha com o principal propósito de controlar a produção de noz-moscada. Por volta de 1770, o botânico francês Pierre Poivre estabeleceu plantações de noz-moscada em Maurício e o monopólio holandês terminou. A britânica Companhia das Índias Orientais logo espalhou plantações por todas as áreas tropicais onde ela mantinha negócios. Hoje em dia, a maioria da noz-moscada é cultivada na Indonésia e na ilha de Granada, no Caribe.

A semente da fruta da noz-moscada é do tamanho de uma bolinha de gude, ovoide, que efetivamente compreende duas especiarias: a semente em si, que é a especiaria noz-moscada, e a cobertura vermelho-brilhante da semente, que é removida e se torna uma especiaria doce chamada arilo da noz-moscada ("*mace*", em inglês). Os óleos essenciais da noz-moscada são pungentes e complexos, contendo canfenos, terpenoides, safrol (semelhante ao aroma da cerveja de raiz), gerianol (também um constituinte do óleo essencial de lúpulo) e outros compostos aromáticos. Embora a noz-moscada seja frequentemente vendida como um pó moído, os óleos essenciais oxidam-se rapidamente após a moagem, e, por isso, a noz-moscada é melhor quando ralada fresca. Ela pode ser adicionada ao mosto na tina de fervura, geralmente no final da fervura, sendo uma especiaria popular nas *pumpkin ales* e *holiday beers*. A noz-moscada deve ser usada com moderação; ela é altamente aromática, e quando é ralada na hora mostra sua maior potência e complexidade de sabor. Quando usada em grande quantidade, a noz-moscada torna-se alucinógena e venenosa, embora essas quantidades nunca sejam atingidas no uso normal nos alimentos e na cerveja.

Filipponne, P. T. **Nutmeg and mace history.** Disponível em: http://homecooking.about.com/od/foodhistory/a/nutmeghistory.htm. Acesso em: 9 dez. 2010.

Vaughan, J. G. **The new Oxford book of food plants.** Oxford: Oxford University Press, 2009.

Garrett Oliver

Nugget é um dos mais antigos lúpulos superalfa. Ele foi lançado por Al Haunold, em 1981, junto ao Departamento de Agricultura dos Estados Unidos (USDA), pelo programa de melhoramento de lúpulos, em Corvallis, Oregon. O Nugget foi originado em 1970 pelo cruzamento de duas variedades do USDA, ambas caracterizadas por altos teores de alfa-ácidos. Entre os notáveis ancestrais genéticos do Nugget destacam-se o Brewer's Gold, o Early Green e o East Kent Golding. Ver BREWER'S GOLD e EAST KENT GOLDING. Quando cultivado na região noroeste dos Estados Unidos, próximo ao oceano Pacífico, o Nugget atinge entre 12% e 15% de alfa-ácidos, aproximadamente 5% de beta-ácidos e 27% de cohumulona. O Nugget é estável quando armazenado, mantendo cerca de 70% dos alfa-ácidos depois de seis meses estocado à temperatura ambiente. O conteúdo total de óleos essenciais do Nugget varia entre 1,7 e 2,3 mL/100 g de cones secos, com teor de mirceno equivalente, em média, a 54%, humuleno a 19,4% e cariofileno a 8,9%. O Nugget possui aroma herbáceo, um tanto condimentado, mas isso é encoberto pelo seu potencial de amargor, de forma que os cervejeiros raramente o utilizam como lúpulo aromático. O potencial produtivo do Nugget é excelente, normalmente entre 2.000 e 2.700 kg/ha. Na verdade, o Nugget já estava pronto ser lançado comercialmente no fim dos anos de 1970, mas as forças do mercado naquela época estavam alinhadas contra os lúpulos superalfa. Em 1981, contudo, uma escassez mundial de alfa-ácidos finalmente forneceu o impulso necessário para a entrada bem-sucedida de cultivares superalfa no mercado. Foi então que outro lúpulo com alto teor de alfa-ácidos, o Galena, foi também lançado, tomando conta de Idaho.

Ver também GALENA e IDAHO, REGIÃO SUL.

Haunold, A. A. et al. Registration of Nugget hop. **Crop Science**, v. 24, p. 618, 1984.

Shaun Townsend

nutrição

Ver SAÚDE.

nutrientes de levedura

são compostos e elementos essenciais para a saúde e a viabilidade da levedura. Os cervejeiros devem garantir ótima saúde à levedura para evitar fermentações lentas ou paralisadas, *off-flavors* e outros problemas com a cerveja. Os nutrientes essenciais da levedura são carboidratos, aminoácidos, vitaminas e minerais. A cevada malteada contém naturalmente um conjunto equilibrado desses nutrientes, porém mostos de alta densidade, especialmente aqueles que contêm altos níveis de adjuntos na forma de açúcares refinados, podem não ser adequadamente equilibrados, e o desempenho da levedura nesses ambientes pode ser lento. Culturas de levedura reinoculadas muitas vezes podem ser particularmente propensas a absorções ineficientes de nutrientes, especialmente em ambientes exigentes. Muitas fermentações podem ser facilitadas por meio da adição de preparados de nutrientes para levedura, mesmo em mostos puro malte. Carboidratos simples, tais como glicose, frutose, sacarose, maltose e muitas vezes maltotriose, são facilmente metabolizados pela levedura cervejeira. A levedura não consegue, entretanto, assimilar polissacarídeos maiores (dextrinas). Portanto, estes permanecem na cerveja pronta. Os aminoácidos, também conhecidos como nitrogênio na forma de aminas livres (FAN), são a fonte principal de nitrogênio da levedura, uma vez que ela não consegue metabolizar peptídeos e proteínas. O FAN é incorporado em novas proteínas da levedura, mas seus níveis influenciam o seu desempenho fermentativo. Especialmente para cervejas com elevado teor alcoólico, adições criteriosas de uma fonte de nitrogênio podem ser indicadas. Vitaminas, tais como biotina, ácido pantatênico, tiamina e inositol, são essenciais para a função enzimática e o crescimento da levedura. Minerais, incluindo fosfato, potássio, cálcio, magnésio e especialmente zinco, são cruciais para a saúde da levedura e, consequentemente, para fermentações bem-sucedidas. Pode haver deficiência de zinco mesmo em mostos puro malte, pois a maioria tende a ser perdida durante a recirculação do mosto. Zinco extra pode ser adicionado na forma mineral ($ZnSO_4$ ou $ZnCl_2$) ou pode ser incorporado na levedura inativa, constituindo um produto nutricional mais completo. Os cervejeiros alemães tecnicamente fiéis à Lei da Pureza da Cerveja, a qual não permite a adição de sais minerais, têm encontrado muitas maneiras engenhosas para garantir que suas leveduras obtenham o zinco de que necessitam. Estas engenhosidades vão desde a colocação de acessórios de zinco dentro da tina de fervura ou tina filtro, correntes de zinco presas às pás do misturador da mostura, até o velho truque cervejeiro de adicionar algumas leveduras vivas à tina de fervura. Às vezes, um bloco de zinco é simplesmente escondido na cervejaria, e ocasionalmente raspas são retiradas dele. As fermentações de *weissbier* são particularmente suscetíveis a deficiências de zinco, pois o trigo é rico em manganês, o que pode bloquear a absorção de zinco pelas células da levedura. Por fim, a levedura necessita de oxigênio para sintetizar esteróis e ácidos graxos insaturados na membrana da célula da levedura. Isto, por sua vez, permite uma ampla divisão celular durante a fase aeróbia da levedura. Os nutrientes da levedura, criteriosamente aplicados, podem acelerar as fermentações e promover melhor atenuação, floculação e capacidade de armazenamento de fermento, bem como melhorar o sabor da cerveja. Assim, os nutrientes se tornaram uma regra no cultivo da levedura cervejeira.

Ver também AMINOÁCIDOS, CARBOIDRATOS, NITROGÊNIO e OXIGÊNIO.

Fischborn, T. et al. J. Servomyces-A biological nutrient. **Technical Quarterly of the Master Brewers Association of the Americas**, n. 41, p. 366-370, 2004.

Van Zandycke, S.; Fischborn, T. The impact of yeast nutrients on fermentation performance and beer quality. **Technical Quarterly of the Master Brewers Association of the Americas**, n. 45, p. 290-293, 2008.

Sylvie Van Zandycke

oast house é uma construção projetada para secagem do lúpulo antes de serem prensados, enfardados ou peletizados, embalados e vendidos aos cervejeiros. Apesar de uma recente moda de cervejas com "lúpulo fresco" ou cervejas "de colheita", quase todos os lúpulos são secos antes do uso. A flor do lúpulo contém muita umidade e, a exemplo da maioria das flores, ficarão marrons e apodrecerão se não forem devidamente secas. As *oast houses*, ou "secadores de lúpulo", como são também conhecidas, podem ser construídas de várias formas; atualmente, a secagem do lúpulo tende a ser industrial e mecanizada. Contudo, para a maioria das pessoas, especialmente ao sul da Inglaterra, o nome evoca a imagem específica de um edifício alto e redondo com um distinto cone branco na parte superior, com um capuz e um cata-vento no pico.

As *oast houses* tradicionalmente usavam fogo à lenha para secar lúpulo, seguido de carvão e, mais recentemente, óleo. Os altos cones dos edifícios fo-

Trabalhadores descarregando lúpulo fresco em *oast houses* (casas de secagem) tradicionais, em Kent, na Inglaterra, por volta de 1900. PIKE MICROBREWERY MUSEUM, SEATTLE, WA.

ram projetados para criar um bom exaustor para o fogo, e o capuz e o cata-vento permitiam que o telhado se movesse na direção do vento a fim de obter a melhor ventilação.

Os lúpulos eram espalhados em uma camada sobre um piso treliçado de madeira e arame, permitindo que o ar quente proveniente do fogo, localizado abaixo, passasse por eles. Após a secagem, os lúpulos eram então prensados em fardos e carregados em sacos de juta conhecidos como "bolsos" (*"pockets"*).

Os lúpulos se tornaram populares na Inglaterra no século XV, e a primeira descrição de uma *oast house* remonta ao ano de 1574. O exemplo mais antigo ainda existente fica em Cranbrook, perto de Tunbridge Wells, Kent, e foi construído por volta de 1750. Talvez não surpreenda que, ao longo dos séculos muitas *oast houses*, tenham sido consumidas por incêndios. Lúpulos secos são facilmente inflamáveis e uma vez incendiados, o desenho da construção poderia rapidamente transformá-la em uma fornalha.

Com a mecanização, a *oast house* tradicional tornou-se obsoleta, mas ainda é comum avistar essas estruturas nos arredores de Kent, o "jardim de lúpulo da Inglaterra". Muitas delas foram convertidas para uso residencial e casas peculiares, e muito procuradas.

Ver também KENT, INGLATERRA.

Pete Brown

oatmeal stout é um subestilo de *stout*, distinguindo-se pela adição de até 20% de aveia na formulação dos grãos. A inclusão de aveia, um cereal com alta concentração – em comparação com a cevada – de beta-glucanos, lipídios solúveis em água e proteínas, proporciona uma sensação de boca mais complexa e macia à cerveja.

As *stouts* produzidas com farinha de aveia tornaram-se populares no final do século XIX na Inglaterra, quando as cervejas do estilo *stout* em geral, e as *oatmeal stouts* mais especificamente, eram associadas à ideia de nutrição e vistas como bebidas saudáveis e revigorantes. No entanto, em meados do século XX o estilo praticamente tinha desaparecido. Uma menção à *oatmeal stout* no livro Michael Jackson *The World Guide to Beer*, de 1977, levou um importador americano a encomendar essa cerveja da Samuel Smith, uma cervejaria inglesa de Yorkshire. Desde a criação dessa primeira *oatmeal stout* moderna, o estilo ganhou popularidade e hoje conta com mais de cem exemplares disponíveis no mercado.

De modo geral adicionam-se aveias em flocos diretamente à mostura, na proporção de 10% a 15% do conjunto de grãos. O teor de álcool por volume varia de 4% a 7,5% ABV, mas a maioria apresenta menos de 6% ABV. As *oatmeal stouts* geralmente são mais adocicadas que as *dry stouts*, mas não tanto quanto as *sweet stouts* ou as *milk stouts*. O amargor de lúpulo varia de acordo com a interpretação que cada cervejeiro faz do estilo, mas é geralmente moderado, com mais ênfase nos lúpulos de amargor do que nas variedades aromáticas.

Ver também STOUTS.

Jackson, M. **Ultimate beer**. New York: DK Publishing, 1998.

Brian Thompson

Obesumbacterium proteus é o nome dado para certas bactérias gram-negativas que ocorrem como contaminantes na levedura inoculada na cerveja. O microbiologista cervejeiro irlandês J. L. Shimwell isolou essa bactéria pela primeira vez em 1936 e, incerto sobre como classificá-las, classificou-as no gênero *Flavobacterium*, como *Flavobacterium proteus*. Em 1963, ele percebeu que essa classificação estava incorreta e criou o gênero monotípico *Obesumbacterium*. Essas bactérias foram muito comuns em cervejas até os anos 1980 e podiam ser isoladas em praticamente todas as leveduras *ales* (alta fermentação) no Reino Unido, sendo menos frequentes nas leveduras *lager* (baixa fermentação). Durante a fermentação da cerveja, essas bactérias se associam às leveduras de processo e são passadas para a fermentação seguinte quando se faz a reinoculação das leveduras. Elas têm relativamente pouco impacto no sabor da cerveja quando presentes em pequena quantidade (menos que 1% do número de leveduras), mas em populações elevadas podem aumentar a concentração de dimetil sulfeto e produzir um odor frutado, de mandioquinha-salsa.[1] Ver DIMETIL SULFETO (DMS).

[1] No Brasil, o DMS é amplamente descrito como aroma de milho cozido. [N.T.]

Durante a fermentação do mosto a *Obesumbacterium proteus* reduz nitrato para nitrito, que pode reagir com aminas para formar a N-nitrosodimetilamina (nitrosamina). Embora as concentrações de nitrosaminas assim produzidas sejam inofensivas, isso levou os cervejeiros a eliminar esses contaminantes usando a limpeza ácida entre os ciclos de fermentação. Associada às melhorias na manipulação da levedura e na higiene fabril, essa bactéria tornou-se muito rara nas cervejarias. Em 2009, várias cepas dessa bactéria isoladas nos anos 1970 foram reexaminadas e mostraram pertencer a dois gêneros muito diferentes, ambos membros da família *Enterobacteriaceae*. Um reteve o nome de *Obesumbacterium proteus* e o segundo foi colocado em um novo gênero, o *Shimwellia* (em homenagem a Shimwell), como *Shimwellia pseudoproteus*.

Priest, F. G.; Barker, M. Gram-negative bacteria associated with brewery yeasts: reclassification of *Obesumbacteruim proteus* biogroup 2 as *Shimwellia pseudoproteus* gen. nov., sp. nov. and transfer of *Escherichia blattae* to *Shimwellia blattae* comb. nov. **International Journal of Systematic and Evolutionary Microbiology**, n. 60, p. 828-833, 2010.

Fergus G. Priest

off-flavors na cerveja resultam de concentrações indesejáveis de compostos ativos de sabor. O sabor esperado de uma bebida alcoólica é um complexo e fino equilíbrio de milhares de diferentes compostos orgânicos advindos das matérias-primas e da ação das leveduras, dentre outros inúmeros fatores. Mais de 1.400 compostos voláteis já foram isolados e identificados na cerveja. Muitos desses compostos podem estar normalmente presentes na cerveja em concentrações abaixo ou pouco acima do limiar de detecção do sabor, o ponto no qual esses compostos podem ser sentidos pela língua e pelo olfato humanos. Quando a concentração de um ou mais desses compostos aumenta significativamente, podem ocorrer diferenciações das nuances normais de sabor e aroma, causando defeitos no sabor, ou *off-flavors*, na cerveja.

As cervejas, assim como outros alimentos e bebidas, são consumidas com uma certa expectativa, baseada no sabor conhecido de uma marca e em sua reputação. Até o ponto de consumo, elas devem apresentar um sabor consistente, permanecer estáveis e microbiologicamente seguras. Se essa expectativa não for atendida, as implicações comerciais podem ser significativas. *Off-flavors* em cervejas caseiras decepcionarão o cervejeiro caseiro, mas *off-flavors* em uma cerveja comercial podem provocar um desastre para a cervejaria comercial.

Se um determinado sabor é considerado indesejável ou *off-flavor* depende de diversos fatores: (i) o tipo ou o estilo da bebida, (ii) a sensibilidade do degustador e (iii) a expectativa do consumidor. As práticas sociais e étnicas também influenciarão a aceitabilidade do sabor. Alguns compostos que promovem sabor são considerados positivos sob certas circunstâncias, mas negativos sob outras, enquanto outros como "metálico" ou clorofenol serão sempre considerados inaceitáveis. A característica de especiaria semelhante ao cravo, que é uma característica da *weissbier* bávara, seria considerada uma contaminação por leveduras selvagens se encontrada em outro estilo de cerveja, como a *pilsner* do mercado de massa americano.

Os componentes de sabor na cerveja diferem tanto no seu tipo como na sua concentração. A concentração por si só, no entanto, não será um fator decisivo quanto à importância dos compostos, porque os limiares individuais de detecção de cada componente variam consideravelmente. Um composto, por exemplo, pode influenciar fortemente o sabor da cerveja em concentrações inferiores a 1 parte por bilhão (ppb), enquanto outros podem estar presentes em várias centenas de partes por milhão sem apresentar nenhuma importância especial para o sabor. A concentração na qual um componente individual se torna inaceitável depende muito do contexto de sabor do produto. Um *off-flavor* será aparente em baixas concentrações em cervejas de sabor mais leve. O diacetil, um composto com sabor de manteiga, é um bom exemplo de um sabor que é aceitável em diferentes níveis nas cervejas. Nas cervejas *lager* é geralmente considerado um *off-flavor* quando presente em níveis superiores a 45 ppb, mas quando presente em níveis baixos em uma *bitter* inglesa é considerado aceitável. Ver DIACETIL.

O palato e o olfato humano são extremamente sensíveis, capazes de detectar algumas notas indesejáveis, como os compostos associados ao sabor de gambá ("*skunky*") na cerveja, em níveis de partes por trilhão. Esse aroma é relacionado à característica "*lightstruck*" porque resulta de reações fotoquímicas que ocorrem durante o armazenamento impróprio, especialmente em garrafas de vidro verde que oferecem baixa proteção à bebida. Entretanto, o sabor que o consumidor associa com uma cerveja específica pode não ser aquele que o cervejeiro almejou originalmente. Se o volume de vendas de cervejas comercializadas em garrafas verdes servir de parâmetro, é possível que alguns consumidores não achem o sabor *lightstruck* repreensível, embora a maioria dos departamentos de controle de qualidade das cervejarias rejeite uma cerveja que apresenta tal sabor. Ver LIGHTSTRUCK.

Embora os *off-flavors* associados à cerveja sejam muito conhecidos e bem documentados, as pesquisas continuam em andamento e não cessarão de descobrir novos *off-flavors* e suas respectivas origens, juntamente com novas rotas e causas de *off-flavors* previamente identificados.

Morton Meilgaard, o famoso cientista sensorial da cerveja, tentou classificar os sabores das cervejas em cinco categorias: desejáveis, desejáveis em pequenas quantidades, desejáveis em cervejas especiais, indiferentes a não ser em excesso e indesejáveis. Os sabores da quinta categoria contêm defeitos que são indesejáveis em qualquer concentração, e a cerveja que contiver esses compostos acima do limiar de detecção de sabor seria certamente considerada uma cerveja com *off-flavors*. Incluem-se aqui os sabores de mofo, metálico, a mosto, a grão, a palha, a madeira, a pão, a papelão, a clorofenol, a ranço, a oleoso, a gambá (*skunky*), a urina de gato (*catty*) e envelhecido (*stale*). Revisando essa lista, é possível identificar que muitos desses compostos mencionados estão associados com a oxidação ou o envelhecimento (*staling*). Ver OXIDAÇÃO.

O cientista S. J. E. Bennett, um estudioso de sabores, dividiu as possíveis fontes de *off-flavors* em seis grupos: (i) matérias-primas, (ii) falha no controle do processo, (iii) contaminação microbiológica, (iv) envase, (v) estocagem e (vi) contaminação acidental. A tarefa de categorizar os *off-flavors* não é tão fácil quanto parece, e uma nota de sabor indesejável pode ter inúmeras causas potenciais. O diacetil, por exemplo, pode resultar da ação individual de uma cepa de levedura utilizada pela cervejaria, tempo de maturação insuficiente da cerveja ou, pior, uma contaminação microbiológica. O bom cervejeiro, portanto, é constantemente vigilante e deve ter uma ideia bem formada de como exatamente deve ser o sabor e o aroma da cerveja produzida por sua cervejaria.

Ver também DEFEITOS NA CERVEJA.

Bennett, S. J. E. Off-flavours in alcoholic beverages. In: Saxby, M. J. (Ed.). **Food taints and off-flavours**. 2. ed. Glasgow: Blackie Academic & Professional, 1996.

Christopher Bird

A **Oktoberfest**, chamada localmente de "Wiesn" (que significa "prado"), é o maior festival popular da Alemanha, realizado em Munique durante dezesseis a dezoito dias, no Theresienwiese, com área de 31 hectares, das duas últimas semanas de setembro até a primeira semana de outubro. Desde o primeiro, em 1810, a Oktoberfest transformou-se no festival de cerveja mais famoso do mundo, abrigando em torno de seis milhões de visitantes por ano (com um recorde de 7,1 milhões em 1985). A Oktoberfest de Munique inspirou festivais semelhantes em Cincinnati, Ohio, e Blumenau, no Brasil. A popularidade do festival original está inexoravelmente associada com suas grandes tendas de cerveja, muitas delas com até 10 mil lugares. Cada tenda tem decoração e personalidade exclusivas. A Schottenhamel (que serve cervejas Spaten) acomoda 6 mil pessoas internamente e 4 mil na cervejaria ao ar livre adjacente; a Hacker-Festhalle acomoda 6.950 na cervejaria, mas apenas 2,4 mil ao ar livre; e a Hofbräu acomoda 6.898 internamente e 3.022 ao ar livre. As tendas menores são os hipódromos relativamente aconchegantes (3,2 mil internamente, mil ao ar livre) e o elegante Käferzelt, que abriga mil pessoas, normalmente da alta sociedade de Munique. A cerveja é servida somente nos emblemáticos canecos de 1 litro (os famosos *mass*, ou *Maßkrüge*) – as vendas em um período normal de dezesseis dias correspondem a 6,5 milhões de canecos. A imagem de uma mulher vestida em um tradicional vestido da Baviera (*dirndl*) e levando animadamente nas duas mãos vários e enormes copos "Mass" é uma imagem reconhecida praticamente em todos os lugares.

Existem regulamentações rigorosas com relação à cerveja servida na Oktoberfest. Somente as grandes cervejarias que produzem dentro da cidade de Munique têm permissão para entregar cervejas na Oktoberfest. Essas cervejarias são a Augustinerbräu München, Hacker-Pschorr, Hofbräu, Löwenbräu, Paulaner e SpatenFranziskaner-Bräu. Ver HACKER-PSCHORR, CERVEJARIA.

Cervejarias menores (incluindo a Forschungsbrauerei e *brewpubs* como o Union Bräu), bem como as cervejarias de fora, são proibidas. Essa proibição a cervejas de fora da cidade certa vez suscitou a ira da realeza; o príncipe Luitpold da Baviera, até recentemente proprietário da Cervejaria Kaltenberg, ao sul de Munique, várias vezes tentou introduzir sua cerveja na Oktoberfest. Embora fosse príncipe da Baviera, as regras mantiveram-se firmes e suas reclamações foram em vão, mas na verdade prestaram um excelente serviço de relações públicas para a marca de cerveja König Ludwig, da Kaltenberg.

Segundo uma lenda popular, existe um estilo distintivo de cerveja produzido para a Oktoberfest – mas evidências históricas demonstram que houve diversas mudanças nas cervejas que eram servidas antigamente no festival. Nos primeiros sessenta anos, ou algo em torno disso, a então popular cerveja bávara *dunkel* parece ter dominado o festival. Como é de praxe, as fontes históricas dão destaque à cerveja comum somente quando alguma coisa notavelmente diferente é introduzida. Foi sem dúvida isso o que ocorreu no ano de 1872, mas a história subsequente só foi relatada em um folheto 35 anos depois (e desde então citada em várias publicações da Oktoberfest). No final de um verão particularmente quente, Michael Schottenhamel, proprietário da tenda da Spaten, no Wiesn, viu seu estoque da tradicional cerveja *dark lager* esgotar – e considerou a possibilidade de distribuir cerveja de uma cervejaria diferente. Joseph Sedlmayr, proprietário da Spaten-Leistbräu, extremamente temeroso de perder o contrato, sugeriu que ele vendesse uma versão forte da *Vienna lager*, produzida por seu filho Gabriel. Essa cerveja era na verdade uma *bock beer* de 18 °Plato, com provavelmente 8% de álcool por volume (ABV), vendida por um preço superior. Talvez não fosse "tradicional", mas se revelou popular e durante vários anos – até a Primeira Guerra Mundial – as cervejas *bock-strength* predominaram no Wiesn. A concentração alcoólica da cerveja mudou várias vezes desde então (chegou ao seu teor mais baixo em 1946 e 1947 em dois bares de cerveja "não oficiais" e supostamente ilegais da Oktoberfest após a Segunda Guerra Mundial) e agora se encontra entre 5,8% e 6,3% ABV. Durante décadas, a *märzenbier* marrom-avermelhada dominou as tendas, mas nos últimos anos esse estilo passou por mudança novamente. Desde 1990, todas as cervejas da Oktoberfest produzidas em Munique têm cor dourada e aroma de malte levemente adocicado, com corpo médio e um amargor de baixo a moderado. De acordo com as regulamentações da União Europeia, nenhuma cerveja, exceto aquelas produzidas pelas grandes cervejarias autorizadas de Munique, tem permissão ao rótulo "Oktoberfest", embora muitas cervejarias americanas produzam suas próprias versões de cerveja Oktoberfest. A cervejaria Boston Beer Company (Samuel Adams) alega ser a maior em cervejas Oktoberfest porque nenhuma cervejaria em Munique produz mais cervejas para o festival do que a concorrente americana.

A Oktoberfest não é apenas um festival de cervejas para as cervejarias de Munique; é também uma espécie de parque de diversões relâmpago (*pop-up*). Esse consagrado parque de diversões oferece atrações de entretenimento espetaculares, de montanhas-russas a um circo de pulgas real em que as pulgas realizam truques surpreendentes que só podem ser vistos com lentes de aumento. A Oktoberfest também faz parte da animada história da Baviera. Sua origem data do ano de 1810, quando Maximilian I Joseph, rei da Baviera, organizou uma festa de dois dias (de 13 a 14 de outubro) para celebrar o casamento de seu filho, o príncipe herdeiro Ludwig (posteriormente Ludwig I), com a princesa Therese de Sachsen-Hildburghausen. Nessa ocasião, foram oferecidas cerveja e comida de graça em quatro locais diferentes em Munique e foi então organizada uma corrida de cavalos que veio a se tornar o Theresienwiese (em homenagem à princesa). Sobre a pista, os donos de taberna do centro de Munique montaram tendas para vender comida e cerveja. Todo esse espetáculo ganhou popularidade suficiente para tornar esse festival uma tradição que foi mantida viva por duzentos anos e só interrompida em tempos de guerra e cólera. Com frequência se esquece que a primeira Oktoberfest foi uma manifestação política para demonstrar a unificação nacional durante e após as guerras napoleônicas (quando a Baviera combatia ao lado dos franceses). Esse caráter politizado foi revivido em diversas circunstâncias – durante a unificação alemã na década de 1870, sob o regime nazista na década de 1930 após a reunificação alemã na década de1990. E por motivos práticos (isto é, clima), o festival foi antecipado no calendário, do início a meados de outubro nas primeiras décadas para as últimas duas semanas de setembro na década de 1870, mantendo na verdade somente dois dias no mês de outubro. Na tarde do primeiro dia da Oktoberfest, o prefeito de Munique abre o primeiro barril e proclama "O'zapft is!" ("Está aberto!"), e a maior festa de cerveja do mundo então ganha vida.

Bauer, R.; Fenzl, F. **175 Jahre Oktoberfest.** Munique, Alemanha: Bruckmann, 1985.

Conrad Seidl

old ales, um estilo inglês de *ale* que evoluiu bastante ao longo dos dois últimos séculos. Essas cervejas ficaram conhecidas tradicionalmente como *stock ales* ou *strong ales* quando ganharam destaque ao final do século XVIII e início do século XIX. No início não se distinguiam muito das *barley wines*, e eram cervejas com teor alcoólico elevado. As *old ales* em geral eram fermentadas apenas com as primeiras filtragens do mosto, de alta gravidade, normalmente em processos de produção *parti-gyle* (com separação de mosto). Ver PARTI-GYLE. As segundas filtragens do mosto eram destinadas à produção de *brown ales* ou outras cervejas de média intensidade; às vezes, obtinha-se até uma terceira filtração do mosto para a elaboração de *small beers* com pouco corpo e teor alcoólico. Ver SMALL BEER. As *old ales* eram invariavelmente cervejas de alto teor alcoólico, talvez entre 6% e 7% ABV. No entanto, no início seu teor alcoólico era controlado por meio de técnicas de mosturação que favoreciam os açúcares não fermentáveis nos mostos de alta densidade. Deixava-se a cerveja com um perceptível dulçor residual em vez de teores alcoólicos mais elevados. As *old ales* originais eram consideradas literalmente envelhecidas para os padrões da época, maturadas durante meses e até anos em barris de madeira. Os longos períodos de maturação levavam a um arredondamento do amargor da cerveja, mas também propiciavam a incorporação de certos aromas da madeira, um toque de envelhecimento (*stale*), além de certa acidez produzida pela ação de leveduras selvagens – especialmente *Brettanomyces* – e bactérias lácticas, com as quais a cerveja inevitavelmente entrava em contato. Essas *old ales* recebiam muito pouco ou nenhum lúpulo aromático; os aromas e sabores de lúpulo, mesmo quando chegavam a se manter após o longo período de envelhecimento, já não eram compatíveis com os outros sabores da cerveja. O produto final apresentava uma efervescência tênue natural,

coloração amarelo-acastanhada e uma sensação de boca substancial. Uma fermentação secundária prolongada às vezes acabava por reduzir os açúcares "não fermentáveis", deixando a cerveja com um final seco. As *old ales* eram muitas vezes misturadas com *"running ales"* jovens, conferindo assim a essas cervejas jovens algumas características mais complexas da fração mais maturada. A cervejaria britânica Greene King ainda produz sua excelente Strong Suffolk (também conhecida como Olde Suffolk) elaborada por esse mesmo método.

Com o tempo, assim como aconteceu com a maioria dos estilos de cervejas inglesas, as denominadas *"old ales"* mudaram substancialmente. Mantiveram sua coloração escura original e as mesmas tendências de aromas frutados, mas em quase todos os casos aquele caráter láctico ou selvagem já não existe. Algumas *old ales* na realidade são apenas *mild ales* melhoradas, mal alcançando os 5% ABV. O envelhecimento em madeira já é raro, e a maturação em si parece opcional, embora algumas versões mais encorpadas apresentem bom potencial de guarda. Na última década, no entanto, alguns cervejeiros artesanais têm procurado trazer de volta alguns tipos de *old ales* mais próximos àqueles do século XIX, e muitas delas exibem bastante caráter e apresentam bom potencial de envelhecimento.

Ver também BARLEY WINE e STOCK ALE.

Brewing Techniques. Old, strong and stock ales. Disponível em: http://www.brewingtechniques.com/library/styles/2_5style.html. Acesso em: 4 abr. 2011.
Camra. Campaign for Real Ale. Disponível em: http://www.camra.org.uk/. Acesso em: 4 abr. 2011.
Jackson, Michael. Apples and black treacle in a real winter warmer. **The Independent**, 2 nov. 1991. Disponível em: http://www.beerhunter.com/documents/19133-000071.html. Acesso em: 4 abr. 2011.

Horst Dornbusch

óleos do lúpulo, a pequena fração volátil dos lúpulos que contribui significativamente para a persistente característica aromática da cerveja, especialmente no seu final. Eles são por vezes referidos como "óleos essenciais". Os óleos do lúpulo são encontrados na glândula de lupulina do cone da flor, juntamente com ácidos do lúpulo. Os óleos compreendem usualmente uma pequena porcentagem (0,5% a 3,0%) do peso seco do lúpulo. O conteúdo global de óleo é normalmente expresso em mililitros de óleo por 100 g de lúpulo. O teor de óleo do lúpulo varia de uma variedade para outra e pode ser afetado pela fertilização. Lúpulos com sementes produzem menos óleo essencial do que os sem sementes. Durante o amadurecimento, os níveis dos ácidos do lúpulo tendem a se estabilizar um pouco antes ou no momento da colheita, normalmente quando os cones de lúpulo estão com 21% a 22% de matéria seca, mas eles continuam a se acumular se os cones são deixados no pedúnculo. Assim, o tempo de colheita terá um efeito sobre o teor de óleo do lúpulo, bem como a composição do óleo. Mais de trezentos componentes foram identificados nos óleos do lúpulo. Devido à sua complexidade química e às complexas reações químicas nas quais estão envolvidos, durante os processos de mosturação e fermentação, os mecanismos da sua contribuição para o sabor da cerveja ainda não são totalmente compreendidos.

A química do óleo do lúpulo é complicada. Basicamente, esses óleos podem ser divididos em categorias com base na sua funcionalidade química. Cerca de 50% a 80% dos óleos são hidrocarbonetos, 20% a 50% compostos que contêm oxigênio e menos de 1% compostos que contêm enxofre. A fração de hidrocarbonetos tem pouca presença na cerveja finalizada. Ela contém um conjunto de compostos altamente volátil e hidrofóbico. Esses compostos possuem baixa solubilidade e são normalmente expulsos do mosto durante a fervura e a fermentação. Se uma cerveja passa por *dry hopping*, alguns compostos irão aparecer na cerveja finalizada, embora em níveis muito baixos. Os compostos oxigenados têm uma polaridade maior e, portanto, são mais solúveis em água. Eles são muito aromáticos, mais do que os hidrocarbonetos, promovendo aromas florais, frutados, herbáceos, de especiarias e amadeirados à cerveja. Esses compostos podem ser encontrados na cerveja finalizada, em quantidades que dependem dos momentos em que os lúpulos foram adicionados à tina de fervura, da duração da fervura e se os lúpulos foram adicionados pós-fermentação. Em geral, os compostos de enxofre têm limiares de detecção muito baixos (muitas vezes em níveis de partes por trilhão), o que significa que mesmo em concentrações extremamente baixas na cerveja finalizada eles podem prover à cerveja aromas notáveis de vegetal, cebola, alho e semelhantes a borracha. Dada a suscetibilidade dos óleos de lúpulo à oxidação durante o armazenamento, especialmente para lúpulos enfardados em relação aos peletizados, a quantidade de hidrocarbonetos diminui e o nível de compostos oxigenados aumenta ao longo do tempo de armazenamento. É por isso que alguns cervejeiros acreditam que uma oxidação leve, mas controlada, pode produzir uma qualidade aromática mais intensa.

Os hidrocarbonetos individuais do óleo do lúpulo são feitos de unidades de isopreno (cinco carbonos ou C5). Aliás, as mesmas unidades também podem ser encontradas em alfa- e beta-ácidos. Em geral, mais de quarenta hidrocarbonetos foram identificados em óleos de lúpulo, mas apenas alguns foram encontrados na cerveja. Os quatro componentes principais dos hidrocarbonetos são mirceno (C10), um monoterpeno, três sesquiterpenos (C15), cariofileno, humuleno e (em alguns lúpulos) farneseno. A presença ou ausência de farneseno é uma característica distintiva de alguns lúpulos. Por exemplo, está totalmente ausente do Hallertauer Mittelfrueh, mas presente, em altos níveis, no Saaz e no Tettnanger. Os compostos oxigenados são mais diversos e complexos, mas são encontrados na cerveja e, portanto, acredita-se que são mais importantes para o sabor e aroma de lúpulo de uma cerveja. Quando ligações duplas carbono-carbono reagem com o oxigênio, podem formar-se epóxidos. O epóxido de cariofileno, bem como a humulona mono e diepóxido, pode ser encontrado nos óleos de lúpulo e na cerveja. Eles têm aromas de especiarias e amadeirados. Tecnicamente, estes são provavelmente os compostos responsáveis por aquilo que os comerciantes de lúpulo consideram como o critério que separa o "nobre" aroma do Saaz, Hallertau Mittelfrueh, Spalter e Tettnanger de todas as outras variedades de lúpulo. Ver LÚPULOS NOBRES. Embora essas variedades tendam a possuir menor teor de óleo do que as outras, podem contribuir significativamente mais para o aroma de lúpulo na cerveja do que muitas outras variedades. O epóxido de humuleno III é um dos mais potentes compostos aromáticos encontrados no Hallertauer Mittelfrueh. Outros compostos que contêm oxigênio são ésteres, cetonas e álcoois de compostos derivados de isopreno. Processos de oxidação do pirofosfato de geranil (o precursor do mirceno) e o subsequente rearranjo químico podem levar a uma variedade de compostos florais, frutados e cítricos, tais como linalol (floral-cítrico), nerol (cítrico, floral-rosa fresca), geraniol (floral-rosa, gerânio) e limoneno (cítrico-laranja-limão). Ésteres derivados de fermentação, tais como 2-metilpropil isobutirato e 2-metilbutil isobutirato, apresentam aromas frutados. Terpenos, como uma categoria geral, servem como uma base para mais de 90% da massa total dos óleos do lúpulo.

Ver também FARNESENO, HALLERTAUER MITTELFRUEH, HUMULENO e TETTNANGER.

Thomas Shellhammer

Opal é um lúpulo que foi desenvolvido pelo Instituto Hüll, na Alemanha, e registrado em 2001. Ele possui uma genealogia complexa que conta com alguns lúpulos aromáticos. Com teor de alfa-ácidos entre 5% e 8%, beta-ácidos entre 3,5% e 5,5% e 13% a 17% de cohumulona, este é na verdade um lúpulo de dupla aptidão, em vez de um verdadeiro lúpulo aromático ou de amargor. Todavia, esse lúpulo possui um aspecto estranho no seu perfil aromático. Quando seco logo após a colheita, o Opal frequentemente possui notas que remetem a alho, as quais desaparecem alguns meses após estocagem em fardos. Então seu aroma agradável de lúpulo vem à tona, tornando-se mais atraente que na maioria dos lúpulos de dupla aptidão, misturando notas suaves de pimenta com leve caráter cítrico. O Opal possui boa tolerância à murcha do *Verticillium*, bem como ao míldio e ao oídio, e produz respeitáveis 1.850 kg/ha. Seu perfil de óleos essenciais é semelhante ao do Hallertauer. Sua estabilidade durante armazenamento é média. Cervejas produzidas com o Opal tendem a apresentar amargor suave e agradável.

Val Peacock

Optic, uma cevada de primavera desenvolvida e cultivada no Reino Unido para a produção de malte *pale ale*. Derivada do cruzamento Chad × (Corniche × Force), foi cultivada para ser a cevada mais plantada na Inglaterra e na Escócia. A Optic apresenta alta produtividade e moderada resistência a míldio e ferrugem. Ela possui amadurecimento tardio e é capaz de produzir maltes ricos em sabores abiscoitados, especialmente quando passam pelo processo de *floor malting*, embora os sabores sejam considerados mais suaves do que os da variedade Pearl, também popular. Os maltes com base na cevada Optic são amplamente utilizados no Reino Unido e por cervejeiros artesanais americanos, especialmente para a produção de *pale ales* e *India pale ales*.

Martha Holley-Paquette

Ordem Cisterciense. Na Igreja Católica, quando leigos ou clérigos desejam dedicar suas vidas à igreja, são organizados em grupos de homens (monges) ou mulheres (freiras) de diferentes "ordens religiosas". Cada uma dessas ordens religiosas é guiada por um superior e seguem conjuntos de regras distintamente diferentes. Os cistercienses compõem uma das ordens religiosas da Igreja Católica, fundada no ano de 1098 em Citeaux, na França. Seu objetivo era se libertar da ordem dos beneditinos, que supostamente estavam se tornando permissivos na interpretação da Regra de São Bento. A Regra de São Bento não é um caminho fácil, e compreende um livro com 73 capítulos que dita as regras para a vida em comunhão em uma ordem religiosa. Os cistercienses desejavam uma interpretação mais rigorosa da Regra e viver com mais devoção ao lema de São Bento: *ora et labora* (orar e trabalhar).

No século XVII, uma subfamília da Ordem Cisterciense foi criada e nomeada "trapista", defendendo o cumprimento ainda mais rigoroso da Regra de São Bento. Os trapistas seguiam duramente três das regras: permanecer em silêncio, orar e viver do próprio trabalho manual. Dessa maneira, ao longo dos anos os trapistas vieram a produzir alimentos, inclusive cerveja. Há atualmente sete cervejarias trapistas reconhecidas no mundo: Koningshoeven, na Holanda, e seis na Bégica: Achel, Chimay, Orval, Rochefort, Westmalle e Westvleteren. As cervejas trapistas são mundialmente renomadas por sua qualidade e sabor. Uma cerveja rotulada *"trappist"* em seu rótulo deve ser produzida em uma cervejaria trapista. A designação *"trappist"* é protegida por lei e rigorosamente controlada pela Associação Internacional Trapista (International Trappist Association). Há diversas cervejas similares às trapistas sendo produzidas por cervejarias leigas, mas essas são denominadas "cervejas de abadias".

Ver também CERVEJARIAS TRAPISTAS e CERVEJAS DE ABADIA.

Keith Villa

Oregon Brewers Festival. Foi com a visão da Oktoberfest de Munique que Art Larrance, cofundador da Portland Brewing Company, de Portland, Oregon, procurou outros cervejeiros artesanais locais em 1988 com a ideia de dar início a um festival que exibiria cervejas artesanais do noroeste americano, ao lado de cervejas produzidas em lugares mais distantes. Entre os organizadores originais estavam também Dick e Nancy Ponzi, da BridgePort Brewing, e Rob e Kurt Widmer, da Widmer Brothers Brewing. O Oregon Brew Crew, clube local de cervejas caseiras, ofereceu voluntariamente seus serviços coletivos para servir as dezesseis cervejas, oferecidas por treze cervejarias regionais. O festival foi realizado em um parque da cidade ao lado do Rio Willamette. Previa-se um público de 5 mil pessoas, mas compareceram 15 mil pessoas.

O Oregon Brewers Festival continua sendo realizado no último final de semana completo de julho. Muitos dos mesmos organizadores ainda estão envolvidos, e o Brew Crew ainda providencia os voluntários. Atualmente, são oferecidas oitenta cervejas, uma de cada cervejaria representada, e, diferentemente de outros festivais, dada a uma agressiva promoção e acirrada concorrência, o Oregon Festival é inequivocamente democrático: o menor *brewpub* é apresentado exatamente da mesma forma que o maior e mais endinheirado produtor nacional. Os vários cervejeiros presentes devem apenas se divertir e apreciar as cervejas de seus colegas. Na verdade, a única disputa associada com o festival é ser convidado para participar.

Assim como no festival mais antigo de Munique, o prefeito participa anualmente da abertura dos primeiros barris do festival. No espaço do festival é realizado um desfile, e atualmente comparecem cerca de 70 mil pessoas.

Oregon Brewers Festival. Disponível em: http://www.oregonbrewfest.com/

Dick Cantwell

Orval, Cervejaria. A abadia de Notre-Dame D'Orval, uma das seis cervejarias trapistas belgas, está localizada no sul da Bélgica, na província de Luxemburgo. O nome da abadia provém da lenda de que a viúva condessa Mathilda, da Toscana, acidentalmente derrubou sua aliança num ribeirão no local da futura abadia e acreditou havê-la perdido. Ela orou a Deus para que a aliança fosse recuperada, prometendo construir uma grande abadia caso fosse atendida. Em alguns instantes, uma truta veio à superfície do ribeirão com a aliança na boca. Reza a lenda que a condessa exclamou "esse lugar é verdadeiramente um *val d'or*", "vale de ouro" em português, fundando uma igreja no local hoje conhecido como Orval. A truta com o anel na boca é até hoje o símbolo da abadia. Orval possui um passado longo

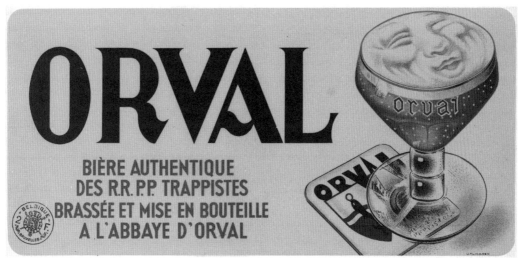

Decalque, 1930. A cervejaria trapista belga localizada em Orval produz dois tipos de cerveja, dos quais somente um, de nome Orval, está disponível ao público. PIKE MICROBREWERY MUSEUM, SEATTLE, WA.

e célebre, com as primeiras evidências da chegada de monges em 1070 para iniciar a construção de uma igreja. A construção foi finalizada por volta de 1124, e passou a pertencer à Ordem Cisterciense em 1132. Dois eventos quase destruíram a comunidade. Primeiramente, um grave incêndio em 1252, cujo estrago foi tanto que o fechamento da abadia chegou a ser considerado. E após um longo tempo de reconstrução, a abadia foi saqueada incendiada durante a Revolução Francesa, em 1793, o que a deixou em escombros. Em 1887, a família Harenne adquiriu as ruínas e as propriedades da abadia, e o trabalho de reconstrução começou nos anos 1920. Uma sala de brassagem foi instalada em 1931, Orval reconquistou o posto de "abadia" em 1935, e em 1948 sua magnífica igreja foi finalmente consagrada e liderada por um abade trapista. A família Harenne continua envolvida nos assuntos diários da cervejaria, cujas instalações ainda se localizam nos magníficos prédios *art déco* da abadia.

Fiel aos ideais trapistas, a abadia de Orval produz cervejas e queijos. Embora provavelmente uma cervejaria sempre tenha existido na abadia, foi apenas a partir dos anos 1930 que Orval foi reconhecida como uma cervejaria.

A Orval produz apenas dois tipos de cerveja, mas somente uma é comercializada. Essa cerveja, denominada simplesmente "Orval", que foge aos padrões das cervejas trapistas, é uma *ale* de coloração mel clara e de caráter único. Ela é relativamente leve, com 6,9% ABV, mas possui um perfil de sabor e aroma únicos, devido principalmente às cepas de levedura utilizadas e à técnica de *dry hopping* com flores frescas das variedades Hallertau, Styrian Goldings e a francesa Strisselspalt. A cerveja é parcialmente carbonatada, o que é incomum, e depois envasada com uma pequena dose de açúcar para *priming* e com uma mistura de leveduras que contém a cepa "selvagem" *Brettanomyces*. Ver BRETTANOMYCES. O caráter fenólico e esterificado da *Brettanomyces*, comumente descrito na literatura cervejeira como a "manta de cavalo" ("*horse blankets*"), tende a se tornar aparente após seis meses. Consequentemente, a cerveja Orval, que é lupulada e fresca quando jovem, torna-se fascinante e complexa após seu envelhecimento na garrafa. Essas características têm influenciado fortemente as cervejarias artesanais, particularmente nos EUA, muitas das quais ficaram tentadas a experimentar a *Brettanomyces*.

Ver também CERVEJARIAS TRAPISTAS e ORDEM CISTERCIENSE.

Keith Villa

oud bruin, ou *Flanders brown* (do leste), refere-se a um estilo de cerveja *sour dark ale* mesclada que era comum na província de Limburg, Países Baixos, e que é ainda popular na cidade de Oudenaarde, que fica na Flandres Oriental (Bélgica). A palavra "*oud*" (envelhecido) faz referência ao processo de maturação a frio ou envelhecimento que pode durar mais de um ano. Quando realizado nos tradicionais recipientes de carvalho, as bactérias e leveduras residentes na própria madeira atuam sobre a cerveja até que esta adquira uma variedade de aromas e sabores que incluem notas a cerejas, ameixas e frutas passas, além de um sutil final ácido e adstringente. Muitas dessas características são mais intimamente associadas ao perfil do vinho do que da cerveja. Tradicionalmente, essa cerveja é misturada a outra mais jovem e doce para reduzir a acidez e incorporar notas maltadas, adocicadas e a caramelo, tornando-a mais palatável e complexa. Também existem algumas versões que não passam por fermentação em madeira e não são misturadas, apresentando-se mais secas, lupuladas e com caráter metálico. Por ser uma parente distante da *Flanders red ale*, essas duas cervejas são comumente confundidas e chegam a ser consideradas um único estilo. No entanto, em termos estilísticos, a *Flemish brown* não apresenta o caráter a "estábulo" proporcionado por leveduras *Brettanomyces*, que estão presentes na *Flemish red*, enquanto esta última carece da coloração intensa e notas a nozes cerameladas da "*Vlaams Bruin*".

A cidade de Oudenaarde é considerada a capital do estilo, mas para deixar as coisas ainda mais confusas, a localização geográfica da cervejaria costumava definir qual variação do estilo era produzida. A cidade, que é dividida pelo rio Schelde, também foi dividida pelo Tratado de Verdun no ano de 843. O reino da França e seus cervejeiros localizavam-se na margem noroeste e produziam versões agridoces da cerveja, utilizando *gruit* como conservante e flavorizante, enquanto seus pares alemães da região sudeste elaboravam uma versão lupulada com leve caráter torrado.

A *oud* era uma cerveja misturada refrescante e popular nos Países Baixos até a Primeira Guerra

Mundial, antes da introdução da refrigeração e das cervejas tipo *lager*. A exemplo de outras cervejas misturadas da época, como a *porter*, a *oud* surgiu por necessidade. Ver PORTER. Se determinada cerveja ficava muito velha, ácida e adstringente, em vez de ser descartada, era misturada a uma outra mais fresca como forma de "rejuvenescê-la" e torná-la uma bebida aceitável. Pouco tempo depois os holandeses abraçaram a cerveja *lager* com tanta veemência que, das 35 cervejarias de Maastricht, em 1870, restavam apenas oito no ano de 1940. "*Aajt*" (que significa envelhecido, no dialeto de Maastricht) foi o nome escolhido para sua versão de *Flemish brown*. A cervejaria Marres, a última produtora de *aajt*, tentou barrar a onda de *lagers* introduzindo uma "*dobbel aajt*" (*double old*) mais forte e mais elaborada, mas ela não chegou a emplacar e em 1946 a produção da cervejaria foi assumida pela Brand, um concorrente local, até sua liquidação em 1959 e demolição em 1979.

Os holandeses ainda produzem uma versão *lager* desse estilo, adoçada e colorida artificialmente, muito popular entre os mais velhos, mães lactantes e atletas em busca de um estimulante doce livre de cafeína das "*colas*". Erroneamente denominada "*oud bruin*", apresenta teor alcoólico entre 2% e 3,5% ABV, com amargor tipicamente suave de aproximadamente 12 IBU.

A cervejaria Gulpener, do vilarejo holandês de Gulpen, Limburgo, localizada entre a Bélgica e a Alemanha, voltou a introduzir a Mestreechs Aajt em 1984. A cerveja base para essa mistura passa por fermentação espontânea durante onze a treze meses em barris de madeira no *pub* De Zwarte Ruiter, próximo à cervejaria. Aproximadamente 25% dessa cerveja é misturada com outras duas comerciais, uma *oud bruin* com 3,5% ABV e sua *dort* com 6,5% ABV. A cerveja que passou por uma fermentação espontânea "selvagem", denominada "*oerbier*" na cervejaria, é bastante ácida, e a *oud bruin*, por outro lado, tem um sabor doce artificial (da sacarina) que satura o paladar. O produto final, Mestreechs Aajt, exibe um caráter agridoce único e diferente de todas as outras *Flemish brown ales*. O ex-diretor da cervejaria, Paul Rutten, chegou a dizer que "o sabor é tão estranho que há muito pouco mercado para ela na Holanda", e que ela só era produzida para manter e promover a tradição de *blends* de cerveja. A Gulpener parou de produzir a Mestreechs Aajt em 2005 devido a problemas relativos às normas de higiene impostas pelas autoridades alimentares e sanitárias da localidade, e só recentemente anunciou seus planos de voltar a produzi-la. Em março de 2009, a cervejaria De Molen, de Bodegraven, na província da Holanda do Sul, em colaboração com a cervejaria dinamarquesa Amager, lançou uma versão do estilo *Flemish brown* com 5,7% ABV denominada "Vlaams & Hollands" ("flamengos e holandeses"). É fermentada com um cultivo de bactérias lácticas e maturada durante quatro meses em barris de vinho de Bordeaux e de uísque holandês. Os exemplos belgas tradicionais dessas *Flemish brown ales* mais ácidas são Cnudde Oudenaards Bruin (4,7% ABV; disponível apenas na forma de chope nas proximidades da cervejaria) e a Verhaeghe Vichtenaar (5,1% ABV). Versões mais potentes incluem a Liefmans Goudenband (8% ABV) e a De Dolle Brouwers Oerbier Special Reserva (12% a 13% ABV). Exemplos mais finos e não ácidos são a Roman Adriaen Brouwer (5% ABV) e uma versão mais forte chamada Adriaen Brouwer Finest Dark (8,5% ABV).

Ver também FLANDRES e PAÍSES BAIXOS.

Derek Walsh

oxalato de cálcio (CaC_2O_4) é um depósito cristalino formado pela reação do cálcio com o ácido oxálico. O ácido oxálico é liberado a partir do malte durante a mosturação. O oxalato de cálcio é comumente referido como "pedra cervejeira" e é normalmente visto como um depósito marrom-amarelado em tanques, barris e garrafas. O oxalato de cálcio é conhecido por abrigar microrganismos se não for devidamente removido; a remoção é conseguida através do uso de um ácido durante o ciclo de limpeza. A taxa de reação apropriada, ou formação, de oxalato de cálcio é importante em relação à sua precipitação na cerveja. Ao assegurar que há suficiente cálcio no processamento, então é possível garantir que o oxalato de cálcio se formará e precipitará nos tanques e não nos barris e garrafas, onde pode criar locais de nucleação. Nesse caso, os locais de nucleação são irregularidades na superfície de recipientes, formada pela precipitação de oxalato de cálcio que provoca o acúmulo de moléculas de dióxido de carbono, criando uma densidade de gás superior à que a solução líquida pode conter. A formação de tais sítios de nucleação leva a problemas como a liberação de dióxido de carbono incontrolável da cerveja (*gushing*). Além disso, níveis elevados de oxalato de cálcio (maiores do que 20 ppm) na cerveja pronta podem levar a problemas de turbidez. A precipitação de oxalato de cálcio é fundamental na produção de cerveja de estabilidade prolongada e pode ser assegurada por adequados níveis de cálcio no processo de produção de cerveja. Os níveis de cálcio podem ser melhorados através da adição de sais como cloreto de cálcio e/ou sulfato de cálcio à água cervejeira.

Bamforth, C. W. Gushing. In: **Scientific principles of brewing and malting**. St. Paul: American Society of Brewing Chemists, 2006, p. 167-168.

Bernstein, L.; Willox, I. C. Water. In: Broderick, H. M. (Ed.). **The Practical Brewer**. Madison: Master Brewers Association of the Americas, 1977, p. 18-20.

Compton, J. Beer quality and taste methodology. In: Broderick, H. M. (Ed.). **The Practical Brewer**. Madison: Master Brewers Association of the Americas, 1977, p. 293.

John Haggerty

oxalatos. O ácido oxálico é um ácido dicarboxílico encontrado em muitos lugares na natureza. Particularmente importante para a produção de cerveja, ele é encontrado no malte. Ele apresenta uma alta afinidade pelo cálcio que tem implicações para o corpo humano, uma vez que os precipitados resultantes podem causar problemas tais como pedras nos rins em pessoas que já possuem o risco de ter essa doença. No contexto da cerveja, o precipitado de oxalato na bebida leva à formação de partículas associadas à turbidez, *gushing* e a um depósito mineral branco chamado "pedra cervejeira", responsável pela obstrução das tubulações nas cervejarias. Por essa razão, a remoção de oxalato é estimulada na sala de brassagem por meio da adição de cálcio suficiente para precipitar o composto na mosturação e/ou na fervura do mosto. Como regra geral, é necessário que haja 4,5 vezes mais cálcio do que ácido oxálico, mas os fatores que influenciam o teor de ácido oxálico no malte não são bem compreendidos.

Charles W. Bamforth

oxidação é um processo geralmente considerado prejudicial para a cerveja. A exposição ao oxigênio pode acontecer praticamente em qualquer lugar no processo de produção de cerveja, desde a sala de brassagem até a adega de fermentação e a linha de envase, e mesmo dentro da garrafa em armazenamento depois do envase. Nós percebemos a evidência da oxidação como desagradáveis notas de envelhecimento (*stale*) que são descritas de diversas maneiras, como de couro, papel, papelão molhado, urina de gato e groselha-preta. Ver DEFEITOS NA CERVEJA. Em raras ocasiões, no entanto, a oxidação pode melhorar certas cervejas, quando é intencionalmente utilizada sob condições controladas – tais como durante o longo armazenamento em tonéis e condicionamento em barris de madeira das *lambics* antes do engarrafamento ou durante a delicada maturação em garrafa de *barley wines*. Tal oxidação lenta e atrativa, que pode ter efeitos semelhantes aos da oxidação de vinhos Madeira em estufa, acrescenta sabores complexos, faz com que a cerveja seja robusta e permite seu armazenamento durante anos. Ver CONDICIONAMENTO DA CERVEJA.

A primeira chance de captação do oxigênio no processo de produção da cerveja ocorre na mostura, onde é conhecida como aeração a quente do mosto. Ver AERAÇÃO DO MOSTO QUENTE. Ela pode resultar de uma agitação excessiva do mosto durante a recirculação. Embora a oxidação acelere com o aumento da temperatura, a solubilidade do oxigênio diminui simultaneamente. Portanto, o mosto em fervura, que se oxidaria se estivesse mais frio, encontra-se demasiadamente quente para captar oxigênio. Por outro lado, o mosto frio, que precisa ser saturado com oxigênio no início da fermentação para estimular a ação das leveduras, encontra-se frio o bastante para retardar as reações oxidantes prejudiciais; a levedura, então, remove o oxigênio da solução antes que ocorra qualquer dano. Na mostura, no entanto, existe somente oxigênio o bastante a uma temperatura elevada o bastante para tornar possíveis as reações de oxidação prejudiciais.

Um segundo local importante de captação de oxigênio na cerveja é a linha de envase. A quantidade de captação de oxigênio depende em grande parte da sofisticação dos equipamentos de envase e do cuidado dos operadores, mas uma captação nula de oxigênio é praticamente impossível de alcançar. Quanto mais oxigênio na cerveja envasada, mais rápido ela vai se tornar envelhecida (*stale*). É importante notar que a taxa de oxidação acelera significativamente com o aumento da temperatura de armazenamento da cerveja. Por exemplo, uma cerveja específica que pode ter uma vida útil de quatro meses se conservada a uma temperatura de 6 °C pode ter uma vida útil de menos de três meses se mantida a 30 °C.

O oxigênio captado durante todo o processo de produção de cerveja pode reagir com muitos compostos na cerveja, sendo os efeitos geralmente negativos. Talvez os compostos ativos de sabor mais importantes sejam elementos traços de ácidos graxos (lipídios), os quais, quando combinados com o oxigênio, fazem a cerveja ter gosto de envelhecida (*stale*) e um sabor pronunciado de papelão molhado. Ver LIPÍDIOS. O oxigênio também pode reagir com melanoidinas que são formadas durante o processo de malteação e durante a fervura. Ver FERVURA e MALTE. As melanoidinas oxidadas podem proporcionar à cerveja um ligeiro sabor de xerez. Na fermentação a baixas temperaturas, o oxigênio pode transformar o álcool em aldeídos com sabor de amêndoas, uma das razões pelas quais o mosto nunca deve ser aerado para reavivar uma fermentação emperrada.

Quimicamente falando, a oxidação é a captação de oxigênio em nível molecular por um composto, juntamente com a liberação de energia. A melhor prova disso talvez seja a importância do oxigênio para o fogo. Sem oxigênio, o fogo simplesmente não existe. Um bom exemplo da importância do oxigênio na produção da cerveja talvez seja a oxidação do carboidrato glicose no processo de respiração da levedura. Isso é representado pela seguinte equação:

$$C_6H_{12}O_6 + 6O_2 \rightarrow 6CO_2 + 6H_2O + energia$$

A reação gera energia e é o principal meio pelo qual os organismos obtêm energia dos alimentos. Nessa reação, o oxigênio que é incorporado no açúcar para gerar dióxido de carbono e hidrogênio é removido para produzir água. Outro ponto de vista da oxidação, portanto, é a remoção de hidrogênio de uma molécula.

O hidrogênio pode ser extraído a partir de uma substância por outros materiais diferentes do oxigênio, e da molécula da qual se remove o hidrogênio diz-se ainda que oxidou, enquanto da molécula que aceitou o hidrogênio diz-se que foi reduzida. Quando a levedura "queima" açúcar durante a fermentação, por exemplo, existe uma etapa em que o hidrogênio é removido a partir de um intermediário na via metabólica. O hidrogênio não se liga ao oxigênio, mas sim a uma enzima chamada nicotinamida adenina dinucleotídeo (NAD) para produzir NADH. Depois, a levedura reabastece a NAD, usando NADH para reduzir o acetaldeído, produzindo, assim, etanol.

Além de ser definida como a adição de oxigênio ou a remoção de hidrogênio, a oxidação pode ainda ser entendida como a perda de elétrons de uma substância, caso em que a redução é definida como o oposto disso. A oxidação e a redução funcionam em paralelo: quando um participante da reação é oxidado, o outro se torna reduzido. A circunstância global é chamada de redox. As substâncias que oxidam outras substâncias são conhecidas como agentes oxidantes ou receptores de elétrons. Por outro lado, as substâncias que reduzem outras substâncias são chamadas de agentes redutores ou doadores de elétrons. Existem várias reações redox nos processos de produção do malte e da cerveja. Alguns exemplos são os seguintes:

- A redução de acetaldeído a etanol se dá por meio da álcool desidrogenase, uma enzima da levedura que funciona como catalisador. O nome da enzima, aliás, destaca a natureza reversível da reação.
- A redução do diacetil para acetoína por leveduras. Várias enzimas podem catalisar essa reação.
- A oxidação de ácidos graxos insaturados durante a produção do malte e da cerveja – uma fonte-chave de sabores a velho na cerveja, especialmente papelão. Ela pode ser catalisada pela enzima lipoxigenase, mas também pode ser causada por formas ativadas de oxigênio, tais como superóxido, perhidroxila e hidroxila. Por sua vez, essas formas ativadas de oxigênio são produzidas pela redução de oxigênio (adição de elétrons), pela qual os elétrons podem ser provenientes de íons tais como ferro e cobre.

Outra substância que se desenvolve através dessa reação de oxigênio e íons metálicos é o peróxido de hidrogênio, que pode oxidar polifenóis. Isso os converte em formas mais profundamente coloridas, que, portanto, escurecem o mosto e a cerveja. Estes, por sua vez, podem polimerizar e aderir às proteínas, o que provoca turbidez. Ver TURBIDEZ e TURBIDEZ COLOIDAL. Quando se fala de cerveja pronta, fora os efeitos agradáveis da oxidação lenta em uma pequena classe de estilos de cerveja, a palavra "oxidação" é sempre pejorativa. Ao contrário do mundo do vinho, que possui diversos exemplares intencionalmente oxidados, tais como o aromático xerez, o vinho do Porto *tawny* e o *vin jaune*, não existem estilos de cerveja que sejam oxidadas intencionalmente antes de chegar ao consumidor.

Bamforth, C. W.; Lentini, A. The flavor instability of beer. In: Bamforth, C. W. (Ed.). **Beer: a quality perspective**. Burlington: Academic Press, 2009. p. 85-109.

Garrett Oliver e Horst Dornbusch

oxigênio (O_2) é um gás que constitui cerca de 20% do ar. Ele é necessário para a cevada que respira durante a germinação e também é necessário para promover a síntese de ácidos graxos insaturados e esteróis nas leveduras. Ver AERAÇÃO. O oxigênio pode ter uma série de efeitos adversos no mosto, especialmente a produção de cor, redução das taxas de separação do mosto e o desenvolvimento de sabores indesejáveis; no entanto, também promove a remoção de complexos de polifenóis oxidados e polipeptídeos, melhorando assim a estabilidade coloidal da cerveja. O oxigênio na cerveja pronta é altamente indesejável porque promove o envelhecimento (*staling*) da bebida e a formação de turbidez.

Em todos os casos, é o oxigênio em solução que é importante, e não aquele presente no *headspace* acima do líquido, quer no mosto, cerveja ou água.

A concentração de oxigênio é dependente do seguinte:

- pressão parcial do oxigênio acima do líquido: pressões (e proporção de oxigênio na fase gasosa) mais elevadas proporcionam uma concentração mais elevada de oxigênio em solução;
- temperatura: temperaturas mais elevadas significam menos oxigênio em solução; e
- concentração de outras substâncias dissolvidas na água: altos níveis de solutos concorrentes resultam em menos oxigênio na solução.

A concentração de oxigênio em água deionizada sob um *headspace* de ar é de 0,34 mM (10,9 ppm) a 10 °C e 0,28 mM (8,9 ppm) a 20 °C. Em mosto com 15 °Plato, os valores equivalentes são de 8,0 e 6,6 ppm, respectivamente. Para mostos a pressões atmosféricas inferiores (altitudes mais elevadas), a concentração de oxigênio no mosto será proporcionalmente menor. A uma dada pressão atmosférica, a solubilidade do oxigênio na cerveja é menor do que em água pura, mas maior do que no mosto.

O oxigênio atmosférico (O_2) pode ser dissociado em seus átomos constituintes através de energia luminosa; estes por sua vez podem reagir com outras moléculas de oxigênio para formar ozônio, que é também mais reativo do que o oxigênio no estado gasoso. Portanto, o ozônio é um bom esterilizante.

Enquanto o oxigênio é essencial para a vida aeróbica, ele é tóxico em excesso. Alguns organismos são anaeróbios: seus sistemas são prontamente envenenados por níveis mesmo baixos de oxigênio. Os elétrons usados para "ativar" o oxigênio provêm de metais tais como o ferro, cobre e manganês. Portanto, o objetivo é minimizar tanto o teor de oxigênio quanto a quantidade desses metais para que não provoquem danos à cerveja.

Ver também OXIDAÇÃO.

Halliwell, B.; Gutteridge J. M. C. **Free radicals in biology and medicine**. New York: Oxford University Press, 2007.

Charles W. Bamforth

oxigênio dissolvido (DO) é uma medida da quantidade de gás oxigênio (O_2) dissolvida na solução de mosto ou de cerveja, em oposição à quantidade total de O_2 em uma amostra, que inclui o que está presente em equilíbrio com o O_2 dissolvido, isto é, o que está presente no *headspace* (espaço livre no gargalo da garrafa). É tipicamente medido utilizando um analisador de oxigênio (eletrodo de oxigênio). A solubilidade do oxigênio depende da temperatura (os gases são menos solúveis à medida que a temperatura aumenta) e da pressão do gás acima do líquido. A Lei de Henry diz que

$$p = k_H c$$

p = pressão parcial do gás (oxigênio)
k_H = constante de Henry, que depende do gás, do solvente e da temperatura
c = concentração do gás em solução

Assim, quanto maior a quantidade de gás a que um líquido, como água, mosto ou cerveja, está exposto, maior a quantidade que entrará em solução. Adicionalmente, gases separados responderão individualmente. Ver LEI DE HENRY.

A concentração de gás dissolvido também depende da concentração de outros materiais em solução.

O teor de oxigênio dissolvido (abreviado como dO_2) é relevante sob o ponto de vista do controle da fermentação, sendo necessário para oferecer o oxigênio necessário à levedura para satisfazer suas necessidades, a fim de sintetizar ácidos graxos insaturados e esteróis. dO_2 é também importante em termos de estabilidade do mosto e da cerveja, já que o oxigênio impacta negativamente a qualidade e o desempenho da bebida pela elevação da cor, polímeros de ligação cruzada (causando taxas reduzidas de filtração do mosto), promovendo turbidez e causando instabilidade no sabor. Por essa razão, a medição (e, se necessário, a eliminação) do oxigênio dissolvido é um elemento crítico na garantia e controle da qualidade para cervejarias.

Ver também OXIDAÇÃO e OXIGÊNIO.

Bamforth, C. W.; Lentini, A. The flavor instability of beer. In: Bamforth, C. W. (Ed.). **Beer: a quality perspective**. Burlington: Academic Press, 2009, p. 85-109.

Charles W. Bamforth

Pabst Brewing Company foi fundada em 1844 como Best Brewing Co., de Milwaukee, Wisconsin. Frederick Pabst, genro do proprietário, mais tarde se juntou à cervejaria e, finalmente, assumiu o controle. Depois de fazer da Best a maior cervejaria do país, ela foi renomeada Pabst em 1889.

Foi nessa época que a Pabst se envolveu em uma das competições mais ferozes do país pelo domínio do mercado cervejeiro com a rival Anheuser-Busch. Durante a Chicago's World Fair, em 1893, as duas disputaram o apoio do público – e de juízes – às suas cervejas. A pontuação final (que ainda é motivo de disputa por alguns) colocou a Pabst 0,3 ponto à frente. A cervejaria respondeu colocando uma fita azul em sua embalagem, a qual permanece até hoje.

Na década de 1930 a cervejaria se fundiu com a Premier Malt Products e expandiu sua distribuição por todos os Estados Unidos, mas foi prejudicada pela Lei Seca e algumas decisões empresariais ruins. Na década de 1950, a Pabst, embora vendendo cerca de 12,9 milhões de hectolitros de cerveja por ano, foi ultrapassada pela Schlitz e pela Anheuser-Busch. Vinte anos mais tarde, depois de outros erros de gestão, a cerveja Pabst Blue Ribbon foi reposicionada como uma cerveja barata, depois de anos como uma *premium lager* de qualidade. Em 1985, Paul Kalmanovitz comprou a empresa, e sua Kalmanovitz Charitable Foundation ajudou a Pabst Blue Ribbon, comumente conhecida como PBR (agora produzida sob contrato pela MillerCoors nos Estados Unidos), a tornar-se popular entre os universitários e o público urbano.

Em 2010, a empresa foi vendida para a Metropoulos & Co, sediada em Connecticut, que também assumiu o controle de outras marcas da cervejaria, como Old Milwaukee, Stroh's, e Old Style. Ela produz cerca de 7 milhões de hectolitros de cerveja por ano, com receitas que superam 500 milhões de dólares.

Daykin, T. New Pabst owner promises to build sales. **Milwaukee Journal Sentinel**, 28 jun. 2010.
Ogle, M. **Ambitious brew: The story of American beer**. New York: Harcourt Press, 2006.

John Holl

Pacific Gem é uma variedade neozelandesa de lúpulo com alto teor de alfa-ácidos lançada em 1987 pelo New Zealand Horticulture Research Centre (atual HortResearch). Em seu material genético ele apresenta alguns lúpulos nativos da Nova Zelândia bem como o Cluster e o Fuggle. Ver CLUSTER e FUGGLE. O Pacific Gem tem maturidade precoce-média e sua produtividade média atinge respeitáveis 2.700 kg/ha. Devido ao fato de doenças de lúpulos não estarem presentes na remota Nova Zelândia, não há necessidade de aplicação de pesticidas, o que faz com que os lúpulos da Nova Zelândia sejam muito procurados por cervejeiros que querem produzir cervejas orgânicas. O Pacific Gem também resiste bem quando armazenado. Esse lúpulo apresenta teor de alfa-ácidos em torno de 13% a 15%, beta-ácidos entre 7% e 9% e 40% de cohumulona. Ele possui aroma que remete a amoras e frutas escuras e, quando adicionado na tina durante a fervura do mosto, ele inunda a cervejaria com aromas de carvalho e outras madeiras. O Pacific Gem apresenta um perfil de amargor suave, o que o torna particularmente adequado para *lagers* europeias. Devido ao seu alto teor de alfa-ácidos, ele também se tornou um dos favoritos para a produção de extrato de lúpulo via método de extração com CO_2 supercrítico. Embora seu alto teor de alfa-ácidos o caracterize como lúpulo de amargor, algumas cervejarias artesanais da Nova Zelândia também o utilizam pelo seu caráter aromático.

Ver EXTRATOS DE LÚPULO.

Hopsteiner. Disponível em: http://www.hopsteiner.com/pdf/nz/NZPacificGem.pdf/. Acesso em: 8 nov. 2010.
New Zealand Hops Limited. **High alpha hop data sheet.** Disponível em: http://www.nzhops.co.nz/varieties/pacific_gem.html. Acesso em: 8 nov. 2010.

Jon Griffin

País de Gales

País de Gales é um país montanhoso, com 3 milhões de habitantes, situado a oeste da Inglaterra e que faz parte do Reino Unido. Foi para o País de Gales que os antigos bretões foram conduzidos por uma sucessão de invasores, dos romanos aos anglo-saxões. As tribos celtas em fuga eram conhecidas por suas habilidades cervejeiras. Os registros saxões do século VII em diante mencionam uma "*Welsh ale*" (ou *bragawd/bragot*), uma cerveja pesada misturada com especiarias. Era tão valorizada quanto outra bebida celta, o hidromel, oriundo da fermentação do mel.

Atualmente a cerveja ainda é a bebida nacional, mas a indústria teve que conquistar espaço em uma sociedade muito mais hostil ao consumo de bebidas alcoólicas do que a vizinha Inglaterra. No final do século XIX, os religiosos não conformistas dominantes ficavam horrorizados com demonstrações públicas de embriaguez. O poderoso movimento antiálcool conseguiu estabelecer o Welsh Sunday Closing Act, em 1881, uma lei que determinava o fechamento dos *pubs* aos domingos. Os membros do movimento também fizeram pressão por sua total proibição. Wrexham, principal centro de produção de cerveja do país, localizado no nordeste do País de Gales – outrora conhecido por suas *ales* de alto teor alcoólico – foi praticamente desativado, apesar de sua pioneira fábrica de cerveja *lager*, a Wrexham Lager, continuar produzindo até 2000. Quando fundada, em 1883, fez propaganda de sua *lager* como uma bebida moderada.

Os sobreviventes se concentraram na produção de cerveja de baixo teor alcoólico. A Brains of Cardiff, hoje a principal cervejaria do País de Gales, produzia principalmente uma cerveja escura suave. A "Dark" representou a maior parte de sua produção até a década de 1980. *Pale ales* com teor alcoólico mais elevado vinham principalmente da Inglaterra, particularmente das cervejarias Bass e Whitbread, que mais tarde assumiram muitas cervejarias de Gales. A única outra sobrevivente é a Felinfoel de Llanelli, pioneira no envasamento em latas na Grã-Bretanha em 1935. Mas a partir da década de 1980, uma nova onda de cervejeiros artesanais surgiu para atender à demanda por cervejas locais em *casks*, totalizando quarenta cervejarias por todo o País de Gales em 2009.

Ver também GRÃ-BRETANHA e TEMPERANÇA.

Ebenezer, L. **The thirsty dragon.** Llanrwst: Gwasg Carreg Gwalch, 2006.
Glover, B. **Prince of ales, the history of brewing in Wales.** Stroud: Alan Sutton Publishing, 1993.

Brian Glover

Países Baixos

Países Baixos estão localizados no noroeste da Europa e fazem fronteira ao norte e a oeste com o mar do Norte, ao sul com a Bélgica e a leste com a Alemanha. Possuem um clima marítimo favorável ao cultivo da cevada cervejeira, o qual ocorre principalmente nas regiões sudoeste e nordeste do país. Há quatro maltarias em todo o território dos Países Baixos, que produzem aproximadamente 4% de todo o malte da Europa (e pouco mais de 1% do malte mundial). Dessa produção, cerca de um terço é exportada para outros países europeus, como Alemanha, Bélgica, Grécia e França, e o resto é utilizado no próprio país. O cultivo de lúpulo começou em Northern-Drenthe, Brabante, Limburg e Zeeland por volta de 1450, mas ao longo dos séculos a concorrência estrangeira e os baixos preços forçaram a maioria dos agricultores a mudarem suas plantações para culturas mais rentáveis, encerrando totalmente o cultivo de lúpulo em 1905. O recente interesse em produtos regionais ressuscitou os campos de lúpulo, de pequena escala, em Schijndel (2005) e introduziu a agricultura comercial em Reijmerstok (1997) na extremidade mais meridional de Limburg do Sul.

Os primeiros registros de impostos incidentes sobre a cerveja datam de 1112, embora a cerveja já fosse produzida desde o século XI. Registros do

Ilustração de um calendário holandês do século XVIII gravada em um prato de estanho esmaltado estilo Delft. O ano cervejeiro sempre começa no primeiro dia de outubro, quando as colheitas de lúpulo e cevada estão armazenadas em segurança. É então que os cervejeiros compram matérias-primas e produzem barris para a temporada de produção de cerveja. COLEÇÃO PRIVADA/© CHARLES PLANTE FINE ARTS/THE BRIDGEMAN ART LIBRARY INTERNATIONAL.

ano de 1350 indicam que os cervejeiros utilizavam uma proporção de 75% de aveia e 25% de malte de trigo para preparar a sua cerveja. O malte de cevada surgiu a partir do século XV, mas somente por volta de 1550 passou a corresponder a mais de 25% na formulação típica com três cereais. O *gruit* ou *gruut*, uma mistura de murta-do-brejo e ervas locais, era o único aditivo utilizado na cerveja para lhe conferir sabor e aroma, e há registros de impostos sobre essa mistura que datam de 1274. Ver GRUIT. Trata-se da tributação mais antiga de que se tem notícia nos Países Baixos. Ver IMPOSTOS. Muitas cidades tiveram de recorrer aos soberanos regionais ou ao clero a fim de obter permissão exclusiva para cobrá-lo dentro de sua jurisdição. A partir do momento em que as primeiras cervejas lupuladas da Liga Hanseática surgiram em 1320, o uso do lúpulo aumentou de forma constante até que se tornou comum em 1450. Esse novo estilo simplesmente ficou conhecido como "Hoppenbier", e a versão mais velha, não lupulada, como "Ael" (*ale*). A cerveja era geralmente classificada em três categorias de teor alcoólico (em ordem decrescente): cervejas *tappers*, cervejas *burguers* e cervejas *ships*. A *ships* e a "*scharbier*" ou "*kleinbier*", com 1%-2% de álcool por volume (ABV), eram cervejas extremamente fracas e não tributadas, apresentando assim um custo viável para o consumo diário. Como eram fervidas, tornavam-se mais seguras do que a água contaminada. Cerveja "Kuyt" ou "Koyt" era um nome muito popular que apareceu pela primeira vez em 1358 e foi utilizado para cervejas lupuladas e não lupuladas de muitos estilos, teores alcoólicos e qualidades, que variavam dependendo de onde era produzida. As cervejas de Hamburgo, Joopen (originalmente de Gdansk) e da Inglaterra possuíam uma qualidade muito superior e eram tão populares que impostos sobre importação de até 75% tinham que ser cobrados para proteger os cervejeiros locais.

Muitos dos estilos originais de cerveja produzidos nos Países Baixos desapareceram com a industrialização e com o início da produção das *lagers* em 1864. Dez anos mais tarde, havia 489 cervejarias nos Países Baixos, e em 1914, 359. A principal mudança veio em 1926, quando foi aprovada uma nova lei que tornava ilegal a produção de cerveja de baixo teor alcoólico ("*small beers*"). O resultado foi uma dizimação dos cervejeiros produtores de *ales* remanescentes que, por alguma razão, não conseguiam mudar para a produção de *lagers*. Em 1930, restavam apenas 148 cervejeiros, e esse número continuou a decrescer até atingir o limite de apenas dezesseis em 1980. Juntos, esses cervejeiros produziam menos de dez estilos de cerveja, e mais de 99% das vendas eram de *pilsner*. Ver PILSNER. A cerveja *pilsner* da Heineken, exportada para o mundo inteiro em garrafas verdes, já havia se tornado um ícone internacional e sinônimo de cerveja holandesa.

Uma reviravolta aconteceu em 1980, com a fundação da PINT, uma organização de consumidores de cerveja, imediatamente seguida pela compra da Skol por seus funcionários em Arcen. Foram tantos os pequenos cervejeiros independentes que se uniram a esse ressurgimento que em menos de vinte anos a monocultura *pilsner* se transformou em um oásis de cervejas especiais. Existem agora oitenta cervejarias e cervejeiros sob contrato nos Países Baixos, que produzem cerca de sessenta estilos de cerveja. A *pilsner*, fabricada por quatro multinacionais, ainda é responsável por 90% de toda a cerveja vendida, mas a sua fatia de mercado continua a diminuir em favor das cervejas especiais.

De todos os estilos disponíveis, dois podem ser considerados holandeses: *oud bruin* e *dort*. Ver OUD BRUIN. O *oud bruin* ("velho marrom") era um estilo de cerveja que já existia antes do surgimento da produção de cerveja *lager*. Era uma cerveja escura, com baixo teor alcoólico, oriunda da mistura entre cervejas *ale* jovens e envelhecidas, e que possuía uma refrescante característica doce e azeda. Apenas a cervejaria Gulpener, em Limburg do Sul, ainda produz uma versão autêntica desse estilo, chamada Mestreechs Aajt. Atualmente produzida por três cervejarias, o estilo *dort* foi desenvolvido na década de 1950 como uma *lager* especial de alto teor alcoólico. Ela é muito mais doce e alcoólica do que sua homônima alemã ("*dortmunder*") e é mais estreitamente ligada à *blond bock*.

Ver também HOLANDA.

Derek Walsh

pale ale pode denotar um estilo de cerveja específico em um dado contexto, mas é predominantemente uma designação genérica para um grupo de cervejas amargas, com coloração acobreada e sabor de lúpulo pronunciado. Inclui as *English* e *American pale ales*, *India pale ales*, "*double*" *India pale ales*, *English bitter* (*ordinary*, *special* e *extra special*) e *Belgian pale ales*. O termo "*pale ale*" surgiu como uma designação genérica para qualquer cerveja de alta fermentação que não fosse escura. Até pelo menos o século XVIII, a maior parte das cervejas inglesas tinha cor marrom-escura e eram elaboradas principalmente com maltes âmbar e marrom. As poucas cervejas produzidas a partir de maltes claros eram denominadas "*pales*" simplesmente para distingui-las de suas análogas mais escuras. A tecnologia de secagem de malte ainda se apresentavam pouco desenvolvida nessa época, e os maltes classificados como claros provavelmente eram bem escuros se comparados aos padrões modernos. Como resultado, as *pale ales* daquela época possivelmente exibiam uma coloração âmbar-avermelhada. Até hoje os maltes para *pale ale* são processados e secos de modo que sejam um pouco mais escuros que os do tipo *pale lager*, e as *pale ales* feitas com eles apresentam coloração que vai do mel a tons de cobre, e não amarelo-palha.

As *pale ales* seguramente já existiam antes de 1700, mas mesmo no século XVIII não constituíam um estilo definido, como era o caso de sua concorrente, a *porter*. O termo passou a adquirir uma conotação menos vaga à medida que os métodos de malteação foram aperfeiçoados e os produtores de malte puderam controlar melhor as características de cor. Um marco importante foi conquistado em 1790, quando George Hodgson passou a exportar *pale ales* para a Índia. Ver HODGSON, GEORGE. No primeiro quarto do século XIX, os cervejeiros de Burton-on-Trent haviam perdido seu comércio de exportação para os países bálticos em função dos embargos estabelecidos durante as Guerras Napoleônicas. A essa altura, Hodgson já havia assumido firmemente o controle das exportações para a Índia, mas se desentendera com a Companhia das Índias Orientais. Foi quando um dos diretores da Companhia abordou Samuel Allsopp em Burton e perguntou se este aceitava o desafio de produzir *pale ale* para o mercado indiano. A primeira batelada foi produzida em 1822 e foi despachada para a Índia em 1823. Supostamente, os produtores de malte de Burton desenvolveram um malte especial para essa cerveja, e certamente a água bastante mineralizada de Burton – cuja dureza acentuava o amargor de lúpulo na cerveja – era incrivelmente adequada para a produção daquela que viria se tornar a *India pale ale* (IPA). Embora Hodgson não tenha inventado o estilo IPA, teve grande influência sobre o desenvolvimento desse estilo e fez bons negócios com a IPA até que sua posição nesse mercado viesse a ser usurpada.

A IPA de Burton rapidamente se tornou popular na Inglaterra, e os cervejeiros de outras regiões do país se apressaram a reproduzi-la. A IPA era uma cerveja forte, com cerca de 7% ABV, mas algumas versões mais suaves também passaram a ser produzidas e costumavam ser designadas simplesmente por "*pale ales*", ao passo que alguns cervejeiros começaram a usar o termo "*bitter ale*". Embora as *pale ales* tenham desfrutado de uma generosa fatia do mercado de cervejas na Inglaterra, as *mild ales* – mais escuras e menos lupuladas – ainda eram dominantes. Pouco a pouco, as *mild ales* perderam espaço ao longo do século XX, conforme as cervejas claras se tornavam a regra geral.

No entanto, em grande parte como resultado das restrições de matérias-primas durante as duas guerras mundiais, a potência das cervejas declinou na Inglaterra. Desse modo, a "*bitter*", uma versão mais suave da *pale ale*, viria a se tornar a cerveja mais popular no país, até ser desbancada pela *lager* no último quarto do século XX. A própria *bitter* se fragmentou em diversos subestilos, sendo a "*ordinary*" a mais fraca, com 3% a 4% ABV, a "*special*" e a "*extra special*" situando-se entre 4,5% a 5% ABV, e a excêntrica "*extra special bitter*", da Fuller's, alcançando 5,5% ABV. Ver EXTRA SPECIAL BITTER (ESB).

Mas a produção de *pale ale* não se restringiu à Inglaterra. Os cervejeiros belgas desenvolveram diversos exemplares com diferentes teores alcoólicos, os quais se caracterizam mais pelas notas frutadas derivadas das peculiares leveduras belgas empregadas na fermentação do que pelos aromas dos maltes ou lúpulos típicos das cervejas britânicas. Estranhamente, exceto pela Sparkling Ale, da Coopers, de Adelaide, no sul da Austrália, a *pale ale* é rara nos países da Comunidade das Nações Britânicas.

Nos Estados Unidos, a *pale ale* de fato não chegou a galgar muitos degraus no século XIX devido à onda imigratória alemã, que trouxe consigo a arte de produzir *lagers*. A produção de *pale ale* se deu em pequena escala, principalmente na Nova Inglaterra; a Ballantine IPA, por exemplo, chegou viva aos anos 1980. Ver BALLANTINE IPA. Mas nessa época começou a revolução das cervejarias artesanais nos Estados Unidos. Esses novos produtores, com pouco histórico cervejeiro no qual se basear, passaram a olhar para a Europa, e especialmente para a Grã-Bretanha, em busca de inspiração.

A *pale ale* era mais simples de se produzir e demandava menor investimento de capital que a *lager*, e a maioria dos cervejeiros artesanais optaram por ela. Estes eram empreendedores e pessoas criativas, de modo que apenas copiar os britânicos não era suficiente. Eles desejavam voltar às raízes da *pale ale* para explorar as possibilidades da ampla gama de lúpulos americanos disponíveis. Como resultado, a American IPA tornou-se um novo estilo; uma versão mais forte dela foi apelidada por alguns de "*double IPA*" e, assim, a família *pale ale* de estilos de cerveja foi impulsionada e levada em direção ao futuro.

Ver também AMERICAN PALE ALE, ENGLISH PALE ALE e INDIA PALE ALE.

Foster, T. **Pale ale**. 2. ed. Boulder: Brewers Publications, 1999.
Jackson, M. **Michael Jackson's beer companion**. Philadelphia: Running Press, 1993.

Terry Foster

Palisade é um lúpulo privado que pertence ao Yakima Chief. Ele foi desenvolvido por Charles Zimmermann, que o registrou como um produto da polinização natural do Tettnanger. Entretanto, é incerto se este era um genuíno Tettnanger (USDA 21496, 21497 ou 61021) ou um American Tettnanger (USDA 21197). Este último não é um verdadeiro Tettnanger, e muitos acreditam que seja um Fuggle. Ver AMERICAN TETTNANGER, FUGGLE e TETTNANGER. Por esta razão, o Palisade pode ou não ter uma herança genética alemã. Este é um lúpulo extremamente vigoroso, diferentemente do Tettnanger e do Fuggle, com produtividade bastante alta, podendo atingir de 2.465 a 3.362 kg/ha. Ele floresce no clima quente e seco de Yakima, mas sobrevive com grande dificuldade no Oregon por ser extremamente suscetível ao míldio, um dos maiores problemas dessa região. Com teor de alfa-ácidos entre 5,5% e 9,5% e beta-ácidos entre 6% e 8%, a razão entre alfa- e beta-ácidos se parece mais com a de um Tettnanger que com a de um Fuggle, mas os níveis de alfa-ácidos são consideravelmente mais altos que os de ambos. O conteúdo de cohumulona varia entre 24% e 29%, semelhante tanto ao Fuggle quanto ao Tettnanger. Seu perfil de óleos essenciais, entretanto, é muito distinto do perfil dessas duas variedades. O Palisade tem característica de estabilidade média durante armazenamento. Quando colhido precocemente na safra, o Palisade tem um aroma suave e agradável que combina bastante com cervejas de perfil aromático delicado, mas quando colhido tardiamente torna-se consideravelmente agressivo e pungente. Como resultado, o aroma pode variar bastante. Normalmente, entretanto, o Palisade apresenta uma gama de aromas de frutas tropicais e algumas vezes remete a manga, com notas de damasco e grama cortada. Muitas cervejarias artesanais dos Estados Unidos tratam o Palisade como um bom "lúpulo de mistura" ("*blending hop*"), um personagem que permite a outros lúpulos representar o papel principal. Ele se mistura bem ao Amarillo e ao Cascade, encontrando-se presente em várias *American West Coast pale ales* e *India pale ales*.

Ver também AMARILLO, CASCADE e *INDIA PALE ALE*.

Val Peacock

A **Palm, Cervejaria**, ocupa metade do vilarejo de Steenhuffel, na Bélgica, a noroeste de Bruxelas. Ela começou como cervejaria De Hoorn, de propriedade da família Van Roy. A produção de cerveja começou lá em meados do século XVIII, embora a expansão da cervejaria, originalmente uma fábrica pequena e local, só tenha começado na década de 1880.

O produto responsável pelo sucesso da empresa tem sido a Palm Speciale, uma *pale ale* de cor âmbar, com aroma de biscoito e 5,4% de álcool em volume, criada em 1904. A cervejaria quase chegou a um fim prematuro no início de 1914, quando uma bomba alemã destruiu a maior parte dela. Contudo, a família Van Roys recusou-se a desistir, e a cervejaria foi reconstruída rapidamente a um padrão ainda mais elevado.

Essa recusa em se curvar diante das forças da história se tornou evidente, mais uma vez, no final do século XX, quando o mercado internacional passou a se preocupar com fusões e aquisições. Embora muitos consumidores de cerveja considerem a década de 1970 como o momento que solidificou o triunfo global da cerveja *pilsner* padronizada, a Palm tinha uma visão diferente do futuro da produção de cerveja, no qual o público consumidor recusaria a conformidade. A Palm decidiu continuar produzindo *ales* quando os outros voltavam-se para as *lagers*.

Em 1981, a Palm adquiriu uma participação de 50% da cervejaria de *lambics* de Frank Boon, que reforçou a distribuição da cervejaria e a ajudou a sobreviver. Ver BOON, CERVEJARIA. Então, em 1998, a Palm assumiu o controle da icônica cervejaria Rodenbach, com suas centenas de enormes tonéis de carvalho, para os quais a Palm construiu uma nova sala de brassagem. Ver RODENBACH.

A Palm tinha muitos críticos na época, que previam que nada de bom viria desses movimentos. Ela, contudo, provou-os errados, porque as cervejas tradicionais feitas por essas empresas passaram a desfrutar não só de uma maior aceitação no mercado, mas também de uma expansão significativa das suas quotas de mercado.

Mais recentemente, a Palm deu início a uma reformulação das suas próprias cervejas, retornando à tradicional refermentação em garrafa e lançando aos poucos uma maior variedade de estilos. Esse movimento, em parte, teve como objetivo combater a paradoxal acusação recém-proclamada de que talvez a Palm tivesse se tornado "convencional demais para os aficionados por cerveja e diferente demais para o mercado de massa". Hoje, o grupo cervejeiro Palm é um elemento central no mercado cervejeiro belga.

Tim Webb

papaína é uma enzima protease que pode ser adicionada à cerveja antes dos processos de filtração e envase. Foi a primeira enzima utilizada pela indústria cervejeira para prevenir a turbidez. A enzima é capaz de digerir proteínas, gerando aminoácidos como subproduto, melhorando assim a clarificação da cerveja. Uma das principais fontes naturais de papaína é o mamão verde, que contém altos níveis do composto. A enzima pode ser purificada por meio de modernas técnicas de processamento. Também pode ser combinada com outras enzimas para produzir misturas específicas, empregadas na produção de cerveja para evitar a turbidez quando a cerveja é exposta a baixas temperaturas e na indústria de alimentos para outras finalidades. Entre os tradicionais usos da papaína estão o amaciamento da carne, o tratamento de feridas e picadas e como um auxiliar digestivo. A carne envolvida de um dia para o outro por folhas esmagadas do mamoeiro se torna macia e requer menos tempo de cozimento, devido à liberação da papaína no leite de mamão.

Na produção da cerveja, a papaína é utilizada para digerir o excesso de proteínas após a fermentação, porque altos níveis de proteína podem causar turbidez, alta viscosidade e excesso de espuma na cerveja pronta. Ver ESPUMA e TURBIDEZ A FRIO. No entanto, o uso da papaína, não é isento de risco. Os aminoácidos produzidos pela digestão da papaína podem servir como nutrientes para microrganismos capazes de comprometer a estabilidade da cerveja. A papaína também é muito resiliente e age sob uma ampla gama de condições, incluindo altas e baixas temperaturas. Isso a torna adequada para muitas aplicações, particularmente em alimentos com pH baixo e no processamento da cerveja em baixas temperaturas. Por outro lado, no entanto, a sua resistência a temperaturas elevadas pode permitir que ela sobreviva à pasteurização e, portanto, possa continuar ativa na cerveja embalada. Se usada de forma inadequada ou mantida ativa na cerveja envasada, a papaína pode acabar digerindo as proteínas que promovem a formação da espuma na cerveja, bem como as proteínas que promovem a turbidez, prejudicando a estabilidade da espuma da cerveja. Foi principalmente por essa razão que o uso da papaína diminuiu nas últimas décadas. Ela tem sido substituída por adsorventes modernos que são filtrados com segurança da cerveja pronta.

Keith Thomas

Papazian, Charles, "Charlie" (1949-), foi o presidente da Brewers Association em Boulder, Colorado, por 37 anos. Papazian é umas das personalidades americanas da cerveja mais influentes, muitas vezes mencionado como o "pai da produção de cerveja caseira". Ele tem inspirado cervejeiros caseiros com seus trabalhos publicados e cervejeiros artesanais através da organização comercial que ele iniciou em 1978. Primeiro, Papazian fundou a American Homebrewers Association para os cervejeiros caseiros, e, pouco depois, a Association of Brewers para a crescente indústria microcervejeira de pequenas cervejarias comerciais.

Papazian conquistou um bacharelado em Ciência em Engenharia Nuclear em 1972 da University of Virginia. Enquanto estava na faculdade, o vizinho de um amigo apresentou a ele um sistema de produção caseira de cerveja em seu porão, e o novo engenheiro ficou intrigado, não apenas pelo sabor da cerveja, mas também pelo processo de produção. Após a faculdade, Papazian se mudou para o Colorado, onde começou a produzir cerveja em casa e, mais tarde, ensinou outras pessoas.

Suas anotações se tornaram o primeiro *Complete Joy of Homebrewing*, publicado inicialmente como panfleto em 1976. Dois anos depois, Papazian publicou, independentemente, uma versão totalmente revisada com oitenta páginas. Esse livro se tornou o manual principal dos cervejeiros caseiros. Publicado, mais tarde, em formato expandido pela HarperCollins, passou, desde então, por 25 impressões e três edições, vendendo mais de 1 milhão de cópias.

Papazian é, também, autor de alguns outros livros, incluindo o *The Homebrewers Companion* e o *Microbrewed Adventures*. Hoje ele viaja o mundo como palestrante e apresentador em numerosos eventos de prestígio, como o National Press Club, o National Restaurant Association e o Salone del Gusto, do movimento Slow Food, na Itália.

Jay R. Brooks

parti-gyle é o nome dado às cervejas que podem ser produzidas a partir de uma única batelada de conjunto de grãos na sala de brassagem. O processo de produção *parti-gyle* é padrão nas salas de brassagem tradicionais no Reino Unido, onde o mosto de uma tina de mostura pode ser enviado para duas ou mais tinas de fervura. Ver COBRE. Cada parte do mosto filtrado terá diferentes concentrações de extrato ou densidades; o mosto transferido para a primeira tina de fervura será mais forte, enquanto aquele dirigido à segunda tina será mais fraco. Ver ESCOAMENTO DO MOSTO. A primeira tina de fervura contendo mosto de alta densidade também terá mais nutrientes para as leveduras do que a segunda tina. O mosto em cada uma das tinas de fervura pode ser misturado em diferentes quantidades para produzir diferentes cervejas, enquanto diferentes açúcares e lúpulos podem ser adicionados na tina para fazer cervejas alternativas. Por exemplo, os primeiros mostos fortes podem ser utilizados para preparar *strong ales* ou *barley wines*; uma mistura de mostos de duas tinas pode ser usada para preparar "*special bitter ales*" com densidade original de 1.050 (14,5 °Plato); enquanto o mosto mais fraco da segunda tina de fervura pode ser usado para preparar "*light ales*" de 1.035 (9 °Plato). O *parti-gyle* não é feito nas cervejarias modernas que produzem cervejas de alta densidade. Essa técnica envolve a mosturação e fermentação de uma cerveja forte que é então diluída à concentração desejada com água cervejeira desoxigenada (desaerada) antes de ser envasada.

Ver também MOSTURAÇÃO DE ALTA DENSIDADE.

Paul K. A. Buttrick

Pasteur, Louis (1822-1895) foi um famoso cientista francês creditado (entre muitas outras realizações) como a primeira pessoa a entender o processo de fermentação e a importância dos microrganismos na produção e deterioração da cerveja. Suas observações sobre o tratamento térmico da cerveja para evitar a deterioração microbiana se tornaram conhecidas como "pasteurização". Antes das afirmações definitivas de Pasteur sobre a natureza da fermentação, acreditava-se que os produtos da fermentação surgiam a partir da "geração espontânea", a qual, em essência, propunha que a "vida" era continuamente criada a partir da matéria inanimada. Em 1860 Pasteur escreveu: "A fermentação alcoólica é um ato correlacionado com a vida e a organização das células de levedura, e não com a morte e putrefação destas. Também não é um fenômeno de contato, caso em que a transformação do açúcar se daria na presença do fermento sem nada dar a ele e sem dele nada retirar". Até 1875 Pasteur havia concluído que a fermentação era o resultado da vida sem oxigênio, na qual, sem a presença de oxigênio livre, as células eram capazes de obter a energia liberada pela decomposição de substâncias contendo oxigênio combinado.

Em 1876 Pasteur publicou seu inovador livro *Études sur la bière*, no qual tratava das doenças da cerveja e descrevia como as leveduras da fermentação estavam, muitas vezes, contaminadas com bactérias, fungos filamentosos e outras leveduras. Por exemplo, organismos esféricos e com o formato de bastão (provavelmente bactérias do ácido lático) vistas sob o microscópio eram responsáveis por um defeito azedo. Ver ÁCIDO LÁTICO. Nas palavras de Pasteur: "Toda mudança insalubre na qualidade da cerveja coincide com o desenvolvimento de germes microscópicos que são estranhos ao fermento puro da cerveja" (1877). Esses organismos indesejáveis entraram em contato com a cerveja em resultado da contaminação do ambiente de produção ou por meio de leveduras contaminadas. Pasteur observou que, mantendo a cerveja entre 55 °C e 60 °C por um curto período, o crescimento de organismos de deterioração da cerveja era inibido e a cerveja podia continuar palatável por até nove meses. Essa é a base do processo de pasteurização.

Afirma-se que Pasteur não era um grande amante da cerveja, mas devido à Guerra Franco-Prussiana de 1870, que resultou na cessão da Alsácia-Lorena, região produtora de lúpulo, pela França, Pasteur era hostil a todas as coisas alemãs. O resultado foi sua determinação em melhorar a qualidade das cervejas francesas, ou, como o próprio Pasteur afirmou, fazer a "Cerveja da Vingança Nacional"!

Ver também PASTEURIZAÇÃO.

Hornsey, I. S. **A history of beer and brewing**. Cambridge: Royal Society of Chemistry, 2003.
Hutkins, R. W. **Microbiology and technology of fermenting foods**. Ames: IFT Press and Blackwell Publishing, 2006.

George Philliskirk

pasteurização é o processo de tratamento térmico da cerveja para inibir o crescimento de microrganismos potencialmente deterioradores e prolongar seu prazo de validade. Batizado em homenagem ao grande cientista francês Louis Pasteur, que foi capaz de prolongar a qualidade da cerveja aquecendo-a a 55 °C-60 °C durante um curto período, a pasteurização é usada na produção da maior parte das cervejas acondicionadas em barril, garrafa ou lata, em todo o mundo. Com frequência a pasteurização é confundida com a esterilização. Na primeira, a cerveja é submetida a um processo de aquecimento suficiente para torná-la livre de microrganismos deterioradores durante o curso do seu prazo de validade. Contudo, níveis baixos de alguns microrganismos podem ainda sobreviver ao aquecimento, embora sem causar a deterioração da cerveja. Na esterilização, o tratamento térmico aplicado é de tal intensidade que elimina todos os microrganismos presentes.

Inicialmente, com base na observação em grande parte empírica, acreditava-se que manter a cerveja a uma temperatura de 60 °C, durante alguns minutos, seria suficiente para conservar sua integridade microbiológica durante o prazo de validade de vários meses. A indústria cervejeira usa esta temperatura de 60 °C como base para quantificar a extensão do processo de pasteurização. Para cada minuto que a cerveja é mantida a 60 °C é dito que ela foi submetida a uma unidade de pasteurização (UP). Mantê-la durante quinze minutos a 60 °C corresponde, portanto, a 15 UP de tratamento.

Existem dois principais métodos de pasteurização da cerveja. Cervejas acondicionadas em garrafas e latas são pasteurizadas passando-se os recipientes cheios através de uma câmara longa e relativamente estreita, na qual são pulverizados com água quente durante um tempo fixo antes de serem resfriados. A câmara de pulverização é chamada de "túnel", e o processo, "pasteurização em túnel". Para grandes recipientes de cerveja, tais como barris, o aquecimento do conteúdo em um túnel é impraticável. Por isso, a cerveja é pasteurizada em um trocador de calor de placa (a água quente fornece o calor trocado com a cerveja fria em uma ampla área de troca) no qual a cerveja é aquecida a 70 °C-72 °C durante somente trinta segundos. Ver TROCADOR DE CALOR. Esse processo é conhecido como processo "temperatura alta/tempo curto" (*high-temperature/short-time*) ou, mais comumente, "pasteurização *flash*".

Calcula-se que 72 °C durante trinta segundos sejam equivalentes a quinze minutos a 60 °C, ou 15 UP. As cervejas pasteurizadas pelo processo *flash* são, em seguida, rapidamente resfriadas, e então envasadas em recipientes esterilizados. Dependendo do risco de contaminação microbiológica da cerveja, o número de UP aplicado pode variar, mas para a maioria das cervejas a faixa usada é de 5 UP a 25 UP, sendo 15 UP o padrão aproximado da indústria. Cervejas com baixo teor alcoólico costumam receber um tratamento térmico mais severo.

Embora a pasteurização seja eficiente na prevenção da contaminação microbiológica da cerveja, ela pode impactar negativamente o sabor devido à aceleração do envelhecimento (*staling*) da cerveja. *Staling* é um fenômeno natural, resultado das alterações químicas relativamente lentas dos componentes da cerveja, especialmente se alguma quantidade de oxigênio está presente na cerveja no momento do envase do recipiente. A aplicação do calor durante a pasteurização acelera a velocidade das reações químicas. Os cervejeiros se esforçam para minimizar a captação de oxigênio durante o envase e reduzir a quantidade de UP a um mínimo para manter a frescor da cerveja por tanto tempo quanto possível. Nos últimos anos, em vez de pasteurizar a cerveja, alguns cervejeiros tentaram excluir os microrganismos deteriorantes por meio de um processo de microfiltração conhecido como "filtração estéril". Ver FILTRAÇÃO ESTÉRIL. Esse método pode ser altamente eficaz, mas também tende a remover o sabor, aroma, corpo e até mesmo a cor da cerveja.

Ver também PASTEUR, LOUIS.

George Philliskirk

Paulaner Brauerei GmbH & Co. KG, a maior cervejaria de Munique e a oitava maior da Alemanha. A cervejaria tem quase quatro séculos de idade e foi fundada como uma cervejaria de mosteiro em 1634. Desde então, ela tem produzido cerveja com breves interrupções. Durante a sua história, por vezes turbulenta, a cervejaria mudou de mãos várias vezes, fez suas próprias inovadoras contribuições para o mundo da cerveja e em geral refletiu o desenvolvimento da cerveja bávara. Ver BAVIERA. Hoje, a Paulaner, junto com a Hacker-Pschorr, a Löwenbräu e a Spaten – ambas de propriedade da Anheuser-Busch InBev –, a estatal Hofbräuhaus e a independente Augustiner, é uma das seis grandes cervejarias tradicionais de Munique. O nome legal da cervejaria agora é Paulaner Brauerei GmbH & Co. KG. Junto com a Hacker-Pschorr Bräu GmbH, ela é parte da Brau Holding International AG, com sede em Munique, a qual, por sua vez, é 49,9% da holandesa Heineken N.V. e 50,1% da Schörghuber Corporate Group, uma empresa diversificada com negócios em hotéis, arrendamento de aeronaves, bebidas, mercado imobiliário e construção. A Paulaner leva o nome dos monges paulinos, um ramo dos beneditinos, assim chamados por causa do santo italiano Francisco de Paula. Os monges vieram da Itália para Munique em 1627, a convite do piedoso e austero duque Maximilian I da Baviera para fazer trabalhos beneficentes. Inicialmente, eles só produziam cerveja para consumo próprio, mas logo obtiveram uma licença de distribuição para a população de Munique. De acordo com o costume beneditino, suas cervejas eram fortes e maltadas, um verdadeiro "pão líquido". Os monges a chamavam de "*sankt-vater-bier*" ("cerveja do santo pai"), um nome que evoluiu para Salvator, a palavra latina para "Salvador". Durante a Quaresma, quando, segundo a doutrina eclesiástica, os monges ficavam restritos a uma dieta líquida, eles acabaram usando uma receita criada em 1774 por um de seus mestres cervejeiros, Valentin Stephan Still, que produzia as mosturas como Frater Barnabas. A receita de Barnabas produzia uma versão da Salvator que era "duplamente" ("*doppel*", em alemão) forte, e, assim, inventaram a primeira *doppelbock*. Ver DOPPELBOCK. No entanto, a alegria dos monges Paulaner com a sua Salvator durou pouco. A calamidade logo chegou na pessoa de Napoleão Bonaparte, sob cuja política de secularização das propriedades da igreja o mosteiro Paulaner e sua cervejaria tornaram-se propriedade do Estado da Baviera em 1799 e foram forçados a fechar. A cervejaria ficou em desuso durante sete anos, até ser alugada, em 1806, para Franz Xaver Zacherl, proprietário da Münchener Hellerbräu. Zacherl conseguiu comprar a antiga Paulaner definitivamente em 1813, resgatando, assim, a cerveja Salvator da extinção. A renascida Paulaner prosperou, e em 1928 se fundiu com a Gebrüder Thomas Bierbrauerei, de Munique, para formar a empresa Paulaner Salvator Thomas Bräu. Em 1998, a Hacker-Pschorr foi fechada, e a Paulaner assumiu a produção das marcas de cerveja Hacker-Pschorr. Hoje, a Paulaner é de longe a maior cervejaria de Munique.

O Grupo Paulaner, que inclui atualmente a Hacker-Pschorr Bräu GmbH München e a Auerbrau AG Rosenheim, lançou uma *light beer* com 40% menos álcool em 1989, três anos depois de lançar a primeira cerveja de trigo não alcoólica. A Paulaner Roggen, uma cerveja escura de trigo produzida com centeio, foi lançada em 1998, mas saiu de linha.

A Paulaner engarrafa cinco variedades de *weissbier*, seis *hellbiers* ou *light lagers*, uma *oktoberfest* (disponível de julho a outubro) e uma *pilsner* produzida exclusivamente com lúpulo Hallertau. A Paulaner produz um portfólio de mais de 25 cervejas, mas a Paulaner Salvator Doppelbock ainda ocupa o lugar de honra, especialmente durante as celebrações anuais da Quaresma, com duração de duas semanas, nos santificados salões da cervejaria – construídos em 1861 e completamente renovados após um incêndio em 1999 –, em Hochstrasse, no distrito de Nockherberg em Munique. Lá, o primeiro barril da nova temporada da Salvator Doppelbock é o ato oficial de abertura da "temporada da cerveja forte" da Baviera – com bandas típicas estridentes, comediantes, salsichas e *pretzels*, um público repleto de estrelas e câmeras de televisão para a divulgação.

Em 2008, a Paulaner vendeu mais de 2,1 milhões de hectolitros de cerveja, um crescimento de 1,8% sobre o ano anterior. Além de *brewpubs* na China, Hungria, Indonésia, Rússia, África do Sul, Singapura e Tailândia, a Paulaner opera catorze cervejarias em Munique e arredores. Visitas guiadas à cervejaria de Munique são oferecidas durante todo o ano.

Bayerischen Brauerbund. Disponível em: http://www.bayerisch-bier.de/index.php?StoryID=1/. Acesso em: 4 abr. 2011.

Bild. **Germany's Largest Beermakers: Oettinger, Krombacher and Bitburger**. Disponível em: http://www.bild.de/BILD/ratgeber/geld-karriere/2009/01/26/bier/die-groessten-meistgetrunkenen-biermarkendeutschlands-oettinger-krombacher-bitburger.html/. Acesso em: 1 dez. 2010.

Oktoberfest München. **Müncher Brauereien auf dem Oktoberfest**. Disponível em: http://www.oktoberfest-zeitung.de/index.php/brauereien/muenchner-brauereien-aufdem-oktoberfest/136/. Acesso em: 4 abr. 2011.

Paulaner Service Portal. **Paulaner Brauerei in München**. Disponível em: http://www.paulaner-serviceportal.de/. Acesso em: 4 abr. 2011.

Typisch München. Disponível em: http://xn--typisch-mnchen-osb.de/muenchen/index.php/essen-trinken/paulaner/46/. Acesso em: 4 abr. 2011.

Horst Dornbusch e Ben Keene

Pectinatus é um gênero de bactérias esféricas estritamente anaeróbias e gram-negativas, das quais algumas espécies são contaminantes comuns de cervejas embaladas não pasteurizadas. Durante os anos 1970, o processamento e o envase de cerveja tornaram-se mais controlados, e a concentração de oxigênio na bebida pôde ser mantida em nível mínimo. Isso melhorou a qualidade da cerveja, mas, inesperadamente, abriu a porta para uma nova ameaça bacteriana: organismos estritamente anaeróbios que são destruídos pelo oxigênio. O primeiro relato foi feito por S. Y. Lee e coautores na Coors Brewery, em 1978. As bactérias isoladas na cerveja embalada foram identificadas como sendo do gênero *Pectinatus* e da espécie *Pectinatus cerevisiiphilus*. Essas bactérias foram ainda encontradas em cervejas na Alemanha, Japão e Escandinávia. Outras espécies como *Pectinatus frisingensis* e *Pectinatus haikarae* também foram descritas. A deterioração da cerveja embalada é evidenciada pela presença de turbidez e *off-flavors* que remetem a ovo podre, oriundos da produção de sulfeto de hidrogênio. Ver SULFETO DE HIDROGÊNIO. Uma bactéria anaeróbia similar isolada em cerveja acabada na Alemanha em 1979 foi classificada no gênero Megasphaera e na espécie *Megasphaera cerevisiae*. Essas bactérias são sensíveis ao etanol e, por isso, mais comuns em cervejas com baixo teor alcoólico. Uma cepa de uma segunda espécie isolada em cerveja embalada deteriorada, *Megasphaera sueciensis*, foi descrita em 2006. Entretanto, parece que as cepas de Megasphaera são menos comuns que as de *Pectinatus* como contaminantes de cerveja. Deve-se enfatizar que o cultivo em laboratório desses microrganismos requer atenção às técnicas estritamente anaeróbias, pois eles não crescem na presença de oxigênio.

Ver também BACTÉRIAS.

Riikka, J.; Suihko, M. L. *Megasphaera paucivororans* nov., *Megasphaera sueciensis*,sp. nov. and *Pectinatus haikarae* sp. nov., isolated from brewery samples and emended description of the genus *Pectinatus*. **International Journal of Systematic and Evolutionary Microbilogy**, n. 56, p. 695-702, 2006.

Fergus G. Priest

Pediococcus são bactérias láticas que apresentam forma esférica. Essas bactérias ocorrem em pares ou tétrades e foram originalmente confundidas com aquelas do gênero *Sarcina*; por esta razão o termo "doença da sarcina" foi usado para as cervejas contaminadas com *Pediococcus*. Como outras bactérias láticas, esses microrganismos são anaeróbios, gram-positivos, apresentam um metabolismo fermentativo, produzindo ácido lático a partir de açúcares, e crescem melhor em pH baixo (em torno de 4 a 5). Por essas razões, meios de cultura específicos, com pH baixo e suplementados com glicose ou sacarose, são requeridos para o crescimento dessas bactérias em laboratório.

As bactérias *Pediococcus* estão associadas a várias fermentações de alimentos, incluindo picles, linguiças e produtos láticos. Uma das dezesseis espécies reconhecidas, a *Pediococcus damnosus* é a mais comumente encontrada em cervejas contaminadas, provavelmente porque desenvolveu tolerância aos iso-alfa-ácidos do lúpulo, usando vários mecanismos moleculares. Ver ISO-ALFA-ÁCIDOS. Esses mecanismos incluem vários genes diferentes de resistência similares àqueles que conferem resistência a antibióticos às bactérias e codificar proteínas chamadas de exportadoras multirresistentes a medicamentos. *Pediococcus damnosus* pode ser detectada no final da fermentação, na maturação e na cerveja embalada, mas raramente na levedura inoculada. A cerveja contaminada é caracterizada pelo aroma amanteigado do diacetil, bem como pela turbidez e pela formação de ácidos orgânicos. Na presença de açúcares fermentáveis, os *Pediococcus* podem produzir grandes quantidades de polissacarídeos extracelulares que formam precipitados viscosos nas cervejas.

Ver também ÁCIDO LÁTICO.

Suzuki, K. et al. A review of hop resistance in beer spoilage lactic acid bacteria. **Journal of the Institute of Brewing**, n. 112, p. 173-191, 2006.

Fergus G. Priest

pedra cervejeira

Ver OXALATO DE CÁLCIO.

pedra de carbonatação

pedra de carbonatação é um dispositivo usado para difundir o dióxido de carbono na cerveja. Pode ser feita de pedra naturalmente porosa, cerâmica porosa, ou, finalmente, de aço inoxidável sinterizado. Normalmente usada dentro de um tanque de pressão ou em um tanque de servir em *brewpubs*, a pedra de carbonatação é um cilindro oco, fechado em uma das extremidades, na qual o dióxido de carbono é forçado sob pressão. O CO_2 difunde-se através da pedra, emergindo na cerveja como bolhas muito pequenas. Sob pressão, as pequenas bolhas de CO_2 dissolvem-se na cerveja antes de atingir a superfície do tanque. Pedras de carbonatação também podem ser usadas em linha durante a transferência da cerveja para o tanque de pressão. Uma pedra de carbonatação pode ser usada para carbonatar uma cerveja sem carbonatação, para adicionar CO_2 a uma cerveja com carbonatação inadequada, ou para retirar o oxigênio dissolvido na cerveja ou na água. Quer feitas de pedra, cerâmica ou aço sinterizado, esses dispositivos são coloquialmente chamados de "pedras".

Garrett Oliver

pentanodiona, chamada adequadamente de 2,3-pentanodiona, é uma dicetona vicinal (VDK) normalmente produzida pela levedura durante a fermentação. Ela proporciona um sabor análogo ao de mel na cerveja, sendo considerada um *off-flavor* para a maioria dos estilos de cerveja. A pentanodiona tem um limiar de sabor cerca de dez vezes maior do que o VDK relacionado diacetil, de sabor amanteigado, mas os cervejeiros normalmente procuram eliminar ambos da cerveja pronta. A pentanodiona é formada na cerveja em fermentação por uma descarboxilação oxidativa espontânea do alfa--acetohidroxibutirato, um precursor do aminoácido isoleucina. A pentanodiona é reassimilada e removida pela levedura durante um contato prolongado.

Para reduzir o efeito da 2,3-pentanodiona no perfil geral de sabor da cerveja pronta, muitos cervejeiros empregam tanto o método do "repouso do VDK" quanto o de *kräusening* quando a fermentação primária está concluída, especialmente ao fermentar cervejas *lager*. O primeiro método consiste em deixar que a temperatura no fermentador aumente ligeiramente ao longo de um dado período, geralmente de um a três dias. As temperaturas mais quentes aumentam a atividade metabólica da levedura, acelerando a reabsorção dos compostos desagradáveis. O segundo método envolve a adição de uma pequena quantidade de mosto em fermentação na cerveja cuja fermentação primária tenha sido concluída. A levedura ativa então executa a devida remoção de VDK. A maturação a frio, que é o armazenamento da cerveja a baixas temperaturas por longos períodos, pode acabar eliminando as VDK, mas isso pode levar meses, razão pela qual a maioria dos cervejeiros utiliza os métodos acima mencionados. A 2,3-pentanodiona pode ser um indicador útil de infecções numa cervejaria. Os laboratórios das cervejarias podem realizar testes de cromatografia gasosa para determinar a proporção de diacetil para pentanodiona na cerveja. Como muitas bactérias de deterioração tendem a produzir diacetil, mas não pentanodiona, a presença de uma proporção muito maior de diacetil que de pentanodiona é geralmente sintomática de um problema de contaminação.

Bamforth, C.; Kanauchi, M. Enzymology of vicinal diketone reduction in brewers yeast. **Journal of the Institute of Brewing**, n. 110, p. 83-93, 2004.
Goldammer, T. **The brewer's handbook: The complete book to brewing beer**. 2. ed. Clacton on Sea: Apex Publishers, 2008.
Zviely, M. Molecule of the month: 2,3-pentanedione. **Perfume & Flavorist**, p. 20-22, jul. 2009.

Damien Malfara

pentose é um açúcar monossacarídeo composto por cinco átomos de carbono. Na cevada e em outros cereais, a pentose ocorre naturalmente como monômeros de polímeros chamados pentosanas, polissacarídeos não amiláceos encontrados nas paredes celulares do endosperma do grão. As principais pentoses são a xilose e a arabinose; consequentemente, as pentosanas são chamadas de arabinoxilanas. As pentosanas são também os principais elementos constitutivos das cascas de cevada. As pentosanas equivalem a apenas 3% a 4% de todos os carboidratos na cevada, e cerca de 20% das pentosanas são hidrolisadas e degradadas em pentoses durante a malteação. Como açúcares, portanto, as pentosanas desempenham apenas um papel secundário na produção de cerveja, embora a sua subsistência na bebida seja reconhecida por alguns como benéfica para a estabilidade da espuma. Elas também podem ser consideradas fibras solúveis, com possíveis benefícios para a saúde.

Oliver Jakob

O **pericarpo** é formado por vestígios da parede do ovário que cerca o germe e o endosperma dos cereais. Nos cereais, como a cevada, o pericarpo é fundido com a testa (a película externa da semente), formando uma fina camada que se situa logo abaixo da casca e envolve o germe, a camada de aleurona e o endosperma. O pericarpo/testa podem ser vistos na cevada removendo-se gentilmente a sua casca, mostrando a película levemente brilhante do grão. Nos cereais como as cevadas e os trigos sem casca, a casca é removida durante a fase de debulha na colheita, deixando o grão coberto pelo pericarpo/testa.

O papel do pericarpo, especialmente nos cereais sem casca, é proteger o endosperma, a camada de aleurona e o germe, ricos em nutrientes, contra os micróbios do solo. Ver CAMADA DE ALEURONA. O pericarpo também atua até certo grau como uma barreira contra a movimentação da água para dentro do grão; isso pode ser interessante durante o armazenamento do trigo malteado antes da produção de cerveja. Algumas pesquisas têm indicado que o pericarpo/testa é relativamente rico em polifenóis e taninos, mas isso tem provavelmente pouca importância, pois o pericarpo/testa é um componente secundário no grão.

Ver também CEVADA e ENDOSPERMA.

Evan Evans

Perle é uma variedade de lúpulo que foi lançada em 1978 pelo Instituto de Pesquisa do Lúpulo, localizado em Hüll, no coração da região de Hallertau, Alemanha. Ela foi desenvolvida a partir do lúpulo inglês Northern Brewer e uma planta macho não revelada. O Perle é um lúpulo bastante equilibrado e altamente versátil, com médias características de amargor e aroma, o que fazem dele um lúpulo de ampla aptidão muito escolhido para conferir amargor, sabor e aroma. O teor de alfa-ácidos do Perle varia entre 5% e 9,5%, produzindo um amargor moderado, ligeiramente mentolado com início frutado/picante. O aroma moderado, verde e fresco, quase terroso do Perle resulta em sabores suaves e refrescantes que repercutem na cerveja pronta. Por ser balanceado, o Perle contribui bastante para *session ales* e *lagers* claras até meio escuras, nas quais o amargor agressivo não é desejado. Ele é também excelentemente adequado para cervejas de trigo. Agronomicamente, o Perle é relativamente fácil de ser cultivado. Ele é consideravelmente robusto, altamente produtivo e resistente a diversas doenças comuns aos lúpulos, incluindo murcha (*Verticillium albo-atrum, Verticillium dahliae*) e míldio (*Pseudoperonospora humuli*). Ver MÍLDIO e MURCHA DO VERTICILLIUM. Em sua terra natal, a Alemanha, ele se tornou a variedade de lúpulo aromático mais plantada. Ele também é cultivado na Bélgica e, desde o final dos anos de 1980, na região noroeste dos Estados Unidos, próximo ao Pacífico, onde os teores de alfa-ácidos têm alcançado valores mais altos que nos lúpulos dessa variedade cultivados na Alemanha.

Centrale Marketing-Gosellschaft (CMA). **The spirit of beer – Hops from Germany. Hop variety portfolio**. West Newbury: Association of German Hop Growers, 2005.

Lydia Winkelmann e Horst Dornbusch

Perlick é uma corporação industrial sediada em Wisconsin que produz uma ampla gama de equipamentos para cervejarias e bares. Possui três divisões: equipamentos para bares e bebidas, extração de chope e acessórios para cervejarias. Os itens fabricados vão de balcões refrigerados e equipamentos lava-copos, até balcões expositores de bebidas destiladas e pias especiais em aço inoxidável. O catálogo da Perlick exibe uma longa lista de torneiras de extração de chope, válvulas extratoras de chope, conjuntos de extração com bomba manual e refrigeradores com torneira de chope acoplada. A empresa oferece acessórios compatíveis com produtos de outros fabricantes para praticamente todas as etapas de produção de cerveja. A natureza ampla da linha de produtos da Perlick fez dela uma marca vastamente conhecida na indústria cervejeira norte-americana. A empresa se chamava R. Perlick Brass Works quando foi fundada por Robert Perlick e seu filho, Walter, no segundo andar de um prédio no centro de Milwaukee, em 1917, com foco inicial em peças em latão para a indústria automotiva.

Após a revogação da Lei Seca, entretanto, Robert Perlick viu oportunidades na indústria cervejeira, e logo a empresa foi eleita fornecedora exclusiva de tanques de cerveja revestidos com vidro para a A. O. Smith. Ver LEI SECA. A Perlick também começou a fabricar acessórios para equipamentos de refrigeração e posteriormente lançou sua própria linha de refrigeração. Atualmente, a Perlick conta uma instalação fabril de quase 28 mil metros quadrados (aproximadamente 300 mil pés quadrados), além de representantes comerciais em todos estados dos Estados Unidos e em todas as províncias do Canadá.

John Holl

perlita é uma sílica vulcânica muito utilizada na construção, horticultura e na indústria de bebidas. Ela é extraída na América do Norte, América do Sul, Ásia, Austrália e Europa, sendo utilizada em sua forma túrgida como um auxiliar de filtração. A adição da perlita à filtração da cerveja pode aumentar o período de operação antes da colmatação do filtro. Ela também pode ser utilizada como uma pré-capa sobre a qual outros tipos de agentes de filtração são empregados. Por exemplo, um filtro de placas pode ser pré-revestido com perlita, sobre a qual subsequentes camadas de terra diatomácea podem ser aplicadas para formar uma torta em camadas. A perlita usada em conjunto com outros meios filtrantes ajuda a clarificar a cerveja retendo os sólidos em suspensão, como levedura e partículas de lúpulo, que de outra forma poderiam chegar até o tanque de pressão e, posteriormente, ao produto envasado. O uso de perlita é disseminado porque ela é capaz de reduzir a quantidade de terra diatomácea necessária para a filtração. A terra diatomácea, quando dispersa no ar, está associada a problemas respiratórios. Ver TERRA DIATOMÁCEA. Numerosos estudos foram realizados para avaliar a toxicidade da perlita, e não foram registrados efeitos adversos para a saúde. No entanto, a perlita em pó pode ser um incômodo, causando irritação nos olhos, nariz e/ou pulmão. Portanto, é aconselhável o uso de máscara e óculos de proteção contra pó ao manusear a perlita.

Ver também FILTRAÇÃO e TANQUE DE PRESSÃO.

Perlite Institute. Disponível em: http://www.perlite.org/. Acesso em: 11 mar. 2011.
Schundler Company. **Perlite health issues: Studies and effects.** Disponível em: http://www.schundler.com/perlitehealth.htm/. Acesso em: 11 mar. 2011.

Rick Vega

Peroni, Cervejaria, fundada como Birra Peroni em 1846 pela família Peroni em Vigevano, Itália. Em 1864, Giovanni Peroni transferiu a cervejaria para Roma, onde ela logo começou a prosperar. A primeira propaganda da cerveja Peroni foi veiculada em 1910 e ajudou a popularizar a marca. Na década de 1960, a cerveja Peroni era amplamente disponibilizada em toda a Itália, e ela deu início a uma distribuição mais ampla para se tornar, na década de 1990, uma marca verdadeiramente internacional. A Peroni foi comprada pela South African Breweries em 2005 e começou um relançamento internacional focada em sua marca *premium*, Nastro Azzurro, uma cerveja *lager* com sabor mais intenso que a cerveja conhecida simplesmente como Peroni. A Peroni construiu a sua marca em torno do senso italiano de estilo, e essa abordagem levou a cerveja a mais de cinquenta países ao redor do mundo, nos cinco continentes. O *Daily Telegraph* (UK) incluiu a Peroni, juntamente com a Gucci e a Ferrari, entre os principais ícones italianos. A marca original e mais amplamente conhecida na Itália é a Peroni, uma cerveja com 4,7% de álcool por volume (ABV). Desde seus primeiros dias, a cerveja Peroni foi considerada refrescante e bem-feita quando comparada com as outras cervejas italianas. A cerveja é feita no moderno estilo *"international lager"*, fazendo uso de *grits* de milho e também malte. A segunda maior marca é Nastro Azzurro, que significa "Faixa Azul" em italiano. A Nastro Azzurro é uma *premium lager* com 5,1% ABV, lançada em 1963. Ela também contém *grits* de milho, mas mostra mais caráter de malte. A cerveja mais forte feita pela cervejaria é a Peroni Gran Riserva, com 6,6% ABV.

Ver também ITÁLIA e SOUTH AFRICAN BREWERIES LTD.

Keith Villa

pescoço de cisne é um tubo longo ajustado a uma bomba manual para servir cervejas em *casks* com um formato semelhante ao pescoço de um cisne. Esse tubo foi projetado para ser usado com um difusor Angram bem ajustado, um dispositivo de restrição que faz a cerveja ser aspergida no copo. Contudo, assim como ocorre com os tubos comuns, o uso do difusor é opcional.

A distância entre a curva e a base do tubo geralmente corresponde à altura de um copo *pint* padrão Nonic ou tulipa de 568 mL, permitindo que a cerveja seja servida com a extremidade do pescoço de cisne perto ou no fundo do copo. Tal prática, quase sempre realizada com um difusor encaixado, é padrão no norte da Inglaterra, País de Gales e Escócia, áreas onde o uso do difusor é comum. O uso do difusor remove a carbonatação enquanto forma uma espuma densa e cremosa no copo de chope, e essa maneira de extração de cerveja em *cask* é apreciada por muitos consumidores das regiões citadas anteriormente. Se o difusor é utilizado sem o pescoço cisne, um pouco de cerveja é frequentemente perdido por causa da formação excessiva de espuma. Um copo novo deve ser utilizado a cada vez caso a extremidade do pescoço de cisne toque a cerveja que está sendo servida, como determina as regras da British Health and Safety. Ao contrário da crença popular, a cerveja servida por um pescoço de cisne sem um difusor encaixado dará pouca ou nenhuma diferença na carbonatação e na textura em relação àquela servida livre pelo sistema convencional. A aversão manifestada às vezes pelo pescoço de cisne é frequentemente mal direcionada, porque na verdade quaisquer diferenças na textura são causadas pelo difusor, e não pelo próprio pescoço.

Alex Hall

pH significa "poder de hidrogênio" ou "potencial de hidrogênio". Ele é a variável química que indica a acidez ou alcalinidade de uma solução. O valor do pH de uma solução indica a sua concentração de íons de hidrogênio. À medida que a concentração de íons de hidrogênio em uma solução diminui, ela se torna mais alcalina (cáustica), isto é, o seu valor de pH aumenta. Por outro lado, à medida que o teor de íons de hidrogênio aumenta, a solução se torna mais ácida (corrosiva), isto é, o seu valor de pH diminui.

Numericamente, o pH é medido numa escala logarítmica de 0 (o mais ácido) a 14 (o mais alcalino), sendo 7 o neutro. A água destilada (H_2O pura) é o padrão para a neutralidade de pH. Todos os ácidos, portanto, têm um valor de pH de 0 a 7; todas as bases têm um valor de pH de 7 a 14. Uma solução extremamente ácida com um valor de pH de 1, por exemplo, tem uma concentração dez vezes maior de íons de hidrogênio do que uma solução com um valor de pH de 2; ela é cem vezes mais ácida do que uma solução com um valor de pH de 3, e assim por diante. No lado alcalino, uma base com um valor de pH de 10 é dez vezes mais cáustica do que uma solução com um valor de pH de 9 e cem vezes mais cáustica do que uma com um valor de pH de 8. As formas mais comuns de medir valores de pH são através do uso de tiras indicadoras descartáveis feitas de papel tornassol ou de fenolftaleína, ou mediante medidores de pH, a maioria dos quais depende de eletrodos sensíveis ao hidrogênio para proporcionar leituras LED. A escala de pH foi desenvolvida pela primeira vez em 1909 por Søren Peder Lauritz Sørensen, o químico chefe da cervejaria Carlsberg em Copenhague, na Dinamarca.

Entre as principais fontes de íons de hidrogênio na água cervejeira encontram-se os sais minerais e os compostos formados por eles. Mais especificamente, o cálcio, e em menor grau o magnésio, reagem com fosfato e outros materiais para liberar íons de hidrogênio e, assim, diminuir o pH. Por outro lado, as águas ricas em bicarbonato são alcalinas. Além da água cervejeira, o tipo de malte utilizado na produção de uma cerveja também afeta significativamente o pH, uma vez que maltes muito escuros, secados intensamente, ou maltes torrados diminuem os valores de pH da mostura, do mosto e da cerveja, enquanto os maltes claros secados levemente aumentam esses valores.

Os cervejeiros controlam os valores de pH principalmente para melhorar a atuação das enzimas na mostura e no desempenho das leveduras no fermentador, assim como a qualidade da cerveja pronta. As enzimas apresentam seus máximos desempenhos apenas dentro de estreitos intervalos de pH (ótimos): as endo-beta-glucanases, conversoras de gomas, têm um pH ótimo de 4,7 a 5; as endopeptidases e carboxipeptidases, conversoras de proteínas, de 5 a 5,2; e as beta- e alfa-amilases, conversoras de amido, de 5,4 a 5,6 e 5,6 a 5,8, respectivamente. Nas mosturas que são muito ácidas ou muito alcalinas, a atividade enzimática é prejudicada e pode até mesmo parar. A maioria das mosturas, portanto, é mantida numa faixa de pH próxima de 5,4 a 5,6, que é também a faixa na qual quantidades adequadas de zinco, um importante nutriente das leveduras, passam do malte para o mosto. Alguns cervejeiros acidificam suas mosturas, por exemplo, até um pH de 5,2, que entre outras coisas promove a atividade da dextrinase limite.

No início da fervura, o pH do mosto cai cerca de 0,2 ou 0,3, principalmente por causa da precipitação de compostos de cálcio no *trub*. Isso leva o pH do mosto para perto de 5, ideal para a maioria das cepas de levedura no início da fermentação vigorosa.

O metabolismo da levedura, por sua vez, provoca uma outra queda de pH no fermentador, normalmente de cerca de 0,5 a 0,7. No final da fermentação, o valor típico de pH de uma cerveja à base de cevada é geralmente de agradáveis (para seres humanos) 4,1 a 4,5, sendo ligeiramente inferior na cerveja à base de trigo. Algumas cervejas, tais como as *lambics* e outros tipos de *sour beers*, têm valores de pH muito mais baixos por causa dos ácidos produzidos por cepas bacterianas.

Ver também ÁCIDO, LAMBIC e MOSTURAÇÃO.

Bamforth, C. W. pH in brewing: An overview. **Technical Quarterly of the Master Brewers Association of the Americas**, n. 38, p. 1-9, 2001.
Coastwide Laboratories. pH-The power of hydrogen. Disponível em: http://www.coastwidelabs.com/Technical%20Articles/ph__the_power_of_hydrogen.htm/. Acesso em: 11 maio 2011.

Horst Dornbusch

Pilgrim é um lúpulo britânico recente que foi lançado para cultivo comercial no ano 2000. Ele foi desenvolvido pelo Hop Research Institute Wye como parte do programa de melhoramento de variedades anãs. Ver HEDGE HOPS e WYE COLLEGE. Embora seus pais First Gold e Herald sejam ambos anãos, o Pilgrim não é. A Young's Brewery foi uma das primeiras consumidoras comerciais do Pilgrim, ao passo que em 2010 a maior consumidora do Pilgrim foi a Molson Coors, que o utiliza na Carling *lager*. O Pilgrim é uma variedade de dupla aptidão, servindo tanto para amargor quanto para aroma, e apresenta teor de alfa-ácidos relativamente alto, entre 9% e 13%. Seu amargor, todavia, é considerado ligeiramente áspero, o que talvez se deva ao seu alto teor de cohumulona (entre 36% e 38%). Em contrapartida, muitos consumidores que apreciam cervejas com amargor mais agressivo de lúpulo consideram o amargor do Pilgrim razoavelmente agradável e ligeiramente cítrico, especialmente quando comparado a outros lúpulos com alto conteúdo de alfa-ácidos. Ver AMARGOR. O aroma do Pilgrim é amplamente dominado pelo alto teor de humuleno (aproximadamente 17%), e seu aroma é terroso e picante. Agronomicamente, o Pilgrim possui maturidade média-tardia, crescimento vigoroso, sendo mais resistente à murcha do *Verticillium* que qualquer outra variedade plantada atualmente. Ele é também altamente resistente ao oídio e ao míldio. Sua produtividade média corresponde a sólidos 3.089 a 3.706 kg/ha. Ele é bem estável durante o armazenamento.

Charles Faram & Co Ltd. Disponível em: http://www.charlesfaram.co.uk/varietydetail.asp?VarietyID=UK-PL. Acesso em: 3 out. 2010.

Jon Griffin

pils

Ver PILSNER.

Pilsen é uma cidade localizada no oeste da Boêmia, República Tcheca, berço do estilo de cerveja *pilsner*. O termo "*pilsner*" originalmente significava "de Pilsen", e as cervejas mais populares do mundo são baseadas na *pilsner* original. A produção de cerveja em Pilsen data de sua fundação, na Idade Média, mas foi o desenvolvimento de uma cerveja

Cartão comercial, *c.* 1880. A cidade de Pilsen, na República Tcheca, ganhou fama mundial como o berço do estilo de cerveja *pilsner*. PIKE MICROBREWERY MUSEUM, SEATTLE, WA.

clara, de cor dourada, que tornou o nome da cidade conhecido em todo o mundo.

Fundada em 1295 pelo rei Venceslau II da Boêmia, possui uma praça que abriga a catedral gótica de São Bartolomeu. Da catedral é possível avistar o prédio da prefeitura construído na era renascentista, no ano de 1554, considerado um dos mais belos edifícios da Boêmia.

No subsolo da cidade há um labirinto de adegas, túneis e nascentes. Esse mundo subterrâneo fornecia condições ideais para os cidadãos armazenarem alimentos, se abrigarem em tempos de guerra e produzir e estocar cerveja. Em 5 de outubro de 1842, o cervejeiro bávaro Josef Groll, trabalhando para a Bürger Brauerei de Pilsen (posteriormente Plzeňský Prazdroj ou "Pilsner Urquell"), produziu a primeira batelada da *lager* dourada que mais tarde ficou conhecida como cerveja *pilsner*.

Pilsen é uma cidade histórica, com muitos museus, galerias de arte e teatros, mas não surpreende que a cerveja ofereça muitos locais de interesse para os visitantes. O Museu da Cerveja conta a história da cerveja dos tempos antigos até os modernos. Nele, o visitante pode contemplar a reconstrução de uma maltaria gótica e do escritório de Josef Groll. Dentro do complexo há um bar que serve Pilsner Urquell não filtrada. Os visitantes podem desfrutar de um passeio pelas adegas subterrâneas medievais da cidade.

A cervejaria Pilsner Urquell é o lar do Centro de Visitação da Cervejaria Pilsner Urquell, que oferece uma excursão dentro da cervejaria, e também do Patton Memorial Pilsen, o único museu na República Tcheca dedicado aos eventos de 1945, quando o Exército americano lutou para libertar a área. A cervejaria é o local de um festival cervejeiro e musical promovido no mês de setembro.

Ver também REPÚBLICA TCHECA.

Cidade de Pilsen. Disponível em: http://www.pilsen.eu/. Acesso em: 3 mar. 2011.

Tim Hampson

pilsner (ou *pilsener*, ou *pils*) é uma *lager* clara e dourada, originária da República Tcheca. Revolucionou o mundo cervejeiro desde o seu surgimento graças a seu sedutor brilho dourado, limpidez e sabor refrescante. Por um descuido, nem seu nome, nem a receita foram patenteados, de modo que ela foi prontamente imitada no mundo todo. Para a maioria dos consumidores de cerveja, hoje *pilsner* é simplesmente sinônimo de *lager*. As imitações de *pilsner* representam hoje cerca de 95% do volume global de cerveja – embora a maioria dessas cervejas compartilhem muito pouco do caráter da original.

A *"pilsner* original"

Assim como Burton-on-Trent e Munique, a cidade de Plzeň (ou Pilsen), na Boêmia, República Tcheca, é um dos poucos lugares onde a natureza simplesmente proporcionou a combinação perfeita de ingredientes, e cervejeiros fenomenalmente habilidosos surgiram e os encontraram.

Os tchecos se referem à cerveja como "Pão Tcheco" – sempre a levaram bastante a sério e beberam quantidades significativas dela. Mas durante a maior parte da história da cerveja, a habilidade em produzir cervejas de padrões elevados e consistentes ficou atrás das demandas por qualidade. Em meados do século XIX, os cidadãos de Pilsen se preocupavam cada vez mais com a qualidade de sua cerveja, culminando em 1838, quando a produção de toda uma temporada foi solenemente descartada em frente à Câmara Municipal.

Algo deveria ser feito, e os cidadãos se organizaram para construir uma nova e moderna cervejaria, a Bürger Brauerei (Cervejaria dos Cidadãos), unindo seus recursos e habilidades – e se apropriando do máximo possível de ideias e recursos dos seus vizinhos bávaros. Martin Stelzer foi indicado para desenhar e construir a nova cervejaria. Ele viajou por toda a Baviera e conheceu o homem que queria como mestre cervejeiro, Josef Groll. Ver GROLL, JOSEF.

Naquela época, a *Bavarian lager* escura era o estilo de cerveja mais celebrado na Europa, e Groll recebeu a missão de conceber uma nova *lager* de estilo bávaro na Bürger Brauerei. Ele recrutou auxiliares de cervejaria e tanoeiros bávaros e trouxe também leveduras bávaras do tipo *lager*.

Mas o que saiu dos tanques em outubro de 1842 não foi cerveja bávara. Os cidadãos de Pilsen receberam uma "bebida dourada com espuma branca e espessa [...] [e], ao provar seu delicioso e pronunciado sabor, a receberam com um entusiasmo nunca antes visto em Pilsen".

A habilidade bávara encontrara os ingredientes tchecos. A cevada da Morávia é doce, os lúpulos Saaz da Boêmia têm pouco amargor, mas muito aroma e a água leve de Plzeň, filtrada em arenito, propicia a expressão desses sabores. Em pouco tempo a cerveja *pilsner* era discutida euforicamente em todo o Império Austro-Húngaro e além.

Provavelmente como resultado de seu prazer inebriante, os burgueses de Pilsen não chegaram a estabelecer uma marca registrada para a "cerveja *pilsner*" até 1859, quando muitas outras cervejas no mercado já se declaravam de estilo *pilsner*. Só em 1898 a Bürger Brauerei registrou "a *pilsner* original" (Pilsner Urquell) como uma marca. Ver PILSNER URQUELL. A cervejaria passou a ser conhecida pelo nome Pilsner Urquell (Plzeňsky Prazdroj) e produz a cerveja até hoje.

Seria incorreto se referir à Pilsner Urquell como a primeira cerveja dourada do mundo (como a cervejaria frequentemente faz) porque a cor resulta do malte. Os produtores ingleses de *pale ales* foram pioneiros no uso de maltes claros décadas antes, e os produtores bávaros de *lager* sempre admitiram abertamente que se apropriaram do conhecimento necessário para criar a cerveja. Mas a *pilsner* era seguramente um novo estilo de cerveja, jamais visto antes, e sua popularidade difundiu-se rapidamente.

Domínio global

O surgimento da *pilsner lager* coincidiu com o mais próspero período de inovação científica na história da produção cervejeira. As linhas férreas possibilitaram o transporte da cerveja por longas distâncias, e a informação viajava mais rapidamente. Com a refrigeração, uma *lager* já não precisava ser maturada em cavernas frias ou adegas profundas. E o trabalho de Louis Pasteur, assim como o daqueles que foram influenciados por ele, permitiram o isolamento de cepas puras de leveduras que viriam a garantir a consistência dos produtos. Ver PASTEUR, LOUIS. Essa uniformidade tornou-se o lema da *pilsner*, e as marcas que surgiram no final do século XIX dominam o mercado mundial de cervejas até hoje.

Estilos de "*pilsner*"

As *pilsners* costumam distinguir-se de outros estilos de *lager* por seu caráter lupulado mais proeminente. Existem duas variantes geográficas dentro do estilo: as *Czech pilsners* (como a Pilsner Urquell ou a Žatec) tendem a ser mais escuras, mas têm sabor delicado e aromas florais e herbáceos, enquanto as *German pilsners* (como a Bitburger, a Warsteiner e a Veltins) são mais amargas, terrosas e levam uma variedade de lúpulos nobres europeus, além do amado Saaz tcheco. Ver SAAZ. A Holanda e a Bélgica são famosas por suas marcas de "*international pilsners*" como a Heineken e a Jupiler, que costumam ser mais adocicadas com muito menos caráter de lúpulo.

A *pilsner* estabeleceu os padrões para a *lager* dourada industrial que domina o mercado de cervejas no mundo e, nesse sentido, muitas vezes é mal interpretada. Muitas das cervejas denominadas *pilsners* não apresentam nenhuma das características que realmente definem o estilo, já que tiveram seu tempo de maturação cortado e os ingredientes de sabor diminuídos quase ao ponto da extinção. Consequentemente, o primeiro encontro com uma verdadeira *pilsner* pode ser uma verdadeira revelação para o apreciador que apenas tenha experimentado as pálidas imitações produzidas em massa.

Ver também GERMAN PILSNER, PILSEN, PILSNER URQUELL e REPÚBLICA TCHECA.

Pete Brown

Pilsner Urquell teve início após os proprietários descontentes de tabernas da cidade de Pilsen (Plzeň em tcheco, e agora pertencente à República Tcheca), região da Boêmia, jogarem no ralo mais de 4 mil litros da cerveja local, em 1838, e provocarem uma revolução cervejeira. A cerveja, provavelmente de trigo, mas certamente feita pelo método de alta fermentação, estava azeda e intragável. Os consumidores de cerveja exigiam algo melhor, e tinham ouvido falar do novo método de produção de cerveja na vizinha Munique, onde a chamada cerveja boêmia, feita com o auxílio de máquinas de gelo recém-inventadas, suscitava aprovação. Os empresários locais e donos de tabernas de Pilsen se comprometeram a arrecadar fundos e construir uma nova cervejaria, que se chamaria Bürger Brauerei (Cervejaria dos Cidadãos). Um importante arquiteto, Martin Stelzer, foi contratado para projetar a cervejaria, e ele viajou pela Europa e Grã-Bretanha para estudar as modernas cervejarias que utilizavam as novas tecnologias da Revolução Industrial – cepas de leveduras puras, energia a vapor e refrigeração artificial – para fazer cerveja.

Ele voltou a Pilsen para projetar uma cervejaria no distrito de Bubenc que contava com uma abundante oferta de água mole e subsolo de arenito, onde profundas adegas poderiam ser escavadas para armazenar ou "maturar" (lager) as cervejas. Ele também trouxe da Baviera um cervejeiro chamado Josef Groll, que tinha o conhecimento necessário para fazer o novo estilo de cerveja com fermentação a frio. Ver GROLL, JOSEF. A cervejaria foi construída rapidamente, e sua primeira batelada de cerveja foi revelada na Festa de São Martinho, em 11 de novembro de 1842. A cerveja surpreendeu e encantou o povo de Pilsen. Ela era uma cerveja dourada, a primeira cerveja realmente clara já vista na Europa Central, pois as cervejas *lagers* produzidas na Baviera apresentavam uma profunda coloração castanha-avermelhada, como resultado do malte de cevada seco ou suavemente torrado em fogo de madeira. Uma lenda em Pilsen afirma que, por engano, foi entregue à cervejaria o tipo errado de malte, mas isso parece fantasioso. É mais provável que Martin Stelzer tenha trazido da Inglaterra um forno de malte aquecido indiretamente por fogo de coque, em vez de diretamente por fogo de madeira. Esse tipo de forno era usado para fazer malte claro, a base do novo estilo de cerveja produzida na Inglaterra chamada *pale ale*. Um modelo de forno em exposição no museu da cerveja de Pilsen apoia esta teoria.

Groll também teria sido auxiliado em seu esforço pela alta qualidade da cevada da Morávia, que apresenta baixa concentração de nitratos, os quais podem causar turbidez. A limpidez da cerveja, a água extremamente mole da região de Pilsen e o lúpulo Saaz, floral e picante, da região de Žatec, combinaram-se para fazer dessa cerveja algo especial. Ver SAAZ. A cerveja da Burghers' Brewery foi uma sensação instantânea. E coincidiu com o desenvolvimento do vidro em escala comercial; antes, artigos de vidro eram feitos à mão e, portanto, ficavam restritos aos mais abastados. Agora, olhando para a cerveja em copos claros e transparentes, os consumidores podiam ver, finalmente, o que estavam bebendo. Deleitavam-se com a natureza dourada e efervescente da nova cerveja de Pilsen, tão diferente das cervejas turvas que antes bebiam em suas canecas de cerveja feitas de barro. A transparência da nova cerveja era auxiliada por um lento regime de decocção da mosturação que extraía o máximo de açúcares do malte e decantava as proteínas. A cepa de levedura *lager*, que Groll trouxera da Baviera, trabalhava em baixa temperatura para maturar a cerveja nas frias adegas de arenito sob a nova cervejaria. A nova cerveja – dourada, clara, maltada, lupulada, amarga e doce – atraiu um público maior que aquele alcançado pelas cervejas mais escuras.

A reputação da cerveja de Pilsen propagou-se como um incêndio. Remessas de mercadorias partiam via canais e pela nova malha ferroviária, que ia para todas as partes do Império Austro-Húngaro, do qual as terras tchecas faziam parte. Um "trem da cerveja *pilsner*" saía todos os dias com direção a Viena, e a cerveja se tornou a bebida da moda em Berlim e Paris. Ela chegava a Hamburgo e a outras cidades do norte da Alemanha através do rio Elba. Em 1874, a cerveja *pilsner* chegara aos Estados Unidos e, com a segunda onda de imigrantes da Europa Central, a cerveja *lager* começou a desafiar a hegemonia das cervejas *ale* de estilo inglês introduzidas pelos primeiros colonos.

Foi a conexão austríaca e o papel do alemão como idioma oficial da Boêmia que forneceram o nome à cerveja. *Pilsner* significa "de Pilsen", mas, conforme a fama da cerveja propagou-se, cervejarias em outros países começaram a produzir suas interpretações do estilo e não se vergonhavam de chamá-las de *pilsners* ou *pilseners*. Em 1898, a Burghers' Brewery rotulou sua cerveja Pilsner Urquell, o que significa "fonte original de *pilsner*" (a versão tcheca é Plzensky Prazdroj). A companhia Pilsen, quando lançou o novo rótulo, se referiu ao "absurdo e falta de lógica de usar a palavra *pilsner* para cervejas produzidas fora de Pilsen". Pouco antes da Primeira Guerra Mundial, a empresa tcheca processou judicialmente a cervejaria alemã Bitburger por violação de direitos autorais quando os alemães rotularam uma nova cerveja *golden lager* de Bitburger Pilsner. O resultado não foi uma vitória completa para os tchecos, mas a Bitburger e outras cervejarias alemãs concordaram ou em encurtar o nome para "*pils*", ou em colocar a cidade de origem no rótulo, a fim de evitar a impressão de que suas cervejas eram feitas em Pilsen. Hoje, essa convenção ainda é amplamente seguida na Alemanha. Durante o período comunista que se seguiu à Segunda Guerra Mundial, o nome da cervejaria foi oficialmente alterado para Pilsner Urquell. Mas os métodos originais de produção de cerveja ficaram intactos, e era possível ver, mesmo no final da década de 1980, o notável sistema utilizado para produzir a cerveja desde o século XIX. A entrada da cervejaria é um arco napoleônico construído durante o período do império. No interior, um exaustivo regime de mosturação era, e ainda é, utilizado. O sistema é o de decocção tripla, em duas fileiras de tanques de cobre polido. Um terço da mostura é bombeada de uma tina para outra, a temperatura é aumentada, e a mostura é, em seguida, devolvida à tina de mosturação. O processo é então repetido. Ver DECOCÇÃO. O mosto doce é fervido por cerca de duas horas e meia com lúpulo Žatec (Saaz em alemão). A maioria das cervejarias considera noventa minutos suficientes, mas na Pilsner Urquell os cervejeiros acreditam que a longa fervura nos tanques de cobre auxilia a clareza da cerveja pronta e desenvolve sabores mais profundos. Uma leve caramelização dos açúcares durante a fervura explica o fato de a cerveja pilsner original ser um tom mais escura que muitas versões modernas do estilo.

Até a década de 1990, o mosto lupulado era resfriado e bombeado para pequenos fermentadores abertos, feitos de carvalho bávaro. Após a fermentação primária, a cerveja inacabada era bombeada para as adegas de arenito, onde a cerveja *lager* maturava por setenta dias em grandes tanques de madeira revestidos com breu. O breu selava a madeira e impedia que leveduras selvagens e bactérias infectassem a cerveja em maturação. A cerveja finalizada tinha suavidade e também um notável toque de manteiga caramelizada (diacetil) oriundo da cepa de levedura. Ver DIACETIL.

Uma vez que o livre comércio substituiu o comunismo, o método de fermentação foi alterado com grande rapidez. Desde 1993, 3,6 bilhões de coroas tchecas (200 milhões de dólares americanos) foram injetados na cervejaria. O objetivo foi acelerar a fermentação e produzir mais cerveja. A fermentação e a maturação a frio agora ocorrem em tanques de aço inoxidável cilindrocônicos e duram 35 dias. Alguns consumidores – principalmente fora da República Tcheca – reclamaram, dizendo que a cerveja perdera sua antiga complexidade e tinha agora um amargor mais severo do que a original, um amargor que lembrava as *pils* produzidas no norte da Alemanha. Desde 2005, a cervejaria pertence ao grupo internacional SABMiller,[1] e em 2010 a cerveja parecia ter voltado a algo próximo do aroma e sabor originais.

[1] Em 2017, a Pilsner Urquell foi adquirida pelo grupo japonês Asahi Breweries. [N.E.]

Protz, R. Archives at Pilsner Urquell. In: **The taste of beer**. London: Weidenfeld & Nicolson, 1988.

Roger Protz

pin é um *cask* ou barril com a capacidade de um oitavo do volume de um barril inglês, contendo 4,5 UK gal (20,46 L) ou 5,6 US gal. *Pins* são frequentemente utilizados para acondicionar *barley wines* e outras cervejas muito fortes, assegurando que o conteúdo do recipiente pode ser servido ao longo de um período razoavelmente curto.

Chris J. Marchbanks

pinheiro, abeto e pontas de espruce.
Os brotos verdes nas pontas dos ramos dessas árvores podem ser colhidos na primavera e usados como flavorizante na cerveja. Têm sabor muito menos resinoso que as folhas e os galhos maduros (embora esses possam ser utilizados para obter um efeito mais áspero) e até mesmo um pouco cítrico. Quando fervidos em água, eles podem fornecer ou um simples aroma para o mosto cervejeiro ou, se posteriormente concentrado, uma essência a ser adicionada na fermentação, como citado em receitas de *ales* de espruce e pinheiros do século XVII. Relata-se que em 1769, quando o capitão James Cook desembarcou na Nova Zelândia, havia cerveja a bordo feita com mostura de pontas de espruce, uma bebida com efeito antiescorbútico.

Como muitas cervejas produzidas com ingredientes alternativos ao malte e lúpulo britânicos importados, as cervejas com aroma de plantas verdes eram comuns nos Estados Unidos dos tempos coloniais, muitas vezes em combinação com o melaço como matéria-prima fermentável primária. Ver PRODUÇÃO DE CERVEJA NOS ESTADOS UNIDOS COLONIAL. Benjamin Franklin trouxe uma receita de cerveja de espruce quando voltou para casa depois de sua passagem pelo tribunal francês, após a Guerra da Independência, e outra foi registrada no diário do general Jeffrey Amherst. São muitas as menções ao longo da história, e por uma ampla área geográfica, de cervejas feitas com as pontas de pinheiro, abeto e espruce.

As cervejas de espruce, em particular, aparecem de tempos em tempos nos repertórios dos cervejeiros artesanais americanos. A Anchor Brewing

Company, por exemplo, produz a "Our Special Ale" todos os anos para a temporada de Natal, segundo especificações que variam ligeiramente, às vezes contendo espruce.

Buhner, S. H. **Sacred and herbal healing beers:** the secrets of ancient fermentations. Boulder: Siris Books/Brewers Publications, 1998.

Mosher, R. **Radical brewing:** recipes, tales & world-altering meditations in a glass. Boulder: Brewers Publications, 2004.

Dick Cantwell

Pinkus Müller é uma pequena cervejaria na cidade de Münster, Vestfália, no noroeste da Alemanha. A cervejaria é famosa tanto por sua *altbier* azeda como por seu bar, que é considerado uma das principais atrações turísticas de Münster. A cervejaria afirma ser a mais antiga produtora de cerveja orgânica da Alemanha. Ela se juntou à Bioland, uma organização de agricultores de alimentos orgânicos e saudáveis, na década de 1970, e se tornou totalmente orgânica no final da década de 1980. A cervejaria em si é muito mais antiga. Foi fundada por Johannes Müller juntamente com uma padaria no mesmo local, em 1816. O nome Pinkus é mencionado pela primeira vez em conexão com o bisneto de Johannes, Carl Müller (1899-1979), que supostamente ganhou esse apelido quando era estudante, quando ele e alguns amigos apagaram uma lamparina a gás urinando sobre ela. "Pinculus" em latim vulgar significa "pequeno mijão". Mais tarde, o empreendedor Carl germanizou e reduziu "Pinculus" para Pinkus e transformou o pequeno conto da lamparina em uma lenda da marca. Ao longo dos anos, as cervejas Pinkus tendiam a ser de alta fermentação e um pouco azedas – um antigo estilo de cerveja que até a Segunda Guerra Mundial era conhecida como "*Münstersch Alt*". Essa cerveja diferia da mais conhecida *Düsseldorf altbier*, feita por cervejarias como a Uerige, que são mais escuras e tem um pouco mais de amargor. Ver ALTBIER e UERIGE, CERVEJARIA. A cerveja da Pinkus Müller é notavelmente nostálgica, uma mistura de uma jovem *pale amber altbier* de médio amargor e uma pequena porção de cerveja envelhecida, que é deliberadamente infectada com bactérias lácticas, para dar ao produto acabado a sua distinta acidez. Embora a *altbier* da Pinkus Müller tenha perdido algumas dessas características nos últimos anos, suas excentricidades têm sido bem preservadas na versão não filtrada chamada "Spezial".

Conrad Seidl

Um **pint** tem sido a quantidade de chope usualmente servido nos *pubs* britânicos desde o início do século XX. Nos séculos anteriores, antes do *pint* ser consolidado, o "*pot*" ou *quart* – equivalente a 2 *pints* – era a norma. Atualmente, na Grã-Bretanha, a expressão "tomar um *pint*" tornou-se equivalente a "tomar uma cerveja".

Um *pint* é um oitavo do volume de um galão, e um galão era originalmente o volume de 8 lb de trigo (3,6 kg). No século XVIII, um número de diferentes unidades de "galão" foi reconhecido na Grã-Bretanha, incluindo o "galão de vinho" (*wine gallon*), definido pelo Parlamento em 1707 como equivalente a 231 pol^3 (3,79 L) e o galão de cerveja ou *ale* como igual a 282 pol^3 (4,62 L).

Os Estados Unidos adotaram a medida de galão de vinho de 231 pol^3 (3,79 L) como a sua medida padrão de galão, o que fez com que o *pint* americano (*US pint*) fosse de 28,875 pol^3 ou 473,176 mL (0,473 L). No Reino Unido, o Imperial Weights and Measures Act, de 1824, aboliu todas as demais medidas de galão e introduziu a medida de galão imperial, igual ao volume de 10 libras de água destilada a uma temperatura precisa, ou 277,419 pol^3 (4,554 L). O *pint* imperial, um oitavo disso, é então igual a 34,677 pol^3 ou 568,261 mL (0,568 L).

Tanto os *pints* norte-americanos como os imperiais são divididos em "onças fluidas" (*fluid ounces*), cada uma destinada a ser igual, ou aproximadamente igual, ao volume de 1 onça de água a uma temperatura e pressão específicas. O *pint* imperial contém 20 onças fluidas imperiais, cada uma igual a 28,413 mL. O *pint* norte-americano, por outro lado, contém 16 onças fluidas norte-americanas, cada uma igual a 29,574 mL. Isso faz com que a unidade de onça fluida norte-americana seja 4% maior que a imperial. O *pint* imperial é aproximadamente 20% superior em volume ao *pint* norte-americano.

Martyn Cornell

Pioneer é uma variedade inglesa recente desenvolvida pelo dr. Peter Darby, no Wye College, em

Kent, no ano de 1984 e lançado para cultivo comercial em 1996. Os progenitores do Pioneer são uma fêmea retrocruzada da família do Wye Target, uma linhagem com alto teor de alfa-ácidos, e uma linhagem macha anã parente do lúpulo Wye First Gold. Ver FIRST GOLD, TARGET e WYE COLLEGE. O Pioneer apresenta de 8% a 10% de alfa-ácidos, sabor moderadamente cítrico e aroma tipicamente inglês. Ele é uma variedade de dupla aptidão, adequada tanto para amargor como para aroma. É também excelente para *dry hopping*. Inicialmente desenvolvido para alcançar altos níveis de produtividade, o Pioneer ganhou em 2007 a Competição de Lúpulos do Institute of Brewing and Distilling inglês – surpreendentemente, pelo mérito de seu aroma. Infelizmente, este é um lúpulo teimoso de ser cultivado e às vezes simplesmente morre depois de plantado, seja por alguma doença, seja pelo pH errado do solo. Esta é uma provável razão para a popularidade limitada e a baixa disponibilidade no mercado desfrutadas hoje pelo Pioneer.

Brian Yaeger

Pipkin é uma cevada de inverno de duas fileiras com excelentes qualidades de malteação. É resultado de um cruzamento Sergeant × Maris Otter do programa de melhoramento da Welsh Plant Breeding Station, em Aberystwyth, Reino Unido (Habgood et al., 1982). A Pipkin pode de fato ser geneticamente mais próxima de sua avó Pioneer – variedade de inverno progenitora da Maris Otter (Rostoks et al., 2006). É também um dos primeiros cultivares do Reino Unido desenvolvidos a partir da tecnologia de duplo-haploide. Em 1986 a Pipkin foi adicionada à lista de recomendação do National Institute of Agricultural Botany (NIAB) (Jones et al., 1986) e em 1988 recebeu o Thompson Perpetual Challenge Trophy, do Institute of Brewing para melhoramento como "a mais bem-sucedida e estabelecida nova variedade". A Pipkin produz 25% mais que Maris Otter e possui menor teor de nitrogênio nos grãos. Também era superior em resistência ao oídio (*Blumeria graminis*), mancha reticular (*Pyrenophora teres*) e escaldadura (*Rhynchosporium secalis*), graves doenças ainda sérias que impedem o cultivo da cevada. O grão da Pipkin é menor que o da contemporânea Halcyon (outro descendente da Maris Otter) e os malteadores, incluindo Ian Hall, da Thomas Fawcett & Sons Ltd, descobriram que ela produzia 2% a 3% menos extrato. Em 1999, a Pipkin tornou-se ultrapassada por cultivares mais recentes e já não era mais recomendada pelo NIAB. Atualmente, o único lugar onde se pode encontrar um *pint* de cerveja produzida com malte Pipkin é na Penlon Cottage Brewery, no País de Gales, cujos proprietários Penny e Stefan Samociuk defendem ao extremo a produção local, utilizando maltes desenvolvidos e cultivados perto da cervejaria.

BBSRC Small Grains Cereal Collection Database at the John Innes Centre. Disponível em: http://data.jic.bbsrc.ac.uk/cgi-bin/germplasm/cereals.asp/. Acesso em: 15 ago. 2010.

Habgood, R. M. et al. Cereal breeding. In: **Report of the Welsh Plant Breeding Station for 1981**. [S.l.: s.n.], 1982, p. 76.

Jones, J. E. et al. Cereal breeding. In: **Report of the Welsh Plant Breeding Station for 1985**. [S.l.: s.n.], 1986, p. 74.

Rostoks, N. et al. Recent history of artificial outcrossing facilitates whole-genome association mapping in elite inbred crop varieties. **Proceedings of the National Academy of Sciences of the United States of America**, n. 103, p. 18656-18661, 2006.

Eric J. Stockinger

piruvato é a molécula produzida como ponto final da degradação glicolítica de glicose. Trata-se de um composto com três carbonos formado pelas células de levedura durante a fermentação. Quando a célula de levedura cresce sob condições anaeróbicas, o piruvato é convertido em dióxido de carbono e acetaldeído. A partir daí, durante as fermentações cervejeiras normais, o acetaldeído será convertido em etanol.

Lewis, M. J.; Young, T. W. **Brewing**. 2. ed. New York: Kluwer Academic/Plenum Publishers, 2001.

Russell, I.; Stewart, G. G. **An introduction to brewing science & technology, series III, Brewer's yeast**. London: The Institute of Brewing, 1998.

Steven J. Pittman

poder diastático é a atividade total das enzimas do malte que hidrolisam o amido em açúcares fermentáveis. As enzimas de degradação do amido que contribuem para esse processo são alfa-amilase, beta-amilase, dextrinase limite e alfa-glucosidase. A força motriz do poder diastático parece ser a beta-amilase: é com ela que o poder diastático melhor se correlaciona, além de ser ela a mais ativa das enzimas degradadoras de amido presentes no malte. Depois do extrato de malte, o poder diastático é geralmente considerado o segundo parâmetro de qualidade mais importante do malte. Para a conversão completa do amido em açúcares, os elevados níveis de poder diastático do malte de cevada são especialmente importantes quando se adicionam quantidades significativas de adjuntos não malteados à tina de mosturação durante a brassagem. Ver ADJUNTOS. A mosturação converte o amido do malte em açúcares fermentáveis; no entanto, à medida que a temperatura da mosturação aumenta, a beta-amilase e outras enzimas que hidrolisam o amido são inativadas e o poder diastático desaparece. Há um dilema neste fenômeno: com o aumento da temperatura, o amido se gelatiniza, tornando-se um melhor substrato para as enzimas que hidrolisam o amido. O termo "poder diastático" teve suas origens com a descoberta da diastase no malte de cevada em 1833 por dois químicos franceses, Anselme Payen e Jean-François Persoz. Eles precipitaram a diastase a partir de uma mistura aquosa de cevada moída e descobriram que pequenas quantidades dela poderiam liquefazer o amido para formar açúcares, e que a diastase era instável em altas temperaturas. Este foi um dos primeiros relatos das propriedades de uma enzima. O sufixo "ase", normalmente utilizado na denominação de enzimas, foi derivado do nome diastase. Metodologias para a medição do poder diastático do malte foram desenvolvidas no final do século XIX e início do século XX.

Bamforth, C. W. Barley and malting. In: **Scientific principles of malting and brewing**. St. Paul: American Society of Brewing Chemists, 2006. p. 21-44.

Briggs, D. E. The biochemistry of malting. In: **Malts and malting**. London: Blackie Academic & Professional, 1998. p. 133-228.

Buchholz, K.; Kasche, V.; Bornscheuer, U. T. Introduction to enzyme technology. In: **Biocatalysts and enzyme technology**. Weinheim: Wiley-VCH, 2005. p. 1-25.

Stanley H. Duke e Cynthia A. Henson

polifenóis são moléculas que contêm um ou mais anéis aromáticos e dois ou mais grupos hidroxila (OH) anexados a esses anéis. Os polifenóis presentes na cerveja incluem polifenóis simples (dois ou mais grupos hidroxi em um único anel aromático) ou várias estruturas com anel tais como as proantocianidinas, as quais, por sua vez, podem incluir catequina, epicatequina e galocatequina, assim como vários polímeros formados a partir delas. Os polifenóis são obtidos diretamente do malte e do lúpulo e estão muitas vezes envolvidos na formação de turbidez na cerveja pronta. Ver TURBIDEZ, TURBIDEZ A FRIO e TURBIDEZ COLOIDAL. Eles não têm aroma, e seu principal impacto gustativo é uma percepção de adstringência. A adstringência não é tecnicamente uma sensação de sabor, ou seja, ela não é percebida pelas papilas gustativas. Em vez disso, é uma sensação quimioestésica, que é essencialmente táctil, porque ela é percebida pelo nervo trigêmeo. Quimicamente, essa adstringência é o resultado de polifenóis que se combinam com proteínas ricas em prolina na nossa saliva para formar complexos insolúveis. Geralmente, as proteínas na boca executam uma função lubrificante sobre as superfícies da boca. Quando os polifenóis impedem a lubrificação do paladar, a boca sente-se áspera e é percebida uma sensação de franzimento. Enquanto a adstringência a partir de taninos pode ser considerada um aspecto positivo de alguns vinhos, a adstringência por polifenóis na cerveja tende a chocar-se com o amargor do lúpulo, sendo raramente apreciada.

Asano, K.; Shinagawa, K.; Hashimoto, N. Characterization of haze-forming proteins of beer and their roles in chill haze formation. **Journal of the American Society of Brewing Chemists**, n. 40, p. 147-154, 1982.

McManus, J. P. et al. Polyphenol interactions. Part 1. Introduction; Some observations on the reversible complexation of polyphenols with proteins and polysaccharides. **Journal of the Chemical Society Perkin Transactions II**, p. 1429-1438, 1985.

McMurrough, I.; Kelly, R.; Byrne, J. Effect of the removal of sensitive proteins and proanthocyanidins on the colloidal stability of lager beer. **Journal of the American Society of Brewing Chemists**, n. 50, p. 67-76, 1992.

Siebert, K. J. Haze in beverages. In: Taylor, S. L. (Ed.). **Advances in food and nutrition research, v. 57**. London: Elsevier Inc, 2009, p. 53-86.

Siebert, K. J.; Lynn, P. Y. On the mechanisms of adsorbent interactions with haze-active protein and polyphenol. **Journal of the American Society of Brewing Chemists**, n. 66, p. 46-54, 2008.

Karl Siebert

polivinilpolipirrolidona

Ver PVPP.

A **Polônia** é uma nação de quase 39 milhões de pessoas com uma tradição cervejeira muito rica, porém conservadora. Em 1321 Konrad, duque de Olesnica, concedeu à cidade de Namyslow, no sudoeste da Polônia, o privilégio de produzir cerveja, sendo fundadas, então, a maltaria e a cervejaria ducais. Hoje, cerca de setecentos anos depois, a Browar Namysłów, a cervejaria mais antiga da Polônia, continua a produzir a sua marca Zamkowe em um castelo gótico.

A terceira República da Polônia existiu por menos de um século e passou por uma revolução na indústria cervejeira enquanto tentava sobreviver à ocupação nazista e ao regime comunista. Os nazistas confiscaram as cervejarias polonesas para produzir uma *lager* de baixa densidade para seus soldados na linha de frente russa. Sob o regime comunista, os cervejeiros foram proibidos de vender sua cerveja fora de sua região (com exceção das cervejarias Żywiec e Okocim no sul da Polônia, que foram autorizadas a exportar cerveja). A Polônia agora possui algumas das cervejarias mais modernas e atualizadas do mundo.

A década de 1990 foi uma época de grandes mudanças na paisagem cervejeira polonesa. As cervejarias globais entraram no mercado polonês apresentando, na televisão e em *outdoors*, as primeiras propagandas dessa bebida no país. Um conglomerado australiano chamado Brewpole trouxe o conceito de "Miller Time" para a Polônia, chamando-o de "EB Time". No início do século XXI, as grandes cervejarias praticamente já tinham engolido as principais cervejarias regionais da Polônia, consolidando com sucesso o mercado. O que antes era uma *pale lager* encorpada e bem lupulada tornou-se uma *pale lager* homogênea, cheia de adjuntos e sem caráter, em linha com a *international pilsner* comum. Ver ADJUNTOS. Atualmente, 95% do mercado é controlado por quatro grandes cervejarias: SAB Miller, Heineken, Carlsberg e Royal Unibrew. Os consumidores de cerveja trocaram seus cervejeiros locais pelas marcas globais, as quais introduziram táticas de propaganda do mundo ocidental.

Para aqueles que procuram cervejas polonesas com mais sabor, há alguma esperança. Os estilos mais marcantes de cerveja que sobreviveram à turbulência do mercado são as cervejas *Baltic porter* e *kozlak*. Alguns cervejeiros locais independentes começaram a produzir uma versão não pasteurizada de suas *pale lagers*. A primeira destas a ganhar proeminência veio da Cervejaria Amber, perto de Gdansk.

Atualmente, *Baltic porter* é o estilo de cerveja mais interessante produzido na Polônia. Seu teor de extrato original varia de 18 a 22 °Plato, teor alcoólico de 7,5% a 9% ABV e amargor de 25 a 40 IBU. Possui um aroma semelhante a *toffee*, caramelo, xerez e alcaçuz. Sua coloração varia de cobre a vermelho-escuro e o sabor remete a caramelo, chocolate amargo e cerejas azedas. A cerveja *Baltic porter* pode ser uma bebida muito complexa. Assim como a maioria das cervejas polonesas, há predominância de um dulçor maltado, havendo pouca presença de lúpulo no paladar. Sua fermentação é realizada com levedura *lager*, enquanto as *porters* tradicionais são fermentadas com levedura *ale*. Ver BALTIC PORTER.

Os pequenos cervejeiros artesanais já perceberam a oportunidade de criar um nicho, produzindo os estilos acima mencionados e evitando batalhas inúteis sobre a questão de quem consegue produzir a *golden lager* mais barata.

A produção caseira de cerveja tem se popularizado na Polônia. A comunidade de cervejeiros caseiros agora possui acesso a ingredientes de todo o mundo e está começando a produzir estilos de muitos países diferentes. O consumidor moderno polonês de cerveja está aberto a experimentar cervejas do Reino Unido, Bélgica, Estados Unidos e outros países. Assim, é uma questão de tempo até que mais cervejeiros poloneses comecem a produzir cervejas inspirados nos movimentos de produção artesanal de cerveja de todo o mundo.

Após 2004, um grande crescimento no segmento de *brewpubs* tem sido observado. Atualmente existem cerca de vinte *brewpubs* na Polônia, e esse número continua a aumentar. O Spiz, primeiro *brewpub* da Polônia, foi inaugurado em Breslávia em 1992. Desde então, o Spiz inaugurou estabelecimentos em outros dois locais, Milkow e Katowice. Outra rede de *brewpubs* é a Bierhalle, com estabelecimentos em Varsóvia, Lodz, Katowice e um restaurante na Breslávia. O Bierhalle disponibiliza cervejas inspiradas na Lei da Pureza da Cerveja mosturadas em tinas de vidro e cobre da empresa Joh. Albrecht. Ver LEI DA PUREZA DA CERVEJA.

Os *brewpubs* poloneses tendem a produzir cinco estilos de cerveja: *pale lager, dark lager, honey lager*, cerveja de trigo e *kozlak*, uma *bock* de estilo polonês. Alguns *brewpubs* produzem estritamente cervejas dos estilos alemães, como *pils, märzen, dunkles, weizen, alt* e *bock*.

Um estilo sobre o qual muito se escreve é uma *ale* de trigo defumado da antiga cervejaria Grodzisk. Esse estilo havia desaparecido, porém, um empresário polonês comprou o terreno onde a antiga cervejaria estava localizada, planejando ressuscitar tanto a cervejaria como a cerveja Grodzisk. A comunidade cervejeira de todo o mundo aguarda ansiosamente esse renascimento. A cerveja Grodzisk era caracterizada por sua efervescência, sabor defumado e um final seco, podendo ser intitulada "O champanhe das cervejas" da Polônia. A cerveja possuía teor alcoólico relativamente baixo, variando de 2% a 5% ABV. Embora essa cerveja não seja mais produzida comercialmente, os cervejeiros caseiros poloneses organizam uma competição anual que promove a produção desse estilo em Grodzisk, sua cidade natal. Michael Jackson, um famoso escritor do mundo cervejeiro, um dia classificou a cerveja Grodiszk como uma "cerveja de classe mundial".

Ryan Gostomski

Poor Richard's Ale

Ver FRANKLIN, BENJAMIN.

porridge beers são cervejas artesanais "indígenas" não filtradas durante a produção do mosto, e por isso apresentam uma consistência espessa. Muitas dessas cervejas são de origem africana, e provavelmente a mais conhecida seja a bebida sudanesa/núbia de nome *bouza*, conhecida desde o tempo dos faraós. Em tempos passados, a bebida teria sido feita com cevada ou trigo Emmer, mas atualmente outros grãos, como o milho, são frequentemente utilizados. De acordo com Edward Lane no século XIX,

> *boozeh* ou *boozah*, um licor embriagante feito de pão de cevada esfarelado, misturado com água, filtrado e deixado fermentar, é comumente bebido por barqueiros do rio Nilo e por pessoas de baixa classe social.

Alfred Lucas examinou dezesseis amostras de *bouza* de diferentes comerciantes do Cairo nos anos de 1920 e relatou que todas as amostras eram parecidas e possuíam a textura de um mingau fino. As amostras coletadas continham muitas leveduras e se encontravam ainda em processo de fermentação ativa, além de todas terem sido feitas com trigo grosseiramente moído. O teor alcoólico variava entre 6,2% e 8,1% de álcool por volume (ABV), sendo que a média geral era de 7,1%. O processo de produção da *bouza* a partir de pães é bem documentado, a começar pelo relato romano tardio de Zósimo de Panópolis.

Devido à falta de filtração após a fermentação, essas bebidas são altamente nutritivas, já que quase todos os nutrientes da matéria-prima se encontram no produto final. Nesse contexto, existem especulações de que a *wusa*, uma antiga cerveja dos israelitas, pode ter sido o "maná caído do céu" original.

Com base na consistência, muitas cervejas africanas de sorgo e de milheto se qualificariam nessa categoria, como é o caso das cervejas *merissa, pito* e *pombe*. Alguns tipos na verdade se parecem com mingaus e outros são meramente muito turvos. As cervejas desse grupo são sujeitas frequentemente a algum grau de fermentação espontânea, e algumas tem sabor mais azedo. Até o momento, a produção desse tipo de cerveja ainda é caseira em algumas partes do continente africano e há séculos é considerada uma importante parte das tradições locais. Nas Américas Central e do Sul, a tradicional chicha produzida a partir do milho se enquadra perfeitamente na categoria *porridge beer*.

Ver também CHICHA.

Lane, E. W. **An account of the manners and customs of modern Egyptians**. 5. ed. London: Murray, J. 1960.

Lucas, A. **Ancient Egyptian materials and industries**. 4. ed. Revision by Harris, J. R. London: Edward Arnold, 1962.

Steinkraus, K. H. (Ed.). **Handbook of indigenous fermented foods**. 2. ed. New York: Marcel Dekker Inc., 1995.

Tamang, J. P.; Kailassapathy, K. (Ed.). **Fermented foods and beverages of the world**. Boca Raton: CRC Press, 2010.

Ian Hornsey

porter, um tipo de cerveja escura que surgiu no século XVIII, ergueu as maiores cervejarias de

Londres, matou a sede dos colonos revolucionários da América e passou a viajar o mundo, passando por inúmeras transformações para atender às necessidades de diferentes lugares e momentos. Até hoje a *porter* é um estilo de cerveja bem estabelecido entre apreciadores de cerveja em todo o mundo, mesmo sendo difícil saber qual era seu verdadeiro sabor em seu apogeu. Atualmente, as melhores versões da *porter* são bem equilibradas e aromáticas, com notas marcantes de chocolate, certos toques a café, caramelo, nozes e até defumado, combinados com um final seco e levemente ácido. Suas origens, no entanto, são quase tão opacas quanto a própria cerveja. A história mais comum e fantasiosa – para a qual muitos especialistas concordam que existem poucas evidências concretas – refere-se à "invenção" do estilo *porter* por Ralph Harwood, proprietário da Bell Brewhouse, em Shoreditch, no leste de Londres, Inglaterra, em 1722. Ver HARWOOD, RALPH. Supostamente, a cerveja de Harwood foi criada para a conveniência do taberneiro do *pub* Blue Last, um estabelecimento de classe trabalhadora na Great Eastern Street, em Shoreditch. O Blue Last era então frequentado principalmente por "*porters*" – carregadores braçais contratados para o transporte de mercadorias, pescados e produtos secos desde os armazéns comerciais até os mercados públicos da cidade. Naquela época, a cerveja era servida nos *pubs* invariavelmente na forma de chope refermentado em barril e, em geral, era uma mistura de diversos grandes barris, ou "*butts*". Quando o *barman* servia a bebida de um barril, o fluxo de cerveja era chamado de "*thread*" (corte); uma caneca misturada podia ser composta por vários *threads*. Uma das misturas mais populares era conhecida como "*three-threads*". Ver CONDICIONAMENTO EM CASK e THREE-THREADS. Havia várias razões para realizar a mistura de cervejas diversas diretamente nas canecas dos clientes ou em jarras no próprio estabelecimento. Devido à variação de qualidade dos grãos e maltes – um problema que só começaria a ser resolvido a partir do início do século XIX –, o sabor das cervejas nem sempre era previsível. Assim, a mistura de uma única cerveja a partir de diferentes barris em um único recipiente dava mais flexibilidade ao proprietário para agradar ao paladar de seus clientes. Essas misturas também possibilitavam que o taberneiro trapaceasse, vendendo em vez de descartar cervejas com sabores um pouco "estranhos" ou avinagradas, diluindo-as com outras em boas condições.

Supostamente, Harwood decidiu fazer as misturas para os taberneiros diretamente na cervejaria, evitando que se perdesse tempo misturando diversos tipos de cerveja em cada caneca. Ele teria inventado uma mostura – provavelmente com predominância de malte marrom – representativa da mistura dos taberneiros, denominando-a "*entire butt*". Seria a junção dos sabores de distintas cervejas em um único corte, uma "*entire*" *ale* pré-fabricada que poupava trabalho e que poderia ser servida sozinha. Como essa cerveja rapidamente se tornou a favorita dos carregadores, que trabalhavam muito e bebiam muito, acabou ficando conhecida pelo nome que designava a ocupação de seus principais consumidores – e, assim, o nome "*porter*" vinculou-se à cerveja.

Eis o alegre conto do nascimento da *porter*, e é uma pena que ele provavelmente seja inverídico. A cerveja com três cortes (*three-threads*) de fato existia, mas parece que a *porter* era algo diferente. Também é verdade que na maioria das vezes a *porter* era uma mistura, e é nesse ponto que várias histórias podem ter se cruzado e se fundido. É quase certo que a *porter* tenha surgido como uma variante de uma cerveja amplamente denominada apenas como "*brown beer*", para a qual existem inúmeras receitas do começo do século XVIII. A *porter* parece haver começado seu reinado como uma versão maturada, ou "envelhecida" das *brown beers*, e esse caráter envelhecido passou a ser valorizado durante o século XVIII. Em 1773, no livro *The Complete English Brewer*, George Watkins escreveu a respeito das grandes cervejarias especializadas em *porter*: "Desse modo, na produção de *porter*, eles chegam a fazer três ou quatro mosturas; enriquecendo-as com um pouco de malte fresco ou processando-as mais demoradamente, ou seja, obtendo mais cerveja de um mesmo malte, segundo julgarem conveniente. Misturam-se esses distintos mostos para fazer que o todo tenha a força que a experiência mostra a eles que uma *porter* deve ter; e assim a processam e embarrilam. Do mesmo modo, se um barril de *porter* estiver muito suave, adicionam a ele uma pequena quantidade de outra cerveja mais forte e velha demais; previamente dissolvendo nela um pouco de *isinglass* (ictiocola). Isso induz uma nova embora leve fermentação; e em dezoito ou vinte dias a bebida se estabiliza e exibe o sabor desejado".

Portanto, de fato existem menções da *porter* como uma mistura feita na própria cervejaria; trata-se de uma prática que também não era incomum em outras culturas cervejeiras da época. Ver BLENDING HOUSES.

As colônias americanas importavam *porter* de Londres, mas conforme as relações iam ficando estremecidas entre a Inglaterra e suas colônias ao final dos anos 1760 as cervejarias americanas aproveitaram a brecha. A *porter* favorita de George Washington era produzida por Robert Hare na Filadélfia; ainda temos as cartas de Washington exaltando suas virtudes e pedindo remessas extras após um incêndio na cervejaria no ano de 1790. A *porter* era um dos estilos preferidos dos Estados Unidos pós-independência e foi amplamente produzida até as *lagers* a desbancarem a meados do século XIX.

Em Londres, ao final do século XVIII, a *porter* havia se tornado um negócio bastante rentável. A produção de *porter* alcançou seu auge nessa cidade na década de 1820, quando então é possível dizer que ela se tornara a primeira cerveja comercial produzida em larga escala. A *porter* escura londrina tornou-se uma cerveja popular também na Irlanda, onde era conhecida como "*plain porter*" e continuou a ser produzida com esse mesmo nome pela Guinness até 1974. Até hoje pode-se ouvir ocasionalmente algum senhor irlandês pedir uma "*pint of plain*". Ver ARTHUR GUINNESS & SONS. À medida que crescia a demanda por *porter*, não apenas entre as classes trabalhadoras, mas também entre os mais ricos, também crescia o tamanho das cervejarias dedicadas à sua produção. Algumas passaram a se especializar unicamente nesse estilo de cerveja e vieram a se tornar empresas muito prósperas. Na primeira metade do século XIX, a Truman, Hanbury & Buxton Brewery, por exemplo, se tornou a segunda maior cervejaria da Grã-Bretanha apenas com a produção de sua *porter*, da qual, segundo um registro, se produziram aproximadamente 305 mil hectolitros em 1845. Ver TRUMAN, HANBURY BUXTON & CO. Como a Revolução Industrial produzia uma maravilha mecânica após a outra, as cervejarias de *porter* londrinas as puseram em uso com surpreendente velocidade e engenhosidade. Os motores a vapor já funcionavam nessas cervejarias de Londres poucos meses após terem sido patenteados.

Devido ao fato de que as melhores *porters* geralmente eram maturadas em tanques por meses ou até um ano, alguns desses recipientes para maturação tornaram-se realmente enormes. Alguns eram tão grandes que as cervejarias podiam servir jantares promocionais ocasionais a seus clientes dentro deles quando estavam vazios. O maior fermentador de madeira do mundo dessa época foi confeccionado pela Meux Brewery, em Londres, cujo maior tanque de madeira para *porter* podia armazenar cerca de 32.500 hectolitros. Ver MEUX REID & CO. Certo dia, em outubro de 1814, no entanto, um dos tanques gigantes da Meux se rompeu repentinamente, fazendo que verdadeiros rios de *porter* corressem pelas ruas adjacentes à cervejaria, danificando casas e levando várias pessoas a se afogarem em cerveja. O saldo da destruição contabilizou oito pessoas mortas por afogamento, lesões ou mesmo intoxicação alcoólica de alguns que acabaram ingerindo quantidades excessivas da inusitada cerveja que corria livremente pelas sarjetas. Atualmente existe na Chiswell Street, em Londres, um local para eventos chamado "The Brewery", e ainda é possível realizar grandes encontros no espaço que um dia foi ocupado pelos enormes tonéis de *porter* da Whitbread Brewery. O Whitbread Porter Tun Room é um dos maiores espaços internos livres de Londres.

Apesar da grande popularidade da *porter* em seus dias de glória, não temos mais que uma vaga ideia de qual deveria ser seu verdadeiro sabor. O melhor que podemos fazer é esboçar algumas especulações mais sensatas. Sem dúvida, a *porter* original apresentava matizes intensos que variavam do marrom ao mogno, elaborada com o malte marrom padrão da época com algumas notas defumadas oriundas da secagem dos grãos com queima de madeira, palha, carvão ou coque. O malte marrom secado sobre palha era considerado o melhor porque apresentava relativamente pouco sabor defumado. Deliberada ou inadvertidamente, alguma porção do conjunto de grãos também exibiam um aspecto de pipoca – eram denominados "*blown malts*" ou "*snap malts*". Ver SNAP MALT. Os maltes marrons, ocasionalmente, eram simplesmente torrados, às vezes até ficarem bem escuros ou mesmo queimados. Frequentemente ficavam apenas com uma parte do amido natural remanescente para posterior conversão em açúcares. Além disso, dependendo das leis estabelecidas em dado momento, os corantes foram amplamente utilizados na produção de *porter*, sendo o mais comum uma espécie de xarope de açúcar queimado. O alcaçuz também era um aditivo e corante bastante popular. As *porters* parecem ter sido intensamente lupuladas, muito embora o amargor devesse ser atenuado ao longo dos meses de envelhecimento.

No entanto, seguramente havia algum contexto microbiológico por trás dessa história. Considerando o longo período de envelhecimento da *porter* em enormes tonéis de madeira, é impossível não especular que esses recipientes tenham constituído um nicho fértil para o crescimento de leveduras e bactérias nativas, provavelmente incluindo lactobacilos e as leveduras que hoje conhecemos como *Brettanomyces*, ambas desempenhando efeitos notáveis sobre o sabor das cervejas. Ver BRETTANOMYCES, LACTOBACILOS e LEVEDURA SELVAGEM. Se por um lado o lactobacilo é capaz de produzir ácido láctico, a levedura "selvagem" *Brettanomyces* é responsável por incorporar descritores a "estábulo" e "suor de cavalo" que associamos a muitas cervejas belgas do estilo *lambic*, as quais passam por fermentação espontânea. Ver LAMBIC. Tal interpretação fundamenta-se no fato de que a *Brettanomyces* foi identificada pela primeira vez não na Bélgica, mas sim na Inglaterra, durante a fermentação secundária de uma *British stock ale*, por N. Hjelte Claussen, então diretor do laboratório da New Carlsberg Brewery em Copenhague (Dinamarca). Claussen apresentou o termo "*Brettanomyces*", que significa "levedura britânica", em uma reunião especial do Institute of Brewing em abril de 1904, dizendo que seu sabor dava à cerveja um "caráter inglês". Desde então, a cepa britânica de *Brettanomyces* ficou conhecida como *Brettanomyces clausenii*; a cepa belga, mais resistente, como *Brettanomyces bruxellensis*; e a cepa encontrada em muitas *lambics* como *Brettanomyces lambicus*. As peculiares referências a *porters* de caráter "envelhecido" (*stale*) parecem sugerir que ou a *Brettanomyces*, ou as bactérias lácticas, ou ambas, eram parcialmente responsáveis pelo sabor das mais apreciadas *porters* do século XIX.

A evolução na elaboração da *porter* acompanhou o intenso aperfeiçoamento das técnicas de produção de cerveja durante a Revolução Industrial na Inglaterra do século XIX. Quando Daniel Wheeler apresentou o malte preto "patenteado" em 1817, a composição da maioria das *porters* comerciais sofreu uma drástica e repentina mudança. Agora a *porter* poderia ser elaborada basicamente a partir de maltes claros, com a incorporação de malte preto para conferir sabor e cor. Os maltes claros facilmente permitiam a obtenção de mais de 30% de extrato em comparação com os maltes escuros torrados. Durante muito tempo as cervejarias britânicas pagaram impostos sobre a quantidade de malte utilizado, e, portanto, esses novos rendimentos de extração traduziam-se diretamente em maiores lucros para os cervejeiros. A *porter* era frequentemente mosturada pelo processo *parti-gyle* com cervejas mais fortes, o que aumentava ainda mais a o rendimento. Ver PARTI-GYLE. Os avanços tecnológicos deram muito mais possibilidades aos cervejeiros. Algumas *porters* eram elaboradas bem mais encorpadas, tanto para exportação como para consumo doméstico. Essas cervejas especialmente fortes eram conhecidas como "*stout porters*", e, ao que tudo indica, as *porters* mais encorpadas e as *stout porters* foram as precursoras das *stouts* como um estilo à parte. Ao princípio do século XX, as *stouts* já eram vistas como um produto diferente, como Samuel Sadtler mostra no livro *A Hand-book of Industrial Organic Chemistry*: "*Porter* agora significa uma bebida de malte escuro, feita parcialmente a partir de maltes marrom ou preto, cujo caramelo proporciona seu dulçor e aspecto de xarope, apresentando teor alcoólico entre 4% e 5% ABV. A *stout* é uma *Porter* mais forte, com maior concentração de sólidos solúveis e apresentando entre 6% e 7% ABV". Ver STOUTS.

Especificamente para o comércio no Báltico, surgiu uma versão mais encorpada de *porter*, a *Baltic porter*. Esse tipo de *porter* ainda é produzido em muitos países próximos ao mar Báltico, incluindo a Finlândia, a Suécia e a Estônia. O sabor dessas cervejas parece menos torrefato que o das *imperial stouts*, e seu teor alcoólico assemelha-se ao das *barley wines*, de 7% ABV ou mais. Certamente são cervejas mais apropriadas para bebericar do que para consumir aos goles, sendo predominantemente fermentadas a temperaturas mais baixas com leveduras *lagers*. Ver BALTIC PORTER. Versões de *porter* também eram populares nas "Índias Orientais" (a Índia propriamente dita) e nas "Índias Ocidentais" (o Caribe), e as variantes dessas cervejas ainda são conhecidas como "*foreign stouts*". Normalmente são cervejas fortes e com leve sabor picante, uma reminiscência da acidez que um dia foi popular. Antes do desenvolvimento da refrigeração, a acidez evitava que a cerveja apresentasse excessivo caráter adocicado ou maltado, mas não há dúvida de que tal atributo ainda confere à bebida maior *drinkability* em climas mais quentes.

A *porter* também passou por uma distinção de classificação na Inglaterra vitoriana, e algumas versões até galgaram alguns degraus da escala social, tornando-se favoritas das classes mais abastadas. Uma delas foi a *"robust porter"*, considerada uma cerveja para conhecedores, e não para beberrões. Estranhamente, essa *ale* ganhou a preferência dos cavalheiros bem-educados do que dos autênticos carregadores braçais; mas, se considerarmos as origens populares da *porter*, o termo pode soar como uma tautologia a um linguista cuidadoso e como uma peculiaridade a um sociólogo. Possivelmente a característica principal de uma *robust porter* seja seu acentuado dulçor residual em comparação com as *porters* marrons e com as *Irish porters*, que são mais secas. A *robust porter* também apresenta teor alcoólico ligeiramente maior.

Na década de 1870, no entanto, o reinado da *porter* aproximava-se do fim. A prática de envelhecer a cerveja havia praticamente desaparecido, os sabores haviam mudado e as cervejarias começaram a negligenciar a *porter*. Em uma das pontas do espectro de sabores, as *pale ales* eram agora sensação na Inglaterra; na outra, as *stouts* começavam a ganhar o espaço das *porters*. Na década de 1920, muitas *porters* eram apenas sombras do que haviam sido um dia: fracas, sem corpo e não muito apetecíveis; a *porter* passou então a ser considerada uma cerveja para homens velhos. Whitbread, a grande cervejaria da Chiswell Street, produziu sua última batelada de *porter* no dia 9 de setembro de 1940, sob sirenes de ataques aéreos soando pelas ruas de Londres durante a Batalha da Grã-Bretanha, na Segunda Guerra Mundial. Os cervejeiros de Londres continuaram produzindo *porters* durante a década de 1950, mas a essa altura o estilo já havia caído no esquecimento.

A *porter* só veio a se recuperar nas últimas décadas, especialmente na América do Norte, onde um dia teve uma imagem pouco honrosa e hoje é um respeitado, quase supervalorizado, estilo de cerveja artesanal. Pequenas cervejarias britânicas demoraram um pouco mais em reconhecer novamente o estilo, mas a *porter* parece estar recobrando forças por lá também. A maioria das cervejarias artesanais contemporâneas assumem que a *porter* tem mais aromas torrados a chocolate e café do que as *brown ales*, mas não tão abundantes como as *stouts*. A maior parte delas apresenta um teor alcoólico abaixo de 6% ABV, sendo que muitas das versões britânicas são bem mais leves que isso. As *Baltic porters*, que são mais robustas e fermentadas a temperaturas mais baixas com leveduras *lagers*, também ganharam a simpatia dos cervejeiros artesanais americanos. Em algumas *porters* modernas chega-se inclusive a fazer *dry hopping*, geralmente com variedades de lúpulo distintas das inglesas, como as do noroeste pacífico, de modo que essas cervejas podem ser rotuladas como *American porters*, já que evidentemente são "americanizadas". Ver DRY HOPPING, HISTÓRIA DOS LÚPULOS AMERICANOS e LÚPULOS AMERICANOS.

Dado que a *porter* experimentou tantas mudanças ao longo de seus quase três séculos de existência, não é de surpreender que tenha chegado ao século XXI completamente renovada e pronta para outro recomeço, agora como uma cerveja que alicerceia o movimento de produção cervejeira artesanal.

Dornbusch, H. Robust porter: style profile. **Brew Your Own Magazine**, 2006.
Foster, T. **Porter**. Boulder: Brewers Publications, 1992.
Licker, J. L.; Acree, T. E.; Henick-Kling, T. What is "Brett" (*Brettanomyces*) flavor? A preliminary investigation. **American Chemical Society Symposium Series**, n. 714, p. 96-115, 1999.
Pattinson, R. **Porter**. Amsterdam: Kilderkin, 2010.
Sadtler, S. P. **Industrial organic chemistry**. 4. ed. Philadelphia: J. B. Lippincott Company, 1912.

Horst Dornbusch e Garrett Oliver

Porterhouse Brewing Company é uma empresa fundada em Dublin, Irlanda, em 1989, pelos primos Liam La Hart e Oliver Hughes. La Hart, um publicano (pessoa que é proprietária ou administra um *pub*), e Hughes, um advogado, tinham fundado a microcervejaria Harty's, em 1982, onde perseguiram sua declarada missão na produção de cerveja: 100% irlandesa, 0% produtos químicos. Em 1994, juntou-se a eles na Porterhouse o arquiteto Frank Ennis. O plano inicial era simplesmente desenvolver um *brewpub* e a primeira microcervejaria de Dublin, mas o negócio gradualmente expandiu-se, passando a incluir um hotel-butique e vários *pubs* na Irlanda que foram replicados com sucesso em Londres, Inglaterra, e Xangai, China. O *brewpub* localizado em Dublin fica no bairro de Temple Bar, local da moda e da vida noturna. A produção de cerveja e o modelo de negócios da Porterhouse Brewing floresceram entre 1996 e 2008, período em que a Irlanda passou por um rápido crescimento econômico através de iniciativas do governo como incentivos fiscais e aumento do investimento estrangeiro, transformando a Irlanda de um dos países mais pobres da Europa para um dos mais ricos. Durante o mesmo período, a nação também experimentou uma significativa e duradoura explosão das cervejas artesanais. Agora, o crescimento da economia diminuiu, mas as cervejas da Porterhouse continuam a ser reverenciadas.

Todas as cervejas Porterhouse são produzidas em Dublin com lúpulos dos Estados Unidos, Nova Zelândia, Alemanha, Inglaterra e República Tcheca. Adquiridos localmente, a cevada irlandesa e uma cepa de levedura originária de Yorkshire contribuem para sabores, aromas e texturas concentrados, particularmente em sua *Irish stout* plena de caráter, a Wrasslers.

A Porterhouse Brewery utiliza tinas aquecidas por fogo direto, que, segundo Hughes, são "caras, mas essenciais se você quer os melhores resultados", e produz estilos irlandeses clássicos como *plain*, *porter* e *red ale* a partir de receitas tradicionais. Ver AQUECIMENTO POR FOGO DIRETO. Por exemplo, ostras Carlingford frescas são adicionadas à Porterhouse Oyster Stout, oferecendo um balanço salgado indefinível, mas complementar, às notas de café decorrentes do uso da cevada torrada. A Porterhouse também investiu em uma destilaria de uísque irlandês em Dingle, no condado de Derry.

Ver também IRLANDA.

Alastair Gilmour

potencial de amargor é uma estimativa de quanto amargor uma amostra de lúpulo pode prover à cerveja. O potencial está diretamente ligado ao teor de alfa-ácidos do lúpulo. Produtores de lúpulo e cervejeiros classificam vagamente os lúpulos com base na variação do seu conteúdo de alfa-ácidos. Por exemplo, lúpulos aromáticos possuem de 3% a 9% de seu peso em alfa-ácidos; lúpulos de amargor, de 5% a 13%; e lúpulos superalfa, de 11% a 18%. O potencial de amargor também é alterado por fatores que afetam tanto a dissolução dos ácidos do lúpulo durante a fervura do mosto quanto o tempo e a temperatura de fervura. A forma em que o lúpulo é comercializado afeta a dissolução dos ácidos no mosto, sendo que os extratos líquidos são os mais eficientes, seguidos pelos péletes e, por último, os cones. Lúpulos adicionados no começo de uma longa fervura apresentam um maior potencial de promover amargor, enquanto lúpulos adicionados ao final da fervura ou na cerveja finalizada apresentam um potencial de amargor muito menor. O amargor na cerveja e no mosto é medido com instrumentos que utilizam dois métodos diferentes. A extração líquida, utilizando 2,2,4–trimetilpentano (também conhecido como iso-octano), e a subsequente análise em um espectrofotômetro tem os resultados expressos em Unidades Internacionais de Amargor (IBU). Entretanto, há outros compostos além dos iso-alfa-ácidos, como os polifenóis e ácidos residuais, que também são extraídos pelo iso-octano, produzindo um valor de IBU tipicamente mais elevado do que o real teor de iso-alfa-ácidos. Os ácidos do lúpulo também podem ser medidos individualmente via cromatografia líquida de alta performance (HPLC). Os cervejeiros utilizam uma medida chamada "taxa de aproveitamento" para medir a eficácia de conversão dos alfa-ácidos insolúveis do lúpulo em iso-alfa-ácidos solúveis. Essa taxa é calculada pela razão entre a quantidade de iso-alfa-ácidos na cerveja finalizada e a quantidade de alfa-ácidos adicionados durante a brassagem.

Ver também ISO-ALFA-ÁCIDOS, TAXA DE APROVEITAMENTO DO LÚPULO e UNIDADES INTERNACIONAIS DE AMARGOR (IBU).

Thomas Shellhammer

Premiant é uma variedade recente de lúpulo lançada na República Tcheca em 1996. Ela foi assim batizada por sua qualidade, que seu melhorista acreditava ser "*premium*". Até o lançamento do Premiant, provavelmente o Saaz era o único cultivar da República Tcheca conhecido internacionalmente. Ver SAAZ e ŽATEC, REGIÃO. Visando à produção de um lúpulo de dupla aptidão, o Instituto de Pesquisa do Lúpulo tcheco, da cidade de Žatec, cruzou um cultivar macho americano de amargor com uma variedade tcheca de aroma. O aroma da planta resultante, com Sládek e Northern Brewer em sua genealogia, é condimentado, mas com perfil aromático menos intenso que outras variedades tchecas. Ver NORTHERN BREWER e SLÁDEK. Isso, porém, faz do Premiant um lúpulo popular para a produção de cervejas desprovidas de um forte caráter de lúpulo. O Premiant apresenta maturidade média-tardia, com hastes verdes e flores longas em formato de ovo. Sua produtividade é boa, variando em média de 2.000 a 2.300 kg/ha. Ele tem boa resistência a ácaros vermelhos, afídeos de lúpulo e, segundo relatos, ao míldio. Seu teor de alfa-ácidos varia de 8% a 12,5%, dos quais apenas 23% correspondem à cohumulona. Isto dá ao Premiant um amargor neutro, sem retrogosto amargo e áspero. O teor de beta-ácidos varia de 4,5% a 8%. A fração de óleos essenciais é composta de 38% de mirceno, que confere seu aroma floral; de 25% a 35% de humuleno, que confere aroma balsâmico e resinoso; de 5% a 10% de cariofileno, que confere aroma picante; e de 1% a 1,5% de farneseno, que confere notas florais. Embora as características aromáticas do Premiant sejam brandas, algumas cervejarias artesanais têm procurado concentrar seus aromas em *India pale ales* fortes, nas quais, segundo relatos, ele mostra características herbáceas e amadeiradas. Esse lúpulo é relativamente estável durante armazenamento.

Jelínek, L. et al. Comparaison of Czech hop cultivars based on their contents of secondary metabolites. **Czech Journal of Food Science**, v. 38, p. 309-316, 2010.

Patzak, J. Characterization of Czech hop (Humulus lupulus) genotypes by molecular methods. **Rostlinná Výrova**, v. 48, p. 343-350, 2002.

Victoria Carollo Blake

Pride of Ringwood é um lúpulo com teor médio/alto de alfa-ácidos, batizado em homenagem a Ringwood, um subúrbio de Melbourne, em Victoria, Austrália. O lúpulo foi desenvolvido lá por A. S. (Bill) Nash, um melhorista de lúpulo que trabalhou na Carlton United Breweries, do final dos anos 1940 a meados da década de 1950. Esse trabalho foi continuado mais tarde pela Australian Hop Marketers Ltd., uma empresa que se uniu ao Barth-Haas Group, a maior companhia mundial de processamento e venda de lúpulo. A linhagem genética do Pride of Ringwood inclui o Pride of Kent, um antigo lúpulo inglês de aroma, e também um macho desconhecido, o qual provavelmente contribuiu com o alto teor de alfa-ácidos do lúpulo. O Pride of Ringwood foi adicionado à coleção de cultivares de lúpulo de todo o mundo do Departamento de Agricultura dos Estados Unidos (USDA) em 1966. Ele atinge sua maturidade do início a meados de outubro, o que o torna tardio demais para ser adequado às condições de crescimento nos Estados Unidos. Seu teor de alfa-ácidos varia de 9% a 10,5%, o teor de beta-ácidos entre 5,5% e 6%. Seu conteúdo de cohumulona é, em média, 32%. Em sua composição de óleos essenciais há 53% de mirceno, de 9% a 13% do picante cariofileno e apenas 2% a 3% de humuleno. Esse lúpulo não possui farneseno. Seu aroma é descrito como terroso, forte e herbáceo, remetendo a grama. Algumas cervejarias artesanais australianas o acham censurável, enquanto outras parecem gostar de suas características distintas. O Pride of Ringwood foi um dos primeiros lúpulos com alto teor de alfa-ácidos da Austrália, onde ele foi amplamente substituído pelas variedades mais novas superalfa Millennium e Super Pride, esta última criada na Austrália. Sua produtividade na Austrália é substancial: de 2.500 a 3.000 kg/ha.

Hop Products of Australia. **Pride of ringwood**. Disponível em: http://www.hops.com.au/products/australian_varieties/pride_of_ringwood.html/. Acesso em: 8 mar. 2011.

Nash, A. S. (BILL). **Hop Research Annual Report**. Melbourne: Department of Science, Industrial Research, 1949. p. 1-2.

Alfred Haunold

primeira lupulagem do mosto é um método utilizado para introduzir mais sabor de lúpulo na cerveja. É bem provável que esse método tenha sido descoberto por acidente, quando um cervejeiro adicionou lúpulos à tina de fervura muito cedo e então notou uma melhoria de sabor na cerveja finalizada ou pelo menos um aumento no amargor. O *first wort hopping* foi uma prática comum por volta do início do século XX, sendo utilizada para aumentar a taxa de aproveitamento do lúpulo. A pesquisa de "redescoberta" desse método foi realizada na Alemanha, enfocando o estilo de cerveja *pilsner*. O experimento foi realizado em duas cervejarias alemãs de produção de cerveja *lager*. Uma lupulagem tardia (variedades Tettnanger e Saazer) foi feita contra uma lupulagem no início da fervura, cujo lúpulo foi mantido com o mosto ao longo de toda fervura. A adição tardia de lúpulo aromático foi então omitida. Em ambas as cervejarias, as cervejas produzidas por meio do processo de primeira lupulagem do mosto foram sensorialmente preferidas, em relação às cervejas controle, em um teste cego. Os provadores relataram "um bom e discreto aroma de lúpulo, uma cerveja mais harmônica e um amargor mais uniforme" quando comparada com a cerveja referência, lupulada convencionalmente.

Isso seria, à primeira vista, contraintuitivo para a maioria dos cervejeiros, já que a maioria deles foi treinada para adicionar lúpulos de sabor e aroma perto do final do programa de fervura, e não antes, acreditando que, de outra forma, os compostos aromáticos escapariam do mosto. É importante ressaltar que essas cervejas estavam sendo analisadas conforme qualidades aceitas e desejadas de lúpulo europeu, e provavelmente não seriam consistentes com as características do lúpulo americano ou com a noção dos cervejeiros artesanais americanos sobre as melhores qualidades organolépticas dos lúpulos.

Na prática, uma porção substancial da dosagem de lúpulo é adicionada à tina de fervura no estágio inicial de separação do mosto a partir da tina de filtração. Ver CAIXA DE MOSTO. Os lúpulos permanecem então imersos no mosto durante todo o processo de separação e também toda a fervura. No caso do experimento de redescoberta, entre 30% e 53% do total da dosagem de lúpulo da brassagem foi usado nessa adição. A carga de lúpulo utilizou uma variedade aromática originalmente programada como a última adição de sabor e aroma, e normalmente teria sido acrescentada dez minutos antes do final da fervura. O método de primeira lupulagem do mosto aparenta tirar vantagem do alto valor de pH do mosto pré-fervido e, dessa forma, da alta solubilidade dos componentes do lúpulo. O mais importante é que esse método age como eliminador de óleos leves, como o mirceno, e também outros óleos associados com as características organolépticas de lúpulo na cerveja finalizada em situações nas quais elas não são desejadas. De Clerck descreveu um método similar a esse, no qual os lúpulos são imersos em água à temperatura de 50 °C antes de serem adicionados à tina de fervura. Isso também era feito para eliminar óleos leves indesejados, os quais poderiam "sobreviver" ao processo de fervura e passar para a cerveja finalizada. Ver DE CLERCK, JEAN.

A primeira lupulagem do mosto é praticada por um número significativo de cervejeiros artesanais e é aplicada a toda gama de estilos, tanto *ales* como *lagers*. É mais apropriada para cervejas que demandam a presença de lúpulo "europeu nobre" ou um profundo, mas sutil e refinado, sabor de lúpulo. Esse método não é apropriado para cervejas que requerem a presença de óleos voláteis ou o aroma frutado do lúpulo; na verdade, esse é um método aplicado para evitar todas essas características.

Cervejeiros modernos têm limitado o tempo de fervura dos lúpulos a no máximo noventa minutos, prevenindo assim sabores grosseiros, provindos da quebra térmica da humulona em ácido humulítico. O processo *first wort boiling* obviamente desafia essa linha de pensamento, empregando extensos tempos de extração.

Ver também HUMULONA, MIRCENO e ÓLEOS DO LÚPULO.

De Clerck, J. **A textbook of brewing**. London: Chapman and Hill Ltd., 1958. vol. 1.

Preis, F.; Mitter, W. The rediscovery of first wort hopping. **Brauwelt International**, n. 13, p. 308-315, 1995.

Schönfeld, F. **Handbook of brewing and malting**, 1930. vol. 1.

Matthew Brynildson

processo de produção, do inglês *"brewing process"*, um termo que, se entendido literalmente, deveria descrever todo o processo de produção da cerveja. No entanto, entre os cervejeiros profissionais, esse termo tem sido usado em referência ao processo utilizado para a produção do mosto doce na sala de brassagem.

O objetivo técnico da operação na sala de brassagem é tornar solúveis os componentes insolúveis do malte de cevada ou de qualquer outro grão, separá-los do bagaço dos grãos, ferver com o lúpulo o líquido açucarado extraído para lhe dar sabor e aroma, remover *off-flavors* e materiais inoportunos e, em seguida, resfriar o mosto a uma temperatura apropriada para permitir a ação da levedura.

A cevada malteada e a maioria dos outros grãos de cereais devem ser esmagados para expor o amido, permitindo a solubilização do endosperma do grão em água quente. A moagem é geralmente conduzida de modo a evitar danos à casca do malte de cevada. Isso porque a casca contém vários componentes prejudiciais para a qualidade da cerveja, mas principalmente porque a casca atua como um meio de filtração durante o processo de separação do mosto. O malte moído é conhecido como *grist* (conjunto de grãos moídos).

O conjunto de grãos moídos é misturado com água quente (às vezes chamada de *"brewing liquor"*) em um tanque de mostura, criando um mingau chamado mostura (*mash*). Em uma cervejaria moderna,

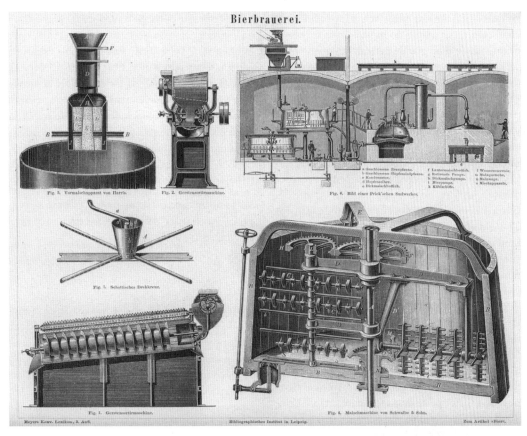

Gravura alemã de meados do século XIX representando um corte transversal de uma sala de brassagem.
PIKE MICROBREWERY MUSEUM, SEATTLE, WA.

o tanque de mostura é revestido, aquecido com vapor e equipado com um aparelho de agitação. Em uma cervejaria britânica mais tradicional, ou em uma pequena cervejaria artesanal ou *brewpub*, ele pode simplesmente ser um tanque com isolamento térmico e um fundo falso equipado com telas. Nesse "tanque de mostura por infusão", a conversão enzimática do amido e a separação do mosto resultante ocorrem no mesmo tanque. Independentemente do tipo de tanque utilizado, é importante nesse estágio controlar a temperatura da mostura, pois as enzimas sensíveis ao calor que trabalham para quebrar o amido da cevada em uma gama de açúcares fermentáveis e não fermentáveis possuem faixas de temperatura nas quais são mais eficazes. Se a temperatura da mostura é muito baixa, então a conversão será muito lenta; se a temperatura for muito elevada, então as enzimas serão desnaturadas e nenhuma conversão ocorrerá. Embora os programas de mosturação variem amplamente, a temperatura "ótima" para a conversão enzimática dos amidos do malte é de, aproximadamente, 65 °C. A maior parte da ação enzimática responsável pela quebra do amido da cevada em açúcares fermentáveis e não fermentáveis cessa ao final da brassagem. Ou a mostura será aquecida até uma temperatura em que as enzimas serão desnaturadas (isso é chamado de "*mash-off*" a aproximadamente 76,5 °C) ou a aspersão a temperaturas semelhantes cumprirá o mesmo objetivo. Quaisquer enzimas que permanecerem ativas serão posteriormente desnaturadas pelo calor na tina de fervura.

Uma vez que o endosperma da cevada é solubilizado em açúcares, o mosto deve ser separado do bagaço do malte. Isso ocorre pela drenagem do mosto através do fundo falso da tina de filtração, que utiliza a casca da cevada intacta como um meio filtrante. Quando um misturador de mostura separado é utilizado para o processo de mosturação (e não a tina de mostura acima mencionada), toda a mostura é transferida para uma tina de filtração, que é um tanque especialmente projetado para otimizar as condições de separação do mosto. Trata-se, essencialmente, de uma grande peneira que mantém as cascas dos grãos no lugar enquanto o mosto é conduzido para a tina de fervura. O bagaço de malte é geralmente vendido como alimento para gado.

Uma vez o mosto separado do bagaço de malte, ele deve ser fervido. A fervura do mosto é uma etapa vital do processo, e o modo de realizá-la afeta, de muitas maneiras, a qualidade final e o sabor da cerveja. Embora ocorra um grande número de reações durante a fervura do mosto, a mais importante delas é a isomerização e subsequente solubilização dos alfa-ácidos provenientes do lúpulo. Ferver o mosto também o pasteuriza, tornando-o livre de qualquer contaminação bacteriana. A fervura cessa completamente a atividade das enzimas e fixa a composição de carboidratos do mosto e, portanto, o teor de dextrina da cerveja final. Sob condições favoráveis de fervura do mosto, as proteínas e outros polipeptídeos nele presentes serão combinados com polifenóis ou taninos. A fervura também pode destruir as estruturas secundária e terciária de uma proteína, tornando-a hidrofóbica e insolúvel. Isso é desejável porque a maior parte dessas proteínas não é bem-vinda na cerveja pronta. Esses compostos formam um precipitado sólido chamado "*trub*", que é removido do mosto antes da fermentação.

O mosto deve ser clarificado e resfriado antes da adição das leveduras. O bagaço de cones de lúpulo será peneirado do mosto por meio de um tanque com um fundo falso conhecido como *hop back*, enquanto o bagaço de péletes de lúpulo e proteínas precipitadas são separados por um tanque conhecido como *whirlpool*. O *whirlpool* funciona bombeando-se mosto para dentro do tanque através de um tubo de entrada tangencial localizado a um terço da altura do tanque. Isso faz o mosto girar, e as forças que atuam na rotação do líquido promovem o acúmulo das partículas sólidas no centro do fundo do tanque. O mosto clarificado livre dessas partículas pode então ser retirado por uma saída perto da borda do fundo do tanque. Antigamente, o mosto era então resfriado, deixando-o perder calor naturalmente em grandes recipientes rasos chamados *coolships*. Esse método ainda é usado para estilos de cerveja muito especiais e raros. No entanto, nas cervejarias modernas, o mosto é resfriado ao ser passado por um trocador de calor de placas que utiliza água fria para esfriar o mosto quente a

temperaturas mais baixas e adequadas para a adição da levedura. No caso das *ales*, a temperatura deve estar entre 13 °C e 20 °C, enquanto nos estilos de *lagers* a temperatura deve ficar entre 8 °C e 14 °C. A água utilizada para resfriar o mosto é aquecida pelo trocador de calor, e, assim, tanto a água quanto parte do calor são recuperados. O mosto resfriado entra em um tanque de fermentação, onde recebe a levedura. Nesse ponto, pode-se dizer que o "processo de produção" terminou e que o processo de fermentação já começou.

Ver também CONJUNTO DE GRÃOS, COOLSHIP, FERVURA, FILTRAÇÃO, HOP BACK, MOSTURAÇÃO, TRUB e WHIRLPOOL.

Steve Parkes

processo em lote é o nome dado para a produção de cerveja em processos, tanques e períodos de tempos individuais, em oposição ao processo contínuo que envolve um fluxo constante de ingredientes através da fábrica e dos equipamentos. Ver FERMENTAÇÃO CONTÍNUA. Um processo em lote ocorre em tanques individuais como tina de filtração e tanque de fermentação. Cada processo é normalmente iniciado e finalizado no mesmo tanque. Cada lote recebe um número de "brassagem" ou "mosto", mas pode ser submetido a misturas com outros lotes no decorrer do processo.

Diversas cervejarias, nas décadas de 1970 e 1980, experimentaram o processo contínuo nas salas de brassagem e nas fermentações, mas a maioria retornou para o processo em lote após problemas de controle de produção e qualidade. A cerveja é produzida utilizando processos em lotes em tanques e fermentadores, por exemplo, nas áreas de brassagem, fermentação e maturação, ao passo que a filtração e embalagem podem ser vistos como processos contínuos, executados em cada "lote" específico de cerveja.

Paul KA Buttrick

produção artesanal de cerveja é o descendente do movimento de microcervejarias que começou no Reino Unido no final da década de 1970, floresceu nos Estados Unidos na década de 1990 e se espalhou para todos os cantos do mundo na pri-

Um cervejeiro da Carolina Brewery, em Pittsboro, Carolina do Norte, remove o bagaço de grãos do tanque de mostura em um processo conhecido como *"mashing out"*. JOSHUA WEINFELD.

meira década do século XXI. Ver MICROCERVEJARIA. A produção artesanal de cerveja é o objetivo de cervejarias pequenas, comercialmente independentes, usando métodos e ingredientes tradicionais, com o objetivo de fazer cervejas muito mais saborosas que as marcas comuns, produzidas pelas grandes cervejarias internacionais. Como é frequente nos movimentos culturais, não existe uma única definição da terminologia com a qual todos concordem. Independentemente da definição, a produção artesanal de cerveja sempre envolve cervejas flavorizadas com audácia e um espírito desafiadoramente independente. Embora o termo "produção artesanal de cerveja" seja normalmente usado em referência a cervejarias abertas nas últimas décadas, a maioria dos cervejeiros e entusiastas concorda que muitas das antigas cervejarias europeias também se enquadram na definição.

A produção artesanal de cerveja é mais sólida nos Estados Unidos, onde mais de 90% das cerca de 1.700 cervejarias[2] do país encaixam-se em quase todas as definições do termo. Quase todas essas cervejarias abriram nos últimos trinta anos, e em 2011 respondiam por aproximadamente 7,6% das vendas das cervejas americanas. As cervejarias artesanais americanas incluem cerca de mil *brewpubs*; as outras setecentas são pequenas cervejarias que envasam suas cervejas e as vendem fora das suas próprias instalações, cervejarias que se tornaram grandes o suficiente para distribuir seus produtos por toda uma região, e algumas que se tornaram grandes o suficiente para vender cerveja em todo o país. O segmento também inclui algumas cervejarias que produzem as suas próprias cervejas parcialmente ou totalmente sob contrato em cervejarias que não são de sua propriedade. Ver BREWPUB e PRODUÇÃO DE CERVEJA SOB CONTRATO.

A produção artesanal de cerveja geralmente envolve cervejas que são feitas exclusivamente ou quase exclusivamente de malte de cevada e/ou malte de trigo. Os adjuntos, tais como açúcar, mel e grãos não malteados, são geralmente utilizados para melhorar o sabor da cerveja do que para torná-la mais leve e mais aceitável para o público de massa. Um dos resultados é que os sabores da cer-

2 Em 2019, já havia mais de 7 mil cervejarias artesanais, representando aproximadamente 24% do valor do mercado total de cervejas nos Estados Unidos. [N.E.]

veja artesanal tendem a ser mais pronunciados que aqueles das cervejas produzidas em massa, as quais são fabricadas para serem tão assepticamente inócuas quanto possível. O caráter de lúpulo, frequentemente incluindo níveis de amargor várias vezes superiores aos das cervejas do mercado de massa, é comum a muitos estilos de cervejas artesanais. O intenso sabor e aroma de lúpulo também são características do movimento, e as cervejarias artesanais americanas são líderes mundiais no uso de técnicas tradicionais para intensificá-los, tais como o *dry hopping* e, a mais recente, lupulagem da mostura (*mash hopping*). Ver DRY HOPPING e LUPULAGEM DA MOSTURA. Os cervejeiros artesanais tornaram novamente populares uma gama de técnicas de produção de cerveja, incluindo a adição de especiarias, refermentação em garrafa, condicionamento em barril de madeira e até mesmo azedar a cerveja intencionalmente a fim de criar novos e excitantes sabores. Ver CONDICIONAMENTO EM BARRIL DE MADEIRA, CONDICIONAMENTO EM GARRAFA, ESPECIARIAS e SOUR BEER.

A desregulamentação das companhias aéreas em 1978 resultou em tarifas menores, ajudando a transformar as viagens aéreas para a Europa de um luxo inacessível a um rito de passagem ou férias corriqueiras que muitos americanos de classe média podiam pagar. Muitos deles voltaram para os Estados Unidos com memórias frescas da bela profundidade das *cask ales* britânicas, do esplendor da qualidade do lúpulo das *german pilsners* e a sedutora complexidade das cervejas belgas produzidas por monges trapistas. Então, desapontados com o sabor neutro do estilo *lager* que enchia praticamente todas as garrafas, latas e barris do país, muitos deles começaram a fazer as suas próprias cervejas em casa. Quando o presidente Jimmy Carter legalizou a produção caseira de cerveja, em 1978, mais legiões se juntaram ao movimento, à procura não de cervejas mais baratas, e sim de cervejas com mais sabor. Os americanos que viajavam à Europa também traziam consigo um conhecimento aprimorado sobre comidas e bebidas, uma paixão que floresceu inicialmente na costa oeste dos Estados Unidos.

Tornar-se um cervejeiro artesanal é o emprego dos sonhos para muitas pessoas, mas o fato é que o caminho do cervejeiro artesanal nunca foi fácil. Certamente há algumas cervejarias que abriram com facilidade, encontrando um sucesso imediato. Mais frequentemente, entretanto, o início da história é de muito trabalho duro e penúria. Na grande maioria dos casos, o cervejeiro passará de um entusiasmado cervejeiro caseiro, que trabalha em outro ramo, para o trabalho em uma cervejaria comercial, recebendo agora uma fração do seu salário anterior. No final da década de 1990, uma previsível reorganização do mercado ocorreu na indústria cervejeira artesanal americana, levando muitos jornalistas a declarar precipitadamente que o movimento tinha acabado. Embora muitas cervejarias tenham fechado nesse período, a taxa de crescimento das cervejarias artesanais restantes recuperou-se poucos anos depois, e o segmento rapidamente recuperou o seu vigor. Enquanto as vendas totais de cerveja nos Estados Unidos têm diminuído ao longo dos últimos anos, as vendas das cervejas artesanais continuam a subir acentuadamente, com muitas cervejarias alcançando aumentos de dois dígitos a cada ano. Ainda é difícil para algumas cervejarias encontrar canais de distribuição adequados, mas a situação está mudando, pois alguns distribuidores têm percebido que a cerveja artesanal pode ser a sua melhor chance de crescimento futuro.

Embora os cervejeiros artesanais compitam uns contra os outros, o movimento é geralmente marcado por uma natureza cooperativa e colaborativa. Muitas cervejarias criam, produzem e comercializam entre si cervejas de edições especiais, e os resultados dessas colaborações costumam ser muito procurados pelos entusiastas. As cervejas sazonais e de edição limitada também são comuns, e não é raro uma cervejaria produzir vinte ou mais tipos diferentes de cerveja a cada ano.

A comida se tornou uma parte cada vez mais importante do movimento das cervejas artesanais. A maioria das cervejarias participa de jantares cervejeiros regularmente, seja em suas próprias instalações ou em restaurantes. Isso não surpreende: a maioria dos mestres cervejeiros artesanais tem uma visão de *chef* de cozinha sobre a cerveja e sua produção. A ampla gama de sabores disponíveis entre as cervejas tradicionais e os novos estilos permite notável versatilidade de harmonizações com alimentos. Ver HARMONIZAÇÃO COM ALIMENTOS e QUEIJO (HARMONIZAÇÃO).

Nos Estados Unidos, a cerveja produzida artesanalmente ainda está mais comumente localizada nas cidades costeiras, com as notáveis exceções de Michigan e Colorado, onde há dezenas de cervejarias. Em termos de participação de mercado, as cervejarias artesanais mostram força especial no Noroeste Pacífico, com Portland, Oregon, como um epicentro. Em Portland, a cerveja artesanal tem quase 40% do mercado de cerveja envasada em barris. Durante a última década, novas cervejarias artesanais surgiram em áreas do país que não pareciam ser um terreno fértil para elas, particularmente no sul.

Em 2011, o movimento das cervejarias artesanais mostrava notável força em muitos países fora dos Estados Unidos. Pequenas cervejarias continuam a aparecer no Reino Unido, que é o lar de quase oitocentas delas. A maioria dos cervejeiros do Reino Unido se manteve firmemente comprometido com os estilos tradicionais britânicos condicionados em *casks*, e poucos se aventuraram a produzir cervejas influenciadas por outras culturas. Porém, há exceções, e espera-se que a cultura cervejeira do Reino Unido se torne cada vez mais diversificada ao longo do tempo. A produção de cerveja artesanal na Escandinávia foi em direção oposta, com cervejeiros altamente criativos tirando ideias de várias fontes, incluindo estilos históricos escandinavos que tinham sido extintos. Cervejeiros artesanais italianos mostram um dom criativo semelhante e notável foco nas tradições da comida italiana e ingredientes locais, tais como castanhas. Cervejeiros artesanais brasileiros e argentinos reavivaram a cultura cervejeira alemã que floresceu em muitas partes da América do Sul no século XIX.

A definição do termo "cervejeiro artesanal" continuará sendo controversa. Vale notar que em alguns países o termo se refere à produção caseira de cerveja. Em 2011, a Brewers Association (BA), nos Estados Unidos, revisou a sua definição a fim de incluir cervejarias que produzem menos de 7 milhões de hectolitros por ano. De acordo com a BA,

> Uma cervejaria artesanal americana é pequena, independente e tradicional. Pequena: produção anual de 7 milhões de hectolitros de cerveja ou menos. Independente: menos de 25% da microcervejaria é de propriedade ou controlada (ou interesse econômico equivalente) por um membro da indústria de bebidas alcoólicas que não seja ele mesmo uma cervejaria artesanal. Tradicional: uma cervejaria cuja principal cerveja seja puro malte (a cerveja que responde pelo maior volume de produção entre as marcas produzidas por essa cervejaria) ou que tenha pelo menos 50% do seu volume ou em cervejas puro malte ou em cervejas que usam adjuntos para intensificar, em vez de reduzir, o sabor.

A produção artesanal de cerveja é uma cultura em evolução, e de muitas maneiras a definição está nos olhos de quem a vê. Dentro de algumas décadas, é inteiramente possível que as cervejas e as cervejarias hoje vistas como "artesanais" sejam simplesmente vistas como normais ou mesmo "clássicas".

Big Increase in brewery numbers in UK says CAMRA. Disponível em: http://www.bbc.co.uk/news/uk-11323119. Acesso em: 16 set. 2010.
Craft Beer. Disponível em: http://www.craft beer.com/. Acesso em: 22 mar. 2011.

Garrett Oliver

produção caseira de cerveja é o *hobby* de se produzir cerveja em casa. O processo pode ser tão simples como fazer uma sopa a partir de uma lata ou, para os cervejeiros caseiros mais avançados, pode envolver as mesmas técnicas usadas em uma cervejaria artesanal de pequena escala. A motivação para se produzir cerveja em casa para a maioria dos cervejeiros caseiros é a diversão de fazer cerveja e a satisfação de produzir a sua própria cerveja. Alguns cervejeiros caseiros adotam o *hobby* para economizar dinheiro na compra da cerveja, particularmente em países como o Canadá, com altos impostos sobre bebidas alcoólicas. Nos Estados Unidos, produzir cerveja em casa oferece mínima economia em comparação com a cerveja comprada.

Para os entusiastas de cerveja em muitas partes do mundo, a produção caseira tornou-se a porta de entrada para iniciar as suas próprias cervejarias comerciais.

Muitos cervejeiros caseiros adotam o *hobby* esperando compreender melhor a cerveja ou dominar os complexos desafios da sua produção a fim de produzir uma bebida com sabor capaz de competir com o das cervejas que eles podem comprar em uma loja. Os cervejeiros caseiros que alcançam tal habilidade encontram mais prazer em replicar estilos clássicos de cerveja do mundo, para depois criarem suas próprias receitas de cerveja.

A produção caseira de cerveja pode ser desfrutada de diferentes maneiras através de uma variedade de atividades. Alguns cervejeiros caseiros desfrutam do processo de produção e suas muitas variações como uma exploração técnica e logística, enquanto outros preferem uma abordagem simples que é praticada em uma ocasião social com os ami-

Um cervejeiro caseiro coloca um *airlock* em uma grande garrafa de vidro conhecida como *carboy*. Ela será utilizada como um tanque de fermentação. GETTY IMAGES.

gos. Uma vez que os cervejeiros caseiros alcançam as competências básicas para a produção da bebida, eles podem se desafiar a replicar o sabor de sua cerveja comercial favorita ou explorar estilos de cerveja não disponíveis em suas áreas. Outros não acham graça em produzir cervejas que podem ser compradas e procuram desenvolver cervejas inovadoras usando frutas, especiarias, ervas, açúcares e outros alimentos para criar perfis de sabor únicos.

Uma vez produzidas, as cervejas são compartilhadas com amigos, familiares e outros cervejeiros. Nos Estados Unidos, existem muitos clubes e eventos para os cervejeiros caseiros compartilharem as suas cervejas. Esse intercâmbio é um incentivo e uma oportunidade para melhorar as habilidades e técnicas de fermentação. Muitas organizações de cervejeiros caseiros realizam competições em que as cervejas são classificadas e ranqueadas e prêmios são distribuídos para os melhores desempenhos. A National Homebrew Competition, realizada anualmente pela American Homebrewers Association, atrai mais de 6 mil inscritos em 21 categorias de estilo de cerveja.

Juízes especializados são necessários para julgar as competições, e um grupo americano chamado Beer Judge Certification Programa (BJCP) existe especificamente para treinar e avaliar tais juízes.

Além da formulação de receitas e das competições, os cervejeiros caseiros também desfrutam de atividades criativas relacionadas ao tema, tais como inventar "marcas" para as suas cervejas, incluindo o nome da cervejaria, nome do produto, logotipos, rótulos e itens afins. Embora esses esforços devam ser legalmente interrompidos antes da comercialização da cerveja, a atividade criativa e o compartilhamento com os amigos fornecem aos cervejeiros outras fontes de prazer. Muitas ocasiões especiais já foram celebradas com cervejas comemorativas especialmente produzidas e rotuladas.

Finalmente, embora a cerveja possa ser produzida em praticamente qualquer cozinha, uma ampla gama de equipamentos especializados pode ser adquirida para melhorar cada aspecto do processo de produção e expandir as capacidades da cervejaria caseira. Como resultado, alguns cervejeiros amadores dedicam consideráveis recursos para o estabelecimento, em suas casas, de um espaço dedicado à cerveja, equipando-o com o seu sistema dos "sonhos". Alguns chegam a estender o *hobby* para a fabricação de equipamentos, aprendendo a soldar e trabalhar com metais a fim de melhorar as suas cervejarias caseiras.

Ingredientes

Os cervejeiros caseiros utilizam vários ingredientes para fazer cerveja. Os ingredientes mais comumente utilizados incluem malte, extrato de malte, lúpulo, levedura e água. Além disso, os cervejeiros podem utilizar outros ingredientes, tais como ervas, especiarias, frutas, legumes, açúcares, grãos não malteados, entre outros, dispondo de uma infinita variedade de opções de sabor ao fazerem uma cerveja. Os ingredientes para fazer praticamente qualquer estilo de cerveja podem ser encontrados em lojas locais de fornecimento para cervejeiros caseiros ou varejistas online.

Extrato de malte

O extrato de malte é feito a partir da cevada ou trigo malteado e permite aos cervejeiros caseiros pular o processo de mosturação empregado por cervejarias comerciais, simplificando assim a experiência de produção de cerveja. O extrato de malte é usado como base para a maioria das receitas caseiras, provendo os açúcares que a levedura consome para produzir álcool e dióxido de carbono. O extrato de malte pode ser encontrado em várias formas: como *kit* pré-lupulado em latas, como um líquido simples, ou na forma de pó seco. O extrato de malte também é fornecido em uma variedade de cores para fazer diferentes estilos de cerveja, incluindo *extra light*, *light*, *amber* e *dark*.

Malte

Embora a produção caseira de cerveja possa ser feita exclusivamente com extratos, a maioria das receitas caseiras incluem alguma forma de grão malteado. Os maltes especiais, tais como o malte Crystal, malte chocolate e malte preto, podem ser adicionados aos extratos para criar diferentes estilos de cervejas, como *pale ales*, *porters* e *stouts*. É possível produzir cerveja sem qualquer extrato, por meio da mosturação de grãos malteados. A produção de cerveja pelo uso exclusivo da mosturação de grãos malteados utiliza, por exemplo, maltes *pilsner* ou *pale ale* no lugar do extrato. Às vezes, grãos não malteados, como aveia, trigo ou cevada torrada, também são usados na produção de cerveja.

Lúpulos

Assim como os cervejeiros comerciais, os cervejeiros caseiros utilizam lúpulos para conferir amargor, sabor e aroma à cerveja. Os lúpulos de amargor – os adicionados no início do processo de fervura – dão amargor à cerveja, equilibrando o dulçor do malte. Os cervejeiros caseiros podem comprar lúpulos na forma de flores inteiras, péletes ou, mais raramente, em embalagens compactas de flores inteiras de lúpulo. Há muitas variedades de lúpulos disponíveis para os cervejeiros caseiros, permitindo uma grande diversidade de sabores e aromas e possibilitando a produção de uma grande variedade de estilos de cerveja. O acondicionamento adequado do lúpulo o protege do ar por meio de embalagens a vácuo ou pelo uso de embalagens opacas preenchidas com nitrogênio e hermeticamente seladas. Os lúpulos embalados devem ser armazenados em um congelador, desde a distribuição, passando pelo varejista, até o dia em que serão usados pelo cervejeiro.

Levedura

Ao contrário dos cervejeiros profissionais, a maioria dos cervejeiros caseiros não produz cerveja com a frequência necessária para reutilizar regularmente as suas leveduras de batelada para batelada. Como resultado, os cervejeiros caseiros costumam comprar a levedura todas as vezes que produzem cerveja.

A levedura cervejeira é vendida em duas formas: seca e líquida. A levedura seca é geralmente encontrada em sachês de 5 gramas. A levedura líquida destinada aos cervejeiros caseiros é comercializada em dois tipos de embalagens: bolsas laminadas ou frascos de plástico. A levedura seca é fácil de usar e pode ser armazenada por longos períodos sem efeitos prejudiciais e, geralmente, é mais barata que a levedura líquida, mas a levedura seca limita-se a poucas cepas disponíveis aos cervejeiros caseiros. Desde que a levedura líquida foi introduzida em meados dos anos de 1980, o número de diferentes cepas de leveduras disponíveis aos cervejeiros caseiros aumentou dramaticamente. Atualmente existem dezenas de cepas de levedura destinadas à produção de uma grande variedade de estilos de cerveja.

Água

Os cervejeiros caseiros podem usar água da torneira, mas a água clorada pode resultar em sabores desagradáveis na cerveja acabada. O cloro pode ser removido por ebulição ou filtração. Usar água engarrafada também é uma opção. Fatores como teor mineral e pH da água usada para a produção da cerveja podem ter efeito significativo, embora esses sejam menos preocupantes em cervejas produzidas a partir de extratos que naquelas produzidas a partir da mosturação de grãos. Certos minerais podem ser adicionados à cerveja para se obter sabores encontrados em cervejas produzidas em determinadas áreas do mundo; por exemplo, as famosas *pale ales* inglesas de Burton-on-Trent são produzidas com água muito dura encontrada naquela região. Os minerais mais comuns utilizados na produção de cerveja incluem sulfato de cálcio (gesso natural), cloreto de cálcio, cloreto de sódio (sal de cozinha) e sulfato de magnésio (sal de Epsom). Os cervejeiros que utilizam extratos devem estar cientes de que o teor mineral da água utilizada pelos produtores do extrato refletirá no próprio extrato.

Equipamento

Equipamento básico

O equipamento básico usado para fazer receitas caseiras de cerveja a partir de extrato pode ser adquirido em uma loja de suprimentos para cervejeiros caseiros ou em um varejista online por cerca de 80 dólares. Muitos dos equipamentos incluem itens que provavelmente podem ser encontrados em uma modesta cozinha bem equipada.

- Tina de brassagem: 8 a 20 litros.
- Fermentador: balde de plástico com tampa (grau alimentício) ou garrafão de vidro (*carboy*) de 25 a 27 litros.
- Balde de engarrafamento: balde de plástico (grau alimentício) de 25 a 27 litros.
- *Airlock* e rolha: dispositivo que permite que o dióxido de carbono produzido durante a fermentação escape do fermentador sem permitir a entrada de ar para dentro dele.
- Termômetro: 0 °C a 100 °C.
- Sacarímetro: ferramenta usada para mensurar a concentração de extrato do líquido e, assim, determinar o teor de extrato original, extrato final e teor alcoólico do mosto/cerveja.
- Tubo de trasfega: tubo rígido feito de plástico ou aço inoxidável usado em conjunto com um tubo de vinil para transferir cerveja fermentada do fermentador para o balde de engarrafamento.
- Envasador de garrafa: dispositivo que permite ao cervejeiro iniciar e interromper o fluxo de cerveja durante o engarrafamento.
- Tampadora de garrafa.
- Escovas de limpeza.

Equipamentos avançados

Os cervejeiros caseiros contemporâneos têm à disposição uma ampla gama de equipamentos avançados que imitam aqueles usados nas cervejarias comerciais. Uma sofisticada e bem equipada cervejaria caseira pode parecer bastante como uma versão em miniatura de uma cervejaria profissional de um *brewpub* ou microcervejaria, com tanques de aço inoxidável, bombas e, até mesmo, controladores comandados por microprocessadores. Aqueles interessados em replicar equipamentos de escala comercial podem adquirir pequenos fermentadores cilindrocônicos, incluindo alguns com controle de temperatura. Nesses casos, essencialmente, o cervejeiro caseiro faz cerveja usando os mesmos ingredientes e procedimentos de um cervejeiro comercial, apenas em uma escala muito menor.

Técnicas de produção caseira de cerveja

Mesmo nos níveis mais básicos, os cervejeiros caseiros devem prestar muita atenção à higiene. O mosto produzido para a fermentação é o alimento perfeito para a levedura – e para muitos outros organismos. Se esses organismos prosperarem durante a fermentação, podem transmitir sabores indesejáveis à cerveja acabada. Assim, todos os cervejeiros devem prestar muita atenção à limpeza e à higiene adequada de seus equipamentos. Com cuidado, isso pode ser conseguido com qualquer tipo de equipamento, mas artigos de plástico e borracha são muito mais difíceis de limpar e higienizar que os feitos de vidro e aço inoxidável.

Somente extrato

A maioria das cervejas básicas produzidas em casa é feita com extrato pré-lupulado. Existem *kits* "tudo em um", como o Mr. Beer ou Coopers Microbrewery, que incluem todos os ingredientes e equipamentos necessários para fazer cerveja a partir de *kits* de extrato lupulado, bem como *kits* de extrato em latas destinados aos cervejeiros caseiros que já têm o equipamento necessário para a fermentação. Muitos dos *kits* de extrato exigem simplesmente que o cervejeiro misture o extrato com água e, em geral, adicione açúcar e levedura, fermente e, em seguida, engarrafe com o açúcar *priming*. Alguns *kits* podem pedir um passo adicional de pasteurização do mosto por meio de uma breve fervura. Os *kits* que exigem apenas uma breve fervura ou nenhuma fervura são capazes de produzir cerveja, mas realmente são adequados apenas para uma primeira experiência. Depois que o cervejeiro compreende o processo, ele geralmente deixa esses *kits* para trás. No entanto, é possível fazer excelentes cervejas utilizando apenas extrato de malte e equipamentos básicos.

Extrato com grãos especiais

A maioria dos cervejeiros acabará migrando para técnicas que permitem maior controle sobre a produção de cerveja do que o extrato proporciona. Os cervejeiros caseiros podem usar grãos especiais, incluindo malte Crystal e maltes torrados a várias gradações, antes de adicionar o extrato de malte não lupulado. A maioria das bateladas com extrato é conduzida mediante a fervura de mosto concentrado, o que significa que 4 a 12 litros de mosto são fervidos e depois complementado com água até obter 19 litros no fermentador. Os lúpulos são adicionados em vários momentos durante a fervura, dependendo do estilo/receita sendo produzido.

As vantagens básicas do uso do extrato na produção de cerveja são o uso de menos equipamentos (isto é, nenhum tanque de mostura ou tanque de água quente) e menor tempo e esforço para completar o processo. O método de produção de cerveja a partir de extrato é um pouco limitante, mesmo com a adição de grãos especiais, pois alguns tipos de grãos necessitam de mosturação e não podem ser usados com esse método de produção. Assim, os estilos que derivam um caráter substancial dos grãos não torrados, não caramelizados ou grãos adjuntos que precisam da mosturação, como os maltes Munique, Viena ou cevada em flocos, não podem ser produzidos utilizando esse método, a menos que estejam disponíveis extratos que contenham esses maltes ou adjuntos.

Somente grãos

A produção caseira de cerveja usando somente grãos tem início com grãos malteados que devem ser mosturados para converter o amido presente nos grãos em açúcares fermentáveis. A produção de cerveja usando somente grãos exige a adição de uma tina de mosturação/filtração e um tanque de água quente. Em geral esse método requer também o investimento em uma tina de fervura que comporte a plena fervura do mosto e um resfriador para facilitar o resfriamento rápido do mosto antes da inoculação da levedura. Para separar o mosto dos grãos, os cervejeiros caseiros confeccionam tinas de mosturação/filtração a partir de fermentadores de plástico, baldes de plástico, ou grandes caldeirões com um fundo duplo ou falso.

O sistema de produção de cerveja somente com grãos pode ser relativamente rudimentar, como os sistemas de alimentação por gravidade em três níveis, ou avançado, usando bombas para transferir o mosto ou água quente entre os tanques. Os cervejeiros, que produzem cerveja somente com grãos costumam comprar moinhos que lhes permitem moer o seu malte em casa, antes da mosturação. Isso possibilita a compra de grãos não moídos e um maior controle sobre a moagem do grão. Tal como acontece com os grãos de café recentemente moídos, o malte moído na hora também tende a ter melhores sabores que o malte moído previamente.

As principais vantagens de se produzir cerveja somente com grãos são um maior controle sobre o processo de produção de cerveja e a ampla variedade de estilos/receitas que podem ser produzidas. Esse sistema pode também ser substancialmente mais barato que a produção de cerveja com extrato, porque o cereal malteado é mais barato que o extrato com uma quantidade equivalente de açúcar de malte fermentável. Por isso, o custo adicional da compra dos equipamentos necessários para produzir bateladas de cerveja somente com grãos pode ser compensado pela economia com os ingredientes. Esse método é também muito mais longo que a produção de cerveja com extrato, demandando, normalmente, de quatro a seis horas a mais por batelada.

Mostura parcial

Os cervejeiros caseiros têm a opção de um método intermediário de produção de cerveja entre o uso de extrato com grãos especiais e o uso somente de grãos, conhecido como produção de cerveja com mostura parcial. No método de mostura parcial, uma porção dos açúcares fermentáveis do mosto é derivada de uma "minimostura" que é complementada com o extrato de malte. A mostura é conduzida em uma panela pequena e separada do mosto através de uma peneira ou escorredor. Esse método permite aos cervejeiros preparar cervejas contendo grãos ou adjuntos que devem ser mosturados, mas sem a necessidade de uma tina de mostura ou tanque de água quente em plena escala.

Fermentação e engarrafamento

A maioria dos cervejeiros caseiros produz *ales* fermentadas em temperaturas mais elevadas, porque o controle de temperatura, especialmente nas baixas temperaturas utilizadas na produção de *lagers*, pode ser difícil de alcançar em casa. Após a fermentação se desenvolver em um fermentador de vidro ou de plástico, normalmente há um curto período de maturação durante o qual a maioria das leveduras decanta. Quando a cerveja está pronta para ser engarrafada, normalmente dentro de dez a catorze dias, ela será transferida para um outro tanque, e o açúcar *priming* será adicionado. A cerveja é então engarrafada. A levedura ainda em suspensão vai consumir o açúcar *priming*, dando à cerveja uma carbonatação natural. Isso se chama refermentação em garrafa e é o método pelo qual todas as cervejas engarrafadas eram carbonatadas até o final do século XIX. Ver CONDICIONAMENTO EM GARRAFA.

História e geografia da produção caseira de cerveja

A produção de cervejas para consumo próprio tem sido uma atividade humana desde os primórdios da civilização. Alguns historiadores argumentam que a mudança do estilo de vida nômade para o agrário ocorreu principalmente a partir de um desejo de se ter uma oferta mais segura de cerveja. Como arte alimentícia, a história da produção caseira de cerveja remete a milhares de anos, sendo que a maioria delas foi domesticamente produzida até alguns séculos atrás. O seu recente desenvolvimento como *hobby* não foi apenas influenciado pela tecnologia e tendências sociais, mas também modelado por várias facetas da proibição de bebidas alcoólicas e da tributação em diferentes países.

Estados Unidos
No Novo Mundo, a produção caseira de cerveja era considerada uma importante atividade familiar entre os colonos ingleses. No Velho Mundo, a água era considerada perigosa porque as fontes de água eram frequentemente contaminadas. Como os agentes patogênicos não conseguem sobreviver nela, a cerveja era considerada pelos colonos uma alternativa segura e nutritiva à água potável. Alguns dos fundadores dos Estados Unidos eram cervejeiros caseiros, incluindo George Washington, Thomas Jefferson e James Madison.

Nos Estados Unidos, a produção caseira de cerveja foi retomada em alguma medida quando a Lei Seca entrou em vigor, em 1920. Como a venda de bebidas alcoólicas era ilegal, muitos começaram a fazer cerveja em casa, embora a qualidade da maioria das cervejas caseiras fosse notoriamente ruim. A revogação da Lei Seca resultou na legalização da produção caseira de vinho, mas a produção caseira de cerveja teve que esperar até 1979 para se tornar nacionalmente legal novamente. Ver CARTER, JAMES EARL, JR.

O maior impacto da Lei Seca sobre produção americana de cerveja caseira somente seria percebido várias décadas depois. Poucas cervejarias americanas sobreviveram à Lei Seca. Nos anos seguintes à sua revogação, o número de cervejarias nos Estados Unidos continuou a cair, enquanto a variedade de cervejas disponíveis aos consumidores reduziu-se a tal ponto que quase todas as cervejas vendidas eram *light american lagers*. Essa falta de variedades de cerveja tornou-se um grande incentivo para os americanos produzirem cerveja em casa, particularmente para aqueles que tinham descoberto cervejas cheias de sabor em suas viagens para a Europa.

O atual aumento na popularidade da produção caseira de cerveja nos Estados Unidos começou com a publicação, em 1969, de *A Treatise on Lager Beer*, de Fred Eckhardt, o primeiro livro sobre a produção caseira de cerveja. Ver ECKHARDT, FRED. O livro de Eckhardt foi seguido por *Quality Brewing*, de Byron Burch, em 1974, e *The Complete Joy of Homebrewing*, de Charlie Papazian, em 1984, que rapidamente se tornou o livro mais popular nos Estados Unidos sobre a produção caseira de cerveja.

Apenas alguns meses antes da produção caseira de cerveja ser legalizada nacionalmente nos Estados Unidos, Charlie Papazian e Charlie Matzen fundaram a American Homebrewers Association (AHA) e publicaram a primeira revista dedicada à produção caseira de cerveja, *Zymurgy*, em 7 de dezembro de 1978. No ano seguinte, a AHA lançou a National Homebrew Competition e a National Homebrewers Conference. Em 1982, a AHA realizou a edição inaugural do Great American Beer Festival proporcionando um espaço para introduzir o público americano ao movimento de produção comercial de cerveja artesanal, alimentada principalmente por cervejeiros caseiros que tinham decidido fazer do seu passatempo uma profissão. Um ano mais tarde, a AHA acrescentou outra divisão, chamada de Institute for Brewing and Fermentation Studies, para servir à emergente comunidade da produção comercial de cerveja artesanal, e formou a Association of Brewers como a organização principal para ambas as associações. Ver BREWERS ASSOCIATION (BA), GREAT AMERICAN BEER FESTIVAL (GABF) e ZYMURGY.

Em 1985, a Home Wine and Beer Trade Association e a AHA criaram em conjunto o Beer Judge Certification Program (BJCP) para estabelecer um meio mais uniforme de julgar as competições de cerveja caseira. O BJCP é hoje uma organização independente. O BJCP realiza exames para certificar os juízes de cerveja, publica um conjunto de diretrizes de estilos a serem seguidas nas competições de cervejas caseiras e, em conjunto com a AHA, certifica as competições de cervejas caseiras. Até 2009, mais de trezentas competições por ano, em todo o mundo, foram registradas no BJCP. Ver BEER JUDGE CERTIFICATION PROGRAM (BJCP).

Os clubes americanos de produção caseira de cerveja desempenham um papel distinto. O primeiro clube dos Estados Unidos foi o Maltose Falcons, formado em 1974 no sul da Califórnia. Em 2010, havia cerca de novecentos clubes espalhados por todo o país. Os clubes desempenham um papel importante na produção caseira de cerveja, pois fornecem um local para a troca de conhecimentos com outros cervejeiros, onde as cervejas caseiras podem ser provadas e avaliadas. A maioria dos clubes promove encontros mensais, muitas vezes com oradores convidados.

No início da retomada da produção caseira de cerveja nos Estados Unidos, os ingredientes eram difíceis de encontrar e/ou de má qualidade. Hoje, a qualidade e variedade dos ingredientes disponíveis ao mercado americano são muito melhores; os cervejeiros caseiros agora têm acesso aos mesmos ingredientes que os cervejeiros comerciais. A melhoria da qualidade dos ingredientes, juntamente com o acesso facilitado à informação, através de livros, revistas e recursos online, e uma crescente variedade de opções de equipamentos, permite que mesmo os cervejeiros novatos produzam cerveja de alta qualidade em casa. Em 2010, a AHA estimava 750 mil americanos produzindo cerveja em casa, um número que cresceu constantemente nos cinco anos anteriores.

Reino Unido

Em 1963, o Reino Unido legalizou a produção caseira de cerveja para consumo próprio e sem licença. Antes da alteração da lei, os produtores caseiros de vinho do Reino Unido lançaram uma competição nacional anual em 1959. A competição evoluiu para a National Association of Amateur Winemakers, que foi renomeada National Association of Wine and Beermakers em 1974.

Atualmente, existem vários clubes de produção caseira de cerveja em todo o Reino Unido, embora talvez o mais conhecido deles seja o Durden Park Beer Club. Formado em 1971, o clube desde então se tornou mundialmente conhecido por trazer à vida receitas de cerveja já extintas dos séculos XVIII e XIX. O clube originalmente publicou o livro *Old British Beers and How to Make Them*, em 1976, com a última revisão em 2003.

Uma vez que a produção caseira de cerveja foi legalizada no Reino Unido, os primeiros *kits* incluíam materiais baratos e instruções muito rudimentares, o que resultava em uma cerveja inconsistente e muitas vezes de má qualidade. Como consequência, a produção caseira de cerveja passou a ser, principalmente, um método de produção de cerveja barata; afinal de contas, uma excelente cerveja podia ser encontrada nos *pubs*. Na década de 1980, as redes de farmácia, tais como a Boots, ofereciam em muitas de suas lojas grandes seções destinadas à produção caseira de cerveja. Em pouco tempo, a produção caseira de cerveja ficou mais associada à penúria do que à habilidade artesanal, e a sua popularidade diminuiu durante certo período. Finalmente, tanto o conhecimento técnico como os suprimentos melhoraram e, de 1990 em diante, começou uma segunda onda de produção caseira de cerveja. A qualidade melhorou drasticamente, e o movimento passou a ter uma imagem de prestígio. Hoje, a produção caseira britânica mais se assemelha à produção caseira dos Estados Unidos, embora esse *hobby* não seja tão disseminado.

Canadá

No Canadá, o interesse em produzir cerveja em casa tem sido, em grande parte, fomentado pelo elevado imposto sobre as bebidas alcoólicas comerciais. Muito do "faça você mesmo sua cerveja e vinho" é praticado por estabelecimentos que produzem a cerveja que servem, onde a qualidade não é necessariamente o objetivo primário. No entanto, o Canadá também é o lar de uma série de longevos clubes de produção caseira de cerveja que representam entusiastas mais sérios do movimento. A Canadian Amateur Brewers Association tem realizado competições, conferências e publicado informações sobre a produção caseira de cerveja desde que foi oficializada em 1984. Assim como nos Estados Unidos, o crescimento da produção caseira de cerveja tem contribuído para o crescimento comercial do movimento de cerveja artesanal no Canadá.

Austrália/Nova Zelândia

A Austrália tem uma comunidade de produção caseira de cerveja bem desenvolvida. Lá, alguns ingredientes básicos para a produção de cerveja estão disponíveis nas mercearias, permitindo aos australianos fazer cerveja barata, embora ingredientes de melhor qualidade estejam disponíveis em lojas especializadas na produção caseira de cerveja. Há clubes de produção caseira de cerveja em todo o país, além de um fórum nacional de e-mails especificamente destinado aos cervejeiros caseiros australianos. Em 2008, os cervejeiros caseiros australianos, liderados por John Preston, criaram a Australian National Homebrewers Conference, uma organização nacional sem fins lucrativos. A segunda conferência foi realizada em 2010. A conferência está estreitamente baseada na National Homebrewers Conference, da AHA, e inclui vários seminários relacionados ao tema, bem como uma competição nacional de cervejas caseiras.

A Nova Zelândia tem uma cultura de produção caseira de cerveja tão desenvolvida quanto a australiana, embora tenha uma atitude pouco comum sobre a produção caseira de bebidas alcoólicas, sendo um dos poucos países onde a produção caseira de bebidas destiladas é legalizada.

Europa continental

A produção caseira de cerveja no continente europeu não é tão desenvolvida como no Reino Unido, embora existam algumas regiões de crescimento. A Holanda é o lar do clube de produção caseira de cerveja De Roerstok, criado em 1984. A Dinamarca tem um movimento crescente e um robusto ambiente de produção caseira de cerveja. A Itália parece ser o país com o crescimento mais rápido da cultura de produção caseira de cerveja, semelhante ao movimento americano no início da década de 1980. Este, por sua vez, tem ajudado a alimentar a ascensão meteórica da produção de cerveja artesanal italiana. Ver DINAMARCA e ITÁLIA.

América do Sul

A produção caseira de cerveja está ganhando força no Brasil,[3] na Argentina e no Chile. Tal como na Itália, os cervejeiros caseiros sul-americanos estabeleceram movimentos similares àquele que surgiu nos Estados Unidos na década de 1980. Os cervejeiros caseiros brasileiros lançaram uma conferência nacional que se reúne se anualmente e promove o entusiasmo pela recente cultura da cerveja artesanal.

Ásia

Na Ásia, o Japão é o país mais desenvolvido em relação à produção caseira de cerveja. A produção caseira de cerveja no Japão é ilegal para qualquer cerveja com teor alcoólico acima de 1%. Dito isso, há talentosos cervejeiros caseiros no país e empresas que os atendem. Em 1999, Ichiri Fujiura, de Tóquio, ganhou o Homebrewer of the Year Award na National Homebrew Competition, da AHA.

Aprendizagem adicional

As instruções para fazer uma cerveja básica podem ser facilmente impressas em uma única folha de papel, mas os conhecimentos necessários para produzir uma cerveja de qualidade, em uma gama de estilos, exigem estudos mais aprofundados. De fato, aqueles que se fascinam com a cerveja descobrem que podem passar a vida inteira aprendendo sobre os seus vários aspectos.

Os conceitos básicos da produção de cerveja podem ser encontrados na internet e em pequenos guias disponíveis em lojas especializadas na produção caseira de cerveja. Mas qualquer pessoa interessada em produzir mais que algumas bateladas desejará estudar mais, e bons livros estão disponíveis. Nos Estados Unidos, duas revistas impressas atendem aos cervejeiros caseiros: *Zymurgy*, publicada pela American Homebrewers Association (Boulder, Colorado), e *Brew Your Own*, publicada pela Battenkill Communications, de Vermont.

Além disso, os cervejeiros caseiros podem encontrar uma variedade de outras fontes de informação em fóruns cervejeiros que variam do âmbito local ao internacional, programas de rádio online e cursos oferecidos por varejistas e escolas cervejeiras internacionalmente conhecidas.

Daniels, R. **Designing great beers: the ultimate guide to brewing classic beer styles**. Denver: Brewers Publications, 1998.
Lewis, A. **The homebrewers answer book**. North Adams: Storey Publishing, LLC, 2007.
Mosher, R. **Radical brewing: recipes, tales, and world-altering meditations in a glass**. Denver: Brewers Publications, 2004.
Papazian, C. **The complete joy of homebrewing**. New York: Harper Paperbacks, 2003.

---

3 No Brasil, as associações dos cervejeiros artesanais (AcerVas), com sedes estaduais, reúnem os cervejeiros caseiros do país e têm aproximadamente cinco mil afiliados. [N.E.]

Palmer, J. **How to brew: everything you need to know to brew beer**. Denver: Brewers Publications, 2006.

White, C.; Zainasheff, J. **Yeast: the practical guide to beer fermentation**. Denver: Brewers Publications, 2010.

Gary Glass, Ray Daniels e Keith Thomas

produção de cerveja nos Estados Unidos colonial.

Uma das primeiras atividades para os colonos de qualquer território novo, depois de comida e abrigo estarem razoavelmente garantidos, é a criação de algum tipo de bebida fermentada. Frutas nativas, uvas ou bagas podem originar a produção de vinho, mas como o malte é transportável e estável, os materiais para a produção de cerveja podem ser trazidos para uma rápida utilização, principalmente quando os próprios colonos são de regiões produtoras de cerveja. Dada a escassez de evidências dos presumidos antigos consumidores de cerveja do Novo Mundo, os nórdicos no século XI, e dada a hipótese de que os assentamentos espanhóis na Flórida provavelmente teriam se concentrado na prensagem das uvas muscadínea para tal bebida, deve-se olhar para as colônias inglesas da Virgínia e Massachusetts como responsáveis pela difusão da cultura de produção de cerveja oriunda do Velho Mundo.

Da mesma forma, a produção de cerveja na colônia de Jamestown, na Virgínia, parece ter levado algum tempo. Depois do esgotamento do suprimento da cerveja inglesa trazida durante as viagens de 1606-1607, os colonos de Jamestown foram obrigados a beber apenas água e mesmo a trocar ferramentas essenciais pela cerveja que os marinheiros que chegavam tinham a bordo. Em 1609, o governador e o Conselho da Virgínia puseram anúncios solicitando que cervejeiros viessem para a colônia, e mesmo já na década de 1620 a falta de cerveja decente era relatada. Finalmente, em 1629, John Smith relatou na Inglaterra que a colônia havia construído duas cervejarias e produzia cervejas feitas tanto de malte de cevada quanto do malte de milho nativo.

No desembarque em Plymouth, Cape Cod, em dezembro de 1620, em vez de no rio Hudson, como planejado, e supostamente por causa da diminuição dos suprimentos de cerveja, as palavras de William Bradford se tornaram lendárias: "Pois não poderíamos, agora, ter tempo para novas buscas ou considerações, com nossos suprimentos esgotando-se, especialmente nossa cerveja...".

Em Massachusetts, assim como na Virgínia, o próprio início da produção de cerveja levou tempo para se estabelecer (pelo menos em uma escala superior à da produção de cerveja em casas ou fazendas), com a encomenda de equipamentos da Inglaterra aparecendo no início da década de 1630 e o licenciamento de cervejeiros comerciais ocorrendo poucos anos depois. O malte era geralmente importado, mas em 1640 há registros do endereço "Maulsters Lane" (rua dos Malteadores) em Charlestown (atualmente parte de Boston). É interessante notar que ainda há leis ativas atualmente no estado de Massachusetts ligando a produção de cerveja com o cultivo da cevada. Lúpulos foram descobertos crescendo selvagens, mas não eram coletados ou cultivados em nenhuma das colônias inglesas em quantidades suficientes para substituir completamente a importação ou os ingredientes alternativos.

O incentivo para se produzir cerveja nas colônias foi grande desde o início. A cerveja importada da Inglaterra ocupava um espaço valioso a bordo dos navios, e muitas vezes não estavam aptas a serem bebidas depois de viagens que duravam meses sob condições precárias de armazenamento. Mortes foram atribuídas ao consumo de cerveja estragada, mas, considerando a propriedade antipatogênica de qualquer bebida alcóolica – uma bênção em áreas onde os suprimentos de água são duvidosos –, o mais provável é que as evidências conectando a cerveja ruim com mortes fossem apenas circunstanciais. Ingredientes importados para a produção de cerveja eram também caros e escassos. O resultado foi uma certa quantidade de ingredientes caseiros improvisados, tanto para a fermentação quanto para a produção de aromas. Uma tentativa significativa foi feita para estabelecer o malte de milho como ingrediente alternativo ao malte de cevada; em 1622, John Winthrop Jr. apresentou um trabalho para a Sociedade Real sobre a malteação do milho. O melaço figurava proeminentemente na fortificação dos mostos cervejeiros; também eram utilizados pêssego, caqui, tupinambur, ervilha, abóbora e mesmo talo de milho. O abeto é muitas vezes mencionado como flavorizante e conservante.

Cervejeiros artesanais modernos podem achar familiar – pelo menos em espírito – a lista de ingredientes fermentáveis alternativos atribuída aos cervejeiros coloniais, principalmente a abóbora. Considerando quão popular e difundida ela era entre diversos cervejeiros durante o outono, dos pequenos aos grandes, é importante destacar seu uso em algumas das primeiras cervejas americanas. Em vez de terem surgido totalmente prontas a partir da engenhosidade moderna, a "Imperial Chocolate Pumpkin Porter" e a "Ginger Pumpkin Pilsner" possuem raízes na criatividade colonial. As abóboras cresciam livremente nas colônias e quando misturadas com malte, tinham seu amido facilmente quebrado em açúcar em uma mostura.

Na mesma época em que os colonos ingleses se estabeleciam em Massachusetts e Virgínia, os holandeses estabeleciam postos em Port Orange (hoje Albany, Nova York), Port Nassau (hoje Camden, Nova Jersey) e, principalmente, em Nova Amsterdã, mais tarde conhecida como Manhattan. Em alguns anos, tanto cervejarias quanto maltarias estavam estabelecidas nas cidades holandesas, utilizando a cevada e o lúpulo cultivados no Novo Mundo. Pela década de 1640, os cervejeiros e malteadores holandeses já exportavam suas mercadorias para outras colônias, entre elas a Virgínia, onde o tabaco, por ser mais rentável, havia substituído as outras culturas e, de fato, servia como moeda alternativa ao dinheiro. As colônias sulistas e centrais, incluindo Maryland, Geórgia e as Carolinas, também dependiam da importação de matérias-primas e cerveja do norte por motivos parecidos. Os lúpulos, quando não importados do exterior, provavelmente vinham da Nova Inglaterra, região hoje conhecida como o norte do estado de Nova York. Talvez mais do que a cerveja produzida nas outras colônias, mais provincianas, a cerveja produzida pelos holandeses da Nova Holanda era amplamente elogiada por sua qualidade.

Nova Amsterdã, além de se tornar a primeira cidade cosmopolita da América, foi o primeiro verdadeiro centro da cerveja e de sua cultura no Novo Mundo. Algumas cervejarias foram estabelecidas nas décadas de 1640 e 1650, e quando os ingleses assumiram a colônia, em 1664, havia pelo menos dez delas servindo uma população de aproximadamente 1,6 mil habitantes. Alguns desses cervejeiros se tornaram homens ricos e influentes, atuando no governo. Entre os chamados nove homens que se manifestaram contra a candidatura do autocrático Peter Stuyvesant para a prefeitura da cidade, quatro eram cervejeiros. Conforme os holandeses expandiam seus territórios além da cidade, os planos para novos assentamentos invariavelmente incluíam uma cervejaria. Famílias cervejeiras surgiram, entre as quais as notáveis famílias Bayard e Rutgers, com a última produzindo quatro gerações de cervejeiros.

É importante notar que foi nas cidades que os cervejeiros fizeram o maior progresso para a viabilização comercial da cerveja. Uma robusta cultura de taberna existia para servir a população na Nova Amsterdã e Boston, e já que essas cidades eram portos marítimos, havia navios para prover com cerveja. As guarnições militares também precisavam de cerveja.

A Filadélfia se tornou a segunda maior cidade cervejeira americana, algo que foi pressagiado pela concessão de terras pelo rei Charles II para William Penn em 1680 e seus planos para a cidade, que incluíam instalações para a produção de cerveja. Não muito tempo após sua chegada, em 1682, Penn narrou o progresso da colônia, descrevendo uma cerveja feita com melaço, sassafrás e pinho; reconhecendo a crescente proeminência da cerveja de malte; e fazendo menção a um cervejeiro local, William Frampton. No final do século, a população da cidade havia ultrapassado a de Nova York e havia diversas maltarias e cervejarias. A cerveja da Pensilvânia era exportada para as colônias sulistas e também para Barbados.

Pode parecer incongruente para a sensibilidade moderna que líderes religiosos fundamentais para o estabelecimento das primeiras colônias do Novo Mundo tenham encorajado tão resolutamente o desenvolvimento da produção de cerveja. Protestantes da Nova Inglaterra, *quakers* da Pensilvânia – e mesmo os batistas de Rhode Island, de Roger Williams – abraçavam a cerveja como uma necessidade da vida e da cultura. Inicialmente, ela era certamente vista como mais segura que qualquer abastecimento de água questionável. Mas é sobretudo no contraste com os destilados – que naturalmente conduziam mais rapidamente à embriaguez e seus problemas – que está a virtude relativa da cerveja. Os destilados ocupavam menos espaço físico que a cerveja nos navios e não estragavam; assim, eram mais facilmente importados. Os destilados também eram mais facilmente produzidos a partir de diversos produtos agrícolas. Sem a cerveja como opção moderada, temia-se que a embriaguez se tornasse comum. De fato, diversos incentivos fiscais foram estabelecidos a fim de favorecer a produção e venda de cerveja em relação a bebidas alcoólicas mais fortes, bem como promover uma maior independência de fontes estrangeiras de suprimentos. Essa distinção assumiria maior importância conforme as colônias, cada vez mais unidas, se aproximavam do momento de pedir autonomia em relação à Coroa.

Como uma das artes meramente caseiras, a produção de cerveja era realizada em casas e fazendas do Novo Mundo pelas muitas pessoas que lá se estabeleceram, sem distinção de origem nacional. As cervejarias comerciais que surgiram muitas vezes eram primeiramente estabelecidas e administradas por ingleses ou holandeses, e ocasionalmente escoceses, irlandeses ou alemães. Os alemães, evidentemente, teriam seus dias de imigrantes cervejeiros dominantes no Novo Mundo no século XIX, com a colonização de territórios mais a oeste, mas antes da Revolução Americana, a população alemã era relativamente pequena. Logo no início, os próprios cervejeiros eram imigrantes, mas, da mesma forma como em outros ofícios, arranjos foram realizados para a construção de uma hierarquia cervejeira. Em meados do século XVII, a maior parte da cultura cervejeira era caseira.

Enquanto Filadélfia e Nova York ostentavam dinastias cervejeiras e imponentes instalações de produção, provavelmente o mais conhecido praticante pré-revolucionário das artes cervejeiras é Samuel Adams, de Boston. Isso se deve a diversos motivos, um deles sendo a cerveja moderna da Boston Brewing Co. que carrega seu nome. Embora creditado como cervejeiro, as evidências sugerem que ele malteava grãos em vez de produzir cerveja durante sua jornada rumo a uma célebre carreira política. Adams publicava comentários na forma de anúncios que serviam a suas duas vocações, clamando pela adoção e consumo de cervejas produzidas nos Estados Unidos em detrimento das ofertas estrangeiras. Essa primeira versão do conhecido refrão "buy American" ("compre [os produtos] norte-americanos") levou ao aumento da indignação com os impostos ingleses que começaram a pesar sobre os colonos.

Pois, na verdade, os ingleses precisavam de dinheiro. O fim da Guerra dos Sete Anos, em 1763, deixara os cofres públicos esgotados e os colonos americanos do norte com um sentimento de relativa segurança em relação aos franceses. Eles estavam, portanto, extremamente relutantes a se submeter às novas tributações impostas pelos ingleses, algumas das quais atingiam diretamente a cerveja e o comércio das tabernas. O vaivém da Lei do Selo de 1765, os vários embargos aos navios britânicos decretados pelos colonos (1765, 1770 e 1774) e outras imposições tributárias, bem como a reação ditatorial dos ingleses, encorajaram a produção nacional de mercadorias (malte e lúpulo entre elas) e aceleraram o início da guerra.

Com a interrupção no fornecimento de cerveja e de ingredientes cervejeiros vindos do exterior, tornou-se ainda mais urgente produzir cerveja com os produtos agrícolas produzidos na América. Algumas receitas chegaram a nós narrando o uso tanto de ingredientes tradicionais quanto de ingredientes alternativos, talvez mais prontamente disponíveis. A mais famosa é uma receita para *small beer* (cerveja fraca), transcrita no diário de George Washington enquanto ele servia na milícia da Virgínia (1737), que atualmente se encontra na Biblioteca Pública de Nova York. Ver SMALL BEER. A correspondência de Thomas Jefferson e James Madison indica um conhecimento em primeira mão da produção de cerveja. Tanto Benjamin Franklin quanto o general Jeffrey Amherst acharam por bem deixar registradas as receitas de cerveja de espruce para a posteridade, apesar de ambos serem ainda cervejeiros um pouco rudimentares. Em contraste, um conjunto de "Instruções para a Produção de Bebidas Alcoólicas de Malte", descoberto em uma carta de Joseph Clarke, tesoureiro geral da colônia de Rhode Island, mostra uma percepção mais sofisticada do processo de produção de cerveja – nesse caso tanto uma *first* quanto uma *small beer* a partir da mesma mostura – assim como da importância da higiene. No entanto, existe um grande espírito empírico nas receitas remanescentes dessa época, apoiando-se mais na aparência e na intuição do que em dispositivos futuros como termômetros e sacarímetros, para não falar da refrigeração. Um pouco bizarra, com efeito, é uma receita que apareceu na *Virginia Gazette*, em 1775, descrevendo o processo de produção de uma cerveja feita a partir de talos de milho picados e prensados. O uso de ervas e outros flavorizantes que não o lúpulo persistiu até o século XIX.

Esforços para recriar as cervejas do período colonial foram feitos nos últimos anos. Em setembro de 2005, o corpo de jurados do Great American Beer Festival escolheu a receita de Poor Richard's Ale, do cervejeiro Tony Simmons, para ser produzida em todo o país por algumas dezenas de cervejarias comerciais em comemoração ao tricentenário do nascimento de Benjamin Franklin. Ver GREAT AMERICAN BEER FESTIVAL (GABF). A receita da

Poor Richard's empregava uma variedade de maltes, imitando aqueles provavelmente utilizados durante o período, e também milho, melaço e lúpulos Goldings. Outros produzem cerveja em eventos públicos e locais históricos, como a Pennsbury Manor, a restauração da propriedade de William Penn, onde empregam métodos apropriados às limitações do período colonial, como a mosturação e a fermentação em barris de madeira e o cozimento sobre um fogo de lenha. Também se pode notar que, apesar de sua frase tão citada – "A cerveja é a prova de que Deus nos ama e nos quer felizes" –, o próprio Franklin era mais um degustador de vinho do que um amante da cerveja; suas contas domésticas testemunham o consumo apenas ocasional de cerveja.

É de se supor que as cervejas comercialmente produzidas até e durante os anos revolucionários tenham sido produzidas com uma maior consistência e domínio que essas receitas essencialmente caseiras, que às vezes pedem coisas como o uso de um cobertor para proteger o mosto durante a fermentação e mantê-lo aquecido. Era tão verdadeiro no passado quanto é hoje que um cervejeiro ruim ou uma cerveja inconsistente não duram muito no mercado, e há amplas evidências de continuidade nos negócios dos cervejeiros das cidades pré-revolucionárias. As cervejas produzidas eram certamente *ales*, de coloração variando do claro ao escuro, com taxas de lupulagem conferindo equilíbrio e efeito conservante à cerveja em vez de sabor. Com o uso de barris de madeira durante a fermentação, é fato que um componente de sabor derivado da microflora residente na madeira estaria presente juntamente com aquele transmitido pela utilização das leveduras, ou "fermento", uma razão a mais para a rápida venda e consumo da cerveja, especialmente no caso daquelas mais fracas. Os restos de fermento e o bagaço dos grãos eram também vendidos pelos cervejeiros como produtos secundários, presumivelmente para a alimentação do gado.

As colônias também não passaram incólumes ao modo de fazer cerveja importado dos países colonizadores. A *porter* como um estilo identificável começou a ser produzida por volta de 1720 em Londres, e apesar de nunca ter atingido o mesmo grau de popularidade nas colônias que em seu país de origem, ela era produzida e consumida antes, como hoje, por seus adeptos leais. Talvez o cervejeiro historicamente mais notável de *porter* da época tenha sido Robert Hare da Filadélfia, um imigrante de Londres, que frequentemente fornecia essa cerveja a George Washington, para o qual a *porter* de Hare era a melhor da cidade. Washington adquiria a cerveja de Hare por intermédio de Clement Biddle, um comerciante cujo papel como intermediário prefigurava o uso moderno de representantes comerciais e distribuidores. Tão devotado era Washington à *porter* de Hare que, quando ficou sabendo da destruição da cervejaria por um incêndio por volta de 1790, deu instruções para adquirir os estoques que restavam.

Uma vez consumada a independência, os cervejeiros de diversas colônias participaram ativamente nas celebrações de ratificação, realizadas em sua maior parte em 4 de julho de 1788. Como foliões profissionais, suas contribuições foram o crescimento na quantidade de seus produtos, mas, em muitos casos, suas atividades políticas motivavam seu entusiasmo com os triunfos da jovem nação. O desfile na Filadélfia, por exemplo, contava com cervejeiros de chapéus decorados com feixes de cevada e ramos de lúpulo, munidos de um estandarte com o simples lema "a cerveja feita em casa é melhor".

Ver também ESTADOS UNIDOS e HISTÓRIA DA CERVEJA.

Baron, S. W. **Brewed in America: the history of beer and ale in the United States.** Boston: Little, Brown & Co., 1962.
Smagalski, C.; Wagner, R. **Beer historian brews colonial ale.** Disponível em: http://www.bellaonline.com/articles/art64142.asp. Acesso em: 1º abr. 2011.
Smith, G. **Brewing in colonial America.** Disponível em: http://www.beerhistory.com/library/holdings/greggsmith1.shtm. Acesso em: 1º abr. 2011.
Smith, G. **Beer in America: the early years 1587--1840.** Boulder: Brewers Publications, 1998.

Dick Cantwell

produção de cerveja sob contrato é um arranjo comercial em que uma empresa produz e envasa cerveja em equipamentos que ela não possui. Embora tais arranjos sejam comuns entre grandes cervejarias há muito tempo, a produção de cerveja sob contrato ganhou destaque nos Estados Unidos através da fundação e subsequente sucesso da Boston Beer Company, produtores da Samuel Adams Boston Lager. Inicialmente produzida na Pittsburgh Brewing Company, em 1984, a marca Samuel Adams cresceu rapidamente, tanto em reputação quanto em volume, e a sua ascensão se deu sem as despesas decorrentes da posse de tijolos, argamassa e aço inoxidável utilizado na produção da cerveja.

Desde então, depois de vários contratos com diferentes arranjos, a Boston Beer Company agora produz todas as suas cervejas em instalações próprias, mas muitas outras empresas seguiram o modelo de contrato, ajudando a estabelecer e solidificar o movimento cervejeiro artesanal americano na década de 1980. Hoje, algumas empresas iniciam suas atividades como operações que funcionam sob contrato, mas muitas outras usam a produção sob contrato para complementar a sua produção quando a demanda supera a capacidade de produção em suas próprias instalações. A cervejaria contratada, por sua vez, é capaz de transformar a capacidade ociosa em um fluxo constante de receitas.

Os arranjos de produção de cerveja sob contrato variam amplamente. Alguns são negociações distantes realizadas por telefone, enquanto outros são grandes parcerias. Na maioria das formas de produção sob contrato, a cervejaria contratada pode, essencialmente, fornecer tudo, desde a receita até a embalagem da cerveja, com pequena participação da empresa contratante. Nessas circunstâncias, a empresa contratante é, essencialmente, uma companhia de marketing – ela fornece uma identidade para a cerveja e, em seguida, a divulga e vende. Em outros casos, a empresa contratante pode fornecer seus próprios ingredientes e cepas de leveduras, determinar a receita e especificar todos os pequenos detalhes da produção até o envase. Nesses últimos casos, o cervejeiro ou gerente da cervejaria contratante frequentemente visitará as instalações da cervejaria anfitriã, acompanhando a produção da sua cerveja.

A produção sob contrato também assume diferentes formas sob o ponto de vista jurídico. Em uma simples situação de contrato, a cervejaria anfitriã comprará todos os materiais utilizados para a produção, produzindo fisicamente a cerveja e a mantendo sob a sua posse legal, até que a contratante tome posse da bebida. Outra forma de contrato, referida como "propriedade alternada" ou "estabelecimentos alternados", surgiu na indústria do vinho, no final de 1990. Nessa forma de contrato, a cervejaria contratante, agora referida como "cervejaria locatária" essencialmente aluga, por certo período, os equipamentos da cervejaria anfitriã. Nesse arranjo, todos os ingredientes e a cerveja resultante são de propriedade da cervejaria locatária desde o início do processo. Nos Estados Unidos, existem implicações fiscais para as várias formas de relações contratuais, que são rigorosamente reguladas pela Alcohol and Tobacco Tax and Trade Bureau.

Embora os entusiastas da cerveja artesanal tenham olhado com desconfiança para a produção de cerveja sob contrato, ela é agora tão comum que o estigma de "não possuir aço inoxidável" parece estar desaparecendo. Questões de origem e "autenticidade" ainda ecoam entre os cervejeiros artesanais, mas, recentemente, tanto os cervejeiros quanto os consumidores têm dado mais atenção à própria cerveja e às pessoas que a produzem do que à localização onde a cerveja é produzida ou à sua propriedade. Curiosamente, uma nova classe de contrato surgida nos últimos tempos imediatamente se tornou a preferida dos "blogueiros" de cerveja em todo o globo. Trata-se dos cervejeiros itinerantes, muitas vezes conhecidos pelo nome (talvez de mau gosto) de "cervejeiros ciganos". Esses cervejeiros seguem o modelo estabelecido pelos "enólogos voadores" que começaram a surgir na Austrália na década de 1980, fazendo vinho por todo o mundo. Os cervejeiros itinerantes vagam pelo mundo como samurais sem-teto, produzindo cerveja em várias cervejarias diferentes. Normalmente, esses cervejeiros lançam suas cervejas sob uma única marca, mas elas podem ser produzidas em qualquer lugar; assim, um produtor de cerveja (muitas vezes uma única pessoa), frequentemente, tem vários projetos sendo realizados, algumas vezes em diferentes países. A imagem do cervejeiro itinerante, longe de ser contaminada pela ideia de "produção de cerveja sob contrato", parece ter capturado particularmente a imaginação dos americanos. Talvez isso se deva a um certo gosto americano pela ideia do pistoleiro errante, viajando pelo mundo livremente a cavalo, sem se prender a uma casa, plantações, cercas ou fronteiras. Com a tecnologia da informação, a velocidade das redes sociais e a facilidade na comunicação e colaboração entre os cervejeiros, é de se esperar que o "mestre cervejeiro voador" se torne mais comum.

Garrett Oliver

produção de cervejas extremas (*extreme brewing*) é um termo controverso que descreve novas cervejas inusitadas criadas por cervejeiros artesanais interessados em estender os limites da produção tradicional de cerveja. Embora as cervejas em si sejam amplamente apreciadas, o termo "*extreme brewing*" invoca, dependendo do ponto de vista, ou um admirável espírito de criatividade rebelde, ou uma infantil e cínica tentativa de se comercializar uma imagem de "forasteiro" falsamente construída. Considerando que a ascensão do movimento cervejeiro artesanal tem sido baseada na transgressão de fronteiras previamente limitadas, não surpreende que o termo seja controverso. Embora a chamada produção de cervejas extremas tenha começado como um fenômeno da produção de cerveja artesanal americana, essas cervejas tiveram uma forte influência sobre os cervejeiros artesanais em todo o mundo.

Mais frequentemente usado pelos consumidores, escritores e blogueiros do que pelas cervejarias comerciais, o termo "cerveja extrema" tem sido aplicado a quase qualquer cerveja que pareça fora do comum, quer seja pelo alto teor alcoólico, intensa concentração de amargor do lúpulo, ingredientes incomuns, ou por uma técnica ou inspiração inovadoras. Alguns cervejeiros, aparentemente por um desejo juvenil de parecer "ultrajante", assumem a vontade de criar a "cerveja mais lupulada do mundo" ou a "cerveja mais forte da Terra" e, inevitavelmente, dão início a algum plano para conseguir o duvidoso objetivo. O cervejeiro exibido, cobiçando algum superlativo bobo, pouco depois é inevitavelmente usurpado por algum arrivista que reivindica o prêmio para si.

Muitas cervejas rotuladas "extremas" são genuinamente inventivas e maravilhosamente saborosas. Muitas são fortes, mas também são submetidas a complexas fermentações, regimes de condicionamento em barril de madeira e misturas meticulosas capazes de proporcionar algo harmonioso e delicioso. Enquanto a maioria das cervejas é tradicionalmente produzida com grãos malteados, algum tipo de agente de amargor e levedura, os cervejeiros artesanais modernos usam de tudo, de xarope de bordo a pimentas, de batatas-doces a capim-limão, de flores comestíveis a lichia. As cervejas resultantes variam de repugnantes a profundamente estranhas ou excelentes, mas a criatividade envolvida é inegavelmente refrescante.

Evidentemente, as pessoas têm feito cerveja por cerca de 10 mil anos, por isso a ideia de se criar algo absolutamente novo é quase certamente tão arrogante quanto irresistível. Apenas 250 anos atrás, os colonos das Américas produziam cerveja com milho nativo, arroz nativo, pontas de abeto, abóbora, melaço, ervilhas verdes, seiva de bordo, ervas selvagens, batatas ou qualquer outra coisa que pudesse gerar açúcares fermentáveis e um sabor esperançosamente agradável. Pode-se argumentar que os cervejeiros artesanais italianos que produzem cervejas a partir de suas castanhas nativas não estão praticando *extreme brewing*, mas estão envolvidos em uma prática muito tradicional de produção de cerveja que parece incomum somente do ponto de vista muito moderno. Da mesma forma, cervejas com teor alcoólico acima de 10% por volume certamente têm sido produzidas desde os primórdios da civilização e têm sido comercializadas há séculos. O crescente interesse nos estilos de *sour beers* advém da produção de *lambic*, um dos estilos de cerveja mais tradicionais e antigos do mundo. Na América Central e do Sul, os indígenas mastigavam o milho para que a saliva convertesse os amidos em açúcares com a finalidade de fermentar a cerveja nativa chicha. Dada a grande complexidade da história da cerveja, o que realmente pode ser considerado extremo?

Embora muitos entusiastas de cerveja gostem do termo "*extreme brewing*", ele faz muitos cervejeiros artesanais se arrepiarem. Tendo trabalhado e se sacrificado por muitos anos para se tornarem artesãos qualificados, eles relutam em ver as suas imagens retratadas em público como crianças indisciplinadas competindo umas contra as outras no parquinho. Afinal de contas, eles argumentam, se as pessoas não estão interessadas em "comidas extremas", "vinhos extremos" ou "*whiskies* extremos", por que os cervejeiros se deixam pintar de forma tão pejorativa? Os rótulos são importantes, especialmente em um ambiente onde o vinho goza de um *status*, conferido pela grande mídia, superior ao da cerveja artesanal. A cerveja artesanal ainda luta para ser ouvida pela grande mídia, e muitos cervejeiros sentem que o rótulo extremo é evidentemente inútil. Curiosamente, muitos artistas criativos classificados como "radicais" ou "extremos" não gostavam desses títulos, de Dizzy Gillespie, do *jazz* nas décadas de 1940 e 1950, ao influente e moderno chefe Ferran Adrià, do restaurante catalão El Bulli. Em sua defesa, eles diziam que estavam tentando fazer algo bonito, e não serem ultrajantes a qualquer custo, mas tais sentimentos refletidos muitas vezes caíram em ouvidos moucos.

Outros cervejeiros abraçaram o termo "extremo" de todo o coração e construíram o marketing de suas cervejarias em torno dele. Quando se trata de obter a atenção da mídia, o barulho sempre foi eficaz, e isso se torna particularmente verdadeiro com o desenvolvimento da simples mídia impressa ou da televisão para outras plataformas. Se um cervejeiro está disposto a fazer qualquer coisa para receber atenção, a mídia terá todo o prazer em segui-lo. O que é certo é que os cervejeiros continuarão a ser almas aventureiras, criando e recriando sabores que ainda não tenham sido provados, pelo menos não em nossas vidas. E continuarão a existir cervejeiros criativos que preferem pensar em si mesmos como iconoclastas, assim como outros que continuarão a usar a expressão "cervejeiro extremo" como um distintivo de honra.

Garrett Oliver

Progress é um moderno lúpulo inglês de dupla aptidão usado para aroma e amargor. Cultivado em Kent, as características mais importantes do seu aroma são as notas frutadas e de zimbro. Ele foi desenvolvido no Wye College, em Kent, no final da década de 1950. Ver WYE COLLEGE. Foi trazido aos Estados Unidos pela Fazenda de Pesquisa do Lúpulo de Covallis (do Departamento de Agricultura dos Estados Unidos), no Oregon, em 1966. O *pedigree* desse lúpulo é composto de um cruzamento entre a variedade Whitebred Golding e um lúpulo americano selvagem. Seu teor de alfa-ácidos geralmente fica entre 5% e 7%. Embora ele tenha sido inicialmente considerado um substituto do Fuggle, este acabou substituído não pelo Progress, mas sim por lúpulos com teores ainda mais altos de alfa-ácidos. Isso reduziu a aceitação do Progress. Agronomicamente, o Progress é tolerante à murcha do *Verticillium,* mas não ao míldio. Sua maturidade é média e ele mantém-se estável durante armazenamento. Seu uso se dá principalmente em *ales* no estilo inglês clássico.

Lemmens, G. The breeding of hop varieties. **Brewer's Digest**, mar. 1997.

Neve, R. A. **Hops**. London: Chapman & Hall, 1991.

Wagner, T. **Gene pools of hop countries**. Zalec: Institute of Hop Research, 1978.

Brian Yaeger

propaganda. Silenciosamente vertida em um copo, barril ou garrafa, a cerveja nem sempre é a sua melhor porta-voz, e precisa de ajuda para divulgar a sua qualidade, disponibilidade e origem. Os primeiros veículos de publicidade eram muito simples. Na época da antiga Suméria, uma *Brewster* anunciaria a disponibilidade de uma *ale* fresca pendurando um ramo acima de sua porta. Nos tempos medievais, o símbolo de um ramo ou uma vassoura era conhecido como *ale stake*, transmitindo uma simples mensagem: "Nós temos cerveja". Os primeiros sinais de propaganda das tabernas e dos *pubs* cervejeiros eram publicidade visual para uma clientela analfabeta. Existem poucas evidências de cervejas com marcas gráficas até a metade do século XIX, embora esteja claro que certas cervejarias desfrutaram de grande fama. Em 1876, o triângulo vermelho da Bass foi a primeira marca registrada de qualquer produto a ser registrado na Grã-Bretanha, embora a marca tenha sido utilizada durante décadas antes dessa data.

A propaganda moderna para a cerveja iniciou nos anos de 1880 com o desenvolvimento da litografia policrômica, que permitiu a veiculação de imagens complexas e cheias de cores para serem aplicadas em papel ou em uma superfície de metal. Os pôsteres tornaram-se um importante veículo de propaganda, especialmente na Europa, onde notáveis artistas como Alfonse Mucha, A. M. Cassandre e Ludwig Hohlwein produziram exemplos criativos e memoráveis. Um dos mais notáveis foi uma série de pôsteres feita por John Gilroy para a marca Guinness nos anos de 1930 e 1940, contando com *slogans* como "*Guinness is good for you*" e imagens chamativas como o famoso tucano equilibrando um *pint* no bico.

Nos Estados Unidos, preferiam-se imagens de mulheres deslumbrantes ou de cervejarias fumegantes, mas a mais famosa litografia de cervejaria americana é uma peça da Budweiser de 1896, *Custer's Last Fight*. Adolphus Busch acrescentou alguns entalhes a uma pintura existente, tornando-a mais sensacional. Busch também era famoso por distribuir canivetes "Stanhope" com um olho mágico mostrando o seu retrato.

Quadros de metal esmaltados também foram peças de publicidade popular, e devido à sua durabilidade costumavam ser utilizados para sinalização exterior, divulgando as marcas disponíveis em tabernas. A publicidade no ponto de venda também

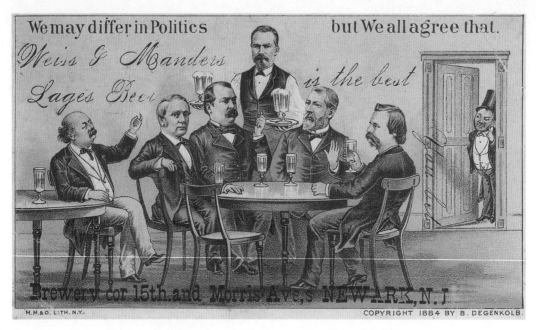

Cartão comercial, c. 1884. A propaganda moderna de cerveja começou nos anos de 1880. PIKE MICROBREWERY MUSEUM, SEATTLE, WA.

incluía bandejas, espelhos, copos, torneiras com puxadores, porta-copos, e peças de bar feitas de gesso, metal e, finalmente, plástico. Sinalizações de neon começaram a aparecer após a Lei Seca. Muitas dessas peças eram deslumbrantemente lindas; todas são, hoje, altamente colecionáveis.

A propaganda em massa de cerveja não iniciou até o final da Segunda Guerra Mundial. Propagandas de páginas inteiras em revistas de interesse geral tornaram-se populares. Uma famosa campanha impressa, *Beer Belongs*, foi patrocinada pela United States Brewers Foundation. Ela trazia ilustrações de atividades corriqueiras do cotidiano juntamente com imagens de cerveja e alimentos, posicionando a cerveja como a "bebida da temperança americana". A ideia era desfazer alguns dos danos provocados no mercado de cerveja em resultado da Lei Seca. Entre 1945 e 1956 pelo menos 136 dessas propagandas foram divulgadas, embora durante esse período o consumo *per capita* de cerveja tenha de fato diminuído.

Nos anos de 1950, transmissões de rádio tornaram-se importantes junto com o patrocínio do *baseball* e outros esportes. Com o aparecimento da nova mídia, os anunciantes de cerveja deram um salto para a televisão. Os gastos publicitários cresceram na década de 1970, depois que a Philip Morris assumiu o controle da Miller e, pela primeira vez, teve como objetivo atingir as mulheres assim como os homens. Os gastos atingiram o pico em 2007 (ano em que a Anheuser-Busch gastou 1,36 bilhão de dólares em marketing) e, depois, declinou.

A mais significativa campanha de televisão para uma cerveja norte-americana é certamente a mundialmente famosa "*Tastes great, less filling*" feita para a Miller Lite pela agência de propaganda McCann-Erikson. O produto, que vinha fracassando como uma cerveja dietética para mulheres, foi reposicionado no mercado como uma cerveja que poderia ser consumida em grandes quantidades (*less filling*, "que enche menos"). Vinculando-se a celebridades atléticas excêntricas em uma campanha cheia de humor, a Lite tornou-se um enorme sucesso, mudando para sempre a indústria cervejeira. Com esse sucesso, o volume de produção da cerveja Miller dobrou entre 1973 e 1977, e em 1992 a Miller Lite desbancou a Budweiser como a cerveja número um dos Estados Unidos.

A propaganda de cerveja britânica tende a ser mais cômica e ocasionalmente provocativa. A cervejaria Shepherd Neame produziu sua Spitfire, hoje popular, em 1990 para comemorar o quinquagésimo aniversário da Batalha da Grã-Bretanha. Desde então, as propagandas da Spitfire frequentemente referem-se à Segunda Guerra Mundial, divertindo-se em provocar os alemães. A campanha do início dos anos 2000, "*No Fokker comes close*", certamente chamou atenção. Algumas outras propagandas de cervejarias britânicas tornaram-se clássicas, como a da Brains Brewery of Cardiff: "*It's Brains you want*".

Ao longo das décadas, as propagandas de cervejarias têm sido muito criticadas pelo sexismo, irresponsabilidade, apelo aos consumidores menores de idade e outras transgressões. Nos Estados Unidos, o Beer Institute adotou um Código de Propaganda e Marketing para fazer frente às críticas e oferecer aos seus membros algum direcionamento sobre o que evitar – especialmente as propagandas para menores de idade. Desde 2005, a União Europeia tem um "direcionamento audiovisual" similar, implementado por grupos industriais em cada país, mas alguns países como a França baniram qualquer propaganda de bebida alcoólica na televisão e em *outdoors*. As restrições tendem a seguir as atitudes da sociedade quanto ao álcool em geral. No lado proativo, cervejarias de grande porte e associações de cervejarias têm campanhas cujo objetivo é evitar o consumo de bebidas alcoólicas por menores de idade e a condução de veículos após o consumo de álcool.

Randy Mosher

proteínas são moléculas orgânicas essenciais à vida. Nas células dos organismos, elas executam várias funções. Funcionam principalmente como componentes estruturais das células e, quando solúveis em água, atuam como enzimas que catalisam reações químicas. Os catalisadores orgânicos iniciam as reações sem ser parte delas. Quimicamente, as proteínas são compostas por polímeros lineares de vinte aminoácidos diferentes. Esses aminoácidos, por sua vez, estão dispostos em várias sequências denominadas "estruturas primárias", que determinam de que forma as cadeias de aminoácidos são enoveladas – tridimensionalmente – para produzir proteínas com funções específicas. Os polipeptídeos são pequenas proteínas com menos de cem aminoácidos; proteínas altamente complexas e com moléculas grandes podem ter muitos milhares de polipeptídeos. Com base nessas diferenças estruturais, algumas proteínas – tais como o colágeno – formam a fibra de tecidos animais, enquanto outras proteínas – aquelas com formas muito complexas – podem tornar-se enzimas.

O cervejeiro tem uma relação complexa com as proteínas, que são vistas tanto como uma maldição quanto como uma bênção. Os compostos nitrogenados que preocupam o cervejeiro se originam com a absorção do nitrogênio do solo nos campos de grãos, e então atravessam todo o processo de produção até chegar ao copo do consumidor de cerveja. Portanto, o controle das proteínas ao longo do processo de malteação e de produção de cerveja constitui uma parte essencial para a produção de uma boa cerveja, ou, na verdade, de qualquer cerveja.

As proteínas, sob a forma de enzimas, são os catalisadores orgânicos chave que quebram os amidos, proteínas e beta-glucanos da cevada, facilitando o processo de produção de cerveja e disponibilizando nutrientes para a levedura durante a fermentação. Sem as enzimas fazendo seu trabalho catalítico, não seria possível quebrar o amido dos grãos em açúcares e a levedura não teria, literalmente, nada para fermentar. As enzimas convertem os amidos de moléculas grandes em açúcares fermentáveis pela levedura; elas reduzem as proteínas de moléculas grandes em peptídeos menores, incluindo aminoácidos, que são essenciais para o crescimento e desenvolvimento saudável da levedura. Ver ALFA-AMILASE, MODIFICAÇÃO, NITROGÊNIO NA FORMA DE AMINAS LIVRES (FAN), NUTRIENTES DE LEVEDURA e PROTEÓLISES. As enzimas executam essas funções em várias etapas na maltaria e durante a mosturação na cervejaria. O cervejeiro usa o perfil de mosturação para quebrar certas proteínas e deixar outras intactas. A quebra das proteínas de moléculas grandes reduz a viscosidade da mostura e, assim, aumenta a capacidade do cervejeiro de extração dos açúcares através do leito de grãos durante a filtração de mosto. Ver DESCANSO PROTEICO, FERMENTAÇÃO, FILTRAÇÃO DO MOSTO, MALTE e MOSTURAÇÃO.

À medida que o malte e os outros grãos se convertem em mosto, as proteínas assumem outras funções e o cervejeiro começa a tentar manipular o perfil proteico do mosto e da cerveja pronta. A fervura do mosto coagula e precipita as proteínas, que, se deixadas intactas, tornariam a cerveja resultante opaca, viscosa e instável. Na tina de fervura e no *whirlpool*, as proteínas deixam o mosto na forma de um sedimento chamado *trub*. Os agentes clarificantes usados na tina de fervura, tais como os derivados da carragena, podem ser adicionados para auxiliar a coagulação, ajudando a sedimentar o *trub*. Posteriormente, após o mosto ser resfriado, mais proteína irá sedimentar durante o *"cold break"*. O cervejeiro pode querer evitar a turbidez derivada das proteínas e sedimentos na cerveja a ser filtrada, mas não deve ir longe demais. A cerveja sem proteínas teria pouco corpo e sensação na boca, e também um sabor ralo e pobre. A coroa de espuma estável, apreciada na maioria dos tipos de cerveja, é em grande parte provocada por proteínas; ao remover essas proteínas "positivas para a espuma", a cerveja pode acabar sem uma textura visual e tátil adequada, sem espuma, pálida e pouco atraente. A produção de cerveja pode parecer, em sua essência, uma arte simples, mas contemplar os papéis conflitantes das proteínas é vislumbrar a verdadeira complexidade da produção moderna de cerveja.

Ver também AGENTES CLARIFICANTES USADOS NA TINA DE FERVURA, COLD BREAK, ESPUMA e TURBIDEZ A FRIO.

Briggs, D. E. et al. **Malting and brewing science**. 2 ed. New York: Chapman & Hall, 1985.

Keith Thomas, Horst Dornbusch e Garrett Oliver

proteólise é um termo bioquímico geral que abrange a quebra de proteínas em peptídeos e, finalmente, aminoácidos. Em relação à produção de cerveja, o termo refere-se a um ou mais passos nos processos de mosturação por infusão ou decocção. Esses passos estão na faixa de temperatura entre 45 °C e 55 °C, na qual as enzimas proteolíticas que se encontram naturalmente no malte estão ativas. Os efeitos práticos desse descanso proteolítico são altamente questionáveis, já que a teoria por trás dele, assim como de muitos outros dogmas mais antigos e tradicionais da mosturação, derivam de uma época em que a qualidade dos maltes era muito inferior à de hoje. Além disso, tem sido sugerido que a proteólise não ocorre em mosturas, mesmo a baixas temperaturas, por causa da inibição das enzimas necessárias.

A literatura antiga sobre produção de cerveja e as lendas em determinadas escolas de pensamento sobre a teoria cervejeira dizem que a proteólise produz mais aminoácidos livres necessários como nutrientes pela levedura, que ajuda a formar mais enzimas amilolíticas, auxiliando assim a conversão do amido, e que através da remoção de parte da proteína solúvel ela melhora a estabilidade química da cerveja. A literatura recente e as escolas de pensamento mais modernas alegam que os efeitos positivos da proteólise são insignificantes e que o único efeito significativo é negativo, uma vez que ela reduz o teor de proteínas ativas da espuma na cerveja pronta. Como a faixa de temperatura para a proteólise coincide muito estreitamente com o intervalo ótimo das beta-glucanases naturais do malte, é provável que alguns dos efeitos positivos anteriormente atribuídos à proteólise sejam, de fato, um resultado da degradação do beta-glucano.

Ver também DESCANSO PROTEICO e MOSTURAÇÃO.

Kunze, W. **Technology brewing and malting**. 3. ed. Berlin: VLB Berlin, 2004.

Anders Brinch Kissmeyer

public houses (pubs), assim como *fish and chips* e *village cricket*, são marcas registradas dos ingleses. Realmente, são recintos que só encontraram equivalentes no estrangeiro quando o *"pub* temático inglês/irlandês" tornou-se popular, algumas décadas atrás. Por ser um componente fundamental da tradição do Reino Unido, não é de admirar que esses estabelecimentos tenham inspirado tantos escritores notáveis, como Shakespeare, Samuel Johnson, G. K. Chesterton e George Orwell. Particularmente Johnson, acompanhado do diarista Samuel Pepys, era um fã fervoroso das tabernas de Londres. Uma citação do século XIX, do advogado e político *Sir* William Harcourt (1827-1904), que serviu como secretário do Interior e ministro da Fazenda, no governo de William Gladstone, parece fazer uma síntese de tudo: "A história da Inglaterra foi promovida nas *public houses* tanto quanto na Câmara dos Comuns".

Embora no jargão moderno exista uma falta de clareza entre os termos *"public house"*, *"inn"* (hospedaria), *"tavern"* (taberna) etc., houve uma diferença decisiva entre esses tipos de estabelecimento de "consumo no local". Esses estabelecimentos não devem ser confundidos com os *"off-licenses"* (lojas autorizadas a vender bebidas alcoólicas), onde a bebida é vendida para consumo fora do recinto. Desse modo, podemos falar de *on-trade* e *off-trade*. A etimologia exata do termo *"public house"* é obscura, embora provavelmente tenha surgido como contração de *public ale house* (em contraposição às *ale houses* pequenas, ilegais e privadas) e tenha sido empregado pela primeira vez no final do século XVII. Esse termo passou a ser usado com maior frequência em referência às *ale houses* na antiga Inglaterra hanoveriana. Em última análise, seja qual for o nome, a história desses lugares para comer e beber pode ser remontada à ocupação romana da Grã-Bretanha, quando começaram a surgir bares e tabernas ao longo das estradas. O objetivo desses estabelecimentos, conhecidos como *diversoria*, *cauponae* ou *tabernae diversoriae*, era oferecer um local de descanso aos viajantes cansados (e aos respectivos cavalos). Portanto, os equivalentes romano-britânicos dos proprietários de *pub* foram os *diversores* ou *caupones*.

A tradição dos *pubs* pode ser ainda mais antiga porque, durante o período celta, havia uma classe de pessoas chamadas coletivamente de *beatachs* ou *brughnibhs*, que administravam estabelecimentos abertos ao público criados com a finalidade expressa de oferecer hospitalidade. Tal como seus congêneres romanos, esses estabelecimentos não eram meramente um lugar para beber; havia também comida e entretenimento. Existiam igualmente recintos semelhantes na Itália, e sabemos que em Herculano havia não menos que novecentas *public houses*. Foi somente na época anglo-saxônica que surgiu algo como as *ale houses*, onde o principal objetivo era o consumo de bebidas de alto teor alcoólico, embora os anglo-saxões não tenham levado em conta a embriaguez desonrosa.

Bem mais à frente, sabemos que havia hospedarias na Grécia e Roma clássicas e que a China antiga abrigava estabelecimentos semelhantes. No século XII, havia *korschmas*, recintos semelhantes às tabernas, para os camponeses de regiões do que é hoje a Polônia e a Rússia, e escritos contemporâneos do México colonial indicam a presença de inúmeros *pulquerías*, onde era possível adquirir bebidas nativas. De modo semelhante, durante o século XVII os visitantes do Japão falam categoricamente de inúmeros estabelecimentos/hospedarias de venda de saquê. Do mesmo modo que a industrialização e a urbanização, então em ascensão, se alastraram por toda a Europa Ocidental e a América do Norte, a influência dos lugares públicos para consumo de bebidas também se ampliou. Parece que os europeus exportaram seus hábitos sociais e de bebida para as colônias do Novo Mundo.

The Dove, no Rio Tâmisa, em Londres, remonta ao século XVII. CATH HARRIES.

Diz a lenda que as tabernas romanas que haviam sido estabelecidas na Grã-Bretanha foram destruídas por invasores anglo-saxões e que pelo menos durante alguns séculos não havia lugares públicos para descanso e refeições ligeiras. Entretanto, novos estabelecimentos surgiram, e foi na época anglo-saxônica que a Grã-Bretanha viu as primeiras distinções reais entre os estabelecimentos abertos ao público porque esses povos antigos reconheciam a diferença entre *ale houses* (*eala-hus*), casas de vinho (*win-hus*) e hospedarias (*cumen-hus*). As hospedarias com certeza têm origem anglo-saxônica e, como o *hostel*, deviam significar uma hospedaria, e não um lugar para beber.

Registros senhoriais indicam que durante toda a era medieval houve controles locais sobre o consumo de bebida, mas que pouco fizeram para evitar a embriaguez e a desordem social. As distinções entre os lugares para beber tornaram-se mais precisas quando a autorização de funcionamento passou a ser um requisito. Esse aspecto do setor remonta ao reinado de Eduardo VI, no qual houve leis aprovadas em 1552 e 1553. O Alehouse Act, de 1552 (5 e 6, Eduardo VI, *c.* 25) foi a primeira tentativa de coordenar os controles existentes em nível nacional, e a partir desse Ato as *ale houses* passaram a ser um lugar onde se vendia apenas *ale* (ou cerveja). As hospedarias ofereciam acomodação e refeições, bem como cerveja, e as tabernas ofereciam outras bebidas alcoólicas além de *ale* e/ou cerveja e também podiam fornecer acomodação. O Ato de 1552 deu aos juízes de paz autonomia para autorizar ou suprimir as casas e os licenciados precisavam oferecer garantia de bom comportamento e prevenção contra embriaguez em suas instalações.

Em 1577, houve um censo de *ale houses*, hospedarias e tabernas na Inglaterra e os resultados evidenciaram que havia cerca de 14 mil *ale houses*, 1.631 hospedarias e 329 tabernas, mais cerca de 3,5 mil licenças para estabelecimentos sem classificação. O objetivo desse censo foi estabelecer uma base para instituir um imposto sobre essas empresas e levantar dinheiro para a restauração do Porto de Dover (à taxa de 2 *s* 6 *d* [12½ *p*] por licença). Os dados obtidos nesse censo indicaram que havia uma licença para cada 187 pessoas, 9 *ale houses* para cada hospedaria e cerca de 40 *ale houses* para cada taberna.

A importância desses estabelecimentos para o povo em geral e a inclinação pelo excesso de autopermissividade nesse período nutriram uma ruidosa e agitada facção contra o consumo de bebida alcoólica. Ver LEI SECA e TEMPERANÇA. Havia uma percepção de que existia um risco de que esses lugares estivessem estimulando uma imensa subclasse, e as frases a seguir, redigidas por Philip Stubbes, panfletista elisabetano e moralista, são representativas dos pontos de vista contra o consumo de bebidas alcoólicas da época. Portanto, na edição de 1583 de seu livro *The Anatomie of Abuses*, ele escreve sobre embriaguez:

> Diria que é um vício horrível e muito comum na Inglaterra. Todo condado, cidade e vilarejo, bem como outros lugares, têm tantas *ale houses*, tabernas e hospedarias lotadas de beberrões de noite e de dia que chega até a ser curioso. Eles ficam ali sentados o dia todo, bebendo vinho e uma boa *ale*, sim, à noite inteira também, possivelmente uma semana inteira, por tanto tempo que não sobra dinheiro algum; embriagando-se, enganando-se e farreando entre si, até que ninguém mais consegue falar uma palavra sensata [...]. E quando um homem fica embriagado com vinho ou com uma bebida forte parece mais um selvagem que um homem cristão, pois que seus olhos começam a ficar arregalados, vermelhos, flamejantes e turvos, e a borbulhar mares de lágrimas? Porventura sua boca não começa a salivar e a espumar como se ele fosse um urso? Porventura sua língua não fica vacilante e balbuciante?

Após a Restauração na Grã-Bretanha, houve uma tendência em direção a estabelecimentos mais amplos e mais bem controlados para beber, e os magistrados que supervisionavam as questões de licenciamento começaram a insistir para que as instalações licenciadas tivessem estábulos (anteriormente circunscritos a hospedarias) e alojamentos. Por meio da restrição de licenças para estabelecimentos específicos dentro da comunidade, os magistrados concediam um incentivo aos proprietários de *pub* para ampliar e melhorar suas propriedades. Em 1739, uma *public house* à venda em Leeds foi descrita como "uma nova casa de tijolos, com sótão, bem frequentada e com um bom estábulo [...] boas adegas abobadadas, sala de brassagem e um poço." Naturalmente, tudo isso significava que os valores da propriedade e de aluguel aumentavam. Dizem que na década de 1690 dois terços de todos os *pubs* do país pagavam mais de £ 5 (cerca de US$ 8,15) por ano de aluguel. Os aluguéis eram especialmente elevados em Londres e em outras cidades. Em 1725, *The Public-Housekeeper's Monitor* reclamou que os "aluguéis altos que as *public houses* geralmente tinham de pagar muitas vezes eram mais de duas vezes superiores aos aluguéis de residências particulares com o mesmo estado de conservação". Além disso, em Londres, os novos proprietários tinham de pagar um valor especial pelo "*goodwill*" (ágio), um costume que se mantém até os dias de hoje.

É necessário salientar que, até mesmo no início do século XVIII, o nome *ale house* ainda era amplamente empregado, mesmo para estabelecimentos com melhores comodidades. Muitas das funções básicas das *ales houses* mantiveram-se, mas com as crescentes exigências de uma clientela cada vez mais sofisticada muito mais instalações foram necessárias (e fornecidas). Havia também maior respeitabilidade, e as instalações situadas nos porões, em ruelas estreitas, ou nos subúrbios distantes da cidade já não eram mais aceitáveis. É provável que o serviço de comida não fosse mais a principal fonte de renda para o proprietário desses empreendimentos. Com o passar do século, muitos proprietários deixaram a produção de cerveja para se concentrar na venda de cerveja no varejo e em outros estabelecimentos. De qualquer forma, o proprietário que fazia cerveja e comida achava mais difícil concorrer, em qualidade, com cervejeiros comuns mais competentes. Entretanto, o *brewpub* ainda veria um ressurgimento durante o final do século XX e formaria um importante segmento da "revolução das microcervejarias". Ver BREWPUB e MICROCERVEJARIA.

Até o início do século XIX, o termo *"ale house"* já havia sido amplamente substituído pelo termo *public house* e no espaço de algumas décadas vieram os *"pubs"*. As instalações aumentaram em tamanho e com isso surgiu uma categoria de profissionais prósperos e bem estabelecidos proprietários se formando. A partir das décadas de 1810 e 1820, começaram a aparecer *pubs* em Londres e em outros centros populacionais importantes. A antiga *ale house* era essencialmente uma moradia simples que havia sido adaptada (em variados graus) para a venda de cerveja a varejo. Daí em diante, os cervejeiros, os proprietários de terra e os construtores começaram a construir *public houses* com fachadas identificáveis e instalações exclusivamente destinadas à venda de bebidas alcoólicas no varejo. Esses novos prédios costumavam ser caros; supõe-se que o custo estimado de um novo estabelecimento em Londres em 1814 tenha sido de £ 1.000 a £ 2.000 (US$ 1.643 a US$ 3.286), enquanto os que ficavam na zona rural custavam aproximadamente a metade.

Muitos desses novos *pubs* foram construídos em novos locais, em áreas urbanas em expansão, mas vários substituíram instalações mais antigas e menores. Ocasionalmente, as hospedarias já estabelecidas transformavam-se em um novo estilo de *pub* e não era incomum o proprietário mais pretensioso apresentar seu estabelecimento como uma taberna ou hospedaria, quando na verdade tudo o que ele realmente vendia era cerveja; isso obscureceu ainda mais a distinção entre os estabelecimentos. Por volta da década de 1830, uma hierarquia de *public houses* estava surgindo, e isso suplantaria amplamente a taxonomia tradicional das hospedarias, tabernas e *ale houses*. Os *pubs* maiores e mais comerciais ficavam principalmente nas cidades, em geral ao longo de importantes vias públicas ou em esquinas. Isso maximizou a visibilidade desses *pubs* e o objetivo era atrair uma clientela melhor, especialmente os clientes casuais. Estabelecimentos menores e menos elaborados costumavam ser encontrados fora das rodovias e atendiam a clientes menos abastados. Esse período também presenciou o surgimento de estabelecimentos "étnicos" nas cidades maiores.

Os estabelecimentos ilícitos e não licenciados (*hush shops* – clandestinos) para o consumo de bebidas alcoólicas predominaram também no início do século XIX e os *pubs* foram obrigados a concorrer com eles. Alguns eram meramente *ale houses* pequenas e decadentes, enquanto outros atraíam grupos específicos da sociedade, como *"flash houses"* (criminosos e prostitutas) e *"dram shops"* (apreciadores de bebidas destiladas). Os famosos bares de gim metropolitanos, cujo número aumentou vertiginosamente nessa época, com frequência não passavam de um recinto na casa de alguém – depois vieram os *gin palaces* (palácios de gim), que estavam apenas começando a surgir. Muitas vezes, quando uma *ale house* situada em uma ruela perdia sua licença, costumava ressurgir como um bar de gim ilícito. A alta densidade de estabelecimentos para consumo de bebidas em áreas nobres era motivo de preocupação para os magistrados e os proprietários de *pub*, bem como para a força policial então emergente. Em 1823, o jornal *Liverpool Mercury* queixou-se de que à distância de 275 metros de um novo mercado havia mais de 100 estabelecimentos licenciados. Os magistrados estavam perceptivelmente enfrentando tempos difíceis com a regulamentação da venda de bebidas alcoólicas, e em 1818 em torno de catorze mil londrinos fizeram uma petição ao Parlamento contra o preço elevado e a má qualidade das bebidas alcoólicas vendidas na capital. A essa altura, havia uma crença popular bastante difundida de que as *public houses* eram controladas por um estabelecimento político corrupto, e um movimento crescente se instaurou para a liberalização do comércio de bebidas destiladas.

Em 1830, em resposta à crescente impopularidade dos cervejeiros e dos proprietários de *pub* e à preocupação com o volume de gim que estava sendo bebido, o pesado imposto sobre a cerveja foi abolido e algumas leis de licenciamento foram alteradas. O Beer Act (1Wm.IV C.64) reverteu a política de licenciamento dos dois séculos anteriores e permitiu que qualquer chefe de família pagasse imposto sobre a venda de cerveja, *ale* e sidra sem o consentimento dos juízes locais, mas que obtivesse uma licença de imposto especial de consumo junto às autoridades correspondentes. Isso permitiu também que os *pubs* ficassem abertos durante dezoito horas por dia, exceto aos domingos (das 06h às 21h), mas eles não podiam vender bebidas destiladas nem vinhos fortificados. Essa foi uma tentativa genuína (embora insensata) de "melhorar a difícil situação das classes trabalhadoras", mas o impacto imediato foi a multiplicação de estabelecimentos "somente de cerveja" por toda a Inglaterra e País de Gales, então conhecidos como "*beer shops*" ou "*beer houses*". Em torno de 25 mil licenças foram emitidas nos primeiros seis meses, e esses número aumentou para cerca de 46 mil após seis anos (havia apenas cerca de 56 mil *pubs* totalmente licenciados). Essa lei tornou-se conhecida como "Beer House Act do duque de Wellington, levando o nome do então primeiro-ministro. A taxa para estabelecimentos desse tipo era de 2 guinéus por ano e a licença incluía permissão para produção de cerveja.

O resultado imediato disso foi que houve uma intensificação de maus comportamentos. Sydney Smith, reformador contemporâneo do Partido Whig, escreveu os seguintes versos clássicos: "O novo projeto de lei da cerveja já está em vigor. Todos ficam embriagados. Aqueles que não estão cantando estão rastejando. O povo soberano encontra-se em uma situação abominável".

Peter Clark observou corretamente que a lei de 1830 marcou o fim da *ale house* inglesa (e, consequentemente, seu desdobramento em *pub*) e em uma espécie de obituário escreveu o seguinte: "O motivo do sucesso duradouro da *ale house* nos séculos anteriores a 1830 é que, no sentido mais genérico, ela foi incontestavelmente um teatro de bairro em que pessoas comuns podiam ser atores e espectadores. Nos bastidores desse fogo cintilante, os homens podiam fofocar e jogar conversa fora, contar piadas, rir e assumir atitudes e afogar suas aflições na embriaguez, aplaudir seu próprio sucesso na generosidade e nos jogos".

Entre 1830 e 1860, em cidades como Londres, a construção de *public houses* parece ter sido fundamental para as estratégias dos construtores em várias áreas. Em primeiro lugar, esses novos *pubs* eram em sua maioria quase indistinguíveis das fileiras de casas geminadas ao redor deles, mas na época do *boom* da cerveja, nas décadas de 1860 e 1870, o *design* desses *pubs* se tornou cada vez mais distinto. A construção de *public houses* provavelmente atingiu seu apogeu durante o período vitoriano/eduardiano tardio, quando se presenciou os suntuosos prédios com inúmeros recintos, cada um com seu próprio atrativo (bares abertos ao público, bares elegantes, etc.), e na maioria das vezes, recintos específicos para reuniões, sinuca e coisas semelhantes. Ainda existem algumas delas, e o maravilhoso Barton Arms, Aston, Birmingham é um dos melhores exemplos da arquitetura de *pub* vitoriano.

O Beer Act manteve-se firme durante um pouco menos de quarenta anos porque, no Wine and Beerhouse Act de 1869, foram reintroduzidos controles mais rigorosos que no passado recente. Os proprietários de *pub*, portanto, novamente teriam de obter licença junto à justiça. O Intoxicating Liquor Act de 1872 (licença) reforçou essa legislação e obrigou os oficiais das respectivas divisões a manter um registro de todas as licenças concedidas. As licenças eram concedidas, transferidas ou renovadas somente em sessões especiais e costumavam ser concedidas apenas a indivíduos respeitáveis. A lei de 1869 tornar-se-ia, portanto, um ponto de partida para as questões relacionadas ao licenciamento de *pubs*.

Durante o período de 1891-1903, Charles Booth escreveu sua gigantesca obra *Life and Labour of the People of London*, que detalha as atividades dos pobres daquela época. Com base nessa obra, é possível ver claramente quanto os *pubs* eram importantes para esse segmento desfavorecido da sociedade. De acordo com Booth, "As *public houses* desempenham um papel mais importante na vida das pessoas que as associações ou sociedades beneficentes, igrejas ou missões ou talvez todas elas juntas".

A Primeira Guerra Mundial teve uma influência fundamental sobre as *public houses* e cervejarias. Quatro dias depois da declaração de guerra, em 4 de agosto de 1914, foi introduzida a primeira de uma série de regulamentos sob o título genérico de Defence of the Realm Acts. Isso concedeu às autoridades poder para aprovar as leis necessárias e desse modo garantir a segurança pública e a defesa do reino. O Regulamento 7 deu às autoridades navais e militares poder para determinar os horários de licença dentro ou próximo do porto de defesa. Com o Regulamento 17, o incentivo aos membros das forças armadas de Sua Majestade a beber "com a intenção de ficar bêbado" tornou-se uma transgressão. Essa lei concedeu aos magistrados locais o poder de controlar os horários de funcionamento dos estabelecimentos autorizados em áreas que foram consideradas "sensíveis", como os pátios de manobra ferroviária. Em seguida, em 31 de agosto, o Intoxicating Liquor (Temporary Restriction) Act foi aprovado, concedendo aos magistrados poder ainda maior para restringir o consumo de bebida alcoólica em áreas sensíveis, uma descrição que se aplicava a aproximadamente 25% de todas as jurisdições de licença no Reino Unido. Os *pubs* afetados por esses regulamentos sofreram restrições "temporárias" em seus horários de funcionamento, que passaram a ser de 11h00 às 14h30 e 18h30 às 21h30. No final da guerra, cerca de 94% de todos os cidadãos britânicos estavam sujeitos a restrições com relação às oportunidades de consumir bebidas alcoólicas. À noite, o limite foi ampliado para 23h00, e essas horas foram mantidas até o Licensing Act de 2003, que, em teoria, permitia o "consumo de bebida o dia inteiro".

Mesmo com essas medidas, uma escassez de munições que punha em risco os esforços de guerra no início de 1915 foi atribuída ao consumo de bebida. O então chanceler Lloyd George incentivou a temperança dizendo: "O consumo de bebida alcoólica está nos causando mais danos na guerra que todos os submarinos alemães juntos [...]. Estamos lutando contra a Alemanha, a Áustria e a bebida, e pelo que vejo o maior desses três inimigos mortais é a bebida".

Esse discurso foi extraordinariamente significativo porque mostrava que a preocupação com o problema da bebida não estava mais restrita a um entusiástico *lobby* de temperança, mas que agora era uma questão de importância nacional e maiores poderes eram considerados necessários. Esses poderes foram alcançados com a emenda Defence of the Realm Amendment, que criou um novo órgão, o Conselho Central de Controle (Comércio de Bebidas Alcoólicas), que tinha um enorme poder sobre os horários de funcionamento e outras questões de licença e poder para "adquirir" *pubs* e cervejarias em áreas "sensíveis". No espaço de algumas semanas, a venda de bebidas alcoólicas foi proibida em Newhaven (Sussex), de onde eram enviadas munições à França. O mesmo ocorreu em outros portos, como Southampton e Bristol. Em virtude de problemas de produção nas fábricas de munição vizinhas, em janeiro de 1916, o Conselho de Controle instituiu medidas que colocariam quatro cervejarias de Carlisle e parte dos 235 *pubs* ao redor da cidade sob o controle do governo. Esses estabelecimentos seriam então administrados por gerentes (na maioria das vezes ineficientemente) – uma inovação no setor – e inúmeros *pubs* foram fechados (especialmente os estabelecimentos de bebida frequentados somente por homens). Como o plano de administração Carlisle and District State Management era operar uma menor quantidade de *pubs* de "melhor" qualidade, por volta de 1920 eles haviam reduzido esses imóveis em 40%. Esse esquema durou até 1974, quando os imóveis foram privatizados e comprados pela T. & R. Theakston Ltd, de Masham, Yorkshire. Ver THEAKSTONS.

Apesar do clima financeiro difícil entre as duas guerras mundiais, cerca de 25% dos *pubs* do Reino Unido foram melhorados de alguma forma. A maior parte da população não mais toleraria os *pubs* básicos ("*boozer*") como um lugar de lazer. Ao longo das décadas seguintes, o ambiente das *public houses* mudaria drasticamente, e a comida servida, que incluía modestos enrolados de queijo, melhorou tanto que ficou irreconhecível. Os *pubs* atuais servem predominantemente comida e bebida e mais de 80% servem comidas variadas.

A identificação dos estabelecimentos para beber sempre foi fundamental e, para isso, inicialmente algum objeto identificável era pendurado fora do estabelecimento em questão. Aos poucos esses objetos foram dando lugar às placas pintadas e com o tempo foram acrescentados letreiros. Nomes como Sun e Star tornaram-se comuns. O nome de *pub* mais comum no Reino Unido é Red Lion e, subsequentemente, Royal Oak, White Hart, Rose and Crown, Kings Head e Kings Arms. Todos eles têm um significado especial, pelo menos no que se refere à história britânica.

Quando adentramos a segunda década do século XXI, vemos que os *pubs* britânicos se encontram em uma encruzilhada. Atualmente, a maioria pertence à megaempresas de *pubs*, conhecidas como "*pubcos*", muitas delas mais interessadas em imóveis que na venda de cerveja. O número de pontos de venda encontra-se em declínio. Em 2010, foram fechados cerca de cinquenta estabelecimentos por semana. Os motivos apresentados são simples: custos ascendentes, vendas declinantes e proibição ao fumo em 2007. As vendas de cerveja enfrentam sua maior baixa desde a Grande Depressão, na década de 1930. Os *pubs* não focados em comida foram os mais atingidos. Atualmente, inúmeros *pubs* funcionam quase totalmente como restaurantes, exceto no nome, e representam 40% de todos os estabelecimentos de *catering* na Grã-Bretanha. Hoje, a atividade de *catering* responde por cerca de um quarto do movimento dos *pubs*.

No passado, as *public houses* foram objeto de grande atenção literária. Tendo em vista o enorme prazer que os *pubs* proporcionaram à sua clientela no decorrer dos anos, é pertinente atentar para as seguintes palavras sugestivas e frequentemente citadas do ensaísta, poeta e escritor de viagens Hilaire Belloc (1870-1953), que evidenciam o quanto as *public houses* eram uma instituição britânica no início do século XX: "Quando perderem seus *pubs*, afoguem seus antigos eus, pois terão perdido o que ainda restava da Inglaterra".

Belloc escreveu também *The Four Men*, que descreve um trajeto feito a pé com três companheiros de uma extremidade à outra de Sussex. A história começa com o autor sentado no George Inn, em Robertsbridge, e no decurso de suas viagens ele acaba encontrando seu caminho por estradas de terra estreitas, onde pequenos *pubs* rurais parecem saltar à vista em cada cruzamento. Em algo que está longe de ser apenas um lento percurso por *pubs* rústicos, ele menciona inúmeros estabelecimentos e não nos deixa de forma alguma em dúvida acerca de sua paixão por *pubs* ingleses: "E não é que temos a Bridge Inn de Amberley e a White Hart de Storrington, a Spread Eagle de Midhurst, a mais antiga e mais reverenciada de todas as hospedarias do mundo..."

O *pub* inglês, com relação ao que tem de melhor, tendo em vista todas as suas mudanças, continua sendo uma base. O *pub* ainda é o lar da bebida nacional da Grã-Bretanha, uma *bitter* refermentada em barril, embora não seja nem de longe tão comum quanto antigamente, e o ofício de adegueiro parece ser uma arte em declínio. Mas *pub* não é bar e alguma coisa ainda resta na ideia de que *pub* é uma "*public house*". Na maioria dos *pubs*, ainda é possível pegar um *pint* de cerveja no bar, sentar-se em uma cadeira e ler um livro durante uma hora, sem ser perturbado pelos clientes da casa. No inverno, a lareira pode ser acesa com madeira ou carvão. Adequadamente administrado e mantido por pessoas hospitaleiras, o *pub* parece uma reminiscência de uma era mais civilizada, ainda que saibamos que essa era talvez nunca tenha de fato existido.

Ver também ALE HOUSES, COACHING INNS e TABERNAS.

Belloc, H. **The four men: a farrago.** Oxford: Oxford University Press, 1984.
Chapman, R. W. (Org.) **Life of Johnson/James Boswell.** Oxford: Oxford University Press, 2008.
Clark, P. **The English alehouse: a social history, 1200-1830.** London: Longman, 1983.
Fried, A.; Elman, R. M. **Charles Booth's London: a portrait of the poor at the turn of the century.** London: Hutchinson, 1969.
Girouard, M. **Victorian pubs.** New Haven: Yale University Press, 1984.
Hackwood, F. W. **Inns, ales and drinking customs of old England.** London: T. Fisher Unwin, 1910; London: Bracken Books, 1987.
Jackson, M. **The English pub.** London: Harper & Row, 1976.
Matthias, P. **The brewing industry in England, 1700-1830.** Cambridge: Cambridge University Press, 1959.
Stubbes, P. **Anatomie of abuses.** London: R. Jones, 1583; Nova York: Garland, 1973.

Ian Hornsey

pulque é uma bebida alcoólica fermentada proveniente do México, com origem pré-hispânica, fabricada a partir do agave (*Agave americana*) e conhecida por seu nome náuatle como "octli". Antes da conquista espanhola no século XVI, era uma bebida sagrada usada em vários festivais religiosos e festas populares.

Após a chegada dos espanhóis, a bebida passou a ter um público maior, sendo consumida tanto pelos indígenas como pelos europeus, visto que as bebidas destiladas ainda não tinham desenvolvido uma produção consistente e a importação de álcool da Europa ainda era difícil. Com o aumento do consumo nos séculos XVI e XVII, as autoridades espanholas decidiram impor restrições mais rígidas a sua venda e a seu consumo devido a problemas de alcoolismo entre a população, apesar do fato de a bebida ser responsável por uma grande porcentagem da arrecadação fiscal do governo. Durante esse período, o pulque foi associado às classes sociais mais pobres, não sendo bem visto pela nobreza e pelos ricos por causa da sua associação com o alcoolismo. Após a Guerra Mexicana de Independência (1810-1821), a bebida conseguiu um efêmero renascimento durante o qual ricos e pobres bebiam-na em grandes quantidades para celebrar seu passado indígena comum; isso acabou, no século XX, quando os interesses comerciais cervejeiros buscaram monopolizar o mercado mexicano de bebidas alcoólicas. Mais recentemente, os produtores de pulque começaram a adicionar frutas à bebida para melhorar seu sabor. Essas misturas são chamadas de *curados*.

O longo e complicado processo de produção do pulque dificulta sua popularidade, já que a planta do agave deve iniciar o processo de fermentação que, uma vez começado, não se interrompe, finalmente tornando a bebida não palatável. Como consequência, sua distribuição sempre se mostrou difícil, forçando a produção e o consumo a permanecer locais, apesar das tentativas recentes de envase em garrafas e latas para a venda em longas distâncias. Embora o pulque não seja tecnicamente relacionado à cerveja, ele tende a ocupar um espaço sociocultural similar, e por isso merece destaque.

Ver também MÉXICO.

De Barrios, V. B. **A guide to tequila, mescal and pulque**. Mexico, DF: Editorial Minutiae Mexicana, 1991.

Guerrero y Guerrero, R. **El pulque**. Mexico, DF: Editorial Joaquin Mortiz, 1985.

Jai Kharbanda

pumpkin ale é uma cerveja autenticamente americana, inventada pelos colonos ingleses do Novo Mundo no século XVIII. Abóbora-moranga ou jerimum (*pumpkin*) é uma planta encontrada no Novo Mundo, rica em amido e açúcar. A *pumpkin ale* só foi produzida na Inglaterra após a introdução das morangas trazidas da América do Norte. Os métodos de elaboração dessa cerveja podem ser tão variados quanto o número de cervejarias que as produzem. Via de regra, a *pumpkin ale* apresenta coloração que varia do alaranjado ao âmbar, aromas maltados de biscoito e um envolvente aroma de moranga. As *pumpkin ales* modernas quase sempre são elaboradas com "condimentos para torta de moranga", que geralmente incluem canela, noz-moscada, pimenta-da-jamaica e, às vezes, baunilha e gengibre. Costuma apresentar um final seco pois a maioria dos açúcares da abóbora são fermentáveis. Essa variedade de abóbora pertence à família Curcubitaceae, que inclui outros tipos de abóboras e abobrinhas. A palavra inglesa "*pumpkin*" deriva da palavra grega *pepon*, que significa "melão grande". No inglês arcaico, esse fruto era geralmente designado *pumpion* ou *pompion*. Aparentemente, o termo foi criado por volta de 1550, e o registro escrito mais antigo da palavra *pompion* aparece apenas cem anos depois. A mais antiga receita de "*pompion ale*" é feita apenas de suco de abóbora e, ao contrário das formulações modernas, não exige qualquer adição de malte de cereais. É, portanto, mais propriamente uma receita de vinho de abóbora do que uma cerveja de abóbora. A receita, que data de fevereiro de 1771, foi publicada anonimamente pela Sociedade Filosófica Americana:

RECEITA DE POMPION ALE
Bater a abóbora em uma tina e prensar como maçãs. O sumo extraído deve ser fervido em um recipiente de cobre por um tempo considerável e cuidadosamente escumado, de forma que não haja resquícios das partes fibrosas da polpa. Feito isto, adicionar lúpulos ao licor e deixá-lo fermentar a temperaturas brandas e etc., como cerveja de malte.

As receitas posteriores passaram a incluir também o malte, resultando na versão moderna da *pumpkin ale*. Não há dúvidas de que a associação da moranga com a receita da torta feita para as festas de fim de ano influenciou as interpretações modernas da cerveja. Os lúpulos realmente não se sobressaem na maioria das *pumpkin ales*, de modo que são utilizadas tanto variedades inglesas como americanas. Geralmente, os maltes são uma combinação de grãos de malte claro, malte *pilsner*, malte Munique e maltes caramelo. As morangas também podem ser usadas de muitas formas diferentes. Alguns cervejeiros adicionam pedaços de moranga cortados em cubos pequenos e macerados; outros a cozinham previamente durante cerca de noventa minutos a 190 °C e, em seguida, removem sementes, caules e cascas e depois maceram a parte carnosa até obter uma polpa. Outros, ainda, prensam as abóboras como se faz com maçãs e adicionam apenas o sumo à tina de fervura ou ao fermentador. Em termos de processos, também se encontram inúmeras variações. Alguns cervejeiros adicionam a abóbora à mostura, com a vantagem de permitir que as enzimas convertam seus amidos em açúcares. Nesse caso, a abóbora deve ser previamente cozida para gelatinizar os amidos e possibilitar a conversão. Outros adicionam a abóbora à tina de fervura, o que pode provocar o aumento da turbidez da cerveja pronta. Em geral, os grandes produtores comerciais empregam purê de abóbora. Alguns adicionam as especiarias à tina de fervura, normalmente envoltas em sacos de tecido e fervidas por apenas quinze minutos; outros adicionam as especiarias diretamente no fermentador, o que pode dar à cerveja um sabor mais áspero e adstringente. Existe também uma técnica em que as especiarias ficam em infusão na vodka durante vários dias e, em seguida, utiliza-se o extrato coado diretamente no fermentador. A *pumpkin ale* pode passar por infusão simples, ou em várias etapas, ou mesmo por decocção. Devido à maior turbidez desse tipo de mosto, muitos cervejeiros utilizam bastante musgo irlandês como agente de clarificação na tina. Ver CARRAGENA. Após a fervura, o mosto é inoculado com levedura de alta fermentação e tratado como qualquer outra *ale*. Quanto ao sabor, encontram-se muitas variações; muitas *pumpkin ales* são adocicadas e bem condimentadas, fazendo alusão às famosas tortas. Outras assemelham-se mais a *ales* comuns, com um agradável sabor de abóbora e um leve toque condimentado. Essas cervejas costumam aparecer no fim do verão nos bares, restaurantes, cervejarias e lojas especializadas americanas, e são uma espécie de prenúncio para o outono.

Filippone, P. T. **Pumpkin History – The History of Pumpkins as Food**. Disponível em: http://homecooking.about.com/od/foodhistory/a/pumpkinhistory.htm/. Acesso em: 4 abr. 2011.

Home Brew Forums. **History of Pumpkin Ale**. Disponível em: http://www.homebrewtalk.com/f12/history-pumpkinale-81325/. Acesso em: 4 abr. 2011.

Horst Dornbusch

PVPP é a abreviatura de polivinilpolipirrolidona, que é uma versão polimerizada e insolúvel em água/cerveja do composto solúvel PVP (polivinilpirrolidona), um polímero do tipo *nylon* que tem uma afinidade ainda mais elevada do que as proteínas presentes na cerveja para ligar-se quimicamente com os polifenóis. Isso proporciona à PVPP excelentes propriedades como estabilizador químico para a cerveja. Se finamente granulada, a PVPP de elevada área superficial é dispersa na cerveja, sendo que uma proporção muito elevada dos polifenóis dissolvidos na bebida vai se ligar às partículas do polímero para serem posteriormente filtrados. Os cervejeiros desejam remover esses polifenóis porque, caso contrário, com o tempo, eles vão reagir com as proteínas da cerveja, formando complexos insolúveis que irão provocar turbidez na bebida. Esse tipo de estabilizador é chamado de adsorvente.

A estabilização prática da cerveja com PVPP pode ser realizada de duas maneiras diferentes. A maneira mais simples é a estabilização com PVPP através do uso único, na qual um produto PVPP com tamanho de partículas muito pequeno é adicionado à cerveja não filtrada, a qual, após algumas horas de reação, é posteriormente filtrada com *kieselguhr* (terra diatomácea). A PVPP usada e os polifenóis removidos por ela irão, por serem insolúveis, formar parte da torta de filtração, que é tratada posteriormente como um resíduo. O método mais avançado é o uso de "PVPP regenerável". Isso envolve um filtro de PVPP específico e adicional colocado depois do filtro de *kieselguhr* (ou outro tipo de filtro), no qual a cerveja filtrada é dosada com uma alta concentração de partículas de PVPP ligeiramente mais grossas. Estas reagem – no caminho para o filtro de PVPP ou através de um tubo/recipiente de retenção – com os polifenóis da cerveja, e, finalmente, as partículas combinadas de PVPP-polifenóis são filtradas pelo filtro extra. A vantagem dessa técnica é que a camada de filtração do filtro de PVPP pode ser lavada com soda cáustica quente, dissolvendo a maior parte dos polifenóis, deixando para trás partículas de PVPP que podem então ser recicladas no processo de estabilização. A PVPP é cara, razão pela qual a sua reutilização pode ser desejável, em especial nas grandes cervejarias. Alguns cervejeiros utilizam PVPP sob a forma de folhas de filtro especialmente impregnadas que são utilizadas após a etapa de clarificação principal da cerveja. Apesar disso, a PVPP não é considerada um aditivo, uma vez que ela é sempre filtrada e, portanto, não está contida na cerveja pronta.

Ver também ADSORVENTES e POLIFENÓIS.

Kunze, W. **Technology brewing and malting**. 3. ed. Berlin: VLB Berlin, 2004.

Anders Brinch Kissmeyer

Pyramid Breweries, Inc., uma pioneira da cerveja artesanal no noroeste dos Estados Unidos, foi criada por Beth Hartwell, em 1984, como Hart Brewing, Inc., em Kalama, Washington. A Pyramid Breweries por fim cresceu, tornando-se uma das cinco maiores cervejarias artesanais do país, e hoje possui fábricas em três estados. A Pyramid Pale Ale, o primeiro lançamento da cervejaria, foi seguido por uma *ale* de trigo um ano depois e, em 1994, pela estreia da Apricot Ale, uma cerveja que se tornou sinônimo da cervejaria. Após a mudança de seu nome para Pyramid Breweries, Inc., a empresa aumentou a produção e introduziu outros estilos, ganhando muitos prêmios em concursos nacionais e internacionais.

A Pyramid já não produz em Kalama, e, depois de ter comprado a Portland Brewing Company em 2004, ela própria foi adquirida, em 2008, pela Independent Brewers United, empresa controladora da Magic Hat Brewing em Burlington, Vermont. Além de dois restaurantes do tipo *ale house* (com *pub*) adjacentes às suas cervejarias em Berkeley, na Califórnia, e Portland, no Oregon, a Pyramid também administra *brewpubs* em Walnut Creek e Sacramento, na Califórnia, bem como um em Seattle, em Washington. A Pyramid vende três estilos de cervejas durante todo o ano (Audacious Apricot Ale, Haywire Hefeweizen e Thunderhead IPA), quatro cervejas sazonais e duas "não convencionais", chamadas de "Ignition Series" ("Série Ignição"). Em agosto de 2010, a Pyramid Brewing Company foi adquirida pela North American Breweries, um conglomerado com sede em Rochester, Nova York.

Hamson, T. **The beer book**. New York: Dorling Kindersley, 2008.

Jackson, M. **Great beer guide**. London: Dorling Kindersley, 2000.

Pyramid Breweries, Inc. Disponível em: http://www.pyramidbrew.com/. Acesso em: 7 jun. 2010.

Torres, B. Seattle's Pyramid Breweries crafts quality strategy. **The Seattle Times**, 20 jan. 2005. Disponível em: http://www.seattletimes.com/business/seattles-pyramid-breweries-crafts-quality-strategy/. Acesso em: 6 jun. 2010.

Ben Keene

Um **quarter** é uma medida inglesa antiga e potencialmente confusa aplicada à cevada inglesa destinada à malteação.

Não deve ser confundido com o "quart" (um quarto de galão, usado para medir líquidos). O *quarter* é a medição padrão para cevada comprada pelo malteador, sendo igual a 448 lb (203,21 kg), o que renderia aproximadamente 80 lb (36,29 kg) a 100 lb (45,36 kg) de extrato para o cervejeiro.

Entretanto, durante o processo de malteação, no qual o malte é seco, o peso de uma dada quantidade de malte decresce. Um *quarter* de malte de cevada (pensando ainda no mesmo rendimento de extrato) pesa aproximadamente 336 lb (152,41 kg). Embora o peso atual tenha caído em cerca de 25%, o rendimento projetado continua o mesmo. Um *quarter* é, então, uma medida de peso, mas o peso descrito por essa medida difere caso aplicado à cevada ou ao malte de cevada. Muitas formulações britânicas antigas de cerveja são baseadas em *quarters* de malte, uma medição que pode deixar o intérprete moderno perplexo.

Talvez devido à sua natureza confusa, atualmente um *quarter* é uma medida raramente citada fora da indústria do malte e é raramente listada até mesmo em glossários de termos de produção de cerveja. Mas ainda está em uso.

A capacidade de uma malteação é tradicionalmente medida de acordo com o número de *quarters* que podem ser processados ao longo de um período de quatro dias. Então, uma "malteação de 50 *quarters*" não se refere a uma maltaria que tem a capacidade de produzir 50 *quarters* de malte, mas à quantidade de cevada que é processada a cada quatro dias.

A área de uma maltaria é medida em pés quadrados por *quarter*.

Pete Brown

queijo (harmonização) é um dos melhores e mais tradicionais alimentos para harmonizar com cervejas ricas em sabores. Durante séculos, nas cozinhas das fazendas, queijo, cerveja e pão foram feitos lado a lado e respondiam, em grande parte, pela ingestão calórica de muitas sociedades, particularmente na Europa. De fato, pode-se dizer que os três alimentos vêm da mesma fonte original, pois cevada e trigo são gramíneas, e elas compõem em grande parte a dieta de vacas, ovelhas e cabras. Hoje, frequentemente, o vinho é visto como a harmonização mais adequada para os queijos, mas muitos especialistas em vinho pensam diferente e sugerem a cerveja como um substituto superior.

As cervejas tradicionais e artesanais têm uma ampla gama de sabores, muito mais ampla que a do vinho. Isso ocorre, em parte, porque a produção de cerveja é, na verdade, uma forma de culinária, pelo menos antes da fermentação ser envolvida. Muitos ingredientes podem ser usados; grãos podem ser caramelizados ou torrados, especiarias podem ser adicionadas e frutas podem ser submetidas à infusão. Normalmente, o teor alcoólico das cervejas varia de 3% a 12% em volume, e isso permite uma grande variação de intensidade. O nível de carbonatação, variando de um mero picante na língua até uma espuma de champanhe, irá influenciar a textura da bebida. As leveduras podem conferir aromas muito diferentes, que vão desde frutas frescas até terra pungente. Todas essas características podem influenciar o serviço de harmonização do queijo.

O queijo é em si um alimento muito diversificado, mas o que quase todos os queijos têm em comum é a alta concentração de sal e gordura. A cerveja geralmente contém um pouco de açúcar residual do malte, e isso promove um agradável contraste com o sal – quem já comeu batatas fritas ou outros aperitivos salgados com uma cerveja sabe disso. A carbonatação e o amargor do lúpulo possuem a capacidade de cortar completamente as gorduras, refrescando o paladar. Sem a carbonatação para realizar essa função, a gordura dos alimentos, como queijo e chocolate, pode revestir a língua, isolando fisicamente as papilas gustativas dos sabores da bebida. Esse é um problema comum da harmonização de vinhos e queijos.

Como o queijo e a cerveja apresentam grande diversidade, fica impossível explorar todas as possibilidades aqui. No entanto, é possível fornecer algumas ideias sobre onde começar. Provavelmente, a melhor forma é olhando os três diferentes leites a partir do qual os queijos são geralmente feitos e os tipos gerais de queijos que esses leites produzem.

Queijos de leite de vaca macios

Aqui estão incluídos os queijos de casca mofada, tais como Brie e Camembert, e *triple-crèmes*, tais como St. André e Brillat-Savarin. A massa desses queijos, geralmente, apresenta sabor suave, com um amanteigado doce e notas lácticas opostas ao sal. Muitas cervejas acompanharão bem esses queijos, mas com muitos deles a própria casca mofada pode ser o fator determinante no sucesso da harmonização. Cascas mofadas, que são formados por bolores brancos, transmitem um caráter que se assemelha a terra e cogumelo quando o queijo é jovem. Esse sabor combina bem com *farmhouse ales* mais suaves, particularmente, com as *bières de garde* francesas, que muitas vezes têm o seu próprio caráter terroso. *Tripels* belgas combinam especialmente bem com queijos *triple-crème*. Com o tempo, esses queijos se tornam mais pungentes, e a casca pode transmitir um amargor que não interage bem com o lúpulo. Nesses casos, pode ser melhor ficar com cervejas de trigo belgas e alemãs, que irão combinar com o queijo sem trazer mais amargor à combinação.

Queijos de leite de vaca de casca lavada

Estes são os queijos que frequentemente são chamados de "malcheirosos" (*"smelly" cheeses*). Bons clássicos exemplos são Taleggio, Livarot e Epoisse. Descritores para o aroma de terra variam de "chão de floresta" a "celeiro", mas os sabores reais desses queijos são frequentemente muito suaves. Os aromas são derivados da casca, a qual é lavada com salmoura, cerveja, vinho ou, algumas vezes, com um tipo de *brandy*. A lavagem promove o crescimento de certos fungos e bactérias, que dão à casca cores laranja e verdes e amadurecem o queijo de fora para dentro. As cervejas francesas *bières de garde*, mais uma vez, funcionam bem, mas as melhores harmonizações são com as cervejas não azedas envelhecidas em barril, que apresentam influência das *Brettanomyces*. A característica terrosa *"brett"* se mistura perfeitamente com os aromas do queijo, e os sabores de baunilha, derivados do carvalho, funcionam agradavelmente contra o dulçor do leite. Muitas cervejas *sour* fermentadas pela levedura *Brettanomyces* podem combinar também, mas é melhor definir as harmonizações individualmente porque elas dependerão parcialmente do grau e do tipo de acidez da cerveja.

Queijos de leite de vaca semiduros

Essa categoria abrange uma vasta gama, desde os Tommes ao Beaufort e vários tipos de Cheddar. A maioria terá notável acidez, alguns sabores gramíneos e frutados, e abundância de sal. *Pale ales* e *India pale ales* são um bom lugar para começar. A maioria desses queijos combina bem com o lúpulo, misturando agradavelmente seu caráter frutado com as características da levedura das *ales*, e pode adquirir notas de caramelo derivadas de maltes especiais. *German* e *Bohemian pilsners* também acompanham bem a maioria desses queijos.

Queijos de leite de vaca duros

Parmigiano-Reggiano, Grana Padano, Gouda envelhecido, Gruyères e Cheddars envelhecidos se encaixam aqui. A maioria tem sabores concentrados, quase explosivos, de frutas e sal, algum caramelo e abundância de umami. Aqui há duas boas direções. Uma opção é o uso do contraste – mais uma vez, *saison* e *pilsner* são boas – com o brilho da cerveja equilibrando a concentração do queijo. A outra opção é o uso da harmonia, e aqui a *barley wine* é uma boa escolha. As características de malte e frutas da cerveja se fundem com esses queijos, e o dulçor residual da bebida faz um bom contraste com o sal.

Queijos de leite de cabra

Queijos de leite de cabra têm uma massa branca brilhante e acidez picante. Quando frescos, os queijos de leite de cabra não têm casca. Geralmente, eles são melhores quando têm apenas uma ou duas semanas de produção e não estão muito longe da fazenda. Esses queijos têm sabores muito vivos, e bons exemplares mostram uma gama de notas cítricas. Eles acompanham especialmente bem as *saisons* secas e cervejas de trigo, especialmente as *witbiers* belgas. Eles também são excelentes com *gueuze*. Versões semienvelhecidas como *crottins* ou *buttons* terão casca; aqui as *saisons* poderão ou não funcionar, dependendo mais das características da casca do que da cerveja. Os queijos de leite de cabra envelhecidos podem se tornar muito massudos e revestir a boca; a carbonatação muito elevada, normalmente desenvolvida em cervejas refermentadas na garrafa, tende a ajudar essas harmonizações a combinarem bem. Mais uma vez, *gueuze* e *saison* são boas opções.

Queijos de leite de ovelha

Queijos de leite de ovelha são frequentemente caracterizados por um aroma suave de noz e terra. Eles realmente retêm um cheiro de lanolina, um aroma reconhecível em costeletas de cordeiro e mesmo em lã molhada. Os melhores são feitos nos Pirineus franceses, incluindo o excelente Ossau-Iraty, mas o americano Vermont Shepherd também é muito bom. Esse queijo e outros de seu tipo são muito bem acompanhados com *brown ales* e *porters*; o caráter de noz do leite de ovelha combina particularmente bem com os maltes caramelo e chocolate dessas cervejas. O Manchego, embora muito mais penetrante, é também uma boa harmonização para esses dois estilos de cerveja.

Queijos azuis

Alguns queijos azuis são muito difíceis de harmonizar por conta da aspereza desenvolvida pelos fungos azuis. *Danish blues* e Roquefort podem desenvolver um amargor quase entorpecente na língua que tende a se chocar com o lúpulo. Felizmente, muitos outros queijos azuis são encorpados, porém mais suaves, e podem ser harmonizados com muito sucesso. Stilton é a realeza desse tipo, e combina um poderoso aroma de terra com uma rica massa amanteigada e salgada. As *barley wines* são muito boas com esse tipo de queijo, particularmente a forte variante britânica, onde a abundância de açúcares residuais une-se com notas de caramelo e frutas escuras, envolvendo o queijo. Quando essas cervejas têm poucos anos de envelhecimento na garrafa, a harmonização pode ser profunda. Embora possa parecer contraintuitivo, a *imperial stout* também combina muito bem com Stilton. As notas de café torrado e chocolate podem ressaltar no queijo sabores semelhantes a doce de chocolate (*fudge*), sendo este um dos poucos estilos capazes de equiparar-se com a intensidade do Stilton. Além de Stilton, o Gorgonzola Dolce, mesmo depois de se tornar bastante fluido, costuma ser capaz de harmonizar muito bem com uma *barley wine* ou *imperial stout*.

Claro que isso é só um arranhão na superfície das possibilidades de harmonizações, e a serendipidade daquelas inesperadas é sempre possível. Harmonizar *fruit beers* com queijos de sobremesa frescos, passando para queijos mais velhos com cervejas mais velhas – aqueles com paladares aventureiros irão certamente ser recompensados por outras explorações.

Garrett Oliver

questões ambientais. Do grão ao copo, todos os aspectos da produção e distribuição de cerveja para o mercado consumidor são carregados de questões ambientais, sendo o consumo de água e energia os dois principais recursos naturais a serem considerados. As emissões de carbono são diretamente proporcionais ao consumo de energia. O cultivo da cevada e a produção de cerveja são os maiores consumidores de água. Na cervejaria propriamente dita, o consumo de água é expresso como uma relação entre a água utilizada e a cerveja produzida. Todos esses impactos podem ser mais bem classificados em três grandes áreas: (a) a montante (*input*) – a produção e o transporte de matérias-primas que irão se tornar cerveja e embalagem para a cerveja; (b) operações – o consumo dos recursos que podem ser vinculados diretamente à cervejaria e ao processo de produção de cerveja; e

(c) a jusante (*output*) – o transporte e a refrigeração da cerveja depois que ela deixa a cervejaria.

A fabricação de vidros, a produção de cevada e malte respondem por mais de três quartos do impacto ambiental a montante da produção de cerveja. Ver ENGARRAFAMENTO. Vidro feito com elevado percentual de conteúdo reciclado utiliza significativamente menor energia, reduzindo expressivamente a parte referente à fabricação de vidros na equação. Em países com projetos nacionais de reciclagem ou mandatos de reutilização de garrafas, o impacto do vidro como embalagem para a cerveja é consideravelmente reduzido. A energia necessária embutida para produzir latas de alumínio é superior em relação à fabricação do vidro, mas o seu peso para transporte é menor, tornando-as, de forma geral, comparáveis à fabricação de vidro. Barris de aço inox produzem um menor impacto devido à sua natureza reutilizável. Uma estratégia comercial que utilize embalagens e barris recarregáveis pode promover um excelente benefício para o ambiente.

Os métodos tradicionais de cultivo de cevada, que requerem repetidos preparos da terra e aplicação de fertilizantes e pesticidas, apresentam uma grande pegada ambiental. Métodos com preparos da terra reduzidos ou plantio direto podem diminuir essa pegada, e maltes orgânicos reduziriam ainda mais a equação geral, já que os fertilizantes apresentam uma grande pegada de carbono. Como as práticas de intenso preparo do solo desequilibram o estoque normal de carbono orgânico no solo, a compensação de carbono estimada oriunda desse processo natural é menos provável de ser realizada. Os cervejeiros desejam obter um grão de cevada roliço, o que faz da irrigação uma prática comum, embora a cevada possa ser cultivada como uma lavoura de terra seca, sem irrigação. A cevada é embebida, germinada, seca e às vezes torrada na produção do malte para a produção de cerveja. A secagem e o processo de torrefação são as partes que demandam mais energia nesse processo, utilizando tanto a energia elétrica como a térmica.

A produção de cerveja na cervejaria é a menor parte do cálculo do impacto ambiental. Se práticas geralmente aceitas forem adotadas – troca de calor para resfriamento do mosto e atenção ao consumo e conservação de energia e água – as operações de produção de cerveja equivalem a menos de 20% do total do impacto ambiental. A produção de energia elétrica é um fator significativo nesse cálculo, então a participação da cervejaria em programas de energia renovável de alta qualidade pode resultar em um decréscimo mensurável no consumo e emissão geral de carbono. As cervejarias comprometidas com o ambiente podem apresentar emissões de carbono que pairam em torno de 5% do impacto total de carbono na produção da cerveja.

Como geralmente se aceita um padrão industrial de consumo de 4,5 litros de água para cada litro de cerveja produzida, qualquer esforço pela redução de água seria produtivo. As cervejarias utilizam grandes quantidades de água para produzir cerveja, especialmente devido ao rigoroso e constante processo de limpeza necessário durante quase todas as etapas do processo de produção. Uma relação de 3,25:1 é considerada excelente ao redor do mundo. Muitas cervejarias internacionais têm fixado limites agressivos referentes ao uso da água. Ver ÁGUA.

A cerveja também apresenta peso elevado. O transporte por caminhão para mercados que estão distantes carrega um custo ambiental formidável. Apesar disso, surpreendentemente, o maior impacto individual ao longo da cadeia de distribuição da cerveja é a refrigeração no varejo, que responde por mais de 25% da emissão total de carbono. A cerveja torna-se melhor quando estocada em temperaturas consistentemente baixas. A estabilidade da vida útil é uma constante área de preocupação, especialmente quando a cerveja viaja por longas distâncias. Os cervejeiros têm dois imperativos concorrentes: o primeiro é a necessidade de manter a qualidade em toda a cadeia até atingir o consumidor; o outro é o crescente imperativo de reduzir os impactos ambientais. Isso desafiará os cervejeiros nos próximos anos, especialmente com a crescente demanda por cervejas diferenciadas de pequenas cervejarias ao redor do mundo.

Brown, R. **Heineken unveils green targets.** Disponível em: http://www.brewersguardian.com/brewing-features/international/heineken_unveils_green_targets.html/. Acesso em: 5 jun. 2010.

The Climate Conservancy. **The carbon footprint of Fat Tire amber ale.** Disponível em: http://www.newbelgium.com/files/shared/the-carbon-footprint-of-fat-tire-amber-ale-2008-public-dist-rfs.pdf/. Acesso em: 15 maio 2010.

Kim Jordan

Radeberger Group é a maior empresa individual de cerveja no diversificado e descentralizado mercado alemão, com uma participação de 15% em volume. A homônima Radeberger Brewery é uma das catorze cervejarias de propriedade da empresa. Eles produzem dezenas de cervejas alemãs clássicas, algumas delas marcas nacionais e muitas delas especialidades regionais. Entre elas estão Jever Pilsner, DAB (Dortmunder Actien Brewery), Dortmunder Union, Henninger, Schultheiss, Berliner Kindl Weisse, Binding, Sion Kolsch, Altenmeunster e a não alcoólica Clausthaler. Por si só, a Radeberger Brewery ocupa a nona posição entre todas as cervejarias alemãs. O Radeberger Group também importa as cervejas Corona, Guinness e Kilkenny. A Radeberger Brewery foi fundada como Zum Bergkeller, em Radeberg, subúrbio de Dresden, em 1872. A área tem histórico no cultivo de lúpulo e não está longe da região tcheca da Boêmia. A Radeberger Pilsner caiu nas graças do rei da Saxônia, e o primeiro chanceler alemão, Otto von Bismarck, declarou a Radeberger a "Kanzler-Brau" ("a cerveja do chanceler") em 1887. Em 1946, o governo comunista da Alemanha Oriental assumiu o controle da cervejaria. Quando o Muro de Berlim caiu em 1989, a cervejaria foi extensivamente remodelada. Ela foi comprada pelo Oetker Gruppe de Bielefeld, Alemanha, em 2004. O Oetker Gruppe é uma empresa privada, avaliada em 8 bilhões de euros, que tem negócios nos ramos de alimentos, cerveja, vinho, bebidas destiladas, bebidas não alcoólicas, transporte, serviços bancários, publicação, produtos químicos, hotéis e lojas de varejo e atacado. As cervejas do Radeberger Group são produzidas de acordo com as especificações da Lei da Pureza da Cerveja.

Ver também LEI DA PUREZA DA CERVEJA.

Jackson, M. **Ultimate beer**. New York: DK Publishing, Inc, 1998.
Oetker Group. Disponível em: http://www.oetker-gruppe.de/.
Radeberger Gruppe. Disponível em: http://www.radeberger-gruppe.de/.

Stephen Hindy

Radlermass (tradução literal: "litro de ciclista"; "*mass*" é uma antiga palavra bávara para "litro") é uma bebida mista à base de cerveja com uma longa história nas regiões de língua alemã. Seu nome no norte da Alemanha é "*Alsterwasser*". Geralmente é uma mistura com 50% de vários tipos de cerveja e 50% de limonada no estilo alemão, cuja invenção é atribuída a um gastrônomo de Munique, Franz Xaver Kugler, em 1922. A *Radlermass* é a equivalente bávara da *Shandy* inglesa (que também é uma mistura de cerveja e limonada ou, menos frequentemente, cerveja de gengibre). O "litro de ciclista" de Kugler ficou muito popular em Munique, e outros *beer gardens* ofereceram o mesmo tipo de mistura.

Hoje em dia, a *Radler* não é consumida apenas na Baviera, mas também em toda a Alemanha e na Áustria. Na Áustria, normalmente é feita como uma mistura de cerveja, suco de laranja e limonada. Durante os meses de verão, a *Radler* é bastante popular devido ao fato de ser uma bebida bastante refrescante – resultado da harmonia de sabores doces, amargos e ácidos – e comercializada pronta em garrafas em toda a Alemanha. A produção de *Radler* em garrafas foi proibida na Alemanha até a década de 1990 (a mistura deveria necessariamente ser feita nos *beer gardens* pela adição de meio litro de limonada e meio litro de cerveja), mas hoje a fatia do mercado pertencente às *Radlers* prontas e outras bebidas à base de cerveja vem crescendo.

"*Russenmass*" é uma mistura de *hefeweizen* e limonada. "*Diesel*" é uma mistura de *lager* e bebida à base de cola, resultando em uma coloração similar à do combustível, o que explica o nome da mistura. Existem muitas variações regionais de nomes e combinações possíveis. A mistura de *hefeweizen* com cola é donominada "*Colaweizen*". A mistura de *weissbier* com cola é chamada "*Flieger*" ("aviador") ou "*Turbo*". Pilsner ou *altbier* e cola são conhecidas como "*Krefelder*".

Wolfgang Stempfl

Rahr Malting Company é uma maltaria com sede em Shakopee, Minnesota. A empresa começou como Eagle Brewery, fundada em 1847 em Manitowoc, Wisconsin, pelo imigrante alemão William Rahr. Como muitas cervejarias da época, a Eagle produzia seu próprio malte. Por volta de 1860, a empresa também fornecia malte a outras cervejarias da região. A cervejaria foi fechada durante a Lei Seca e nunca mais reabriu, mas a produção de malte continuou.

Hoje, a empresa ainda é controlada pelos descendentes de Rahr e tornou-se a nona maior produtora de malte do mundo e a quarta maior na América do Norte. A Rahr tem duas unidades de malteação, uma em Shakopee, Minnesota, e outra em Alix, Alberta, Canadá. A empresa também possui um silo de armazenamento de grãos em Taft, Dakota do Norte.

A Rahr produz cerca de 510 mil toneladas (33 milhões de *bushels*) de malte por ano. Embora a empresa produza alguns maltes especiais, a maior parte de sua produção é de malte base tipo *pilsner*, malte de trigo e malte utilizado nas indústrias de destilados e de alimentos.

Além do seu próprio malte, a Rahr também distribui maltes especiais importados e nacionais, lúpulos e outros produtos cervejeiros (como adjuntos, agentes de retenção de espuma e agentes para filtração) para clientes em sua maioria norte-americanos, através de sua subsidiária Brewers Supply Group. Entre as empresas cujos maltes eles distribuem estão a Weyermann (Alemanha), a Briess (Estados Unidos) e a Castle (Bélgica).

A Rahr é também proprietária de parte da Koda Energy, uma companhia de energia que queima subprodutos da malteação e da agricultura para geração de calor e eletricidade, parte dos quais são usados pela Rahr. A Koda é um empreendimento conjunto da Rahr e da Shakopee Mdewakanton Sioux Community.

Rahr Malting Co. Disponível em: http://www.rahr.com.

Josh Rubin

Ramsés II Usermaatra Setepenra foi o terceiro governante da 19ª dinastia do Egito antigo. Ele se tornou faraó em 1279 a.C. e durante seu longo reinado, até sua morte em 1213 a.C., ele se destacou como guerreiro, construtor e, um pouco tangencialmente, cervejeiro. Alguns dos maiores templos e monumentos egípcios são creditados a ele, incluindo o templo núbio Abu Simbel, entalhado diretamente na rocha, numerosos templos em Mênfis, o tribunal e os pilares do templo de Luxor, um templo em Abidos e o Ramesseum, seu próprio templo mortuário no oeste de Tebas, do lado oposto à Luxor moderna. No campo do combate, ele venceu a decisiva Batalha de Qadesh (Kadesh), na Síria moderna, contra o rei hitita Mutwatallis, o que preservou o Egito como a maior potência da sua era. O Ramesseum é de interesse particular para estudiosos modernos que tentam determinar o lugar da cerveja na antiga sociedade faraônica. Foi essa estrutura que, incidentalmente, foi incorretamente descrita pelo historiador grego Diodorus Siculus, no século I a.C., como a "Tumba de Ozymandias", o que, por sua vez, inspirou o poeta Percy Bysshe Shelley, do início do século XIX, a escrever seu conhecido soneto de mesmo nome. O complexo contém vários celeiros de tijolos de barro que são testemunhas da importância do grão para a economia do Egito antigo. Para construir suas enormes estruturas, Ramsés II precisou de um vasto exército de trabalhadores que, por sua vez, exigiam alimentação e hidratação. Em tempo antigos, as pessoas sabiam que, embora a água não fosse segura para consumo, a cerveja era confiável, e, portanto, era ela que constituía a bebida diária do homem comum. Próximo ao local de construção da tumba, na margem oeste do Nilo, ficava a instalação Deir el Medina, onde Ramsés II alojava seus trabalhadores. Extensas escavações nesse local proporcionaram uma visão fascinante sobre a vida diária das pessoas que viveram da 18ª à 20ª dinastias. Os muitos óstracos (fragmentos de cerâmica) recuperados apontam para a produção de cerveja em escala gigantesca e estabelecem a cevada como o grão mais comumente usado, ao lado do trigo Emmer. As relíquias permitiram reconstruir toda a sequência de técnicas de produção de cerveja e panificação egípcias, desde a malteação primitiva até a mosturação e fermentação espontânea em potes de barro.

Ver também EGITO.

Kitchen, K. A. **Pharaoh triumphant: The life and times of Rameses II, King of Egypt**. Warminster: Aris & Phillips, 1982.

Lesko, L. H. (Ed.). **Pharaoh's workers: The villagers of Deir el Medina**. Ithaca: Cornell University Press, 1994.

Samuel, D. "Brewing and baking". In: Nicholson, P. T. & SHAW, I. (Eds.), **Ancient Egyptian materials and technology**. Cambridge: Cambridge University Press, 2000.

Ian Hornsey

rauchbier é uma cerveja de estilo alemão produzida com malte defumado. Pode ser de qualquer estilo, mas em geral é uma *lager* de médio teor alcoólico. A *rauchbier* (que em alemão significa "cerveja defumada") é bastante popular na região da Francônia, especialmente em Bamberg e seus arredores, onde é geralmente elaborada com a mesma potência da *märzen*. A Aecht Schlenkerla Rauchbier, da Brauerei Heller-Trum, é provavelmente a marca mais conhecida. A histórica cervejaria da Schlenkerla está a escassos cem metros da catedral românica de Bamberg, de modo que muitos turistas a visitam para tomar uma cerveja e para comer. Aos visitantes, costuma-se contar uma história caprichada – de que a *rauchbier* surgiu em um convento que se incendiou, como acontecia com frequência nas cidades medievais. Segundo a lenda, grande parte do convento ficou destruída, mas parte da cervejaria, incluindo uma boa quantidade de malte, foi poupada da tragédia. No entanto, o malte ficou exposto à fumaça das chamas e incorporou o sabor peculiar que deu fama à cerveja.

Esse conto pode estar cheio de ação e chamas dramáticas, mas é improvável que tenha alguma validade histórica. A defumação devia ser comum na maioria dos maltes secos em secador antes das metodologias modernas de malteação e secagem que

A *rauchbier*, elaborada com malte defumado, é o estilo de cerveja preferido em Bamberg, Alemanha. CATH HARRIES.

surgiram no início do século XIX: os gases oriundos da combustão na câmara de calor passavam através da superfície inferior perfurada dos secadores e incorporavam sabor ao malte. Atualmente, esse tipo de efeito só é buscado em alguns estilos específicos de *smoked lagers*, *weizenbiers*, *bockbiers* e *porters* – e o malte utilizado para tal propósito é produzido separadamente em secadores nos quais se emprega madeira de faia para a secagem do malte (no caso de alguns maltes raros também é usado o carvalho).

Durante a brassagem, a quantidade de malte defumado a ser adicionada à mostura é um aspecto crucial para se conseguir o toque defumado desejado – assim como a levedura a ser utilizada. Alguns cervejeiros modernos notaram que suas primeiras *rauchbiers* não adquiriam o sabor defumado que se esperava, mesmo quando produzidas em sua totalidade com malte defumado. Isso ocorre porque as leveduras absorvem uma parte significativa desse sabor defumado durante a fermentação. Se essa mesma levedura "defumada" for posteriormente utilizada para fermentar uma cerveja convencional, esta tende a apresentar um toque defumado. A Schlenkerla vale-se desse fato para conseguir esse efeito em sua *helles*, uma cerveja elaborada sem malte defumado, mas usando leveduras reinoculadas de uma *rauchbier*. O mais comum, porém, é que essas leveduras sejam reinoculadas em bateladas consecutivas de *rauchbier*, a fim de se obter um caráter defumado consistente. Esse truque do fermento também funciona em brassagens que não são elaboradas exclusivamente com malte defumado, ou seja, quando parte da mostura é composta de malte caramelo ou maltes escuros para agregar corpo e sensação de boca.

Um sabor defumado mais acentuado é particularmente desejável quando se pretende harmonizar a *rauchbier* com alguns pratos. As harmonizações típicas da Francônia normalmente incluem carnes defumadas, uma especialidade local. Em geral, a maioria dos pratos intensos, sejam alemães ou de outros países, costuma harmonizar bem com os sabores defumados da *rauchbier* – a própria cerveja é normalmente caracterizada por notas a fogueira, *bacon* ou salsichas. Não é de surpreender que muitos apreciadores de charuto saboreiem *rauchbiers* com seus charutos preferidos, possivelmente deleitando-se com a acentuada concentração de sabores defumados dessa combinação.

Nos últimos anos, os cervejeiros vêm elaborando uma gama cada vez maior de cervejas defumadas: uma *rauchbock* sazonal foi produzida por algum tempo na Francônia, e os cervejeiros americanos transformaram a *smoked porter* em um estilo de cerveja respeitável e muito apreciado. As cervejas de trigo defumadas também surgiram nos anos 2000. As *smoked wheat ales* (também conhecidas como *rauchweizen*) são elaboradas com aproximadamente 60% de malte de trigo convencional e 40% de malte de cevada defumado, sendo fermentadas com uma cepa de levedura tradicional de *hefeweizen* bávara. Devido à menor proporção de malte defumado no conjunto de grãos e em função do uso de uma levedura que produz seus próprios aromas balanceados, a *rauchweizen* surgiu como uma boa opção para os que apreciam certo sabor defumado, mas não desejam a intensidade das clássicas *rauchbiers*. As cervejas defumadas geralmente apresentam bom potencial de guarda, com as características defumadas fundindo-se a notas típicas de vinho xerez à medida que a cerveja oxida lentamente.

Conrad Seidl

reação de Maillard é um tipo de escurecimento não enzimático que proporciona cor e sabor a muitos tipos de alimentos processados, incluindo a cerveja. A reação recebeu o nome do químico francês Louis-Camille Maillard (1878-1936), que a descobriu por acaso ao tentar replicar a síntese de proteínas biológicas por volta de 1910. Em essência, Maillard forneceu uma explicação química para esses processos de escurecimento que ocorrem na culinária diária e que, portanto, eram empiricamente conhecidos desde que o homem começou a cozinhar alimentos.

Os produtos de Maillard são o resultado de uma série complexa de reações químicas entre as carbonilas dos açúcares reativos e os grupos amina dos aminoácidos. As reações de Maillard são favorecidas ou ocorrem mais prontamente a temperaturas mais elevadas, baixos níveis de umidade e sob condições alcalinas (básicas), com os açúcares pentoses (arabinose, xilose) reagindo mais do que as hexoses (glicose), que por sua vez reagem mais do que os dissacarídeos (maltose). Os aminoácidos também possuem diferentes propensões para promover reações de Maillard, com lisina e glicina sendo os mais reativos. Ver AMINOÁCIDOS. Os produtos finais das reações de Maillard são melanoidinas (polímeros nitrogenados castanhos).

As condições de processo mais favoráveis para a formação de produtos de Maillard – proteínas ou peptídeos ligados a açúcares – ocorrem durante a secagem do malte. A secagem, devido ao baixo teor de umidade no fim do processo, é manipulada pelos produtores de malte para alcançar as várias combinações de cor e sabor, utilizadas pelos cervejeiros para produzir diferentes estilos de cerveja. Ver SECAGEM. Os maltes Crystal e caramelo são produzidos mediante um rápido aumento da temperatura de secagem do malte verde suficientemente modificado até 60 °C a 75 °C para liquefazer, ou melhor, gelatinizar o endosperma amiláceo. O malte Crystal é posteriormente tratado através da secagem e aquecimento para produzir o malte caramelizado. Condições mais extremas são utilizadas para produzir outros maltes especiais em cilindros de torrefação, aumentando as temperaturas para 75 °C a 175 °C e depois mais lentamente até 215 °C para produzir malte chocolate e até 225 °C para os maltes pretos. Estes possuem cores substancialmente mais acentuadas e sabores mais intensos, potencialmente mais ásperos.

As reações de escurecimento de Maillard também acontecem na tina de fervura durante a fervura do mosto, podendo escurecer a sua cor. Elas também ocorrem durante as fases de fervura da mostura na mosturação por decocção, e os partidários desse processo muitas vezes alegam que isso pode resultar em maiores intensidades de sabor do malte.

Ames, J.M. The Maillard browning reaction – an update. **Chemistry and Industry**, n. 17, p. 558-561, 1988.

Evan Evans

informações que anteriormente levavam dias para serem obtidas.

Juvonen, R. et al. Detection of spoilage bacteria in beer by polymerase chain reaction. **Journal of the American Society of Brewing Chemists**, n. 57, p. 99-103, 1999.

Van Zandycke, S. PCR applications to brewing: differentiation of brewing yeast strains by PCR fingerprinting. **Journal of the American Society of Brewing Chemists**, n. 66, p. 266-270, 2008.

Sylvie Van Zandycke

reação em cadeia da polimerase (PCR)

é um método de ensaio que pode ser utilizado para avaliar a saúde e a pureza das culturas de levedura. A PCR é um método que permite estudar o material genético, especificamente o ácido desoxirribonucleico (DNA), de organismos vivos. O DNA em células vivas é composto por duas cadeias de nucleotídeos (elementos de base), ligados entre si para formar uma dupla hélice. A PCR visa regiões específicas ou aleatórias do DNA para análise mediante a amplificação do número de cópias das referidas regiões. A região do DNA a ser amplificada é determinada por iniciadores (*primers*) de DNA que se ligam a cada um dos lados da sequência alvo e provocam a amplificação. O(s) fragmento(s) amplificado(s) podem ser separados de acordo com o seu tamanho num gel de agarose para gerar uma única banda (PCR específica) ou uma impressão digital (PCR aleatória). Num contexto de produção de cerveja, as impressões digitais são úteis para diferenciar e identificar as cepas de levedura, assim como para detectar mutações de leveduras que podem ocorrer durante as diversas reinoculações de uma cultura em particular. A PCR específica é útil para detectar contaminações no mosto, na cerveja e lama de leveduras. As leveduras ou bactérias selvagens também podem ser alvo usando *primers* específicos para cada espécie. O aparecimento de uma banda no gel de agarose indica a presença do contaminante alvo, enquanto a ausência de uma banda indica que a amostra está limpa. A maioria das tecnologias recentes elimina a necessidade do gel de agarose, permitindo, assim, a PCR em tempo real, o que torna possível detectar e quantificar contaminantes em até três horas. Isso pode proporcionar aos cervejeiros informações relevantes sobre a qualidade das possíveis leveduras de inoculação,

real ale, como citada frequentemente no *Oxford English Dictionary*, é "um nome para cervejas engarrafadas ou embarriladas produzidas a partir de ingredientes tradicionais, maturadas por fermentação secundária no recipiente de onde ela é extraída, e servida sem a adição de dióxido de carbono externo".

"*Real ale*" é uma expressão que foi adotada pela Campaign for Real Ale (CAMRA) em 1973. Primeiramente conhecida como Campaign for the Revitaliation of Ale, teve seu nome mudado numa tentativa de facilitar e encurtar o que era considerado um nome com muitas letras e de pronúncia desconfortável em um dos períodos mais sóbrios da história. A denominação é um mecanismo da campanha que atraiu um grande número de comentários grosseiros sobre o "realismo" de cervejas filtradas. Certamente uma excelente *India pale ale*, mesmo se filtrada, é considerada por grande parte dos entusiastas por cerveja como realmente muito real.

As expressões simples, precisas e não didáticas "refermentada em *cask*" e "refermentada em garrafa" podem descrever melhor as cervejas que contêm leveduras viáveis. Certamente, a diferença qualitativa entre cervejas refermentadas em *casks* e cervejas filtradas se baseia na presença de leveduras viáveis, capazes de se alimentar de qualquer açúcar fermentável que ainda estiver presente na cerveja no momento em que esta é colocada no barril na cervejaria e de induzir a produção de seus próprios aromas e sabores, além de permitir sua carbonatação.

Apesar disso, o que pode ser chamado de "causa célebre" da CAMRA inspirou os fundamentalistas da campanha a insistir que mesmo a não invasiva camada de dióxido de carbono à pressão atmosférica em cervejas de venda lenta, sujeitas aos estragos da oxidação, deveria ser entendida como uma interferência não natural no aroma, sabor e sensação na boca da cerveja *ale* embarrilada, tornando-a então "não real". No entanto, estudos demonstram claramente que as válvulas de respiro do barril protegem a cerveja sem acrescentar dióxido de carbono à bebida. Por que, então, a controvérsia?

A alegação mais importante é que o ar puxado para dentro de um barril durante a extração de alguma forma ameniza o paladar da cerveja armazenada, resultando em mudanças benéficas no sabor que se assemelham ao efeito do oxigênio em um vinho tinto jovem. De fato, pesquisas descobriram que esse "benefício" é geralmente indetectável e que a camada de CO_2 produzida pela válvula de respiro do barril proporciona o sabor mais agradável percebido pelo consumidor. O fato é que a teoria proposta pela CAMRA, mesmo não sustentada por evidências científicas, continuou a ser um dogma dentro da organização. O influente guia *Good Beer Guide* produzido pela CAMRA insiste em "excomungar" pubs que protegem suas cervejas em barris munidos válvulas de respiro. Com suas cervejas julgadas falsas por esse critério, um pub do interior pode facilmente ficar sem clientes e acabar falindo, empobrecendo a cultura cervejeira. Essas são, no entanto, questões de opinião – alguns cervejeiros bávaros afirmam que a Lei da Pureza da Cerveja declara muitas cervejas britânicas e belgas maravilhosas como falsas também. Talvez, então, caiba aos cervejeiros e consumidores decidir quais *ales* seriam verdadeiras e quais seriam falsas sob algum aspecto. Espera-se que finalmente fique determinado que as cervejas britânicas *real ale* são aquelas produzidas, fermentadas e refermentadas adequadamente com leveduras viáveis, de acordo com a tradição, honestamente servidas com leveduras vivas e sem gaseificação artificial. Se essa cerveja surgir lindamente no copo diante do consumidor, sem sombra de dúvida será considerada adequada e real o suficiente para proporcionar a ele um prazer genuíno, o que é, evidentemente, para início de conversa, o objetivo de qualquer cerveja.

Ver também ADEGUEIRO, ARTE DO, CAMPAIGN FOR REAL ALE (CAMRA), CONDICIONAMENTO EM CASK e VÁLVULA DE RESPIRO.

Mark Dorber

reator com levedura imobilizada é um dispositivo para processamento ou fermentação contínua de cerveja. Ver FERMENTAÇÃO CONTÍNUA. Na fermentação convencional em batelada, a levedura fermenta o mosto enquanto ela está em suspensão móvel. Nos reatores de levedura imobilizada, por outro lado, a levedura é mantida imóvel, enquanto o mosto passa por ela. A cerveja pode surgir dessa fermentação praticamente clara e sem leveduras. Há dois tipos comuns de imobilizadores de levedura. Em um reator de leito fluidizado, esferas de vidro porosas abrigam a levedura e flutuam pela cerveja, enquanto em um reator de circuito fechado, um cartucho de carboneto de silício poroso (ou outra cerâmica) fixo contém a levedura imobilizada. Dado que o mosto flui continuamente, passando pelas células de levedura, a taxa de fermentação não depende da distribuição das células vivas de levedura por todo o fermentador. A atenuação pode ser rápida, e as fermentações podem exigir a metade do tempo do processamento convencional por batelada. Existem desvantagens, como um nível elevado de dicetonas vicinais e seus precursores na cerveja pronta. Ver DIACETIL e DICETONAS VICINAIS (VDK). Estes podem ser reduzidos aumentando-se a temperatura da cerveja para converter os precursores em diacetil e, em seguida, reprocessando novamente a cerveja no reator.

No mundo comercial, apesar de muita pesquisa ter sido feita, os reatores de levedura imobilizada não alcançaram a eficiência necessária para substituir a fermentação em batelada normal. Muitas pesquisas, por conseguinte, concentram-se na produção de etanol. No entanto, algumas grandes cervejarias usam reatores de levedura imobilizada para redução rápida de diacetil. Durante os meses de verão, quando a demanda é alta e o espaço no tanque escasso, algumas grandes cervejarias europeias processam cerveja verde aquecendo-a, para forçar a formação de diacetil a partir dos precursores, e, em seguida, usam o reator para absorvê-lo. Através desse método, a redução de diacetil, que normalmente levaria semanas, é alcançada em questão de horas, permitindo que as cervejarias produzam uma cerveja "*lager*" aceitável no prazo de catorze dias a partir de sua brassagem. Os reatores de levedura imobilizada também podem ser utilizados na condução de fermentações parciais, para fazer certos tipos de cervejas de baixo teor alcoólico.

Horst Dornbusch

recipientes de germinação e secagem (GKV) são conjuntos de recipientes na maltaria que combinam as duas últimas das três principais etapas do processo de malteação em uma. As etapas da malteação são (1) maceração dos grãos em tanques de fundo cilindrocônico ou plano para sua limpeza e hidratação; (2) germinação do grão sob ar umedecido com temperatura controlada em recipiente retangular ou circular para ativar as enzimas que iniciam o processo de modificação da goma, amido e proteína; e (3) colocação do grão no secador para secá-lo e matar o novo broto da planta (a acrospira) e radículas que começaram a se desenvolver durante a germinação. Em um GKV, germinação e secagem ocorrem dentro do mesmo recipiente, sem a necessidade de transferir o malte verde de uma caixa de germinação para um secador. Uma vez a germinação completa, o ar umidificado que era soprado através da cama de grãos é substituído por um ar quente e seco.

Os GKV, assim como os recipientes exclusivos de germinação, são construídos em formato retangular ou circular. Eles necessitam ser equipados com revolvedores para evitar que as radículas do malte se entrelacem entre si na fase de germinação e para assegurar uma aeração adequada durante a aspiração do ar. Durante a germinação, os revolvedores asseguram a devida inversão da batelada do topo para o fundo. Isso garante a homogeneidade do malte finalizado.

Os GKV tendem a ser completamente automatizados. Os revolvedores de malte em GKV retangular movem-se para trás e para a frente através da cama de grãos. Em um GKV circular, pode ser o fundo carregado de grãos a girar, enquanto os revolvedores de malte são montados fixos e, portanto, permanecem estacionários. Ver também MALTEAÇÃO.

Thomas Kraus-Weyermann

recipientes de serviço são muito mais que utensílios funcionais para conter a cerveja entre o serviço e o gole. De fato, os recipientes de serviço podem fazer a cerveja, assim como as roupas às vezes fazem as pessoas. Eles são tanto práticos quanto emocionais, e sua forma, tamanho e material são projetados para combinar tanto com a cerveja quanto com a ocasião, porque tudo tem seu tempo e lugar. Assim como a maioria das pessoas jamais pensaria em beber uma *summer ale* ou uma *pilsner* cristalina num *beer garden* em uma taça de conhaque, também é de se esperar que uma *barley wine* digestiva não seja servida em uma caneca de vidro pesada e grosseira. Existem dezenas de estilos de cerveja – de encorpada a leve, de robusta a delicada, de aveludada a agressiva, de doce a ácida –, e cada uma oferece uma experiência culinária diferente. A estética do copo, sua aparência e textura, podem acentuar, ofuscar, suprimir ou exaltar essa experiência.

Os recipientes de serviço de cerveja podem variar de finas, delicadas e luxuosas taças até sólidas, robustas e duráveis canecas de cerâmica. Infelizmente, em muitos estabelecimentos gastronômicos, especialmente na América do Norte, a cerveja – qualquer cerveja – é servida em um copo *pint* "*shaker*", comum, de lado reto e boca larga, feito com vidro grosso e enchido sem destreza até a borda, muitas vezes sem colarinho. Por outro lado, a escolha de um recipiente de serviço apropriado pode ressaltar os tons sutis e brilhantes da cor de uma cerveja ou sua opacidade impenetrável. Pode evidenciar a sedutora promessa de uma firme coroa branca de espuma, assim como a renda ao longo da lateral do copo após o fulgor de um gole bem saboreado. A forma é importante também, porque a maneira de segurar um recipiente de serviço é parte do prólogo das alegrias sensoriais que se anunciam. Há algo de sensual em se segurar um copo de *weissbier* em torno do delgado estreitamento logo acima da base; há algo de robusto e afirmativo em se pegar a alça de uma caneca de 1 litro de *helles*; há algo de elegante em equilibrar a tulipa de uma *pilsner* ou a taça de uma *bière de saison* até os lábios; e há algo de ligeiramente decadente em embalar o cálice de uma *tripel* trapista enquanto se desfruta de seu buquê. Entretanto, há muito pouca inspiração em um *pint shaker* cheio demais.

Na cultura cervejeira da Europa Central, especialmente na Bélgica e na Alemanha, combinar a cerveja com o copo apropriado é considerado essencial, e todos os estabelecimentos têm vários estilos de copos de cerveja convenientemente posicionados perto das torneiras de serviço. Existe o *flute*, que tem um leve e elegante bojo logo acima da haste e um estreitamento no topo que aprisiona tanto a espuma da cerveja quanto o aroma. O *flute* tende a ser escolhido para cervejas com boa carbonatação, espumantes, como as *lambics* e *gueuzes* belgas. O copo clássico de

Esquerda: Caneca de cerâmica esmaltada em alto relevo representando os apóstolos, Creussen, Alemanha, 1665. Centro: Jarro de cerâmica esmaltada com aplicações de brasões e planetas, Creussen, Alemanha, segunda metade do século XVII. Direita: Caneca de cerâmica esmaltada com aplicações de brasões e letras, Creussen, Alemanha, 1621.
CORTESIA DA RASTAL GMBH & CO. KG.

pilsner é essencialmente uma tulipa de lado reto. É ótimo para a maioria das *lagers* mais claras ou âmbar. Na Alemanha, o copo de *pilsner* também é conhecido como *pokal*. Uma taça tulipa é um copo de haste curta, geralmente de 250 mililitros, com um grande bojo que se estende até a boca. É o recipiente perfeito para cervejas ricas, complexas e mais alcoólicas. O bojo largo permite rodar a bebida, o que ajuda a liberar seus aromas. O alargamento na boca direciona a cerveja para o centro da língua. Na Escócia, as fortes *Scotch ales* são servidas às vezes em tulipas de 1 *pint* conhecidas como *"thistle"* (cardo), assim nomeadas em homenagem à flor nacional escocesa. O copo de *weissbier* destina-se às cervejas *weissbier* turvas claras e escuras, com grandes e resistentes coroas de espuma. Esses copos quase se parecem com *flutes* elegantes e grandes, de cabeça para baixo e sem haste. Costumam comportar meio litro de cerveja, com um grande espaço na parte superior em função da tradicional alta carbonatação e do grande colarinho que se forma. *Goblets* são taças robustas com bojo e haste curta, que podem ser excelentes para cervejas fortes e são geralmente feitas sob medida. Um cálice é essencialmente um *goblet* maior, geralmente exibindo uma forma sugestivamente eclesiástica. Apropriadamente, cervejas trapistas belgas e *ales* de abadia são geralmente servidas em cálices. Canecas são copos pesados e resistente com uma alça. A maioria das versões é de origem bávara e usualmente vem em tamanhos meio litro a 1 litro. Feitas invariavelmente de vidro muito grosso, são perfeitas para as cervejas claras alemãs servidas nos *beer gardens*, e podem se chocar durante o brinde sem se quebrarem. Alguns tipos de copos mudam junto com a moda do dia. A caneca britânica *"dimple"*, surgida por volta da década de 1920, parece ter desaparecido com as calças boca de sino dos anos 1970, e agora raramente é vista em *pubs*. Existem também copos cilíndricos de 0,2 a 0,4 litro que são tradicionalmente usados para servir *ales* alemãs como a *altbier* e a *kölsch*, sendo que o copo de *kölsch*, conhecido em Colônia como "*stange*", significando bastão, tende a ser mais delgado do que o seu homólogo de Düsseldorf destinado à *altbier*. Finalmente, existe o tradicional copo *pint* inglês. Ele é quase todo cilíndrico e tem um anel bojudo abaixo da borda e acima do lugar por onde deve ser segurado. Se a conversa no *pub* ficar muito animada ou se o conviva perder suas energias, o clássico *pint* britânico fará o seu melhor para não se desprender da mão que o segura.

Hoje, evidentemente, o material padrão para um recipiente de seviço é o vidro, mas nem sempre foi assim. Ao longo dos séculos, a cerveja já foi bebida em cerâmica, estanho, bronze, porcelana e até mesmo – entre as tribos celtas e germânicas da Idade do Bronze – em chifre ocos de *aurochsen*, um ancestral do gado moderno. Os primeiros cervejeiros sérios do mundo, os sumérios, bebiam suas cervejas com canudos de um pote comunitário. Ver SUMÉRIA. No século X, na Inglaterra saxônica, o recipiente de serviço tradicional era uma caneca de madeira feita de pequenas aduelas mantidas unidas por argolas de vime ou couro, com uma sólida base de madeira, e geralmente revestida com breu. Nas *ale houses*, essas canecas eram passadas de mão em mão. Algumas tinham marcações dentro, colocadas em intervalos para indicar a quantidade de cerveja que cada pessoa podia beber a cada vez. Na Alemanha, as pessoas também usavam jarras comuns para beber nas tabernas medievais, só que estas eram feitas de cerâmica. Canecas individuais de cerâmica, secas em altas temperaturas e esmaltadas com sal a fim de obterem um acabamento suave, entraram em uso apenas no início do século XIX. Ver STEIN. Na Finlândia, a *sahti* tradicional era geralmente servida em uma caneca de madeira de duas alças chamada *sahtihaarikka*. Ver SAHTI. Couro foi outra matéria-prima comum para copos de beber do Neolítico, cerca de 3 mil anos atrás, até a Idade Média. Quando umedecidos e moldados, eram conhecidos na Inglaterra medieval como *jacks*. Durante o período Tudor, de 1400 a 1600, *jacks* extravagantes e altamente decorados também podiam ser chamados de *bombards*, porque se pareciam com o cano dos canhões de bombardear.

Canecas de ouro, prata, estanho e vidro, geralmente na forma de cálice, no entanto, tendiam a ser os recipientes de serviço somente dos ricos e poderosos, devido ao seu alto custo. Isso só mudou no início do século XIX, quando novas técnicas produtivas tornaram o vidro uma matéria-prima muito mais acessível. O vidro é essencialmente areia fundida. A primeira evidência de artefatos de vidro ocos feitos pelo homem remonta à Mesopotâmia, no século XVI a.C. Existem evidências similares de manufatura de vidro em Alexandria e no Egito durante o século IX a.C. A descrição mais antiga conhecida sobre a fabricação de vidro está em uma tábua da biblioteca do rei assírio Assurbanipal (669-626 a.C.). Ela diz: "Pegue 60 partes de areia, 180 partes de cinzas de plantas marinhas, 5 partes de calcário, e você terá vidro". É verdade. No século I, os romanos compreenderam a técnica de soprar vidro. Na mesma época, artigos de vidro, mesmo vidros de janelas, foram fabricados em todo o Império Romano. Mas quatro séculos mais tarde, com a queda do Império Romano, a arte de fabricar vidro foi praticamente esquecida. Somente no século XI os germânicos redescobriram a arte romana do vidro e começaram a produzir vidros de janela a partir de pequenos discos de vidro semelhantes a olhos de boi. Isso preparou o palco para o renascimento do vidro como matéria-prima para utensílios, e, perto do fim da Idade Média, Veneza e Gênova se tornaram os centros da manufatura europeia de vidro. O inglês George Ravenscroft (1618-1681) patenteou um método de adição de óxido de chumbo ao vidro, e o cristal de chumbo nasceu. Quando a Revolução Industrial chegou, o vidro estava pronto para ser produzido em massa. Um químico alemão, Otto Schott (1851-1935), lançou as bases para a moderna fabricação industrial do vidro, e o norte-americano Michael Owens (1859-1923) inventou uma máquina de sopro automática para a produção de garrafas de vidro pouco antes de 1900.

Os avanços na fabricação de vidro no século XIX foram estranhamente fortuitos para a transformação da cerveja de uma bebida genérica diária em uma bebida social de classe, com variedade e distinção. A substituição das canecas opacas – de uso praticamente universal até o começo do século XIX na Europa continental – pela caneca de vidro coincidiu com o gradual clareamento da cor da cerveja, possibilitado pelas melhorias na tecnologia de secagem do malte. O desenvolvimento de maltes verdadeiramente claros significava que a cerveja poderia agora ser feita deliberadamente dourada, âmbar, marrom ou até mesmo preta. Em toda a Europa, os cervejeiros começaram a fazer novos estilos de cervejas cada vez mais claros, como a *märzenbier* lançada em

1841, a *pilsner* lançada em 1842 e a *helles* cor de palha lançada em 1894.

Ao longo dos séculos, os recipientes de serviço de cerveja variaram desde canecas humildes até algumas das mais bonitas e decoradas peças de cerâmica, vidro e prata do mundo. Velhas canecas alemãs em particular são altamente procuradas, e os modelos mais finos acabam vendidos em leilões por muitos milhares de dólares. Em restaurantes finos e modernos, os melhores *restaurateurs* têm definido novos papéis para os copos. É comum que esses estabelecimentos fujam de copos desajeitados ou padronizados em favor de outros estilos mais adequados tanto à bebida quanto à mesa. Por vezes, esses são essencialmente taças de vinho, que são desenhados para a mesa de jantar e fazem um bom trabalho ao evidenciar sabores e aromas. A Riedel, uma das melhores fabricantes de taças de vinho, faz bons copos de cristal para cerveja, tanto sob seu próprio nome quanto em sua divisão Spiegelau. Estes são bastante resistentes, porém excitantemente finos, e talvez representem a mais recente evolução nos recipientes usados para desfrutar a bebida fermentada favorita do mundo.

Hackwood, F. W. **Inns, ales and drinking custos of Old England**. London: Bracken Books. Reimpresso 1985.

Monson-Fitzjohn, C. J. **Drinking vessels of bygone days**. London: Herbert Jenkins, 1927.

Rock, H. **Pub beer mugs and glasses**. Essex: Shire Books, 2006.

Vision2Form Design. **7000 Jahre Glas – Geschichte vom Glas**. Disponível em: http://vision2form.de/glas-geschichte.html/. Acesso em: 23 jan. 2011.

Tim Hampson

recirculação do mosto em fermentação (*rousing*)

é uma expressão usada para os processos que promovem a ressuspensão homogênea da levedura no mosto ou cerveja para torná-la mais ativa em relação ao seu desempenho de fermentação. Tradicionalmente, o termo refere-se aos procedimentos usados para preparar a levedura que será inoculada. Na falta de técnicas modernas de inoculação da levedura em linha de forma homogênea em grandes volumes de mosto, essa preparação da levedura pode ser necessária para assegurar fermentações rápidas, completas e consistentes. Na prática, o *rousing* pode ser realizado por bombeamento, por transferência manual da levedura de um tanque para outro, por agitação mecânica da levedura ou por um fluxo de ar estéril, de oxigênio ou de CO_2 soprado no fundo do tanque que contém a levedura.

Rousing também pode se referir ao processo de "revitalização" da levedura que foi floculada e sedimentada no fundo do fermentador antes da fermentação ser finalizada, ou antes de se alcançar uma redução suficiente do diacetil. Essa levedura pode ser novamente suspensa na cerveja, normalmente pela injeção de CO_2 ou, mais raramente, ar comprimido no fundo do tanque. Se isso não for suficientemente eficaz, algumas cervejarias recirculam todo o conteúdo do tanque de fermentação para ressuspender a levedura, numa tentativa de "despertá-las" ("*rouse*") de um estado inativo.

Kunze, W. **Technology brewing and malting**. 3. ed. Berlin: VLB Berlin, 2004.

Anders Brinch Kissmeyer

Redhook Ale Brewery

foi fundada, assim como a Microsoft, em uma garagem no estado de Washington em 1981. O cofundador da Starbucks Coffee Company Gordon Bowker recrutou o analista de marketing Paul Shipman, que então trabalhava para a Chateau Ste. Michelle, uma vinícola de Woodinville, Washington. Os dois iniciaram a Redhook Ale Brewery dentro de uma loja de transmissão em Seattle. Na época, quase ninguém nos Estados Unidos estava abrindo cervejarias. Em 1980, oito cervejarias artesanais foram registradas nos Estados Unidos, e elas foram amplamente ignoradas pelos especialistas da indústria. Com poucos exemplos bem-sucedidos nos quais se espelhar, os dois precisaram de algum tempo para encontrar o mercado correto. O lançamento inicial, uma condimentada *Belgian ale*, deixou os cidadãos de Seattle confusos. Para eles, a cerveja parecia ter gosto de banana. A Redhook vendeu menos de 117 mil litros em seu primeiro ano. Por volta de 1984, no entanto, depois de algum sucesso com a Blackhook Porter no ano anterior, a dupla lançou uma cerveja chamada Ballard Bitter (agora Ballard Bitter IPA). Com as pessoas procurando essa IPA em bares por toda a Seattle, fico claro que a Redhook Ale Brewery tinha mais do que um público *cult*; a revolução das microcervejarias estava ganhando força.

Com o sucesso da Ballard Bitter, a cervejaria logo se mudou da garagem para o histórico edifício Seattle Electric Railway, de 2,4 mil metros quadrados, localizado no bairro de Fremont. Foi em 1987, nessa nova fábrica, que eles criaram a sua principal cerveja, a Redhook ESB, conforme a tradição do estilo inglês *extra special bitter*. Ver EXTRA SPECIAL BITTER (ESB). Essa cerveja é fresca e apresenta sabores de biscoito, caramelo e frutas, que se tornam mais pronunciados conforme a cerveja esquenta no copo.

Em 1988, com a ESB ganhando popularidade, uma cervejaria mais sofisticada se tornou necessária, e a Redhook ampliou e atualizou as instalações de Fremont. Em 1994, ela abriu uma segunda cervejaria em Woodinville, Washington e, em 1996, uma terceira fábrica em Portsmouth, New Hampshire. Através de um empreendimento chamado Craft Brewers Alliance, a Redhook Ale Brewery agora está licenciada para produzir e vender a bem-sucedida Widmer Hefeweizen, possui participação nas cervejarias Goose Island Beer Company e Kona Brewing Company e tem uma vantajosa aliança de distribuição com a Anheuser-Busch desde 1994. Por sua vez, a Anheuser-Busch InBev possui mais de 35% da Craft Brewers Alliance, cuja produção está estimada em mais de 400 mil hectolitros de cerveja por ano.

ESB Review from Beer Advocate. Disponível em: http://beeradvocate.com/articles/719.

Funding Universe, Company Histories. Disponível em: http://www.fundinguniverse.com/company-histories/Redhook-Ale-Brewery-Inc-Company-History.html.

Gordon Bowker Bio. Disponível em: http://seattletimes.nwsource.com/html/businesstechnology/2004269843_bowkertimeline09.html Acesso em: 18 maio 2016.

History of Microbreweries. Disponível em: http://www.brewersassociation.org/pages/about-us/history-ofcraft-brewing.

Miscellaneous Information. Disponível em: http://www.examiner.com/x-6861-Bartender-Examiner-y2009m7d24-Redhook-Brewery.

Redhook Ale Brewery Website. Disponível em: http://www.redhook.com/Default.aspx?p=15.

Seattle Pi Interview with Paul Shipman. Disponível em: http://www.seattlepi.com/business/137100_amomentwith29.html.

Jonathan Horowitz

redução é o ganho de elétrons ou a diminuição no estado de oxidação de um átomo em uma substância. Quanto maior é o grau de redução, menor é o estado de oxidação de um determinado átomo. A redução ocorre sempre em conjunto com uma oxidação. Um reagente é *reduzido* (ganha elétrons ou diminui no estado de oxidação), enquanto outro é *oxidado* (perde elétrons ou aumenta no estado de oxidação). Se ocorre uma transferência de elétrons, a substância doadora de elétrons é chamada de *agente redutor* ou apenas *redutor*. Ao doar elétrons, ele próprio é oxidado.

A glicose e outros açúcares capazes de efetuar a redução são chamados de *açúcares redutores*. Em monossacarídeos, o carbono do grupo carbonila (número um) sob a forma linear é oxidado para um grupo carboxila. Em polissacarídeos, o fim de uma cadeia com um átomo de carbono anomérico livre (isto é, não ligado a um outro açúcar) é geralmente chamado de *extremidade redutora*. Assim, por exemplo, a lactose é um açúcar redutor (porque tem um carbono anomérico disponível para a oxidação), ao contrário da sacarose.

Os agentes redutores protegem a cerveja, até certo ponto, de sua deterioração por oxidação. Esses agentes encontram-se inicialmente presentes na cerveja, sendo o principal deles os produtos da reação de Maillard. O aumento do tempo de fervura aumenta a formação de melanoidinas e, assim, até certo ponto, o potencial de redução. As fervuras prolongadas, no entanto, podem levar a um envelhecimento (*staling*) mais rápido da cerveja através de outros mecanismos. Assim, é aconselhável ferver dentro de limites adequados, nem reduzindo nem prolongando demasiadamente a fervura. Os maltes caramelo e outros maltes altamente torrados aumentarão o potencial de redução da cerveja. Mesmo em cervejas muito claras, era prática comum adicionar uma pequena quantidade de malte torrado como antioxidante. Os polifenóis, sulfidrilas, compostos nitrogenados e lúpulos também contribuem para o potencial de redução.

Narziß, L. **Abriss der Bierbrauerei (Summary of the beer brewery)**. 7. ed. Weinheim: Wiley-VCH Verlag GmbH & Co KGaA, 2005.

Nelson, D. L.; Cox, M. M. **Lehninger principles of biochemistry**. 4. ed. New York: Freeman W. H. and Company, 2005.

Wolfgang David Lindell

refrigeração é o método de resfriar algo para uma temperatura mais baixa que a do ambiente

Rótulo de cerveja, c. 1933, divulgando um tradicional método de maturação a frio em cavernas. Antes do advento da refrigeração, no final do século XIX, as cavernas eram usadas como adegas, já que eram frias o bastante para que as *lagers* fossem armazenadas a fim de maturar. PIKE MICROBREWERY MUSEUM, SEATTLE, WA.

circundante ou, mais precisamente, a transferência de calor de uma massa para outra. Historicamente, uma cerveja palatável apenas podia ser produzida em climas e estações que permitiam um resfriamento natural suficiente da bebida em fermentação. A fermentação é um processo exotérmico, ou seja, gera calor. Se não forem controladas, as temperaturas de fermentação podem subir rapidamente e causar *off-flavors* na cerveja ou até mesmo matar a levedura. Cada cepa de levedura tolera temperaturas diferentes e possui um intervalo mais estreito capaz de conferir à cerveja produzida o sabor ideal. Em latitudes setentrionais, a produção de cerveja ficava limitada entre os meses de outubro a abril. A estação para a produção de cerveja era um pouco mais longa nas partes frias do norte da Europa e da Grã-Bretanha. A maior parte da cerveja era consumida logo após a fermentação, pois a deterioração bacteriana ocorria, geralmente, em poucas semanas. Durante séculos, o gelo foi coletado no inverno, na forma de grandes blocos, e armazenado com a cerveja em adegas subterrâneas profundas. Isso mantinha a cerveja fresca por meses. Mais tarde, o resfriamento foi realizado por meio de tubos submersos nos fermentadores por onde circulava água fria, mas esse método dependia da temperatura ambiente da água que, muitas vezes, oscilava sazonalmente.

O ponto real de mutação foi a refrigeração "artificial" ou mecânica, especificamente inventada para a produção de cerveja. Em 1873, Carl von Linde, trabalhando para a Cervejaria Spaten, em Munique, inventou a refrigeração mecânica. Ver LINDE, CARL VON. Usando éter como o gás refrigerante, ele foi capaz de fazer blocos de gelo para resfriar as adegas da Spaten. Embora a um alto custo, na década de 1880 a maioria das cervejarias já produzia mecanicamente seu próprio gelo. Além de possibilitar a produção da cerveja durante o ano todo, isso permitiu o aumento da disponibilidade da cerveja *lager*, processada a temperaturas mais baixas, contra a cerveja *ale*, fermentada a temperaturas mais elevadas. As cervejarias puderam se expandir e se afastar das fontes naturais de gelo. A invenção da refrigeração mecânica foi um fator crítico na propagação e posterior dominância da cerveja *lager* em todo o mundo. Como meio refrigerante, a amônia substituiu o éter na década de 1880, e o freon, mais seguro, foi desenvolvido na década de 1920. A partir dos anos 1970, o freon passou a ser substituído por produtos sintéticos mais novos por conta da destruição do ozônio atmosférico.

Na maioria das cervejarias modernas, tanques de fermentação são equipados com camisas ocas que refrigeram, conforme a exigência, partes da superfície interior dos fermentadores. Isso permite que os cervejeiros definam uma temperatura máxima durante a fermentação e então resfriem a cerveja para os processos seguintes. A refrigeração também é amplamente aplicada aos trocadores de calor, nos quais a maior parte do resfriamento pode ser alcançado com água à temperatura ambiente, com a completação de uma etapa adicional de arrefecimento refrigerado. Isso permite que mosto e cerveja sejam rapidamente resfriados a baixas temperaturas durante períodos em que a temperatura ambiente da água é relativamente elevada. Ver TROCADOR DE CALOR.

Brian Hunt

Regulamentos Associados à Cerveja

foram introduzidos no Reino Unido subsequentemente a um relatório de 1989, da Comissão de Monopólios e Fusões (um órgão do governo do Reino Unido) sobre o comércio de cerveja. O objetivo era ampliar as opções para o consumidor nos *pubs* por meio da restrição do número de *pubs* de propriedade das seis maiores empresas de cerveja (Allied, Bass, Grand Metropolitan, Imperial, Scottish & Newcastle e Whitbread), que respondiam por 75% da produção de cerveja britânica, e permitir que seus franqueados vendessem uma marca de cerveja refermentada em barril não produzida por elas. Isso ficou conhecido como fornecimento de *guest beer* (cerveja convidada). Além disso, esses regulamentos eliminaram o vínculo com bebidas diferentes da cerveja. Os regulamentos eram destinados a aumentar a concorrência em produção e venda por atacado e varejo.

Ocorreram diversas fusões na tentativa de evitar o efeito dos regulamentos e várias grandes empresas proprietárias de *pubs*, mas não produtoras de cerveja, conhecidas como *pubcos*, como Punch Group, Normura e Enterprise Inns, foram criadas, assim como várias pequenas empresas. Paralelamente a isso, houve um salto significativo no número de pequenas cervejarias independentes criadas para tirar proveito da liberalização do mercado varejista.

Após dez anos, o Office of Fair Trading realizou um exame para determinar se os regulamentos ainda eram relevantes e manifestaram-se contra sua utilidade. Nenhuma das assim chamadas seis grandes empresas cervejeiras existiam em sua forma original e, consequentemente, os regulamentos foram em sua maioria revogados. A visão do governo era de que a indústria cervejeira havia se transformado profundamente e os regulamentos haviam atendido a seu propósito. Da forma como se encontravam, eram regulamentos sem sentido. As Beer Orders foram finalmente revogadas em 2003.

Ver também TIED HOUSE SYSTEM.

Barrie Pepper

Reino Unido

Ver GRÃ-BRETANHA.

rendimento é uma medida que relaciona a quantidade de matéria-prima que sobrevive a um processo com a quantidade de matéria-prima que entra em tal processo. Os dois rendimentos mais importantes para os cervejeiros são a eficiência de material de produção da cerveja e a taxa de aproveitamento do lúpulo. Ver TAXA DE APROVEITAMENTO DO LÚPULO. A eficiência de material de produção da cerveja é uma medida da quantidade de extrato que efetivamente chega ao fermentador em comparação à quantidade de extrato que teoricamente pode ser extraído dos grãos. A maioria das cervejarias tem a intenção de obter uma eficiência de 95% ou mais. A taxa de aproveitamento do lúpulo é uma medida da quantidade de amargor, mensurada em unidades internacionais de amargor (ppm de iso-alfa-ácidos), contidas na cerveja *versus* a quantidade de alfa-ácidos do lúpulo que foi adicionado à tina de fervura. Ver UNIDADES INTERNACIONAIS DE AMAR-

GOR (IBU). As taxas de utilização do lúpulo variam amplamente devido a muitos fatores, incluindo variações na tina de fervura, produtos de lúpulo, leveduras e desempenho fermentativo. A consistência do processo é a chave para qualquer cervejaria maximizar os seus rendimentos.

Depois da sala de brassagem, o rendimento é frequentemente mensurado pela perda de cerveja, normalmente expressa em termos de extrato em vez de volume bruto perdido, porque isso remove a variável de concentração e/ou diluição da equação. Na maioria das cervejarias, as perdas de cerveja são medidas e monitoradas a cada passo do processo de produção, em vez de simplesmente como a quantidade de cerveja produzida *versus* a quantidade de cerveja envasada. Na linha de envase, o rendimento também é medido em relação à perda de cerveja.

Gebauer, E. A European approach to brewhouse yield. **MBAA Technical Quarterly**, v. 5, n. 1, p. 94-99, 1968.

Lieberman, C. E. Control of brewing processing losses. **MBAA Technical Quarterly**, v. 13, n. 1, p. 44-50, 1976.

Jim Kuhr

República Tcheca, como o lar da cerveja do estilo *pilsner*, é um país que tem bons argumentos para se autointitular o mais importante na história da cerveja moderna. As terras tchecas tiveram uma história complicada: a colonização pelos celtas, incursões pelos eslavos, invasões pelos magiares, a anexação ao Sacro Império Romano, a adesão à monarquia Habsburgo de língua alemã, a combinação com a Eslováquia, formando a Tchecoslováquia, décadas como parte do bloco oriental comunista e seu ressurgimento como parte do Ocidente.

Ao longo de tudo isso, os tchecos foram cervejeiros estáveis, fazendo bom uso da excelente cevada da Morávia e do lúpulo da Boêmia. Durante a Idade Média, a população em geral, de camponeses a reis, produzia cerveja dentro de seus próprios lares. Em 1265, o rei Premysl Otakar II fundou a cidade de České Budějovice, conhecida em alemão como Budweis. A essa cidade foram concedidos direitos sobre a produção de cerveja, e seus burgueses enriqueceram rapidamente com a venda da bebida. Em 1295, o rei Venceslau II da Boêmia fundou a cidade de Nova Plzeň, deslocando a cidade para uma área muito mais acessível. Na confluência de quatro rios e uma série de importantes rotas comerciais, Nova Plzeň estava pronta para os negócios. O rei Venceslau concedeu a todos os habitantes da cidade o direito de produzir e comercializar a cerveja de suas casas, um privilégio que em toda a Europa Central era geralmente reservado aos nobres. Por volta do início do século XIV, há registros de verdadeiras cervejarias comerciais em atividade. Os boêmios estabeleceram guildas e conferiram à cerveja e às cervejarias uma importante posição na sociedade. Em 1588, o boêmio Tadeas Hajeck imprimiu o primeiro livro sobre produção de cerveja do mundo.

A produção da cerveja tcheca avançava rapidamente, mas esse progresso não iria durar. A Guerra dos Trinta Anos, que durou de 1618 a 1648, trouxe muitas mortes a grande parte da Europa Central tanto pela violência como pela peste negra. A qualidade da cerveja decaiu e não se recuperou totalmente até a fundação de algumas grandes cerve-

Cartão-postal tcheco, *c.* 1920. O texto, do poema "Pivečko", escrito pelo poeta tcheco Josef Václav Sládek, exalta o poder da cerveja em mascarar os problemas da vida. PIKE MICROBREWERY MUSEUM, SEATTLE, WA.

jarias Měšťanský Pivovar, ou "cervejarias dos cidadãos", no início do século XIX. Uma delas acabou rebatizada de Plzeňský Prazdroj, que significa "fonte original pilsner" ou "Pilsner Urquell" em alemão. Foi aí que o jovem cervejeiro bávaro Josef Groll, utilizando maltes dourados recém-desenvolvidos, em conjunto com leveduras *lager* de baixa fermentação, trazidas de Munique, produziu a cerveja *pilsner* original. Ver GROLL, JOSEF. A grande maioria das cervejas vendidas no mundo atualmente é uma derivação, muitas vezes não mais que um eco, da cerveja feita pela primeira vez em Pilsen. Anos mais tarde, a fama alcançaria České Budějovice e sua cerveja Budweiser Budvar, embora nem sempre da maneira desejada pelos tchecos. Ver BUDWEISER BUDVAR.

Ao contrário da Alemanha Oriental, onde a qualidade da cerveja era muito baixa durante o regime comunista, a então Tchecoslováquia continuou a produzir excelentes cervejas *lager* nas décadas após a Segunda Guerra Mundial. Atualmente, das principais cervejarias tchecas, apenas a Budvar é estatal. A maioria das cervejas vendidas na República Tcheca são *lagers* relativamente leves, classificadas como *výcepní*; são feitas com teor de extrato original entre 8 °Plato e 12 °Plato e geralmente com menos de 4,5% de álcool por volume (ABV). O que grande parte do mundo conhece como *pilsner* boêmia ou tcheca é chamada na República Tcheca de *světlý lezák* (*pale lager*). Essas cervejas possuem uma cor dourada, um excelente aroma floral oriundo do lúpulo Saaz local, e a maioria apresenta entre 4,5% e 5% de ABV. Algumas cervejas *Vienna lagers* âmbares e encorpadas (*polotmavý lezak*) podem ser encontradas, mas as cervejas escuras denominadas de *tmavý* ou *Černý lezak*, ou, ainda, *Černý pivo* (cerveja preta) são mais comuns. Essas eram de alta fermentação até a década de 1890, quando quase todas as cervejarias tchecas mudaram para baixa fermentação. Elas variam de secas e refrescantes a semidoces e maltadas. Cervejas com mais de 5,5% ABV são conhecidas como especiais (*Speciální*) e variam desde a famosa *lager* escura do U Fleků, em Praga, até cervejas mais fortes, primas das *doppelbocks* alemãs. Apesar de raras, as cervejas de alta fermentação ainda são vistas, incluindo as *weissbiers*, que os tchecos afirmam ter sido inventada na Boêmia e depois migrado para a vizinha Baviera. Ocasionalmente se encontram também *porters* de alta fermentação.

Atualmente, a República Tcheca produz cerca de meio milhão de toneladas de malte e cerca de 7 mil toneladas de lúpulo por ano, sendo o lar de cerca de 125 cervejarias. O país exporta cerca de 3,5 milhões de hectolitros de cerveja por ano, incluindo a famosa Pilsner Urquell, a Budweiser Budvar e outras marcas conhecidas, como Staropramen, Krusovice e Radegast.

Embora as cervejas tchecas sejam em geral bem produzidas, as opções são um pouco limitadas. A entrada do moderno movimento de produção artesanal de cervejas tem sido lenta na República Tcheca, mas há sinais notáveis de um florescimento criativo. O número de cervejarias artesanais é cada vez maior, influenciadas por tradições cervejeiras tanto de dentro quanto de fora das fronteiras do país. Também ajuda o fato de que mais bares estão dispostos a tentar vender uma *čtvrtá pipa*, ou "quarta tubulação", como é chamada a torneira de chope independente de quaisquer contratos com cervejarias maiores. Bares de cervejas especiais como o *Pivovarsky klub* de Praga estão surgindo em todo o país, oferecendo extensas listas de cervejas e às vezes até mesmo comida vegetariana, um claro sinal de mudança entre os tchecos amantes de carne.

Czech Beer and Malt Association. **Report on the Czech brewing and malting industries**. Disponível em: http://www.cspas.cz/. Acesso em: 11 fev. 2011.
Ensminger, P. The history and brewing methods of Pilsner Urquell. **Brewing Techniques**, maio-ago. 1997.
Pattinson, R. **Breweries of the Czech Republic**. Disponível em: http://www.xs4all.nl/~patt01ro/czecintr.htm/. Acesso em: 10 fev. 2011.
Rail, E. Prague, one pint at a time. **The New York Times**, 6 dez. 2009.

Garrett Oliver

resfriador Baudelot. Jean Louis Baudelot (1797-1881) nasceu na França e estudou engenharia na Bélgica. Apesar de várias invenções, sua fama veio em 1856, quando patenteou um resfriador para líquidos especialmente desenvolvido para a indústria cervejeira. Seu primo, que era cervejeiro, contou a ele que até aquele momento o mosto cervejeiro tinha de ser resfriado em um recipiente raso (*coolship*) e mexido durante a noite toda – um processo que demandava facilmente oito horas. Ver COOLSHIP. Pior ainda: a exposição contínua do mosto ao ar resultava frequentemente em inoculações indesejadas e cervejas contaminadas. Ainda assim, a exposição era necessária, pois a levedura cervejeira precisa de oxigênio para iniciar o processo de fermentação, portanto o mosto precisa ser bem aerado. Baudelot percebeu que poderia utilizar tubos de cobre de parede fina sobrepostos em camada dupla (inicialmente cilíndricos e mais tarde elípticos em secção transversal), pelos quais correria água fria (água de fonte ou gelada) em contrafluxo ao mosto. O mosto seria coletado na parte superior do resfriador em uma bandeja rasa e depois espalhado fluindo sobre os tubos de cobre por onde corria a água gelada. Desse modo, o resfriamento se dava em menos de um quarto do tempo anteriormente necessário, limitando a exposição do mosto a microrganismos contaminantes, sem deixar de assegurar a aeração. O mosto quente fluía como uma cascata ondulada na parte externa do resfriador emergindo resfriado e aerado na parte inferior. Era um enorme avanço que resultou em cervejas de grande qualidade e estabilidade.

Baudelot abriu uma cervejaria, que mais tarde seria assumida por seu filho, depois de patentear sua invenção que, no entanto, foi descaradamente copiada. A cervejaria serviu para experiências e melhorias de seus projetos. Outras pessoas também trabalharam na sua patente, principalmente nos Estados Unidos, onde um novo sistema foi patenteado em 1939.

Embora trocadores de calor de placas e resfriadores tubulares sejam hoje dominantes, os resfriadores Baudelot ainda são utilizados. Em unidades fabris industriais ou químicas, resfriadores ultrarrápidos ainda utilizam o sistema Baudelot, e na Alemanha pelo menos uma cervejaria comercial ainda utiliza um resfriador Baudelot produzido em aço inoxidável.

Joris Pattyn e Jonathan Downing

resinas dos lúpulos são constituintes químicos produzidos pela planta de lúpulo, *Humulus lupulus*, como metabólitos secundários. O termo "metabólito secundário" refere-se a substâncias produzidas por uma planta que não participam do processo metabólico primário, mas são, todavia, necessárias para o desenvolvimento e a vida da planta. As resinas são encontradas nas glândulas de lupulina de cones de lúpulo maduros, juntamente com óleos e alguns polifenóis. As resinas são caracterizadas pela sua extração em diferentes solventes, sendo as resinas moles solúveis em metanol frio e resinas duras solúveis em éter dietílico. Por uma perspectiva cervejeira, apenas as resinas moles são consideradas importantes, pois contêm os precursores para o sabor amargo da cerveja. Os ácidos do lúpulo, que são parte das resinas moles, são compostos de dois grupos quimicamente semelhantes de compostos, alfa-ácidos ou humulonas e beta-ácidos ou lupulonas. Nenhum desses compostos é amargo por si só, mas os alfa-ácidos isomerizados, bem como os beta-ácidos oxidados, são. Os alfa-ácidos isomerizados são a principal fonte de amargor na cerveja. Portanto, os lúpulos são caracterizados, em grande parte, pelo seu teor de alfa-ácidos. As resinas de lúpulo não são muito solúveis em água e menos ainda na cerveja, por causa da natureza ácida da bebida. Apenas pequenas quantidades de alfa-ácidos (menos do que catorze partes por milhão) e praticamente nenhuma quantidade de beta-ácidos podem ser encontradas na cerveja. As resinas de lúpulo são extraídas durante a fervura do mosto, durante a qual os alfa-ácidos são isomerizados em iso-alfa-ácidos. As resinas também podem ser extraídas do lúpulo utilizando CO_2 supercrítico ou etanol. Estas podem então ser utilizadas durante a mosturação na sua forma pré-extraída.

Ver também HULUPONAS, ISO-ALFA-ÁCIDOS, ISOMERIZAÇÃO DO LÚPULO e LUPULINA.

Thomas Shellhammer

resistência ao acamamento é a medida da capacidade da planta resistir ao acamamento no campo quando confrontada com condições ambientais adversas, como ventos fortes ou tempestades. O grão caído é extremamente indesejado, pois aumenta o risco de uma contaminação microbiana nociva, o que afeta negativamente a qualidade do malte. A resistência ao acamamento é influenciada por muitos fatores, como a fixação das raízes e o comprimento, diâmetro e força do caule. Logo antes da colheita, é de primordial importância a assim chamada força do pedúnculo, a qual denota a robustez da porção do caule entre a última folha superior e a espiga. As cultivares com pedúnculos mais curtos e pedúnculos com maiores diâmetros tendem a ter mais resistência ao acamamento. Isso também é verdade para plantas com boa resistência a uma doença chamada ferrugem da folha. Um espaçamento adequado das sementes no campo também é essencial, pois plantas muito próximas umas das outras competem excessivamente por luz e tornam-se muito altas, o que diminui as suas resistências ao acamamento. Fileiras curtas e alinhadas, por outro lado, asseguram uma colheita mecanizada mais eficiente, maiores rendimentos por área e reduzem a possibilidade de doenças fúngicas. Uma alta resistência ao acamamento, portanto, resulta em um grão mais limpo e com uma melhor qualidade geral.

Fertilizantes também influenciam a resistência ao acamamento. Por exemplo, uma quantidade excessiva de fertilizante nitrogenados, principalmente se aplicada em um estágio muito precoce do desenvolvimento da planta com o objetivo de aumentar o seu rendimento agronômico, não apenas está correlacionada com altos valores de proteína no grão de cevada, mas também com a redução da resistência ao acamamento. Fertilizantes com potássio, por outro lado, tendem a fortalecer o caule e, consequentemente, a resistência ao acamamento.

Canadian Grain Comission. Disponível em: http://www.grainscanada.gc.ca/barley-orge/harvestrecolte/2009/qbsm09-qosm09-eng.pdf/. (Inativo).
Estonian University of Life Sciences. Disponível em: http://www.eau.ee/~agronomy/vol01/p013.pdf/. (Inativo).
Institute of Barley and Malt Sciences. Disponível em: http://www.ag.ndsu.edu/ibms/producers/documents/IrrigatedMaltBarleyProduction_001.pdf/. Acesso em: 2 maio 2011.
International Barley Genetics Symposium. Disponível em: http://www.ibgs.cz/photos/book_of_abstracts/Session_10.htm/. (Inativo).
North Dakota Barley Council. Disponível em: http://www.ndbarley.net/malt_barley.html/. (Inativo).
South African Barley Breeding Institute. Disponível em: http://www.sabbi.org/reports/Guidelines%20for%20the%20production%20of%20Malting%20Barley%20Winter%20Drylan%202009.pdf/. (Inativo).
University of Idaho. Disponível em: http://www.cals.uidaho.edu/swidaho/Newsletters/Sentinel10.pdf/. (Inativo).

Thomas Kraus-Weyermann

respiração da cevada é essencialmente a "respiração" do grão vivo. Como a nossa respiração, esta envolve a captação de oxigênio ambiente e a liberação de dióxido de carbono. Durante a dormência, a casca da semente e a película protetora – chamada de camada da testa e camada do pericarpo – servem como barreira à troca de gases entre as células vivas internas e o exterior, assim limitando a taxa de respiração. Por outro lado, uma vez que o grão desperta durante a maceração e a germinação, a taxa de respiração do grão depende de vários fatores, principalmente do conteúdo de proteína e umidade do grão, a quantidade de oxigênio e a temperatura no ambiente. Conforme esses valores aumentam, também aumenta o metabolismo respiratório do grão. Quanto mais rápida é a respiração do grão, mais rápido será o crescimento da acrospira e da radícula. A respiração diminui novamente ou até mesmo cessa apenas quando o grão é seco ou torrado. Os açúcares são a principal fonte de carbono para a respiração do grão durante a malteação, razão pela qual a respiração é também considerada uma "perda da malteação". Isso porque os açúcares consumidos pela cevada para sua respiração não estarão disponíveis mais tarde para a fermentação. O controle da respiração durante a estocagem no silo, a maceração e a germinação é, contudo, um ato de delicado equilíbrio entre, de um lado, privar o grão de oxigênio – o que impede o processo de malteação e pode matar o grão – e, de outro, a oxigenação excessiva, que pode resultar em redução de rendimento na sala de brassagem. Ajustes graduais na ventilação, temperatura e umidade são, portanto, as principais ferramentas dos malteadores para a manutenção de um equilíbrio apropriado entre a vitalidade do grão e a preservação dos nutrientes para a subsequente produção de cerveja.

Briggs, D. E. **Malts and malting**. London: Chapman & Hall, 1997.

Thomas Kraus-Weyermann

retenção de espuma

Ver ESPUMA.

retirada de bagaço de malte é o processo físico de remoção do bagaço de malte da tina de mosturação ou da tina de filtração. É realizado de forma mecânica (ex.: um mecanismo de agitação ou agitador de mostura, no recipiente de mosturação ou filtração), ou de forma manual (ex.: um cervejeiro assistente removendo o bagaço de malte manualmente).

Grandes salas de brassagem são quase sempre equipadas com um agitador de mostura reversível, de velocidade variável, na tina de mosturação ou de filtração, atendendo o duplo propósito de misturar a mostura para garantir a distribuição de calor e consistência e, quando executado no sentido reverso, para empurrar o bagaço para fora da tina. Outros modelos empregam um dispositivo de arraste ligado ao conjunto de lâminas da tina de filtração. O bagaço de malte pode então ser removido por bomba via tubulação fechada ou via uso de caixas de transferência (*bins*) para recipientes de armazenamento ou caminhões ou vagões ferroviários.

Em salas de brassagem de menor porte, geralmente abaixo de 20 hL, as tinas de mosturação geralmente não são equipados com um agitador. Nessas situações, um cervejeiro abrirá uma pequena porta e retirará manualmente o bagaço de malte para caixas, usando uma pá de plástico ou ferramenta semelhante.

Ver também BAGAÇO DE MALTE.

Brian Thompson

retrogosto refere-se às sensações de sabor e aroma que persistem após a ingestão do alimento ou da bebida. As associações gerais dessa palavra tendem para o negativo – referimo-nos à memória de uma experiência desagradável como tendo deixado um "retrogosto amargo". As cervejas do tipo *lager* de massa costumam ser anunciadas como "limpas" ou "frescas", e algumas propagandas já chegaram a alegar a "ausência de retrogosto".

No mundo dos vinhos e dos alimentos, entretanto, um bom retrogosto é um atributo considerado desejável. Uma pessoa que gosta de ostras ficará tão impressionada pelas sensações persistentes de uma fresca brisa marinha quanto pela ostra propriamente dita. Um vinho com baixo retrogosto é denominado "curto", e o termo é pejorativo. Aquilo que chamamos de sensação de sabor é, em sua maior parte, uma sensação olfativa. A língua somente percebe os gostos doce, azedo, salgado, amargo e umami, este último uma sensação saborosa proporcionada por aminoácidos glutâmicos (glutamato monossódico). Localizados no pico da cavidade nasal, nossos receptores olfativos reagem às moléculas levadas pelo ar e podem detectar até 10 mil compostos diferentes, sendo que muitos deles podem persistir em nossa percepção muito tempo depois de uma cerveja ser ingerida.

O retrogosto, portanto, é complexo e inclui as impressões sentidas pela língua/palato e pelo sistema olfativo. Uma *India pale ale* com lúpulo intenso, produzida de forma adequada, não desaparecerá instantaneamente da língua, mas deixará um sabor amargo limpo e bem definido. Ela também deixará um eco agradável de resinas advindas do lúpulo que convidam a um próximo gole. Uma *imperial stout* bem produzida pode deixar uma combinação de acidez tostada e amargor do lúpulo, mas espera-se sem o excesso de adstringência seca. Sensações olfativas incluem caramelo, chocolate, café e frutas. Se a cerveja foi maturada em barris de carvalho-americano, apresentará aromas preponderantes de baunilha e coco.

Um retrogosto agradável na cerveja é uma questão de concepção de receita, técnica de produção e matérias-primas. Um bom retrogosto é uma parte crítica da *drinkability* geral da cerveja. A composição química da água é particularmente importante; metais traço na água usada na produção da cerveja podem levar a retrogostos metálicos, e a água com elevado teor de carbonatos pode proporcionar ao amargor advindo do lúpulo uma aspereza persistente. A aspersão do mosto imprópria pode liberar excesso de taninos, conferindo à cerveja um retrogosto adstringente. Uma *pilsner* bem produzida, no entanto, embora muito "limpa", deixará um sabor elegante e claramente apetitoso e uma memória sensitiva de pão recém-assado. Até mesmo as mais leves das cervejas devem possuir retrogosto, e cabe ao cervejeiro criar impressões que atraiam em vez de repelir.

Ver também ÁGUA, AMARGOR, ASPERSÃO DO MOSTO e UMAMI.

Garrett Oliver

revistas

Ver BEER WRITING.

A **Revolução Industrial** se iniciou na Grã-Bretanha durante o século XVIII e gradualmente se espalhou por toda a Europa, América do Norte, e então para o restante do mundo. A Grã-Bretanha era um ponto de começo quase inevitável, já que seu território e seu Império forneciam uma fonte vasta de matéria-prima e um mercado amplo para a produção de bens. A maioria dos historiadores concorda com a existência de duas fases do fenômeno, a primeira começando durante a segunda metade do século XVIII e a segunda começando cerca de cem anos depois.

A industrialização da Grã-Bretanha realmente se iniciou por volta da segunda metade do século XVIII, quando Richard Arkwright estabeleceu sua primeira fábrica de algodão, aproveitando-se das diversas invenções novas então disponíveis. Os alicerces da Revolução Industrial, no entanto, foram deitados poucos anos antes, em 1733, quando John Kay inventou a lançadeira volante, um dispositivo que permitia a operação de um tear em velocidades maiores e com metade da mão de obra. Quando James Hargreaves inventou o tear mecânico em 1764, o rendimento individual de um trabalhador aumentou oito vezes. No início do século XVIII, a fabricação têxtil britânica era uma indústria caseira baseada na lã. O linho e o algodão eram difíceis de serem manipulados com os equipamentos domésticos e formavam apenas uma fração da matéria-prima. É impossível exagerar a influência da "revolução científica", que começou no final do século XVII, sobre esses primeiros eventos. Assim como a fiação e tecelagem, atividades anteriormente domésticas, foram assumidas por companhias que operavam maquinários, o mesmo ocorreu com a produção de cerveja, que também se transformou de uma indústria caseira em um grande negócio mecanizado. A produção de cerveja foi gradualmente se distanciando de sua raiz agrícola, e a população se mudou do campo para as cidades para fornecer mão de obra para as novas e grandes indústrias cervejeiras.

O aproveitamento da energia a vapor foi provavelmente o aspecto individual mais importante da Revolução Industrial para os cervejeiros. O primeiro (não tão bem-sucedido) motor a vapor industrial (1 cv) foi construído por Thomas Savery em 1698 e foi projetado para puxar água, mas o primeiro modelo seguro e eficiente foi creditado a Thomas Newcomen. Muitos de seus motores de 5 cavalos foram utilizados para drenar minas de estanho e carvão profundas e anteriormente inviáveis. Melhorias fundamentais nos princípios de funcionamento do motor a vapor foram produzidas por James Watt e seu colaborador, Matthew Boulton, que resultaram na manutenção de uma temperatura mais constante no cilindro. A eficiência não dependia mais das condições atmosféricas e cresceu consideravelmente, resultando em uma economia de 75% na utilização de carvão.

A primeira cervejaria a instalar um motor a vapor foi a Messrs Cook & Co, em Stratford-le-Bow, a oeste de Londres, em 1777. A cervejaria pagou 200 libras por um pequeno motor cilíndrico de 18 polegadas da Boulton & Watt. A Red Lion Brewery, Henry Goodwyn, foi a segunda, em maio de 1784, com um motor Boulton & Watt de 4 cv substituindo os quatro cavalos que realmente trabalhavam em seu moinho de grãos. A Whitbread comprou um motor em junho de 1784, a Calvert fez o mesmo um ano mais tarde, e a Barclay Perkins, quatro anos depois. Ver BARCLAY, PERKINS & CO. e WHITBREAD BREWERY. A maioria desses motores foram originalmente comprados para a moagem de grandes quantidades de grãos, necessários para a produção de cerveja em larga escala, e para atividades variadas de bombeamento, mas, uma vez instalados, em breve encontrariam outros usos. De fato, um comentarista contemporâneo (1810) disse sobre a Chiswell Street Brewery de Whitbread:

> Um dos motores a vapor do Sr. Watt opera o maquinário. Ele bombeia água, mosto e cerveja, tritura o malte, agita as tinas de mostura, e leva os barris para fora das adegas. Ele é capaz de fazer o trabalho de setenta cavalos, apesar de ser pequeno, com um cilindro de apenas 24 polegadas, e não faz mais barulho que uma roca de fiar. Considere-se a magnitude, ou a engenhosidade da invenção, essa cervejaria é uma das maiores curiosidades a serem vistas, e pouco menos de meio milhão de libras esterlinas estão empregadas nos maquinários, prédios e materiais.

Em 1801, catorze motores a vapor estavam em operação nas cervejarias de Londres. As cervejarias que abraçaram a nova tecnologia foram capazes de se expandir drasticamente. A Whitbread, por exemplo, triplicara sua produção anual (para 202.000 barris) em 1796.

Vinte e cinco anos depois da conversão para a energia a vapor, outros fatores que ajudariam as cervejarias a se tornarem maiores e mais eficientes envolviam a fabricação de ferro (alto-forno), a redescoberta do concreto, a invenção da refrigeração mecânica e a melhora das redes de transporte (canais, seguidos pelas ferrovias) de matérias-primas e produtos. No norte da Europa continental e nos Estados Unidos, as máquinas de refrigeração melhoradas desempenharam um papel excepcionalmente vital no aprimoramento da produção e armazenamento da cerveja de baixa fermentação, mas, em geral, as inovações resultantes da Revolução Industrial na Grã-Bretanha foram replicadas em indústrias cervejeiras do mundo todo.

Alan Macfarlane, antropólogo social de Cambridge, considera que um dos maiores fenômenos pouco estudados a ocorrer imediatamente antes da Revolução Industrial na Grã-Bretanha foi o aumento da população (que havia permanecido estática no século anterior). A taxa de mortalidade infantil caiu pela metade ao longo de um período de vinte anos em todas as classes sociais e tanto nas áreas rurais quanto nas urbanas. Registros mostram uma redução na incidência de doenças transmitidas pela água nesse período, e argumentava-se que a mudança nos hábitos de consumo – o abandono do *gin* e a volta à cerveja – e a explosão no consumo de chá (nenhuma outra nação europeia consumia mais) estavam por trás disso. As propriedades antibacterianas do lúpulo e as propriedades do chá na melhoria da saúde podem bem ter dado à Grã-Bretanha uma população capaz colocar em movimento a Revolução Industrial.

Dugan, S.; Dugan, D. **The day the world took off – the roots of the Industrial Revolution.** London: Channel Four Books, 2000.

Gourvish, T. R.; Wilson, R. G. **The British brewing industry 1830-1980.** Cambridge: Cambridge University Press, 1994.

Hornsey, I. S. **A history of beer and brewing.** Cambridge: Royal Society of Chemistry, 2003.

MacFarlane, A. **The savage war of peace.** Oxford: Blackwell, 1997.

Matthias, P. **The brewing industry in England, 1700-1830.** Cambridge: Cambridge University Press, 1959.

Ian Hornsey

Ringwood Brewery recebeu o nome da histórica cidade inglesa de Ringwood, no rio Avon, a oeste de New Forest. Ringwood foi uma importante região de tabernas por vários séculos até perder sua última cervejaria comercial após a Segunda Guerra Mundial. A produção de cerveja retornou à cidade em 1978, contudo, quando Peter Austin, cervejeiro responsável pela Hull Brewery, aposentou-se e mudou-se para Hampshire, graças à sua paixão pela navegação.

Aparentemente incapaz de se manter longe do tanque de mostura, Peter recuperou vários equipamentos de cervejarias desativadas e de laticínios, resultando em uma planta com 1,1 mil litros de capacidade. Ele colocou sua idiossincrática levedura Yorkshire para trabalhar e ajudou a fomentar o emergente movimento microcervejeiro britânico moderno. A Old Thumper da Ringwood, uma *pale ale* robusta, tornou-se o principal produto da cervejaria. O sucesso da cervejaria, juntamente com a recuperação da cerveja britânica refermentada em barril, convenceu Austin a atuar no fornecimento de equipamentos para a produção de cerveja e na educação cervejeira. Durante a década seguinte, ele montou cervejarias em todo o mundo (incluindo na América do Norte), usando sua fábrica Ringwood para treinamentos. Às novas cervejarias ele levava o projeto do seu grosseiro tanque de madeira e a levedura Ringwood. A característica frutada/condimentada típica dessa levedura tornou-se onipresente nas novas cervejarias da Inglaterra e Estados Unidos.

Com o sucesso da Ringwood, Peter aceitou dois sócios, David e Nigel Welch, que trouxeram maior estabilidade financeira ao negócio. Sucessos posteriores e a aquisição de alguns *pubs* foram tamanhos que instalações maiores tiveram que ser adquiridas para a cervejaria, as quais foram encontradas na Christchurch Road. O novo lugar provou-se grande o suficiente para suprir alguns aumentos de capacidade nos anos seguintes.

Em 2007, com Austin aposentado havia muito tempo e com a cervejaria capaz de produzir 6,6 milhões de litros por ano, David Welch vendeu a empresa (e um vinhedo) para a Marstons PLC por 19,2 milhões de libras esterlinas (31,4 milhões de dólares americanos).

Bruning, T. **The microbrewers' handbook.** 2. ed. Norwich: Paragraph Publishing, 2009.

Protz, R.; Millns, A. (eds.). **Called to the bar.** St. Albans: Camra Books, 1992.

Ian Horn

rizoma é um caule de planta que cresce horizontalmente debaixo da terra e é capaz de produzir novos brotos ou raízes para a planta. O rizoma serve como um dos meios pelos quais a planta pode se espalhar e se propagar. Algumas plantas produzem rizomas, como o lúpulo, gengibre, bambu e grama-bermudas. O lúpulo é uma planta perene; portanto, a parte acima da terra morre a cada inverno, mas o rizoma sobrevive e continua a produzir novo material vegetal durante muitos anos. Novos brotos crescerão a partir dos rizomas que sobreviveram ao inverno. Os rizomas crescem a cada primavera a partir da raiz principal da planta do lúpulo e percorrerão alguns metros, em alguns casos sob a terra, antes dos brotos emergirem. Os produtores de lúpulo costumam utilizar cortes do rizoma na primavera, após o surgimento de novos brotos, como meio de propagar uma planta de lúpulo específica, para uso no campo. Dessa maneira, a nova planta obtida será geneticamente idêntica à planta que lhe deu origem. Aqueles que desejam plantar lúpulo nos jardins de suas casas podem encontrar rizomas à venda, na primavera, com vendedores de lúpulo e nas lojas de insumos cervejeiros, normalmente em meados de março.[1]

Thomas Shellhammer

Robust é uma variedade norte-americana de cevada de primavera, de seis fileiras, sem arestas e com grãos arredondados. Na sala de brassagem, a Robust possui baixos níveis de beta-glucano, o que resulta em baixa viscosidade e, consequentemente, boa filtração do mosto. Desenvolvida em 1983 pela Minnesota Agricultural Experimental Station, a Robust é um cruzamento entre as variedades de cevada Morex e Manker. Possui caules curtos e boa resistência ao acamamento, ao contrário de muitas variedades de caule longo que muitas vezes quebram facilmente e são difíceis de colher. Ver RESISTÊNCIA AO ACAMAMENTO. A cevada Robust é resistente à mancha e ferrugem do caule, mas é suscetível ao carvão. Ela se desenvolve melhor em solos férteis e bem drenados e pode prosperar em substratos alcalinos e pesados. Em 2009, a Robust apresentou a segunda maior área cultivada com cevada em Minnesota, perdendo apenas para a Lacey, mas possui um desempenho menor em condições mais quentes e secas. A Robust é utilizada tanto para malteação como para alimentação. Nos Estados Unidos, é utilizada quase exclusivamente por grandes produtores de cerveja como malte base; cervejeiros artesanais, contudo, utilizam muito a Robust sob a forma de maltes torrado e caramelo.

Star Seed. Barley varieties. **Minnesota agricultural news**. Disponível em: www.gostarseed.com/products/barleyspring- robust-48-bag. Acesso em: 7 set. 2009.

Yoon, S. H.; Berglund, P. T.; Fastnaught, C. E. Evaluation of selected barley cultivars and their fractions for beta-glucan enrichment and viscosity. **Cereal Chemistry**, n. 72, p. 187-190, 1995.

Chris Holliland

Rochefort, Cervejaria, ou Brasserie de Rochefort (Abadia de Notre-Dame de Saint-Rémy), é uma cervejaria de mosteiro na província de Namur, na Bélgica, e faz parte da Associação Internacional Trapista.

A abadia de Notre-Dame de Saint-Rémy foi fundada por volta do ano 1230, inicialmente como um convento para freiras cistercienses. Depois de dois séculos, as freiras trocaram de local com os monges da abadia de Givet, a 30 quilômetros de distância. O local foi atacado e destruído por tropas francesas em 1653. Os monges desafiadoramente reergueram o mosteiro, que permaneceu até a Revolução Francesa, quando foram forçados a abandonar o local após seus bens terem sido confiscados, e as construções, demolidas. Irmãos cistercienses retornaram ao local, em 1887, decididos a reconstruí-lo.

Atualmente, a abadia está situada em um vale, separada da cidade de Rochefort por colinas que abrigam uma floresta. Os monges seguem a Regra de São Bento, que divide o dia em partes iguais consagradas a orar, trabalhar e descansar. Parte do trabalho acontece na cervejaria do mosteiro, cuja equipe é majoritariamente formada por empregados leigos, mas supervisionada por um dos irmãos.

A cervejaria ganhou maior relevância depois de sua modernização em 1952, e novamente quando foi reconstruída na década de 1960. A capacidade produtiva atualmente gira em torno de 40.000 hL por ano, mas para garantir que a atividade comercial não destrua o equilíbrio entre orar, trabalhar e descansar, a produção é limitada a 25.000 hL ao ano. A

---

[1] Essa prática é comum nos Estados Unidos, onde a primavera tem início em março. No Brasil, existem poucas opções para compra de rizomas de lúpulo, e o plantio deve ser feito em setembro, quando inicia a primavera no Hemisfério Sul.

sala de brassagem em cobre é notável por estar entre as mais belas da Bélgica.

As três cervejas de alta fermentação são simplesmente numeradas 6, 8 e 10. Todas são refermentadas na garrafa e, além do malte de cevada e lúpulos, a lista de ingredientes também inclui amido de trigo, açúcares branco e mascavo e uma pequena quantidade de coentro. A coloração em tons castanhos intensifica-se e a complexidade aumenta conforme aumenta o teor alcoólico dessas três variedades. As cervejas Rochefort, quando bem armazenadas, tendem a envelhecer maravilhosamente.

Ver também BÉLGICA, CERVEJARIAS TRAPISTAS e CERVEJAS DE ABADIA.

Abbaye Notre-Dame de Saint-Rémy Rochefort. Panfleto. Trappistes Rochefort, s. d.

Jeff Evans

roda de sabores é uma ferramenta aceita internacionalmente que descreve em um gráfico no formato de círculo as terminologias referentes ao sabor da cerveja. Serve para padronizar os termos utiliza-

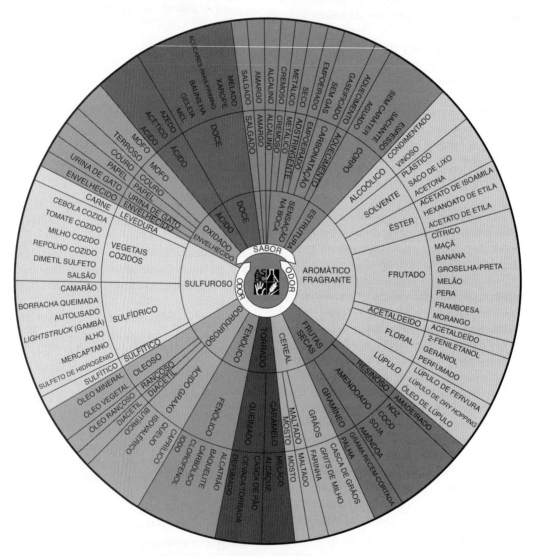

Rodas de sabores representam graficamente os sabores encontrados na cerveja e padronizam a terminologia utilizada para descrever o sabor da cerveja. REPRODUZIDA COM PERMISSÃO DA AMERICAN SOCIETY OF BREWING CHEMISTS, ST. PAUL, MN.

dos em análises descritivas de cerveja e permite aos cervejeiros comunicarem-se efetivamente sobre o sabor. A roda original nomeava e descrevia 122 notas de sabor identificadas separadamente (em catorze classes) que podem ocorrer na cerveja. O sistema foi desenvolvido de 1974 a 1979 por um grupo de trabalho conjunto que consistia na Master Brewers Association of the Americas, a American Society of Brewing Chemists e a European Brewery Convention e deriva, em grande parte, dos estudos de avaliações sensoriais do cientista Morten Meilgaard.

Na roda, cada sabor característico identificável separadamente tem o seu próprio nome; sabores similares são colocados no mesmo grupo e não há termos duplicados para a mesma característica de sabor. O objetivo é promover um composto padrão de referência para ser utilizado em *spiking* (doses tituladas com compostos ativos de aroma ou sabor) de amostras de cerveja para expressar o significado de cada termo. Isso auxilia o treinamento dos degustadores sensoriais.

A partir da figura simplificada da roda de sabores, é possível observar que a parte interna consiste em catorze classes de componentes. Como exemplo, a classe 1 é aromática, fragrante, frutada e floral. A primeira camada, em seguida, representa sabores mais específicos que aparecem dentro dessa classe. A classe 1 é segmentada nos descritores alcoólico, solvente, éster, frutado, acetaldeído, floral e lúpulo. Um código de quatro dígitos também se aplica a esses termos descritores. Os termos da classe e da primeira camada contêm terminologias comuns familiares para a maioria das pessoas e, portanto, formam um vocabulário que preenche as necessidades dos não especialistas. Uma segunda camada, não mostrada na figura, refina ainda mais as notas dos sabores e é ainda mais específica e especializada. Por exemplo, o termo "sabor de ésteres" da classe aromática/fragrante (Classe 1) subdivide-se em ésteres distintos como o acetato de isoamila, acetato de etila e hexanoato de etila. Os termos da outra segunda camada também se subdividem em notas distintas de sabor dentro dos seus respectivos grupos. Adicionalmente, os componentes também são classificados em sensações mais diversificadas, como odor físico, sabor, sensação na boca, aquecimento, sabor e retrogosto.

Conforme a terminologia e o entendimento dos componentes dos sabores da cerveja crescem, idealmente o mesmo ocorre com a roda de sabores da cerveja. Recentemente, comitês colaborativos vêm redefinindo a roda de sabores a fim de incluir sabores mais envelhecidos e oxidados de cervejas, o conceito de sensação na boca e componentes de sabor mais novos e associados a estilos específicos. Pode ter chegado o momento de dividir a roda de sabores em diversas sub-rodas, a fim de definir melhor a nova terminologia.

Ver também SABOR.

Gary Spedding

rodadas

Ver COSTUMES ASSOCIADOS À CERVEJA.

Rodenbach é uma cervejaria belga localizada na cidade de Roeselare, na Flandres Ocidental, famosa pelas suas *sour red ales*. Em meados do século XVIII, Ferdinand Rodenbach migrou da Renânia alemã para Flandres. Seus descendentes mergulharam no comércio, política e cultura locais, e seus negócios de produção de cerveja começaram com uma parceria de Pedro Rodenbach na cervejaria Roeselare, em 1821, da qual se tornou proprietário em 1836. No entanto, foi o neto de Pedro, Eugene Rodenbach, que definiu o tom para o desenvolvimento do negócio em uma viagem para a Inglaterra, na qual estudou a produção das cervejas *porter*, aprendendo mais sobre acidificação, envelhecimento em madeira e *blending*.

Hoje, a cervejaria Rodenbach faz parte do grupo Palm, cujo principal centro de produção está em Steenhuffel, Bélgica. Ver PALM, CERVEJARIA. A Palm (que é também coproprietária da Cervejaria Boon, em Lembeek) tem investido nas instalações, encomendando uma nova sala de brassagem e montando uma notável adega com cerca de trezentos grandes tonéis de carvalho. Conhecidos em holandês como "*foeders*", eles possuem capacidade de 140 hectolitros a 650 hectolitros.

As cervejas Rodenbach são produzidas a partir de uma mistura de maltes *pale ale* e escuros, com lúpulos peletizados de Poperinge, com um ou dois anos de idade, usados na tina de fervura. A alta fermentação em tanques cilindrocônicos, usando a cultura mista de leveduras Rodenbach, conduz a quatro semanas de maturação em tanques horizontais. Em seguida, a cerveja é transferida para os tonéis de car-

A adega Rodenbach, na cidade belga de Roeselar, contém cerca de trezentos grandes tonéis de carvalho conhecidos como *"foeders"*. DENTON TILLMAN.

valho, alguns dos quais com mais de 150 anos, onde é envelhecida por até dois anos a 15 °C. Os microrganismos presentes na madeira azedam a cerveja e criam um complexo conjunto de ésteres frutados.

A Rodenbach possui dois produtos principais: a Rodenbach Classic, com 5% ABV, é obtida da mistura de uma cerveja jovem (não azeda) com uma cerveja envelhecida, na proporção de 3 para 1 (a favor da cerveja jovem); a Grand Cru, com 6% ABV, é composta principalmente de cerveja envelhecida, com um pouco de cerveja jovem, então ligeiramente adoçada com açúcar.

Ver também FLANDRES.

Toye, J. **The world of Palm & Rodenbach**. Steenhuffel: Palm and Rodenbach Breweries, 2002.

Jeff Evans

roggenbier, que já foi um estilo de cerveja comum na Baviera medieval, é elaborada com ao menos 30% de malte de centeio, embora tradicionalmente essa proporção fosse maior. *Roggen*, em alemão, significa centeio. A produção de *roggenbier* encontrou seu fim com a introdução da Lei da Pureza da Cerveja em 1516 e o consequente movimento de exclusão dos grãos que não fossem malte de cevada de todas as tinas de mostura na Baviera. Assim, nos séculos que se sucederam, o centeio seria usado na Baviera apenas para a panificação.

O estilo *roggen* ressurgiu na Alemanha na década de 1980 com a cervejaria Spezial, localizada em Schiering, região leste da Baviera. A cervejaria havia sido comprada pela Thurn und Taxis, de Regensburg, a qual, por sua vez, viria a se tornar parte da Paulaner em 1997. A Paulaner ainda produz uma *roggenbier*, e hoje a Spezial, agora pertencente à Kuchlbauer, de Adensberg, também continua fazendo uma *roggen*. Além dessas, algumas poucas cervejarias alemãs também elaboram suas *roggens*.

Uma *roggenbier* típica apresenta cerca de 5% ABV e coloração escura. Uma proporção de trigo deve ser usada no malte, bem como o centeio. Se servida sem prévia filtração, a cerveja exibirá um aspecto turvo similar ao de uma *hefeweizen* e um delicado aroma terroso e condimentado. As *roggens* são cervejas de alta fermentação e geralmente são elaboradas com cepas de levedura de *weissbier*.

A brassagem do centeio é difícil porque ele não tem casca, de modo que o grão absorve água rapidamente durante a mosturação, formando um mosto viscoso e com aspecto de goma difícil de filtrar. No entanto, isso não impediu os cervejeiros artesanais americanos de produzirem seus próprios centeios. Devido à dificuldade de trabalhar o centeio, as mosturas das versões americanas têm predominantemente malte de cevada, embora as melhores de suas cervejas apresentem um considerável caráter de centeio. A competição anual do Great American Beer Festival inclui uma categoria para *"rye beer"* (cerveja de centeio), sendo que o estilo alemão *roggen* é listado como um subestilo. Em 2010, registraram-se 32 entradas nessa categoria.

Ver também CENTEIO.

The German Beer Institute. **Brewers Association 2010 Beer Style Guidelines**. Disponível em: http://www.germanbeerinstitute.com/. Acesso em: 18 jan. 2011.

Thomas, S. **Good beer guide Germany**. Hertsfordshire: CAMRA, 2006.

Tim Hampson

Rogue Ales começou sua "pequena revolução", como a empresa gosta de descrevê-la, em Ashland, Oregon, em 1988. Entre junho e outubro daquele ano, Jack Joyce, Bob Woodell e Rob Strasser trabalharam com Jeff Schultz, um ávido cervejeiro caseiro (e contador de Bob), na instalação de um sistema de brassagem de 11,7 hectolitros e de um *pub* com sessenta lugares em um imóvel comercial em Lithia Creek. Cerca de dezoito meses depois, em maio de 1989, a Rogue abriu o *pub* Bay Front Brew em Newport, no antigo prédio Front and Case de Oregon, em Southwest Bay Boulevard. Foi então que John Maier, anteriormente da Alaska Brewing, ingressou na empresa como mestre cervejeiro.

Hoje a Rogue é proprietária e administra dez salões ou bares em Oregon, Washington e Califórnia, os quais servem diversos tipos de chope, e produz, aproximadamente, 100 mil hectolitros de cerveja anualmente. Ela produz as cervejas Issaquah Frog na cervejaria homônima em Issaquah, Washington, e tem vendido cervejas criadas pela Eugene City Brewery sob o nome Track Town Ales desde outubro de 2004. Eles também cultivam sete variedades de lúpulos em uma fazenda de 17 hectares em Independence, Oregon, e cevada em sua fazenda de 103,6 hectares em Tygh Valley. As 34 cervejas agressivamente lupuladas vendidas sob a marca Rogue Ales são fermentadas com a PacMan, sua própria levedura, e nunca são pasteurizadas. Muitas venceram prêmios nacionais. Dos primeiros dias de produção da sua American Amber (originalmente Ashland Amber), em uma fábrica de porão para um público local, a Rogue se tornou uma empresa internacional e distribui as suas cervejas para dezenove diferentes países, assim como para todos os cinquenta estados americanos. Em 2003 a Rogue também começou a destilar seus próprios rum, uísque e gim.

Hamson, T. **The beer book**. New York: Dorling Kindersley, 2008.

Kitsock, G. American originals: Brewers who march to a different beat. **All About Beer**. Disponível em: http://allaboutbeer.com/live-beer/people/people-features/2001/09/american-originals/1/. Acesso em: 5 jul. 2010.

Rogue Ales. Disponível em: http://www.rogue.com. Acesso em: 5 jul. 2010.

Ben Keene

rolha metálica é o tipo de fechamento mais usado para garrafas de cerveja. Embora o desenho da rolha metálica pareça óbvio para nós hoje em dia, o fechamento das garrafas de cerveja atormentou os cervejeiros do século XIX. Para bebidas carbonatadas, o tipo mais comum de fechamento de garrafas eram as tampas *"swing-top"* ou *"flip-top"*, que tinham um plugue de cerâmica e uma junta de borracha mantida na boca da garrafa por um arame tensionado (ainda são ocasionalmente vistas hoje, particularmente em garrafas da cervejaria holandesa Grolsch). Esses fechamentos eram difíceis de fazer e anexar às garrafas e, além disso, simplesmente não funcionavam muito bem. Os materiais de vedação não eram tão avançados quanto hoje, e as garrafas fechadas com *swing-top* muitas vezes vazavam.

Certamente não houve falta de ideias para resolver o problema. Entre 1882 e 1890, o escritório de patentes dos Estados Unidos (U.S. Patent Office) recebeu mais de trezentas patentes para desenhos de vedantes de garrafa. Em 1892, o engenheiro mecânico William Painter, de Baltimore, registrou e recebeu três patentes para seu "Dispositivo de Vedação de Garrafas". Essa tampa de metal podia ser cravada na garrafa por uma máquina, e, embora fosse necessária alguma força para removê-la, a tampa

Nem todas as cervejarias adotaram logo de cara essa nova forma de fechamento, embora ela funcionasse muito melhor que as outras e pudesse ser facilmente aplicada por máquinas. Por fim, entretanto, acabou sendo impossível negar a superioridade da rolha metálica e, no momento da morte de Painter, em 1909, sua empresa tinha unidades fabris nos quatro continentes. Na década de 1930, a Crown Cork and Seal fez metade das rolhas metálicas do mundo.

Exceto pelo revestimento, a rolha metálica mudou muito pouco desde 1892. Em 1927 o fino anel de cortiça sob a tampa de metal deu lugar a um substituto patenteado chamado de cortiça Nepro, e em meados da década de 1950 este foi substituído por cloreto de polivinila. Hoje existem versões revestidas com materiais "removedores de oxigênio", que supostamente removem o oxigênio do ar do *headspace* e mantêm o frescor da cerveja. Uma versão da rolha metálica que podia ser removida com um movimento de torção (*twist-off*) foi inventada na década de 1960 e amplamente usada por grandes cervejarias, embora as cervejarias menores e as cervejarias artesanais não a aceitem. Isso se deve ao fato de que, apesar de dispensar o abridor de garrafa, alguns cervejeiros acreditam que ela não barra o oxigênio tão bem quanto a rolha metálica tradicional. Além disso, a tampa *twist-off* ganhou, talvez injustamente, a reputação de ser uma forma de fechar cervejas baratas, uma mancha em sua reputação que tem se provado duradoura.

Bull, D. **Crown Cork and Seal corkscrew.** Disponível em: http://www.bullworks.net/. Acesso em: 25 jan. 2011.

Garrett Oliver

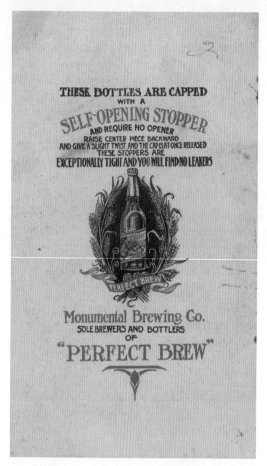

"Sem vazamentos": era o que prometia este folheto, que data de quando o novo método de fechamento de garrafas, a rolha metálica, passou a ser usado, *c.* 1892.
PIKE MICROBREWERY MUSEUM, SEATTLE, WA.

conservava bem a pressão sem vazar. Painter começou a trabalhar nessa tampa – apelidada de "tampa coroa" (*crown cap*) ou "rolha de coroa" (*crown cork*) graças à sua forma antes da cravação – em 1889. Ele não estava sozinho – Alfred Louis Bernardin Sr., de Evansville, Indiana, trabalhou duro em uma ideia similar, mas a de Painter venceu. Ele fundou a Crown Cork and Seal Company e começou a trabalhar no marketing de sua invenção. Sua tampa se tornou o padrão mundial para o fechamento de garrafas de cerveja. Em 15 de setembro de 1894, a edição do *The Western Brewer* já exibia anúncios da rolha metálica, com ilustrações mostrando como era fácil removê-la utilizando utensílios domésticos comuns, como facas, cabos de colher e até saca-rolhas.

rótulos, trabalho de arte feito em um papel (ou outro material) aderido à garrafa para informar o nome da cerveja, bem como outras informações.

Embora o envase em garrafas de uma forma ou de outra pareça ter sido uma prática comum ao longo de milênios, a colocação de um rótulo em uma garrafa de vidro é uma prática relativamente recente, ganhando uso geral durante meados do século XIX. Até então, os recipientes de vidro eram fabricados com letras em relevo ou artes que representassem o nome da cervejaria ou outros detalhes. A Guinness foi uma das primeiras companhias a mudar para ró-

Linha de cima, esquerda para a direita: rótulo de cerveja belga, *c.* 1920; rótulo de cerveja australiana, incluindo rótulo de gargalo, *c.* 1900; rótulo de cerveja inglesa, *c.* 1920. PIKE MICROBREWERY MUSEUM, SEATTLE, WA.

Segunda linha, da esquerda para a direita: rótulo de cerveja americana, *c.* 1900; rótulo de cerveja americana, *c.* 1915; PIKE MICROBREWERY MUSEUM, SEATTLE, WA.

Terceira linha, da esquerda para a direita: rótulo de cerveja americana, *c.* 1910; rótulo de cerveja belga, *c.* 1930; rótulo de cerveja dinamarquesa, *c.* 1900. PIKE MICROBREWERY MUSEUM, SEATTLE, WA.

Linha de baixo, da esquerda para a direita: rótulo de cerveja americana, *c.* 1930; rótulo de cerveja inglesa, *c.* 1920. PIKE MICROBREWERY MUSEUM, SEATTLE, WA.

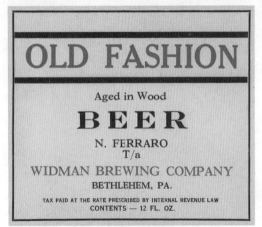

Rótulo de cerveja americana divulgando o tradicional envelhecimento em madeira. Havia pouco suprimento de papel e tinta durante a Segunda Guerra Mundial; o desenho simples deste rótulo, de cerca de 1940, é típico do período. PIKE MICROBREWERY MUSEUM, SEATTLE, WA.

tulos de papel, e exemplos de seus trabalhos datam de 1840.

Hoje, os rótulos também podem ser impressos em papel ou em filmes que são anexados a várias partes da garrafa, mais comumente na frente, mas também na parte de trás (onde a maioria das informações são expressas) e no ombro ou gargalo da garrafa. Como tem crescido a tendência de se dar às cervejas nomes mais interessantes, a extravagância da arte do rótulo acompanhou tal tendência. Onde uma vez eram aplicados modelos simples, agora ilustrações chamativas – fotográficas, desenhadas ou até mesmo em formato de desenho animado – são a norma.

O grau de informação nos rótulos também aumentou, já que os consumidores procuram maiores detalhes sobre o produto. Consequentemente, ao lado de dados e informações muitas vezes obrigatórias (dependendo do local), como volume, teor alcoólico, data de vencimento e conselhos e alertas médicos, muitos cervejeiros atualmente oferecem mais detalhes, num esforço para inspirar e educar o cliente. A coleção de rótulos ("*labology*") é um *hobby* muito difundido.

Ver também INFORMAÇÕES DE ROTULAGEM.

Collections and Collectors. **Collections on RIN.ru**. Disponível em: http://collection.rin.ru/cgi-bin/eng/article.pl?id=46/. Acesso em: 8 dez. 2009.

Madgin, H. **Best of British bottled beer.** Weybridge, Surrey, England: Dial House, 1995.

The Guinness Collectors Club. **The Guinness collectors club**. Disponível em: http://www.guinntiques.com/labels/. Acesso em: 8 dez. 2009.

Jeff Evans

running beers são cervejas que devem ser consumidas frescas e que podem ser produzidas durante o ano todo.

Esse termo britânico é um tanto arcaico, mas remonta a uma era mais antiga da produção de cerveja. Nas Ilhas Britânicas, antes do papel das leveduras na fermentação ser entendido e antes dos cervejeiros saberem como evitar as contaminações, o processo de produção de cerveja era uma atividade normalmente realizada em maior escala durante os meses mais frios. Todos sabiam que a cerveja produzida durante o verão era mais vulnerável a azedar rapidamente. Os grãos moídos eram mosturados mais de uma vez; as primeiras mosturações produziam um mosto mais forte, resultando em cervejas de guarda que podiam ser armazenadas durante o verão em grandes tonéis de madeira. As mosturações secundárias eram consideradas análogas à nova infusão de um saquinho de chá já usado; elas produziam uma "*small beer*", mais leve, ou então "*running beer*", para consumo imediato. Essas cervejas possuíam teor alcoólico baixo demais para se manterem frescas por muito tempo, mas de fato isso não era necessário.

Na Inglaterra foi desenvolvida a prática de misturar cervejas de guarda armazenadas, que costumavam apresentar sabores azedos e frutados oriundos da presença da levedura selvagem *Brettanomyces* e outros microrganismos, com cervejas frescas "*running bitter*" de apenas alguns dias de idade. Um exemplo ainda existente dessa prática é a cerveja Greene King's Strong Suffolk.

Baseando-se no trabalho pioneiro de Louis Pasteur, de meados de 1800, cientistas como Horace Tabberer Brown, que em 1866 começou a trabalhar na Worthington's Brewery na cidade de Burton, passaram a pesquisar a deterioração da cerveja. Para Brown, a deterioração das cervejas era causada por um organismo conhecido como *Saccharobacillus pastorianus*. O trabalho científico de Brown e de outros revolucionou a sanitização das cervejarias e de seus processos, possibilitando que a produção de cerveja pudesse ocorrer durante todo o ano. As cervejas produzidas no verão deixaram de ser acometidas por infecções severas, e os termos *"running beers"* ou *"running bitters"* passaram a representar cervejas mais leves, frescas e produzidas o ano todo. Essas cervejas requeriam pouco tempo de maturação e podiam ser servidas pouco mais de uma semana após serem produzidas.

Gourvish, T. R.; Wilson, R. G. **The brewing industry 1830-1980**. Cambridge: Cambridge University Press, 1994.

Hornsey, I. S. **Brewing**. London: Royal Society of Chemistry, 1999.

Tim Hampson

Ruppert, Jacob (1867-1939), conhecido como "O Coronel" pelo seu serviço na Guarda Nacional de Nova York, foi um dos cervejeiros mais proeminentes do Empire State. Filho dos imigrantes alemães Jacob Ruppert e Anna Gillig, Ruppert nasceu em 5 de agosto de 1867, frequentou a Escola Columbia Grammar, em Nova York, e trabalhou na pequena cervejaria da família, a Jacob Ruppert, em 1887. Ele se tornou presidente da cervejaria após a morte de seu pai um pouco antes da Lei Seca. As principais cervejas da cervejaria eram a Knickerbocker Lager e a Ruppert's Pale Ale. Ele foi eleito para o Congresso Americano por quatro turnos diretos, começando em 1898. Ele e Tillinghast L'Hommedieu Huston compraram o time de beisebol New York Highlanders em 1915, mudando o nome, mais tarde, para New York Yankees. Eles trouxeram o lançador do Boston Red Sox George Herman "Babe" Ruth, para Nova York em 1919. Ruppert trouxe também os jogadores Lou Gehrig e Joe DiMaggio para o Yankees. Ruppert comprou a parte de Huston em 1922 e inaugurou o Yankee Stadium em 1923. Ruppert abriu uma cervejaria de 2,3 milhões de hectolitros na alta Manhattan em 1913. A cervejaria de 30 milhões de dólares empregava mil trabalhadores. Em 1932 um repórter da revista *Time* perguntou a Ruppert se a maior emoção de sua vida era ganhar campeonatos de beisebol. Ele respondeu: "Olhando para trás agora, eu duvido que tenha me sentido mais eufórico do que quando eu era jovem e em algumas ocasiões ia galopando, conduzindo a ambulância para buscar um de nossos cavalos, puxadores de carroça de cerveja, doentes [...] esses times da cervejaria eram tão bonitos de se ver operando quanto o balé sincronizado do time de beisebol". Ruppert morreu em 13 de janeiro de 1939. A cervejaria, entre a Segunda e Terceira avenidas e as ruas East 90th e 92nd, fechou em 1965.

Stephen Hindy

A **Rússia**, apesar de ser um país relativamente novo como nação cervejeira, em 2010 se classificou como o quarto maior mercado de cerveja do mundo, depois de China, Estados Unidos e Brasil. A cerveja, *pivo* na língua russa, é a segunda bebida alcoólica mais popular no país, perdendo em preferência apenas para a vodca e sendo geralmente mais requisitada do que o vinho. As cervejas russas são em sua maioria *lagers*; dentre elas, as *pale lagers* são mais comuns. Na Rússia, a cerveja é classificada pela coloração, e não por seu estilo ou pelo tipo de levedura utilizada. Portanto, a cerveja é simplesmente classificada como clara, vermelha, semiescura ou escura. Os russos compram cerveja mais frequentemente em latas e garrafas PET do que em garrafas de vidro.

A cerveja frequentemente é a bebida alcoólica que os russos consomem em parques, eventos esportivos, acompanhando o *shashlik* (churrasco), e durante os meses mais quentes de verão. Vários tipos de *lager* são vendidas em quiosques de parques, estações de trem, de metrô e na rua. No país, a lei permite transportar publicamente recipientes abertos com bebida alcoólica; é comum alguém voltar do serviço para casa tomando uma cerveja ou ir passear no parque com uma cerveja na mão.

A história da cerveja moderna na Rússia não é tão longa quanto a de uma tradicional bebida fermentada chamada *kvass*. Esse estilo antigo de cerveja vem sendo produzido há mais de mil anos e tornou-se particularmente popular durante o reinado de Pedro, o Grande, que governou o Império Russo de 1682 a 1725. O *kvass* é uma bebida obtida a partir da fermentação do pão de centeio, apresentando uma coloração escura e sendo flavorizada com ervas sazonais, frutas, como maçã ou bagas, e seiva de bétula. É uma bebida doce com aromas e sabores de pão de centeio integral, açúcar mascavo e ameixas secas. Nos dias de hoje, o *kvass* geralmente possui baixo teor alcoólico, sendo considerado uma alternativa ao refrigerante, adequado até mesmo para crianças.

Atualmente, o *kvass* é comercializado em garrafas ou latas, porém, nos meses de verão, é possível encontrar essa bebida sendo vendida por vendedores ambulantes na rua. É normalmente servido sem filtração, com a levedura na lata ou garrafa, pelo seu suposto valor nutricional. A Companhia Ochakovo é a líder na produção de *kvass* na Rússia. A companhia de bebidas Deka produz uma marca popular chamada Nikola Kvass.

A indústria cervejeira russa é dominada pela Cervejaria Baltika, que agora faz parte do Grupo Carlsberg. A construção da sua primeira fábrica começou em 1978, mas as primeiras cervejas foram vendidas somente em 1990. A empresa foi privatizada em 1992. A cervejaria agora opera na região de São Petersburgo. Seu poder fabril se expandiu para dez fábricas em toda a Rússia, sendo que várias delas estão localizadas dentro e ao redor de São Petersburgo e Moscou. A Baltika também exporta para cerca de quarenta países.

A Baltika produz catorze tipos diferentes de cerveja, todos *lagers*, variando de uma *pale lager* não alcoólica até diversas *dark lagers*. Suas cervejas mais amplamente comercializadas são a Baltika n. 3, uma *pale lager*; a Baltika n. 7, uma *pale lager* de exportação; e a Baltika n. 9, uma cerveja com alto teor alcoólico (9% ABV). A empresa também produz bebidas mistas com cerveja, tais como o Baltika Kuler e o Baltika Kuler Lime.

Além de produzir cervejas com a marca Baltika, a empresa produz cervejas com os rótulos Arsenalnoe, Zhigulevskoye e Leningradskoe. Todas são *lagers* geralmente produzidas de acordo com a tradição alemã. A Arsenalnoe Zakalennoye, por exemplo, é uma versão mais alcoólica da *pilsner*, com 7% ABV. Antes da Zhigulevskoye Pivo tornar-se parte da Baltika, era a mais antiga cervejaria russa, construída pelo austríaco Alfred Vakano no final do século XIX.

A companhia Ochakovo de Moscou é outra notável cervejaria russa. Foi construída em 1978 como uma cervejaria, mas posteriormente expandiu seus negócios para o mercado de refrigerantes. Atualmente produz cervejas *lager*, *kvass*, refrigerantes e ainda opera uma vinícola, bem como outros empreendimentos agrícolas que estão relacionados com a produção de grãos e malte. A Ochakovo é a maior cervejaria de capital russo nos dias de hoje.

A Rússia também tem experimentado um aumento no mercado de cervejas artesanais, com o surgimento de microcervejarias e *brewpubs* em São Petersburgo e Moscou. O número desses estabelecimentos está aumentando de forma constante, especialmente em São Petersburgo, pois a cidade é historicamente mais voltada ao mundo ocidental. Vários *brewpubs* em Moscou, entretanto, fecharam nos últimos anos.

A Cervejaria Tinkoff começou como um *brewpub* em São Petersburgo, no ano de 1998, e desde então se tornou uma cadeia com dez *brewpubs* localizados em várias cidades. Além disso, é agora dona de uma grande cervejaria em Pushkin, na região de São Petersburgo, tornando-se a quarta maior cervejaria da Rússia. Em 2005, no entanto, a Tinkoff foi comprada pela InBev. Atualmente produz *lagers* de estilo alemão em seus *brewpubs*, porém, a cerveja Tinkoff engarrafada não está mais disponível.

Enquanto a produção de cerveja na Rússia, até recentemente, foi dominada principalmente pelo *kvass*, as *lagers* modernas assumiram participação no mercado russo e estão até mesmo conquistando participação no mercado exterior. Enquanto isso, as cervejarias menores têm produzido *lagers* artesanais, e alguns bares e restaurantes especializados que servem *ales* de estilo inglês e *lagers* de estilo alemão e tcheco também têm se atualizado nas grandes cidades.

Beer Business Analysis. Disponível em: http://eng.pivnoe-delo.info/russia-results-of-2008-trends-of-2009/. Acesso em: 12 jan. 2011.

Russian Tourism. Disponível em: http://www.waytorussia.net/. Acesso: 12 jan. 2011.

White, S. **Russia goes dry: Alcohol, state, and society.** Cambridge: Cambridge Universty Press, 1996.

Anda Lincoln

Russian River Brewing Company está situada em Santa Rosa, no coração da região vinícola californiana. Foi estabelecida em 1997 pela Korbel Champagne Cellars. Vinnie Cilurzo, um jovem cervejeiro cultuado como o criador da "*double* IPA", enquanto na Blind Pig Brewing Company, foi contratado como o primeiro mestre cervejeiro. Depois de ser premiada com o "Small Brewing Company of the Year" e "Small Brewing Company Brewmaster of the Year" no Great American Beer Festival em 1999, a empresa Russian River foi vendida para Vinnie e sua esposa, Natalie, em 2002. Ver GREAT AMERICAN BEER FESTIVAL (GABF).

Em 2010, a Russian River produziu, aproximadamente, 3,5 mil hectolitros por ano, mais da metade dos quais servidos no *pub* e restaurante adjacente em Santa Rosa. Ela é reconhecida por suas abordagens extremamente esotéricas e inovadoras na produção de cerveja. Cilurzo explora o relacionamento da cerveja com a madeira, pratica a arte da mistura de cervejas, adota uma atitude muito liberal com relação à lupulagem e até mesmo toca música para suas leveduras, na tentativa de melhorar o processo de fermentação.

Fortemente inspirada na tradição cervejeira belga, ainda que fortemente enraizada no movimento cervejeiro artesanal americano (do qual Cilurzo é figura proeminente e porta-voz), a gama de *ales* da Russian River inclui várias cervejas com toques de leveduras *Brettanomyces* e envelhecidas em barril, *ales* de estilo belga e as altamente lupuladas *American* IPAs e *double* IPAs. A Russian River tem sido uma forte defensora do estilo *sour*, e suas próprias cervejas *sours* mostram ter grande influência sobre uma nova e empreendedora geração de cervejeiros artesanais.

As *ales* mais reverenciadas da Russian River incluem a "Pliny the Elder", uma "*imperial* IPA" americana com 100 IBU e a "Supplication", uma *brown ale* envelhecida com cerejas azedas em barris de vinho Pinot Noir inoculados com leveduras *Brettanomyces*, lactobacilos e bactérias *Pediococcus*. Os amantes de lúpulo também vão a Santa Rosa experimentar a "Blind Pig IPA" original, agora produzida pela Russian River.

Ver também DOUBLE IPA e SOUR BEER.

McFarland, B.; Sandham, T. **Good beer guide: West Coast USA**. St. Albans: Campaign for Real Ale, 2008.

Ben McFarland

Saaz, amplamente considerada uma das melhores variedades de lúpulo do mundo, é um lúpulo aromático "nobre", originário da República Tcheca. Ver LÚPULOS NOBRES. Ele foi selecionado a partir de uma linhagem pura que era cultivada na Europa Central desde a Idade Média. Foi batizado em homenagem à cidade de Žatec (Saaz, em alemão), a cerca de 60 km a noroeste de Praga. Internacionalmente, o lúpulo adquiriu seu nome alemão no século XIX, quando a atual República Tcheca era parte do Império Austro-Húngaro germanófono. Às vezes referido como Saazer ou Bohemian Red Hop, o Saaz possui maturação precoce e baixo potencial produtivo, mas detém um aroma unicamente agradável, razão pela qual é o lúpulo mais produzido na República Tcheca, com boa parte de sua produção exportada para cervejarias no mundo todo. Clones não contaminados com vírus – chamados clones Osvald – do Saaz original foram lançados na República Tcheca na tentativa de impulsionar a produção.

O teor de alfa-ácidos do Saaz varia entre 3% e 5%, o de beta-ácidos 3% e 4%, e o conteúdo de cohumulona fica em torno de 23%. Os óleos essenciais são divididos aproximadamente entre 30% e 40% de mirceno, 25% a 30% de humuleno, 8% de cariofileno e aproximadamente 14% de farneseno. Em termos de características de crescimento, conteúdo de oleorresinas, composição de óleos essenciais e propriedades aromáticas, o Saaz é muito semelhante aos alemães Tettnanger e Spalter, que também são denominados lúpulos "nobres" e são caracterizados pelos comerciantes de lúpulos com o termo em alemão "Saazer Formenkreis" (significa, literalmente, círculo de modelos tipo Saaz). O Saaz é também muito semelhante – alguns pesquisadores acreditam ser até mesmo idêntico – ao cultivar polonês Lublin. Ver LUBLIN. Apesar de seu baixo poder de amargor, cervejeiros e apreciadores de cerveja ao redor do mundo estimam o Saaz pelo seu agradável aroma. Também consideram que o casamento entre Saaz, malte claro do tipo Bohemian ou Moravian e água cervejeira "mole" oferece, na forma da *Bohemian pilsner*, uma das mais clássicas sensações de sabor de cerveja. A Anheuser-Busch, a maior cervejaria americana, cultiva áreas significativas de Saaz em Bonners Ferry, ao norte de Idaho, em uma latitude similar àquela de Žatec. Ver IDAHO, REGIÃO NORTE. O futuro dessa operação, entretanto, não está definido após a fusão da Anheuser-Busch com a InBev, que deu origem à ABInBev.

Neve, R. A. **Hops**. London: Chapman & Hall, 1991.
Rybacek, V. (Ed.). **Hop production**. Amsterdam: Elsevier, 1991. p. 77.

Alfred Haunold

SABMiller PLC é uma empresa formada em 2002 pela fusão entre a South African Breweries Ltd e a Miller Brewing Company dos Estados Unidos. A South African Breweries Ltd foi fundada como Castle Brewing em Joanesburgo, em 1865. O nome foi mudado para South African Breweries Ltd (SAB) dois anos mais tarde, quando a empresa foi cotada na bolsa de valores local.

A introdução do Apartheid na África do Sul em 1948 incluiu a proibição do consumo de bebidas alcoólicas por parte da população negra nativa (suspensa em 1962). Isso fez o mercado interno colapsar, e em 1949 a SAB iniciou um programa de expansão maciço fora da África do Sul, inaugurando cervejarias em Bulawayo, segunda maior cidade do Zimbábue, e na Zâmbia. Em 1955, a SAB havia construído uma nova cervejaria em Joanesburgo, a qual coincidiu com a introdução de um pesado imposto sobre a cerveja por parte do governo, o que levou a uma queda drástica no consumo e a pressões pela consolidação da indústria cervejeira sul-africana. O resultado foi a aquisição pela SAB, em 1956, das cervejarias rivais Ohlsson's e Chandlers, que deu à SAB um virtual monopólio regional da cerveja. Entre 1964 e 1966 a SAB obteve licenças para produzir as cervejas Guinness, Amstel e Carling Black Label, e em 1973 ela construiu outras cervejarias em Botsuana e Angola.

Em 1990, quando a proibição de partidos políticos foi revogada na África do Sul e quando os mercados por trás da Cortina de Ferro se abriram, depois da queda do muro de Berlim em 1989, a produção anual da SAB excedeu o substancial volume de 32 milhões de hectolitros. Isso colocou a SAB na posição de considerar aquisições fora da África. A primeira aquisição no continente europeu foi a antiga Dreher Brewery, em Budapeste, Hungria, que foi assumida em 1993. A isso se seguiu uma participação na tcheca Plzeňský Prazdroj (Pilsner Urquell) em 1994 e a compra definitiva da cervejaria em 1999. Em 1995, a SAB comprou a maioria das ações da polonesa Lech, que se tornou propriedade integral da SABMiller em 2009. Em 2001, a produção global da SAB atingiu 77 milhões de hectolitros, 42% dos quais produzidos fora da África do Sul.

Em 2010, outras subsidiárias europeias da SABMiller incluíam a Peroni, na Itália, a SABMiller RUS LLC, na Rússia, a Pivovary Topvar, na Eslováquia, a Grolsch, na Holanda, a Sarmat, na Ucrânia e a Ursus, na Romênia. No entanto, a mais significativa aquisição em termos estruturais se deu em 2002 com a compra da Miller Brewing Company, com sede nos Estados Unidos, da Philip Morris Corporation, por 3,6 bilhões de dólares, que fez dela a segunda maior cervejaria do mundo. Isso abriu caminho para novas aquisições, particularmente nos mercados emergentes.

Um dos principais alvos da SABMiller foi o próspero mercado asiático. A SAB estava na China desde 1994, através de um consórcio chamado China Resources Snow Breweries (CR Snow). Em 2004, a CR Snow adquiriu os negócios cervejeiros chineses da Lion Nathan. Em 2006, ela adquiriu cervejarias em Dongguan, Lanzhou, Harbin, Yanjiao e Nanjing, e a seguir comprou, em 2007, a Blue Sword, a maior aquisição da SABMiller na China. Em 2009, a CR Snow continuou a se expandir com a aquisição de cervejarias em Anhui, Liaoning, Zhejiang e nas províncias de Shandong. Em 2000 a SAB fez sua primeira incursão no mercado indiano, que vem crescendo rapidamente, com a compra da Narang Brewery. A subsidiária resultante, a Mysore, consolidou a sua posição em 2003, assumindo a Shaw Wallace e tornando-se tornar a segunda maior cervejaria da Índia. Outro consórcio foi iniciado em 2006 com a Vinamilk, no Vietnã, onde a SABMiller investiu em uma nova cervejaria com capacidade anual de 5 milhões de hectolitros.

Em outros lugares, a SABMiller não ficou inativa. Em 2005, adquiriu participação majoritária na segunda maior cervejaria da América do Sul, a Cerveceria Bavaria, da Colômbia, a qual fortaleceu a entrada da SAB América Latina, ocorrida em 2001 com a aquisição da Cerveceria Honduras. E no final de 2010, a SABMiller comprou a cervejaria argentina Isenbeck da alemã Warsteiner.

Na América do Norte, em 2007, a SABMiller anunciou um consórcio de distribuição com o grupo cervejeiro canadense-americano Molson Coors Brewing Company, formando a MillerCoors, que hoje administra os portfólios de ambos os grupos na América do Norte a partir de sua nova sede em Chicago.

Em 2009, a produção global da SABMiller foi de 210 milhões de hectolitros com receitas de 24,53 bilhões de dólares americanos, fazendo da SABMiller[1] a segunda maior cervejaria do mundo atrás da Anheuser-Busch InBev.

Ver também ANHEUSER-BUSCH INBEV, COORS BREWING COMPANY, MILLER BREWING COMPANY e SOUTH AFRICAN BREWERIES LTD.

International Directory of company history, 1 jan. 2004.
Sabmiller. **Annual Report 2010**.
Sabmiller.com. Reuters, maio 2010.
The Star (South Africa). 14 nov. 2008.

Glenn A. Payne

sabor é o aspecto mais importante de qualquer cerveja, que distingue uma das outras, e uma das

1 Em 2015, a AB-Inbev adquiriu a SABMiller. [N.E.]

principais razões pelas quais bebemos as cervejas que gostamos. É também, talvez, a característica da cerveja que mudou mais drasticamente na era moderna. Tecnicamente, muito do que nós pensamos ser uma sensação de sabor é geralmente descrito de forma mais acurada como sensação de olfato. A sensação geral que nós pensamos ser o "sabor" é uma mistura entre os compostos detectados pelo sistema olfativo e o que é detectado pela língua e pela boca. O bulbo olfativo, localizado no pico da cavidade nasal, é cravejado com milhares de receptores celulares, cada um deles sintonizado a uma faixa específica de moléculas ativas que estão vaporizadas no ar. A boca está conectada à cavidade nasal pela passagem retronasal, permitindo-nos "saborear" totalmente a comida e a bebida quando estão na nossa boca, em vez de quando estão diante de nós. Mais de mil genes, cerca de 3% do número total de genes em humanos, estão relacionados às nossas sensações olfativas. Ver AROMA.

Nosso paladar é um sentido muito menos afiado. Os humanos apresentam cerca de 10 mil papilas gustativas, a maioria localizada na língua, mas também espalhadas pelo palato mole e o palato duro, bochechas e lábios. Enquanto muitos animais, por exemplo, cachorros e gatos, apresentam sentido olfativo muito superior ao dos humanos, os mecanismos humanos de paladar são particularmente bem desenvolvidos quando comparados aos dos animais de estimação. As papilas gustativas do palato e da língua somente percebem algumas sensações – doce, salgado, amargo, ácido e o quinto gosto básico conhecido como umami, o gosto dos glutamatos. Estudos recentes sugerem que as papilas gustativas também percebem a sensação de gordura, mas isso ainda não foi provado. Como a cerveja não apresenta gorduras, não iremos discutir tal teoria aqui. Ver UMAMI.

O dulçor parece ser muito claro para nós e é, talvez, nossa memória mais primitiva de sabor. Quando lembramos de nossas infâncias, o dulçor surge na mente muito mais rapidamente do que as sensações de salgado e acidez. O cérebro humano está programado para gostar de coisas doces, talvez por conta de seus elevados teores calóricos. Ao contrário do vinho, a cerveja sempre contém açúcares residuais, mesmo se não apresentar gosto doce. Elementos doces provenientes do malte serão balanceados com o amargor do lúpulo, o amargor torrado, a carbonatação e a possível acidez da cerveja. Poucos estilos de cervejas contêm concentrações de açúcares residuais notáveis, e o dulçor raramente domina o sabor da cerveja. No entanto, alguns estilos mais fortes, como as *barley wines*, *doppelbocks* e *Scotch ales*, frequentemente apresentam perfis de sabor levemente doces. A sensação de dulçor é mais complexa que a presença do açúcar propriamente dita, já que ela pode ser promovida por outros compostos. O álcool, por exemplo, pode parecer doce; cervejas fortes podem parecer doces em um primeiro momento, mesmo quando o teor de açúcar residual é baixo. Muitos ésteres, os quais o sistema olfativo detecta como aromas frutados, aumentarão a percepção de dulçor. O cérebro pode combinar as sensações de açúcar, álcool e ésteres em uma única impressão complexa de dulçor. Ao contrário de outras sensações de dulçor, o açúcar residual real permanece no palato após a cerveja ser engolida.

O amargor é a espinha dorsal do sabor da maioria das cervejas, oferecendo um contraponto ao dulçor proveniente do malte. O amargor é derivado de inúmeros ácidos existentes no lúpulo, mas os maltes torrados podem, também, promover um diferente tipo de amargor. O amargor do lúpulo e o amargor do malte torrado na cerveja intensificam-se um ao outro. A nossa relação com o amargor é complexa, cultural e mutável. No mundo das plantas, o amargor muitas vezes é sinal de veneno, e sabores amargos protegem muitas plantas de serem ingeridas por animais. A maioria dos seres humanos é capaz de desligar esse "sinal de alarme", mas isso difere de cultura para cultura. Por exemplo, a culinária e as bebidas italianas parecem viver um caso de amor com o amargor, representado por uma vasta gama de licores italianos populares e amargos, café *espresso* amargo e pela popularidade de vegetais como *rapini* (tipo de crucífera) e *radicchio* (tipo de chicória). Os norte-americanos, em contrapartida, parecem gostar menos das sensações amargas, e são mais conhecidos coletivamente como adeptos de alimentos e bebidas adocicados. Entretanto, o crescimento recente da popularidade de cervejas artesanais amargas pode sinalizar o começo de uma mudança na cultura norte-americana do sabor.

Há muitas qualidades de amargor na cerveja, assim como há diferentes qualidades de taninos em vinhos tintos. O amargor pode ser rápido e fugaz, parecendo desaparecer após poucos goles, ou pode lentamente se agregar e aumentar à medida que a cerveja é consumida. Diferentes lúpulos promovem

Um grupo de entusiastas da cerveja compara estilos de cervejas produzidas pela Pike Brewing Company em Seattle. Muitos bares de cerveja oferecem amostras numeradas ou grupos de amostras que enfatizam as diferenças de cor, aroma, sabor e retrogosto de suas cervejas. CHARLES FINKEL.

diferentes tipos de amargor, um fato que é observado empiricamente, mas entendido de forma imperfeita. Cervejeiros estudam análises sobre as variedades de lúpulos, procurando a chave da qualidade do amargor, procurando criar o tipo e a intensidade de amargor que almejam em suas cervejas. Ver AMARGOR.

Embora existam diferenças entre os indivíduos, estudos mostram que as mulheres tendem a apresentar mais papilas gustativas que os homens, razão pela qual são mais suscetíveis a serem consideradas "superprovadoras", ou seja, pessoas com aguçada sensibilidade para as sensações de sabor. Talvez isso explique por que menos mulheres do que homens gostam de cervejas amargas, especialmente se isso estiver ligado às vantagens evolucionárias de as mulheres evitarem alimentos que enviam sinais de advertência ligados ao amargo para o cérebro.

Nossa percepção do gosto salgado está ligada à concentração de íons de sódio, potássio, cálcio e magnésio nos alimentos e bebidas. Na cerveja, os sais advêm naturalmente da água utilizada no processo de produção, embora alguns cervejeiros os adicionem a fim de influenciar o sabor da cerveja. As cervejas raramente apresentam gosto salgado, mas uma leve sensação salina não é incomum.

Quando adicionado à água utilizada na produção de cervejas em pequenas quantidades, o cloreto de sódio pode aumentar a sensação de sabor, promovendo uma sensação de maior plenitude ao palato.

Todas as cervejas são essencialmente ácidas por natureza, com a maioria apresentando pH entre 4,1 e 4,5. No entanto, uma acidez perceptível não é um fator preponderante no sabor da maioria das cervejas. Desde os primórdios da civilização, a cerveja era fermentada espontaneamente por leveduras e bactérias selvagens, e a acidez era uma das características mais proeminentes no sabor da cerveja. Atualmente, a acidez é assertiva apenas em alguns estilos de cerveja, incluindo as *lambics* e as *fruit beers*. Dentre os cervejeiros artesanais há um crescente interesse na acidez, e muitos olham para as *lambics* como uma inspiração para a criação intencional de *sour beers*. Ver LAMBIC e SOUR BEER.

Umami, que em japonês significa "gosto delicioso", é o sabor dos compostos dos glutamatos, aminoácidos que formam proteínas. É também produzido por substâncias ribonucleotídeas, que são conhecidas por serem poderosos otimizadores de sabor, especialmente quando combinadas com glutamatos. Umami descreve sabores subjacentes àqueles de carne de caça, ouriço-do-mar, algas, molho de soja (*shoyu*), molhos de peixes fermentados, Marmite (marca inglesa de extrato de levedura em pasta, um subproduto da indústria cervejeira, utilizado para passar em pães e torradas), cogumelos, tomates maduros e muitos queijos, especialmente o Parmegiano-Reggiano, que contém até 12% de glutamato, em massa. Em cervejas, o sabor de umami que lembra carnes é usualmente considerado um defeito porque é indicativo da indesejável autólise e morte de leveduras. Entretanto, é uma parte normal do perfil de sabor de cervejas intencionalmente envelhecidas, especialmente se envelhecidas na presença de leveduras. Aqui, o sabor umami frequentemente aparece como "tostado" ou assemelha-se à característica "*sur lie*" (no sedimento), muito apreciada em champanhes *vintage*. Nessas cervejas condicionadas, o umami pode ser um fator poderoso na criação de harmonizações agradáveis com alimentos, particularmente com alimentos que apresentam seu próprio caráter umami. Ver AUTÓLISE e CONDICIONAMENTO DA CERVEJA.

Além desses cinco gostos básicos, há outras sensações na cerveja. A efervescência da carbonatação é tanto uma sensação tátil como uma sensação química de sabor (uma forma de acidez) – o cérebro combina essas propriedades para criar a sensação de "cócegas" ou "queimação" que associamos à carbonatação. A temperatura tem importância crítica para o sabor da cerveja e, tanto o paladar como o sistema olfativo irão perceber uma cerveja de maneiras bem diferenciadas quando houver variações na temperatura. Finalmente, nós temos o sistema de recepção trigeminal, que percebe não somente a temperatura real, mas também as sensações baseadas no sabor, como a sensação de refrescância (menta e anis), queimação (pimenta-malagueta, álcool) e dormência (mentol, queijo Roquefort). A adstringência não é considerada tecnicamente um sabor, mas uma sensação tátil e trigeminal. Dito isso, certamente percebemos a adstringência como parte do sabor. O sistema trigeminal também sente a viscosidade – se uma cerveja é "percebida" arredondada, leve ou aveludada ou, alternativamente, diluída e aguada.

Os sabores não se combinam somente com o aroma ou com as respostas do nervo trigêmeo, mas também são influenciados por sabores preexistentes no palato. Por exemplo, depois de beber uma *barley wine* doce e encorpada pode ser difícil experimentar outras cervejas, pois estas assumirão um sabor mais seco, mais diluído e mais áspero. É, portanto, importante que os degustadores treinados prestem atenção na ordem em que as cervejas são provadas, servidas na mesa ou julgadas. Mesmo o nosso senso de visão afeta o nosso senso de sabor, um fato bem conhecido de tecnólogos de alimentos cuja função é fazer com que preparações de alimentos comerciais pareçam atraentes para os consumidores. Esse efeito parece estar associado às expectativas cognitivas que associamos com a cor. Se uma cerveja parece escura, seu "sabor" tende a ser mais pesado e mais opulento; se é de coloração âmbar, espera-se encontrar notas de caramelo.

Quando bebemos cerveja, todos esses aspectos são combinados para criar a impressão global que costumamos chamar de sabor. Além desses fatores estão nossos estados psicológicos e emocionais, nossas memórias pessoais e o ambiente no qual estamos bebendo a cerveja. Nenhuma cerveja realmente tem o mesmo sabor em uma cervejaria do que em um bar impregnado pela efusividade de amigos e pela presença de odores de perfumes e alimentos. Da mesma forma, uma cerveja não terá o mesmo sabor em um barco de pesca do que em frente a uma lareira. Algumas partes do sabor da cerveja serão passíveis de medição, outras não. Para aqueles de nós que não analisam cervejas como profissão, talvez qualquer análise do sabor de uma cerveja deva ser, antes de mais nada, uma questão de prazer pessoal e oferecimento de boa hospitalidade.

Garrett Oliver

sacarificação, literalmente "transformar em açúcar", é a conversão, por enzimas, de amido em açúcares e dextrinas durante o processo de mosturação. A sacarificação do amido de cereais em açúcares fermentáveis e dextrinas não fermentáveis estabelece a base do mosto, uma solução açucarada que é mais tarde fermentada em cerveja. Ver MOSTO. A sacarificação durante a mostura é atingida pela ativação das enzimas do malte na temperatura e teor de umidade corretos. Para ser suscetível de digestão pelas enzimas, o amido do malte deve primeiro ser gomificado. O amido de cevada malteada é gomificado em temperaturas entre 61 °C e 65 °C. A maioria dos adjuntos amiláceos, como *grits* de milho e arroz, exigem temperaturas mais altas para gomificação e são, portanto, cozidos separadamente antes de serem adicionados na mostura de malte para sacarificação. Ver COZEDOR DE CEREAL. Uma vez que os amidos estejam gomificados, eles são quebrados pela alfa-amilase e pela beta-amilase em açúcares, principalmente maltose. A alfa-amilase é primariamente responsável pela hidrólise do amido em dextrinas, e a beta-amilase hidrolisa as dextrinas em açúcares fermentáveis. As próprias enzimas são rapidamente desnaturadas pelas temperaturas mais elevadas. Na temperatura de 65 °C, a beta-amilase é quase completamente desativada com trinta minutos, enquanto a alfa-amilase sobrevive um pouco mais. O período e a(s) temperatura(s) nos quais a mostura é mantida para realizar a sacarificação são chamados de "descanso de sacarificação". Essa temperatura é um ajuste entre as temperaturas mais elevadas, exigidas para a gomificação do amido, e as temperaturas mais baixas que preservarão a atividade das enzimas do malte. Esse período de descanso dura de trinta a sessenta minutos, dependendo do poder enzimático do malte utilizado. Temperaturas mais baixas de sacarificação favorecerão a produção de açúcares fermentáveis pela beta-amilase, enquanto temperaturas mais elevadas favorecerão a produção de dextrinas e açúcares não fermentáveis pela alfa-amilase. É, portanto, possível manipular o perfil de açúcares e a fermentação do mosto através da temperatura do descanso de sacarificação. Este, por sua vez, ajudará a determinar o dulçor residual e o corpo da cerveja resultante.

Durante a mosturação com temperatura programada, dois ou mais descansos na faixa de 61 °C a 74 °C são muitas vezes empregados para alcançar uma conversão eficiente de todo o amido. Esse procedimento será seguido por um aumento de temperatura para aproximadamente 76,6 °C para inativar a atividade enzimática e reduzir a viscosidade das primeiras filtrações do mosto. Na mosturação por infusão com temperatura única, a temperatura da mostura é de aproximadamente 65 °C, uma temperatura chamada algumas vezes de "ótima", referindo-se à otimização de ambas as enzimas primárias do malte para os fins de digestão do amido.

Ver também ALFA-AMILASE, AMILASES e MOSTURAÇÃO.

Whitehouse, R.; Van Oort, M. **Enzymes in food technology**. 2. ed. New York: Wiley-Blackwell, 2010.

Garrett Oliver

sacarímetro

Ver DENSÍMETRO.

sacarose, um produto secundário da fotossíntese e o principal açúcar de transporte em muitas plantas, é um dissacarídeo constituído por glicose e frutose. Essas duas hexoses são totalmente fermentáveis e são isômeros (elas têm a mesma fórmula molecular, mas estruturas distintas). A fórmula molecular de cada uma é $C_6H_{12}O_6$. Assim, a fórmula da sacarose é $C_{12}H_{24}O_{12}$. A sacarose tem um valor de extrato de 381 grau L por quilo. Uma vez que uma solução a 40% de sacarose é muitas vezes utilizada para o *priming*, a adição de 7 mL de solução para 1 L de cerveja irá acrescentar 1 grau L de extrato fermentável.

A levedura cervejeira hidrolisa a sacarose utilizando a enzima invertase antes do transporte da glicose e frutose através da membrana celular. A glicose é preferencialmente absorvida para o interior da célula antes que a frutose, levando a um desequilíbrio cumulativo na quantidade de glicose e frutose nos mostos parcialmente fermentados, em que ambas estão presentes. Uma vez dentro da célula, ambos os açúcares entram na glicólise, a primeira etapa da fermentação.

A maioria da sacarose é derivada ou a partir da cana-de-açúcar ou da beterraba. É amplamente utilizada por cervejeiros caseiros como um açúcar *priming* para a refermentação em garrafa ou para suprir parte do extrato no mosto. Costuma-se dizer que a sacarose confere um sabor "tipo sidra" ou "vinoso" à cerveja e que quantidades excessivas não devem ser adicionadas ao mosto ou cerveja para compensar uma carência de extrato fermentável.

Ver também AÇÚCAR.

Garret, R. H.; Grisham, C. M. **Biochemistry**. Ed. internacional. Fort Worth: Saunders College Publishing, 1995.
Pelczar, M. J.; Chan, E. C. S.; Krieg N. R. **Microbiology – Concepts and applications**. New York: McGraw-Hill, 1993.

Chris Holliland

Saccharomyces

Ver LEVEDURA.

sahti, um estilo de cerveja típico das fazendas da Finlândia, é um dos tipos de cerveja mais antigos ainda produzidos nos dias de hoje. A *sahti* é uma cerveja de alta fermentação, não filtrada, não pasteurizada, turva e com um extrato original de pelo menos 19 °P e 6% ABV, sendo que em geral o teor alcoólico situa-se entre 7% e 8% ABV. Ver também ESCALA PLATO. A coloração pode variar entre o amarelo-palha e o marrom-escuro. A *sahti* deve apresentar aroma pronunciado de banana e sabor levemente adocicado, com pouco caráter de lúpulo. Alguns exemplos evidenciam notas de centeio e zimbro ao paladar.

A *sahti* é uma relíquia ancestral da rústica tradição cervejeira finlandesa e ainda é produzida da mesma maneira que há quinhentos anos, para ser consumida em casamentos e outras festividades. Sua herança é mais forte ao longo do "cinturão *sahti*", que engloba as antigas províncias de Satakunta e Häme, poucas centenas de quilômetros ao norte de Helsinki. A "Suomen Sahtiseura" (a sociedade finlandesa da *sahti*) mantém viva sua tradição e organiza anualmente uma competição de *sahtis* para cervejeiros caseiros urbanos e rurais.

Existem algumas cervejas semelhantes à *sahti* em algumas ilhas bálticas. Gotland, na Suécia, tem uma bebida também produzida em fazendas que se chama *"dricku"*, e Saaremaa e Hiiumaa, na Estônia, têm a *"koduōlu"*.

A primeira cervejaria comercial moderna de *sahti*, Lammin Sahti, em Lammi, Finlândia, começou a produzir em 1987. Em 2010, meia dúzia de cervejarias comerciais especializadas em *sahti* tinham licença para vender suas cervejas, e algumas microcervejarias também produziam *sahtis* comerciais ocasionalmente. Depois dessa cerveja receber a atenção do mundo todo devido aos comentários do escritor Michael Jackson, muitos passaram a se interessar em elaborar *sahti*, principalmente nos Estados Unidos. Ver JACKSON, MICHAEL.

Os cervejeiros caseiros urbanos e rurais da Finlândia produzem *sahti* em pequenas quantidades, geralmente utilizando equipamentos tradicionais. Os produtores comerciais utilizam tanques de aço inoxidável modernos, mas seu processo de elaboração ainda segue os princípios tradicionais.

Um cervejeiro em pequena escala precisa de cerca de 20 quilos de grãos e 50 gramas de levedura de panificação prensada para produzir ao redor de 50 litros da *sahti* básica. O conjunto de grãos contém malte de cevada e outros grãos malteados ou não (centeio, trigo, aveia e cevada), de acordo com cada receita. Uma composição típica inclui cerca de 90% de malte de cevada e 10% de malte de centeio, mas as mais tradicionais costumam usar uma proporção ainda maior de centeio, até 40%. Uma pequena porção de lúpulos e zimbro (*Juniperus communis*) costuma ser adicionada, normalmente fervendo-os e condimentando a cerveja com a infusão obtida. Ver ZIMBRO.

A brassagem é feita por um método de mosturação por infusão com temperatura programada. Água quente é adicionada à mistura de malte e cereais em bateladas cada vez mais quentes, ou de uma única vez e então aquecida na tina de mosturação. O recipiente tradicional utilizado é o *"muuripata"*, um caldeirão embutido aquecido a lenha que é empregado como utensílio típico para esquentar água nas saunas finlandesas. No início da mosturação a temperatura situa-se ao redor de 40 °C, aumentando gradualmente até 70 °C. As etapas de mosturação geralmente passam por descansos a temperaturas de aproximadamente 50 °C, até 65 °C. Também pode haver mais uma parada ao redor de 75 °C. Alguns cervejeiros trabalham com mosturação a uma única temperatura constante de 65 °C. (Os velhos mestres da *sahti* sequer utilizam termômetros; eles estimam a temperatura com os dedos ou com a ponta do cotovelo.) No caso de algumas receitas, a mosturação é finalizada com a fervura, que pode ser atingida por diferentes métodos e ter duração variável. Uma maneira de fazer a mostura atingir o ponto de ebulição é submergir pedras aquecidas à tina. O produto final, nesse caso, é chamado *"kivisahti"* (*sahti* de pedra). Trata-se de um método ancestral, que remonta a uma época em que não se dispunha de recipientes de metal. Ver STEINBIER.

O mosto é coado após cerca de quatro horas de mosturação. Essa etapa é feita tradicionalmente na *"kuurna"*, um recipiente na forma de calha com um fundo falso formado com palha de centeio e galhos de zimbro, com ou sem bagas, e que passa por fervura para esterilização. Embora atualmente seja feito de aço inoxidável, a *kuurna* remete às origens do recipiente original na forma de barco feito a partir de tronco de álamo escavado. A mostura pode apresentar o aspecto de um mingau e é transferida para a *kuurna*, onde recebe água quente por aspersão. Após recolher a porção mais densa do mosto, o cervejeiro pode fermentá-la separadamente, mas também continua aspergindo água a fim de obter um segundo mosto com densidade mais baixa para a produção de *"naisten sahti"* (*"sahti* para senhoras", cujo nome é tão antigo quanto o próprio estilo). Uma vez que esse segundo mosto é obtido, os grãos da mostura ainda servem como um saboroso ingrediente para a panificação. Alguns cervejeiros não fervem o mosto, enquanto outros o fazem especialmente para concentrá-lo e obter um mosto com alta densidade.

A *sahti*, como tantos outros estilos antigos de cerveja, passava por fermentação espontânea, mas esse tipo de processo já não é realizado. Atualmente, o agente fermentador correto para a *sahti* são as leveduras de panificação comerciais ou leveduras coletadas de uma fermentação anterior (obviamente, as leveduras de panificação podem variar de um país para outro, mas dentro da Finlândia são relativamente consistentes). A primeira fermentação é bastante vigorosa e geralmente dura três dias. A fermentação secundária pode se estender por uma semana, de preferência mais.

A *sahti* deve ser armazenada em ambientes frios e consumida no prazo de poucas semanas. Se devidamente armazenada, as versões comerciais chegam a apresentar uma validade de até dois meses. O recipiente tradicional para se servir a *sahti* é um copo de madeira denominado *"haarikka"*, que em geral é compartilhado, particularmente nas saunas.

Por ser uma cerveja de fazendas, muitas variáveis na produção de *sahti* podem ser ajustadas de acordo com a vontade do cervejeiro, desde que a densidade e o teor alcoólico sejam respeitados; apenas leveduras de panificação ou reinoculações sejam utilizadas e o álcool é proveniente unicamente dos açúcares extraídos do conjunto de grãos.

A *sahti* goza de um certificado de caráter específico para produtos agrícolas e gêneros alimentícios na União Europeia, cuja sigla é TSG (*traditional specialities guaranteed*).

Ver também FINLÂNDIA.

Asplund, U. (Ed.). **Sahtikirja**. Lammi: Suomen Sahtiseura, 1990.
Jackson, M. Sahti. **Beerhunter**. Disponível em: http://www.beerhunter.com/styles/sahti.html/. Acesso em: 8 fev. 2010.
Sahti Society of Finland. **Sahtiverkko**. Disponível em: http://www.sahti.org/. Acesso em: 8 fev. 2010.

Jussi Rokka

sais

Ver CLORETO DE CÁLCIO e CLORETO DE SÓDIO.

saison significa "estação" em francês. As origens das *saison ales* remontam às cervejarias em fazendas localizadas na região francófona da Bélgica conhecida como Valônia, em especial na província de Hainaut. Ver VALÔNIA. Segundo a lenda, essas cervejas eram a bebida dos *"saisonniers"*, trabalhadores migrantes que vinham ajudar nas colheitas. Como era costume antes da refrigeração artificial, os cervejeiros elaboravam a cerveja sazonalmente. Do final do outono ao início da primavera, o clima era mais frio e mais favorável às fermentações controladas. Nas cervejarias das fazendas, também era a época do ano em que havia menos trabalho no campo. Esses cervejeiros podiam então dedicar os meses mais frios a estocar "cerveja de aprovisionamento" para que fosse consumida ao longo do ano, particularmente na estação do verão.

Os objetivos práticos na produção das *saisons* eram basicamente três: refrescar os trabalhadores temporários durante o verão, propiciar trabalho para os trabalhadores fixos das fazendas durante o inverno (período de "falta de trabalho" em uma fazenda) e produzir bagaço para servir como suprimento alimentar de qualidade para o gado durante o inverno. Assim, a cerveja era produzida em uma estação, o inverno, para ser consumida na estação seguinte, o verão.

Nos dias de hoje, ninguém é capaz de afirmar exatamente qual era o sabor da *saison* de séculos atrás, mas podemos supor que eram bem distintas das versões modernas. Quão diferente, porém, já é uma incógnita. Uma vez que essas *ales* eram produzidas por fazendeiros (que não eram propriamente cervejeiros) e por não serem comercializadas, é possível acreditar que provavelmente essas *saisons* não eram feitas pensando-se na reprodutibilidade. Devido à imprevisibilidade das safras e à prática da rotação de culturas, é provável que essas bebidas fossem elaboradas com quantidades variáveis de diferentes grãos, como cevada, trigo, centeio e espelta (trigo-vermelho). Nos anos de escassez de lúpulos, é provável que se utilizassem ervas e especiarias para substituí-los. Em outras palavras, esses cervejeiros rurais produziam suas *saisons* com o que tivessem à mão. Esse legado ainda permanece vivo nas variações –

sobre um tema bastante livre – que definem as *saisons* modernas.

Atualmente, as *Belgian saisons*, junto com suas primas francesas, as *bières de garde*, compõem as duas principais subcategorias da família de estilos conhecida como *farmhouse ales*. Ver BIÈRE DE GARDE. Os dois estilos podem compartilhar uma herança comum, mas evoluíram de formas distintas. As *saisons* são mais secas e apresentam mais caráter de lúpulo, enquanto as *bières de garde* geralmente exibem um sabor maltado mais pronunciado e muito corpo.

As *saisons* modernas desafiam as classificações mais simplistas, já que podem ser tão contraditórias quanto são uniformes. A maioria delas apresenta coloração clara, algumas poucas são escuras e outras ainda ficam entre esses dois polos. Algumas são muito encorpadas e doces; muitas são bastante secas e frutadas. Os mais metódicos quanto à classificação dos estilos de cerveja em categorias, quando se deparam com *saisons*, encontram um verdadeiro desafio de paciência. Já para outros, essa indefinição é precisamente o que lhes fascina, já que elas representam inúmeras possibilidades dentro de uma estrutura não definida. Para muitos cervejeiros modernos, a "*saison*" é quase uma tela em branco, e sua definição, uma celebração itinerante.

Os cervejeiros atuais e os amantes de cerveja concordam que, falando de modo genérico, as *saisons* modernas são *ales* particularmente secas, altamente carbonatadas e frutadas, com teor alcoólico que varia de moderado a intenso (5% a 8% ABV). O amargor de lúpulo normalmente se situa entre 20 e 40 IBU. Quase todas são refermentadas em garrafa, e muitas apresentam bastante sedimento.

Apesar das variadas interpretações de *saison*, possivelmente a mais conhecida e considerada por muitos como a mais representativa do estilo é a Saison Vieille Provision, da Brasserie Dupont. Ver DUPONT, BRASSERIE. Diversas *Belgian saisons* são elaboradas com especiarias, um regresso às antigas práticas de sua elaboração. As mais conhecidas são a Saison Pipaix, da Cervejaria Vapeur, a Saison 1900, da Brasserie Lefebvre, e a linha de *saisons* "sazonais" da Brasserie Fantôme. Versões desenvolvidas mais recentemente são a Saison 2000, da Brasserie Ellezelloise, Saison Voisin, um relançamento de uma antiga *saison* regional da Brasserie de Geants, e a Saison d'Épeautre, da Brasserie Blaugies, que emprega uma antiga variedade de trigo selvagem no conjunto de grãos (considerado muito próximo à espelta, ou trigo-vermelho) que é denominada *épeautre*. Também existem alguns poucos exemplares flamengos, como a Bink Blonde, da Brouwerij Kerkom (talvez a mais antiga cervejaria em fazenda continuamente operada da Bélgica) e a Martens Seizoens, cujos carácteres frutados, secos e lupulados as situam mais próximas à *saison* que qualquer outro estilo belga reconhecido.

Embora a *saison* seja nativa da Bélgica, os Estados Unidos são o país com maior potencial para expandir e redefinir esse estilo. Muitos cervejeiros artesanais americanos incorporam a criativa abordagem "livre de regras" que tradicionalmente define a *saison*. Existem inúmeras e variadas versões de *saisons* sendo produzidas nos Estados Unidos atualmente. Com o passar do tempo, a *saison* poderá muito bem deixar de ser vista como um estilo belga para ser associada primordialmente à cervejaria artesanal americana, assim como aconteceu com a *India pale ale*, de origem britânica, que veio a se tornar essencialmente americana.

Jackson, M. **Beer companion**. Philadelphia: Running Press, 1993.
Jackson, M. **The great beers of Belgium**. 3. ed. Philadelphia: Running Press, 1998.
Markowski, P. **Farmhouse ales**. Boulder: Brewers Publications, 2004.
Woods, J.; Rigley, K. **The beers of Wallonia**. Wiscombe: The Artisan Press, 1996.

Phil Markowski

sala de brassagem é o nome usado para a sala onde ocorre a produção do mosto, mas a palavra também é usada para os recipientes utilizados na produção do mosto lupulado para fermentação. Uma cervejaria típica é construída em uma sequência lógica para que as etapas de aquecimento, ou "lado quente", aconteça em uma área, e as etapas de resfriamento, ou "lado frio", tenham lugar em outra área. A área que contém o lado quente é chamada de sala de brassagem. Uma sala de brassagem contém os principais tanques, ou tinas, para a preparação de extrato de malte lupulado, chamado mosto, que, quando resfriado e fermentado, será transformado em cerveja. A maioria das salas de brassagem também tem um grande tanque para o armazenamento de água quente. Em sequência, o primeiro tanque a ser utilizado em uma cervejaria é a tina de mostura, na qual o malte moído, ou conjunto de grãos moídos, é adicionado à água quente, resultando em um conjunto das tinas que compreendem o lado quente da operação. Por isso, é comum que um cervejeiro diga "nós temos uma sala de brassagem de 50 hL" ou "nossa sala de brassagem foi feita na Alemanha", casos em que a referência diz respeito às tinas e não à sala propriamente.

Ver também PROCESSO DE PRODUÇÃO, TINA DE FERVURA, TINA DE FILTRAÇÃO DO MOSTO e TINA DE MOSTURA.

Keith Villa

A Brasserie de Rochefort (abadia de Notre-Dame de Saint-Rémy) é uma cervejaria trapista na Bélgica. Sua sala de brassagem é uma das mais bonitas do país.
MERCHANT DU VIN.

mingau chamado de mostura. O objetivo principal da tina de mostura é converter os amidos do malte em açúcares simples para a levedura fermentar. Após a tina de mostura, o mosto é transferido para a tina de filtração, que é um grande recipiente de filtração. As tinas de filtração têm um piso interior que é muito parecido com uma tela de filtro e é referido como fundo falso. A mostura entra na tina de filtração e forma uma camada, conhecida como leito de filtração e constituída principalmente pelas cascas do malte, por cima do fundo falso. O líquido, ou extrato, é então filtrado através do leito e transferido para a tina de fervura. Na tina de fervura, ocorre a ebulição juntamente com a adição de lúpulo e/ou especiarias. Depois da fervura, o mosto é resfriado e, em seguida, enviado para os fermentadores ou para o lado frio da cervejaria, onde a levedura é adicionada e a fermentação se realiza.

Quando falam em "sala de brassagem", as cervejarias comerciais muitas vezes estão se referindo ao

Saladin box, um recipiente pneumático de germinação para a malteação. No final do século XIX, o engenheiro francês Charles Saladin superou a principal deficiência dos primeiros modelos do recipiente pneumático de germinação projetado por seu compatriota Galland. (O recipiente era pneumático porque o ar era soprado através do leito de grãos para arrefecê-lo e umedecê-lo, em contraste com o *floor malting*, no qual o arrefecimento ocorre por convecção e condução.) Ver FLOOR MALTING. O projeto de Galland substituiu os leitos de germinação rasos (10 a 20 centímetros) por leitos mais profundos de 60 a 80 centímetros em caixas retangulares, reduzindo assim drasticamente a área total necessária para a malteação. Contudo, seu projeto não atendia ao revolvimento do grão em germinação, o que ainda demandava substancial esforço manual e tempo. Sem o revolvimento constante, as radículas da cevada em germinação se entrelaçam, formando uma camada inseparável e inútil de grãos úmidos. Saladin projetou um sistema de parafusos dirigidos por cintas e polias e que elevavam o grão do fundo do leito para o topo da caixa. Isso separava os grãos de cevada que estavam germinando e prevenia que eles se emaranhassem, e tornava a fase de germinação mais homogênea por toda a extensão do leito, movendo os grãos das camadas mais frescas para as mais quentes e vice-versa. O desenho da caixa de Saladin é retangular, com até 50 metros de comprimento, de modo que os conjuntos de parafusos são montados em uma trave móvel que vagarosamente atravessa a caixa de uma extremidade à outra, geralmente duas ou três vezes por dia.

O projeto de Saladin ainda pode ser reconhecido nas plantas de malteação modernas. As principais diferenças são a movimentação da estrutura de aço inoxidável, a escala dos recipientes individuais, o uso de motores de acionamento direto em vez de polias e cintas, e, desde os anos de 1980, a adoção generalizada de recipientes circulares. Uma diferença mais sutil foi o desenvolvimento de parafusos dispostos abertamente em faixa, que giram o grão mais eficientemente e com menos danos do que o estilo original de parafuso "de Arquimedes".

Ver também GERMINAÇÃO e MALTEAÇÃO.

Colin J. West

Salt and Co.

Ver THOMAS SALT AND CO.

sálvia, *Salvia officinalis*, é uma erva perene amplamente usada como planta medicinal – a palavra *sálvia* significa "curar" ou "salvar". A sálvia é nativa da região do Mediterrâneo, mas hoje é difundida em todo o mundo. Ela é antisséptica, antibacteriana, antimicrobiana e anti-inflamatória. A sálvia é mencionada como um aditivo flavorizante, juntamente com o lúpulo, na antiga literatura cervejeira, e às vezes fazia parte do *gruit*, uma mistura de ervas utilizada na produção de cerveja. Ver GRUIT. Em conjunto com outras ervas da mesma família botânica, a *Labiatae*, a sálvia foi usada em cervejas medicinais, comuns na Europa durante a Idade Média. A sálvia possui um poderoso aroma e pode ser usada para condimentar cervejas, sendo preferencialmente adicionada no final da fervura do mosto, ou após a fervura como uma erva flavorizante a frio, com a finalidade de adicionar à cerveja o aroma dos óleos solúveis em álcool. Embora a maioria dos atuais apreciadores de cerveja julgue a sálvia intragável como flavorizante de cerveja, exemplos comerciais de cervejas de sálvia têm aparecido no mercado nos últimos anos.

Ver também ERVAS.

Behre, K. E. The history of beer additives in Europe – A review. **Veget Hist Archaeobot**, v. 8, p. 35-45, 1999.
Von Hofsten, N. Pors och andra humleersatt ninger och Olkryddor i aldre tider. **Akademiska Forlaget**, 1960.

Per Kølster

Sam Adams

Ver BOSTON BEER COMPANY.

Samuel Allsopp & Sons, cervejaria em Burton-on-Trent, nas Midlands da Inglaterra, que desempenhou um papel de liderança no desenvolvimento da *pale ale* no século XIX. A empresa remonta à década de 1740, quando um estalajadeiro chamado Benjamin Wilson começou a fazer cerveja no local. A produção de cerveja prosperou, e o filho de Wilson, também chamado Benjamin, assumiu o negócio e foi acompanhado por seu sobrinho Samuel Allsopp. Em 1807, Allsopp comprou a parte dos Wilson e transformou a Samuel Allsopp & Sons em uma sociedade anônima.

A cidade de Burton foi uma grande produtora de *brown ales* fortes que eram exportadas para a Rússia e estados bálticos. A cidade cervejeira enfrentou uma grande crise no final do século XVIII e início do século XIX, quando a Inglaterra esteve quase continuamente em guerra com a França. Quando Napoleão fechou os portos bálticos à Inglaterra, os cervejeiros de Burton perderam o seu comércio de exportação. Entre a década de 1780 e meados da década de 1820, o número de cervejarias em Burton passou de treze para cinco. Os cervejeiros restantes, entre os quais William Bass e William Worthington, bem como Allsopp, procuraram novos mercados desesperadamente. Sua salvação foram as colônias britânicas, particularmente a Índia. Cervejas eram fornecidas aos rajás, os governantes britânicos da Índia e sua grande comitiva de servos e soldados desde o início do século XVIII, mas as cervejas escuras não satisfaziam os consumidores no clima tórrido do subcontinente.

Burton foi socorrida quando um pequeno cervejeiro de Londres, George Hodgson, usou as docas das Índias Orientais e Ocidentais na capital para exportar uma nova cerveja, mais clara, para a Índia. Ver HODGSON, GEORGE. A "cerveja da Índia" de Hodgson mostrou-se popular, mas o cervejeiro se desentendeu com os seus agentes na Índia por não pagar as suas contas. A poderosa Companhia das Índias Orientais, que monopolizava o comércio entre os dois países, determinou-se a quebrar o domínio de Hodgson sobre o fornecimento de cerveja. Ver COMPANHIA DAS ÍNDIAS ORIENTAIS. Um diretor da empresa, Campbell Marjoribanks, jantou com Samuel Allsopp, em Londres, e pediu a ele que produzisse uma cerveja adequada para o mercado da Índia. Allsopp levou uma garrafa da cerveja da Índia de Hodgson para Burton e a entregou ao seu mestre cervejeiro, Job Goodhead. Goodhead cuspiu a cerveja, desagradado por seu amargor, mas disse que poderia reproduzi-la. De acordo com uma lenda local, Goodhead fez uma pequena amostra da cerveja usando uma chaleira como tina de mosturação, somente com malte claro. O experimento foi um sucesso, e Allsopp começou a exportar *pale ale* com tamanho êxito que, em 1859, ele construiu uma nova cervejaria em Burton em frente à estação ferroviária.

Os outros cervejeiros de Burton correram para seguir os passos de Allsopp. Eles descobriram que as águas das nascentes do Trent Valley, rica em sulfatos, eram ideais para a produção da cerveja *pale ale*; os sais naturais da água intensificavam os sabores de malte e lúpulo. A Allsopp era a segunda maior cervejaria em tamanho de Burton, atrás apenas da Bass, e em 1830 as duas cervejarias exportavam aproximadamente 7 mil hectolitros por ano para a Índia. A cerveja era enviada por via fluvial para as docas de Londres e Liverpool. Mas com o desenvolvimento da malha ferroviária na Grã-Bretanha, ela passou a ser usada no transporte da *pale ale* de Burton para consumo doméstico. As *India pale ales* eram fortes, entre 7% e 8% de álcool, e intensamente lupuladas para suportar a longa viagem marítima até Bombaim e Calcutá. A cerveja destinada ao mercado britânico, simplesmente chamada de *"pale ale"*, tinha menor teor alcoólico e era menos lupulada.

Em 1890, Allsopp produzia aproximadamente 540 mil hectolitros de cerveja por ano, com 1.750 empregados. Samuel fora sucedido por seus filhos Charles e Henry, mas a administração deles foi desastrosa. Na década de 1890, 80 mil libras esterlinas foram investidas em uma nova cervejaria, com capacidade de produção de 70 mil hectolitros, projetada para produzir *lagers*, em um momento em que havia pouca demanda por esse estilo de cerveja na Inglaterra. O empreendimento falhou. Assim como vários outros cervejeiros, a Allsopp se apressou em construir uma grande rede de *pubs*, mas desgastou-se financeiramente a tal ponto que entrou em concordata em 1913 e só foi resgatada após uma fusão com a Ind Coope, de Romford, em Essex, perto de Londres. Assim como várias cervejarias de Londres, Liverpool e Manchester, a Ind Coope tinha aberto uma cervejaria em Burton a fim de usar as águas locais para produzir *pale ales*.

A Ind Coope & Allsopp, com uma melhor condição financeira, manteve importante presença na indústria cervejeira britânica. Ela era mais conhecida por sua *Burton pale ale* chamada Double Diamond; o nome veio de uma marca impressa nos barris no século XIX. Nesse período, a empresa era conhecida apenas como Ind Coope, já que o nome Allsopp foi removido em 1959. Em 1971, a Ind Coope se tornou parte da Allied Breweries, uma empresa que incluía a Ansells de Birmingham e a Tetley de Leeds.

As antigas cervejarias Ind Coope & Allsopp e Bass de Burton agora são de propriedade da cervejaria americana Coors. Uma cervejaria-piloto dentro do complexo de Burton, chamada de Samuel Allsopp Brewery, sobrevive, mas atualmente não está em uso. Ela foi utilizada na década de 1990 para produzir uma *India pale ale* para um seminário sobre IPA organizado pela British Guild of Beer Writers. A cerveja foi feita com base em uma receita da Ind Coope & Allsopp da década de 1920.

Ver também BURTON-ON-TRENT e IND COOPE & SONS.

Gourvish, T. R.; Wilson, R. G. **The British brewing industry, 1830-1980**. Cambridge: Cambridge University Press, 1994.

Roger Protz

Samuel Smith's Old Brewery é uma das mais antigas cervejarias familiares da Grã-Bretanha. Ela foi fundada em 1758 na cidade de Tadcaster, em Yorkshire, onde a cerveja tem sido produzida desde o século XIV com a contribuição da água calcária bombeada de um lago subterrâneo a cerca de 26 metros. Devido à importância do abastecimento de água, a cidade de Tadcaster ganhou o apelido de "Burton do Norte", porque Burton-on-Trent, nas Midlands, também é famosa pela excelente água para a produção de cerveja.

Hoje, Tadcaster tem três cervejarias: uma antiga cervejaria da Bass, de propriedade da Molson Coors, e duas cervejarias de nome Smith, a John Smith e a Samuel Smith. Os Smith são da mesma família, mas um grande desentendimento, no início do século XX, levou John Smith a abrir uma cervejaria concorrente na cidade.

A Sam Smith's, como a empresa costuma ser chamada, é extremamente tradicional. Possui mais de duzentos *pubs* e fornece àqueles nas proximidades de Tadcaster com carretas puxadas a cavalo. É uma das poucas cervejarias remanescentes a usar os *"Yorkshire squares"*, um método de fermentação desenvolvido no século XIX para limpar a cerveja da

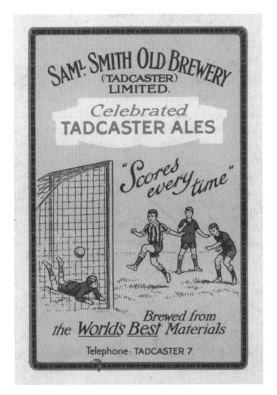

Velha carta de baralho da Samuel Smith Old Brewery, c. 1920. PIKE MICROBREWERY MUSEUM, SEATTLE, WA.

levedura. Ver YORKSHIRE SQUARE. Os tanques de fermentação mais modernos são feitos de aço inoxidável, mas a Smith prefere ardósia galesa, que, segundo a empresa, ajuda a manter a carbonatação natural na cerveja, promovendo uma textura mais cremosa.

A Old Brewery Bitter da Sam Smith – engarrafada e rotulada como Old Brewery Pale Ale – é uma clássica *pale ale* de Yorkshire, produzida com maltes *pale ale* e Crystal e lupulada com lúpulos ingleses Fuggle e Golding. A cervejaria também é aclamada por suas Oatmeal Stout, Imperial Stout e Taddy Porter (Taddy é diminutivo de Tadcaster) embaladas em garrafas. A cervejaria produz ainda uma *brown ale*, uma *lager* orgânica e uma *lager* alpina engarrafadas. Para muitos cervejeiros artesanais americanos da década de 1980 e início de 1990, as cervejas Samuel Smith eram uma referência singular que ajudou a popularizar o clássico estilo britânico de cerveja. A cervejaria também é famosa pelo comportamento excêntrico. No início de 2000, eles removeram todas as marcas e música de seus *pubs* e seus caminhões de entrega ficaram livres de logotipos. Mesmo na principal rua de Tadcaster, um observador casual talvez não note a cervejaria, escondida atrás de uma porta sem identificação.

Roger Protz

Santiam é um lúpulo aromático tipo europeu similar ao Tettnanger alemão. Ver TETTNANGER. Ele foi desenvolvido em Covallis, Oregon, em 1988. Sua genealogia inclui o Tettnanger, além de Hallertauer e Cascade. O Santiam é um triploide, o que significa que ele não produz praticamente nenhuma flor com sementes mesmo estando próximo a machos férteis. Ele está adaptado às condições de crescimento em todas as maiores regiões produtoras de lúpulos do Oregon e de Washington. Na cervejaria, ele pode ser utilizado para substituir lúpulos alemães de aroma. Sua produtividade chega a atingir os 2.400 kg/ha, significativamente maior que a do Tettnanger. Seu conteúdo de alfa-ácidos varia de 5% a 8%, o de beta-ácidos de 5% a 7% e o conteúdo de cohumulona é de aproximadamente 22%. Tem bom potencial de armazenamento. A composição dos óleos essenciais do Santiam é similar àquela do Tettnanger, girando em torno de 30% a 50% de mirceno, 18% a 28% de humuleno, 5% a 8% de cariofileno e de 8% a 14% de farneseno. A razão entre humuleno e cariofileno típica varia entre 3,2 e 3,6, característica esta que o assemelha ao Tettnanger. O Santiam parece, talvez, ter sofrido com um marketing pouco eficaz – é um lúpulo do qual pouco se fala, embora possua características cervejeiras muito boas.

Haunld, A. Flavor characteristics of new hop varieties. **The New Brewer**, v. 15, p. 59-64, 1998.

Henning, J. A.; Haunold, A. **Release notice of Santiam, a new hop aroma cultivar**. Washington: U.S. Department of Agriculture/OR Agric. Expt. Station/WA Agric Expt. Station/ID Agric. Expt. Station, 9 mar. 1998.

Alfred Haunold

Saphir é um lúpulo de aroma que foi desenvolvido pelo Centro de Pesquisa do Lúpulo, em Hüll, Hallertau, e foi aprovado para cultivo comercial pela Bundessortenamt (a agência alemã de registro de culturas agrícolas) em 2002. Ele é amplamente cultivado em Hallertau. Agronomicamente, essa variedade é altamente resistente à murcha do *Verticillium* e relativamente resistente ao míldio e ao oídio. Possui estabilidade média de armazenamento. O Saphir possui baixo teor de alfa-ácidos (normalmente entre 2% e 4,5%). Seu teor de beta-ácidos varia de 4% a 7% e seu conteúdo de cohumulona aproximado é de 12% a 17%. Quanto ao conteúdo de óleos essenciais, o Saphir possui de 25% a 40% de mirceno, de 20% a 30% de humuleno, 9% a 14% de cariofileno e menos de 1% de farneseno. O resultado da combinação entre esses ácidos e óleos essenciais é um aroma floral, picante e cítrico, o que faz com que o Saphir seja excelentemente adequado principalmente como lúpulo aromático para *lagers* claras. Ele é considerado um bom substituto para o Hallertauer Mittelfrueh, que é um dos pais dessa variedade.

Sepp Wejwar

A **Sapporo, Cervejaria**, descende de uma cervejaria fundada em 1876 em Hokkaido, a maior ilha setentrional do Japão, e começou a vender a marca Sapporo Lager em 1877. A cervejaria fez parte de um movimento mais amplo, por parte do governo japonês, para promover o desenvolvimento econômico em Hokkaido. A cerveja foi considerada apropriada para a região por causa do clima frio e da disponibilidade de cevada e lúpulo.

A empresa original foi reorganizada em 1887 e reestabelecida como Nippon Bakushu Shuzo Kaisha (Companhia Cervejeira do Japão). Com a adição de capital de várias empresas comerciais de grande porte, eles abriram uma cervejaria na área de Meguro, Tóquio, e também começaram a produzir a cerveja Yebisu em 1890. Em 1906, a empresa alinhou-se com a Asahi, formando a Cervejaria Dai Nippon, que comanda cerca de 70% do mercado japonês. Desde o início dessa aliança, o consumo de cerveja no Japão aumentou amplamente até o início da Segunda Guerra Mundial, quando o racionamento desacelerou a produção de cerveja. A marca Yebisu foi descontinuada em 1943.

Em 1949, a aliança Dai Nippon foi rompida pela Lei de Descentralização Econômica do governo japonês, resultando em duas entidades separadas, a Asahi Breweries Ltd. e a Nippon Breweries Ltd. Em 1964, em resposta às exigências dos consumidores, o nome da Nippon foi alterado para Sapporo. Então, em 1971, a cerveja Yebisu foi reintroduzida no mercado depois de uma ausência de 28 anos. Essa cerveja puro malte foi considerada a primeira autêntica cerveja de estilo alemão produzida no Japão após a Segunda Guerra Mundial, e sua popularidade perdura até hoje. Nos últimos anos, várias versões foram lançadas, incluindo uma cerveja escura e uma *lager* bastante lupulada.

No entanto, o produto mais popular da Sapporo tem sido a cerveja Sapporo Black Label, lançada em 1977 para se juntar à Sapporo Lager, que é a única cerveja pasteurizada do Japão. A Sapporo entrou no mercado de cervejas com baixo teor de malte "*happoshu*" em 2001 e atualmente produz vários produtos nessa categoria, sobre a qual incidem impostos mais baixos. Em 2006, a Sapporo comprou a Sleeman Breweries, de Ontário, a terceira maior cervejaria do Canadá, que agora produz a maior parte da cerveja Sapporo vendida na América do Norte.

Ver também JAPÃO.

Bryan Harrell

saúde. Enquanto o vinho é hoje visto como melhor que a cerveja no que se refere à uma dieta saudável, agora existem evidências crescentes de que a cerveja possa ser mais saudável que o vinho.

Desde que o programa *60 Minutes*, da rede de televisão CBS, reportou o papel do vinho tinto na prevenção da aterosclerose (acúmulo de materiais gordurosos nas artérias) em 1991, aumentou a crença de que esse atributo é exclusividade dessa bebida. Estudos internacionais extensivos têm demonstrado que o ingrediente ativo benéfico não é o resveratrol advindo da uva, mas o etanol, que é efetivo quer venha do vinho de qualquer cor, da cerveja ou de bebidas destiladas. Ver ETANOL.

A cerveja é de fato mais substancial em termos nutritivos que o vinho. A cerveja é uma fonte significativa de vitamina B (outras além da tiamina) e contém uma gama de minerais, notavelmente silício, que é uma das razões pelas quais o consumo moderado de cerveja reduz o risco de osteoporose. A cerveja contém antioxidantes, incluindo polifenóis e ácido ferúlico, que (ao contrário de muitos outros supostos antioxidantes) já se mostraram ser efetivamente absorvidos pelo organismo humano. Ver ÁCIDO FERÚLICO e POLIFENÓIS. Tem-se sugerido que o álcool potencializa a absorção das moléculas desse tipo no corpo. A cerveja contém algumas fibras solúveis e alguns carboidratos de baixo peso molecular que podem funcionar como probióticos (ingredientes alimentícios que promovem o crescimento de microrganismos benéficos no intestino delgado). A cerveja estimula a produção do hormônio gastrina que promove o fluxo do suco gástrico no estômago.

Há muitos estudos que abordam os benefícios à saúde relacionados ao consumo moderado de cerveja, especialmente a partir da meia-idade. Isso pode se dar tanto através do impacto direto dos constituintes da cerveja no corpo humano como através do impulso do contentamento do consumidor.

A realização de estudos que abordem a específica relação entre o consumo de cerveja e a saúde do organismo humano não é fácil, devido ao impacto de fatores interferentes. Muitos estudos são baseados em pacientes que respondem às questões de médicos acerca de seus hábitos de ingestão de bebidas alcoólicas, e há o risco inevitável de haver respostas não totalmente honestas. O outro grande problema são os fatores de confusão, com certos aspectos de vida dos consumidores sendo a verdadeira explicação para um impacto percebido como positivo (ou, de fato, negativo) atribuído à cerveja.

Em relação à aterosclerose, o álcool diminui os níveis de colesterol LDL ("colesterol ruim") no plasma sanguíneo e aumenta os níveis de colesterol HDL ("bom colesterol"). O álcool também reduz o risco de coagulação por diminuir a tendência de agregação das plaquetas sanguíneas.

A relação entre o risco de morte e o consumo de álcool (incluindo a cerveja) é geralmente descrito como uma curva em forma de "U" ou em forma de "J". Parece que a curva em forma de "J" descreve a relação entre o consumo de álcool e a mortalidade total, enquanto a curva em forma de "U" melhor descreve a relação entre o consumo de álcool e a ocorrência de doenças cardíacas coronárias. Isto é, os benefícios do álcool contra a aterosclerose aumentam com um consumo diário substancial, mas quando se considera a saúde como um todo, então a curva em forma de "J" sugere um consumo diário ótimo entre uma e três unidades para o risco de mortalidade atingir seu ponto mais baixo (uma unidade tem 8 g de álcool.). Foi sugerido que a frequência de consumo também é importante, sendo ótimo o consumo moderado diário. Em relação às alegações de que a ingestão de vinho traz benefícios superiores, quando comparados ao trazidos pela cerveja, no que se refere a evitar a aterosclerose, estudos sugerem que isso está fortemente ligado

Cartão comercial, *c.* 1900. A adição de água ao tônico de malte produzia uma mistura que apresentava sabor similar à cerveja, embora não alcoólica. Muitas cervejarias produziam tais produtos em resposta à ameaça da Lei Seca, bem antes de a Lei Seca realmente começar. PIKE MICROBREWERY MUSEUM, SEATTLE, WA.

a outros elementos do estilo de vida do consumidor. Os consumidores de vinho frequentemente são mais saudáveis e apresentam um estilo de vida mais saudável e melhores cuidados com a saúde, e provavelmente possuem uma dieta de qualidade geral superior quando comparados a muitos consumidores de cerveja. Os consumidores de vinho também são menos propensos ao fumo. O estilo de vida e o resto da dieta de cada indivíduo, e não a cerveja propriamente dita, têm sido a causa atual da assim chamada barriga de cerveja.

Alguns dos constituintes do lúpulo, por exemplo, o xantohumol, também têm sido relacionados com a prevenção à aterosclerose e outros transtornos.

Cartão-postal de 1915 impresso na Alemanha – onde a sofisticação da indústria gráfica barateou esses cartões e facilitou a produção – e transportado para os Estados Unidos. PIKE MICROBREWERY MUSEUM, SEATTLE, WA.

Ver XANTOHUMOL. Entretanto, é questionável se a maioria das cervejas (até mesmo as cervejas artesanais altamente lupuladas) é produzida com suficiente lúpulo para que esse efeito seja significativo. A 8-prenilnaringenina encontrada no lúpulo é o mais potente estrógeno identificado até o momento; entretanto, essa substância é encontrada em níveis extremamente baixos na cerveja. O álcool, inclusive na forma como é encontrado na cerveja, destrói a bactéria *Helicobacter pylori*, que se acredita ser responsável pela ulceração do estômago e do duodeno e que também pode causar câncer de estômago. Níveis significativos de purina em algumas cervejas podem aumentar o risco de gota.

Foi sugerido que há um polissacarídeo na cerveja derivado da cevada que promove a secreção de prolactina e, portanto, auxilia a produção de leite materno por mães. No entanto, isso talvez se deva ao impacto relaxante do álcool e dos componentes do lúpulo, sendo esses os reais fatores responsáveis por tal efeito.

O aumento da pressão arterial (hipertensão) é comum em pessoas que consomem muita e pouca cerveja. O consumo da cerveja, em particular, tem sido relacionado a uma elevação na pressão arterial. A hipertensão é fator preponderante para infartos. Embora a ingestão moderada (menos de 60 g de álcool por dia) apresente um leve aumento no risco de infarto quando comparado à abstinência, já se alegou que, na verdade, consumidores de quantidades baixas a moderadas de álcool apresentariam um risco reduzido de infarto. Parece que é o consumo elevado (mais de seis doses por dia) e a bebedeira que levam a um aumento no risco de infarto. A tiramina e a histamina têm sido encontradas em cervejas. A tiramina pode causar um aumento na pressão arterial pela constrição do sistema vascular, aumentando a frequência cardíaca. Essas aminas podem induzir enxaquecas e crises hipertensivas.

O álcool acelera a taxa de esvaziamento e enchimento da vesícula biliar – por isso as pessoas com consumo diário moderado de álcool desenvolvem menos cálculos biliares. Há uma relação entre cirrose hepática e consumo excessivo de bebidas alcoólicas, mas essa relação é menor para cerveja e vinho. No entanto, o consumo excessivo de álcool pode causar infiltração de gordura no fígado e promover o seu inchaço.

Os polifenóis do lúpulo inibem o crescimento de bactérias *Streptococcus*, atrasando assim o desenvolvimento de cáries dentais. Adicionalmente, as cervejas escuras apresentam um componente não identificado que inibe a síntese de um polissacarídeo que possibilita o ataque da bactéria nociva ao dente.

Consumidores moderados mostraram um risco reduzido de desenvolver diabetes do tipo não insulino-dependente.

Não há consenso acerca dos principais agentes causadores da ressaca. Eles são, em parte, provavelmente causados por um acúmulo de acetaldeído produzido pela oxidação do etanol, com o aldeído interagindo de forma adversa com as células cerebrais. Ver ACETALDEÍDO. As dores de cabeça também podem ser induzidas por aminas biogênicas encontradas em quantidades relativamente baixas nas cervejas. Ataques de enxaqueca foram mais frequentemente associados com o consumo de espumantes e vinhos tintos e bebidas destiladas do que com a cerveja.

Um estudo de uma série múltipla de gêmeos nascidos entre 1917 e 1927 revelou uma relação em curva "J" entre o consumo de álcool e a função cognitiva, com consumidores moderados apresentando desempenhos significativamente melhores do que os abstinentes e consumidores assíduos de cerveja.

Os consumidores moderados são conhecidos por serem mais tranquilos e entusiásticos acerca da vida e menos estressados. Eles se saem melhor na realização de certas tarefas depois de ingerirem uma bebida; apresentam menores incidências de depressão e se saem melhor quando idosos, incluindo nos aspectos referentes à função cognitiva.

O consumo leve a moderado (de uma a três doses de qualquer bebida por dia) é significativamente associado com um menor risco de demência naqueles com idade de 55 anos ou mais. O consumo moderado de álcool pode ser associado à incidência reduzida de degeneração macular da retina. Estimula o apetite e promove o trânsito intestinal. O consumo regular de álcool diminui o risco de contração da doença de Alzheimer; em parte isso pode se relacionar ao teor de silício da cerveja.

O consumo maléfico (definido como aquelas ocasiões em cinco ou mais doses são consumidas diariamente) está associado mais com a cerveja do que com outros tipos de bebidas alcoólicas. Esse fato se correlaciona com homens jovens e solteiros.

O álcool desidrata o corpo inteiro (exceto o cérebro, que incha) através de um impacto diurético no rim, por isso o desejo de ingerir muita água antes de dormir, depois da ingestão de álcool. A cerveja é mais diurética que a água e é melhor que a água no que se refere à lavagem dos rins, assim reduzindo a incidência de cálculos renais.

O consumo de álcool precisa ser substancial para se constituir num fator causador de câncer. A literatura é contraditória na relação entre o consumo de álcool e o câncer. De fato, tem sido proposto que alguns componentes da cerveja (como a pseudouridina) podem até evitar o câncer.

Como a maioria das cervejas é derivada da cevada ou do trigo, geralmente é recomendado que sejam evitadas por pessoas que sofrem de doença celíaca, os quais reagem às proteínas do tipo prolamina (como a hordeína e o glúten) e peptídeos derivados do glúten. Ver CERVEJA SEM GLÚTEN. Entretanto, têm existido muitos debates sobre a extensão do problema que cada cerveja apresenta nesse contexto. Há menos proteínas na cerveja do que nos grãos de que ela é derivada, devido aos processos de malteação e mosturação. De fato, muitas cervejas têm, como parte de suas matérias-primas, adjuntos que não contêm prolaminas, como o arroz, o milho e o açúcar.

O Departamento de Agricultura Norte-Americano recomenda o máximo de uma dose por dia para mulheres e duas para homens, sendo uma dose definida como 350 mL de uma cerveja regular ou 150 mL de vinho (12% ABV). Afirma-se que nesse nível não há associação do consumo de álcool com deficiências tanto de macro como de micronutrientes e, adicionalmente, não há associação aparente entre o consumo diário de uma ou duas doses diárias com a obesidade.

Bamforth, C. W. **Beer: Health and nutrition**. Oxford: Blackwell, 2004.

Bamforth, C. W. **Grape versus grain**. New York: Cambridge University Press, 2008.

Casey, T. R.; Bamforth, C. W. Silicon in beer and brewing. **Journal of the Science of Food and Agriculture**, v. 90, n. 5, p. 784-788, abr. 2010.

United States Department of Agriculture. **Nutrition and Your Health: Dietary Guidelines for Americans**. Disponível em: http://www.health.gov/DIETARYGUIDELINES/dga2005/report/HTML/D8_Ethanol.htm/. Acesso em: 9 jul. 2010.

Charles W. Bamforth

schankbier, uma antiquada categoria tributária federal alemã sobre a cerveja que foi abolida em 1º de janeiro de 1993. O termo significava literalmente "*tap beer*" (cerveja de torneira) e fazia referência a uma bebida com extrato original – medida em graus Plato – entre 7 °P e 8 °P.

Ver também ESCALA PLATO e EXTRATO ORIGINAL. Para mais detalhes a respeito das tributações alemãs sobre cervejas, ver VOLLBIER.

Horst Dornbusch

Schlenkerla é sem dúvida a marca mais famosa entre as *rauchbiers* em todo o mundo. Ver RAUCHBIER. É produzida em Bamberg, na Baviera, por uma cervejaria cujo nome legal é Heller-Bräu Trum KG, mas que é conhecida no local simplesmente como Cervejaria Schlenkerla Brewery. Matthias Trum, o jovem proprietário, é a sexta geração da família a conduzir a cervejaria, cuja produção é essencialmente conservadora. A sede da empresa é um antigo *beer hall* feito de taipa no número 6 da Dominikanerstrasse, na parte antiga de Bamberg. A Schlenkerla é uma consagrada taberna medieval, mencionada pela primeira vez em um documento de 1405, quando era então conhecida como Zum Blauen Löwen ("No Leão Azul"). Esse respeitável *beer hall* está discretamente situado atrás de uma entrada modesta, com os seus escuros e aconchegantes recantos emoldurados por enormes vigas de madeira enegrecida talhadas à mão. O espaço era inicialmente um autêntico *brewpub*, mas hoje tanto a cervejaria como a sala de fermentação, que não estão abertas ao público, ficam bem próximas, em uma das sete colinas de Bamberg. O nome Schlenkerla é uma gíria para a palavra alemã "*Schlenkerer*", que designa uma pessoa que tem o hábito de balançar os braços quando se locomove. Os clientes da Leão Azul haviam dado esse apelido ao amigo Andreas Graser, que comprara o *pub* em 1877. Logo depois, as pessoas passaram a alcunhar a taberna com o apelido do taberneiro e, finalmente, a própria cerveja. A produção de *rauchbiers* com diferentes teores alcoólicos sempre foi o ponto forte da Schlenkerla. O nome completo da emblemática *lager* da cervejaria é Aecht Schlenkerla Rauchbier, sendo que, no dialeto da Francônia, "*aecht*" é "*echt*", que significa "verdadeiro" ou "original". Como todas *rauchbiers*, a Aecht Schlenkerla é elaborada com malte de cevada previamente seco em secador aberto com queima de madeira de faia envelhecida, o que confere à cerveja um sabor a *bacon*. Não se sabe ao certo quando as versões contemporâneas de *rauchbiers* apareceram nas proximidades de Bamberg, mas a Schlenkerla ainda detém sua própria unidade operacional de malteação, ainda empregando o método tradicional de malteação com fogo direto. É razoável presumir que alguma versão de cerveja defumada seja elaborada por essa mesma empresa há cerca de cinco séculos. A Schlenkerla produz diversos tipos de cervejas defumadas. A tradicional Aecht Schlenkerla, considerada o arquétipo de todas as *rauchbiers*, é elaborada e maturada de modo semelhante ao de uma *märzen*, com um teor alcoólico de 5,1% ABV. Ver MÄRZENBIER. A Schlenkerla *lager* é um tipo de *helles* dourada clara levemente defumada e com um teor alcoólico de 4,8% ABV. A cervejaria afirma que não emprega malte defumado nesse caso, mas que o toque defumado que emana da cerveja provém das leveduras reinoculadas e da própria instalação e equipamentos. Ver HELLES. A Schlenkerla também produz mais duas cervejas defumadas sazonais, uma *urbock*, vendida apenas em garrafas no mês de outubro, com um teor alcoólico de *bockbier* de 6,5% ABV; e uma *fastenbier*, similar a uma das fortes *doppelbocks* típicas da quaresma, disponibilizada apenas na primavera na forma de chope. Ver BOCK e DOPPELBOCK. Finalmente, a cervejaria também produz uma *weissbier* defumada, uma *ale* de trigo denominada Schlenkerla Rauchweizen, com 5,2% ABV. Essa cerveja leva malte de cevada defumado e malte de trigo sem defumação.

Ver também WEISSBIER.

Schlenkerla. Disponível em: http://www.schlenkerla. de/. Acesso em: 18 fev. 2011.

Horst Dornbusch

Schneider Weisse, Cervejaria, é uma empresa familiar especializada exclusivamente na produção de *weissbier* (cerveja de trigo). A cervejaria está sediada em Kelheim, Baviera, nas margens do rio Danúbio, cerca de 110 quilômetros a nordeste de Munique. Com uma produção anual de quase 270 mil hectolitros por ano, a Schneider Weisse é a sétima cervejaria de *weissbier* mais popular da Alemanha. Foi em Kelheim que o duque da Baviera Maximilian I (1573-1651), proprietário da Hofbräuhaus, em Munique, construiu uma nova cervejaria especializada em *weissbier*, em 1607. Isso se deu apenas alguns anos após a dinastia bávara que estava no poder, a família Wittelsbach, instituir um monopólio sobre a *weissbier* para si mesmos, em 1602 – um monopólio que duraria até 1798. Após 1602, apenas os duques da Baviera – e nenhum plebeu – poderiam produzir *weissbier*, pois essa cerveja era uma violação técnica à Lei da Pureza da Cerveja (1516) bávara, que só permitia o uso de cevada, lúpulo e água para produzir cerveja. Ver LEI DA PUREZA DA CERVEJA. Em 1607, Maximilian construiu uma *Weisses Bräuhaus* (cervejaria branca) especificamente para sua cerveja de trigo, ao lado da sua cervejaria de "cerveja marrom", a Hofbräuhäus. Em meados do século XIX, no entanto, a *weissbier* de alta fermentação perdeu prestígio entre os bávaros, que preferiam a mais moderna *lager* de baixa fermentação, de gosto um pouco mais limpo. Mas Georg Schneider I (1817 a 1890), um mestre

Entrada da cervejaria Schneider Weisse, na Baviera. A Schneider Weisse, em operação desde 1872, produz algumas das cervejas de trigo tradicionais mais renomadas do mundo. DENTON TILLMAN.

cervejeiro, continuou a acreditar na *weissbier*. Assim, em 1855, ele arrendou a outrora lucrativa Weisses Bräuhaus da família Wittelsbach. Naquela época, a *weissbier* poderia ter desaparecido completamente do portfólio das cervejas da Baviera, não fosse a decisão de Georg Schneider de manter a tradição viva no centro de Munique. Schneider utilizou uma antiga receita que ainda é o principal produto da cervejaria. Ela é chamada de "Schneider Weisse – Unser Original" ("nossa original"), ou, mais recentemente, apenas "Tap 7". Em 1872, os governantes da Baviera desistiram de produzir *weissbier* definitivamente, e Schneider obteve permissão para transferir seus direitos de produção de *weissbier* para uma cervejaria adjacente, a Maderbräu, que ele havia adquirido, e para mudar o nome do seu negócio para "G. Schneider & Sohn". Em 1927, outro Schneider, Georg IV, adquiriu as instalações da Kelheim – hoje local de produção, *pub* e sede da Schneider –, até então estavam sob controle do secular Estado da Baviera. Em 1907, a cervejaria Schneider lançou uma cerveja de trigo *doppelbock*, a Aventinus. A cerveja foi batizada em homenagem a um obscuro autor e filósofo bávaro, Johann Georg Turmair (1477-1534), que se autodenominava Aventinus. Recentemente, a Schneider decidiu dar à versão em chope da Aventinus o nome mais prosaico de Tap 6. Quando as instalações da cervejaria em Munique foram destruídas em 1944, durante a Segunda Guerra Mundial, Schneider transferiu toda a produção para Kelheim, mas reconstruiu a antiga Maderbräu como uma *beer hall*, que perdura até hoje. A Schneider ampliou seu portfólio de cervejas de trigo consideravelmente desde a virada do milênio. Agora ela oferece vários estilos de cervejas de trigo, desde uma não alcoólica até uma versão *eisbock* extraforte da Aventinus, e, mais recentemente, uma *weissbier* fortemente lupulada chamada Hopfen-Weisse, originalmente uma colaboração com a Brooklyn Brewery, de Nova York. A cerveja mais vendida, em geral chamada simplesmente de Schneider Weisse, é 100% refermentada em garrafa e prestigiada como uma das melhores e mais tradicionais cervejas de trigo do mundo.

Conrad Seidl

Schulz Brew Systems, sediada na cidade de Bamberg, na região norte da Baviera, é a fabricante de equipamentos cervejeiros mais antiga do mundo. Fundada em 1677, em Bamberg, por Christian Schulz, um forjador de cobre que tinha acabado de se casar com a viúva de seu mestre, a Schulz tem se especializado na fabricação de salas de brassagem e fermentadores desde então. A companhia ainda é propriedade e é administrada pela décima geração de descendentes de Christian Schulz e é conhecida na Alemanha como Kaspar Schulz Brauereimaschinenfabrik & Apparatebauanstalt KG. A Schulz possui o diferencial de ser a empresa fabril mais antiga de Bamberg em operação contínua, cidade também conhecida por ser o berço do estilo de cerveja *rauchbier* e da maltaria Weyermann Malting Company. Ver RAUCHBIER e WEYERMANN MALTING.

Durante o século XVIII, além de equipamentos cervejeiros, a companhia também fabricava artefatos ornamentais em cobre para igrejas e prédios públicos, bem como utensílios domésticos de cobre em uma época quando panelas e frigideiras de cobre eram equipamentos comuns em cozinhas sofisticadas. Em 1887, durante a sétima geração dos Schulz, Kaspar, o nome legal da empresa foi alterado para o atual. Kaspar adicionou ao portfólio da empresa equipamentos de destilação para produtores de *Schnaps*, equipamentos de malteação e equipamentos de esterilização. Dentre esses produtos, as micromaltarias da Schulz continuam à venda. Enquanto muitos fabricantes de maquinário cervejeiro passaram a fazer equipamentos cada vez maiores após a Segunda Guerra Mundial, quando consolidações na indústria cervejeira criaram uma demanda por cervejarias gigantescas, a Schulz começou a focar em sistemas pequenos e bem fabricados que se encaixavam melhor no mercado alemão, mais segmentado. Desde 1947, a empresa mudou de estritamente tradicionalista para inovadora, liderando revoluções em automação, sistemas para *brewpubs*, salas de brassagem modulares e tecnologias de ponta na economia de energia. Três séculos e meio após sua fundação, a Schulz conta com aproximadamente cem empregados, e o trabalho da empresa pode ser visto em mais de quatrocentas cervejarias em cinquenta países ao redor do mundo.

Oliver Jakob

schwarzbier, que significa literalmente "cerveja preta", é uma *black lager* de corpo suave a médio e amargor de moderado a elevado. Seu teor alcoólico típico situa-se ao redor de 5% ABV – o que faz dela uma "*vollbier*" nos termos da legislação fiscal alemã. Mas a *schwarzbier* perfaz um estilo por si só, diferenciando-se da *dunkel* tanto em coloração quanto em corpo. Por definição – embora isso não pareça incomodar muitos cervejeiros – a *schwarzbier* deve ser elaborada a partir de malte escuro (torrado) e malte Munique. É aceitável que apresente notas sutis a malte torrado no retrogosto, desde que equilibradas pelo amargor e um leve aroma de lúpulo. A *schwarzbier* é mais escura que a maioria das *dunkels*, porém mais seca e de corpo mais leve. Muitas dessas cervejas hoje são elaboradas a partir de maltes torrados sem casca, o que confere a elas uma coloração marrom bastante escura e sabor achocolatado, evitando ainda a marcante acidez normalmente associada aos maltes intensamente torrados. A *schwarzbier* ficou praticamente no anonimato por décadas na Alemanha Ocidental, mas causou um grande impacto no mercado após a reunificação da Alemanha em 1990. A produção de *schwarzbier* alcançou 1,1 milhão de hectolitros na Alemanha em 2009, sendo a Köstritzer Schwarzbier, da região leste da Alemanha, a marca que atingiu o maior volume de vendas, 390 mil hectolitros. Ver KÖSTRITZER SCHWARZBIERBRAUEREI.

As estatísticas sobre a produção de cerveja na Alemanha mencionam a produção relativamente pequena de "*German porter*", outro estilo de cerveja que não está bem definido. Algumas *German porters* assemelham-se às *Baltic porters*, enquanto outras são de fato apenas *schwarzbiers* com uma denominação diferente. O estilo *German porter* foi desenvolvido durante o século XIX a partir de uma *dark lager* de baixa fermentação relativamente encorpada (tipicamente de 13 °P a 16 °P) que passa por uma fermentação secundária com leveduras *ales* de alta fermentação e, ocasionalmente, até com *Brettanomyces*. Ver BRETTANOMYCES. Durante a Primeira Guerra Mundial, quando era considerado "pouco patriótico" beber cervejas inglesas na Alemanha, a *German porter* saiu de moda. Formas relativamente puras do estilo sobreviveram na cervejaria Hoepfner, em Karlsruhe, e na cervejaria Meissner Schwerter, em Meissen, Saxônia.

A crescente popularidade da *schwarzbier* desde a reunificação da Alemanha levou a uma queda nas vendas das *altbiers* escuras de alta fermentação, o estilo antes popular da Renânia do Norte-Vestfália que sofreu expressivas perdas de produção nas décadas seguintes a 1990. Ao passo que as *altbiers* costumam ser mais ousadas e lupuladas, a maioria das *schwarzbiers* é de sabor mais suave, com amargor que raramente ultrapassa 20 IBU. Isso fez dela uma cerveja relativamente popular entre os cervejeiros artesanais americanos, que apreciam a combinação entre a aparência arrojada e o caráter descontraído. É interessante notar que a *schwarzbier* parece ter se tornado uma especialidade de Utah, onde as rígidas leis limitam a venda de cerveja com teor alcoólico superior a 4% ABV. Tais restrições parecem ter feito dos cervejeiros de Utah verdadeiros profissionais na produção de cervejas leves e saborosas, e a popularidade da *schwarzbier* continua em ascensão.

Leichter Anstieg Bei Schwarzbier im Jahr 2009.
Brauwelt, n. 25/26, p. 752, 2010.

Conrad Seidl

scooping é uma consequência da blogosfera no Reino Unido considerado uma variação do *beer ticking*. Ver TICKING. Os *beer scoopers* procuram não apenas cervejas que eles ainda não conhecem, mas também tentam registrar impressões e opiniões sobre as cervejas, em vez de simplesmente "marcá-las" (assinalá-las) em uma lista. Não há dúvida de que se trata de um *hobby* que ganhará nova vida com a ascensão de mídias sociais como o Twitter.

Ver também MÍDIAS SOCIAIS.

Beer Scooping. Disponível em: http://www.scoopergen.co.uk. Acesso em: 25 jan. 2011.

Zak Avery

Scotch ale é uma cerveja tradicional de alta fermentação que pode ser elaborada em uma ampla gama de teores alcoólicos. Em alguns casos, o termo "*Scotch ale*" designa somente as versões mais fortes, enquanto aquelas mais suaves são rotuladas como "*Scottish ales*". Por tradição, as versões de *Scotch ales* eram classificadas de acordo com uma nomenclatura derivada do preço que se pagava pelo barril no século XIX, em incrementos de 10 xelins, desde 60 até 160 xelins. Ver SHILLING SYSTEM. Uma típica "*light*" *ale* de 60 xelins podia apresentar uma densidade de 7,5 °P a 8,75 °P (1,030 a 1,035); uma "*strong*" *ale* de 70 xelins situava-se entre 8,75 °P e 10 °P (1,035 a 1,040); uma "*export*" *ale* de 80 xelins tinha 10 °P a 12,5 °P (1,040 a 1,050); e uma "*export*" *ale* de 90 xelins, de 12,5 °P a 16,25 °P (1,050 a 1,065). Ver ESCALA PLATO. As cervejas com classificação igual ou superior a 100 xelins eram geralmente denominadas "*wee heavy*". Uma *wee heavy* de 120 xelins, por exemplo, podia apresentar uma densidade entre 19,25 °P e 23,75 °P (1,075 a 1,095); e a *wee heavy* de 140 xelins, de 23,75 °P a 32,5 °P (1,095 a 1,130).

O malte base para a *Scotch ale* é o malte tipo *pale ale*, com quantidades variáveis de malte claro caramelo e cevada torrada não malteada também adicionados à mostura. Muitos cervejeiros caseiros e produtores artesanais, particularmente nos Estados Unidos, têm incorporado maltes defumados com turfa a suas *Scotch ales*, talvez pela influência do caráter turfoso dos uísques escoceses. Embora os maltes escoceses fossem tradicionalmente processados no piso (processo *floor malting*) e posteriormente secos ou torrados em fornos de queima de turfa, conferindo um sabor defumado, os maltes já foram secos com fogo direto em quase todos os lugares; sendo assim, as cervejas escocesas não tinham caráter mais defumado do que as outras. Assim como os produtores de diversos países, os cervejeiros escoceses abandonaram os maltes defumados tão logo quanto possível; os produtores escoceses contemporâneos e os historiadores afirmam que não há nada de "escocês" nas cervejas com sabores de turfa. Protestos à parte, é difícil abandonar o romantismo, e os

Dois homens degustando uma *strong Scotch ale*, também conhecida como "Wee Heavy", por volta de 1890.
PIKE MICROBREWERY MUSEUM, SEATTLE, WA.

cervejeiros modernos às vezes imitam esse peculiar sabor adicionando um pouco de malte defumado com turfa para uísque ao mosto, ou até uma pequena porcentagem de malte defumado tipo *rauchbier*.

A cor das *Scotch ales* varia entre âmbar, marrom-claro e mogno intenso. A brassagem dessa cerveja é feita a partir de um mosto denso para uma parada de sacarificação entre sessenta a noventa minutos em um único ciclo, à temperatura relativamente elevada de 70 °C ou mais, que favorece a atividade da alfa-amilase em vez da beta-amilase. Isso gera uma boa quantidade de açúcares não fermentáveis de alto peso molecular, que conferem à cerveja corpo e sensação na boca, assim como um rico sabor maltado.

Tradicionalmente, as *Scotch ales* com diferentes teores alcoólicos eram elaboradas pelo método *parti-gyle*, sendo as cervejas mais fortes obtidas apenas das primeiras extrações da mostura e fervidas e fermentadas separadamente. Ver PARTI-GYLE. Essas cervejas mais encorpadas (*"heavies"*) podem ter tido um teor alcoólico de 9% a 10% ABV ou mais. Para se obter volumes de fermentação adequados para essas cervejas fortes, é preciso realizar duas ou mais mosturações consecutivas. As extrações seguintes dão origem às cervejas mais fracas, com um rendimento de aproximadamente 3,5% ABV. Dependendo do critério do cervejeiro, pode-se obter até uma terceira extração. Essas cervejas já muito fracas e com baixo teor alcoólico eram, portanto, denominadas *"two-penny ales"* ("cervejas de dois centavos"). Densidades maiores ou menores de *Scotch ales* podem ser obtidas simplesmente pelo aumento ou diminuição do volume do conjunto de grãos na tina de mostura, ou também encurtando ou prolongando o tempo de filtração de cada fração de mosto.

As *Scotch ales* são cervejas de alta fermentação, mas no clima frio da Escócia as fermentações realizadas à temperatura ambiente raramente alcançam temperaturas muito altas, e como resultado, os níveis de ésteres frutados tendem a ser baixos. Pelo mesmo motivo, as *Scotch ales* mais fortes apresentam maior teor de açúcares residuais que suas homônimas das regiões ao sul. Os níveis de amargor das *Scotch ales* podem variar bastante, situando-se entre 15 e 25 IBU, mas os lúpulos nunca foram o ponto alto das cervejas produzidas em uma região onde eles não crescem. O perfil aromático da *Scotch ale* inclina-se mais para um maltado abundante, com o caráter de lúpulo permanecendo em segundo plano.

Embora os cervejeiros escoceses talvez nunca tenham demonstrado uma predileção por sabores a turfa, eles frequentemente faziam uso de flores e ervas em suas cervejas antes da introdução dos lúpulos (importados da Inglaterra, mais quente e ensolarada) no século XIX. O emprego de urze em particular também já foi muito comum. Sem as qualidades protetoras do lúpulo, no entanto, essas cervejas se deterioravam rapidamente, e muitos poderiam supor que essa foi a razão pela qual os escoceses dedicaram-se mais à produção de seus famosos uísques. Dito isto, as *Scotch ales* mais fortes, particularmente as ricas *"wee heavies"*, foram as que gozaram de excelente reputação, não apenas em solo escocês, mas também no comércio de exportação. Ver WEE HEAVY.

Ver também ESCÓCIA.

Noonan, G. J. **Scotch ale, classic beer style series**. v. 8. Boulder: Brewers Publications, 1993.

Horst Dornbusch

Scottish & Newcastle Brewery é uma cervejaria internacional que opera em mais de cinquenta países. De empreendimentos familiares modestos, mas ambiciosos, iniciados no século XVIII, em Edimburgo, na Escócia, e em Newcastle, no norte da Inglaterra, a empresa evoluiu para uma das corporações mais bem-sucedidas do Reino Unido, dona de três das cervejas mais vendidas da Europa – Baltika, Kronenbourg 1664 e Fosters –, além da menor, mas também famosa Newcastle Brown Ale. Ver NEWCASTLE BROWN ALE.

Em 1931, em Edimburgo, o empreendimento cervejeiro de William Younger, fundado em 1749, se fundiu com o de William McEwan (estabelecido em 1856), formando a Scottish Brewers Ltd. A união de cinco cervejarias familiares que operavam nos arredores de Newcastle deu início à Newcastle Breweries Ltd. em 1890, e a fusão de ambas ocorreu em 1960, não só criando a Scottish & Newcastle Breweries, mas também lançando uma potência formidável nos negócios britânicos.

Em 1995, a Scottish & Newcastle tornou-se a produtora de cerveja número um do país (e uma das seis maiores da Europa) através das aquisições da Courage e da Theakstons, sendo listada na Bolsa de Londres como "Scottish Courage". Uma implacável expansão produziu uma importante empresa na indústria do lazer, desenvolvendo divisões separadas para cerveja e *pub,* enquanto se expandia significativamente como uma organização internacional através das aquisições do conglomerado francês Danone (fabricante do iogurte Danone e de outros produtos alimentares), da Fosters da Austrália, além de empresas cervejeiras na Rússia, Finlândia, estados bálticos, China e em toda a Ásia.

Em abril de 2008, a Scottish & Newcastle UK Ltd foi adquirida conjuntamente pela Heineken NV e pela Carlsberg A/S e agora opera como subsidiária de ambas, com ativos divididos entre as duas empresas. Em 2010, a divisão cervejeira do Reino Unido funcionava sob o nome Heineken UK, e a divisão de *pubs* arrendados sob o nome de Scottish & Newcastle Pub Company.

Ver também COURAGE BREWERY, ESCÓCIA e THEAKSTONS.

Ritchie, B. **Good company, the story of Scottish & Newcastle**. London: James & James, 1999.

Alastair Gilmour

scuffing é o desgaste das garrafas causado pelo contato entre elas ou pelo contato com as guias da linha de engarrafamento. Particularmente, garrafas retornáveis ou reutilizáveis podem passar pela linha de engarrafamento cerca de vinte a cinquenta vezes antes de se quebrar. Todas as vezes que elas retornam à cervejaria, seus rótulos são raspados. Posteriormente, elas são lavadas, enchidas, tampadas e colocadas em engradados. Depois de algum tempo, são desenvolvidos anéis bem perceptíveis, localizados na altura em que a garrafa fica em contato com as guias do sistema de enchimento e embalagem. Estética é algo subjetivo, mas os europeus parecem estar dispostos a aceitar o visual feio e "usado" da garrafa de cerveja arranhada, enquanto talvez os norte-americanos não estejam. Os fabricantes de garrafas usam vários revestimentos protetores, alguns feitos de compostos orgânicos, para melhorar a suavidade e a resistência à abrasão e, assim, minimizar marcas de arranhões. Mas o *scuffing* não pode ser totalmente evitado, especialmente se as garrafas são submetidas a um ciclo de limpeza com soluções cáusticas. Isto porque o agente de limpeza alcalino acaba por promover danos em seu revestimento de proteção orgânico. Por isso, alguns fabricantes revestem suas garrafas com óxido de estanho, mais resistente que os revestimentos orgânicos à remoção por soluções alcalinas. Marcas de arranhões também são lugares ideais para o *bloom*.

Ver também BLOOM.

Abrasion-Resistant Coatings for use on returnable glass containers. Disponível em: http://www.sciencedirect.com/science/article/pii/0040609081903552. Acesso em: 15 out. 2010.

On-Line Coating of Glass with tin oxide by atmospheric pressure chemical vapor deposition. Disponível em: http://www.osti.gov/glass/Best%20Practices%20Documents/Other%20Case%20Studies/On-line%20coating%20of%20glass.pdf. Acesso em: 15 out. 2010.

Process for Forming tin oxide glass coating. Disponível em: http://www.freepatentsonline.com/4329379.html. Acesso em: 15 out. 2010.

Horst Dornbusch

secagem é o aquecimento da cevada germinada com o intuito de secá-la e desenvolver sabores maltados e abiscoitados. Atualmente, a maior parte do malte na maioria das cervejas é o malte claro, que foi apenas levemente secado em calor relativamente brando a fim de preservar a integridade de suas enzimas. Ver ENZIMAS. A secagem é o estágio final da malteação tradicional, após a maceração e a germinação, e suas técnicas e equipamentos foram desenvolvidos ao longo de muitos séculos. O processo de secagem é bastante simples, mas sua química é complexa. Ver MALTE.

A secagem é invariavelmente feita em duas ou três fases. Inicialmente, a maior parte da umidade da superfície dos grãos germinados é removida. Na fase final, o malte é "curado". O objetivo é reduzir o teor de umidade dos grãos de cerca de 40% a 50% para, pelo menos, 4% a 6%. As maltarias usam diferentes temperaturas e intervalos de tempo nas várias fases de secagem. Uma sequência típica é o primeiro passo com 50 °C a 60 °C, o segundo passo com 65 °C a 75 °C e uma etapa de cura a 80 °C a 105 °C. O sequenciamento dos níveis de temperatura é importante. Se o grão for aquecido muito úmido a uma temperatura muito elevada, suas enzimas serão desnaturadas e, portanto, ele se tornará inútil para a mosturação.

Os desenhos tradicionais dos secadores de malte são recipientes simples com uma fonte de calor na parte inferior, um ou dois pisos – perfurados para a passagem do ar – onde permanecem os grãos e aberturas na parte superior para a retirada do ar. Dado que a secagem é um processo altamente intensivo em energia, a maioria das maltarias usa vários trocadores de calor para recuperar o calor do ar quente que sai do secador.

Keith Thomas

Sedlmayr, Gabriel der Ältere (Gabriel Sedlmayr, o Velho, em tradução livre), comprou uma cervejaria medíocre em Munique, em 1807. Ninguém poderia ter imaginado na época que essa simples transação, conduzida por um antigo mestre cervejeiro para a corte real bávara, anunciaria o nascimento de uma das maiores dinastias cervejeiras do planeta, e ajudaria a mudar o mundo da produção de cerveja para sempre. A cervejaria em questão era a Spaten, que tinha começado a vida como um *brewpub* de Munique em 1397. Entre 1622 e 1704, ela era propriedade da família Späth, da qual a cervejaria adquiriu o nome de Spaten (palavra alemã para "pá"). Subsequentemente, a cervejaria mudou de mãos algumas vezes, até ser adquirida pela família Siesmayr, que a vendeu para Sedlmayr. A perspicácia cervejeira do novo dono seria útil à empresa e, juntamente com sua energia e iniciativa, levaria a Spaten da obscuridade – última colocada em consumo de malte, entre os 52 cervejeiros de Munique da época – para uma posição de destaque, tornando-se a terceira maior cervejaria de Munique, depois da Hacker e da Pschorr, em 1820. Uma década depois, a cerveja Spaten era respeitada o bastante para ser servida na mundialmente famosa Hofbräuhaus de Munique, o estabelecimento privado, hoje público, fundado em 1589, dos duques de Wittelsbach, dinastia Bávara no poder entre 1180 e 1818, e que hoje é uma empresa pública. Ver FAMÍLIA WITTELSBACH. Boa parte do sucesso de Sedlmayr proveio da sua prontidão em adotar as novas tecnologias de produção de cerveja que estavam sendo desenvolvidas na Europa no decorrer da Revolução Industrial. Foi sob sua administração, com direção de seu filho, Gabriel, o Jovem, por exemplo, que a Spaten experimentou novas tecnologias de malteação na década de 1830. Ver SEDLMAYR, GABRIEL DER JÜNGERE. No processo, a Spaten desenvolveu um malte âmbar intenso e muito aromático, hoje conhecido como malte Munique. A cervejaria usou esse malte como o grão base de um novo estilo de *lager*, a *märzen*, que foi introduzido em 1841. Ver MALTE MUNIQUE e MÄRZENBIER. Gabriel Sedlmayr teve a sorte de ter dois filhos, Gabriel e Josef, que seguiram seus passos como talentosos cervejeiros. Eles assumiram as rédeas da Spaten após a morte de Gabriel, o Velho em 1839, e imediatamente começaram a escrever sua própria parte da história cervejeira, tornando a Spaten a principal cervejaria de Munique no final do século XIX.

Behringer, W. **The Spaten brewery from 1397-1997: The story of a Munich-based company from the Middle Ages to the present**. München: Piper, 1997.
Hornsey, I. S. Who was Gabriel Sedlmayr II? **Biologist**, v. 55, n. 4, p. 160-163, ago. 2008.

Ian Hornsey

Sedlmayr, Gabriel der Jüngere (Gabriel Sedlmayr, o Jovem, em tradução livre), foi um cervejeiro que assumiu a direção da Cervejaria Spaten, de Munique, com seu irmão Josef, após a morte de seu pai, Gabriel Sedlmayr, o Velho, em 1839. Ver SEDLMAYR, GABRIEL DER ÄLTERE. Os dois irmãos herdaram o zelo inovador de seu pai e, ao longo dos anos, modernizaram a cervejaria no mesmo ritmo que seu pai havia feito antes deles. Em 1844, a Spaten se tornou a primeira cervejaria fora da Inglaterra a adotar a energia a vapor. Um ano depois, Gabriel comprou a parte de seu irmão e se tornou o proprietário único da Spaten, que continuaria a ser um centro de inovação em produção de cerveja. Durante seus dias como estudante, Gabriel já era um inovador. Como parte da exigência para seu mestrado, o jovem Gabriel embarcou em uma extensa excursão por centros cervejeiros europeus notáveis no início da década de 1830. Em uma de suas viagens, conheceu o colega cervejeiro Anton Dreher, cuja mãe era dona de uma pequena cervejaria em Klein-Schwechat, nos arredores de Viena. O encontro, em 1832, marcou o início de uma amizade e associação empresarial que duraria por toda a vida. Ver DREHER, ANTON e VIENNA LAGER. Os dois viajantes visitaram a Grã-Bretanha em 1833 para aprender mais sobre fermentação – e se envolveram no que só pode ser descrito como um clássico caso de espionagem industrial. Usando uma bengala oca, especialmente modificada, eles furtivamente coletavam amostras de mosto e cerveja durante suas visitas nas cervejarias e, subsequentemente, as analisavam no hotel.

Eles puseram os dados, assim recolhidos, em bom uso depois que retornaram para casa, desenvolvendo dois novos maltes e dois novos estilos de cerveja: Dreher inventou o malte Viena e a *Vienna lager*; Sedlmayr inventou o malte Munique e a cerveja *märzen*. Ver MALTE MUNIQUE e MÄRZENBIER.

Naqueles dias era difícil produzir *lagers* no verão; o clima quente da Europa Central era inóspito para a produção de cervejas em geral, e principalmente para a produção daquelas do tipo *lager*. Os cervejeiros usavam blocos de gelo retirados de açudes e lagos congelados no inverno e os armazenavam no subsolo para uso como fluido de arrefecimento no verão. Isso era caro e ineficiente. Então Sedlmayr procurou uma solução tecnológica, que encontrou no trabalho do jovem professor engenheiro de Munique Carl Linde. Ver LINDE, CARL VON. Linde estava fazendo experimentos com máquinas de refrigeração, e em 1873 Sedlmayr o persuadiu a instalar um de seus dispositivos experimentais nas adegas de fermentação e maturação a frio da Spaten. Pelo que se sabe, essa foi a primeira vez que a refrigeração mecânica foi usada em uma cervejaria, e a partir de então a Spaten ficou exclusivamente equipada para produzir cervejas de baixa fermentação, de forma confiável, o ano todo. Com essa nova tecnologia em uso, a Spaten se tornou a maior das cervejarias de Munique. A excelente capacidade de produção de *lagers* da Spaten permitiu que ela testasse, até mesmo, cervejas mais delicadas, especialmente uma que poderia competir com a crescente popularidade da *pilsner* boêmia, logo ao lado leste da fronteira bávara. O resultado foi a introdução, em 1894, de uma cerveja louro-palha, a delicada *lager* que se tornaria a bebida típica dos *beer gardens* e dos salões bávaros de cervejas do século seguinte, a *helles*.

Ver também HELLES.

Behringer, W. **The Spaten brewery from 1397 to 1997: The story of a Munich-based company from the Middle Ages to the present**. München: Piper, 1997.

Hornsey, I. S. Who was Gabriel Sedlmayr II? **Biologist**, v. 55, n. 4, p. 160-163, ago. 2008.

Ian Hornsey

seleção e melhoramento de lúpulo

é o processo através do qual produtores desenvolvem novos cultivares de lúpulo. Vários fatores são importantes para o desenvolvimento contínuo de novos cultivares. Eles incluem a introdução de novas pestes e patógenos, a evolução de uma peste ou patógeno para superar a resistência da planta, mudanças nas condições de mercado, oportunidades de mercado totalmente novas e um desejo de minimizar o impacto ambiental das práticas da produção do lúpulo. É normal que a mudança seja constante, de modo que os produtores de lúpulo se empenham em um esforço contínuo com o objetivo de modificar os cultivares de elite disponíveis atualmente, para que estes satisfaçam à indústria do lúpulo, e ampliar o espectro de sabores para os cervejeiros, com cultivares totalmente novos e geneticamente distintos.

Muitos acreditam que o cultivo de lúpulo começou na Europa central, na Boêmia (agora parte da República Tcheca), Eslovênia e Baviera (Alemanha), durante os séculos VIII e IX. O cultivo de lúpulo se espalhou para outros continentes, como América do Norte e Austrália, devido à imigração europeia. Cultivares precoces de lúpulo, provavelmente, não foram produtos dos esforços de melhoramento intencional, mas de cuidadosas seleções feitas por produtores de lúpulos nativos selvagens, até encontrarem variedades que fossem apropriadas para as condições locais de cultivo. Em algum momento, alguns genótipos seletos se tornaram dominantes, pois possuíam as características mais procuradas por produtores e cervejeiros locais. Finalmente, os lúpulos ficaram conhecidos por tipos nomeados de acordo com o local onde foram encontrados ou cultivados, como Hallertauer, Tettnanger ou Saaz. Programas sistemáticos de melhoramento de plantas acabaram por se desenvolver no fim do século XIX, substituindo as simples práticas locais de seleção de lúpulo dos produtores. Esse foi o começo do desenvolvimento formal dos cultivares de lúpulo e da proliferação das variedades especiais.

Os primeiros esforços organizados para o melhoramento de lúpulo foram feitos na Alemanha em 1894 e novamente em 1898. O Departamento de Agricultura dos Estados Unidos (USDA) tentou estabelecer um programa de melhoramento de lúpulo em 1904 e 1908 que demonstrou alguma promessa, mas por fim foi abandonado, devido aos cortes federais no orçamento, ao começo da Primeira Guerra Mundial e à Lei Seca. Ver LEI SECA. Finalmente, o USDA estabeleceu um programa de pesquisa de lúpulo em 1931 no Oregon, ainda em operação. Na Inglaterra, programas de melhoramento de lúpulo remetem a 1904, no Wye College, em Kent, onde em poucos anos muitas das variedades precoces de lúpulo de amargor foram desenvolvidas. Ver WYE COLLEGE. Outros programas pioneiros de melhoramento de lúpulo surgiram na Dinamarca, Suécia, República Tcheca e Alemanha. Entre os cultivares mais recentes lançados em Hüll (centro de pesquisas sobre lúpulos, na Alemanha) estão as variedades "*high-alpha*" Herkules, Magnum e Taurus, enquanto o Instituto Esloveno lançou Aurora, Celeia e Styrian Golding. Há programas de melhoramento de lúpulo, privados e públicos, espalhados por todo o mundo em regiões chave para o cultivo da planta. O melhoramento vegetal é tanto arte como ciência. A ciência foca na compreensão do mecanismo fundamental da genética subjacente a características importantes, a ascendência de genótipos individuais e como o parentesco afeta a expressão dessas características. A ciência também considera o papel desempenhado por fatores ambientais na expressão das características individuais da planta. A arte envolvida no melhoramento vegetal vem da habilidade do produtor em usar a informação científica e as ferramentas disponíveis para identificar indivíduos superiores em meio a uma enorme gama de descendentes. Essa é uma tarefa assustadora que em muito se assemelha à busca proverbial da agulha no palheiro.

O material genético do gênero *Humulus* que está disponível para os produtores de lúpulo trabalharem possui uma história longa e global. Ver HISTÓRIA DOS LÚPULOS AMERICANOS e LÚPULOS. Acredita-se que os lúpulos são originários da China. De acordo com recentes análises de DNA, de 1,05 a 1,27 milhão de anos atrás, um tipo europeu diferenciou-se do grupo chinês original e hoje habita a Europa. Mais recentemente, cerca de 460 a 690 mil anos atrás, um grupo norte americano se diferenciou do grupo asiático, e hoje o grupo norte-americano possui a maior diversidade genética existente.

O lúpulo cultivado é dioico, o que significa que os órgãos reprodutores masculino e feminino se encontram em plantas distintas. Lúpulos, assim como humanos, possuem um conjunto de cromossomos que determina o sexo do indivíduo. Se uma planta possui um par de cromossomos XY, é masculina; se a planta possui um par de cromossomos XX, é feminina. Apenas plantas fêmeas são utilizadas para cultivo comercial, pois apenas elas produzem os cones usados na produção de cerveja. Os genótipos masculinos são utilizados apenas em programas de melhoramento, pois não produzem cones.

O melhoramento efetivo de plantas em espécies de polinização cruzada, como o lúpulo, depende parcialmente de um entendimento do parentesco entre os indivíduos, de modo que cruzamentos apropriados possam ser planejados para minimizar a endogamia. A endogamia, acasalamento entre indivíduos aparentados, pode revelar características negativas as quais podem resultar em indivíduos agronomicamente inaceitáveis. Como as cervejarias com marcas de sucesso preferem a substituição dos cultivares de lúpulo por aqueles que se comportam funcional ou organolepticamente como os que já estão sendo utilizados em suas receitas, os produtores normalmente têm que trabalhar com uma estreita margem genética quando desenvolvem novos cultivares. O perigo nessa abordagem é que os cultivares podem se tornar intimamente aparentados, dificultando futuras pesquisas de melhoramento e tornando a atual gama de cultivares em produção suscetível a eventos catastróficos, como um surto devastador de pestes e doenças. Para minimizar as chances desses resultados negativos, produtores de lúpulo analisam a diversidade genética existente em suas coleções de melhoramento, avaliando os registros de *pedigree* e as variações nas características das plantas e utilizando modernas ferramentas moleculares, como marcadores genéticos. Isso permite que os produtores selecionem indivíduos não aparentados para cruzamento, na esperança de que gerem descendentes com diversidade genética.

Embora registros de *pedigree* sejam úteis para avaliar o parentesco entre genótipos, essa informação nem sempre é confiável, pois a origem de muitos cultivares mais velhos não é conhecida com certeza, especialmente quando possuem em sua história genética plantas nativas selvagens não identificadas. Além disso, alguns cultivares foram desenvolvidos por polinização aberta, uma técnica na qual o produtor não poliniza a flor feminina com uma fonte conhecida de pólen masculino, apenas deixa a polinização ocorrer naturalmente com machos aleatórios. Apesar dessa técnica ter sido usada com sucesso para criar descendentes com diversidade genética, como o cultivar Galena, o anonimato da paternidade pode complicar futuras decisões na seleção parental quando a informação do *pedigree* é usada.

A biologia molecular tem fornecido aos produtores ferramentas poderosas para esclarecer a estrutura genética dentro dos cultivares e linhas de melhoramento disponíveis. Entre as ferramentas hoje disponíveis estão os marcadores das sequências de DNA, a computação do grau de parentesco entre os indivíduos, a impressão digital do genótipo para identificação e a desativação de genes para suprimir características indesejáveis em indivíduos desejáveis em função de outros aspectos. Marcadores moleculares de DNA associados a uma característica particular permitem ao produtor selecionar características desejáveis muito mais cedo no ciclo de vida da planta do que as técnicas tradicionais de seleção. Isso pode acelerar o processo de melhoramento e limitar onerosas avaliações de campo de indivíduos que sabidamente carregam genes desejáveis. Embora pesquisadores e produtores de lúpulo não realizem manipulações genéticas atualmente, isto é, a inserção de um DNA exógeno nas plantas de lúpulo para produção comercial, eles utilizam uma vasta gama de ferramentas de análise para tornar o processo de melhoramento mais eficiente e bem-sucedido.

Recentemente, alguns pesquisadores de lúpulo analisaram o DNA extraído de diversos cultivares, linhas de melhoramento e genótipos masculinos, no intuito de aumentar a compreensão da ancestralidade do atual banco de germoplasma. Essa pesquisa mostrou que, em geral, os lúpulos modernos se encontram em uma de duas categorias: aqueles que possuem ancestrais europeus e aqueles que são híbridos entre ancestrais europeus e americanos selvagens. Dentro desses dois grandes grupos, alguns pequenos subgrupos foram identificados com base em características como sexo ou adaptação regional. Essa pesquisa permitiu aos produtores confirmarem os registros de *pedigree* e, em alguns casos, até mesmo esclarecer disputas sobre linhas ancestrais. Esses avanços melhoraram o planejamento de cruzamentos apropriados para minimizar a endogamia e maximizar a heterose potencial (vigor de híbrido).

Heterose é um conceito genético segundo o qual os descendentes de um cruzamento superam os pais na expressão de uma determinada característica. Embora tenha se mostrado eficiente em outras culturas, como milho, historicamente essa técnica não aparenta ter sido muito usada no melhoramento de lúpulo. Talvez possa, futuramente, beneficiar esses programas. A heterose geralmente ocorre quando genótipos não relacionados se juntam e produzem diversos descendentes com combinações gênicas singulares. A hipótese genética é que os alelos diferenciados (uma forma de gene) que são unidos bioquimicamente interagem de modo a aumentar a expressão da característica desejada. Essas características podem ser produtividade, vigor ou resistência a doenças. Junto com os registros de *pedigree* e as estimativas de distância genética dos marcadores moleculares, atualmente considera-se que essa técnica tem algum mérito para o melhoramento do lúpulo.

Alguns programas de pesquisa de lúpulos começaram criando mapas de ligação genética que podem ser usados para localizar fisicamente, ou "mapear", importantes características nos cromossomos do lúpulo. O mapeamento genético é uma importante e poderosa ferramenta estatística, que aloca diversos marcadores moleculares em grupos de ligação. O mapeamento pode vincular cada grupo de ligação a um cromossomo específico. Uma vez conhecidos a ordem e o arranjo dos marcadores moleculares, o mapa resultante pode ser usado por produtores e geneticistas para associar características como resistência a doenças (normalmente controladas por um ou alguns genes) a um marcador e então mapear a localização física de um cromossomo. Isso permite aos produtores de lúpulo selecionar o marcador associado no estágio de plântula, possivelmente durante o inverno em uma estufa, e estarem razoavelmente certos de que os indivíduos selecionados serão resistentes à respectiva peste ou doença quando cultivados em condições de campo.

Algumas características, entretanto, são governadas pela expressão da combinação de diversos genes, e vários deles podem interagir de maneiras complexas na influência da característica. Produtividade é o clássico exemplo de característica geneticamente complexa controlada por vários genes. Dado que marcadores são fisicamente mapeados para uma região cromossômica específica, eles podem estar associados com grupos de genes envolvidos na expressão de características geneticamente complexas. Esses tipos de marcadores são denominados *loci* de características quantitativas (LCQ). Eles permitem que os produtores selecionem indivíduos, no estágio de plântula, que contêm grupos de genes importantes para expressão da característica complexa de interesse. O mapeamento dos LCQ requer consideráveis esforços iniciais de pesquisa, para identificar e alocar marcadores moleculares em um mapa de ligação. Quanto maior o número de marcadores alocados no mapa genético, isto é, quanto maior a densidade de marcadores, mais facilmente os produtores podem associar grupos de gene com marcadores específicos, os quais são úteis no processo de seleção. Assim, conforme a tecnologia de marcação molecular é aperfeiçoada, também melhora a qualidade dos mapas genéticos construídos com a tecnologia de marcação. Por fim, marcadores moleculares baseados na sequência do DNA provavelmente predominarão e isso possibilitará aos produtores novas e poderosas técnicas para seleção de genótipos desejáveis.

A transformação da planta (ou modificação genética) pode também se mostrar útil no melhoramento de lúpulo, caso a opinião pública um dia aceite tal abordagem. Criar um organismo geneticamente modificado (OGM) envolve a inserção de um fragmento de DNA na planta hospedeira, normalmente por meio de um sistema balístico ou vetor bacteriano. O fragmento de DNA inserido pode ser de um organismo totalmente diferente ou da própria espécie da planta hospedeira, mas com algumas modificações para uma dada função. Essa técnica é útil em situações nas quais um indivíduo desejável é deficiente em alguma característica crítica, como resistência a doenças, mas por outro lado é desejado por outras características. Se um gene de resistência conhecido está disponível, pode ser inserido no indivíduo desejado, que ganhará resistência ao patógeno alvo. Transformação pode também ser utilizada para inserir fragmentos de DNA que suprimem a expressão de genes indesejáveis. Entretanto, o sentimento público atual provavelmente não apoiaria uma cerveja feita com lúpulos geneticamente modificados. Portanto, se essa tecnologia terá espaço no melhoramento e produção de lúpulo é uma questão que permanece em aberto.

Henning, J. A.; Townsend, M. S.; Matthews, P. Predicting offspring performance in hop (Humulus lupulus L.) using AFLP markers. **Journal of the American Society of Brewing Chemists**, n. 68, p. 125-131, 2010.

Murakami, A.; Darby, P.; Javornik, B.; Pais, M. S. S.; Seigner, E.; Lutz, A.; Svoboda, P. Molecular phylogeny of wild hops, Humulus lupulus L. **Heredity**, n. 97, p. 66-74, 2006.

Neve, R. A. **Hops**. London: Chapman & Hall, 1991.

Seefelder, S.; Ehrmaier, H.; Schweizer, G.; Seigner, E. Genetic diversity and phylogenetic relationships among accessions of hop, Humulus lupulus, as determined by amplified fragment length polymorphism and fingerprinting compared to pedigree data. **Plant Breeding**, n. 119, p. 257-263, 2000.

Small, E. S. A numerical and nomenclatural analysis of morpho-geographic taxa of Humulus. **Systematic Botany**, n. 3, p. 37-76, 1978.

Smith, D. C. Varietal improvement in hops. In: **Yearbook for 1937**. Washington: USDA, 1937.

Townsend, M. S.; Henning, J. A. AFLP discrimination of native North American and cultivated hop. **Crop Science**, n. 49, p. 600-607, 2009.

Townsend, M. S.; Henning, J. A. Ancestry and genetic variation in hop development. In: Shellhammer, T. **Hop flavor and aroma**. Proceedings of the First International Brewing Symposium. St. Paul: Master Brewers Association of the Americas, 2009. p. 91-98.

Shaun Townsend e Thomas Shellhammer

selo do lúpulo (Hopfensiegel) denota o direito de uma localidade que cultiva lúpulo na Alemanha de "selar" seus lúpulos, garantindo assim a autenticidade do produto embalado. É um privilégio concedido pelos estados alemães, sendo estritamente regulamentado. Este selo, colocado no pacote, garante que os lúpulos são do tipo correto, foram produzidos na área designada e foram cultivados e processados de acordo com práticas padronizadas. O costume começou em áreas que foram capazes de estipular um preço mais elevado com base na vantagem da qualidade de seu *terroir*. Seu objetivo era oferecer um *status* de *grand cru* e evitar que comerciantes fraudulentos comercializem lúpulos sob o nome de um distrito, enquanto, na verdade, os obtinham em outros lugares. Em 1538, o príncipe-bispo de Eichstätt, bispo Phillip von Pappenheim, concedeu o primeiro selo de lúpulo do mundo ao distrito de Spalt. Nos anos seguintes, foram concedidos aos outros distritos ao redor de Nuremberg o direito de também selar seus lúpulos, mas o selo do distrito de Spalt é o único da região original do bispo a sobreviver até hoje. Ver SPALT, REGIÃO. Em meados do século XVI, diversas pequenas áreas da Boêmia, na atual República Tcheca, também receberam o direito a um selo de lúpulo, concedido pelas autoridades locais. Então, em 1834, Wolnzach foi o primeiro distrito na região de Hallertau a ter concedido o direito de usar um Hopfensiegel. Muitos outros obtiveram o mesmo direito logo em seguida. Hoje, os tradicionais treze distritos com direito a selar seus lúpulos constituem o Hallertau, juntamente com outros dois. Em 1992, a região de Jura, do outro lado do rio Danúbio, foi adicionada à região de Hallertauer, principalmente por razões administrativas. Atualmente o Jura é o distrito de Altmannstein, também com direito de selar seus lúpulos. Em 2004, a região independente de Hersbrucker, perto de Nuremburg, tornou-se também parte do Hallertau.

Ver também HALLERTAU, REGIÃO.

Val Peacock

sensação na boca pode ser definida como os atributos de textura da cerveja, ou seja, os que produzem uma sensação tátil na boca. As impressões associadas com a sensação na boca são qualidades físicas da cerveja e devem ser consideradas como um atributo importante na avaliação da cerveja, juntamente com o aroma e o sabor. Há três atributos chave reconhecidos na percepção das sensações bucais: carbonatação, corpo e retrogosto. A carbonatação é frequentemente o primeiro atributo percebido na boca. É uma impressão sentida como uma picada ou formigamento que está relacionada com a quantidade de dióxido de carbono dissolvido na cerveja. O tamanho das bolhas e o volume da espuma também se relacionam à quantidade de dióxido de carbono. Cervejas pressurizadas com grandes volumes de nitrogênio apresentam uma espuma densa e pequeninas bolhas, o que produz uma sensação de cremosidade na boca. Ver CARBONATAÇÃO. O corpo refere-se ao peso percebido e à resistência ao escoamento da cerveja durante seu consumo. Os termos utilizados para descrever a sensação de corpo são densidade e viscosidade. Essas são sensações associadas ao corpo da cerveja. Enquanto o vinho contém glicerol e outros compostos que promovem o corpo, as cervejas frequentemente apresentam dextrinas que não são passíveis de fermentação em um papel semelhante. Esses açúcares complexos, desenvolvidos durante o processo de mosturação, podem contribuir para as sensações da cerveja na boca, sem necessariamente aumentar o dulçor percebido. Cervejas que parecem carentes de corpo são descritas como "ralas", enquanto cervejas com muito corpo podem ir de "arredondadas" até "xaroposas". O "retrogosto", o atributo final das sensações na boca, é uma parte integral da finalização do consumo da cerveja. Está associado às sensações duradouras reconhecidas na boca. Atributos como adesividade, adstringência, secura, amargor, oleosidade ou características de revestimento da boca podem deixar um retrogosto bem definido que pode persistir na boca. Embora não muito bem compreendidas, as sensações na boca são fortemente influenciadas pelas matérias-primas da cerveja e por suas técnicas de produção. Além dos ajustes nos ingredientes e técnicas, os cervejeiros também podem utilizar os compostos químicos contidos na água para influenciar as sensações na boca, adicionando sais como o cloreto de sódio para melhorar a percepção de corpo e de complexidade da cerveja.

Ver também CLORETO DE SÓDIO.

Bamforth, C. Eyes, nose, and throat, the quality of beer. In: **Beer: Tap into the art and science of brewing**. 2. ed. New York: Oxford University Press, 2003. p. 78-79.

Langstaff, S.; Guinard, J.-X.; Lewis, M. Sensory evaluation of the mouthfeel of beer. **American Society of Brewing Chemists**, n. 49, p. 54-59, 1991.

Chad Michael Yakobson

Serebrianka é um antigo lúpulo aromático russo, com teor de alfa-ácidos relativamente baixo e de origem e *pedigree* desconhecidos. Ele chegou ao Centro de Pesquisa do Lúpulo, do Departamento de Agricultura dos Estados Unidos, em Covallis, Oregon, em 1971, sob a forma de rizomas vindos do Instituto de Pesquisa de Plantas em Leningrado, União Soviética (atual São Petesburgo, na Rússia), mas foi descartado em 1991 por apresentar crescimento insatisfatório e falta de resistência a doenças. O Serebrianka é também conhecido pelo nome de Silver. Talvez sua mais importante contribuição para a cerveja foi ter servido como um dos ancestrais da variedade Cascade, desenvolvida nos Estados Unidos, que se tornou um dos lúpulos mais importantes para várias cervejas artesanais americanas.

Ver também CASCADE.

Horner, C. E. et al. Cascade, a new continental-type hop variety for the U. S. **Brewer's Digest**, v. 47, p. 56-62, 1972.

Alfred Haunold

serviço de cerveja é uma tarefa, em muitos aspectos, bem mais complexa que o serviço da maior parte dos vinhos. Quase todas as cervejas contêm alguma carbonatação e, diferentemente do vinho espumante, elas geralmente formam uma coroa de espuma. Servir a cerveja no copo com a carbonatação intacta e o volume correto de espuma e ao mesmo tempo obter um visual atraente é uma forma de arte que requer alguma prática. Levando-se em conta o chope e as cervejas em garrafa, diferentes estilos, diferentes níveis de carbonatação e uma ampla variedade de copos, chega-se à conclusão de que o serviço de cerveja requer atenção adequada a uma série de detalhes. Em casa, obviamente, podemos fazer o que quisermos, prestando atenção apenas nos nossos convidados e no nosso prazer mútuo ao degustar uma cerveja e curtir o momento. Em restaurantes e bares, o serviço de cerveja e comida deve ser mais formalizado e estruturado para maximizar a experiência do cliente.

Serviço de restaurante e bar

O serviço de qualquer cerveja, quer seja chope ou engarrafada, começa pelo copo. Em primeiro lugar, o copo não deve conter nenhum aroma e estar absolutamente limpo – sem gordura, poeira, resíduos de detergente ou outros corpos estranhos. No setor cervejeiro, isso é chamado de *"beer clean"*. A espuma de cerveja é composta de uma mistura de líquido/proteína que se dissolve rapidamente na presença do menor traço de gordura, óleo ou detergente. A rápida dissolução da espuma pode ser uma falha da própria cerveja, mas na maioria das vezes está relacionada com contaminantes dentro do copo. Pó, partículas estranhas e arranhões provocam a liberação de bolhas do dióxido de carbono na cerveja. Quando uma grande quantidade de bolhas adere à superfície do copo, isso é um sinal nítido de que o copo está sujo ou comprometido de alguma outra forma. Em um restaurante, nunca se deve servir um copo sujo ao cliente. Porém, se isso ocorrer, o cliente deve recusar e solicitar sua substituição.

A maior parte dos sistemas de chope é idealizada para servir um copo em apenas alguns segundos. Normalmente, o copo é colocado em um ângulo de 45 graus debaixo do bico e a torneira é rapidamente aberta, permitindo que a cerveja escoe inclinadamente em um dos lados do corpo. O copo é colocado em posição vertical quando tem aproximadamente três quartos de chope, para permitir que a espuma suba para o nível adequado. Esperar alguns segundos até que a espuma se estabilize aumenta sua densidade e permite que a pessoa que está servindo acrescente um pouco mais de espuma para o serviço perfeito. A quantidade adequada de espuma varia amplamente entre os tipos de cerveja, mas pode-se dizer que "um dedo e meio" seja a média. Muitos bares americanos servem cerveja com pouquíssima espuma, deixando a cerveja com uma aparência choca e desagradável. A espuma é considerada especialmente importante na Alemanha, onde a pessoa que serve pode demorar alguns minutos para conseguir uma espuma consistente que se assemelhe ao creme *chantilly*. A *weissbier* é famosa por sua alta carbonatação e volumosa coroa de espuma, e os copos tradicionais de *weissbier* são altos e têm boca larga para acomodar talvez "três dedos" de espuma.

O serviço de cerveja engarrafada obviamente é diferente, especialmente nos restaurantes. A garrafa deve ser apresentada ao cliente antes de ser aberta; isso ajudará a evitar qualquer confusão quanto ao que foi pedido. O garçom pode usar isso como oportunidade para verificar se a cerveja está na temperatura adequada e para ver se ela não foi filtrada e, portanto, contém sedimento. A cerveja deve então ser aberta no local de serviço e levada de volta à mesa para ser servida. Se a garrafa for vedada com rolha de cortiça, é apropriado apresentá-la ao cliente, particularmente se a cerveja tiver sido envelhecida.

Na maioria dos casos, principalmente em restaurantes mais formais, o copo deve ser mantido sobre a mesa enquanto a cerveja é servida. Isso requer habilidade, firmeza na mão e um pouco de paciência. Várias cervejas, especialmente as cervejas de trigo e as produzidas no estilo belga, podem ter níveis muito altos de carbonatação; como seria de esperar, essas cervejas tendem a ser muito espumantes. No entanto, até mesmo no caso da maioria das cervejas espumantes, quando servidas lentamente e com um filete fino do líquido no centro do copo, produzirão uma aparência atraente e com uma boa proporção de líquido e espuma. Nos raros casos em que não é possível conseguir esse objetivo com o copo sobre a mesa, o garçom pode perguntar ao cliente se o copo pode ser levantado. Com o consentimento do cliente, o garçom pode então erguer o copo pela base e servir a cerveja suavemente com o copo inclinado em determinado ângulo.

As cervejas que são envelhecidas intencionalmente com frequência soltam um sedimento, mesmo que tenham sido originalmente filtradas. Essas cervejas devem ser servidas cuidadosamente e gradualmente para que nenhum sedimento acabe ficando no copo do cliente. Esses sedimentos são inofensivos, mas raramente têm um sabor agradável em cervejas envelhecidas e com frequência sua textura é desagradavelmente arenosa. A garrafa pode ser deixada sobre a mesa para que o cliente decida sobre o restante a ser servido.

Quando servir cervejas que contêm sedimentos, é melhor despejá-las cuidadosamente até um centímetro antes do conteúdo acabar e parar em seguida, deixando o sedimento na garrafa. É necessário perguntar ao cliente se ele deseja que os sedimentos sejam servidos e, caso contrário, se a garrafa deve ser removida da mesa. Exceções notáveis a essa regra são as *witbiers* belgas e as *weissbier* alemãs, que sempre são servidas intencionalmente turvas. Nesse caso, os dois últimos centímetros de cerveja podem ser deixados na garrafa, mas a garrafa pode ser suavemente agitada e o sedimento pode ser adicionado no centro da espuma para descer através do líquido como uma pluma.

Temperatura de serviço

A temperatura de serviço de cerveja tem efeitos significativos sobre seu sabor, aroma e aparência. As cervejas têm uma vasta gama de sabores e texturas e por isso não é de admirar que as temperaturas de serviço ideais variem do mesmo modo. Especialmente nos Estados Unidos, muitas cervejas são servidas demasiadamente geladas, uma herança da duradoura monocultura das *lagers* destinadas ao mercado de massa nesse país. Costumava-se dizer que essas cervejas são mais saborosas "bem geladas", mas as melhores cervejas raramente têm algum sabor quando servidas abaixo de 3,3 °C. Na maior parte dos sistemas de chope, pode ser difícil servir cervejas mais quentes sem produzir excesso de espuma, mas temperaturas de serviço mais altas são possíveis quando o sistema é bem projetado e adequadamente equilibrado.

É óbvio que no caso das cervejas engarrafadas a situação é consideravelmente mais fácil; na verdade, é possível servir cervejas engarrafadas em qualquer temperatura. Em casa, é fácil obter a temperatura correta; basta tirar a garrafa da geladeira e esperar. No restaurante, é necessário prestar certa atenção antecipadamente. As temperaturas frias aumentam a sensação de amargor, secura, carbonatação e tanino e muitas vezes dão à cerveja uma qualidade mais refrescante. As temperaturas mais baixas também ajudam na retenção da espuma. No entanto, em temperaturas mais frias, a volatilização dos compostos aromáticos diminui sensivelmente e a cerveja perde muito de seu sabor e aroma. Ela também tenderá a ter gosto mais leve. Em contraposição, as temperaturas mais altas trazem à tona os elementos voláteis e possibilitam que a cerveja exiba sua gama completa de sabores e aromas e ao mesmo tempo acentuam o corpo, a suavidade, a acidez e as características do malte. Para saber qual é a temperatura de serviço apropriada para uma cerveja, é necessário encontrar um bom equilíbrio que acentue as melhores qualidades de uma cerveja e, se necessário, elimine qualquer negativa.

A grande maioria das cervejas evidencia o que elas têm de melhor entre 5,5 °C e 12,7 °C. Os sabores das *lager* baseiam-se nos ingredientes, sendo que a fermentação a frio não produz muitos sabores frutados ou aromáticos. As temperaturas mais baixas tendem a ser adequadas para isso porque não há muito a perder com a refrigeração. As *dark lagers*, especialmente as mais pesadas, como a *doppelbock*, vão apreciar temperatura levemente mais alta para permitir que seus ricos sabores de malte evoluam. A maioria das cervejas de trigo e os estilos americanos de cerveja artesanal, como a *India pale ale*, são em sua maioria mais apropriados na extremidade inferior desse intervalo. Muitas cervejas belgas são de alta fermentação, delicadas e extremamente aromáticas; a maior parte delas tem melhor sabor no meio desse intervalo de temperatura. As temperaturas mais elevadas são reservadas para as cervejas britânicas refermentadas em barril. Contrariamente à opinião estrangeira, as *ales* britânicas não são servidas à "temperatura ambiente" (poucas bebidas, incluindo o vinho tinto, são saborosas a temperaturas próximas de 21 °C), a maioria expressa melhor seus atributos a uma "temperatura de adega" de 11 °C. As cervejas envelhecidas ou *vintage* também devem ser servidas a essas temperaturas. A seguir são apresentadas algumas orientações gerais sobre as melhores temperaturas de serviço.

- Servir as *pale lagers*, as cervejas de trigo e as *India pale ales* relativamente frias, 5 °C-8 °C.
- Servir as *dark lagers*, as *brown ales*, as *farmhouses ales*, as *sour beers* e *pale abbey* em temperaturas de 7 °C-9 °C.

- Servir *Irish stouts, dark strong abbey ales* e *Brittish summer ales* em temperaturas moderadas, 9 °C-11 °C.
- Servir *ales* refermentadas em barril, *barley wines*, *imperial stouts* e "cervejas *vintage*" envelhecidas em temperaturas de adega, 11 °C-13 °C.

Tenha em mente que, assim que a cerveja é servida no copo, ela tende a ficar quente. Portanto, não há praticamente nenhum mal em servir uma cerveja levemente abaixo da temperatura ideal e permitir que ela se aqueça e atinja a temperatura ideal.

Garrett Oliver

Shepherd Neame Brewery é aclamada como a cervejaria mais antiga da Grã-Bretanha, com uma história que pode ser rastreada até pelo menos 1698. O porto de Faversham, no sudeste da Inglaterra, já desfrutava de uma tradição cervejeira quando o seu prefeito, o capitão Richard Marsh, fundou uma cervejaria convenientemente situada sobre um poço artesiano. Os monges de uma abadia beneditina vizinha sabiam havia muito tempo que a água pura do lugar e a cevada ali cultivada produziam uma mistura inebriante.

Por volta de 1741, a cervejaria de Marsh passou a ser propriedade de Samuel Shepherd, ao qual se uniram seus filhos Julius e John. Visionários evidentes, eles instalaram um revolucionário motor a vapor para moer o malte e bombear a água, e começaram a comprar *pubs*, alguns dos quais ainda são de propriedade da cervejaria. Um motor a vapor continua ativo, assim como uma tina de mostura sem revestimento fabricada com madeira de teca russa e instalada em 1914, além de painéis de madeira no interior da cervejaria, com molduras decorativas de lúpulo refletindo a sua localização entre os jardins de lúpulo do leste de Kent. Um inovador centro de visitas, situado num salão medieval, cria uma excelente harmonia.

A moderna sala de brassagem da Shepherd Neame e seus 370 *pubs* ganharam elogios por sua responsabilidade social, preocupação ambiental e foco comunitário, culminando no recebimento do Queen's Award de 2006 em desenvolvimento sustentável.

Essa é uma relíquia que raramente se vê na moderna indústria cervejeira britânica – uma empresa familiar independente – agora em sua quinta geração desde que Percy Beale Neame assumiu o controle da Shepherds em 1877. Suas principais *ales* são a Spitfire (4,5% ABV), uma deliciosa cerveja maltada e cítrica, e a Bishop's Finger (5,0% ABV), uma cerveja generosamente frutada.

Ver também GRÃ-BRETANHA.

Alastair Gilmour

shilling system não é somente uma denominação britânica tradicional e pré-decimal de moeda, mas também uma medição antiga e tipicamente escocesa para o teor alcoólico de uma cerveja. No século XIX, referia-se ao preço antes dos impostos de um barril britânico (36 UK gal, cerca de 43,2 US gal ou 164 L) ou um *hogshead* (54 UK gal, cerca de 64,8 US gal ou 245,3 L) de *ale*. Naqueles tempos, as *ales* escocesas eram produzidas com uma ampla faixa de diferentes teores alcoólicos, variando de uma fraca densidade de cerca de 7,5 °P (OG 1,030) até uma enorme densidade de cerca de 32,5 °P (OG 1,130). Quanto mais forte a cerveja, mais ela custava, de cerca de 60 até 160 *shillings*. A forma clássica de produzir *ales* escocesas é pelo método *parti-gyle*, que envolve a fervura e a fermentação de um mosto primário mais denso (primeira filtração) e de um mosto secundário menos denso (segunda filtração), da mesma mostura, separadamente. Ver PARTI-GYLE. As cervejas produzidas por *parti-gyle* são frequentemente misturadas a partir de duas bateladas consecutivas e algumas vezes a partir de filtrações de teores diferentes. As *ales* mais fortes costumavam ser chamadas de *Scotch ales* ou *wee heavy ales*; as cervejas medianas, *export ales*; e as mais fracas, *Scottish ales* ou *two-penny ales*. Essa nomenclatura, entretanto, nunca foi aplicada consistentemente, e as linhas técnicas divisórias que separam as várias classificações *shilling* sempre foram um tanto fluidas. Uma típica 60-*shilling two-penny* pode ter uma densidade de 7,5 °Plato a 8,75 °Plato (1,030 a 1,035); uma 70-*shilling export*, 8,75 °P a 10 °P (1,035 a 1,040); uma 80-*shilling export*, 10 °P a 13,75 °P (1,040 a 1,055); uma 90-*shilling wee heavy*, 13,75 °P a 19,25 °P (1,055 a 1,075); e uma 140-*shilling*, aberrantes 23,75 °P a 32,5 °P (1,095 a 1,130). A classificação *shilling* é algumas vezes denotada pela unidade monetária antiga "/-", com "80-*shilling*" tornando-se "80/-." O consumidor moderno, quando esses termos antiquados são usados, simplesmente espera que uma cerveja de teor "normal" (4,5% a 5,5% de álcool em volume) seja designada como "80 *shillings*", e um tanto mais fraca abaixo desse número e um tanto mais forte acima desse número.

Noonan, G. J. **Scotch ale, classic beer style**. Series 8. Boulder: Brewers Publications, 1993.

Spake, N. **The shilling system**. Disponível em: http://www.scottishbrewing.com/history/shilling.php/. Acesso em: 24 jan. 2011.

Horst Dornbusch

Shimwellia

Ver OBESUMBACTERIUM PROTEUS.

shive é o batoque usado para fechar a abertura do *cask* após o enchimento. Ele fica na parte superior da barriga dos *casks* tradicionais de cerveja. Os *shives* são feitos de madeira (usualmente sicômoro ou carvalho) ou de plástico e inseridos na abertura por um martelo de madeira ou borracha. O *nylon* também é utilizado, entretanto é menos flexível que a madeira, que é capaz de se expandir em contato com a cerveja, garantindo um ajuste apertado. Os *shives* de *nylon*, por outro lado, podem ser removidos mais facilmente para limpeza do barril.

A padronização de tamanho tem sido lenta, e existem pequenas variações de diâmetro/espessura no mercado britânico. Exemplos de dimensões são 50 a 60 milímetros de diâmetro, com uma espessura afunilada de 15 a 18 milímetros.

O *shive* tem uma seção central fina que pode ser perfurada, deixando um orifício de 8 milímetros de diâmetro para adição de agentes clarificantes após o enchimento. Ver AGENTES CLARIFICANTES. Ele é selado com uma rolha de cortiça ou *nylon*. A rolha é removida e substituída por um *spile* para o respiro do *cask*. Ver SPILE. Esse orifício é também o ponto de entrada do chamado cobertor de gás (dióxido de carbono) que estende a vida útil da cerveja do *cask*, além de fornecer acesso para uma vareta usada para medir o nível de líquido. Os *shives* são usados apenas uma vez. Quando o *cask* é esvaziado e lavado, eles são removidos e descartados.

Hornsey, I. S. **Brewing**. Cambridge: Royal Society of Chemistry, 1999.

Chris J. Marchbanks

O **Siebel Institute of Technology**, a escola cervejeira mais antiga da América do Norte, foi fundada em Chicago como John E. Siebel's Chemical Laboratory, por John Ewald Siebel, em 1868.

J. E. Siebel nasceu perto de Düsseldorf, na Alemanha, em 1845, e doutorou-se pela Universidade de Berlim antes de se mudar para Chicago em 1866. Siebel foi um colaborador extremamente importante para a tecnologia de produção de cerveja nos Estados Unidos, por meio dos inúmeros artigos que ele publicou em seu periódico, *The Western Brewer*, bem como em outros periódicos cervejeiros.

Com a colaboração de um sócio, Siebel começou a ministrar aulas sobre cerveja já em 1882. Porém, quando seus filhos se juntaram à empresa em 1890, foi criado um programa regular de aulas em alemão e inglês sobre todos os aspectos da produção e envase de cerveja. O nome foi alterado de Institute Zymotechnic para Siebel Institute of Technology, em 1910.

Após a Lei Seca, uma segunda empresa chamada J. E. Siebel and Sons foi criada para vender artigos especiais aos cervejeiros, como leveduras e agentes clarificantes usados na tina de fervura. As empresas Siebel mantiveram-se como empresas familiares durante grande parte de sua história e a partir da década de 1960 foram gerenciadas pelos irmãos Ron e Bill Siebel. Em 1992, a J. E. Siebel and Sons foi vendida à Quest e, em 2000, o Siebel Institute of Technology foi vendido para a Lallemand, fabricante de leveduras de Montreal.

Inúmeros cursos sobre cerveja continuam sendo ministrados em Chicago, como cursos de fermentação em Montreal e outros programas oferecidos com a colaboração da escola cervejeira Doemens, em Munique.

Ver também DOEMENS ACADEMY.

Seibel Institute of Technology. Disponível em: http://www.siebelinstitute.com/. Acesso em: 18 jan. 2011.

Randy Mosher

Sierra Nevada Brewing Company é a sétima maior companhia cervejeira dos Estados Unidos. Ela produz uma gama de cervejas que são comercializadas durante todo o ano e algumas cervejas sazonais. A principal marca é Sierra Nevada Pale Ale, com seu característico aroma semelhante a pomelo devido ao lúpulo Cascade. Essa cerveja é amplamente creditada como a progenitora do estilo *American pale ale*. Ver AMERICAN PALE ALE.

A empresa foi fundada em Chico, em 1979, por Ken Grossman e Paul Camusi com 100 mil dólares emprestados da família. Ver GROSSMAN, KEN. Grossman e Camusi eram cervejeiros caseiros; anteriormente, Grossman abrira em Chico uma loja que fornecia equipamentos e matérias-primas para a produção caseira de cerveja. Sua primeira cervejaria ficava em uma estrada de terra fora da cidade e os equipamentos eram de segunda mão, obtidos de cervejarias e fábricas de refrigerantes e laticínios falidos. O nome da cervejaria veio do local favorito de escalada de Ken Grossman.

A primeira batelada de Sierra Nevada Pale Ale foi produzida em novembro de 1980, mas ela e as oito bateladas seguintes foram descartadas porque não estavam no padrão esperado pelos sócios. Foi em 1981 que a primeira produção satisfatória surgiu, junto com uma *porter* e uma *stout*. Nesse ano, a produção foi de 586 hectolitros. Todas as cervejas eram refermentadas em garrafa, pois os recursos financeiros eram insuficientes para a aquisição de um dispositivo de carbonatação. Lentamente, as vendas locais aumentaram – especialmente para os estudantes da Chico State University –, e em pouco tempo o produto passou a ser enviado para São Francisco, onde um dos primeiros entusiastas foi Jerry Garcia, da banda de *rock* Grateful Dead, cujos fãs começaram a apreciar a cerveja. Quando um artigo sobre a nova e excitante companhia cervejeira foi publicado na revista de domingo do *San Francisco Examiner*, a Sierra Nevada entrou no mapa da cerveja. Outro artigo no *The Village Voice*, de Nova York, alertou a costa leste para o produto. Depois de algum tempo, o responsável pela compra das bebidas do supermercado Safeway, um homem com uma filha na Chico University, trouxe a *pale ale* para as prateleiras dos supermercados da rede.

Em 1987, a Sierra Nevada produzia 14 mil hectolitros e era comercializada em sete estados. Com o crescimento exponencial da companhia (apesar da resistência em fazer propagandas, uma política que se mantém até os dias atuais), ela se mudou para novas instalações em 1988 e embarcou em uma grande expansão e atualização. Em 1989, a produção foi de pouco mais de 35 mil hectolitros, ultrapassando os 117 mil hectolitros em 1993. Três anos depois, a produção foi de 311 mil hectolitros, e a cervejaria empregava oitenta trabalhadores.

Em 1997, a Sierra Nevada começou a construção de uma segunda sala de brassagem, com capacidade para 704 mil hectolitros de cerveja por ano, com possibilidade de expansão. Uma estação de tratamento de águas residuais foi introduzida, a primeira etapa de um plano ainda em andamento rumo à excelência ambiental – que continuou através da instalação de células de combustível em 2005. Em 1999, a produção foi de 493 mil hectolitros, e Grossman comprou a parte de Camusi. Um ano depois, a sala de conferências/auditório da empresa (The Big Room) foi inaugurada, para complementar a choperia e o restaurante. Agora, a cerveja era vendida em todos os estados do país. A produção foi de 635 mil hectolitros em 2001. Dois anos mais tarde, Grossman testou o mercado internacional pela primeira vez com uma remessa para o Reino Unido. Em 2010, os volumes ficaram bem acima de 821 mil hectolitros.

Ao longo dos anos, a Sierra Nevada Brewing ganhou uma reputação de excelência e rigor técnico. Além de sua popular Pale Ale, a Sierra Nevada também produz uma *porter*, uma *stout*, uma amada *barley wine* chamada Bigfoot e várias ofertas sazonais.

Sierra Nevada Brewing Co. Disponível em: http://www.sierranevada.com/. Acesso em: 10 set. 2010.

Charles W. Bamforth

sifão, um tubo longo e estreito de metal que pode ser encontrado em cada barril moderno de cerveja. Ele sai da válvula na boca do barril e vai até 1,25 centímetro do fundo. Isso permite que o gás sob pressão entre no barril e leve a cerveja à torneira. A cerveja flui para cima pelo sifão, passa pelo acoplador e daí segue para a torneira por meio de uma válvula esfera localizada no interior do gargalo do barril (a porção superior do barril quando ele está de pé). Quando a torneira é aberta, a pressão interna do barril impulsiona a cerveja. O gás externo, geralmente dióxido de carbono, é regulado para um nível específico de pressão e repõe a cerveja retirada, mantendo uma pressão constante no barril até ele ser esvaziado. O tubo sifão é geralmente preso com um anel de retenção. Ambos podem ser removidos do barril para limpeza. Entretanto, o sifão não deve nunca ser removido com o barril sobre pressão, porque isso pode torná-lo um projétil perigoso, capaz de causar sérios ferimentos.

Tim Hampson

sílica gel é um estabilizador da cerveja que reduz o nível de turbidez que pode se formar na cerveja pronta. Ela atua por meio da remoção de pequenas proteínas ou polipeptídeos que reagem com polifenóis, cujo complexo é a base do tipo mais comum de turbidez da cerveja. A utilização da sílica gel como um estabilizador de cerveja foi introduzida na década de 1960. Os dois tipos comumente utilizados na produção de cerveja são o hidrogel e o xerogel.

A diferença na forma de produção resulta em diferentes características de manuseio desses materiais, mas a função da sílica gel permanece inalterada. A sílica gel adsorve as proteínas hidrofílicas, com peso molecular de 40 mil kDa ou maiores, causadoras da turbidez, embora não interajam com as proteínas hidrofóbicas, com peso molecular aproximado de 10 mil a 20 mil kDa, que promovem o desenvolvimento desejado de espuma.

A sílica gel é misturada com água antes de ser utilizada, sendo normalmente dosada na cerveja não filtrada, imediatamente antes da filtração. Como não é solúvel na cerveja, a sílica gel é também removida pelo filtro, juntamente com as proteínas. O seu modo de ação é muito rápido, necessitando de apenas alguns minutos para adsorver as proteínas.

A principal diferença entre o hidrogel e o xerogel é que o hidrogel tem teor de umidade mais elevado, geralmente de 60% a 70%, necessita de maior tempo de mistura para se dispersar de forma adequada e é menos dispendioso. O xerogel se dispersa rapidamente em água, mas promove a formação de poeira quando manuseado por causa do seu baixo teor de umidade, de cerca de 5%, e pode afetar negativamente o fluxo no filtro. Outra característica do xerogel é não se dissolver prontamente em uma solução cáustica, o que pode ter impacto sobre os sistemas de filtração regeneráveis.

Ver também ADSORVENTES, POLIFENÓIS e TURBIDEZ.

Hough, J. S. Post-fermentation treatments. In: **The biotechnology of malting and brewing**. Cambridge: Cambridge University Press, 1994, p. 139-143.

O'rourke, T. Colloidal stabilization of beer. **The Brewer International**, n. 2, p. 23-25, 2002.

Andrew Fratianni

Simcoe é um lúpulo de dupla aptidão que pode ser utilizado para fornecer amargor e aroma à cerveja. Ele foi desenvolvido pelo Yakima Chief Ranches e lançado em 2000. Segundo a patente, o inventor desse lúpulo é Charles Zimmermann. Por ser um lúpulo patenteado, sua genealogia não foi divulgada. O Simcoe tem maturação precoce-média e produtividade tipicamente entre 2.578 a 2.802 kg/ha. Essa variedade é moderadamente resistente ao míldio e é bem estável quando armazenada. Embora não seja muito usado como lúpulo de amargor, muitos cervejeiros artesanais e cervejeiros caseiros têm predileção pelo Simcoe pelo seu perfil aromático único, composto de notas que remetem a pinho e madeira e notas cítricas que remetem a pomelo, misturadas a notas ligeiramente desagradáveis e picantes de cebola e alho. Esses aromas fazem com que o Simcoe se pareça com o Cascade e o Chinook, com alguns elementos que remetem aos aromas-chave do Amarillo, CTZ e Summit. Ver AMARILLO, CASCADE, CHINOOK e CTZ. O Simcoe possui teor de alfa-ácidos que varia de 12% a 14%, teor de beta-ácidos entre 4% e 5% e conteúdo de cohumulona entre 15% e 20%. O espectro de óleos essenciais é dividido entre 60% a 65% de mirceno, 10% a 15% de humuleno, 5% a 8% de cariofileno e menos de 1% de farneseno. O Simcoe é particularmente popular nas *India pale ales* (IPA) e "*double* IPAs" americanas, especialmente no *dry hopping*. Usado moderadamente em misturas, ele pode conferir um agradável elemento de laranja espremida aos aromas da cerveja.

Ver também DOUBLE IPA, DRY HOPPING e INDIA PALE ALE.

Matthew Brynildson

Sinebrychoff, Cervejaria, é uma cervejaria e produtora de refrigerantes que foi fundada em Helsinque, Finlândia, em 1819, pelo emigrante russo Nikolai Sinebrychoff. Hoje, ela é uma das mais antigas e maiores cervejarias do norte europeu e a mais antiga produtora de bens de consumo na Finlândia. A Sinebrychoff tem cerca de mil funcionários, bem como uma moderna unidade de produção em Kerava, 30 quilômetros ao norte de Helsinque, com uma produção anual de, aproximadamente, 4 milhões de hectolitros. Desde 2000, ela é parte do internacional Carlsberg Group. Ver CARLSBERG GROUP. As cervejas mais conhecidas da Sinebrychoff são as *pale lagers* das linhas Koff e Karhu, ambas produzidas conforme a tradição da

Baviera, bem como sua amada Sinebrychoff Porter, uma clássica *Baltic porter* com 7,2% ABV. A empresa afirma que a levedura usada na produção das *ales* veio da agora extinta Park Royal Brewery de Londres, outrora um dos locais de produção da Guinness. Essa *porter* tem uma intensa coloração semelhante a mogno e um forte aroma maltado de caramelo, café e chocolate, com uma pitada de alcaçuz ao final. Apesar de seu teor alcoólico relativamente leve, essa cerveja pode envelhecer muito bem durante vários anos. Além das cervejas, a Sinebrychoff produz sidras e várias marcas de bebidas não alcoólicas. Ela é também a única engarrafadora da Coca-Cola da Finlândia

Ver também FINLÂNDIA.

Gerrit Blüemelhuber

singel, ou *single*, é o nome dado aos tipos de cerveja relativamente leves que os monges trapistas produzem para consumo próprio. Embora as cervejarias trapistas belgas elaborem algumas das cervejas mais atraentes do mundo, os próprios monges raramente bebem as cervejas que produzem para o mundo exterior. A maioria das cervejas trapistas é bastante forte, e é possível que os monges tenham pensado que seu consumo interferiria nas atividades de prece e trabalho. Tradicionalmente, no entanto, a cerveja sempre foi fonte de sustento nos mosteiros, de modo que os monges desenvolveram cervejas mais leves que guardavam prioritariamente para consumo próprio.

As versões trapistas raramente são comercializadas, mas diversas cervejarias laicas elaboram cervejas com o mesmo perfil. Geralmente são denominadas *singel*, seguindo a tendência de nomenclatura estabelecida para as versões mais robustas "*dubbel*" e "*tripel*"; podem também ser chamadas de "*patersbier*", ou "cerveja do padre".

Embora essas cervejas não constituam necessariamente um estilo em si, elas têm muitas coisas em comum. A maioria apresenta cor dourada, embora também existam algumas de cor âmbar-clara, e todas são de alta fermentação e secas. Geralmente apresentam cerca de 5% ABV, mas há diversas cervejas mais leves. Costumam ser razoavelmente lupuladas em oposição às baixas densidades, o que confere a essas cervejas uma característica bastante refrescante. Todas são fermentadas a temperaturas mais quentes com leveduras belgas, conferindo às cervejas sua característica frutada e condimentada.

As *singels* provavelmente surgiram como "*small beers*", elaboradas a partir de infusões adicionais do mosto após a coleta do mosto mais denso destinado às cervejas mais fortes. As versões trapistas incluem a dourada Chimay Dorée, a Westmalle Extra, a Petite Orval, também conhecida como Orval Verte ("verde"), e a Achel "5", que apresenta uma versão clara e uma versão mais escura. Algumas garrafas inevitavelmente escapam aos muros, mas essas cervejas são geralmente encontradas apenas nos mosteiros e nos estabelecimentos ligados a eles. Os entusiastas colecionam, compartilham e negociam essas cervejas; geralmente elas não são profundas ou particularmente empolgantes, mas são vigorosas e refrescantes, e sua raridade lhes dão um certo *status*. Os monges, entretanto, apreciam essas cervejas diariamente, reservando as mais fortes para os dias festivos. O melhor exemplo comercial laico é a Witkap Pater Singel, produzida pela Brouwerij Slaghmuylder, mas diversas cervejarias artesanais americanas também vêm produzindo suas próprias versões.

Ver também ACHEL, CERVEJARIA, CERVEJAS DE ABADIA, CHIMAY, ORVAL, CERVEJARIA e WESTMALLE, CERVEJARIA.

Garrett Oliver

Singha

Ver BOON RAWD, CERVEJARIA.

Sissi é uma variedade alemã de cevada cervejeira de primavera, que foi muito popular na década de 1990, especialmente no sul e no leste da Alemanha. Desenvolvida por Saatzucht Josef Braun GmbH & Co. KG, de Herzogenaurach, perto de Nuremberg, na Baviera, foi registrada na Bundessortenamt (a agência de licenciamento de culturas agrícolas do governo alemão) em 1991. Em seu auge, muitos cervejeiros preferiam o malte feito a partir da cevada Sissi como base para cervejas tipo *pilsner* por causa de seu bom poder diastático e sua capacidade de produzir cervejas encorpadas, com sabor acentuado de malte e boa retenção de espuma. No entanto, a Sissi possuía várias desvantagens agronômicas. Sua produtividade por hectare era apenas mediana e ela era bastante suscetível ao míldio (*Erysiphe graminis*). Na sala de brassagem, seu rendimento de extrato também era mediano, sendo que nos dias atuais, em valores de extrato, ela é facilmente superada por variedades de cevadas cervejeiras mais recentes. Atualmente, portanto, a Sissi desapareceu por completo tanto da lista oficial de variedades de cevadas recomendadas, mantida pela Bundessortenamt, como dos catálogos de melhoristas e comerciantes de cevada. Entretanto, a Sissi ainda é cultivada em quantidades muito limitadas, talvez apenas algumas milhares de toneladas por ano, quase exclusivamente na Baviera, e geralmente sob encomenda apenas para pequenos cervejeiros que formularam suas receitas especificamente para essa variedade.

Thomas Kraus-Weyermann

sistema Burton Union é um método de fermentação em tonéis de madeira que foi usado predominantemente pelos cervejeiros de Burton-on-Trent e cercanias, na Inglaterra, na segunda metade do século XIX. Ele é também conhecido como *Union set*. Entre os notáveis cervejeiros que empregaram esse sistema estão Bass Brewery e Marston's Brewery. Marston's é a última cervejaria da Inglaterra que ainda utiliza esse sistema. O *Union set* é uma incrível e estranha anomalia no processo de produção de cerveja. Consiste em grandes tonéis de madeira, cada um com capacidade de 150 galões imperiais (cerca de 7 hL), variando de 24 a 60 em número, que são posicionados na horizontal em fileiras, tipicamente suspensos do chão em uma armação de madeira ou metal por grandes eixos de metal. Os tonéis ficam uniformemente espaçados e cada um possui uma válvula inferior que conduz a uma calha inferior. Um resfriador de serpentina, por onde circula água gelada, é instalado em cada tonel para controlar a temperatura de fermentação. Os tonéis são ligados um ao outro por uma série de tubos laterais de modo que o líquido possa ser disperso uniformemente por todo o sistema Union a

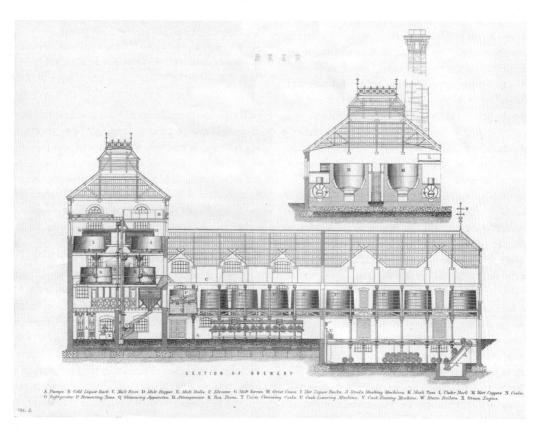

Os sistemas Burton Union usam uma série de 150 tonéis de madeira no processo de fermentação. Gravura em metal, *c.* 1900. PIKE MICROBREWERY MUSEUM, SEATTLE, WA.

partir de um tanque alimentador. Um tubo de pescoço de cisne conecta o topo de cada tonel a uma calha superior que é suspensa acima dos tonéis e ligeiramente inclinada para um dos lados. Conectada a essa calha, na extremidade mais baixa, está a calha de alimentação.

O sistema Union é alimentado por gravidade a partir dos tanques de fermentação primária, ou quadrados, com mosto *ale* fresco em fermentação ativa, normalmente entre 12 e 24 horas após a levedura ser adicionada. Nesse período do processo de fermentação a levedura está muito ativa. O mosto em fermentação é introduzido no sistema pelo tanque de alimentação e flui pelos tubos laterais, preenchendo o sistema Union. À medida que a levedura fermenta, ela é forçada para fora dos tonéis em explosões de espuma, juntamente com um pouco de cerveja, através dos pescoços de cisne, e entra na calha superior. Aqui, um pouco da levedura fica para trás enquanto a cerveja flui pela calha, entra no tanque de alimentação e volta aos tonéis pelos tubos laterais. À medida que a fermentação transcorre, uma grande quantidade de leveduras viáveis e saudáveis ficam retidas na calha superior, e a cerveja nos tonéis, agora purificada de suas leveduras, gradualmente se torna mais clara. A levedura é coletada da calha superior para fermentações posteriores e é considerada de alta qualidade. Depois de seis dias no sistema, a cerveja totalmente fermentada pode ser retirada dos tonéis através da válvula inferior e coletada na calha inferior. Essa cerveja é então transferida para um tanque de acabamento, misturada a outras cervejas ou acondicionada em barris.

Embora o sistema Burton Union seja espetacularmente desajeitado, ele também é estranhamente belo. No auge de seu uso, nos anos de 1800, uma grande cervejaria, como a Bass, teria empregado dezenas de *Union sets*, cada um capaz de fermentar mais de 300 hL de cerveja de uma só vez. O carvalho nunca foi utilizado para flavorizar a cerveja, e hoje os cervejeiros da Marston's também preferem conservar os antigos tonéis neutros, não escolhendo as madeiras com base no sabor que elas irão transmitir. Assim como os cervejeiros de 150 anos atrás, eles estão interessados na qualidade da levedura e nas características de fermentação que o sistema produz em função de seus materiais e desenho único. O sistema Union é muito trabalhoso e custoso, além de exigir manutenção constante por um tanoeiro experiente. A limpeza é difícil e é realizada

A Firestone Walker Brewing Company, em Paso Robles, na Califórnia, utiliza um sistema Union Burton modificado que consiste em quarenta barris de carvalho americano, cada um com capacidade de 246 litros. MATTHEW BRYNILDSON.

com grandes quantidades de água quente e trabalho manual, já que os produtos químicos e os sistemas automatizados modernos de limpeza não podem ser utilizados na madeira. Isso fez com que o sistema fosse amplamente abandonado pelos fabricantes de cerveja britânicos. A cervejaria Bass deixou de usá-lo na década de 1980. Hoje, a Marston's utiliza o sistema Union principalmente para a produção de sua principal cerveja, a Pedigree Bitter.

A Firestone Walker Brewing Company, em Paso Robles, Califórnia, utiliza um sistema Burton Union modificado (Firestone Union, patente dos EUA, 1996), sendo a única cervejaria do mundo, além da Marston's, reconhecida por operar um *Union set* atualmente. Este é usado para produzir suas principais cervejas: Double Barrel Ale, Walker's Reserve Porter e Pale 31. Seu sistema não utiliza um sistema elaborado de pescoço de cisne e calhas, e sim mangueiras flexíveis e tinas de recebimento menores. Ele utiliza barris novos de carvalho americano de 227 litros de capacidade, que são tostados por dentro de modo semelhante aos barris feitos para a produção de vinho e transmitem o sabor da madeira à cerveja. O sistema Firestone Walker não é utilizado para coletar levedura. No entanto, a geometria ímpar do sistema, juntamente com os barris novos de carvalho americano, tem um profundo efeito sobre o sabor da cerveja. No processo Firestone, o mosto com 24 horas de fermentação é trasfegado para os barris individuais. Em seguida, permite-se que o mosto fermente sem qualquer controle de temperatura, na série de barris em números de 32 a 48. À medida que a cerveja fermenta, leveduras marrons e espuma são empurradas dos barris para uma tina, sendo a espuma descartada. A cerveja acabada é notavelmente suave e frutada, com uma pronunciada nota de carvalho e baunilha, em comparação com cervejas simplesmente fermentadas em tanques de aço inoxidável.

Boulton, C.; Quain, D. **Brewing yeast and fermentation**. Boston: Blackwell Science Ltd, 2001. 656 p.

Matthew Brynildson

skimming é um termo que se refere à remoção de uma substância da superfície de uma fermentação, geralmente, em tanque aberto. O significado preciso depende do tipo de cerveja que está sendo produzida. Na fermentação de *lager*, *skimming* geralmente refere-se à remoção do material proteico do *cold break* que flutua na superfície do mosto logo após ser resfriado no fermentador. Segundo alguns cervejeiros, esse material, que tem aparência marrom e granular, pode ser prejudicial para o sabor da cerveja. Outros preferem deixá-lo intacto, alegando que ele contém nutrientes promotores de uma fermentação saudável. Uma vez o *high kräusen* em andamento, outro resíduo pode acabar por se formar na parte superior da espuma. Chamado de *brandhefe* pelos cervejeiros alemães, ele também pode ser retirado, pois contém resinas de lúpulo que tornam grosseiro o amargor da cerveja.

Na produção tradicional de *ale* britânica, *skimming* refere-se à recuperação da levedura, no final da fermentação, num tanque de fermentação no qual ela pode ser recolhida da superfície do mosto. Normalmente, a levedura é retirada de um tanque relativamente raso, quadrado ou redondo, com profundidades de mosto de 2 a 4 metros; o tanque pode ser aberto ou fechado (com uma tampa superior). A levedura não é recolhida de fermentadores cilindro-cônicos altos; normalmente ela sedimenta no fundo desses tanques. Quando uma cerveja é fermentada usando uma cepa de levedura de alta fermentação, ela se separará da cerveja em fermentação e subirá para a sua superfície. Isso acontecerá quando a maioria dos nutrientes tiver sido utilizada, de forma que a levedura não tem motivo para ficar no corpo do mosto; ela será, portanto, floculada (combinadas em aglomerados) e formará uma espessa e cremosa camada sobre a cerveja. Em um momento predeterminado, geralmente quando uma fermentação atingiu uma determinada densidade, a levedura será retirada da superfície de diversas maneiras, dependendo da cervejaria. O método mais comum é sugar a levedura para fora do tanque usando um tubo de vácuo ligado a uma bandeja que fica flutuando na superfície da cerveja; uma escumadeira especial é usada para puxar a levedura para a bandeja e o tubo de vácuo. A levedura retirada do tanque pode ser armazenada para ser usada nas fermentações seguintes, e frequentemente o excedente de levedura é vendido para outra cervejaria, destilaria ou vendida como um subproduto para a alimentação animal.

Ver também BRANDHEFE, FERMENTAÇÃO, FLOCULAÇÃO e HIGH KRÄUSEN.

Paul KA Buttrick

slack malt é o malte acabado que incorporou umidade durante o armazenamento.

No final do processo de malteação, o malte pronto é seco em um secador de malte, alcançando um teor médio de umidade, em peso, de cerca de 3% a 5%. A estabilidade da qualidade do malte durante o armazenamento é criticamente dependente do seu teor de umidade. Com o tempo, níveis de umidade acima das especificações normais podem causar dois problemas principais: um declínio do poder enzimático e o endurecimento da casca do grão. A degradação enzimática arruína a capacidade do malte de efetuar a conversão do amido em açúcares durante a mosturação. A casca do grão, tendo passado de frágil para rígida, não se quebra corretamente quando moída, levando a vários problemas durante a filtração do mosto. Por essas duas razões, o extrato obtido na sala de brassagem será comprometido e o processamento subsequente pode ser problemático. Ver FILTRAÇÃO DO MOSTO. A umidade normal do malte não é propícia à proliferação de insetos, mas o malte úmido oferece um ótimo substrato para o crescimento de pragas e mofos. Níveis de umidade acima de 6% são geralmente considerados inaceitáveis.

O malte é higroscópico, o que significa que ele tende a absorver a umidade do seu entorno. Assim, deve ser protegido de qualquer oportunidade de incorporar umidade (presente no ar sob condições ambientais normais) depois de sair do secador. Antes da industrialização do mundo cervejeiro no século XVIII, tanto as maltarias como as cervejarias eram, em grande parte, pequenas e rudimentares. Naqueles tempos, os cervejeiros e os malteadores protegiam uma pilha de malte armazenando-a sob uma camada de feno seco, a qual absorvia a umidade do ar ambiente. Os métodos modernos envolvem fechamento hermético – as sacas para malte devem ser forradas com plástico; no transporte marítimo internacional, o malte deve estar protegido por um forro de plástico, e os silos e os transportadores precisam ser à prova de intempéries climáticas. Os caminhões para o transporte rodoviário, muitas vezes, possuem lonas, que precisam ser inspecionadas antes de cada enchimento para garantir sua integridade. Ver TRANSPORTE A GRANEL.

No armazenamento, o malte deve ser mantido separadamente da cevada crua que está sendo armazenada, pois a cevada, com um teor de 13% a 15% de umidade, exsudará sua umidade para o ar circundante, e o malte a absorverá, resultando em *slack malt*.

Colin J. West

Sládek é o lúpulo cujo nome provém da palavra "cervejeiro", em tcheco. Ele foi lançado pelo Instituto de Pesquisa do Lúpulo, em Žatec (Saaz), no ano de 1994, depois de 25 anos de melhoramentos. O Sládek foi desenvolvido a partir de um "clone Osvald" de Saaz cruzado com um Northern Brewer. Ver NORTHERN BREWER e SAAZ. O teor de alfa-ácidos do Sládek varia de 4,5% a 8,5%, dos quais 24% são de cohumulona. O teor de beta-ácidos varia de 5% a 9%. Seus alfa-ácidos são um tanto instáveis durante o armazenamento. Quanto aos óleos essenciais, esse lúpulo apresenta um teor de mirceno notavelmente baixo, menos de 1%. Lúpulos com caráter particularmente floral, em comparação, geralmente chegam a possuir 35% de mirceno. O teor de humuleno, de caráter balsâmico e resinoso, chega a atingir 34% dos óleos essenciais, enquanto o picante cariofileno fica em torno de 12%. O farneseno, de caráter floral, corresponde a somente 0,5% dos óleos essenciais. O Sládek atinge maturidade semi-tardia na safra e apresenta produtividade relativamente alta, de 2.200 a 2.400 kg/ha. Essa variedade é resistente ao míldio, porém é levemente suscetível ao oídio. Nas cervejarias, o Sládek é mais utilizado como complemento do que como substituto do Saaz em *lagers* de alta qualidade.

Jelínek, L. et al. Comparison of Czech hop cultivars based on their contents of secondary metabolites. **Czech Journal of Food Science**, v. 28, p. 309-316, 2010.

Victoria Carollo Blake

small beer, um tipo de cerveja fraca que dos tempos medievais até o século XIX era a bebida básica da maior parte da população inglesa, sendo preferida à água. As *small beers* eram geralmente produzidas pela fermentação do mosto da segunda ou terceira extração, após a retirada do mosto mais forte para a produção de *ales*. Esse procedimento tinha a vantagem de ser econômico, proporcionando um bom rendimento dos materiais utilizados, mas geralmente resultava em um produto com possibilidades suspeitas de conservação e pobre em sabor. Um método alternativo, preferido especialmente quando era necessário produzir *small beer* no verão, período em que a demanda era maior, era fazer uma mosturação simples, em separado, de uma pequena quantidade de um novo lote de malte. Esse método era geralmente conhecido por produzir um produto superior e mais caro. *Small beers* eram produzidas tanto domesticamente quanto comercialmente e consumidas ao longo do dia durante as refeições por pessoas de todas as idades e classes sociais. Até o abastecimento moderno se tornar comum, a qualidade da água era duvidosa e considerada potencialmente perigosa ao consumo. O teor alcoólico das *small beers* deve necessariamente ter variado, com receitas sugerindo de 1% a 3% de álcool por volume (ABV). Na América colonial, algumas versões continham açúcares não provenientes do malte, geralmente melaço. Versões modernas de *small beer* são raras, mas a Anchor Brewing Company, de São Francisco, produz esse tipo de cerveja com 3,3%

(ABV), a partir da segunda extração dos grãos usados da produção de uma *barley wine*. Ver ANCHOR BREWING COMPANY. Shakespeare aparentemente desprezava as *small beers*, pois ele as menciona mais de uma vez em suas obras. Em *Otelo*, o vilão Iago provoca Desdêmona com a frase: "*to suckle fools and chronicle small beer*" ["para alimentar imbecis e relatar bobagens]". Ao longo dos séculos o termo *small beer* passou para a língua inglesa como descrição de algo insignificante e de pequeno valor.

Sambrook, P. **Country house brewing in England 1500-1900**. London: Hambledon Press, 1996.

Ray Anderson

Smaragd é um lúpulo aromático desenvolvido primariamente como derivado do Hallertauer Mittelfrueh no Centro de Pesquisa do Lúpulo de Hüll, na região de Hallertau, na Baviera, Alemanha. Ver HALLERTAUER MITTELFRUEH. A palavra *smaragd* em alemão significa "esmeralda". Comercialmente, esse lúpulo é também conhecido como Hallertau Smaragd. Ele é primordialmente utilizado em *lagers* da Baviera e *ales* no estilo belga. O Smaragd é cultivado quase exclusivamente na Alemanha, onde atinge maturidade média-tardiamente. Ele apresenta uma produtividade média de aproximadamente 1.850 kg/ha, boa resistência ao míldio, mas apenas resistência baixa a moderada ao oídio. Tem bom potencial de armazenamento. Seu teor de alfa-ácidos é moderado e varia de 4% a 6%, o teor de beta-ácidos atinge de 3,5% a 5,5%, e a cohumulona representa a baixa proporção de 13% a 18% dos alfa-ácidos. Quanto aos óleos essenciais, esta variedade dispõe de aproximadamente de 20% a 40% de mirceno, de 30% a 50% de humuleno, 9% a 14% de cariofileno e menos de 1% de farneseno. Também apresenta teor de linalol relativamente alto, de 0,9% a 1,4%. O linalol é um óleo essencial que confere aroma cítrico ou de bergamota à cerveja. O buquê aromático e o sabor do Smaragd são, de certa forma, similares àqueles do Hallertauer Mittelfrueh, mostrando predominantemente notas frutadas, florais e de lúpulo.

Steinhaus, M.; Wilhelm, W.; Schieberle, P. Comparison of the most odour-active volatiles in different hop varieties by application of a comparative aroma extract dilution analysis. **European Food Research Technology**, v. 226, p. 45-55, 2007.

Verband Deutcher Hopfenflanzer (Association of German Growers). **The spirit of beer. Hops from Germany**. Disponível em: http://www.cob.sfasu.edu/csc/gharber/public_html/bb/hopfenm_engl.pdf/. Acesso em 27 out. 2010.

Victoria Carollo Blake

smoked beers (cervejas defumadas), como o próprio nome diz, são cervejas que apresentam sabor e aroma defumados em função da adição de uma certa porcentagem de malte defumado ao conjunto de grãos. Esses maltes normalmente incorporam certo caráter defumado na própria maltaria, onde são secos – após maceração e germinação – em um secador de fogo direto que é aquecido por combustíveis que liberam fumaça, tais como zimbro, madeira de faia ou turfa. Ver MALTE. Antes das inovações da Revolução Industrial e da introdução da queima indireta em princípios do século XIX, todos os secadores operavam com queima direta. Isto significa que virtualmente todos os maltes apresentavam sabores influenciados pela fumaça; um pouco menos se o combustível utilizado fosse bastante limpo, como era o caso do coque; um pouco mais se a combustão fosse lenta com madeiras muito resinosas, mais brandas e verdes. Ver SECAGEM e WHEELER, DANIEL. As variedades de madeira preferidas para os maltes defumados são o freixo, a faia, e o carvalho. A turfa também tem sido utilizada tradicionalmente para a defumação de maltes, especialmente nas Highlands e nas Islands escocesas. A turfa se formou a partir de vegetação parcialmente deteriorada em pântanos e regiões úmidas após o fim da última era glacial, cerca de 7 mil a 8 mil anos atrás. O malte defumado com turfa escocesa imprime aromas e sabores aos extratos fermentados usados na destilação de muitos dos uísques escoceses e irlandeses. Historicamente, os maltes defumados com turfa nunca foram protagonistas na produção de *Scottish ales*, mas muitos cervejeiros caseiros e produtores artesanais de cerveja fora da Escócia passaram a adicionar esses maltes ao conjunto de grãos em suas interpretações desses estilos de cerveja.

Como um cervejeiro pode adicionar malte defumado a qualquer cerveja, discute-se até que ponto uma cerveja defumada constitui propriamente um estilo, ou se a característica "defumada" é de fato apenas mais um descritor no vocabulário dos cervejeiros e degustadores de cerveja. Existem argumentos legítimos em ambos os lados, mas, independentemente da posição que assumamos, parece haver um consenso de que um tipo de *smoked beer* é, de fato, um estilo em si, principalmente por razões históricas. Trata-se da *rauchbier* de Bamberg, uma *lager* que chega a apresentar até mesmo notas a *bacon*, feita a partir de malte defumado em secador com queima direta de toras de madeira de faia. A produção de *rauchbier* é documentada desde a Idade Média e é considerada uma especialidade regional da Francônia, região central da Baviera. A *rauchbier* ainda é produzida por muitas pequenas e médias cervejarias da Francônia. A mais famosa delas é a Brauerei Heller-Trum, mais conhecida como Schlenkerla, uma cervejaria e *pub* situada na velha cidade de Bamberg. Ver SCHLENKERLA. Essa cervejaria ainda produz o seu próprio malte, defumado sobre uma fornalha em uma maltaria com poucos utensílios mecanizados. Ver BAVIERA e RAUCHBIER.

Atualmente, porém, a maior parte das *smoked beers*, inclusive a *rauchbier*, é produzida com malte defumado disponível comercialmente, sendo os mais proeminentes feitos em Bamberg pela Weyermann Specialty Malts, uma empresa familiar. Esse malte é produzido pelo método tradicional de secagem dos grãos germinados em secadores com madeira curada de faia. A secagem é feita com o objetivo de atingir uma coloração relativamente clara, de 3 a 6 EBC (1,7 °L a 2,8 °L) para preservar a capacidade enzimática do malte. O *rauchmalz* pode ser usado para vários graus de defumação, em qualquer quantidade até 100%, em qualquer conjunto de grãos. As cervejarias artesanais americanas, em particular, têm utilizado esses maltes para criar uma impressionante gama de sabores em suas cervejas. Além da Schlenkerla, provavelmente a cerveja mais conhecida produzida com malte defumado seja a Alaskan Smoked Porter, da Alaskan Brewing Company. Lançada em 1988, ganhou desde então inúmeros prêmios em competições nacionais e internacionais. Essa cervejaria defuma seu próprio malte em pequenos lotes utilizando madeira de amieiro local em um defumador alimentício comercial. Ver ALASKAN BREWING COMPANY.

Fora da Francônia, o caráter fenólico das *smoked beers* não é muito familiar e chega a ser um pouco estranho para o consumidor médio de cerveja, até mesmo na Alemanha. Se por um lado *smoked beers* mal elaboradas possam apresentar sabores desagradáveis reminiscentes de cinzas, as melhores delas podem remeter a notas agradáveis de lenha queimada. Isso pode conferir a essas cervejas um potencial particular de harmonização com alguns pratos, especialmente carnes e peixes defumados. Mesmo se o prato em questão não for defumado, muitos alimentos que harmonizam bem com sabores defumados acompanham perfeitamente diversas dessas *smoked beers*.

Horst Dornbush e Sepp Wejwar

snakebite é uma mistura de cerveja *lager* com sidra que às vezes é eufemisticamente apresentada como um "coquetel de cerveja". Por ser uma mistura de bebidas, tecnicamente é um coquetel, mas, exceto por essa tecnicalidade, ele tem muito pouco a ver com aquilo que geralmente entendemos como um coquetel.

O *snakebite* é popular na Grã-Bretanha e teve seu auge durante a década de 1980, quando foi uma bebida bastante popular entre os estudantes e adeptos das subculturas jovens, como os "góticos" e os "*punks*". Não era incomum adicionar uma dose generosa de xarope de groselha para criar o "*snakebite and black*", "*diesel*" ou "*purple nasty*".

Como os próprios nomes mostram, o *snakebite* tem um forte apelo entre os consumidores mais jovens, preocupados em não gastar muito e mais interessados nas qualidades embriagantes do álcool do que propriamente no sabor da bebida: o *snakebite* tem aspecto turvo, aparência e sabor não apetitosos, e paira sobre ele a crença de que é mais embriagante do que a *lager* e a sidra separadamente.

Justamente por isso, existe uma lenda urbana de que o *snakebite* seja ilegal na Inglaterra; o que não é verdade. Os *pubs* não têm permissão para servir *half pints* de *snakebite*, já que isto significaria servir medidas incompletas tanto de sidra como de *lager* (os produtos na forma de chope, legalmente, só podem ser vendidos nas medidas de um, meio e um terço de *pint*), mas podem perfeitamente servir meia medida de sidra e meia de *lager* em um único copo de um *pint*. No entanto, alguns *pubs* reservam-se o direito de não o fazer devido à reputação da bebida e sua tendência de atrair um público indesejável, especialmente quando tanto se discute sobre o consumo excessivo do álcool.

Pete Brown

snap malt é um malte inglês tradicional dos tempos do *floor malting* e dos secadores de queima direta. Ver FLOOR MALTING. Sua produção assemelha-se à do malte claro comum, exceto por uma etapa final de secagem, com alta temperatura, no secador. Uma das melhores descrições históricas da produção de *snap malt* está em um livro de 1885 sobre a malteação inglesa por Henry Stopes, que explica que "cevadas selecionadas para *snap malting* eram pequenas e, em outros aspectos, de qualidade inferior [...] Cor e, em certa medida, tamanho eram irrelevantes, porque a ação do fogo quando o cereal estava secando no secador os encobria inteiramente". No entanto, Stopes continua, a cevada deve ser capaz de germinar, pois os grãos não germinados não se rompem ("*snap*", em inglês). No piso de germinação, "a produção de um *snap malt* consiste principalmente em não secar o grão inteiramente, aspergindo um pouco de água sobre a porção que se pretende que estoure na manhã seguinte, o que é feito para enrijecer a casca do grão". No secador, a maior parte da umidade dos grãos é primeiramente dissipada em calor moderado. Mas então o fogo sob a tela do secador é atiçado até uma intensa chama, o que faz o grão se expandir – *snap* –, aumentando em cerca de 25% o seu tamanho e liberando um perfume empireumático semelhante ao de pipoca. O *snap malt*, portanto, aumenta a complexidade de sabor da cerveja pronta. No século XIX, secar o *snap malt* devia ser um trabalho quente e perigoso, pois, de acordo com Stopes, o grão tinha que ser espalhado em uma camada de uma mera polegada e meia de espessura no chão telado do secador de malte, em vez das habituais 4 polegadas, havendo a necessidade de ser virado pelo menos uma vez a cada quatro minutos. Todo o processo de secagem do *snap malt* durava apenas de 75 minutos a duas horas, muito mais curto do que as 32 a 48 horas para o *floor malt* comum.

Stopes, H. **Malt and malting: An historical, scientific, and practical treatise, showing, as clearly as existing knowledge permits, what malt is, and how to make it**. London: Lyon, 1885.

Thomas Kraus-Weyermann

solera, um sistema que compreende vários recipientes contendo a mesma bebida, mas de idades consecutivas, com o propósito de criar uma bebida consistente que possa ser retirada em intervalos regulares. Esse sistema de maturação dinâmico é tipicamente feito em estágios em cascata com barris de madeira. Ver CARVALHO e CONDICIONAMENTO EM BARRIL DE MADEIRA. Cada estágio é chamado de *escala* e inclui a *solera*, o barril de madeira ou conjunto de barris mais velhos, e a *criadera*, uma série de barris com produtos sucessivamente mais novos. Os termos em espanhol refletem o fato que a *solera* é usada principalmente na produção do xerez, embora também seja utilizado em outros vinhos como o marsala e o porto, bem como em rum, *brandy*, uísque, vinagre balsâmico e vinagre de xerez. Não surpreende que também seja utilizado para a cerveja.

O autor Julian Jeffs acredita que os termos "*solera*" e "*criadera*" apareceram na literatura pela primeira vez por volta de 1849, embora provavelmente estivessem em uso muito antes. A Gale's, no Reino Unido, a Ballantine's, nos Estados Unidos, e a Bayerska, na Suécia, foram algumas das primeiras cervejarias a utilizar essa técnica. Cervejeiros belgas também utilizavam *soleras* na produção de algumas *Flemish red ales* e cervejas do estilo *oud bruin*. Entre as cervejarias contemporâneas que utilizam o sistema *solera* estão Cambridge Brewing Company, Dogfish Head Craft Brewery, Freetail Brewing Company e New Belgium Brewing Company, nos Estados Unidos, Birreria Baladin, na Itália, e Norrebro Bryghus, na Dinamarca.

Aplicável a uma grande variedade de cervejas, incluindo *sour ales*, *barley wine* e *strong lagers*, uma *solera* permite a criação consistente de cervejas complexas com significativas características de envelhecimento, que de outro modo seriam inatingíveis para a maioria das cervejarias com de produções menores. O processo envolve retirar uma quantidade de cerveja da *solera* a intervalos definidos e então completar o barril com cerveja um pouco mais nova do mesmo estilo vinda da *criadera*. O produto final deve vir especificamente dos barris mais antigos, e cada nível é reabastecido pelo próximo mais antigo, independentemente do número de escalas do sistema. Ao trabalhar as escalas da *solera*, o cervejeiro procura manter uma distribuição uniforme quando completa o nível mais velho. Portanto, se 50% de um barril é removido, retira-se dos barris da próxima escala quantidades iguais para então completar o barril mais antigo. Esse processo é repetido para cada barril de cada nível da *solera*.

Se isso não for feito, variações significativas podem ocorrer no desenvolvimento dos barris individuais.

Um desafio para as cervejarias que empregam a *solera* é o trabalho intensivo requerido para manter as técnicas de mistura adequadas, particularmente quando se completa o barril por causa da evaporação. Além disso, dependendo do estilo base da cerveja que está sendo envelhecida, a cerveja pode passar por um aumento considerável de acidez como resultado da microflora residente ou invasiva, porque a maioria das cervejas não tem nem o teor alcoólico dos destilados, nem a acidez do vinho para protegê-las de infecções. Ver ÁCIDO ACÉTICO, BRETTANOMYCES, LACTOBACILOS e SOUR BEER. Portanto, o sistema *solera* é adequado a cervejas para as quais alguma acidez ou características de levedura selvagem, sejam elas intencionais ou não, podem trazer uma complexidade agradável. A mistura proporcional de cada barril na *solera* é por vezes necessária pois alguns barris podem expressar uma propensão para a produção de graus mais elevados de atenuação ou de concentração de ácidos que outros. Uma cerveja equilibrada e consistente é a meta a cada ano.

Jeffs, J. **Sherry**. London: Mitchell Beazley, 2004.
Meyers, W. La método solera – traditional methods for the production of unique beers. **The New Brewer**, v. 27, p. 44-47, 2010.

Will Meyers

solvente. O *off-flavor* de solvente na cerveja pode ser descrito como aromas pungentes e acres, seguidos por aspereza, queimação ou sensação de aquecimento na parte de trás da língua que persiste em casos extremos. Lembrando acetona ou removedor de esmalte, ele também pode ser descrito como tíner (por exemplo, tolueno, terebintina), destilados minerais, verniz de poliuretano, laquê, limpadores sanitários (terpenos cítricos), produtos químicos de limpeza a seco (por exemplo, o tetracloroetileno), solventes de cola (acetona, metil acetato, etil acetato), removedores de manchas (por exemplo, hexano, éter de petróleo), resinas de poliéster, vinil e adesivos, epóxis e supercola.

Os *off-flavors* de solvente em cervejas costumam ter duas origens: aqueles decorrentes de equipamentos sujos ou contaminados (plásticos inferiores em processo de cura, plastificante vazando de forros de tanques ou vedações), e substâncias ativas de sabor produzidas por células de leveduras durante a fermentação – conhecidas como álcoois superiores e seus ésteres de acetato.

Cerca de 45 álcoois superiores foram identificados na cerveja. Os de grande importância para o aroma, por ocorrerem em concentrações próximas ou acima do limiar de detecção de sabor, são o n-propanol, isobutanol, 2-metilbutanol (álcool amílico) e 3-metilbutanol (álcool isoamílico). Chamados de álcoois alifáticos, eles contribuem para o sabor da cerveja pela intensificação geral do aroma e sabor alcoólico/solvente com um efeito de aquecimento correspondente no palato. Preocupam os álcoois aromáticos triptofol e tirosol (quando presentes em concentrações muito elevadas). Descritos como químicos ou solventes, podem causar aspereza e amargor persistentes e são geralmente vistos como negativos para o sabor da cerveja.

O controle da formação de álcoois superiores durante a fermentação pode ser alcançado de três formas: pela escolha de uma cepa de levedura apropriada, pela modificação do mosto e pela manipulação das condições de fermentação.

Ésteres voláteis, embora presentes somente em níveis traço na cerveja, compreendem a mais importante série de compostos ativos de aroma. Ver ÉSTERES. Enquanto os ésteres são usualmente associados a notas frutada ou adocicadas, o éster mais proeminente, o etil acetato, apresenta quando concentrado um aroma que lembra solvente do tipo "removedor de esmalte de unha". Portanto, o etil acetato pode ser considerado um componente agradável de aroma, mas, como muitos aromas, ele pode apresentar problemas se seus níveis dominarem o sabor da cerveja em vez de servir de complemento para outros compostos presentes de sabor mais desejáveis.

Ver também OFF-FLAVORS.

Van Laere, S. D. M.; Verstrepen, K. J.; Thevelein, J. M.; Vandijck, P.; Delvaux, F. R. Formation of higher alcohols and their acetate esters. **Cerevisia**, v. 33, n. 2, 2008.

Christopher Bird

sommelier

Ver CICERONE.

Sorachi Ace é um lúpulo que foi desenvolvido pelo dr. Yoshitada Mori, da Cervejaria Sapporo, no Japão, no final da década de 1970. Um cruzamento entre o Brewer's Gold e o Saaz gerou uma progênie, a qual foi cruzada com um macho Beikei n. 2. Ele foi formalmente lançado pelo programa da Sapporo em 1984 e foi brevemente cultivado no Japão e nas fazendas de lúpulo da Sapporo na China. Pesquisas agrícolas foram realizadas no Departamento de Agricultura dos Estados Unidos e na fazenda experimental da Oregon State University em 1994, mas o lúpulo não foi disponibilizado comercialmente nos Estados Unidos até seu lançamento em 2006 pela Virgil Gamache Farms of Toppenish, de Washington.

O nome Sorachi Ace provém do nome da subprefeitura de Sorachi, em Hokkaido. O objetivo ao desenvolver essa variedade era obter um lúpulo tipo Saaz com alto teor de alfa-ácidos, mas o resultado foi bastante diferente. O Sorachi Ace apresenta em média de 12% a 13% de alfa-ácidos, embora haja relatos de que esses níveis já chegaram a 16% em plantações não comerciais no Japão. A quantidade de cohumulona é baixa, em torno de 23%, e esse lúpulo fornece um amargor limpo e intenso. O Sorachi Ace possui maturidade média, é uma planta que cresce vigorosamente e é resistente ao míldio. Sua produtividade é considerada média, variando de 1.569 a 1.681 kg/ha. Esse lúpulo é particularmente notável pelo seu sabor e aroma, que remetem a capim-limão, casca de limão e verbena. Alguns degustadores descrevem notas com fundo de carvalho, junto a notas de folhas de coentro, endro e óleo diesel. Ainda cultivado em menos de 5 hectares (12 acres) nos Estados Unidos em 2010, o Sorachi Ace chamou a atenção de cervejeiros artesanais em busca de novas características aromáticas, especialmente para *India pale ales*, *saisons* e cervejas de trigo.

Gamache, D. **An Incomplete history of Sorachi Ace**.
Gamache, D. **Virgil Gamache Farms**, relato verbal, 17 jan. de 2011.

Garrett Oliver

sorgo é uma gramínea que fornece um grão livre de glúten, amplamente cultivada como uma cultura alimentar na África e na Ásia, bem como em algumas partes da América, e na Oceania. O sorgo está relacionado com o milheto, e embora existam inúmeras espécies sob o gênero *Sorghum*, a principal espécie cultivada é a *Sorghum bicolor*. Nos Estados Unidos, ele é cultivado, principalmente, como um substituto do milho para a alimentação animal e/ou produção de bioetanol. Também é convertido em xarope de sorgo. Ele está bem adaptado ao crescimento em climas quentes e áridos e requer temperaturas elevadas constantes para um rendimento elevado. As subespécies de sorgo são agrupadas nas variedades granífero, forrageiro, sacarino e vassoura. O sorgo granífero e o sorgo sacarino podem ser utilizados na produção de cerveja.

A utilização do sorgo como um cereal para a produção de cerveja é tradicional na África, onde bebidas alcoólicas e não alcoólicas à base de sorgo têm sido feitas, em pequena escala caseira, por séculos. O sorgo é amplamente utilizado em modernas cervejarias industriais africanas, porque o sorgo produzido internamente é menos oneroso que a cevada importada. A Guinness *stout*, por exemplo, é feita na Nigéria a partir de uma mostura de sorgo e extrato de malte. O sorgo pode ser malteado de forma semelhante à cevada, mas requer temperaturas mais altas para a germinação. Ver MALTE. Também na produção de cerveja, o malte de sorgo se comporta de forma muito semelhante ao malte de cevada. Na mostura, ele é hidratado, suas enzimas convertem os amidos em açúcares e o mosto açucarado é fervido, resfriado e fermentado com leveduras cervejeiras. O sorgo não malteado pode também ser utilizado como um adjunto amiláceo na produção de cerveja. Algumas tradicionais bebidas africanas à base de sorgo são fermentadas com lactobacilos ou podem ser produzidas por meio de um mosto azedo, para gerar uma bebida de gosto azedo. Ver ÁFRICA. O malte de sorgo não está amplamente disponível nos Estados Unidos, mas xaropes de sorgo podem ser utilizados como um substituto.

Na América do Norte, o aumento da incidência da doença celíaca levou à produção de várias cervejas comerciais sem glúten, feitas a partir de sorgo, em conjunto com outros grãos sem glúten, incluindo o arroz. A Lakefront Brewery de Milwaukee, Wisconsin, lançou a sua *New Grist* em 2006; a Anheuser-Busch produziu a primeira cerveja sem glúten distribuída nacionalmente, também em 2006, com o nome de *Redbridge*. Mais recentemente, a primeira cerveja americana comercial produzida com 100% de malte de sorgo foi produzida pela Bard's Tale Brewing Company, de Buffalo, Nova York.

Dewara, J. et al. Determination of improved steeping conditions for sorghum malting. **Journal of Cereal Science**, v. 26, p. 129-136, 1997.

Owuama, C. I. Sorghum: A cereal with lager beer brewing potential. **World Journal of Microbiology & Biotechnology**, v. 13, p. 253-260, 1997.

Martha Holley-Paquette

sour beer. Se um certo nível de acidez é considerado desejável no vinho e compõe a espinha dorsal de sua estrutura de sabor, a acidez é geralmente considerada um defeito nas cervejas modernas. Quando nos referimos às cervejas, a palavra *"sour"* (azedo) normalmente tem sentido pejorativo. Dito isso, existem alguns estilos de cerveja mais antigos que são tradicionalmente ácidos, e, junto com outras variações inspiradas nessas cervejas, eles têm sido denominados *"sour beers"*, talvez um pouco displicentemente. Quando bem elaboradas, podem estar entre as cervejas mais complexas e refrescantes, harmonizando muito bem com diversos pratos e ampliando os limites do conceito que o consumidor moderno tem de "cerveja".

Antes da higienização moderna, sabores azedos nas cervejas eram comuns, embora nem sempre desejáveis. Muitas cervejarias evitavam a produção durante os meses mais quentes, quando bactérias ácidas e as leveduras selvagens eram mais prevalentes e mais propensas a, em poucos dias ou semanas, dar origem a uma acidez pungente, às vezes com um caráter avinagrado. Quando a acidificação é intencional, os estilos mais antigos de *sour beer* são normalmente elaborados por meio do envelhecimento em barris de madeira e envolvem a tentativa de controlar os níveis de acidez e produzir sabores agradáveis. Os estilos clássicos de *sour beer* incluem a *Berliner weisse* alemã e as belgas *oud bruin*, *Flanders red* e *lambics*. Todos esses estilos exibem uma interessante acidez láctica, e os estilos belgas ainda incorporam certo caráter acético e aromas que advêm de bactérias e leveduras selvagens durante o envelhecimento em barris de carvalho.

O crescimento da cerveja artesanal nos Estados Unidos e a proliferação de pequenas cervejarias em outras partes do mundo tem produzido uma nova geração de cervejeiros que anseiam cada vez mais por criar cervejas únicas e cheias de sabor. Muitos desses cervejeiros inspiraram-se nos clássicos estilos belgas de cerveja *sour*. Mas, não satisfeitos em copiar as *sour* belgas, passaram a desenvolver o que se pode chamar de *sour beers* do "Novo Mundo". Muitas dessas novas *sour beers* não se atêm a regras de guias de estilo e ainda não foram classificadas em alguma categoria particular de cerveja. Obviamente, isso faz parte da diversão para os cervejeiros que as elaboram. Algumas dessas cervejas são maturadas em barris de vinho, enquanto outras passam por maturação em barris de *bourbon* ou uísque, fundindo com sucesso sabores que não costumam se integrar bem. Vários desses "cervejeiros do Novo Mundo" elaboram com êxito até mesmo cervejas de fermentação espontânea, algo geralmente encontrado apenas em Bruxelas ou na região belga das *lambics*. Alguns chegaram até mesmo a instalar *coolships* para possibilitar o início de fermentações espontâneas antes da trasfega para os barris de carvalho. Os cervejeiros que não podem se dar ao luxo de um *coolship* utilizam até mesmo suas tinas de mostura como recipiente alternativo temporário para dar início às suas fermentações espontâneas. Ver COOLSHIP.

A levedura selvagem *Brettanomyces* é considerada uma praga na maioria das vinícolas do mundo, embora seja recebida com cautela em outras, especialmente entre os produtores de vinho adeptos de práticas "naturais" que dispensam as leveduras comerciais. As cepas de *Brettanomyces* isoladas em laboratório são frequentemente utilizadas para a produção de *sour beers* no Novo Mundo. Ver BRETTANOMYCES. Alguns dos descritores de sabor desejáveis e normalmente associados ao uso de *Brettanomyces* são notas terrosas, a estábulo, cogumelo e mofo, e um sabor "acre peculiar" geral. A levedura *Brettanomyces* pode ser usada isoladamente ou ser introduzida com bactérias, como lactobacilos ou *Pediococcus*, durante o processo de envelhecimento em barris. Como a *Pediococcus* produz o diacetil, que confere sabor amanteigado, a *Brettanomyces* é usada junto com ela, na tentativa de ajudar a minimizar as características indesejáveis conferidas por essa bactéria. Vale salientar que a *Brettanomyces* é capaz de absorver o diacetil, acabando por eliminar esses sabores à manteiga indesejáveis na cerveja.

Lactobacilos e *Pediococcus* são as duas principais bactérias a contribuírem para a acidez, ou azedume, na cerveja. Lactobacilos são capazes de fermentar tanto em presença como em ausência de oxigênio, produzindo ácido láctico, dióxido de carbono e conferindo uma acidez suave e levemente picante.

As fermentações conduzidas com lactobacilos produzem cervejas com final mais fino e limpo do que aquelas que empregam *Pediococcus* que, por sua vez, confere um caráter mais rico e complexo à cerveja. *Pediococcus* fermenta a glicose e a transforma em ácido láctico, sem produzir dióxido de carbono. Os produtores de *sour* mais habilidosos misturam esses dois tipos de bactérias, modulando a fermentação para criar um perfil desejado de acidez na cerveja. Como cada barril pode evoluir de forma diferente, a mistura de cervejas (*blend*) costuma ser uma parte essencial na arte de produzir *sour beers*.

Encantados com os sabores pungentes que essas leveduras selvagens poderiam criar, alguns cervejeiros passaram a usar leveduras *Brettanomyces* já na fermentação primária, produzindo então uma cerveja totalmente fermentada com *Brettanomyces*. Geralmente, essas cervejas são elaboradas em tanques de aço inoxidável, embora as que passam por maturação em barris de carvalho fiquem ainda mais interessantes. Em alguns casos, adicionam-se bactérias para desenvolver melhor a sensação de boca e textura, incorporando maior complexidade e estrutura à cerveja. Nesse caso, é a inclusão de lactobacilos e/ou *Pediococcus* que confere o toque de acidez da cerveja.

Os produtores belgas de *lambics* têm o privilégio de possuir toda a microflora necessária em toda a cervejaria, mas esse nem sempre é o caso dos cervejeiros produtores de *sour beers* do Novo Mundo. A utilização de linhagens leveduras selvagens e bactérias normalmente consideradas "contaminantes" do mosto e da cerveja, pode representar um risco dentro da cervejaria para a produção das cervejas "convencionais" que utilizam leveduras cervejeiras; a contaminação cruzada poderia ser desastrosa. Em função disso, a maioria dos produtores de *sours* mantém essas operações específicas totalmente separadas da produção regular, incluindo a utilização de mangueiras, engarrafadores, tanques específicos ou até mesmo instalações separadas para manter os organismos selvagens afastados.

O desenvolvimento de novas categorias de cerveja durante as últimas décadas, principalmente pelos cervejeiros artesanais americanos, resultou na necessidade de uma nova nomenclatura para descrevê-las. Obviamente, ainda não há consenso sobre tal nomenclatura, mas os termos mais amplamente utilizados atualmente são "*sour beer*" e "*wild beer*". O termo "*wild beer*" normalmente é empregado para fazer referência a qualquer cerveja que apresente o caráter terroso oriundo de leveduras *Brettanomyces*, independentemente de a cerveja ser uma *golden ale* leve ou uma forte *dark stout*. Se o cervejeiro faz uso de bactérias acidificantes na elaboração da cerveja, então ela é designada de "*sour beer*". No caso de a cerveja apresentar tanto caráter de *Brettanomyces* quanto acidez bacteriana, geralmente se diz que a bebida se encaixa nas duas categorias. Esse tipo de debate pode se estender por horas, mas sempre com muito humor, sendo que os cervejeiros se referem carinhosamente às suas leveduras selvagens e bactérias como "criaturas". Independentemente de quanto se possa discutir esse assunto, o que é certo – embora improvável – é que as *sour beers* estão em plena ascensão, especialmente nos Estados Unidos. Assim como a "produção natural de vinhos" vem ganhando força, o mesmo acontece com a produção e apreciação das *sours*, com alguns cervejeiros com novas mentalidades focando muito de suas energias no desenvolvimento de um bravo Novo Mundo de sabor de cerveja.

Ver também ACIDEZ, BERLINER WEISSE, FLANDRES, LAMBIC e OUD BRUIN.

Vincent Cilurzo

South African Breweries Ltd. foi fundada em 1865 como Castle Brewing em Joanesburgo, de onde serviu ao afluxo de mineiros e garimpeiros nas minas de ouro de Witwatersrand. A empresa produziu 75 mil hectolitros em seu primeiro ano. Ela mudou o seu nome para South African Breweries (SAB) dois anos depois, sendo cotada na bolsa de valores local, e estabeleceu sua sede em Londres em 1868. Em 1910 a fundação da Rhodesian Brewery foi sua primeira incursão estrangeira. Para desenvolver matérias-primas localmente, a SAB importou sementes de cevada em 1911. Em 1935, ela cooperou com a rival Ohlsson no desenvolvimento da produção de lúpulo local. O Apartheid, introduzido pelo governo da África do Sul, em 1948, tornou ilegal a venda e o consumo de bebidas alcoólicas pela população negra. Essa proibição só foi revogada em 1962.

Em 1949, a SAB iniciou um enorme programa de expansão, e a produção de cerveja teve início em Bulawayo (Rodésia) e na Zâmbia. Em 1955, a SAB construiu uma nova cervejaria em Joanesburgo, na mesma época em que o governo introduziu um pesado imposto sobre a cerveja. Isso levou a uma queda no consumo, que a SAB tolerou melhor que suas rivais, Ohlsson e Chandlers. A SAB adquiriu ambas em 1956, conquistando um monopólio virtual do seu mercado interno. Entre 1964 e 1966, a SAB obteve licenças para produzir as cervejas Guinness, Amstel e Carling Black Label. Em 1973, construiu novas cervejarias em Botsuana e Angola. Em 1990, quando a Cortina de Ferro foi extinta, a produção total da SAB havia superado 32 milhões de hectolitros, e a empresa iniciou suas primeiras aquisições fora do sul da África. Ela comprou uma cervejaria na Hungria em 1993, e depois adquiriu a prestigiada cervejaria Pilsner Urquell de Pilsen, Tchecoslováquia. Em seguida, ela comprou a Lech, na Polônia, e a Ursus, na Romênia. Então veio a grande jogada: em 2002, ela conseguiu comprar a Miller Brewing, nos Estados Unidos, da Philip Morris, por 5,55 bilhões de dólares, formando uma nova empresa, a SABMiller, a segunda maior cervejaria do mundo.

Ver também SABMILLER.

Glenn A. Payne

Southern Cross é uma variedade de lúpulo da Nova Zelândia que foi lançada em 1994 pelo programa nacional de melhoramento de lúpulo da HortResearch. O Southern Cross é um triploide, o que significa que ele é uma planta estéril que não produz sementes. Sua bagagem genética inclui uma variedade de pesquisa da Nova Zelândia da década de 1950, um lúpulo da Califórnia e o Fuggle inglês. Ver FUGGLE. O Southern Cross possui maturidade precoce-média, apresenta boa produtividade, de aproximadamente 2.400 kg/ha, e um armazenamento pós-colheita relativamente estável. Essa é uma variedade de dupla aptidão, com teor de alfa-ácidos variando entre 12% e 14,5% e teor de beta-ácidos entre 6% e 6,4%. Ela apresenta teor de mirceno relativamente alto, em torno de 59% dos óleos essenciais. O humuleno, de caráter balsâmico e resinoso, atinge cerca de 13%; o cariofileno, de caráter picante, chega a aproximadamente 4%; e o teor de farneseno, de caráter floral, é relativamente alto, de 5%. O aroma resultante remete a limão, com ligeiras notas que remetem a pinho e madeira. A percepção do amargor é suave. Embora os cervejeiros artesanais da Nova Zelândia já estejam familiarizados com o Southern Cross há algum tempo, foi apenas nos últimos anos que os cervejeiros do hemisfério norte o descobriram. Cervejeiros artesanais da Califórnia à Noruega começam agora a empregá-lo, principalmente como lúpulo aromático, em uma ampla gama de estilos de cervejas, desde cervejas de trigo até *saisons* e *pale ales*. Ver AMARGOR.

New Zealand Hops Limited. **NZ Hops – Data Sheet. Southern Cross**. Disponível em: http://www.nzhops.co.nz/varieties/pdf/southern_cross.pdf/. Acesso em 28 out. 2010.

Victoria Carollo Blake

Spalt é uma linhagem pura de lúpulo alemão, por vezes chamada de "Spalter", da região de Spalt, ao sudoeste de Nuremberg, na Baviera, que tem sido uma região de cultivo e comercialização de lúpulo desde meados do século XIV. Ver SPALT, REGIÃO. Em 1538, o Spalt recebeu o primeiro selo de qualidade de lúpulo do mundo, conferido pelo príncipe-bispo de Eichstätt. Ver SELO DO LÚPULO. O selo do lúpulo foi criado visando garantir altos padrões de qualidade. O Spalt ainda é cultivado nessa região, principalmente em fazendas de pequeno a médio porte, onde os solos são profundos e soltos, o que permite o bom desenvolvimento radicular. Essa região recebe 650 mm de chuva por ano, bem como ampla luminosidade solar, ambos necessários para o desenvolvimento do aroma característico do Spalt. Assim como o Hallertauer, o Tettnanger e o Saaz, o Spalt é considerado uma variedade de lúpulo "nobre" devido ao seu conteúdo aromático relativamente alto quando comparado ao seu amargor. Seu aroma delicado e condimentado combina especialmente bem com estilos europeus continentais de cerveja, como *pilsner*, *bock*, *kölsh* e *helles*. O Spalt é considerado um lúpulo clássico para *altbiers*, onde ele apoia o delicado caráter frutado da cerveja. Essa variedade tem maturidade precoce e cresce vigorosamente, possui hastes avermelhadas e ramificações laterais, mas atinge apenas uma modesta produtividade de 1.200 a 1.600 kg/ha. Os teores de alfa- e beta-ácidos variam de 4% a 5%, o que é compatível com o que se observa em outras variedades de lúpulos nobres. O teor de cohumulona é moderado e corresponde de 23% a 28% do total de alfa-ácidos. Quanto aos óleos essenciais dessa variedade, o mirceno apresenta-se em baixa proporção, 15%; o humuleno atinge 25%; o cariofileno, 15%; e o farneseno, de caráter floral, chega a notáveis 15%.

Spalter Hopfen. **The history of spalt hop growing**. Disponível em: http://www.spalterhopfen.com/geschichte_eng.html/. Acesso em 28 out. 2010.

Verband Deutscher Hopfenpflanzer (Association of German Hopgrowers). **The spirit of beer: Hops from Germany**. Disponível em: http://www.cob.sfasu.edu/csc/gharber/public_html/bb/hopfenm_engl.pdf. Acesso em 27 out. 2010.

Victoria Carollo Blake

Spalt, região, é uma área alemã de cultivo de lúpulo localizada em torno da pequena cidade de Spalt, na Francônia, cerca de 30 quilômetros ao sul de Nuremberg, na Baviera. A região é o lar do clássico lúpulo aromático Spalter. O cultivo de lúpulo foi documentado na região em 1341, e nos cem anos seguintes – período considerado por muitos a idade de ouro do cultivo de lúpulo na área de Nuremberg – a região de Spalt, bem como grande parte da área rural em torno de Nuremberg, foi uma próspera área de cultivo de lúpulo. Em 1538, os lúpulos Spalter eram tão valorizados que a região se tornou a primeira a receber, dos poderes feudais da época, o privilégio de utilizar o selo do lúpulo. Ver SELO DO LÚPULO. O selo era colocado em lúpulos embalados para autenticar que eles eram, de fato, lúpulos genuínos Spalter, e isso permitia exigir um preço mais elevado por eles. Nos séculos seguintes, o cultivo de lúpulo na grande área de Nuremberg diminuiu drasticamente, mas a região de Spalt se manteve sempre viável.

Embora a clássica variedade Spalter ainda seja muito cultivada na região, a Spalt Select a ultrapassou em área total cultivada. Além disso, a extensão da área cultivada com Spalter é praticamente a mesma cultivada com Hallertauer Mittelfrueh. Ver HALLERTAUER MITTELFRUEH e SPALTER SELECT. No comércio de lúpulo, o Hallertauer Mittelfrueh cultivado em Spalt é referido como Spalter Hallertau para diferenciá-lo do Hallertauer produzido na região de Hallertau. Pequenas quantidades de Hallertauer Tradition e Perle também são cultivadas. Ver HALLERTAUER TRADITION e PERLE. Na maioria dos anos, a região de Spalt produz menos de 2% do total de lúpulos cultivados na Alemanha.

Val Peacock

Spalter Select é uma variedade de lúpulo alemão de aroma que foi desenvolvido pelo Instituto de Pesquisa do Lúpulo, em Hüll, na região de Hallertau, na Baviera. Ver HALLERTAU, REGIÃO. Ele foi lançado em 1991 e registrado para cultivo comercial em 1993. No mercado de lúpulo, ele é denominado simplesmente de "Select". Esta variedade possui uma genealogia um tanto complexa, mas é primordialmente derivado do Hallertauer Mittelfrueh e do Spalt. Ver HALLERTAUER MITTELFRUEH e SPALT. A região alemã de Spalt cultiva o Select em uma quantidade ligeiramente maior que o seu epônimo Spalter-Spalt, porém o Select é muito mais amplamente cultivado na região de Hallertau que em Spalt. O Select tende a crescer até o topo das espaldeiras sem muitas ramificações laterais, formando uma copa densa na parte superior dessas estruturas, o que dificulta a colheita com as pequenas colheitadeiras alemãs. Alguns produtores testaram a prática alsaciana de conduzir as plantas sobre fio inclinado a 30° em relação à vertical, a fim de alongar o caminho até o topo, produzindo menos crescimento na parte superior da espaldeira e mais crescimento embaixo. Ver LÚPULOS FRANCESES. Essa técnica reduz dificuldades de colheita e pode inclusive aumentar a produtividade. A própria planta tende a amarelecer suas folhas mais baixas no final do verão, como se estivesse sofrendo de uma doença ou de deficiência nutritiva, mas isto é normal e não parece comprometer a produtividade. As flores secas possuem uma aparência mais grosseira que a maioria dos lúpulos e apresentam uma coloração característica com nuanças amareladas. Suas flores são frequentemente menores que de outras variedades e, quando secas, elas tendem a despedaçar-se facilmente.

O aroma do Spalter Select é facilmente distinguível tanto do Hallertauer Mittelfrueh quanto do Spalter-Spalt. Ele possui um fundo com notas picantes e herbáceas similares às notas desses dois lúpulos, mas conta ainda com um aroma característico e intenso de doce que o torna instantaneamente reconhecível. O Select produz em média 1.900 kg/ha e possui de 3% a 6,5% de alfa-ácidos, 2,5% a 5% de beta-ácidos, 21% a 27% de cohumulona e de 0,6% a 0,9% de óleos essenciais. O Select possui ótima resistência à murcha do *Verticillium* e boa resistência ao míldio, mas resistência apenas moderada ao oídio. Ele permanece relativamente estável durante armazenamento e é colhido do meio para o final da safra.

Val Peacock

A **Spaten, Cervejaria**, é considerada a cervejaria alemã mais significativa para o desenvolvimento da cerveja *lager*. Os registros sugerem que houve uma Cervejaria Spaten, um *brewpub* na verdade, em Munique em 1397, mas somente no início do século XIX os Sedlmayrs – possivelmente a mais prestigiada família cervejeira de Munique – passaram a comandá-la, quando a Spaten, que significa "pá", se tornou sua propriedade. Gabriel Sedlmayr (o Velho) comprou a Cervejaria Spaten em 1807, e rapidamente a transformou na cervejaria líder de Munique. Ver SEDLMAYR, GABRIEL DER ÄLTERE.

Grande parte do crédito pelo lugar da Spaten na história da produção de cerveja se deve a Gabriel Sedlmayr (o Jovem), que abraçou a invenção da máquina a vapor de mais de uma maneira. Ele viajou de trem pela Europa para estudar técnicas cervejeiras na Áustria, Suíça, Prússia, Bélgica e Grã-Bretanha, onde cervejeiros exploravam vigorosamente o controle da temperatura.

Em 1821, a Spaten ajudou a financiar o primeiro motor a vapor da Baviera. Mais tarde, em 1844, Gabriel aumentou a produção de cerveja com a introdução da energia a vapor na Spaten e, com isso, a cervejaria consolidou a sua reputação como produtora de *lagers* mais escuras (*dunkel*) no estilo de Munique. Um ano mais tarde, um dos pupilos de Gabriel, Jacob Christian Jacobsen, fundou a Carlsberg Brewery em Copenhague usando levedura da Spaten, também se especializando em *dark lagers*.

Inigualável em sua busca pela excelência na produção de cerveja, em 1841, apenas um ano antes da aparição da *pilsner* em Pilsen, na Boêmia, a Spaten introduziu a primeira cerveja *lager* de cor âmbar da Europa Continental, a Märzen. Ela chegou ao mercado bávaro ao mesmo tempo que uma outra *amber lager*, a *Vienna lager* da Dreher Brewery, agraciou pela primeira vez as torneiras da capital austríaca. Em 1872, a Franziskaner-Leist Brewery, embora (ainda) não fizesse parte da Spaten, mas de propriedade de Joseph Sedlmayr, irmão de Gabriel, o jovem, lançou uma *oktoberfest beer* especial, estranhamente nomeada "Märzen-Bier" produzida "à moda de Viena". A atual cerveja Spaten Oktoberfest ainda é amplamente produzida de acordo com a receita da Franziskaner-Leist de 1872. Um ano mais tarde, em 1873, a Spaten encomendou o primeiro sistema operacional de refrigeração contínua de todos os tempos, projetado por Carl von Linde. Cerca de duas décadas mais tarde, em 1894, ela se tornou a primeira cervejaria da Baviera a produzir uma *lager* de tom claro, a Spaten Münchner Hell, usando uma variação do método de produção da Pilsner de 1842. Ver LINDE, CARL VON e PILSNER.

A Spaten adotou o logotipo da pá em 1884, como uma inovadora jogada de marketing. Em 1922, as cervejarias da Spaten e da Franziskaner-Leist foram formalmente unidas. Em 1997, a empresa se juntou com a Löwenbräu Brewery. Em 2003, essa nova empresa foi posteriormente comprada pela Anheuser-Busch InBev.

As cervejas Spaten incluem a Münchner Hell (5,2% de álcool em volume ABV), a Doppelbock Optimator (7,2% ABV), a Oktoberfestbier (5,9% ABV) e uma *pils* (5% ABV).

Dornbusch, H. **Bavarian helles**. Boulder: Brewers Publications, 2000.
McFarland, B. **World's best beers**. London: Aurum Press, 2009.

Ben McFarland

spile, às vezes chamado de pino de barril, é um pino de madeira ou de plástico destinado a controlar manualmente a entrada e a saída de dióxido de carbono (CO_2) e de ar pelo orifício do *shive* durante a refermentação e extração da cerveja em *cask* tradicional. Ver SHIVE. Os *spiles* têm um formato cônico afunilado de aproximadamente 20 a 30 milímetros de comprimento para encaixar no orifício do *shive* e são ajustados manualmente com martelo de madeira ou borracha.

Existem dois tipos de *spiles*. "Pinos macios" são feitos de uma madeira muito porosa, como junco, bambu ou alburno, que permite que os barris ventilem lentamente para fora o CO_2 durante o período de refermentação. "Pinos duros", feitos de madeira dura (carvalho, sicômoro) ou *nylon*, retêm o gás da refermentação da cerveja (CO_2) e evitam a entrada de ar quando a cerveja não está sendo extraída. *Spiles* de madeira são descartados depois de um único uso, mas *spiles* de plástico podem ser reutilizados depois de uma limpeza apropriada.

Miles, J. **Innkeeping.** 9. ed. Boulder: Brewing Publications, 1985.
O'Neill, P. **Cellarmanship.** 4. ed. St. Albans: Camra, 2005.

Chris J. Marchbanks

Sri Lanka é uma república insular próximo à costa sudeste da Índia. Antigamente, era chamada de Ceilão. A produção de cerveja na ilha teve início em 1860, principalmente para atender às necessidades dos plantadores ocidentais de chá. Os estilos de cerveja preferidos dos habitantes do Sri Lanka mudaram pouco desde essa época, e, apesar do clima tropical, o Sri Lanka é apreciador de *stouts* com alto teor alcoólico.

O Sri Lanka é o lar de mais de 21 milhões de pessoas, e apesar de muitas delas não consumirem essa bebida, o comércio de cerveja no país é competitivo. A maior cervejaria do Sri Lanka é a Lion Brewing Company, que produz 83% de todas as cervejas do país. A dinamarquesa Carlsberg detém 25% das ações da Lion Brewing. A empresa exporta para o Reino Unido, Japão Austrália e ilhas Maldivas. Em 1998, a empresa construiu uma nova cervejaria em Biyagama, cerca de 25 quilômetros a leste de Colombo, a maior cidade do país, substituindo uma centenária e ultrapassada unidade fabril em Nuwara Eliya. A Lion Brewing também possui uma segunda fábrica, porém menor, em Colombo. Três cervejas constituem o portfólio da empresa: *lager, strong* e *stout*. A Lion Stout, uma robusta *foreign stout* que lembra as cervejas de meados do século XVIII, é uma cerveja que impressiona, repleta de sabores de chocolate, rum e de frutas escuras, com 8% de álcool em volume. Além disso, a empresa produz as cervejas Carlsberg.

A segunda maior cervejaria do Sri Lanka é a Asia Pacific Breweries, que se instalou no país em 2005. Possui uma cervejaria em Mawathagama, que produz uma série de cervejas Kings, incluindo uma *lager* e uma *stout*. A menor cervejaria do país é a Three Coins Brewery, em Colombo, que é propriedade da McCallum. Seguindo a preferência de estilo nacional, a empresa produz a cerveja Sando Stout.

Jackson, M. Disponível em: http://www.beerhunter.com/documents/19133-001402.html/. Acesso em: 11 jan. 2011.

Barrie Pepper

St. Gallen foi um mosteiro na Suíça fundado como um pequeno eremitério e claustro por um missionário irlandês chamado Gallus, por volta do ano de 590. Ao longo de séculos, esse mosteiro se tornou uma fonte importante de conhecimento e cultura europeia de produção cervejeira. Pelos anos 720, o eremitério atingira o *status* de mosteiro, e por volta de 800, durante o reinado de Carlos Magno, tornou-se uma abadia imperial. Pouco mais de vinte anos depois, suas instalações incluíam uma igreja, um claustro, uma biblioteca, uma escola, um hospital, um albergue para peregrinos, salas de jantar, os quartos dos monges, dormitórios para trabalhadores e comerciantes, casa de hóspedes para os visitantes de classe alta, gramados e jardins elaborados, oficinas, casas de banho, latrinas, um moinho movido a água e três cervejarias. Por fim, St. Gallen evoluiria para a maior e mais sofisticada cervejaria do mundo em operação de seu tempo, e sua luz de cultura espiritual e material brilharia em toda a Europa Central. Temos excelentes relatos contemporâneos disso, preservados no plano arquitetônico do mosteiro de St. Gallen, elaborado no ano de 829, e em uma crônica de 1060 escrita pelo abade de St. Gallen Ekkehard IV, intitulada *Casus St. Galli* (*O Caso de St. Gallen*). Ambos os documentos agora estão na Biblioteca de St. Gallen, a Stiftsbibliothek, um patrimônio mundial da Unesco.

Cada uma das três cervejarias do mosteiro dedicava-se à produção de um tipo diferente de cerveja. A primeira bebida era uma cerveja forte chamada *celia*, feita de cevada, algumas vezes de trigo, ou frequentemente dos dois. Ela era reservada apenas para o abade, seus companheiros mais próximos e seus visitantes da alta sociedade. A segunda bebida, chamada *cervisa*, era uma cerveja de sabor leitoso e ácido, geralmente feita de aveia e flavorizada com ervas e algumas vezes com mel; a versão com mel era chamada *cervisa mellita*. Essa era a cerveja diária dos monges e peregrinos, e era consumida como água durante o dia. A terceira bebida, chamada *conventus*, era uma "*small beer*" rala, feita a partir das mosturas finais das cervejas mais fortes e misturadas com o extrato fresco de aveia malteada. Ver SMALL BEER. Ela era produzida especificamente para os trabalhadores leigos da abadia e para os mendigos.

As três cervejarias de St. Gallen representaram a primeira instalação verdadeiramente de produção de cerveja em larga escala da Europa. Elas espalhavam-se por quarenta edifícios e rendiam, talvez, de 10 a 12 hectolitros de cerveja por dia. Eram necessários mais de cem monges, o dobro de servos e um número ainda maior de alunos da escola do mosteiro para cuidar dos campos de aveia, trigo e cevada e para operar as cervejarias. No celeiro, os monges debulhavam os grãos colhidos e os umedeciam até que germinassem. Secavam em uma sala separada, em um forno que dividia sua fonte de aquecimento com uma tina de fervura. Uma vez completamente malteados, eles grosseiramente esmagavam os grãos em dois pilões enormes movidos a água. Cada tina cervejeira servia tanto como tina de mostura quanto como tina de fervura. Enquanto a maioria das tinas de mostura da época eram aquecidas por pedras quentes jogadas dentro da mostura, ou apenas pela infusão de água quente, as tinas de St. Gallen eram diretamente aquecidas com fogo. Elas eram colocadas sobre fornalhas arredondadas cujas paredes eram feitas de uma malha de galhos de salgueiro preenchida com argila. Cada fornalha era grande o suficiente para um monge ficar em pé e remendar as paredes de argila. Uma chaminé ao topo da fornalha conduzia a fumaça ou para o ar aberto ou para dentro do forno de secagem de malte. Os monges retiravam o mosto com baldes de madeira das tinas através de filtros de palha prensada e o despejavam em tonéis de madeira plana, feitos de troncos ocos de árvores. Esses tonéis ficavam em salas resfriadas adjacentes às cervejarias. A fermentação ocorria em tanques de madeira separados colocados entre cubas de refrigeração. Apesar da levedura e de seu papel na fermentação ainda serem desconhecidos na época, os monges de St. Gallen já tinham aprendido que adicionar um pouco de cerveja já fermentada de um tanque vizinho (rico em leveduras ativas) a um lote fresco ou derramar o mosto fresco sobre os sedimentos deixados por um lote anterior acelerava a fermentação. Os monges também aprenderam que misturar os resíduos da cerveja fermentada com a massa de pão fazia o pão crescer mais rápido. A cerveja de St. Gallen era, sob todos os aspectos, de boa qualidade e consistente, um grande feito na Idade Média, quando o conhecimento da humanidade sobre micróbios ainda era nulo.

Ver também SUÍÇA.

Horst Dornbusch

Standard Reference Method (SRM)

Standard Reference Method (SRM) é o método para a avaliação da cor do mosto ou da cerveja conforme publicado pela American Society of Brewing Chemists. Ver AMERICAN SOCIETY OF BREWING CHEMISTS (ASBC). A cor é medida em uma cubeta de caminho ótico de 1,27 cm com comprimento de onda de 430 nm. O valor de absorbância resultante é multiplicado por dez para resultar no valor de cor, e por qualquer fator de diluição se a amostra necessita ser diluída para resultar em uma coloração que se localize na faixa de medição confiável do espectrofotômetro. Se um caminho ótico de 1 cm for utilizado (a maioria das cubetas de espectrofotômetro apresentam esse caminho ótico), então o fator de multiplicação será 12,7 em vez de 10.

No método de avaliação de cor da European Brewery Convention (EBC), o caminho ótico de 1 cm é utilizado, mas o fator de multiplicação é 25. Assim, os valores de cor resultantes da escala EBC são duas vezes superiores aos valores determinados pela escala ASBC. Uma leitura também é feita a 700 nm para avaliar o nível de turbidez na amostra, o que pode ser um problema principalmente para os mostos. Se A_{700} for menor que $0,039 \times A_{430}$, então a amostra é suficientemente límpida. Se esse critério não for atendido, então a amostra necessita ser filtrada ou centrifugada e a análise, repetida.

Shellhammer, T. H. Beer color. In: Bamforth, C. W. (Ed.). **Beer: a quality perspective**. Burlington: Academic Press, 2009, p. 213-227.

Charles W. Bamforth

Stander é uma variedade de cevada de seis fileiras para malteação desenvolvida pelo dr. Donald Rasmusson, da University of Minnesota, e lançada em 1993. A variedade foi nomeada por sua grande resistência ao acamamento, isto é, sua capacidade de "ficar em pé" apesar da chuva e ventos fortes. Ver RESISTÊNCIA AO ACAMAMENTO. A Stander possuía maior produtividade, uma estatura um pouco mais baixa e amadurecimento um pouco mais tardio do que as outras variedades cultivadas na época. Os progenitores da Stander foram as variedades Excel e M80-224, uma linhagem de melhoramento da University of Minnesota. A Stander apresenta resistência à mancha marrom e transporta o gene *RPG1*, que lhe confere resistência às cepas de ferrugem do caule atualmente predominantes nos Estados Unidos. Essa cevada foi cultivada principalmente nas planícies setentrionais (Minnesota, Dakota do Sul e Dakota do Norte), onde, em 1996, compôs quase 40% da área cultivada. Embora a Stander tenha sido inicialmente aprovada como uma variedade de cevada para malteação pela American Malting Barley

Association, ela rapidamente caiu em desuso entre cervejeiros americanos, pois uma alta porcentagem de proteína solúvel dificultava seu uso na sala de brassagem. Os agricultores também tiveram problemas com ela, pois tinha tendência a brotar antes da colheita. Como resultado, a área cultivada com Stander caiu para menos de 5% em 2000.

Rasmusson, D. C.; Wilcoxson, R. D.; Wiersma, J. V. Registration of "Stander" barley. **Crop Science**, n. 33, 1993.

Kevin Smith

starkbier é uma agora antiquada categoria de tributação federal alemã que foi definitivamente abolida no dia 1º de janeiro de 1993. Literalmente, o termo significava "cerveja forte" e fazia referência a cervejas com extrato original – determinado em graus Plato – superior a 16 °P. Essa designação teria englobado particularmente o estilo *doppelbock*. Ver DOPPELBOCK, ESCALA PLATO e EXTRATO ORIGINAL. Para maiores detalhes sobre as novas e antigas leis tributárias alemãs, ver VOLLBIER.

Horst Dornbusch

Staropramen, Cervejaria, fundada em 1869 e localizada no distrito de Smíchov, em Praga, já foi a maior cervejaria da República Tcheca. Atualmente no segundo lugar, seu principal produto, uma *golden lager* encorpada, conhecida simplesmente como Staropramen, é vendida em mais de trinta países ao redor do mundo. Após a construção da cervejaria, a primeira batelada cerimonial foi produzida em 1º de maio de 1871, e foi disponibilizada para venda em 15 de julho de 1871.

Em 1891, a Cervejaria Staropramen produziu 140,2 mil hectolitros de cerveja por ano. A cervejaria continuou a crescer, mas foi atrapalhada pela Primeira Guerra Mundial e seus efeitos posteriores, pois as matérias-primas para a produção de cerveja escassearam. No entanto, na década de 1930 a cervejaria voltou a produzir cerveja em um ritmo recorde. Em 1939 ela produziu 859,6 mil hectolitros.

Após a Segunda Guerra Mundial, a Staropramen foi nacionalizada, mas continuou a produzir cerveja, e na década de 1960 produzia 1 milhão de hectolitros por ano. Em 1992, a empresa Pražské Pivovary foi criada e assumiu a Staropramen e a cervejaria Braník, também da República Tcheca. Uma terceira cervejaria, Ostravar, foi incorporada à empresa em 1997.

A empresa foi comprada pela InterBrew da Bélgica em 2000. Em um esforço para voltar às suas raízes e fazer a cervejaria mais identificável para o público, a Pražské Pivovary foi renomeada Pivovary Staropramen em 2003. Em 2009, a Pivovary Staropramen foi adquirida por um grupo de investimento que posteriormente alterou o próprio nome para StarBev.

A Staropramen continua a produzir várias marcas de cerveja, incluindo uma *lager* que leva o nome da cervejaria, Světlý (*pale*), Černý (*dark*) e a avermelhada Granat (*garnet*), produzida a partir de uma receita que a cervejaria diz remontar a 1884.

Ver também REPÚBLICA TCHECA.

Correspondência com Pavel Barvik, gerente de negócios corporativos, Pivovary Staropramen a.s. Jan. 2011.
Informações Oficiais da Pivovary Staropramen a.s., InBev e StarBev.
Pivovary Staropramen. Disponível em: http://www.pivovarystaropramen.cz/web/en/o_nas/historie/. Acesso em: 10 jan. 2011.

John Holl

steam beer. Mesmo sendo atualmente uma designação requerida por um único produtor de São Francisco, a "*steam beer*" já foi um estilo de cerveja amplamente difundido na Califórnia. Na segunda metade do século XIX, muitas pessoas migraram para o oeste, atraídas pelas promessas da corrida do ouro e por grandes espaços abertos. A cerveja, sem dúvida, as acompanhou. Ao final do século XIX, um estilo nativo chamado "*steam beer*" era produzido por cerca de 25 cervejarias só em São Francisco. Em 1902, o livro *American Handy Book of the Brewing, Malting and Auxiliary Trades* (Manual Americano de Produção de Cerveja, Malteação e Atividades Auxiliares), de Wahl e Heinus, contava: "Essa cerveja é amplamente consumida em todo o estado da Califórnia. Chama-se *steam beer* devido às suas altas propriedades efervescentes e quantidade de pressão (*steam*, "vapor") que exibe nos envases comercializados. A pressão varia de 40 a 70 libras quando envasada, dependendo da quantidade de *kräusen* adicionada, da temperatura, do intervalo de tempo até ser consumida, da distância entre a adega e as torneiras de chope etc.".

Não faltam outras explicações para a origem da denominação *steam beers*, mas há consenso de que esse estilo obedece a alguns métodos gerais de produção: leveduras *lagers* (de "baixa fermentação") são empregadas para fermentar a cerveja a temperaturas mais elevadas, resultando em uma mescla harmônica entre os estilos *lager* e *ale*. A combinação entre a demanda por cervejas tipo *lager*, naquela época famosa em todo o mundo, e a ausência de refrigeração disponível aos cervejeiros americanos que conquistavam as fronteiras ocidentais conduziram à produção de cervejas que se adequavam tanto aos requisitos taxonômicos quanto aos recursos disponíveis. No fim das contas, essa cerveja tornou-se um estilo por si só. Os primórdios desordenados da produção de *steam beer* têm relação com sua preferência entre as classes trabalhadoras daquele período, guardando certa semelhança com o desenvolvimento da *porter* durante a Revolução Industrial, em Londres. As citações literárias da *steam beer* também indicam uma reputação pouco sofisticada. Conforme a refrigeração e técnicas modernas mais consistentes de produção de cerveja chegavam ao oeste americano, as cervejarias passaram a produzir estilos de *lagers* mais estritamente definidos, o que resultou na quase extinção da *steam beer*.

Em 1965, Fritz Maytag, herdeiro da empresa de máquinas de lavar de sua família, envolveu-se com a Anchor Brewing Company, que operava em São Francisco desde 1896 sob esse nome, mas que estava então à beira da falência. Ele não só salvou a cervejaria ao adquiri-la de imediato como também deu nova vida à sua *steam beer*, que permanece até hoje como carro-chefe da empresa. Durante anos a Anchor Steam foi um produto restrito a São Francisco, mas a partir da década de 1980 se tornou disponível em todo o território americano, assim como fora do país.

Diversas cervejarias americanas e de outros países têm incluído a palavra "*steam*" ao nome de suas cervejas, aludindo às centrais de energia que alimentam suas tinas e máquinas. No entanto, acredita-se que de fato a *steam beer* deva seu nome a alguma associação com seus procedimentos de produção ou de serviço. Um deles estava associado com o "vapor" (*steam*), ou excesso de carbonatação que precisava ser dissipada dos barris de cerveja fresca antes do serviço. Outro aspecto dizia respeito ao método de resfriamento do mosto após a fervura, fazendo-o passar para recipientes largos e rasos que propiciavam maior área de superfície em contato com o ar frio externo, levando à formação de uma névoa densa e característica de vapor. Esse procedimento de resfriamento também é consistente com a pouca disponibilidade tecnológica da produção cervejeira daquela época e local.

Outro aspecto interessante da mitologia sobre a *steam beer* é a maneira enciumada com a qual a Anchor Brewing protege o nome associado ao estilo de seu principal produto. Uma e outra vez, ela veio a reafirmar sua posse sancionada por lei (marca registrada desde 1981, geralmente respeitada) da palavra "*steam*" quando associada a cervejas e produção de cerveja. Cartas já apareceram nas soleiras das portas de vários cervejeiros, pedindo-lhes que deixassem de utilizar até mesmo referências indiretas ou lúdicas ao termo "*steam beer*", sob a ameaça de processos judiciais para que a solicitação fosse prontamente atendida. Em geral, os cervejeiros americanos recalcitrantes têm sido mantidos sob controle, mas a Anchor tem encontrado dificuldades em manter sua soberania com a mesma energia além das fronteiras americanas. A canadense Sleeman, por exemplo, foi uma das que conseguiram desafiar a tentativa da Anchor de proibir a comercialização de uma cerveja sob o nome *steam beer* ao provar o emprego do termo no Canadá antes de sua introdução no país pela Anchor. A cervejaria Maisel, de Bayreuth, Baviera, também produz uma "*steam beer*" (*dampfbier*), alegadamente em referência às antigas máquinas a vapor, hoje exibidas junto a equipamentos mais modernos. Uma das consequências dos direitos obtidos pela Anchor é o emprego do termo "*California common beer*", em referência ao estilo americano *steam beer*, por diversas entidades julgadoras, incluindo a Beer Judge Certification Program e a Brewers Association, que supervisiona tanto a competição da World Beer Cup como o Great American Beer Festival. A nova designação, politicamente correta e quase desprovida da graça do Velho Oeste, parece desencorajar a emulação de uma cerveja que apresenta um interessante – e democrático – *pedigree* histórico.

Uma vez que a cerveja da Anchor permanece solitária na comercialização legal das *steam beers* americanas, é apropriado fazer algumas observações sobre sua aparência e impressão global. Com coloração âmbar-escura, a Anchor Steam exibe uma carbonatação intensa, um pouco além do habitual. O sabor fresco deve-se à utilização de leveduras *lagers* e do lúpulo Continental, mas também ganham evidência sabores maltados e um frutado típico de uma fermentação realizada a temperaturas mais elevadas. Vale salientar que essa característica híbrida deve ter servido como "porta de entrada" para os leigos em cerveja nos primórdios do movimento das cervejarias artesanais. Alguns anos mais tarde, a Boston Beer Company (produtora da Samuel Adams Boston Lager) e diversas outras cervejarias americanas fariam uso de práticas similares em suas próprias cervejas. Talvez uma *steam beer* com qualquer outro nome possa ainda ter um gosto tão bom.

Ver também ANCHOR BREWING COMPANY.

Anchor Brewing. Disponível em: http://www.anchorbrewing.com. Acesso em: 20 out. 2010.
Jackson, M. **The new world guide to beer**. Philadelphia: Running Press, 1988.
Mosher, R. **Radical brewing: recipes, tales and world-altering meditations in a glass**. Boulder: Brewers Publications, 2004.
Smith, G. **Steam beer**. Disponível em: http://www.realbeer.com. Acesso em: 14 ago. 2010.

Dick Cantwell

Steel's Masher. Desenvolvido e patenteado na Inglaterra em 1853, Steel's Masher é um dispositivo para hidratar os grãos moídos, eliminar a mistura manual da mostura com pás e otimizar o controle de temperatura durante o início da mostura. Projetados especificamente para uso nas mosturações por infusão com temperatura única de descanso, um Steel's Masher é um equipamento importante que permite ao cervejeiro controlar tanto o fluxo de malte (por uma válvula de deslizamento) quanto o fluxo de água cervejeira a fim de manter uma temperatura consistente ao longo da brassagem e obter uma excelente umidificação e mistura.

Durante o processo de iniciação da mostura, o conjunto de grãos (malte moído) é introduzido pelo topo do Steel's Masher e faz um ângulo reto, entrando em um trado horizontal de alimentação. A água cervejeira é introduzida ou antes ou também pelo trado de alimentação, então a mistura passa através de uma série de pás ou hastes de mistura, onde o malte é completamente misturado com a água. Quando o grão sai do Steel's Masher, está completamente umedecido. A mostura então é introduzida na tina de mostura. A isto se chama "*doughing inn*". Os Steel's Mashers modernos são equipados com sensores sofisticados de temperatura e válvulas de mistura de água que permitem o controle preciso da temperatura da mostura assim que ela entra na tina de mostura.

Versões do Steel's Mashers permanecem em uso em muitas cervejarias inglesas de cerveja ale e em algumas cervejarias artesanais norte-americanas.

Mitch Steele

Steffi tem sido uma das cevadas cervejeiras de primavera de duas fileiras mais bem-sucedidas do mundo. Desenvolvida pela Ackermann Saatzucht GmbH & Co. em Irlbach, na Baviera oriental, tem sido popular entre os agricultores, malteadores e cervejeiros desde o seu registro para uso comercial em 1989. Como um malte base para brassagem, a Steffi produz mosturas de baixa viscosidade e altos valores de extrato, que resultam em mostos de boa fermentabilidade. De acordo com a lista oficial do Bundessortenamt (a agência de licenciamento de culturas agrícolas do governo alemão), as qualidades favoráveis gerais da Steffi incluem homogeneidade de grãos, uma elevada porcentagem de grãos com diâmetro superior a 2,5 mm, baixos valores de proteína e produtividade agronômica bastante elevada, bem como resistência a doenças no campo supreendentemente alta. A Steffi parece ser praticamente a única variedade imune ao carvão da cevada (*Ustilago nuda*), um fungo patogênico destrutivo que se propaga facilmente através de esporos, especialmente em condições úmidas durante o período de amadurecimento da planta. Ver CARVÃO. Enquanto a maioria das variedades de cevada possua um ciclo de vida comercial, da introdução até o total desuso, de cerca de uma década, a Steffi tem sido cultivada durante o dobro desse período, tanto na Europa como na América do Norte. Embora em declínio, a Steffi ainda era o cultivar preferido em 0,7% de todas as plantações de cevada na Alemanha em 2009. A Steffi ainda é especialmente procurada pelos agricultores orgânicos, que valorizam a sua robustez natural incomum – uma grande vantagem na produção orgânica, em que herbicidas químicos e pesticidas não são permitidos.

Ver também MALTE DE DUAS FILEIRAS.

Bundessortenamt Blatt für Sortenwesen (German certification agency annual report). Disponível em:

http://www.bundessortenamt.de/internet30/index.php?id=23/.

Thomas Kraus-Weyermann

stein é a palavra alemã para pedra. Para as pessoas que não falam alemão, ela geralmente denota um recipiente específico de beber cerveja que se tornou onipresente na Baviera no século XIX. Por séculos, os alemães beberam cerveja nos *pubs* em grandes jarros comunais de barro, os quais eram passados de boca em boca. O Congresso de Viena, que acabou com as Guerras Napoleônicas em 1815, promoveu décadas de paz e prosperidade, durante as quais mais e mais donos de *pubs* se tornaram capazes de arcar com suas próprias canecas de cerveja. Estas eram geralmente feitas de excelentes argilas de grãos finos forneados a altas temperaturas em vez de barro, e esmaltadas com sal para um acabamento fino. Exemplos mais refinados eram complexamente decorados.

Os *beer gardens* sombreados por castanheiras ou tílias tornaram-se moda em meados do século XIX, o que levou ao surgimento da caneca *stein* com tampa de estanho para manter a cerveja livre de insetos e folhas. Ver BEER GARDENS. As primeiras *steins* tinham formatos e tamanhos variados, mas um conjunto de leis bávaras, sancionadas entre 1809 e 1811, obrigava todas as *steins* a partir daquele momento a conterem a mesma quantidade de cerveja, mais especificamente uma "*mass*" de Munique, que é exatamente 1,069 litro. Quando a Baviera se juntou ao recém-criado Segundo Império Alemão, de Bismarck, em 1870, a antiga caneca *stein* da Baviera foi redimensionada para exatamente 1 litro. Ao mesmo tempo, *steins* de baixo custo começaram a ser produzidas em massa com logos de cervejarias, o que levou ao gradual desparecimento das tampas de estanho.

O golpe final para a caneca *stein*, contudo, veio em 1878, quando Lorenz Enzinger, um engenheiro da Baviera, inventou o filtro de cerveja. Assim que os cervejeiros se viram capazes de fazer cerveja clara e brilhante, adotaram copos de vidro transparentes e mais baratos, que eram agora produzidos em massa. Contudo, a *stein* não saiu completamente de moda. Em muitos salões e *beer gardens* tradicionais na Baviera, e mesmo ao redor do mundo, os estabelecimentos às vezes servem suas *lagers* (nunca *ales*) em *steins* – mas invariavelmente em *steins* sem tampa, que podem ser limpas mais fácil e higienicamente nas lavadoras de louça modernas. "*Steins*" aberrantemente bregas são muito vendidas para turistas na Baviera, mas as *steins* antigas estão entre os objetos mais colecionáveis relacionados à cerveja, e exemplares refinados já foram vendidos em leilões por milhares de dólares.

Ver também BAVIERA.

Der Bayerische Masskrug und das bayerische Bier.
   Disponível em: www.zur-wurst.at/. Acesso em: 10 set. 2010.

Horst Dornbusch

steinbier, "cerveja de pedra", é uma *ale* elaborada com o emprego de pedras quentes, originalmente feita sem a utilização de qualquer equipamento metálico. Cervejarias de *steinbier* eram típicas do sul da Áustria e de algumas regiões da Baviera até o início do século XX. O método de elaboração foi supostamente desenvolvido por agricultores que não dispunham de tinas cervejeiras adequadas. O aquecimento da mostura e a fervura do mosto não eram induzidos com aquecimento direto da tina, mas pela adição de pedras extremamente quentes em recipientes de madeira contendo a mostura ou o mosto. A maioria das rochas não serve para esse propósito porque a mudança brusca de temperatura promove o rompimento da peça. Um tipo de rocha, contudo, parece resistir a alterações extremas de temperatura; é conhecida como "grauvaca" ("*gray wacke*"). Esse tipo de rocha é bastante comum na Caríntia, o estado mais meriodional da Áustria, e foi nessa região onde se deu o desenvolvimento da *steinbier*.

Essa cerveja era produzida em recipientes de madeira. As pedras eram aquecidas sobre fogueiras e jogadas na tina de mosturação para promover o aquecimento do mosto; após a drenagem, a mesma tina ou outro recipiente similar era empregado para ferver o mosto. A consequência da adição de pedras quentes à mostura – e mais efetivamente ao mosto – era uma fervura espontânea do líquido em contato com a superfície delas. Os açúcares do mosto também caramelizavam instantaneamente, ao passo que a rocha liberava parte da defumação adquirida no contato com o fogo direto no qual havia sido aquecida. Tal procedimento, obviamente, era bastante perigoso, e podia facilmente terminar com o cervejeiro queimado pelo mosto ou a cervejaria consumida pelo fogo.

Esse método de produção bastante primitivo parece remontar a milhares de anos e se disseminou pelo mundo, mas a grauvaca é típica dessa região da Europa. Rochas superaquecidas têm sido utilizadas na produção de cerveja em fazendas por séculos, embora raras na prática cervejeira profissional nas vilas ou cidades. Os cervejeiros profissionais recusavam-se em aceitar os cervejeiros de *steinbier* em suas corporações porque o uso de recipientes metálicos era visto como crucial para a arte cervejeira. Quando equipamentos modernos se disseminaram, na segunda metade do século XIX, a maioria das cervejarias de *steinbier* não pôde sobreviver à dura competição. A Holzleger foi a última cervejaria de *steinbier* da Áustria (e provavelmente do mundo); foi fundada na pequena aldeia de Waidmannsdorf, próximo a Klagenfurt, em 1645, e parou de operar em 1917, provavelmente devido à escassez de matéria-prima para a produção de cerveja durante a Primeira Guerra Mundial. Nesse ano, sua produção foi de 690 hectolitros.

Muito depois de a *steinbier* haver desaparecido do mapa, suas técnicas de produção foram redescobertas pela Sailer Bräu Franz Sailer, em Marktoberdorf, Baviera. Aqui, as pedras de grauvaca eram postas em grandes gaiolas de metal, aquecidas sobre madeira de faia e transferidas para uma tina convencional. As pedras, recobertas por açúcar caramelizado, eram posteriormente introduzidas no tanque de fermentação, conferindo à cerveja uma mescla única de sabores defumados e a caramelo. A produção foi interrompida quando a Allgäuer Brauhaus (uma subsidiária da Radeberger) adquiriu a cervejaria de Marktoberdorf em 2003. Algumas outras cervejarias tentaram produzir *steinbiers*, incluindo a Leikeim, da cidade de Altenkunstadt, na Frânconia. Sua *steinbier* é uma *lager* com notas discretas a caramelo e fumaça.

Conrad Seidl

Steinecker

Ver KRONES.

Stella Artois

Stella Artois é uma marca de cerveja do tipo *"international pilsner"*, atualmente de propriedade da Anheuser-Busch InBev e distribuída no mundo todo, com um teor alcoólico de 5% a 5,2% ABV, dependendo da localização.

A Stella Artois é produzida sob contrato na Austrália e no Reino Unido, mas surgiu originalmente na cidade belga de Leuven, onde, segundo registros tributários, a cervejaria Den Horen ("o chifre") já estava instalada desde 1366. Embora o logotipo com a imagem de um chifre da Stella Artois e grande parte da comercialização da marca aludam ao nome Den Horen e à data de 1366, o nome Artois só se vinculou à cervejaria depois do século XVIII, quando o mestre cervejeiro Sebastian Artois batizou a cerveja com seu nome em 1717.

Mais de duzentos anos depois, em 1926, a Stella Artois foi lançada como uma edição limitada de Natal significando "estrela". Como teve êxito na própria Bélgica, passou a ser produzida permanentemente, e em 1930 já era exportada para outros países europeus.

A Bélgica é famosa por suas *ales* saborosas e peculiares, de modo que muitos entusiastas da cerveja ficam surpresos ao descobrirem que cervejas tipo *international pilsners* tão pouco atrativas respondam por mais de 70% do mercado cervejeiro nesse país. Na Bélgica, a Stella Artois é considerada no máximo uma cerveja bastante comum – a recordista de vendas belga é sua conterrânea, a Jupiler.

Um dos mercados de maior êxito da Stella Artois foi o Reino Unido durante as décadas de 1980 e 1990, quando sua campanha publicitária *"Reassuringly Expensive"* (algo como "reconfortantemente cara") e fortes laços com a arte cinematográfica levaram-na a ser a principal marca *premium* de cerveja *lager*, vendendo 352 milhões de litros em 2001. No entanto, desde então a Stella foi perdendo sua estrela em meio a associações com o consumo excessivo de álcool, com os denominados *lager louts* (episódios de vandalismo praticados por pessoas embriagadas), e devido ao lamentável apelido da cerveja no Reino Unido, *"wife-beater"* ("espancador de esposas").

Apesar disso, a Stella Artois ainda se mantém como uma das marcas de *lager* mais populares no mundo e uma das líderes de importação nos Estados Unidos. É produzida utilizando lúpulos, cevada, milho, água e leveduras.

Ben McFarland

Sterling

Sterling é um lúpulo semelhante ao Saaz que foi desenvolvido pelo programa de melhoramento de lúpulo do Departamento de Agricultura dos Estados Unidos (USDA) em Corvallis, no Oregon. O

Sterling foi desenvolvido por Al Haunold em 1990 a partir de um cruzamento entre um clone de planta fêmea de Saaz não contaminada por vírus e uma variedade macho do USDA cuja genealogia inclui o Cascade e uma complexa ancestralidade europeia. O Sterling foi lançado por John Henning e Al Haunold em 1999. Para um lúpulo semelhante ao Saaz, o Sterling produz tipicamente um alto teor de alfa-ácidos (8,1%), ao passo que o teor de beta-ácidos equivale a 4,7% em média. A fração dos alfa-ácidos composta pela cohumulona corresponde aproximadamente a 24%. O perfil de óleos essenciais, entretanto, é tipicamente similar ao do Saaz, parcialmente em função dos níveis relativamente altos de farneseno. O Sterling é levemente suscetível ao míldio, mas tolerante ao oídio, aos ácaros e afídeos do lúpulo. As plantas de Sterling frequentemente exibem um amarelecimento de sua folhagem (clorose) durante intenso aquecimento no verão.

Henning, J. A.; Haunold, A. **Notice of release of "Sterling", a high-yielding Saazer-type hop cultivar.** Washington: USDA-ARS Government Press, 1999.

Shaun Townsend

Stewart, Graham, dr. (1942-), nascido em Cardiff, País de Gales, está entre os cientistas cervejeiros mais influentes das últimas décadas. Enquanto dirigiu o grupo de pesquisa da Labatt Brewing Company, no Canadá, a equipe desenvolveu e implementou o uso da *high gravity brewing* (mosturação de alta densidade) e a *ice beer*. Seu grupo de pesquisa na Heriot-Watt University, na Escócia, aumentou a compreensão da indústria cervejeira sobre a bioquímica das leveduras no que se refere ao processo de produção de cervejas.

O grupo de pesquisa de Stewart na Labatt fez um trabalho pioneiro que explicou os mecanismos de floculação da levedura e foi, também, um dos primeiros grupos cervejeiros a realizar pesquisas genéticas avançadas no desenvolvimento de cepas de leveduras tolerantes a altas temperaturas. Esses trabalhos foram, mais tarde, usados na indústria de produção de etanol. Stewart ocupou alguns cargos técnicos na Labatt Brewing e, de 1986 a 1994, foi diretor técnico da companhia.

Em 1994, o dr. Stewart retornou ao Reino Unido e ao ambiente universitário, onde ocupou a posição de diretor e professor do Centro Internacional para a Produção de Cerveja e Destilação na Heriot-Watt University (1994-2007). Muitos estudantes da indústria cervejeira e de destilação foram treinados e orientados por ele nessa função.

Stewart fez grandes contribuições para a literatura cervejeira com mais de trezentas publicações, incluindo livros, patentes, artigos de revisão, artigos e trabalhos científicos.

Ele continua a trabalhar ativamente com estudantes e pesquisadores da indústria cervejeira como professor emérito em Produção de Cerveja e Destilação na Heriot-Watt University.

Ver também FLOCULAÇÃO e HERIOT-WATT UNIVERSITY.

Inge Russell

sticke bier é um nome atribuído em geral a uma versão especial de *altbier* de alta fermentação no estilo de Düsseldorf, normalmente caracterizada por seu teor alcoólico mais alto e caráter mais pronunciado que a versão tradicional.

O termo deriva de *"stickum"*, que no velho dialeto de Düsseldorf quer dizer "fofoca". No contexto da cerveja, sugere que o cervejeiro exagerou um pouco na hora de acrescentar os ingredientes de um determinado lote, resultando em um sabor mais intenso. Diz a lenda que aqueles de posse da informação escolhiam passar a alguns poucos o "segredo" de que um determinado lote era mais encorpado por causa da "generosidade" do cervejeiro. Nos tempos modernos, o caráter afirmativo da *sticke* é intencional, resultado de um desenho preciso da receita.

Embora cervejeiros ao redor do mundo tenham usado o termo *"sticke"* para descrever uma versão mais imponente de *altbier*, na Alemanha o nome surgiu no *brewpub* Zum Uerige, que fica na Altstadt – "Cidade Velha" – de Düsseldorf. Algumas outras poucas cervejarias de Düsseldorf produzem uma *altbier* sazonal mais forte, cada qual com seu próprio nome. A Zum Schlüssel ("A Chave") denomina a sua de "Stike" (simplesmente omitindo a letra "c" para apropriar-se do nome), e um outro cervejeiro de *pub*, Ferdnand Schumacher, intitula sua *altbier* especial de "Latzenbier", possivelmente em referência às vigas de madeira onde os poucos barris de madeira costumam descansar longe da vista dos clientes menos privilegiados.

Essas *altbiers* especiais apresentam um caráter de lúpulo bastante pronunciado em comparação com as *altbiers* tradicionais e outros estilos alemães. O amargor de lúpulo de uma *sticke* típica pode chegar a elevados valores de 60 IBU, comparado com a média de 30 a 40 IBU das *altbiers* convencionais. Assim como no caso de outras *altbiers*, a cor tende a um acobreado-escuro até um marrom-claro, com notas frutadas ao paladar resultantes da fermentação mais quente. O teor alcoólico varia de 5,5% a 6,0%, enquanto as *altbiers* comuns do dia a dia apresentam um padrão de 5,0%.

A disponibilidade de *sticke bier* ou *altbier* especial é considerada um evento especial. Na Zum Uerige, a *sticke* é vendida apenas duas vezes ao ano, na terceira terça-feira de janeiro e outubro. A Zum Schlüssel serve sua "Sticke" sempre na última quartas-feiras de março e outubro. Schumacher lança sua Latzenbier em meados de setembro e no fim de novembro.

Ver também ALTBIER.

German Beer Institute. Disponível em: http://www.germanbeerinstitute.com/altbier.html/. Acesso em: 18 maio 2011.

Jackson, M. **Beer companion**. Philadelphia: Running Press, 1993.

Neidhart, M. B. **Personal communication**. United, International.

Uerige Sticke. Disponível em http://www.uerige.de/de/produkte/bier/uerige_sticke/. Acesso em: 18 maio 2011.

Phil Markowski

stock ale, juntamente com a *old ale* e a *barley wine*, é um de três estilos britânicos tradicionais e aparentados de *ales* encorpadas e frutadas. As primeiras referências a *stock ales* aparecem em livros de produção de cerveja do final do século XVIII. No entanto, as definições dessas categorias, tanto técnica quanto historicamente, nunca chegaram a ser muito precisas. Muito provavelmente as *stock ales* eram geralmente mais encorpadas, já que eram produzidas a partir da primeira fração de alta densidade de uma partida brassagens (*parti-gyle*). Além disso, passavam também por um estágio de maturação em barris que poderia durar de vários meses a um ano. Esse processo suavizava os sabores pesados, por vezes até enjoativos, e as tornava mais agradáveis. Com o tempo, as *stock ales* oxidavam durante o armazenamento, incorporando notas lácticas e mofadas devido à ação de lactobacilos e *Brettanomyces* nos barris. Houve um tempo em que essa acidez, desde que o sabor não tivesse caráter avinagrado, era considerada desejável. Ver BRETTANOMYCES, EXTRATO ORIGINAL, LACTOBACILOS, OLD ALES, OXIDAÇÃO e PARTI-GYLE.

As cervejas denominadas *stock ales*, apesar de exibirem uma característica maltada acentuada, eram normalmente mais lupuladas do que as *old ales* e apresentavam um teor alcoólico de pelo menos 7,5% ABV, mas frequentemente um valor próximo a 9% ABV. A principal contribuição para esses elevados teores vinha do próprio mosto, mas algumas receitas pediam uma adição de até 25% de açúcar na tina de fervura. Os efeitos conservantes do álcool em abundância e do amargor de lúpulo provavelmente são os responsáveis pelo nome "stock" ale; tratava-se certamente de uma cerveja para ser guardada, ao contrário das *"running beers"*, que eram feitas para serem consumidas logo após a fermentação. Os taberneiros que se dispunham a mesclar diferentes tipos de cerveja para os clientes, incluindo as lendárias *"three-threads"* ("três cortes"), provavelmente também adicionavam *stock ale* para conferir uma complexidade extra. Ver THREE-THREADS. Contudo, uma versão contemporânea mais crítica a respeito das mesclas de *three-threads* era de que representava uma ocasião para os taberneiros se desfazerem da cerveja residual oxidada e impalatável contida nos barris. A *barley wine*, o terceiro tipo clássico de *strong ale* britânica, foi um estilo que surgiu bem mais tarde que as *stock ales* e *old ales*. Desenvolvida como uma espécie de cerveja caseira para a aristocracia britânica, a *barley wine* só chegou a alcançar o mercado comercial ao final do século XIX. A primeira cerveja comercializada como *barley wine*, de fato, foi lançada só em 1903 pela Bass com o nome de "Bass #1", também uma cerveja obtida a partir da primeira extração de mosto. Os cervejeiros artesanais americanos modernos produziram algumas *stock ales* menos pesadas que as suas antepassadas britânicas, e geralmente sem caráter láctico. Essas cervejas, embora sejam levemente mais encorpadas que as *pale ales* comuns, não costumam apresentar o mesmo teor alcoólico que as clássicas britânicas, mas podem superá-las no que diz respeito à carga de lúpulos, tanto aromáticos como de amargor. A maioria delas é relativamente clara, algo tradicional, já que as receitas de meados do século XIX pedem apenas maltes claros.

Lodahl, M. **Old, Strong and Stock Ales**. Disponível em: http://www.brewingtechniques.com/library/styles/2_5style.html. Acesso em: 27 jan. 2011.

Horst Dornbusch

stouts compõem uma categoria do estilo de *ales* fermentadas a temperaturas mais elevadas e distintas por sua coloração escura, variando desde uma coloração marrom-opaca intensa até o preto, bem como um distintivo caráter torrado de chocolate amargo ou café. Ambas as características advêm do uso de grãos torrados empregados na elaboração dessas cervejas. As tradicionais receitas inglesas de *stouts* apoiam-se no amargor dos grãos torrados para conferir um final mais seco e, consequentemente, tendem a apresentar um caráter de lúpulo muito discreto. As versões americanas produzidas artesanalmente, no entanto, costumam exibir um lúpulo mais proeminente.

As *stouts*, tal como as conhecemos, evoluíram a partir da *stout porter*, que era um estilo bastante popular em Londres durante o século XIX. Embora o termo *"stout"* tenha surgido na Inglaterra do século XVIII como forma de descrever uma versão com alto teor alcoólico e mais pronunciada de qualquer estilo de cerveja, com o tempo foi se tornando mais intimamente associado com o estilo *porter*. Ao final do século XIX, as *porters* convencionais perderam espaço e a designação *stout porter* acabou sendo simplificada para *stout*.

Existem muitos tipos diferentes de *stouts*. O mais conhecido deles é o *Irish dry stout*, popularizado pela Guinness. Apesar da cor, o chope *Irish stout* é um estilo bastante suave, e seu teor alcoólico raramente chega a ultrapassar os 4% ABV característicos da Guinness. Outro estilo de cerveja bastante conhecido é o *oatmeal stout*, ao qual adiciona-se aveia para a obtenção de uma sensação de boca mais complexa, macia e uma boa formação de espuma. A *sweet stout*, ou *milk stout*, produzida com a adição de lactose, por outro lado, tem se tornado menos comum desde seus tempos áureos mais de um século atrás. Ultimamente, outros estilos de *stouts* vêm ganhando popularidade. A *imperial stout*, produzida primeiramente na Inglaterra para o imperador russo

Cartão-postal, *c.* 1910, exibindo uma primeira versão da famosa campanha publicitária *"Guinness is Good for You"* ("Guinness faz bem para você"). E. & J. Burke, uma empresa importadora de bebidas de Nova York, engarrafava e distribuía Guinness sob o rótulo "Guinness Foreign Stout" e chegou a dominar as exportações da marca para os Estados Unidos. PIKE MICROBREWERY MUSEUM, SEATTLE.

Pedro, o Grande, tornou-se bastante comum entre os cervejeiros artesanais, particularmente nos Estados Unidos. Essas cervejas normalmente apresentam teor alcoólico superior a 8% ABV e as melhores delas são bem encorpadas, intensas e complexas, geralmente exibindo sabores e aromas de frutos secos, café e chocolate amargo.

Ver também FARSONS LACTO MILK STOUT, IMPERIAL STOUT e OATMEAL STOUT.

Cornell, M. **Beer: The history of the pint**. London: Headline Book Publishing, 2003.
Jackson, M. **Beer**. New York: DK Publishing, 2007.
Papazian, C. **Brewers Association 2010 beer style guidelines**. Boulder: Brewers Association, 2010.

Mirella G. Amato

Strainmaster é um equipamento desenvolvido e patenteado pela Anheuser-Busch no final dos anos 1950 para separar os sólidos insolúveis da mostura – o grão descartado – do líquido – o mosto que se torna cerveja. Ele funciona essencialmente como uma alternativa às tinas de filtração e filtros de mosto tradicionais. O Strainmaster é um grande recipiente retangular com paredes internas inclinadas que formam uma moega no fundo. A parte inferior do equipamento contém várias linhas para o mosto, cada uma equipada com uma série de tubos de extração (chamados de aletas) que são perfurados para permitir ao mosto entrar no tubo enquanto mantém as partículas de grãos para fora. Para esse escoamento, a mostura é bombeada para dentro do Strainmaster a partir do topo, uma vez que as linhas de mosto e os tubos de extração estejam cobertos, o mosto é extraído e retorna novamente ao topo da camada de grãos, similar ao *"vorlaufing"* na tina de filtração. Ver VORLAUF. Quando o mosto retorna límpido, ele é desviado para a tina de fervura, enquanto a limpidez e a densidade do mosto são monitoradas no *grant*. A taxa de extração para cada linha de mosto é ajustada para a máxima eficiência de filtração. A exemplo do que acontece com as técnicas convencionais de mosturação e filtração do mosto, a camada de grãos no Strainmaster é aspergida com água cervejeira quente para extrair completamente o extrato utilizável. Ver ASPERSÃO DO MOSTO. Quando a tina de fervura está cheia, o escoamento é paralisado e o fundo da moega abre-se, descarregando o bagaço de malte para dentro de um tanque receptor localizado abaixo. O Strainmaster é então lavado antes de ser enchido com a próxima mostura. A principal vantagem do Strainmaster comparado com as técnicas tradicionais de filtração do mosto é sua rápida drenagem. Enquanto a filtração convencional do mosto pode durar de 90 a 120 minutos, o Strainmaster geralmente completa a mesma tarefa em cerca de uma hora. Como o Strainmaster consegue operar com uma camada de grãos razoavelmente profunda, ele ocupa apenas cerca de metade da área de uma tina de filtração convencional. Contudo, o Strainmaster tem algumas desvantagens. Por não ter rastelos ou facas para afofar a camada de grãos bastante comprimidos, falta a ele a ferramenta necessária para aliviar filtrações travadas (*stuck mash*). Ele também produz 5% a 8% menos extrato do que uma tina de filtração de mosto a partir da mesma quantidade de grãos, uma das razões pelas quais até a inventora do Strainmaster, a Anheuser-Busch, abandonou o conceito durante a década de 1980.

Ver também FILTRAÇÃO DO MOSTO e *STUCK MASH*.

Mitch Steele

strike temperature refere-se à temperatura da água cervejeira quente utilizada na mostura. Embora o termo seja, algumas vezes, utilizado em referência à temperatura inicial (que pode ser morna) de processos de mosturação com temperatura programada, é mais frequentemente utilizado em referência ao processo britânico de mosturação por infusão, que utiliza uma única temperatura. Na produção britânica tradicional de cerveja, tanto a mosturação como a filtração do mosto ocorrem no mesmo recipiente. A produção de extrato a partir dos grãos da mostura requer controle cuidadoso da temperatura de mosturação, porque esta controla a atividade enzimática que quebra o amido, as proteínas e os materiais da parede celular para criar o mosto.

A faixa mais adequada de temperaturas para essa quebra na tradicional mosturação por infusão britânica é de 60 °C a 70 °C, porque essa faixa cobre a atividade ótima da amilase, enzima que digere o amido. No limite inferior da faixa de temperatura, um mosto altamente fermentável será produzido, enquanto no limite superior o resultado será um mosto mais espesso e menos fermentável. Os cervejeiros escolhem suas temperaturas de mosturação de acordo com as características do mosto exigidas para a produção de um estilo específico de cerveja.

É fundamental atingir a temperatura-alvo de mosturação, e isso se consegue pela adição de água cervejeira quente ao conjunto de grãos moídos quando entra na tina de mosturação/filtração do mosto. A temperatura da água cervejeira deve ser superior à temperatura-alvo de mosturação, porque o malte inevitavelmente estará em uma temperatura menor. Usualmente, a *strike temperature* está ao redor de 75 °C a 80 °C. Cálculos são empregados para atingir tal temperatura e requerem uma medição da temperatura do conjunto de grãos moídos e uma estimativa da perda de calor do processo. Considerando a *strike temperature* da água, a temperatura do conjunto de grãos moídos, a temperatura da sala e a temperatura do recipiente de mosturação, assim como a textura da mostura, o sucesso na obtenção da temperatura de mosturação desejada costumava ser tanto uma arte quanto uma ciência. Em muitas cervejarias artesanais de pequeno porte, ainda é.

Uma maior *strike temperature* em relação à temperatura final de mosturação também ajuda na digestão do amido, porque os grânulos de amido intumescem e gelatinizam em altas temperaturas, expondo o amido à água quente cervejeira a fim de promover a sua dissolução e a quebra enzimática.

Na decocção e no processo de mosturação com temperatura programada, uma *strike temperature* mais baixa pode ser necessária, porque o material da parede celular e as proteínas exigem diferentes faixas de temperatura para a sua digestão, geralmente 35 °C a 50 °C para as paredes celulares e 45 °C a 50 °C para proteínas.

Ver também MOSTURAÇÃO, MOSTURAÇÃO COM TEMPERATURA PROGRAMADA e MOSTURAÇÃO POR INFUSÃO.

Keith Thomas

Strisselspalt é a variedade de lúpulo de aroma mais cultivada na região francesa da Alsácia, próximo a Strasbourg. É considerada uma variedade de linhagem pura, ou seja, uma planta originada a partir de polinização cruzada, domesticada e adaptada à região. Seu perfil se assemelha ao do Hersbrucker Spät, também uma linhagem pura, da qual se acredita que o Strisselspalt derivou. Ver HERSBRUCKER SPÄT. Geneticamente, esse lúpulo é também similar ao Lublin, ao Northdown e ao Progress. Ver LUBLIN, NORTHDOWN e PROGRESS. Seu aroma de lúpulo é agradável e de intensidade moderada, e ele é principalmente empregado em *lagers* de estilo internacional e cervejas de trigo. Uma cerveja clássica cuja base de lúpulo é o Strisselspalt é a cerveja alsaciana *bière de mars* ou *bière de printemps*, a cerveja de primavera local, um tanto intensa e bem maturada – a interpretação alsaciana da *märzenbier*. Ver MÄRZENBIER. Algumas décadas atrás, a gigante Americana Anheuser-Busch era de longe a maior consumidora do Strisselspalt, mas desde a sua fusão com a empresa belgo-brasileira InBev, em 2008, o Strisselspalt desapareceu totalmente da lista de pedidos de lúpulos da nova entidade. O Strisselspalt também é comercializado sob os nomes Alsace, Elsasser (ou Elsässer, em alemão), Precoce de Bourgogne e Tardif de Bourgogne. Na cervejaria, ele pode ser substituído pelo Mount Hood ou pelo Crystal. Ver CRYSTAL e MOUNT HOOD.

O Strisselspalt tem maturidade tardia e produtividade entre 1.500 e 2.000 kg/ha. Possui hastes vermelhas e verdes e produz flores vistosas de tamanho médio, com estabilidade média pós-colheita, mantendo de 60% a 70% dos alfa-ácidos após seis meses de armazenamento à temperatura ambiente. Sua resistência a doenças é baixa pois ele é suscetível às linhagens francesas e inglesas de *Verticillium* causador de murcha e não apresenta nenhuma resistência ao míldio e ao oídio. Nas flores do Strisselspalt, a relação entre alfa- e beta-ácidos é de aproximadamente 1:1, com alfa-ácidos variando de 3% a 5%, dos quais cerca de 20% a 25% de cohumulona. O mirceno corresponde a aproximadamente 25% dos óleos essenciais do Strisselspalt; o humuleno, em média a 20%, o cariofileno, a quase 10% e o farneseno, a menos de 1%.

Murakami, A. Hop variety classification using the genetic distance based on RAPD. **Journal of the Institute of Brewing**, v. 106, p. 157-161, 2000.

Victoria Carollo Blake

Stroh Brewery Company. As marcas dessa cervejaria foram vendidas para a Pabst e Miller em 2000. A Stroh era a quarta maior cervejaria dos Estados Unidos no momento da sua venda, mas já não era rentável. O fim da Stroh, de muitas maneiras, simbolizou o último suspiro das grandes marcas regionais que nunca conseguiram de fato vencer o desafio das cervejarias nacionais dos Estados Unidos. Em 1850, Bernhard Stroh, um imigrante alemão de 28 anos de idade, fundou a Lion's Head Brewery, em Detroit, Michigan, produzindo uma cerveja *light lager* ao "estilo boêmio". Após sua morte, em 1882, seu filho, Bernhard Stroh Jr., assumiu a empresa e mudou seu nome para B. Stroh Brewing Company. Em 1902, o nome foi mudado novamente, dessa vez para The Stroh Brewery Company, nome sob o qual foi incorporada em 1909. No século XX, a cervejaria se tornou famosa pela sua cerveja "*fire-brewed*" ("produzida no fogo"). As tinas da cervejaria eram aquecidas diretamente por chamas alimentadas a gás, em vez do moderno método de aquecimento a vapor. O elevado calor sob a tina caramelizava ligeiramente os açúcares do malte presentes no mosto, o que alegadamente dava às cervejas Stroh um excelente e profundo sabor de malte. Ver AQUECIMENTO POR FOGO DIRETO. O negócio familiar enfrentou dificuldades durante a Lei Seca, produzindo "*near beer*" (cerveja sem álcool), refrigerantes e sorvetes, e novamente se tornou uma das principais cervejarias dos Estados Unidos quando a Lei Seca terminou em 1933. Mas uma greve de trabalhadores em 1958 parou a cervejaria, e isso permitiu que várias marcas nacionais se firmassem nos principais mercados da Stroh, incluindo Detroit. O CEO Peter Stroh, da quarta geração, assumiu a empresa em 1968 e realizou uma série de aquisições como estratégia para se manter competitivo contra as gigantes emergentes Anheuser-Busch e Miller. Em 1995, Peter Stroh foi substituído pelo CEO William Henry, o primeiro não membro da família a administrar a empresa. Ele continuou realizando aquisições, e comprou a Heileman Brewing Co. em 1996. Com essas aquisições e suas próprias marcas, a Stroh compilou uma longa lista de fracas marcas regionais em seu portfólio: Pabst, Schaefer, Schlitz, Rainier, Olympia, Old Milwaukee, Lone Star e Colt 45. Além disso, a empresa produzia a Samuel Adams Boston Lager e a Pete's Wicked Ale sob contrato. Essas duas marcas eram líderes no mundo das cervejas artesanais, mas seu crescimento não foi grande o suficiente para cobrir as dívidas de 700 milhões de dólares assumidas pela empresa para comprar outras cervejarias regionais. Depois de um século no mercado cervejeiro, a empresa deixara de ser viável, entrando em colapso em 2000. Em 2010, o portfólio da Stroh tinha sido dividido entre a Pabst e a MillerCoors, mas todas as marcas são fisicamente produzidas pela MillerCoors.

The Stroh Brewery Company. Disponível em: http://www.fundinguniverse.com/company-histories/The-Stroh-Brewery-Company-Company-History.html/. Acesso em: 18 maio 2011.

Stephen Hindy

stuck mash, um pesadelo em pequenas e grandes cervejarias, ocorre quando o mosto não é filtrado corretamente em uma tina de filtração ou de mostura, levando a um escoamento baixo ou insignificante.

Idealmente, o mosto produzido pelo processo de mosturação é drenado através de uma camada filtrante constituída por partículas de cascas, deixando os sólidos insolúveis para trás e se clarificando. Em alguns casos, a digestão é incompleta e a mostura não drena facilmente da tina de filtração ou de mostura (em sistemas britânicos de produção de cerveja, a mostura e a filtração são tipicamente realizadas em apenas um recipiente), resultando em uma *stuck mash* (mostura presa). Geralmente, a camada filtrante fica obstruída com uma matriz de proteínas e gomas de paredes celulares semidigeridas e não consegue filtrar o mosto. As *stuck mashes* podem ser um grande problema em uma cervejaria e levam à rejeição das brassagens e muita irritação ao cervejeiro.

Uma *stuck mash* é geralmente causada por malte mal modificado, malte com teor de proteína muito alto, com alto teor de beta-glucanos ou pela adição de uma quantidade excessiva de adjuntos. Os adjuntos em geral não possuem enzimas e seu uso excessivo pode resultar em um nível muito baixo de enzimas de mostura, necessárias para atingir uma conversão adequada. Ver ADJUNTOS. Ocasionalmente, um erro no controle de temperatura pode levar ao aquecimento excessivo da mostura, desnaturando as enzimas e inativando-as. Encher demais a tina de mostura pode também causar uma *stuck mash* pela pressão e compressão da camada filtrante. Se o malte é moído fino demais, as cascas fraturadas podem ser muito pequenas para filtrar o mosto corretamente, levando novamente a uma *stuck mash*. Uma *stuck mash* pode acontecer também se o cervejeiro tiver tentado escoar a mostura muito rapidamente, forçando as partículas menores para o fundo da mostura, e até mesmo forçando a mostura contra as placas do fundo da tina.

Uma solução simples é agitar a mostura cuidadosamente na esperança de que o reassentamento da camada filtrante a deixe mais aberta e restaure a filtração. O afofamento com o uso de água quente através das placas pode alcançar esse objetivo com menores problemas. Ver AFOFAMENTO. Se isso não funcionar, os cervejeiros que contam com agitadores mecânicos em suas tinas de filtração podem agitar a mostura com água quente, mais uma vez na esperança de um rearranjo bem-sucedido da camada filtrante. Como último recurso, a adição de enzimas ou, possivelmente, de malte fresco com alta atividade enzimática podem ser necessários.

Para muitos cervejeiros, a frase *"stuck mash"* invoca imagens de longas noites na cervejaria, jantares frios e tentativas de resolução com uma calma zen-budista diante de uma enorme frustração.

Ver também MOSTURA e MOSTURAÇÃO.

Keith Thomas

stuykmanden é uma palavra flamenga para um recipiente usado na mosturação, com formato de balde, perfurado e manualmente operado. As primeiras versões eram feitas de vime; mais tarde, passaram a ser feitos de cobre. O *stuykmanden* está intimamente associado com a tradição flamenga de produção de cerveja de trigo *witbier* (*bière blanche*) da maneira tradicional.

Quando a *witbier* era produzida nos tempos pré-industriais, diversos recipientes tinham que ser simultaneamente utilizados. Em um desses recipientes, a maior parte da mostura, chamada *goed sakken*, contendo malte de cevada moído grosseiramente e trigo e aveia crus, era processada com água fria e misturada manualmente. Após um descanso, o mosto resultante tinha de ser retirado desse recipiente e transferido para uma das tinas do mosto. Mas os fatores combinados da composição de grãos e a baixa temperatura deixavam a mostura muito viscosa e engomada. Essa mostura era impossível de ser escoada através do fundo falso da tina de mostura, e era aí que o *stuykmanden* entrava em uso. Ele era imerso na mostura a partir da superfície, forçando o líquido a escoar através das perfurações para o seu interior, de onde esse líquido poderia então ser sifonado para baldes e daí para a tina de fervura.

Mais adiante no processo de mosturação, o *stuykmanden* também entrava em uso na extração dos mostos com temperatura crescente e teor de extrato decrescente no complicado e extremamente elaborado processo de aquecimento de água e mosto em alguns recipientes, segurando outros, transferindo água e mostos mais fracos para duas mosturas diferentes, e transferindo mostos para as tinas de fervura. Não surpreendentemente, o uso dessa prática na produção de cerveja e o *stuykmanden* não chegaram à era moderna.

Ver também GOED SAKKEN.

Rajotte, P. **Belgian ale.** Boulder: Brewers Publications, 1992.

Anders Brinch Kissmeyer

Styrian Golding é um lúpulo aromático cultivado principalmente na Eslovênia e na província vizinha de Styria, no sul da Áustria. Outros nomes para esse lúpulo são Savinja Golding, nome de um rio da Eslovênia, e Sannthaler, nome de uma cadeia de montanhas dos Alpes na fronteira austro-eslovena. O nome "Styrian Golding" é, entretanto, uma designação parcialmente incorreta, pois esse lúpulo não possui nenhum grau de parentesco com nenhuma variedade inglesa de lúpulo Golding ou East Kent Golding. De fato, o Styrian Golding é geneticamente derivado da variedade inglesa Fuggle. Na década de 1930, as áreas de plantio de Savinja foram devastadas por doenças que afetaram os lúpulos de linhagens alemãs cultivados naquelas regiões. Os produtores, então, viajaram à Inglaterra em busca de novos rizomas e pensaram haver selecionado uma variedade de Golding, de onde veio seu nome. O Styrian Golding tem maturação precoce e é consideravelmente resistente ao míldio, mas é suscetível a afídeos e ácaros do lúpulo. O teor de alfa-ácidos do Styrian Golding encontra-se tipicamente entre 3,5% e 6%; o de beta-ácidos, entre 2% e 3%, com 25% a 30% de cohumulona. Os óleos essenciais são compostos por aproximadamente 30% de mirceno, 37% de humuleno, até 11% de cariofileno e até 5% de farneseno. O aroma do Styrian Golding é delicado e ligeiramente condimentado. É um lúpulo muito versátil e pode ser empregado na produção tanto de *ales* como de *lagers*, e algumas cervejarias britânicas o utilizam para *dry hopping*. Ele é amplamente utilizado na Bélgica e também em diversas cervejarias artesanais que produzem cervejas no estilo belga. O Styrian Golding possui algumas derivações, incluindo vários lúpulos com alto teor de alfa-ácidos, chamados de "Super Styrians", dentre os quais se destaca o Aurora, que atinge aproximadamente 8% de alfa-ácidos na maioria das safras.

Sepp Wejwar

Sudeste Asiático é uma região que compreende dez países delimitada pela Índia, pela China e pelos oceanos Pacífico e Índico. Há pouca tradição cervejeira nativa no Sudeste da Ásia, pois todas as suas nações constituintes, com exceção de uma, viveram períodos de colonialismo. Embora sejam hoje nações independentes, elas ainda mantêm relações comerciais com a Europa. Apenas a Tailândia evitou a colonização, embora a cerveja nesse país possua uma forte influência alemã. As cervejas de estilo *lager* predominam em toda a área, apesar de cervejas *ale* e *stout* serem ocasionalmente encontradas.

Brunei é um sultanato da comunidade britânica na ilha de Bornéu. A comercialização e o consumo de álcool em lugares públicos são proibidos, com algumas exceções aos estrangeiros e não muçulmanos. A ausência de cervejarias em Brunei não chega a surpreender.

Myanmar (ou Birmânia) é uma república independente que cortou seus laços com o governo britânico colonial em 1948. A Mandalay Brewery produz uma cerveja com frutas chamada Mandalay e a incomum *spirulina*, que possui algas em sua composição; a cervejaria alega que esse produto possui propriedades terapêuticas. A Myanmar Brewery, de Rangoon, produz, dentre outras cervejas, a Myanmar e a Tiger, exportando para vários países vizinhos. O consumo *per capita* de cerveja em Myanmar é de 1 litro por ano.

No Camboja (Kampuchea), a produção local de cerveja apresenta pouca influência da antiga colonização francesa no país. Há duas grandes cervejarias na capital Phnom Penh, a Camboja Brewery, que produz as cervejas Gold Crown, uma *pilsner* de estilo europeu, e a Anchor, uma *lager* que pode ser encontrada em toda a região. A recém-construída Kingdom Brewery produz uma cerveja *pilsner* chamada Clouded Yellow e um chope chamado Kingdom's. Na cidade portuária de Kompong Som, uma subsidiária da Camboja Brewery também produz a Anchor e a cerveja Lao, oriunda de Laos, por contrato. A cervejaria Cambrew, construída pela Heineken, produz as cervejas Anghor, Bayou e a Black Panther, uma *stout* com alto teor alcoólico (8,3% em volume).

A Indonésia é uma república composta por mais de 16 mil ilhas. É a quarta nação mais populosa do mundo. Obteve sua independência em 1949, após 350 anos de domínio holandês, e, portanto, ainda há certa influência holandesa na produção de cerveja. A cerveja mais popular é Bintang Star, inspirada no sabor e na embalagem da Heineken, a maior cervejaria holandesa. É produzida em todo o país. A fábrica da Bintang na capital Jacarta também produz a *stout* Guinness Foreign Export. Próximo a Bekasi, a cervejaria Delta produz as cervejas Anker, Anker *stout* e a San Miguel, uma *lager* das Filipinas. A cervejaria Storm Brewing de Bali possui um grande portfólio, que inclui uma *ale* cor de bronze chamada Red Dawn; uma *pale ale* chamada Sand Storm; e a Black Moon, uma *Irish dry stout*. Também produz ocasionalmente cervejas especiais, com ingredientes interessantes na composição, como banana, pimentas e chocolate.

Laos, uma república que se livrou do domínio francês em 1954, é o único país sem litoral na região. A produção de cerveja é realizada pela estatal Laos Brewing Company, auxiliada por investimentos estrangeiros como o da cervejaria dinamarquesa Carlsberg. Há duas cervejarias no país, uma na capital Vienciana e outra na província sul de Champasack. Os principais produtos são Beerlao Lager, Beerlao Dark, um pouco mais saborosa, e Beerlao Gold; todas as três são *lagers*. Outro produto fabricado é a cerveja Carlsberg.

A Malásia é uma monarquia composta por duas áreas separadas pelo mar do Sul da China: metade da península malaia e um terço da ilha de Bornéu. A influência britânica data de mais de dois séculos, mas a empresa dinamarquesa Carlsberg está presente nessa área desde 1903. A Carlsberg Brewery (Malásia), em Selangor, possui um extenso portfólio de cervejas, incluindo as cervejas especiais da Carlsberg, como a Connor's Original Stout, a Corona Light Lager e a Tetley's English Ale. A pequena e recém-construída Jaz Brewery produz uma cerveja com sabor fresco por meio de um sistema alemão de produção.

As Filipinas são uma república de muitas ilhas no oeste do Pacífico, dominadas primeiramente pela Espanha e, em seguida, pelos Estados Unidos, e conquistando a sua independência em 1946. A cerveja San Miguel, a *pale lager* mais vendida no país, é produzida por diversas cervejarias, incluindo uma na capital Manila, onde uma *dark lager* chamada Cevera Negra também é produzida. A *ale* Red Horse e a *lager* Gold Eagle também fazem parte desse portfólio. Na antiga capital Cebu, a Asia Brewery produz as cervejas Colt 45, Beer Na Beer e a gama de cervejas Coors.

Singapura é uma cidade-estado independente localizada em uma ilha próximo à extremidade da península Malaia. A grande cervejaria Asia Pacific produz, além de uma enorme gama de estilos, a famosa marca Tiger, a qual é exportada para sessenta países. Dentre os diversos cervejeiros artesanais e *brewpubs*, a cervejaria Brewerkz é reconhecida por suas *ales* refermentadas em barril, particularmente as *Indias pale ales* e *stouts*. A Archipeligo Brewing, de propriedade da Asia Pacific, é mais aventureira e exibe uma interessante lista de cervejas de trigo, *saisons* e várias cervejas com base na cozinha local.

A Tailândia é uma monarquia constitucional e nunca foi colonizada. Três grupos detêm todas as principais cervejarias do país: a Thai Bev plc, muitas vezes chamada de Cosmos, possui cinco cervejarias, sendo a Chang a principal delas; a Boon Rawd possui três cervejarias, e a Singha e a Leo são suas cervejas principais; e a Thai Asia Pacific, uma importante cervejaria com uma pequena unidade fabril nos arredores da capital Bangkok, produz as cervejas Anchor e San Miguel. Ver BOON RAWD, CERVEJARIA. Entre as cervejas estrangeiras está a Guinness, importada diretamente de Dublin. Atualmente há diversos *brewpubs* em operação.

No Vietnã, após um longo período colonial francês e décadas de guerra, uma certa estabilidade foi alcançada na década de 1990. A cerveja Beer 333 (conhecida como BabaBa) é produzida na capital Hanói e na cidade de Ho Chi Minh, no sul. A Saigon Beer Company é a maior cervejaria do país, produzindo 5 milhões de hectolitros por ano (e almejando produzir 7 milhões de hectolitros em 2010), com a cerveja Saigon como seu principal produto. Exclusividade do Vietnã é a Bia Hoi (cerveja fresca, ou chope), a qual é produzida todos os dias e vendida em barracas e por vendedores ambulantes. Frequentemente servida em jarras plásticas, é uma "*running beer*" clara e muito barata que raramente dura mais de 24 horas antes de se tornar azeda e intragável.

Barrie Pepper

Suécia é um reino localizado na península escandinava, no norte da Europa, onde a produção e o consumo de cerveja têm sido atividades domésticas comuns há milênios. Em escavações, recipientes para consumo de bebidas foram encontrados contendo resíduos de cerveja que datam da Idade do Bronze Nórdica (1700-500 a.C.), enquanto a Suécia só surgiu como nação na Idade Média. Pouco se sabe sobre a era pré-cristã na Escandinávia, pois existem poucos registros escritos remanescentes. Entretanto, ainda existem inscrições da Era Viking no alfabeto rúnico, que registram que a *öl* (*ale*) e especialmente o *mjöd* (hidromel) eram bebidas apreciadas.

Antes da introdução do lúpulo na produção de cerveja, e por um longo tempo após o início de sua utilização, ervas amargas e partes de plantas foram utilizadas para temperar e conservar a cerveja. Algumas das plantas mais utilizadas para esse fim eram bagas de sorva, tamargueira-doce e milefólio. Ver GRUIT.

Sabe-se há algum tempo que a Ordem dos Cistercienses trouxe o lúpulo para a Suécia por volta do ano de 1100; entretanto, uma recente pesquisa genética indica a presença do lúpulo anteriormente a essa data – os *vikings* já tinham trazido lúpulo para casa de algumas de suas numerosas expedições comerciais. Os primeiros registros do uso de lúpulo na produção de cerveja sueca são do século XIII. Na *Upplandslagen* (a Lei de Uppland) de 1296, os lúpulos eram mencionados entre as culturas sujeitas ao dízimo – os camponeses eram obrigados a doar um décimo de sua colheita em espécie para a igreja.

Assim como em muitas partes da Europa, a cerveja era a bebida diária das pessoas, apreciada até mesmo por monges, freiras e crianças. Água potável nem sempre estava disponível e, portanto, até o século XVIII era normal para um adulto beber alguns litros de cerveja por dia. Cada freira da abadia de Vadstena, por exemplo, tinha o direito de consumir até 3 litros de cerveja por dia, e as freiras da abadia de Solberga, 5 litros. Essas cervejas possuíam menor teor alcoólico do que a maioria das cervejas contemporâneas, mas esses volumes certamente nos dão uma imagem clara da importância da cerveja na dieta diária.

Considerando o consumo total de cerveja na sociedade sueca, não é de se admirar que o cultivo de lúpulo tenha desempenhado um papel significativo na economia do país. A fim de reduzir a dependência das importações dessa matéria-prima, os camponeses foram obrigados a cultivá-la. Conforme especificado no *Kristofers landslag*, o direito civil em vigor entre 1442 e 1734, cada camponês era obrigado a cultivar 40 estacas de lúpulo. Esse número foi posteriormente elevado para 200 estacas, que era o montante estipulado por lei em 1734, como parte de um sistema legal que atualmente ainda está em vigor na Suécia. Felizmente para os suecos, essa parte da lei já foi eliminada. O cultivo de lúpulo não é mais comercialmente viável na Suécia, mas há uma pequena fazenda chamada Humlebygget que cultiva lúpulo sem fins lucrativos em Nasum, no sul da Suécia, cultivando cerca de duzentas plantas de lúpulo, principalmente para cervejeiros caseiros e pequenas cervejarias comerciais.

Como outras partes da Europa, a Suécia foi outrora o lar de muitas variedades de cerveja, várias delas hoje desaparecidas. Dois velhos estilos suecos de cerveja que sobreviveram até os dias atuais são *svagdricka* e *gotlandsdricka*. A cerveja *svagdricka* é escura, doce e possui teor alcoólico muito baixo. De fato, a legislação atual não considera mais a *svagdricka* como uma cerveja verdadeira, e sim como uma *lättdryck* (bebida leve), pois seu teor alcoólico é inferior a 2,25% em volume. A *svagdricka* é uma bebida de alta fermentação, não pasteurizada e atualmente adoçada com sacarina. Versões pasteurizadas e de baixa fermentação também existem e se assemelham a uma bebida russa chamada *kvass*. Ver KVASS. Algumas cervejarias ainda produzem a *svagdricka*, mas esse estilo parece possuir um futuro incerto, pois não agrada muito aos consumidores mais jovens.

A *gotlandsdricka* é a única cerveja de produção caseira tradicional que sobrevive à ascensão da industrialização dessa bebida na Suécia, pois ainda é produzida em larga escala da mesma maneira como nos séculos passados. As origens dessa cerveja estão na ilha de Gotland, no mar Báltico, a leste do continente sueco, onde também é conhecida apenas como *dricke* (bebida). A *gotlandsdricka* é defumada, picante e turva. Tradicionalmente a cevada (e às vezes trigo ou centeio) também era malteada em casa, e ainda hoje algumas fazendas produzem seu próprio malte para a *dricke*. A secagem é normalmente realizada sobre fogo direto, normalmente oriundo da queima de madeira de faia, conferindo ao malte notas fortemente defumadas, quase semelhantes a alcatrão. A água cervejeira é normalmente fervida e flavorizada com quantidades generosas de bagas e ramos de zimbro. Embora os atuais produtores da *gotlandsdricka* optem por aço inoxidável e plástico como principais materiais das tinas de mostura, tradicionalmente, essas tinas eram feitas de madeira. De uma forma ou outra, essas tinas são sempre forradas com galhos de zimbro, de preferência dotados de bagas maduras de zimbro azuis, formando um fundo falso de filtração. Isso contribui para o sabor distinto de especiaria da *dricke*. O *lännu* (mosto da *gotlandsdricka*) pode ser fervido brevemente ou por até duas horas, ou pode ser fermentado sem ferver. Os lúpulos são adicionados ao mosto durante a brassagem ou fervura. Alguns cervejeiros fervem apenas uma parte do *lännu* com lúpulo. A fermentação é tipicamente realizada com leveduras de panificação, embora a levedura cervejeira esteja se tornando mais comum, mesmo entre os tradicionais cervejeiros caseiros de Gotland. A *dricke* é consumida extremamente jovem, enquanto ainda está fermentando, e pode-se adicionar açúcar para manter a fermentação e evitar que azede. Grande parte das técnicas de produção da *dricke* são familiares para os amantes da tradicional *sahti* finlandesa, apesar das *sahtis* modernas geralmente não possuírem malte defumado. Ver SAHTI. A *dricke* é particularmente popular como uma bebida festiva para a época da Páscoa, o solstício de verão e o Natal, e há uma competição anual que normalmente reúne cerca de trinta a sessenta inscrições.

Os estilos das cervejas suecas eram todos de alta fermentação até que as coisas mudaram radicalmente em meados do século XIX, quando Fredrik Rosenquist af Åkershult fundou a Tyska Bryggeriet (Cervejaria Alemã), a primeira cervejaria especializada na produção de cervejas *lager* de baixa fermentação. O paladar mais limpo dessas cervejas foi bem-aceito, e a *lager* rapidamente se tornou o padrão, de modo que a tradição cervejeira germânica varreu para longe os velhos estilos de cervejas suecas.

As próximas grandes mudanças vieram na forma de legislação. Um movimento antiálcool, que cresceu fortemente no século XIX, continua a ser influente na Suécia. Durante grande parte do século XX, a cerveja era classificada exclusivamente de acordo com seu teor alcoólico, e as vendas no varejo eram fortemente reguladas. A *starköl* (cerveja com alto teor alcoólico) foi completamente proibida por mais de três décadas, período em que apenas cervejas com baixo teor alcoólico eram prontamente disponíveis. O limite superior do teor alcoólico variou ao longo desses anos, mas nunca ultrapassou 4% de álcool em volume (ABV). As cervejas com teor alcoólico mais elevado, normalmente as *porters*, estavam disponíveis apenas em farmácias e, portanto, somente aqueles com sorte suficiente para obter uma receita médica podiam consumi-la. Uma geração cresceu sem acesso a boas cervejas, e essa triste condição perdurou até 1955, quando foi estabelecido o monopólio estatal da venda de bebidas alcoólicas, *Systembolaget*. A produção e comercialização da *starköl* foi legalizada, mas com um teor alcoólico máximo de 5,6% ABV, o que obviamente deixou muitos estilos interessantes de cerveja ainda fora do alcance dos suecos. Até mesmo a prescrição de um médico não conseguia mais prover a ninguém qualquer outra coisa além disso.

Cervejas com mais de 3,5% ABV estavam disponíveis apenas em lojas da *Systembolaget*, porém as vendas eram muito baixas. Isso mudou drasticamente quando, em 1965, uma nova categoria de imposto, a IIb, conhecida como *mellanöl* (cerveja média), foi introduzida para cervejas com teor alcoólico variando de 3,5% a 4,5% ABV, permitindo, daí em diante, sua comercialização em lojas de produtos alimentícios. Apesar de ser ilegal realizar qualquer publicidade para essas cervejas, elas eram fortemente divulgadas de modo indireto. O consumo de cerveja cresceu, especialmente entre os adultos mais jovens, e as cervejarias começaram a prosperar novamente depois de muitas décadas de crise no setor. De fato, a *mellanöl* foi excessivamente bem-sucedida, o que acarretou uma nova pressão por parte dos grupos antiálcool, culminando, por fim, na abolição dessa categoria de imposto em 1977. Atualmente, qualquer cerveja que possua mais de 3,5% ABV deve novamente ser comprada em um *Systembolaget*.

Todavia, por volta da virada do milênio, o cenário cervejeiro sueco sofreu uma tremenda evolução impulsionada principalmente por três empreendimentos, dois deles legislativos, resultantes da adesão da Suécia à União Europeia em 1995. Em primeiro lugar, a Suécia teve de abolir o limite superior de teor alcoólico da *starköl*; em segundo, teve de abolir o monopólio de vendas por atacado do governo. Isso fez com que praticamente todas as cervejas do mundo pudessem ser encontradas no *Systembolaget*. Os suecos, mesmo nas regiões mais escassamente povoadas, agora podiam beber *barley wines*, *imperial stouts*, *doppelbocks* e cervejas de abadia em casa, e não apenas quando viajavam para o exterior. A partir de 2011, 1.070 cervejas diferentes oriundas de 54 países estavam disponíveis no varejo através de lojas *Systembolaget* por toda a Suécia. Ironicamente, isso confere aos suecos um acesso a uma variedade de cervejas mais ampla do que a encontrada em muitos países sem tal monopólio do governo. Há também muitos atacadistas privados e bares especializados, disponibilizando mais variedades de cervejas além das encontradas no *Systembolaget*.

O terceiro fator de mudança, que antecede os dois fatores legislativos, foi a revolução da produção de cerveja artesanal. Assim como em muitos outros países, no século XX houve um declínio no número de cervejarias na Suécia. De várias centenas no século XIX, apenas um número reduzido de cervejarias *starköl* restou na década de 1980. Sven-Olle Svensson era o dono da Sofiero Bryggeri, uma antiga cervejaria em Laholm, sul da Suécia, que produzira apenas *svagdricka* e refrigerantes por quase um século. Em 1989, Svensson comprou novos equipamentos e adquiriu a licença necessária para produzir *starköl*. Outros cervejeiros logo o seguiram, e atualmente existem mais de quarenta cervejarias na Suécia, um número que cresce a cada ano. Ao contrário da maioria dos cervejeiros alemães, tchecos ou britânicos, que tendem a resumir-se aos seus estilos de cerveja tradicionais, as novas cervejarias suecas aderiram ao espírito do movimento norte-americano de produção de cerveja artesanal e começaram a produzir uma grande variedade de estilos. A produção caseira de cerveja também vem experimentando um renascimento semelhante, e a maioria das cervejarias artesanais são fundadas por antigos cervejeiros caseiros. Há agora razões para que os entusiastas da cerveja sueca fiquem otimistas em relação ao futuro de sua bebida favorita. Os bares de cerveja estão se tornando comuns, e os estabelecimentos culinários estão começando a dar valor à cerveja artesanal como uma bebida versátil que harmoniza muito bem com a comida sueca. O anual Stockholm Beer and Whisky Festival, realizado pela primeira vez em 1992, é hoje um dos maiores eventos cervejeiros da Europa, e festivais cervejeiros menores estão surgindo em toda a Suécia.

Systembolaget. Disponível em: http://www.systembolaget.se/. Acesso em: 6 fev. 2011.

Thunaeus, H. **Olets historia i Sverige del I – Fran äldsta tider till 1600-talets slut** (A história da cerveja na Suécia parte I – dos tempos antigos até o final do século XVII).

Thunaeus, H. **Olets historia i Sverige del II – 1700- och 1800-talen**. (A história da cerveja na Suécia parte II – séculos XVIII e XIX).

Svante Ekelin

Suíça é um país pequeno que desempenhou um papel bem maior na história da cerveja. Poucos entusiastas modernos da cerveja sabem que há indícios de que o início da tradição cervejeira suíça date de 754, ano da primeira menção à produção dessa bebida no mosteiro de St. Gallen, localizado na região norte do atual território suíço. Ver ST. GALLEN. Os documentos mostram que o mosteiro possuía três cervejarias, cada uma produzindo diferentes produtos. A primeira e maior cervejaria servia a comunidade enclausurada, os monges, trabalhadores rurais, funcionários e aprendizes. A segunda era focada na produção de cervejas com valor nutritivo, as quais eram fornecidas aos peregrinos pobres. A terceira cervejaria produzia cervejas especiais, mais finas, com teor alcoólico mais elevado, para serem apreciadas por convidados ilustres. A produção de cerveja e a panificação utilizavam ingredientes semelhantes, de modo que ao lado de cada cervejaria havia uma panificadora. A St. Gallen foi a primeira cervejaria que realmente produziu cerveja em larga escala em toda a Europa. Mais de cem monges e um número ainda maior de aprendizes trabalhavam nas cervejarias do mosteiro.

A St. Gallen disseminou seu conhecimento cervejeiro e colocou a produção da cerveja suíça no mapa da Europa. A partir de então, a produção de cerveja na Suíça seguiu amplamente o mesmo caminho da produção de cerveja da Europa Central até a segunda metade do século XVIII, quando a produção de cerveja suíça experimentou um tipo de renascimento; em 1890, havia cerca de quinhentas cervejarias domésticas saciando a sede da pequena Suíça. Para protegerem-se da concorrência das importações da vizinha Alemanha, os cervejeiros suíços fundaram o Swiss Brewery Club em 1877, precursor da atual Swiss Brewery Association. Em 1935, os cervejeiros suíços deram um passo adiante ao criarem um cartel no país para controlar os canais de distribuição e definir os preços da cerveja para restaurantes e lojas de varejo. Publicamente, os barões da cerveja suíça chamaram esse cartel de "plano de defesa do consumidor". Cada restaurante, desse período em diante, poderia lidar com apenas um distribuidor, o qual abasteceria de cerveja o estabelecimento com base em um contrato de longo prazo. Comercializar as cervejas dos distribuidores de fora da região era estritamente proibido e levava a severas punições por parte do cartel, como boicotes de entrega. Dentro desse sistema, a cerveja estrangeira não tinha chance alguma. Mesmo no final da década de 1980, a fatia de mercado das cervejas estrangeiras na Suíça não era mais do que 1%.

Por trás da confortável proteção do cartel, as cervejarias suíças não se esforçavam para inovar ou realizar qualquer investimento em exportações, ocasionando a diminuição do consumo de cerveja pela população. Por fim, os cartéis entraram em colapso e as cervejas estrangeiras rapidamente "invadiram" o mercado suíço. Nos anos seguintes, as grandes, mas enfraquecidas, cervejarias suíças tornaram-se presa fácil para as estratégias de aquisição das grandes companhias internacionais, como a Heineken e a Carlsberg, que juntas agora detêm cerca de dois terços do mercado cervejeiro do país. Apesar de ainda existirem 45 cervejarias suíças em 1990, em 1998 restavam apenas 24. A maioria dos lúpulos utilizados nas cervejas suíças são de origem alemã, e a maior parte do malte é alemão ou francês. Mais de três quartos de todas as cervejas suíças, atualmente, são *international blonde lagers*; cerca de 15% são cervejas especiais, as quais possuem em sua composição grãos como arroz, milho, trigo e espelta; as cervejas escuras representam menos de 1% do mercado.

No entanto, atualmente está em andamento um novo movimento cervejeiro no país, e inúmeras (mais de cem) novas cervejarias artesanais têm sido inauguradas. Há a Wadi-Bräu e a Turbinen-Bräu em Zurique; Cervejaria Unser Bier (Nossa Cerveja) em Basel; Oufi Bier em Solothurn; Luzerner Bier em Lucerna; a peculiar e criativa Brasserie Franches-Montagnes em Jura; e a Brasserie Trois Dames na Suíça Francesa. Muitas dessas novas empresas são financiadas por seus próprios clientes-bebedores de cerveja que compram ações das empresas recém-

-fundadas. De fato, colecionar certificados de ações de microcervejarias tornou-se um autêntico e organizado passatempo suíço. Em 2010, a Suíça possuía uma população de 7,6 milhões de pessoas e inacreditáveis 254 cervejarias registradas pelas autoridades fiscais do país. Uma nova cultura cervejeira suíça está evoluindo, em grande parte, como uma reação contra as décadas de abuso por parte das "grandes malvadas", e a mídia nacional tem mostrado cada vez mais interesse pelas histórias das pequenas cervejarias e seus cervejeiros – histórias que parecem causar mais impacto no público do que os chamativos anúncios das grandes companhias. Com o aumento da produção de cerveja artesanal, as pessoas ficaram mais sensibilizadas e se voltaram mais para a produção doméstica desse produto, conferindo nova vida ao cenário cervejeiro suíço, outrora moribundo.

Amstutz, T. Schweizer Bierbaron (Swiss Beer Baron). **Die Weltwoche**. Disponível em: http://www.weltwoche.ch/ausgaben/2008-36/artikel-2008-36-schweizerbierbaron.html/. Acesso em: 18 maio 2011.

Dornbusch, H. **Prost! The story of German beer**. Boulder: Brewers Publications, 1998.

Lohberg, R. **Das Grosse Lexikon vom Bier** (The great lexicon of beer). Ostfildern: Scripta Verlags-Gesellschaft mbH, 1982.

Jan Czerny

sulfato de cálcio é um componente crítico na medição da dureza permanente da água (também conhecida como dureza não carbonatada). Essa parte da dureza da água é definida pela soma de todos os íons de cálcio e magnésio associados a ânions tais como cloreto ou sulfato. É referida como dureza permanente devido ao fato de que não precipitará sob a influência do calor. Portanto, o sulfato de cálcio é também um dos principais sais utilizados para melhorar os níveis de cálcio na cerveja. Níveis adequados de cálcio afetam positivamente o processamento da cerveja, pois reduzem o pH, preservam as enzimas da mostura, aumentam o rendimento de extrato, melhoram o crescimento e floculação da levedura, aceleram a remoção de oxalato e reduzem a cor.

O íon sulfato nesse composto é geralmente conhecido por promover uma cerveja mais seca e mais amarga. Burton-on-Trent, na Inglaterra, é a fonte clássica de água com teor elevado de sulfato de cálcio, causado pelos grandes depósitos de gesso da região. A emulação dessa água clássica levou ao termo "*burtonization*", que significa melhorar uma água cervejeira através da adição de sulfato de cálcio. Esse tratamento da água é comum para a produção de *pale ales* e *India pale ales*.

Bernstein, L.; Willox, I. C. Water. In: Broderick, H. M. (Ed.). **The Practical Brewer**. Madison: Master Brewers Association of the Americas, 1977, p. 13.

Kerwin, L. Water. In: Ockert, Karl. **MBAA practical handbook for the specialty brewer, vol. 1, Raw materials and brewhouse operations**. Madison: Master Brewers Association of the Americas, 2006, p. 7-12.

Kunze, W. Raw materials. In: **Technology brewing and malting**. 2. ed. Berlin: VLB Berlin, 1999, p. 69-73.

John Haggerty

sulfeto de hidrogênio, H_2S, é um gás que tem o cheiro característico de ovo podre, o qual facilmente pode ofuscar os sabores de malte e lúpulo frescos. O sulfeto de hidrogênio é altamente volátil e tem um baixo limiar de sabor, medido em partes por bilhão (ppb). Embora os altos níveis de sulfeto de hidrogênio sejam particularmente desagradáveis para o paladar e o nariz, quantidades traços são consideradas uma característica tradicional e aceita para alguns estilos de cerveja, especialmente as *English pale ales* de Burton-on-Trent. Ver BURTON SNATCH. Essas cervejas têm um amargor forte e um final seco que é intensificado por pequenas quantidades de sulfeto de hidrogênio. Outras cervejas que mostram evidentes aromas de ovo podre devem ser consideradas como mal fermentadas e defeituosas.

O sulfeto de hidrogênio é produzido pelo metabolismo normal da levedura, segundo o qual os íons sulfato são levados para o interior da célula e reduzidos para serem transformados nos aminoácidos cisteína e metionina. Níveis baixos de nitrogênio limitam a velocidade dessa reação, deixando um excesso de sulfeto de hidrogênio para ser excretado na cerveja. O estresse da levedura e a autólise provavelmente ocorrerão em paralelo, resultando em um complexo perfil de *off-flavors*. Além disso, o sulfeto de hidrogênio pode combinar-se com compostos de carbonila para produzir *off-flavors* ainda mais indesejáveis, como os aromas intensos de borracha e de vegetal do mercaptano. Fermentações vigorosas, por outro lado, levarão a níveis mais baixos de sulfeto de hidrogênio.

Os níveis de sulfeto de hidrogênio podem ser controlados garantindo-se que os teores de nitrogênio são adequados durante a fermentação e que certa quantidade de oxigênio se encontra disponível em solução no início da fermentação, limitando a condição redutora que promove a formação de H_2S.

Ver também OFF-FLAVORS.

Keith Thomas

sulfitagem (de lúpulos) refere-se a um método tradicional para proteger os cones de lúpulo colhidos contra o efeito de doenças fúngicas foliares, mais comumente míldio e oídio, e melhorar a aparência das flores de lúpulo depois da colheita. Para sulfitar o lúpulo, o enxofre era queimado nas *oast houses* (casa de secagem) para produzir dióxido de enxofre, um composto que tem uma longa história no controle do crescimento microbiano em alimentos, vinhos e cervejas e na estabilização da aparência do produto. Frutas secas, especialmente damascos, continuam a se beneficiar da sulfitagem durante o processo de secagem. Na produção moderna de lúpulo, no entanto, a sulfitagem tem sido substituída pelo uso de fungicidas foliares. Além disso, muitos cultivares de lúpulo foram criados para resistir às doenças de plantas que antes eram difíceis de controlar.

A sulfitagem do lúpulo costumava ocorrer durante as primeiras horas de secagem, com a queima de enxofre em uma proporção de 1 kg a 4 kg por 200 kg a 400 kg de lúpulos frescos. O enxofre era adicionado ao fogo do secador e o dióxido de enxofre era carregado através dos lúpulos com os gases da combustão durante as primeiras uma a duas horas de secagem, com um fluxo de ar muito reduzido. Após a sulfitagem, o fluxo de ar era aumentado para acelerar a secagem. Os lúpulos sulfitados podiam ser armazenados por cerca de um ano. Atualmente, é claro, a refrigeração permite que os lúpulos sejam armazenados por muito mais tempo, em embalagens hermeticamente seladas, livres de oxigênio. Nos velhos tempos, era essencial sulfitar o lúpulo tão rapidamente quanto possível após a colheita, pois as flores de lúpulo úmidas deterioram-se muito rapidamente, às vezes dentro de apenas algumas horas. Quanto mais úmido o cone do lúpulo, mais rapidamente ele se deteriora. No entanto, a sulfitagem muitas vezes era capaz de restaurar a aparência, embora não o poder de amargor, de lúpulos ligeiramente danificados. A sulfitagem do lúpulo já não é comum porque o dióxido de enxofre pode reagir com vários compostos de sabor intenso da resina e, assim, produzir aromas indesejáveis e *off-flavors*.

Meeker, E. **Hop culture in the United States**. Puyallup: E. Meeker & Co, 1883.

Thomas Blake

Suméria é frequentemente chamada o "berço da civilização", pois era tida como o local de nascimento da escrita, da roda, do arco, do arado, da irrigação e possivelmente da cerveja. A Suméria ocupava a parte sul da rica planície entre os rios Tigre e Eufrates e as áreas a oeste da hidrovia Shatt al-Arab, no que hoje é conhecido como Iraque. Essa foi a região onde os caçadores-coletores decidiram pela primeira vez se estabelecer e cultivar plantas alimentícias. O dr. Solomon Katz, da Universidade da Pensilvânia, teorizou que a motivação primária para o estabelecimento foi a necessidade de cultivar cereal para produzir cerveja. "Meu argumento é que a descoberta inicial de uma forma estável de produzir álcool deu enorme motivação para continuar a sair, coletar essas sementes e tentar produzir melhor", Katz disse. Por volta de 5000 a.C., os sumérios praticavam a agricultura durante todo o ano, com irrigação e mão de obra especializada. Os sumérios produziam muito mais alimento do que precisavam, permitindo a eles obter lucros com a agricultura e, finalmente, desenvolver a escrita para manter o controle de sua produção. Algumas das primeiras evidências da produção de cerveja foram descobertas na Suméria. Arqueólogos descobriram um texto cuneiforme na antiga cidade suméria de Ur que incluía uma receita de cerveja. Fazia parte do *Hino a Ninkasi*, a deusa da produção de cerveja. A receita utilizava um pão assado duas vezes chamado *bappir* que era fermentado e flavorizado com mel e tâmaras. A cerveja era servida em uma grande jarra. Os amantes sumérios da cerveja se sentavam em volta da jarra e puxavam o líquido sedutor através de canudos. Acredita-se que a cidade de Ur seja o local de nascimento do profeta hebreu Abraão, apesar de o palácio em Ur ter sido julgado um lugar impróprio para viver devido à ausência de cerveja e pão.

Ver também HISTÓRIA DA CERVEJA, NINKASI e *PORRIDGE BEERS*.

Hornsey, I. S. **A history of beer and brewing.** Cambridge: RBC Paperbacks, 2003.

Katz, S. Comentários no **The New York Times**, 24 mar. 1987.

Stephen Hindy

Suntory Group é um grande produtor multinacional, com sede no Japão, de uísque, cerveja e refrigerante. Além disso, está presente no mercado de alimentos e também possui uma cadeia de restaurantes em diversos países. As origens da empresa remontam a uma pequena loja em Osaka, Japão, inaugurada em 1899, que inicialmente produzia e comercializava vinho. Em 1907, a loja lançou o vinho do Porto da marca Akadama, que se tornou um dos mais famosos produtos da Suntory. Em 1921, a loja havia crescido e se tornado uma empresa chamada Kotobukiya Limited e, em 1924, ela havia construído a Yamazaki Distillery. Em 1929, a empresa lançou o Suntory White Label, o primeiro uísque genuíno do Japão, e a produção de uísque permaneceu o foco principal da empresa nas décadas seguintes. Em 1963, a companhia assumira como nome a marca de seu principal uísque, Suntory, e então construíra a cervejaria Musashino, onde as cervejas Suntory são feitas até hoje. A cervejaria ampliou o seu portfólio em 1967 com a Jun Nama, uma cerveja não pasteurizada e em 1968 com o lançamento das suas cervejas em latas. A primeira cerveja puro malte da Suntory foi lançada em 1986, seguida pela Suntory The Premium Malt's (*sic*) em 1989. Em 1993, a Suntory começou a produzir o chope Carlsberg sob licença. Hoje, a Suntory é a terceira maior cervejaria do Japão, atrás da Kirin Holdings e Asahi Breweries Ltd. Embora a maioria das cervejas da Suntory sejam douradas e leves no estilo *international pilsner*, eles também produzem versões da bebida *happoshu*, semelhante à cerveja e com pouco malte, e algumas especialidades puro malte, como a The Premium Malt's Black, uma interpretação do estilo *schwarzbier*.

Ver também JAPÃO.

Suntory. Disponível em: http://www.suntory.com/. Acesso em: 18 maio 2011.

Bryan Harrell

tabernas, palavra que se origina do latim *"taburna"*, historicamente costuma designar um lugar em que as pessoas podem se reunir para comer e beber, em alguns casos se hospedar e ocasionalmente apreciar várias formas de entretenimento. Nos Estados Unidos do século XVIII, as tabernas desempenharam um papel fundamental na vida pública colonial. Um degrau acima da *ale house*, normalmente a taberna era um lugar em que as pessoas podiam se reunir para discutir sobre política e acontecimentos do dia. É interessante notar que, naquele século, administrar ou possuir uma taberna era considerado uma atividade profissional respeitável para uma mulher, e essa foi uma das poucas formas aceitáveis de uma mulher poder sustentar a si mesma e sua família, especialmente se tivesse ficado viúva.

Na Inglaterra, a princípio, as tabernas eram estabelecimentos de varejo para vinicultores. Tal como o bispo Earle escreveu em 1628, elas ficavam "um degrau acima de uma *ale house*, onde os homens embebedam-se com maior dignidade ou pretexto". Para um homem predominantemente abstêmio, o lexicógrafo dr. Samuel Johnson passou uma quantidade razoável de tempo nas tabernas da Fleet Street ou arredores em Londres. Essas tabernas, estabelecimentos que forneciam uma variedade de bebidas, não somente cerveja, podiam atrair uma clientela diferenciada, em comparação com outros lugares para beber, com certeza pareciam satisfazer as expectativas desse ótimo médico. A elegante opinião expressa por Johnson em março de 1776 nos diz muito sobre o que precisamos saber a respeito dos dias áureos das tabernas:

> Não existe nada que já tenha sido inventado pelo homem que tenha gerado tanta felicidade quanto uma boa taberna ou hospedaria. Não existe nenhuma casa particular em que as pessoas consigam se divertir tanto quanto em uma taberna na capital. Ainda por cima, existem sempre tantas coisas boas, tanto esplendor, tanta elegância e tanto desejo que todos se sentem à vontade, de uma forma que a natureza não é capaz de ser; sempre deve haver algum grau de cuidado e ansiedade. O dono do estabelecimento se preocupa em divertir seus convidados, os convidados se preocupam em ser aprazíveis ao proprietário e ninguém, a não ser um cão extremamente insolente, de fato é capaz de controlar livremente o que existe no estabelecimento de outra pessoa como se fosse seu; ao passo que nas tabernas essa ansiedade geralmente não existe. Você pode ter certeza de que será bem-vindo. E quanto mais barulho você fizer, quanto mais perturbar, quanto mais coisas boas pedir, mais acolhido você será. Nenhum empregado lhe atenderá com o entusiasmo dos garçons, que são instigados pela perspectiva de uma gratificação imediata proporcional à satisfação que proporcionam.

Exageradamente dramático? Bom, há quem pense assim, mas talvez devamos recordar que, na época de Johnson, as tabernas de Londres atingiram seu apogeu em termos de importância social. É necessário lembrar que algumas vezes Johnson tentou justificar o fato de as inumeráveis tabernas de Londres serem, para um cidadão inglês, uma espécie de substituição para a vida doméstica.

Ver também *COACHING INNS* e *PUBLIC HOUSES* (*PUBS*).

Bickerdyke, J. (Pseudônimo de Charles Henry Cook). **The curiosities of ale and beer.** London: Leadenhall Press, 1886; Cleveland: Beer Books, 2008).

Chapman, R. W. (Org.). **Life of Johnson/James Boswell.** Oxford: Oxford University Press, 2008.

Clark, P. **The English alehouse: A social history, 1200-1830.** London: Longman, 1983.

Hackwood, F. W. **Inns, ales and drinking customs of old England.** London: T. Fisher Unwin, 1910 (reimpressão: London, Bracken Books, 1987).

Matthias, P. **The brewing industry in England, 1700-1830.** Cambridge: Cambridge University Press, 1959.

Ian Hornsey

table beer é a tradução para o inglês do conceito belga *tafelbier* (em francês: *bière de table*). Embora esse conceito sugira algo equivalente a "vinho de mesa", este, particularmente, não é o caso. *Table beers* são invariavelmente de baixo teor alcoólico, geralmente entre 1% e 2,5% de álcool por volume (ABV), apesar de algumas cervejarias aumentarem esse teor para até 3,5%. Sua cor varia de um louro claro a um preto escuro, podendo apresentar todos os tons de âmbar e marrom entre esses extremos. A maioria dessas cervejas, mas não todas, são doces, algumas intensamente. A lupulagem é de baixa a média. Enquanto os belgas têm sua *tafelbier*, os holandeses têm suas *lagers* pretas e doces, que confusamente chamam de *oud bruin*, um estilo completamente diferente na Bélgica. Ver OUD BRUIN. No entanto, essas cervejas holandesas são claramente ligadas à *malzbier* alemã e cervejas similares encontradas na Escandinávia. A maioria dessas cervejas é propagandeada pelas qualidades saudáveis do malte que contêm. Muitos belgas mais idosos lembram-se com afeto de como foram apresentados à cerveja por seus pais durante o almoço de domingo, com um copo de *tafelbier* oriundo de uma garrafa autêntica. No final do século XIX, os cervejeiros belgas enfrentaram forte concorrência de companhias que apoiavam uma filosofia antiálcool enquanto enchiam o público com todos os tipos de "tônicos" à base de plantas. Na Bélgica, assim como em outros países naquela época, cervejas doces e de baixo teor alcoólico eram o tônico que os cervejeiros vendiam. Na Bélgica, a última cervejaria a produzir apenas *table beers*, a De Es of Schalkhoven, localizada em Limburg, fechou em 1992. Por outro lado, a cervejaria Gigi of Gérouville, de Luxemburgo, continuou até 2007, complementando sua produção com cervejas comuns. Atualmente existem cerca de trinta *tafelbieren* ainda sendo produzidas regulamente por cervejeiros comerciais belgas.

Tim Webb

Tailândia

Ver SUDESTE ASIÁTICO.

tamanhos de garrafas de cerveja são padronizados na maioria dos países ao redor do mundo, mas isso não foi sempre assim. Inicialmente, no Reino Unido, garrafas de cerveja vinham em tamanhos chamados de *"reputed pint"*, equivalente a 1/12 de um galão imperial, 13 onças fluidas imperiais, 378 mililitros, ou o *"reputed quart"*, 26 onças líquidas. O *reputed pint* tem volume próximo ao da garrafa moderna regular dos Estados Unidos, a *"long-neck"* padrão de 355 mililitros.

O *reputed pint* e o *reputed quart* foram amplamente substituídos no Reino Unido no começo do século XX por garrafas de tamanho *pint* imperial e *quart* imperial, 568 mililitros e 1.136 mililitros respectivamente. No entanto, *ales* mais fortes e *barley wine* eram frequentemente vendidas em garrafas de um terço de *pint*, 6,66 onças líquidas (197 mililitros), conhecido como *"nip"*.

Nos Estados Unidos, o tamanho de garrafa padrão variou entre 325 e 385 mililitros, antes de se estabelecer em 355 ml. Outros tamanhos de garrafa de cerveja incluem o *"split"*, 6 onças líquidas americanas (177 mililitros), para cervejas mais fortes. Garrafas maiores são usualmente de 650 mililitros. Este se tornou um tamanho popular para as cervejas artesanais americanas, assim como a garrafa de estilo *champagne* de 750 mililitros, muitas vezes com rolha de cortiça e gaiola de arame. No outro extremo do espectro de qualidade está a infame garrafa de 40 onças (1.183 mililitros), que praticamente se tornou sinônimo de bebida barata e de cervejas cheias de adjuntos produzidas para o mercado de massa. No Canadá, o tamanho da garrafa padrão é 341 mililitros.

Depois que o uso obrigatório de unidades métricas entrou em vigor no Reino Unido, em 1995, muitos cervejeiros britânicos usaram garrafas de 550 mililitros, embora a maioria tenha mudado agora para uma garrafa padrão de 500 mililitros. Garrafas menores no Reino Unido são geralmente de 275 mililitros ou, mais comumente, 330 mililitros. Na

Europa, o tamanho padronizado da União Europeia é de 330 mililitros, embora na Holanda garrafas de 300 mililitros sejam frequentemente encontradas. Garrafas maiores são geralmente de 750 mililitros, particularmente populares na Bélgica.

No território do norte da Austrália, a *"Darwin stubby"* é uma garrafa de cerveja 2 litros, originalmente quatro *pints* Imperial (2,27 litros), vendida para capitalizar sobre a reputação da região como grande consumidora de cerveja. Garrafas de 2 litros, com tampas *flip-top*, são também encontrados na Alemanha.

Magnums (1,5 litro) e tamanhos maiores são vistos ocasionalmente, embora tendam a ser itens de colecionador ou garrafas de exibição, geralmente enchidas à mão na cervejaria.

Ver também GARRAFAS.

Martyn Cornell

tampa *flip-top* é o nome coloquial de uma tampa de garrafa presa por um arame que foi inventada pelo empresário alemão Nicolai Fritzner em Berlin em 1875. Conhecida na Alemanha como *Bügelverschluss*, essa tampa consiste em um dispositivo de arame fixado no gargalo da garrafa que pressiona uma tampa de porcelana contra a boca da garrafa. O arame fixa um tampão de porcelana com uma borracha que veda firmemente a abertura da garrafa. Antes de Fritzner, todas as garrafas de cerveja eram fechadas como garrafas de *champagne*, com rolhas e uma gaiola de arame ou barbante. A nova tampa não apenas resolveu o problema de contenção da alta pressão nas garrafas de cerveja, mas também tornou fácil fechá-las novamente. A tampa *flip-top* permaneceu como a tampa padrão no mundo inteiro até ser substituída pela rolha metálica. Ver ROLHA METÁLICA. Em 1877, Nicolai Fritzner recebeu uma patente alemã por sua invenção, mas não foi rápido o suficiente na exploração internacional dela, pois foi vencido no U.S. Patent, o escritório de patentes e marcas comerciais dos Estados Unidos, por um imitador, Karl Hutter, um imigrante alemão do Brooklyn, Nova York, ao qual foi concedida uma patente no Novo Mundo em 1893 pela invenção da "tampa de porcelana Hutter", a qual, apesar de não ser dele, o tornou rico.

Bügelverschluss. Disponível em: http://www.worldlingo.com/ma/dewiki/en/B%C3%BCgelverschluss/. Acesso em: 27 jan. 2011.

Malted Barley Appreciation Society, v. 15, n. 2. Disponível em: http://hbd.org/mbas/pdf/feb08.pdf. Acesso em: 27 jan. 2011.
Nicolai Fritzner. Disponível em: https://books.google.com.br/books?id=0hEzAQAAIAAJ&pg=PA2043&lpg=PA2043&dq=Nicolai+Fritzner&source=bl&ots=tg-TI8rpmI&sig=4knasu-VtJmg6Q-17HGP8iAjfaE&hl=en&ei=BpxBTZj5HMT68Ab2v6GzAQ&sa=X&oi=book_result&ct=result&sqi=2&redir_esc=y#v=onepage&q=Nicolai%20Fritzner&f=true. Acesso em: 27 jan. 2011.

Horst Dornbusch

tampa *swing-top*

Ver TAMPA FLIP-TOP.

taninos ocorrem naturalmente na casca de árvores e arbustos, casca de grãos, lúpulo e em muitas frutas, como por exemplo as uvas. Eles são metabólitos secundários de compostos fenólicos e são divididos em dois grupos básicos: hidrolisáveis e condensados. A hidrólise pode transformar os primeiros em glicose e ácidos fenólicos. Os últimos, por outro lado, são compostos estáveis formados por diversos flavonoides que são polimerizados entre si. Os taninos são capazes de se ligar e precipitar proteínas e, como resultado, têm sido usados há milhares de anos como conservantes orgânicos, mais notavelmente para o curtimento de couro. Uma das principais funções naturais dos taninos é proteger os frutos e as sementes durante o outono e inverno para que permaneçam saudáveis e capazes de formar novas plantas na primavera. Nesse meio-tempo, o amargor e a sensação de adstringência causados pelos taninos podem repelir criaturas que se alimentam de plantas e protegê-las contra pragas microbianas como os fungos.

Quimicamente, os taninos são complexos poli-hidroxifenóis que são solúveis em água e etanol. Eles contêm grupos fenólicos orto-di-hidroxi, que têm a capacidade de formar ligações cruzadas com proteínas e peptídeos, compostos de alto peso molecular à base de nitrogênio. Essa capacidade de ligação é a base química para a capacidade dos taninos – e polifenóis similares presentes no processo de brassagem – de promover a precipitação do *trub* durante a fervura do mosto.

A quantidade média de tanino na cerveja acabada é geralmente de 150 a 330 mg/L. Dessa quantidade média, cerca de dois terços derivam das cascas da cevada e um terço do lúpulo. Naturalmente, as proporções exatas variam segundo a densidade inicial da cerveja e a quantidade de lúpulo usado. No entanto, as cervejas feitas com uma porção substancial de malte de trigo tendem a ser muito menos adstringentes do que as cervejas feitas totalmente com cevada, porque os grãos de trigo são praticamente livres de cascas. Se a concentração de tanino for excessiva, isso pode causar adstringência na boca, o que, dependendo da sensibilidade subjetiva da pessoa, pode ser considerado um caráter indesejado. A adstringência na boca não é um sabor real, mas uma sensação tátil. Os taninos, quando consumidos, reagem com as proteínas da saliva humana, assim como fazem no mosto. Quando as proteínas da saliva coagulam, a saliva deixa de ser um lubrificante. Como resultado, o interior da boca parece estar se contraindo e se tornando semelhante a couro – uma condição que nós percebemos como uma secura extrema. Essa qualidade, embora apreciada com moderação nos vinhos tintos, tende a entrar em conflito com o amargor do lúpulo, razão pela qual é geralmente evitada.

Assim como os taninos reagem com as proteínas e peptídeos do mosto, eles também reagem na cerveja pronta, onde altos níveis podem causar turbidez coloidal. A turbidez é mais provável se as proteínas do grão, a partir do qual a cerveja foi feita, não foram adequadamente modificadas na maltaria ou não foram devidamente degradadas na tina de mostura. Ver MODIFICAÇÃO, TURBIDEZ e TURBIDEZ A FRIO. Em suma, a turbidez é composta por uma combinação de polifenóis e proteínas condensados. Tais complexos tanino-proteína são mais estáveis em baixa temperatura, por isso alguns tipos de turbidez são denominados "turbidez a frio". O *dry hopping*, que é a adição de lúpulo à cerveja após a etapa de fermentação, também tende a causar turbidez, e embora esse fenômeno não tenha sido bem estudado, supõe-se que seja causado pela extração de taninos oriundos das flores do lúpulo. Muitas ervas e especiarias são naturalmente tânicas, por isso os cervejeiros que as utilizam indiscriminadamente estão sujeitos a muitas surpresas.

Às vezes, os cervejeiros farão uso da capacidade dos taninos de se ligarem a proteínas para ajudar a estabilizar a cerveja pronta contra a formação da turbidez. A adição de 3 g/hL de tanino durante a fervura do mosto pode ajudar a precipitar as proteínas indesejadas e, assim, ter um efeito positivo na clarificação e na estabilidade física e química da cerveja pronta. O tanino acrescentado une-se ao precipitado. Geralmente, essa adição de taninos é considerada o método mais simples e de melhor custo-benefício para a estabilização da cerveja. Na Alemanha, no entanto, essa adição viola a Lei da Pureza da Cerveja, pois alguns desses taninos adicionados na tina de fervura podem chegar à cerveja pronta. Um método mais caro de estabilização da cerveja é a adição da polivinilpolipirrolidona (PVPP) insolúvel durante a sua filtração. A PVPP adsorve o tanino, mas como esse polímero é filtrado antes de a cerveja ser envasada, seu uso está em conformidade com a Lei da Pureza da Cerveja.

Ver também LEI DA PUREZA DA CERVEJA.

Mebak. **Brautechnische Analysenmethoden**. Band II. 4. ed. Freising-Weihenstephan: MEBAK, 2002.
Narziss, L. **Abriss der Bierbrauerei**. 7. ed. Weinheim: Wiley-VCH Verlag GmbH & Co KGaA, 2005.

Oliver Jakob

tanque de flotação é um recipiente utilizado para separar o *trub* do mosto frio na sala de fermentação. Ver TRUB. O método da flotação baseia-se em ar estéril comprimido – entre 30 e 70 litros de ar por hectolitro – sendo injetado no mosto no começo da fermentação. A injeção de ar, geralmente utilizando uma pedra cerâmica ou metal sinterizado para carbonatar, tem seu melhor desempenho dentro de aproximadamente seis a oito horas depois da inoculação. É importante dar à levedura tempo suficiente para absorver micronutrientes antes de começar a flotação, especialmente esteróis, do material do *trub*. Contudo, alguns cervejeiros realizam a flotação antes da inoculação da levedura. Assim que o ar de flotação é disperso no mosto, ele não apenas promove a aeração do mosto e consequentemente fornece o oxigênio necessário para que a levedura fique pronta para desenvolver seus ciclos metabólicos e reprodutivos, mas também forma pequenas bolhas no mosto, nas quais as partículas do *trub* frio se fixam. Conforme as bolhas sobem para a superfície, elas arrastam consigo as partículas de *trub*. Na superfície do mosto, as bolhas se aglutinam em uma camada de espuma marrom, firme e compacta. Com o passar do tempo, a espuma do topo pode até secar e tornar-se uma crosta. Uma vez que a cerveja começa a fermentar, porém, o líquido é extraído por debaixo da camada de espuma carregada de *trub*, deixando a flotação indesejada para trás. Se o tanque de flotação for aberto, a camada de espuma pode também ser cuidadosamente retirada manualmente. Ver SKIMMING.

Embora o formato exato do tanque – horizontal ou vertical – para flotação seja secundário, a sua geometria é importante. O espaço entre a superfície do líquido e o topo do tanque deve ser de no mínimo 30% a 50% da profundidade da cerveja. Isso significa que os tanques cilindrocônicos são frequentemente estreitos demais para uma flotação efetiva. Tais tanques causariam uma acelerada corrente direcionada para cima conforme as bolhas fizessem seu caminho durante sua longa subida, levando a uma flotação não homogênea na superfície. Nos tanques cilindrocônicos, a espuma do topo é também mais propensa a colapsar na cerveja durante a sua transferência, frustrando o propósito da operação. A flotação é mais eficiente se o mosto não exceder 4 metros de profundidade. Uma segunda batelada de mosto fresco pode ser bombeada por debaixo de um mosto já clarificado pela flotação; nesse caso, a profundidade não deve exceder 6 ou 7 metros. As bolhas de ar passando através da batelada do fundo continuarão a ascender para o topo e retirarão ainda mais *trub* do mosto. Para evitar que a formação de espuma na superfície do mosto se torne muito vigorosa durante a flotação – o que poderia impedir o enriquecimento adequado da espuma – o tanque pode ser colocado sob uma leve pressão, de até aproximadamente 0,5 a 0,8 bar. Depois que a cerveja tiver sido transferida, o tanque deve receber uma limpeza minuciosa, geralmente manual, para remover todos os resíduos incrustados da espuma.

Uma das razões principais para a remoção do *trub* frio são os resíduos traços de compostos indesejados que ele contém. Estes incluem uma quantidade variada de ácidos graxos, polifenóis, carboidratos e proteínas não degradados e também metais pesados, como o cobre e o ferro, os quais podem tomar parte em reações de oxidação. A minimização desses resíduos pode melhorar a vida útil da cerveja. Contudo, a prática de eliminar o *trub* frio é controversa, e muitos cervejeiros acreditam que ela pode retirar os nutrientes do mosto necessários para boas fermentações e para a saúde da levedura.

A flotação permanece popular na Alemanha e em algumas partes da Europa, mas a técnica tornou-se rara nos Estados Unidos.

Cold Trub: Implications for finished beer, and methods of removal. Disponível em: http://www.brewingtechniques.com/library/backissues/issue2.2/barchet.html/. Acesso em: 17 jan. 2011.

Narziss, L. **Die Technologie der Würzebereitung** (Tecnologia da Preparação do Mosto). 7. ed. Stuttgart: Ferdinand Enke Verlag, 1992.

Oliver Jakob

tanque de pressão (*bright tank*) é um tanque de fundo côncavo, pressurizado, com temperatura controlada, utilizado para armazenar a cerveja filtrada em preparação para o envase. O termo "brilho" (*bright*) refere-se à limpidez da cerveja, que foi clarificada por filtração, centrifugação, por uso de clarificantes e/ou por maturação. Na maioria das cervejarias, a cerveja será filtrada depois de deixar o unitanque de fermentação e maturação ou após o tanque de maturação a frio e será direcionada para o tanque de pressão. Se a cerveja sofrer carbonatação forçada, então esta deve ocorrer em linha entre o tanque fermentador ou de maturação a frio e o tanque de pressão. Nesse caso, a cerveja deve chegar ao tanque de pressão já com a carbonatação completa. Para carbonatação no tanque (ou ajustes), o tanque de pressão será equipado com uma pedra de carbonatação, um dispositivo por meio do qual o dióxido de carbono é forçado, dispersando bolhas finas no interior do líquido para a sua dissolução rápida. Pedras de carbonatação são normalmente feitas a partir de qualquer pedra porosa ou de aço inoxidável sinterizado. Depois da carbonatação, a cerveja está pronta para ser engarrafada ou embarrilada (ou ambos) diretamente a partir do tanque de pressão. Como o tanque de pressão é a última parada antes do envase, uma atenção especial é dada à garantia de qualidade nesta fase. A carbonatação é rigorosamente controlada e o laboratório da cervejaria executa uma série de testes.

Em cervejarias maiores, correção de cor pode ser feita no tanque de pressão, podem ser ajustados também o amargor e o aroma por meio de extratos de lúpulo pré-isomerizados ou óleos do lúpulo. Em cervejarias artesanais, tanques de pressão podem ter vários papéis além dos enumerados acima. Como muitas cervejas artesanais não são filtradas ou clarificadas, a cerveja enviada para o tanque de pressão pode não ser límpida. A cerveja pode ter flavorizantes adicionados ao tanque de pressão. Os sabores voláteis de mel, por exemplo, nem sempre sobrevivem à fermentação, e, portanto, muitas *honey ales* têm esse ingrediente adicionado no tanque de pressão, onde ele fornecerá algum dulçor, bem como sabor e aroma. Café ou extratos de café também são muitas vezes aí adicionados por razões semelhantes. Tanques de pressão também são geralmente usados para misturar cervejas e criar algo novo.

Os tanques de pressão são também utilizados algumas vezes como tanque de mistura para cervejas que serão condicionadas em garrafa. Aqui a cerveja será misturada com açúcar *priming*, e possivelmente com uma nova levedura utilizada para fazer a refermentação. A cerveja então é engarrafada (ou, em casos raros, embarrilada) a partir do tanque de pressão. Nos *brewpubs*, o tanque de pressão é muitas vezes também usado como tanque de servir; a cerveja pode fluir diretamente do tanque para as torneiras no bar.

Ver também CARBONATAÇÃO, CERVEJA LÍMPIDA e FERMENTADORES.

Garrett Oliver

tanque Grundy é um termo adotado pela indústria de cerveja artesanal norte-americana para os tanques das adegas de *pubs* construídos no Reino Unido. Esses tanques baratos foram fabricados em larga escala nas décadas de 1950 e 1960 e têm sido utilizados em praticamente todas as etapas do processo de produção de cerveja. Os tanques de 10 hectolitros foram originalmente produzidos para servir diretamente a cerveja carbonatada das adegas dos *pubs*, porém também têm sido utilizados para fermentação, condicionamento e armazenamento de cerveja filtrada. Alguns *brewpubs* os usam também como tanques de servir. Eles agora são, usualmente, de tamanho de 4,1 ou 8,2 hectolitros.

Embora os tanques tenham uma aplicação ampla em todo o Reino Unido e América do Norte, eles também possuem inconvenientes. Entre os mais notáveis está a grande braçadeira, de difícil manejo, que segura a tampa no modelo padrão – ela geralmente escorrega, causando acidentes potencialmente perigosos quando a tampa explode sob pressão.

Os "Grundys" têm sido descritos como o "Tin Lizzie", o "modelo T dos tanques" e vários outros epítetos desde que vários foram vendidos para a indústria de cerveja artesanal norte-americana no início da década de 1980. Muitos tanques Grundy foram modificados, vendidos, revendidos, modificados novamente, consertados (geralmente muitas vezes), tiveram rostos pintados nele e foram tanto temidos quanto amaldiçoados por legiões de cervejeiros cansados de trabalhar.

George Philliskirk

tanques Asahi

Ver FERMENTADORES.

Target, também conhecido como Wye Target, é um lúpulo inglês de amargor lançado para o cultivo comercial em 1972. Ele foi desenvolvido pelo dr. Ray Neve, do Wye College, em 1965, a partir do Northern Brewer e do Eastwell Golding. Ver EASTWELL GOLDING, NORTHERN BREWER e WYE COLLEGE. Devido ao efeito catastrófico da murcha do *Verticillium* nas plantações de Fuggle, em Kent, no início da década de 1970, houve naquela época uma grande demanda por variedades resistentes à murcha e com alto teor de alfa-ácidos. Obter tal lúpulo era o "alvo" ("target", em inglês) do programa de desenvolvimento, e o Wye Target foi a resultado. O Target tem alto teor de alfa-ácidos, 11%, o que o torna bastante adequado como lúpulo de amargor, embora alguns cervejeiros também gostem do seu aroma com notas florais, especialmente durante o *dry hopping*. Ver DRY HOPPING. Esse lúpulo também possui um teor do óleo essencial geraniol especialmente alto, o que resulta em um aroma floral. O Target pode ser empregado em praticamente todos os estilos de cervejas, embora seja considerado áspero demais para *lagers* leves. Ele é particularmente popular como lúpulo de amargor para *stouts* e *porters*. Após seu lançamento em 1972, ele rapidamente passou a responder por 50% do cultivo de lúpulo do Reino Unido. Desde então sua popularidade caiu levemente, mas ainda hoje ele é a terceira variedade de lúpulo mais plantada no Reino Unido. Uma das suas desvantagens é a sua estabilidade relativamente baixa durante armazenamento, o que dificulta a logística e planejamento para a peletização.

Neve, R. A. **Hops**. London: Chapman & Hall, 1991.

Adrian Tierney-Jones

taxa de aproveitamento do lúpulo é um cálculo utilizado pelos cervejeiros para mensurar a eficácia de conversão dos alfa-ácidos do lúpulo em iso-alfa-ácidos durante a mosturação. Ela está focada exclusivamente na produção de amargor. Especificamente, ela se refere à massa de iso-alfa-ácidos medida na cerveja acabada (ou no mosto, se a determinação desejada for apenas para a produção de mosto) em relação à massa de alfa-ácidos adicionada à tina de fervura. É importante usar, nesse cálculo, medições de ácidos totais do lúpulo na cerveja por meio da cromatografia líquida de alta performance (HPLC), pois a medida de unidades de amargor (IBU) também inclui a contribuição de alfa-ácidos não isomerizados, não sendo, portanto, precisa para quantificação dos iso-alfa-ácidos do lúpulo. Ver UNIDADES INTERNACIONAIS DE AMARGOR (IBU). A taxa de aproveitamento do lúpulo é tipicamente expressa em percentagem; valores elevados variam de 30% a 50%, embora valores tão baixos quanto 5% não sejam incomuns, especialmente quando os cervejeiros usam técnicas de lupulagem tardia. Ver LUPULAGEM TARDIA. A taxa de aproveitamento do lúpulo é afetada por vários fatores, como a forma do lúpulo utilizado (inteiro, pélete, extratos, extratos isomerizados etc.), a idade do lúpulo, o momento da sua adição à tina de fervura, a natureza e duração da fervura do mosto e a mecânica dos processos seguintes (natureza da fermentação, filtração e embalagem). Os fenômenos-chave que controlam a taxa de aproveitamento do lúpulo são a dissolução dos ácidos do lúpulo no mosto, a isomerização para iso-alfa-ácidos e a subsequente remoção de alguns desses compostos do sistema. A forma do lúpulo afeta a dissolução, de modo que extratos de lúpulo tendem a prover taxas de aproveitamento mais elevadas do que os péletes, que, por sua vez, têm maior taxa de aproveitamento do que os lúpulos inteiros. Lúpulos mais velhos rendem taxas de aproveitamento mais baixas, pois, com o envelhecer do lúpulo, a oxidação dos alfa-ácidos reduz a quantidade de precursores de amargor, embora os cervejeiros trabalhem, um tanto incorretamente, com dados analíticos dos ácidos do lúpulo da data de colheita. Quanto mais os lúpulos são fervidos maior é a conversão para iso-alfa-ácidos e, consequentemente, maior é a taxa de aproveitamento. Temperaturas de fervura mais elevadas também aumentam as taxas de isomerização e, assim, o aproveitamento; por outro lado, as fervuras com baixa temperatura, comuns em grandes altitudes, resultarão em menor aproveitamento. A concentração do mosto relaciona-se inversamente com o aproveitamento do lúpulo; isto é, um mosto altamente denso tende a produzir uma menor taxa de aproveitamento. Esse fenômeno é resultado, provavelmente, do aumento da formação de *trub* durante a mosturação de alta densidade e da sua influência na remoção de alfa-ácidos e iso-alfa-ácidos no final da fervura. Adições de lúpulo feitas tardiamente na fervura, em um *hop back* ou na cerveja fermentada, mostram proporções mais baixas de iso-alfa-ácidos em relação à quantidade original de alfa-ácidos presentes, já que não há tempo suficiente para isomerização. Consequentemente, a taxa de aproveitamento aparente do lúpulo, ou o aproveitamento geral desse esquema de lupulagem, será muito baixa. Entretanto, uma vez que essas adições tardias são destinadas, em grande parte, para contribuições de aroma e não amargor, os valores mais baixos de aproveitamento não são necessariamente problemáticos para o cervejeiro, que pode considerar esses lúpulos bem utilizados. Também deve ser notado que muitos cervejeiros artesanais normalmente adicionam a maior parte de seus lúpulos à tina tardiamente na fervura ou mesmo no processo de *whirlpool*, especialmente para estilos de cerveja de lupulagem tardia, tais como *pale ale* e IPA. Embora o aproveitamento seja baixo, tais adições tardias podem ainda prover uma grande proporção dos iso-alfa-ácidos no mosto acabado. Apesar desses lúpulos não serem fervidos (ou não por muito tempo), eles normalmente têm um longo tempo de contato a quente com o mosto, e alguma isomerização ocorre. Além disso, iso-alfa-ácidos são muito tensoativos e os processos seguintes à fervura do mosto podem influenciar os níveis de iso-alfa-ácidos residuais. Por exemplo, em fermentadores abertos onde há coleta da espuma, pode haver redução do teor de iso-alfa-ácidos na cerveja acabada e, assim, redução da taxa de aproveitamento aparente. A utilização de extratos pré-isomerizados (conhecidos na indústria do lúpulo como produtos avançados de lúpulo) pode aumentar significativamente o aproveitamento, porque já foram totalmente isomerizados antes de chegar à cervejaria. Eles costumam ser, portanto, adicionados em diversas etapas do processo de produção. Nesses casos, é comum conseguir uma taxa de aproveitamento de mais de 90%.

Ver também ISO-ALFA-ÁCIDOS e POTENCIAL DE AMARGOR.

Thomas Shellhammer

taxa de evaporação, a proporção do volume total de líquido na tina de fervura que é evaporado, expressa como um percentual do volume original do mosto. Os cervejeiros empenham-se em atingir uma taxa de evaporação-alvo ao ferver os seus mostos. Se a taxa de evaporação é muito baixa, as alterações necessárias no mosto conseguidas com a ebulição podem não ocorrer. Se é muito alta, há desperdício de energia. Historicamente, o alvo era uma evaporação de 10% a 15% em noventa minutos de fervura, mas os cervejeiros modernos tendem a ferver por pouco mais de uma hora. Como resultado, é mais comum atualmente uma evaporação de 6% a 8% do volume líquido total.

Steve Parkes

temperança, o ato e a filosofia, como descrito por seus seguidores, de moderação ou abstinência do álcool. A temperança deixou o domínio privado e se tornou um movimento político poderoso em diversos países no século XIX e início do XX.

O movimento se iniciou nos Estados Unidos, onde o voto de abstinência havia sido introduzido pelas igrejas por volta de 1800. No entanto, as primeiras organizações de temperança parecem ter sido fundadas em Saratoga, Nova York, em 1808 e em Massachusetts em 1813. Suas raízes deitam-se profundamente na psique americana daquele tempo e no puritanismo histórico. Eles acreditavam que o desafio de Deus deveria ser um estímulo para realizar mudança social e política. Com fervor missionário eles aceitaram a missão: salvar os Estados Unidos da escravidão do "demônio do rum".

Graças essencialmente a sermões de campanha de diversos pregadores, cerca de 6 mil grupos locais de temperança em diversos estados funcionavam na década de 1830. Em 1836, a Sociedade Americana de Temperança tinha se tornado uma sociedade de abstinência, e as ideias sobre os problemas associa-

Carrie Nation (1846-1911). Uma heroína do movimento de temperança, nascida em Kentucky, Nation vandalizava bares e salões, muitas vezes usando uma machadinha para efeito máximo. FOTÓGRAFO AMERICANO, SÉCULO XX/COLEÇÃO PRIVADA/THE STAPLETON COLLECTION/THE BRIDGEMAN ART LIBRARY INTERNATIONAL.

dos com o consumo de bebidas alcoólicas começavam a mudar – na mente dos defensores da temperança, o álcool estava se tornando a raiz de todo o mal. A temperança testou o clima para a Lei Seca, que acabou se apoderando dos Estados Unidos em 1920 e durou até 1933.

Em meados de 1800, valendo-se da facilidade com que pessoas e mensagens agora viajavam longas distâncias com relativa rapidez, os movimentos de temperança também se tornaram populares no Reino Unido, Irlanda, Escandinávia, Canadá, Austrália e Nova Zelândia, alcançando até mesmo a África e a América do Sul.

Em 1835, a Associação Britânica para a Promoção da Temperança foi formada. No seu início, o movimento, assim como nos Estados Unidos, não era contra a cerveja; na verdade, existia a crença de que o consumo de cerveja, ao contrário do consumo das bebidas destiladas, não era prejudicial. Mas durante a década de 1840 o problema se tornou altamente politizado. A Federação Nacional da Temperança foi formada em 1884 e associou-se intimamente com o Partido Liberal, enquanto o Partido Conservador tendeu a apoiar os interesses das cervejarias, publicanos e outros produtores de bebidas. Os partidários da temperança começaram uma campanha pela abstinência e um maior controle sobre onde e quando as bebidas alcoólicas poderiam ser vendidas. O consumo de cerveja estava em ascensão, e o movimento de temperança acreditava que a culpa era da disponibilidade de bebidas em mais de 100 mil *pubs* da Grã-Bretanha. Em 1869, o governo foi persuadido a colocar a emissão de licenças nas mãos dos magistrados locais. Essa foi uma jogada com consequências inesperadas, pois levou os cervejeiros a comprar *pubs* para que pudessem garantir um ponto de venda para suas cervejas. Isso resultou no sistema de *pubs* vinculados (*tied house system*) que ainda é praticado no Reino Unido atualmente. Ver TIED HOUSE SYSTEM.

Com o advento da Primeira Guerra Mundial, os ativistas da temperança passaram a pedir restrições severas sobre quantas horas os estabelecimentos públicos poderiam abrir, em uma tentativa de apoiar os esforços da guerra tentando impedir os trabalhadores do setor de munição de consumir bebidas alcoólicas. Isso levou ao Defence of the Realm Act, que em outubro de 1915 proibiu os *pubs* de abrirem durante a tarde ou tarde da noite. Mais de setenta anos de campanha foram necessários para que os *pubs* voltassem a abrir novamente nesses horários.

Nos Estados Unidos, o movimento de temperança é amplamente conhecido hoje como "neoproibicionismo" e continua a ser uma força poderosa. Centenas de condados "secos", do Kentucky ao Alasca, são completamente proibidos de vender bebidas alcoólicas, e em 2010 catorze estados continuavam a impor as antiquadas leis "azuis" que proíbem a venda de bebidas alcoólicas aos domingos.

Blocker, J. S. **American temperature movements: Cycles of reform.** Boston: Twayne Publications, 1989.
Brogan, H. **History of the United States.** London: Longman Group, 1985.
Gourvish, T. R.; Wilson, R. G. **The brewing industry 1830-1980.** Cambridge: Cambridge University Press, 1994.

Tim Hampson

teor alcoólico na cerveja é gerado em função da quantidade de açúcares fermentáveis originalmente presentes no mosto e a que extensão esses açúcares são realmente fermentados pelas leveduras. A densidade original do mosto é uma medida da densidade específica (*specific gravity*, SG) do mosto a 20 °C (quando, simplificadamente, a água apresentar à temperatura padrão uma densidade de 1,0000) e também é conhecida como extrato original. Na cervejaria, isso é frequentemente medido utilizando um sacarímetro. Cervejeiros e vinicultores consideram isso como uma expressão do conteúdo de açúcar em unidades de gramas de açúcar por 100 g de mosto. Esse número é equivalente ao percentual de massa/massa. Na indústria cervejeira, essa medida é denotada em graus Plato (°P), e vinicultores referem-se a ela como graus Brix. Ver DENSIDADE ESPECÍFICA, DENSÍMETRO, ESCALA BALLING e ESCALA PLATO.

Enquanto a fermentação continua, os açúcares do extrato são consumidos e a densidade específica (SG) do líquido diminui. O cervejeiro monitora o progresso da fermentação pelo acompanhamento das mudanças dos valores de densidade específica (ou Plato) até atingir um valor terminal (o máximo grau de fermentação). Entretanto, conforme os açúcares são consumidos, o conteúdo alcoólico aumenta, o "extrato" na cerveja não é mensurado corretamente e é determinado como valor aparente (extrato aparente). Há uma queda na densidade causada pela conversão dos açúcares em álcool, mas a densidade também diminui devido ao álcool recém-gerado ser menos denso que a água. O extrato real (o valor da densidade não influenciado ou "obscurecido" pelo álcool) é um valor importante e pode ser computado ou determinado pela remoção cuidadosa do álcool de uma quantidade conhecida de mosto/cerveja. O extrato real, então, representa o verdadeiro extrato final (contendo açúcares residuais, dextrinas – carboidratos mais complexos –, algumas proteínas e o conteúdo mineral da amostra) na cerveja, expresso como gramas de extrato/100 gramas de cerveja (ou em termos percentuais).

O grau real de fermentação é uma medida do percentual da densidade original que foi realmente fermentada, corrigida novamente pelo conteúdo alcoólico. Nem todos os açúcares no mosto serão fermentados porque o mosto contém elementos não fermentáveis, particularmente açúcares complexos (dextrinas). Esses irão sobrar e promover corpo e, em alguns casos, dulçor à cerveja. Ver EXTRATO REAL e GRAU REAL DA FERMENTAÇÃO.

A densidade original subtraída da densidade final (extrato real ou densidade final real) resultará em um valor que indica a quantidade de açúcares fermentáveis consumida; a qual, por sua vez, indica a quantidade de álcool produzido (veja a seguir). Esses valores mencionados podem ser utilizados de forma conjunta em equações conhecidas pelo cervejeiro e pelo químico especializado em cerveja para determinar o exato teor alcoólico.

O teor alcoólico médio da cerveja está entre 4,8% e 5,2% de álcool em volume (*alcohol by volume*, ABV). No entanto, a faixa de força alcoólica da cerveja é muito maior do que a do vinho. Há muitas cervejas no mercado com somente 3,5% ABV ou abaixo disso, enquanto alguns estilos de cerveja, como a *barley wine*, comumente alcançam 12% ABV. Embora seja possível gerenciar as fermentações para produzir cervejas com mais de 20% ABV, essas geralmente requerem cepas de leveduras e técnicas especiais. Assim, em vez de cervejas elas podem acabar assemelhando-se a experimentos de laboratório, embora algumas cervejas muito interessantes tenham sido produzidas dessa maneira. Para mostos e fermentações normais, o teor alcoólico na cerveja atinge o máximo de 15% ABV, com essas cervejas normalmente requerendo longo condicionamento antes de se tornarem palatáveis. Ver CEPAS DE LEVEDURAS TOLERANTES AO ETANOL e CONDICIONAMENTO DA CERVEJA.

Uma vez que o álcool é produzido na cerveja, os cervejeiros precisam medi-lo. A análise da cerveja quanto ao conteúdo alcoólico é uma parte importante do trabalho laboratorial da cervejaria, tanto para programas de garantia da qualidade como para propósitos legais. Os resultados, entretanto, são sujeitos a variações consideráveis e, observando os métodos oficiais, as análises são caras e demandam tempo. A história e a teoria por detrás da medição do álcool são longas e complexas e não podem ser apresentadas com riqueza de detalhes aqui, mas é possível explorar os melhores métodos atualmente empregados na determinação do conteúdo alcoólico pelos químicos cervejeiros.

A produção de 1 g de álcool requer 2,0665 g de extrato fermentável. (Como originalmente determinado, 2,0665 g de açúcar rendem 1 g de etanol, 0,9565 g de CO_2 e 0,11 g de levedura. Nota: a soma de 0,9565 g com 0,11 g resulta em 1,0665 g de extrato *não* convertido em álcool).

As predições do teor alcoólico na cerveja podem ser feitas com base nesses números, mas eles serão aproximações. Para determinações oficiais e acuradas, o teor alcoólico da cerveja era historicamente medido ou originalmente informado em percentual de álcool por peso nos Estados Unidos, enquanto a maioria do resto do mundo preferia o seu conteúdo volumétrico (percentual por volume). A partir de 2011, os Estados Unidos permitiram reportar o teor alcoólico por volume para rotulagem e propósitos de certificação. O álcool em volume é uma medida do teor alcoólico de uma solução em termos do volume percentual de álcool por 100 mL do volume total de cerveja (volume/volume). Álcool em peso é uma medida do teor alcoólico de uma solução em termos do peso percentual de álcool em relação ao peso da cerveja (peso/peso, também expresso por massa/massa na Europa).

Tradicionalmente, muitos cervejeiros utilizavam um alcoômetro cuidadosamente calibrado para determinar o teor alcoólico em suas cervejas. Tabelas consagradas com dados de densidade específica *versus* álcool eram então utilizadas para computar o teor alcoólico. As destilações realizadas com volumes de álcool (ou massas) conhecidos com precisão adicionados à água resultava em uma extensa série de tabelas de dados elaboradas por várias agências e laboratórios acadêmicos, mostrando as inter-relações entre a densidade específica, densidade e álcool por massa e volume. Essas tabelas e fórmulas são hoje usadas pelos cervejeiros e químicos cervejeiros para determinar, de forma acurada, o conteúdo alcoólico na cerveja.

Finalmente, é preciso observar que o álcool pode ser medido via alcoômetro, destilação, com referência a tabelas de concentrações de álcool e soluto e sofisticados densímetros de tubo oscilatórios em U; até mesmo refratômetros são, algumas vezes, utilizados com algoritmos apropriados. Instrumentos de infravermelho próximo podem medir o pico específico de álcool em uma mistura, assim como a cromatografia gasosa, que é atualmente um método aprovado para a determinação da concentração de etanol.

Ver também CROMATOGRAFIA.

Eβlinger, H. M. (Ed.). Analysis and quality control. In: **Handbook of brewing: processes, technology, markets**. Weinheim: Wiley-VCH Verlag, 2009.

Weissler, H. E. Brewing calculations. In: Hardwick, W. A. (Ed.). **Handbook of brewing**. New York: Marcel Dekker, 1994.

Gary Spedding

terpenos são cadeias de hidrocarbonetos de ocorrência natural encontradas em todos os organismos. Esses hidrocarbonetos são compostos de elementos constitutivos de cadeias de cinco carbonos conhecidos como isoprenos (isoterpenos, C_5H_8). Os terpenos são importantes na produção de cerveja devido ao seu papel nos lúpulos, especificamente, mas não isolado, à sua presença nos óleos essenciais do lúpulo. Eles compreendem entre 0,5% e 3% do peso total do lúpulo. Os terpenos dos óleos essenciais são divididos em três tipos de compostos: hidrocarbonetos (50% a 80%), hidrocarbonetos oxigenados (20% a 50%) e hidrocarbonetos que contêm enxofre ligado quimicamente (<1%). As concentrações relativas desses compostos podem ser usadas para identificar diferentes variedades de lúpulos.

Os terpenos mais comuns e importantes nos óleos essenciais de lúpulo são o monoterpeno (C_{10}), o mirceno e os sesquiterpenos (C_{15}) cariofileno e humuleno. Esses compostos altamente aromáticos são tão insolúveis em água que raramente chegam à cerveja pronta, a menos que sejam adicionados durante o *dry hopping*. Os terpenos oxigenados do lúpulo são mais propensos a sobreviver à ebulição na tina de fervura porque são mais solúveis em água do que os hidrocarbonetos não oxigenados. No entanto, o seu impacto na cerveja pronta é difícil de quantificar por causa das mudanças químicas adicionais durante a sua transesterificação por células de levedura durante a fermentação. Os terpenos oxigenados importantes incluem o linalol e o geraniol, que contribuem para as características florais da cerveja pronta, assim como o limoneno e alfa-terpineol, que contribuem para as características cítricas. Pouco se sabe sobre os hidrocarbonetos que contêm enxofre e sua contribuição aromática.

Lewis, M. J.; Young, T. W. **Brewing**. 2. ed. New York: Kluwer Academic/Plenum Publishers, 2001.
Stevens, R. The chemistry of hop constituents. In: **Brewing science and technology**. London: The Institute & Guild of Brewing, 1987.

Steven J. Pittman

terra diatomácea é um sedimento mineral à base de sílica, derivado de restos de carapaças fossilizadas de algas marinhas chamadas diatomáceas. Ela é também comumente chamada de *kieselgur*, diatomito ou diatomita. As carapaças são extremamente finas e em geral variam em comprimento de 40 a 160 μm e em largura de 2 a 5 μm, esta última medida sendo, aproximadamente, o diâmetro da maioria das células de levedura. Por causa do seu tamanho microscópico e natureza porosa, as preparações de terra diatomácea têm sido usadas extensivamente na indústria cervejeira como meio filtrante.

Existem dois tipos de terra diatomácea, uma derivada da água salgada e a outra da água doce, ambas extraídas em todo o mundo. No processo de produção de cerveja, a variedade de terra diatomácea de água salgada é frequentemente utilizada para a filtração. Os filtros de terra diatomácea usados na produção de cerveja são divididos em duas categorias: filtros de placas de pressão e filtros de tela. Esses filtros são usados para clarificar as cervejas, retendo leveduras e outras partículas. A terra diatomácea está disponível em várias granulometrias, sendo as mais finas indicadas para filtrações mais rigorosas. A terra diatomácea de água doce é frequentemente utilizada como um pesticida natural e pode ajudar a proteger grãos armazenados de infestações.

A terra diatomácea já teve muitas funções desde que foi usada pela primeira vez pelos gregos antigos como material de construção. Alfred Nobel usou a terra diatomácea como um estabilizador para a nitroglicerina usada na fabricação de dinamite.

Normalmente quase branca, a terra diatomácea lembra talco em pó e é composta por até 90% de sílica, sendo o restante óxido de alumínio e hematita.

A terra diatomácea pode ser perigosa se inalada e é preciso cautela no seu manuseio. A exposição pode causar irritação nos pulmões e olhos e, quando prolongada, está ligada a graves problemas respiratórios. Levando em conta os riscos para a saúde associados à terra diatomácea, o seu descarte após a filtração está se tornando cada vez mais regulamentado.

Antonides, L. E. **Diatomite**. Washington: U.S. Geological Survey, 1997.
Cummins, A. B. Diatomite. In: **Industrial minerals and rocks**. 3. ed. Littleton: Society for Mining, Metallurgy, and Exploration, Inc, 2006.

Kunze, W. **Technologie Brauer & Malzer** (Technology Brewers and Maltsters). 9. ed. Berlin: VLB Berlin, 2007.

John Holl e Wolfgang David Lindell

teste triangular é um dos métodos utilizados na avaliação sensorial da cerveja. Como o próprio nome diz, o teste triangular baseia-se na comparação de três amostras separadas. Como regra geral, duas dessas amostras são idênticas, enquanto a terceira é ligeiramente diferente; as amostras são analisadas através de um teste cego. O teste é aplicado para medir quão facilmente os degustadores podem perceber a diferença na amostra díspar.

Há dois cenários comuns nos quais esse tipo de teste é empregado. O mais popular deles é quando a cervejaria ajustou o processo ou os ingredientes utilizados para produzir uma de suas cervejas. O objetivo, nesse caso, é determinar se há uma diferença detectável no produto final por conta dessas variações. A outra aplicação para o teste triangular é selecionar potenciais degustadores para painéis de avaliação sensorial e, mais especificamente, determinar se o paladar desses potenciais degustadores é sensível o suficiente para detectar os vários componentes que eles serão solicitados a identificar.

Alguns atribuem o desenvolvimento do teste triangular ao grupo de pesquisas do laboratório da cervejaria Carlsberg. Registros mostram que esse teste foi primeiramente utilizado em 1923. Ele se tornou de uso comum na Carlsberg na metade dos anos de 1930, quando o laboratório de pesquisa reformulou o seu programa de análise sensorial para atingir melhores resultados. O teste triangular é considerado um dos mais eficientes métodos de avaliação sensorial até hoje, e é comumente utilizado por cervejarias em todo o mundo.

Lawless, H. T.; Heymann, H. **Sensory evaluation of food principles and practices**. New York: Aspen Publishers, 1999.

Meilgaard, M.; Civille, G. V.; Carr, B. T. **Sensory evaluation techniques**. 2. ed. Boca Raton: CRC Press, 1991.

Mirella G. Amato

Tettnang, região, é uma pequena área alemã de cultivo de lúpulo na margem norte do lago Constance, perto da fronteira da Suíça, localizada em torno da cidade de Tettnang, em Baden-Wurttemberg. Embora haja provas documentais do cultivo de lúpulo na região desde 1150, a produção somente se tornou significativa em meados do século XIX. Como Tettnang também é uma tradicional área produtora de vinho, o fungo *Botrytis cinera*, que confere o famoso e altamente valorizado sabor de "podridão nobre" às uvas colhidas tardiamente, está amplamente presente no meio ambiente. O *Botrytis* afeta também o lúpulo além das uvas, mas no caso do lúpulo não há efeitos positivos, e o *Botrytis* é uma "doença do lúpulo" mais prevalente em Tettnang do que nas outras áreas alemãs de cultivo. Felizmente, na maioria dos anos, trata-se apenas de um problema menor.

A clássica variedade aromática da região é a homônima Tettnanger, semelhante à Saaz. Ver SAAZ e TETTNANGER. Outro importante cultivar plantado em Tettnang é o Hallertauer Mittelfrueh. Ver HALLERTAUER MITTELFRUEH. No mercado de lúpulo, geralmente, este último recebe o nome de Tettnanger Hallertau para diferenciá-lo do Hallertauer Hallertau. Pequenas quantidades de Perle e Hallertauer Tradition são cultivadas também. Ver HALLERTAUER TRADITION e PERLE. A região de Tettnang produz cerca de 5% do total do lúpulo alemão colhido.

A variedade Tettnanger Tettnang não deve ser confundida com o lúpulo chamado "Tettnanger" nos Estados Unidos. Ver AMERICAN TETTNANGER. Acredita-se que o lúpulo dos Estados Unidos veio da Suíça, localizada na outra margem do lago Constance. Enquanto o cultivar em Tettnang tem um característico caule listrado de vermelho, a versão americana não tem essa listra. A química e o sabor da versão americana são mais terrosos e mais semelhantes ao Fuggle do que floral e semelhante ao Saaz. Apesar das possíveis origens suíças do "American Tettnanger", muitos suspeitam que seu lar original tenha sido os campos de lúpulo de Kent, na Inglaterra. Os cervejeiros que desejam o verdadeiro caráter do lúpulo Tettnanger devem comprá-los na Alemanha.

Ver também FUGGLE.

Val Peacock

Tettnanger é uma "linhagem pura" de lúpulo cultivada na região de Tettnang, no sul da Alemanha. Ver TETTNANG, REGIÃO. As origens desta variedade são desconhecidas, mas ela tem sido cultivada desde meados dos anos 1800. Geneticamente e em termos de características aromáticas, o Tettnanger alemão é muito semelhante ao Saaz tcheco. Ver SAAZ. Entretanto, ele não deve ser confundido com o American Tettnanger, que é uma variedade completamente distinta. Ver AMERICAN TETTNANGER. O Tettnanger alemão é um lúpulo de maturação precoce com razoável tolerância à murcha do *Verticillium* e ao oídio, mas é sensível ao míldio. Ele possui teor de alfa-ácidos que varia de 2,5% a 5,5%, conteúdo de beta-ácidos entre 3% e 5% e cohumulona correspondente entre 22% e 28%. Sua produtividade é de cerca de 1.300 kg/ha e ele possui estabilidade média durante armazenamento. O Tettnanger é um lúpulo aromático prestigiado e é considerado uma das quatro variedades clássicas de lúpulos "nobres", junto com o Hallertauer Mittelfrueh, o Spalt e o Saaz. Ver HALLERTAUER MITTELFRUEH. Devido ao seu aroma único e sabor ligeiramente cítrico, quase herbáceo, ele é exportado para o mundo todo. O tradicional casamento entre os aromas do Tettnanger e a efervescência fresca, dourada e picante de uma *pilsner* alemã maltada é considerado clássico. Ele pode contribuir para uma mistura magnífica de fragrância e paladar agradável, a perfeita interação entre malte e lúpulos.

Val Peacock

Theakstons é uma pequena dinastia cervejeira com raízes nas comunidades rurais de Masham, North Yorkshire, Inglaterra. Robert Theakston arrendou uma cervejaria nessa cidade em 1827, e desde então o nome de família tem sido sinônimo da clássica ale do norte da Inglaterra. Seu filho Thomas fez o negócio prosperar, construindo uma nova cervejaria em 1875 em uma área próxima apropriadamente nomeada Paradise Fields, onde permanece. A Theakstons, uma das poucas cervejarias britânicas que continua empregando tanoeiros (um fabricante ou reparador de tonéis e barris), adquiriu a vizinha Lightfoot Brewery em 1919 e em 1974, menos prudentemente, a Carlisle State Management Brewery, que tinha sido nacionalizada pelo Ministro das Finanças, Lloyd George, em 1914 para controlar o consumo excessivo de álcool por parte dos trabalhadores de munições.

Como famílias são sempre famílias, brigas pela posse da cervejaria e a turbulência dos negócios ameaçaram a sobrevivência da empresa em várias ocasiões, principalmente na década de 1980, após uma fusão com a Matthew Brown de Blackburn, que, por sua vez, foi engolida pela Scottish & Newcastle. Ver SCOTTISH & NEWCASTLE BREWERY. Paul Theakston separou-se dos negócios da família, estabelecendo uma cervejaria com o irônico nome de Black Sheep Brewery ("Cervejaria Ovelha Negra"), em Masham, em 1991. Apesar do conflito, as marcas T&R Theakston ganharam reconhecimento nacional sob a propriedade da Scottish & Newcastle, particularmente a Old Peculier, uma cerveja com notas de malte, noz, frutas e vinho, que de marca *cult* passou a queridinha internacional. A ortografia de seu nome baseia-se no costume religioso, referindo-se a uma paróquia fora do controle de um bispo (algo que Masham tinha se tornado no século XII).

Felizmente, as famílias também são especialmente resilientes, e embora Paul Theakston tenha conservado a respeitada Black Sheep Brewery, a Theakstons Brewery retornou aos outros quatro irmãos em 2003, que representam não só a quinta geração de cervejeiros Theakston, mas também a perseverança, a visão clara e o incansável empreendedorismo de Yorkshire.

Alastair Gilmour

Thomas Hardy's Ale é considerada por muitos a epítome das cervejas inglesas envelhecidas e uma das *barley wines* mais refinadas do mundo.

Sendo frequentemente equiparada a uma versão cervejeira do vinho de Xerez Oloroso, foi produzida pela primeira vez em 1968 pela já extinta Eldridge Pope Brewery, sedeada em Dorchester. Certo dia, ao se depararem com cerca de 2 mil garrafas vitorianas, os cervejeiros da Eldridge Pope decidiram comemorar o quadragésimo aniversário do novelista Thomas Hardy como parte de um festival local em celebração de sua obra.

Enfeitada com um característico medalhão dourado, era a representação na forma de cerveja de uma passagem do livro *The Trumpet Major*, de Hardy: "Era como a cor mais bela que os olhos de um artesão cervejeiro poderiam desejar; de corpo pleno e ainda assim viva como um vulcão; maliciosa, mas sem levantar alarde; luminosa como um poente de outono; livre de qualquer dissabor, mas enfim completamente inebriante".

Naquela época, a Thomas Hardy's Ale era uma de apenas um punhado de cervejas britânicas refermentadas em garrafa. Com teor alcoólico de 11,7% ABV, era praticamente uma *ale* anômala, e seus apreciadores foram encorajados a guardá-la por até 25 anos. As garrafas originais de 1968 podem ser magnificamente apreciadas nos dias de hoje e parecem ter potencial para muitas décadas de vida.

Além de um quarteto de excelentes variedades de lúpulo (Challenger, Golding, Northdown e Styrian Golding), a Thomas Hardy's Ale foi elaborada com malte claro, um leve toque de malte Crystal e xarope de maltose, mas a cerveja obtinha boa parte de seu matiz cor mel e âmbar de uma fervura de mais de três horas. Fermentada durante três meses, recebia ainda uma segunda carga de lúpulo e era então maturada em barris de carvalho por até seis meses. Sendo assim, assemelhava-se muito às *barley wines* originais concebidas para as adegas das casas aristocráticas inglesas do final do século XVIII.

Elaborada inicialmente como uma edição limitada, a Thomas Hardy's Ale foi produzida novamente em 1974 e então produzida anualmente até 1997, quando a Eldridge Pope fechou as portas. No entanto, ela veio a ressurgir em 2003, quando seus direitos de produção foram comprados por uma importadora americana de Maryland, cujo nome, convenientemente, era Phoenix Imports.

A Phoenix comissionou a produção da cerveja à O'Hanlon's, de Devon, para atender a um ansioso mercado nos Estados Unidos, mas em 2009, e apesar da grande fama e aclamação da crítica, devido às limitações da capacidade de produção e ao fato de que a cerveja levava demasiado tempo para ser elaborada, sua produção veio a ser interrompida novamente. No início de 2011,[1] prosseguia a busca por uma cervejaria que pudesse novamente levar essa cerveja lendária às prateleiras de seus devotos apreciadores em todo o mundo. Em 2011, garrafas bem conservadas das "primeiras safras" valiam centenas de dólares para os ávidos colecionadores.

Ver também BARLEY WINE e CONDICIONAMENTO DA CERVEJA.

Jackson, M. **The world guide to beer**. London: Quarto Publishing, 1977.

McFarland, B. **World's best beers**. London: Aurum Press, 2009.

Ben McFarland

Thomas Salt and Co. foi uma cervejaria situada em Burton-on-Trent, Inglaterra, famosa por produzir *India pale ale*. A cervejaria, criada em 1774, era originalmente uma maltaria adjacente a outra cervejaria de Burton, mas depois fez a transição rumo a uma cervejeira independente, possivelmente para tirar proveito do sucesso de Burton no comércio báltico. Ela foi uma das poucas cervejarias que sobreviveram ao colapso do comércio no início do século XIX.

Por volta de 1823, a Salt seguiu o exemplo de Allsopp e começou a produzir *pale ales* para o mercado indiano. Ver SAMUEL ALLSOPP & SONS. De acordo com Alfred Barnard, logo a "*pale* e a *Burton ale* da Salt se tornaram conhecidas em todas as partes do mundo".

A cervejaria cresceu consistentemente durante a maior parte do século XIX. Em 1874-1875, perto do pico de produção de cerveja em Burton, a Bass e a Allsopp juntas respondiam por 62% dos 4,2 milhões de hectolitros produzidos, enquanto a Salt era a quarta maior, com 294 mil hectolitros. Ainda assim, era grande segundo qualquer parâmetro contemporâneo razoável, e estoques de *ales* da Salt dominavam a enorme fachada oriental da estação St. Pancras, em Londres.

Como todos os outros cervejeiros em Burton, a Thomas Salt e Co. sofreu financeiramente após chegar tarde à corrida pela aquisição de *tied houses* (*pubs* vinculados às cervejarias) e entrou em liquidação voluntária em 1906. Ver TIED HOUSE SYSTEM. Ela lutou por mais vinte anos antes de ser absorvida pela Bass em 1927. O antigo poço de água da Salt – ainda em funcionamento sob as ruas de Burton – ainda hoje é usado na produção de *Burton ales* tradicionais agora produzidas sob a marca William Worthington.

Ver também BURTON-ON-TRENT e *INDIA PALE ALE*.

Pete Brown

three-threads foi uma cerveja servida no início do século XVIII em Londres. Costuma-se considerar que era uma mistura de três tipos de cerveja

---

1 Os direitos da marca Thomas Hardy's Ale foram adquiridos pela empresa italiana Interbrau em 2012 e atualmente sua produção é feita pela Meantime Brewing Company em Londres. [N.E.]

retiradas de *casks* diferentes na *ale house*. O nome sobrevive como a base de uma lenda persistente sobre a origem da *porter*. De acordo com essa lenda, a *porter* foi inventada "por volta de 1722" quando um cervejeiro foi bem-sucedido em duplicar a *three-threads* em um único *cask*, para maior conveniência do proprietário do *pub*. Essa história, que primeiro apareceu em 1760, foi repetida diversas vezes na literatura popular, frequentemente sem atribuição e algumas vezes com elaboração. Embora não tenha desaparecido, ela foi refutada por estudiosos modernos, segundo os quais a *porter* foi uma cerveja marrom que foi produzida em larga escala pelos maiores cervejeiros de Londres da década de 1720. A escala de produção, as mudanças nos ingredientes e o aumento no tempo de armazenamento levaram a mudanças no sabor da cerveja, mas não houve uma "invenção" da *porter* como tal. A *three-threads* de fato existiu; ela é citada em um "bom guia de *pubs*" de Londres publicado por volta de 1718, mas ela aparentemente não tinha nenhuma relação com a *porter*. Embora mais comumente dada como uma mistura de *pale ale*, *mild* (cerveja marrom fresca) e *stale* (cerveja marrom envelhecida), não existe informação definitiva quanto à combinação das cervejas utilizadas na *three-threads*. Uma hipótese, criada com base em evidências contemporâneas, limitadas e um pouco ambíguas, é de que a *three-threads* não era extraída de três *casks* diferentes pelo *barman*, mas sim fornecida pronta pela cervejaria. Portanto, infelizmente, parece que não podemos verdadeiramente saber nada ao certo sobre a cerveja chamada *three-threads* além de seu nome.

Ver também PORTER.

Cornell, M. **Beer: the story of the pint.** London: Headline Book Publishing, 2003.

Summer, J. Status, scale and secret ingredients: The retrospective invention of London porter. **History and Technology**, v. 24, p. 289-306, 2008.

Ray Anderson

ticking é um *hobby* tipicamente inglês relacionado à cerveja em que os adeptos provam o máximo possível de cervejas diferentes – de forma semelhante aos observadores de aves, que mantém uma lista de espécies de aves que eles já viram. O *ticking* é também amplamente comparado com o passatempo *trainspotting* (anotar e colecionar números de locomotivas). Cada nova cerveja encontrada por um aficionado recebe um "tique", como quando colocamos uma marca (de verificação) em uma lista. Em virtude da enorme e infindável lista de cervejas existentes, que é ampliada diariamente por cervejeiros experimentais ao redor do mundo, a lista de um dedicado aficionado do *ticking* ao longo da vida pode ser igualmente infindável. Embora o *ticking* de cerveja tenda a parecer para muitas pessoas não inglesas uma estranha obsessão, a evolução de mídias sociais como o Twitter parece destinada a aumentar o número de adeptos desse *hobby*.

Ver também SCOOPING.

Zak Avery

tied house system ("sistema vinculado") teve início quando os cervejeiros comerciais britânicos começaram a dominar a produção e a venda de cerveja no Reino Unido e inevitavelmente a disputar essa atividade comercial entre si em determinadas áreas. As cervejarias mais bem-sucedidas em pouco tempo conquistaram mais negócios e foram obrigadas a se expandir. Essa expansão exigia dispêndios de capital e, exceto as empresas recém-adquiridas na época que podiam ser afiançadas e tornar-se consolidadas, isso envolvia riscos consideráveis.

Por esse motivo, há muito tempo esses cervejeiros chegaram à conclusão de que a melhor maneira de consolidar os estabelecimentos varejistas de venda de suas cervejas era comprá-los ou os controlar de alguma forma e assim criar o que é chamado de "*tied estate*" (estabelecimento vinculado). A "*tied house*" tinha de vender apenas a cerveja da cervejaria proprietária, garantindo à cervejaria um "cliente" final fiel. O *pub* independente que não estava vinculado a nenhuma cervejaria tornou conhecido como "*free house*". O *tied house system* sempre foi mais prevalecente entre os cervejeiros urbanos, ambiente em que a concorrência era mais intensa, mas mesmo naquela época foi adotado com diferentes graus de entusiasmo.

As *tied public houses* são um fenômeno caracteristicamente britânico; na verdade, em muitas outras partes do mundo (nos Estados Unidos, por exemplo) a cervejaria e o bar ou restaurante devem ser entidades independentes. Era também uma característica da Inglaterra, e não de outras partes do Reino Unido. Já no século XVII, determinadas cervejarias inglesas tinham mais interesse em controlar esse ramo de negócio que em expandi-lo. Os cervejeiros valorizavam os aspectos econômicos da produção de cerveja em grande escala, mas não queriam produzir volumes que não conseguissem vender. Nessa época inicial, nem todas as cervejas estavam vinculadas a um *pub* específico. Uma cervejaria Londrina de *porter* podia vincular seus clientes a esse produto específico, mas as *ales* mais leves podiam ser compradas de qualquer um.

Em pouco tempo se tornou evidente que a vinculação à uma cervejaria não era bem o que dava a impressão de ser, e muitos proprietários de *pubs* urbanos ficaram tão endividados que foram obrigados a ceder ativos a um cervejeiro e/ou depositar títulos (ou fazer um acordo de arrendamento). Vários proprietários de *pubs* foram obrigados a vender sua propriedade a uma cervejaria e depois arrendá-la de volta. A situação tornou-se tão desesperadora que, em 1686, segundo comentários dos comissários de impostos especiais, a respeito da pobreza dos proprietários de *pub* de Londres, eles se achavam em "sua maioria em dívida com os cervejeiros e vivendo do que tinham em estoque". Muitos *pubs* caíram nas mãos dos cervejeiros por falência e tenderam a permanecer no patrimônio da cervejaria posteriormente.

Tendo em vista os valores ascendentes dos terrenos e imóveis (especialmente nas cidades), as taxas de licença e o custo crescente para equipar um *pub*, ficou bem mais difícil para os proprietários de *pub* aspirantes assumirem uma *public house* sem assistência financeira externa. Os cervejeiros estavam mais que propensos a aceitar "empréstimos" em troca de um negócio garantido.

Durante o século XIX, as maiores cervejarias aumentaram gradativamente seus estabelecimentos vinculados, principalmente adquirindo pequenas cervejarias e os respectivos *pubs*. A partir de 1880, a posse de estabelecimentos licenciados por parte das cervejarias ampliou-se rapidamente e em meados da década de 1890 cerca de 90% da venda de cerveja *on-trade* (venda de cerveja para ser consumida no local) nas grandes cidades britânicas (Manchester, Liverpool, Birmingham etc.) eram vinculadas.

Ao longo de todo o século XX, os cervejeiros britânicos procuraram ampliar esses estabelecimentos vinculados, principalmente por meio da compra de cervejarias menores, com seus pontos de venda. Essa situação atingiu seu ápice durante a década de 1960, quando uma "febre de aquisições/fusões" se evidenciou (conhecida como "racionalização"), que acabaria por alterar a infraestrutura do setor britânico de cerveja. Desse emaranhado, surgiram um punhado de grandes cervejarias, "Big Six", que passaram a controlar uma percentagem absurda do comércio de cerveja. O catalisador dessa febre foi a fusão da Watneys e da Mann, Crossman & Paulin para formar a Watney Mann em 1958. O número de cervejarias na Grã-Bretanha diminuiu de 567 em 1950 para 177, em apenas vinte anos.

A febre de fusões foi seguida, na década de 1980, por uma "minifebre de fusões" envolvendo algumas cervejarias regionais maiores, e isso reduziu ainda mais a margem de escolha dos consumidores. Por volta do final da década de 1980, a Comissão de Monopólios e Fusões (Monopolies and Merger Commission – MMC) entraria em cena. Um pouco antes do relatório da MMC de março de 1989, o jornal *Financial Times* revelou que as Big Six eram responsáveis por 75% da produção de cerveja do Reino Unido e detinha 75% dos estabelecimentos vinculados. A Bass era a maior proprietária – em torno 7,3 mil estabelecimentos –, a Whitbread possuía 6,5 mil e a Courage, 5,1 mil.

O relatório ansiosamente esperado da MMC, *The Supply of Beer*, concluiu por unanimidade que existia um monopólio em favor dessas cervejarias que possuíam estabelecimentos vinculados ou que tinham contratos de vínculo com acesso a estabelecimentos livres em troca de empréstimos a taxas de juros favoráveis. A Comissão de Monopólios e Fusões comentou sobre a diferença de tamanho das empresas cervejeiras, mas constatou que a maior parte delas "fabricava cerveja *e* as revendia no atacado *e* no varejo".

A MMC concluiu que "esse monopólio complexo permitiu que as cervejarias com estabelecimentos vinculados frustrassem o crescimento das cervejarias que não possuíam estabelecimentos desse tipo [...] e que, com o passar o tempo, esse monopólio serviu para que as cervejarias maiores continuassem grandes e os pequenos cervejeiros continuassem pequenos". A MMC avaliou que tudo isso não atendia ao interesse público e recomendou, entre outras coisas, o seguinte:

"Não a total abolição do vínculo, mas um limite máximo de dois mil ao número de estabelecimentos licenciados que qualquer empresa ou grupo de produção de cerveja deve possuir, sejam *public hou-*

ses, hotéis ou qualquer outro tipo de ponto de venda licenciado".

As cervejarias afetadas pelas recomendações da MMC, que foram implementadas e amplamente citadas no "Beer Orders" (Regulamentos Associados à Cerveja), imediatamente procuraram encontrar formas de contorná-los. Em 1990, a Grand Metropolitan e o Fosters Brewing Group of Elders IXL (proprietário da Courage), com 6,1 mil e 5,1 mil *pubs*, respectivamente, anunciaram o que foi descrito como uma "fusão" de suas cervejarias e de seus estabelecimentos vinculados. Todavia, havia uma diferença. O Fosters (Courage) administraria as cervejarias e a Grand Met administraria os estabelecimentos vinculados, que funcionavam com o nome de Inntrepreneur Inns. Metade do Inntrepreneur pertencia à Grand Met e metade ao Elders IXL. Desse modo, a Courage passou a funcionar unicamente como cervejaria, porque, em vigor, tratou-se de uma permuta de *pubs* por cervejarias. Para os cínicos, talvez isso tenha sido uma forma engenhosa de contornar os Regulamentos Associados à Cerveja. A proposta foi encaminhada ao Departamento de Comércio Justo (Office of Fair Trading), que finalmente a aprovou no final de março de 1991. O significado dessa manobra foi que a Courage se tornou então o segundo maior fabricante de cerveja do Reino Unido, com 20% de participação de mercado.

Alguns *pubs* (geralmente os que apresentavam baixo desempenho) foram vendidos. Porém, depois de várias outras manobras, as Big Six (ou seus derivativos) basicamente se separaram dos respectivos *pubs*. Novas empresas proprietárias de *pub* foram estabelecidas (frequentemente financiadas por grandes cervejarias), as quais na verdade voltaram a vincular os *pubs* às cervejarias. Além de restringir o número de estabelecimentos vinculados que as grandes cervejarias podiam ter, seus franqueados tinham o direito de comprar cerveja não atreladas (uma "*guest beer*" ou "cerveja convidada"). Essa disposição foi parcialmente responsável pela rápida expansão das microcervejarias, que teve início na década de 1990. Outra consequência foi que muitos *pubs* que apresentavam baixo desempenho foram vendidos como residências familiares ou lojas pitorescas, e o número de *pubs* no Reino Unido diminuiu acentuadamente em virtude disso.

A lei de 1989 foi revogada em janeiro de 2003, época em que o setor já havia passado por uma transformação – de um setor dominado por cadeias de propriedade de cervejarias para um setor dominado por grandes grupos independentes proprietários de *pub* – as assim chamadas *pubcos*. Entretanto, com relação às cervejarias menores, a vida continuava em grande medida como no passado. De forma lenta, mas segura, pequenas cervejarias empreendedoras estão construindo entusiasticamente as redes de seus próprios *pubs*.

Ver também PUBLIC HOUSES (PUBS).

Gourvish, T. R.; Wilson R. G. **The British brewing industry 1830-1980.** Cambridge: Cambridge University Press, 1994.
Hawkins, K. H.; Pass C. L. **The brewing industry.** London: Heinemann, 1979.
Hornsey, I. S. **A history of beer and brewing.** Cambridge: Royal Society of Chemistry, 2003.
Matthias, P. **The brewing industry in England, 1700-1830.** Cambridge: Cambridge University Press, 1959.
Monopolies and Mergers Commission. **The supply of beer: a report on the supply of beer for retail sale in the United Kingdom.** London: HMSO, 1989.
Wilson, R. G.; Gourvish, T. R. (Orgs.). **The dynamics of the international brewing industry since 1800.** London: Routledge, 1998.

Ian Hornsey

Timothy Taylor Brewery é uma cervejaria britânica independente localizada em Keighley, Yorkshire, fundada pelo cervejeiro Timothy Taylor em 1858. Hoje, a empresa é a última cervejaria independente em West Yorkshire e tem uma reputação internacional.

Ela produz uma gama de cervejas refermentadas em barril em estilos clássicos de Yorkshire, incluindo uma *dark mild*, uma *best bitter*, Golden Best – um raro exemplo de *mild* clara –, e Ram Tam, uma tradicional cerveja de inverno. Cada uma é notável dentro de suas próprias características. Mas a reputação da cervejaria gira em torno da lendária cerveja Timothy Taylor Landlord.

A Landlord, com 4,3% de álcool por volume, é uma *pale ale* forte (pelos padrões das *ales* britânicas) e lupulada que ganhou mais de setenta prêmios em competições internacionais e em festivais das *British real ale* – mais do que qualquer outra cerveja. Ela inspira reverência entre os aficionados da cerveja britânica, muitos dos quais afirmam que ela é simplesmente a melhor *cask ale* britânica de todos os tempos. Em 2005, durante uma entrevista na televisão, a estrela pop Madonna declarou que a Landlord era o "champanhe das cervejas", uma declaração que ajudou a alavancar a Landlord a um patamar mais alto, e ela tem sido creditada até mesmo por ajudar a revitalizar a indústria das *cask ales* britânicas. A influência da cerveja também chegou a São Francisco, com a Anchor Brewing Company de Fritz Maytag citando a Landlord como uma inspiração para a sua própria inovadora Anchor Liberty Ale.

A Landlord refermentada em barril é uma cerveja complicada de se manter, mas nas mãos de um adegueiro que verdadeiramente entende o seu temperamento e a trata adequadamente, ela se torna uma experiência de sabor inesquecível.

Pete Brown

tina de fervura é o recipiente no qual o mosto cervejeiro é fervido com lúpulo. A ebulição adequada do mosto propicia uma série de efeitos, incluindo sua esterilização, desnaturação de enzimas, extração dos componentes do lúpulo, coagulação de proteínas e polifenóis, concentração do mosto, desenvolvimento de cor e evaporação de voláteis indesejáveis. Tinas de fervura modernas são desenhadas para realizar essas tarefas da maneira mais eficiente possível, produzindo um mosto de alta qualidade. No Reino Unido, a tina de fervura é muitas vezes chamada de "*copper*" ("cobre"), pois era desse metal que muitas tinas de fervura eram feitas. Centenas de anos atrás, a tina de fervura mais comum era essencialmente uma panela de ferro fundido, aquecida sobre o fogo direto de madeira. Com o tempo, elas foram aprimoradas e passaram a incluir fornalhas para concentrar o calor sobre a superfície inferior da tina. Ver AQUECIMENTO POR FOGO DIRETO. A madeira foi substituída pelo carvão, e a parte superior da tina foi coberta e ventilada para o exterior. Esta última inovação reduziu o perigo de transbordamento, que podia ser fatal em tinas de fervura abertas. O uso de carvão também tinha desvantagens, a principal delas sendo que o fogo da fornalha precisava ser apagado assim que a tina de fervura estivesse vazia, para que o calor não deformasse o tanque. Esse problema foi resolvido quando o petróleo e o gás substituíram o carvão no aquecimento por fogo direto.

Tradicional tina de fervura de cobre na Cervejaria Westmalle, localizada na abadia trapista de Westmalle, Bélgica. FOTOGRAFIA DE DENTON TILLMAN.

Conforme as tinas cervejeiras se tornaram mais complexas, o cobre substituiu o ferro. O cobre não é tão resistente quanto o ferro, embora seja mais maleável, conduza calor de maneira mais eficiente e resista melhor à corrosão. A maleabilidade do cobre deu origem ao elegante formato das clássicas tinas de fervura com topo de "cúpula cebola", ainda amplamente vista na Europa. Por volta da metade do século XX, o cobre foi largamente substituído pelo aço inoxidável, que é mais forte e muito mais fácil de limpar e conservar por meio dos procedimentos modernos do *cleaning in place*. Ver CLEANING IN PLACE (CIP). O aquecimento por fogo direto, que podia desenvolver alguma cor e sabores e aromas agradáveis, mas também podia queimar o mosto, foi posto de lado em favor do aquecimento por vapor na maioria das cervejarias. O aquecimento a vapor pode ser interno na tina de fervura, seja por meio de camisas de vapor no interior das paredes da tina de fervura, seja por meio de uma calândria posicionada no centro da tina de fervura. Serpentinas de vapor e elementos elétricos também são utilizados, mas ambos são raros. Calândrias externas nas quais o mosto é circulado também são comuns. Ver CALÂNDRIA.

Seja qual for o desenho, as tinas de fervura devem evaporar uma porcentagem consistente de mosto e proporcionar agitação mecânica suficiente para a coagulação proteica e a extração eficiente do lúpulo. Camisas de vapor são colocadas nas paredes da tina de fervura assimetricamente; correntes térmicas irão conferir uma mistura completa do conteúdo da tina de fervura ao longo da ebulição. Se for usada a calândria, o mosto será movido através dela por uma bomba ou por convecção e disperso novamente sobre a superfície do líquido por um espalhador ajustável. A fervura geralmente é feita à pressão ambiente, porém algumas tinas de fervura são desenhadas para ferver em altas pressões e temperaturas. Isso pode aumentar a eficiência da extração do lúpulo, mas também pode desenvolver maior cor e impedir a volatilização de compostos indesejáveis.

Em pequenas cervejarias e *brewpubs*, a tina de fervura pode incluir a função *whirlpool* para remover o *trub* e fragmentos de péletes de lúpulo. Nesse caso, o tanque é chamado de "tina de fervura-*whirlpool*". Ver TRUB e WHIRLPOOL. Embora a combinação dessas funções aumente a velocidade e reduza o custo, uma tina de fervura-*whirlpool* combinada é um dispositivo que raramente executa tão bem essas funções quanto uma tina de fervura e um *whirlpool* separados. Tinas de fervura que são usadas para ferver lúpulos inteiros muitas vezes apresentam telas colocadas nas saídas no fundo. No final da fervura, o mosto é recirculado através da tela até que ocorra sua clarificação. Ele então é desviado para um trocador de calor e depois para o tanque de fermentação.

Lúpulos, sais minerais, agentes clarificantes, xaropes cervejeiros e outros ingredientes podem ser introduzidos na tina de fervura manualmente ou por sistemas automatizados. Muitos sistemas modernos, procurando obter a melhor eficiência energética possível, possuem um trocador de calor dentro da chaminé da tina de fervura – o vapor gerado na tina de fervura é usado para aquecer mais água, que será empregada mais tarde no processo cervejeiro ou na limpeza de equipamentos.

Hough, J. S.; Briggs, D. E.; Stevens, R. **Malting and brewing science**, v. 2. 2. ed. London: Chapman & Hall, 1982.

Garrett Oliver

tina de filtração do mosto é um recipiente para separar do mosto as partículas sólidas da mostura. Ver ASPERSÃO DO MOSTO, FILTRAÇÃO DO MOSTO, GRANT e MOSTURAÇÃO. A tina de filtração do mosto funciona como uma grande peneira. Ela geralmente tem um piso perfurado e com ranhuras, também chamado de fundo falso, que retém os grãos moídos usados, enquanto permite que o mosto seja filtrado através do leito de grãos e coletados no espaço logo abaixo. O mosto, em seguida, é levado para a tina de fervura.

A brassagem ocorre separadamente, em uma tina de mosturação, de modo que a mostura tem que ser transferida por bombas para a tina de filtração. A mostura é usualmente bombeada do fundo ou lateral do recipiente para evitar sua aeração excessiva. Ver AERAÇÃO DO MOSTO QUENTE, ENVELHECIMENTO (STALING) e OXIDAÇÃO. No início da filtração, o mosto é usualmente recirculado através do leito de grãos como uma massa filtrante até a sua clarificação, conferida por meio de um visor de vidro na tubulação de recirculação. Ver VORLAUF. A não ser que tenham dimensionados para *brewpubs* ou cervejarias muito pequenas, a maior parte das tinas de filtração do mosto apresenta ancinhos motorizados que cortam a cama de grãos para melhorar a capacidade de filtração.

Outras salas de brassagem podem ter uma configuração em que uma única tina serve para a mosturação e a filtração, eliminando, assim, a necessidade de bombear a mostura. Esses sistemas continuam comuns no Reino Unido para a realização de mosturação com única temperatura. Essas tinas de mosturação, como as tinas de filtração, estão equipadas com fundos falsos. As vantagens da combinação entre tina de mosturação/filtração são o menor custo inicial do equipamento e um espaço menor na cervejaria. A vantagem de dois tanques separados para mosturação e filtração é que a tina de mosturação pode ser enchida novamente com uma nova batelada enquanto o lote anterior ainda está sendo direcionado para a tina de fervura. Assim, uma tina de filtração separada permite à cervejaria produzir mais cerveja por dia do que seria possível de outra maneira.

Brewing Trade Review, p. 781-782, 1961.
Gourvish, T. R; Wilson, R. G. **The brewing industry 1830-1980.** Cambridge: Cambridge University Press, 1994.
Hornsey, I. S. **Brewing.** London: Royal Society of Chemistry, 1999.
Kunze, W. **Technology, brewing & malting.** Berlin: VLB Berlin, 1996.

Tim Hampson

tina de mostura é um recipiente da sala de brassagem utilizado para misturar o malte moído com água cervejeira sob temperatura controlada. Isso é chamado de "mosturação", e o resultado dela, que se parece com mingau, é chamado de "mostura". Ver MOSTURA e MOSTURAÇÃO. A mostura é feita a temperaturas e períodos pré-determinados (por exemplo, 65 °C durante uma hora), até o amido do malte se converter em açúcares, e os açúcares do malte dissolvidos (mosto) serem lavados pela água de aspersão e transferidos para a tina de fervura, onde o lúpulo é adicionado. A tina de mostura é um recipiente único onde acontecem tanto a mosturação quanto o escoamento do mosto. Ela é predominantemente utilizada na produção de cervejas *ale* e outras cervejas de alta fermentação, particularmente no Reino Unido, usando uma mostura por infusão a uma temperatura única.

Um cervejeiro na Harveys Brewery em Sussex, Inglaterra, fazendo a leitura da temperatura na tina de mostura. CATH HARRIES.

A tina de mostura tradicional é um recipiente circular fechado de diâmetro variável com uma profundidade de aproximadamente 2 metros. Elas eram construídas de aço ou cobre, sendo insuladas nas laterais verticais, as quais eram frequentemente revestidas em madeira. O fundo da tina de mostura tem uma série de placas removíveis que ficam cerca de 7 centímetros acima do fundo plano do recipiente. As placas têm uma série de aberturas de aproximadamente 50 centímetros de comprimento e 1 milímetro de largura, o que representa cerca de 10% da área do fundo da tina. Em um tempo pré-determinado após a mosturação, o mosto é lavado na tina de mostura pela água de aspersão, um processo em que a água cervejeira quente, a aproximadamente 75 °C, é aspergida sobre a mostura, e o mosto é escoado através do fundo do recipiente. Ver ASPERSÃO DO MOSTO. A mostura por infusão a temperatura única é bastante diferente em textura da mostura mais moderna por temperatura programada, em que a mostura atinge várias temperaturas antes de ser transferida para a tina de filtração. Em uma tina de mostura, a parte sólida do mosto precisa permanecer fofa e um tanto rígida (e não com consistência de sopa), retendo algum ar conforme flutua no topo do líquido que escoa por baixo. Esse é um ato de equilíbrio que requer certa habilidade da parte do cervejeiro, porque se a parte sólida do mosto repousar diretamente nas placas, é provável que se compacte, interrompendo o escoamento do líquido.

Nas cervejarias tradicionais, o processo de mosturação, filtração do mosto e esvaziamento da tina de mostura leva cerca de seis horas; nas cervejarias modernas, dois recipientes são utilizados para produzir o mosto, uma tina misturadora de mostura e uma de filtração, reduzindo esse tempo para aproximadamente três horas. Por demandar menos espaço físico e uma tina a menos, muitas cervejarias menores no Reino Unido e *brewpubs* nos Estados Unidos continuam a utilizar a tina de mostura e sua técnica de mosturação.

Paul KA Buttrick

Tomahawk

Ver CTZ.

torneira de chope é o termo geral para os dispositivos utilizados para servir cerveja a partir de barris, *casks*, barris de madeira ou tanques. A palavra inglesa "*tap*", ou "torneira" em português, é também um verbo que designa a ação de perfurar um barril de madeira para que a cerveja possa ser servida.

Nos sistemas modernos de extração, as funções clássicas de uma torneira de chope – perfurar e servir – são desempenhadas separadamente por duas peças independentes. Na maioria dos bares de hoje, os consumidores veem os garçons tracionando uma torneira de chope (*tap handle*), um elemento cromado ou cobreado, o mais visível do sistema de extração, que se conecta a uma válvula e permite à cerveja escoar da torneira para o copo.

Escondido em uma câmara fria, seja logo abaixo do bar ou a centenas de metros e vários andares de distância, outra ferramenta, cujo nome correto é "engate", encaixa-se ao barril para abrir o lacre sanitário e permitir que a cerveja escoe do barril para o bar. Alguns referem-se ao engate como torneira de chope. De fato, o ato de colocar o engate no barril e acoplá-lo para permitir o escoamento da cerveja é comumente chamado em inglês de "*tapping*". Assim, a ação moderna de fazer o *tapping* de um barril geralmente envolve um engate, e não uma torneira de chope. Os engates do barril são feitos de aço inoxidável, e as torneiras às quais se combinam podem também ser feitas de aço inoxidável ou, mais comumente, de latão cromado.

Mas os sistemas modernos de chope, que trazem a cerveja de barris de aço inox distantes do copo do bebedor, só foram inventados cerca de cem anos atrás. No início do século XX, os cervejeiros utilizavam barris de madeira para transportar e servir chope tanto na Europa quanto nos Estados Unidos. Algumas cervejarias continuam a utilizar barris de madeira de vários tamanhos para servir cerveja, embora geralmente em situações especiais ou limitadas. Além disso, *casks* de aço inoxidável com desenho similar ao do barril de madeira são atualmente utilizados para servir cervejas condicionadas em *cask* com uma torneira de chope tradicional.

Tanto os barris de madeira quanto os *casks* de aço inoxidável de extração por gravidade são feitos com uma pequena abertura circular perto da extremidade superior, ou topo plano, e outra na metade da lateral curva do barril. Durante o processo de enchimento do barril, essas aberturas são fechadas com um batoque de madeira ou com peças de formato especial chamadas de *shive* (rolha do batoque) e *keystone* (rolha da torneira). Ver CASK e EXTRAÇÃO POR GRAVIDADE.

Esse estilo de barril de madeira ou *cask* demanda uma torneira de chope clássica. Na sua forma mais simples, a torneira de chope consiste em um tubo reto com uma válvula e uma torneira na frente. A extremidade traseira do tubo costuma ser levemente afunilada, e o próprio tubo é perfurado com vários pequenos orifícios. Quando em uso, a extremidade traseira está dentro do barril submersa na cerveja, enquanto a extremidade da frente permanece para fora, permitindo que a cerveja seja servida. Esse desenho clássico permite que a torneira de chope seja utilizada tanto para perfurar o barril quanto para servir.

Para iniciar o atendimento, os taberneiros colocam o barril sobre a lateral curvada, rotacionado de maneira que a rolha da torneira localizada no topo plano esteja embaixo, mais perto do chão ou da prateleira de servir sobre a qual o barril está posicionado. Uma vez o barril seguro, eles martelam rapidamente a extremidade traseira, afunilada, da torneira de chope através da rolha da torneira ou *keystone* para dentro do barril, de modo a deixá-la bem encaixada no orifício aberto. Uma vez colocada, a torneira de chope deixa a bebida em seu centro tubular através das perfurações. Quando a torneira está aberta, a cerveja escoa para dentro de um copo à espera.

As torneiras de chope mais antigas eram feitas de madeira, e hoje algumas são feitas de plástico altamente durável. Durante boa parte de sua história, porém, as torneiras de chope foram feitas de cobre tanto por razões de resistência quanto de durabilidade. Embora todas tenham um elemento tubular, muitas variações no formato e na aparência básica têm sido adotadas tanto por razões funcionais quanto decorativas.

O desenho da torneira de chope clássica é ainda utilizado diariamente em certas aplicações limitadas. *Pubs* operados por cervejarias alemãs às vezes encaixam dessa maneira a torneira de chope em barris de madeira posicionados sobre o balcão do bar. Aqueles que servem *ales* tradicionalmente refermentadas em *casks* na Inglaterra e nos Estados Unidos também costumam usar torneiras de chope clássicas. O encaixe cerimonial da torneira de chope na abertura de festivais e eventos especiais muitas vezes emprega barris de madeira e torneiras tradicionais de chope. O ato de martelar a torneira de chope através da rolha (*keystone*) com um martelo de madeira pode ter ares de evento dramático – especialmente quando acompanhado pelo jorro espumoso de cerveja no momento da abertura. Na Baviera, geralmente é uma figura política proeminente que é chamada para abrir o primeiro *cask* em um festival – diante da mídia reunida, é claro. Um desempenho ruim nessa relevante função pública pode resultar em dificuldades de reeleição. Esses políticos se qualificam não pelos votos, mas pelo martelo.

Ray Daniels

torrador de tambor é o desenvolvimento moderno de um dispositivo mais antigo, o torrador esférico. Ver TORRADOR ESFÉRICO. Ambos os torradores trabalham essencialmente sob o mesmo princípio.

Eles são câmaras fechadas que giram em torno de um eixo horizontal e aquecem alimentos até estes escurecerem e adquirirem sabor e aroma que variam de nozes a torrado. Mas enquanto em um torrador esférico os grãos acumulam-se em profundidades desiguais, em um tambor horizontal, equipado com aberturas de ventilação, o material é processado de maneira uniforme e homogênea. Para produzir maltes torrados, as maltarias secam o malte claro dentro do tambor por duas a três horas em temperaturas de aproximadamente 250 °C. Quanto mais tempo e quanto mais alta a temperatura, mais torrado e escuro será o malte. Alternativamente, o malteador pode colocar o malte úmido, proveniente da câmara de germinação, dentro do tambor e aquecê-lo com as janelas de ventilação abertas ou fechadas. Com a janela de ventilação aberta, o malte é seco como malte regular e, em seguida, se transforma em malte torrado. Com as janelas de ventilação fechadas, o grão permanece úmido e é submetido a um ciclo de cozimento a aproximadamente 60 °C a 72 °C, durante o qual as enzimas do malte convertem amidos em açúcares, criando maltes caramelizados. Uma sacarificação assim homogênea não é possível em fornos. Após a caramelização o malte pode ser transferido para o forno e passar por uma secagem final, resultando no Carapils®, por exemplo, ou pode ficar no tambor com as janelas de ventilação abertas a cerca de 120 °C a 180 °C, resultando em maltes caramelo, de âmbar a vermelho, como o Caramunich®. Em ambos os casos, os açúcares caramelizam

Torrador de tambor em ação na Weyermann® Malting em Bamberg, Alemanha. Torradores de tambor são utilizados para torrar o malte, escurecendo os grãos e lhes proporcionando um sabor de noz ou torrado. FOTOGRAFIA DE DENTON TILLMAN.

em dextrinas doces, vítreas e não fermentáveis. Dependendo do grau de caramelização, esses maltes podem oferecer corpo, cor, sabor, aroma e estabilidade de espuma às cervejas prontas. Ver DEXTRINAS, MALTE CRYSTAL e MALTES CARAMELO.

Thomas Kraus-Weyermann

torrador esférico foi um dos primeiros dispositivos industriais para torrar gêneros alimentícios como café, cacau, cereais, chicória, maltes e nozes. Malte torrado e grãos, quando utilizados na mostura, podem dar cor e sabor torrados à cerveja. Cor e sabor de malte torrado são parte integrante de um grande número de estilos de cerveja, especialmente *porters* e *stouts*. Dependendo da técnica empregada, torradores esféricos também podem ser utilizados para produzir maltes caramelizados. Desenvolvido em meados do século XIX, o torrador esférico é um recipiente de ferro com uma câmara de torrefação fechada, rotativa e em forma de esfera. Ele substituiu a tradicional assadeira aberta e plana, o equipamento mais comumente utilizado para torrefação no passado. Assadeiras tendiam a fornecer resultados desiguais, pois algumas sementes ou grãos, invariavelmente, acabavam apenas parcialmente torrados enquanto outros ficavam levemente ou severamente queimados. Alimentos excessivamente torrados apresentam sabor demasiadamente acre e não são agradáveis ao paladar. O torrador esférico, por outro lado, necessitava ser girado manualmente por uma manivela sobre a fonte de calor, geralmente à base de carvão ou coque. Isso fazia com que o conteúdo do torrador se movesse constantemente. Portanto, o processo de torrefação podia ser lento, uniforme e controlável. Utilizado com habilidade, o torrador esférico oferece maltes caramelizados e torrados com qualidade consistente e com as características de sabor e aroma exatamente como desejado. O torrador esférico mudou muito pouco desde seu projeto inicial, exceto pela motorização da manivela, pela fonte de calor e pela capacidade. A manivela manual é coisa do passado, e a fonte de calor preferida atualmente é o gás.

O primeiro torrador rápido a gás patenteado foi produzido na Alemanha em 1899. Enquanto os primeiros torradores tinham capacidade de aproximadamente 5 quilos, os subsequentes cresceram muito em tamanho, chegando a torrar centenas de quilogramas de malte por batelada. Nos Estados Unidos, esses torradores eram conhecidos por *K-balls* – o "K" vem de *Kugel*, que em alemão significa bola ou esfera. Alguns deses torradores foram utilizados nas maltarias dos Estados Unidos até os anos 1990, mas atualmente torradores esféricos são largamente utilizados para torrefação de pequenas bateladas de café. As máquinas de torrefação nas modernas maltarias atualmente são tambores cilíndricos controlados por computador capazes de produzir 3,5 toneladas de malte torrado, malte caramelo ou cevada torrada por batelada.

Ver também MALTES TORRADOS e TORRADOR DE TAMBOR.

Thomas Kraus-Weyermann

Tradition é uma variedade de cevada de primavera de seis fileiras desenvolvida pela Busch Agricultural Resources Inc. (BARI) e lançada em 2003. Foi desenvolvida em 1992 a partir do cruzamento entre 6B89-2126 e ND10981 em Fort Collins, Colorado. Está bem adaptada ao Meio-Oeste setentrional e regiões entre montanhas dos Estados Unidos e Canadá. O progenitor 6B89-22126 é uma cevada experimental desenvolvida pela BARI, mas nunca lançada comercialmente, enquanto a ND10981 foi desenvolvida pela North Dakota State University e também nunca lançada comercialmente. A Tradition tem elevado poder diastático e é listada como uma variedade para malteação pela American Malting Barley Association, Inc. Ela apresenta resistência moderada à maioria dos patógenos foliares e possui uma resistência à giberela semelhante à da Legacy e Lacey. Essa variedade tem produtividade mais elevada, amadurecimento mais precoce e maior resistência a doenças do que as variedades comparáveis de seis fileiras Robust e Morex, embora sua produtividade seja ligeiramente mais baixa que a da Legacy. Além disso, a Tradition possui uma espiga que se dobra para baixo, com arestas pequenas, aleurona branca, estatura média (81 polegadas), colmo forte e resistente ao acamamento.

American Malting Barley Association, INC. **Barley Variety Dictionary-Tradition**. Disponível em: http://www.ambainc.org/media/AMBA_PDFs/Pubs/Barley_Dictionary/Tradition.pdf/. Acesso em: 11 abr. 2011.

North Dakota State University. **Brochures-Tradition**. Disponível em: http://www.ag.ndsu.nodak.edu/aginfo/seedstock/Brochures/Tradition UC.htm/. Acesso em: 11 abr. 2011.

Martha Holley-Paquette

trans-2-nonenal

Ver (E)-2-NONENAL.

transferência (*pumping over*)

tem dois significados na cervejaria. O primeiro significado refere-se à prática de bombeamento da cerveja a partir de um tanque para outro através de uma mangueira, como de um tanque de fermentação secundária para um tanque de maturação, deixando para trás as leveduras e outras partículas sedimentadas. Ver FERMENTAÇÃO SECUNDÁRIA e MATURAÇÃO A FRIO. O segundo significado, mais específico, refere-se à recirculação externa do mosto a partir do fundo para o topo do fermentador. Ver RECIRCULAÇÃO DO MOSTO EM FERMENTAÇÃO (*ROUSING*). Embora o objetivo implicado no primeiro significado seja óbvio e não exija maiores explicações, o objetivo do segundo significado é manter as leveduras uniformemente suspensas no mosto durante a fermentação para assegurar o completo e prolongado contato da levedura com os açúcares e outros nutrientes do mosto. Tal recirculação deve ser feita com cuidado, sem captação de oxigênio. Por isso, a entrada do mosto na parte superior do tanque deve estar abaixo do nível de cerveja. A recirculação nunca deve ser feita por meio do *spray ball* no topo do tanque. A oxigenação da cerveja em fermentação levaria a uma rápida conversão dos precursores aceto-hidróxi-ácidos em dicetonas vicinais, incluindo diacetil. Ver DIACETIL e DICETONAS VICINAIS (VDK). A recirculação é geralmente o último esforço usado quando a fermentação está lenta ou parada porque a levedura sedimentou prematuramente no fundo do fermentador. Embora o termo "*pumping over*" seja raramente usado em outras circunstâncias, algumas cervejarias usam uma técnica semelhante para misturar cervejas ou dispersar o lúpulo durante o *dry hopping*.

Ver também DRY HOPPING, FERMENTAÇÃO e FLOCULAÇÃO.

Kunze, W. **Technology brewing and malting**. 2. ed. Berlin: Verlag der VLB Berlin, 1999.

Narziss, L. **Abriss der Bierbrauerei**. 5. ed. Stuttgart: Ferdinand Enke Verlag, 1986. (Tradução de *Outline of beer brewing*.)

Oliver Jakob

transporte a granel

(ou embarque a granel) relaciona-se ao movimento de grandes quantidades de cerveja – mais do que as contidas em garrafas, latas, barris, *casks* ou tanques desmontáveis que podem ser utilizados para servir a cerveja diretamente para o consumidor. O transporte a granel é frequentemente utilizado onde a localização do envase da cerveja é separada da cervejaria. Embora a cerveja possa ser transportada por curtas distâncias através de tubulações, a maioria do transporte a granel é realizada em tanques projetados para o transporte por rodovia, ferrovia ou marítimo. O abastecimento desses tanques com cerveja apresenta alguns desafios não enfrentados pela maioria dos demais líquidos. Primeiro, os tanques devem ser totalmente higienizados em um padrão elevado para prevenir alterações de sabor e contaminação da cerveja por microrganismos danosos. Segundo, a incorporação de oxigênio durante as operações de transferência e de envase da cerveja deve ser minimizada para prevenir o subsequente desenvolvimento de características oxidativas na cerveja. Terceiro, devido ao fato de a cerveja estar frequentemente já carbonatada, a turbulência deve ser evitada durante o enchimento dos tanques porque esse procedimento pode gerar espuma e limitar o seu preenchimento efetivo. A introdução de oxigênio pode ser minimizada pelo monitoramento cuidadoso das junções de tubulações e mangueiras e das vedações do equipamento de bombeamento da cerveja, juntamente com a criação de uma atmosfera livre de oxigênio (usualmente dióxido de carbono, nitrogênio ou ambos) no tanque de recebimento. A pressão dos gases no interior do tanque também pode auxiliar na minimização da turbulência durante o abastecimento. Finalmente, a manutenção da cerveja a baixas temperaturas durante a transferência também pode reduzir o desenvolvimento de qualquer sabor adverso e retardar o desenvolvimento de microrganismos contaminantes. Aquecedores também são empregados para prevenir o congelamento da cerveja durante o inverno. A cerveja embarcada a granel geralmente é submetida à pasteurização *flash* antes do enchimento do tanque. Cervejarias de grande porte que praticam a mosturação de alta densidade frequentemente transportam a granel as suas versões concentradas de cerveja. A cerveja resultante da mosturação de alta densidade é então misturada com água desaerada esterilizada na localidade de recebimento, antes de ser engarrafada ou acondicionada em barris. Ver MOSTURAÇÃO DE ALTA DENSIDADE.

Ver também DISTRIBUIÇÃO.

George Philliskirk

Traquair House Brewery está situada sob a capela da casa habitada mais antiga da Escócia. Não há dúvida de que uma habitação considerável ocupou o lugar durante algum tempo antes de o rei Alexandre I conceder à Traquair House uma licença real em 1107, uma vez que as suas paredes concederam retiro a 23 monarcas, um refúgio para os católicos perseguidos e um bastião de apoio para os jacobitas durante o longo conflito pela recuperação do trono escocês perdido em 1688.

A cervejaria estava em pleno funcionamento quando a rainha Maria da Escócia visitou Traquair em 1566, e os registros mostram que Charles Edward Stuart – conhecido como Bonnie Prince Charlie – e sua comitiva provaram seu já renomado produto em 1745. Não surpreende que as *ales* fortes e influenciadas pelo malte da Traquair, venham embrulhadas em nostalgia e tradição. Uma de suas cervejas atuais, a Bear Ale, comemora os grandiosos portões "Bear Gates" da casa, que foram fechados com a partida de Bonnie Prince Charlie e somente serão reabertos quando a coroa britânica for, mais uma vez, colocada em uma cabeça Stuart.

A cervejaria tinha caído em desuso no início dos anos 1880, mas foi ressuscitada em 1965 por Peter Maxwell Stuart, cuja ascendência traça a linhagem familiar. Os equipamentos cervejeiros estavam intactos, incluindo uma tina de mostura russa de carvalho e fermentadores abertos de carvalho sem revestimento. Sua primeira cerveja, a Traquair House Ale (7,2% de álcool por volume), desenvolveu-se a partir de uma receita do século XVIII que desenhou o estilo tradicional escocês da cervejaria, com cervejas escuras e boa formação de espuma.

Hoje administrada pela filha de Peter, *Lady* Catherine Maxwell Stuart – a vigésima primeira proprietária da Traquair –, cerca de 70% da produção da cervejaria é exportada para os Estados Unidos, Canadá, Escandinávia e Japão.

Ver também ESCÓCIA.

Alastair Gilmour

trasfega é o termo que se refere à transferência da cerveja de um recipiente para outro. Embora seja utilizado, na maioria das vezes, para descrever o embarrilamento da cerveja, os cervejeiros, muitas vezes, usam o termo (*racking*, na língua inglesa) para descrever a transferência de uma cerveja que foi envelhecida em barris de carvalho para outros recipientes. Na produção caseira de cerveja, a trasfega pode referir-se à transferência da cerveja para um tanque secundário ou para garrafas. Na essência, trasfega é um processo simples, mas que pode facilmente arruinar uma boa cerveja e todo o trabalho duro aplicado na sua produção. A trasfega bem-sucedida envolve a transferência da cerveja de forma eficiente, no menor tempo possível, sem danificá-la. Embora seja um processo simples de fluxo de fluido, a trasfega é mais do que apenas a baldeação ou bombeamento do líquido. Idealmente, a cerveja deve ser bombeada calmamente e com muito cuidado, usando mangueiras ou tubos estéreis e sem exposição ao ar ou superfícies contaminadas. Os três principais problemas que podem surgir durante a trasfega são: contaminação por microrganismos, oxidação e perda do potencial de formação de espuma. A cerveja pode ficar contaminada se entrar em contato com microrganismos presentes nos tubos ou mangueiras. A oxidação pelo contato com o ar é também um perigo constante durante a transferência. A captação de oxigênio pela cerveja durante a sua transferência é uma das principais causas de envelhecimento (*staling*) prematuro na cerveja acabada e contribui para a formação de turbidez indesejada. A turbulência também é ruim para a cerveja – se a trasfega se der de modo muito vigoroso ou em velocidade elevada, a cerveja transferida pode perder a capacidade de desenvolver um bom colarinho. A perda da carbonatação é um problema concomitante. A trasfega é uma arte suave que, se feita corretamente, pode ajudar a garantir que a qualidade colocada na cerveja permanecerá intacta, desde a cervejaria, até chegar ao seu destino no copo do consumidor.

Keith Thomas

trigo, cultivado para fazer pão e cerveja, é tão antigo quanto a própria civilização. A nutrição humana – na verdade, a nutrição de qualquer criatura na Terra – é baseada essencialmente em apenas três grupos principais de componentes: carboidratos, na forma de amido e açúcares, proteínas baseadas em nitrogênio, e água. Menos volumosos, mas também essenciais para a saúde humana, são um grande número de elementos traços, como vitaminas e minerais. As sementes das gramíneas, as quais chamamos de cereais, especialmente o trigo, contêm uma combinação natural quase perfeita de todos esses ingredientes essenciais para o sustento humano. Eles são ricos em amido e proteínas e contêm pequenas quantidades de lipídios (gorduras), na forma de óleos de gérmen (carboidratos concentrados), bem como uma variada gama de elementos traços. Possuem até mesmo certa quantidade de fibra na forma de celulose, fazendo com que o conjunto completo seja excelentemente adequado para o sistema humano. Nossa preferência por sementes de gramíneas é afortunada, pois as gramíneas são encontradas em todos os lugares e são infinitamente versáteis; e os humanos aprenderam a transformá-las em diversos alimentos básicos, incluindo pães, mingaus e cervejas.

De todas as sementes de gramíneas, o trigo é provavelmente a mais adequada para a panificação, pois quatro quintos de suas proteínas são compostas de glúten viscoso. Essas são as proteínas características do trigo que fazem a massa ficar pegajosa, coesa e elástica. Para a produção de cervejas, no entanto, essas proteínas devem ser degradadas, pois uma bebida viscosa e gomosa é ineficiente para matar a sede e uma má companhia para as refeições. O trigo, ao contrário de outros cereais, também carece de enzimas que convertem amido não fermentável em açúcares fermentáveis. Ver AMILASES e ENZIMAS. Por fim, trigo não possui casca. Se uma mosturação fosse feita inteiramente com trigo, poderia se formar uma massa pastosa, a qual impediria a extração apropriada do mosto durante o processo de clarificação. Ver CASCA, CLARIFICAÇÃO, MOSTO e MOSTURAÇÃO. A cevada, por outro lado, é praticamente perfeita para a produção de cerveja. Seu teor de glúten é relativamente baixo e ela possui grande poder diastático para conversão do amido em açúcares fermentáveis. Ver CEVADA e PODER DIASTÁTICO. Também possui casca em abundância, o que lhe confere o dobro do teor de celulose do trigo – 0,5% da massa seca *versus* 0,25% da massa seca. É por isso que a cevada, ao contrário do trigo, constitui um filtro natural com ótimos valores de extração durante o escoamento do mosto. Quando se usa trigo na produção de cerveja, é essencial que seja combinado com uma boa porção de malte de cevada ou outro malte rico em cascas e enzimas. Apenas uma mosturação mista garante a existência de enzimas suficientes para efetuar a conversão de todos os amidos, incluindo aqueles do trigo. Na prática, produtores de cerveja de trigo tendem a usar pelo menos 30% de outros grãos na mosturação. A tabela exibida contém uma comparação de cevada, trigo, milho, centeio e aveia em termos de compostos relevantes para a produção de cerveja. Dada a composição do trigo, não deixa de surpreender que mesmo os pioneiros mundiais na produção de cer-

MÉDIA APROXIMADA (%) DO PESO DO GRÃO

Componente	Cevada	Trigo	Aveia	Centeio	Milho
Amido	53	58	40	55	61
Proteínas	9,5-13,5 (raramente mais)	12-14,5 (frequentemente mais, raramente menos)	11	10-11	9,3
Água	13	13	13	13	13
Lipídios*	2,5-4,4	1,5	3	1,5	7-10

*Cerca da metade do conteúdo lipídico é degradado durante a malteação.

veja, os quais obviamente não possuíam nenhum conhecimento da ação enzimática na mosturação, usavam não somente cevada, mas também uma série de variedades de trigo – normalmente em combinação – em suas mosturações.

De acordo com as melhores evidências arqueológicas,[2] as primeiras brassagens de cervejas de cevada e de cervejas de trigo foram concomitantes com os primórdios dos assentamentos humanos e o início da agricultura – ambos considerados marcos da evolução social humana. Isso ocorreu há cerca de 8 mil a 10 mil anos, onde agora está localizado o Iraque, nas férteis planícies dos rios Tigre e Eufrates, onde um povo chamado de sumério abandonou seus hábitos de caça e coleta e se tornaram lavradores, padeiros e cervejeiros. Ver SUMÉRIA. Consideramos essa mudança de estilo de vida o início da história e da civilização como as conhecemos, e a produção de cerveja é parte dessa transformação. Os grãos disponíveis a esses cervejeiros neolíticos eram as relíquias ancestrais das variedades atuais de cevada e trigo.

Quando se iniciou a produção de cerveja, os sumérios provavelmente usavam uma variedade de trigo chamado *Triticum monococcum*. Este possui grãos bastante duros, assim como cascas resistentes, e hoje em dia ainda é ocasionalmente cultivado, na maioria das vezes como uma relíquia cereal para comidas especiais. É mais comumente conhecido por seu nome alemão, Einkorn, e é considerado o progenitor primordial do trigo moderno (*Triticum aestivum*). Ver TRIGO EINKORN. Nos tempos dos sumérios, o trigo Einkorn cruzou-se de alguma forma, provavelmente por polinização aberta, com gramíneas selvagens, o que resultou em um trigo avançado, com casca e relativamente macio (*Triticum dicoccum*), o qual também é conhecido hoje por um nome alemão comum, Emmer. Esse trigo, por sua vez, deu origem a um novo cruzamento, novamente com gramíneas selvagens, chamado espelta (*Triticum spelta*), que representou o avanço seguinte nos cultivares de trigo. A espelta, também conhecida pelo seu nome alemão, *Dinkel*, ainda é cultivada nos dias de hoje, sendo utilizada tanto em pães quanto cervejas especiais, frequentemente orgânicos. Ver ESPELTA e TRIGO EMMER. O cultivo da espelta avançou do crescente fértil do Oriente Médio para outras partes do mundo antigo, em parte, talvez, por exigir pouco da qualidade do solo e do clima. Ela pode ser cultivada onde o trigo moderno não pode. Na Europa Central, por exemplo, sabe-se que a espelta é cultivada pelo menos desde o fim da Idade do Bronze, por volta de 3 mil anos atrás, sobretudo nas regiões habitadas pelos alamanos, uma tribo germânica que se deslocava no que é hoje o estado alemão de Baden-Württemberg e a parte germanófona da Suíça. O teor proteico da espelta é relativamente alto, chegando a cerca de 17%, comparado com o do trigo moderno, o qual possui cerca de 12% a 14,5%. É por isso que as mosturações de cerveja de espelta raramente possuem mais que 50% desse grão em sua composição. Embora as cascas da espelta pudessem ser úteis como substrato filtrante na mosturação, elas atualmente costumam ser removidas, na maltaria, devido à sua alta adstringência, a qual conferiria à cerveja um sabor excessivamente áspero para o paladar moderno. Séculos de melhoramentos na reprodução da antiga espelta, por fim, a transformaram em nosso trigo moderno, hoje sem cascas.

O mundo produz cerca de 650 milhões a 700 milhões de toneladas de trigo por ano. A quantidade exata varia de ano a ano, sendo essa variação dependente sobretudo das condições climáticas. Dada uma produção mundial total de grãos de aproxi-

---

[2] Descobertas divulgadas em 2018 indicam que as primeiras produções de cervejas ocorreram em Israel, em aproximadamente 13700 a.C. [N.E.]

madamente 2,25 bilhões de toneladas – incluindo milho, cevada, sorgo, e painço – quase um terço de todo o cultivo de cereais é de trigo. Aproximadamente 20% desse trigo é cultivado na União Europeia, e um pouco menos do que isso na China. A Índia é responsável por um pouco mais que 10% da produção mundial de trigo, ao passo que Rússia e Estados Unidos são responsáveis, cada um, por um pouco menos de 10%. Outros produtores de trigo significativos são Austrália, Cazaquistão, Paquistão e Ucrânia, cada um com cerca de 3% a 4% da produção mundial.

Do total da produção mundial de trigo, apenas uma pequena fração é destinada à produção de cerveja. De fato, dada a pequena demanda mundial de trigo pela indústria cervejeira, em comparação com as indústrias de processamento de alimentos e engorda animal, praticamente todo o trigo é gerado e cultivado para fins diferentes que da produção de cerveja. Até mesmo na Alemanha, com seu forte mercado de *weissbier*, onde quase uma entre dez cervejas consumidas é de trigo, apenas 0,5% das cerca de 25 milhões de toneladas de trigo lá produzidas chega à sala de malteação e, então, à sala de brassagem. Ver WEISSBIER. Diferente da cevada, a qual possui diversas variedades cultivadas em vários países por instituições públicas e empresas de melhoramento vegetal específicas para cervejarias, não existe nenhum programa de melhoramento genético similar para cultivares de trigo, o que quer dizer que as maltarias muitas vezes não conseguem obter a seleção de trigo desejada na colheita. Cervejeiros, a menos que tenham seus próprios acordos com os fazendeiros, estão invariavelmente presos aos tipos de grãos que a maltaria conseguir encontrar no mercado, que não são direcionados para a brassagem.

Há certamente alguns cultivares de trigo com características que os tornam muito mais adequados para a malteação e a brassagem do que outros. Entretanto, no que concerne a fazendeiros e melhoristas, esses cultivares são muitas vezes apenas marginais. Embora maltarias e cervejeiros prefiram grãos com teor proteico abaixo de 12%, os principais programas de melhoramento concentram-se em cultivares com o maior teor de proteína, chamados *E-wheat* na Europa, o que significa "trigo elite" (*elite wheat*). O trigo elite tem pelo menos 13,3% de proteína e gera o melhor retorno econômico para fazendeiros e melhoristas. Em termos de qualidade, o trigo elite é seguido dos trigos: *A-wheat* ("trigo de qualidade" com pelo menos 12,5% de proteína), *B-wheat* ("trigo de pão", com pelo menos 12,2% de proteína), *K-wheat* ("trigo de biscoito", com pelo menos 12,5% de proteína) e o *C-wheat* (todos os outros). Em todas essas categorias, o trigo pode ser cultivado como trigo de inverno ou de primavera, embora a maioria do trigo mundial seja trigo de inverno. Os melhoristas têm muito pouco incentivo para se focarem em outros cultivares que não o E, pois o retorno do investimento proveniente de licenças e da venda das sementes para o cultivo são insuficientes para amortizar os altos custos de pesquisa e desenvolvimento, os quais alguns melhoristas europeus reportam ser cerca de 17% do rendimento das vendas, sem contar o custo de regulamentação e de marketing. Esse investimento prévio é razoavelmente alto pelos padrões globais da indústria. Até mesmo a indústria farmacêutica americana, a qual possui custos superiores à média em pesquisa e desenvolvimento, tende a investir apenas 18% de suas vendas anuais em atividades de pesquisa e desenvolvimento.

O desafio para as maltarias é selecionar o trigo cervejeiro entre o que é essencialmente trigo de panificação utilizando critérios comerciais atípicos. A única alternativa para a maltaria é firmar contratos futuros especiais com os fazendeiros para que eles cultivem variedades com aptidão para a produção de cerveja, oferecendo a estes garantia de preço e venda. Apenas os contratos podem também garantir que um lote de trigo bruto seja inteiramente da mesma variedade, e não uma mistura de diversas variedades, as quais não apresentariam características de malteação uniformes. As variedades atuais de trigo consideradas de alta qualidade para malteação e brassagem incluem *Anthus, Tabasco, Skalmeje, Hermann* e *Mythos*. Recentemente, quando os estoques de trigo diminuíram e os preços aumentaram, alguns cervejeiros que utilizam trigo descobriram que nem sempre contratos assinados eram capazes de protegê-los, já que alguns fazendeiros julgaram que uma mala cheia de dinheiro era uma oferta mais sedutora.

Curiosamente, embora a introdução das variedades de cevada cervejeira no cultivo comercial seja estritamente regulada por processos de certificação na maioria dos países, não há uma certificação equivalente para o trigo cervejeiro. Isso quer dizer que não há registro das variedades para as maltarias e cervejeiros consultarem ao escolher o trigo para seus trabalhos. Os critérios de seleção para um bom trigo cervejeiro, portanto, são mais uma questão de experiência prática. Nesse processo, é de grande valia que a maltaria saiba o tipo de cerveja de trigo que será produzida. A diferença primordial é se a cerveja será turva, como uma *weissbier* alemã, ou filtrada, como uma *kristallweizen* alemã. Ver KRISTALLWEIZEN. Se a viscosidade do mosto e da cerveja, relacionada à proteína e ao glúten, é menos importante para cervejas não filtradas, é de crucial importância para cervejas filtradas. Ver FILTRAÇÃO. Maltes de cevada de qualidade apresentam uma taxa de viscosidade de 1,4 a 1,58 mPa/segundo, enquanto maltes de trigo costumam apresentar uma taxa de 1,60 a 2,10 mPa/segundo. Um valor acima de 1,75 mPa/segundo é considerado alto, independentemente da formulação da mosturação, e pode causar problemas na clarificação e até mesmo na filtração. Quanto maior for a viscosidade do malte de trigo, portanto, menor deverá ser seu uso na mosturação. Esses fatores fazem com que a composição da mosturação seja um ato de delicado equilíbrio para o cervejeiro que deseja fazer uma cerveja turva de trigo, já que muita viscosidade acarreta problemas no processamento, enquanto pouca viscosidade permite que a levedura decante muito rapidamente, resultando em uma indesejável aparência clarificada. Nas cervejas turvas de trigo, uma boa quantidade de proteínas suspensas é uma vantagem que ajuda a estabilizar a aparência turva da cerveja, uma vez que – fato talvez desconhecido do consumidor – grande parte da opacidade de diversas cervejas de trigo é derivada não somente de leveduras em suspensão, mas também indiretamente das proteínas. Os complexos proteicos podem envolver as células de leveduras e assim prevenir que elas se transformem em parte do sedimento. Ver TURBIDEZ, TURBIDEZ A FRIO e TURBIDEZ COLOIDAL.

Em geral, grandes quantidades de trigo tendem a proporcionar à cerveja certa leveza no paladar, acompanhada de traços de uma acidez refrescante. Diferentes variedades de trigo podem influenciar significativamente o sabor e aroma da cerveja acabada. Por exemplo, diferenças na composição dos aminoácidos de variedades de trigo influenciam o conteúdo de ésteres da cerveja após a fermentação. Ver ÉSTERES. Esses compostos, por sua vez, influenciam o sabor e aroma da cerveja. Muitos estilos de cerveja de trigo possuem notas de ésteres como parte de seu estilo próprio. A quantidade de ácido ferúlico específico de cada variedade também é crucial, dado que esse ácido é responsável em grande parte pela síntese do 4-vinil-guaiacol, componente responsável por gerar as notas de sabor frutadas e com cravo geralmente associadas às cervejas de trigo alemãs. Ver 4-VINIL-GUAIACOL e ÁCIDO FERÚLICO. Para maltes de trigo de *weissbier*, portanto, a característica do ácido ferúlico é ainda mais importante do que a modificação do malte, enquanto para o malte de cevada, ao contrário, a modificação é um dos critérios de seleção primordiais. Ver MODIFICAÇÃO. Por essas razões, cervejeiros buscam descrições e especificações do malte de trigo que tragam as inscrições "aroma fenólico", "aroma de ésteres", "aroma de fermento" e "aroma de malte", dependendo do tipo de cerveja de trigo que se deseja produzir. Outro fator crucial na seleção do trigo para malteação e brassagem é a resistência da variedade ao *Fusarium*, um fungo comum cujas toxinas podem contaminar a cerveja. Lá, as toxinas podem servir de núcleo para a agregação de grandes bolhas de dióxido de carbono, as quais, ao abrir a garrafa, podem causar repentinas e vigorosas erupções da cerveja – um defeito conhecido como *gushing*. Ver FUSARIUM e GUSHING.

A produção de malte de trigo não é diferente, em princípio, à produção do malte de cevada. Ver MALTE e MALTEAÇÃO. Entretanto, dado o fato de o trigo não possuir cascas, o grão "nu" da semente absorve água mais rapidamente durante a fase de maceração do que os grãos de cevada com casca, fazendo com que o tempo de maceração para o trigo seja menor do que para a cevada. Uma vez transferidos para a câmara de germinação, a ausência de cascas acarreta uma maior aglomeração dos grãos de trigo do que dos de cevada. Isso, por sua vez, resulta em mais calor de germinação a ser criado e retido, o que pode acelerar a germinação até que ela saia de controle. Para diminuir a velocidade do processo e assegurar a homogeneidade da germinação, a maltaria deve reduzir a temperatura na câmara de germinação e manter a camada de trigo a uma profundidade menor do que manteria uma camada de cevada equivalente. Entretanto, como a baixa temperatura decresce a taxa germinativa, também favorece uma modificação mais alta das proteínas, até mesmo ao ponto de formar porções de proteínas degradadas que extravasam a camada de aleurona e colam os grãos do trigo uns aos outros. Ver CAMADA DE ALEURONA. A redução do teor de água durante a germinação é uma das maneiras de manter a excessiva modificação sob controle. Por outro lado, revolver com maior frequência o malte de trigo em germinação, que poderia diminuir a aglomeração, apresenta o risco de danificar os delicados grãos, especialmente as acrospiras. Isso tornaria mais lentas as transformações químicas no interior do grão, reduzindo a qualidade do malte para a produção de cerveja. Ver ACROSPIRA.

A aglomeração também pode causar problemas no secador, pois a aeração do malte não seria uniforme e os grãos grudados não secariam de forma homogênea. Devido à falta de cascas, a temperatura inicial de secagem para o malte verde de trigo é geralmente mantida mais baixa que para o malte verde de cevada – aproximadamente 5 °C mais baixa –, prevenindo, assim, o excesso de coloração do malte proveniente do grande acúmulo de aminoácidos (um produto da degradação proteica) no malte de trigo. Ver AMINOÁCIDOS. Após a secagem, o malte de trigo, assim como o malte de cevada, é polido para a remoção da radícula e das acrospiras ricas em proteínas, agora mortas. Na cevada, a acrospira cresce dentro da casca e apenas a porção saliente é removida durante o processo de polimento, enquanto no trigo, sem a casca, a acrospira inteira é removida. Como resultado, o malte de trigo perde cerca de 0,5% a 0,7% de seu conteúdo proteico durante o processo de polimento. Analiticamente, o malte de trigo ao final do processo difere do malte de cevada sobretudo na estrutura química das proteínas. No malte de trigo, elas são em sua maioria compostos de molécula grande, enquanto no malte de cevada são modificadas em estruturas de moléculas pequenas. Isso deixa uma grande quantidade de proteínas do trigo para o cervejeiro degradar na tina de mosturação, o que significa que um processo de mosturação em várias etapas é aconselhável na produção de cerveja de trigo. Uma vez adequadamente degradadas na sala de brassagem, essas proteínas serão responsáveis pela firmeza e duração da espuma, próprias de uma cerveja de trigo bem produzida.

Um cervejeiro pode adicionar qualquer proporção de trigo na formulação, exceto na Alemanha,[3] onde uma cerveja somente pode ser chamada de *weissbier* se a formulação contiver pelo menos 50% de malte de trigo e se a fermentação for realizada apenas com levedura de alta fermentação; ou seja, na Alemanha, todas as cervejas de trigo são de alta fermentação. Cervejas de trigo com grande proporção de malte normalmente também possuem uma boa porção de maltes caramelo na formulação. Ver MALTES CARAMELO. *Weissbiers* claras e borbulhantes, por outro lado, geralmente possuem menor teor de malte, enquanto suas notas frutadas, de banana, goma de mascar e cravo – produzidas por variedades especiais de leveduras de *weissbier* – dominam o aroma e o sabor. Depois da *weissbier* alemã, talvez o estilo de cerveja de trigo mais comum seja o da belga *witbier* (ou *bière blanche*), a qual é normalmente produzida com cerca de 20% de trigo não malteado. Há também a *Berliner weisse*, uma cerveja *sour* espumante feita com uma porção de trigo na formulação que raramente excede 30%. As *lambics* belgas também contêm trigo não malteado, algumas vezes numa proporção de até 40%. Por fim, as cervejarias artesanais americanas têm produzido uma grande variedade de cervejas de trigo, as quais normalmente possuem cerca de 10% a 35% de trigo malteado, sendo frequentemente fermentadas com leveduras normais para cervejas *ale* ou *lager* em vez de variedades de leveduras específicas para *weissbier*. Ver AMERICAN WHEAT BEER. Às vezes são erroneamente rotuladas como "*hefeweizen*", embora não possuam nenhuma característica clássica de leveduras *hefeweizen* (*weissbier*). Há um crescente interesse mundial em variedades de trigo entre os cervejeiros artesanais, e vários deles têm explorado a espelta, o trigo Emmer e outras variedades antigas ao lado das modernas.

Deutsche Tiernahrung Rohstofflexikon "Weizen" (German animal feed raw materials dictionary "Wheat"). Disponível em: http://www.deustche-tiernahrung.de/open/brand_id/3/action/glossary%3Blist/menu/19/letter/W/M/kGnblg#Weizen/. Acesso em: 15 jan. 2011.

Rentel, D.; Meyer, D. **Fünf Jahre neues Klassifizierungssystem bei Weizen – Rückblickende Bewertung** (Five years of a new classification system for wheat – a retrospective evaluation). Disponível em: http://www.agfdt.de/loads/GT01/RENTEL.PDF/. Acesso em: 15 jan. 2011.

Ziesemer, A. E-Weizen rechnet sich (E-wheat is Worth it). **Innovation, Gülzow: Landesforschungsanstalt für Landwirtschaft und Fischerei**, n. 3, 2009. Disponível em: http://www.dsv-saaten.de/export/sites/dsv-saaten.de/extras/dokumente/innovation/e-weizen-rechnet-sich-3-09.pdf/. Acesso em: 15 jan. 2011.

Walter König

---

[3] No Brasil, a atual legislação também considera cervejas de trigo apenas as cervejas que tenham ao menos 50% de malte de trigo em suas formulações. [N.E.]

trigo Einkorn (*Triticum monococcum*) foi uma das primeiras espécies de trigo cultivadas pela humanidade. É um parente próximo do trigo selvagem (*Triticum boeoticum*), e evidências de DNA sugerem que o local e a data de sua domesticação foram a Turquia por volta de 7500 a.C. Em tempos modernos, seu cultivo se restringe às áreas do sudoeste da Alemanha e às regiões da Suíça próximas a elas. É raramente utilizado na produção de cerveja. Diferentemente do trigo moderno, o trigo Einkorn produz sementes com casca, a qual envolve o grão. As espigas do trigo Einkorn cultivado são muito resilientes. Elas permanecem intactas quando maduras e não perdem as cascas quando debulhadas. Entretanto, o germe das sementes de trigo Einkorn é facilmente danificado, tornando o grão difícil de ser malteado. O trigo Einkorn tende a produzir um mosto altamente fermentável, podendo conferir à cerveja um suave sabor de baunilha e excelente estabilidade de espuma.

Esslinger, H. M. **Handbook of brewing**. New York: Wiley, 2009.

Heun, M. et al. Site of einkorn wheat domestication identified by DNA fingerprinting. **Science**, n. 278, p. 1312-1313, 1997.

Jackson, M. Italian Brewpub "Union" Shows Promise. **Beer Hunter**, 2013. Disponível em: www.beerhunter.com/documents/19133-000198.html.

Martha Holly-Paquette

trigo Emmer (*Triticum dicoccum*) é um trigo tetraploide, com casca, de baixo rendimento, tendo sido o principal tipo de trigo cultivado no Velho Mundo do período Neolítico ao início da Idade do Bronze. Na antiga Mesopotâmia, o trigo Emmer foi amplamente utilizado como ingrediente primário da cerveja. No Egito antigo, o trigo Emmer foi o principal trigo (ao lado do trigo Einkorn) cultivado desde o início da agricultura organizada até o começo do período greco-romano, depois da conquista de Alexandre, o Grande. Foi certamente usado para panificação e produção de cerveja. Sua queda final em ambas as civilizações começou com a introdução de trigos tetraploide e hexaploide livres de debulha (primeiro *T. durum*, depois *T. aestivum*). Quando e por que trigos com casca caíram em desuso é uma das maiores questões da arqueobotânica do Oriente Médio, mas pode ter sido devido ao aumento da salinização do solo (e uma consequente mudança para a cevada). No Egito, durante o período romano imperial, grandes quantidades desse grão foram exportadas do Egito para Roma, e o trigo Emmer gradualmente perdeu sua popularidade e consequentemente sua supremacia como cultura. Ver WEIHENSTEPHAN.

O trigo Emmer evoluiu de seu progenitor selvagem (*T. dicoccoides*), o qual se formou a partir da hibridação de duas gramíneas diploides selvagens, *T. urartu* (proximamente relacionado com o trigo Einkorn selvagem) e uma espécie ainda não identificada de *Aegilops* (relacionada com *Ae. Searsii* ou *Ae. Speltoides*).

O primeiro sinal da coleta pré-agricultura do trigo Emmer selvagem (e da cevada selvagem) provém de Ohalo II, um primitivo local epi-paleolítico (atualmente submerso) na margem sul do mar da Galileia, datado de 17000 a.C. Das três principais culturas de grãos do período Neolítico (trigo Einkorn, trigo Emmer e cevada), a forma selvagem do trigo Emmer é a que tem a distribuição mais limitada; está confinada ao "Crescente Fértil" do Oriente Médio e do Oriente Próximo.

Na Itália, o trigo Emmer domesticado é conhecido como *farro* e é facilmente encontrado nos supermercados. O trigo Emmer possui muito mais fibras do que o trigo moderno e pode ser usado em panificação, embora seja mais comumente utilizado como grão integral nas sopas. Atualmente, fora da Itália, essa cultura é em grande parte uma relíquia, ocasionalmente cultivada em algumas partes da Europa e no sudoeste da Ásia (no Oriente Próximo está restrito às montanhas Pontic na Turquia e Irã), embora haja um novo interesse nela ultimamente, especialmente nos círculos de alimentação saudável. Recentemente houve tentativas de malteação em Weihenstephan na Alemanha, e diversas cervejarias criaram cervejas de trigo Emmer. O trigo Emmer possui um pequeno grão, porém tem cascas relativamente grandes e, portanto, tende a produzir cervejas com notável adstringência tânica em conjunto com os aromas de nozes.

Ver também TRIGO.

Harris, D. R.; Hillman, G. C. (Eds.). **Foraging and farming: The evolution of plant exploitation**. London: Unwin & Hyman, 1989.

Hornsey, I. S. **A history of beer and brewing**. Cambridge: Royal Society of Chemistry, 2003.

Nesbitt, M.; Samuel, D. From staple crop to extinction? The archaeology and history of hulled wheats. In:

Padulosi, S.; Hammer, K.; Heller, J (Eds.). **Hulled wheats**. Rome: International Plant Genetic Resources Institute, 1996. p. 41-100.

Zohary, D.; Hopf, M. **Domestication of plants in the old world: The origin and spread of cultivated plants in West Asia, Europe, and the Nile Valley**. 3. ed. Oxford: Claredon Press, 2000.

Ian Hornsey

trigo-sarraceno não é um grão, apesar de seu nome. Grãos pertencem à família das gramíneas, ao passo que as variedades de trigo-sarraceno pertencem a uma família de ervas de origem asiática chamada *Fagopyrum*. No entanto, muitas vezes ele é referido como um pseudocereal, pois apresenta propriedades semelhantes às propriedades dos grãos. A planta do trigo-sarraceno tem frutos pequenos, amarelo/âmbar, triangulares e comestíveis chamados "aquênios". Eles são ricos em proteínas e, assim como os grãos de cevada, são constituídos principalmente de amido. Também como a cevada, eles têm camadas de endosperma e aleurona e contêm enzimas diastáticas alfa-amilase e beta-amilase. Ver ALFA-AMILASE e AMILASES. Quando moídas, as sementes do trigo-sarraceno podem ser usadas como um substituto da farinha de trigo. Em um mosto de cerveja, elas podem ser empregadas como um adjunto malteado ou não malteado. Ver ADJUNTOS. À cerveja finalizada, o trigo-sarraceno confere um suave sabor de castanhas.

A proporção de trigo-sarraceno em uma mostura pode atingir 50%, apesar de mostos experimentais com 100% de trigo-sarraceno terem sido relatados na literatura cervejeira. No entanto, como o trigo-sarraceno apresenta teor relativamente alto de proteína, uma mostura com o trigo-sarraceno geralmente necessita de uma proporção de grãos moídos para água de 1:4 ou mais ralo para evitar a viscosidade excessiva, formação de aglomerados e baixas quantidades de extrato. O trigo-sarraceno, diferentemente da maioria dos grãos de cereais, também é livre de glúten. Ver CERVEJA SEM GLÚTEN. Indivíduos com doença celíaca, que não podem beber a maioria das cervejas por causa da presença de glúten, geralmente toleram a cerveja feita a partir do trigo-sarraceno em conjunto com outros grãos sem glúten como sorgo e/ou painço.

Phiarais, B. P. N.; Wijngaard, H. H.; Arendt, E. K. The impact of kilning on enzymatic activity of buckwheat malt. **Journal of the Institute of Brewing**, v. 111, p. 290-298, 2005.

Wijngaard, H. H.; Arendt, E. K. Optimization of a mashing program for 100% malted buckwheat. **Journal of the Institute of Brewing**, v. 112, p. 57-65, 2006.

Wijngaard, H. H. et al. The effect of steeping time on the final malt quality of buckwheat. **Journal of the Institute of Brewing**, v. 111, p. 275-281, 2005.

Horst Dornbusch

tripel é uma *ale* encorpada e de coloração dourada que foi comercializada pela primeira vez por Hendrik Verlinden na cervejaria laica belga De Drie Linden, de Braaschat, em 1932, sob o nome Witkap Pater. Na realidade, ele havia registrado a marca como "Witkap Pater = Trappistenbier" (Witkap Pater = Cerveja Trapista), que foi o primeiro uso regulamentado do nome "Trappist" como uma marca registrada. A abadia trapista Westmalle veio logo a seguir com a sua Superbier, que foi modificada pelo irmão Thomas e rebatizada como "Tripel" em 1956. Trata-se de um dos estilos de cerveja mais populares da Bélgica e existem centenas de versões produzidas em todo o mundo.

O termo "*tripel*" refere-se à quantidade de malte com açúcares fermentáveis e ao extrato original do mosto antes da fermentação. Uma teoria sobre a sua origem é de que esse estilo de cerveja remontaria a uma tradição medieval em que se usavam cruzes para marcar os barris: uma única marcação X para a cerveja mais fraca, XX para uma cerveja de corpo médio e XXX para a cerveja mais encorpada. Três marcações eram, portanto, sinônimo do termo "*tripel*". Numa época em que a maioria das pessoas era analfabeta, tal representação garantia que os consumidores realmente bebessem o que haviam pedido.

As cervejas *tripel* são produzidas tradicionalmente com água mole e cerca de 80% de malte Pilsen em função do dulçor, suplementado com açúcar fermentável para diminuir a percepção de corpo (chaptalização). A lupulagem é feita com adições múltiplas de variedades aromáticas clássicas como Saaz, Tettnang, Spalt e Styrian Golding, sendo preferível o uso das flores em vez de péletes ou extratos. A primeira fermentação é feita sob temperaturas relativamente mais elevadas, empregando-se levedura *ale* belga, normalmente seguida de uma maturação a frio por duas a quatro semanas. Os melhores exemplares são posteriormente refermentados em garrafa. As melhores *tripels* apresentam teor alcoólico entre 8% e 10% ABV, coloração variando entre dourado e âmbar-claro (10 a 20 EBC), são mais secas e com muito pouco açúcar residual, generosamente lupuladas com variedades aromáticas (30 a 40 IBU) e intensamente carbonatadas por refermentação em garrafa (6 g/L a 8 g/L, 3 a 4 vol). As *tripels* devem apresentar espuma densa e cremosa, coloração dourada intensa e brilhante, com notas complexas cítricas, condimentadas, floral, laranja e banana. Seu sabor é frutado, com álcool evidente e um leve maltado, com contribuição do amargor de lúpulos e um toque condimentado de leveduras. Apresenta corpo médio devido à elevada carbonatação, atenuação e amargor de lúpulo. Apesar do elevado grau alcoólico, uma boa *tripel* permanece quase perigosamente palatável. As versões mais secas e suaves não são muito adocicadas e são refrescantes o bastante para serem desfrutadas como aperitivos, enquanto as versões mais encorpadas e alcoólicas são excelentes para se tomar ao final da noite.

Dentre todas as cervejarias trapistas, apenas a Chimay comercializa sua *tripel* em barris. Ver CHIMAY. As *tripels* na forma de chope acabam perdendo o frescor típico da carbonatação das versões que passam por refermentação em garrafa, já que a pressão máxima a que podem ser extraídas é bem menor que a obtida em garrafas; esta é a razão pela qual a Cervejaria Westmalle não embarrila sua *tripel*. Os exemplares belgas de maior destaque são a Westmalle Tripel desde 1934 (referência no estilo e denominada pela cervejaria, com uma grandiloquência nada monástica, a "mãe de todas as *tripels*"; teor alcoólico de 9,5% ABV, 39 IBU, com notas a banana madura e um amargor de lúpulo condimentado), a Chimay White (também conhecida como "Cinq Cents" nas garrafas maiores) desde 1966 (8% ABV, 35 IBU, com toques de uva moscatel e bastante seca) e a De Halve Maan Straffe Hendrik desde 2008 (9% ABV; apresenta um caráter maltado e frutado com um final condimentado e pronunciado amargor de lúpulo). Excelentes exemplares não belgas são a Allagash Triple (9% ABV, de Portland, Oregon) e a Brooklyn Local 1 (9% ABV e 28 IBU; exibe um toque de laranja e especiarias bastante complexo e é feita no Brooklyn, em Nova York).

Ver também BÉLGICA e CERVEJARIAS TRAPISTAS.

Derek Walsh

Triumph é o nome anglicizado de uma variedade de cevada cervejeira de primavera que foi desenvolvida na antiga Alemanha Oriental e lançada em 1973 sob o nome "Trumpf". A Triumph tem um *pedigree* impressionante, que remete diretamente à consagrada "Old-Haná agroecotype" tcheca de meados do século XIX. Ver HANÁ. A Triumph possui grandes qualidades de malteação e excelente produtividade por hectare na maioria das regiões. Além disso, possui excelente resistência ao acamamento por causa de seu caule curto e duro, resultado de uma mutação com raios gama de um dos seus antepassados, a cultivar tcheca Valtice (ou Valtický), desenvolvida entre as duas guerras mundiais. Uma seleção entre estes mutantes resultou na vigorosa variedade tcheca Diamant, uma variedade lançada em 1965, cuja estatura 15 cm menor e produtividade 12% maior em relação à Valtice eram atribuídas ao gene de nanismo *sdw1*. Ver RESISTÊNCIA AO ACAMAMENTO. A Diamant aparece nos *pedigrees* de mais de 150 variedades de cevada, das quais a Triumph se tornou uma das mais bem-sucedidas, tanto como cultivar quanto como base para melhoramento vegetal de cevadas de primavera. Durante a malteação, a Triumph apresentava rápida modificação da matriz proteica, liberando assim o amido e provendo valores de extrato satisfatórios na sala de brassagem. No campo, entretanto, faltava-lhe resistência à escaldadura (Rhynchosporium), e seu cultivo extensivo levou à quebra de sua resistência ao míldio e à ferrugem foliar. Em meados da década de 1990, a Triumph começou a ser substituída por cultivares mais recentes, muitos dos quais foram criados a partir da Triumph como uma de suas variedades progenitoras.

Ahloowalia, B. S. M. M.; Nichterlein, K. Global impact of mutation-derived varieties. **Euphytica**, n. 135, p. 187-204, 2004.

Bill Thomas

trocador de calor, um equipamento da cervejaria projetado para rapidamente aumentar ou diminuir a temperatura do mosto ou da cerveja. Os trocadores de calor nas cervejarias são frequentemente chamados de "trocadores de calor de placa", porque são construídos como uma série de placas. Um líquido quente escoa por um lado de uma placa, e o líquido frio escoa pelo outro lado. Uma troca de calor ocorre através das placas. O trocador de calor mais comum é encontrado na sala de brassagem. O mosto quente a aproximadamente 95 °C passa através do trocador de calor, onde ele é resfriado por água gelada e/ou um fluido refrigerante que passa pelo lado reverso da placa na direção oposta. O mosto torna-se refrigerado (por exemplo a 12 °C) e pronto para a fermentação, e a água fria é aquecida a prováveis 80 °C e volta ao tanque de água quente, pronta para ser usada na próxima batelada ou em qualquer outro lugar na cervejaria. Os trocadores de calor costumam ser dimensionados para que todo o conteúdo da tina de fervura possa ser resfriado à temperatura de fermentação em 45 minutos ou menos. Um trocador de calor é muito eficiente energeticamente, pois o calor utilizado originalmente para trazer o mosto à fervura é parcialmente reutilizado para aquecer a água fria que chega à cervejaria. Usando fluidos refrigerantes como o glicol, os trocadores de calor de placas podem também ser utilizados para resfriar a cerveja a temperaturas baixas depois da fermentação, de 12 °C para -1 °C, para a maturação a frio. Trocadores de calor podem ser utilizados em muitas etapas do processo de produção de cerveja, aquecimento e resfriamento da cerveja ou aquecimento e resfriamento de líquidos como a água. Embora trocadores de calor de placas sejam os mais comuns, outros modelos de trocador de calor podem ser utilizados, como o "trocador de calor casco e tubo". Trocadores de calor são utilizados também em unidades de *flash* pasteurização, que aquecem a cerveja rapidamente para pasteurizá-la, mantêm a temperatura durante um curto período enquanto ela percorre os tubos e, em seguida, diminui a temperatura também rapidamente.

Paul KA Buttrick

Trommer's Evergreen Brewery, no Brooklyn, distingue-se entre as dezenas de cervejarias desse bairro de Nova York e, de fato, entre todas as cervejarias americanas, pois por mais de cinquenta anos ter produzido cerveja com 100% malte de cevada e lúpulo, sem adjuntos como arroz ou milho. A Trommer's White Label era conhecida por sua alta qualidade, mesmo nos anos de guerra quando o malte de cevada era caro e escasso.

A cervejaria foi fundada por John F. Trommer, que nasceu em Hersfeld, Alemanha, imigrou para os Estados Unidos e trabalhou em cervejarias do Maine, Massachusetts, Manhattan e Brooklyn, antes de adquirir uma pequena cervejaria em 1897. Ele morreu pouco tempo depois. Seu filho mais velho, George F. Trommer, administrou a empresa até a sua venda para a Piels Brewing Co., em 1951. (Um filho mais novo, John F. Trommer Jr., tirou a própria vida em 1907 após o término de um romance com uma professora.) A Trommer produzia 54 mil hectolitros anualmente no início da Lei Seca na década de 1920. Trommer financiou uma cadeia de 950 lanchonetes de cachorro-quente e as abastecia com sua *near beer* White Label. Em 1929, no auge da Lei Seca, Trommer abriu uma nova fábrica de cerveja com capacidade para 352 mil hectolitros. Servindo a *near beer* Trommer's White Label, que era permitida durante a Lei Seca, a cadeia de lanchonetes e o famoso *beer garden* Maple Garden, localizado na cervejaria, permitiram o crescimento da empresa apesar da Lei Seca. Mais tarde, ele comprou uma cervejaria em Orange, Nova Jersey. A queda da Trommer começou durante a greve dos trabalhadores da indústria cervejeira, em 1949, em Nova York. Os piqueteiros impediram que os administradores entrassem na cervejaria durante a greve, e as valiosas cepas de leveduras, que eram o tesouro de Trommer, foram perdidas. A levedura nunca mais foi a mesma, e nem a cerveja da Trommer. A cervejaria fechou em 1951.

Ver também BROOKLYN, NOVA YORK.

Anderson, W. **The breweries of Brooklyn**. Croton Falls: Will Anderson, 1976.

Stephen Hindy

trub, da palavra alemã que significa "sedimento", é um termo coletivo que abrange os sedimentos formados no processo de produção da cerveja durante a fervura do mosto – chamados de *hot break* –, no resfriamento do mosto, antes da fermentação primária – chamados de *cold break* –, bem como durante o armazenamento a frio da cerveja fermentada, chamados de *cold trub*. Esses três tipos de sedimentos são identificados coletivamente como "*trub*" porque são principalmente compostos pelos mesmos tipos de complexos químicos formados pela reação entre os polifenóis que naturalmente ocorrem no mosto e a parte solúvel da proteína.

O *trub*, independentemente se quente ou frio, é um produto residual que é descartado com outros subprodutos da cervejaria. O *hot break* se sedimenta juntamente com os resíduos de lúpulo e partículas menores de malte, como o *hot trub*, após o processo de separação do mosto (normalmente por um processo de *whirlpool*; alternativamente com a centrifugação). O *cold break* formado com o resfriamento do mosto, se não intencionalmente removido em um processo anterior à fermentação, será sedimentado no tanque de fermentação juntamente com a levedura após a fermentação, e o *cold trub* formado durante o armazenamento a frio, juntamente com as leveduras mortas e sedimentadas, será removido também. A conveniência de se deixar o *cold break* ser carregado para a fermentação tem sido debatida pelos cervejeiros há décadas. Os cervejeiros tradicionais produtores da *german pilsner* normalmente costumam removê-lo por razões de aroma e sabor, enquanto outros cervejeiros afirmam que o *cold trub* tem sabor neutro, mas que a sua presença acelera a fermentação.

A formação do *trub*, de qualquer modo, é altamente desejável, e assim o cervejeiro procura otimizar os processos que resultam na formação máxima de *trub*. É importante remover o máximo possível dos dois principais componentes do *trub* – os polifenóis e as proteínas solúveis – durante o processo de produção da cerveja, porque, ao longo do tempo, eles inevitavelmente reagirão, formando complexos insolúveis e dando origem à turbidez e/ou precipitados na cerveja. Isso pode não ser um problema em cervejas refermentadas em garrafa, mas geralmente é considerado uma falha em cervejas claras e filtradas, que tanto os cervejeiros como os consumidores esperam que sejam transparentes e brilhantes.

Ver também COLD BREAK e HOT BREAK.

Hough, J. S. et al. **Malting and brewing science**. 2. ed. Cambridge: Cambridge University Press, 1982.

Kunze, W. **Technology brewing and malting**. 3. ed. Berlin: VLB Berlin, 2004.

Anders Brinch Kissmeyer

Truman, Hanbury, Buxton & Co. foi uma venerada cervejaria britânica que operou por mais de três séculos antes de fechar as portas em 1988. A cervejaria original foi construída em Lolsworth Field, Spitalhope, Londres, por Thomas Bucknall em 1669. Logo juntou-se a ele Joseph Truman, que se tornou gerente da cervejaria em 1694. Joseph Truman trouxe Joseph Truman Jr. para a empresa em 1716 e seu testamenteiro, *Sir* Benjamin Truman, que tomou posse do negócio em 1722. Dois anos mais tarde uma nova cervejaria, The Black Eagle, foi construída na próxima Brick Lane, e cresceu para se tornar a segunda maior cervejaria da Grã-Bretanha, empregando cerca de mil pessoas. *Sir* Benjamin morreu em 1780 sem um herdeiro direto do sexo masculino e deixou a cervejaria para seus netos. No mesmo ano, Sampson Hanbury tornou-se sócio e assumiu o controle da cervejaria em 1789. Seu sobrinho, Thomas Fowler Buxton, juntou-se a ele em 1808. Buxton melhorou o processo de produção da cerveja adotando inovações tecnológicas desenvolvidas na Revolução Industrial. Fora da cervejaria, Buxton era um renomado filantropo, e foi eleito membro do Parlamento em 1818. Ele era ligado a William Wilberforce, um líder na luta pelo fim do comércio britânico de escravos. Na época de sua morte, em 1845, a cervejaria produzia cerca de 305 mil hectolitros de *porter* anualmente. A cervejaria é até mencionada no livro *David Copperfield*, de Charles Dickens (1850). Aproveitando a crescente influência da cidade de Burton como centro cervejeiro no século XIX, a empresa adquiriu a cervejaria Phillips em Burton em 1887, e dois anos depois tornou-se uma empresa de capital aberto. Mas sua sorte virou com a mudança no gosto popular, que passou de *porter* para *pale ale*, no final do século XIX. Em 1971, a cervejaria foi adquirida pelo Grand Metropolitan Group, que, por sua vez, foi incorporado pelo Watney Mann, um ano depois. Thomas, Hanbury e Buxton cessou a produção em 1988, mas a cervejaria ainda ocupa o mesmo terreno, na Brick Lane, Londres, e foi remodelada para se tornar um complexo residencial com escritórios, restaurantes, galerias e lojas.

Glenn A. Payne

Tuborg, Cervejaria, Tuborgs Fabrikker A/S, inaugurada em 1875, fundada por dois líderes industriais dinamarqueses da época, Philip W. Heiman e C. F. Tietgen, como um empreendimento verdadeiramente inovador e ambicioso. Situado no litoral, em Hellerup, no norte de Copenhague, a empresa foi criada como um impressionante conglomerado de produção "verticalmente integrado", incluindo uma usina de energia a carvão, uma maltaria, uma fábrica de vidro (para as garrafas utilizadas para exportação), uma fábrica de refrigerantes, a própria cervejaria e a instalação de um porto completo, proporcionando fácil acesso aos mercados de exportação.

A primeira cerveja da Tuborg foi a "Rød Tuborg" (Tuborg Red), interpretação da cerveja de estilo bávaro, escura, de baixa fermentação, que era o estilo de cerveja dominante na Dinamarca daquele tempo. Mas a verdadeira razão para a fama da Tuborg foi a introdução da *pilsner* na Dinamarca, com a "Grøn Tuborg" (Tuborg Green) em 1880 – hoje a cerveja mais popular do país. Ver PILSNER. Internacionalmente, a Cervejaria Tuborg é provavelmente mais conhecida pela sua *pilsner* mais forte e clara de nome Tuborg Gold.

A Tuborg se fundiu formalmente com o "grande irmão" Carlsberg em 1970, mas os dois grupos tiveram ligações muito próximas desde 1903, quando as duas empresas entraram em um (inicialmente secreto) acordo de divisão de lucros. A produção no local original, em Hellerup, continuou até a cervejaria ser fechada na década de 1990. Desde então, a cerveja Tuborg tem sido produzida na Carlsberg Brewery em Copenhague e na Fredericia Brewery, da Carlsberg, em Jutlândia, que hoje é a única cervejaria na Dinamarca a produzir a Tuborg.

Na década de 1970, os comerciais de televisão apresentaram a Tuborg Gold aos americanos, garantindo que ela era "a cerveja dourada dos reis dinamarqueses", embora a cerveja estivesse na verdade sendo produzida nos Estados Unidos. No mercado dinamarquês, a Tuborg ultrapassou a Carlsberg em vendas na década de 1980, impulsionada por uma campanha de marketing nova, jovem e moderna. A Tuborg não é somente maior que a Carlsberg na Dinamarca, mas também é vendida em mais de setenta países em todo o mundo, muitas vezes produzida localmente em muitos desses países e usada como uma "marca de combate", ou seja, uma marca estrategicamente colocada em uma faixa de preço para melhor competir com a concorrência local.

Ver também CARLSBERG GROUP e DINAMARCA.

Anders Brinch Kissmeyer

turbidez é o termo mais amplo utilizado para indicar a turvação em cerveja; no entanto, o termo geralmente engloba todas as formas de instabilidade da cerveja nas quais há o aparecimento de materiais insolúveis. Como a limpidez é uma característica desejada em muitos estilos de cerveja, os cervejeiros trabalham duro para evitar a tão indesejada turbidez. A turbidez refere-se estritamente à turvação distribuída uniformemente por todo o corpo da cerveja, mas pode existir pequenas partículas individualizadas ("*bits*", "*floaters*") que aparecem em cervejas "límpidas". Precipitados e sedimentos também podem aparecer, especialmente em cervejas condicionadas em garrafas ou não filtradas.

De um ponto de vista técnico, existem muitos tipos diferenciados de turbidez. Uma delas é a turbidez invisível ("pseudoturbidez"), que é causada por partículas muito pequenas que não podem ser detectadas prontamente a olho nu, mas que dispersam a luz em alta intensidade. A turbidez invisível é detectada por medidores que medem a turbidez com base na dispersão da luz em ângulos retos ao objeto incidente. Esse tipo de "turbidez" constitui um problema somente na medida em que força o cervejeiro a realizar um julgamento da aceitabilidade da cerveja que contradiz o que o instrumento de medida está indicando. Em outras palavras, elas apresentam um desafio logístico. Essa é a razão pela qual muitos cervejeiros utilizam medidores de turbidez que medem a dispersão da luz em um ângulo "adiantado" mais estreito, circunstância em que a falsa dispersão não é registrada.

A turbidez visível divide-se em turbidez a frio, que se desenvolve quando a cerveja é refrigerada a 0 °C, mas desaparece quando a cerveja é aquecida a 20 °C, e em turbidez permanente, que está presente em quaisquer temperaturas. Divide-se ainda em turbidez biológica, que decorre do crescimento de microrganismos vivos na cerveja, e em turbidez não biológica, que é causada por uma diversidade de materiais coloidais instáveis e não vivos dispersos na cerveja. Esses materiais incluem polipeptídeos ricos em prolina derivados das proteínas de reserva do grão, polifenóis (oxidados na presença de íons de metais de transição como o ferro e o cobre), amido, β-glucano, pentosanas, oxalato e leveduras e bactérias mortas.

Ver também TURBIDEZ A FRIO e TURBIDEZ COLOIDAL.

Leiper, K. A.; Miedl, M. Colloidal stability of beer. In: Bamforth, C. W. (Ed.). **Beer: A quality perspective**. Burlington: Academic Press, 2009. p. 111-161.

Charles W. Bamforth

turbidez a frio ocorre quando uma cerveja é resfriada abaixo de 1,6 °C e constituintes podem se agregar para formar partículas coloidais (em forma de gel) relativamente grandes. Estas se tornam visíveis a olho nu como uma névoa ou turbidez. Essa turbidez é temporária e dissolve-se completamente quando a temperatura da cerveja aumenta. Medidas tomadas para evitar a turbidez a frio são referidas como "prova de frio" (*chillproofing*). A turbidez a frio é causada por polifenóis de baixo peso molecular, proteínas e polipeptídeos de cadeias longas, com ligações cruzadas por fracas interações, como pontes de hidrogênio. As pontes de hidrogênio são rompidas quando a cerveja aquece, então as partículas somente apresentam tamanho suficiente para serem visualizadas quando a cerveja está refrigerada. As partículas apresentam tamanho na faixa de 0,1 μm a 1 μm. Componentes minoritários da turbidez a frio podem incluir carboidratos e metais. As partículas podem se tornar suficientemente grandes para precipitar e decantar na parte inferior do recipiente, formando um sedimento ou depósito que, quando servido no copo, resultará numa aparência nebulosa e turva. A turbidez a frio costuma se tornar uma condição permanente ao longo do tempo.

Os principais componentes desses agregados são certas classes de proteínas e polifenóis derivados das matérias-primas empregadas na produção da cerveja, como o malte e o lúpulo. Níveis excessivos de proteína/nitrogênio, conhecidos como proteínas solúveis do malte, apresentarão problemas de estabilidade coloidal. Até 2 mg/L de proteínas bastam para induzir uma turbidez de 1 unidade EBC. As proteínas ativadoras de turbidez foram identificadas como derivadas da hordeína, relativamente rica em prolina. As proteínas sensíveis à turbidez representam um pequeno percentual do total de proteínas encontradas na cerveja. Os polifenóis também transmitem certos sabores característicos e agem como antioxidantes naturais, preservando o sabor original da cerveja, de modo que a sua completa remoção não é sempre desejada.

Ver também CHILLPROOFING, LIMPIDEZ, PVPP e TURBIDEZ.

Christopher Bird

turbidez coloidal é um tipo de turbidez não biológica existente na cerveja. A turbidez na cerveja pode ser formada por dois fatores principais: agentes biológicos (bactéria e levedura) e não biológicos. A turbidez não biológica pode ser amorfa (por exemplo, baseada em amido) ou coloidal. Sistemas coloidais referem-se à presença de uma substância suspensa dentro de uma outra. A turbidez coloidal da cerveja é usualmente o resultado da reação entre moléculas de proteínas existentes na cerveja com polifenóis, formando moléculas com tamanho suficiente para causar o efeito de turbidez. A turbidez coloidal pode ser resultante da turbidez a frio, que se faz presente a 0 °C, mas solubiliza e desaparece a 20 °C, ou pode ser uma turbidez permanente que está presente constantemente na cerveja. A turbidez coloidal é considerada um problema de qualidade em cervejas *pilsners*, pois espera-se que essas cervejas sejam brilhantes e claras; em contrapartida, é um aspecto desejável em cervejas de trigo belgas. Duas estratégias podem ser empregadas pelo cervejeiro para controlar a turbidez coloidal: diminuir o teor de proteínas ou diminuir o teor polifenólico da cerveja. Existe muito mais proteína que polifenóis na cerveja. O método mais comum de estabilização física é a redução do teor proteico através do tratamento da cerveja com sílica gel, que, por sua vez, liga-se à proteína removendo-a durante a etapa de filtração. Ver SÍLICA GEL. Um inconveniente da sílica gel é que ela pode remover proteínas responsáveis pela estabilização da espuma; esse feito pode resultar em uma formação e retenção pobre de espuma. Alternativamente, a remoção de polifenóis também pode ser alcançada através do uso de polivinilpolipirrolidona (PVPP). Ver PVPP. A PVPP é também removida, juntamente com os polifenóis que provocam turbidez, durante a filtração. No entanto, a PVPP é cara, de modo que em anos recentes observou-se um aumento no uso de auxiliares de filtração que combinam sílica gel e PVPP a um custo mais baixo. A turbidez causada pelo *dry hopping* também é considerada uma turbidez coloidal, e é causada por polifenóis existentes no lúpulo que se combinam com proteínas, oxigênio e metais pesados. A turbidez gerada pelo *dry hopping* pode ser de difícil remoção, e muitas cervejarias artesanais que praticam o *dry hopping* sequer tentam realizar tal procedimento, já que a turbidez coloidal não afeta o sabor da cerveja.

Ver também DRY HOPPING, LIMPIDEZ, POLIFENÓIS e TURBIDEZ.

Keith Villa

U Fleků, Cervejaria, em Praga, República Tcheca, pode não ser o *brewpub* mais antigo da Europa, como ele afirma de vez em quando, mas certamente é um dos mais espetaculares, com seus imponentes salões góticos e um pátio central. Sua característica *dark lager* contribui com a impressão geral de uma volta ao passado a um tempo distante.

O *brewpub* U Fleků foi fundado em 1499 por Vit Skremenec, proprietário de uma maltaria que começou a produzir sua própria cerveja em antigos edifícios monásticos. A taberna na rua Kremencova foi comprada no século XVIII por Jakub e Dorota Flekovskymi e ainda hoje é chamada pelo seu sobrenome abreviado. Quando os comunistas chegaram ao poder, o U Fleků foi nacionalizado, mas depois da restauração da democracia foi devolvido aos proprietários anteriores, a família Brtnik, em 1991.

A pequena sala de brassagem, renovada na década de 1980 com tinas de cobre, tem capacidade anual de 6 mil hectolitros para produzir a cerveja da casa. Quatro tipos de maltes são utilizados e três lotes de lúpulo Žatec (Saaz) são adicionadas durante a fervura nas tinas de cobre, antes da cerveja ser resfriada em grandes tanques abertos, e depois fermentada em tradicionais tonéis de carvalho com levedura da Budweiser Budvar. A *black lager* de 13 graus Plato Flekovsky Tmavy Lezak tem sabor maltado-frutado, caráter picante, sob uma densa espuma amarelo-acastanhada. Ela é a única cerveja que o U Fleků serve.

Hoje em dia, turistas se reúnem na entrada do *brewpub*, sob o impressionante relógio, para ver os elaborados painéis de madeira, vitrais e murais – e para provar essa cerveja única acompanhada de pratos tchecos tradicionais. O U Fleků também tem um museu da cervejaria na antiga maltaria, exibindo antigos equipamentos e recipientes usados para se beber cerveja.

Ver também REPÚBLICA TCHECA.

Brian Glover

Ucrânia, um país com uma população aproximada de 46 milhões de pessoas, está localizado no Leste Europeu, ao norte do Mar Negro. Outrora considerado o celeiro da União Soviética, esse vasto território possui uma história cervejeira relativamente pequena comparada com a de seus vizinhos ocidentais. A Cervejaria Lvivska, fundada em 1715, é a mais antiga do país. Entre diversas marcas nacionais disponíveis atualmente, três grandes empresas disputam o mercado com a Lvivska: a Chernigivske, a Pshenychne Etalon (ganhadoras de medalhas de ouro na World Beer Cup de 2004) e a Obolon, a primeira cervejaria ucraniana a exportar para os Estados Unidos. Fundada em 1980, a Obolon continua a liderar em volume de produção.

Recentemente, as maiores empresas cervejeiras do mundo vêm demonstrando interesse na Ucrânia. A cervejaria Lvivska Pyvovarnia agora faz parte do Grupo Carlsberg (anteriormente Baltic Beverages Holding), que também inclui a cervejaria Slavutych em Kiev. A SUN In-Bev, unidade russa da Anheuser-Busch InBev, opera três cervejarias na Ucrânia, e em 2008 a SABMiller adquiriu a CJSC Sarmat, com sede em Donetsk, na tentativa de ganhar um lugar nesse mercado de cerveja em rápido crescimento. Atualmente, a maioria das cervejas importadas vem da Rússia, ao passo que a Ucrânia exporta os seus próprios produtos para países vizinhos – cerca de dez vezes o que importa.

As diversas marcas de cervejas *lager*, tipicamente com baixo teor alcoólico e baixo custo, são normalmente comercializadas em garrafas de plástico e continuam a ser populares, apesar de uma lei, aprovada pelo Parlamento da Ucrânia em 2010, restringir as vendas e o consumo de bebidas com baixo teor alcoólico. A legislação é tão rigorosa que proíbe a venda de "bebidas mistas de cerveja" com frutas, destinadas a consumidores mais jovens. Nas últimas décadas os *brewpubs*, especialmente na capital Kiev, começaram a oferecer uma maior variedade de estilos, como *amber ales*, *darker porters* e algumas *stouts*.

Bharat Book Bureau. **Bharatbook.com**. Disponível em: http://www.bharatbook.com/detail.asp?id=64602&rt=Beer-in-Ukraine.html/. Acesso em: 5 jul. 2010.

Matosko, A. **Beer drinking, Ukrainian-style.** Disponível em: http://www.kyivpost.com/news/guide/general/detail/46185/. Acesso em: 5 jul. 2010.

Obolon CJSC. Obolon.ua. Disponível em: http://obolon.ua/eng/about/history/. Acesso em: 5 jul. 2010.

Sibun, J. **SABMiller buys one of Ukraine's biggest brewers.** Disponível em: http://www.telegraph.co.uk/finance/newsbysector/retailandconsumer/2789703/SABMiller-buys-one-of-Ukraines-biggest-brewers.html/. Acesso em: 5 jul. 2010.

Ben Keene

Uerige, Cervejaria, é um dos quatro *brewpubs* dentro da cidade velha de Düsseldorf e arredores, na Alemanha, que definiram a nossa compreensão moderna do estilo *altbier*. Os outros são Brauerei Ferdinand Schumacher, Im Füchschen e Zum Schlüssel. Ver ALTBIER. O local da Uerige foi mencionado pela primeira vez em um registro fiscal de terrenos de Düsseldorf em 1632. Ele era compartilhado por um padeiro chamado Martin Pütz e um estalajadeiro chamado Dietrich Pfeilsticker. Em 1862, o local se tornou uma cervejaria quando Hubert Wilhelm Cürten, que era padeiro e mestre cervejeiro, comprou as instalações. Ele converteu e expandiu o edifício, aparentemente sem um plano. O resultado foi uma confusão completa de salões espartanos, corredores estreitos, alcovas escuras e enfumaçadas e abafados nichos íntimos, cada um com a sua própria decoração – como ainda é atualmente. O lugar ganhou seu nome a partir do apelido dado a Cürten por seus clientes. Ele parece ter sido um homem de disposição severa, e por isso era chamado de "*uerige*", que significa "resmungão" na língua local.

O estabelecimento sofreu graves danos durante os bombardeios da Segunda Guerra Mundial, mas foi restaurado à sua condição original. Hoje, a Uerige é uma das poucas cervejarias da Alemanha onde o chope ainda é servido em antigos tonéis de madeira e extraído por gravidade. Ver EXTRAÇÃO POR GRAVIDADE. No verão, a Uerige coloca mesas em frente ao edifício, transformando a rua em um verdadeiro *beer garden*. Além da sua tradicional *altbier*, a Uerige também produz uma *weissbier*, um estilo de cerveja de trigo de alta fermentação que experimentou um grande renascimento na Alemanha nas últimas décadas. Ver WEISSBIER. Talvez a cerveja mais interessante da Uerige seja a *sticke*, uma versão de *altbier* semelhante à *bock* que é produzida com teor alcoólico de 6% em volume, com mais malte e mais lúpulo que a cerveja Uerige tradicional. A *sticke* é feita apenas duas vezes por ano, lançada na terceira terça-feira de janeiro e na terceira terça-feira de outubro. Segundo a lenda local, a primeira *sticke* foi simplesmente um erro do mestre cervejeiro, algo bastante comum em uma época em que os ingredientes da cerveja eram medidos a esmo utilizando o método de "balde cheio". Mas as pessoas gostaram da cerveja resultante, de modo que o "erro" foi transformado em hábito, e a receita variava de uma batelada para a outra, dependendo dos caprichos e da inclinação do mestre cervejeiro. Como os clientes nunca sabiam como seria a próxima *sticke*, ela adquiriu seu nome peculiar: "*sticke*" é uma versão reduzida da palavra alemã "*stickum*", que significa "segredo". De certa forma, a Sticke tornou-se algo similar às cervejas "reserva" que os cervejeiros artesanais gostam de produzir.

No inverno de 2007-2008, a Uerige construiu uma destilaria e um *pub* separado em um prédio adjacente, onde produz duas variedades de *schnapps* de cerveja semelhantes a uísque feitos com mosto de *sticke* brassado sem lúpulo. Eles têm um teor alcoólico de 42% em volume e são apropriadamente chamados de Stickum e Stickum Plus.

Dornbusch, H. **Altbier**. Boulder: Brewers Publications, 1998.

Uerige. Disponível em: http://www.uerige.de/. Acesso em 11 abr. 2011.

Horst Dornbusch

ullage tem suas raízes no anglo-normando, no latim e no século XV, quando a palavra significava o volume que faltava para um recipiente ficar totalmente cheio, isto é, o espaço acima da cerveja. Esse ainda é o sentido dessa palavra nos Estados Unidos, onde o espaço vazio de um barril, *cask* ou garrafa é conhecido como *ullage*. Esse termo também pode descrever o próprio líquido perdido, especialmente nos casos de vazamento ou evaporação através das rolhas. A definição é um pouco diferente no Reino Unido, onde *ullage* é usado para descrever várias características associadas ao conteúdo de um barril ou *cask* de cerveja. Pode referir-se ao processo de esvaziamento ou extração da cerveja, ou seja, um *cask* que foi aberto e está parcialmente cheio. Pode significar também a quantidade de cerveja em um *cask* quando ele não está cheio ou o volume de líquido e sedimento que restou no *cask* após a retirada da cerveja passível de venda. O sedimento contém cerveja, agentes clarificantes, lúpulo e resíduos de levedura. *Dipsticks* (uma haste graduada usada para medir líquidos), calibrado para diferentes tamanhos de barris, são usados para medir o volume de *ullage*/cerveja remanescente. São inseridos através de um orifício do *cask* chamado "*shive*". Ver SHIVE. No Reino Unido, *ullage* também pode descrever a cerveja perdida ou derramada no ponto de extração.

Jeffery, E. J. **Brewing: theory and practice.** 3. ed. London: Nicholas Kay, 1956.

O'Neill, P. **Cellarmanship.** 4. ed. St. Albans: Camra, 2005.

Wahl, R.; Henius, M. **American handy-book of the brewing, malting, and auxiliary trades.** 3. ed. Chicago: Wahl & Henius, 1908.

Chris J. Marchbanks

última rodada, "Esvaziem logo o copo" ou, mais provavelmente, "Vocês não têm para onde ir, não?", fazem parte da linguagem clássica usada pelos proprietários de *pub* ("*mine host*") que certamente é conhecida por qualquer pessoa que tenha passado pela situação de estar com um *pint* de cerveja na mão no horário de fechamento de um *pub* inglês. Nessas situações, os horários de funcionamento noturnos (ou vespertinos) são encerrados em respeito à lei de licenciamento. Em teoria, esses avisos costumam ser menos frequentes porque a maioria dos *pubs*, clubes e bares britânicos agora tem permissão para servir bebidas alcoólicas 24 horas por dia (existem leis diferentes na Inglaterra, no País de Gales, na Escócia e na Irlanda do Norte), apesar de relativamente poucos realmente fazerem isso. Muitos estabelecimentos urbanos funcionam das 10 da manhã à meia-noite, e os clubes, que abrem logo no início da noite, podem permanecer abertos até depois da meia-noite. Poucos lugares ficam abertos a noite inteira.

Até 2005, havia restrições quanto ao horário de funcionamento autorizado nos períodos da manhã/tarde (10h30 ou 11h às 14h30 ou 15h) e da noite (17h às 22h30 ou 23h). Esses horários eram diferentes no domingo. Essas restrições foram introduzidas "temporariamente" durante a Primeira Guerra Mundial e nunca mais foram revogadas.

Com relação ao protocolo já consagrado para encerramento de um período, o proprietário do *pub* costuma tocar um sino e gritar "*last orders*" (última rodada) dez minutos antes do horário de fechamento real (ou seja, às 22h50 para o horário de 23h). Os termos exatos empregados normalmente são mais ou menos os seguintes: "Time, gentlemen, please" ("Senhores, atentem para o horário") ou "Last drinks at the bar" ("Últimos drinques no balcão"). Depois disso, o cliente tem dez minutos para comprar uma bebida. Nenhuma bebida pode ser servida após o horário de fechamento, e então o cliente deve consumir em vinte minutos a bebida que ele tiver comprado.

O objetivo da flexibilização da lei de licenciamento certamente foi igualar a Grã-Bretanha com o restante do mundo ocidental e evitar o frenesi dentro e fora dos *pubs* em torno do horário das "*last orders*" e do "horário de fechamento" e a subsequente expulsão de todos os clientes presentes no recinto.

Ver também LEGISLAÇÃO, PUBLIC HOUSES (PUBS) e TABERNAS.

Ian Hornsey

Ultra é um cultivar de lúpulo aromático triploide que possui trinta cromossomos, um tipo de lúpulo que produz pouquíssimas sementes mesmo na presença de plantas machas férteis.

O Ultra foi originado em 1983 a partir de um cruzamento realizado em Corvallis, Oregon, envolvendo um Hallertauer Mittelfrueh tetraploide (2n = 40) e uma linha de germoplasma do macho 21373M, diploide (2m = 20). Ele foi lançado comercialmente em 1995.

A maturidade do Ultra é precoce-média e ele é moderadamente resistente ao míldio e à murcha do *Verticillium*. Sua produtividade média varia de 2.017 a 2.465. Em diversos aspectos, o Ultra se assemelha à sua genitora fêmea, Hallertauer Mittelfrueh. Seu teor de alfa-ácidos varia de 4% a 6%; o teor de beta-ácidos, de 4% a 5%; e a cohumulona corresponde a uma fração de 21% a 25%. Seus óleos essenciais são divididos entre 35% de mirceno, 38% de humuleno e 11% de cariofileno. Ele não possui farneseno. A razão entre humuleno e cariofileno é de 3,4, que alguns químicos estudiosos de lúpulos consideram indicativa de propriedades aromáticas de tipo continental.

Embora o desenvolvimento do Ultra tenha sido inicialmente patrocinado pelas maiores cervejarias americanas sob amparo do Hop Research Council, esse lúpulo é atualmente utilizado principalmente por cervejeiros artesanais que gostam dele por suas qualidades aromáticas.

Haunold, A. et al. Registration of Ultra hop. **Crop Science**, v. 37, p. 291-292, 1997.

Alfred Haunold

umami é às vezes chamado de o quinto sabor básico. Foi primeiramente identificado em 1908 pelo professor Ikeda Kikunae, da Universidade Imperial de Tóquio. Popularmente referido como o sabor "apetitoso", umami tem sido considerado como um dos gostos básicos (em adição ao doce, ácido, salgado e amargo), sentido por células receptoras especializadas na língua animal e humana. Umami é uma palavra japonesa que significa "gosto delicioso". Em inglês, entretanto, "caldo", "carne", "saboroso" ou até mesmo "delicioso" foram propostas como traduções alternativas. Ele descreve o sabor comum de alimentos saborosos como a carne, o queijo parmesão, molho de soja, alga marinha e cogumelos.

O sabor umami é causado pela detecção do ânion carboxílico do ácido glutâmico, um aminoácido naturalmente presente em carnes, queijos, caldos e outros alimentos com elevada quantidade de proteína. Os sais do ácido glutâmico, conhecidos como glutamatos, facilmente se ionizam para promover a mesma forma carboxílica e, portanto, o mesmo sabor. Por essa razão, eles são utilizados como otimizadores de sabor. Enquanto o gosto básico umami é causado pelos glutamatos, os 5'-ribonucleotídeos como a guanosina e o monofosfato de iosina aumentam de forma significativa a percepção do umami. Já que esses ribonucleotídeos também são ácidos, os seus respectivos sais são adicionados juntamente com os glutamatos para obter um efeito sinérgico de otimização de sabor.

Os gostos umami são inicialmente sentidos por receptores especializados, e as etapas subsequentes envolvem a secreção de neurotransmissores, incluindo a adenosina trifosfato e a serotonina. Outra evidência indica que os derivados de guanosina podem interagir com tais componentes e maximizar o gosto inicial de umami. Cervejas produzidas para apresentar uma característica notável de umami são raras, mas não desconhecidas. Por exemplo, a adição de alga parda (*kelp*) (grandes algas pertencentes à classe das algas marrons – feofíceas) pode conferir um sabor umami, especialmente em cervejas *stout*, nas quais o sabor torrado do malte e o amargor são otimizados pelo sabor umami da alga marrom. Cervejas condicionadas de forma adequada na presença de sedimentos de levedura podem desenvolver características do gosto umami. Ver STOUTS. Dado que as leveduras hidrolisadas (tratadas termicamente) são frequentemente utilizadas como um agente flavorizante em alimentos que proporciona sabor de carne, isso não pode ser considerado uma surpresa. Enólogos atualmente estudam a possível contribuição do contato dos sedimentos das leveduras (*lees*) para o desenvolvimento de características sensoriais positivas proporcionadas pelo sabor umami em vinhos.

Wolfgang Stempfl

A **União Europeia (UE)** é uma união político-econômica entre a maioria das nações europeias. Suas origens remontam a uma vontade política após a Segunda Guerra Mundial de criar uma paz duradoura por meio da integração de interesses dos Estados membros.

O passo inicial foi aparentemente modesto: a criação da Comunidade Europeia do Carvão e do Aço em 1951, em um acordo firmado por Bélgica, França, Alemanha, Itália, Luxemburgo e Países Baixos. Em 1957, esses seis Estados assinaram o Tratado de Roma, ampliando a cooperação econômica por meio da criação de um "Mercado Comum", conhecido como Comunidade Econômica Europeia

(CEE), posteriormente reduzido para Comunidade Europeia (CE), quando as iniciativas entre os países se ampliaram.

Em 1973, a Dinamarca, a Irlanda e o Reino Unido[1] juntaram-se à CEE. A adesão prosseguiu, com a entrada da Grécia em 1981 e, subsequentemente, da Espanha e de Portugal em 1986.

Em fevereiro de 1992, foi assinado o Tratado de Maastricht, que criou a UE. Esse tratado permitiu a criação de uma moeda única – o euro –, bem como o estreitamento dos laços em matéria de política externa e de segurança e livre circulação de pessoas e de bens e serviços. Em 1º de janeiro de 1993, a UE passou a vigorar.

Depois de 1993, a UE continuou a integrar outras nações, acolhendo a Áustria, a Finlândia e a Suécia em 1995. Em 2004, dez nações se juntaram à UE, a maior ampliação até aquela data: Estônia, Letônia, Lituânia, Polônia, República Tcheca, Eslováquia, Hungria, Eslovênia, Malta e Chipre. A filiação atual de 27 nações ocorreu em 2007, com a entrada da Bulgária e da Romênia.

A produção de cerveja conjunta dos Estados membros torna a UE um dos três maiores mercados do mundo, ao lado da China e dos Estados Unidos. Em 2009, foram produzidos 363,7 milhões de hectolitros. Os maiores produtores foram a Alemanha, com 98,1 milhões de hectolitros; o Reino Unido, com 45,1 milhões de hectolitros; a Polônia, com 36,0 milhões de hectolitros; e a Espanha, com 33,8 milhões de hectolitros.

Globalmente, os produtores de cerveja mais renomados da UE provavelmente são a Bélgica, os Países Baixos e a Alemanha. A produção belga totalizou 18 milhões de hectolitros em 2008, dos quais 10,2 milhões de hectolitros foram exportados, um total que inclui outros Estados membros da UE como destinatários. No mesmo ano, os cervejeiros holandeses exportaram 15,4 milhões de hectolitros, grande parte produtos da Heineken destinados aos Estados Unidos. Os cervejeiros alemães exportaram 13,9 milhões de hectolitros.

Nas Nações membros da UE, as cervejarias são também numerosas e diversificadas, assim como os estilos produzidos de cerveja. Todas as 27 nações podem ostentar cervejeiros, cujo número varia entre mais de 1,3 mil na Alemanha e apenas 1 em Malta. Em 2008, havia mais de 3,4 mil cervejarias em funcionamento em toda a UE – esse número vem aumentando porque novas microcervejarias estão surgindo, especialmente na Dinamarca e no Reino Unido, mas também na Itália e nos Países Baixos.

A política fiscal da UE, tal como expressa na Diretiva 92/83/CEE, destina-se a conciliar impostos especiais sobre consumo dos membros sobre o álcool e bebidas alcoólicas, mas oferece margem de manobra nos impostos de importação e exportação, especialmente com respeito a produtores menores. Os Estados membros da UE podem reduzir até 50% desses impostos em relação à alíquota nacional padrão, aplicáveis a uma produção máxima de 200 mil hectolitros.

O efeito dessas alíquotas reduzidas pode ser significativo. O Reino Unido, que introduziu o máximo de 50% em 2002 para a produção de 5 mil hectolitros, desde essa época registrou uma duplicação no número de cervejeiros no país, que no final de 2010 aproximava-se de 800.

A política fiscal da UE também requer um nível mínimo de imposto sobre a cerveja, tal como delineado pela Diretiva 92/83/CEE. A intenção dessa legislação era conciliar regimes de impostos específicos sobre o consumo de álcool e produtos alcoólicos entre os Estados membros da UE.

Essa diretiva tem obtido pouco êxito com relação à concretização desse objetivo. O nível mínimo de imposto, que não estava indexado à inflação, hoje é tão baixo – 1,87 euros/hectolitros/por grau alcoólico – que apenas um Estado membro, a Bulgária, tem imposto sobre a cerveja fixado nesse mínimo. Atualmente, a Finlândia é o país que tem o imposto especial mais alto sobre a cerveja – a 25,96 euros/hectolitros/grau alcoólico.

O resultado disso é que países vizinhos da UE aplicam alíquotas de imposto distintas, incentivando assim aumentos nas importações lícitas e ilícitas de cerveja. Na década de 1990 houve um problema dessa natureza entre a França e o Reino Unido. Os impostos franceses atuais continuam sendo um décimo dos impostos do Reino Unido, o que estimula ampla importação de produtos para consumo, bem superior à pretendida para consumo pessoal, em lugar da revenda ilegal. Continua havendo ampla importação de cervejas estonianas mais baratas pelo país vizinho, a Finlândia.

Em 1993, a UE introduziu esquemas de denominação protegida para comidas e bebidas, semelhan-

---

[1] Em 2016, após referendo, o Reino Unido saiu da União Europeia. [N.T.]

938 • União Europeia (UE)

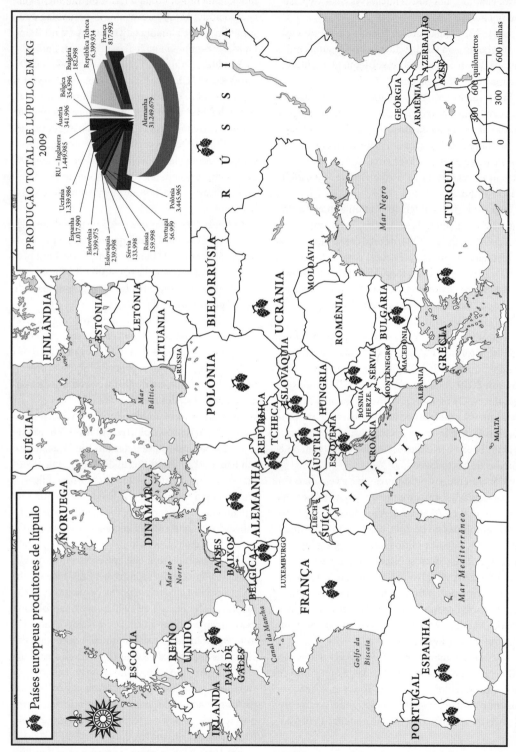

Países europeus que cultivam lúpulo. GEORGE CHAKVETADZE, ALLIANCE PUBLISHING.

tes ao sistema *d'origine contrôllée* (de origem controlada) aplicado ao vinho. Uma denominação ou designação de origem protegida é atribuída a produtos fabricados, processados e preparados em uma região que utiliza métodos reconhecidos. A indicação geográfica protegida (IGP) reconhece um elo entre o produto e a região em que ele é produzido em pelo menos uma fase da produção, do processamento ou da preparação. Por fim, a Especialidade Tradicional Garantida destaca a característica tradicional tanto no próprio produto quanto no respectivo método de produção.

A utilização dessas denominações não é generalizada, embora a República Tcheca seja atualmente o único membro da UE em que todas as cervejas produzidas no país têm *status* de IGP. Essas denominações podem ser também cedidas, como foi o caso da Newcastle Brown Ale quando a produção dessa marca de cerveja foi descontinuada em Newcastle e transferida para Yorkshire. Ver NEWCASTLE BROWN ALE.

A legislação da UE aplica-se igualmente ao setor de cervejeiro no que diz respeito à política de saúde, por exemplo, reduzindo o uso abusivo de álcool. A legislação quanto à indicação de alergênicos nos rótulos quase fez com que o *isinglass*, bexigas natatórias secas de peixe usadas para clarificar a cerveja e o vinho, precisasse ser declarado em meados da década de 2000. Agindo com base em evidências fornecidas pelo setor cervejeiro e por seus fornecedores, a Autoridade Europeia de Segurança de Alimentos determinou que indicação desse alergênico nos rótulos era desnecessária. Ver ISINGLASS.

A agenda política do setor cervejeiro é representada pela Brewers of Europe, com sede em Bruxelas, e por seus membros – a associação de cervejeiros de todos os Estados da UE, mais a Noruega, a Suíça e a Turquia. Os interesses dos apreciadores de cerveja são trazidos à tona pela European Beer Consumers Union, que acredita que a cerveja, uma das bebidas naturais da Europa, merece o apoio da UE.

Karl-Ullrich Heyse e Larry Nelson

A **unidade de aroma (AU)** foi proposta por Nickerson e Van Engel para quantificar a "lupulagem" de uma dada amostra de lúpulo, assim como o amargor na cerveja é quantificado utilizando as Unidades Internacionais de Amargor. Eles definem a AU como a soma dos 22 constituintes do perfil de componentes aromáticos do lúpulo (HACP), medidos em partes por milhão (μL/kg de lúpulo ou μL/L de mosto ou cerveja).

Como a característica aromática do lúpulo é atribuída ao seu óleo essencial, não seria insensato pensar que a quantidade de óleo em uma amostra de lúpulo proporciona um meio para a estimativa da sua constituição aromática. A cromatografia gasosa já ajudou os pesquisadores a identificar mais de 250 componentes dos óleos essenciais. Desses, 22 têm sido designados como componentes que afetam o aroma do lúpulo, e eles foram divididos em grupos: humuleno e produtos de oxidação do cariofileno, compostos florais derivados de ésteres e compostos com notas de citro-pinho. São esses 22 compostos que constituem o HACP (ver tabela).

O conteúdo total de óleo pode indicar a qualidade geral de uma amostra de lúpulo, especialmente se houver uma boa ideia do teor normal de óleo que tal lúpulo específico deveria apresentar. Esse método pode ser valioso para os cervejeiros ao comprar lúpulo à distância e às escuras. Mas como muitos fatores afetam a produção e a preservação de óleo

OS 22 CONSTITUINTES DO PERFIL DE COMPONENTES AROMÁTICOS DO LÚPULO

Produtos de oxidação	Compostos florais derivados de ésteres	Compostos citro-pinho Cariolan-1-ol	Geraniol D-Cadineno
Óxido de cariofileno	Geranil acetato	1-Cadineno	
Diepóxidos de humuleno (A, B e C)	Geranil isobutirato	Citral, nerol	
Epóxidos de humuleno (I, II e III)	Linalol	Limoneno limoneno-10-ol	
Humuleneol	—		*a*-Muuroleno
Humulol	—		*b*-Seleneno

essencial no lúpulo, toda safra possui potencial de variações significativas tanto na quantidade total de óleo como na sua composição, até mesmo dentro de uma única variedade. O lúpulo essencialmente apresenta "safras", e algumas são notavelmente melhores que outras, ou ao menos diferentes.

A quantidade total de óleo, portanto, não fornece informação útil acerca da composição do óleo de lúpulo e não é necessariamente um bom indicador para avaliar a amostra de lúpulo quanto ao potencial e/ou a qualidade de seu aroma. Além disso, não foram encontradas relações significativas entre as AU e os níveis de constituintes-chave dos óleos de lúpulo, como mirceno, humuleno ou alfa-ácidos. Entretanto, algumas cervejarias comerciais reportaram que painéis de degustação constataram que o aroma e o sabor do lúpulo, assim como o aroma do *dry hopping*, se correlacionaram muito bem com as unidades de aroma (AU). A unidade de aroma, portanto, permanece como um conceito controverso, e cada cervejeiro deve determinar, individualmente, se esta é uma medição útil na qual estão dispostos a confiar.

Nickerson, G.; Van Engel, L. Hop aroma component profile and the aroma unit. **Journal of the American Society of Brewing Chemists**, n. 50, p. 77, 1992.

Christopher Bird

unidades de amargor, conhecidas amplamente como Unidade Internacional de Amargor (IBU) ou, eventualmente, em sua forma reduzida, Unidade de Amargor (BU é a unidade internacionalmente aceita para descrever o amargor na cerveja). Para os cervejeiros, a IBU é um sistema de medida importante para definir os estilos de cerveja, sabores de cerveja e a "fidelidade à marca" de uma cerveja específica. A medida IBU é importante no controle de qualidade porque fornece informações acerca da intensidade do amargor. Mais especificamente, é uma medida dos iso-alfa-ácidos e outros compostos amargos presentes no mosto ou na cerveja, em que 1 IBU é igual a 1 mg/L ou 1 ppm de iso-alfa-ácidos na solução. Os cervejeiros calculam as IBUs esperadas de suas cervejas quando formulam uma receita ou incorporam uma nova variedade de lúpulo na cerveja. As cervejas podem ir de 1 a aproximadamente 100 IBUs. O ponto de saturação do iso-alfa-ácido na cerveja é aproximadamente 110 IBUs. Os cálculos iniciais dos cervejeiros são somente uma estimativa do amargor, e a verdadeira IBU de uma cerveja deve ser mensurada. As IBUs medidas no mosto original apresentarão uma queda drástica durante a fermentação e, portanto, as IBUs do mosto e as IBUs da cerveja são duas medidas muito diferentes. As IBUs são medidas em um laboratório cervejeiro tanto por métodos de ensaio espectrofotométrico por luz ultravioleta (UV) ou por cromatografia líquida de alta eficiência (HPLC). O método UV é comum e frequentemente empregado até mesmo em cervejarias com laboratórios de pequeno porte. Esse método tende a ser menos acurado em medir especificamente iso-alfa-ácidos, enquanto os métodos de HPLC realizados em laboratórios sofisticados e de grande porte são muito acurados. A cromatografia líquida de alta eficiência pode detectar, separar e mensurar análogos específicos e compostos amargos não pertencentes à classe de iso-alfa-ácidos que podem ser originados de resinas duras, fração beta ou outras frações do lúpulo. Degustadores treinados são capazes de predizer os valores de IBU de uma cerveja com bastante exatidão. Entretanto, o dulçor e os componentes maltados de uma cerveja podem equilibrar-se e mascarar o amargor na cerveja, dificultando a determinação das IBUs pelo sabor, especialmente em estilos de cervejas mais assertivos e de elevada densidade. As IBUs não fornecem informações sobre a qualidade do amargor. Utilizando o vinho como exemplo, é possível medir o seu teor de taninos, mas essa medida não informa se os taninos são suaves e bem integrados ou ásperos e adstringentes. O mesmo ocorre com a IBU, que seria muito mais interessante para o cervejeiro comercial e para o cientista da cerveja do que para o consumidor, que aprenderá relativamente pouco sobre o sabor de uma cerveja através de um número. As medições de IBUs na cerveja, assim como os taninos no vinho, decrescem conforme a cerveja envelhece. Uma *barley wine* muito dura e amarga em seu estado jovem pode, portanto, tornar-se suave ao longo de vários anos de envelhecimento adequado. Exemplos de faixas típicas de IBU em vários estilos de cerveja incluem: *American light lagers*, 5 a 10 IBUs; *Bavarian hefeweizens*, 8 a 12 IBUs; *amber lager*, 20 a 25 IBUs; *American pale ale*, 35 a 40 IBUs; *American India pale ale* (IPA) 55 a 70 IBUs; e "*double* IPAs" e *American barley wines*, 65 a 100 IBUs.

Matthew Brynildson

unidades de cor EBC (European Brewery Convention) referem-se à coloração da cerveja medida de uma maneira técnica. Antes do desenvolvimento do método EBC, a cor da cerveja era estimada qualitativamente (e talvez um tanto subjetivamente) pela comparação de referências de lâminas de vidro colorido, segundo uma escala conhecida como graus Lovibond, com as amostras de cervejas. A amostra de cerveja era então designada como de uma certa cor em unidades Lovibond. Ver LOVIBOND. O método EBC é quantitativo e envolve a medição da cor de uma amostra de cerveja em uma cubeta que é colocada em um espectrofotômetro a um comprimento de onda de 430 nm. Esse comprimento de onda específico foi selecionado para que a medida final de cor estivesse de acordo com as referências da escala Lovibond. A fórmula para a medição da cor é:

$$EBC = 25 \times D \times A_{430}$$

em que D = fator de diluição da amostra e A_{430} = a absorbância da luz a 430 manômetros em uma cubeta de 1 cm de caminho ótico. O sistema de cor EBC é usado principalmente na Europa, enquanto as Américas do Norte e do Sul utilizam o Standard Reference Method (SRM) para medir a cor da cerveja. Ver STANDARD REFERENCE METHOD (SRM). Os dois sistemas são fortemente relacionados e podem ser convertidos pelas seguintes equações:

$$SRM = EBC \times 0{,}508$$
$$EBC = SRM \times 1{,}97$$

Além disso, ambos os sistemas exigem que a amostra de cerveja seja livre de turbidez para uma determinação acurada da cor. A amostra deve ser filtrada se a turbidez medida for superior a 1 unidade de turbidez EBC.

Uma típica *lager* norte-americana comercial apresenta medição entre 4 e 8 unidades EBC, enquanto uma *stout* pode medir 100 unidades EBC ou mais.

Ver também COR.

Keith Villa

Unidades Internacionais de Amargor (IBU) são os padrões acordados internacionalmente para a medição do amargor na cerveja. Ver AMARGOR. Às vezes referidas por seu acrônimo reduzido BU, Unidades de Amargor, as IBU (International Bitterness Units) são valores calculados por meio da quantidade de material derivado da resina do lúpulo (alfa-ácidos) presente no mosto ou cerveja, multiplicada pela fração 5/7. Ver ALFA-ÁCIDOS. O método IBU foi desenvolvido nos anos de 1950 e 1960, quando a maioria dos cervejeiros utilizava lúpulos enfardados não refrigerados, os quais, quando finalmente fossem utilizados na tina de fervura, já tinham perdido entre 40% e 80% do seu potencial de amargor derivado dos alfa-ácidos. Por outro lado, entre 20% e 60% do poder de amargor advinham dos produtos da oxidação das resinas do lúpulo. Em resultado, o real amargor da cerveja não se correlacionava muito bem com a simples medida de seus iso-alfa-ácidos, expressos em miligramas de iso-alfa-ácidos por litro de cerveja. Ver HULUPONAS e ISO-ALFA-ÁCIDOS. A análise de IBU foi desenvolvida precisamente para superar essa discrepância. O fator de correção de 5/7 no cálculo da IBU foi adotado porque se assumiu que essa era a fração do material derivado da resina do lúpulo que, na média das cervejas da época, correspondia realmente aos iso-alfa-ácidos da cerveja. Nas cervejas para as quais essa hipótese não era válida, os valores de IBU e os de miligramas de iso-alfa-ácidos por litro ainda não eram os mesmos.

Não surpreende que isso tenha causado uma certa confusão. Apesar da complexidade, para o cervejeiro, os valores de IBU são medidas importantes de controle de qualidade para definir o sabor da cerveja e para determinar se um lote específico de cerveja é fiel ao seu estilo ou especificações da marca. Em termos práticos, 1 IBU é igual a 1 mg/L ou 1 ppm de iso-alfa-ácidos em solução. Valores de IBU, portanto, fornecem informações úteis acerca da intensidade do amargor da cerveja. Há uma fórmula elaborada que incorpora variáveis tais como a taxa de aproveitamento do lúpulo, que permite aos cervejeiros calcular as IBUs esperadas de suas cervejas durante a formulação da receita. Ver TAXA DE APROVEITAMENTO DO LÚPULO. As cervejas podem apresentar faixas de 1 IBU a 100 IBUs, sendo que o limite mínimo de detecção do gosto amargo para a maioria dos humanos está entre 4 e 9 IBUs – estudos diferentes sugerem intervalos de sensibilidade ligeiramente diferentes, mas todos dentro dessa faixa. O ponto de saturação teórico dos iso-alfa-ácidos na cerveja é aproximadamente 110 IBUs, o que corresponde a 78,6 IBUs (5/7 × 110). Na prática, entretanto, esse valor raramente é atingido porque ele assume que não há outras resinas derivadas do lúpulo na cerveja, o que raramente ocorre. As *lagers* do mercado de massa americano apresentam faixas típicas de 5 a 10 IBUs; as *Bavarian hefeweizens*, de 8 a 12 IBUs; as *amber lagers*, de 20 a 25 IBUs; as *American pale ales* de 35 a 40 IBUs; as *American India pale ales* (IPA), de 55 a 70 IBUs e as *"double* IPAs" e *American barley wines*, de 65 a 100 IBUs.

Os valores de IBU medidos no mosto na sala de brassagem caem dramática e imprevisivelmente durante a fermentação. Esse é o motivo pelo qual as IBUs do mosto e da cerveja são sempre valores separados e distintos e os cálculos iniciais de IBU realizados pelo cervejeiro são somente estimativas do real amargor da cerveja pronta. A medição do verdadeiro valor de IBU da cerveja exige complexas técnicas laboratoriais, como análise espectrofotométrica de luz ultravioleta (UV) ou cromatografia líquida de alta eficiência (HPLC). Ver CROMATOGRAFIA. O método UV é mais comum e costuma poder ser realizado mesmo em laboratórios de cervejarias de pequeno porte, mas tende a ser menos acurado que o método de HPLC, mais sofisticado e para o qual apenas laboratórios de grande porte costumam estar equipados. Degustadores treinados são capazes de mensurar os valores de IBU com razoável exatidão. Entretanto, qualquer dulçor forte e notas excessivas de malte, especialmente em cervejas de alta densidade e mais assertivas, podem contrabalancear e mascarar muito do amargor e, portanto, dificultar as análises do amargor baseadas puramente no sabor.

Independentemente de como os valores de IBU são obtidos, no entanto, eles não promovem informações sobre a qualidade do amargor. Em vinhos, por exemplo, o conteúdo de tanino pode ser medido, mas isso não diz nada sobre a suavidade, aspereza ou adstringência do vinho. Analogamente, brassagens com valores baixos de IBU, como muitos *malt liquors*, por exemplo, podem apresentar-se ásperas, enquanto cervejas de alto IBU, como as ricas e bem elaboradas *Russian imperial stouts*, podem apresentar-se suaves e aveludadas. Adicionalmente, as medidas de IBU na cerveja, como os taninos nos vinhos, decrescem conforme a bebida envelhece. Algumas cervejas, portanto, podem ser muito duras e amargas em seu estado jovem – *barley wines* tendem a ser um exemplo típico –, mas podem tornar-se suaves e balanceadas após alguns anos de envelhecimento apropriado.

Apesar de todo o seu uso recente na esfera pública, onde algumas vezes aparece até mesmo em propagandas de cervejas artesanais, a IBU é um conceito laboratorial que nunca foi concebido para sair do laboratório. Seu propósito é ajudar os cervejeiros a formular cervejas e, então, mantê-las consistentes de lote para lote. A utilidade da IBU para o consumidor de cerveja é altamente discutível. Quando a cerveja deixa o contexto laboratorial, muitos fatores não vinculados aos iso-alfa-ácidos, incluindo outros componentes do lúpulo, característica tostada, carbonatação, química da água e açúcar residual, podem influenciar a cerveja a ponto de fazer da IBU um indicador inteiramente não confiável quanto ao real amargor percebido.

Bishop, L. R. et al. The measurement of bitterness in beers. **Journal of the Institute of Brewing**, n. 70, p. 489-497, 1964.

Rigby, F. L.; Bethune, J. L. Rapid methods for the determination of total hop bitter substances (iso-compounds) in beer. **Journal of the Institute of Brewing**, n. 61, p. 325-332, 1955.

Matthew Brynildson e Val Peacock

unitanques

Ver FERMENTADORES.

University of California, Davis.

Muitas vezes chamada simplesmente de "Davis" no universo do vinho, a UC Davis é uma das instituições de ensino mais influentes do mundo em matéria de fermentação. Em abril de 1880, os membros do conselho da University of California receberam uma ordem do Legislativo do Estado da Califórnia para estabelecer um programa de ensino e pesquisa em viticultura e enologia, em resposta ao evidente potencial da Califórnia para abrigar atividades de negócios internacionais no segmento de vinho. Após a revogação da Lei Seca em 1933, o respectivo departamento foi estabelecido no *campus* de Davis, perto de Napa Valley. Em 1956, Ruben Schneider, diretor técnico da Lucky Lager Brewing Company, de São Francisco, escreveu para Emil Mrak, então chefe do Departamento de Tecnologia de Alimentos na UC Davis (mais tarde reitor), conclamando-o para o estabelecimento de um programa de produção de cerveja para complementar o enfoque sobre o vinho. O programa de produção de cerveja foi estabelecido em 1958 com uma subvenção da Master Brewers

Association of the Americas. Ver MASTER BREWERS ASSOCIATION OF THE AMERICAS (MBAA).

O curso de tecnologia cervejeira foi o primeiro do gênero a ser oferecido em uma grande instituição de ensino americana. A primeira cervejaria em escala piloto inaugurada em 8 de dezembro de 1958. O programa de produção de cerveja foi iniciado com o célebre taxonomista fúngico Herman Phaff, que deu aulas em um curso sobre aplicações industriais da levedura. O primeiro professor designado para produção cervejeira foi T.O.M. ("Tommy") Nakayama, que posteriormente foi para a Miller Brewing Company. A partir de 1964, Michael Lewis assumiu as aulas do programa de produção de cerveja. Ver LEWIS, MICHAEL J. Charles Bamforth foi designado para a cátedra de malteação e ciência cervejeira em 1999. Ver BAMFORTH, CHARLES W. Uma nova cervejaria de 175 litros foi formalmente aberta em 2006 e transferida para uma nova instalação no August A. Busch III Brewing and Food Science Laboratory, em 2010. Existem amplos programas de produção de cerveja tanto no *campus* quanto na área de extensão universitária, por meio dos quais alunos fora do *campus* podem procurar qualificações de alto nível em produção de cerveja. A UC Davis também mantém um programa de longa data de melhoramento genético de cevada.

Charles W. Bamforth

urze (*Calluna vulgaris*) é um pequeno arbusto muito difundido, que cresce em solos secos e ácidos. No hemisfério Norte, ele geralmente floresce em agosto e tem um aroma forte e agradável durante a floração. Os brotos e a sua floração muito aromática podem ser utilizados para conferir amargor e flavorizar a cerveja. Em muitas áreas da Europa, a urze era um componente comum do *gruit*, uma mistura de ervas que foi amplamente utilizada na cerveja, antes do lúpulo se tornar predominante. Ver GRUIT. Os brotos da urze também são conhecidos por sua coloração característica (amarelo-marrom). A floração da urze é muito atraente para as abelhas, que produzem um mel escuro e aromático a partir do seu néctar. O mel de urze pode ser usado para produzir hidromel e através dos tempos também tem sido de grande interesse para os cervejeiros. Ele pode ser utilizado diretamente para aumentar o dulçor e o teor alcoólico e, mais indiretamente, como uma alternativa à tradicional levedura cervejeira para promover e regular a sua fermentação espontânea. Para esse uso, o mel, que contém leveduras nativas, não deve ser aquecido quando adicionado ao mosto resfriado. Ver MEL. Além disso, associado à própria urze, existe um crescimento fúngico específico (vulgarmente chamado de "*fogg*" ou, simplesmente, "pó branco"), que possui leveduras selvagens capazes de fermentar a cerveja. A urze selvagem cresce em toda a Grã-Bretanha, e acredita-se que as antigas tribos das Ilhas Britânicas, os pictos e os celtas, faziam cervejas com a urze durante a Idade do Ferro. Escavações arqueológicas descobriram urze nos resquícios de bebidas semelhantes à cerveja, enterradas com os mortos em suas sepulturas, tanto na Idade do Bronze quanto na Idade do Ferro. Hoje, alguns cervejeiros artesanais estão redescobrindo a urze como um ingrediente interessante que pode trazer agradáveis aromas florais para suas cervejas.

Behre, K. E. The history of beer additives in Europe – A review. **Vegetation History and Archaeobotany**, v. 8, p. 35-48, 1999.

Brondegaard, V. J. **Folk og Flora. Dansk etnobotanik**. v. 4. Rosenkilde og Bagger, 1987. 121p.

Buhner, H. B. **Sacred and herbal healing beers: the secrets of ancient fermentation.** Boulder: Siris Books, 1998.

Von Hofsten, N. **Pors och andra humleersatt ninger och Olkryddor i aldre tider.** Stockholm: Akademiska Forlaget, 1960.

Per Kølster

Valônia é a parte sul da Bélgica, que inclui as cinco províncias de língua francesa: Hainaut, Namur, Valônia Brabante, Liège e Luxemburgo. Esta última, apesar de possuir o mesmo nome, é uma entidade separada do país Luxemburgo, o qual se separou da Bélgica em 1839, apenas oito anos depois da fundação do país como nação independente, como parte da reorganização da Europa após as guerras napoleônicas.

Historicamente, a noção de uma região valona era baseada principalmente no idioma. Os valões falam uma variação do francês com fortes influências celtas, ainda perceptíveis nas zonas rurais da região.

Historicamente, a Valônia talvez seja menos notável no mundo cervejeiro do que Flandres, ao norte, ou que a área de produção de cervejas *lambic* em torno de Bruxelas, porém, ainda existem estilos distintos de cervejas valonas que devem muitas de suas características às duas principais forças que moldaram a região: a agricultura e a indústria pesada.

Enquanto a região norte de Valônia é composta, em sua maioria, por onduladas propriedades agrícolas, a parte sul possui encostas arborizadas e os profundos vales das Ardenas. Entre as duas regiões, há uma estreita faixa de terra que foi responsável, no século XIX, por transformar a Bélgica na segunda economia industrial mais poderosa do mundo, atrás da Grã-Bretanha. Em seu auge, todo o poderio da região derivava dos campos de carvão ao redor de Mons e Charleroi e das indústrias de fundição e altos-fornos em Liège e arredores. Os rios Sambre e Meuse eram usados para o transporte.

Na zona rural da Valônia, especialmente na província de Hainaut ao norte, entre Enghien, perto de Bruxelas, e a antiga cidade de Tournai, onde há uma catedral, a cerveja nativa é do estilo francês *bière de garde* (cerveja de guarda) ou do tipo conhecido localmente como *saison* (sazonal). O termo *saison* é uma abreviação que se refere ao estilo rural de produção e fermentação de cerveja durante os meses mais frios da primavera para ser consumida nos dias quentes de verão. Produzir cerveja na primavera, em vez de no verão, reduziu o índice de deterioração dessa bebida. Embora a cerveja *saison* da Valônia possua alguma relação com a produção da cerveja flamenga, a ligação é apenas indireta; ambas as tradições cervejeiras recorrem a altas taxas de lupulagem como uma maneira de conservar a bebida. Ver BIÈRE DE GARDE e SAISON.

Uma tradição cervejeira totalmente diferente evoluiu nos centros industriais da Valônia, onde homens envolvidos no pesado trabalho manual procuravam cervejas que os ajudassem a matar sua sede depois de um árduo dia de trabalho. Estas possuíam um teor alcoólico relativamente baixo, pois a intenção de seu consumo era nutricional. Eram suaves, leves, doces, mas mesmo assim, de modo confuso, também ficaram conhecidas como *saison*. As cervejas mais simples e mais leves também puderam ser produzidas sob medida em escala industrial, o que promoveu o sucesso de grandes empresas cervejeiras como a Piedboeuf em Jupille-sur-Meuse, que depois criaria a *Jupiler lager*, e uma das empresas fundadoras do que mais tarde se tornou a Anheuser-Busch InBev, a maior cervejaria do mundo.

A produção rural de cerveja (*farmhouse brewing*), por outro lado, tem evitado a tendência da industrialização. Atualmente, a Cervejaria Dupont está entre as pequenas cervejarias mais bem-sucedidas da região, localizada no vilarejo de Tourpes, a leste de

Tournai. É possível argumentar que suas marcas Moinette, *ales* com alto teor alcoólico, e a icônica Saison Dupont previram e moldaram os gostos emergentes de uma nova geração de amantes de cerveja artesanal em todo o mundo. Utilizando elevadas taxas de lupulagem, de acordo com os padrões belgas, essas bebidas inauguraram um estilo belga delicadamente picante (embora não possuam pimenta na composição) de *pale ales* amargas que vêm influenciando os cervejeiros artesanais mais novos, os quais as consideram como pertencentes a um estilo belga do sul, em contraste com os estilos do norte flamengo.

A rivalidade aberta entre os cervejeiros belgas do sul e do norte tem se projetado nos governos regionais, os quais têm se mostrado muito interessados em apoiar os empresários cervejeiros empenhados em fundar microcervejarias na região. Durante a primeira década do novo milênio, portanto, cerca de quarenta novas cervejarias foram inauguradas nas províncias de Hainaut e de Luxemburgo. Várias dessas, como Rulles, De Ranke e Jandrain-Jandrenouille, estão começando a ganhar uma reputação internacional.

Ironicamente, muitas das marcas que estão mais associadas com a região, como a Leffe e a Maredsous, agora são produzidas fora dela. O sucesso em geral dos cervejeiros belgas, no entanto, tem instigado algumas cervejarias mais antigas a lançarem novos produtos mais ousados. A comercialmente astuta cervejaria Lefèbvre, por exemplo, quebrou a tradição e agora produz uma cerveja doce, picante, pesada e muito lupulada chamada Hopus. Da mesma forma, a cervejaria Dubuisson, cuja *barley wine* Bush Beer é comercializada como Scaldis em muitos países por razões locais, criou uma nova divisão para produzir cervejas mais leves, algumas com teor alcoólico em torno de 7% em volume. A região também é o lar de três cervejarias trapistas, Chimay, Rochefort e Orval. A Orval ajuda os cervejeiros em toda a província de Luxemburgo compartilhando a sua levedura com eles.

Para o mundo, o termo "cerveja belga" implica muitas vezes uma única cultura cervejeira. Contudo, para os próprios belgas, há diferenças sutis entre as formas de produção de cerveja flamengas e valonas. Se as cervejarias de Flandres aparentam ser mais livres e destemidas, as cervejarias da Valônia, apesar de não serem tímidas à experimentação, parecem estar mais ligadas às raízes e mais fundamentadas na tradição.

Ver também BÉLGICA, DISTRITO PAJOTTENLAND (BÉLGICA) e FLANDRES.

Tim Webb

válvula de respiro, as vezes denominada "aspirador", é uma válvula de aspiração utilizada em conjunto com uma bomba manual e um cilindro de dióxido de carbono para servir cervejas condicionadas em *casks*. Ela permite que a cerveja tirada do *cask* seja substituída por quantidade equivalente de gás estéril na pressão atmosférica. Ver BOMBA MANUAL. Esse é um método não tradicional, e, portanto, controverso de servir cerveja condicionada em *casks*, pois alguns puristas, incluindo a British Campaign for Real Ale (CAMRA), defendem que a única forma de servir corretamente *cask ales* é permitir a entrada de ar ambiente, e não gás, no *cask* à medida que a bomba manual o esvazia. Esse ar, é claro, não apenas contém oxigênio, o que pode fazer com que a cerveja envelheça rapidamente, como também abriga bactérias transportadas pelo ar, como *Acetobacter* e lactobacilos, que podem ter rápido efeito deletério, especialmente na presença de oxigênio. A CAMRA argumenta que o oxigênio pode, na verdade, melhorar o sabor e aroma das *cask ales* durante o pequeno número de horas em que a cerveja permanece boa para ser servida após o *cask* ser perfurado. Eles argumentam ainda que o uso da válvula de respiro permite a entrada de CO_2 dentro da cerveja, alterando o sabor, aroma e textura, e que o dispositivo é a "ponta do *iceberg*", a "muleta" que vai facilitar a entrada de outras mudanças no modo de servir *ales* condicionadas em *casks*. Vastos testes de sabor não conseguiram demonstrar que a válvula de respiro tenha qualquer efeito além do prolongamento da vida útil de um *cask* aberto por um ou dois dias extras, o que às vezes é fundamental para o comércio em pequenos *pubs*, menos movimentados, especialmente no interior. O debate continua, mas a CAMRA não abandona a política de retirar de seu influente guia *Good Beer Guide* quaisquer *pubs* em que a válvula de respiro é utilizada.

Camra. Campaign for Real Ale. Disponível em: http://www.camra.org.uk/. Acesso em: 20 nov. 2010.

Brian Hunt

Vanguard é um lúpulo que foi selecionado na Washington State University, a partir de um cruzamento entre uma fêmea de Hallertauer Mittelfrueh de polinização cruzada e uma muda de lúpulo macho com ancestrais do grupo europeu. Ver HALLERTAUER MITTELFRUEH. Ele foi primeiramente plantado em ensaios comerciais em 1989. O Vanguard é um lúpulo de maturação precoce que produz aproximadamente 1.400 kg/ha no Yakima Valley. Ver YAKIMA VALLEY, REGIÃO. O Vanguard apresenta teor de alfa-ácidos de aproximadamente 5,8% em média, com 18% desses alfa-ácidos correspondentes à cohumulona. Possui um amargor muito suave. Os óleos essenciais são compostos de menos de 25% de mirceno e mais de 40% de humuleno. Seu aroma é sutilmente condimentado com notas herbáceas e cítricas. Seu principal uso em cervejarias é como substituto de variedades de lúpulos Hallertauer. O Vanguard é bem adequado para estilos de cerveja alemães, incluindo *kölsch*, *hefeweizen* e *lagers*.

Ver também HELLES, KÖLSCH e PILSNER.

Stephen Kenny

Vapeur, Cervejaria (Brasserie à Vapeur), é uma pequena cervejaria artesanal situada na cidade de Pipaix, Bélgica, 74 quilômetros a sudoeste de Bruxelas. O nome, traduzido do francês, significa "cervejaria a vapor", bem justificado porque a cervejaria é realmente alimentada por um antigo motor a vapor. A cervejaria foi originalmente inaugurada em 1780 em uma fazenda em Pipaix por Cosne-Damien Cuvelier e sua esposa, Marie Alexandrine Moulin. Os seus descendentes administraram a cervejaria, e Gaston Biset, foi o último membro da família a comandá-la entre 1930 e 1983. Nessa época, a cervejaria fechou e estava em condições precárias, sob risco de ser demolida. Em 1984, a cervejaria foi comprada por um jovem casal, Jean-Louis Dits e sua esposa Anne-Marie Lemaire (Sittelle), que sempre sonhou em ter uma cervejaria. Eles reconstruíram grande parte da cervejaria e a reabriram para os negócios. Tragicamente, Sittelle morreu em um acidente na cervejaria em 1990. Jean-Louis continuou operando a cervejaria, com brassagens apenas no último sábado de cada mês. A Vapeur produz várias cervejas artesanais, e apesar de a cervejaria ter pequena produção, ela ganhou reputação internacional. A mais antiga e mais conhecida de suas cervejas é um exemplar idiossincrático do estilo *saison*, a Saison de Pipaix, cuja receita data de 1785. Ver SAISON. É uma *ale* muito seca, condimentada com pimenta-preta, gengibre, casca de laranja doce, casca de laranja Curaçao e anis-estrelado. Ela envelhece muito bem, e ainda é possível encontrar garrafas do final da década de 1980. Três outras cervejas também são fabricadas: Vapeur Cochonne, Vapeur Legere e Vapeur en Folie. Todas são condimentadas conforme a antiga tradição das *farmhouse ales*. Exceto pela Saison de Pipaix, os rótulos das cervejas apresentam personagens coloridos de *cartoon* desenhados pelo artista belga Louis-Michel Carpentier.

Keith Villa

viabilidade é a medida percentual da habilidade de germinação de um lote de grãos. (Germinação, na natureza, é o primeiro passo para o desenvolvimento de uma nova planta através da semente. Na maltaria, é o passo intermediário entre a maceração do grão limpo para a hidratação adequada e a secagem em secador ou forno de tambor. Ver GERMINAÇÃO.) A taxa de viabilidade de um grão é essencial na avaliação da qualidade do malte, porque é durante a germinação que as enzimas existentes na camada de aleurona tornam-se ativas e iniciam a quebra de nutrientes de alto peso molecular em moléculas menores, tornando-as acessíveis tanto para a nova planta como alimento quanto para o cervejeiro como os amidos que se tornarão componentes do mosto. Devido ao fato de que alguns grãos que falham no momento da germinação não se tornam malte, dependendo do número, poderá haver drástica redução da qualidade de um lote de malte. Umidade excessiva ou seca nos campos, ataques de pragas e pestes às plantas de cevada, procedimentos malfeitos de malteação e, mais importante, condições impróprias de estocagem, podem reduzir severamente a viabilidade. Entretanto, um lote perfeito de grãos, no qual todos os grãos conseguem germinar, é uma ocorrência rara. A indústria cervejeira, portanto, utiliza valores específicos de viabilidade abaixo de 100% como pontos de referência razoáveis de qualidade. Os níveis mínimos de viabilidade aceitáveis para os maltes de cevada e trigo varia de uma maltaria para outra, indo de 92% a 98% para os maltes especiais de alta qualidade. Para o centeio, é usualmente empregada a faixa de 85% a 90%. Grãos com taxas de viabilidade abaixo desses limiares costumam ser inadequados para a produção de cervejas e tendem a ser destinados à alimentação animal.

Thomas Kraus-Weyermann

vida útil refere-se ao período de tempo durante o qual a cerveja permanecerá em estado adequado para o consumo no comércio. Frequentemente esse termo é usado como sinônimo de estabilidade.

A maioria das cervejas inicia o seu processo de deterioração no momento do envase. Embora seja verdade que algumas cervejas, especialmente os estilos mais fortes, podem mudar ao longo do tempo de forma a desenvolver interessantes e desejáveis sabores (via reações similares às ocorridas em alguns vinhos), a maioria delas não tem essa capacidade. Ver CONDICIONAMENTO DA CERVEJA.

A vida útil de uma cerveja deve ser declarada no rótulo, em termos de "melhor consumir antes de"[1] ou por uma data de envasamento. O primeiro termo refere-se à data antes da qual o produto deve ser idealmente consumido. O outro termo fornece a data na qual a cerveja foi envasada, geralmente com uma injunção acerca de quantos dias a cerveja estará em sua melhor condição.

Como a cerveja é inerentemente resistente à contaminação por bactérias patogênicas, não há riscos à saúde associados ao consumo após a expiração da sua vida útil. De fato, em muitos comércios, algumas cervejas certamente deixam para trás sua melhor condição de consumo muito antes da data de vencimento. É provável que as datas referentes a "melhor consumir antes de" sejam mais frequentemente fixadas com base no intervalo de tempo no qual o cervejeiro está certo de que a cerveja não desenvolverá nenhuma turbidez indesejável. O tempo pode ser nada mais do que uma declaração "artificial" direcionada por questões logísticas, sem qualquer relação com a qualidade de sabor da bebida envasada.

A vida útil da cerveja dependerá do tipo de envase e embalagem, variando desde alguns dias para as *ales* condicionadas em *casks* uma vez abertos, a muitas semanas para uma cerveja embarrilada, a meses para cervejas em garrafas ou latas, sendo que a última conta com a vantagem de ter a vedação mais hermética.

A instabilidade da cerveja adquire várias formas, incluindo a suscetibilidade a certos microrganismos contaminantes, sensibilidade à luz e propensão a jorrar (*gushing*). Entretanto, as formas mais extensivamente estudadas de instabilidade são a coloidal (turbidez, não biológica) e a de sabor (envelhecimento, "*staling*"). Dentre essas, o maior desafio, de longe, é a instabilidade de sabor. Ver SABOR e TURBIDEZ COLOIDAL.

Embora muitos consumidores modernos relacionem a limpidez cristalina com a qualidade da cerveja, a conquista da estabilidade da turbidez ainda parece enganar alguns cervejeiros. Ver TURBIDEZ. Enquanto os consumidores de cerveja e os métodos laboratoriais concordam em seu julgamento quanto à limpidez de uma determinada cerveja, há mais debates em relação a quão desejável é a limpidez. É interessante notar o aparente desenvolvimento de diferenças regionais na mente dos consumidores. No leste dos Estados Unidos, por exemplo, a maioria dos consumidores de cerveja espera uma limpidez brilhante na maior parte dos estilos de cerveja, ao passo que muitos consumidores do oeste encaram a limpidez com desconfiança, suspeitando que a cerveja tenha sido excessivamente processada.

Dentre os cervejeiros, restam deliberações centradas nos méritos e deméritos dos processos posteriores de estabilização.

A instabilidade do sabor é, em geral, um problema mais complexo, enraizado no fato de que uma mudança perceptível na concentração de qualquer componente de sabor pode ser considerada um fator de instabilidade. Se considerarmos que há cerca de 2 mil substâncias ativas de sabor na cerveja, muitas delas com limiares de detecção de sabor extremamente baixos, o problema fica evidente. Mesmo se os cervejeiros assumirem uma abordagem mais conservadora e sugerirem que um número muito menor de compostos é significativo por causa da mudança de seus níveis durante a estocagem da cerveja, a quantidade de substâncias é ainda significativa. Para confundir ainda mais a situação, o fato é que, enquanto muitos cervejeiros reprovam as características clássicas de uma cerveja velha (sabor e aroma de papelão e papel molhado), parece haver muitos consumidores que não reconhecem tais sabores e aromas, não se preocupam com isso

---

[1] No Brasil é obrigatório inserir o termo "prazo de validade" no rótulo. [N.E.]

ou mesmo poderiam desejá-los (isso assemelha-se às experiências dos vinicultores com as alterações provocadas pela rolha, um problema que afeta um grande percentual de garrafas de vinho, mas passa despercebido por muitos consumidores de vinhos). Os consumidores estão acostumados a esses aromas nas suas cervejas, frequentemente pelo fato de a cerveja ter viajado por um longo caminho e um longo tempo até chegar a eles. Já foi sugerido que as cervejas deveriam ser colocadas em situações adversas a fim de atingir a característica de envelhecida (*stale*) antes de deixarem a cervejaria, com o objetivo de treinar o consumidor a aceitar essa característica como normal. Isso certamente acabaria com o problema fundamental para os cervejeiros: se os consumidores estão acostumados com cervejas frescas, então é desejável que eles recebam a cerveja sempre nessa condição, apesar dos enormes desafios envolvidos. Entretanto, se os consumidores estão acostumados a beber cervejas com característica envelhecidas (*stale*) (por exemplo, uma cerveja que foi importada e viajou longas distâncias sob agitação), então eles esperarão esse sabor (corretamente ou erroneamente, a depender da filosofia do cervejeiro). É engraçado observar que o termo "*stale*" ("envelhecimento"), quando aplicado à cerveja, costumava ser um termo que descrevia uma desejável qualidade de cervejas envelhecidas, não o epíteto que se tornou atualmente.

Lewis, M. J.; Bamforth, C. W. **Essays in brewing science**. New York: Springer, 2006.

Charles W. Bamforth

Vienna lager é um estilo austríaco de cerveja com cor âmbar-avermelhada que se assemelha ao estilo *märzen* âmbar-dourado de Munique, na Baviera. Tanto a *Vienna lager* quanto a *märzen* foram comercializadas pela primeira vez em 1841. Para colocar essa data em perspectiva, vale lembrar que a primeira *lager* dourada do mundo, a *pilsner*, foi desenvolvida um ano mais tarde, em 1842, em Pilsen, República Tcheca. A coincidência na introdução da *Vienna* e da *märzen* não foi acidental, já que os dois cervejeiros que criaram esses estilos, Anton Dreher e Gabriel Sedlmayr, eram amigos próximos e colaboraram reciprocamente no desenvolvimento delas. Dreher era o proprietário da cervejaria Schwechat, próximo a Viena, que era parte das inúmeras cervejarias da família – a maior do Império Austro-Húngaro –, com propriedades desde o Trieste, no Adriático, até Budapeste, na Hungria. Ver DREHER, ANTON. Sedlmayr era proprietário da Cervejaria Spaten, em Munique. Ver SEDLMAYR, GABRIEL DER JÜNGERE. Nessa época, as duas cervejarias dedicavam-se principalmente à produção de *dark lagers*, ou *dunkels*.

Enquanto a *märzen* ainda é bastante popular em muitas partes do mundo moderno, a *Vienna lager* hoje é raramente produzida, até mesmo na própria cidade de Viena. Curiosamente, esse estilo de cerveja talvez seja mais popular no México, onde versões modificadas são produzidas em grande escala. Tal fato pode ser consequência do estranho período de 1864 a 1867, em que o arquiduque Ferdinand Maximilian Joseph da Áustria governou como Maximilian I, imperador do México. A *Vienna lager* também teve uma sólida história entre os cervejeiros artesanais dos Estados Unidos.

Na Europa Central, virtualmente todas as cervejas antes do surgimento das *lagers Vienna*, *märzen* e *pilsner*, na década de 1840, apresentavam tonalidades marrom-escuras. Isso deve-se ao fato de que os fornos de malte que se utilizavam naquela época operavam com queima direta, sendo que os gases da queima do combustível atuavam na secagem do malte. O malte resultante desse processo era bastante heterogêneo, com parte dos grãos escassamente secos e outros demasiadamente torrados ou até queimados. No princípio do século XIX na Inglaterra, no entanto, passou a ser empregado um forno de secagem indireta, que permitia a secagem do malte apenas com ar quente e não com fogo. Isso possibilitou uma produção confiável de malte claro, que, em contrapartida, deu origem a um novo estilo de cerveja, a *pale ale*. Dreher e Sedlmayr se interessaram por esse novo método inglês de produção e em 1833 embarcaram em uma missão investigativa ao Reino Unido para aprender todo o possível sobre a elaboração dessa cerveja clara. Na realidade, alguns historiadores da cerveja acusam os dois amigos de espionagem industrial. Logo após regressarem, cada qual adaptou as avançadas técnicas inglesas de produção de *ales* às suas próprias fabricações de *lager*, resultando nas revolucionárias *Vienna* e *märzen*.

Os dois tipos de cerveja tinham corpo médio e, obedecendo à tradição da Europa Central, uma abundância de notas maltadas. Contudo, cada qual tinha suas particularidades. A cerveja de Munique apresentava um final ligeiramente adocicado, mas não enjoativo, enquanto o final da de Viena era caracteristicamente mais seco. A cerveja de Munique – assim como a *dunkel*, que era predominante na época – tinha menos proeminência de amargor de lúpulo que a bebida de Viena. Até hoje os valores de amargor de uma autêntica *märzen* situam-se pouco acima de 20 IBU, enquanto os valores para uma *Vienna lager* aproximam-se dos 30 IBU. O toque final persistente de lúpulos aromáticos, por outro lado, costuma ser mais pronunciado na *lager* de Munique do que na de Viena. Tecnicamente falando, a cor de uma *märzen* clássica, âmbar-dourada, situa-se ao redor de 18 a 25 EBC (9 a 13 SRM), enquanto a da *Vienna lager*, mais avermelhada, apresenta valores entre 22 a 28 EBC (11 a 14 SRM). As *dunkel lagers* dominantes nos primórdios do século XIX, comparativamente, apresentavam uma coloração típica situada próximo de 40 EBC (20 SRM). Quanto ao teor alcoólico, a cerveja de Munique também era um pouco mais forte que a de Viena. Enquanto a *märzen* apresentava um teor próximo de 6% ABV, o da *Vienna lager* situava-se ao redor de 5% ABV, similar ao de uma *Munich export lager*.

O aspecto revolucionário dessas duas novas *lagers* fundamentava-se em seus maltes, que eram secos pelo método britânico, com ar quente em vez da ação direta do fogo. Esses maltes chegaram aos nossos dias e são hoje universalmente conhecidos como maltes Vienna e Munique. O malte Vienna representa a maior parte do conjunto de grãos de uma autêntica *Vienna lager*, que deve exibir sabores com notas a *toffee* e panificação.

Tanto a cervejaria Schwechat quanto a Spaten operam até os dias de hoje. A Schwechat, fundada em 1632 e comprada pela família Dreher em 1796, atualmente é parte do conglomerado empresarial Brau Union Österreich AG, enquanto a cervejaria Spaten, cujas origens remontam a 1397 e foi adquirida pela família Sedlmayr em 1807, hoje é parte da multinacional belga-brasileira-americana Anheuser-Busch InBev.

Ver também MALTE MUNIQUE.

Dornbusch, H. **Bavarian Helles**. Boulder: Brewers Publications, 2000.
Dornbusch, H. **Prost! The Story of German Beer**. Boulder: Brewers Publications, 1997.
Dornbusch, H. Vienna lager. **Brew Your Own**, v. 15, n. 3, 2009.
Fix, G.; Fix, L. **Märzen, Oktoberfest, Vienna**. Boulder: Brewers Publications, 1991.

Horst Dornbusch

Vietnã

Ver SUDESTE ASIÁTICO.

vinagre

Ver ÁCIDO ACÉTICO.

vírus do mosaico do lúpulo

conhecido em inglês como *Hop mosaic virus* (HpMV), infecta plantas de lúpulo na Europa, Austrália, América do Norte e China. Ele infecta diversas outras plantas na natureza, incluindo o tabaco (por exemplo, *Nicotiana clevelandii*) e as urtigas (por exemplo, *Urtica urens*). Embora muitos cultivares de lúpulo sejam tolerantes, não apresentando sintomas, os cultivares do tipo Golding são sensíveis ao vírus. Ver GOLDING. Nesses varietais, o vírus do mosaico do lúpulo provoca uma distorção foliar e faixas cloróticas (manchas claras nas folhas), podendo reduzir significativamente a produtividade e longevidade da planta. Em plantas tolerantes, a prevalência da infecção viral é alta, e quando os sintomas são detectados são indistinguíveis dos apresentados pelo vírus latente do lúpulo (*Hop latent virus*, HpLV). Tanto o HpMV quanto o HpLV são membros do gênero Carlavirus. A transmissão do HpMV costuma se dar por meio de insetos, sendo que estudos apontam o pulgão como o principal vetor.

Oregon State University. **An online guide to plant disease control**. Disponível em: http://plant-disease.ippc.orst.edu/disease.cfm?RecordID=605. Acesso em: 26 abr. 2011.
Poke, F. S. Hop mosaic virus: Complete nucleotide sequence and relationship to other carlaviruses. **Archives of Virology**, n. 153, p. 1615-1619, 2008.

Martha Holley-Paquette

vírus do nanismo amarelo da cevada

conhecido em inglês como *Barley yellow dwarf virus* (BYDV), é um membro do gênero luteovirus e está intimamente relacionado com o vírus do nanismo amarelo dos cereais, conhecido cientificamente como *Cereal yellow dwarf virus* (CYDV). É a doença viral mais comum de plantas de cereais e possui um grave impacto econômico, pois reduz a produtividade de culturas infectadas de 2% a 79%. O vírus infecta cevada, trigo, aveia, milho e arroz, e também gramíneas selvagens, que servem como hospedeiras do vírus durante todo o ano, podendo desencadear novos surtos. O vírus é transmitido através da saliva de pulgões que se alimentam perfurando o floema (tecido vascular) da planta. Os sintomas da doença incluem amarelecimento das folhas, redução de altura, redução no crescimento radicular, retardo no desenvolvimento da inflorescência e redução da produtividade. As plantas mais jovens são mais suscetíveis, e o único mecanismo atual de controle é a aplicação de inseticidas para eliminar os pulgões da cultura.

Estudos mostram que a infecção pelo BYDV resulta em uma redução no arredondamento dos grãos e maior proporção de grãos finos. Na produção de cerveja, isso pode levar a um maior teor de proteína total, maior teor de proteína no mosto e menor teor de extrato. O vírus é encontrado em todo o mundo, com diferentes espécies predominantes em diversas áreas. Plantas transgênicas, que expressam genes de resistência, foram produzidas sob condições de pesquisa e apresentam tolerância a infecções virais.

Australia. Victoria. Department of Primary Industries. **Barley Yellow Dwarf Virus (BYDV) and Cereal Yellow Dwarf Virus (CYDV)**. Note AG1113, ago. 2003. Disponível em: http://new.dpi.vic.gov.au/notes/crops-and-pasture/cereals/ag1113-barleyyellow-dwarf-virus-bydv-and-cereal-yellow-dwarfvirus-cydv/. Acesso em: 17 mar. 2011.

Edwards, M. C. et al. **Effect of barley yellow dwarf virus infection on yield and malting quality of barley**. University of Nebraska, Plant Disease Central website resources, 2001.

University of Nebraska at Lincoln. **Barley yellow dwarf**. Disponível em: http://pdc.unl.edu/agriculturecrops/wheat/barleyyellowdwarf/. Acesso em: 17 mar. 2011.

Zhang, Z.; Lin, Z.; Xin, Z. Research progress in BYDV resistance genes derived from wheat and its wild relatives. **Journal of Genetics and Genomics**, v. 36, n. 9, p. 567-573, 2009.

Martha Holley-Paquette

VLB Berlin, VLB é a abreviação da instituição de ensino berlinense mundialmente reconhecida na indústria cervejeira, hoje conhecida pelo nome jurídico de *Versuchs- und Lehranstalt für Brauerei in Berlin e. V.*, que significa "Instituto de Pesquisa e Ensino para Cervejarias". O instituto foi fundado em 1883, não como uma "simples" instituição acadêmica, mas – tal como o próprio nome implica – um repositório cooperado de conhecimento sobre produção de cerveja no qual os recursos do respectivo setor, a comunidade científica e o estado seriam articulados para ampliar as atividades de pesquisa, ensino e treinamento prático em cervejaria. Tratava-se de um conceito revolucionário na Alemanha, em uma época em que, sociologicamente, a comunidade acadêmica e o setor ainda eram considerados duas esferas da sociedade extremamente distantes.

A ideia de associar formação científica e formação politécnica revelou-se um enorme sucesso ao longo dos anos. Hoje, o VLB oferece um espectro completo de programas de formação e ensino relacionados à produção de cerveja, alguns em conjunto com a Universidade Técnica de Berlin. Desde cursos de educação continuada e conferências para profissionais já empregados em cervejarias, maltarias, destilarias e outras indústrias de bebidas a trajetórias acadêmicas para títulos como mestre cervejeiro, bacharel e mestre em tecnologia de produção cervejeira e bebidas e doutor em engenharia. A partir de 1999, o VLB até ofereceu cursos em inglês para certificação de mestres cervejeiros. Depois disso, foram acrescentados um curso de produção de cerveja artesanal e um curso de tecnologia cervejeira em inglês, bem como um programa de treinamento em produção em russo. O moderno VLB é uma instituição madura e consolidada, estabelecida com um conjunto complexo de instalações de testes, institutos de pesquisa e departamentos especializados em áreas como malteação, microbiologia, biotecnologia, gestão e logística, tecnologias de produção e envase de cerveja, matérias-primas, análises químicas, tecnologias de água e águas residuais e consultoria comercial para o setor.

Hendel, Olaf. Dienstleister der Brauindustrie seit 125 Jahre, VLB Berlin. **BRAUWELT**, 148, 2008, p. 718-719.

Versuchsund Lehranstalt für Brauerei in Berlin (VLB). Disponível em: http://www.vlbberlin.org/. Acesso em: 16 ago. 2010.

Winkelmann, Lydia. Ein Prost auf die Gründerväter. **BRAUWELT**, 148, 2008, p. 793.

Lydia Winkelmann e Horst Dornbusch

vollbier, uma antiga categoria de imposto federal alemã sobre cervejas, originalmente concebida pelos burocratas do fisco. A primeira lei tributária nacional sobre a cerveja data de 1906, e prontamente as autoridades fiscais imperiais do kaiser distinguiram entre a *vollbier* e outras classes de cerveja para fins fiscais. Estas encontraram suas codificações modernas, formando a base da lei que duraria até a década de 1990, na forma da legislação fiscal sobre a cerveja promulgada pela Alemanha nazista em 1939. Essa categoria foi abolida em 1º de janeiro de 1993. O termo *vollbier*, literalmente, significava "cerveja completa" ou "cerveja inteira", referindo-se a qualquer cerveja produzida a partir de um mosto com extrato original – determinado em graus Plato na própria cervejaria e ao final do processo de fervura – com 11 °P a 14 °P. Ver ESCALA PLATO e EXTRATO ORIGINAL. Curiosamente, essa abrangente categoria representava cerca de 99% de toda a cerveja produzida na Alemanha naquela época, enquanto o 1% restante era separado em três categorias adicionais: *einfachbier* (literalmente, "cerveja simples"), com um extrato original entre 2 °P e 5,5 °P e representando 0,1% do mercado a princípios da década de 1990; *schankbier* (literalmente "cerveja de torneira"), com um extrato original de 7 °P a 8 °P e representando 0,2% do mercado; e *starkbier* (literalmente "cerveja forte"), com um extrato original superior a 16 °P e representando 0,7% do mercado. É importante notar que existem lacunas nessa classificação tributária, o que significava que antes de 1993 os cervejeiros alemães, por lei, não podiam elaborar cervejas a partir de mostos com extrato original entre 5,6 °P e 6,9 °P, 8,1 °P e 10,9 °P ou 14,1 °P e 15,9 °P! Como parte da harmonização progressiva de todas as leis na União Europeia, esse esquema tributário alemão já ultrapassado foi substituído em 1993 por um sistema contínuo que estabelecia uma categoria tributária distinta a cada grau Plato de extrato original. Assim, no início de 2011, os cervejeiros pagam um pouco menos de 80 centavos de euro por grau Plato por hectolitro. Esse imposto é aplicável a qualquer cervejaria com um volume anual igual ou superior a 200 mil hectolitros e é graduada descendentemente para cervejarias menores.

A tributação mais baixa e que corresponde a pouco mais da metade do imposto convencional aplica-se a cervejarias com produção anual igual ou inferior a 5 mil hectolitros. O termo "*vollbier*" agora é usado simplesmente em referência a uma "cerveja convencional", distinguindo-a de cervejas que são particularmente fracas ou fortes em teor alcoólico.

Harms, D. Durchschnitt swerte bei Bieranalysen.
Brauerei-Forum, n. 7, p. 15, 2009.

Conrad Seidl

vorlauf é a palavra alemã para "recirculação". Quando uma mostura é transferida para uma tina de filtração ou quando o descanso da mostura terminou numa tina de mostura, algumas partículas de grãos permanecem em suspensão sob o fundo falso do tanque. Esses materiais derivam, principalmente, do embrião do grão, que é rico em lipídios, e da sua casca, que contém compostos fenólicos. Ver LIPÍDIOS e POLIFENÓIS. Se forem fervidos na tina, eles podem contribuir para a formação de *off-flavors* na cerveja pronta. Essas partículas são, por conseguinte, enviadas de volta para o leito de filtração para que nunca façam parte do mosto. Durante a sequência do *vorlauf*, o mosto é drenado por gravidade pela parte de baixo do fundo falso para um tanque de coleta chamado *grant*, a partir do qual é bombeado para a parte superior (ou imediatamente abaixo da superfície) do leito de grãos. Ver GRANT. No processo, o leito de grãos serve como um filtro que retém todas as partículas em suspensão. Os cervejeiros mantêm o *vorlauf* até que o mosto escoe clarificado. Só então o mosto é drenado para a tina de fervura. Embora a técnica seja padrão nos Estados Unidos e Alemanha – de onde os americanos derivaram a palavra "*vorlauf*" – nem todos os cervejeiros sentem que o mosto precisa ser totalmente clarificado. Alguns temem que a reintrodução de partículas finas no leito de grãos impeça o escoamento, causando mais problemas do que resolvendo.

Ver também FILTRAÇÃO DO MOSTO e TINA DE FERVURA.

Steve Parkes

Wadworth Brewery é uma empresa familiar em Devizes, Wiltshire, no sul da Inglaterra. Henry Alfred Wadworth fundou essa cervejaria 1875, depois de ter sido treinado como mestre cervejeiro em Londres. Ele iniciou o empreendimento com seu cunhado, John Smith Bartholomew, cujos descendentes ainda gerenciam os negócios hoje em dia.

A Wadworth apresenta uma gama de *session ales* respeitadas e refinadas. O principal produto da marca, 6X, é uma cerveja encorpada, acastanhada, finamente equilibrada, com 4,3% ABV, e possui um séquito nacional de devotos. As outras cervejas da empresa são mais difíceis de serem encontradas fora da região da Wadworth, mas incluem *ales* sazonais e de edição limitada. A cervejaria ampliou o seu portfólio nos últimos anos, mais notavelmente com a Swordfish, lançada em 2009 para comemorar um século da aviação naval britânica. A Swordfish é misturada com rum Pusser, a bebida tradicional dos marinheiros britânicos.

Mesmo produzindo boas cervejas, a Wadworth é mais notável pela própria cervejaria. A cervejaria vitoriana de tijolos vermelhos, no coração da cidade de Devizes, ainda é o centro das operações da Wadworth. É um dos melhores exemplos remanescentes de uma tradicional cervejaria construída no estilo de torre vitoriana e mantém muitas das características originais. Uma nova sala de brassagem em cobre foi instalada em 2009, mas as tinas de cobre abertas originais ainda são usadas de vez em quando, e um tradicional motor a vapor ainda está em uso. A Wadworth emprega o último mestre tanoeiro do Reino Unido, o que significa que a suas cervejas ainda são servidas em barris de madeira, entregues diariamente a *pubs* locais por um grupo de quatro cavalos da raça Shire.

A Wadworth permanece uma importante cervejaria familiar regional, que oferece a rara oportunidade de se ver tradições cervejeiras britânicas meticulosamente preservadas.

Ver também GRÃ-BRETANHA.

Pete Brown

Wahl-Henius Institute of Fermentology foi um laboratório de pesquisa e uma escola cervejeira em Chicago que funcionou no período de 1886 a 1921.

Fundado em 1886 pelo dr. Robert Wahl e pelo dr. Max Henius como Wahl & Henius, o nome foi alterado para Scientific Station for Brewing of Chicago e em seguida para Institute of Fermentology, antes de se tornar Wahl-Henius Institute. Sua divisão de ensino, a American Brewing Academy, foi criada em 1891.

A escola e o laboratório funcionaram bem até a Lei Seca, quando a quase dissolução do setor de bebidas fermentadas forçou seu fechamento e a venda ao American Institute of Baking, que mantém o núcleo da biblioteca Wahl-Henius.

Provavelmente o Wahl-Henius hoje já estaria em grande parte esquecido se não fosse seu papel na publicação de dois importantes textos sobre cerveja. O *American Handy Book of the Brewing, Malting and Auxillary Trades*, escrito em coautoria por Wahl e Henius, é uma visão exaustiva e de amplo alcance sobre a produção de cerveja nos Estados Unidos, em 1901. Esse livro apresenta também análises químicas básicas de várias cervejas americanas e europeias daquela época, oferecendo assim uma valiosa perspectiva da história da produção de cerveja. *Origin and History of Beer and Brewing*, de J. P. Arnold, publicado em 1911, é exaustivo passeio por milhares de anos de história da cerveja.

Randy Mosher

Warrior é uma variedade de lúpulo desenvolvida como superalfa pelo Yakima Chief Ranches, no Yakima Valley. Ver YAKIMA VALLEY, REGIÃO. Pelo fato de ser patenteado, suas origens genéticas não foram divulgadas. Essa variedade é caracterizada por apresentar altos níveis de alfa-ácidos (de 15% a 17%), baixo teor de beta-ácidos (entre 4% e 5%), um moderado conteúdo de óleos essenciais (1 a 2 mL/100 g) e baixo teor de cohumulona. O Warrior possui excelente potencial de produtividade, além de ser moderadamente resistente ao oídio e possuir boa estabilidade durante armazenamento. Tornou-se um dos lúpulos favoritos de amargor entre os cervejeiros que desejam criar "*double* IPAs" ou cervejas com níveis extremos de amargor de lúpulo. Os aromas desse lúpulo remetem a pinho, com notas cítricas e de abacaxi, e ele pode conferir à cerveja um amargor intenso sem aspereza.

Thomas Shellhammer e Val Peacock

Washington, George. No dia em que Nova York foi, finalmente, evacuada pelo exército britânico em novembro de 1783, George Washington parou para beber uma cerveja na Taberna Bull's Head, no que hoje é a Bowery – uma das várias menções à devoção do primeiro presidente americano pela cerveja e suas questões.

Amadores e entusiastas da cerveja modernos gostam de citar Washington como um dos primeiros praticantes da produção caseira de cerveja, em grande parte devido a uma entrada de um diário de 1737, quando serviu como coronel na milícia da Virgínia. Na entrada, Washington descreve a produção de uma *small beer*. Ver SMALL BEER. Se ele punha as próprias mãos na produção de cervejas artesanais ou se apenas anotou tais instruções para uso dos cervejeiros de sua propriedade, isso nos mostra uma sensibilidade familiarizada com as práticas da produção de cerveja.

Washington foi um grande aficionado por *porter*, um estilo de cerveja que atraiu tanto entusiasmo na Grã-Bretanha que às vezes é creditada por ter estimulado a Revolução Industrial lá. Os Estados Unidos exibiram uma fascinação menor, mas ainda evidente, pela *porter*. Washington acreditava que o cervejeiro Robert Hare, da Filadélfia, fazia a melhor *porter* da cidade, até mesmo tentando, astutamente, controlar os suprimentos restantes das cervejas de Hare quando a cervejaria foi destruída pelo fogo. Os interesses de Washington levaram-no também a uma defesa mais geral dos cervejeiros americanos, persuadindo persistentemente seus compatriotas a "comprar o norte-americano", gabando-se em uma carta ao marquês de Lafayette, em 1789, de não consumir em sua família "*porter* ou queijo" que não fossem produzidos nos Estados Unidos e defendendo a qualidade superior dos produtos americanos.

Baron, S. W. **Brewed in America: the history of beer and ale in the United States**. Boston: Little, Brown & Co., 1962.

Smith, G. **Beer in America: the early years 1587-1840**. Boulder: Brewers Publications, 1998.

Dick Cantwell

wassail era um costume bastante específico da época de Natal na Inglaterra medieval, envolvendo o consumo de quantidades copiosas de cerveja *ale* quente. Era uma forma de transmitir bons votos e só veio a deixar de ter significado nos últimos 125 anos aproximadamente. A palavra deriva de *ves heill* (norueguês arcaico) e de *wes hal* (inglês arcaico) e significa "ser de boa saúde" ou "ser de boa fortuna". O uso do *wassail* como um brinde ao ato de beber parece ter emergido entre habitantes da Inglaterra falantes do dinamarquês, vindo a se disseminar por toda a terra. Quando os normandos conquistaram a Inglaterra, erroneamente supuseram que o *wassail* era um fenômeno típico desse país.

Pouco tempo depois da conquista, Geoffrey de Monmouth fez um dos primeiros relatos sobre essa prática em sua história de Rowena, a filha de Hengist, que escreveu por volta de 1140. Ele relata que era costume na Bretanha antiga uma pessoa que bebia em homenagem a outra dizer "*wacht heil*" (à espera de salvação), ao que esta respondia "*drink heil!*" (bebo em sua saúde). De fato, diz a lenda que na noite anterior à Batalha de Hastings o exército inglês passou o tempo divertindo-se em meio a gritos de *wessel* e *drinche-heil*! Um brinde genérico a princípio, o *wassail* veio a ficar conhecido principalmente como uma cerimônia da Noite de Reis (*Twelfth Night*), na qual uma tigela de cerveja quente e condimentada era oferecida aos participantes. As Ordenanças da Casa de Henrique VII, de 31 de dezembro de 1494, registram os procedimentos e protocolo para o *wassail*. Os registros mais completos do século XVII a respeito desse costume podem ser encontrados nos versos de Robert Herrick (1591-1674), que "sorveu da poderosa taça" com Ben Jonson.

Assim como na maioria das cerimônias, toda uma parafernália específica veio a surgir, e a grande tigela *wassail* (originalmente de madeira) era uma peça central. Taças elaboradas também eram empregadas, e a maioria dos grandes mosteiros e casas importantes possuíam tais itens. Durante muitos anos, os principais ingredientes da tigela *wassail* eram uma cerveja *ale* forte e quente, açúcar, especiarias e maçãs assadas; uma bebida denominada "*lambswool*" ("lã de ovelha") (similar a um *posset*, consistindo em leite quente açucarado e coalhado com uma *ale* condimentada). Um dos versos do poema *Twelfth Night*, de Herrick, é bem sugestivo:

> Próximo à coroa eis o vaso cheio
> Com *lamb's wool* de boa estirpe;
> Juntem-se açúcar, noz-moscada e gengibre,
> Com abundante *ale*, também;
> Isso é tudo o que temos de fazer
> Para transformar o *wassaile* em um festim.

A expressão "*drinking the wassail*", às vezes apenas "*wassailing*", há muito é associada a canções, particularmente as de Natal. Uma de suas variações mais curiosas chamava-se "*Orchard-visiting wassail*" (*wassail* de visita ao pomar), uma cerimônia na qual se bebia à saúde das árvores dos pomares de maçãs usadas para sidra.

Bickerdyke, J. (pseudônimo de Charles Henry Cook). **The curiosities of ale and beer**. London: Leadenhall Press, 1886 (reimpresso em 2008 pela Beer Books, de Cleveland).

Hackwood, F. W. **Inns, ales, and drinking customs of old England**. London: T. Fisher Unwin, 1910 (reimpresso em 1987 pela Bracken Books, de Londres).

Wilson, C.A. (Ed.). **Liquid nourishment**. Edinburgh: Edinburgh University Press, 1993.

Ian Hornsey

wee heavy é uma cerveja de origem escocesa, encorpada, complexa e caracterizada por sabores substancialmente influenciados pelo malte. A *wee heavy* ainda é uma das cervejas emblemáticas da Escócia, e o estilo ganhou seguidores em todo o mundo. Essa *ale* forte é servida tradicionalmente em pequenos volumes ("*wee*"), embora isso se deva mais ao teor alcoólico, que pode variar entre 5,5% e 9,0% ABV, do que a uma suposta malícia escocesa em lidar com dinheiro e porções. Ainda mais intrigante, "*heavy*" no jargão cervejeiro escocês refere-se a qualquer cerveja com teor alcoólico entre 3,5% e 4,0% ABV, o que equivale a uma "*ordinary bitter*", ou à maioria das *ales* inglesas.

Via de regra, uma *wee heavy* é encorpada, escura e maltada, com amargor de lúpulo discreto e carbonatação moderada. O malte predomina no aroma – e evolui no paladar, desmembrando-se em notas de *toffee* e caramelo –, mas notas secundárias terrosas e defumadas também podem estar presentes, contribuindo para a renomada complexidade do estilo.

A *wee heavy* apresenta corpo médio-intenso a pleno, com algumas versões exibindo uma alta viscosidade. Esse estilo tem viajado bem e encontrou audiências específicas na América do Norte e em algumas partes a Europa onde os estilos de cerveja nativos são prontamente aprovados, enquanto outros de interesse são levados a sério.

A *wee heavy* era, a princípio, um produto típico de sua época e lugar: século XVIII, na Escócia. Os lúpulos não são nativos desse país e eram, portanto, uma mercadoria cara para ser transportada dos tradicionais centros de cultivo ingleses de Kent, Hereford e Worcestershire, e ainda mais para ser importada. No entanto, a Escócia é uma grande produtora de malte de cevada de alta qualidade, a qual, desde os primórdios da agricultura gerenciada, concentrava-se em áreas estratégicas: Berwickshire, Lothians, Fife, Angus e na região de Buchan, no Noroeste, para ser malteada para a elaboração de cerveja e uísque. Assim, para que produção de cerveja se desse a um custo acessível, o teor de lúpulos era invariavelmente mantido a um mínimo.

A água mole também é um componente-chave na produção de cerveja escocesa, e no estilo *wee heavy* os sabores derivam mais das altas temperaturas da mostura e da caramelização na tina de fervura do que dos maltes Crystal. A *Scotch ale* – nome alternativo para *wee heavy* – passa tradicionalmente por longo processo de ebulição na tina de fervura que carameliza o mosto. Isso ocorria particularmente na época em que as tinas eram aquecidas sob fogo direto, e alguns dos melhores exemplares dessas cervejas ainda são produzidos dessa maneira. Isso leva também à obtenção de uma cerveja de coloração acobreada intensa, adocicada e com sabores de malte torrado e caramelo (alcançando até mesmo certas notas a alcaçuz e café), e as *wee heavies* devem ser muito encorpadas e potentes.

Os belgas são particularmente afeiçoados às *ales* derivadas das escocesas, as quais tornaram-se uma espécie de tradição na região da Walônia; os dulçores maltados, coloração escura e os toques frutados aparecem sob diversas roupagens, desde a Scotch Silly (8,0% ABV) até a Abbaye Des Rocs Brune (9,0% ABV).

Os países do Báltico eram compradores tradicionais das cervejas escocesas, com a Noruega, a Dinamarca e a Holanda também de grande importância. No entanto, foi na América do Norte que a *wee heavy* floresceu e se desenvolveu através da curiosidade, conhecimento e entusiasmo de cervejeiros artesanais. Sua evolução nos Estados Unidos encontra-se bem documentada e começou muito cedo. Há evidências de que se exportava cerveja da Escócia na década de 1750 para as novas colônias na América do Norte, nos anos seguintes à migração escocesa. A demanda inicial por cervejas escocesas mais encorpadas surgiu por parte dos comerciantes e agricultores nessas colônias e nas Índias Ocidentais, onde eram também muito influentes. No ano de 1785, a América do Norte e as Índias Ocidentais absorveram mais de 80% das exportações de *strong ales* escocesas, o que refletia a grande concentração de imigrantes escoceses em Maryland, Virgínia e nas Carolinas, sendo Jamaica e Granada importantes assentamentos nas Índias Ocidentais. Atualmente, a *wee heavy* é produzida por dezenas de cervejarias artesanais ao longo dos Estados Unidos, geralmente como uma cerveja sazonal para os meses mais frios.

Ver também ESCÓCIA e SCOTCH ALE.

Donnachie, I. **A history of the brewing industry in Scotland**. Edinburgh: John Donald Publishers, 1979.

Alastair Gilmour

Weihenstephan, a faculdade de Ciência Cervejeira e Tecnologia de Bebidas da Universidade Técnica de Munique em Weihenstephan, pequena cidade ao norte de Munique, no distrito alemão de Freising, tem sido tradicionalmente considerada o epicentro do ensino cervejeiro mundial. Em 1021, a Weihenstephan foi estabelecida por monges beneditinos como uma abadia e cervejaria. A produção comercial de cerveja teve início em 1040, tornando a Weihenstephan supostamente a cervejaria com operação contínua mais antiga mundo. Quando o Mosteiro Beneditino deixou de existir em 1803, a propriedade foi tomada pelo Governo do Estado da Baviera e tornou-se o local de fundação da Agricultural and Brewing College. Posteriormente, em 1907, foi estabelecida a cervejaria de pesquisa Weihenstephan. A faculdade alcançou o *status* pleno de universidade em 1920 e recebeu autorização para oferecer doutorado. Em 1930, foi incorporada à Universidade Técnica de Munique. Campos de estudo atuais na Weihenstephan foram ampliados para incluir silvicultura, horticultura, nutrição, biotecnologia, tecnologia de alimentos e engenharia de aparelhos e máquinas. Agora, o *campus* é uma ampla e moderna universidade chamada de Centro de Ciências da Vida, com oitenta professores e mais de três mil alunos. O *campus* tem duas cervejarias – a Cervejaria de Pesquisa e a Cervejaria do Estado da Baviera, com uma produção anual de mais de 234.000 hectolitros – e uma destilaria. Existem no *campus* cinco cervejarias de pesquisa, de alta tecnologia e produção em pequena escala para projetos dos alunos, bem como projetos de consultoria comercial para uso dos alunos cuja área de especialização é Ciência Cervejeira. Para os alunos de especialização interdisciplinar, existem duas diferentes trajetórias educacionais. O programa de mestrado em engenharia, de quatro anos e meio, é altamente acadêmico e requer que os alunos publiquem uma dissertação de significativa relevância científica nas seguintes disciplinas de produção de cerveja: engenharia de processo, malteação, engenharia mecânica, microbiologia, administração de empresas, envase ou tecnologia energética. Trabalhos de curso em microbiologia, bioquímica, engenharia mecânica, tecnologia de produção de cerveja e malteação, ciência da fermentação, química analítica, contabilidade, administração de empresas, química de alimentos, engenharia de processo e controle de qualidade microbiológica estão entre as 45 categorias necessárias para graduação. Os graduados são considerados elite no mundo da cerveja, visto que o programa é altamente competitivo – menos de 20% dos alunos aceitos atendem aos requisitos de graduação.

Um programa que também é oferecido na Universidade de Munique é o Diploma Braumeister (mestre cervejeiro), de dois anos de duração. Os alunos podem se qualificar para esse programa se tiverem concluído um programa de formação de cervejeiro em uma cervejaria administrada por um engenheiro de produção de cerveja certificado e se tiverem trabalhado um total de três anos no setor. As aulas que correspondem ao programa Braumeister encontram-se em um nível de divisão inferior e o título não exige dissertação. Todas as aulas em ambos os programas são dadas inteiramente em alemão.

Alguns dos serviços prestados pela Weihenstephan nesse setor são banco de leveduras, consultoria técnica e consultoria financeira. O banco de levedura da Weihenstephan, criado em 1940, fornece leveduras para cervejarias do mundo inteiro. Esse banco tem o maior acervo de cepas de baixa e alta fermentação do mundo. As diversas cepas foram diferenciadas por meio de métodos de pesquisa modernos empregados pelos alunos de pós-graduação da Weihenstephan. A levedura é enviada de várias maneiras para as cervejarias: leveduras em ágar, leveduras em algodão, frasco de um litro ou leveduras prensadas. No mundo inteiro, muitas cepas de levedura são amplamente conhecidas pelo respectivo número constante no catálogo da Weihenstephan. Esse é particularmente o caso da levedura bávara *weissbier*, que alguns cervejeiros e entusiastas insistem em chamar simplesmente de "fermento Weihenstephan", embora a Weihenstephan forneça centenas de outras cepas de levedura.

Com relação à consultoria técnica, os avanços tecnológicos nos equipamentos de produção de cerveja são em sua maioria introduzidos por grandes empresas alemãs desse setor. A maior parte dessas empresas envia seus novos projetos de desenvolvimento para serem testados e os resultados são certificados pelo Staatliche Brautechnische Prüf und Versuchsanstalt (Instituto de Teste e Pesquisa de Cervejarias) na Weihenstephan. O instituto conta com uma equipe de 51 membros técnicos que se concentram principalmente em química analítica.

A consultoria financeira ao setor cervejeiro é prestada pelo Unternehmungsberatung Weihenstephan (Grupo de Consultoria Financeira de Weihenstephan). Fundada em 1976, essa empresa foi adquirida pela Delloite Touche Tohmatsu e continua a oferecer consultoria financeira para o setor cervejeiro e de outras bebidas em nível mundial. Ela é especializada em avaliação de cervejarias, gestão da cadeia de suprimentos, reorganização estrutural e controladoria.

A Abbey Brewery of Weihenstephan tornou-se a Bavarian State Brewery at Weihenstephan, em 1921. Essa cervejaria é particularmente conhecida por sua cerveja *hefeweizen*, que é exportada para o mundo inteiro. Ver WEISSBIER. Suas instalações de produção e engarrafamento são modernas e avançadas e incorporam grande parte da tecnologia que é desenvolvida por meio de iniciativas cooperadas com ex-alunos e alunos atuais da Technical University of Munich, em Weihenstephan.

Ver também ALEMANHA e MUNIQUE.

Geschichte Weihenstephans (História de Weihenstephan). Disponível em: http://www.weihenstephan.de/weihenstephan/wegweiser/campgeschi.html/. Acesso em: 2 nov. 2009.
Staatsbrauerei Weihenstephan (cervejaria Weihenstephan). Disponível em: http://www.brauereiweihenstephan.de/. Acesso em: 4 nov. 2009.
Uhl, B. Die hofmarks-und braurechte des klosters weihenstephan. (A marca real e os direitos de produção de cerveja da Weihenstephan e a história de Freising.) **Sammelblatt des Historischen Vereins Freising**, 29, 1979, S.9-53.
Wissenschaftszentrum Weihenstephan (Centro de Pesquisa de Weihenstephan). Disponível em: http://www.wzw.tum.de/. Acesso em: 4 nov. 2009.

Dan Gordon

weissbier é a cerveja de trigo clássica da Baviera e um dos principais e mais característicos estilos alemães. *Weissbier* significa "cerveja branca" em alemão. O nome deriva do tom branco-amarelado conferido pelo trigo claro e pelos maltes de cevada a partir dos quais a cerveja é elaborada. Fora da Baviera, a maior parte das *weissbiers* é conhecida como *hefeweizen*, que significa literalmente "levedura de trigo" em alemão. Tal designação deve-se ao fato de que essa cerveja é elaborada à base de trigo e geralmente é envasada sem filtração, apresentando considerável turbidez de leveduras no produto final. Segundo a legislação alemã, toda cerveja rotulada como *hefeweizen*, *weizenbier* ou *weissbier* (os três termos são amplamente intercambiáveis, mas vale salientar que há também uma versão filtrada de *weissbier* que é denominada "*kristallweizen*") deve ser produzida com pelo menos 50% de malte de trigo. A maioria das *weissbiers*, no entanto, incluem mais trigo em suas receitas do que a legislação exige, e normalmente são elaboradas com 60% a 70% de malte de trigo. O restante do conjunto de grãos é malte de cevada. Em outros países, onde evidentemente não se aplica a lei alemã, as wheat beers podem ser produzidas com qualquer porcentagem de trigo, embora seja difícil obter uma verdadeira *weissbier* a partir de uma mostura com menos de 50% de trigo. A elaboração de cerveja unicamente a partir de trigo, contudo, seria extremamente complicada, pois, por não possuir casca, uma mostura unicamente com trigo seria quase impossível de se clarificar. Portanto, as cervejas elaboradas somente com trigo costumam ficar restritas a laboratórios e plantas-piloto, embora alguns cervejeiros artesanais ocasionalmente também as produzam, geralmente empregando cascas de arroz para auxiliar no processo de separação do mosto viscoso. Ver FILTRAÇÃO DO MOSTO e MOSTURA.

A origem das cervejas de trigo remonta à Antiguidade, cerca de 6 mil anos atrás ou até mais. Os primeiros produtores de cerveja de trigo foram os sumérios da Mesopotâmia, na região localizada entre os rios Tigre e Eufrates, atual sul do Iraque, fato comprovado através de descobertas arqueológicas da região. Os grãos com os quais eles faziam cerveja, além da cevada, eram trigo Einkorn, trigo Emmer e espelta, antecessores genéticos do trigo moderno. Ver ESPELTA, TRIGO EINKORN e TRIGO EMMER. Assim, o registro pictórico mais antigo de apreciação de cerveja de que se tem registro, que remonta a 3400 a.C., retrata o consumo de cerveja de trigo. Trata-se de uma ornamentação em uma moringa de barro que retrata a cena de duas mulheres sorvendo cerveja com o auxílio de canudos de palha. Os egípcios também seguiram o exemplo pioneiro dos sumérios e produziram suas próprias cervejas, principalmente a partir do trigo. Mais evidências das raízes antigas das cervejas de trigo aparecem no Código de Hamurabi, o conjunto de leis mais antigo do mundo, que data do século XVIII a.C. e contém regras elaboradas de produção e distribuição de cerveja de trigo.

Atualmente, associa-se a *weissbier* principalmente com a Baviera, onde essa cerveja é sempre feita com leveduras de alta fermentação. Isso faz da *weissbier* uma das poucas *ales* fermentadas a temperaturas mais altas nessa cultura cervejeira, já que a Baviera é considerada o berço das *lagers*. Ver BAVIERA.

As origens geográficas da *weissbier* moderna datam provavelmente dos séculos XII e XIII, na região da Boêmia, atual República Tcheca, de onde sua produção se difundiu para a vizinha Floresta da Baviera. Foi lá que, em 1520, a família Degenberg, uma dinastia nobre do burgo de Schwarzach, conseguiu obter do então governante da dinastia Wittelsbach da Baviera o privilégio exclusivo e perpétuo (e, naqueles tempos, provavelmente considerado sem consequências) de elaboração de cerveja de trigo. Ver FAMÍLIA WITTELSBACH. No entanto, para o desgosto dos duques da Baviera, esse privilégio da produção de cerveja, concedido em função da vassalagem dos Degenberg, veio a gerar mais lucros do que se imaginava. Também acabou desviando para as tinas cervejeiras dos Degenberg grandes quantidades de trigo que deveria ser convertido em pão nos fornos dos cidadãos. Assim, em 1567, um descontente duque Albrecht V da casa Wittelsbach declarou que a cerveja de trigo era "uma bebida inútil que não nutria nem servia como tônico, apenas incentivava a embriaguez", proibindo categoricamente a produção de cerveja de trigo em todo o reino. Para sua infelicidade, pelas regras da etiqueta feudal, ele foi obrigado a conceder uma isenção ao clã Degenberg por sua proibição draconiana. Em 1602, contudo, a sorte sorriu para os duques da Baviera. Naquele ano, Hans Sigmund de Degenberg veio a falecer sem deixar herdeiro. Isso significava que o duque Wittelsbach, Maximilian I, finalmente poderia reclamar o direito de produzir cerveja de trigo; ele prontamente transformou a produção de cerveja de trigo em um monopólio para si e para seus herdeiros. Em pouco tempo, cada taberneiro de seu reino tinha que servir *weissbier* adquirida unicamente da rede de cervejarias de propriedade dos duques da Baviera. Esse monopólio da cerveja de trigo durou longos duzentos anos, até 1798, quando diversos mosteiros e cervejarias burguesas também passaram a ter permissão para produzir *weissbier*. Isso só ocorreu porque naquela época a *weissbier* já tinha saído de moda e as cervejarias dos Wittelsbach já estavam tendo prejuízo. Posteriormente, os duques da Baviera ofereceram os direitos da *weissbier* para venda ou arrendamento a várias cervejarias, tanto civis como monásticas, de forma não exclusiva. Como era de se esperar, nenhuma delas conseguiu obter lucros, simplesmente porque a demanda por *weissbier* continuou em queda. No século XIX, em parte devido aos avanços nas técnicas de produção de cerveja, as *lager* bávaras passaram a ganhar qualidade e tornaram-se muito mais competitivas frente às *weissbiers*. Em 1872, os duques finalmente abriram mão de sua antiga fonte de renda e venderam os direitos a um intrépido mestre-cervejeiro que se chamava Georg Schneider I. Ver SCHNEIDER WEISSE, CERVEJARIA.

As vendas de *weissbier* caíram de forma constante até que, entre as décadas de 1950 e 1960, representavam menos de 3% da produção de cerveja da Baviera. Muitas cervejarias interromperam suas produções de *weissbier* e o estilo parecia fadado à extinção. Mesmo assim, curiosamente, Georg Schneider e seus herdeiros mantiveram a fé na *weissbier*, muito embora trabalhando com modestos volumes de venda. Destacaram-se como especialistas em *weissbier*, o que acabou se provando uma exitosa estratégia, porque nos anos 1960, mais de um século depois de sua aparente morte, as vendas de *weissbier* ressurgiram de forma surpreendente. Uma mudança repentina – e em grande parte inexplicável – no gosto do consumidor reverteu a espiral descendente das *weissbiers* a partir de 1965, não apenas na Baviera, mas em todo o mundo. Atualmente, a *weissbier* é o estilo de cerveja mais popular na Baviera, representando mais de um terço do mercado. Em todo o território alemão, a *weissbier* representa quase um décimo do mercado. Embora a *helles* domine os *beer gardens* durante o verão, um copo de *weissbier* continua sendo parte essencial do *brotzeit*, o "segundo café da manhã" servido na metade da manhã. Para completar sua guinada de sorte, esse estilo de cerveja ganhou grande popularidade entre os cervejeiros artesanais, que hoje fazem *weissbier* em todo o mundo, do Japão ao Brasil.

Uma vez que o trigo apresenta um alto teor proteico, a produção moderna das cervejas de trigo geralmente faz uso de prolongados descansos, durante a mosturação, para quebrar as moléculas de proteína e reduzir a viscosidade do mosto. A mosturação por decocção ainda é amplamente utilizada na Alemanha com finalidades similares. Um descanso a temperaturas entre 44 °C e 45 °C é geralmente aplicado para a produção de ácido ferúlico no mosto. O ácido ferúlico é um composto precursor, e as leveduras específicas de *weissbier* o convertem em 4-vinil-guaiacol, um fenol com um distinto aroma a cravo e que é a característica típica desse estilo de cerveja. Ver 4-VINIL-GUAIACOL. Seu extrato original normalmente situa-se entre 11,5 °P e 13,2 °P, e as fermentações finalizam com considerável concentração de açúcares residuais (aproximadamente 3 °P). A fermentação da *weissbier* é feita com uma família de cepas de leveduras intimamente relacionadas que produzem muitos dos sabores típicos encontrados nesse estilo. Enquanto o próprio trigo confere certa suavidade e acidez ao paladar, os aromas a cravo (4-vinil-guaiacol), chiclete, banana (acetato de isoamila) e defumado (4-vinil-siringol), característicos da *weissbier*, provêm da ação dessas leveduras específicas durante a fermentação. Durante muitos anos, os cervejeiros artesanais fora da Baviera faziam referência a esse tipo de levedura como "cepa Weihenstephan", já que o famoso banco de leveduras dessa escola cervejeira foi no passado a única fonte do autêntico fermento para a produção de *weissbier*. Algumas cervejarias fora da Alemanha, especialmente nos Estados Unidos, empregam a palavra "*hefeweizen*" para descrever e comercializar cervejas fermentadas com leveduras *lager* ou *ale* convencionais. Tal denominação, contudo, é equívoca, uma vez que essas cervejas não exibem o clássico caráter de uma *hefeweizen*. Ver AMERICAN WHEAT BEER. Embora hoje seja mais habitual a utilização de fermentadores cilindrocônicos, as leveduras de *weissbier* tendem a se agregar na região superior do tanque de fermentação, o que as torna ótimas candidatas para processos fermentativos abertos. Muitos cervejeiros produtores de *weissbier* argumentam que fermentações abertas ajudam a incrementar o perfil de ésteres na cerveja. A fermentação primária normalmente é realizada entre 20 °C e 22 °C e conclui-se no prazo de dois a quatro dias. Após um curto período de maturação em tanques fechados, normalmente de dez a catorze dias, a cerveja encontra-se pronta para ser engarrafada ou embarrilada. A *weissbier* é tradicionalmente refermentada em garrafa com *speise* (literalmente "alimento" em alemão, *speise* é mosto, às vezes com levedura fresca misturada) como açúcar *priming*, a fim de obedecer às restrições da Lei da Pureza da Cerveja. A refermentação pode ser realizada com levedura *weisse* original, mas às vezes há preferência por leveduras *lagers* devido à textura mais fina que apresentam na garrafa. Infelizmente, a verdadeira refermentação em garrafa tem se tornado cada vez mais rara, principalmente entre as grandes marcas, e a maioria das *weissbiers* fora da Baviera é pasteurizada. A refermentação em garrafa confere um sabor mais fresco e propicia altos níveis de carbonatação, geralmente cerca de 4 volumes (8 g/L), 30% superior à da *pilsner* média.

A *weissbier* pode se apresentar atualmente sob diversas formas. Existe a *weissbier* clássica, ou *hefeweizen*, uma cerveja clara com abundante suspensão de leveduras e encimada por uma espuma espessa e compacta. Depois encontramos a contradição terminológica da *dunkelweissbier* ou *dunkelweizen* ("cerveja branca escura" ou "trigo escuro"), que é uma *weissbier* feita com a adição de maltes escuros tais como o caramelo e o Crystal, ou mesmo maltes torrados. A *weissbier* com coloração âmbar algumas vezes é denominada *"bernsteinfarbenes weisse"*, que significa literalmente "âmbar branco" – muitas delas são consideradas especialmente tradicionais porque sua cor antecede a ampla disponibilidade de maltes claros. Existe também uma versão com baixo teor alcoólico disponível no mercado chamada *leichtes weissbier*. Ver LEICHTES WEISSBIER. E, finalmente, temos a cerveja filtrada *kristallweizen* ("trigo cristal") e a *weizenbock* (uma cerveja *bock* à base de trigo). Em algumas raras ocasiões, os cervejeiros também elaboram a *weizendoppelbock* ou a *weizeneisbock*, sendo ambas versões à base trigo equivalentes às primas de pura cevada.

Todas elas são servidas em copos altos em formato de vaso, mais volumosos na base, estreitos na cintura e alargando-se dramaticamente na extremidade superior. Intensa carbonatação e alto teor proteico combinam-se na cerveja e dão lugar a uma espuma volumosa, parte importante da apresentação da bebida e motivo do formato do copo. As garrafas de *hefeweizen* devem ser cuidadosamente vertidas para se obter a linda apresentação da espuma cremosa, e então a garrafa é girada com o final da cerveja para coletar as leveduras, que são servidas ao copo como toque final. Existe alguma especulação de que talvez esse toque de leveduras da *weissbier* tenha sido o responsável por alavancar seu reflorescimento. A metade da década de 1960 testemunhou um renovado interesse em alimentos naturais, e a levedura cervejeira é uma excelente fonte de vitaminas.

Na Alemanha, a *hefeweizen* jamais é servida com as rodelas de limão que se tornaram estranhamente onipresentes nos Estados Unidos durante as décadas de 1980 e 1990. O aroma do limão se sobrepõe aos delicados aromas da cerveja, e os óleos presentes na casca da fruta rapidamente destroem a característica espuma dessa cerveja. Os turistas americanos que solicitam limão em suas *weissbiers* nos *beer gardens* da Baviera são geralmente recebidos com pálidos sorrisos de pena.

Ver também BOCK, DOPPELBOCK e EISBOCK.

Bavarian Beer. **The history of Bavarian hefeweizen**. Disponível em: http://www.bavarianbeer.com/index.php?StoryID=101. Acesso em: 29 jan. 2011.

Bavarian Beer. **Weissbier/weizenbier/hefeweizen**. Disponível em: http://www.bavarianbeer.com/index.php?StoryID=135. Acesso em: 29 jan. 2011.

Horst Dornbusch e Garrett Oliver

Weltenburger, uma cervejaria de abadia na Baviera, Alemanha. Embora as cervejarias trapistas belgas tenham se tornado merecidamente famosas no mundo todo, elas não são as únicas cervejarias monásticas da Europa. Entre as outras estão as seguidoras de São Columbano, que estabeleceram um povoado religioso numa curva do rio Danúbio no norte da Baviera, no século VII.

A abadia foi abandonada em algumas ocasiões devido a enchentes e também deixada pelos monges durante o período de laicização dos mosteiros sob Napoleão. Depois de algum tempo como propriedade privada, e posteriormente sob os cuidados do estado da Baviera, a abadia foi devolvida à irmandade em 1843.

A abadia de Weltenburger é hoje uma grande atração turística, recebendo 750 mil visitantes anualmente, muitos dos quais chegam à abadia em barcos de passeio, vindos de Kelheim. Sua igreja, altamente ornada no estilo Barroco, é aberta à visitação, assim como o *beer garden* no pátio do mosteiro, onde é servida a cerveja produzida na pequena cervejaria defronte.

De acordo com os registros da abadia, a produção de cerveja iniciou-se, no mínimo, em 1050, embora hoje não esteja mais nas mãos dos monges. Em 1973, quando foi necessário investimento na cervejaria, os irmãos concederam os direitos de produção à Bischofshof Brewery, localizada nos arredores de Regensburg. Isso significa que os empregados da Bischofshof tomam conta da cervejaria da abadia e produzem *lagers* escuras e uma cerveja de trigo também escura, para venda sob o nome de Weltenburger Kloster. A mais famosa é a Asam bock, uma *lager* escura maturada por doze semanas que leva o nome de dois irmãos que construíram a igreja da abadia.

A Bischofshof também produz cervejas para Weltenburger na unidade de Regensburg. Entre elas estão a Barock Hell, além de outras vendidas com o selo "*Marke Weltenburger*".

Abadia de Weltenburg, Baviera, Alemanha. Este mosteiro beneditino opera uma cervejaria desde os anos 1050, e é a cervejaria de mosteiro continuamente operante mais antiga do mundo. CATH HARRIES.

Ver também CERVEJARIAS TRAPISTAS e CERVEJAS DE ABADIA.

Evans, J. On the beautiful Blue Danube. **Beers of the world**, v. 15, p. 46-49, 2007.

Weltenburger. Disponível em: www.weltenburger.de/die_klosterbraueri.html/. Acesso em: 23 nov. 2009.

Jeff Evans

A **Westmalle, Cervejaria**, está localizada em uma abadia trapista (oficialmente conhecida como Nossa Senhora do Sagrado Coração) localizada na cidade de Westmalle, Bélgica, na província de Antuérpia. Ela foi fundada como uma casa religiosa, ou convento, em 1794 por vários monges cistercienses. Ela se tornou uma abadia trapista em 1836 e, para o sustento dos monges, uma pequena cervejaria foi construída dentro dos muros. Em 1856, sua cerveja começou a ser vendida ao público em pequenas quantidades diretamente na abadia. A demanda foi aumentando, levando à construção de instalações adicionais com maior capacidade produtiva em 1865 e novamente em 1897.

Por volta de 1921, a cerveja da abadia de Westmalle foi pela primeira vez oferecida para o mercado em geral. A popularidade da cerveja fez com que fosse necessária outra expansão da cervejaria na década de 1930, e desde então ela tem sido líder nos padrões ambientais e de segurança. Também é referência na produção de cerveja, uma vez que as cervejas da Westmalle se mostram altamente influentes. Os ingredientes utilizados no preparo de suas cervejas incluem água, levedura, malte de cevada, lúpulos e açúcar. A água, que vem de um poço profundo nas propriedades da cervejaria, é considerada dura, contendo vários minerais dissolvidos. Ela é tratada antes de ser empregada na cervejaria. Embora a legislação da época não exigisse, uma planta de tratamento de resíduos foi instalada na década de 1960 para garantir que água limpa fosse retornada ao meio ambiente. O uso de lúpulos pela cervejaria é um tanto incomum por empregar apenas cones de lúpulos inteiros, enquanto muitas cervejarias modernas, inclusive algumas trapistas, utilizam extrato líquido de lúpulo ou lúpulo peletizado. A levedura de Westmalle é uma cepa própria que é cultivada pela cervejaria. Ela confere alguns aromas condimentados e florais característicos às cervejas. Finalmente, o açúcar utilizado na produção das cervejas é o *candi sugar* belga, o qual é totalmente fermentável e confere à cerveja um corpo mais leve que o esperado, proporcionando um equilíbrio suave. Ver CANDI SUGAR. O *candi sugar* é encontrado sob a forma líquida e está disponível com uma coloração mais clara e sabor leve, ou uma coloração escura e sabor complexo de caramelo.

A abadia de Westmalle produz três tipos de cerveja: Westmalle Extra, Westmalle Dubbel e Westmalle Tripel. A Extra é uma cerveja que apresenta baixo teor de álcool (4,8% ABV) e é produzida duas vezes por ano para o consumo dos monges na abadia durante o almoço. É uma *"table beer"* de coloração dourada com sabor suave e indisponível ao público. A Dubbel é uma cerveja com 7% ABV de coloração castanha marron e altamente carbonatada, resultando em uma esplêndida espuma. A Dubbel e a Extra são os dois estilos de cervejas mais antigos produzidos na cervejaria, remontando ao seu início, em 1836. A Dubbel é uma cerveja bastante saborosa e complexa, e sua versão moderna resulta de uma reformulação ocorrida na década de 1920. A Tripel é uma cerveja clara com 9,5% ABV e coloração dourada. Ela apresenta sabor complexo, resultado do equilíbrio entre o malte claro, levedura e lúpulos. A Westmalle Tripel foi produzida pela primeira vez em 1934 e é amplamente considerada a cerveja original do estilo *tripel*. Em 1956, ela foi reformulada e permanece a mesma desde então. Todas as cervejas da Westmalle são parcialmente refermentadas nas garrafas e, portanto, desenvolvem sabores de maturação na garrafa, bem como um alto nível de carbonatação. Ambas as cervejas encontram-se disponíveis em garrafas de 330 mL e em uma garrafa de 750 mL selada com rolha de cortiça e gaiola de arame.

Em 1998, o irmão Thomas, que acabava de se aposentar do cargo de mestre cervejeiro de Westmalle, assumiu o cargo de consultor técnico para o restabelecimento da cervejaria do mosteiro trapista de Achel. Levou consigo a distinta cepa de levedura de Westmalle, e assim a influência dos cervejeiros de Westmalle deu mais um passo para marcar a história.

Ver também ACHEL, CERVEJARIA, BÉLGICA e CERVEJARIAS TRAPISTAS.

Keith Villa

A **Westvleteren, Cervejaria**, é a menor dentre as seis cervejarias trapistas belgas, com uma produção anual aproximada de 5.000 hL. Em 1831, o abade do mosteiro recentemente fundado em Catsburg levou alguns de seus monges para as florestas de Westvleteren, próximo dos campos de lúpulos de Poperinge. Lá eles fundaram a abadia trapista de St. Sixtus em Westvleteren. A produção de cerveja iniciou-se em 1839, estritamente focada no sustento da vida monástica da comunidade. Os monges produzem cerveja somente uma vez por semana e continuam decididamente não comerciais, mostrando desinteresse em aumentar sua produção. Quando eles substituíram os equipamentos da cervejaria em 1990, a antiga sala de brassagem já tinha quase um século de idade.

A Westvleteren permite pouco contato com o mundo externo e é a única cervejaria trapista na qual todo o trabalho é feito pelos próprios monges. O mosteiro raramente permite a entrada de visitantes, e as cervejas de Westvleteren são difíceis de encontrar, mesmo na Bélgica. Elas encontram-se disponíveis apenas no ponto de venda do mosteiro, através de um sistema telefônico semelhante a uma loteria e na verificação das placas dos carros dos motoristas que chegam na esperança de poderem retirar a cerveja reservada. As cervejas em si são baratas, custando no máximo 38 euros a caixa com 24 garrafas, mas cada cliente pode comprar apenas uma caixa. As regras para os sorteios telefônicos e a retirada das cervejas são tão estritas que se tornam quase cômicas. Os monges têm plena consciência da popularidade de suas cervejas, dizendo aos futuros compradores no seu *website*:

> Por favor, leve em conta que você poderá frequentemente ouvir o sinal de linha ocupada quando ligar para fazer reservas, devido ao fato de nossas linhas para vendas de cervejas estarem sobrecarregadas! Você não é o único ligando naquele momento. Devido à nossa pequena escala de produção, o número de telefonemas é muito maior que o número de reservas disponíveis. Isso significa que é uma questão de ter muita paciência e também muita sorte.

Se alguém tentar reservar cerveja mais de uma vez em um mês a partir do mesmo número de telefone, a chamada é automaticamente desligada. A cerveja pode ser adquirida, às vezes, em seu centro de visitantes e no café In De Vrede, porém as quantidades são estritamente limitadas, e não é raro não haver cervejas disponíveis. A Westvleteren não possui marketing. As garrafas não possuem rótulos, apenas engradados de madeira, então as três cervejas são reconhecidas somente pelas tampas metálicas. Todas as cervejas são produzidas a partir de malte claro, juntamente com uma variedade de açúcares adicionados na tina de fervura, e elas são totalmente refermentadas nas garrafas. A cerveja escura Westvleteren 8, a 8% ABV, identificada pela tampa azul, e a 12, a 10,5% ABV, identificada pela tampa amarela, são ambas de coloração marrom-avermelhada, com aromas complexos terrosos de rum e frutas, sustentados por um agressivo amargor de lúpulo. Em 1999, a *blond* Westvleteren 6 foi adicionada ao portfólio, substituindo a própria cerveja de mesa dos monges. Trata-se de uma *"singel"* moderna a 5,8% ABV, dotada de tampa verde, com uma forte característica terrosa, aroma herbal, corpo leve, mas bem presente e um intenso e apetitoso amargor de lúpulo. As cervejas da Westvleteren, tanto devido à sua qualidade quanto, inevitavelmente, pela sua escassez, estão entre as mais procuradas do mundo. Os monges proíbem a revenda de suas cervejas, mas isso, evidentemente, é amplamente ignorado.

Ben Vinken

wet hopping é o processo de uso do lúpulo não seco em secador, portanto "lúpulo úmido", na produção de cerveja. No Hemisfério Norte, lúpulos aromáticos são tipicamente colhidos no final de agosto e início de setembro. Lúpulos com elevado teor de alfa-ácidos, a maioria usada para amargor, são normalmente colhidos na segunda metade de setembro. Lúpulos úmidos possuem cerca de 80% de umidade, sendo esta reduzida em secador, logo após a colheita, para cerca de 9%. Secar os lúpulos corretamente é fundamental. Se ficarem muito secos, podem oxidar e há um elevado risco de incêndio no armazém. Se ficarem muito úmidos, lúpulos enfardados podem "suar" e embolorar, desenvolvendo aromas indesejáveis. Quando os cervejeiros usam lúpulos úmidos, portanto, estes devem estar embalados folgadamente em caixas de papelão logo após a colheita e enviados o mais brevemente para a cervejaria, onde devem ser utilizados imediatamente. Se não forem usados de imediato, os lúpulos vão deteriorar-se rapidamente, tornando-se inutilizáveis no mosto ou cerveja.

Cervejas produzidas com lúpulo que não foi seco em secador são chamadas de cerveja de "lúpulo úmido" (*wet hop beer*), cerveja de "lúpulo fresco" (*fresh hop beer*), cerveja de "lúpulo verde" (*green hop beer*) ou cerveja "de colheita" (*harvest beer*). Essas cervejas surgiram em grande parte nos últimos dez anos e são produzidas quase exclusivamente por cervejeiros artesanais americanos localizados em áreas de cultivo de lúpulo. Por causa do elevado teor de umidade do lúpulo úmido, cervejeiros usam, normalmente, pelo menos de quatro a cinco vezes o peso que usariam do lúpulo seco em secador da mesma variedade. Lúpulos úmidos, assim como lúpulos secos, podem ser adicionados a qualquer ponto da fervura ou em um *hop back*. A adição de lúpulos úmidos à cerveja acabada está também ganhando popularidade. A razão por trás desse *"dry hopping* com lúpulos úmidos" é o desejo de capturar os óleos aromáticos mais delicados e voláteis dos lúpulos na cerveja acabada. Como o tradicional *dry hopping*, o *"dry hopping* com lúpulos úmidos" captura compostos voláteis expulsos durante a ebulição na tina de fervura e também aqueles que podem ser expulsos pelo processo de secagem no secador. Alguns entusiastas de cerveja apreciam a característica delicada e singularmente "verde" dessas cervejas, enquanto outros não gostam do distinto aroma herbáceo, semelhante à clorofila, dos compostos de aroma. Independentemente disso, essas cervejas são criações únicas, associadas a um determinado tempo e lugar, e, portanto, representam uma evolução fascinante da arte do cervejeiro.

Jeremy Marshall

Weyermann® Malting, sediada em Bamberg, é atualmente uma das líderes em produção de maltes especiais alemães. A companhia também produz maltes *pilsner* e outros maltes base, mas é provavelmente mais conhecida pela sua série de maltes especiais designados pelo prefixo "Cara". O Carapils, marca registrada da Weyermann desde 1908, é um malte claro rico em dextrinas, e o Carafa, um malte torrado com notas que remetem a chocolate, empregado na produção de cervejas escuras. Ver MALTE CARAPILS. Ela ainda oferece uma linha de maltes orgânicos, maltes de centeio e de trigo, bem como grãos não malteados torrados, os quais, devido às restrições da Lei da Pureza da Cerveja, são direcionados para a produção de cerveja além das fronteiras alemãs. Ver LEI DA PUREZA DA CERVEJA. Um corante líquido aprovado pela Lei da Pureza da Cerveja, chamado Sinamar, também é fabricado pela companhia.

Em 1879, Johann Baptist Weyermann expandiu a loja de grãos de seu pai, incorporando uma instalação de torrefação de malte que em seus primórdios produzia café de malte. Em pouco tempo, uma sala de germinação foi construída para a produção de malte cervejeiro. Diversas expansões foram feitas nas décadas seguintes e, em 1902, uma segunda instalação, voltada principalmente para produção de Sinamar de malte, foi inaugurada em Potsdam, nos arredores de Berlim. Essa planta, danificada nos estertores da Segunda Guerra Mundial, foi posta sob domínio russo e nunca mais reabriu.

Talvez mais que quaisquer outras maltarias alemãs, a Weyermann se empenhou em fazer parte integral do movimento das cervejarias artesanais, especialmente nos Estados Unidos. Seus maltes especiais em particular fazem parte da receita de centenas de cervejarias, do Colorado ao Japão. A empresa continua sob administração familiar. Embora a comunidade cervejeira alemã muitas vezes isole-se, Sabine Weyermann e Thomas Kraus-Weyermann são frequentemente vistos em festivais e conferências sobre cerveja, invariavelmente trajando o vermelho e o amarelo que distinguem sua marca, e têm sido incansáveis na atenção dispensada ao longo dos anos aos pequenos cervejeiros do mundo todo.

Weyermann. Disponível em: http://www.weyermann.de/eng/. Acesso em: 20 out. 2010.

Brewing Techniques. Disponível em: http://www.brewingtechniques.com/bmg/weyermann.html/. Acesso em: 20 out. 2010.

Dick Cantwell

WGV

Ver WHITBREAD GOLDING VARIETY.

wheat wine é essencialmente uma versão à base de trigo da tradicional *barley wine*. Ver BARLEY WINE. Durante milênios, os cervejeiros certamente fizeram cervejas potentes a partir do trigo, desde o Egito Antigo até o período colonial americano. No entanto, o moderno estilo *wheat wine* parece ter emergido da produção artesanal de cerveja nos Estados Unidos na década de 1980. Não há consenso quanto à proporção de trigo a ser utilizada em uma *wheat wine*, mas geralmente se aceita que a quantidade de trigo deva ser pelo menos metade do seu conjunto de grãos. A maioria dos cervejeiros conduzem suas fermentações a temperaturas moderadas com leveduras do tipo *British ale* ou cepas americanas e canadenses, mais neutras. Devido ao teor proteico do trigo e da consequente viscosidade da mostura e do mosto, normalmente se adicionam cascas de arroz na mostura. Em comparação com as *barley wines*, a maioria das *wheat wines* é menos intensamente lupulada, mas mesmo assim em geral possuem teores de amargor que variam entre 50 e 70 IBU. A maioria apresenta coloração do dourado-intenso ao âmbar, com teor alcoólico entre 8,5% e 12% ABV, são bem encorpadas e exibem perceptível concentração de açúcares residuais. As *wheat wines* podem ser muito frutadas, mas como o malte de trigo é mais suave ao paladar do que o malte de cevada, em geral, é preferível uma certa vivacidade elegante ao paladar.

Ver também CASCA DE ARROZ e UNIDADES INTERNACIONAIS DE AMARGOR (IBU).

Hieronymus, S. **Brewing with wheat: The "wit" and "weizen" of world wheat beer styles**. Boulder: Brewers Publications, 2010.

Brian Yaeger

Wheeler, Daniel, engenheiro e inventor britânico do século XIX, foi o criador de um dispositivo revolucionário para secar e torrar o malte, que ele patenteou em 1818 como "Método Melhorado de Secagem e Preparação do Malte". Ver FLOOR MALTING, MALTE e SECAGEM. Nos secadores tradicionais, o grão germinado era seco por meio de sua disposição em camadas sobre um fundo falso perfurado, geralmente de metal. O malteador, então, queimava madeira, carvão ou coque por baixo, e os gases quentes da combustão, muitas vezes enfumaçados, que passavam pelos grãos carregavam a umidade por uma chaminé. No processo, é claro, uma parte do malte invariavelmente ficava um pouco ou mesmo excessivamente chamuscada, enquanto outra parte permanecia bastante verde. A coloração média do malte, portanto, sempre tinha alguma tonalidade de marrom, e o malte sempre adquiria o sabor defumado do combustível – mais defumado por carvão impuro ou certos tipos de madeira, e menos defumado por coque. Na invenção de Wheeler, em contraste, o fundo perfurado do forno de secagem era substituído por um tambor de metal giratório. Assim, o malte nunca era diretamente exposto ao fogo do forno. Wheeler teve a ideia para o seu "método melhorado" ao observar a torrefação do café. Na adaptação de Wheeler do torrador de café para a preparação do malte, este permanecia, agora, livre de fumaça. O malte podia também ser seco de forma mais homogênea. O mais importante, produtores de malte poderiam, agora, pela primeira vez, ajustar a temperatura e a duração do processo de secagem com facilidade, e, assim, controlar a coloração e o sabor do malte acabado – desde um malte claro cuidadosamente seco até um malte escuro severamente torrado. Essa nova flexibilidade na secagem do malte conduziu não somente a uma vasta variedade de novos maltes, mas também deu origem a uma revolução na produção de cerveja. Os novos maltes geraram novos estilos de cerveja, incluindo vários tipos de *porter*, *stout* e *pale ale*, nas Ilhas Britânicas, e *märzen*, *Vienna*, *pilsner*, *oktoberfest* e *helles lagers* no continente.

Foi por volta desse período, também, que o sacarímetro – especialmente um modelo prático, desenvolvido em 1790 pelo químico inglês William Nicholson – começou a ser usado amplamente na indústria cervejeira. Ver DENSÍMETRO. Esse novo dispositivo mostrava aos cervejeiros, pela primeira vez, em termos inequívocos, que os maltes claros produzem, em geral, mais extrato açucarado que os maltes escuros. Com o sacarímetro na cervejaria e a infinidade de maltes claros e escuros armazenados, os cervejeiros não mais dependiam de maltes marrons tradicionais e variações na proporção grãos/água para fazer diferentes cervejas. Em vez disso, eles podiam agora obter qualquer tom e sabor de cerveja, apenas combinando o extrato forte de maltes claros com várias quantidades e tipos de maltes escuros, de forma mais econômica e eficiente que nunca antes. Entre os primeiros adeptos das novas tecnologias de produção de cerveja, possibilitadas pelos maltes de Wheeler, estavam cervejarias londrinos como Whitbread e Barclay Perkins, assim como a St. James's Gate Brewery, de Dublin, fabricante da Guinness.

Cornell, M. **Raise a glass (darkly) to Daniel Wheeler.** Disponível em: http://www.beerconnoisseur.com/Raise-a-Glass-to-Daniel-Wheeler/. Acesso em: 16 nov. 2010.

Mosher, R. **Tasting beer**. North Adam: Storey Publishing, 2009.

Winship, K. **Black patent malt and the evolution of porter.** Disponível em: http://home.earthlink.net/~ggsurplus/blackpatentmalt.html/. Acesso em: 16 nov. 2010.

Nick Kaye

whirlpool. Primeiramente desenvolvido na cervejaria Moosehead em New Brunswick, no Canadá, em 1960, o *whirlpool* é hoje um método comum de separação dos fragmentos de lúpulo e outras partículas sólidas do mosto quente. A tina de *whirlpool* é também às vezes chamada de "tanque de sedimentação do mosto quente". O princípio da tina de *whirlpool* é que forças centrípetas farão as partículas sólidas suspensas em uma massa de líquido rotativa migrarem para o centro do fundo da tina em uma massa cônica. O *trub*, um sedimento contendo fragmentos de lúpulo e partículas sólidas à base de proteína, deve ser removido antes que o mosto possa ser resfriado e enviado ao tanque de fermentação. Para funcionar adequadamente, uma tina *whirlpool* deve ser um cilindro vertical com um fundo plano, e o diâmetro do tanque deve ser no mínimo igual à altura do mosto quando o tanque estiver cheio. Tinas profundas com um pequeno diâmetro não funcionam bem. O efeito do *whirlpool* é alcançado pelo bombeamento do mosto através de uma entrada localizada a uma altura acima de um terço da profundidade da tina; o cano de entrada deve estar posicionado tangencialmente à parede da tina e pode até ser de diâmetro menor em relação ao tubo da linha principal do mosto, de modo a aumentar a velocidade de rotação do mosto dentro do *whirlpool*. É importante notar que qualquer obstrução dentro da tina criará correntes de Foucault que perturbarão a suave rotação do mosto, atrasarão a sedimentação e diminuirão a compactação do *trub*. O fundo da tina deve ter um gradiente de inclinação de 1% na direção da saída da tina, que deve localizar-se perto da parede da tina e não no meio da tina. Conforme o mosto quente gira em redemoinho na tina *whirlpool*, o sedimento agrupa-se no centro, formando um "cone de *trub*" e deixando o resto do mosto límpido. Quando o mosto para de girar, ele é bombeado para um aparelho de resfriamento através de uma saída perto da parede da tina, deixando o cone de *trub* no centro. Uma vez que o mosto é retirado para o tanque de fermentação, o cone de *trub* pode ser descartado por uma abertura localizada no centro da tina.

A invenção da tina *whirlpool* popularizou o uso de péletes de lúpulo na produção de cerveja; sem ele, é muito difícil remover do mosto os pequenos fragmentos de lúpulo contidos nos péletes. Enquanto o *whirlpool* é geralmente uma tina separada em grandes cervejarias, muitas cervejarias menores usam um recipiente que combina tina de fervura e tina *whirlpool*. Esse recipiente pode realizar tanto a função de fervura quanto a subsequente função de *whirlpool*, mas é considerado uma alternativa pior, já que raramente faz ambas as tarefas tão bem quanto tinas separadas especificamente projetadas para essas funções.

De Clerck, J. **A textbook of brewing.** London: Chapman & Hall. Trans. by Kathleen Barton-Wright, 1957.

Ray Klimovitz

Whitbread Brewery foi uma das grandes cervejarias do *boom* das cervejas *porter* em Londres, e mais tarde uma das "Big Six", as seis empresas que dominavam a produção britânica de cerveja no final do século XX. Samuel Whitbread começou a produzir cerveja em Londres em 1742, e em 1750 mudou-se para a famosa cervejaria em Chiswell Street, que, embora não mais produza, ainda existe em Londres. Whitbread aproveitou as oportunidades apresentadas pela Revolução Industrial e investiu na energia a vapor, criando a primeira cervejaria da Grã-Bretanha construída especificamente para a produção de cerveja em massa. O estilo *porter* – o principal estilo de cerveja de Londres naquela época – prosperou com a produção em larga escala, e as economias de escala fizeram da Whitbread a maior cervejaria de Londres no final do século XVIII, quando a cidade era possivelmente a mais influente no mundo da cerveja.

A Whitbread Brewery passou a produzir uma gama de estilos de cervejas e marcas, e adquiriu um grande número de *pubs* exclusivos. Ver TIED HOUSE SYSTEM. No final do século XX, a empresa entrou em acordos de licença com grandes produtores de cerveja, como Stella Artois e Heineken, para vender essas marcas nos seus *pubs*.

Quando o empreendedor Eddie Taylor deu início a uma rápida consolidação no mercado cervejeiro britânico, na década de 1960, o "esquema de guarda-chuva" ("*umbrella scheme*") da Whitbread – a compra de ações de cervejarias menores para protegê-las de serem engolidas pelo império de Taylor – acabou por fazer dela uma das seis grandes cervejarias do Reino Unido, que no total respondiam por 75% da produção de cerveja do país.

O poder das "Big Six" levou a legislação a restringir o número de *pubs* (2 mil) que uma cervejaria poderia possuir. O número de *pubs* que elas detinham antes era tão grande (cerca de 15 mil a 18 mil) que a indústria britânica de cerveja e *pubs* tende a se referir a essa legislação como o fim do *tied house system*. O novo limite significava que uma cervejaria nacional já não podia alcançar a sua presença habitual. Embora não seja uma proibição, por causa da legislação não há mais cervejarias nacionais proprietárias de *pubs*.

Em 2001, a Whitbread vendeu suas operações cervejeiras para a Interbrew (agora Anheuser-Busch InBev). Hoje ela refere a si mesma como "o maior grupo de hotéis e restaurantes do Reino Unido".

Pete Brown

Whitbread Golding Variety é um lúpulo inglês de linhagem tradicional. Data de 1911, quando foi desenvolvido a partir de uma antiga variedade de lúpulo chamada Bate's Brewer. Seu nome vem do seu local de origem, uma fazenda então pertencente à Whitbread Brewery, em Kent, no Reino Unido. Essa variedade é também conhecida como Whitbread's Golding ou WGV. Apesar do nome, nem o Whitbread Golding Variety, nem seu genitor Bate's Brewer são verdadeiros lúpulos Goldings. Ver GOLDING. Nas cervejarias, o WGV pode ser utilizado como variedade de aroma para todos propósitos. Ele possui um amargor moderado e limpo, bem como um aroma adocicado e frutado mais intenso que aqueles das verdadeiras variedades Golding. Atualmente, seu principal uso se dá na produção de *ales* do estilo inglês, e ele pode ser substituto de variedades como Fuggle, Styrian Golding e East Kent Golding. Ver EAST KENT GOLDING, FUGGLE e STYRIAN GOLDING. O WGV tem maturidade média e produtividade moderada, em torno de 1.350 e 1.450 kg/ha. Sua principal vantagem em relação aos Goldings verdadeiros é sua resistência à murcha do *Verticillium*. Ele é, todavia, suscetível ao míldio e ao oídio. O WGV possui teor de alfa-ácidos moderado, de 5% a 7,5%, com uma fração de cohumulona relativamente alta, entre 33% e 35%. Seu teor de beta-ácidos é baixo e varia entre 2% e 2,7%. Sua composição de óleos essenciais é de 27% de mirceno, 42% de humuleno, 13% de cariofileno e 2,1% de farneseno.

De Keukeleire, J. et al. Formation and accumulation of α-acids, β-acids, desmethylxanthohumol, and xanthohumol during flowering of hops (*Humulus lupulus* L.). **Journal of Agricultural and Food Chemistry**, v. 51, p. 4436-4441, 2003.

Victoria Carollo Blake

white beer é um estilo de cerveja de trigo de alta fermentação e não filtrada, também conhecida como *wit bier* (flamengo) e *bière blanche* (francês). O termo "*white*" refere-se à turbidez esbranquiçada e não filtrada da cerveja quando servida no copo. Esse estilo originou-se durante a Idade Média na Bélgica e é caracteristicamente distinto de outras cervejas de trigo tradicionais, como as de origem alemã. Enquanto as *white* ou *wheat beers* alemãs são produzidas apenas com malte de trigo, malte de cevada e lúpulos, as *white beers* belgas normalmente contêm trigo não malteado como adjunto, especiarias e, às vezes, aveia. A porcentagem de grãos não malteados pode chegar a 50% do conjunto de grãos, embora uma concentração entre 30% e 40% seja mais comum. O estilo belga de *white beer* era tradicionalmente produzido na região flamenga da Bélgica, onde os produtores tinham acesso a grãos de cereais das fazendas da região, bem como condimentos dos vizinhos Países Baixos.

A *white beer*, embora popular desde a Idade Média, foi perdendo fama no início do século XX, principalmente devido ao advento das *lagers* douradas. O ponto mais baixo na história da *white beer* se deu na década de 1950, quando a última cervejaria especializada no estilo, em Hoegaarden, na Bélgica, fechou suas portas. O renascimento desse estilo de cerveja pode ser atribuído a um homem, Pierre Celis. Ver CELIS, PIERRE. Celis era um leiteiro que em meados da década de 1960 abriu uma nova cervejaria denominada De Kluis. Ver DE KLUIS, CERVEJARIA. A De Kluis dedicava-se a produzir uma *white beer* chamada Hoegaarden, assim alcunhada devido à cidade onde era produzida. Ver HOEGAARDEN. Quando jovem, Celis trabalhara na cervejaria Tomsin, em Hoegaarden, antes do encerramento de suas atividades. Ele se lembrava de muitos aspectos da elaboração da *white beer* desde a época em que trabalhara na cervejaria, e também conversava com as pessoas da cidade que ainda recordavam o sabor dessas cervejas quando elas ainda eram comercializadas. A *white beer* Hoegaarden rapidamente tornou-se muito popular e tem sido copiada por muitos cervejeiros na Bélgica e ao redor do mundo.

A partir da década de 1990 a produção de *white beer* cresceu significativamente em volume, principalmente devido a duas versões disponíveis comercialmente: a Hoegaarden, uma *white beer* no tradicional estilo belga; e a Blue Moon Belgian White, da MillerCoors, uma *white beer* no estilo "belgo-americano".

O estilo belga tradicional de *white beer* é feito com malte de cevada e trigo não malteado. Algumas variações incluem também outros grãos, como aveia ou espelta. É condimentada com uma pequena quantidade de lúpulos para manter um amargor mais ameno. Outros condimentos tradicionais são o coentro e casca de laranja da variedade Curaçao. Além disso, algumas variações também incluem outros condimentos peculiares, conferindo à cerveja um sabor ainda mais complexo. A levedura utilizada deve ser caracteristicamente do tipo *Belgian ale*, que produz notas frutadas singulares e um sabor a especiarias. Durante o processo de mosturação, muitos produtores tradicionais de *white beer* aplicam um descanso prolongado a temperaturas mais amenas, o qual promove a produção de ácido láctico. Isso confere à cerveja uma acidez delicada e refrescante que, sem dúvida, evoca os dias em que a maioria das cervejas, principalmente em climas mais quentes, apresentava um toque de acidez picante e não intencional, resultado da atividade bacteriana. Uma *white beer* tradicional exibe uma coloração amarela bastante clara, uma turvação discreta e espuma rica e densa. Essa turvação é basicamente constituída de proteína com uma pequena quantidade de leveduras. O aroma é cítrico, condimentado e frutado, com corpo bastante suave. O sabor é ligeiramente azedo, mas equilibrado com sabores suaves de malte e trigo, bem como com algumas notas mais complexas cítricas e de especiarias, para um sabor refrescante. Os americanos gostam de adicionar rodelas de limão ou laranja às *white beers*, talvez com a intenção de acentuar o caráter cítrico proeminente da cerveja. Embora as *white beers* não sejam tratadas dessa maneira na Bélgica, alguns bares holandeses passaram a adotá-la, chegando até a fornecer socadores de plástico para aqueles que desejam ainda mais limão em suas cervejas. O teor alcoólico de uma *white beer* tradicional situa-se entre 4,5% e 5,0% ABV.

O trigo não malteado é difícil de trabalhar, e alguns cervejeiros passaram a produzir suas próprias variantes da *Belgian white beer*, principalmente nos Estados Unidos, onde a popular marca Blue Moon chamou atenção para o estilo. Essa é uma cerveja temperada com uma pequena quantidade de lúpulos para manter um baixo amargor, cerca de dois terços do amargor de uma *white beer* tradicional. Além dos lúpulos, ela também leva coentro e casca de laranja da variedade Valência. Não se promove a produção de ácido láctico durante a mosturação, os aromas de fermentação são limpos e discretos e a cerveja apresenta uma coloração dourada bastante turva. Com teor alcoólico de 5,4% ABV, essa cerveja de corpo médio é apenas um pouco mais encorpada que a versão tradicional e exibe aroma e sabor predominantes a laranja e cítricos. Desde 1997, a cervejaria promove o uso de uma rodela de laranja para enfeitar o copo.

Além das tradicionais *white beers*, alguns cervejeiros têm elaborado versões "*grand cru*" mais fortes para datas festivas e ocasiões especiais. As *white beers grand cru* apresentam sabores e aromas similares aos das *white beers* normais, mas são mais encorpadas e intensas. Normalmente possuem teores alcoólicos entre 8% e 10% ABV, mas quando bem-feitas podem se mostrar bem equilibradas e saborosas.

Ver também BÉLGICA.

Keith Villa

White Horse

Ver DORBER, MARK.

White Labs

White Labs é um banco de levedura comercial situado em San Diego, Califórnia. Foi fundado em 1995 por Chris White depois que ele concluiu sua tese de doutorado em um laboratório de levedura em San Diego. Hoje, o White Labs atende a clientes – sobretudo cervejeiros comerciais, mas também cervejeiros caseiros – da América do Norte e de cerca de oitenta países ao redor do mundo. O White Labs mantém aproximadamente quinhentas cepas de levedura, sessenta delas cultivadas semanalmente em quantidade comercial. Várias delas são cepas personalizadas mantidas pelo White Labs para cervejarias específicas, com base em um acordo particular. A maior parte das vendas do laboratório provém de onze cepas. O White Labs fornece levedura apenas em forma líquida.

As cepas de levedura do White Labs variam desde a levedura *ale* inglesa padrão a leveduras para cerveja de trigo, cepas especiais para mostos de alta densidade e vários tipos de *Brettanomyces* semisselvagens para *sours ales* de estilos belga. Além de levedura, o White Labs vende várias cepas de bactérias, como lactobacilos e *Pediococcus*, para a produção de estilos de *sour beer*, como a *Berliner weisse* e cervejas influenciadas pelo estilo *lambic*.

As cepas mais populares da empresa são propagadas constantemente e geralmente são mantidas em estoque para entrega imediata, muitas vezes no prazo de um dia útil.

White Labs. Disponível em: http://www.whitelabs.com/. Acesso em: 25 jan. 2011.

Josh Rubin

White Shield

Ver WORTHINGTON BREWERY.

widget é um pequeno dispositivo oco destinado a liberar gás para dentro da cerveja após a abertura de uma lata ou garrafa. O *widget*, geralmente um disco plástico, tem uma pequena abertura circular de 0,02 a 0,25 centímetro em seu centro. Por ser feito para ser mais pesado que a cerveja, ele não flutua, depositando-se no fundo da embalagem. O princípio de funcionamento é muito simples: a cerveja é geralmente mantida sob pressão e saturada com gás em solução – dióxido de carbono, nitrogênio, ou uma mistura dos dois – antes de alcançar a linha de envase. Uma vez a cerveja engarrafada ou enlatada, o gás aplica pressão dentro da embalagem e, se um *widget* estiver presente, a cerveja também entra no oco desse dispositivo até a pressão gasosa na embalagem e a pressão dentro do *widget* estarem em equilíbrio. Assim que a embalagem é aberta, a pressão dentro dela cai, mas a pressão dentro do *widget* não consegue escapar tão rapidamente. O *widget* lança um jato de cerveja e gás para a cerveja ao seu redor, causando mais liberação de gás na solução e formando um colarinho firme e espesso. O efeito do *widget*, portanto, é ajudar as cervejas enlatadas ou engarrafadas a imitar a aparência e sensação de boca de um chope servido por uma torneira de chope comum ou com aplicação de nitrogênio.

O *widget* foi inventado depois de anos de pesquisa por dois cervejeiros, Tony Carey e Sammy Hildebrand, da cervejaria Guinness em Dublin, em 1968. Foi depositada uma patente no Reino Unido em 1972 e nos Estados Unidos 1989. O dispositivo foi introduzido comercialmente pela Guinness em latas em 1988 e em garrafas em 1999. Ele ganhou o UK's Queen's Award de feito tecnológico em 1991.

Tim Hampson

Willamette é uma variedade americana de lúpulo aromático desenvolvida por Al Haunold e lançada em 1976. Ela foi amplamente utilizada pela Anheuser-Busch, principalmente como substituta do Fuggle inglês e outros lúpulos de aroma que vinham se tornando cada vez mais escassos no mercado mundial. Ver FUGGLE. O Willamette foi criado pelo programa de desenvolvimento de lúpulos do Departamento de Agricultura dos Estados Unidos em Corvallis, no Oregon. Foi desenvolvido em 1967 a partir de um cruzamento controlado de dois derivados do lúpulo Fuggle. O objetivo do desenvolvimento dessa variedade era obter um lúpulo aromático com características europeias e produtividade 40% superior à do Fuggle. O Willamette é um triploide, o que significa que ele se comporta como uma planta que praticamente não produz sementes. Ele possui um teor de alfa-ácidos moderadamente baixo, de 4% a 8%, e um baixo conteúdo de beta-ácidos, 3% e 4,5%. Seu aroma é suave, agradável, terroso e ligeiramente condimentado. Atualmente, ele é plantado em aproximadamente 40% das terras de cultivo de lúpulo do Willamette Valley, no Oregon, sendo a variedade aromática mais importante dos Estados Unidos. Tanto para as grandes cervejarias quanto para as pequenas, o Willamette continua sendo um importante lúpulo "multitarefa", capaz de conferir um amargor bem ajustado quando adicionado durante a fervura, assim como um aroma agradável. Ver WILLAMETTE VALLEY, REGIÃO.

Thomas Shellhammer e Val Peacock

Willamette Valley, região, é a segunda maior área de cultivo de lúpulo dos Estados Unidos. O vale encontra-se entre as montanhas Coast Range e Cascade, cerca de 70 quilômetros ao sul de Portland, Oregon. É uma das mais verdejantes áreas agrícolas do mundo, produzindo não somente lúpulo, mas também mais de 250 diferentes *commodities* agrícolas. Entre os amantes de vinho, o Willamette Valley é famoso pelo cultivo de uvas Pinot Noir de excelente qualidade. Com uma latitude de aproximadamente 45° norte, o clima dessa região é semelhante ao da região de cultivo do lúpulo Hallertau, no sul da Alemanha, embora o Willamette Valley tenha invernos mais quentes. A região apresenta muitas condições que são ideais para o cultivo do lúpulo, as quais incluem dias longos, com 15,5 horas de luz solar durante os meses de verão, temperaturas moderadas durante o verão, com uma média máxima de 28 °C, invernos temperados, com média mínima de 1 °C, e precipitação consistente durante todo o outono, inverno e primavera, mas chuvas bem leves durante o verão, quando as precipitações atingem cerca de 10 milímetros por mês. A média anual de chuvas é de mil milímetros.

Embora o clima no Willamette Valley seja ideal para o cultivo do lúpulo, especialmente das delicadas variedades aromáticas, muitos produtores têm implementado alguma forma de irrigação por segurança. A região produz quase 20% do total de lúpulo dos Estados Unidos, em comparação com 75% do Yakima Valley, no estado de Washington e quase 10% de Idaho. Entre as cerca de vinte variedades de lúpulo cultivadas na região, as mais conhecidas são Cascade, Glacier, Golding, Millennium, Mount Hood, Nugget, Sterling, Super Galena e Willamette. As variedades mais frequentes são Nugget e Willamette, plantadas em cerca de 70% da área cultivada.

Thomas Shellhammer e Val Peacock

winter ale, embora não seja tecnicamente um estilo de cerveja propriamente dito, certamente pode ser considerada uma tradição cervejeira amplamente difundida. A tradição de se fazer uma *dark ale* mais forte que de costume para combater o frio nos meses de inverno é sem dúvida uma prática tão antiga quanto a própria produção de cerveja no norte europeu. Como diz um verso anônimo escrito em 1656: "Quando o frio Siroco sopra/ E o inverno conta sua triste historieta/ Oh, dê-me uma *stout brown ale*".

As *ales* mais antigas sem lúpulo ou levemente lupuladas eram particularmente apropriadas para serem aquecidas e temperadas, dando origem a bebidas de inverno como a *posset ale*, feita da mistura de cerveja bem quente com pão, leite, açúcar, gengibre e noz-moscada. Outras bebidas de inverno à base de cerveja são a *lamb's wool* ("lã de ovelha"), uma mistura de cerveja *ale* quente com especiarias e maçãs assadas, e a *egg flip* ("ovo estalado"), que levava cerveja *mild ale* quente, ovos, conhaque e noz-moscada.

As *British winter ales* também eram flavorizadas pelo tradicional método no qual se deixa uma torrada condimentada em suspensão na cerveja, um costume que sobreviveu pelo menos até o começo do século XIX, a julgar por uma descrição em um memorial do *Chambers's Edinburgh Journal* de 15 de março de 1845, que mencionava "a caneca de cerveja de inverno, sua espuma cremosa meio escondida pela torrada marrom crocante".

A ascensão das cervejas lupuladas, que não são propícias ao aquecimento, parece ter significado o declínio das bebidas quentes à base de *ales*. No entanto, os consumidores continuaram expressando seus desejos por cervejas mais fortes, mais doces e normalmente mais escuras nos meses de inverno. Em Londres, esse desejo foi correspondido pela *Burton ale* original, um tipo de cerveja feita pelos cervejeiros de Burton-on-Trent antes de começarem a produzir *pale ales* fortemente lupuladas para o mercado indiano. Ver BURTON-ON-TRENT.

A *Burton ale* tornou-se um estilo de cerveja amplamente difundido no Reino Unido, especialmente durante os meses mais frios. A Bass No. 1, a *Burton ale* mais forte da empresa, era chamada nos anúncios de 1909 de "A bebida do inverno". Tratava-se de uma cerveja bastante robusta, e as garrafas da primeira década do século XX ainda podem ser apreciadas em perfeitas condições nos dias de hoje. Em 1949, o jornalista Maurice Gorham escreveu que a *Burton ale*, "mais escura e adoçicada que a *bitter* [...], também é conhecida como '*old*' [...] muitos *pubs* não dispõem de *Burton* durante os meses mais quentes, considerando-a uma bebida de inverno". O escritor sobre cervejas Andrew Campbell escreveu em 1956 que a *Burton* ou *old*, "um tipo de cerveja escura ainda mais forte" que a *best mild*, era vendida "nos meses de inverno", com extrato original entre 1.040 e 1.050. A Barclay Perkins, de Southwark, em Londres, mudou o nome de sua cerveja de 4K Burton Ale Winter Brew. Ao menos oito cervejarias de Londres ainda produziam a *Burton* em meados da década de 1950, e a Courage, da cervejaria Horsleydown, enviava cartões de propaganda aos seus *pubs* anunciando que "a Courage Burton está à venda para o inverno".

No entanto, a perda de popularidade das *dark ales* durante a década de 1960 quase significou o desaparecimento da *Burton ale*, sendo a última delas produzida pela Young's Brewery, de Wandsworth. Em 1971, a Young's mudou o nome de sua *Burton ale* para Winter Warmer, refletindo sua natureza sazonal e seu apelo singular.

Outra cervejaria londrina, a Fuller, Smith & Turner, substituiu a sua *Burton ale* por uma *strong bitter* denominada *winter beer* em 1969. Ver FULLER, SMITH & TURNER. Dois anos mais tarde, a *winter beer* seria rebatizada como *Extra Special Bitter*, também conhecida como ESB. Como a *bitter* mais forte produzida no Reino Unido naquela época, essa cerveja prontamente ganhou popularidade, deixando de ser uma bebida sazonal para ser uma cerveja produzida durante todo o ano e inspirando inúmeras imitações.

A tradição das cervejas que aquecem o inverno ou *old ales* sazonais foi recobrando forças, a exemplo de muitos outros estilos de cerveja, a partir de meados da década de 1970, em função do crescente setor de cervejas artesanais nos Estados Unidos, no Reino Unidos e em outros países. Essas cervejas sazonais, geralmente com teor alcoólico de 5% a 8% ABV, enfatizam os maltes mais escuros e também podem incluir outras especiarias além dos lúpulos, evocando as antigas *ales* aquecidas e condimentadas. Ao menos uma cervejaria, a Hepworth, em Sussex, Inglaterra, encoraja os consumidores a "aquecer e condimentar suavemente" sua Classic Old Ale escura, descrevendo-a como "um estilo tradicional de cerveja de inverno". Muitas *winter ales* na Europa são alcunhadas de "*Christmas ales*" ("cervejas de Natal"), uma antiga tradição, embora nos Estados Unidos isso seja traduzido para "*holi-

day ale", resultado da sensibilidade cultural. O uso de especiarias é bastante comum nas cervejas produzidas artesanalmente nos Estados Unidos. Produzida pela primeira vez em 1975, a *Christmas ale* da Anchor Brewing Company foi muito influente durante décadas, e seu nome antecede preocupações com conotações religiosas.

Martyn Cornell

witbier

Ver WHITE BEER.

A **World Beer Cup**, às vezes chamada de "Olimpíada da Cerveja", é o maior concurso internacional de cerveja e normalmente ostenta bem mais de 3,3 mil cervejas inscritas por 650 cervejarias de aproximadamente 50 países. Essa competição foi criada em 1996 pela Brewers Association e é realizada de dois em dois anos paralelamente à Craft Brew Conference e à BrewExpo America, que anualmente muda de uma cidade para outra.

Os cervejeiros inscrevem suas cervejas em uma das mais de noventa categorias de estilo para serem avaliadas por uma comissão internacional de especialistas em degustação cega. Os juízes concedem medalhas de ouro, prata e bronze em cada categoria, na qual o principal critério de avaliação é a adesão da cerveja à definição correspondente ao seu estilo. A avaliação é extremamente técnica e as discussões entre os juízes costumam ser animadas.

Os juízes da World Beer Cup (WBC) são selecionados com base em seu conhecimento comprovado a respeito dos estilos de cerveja, dos processos de produção e dos aspectos sensoriais da bebida, bem como em sua experiência em avaliação. As recomendações de pares também são levadas em consideração. Tendo em vista o grande número de cervejas que precisavam ser avaliadas, os concursos da WBC de 2010 exigiram o trabalho de cerca de 200 juízes ao longo de mais de dois dias. Em competições recentes da WBC, vieram juízes de aproximadamente trinta países. Em torno da metade eram de outros países que não os Estados Unidos.

Além de selecionar cervejas específicas para atribuir medalhas, os juízes também concedem distinções a cervejarias, por meio do Champion Brewers Awards, em cinco categorias de *brewpub* de pequeno e grande porte e também de cervejarias de pequeno, médio e grande porte. Esses prêmios são concedidos a empresas que acumularam mais pontos de medalha no cômputo geral com as cervejas inscritas. Em virtude da alta qualidade da avaliação, os prêmios da WBC são amplamente respeitados e cobiçados pelos cervejeiros.

Brewers Association. **World Beer Cup 2010**. Disponível em: http://www.worldbeercup.org/.

Jeff Mendel

World Brewing Congress

Ver AMERICAN SOCIETY OF BREWING CHEMISTS (ASBC).

Worthington Brewery foi fundada por William Worthington, na cidade inglesa de Burton-on-Trent, em 1744. Ela se tornou uma das grandes companhias a comercializar lucrativamente sua cerveja com os países bálticos, juntamente com os mais conhecidos cervejeiros de Burton, comandados pelas famílias Wilson, Sketchley, Bass e Evans. Na década de 1820, um relacionamento ruim com Napoleão Bonaparte prejudicou esse comércio, e um mercado alternativo precisou ser encontrado.

Desde ao menos a década de 1780 a Companhia das Índias Orientais exportava cerveja para o continente indiano, seguindo os passos dos administradores e tropas que deixavam o Reino Unido para trabalhar em assentamentos naquela colônia. Os registros mostram que algumas das primeiras remessas ocorreram em 1697.

O comércio era dominado pela cervejaria de Londres Abbot & Hodgsons, mas as cervejarias de Burton sabiam reconhecer uma oportunidade de negócio. Quando a cervejaria de Londres vacilou, o comércio rapidamente foi dominado pelas cervejarias de Burton, a Bass e a Allsop, e, em menor grau, a Worthington. Eles primeiro começaram a imitar as cervejas dos cervejeiros de Londres, mas descobriram que a *Burton* IPA tinha a vantagem de chegar a Calcutá clara, límpida e carbonatada. Ver BURTON-ON-TRENT e INDIA PALE ALE. Em algum momento no início do século XX, o termo "*India pale ale*" desapareceu do rótulo da White Shield, que se tornou conhecida pelo seu escudo em formato de coração e um punhal, desenho registrado como marca comercial em 1863.

A Worthington nunca foi uma das grandes cervejarias de Burton e foi absorvida pelo crescente império da Bass em 1927. De alguma forma, no entanto, a cerveja sobreviveu na forma engarrafada. Era uma curiosidade, pois ainda continha levedura na garrafa, mesmo muito tempo depois de a prática da refermentação em garrafa ter praticamente desaparecido da cervejaria britânica. As conversas dos consumidores frequentemente versavam sobre se a cerveja deveria ser vertida clara ou servida com levedura. Muitos entusiastas da cerveja já falaram sobre sua capacidade de se manter estável com o passar dos anos, ganhando caráter na garrafa ao longo de um ou dois anos.

Ao longo do tempo, foram feitas várias tentativas para ressuscitar a marca. Na década de 1990, sua produção era tão pequena que foi terceirizada para produção por contrato em cervejarias por todo o país. Mas em 2000, Steve Wellington, cervejeiro da cervejaria do Museu de Burton, persuadiu a então proprietária da marca, a Bass, a trazer a produção da White Shield de volta para Burton. A cervejaria do Museu, construída no clássico estilo de torre inglesa, continua o seu trabalho para devolver à cerveja sua antiga glória e reputação. Com 5,6%, de álcool, ela é mais leve que a IPA em seu auge, mas é refermentada em garrafa e mantém um excelente amargor e aroma de lúpulo. Hoje, a marca é de propriedade da Molson Coors Brewing Company.

Ver também BURTON ALE, BURTON-ON-TRENT e INDIA PALE ALE.

Gourvish, T. R.; Wilson R. G. **The brewing industry 1830-1980**. Cambridge: Cambridge University Press, 1994.

Matthias, P. **The brewing industry in England 1700-1830**. Cambridge: Cambridge University Press, 1959.

Tim Hampson

John Kempe, arcebispo de York, como um seminário em 1447. A Wye College desenvolveu uma excelente reputação como centro de estudos rurais e de agronomia ao longo dos séculos e com o tempo tornou-se uma escola de agricultura independente, afiliando-se à Universidade de Londres em 1898.

A instalação que fica próxima de Ashford tem 400 hectares, incluindo uma propriedade rural de 320 hectares com bosques e estufas e dois lugares de especial interesse científico. Em 2000, a faculdade fundiu-se com o Imperial College da University of London. Porém, as atividades diminuíram em virtude de dificuldades financeiras e agora a faculdade está sendo reaberta como Phoenix Wye College, com colaboração da University of Buckingham.

Por estar localizada no centro de Kent, a Wye College especializou-se em pesquisa de lúpulo e durante a parte final do século XX desenvolveu inúmeras variedades novas, como Northern Brewer, Challenger e Brewers Gold. Algumas variedades, como Target e Yeoman, foram desenvolvidas para aumentar a produtividade de alfa-ácidos, ao passo que outras para maior resistência a doenças.

Mais recentemente, os doutores Ray Neve e Peter Darby, de Wye, foram precursores de um importante avanço – o desenvolvimento de *dwarf hops* com base na descoberta de uma planta mutante com reduzido comprimento de entrenós. Os *dwarf hops* permitem um grande avanço em termos de crescimento e eficiência de colheita e prometem melhorar consideravelmente a eficiência da produção de lúpulo. Em seu apogeu, a Wye College era considerada quase sinônimo de pesquisa, melhoramento e desenvolvimento de lúpulos ingleses.

A pesquisa de lúpulo foi transferida para outros locais, como a Wye Hops Ltd., em Canterbury, mas os avanços feitos em Wye ofereceram ao setor cervejeiro grandes variedades de lúpulo que ainda hoje são comumente usadas por cervejeiros comerciais e amadores.

Keith Thomas

Wye Challenger

Ver CHALLENGER.

Wye College

Wye College, oficialmente The College of St. Gregory and St. Martin at Wye, foi instituída por

Wye Northdown

Ver NORTHDOWN.

Wye Target

Ver TARGET.

Wyeast Laboratories é um banco de leveduras e fornecedor localizado no povoado de Odell, Oregon. O Wyeast Laboratories Inc. foi fundado por David e Jeanette Logsdon em 1985. A empresa tomou seu nome emprestado de Mount Hood, no Oregon, que os habitantes nativos costumavam chamar de Wy'East. David Logsdon foi um cervejeiro caseiro que mantinha uma coleção de leveduras e bactérias no Mount Hood Community College. Ele ajudou duas microcervejarias pioneiras de Portland, a BridgePort e Widmer Brothers, a manipular suas leveduras quando foram abertas. Em 1987, tornou-se o principal cervejeiro da *start-up* Full Sail Brewery em Hood River. O Wyeast foi criado para fornecer leveduras para os cervejeiros caseiros e para o setor de cervejas artesanais então emergente. A princípio, esse banco fornecia apenas três cepas – levedura *ale*, levedura *lager* e levedura *champanhe*. Desde então, os Logsdon cultivam leveduras do mundo inteiro, e atualmente o Wyeast mantém uma coleção de centenas de cepas de leveduras, oferecendo cerca de setenta cepas para cervejeiros caseiros e cem para cervejeiros comerciais. O *"smackpack"* exclusivo do Wyeast, desenvolvido por Logsdon e introduzido em 1986, revolucionou a inoculação para os cervejeiros caseiros por meio do fornecimento de levedura líquida ativa em uma pequena bolsa envolta por uma bolsa maior de nutrientes líquidos de levedura. Pressionando a embalagem, a bolsa interna se rompe para permitir que os nutrientes e a levedura se misturem. Quando a levedura começa a fermentar, ela cria um pequeno *starter*, fazendo com que o pacote inche. Isso indica que a levedura é viável e está pronta para ser inoculada. O Wyeast Laboratories foi também a primeira empresa a fornecer levedura líquida pura para cervejarias artesanais. Atualmente, ele fornece culturas não apenas para cervejarias nos Estados Unidos, mas também no mundo inteiro. Em 2009, Dave Logsdon vendeu suas ações na empresa para Jeanette Logsdon, atual proprietária.

Abram Goldman Armstrong

xantohumol, um flavonoide prenilado (um tipo de polifenol), encontrado na fração de resina dura dos lúpulos. Ele é um tanto original, porque quase todos os outros poli e monofenóis são encontrados nos tecidos vegetais isentos de lupulina no cone do lúpulo. As resinas do lúpulo dividem-se entre as resinas brandas – aquelas que são solúveis em hexano – e as resinas duras – aquelas que são solúveis em éter. A fração de resina branda contém os alfa- e beta-ácidos do lúpulo, enquanto a fração de resina dura contém os alfa- e beta-ácidos oxidados do lúpulo, assim como o xantohumol e a sua contraparte isomerizada isoxantohumol. O xantohumol é o flavonoide prenil mais abundante no lúpulo e pode equivaler a cerca de 1% do peso seco do cone do lúpulo, dependendo da variedade. O xantohumol não tem valor cervejeiro, uma vez que não contribui ou modifica o sabor da bebida. No entanto, ele oferece potencialmente benefícios muito significativos para a saúde humana. Esse composto tem sido identificado como tendo fortes propriedades anti-inflamatórias, antioxidantes e anticancerígenas de largo espectro. Ele inibe a ativação metabólica de pró-carcinogêneos, induz as enzimas de desintoxicação do carcinogêneo e inibe o crescimento tumoral na fase inicial. Em particular, tem sido demonstrado como quimiopreventivo contra o câncer de mama e de próstata. Dentro da classe de polifenóis vegetais, tanto o xantohumol quanto o isoxantohumol apresentam altas propriedades antioxidantes, maiores do que a genisteína (que é encontrada na soja), mas não tão altas como a quercetina (que é encontrada em cebolas e frutas). Apesar dos altos níveis de xantohumol em alguns lúpulos, a sua presença na cerveja é muito baixa porque se isomeriza rapidamente durante a ebulição na tina de fervura. Tradicionalmente as cervejas *lager* lupuladas podem ter entre 0 e 30 partes por bilhão (µg/L) de xantohumol, enquanto as *ales* e *porters* mais fortemente lupuladas podem ter até 100 ppb a 700 ppb. Baixas concentrações na cerveja combinadas com a sua biodisponibilidade muito baixa significam que a quantidade de xantohumol obtida por beber cerveja é desprezível. O isoxantohumol, por outro lado, encontra-se em teores até cem vezes superiores na cerveja. As cervejas fortemente lupuladas podem ter entre 800 ppb e 3.500 ppb (ou 0,8 e 3,5 ppb) de isoxantohumol. Há alguma evidência de que a microbiota intestinal pode isomerizar isoxantohumol de volta a xantohumol durante o processo de digestão. Se for verdade, isso pode jogar uma nova luz sobre os possíveis benefícios para a saúde do xantohumol.

Ver LUPULINA.

Thomas Shellhammer

xarope de malte ou extrato de malte é a forma concentrada (ou também pode ser seca) de mosto cervejeiro não fermentado. O xarope de malte é geralmente produzido como um líquido viscoso e pegajoso. Seu sabor, não surpreendentemente, é maltado, porém distintamente, devido ao processo de concentração durante a produção. Além de seu uso na produção de cerveja, também é amplamente utilizado na panificação, na confeitaria, na produção de cereais matinais, bebidas de malte, produtos lácteos, condimentos e como um substituto do caramelo.

O processo de produção através de moagem, mosturação, filtração e fervura do mosto é semelhante ao da produção convencional de cerveja. Dependendo dos atributos de cor e sabor desejados pelo fabricante, o conjunto de grãos utilizados para produzir o extrato de malte terão proporções similares de malte claro e proporções variáveis de maltes especiais (Crystal, chocolate, preto etc.) usados para produzir desde *lagers* e *pilsners/pils* de cores claras, passando por *ales* de cores escuras, até as *porters* e *stouts* mais intensamente escuras. As características de sabor próprias desses estilos de cerveja também estão presentes no extrato de malte produzido. Esses maltes são moídos e mosturados de forma semelhante ao processo de produção de cerveja convencional. A filtração é realizada idealmente por um filtro de mosto em vez de uma tina de filtração tradicional, pois o mosto pode ser recuperado a densidades mais elevadas (~30 °P em comparação com ~20 °P, respectivamente), o que poupa quantidades consideráveis de energia e custos na fase de concentração. O mosto geralmente é fervido (aumentando a concentração) e pode ser lupulado ou não, dependendo da pretensão de uso do produto. Após esse ponto, o mosto será evaporado até se atingir aproximadamente 80% de sólidos solúveis, produzindo um líquido espesso e viscoso. Em alguns casos, o mosto é seco por pulverização e transformado em pó. Por fim, o xarope de malte é assepticamente embalado e, em seguida, armazenado e distribuído.

O xarope de malte é apenas o mosto concentrado antes da fermentação. Assim, as proporções relativas dos vários componentes do mosto são semelhantes às do mosto do qual é derivado. Com base em um xarope contendo 80% de sólidos solúveis, o nível de proteína e de nitrogênio na forma de aminas livres seria de aproximadamente 0,5% e 0,15% em peso, respectivamente. O xarope irá conter também os níveis adequados de elementos traço (zinco, ferro, manganês, potássio, cálcio, cobre, magnésio), vitaminas (como a biotina) e lipídios ("óleos") para permitir o crescimento de leveduras e sustentar seu metabolismo. O xarope é rico em maltose, que compreende entre 60% e 70% dos açúcares fermentáveis.

A maioria dos cervejeiros caseiros está familiarizado com o extrato de malte facilmente encontrado em latas, pelo menos nas suas atividades iniciais, e muitas vezes nas subsequentes atividades cervejeiras. A produção de cerveja a partir do extrato de malte evita as etapas de pré-fermentação, que consomem muito tempo e são intensivas em equipamentos. Para a produção caseira de cerveja, o xarope de malte é diluído com água quente até a densidade desejada, aquecido (de preferência fervido, exceto em alguns *kits* de "uma etapa") para assegurar a solubilização e esterilização do mosto, e então resfriado, quando a levedura é adicionada para fermentar o mosto. Para cervejeiros caseiros mais experientes, a adição de vários adjuntos, xaropes especiais, grãos macerados e diferentes lúpulos oferece a oportunidade de personalizar a sua produção de cerveja.

Os extratos de malte para brassagem são fornecidos para cervejeiros comerciais e caseiros em uma gama cada vez mais ampla de diferentes estilos e for-

Mata-borrão de tinta, *c.* 1920. Durante a Lei Seca, a Pabst Brewing Company começou a vender extrato de malte como uma fonte de renda alternativa.
PIKE MICROBREWERY MUSEUM, SEATTLE, WA.

mulações. Além do "padrão" (leia-se *ale*) tradicional de xaropes de malte claros e escuros, misturas mais exóticas e emocionantes, como trigo, Munique, *amber*, Crystal, Carapils, torrado etc., também estão sendo produzidas. A mistura de diferentes proporções desses extratos permite que cervejeiros caseiros e profissionais formulem a maior parte da gama estabelecida de estilos de cerveja. Além disso, alguns xaropes de malte possuem vários níveis de enzimas com poder diastático, preservadas ou adicionadas, permitindo a adição e utilização de adjuntos amiláceos não malteados.

Os cervejeiros comerciais também encontraram usos para o xarope de malte. Alguns cervejeiros utilizam o xarope como um substrato adequado para a propagação de leveduras, quando os mostos da própria cervejaria são inadequados ou estão indisponíveis. Não surpreendentemente, dado ao custo do capital inicial ou por causa de restrições de franquia, algumas microcervejarias e *brewpubs* também contam com xaropes de malte e adições especiais de lúpulo etc. para produzir as suas cervejas. Até mesmo os maiores grupos cervejeiros comerciais encontraram usos para os xaropes de malte. Por exemplo, na busca pela produção de cervejas com baixo teor alcoólico que possuam uma palatabilidade semelhante à das cervejas com teor alcóolico normal, alguns cervejeiros incluem uma proporção de xaropes de maltodextrina que possuem baixa fermentabilidade para manter a sensação na boca enquanto controlam o teor alcoólico e a cor. Além disso, o uso de xaropes de malte especiais pelas pequenas e médias cervejarias pode acontecer simplesmente com o intuito de diversificar o mosto padrão que está sendo produzido para diferentes estilos de cerveja. Isto pode ser conseguido com relativa facilidade misturando-se xarope de malte especial na proporção adequada, tal como de malte chocolate, para produzir uma *stout* ou *porter*.

Evan Evans

xarope de malte de cevada

Ver EXTRATO DE MALTE LÍQUIDO.

xaropes

são adjuntos utilizados na produção da cerveja. Eles são geralmente adicionados diretamente no mosto, na tina de fervura, mas podem ser utilizados durante as fases finais da produção de cerveja, por exemplo, durante a trasfega ou no tanque de pressão de cerveja, antes do envase em latas ou garrafas. Os principais xaropes utilizados na produção da cerveja têm base de sacarose ou amido. Ver SACAROSE. Xaropes à base de amido são produzidos a partir de cereais (por exemplo, milho e trigo) pela hidrólise do amido utilizando ácido, enzimas exógenas ou uma combinação dos dois para produzir uma variedade de xaropes com diferentes fermentabilidades. Atualmente, a maltodextrina é o mais popular e complexo dos produtos da conversão do amido. Ver MALTODEXTRINAS. A conversão enzimática do amido é usada extensivamente para produzir xaropes com composição semelhante à do mosto – 10% a 15% de glicose, 2% de frutose, 2% de sacarose, 50% a 60% de maltose, 10% a 15% de maltotriose e 20% a 30% de dextrina não fermentável, resultando em um produto com cerca de 70% a 80% de fermentabilidade. Xaropes especiais com níveis elevados de dextrinas estão agora disponíveis para a produção de cerveja com corpo reforçado (sensação na boca) e níveis elevados de maltose (> 70%) e maltotriose (> 15%) para aumentar a fermentabilidade. Estes últimos xaropes são utilizados durante a produção de cervejas pelo processo de *high gravity*. Os cervejeiros belgas e aqueles que procuram imitar os sabores de alguns estilos de cerveja belga usam um xarope de sacarose referido como "*candi sugar*". Esse xarope é altamente fermentável e, muitas vezes, altamente caramelizado; ele é usado para dar cor e sabor à cerveja, sem adicionar corpo.

Graham G. Stewart

xerogel

Ver SÍLICA GEL.

xilose

é um açúcar de cinco carbonos (ou pentose), sendo o principal monossacarídeo da hemicelulose e um dos açúcares mais abundantes na natureza. A maior parte da xilose do trigo ou cevada encontra-se ligada em moléculas maiores com a arabinose, outra pentose; juntas elas são chamadas de arabinoxilanas. Esse polímero geralmente consiste em partes aproximadamente iguais de xilose e arabinose e pode constituir até 10% dos grãos utilizados para a produção de cerveja. A maior parte dessa arabinoxilana é não solúvel e irá permanecer no bagaço de malte após a filtração do mosto. No entanto, entre 1 g/L e 2 g/L de arabinoxilana são encontrados em um típico mosto lupulado, e tem sido demonstrado que ela afeta a viscosidade do mosto. Alguns dos arabinoxilo-oligossacarídeos mais simples obtidos pela ruptura das arabinoxilanas são encontrados na cerveja em concentrações de 0,8 g/L a 2 g/L. Esses polissacarídeos podem afetar a sensação na boca da cerveja, dando arredondamento, e são geralmente considerados de gosto neutro. As cepas de levedura utilizadas na produção de cerveja não fermentam a xilose, por isso, se ela estiver presente no mosto, não será fermentada.

Ver também AÇÚCAR.

Jared W. Wenger

Yakima Valley, região, é a maior área de cultivo de lúpulo nos Estados Unidos. Ela está localizada cerca de 230 quilômetros a sudeste de Seattle, Washington, a uma latitude de aproximadamente 46° Norte. Essa região apresenta dias longos durante os meses de verão, com períodos de até dezesseis horas de luz solar, e temperaturas moderadas, com média máxima de 31 °C, e invernos frios, com média mínima de -7 °C. Como a região também está sob a área de sombra de chuva do Cascade Range, a precipitação é muito leve, com média de 210 milímetros por ano, o que se traduz em menos de 20 milímetros por mês. É raro chover nos meses de verão. Embora o nome "Yakima" seja agora icônico entre os cervejeiros americanos e entusiastas da cerveja, ela não é uma região de cultivo natural do lúpulo. Antes uma faixa coberta por vegetação rasteira, o Yakima Valley tem na verdade um clima desértico, e a maior parte da agricultura no local depende de irrigação. Felizmente, há disponibili-

Fotografia de uma casa de secagem de lúpulo em Yakima Valley, estado de Washington, *c.* 1910. Yakima Valley é a maior região produtora de lúpulo dos Estados Unidos. PIKE MICROBREWERY MUSEUM, SEATTLE.

dade de água a partir da bacia hidrográfica do rio Yakima. A chegada dos colonizadores vindos do leste começou na década de 1860, e eles rapidamente transformaram o vale em uma verdejante região produtora de frutas, o que ocorre ainda hoje. Os primeiros rizomas foram plantados no Yakima Valley em 1872, e apenas quatro anos mais tarde os produtores de lúpulo de Yakima enviaram oitenta fardos de lúpulo para as cervejarias do oeste. O cultivo de lúpulo, bem como outras atividades agrícolas, acelerou rapidamente após a conclusão da estrada de ferro Northern Pacific, em 1883, ligando os Grandes Lagos ao Pacífico. Havendo irrigação, o clima da região é adequado para produzir lúpulo, e novas plantas podem produzir o bastante para uma colheita em seu primeiro ano de cultivo. As variedades de Yakima diferenciam em todos os espectros, de lúpulos super-alfa-ácidos, a lúpulos de amargor, a lúpulos de aroma. Geralmente, mais de 25 variedades diferentes são cultivadas na região em escala comercial. Entre elas, estão as variedades com alta concentração de alfa-ácidos Columbus/Tomahawk/Zeus (CTZ), Nugget e Galena, bem como as importantes variedades aromáticas americanas Willamette, Cascade e Mount Hood. As variedades com alta concentração de alfa-ácidos representam mais da metade da área total de lúpulo no estado de Washington. Em contraste com as pequenas dimensões das propriedades, de apenas alguns hectares, nas regiões europeias produtoras de lúpulo, uma propriedade de tamanho médio em Yakima Valley tem cerca de 180 hectares. Na maior parte dos anos, aproximadamente 75% de toda a colheita do lúpulo americano vêm de Yakima Valley, enquanto não mais de 20% vêm do Willamette Valley, no Oregon, e nem 10% das duas regiões de cultivo em Idaho.

The Free Encyclopedia of Washington State History. **Yakima County – Thumbnail History.** Disponível em: http://www.historylink.org/index.cfm?DisplayPage=output.cfm&file_id=7651. Acesso em: 8 mar. 2011.

Thomas Shellhammer e Val Peacock

Yorkshire square é um tanque de fermentação peculiar que se originou no norte da Inglaterra. Originalmente, os tanques eram feitos de pedra, depois de ardósia, e os mais modernos são feitos de aço inoxidável. Eles apresentam a forma cúbica e eram originalmente relativamente pequenos (50 hectolitros), mas os *square* modernos podem ter de 250 a 300 hectolitros de volume. O tanque é especialmente concebido para ajudar na coleta de levedura. Os tanques têm um compartimento inferior que é separado da parte superior com um amplo orifício de 1 metro no centro. Uma levedura de alta fermentação altamente floculante é usada para fermentar o estilo *ale*. Ocasionalmente, o mosto em fermentação é movimentado (circulado com o auxílio de uma bomba) da parte inferior para a superior com o objetivo de dar continuidade à fermentação e manter a levedura em suspensão. Ver FLOCULAÇÃO. Durante a fermentação, a espuma rica em levedura ascende pelo orifício central em direção à parte superior do tanque, onde ela permanece. A cerveja retida na levedura separa-se da espuma e é encaminhada de volta por um tubo que vai da parte superior para o fundo do tanque, embaixo. Por causa de sua aparência, esse tubo é conhecido como "tubo de órgão". No final da fermentação o bombeamento é suspenso e a levedura fresca é retirada da parte superior do tanque. A Samuel Smith's Brewery, em Tadcaster, ainda usa o sistema *Yorkshire square* e a Black Sheep Brewery, em Masham, adotou esse sistema clássico de fermentação ao iniciar as atividades em 1991. Tetley's Cask Bitter foi uma *ale* famosa fermentada nesses tanques. O sistema atualmente é raro, mas as cervejas fermentadas nos *Yorkshire squares* têm a fama de serem encorpadas e muitas vezes de caráter frutado.

Paul KA Buttrick

Young's Brewery. Young's é uma icônica e muito amada marca de cerveja de Londres.

Charles Allen Young e seu sócio nos negócios assumiram a Ram Brewery no distrito londrino de Wandsworth, em 1831. A Ram tinha a reputação de ser o local de produção de cerveja em contínua operação mais antigo da Grã-Bretanha, com uma história que remonta à década de 1550.

A cervejaria pertenceu à família Young por toda a sua existência. Na década de 1970 o presidente John Young, tataraneto de Charles, preso resolutamente às suas crenças tradicionais, insistiu que a cervejaria deveria continuar a preparar *cask ales* refermentadas em barril apesar de muitos de seus colegas terem passado a produzir cerveja em barril pasteurizada e filtrada. Ele foi amplamente ridicularizado por sua decisão naquele momento, mas a revolução da *real ale*, que ele ajudou a criar, provou que ele estava certo. Ver REAL ALE.

Ao longo das décadas, Wandsworth cresceu em torno da Young's Brewery, até a cervejaria ficar praticamente no meio da cidade. Embora ela fosse bem-sucedida, o terreno no qual se situava valorizou-se muito, e chegou o momento em que os acionistas não conseguiram mais resistir às ofertas sedutoras. Em 2006, a Young's fechou a Ram Brewery e transferiu suas produções de cerveja para uma sociedade com Charles Wells, de Bedford. A Young's continuou administrando os duzentos *pubs* de sua propriedade como uma empresa separada. Em setembro de 2006, enquanto era preparada a última batelada de cerveja antes do encerramento das atividades, seu flamejante presidente morreu aos 85 anos.

Devotos obstinados da Young tinham decidido que as cervejas não eram tão boas quanto haviam sido antes mesmo da produção em sua nova casa sequer começar. Mas a Young's continua a produzir cervejas tradicionais clássicas e amplamente respeitadas.

A Young's Bitter, carinhosamente conhecida como "Ordinary" é uma cerveja leve, lupulada, com 3,8% ABV. A Young's Special London Ale é uma IPA tradicional e encorpada particularmente notável, com uma legião de seguidores.

Pete Brown

Yuengling, David, G. (1808-1877), fundou a Eagle Brewery em 1829, que foi, mais tarde, renomeada D. G. Yuengling & Son, atualmente a cervejaria mais antiga dos Estados Unidos.

O nome de batismo de David Gottlob Yuengling era Jüngling, mas ele anglicizou-o para Yuengling depois de imigrar para os Estados Unidos, em 1823, vindo de sua nativa Aldingen, na Alemanha. Aldingen é uma pequena cidade localizada em Baden-Württemberg, no canto sudoeste da Alemanha. Acredita-se que ele tenha sido treinado como cervejeiro antes de embarcar para a América, aos 25 anos de idade.

Depois de passar, ao menos, seu primeiro ano na América em Reading e Lancaster, na Pensilvânia, ele finalmente se estabeleceu mais ao norte, nas regiões carvoeiras do condado de Schuylkill, na cidade de Pottsville. Lá, ele fundou a Eagle Brewery na rua Centre Street, em 1829, apenas para vê-la reduzida a cinzas dois anos depois. Uma segunda cervejaria foi construída, então, no local atual, na rua Mahantongo.

Frederick, filho de Yuengling, se juntou ao pai na cervejaria em 1873, e o nome da empresa foi mudado para D. G. Yuengling & Son. Frederick foi sucedido por seu filho, Frank, e em 1963 os filhos de Frank, Richard L. Yuengling e F. Dohrman Yuengling, assumiram o leme. Em 1985, Richard L. Yuengling Jr., da quinta geração, comprou a cervejaria de seu pai. Richard "Dick" Yuengling é o atual (2010) presidente e proprietário. Dick Yuengling tem quatro filhas, Jennifer, Sheryl, Wendy e Deborah – e todas elas trabalham na Yuengling Brewery.

Jay R. Brooks

Zastrow, Klaus, dr., natural de Berlim, Alemanha, é um mestre cervejeiro aposentado, que passou a maior parte de sua carreira na Anheuser-Busch. Zastrow começou sua carreira em produção de cerveja, em 1949, como aprendiz na Englehardt Brauerei, em Berlin. Ele trabalhou, então, para algumas outras cervejarias e maltarias na Alemanha e Suíça, incluindo a Cervejaria Spaten e a Kronenbourg Brauerei. Ele graduou-se engenheiro de cervejaria certificado pela Universidade Técnica de Berlim e obteve seu PhD em Ciência Agrícola pela mesma universidade em 1963.

Ele se juntou, então, aos funcionários da Anheuser-Busch como tecnologista em produção de cerveja e consultor científico do vice-presidente sênior de produção de cerveja. Mais tarde, passou quinze anos como vice-presidente de serviços técnicos de produção, cargo no qual era responsável por pesquisas cervejeiras aplicadas, desenvolvimento de produtos – atuando como contato para questões internacionais, governamentais e laegais –, e proteção fitossanitária de matéria-prima.

Após sua aposentadoria da companhia em 1993, ele se tornou instrutor das Budweiser Mobile Beer Schools e trabalhou como instrutor primário na Budweiser Beer School (um programa promocional com uma aula curta destinada a ensinar pessoas do público geral a base da produção de cerveja e sua degustação), onde ele era responsável por conduzir e coordenar atividades relacionadas ao programa. Muito admirado e respeitado no mundo da produção de cerveja, ele é autor de vários artigos científicos e foi um palestrante cobiçado, devido a seu extenso conhecimento em produção de cerveja e inovação na área.

Zastrow é também membro do corpo docente estendido do Siebel Institute of Technology, e atua como consultor independente na indústria cervejeira.

Ver também SIEBEL INSTITUTE OF TECHNOLOGY.

Official Archives and Biographies from Anheuser-Busch. 1985, 2004.

John Holl e Wolfgang David Lindell

Žatec, lúpulo

Ver SAAZ.

Žatec, região, é a principal área de cultivo de lúpulo da República Tcheca. Ela está localizada no entorno da cidade de Žatec, perto da fronteira ocidental do país. Ela também é a origem daquele que pode ser o lúpulo mais prestigiado do mundo, o Saaz. Ver REPÚBLICA TCHECA e SAAZ. Existem outras duas regiões produtoras de lúpulo na República Tcheca, Trschitz e Auscha, ambas também produtoras de Saaz (também conhecido como Saazer); no entanto, o tamanho total dessas duas regiões representa menos da metade do tamanho de Žatec. O cultivo de lúpulo em Žatec, provavelmente, remonta a mil anos, mas ela não se tornou um centro de produção mundial até os séculos XV e XVI, quando muitos dos pequenos centros de lúpulo da região receberam o direito de usar o "selo do lúpulo" para se proteger contra fraudes e falsificações comerciais. Ver SELO DO LÚPULO. Esses selos evoluíram para o selo Žatec, ainda em uso atualmente. Antes da Segunda Guerra Mundial, o cultivo de lúpulo era um negócio formado por diversas pequenas propriedades familiares, semelhantes às alemãs. Ver HALLERTAU, REGIÃO. Depois da guerra, no entanto, o regime comunista da Tchecoslováquia confiscou todas as fazendas privadas e as fundiu em grandes fazendas coletivas do tamanho das atuais fazendas de lúpulo norte-americanas (cerca de 200 hectares). Com o retorno da iniciativa privada, no entanto, essas propriedades foram divididas novamente, mas não no mosaico de pequenas parcelas que existia no passado. As atividades de pesquisa na região remontam a 1925, e o Instituto de Pesquisa de Lúpulo, financiado pelo Estado, foi fundado em 1950. Após a queda do comunismo, ele se tornou o Instituto de Pesquisa de Lúpulo Co. Ltd. O instituto desenvolve e promove práticas agrícolas, desenvolve novas variedades de lúpulo e se tornou um dos centros de pesquisa de lúpulo mais importantes do mundo. Ver PREMIANT e SLÁDEK.

Val Peacock

Zentner é uma unidade alemã de massa relacionada ao *centum* latino (centena) e ao *centeni* (por cem). Embora a medida tenha caído em desuso, é ainda algumas vezes utilizada para expressar grandes massas (pesos) relacionadas à colheita de lúpulo. A abreviatura para *Zentner* é "Ztr". Ao longo do tempo, *Zentner* tem denotado várias quantidades, majoritariamente definidas como 100 *German pounds* ("*Pfund*" em alemão) que, por sua vez, não é em si uma quantidade uniforme. Em 1833, entretanto, membros do *Zollverein* (Sindicato da Alfândega Alemã) concordaram em padronizar todas as unidades de medição e definiram 1 *German pound* como sendo igual a 500 gramas e 1 *Zentner* como sendo igual a 50 quilogramas. Mas essas designações são válidas somente na Alemanha. *Pounds*, em outros sistemas, permaneceram diferentes. Um "*avoirdupois pound*", por exemplo, que é uma medida inventada por mercadores londrinos em 1303 e continua sendo o mesmo *pound* utilizado atualmente nos Estados Unidos, equivale a 453,5924 gramas; enquanto 1 *troy pound*, uma medida francesa de tempos medievais e nos dias de hoje utilizada principalmente para pesar metais preciosos, equivale a 373,2417 gramas. O *Zentner* também tinha um significado diferente fora da Alemanha. Na Áustria e na Suíça, por exemplo, 1 *Zentner* ainda é considerado equivalente a 100 quilogramas, isto é, o *Zentner* austríaco/suíço é duas vezes mais pesado que o *Zentner* alemão. Na Alemanha, há também o *Doppelzentner* (*Zentner* duplo). Sua abreviatura é "dz" e significa 100 quilogramas. De uma forma confusa, portanto, um *Doppelzentner* alemão é equivalente a um *Zentner* suíço ou austríaco.

Wolfgang David Lindell

Zeus

Ver CTZ.

zimbro. Historicamente, bagas e ramos de zimbro têm sido usados como um flavorizante ou como um ingrediente fermentável da cerveja. Seu uso é tradicionalmente comum em os países nórdicos, especialmente na *sahti* finlandesa, um antigo estilo de cerveja ainda produzido hoje em dia. Ver SAHTI. Ele também é mencionado como um ingrediente constituinte do *gruit* e é, evidentemente, o flavorizante botânico primário do *London-style gin*.

O uso do zimbro na produção da cerveja é diversificado. Às vezes, os ramos e as bagas são fervidos em água cervejeira, produzindo um extrato que é utilizado na mosturação. Em outros casos, os ramos são usados como um filtro rudimentar para separar o mosto da mostura em uma tina de madeira. Frequentemente, isso é realizado com a adição de palha e remonta aos primórdios da produção de cerveja. Em algumas situações, as bagas maduras – escamas cônicas carnudas ricas em dextrose – são utilizadas como uma fonte de açúcar fermentável.

O uso medicinal do zimbro é muito difundido entre as culturas indígenas, particularmente na América do Norte, com citações de efeitos variando de contracepção ao tratamento de infecção no trato urinário, à estimulação da produção de insulina e como um restaurador para todo o corpo. Sua ubiquidade fez do zimbro uma parte do conhecimento popular de muitas culturas; sua variedade de espécies é ampla, com tipos nativos encontrados na Europa, Ásia, África e Américas. É usado como madeira, combustível e alimento, e também para fins cerimoniais, e não surpreende o seu uso na produção de cerveja e outras bebidas. Sem dúvida, suas propriedades antissépticas também contribuem para um efeito conservante.

Buhner, S. H. **Sacred and herbal healing beers: the secrets of ancient fermentations.** Boulder: Siris Books/Brewers Publications, 1998.

Mosher, R. **Radical brewing: recipes, tales, and world-altering meditations in a glass.** Boulder: Brewers Publications, 2004.

Dick Cantwell

zinco é um componente-chave do sítio ativo de várias enzimas de levedura, particularmente da álcool desidrogenase. Na maioria dos mostos o teor de zinco é relativamente baixo e, por conseguinte, muitos cervejeiros o adicionam (geralmente 0,2 ppm) para estimular a fermentação. Algumas opções para que o cervejeiro aumente o teor de zinco no mosto são as seguintes:

- Adicionar sais de zinco na fervura do mosto
- Usar levedura enriquecida com zinco
- Incluir lâminas de zinco na tina de fervura do mosto

O zinco em níveis mais elevados (por exemplo, 2 ppm) é muito benéfico para a estabilidade e aderência da espuma da cerveja, provavelmente pela sua participação na formação de pontes de polipeptídeos hidrofóbicos com os iso-alfa-ácidos. Ver ADERÊNCIA DA ESPUMA. Muitos dos chamados nutrientes da levedura são preparações à base de zinco. Surpreendentemente, muitas cervejarias alemãs, proibidas pela Lei da Pureza da Cerveja de adicionar zinco aos seus mostos, têm, no entanto, estratégias para introduzi-lo. Essas vão desde prender correntes de zinco às pás do misturador da mostura até esconder um bloco de zinco puro em algum lugar da cervejaria e raspar pedaços dele quando necessário para ajudar as fermentações.

O zinco também é benéfico para o corpo humano, sendo usado em muitos medicamentos. Um dos depósitos de zinco mais ricos do corpo é a glândula prostática.

Charles W. Bamforth

Zymomonas é uma bactéria gram-negativa que deteriora a cerveja. Ela tem um célebre legado como contaminante de cervejarias. As bactérias *zymomonas* são similares às Gluconobacter e são distinguidas pelos seus bastonetes curtos e pelos flagelos polares muito ativos. Estes conferem à célula uma vigorosa mobilidade, observada em microscópio pelo seu rápido movimento. Essa bactéria se distingue por fermentar glicose, frutose e sacarose – como as leveduras cervejeiras –, mas não maltose. Assim como as leveduras, ela produz etanol e dióxido de carbono, mas de forma mais eficiente. Entretanto, seus subprodutos de fermentação incluem acetaldeído, bem como sulfeto de hidrogênio, que é rapidamente convertido em moléculas com sabores vegetais desagradáveis. A *zymomonas* é também resistente às condições ácidas, podendo crescer junto com as bactérias acéticas. Uma infecção por *zymomonas* pode, então, resultar numa cerveja muito ácida. Como a *zymomonas* não se desenvolve em meios com elevadas concentrações de maltose, ela não cresce bem no mosto cervejeiro. Tão logo as leveduras tenham convertido a maltose em álcool, a *zymomonas* pode se tornar um problema e se difundir rapidamente. É por isso que, nos anos 1950 e 1960, quando era comum no Reino Unido realizar o *priming* com glicose ou sacarose nas cervejas maturadas em *casks*, surtos de *zymomonas* também eram comuns – um problema que pode ter acelerado o declínio da cerveja *cask-conditioned* em favor da cerveja filtrada e envazada em barris de aço. Uma vez que a *zymomonas* tenha colonizado os equipamentos da cervejaria, é difícil erradicá-la. Às vezes, o equipamento contaminado precisa até mesmo ser substituído. Atualmente, a *zymomonas* é relativamente rara nas cervejarias, principalmente por causa da melhoria dos sistemas de higiene e porque hoje o *priming* com açúcares é raramente empregado. No entanto, a *zymomonas* tem uma aplicação moderna promissora: sua eficiência na produção de etanol torna-a bastante valiosa para a fabricação de bioetanol e outros produtos químicos.

Priest, F. G.; Campbell, I. **Brewing Microbiology.** 3. ed. New York: Kluwer Academics/Plenum, 2003.

Keith Thomas

zymurgical heraldry, ou heráldica da cerveja e produção de cerveja, é uma faceta comum, mas ainda subvalorizada, da arte e rotulagem relacionadas com a cerveja. Diversas cervejas e cervejarias incorporam emblemas heráldicos e brasões de armas como parte de suas identidades. Logotipos e marcas registradas são essencialmente os homólogos modernos dos brasões de armas, embora os primeiros

Esquerda: brasão de armas da municipalidade holandesa de Roermond. Direita: logotipo da Christoffel, baseado no brasão de armas da cidade holandesa de Roermond, onde a cervejaria está localizada. CORTESIA DA CERVEJARIA CHRISTOFFEL.

sejam usados para identificar as cervejas nas prateleiras das lojas e os segundos, os guerreiros inimigos em um no campo de batalha.

É comum que esses brasões revelem a localização onde a cerveja é produzida. O uso de brasões de armas cívicas ou derivadas é uma das formas prevalentes de heráldica na produção de cerveja e vinho. Da mesma maneira que vinhos europeus, como o Bordeaux e Champagne, estão associados com regiões específicas, as cervejas também estão associadas com locais. Por exemplo, o estilo de cerveja *pilsner* foi originalmente desenvolvido em Pilsen (Plzeň), Boêmia (República Tcheca nos dias atuais). O rótulo nas garrafas de Pilsner Urquell (a cerveja *pilsner* original produzida por Plzeňský Prazdroj, agora parte do grupo de empresas SABMiller)[1] exibe o brasão de armas da cidade de Pilsen.

Outra cidade tcheca com cervejas nomeadas em sua homenagem é Budweis (České Budějovice). A Cervejaria Budweiser Budvar (Budějovický Budvar) produz uma marca de cerveja conhecida como Budweiser Budvar na União Europeia; por motivos legais essa cerveja é chamada Czechvar nos Estados Unidos e Canadá. O rótulo das garrafas dessa cerveja exibe o brasão da cidade de Budweis, os portões da cidade atrás de um escudo com o leão de duas caldas do Reino da Boêmia.

Outro exemplo de armas cívicas (embora com ligeiras modificações) é encontrado no rótulo da cerveja Beck's. A Beck's (produzida pela Brauerei Beck & Co., pertencente à Anheuser-Busch InBev) é fabricada em Bremen, Alemanha, e possui um brasão com uma chave prateada (conhecida como chave de Bremen) sobre um fundo vermelho, uma imagem espelhada do brasão de armas da cidade de Bremen. O brasão de armas da Beck's também funciona como uma marca comercial registrada.

Em reconhecimento às origens da cerveja, as companhias também utilizam brasões históricos locais, os modificam e adicionam elementos relevantes ao negócio. Os brasões associados com a marca de cerveja Christoffel (produzida na Bierbrouweij St. Christoffel, da Holanda) é um exemplo do uso da heráldica cívica. O brasão é baseado naqueles da cidade holandesa de Roermond, onde a cervejaria está localizada. A versão da cervejaria possui diferentes cores em cada uma das divisões do escudo,

---

1 Em 2017, a Pilsner Urquell foi adquirida pela Asahi Brewery no Japão. [N.E.]

com lúpulos e cereais adicionados a um fundo com a temática cervejeira. A cevada e o lúpulo, evidentemente, são símbolos ubíquos na indústria. Não é necessário que as cores heráldicas corretas sejam seguidas, apenas que os brasões de armas sejam distintos e reconhecíveis.

Além dos brasões de armas cívicos e derivados, os brasões pessoais também podem ser encontrados em rótulos de cerveja. Um exemplo é a Morocco Ale produzida pela Daleside Brewery, na Inglaterra. A Daleside produz a cerveja em nome da Levens Hall, de Westmoreland. A crista da cabeça de bode que domina o rótulo é dos atuais donos da Levens Hall, a família Bagot.

Brasões reais também são encontrados em rótulos de cerveja. A Blanche de Chambly é produzida pela Unibroue Brewery em Quebec, Canadá. Nesse exemplo, o brasão no rótulo, com três flores-de-lis douradas sobre um fundo azul, é aquele do Reino da França, uma homenagem às origens históricas da província.

Outro exemplo é encontrado na garrafa da Organic English Ale produzida pela Duchy Originals Limited, estabelecida em 1990 para promover os produtos e a agricultura orgânica pelo príncipe de Gales, que também é o atual duque de Cornwall. O rótulo da Organic English Ale possui o brasão do príncipe e duque. Um pequeno escudo com esse brasão aparece na heráldica do príncipe de Gales, logo abaixo do escudo principal. Também encontrado no rótulo está o emblema do príncipe, que tem sido usado na heráldica real desde o século XIV.

Seja estabelecendo associações com uma pessoa ou com um local, enfatizando conexões históricas, ou simplesmente servindo como uma ferramenta moderna de marketing, a heráldica da cerveja e da produção de cerveja continua a ser um meio relevante de identificação para os cervejeiros de hoje. Uma olhada em um dos últimos livros de cerveja de Michael Jackson, *Great Beer Guide* (2000), ilustra claramente ilustra isso: das quinhentas cervejas apresentadas em seu livro, aproximadamente 20% dos rótulos apresentam brasões de armas.

Jackson, M. **Michael Jackson's great beer guide.** London: Dorling Kindersley, 2000.

David L. Smisek

zymurgy é a química e a ciência da fermentação promovida por levedura. Criada em meados do século XIX, a palavra funde os termos "*Zymo*" (que em grego significa levedura) com o sufixo "*urgy*" (que significa "trabalho"). A palavra, que também é referida como "zimologia", segue o padrão da palavra "metalurgia". *Zymology* é a última palavra em muitos dicionários de língua inglesa e é mais usada para descrever a produção de cerveja do que a produção de vinho ou a destilação. Nos últimos anos, a palavra foi popularizada pela *Zymurgy*, uma revista para cervejeiros amadores publicada pela primeira vez pela American Homebrewers Association (AHA) em 1978.

Ver AMERICAN HOMEBREWERS ASSOCIATION (AHA).

American Homebrewers Association. **Zymurgy.** Periódico da American Homebrewers Association. Disponível em: http://www.homebrewersassociation.org/pages/zymurgy. Acesso em: 16 fev. 2011.

Garrett Oliver

ABREVIATURAS

ABV	Álcool por volume
ASBC	American Society of Brewing Chemists
AE	Extrato aparente
BA	Brewers Association
°P	Graus Plato
DP	Poder diastático
DE	Terra diatomácea
EBC	European Brewer's Convention
FMB	Bebida de malte flavorizada
GABF	Great American Beer Festival
GBBF	Great British Beer Festival
IPA	India Pale Ale
IBD	The Institute of Brewing and Distilling
IBU	Unidades Internacionais de Amargor
LME	Extrato de malte líquido
MBAA	Master Brewers Association of the Americas
MT	Toneladas métricas
OG	Densidade original
PPM	Partes por milhão
SRM	Standard Reference Method

Note, por favor, que a densidade do mosto e da cerveja é exibida em graus Plato (°P), que é a escala padrão utilizada na maior parte do mundo. Cervejeiros no Reino Unido e muitos cervejeiros amadores usam a escala de densidade específica. Para uma conversão aproximada de °Plato para densidade específica, multiplique °P × 4 e acrescente 1.000. Por exemplo: 15 °P × 4 = 60 + 1.000 = densidade específica de 1.060 (apresentada algumas vezes como 1,060).

FATORES DE CONVERSÃO

Para converter	Multiplique por
Acres para hectares	0,405
Atmosferas para libras por polegada quadrada	14,7
Barris de cerveja para pés cúbicos	4,144
Barris de cerveja para galões norte-americanos	31,0
Barris de cerveja para hectolitros	1,1734
Barris de cerveja norte-americanos para barris imperiais	0,728
Barris de cerveja imperiais para barris norte-americanos	1,373
Barris de cerveja imperiais para galões imperiais	36,0
Barris de cerveja norte-americanos para galões imperiais	26,23
Barris de cerveja imperiais para galões norte-americanos	43,23
Onças fluidas imperiais para litros	0,0208
Onças fluidas norte-americanas para litros	0,0296
Galões norte-americanos para barris de cerveja	0,0323
Galões imperiais para litros	4,546
Galões norte-americanos para litros	3,7853
Galões imperiais para galões norte-americanos	1,2009

Para converter	Multiplique por
Galões norte-americanos para galões imperiais	0,8327
Galões imperiais para onças imperiais	160,00
Galões imperiais para onças norte-americanas	153,72
Galões norte-americanos para onças norte-americanas	128,0
Gramas para onças	0,0353
Gramas para libras	0,0022
Hectares para acres	2,471
Hectolitros para barris de cerveja norte-americanos	0,8522
Hectolitros para litros	100,00
Quilogramas por centímetros quadrados para atmosferas	0,96
Quilogramas por centímetros quadrados para libras por polegada quadrada	14,22
Quilogramas para onças	35,27
Quilogramas para libras	2,204
Litros para onças fluidas imperiais	35,196
Litros para onças fluidas norte-americanas	33,814
Litros para galões imperiais	0,2199
Litros para galões norte-americanos	0,2642

Para converter	Multiplique por
Litros para hectolitros	0,01
Litros para *pints* imperiais	1,7598
Litros para *pints* norte-americanos	2,1134
Litros para quartos imperiais	0,8779
Litros para quartos norte-americanos	1,0567
Mililitros para onças imperiais	0,0352
Mililitros para onças norte-americanas	0,0338
Onças imperiais para galões imperiais	0,0063
Onças norte-americanas para galões norte-americanos	0,0078
Onças norte-americanas para litros	0,0295
Onças imperiais para mililitros	28,41
Onças norte-americanas para mililitros	29,57
Onças imperiais para onças norte-americanas	0,960
Onças norte-americanas para onças imperiais	1,041
Onças norte-americanas para quilogramas	0,0284
Partes por milhão de oxigênio para mililitros de ar por onça imperial	0,0993
Partes por milhão de oxigênio para mililitros de ar por onça norte-americana	0,1034
Partes por milhão de oxigênio para mililitros de oxigênio por onça imperial	0,0199

Para converter	Multiplique por
Partes por milhão de oxigênio para mililitros de oxigênio por onça norte-americana	0,0207
Pints imperiais para litros	0,568
Pints norte-americanos para litros	0,4732
Pints norte-americanos para *pints* imperiais	1,20009
Pints imperiais para *pints* norte-americanos	0,8327
Libras para gramas	453,6
Libras para quilogramas	0,45
Libras para onças	16,0
Libras por polegada quadrada para atmosferas	0,068
Libras por polegada quadrada para quilogramas por centímetro quadrado	0,0703
Quartos imperiais para litros	1,1365
Quartos norte-americanos para litros	0,946
Toneladas métricas para quilogramas	1.000
Toneladas métricas para libras	22.204,62
Litros de dióxido de carbono para gramas de dióxido de carbono	1,976
Porcentagem de dióxido de carbono por volume para porcentagem de dióxido carbono por peso	0,1943
Porcentagem de dióxido de carbono por peso para porcentagem de dióxido carbono por volume	5,1470

Reproduzido com a permissão da Master Brewers Association of the Americas de *The practical brewer*, 3. ed., 1999. Compilada originalmente pelo dr. William C. Cooper, já falecido, e publicada pela primeira vez em *Brewers Digest*, out. 1976.

APÊNDICES

ORGANIZAÇÕES CERVEJEIRAS E CLUBES DE ENTUSIASTAS

Onde quer que se faça cerveja no mundo, há alianças organizadas defendendo ativamente sua promoção e apreciação, assim como a proteção de seus consumidores e produtores. Cervejeiros profissionais de vários países de todo o mundo, assim como de alguns estados norte-americanos, criaram associações para reforçar a integridade política e econômica de seu ofício, além de promover a responsabilidade social e ambiental; organizações de consumidores foram criadas para assegurar a integridade do produto, preservar a história e as tradições da fabricação da cerveja e para promover novos produtos; diversos clubes de entusiastas demonstram apreciação e preservação por meio da organização de eventos como festivais e competições, do compartilhamento e estudo da cerveja feita em casa e da coleção de diversos itens relativos à cultura cervejeira. A seguir, uma amostra das associações, sociedades e guildas fortificadas pela cerveja.

American Breweriana Association
Clube de colecionadores e "associação histórica" fundada em 1982, com quase 3 mil membros em todo o mundo.
http://www.americanbreweriana.org/

American Homebrewers Association
Organização de cervejeiros amadores com 19 mil membros, publica a revista bimestral *Zymurgy* e promove a National Homebrewers Conference (San Diego, Califórnia).
http://www.homebrewersassociation.org/

American Malting Barley Association
Organização cujo objetivo é apoiar a produção de cevada e as pesquisas sobre esse grão, além de defender a indústria do malte.
http://www.ambainc.org/

American Society of Brewing Chemists
Associação cujo objetivo é "aprimorar e conferir uniformidade à indústria cervejeira no nível técnico" desde 1932.
http://www.asbcnet.org/

Beer Institute
Organização que representa a indústria cervejeira norte-americana em setores federais, estaduais e comunitários desde 1986.
http://www.beerinstitute.org/

Belgian Brewers Association
Descrita como "uma das associações profissionais mais antigas do mundo", protege os interesses legais, econômicos e sociais dos cervejeiros belgas.
http://www.beerparadise.be/

Brewers Association
Fundada em 1942 e contando atualmente com mais de mil cervejarias norte-americanas como membros, dedica-se a "promover e proteger cervejarias norte-americanas pequenas e independentes, suas cervejas Artesanais e a comunidade de cervejeiros entusiastas". Organiza o The Great American Beer Festival (Denver, Colorado), a competição internacional de cervejas World Beer Cup, a Craft Brewers Conference, e a campanha "Support Your Local Brewery" ("Apoie sua cervejaria local") (http://www.sylb.org/).
http://www.brewersassociation.org/

Brewers Association of Canada
Organização das cervejarias canadenses fundada em 1934. Tem como objetivo "aprimorar progressivamente o mercado da cerveja, ao mesmo tempo encorajando o consumo responsável da cerveja e a proteção do meio ambiente".
http://www.brewers.ca/

Brewers Association of Japan
Fundada em 1953, é uma organização que monitora a concorrência justa, defende a redução de impostos, promove o consumo responsável de bebidas alcoólicas e facilita a pesquisa.
http://www.brewers.or.jp/english/

Brewers Guild of New Zealand
Associação que "representa os interesses da indústria cervejeira" na Nova Zelândia por meio de atividades políticas e sociais.
http://brewersguild.org.nz/

Brewers of Europe
"Equipar os cervejeiros europeus com as ferramentas para fabricar e vender cervejas livremente, de modo econômico e responsável" desde 1958. Seus membros incluem associações cervejeiras de mais de vinte países europeus, entre eles Portugal, Hungria, Itália, Turquia, Bélgica, França, Romênia, Inglaterra, Dinamarca, Espanha, Chipre, República Tcheca, Alemanha, Luxemburgo, Grécia, Lituânia, Países Baixos, Noruega, Finlândia, Eslováquia, Suécia, Suíça, Irlanda, Malta, Polônia, Bulgária e Áustria. Coordena a European Brewery Convention.
http://www.brewersofeurope.org/

Brewery Collectibles Club of America
Clube dedicado à coleção de latas de cerveja e de diversas *memorabilias* ligadas à cerveja. Publica bimestralmente a revista *Beer Cans & Brewery Collectibles*.
http://www.bcca.com/

The Brewery History Society
Fundada em 1972, atuando como "a sociedade para todos aqueles que se interessam pela história das cervejarias britânicas" e pela história da cervejaria.
http://breweryhistory.com/

British Beer and Pub Association
Organização em defesa da cerveja e dos *pubs* britânicos com um grande número de associados que consistem em proprietários de cervejarias e de *pubs*.
http://www.beerandpub.com/

British Beermat Collectors Society
Desde 1960, clube dedicado a colecionar descansos para copos e garrafas. Seus membros se autointitulam "tegestologistas", do latim *teg*, que quer dizer pequeno tapete ou esteira.
http://www.britishbeermats.org.uk/

Campaign for Real Ale
Com mais de 100 mil membros, a "CAMRA promove a cerveja *ale* e os *pubs* verdadeiros e de boa qualidade, além de atuar na defesa do consumidos em relação à indústria cervejeira e de bebidas britânica e europeia". Publica anualmente o *Good Beer Guide*, trimestralmente a *BEER Magazine* e mensalmente o jornal *What's Brewing*.
http://www.camra.org.uk/

Chicago Beer Society
Uma "associação educacional sem fins lucrativos dedicada à apreciação da cerveja" administrada por voluntários desde 1977.
http://chibeer.org/

Craft Brewing Association
Considerada pela CAMRA "a organização nacional britânica dos cervejeiros domésticos", promove a cervejaria doméstica com eventos e publica a revista *Brewer's Contact* sobre cervejaria amadora.
http://craftbrewing.org.uk/

Danish Beer Enthusiasts
Associação nacional que apoia as cervejarias e a cerveja dinamarquesa, defendendo a cervejaria doméstica e promovendo a história da cerveja na Dinamarca.
http://www.ale.dk/

Durden Park Beer Circle
Clube fundado em 1971 que pesquisa e reproduz cervejas britânicas históricas, assim como "cervejas de qualidade de qualquer tipo".
http://www.durdenparkbeer.org.uk/

European Beer Consumers Union
Organização cujos membros incluem associações de uma dúzia de nações que protege a cultura cervejeira da Europa, promove cervejas e cervejarias europeias tradicionais e representa as demandas dos consumidores. Países representados incluem Suíça, Áustria, Polônia, Reino Unido, Dinamarca, Noruega, Finlândia, República Tcheca, Suécia, Itália, Países Baixos e Bélgica.
http://www.ebcu.org/

German Hop Growers Association
Organização que defende os interesses dos produtores de lúpulo há mais de 125 anos. Publica mensalmente a revista *Hopfen-Rundschau*.
http://www.deutscher-hopfen.de/

Hop Growers of America
Associação dos produtores de lúpulo que "representa e promove os interesses dos produtores americanos dando doméstica como internacionalmente".
http://www.usahops.org/

Institute of Brewing & Distilling
Fundada em 1886, é uma organização sem fins lucrativos dedicada ao "avanço da educação e do desenvolvimento profissional da ciência e das tecnologias das indústrias cervejeira, de destilados e afins".
http://www.ibd.org.uk/

Japan Craft Beer Association
Organização que promove a apreciação de cervejas artesanais estrangeiras, da cultura e da história da cerveja. Organiza tanto o maior festival como a maior competição cervejeira do Japão.
http://www.beertaster.org/

Master Brewers Association of the Americas
Fundada em 1887, possui 24 distritos internacionais que "promovem, avançam e aprimoram os interesses profissionais da produção de cerveja e malte e do pessoal técnico".
http://www.mbaa.com/

Movimento Birrario Italiano (MoBI)
Organização que promove a cerveja artesanal e a cultura da cerveja na Itália, organizando conferências, competições e seminários e defendendo os direitos do consumidor. Publica a revista *Movimentobirra*.
http://www.movimentobirra.it/

National Beer Wholesalers Association
Organização dos Estados Unidos fundada em 1938 dedicada a fortalecer as regulações que mantêm um "mercado equilibrado e ordeiro", atua política e socialmente e promove o consumo responsável de bebidas alcoólicas.
http://nbwa.org/

North American Brewers Association
Organização sem fins lucrativos que atua para "assegurar o papel da cerveja na nossa cultura e sociedade por meio do avanço da qualidade da cerveja e da educação do consumidor".
http://www.northamericanbrewers.org/

Oregon Brewers Guild
Fundada em 1992, é uma das mais antigas associações de cervejeiros dos Estados Unidos "com o objetivo principal de promover os interesses comuns de seus membros e da indústria da cerveja no Oregon".
http://oregonbeer.org/

INT
Grupo de entusiastas fundado em 1980 em defesa da cultura cervejeira holandesa, possui hoje quase 3 mil membros e é descrito como "a maior associação cervejeira dos Países Baixos". Organiza festivais cervejeiros como o Bokbier Festival (em Amsterdã, nos Países Baixos) e publica a revista *PINT*.
http://www.pint.nl/

Society of Beer Advocates (SOBA)
Organização neo-zelandesa de estusiastas, promove a apreciação e o conhecimento sobre a cerveja artesanal, além de informar e proteger os consumidores.
http://www.soba.org.nz/

Society of Independent Brewers (SIBA)
Fundada em 1980, é uma organização britânica cuja missão é "defender os cervejeiros independentes, a fim de garantir que eles tenham a melhor oportunidade possível de levar seus produtos ao mercado".
http://siba.co.uk/

Stein Collectors International
Clube de colecionadores fundado em 1965 "dedicado a avançar o estado do conhecimento e da apreciação de *steins* de cerveja e outros recipientes". Publica um jornal trimestral, *Prosit*, com informações sobre a coleção de *steins*.
http://www.steincollectors.org/

Unionbirrai
Associação que "promove a disseminação da cultura da cerveja artesanal na Itália" por meio de eventos, conferências e cursos, além de oferecer apoio profissional aos cervejeiros. Publica trimestralmente a revista *Unionbirrai News*.
http://www.unionbirrai.it/

Zythos vzw
Organização na Bélgica com a missão de "preservar e promover a cultura belga da cerveja". Produz o Zythos Bier Festival (Sint-Niklaas, Bélgica) e abriga diversos clubes regionais de degustação de cerveja.
http://www.zythos.be/

Referências
http://www.brewersassociation.org/pages/directories/

FESTIVAIS DE CERVEJA

Em 2010, houve mais de 1.200 festivais em todo o mundo, variando em tamanho e foco e ocorrendo em locais diversificados, como bares, estádios, zoológicos, parques, praias, montanhas, *resorts*, ruas urbanas e pontes. Alguns desses festivais existem há alguns poucos anos, e outros há décadas, tendo já se tornado parte da cultura local; alguns duram um único dia, e outros, algumas semanas, recebendo milhares de participantes de todo o mundo. Alguns apresentam centenas de cervejas estrangeiras, enquanto outros concentram-se em cervejas regionais ou especiais, como cervejas de inverno, cervejas fortes ou *barley wines*. A maioria dos festivais agrega comida e música ao vivo, e pode também contar com vinhos, aguardentes, sidras e peradas, além de oferecer aos frequentadores do festival copos comemorativos como suvenir. Os festivais são um lugar privilegiado para as competições; com frequência seus funcionários são voluntários e sua receita é doada para organizações de caridade não lucrativas. Nos Estados Unidos, os festivais da cerveja costumam ser produzidos por associações de cervejeiros e publicações ligadas à cerveja. No Reino Unido, a maioria é organizada por seções locais da CAMRA, a Campaign for Real Ale. A coleção que segue não é de modo algum uma listagem completa, e sim um panorama de alguns dos festivais cervejeiros mais notáveis em mais de quinze países. Antes de ir a qualquer festival, é importante confirmar os detalhes do evento com a organização.

American Craft Beer Fest, Boston, MA.
Uma sexta e sábado em junho. Organizado pela BeerAdvocate.com. "A maior celebração da cerveja artesanal na costa leste", com mais de 400 cervejas artesanais de 85 cervejarias americanas.
http://beeradvocate.com/acbf/

American Craft Beer Week, Estados Unidos.
Sete dias em maio. Produzido pela Brewers Association. Mais de 200 cervejarias participam de mais de 500 eventos por todo o país celebrando a produção de cervejeiros artesanais e independentes. Uma "Declaração da Independência da Cerveja", jurando lealdade ao apoio à cerveja artesanal, foi assinada por prefeitos, governadores e cervejeiros.
http://www.americancraftbeerweek.org/

Autumn Brew Review, Mineápolis, MN.
Um sábado em outubro. A décima edição ocorreu em 2010. Mais de 200 cervejas de 60 cervejarias, além de seminários, painéis e excursões.
http://www.mncraftbrew.org/festivals/autumn-brew-review

Bedford Beer and Cider Festival, Bedford, Inglaterra.
Uma quarta-feira a sábado em outubro. O 33º ocorreu em 2010. Cerca de 110 *real ales*, 30 sidras e peradas, uma seleção de cervejas estrangeiras, pratos quentes e frios, refrigerantes e apresentações ao vivo.
http://www.northbedscamra.org.uk/beerfestival.html

Beerfest Asia, Singapura.
Uma quinta-feira a sábado em junho. Mais de 250 cervejas estrangeiras de 30 países, comida, jogos, entretenimento ao vivo e transmissão da Copa do Mundo.
http://www.beerfestasia.com/

Beer Summit Winter Jubilee, Boston, MA.
Uma sexta-feira e sábado em janeiro. Mais de 200 cervejas selecionadas de 60 cervejarias com foco em cervejas grandes.
http://beersummit.com/

Belgrade Beer Festival, Belgrado, Sérvia.
Uma quarta-feira a domingo em agosto. Festivais passados contaram com 45 cervejas de 20 cervejarias e 40 apresentações musicais.
http://www.belgradebeerfest.com/active/en/home.html

Big Red Pour International Craft Beer and Music Festival, Glendale, AZ.
Um sábado e domingo em dezembro. Patrocinado pela *Draft Magazine*. Centenas de cervejas artesanais norte-americanas e estrangeiras, seminários e aulas sobre harmonização de comida e cerveja, e música ao vivo.
http://www.draftmag.com/bigpour/

Boston Beer Week, Boston, MA.
Dez dias de maio a junho. Eventos em toda a cidade, incluindo degustações, eventos do tipo "conheça o cervejeiro", jantares com cerveja, ofertas especiais de cerveja, encontros sobre cervejaria doméstica e o American Craft Beer Fest.
http://beeradvocate.com/bbw/

Brass City Brew Fest, Waterbury, CT.
Um sábado em setembro. Mais de 300 cervejas de mais de 125 cervejarias americanas e estrangeiras, seminários, alimentos de produtores locais, música ao vivo e um "clássico" *show* de carros.
http://www.brasscitybrewfest.com/

Brewmasters International Beer Festival, Galveston, TX.
Quatro dias em setembro. Centenas de cervejas de todo o mundo, seminários, delícias culinárias, harmonização de alimentos e cerveja e música ao vivo.
http://www.brewmastersinternationalbeerfestival.com/

BrewNZ Beervana, Wellington, Nova Zelândia.
Uma sexta-feira e um sábado em agosto. Quase 175 cervejas da Nova Zelândia e Austrália, uma competição de harmonização de alimentos e cerveja, e seminários de "iluminação cervejeira".
http://brewersguild.org.nz/beervana

Bruges Beer Festival, Bruges, Bélgica.
Um sábado e domingo em setembro. Mais de 275 cervejas de quase 60 cervejarias, comida, demonstrações de pratos à base de cerveja, seminários e música ao vivo.
http://www.brugsbierfestival.be/en/beer_festival_bruges-1.html

Buffalo Brewfest, Buffalo, NY.
Uma sexta-feira em agosto. Mais de 100 cervejas com uma ênfase na degustação de variedades diferentes, música ao vivo, rifas e sorteios.
http://www.askbhsc.org/content/pages/buffalo-brewfest

Burton Beer Festival, Burton-on-Trent, Inglaterra.
Uma quinta-feira a sábado em março. O 31º evento anual ocorreu em 2010. Mais de 100 cervejas de todo o Reino Unido, assim como uma grande seleção de sidras, peradas, *country wine*, entretenimento ao vivo e comida de rua.
http://www.burtoncamra.org.uk/festival_1.html

California Brewers Festival, Sacramento, CA.
Um sábado em setembro. A 16ª edição ocorreu em 2010. Festivais passados apresentaram mais de 150 cervejas artesanais de mais de 60 cervejarias de todos os Estados Unidos, incluindo uma variedade de cervejas estrangeiras, comida e música ao vivo.
http://www.calbrewfest.com/

Cambridge Beer Festival, Cambridge, Inglaterra.
Uma segunda-feira a sábado em maio. A 37ª edição foi em 2010, o festival cervejeiro mais longo do Reino Unido. Mais de 200 *ales* e 80 sidras e peradas, além de uma seleção de cervejas estrangeiras, vinho e hidromel, uma renomada oferta de queijos britânicos e comidas locais salgadas.
http://www.cambridgebeerfestival.com/

Cannstatter Volksfest, Stuttgart, Alemanha.
Duas semanas de setembro a outubro; é o segundo maior festival cervejeiro da Alemanha depois da Oktoberfest. Múltiplas barracas de cerveja, música ao vivo, parque de diversões e queima de fogos de artifício.
http://www.stgt.com/stuttgart/volkfste.htm

Carribean Rum and Beer Festival, St. James, Barbados.
Uma sexta-feira e sábado em novembro. Mais de 100 cervejas e runs do Caribe, a competição "Caribbean Alcohol Beverage Awards", seminários e exibições, comida e apresentações ao vivo.
http://www.rumandbeerfestival.com/

Chappel Beer Festival, Chappel, Inglaterra.
Uma terça-feira a sábado em setembro. A 24ª edição ocorreu em 2010. Mais de 400 cervejas, incluindo uma seleção de bebidas novas, raras e locais, além de sidras, peradas e comida.
http://www.essex-camra.org.uk/chappel/

Charlotte Oktoberfest Beer Festival, Charlotte, NC.
Um sábado em setembro. Mais de 350 cervejas de mais de 100 cervejarias do sudeste dos Estados Unidos e de outros países.
http://www.charlotteoktoberfest.com/

Chelmsford Summer Beer Festival, Chelmsford, Inglaterra.
Uma terça-feira a sábado em julho. Mais de 300 *real ales*, 120 sidras e peradas, além de uma seleção de cervejas belgas e vinhos de vinicultores regionais, música ao vivo e comida.
http://www.chelmsfordbeerfestival.org.uk/

Cincinnati Beer Fest, Cincinnati, OH.
Uma sexta-feira a domingo em setembro. Mais de 200 cervejas e quase 30 apresentações musicais.
http://myfountainsquare.com/beerfest

Classic City Brew Fest, Athens, GA.
Um domingo em abril. A 15º edição ocorreu em 2010. Quase 250 cervejas estrangeiras, música ao vivo e comida.
http://www.classiccitybrew.com/brewfest.html

Cleveland Beer Week, Cleveland, OH.
Nove dias em outubro. Mais de 700 eventos em toda a cidade, incluindo degustações de cervejas artesanais, jantares, exibições, seminários e pratos especiais à base de cerveja em mais de 100 estabelecimentos.
http://www.clevelandbeerweek.org/

Copenhagen Beer Festival, Copenhague, Dinamarca.
Uma quinta-feira a sábado em maio. A 10ª edição anual foi em 2010. Apresenta centenas de cervejas de microcervejarias dinamarquesas, da maioria da Europa e uma seleção de cervejas estrangeiras.
http://www.ale.dk/

Cotswold Beer Festival, Winchcombe, Inglaterra.
Uma sexta-feira a domingo em julho. A 34ª edição anual foi em 2010. Mais de 80 cervejas, além de sidras e peradas, comida e entretenimento ao vivo.
http://www.gloucestershirecamra.org.uk/cbf/

Czech Beer Festival, Praga, República Tcheca.
Dezessete dias em maio. Mais de 70 cervejas tchecas, além de uma ampla gama de comidas artesanais de diversos *chefs* e restaurantes.
http://www.ceskypivnifestival.cz/en/index.shtml

Decatur Craft Beer Tasting Festival, Decatur, GA.
Um sábado em outubro. Mais de 100 cervejas regionais, norte-americanas e estrangeiras, comida de restaurantes locais e música ao vivo.
http://decaturbeerfestival.org/

Diksmuide Beer Festival, Diksmuide, Bélgica.
Primeiros quatro sábados de outubro. O festival tem mais de 50 anos. Novas cervejas são oferecidas, além de seleções belgas bem conhecidas, comida, vinho e uma banda de *oompah* ao vivo.
http://www.beerfestivaldiksmuide.be/

Durham Beer Festival, Durham City, Inglaterra.
Uma quinta-feira a sábado em setembro. A 30ª edição anual foi em 2010. Mais de 80 *real ales*, muitas de cervejarias locais, além de uma seleção de mais de 20 sidras e peradas e 20 cervejas engarrafadas.
http://www.camradurham.org.uk/beerFestivals.php

Festival of Beer and Flowers, Lasko, Eslovênia.
Uma quinta-feira a domingo em julho, é o evento turístico esloveno com maior público. A 46ª edição anual ocorreu em 2010. Múltiplas barracas de cerveja por toda a cidade, música ao vivo com muitas bandas, jogos, um desfile e queima de fogos de artifício.
http://www.pivocvetje.com/?language=ENG

Fête de la Bière, Suíça.
Uma sexta-feira a sábado em maio. A 17ª edição anual foi em 2010. Mais de 170 cervejas e música ao vivo à noite.
http://www.fetedelabiere.ch/

Great Alaska Beer and Barleywine Festival, Anchorage Alasca.
Uma sexta-feira e sábado em janeiro. Mais de 200 cervejas e *ales* no estilo *barley wine* de mais de 50 cervejarias regionais.
http://auroraproductions.net/beer-barley.html

Great American Beer Festival, Denver, CO.
Uma quinta-feira a sábado em setembro. A 29ª edição anual foi em 2010. Apresentado pela Brewers Association, mais de 2 mil cervejas de mais de 450 cervejarias americanas, organizadas por região, incluindo a mais renomada competição dos Estados Unidos, harmonização de comida e cerveja, jantares regados a cerveja, seminários sobre cerveja e música ao vivo.
http://www.greatamericanbeerfestival.com/

Great Arizona Beer Festival, Tempe, AZ.
Um sábado em março. Mais de 200 cervejas artesanais, música ao vivo, comida e um evento de avaliação de cervejas.
http://www.azbeer.com/tempe.htm

Great British Beer Festival, Londres, Earls Court.
Uma terça-feira a sábado em agosto. Mais de 700 *real ales*, além de sidras e peradas, cervejas estrangeiras, comida, música ao vivo, jogos e seminários de degustação de cervejas.
http://gbbf.camra.org.uk/home

Great Canadian Beer Festival, Victoria, BC, Canadá.
Primeiro fim de semana depois do Dia do Trabalho. A 18ª edição anual foi em 2010. Mais de 45 cervejarias artesanais do Canadá, do noroeste dos Estados Unidos e da Bélgica, alimentos de produtores locais e música ao vivo.
http://www.gcbf.com/

Great European Beerfest, Pittsburgh, PA.
Um sábado e um domingo em junho. A 14ª edição anual foi em 2010. Festivais passados apresentaram 135 cervejas europeias, incluindo 40 variedades belgas, uma rifa, música ao vivo e comida local.
http://www.sharpedgebeer.com/beerfest.htm

Great International Beer Festival, Providence, RI.
Um sábado em novembro. A 18ª edição anual foi em 2010. "O maior festival internacional de cerveja dos Estados Unidos", os festivais passados tiveram mais de 230 cervejas inscritas em sua Great International Beer Competition. Música ao vivo e comida.
http://www.beerfestamerica.com/

Great Japan Beer Festival, Tóquio, Japão.
Um sábado e domingo em junho. A 13ª edição anual foi em 2010. Mais de 120 cervejas artesanais.
http://www.beertaster.org/index-e.html

Great Lakes Brew Fest, Racine, WI.
Uma sexta-feira e sábado em setembro. Mais de 250 cervejas artesanais de quase 100 cervejarias, comida de estabelecimentos locais e música ao vivo.
http://www.greatlakesbrewfest.com/main.html

Great Taste of the Midwest, Madison, WI.
Um sábado em agosto; a 24ª edição anual foi em 2010. Mais de 500 cervejas de mais de 100 cervejeiros do meio oeste, harmonização entre cerveja e comida, uma tenda de *real ale*, música ao vivo, um loja de utensílios para a fabricação caseira de cerveja e uma mostra do Museu da Cerveja e da Fabricação de Cerveja.
http://www.mhtg.org/great-taste-of-the-midwest

Great World Beer Fest, Nova York, NY.
Uma sexta-feira e sábado em outubro. Centenas de cervejas artesanais de todo o mundo, música ao vivo e comida.
http://www.brewtopiafest.com/

Helsinki Beer Festival, Helsinque, Finlândia.
Uma sexta-feira e sábado em abril. A 13ª edição anual foi em 2010. Festivais passados contaram com centenas de cervejas estrangeiras, além de sidras e *whiskies*, uma competição, comida e música ao vivo tocada por bandas finlandesas populares.
http://www.helsinkibeerfestival.com/

High Country Beer Festival, Boone, NC.
Um sábado em setembro. Mais de 200 cervejas de quase 60 cervejarias.
http://www.hcbeerfest.com/

International Berlin Beer Festival, Berlim, Alemanha.
Uma sexta-feira a domingo em agosto; a 14ª edição anual foi em 2010. Mais de 2 mil cervejas de mais de 300 cervejarias de quase 90 países, comida e entretenimento ao vivo em palcos múltiplos.
http://www.bierfestival-berlin.de/

Kitchener Waterloo Oktoberfest, Kitchener e Waterloo, ON, Canadá.
Uma semana inteira de outubro; a 42ª edição anual foi em 2010. O "maior festival bávaro da América do Norte" conta com mais de eventos 40 familiares e culturais, incluindo um renomado desfile de Ação de Graças. Levanta fundos para mais de 70 organizações de caridade não lucrativas.
http://www.oktoberfest.ca/

Kona Brewers Festival, Kollua-Kona, HI.
Um sábado em março. A 15ª edição anual foi em 2010. Apresenta 30 cervejarias artesanais, 25 *chefs*, um desfile de moda e música ao vivo.
http://www.konabrewersfestival.com/

Liverpool Beer Festival, Liverpool, Inglaterra.
Uma quinta-feira a sábado em fevereiro. Duzentas *real ales*, sidras e peradas, comida artesanal e entretenimento ao vivo.
http://www.merseycamra.org.uk/page9/page9.html

Loughborough Beer Festival, Loughborough, Inglaterra.
Uma quinta-feira a sábado em março; 34ª edição anual em 2010. Mais de 70 *real ales*, cervejas internacionais engarrafadas, cervejas de fruta, sidras e peradas, vinho e hidromel produzidos localmente e música ao vivo.
http://www.loughboroughcamra.org.uk/loug_beer_festival.htm

Luton Beer Festival, Luton, Inglaterra.
Uma quinta-feira a sábado em fevereiro; a 27ª edição anual foi em 2010. Cem *real ales* de toda a Inglaterra com ênfase em cervejarias locais, comida e música ao vivo.
http://www.sbedscamra.org.uk/luton-beer-festival.asp

Maine Brewers Festival, Portland, ME.
Uma sexta-feira e sábado em novembro; a 17ª edição anual foi em 2010. Cerveja de mais de 20 cervejarias do Maine, comida, música ao vivo, e um jantar do tipo "conheça o cervejeiro".
http://learnyourbeer.com/maine_festival/default.asp

Midwest Beerfest, Wichita, KS.
Uma quinta-feira, sexta-feira e sábado em outubro. Festivais passados contaram com mais de 500 cervejas estrangeiras e regionais, comida de produtores locais e um leilão silencioso.
http://www.midwestbeerfest.com/

Mondial de la Bière, Montreal, QC, Canadá.
Uma quarta-feira a domingo em junho; a 17ª edição anual foi em 2010. O "maior evento cervejeiro internacional da América do Norte", mais de 300 cervejas de cervejarias que representam cinco continentes.
http://festivalmondialbiere.qc.ca/

National Capital Craft Beer Festival, Canberra, Austrália.
Um sábado e domingo em abril. Quase 80 cervejas, alimentos de produtores locais, entretenimento ao vivo e sorteios.
http://www.canberrabeerfest.com/

National Cask Ale Week, Reino Unido.
Oito dias de março a abril. Mais de 6 mil *pubs* em todo o Reino Unido promovem e celebram a *real ale* condicionada em *casks*.
http://www.caskaleweek.co.uk/

National Winter Ales Festival, Manchester, Inglaterra.
Uma qurta-feira a sábado em janeiro. Mais de 200 cervejas britânicas e estrangeiras, *real ale*, sidras e peradas engarrafadas, comida, música ao vivo, uma rifa e a competição "Champion Beer of Britain".
http://www.alefestival.org.uk/winterales/

New England Real Ale Exhibition, Somerville, MA.
Uma quarta-feira a sábado em março; 14ª edição anual em 2010. Mais de 80 *real ales* condicionadas em *casks* do Reino Unido e Nova Inglaterra.
http://www.nerax.org/nerax/

New York Craft Beer Week, Nova York, NY.
Dez dias de setembro a outubro. Celebra-se a cerveja artesanal em toda a cidade, com pratos especiais em bares, festivais, harmonização de comida, jantares com cerveja e *pub crawls*.
http://www.nycbeerweek.com/

North American Organic Brewers Festival, Portland, OR.
Uma sexta-feira a domingo em junho. O "festival mais ecológico da América do Norte", conta com 50 cervejas orgânicas, comida orgânica e copos biodegradáveis.
http://www.naobf.org/

Norwich Beer Festival, Norwich, Inglaterra.
Uma segunda-feira a sábado em outubro. A 33ª edição anual foi em 2010. Mais de 200 *real ales*, além de uma seleção de chopes e cervejas engarrafadas europeus, e também mais de 25 diferentes sidras e peradas.
http://www.norwichcamra.org.uk/festival/fest2010.htm

Nottingham Robin Hood Beer Festival, Nottingham, Inglaterra.
Uma quinta-feira a domingo em outubro. A 34ª edição anual ocorreu em 2010. Festivais passados apresentaram quase 700 *real ales*, além de uma gama de estilos de cerveja variados, sidras e peradas, *country wine*, comida e entretenimento ao vivo.
http://www.nottinghamcamra.org/NottFest/web%20site/festivalindex.html

Oktoberfest Blumenau, Blumenau, Brasil.
Dezoito dias em outubro. A 27ª edição anual ocorreu em 2010. "A maior festa alemã das Américas" conta com cervejas nacionais e regionais, comida alemã, música ao vivo, jogos, apresentações e desfiles.
http://www.oktoberfestblumenau.com.br/

Oktoberfest, Munique, Alemanha.
De meados de setembro à primeira semana de outubro. O ano de 2010 marcou o 200º aniversário do evento. O maior festival do mundo, com numerosas tendas de cerveja temáticas, parque de diversões, jogos, um desfile com fantasias, comida e apresentações ao vivo de música bávara moderna e tradicional.
http://www.oktoberfest.de/en/

Oktoberfest Zinzinnati, Cincinnati, OH.
Um sábado e domingo em Outubro; a 35ª edição anual ocorreu em 2010. "A maior e mais autêntica Oktoberfest da América" conta com mais de 800 barris de cerveja, mais de 40 variedades de cerveja de uma dúzia de cervejarias, música alemã e comida.
http://www.oktoberfest-zinzinnati.com/

Olletoober, Oitme, Estônia.
Uma sexta-feira e sábado em julho. Mais de 100 cervejas e sidras, jogos, competições e apresentações ao vivo de bandas locais.
http://www.olletoober.ee/

Oregon Brewers Festival, Portland, OR.
Último fim de semana de julho. A 23ª edição anual foi em 2010. Mais de 80 cervejas artesanais de todos os Estados Unidos, demonstração de cervejaria caseira, exibição de *memorabilia*, comida, uma programação de música ao vivo e um famoso desfile de abertura.
http://www.oregonbrewfest.com/

Oregon Craft Beer Month, OR.
Julho. Celebração estadual da cerveja artesanal, conta com ofertas especiais em bares, jantares com cerveja, festivais, lançamentos de novas cervejas, excursões por cervejarias e eventos do tipo "conheça o cervejeiro".
http://www.oregoncraftbeermonth.com/

Paisley Beer Festival, Paisley, Escócia.
Uma quarta-feira a sábado em abril. Festivais anteriores contaram com 170 *real ales*, cervejas estrangeiras, sidras e peradas, hidromel, comida, entretenimento ao vivo e votação participativa para a eleição da melhor cerveja do festival.
http://www.paisleybeerfestival.org.uk/

Peoria Jaycees International Beer Festival, Peoria, IL.
Uma sexta-feira e sábado em abril. A 18ª edição anual foi em 2010. Mais de 325 cervejas, comida local e apresentações ao vivo.
http://www.peoriajaycees.org/

Peterborough Beer Festival, Peterborough, Inglaterra.
Uma terça-feira a sábado em agosto. Mais de 350 *real ales*, cervejas engarrafadas, sidras e peradas, uma variedade de comidas, jogos e uma rifa.
http://www.peterborough-camra.org.uk/

Philly Beer Week, Philadelphia, PA.
Dez dias em junho. Celebração que ocorre em toda a cidade apresentando centenas de eventos, incluindo festivais, degustações, *pub crawls*, excursões, seminários, jantares com cerveja e o lançamento de novas cervejas.
http://www.phillybeerweek.org/

Philly Craft Beer Festival, Philadelphia, PA.
Um sábado em março. Mais de 100 cervejas de mais de 50 cervejarias, seminários, demonstrações e comida.
http://www.phillycraftbeerfest.com/

Pig's Ear Beer and Cider Festival, Londres, Inglaterra.
Produzido pela sucursal de East London e City da CAMRA. Uma terça-feira a sexta-feira no final de novembro. A 27ª edição anual foi em 2010. Mais de 100 *real ales*, assim como cervejas engarrafadas e estrangeiras e sidra.
http://www.pigsear.org.uk/

Reading CAMRA Beer and Cider Festival, Reading, Inglaterra.
Uma quinta-feira a domingo em abril. A 16ª edição anual foi em 2010. Mais de 500 *real ales*, 100 cervejas estrangeiras, 45 vinhos ingleses, mais de 150 sidras e peradas, comida e o "CAMRA National Cider and Perry Awards".
http://www.readingbeerfestival.org.uk/2010/general/main

Riverside Festival, Stamford, Inglaterra.
Um sábado em julho. A 30ª edição anual foi em 2010. Festivais passados ofereceram 40 *real ales* predominantemente de cervejarias locais, 20 sidras reais, 30 bandas apresentando-se em três palcos, comida, um mercado de artesanato e exibição de fogos de artifício.
http://www.creationbooth.co.uk/riversidefestival/

Rotherham Real Ale and Music Festival (anteriormente The Great British Northern Beer Festival), Rotherham, Inglaterra.
Uma quarta-feira a sábado em fevereiro. Mais de 200 *real ales*, mais de 30 vinhos e sidras, cervejas estrangeiras engarrafadas, comida e uma gama de apresentações ao vivo, incluindo música, dança e comédia.
http://www.magnarealale.co.uk/

Rujanfest, Zagreb, Croácia.
Onze dias em setembro. Celebração no estilo da Oktoberfest com 25 tipos de cerveja, tendas de comidas temáticas e entretenimento ao vivo em três palcos.
http://rujanfest.com/

San Francisco Beer Week, São Francisco, CA.
Dez dias em fevereiro. Celebração que ocorre em toda a cidade, com 100 eventos promovendo a cerveja artesanal da região, com festivais, jantares com cerveja, comida, harmonização de comida e bebida, lançamento de cervejas especiais, eventos to tipo "conheça o cervejeiro" e demonstrações, além música ao vivo and exibição de filmes.
http://www.sfbeerweek.org/

San Francisco International Beer Festival, São Francisco, CA.
Um sábado em abril. Mais de 300 cervejas artesanais estrangeiras e comida de restaurantes locais.
http://www.sfbeerfest.com/index.html

Savor Craft Beer, Washington, DC.
Uma sexta-feira e sábado em junho. Mais de 160 cervejas artesanais de 80 cervejarias serão servidas, acompanhadas de aperitivos doces e salgados.
http://www.savorcraftbeer.com/

South African International Beer Festival, cidade do Cabo em fevereiro; Durban em julho; Gauteng em novembro.
Cerveja de cervejarias estrangeiras e regionais e também de cervejeiros caseiros, harmonização de cerveja e comida, seminários sobre cultura e história da cerveja, artefatos, comida e entretenimento ao vivo.
3http://www.saibf.co.za/

South Devon CAMRA Beer Festival, Newton Abbot, Inglaterra.
Uma sexta-feira e sábado em setembro; a 28ª edição anual foi em 2010. Mais de 50 *real ales*, uma dúzia de sidras e peradas, comida e música ao vivo.
http://www.southdevoncamra.com/southdevonbeer-fest.html

Springfest and Chili Cook-Off, New London, CT.
Uma sexta-feira em maio. Mais de 100 cervejas de todos os Estados Unidos, contando com dúzias de microcervejarias, música ao vivo e uma competição "chili crown" de restaurantes locais.
http://www.newlondonrotary.org/

Steel City Beer & Cider Festival, Sheffield, Inglaterra.
Uma quinta-feira a sábado em outubro; a 36ª edição anual foi em 2010. Mais de 100 *real ales*, cervejas engarrafadas, sidras e peradas, uma seleção de *country wines*, comida e música.
http://www.sheffieldcamra.org.uk/beerfestival.htm

Stockholm Beer and Whisky Festival, Estocolmo, Suécia.
Último fim de semana de setembro e primeiro fim de semana de outubro; a 19ª edição anual foi em 2010. Festivais passados contaram com centenas de cervejas estrangeiras, sidras e *whiskies*, um ampla gama de comidas, seminários e bandas tocando ao vivo.
http://www.stockholmbeer.se/en

Stoke Beer Festival, Stoke, Inglaterra.
Uma quinta-feira a sábado em outubro; a 30ª edição anual ocorreu em 2010. Mais de 200 *real ales*, 40 sidras e peradas, uma seleção de cervejas engarrafadas estrangeiras e *country wines* ingleses.
http://www.camrapotteries.co.uk/StokeBeerFestival.html

Tasmanian Beer Fest, Hobart, Tasmânia, Austrália.
Uma sexta-feira e sábado em novembro. "O maior festival de cerveja da Austrália", centenas de cervejas de cervejarias regionais e estrangeiras, comidas de produtores locais, música ao vivo, seminários, harmonização de cerveja e alimentos e uma competição de cervejas feitas em casa.
http://www.tasmanianbeerfest.com.au/

Telford Beer Festival, Telford, Inglaterra.
Uma quinta-feira a segunda-feira em setembro; a 29ª edição anual foi em 2010. É o "maior festival de cerveja resfriada tirada a mão e baseado em *pubs* da Grã-Bretanha". Edições passadas contaram com cerca de 35 cervejas tiradas à mão, mais de 50 novas cervejas, além de sidras e peradas.
http://www.crown.oakengates.net/2010/09/29th-telford-beer-festival/

Toronto's Festival of Beer, Toronto, ON, Canadá.
Uma quinta-feira a domingo em agosto; a 16ª edição anual foi em 2010. Mais de 120 cervejas de mais de 60 cervejarias estrangeiras, música ao vivo e exibições gatronômicas.
http://www.beerfestival.ca/

Vermont Brewers Festival, Burlington, VT.
Uma sexta-feira e sábado em julho; a 18ª edição anual foi em 2010. Apresenta centenas de cervejas de 35 cervejarias, comida e música.
http://www.vtbrewfest.com/

Villagio della Birra, Bibbiano, Itália.
Um sábado e domingo em setembro. Um "festival de pequenas cervejarias", apresentando uma seleção de cervejas Artesanais italianas, cervejas belgas tradicionais e cervejas feitas em casa, comidas com cerveja, *workshops*, música ao vivo e uma mostra de arte.
http://www.villaggiodellabirra.com/english.htm

Washington Brewers Festival, Kenmore, WA.
Uma sexta-feira a domingo em junho. Seleções de mais de 35 cervejarias de Washington na sexta-feira e quase 200 cervejas no sábado e domingo, sidra e vinho, música, comida, jogos e uma feira de artesanato.
http://www.washingtonbeer.com/wabf.htm

Wazoo, Tampa, FL.
Um sábado em agosto; a 15ª edição anual foi em 2010. Mais de 200 cervejas estrangeiras, comida de restaurantes locais e música ao vivo.
http://www.lowryparkzoo.com/wazoo/index.html

World Beer Festival, Columbia, SC em janeiro; Raleigh, NC em abril; Durham, NC em outubro; Richmond, VA em junho.
Apresentada pela All About Beer. Festivais passados contaram com 300 cervejas de 150 cervejarias.
http://allaboutbeer.com/wbfcolumbia/index.html

World of Beer Festival, Menononee Falls, WI.
Um sábado em junho. Mais de 150 cervejas de mais de 50 cervejarias, incluindo uma seção de cervejas feitas em casa e música ao vivo.
http://www.worldofbeerfestival.com/index.html

WYES International Beer Tasting, Nova Orleans, LA.
Um sábado em junho. A 27ª edição anual foi em 2010. Mais de 200 cervejas norte-americanas e estrangeiras, incluindo uma seleção de cervejas caseiras.
http://wyes.org/events/beer.shtml

York Beer and Cider Festival, York Knavesmire, Inglaterra.
Uma quinta-feira a sábado em setembro. Quase 250 cervejas, além de uma seleção internacional, 50 sidras e peradas, vinho, música ao vivo e comida.
http://www.yorkbeerfestival.org.uk/

Zythos Bier Festival, Sint-Niklaas, Bélgica.
Um sábado e domingo em março. Mais de 200 cervejas de 60 cervejarias, além de comida, um mercado de cervejas e uma rifa.
http://www.zbf.be/nl/index.htm

Referências
http://www.beerfestivals.org/
http://beeradvocate.com/
http://www.camra.org.uk/

SITES, REVISTAS E JORNAIS

A maior parte das informações publicadas sobre cerveja pode ser classificada em três categorias: cultura, indústria e fabricação caseira de cerveja. Publicações de caráter cultural promovem e apoiam a cerveja artesanal com reportagens que incluem notícias sobre cervejas, avaliações, eventos e entrevistas e artigos sobre cervejeiros e cervejarias. Guias com orientações sobre onde encontrar boas cervejas, bares e cervejarias durante viagens a diferentes cidades e países são comuns, assim como receitas de pratos que levam cerveja e sugestões de harmonização. Cervejeiros amadores encontrarão conselhos técnicos, receitas, guias de estilo, avaliações de equipamentos e também notícias e eventos. Profissionais da indústria ficarão bem instruídos e assistidos por recursos que oferecem informações e divulgam notícias sobre tendências de negócios e análises.

Existem numerosas publicações impressas e incontáveis sites e blogs dedicados à cerveja. Entre esses últimos, não é improvável que a cada dia surja uma novidade. As vantagens de armazenar informações on-line incluem o oferecimento de atualizações com mais facilidade, a manutenção de bases de dados mais completas e dinâmicas e a possibilidade de postar em blogs e fóruns e de publicar vídeos, fotografias, avaliações de consumo e comentários. As publicações são com frequência acompanhadas de um website que contém boa parte do conteúdo impresso e oferece material multimídia.

A lista a seguir contém apenas alguns exemplos das muitas fontes de informações culturais, políticas, sociais e econômicas sobre a cerveja.

Ale Street News
Jornal bimestral cuja missão é "promover a apreciação das melhores cervejas disponíveis nos Estados Unidos e em todo o mundo", com reportagens sobre eventos, lançamentos de novas cervejas e bares, avaliações e artigos sobre viagens, harmonização de cerveja e comida, culinária, técnicas de cervejaria doméstica e receitas.
http://www.alestreetnews.com/

All About Beer
Revista bimestral com reportagens sobre novidades, avaliações, colunas, destaques e eventos, história e tradição, métodos cervejeiros, a política da cerveja e informações para o cervejeiro amador. O website contém notícias e lançamentos, avaliações, eventos, história e saberes da cerveja, informações sobre comida e viagens e um localizador de cervejas e bares.
http://www.allaboutbeer.com/

Alltop
Website que oferece um abrangente conjunto de *feeds* de notícia agregados a partir dos melhores sites e blogs sobre cerveja.
http://beer.alltop.com/

American Brewer
Revista trimestral do setor com foco no "negócio da cerveja", com notícias sobre tendências e análises da indústria.
http://www.ambrew.com/

Sites, revistas e jornais

BeerAdvocate
Website com mais de 1,2 milhão de avaliações de cervejas feitas por usuários de mais de 55 mil cervejas, notícias, eventos e festivais, educação cervejeira, fórum e guia de viagem. Acompanhado por uma publicação impressa que inclui avaliações feitas pela equipe, colunas, notícias e artigos sobre a cultura cervejeira. Promove o American Craft Beer Fest (Boston, MA).
http://beeradvocate.com/

Beer and Brewer
Revista focada na cerveja na Austrália e Nova Zelândia com reportagens sobre novidades, eventos, tendências, guias de viagem e guias para harmonizar cerveja e comida, avaliações de cervejas, sidra e *whiskey*, incluindo uma seção chamada "Homebrewer" que oferece informações para cervejeiros amadores. O website contém artigos, notícias, eventos e um localizador de cerveja.
http://www.beerandbrewer.com/

Beer Business Daily
Newsletter diária com notícias e análises, focada na indústria cervejeira norte-americana.
http://www.beernet.com/

Beer Connoisseur
Revista trimestral com informações sobre estilo, artigos sobre cervejas, cervejeiros e líderes da indústria, harmonização de cerveja e comida, avaliações, guia de estilos, cultura cervejeira, guia de viagem, informações sobre cervejaria, eventos e instruções gerais sobre a cerveja. O website inclui artigos, blogs, fórum, novidades e eventos.
http://www.beerconnoisseur.com/

Beer Info
Base de dados on-line sobre informações relativas à cerveja, entre as quais listas de cervejarias, fontes de suprimentos e equipamentos para cervejeiros domésticos, festivais da cerveja, associações cervejeiras, guias de estilos, publicações e clubes da "cerveja do mês".
http://www.beerinfo.com/

Beer Insights
Newsletters eletrônicas que requerem assinatura e oferecem notícias e informações sobre a indústria norte-americana da cerveja.
http://www.beerinsights.com/

Beer Magazine
Revista bimestral com reportagens sobre cultura cervejeira, avaliações, eventos e harmonização de cerveja e comida, oferece assinaturas físicas e digitais. O website inclui artigos, fórum, vídeos e guia de estilos.
http://www.thebeermag.com/

Beer News
Website que oferece informações sobre o lançamento de novas cervejas, notícias sobre cervejarias e *press releases*, e também orientações sobre onde comprar cervejas on-line.
http://beernews.org/

Beer West
Revista trimestral sobre cultura da cerveja, eventos, bares, harmonização de comida e cerveja, incluindo reportagens sazonais. O website oferece notícias, eventos, um localizador de cervejas, fórum e blog.
http://www.beerwestmag.com/

Beverage World
Revista mensal com "inteligência empresarial" sobre bebidas alcoólicas e não alcoólicas, incluindo notícias, pesquisas de tendências e artigos sobre empresas e profissionais da indústria. Uma cópia digital está disponível via e-mail e também como uma *newsletter* eletrônica diária com as últimas notícias.
http://www.beverageworld.com/

Bierpassie Magazine
Revista belga trimestral "Paixão pela Cerveja", com entrevistas e artigos sobre cervejarias, comida e bebida, e recomendações de cervejas e bares. Promove o festival Beer Passion Weekend (Antuérpia, Bélgica).
http://www.beerpassion.com/

BRAUWELT
Revista setorial alemã publicada três vezes por mês em conjunto com uma *newsletter* gratuita sobre uma ampla gama de temas econômicos e avanços técnicos na indústria da cerveja, além de notícias e eventos.
http://www.brauwelt.de/

Brewbound
Website sobre cerveja produzido pela BevNET.com, apresenta avaliações focadas nos consumidores, notícias, eventos, vídeos, um diretório de cervejarias e fórum.
http://www.brewbound.com/

Brewers' Guardian
Revista britânica bimestral publicada pela primeira vez em 1871 e distribuída em mais de 120 países. Inclui relatórios sobre desenvolvimentos da indústria, política e tendências, atualizações sobre marketing e tecnologia e entrevistas com líderes da indústria. O website inclui textos sobre novidades, colunas, eventos e recursos para os aspirantes a cervejeiro.
http://www.brewersguardian.com/

Brewing News
Jornal bimestral distribuído regionalmente que publica notícias e artigos sobre cervejas artesanais, incluindo guias de viagem e informações sobre cervejaria caseira. Está disponível em bares, cervejarias e lojas. Compreende *Great Lakes Brewing News*, *Mid-Atlantic Brewing News*, *Northwest Brewing News*, *Rocky Mountain Brewing News*, *Southern Brew News*, *Southwest Brewing News* e *Yankee Brew News*.
http://www.brewingnews.com/

Brew Your Own
Revista sobre cervejaria amadora publicado oito vezes por ano. Oferece dicas técnicas, receitas e guias de estilos. O website contém notícias, blogs, tabelas de referência, receitas e vídeos.
http://www.byo.com/

CAMRA BEER Magazine
Publicação britânica trimestral exclusiva para membros da Campaign for Real Ale (CAMRA), inclui artigos sobre cervejas, cervejarias e *pubs*. A CAMRA também publica anualmente seu *Good Beer Guide*, um diretório de cervejarias e *pubs*, e também o jornal mensal *What's Brewing*, com o âmbito político da indústria da cerveja, eventos, *pubs*, cervejeiros, cervejaria caseira e harmonização de cerveja e comida.
http://www.camra.org.uk

Celebrator Beer News
Revista bimestral com avaliações, artigos, eventos e colunas. O website inclui vídeos e blogs em destaque.
http://www.celebrator.com/

Craft Beer
Website da Brewer's Association com notícias, eventos, reportagens, guias de estilo, localizador de cerveja e cervejaria, harmonização de comida e cerveja, história da cerveja e conhecimentos gerais sobre cerveja.
http://www.craftbeer.com/

DRAFT Magazine
Revista bimestral que inclui avaliações, vídeos, eventos, localizador de cervejas, conhecimentos gerais sobre cerveja, *newsletter*, comidas e viagens. O website contém vídeos, blogs de destaque e sorteios. Produz o festival de cerveja Big Red Pour (Phoenix, AZ).
http://draftmag.com/

The Full Pint
Website com notícias sobre cervejas artesanais, avaliações e eventos.
http://thefullpint.com/

Imbibe Magazine
"Revista de cultura líquida" bimestral que cobre os componentes, a produção e a história de bebidas alcoólicas e não alcoólicas, incluindo avaliações e artigos sobre os números da indústria. O website contém artigos, um blog e receitas de bebidas e comidas.
http://www.imbibemagazine.com/

Japan Beer Times
Revista japonesa trimestral, bilíngue e gratuita com avaliações sobre bares, novidades, entrevistas, educação, guias de viagem e reportagens sobre cervejarias.
http://japanbeertimes.com/

Modern Brewery Age
A "revista e *newsletter* mais antiga continuamente publicada sobre o setor cervejeiro norte-americano", com notícias, entrevistas e estatísticas na forma de uma *newsletter* eletrônica semanal e revista eletrônica trimestral. Publica o diretório profissional *Blue Book*.
http://www.breweryage.com/

Mutineer Magazine
Revista com foco na cobertura da cultura da cerveja, do vinho e das aguardentes. O website contém um blog, vídeos e entrevistas.
http://www.mutineermagazine.com/

New Brewer
O "periódico da Brewer's Association" oferece apoio às cervejarias de todos os tamanhos com notícias sobre a indústria e artigos sobre negócios e tecnologia, além de reportar a produção anual cervejeira norte-americana.
http://www.brewersassociation.org/pages/publications/the-new-brewer/current-issue

Ølentusiasten
Revista dinamarquesa bimestral cujo nome significa "entusiastas da cerveja". Contém notícias, eventos e reportagens. O website tem um fórum e links para sites com informações, história e referências sobre a cerveja. Organiza o Copenhagen Beer Festival.

http://www.ale.dk/

The Oxford Bottled Beer Database
Website com avaliações de cervejas e informações sobre quase 4 mil cervejas provenientes de quase 80 países, notícias e um fórum de discussão.

http://www.bottledbeer.co.uk/

Pro Brewer
Website com informações técnicas e da indústria para profissionais do setor, com novidades, eventos, classificados, fórum e diretório de fornecedores.

http://www.probrewer.com/

Rate Beer
Website com mais de 2,4 milhões de avaliações de consumidores sobre 110 mil cervejas; eventos, informações sobre cervejas e cervejeiros, localizador de cerveja, harmonização de cerveja e comida, guia de estilos, dicas de viagem e artigos via The Hop Press (http://hoppress.com/).

http://www.ratebeer.com/

Real Beer
Website de educação cervejeira, notícia, eventos, fórum, localizador de cervejaria e bar e guias de viagem.

http://www.realbeer.com/

Taps
Revista canadense trimestral sobre cultura da cerveja com notícias, avaliações, entrevistas, artigos, harmonização de comida e cerveja e informações sobre a cervejaria caseira. O website tem um blog, vídeos e um *newsletter* gratuita.

http://www.tapsmedia.ca/

Zymurgy
Revista norte-americana bimestral sobre cervejaria amadora publicada há mais de 25 anos, com receitas, análise de equipamentos, exibições técnicas e informações culturais e científicas sobre cerveja. Quem assina torna-se membro por um ano da American Homebrewers Association. O website inclui informações sobre técnicas e história da fabricação doméstica da cerveja, recomendações de leitura e outros recursos, receitas, fórum, vídeos, blog, diretório do clube e guia de competição.

http://www.homebrewersassociation.org/pages/zymurgy/current-issue

MUSEUS DA CERVEJA

A maioria dos museus da cerveja está localizada na Europa, onde o valor cultural e a importância história da cerveja é mais proeminente que em qualquer outro lugar do mundo. Alguns museus estão instalados em cervejarias históricas que saíram de operação, e outros ficam em lugares onde existem cervejarias ativas, antigas e bem-sucedidas. Nessas mostras, é provável que o visitante aprenda o processo de fabricação da cerveja e encontre uma história das técnicas da cervejaria e de artefatos afins, além de *breweriana*, um termo amplo que se refere a *memorabilias* como descansos para copos, rótulos, bandejas, copos, abridores e letreiros. Além disso, quase certamente desfrutará de uma amostra de cerveja, em geral ao final da excursão, especialmente se o museu funcionar em uma cervejaria em operação.

A lista que se segue é uma amostra do que se pode esperar encontrar durante uma visita a um museu da cerveja. É altamente recomendável que se contate diretamente qualquer um desses museus a fim de confirmar o horário de funcionamento, a localização, a programação e o custo.

Museu do Lúpulo Norte-Americano, Toppenish, Washington

Localizada no vale do Yakima, em Washington, maior produtor de lúpulo nos Estados Unidos, a exposição apresenta maquinários, fotografias e outros artefatos envolvidos no processo de cultivo e colheita do lúpulo, cobrindo toda a história do lúpulo nos Estados Unidos.

http://www.americanhopmuseum.org/

Museu da Fabricação de Cerveja August Schell, New Ulm, Minnesota

A August Schell Brewing Company abriga uma exposição de antigos equipamentos cervejeiros e também artefatos ligados à história da cervejaria e da família Schell.

http://www.schellsbrewery.com/

Museu da Cervejaria Bávara, Kulmbach, Alemanha

As exposições tocam na importância cultural, histórica e econômica da cerveja e da fabricação da cerveja na Baviera e na Francônia, incluindo uma história mundial da cerveja, anúncios de cerveja, artefatos e exibições de fabricação de cerveja.

http://www.bayerisches-brauereimuseum.de/

Museu da Cerveja Beck, Bremen, Alemanha

O museu foca na história da cerveja Beck e seus métodos atuais de produção, incluindo filmes e apresentações.

http://www.becks.de/index.php

Museu da Publicidade da Cerveja, Breda, Países Baixos

Um sortimento de letreiros e pôsteres de cerveja, propagandas, equipamento, copos, rótulos, descansos para copos e outras parafernálias estão em exibição. A maior parte dos artefatos vem da Holanda, Bélgica, França, Alemanha e Inglaterra.

http://www.bierreclamemuseum.nl/english%20page.htm

Museu da Cerveja e da Oktoberfest, Munique, Alemanha

Localizado em um edifício histórico com séculos de idade, o museu promove a herança da Oktoberfest com exposições de *memorabilias*, destacando a história do festival e a história da fabricação de cerveja em Munique, além de oferecer degustações de comida e cerveja e exibições de fabricação de cerveja.

http://www.bier-und-oktoberfestmuseum.de/
http://www.bier-und-oktoberfestmuseum.de/dahoam.html

Museu da Lata de Cerveja, East Taunton, Massachusetts

Estão em exibição mais de 4.500 latas de cerveja, além de uma ampla seleção de *breweriana – memorabilia* da cerveja – que inclui descansos de copo, abridores, bandejas, toalhas, chapéus e vários itens feitos com latas de cerveja.

http://www.beercanmuseum.org/

Museus dos Cervejeiros Belgas, Bruxelas, Bélgica

A Confederação das Cervejarias Belgas faz a curadoria de uma variedade de equipamentos cervejeiros tradicionais que remontam ao século XVIII, entre os quais tinas decoradas, tanques de porcelana, jarras e canecas. Há também uma exposição sobre técnicas modernas de fabricação de cerveja.

http://www.beerparadise.be/emc.asp

Museu da Cervejaria Bocholter, Bocholt, Bélgica

A história e a tecnologia da cerveja desde meados do século XVIII até os tempos modernos são retratadas por meio de artefatos de "arqueologia industrial" que incluem barris, garrafas e carrinhos.

http://www.bocholterbrouwerijmuseum.be/

Museu de Bruxelas da Cerveja Gueuze, Bruxelas, Bélgica

Neste "museu vivo", os visitantes podem aprender sobre a história da cervejaria Cantillon e a ciência por trás da fermentação espontânea da cerveja de estilo *lambic*. Estão expostos equipamentos antigos para a fabricação de cerveja, uma adega e uma linha de engarrafamento.

http://www.cantillon.be/

Centro de Visitantes Carlsberg, Copenhague, Dinamarca

Exposições interativas exibem a história da cervejaria Carlsberg, com destaque para a "maior coleção de garrafas de cerveja do mundo", equipamentos para a fabricação de cerveja, um estábulo de cavalos e um jardim de esculturas.

http://www.visitcarlsberg.dk/

Museu da Cervejaria de Dortmund, Dortmund, Alemanha

A exposição se concentra na tradição cervejeira das muitas cervejarias de Dortmund e oferece informações sobre a produção e o consumo de cerveja históricos e modernos.

http://brauereimuseum.dortmund.de/

Museu Europeu da Cerveja, Stenay, França

Apresentando exibições temáticas em vários pisos, o museu exibe a história dos ingredientes, produção, consumo e publicidade da cerveja.

http://www.musee-de-la-biere.com/

Museu da Cervejaria Felsenkeller, Monschau, Alemanha

As exposições incluem equipamentos para a fabricação de cerveja e documentos relativos aos últimos 150 anos, além de garrafas e latas, barris, uma coleção de fotografias e uma adega construída em 1830.

http://www.brauerei-museum.de/

Museu da Cervejaria da Francônia, Bamberg, Alemanha

Sob as abóbadas da abadia beneditina onde a cerveja era produzida no século XII, mais de 1.300 expositores mostram a produção da cerveja, com generosos espaços dedicados à malteação e à fabricação da cerveja.

http://www.brauereimuseum.de/

Museu do Lúpulo Alemão, Wolnzach, Alemanha

Engloba a ciência, o cultivo e a indústria do lúpulo na Alemanha nos últimos mil anos, incluindo a exposição de maquinários.

http://www.hopfenmuseum.de/

Armazém Guinness, Dublin, Irlanda
Localizado na cervejaria da St. James's Gate, a exposição ocupa múltiplos andares e cobre a história da Guinness e sua cerveja, com expositores que incluem o processo de fabricação da bebida, a fabricação de barris e as populares propagandas da empresa. No último piso há um bar com uma vista panorâmica de Dublin.
http://www.guinness-storehouse.com/en/Index.aspx

Heineken Experience, Amsterdã, Países Baixos
Os visitantes podem excursionar pela velha fábrica, aprender sobre a história da Heineken, testemunhar o processo de fabricação da cerveja e participar de exposições interativas.
http://www.heinekenexperience.com/

Museu da Cerveja de Lüneburg, Lüneburg, Alemanha
Os visitantes testemunham o processo completo de fabricação da cerveja, incluindo o engarrafamento, e exploram exposições sobre a produção de cerveja em quatro andares, com destaque para uma tina antiga e um moinho de malte.
http://www.brauereimuseum-lueneburg.de/

Museu da Cervejaria e da Tanoaria de Maisel, Bayreuth, Alemanha
Nesta cervejaria em operação, uma variedade de exposições em 20 salas demonstram cada elemento do processo de fabricação da cerveja, incluindo a fabricação de barris, além de exibirem mais de 3 mil copos e jarras, 400 letreiros e uma gama de descansos de copo.
http://www.maisel.com/museum

Museu das Cervejas Belgas, Lustin, Bélgica
Estão em exibição mais de 15 mil garrafas e copos de cerveja belgas, e também uma gama de *breweriana* e propagandas.
http://www.museebieresbelges.centerall.com/

Museu Nacional da Cerveja, Alkmaar, Países Baixos
Por meio da exibição de vários equipamentos e maquinários antigos, os visitantes aprendem como se fazia cerveja nos dois últimos séculos, e podem também ver expostos garrafas, copos e propagandas.
http://www.biermuseum.nl/

Centro Cervejeiro Nacional, Burton upon Trent, Inglaterra
Visitantes aprendem sobre técnicas de fabricação de cerveja ao longo da história, com a exibição de centenas de artefatos, incluindo veículos e vagões de trem. Atores a caráter fabricam e servem cerveja.
http://www.nationalbrewerycentre.co.uk/

Museu Nacional Cervejeiro e Biblioteca de Pesquisa, Potosi, Wisconsin
Cortesia da American Breweriana Association, exposições temáticas de vários artefatos e equipamentos estão em exibição. O museu também conta com uma biblioteca para pesquisas sobre cerveja.
http://nationalbrewerymuseum.org/

Museu Pivovarske, Plzen, República Tcheca
Uma cervejaria original do século XV abriga uma exposição da história da fabricação de cerveja e de malte, com equipamentos do início do século XX, instrumentos laboratoriais, garrafas antigas de cerveja, fotografias, copos e veículos.
http://www.prazdrojvisit.cz/cz/pivovarske-muzeum/

Museu do Lúpulo de Poperinge, Poperinge, Bélgica
Excursões guiadas dos quatro pisos passam pela história e colheita do lúpulo, com a exibição de documentos, fotografias e ferramentas.
http://www.hopmuseum.be/home.php?lang=EN

Museu da Cerveja Sapporo, Sapporo, Japão
As exposições ilustram a história da cerveja no Japão e a da Cervejaria Sapporo por meio de exibições que incluem garrafas de cerveja, letreiros e equipamentos para a fabricação de cerveja.
http://www.sapporobeer.jp/

Museu Saxão da Cervejaria, Rechenberg, Alemanha
Visitantes aprendem a história desta cervejaria de quase 450 anos de idade, e também o processo de fabricação da cerveja, e visitam uma sala de brasagem do final do século XVIII, adegas e equipamento cervejeiro em operação.
http://www.museumsbrauerei.de/

Museu da Cerveja de Schaerbeek, Schaerbeek, Bélgica

História e técnicas da fabricação de cerveja antiga e moderna estão em exposição, em conjunto com quase mil garrafas de cerveja belgas e centenas de descansos de copo, assim como propagandas.

http://users.skynet.be/museedelabiere/

Museu da Microcervejaria de Seattle, Seattle, Washington

A Pike Brewing Company abriga uma exposição que informa os visitantes sobre a história da cerveja dos tempos antigos até os modernos, exibindo uma ampla gama de *breweriana* regional *vintage*.

http://www.pikebrewing.com/history.shtml

Museu da Cerveja Stepan Razin, São Petersburgo, Rússia

Na cervejaria mais antiga da Rússia, as exposições ilustram a história cervejeira da Rússia com alguns artefatos de mais de 300 anos de idade, assim como métodos industriais e caseiros de fabricação da cerveja.

http://www.saint-petersburg.com/museums/beer-museum.asp

Museu da Cervejaria Stiegl Brauwelt, Salzburgo, Áustria

A "maior cervejaria privada da Áustria desde 1492" exibe uma grande exposição sobre a história da cerveja e várias técnicas de fabricação da cerveja.

http://www.stiegl.at/de/brauwelt/

Museu e Loja de Presentes Yuengling, Pottsville, Pensilvânia

A cervejaria mais antiga dos Estados Unidos ensina aos visitantes o processo de fabricação da cerveja e exibe rótulos e embalagens antigos, além de adegas de armazenamento pré-refrigeração escavadas à mão.

http://www.yuengling.com/

Museu da Cervejaria Zywiec, Zywiec, Polônia

Exposições em quase 20 salas cobrem a história da cerveja na Polônia e a própria cervejaria Zywiec, com destaque para demonstrações interativas de fabricação de cerveja.

http://www.muzeumbrowaru.pl/

LISTA DE COLABORADORES

Mirella G. Amato
Fundadora da Beerology, Toronto, Ontário, Canadá

Ray Anderson
Presidente da Brewery History Society, Swadlincote, Reino Unido

Zak Avery
Fundador da The Beer Boy, Reino Unido

Charles W. Bamforth
Professor catedrático da Anheuser-Busch de Ciências da Malteação e da Cervejaria, Universidade da Califórnia, Davis, Califórnia

Christopher Bird
CMB Brewing Services, Lexington, Kentucky

Thomas Blake
Professor do Departamento de Ciências das Plantas e Patologia das Plantas, Universidade do Estado de Montana, Bozeman, Montana

Victoria Carollo Blake
Professora assistente de pesquisa do Departamento de Ciências das Plantas e Patologia das Plantas, Universidade do Estado de Montana, Bozeman, Montana

Gerrit Blüemelhuber
Consultor diretor de administração da Academia Doemens, Gräfelfing, Alemanha

Peter Bouckaert
Mestre cervejeiro da New Belgium Brewing Company, Fort Collins, Colorado

Fritz Briem
Diretor administrativo da Lupex Hops, Au/Hallertau, Alemanha

Jay R. Brooks
Jornalista que escreve sobre cerveja, Novato, Califórnia

Pete Brown
Autor de *Hops and glory* e *Man walks into a pub: a sociable history of beer*, Londres, Reino Unido

Matthew Brynildson
Mestre cervejeiro da Firestone Walker Brewing Company, San Simeon, Califórnia

Paul KA Buttrick
Fundador da Beer Dimensions, Knutsford, Cheshire, Reino Unido

Dick Cantwell
Fundador e cervejeiro chefe da Elysian Brewing Company, Seattle, Washington

Marcelo Carneiro
Fundador e mestre cervejeiro da Cervejaria Colorado, Ribeirão Preto, Brasil

Paul H. Chlup
Gerente de qualidade da SweetWater Brewing Company, Atlanta, Geórgia

Vincent Cilurzo
Proprietário e cervejeiro da Russian River Brewing Company, Santa Rosa, Califórnia

Lista de colaboradores

Martyn Cornell
Autor de *Beer: the story of the pint* e *Amber, gold & black: the history of Britain's great beers*, Teddington, Middlesex, Reino Unido

Jan Czerny
Mestre cervejeiro da Unser Bier, Basileia, Suíça

Lorenzo Dabove
Apresentador e jurado de programas televisivos sobre cerveja, Milão, Itália

Curtis Dale
Fundador e cervejeiro da Dale Bros. Brewery, Upland, Califórnia

Ray Daniels
Fundador do Cicerone Certification Program e do Real Ale Festival, autor de *Designing great beers*, Chicago, Illinois

Peter Darby
Wye Hops Ltd, Canterbury, Reino Unido

April Darcy
Escritora especializada em viagens, Jersey City, Nova Jersey

Geoff Deman
Cervejeiro chefe da Brewpub Operations, Free State Brewing Company, Lawrence, Kansas

Dan D'Ippolito
Coordenador de comunicação da Brooklyn Brewery, Brooklyn, Nova York

Mark Dorber
Codiretor da The Beer Academy e proprietário da The Anchor, Walberswick, Suffolk, Reino Unido

Horst Dornbusch
Fundador da Cerevisia Communications, consultor da indústria cervejeira, colunista e autor de obras sobre cerveja, West Newbury, Massachusetts

Jonathan Downing
Presidente da Downing International Brewery Consulting, Oakville, Ontário, Canadá

Hans-Peter Drexler
Mestre cervejeiro da Weisses Bräuhaus G. Schneider & Sohn, Kelheim, Alemanha

Stanley H. Duke
Professor do Departamento de Agronomia da Universidade de Wisconsin, Madison, Wisconsin

Barbara Dunn
Cientista pesquisadora sênior do Departamento de Genética, Universidade Stanford, Stanford, Califórnia

Michael J. Edney
Gerente de programa, Applied Barley Research Unit, Grain Research Laboratory, Winnipeg, Manitoba, Canadá

Jason Eglinton
Professor associado, líder do Barley Program, Universidade de Adelaide, Adelaide, South Austrália

Jens Eiken
Diretor de estratégia técnica e cadeia de suprimentos da Molson Coors UK, Lichfield, Stafford, Reino Unido

Svante Ekelin
Cofundador da Associação Sueca de Cervejeiros Caseiros, Suécia

Evan Evans
Fellow pesquisador, Escola de Ciências Agrícolas, Universidade da Tasmânia, Austrália

Jeff Evans
Autor de *A beer a day* e *The book of beer knowledge*, Newbury, Berkshire, Reino Unido

Roland Folz
Chefe de Ciência e aplicação cervejeira e de bebidas do Instituto para o Ensino da Fabricação da Cerveja em Berlim (VLB), Berlim, Alemanha

Erik Fortmeyer
Historiador e colecionador de garrafas, Brooklyn, Nova York

Terry Foster
Autor de *Pale ale* e *Porter*, Stratford, Connecticut

Andrew Fratianni
Diploma brewer pelo Institute of Brewing and Distilling, Ossining, Nova York

Alastair Gilmour
Jornalista especializado em cerveja, Newcastle upon Tyne, Reino Unido

Gary Glass
Diretor da American Homebrewers Association, Boulder, Colorado

Brian Glover
Autor de *The world encyclopedia of beer* e ex-editor de publicações da Campaign for Real Ale (CAMRA), Cardiff, Reino Unido

Abram Goldman-Armstrong
Escreve sobre cerveja, Portland, Oregon

Dan Gordon
Cofundador e diretor de operações cervejeiras da Gordon Biersch Brewing Company, San Jose, Califórnia

Ryan Gostomski
Presidente e mestre cervejeiro da Namysłów Brewery, Namysłów, Polônia

Jon Griffin
Instrutor da Universidade de Nevada, Las Vegas, Nevada

Ken Grossman
Fundador da Sierra Nevada Brewing Company, Chico, Califórnia

John Haggerty
Mestre cervejeiro da New Holland Brewing Company, Holland, Michigan

Alex Hall
Colunista especializado em cerveja e editor, Nova York, Nova York

Tim Hampson
Autor de *Great beers: the best beers from around the world* e coautor de *The beer book*, Oxford, Reino Unido

Bryan Harrell
Comentarista e jornalista especializado em cerveja, Tóquio, Japão

Bryan Harvey
Professor do Departamento de Ciências das Plantas, Universidade de Saskatchewan, Saskatoon, Saskatchewan, Canadá

Alfred Haunold
Professor do Departamento de Ciências da Plantação e do Solo, Universidade do Estado do Oregon, Corvallis, Oregon

Antony Hayes
Escritor e juiz especializado em cerveja, Tonbridge, Kent, Reino Unido

Patrick Hayes
Professor do Departamento de Ciências da Plantação e do Solo, Universidade do Estado do Oregon, Corvallis, Oregon

Scott E. Heisel
Vice-presidente e diretor técnico da American Malting Barley Association, Inc., Milwaukee, Wisconsin

Cynthia A. Henson
Professora associada do Departamento de Agronomia, Universidade de Wisconsin, Madison, Wisconsin

Karl-Ullrich Heyse
Editor do periódico *Brauwelt*, Nuremberg, Alemanha

Stephen Hindy
Cofundador e presidente da The Brooklyn Brewery, Brooklyn, Nova York

John Holl
Jornalista especializado em cerveja e autor de *Indiana Breweries*, Jersey City, Nova Jersey

Martha Holley-Paquette
Cofundador do Pretty Things Beer & Ale Project, Cambridge, Massachusetts

Chris Holliland
Consultor independente, Sunderland, Reino Unido

Ian Hornsey
Cervejeiro fundador da Nethergate Brewery, Clare, Suffolk, Reino Unido, e autor de *Brewing* e *A history of beer and brewing*

Jonathan Horowitz
Brooklyn, Nova York

Oliver Hughes
Cofundador da Porterhouse Brewing Company, Dublin, Irlanda

Brian Hunt
Fundador da Moonlight Brewery, Fulton, Califórnia

Steve Huxley
Sócio da Steve's Beer e autor de *Cerveza, la poesía líquida*, Barcelona, Espanha

Oliver Jakob
Mestre cervejeiro, gerente de projeto e gerente de produto da GEA Brewery Systems, Kitzingen, Alemanha

Kjetil Jikiun
Cervejeiro chefe da Nøgne-ø Brewery, Grimstad, Noruega

Alana R. Jones
Gerente geral da Santa Fe Brewing Company, Santa Fe, Novo México

Nick R. Jones
Cervejeiro da Santa Fe Brewing Company, Santa Fe, Novo México

Kim Jordan
Cofundador da New Belgium Brewing Company, Fort Collins, Colorado

Colin Kaminski
Mestre cervejeiro da Downtown Joe's Brewery and Restaurant, Napa, Califórnia

David Kapral
Proprietário da Brewing Consulting Services, Boise, Idaho

Csilla Kato
Enólogo da Beringer Vineyards, Napa, Califórnia

Nick Kaye
Editor gerente da *The Beer Connoisseur Magazine*, Atlanta, Geórgia

Ben Keene
Jornalista especializado em cerveja e viagens, Brooklyn, Nova York

Stephen Kenny
Cientista assistente, Departamento de Ciências da Plantação e do Solo, Universidade do Estado de Washington

Jai Kharbanda
Estudioso da comida, Cidade do México, México

Ritchie S. King
Jornalista especializado em ciência, Nova York, Nova York

Anders Brinch Kissmeyer
Fundador da Nørrebro Bryghus e Kissmeyer Beer & Brewing, Charlottenlund, Dinamarca

Ray Klimovitz
Diretor técnico da Master Brewers Association of the Americas, Chippewa Falls, Wisconsin

Jennifer Kling
Professora do Departamento de Ciências da Plantação e do Solo, Universidade do Estado do Oregon, Corvallis, Oregon

Per Kølster
Gerente e diretor da Fuglebjerggaard (fazenda e cervejaria), Helsinge, Dinamarca

Walter König
Gerente geral da Federação dos Cervejeiros Bávaros, Munique, Alemanha

Thomas Kraus-Weyermann
Copresidente da Weyermann® Malting Company, Bamberg, Alemanha

Jim Kuhr
Mestre cervejeiro da The Matt Brewing Company, Utica, Nova York

David Kuske
Diretor de operações de malteação da Briess Malt & Ingredients Company, Chilton, Wisconsin

Daniel J. Kvitek
Departamento de Genética, Centro Médico da Universidade de Stanford, Stanford, Califórnia

Mike Laur
Fundador do The Beer Drinker's Guide to Colorado, Colorado Springs, Colorado

Anda Lincoln
Escritora e advogada, Fort Collins, Colorado

Wolfgang David Lindell
Mestre cervejeiro da Old Harbor Brewery, Old San Juan, Porto Rico

Dirk Loeffler
Presidente e CEO da Loeffler Chemical Corporation, Atlanta, Geórgia

Damien Malfara
Fundador e cervejeiro da Old Forge Brewing Company, Danville, Pensilvânia

Lista de colaboradores

Chris J. Marchbanks
Mestre cervejeiro e tecnólogo da cerveja, Burton upon Trent, Staffordshire, Reino Unido

Phil Markowski
Mestre cervejeiro da Southampton Brewery, Southampton, Nova York

Jeremy Marshall
Cervejeiro chefe da The Lagunitas Brewing Company, Petaluma, Califórnia

Ben McFarland
Autor de *World's best beers*, Londres, Reino Unido

Jacob McKean
Coordenador de mídias sociais da Stone Brewing Company, Escondido, Califórnia

Jeff Mendel
Sócio e diretor da Left Hand Brewing Company, Longmont, Colorado

Juliano Borges Mendes
Cofundador da Cervejaria Eisenbahn, Blumenau, Brasil

Will Meyers
Mestre cervejeiro, Cambridge Brewing Company, Cambridge, Massachusetts

Randy Mosher
Autor de *Brewer's companion* e *Radical brewing*, Chicago, Illinois

Larry Nelson
Editor do *Brewers' Guardian* e *The Brewery Manual*, Surrey, Reino Unido

Jeff S. Nickel
AC Golden Brewing Company, Golden, CO

Garrett Oliver
Mestre cervejeiro da The Brooklyn Brewery e autor de *The brewmaster's table*, Brooklyn, Nova York

Geoff H. Palmer, OBE
Professor emérito de Fabricação de Cerveja da Universidade Heriot-Watt e autor de *The Enlightenment abolished*, Penicuik, Scotland

John Palmer
Autor de *How to brew* e um dos apresentadores de *Brew Strong*, Los Angeles, Califórnia

Daniel Paquette
Cofundador do Pretty Things Beer & Ale Project, Cambridge, Massachusetts

Steve Parkes
Proprietário e instrutor líder da American Brewers Guild, Salisbury, Vermont

Ron Pattinson
Historiador da cerveja, Amsterdã, Países Baixos

Joris Pattyn
Coautor de *100 belgian beers to try before you die* e *The beer book*, Ursel, Bélgica

Glenn A. Payne
Diretor não executivo da Meantime Brewing Company Ltd., Londres, Reino Unido

Val Peacock
Presidente da Hop Solutions, Inc., Edwardsville, Illinois

Barrie Pepper
British Guild of Beer Writers e autor de *The international book of beer* e *Beer glorious beer*, Leeds, Reino Unido

George Philliskirk
Codiretor da The Beer Academy, Londres, Reino Unido

Steven J. Pittman
Cervejeiro da Lagunitas Brewing Company, Petaluma, Califórnia

Fergus G. Priest
Professor emérito de Microbiologia da Universidade Heriot-Watt, Edimburgo, Escócia

Roger Protz
Autor de *300 beers to try before you die*, *The taste of beer* e do *World guide to beer*, St. Albans, Hertfordshire, Reino Unido

Dan Rabin
Jornalista especializado em cerveja e coautor de *Dictionary of beer & brewing*, Boulder, Colorado

Bev Robertson
Professor emérito do Departamento de Física, Universidade de Regina, Regina, Saskatchewan, Canadá

Jussi Rokka
Jornalista especializado em cerveja do *Helsingin Sanomat*, Helsinque, Finlândia

Lista de colaboradores

Josh Rubin
Colunista especializado em cerveja do *The Toronto Star*, Toronto, Ontário, Canadá

Jose R. Ruiz
Fundador e presidente da Maltas e Insumos Cerveceros SA de CV, Chihuahua, México

Inge Russell
Editor do *The Journal of the Institute of Brewing*, Ontário, Canadá

Conrad Seidl
Jornalista especializado em cerveja e autor do *Conrad Seidl's Bier Guide*, Viena, Áustria

Thomas Shellhammer
Professor do Departamento de Ciências e Tecnologia dos Alimentos, Universidade do Estado do Oregon, Corvallis, Oregon

Gavin Sherlock
Professor associado do Departamento de Genética da Universidade de Stanford, Stanford, Califórnia

Karl Siebert
Professor do Departamento de Ciência e Tecnologia dos Alimentos, Universidade Cornell, Geneva, Nova York

Tony Simmons
Presidente e chefe cervejeiro da Pagosa Brewing Company, Pagosa Springs, Colorado

David L. Smisek
Engenheiro químico e heraldista, Nova Jersey

Kevin Smith
Professor associado do Departamento de Agronomia e Genética das Plantas, Universidade de Minnesota, St. Paul, Minnesota

Gary Spedding
Fundador da Brewing and Distilling Analytical Services, Lexington, Kentucky

Mitch Steele
Mestre cervejeiro da Stone Brewing Company, Escondido, Califórnia

Benjamin Steinman
Editor da *Beer Marketer's Insights*, Suffern, Nova York

Wolfgang Stempfl
CEO, Doemens Academy, Gräfelfing, Alemanha

Graham G. Stewart
Professor emérito de Fabricação de cerveja e destilação da Universidade Heriot-Watt, Edimburgo, Escócia

Eric J. Stockinger
Professor associado do Departamento de Horticultura e Ciência da Plantação, Universidade do Estado de Ohio, Columbus, Ohio

Stuart Swanston
Programa de Genética da SCRI Technology, Dundee, Escócia

Bill Taylor
Cervejeiro chefe da Lion Nathan Breweries, Sydney, Austrália

David A. Thomas
Diretor da Beer Sleuth Ltd., Golden, Colorado

Bill Thomas
Programa de Genética da SCRI Technology, Dundee, Escócia

Keith Thomas
Fundador do Brewlab Ltd. e docente sênior da Faculdade de Ciências Aplicadas, Universidade de Sunderland, Sunderland, Reino Unido

Brian Thompson
Fundador da Telegraph Brewing Company, Santa Barbara, Califórnia

Adrian Tierney-Jones
Jornalista especializado em cerveja, Somerset, Reino Unido

Shaun Townsend
Professor assistente, pesquisador sênior do Departamento de Ciências da Plantação e do Solo, Universidade do Estado do Oregon, Corvallis, Oregon

Rick Vega
Cervejeiro noturno da Lagunitas Brewing Company, Petaluma, Califórnia

Keith Villa
Mestre cervejeiro da MillerCoors, Arvada, Colorado

Ben Vinken
Jornalista especializado em cerveja da *Bierpassie Magazine/El Gusto* e *host* do The Beer Sommelier, Antuérpia, Bélgica

Derek Walsh
Consultor, juiz (inter)nacional, escritor, cervejeiro da BrewingInformationEducationResearch+ (B.I.E.R.+), Zaandam, the Netherlands

Ian L. Ward
Presidente, Brewers Supply Group, Napa, Califórnia

Tim Webb
Colunista especializado em cerveja e autor do *Good beer guide Belgium*, Cambridge, Reino Unido

Sepp Wejwar
Escritor especializado em cerveja e *sommelier*, Viena, Áustria

Jared W. Wenger
Departamento de Genética, Universidade Stanford, Stanford, Califórnia

Colin J. West
Diretor executivo da Maltsters' Association of Great Britain, Dedham, Essex, Reino Unido

Chris White
Presidente da White Labs, Inc., San Diego, Califórnia

Lydia Winkelmann
Editor da *BRAUWELT, BRAUWELT International* e *BrewingScience*, Nuremberg, Alemanha

David Wondrich
Historiador do coquetel e autor de *Imbibe!* e *Killer cocktails: an intoxicating guide to sophisticated drinking*, Brooklyn, Nova York

Brian Yaeger
Autor de *Red, white and brew: an American beer odyssey*, São Francisco, Califórnia

Chad Michael Yakobson
Proprietário e cervejeiro do Crooked Stave Artisan Beer Project, Denver, Colorado

Sylvie Van Zandycke
Gerente técnico de vendas, Lallemand, Inc., Lawrenceville, Nova Jersey

Michael Zepf
Diretor gerente de seminários da Academia Doemens, Gräfelfing, Alemanha

ÍNDICE REMISSIVO

Números de página em *itálico* se referem a ilustrações, figuras e tabelas.

(E)-2-nonenal, 29, 39. *Ver também* envelhecimento (*staling*)
4-vinil-guaiacol (4VG), 29-30, 37, 410-1, 923, 959. *Ver também* 4-vinil-siringol (4VS)
4-vinil-siringol (4VS), 30. *Ver também* *Brettanomyces*; *lambic*; *weissbier*
XV Congresso Internacional Contra o Alcoolismo, 588

AB Vickers Ltda., 575
Abbey Brewery of Weihenstephan, 957
Abbot & Hodgsons, 971
abeto. *Ver* pinheiro, abeto e pontas de espruce
absorventes: e aditivos, 48
Academia Real Bávara para Agricultura e Cervejaria, 407
acetaldeído, 67, 397-8, 566, 653, 719; e ressaca, 838; e resposta de "rubor", 31. *Ver também* aldeídos
acetato de etila, 31-2. *Ver também* ésteres; frutado
acetato de isoamila, 32. *Ver também* *American wheat beer*; *weissbier*
acetil-CoA, 32, 398. *Ver também* ácido acético; ácidos orgânicos
Achel, Cervejaria, 33. *Ver também* cervejarias trapistas
acidez, 33-4, 826. *Ver também* Berliner weisse; *lambic*; *sour beer*
acidificação, 34-5. *Ver também* malte acidulado; pH
ácido, 35
ácido acético, 35; acetaldeído, 35; acetato de etila, 35. *Ver também* acetato de etila
ácido butírico, 35-6. *Ver também* *off-flavors*
ácido caprílico, 36
ácido caproico, 36-7

ácido cítrico, 37
ácido ferúlico, 37, 836
ácido hexanoico. *Ver* ácido caproico
ácido isovalérico, 37-8
ácido lático, 38
ácido oxálico, 40, 717-8
ácido peracético (PAA), 38-9
ácidos graxos, 39, 719
ácidos graxos insaturados (AGI), 394
ácidos nucleicos, 39; DNA, 39; RNA, 39
ácidos orgânicos, 39-40. *Ver também* acidificação; ácido cítrico; ácido lático; oxalatos; *sour beer*
acondicionamento. *Ver* engarrafamento; envase em latas
Acordo Internacional de Madri, 634
acrospira: e modificação, 40
açúcar, 40
açúcar de milho, 41
açúcar invertido, 41
açúcar marrom, 41-2. *Ver também* açúcar; melaço
açúcar *priming*, 42
açúcares residuais, 42-3
Adalhard, Abbot, 617
Adam Schuppert Brewery, 215
Adams, John, 408, 443
Adams, Samuel, 389, 443, 769
adegueiro, arte do, 43, *44*, 242, 298, 438; calço (*stillage*), 43-4; condicionamento, 44-5; maturação, 45-6; serviço perfeito, pontos especiais para, 46
adenosina trifosfato (ATP), 46, 174
aderência da espuma, 46-7, 386. *Ver também* *lacing*
adhumulona, 47, 86, 286, 516, 614
aditivos: à base de lúpulos quimicamente modificados, 48; absorventes, 48; agentes reguladores de cor, 49; estabilidade de sabor, melhoradores

da, 48-9; estabilidade química, melhoradores da, 48; estabilizadores de espuma, 49-50; na produção de cerveja, 47-8; reguladores de sabor e aroma, 49
adjuntos, 41, 50-1, *50*, 266, 641, 681, 685, 745, 885; líquidos, 50; sólidos, 50
adlupulona, 51, 289, 614
Admiral, 52
Adnams Brewery, 52
adsorventes, 52-3. *Ver também* sílica gel
adstringência, 53
adulteração, 53; corretivos, 54; substitutos, 54
aeração, 55. *Ver também* oxidação; oxigênio
aeração do mosto quente, 55-6, 471, 718. *Ver também* grant
Affligem, Cervejaria, 56
afídios, 56-7
afofamento, 57, 886. *Ver também* filtração do mosto; *stuck mash*
África, 313, 645, 668-9, 747, 867, 902; *bantu*, 667; cerveja de sorgo, 58; *chibuku*, 60; milho (*maize*), 58; painço, 59-60; produção tradicional de cerveja, 57-60; raiz de mandioca, 59-60; sorgo, 58
África do Sul, 666, 670, 823-4, 869
agentes clarificantes, 61, 452-3, 855
agentes clarificantes usados na tina de fervura, 61-2, 775-6
Agricola, 545
água, 62-3, 920; dureza, 62-3, 210, 892; fontes, 62; impacto dos íons, 63; osmose reversa, 62; química da água e qualidade da cerveja, 63; tratamento, 62
água desaerada, 64. *Ver também* água
água quente cervejeira, 64. *Ver também* água
Ahtanum, 64-5

Alabama, 507
Alaskan Brewing Company, 54; e Alaskan Smoked Porter, 864
Albany Brewing Company, 389
Alberta Gaming and Liquor Comission (AGLC), 226
Albion Brewery, 650
Albrecht IV, 153
Albrecht V, 77, 154-5, 505, 574, 650, 958; proibição da produção de cerveja no verão, 407
alcalinidade, 65-6. *Ver também* mosturação
Alcohol and Tobacco Tax and Trade Bureau (TTB), 250, 771
álcoois fúseis, 66
álcool: e curvas em forma de "J" e "U", 837; etanol, 66-7; regulamentação, 581-3. *Ver também* álcoois fúseis; teor alcoólico
aldeídos, 48-9, 67, 370. *Ver também* acetaldeído, fermentação, maturação
aldeídos fenólicos, 295
ale, 67-9, 433, 467-9, 504; definição legal, 68; e *lager*, diferenças, 574
Ale Cans (Johns), 117
ale houses, 69-70, 70, 71-2, 314, 463, 777-9; declínio, 71; licenciamento, 70-1. *Ver também public houses (pubs)*
Ale Master, The (Grant e Spector), 471
ale pole, 69, 71-2
ale-conner, 53, 69-70, 72. *Ver também ale houses*
ale-wives, 73, 73, 504, 688-9. *Ver também* mulheres na produção de cerveja
Alehouse Act (1552), 778
Alemanha, 38, 54, 73-80, 76, 78, 83, 126-8, 191-2, 197, 227, 245, 392, 399, 416-7, 451, 503, 509-10, 514, 582-3, 629, 631, 651, 753, 791-2, 797-9, 842, 847-8, 858-9, 891, 924, 934, 936-7, 952, 957-9, 967, 984; *beer gardens*, 158-60; *brewpubs*, 80; cervejarias de mosteiro, 75; consumo de cerveja, 79-80, 155; costumes associados à cerveja, 315-6; escolas cervejeiras, 377-8; espuma, importância da, 852; estilos de cerveja, codificação de, 396; imigração a partir da, 521-2; impostos, 952; e Lei da Pureza da Cerveja, 167, 898; Oktoberfest, 710; *porter*, 842; produção de cerveja, 74-7, 79; produção de lúpulo, 507, 619; *schwarzbier*, 842; selo do lúpulo, 850; sistema de aprendizagem, 109. *Ver também* Baviera
ales: acidez das, 33
Alexander Keith, 572
Alexis, 80-1, 142
alfa-ácidos, 38, 85-6, 425, 543, 608-9; e lúpulos, 81-2, 614-5, 901. *Ver também* amargor; lúpulos

alfa-amilase, 82-3, 334-5, 604. *Ver também* amilases
Allied Breweries, 834
Allsopp. *Ver* Samuel Allsopp & Sons
Allsopp, Charles, 834
Allsopp, Henry, 834
Allsopp, Samuel, 466, 531-2, 727, 833-4
alta fermentação, 83, 137-8, 414, 573, 597, 654. *Ver também* fermentação; fermentação aberta; *kölsch*; levedura *ale*
altbier, 83-5, *84*, 505, 934. *Ver também ale*; Alemanha
Amarcord, Cervejaria, 199
amargor, 544, 825-6, 941-2; alfa-ácidos, 85-6; beta-ácidos, 86; carbonatação, 88; cerveja, envelhecimento da, 87; conteúdo mineral, 88; homólogos dos alfa-ácidos, 86; óleo de lúpulo, 87; pH, 88; polifenóis, 87; produtos com reduzido teor de iso-alfa-ácidos, 87; temperatura, 88; torrefação do malte, 88
Amarillo, 89
AmBev, 527-8, 572
América Central, 271, 747
América do Norte, 521, 699, 809, 847; *wee heavy*, 956
América do Sul, 270-1, 392, 645, 747
American amber ale, 89-90, 93. *Ver também* microcervejaria; *pale ale*
American Brewing Academy, 953
American brown ale, 90-1
American Federation of Labor and Congress of Industrial Organizations (AFL-CIO), 306
American Handy Book of the Brewing, Malting and Auxiliary Trades (Wahl e Henius), 875, 953-4
American Homebrewers Association (AHA), 91, 130, 160, 193, 195, 236, 473, 729, 760, 764, 987; Beer Judge Certification Program (BJCP), 396. *Ver também* Brewers Association; produção caseira de cerveja
American Institute of Baking, 953
American Malting Barley Association, Inc. (AMBA), 91-2, 681, 918
American pale ale, 89-91, 92-3, 366-7, 727, 855-6. *Ver também English pale ale*; *India pale ale*; *pale ale*
American Society of Brewing Chemists (ASBC), 93, 99, 219, 310, 403, 652, 813, 874
American Tettnanger, 93-4, 520, 728, 906-7
American wheat beer, 94-5, 924. *Ver também* malte de trigo; trigo; *weissbier*
Amherst, Jeffrey, 742, 769
amido, 95-6, 673, 676; teste de iodo/amido, 95
amilases, 96-7. *Ver também* alfa-amilase; malteação; mosto; mosturação

amilopectina, 97-8
amilose, 98
aminoácidos, 98-9, 331, 676, 794, 924
Amstel Bock, 99
Amstel, Cervejaria, 99, 494. *Ver também* Heineken
Amstel Light, 99
analisador de cerveja, 99
análise, 99-100
Anatomie of Abuses, The (Stubbes), 778
Anchor Brewery, 139, 142, 243, 285, 523
Anchor Brewing Company, 100-1, 143, 279, 655, 663, 742-3, 862-3, 876-7, 912, 971
Anchor Distilling Company, 655
Anchor Liberty Ale, 912
Anchor Porter, 655
Anchor Steam Beer, 391, 655, 663, 876-7. *Ver também* Anchor Brewing Company
Andechs, 101
Anheuser, Eberhard, 101, 206, 390
Anheuser, Lilly, 101-2, 390
Anheuser-Busch Brewing Company, 102-6, *103*, 128, 147, 148, 204, 270, 312, 495, 520, 525, 528, 672, 723, 774, 823, 883, 884-5, 969, 983; aquisição, 106; arroz, maior comprador individual de, 115; campanha pelo consumo responsável, 104; história, 102-4; marcas, 105; mercado de cerveja artesanal, participações no, 105-6; *near beer*, 695-6; personagem Spuds McKenzie, controvérsia sobre, 104; Programa de Melhoramento Genético de Cevada, 135; sucesso, 105-6. *Ver também* Anheuser-Busch InBev; Budweiser
Anheuser-Busch InBev, 106-7, 149, 180, 206, 211, 243, 392, 462, 528, 542, 607, 626, 660, 680, 801, 823, 872, 879, 945, 950, 966. *Ver também* Anheuser-Busch Brewing Company
antiespumantes, 107
antioxidantes, 107-8; endógenos, 107; exógenos, 107
Anti-Saloon League (ASL), 390, 587-8
antocianogêneos, 108
aprendizagem, 108-9; e guildas, 108-9
aquecimento global, 110
aquecimento por fogo direto, 285, 111-2, *111*, 912-3. *Ver também* tina de fervura
Archipelago Brewing Company, 121
Argentina, 112, 766
Arkansas, 507
armazenamento de cerveja, 113. *Ver também* defeitos na cerveja; *off-flavors*; oxidação
Arnott, Paul, 351
aroma, 113-5
arroz, 115-6, 249; na cerveja, 116; na produção de cerveja, 116

arte, cerveja na, 116-7, *117*. *Ver também Beer Street* (de William Hogarth)
Arthur Guinness & Sons, 118-9
Artois, Sebastian, 879
Asahi Beer Hall, 120
Asahi Breweries, 119-20, 422, 552, 836
Ásia Central, 120
Asia Pacific Breweries Limited (APB), 120-1; cerveja Tiger, 120
Aspergillus niger, 121. *Ver também* contaminantes da cerveja
aspersão do mosto, 121, 375, 673, 682-3, 685, 915
aspérula, 121-2
Assize of Bread and Ale, 69, 504, 526
Associação Britânica para a Promoção da Temperança, 902
Associação Internacional Trapista, 714, 811
Association of Brewers (AOB), 192-3, 729, 764
Assurbanipal, 799
atenuação, 122, 404
Ato de Cullen-Harrison, 591
Ato de Navegação de Trent, 208, 210
Ato Volstead, 102, 216, 306, 391, 588-9, 672; revogação, 591
audit ale, 698
August A. Busch III Brewing and Food Science Laboratory, 943
Augustiner Bräu, 122-3, *122*, 690
Austin, Peter, 196-7, 198, 452, 810
Austrália, 123, 392, 399, 439-40, 536, 604, 618, 666, 753, 902, 922; costume de rodadas, 315; indústria de lúpulo, 126; informações de rotulagem, 535; popularidade da *lager*, 125; produção artesanal de cerveja, 125-6; produção caseira de cerveja, 765-6; tamanhos de garrafas, 896. *Ver também* Foster's; Lion Nathan
Australian Hop Marketers Ltd., 753
Australian International Beer Awards, 126
Australian National Homebrewers Conference, 766
Áustria, 126, 191, 509, 878, 984; *brewpub* vienense, 128; cervejas especiais, 128; estrutura da indústria cervejeira, 127-8; popularidade da *märzen*, 127
autólise, 128-9. *Ver também* condicionamento da cerveja; sabor; umami
automação: controlador lógico programável (PLC), 129; controlador proporcional, integral, derivativo (controlador PID), 129-30; interface homem-máquina (HMI), 129
Autoridade Europeia de Segurança de Alimentos, 939
avaliação de cerveja, 130-1, *131*. *Ver também* Brewers Association (BA);

Great American Beer Festival (GABF); Great British Beer Festival (GBBF)
avaliação sensorial, 131-2
aveia, 133
Ayinger, Cervejaria, 133
azedo, 134. *Ver também sour beer*

B1202, 135
Babilônia, 500-1, 581
Bačka, 135, 622
Baco, 135. *Ver também* deuses da cerveja
bactérias, 135-6. *Ver também* ácido lático; bactérias do ácido acético; defeitos na cerveja; *lambic*; *Obesumbacterium proteus*; *Pectinatus*; *Pediococcus*; *sour beer*; *Zymomonas*
bactérias do ácido acético, 136. *Ver também* ácido acético; bactérias
bagaço de malte, 136-7
baixa fermentação, 83, 137-8, 187, 234, 414, 573-5. *Ver também* alta fermentação
Ballantine Brewing Co., 138, 237
Ballantine IPA, 138, 532-3, 727. *Ver também India pale ale*
Ballantine, John, 139
Ballantine, Peter, 138-9, 532
Ballantine, Peter H., 139
Ballantine, Robert, 139
Ballantine, Sara, 139
Balling, Karl, 374
Baltic porter, 139. *Ver também porter*
Baltika Breweries, 140
Baltimore, Maryland, 389
Bamberg, Alemanha, 140-1, 637, 839-40. *Ver também* Weyermann® Malting
Bamforth, Charles W., 141, 943
banco de levedura, 141, 595, 663
Banks's Original, 666
bantu, 667. *Ver também* milheto
bar em Folies-Bergère, Um (Manet), 117, 150
Barcelona Brewing Company, 381
Barclay, Perkins & Co., 142, 316-8, 523-4, 965, 970. *Ver também* Courage Brewery
Barclay, Robert, 142, 523
Bard's Tale Brewing Company, 867
bares. *Ver public houses (pubs)*
Barke, 142
Barkley, Don, 218, 697
barley wine, 142-4, *143*, 278-9, 292, 881, 964
Barnabas, Frater, 344, 732
Barnard, Alfred, 317, 523
barril de aço inoxidável, 144-5, *145*
barril de alumínio, 145
barril de madeira, 145-7, *146*
barris Golden Gate, 144, 147, 148. *Ver também* barril de aço inoxidável; *cask*
barris Hoff-Stevens, 144, 147, 148
barris Peerless, 148

barris Sankey, 144, 147, 148. *Ver também* barril de aço inoxidável
Bartholomew, John Smith, 953
Baruth, Ernst F., 100
Bass & Company, 119, 149-50, 208, 367, 418, 466, 528, 679, 724, 834, 859-60, 881, 908, 910; como bebida de inverno, 970; diversificação, 149; e Titanic, 150; triângulo vermelho símbolo da, 143, 149-50, 773
Bass, Ratcliff e Gretton, 143
Bass, William, 149, 833
Batalha de Hastings, 954-5
Bate's Brewer, 966
batoque, 150. *Ver também* barril de aço inoxidável; barril de madeira; barris Golden Gate; barris Hoff-Stevens; *cask*
Baudelot, Jean Louis, 805
baunilha, 150-1
Bauweraerts, Chris, 571
Bavarian Biergarten Decree, 202
Bavarian Brewing Company, 101
Baviera, 62, 74, 83-4, 101, 122-3, 137, 151-6, *152*, 323-4, 352, 407, 423, 484, 496-7, 560, 574, 581-2, 617, 637, 650, 689, 711, 847, 878, 958-60; *beer gardens*, 158-9; cervejas de março, 154; como centro da cultura do *brotzeit*, 201-2; consumo de cerveja, 155; efeitos da Lei da Pureza da Cerveja, 77, 153-4, 527, 898; como fonte de lúpulos, 151; história da produção de cerveja, 152-4, 505; como "pão líquido", 151, 155. *Ver também* Alemanha; *lager*; Munique
Beamish & Crawford, 156, 691-2
Beamish, William, 156
Bear Ale: e Bonnie Prince Charlie, 919
bebida de malte flavorizada, 55, 105, 156-7
Beck's, 986
Beer Academy, 157. *Ver também* Institute of Brewing & Distilling (IBD)
Beer Bloggers Conference, 163
Beer Can Collectors of America, 192
beer clean, 157-8. *Ver também* copo
Beer Companion (Jackson), 162
beer gardens, 151, 158-60, *159*, 878
Beer House Act, 780
Beer Institute, 775
Beer Judge Certification Program (BJCP), 130, 160-1, 219, 396, 661, 764-5, 876
Beer Packaging (MBAA), 652
Beer Street (de William Hogarth), 71, 117, 161. *Ver também* arte, cerveja na
beer weeks, 161-2
beer writing, 162-3
Beervana, 704
Belgian red ale, 163-4, 567
Belgian saison, 831
Bélgica, 163, 164-7, *165*, 197, 237, 255, 299-300, 315, 351, 395-6, 408, 416-7,

505, 536, 555-6, 567, 583, 600-1, 797, 879, 886-7, 896, 936-7, 945, 947, 956, 967-8; influência sobre cervejeiros artesanais, 167; mosteiros, 165; qualidades das cervejas belgas, 166
Belhaven Brewery, 167, 375. *Ver também* Escócia
Bell, G. D. H., 647-8
Belloc, Hilaire, 782
Bemberg, Otto, 112
Bennett, S. J. E., 710
Bento, 545
bentonita, 167-8
Bere, 168
Berkefeld, Wilhelm, 430
Berlim (Alemanha), 168-9
Berliner weisse, 121, 168-70, 609, 636. *Ver também* Alemanha; *sour beers*
Bernardin, Alfred Louis, Sr., 816
Best, Carl, 390
Best, Phillip, 389-90
beta-ácidos, 86, 515, 611-2, 614-5
beta-glucanase, 170
beta-glucanos, 170-1, 459-60, 673. *Ver também* beta-glucanase; glicose
Biddle, Clement, 770
Bier-Drive *tanks*, 171
bière blanche, 924
bière de garde, 171-3, 831, 945. *Ver também* França
bière de mars, 173-4, 578. *Ver também* Bélgica; *lambic*
Bioland, 743
bioluminescência, 174
Birra Moretti, 680
Bischofshof Brewery, 960
Biset, Gaston, 947
Bishop, L. R., 606
Bitburger, 454, 565
bitter, 174-6, 367; fragmentação, 727; como *running beer*, 175-6, 467. *Ver também* adegueiro, arte do; condicionamento em *cask*; Fuggle; Golding; Grã-Bretanha; Marston's Brewery; Shepherd Neame Brewery
Black and Tan, 176
Black Eagle, Cervejaria, 929
Black Sheep Brewery, 907, 980
Black, William, 54
Blackstone Group, 106
Blaine, John J., 672
Blatz, Cervejaria, 672
blending houses, 176-7, 478. *Ver também gueuze*; *lambic*; *porter*
Blenheim. *Ver* Chariot
Block, Adrian, 387, 646
blogs sobre cerveja, 163, 665
blonde ale, 177-8. *Ver também* Brettanomyces; *cream ale*; kölsch
bloom, 178. *Ver também scuffing*
Blue Moon Belgian White, 967

Blue Moon Brewing Company, 178. *Ver também* produção artesanal de cerveja
Boca Brewery, 215
bock, 178-80, *179*
Boddington, Henry, 180
Boddington's Brewery, 180
Boêmia, 84, 127, 180-1, 847, 850. *Ver também* diacetil; *pilsner*; República Tcheca; Saaz
Bohemia, 660
Bohemian Hall, 160
Bohemian pilsner, 181. *Ver também pilsner*
Bohemian Red. *Ver* Saaz
bomba manual, 181-2, 298. *Ver também* pescoço de cisne
Bonaparte, Napoleão, 122, 150, 377, 531, 732, 971
Bond, Alan, 604
Bond Brewing, 604
Boon, Cervejaria, 173, 182-3. *Ver também framboise*; *kriek*; *lambic*; Palm Breweries
Boon, Frank, 182, 728
Boon Rawd, Cervejaria, 183
Booth, Charles, 780
borragem, 183-4. *Ver também gruit*
Bosteels, Cervejaria, 184
Boston Beer Company, 104, 184-6, 563-4, 711, 770-1, 877
Boston Brewing Company, 769
Boston, Massachusetts, 389, 768
Bouckaert, Peter, 697
Boulevard Brewing Company, 186
bouza, 747
Bowker, Gordon, 800
boza, 667
Bradford, William, 767, 504
Bradford, William, 513
braggott, 53, 186-7
Brains Brewery of Cardiff, 666, 724, 775
Bramah, Joseph, 182
Bramling Cross, 187
Brand, Leo, 279
brandhefe, 187
Brasil, 79, 187-9, 198, 522, 669, 766, 819, 959; cervejarias artesanais, 188-9, 664; história da produção de cerveja, 187-8
Brau Union Österreich AG, 950
Breckle, George, 190
Brettanomyces, 37, 189-90, 238, 297, 411, 594, 598-9, 716, 842, 868
Brew Your Own (revista), 766
Brewer and Distiller International (revista), 537
Brewer's Gold, 190-1, 207, 322, 449, 485, 705, 867
breweriana, 191-2, *192*; bandejas, 192; cinzeiros, 192; copos, 192; espelhos, 192; garrafas, 192; jarros de água, 192; latas, 192; porta-copos (ou bolachas), 191; pôsteres e cartazes, 192; rótulos de garrafa, 191; tampinhas de garrafa, 191-2

Brewers Association (BA), 91, 130, 192-3, 219, 390-1, 473, 526, 652, 656, 664, 729, 759, 876, 971. *Ver também* American Homebrewers Association (AHA)
Brewers Association of America, 193
Brewers Association of Canada, 223
Brewers' Company, 193
Brewers of Europe, 398-9. *Ver também* European Brewery Convention (EBC)
Brewers Society, 268
Brewery Convention of Japan, 652
Brewery Ommegang, 354
BrewExpo America, 971
Brewing Industry International Awards (BIIA), 130-1
Brewing and Malting Barley Research Institute (BMBRI), 194
brewpub, 194-8, *195*, 662, 757, 779
Brey, Georg, 606-7
bride-ale, 198
BridgePort Brewing, 715, 973
Briess Malt & Ingredient Company, 198-9
Briess, Roger, 199
Brinkhoff, Fritz, 346
British Beermat Collectors Society, 191
British Guild of Beer Writers, 162, 834
British Plant Breeding Institute (PBI), 647-8
Brito, Carlos, 106
Brombach, Franz, 372
Brooker, Ken, 215
Brooklyn Brewery, 199-200, 201
Brooklyn, Nova York, 200-1, *201*, 389; cervejarias, 201. *Ver também* Manhattan, Nova York
brotzeit, 201-2
Browar Namysłów, Cervejaria, 746
Brouwerij De Smedt (BDS), 56
Brouwers Verkopen Plezier – Peter Celis, My Life (Celis e Billen), 245
brown ale, 202-3
Brown, Horace Tabberer, 818
Bruce, David, 203; e a rede Firkin de *pubs*, 194-5
Brunei, 887. *Ver também* Sudeste Asiático
Bruxelas, Bélgica, 575
Bucknall, Thomas, 929
Bud Light, 104-5, 205, 251. *Ver também* Budweiser
Budweiser, 101-4, 204-6, 259-60, 519, 528, 572, 774; arroz na, 115; batalhas pelo nome, 204-7; campanhas publicitárias, 211; cavacos de faia, 138; origem, 105, 204-5; processo de produção, 205. *Ver também* Bud Light; Budweiser Budvar
Budweiser Beer School, 983
Budweiser Budvar, 206-7, *206*, 259-60, 986. *Ver também* Budweiser
Budweiser Mobile Beer Schools, 983

Buffalo Bill's Brewpub, 195-6
Buffalo Brewing Company, 215
Bulgária, 937
Bullion, 207
Bunker Hill Brewery, 389
Burton ale, 207-9, 970. *Ver também Burton snatch*; Burton-on-Trent; Sistema Burton Union
Burton snatch, 209, 457, 650, 892. *Ver também Burton ale*; Burton-on-Trent; sistema Burton Union
Burton-on-Trent, 62, 208, 209-10, 317, 347, 375-6, 457, 466, 532, 699, 892, 908; e Double Diamond, 834. *Ver também Burton ale*; *Burton snatch*; sistema Burton Union
burtonization, 63, 88, 209, 528, 892. *Ver também* Burton-on-Trent; sulfato de cálcio
Busch, Adolphus, 101-2, 204-6, 211, 390
Busch Agricultural Resources Inc. (BARI), 581, 918
Busch, August, Sr., 103
Busch, August, II "Gussie", 103
Busch, August, III, 103, 211, 520
Busch, August, IV, 104, 211
Busch Entertainment Corporation, 106
Büsching, Anton Friedrich, 565
butanodiol. *Ver* diacetil
Buxton, Thomas Fowler, 929
BYOB, 211-2

Caffrey, Thomas, 542
Caister, Thomas, 180
caixa de mosto, 213
cakes and ale, 213-4
Calagione, Sam, 343
calândria, 214, 913
calcário. *Ver* carbonato de cálcio
Calderón, José, 675
Caledonian Brewery, 112, 214-5, 359. *Ver também* Edimburgo; Scottish & Newcastle Brewery
Califórnia, 215-9, 217, 507, 619; lúpulos, 215; *near beer*, 216; produção artesanal de cerveja, 215, 218-9; produção caseira de cerveja, 218; *steam beer*, 875
California common, 216, 219, 876. *Ver também* Anchor Brewing Company; avaliação de cerveja; *steam beer*
calorias, 219-20
camada de aleurona, 220, 248, 628, 923. *Ver também* germinação; malteação
Camboja, 887. *Ver também* Sudeste Asiático
camomila, 220-1. *Ver também* ervas
Campaign for Real Ale (CAMRA), 130, 194, 221-2, 336, 339, 391, 399-400, 447, 468, 473-4, 550, 663, 795-6, 946; publicações da, 222
Campbell, Andrew, 970
Camusi, Paul, 92, 391, 476, 663, 856

Canadá, 222, 223, 392, 492, 519, 521, 536, 636, 902, 986-7; cerveja *Kosher*, 249; cervejarias artesanais, 223-4; distribuição e regulação, 225-6; história da cerveja, 224-5; produção caseira de cerveja, 759, 765; tamanhos de garrafas, 896. *Ver também* Quebec
Canadian Amateur Brewers Association, 765
canções cervejeiras, 227, 227
candi sugar, 51, 227-8, 309-10, 350, 977. *Ver também* Bélgica
cânhamo, 228. *Ver também* ervas
Cantillon, Cervejaria, 228-9, 479. *Ver também* Bélgica; *lambic*
Cantillon, Paul, 229
Capone, Al, 270, 589-90
Captain Cook Brewery, 604
caramelização, 229-30, 489-90
carboidratos, 230, 676. *Ver também* amigo; glicogênio
carbonatação, 88, 231, 299-300, 438, 827, 851. *Ver também* dióxido de carbono
carbonatação em linha, 231. *Ver também* carbonatação; tanque de pressão
carbonato de cálcio, 231-2
carboy, 232
Cardon, George, 528
Carey, Dan e Deb, 698
Carey, Tony, 969
Cargill, 232-3
cariofileno, 233, 516, 615
Carling O'Keefe Limited, 156, 233-4, 679
Carling, Thomas, 233-4
Carlsberg Group, 139, 140, 197, 215, 234-5, 337, 488, 567-8, 699, 857, 906, 930, 933. *Ver também* Dinamarca; Tuborg, Cervejaria
Carnegie, Andrew, 390
Carnegie, David, 139
Carnegie Porter, 139
Carolinas, 768, 956
Carpenter, Charles, 64-5
Carpentier, Louis-Michel, 947
carragenas, 61-2, 235-6
Carta Blanca, 675
Carter, James Earl, Jr., 236, 591, 663, 758
carvalho, 236-9, 237. *Ver também* barril de madeira; condicionamento em barril de madeira
carvão, 239-40, 239. *Ver também* doenças da cevada
casa de vinho, 777
casca, 240, 641
casca de arroz, 240-1
Cascade, 241, 508, 520
Cascádia, 323
Cascadian dark ale, 323
cask, 241-2
cask ale, 348, 466-7
Cask Masque, 242
Cassandre, A. M., 773

Catarina, a Grande, 139, 243, 522-3
cauim, 669
cavacos de faia, 243-4
Cazaquistão, 922
CDC Copeland, 244
CDC Kendall, 244
Celis Brewery, 245
Celis, Pierre, 244-5, 324-5, 435, 509, 571, 967. *Ver também* InBev
celtas, 503, 521
centeio, 245, 814-5
centrifugação, 246, 281, 428, 653
cepas de levedura tolerantes ao etanol, 246-7
cepas *killer*, 247
cereais, 248-9
cerejas Schaarbeek, 566
Cerveceria Bavaria, 824
cerveja, 27; acidez, 33-4, 826; ácido cítrico, 37; açúcares residuais, 42-3; adstringência, 53; adulteração, 53-4; agentes reguladores de cor, 49; amargor, 491, 825-6, 941-2; na América colonial, 54-5; amido, 95-6; análise como fundamental para, 99; análise sensorial, 328; antioxidantes, 48-9; armazenamento, 113; aroma, 113; arroz, 116; arte, 116-7; avaliação, 130-1; avaliação sensorial, 131-2; bactérias, 136; barris de carvalho, 236-9; baunilha, 150-1; benefícios à saúde, 836-9; calorias, 219-20; carbonatação, 231, 327-8, 338-9, 489, 491, 733-4, 827; centeio, 245; cepas de leveduras, 246-7; cereais, 248-9; cevada, 260-2; chocolate, 275-6; chope, 276-8; cloreto de sódio, 282-3; e *coaching inns*, 284-5; coentro, 286; condicionamento, 176, 291-3; consumo, 618; e consumo maléfico, 839; cor, 309-11; corante caramelo, 311; cozinhando com, 318-20, 479; defeitos, 327-8; dextrinas, 82; distribuição, 339, 581-3; enlatada, 368; envase, 328; envelhecimento (*staling*), 369-70; enzimas, 370-1; ervas, 372-3; especiarias, 382-4; espuma, 298, 339, 386-7; estágios da produção, 412; ésteres, 31-2, 393; ferro, 424; festivais, 473-4; filtração, 427-8; formas de impostos sobre, 387, 583; gosto salgado, 826; harmonização com alimentos, 488; harmonização com queijo, 787; história, 500-6; importância das marcas, 538; infecções, 533-4; instabilidade de sabor, 947; *lightstruck*, 87; livros sobre, 162-3; lúpulos, 612-6; malte defumado, 637-8; e maltes, 630-1; marketing, 648-50; micro-oxigenação, 238; milho, 667-8; níveis de cálcio, 717-8, 892; *off-flavors*, 38, 709-10, 866; oxidação, 718-20; como "pão líquido", 526, 545, 732;

preservativos, 54; propaganda, 538, 773; qualidade e íons, 63; questões ambientais, 789-90; revistas sobre, 162; sabor, 824-7; sem glúten, 254-5; sensação na boca, 851; serviço, 851-4; *smoked beers*, 863-4; e sobremesa, 491; *sour beers*, 868-9; sulfitos, 48-9; taninos, 897-8; trigo, 94, 920-4; turbidez, 931, 948

cerveja com castanha, 546

cerveja de adega. *Ver kellerbier*

cerveja de espruce, 742, 769

cerveja de lúpulo úmido, 963

cerveja de sorgo, 58-9

cerveja de trigo, 100, 371-2, 920-4, 957-60. *Ver também American wheat beer*

cerveja destinada ao mercado de massa, 251, 506, 685; e cerveja "bem gelada", 853

cerveja fresca, 888

cerveja *Kosher*, 249

cerveja *light*, 83, 249-51, *250*, 267, 333, 644; estilos, 251; *low-carb*, 251; popularidade, 250; produção, 250-1. *Ver também* calorias; carboidratos; *near beer*

cerveja límpida, 251-2. *Ver também* limpidez; turbidez

cerveja *low-carb*, 251, 267, 644

cerveja nitrogenada, 252-3

cerveja orgânica, 743

cerveja preta. *Ver Schwarzbier*

⊠cerveja⊠ sem álcool, 253-4. *Ver também near beer*

cerveja sem glúten, 254-5, 867

cerveja verde, 255, 415-6, 653, 796

cerveja *vintage*, 293

cervejaria do Museu de Burton, 972

cervejarias: adenosina trifosfato (ATP), 46; e água, 62-3; *cleaning in place* (CIP), 46. *Ver também* cervejeiras; indústria cervejeira; produção de cerveja

cervejarias artesanais. *Ver* produção artesanal de cerveja

cervejarias regionais, 392. *Ver também* microcervejaria

cervejarias trapistas, 33, 255-6, 258, 350-1, 505, 556-7, 858, 946. *Ver também* cervejas de abadia; Chimay; Koningshoeven, Cervejaria; Orval, Cervejaria; Rochefort, Cervejaria; Westmalle, Cervejaria; Westvleteren, Cervejaria

cervejas artesanais dos Estados Unidos, 67, 508; flavorizadas, 54-5. *Ver também* produção artesanal de cerveja

cervejas condicionadas em garrafas, 292, 795

cervejas de abadia, 256-9, *257*, 323, 580-1; estilo *dubbel*, 259; estilo *tripel*, 258-9. *Ver também* cervejarias trapistas; *singel*

cervejeiras: representação negativa das, na arte, 689. *Ver também* cervejarias; indústria cervejeira; produção de cerveja

Ceské Budějovice, 259-60, 804-5. *Ver também* República Tcheca

cetonas, 335. *Ver também* dicetonas vicinais

cevada, 260-6, *261*, 920; colheita, 288; doenças, 341-3; dormência, 264; emissão de carbono, 266; estrutura do grão, 263-4; processo de malteação, 263-4; sabor, 265-6

cevada em flocos, 266-7

cevada para malteação, 267

Challenger, 268

Champion Brewers Awards, 971

Chariot, 268

Chelsea Brewing Company, 647

Chester Miracle Plays, 73

Chevalier, 260, 268-9

Chevallier, John, 269

Chicago, 269-70; gângsteres, 589-90; Lager Beer Riot, 269

chicha, 97, 270-1, *271*, 668-9. *Ver também* milho

Chile, 766

chillproofing, 271-2. *Ver também* adsorventes; PVPP; turbidez a frio

Chimay, 272-3, 324, 927. *Ver também* Bélgica; cervejarias trapistas; Ordem Cisterciense

China, 79, 115, 237, 273-4, 290, 315, 522, 536, 556, 819, 824, 848, 922, 937; *brewpubs*, 274; distribuição de cerveja, 340; movimento das cervejarias artesanais, 274; produção de cerveja, 273-4

China Resources Snow Breweries (CR Snow), 824

Chinook, 274

Chipre, 937

chitting, 275, 316

chocolate, 275-6; e cervejeiros caseiros, 275

chope, 276-8, 400; desenho do sistema de extração, 277-8; distribuição e armazenamento de barris, 277; fabricação de barris, 276-7; gás de extração, 277; limpeza do sistema de extração, 278

Christiansen, Hans, 387, 646

Christmas ales, 278-9, 279, 655, 970-1. *Ver também winter ales*

Christoffel, Cervejaria, 279. *Ver também* Países Baixos

Cicerone, 280

Cicerone Certification Program, 280

Ciência Cervejeira e Tecnologia de Bebidas na Universidade Técnica de Munique, 956-7

Cilurzo, Natalie, 820

Cilurzo, Vinnie, 346, 820-1

CIP. *Ver cleaning in place* (CIP)

Citra, 280-1

Claes, J. B., 182

clarificação, 281

Clark, Peter, 780

Clarke, James, 512-3

Clarke, Joseph, 769

Claussen, N. Hjelte, 750

cleaning in place (CIP), 46, 281-2, 423, 913

Cleópatra: e primeiro imposto para a cerveja, 545

cloreto de cálcio, 282

cloreto de sódio, 282-3

clubes de produção caseira de cerveja, 765-6

Cluster, 283, 520, 617, 619, 621, 622

coaching inns, 283-5, 315, 777-8

cobre, 285

Código de Hamurabi, 581, 688, 958. *Ver também* Hamurabi

coentro, 286. *Ver também* ervas

cohumulona, 47, 86, 286, 516, 614

cold break, 286-7, 776, 928-9

colecionar garrafas, 287-8. *Ver também* rolha metálica

colheita da cevada, 288

College of St. Gregory and St. Martin at Wye. *Ver* Wye College

Collupulin, 48

coloração gram, 289, 572

Colorado, 964

Columbus. *Ver* CTZ

colupulona, 51, 289, 614

Comet, 289-90

Comissão de Monopólios e Fusões (Monopolies and Merger Commission ⊠ MMC), 910-1

Comitê de Análise da United States Brewers Association (USBA), 93

Companhia das Índias Ocidentais, 646

Companhia das Índias Orientais, 290, 466, 530, 704, 727, 833, 971. *Ver também* Grã-Bretanha; *India pale ale*

Compañía Cervecerías Unidas Argentina (CCUA), 112

Complete Joy of Homebrewing, The (Papazian), 162, 193, 729, 764

Compostos Nitrosos Aparentes Totais (ATNC), 213

Comunidade Econômica Europeia (CEE), 936-7

concreto (fermentação em), 290-1

condicionamento, 291

condicionamento da cerveja, 369, 827; barris de carvalho, 239; cervejas condicionadas em garrafas, 292; cervejas *lambic*, 291; condições de armazenamento, 293; envelhecimento (*staling*), 291; maturação, 291; oxidação, 291-3

condicionamento em barril de madeira,

Índice remissivo

294; armazenamento, 297; diversidade biológica, 297; oxigênio, efeito no, 296-7; sabores da madeira, 295; trasfega, 297
condicionamento em *cask*, 298-9, 438, 447, 543, 653, 663, 795-6, 915-6
condicionamento em garrafa, 166, *300*, 354, 416, 419, 534, 578, 763-4; *Brettanomyces*, 189; história, 299-300; técnica, 300-2; variantes modernas, 302. *Ver também Brettanomyces; sour beer*
Confédération des Brasseurs du Marché Commun. *Ver* European Brewery Convention (EBC)
congress mash, 303, 533
conjunto de grãos, 303, 636, 673, 683-4, 877, 914. *Ver também* moagem
Conrad, Carl, 204, 390
Conrad, Jacob, 389
consumo de gim, 71
consumo excessivo de álcool, 864
consumo maléfico, 839
contaminação. *Ver* contaminantes da cerveja
contaminantes da cerveja, 303-4. *Ver também* bactérias; controle e garantia da qualidade; diacetil; levedura selvagem; *off-flavors*
contrapressão, 304. *Ver também* carbonatação; dióxido de carbono; espuma
controle e garantia da qualidade, 132, 304-5, *305*; e Análise de Perigos e Pontos Críticos de Controle (APPCC), 305; e Gestão da Qualidade Total (GQT), 305
Cook, capitão James, 123, 704, 742
coolship, 75, 305, 577, 868
Coope, George, 528
Coope, Octavius, 528
Coors, Adolph, 306, 525, 679
Coors Brewing Company, 149, 178, 306-7, 367, 392, 520, 540, 679, 834; inovações, 306; lançamento da *light beer*, 251. *Ver também* Coors Light; MillerCoors
Coors Light, 251, 307. *Ver também* Coors Brewing Company
Copa Cerveza Mexico, 661
Copeland, William, 244, 552, 562
Copenhagen Beer Festival, 338
copo, 307-8, *307*, 798, 800, 816; "*beer clean*", 852; e espuma de cerveja, 852
coquetéis, 308-9
cor, 309-11; independência entre cor e teor alcoólico da cerveja, 311
corante caramelo, 49, 311
corantes, 311-2. *Ver também* corante caramelo
Coreia do Sul, 312

Corona Extra, 313, 494; campanha publicitária da, 313
costumes associados à cerveja, 313-6. *Ver também public houses (pubs)*
couching, 316
Courage Brewery, 142, 316-8, 524, 844, 911
Courage, John, 285, 316
Covent Garden Beer Festival, 474
cozedor de cereal, 51, 318. *Ver também* adjuntos; arroz; milho
cozinhar com cerveja, 318-20, *319*; caldos, 320; ensopados e caçarolas, 320; marinada, 318; massa de empanar, 320; molho deglaçado, 318-20; sobremesas, 320
Craft Beer Quarterly (revista), 514
Craft Brew Conference, 971
Craft Brewers Alliance, 105-6, 801
Craft Brewers Convention, 193
Craft Brewers Guild, 199-200
Cranston, Alan, 236
Crawford, William, 156
cream ale, 320-1
cream stout. Ver milk stout
cromatografia, 321, 942; cromatografia gasosa (GC), 321; cromatografia líquida de alta eficiência (HPLC), 321
Cromwell, Oliver, 71
Crystal, 321-2
CTZ, 322. *Ver também* Brewer's Gold; Cascade; Chinook
Cuauhtémoc Moctezuma, Cervejaria, 526
culms, 630
cultivares de trigo, 922
Cürten, Hubert Wilhelm, 85, 934
Cuvelier, Cosne-Damien, 947
Czech pilsner. Ver Bohemian pilsner

D. G. Yuengling & Son, 981
D. L. Geary Brewing Co., 452
DAB. *Ver* Dortmunder Actien Brauerei
Dai Nippon Breweries, 119
Daleside Brewery, 987
Dalton, John, 584
Damm, August Kuentzmann, 380
Damm, Joseph, 380
Dança Camponesa, A (Bruegel), 578
Daniels, Ray, 280
Danish Beer Enthusiasts Association, 338
Danish Brewers Association, 338
Darby, Peter, 52, 493, 743, 972
Darcy, Henry, 585
dark ale, 323
dark lager, 323-4. *Ver também* Bavária; *dunkel; lager; schwarzbier*
Darwin stubby, 897
David Copperfield (Dickens), 929
Davis. *Ver* University of California, Davis
DB, Cervejaria, 704
De Clerck, Jean, 272, 324, 559-60

De Kluis, Cervejaria, 324-5, 967. *Ver também white beer*
De Koninck, Cervejaria, 325. *Ver também* Bélgica
De Smedt, Cervejaria. *Ver* Affligem, Cervejaria
Debelder, Armand, 479
Debernardi, Giovanni, 546
Décima Oitava Emenda, 391, 589
Décima Sexta Emenda, 588
decocção, 75, 325-7, 576, 626-7, 742. *Ver também* mosturação; mosturação com temperatura programada
defeitos na cerveja, 327-8. *Ver também* carbonatação; cerveja; condicionamento da cerveja; contaminantes da cerveja; *lambic; off-flavors; sour beer*; turbidez
Defence of the Realm Acts (1914), 780, 903
Defence of the Realm Amendment, 781
Deleye, Abade Dom Gerardus, 328-9. *Ver também* Westvleteren, Cervejaria
densidade específica, 329
densidade final, 329
densímetro, 122, 329-30, *330*, 374, 404-5, 472, 903-4, 965
Departamento de Agricultura dos Estados Unidos (USDA), 289, 536, 705, 847, 879, 969
Departamento de Ciência e Tecnologia de Alimentos da University of California, Davis, 378. *Ver também* University of California, Davis
derauflassen. Ver drauflassen
desabastecimento de lúpulo aromático, 330-1; e cervejeiros industriais, 331
descanso proteico, 331
Desnoes and Geddes Limited, 331-2
Desnoes, Eugene Peter, 332
Desnoes, Peter S., 332
Dethroning the King (Macintosh), 211
deuses da cerveja, 332-3
Devizes, Inglaterra, 953
dextrinas, 82, 333, 594
dextrose, 333-4. *Ver também* condicionamento em garrafa; glicose
Dhaussy, Alain, 571
diacetil, 90, 230, 334, 335, 409, 414, 437, 454-5, 566, 709, 719, 796, 918; e descanso do diacetil, 334, 335-6
Diageo, 119, 332, 542
Diamant, 563, 927
diastase, 96, 334-5
dicetonas vicinais (VDK), 334, 335-6, 594, 653, 734, 796, 918. *Ver também* reator com levedura imobilizada
difusor, 336
dimetil sulfeto (DMS), 320, 336-7, 399, 424-5, 630
dimetil sulfóxido (DMSO), 336-7
Dinamarca, 197, 235, 337-8, 383, 583,

703, 766, 848, 930, 937, 956; produção artesanal de cerveja, 338; produção de cerveja, 337
dióxido de carbono, 338-9, 386
distribuição, 339-41; efeitos da Lei Seca, 582-3; sistema de três camadas, 582
Distrito Pajottenland (Bélgica), 341, 440
Dits, Jean-Louis, 947
DNA, 795
Doemens Academy, 341, 378, 855. *Ver também* Alemanha; escolas cervejeiras; Siebel Institute of Technology
Doemens, Albert, 341
doença celíaca, 667; cervejas que podem ser consumidas por celíacos, 249; cervejas sem glúten, 867
doenças da cevada, 341-3
Dogfish Head Craft Brewery, 343
doppelbock, 151, 343-4, *344*, 732
Dorber, Mark, 344-5
dormência, 345, 492, 625. *Ver também* germinação; malteação
dort, 717, 726
Dortmund, Alemanha, 282
Dortmunder Actien Brauerei, 345-6
Dos Equis, 675
Double Diamond, 528
double IPA, 144, 346, 350, 533; e "conversão de lupulina", 346
Douglas City Brewing Co., 65
drauflassen, 346-7
Dreher, Anton, 127, 347, 505, 525, 546, 846, 949-50
Dreher Brewery, 638, 651, 872
dricku, 829
drip back, 347-8. *Ver também* bomba manual
dry hopping, 81, 348-50, 560, 610, 613, 758, 898, 900, 931
dubbel, 350-1; e *candi sugar*, 350
Dublin, Irlanda, 62
Dubuisson, Alfred e Amédée, 351
Dubuisson, Cervejaria, 351, 946. *Ver também* Bélgica; Valônia
Dubuisson, Hugues, 351
Duchy Originals Limited, 987
dunkel, 154, 351-2, 352, 454. *Ver também* decocção; malte Munique
Dupont, Alfred, 352-3
Dupont, Brasserie, 352-3, 831
Durden Park Beer Circle, 353
dureza da água: permanente, 63; temporária, 63
Durst Malz, 353-4
Duvel Moortgat, 324, 325, 354, 600
Duyck, Brasserie, 354-5
Duyck, Leon, 354
dwarf hops, 623, 972. *Ver também hedge hops*
Dyer, Edward, 529

Eagle Brewery, 215, 792, 981
Early Green, 705
East Kent Golding, 357-8, 408, 461, 560, 705, 966
Eastwell Golding, 358, 900
Eckhardt, Fred, 358, 396, 764
Ecostripper. *Ver* fervura
Edimburgo, 214, 358-9, 844
Edinburgh Society of Brewers, 358
Edmond, Luiz Fernando, 104
Eduardo VI, 70
educação. *Ver* escolas cervejeiras
eficiência de material de produção da cerveja, 803-4
efluente, 359-60
Eggenberg, Cervejaria, 360
Egito, 313, 360-2, *361*, 385, 495, 501-2, 581, 688, 792-3; gregos, 502; tecnologia cervejeira, 362; tipos de cevada, 361
Ehret, George, 389
Einbecker Brauhaus AG, 362
einfachbier, 362-3
eisbock, 363, 519
Elbe-Saale, região, 363
Eldridge Pope Brewery, 143, 907-8
Elsenheimer, Hans, 510
Elysian Brewing, 122
embarque. *Ver* distribuição; transporte a granel
endosperma, 275, 363-4, 403, 628, 641, 676
engarrafamento, 365; engarrafamento asséptico, 365; garrafas plásticas, 365-6; garrafas retornáveis, 364-5; garrafas "sopradas", 366; inspetor de garrafa cheia (FBI), 365; inspetor de garrafa vazia (EBI), 364; manual ou semimanual, 366
English pale ale, 93, 366-7. *Ver também India pale ale; pale ale*
Ennis, Frank, 751
envase, 639
envase em latas, 367-9
envelhecimento (*staling*), 291, 369-70, 731. *Ver também* condicionamento da cerveja; defeitos na cerveja; *off-flavors*; oxidação
enzimas, 370-1, *371*, 387, 775, 845. *Ver também* alfa-amilase; amilases; beta-glucanase
enzimas dos grãos, 628
Enzinger, Lorenz Adalbert, 431, 878
Erdinger Weissbräu, 371-2
Eroica, 372
ervas, 372-3, 615
escala Balling, 374
escala Brix. *Ver* escala Balling
escala Plato, 374, 404, 472, 686, 952. *Ver também* densidade específica; escala Balling
Escandinávia, 133, 245, 505, 902;
costumes associados à cerveja, 314; produção de cerveja artesanal, 759
escoamento do mosto, 374-5. *Ver também* filtração do mosto; filtro de mosto
Escócia, 92, 112, 133, 175, 299, 354, 375-6, 460, 467, 556, 714, 737, 798, 919, 935, 955; água mole, 955. *Ver também* Grã-Bretanha
Escola de Biociências da Universidade de Nottingham, 378
Escola Escandinava de Produção de Cerveja, 378
escolas cervejeiras, 376-9; categorias, 377; Processo de Bolonha, 377
Eslováquia, 680
Eslovênia, 622, 847, 886, 937
Espanha, 253, 379-82, 937; *brewpubs*, 381; cerveja artesanal na Catalunha, 381-2
especiarias, 382-3, 383-4, 970-1. *Ver também* coentro; laranja curaçao; noz-moscada; zimbro
espelta, 385, 921
esporão, 385-6
espruce. *Ver* pinheiro, abeto e pontas de espruce
espuma, 49-50, 157, 338-9, 386-7, 852-3
Essentials of Beer Style, The (Eckhardt), 396
Estação Científica Cervejeira, 141
estados bálticos, 833
Estados Unidos, 67-9, 79, 94-5, 99, 145, 191, 197, 203, 245, 282, 387-92, 388, 397, 399-400, 430, 492, 493, 519, 521, 536, 538, 551, 582-3, 606, 623, 636, 651-2, 656, 689, 695, 727, 819, 867, 882-3, 909, 916, 922, 930, 935, 937, 952, 960, 969, 973, 979, 984, 986; avaliação de cerveja, 130; bebidas de malte flavorizadas (FMB), 156-7; *beer gardens*, 160; BYOB, 212; cerveja destinada ao mercado de massa, 506; cerveja importada, 392; cerveja *Kosher*, 249; cerveja *light*, 249-51; cerveja sem álcool, 253; cervejarias, 391-2; cervejas Hofbräuhaus, 510; cervejeiros do Centro-Oeste, 390-2; chope, 276, 477; colecionar garrafas, 287; consumo de cerveja, 391-2; copo *yard*, 314; costumes associados à cerveja, 316; dextrose, 333; *extra special bitter* (ESB), 447; fermentação fechada, 421; *fruit beers*, 445; fusões de cervejarias, 391; *holiday ales*, 970-1; imigração alemã, 102, 389; imigração irlandesa, 389; informações de rotulagem, 535; Lei Seca, 586-91; leis "azuis", 903; marketing da cerveja, 648-9; mestres cervejeiros, 659; migração escocesa, 956; *mild*, 666; movimento da temperança, 390, 902-3; movimento das microcervejarias, 89, 391-2, 663-

Índice remissivo • 1027

4; popularidade da *lager*, 389, 741; *porter*, 749; produção artesanal de cerveja, 340-1, 506, 648, 655, 716, 756-9; produção caseira de cerveja, 91, 195, 759-60; produção de cerveja sob contrato, 770-1; produção de lúpulo, 506-8, 617, 619-21; propaganda de cerveja, 774-5; *pumpkin ales*, 383; revitalização das cervejarias regionais, 186; *saison*, 831; serviço de cerveja, 853; *sour beers*, 869; sistema em três camadas, 340; tamanhos de garrafas, 896; tributação da cerveja, 526
Estados Unidos colonial, 956; cerveja com aroma de plantas verdes, 742; melaço, 656; popularidade da abóbora, 504, 767-8, 783; produção de cerveja, 387, 504, 767-70; *small beer*, 862; tabernas, 895
estágio couve-flor, 392-3
ésteres, 31-2, 393, 445, 594, 866, 923. *Ver também* sabor
esterilização. *Ver* pasteurização
esteróis, 393-4. *Ver também* aeração; fermentação; levedura
estilo de cerveja, 130, 394-7, 395, 573, 613; resistência à ideia de, 396
Estônia, 937; *koduõlu*, 829
etanol, 35, 66-7, 136, 397-8, 500, 594; benefícios à saúde, 836; efeitos, 398. *Ver também* álcool
Etiópia, 267
etiqueta. *Ver* costumes associados à cerveja
Études sur la Bière (Pasteur), 730
Europa, 392, 430, 538, 606, 688, 691, 809, 949-50; tamanhos de garrafas, 896-7; tributação da cerveja, 526-7. *Ver também* União Europeia
Europa Central: produção de cerveja como trabalho feminino, 152-3
European Beer Consumers Union, 939
European Brewery Convention (EBC), 99, 310, 324, 398-9, 403, 604, 638, 652, 695, 813, 874
Evans Brewery, 389
evaporação a vácuo, 399
Evelyn, John, 314
extra special bitter (ESB), 399-400, 447, 970
extração com gás misto, 400-1. *Ver também* carbonatação; cerveja nitrogenada; chope
extração por gravidade, 299, 401
extrato aparente, 401. *Ver também* extratos
extrato de malte de cevada. *Ver* extrato de malte líquido
extrato de malte líquido, 402. *Ver também* dextrinas
extrato de malte seco, 402-3
extrato em água fria, 403. *Ver também* malteação; maltes torrados; modificação
extrato em água quente, 403
extrato original, 403-4, 405
extrato real, 404-5. *Ver também* extrato aparente; grau real da fermentação; sensação na boca
extratos, 303, 405
extratos de lúpulo, 405-6

fabricação de vidro, 450-1, 799
Falstaff Brewing, 138
família Degenberg, 958
família Liebmann, 389
família Wittelsbach, 76, 407, 607-8, 840-1, 846, 958
farmhouse ales, 831, 945-6
farneseno, 407-8, 615
Farnham, 408
faro, 408, 578
Farsons Lacto Milk Stout, 409
fase *lag*, 409, 458. *Ver também* fermentação
Fast Green FCF, 676
Fat Tire Amber Ale, 697. *Ver também* New Belgium Brewing Company
Fazenda de Pesquisa do Lúpulo (Estados Unidos), 773
Federação Nacional da Temperança, 903
Federal Trade Commission, 648
Felinfoel de Llanelli, 724
Femsa Cerveza, 660, 675
fenólico, 410-1, 636; alterações químicas, 410; ingredientes, 410; leveduras e bactérias, 410-1
fermentabilidade, 411
fermentação, 34, 299-301, 305, 411-6, 575-7, 596, 598-9, 639, 652-3, 681-2, 802; acetaldeído, 31; fase *lag*, 409. *Ver também* *kräusening*
fermentação aberta, 416-7, 417, 421, 423
fermentação contínua, 32, 417-8, 704, 796. *Ver também* reator com levedura imobilizada
fermentação descontínua acelerada, 418; e *kräusening*, 418. *Ver também* fermentação; *kräusening*
fermentação fechada, 416, 421
fermentação secundária, 418-9, 918. *Ver também* açúcar *priming*; condicionamento; condicionamento em *cask*
fermentador cilindrocônico. *Ver* fermentadores
fermentadores, 415, 419-24, 420, 682; camisas de resfriamento, 422-3; fazendas de tanque, 423; história do desenvolvimento, 419-22; manutenção das tradições, 423-4; tanques cilindrocônicos, 422-3; tanques foguetes, 423; unitanques (tanques universais), 422-3. *Ver também* fermentação; sistema Burton Union; *Yorkshire square*
ferro, 424
fervura, 424-6; e sistema Merlin, 425-6. *Ver também* mosto
Filadélfia, 389, 426-7, 443, 768, 770
Filipinas, 197, 888. *Ver também* Sudeste Asiático
filtração, 281, 427-8; profundidade, 427; superfície, 427
filtração do mosto, 428-9, 639, 681, 775, 861
filtração estéril, 365, 429, 534, 731
filtro de mosto, 429-30, 585, 674
filtro de vela, 430, 431
filtro prensa, 430-1. *Ver também* filtração
Finlândia, 245, 418, 431-2, 583, 799, 829-30, 857-8, 937; cinturão *sahti*, 829; microcervejarias, 432, 664
firkin, 432-3
First Gold, 433, 493
Fischer, Laurenz, 345
fitase, 629
Fitzjames, John, 692
Flag Porter, 433-4. *Ver também porter*
Flagship, 434
Flandres, 435-6. *Ver também* Bélgica
Flekovskymi, Jakub e Dorota, 933
flocos de cervejeiros, 436-7
floculação, 413-4, 437, 593
floor malting, 316, 437-8, 832
flutuadores (*bits*), 602. *Ver também* turbidez
FMB. *Ver* bebida de malte flavorizada
fobbing, 339, 438. *Ver também gushing*; *jetting*
Foglio, Tony, 101
Food and Drug Administration (FDA), 250, 253
Food Labelling Regulations Act, 535
Forstinger, Johann George, 360
Foster, W. M. e R. R., 439
Foster🅧s, 439-40; reputação *cult* da, 439-40
Foster's Group, 125
fração oxigenada, 609
framboise, 440-1, 579. *Ver também* Bélgica; *fruit beers*; *lambic*
Frampton, William, 389, 768
França, 441-2, 441, 555-6, 583, 701, 884, 891, 937. *Ver também bière de garde*; *bière de mars*; Kronenbourg, Cervejaria; Nord-Pas-de-Calais
Franklin, Benjamin, 332, 426, 443, 657, 742, 769
Fraunces Tavern, 389
Fray, Thomas, 180
Free Mash-Tun Act (1880), 443-4
Frelinghuysen, George, 139
friabilidade, 444, 676
Friedrich VI, 527
Fritzner, Nicolai, 897

fruit beers, 95, 444-5, 446, 578-9
frutado, 32, 445-6
frutose, 446
Fuggle, 52, 357-8, 366, 408, 434, 446-7, 461, 507, 560-1, 623, 728, 773, 886, 900, 966, 969
Fuggle, Richard, 446, 561, 623
Full Sail Brewery, 973
Fuller, John, 447
Fuller, Smith & Turner, 399-400, 447, 453, 970
Fundação Edith-Haberland-Wagner, 123
Fusarium, 447-8, 923. *Ver também* doenças da cevada; *gushing*

Gablinger's Diet Beer, 251
Galena, 449, 485, 520
Gambrinus, Jan, 449-50, 450. *Ver também* deuses da cerveja
Gambrinus, rei, 135
Ganivet, Ernest, 380
garfo de mostura, 450
garrafas, 450-2; de vidro, 451; recicladas, 451-2. *Ver também* condicionamento em garrafa
Garza, Don Isaac, 675
Gaul Brewery, 389
Geary, David, 452
Geary, Karen, 452
Geddes, Paul H., 332
Geddes, Thomas Hargreaves, 332
gelatina, 452-3
Genesee Brewing Company, 626
Georg Schneider Brewery, 155
George Gale & Co. Ltd., 447, 453
Geórgia, 507, 768
geraniol, 453. *Ver também* óleos do lúpulo
German pilsner, 454-5
germinação, 316, 455-6, 629-30, 947
gesso, 55, 456-7. *Ver também* sulfato de cálcio
Gestão da Qualidade Total. *Ver* controle e garantia da qualidade
giberelinas, 457, 676-7
Gilroy, John: e pôsteres da Guinness, 118, 773
Gin Act, 117, 161
Gin Lane (Hogarth), 117, 161
ginger beer, 458
Glacier, 458
Gladstone, William, 269, 443, 776
Glaser, Milton, 199
glicogênio, 458-9
glicose, 40, 41, 95-6, 230, 333, 446, 459, 644, 676, 828
Globe Brewery, 389
glucanos, 230, 459-60
Gobron, Pierre, 571
goed sakken, 460. *Ver também weissbier*
Goethe, Johann Wolfgang von, 565
golden ale. *Ver blonde ale*
Golden City Brewery, 100

Golden Promise, 460-1
Golding, 52, 175, 366, 461, 950, 966
goma arábica, 461
Goodhead, Job, 833-4
Goodwin, Henry, 505
Goose Island Beer Company, 105, 270, 462, 801. *Ver também* Chicago; produção artesanal de cerveja
Gordon Biersch, 196
gorgulhos, 462
Gorham, Maurice, 970
gosto. *Ver* retrogosto; sabor
gotlandsdricka, 889
Grã-Bretanha, 191, 290, 443-4, 464, 504, 524, 536, 622-3, 724, 846, 943, 949; *ale houses*, 463; *barley wine*, 469; "Big Six", 468, 910, 966; *bitter*, 469; *brown ale*, 202-3; *cask ale*, 194, 463, 466-7; cerveja artesanal, 203, 468; condicionamento em *cask*, 298; costume de rodadas, 315; difusor, 336; espuma, 387; estilos clássicos de cerveja, 469; fermentação secundária, 418-9; *gruit*, 504; história da produção de cerveja, 463-5; *India pale ale*, 466; jogos de *pub*, 555-6; *mild*, 469; mosteiros, 465; movimento da temperança, 902-3; nascimento da produção comercial de cerveja, 465-6; *old ale*, 469; *pale ale*, 469, 751; *pint*, 743; *porter*, 465-6, 469, 747-51; *pubs*, 463, 776-82; *real ale*, 468; refrigeração, 467; regionalidade, 469; ressurgimento da *ale*, 467-9; Revolução Industrial, 808-10; revolução *lager*, 463, 467; *snakebite*, 864; *stout*, 469; temperatura de serviço de *ales*, 853-4. *Ver também* Escócia; Inglaterra; País de Gales; Reino Unido
Gram, Hans Christian, 289
Granada, 956
grand cru, 469-70, 850, 968
grant, 470-1, 470, 952
Grant, Bert, 195, 471, 533. *Ver também* Yakima Valley, região
grãos micronizados, 471-2
Graser, Andreas, 840
Grateful Dead, 856
Grattan, Henry, 156
grau real da fermentação, 472. *Ver também* densímetro; extrato aparente; extrato real; sensação na boca
graus belgas, 472. *Ver também* impostos
graus EBC. *Ver* unidades de cor EBC
graus litro por quilograma, 472-3
graus Plato. *Ver* escala Plato
Great American Beer Festival (GABF), 91, 130, 161, 193, 219, 396, 400, 473, 551, 764, 769, 815, 820, 876
Great Beer Guide (Jackson), 987
Great British Beer Festival (GBBF), 130, 221-2, 473-4
Grécia, 536

Green Bullet, 474
Greene, Benjamin, 474
Greene, Edward, 474
Greene King, 348, 474-5, 492
Greenpoint Beer Works, 201
Greggor, Keith, 101
Griffin Group, 101, 655
grits, 475
Grodiszk, 747
Groll, Josef, 127, 151, 181, 454, 475-6, 487, 505, 680, 739, 741, 805. *Ver também* Pilsen; *pilsner*
Grolsch, Cervejaria, 476
Grossman, Ken, 92, 218, 391, 476-7, 663, 856. *Ver também* Sierra Nevada Brewing Company
growler, 477. *Ver também* oxidação
gruit, 53, 152-3, 373, 478, 503-4, 527, 540, 615-7, 725, 833, 943
Grupo Modelo, 106-7, 313, 660-1
gueuze, 299-300, 478-9, 578
Gueuze Gourmande, La (Darchambeau), 479
guildas de cervejeiros, 688-9
Guinness, 156, 400-1, 541-2, 691, 882, 965, 969; campanha "*Guinness is good for you*", 118, 649, 773; e cerveja nitrogenada, 252-3; e "*plain porter*", 749; uso de rótulos de papel, 816-8
Guinness, Arthur, 118, 466, 479-80, 541
Guinness, Arthur (1768-1855), 118, 466
Guinness, Benjamin, 118
Guinness, Edward, 118
Guinness, Richard, 479-80
Guinness Stout, 118
gushing, 40, 480-1, 923; primário, 480. *Ver também fobbing*
gyle, 481

Haas & Sulzer Brewery, 269
Haas, William, 269
Hacker, Simon, 483
Hacker-Pschorr, Cervejaria, 483, 690, 731-2
Halcyon, 483-4, 648
Hall, Greg, 462
Hall, John, 462
Hallertau, região, 484-5, 617, 850-1; distritos certificados, 484
Hallertauer Magnum, 485
Hallertauer Mittelfrueh, 485-6, 519-20, 600, 624, 687, 702, 713, 863, 871, 906-7, 935-6, 947
Hallertauer Taurus, 487
Hallertauer Tradition, 486, 487
Hamburgo, Alemanha, 503
Hamm's, 148
Hamurabi, 501. *Ver também* Código de Hamurabi
Haná, 487-8, 538, 638, 680, 927
Hanbury, Sampson, 929

Hand-book of Industrial Organic Chemistry, A (Sadtler), 750
Hansen, Emil Christian, 137, 141, 234, 412, 488, 525, 575
happoshu, 119
Hardy, Thomas, 907
Hare, Robert, 426, 749, 770, 954
Hariot, Thomas, 387
harmonização com alimentos, 488-91, 490
Harp lager, 118
Harrington, 491-2, 562
Harrington, J. B., 491
Harris, John, 512
Harrison, John, 353
Hart Brewing, Inc., 784
Hartwell, Beth, 784
Harvest Ale, 549
Harvey, Bryan, 244
Harvey, John, 492
Harvey & Son Ltd., 187, 492; controvérsia sobre a Sussex Best Bitter, 492
Harwood, Ralph, 492-3, 748
Hathor, 688
Hatt, Jérôme, 567
Haunold, Al, 705, 880, 969
Heather Ale Company, 376
hectolitro, 493
hedge hops, 493-4. *Ver também dwarf hops*
hefeweizen, 151, 154, 636, 957-8; rodelas de limão, 960
Heileman Brewing Co., 885
Heiman, Philip W., 929
Heineken, 56, 99, 156, 215, 317, 440, 494-5, 538, 675, 680, 692, 699, 845; garrafa verde como símbolo, 494, 726
Heineken, Albert "Freddie", 538
Heineken, Gerard Adriaan, 494
hekt, 495
Hell Gate Brewery, 647
helles, 151, 154-5, 496-7, *496*, 690, 959
hemiceluloses, 295
Hemings, Peter, 554
Henius, Max, 953
Henning, John, 880
Henrique III, 526
Henrique V, 72
Henrique VII, 617, 955
Henrique VIII, 208, 617, 622-3
Henry, William, 585, 885
Hepworth, Cervejaria, 970
Heriot-Watt University, 378, 497, 880 *Ver também* Edimburgo, Escócia; escolas cervejeiras
Herkules, 485, 497-8
Herrera, Don Alonso de, 498
Herrick, Robert, 955
Herriott, Thomas, 521
Hersbrucker Spät, 498, 884
heterose, 849
hexosanas, 230

hidrocarbonetos, 609
high kräusen, 498-9, *499*
Hildebrand, Sammy, 969
Hildegard von Bingen, 499-500, 503. *Ver também beer writing*
Hindy, Steve, 199-200
Hino a Ninkasi, 688, 699-700, 893
história da cerveja, 500-6, *501*, *502*. *Ver também* cerveja
história dos lúpulos americanos, 506-8
Hodgson, George, 509, 531, 727, 833
Hodgson, Mark, 509, 531
Hodgson's Brewery, 466, 509
Hoegaarden, 119, 244-5, 509, 571, 967
Hofbräu, 509-10
Hofbräuhaus München, 510, 690
Hogarth, William, 71, 117, 161
Hoge Raad voor Ambachtelijke Lambikbieren (Horal ⌧ Alta Comissão das Cervejas Lambic Feitas Tradicionalmente), 479
hogshead, 510-1. *Ver também firkin*
Hohlwein, Ludwig, 773
Holanda, 245, 392, 511, *511*, 956. *Ver também* Países Baixos
homebrew bittering units (HBU), 512. *Ver também* amargor
Hook Norton Brewery, 512-3, *512*
hop back, 513, 515
Hop Breeding Company LLC (HBC), 280
Hopfensiegel. *Ver* selo do lúpulo
Hops Marketing Board, 268
Hopunion LLC, 513-4
hordeína, 514
Horseshoe Brewery, 660
Horticulture and Food Research Institute (HFRI), 696
hot break, 514-5, 682, 928-9. *Ver também* agentes clarificantes usados na tina de fervura; *trub*
Huangjiu. *Ver* China
Huck, John, 269
Hughes, Oliver, 751
huluponas, 515, 611. *Ver também* colupulona
humuleno, 615, 515-6
humulona, 47, 86, 286, 516, 544, 614
Hungria, 937
Hürlimann, Albert, 516
Hürlimann, Cervejaria, 516, 696
Hutter, Karl, 897
Huyghe, Cervejaria, 517
Huyghe, Léon, 517

ice beer, 519
Idaho, 289, 619-21, 969
Idaho, região norte, 519-20. *Ver também* Hallertau, região; murcha do *Verticillium*
Idaho, região sul, 520. *Ver também* Cascade; Chinook; Galena; Willamette

Igreja Católica, 503
imigração (efeitos na produção de cerveja), 520-2
imperial, 522-3. *Ver também* Catarina, a Grande; *imperial stout*; *India pale ale*; Samuel Smith's Old Brewery
Imperial Chemical Industries (ICI), 457
imperial IPA, 533
imperial stout, 139, 523-4
Império Austro-Húngaro, 127, 180, 525-6, 546, 680. *Ver também* Áustria; Morávia; *Vienna lager*
Império Romano, 545
Imposto do Malte, 269
impostos, 156, 387, 526-7, 583, 703, 724-5; e Cleópatra, primeiro imposto para cerveja, 545
InBev, 101-2, 104, 211, 527-8, 679. *Ver também* Anheuser-Busch; Anheuser-Busch InBev; Busch, August IV
Ind Coope & Allsopp, 528, 834
Ind Coope & Sons, 528-9, 834
Ind, Edward, 528
Independent Brewers United, 785
Índia, 208, 237, 290, 529, 533, 536, 667, 922
India pale ale, 93, 208, 290, 346, 350, 359, 367, 375, 466, 509, 522, 529-33; Allsopp e *Burton IPA*, 531-2; Bass, 532, 971; condicionamento e maturação, 531; declínio, 532; e *October ales*, 530; *pale ale* da Hodgson, 531; renascimento, 532-3
Indiana, 306
Índias Ocidentais, 956
Indicação Geográfica Protegida (IGP), 699
índice Kolbach, 533
índice Windisch-Kolbach, 604
Indonésia, 887. *Ver também* Sudeste Asiático
indústria cervejeira: e aquecimento global, 110; automação, 129-30; e mulheres, 688-9; e proteína, 775-6; Revolução Industrial, 808-10. *Ver também* cervejarias; cervejeiras; produção de cerveja
infecção, 533-4. *Ver também* acidez; bactérias; contaminantes da cerveja; *off-flavors*; *sour beer*; turbidez
informações de rotulagem, 535. *Ver também* legislação; rótulos
Inglaterra, 90, 176, 198, 237, 298, 316, 347-8, 375-6, 505, 507, 540-1, 555-6, 617, 665-6, 707-8, 714, 724, 727, 916, 935, 954-5, 980; *ale*, 67-8, 689; *ale houses*, 69-71, 314; *ale-conners*, 72; *bitter*, 174-6, 727; *brown ale*, 202; BYOB, 212; *pale ale*, 530; *porter*, 748-9, 882; *small beer*, 862-3; *stout*, 882-3; tabernas, 895; *tied house system*, 909-

11; tributação da cerveja, 526-7. *Ver também* Grã-Bretanha; Reino Unido
ingredientes orgânicos, 535-6. *Ver também* questões ambientais
inoculação, 409, 536-7, 973
Institute and Guild of Brewing (IGB), 537
Institute for Brewing and Fermentation Studies, 764
Institute of Brewing & Distilling (IBD), 157, 268, 403, 537, 652. *Ver também* Beer Academy; escolas cervejeiras
Instituto de Pesquisa do Lúpulo (Hüll), 485, 486-7, 497, 714, 735, 835, 863, 871
Instituto de Pesquisa do Lúpulo (República Tcheca), 752
Instituto Hidrometeorológico (República Tcheca), 110
Interbrew, 680, 966. *Ver também* Anheuser-Busch InBev
Interbrew S.A., 149, 527-8, 572
Interbrew UK, 367, 626
International Brewers' Guild. *Ver* Institute of Brewing & Distilling (IBD)
International Centre for Brewing and Distilling (ICBD), 378, 497
international pilsner, 538-9, 680. *Ver também* malte *pilsner*; *pilsner*; Pilsner Urquell
Intoxicating Liquor Act (1872), 780
Intoxicating (Temporary Restriction) Act (1914), 780-1
iodo, 539
Iowa, 507
Irish red ale, 539-40
Irish stout, 542
Irlanda, 92, 156, 422, 505, 536, 540-2, 582, 749, 751-2, 902, 937
Irlanda do Norte, 935. *Ver também* Reino Unido
isinglass, 542-3
iso-alfa-ácidos, 47, 87, 543-4, 601, 611-2, 733, 901
Islândia, 583
isomerização, 543, 608
isomerização do lúpulo, 544, 611
isoxantohumol, 975
Israel, 249
Itália, 544-7, 680, 766; cervejas artesanais, 545-7; cervejas com castanha, 546; cervejas com frutas, 546; garrafas de vidro, 452

J. W. Lees Brewery, 143, 549
Jackson, Michael, 161-2, 183, 344, 353, 395-7, 549-52, 550, 747, 829, 987; influência, 550
Jackson's Brewery, 660
Jacobsen, Jacob Christian (J. C.), 234-5, 337, 488, 872
Jamaica, 956

James Sterret Brewery, 389
Jamestown, Virgínia, 767
Japan Brewery, 562
Japão, 50, 119-20, 197, 255, 315, 505, 519, 536, 552-3, 766, 894, 959, 964; cervejas artesanais, 552-3, 664; produção caseira ilegal, 553
Jefferson, Thomas, 389, 408, 521, 553-4, 764, 769
Jeffs, Julian, 865
Jenlain Bière de Garde, 172, 701
Jenlain Original French Ale, 554
jetting, 554-5. *Ver também fobbing*
J. F. Trommer's Evergreen Brewery. *Ver* Trommer's Evergreen Brewery
jogos com bebida. *Ver* costumes associados à cerveja
jogos de *pub*, 555-6; bilhares de bar, 556; dardos, 555; dominó, 556; jogos de cartas, 556; *quoits*, 556; *Shove Halfpenny*, 556; *skittles*, 555-6
"John Barleycorn", 227
John Thompson and Son Ltd., 650
Johnson, Bob, 626
Johnson, George Maw, 435
Johnson, Samuel, 285, 623, 776, 895
Johnstone, John, 167
Jones, Archie, 698
Jonson, Ben, 955
jora, 270
Jordan, Kim, 697
Joseph Schlitz Brewing Company, 389-90
Joyce, Jack, 815
Judong, Padre Anselmus, 556-7. *Ver também* Achel, Cervejaria; cervejarias trapistas; Rochefort, Cervejaria

Kallman, Rhonda, 184
Kalmanovitz, Paul, 723
Kaltenberg, Cervejaria, 407, 559. *Ver também* Baviera
Kane, Dan, 215
Kansas, 587
Katholieke Universiteit van Leuven, 559-60. *Ver também* escolas cervejeiras
Katz, Solomon, 893
K-Ball Roasters, 199
kellerbier, 560. *Ver também* Baviera; condicionamento em *cask*; *märzenbier*
Kempe, John, 972
Kenny, Stephen, 274, 458
Kent Golding, 560
Kent, Inglaterra, 561, 906; *oast houses* em, 708
Kentish ale, 561
Kentish strong ale, 561
Ketter, Giovanni Baldassarre, 546
keystone, 147, 561
Keystone State Brewery, 389
Kienle, Johann, 372
Kikunae, Ikeda, 936
kilderkin, 562

Kildrought Brewery. *Ver* Guinness, Arthur
Killian's Irish Red, 540
Kirin Brewery Company, 562, 604. *Ver também* Japão
Kirin Ichiban Shibori, 562
Kjeldahl, Johan, 234
Klages, 562
Klages, Karl, 562
Klein, John, 521
Kloster. *Ver* Andechs
Kneifl, 563. *Ver também* Haná; Triumph
Kneifl, F., 563
Knox, William, 139
Koch, Charles, 563
Koch, Jim, 184-5, 563-4
kölsch, 320, 505, 564
Kona Brewing Company, 105-6, 801
Koningshoeven, Cervejaria, 564-5. *Ver também* cervejarias trapistas
Köstritzer Schwarzbierbrauerei, 565
Kotobukiya Limited, 894
kräusening, 243, 336, 416, 418-9, 565-6, 653. *Ver também* fermentação
Kraus-Weyermann, Thomas, 964
kriek, 40, 566-7, 579, 600. *Ver também framboise*; *fruit beers*
kristallweizen, 567, 923
Krona, 567
Kronenbourg, Cervejaria, 567-8. *Ver também* França
Krones AG, 568
Kronseder, Hermann, 568
Krueger Brewing Company, 368
Krueger Cream Ale, 320
Krueger, Gottfried, 367-8
Krug, August, 389
Kruge's Bar, 221
Kugler, Franz Xaver, 791
Kuh, Fred, 100
Kuhrs, Adolph. *Ver* Coors, Adolph
Kulmbacher, Alemanha, 568-9, 569
Küppers Kölsch, 569
Kuroiwa, Yoshiro, 601
kvass, 569-70, 819-20, 889

La Chouffe, 571
La Choulette, Cervejaria, 571-2
La Hart, Liam, 751
Labatt Brewing Company, 223, 233, 519, 528, 572, 680, 880. *Ver também* Canadá
Labatt, John Kinder, 225, 521, 572
Labatt USA, 626
Labologists Society, 191
Laboratório Carlsberg, 488
lacing, 157. *Ver também* aderência da espuma
Lacing Index, 47
lactobacilos, 572-3, 750, 968. *Ver também* ácido lático; contaminantes da cerveja; *lambic*; *Pediococcus*; *sour beer*
lactonas, 237-8, 295

lager, 67, 125, 215-6, 376, 389, 407, 454, 467, 505, 521, 528-9, 532, 542, 573-5, 573, 574, 741-2, 846-7; e *ale*, diferenças, 574; cor, 574; origem do termo, 154
Lakeport Brewing Company, 572
Lallemand, 575. *Ver também* Canadá
Lamadrid, Lorenzo, 184
lambic, 30, 40, 134, 182, 305, 341, 440, 445-6, 478-9, 566-7, 575-9, 576, 598, 600, 750, 772, 826, 868, 924; condicionamento, 291; fermentação, 577; e Cervejaria Orval, 189; particularidades, 576; tipos, 578-9
lambswool. *Ver* Christmas ales
Lammin Sahti, 829
Lao Li. *Ver* China
Laos, 887. *Ver também* Sudeste Asiático
laranja Curaçao, 579-80
Larrance, Art, 715
Larson, Geoff e Marcy, 65
lata de cerveja, 451
Late Cluster, 507-8
lavagem ácida, 580
lavouras de OGM (organismos geneticamente modificados), 475
Le Coq, Albert, 524
Lebesch, Jeff, 697
Lee's Brewery. *Ver* J. W. Lees Brewery
Lees, John, 549
Leeuwenhoek, Antonie van, 153, 534, 662
Lefèbvre, Cervejaria, 946
Leffe, Cervejaria, 580-1. *Ver também* Bélgica; cervejas de abadia
Legacy, 581
legislação, 581-3. *Ver também* impostos; marketing
Lei da Pureza da Cerveja, 38, 53-4, 66, 77, 122, 128, 153-4, 207, 267, 275, 279, 302, 352, 407, 475, 478, 484, 503, 527, 581-2, 583-4, 607-8, 617, 622, 629, 659, 705, 791, 796, 814, 840, 898, 959, 963-4, 985; e acidificação, 34; agentes corantes, 49; malte acidulado, 632; versão alemã, 584; versão bávara, 584. *Ver também* Baviera
Lei de 1552, 70
Lei de 1553, 70
lei de Arrhenius, 371
Lei de Cultivares e Sementes (1964), 460
lei de Dalton, 400-1, 584-5. *Ver também* chope; dióxido de carbono; oxidação
lei de Darcy, 585. *Ver também* filtração; filtro de mosto; tina de filtração
Lei de Descentralização Econômica (1949), 836
lei de Henry, 231, 585-6, 720
Lei de Proteção de Cultivares (1970), 79
lei de Stokes, 61, 246, 586
lei do Maine, 390, 587
Lei do Melaço (1733), 656

Lei Seca, 93, 145, 193, 197, 216, 225, 270, 306, 340, 367-8, 391-2, 426, 432, 477, 505, 507, 538, 588, 590, 652, 764, 774, 847, 885, 953; atividade ilegal, 589-90; Ato Volstead, 588-9; consequências, 591; e crime organizado, 391, 582; destilados, 589; efeitos, 589-91; era da Lei Seca, 589-91; "gim de banheira", 589; lei do Maine, 587; motivações, 586-7; movimento contrário aos bares (Anti-Saloon League), 102, 587-8; Movimento Feminino Cristão de Temperança, 587-8, 902-3; *near beer*, 695-6; revogação, 582, 591, 672; sentimento antialemão, 102, 521-2, 672; *tied houses*, 582
leichtes weissbier, 591-2, 960. *Ver também hefeweizen*
Leinbacher, Adolf, 380
Lemaire, Anne-Marie, 947
Lembeek, 182
Lemp, 525
Leroy, Joseph, 351
Letônia, 937
levedura, 31-2, 42, 55, 246-7, 393-4, 397-8, 411-6, 534, 573-4, 592-6, 652-4; *ale* e *lager*, 593-4; cepas, 247, 592-3; composição, 592-3; conservação, 595-6; crescimento, 594-5; divisão celular e armazenamento, 595; e efeito Crabtree, 594; e fermentação, 411-6, 594; lavagem ácida, 580; propagação, 594
levedura *ale*, 573, 593-4, 596. *Ver também ale*; levedura
levedura de vinho, 596-7. *Ver também* levedura
levedura *lager*, 573, 593-4, 597. *Ver também* baixa fermentação; levedura
levedura seca, 301, 597-8. *Ver também* levedura
levedura selvagem, 598-9, 750
Lewis, Michael J., 196, 599-600, 943
Libelle, 142
Liberty, 600
Liberty Ale, 100, 655
Liefmans, Cervejaria, 600-1. *Ver também* Bélgica
Life and Labour of the People of London (Booth), 780
Liga Hanseática, 75-7, 85, 179, 503, 725
Lightfoot Brewery, 907
lightstruck, 48, 87, 113, 328, 368, 370, 406, 494, 601-2, 709-10
Lill & Diversey Brewery, 269
limpidez, 602. *Ver também* turbidez
linalol, 602-3. *Ver também* mirceno; óleos do lúpulo
Linde, Carl von, 127, 154, 505, 574-5, 603-4, 802, 847, 872
Lintner, 604. *Ver também* índice Kolbach
Lintner, Carl, 601
Lion Brewery, 604

Lion Nathan, 125, 604-5, 696, 704
Lion's Head Brewery, 885
lipase, 629
lipídios, 238, 605
Liquor Control Board of Ontario (LCBO), 225
literatura. *Ver beer writing*
Lituânia, 937
Lloyd George, David, 781, 907
loci de características quantitativas (LCQ), 849-50
Logsdon, David e Jeanette, 973
London and Country Brewer, The, 605. *Ver também beer writing*
Londres, Inglaterra, tabernas em, 895
Long Day Wanes, The (Burgess), 120
Longshot American Homebrew Contest, 185-6
Lootvoet, Albert, 581
Los Angeles, Califórnia, 218-9
Louis Koch Lager, 564
Lovibond, 310, 605-6, 642, 941. *Ver também* cor
Lovibond, Joseph, 310, 605
Löwenbräu, 104, 119, 606-7, 606, 695, 872
Lublin, 607, 624, 823
Lucas, Kelly Geary, 452
Ludwig I e princesa Therese, 608, 691, 711
Ludwig II, 377, 407, 607-8, 690
Luís IX, 617, 622
Luitpold, Príncipe da Baviera, 407, 607-8, 608, 711. *Ver também* Baviera
lupulagem da mostura, 608-9, 758
lupulagem tardia, 609-10, 901. *Ver também double* IPA; *dry hopping*; India pale ale
lupulina, 610
lúpulo em péletes, 349-50, 610-1
lupulona, 611-2, 614-5
lúpulos, 612-8, 612, 613, 615, 616, 681-2; e alfa-ácidos, 81-2; efeito calmante, 500; óleos essenciais, 233, 615, 616; potencial de amargor, 752, 613; suscetibilidade a doenças, 618; e unidade de aroma (AU), 613, 939-40
lúpulos alemães, 618-9
lúpulos americanos, 619-21, 620
lúpulos aromáticos, 86, 609-10
lúpulos australianos, 621
lúpulos californianos, 215
lúpulos chineses, 622
lúpulos eslovenos, 622
lúpulos franceses, 622
lúpulos ingleses, 622-3
lúpulos neozelandeses, 623
lúpulos nobres, 484, 485, 600, 612, 623-4, 687, 713, 823, 870, 907
lúpulos poloneses, 624
lúpulos ucranianos, 624
Lutero, Martinho, 179

Lutz, Henry, 361
Lvivska, Cervejaria, 933

macaxeira. *Ver* mandioca
maceração, 625. *Ver também* germinação; modificação
Mackeson & Co. Ltd., 625-6
Mackeson Stout, 625-6, 669
Macoun, W. T., 190, 207
Madison, James, 389, 554, 764, 769
Magic Hat Brewing Company, 626
magnums, 897
maibock, 151, 626-7. *Ver também* decocção
Maier, John, 815
Maillard, Louis-Camille, 794
Maine, 587
Maisel, Cervejaria, 876
mal-do-pé, 627
Malásia, 887. *Ver também* Sudeste Asiático
Malaysian Breweries Limited (MLB), 120
Malta, 682
Malta (país), 937
malte, 627-31, 923; categorias, 630; maltes caramelo, 630-1; maltes chocolate, 631; maltes Crystal, 630-1; maltes defumados, 631; maltes especiais, 630, 640; maltes torrados, 631. *Ver também* malte base; malte verde; malteação; maltes caramelo; maltes torrados
malte acidulado, 631-2. *Ver também* malte; pH
malte âmbar, 632
malte base, 632-3, 640
malte biscoito, 633
malte Caramunich, 633. *Ver também* malte Crystal
malte Carapils, 230, 631, 633-4, 963
malte Caravienne, 634. *Ver também* malte Carapils
malte chocolate, 643-4
malte Crystal, 230, 634-5
malte de duas fileiras, 635. *Ver também* malte de seis fileiras
malte de seis fileiras, 635-6. *Ver também* malte de duas fileiras
malte de trigo, 636-7. Ver também trigo; *weissbier*; *wheat wine*
malte defumado, 637-8
malte Munique, 638, 650-1, 846-7, 950. *Ver também dunkel*; malte base; *märzenbier*; *Vienna lager*
malte *pilsner*, 638. *Ver também international pilsner*; *pilsner*; Pilsner Urquell
malte preto, 541, 639, 644, 750
malte pulverizado. *Ver* extrato de malte seco
malte seco torrado, 643

malte verde, 629-30, 643. *Ver também* malte; maltes caramelo
malte Vienna, 950
malteação, 625, 639-41, *640*, *641*; germinação, 627, 629; maceração, 627, 639; maceração a quente, 627, 630-1; passos, 627; reação de Maillard, 630; secagem, 627, 630, 640; torrefação, 627. *Ver também* malte
maltes aromáticos, 641-2
maltes caramelo, 642, 643-4, 924
maltes especiais, 963-4
maltes torrados, 642-4, *643*; categorias de, 643
maltodextrinas, 644, 977. *Ver também* cerveja *light*
maltose, 644-5
maltotriose, 645
mandioca, 645
Manhattan Brewing Company, 195
Manhattan, Nova York, 387-9, 646-7, *646*. *Ver também* Brooklyn, Nova York
manômetro, 647. *Ver também* filtração do mosto
Maris Otter, 52, 175, 265, 267, 366, 461, 483, 647-8, 744
Marjoribanks, Campbell, 531-2, 833
marketing, 648-50, *649*. *Ver também* informações de rotulagem; legislação; propaganda; rótulos
Mars Candy Company, 306
Marsh, Richard, 854
Marston, John, 650
Marston's Brewery, 650
Marston's Pedigree, 209, 650, 860
Martindale, Bill, 332
Maryland, 389, 768, 956
märzenbier, 154, 347, 407, 496, 638, 650-1, 840, 846-7, 949-50. *Ver também Vienna lager*
Massachusetts, 506-7, 521, 767-8
Master Brewers Association of the Americas (MBAA), 450, 522, 651-2, 942-3
maturação, 291, 573-4, 652-4. *Ver também* fermentação
maturação a frio, 138, 573, 653, 654-5, 734, 918
Matzen, Charlie, 91, 764
Maurer, Juan, 380
Mauritz, Heinrich e Friedrich, 345
Maximilian I, 155, 407, 522, 526, 660, 840, 949, 958
Mayflower (navio), 387
Maytag, Fritz, 100, 218, 391, 655, 663, 876; Timothy Taylor Landlord como inspiração, 912
MBT, 601-2
McAuliffe, Jack, 218, 391, 663, 696-7
McCoy, Bill: origem da expressão "Real McCoy", 589
McDonald, John, 186

McEwan, William, 359, 844
McMenamin, Mike e Brian, 196
Meilgaard, Morton, 132, 710
Meister Brau, 251
mel, 655-6
melaço, 656-7
melanoidinas, 630, 638, 642, 657, 719, 794
melibiose, 657
Mendocino Brewing Co., 195, 391
menta, 657-8. *Ver também* ervas
Merlin. *Ver* fervura
mesa do mestre cervejeiro, A (Oliver), 163
Mesopotâmia, 267
mestre cervejeiro, 658-9, *658*. *Ver também* escolas cervejeiras
metabissulfeto de potássio, 659
Meura, Philippe, 430
Meux, Henry, 660
Meux Reid & Co., 420, 660, 749
Meux, Richard, 660
Meux, Thomas, 660
México, 286, 392, 522, 635-6, 660-2, *661*, 669; cervejarias artesanais, 661; influência alemã, 660; popularidade da *Vienna lager*, 949
Meyer, Richard, 103
Michelob, 105
Michelob Light, 105
Michigan, 507, 758
Michigan Brewing Company, 245
micróbios, 662
microcervejaria, 68, 89, 92, 241, 391, 662-4, *663*, 779; definição, 392. *Ver também* cervejarias regionais; nanocervejarias; produção artesanal de cerveja
microflora, 297
Middle European Analyzing Commission for Brewing Technologies/European Brewery Convention (Mebak/EBC), 676
mídias sociais, 664-5
mild, 665-6
míldio, 498, 619, 666-7
milheto, 667; cerveja de, 667. *Ver também bantu*
milho, 475, 667-8. *Ver também* milho (*maize*)
milho (*maize*), 59, 249, 668-9. *Ver também* milho
milk stout, 409, 625, 669-70, 882. *Ver também* cerveja nitrogenada
Millennium Ale, 185
Miller Brewing Company, 104, 128, 251, 390, 392, 519, 607, 670, 774, 823-4, 870, 884-5; *near beer*, 695-6. *Ver também* Miller High Life; Miller Lite; MillerCoors; SABMiller
Miller, Frederick, 390, 670
Miller High Life, 696. *Ver também near beer*

Miller Lite, 104, 251; campanha de televisão para, 774
MillerCoors, 178, 245, 306, 392, 670, 672, 824, 885. *Ver também* Coors Brewing Company; Molson Coors Brewing Company
Milwaukee, 389-90, 670-3, *671*
Minnesota Agricultural Experimental Station, 811
mint porters, 658
mint stouts, 658
Minuit, Peter, 646
mirceno, 516, 602, 615, 673. *Ver também* óleos do lúpulo
Mississippi, 507
moagem, 673-4, *674*
moagem seca, 674-5, 678
moagem úmida, 303, 674, 675, 678-9
Moctezuma, Cervejaria, 675
modificação, 635, 639, 676, 923. *Ver também* açúcar; dextrinas; diastase; frutose; glicose; maltodextrinas; maltose; maltotriose; melibiose; proteólise; sacarose
modificação do endosperma, 248, 676-7; graus de, 677
Moeller, William, 696
moinho de martelo, 677-8
moinho de rolo, 674-5, 678-9. *Ver também* conjunto de grãos; moagem seca; moagem úmida
Molson Coors Brewing Company, 223-6, 233-4, 306-7, 392, 440, 519, 666, 679, 738, 824, 972. *Ver também* Bass & Company; Coors Brewing Company; MillerCoors
Molson, John, 224-5, 521, 679
Mondial de la Bière (Montreal), 226
Moonraker, 549
Moorhouse's Brewery, 666
Moortgat. *Ver* Duvel Moortgat
Moortgat, Jan-Leonard, 354
Moosehead Brewery, 223, 965
Moran, Bugs, 589
Morávia, 679-80. *Ver também* República Tcheca
Moretti, Cervejaria, 680
Moretti, Luigi, 680
Morex, 636, 680-1
Morgan, J. P., 390
Mori, Yoshitada, 867
Morocco Ale, 987
Moscou, Rússia, 820
mosteiros, 688; bebidas alcoólicas, 256; Bélgica, 258; cervejarias, 503; França, 258
mosto, 57, 61, 213, 214, 303, 399, 412-3, 424-6, 429-30, 592-3, 673-4, 681-2, 683, 720, 775-6, 827, 952; aquecimento por fogo direto, 111-2; *cold break*, 602; *hot break*, 602; sujo, 602
mosto primário, 682-3

mostura, 683, 883-4. *Ver também* decocção; mosturação; mosturação com temperatura programada
mosturação, 639, 681, 683-5; por decocção, 685; e "endosperma amiláceo", 683; e grãos, 684; por infusão, 684; por infusão com temperaturas programadas, 684-5; processo, 683. *Ver também* decocção; mosturação com temperatura programada; mosturação por infusão
mosturação com decocção de adjuntos, 51
mosturação com temperatura programada, 685-6, 883-4
mosturação de alta densidade, 393, 686
mosturação por infusão, 576, 645, 686-7, 883-4. *Ver também* descanso proteico; mosturação com temperatura programada; sacarificação; *stuck mash*
motins da cerveja *lager*, 587
Moulin, Marie Alexandrine, 947
Mount Hood, 687
Movimento Birrario Italiano (MoBI), 547
movimento contrário aos bares, 102
Movimento Feminino Cristão de Temperança, 587-8, 902-3. *Ver também* temperança
Mrak, Emil, 942
Mucha, Alfonse, 773
Muguerza, José A., 675
mulheres na produção de cerveja, 152-3, 504, 688-9. *Ver também* ale-wives
Müller, Carl, 743
Müller, Johannes, 743
Munique, 62, 180, 351-2, 689-91, *690*; *beer gardens*, 158-9; *beer stein*, 496; origens da produção de cerveja, 690. *Ver também* Alemanha; Baviera
murcha do *Verticillium*, 691
Murphy, James Jeremiah, 691-2
Murphy, John, 104
Murphy's Brewery, 542, 691-2. *Ver também* Beamish & Crawford; Irlanda
Murray, Mungo, 660
murta-do-brejo, 478, 692
Museu da Cerveja, 739
Museu do Lúpulo Americano, 692
musgo irlandês, 692-3
mutantes deficientes respiratórios, 693
Myanmar (Birmânia), 887. *Ver também* Sudeste Asiático
Myers, Douglas, 604

Nakagawa, Seibei, 552
Nakayama, T.O.M. ("Tommy"), 943
Namíbia, 522
nanocervejaria, 664. *Ver também* microcervejaria; produção artesanal de cerveja
Narziss, Ludwig, 695

Nash, A. S. (Bill), 753
Nastro Azzurro, 736
Nation, Carrie, 587
National Association of Commerce and Labor, 390
National Association of Wine and Beermakers, 765
National Barley Improvement Committee, 92
National Brewery Centre, 367
National Collection of Yeast Cultures, 247
National German-American Alliance, 390-1
National Homebrew Competition, 91, 760
National Homebrewers Conference, 91, 764
National Institute of Agricultural Botany (NIAB), 648, 744
National Organic Standards Board, 536
National Temperance Society, 390
Neame, Percy Beale, 854
near beer, 102-3, 216, 306, 391, 695-6. *Ver também* "cerveja" sem álcool; Lei Seca
Neerfeldt, Willem, 476
Negra Modelo, 660-1
Neidhart, Matthias, 524
Nelson Sauvin, 696. *Ver também* Nova Zelândia
Nepal, 667
Neve, Ray, 268, 493, 900, 972
New Albion Brewery Company, 218, 391, 663, 696-7
New Belgium Brewing Company, 650, 697
New Glarus Brewing Company, 698
New Zealand Breweries, 604
New Zealand Horticultural Research Centre, 723
Newcastle Brown Ale, 202, 698-9, 844, 939; logo, 698-9; como símbolo da cultura da classe trabalhadora, 699. *Ver também brown ale*
Newcastle, Inglaterra, 844
Newman, Alan, 626
Newman Brewing Co., 391
Newman, William, 391
Newman's Albany Amber, 391
Nicholson, William, 965
Ninkasi, 332, 501, 688, 699-700. *Ver também* deuses da cerveja
Ninkasi (cerveja), 101
Nippon Breweries, 836
nitrogênio, 700. *Ver também* nitrogênio na forma de aminas livres (FAN)
nitrogênio na forma de aminas livres (FAN), 393, 700-1, 705
Nord-Pas-de-Calais, 701
Noroeste Pacífico, 619, 759
North American Breweries, 626

North American Guild of Beer Writers, 162
Northdown, 701-2
Northern Brewer, 268, 485, 702, 735, 862, 900
Noruega, 536, 583, 648, 702-3, 939, 956
Nova Amsterdã, 646-7, 768. *Ver também* Manhattan, Nova York
Nova Inglaterra, 506-7, 521
Nova York (cidade), 199-200, 212, 389. *Ver também* Brooklyn, Nova York; Manhattan, Nova York
Nova York (estado), 389, 507, 619, 768
Nova Zelândia, 315, 415, 418, 474, 514, 535, 604, 618, 623, 665, 704, 902; cervejarias artesanais, 704; sistema Coutts, 418. *Ver também* Nelson Sauvin
noz-moscada, 704
Nugget, 381, 705
nutrição. *Ver* saúde
nutrientes de levedura, 705-6. *Ver também* aminoácidos; carboidratos; nitrogênio; oxigênio
Nys, Abade, 581

oast house, 613, 707-8, 707. *Ver também* Kent, Inglaterra
oatmeal stout, 708, 882. *Ver também stouts*
O'Banion, Dion, 270
Obesumbacterium proteus, 708-9
off-flavors, 709-10; fontes, 710. *Ver também* defeitos na cerveja
Ogden, William B., 269
O'Hanlon's Brewing Co., 143
Ohio, 506-7, 652
Oktoberfest, 510, 710-2
Oktoberfest de Munique, 152, 407, 608, 650, 691, 710-2. *Ver também* Munique; Oktoberfest
okterberfestbier, 151, 650-1, 690, 710
old ales, 278-9, 453, 712, 881, 970. *Ver também barley wine*; *stock ale*
Old Brewery, 389
Old Foghorn, 100, 655
Old Milwaukee, 672, 723
Old Peculier, 907
Old Style, 723
óleos do lúpulo, 87, 602-3, 712-4; e monoterpenoides, 349
óleos essenciais, 609, 616, 673
Oliver, Garrett, 199
Olson, Ralph, 514
Olympia Brewing Company, 148
Opal, 714
Opavský Kneifl, 487-8
Optic, 714
Ordem Cisterciense, 255, 258, 714, 888, 961. *Ver também* trapistas
Oregon, 241, 507-8, 619, 728, 969
Oregon Brewers Festival, 715
Organic English Ale, 987
organismo geneticamente modificado (OGM), 539, 850
Origin and History of Beer and Brewing (Arnold), 954
Orkney, Escócia, 168
Ortleib's, Cervejaria, 389
Orval, Cervejaria, 599, 715-6, 715. *Ver também* cervejarias trapistas; Ordem Cisterciense
oshikundu, 59
Osíris, 332, 501-2
Oskar Blues Brewery, 369
Ottaway, David, 200
oud bruin, 600-1, 726, 716-7, 896. *Ver também* Flandres; Países Baixos
Owades, Joseph, 200, 251
Owens Automatic Bottling Machine, 288
Owens, "Buffalo" Bill, 197
Owens, Michael Joseph, 451, 799
oxalato de cálcio, 717-8
oxalatos, 718
oxidação, 296-7, 310, 675, 710, 718-20; e condicionamento da cerveja, 291-3
oxigenação, 296-7
oxigênio, 720. *Ver também* oxidação
oxigênio dissolvido (DO), 720-1. *Ver também* oxidação; oxigênio

Pabst Brewery Company, 104, 138, 200, 270, 368, 525, 670-2, 723, 884-5; origem da fita azul, 723
Pabst, Frederick, 389, 723
Pacific Brewing Company, 215
Pacific Gem, 723-4
Padró, Alex, 381
Painel Intergovernamental de Mudanças Climáticas, 110
Painter, William, 191, 815-6
País de Gales, 298, 368, 665, 724, 737, 935. *Ver também* Grã-Bretanha; temperança
Países Baixos, 256, 716-7, 724-6, 725, 936-7, 967. *Ver também* Holanda
pale ale, 72, 89, 726-7, 833-4; como designação genérica, 726. *Ver também American pale ale*; *English pale ale*; *India pale ale*
Palisade, 728. *Ver também* Amarillo; Cascade; *India pale ale*
Palm, Cervejaria, 728-9, 813
papaína, 729
Papazian, Charles, 91, 162, 193, 729, 764; como "pai da produção de cerveja caseira", 729
Paquistão, 922
parti-gyle, 121, 143, 213, 481, 578, 682, 730, 844. *Ver também* mosturação de alta densidade
Pasadena, 567
Pasteur, Louis, 102, 153, 412, 488, 525, 534, 575, 662, 730-1, 740, 818. *Ver também* pasteurização
pasteurização, 102, 488, 534, 662, 731; métodos, 731. *Ver também* Pasteur, Louis
pasteurização em túnel. *Ver* pasteurização
Patterson & Ballantine Brewing Co., 139
Patterson, Erastus, 139
Paulaner Brauerei GmbH & Co. KG, 690, 731-2, 814
Payen, Anselme, 334, 745
Peacock, Dave, 104
Pectinatus, 733. *Ver também* bactérias
Pediococcus, 38, 572, 733, 968. *Ver também* ácido lático
pedra cervejeira. *Ver* oxalato de cálcio
pedra de carbontação, 733-4
Pedro III, 243
Penn, William, 388, 768, 770
Pensilvânia, 389, 652, 768
pentanodiona, 734
pentosanas, 230
pentose, 734
peregrinos, 387, 521
pericarpo, 248, 735. *Ver também* cevada; endosperma
Pérignon, Dom, 299
Perkins, John, 142, 243, 523
Perle, 381, 735, 906
Perlick, 735-6
Perlick, Robert, 735
Perlick, Walter, 735
perlita, 736
Peroni, Cervejaria, 736
Peroni, Giovanni, 546, 736
Persoz, Jean-François, 745
pescoço de cisne, 348, 736-7
Pete's Wicked Ale, 885
Petri, Ernesto, 380
Peur, Jean sans (João sem Medo), 449
Pfeilsticker, Dietrich, 934
pH, 737-8
Phaff, Herman, 943
Philip Morris, 670, 672, 774, 824, 870
Philly Beer Week, 427
Pichler, Elias, 180
Pilgrim, 738
pils. Ver pilsner
Pilsen, 62, 181, 454, 538, 738-9, 738, 740-1, 986; Cervejaria dos Cidadãos, 739-40. *Ver também* República Tcheca
pilsner, 151, 394-5, 454-5, 487-8, 505, 564, 680, 726, 739-40, 986; como cerveja para o mercado de massa, 538; domínio global, 740; estilos, 740; origem do nome, 741. *Ver também Bohemian pilsner*; *German pilsner*; *international pilsner*; malte *pilsner*; Pilsen; Pilsner Urquell; República Tcheca
Pilsner Urquell, 127, 181, 420, 454, 476, 739, 740-2, 805, 870, 986; alteração do método de fermentação, 742. *Ver*

também international pilsner; malte pilsner; pilsner
Pimm's Cup, 183-4
pin, 742
pinheiro, abeto e pontas de espruce, 742-3
Pink Boots Society, 689
Pinkus Müller, 743
pint, 743
Pioneer, 493, 648, 743-4
Pipkin, 744
piruvato, 744
Pisker, Leo, 191
plague beer, 373
Plank Road Brewery, 390, 670
Plant Breeding International (PBI), 268
poder diastático, 744-5, 920
Poivre, Pierre, 704
polifenóis, 745, 836
polivinilpolipirrolidona. *Ver* PVPP
Polônia, 245, 624, 746-7, 937; *brewpubs*, 746-7; produção caseira de cerveja, 746-7
Poncelet, Lucien-Joseph, 557
Ponzi, Dick e Nancy, 715
Poor Richard's Ale, 656-7, 769-70
porridge beers, 747
porter, 68, 72, 142, 156, 209, 433-4, 465-6, 492-3, 504-5, 523, 530-1, 532, 541-2, 665, 727, 747-51, 770, 882, 909, 954, 966; *Baltic porter*, 750; cervejarias artesanais, 751; declínio, 751; origem, 748; *porters* americanizadas, 751; recuperação, 751; *robust porter*, 751; *smoked porter*, 794; *stout porter*, 750. *Ver também stouts*
Porter, James Herbert, 698-9
Porterhouse Brewing Company, 542, 751-2
Portland, Oregon, 218, 759
pós-humulona, 47, 516
potencial de amargor, 752
Potter, Tom, 199-200
Practical Brewer, The (MBAA), 652
Praga, República Tcheca, 933
pré-humulona, 47, 516
Premiant, 752-3
Preston, John, 766
Price, Arthur, 479-80
Pride of Ringwood, 126, 621, 753
primeira lupulagem do mosto, 609, 753-4. *Ver também* humulona; mirceno; óleos do lúpulo
Primus, Jan, 449
pró-carcinogêneos, 975
Processo de Bolonha, 377
processo de produção, 754-6, 755; *coolships*, 756; fervura do mosto, 424-5, 756; mostura, 754-5; *trub*, 756. *Ver também* conjunto de grãos; *coolship*; fervura; filtração; *hop back*; mosturação; *trub*; *whirlpool*

processo em lote, 756
Proctor, 648
produção artesanal de cerveja, 100, 203, 235, 330-1, 352, 392, 458, 468-9, 506, 513-4, 551, 552-3, 623, 716, 724, 756-9, 757, 934; ácido cítrico, 37; adjuntos, 51; adoção da *Brettanomyces*, 189-90, 411; adoção do termo *double*, 523; adoção do termo imperial, 523; aspérula, 122; atitude com relação a latas, 368-9; e *barley wine*, 143-4; barris de carvalho, 237; barris de madeira, 294; e *bombers*, 452; e *brewpubs*, 197; 757; *brown ale*, 203; caráter de lúpulo, 758; centeio, 245, 815; cepas de leveduras, 593; cerveja nitrogenada, 253; cervejas de lúpulo úmido, 963; cervejas de trigo, 924; cervejas defumadas, 410; cervejas sazonais, 970-1; e condicionamento na garrafa, 302; *dark lager*, 323-4; definição controversa, 759; desabastecimento de lúpulo aromático, 330-1; *double* IPA, 346; *eisbock*, 363; especiarias, 383, 970-1; espelta, 385; estilo *saison*, 831; e *grand cru*, 469; *imperial stout*, 523-4; e *India pale ale* (IPA), 532-3; influência da *extra special bitter* (ESB), 447; *Irish red ale*, 539-40; levedura de vinho, 597; lupulagem tardia, 610; malte de duas fileiras, 636; malte turfado, 863; *milk stout*, 669-70; mulheres na, 689; *pale ale*, 727; popularidade do *growler*, 477; produção de cerveja sob contrato, 770-1; produção de cervejas extremas (*extreme brewing*), 771-3; *schwarzbier*, 842; *Scotch ale*, 843-4; Sorachi Ace, 867; *sour beers*, 411, 567, 868-9; *stout*, 882-3; técnicas de produção, 758; uso de abóbora, 767-8; uso de menta, 658; uso de mídias sociais, 664-5; uso do termo imperial, 522-3; e variedades de cevada, 266; *wee heavy*, 956; *weissbier*, 959; Weyermann® Malting, 964; *wheat wine*, 964; *wild beers*, 869. *Ver também* microcervejaria; nanocervejaria
produção caseira de cerveja, 91, 185-6, 551, 729, 759-66, 760; ácido cítrico, 37; água, 761; América do Sul, 766; Ásia, 766; Austrália, 765-6; Canadá, 765; clubes, 765-6; engarrafamento, 763-4; equipamento, 762; Estados Unidos, 764-5; Europa continental, 766; extrato de malte, 760-1, 976-7; extratos, 762-3; fermentação, 763-4; geografia, 764-6; história, 764-6; ingredientes, 760; e inoculação, 973; legalização, 195, 218, 236, 591, 663, 758; levedura, 761; lúpulos, 761; malte, 761; mostura parcial, 763; Nova Zelândia, 765-6; Reino Unido, 765; somente grãos, 763; técnicas, 762-4; trasfega, 919

produção de cerveja: passos, 639, 683; e trigo, 920-4. *Ver também* cervejarias; cervejeiras; Estados Unidos; história da cerveja; indústria cervejeira
produção de cerveja nos Estados Unidos colonial, 767-70
produção de cerveja sob contrato, 757, 770-1; cervejeiros ciganos, 771
produção de cervejas extremas (*extreme brewing*), 343, 613, 771-3
programa de cevada da University of Adelaide, 434
Programa Nacional Orgânico (National Organic Program ☒ NOP), 536
Progress, 773
propaganda, 774; campanhas de televisão, 774; campanhas impressas, 774; críticas, 775; pôsteres, 773; sinalizações de neon, 774; transmissões de rádio, 774
propagandas de bebida alcoólica: banimento, 775
Proskowetz, Emanuel, 487
Proskowetz Hanna Pedigree, 487-8, 563
proteínas, 673, 676, 775-6, 897-8. *Ver também* agentes clarificantes usados na tina de fervura; *cold break*; espuma; turbidez a frio
proteólise, 533, 776
Pschorr, Cervejaria, 690
Pschorr, Josef, 483
ptialina, 97
pubcos, 803, 911. *Ver também public houses* (*pubs*)
public house vitoriana (*pub*), 72
public houses (*pubs*), 72, 776-82, 777, 966; arquitetura de *pub* vitoriano, 780; declínio, 781; e embriaguez, 778, 780; horários de funcionamento, 780-1; placas, 781; como terceiro local, 463. *Ver também ale houses; coaching inns; pubcos;* tabernas
Pugsley, Alan, 196, 452
pulque, 782-3. *Ver também* México
pumpkin ale, 383, 783-4
Punch Taverns, 203
puritanos, 506
Pütz, Martin, 934
PVPP, 52, 784, 898, 931. *Ver também* adsorventes; polifenóis
Pyramid Breweries, Inc., 784-5; e Apricot Ale, 784

quakers, 506
Quality Brewing (Burch), 764
quarter, 787
Quebec, 226-7. *Ver também* Canadá
queijo (harmonização), 787-9; de leite de cabra, 789; de leite de ovelha, 789; de leite de vaca de casca lavada, 788; de leite de vaca duro, 788-9; de leite

de vaca macio, 788; de leite de vaca semiduro, 788
questões ambientais, 697, 789-90
Quirguistão, 120

Radeberger Group, 79, 569, 791
Radlermass, 791-2
Rahr Malting Company, 792
Rahr, William, 792
rakshi, 667
Ram Brewery, 980-1
Ramsés II, 792-3. *Ver também* Egito
Rasmusson, Donald, 680, 874
Rauch, Hans, 584
rauchbier, 140, 154, 631, 637, 793-4, 793, 839-40, 841, 864. *Ver também smoked beers*
rauchmalz, 631
Ravenscroft, George, 799
reação de Maillard, 230, 310, 326, 333, 403, 446, 630, 633, 638, 643, 657, 681, 794-5
reação em cadeia da polimerase (PCR), 573, 795
real ale, 391, 795-6, 981. *Ver também* adegueiro, arte do; Campaign for Real Ale (CAMRA); condicionamento em *cask*; válvula de respiro
reator com levedura imobilizada, 418, 654, 796
recipientes de germinação e secagem (GKV), 630, 797. *Ver também* malteação
recipientes de serviço, 797-800, 798
recirculação do mosto em fermentação (*rousing*), 800, 918
Red Stripe, 331-2
Redhook Ale Brewery, 800-1
redox, 719
redução, 801
refermentação, 299-302
Reforma anglicana, 70
refrigeração, 154, 391, 467, 505, 574-5, 603-4, 740, 801-3, 802, 847; como fator crítico na propagação da cerveja *lager*, 802-3
Regulamentos Associados à Cerveja, 803. *Ver também* legislação; *tied house system*
Reid & Co., 660
Reid, Andrew, 660
Reino Unido, 383, 417, 493, 514, 519, 656, 691, 902-3, 935, 937, 969, 970; cerveja sem álcool, 253; distribuição de cerveja, 339-40; *fruit beers*, 445; informações de rotulagem, 535; microcervejarias, 662-4, 911; *pint* imperial, 896; processo de mosturação, 684; produção artesanal de cerveja, 648, 759; tamanhos de garrafas, 896. *Ver também* Grã-Bretanha
Renânia, 83
rendimento, 803-4

República Tcheca, 180-1, 259, 514, 679-80, 738-9, 752, 804-5, *804*, 848, 875, 937, 958, 983; produção de cerveja, 804-5; produção artesanal de cerveja, 805
resfriador Baudelot, 805-6
resinas, 806. *Ver também* huluponas; iso-alfa-ácidos; isomerização do lúpulo; lupulina
resistência ao acamamento, 806-7
respiração, 807
respiração da levedura, 719
ressaca, 838
retenção de espuma. *Ver* espuma
retirada de bagaço de malte, 807-8. *Ver também* bagaço de malte
retrogosto, 808. *Ver também* água; amargor; aspersão do mosto; umami
revistas. *Ver beer writing*
Revolução Industrial, 71, 287, 451, 541, 633, 662, 808-10, 929, 954, 966; e a indústria cervejeira, 465, 504-5, 749-50; e *porter*, 465
Rheingold Beer, 200
Rheingold Brewery, 251, 389
Ringwood Brewery, 196, 810
rizoma, 810-11
Robert Smith India Pale Ale Brewing Co., 389
Robust, 811
Rochefort, Cervejaria, 811-2. *Ver também* Bélgica; cervejarias trapistas; cervejas de abadia
Rock Bottom, 196
Rockefeller, John D., 390
Rød Tuborg, 930
roda de sabores, 812-3, *812*. *Ver também* sabor
rodadas. *Ver* costumes associados à cerveja
Rodenbach, 163-4, 813-4, *814*
Rodenbach, Eugene, 813
Rodenbach, Pedro, 813
Rodríguez, Carlos, 382
roggenbier, 814-5. *Ver também* centeio
Rogue Ales, 815
rolha metálica, 288, 451, 815-6, *816*, 897
"Roll Out the Barrel", 160
Romanko, R. R., 372, 449, 520
Romênia, 937
Roosevelt, Franklin D., 590-1
Rosenquist, Fredrik, 889
Rossnagel, Brian, 244
rótulos, 816-8, *817*, *818*. *Ver também* informações de rotulagem
Rubin, Harry, 184
running beers, 467, 818-9, 881, 888
Ruppert, Jacob, 389, 391, 647, 819
Russell, Howard Hyde, 390, 587
Rússia, 79, 139, 208, 227, 523-4, 819-20, 833, 922; mercado de cervejas artesanais, 820

Russian imperial stout, 243, 522-3
Russian River Brewing, 820-1. *Ver também double* IPA; *sour beer*

Saaz, 485, 520, 607, 624, 741, 823, 906-7, 933, 983; e clones Osvald, 823, 862
Sabia, Jim, 178
SABMiller, 60, 112, 306, 347, 440, 476, 529, 670, 742, 823-4, 870, 933, 986. *Ver também* Miller Brewing Company
sabor, 824-7, *826*
sabores das cervejas: categorias, 710
sacarificação, 629, 634, 827-8. *Ver também* alfa-amilase; amilases; mosturação
sacarose, 828, 977. *Ver também* açúcar
Saccharomyces. *Ver* levedura
Sada, Francisco G., 675
sahti, 424, 431-2, 799, 829-30, 889, 984. *Ver também* Finlândia
sais. *Ver* cloreto de cálcio; cloreto de sódio
saison, 353, 830-1, 945, 947
sala de brassagem, 831-2, *832*. *Ver também* processo de produção; tina de fervura; tina de filtração do mosto; tina de mostura
Saladin box, 629, 832-3. *Ver também* germinação; malteação
Saladin, Charles, 832
Salmon, Ernest S., 187, 190, 207, 702
Salt and Co. *Ver* Thomas Salt and Co.
sálvia, 833. *Ver também* ervas
Sam Adams. *Ver* Boston Beer Company
Samociuk, Penny e Stefan, 744
Samuel Adams Boston Lager, 184-5, 564, 770, 877, 885; copo próprio, 185
Samuel Allsopp & Sons, 833-4, 908. *Ver também* Burton-on-Trent; Ind Coope & Sons
Samuel, Delwen, 362, 501
Samuel Smith's Old Brewery, 147, 202, 367, 523-4, 708, 834-5, *835*, 980; famosa pelo comportamento excêntrico, 835
San Andreas Brewing, 122
San Antonio, Texas, *beer gardens* em, 159
San Diego, Califórnia, 218
Sánchez, Paco, 381-2
Santiam, 835
São Columbano, 960
São Francisco, Califórnia, 215-6, 218, 875-6
São Petersburgo, Rússia, 820
Saphir, 835-6
Sapporo, Cervejaria, 552, 836. *Ver também* Japão
Sarah Hughes Brewery, 666
Saskatchewan, Canadá, 492
saúde, 836-9, *837*, *838*
Scaba, 99
Schaefer Beer, 200
Schaefer, Frederick e Maximilian, 389

Índice remissivo • 1037

schankbier, 839
Scharer, Geoffrey, 126
Scheele, Carl Wilhelm, 38
Schinkel, Otto, Jr., 100
Schlenkerla, 793, 839-40, 864
Schlitz, 103, 204, 270, 368, 525, 672
Schlitz, Joseph, 389-90
Schloss Eggenberg, 128
Schmidt's, Cervejaria, 389, 426
Schmitthenner, Friedrich, 431
Schnaider, Joseph M., 675
Schnaitter, Jörg, 606
Schneider, Georg I, 840-1, 959
Schneider, Georg IV, 841
Schneider, George, 101
Schneider, Otto, 112
Schneider, Ruben, 942
Schneider Weisse, Cervejaria, 840-1, *841*
Schott, Otto, 799
Schottenhamel, Michael, 711
Schueler, Jacob, 306
Schultz, Jeff, 815
Schulz Brew Systems, 399, 841-2
Schulz, Christian, 841
Schumacher, Matthias, 85
Schwarz, Anton, 204
schwarzbier, 154, 565, 842
Schwechat, Cervejaria, 949-50
Schwenger, Jakob, 85
scooping, 842. *Ver também ticking*
Scotch ale, 843-4, *843*, 854. *Ver também Escócia; wee heavy*
Scottish & Newcastle Brewery, 156, 215, 317, 359, 375-6, 699, 844-5, 907
Scottish Brewers, 359, 375
Scottish Courage, 844
scuffing, 845
Seattle, Washington, 218
secagem, 794, 845-6; fases da, 845
Sedlmayr, Gabriel der Ältere, 846, 872
Sedlmayr, Gabriel der Jüngere, 525, 846-7, 872, 949
Sedlmayr, Joseph, 711, 872
seleção da cepa de levedura, 335
seleção e melhoramento de lúpulo, 847-50; *loci* de características quantitativas (LCQ), 849-50; mapeamento genético, 849
Sellars, Geoff, 168
selo do lúpulo, 850-1, 870-1, 983
sensação na boca, 851, 923, 978
Serebrianka, 851
serviço de cerveja, 851-4; serviço de restaurante e bar, 852-3; temperatura de serviço, 853-4
Sexton, Phil, 125
Shakparo, 60
Sharp, Russell, 214-5
Shepherd, John, 854
Shepherd, Julius, 854
Shepherd Neame Brewery, 561, 774-5, 854

Shepherd, Samuel, 854
shilling system, 854-5
Shimwell, J. L., 708
Shimwellia. *Ver Obesumbacterium proteus*
Shipman, Paul, 800
shive, 855, 872, 935
Siebel, Bill, 855
Siebel Institute of Technology, 269, 341, 378, 575, 855, 983. *Ver também Doemens Academy*
Siebel, John Ewald, 269, 855
Siebel, Ron, 855
Sierra Nevada Brewing Company, 92, 143, 218, 391, 476, 663, 855-6
Sierra Nevada Pale Ale, 855-6. *Ver também American pale ale*
sifão, 856
Sileno, 135
Silésia, 624
sílica gel, 52, 857, 931. *Ver também* adsorventes; polifenóis; turbidez
Sill, Valentin Stephan, 344
Simcoe, 857
Simmons, Tony, 656, 769
Simon, Theobald, 454, 565
Sinebrychoff, Cervejaria, 432, 524, 857-8. *Ver também Finlândia*
Sinebrychoff, Nikolai, 139, 857
Singapura, 888. *Ver também* Sudeste Asiático
singel, 858. *Ver também* cervejarias trapistas; cervejas de abadia
Singha. *Ver Boon Rawd, Cervejaria*
Sissi, 858-9
sistema Burton Union, 83, 147, 415, 417, 423-4, 650, 859-61, *859*, *860*. *Ver também Burton ale; Burton snatch; Burton-on-Trent*
sistema Coutts, 418
Six Point Brewery, 201
Skelton, John, 689
skimming, 861, 899
slack malt, 444, 861-2
Sládek, 862
Sleeman Breweries, 836, 876
small beer, 208, 682, 712, 726, 769, 862-3, 873, 954
Smaragd, 863
Smith, Henry, 447
Smith, John, 767
Smith, Sydney, 780
Smithwick's, 118
smoked beers, 794, 863-4. *Ver também rauchbier*
snakebite, 864; e consumo excessivo do álcool, 864
snap malt, 749, 865
Sociedade Americana de Temperança, 902
Sociedade para a Preservação das Cervejas em Madeira, 147
solera, 865-6

solvente, 866. *Ver também off-flavors*
sommelier. *Ver Cicerone*
Sorachi Ace, 867
Sørensen, Søren Peder Laurtiz, 737
sorgo, 58, 867
sour beer, 164, 182, 238, 302, 478, 567, 599, 772, 826, 868-9; acidez, 33; e *Brettanomyces*, 868-9; lactobacilos, 868-9; *Pediococcus*, 868-9. *Ver também* acidez; *Berliner weisse*; *lambic*
South African Breweries Ltd., 392, 670, 672, 736, 823, 869-70. *Ver também* SABMiller
South Australian Brewing Company, 604
Southern Cross, 870
Spalt, 870-1, 907
Spalt, região, 486, 850, 871
Spalter Select, 871
Spaten, Cervejaria, 496, 505, 603, 650-1, 690, 846-7, 872, 949-50
spile, 147, 855, 872; pinos duros, 872; pinos macios, 872
Spitfire, 774-5
split, 896
Sprecher Brewing Company, 60
Spring Valley Brewery, 562
Sprule, Irwin, 204
Sputh, Robert, 191
Squire, James, 124
Sri Lanka, 522, 873
St. Gallen, 503, 873-4, 891
St. Louis, Missouri, 390
Standard Reference Method (SRM), 310, 606, 874, 941
Stander, 874-5
"Star-Spangled Banner, The", 227
Starck, Philippe, 120
starkbier, 875
Staropramen, Cervejaria, 875. *Ver também* República Tcheca
Stausz, Alexander, 521
steam beer, 100, 215-9, 875-7. *Ver também* Anchor Brewing Company; *California common*
Steel's Masher, 877
Steffi, 877. *Ver também* malte de duas fileiras
stein, 496, 799, 878. *Ver também* Baviera
steinbier, 878-9
Steinecker. *Ver Krones*
Steiner, S. S., 520
Stella Artois, 879
Stelzer, Martin, 476, 739-41
Sterling, 879-80
Stern, Suzy, 697
Stewart, Graham, 519, 880
Stewart's Brewery, 359
sticke bier, 880-1, 934. *Ver também altbier*
Stiegl Goldbräu, 127
stock ale, 881
Stockholm Beer and Whisky Festival, 890-1

Stokes, George Gabriel, 586
Stokes, Patrick, 104, 211
Stopes, Henry, 462
stouts, 669-70, 750, 882-3, 882, 936; tipos, 882. *Ver também* oatmeal stout; porter
Strainmaster, 883. *Ver também* filtração do mosto; *stuck mash*
Strasser, Rob, 815
Straub Brewery, 148
strike temperature, 883-4. *Ver também* mosturação; mosturação com temperatura programada; mosturação por infusão
Strisselspalt, 568, 884
Stroh, Bernhard, 885
Stroh, Bernhard, Jr., 885
Stroh Brewery Company, 306, 672, 723, 884-5
Stroh, Peter, 885
Stuart, *Lady* Catherine Maxwell, 919
Stuart, Peter Maxwell, 452, 919
Stubbes, Philip, 71, 778
stuck mash, 885-6. *Ver também* mostura; mosturação
Studer, Ben, 520
Studer, Brad, 520
stuykmanden, 886. *Ver também* goed sakken
Stuyvesant, Peter, 646, 768
Styrian Golding, 447, 474, 622, 886-7, 966
Sudeste Asiático, 645, 887-8
Suécia, 536, 848, 888-91; consumo de cerveja, 890; distribuição de cerveja, 340, 583; estilos de cerveja, 889; movimento antiálcool, 889-90; produção caseira de cerveja, 890; produção de cerveja artesanal, 890
Suíça, 873, 891-2, 939, 984; cervejarias artesanais, 891-2
sulfato de cálcio, 456-7, 892. *Ver também* gesso
sulfeto de hidrogênio, 653, 733, 892-3. *Ver também off-flavors*
sulfitagem (de lúpulos), 893
sulfitos, 48-9
Sulzer, Konrad, 269
Suméria, 500-1, 581, 688, 699-700, 773, 799, 893, 921
Sumerian Beer Project, 101
Suntory Group, 894. *Ver também* Japão
svagdricka, 889
Svensson, Sven-Olle, 890
Swiss Brewery Association, 891
Swiss Brewery Club, 891

Taberna Bull's Head, 954
tabernas, 895. *Ver também coaching inns*; public houses (pubs)
table beer, 896, 962
Tacitus, Publius Cornelius, 74, 545

Tadcaster, Inglaterra, 834-5
tafelbier, 896
Tailândia. *Ver* Sudeste Asiático
Taiwan, 667
Talisman, 520
Talon, Jean, 521
tamanhos de garrafas, 896-7. *Ver também* garrafas
tampa *flip-top*, 897
tampa *swing-top*. *Ver* tampa *flip-top*
taninos, 627, 897-8; grupos, 897. *Ver também* Lei da Pureza da Cerveja
tanoaria, 299
tanque de flotação, 898-9
tanque de pressão, 899-900. *Ver também* carbonatação; cerveja límpida; fermentadores
tanque Grundy, 196, 663, 900
tanques Asahi. *Ver* fermentadores
tanques Rainier, 422
Target, 900
taxa de aproveitamento do lúpulo, 752, 803, 901-2, 941
taxa de evaporação, 902
Taylor, E. P., 225, 233-4, 317
Taylor, Eddie, 966
Taylor, Timothy, 911
Tecate, 675
Technical Quarterly (revista), 652
tella, 59
temperança, 390, 587, 672, 688, 902-3, 902; como movimento político, 902. *Ver também* Lei Seca
Tennent's, 143
teor alcoólico, 903-4
terpenos, 905
terra diatomácea, 287, 736, 905
tesguino, 669
teste triangular, 906
Tetley's Cask Bitter, 980
Tettnang, região, 486, 906. *Ver também* Fuggle
Tettnanger, 93-4, 624, 728, 906-7
Texas, 68, 390
Theakston, Paul, 907
Theakston, Robert, 907
Theakston, Thomas, 907
Theakstons, 147, 844, 907
Thomas Hardy's Ale, 143, 907-8. *Ver também barley wine*; condicionamento da cerveja
Thomas, Keith, 433-4
Thomas Salt and Co., 908. *Ver também* Burton-on-Trent; *India pale ale*
Thorpe, George, 387
Thrale, Henry, 139, 142, 243, 522
Thrale, Hester, 142
Thrale's Brewery, 285
three-threads, 492-3, 748, 881, 908-9. *Ver também* porter
ticking, 909. *Ver também* scooping
tied house system, 72, 167, 340, 467, 691,

903, 908, 909-11, 966. *Ver também* public houses (pubs)
Tietgen, C. F., 929
Timothy Taylor Brewery, 911-2
Timothy Taylor Landlord, 911-2
tina de fervura, 912-3, 912
tina de filtração do mosto, 75, 408, 585, 673-4, 675, 683, 684, 913-4
tina de mostura, 674, 681, 683, 684-5, 914-5, 914, 924
Tintometer Co., 606
Tomahawk. *Ver* CTZ
torneira de chope, 915-6; e o *tapping* de um barril, 915
torrador de tambor, 633, 916-7, 917
torrador esférico, 916, 917. *Ver também* maltes torrados; torrador de tambor
Torrio, Johnny, 270
Tradition, 918
trans-2-nonenal. *Ver* (E)-2-nonenal
transferência, 918
transporte a granel, 918-9. *Ver também* distribuição
trapistas, 256. *Ver também* Ordem Cisterciense
Traquair House Ale, 919
Traquair House Brewery, 452, 919. *Ver também* Escócia
trasfega, 919-20
Treatise on Lager Beer, A (Eckhardt), 764
trigo, 94, 249, 920-4, 921
trigo Einkorn, 385, 921, 925
trigo Emmer, 385, 925
trigo-sarraceno, 627, 926
tripel, 926-7. *Ver também* Bélgica; cervejarias trapistas
Triumph, 142, 460, 563, 927
trocador de calor, 682, 803, 927-8
Troch, Marie, 229
Trommer, George F., 928
Trommer, John F., 928
Trommer, John F., Jr., 928
Trommer's Evergreen Brewery, 200-1, 928. *Ver também* Brooklyn, Nova York
trub, 413, 426, 515, 682, 775-6, 898-9, 913, 928-9, 965-6. *Ver também cold break*; *hot break*
Trum, Matthias, 839
Truman, Benjamin, 929
Truman, Hanbury, Buxton & Co., 749, 929
Truman, Joseph, 929
Truman, Joseph, Jr., 929
Trumer, Cervejaria, 128
Tsingtao, Cervejaria, 106
Tuborg, Cervejaria, 929-30. *Ver também* Carlsberg Group; Dinamarca
Tuborg Gold, 930
Tuborg Green, 930
Tumbril and Pillory Statute, 70

"Tunning of Elynour Rummyng, The" (Skelton), 689
turbidez, 369, 719, 898, 923, 930. *Ver também* turbidez a frio; turbidez coloidal
turbidez a frio, 460, 519, 602, 898, 931; e *cold break*, 286. *Ver também chillproofing*; limpidez; PVPP; turbidez
turbidez coloidal, 931. *Ver também dry hopping*; limpidez; polifenóis; turbidez
turfa, 863
Turmair, Johann Georg, 841
Turner, John, 447
Turquia, 939

U Fleků, Cervejaria, 933
Ucrânia, 922, 933-4
Uerige, Cervejaria, 934
ullage, 935
última rodada, 935. *Ver também* legislação; *public houses* (*pubs*); tabernas
Ultra, 935-6
umami, 826-7, 936
Under the Influence (Hernon e Ganey), 104-5
União Europeia, 151, 432, 536, 922, 936-9, 938, 952, 986; cerveja não alcoólica, 253; designação de origem protegida, 939; Especialidade Tradicional Garantida, 939; indicação geográfica protegida (IGP), 939; marketing da cerveja, 648; propaganda de cerveja, 775. *Ver também* Europa
Unibroue Brewery, 987
unidade de aroma (AU), 939-40, *939*
unidades de amargor, 940
unidades de cor EBC, 941. *Ver também* cor
unidades de dextrinização (DU), 335
Unidades Internacionais de Amargor (IBU), 81, 85-6, 406, 544, 609, 614, 752, 941-2
unitanques. *Ver* fermentadores
United Breweries, 529
United Distillers, 119
United National Breweries, 60
United States Brewers Foundation, 774
Universidade Católica de Leuven, 378
University of California, Davis, 942-3; curso de produção de cerveja, 196, 216, 599. *Ver também* Departamento de Ciência e Tecnologia de Alimentos da University of California, Davis
urze, 376, 943
Utah, 652; *brown ale* em, 203
Utopias, 185

Vakano, Alfred, 820
Valônia, 830, 945-6. *Ver também* Bélgica; Distrito Pajottenland (Bélgica); Flandres

Valtice (República Tcheca), 563
válvula de respiro, 946
Van Roy, Jean-Pierre, 229
Vanguard, 947. *Ver também helles*; *kölsch*; *pilsner*
Vapeur, Cervejaria, 947
Vassar, Matthew, 389
Verein Münchener Brauerein (Associação das Cervejarias de Munique), 497
Verlinden, Hendrik, 350, 926
Vervliet, Johannes, 325
viabilidade, 947-8
vida útil, 48, 948-9
Viena, Áustria, 62
Vienna lager, 347, 522, 634, 638, 651, 847, 949-50. *Ver também märzenbier*; malte Munique
Vietnã. *Ver* Sudeste Asiático
Vigésima Primeira Emenda, 340, 367, 652, 672
Vigne, Jean, 646
Vijande, Pablo, 381
Villa, Keith, 178
vinagre. *Ver* ácido acético
vinho de arroz, 116
vinhos de fermentação espontânea, 575
Virgínia, 507, 767-8, 956
vírus do mosaico do lúpulo, 950
vírus do nanismo amarelo da cevada, 950-1
VLB Berlin, 377-8, 951
vollbier, 952
Von Bergzabern, Jacob Theodor, 41
vorlauf, 429, 883, 913, 952. *Ver também* filtração do mosto; tina de fervura

Wadworth Brewery, 147, 953
Wadworth, Henry Alfred, 953
Wagner, Anton e Therese, 122
Wagner, John, 389, 505
Wahl, Robert, 953
Wahl-Henius Institute of Fermentology, 270, 953-4
Ward, Harry Marshall, 458
Warrior, 954
Warsteiner, grupo de cervejarias, 407
Washington (estado), 241, 289, 507-8, 619-20, 969
Washington, George, 389, 408, 426, 749, 764, 769-70, 954; receita de cerveja de melaço, 656
wassail, 954-5
Watkins, George, 748
Watney, Combe, Reid, 660
wee heavy, 854, 955-6. *Ver também* Escócia; *Scotch ale*
Weigel, Robert, 652
Weihenstephan, 75, 153, 377, 406, 608, 691, 695, 956-7
weissbier, 154-5, 407, 852-3, 922-4, 934, 957-60; variações, 960. *Ver também bock*; *doppelbock*; *eisbock*

Welch, David e Nigel, 810
Wellington, Steve, 972
Wells, Charles, 332, 981
Welsh Sunday Closing Act (1881), 724
Weltenburger, 960, *961*. *Ver também* cervejarias trapistas; cervejas de abadia
West Coast Pyramid Breweries Inc., 626
Westmalle, Cervejaria, 926, 961-2. *Ver também* Achel, Cervejaria; Bélgica; cervejarias trapistas
Westvleteren, Cervejaria, 272, 962-3
wet hopping, 963
Weyermann, Johann Baptist, 964
Weyermann® Malting, 141, 631, 637, 841, 963-4
Weyermann, Sabine, 964
WGV. *Ver* Whitbread Golding Variety
wheat wine, 964. *Ver também* casca de arroz; Unidades Internacionais de Amargor (IBU)
Wheeler, Daniel, 154, 639, 750, 964-5
Wheeler, Wayne, 390-1
whirlpool, 515, 682, 913, 965-6
Whitbread Brewery, 180, 528, 639, 666, 724, 749, 910, 965, 966; Chiswell Street, 750-1
Whitbread Golding Variety, 966-7
Whitbread, Samuel, 72, 505, 966
white beer, 244-5, 286, 579-80, 967-8
White, Chris, 968
White Horse. *Ver* Dorber, Mark
White Labs, 968
White Shield. *Ver* Worthington Brewery
Wicküler, Franz Ferdinand Joseph, 569
widget, 119, 968-9
Widmer Brothers Brewing Company, 462, 973
Widmer, Rob e Kurt, 715
Wiegand, Emil, 552
Wilberforce, William, 929
wild beer, 869
Wilhelm IV, 153-4, 407, 527, 583-4, 607-8, 617
Wilhelm V, 690
Willamette, 447, 969
Willamette Valley, região, 620, 969
William Worthington, 908
William Younger & Co., 358-9
Williams, Beamish & Crawford, 542
Wilson, Benjamin, 833
Wilson, Woodrow, 589
Wine and Beerhouse Act (1869), 780
winter ale, 969-71. *Ver também* Christmas ales
Winthrop, John, Jr., 767
Wisconsin, 507, 619, 672
witbier. *Ver white beer*
Woodall, Ralph, 514
Woodell, Bob, 815
Woodruff Ale, 122
World Beer Cup, 130, 161, 193, 219, 396, 876, 971

World Brewing Academy, 341, 378
World Brewing Congress, 93, 652. *Ver também* American Society of Brewing Chemists (ASBC)
World Guide to Beer, The (Jackson), 162, 395, 550-2, 664, 708
Worthington Brewery, 367, 971-2
Worthington, William, 833, 971
Wrexham Lager, 724
Wrigley, Richard, 196
Wye Challenger. *Ver* Challenger
Wye College, 52, 268, 433, 561, 623, 701-2, 743-4, 773, 847-8, 900, 972
Wye Hops Ltd., 972
Wye Northdown. *Ver* Northdown
Wye Target. *Ver* Target
Wyeast Laboratories, 973

xantohumol, 87, 837-8, 975
xarope de malte, 975-7, *976*
xarope de malte de cevada. *Ver* extrato de malte líquido

xaropes, 977
xaropes de glicose, 645
xerogel. *Ver* sílica gel
xilose, 977-8. *Ver também* açúcar

Yakima Valley, região, 507-8, 620, 947, 954, 969, 979-80, *979*
Yorkshire square, 83, 415, 423, 834-5, *980*
Young, Alexander, 387
Young, Charles Allen, 980
Young, John, 980-1
Young's Brewery, 970, 980-1
Yuengling, David G., 389, 981
Yuengling, Deborah, 981
Yuengling, F. Dohrman, 981
Yuengling, Frank, 981
Yuengling, Frederick, 981
Yuengling, Jennifer, 981
Yuengling, Richard "Dick", 981
Yuengling, Richard L., 981
Yuengling, Richard L., Jr., 981
Yuengling, Sheryl, 981

Yuengling, Wendy, 981

Zacherl, Franz Xaver, 732
Zagrava, 624
Zastrow, Klaus, 983
Žatec. *Ver* Saaz
Žatec, região, 983-4
Zentner, 984
Zeus. *Ver* CTZ
Ziemann, 399
zimbro, 373, 702, 984
Zimmerman, Charles, 274, 322, 728, 857
Zimmerman, Jane, 697
zinco, 985
Zum Schlüssel, 85
Zum Uerige, 85
Zymomonas, 985
zymurgical heraldry, 985-7, *986*
zymurgy, 987. *Ver também* American Homebrewers Association (AHA)
Zymurgy (revista), 91, 162, 236, 764, 766, 987